헌법주석

[I]

(사) 한국헌법학회 편

박영사

발 간 사

　　2012년 12월 제19대 한국헌법학회 집행부가 출범하였다. 시대의 의미 있는 주제를 정기적인 학술대회에서 논의했고, 또 정기적으로 학술지를 발간하였다. 이외에 제19대 집행부는 헌법주석을 출간하는 작업을 특별히 기획하였다. 오랫동안 헌법학 연구가 축적되어 왔지만 우리 학계에 아직 연구자, 실무가, 그리고 일반 국민들이 헌법조문을 중심으로 헌법을 이해하는 길잡이가 되는 주석 작업이 활발히 이루어지지는 못했다. 이는 민법 등 다른 법학분야에서 일찍부터 주석서가 발간되어 왔던 점과 비교하면 더 이상 미룰 수 없는 과제로 생각되었다. 그러나 헌법주석의 출간 필요성과 가능성은 별개의 문제였다. 130개 헌법 조문에 통일적인 기준에 따라 주석을 다는 작업은 치밀한 준비가 필요하고, 많은 회원들의 희생이 요구되었으며, 또 이러한 작업을 조정하는 조직도 갖추어야 했다.

　　사실 헌법주석은 2007년과 2009년 사이에 법제처의 지원을 받아 당시 한국헌법학회가 작업을 수행한 바 있다. 이 사업은 연구용역보고서의 형식으로 작업이 추진되고 그 결과가 국가기관에서 자료용으로 배포되어 본격적인 학술적 주석으로서의 성격은 제한될 수밖에 없었다. 그로부터 상당한 시간이 흘렀다. 헌법주석은 학설이 진화하고, 또 새로운 판례들이 나타나면서 계속 보충이 필요하다. 이에 한국헌법학회는 우선 헌법의 전문, 제1장 총강, 제2장 국민의 권리와 의무 부분을 정통주석서의 형식으로 공간하기로 하였다. 사업의 편의성과 역사성을 감안하여 당시 작업에 참여했던 필진들에게 새로운 집필기준에 따라서 원고를 다시 정리하도록 의뢰하여 좀더 충실한 주석서가 제작될 수 있도록 구상하였다. 처음 우려와는 달리 집필진의 대부분은 기꺼이 한국헌법학회의 구상에 동의해 주었다. 사정상 다시 참여가 어려운 분들의 자리는 해당분야를 전문으로 하는 회원들이 기꺼이 맡아 주셨다. 모든 분들이 정해진 기간 내에 작업을 마칠 수 있도록 각자의 시간을 희생해 주었다. 이렇다 할 보상 없이 헌법주석의 제작에 기여한 회원들에게 무한한 감사의 마음을 남긴다.

　　헌법주석을 출간하기 위한 조직은 이원화하였다. 출간작업의 가장 기본적이고 중요한 결정을 담당할 조직으로 간행위원회가 구성되었다. 이화여자대학교 법학전문대학원의 김문현 교수가 위원장을 맡아 초석을 놓았다. 간행위원은 전국적으로 균형 있게 위촉되었다. 모두 3번의 회의를 거쳐 중요한 사안에 대한 심도 있는 논의와 합의를 거쳤다. 간행위원회의 결정사항을 집행하고, 또 기술적인 문제에 대해서는 직접 결정을 할 조직으로 실무위원회가 구성되었다. 실무위원회의 위원장은 학회 회장이 맡았다. 실무위원회는 특히 원고가 새로운 집필기준에 따라 작성될 수 있도록 하기 위하여 필요한 유용한 의견을 필진에게 제시하였다. 제19대 집행부에서 기획이사에 임명된 연세대학교 법학전문대학원의 김종철 교수는 이 모든 작업을 총괄하고 조정하는 어려운 부담을 지었다. 헌법재판연구원의 김현귀 박사는 원고 청탁과 수집 등의 번잡한 일을 맡았다.

　　이제 새로운 모습으로 출간되는 헌법주석의 나머지 부분은 한국헌법학회 차기집행부가 이어받아 완성될 것으로 기대된다. 이후 헌법주석은 계속 보충과정을 거치면서 한국헌법학의 발전과 걸음을 같이 할 것이다. 헌법학에 애정과 관심이 있는 한국헌법학회 회원, 실무가, 그리고 일반 국민들이 헌법적 논증의 계기를 갖게 될 때 우선적으로 헌법주석에 눈과 손이 가게 된다면 헌법주석 작업을 위하여 희생했던 모든 분들이 기쁜 마음을 갖게 될 것이다.

2013년 12월
제19대 한국헌법학회 회장　전 광 석

서   문

헌법주석서의 발간은 우리 헌법학계의 오랜 숙원사업이었는데 이번에 주석서 제1권을 발간하게 되어 기쁘고 또 한편으로 무거운 책임감을 느낀다.

현대 민주주의는 '헌법에 의한 지배'를 근간으로 한다. 따라서 국가와 사회의 기본법인 헌법에 대한 실무, 연구 및 교육은 헌법 조문의 체계적 해석으로부터 출발할 수밖에 없다. 헌법주석은 이러한 기본적 목적에 부합하도록 법조문별 헌법적 의미를 구명하는 과제이다. 헌법학계의 대표학회인 한국헌법학회가 헌법주석을 공식적으로 발간함으로써 학술적 공신력에 기초하여 헌법이 국가생활과 사회생활의 행위규범으로서 기능하고 '헌법에 의한 지배'를 높은 수준에서 실현하는 밑거름이 되도록 할 필요가 있다. 특히 민주화의 결과 수립된 1987년 헌법체제하에서 헌법재판과 헌법관행 등 헌법실제는 물론 헌법이론이 비약적으로 성장하여 명실상부하게 한국헌법의 독자적 체계를 집대성할 분위기가 성숙하였기 때문에 헌법주석은 더 이상 미룰 수 없는 과제가 되었다.

이러한 소명에 부응하여 뜻있는 헌법학자들이 헌법주석을 발간하기 위한 모색을 일찍이 시작하였으나 여러 사정으로 지연되다가 2007－2009년 법제처 연구용역사업을 통해 헌법주석의 기초안을 마련하는 기회를 가지게 되었다. 그러나 국가기관인 법제처에 제출하는 연구보고서로 작성된 형식적 한계와 더불어 공간된 후 일정기간이 지나 새로이 발전된 사항을 보완하고 일부 내용상의 문제점을 시정하여 질적 수준을 향상시켜야 할 필요가 있었다. 다행히 제19대 한국헌법학회의 회장직을 맡은 전광석 교수가 이 필요성에 주목하여 헌법주석발간을 특별하게 기획하고 간행위원회를 주재하는 소임을 맡겨주어 일찍이 헌법주석사업에 뜻을 둔 바를 실현할 수 있는 기회를 가지게 되어 개인적으로 감개가 무량한 마음을 숨길 수 없다.

헌법학회가 공간하는 헌법주석은 그 공신력은 물론 헌법실무와 헌법이론이 발전하는 데 기초가 될 것이므로 그 집필 및 편집과정에서 다음의 기본원칙에 따라 그 본래의 취지를 살리도록 노력하였다. 첫째로 집필자들에게 한국헌법학회의 이름으로 국가기본법인 헌법에 대하여 주석을 편찬하는 만큼 정치적·학문적 편향성을 지양하고 객관적이고 중립적인 시각에서 보편적이고 다양한 시각을 반영할 수 있도록 노력하여줄 것을 당부하였다. 그러나 집필자의 자율권을 최대한 존중하여 간행위원회가 최종원고에 대해 형식적 통일성을 기하기 위한 범위를 넘어서는 편집을 시도하지 않았다는 점을 아울러 밝혀둔다. 둘째로 조문의 주요 문언문구별로 학설과 판례 및 입법 등을 해설하는 주석사업의 기본목적에 충실한 집필이 되도록 유의하였다. 셋째로 주석의 목적상 국내의 관련주요논문과 관련판례를 위주로 하고 외국의 문헌을 참조하는 경우 우리 헌법의 해석론으로 필요한 범위 내에서 소화·흡수하도록 하였다. 넷째로 참고문헌도 본문에서 인용된 자료를 중심으로 하고 관련서지를 망라하는 형식은 지양하였다.

헌법주석의 필요성과 당위에도 불구하고 이를 현실화하는 작업은 여러 장애에 부딪혀 일부 융통성을 발휘할 수밖에 없는 한계도 있다. 많은 집필자들이 관여하다보니 집필부담이 균일하지 않은 반면 재정적 지원은 없고 집필기한을 제한적으로 운영할 수밖에 없었다. 또한 이러한 한계는 집필자를 좀 더 확대하지 못하도록 하는 이유가 되기도 하였다. 한편 헌법조문의 구성요소들 간에 성격이나 내용상 차이가 있어 전체적인 통일성을 확보하는 데 어려움이 있었다는 점도 양해를 구한다. 예컨대, 다수의 조항을 가진 조문과 그러하지 않은 조문 간에 집필상의 중복을 피하기 위한 체제상의 변형은 불가피하였고, 총강과 기본권조항의 성격이 달라 이 역시 체제상의 융통성을 발휘하도록 했다는 점도 병기할 필요가 있다.

마지막으로 오로지 헌법에 대한 소명의식, 전문연구자로서의 사명감과 헌신으로 이번 사업에 참여하여 주신 집필자 여러분께 경의를 표한다. 바쁜 시간을 내어 간행사업의 취지를 살려주신 간행위원과 실무위원의 노고에 대해서도 이 자리를 빌어 심심한 감사의 말씀을 드린다. 아무쪼록 이분들의 헌신과 노력이 헛되지 않게 헌법주석이 지속적으로 발전되어 한국헌법학의 발전과 함께 우리나라의 인권과 민주주의를 진전시키는 데 기여하기를 기대한다.

2013년 12월

헌법주석 간행위원장 김 문 현

헌법주석[I] 집필자 명단

김대환(서울시립대학교 법학전문대학원)

김문현(헌법재판연구원장, 이화여자대학교 법학전문대학원)

김상겸(동국대학교 법과대학)

김종철(연세대학교 법학전문대학원)

노기호(군산대학교 법학과)

도회근(울산대학교 법학과)

명재진(충남대학교 법학전문대학원)

박경철(강원대학교 법학전문대학원)

박선영(동국대학교 법과대학)

박종보(한양대학교 법학전문대학원)

박종현(국민대학교 법과대학)

방승주(한양대학교 법학전문대학원)

송기춘(전북대학교 법학전문대학원)

양 건(전 감사원장, 전 한양대학교 법학전문대학원)

이덕연(연세대학교 법학전문대학원)

이상경(서울시립대학교 법학전문대학원)

이성환(법무법인 안세 대표변호사)

이종수(연세대학교 법학전문대학원)

임지봉(서강대학교 법학전문대학원)

장영수(고려대학교 법학전문대학원)

장철준(단국대학교 법과대학)

전광석(연세대학교 법학전문대학원)

전학선(한국외국어대학교 법학전문대학원)

정극원(대구대학교 법과대학)

정만희(동아대학교 법학전문대학원)

정문식(한양대학교 법학전문대학원)

정연주(성신여자대학교 법과대학)

정태호(경희대학교 법학전문대학원)

조재현(동아대학교 법학전문대학원)

(가나다 순. 소속은 2013년 12월 31일 기준)

범 례

1. 법 령

1-1. 법령의 제목
법령의 제목은 그대로 기재하되, 2구절 이상이 되는 법령의 제목은 띄어쓰기를 한 다음 묶음표(「 」) 또는 따옴표로 묶는다.

1-2. 법령은 원칙적으로 생략 없이 기술한다. 그러나 필요한 경우에는 당해 조문의 주석에 대해서만 사용되는 약어를 만들어 사용할 수 있다. 약어는 한글로 씀을 원칙으로 한다.
[예시]

"제주특별자치도의 설치 및 국제자유도시 조성을 위한 특별법"(이하 제주특별법이라고 부르기로 한다) 제203조 제1항 제3호

1-3. 법률의 시행령 또는 시행규칙은 법률약어 밑에 "령" 또는 "규칙"을 붙인다.
[예시]

공직선거법 시행령 → 공선법령

공직선거법 시행규칙 → 공선법규칙

1-4. 현재 효력을 상실한 규정을 인용할 때에는 약어 앞에 "구"를 붙인다. 필요한 경우에는 약어 뒤의 괄호 안에 개정법률의 공포일자를 적는다.
[예시]

구공선법 제48조 제4항(1998. 4. 20. 개정전)

1-5. 외국의 법령은 이를 번역하여 사용하고 최초로 인용하는 곳에서 괄호 안에 원문을 밝히는 것을 원칙으로 한다.
[예시]

독일의 "연방헌법재판소법"(Bundesverfassungsgerichtsgesetz) 제5조 제1항은 다음과 같이 규정하고 있다.

1-6. 조문의 표시

조는 '제OO조 제O항 제O호'로 표시한다.

본문·단서, 전문·후문, 1문·2문·3문, 전단·후단식으로 구별한다.

[예시]

제37조 제2항 제1문

1-7 본문 중에서의 기재방법

이상과 같은 법령 조문의 약식표시는 본문 내에서도 그대로 사용한다. 다만 다른 문장(예 컨대 판결이유)을 그대로 인용하는 경우에는 원전에 기재된 대로 인용한다.

2. 판   결

2-1. 판결의 특정

판결은 선고(고지)법원, 재판형태, 선고(고지)일자, 사건번호, 수록원전의 표시와 면수에 의하여 특정한다.

2-2. 선고법원과 재판형태

판결 인용시 선고법원과 재판형태는 양자를 합쳐서 아래의 예와 같은 양식의 약어로 인 용한다.

[예시]

헌재

대판

대판(전)

대결

서울고판, 대구고판

서울민지판, 부산지결

밀양지원판

2-3. 선고연월일

선고연월일은 아라비아 숫자로 기재한다.

연도와 월의 표시 다음에는 마침표를 찍은 다음 사건번호를 기재한다.

2-4. 사건번호

사건번호가 두 개 이상 있는 경우에는 그 중 번호가 가장 빠른 것만을 표시한 다음 띄지 않고 "등"을 부기한다.

[예시]

헌재 1989. 9. 1. 88헌마7등

2-5. 수록원전의 표시방법

위와 같은 원전의 제목을 적은 다음에는 한 칸을 띄워 권수를 적고 쉼표를 찍은 후 면수를 기재한다. 다만 헌법재판소의 판결원전을 온전히 인용할 때에는 수록원전을 표기하지 않고 권호만을 표시한다.

[예시]

헌재 2004. 2. 28. 2003헌마76, 13−2, 234.

2-6. 수록원전 권수의 표시방법

수록원전의 권수는 다음에 특별한 규정이 없는 한 아라비아 숫자로 기재하되, 원전이 A, B, C로 표시하고 있는 경우에는 이를 그대로 기재한다. 헌법재판소판결집의 경우 예컨대 제12권 1집의 경우에는 12−1로 표기한다. 대법원전원합의체판결집의 경우에는 민Ⅰ, 형, 특Ⅱ와 같이 대법원판결요지집의 경우에는 민Ⅰ−1(민사·형사편의 경우), 형1(형사·군사편의 경우), 특Ⅱ-1과 같이 권수를 구별한다.

2-7. 수록원전의 면수의 표시방법

헌법재판소판례집은 인용판결의 최초면수와 인용면수를 적되, 괄호로써 구분한다. 종전의 대법원판결집은 민사, 형사, 특별의 면수를 별도로 기재하였지만 민사 면수의 경우에는 특별한 표시 없이 아라비아 숫자만을 기재한다. 법원공보의 경우에는 당해 호 내의 면수를 기재하고, 통권면수를 기재하지 않는다.

[예시]

헌재 2008. 6. 26. 2005헌마506, 20−1, 397(409).

2-8. 외국의 법원을 우리말로 쓸 경우에는 다음과 같이 한다.

Reichsgericht: 독일제국대법원

Bundesverfassungsgericht: 독일연방헌법재판소

Bundesverwaltungsgericht: 독일연방행정재판소

Bundesgerichtshof: 독일연방대법원

Supreme Court of the United States: 미국연방대법원

Conseil d'Etat: 프랑스국사원

일본최고재판소

2-9. 외국의 연호(가령 명치, 소화)는 쓰지 아니하며, 서기로 통일한다. 단 일본판결을 인용하는
     경우에는 일본의 연호를 明, 大, 昭, 平으로 줄여 사용하고 괄호 안에 서기연호를 4자리
     숫자로 표시한다.
     [예시]
     헌재 1999. 11. 28. 98헌바2, 10-1, 234.
     대판 1986. 2. 25. 85다카1111, 집 34-2, 39.
     대판(전) 1975. 4. 22. 72다2161, 전집 민I, 438.
     대결 1987. 5. 8. 86마214, 공 808, 665.
     서울고판 1986. 12. 11. 86나2532, 하집 4, 156.
     대판 1953. 4. 23. 4285민상23, 총 2-1(A), 32.
     대판 1983. 9. 29. 82다카176, 월보 161, 46.
     서울고판 1987. 8. 18. 86나15320, 신문 1699, 12.
     대판 1971. 9. 28. 70다158, 요집 민I-2, 1343.
     일최판 昭 1936(1961). 5. 10, 민집 36, 1351.

3. 참고문헌약어

3-1. 교과서 등의 인용은 최신의 판에 의함을 원칙으로 한다. 구판을 인용할 때는 이 사실을
     특히 적시하여야 한다.
     [예시]
     김철수, 헌법학개론, 박영사, 2001, 300. 그러나 김철수, 헌법학개론(1980), 280에서는 … 라고
     하고 있었다.
     교과서 중 개론, 원론 등이 붙어 있는 서명은 단순히 저자명 다음에 개론 또는 원론으로 표기
     할 수 있다.

3-2. 외국의 문헌에 대해서는 그 나라에서 통용되는 문언약어에 따른다.

3-3. 기념논문집은 일괄하여 "○○○기념논문집"으로 줄인다.

총 목 차

세부 목차

제 1 장 총   강

제 2 장　국민의 권리와 의무

대한민국헌법의 연혁과 개요

대한민국헌법의 연혁과 개요

[양　　　건*]

I. 대한민국헌법 제정의 유래

대한민국헌법은 1948년 7월 12일 국회에서 의결되어, 7월 17일에 국회의장이 이를 공포하였다. 이 헌법은 공포일부터 시행되었다.[1]

1. 대한민국헌법의 전사(前史)

대한민국헌법의 전사를 언제부터 서술할 것인가에 관해서는 다양한 견해가 있을 수 있다. 제헌헌법의 제정 당시, 국회의 헌법기초위원회 전문위원으로 중심적 역할을 했던 유진오(俞鎭午)에 의하면, 한민족의 민주적 정신의 각성은 조선 영조·정조시대의 실학파까지 소급할 수 있다고 한다. 또한, 그에 의하면, 1895년의 '홍범14조'(洪範十四條)는 전제군주제로부터 일종의 제

---

* 이번 개정판에서 수정, 보완내용은 김래영 교수가 초고를 작성하고 양건이 이를 검토하여 최종 확정한 것이다.

1) 아래의 대한민국헌법 연혁에 관한 서술은 양건, 헌법강의(제4판), 법문사, 2013, 79 이하를 토대로 이를 수정, 보완한 것이다. 이 서술이 주로 의거한 것은 다음 문헌이다. 유진오, 신고 헌법해의, 일조각, 1953; 김철수, 한국헌법사, 대학출판사, 1988; 김철수, 헌법학개론, 법문사, 2007; 김철수 편, 입법자료교재 헌법, 박영사, 1985; 계희열, 헌법학(상), 박영사, 2005; 허영, 한국헌법론, 박영사, 2007; 김영수, 한국헌법사, 홍문사, 2000.
　　　그 밖에 헌법제정과정에 관한 상세한 연구로서 다음을 참조. 이경주, "건국헌법의 제정과정: 미군정사료 등을 중심으로," 헌법학연구 제4집 제3호(1998); 이영록, "제헌국회의 '헌법 및 정부조직법 기초위원회'에 관한 사실적 연구," 법사학연구 제25호(2002); 이영록, "대한민국헌법의 제정과정: 불안한 입헌주의의 출발," 법학논총(조선대학교 법학연구소) 제8집(2002).

한군주제로 전환한 우리나라 최초의 근대적 성질을 띤 헌법이라고 한다.[2]

현행 헌법의 전문에서 이 헌법이 대한민국임시정부의 법통을 계승한다고 명시하고 있는 점에 비추어(" … 우리 대한국민은 3·1운동으로 건립된 대한민국임시정부의 법통 … 을 계승"), 적어도 대한민국임시정부 헌법부터 그 전사로 삼는 것이 적절하다.

한편 1948년 제정된 헌법의 용어와 관련하여 일반적으로 '제헌헌법'과 '건국헌법'이라는 용어가 혼용되고 있다.[3] 과거 학자들도 두 용어를 별다른 차이점 없이 혼용하기도 하였다. 그러나 2008년 이명박정부의 8·15기념행사의 명칭을 두고 "정부수립 60주년"이냐[4] "건국 60주년"이냐를 두고 이념논쟁이 있었는데, 이러한 논쟁은 위 용어의 사용과 깊은 관련이 있다. 대한민국임시정부의 법통을 인정하는 입장에서는 "건국"이라는 용어를 사용할 수 없을 것이고, 당연히 "제헌헌법"이라는 용어를 쓸 것이다.

1948년 제정된 헌법 전문에 "기미 삼일운동으로 대한민국을 건립하여 … 이제 민주독립국가를 재건함에 있어서"라고 명시하고 있는 점, 1948. 8. 15. 중앙청 광장에서 행하여진 행사도 "대한민국 정부수립 국민축하식"으로 되어 있는 점,[5] 현행 헌법의 전문에서 이 헌법이 대한민국임시정부의 법통을 계승한다고 명시한 점에 비추어 "제헌헌법"이라는 용어를 사용하는 것이 타당하다.[6] 우리 국회도 인터넷홈페이지(국회정보시스템 → 법률지식정보 → 헌법지식데이터베이스)에서 제헌헌법이라는 용어를 사용하고 있다.

가. 대한민국임시정부 헌법[7]

1919년 3·1운동 후, 여러 독립운동 단체들 중 일부가 임시정부를 구성하였다. 그 중심이 된 것은 상해임시정부이고 여기에 다른 임시정부가 통합되었다. 상해임시정부는 국호를 '대한민국'으로 정하고 1919년 4월 11일 "대한민국임시헌장" 10개 조항을 채택하였다. 이 헌장은 "제1조 대한민국은 민주공화제로 함," "제2조 대한민국은 임시정부가 임시의정원(臨時議政院)의 결의에 의하여 此(차)를 통치함"이라고 규정하였고, 기본권에 관해서는 평등(제3조), 신교(信敎)·언론·이전·신체 및 소유의 자유(제4조), 선거권과 피선거권(제5조)을 규정하였으며, 특히 생명형(生命刑)과 공창제(公娼制) 폐지를 명시하였다(제9조). 임시정부는 초대 국무총리에 이승만(李承晩)을 추대하였다.

---

2) 유진오(주 1), 9-12.

3) "건국헌법"이라는 용어를 사용하는 견해는 한수웅, 헌법학, 법문사, 2011, 77; 권영성, 헌법학원론, 법문사, 2010, 89; 허영(주 1), 99(방주에 표시되어 있음) 등이 있고, 제헌헌법을 사용하는 견해는 김철수, 개론(주 1), 113, 성낙인, 한국헌법사, 법문사, 2012, 15; 장영수, 헌법학(제2판), 홍문사, 2007, 57 등이 있다. 한편 정종섭, 헌법학원론(제8판), 박영사, 2013, 193은 "1948년 헌법"이라고 칭하고 있다.

4) "광복 63주년"도 동일한 의미라고 보아도 무방하다.

5) 위 행사 사진은 서중석, 이승만과 제1공화국, 역사비평사, 2007, 30에 나타나 있다.

6) 또한 "건국헌법"이라는 용어는 친일청산이라는 민족과제와도 어울리지 않는다고 본다.

7) 아래 서술은 주로 김영수(주 1)에 의거한다. 그 밖에 다음을 참조. 이현희, 대한민국 임시정부사, 집문당, 1982.

이후 제1차 개헌(1919. 9. 11)을 통해 "대한민국임시헌법"을 실질적으로 제정하는 등, 총 5차의 개헌을 거쳤다. 제1차 개헌에서는 대통령제를 취하였고, 제4차 개헌(1940. 10. 9)에서는 의원내각제 요소가 많은 주석제(主席制)를 채택하였다.

나. 미군정 시기의 기본적 법체제[8]

1945년 9월 8일, 38선 남쪽에 미군이 진주하여 군정(military control)을 실시하였다. 미군정은 대한민국임시정부를 인정하지 않았다. 미군정 시기의 기본적 법체제는 다음과 같다.

① 태평양미국육군총사령부 포고(Proclamation). 이것은 실질적으로 헌법에 해당하는 미군정의 최고법규범이었다. 포고 제1호는 군정실시와 그 기본방침에 관한 것이었고, 제4호까지 발령되었다.

② 남조선과도입법의원 법률(Public Act). 이것은 1946년 12월 12일에 설치된 남조선과도입법의원(南朝鮮過渡立法議院)이 제정한 법률이다. 남조선과도입법의원은 군정청(軍政廳)의 자문기구적 성격을 가진 것으로, 의원 총 90명의 2분의 1은 간접선거에 의해 선거되고, 나머지 2분의 1은 군정청 군정장관이 임명하였다. 법률은 입법의원이 의결한 후, 군정장관이 인준하는 형식을 취하였다. 입법의원의 법률은 총 12건으로 실질적으로 비중이 약했다.

③ 군정청 법령(Ordinance). 이것은 재조선(在朝鮮)미국육군사령관의 명령에 의하여 미군정청 군정장관이 발한 법령이다. 한국인 민정장관이 취임한 이후인 법령 제135호부터 제199호까지는 대체로 민정장관이 건의하고 군정장관이 인준하는 형식을 취하였다. 실질적으로 중요한 법규범은 대부분 군정청 법령의 형식을 취하였다.

미군정 시기는 한국법의 형성시기에 영미법적 요소들이 부분적으로 접목되는 계기가 되었다. 특히 군정청 법령 제176호에 의한 형사소송법 개정을 통하여 구속적부심사제 등 형사피의자·피고인 보호를 위한 영미법의 기본권보장 제도가 이 시기에 도입되었다.

2. 대한민국헌법 제정의 경과

1945년 8월 15일, 일본이 포츠담 선언을 수락하고 항복한 후, 38선 이남과 이북에 각각 미국과 소련의 군정이 실시되었다. 1945년 12월 16일, 제2차 세계대전의 전후(戰後)문제를 처리하기 위하여, 모스크바 3상회의(미국·영국·소련의 외무장관회의)가 열렸다. 여기에서 한국에 미·소(美·蘇)공동위원회를 설치하고 일정기간의 신탁통치에 관하여 협의한다고 합의하였다. 미·소공동위원회가 결렬되어 남북분단이 사실상 확정된 후인 1947년 11월 14일, 미국의 제안으로 한국문제는 UN에 상정되었다. 1948년 2월 26일, UN 소총회는 한국의 가능한 지역 내에서 UN 임시한국위원단의 감시 하에 총선거를 실시하고 정부를 수립할 것을 결정하였다. 임시한국위원단의 결정에 따라 1948년 5월 10일에 국회의원 선출을 위한 총선거가 실시되었다. 선거는 미군정

---

8) 아래 서술은 주로 김영수(주 1)에 의거한다.

법령인 "국회의원선거법"(1948. 3. 17. 공포)에 따라 시행되었다. 5·10 총선에는 남북협상을 주장하는 정치세력(김구, 김규식 등)이 참여하지 않았다. 제헌국회 의원은 총 298명중 북한지역에 할당된 100명을 제외하고 198명으로 구성되었다.[9]

　　1948년 5월 31일, 첫 제헌국회가 개원되었다. 제헌국회는 헌법과 정부조직법을 기초할 기초위원 30명과 전문위원 10명을 선출할 것을 결의하였다. 6월 3일, 헌법기초위원회가 구성되었고, 헌법기초위원회는 전문위원 유진오의 초안을 원안으로 하고 전문위원 권승렬(權承烈)의 안을 참고안으로 하여 심의하였다.[10] 유진오 원안과 권승렬 참고안은 모두 정부형태를 의원내각제로 하였으나 국회의장 이승만의 반대 등으로 인하여 대통령제를 기본으로 하는 것으로 변경되었다.[11]

　　1948년 6월 23일, 헌법초안이 국회본회의에 상정되었고, 7월 12일에 국회에서 의결되었다. 7월 17일, 국회의장에 의해 헌법이 공포되고 즉시 시행되었다. 이로써 대한민국의 제헌헌법이 제정된 것이다.

　　한편, 위 헌법제정 당시의 UN의 역할과 관련하여 유의하여야 할 점이 있다. 대부분의 교과서에서는 1948. 12. 12. UN결의의 내용이 "한반도에서 유일한 합법정부는 대한민국이다"라고 소개하고 있다는 점이다.[12] 그러나 이는 명백히 오해에서 비롯된 것이다.

　　전후 한국문제는 미·소공동위원회의 관할이었는데 소련의 반대에도 불구하고 미국이 한국문제를 UN에 다룰 것을 제안하였고, 이 때는 1947년 11월 14일로 이미 남북분단이 사실상확정되었던 때였다. 위 안건이 상정된 날 UN총회는 유엔의 감시 하에 한국에서 총선거를 실시할 것을 권고하였고, 소련은 UN임시위원단이 북한 지역에 들어오는 것을 반대하였다. 이에 UN소총회는 선거가 가능한 지역(즉 남한)에서만이라도 총선거를 실시하자고 결의하였던 것이다. 대한민국 정부수립 이후 UN은 1948. 12. 12. 총회에서 위 선거결과에 따라 "임시위원단이 감시하고 자문할 수 있었던 지역"(part of korea where the Temporary Commission was able to observe and consult)에서 대한민국이 유일한 합법정부라고 결의하였던 것이다.

---

　9) 제주도에는 의원이 2명 할당되었으나, 4·3항쟁의 여파로 선거가 실시되지 못하였다.
　10) 헌법기초위원회 위원장은 서상일(徐相日), 부위원장은 이윤영(李允榮)이었다. 전문위원 10인은 다음과 같다. 유진오(俞鎭午), 고병국(高秉國), 임문환(任文桓), 권승렬(權承烈), 한근조(韓根祖), 노진설(盧鎭卨), 노용호(盧龍鎬), 차윤홍(車潤弘), 김용근(金龍根), 윤길중(尹吉重).
　11) 유진오, 헌법기초회고록, 일조각, 1980 참조.
　12) 대표적으로 성낙인(주 3), 22

Ⅱ. 제 1 공화국헌법[13]

1. 제 1 공화국헌법의 주요 내용과 특징

가. 정부형태와 통치구조

정부형태는 대통령제와 의원내각제의 요소가 혼합된 형태를 취하였다. 대통령제를 기본으로 하였다고 보는 것이 일반적 견해이다.[14] 그러나 대통령제의 가장 기본적인 특징이 민주적 정당성의 이원화, 즉 대통령을 국회가 아닌 국민이 선출한다는 점에 비추어 보면 대통령제를 기본으로 하였다고 볼 수도 없을 것이다. 대통령은 행정권의 수반이지만, 대통령과 국무총리 기타 국무위원으로 조직되는 국무원을 의결기관으로 설치하였다. 대통령과 부통령은 국회에서 선출하며, 국무총리는 대통령이 임명하고 국회의 승인을 얻도록 하였다. 국무위원은 대통령이 임명하는 것으로 하였다. 국회는 단원제로 하였고, 위헌심사기관으로 헌법위원회를 두었다.

혼합된 정부형태를 취하게 된 것은 정치적 타협의 소산이다. 김성수(金性洙)가 주도한 한국민주당 세력은 의원내각제를 원했지만 이승만은 대통령제를 고집하였고, 그 타협의 결과가 대통령제와 의원내각제 요소를 혼합한 정부형태로 나타났다.

한편 제헌의원의 임기는 그 임무가 헌법을 제정하는 것에 있다는 이유로 2년으로 하였다.

나. 기 본 권

기본권조항은 법실증주의적 입장에서 규정되었다. 신앙·양심의 자유와 학문·예술의 자유와 같은 정신적 자유를 제외하고는 기본권조항마다 법률유보조항을 두었다(예컨대 제13조. "모든 국민은 법률에 의하지 아니하고는 언론·출판·집회·결사의 자유를 제한받지 아니한다").

사회권(생존권)조항을 두는 한편, 재산권에 대한 사회적 제약을 강조하였다. 이것은 바이마

---

13) '제1공화국헌법' 등, 공화국 표기 앞에 숫자를 붙여 헌법을 지칭하는 데 대하여 여러 논의가 있다. 이러한 표기 대신에 제정 또는 개정연도를 붙여 표기하는 방법도 있다. 예컨대 '제2공화국헌법' 대신에 '1960년헌법'이라고 표기하는 것이다. 그러나 제정이나 개정연도를 붙이는 방식에는 문제점이 있다. 즉 '1960년헌법'이라고 말할 때, 1960년 6월의 3차 개헌만을 지칭하는 것인지, 또는 1960년 11월의 4차 개헌까지 포함하는 것인지가 불명확하다. 이러한 불명확성은 '1962년헌법'의 경우에도 마찬가지이다. 1969년의 6차 개헌을 포함하는지가 불명확하다. 이 경우, '1969년헌법'이라는 별도의 명칭을 사용할 수 있지만, 여기에도 문제가 따른다. '1962년헌법'과 '1969년헌법'을 함께 지칭하는 용어가 필요한 것이다. 이를 감안하면 '공화국번호 붙이기'가 유용하다.

다만 공화국번호 붙이기에는 그 기준이 무엇이냐는 문제가 따른다. 기존 헌법의 핵심인 헌법핵의 변경 여부가 중요한 기준이 될 것이지만, 이것만으로 완벽한 기준이 되는지에 관해서는 문제가 남는다. 특히 제5공화국의 경우, 기존의 제4공화국헌법(유신헌법)의 헌법핵 변경이 있었느냐에 관해서는 의문이 제기될 수 있다. 그럼에도 불구하고 제5공화국헌법 스스로 그 전문에서 "제5공화국"이라고 자칭하여 명시하고 있으므로 이를 도외시할 수 없다. 이처럼 공화국번호 붙이기에 문제점이 있으나, 8차 개헌에 의한 제5공화국헌법의 헌법전 자체에 근거를 갖고 있고, 또한 유용성이 있으므로 이를 사용하는 것이 무방하다고 본다. 이러한 표기방식은 널리 사용되고 있다. 김철수, 개론(주 1), 113 이하; 계희열(주 1), 130 이하; 허영(주 1), 99 이하 등 참조.

14) 김철수, 개론(주 1), 1229-1230; 계희열(주 1), 128; 허영(주 1), 720

르 헌법의 영향을 크게 받은 탓이다. 특이한 조항으로서, 근로자의 노동3권 이외에 이익분배균점권(利益分配均霑權) 조항을 두었다(제18조 제2항. "영리를 목적으로 하는 사기업에 있어서는 근로자는 법률이 정하는 바에 의하여 이익의 분배에 균점할 권리가 있다"). 이것은 제헌 당시 사회주의 세력에 대한 적극적 방어의 의미를 지닌 것이었지만, 실제로는 명목적인 것이었다.

다. 경제조항

경제질서의 원리에 관하여 사회정의 실현을 기본으로 삼고 개인의 경제적 자유는 부차적인 것으로 규정하였다(제84조. "대한민국의 경제질서는 모든 국민에게 생활의 기본적 수요를 충족할 수 있게 하는 사회정의의 실현과 균형있는 국민경제의 발전을 기함을 기본으로 한다. 각인의 경제상 자유는 이 한계 내에서 보장된다"). 또한 농민이 아닌 지주를 금하였다(제86조. "농지는 농민에게 분배하며 … ").

또한 "중요한 운수, 통신, 금융, 보험, 전기, 수리, 수도, 가스 및 공공성을 가진 기업은 국영 또는 공영으로 한다"(제87조)라고 하여 국민생활에 기본적인 경제분야에 대하여는 국가가 직접 운영할 수 있을 명시하였다는 점에 특색이 있다. 그 밖에 경제규제에 관한 여러 조항을 두었다. 이것은 기본권조항의 경우와 마찬가지로 헌법초안 작성참여자들이 바이마르 헌법의 영향을 받았기 때문이다.

2. 제1차 헌법개정(1952. 7. 7. 공포)

제헌 당시 연합하였던 이승만 세력과 한국민주당 세력이 서로 대립함에 따라 헌정은 불안정하게 전개되었다. 국회의 한국민주당 세력은 의원내각제를 주요 내용으로 하는 개헌안을 제출하였으나, 1950년 3월 13일, 부결되었다. 1950년 5월 30일의 제2대 국회의원 총선 결과, 국회의 다수세력이 이승만 대통령과 대립하게 되었고, 이에 국회 의결로는 대통령 재선이 어렵다고 판단한 이승만은 대통령 직선제를 골자로 하는 개헌안을 제출하였다. 1952년 1월 18일, 이 직선제 개헌안은 국회에서 부결되었다. 이후 야당은 다시 의원내각제 개헌안을 제출하였고, 이에 대응하여 이승만은 또다시 대통령 직선제를 핵심으로 하는 개헌안을 제출하였다. 그 후 1952년 7월 4일, 야당안과 정부안을 발췌하여 절충한 개헌안이 국회에서 통과되었다.

속칭 발췌개헌이라 불리는 제1차 개헌은 총 21개 조문과 부칙 일부를 개정한 것으로, 그 주요 내용은 다음과 같다. ① 대통령과 부통령의 국민직선제 채택. ② 국회 양원제(민의원과 참의원) 채택. ③ 국회에 대한 국무원의 연대책임과 국회의 국무원불신임권, 및 국무위원의 국회에 대한 개별책임. ④ 국무위원 임면에 관한 국무총리의 제청권 등이다. 국회 양원제는 실제로 시행되지 않았고, 국무원불신임권도 행사되지 못했다.

제1차 개헌은 발췌한 개헌안에 대한 공고 절차가 없이 국회에서 의결된 점,15) 공포분위기

---

15) 제헌헌법 제98조는 헌법개정안은 30일 이상 공고하도록 규정되어 있었다.

를 조성하기 위하여 전쟁과는 관계없던 임시수도 부산 일원에만 북한과 내통하는 자를 수색한다는 명목으로 비상계엄을 선포한 후 야당의원들을 강제적으로 연행하는 등 폭력적 위협이 가해지는 가운데 강행된 점에서 절차적으로 위헌이라고 보아야 한다.[16]

3. 제2차 헌법개정(1954. 11. 29. 공포)

1952년 5월 20일의 국회의원 총선에서 이승만의 자유당이 다수의석을 점하자 이승만은 자신에 한하여 대통령 중임제한 조항을 적용하지 않는 개헌을 시도하였다. 1954년 11월 27일, 이 개헌안에 대한 표결 결과 1표가 부족하여 부결 선포되었다(재적 203명 중 135명 찬성으로, 개헌에 필요한 재적의원 3분의 2에 1표 부족). 그러나 이틀 후인 11월 29일, 국회는 야당의원들이 퇴장하고 여당인 자유당(自由黨)의원들만 참석한 가운데 부결 선포를 취소하고 개헌안 가결을 선포하였다. 이른바 사사오입(四捨五入)에 의해 135명 찬성은 개헌 의결정족수인 재적의원 3분의 2를 충족시킨다는 주장에 따른 것이었다(203의 3분의 2는 135.33 …). 이것이 속칭 사사오입 개헌인 제2차 개헌이다.

제2차 개헌은 30개 조문과 부칙의 일부를 개정한 것으로, 그 주요 내용은 다음과 같다. ① 이 헌법 공포 당시의 대통령에 대한 대통령 중임제한 적용배제, ② 주권의 제약이나 영토변경의 경우에 국민투표를 거치게 하는 것, ③ 대통령 궐위시 부통령이 승계하는 제도, ④ 국무총리제를 폐지하고, 국무위원에 대한 개별적 불신임제 채택, ⑤ 군법회의의 헌법적 근거 명시, ⑥ 경제조항에서 자연자원 이용, 대외무역, 사기업의 국공유화 등에 관하여 국가통제를 완화하고 자유시장경제체제를 강화한 것, ⑦ 헌법개정에 관하여 국민발안제를 채택, ⑧ 헌법개정금지조항(민주공화국, 국민주권, 주권제약이나 영토변경시의 필수적 국민투표)의 명시.

제2차 개헌 역시 절차적 위헌이라고 보아야 한다.[17] 또한 초대 대통령에 대한 중임제한 배제는 평등의 원칙에 반한다는 문제점이 있다.

III. 제2공화국헌법

1. 제3차 헌법개정(1960. 6. 15. 공포)

제3차 개헌은 1960년 4·19혁명의 소산이다. 1960년 3·15부정선거(제4대 대통령선거)에 대하여 학생을 중심으로 국민적 저항운동이 일어났다. 이승만 대통령은 4월 27일 대통령직을 사임하였고, 허정(許政)을 대통령 직무대행으로 하는 과도정부가 수립되었다. 6월 15일, 의원내

---

16) 김철수, 개론(주 1), 115; 계희열(주 1), 131; 허영(주 1), 103 등 참조; 또한 부결된 개헌안들에 대하여는 무기명투표를 하였으나 발췌개헌안은 의원들의 기립투표로 가결되었다는 점에서도 위헌 또는 위법의 문제가 있다.

17) 김철수, 개론(주 1), 115-116; 계희열(주 1), 132; 허영(주 1), 104 등 참조.

각제 채택을 핵심으로 하는 개헌안이 국회에서 압도적 다수에 의해 의결되었다.

제3차 개헌이 실질적으로는 헌법의 제정에 해당한다고 보는 것이 통설이다. 후술하는 바와 같이 헌법핵이 변하였기 때문이라는 것이다. 그러나 4·19혁명 이후 '선개헌 후총선'의 방침에 따라 시민혁명에도 불구하고 기존의 집권세력에 의한 개헌이 이루어진 점,18) 형식적으로도 제헌헌법의 전문(前文)을 그대로 둔 채, 1954년의 제2차 개헌헌법을 전면 개정하는 방식으로 이루어진 점 등에 비추어 보면 헌법의 전면개정으로 보는 견해도 경청할 만하다고 하겠다.

제3차 개헌은 정부형태를 전면개정하고 기본권조항을 부분적으로 개정하였으며, 부칙을 개정하였다. 그 주요내용은 다음과 같다. ① 의원내각제 정부형태의 채택, ② 국회 양원제에 관한 일부규정의 개정(실제로 양원제 실시), ③ 헌법재판소 설치, ④ 대법원장과 대법관 선거제(법관자격이 있는 자로 조직된 선거인단에 의한 선거제), ⑤ 중앙선거관리위원회의 헌법기관화, ⑥ 시·읍·면장 직선제 명시, ⑦ 정당보호 등 정당조항의 신설, ⑧ 공무원의 정치적 중립성 보장, ⑨ 기본권보장의 강화(언론·출판·집회·결사의 자유 등 일부 자유권에 대한 개별적 법률유보조항의 삭제, 언론·출판에 대한 허가제 금지 명시, 기본권의 본질적 내용의 침해금지 명시).

2. 제 4 차 헌법개정(1960. 11. 29. 공포)

민주당정권이 들어선 후 3·15부정선거의 책임자들에 대한 처벌이 미약하다는 비판이 고조되고 급기야 이에 항의하는 시위자들이 국회의사당을 일시 점거하는 사태가 발생하였다. 국회는 11월 29일, 반민주행위자 처벌 등을 위한 소급입법의 근거를 위한 헌법개정안을 의결하였다.

제4차 개헌은 부칙에 ① 3·15부정선거에 관여한 반민주행위자의 처벌과 공민권 제한을 위한 특별법 및 부정축재자 처리를 위한 특별법을 제정할 수 있다는 것, ② 이에 관한 형사사건을 처리하기 위한 특별재판소와 특별검찰부를 둘 수 있다는 것 등을 명시하였다.

제4차 개헌은 소급입법에 의한 형사처벌 및 참정권과 재산권의 제한을 위하여 헌법적 근거를 마련한 것이다.

3. 제 2 공화국헌법의 성격

제1공화국하에서 이승만의 권위주의체제에 대한 반대는 야당의 의원내각제 주장으로 구체화되었다. 이 때문에 제2공화국 헌법에서의 의원내각제 채택은 거의 당연시되었다. 이 개헌은 최초의 여야 합의에 의한 개헌이라고 일컬어진다.

제2공화국헌법은 전반적으로 입헌주의 성격을 강화하였다. 그러나 장면(張勉) 총리의 민주당(民主黨)정권하에서 헌정의 실제는 매우 불안정하였다. 집권 9개월여의 기간 중, 3회의 전면개각이 있었고, 국무위원의 평균 재임기간은 2개월밖에 안되었다. 제2공화국헌법은 헌법규범 자체

---

18) 이 점에서 후술하는 제5차 개헌헌법이 국민투표에 의하여 이루어진 것과 대비된다.

는 입헌주의에 충실한 것이었으나, 헌정질서가 극히 불안정하여 헌법적 안정성이 취약하였다.

Ⅳ. 제3 공화국헌법

1. 제5차 헌법개정(1962. 12. 26. 공포)

가. 제5차 개헌의 경과

1961년 5·16쿠데타에 의해 '군사혁명위원회'가 설치되고 곧 그 명칭이 '국가재건최고회의'로 바뀌었다. 국가재건최고회의는 6월 6일, "국가재건비상조치법"을 제정·공포하였다. 이 법의 주요내용은 다음과 같다. ① 국가재건최고회의는 국가권력을 통합한 최고의 통치기관의 지위를 갖는다. ② 헌법에 규정된 국민의 기본적 권리는 혁명과업수행에 저촉되지 않는 범위 내에서 보장된다. ③ 국가재건최고회의는 국군 현역장교 중에서 20인 이상 30인 이내의 최고위원으로 조직된다. ④ 국가재건회의는 헌법에 규정된 국회의 권한을 행사하고 내각은 국가재건최고회의에 대하여 연대책임을 진다. ⑤ 국가재건최고회의는 내각수반을 임명하고, 내각은 최고회의의 승인을 얻어 내각수반이 임명한다. ⑥ 대법원장과 대법원판사는 최고회의의 제청으로 대통령이 임명하고, 헌법재판소에 관한 규정은 그 효력을 정지한다. ⑦ 제2공화국 헌법은 비상조치법에 저촉되지 않는 범위 내에서만 그 효력을 갖는다.

1962년 7월 11일, 최고회의는 헌법심의위원회를 구성하였다. 12월 6일, 최고회의는 헌법개정안을 의결하였고, 12월 17일 개헌안은 국민투표에 회부되어 통과되었다. 12월 22일 최고회의에서 헌법개정안 가결이 선포되고, 12월 26일 공포되었다. 헌법공포 후에 최고회의 박정희(朴正熙) 의장의 군정연장 성명과 뒤이은 그 철회가 있었다. 제3공화국 헌법은 그 부칙에 따라 새 국회가 집회하는 날, 1963년 12월 17일부터 효력을 발생하였다.

나. 제5차 개헌의 주요 내용

제5차 개헌의 형식을 취한 제3공화국 헌법은 기본적으로 다시 대통령제 정부형태를 채택하는 외에도 다방면의 헌법 변동을 가져왔다. 그 주요 내용은 다음과 같다.

① 헌법 전문(前文)의 변경. 이 헌법이 "4·19의거와 5·16혁명의 이념에 입각"한다는 것을 명시하였다. ② 정당에 대한 특권부여 등 정당국가에의 지향. 대통령선거와 국회의원선거에서 정당 추천을 필수적으로 요구하고, 국회의원이 소속정당을 이탈하거나 변경한 때, 또는 소속정당이 해산된 때에는 의원자격을 상실시켰다. ③ 기본권보장 강화. "인간으로서의 존엄과 가치"를 명시하고, 직업선택의 자유를 새로 규정하였다. 신체의 자유에 관하여 영장청구는 검찰관 청구에 의하게 하는 등 상세한 규정을 두었다. 표현의 자유에 관하여 영화 및 연예에 대해 검열을 할 수 있고, 신문·통신의 발행시설기준 및 옥외집회의 시간·장소를 법률로 규제할 수 있

다고 규정하였다. 인간다운 생활을 할 권리를 새로 규정하는 등 사회권조항을 보완하였다. 재판청구권에 관하여 민간인은 원칙적으로 군사재판을 받지 않음을 명시하였다. ④ 대통령제를 기본으로 하되 부분적인 의원내각제 요소(국회에 대한 국무총리·국무위원 해임건의권 부여 등)의 혼합. 다만 국무총리 임명에 국회의 동의는 요하지 않았다. ⑤ 국회의 단원제. ⑥ 일반법원에 위헌법률심사권 부여. 대법원장 및 대법원판사 임명에 법관추천회의제 채택. ⑦ 경제조항의 변경. 경제질서의 원칙에 관하여 개인의 경제상의 자유와 창의를 기본으로 한다고 규정하고, 그 밖에 농지소작금지를 명시하는 등 경제관련 조항을 변경하였다. ⑧ 헌법개정절차 변경. 헌법개정안은 필수적으로 국민투표에 의해 확정하도록 하고, 개정안 제안권자에서 대통령을 제외하였다.

제5차 개헌에 의한 제3공화국 헌법은 적어도 규범상으로 보면 입헌주의 헌법에 속한다고 할 수 있다. 그러나 헌정의 실제는 권위주의적 성격이 강했다.

2. 제6차 헌법개정(1969. 10. 21. 공포)

제6차 개헌은 이른바 3선개헌이다. 대통령은 1차에 한하여 중임할 수 있다는 규정을 고쳐 박정희 대통령의 계속 집권을 가능하게 하였다. 제6차 개헌은 1969년 10월 17일의 국민투표에서 확정되어 10월 21일에 공포되었다. 그 내용은 다음과 같다.

① "대통령의 계속 재임은 3기에 한한다"라고 규정하였다. ② 국회의원 정수 상한을 200명으로부터 250명으로 높였다. ③ 국회의원이 법률이 정하는 바에 따라 국무위원을 겸직할 수 있도록 하였다. ④ 대통령에 대한 탄핵소추 요건을 강화하여 국회의원 50인 이상 발의와 재적의원 3분의 2 이상의 찬성을 얻도록 하였다.

제6차 개헌은 정치적 혼란을 겪으면서 절차상으로도 하자를 남겼다. 개헌 의결요건을 충족하기 위하여 여당의원과 야당의원을 비정상적 방법으로 포섭하였고 야당은 정당 해체와 복원이라는 비상적 방법을 쓰기도 하였다. 특히 개헌안의 국회 표결과 국민투표법안 의결을 야당의원들에게는 통보도 하지 않은 채 새벽에 국회 제3별관에서 여당의원만이 참석한 가운데 강행하였고, 국민투표 과정에서도 공무원이 관여하는 등 절차적 하자가 심하였다.

3. 1971년의 "국가보위에 관한 특별조치법"

3선에 성공한 박정희 대통령은 1971년 12월 6일, 북한의 남침위협 증대를 내세워 이른바 "국가비상사태"를 선포하였다. 이후 12월 27일, 국회에서 야당의원들이 없는 가운데 비정상적 절차에 의해 "국가보위에 관한 특별조치법"이 의결되었다. 이 법률은 대통령에게 헌법상 근거 없는 국가긴급권을 부여하는 것이었다. 그 주요 내용은 대통령은 국가를 보위하기 위하여 신속한 사전대비조치를 취할 필요가 있을 경우 국가비상사태를 선포할 수 있으며, 국가비상사태하에서 대통령의 국회 통고만으로 국가동원령을 발하고, 물가 통제 등 경제규제를 명령하며, 언론·출판·집회·시위를 규제하고, 근로자의 단체행동권을 제한할 수 있게 하는 것 등이다.

헌법재판소는 이 법률이 "초헌법적인 국가긴급권을 대통령에게 부여하고 있다는 점에서 이는 헌법을 부정하고 파괴하는 반입헌주의, 반법치주의의 위헌법률이다"라고 판시하였다.[19]

4. 제3공화국헌법의 성격

제3공화국헌법은 1961년 5·16쿠데타의 소산이었지만 헌법규범 자체는 입헌주의 원리에 토대를 둔 것이었다. 정부형태는 미국의 대통령제와 유사하였다.

제3공화국 헌법의 제정과정에서 헌법심의위원회 전문위원에 여러 헌법학자들이 참여하였다. 그러나 한 외국학자의 지적에 의하면, 실질적으로 헌법안의 성안에 주도적 역할을 한 것은 중앙정보부(1961년 6월 13일에 설치)의 한 위원회였으며, 또한 이 헌법안 작성에는 미국 하버드대학 정치학교수 에머슨(Rupert Emerson)이 자문하였다고 한다.[20]

제3공화국의 헌법규범은 입헌주의에 기초한 것이었지만 헌법현실과는 괴리가 있었다. 1965년의 한일기본조약 체결을 위해 대통령의 비상계엄선포권이 남용되었고, 1967년에 박정희 대통령이 재선된 이후 권위주의적 성격이 짙어 갔다. 특히 1971년의 "국가보위에 관한 특별조치법"을 통해 제3공화국헌법의 현실은 그 권위주의적 성격이 심화되었다.

V. 제4공화국헌법

1. 제7차 헌법개정(1972. 12. 27. 공포)

가. 제7차 개헌의 배경과 경과

제7차 개헌에 의한 1972년 헌법은 흔히 "유신(維新)헌법"이라고 불린다. 이 헌법의 연원이 이른바 "10월 유신"에 있기 때문이다. 10월 유신의 배경을 이룬 것은 1972년의 7·4 남북공동성명이다. 이 공동성명에서 남북한은 자주적 통일, 평화적 통일 및 사상·이념·제도의 차이를 초월한 민족대단결의 원칙에 합의하고, 이를 위하여 남북조절위원회를 설치하기로 하였다. 평화통일 원칙의 합의는 남북한관계의 대전환을 이루는 역사적 의미를 지닌 것이었으나, 남북한은 각기 체제강화의 목적으로 이 공동성명을 이용하였다. 남한에서 그것은 10월 유신과 뒤이은 유신헌법으로 나타났다.

1972년 10월 17일, 박정희 대통령은 새로운 남북한관계에 대응하기 위하여 체제의 유신적 개혁을 단행한다고 발표하면서 전국에 비상계엄을 선포하고, 약 2개월간 헌법의 일부조항의 효력을 중지시키는 비상조치를 선언하였다. 이 조치의 주요 내용은 ① 국회를 해산하고 정당 및 정치활동을 중지시키며, ② 국회의 기능은 비상국무회의가 수행하고, 비상국무회의의 기능은

---

19) 헌재 1994. 6. 30. 92헌가18, 6-1, 557(569).

20) Bruce Cummings, Korea's Place in the Sun: A Modern History, Norton, 1997, 353.

국무회의가 수행하며, ③ 비상국무회의는 평화통일을 지향하는 헌법개정안을 공고하여 국민투표를 통해 확정한다는 것이었다.

개헌안은 11월 21일에 실시된 국민투표를 통해 확정되었다. 부칙에 근거하여 새 헌법의 시행 전에 통일주체국민회의대의원 선거를 하고 통일주체국민회의에서 대통령선거가 행하여졌다. 12월 27일, 대통령이 취임하고 헌법이 공포·시행되었다. 유신헌법 시행 이전에 비상국무회의는 이미 여러 입법을 해두었다.

나. 제7차 개헌의 주요 내용

제7차 개헌에 의한 유신헌법의 주요 내용은 다음과 같다.

① 전문에서 평화적 통일의 원칙을 천명하고, 대통령의 평화통일을 위한 성실의무 등을 규정하였다. 또한, 전문에서 자유민주적 기본질서를 공고히 한다는 원칙을 처음으로 명시하였다. ② 전반적으로 기본권 보장을 약화하였다. 언론·출판·집회·결사의 자유를 비롯하여 여러 기본권에 대한 개별적 법률유보조항을 두었다. 기본권의 본질적 내용 침해금지 조항을 삭제하였다. 언론·출판·집회·결사에 대한 검열·허가 금지조항을 삭제하였다. 군인·경찰 등의 국가배상청구권을 제한하였다. ③ 국회 외에 통일주체국민회의를 두고, 여기에 대통령선출권 및 국회의원 3분의 1 선출권을 부여하였다. ④ 대통령 권한을 강화하여 국회해산권, 헌법적 효력을 갖는 긴급조치권, 국회의원 3분의 1 추천권, 중요정책에 대한 국민투표회부권을 부여하였다. ⑤ 대통령 임기를 6년으로 하고 중임제한을 철폐하였다. ⑥ 국회의 회기를 단축하고 국정감사권 조항을 삭제하였다. ⑦ 무소속 입후보를 인정하여 정당특혜를 삭제하였다. ⑧ 위헌심사기관으로 헌법위원회를 설치하였다. ⑨ 대통령에게 일반법관 임명권을 부여하였다. ⑩ 통일이 될 때까지 지방의회 구성을 유보하였다. ⑪ 개헌절차를 이원화하여, 대통령이 제안한 헌법개정안은 국민투표로 확정되며, 국회의원이 제안한 헌법개정안은 국회의 의결을 거쳐 통일주체국민회의의 의결로 확정되는 것으로 하였다.

2. 제4공화국헌법의 성격

제7차 개헌에 의한 제4공화국헌법, 즉 유신헌법은 실질적으로 새 헌법의 제정일 뿐 아니라, 그 기본 성격상 종전의 헌법과 전혀 다르다. 즉 제1공화국 헌법이나 제3공화국 헌법은 적어도 헌법규범 자체는 입헌주의에 따른 것이지만, 유신헌법은 헌법규범 자체가 이미 반(反)입헌주의적인 권위주의 헌법에 속한다.

유신헌법하에서는 국회의원의 임기가 4년에서 6년으로 늘어났는데 이는 유정회(維政會, 대통령이 추천하고 통일주체국민회의가 선거하는 국회의원들의 교섭단체) 제도와 더불어 정치권으로의 진입장벽을 높임과 동시에 공천획득을 위한 야당의 내부분열을 조장하기 위한 것이었다. 또한 대통령선출은 정당가입이 허용되지 않는 통일주체국민회의 대의원들에 의하여 선출되도록 함으로써 정당이 정권 창출에 참여할 수 있는 가능성을 원천적으로 봉쇄하였다는 점에서 절차적 민주주의가 부인되었다.[21]

유신헌법의 시행에서 가장 두드러진 특징은 긴급조치의 악용과 남용이다. 유신헌법 비판과 개헌주장을 억압할 목적 등으로 긴급조치가 제1호(1974. 1. 8)부터 제9호(1975. 5. 13)까지 발동되었다.

유신헌법을 기반으로 하는 유신체제의 성립배경이나 성격에 관해서는 다양한 관점이 있으며 이를 종합적으로 접근할 필요가 있다. 첫째, 유신체제는 국제정세의 변화, 특히 1970년의 닉슨 독트린(미국의 아시아지역 군사개입 축소의 선언)등으로 인한 안보위협을 배경으로 한다. 둘째, 유신체제는 중화학공업화 등 산업구조 개편과 이와 관련한 노사갈등, 급속한 경제성장과정에서 소외된 근로자·도시빈민의 저항에 대한 억압적 대응의 성격을 지닌다. 셋째, 유신체제는 박정희 대통령의 집권연장 의지의 소산이다.

VI. 제 5 공화국헌법

1. 제8차 헌법개정(1987. 10. 27. 공포)

가. 제8차 개헌의 경과

유신체제는 그 말기에 이르러 여러 붕괴의 조짐을 나타냈다. 1978년 12월 12일의 제10대 국회의원 총선에서 야당인 신민당이 여당인 민주공화당보다 많은 득표율을 기록하였다. 1979년 10월에는 야당 지도자 김영삼(金泳三)에 대한 국회의원 제명과 이에 대한 저항이 "부마(釜馬)항쟁"으로 이어졌다. 결국 10월 26일, 박정희 대통령이 피살됨으로써 유신체제는 붕괴된다.

그 후 12·12군사반란을 시작으로 1980년 5·17조치(비상계엄 전국확대와 계엄군의 국회점거, 정치활동 금지 등의 조치)와 5·18광주민주화운동 무력진압을 거치면서 군에 의한 내란행위가 전개되었다. 5월 31일에 헌법상 근거없는 "국가보위비상대책위원회"가 설치되고, 8월 16일 최규하(崔圭夏) 대통령의 사임 후, 8월 27일 전두환(全斗煥)이 통일주체국민회의에 의해 대통령으로 선출되었다. 10월 22일 헌법개정안이 국민투표에 회부되어 확정되고, 10월 27일 공포, 발효되었다.

새 헌법의 부칙에 따라 대통령의 임명으로 구성된 "국가보위입법회의"가 입법권을 행사하여 언론기본법을 비롯한 여러 악법들을 제정하였다. 1981년 2월 25일, 전두환이 선거인단에 의해 간선되고, 3월 25일에는 국회의원 총선거가 실시되었다.

---

21) 한국선거학회, 한국선거 60년, 오름, 2011, 138.

나. 제8차 개헌의 주요 내용

제8차 개헌에 의한 제5공화국헌법은 기본적으로 유신헌법의 골격을 유지하면서 부분적 변경을 가한 것이다. 그 주요 내용은 다음과 같다.

① 전문에서 "제5민주공화국"의 출범을 명시하였다. ② 총강에서 재외국민 보호, 정당운영자금 보조, 국군의 사명, 전통문화 계승·발전과 민족문화 창달을 규정하였다. ③ 기본권조항에서 여러 자유권에 대한 개별적 법률유보조항을 삭제하고, 행복추구권·연좌제금지·사생활의 자유·무죄추정의 원칙·적정임금 보장·환경권·혼인과 가족생활 보호 등을 새로이 규정하였으며, 구속적부심사제와 기본권의 본질적 내용의 침해금지를 다시 명시하였다. ④ 대통령 선출에 관하여 선거인단에 의한 간선제를 규정하고, 7년 단임제로 하였다. ⑤ 대통령의 국회해산권을 유지하되 일정한 요건을 두었고, 긴급조치권과 마찬가지로 헌법적 차원의 효력을 갖는 비상조치권을 인정하되 약간의 제한을 부가하였다. ⑥ 국회의 국정조사권을 명시하고, 국회의원선거비례대표제의 근거를 규정하였다. ⑦ 일반법관의 임명권을 다시 대법원장에게 부여하였다. ⑧ 경제조항에서 독과점 규제, 중소기업보호, 소비자보호 등을 규정하였다. ⑨ 부칙에서 국가보위입법회의를 과도적 국회권한 대행기관으로 규정하고, 소급적 참정권제한 입법의 근거를 명시하였다.

2. 제5공화국헌법의 성격

제5공화국헌법은 유신헌법과의 단절을 표방하여 "제5민주공화국"임을 자칭하였다. 그러나 부분적으로 입헌주의적 성격을 회복했을 뿐이고, 전반적으로는 권위주의 헌법의 성격을 벗어나지 못하였다.

제5공화국 출범의 기초가 되었던 12·12군사반란에 관하여 헌법재판소 다수의견은 이른바 "성공한 쿠테타는 처벌할 수 없다"는 논리에 의하여 검사의 기소유예처분을 정당하다고 판단하였다.22)

한편 5·17내란행위의 합헌성 여부가 다투어진 사건에서 헌법재판소 다수의견은 헌법소원 취하로 인한 심판절차 종료를 결정하였다.23) 그러나 동 사건에서 김진우 재판관 등 3인의 반대의견은 "내란행위의 정당성이 인정되지 아니할 경우에는 설사 내란행위자들이 그 목적을 달성하여 국가권력을 장악하고 국민을 지배하였다고 하더라도 그 행위의 위법성은 소멸되지 아니하며 처벌될 수 있다"고 하였다.

또한 헌법재판소는 국가보위입법회의 입법의 절차적 위헌 여부에 관하여 위헌적 하자가 없다고 결정한 반면, 입법회의 입법의 실체적 합헌성 여부는 현행 헌법하에서 다툴 수 있다고 보았다. 결정이유를 살펴보면 다음과 같다.

---

22) 헌재 1995. 1. 20. 94헌마246, 7-1, 15.
23) 헌재 1995. 12. 15. 95헌마221등, 7-2, 697.

즉, 국가보위입법회의 입법의 절차적 하자에 관하여는 "1980. 10. 27. 공포된 구 헌법 부칙 제6조 제1항은 "국가보위입법회의는 구 헌법 시행일로부터 구 헌법에 의한 국회의 최초의 집회일 전일까지 국회의 권한을 대행한다"고 규정함으로써 국가보위입법회의에 입법권을 부여하는 합헌적 근거규정을 마련하였고, 동 제3항은 국가보위입법회의가 제정한 법률에 대하여 지속효를 가지며 제소나 이의할 수 없도록 하여 구 헌법하에서 그 제정절차를 다툴 수 없는 유효한 법률임을 명백히 하였으며, 한편 1987. 10. 29. 공포된 현행 헌법 부칙 제5조는 현행 헌법 시행 당시의 법령은 현행 헌법에 위반되지 아니하는 한 효력을 지속한다고 하여 법령의 지속효에 관한 규정을 두고 있는바, 그렇다면 국가보위입법회의에서 제정된 법률의 내용이 현행 헌법에 저촉된다고 하여 다투는 것은 별론으로 하되 현행 헌법하에서도 제정절차에 위헌적 하자가 있음을 다툴 수는 없다"[24)

그러나, 위 입법의 실체적 하자에 관하여는 "구 헌법의 제소금지 규정의 배경을 살펴보면 국가보위입법회의라는 비상기관에서 비상절차에 의하여 제정한 각종 법률에 대하여 헌법적 근거를 부여함과 동시에 그 제정절차, 즉 성립의 하자를 문제삼는 것을 예방하기 위한 비상제동장치를 마련하는데 있었다고 사료되며 그 내용의 합헌성 여부를 다투는 것을 봉쇄하는데 그 의도가 있었던 것이라고는 보여지지 않는다. 그렇다면 구 헌법 부칙 제6조 제3항의 규정은 구 헌법의 기본권보장 규정과도 모순, 충돌되는 것이었던만큼 현행 헌법에서는 국민의 민주화요구에 부응하여 반성적 견지에서 제소금지 조항을 승계하지 않았다고 봐야 할 것이고 따라서 모든 국민은 아무런 제약이 따르지 않는 기본권에 의하여 언제 어떤 절차로 만들어졌느냐에 관계없이 모든 법률에 대하여 법정절차에 의해서 그 위헌성 유무를 따지는 것이 가능하다."[25)

VII. 제6공화국헌법

1. 제9차 헌법개정(1987. 10. 29. 공포)

가. 제9차 개헌의 경과

제5공화국 말기에 여당인 민주정의당은 의원내각제 개헌을 시도하였으나 야당인 신한민주당과 다수 국민은 대통령 직선제를 주장하였다. 민주화 요구는 대통령 직선제로 구체화되었다. 1987년, 박종철 군 고문살인사건으로 촉발된 6월 시민항쟁의 승리로 전두환정권은 종말을 맞게 된다. 이른바 6·29선언으로 대통령 직선제 개헌이 공언되고, 여야 합의에 의한 개헌안이 마련되었다. 10월 27일 국민투표에 의해 개헌이 확정되고, 10월 29일에 공포된 데 이어, 1988년 2월 25일부터 새 헌법이 시행되었다.

---

24) 헌재 1994. 4. 28. 91헌바15등, 6-1, 317(335-336).
25) 헌재 1989. 12. 18. 89헌마32등, 1, 343(351-352).

나. 제9차 개헌의 주요 내용

제9차 개헌에 의한 현행 제6공화국헌법은 유신헌법과 제5공화국헌법의 권위주의적 성격을 벗어나 입헌주의를 회복한 헌법이다. 그 주요 내용은 다음과 같다.

① 전문에서 대한민국임시정부의 법통 계승을 명시하였다. ② 총강에서 국군의 정치적 중립을 명시하였다. ③ 기본권조항에서 적법절차 조항과 범죄피해자구조청구권이 신설되고, 언론·출판·집회·결사에 대한 허가·검열제 금지가 다시 명시되었으며, 최저임금제 실시와 노인·청소년 복지향상 등 사회권 조항이 보완되었다. ④ 대통령제를 기본으로 하되, 국무총리·국무위원 해임건의권 등 의원내각제 요소를 혼합하였다. ⑤ 대통령 직선제를 규정하고, 5년 단임제를 채택하였으며, 국회해산권과 비상조치권을 폐지하고 긴급명령권 등을 규정하였다. ⑥ 국회의 국정감사권을 부활하는 등 국회권한을 강화하였다. ⑦ 대법관 임명에 국회동의를 얻도록 하였다. ⑧ 헌법재판소를 설치하고 특히 헌법소원제도를 채택하였다.

2. 제6공화국헌법의 성격

현행 제6공화국헌법은 헌법개정의 형식을 취했으나 실질적으로는 새 헌법의 제정이다. 제4·제5공화국헌법의 권위주의 성격을 벗어나 입헌주의를 회복한 점에서 의미가 크다.

현행 헌법의 제정과정에서 기본적으로 유신헌법 이전의 상태를 회복한다는 취지가 강했다. 이에 따라 제3공화국헌법으로 돌아가는 토대 위에서 이를 부분적으로 수정·보완하는 기조를 취하였다.

절차적 측면에서 볼 때, 현행 헌법은 여야 합의에 의한 것이라는 점에서 의미가 있다. 그러나 헌법제정과정에서 국민의 적극적 참여의 기회가 주어지지 않았다는 문제점이 지적된다.[26] 다만 이에 관해서는 당시의 특수한 정치적 상황 속에서 조속한 헌법안 작성의 필요성이 있었다는 반론의 여지가 있다.

VIII. 대한민국헌법사의 특징

1. 형식상의 특징

대한민국헌법은 1948년 제정 이래 현행 헌법에 이르기까지 9차의 개정을 거쳤다. 즉 형식상으로 보면 현행 헌법은 1948년의 건국헌법의 지속이며 다만 개정을 거친 것뿐이다. 그러나 실질적 관점에서 보면, 그 간의 9차의 개정 가운데에는 실질적으로 새로운 헌법제정이라고 보

---

26) 이러한 문제점으로 인하여 법정치학 혹은 법사회학 분야에서는 6·29선언과 헌법개정을 "권위주의가 종결되고 민주주의로의 이행이 시작된 계기"로 보는 견해와 "체제 내의 개혁파와 온건 반대파에게로 정치적 주도권이 넘어가고, 거리에서 의사당으로, 대중에서 엘리트로 정치의 중심이 이전한 것"으로 보는 견해 등이 있다고 한다. 한국선거학회(주 21), 185.

아야 할 경우들이 있다.

　이 점에 관하여 먼저 헌법제정과 헌법개정의 구별이 문제된다. 헌법개정이란 헌법이 정한 절차에 따라 헌법규정을 수정, 삭제 또는 첨가하는 것이다. 헌법개정은 기존 헌법과의 동일성을 유지하면서 헌법규정에 변경을 가하는 것인 점에서 헌법제정과 다르다.

　헌법개정에는 외형상 일부 규정을 개정하는 경우와 헌법규정을 전면적으로 개정하는 전면 개정이 있는데, 특히 후자의 경우에 새로운 헌법의 제정과 어떻게 구별되는지가 문제된다. 그 구별의 기준은 기존 헌법과의 동일성이 유지되는가의 여부에 있다. 헌법의 동일성 여부의 문제는 헌법의 내부에 다시 단계적 구조를 인정하느냐와 관련되는데, 헌법의 내부적 단계구조를 인정하는 이론에 의하면, 헌법규정은 크게 두 부류로 구분할 수 있다. 즉 ① 헌법제정자의 근본적 결단에 해당하는 규정과 ② 헌법제정자의 근본적 결단에 근거한 그 하위의 규정들이다. ①에 해당하는 것을 '헌법핵' 또는 '헌법의 근본규범'이라고 부를 수 있다. 이러한 이론에 의하면 헌법개정절차에 따라 헌법개정의 형식을 취한다고 하더라도 헌법핵에 해당하는 규정을 변경한다면 이것은 헌법개정이 아니라 실질적으로 헌법제정에 해당한다.

　우리 대법원 판례 가운데에는 헌법개정의 형식을 취했음에도 불구하고 헌법제정이라고 표현한 경우가 있다. 이 사건(이른바 '강신옥 변호사 긴급조치위반 사건')에서 대법원은 "제5공화국 헌법의 제정공포"라는 표현을 하고 있다.[27] 또한 헌법재판소 판례 중에 이념적·논리적으로 헌법 규범 상호간의 우열을 인정하면서, 그러나 "헌법의 어느 특정규정이 다른 규정의 효력을 전면 부인할 수 있는 정도의 개별적 헌법규정 상호간에 효력상의 차등을 의미하는 것이라고는 볼 수 없다"고 판시한 예가 있다.[28]

　원리적으로 헌법내부의 단계구조를 인정하는 것이 타당하다고 보고 이에 근거하여 헌법제정과 헌법개정을 구분하는 한, 우리 헌법의 개정의 역사도 실질적 관점에서 재검토할 필요가 있다. 지금까지의 9차의 헌법개정 형식 가운데에는 실질적으로 헌법제정에 해당하는 경우가 많다. 1960년의 제3차 헌법개정, 1962년의 제5차 헌법개정, 1972년의 제7차 헌법개정, 1987년의 제9차 헌법개정에 의한 현행 헌법의 성립은 모두 기존 헌법의 헌법핵을 변경한 것이며, 실질적으로 헌법제정이라고 보아야 한다. 1980년 제8차 헌법개정에 의한 제5공화국헌법의 성립도 새로운 헌법제정으로 보는 견해들이 있으나,[29] 이와 달리 볼 소지가 있다. 제8차 헌법개정은 기존 유신헌법과의 단절을 강조하기 위해 헌법 전문에서 "제5민주공화국"을 표방하였음에도 불구하고, 1972년의 유신헌법과 기본적 동질성을 유지하였다고 본다면 새로운 헌법제정으로 보기 어렵다. 대통령 선출방식도 직선제가 아닌 간선제를 그대로 두면서 그 선출기관을 통일주체국민회의에서 대통령선거인단으로 이름만 바꾼 점, 대통령에게 헌법적 차원의 비상대권인 긴급

---

27) 대판(전) 1985. 1. 29. 74도3501.

28) 헌재 1995. 12. 28. 95헌바3, 7-2, 841(846-848).

29) 김철수, 개론(주 1), 125; 허영(주 1), 117-118.

조치권이 비상조치권으로 이름만 바뀐 채 그대로 인정된 점, 대통령에게 여전히 국회해산권이
인정되었다는 점에서 제5공화국헌법은 유신헌법의 부분개정에 불과하다고 하겠다.

2. 헌법규범 및 헌법현실상의 특징적 양상

1948년 건국헌법 이래 현행 헌법에 이르는 대한민국헌법사에서 몇 가지 특징적 양상이 나
타나고 있음을 볼 수 있다. 그 특징적 양상을 넷으로 나누어 볼 수 있다.

① 헌법규범과 헌법현실의 괴리로 인한 명목적 헌법화의 현상이다. 헌법규범은 입헌주의
에 입각하고 있으나 헌법현실은 권위주의로 나타나는 것이다. 제1공화국과 제3공화국의 경우
가 여기에 해당한다.

② 헌법규범 자체가 악법인 권위주의 체제의 경우이다. 헌법규범이 이미 입헌주의를 벗어
나 있는 것이다. 제4공화국과 제5공화국헌법의 경우가 여기에 해당한다. 제4공화국의 유신헌법
이 가장 전형적이고, 제5공화국헌법은 유신헌법보다 부분적으로 입헌주의적 요소를 회복하였
지만, 기본적으로는 권위주의를 벗어나지 못하였다. 헌법현실을 보면 도리어 제5공화국헌법 시
대가 더 전제주의적 성격이 강했다고 볼 수 있는 측면이 있다. 이것은 5·18광주민주화운동 당
시 대학살이 있었고 그 후 상당기간에 걸쳐 공포정치 기간이 지속되었다는 점에 비추어 그렇
다. 제5공화국 시대는 우리 헌정사에서 공포정치 시대였다.

③ 헌법규범과 헌법현실이 입헌주의 성격을 지니고 있으나, '헌법적 안정성'이 매우 떨어진
경우이다. 제2공화국헌법이 여기에 해당한다. 제2공화국의 헌법현실에서는 권력담당자들이 입
헌주의를 유지할 능력을 갖추지 못했을 뿐 아니라, 국민들 역시 헌법적 안정성의 중요성을 인
식하지 못하고 헌법적 불안정을 방조하였다.

④ 헌법규범과 헌법현실의 괴리를 좁히고 헌법의 규범력을 확대하는 경우이다. 1987년 이
래 현행 헌법이 여기에 해당한다. 민주화의 공고화(鞏固化)와 더불어 입헌주의의 확대, 즉 헌법
의 규범력 확대가 나타나면서 상호 선(善)순환의 관계를 나타내는 것이다.

IX. 현행 대한민국헌법의 개요

현행 대한민국헌법은 1948년 7월 12일 국회에서 의결되어, 7월 17일 공포, 시행된 제헌헌
법 이래, 그간 9차에 걸친 개정의 결과이다.

1. 헌법전의 구성

현행 대한민국헌법의 헌법전은 전문, 본문, 부칙으로 구성되어 있다. 본문은 총 130개조이
며, 부칙은 6개조이다.

본문은 다음과 같이 총10장으로 구성된다. 제1장 총강, 제2장 국민의 권리와 의무, 제3장 국회, 제4장 정부, 제5장 법원, 제6장 헌법재판소, 제7장 선거관리, 제8장 지방자치, 제9장 경제, 제10장 헌법개정.

본문 가운데 제4장 정부는 제1절 대통령, 제2절 행정부로 구성되며, 제2절 행정부는 다시 제1관 국무총리와 국무위원, 제2관 국무회의, 제3관 행정각부, 제4관 감사원으로 세분되어 있다.

2. 대한민국헌법의 기본원리

헌법의 기본원리, 즉 헌법원리는 헌법 전체에 투영된 공동체의 기본적 가치이다. 헌법원리도 헌법의 일부이다. 헌법원리는 ① 헌법과 법령의 해석 기준이 되며, ② 헌법을 구체화하는 입법의 지침이 된다. ③ 헌법원리의 변경은 헌법개정의 한계가 된다. 무엇이 헌법원리에 해당하는가는 헌법의 전문과 본문을 통합적으로 일관되게 이해한 토대 위에서 추출될 수 있다.

한국헌법의 기본원리로서 ① 국민주권주의, ② 권력분립주의, ③ 기본권 보장, ④ 자유민주적 기본질서, ⑤ 평화통일주의, ⑥ 국제평화주의, ⑦ 수정자본주의적 경제질서, ⑧ 법치주의를 들 수 있다.[30] 그 밖에 이른바 문화국가원리를 헌법원리의 하나로 보는 견해가 있다.[31]

가. 국민주권주의

헌법 제1조는 "① 대한민국은 민주공화국이다. ② 대한민국의 주권은 국민에게 있고, 모든 권력은 국민으로부터 나온다"라고 하여 국민주권주의를 명시하고 있다. 헌법 전문에서 국민이 헌법제정자라고 한 규정도 국민주권주의를 나타낸다. 그 밖에 국회의원·대통령선거권을 규정한 조항(제41조 제1항, 제67조 제1항), 국민투표권(제72조, 제130조)을 규정한 조항도 모두 국민주권주의에 근거한 것이다.

나. 권력분립주의

국가권력의 조직원리는 권력분립주의를 기본으로 한다. 권력분립주의는 자유주의에 기초한 것이며, 국민의 자유를 보장하기 위한 국가권력 조직원리가 곧 권력분립주의이다. 헌법은 "입법권은 국회에 속한다"(제40조), "행정권은 대통령을 수반으로 하는 정부에 속한다"(제66조 제4항), "사법권은 법관으로 구성된 법원에 속한다"(제101조 제1항)라고 하여 권력분립주의에 입각하고 있다.

---

30) 김철수 교수는 한국헌법의 기본원리로서 다음을 열거한다. 국민주권주의, 자유민주주의와 권력분립주의, 평화통일주의, 문화국가주의, 국제평화주의, 군의 정치적 중립성 보장, 기본권존중주의, 복지국가주의, 사회적 시장경제주의. 김철수, 개론(주 1), 137-143. 계희열 교수는 한국헌법의 기본원리를 다음과 같이 열거한다. 국제평화주의, 민주주의, 법치주의, 사회국가의 원리, 문화국가의 원리. 계희열(주 1), 214 이하. 허영 교수는 한국헌법의 이념과 기본원리를 다음과 같이 열거한다. 국민주권의 이념과 자유민주주의원리 및 법치주의원리 등, 정의사회의 이념과 사회국가원리·수정자본주의원리 등, 문화민족의 이념과 문화국가원리 등, 평화추구의 이념과 평화통일원리·국제법존중원칙. 허영(주 1), 137-181.
31) 김철수, 개론(주 1), 139; 계희열(주 1), 429; 허영(주 1), 165 등 참조.

권력분립주의에 입각하되 특히 입법권과 행정권의 관계를 어떻게 구성하느냐는 정부형태에 따라 상이하다. 우리 헌법은 대통령제를 기본으로 하면서 부분적으로 의원내각제 요소를 혼합하고 있다.

다. 기본권 보장

개인의 기본권 보장은 근대 헌법의 기본원리이다. 근대 입헌주의의 또 하나의 원리인 권력분립주의는 개인의 기본권 보장을 위한 것이다. 헌법은 제10조에서 기본권 보장에 관한 원칙을, 제37조에서는 기본권제한에 관한 원칙을 규정하고 있다. 헌법 제10조의 "인간으로서의 존엄과 가치," "개인이 가지는 불가침의 기본적 인권"이라는 규정에 비추어, 우리 헌법의 기본권 조항은 자연법론적 입장에 서 있다고 할 수 있다.[32] 우리 헌법은 포괄적 기본권인 인간의 존엄과 행복추구권을 규정하고, 상세한 사회권조항을 두었으며, 사생활의 권리·환경권·범죄피해자구조청구권 등 여러 새로운 기본권을 규정하고 있는 점에 특징이 있다.

라. 자유민주적 기본질서

헌법은 전문에서 "자유민주적 기본질서를 더욱 확고히"한다고 규정하고 있다. 그 뿐만 아니라 제4조에서 "자유민주적 기본질서에 입각한 평화적 통일정책"을 수립·추진한다고 명시하였으며, 제8조 제4항에서는 "정당의 목적이나 활동이 민주적 기본질서에 위배"될 때에는 정당해산사유가 된다고 규정하고 있다. 이처럼 헌법은 자유민주적 기본질서의 보장을 원리적 차원에서 천명하고 있을 뿐 아니라 이를 위하여 정당해산제도를 채택하고 있으며, 또한 이를 통일정책의 기본으로 삼고 있다. 이것은 우리 헌법이 이른바 방어적 민주주의에 입각하고 있음을 나타내는 것이다. 즉 자유민주적 기본질서의 보장을 위하여 자유의 적에 대하여 적극적으로 방어하겠다는 것이다.[33]

우리 헌법에서 자유민주적 기본질서에 관한 규정은 전문, 제4조 통일조항 및 제8조 정당조항 세 곳에 그치고 있지만, 방어적 민주주의에 기초한 자유민주적 기본질서의 보장은 우리 헌법의 기본원리를 가장 포괄적으로 나타내는 최고의 원리이다.[34] 자유민주적 기본질서 보장의

---

32) 동지 김철수, 개론(주 1), 354; 권영성; 헌법학원론, 법문사, 2010, 301.

33) 연혁적으로 방어적 민주주의는 독일 바이마르 시대의 역사적 경험을 배경으로 한다. 민주주의를 부정하는 극단주의 세력인 나치에 의해 합법적 절차를 거쳐 민주주의가 파괴된 역사적 경험에 대한 반성으로 이차대전 후 서독에서 등장한 것이 방어적 민주주의(abwehrhafte Demokratie) 또는 전투적 민주주의(streitbare Demokratie)이다. 방어적 민주주의는 민주주의의 적(敵)이 민주주의 자체를 공격하는 것을 방어하며, 자유의 적에게 자유를 파괴하는 자유를 허용하지 않겠다는 것이다. 민주주의의 적으로부터 보호하려는 민주주의의 핵심적 가치를 표현한 것이 '자유민주적 기본질서'(freiheitlich-demokratische Grundordnung)이다. 독일 기본법에서 방어적 민주주의 사상을 제도화하여 나타난 것이 위헌정당해산제도와 기본권실효제도이다. 콘라드 헷세, 계희열 역, 통일 독일헌법원론, 박영사, 2001, 421 이하 참조.

34) 헌법재판소는 국가보안법 제7조의 위헌 여부에 관한 사건에서 자유민주적 기본질서의 의미를 다음과 같이 해석하고 있다.
  "자유민주적 기본질서에 위해를 준다 함은 모든 폭력적 지배와 자의적 지배 즉 반국가단체의 일인독재 내지 일당독재를 배제하고 다수의 의사에 의한 국민의 자치, 자유·평등의 기본원칙에 의한 법치주의적 통치질서의 유지를 어렵게 만드는 것이고, 이를 보다 구체적으로 말하면 기본적 인권의 존중, 권력분립, 의회

원리가 지닌 법적 의의를 다음과 같이 정리할 수 있다. ① 헌법제정자의 근본 결단에 해당하며 헌법핵에 속한다. ② 헌법 및 법령 해석의 기준이 되고 입법의 지침이 된다. ③ 헌법개정절차에 의해서도 변경할 수 없는 헌법개정의 한계에 해당한다. ④ 국가권력을 구속할 뿐 아니라 기본권 행사의 한계를 설정한다. 즉 자유민주적 기본질서를 침해할 목적으로 기본권을 남용해서는 안된다.

자유민주적 기본질서의 보장은 개별적 입법을 통해서도 구체화되어 있다. 대표적으로 국가보안법을 들 수 있다. 이 법 제7조를 비롯한 여러 조항에서는 "국가의 존립·안전이나 자유민주적 기본질서를 위태롭게 한다는 정을 알면서" 반국가단체나 그 구성원 등을 찬양하는 행위 등을 처벌하고 있다.

마. 평화통일주의

분단국가 헌법으로서 우리 헌법은 무력이 아닌 평화적 통일의 원리를 천명하고 있다. 현행 헌법은 전문에서 평화적 통일의 사명을 규정한 데 이어, 특히 제4조의 통일조항을 신설하여 자유민주적 기본질서에 입각한 평화적 통일정책의 수립·추진을 명시하였다. 또한 대통령의 의무로서 "평화적 통일을 위한 성실한 의무"를 규정하고(제66조 제3항), 취임시에 "평화적 통일 … 에 노력"할 것을 선서하도록 규정하고 있다(제69조). 우리 헌법은 1972년 제4공화국헌법 이래 평화통일주의를 명시하고 있다.

바. 국제평화주의

현대 헌법은 국가의 대외관계의 원리를 규정하는 예가 많다. 우리 헌법은 대외관계의 원리로서 국제평화주의를 밝히고 있다. 전문에서 "항구적인 세계평화와 인류공영에 이바지"한다고 천명한 데 이어, 침략전쟁의 부인(제5조) 및 조약의 국내적 효력의 인정과 외국인 지위보장(제6조) 등, 국제평화주의에 입각한 조항들을 두고 있다.

사. 수정자본주의적 경제질서

헌법은 제9장에서 경제질서에 관한 구체적 규정을 두고 있다. 우리 헌법상 경제질서의 원리는 헌법 제119조에 규정되어 있다. "① 대한민국의 경제질서는 개인과 기업의 경제상의 자유와 창의를 존중함을 기본으로 한다. ② 국가는 균형있는 국민경제의 성장 및 안정과 적정한 소득의 분배를 유지하고, 시장의 지배와 경제력의 남용을 방지하며, 경제주체간의 조화를 통한 경제의 민주화를 위하여 경제에 관한 규제와 조정을 할 수 있다." 헌법 제119조 제1항에서 경제적 자유 존중을 경제질서의 기본으로 한다고 함은 곧 사유재산제와 시장경제가 경제질서의 기본이라는 의미이다. 헌법 제119조 제2항에서 국가가 "균형있는 국민경제의 성장과 안정 … 경제적 민주화를 위하여 경제에 관한 규제와 조정을 할 수 있다"라고 함은 복지국가 실현을 위

제도, 복수정당제도, 선거제도, 사유재산과 시장경제를 골간으로 한 경제질서 및 사법권의 독립 등 우리의 내부 체제를 파괴·변혁시키려는 것으로 풀이할 수 있을 것이다." 헌재 1990. 4. 2. 89헌가113, 2, 49(64).

한 국가의 경제적 규제가 경제질서의 부차적 원리라는 의미이다. 이러한 경제질서를 수정자본주의적 경제질서라고 부를 수 있다.

헌법재판소 판례와 다수 학설은 우리 헌법의 경제질서를 '사회적 시장경제질서'라고 부르고 있다.35) 이것은 독일의 경제질서를 표현하는 사회적 시장경제질서를 그대로 차용한 것이다. 그러나 '사회적 시장경제'라는 용어는 독일 특유의 경제질서를 지칭하는 의미가 강하다. 따라서 '수정자본주의적 경제질서'라는 보다 보편적 용어를 사용하는 것이 적절하다.

아. 법치주의

법치주의는 국가작용이 객관적인 법에 근거를 두고 법에 따라 행하여져야 한다는 원리이다. 근대 이래로 여기에서의 법은 의회가 제정한 법률을 의미하였으며, 그런 뜻에서 법치주의의 핵심적 의미는 국가작용이 의회가 제정한 법률에 근거하고 법률에 따라 행하여져야 한다는 것이다. 법치주의란 말은 영미의 '법의 지배'와 독일의 '법치국가'에 연원을 둔 용어이며, 통상적으로 이 양자의 어느 하나에 한정하지 않고 포괄적인 의미로 쓰인다.36)

우리 헌법은 직접 법치주의를 명시하고 있지는 않다. 그러나 헌법 제37조 제2항(법률에 의한 기본권제한), 제13조 제1항 및 제2항(소급입법 금지), 제75조(위임입법의 제한), 제103조(사법권 독립) 등은 법치주의 원리에 기초한 규정들이다.

흔히 우리 헌법의 법치주의는 형식적 법치주의가 아니라 실질적 법치주의를 의미한다고 설명하는 것이 보통이다. 형식적 법치주의란 국가작용이 법률에 합치하여 행하여져야 한다는 것으로, 법률의 내용을 묻지 않는다. 이에 비해 실질적 법치주의는 국가작용이 형식적으로 법률에 합치해야 할 뿐만 아니라 법률의 내용이 자유와 평등을 구현하는 것이어야 한다거나 또는 정의에 합치할 것을 요청한다.

우리 헌법의 전체적 규정을 볼 때 우리 헌법은 형식적 법치주의에 그치지 않고 실질적 법치주의에 입각하고 있다고 할 수 있다. 그러나 법철학자 라즈(Raz)가 지적하는 것처럼,37) 법치주의의 의미를 실질적 법치주의로 이해하는 경우에는 법치주의의 고유한 존재의의는 찾기 힘들다는 견해가 있다.38) 실질적 법치주의란 단순히 '법의 지배'가 아니라 '좋은 법에 의한 지배'를 의미하는데, 이같이 법치주의를 '좋은 법'의 지배로 이해하는 경우, 법치주의는 자유와 평등, 정의 등, 거의 모든 헌법원리와 도덕원리를 모두 포괄하는 것이 되어버린다. 이렇게 광범한 의미의 헌법원리는 헌법원리로서의 고유한 가치를 갖기 어렵다. 법치주의의 고유한 의미는 그 형식적 측면에 있다고 보아야 한다. 이것은 우리 헌법이 형식적 법치주의에 그치고 있다는 것이 아니라 법치주의의 헌법원리로서의 기능적 유용성이 형식적 측면에 있다는 의미이다.

---

35) 헌재 2001. 6. 28. 2001헌마132, 13-1, 1441(1456). 김철수, 개론(주 1), 142; 허영(주 1), 160; 권영성(주 32) 163.
36) 영미의 '법의 지배'와 독일의 '법치국가'의 비교에 관하여, 양건(주 1), 200-201 참조.
37) Joseph Raz, "The Rule of Law and Its Virtue," The Authority of Law, Clarandon, 1979, 201-202.
38) 양건(주 1), 183-184.

3. 현행헌법 운용상의 특징

현행 제6공화국헌법의 운용상 두드러진 특징으로 특히 두 가지를 지적할 수 있다.[39]

가. '분할정부' 현상의 상례화

1987년 이래 헌법운용에서 가장 두드러진 특징은 국회의원 총선거의 결과, 분할정부(divided government, 통칭 '여소야대') 현상이 상례화되고 있다는 점이다. 1988년의 총선 이후 일곱 번의 총선 가운데 처음 네 번의 선거에서 여당(대통령 소속정당)이 과반수의석 확보에 실패했다. 첫 번째 예외는 2004년 4월의 총선이었는데, 이것은 '대통령탄핵 역풍'이라는 특수한 상황의 소산이었을 뿐 아니라 2005년 4·30 재보선을 통해 다시 분할정부로 되돌아갔다. 두 번째 예외는 2008년 4월의 총선이었는데, 이는 2007년 12월 대통령선거와 근접하여 이루어진 선거였다. 세 번째 예외는 2012년 4월의 총선이었는데, 예상을 뒤엎고 여당이 승리하였다. 이때도 2012년 12월의 대통령선거와 비교적 근접한 선거였다고 할 수 있다.

이렇게 보면, 대통령선거와 시간적인 근접선거가 이루어진 경우를 제외하면 분할정부 현상이 일반화되고 있다고 보아도 무방할 것이다.

대통령제를 운용하면서 과거에 없던 이런 현상의 요인으로 다음 여러 가지를 지적할 수 있다. 첫째, 과거 권위주의 시대에 단일정부(unified government)를 보장해주던 여러 장치들, 특히 선거제도의 불공정성이 제거되었다. 둘째, 정당체제가 다당제로 변화하였다. 1987년 이래 지역을 기반으로 한 다당제가 지속돼 왔으며 이로 인해 국회 제1당의 과반수 획득이 어렵게 된 것이다. 셋째, 대통령과 국회의원의 임기 차이로 인하여 동시선거가 치러지지 못한 점이 분할정부를 촉진하였다. 대통령 임기 중의 중간선거는 현직 대통령에 대한 비판과 불만 표출의 마당이 되는 것이 통례이다.

분할정부 현상에 대한 대응은 대부분 비정상적이었다. 역대 대통령들은 총선의 결과로 야기된 분할정부 상황을 그대로 수용하지 않았다. 정당간의 합당, 이른바 '의원 빼내오기', 연정(聯政) 등을 통해 분할정부를 뒤엎고 단일정부를 조작해 냈다. 그 결과 정당간의 갈등과 대립은 더욱 악화되었다.

분할정부로 인한 정치적 갈등이 헌정의 불안정을 초래한 대표적 사례가 2004년의 대통령 탄핵사태이다. 2004년 5월 14일, 헌법재판소는 국회의 대통령 탄핵소추를 기각하였다.[40]

분할정부 현상을 그대로 수용하면서 어떻게 대응하는가는 대통령제 운용의 성패를 좌우할 수 있는 중대한 문제이다. 분할정부 아래에서 대통령과 의회의 대립은 대통령제가 지닌 가장 큰 제도적 취약점이다. 각기 민주적 정당성을 지닌 대통령과 의회가 끝까지 대립하는 경우, 이 '정당성의 충돌'을 제도적으로 해결할 방법이 없는 것이다. 분할정부 아래에서 정상적 헌정 운용의 능

---

39) 양건(주 1), 95-98.
40) 헌재 2004. 5. 14. 2004헌나1.

력이 있어야만 대통령제를 성공적으로 지속할 수 있다. 2007년 1월, 노무현 대통령은 대통령 임기4년 연임허용을 내용으로 하는 개헌안 발의의 뜻을 밝혔으나, 4월 17일, 이를 유보하였다.

나. 헌법재판의 활성화[41]

1988년에 출범한 헌법재판소는 당초 예상과는 달리 상당히 적극적인 태도를 보여왔다. 양적으로 위헌결정이 많았을 뿐 아니라 질적으로도 실제로 중요한 사건들에서 이른바 사법적극주의적 태도를 보여왔다(예컨대 영화검열 위헌결정,[42] 동성동본금혼 위헌결정,[43] 과외금지 위헌결정[44] 등). 그러나 정치적으로 민감한 사건에서는 소극적 태도를 벗어나지 않았다(예컨대 5·18특별법 사건,[45] 교원노조 사건,[46] 대통령탄핵 사건[47] 등). 이런 점에서 적어도 2004년 전반까지 헌법재판소의 사법적 태도는 '제한적 적극주의'에 머물렀다.

현실의 정치와 관련하여 헌법재판소가 국민적 주목을 받게 된 것은 2004년의 대통령탄핵 사건과 수도이전 사건(신행정수도특별법 사건)을 계기로 한다. 특히 수도이전 사건에서의 위헌결정[48]은 헌법재판소가 단순한 사법기관이 아니라 정치적 기관임을 분명하게 보여 주었다. 이 결정을 통해 헌법재판소는 종래의 제한적 적극주의를 넘어 '정치적 성년'이 되었다. 그러나 이와 동시에 헌법재판소는 격렬한 비판의 대상이 되기 시작했다. 일부 학자들은 헌법재판 또는 입헌주의가 반(反)민주주의적이라고 비판했고, '사법 쿠데타'라는 정치적 비난까지 나왔다. 그러나 '사법통치'(juristocracy)[49]라고 불리는 헌법재판의 정치적 역할 증대는 오늘날 선진민주주의 국가의 보편적 현상이다. 역사적으로 민주화의 물결과 함께 헌법재판제도의 채택이 확대되어 왔다는 점도 헌법재판과 입헌주의가 결코 반민주주의적이지 않다는 것을 보여준다.

X. 관련문헌

1. 국내문헌

계희열, 헌법학(상), 박영사, 2005.

권영성, 헌법학원론, 법문사, 2010.

김영수, 한국헌법사, 홍문사, 2000.

김철수 편, 입법자료교재 헌법, 박영사, 1985.

---

41) 양건, "헌법재판소의 정치적 역할: '제한적 적극주의'를 넘어서," 헌법실무연구 제6권(2005), 147-166 참조.
42) 헌재 1996. 10. 4. 93헌가13등.
43) 헌재 1997. 7. 16. 95헌가6등.
44) 헌재 2000. 4. 27. 98헌가16등.
45) 헌재 1996. 2. 16. 96헌가2등.
46) 헌재 1991. 7. 22. 89헌가106.
47) 헌재 2004. 5. 14. 2004헌나1.
48) 헌재 2004. 10. 21. 2004헌마554등.
49) 사법통치에 관하여, 양건(주 1), 30-31 참조.

김철수, 한국헌법사, 대학출판사, 1988.

_____, 헌법학개론, 법문사, 2007.

서중석, 이승만과 제1공화국, 역사비평사, 2007.

성낙인, 한국헌법사, 법문사, 2012.

양　건, "헌법재판소의 정치적 역할: '제한적 적극주의'를 넘어서," 헌법실무연구 제6권 (2005).

_____, 헌법강의 I, 법문사, 2007.

유진오, 신고 헌법해의, 일조각, 1953.

_____, 헌법기초회고록, 일조각, 1980.

이경주, "건국헌법의 제정과정: 미군정사료 등을 중심으로," 헌법학연구 제4집 제3호(1998).

이영록, "제헌국회의 '헌법 및 정부조직법 기초위원회'에 관한 사실적 연구," 법사학연구 제25호(2002).

_____, "대한민국헌법의 제정과정: 불안한 입헌주의의 출발," 법학논총(조선대학교 법학연구소) 제8집(2002).

이현희, 대한민국 임시정부사, 집문당, 1982.

장영수, 헌법학, 홍문사, 2007.

정종섭, 헌법학원론, 박영사, 2013.

콘라드 헷세, 계희열 역, 통일 독일헌법원론, 박영사, 2001.

한국선거학회, 한국선거 60년, 오름, 2011.

한수웅, 헌법학, 법문사, 2011.

허　영, 한국헌법론, 박영사, 2007.

2. 외국문헌

Cummings, Bruce, Korea's Place in the Sun: A Modern History, Norton, 1997.

Raz, Joseph, "The Rule of Law and Its Virtue," The Authority of Law, Clarandon, 1979.

헌법 전문(前文)

헌법 전문(前文)

[장 영 수]

　　悠久한 歷史와 傳統에 빛나는 우리 大韓國民은 3·1運動으로 建立된 大韓民國臨時政府의 法統과 不義에 抗拒한 4·19民主理念을 계승하고, 祖國의 民主改革과 平和的 統一의 使命에 입각하여 正義·人道와 同胞愛로써 民族의 團結을 공고히 하고, 모든 社會的 弊習과 不義를 타파하며, 自律과 調和를 바탕으로 自由民主的 基本秩序를 더욱 확고히 하여 政治·經濟·社會·文化의 모든 領域에 있어서 各人의 機會를 균등히 하고, 能力을 最高度로 발휘하게 하며, 自由와 權利에 따르는 責任과 義務를 완수하게 하여, 안으로는 國民生活의 균등한 향상을 기하고 밖으로는 항구적인 世界平和와 人類共榮에 이바지함으로써 우리들과 우리들의 子孫의 安全과 自由와 幸福을 영원히 확보할 것을 다짐하면서 1948年 7月 12日에 制定되고 8次에 걸쳐 改正된 憲法을 이제 國會의 議決을 거쳐 國民投票에 의하여 改正한다.

1987年 10月 29日

I. 헌법 전문(前文)의 개념

　　헌법의 전문(前文)이란 헌법의 본문(本文) 앞에 위치하여 헌법전의 일부를 구성하고 있는 헌법의 서문(序文)을 말한다.[1] 헌법 전문은 대체로 헌법제정의 역사적 의의와 주체 및 그 제정

---

1) 헌법의 전문(前文)은 헌법전의 구성부분이라는 점에서 법령을 공포할 때 만들어지는 공포문(公布文)과는 그 성격과 기능이 다르다.

과정, 헌법제정의 목적, 헌법의 목적과 지도이념 등을 규정한다.

　　이러한 헌법의 전문은 헌법전을 구성하는 필수적 요소는 아니며, 벨기에, 네덜란드, 덴마크, 오스트리아 등과 같이 성문헌법국가이면서 헌법 전문을 두지 않고 있는 예도 있다. 그러나 현대국가의 헌법들은 대부분 전문을 두고, 전문을 통하여 헌법의 제정 또는 개정의 주체, 헌법의 이념 및 원리와 제정과정 등을 밝히고 있다.

　　우리나라의 헌법도 1948년 헌법 제정 당시부터 전문을 두고 있으며, 전문에서 헌법제정의 주체가 국민이라는 점, 그리고 헌법이 지향해야 할 이념과 원리, 헌법제정 또는 개정의 경과 등에 대하여 간략하게 설명하고 있다.

II. 대한민국 헌법 전문(前文)의 연혁

1. 제헌헌법의 전문(前文)

『悠久한 歷史와 傳統에 빛나는 우리들 大韓國民은 己未三一運動으로 大韓民國을 建立하여 世界에 宣布한 偉大한 獨立精神을 繼承하여 이제 民主獨立國家를 再建함에 있어서 正義人道와 同胞愛로써 民族의 團結을 鞏固히 하며 모든 社會的 弊習을 打破하고 民主主義 諸制度를 樹立하여 政治, 經濟, 社會, 文化의 모든 領域에 있어서 各人의 機會를 均等히 하고 能力을 最高度로 發揮케 하며 各人의 責任과 義務를 完遂케 하여 안으로는 國民生活의 均等한 向上을 期하고 밖으로는 恒久的인 國際平和의 維持에 努力하여 우리들과 우리들의 子孫의 安全과 自由와 幸福을 永遠히 確保할 것을 決議하고 우리들의 正當 또 自由로히 選擧된 代表로서 構成된 國會에서 檀紀 4281年 7月 12日 이 憲法을 制定한다.

檀紀 4281年 7月 12日』

　　1948년에 제정된 헌법은 대한민국의 건국을 확인하는 역사적 문서였으며, 우리 민족으로서는 실질적 규범력을 갖는 최초의 헌법이었다. 과거 구한말의 '홍범14조'와 '대한국 국제'(大韓國國制)와 같은 헌법적 문서가 있었으나, 국가질서의 전체적 틀을 정하고 있는 헌법으로는 보기 어려우며, 일제 강점기에도 임시정부에서 헌법을 제정하고 5차에 걸쳐 개정하였지만, 주권을 상실한 상태였기 때문에 실질적 규범력을 갖는 헌법은 아니었던 것이다.

　　그렇기 때문에 1948년의 헌법제정은 매우 특별한 의미를 가지고 있었으며, 이러한 의미를 분명히 하기 위하여 헌법 본문 앞에 전문(前文)을 두어서 헌법제정의 주체, 헌법의 기본적 이념과 원리 및 헌법제정의 경과 등을 간단하게 밝히고자 하였던 것이다. 이와 같은 전문의 의미를 제헌헌법의 기초자인 유진오 박사는 아홉 가지로 정리한 바 있다.[2]

　　첫째, 우리의 헌법제정이 단순히 연합국의 승리와 후원의 산물이 아니고 유구한 역사와 전

---

2) 유진오, 헌법해의, 명세당, 1949, 15 이하.

통에 빛나는 우리나라 국민이 3·1 독립정신과 같은 위대한 정신을 가지고 일본 제국주의와 투쟁한 결과이며, 3·1운동의 결과 민의에 의해 수립된 대한민국 임시정부를 계승하여 재건하는 것임을 선언함으로써 민족정신을 강조한 것이다.

둘째, 우리 국민이 당파심과 이기심을 버리고 정의·인도와 동포애로써 민족의 단결을 공고히 한다고 선언함으로써 우리 민족의 장래가 단결에 있음을 확인하였다. 또한 침략적 야심이나 당파심, 이기심 등을 중심으로 단결할 것이 아니고 정의·인도와 동포애로써 단결하도록 촉구함으로써 민주사회를 건설할 수 있는 초석을 만들고자 하였다.

셋째, 우리나라 헌법이 정당하고 자유롭게 선거한 대표로써 구성된 국회에서 제정되었음을 선언함으로써 헌법을 제정하는 권력이 국민에게 있음을 확인하였다. 이는 헌법 제2조의 "大韓民國의 主權은 國民에게 있고 모든 權力은 國民으로부터 나온다"는 규정과 함께 국민주권을 선언하고 있는 것이다.

넷째, 헌법을 제정한 목적이 우리들과 우리들의 자손의 안전과 자유와 행복을 영원히 확보하는 데 있음을 선언하고 있는 것은, 전체주의국가나 전제국가에서 국민을 국가의 수단으로 생각하는 것과 차별화시키고 있는 것이다.

다섯째, 헌법 전문에서 봉건적 인습, 계급적 차별 또는 인간의 존엄을 무시하는 것과 같은 종래의 사회적 폐습을 타파하고 정치, 경제, 사회, 문화의 모든 영역에서 각인의 기회를 균등히 하고 능력을 최고도로 발휘할 수 있도록 하는 민주주의 수립을 선언하였는데, 이는 헌법 제5조에서 "大韓民國은 政治, 經濟, 社會, 文化의 모든 領域에 있어서 各人의 自由, 平等과 創意를 尊重하고 保障하며 公共福利의 向上을 爲하여 이를 保護하고 調整하는 義務를 진다"고 규정한 것과 맥을 같이 한다.

여섯째, 형식적인 정치적 민주주의만으로는 국민에게 인간다운 생활을 보장할 수 없기 때문에 국민의 실질적 자유, 평등을 확보하기 위하여 국민생활의 균등한 향상을 강조하였다. 즉, 정치적 민주주의와 함께 경제적·사회적 민주주의를 채택할 것을 선언한 것이다. 이는 헌법 제5조에서 국민의 자유와 평등, 창의를 확보하고 조정할 국가의 의무를 인정한 것, 그리고 헌법 제84조에서 "大韓民國의 經濟秩序는 모든 國民에게 生活의 基本的 需要를 充足할 수 있게 하는 社會正義의 實現과 均衡있는 國民經濟의 發展을 期함을 基本으로 삼는다"고 규정한 것과 동일한 취지이다.

일곱째, 국민 각자가 그의 책임과 의무를 자각하지 않고 권리와 자유만을 주장하는 것을 방지하기 위하여 각인이 그의 책임과 의무를 완수하여야 함을 선언하였는데, 민주주의 실현을 위해서는 권리와 자유를 적극적으로 주장하는 동시에 자신의 책임과 의무를 이행하여야 함을 확인한 것이다.

여덟째, 헌법 전문에서 항구적인 국제평화의 유지에 노력할 것임을 천명함으로써 우리 민족의 평화애호심을 선언하고 있는 것은 헌법 제6조에서 "大韓民國은 모든 侵略的인 戰爭을 否

認한다"고 규정한 것과 동일한 취지이다.

아홉째, 헌법 전문은 단기 4281년 7월 12일 헌법이 국회에서 제정되었음을 확인하였다.

2. 제3공화국, 제4공화국, 제5공화국헌법의 전문(前文)

가. 제3공화국헌법의 전문

『悠久한 歷史와 傳統에 빛나는 우리 大韓國民은 3·1運動의 崇高한 獨立精神을 계승하고 4·19義擧와 5·16革命의 理念에 입각하여 새로운 民主共和國을 建設함에 있어서, 正義·人道와 同胞愛로써 民族의 團結을 공고히 하며 모든 社會的 弊習을 타파하고 民主主義 諸制度를 확립하여 政治·經濟·社會·文化의 모든 領域에 있어서 各人의 機會를 균등히 하고 義務를 완수하게 하여, 안으로는 國民生活의 균등한 向上을 期하고 밖으로는 항구적인 世界平和에 이바지함으로써 우리들과 우리들의 子孫의 安全과 自由와 幸福을 영원히 확보할 것을 다짐하며, 1948年 7月 12日에 制定된 憲法을 이제 國民投票에 의하여 改正한다.

1962年 12月 26日』

제헌헌법의 전문(前文)은 제1공화국 시절에 행해진 1952년의 제1차 개헌 및 1954년의 제2차 개헌은 물론 제2공화국의 1960년 제3차 개헌과 제4차 개헌 당시에도 바뀌지 않았다. 그러나 1962년의 제3공화국헌법은 전문개정(全文改正)의 형식을 취하면서 헌법의 전문(前文)도 개정하였다.

제3공화국의 헌법 전문(前文)은 몇 가지 의식적인 변화를 제외하면, 기본적으로 제헌헌법의 전문과 유사하다. 주목할 수 있는 점은 헌법 개정이 국민투표를 통해 이루어졌음을 확인하고 있는 점, 그리고 제헌 헌법의 전문과는 달리 "4·19義擧와 5·16革命의 理念에 입각하여 새로운 民主共和國을 建設"한다고 선언함으로써 제3공화국의 정당성을 확보하려고 한 점을 들 수 있다.[3]

그러나 5·16 군사쿠데타와 관련하여서는 그 정당성에 대한 재평가가 내려지고 있을 뿐만 아니라, 제3공화국 수립 이전의 군사정부 및 그 근거가 되었던 국가재건비상조치법이 위헌적인 것이었다는 점을 고려할 때, 제3공화국 헌법의 전문은 당시의 권력으로부터 자유롭지 못했었다고 평가될 수 있다.

나. 제4공화국헌법(유신헌법)의 전문

『悠久한 歷史와 傳統에 빛나는 우리 大韓國民은 3·1運動의 崇高한 獨立精神과 4·19義擧 및 5·16革命의 理念을 계승하고 祖國의 平和的 統一의 歷史的 使命에 입각하여 自由民主的 基本秩序를 더욱 공고히 하는 새로운 民主共和國을 建設함에 있어서, 政治·經濟·社會·文化의 모든 領域에 있어서 各人의 機會를 균등히 하고 能力을 最高度로 發揮하게 하며 責任과 義務를 완수하게 하여, 안으로는 國民生活의 균등한 向上을 期하고 밖으로는 항구적인 世界平和에 이바지함으로써 우리들과 우리들의 子孫의 安全과 自由와

---

3) 당시에 해석론에 관하여는 문홍주, 한국헌법, 법문사, 1965, 108 이하 참조.

幸福을 영원히 확보할 것을 다짐하면서, 1948年 7月 12日에 制定되고 1962年 12月 26日에 改正된 憲法을 이제 國民投票에 의하여 改正한다.

1972年 11月 24日』

우리나라의 역대 헌법 중에서 가장 독재적인 헌법으로 유명한 제4공화국헌법(일명 유신헌법)은 모든 국가권력이 대통령에게 집중되었던 것으로 유명하다. 그러나 전문(前文)에서는 제3공화국과 비교하여 큰 변화를 보이지 않고 있다.

주목할만한 변화로는 "祖國의 平和的 統一의 歷史的 使命에 입각하여 自由民主的 基本秩序를 더욱 공고히 하는"이라는 문구가 추가된 것을 들 수 있는데, 이는 당시 이른바 10월 유신을 주장하면서 그 정당성의 논리를 헌법 전문에 삽입한 것으로 이해될 수 있다. 즉, 국가권력의 집중을 정당화하는 논리로서 통일을 위한 국력의 극대화를 강조하였던 당시의 상황과 연계하여 이 문구의 추가를 이해할 수 있는 것이다.[4]

다. 제5 공화국헌법의 전문

『悠久한 民族史, 빛나는 文化, 그리고 平和愛護의 傳統을 자랑하는 우리 大韓國民은 3·1運動의 崇高한 獨立精神을 계승하고 祖國의 平和的 統一과 民族中興의 歷史的 使命에 입각한 第5民主共和國의 출발에 즈음하여 正義·人道와 同胞愛로써 民族의 團結을 공고히 하고, 모든 社會의 弊習과 不義를 타파하며, 自由民主的 基本秩序를 더욱 확고히 하여 政治·經濟·社會·文化의 모든 領域에 있어서 各人의 機會를 균등히 하고, 能力을 最高度로 發揮하게 하며, 自由와 權利에 따르는 責任과 義務를 완수하게 하여, 안으로는 國民生活의 균등한 향상을 기하고 밖으로는 항구적인 世界平和와 人類共榮에 이바지함으로써 우리들과 우리들의 子孫의 安全과 自由와 幸福을 영원히 확보하는 새로운 歷史를 創造할 것을 다짐하면서 1948年 7月 12日에 制定되고 1960年 6月 15日, 1962年 12月 26日과 1972年 12月 27日에 改正된 憲法을 이제 國民投票에 의하여 改正한다.

1980年 10月 25日』

1979년 10월 26일 김재규에 의하여 박정희가 암살됨으로써 유신체제는 붕괴되었고, 12·12사태와 5·17, 5·18을 겪으면서 제5공화국이 출범하게 되었다. 그러나 신군부의 집권을 통해 당시 서울의 봄으로 일컬어지던 민주화의 열망을 짓밟았던 제5공화국은 정당성의 부담을 크게 느끼고 있었다.

이러한 당시의 상황은 제5공화국 헌법의 전문(前文)에서도 확인할 수 있다. 무엇보다 눈에 띄는 것은 "第5民主共和國의 출발에 즈음하여"라는 표현을 삽입함으로써 제4공화국 헌법과의 차별화를 분명히 하고 있는 점이다.[5] 유신헌법 당시의 집권층은 제4공화국이라는 용어의 사용

---

4) 당시에 해석론에 관하여는 한태연, 헌법학, 법문사, 1978, 139 이하 참조.

5) 같은 맥락에서 과거 제3공화국 및 제4공화국헌법과는 달리 4·19의거와 5·16혁명에 관한 명시적인 언급을

을 기피하면서 제3공화국의 연장이라고 강변하였던 것과는 대조적으로, 제8차 개헌을 통해 수립된 제5공화국에서는 유신체제를 제4공화국이라고 전제한 후, 스스로를 제5공화국으로 규정함으로써 유신체제와 일정한 거리를 두려고 한 것이다.[6]

그러나 이러한 표현상의 차이에도 불구하고, 제5공화국 헌법의 전체적 내용은 제4공화국 헌법에서 크게 달라지지 않았으며, 당시의 정치현실 또한 크게 다르지 않았다.

3. 현행헌법의 전문(前文)과 그 특징

『悠久한 歷史와 傳統에 빛나는 우리 大韓國民은 3·1運動으로 建立된 大韓民國臨時政府의 法統과 不義에 抗拒한 4·19民主理念을 계승하고, 祖國의 民主改革과 平和的 統一의 使命에 입각하여 正義·人道와 同胞愛로써 民族의 團結을 공고히 하고, 모든 社會的 弊習과 不義를 타파하며, 自律과 調和를 바탕으로 自由民主的 基本秩序를 더욱 확고히 하여 政治·經濟·社會·文化의 모든 領域에 있어서 各人의 機會를 균등히 하고, 能力을 最高度로 발휘하게 하며, 自由와 權利에 따르는 責任과 義務를 완수하게 하여, 안으로는 國民生活의 균등한 향상을 기하고 밖으로는 항구적인 世界平和와 人類共榮에 이바지함으로써 우리들과 우리들의 子孫의 安全과 自由와 幸福을 영원히 확보할 것을 다짐하면서 1948年 7月 12日에 制定되고 8次에 걸쳐 改正된 憲法을 이제 國會의 議決을 거쳐 國民投票에 의하여 改正한다.

1987年 10月 29日』

현행헌법은 4·19혁명에 의해 수립된 제2공화국헌법과 더불어 국민의 민주화 열망이 탄생시킨 헌법이며, 국민의 의사가 가장 많이 반영된 헌법이라고 할 수 있다. 이러한 국민적 열망은 현행헌법의 전문(前文)에서도 나타난다.

역대 헌법의 전문과 비교할 때, 현행헌법의 전문에서 가장 두드러진 부분은 두 가지이다. 하나는 "大韓民國臨時政府의 法統"을 명시적으로 규정한 점이고, 다른 하나는 4·19혁명과 관련하여 "不義에 抗拒한 4·19民主理念을 계승"한다고 규정한 점이다.

현행헌법에서 대한민국 임시정부의 법통을 계승한다고 명시한 것은 북한을 의식한 것으로 해석될 수 있다. 제헌헌법의 전문에서 "己未三一運動으로 大韓民國을 建立하여 世界에 宣布한 偉大한 獨立精神을 繼承하여"라고 규정한 것을 임시정부를 계승하는 것으로 해석하는 것도 가능하였지만, 대한민국 임시정부의 법통을 명시적으로 규정한 것은 현행헌법의 전문이 최초이다. 그것은 대한제국 및 대한민국 임시정부를 계승함을 선언함으로써 앞으로 남북 통일과정에서 정통성 문제 등이 제기될 경우에 우월한 위치를 차지할 수 있도록 하려는 것으로 해석될 수 있는 것이다.

그리고 불의에 항거한 4·19민주이념을 계승한다고 명시한 것은, 저항권을 명시적으로 규정하는 대신에 4·19혁명을 통해 이를 간접적으로 규정한 것으로 해석되기도 한다. 저항권을

_____

하지 않고 있다.

6) 당시에 해석론에 관하여는 권영성, 헌법학원론, 법문사, 1981, 111 이하; 문홍주, 한국헌법, 1980, 해암사, 118 이하; 박일경, 헌법, 일명사, 1980, 133 이하 참조.

직접 헌법 본문에서 명시하고 있는 독일 기본권에는 미치지 못할 수 있으나, 헌법 전문에서 국민의 저항권행사를 정당화하고, 이를 계승하도록 명시함으로써 사실상 저항권을 인정하고 있다는 것이다.

Ⅲ. 외국헌법의 전문(前文)과의 비교

벨기에, 노르웨이, 오스트리아 등과 같이 성문헌법을 가지고 있음에도 불구하고 전문(前文)을 두지 않고 있는 예도 있다. 그러나 대부분의 헌법은 전문을 가지고 있으며, 그 중 우리 헌법에 영향을 미친 대표적인 예로 미국, 프랑스, 독일과 일본을 들 수 있다.

1. 미국 연방헌법의 전문(前文)

『우리들 미합중국 국민은 더욱 완전한 연합을 형성하고 정의를 건설하고 국내안녕을 확보하고 공동방위에 대비하고 공공복리를 증진시키고 우리들과 우리들의 자손에게 자유와 축복을 확보하기 위하여 이 미합중국 헌법을 제정한다.

(WE the people of the United States, in order to form a more perfect union, establish justice, insure domestic tranquility, provide for the common defence, promote the general welfare, and secure the blessings of liberty to ourselves and our posterity, do ordain and establish this Constitution for the Unites States of America.)』

미국 연방헌법은 1987년 9월 17일 제정되었으며, 1791년부터 몇 차례에 걸친 증보조항(Amendment)들을 통하여 인권규정들이 추가되었다. 그러나 헌법의 본문과 마찬가지로 헌법 전문도 개정된 바 없이, 200년이 넘는 동안 유지되고 있다.

미국 연방헌법 전문의 내용은 매우 짧고 간단하다. 그러나 가장 오래된 성문헌법으로서 미국 연방헌법이 담고 있는 내용들은 우리 헌법의 전문에 적지 않은 영향을 미친 것으로 보인다. 헌법제정의 주체가 국민임을 명확하게 밝히고 있는 점, 헌법제정의 목적을 선언하고 있다는 점과 우리들과 우리들의 자손을 위하여 헌법이 제정된다는 점 등에서 미국 연방헌법 전문이 미친 영향을 확인할 수 있다.

2. 프랑스 헌법의 전문(前文)

『프랑스 국민은 1789년의 인권선언에 의하여 정해지고 1946년의 헌법 전문(前文)에 의하여 확인되고 보완된 인간의 권리와 국민주권의 원리에 대한 애착을 엄숙히 선언한다.

공화국은 이 원칙 및 국민의 자유로운 결정의 원칙에 의거하여 공화국에 결합하는 의사를 표명한 해외영토에 대하여 자유, 평등 및 박애의 공통의 이상에 기초를 두고 그 민주적 발전을 목적으로 하여 구상된 신제도를 제공한다.

(Le peuple français proclame solennellement son attachement aux Droits de l'homme et aux principes de la souveraineté nationale tels qu'ils ont été définis par la Déclaration de 1789, confirmée et complétée par le préambule de la Constitution de 1946.

En vertu de ces principes et de celui de la libre détermination des peuples, la République offre aux territoires d'outre-mer qui manifestent la volonté d'y adherer des institutions nou-velles fondees sur l'idéal commun de liberté, d'églalité et de fraternité et conçues en vue de leur évolution démocratique.)』

프랑스 헌법의 전문(前文)도 미국 연방헌법과 마찬가지로 비교적 짧다. 프랑스 헌법의 전문에서는 헌법 제정의 주체, 헌법의 기본이념을 간결하게 천명하면서 해외영토에 대해서 민주주의 원칙과 제도가 적용됨을 선언하고 있다.

3. 독일 기본법의 전문(前文)

『신과 인간에 대한 책임을 의식하고, 통일 유럽의 동등한 권리를 가진 구성원으로서 세계평화에 이바지할 의지로 충만하여, 독일 국민은 헌법제정권력을 근거로 이 기본법을 제정하였다. 바덴-뷔르템베르크, 바이에른, 베를린, 브란덴부르크, 브레멘, 함부르크, 헷센, 멜클렌부르크-포폼머른, 니더작센, 노르트라인-베스트팔렌, 라인란트-팔츠, 자르란트, 작센-안할트, 슐레스비히-홀슈타인과 튀링엔 주(州)의 독일인은 자유로운 자기결정을 통하여 독일의 통일과 자유를 완성하였다. 이로써 이 기본법은 전체 독일 국민에 대하여 효력을 갖는다.

(Im Bewußtsein seiner Verantwortung vor Gott und den Menschen, von dem Willen beseelt, als gleichberechtigtes Glied in einem vereinten Europa dem Frieden der Welt zu dienen, hat sich das Deutsche Volk kraft seiner verfassungsgebenden Gewalt dieses Grundgesetz gegeben. Die Deutschen in den Ländern Baden-Württemberg, Bayern, Berlin, Brandenburg, Bremen, Hamburg, Hessen, Mecklenburg-Vorpommern, Niedersachsen, Nordrhein-Westfalen, Rheinland-Pfalz, Saarland, Sachsen, Sachsen-Anhalt, Schleswig-Holstein und Thüringen haben in freier Selbstbestimmung die Einheit und Freiheit Deutschlands vollendet. Damit gilt dieses Grundgesetz für das gesamte Deutsche Volk.)』

독일 기본법은 1949년 제정된 이후 40여 회에 이르는 개정을 통해 현재의 모습에 이르고 있다. 그러나 기본법 전문(前文)은 오직 한 번, 1990년 독일이 통일될 때 개정되었을 뿐이다. 그만큼 전문의 개정은 특별한 의미를 갖는 것으로 인정되고 있었던 것이다.

통일 이전과 이후의 기본법 전문을 비교해 보면, 그 의미가 분명해진다. 통일 이전에는 통일을 지향하는 잠정적 헌법으로서의 성격을 분명하게 드러내고 있었던 반면에,7) 통일 이후에

---

7) 통일 전의 기본법 전문(前文): "신과 인간에 대한 책임을 의식하고, 민족적·국가적 통일을 보전하며, 통일된

는 통일이 완성되었음을 선언함으로써 더 이상 잠정적 헌법이 아님을 확인하고 있는 것이다. 그러나 전문에 헌법의 이념과 제도에 관한 구체적인 내용은 별로 없다.

4. 일본 헌법의 전문(前文)

『1946년 11월 3일 공포

  일본 국민은, 정당하게 선거된 국회에 있어서의 대표자를 통해 행동하고, 우리들과 우리들의 자손을 위해서, 모든 국민과의 협동에 의한 성과와, 우리나라 전 국토에서 자유가 가져오는 혜택을 확보하고, 정부의 행위에 다시는 전쟁의 참화가 일어나는 일이 없을 것을 결의하고, 여기에 주권이 국민에게 있음을 선언하고, 이 헌법을 확정한다. 국정은, 국민의 엄숙한 신탁에 의한 것으로서, 그 권위는 국민에 유래하고, 그 권력은 국민의 대표자가 행사하고, 그 복리는 국민이 향유한다. 이것은 인류 보편의 원리이고, 이 헌법은 이러한 원리에 기초한다. 우리들은, 이것에 반하는 일체의 헌법, 법령 및 조칙을 배제한다.

  일본 국민은, 영원한 평화를 염원하고, 인간 상호의 관계를 지배하는 숭고한 이상을 깊게 자각하고, 평화를 사랑하는 여러 국민의 공정과 신의를 신뢰하고, 우리들의 안전과 생존을 유지할 것을 결의한다. 우리들은, 평화를 유지하고, 전제와 예종, 압박과 편협을 지상에서 영원하게 제거하려고 노력함으로써, 국제 사회에서, 명예로운 지위를 차지할 수 있다고 생각한다. 우리들은, 전세계의 국민이, 공포와 결핍을 면하고, 평화롭게 생존할 권리를 가지는 것을 확인한다.

  우리들은, 어떠한 국가도 자국의 이익에만 전념하여 타국을 무시해서는 안 되며, 정치 도덕의 법칙은 보편적인 것으로, 이 법칙에 따라서 자국의 주권을 유지하고, 타국과 대등 관계에 서는 것이 각국의 책무라고 믿는다. 일본 국민은, 국가의 명예에 걸고, 전력을 다해 이 숭고한 이상과 목적을 달성할 것을 맹세한다.

  (日本国民は、 正当に選挙された国会における代表者を通じて行動し、 われらとわれらの子孫のために、諸国民との協和による成果と、わが国全土にわたつて自由のもたらす恵沢を確保し、政府の行為によつて再び戦争の惨禍が起ることのないやうにすることを決意し、ここに主権が国民に存することを宣言し、この憲法を確定する。そもそも国政は、国民の厳粛な信託によるものてあつて、その権威は国民に由来し、その権力は国民の代表者がこれを行使し、その福利は国民がこれを享受する。これは人類普遍の原理であり、この憲法は、かかる原理に基くものである。われらは、これに反する一切の憲法、法令及び詔勅を排除する。

  日本国民は、恒久の平和を念願し、人間相互の関係を支配する崇高な理想を深く自覚するのであつて、平和を愛する諸国民の公正と信義に信頼して、われらの安全と生存を保持しようと決意した。われらは、平和を維持し、専制と隷従、圧迫と偏狭を地上から永遠に除去しようと努めてゐる国際社会において、名誉ある地位を占めたいと思ふ。われらは、全世界の国民が、ひとしく恐怖と欠乏から免かれ、平和

────────────────

  유럽의 동등한 권리를 갖는 구성원으로서 세계평화에 기여할 것을 다짐하며, 바덴, 바이에른, 브레멘, 함부르크, 헷센, 니더작센, 노르트라인-베스트팔렌, 라인란트-팔츠, 슐레스비히-홀슈타인, 뷔르템베르크-바덴, 뷔르템베르크-호엔촐레른 주(州)의 독일 국민은 과도기에 있어서 국가생활에 새로운 질서를 부여하기 위하여 헌법제정권력에 의하여 이 독일연방공화국기본법을 의결한다. 위의 독일 국민은 또한 참여가 거부된 독일인을 대신하여 행동하였다. 전체 독일국민은 자유로운 자기결정에 따라 독일의 통일과 자유를 성취할 사명이 있다.』

のうちに生存する権利を有することを確認する。

　われらは、いづれの国家も、自国のことのみに専念して他国を無視してはならないのであつて、政治道徳の法則は、普遍的なものであり、この法則に従ふことは、自国の主権を維持し、他国と対等関係に立たうとする各国の責務であると信ずる。日本国民は、国家の名誉にかけ、全力をあげてこの崇高な理想と目的を達成することを誓ふ。)』

　일본 헌법의 전문(前文)은 다른 나라에 비하여 길고 상세한 편이다. 헌법 제정의 주체가 국민임을 선언하고 있을 뿐만 아니라 국민주권을 다시금 강조하고 있다. 또한 일본 헌법을 평화헌법이라고 부르게 만드는 요소의 하나로서 전쟁의 참화가 되풀이되지 않도록 노력할 것과 평화에의 염원 및 노력을 반복하여 강조하고 있다. 나아가 일본 헌법의 전문에서 국제규범의 존중, 타국과의 대등한 관계 등을 여러 차례 강조한 것도 제2차 세계대전의 전범국가로서 패전 후에 미국 점령군의 간섭하에 헌법을 제정하였던 역사적 상황에 크게 영향 받은 것으로 이해될 수 있다.

Ⅳ. 헌법 전문(前文)의 성격과 효력에 관한 학설과 판례

1. 헌법 전문의 성격에 관한 학설

　헌법 전문의 성격을 어떻게 이해할 것인가에 대해서는 단순히 사실관계를 설명하는 선언문에 불과하다는 견해와 국가질서를 형성하는 가장 중요한 내용(기본적 결단 내지 중심적 가치)이 들어있는 헌법의 중요규범이라고 보는 견해가 대립되고 있다. 이러한 견해의 대립은 헌법전문의 법적 효력에 대한 견해의 차이로 이어진다.

　헌법 전문의 성격과 효력을 어떻게 이해할 것인지의 문제는 실정헌법 해석의 문제라기보다는 실정헌법의 성격에 대한 이해의 문제이고, 헌법관의 문제와 연결될 수 있기 때문에 헌법관을 중심으로 헌법 전문의 성격과 효력을 정리하기도 한다.[8]

2. 효력부정설

　헌법전문의 법적 효력을 부정하는 견해는 헌법전문이 헌법의 유래나 헌법제정의 목적 등을 규정한 것에 불과하다고 본다. 즉 헌법전문은 선언적인 것일 뿐 명령적인 것은 아니므로 법적 규범력을 갖지 못한다는 것이다.

　법실증주의자들을 대체로 이러한 견해를 취했다. 헌법전문은 실정법의 전형적인 형식에 따른 규범이 아니라 그 형식에서부터 기존의 규범과는 다르다고 생각한 것이다. 예컨대 안쉬츠

---

8) 예컨대 계희열, 헌법학(상), 박영사, 2005, 197 이하; 허영, 한국헌법론, 박영사, 2012, 133 이하.

(G. Anschütz)는 헌법 전문이 법적 구속력을 가진 규정이 아니고 선언적 규정이며, 법적 구속력이 없다고 주장한다.9)

효력부정설의 논거로는 ① 전문(前文)의 내용이 헌법의 이념이나 목적의 표출에 불과하고 구체성과 개별성을 결여한 추상적 규정이라는 점, ② 본문의 규정 중에서도 재판규범으로 될 수 없는 것이 있으며, 재판규범성의 유무는 전문(前文)만의 문제가 아니라는 점, ③ 본문의 각 조항에 흠결이 있다고 생각할 수 없으며, 따라서 적용되는 것은 본문의 조항만으로 충분하다는 점이 제시되고 있다.10)

3. 효력긍정설

효력긍정설은 헌법전문의 법적 효력을 인정하는 견해는 헌법전문에 포함되어 있는 국민의 의사 내지 정치적 결정이 국가형태 내지 국가질서의 기본원리를 정한 것이라는 점에 주목한다. 즉 헌법전문에서 국가질서의 가장 중요한 요소들이 규정되고 있으므로 헌법전문은 법적 규범력을 갖는 최고원리라고 주장하는 것이다.

이러한 효력긍정론에 있어서도 결단주의의 입장에서는 헌법제정권력의 소재 및 헌법제정권력의 행사를 통한 결단이 구체화되어 있다는 점에 초점을 맞추고 있으며,11) 통합론의 입장에서는 헌법의 전문 속에 국가질서를 형성하는 데 작용하는 중심적 가치들이 포함되어 있다는 점을 중요시하고 있다.12)

특히 통합론에서는 법실증주의와 달리 헌법을 '완결된 무흠결의 체계'로 보지 않는다는 점에 주목할 필요가 있다. 즉, 헌법은 개방적이고 불확정적이기 때문에 해석을 통한 보충이 필요한 경우가 많으며, 이러한 해석과정에서 헌법 전문은 해석의 기준 내지 지침으로 작용할 수 있기 때문에 규범적 효력을 갖는다는 것이다.13)

4. 판례의 태도

우리나라의 헌법재판소는 설립 초기부터 헌법 전문의 규범적 성격과 효력을 적극적으로 인정하는 태도를 보였다.

헌법재판소는 1989년의 결정에서 "우리 헌법의 전문과 본문의 전체에 담겨있는 최고 이념은 국민주권주의와 자유민주주의에 입각한 입헌민주헌법의 본질적 기본원리에 기초하고 있다. 기타 헌법상의 제 원칙도 여기에서 연유되는 것이므로 이는 헌법전을 비롯한 모든 법령해석의

---

9) G. Anschütz, Die Verfassung des Deutschen Reiches, 14. Aufl., 1933, S. 31.
10) 김철수, 헌법학개론, 박영사, 2007, 134 참조.
11) C. Schmitt, Verfassungslehre, 1928, S. 24 참조.
12) R. Smend, Vefassung und Verfassungsrecht, 1928, wieder abgedruckt in: ders., Staatsrechtliche Abhandlungen, 2. Aufl., 1968, S. 216f. 참조.
13) 계희열(주 8), 199 참조.

기준이 되고, 입법형성권 행사의 한계와 정책결정의 방향을 제시하며, 나아가 모든 국가기관과 국민이 존중하고 지켜가야 하는 최고의 가치규범이다"[14]라고 판시한 바 있으며, 이를 통해 헌법 전문의 규범성을 인정한 바 있다.

이후 여러 결정들에서 헌법 전문을 직접 재판규범으로 활용한 바 있으며,[15] 2006년의 결정에서는 "헌법 전문은 헌법의 이념 내지 가치를 제시하고 있는 헌법규범의 일부로서 헌법으로서의 규범적 효력을 나타내기 때문에 구체적으로는 헌법소송에서의 재판규범인 동시에 헌법이나 법률해석에서의 해석기준이 되고, 입법형성권 행사의 한계와 정책결정의 방향을 제시하며, 나아가 모든 국가기관과 국민이 존중하고 지켜가야 하는 최고의 가치규범이다"[16]라고 선언함으로써 헌법 전문의 구체적 기능을 명시적으로 인정하고 있다.

또한 2011년에는 일본군 위안부 문제와 관련하여 헌법전문에서 정부의 구체적 의무를 도출한 바 있으며,[17] 최근에는 친일재산의 국고환수와 관련하여 헌법 전문을 합헌성 판단의 근거로 제시한 바 있다.[18] 나아가 헌법재판소는 헌법 전문의 대한민국 임시정부의 법통의 계승이라는 규정에서 국가의 기본권 보호의무를 직접 도출하는 것에 대해서도 적극적 태도를 보인 바 있다.[19]

---

14) 헌재 1989. 9. 8. 88헌가6 결정.

15) 헌재 1994. 7. 29. 92헌바49 결정과 헌재 2003. 7. 24. 2001헌바96 결정 등.

16) 헌재 2006. 3. 30. 2003헌마806 결정.

17) 헌재 2011. 8. 30. 2006헌마788 결정: "헌법 전문, 제2조 제2항, 제10조와 이 사건 협정 제3조의 문언에 비추어 볼 때, 피청구인이 이 사건 협정 제3조에 따라 분쟁해결의 절차로 나아갈 의무는 일본국에 의해 자행된 조직적이고 지속적인 불법행위에 의하여 인간의 존엄과 가치를 심각하게 훼손당한 자국민들이 배상청구권을 실현하도록 협력하고 보호하여야 할 헌법적 요청에 의한 것으로서, 그 의무의 이행이 없으면 청구인들의 기본권이 중대하게 침해될 가능성이 있으므로, 피청구인의 작위의무는 헌법에서 유래하는 작위의무로서 그것이 법령에 구체적으로 규정되어 있는 경우라고 할 것이다. 특히, 우리 정부가 직접 일본군위안부 피해자들의 기본권을 침해하는 행위를 한 것은 아니지만, 일본에 대한 배상청구권의 실현 및 인간으로서의 존엄과 가치의 회복에 대한 장애상태가 초래된 것은 우리 정부가 청구권의 내용을 명확히 하지 않고 '모든 청구권'이라는 포괄적인 개념을 사용하여 이 사건 협정을 체결한 것에도 책임이 있다는 점에 주목한다면, 그 장애상태를 제거하는 행위로 나아가야 할 구체적 의무가 있음을 부인하기 어렵다."

18) 헌재 2011. 3. 31. 2008헌바141등 결정; 헌재 2013. 7. 25. 2012헌가1 결정.

19) 헌재 2011. 8. 30. 2008헌마648 결정: "우리 헌법은 전문에서 "3·1운동으로 건립된 대한민국임시정부의 법통"의 계승을 천명하고 있는바, 비록 우리 헌법이 제정되기 전의 일이라 할지라도 국가가 국민의 안전과 생명을 보호하여야 할 가장 기본적인 의무를 수행하지 못한 일제강점기에 징병과 징용으로 일제에 의해 강제이주 당하여 전쟁수행의 도구로 활용되다가 원폭피해를 당한 상태에서 장기간 방치됨으로써 심각하게 훼손된 청구인들의 인간으로서의 존엄과 가치를 회복시켜야 할 의무는 대한민국임시정부의 법통을 계승한 지금의 정부가 국민에 대하여 부담하는 가장 근본적인 보호의무에 속한다고 할 것이다. 위와 같은 헌법 규정들 및 이 사건 협정 제3조의 문언에 비추어 볼 때, 피청구인이 위 제3조에 따라 분쟁해결의 절차로 나아갈 의무는 일본국에 의해 자행된 일련의 불법행위에 의하여 인간의 존엄과 가치를 심각하게 훼손당한 자국민들이 배상청구권을 실현할 수 있도록 협력하고 보호하여야 할 헌법적 요청에 의한 것으로서, 그 의무의 이행이 없으면 청구인들의 기본권이 중대하게 침해될 가능성이 있으므로, 피청구인의 작위의무는 헌법에서 유래하는 작위의무로서 그것이 법령에 구체적으로 규정되어 있는 경우라고 할 것이다. 나아가 특히, 우리 정부가 직접 원폭피해자들의 기본권을 침해하는 행위를 한 것은 아니지만, 위 피해자들의 일본에 대한 배상청구권의 실현 및 인간으로서의 존엄과 가치의 회복을 하는 데 있어서 현재의 장애상태가 초래된 것은 우리 정부가 청구권의 내용을 명확히 하지 않고 '모든 청구권'이라는 포괄적인 개념을 사용하여 이 사건 협정을 체결한 것에도 책임이 있다는 점에 주목한다면, 피청구인에게 그 장애상태를 제거하는 행

5. 헌법 전문의 실질적 기능과 효력인정의 필요성

효력부정설과 효력긍정설로 나뉘어 있는 헌법 전문의 성격 내지 법적 효력에 대한 견해들은 오늘날 효력긍정설로 수렴되고 있다.[20] 그것은 헌법 전문에 포함되어 있는 헌법의 이념과 기본원리 내지 국민의 결단에 대하여 법적 구속력을 인정해야 할 필요성이 크다는 점 때문이다.[21]

헌법 전문의 법적 효력을 인정한다 하더라도 전문에 나타난 헌법적 결단 또는 가치가 어떻게 헌법의 본문 규정들과 마찬가지로 국가권력을 직접 구속할 수 있는지에 관하여는 보다 신중한 접근이 필요하다. 즉, 헌법 전문에 나타나 있는 추상적 내용들이 어떻게 구체화될 수 있는지, 그리고 그 내용들이 어떤 방식으로 실제 효력을 발할 수 있는지에 대해서는 아직 견해의 대립이 있기 때문이다.

현재 국내의 헌법학자들은 대체로 전문의 법적 성격과 효력을 인정하면서 헌법전의 일부이고, 최고규범이며, 법해석의 기준이 된다는 점, 그리고 재판규범이 되고, 개정금지대상이 된다는 등의 결론을 도출하고 있다.[22]

V. 헌법 전문의 내용과 헌법 본문의 관계

1. 헌법 전문의 내용과 통일적 해석의 필요성

헌법 전문의 규범적 효력을 인정할 때에는 헌법의 본문과 마찬가지로 전문에 대해서도 해석의 필요성이 제기된다.

특히 헌법 전문은 구체적인 표현보다는 매우 추상적인 용어를 사용하여 국가질서 형성의 기본적 이념과 방향을 제시하고 있기 때문에 해석의 필요성이 더욱 크지만, 동시에 해석의 어려움 또한 본문보다 크다고 할 수 있다.

헌법 전문의 해석은 여러 관점들을 고려해서 행해져야 한다. 특히 주의할 점은 헌법이 통일성 원칙에 따라 헌법 전문의 해석이 헌법 본문의 해석과 통일적으로 이루어져야 한다는 것이다.[23] 예컨대 헌법 전문에서 언급된 민주이념, 민주개혁 등과 헌법 본문의 민주주의에 관한 규

위로 나아가야 할 구체적 의무가 있음을 부인하기 어렵다."

20) 법실증주의적 헌법관이 극복된 오늘날 헌법 전문의 법적 성격이나 효력을 부인하기 어려우며, 오늘날 이를 둘러싼 논쟁은 시대착오적이라는 견해도 있다. 이에 관하여는 허영, 한국헌법론, 2007, 134 참조.

21) 독일 연방헌법재판소가 기본법 전문에 대하여 정치적 의미와 법적 효력을 동시에 인정한 것도 같은 맥락에서 이해될 수 있을 것이다. 이에 관하여는 BVerfGE 5, 127 참조.

22) 계희열(주 8), 199; 권영성, 헌법학원론, 법문사, 2010, 130; 김철수(주 10), 135 이하; 허영(주 8), 134 이하. 헌법 전문의 기능에 대한 비교법적 연구에 관하여는 강승식, "헌법전문의 기능에 관한 비교법적 고찰," 홍익법학 제13권 제1호(2012. 2), 75-99 참조.

23) 헌법 전문에는 다수의 헌법원리들이 포함되어 있다. 그러나 이러한 헌법원리들이 단지 헌법 전문에만 담겨

정들, 그리고 헌법 전문의 평화적 통일과 헌법 제4조, 제66조 제3항 등에서 언급되는 평화적 통일, 헌법 전문의 자유민주적 기본질서와 헌법 제4조의 자유민주적 기본질서 및 헌법 제8조 제4항의 민주적 기본질서를 어떠한 유기적 관련 속에서 해석할 것인지가 문제되는 것이다.

결국 헌법 전문은 그 자체로서 해석되어 효력을 발할 수 있는 독자적인(혹은 고립적인) 규범이라기보다는 헌법 본문과 연결되어서 통일적으로 해석되고 효력을 발할 수 있는 전체 헌법의 일부로서 이해되어야 할 것이다.[24]

2. 헌법 제정 및 개정의 주체 및 경과

1948년 제헌헌법 이래로 역대 헌법의 전문들은 헌법 제정 및 개정의 주체, 그리고 그 경과를 명시하고 있다.

헌법 전문은 "우리 大韓國民은 … 改正한다"고 규정함으로써 국민이 주체가 되어 헌법을 제정하고 개정했음을 명시하고 있다. 즉, 국민이 헌법 제정 및 개정의 주체임을 분명히 함으로써 국민주권을 다시 한 번 확인하고 있는 것이다.[25]

또한 헌법 전문은 " … 1948年 7月 12日에 制定되고 8次에 걸쳐 改正된 憲法을 이제 國會의 議決을 거쳐 國民投票에 의하여 改正한다"고 규정함으로써 헌법 제정 및 개정의 경과를 밝히고 있다. 이 역시 국민의 헌법제정권력 및 헌법개정권력에 기초하여 헌법이 형성되었음을 밝히는 의미를 갖는다.

3. 건국이념과 정통성 문제

현행헌법의 전문은 " … 3·1運動으로 建立된 大韓民國臨時政府의 法統과 不義에 抗拒한 4·19民主理念을 계승하고 祖國의 民主改革과 平和的 統一의 使命에 입각하여 …"라는 문구를 사용하고 있다. 이는 대한민국의 건국이념을 분명히 하면서 국가의 정통성을 확인한 것으로 해석될 수 있다.

첫째, 3·1운동을 강조한 것은 우리의 독립된 주권국가로서의 자긍심과 더불어, 대한민국이 외세에 의해서가 아니라 자주적인 노력에 의해 독립된 주권국가로 성립되었음을 밝히는 의미를 갖는다. 이는 제헌헌법의 기초자인 유진오 박사의 해설에서도 드러나고 있다.[26][27]

있다고는 말하기 어렵다. 오히려 헌법 전문에 나타나고 있는 기본원리들은 헌법의 본문규정들과 결합되어 이해되었을 때 비로소 그 구체적인 의미내용이 밝혀질 수 있을 것이다.
헌법재판소도 헌법은 전문과 각 개별조항이 서로 밀접한 관련을 맺으면서 하나의 통일된 가치체계를 이루고 있다는 점을 확실히 하고 있다(헌재 1996. 6. 13. 94헌마118등 결정; 헌재 1996. 6. 13. 94헌바20 결정; 헌재 2001. 2. 22. 2000헌바38 결정; 헌재 2005. 5. 26. 2005헌바28 결정 등).

24) 이에 관하여는 장영수, 헌법학, 홍문사, 2012, 118 참조.
25) 국민의 개념과 범위에 관하여는 헌법 제1조 제2항 참조.
26) 유진오(주 2), 15.
27) 이와 관련하여 헌법재판소는 헌재 2001. 3. 21. 99헌마139등 결정에서 "헌법전문에 기재된 3·1정신"은 우리나라 헌법의 연혁적·이념적 기초로서 헌법이나 법률해석에서의 해석기준으로 작용한다고 할 수 있지만,

둘째, 대한민국 임시정부의 법통을 계승한다는 것은 대한민국이 한반도 내에서 민주적 정통성을 승계함을 확인하는 것이다.[28] 1948년 건국 당시에 임시정부가 미군정에 의해 공식적 지위를 인정받지 못했고, 그로 인하여 제헌헌법에서도 임시정부의 승계를 명시하지 못했던 점을 고려할 때, 이는 역사를 바로잡는다는 점에서도 특별한 의미를 갖는 것이라 할 수 있다.[29]

셋째, 불의에 항거한 4·19민주이념의 계승을 강조한 것은 우리 국민의 민주화를 위한 의지와 노력에 대한 자긍심을 표현하는 것이며, 동시에 4·19혁명의 저항권적 성격과 관련하여 저항권의 간접적 정당화로도 해석된다.[30]

넷째, 조국의 민주적 개혁과 평화적 통일의 이념을 선언한 것은 대한민국의 지향점을 확인함으로써 그 정당성을 분명히 하는 의미를 갖는다.

4. 민주주의 이념과 실천방식

헌법 전문에서는 민주주의와 관련하여 여러 규정을 두고 있다. 이러한 규정들은 국민주권에 관한 것, 민주이념 내지 민주개혁에 관한 것, 그리고 민주주의의 실천방식에 관한 것 등으로 나누어질 수 있다.

첫째, 국민주권에 관하여는 앞서 설명된 바와 같이 국민이 헌법 제정 및 개정의 주체임을

그에 기하여 곧바로 국민의 개별적 기본권성을 도출해낼 수는 없다고 할 것이므로, 헌법소원의 대상인 "헌법상 보장된 기본권"에 해당하지 아니한다"라고 판시한 바 있다.

28) 이와 관련하여 헌법재판소는 헌재 2005. 6. 30. 2004헌마859 결정에서 "헌법은 국가유공자 인정에 관하여 명문 규정을 두고 있지 않으나 전문(前文)에서 「3·1운동으로 건립된 대한민국임시정부의 법통을 계승」한다고 선언하고 있다. 이는 대한민국이 일제에 항거한 독립운동가의 공헌과 희생을 바탕으로 이룩된 것임을 선언한 것이고, 그렇다면 국가는 일제로부터 조국의 자주독립을 위하여 공헌한 독립유공자와 그 유족에 대하여는 응분의 예우를 하여야 할 헌법적 의무를 지닌다"라고 판시한 바 있다. 그러나 동시에 "다만 그러한 의무는 국가가 독립유공자의 인정절차를 합리적으로 마련하고 독립유공자에 대한 기본적 예우를 해주어야 한다는 것을 뜻할 뿐이며, 당사자가 주장하는 특정인을 반드시 독립유공자로 인정하여야 하는 것을 뜻할 수는 없다"고 지적하면서 "독립유공자의 구체적 인정절차는 입법자가 헌법의 취지에 반하지 않는 한 입법 재량으로 정할 수 있다. 독립유공자 인정의 전 단계로서 상훈법에 따른 서훈추천은 해당 후보자에 대한 공적심사를 거쳐서 이루어지며, 그러한 공적심사의 통과 여부는 해당 후보자가 독립유공자로서 인정될만한 사정이 있는지에 달려 있다. 이에 관한 판단에 있어서 국가는 나름대로의 재량을 지닌다. 따라서 국가보훈처장이 서훈추천 신청자에 대한 서훈추천을 하여 주어야 할 헌법적 작위의무가 있다고 할 수는 없다"고 확인하였다. 같은 맥락에서 그와 같은 의무의 구체적 성격에 대하여 헌법재판소는 "헌법 제32조 제6항이 국가유공자 등에게 우선적으로 근로의 기회를 제공할 국가의 의무를 명시하고 있지만 이는 헌법이 국가유공자 등이 조국광복과 국가민족에 기여한 공로에 대한 보훈의 한 방법을 구체적으로 예시한 것일 뿐이며, 동 규정과 헌법전문에 담긴 헌법정신에 따르면 국가는 사회적 특수계급을 창설하지 않는 범위 내에서(헌법 제11조 제2항 참조) 국가유공자 등을 예우할 포괄적인 의무를 지고 있다고 해석된다. 이와 같은 국가의 의무를 이행함에 있어 가능하다면 그들의 공훈과 희생에 상응한 예우를 충분히 하는 것이 바람직할 것이지만, 국가재정능력에 한계가 있으므로 국가보훈적인 예우의 방법과 내용 등은 입법자가 국가의 경제수준, 재정능력, 국민감정 등을 종합적으로 고려하여 구체적으로 결정해야 하는 입법정책의 문제로서 폭넓은 입법재량의 영역에 속한다고 할 것이다"라고 판시하였다(헌재 1995. 7. 21. 93헌가14 결정과 헌재 2006. 6. 29. 2006헌마87 결정 등).

29) 이에 대하여 비판적인 견해는 최창동, "헌법 前文에 있는 '상해임정 법통계승론'의 문제점 小考," 정책연구 통권 147호(2005, 겨울), 193-231 참조.

30) 권영성(주 22), 132; 김철수(주 10), 136 참조.

확인함으로써 간접적으로 인정하고 있다. 제헌헌법 당시 유진오 박사의 해설처럼 헌법 전문과 본문의 국민주권조항(제헌헌법의 제2조, 현행헌법의 제1조 제2항)을 통해 국민주권이 보다 구체적으로 확인될 수 있는 것이다.[31]

둘째, 민주이념 및 민주개혁은 헌법질서의 기초 내지 지향점으로 명시되고 있다. 전문에서 "不義에 抗拒한 4·19民主理念을 계승"한다고 선언한 것은 우리 헌법의 기초에 독재권력에 항거하였던 민주주의 정신이 있음을 확인한 것이고, "祖國의 民主改革"을 사명으로 선언한 것은 보다 나은 민주사회의 건설을 위해 끊임없이 노력해야 한다는 점을 밝힌 것으로 해석된다.

셋째, 전문에서 "모든 社會的 弊習과 不義를 타파하며, 自律과 調和를 바탕으로 自由民主的 基本秩序를 더욱 확고히 하여 … "라고 선언한 것은 민주주의의 실현을 위해서 사회적 폐습과 불의의 타파가 필요하다는 점과 자율과 조화의 실현이 민주주의의 기초가 됨을 확인한 것으로 해석된다. 이는 특히 제헌헌법 당시까지 상당부분 잔존하였던 신분제적 관습의 철폐가 중요한 현안이었던 시대상황, 그리고 독재와의 항거를 통해 민주주의를 실현해 왔던 역사적 경험 속에서 그 의미를 찾을 수 있다.

넷째, 민주국가 실현의 과제과 관련하여 전문은 "우리들과 우리들의 子孫의 安全과 自由와 幸福을 영원히 확보할 것을 다짐하면서 … "라고 규정하고 있다. 이를 통해 민주국가 및 이를 실현하려는 국민의 과제가 현재 및 미래의 국민 모두의 안전과 자유와 행복임을 확인하고 있는 것이다.[32]

5. 민족의 단결과 그 기준으로서의 정의, 인도와 동포애

헌법 전문은 민족의 단결을 강조하고 있다. 민족주의를 강조하는 것은 지구촌시대에 걸맞지 않는 것으로 볼 수 있으며, 실제 외국 헌법의 전문을 보더라도 민족주의를 강조한 예는 흔치 않다.

그러나 1948년 제헌헌법에서 민족의 단결을 강조한 것은, 분단된 조국의 현실을 배경으로 그 필요성이 이해될 수 있다. 다만, 민족의 단결이 국수주의로 빠져서는 안 된다는 자각에 기초하여 그 기준으로 정의, 인도와 동포애를 강조하였던 점에 주목할 필요가 있다.[33]

그러므로 헌법 전문의 민족주의는 민주주의와 결합된 민족주의로 이해되어야 한다.[34] 즉, 민족국가로서의 통일의 완성을 위해 노력하되, 그 방식은 자유민주적 기본질서에 입각한 것이

---

31) 유진오(주 2), 15 이하 참조.
32) 헌법 전문에 포함되어 있는 국가의 과제 내지 목표는 구체화를 필요로 한다. 즉, 전문에 추상적으로 규정되어 있는 과제들이 본문의 기본권규정들이나 민주주의에 관한 규정, 국제평화에 관한 규정 등을 통하여 구체화되고 있으며, 다시금 여러 법률들에 의해 더욱 구체화되고 있다. 이러한 사정은 독일 기본법의 경우도 다르지 않다. 이에 관하여는 Th. Maunz, Präambel, in: Maunz/Dürig/Herzog/Scholz, Kommentar für GG, Lfg.29, 1991, Rdn. 37 참조.
33) 유진오(주 2), 15 참조.
34) 이에 관하여는 권영성(주 22), 132 참조.

어야 하며, 평화적 통일이어야 한다.[35) 또한 민족문화의 창달에 노력하되, 그것이 인류문화에 기여할 수 있는 것이어야 한다고 해석되는 것이다.[36)

6. 국제평화와 인류공영

헌법 전문에서 하나의 축을 이루고 있는 것이 국제평화 및 인류공영에 대한 의지의 표명이다.

전문은 "안으로는 國民生活의 균등한 향상을 기하고 밖으로는 항구적인 世界平和와 人類共榮에 이바지함으로써 …"라고 명시함으로써 국민생활의 향상과 국제평화 내지 인류공영을 같은 비중으로 다루고 있다. 이는 현대의 특징인 국제적 상호의존관계를 정확하게 이해한 것이라고 할 수 있다.

즉, 국내질서의 평화와 발전은 안정적인 국제평화를 전제했을 때 비로소 가능하며, 국가의 발전은 국수주의 내지 제국주의적인 측면에서 국제질서를 깨뜨리면서 추구될 수 없으며, 인류공영이라는 목표하에 상호협력을 통해서만 제대로 달성될 수 있다는 인식이 이 규정의 바탕에 깔려 있는 것이다.

이러한 인식을 공유하고 있는 것이 현행헌법 제5조 제1항의 국제평화주의, 제6조 제1항의 국제법존중주의, 제6조 제2항의 외국인의 법적 지위의 보장 등이다.

7. 권리와 의무의 상호성 강조

헌법 전문에서 또 한 가지 눈에 띠는 것은 권리와 의무의 상호성을 강조하고 있는 것이다. 전문에서 "政治·經濟·社會·文化의 모든 領域에 있어서 各人의 機會를 균등히 하고, 能力을 最高度로 발휘하게 하며, 自由와 權利에 따르는 責任과 義務를 완수하게 하여 …"라고 규정하고 있는 것은 국민에게 권리가 보장될 뿐만 아니라 책임과 의무 또한 부과됨을 확인하고 있는 것이다.

이러한 규정이 전문에 삽입된 것은 건국 초기 국민들의 민주적 책임의식이 약하던 시기에 이를 일깨우기 위한 의도에서 비롯된 것이라고 할 수 있다.[37) 하지만 주권자인 국민으로서 권리뿐만 아니라 의무도 함께 져야 한다는 것은 민주주의의 근간을 형성하는 것이므로 국민들의 민주적 책임의식이 크게 향상된 오늘날에도 이러한 규정의 의미는 결코 퇴색되지 않고 있다.[38)

---

35) 헌법 전문과 헌법 제4조의 통일적 해석을 통해 이와 같은 결론을 도출할 수 있다.

36) 역시 헌법 전문과 헌법 제9조의 통일적 해석을 통해 이와 같은 결론을 도출할 수 있다. 같은 맥락에서 헌법재판소는 "우리 헌법전문 첫머리의 "유구한 역사와 전통에 빛나는"이라는 표현과 총강 제9조가 "국가는 전통문화의 계승·발전과 민족문화의 창달에 노력하여야 한다"고 한 것은 헌법상 문화의 범주에 포함되는 기본내용을 규정한 것이고, 대통령의 취임선서에 "민족문화의 창달에 노력"한다(제69조)는 구절을 둔 것은 문화국가의 실현이 국가적 의무임을 분명히 한 것이다"라고 판시한 바 있다(헌재 2000. 6. 29. 98헌바67 결정).

37) 이에 관하여는 유진오(주 2), 18 참조.

38) 다만 권리와 의무의 상호성이 사회주의 국가에서 주장되는 권리와 의무의 통일성 내지 대칭성으로 오해되

VI. 헌법 전문의 개정 필요성에 대한 검토

제1공화국과 제2공화국 당시에는 헌법이 개정되더라도 헌법 전문은 손대지 않았다. 그러나 제3공화국 이후로는 전면 개정의 형식을 취할 때마다 전문까지 개정하는 것이 관례화되었다.[39]

최근의 헌법개정 논의에서 전문이 중요한 대상으로 부각되지는 않고 있다. 2007년 노무현 대통령 임기말에 논의되었던 이른바 원포인트 개헌의 경우뿐만 아니라 한국헌법학회 및 한국공법학회에서 마련된 헌법개정연구보고서들에서도 헌법 전문은 개정의 대상으로 검토되지 않고 있었다.[40]

그리고 2009년의 국회 헌법연구 자문위원회의 결과보고서에서 전문의 미래지향적 수정이나 국가균형발전의 취지를 전문에 포함시키는 안[41]이 제시된 바 있으나 이 역시도 기본적인 구조와 성격의 근본적인 변화가 아니라 시대적 요구에 맞추어 옷을 갈아입는 정도로 이해될 수 있을 것이다.[42]

이처럼 전문의 개정이 불필요하다고 인식되고 있는 것은 현행헌법이 안정되어 있다는 의미로도 이해될 수 있을 것이다.[43] 이러한 안정성을 계속 유지하는 것이 중요하다고 볼 때, 헌법 전문은 헌법개정의 대상에서 배제하는 것이 더 바람직할 것으로 보인다. 자칫 이념적 요소를 포함한 헌법전문의 개정을 추구할 경우에는 불필요한 이념논쟁으로 인하여 헌법 전문을 통해 정체성의 확립 및 유지에 어려움이 생길 뿐만 아니라 헌법개정의 본의가 흐려질 수 있을 것이기 때문이다.

어서는 안 될 것이다. 전체적으로 보아서 국민이 국가질서 속에서 기본권을 향유함과 동시에 국가의 존립 및 발전을 위한 의무도 진다는 것이지, 개별적인 기본권 하나 하나가(예컨대 교육의 권리와 교육의 의무, 근로의 권리와 근로의 의무, 종교의 자유와 종교의 의무 등으로) 상호대응 관계 속에서 이해된다는 것을 의미하는 것은 아니기 때문이다. 이에 관하여는 장영수(주 24), 2012, 932 이하 참조.

39) 제5차 개헌이후 부분개정의 형식을 취한 제6차 개헌(3선개헌)을 제외하고는 모두 전면개정이었고, 헌법 전문도 개정되었다.

40) 헌법학적 관점이라기보다는 비법학적 관점에서 헌법 전문에 대한 의견을 제시한 것으로는 김진호·변연식·복거일·서동진·이란주·이필렬·정욱식·정희진·하종강, 미래지향적인 헌법 전문 다시쓰기, 황해문화 통권 45호(2004, 겨울), 60-94 참조.

41) 국회 헌법연구 자문위원회 결과보고서, 2009, 24.

42) 이와 관련하여 문광삼, 헌법전문의 개정방향, 국민과 함께하는 개헌 이야기 제1권, 2010, 221-228 에서는 전문의 개방성·추상성·포괄성으로 충분히 시대적 적응능력을 가질 수 있음을 강조하면서 헌법 전문의 개정에 반대하고 있다. 다만 한 문장으로 구성되어 있는 것을 여러 개의 문장으로 재구성하는 것은 바람직하지만, 이 경우에도 개정의 논란을 최소화하기 위하여 전체적인 의미내용은 그 동질성을 유지하지 않으면 안 된다고 주장한다. 유사한 취지로 도회근, "헌법 총강의 개정 필요성과 방향," 헌법학연구 제16권 제3호(2010. 9), 1-26(7) 참조.

43) 200여 년을 몇 차례의 증보조항만을 추가한 채 원형 그대로 유지하고 있는 미국헌법은 물론이고, 1949년 제정된 이래 40여 회의 개정을 경험하였던 독일기본법도 1990년 통일 당시의 단 한 번 전문을 개정했다는 점을 고려할 때, 우리 헌법이 9차의 개헌 가운데 4차례나 전문을 포함한 전면개정을 했다는 점은 헌법의 안정성과 관련하여 반성의 여지가 있다고 볼 수 있다.

VII. 관련문헌

1. 국내문헌

강승식, "헌법전문의 기능에 관한 비교법적 고찰," 홍익법학 제13권 제1호(2012. 2), 75-99.

계희열, 헌법학(상), 박영사, 2005.

권영성, 헌법학원론, 법문사, 1981.

_____, 헌법학원론, 법문사, 2010.

김진호·변연식·복거일·서동진·이란주·이필렬·정욱식·정희진·하종강, "미래지향적인 헌법 전문 다시쓰기," 황해문화 통권 45호(2004, 겨울), 60-94.

김철수, 헌법학개론, 박영사, 2007.

도회근, "헌법 총강의 개정 필요성과 방향," 헌법학연구 제16권 제3호(2010. 9), 1-26.

문광삼, 헌법전문의 개정방향, 국민과 함께하는 개헌 이야기 제1권, 2010, 221-228.

문홍주, 한국헌법, 법문사, 1965.

_____, 한국헌법, 해암사, 1980.

박일경, 헌법, 일명사, 1980.

성낙인, 헌법학, 법문사, 2012.

유진오, 헌법해의, 명세당, 1949.

장영수, 헌법학, 홍문사, 2012.

최창동, "헌법 前文에 있는 '상해임정 법통계승론'의 문제점 小考," 정책연구 통권 147호(2005, 겨울), 193-231.

한태연, 헌법학, 법문사, 1978.

2. 외국문헌

Anschütz, Gerhard, Die Verfassung des Deutschen Reiches, 14. Aufl., 1933.

Maunz, Theodor, Präambel, in: Maunz/Dürig/Herzog/Scholz, Kommentar für GG, Lfg.29, 1991.

Schmitt, Carl, Verfassungslehre, 1928.

Smend, Rudolf, Vefassung und Verfassungsrecht, 1928, wieder abgedruckt in: ders., Staatsrechtliche Abhandlungen, 2. Aufl., 1968.

헌법 전문

Korean Constitution Annotated | 제1장　총　강

헌법 제1조

[장 영 수]

第1條

① 大韓民國은 民主共和國이다.

② 大韓民國의 主權은 國民에게 있고, 모든 權力은 國民으로부터 나온다.

Ⅰ. 헌법 제 1 조의 의미와 헌법원리로서의 민주주의

헌법전의 첫 번째 조문에 어떤 규정을 둘 것인가는 매우 커다란 상징적 의미를 갖는다. 비록 조문의 순서가 곧바로 효력상의 우열관계로 연결되는 것은 아니지만, 헌법 제1조가 어떤 내용을 담고 있는지는 그 헌법이 무엇을 지향하는지를 가장 선명하게 보여줄 수 있기 때문이다. 또한 그렇기 때문에 헌법 제1조는 헌법 전체의 성격을 이해하는 기준 내지 지침으로 작용할 수 있다.

예컨대 미국 연방헌법 제1조[1]가 미국 연방의회의 권한 및 활동에 관한 상세한 규정을 두고 있는 것은 의회의 의의와 역할에 특별한 의미와 비중을 두고 있음을 보여주는 것이다. 반면에 독일 기본법은 제1조[2]에서 인간존엄의 불가침성을 규정하고 있는데, 이것은 나치의 경험 및 제2차 세계대전의 비참상에 대한 반성에 기초하여 인간존엄의 중요성을 무엇보다 우선시켰던 것이다. 그리고 프랑스 헌법 제1조[3]는 프랑스 공화국과 해외영토의 국민이 공동체를 창설한다는 점과 그 공동체는 이를 구성하는 국민의 평등과 연대에 기초한다는 점을 강조하고 있다. 이러한 규정은 프랑스의 공화주의적 전통을 강조한 것으로 이해될 수 있다.

이처럼 각국의 헌법이 제1조에서 각기 다른 규정을 하고 있는 것은 그 헌법의 성격 내지 강조점을 보여주는 것으로 이해될 수 있는 것이다. 그런 맥락에서 볼 때, 1948년 헌법제정 당시 "대한민국은 민주공화국이다"라는 규정을 제1조로 삼았던 것에서도 나름의 의미를 찾을 수 있을 것이다. 즉, 식민지에서 해방되어 독립된 주권국가를 창설하면서 건국의 의미를 특별히

---

1) 미국 연방헌법 제1조:
   제1절: "이 헌법에 의하여 부여되는 모든 입법권한은 합중국연방의회에 속하며, 연방의회는 상원과 하원으로 구성한다."(All legislative powers herein granted shall be vested in a Congress of the United States, which shall consist of a Senate and House of Representatives.)
   (제2절 이하에서는 의회의 구성에 관한 상세한 규정이 수십개로 나누어져 있으므로 구체적 열거를 생략한다.)
2) 독일 기본법 제1조:
   제1항: "인간의 존엄은 불가침이다. 이를 존중하고 보호하는 것은 모든 국가권력의 의무이다."(Die Würde des Menschen ist unantastbar. Sie zu achten und zu schützen ist Verpflichtung aller staatlichen Gewalt.)
   제2항: "독일 국민은 불가침, 불가양의 인권을 모든 인간적 공동체의 기초이자 이 세상의 평화와 정의 의 기초로 신봉한다."(Das Deutsche Volk bekennt sich darum zu unverletzlichen und unveräußerlichen Menschenrechten als Grundlage jeder menschlichen Gemeinschaft, des Friedens und der Gerechtigkeit in der Welt.)
   제3항 "아래의 기본권은 직접적 효력을 갖는 권리로서 입법권과 집행권 및 사법권을 구속한다."(Die nachfolgenden Grundrechte binden Gesetzgebung, vollziehende Gewalt und Rechtsprechung als unmittelbar geltendes Recht.)
3) 프랑스 헌법 제1조:
   제1항: "공화국과 자유로운 결정에 의하여 이 헌법을 받아들인 해외영토의 주민들은 공동체를 구성한다."(La République et les peuples des territoires d'outre-mer qui, apr und acte de libre détemination, adoptent la présente Constitution, instituent une Communauté.)
   제2항: "공동체는 이를 구성하는 주민들의 평등과 연대성에 기초하여야 한다."(La Communauté est fondee sur l'égalité et la solidarité des peuple qui la composent.)

강조하고자 하였던 당시의 상황에서 "대한민국은 민주공화국이다"라는 규정을 헌법 제1조로 하였던 의미를 이해할 수 있는 것이다.

그러나 1962년 헌법 이래로 제헌헌법의 제1조와 제2조의 규정을 묶어서 헌법 제1조의 제1항과 제2항으로 규정하였고, 현행헌법에 이르기까지 헌법 제1조는 민주공화국 및 국민주권을 내용으로 하게 되었으며, 결과적으로 우리 헌법 제1조는 민주주의에 관한 기본규정이 되었다. 즉, 의회를 제1조에 놓았던 미국 연방헌법이나 인간의 존엄을 제1조에 놓았던 독일 기본법과는 달리 우리 헌법은 민주주의를 제1조에 놓고 있는 것이다.

물론 민주주의에 관한 헌법규정이 제1조에 국한되는 것은 아니다. 헌법 전문을 비롯하여 헌법 본문의 수많은 조문들 속에서 민주주의와 관련된 규정을 찾을 수 있다.[4] 그러나 이러한 단편적인 규정들을 체계적·통일적으로 해석하여 헌법이 지향하는 민주주의의 전체상을 그려내는 데 있어서[5] 헌법 제1조의 의미는 매우 크다는 점을 부정할 수 없다.

II. 헌법 제 1 조의 연혁

1. 제헌헌법의 규정

제헌헌법 제1조는 "大韓民國은 民主共和國이다"라고 규정하였으며, 제2조에서는 "大韓民國의 主權은 國民에게 있고 모든 權力은 國民으로부터 나온다"라고 규정하였다.

제1조에서 대한민국은 민주공화국이라고 규정한 것과 관련하여 제헌헌법의 기초자인 유진오 박사는 대한민국의 국체와 정체를 함께 규정한 것이라고 설명하였다. 즉, 세습적인 군주를 가지고 있지 않은 공화국임과 동시에, 독재정체(나치독일이나 파시즘 당시의 이태리)나 소련식의 소비에트 체제를 취하지 않고 권력분립을 기본으로 하는 공화국임을 분명히 하기 위하여 민주공화국이라는 명칭을 사용하였다고 한다.[6] 다시 말하면 대한민국의 국체는 공화국이고 정체는 민주국인데 이를 합하여 민주공화국이라 칭했다는 것이다.[7]

그리고 제2조의 규정은 헌법 전문(前文)에서 대한국민이 대한민국을 건립하였음을 명시한

---

4) 현행헌법은 민주주의에 관하여 제1조에서 대한민국이 민주공화국임을 선언(제1조 제1항)하고, 국민주권을 인정(제1조 제2항)하는 이외에도 민주적 기본질서(제8조 제4항), 자유민주적 기본질서(헌법전문, 제4조), 민주개혁(헌법전문), 민주주의원칙(제32조 제2항), 경제의 민주화(제119조 제2항) 등의 표현을 사용하고 있다. 그러나 그밖에도 민주주의와 직·간접적으로 관련된 규정들은 무수히 많다.

5) 헌법상의 민주주의의 성격과 내용을 구체적으로 이해하고 또 실현시키기 위해서는 민주주의에 관한 헌법규정의 해석이 필요하다. 즉, 헌법의 통일성 원칙에 따른 해석, 역사적 내지 이념사적 해석, 현실적 상황 내지 해석의 결과를 고려하는 목적론적 해석 등 다양한 해석방법을 동원하여 헌법 규정 자체로부터 민주주의의 의미를 최대한 구체화시키는 것이 필요한 것이다. 이에 관하여는 장영수, 헌법학, 홍문사, 2007, 145 이하 참조.

6) 유진오, 헌법해의, 명세당, 1949, 19.

7) 국체와 정체의 구별에 관하여는 김철수, 헌법학개론, 박영사, 2007, 173 이하 참조. 그러나 오늘날 국체와 정체를 구분하는 것에 대해서는 큰 의미를 두지 않는 견해들이 많다.

것과 상응하여 국민주권의 원칙을 채용했음을 명시한 것이라고 한다.[8) 민주국가에서 국민주권을 인정하는 것은 당연한 것이라고 할 수 있음에도 불구하고 제2조에서 이를 명시하였을 뿐만 아니라, 제2조의 전단에서 주권이 국민에게 있음을 확인한 이후에 다시금 후단에서 "모든 권력은 국민으로부터 나온다"고 강조한 것은 당시 우리나라 국민의 대부분이 국민주권사상 자체를 처음 경험하는 터이기 때문에 이를 더욱 강조하는 의미를 가졌던 것으로 설명된다.[9)[10)

2. 제 3 공화국, 제 4 공화국, 제 5 공화국의 규정

1962년 헌법 제1조는 제1항에서 "大韓民國은 民主共和國이다"라고 규정하였으며, 제2항에서 "大韓民國의 主權은 國民에게 있고, 모든 權力은 國民으로부터 나온다"라고 규정하였다. 제헌헌법의 제1조와 제2조가 하나의 조문으로 합쳐진 것이다. 이처럼 내용의 변화 없이 두 개의 조문을 하나로 합친 이유는 명확하지 않다. 다만 제3공화국헌법, 즉 제5차 개헌이 제헌헌법 이후 최초의 전문개정이었다는 점을 고려할 때, 헌법의 전체적 형식을 손질하려는 의도가 담겨 있었던 것으로 추측할 수 있을 뿐이다.

구헌법의 제1조와 제2조가 하나의 조문으로 통합되었지만, 그 내용에는 변화가 없었기 때문에 이에 대한 해석론도 큰 변화를 보이지 않았다.[11) 제3공화국 당시의 헌법학자들은 제1조를 해석함에 있어서 민주공화국이므로 군주제도를 가질 수 없다는 점을 지적하였고,[12) 국민주권주의를 민주주의의 기본원칙으로 강조하였다.[13)

그리고 제4공화국하에서는 헌법 제1조 제1항의 규범성을 더욱 강조하는 견해가 대두되었다. "헌법 제1조 제1항은 헌법에 규정되어 있는 이상 규범적 효력을 가지고 당연히 헌법의 다른 규정을 구속한다. 따라서 이는 우리 나라 헌법의 기본성격을 선언한 것이라고 볼 수 있다. … 또 헌법 제1조 제1항은 대한민국의 기본적 국가형태를 선명하는 우리 헌법의 핵이므로 헌법개정의 절차에 따르더라도 개정할 수 없다."[14) 이와 관련하여 헌법 제7조 제3항의 정당해산규정, 헌법 제32조 제2항의 일반적 헌법유보조항을 근거로 제정된 형법, 국가보안법 및 반공법 등이 우리 나라의 민주공화국으로서의 성격을 보장하기 위한 것으로 설명되기도 하였다.[15) 나아가 제1조 제2항의 국민주권은 국민대표제, 직접민주제, 정당제도 및 지방자치제, 직업공무

---

8) 유진오(주 6), 20.

9) 전주, 20 이하.

10) 제헌헌법 당시의 국민주권에 관하여는 또한 신용옥, "대한민국 제헌헌법의 주권원리와 경제질서," 한국사학보 제17호(2004. 7), 209-239(214 이하) 참조.

11) 이와 관련하여 개정 전의 헌법해석에서 제1조는 정체에 관한 조항이고 제2조는 국체에 관한 조항이라는 설과 제1조를 국체 또는 국체와 정체에 관한 것으로 해석하는 설이 대립되었는데, 조문의 통합을 통해서 제1조가 국체에 관한 것이 되어 해석상의 대립을 어느 정도 해결했다는 견해도 있다. 이에 관하여는 문홍주, 한국헌법, 법문사, 1965, 97 참조.

12) 전주, 96 이하.

13) 한동섭, 헌법, 박영사, 1964, 50 이하.

14) 김철수, 헌법학개론, 법문사, 1978, 95.

15) 전주, 95.

원제 등을 통해 구현되며, 헌법개정의 한계라는 점이 인정되었다.[16]

　제5공화국헌법의 해석과 관련해서도 이러한 해석은 기본적으로 유지되었다. 헌법 제1조 제1항의 민주공화국은 "우리 헌법구조상의 국가적 질서가 전제·독재·전체주의·인민공화국 등을 부정하는 그러한 공화국이어야 한다는 것으로 이해해야 한다"[17]고 설명되면서, 민주공화국이라는 국가형태는 헌법개정절차에 의해서도 개정할 수 없으며, 이를 변형시키려고 할 때에는 형법, 국가보안법 등에 의한 처벌의 대상이 된다고 강조되었다.[18] 나아가 제1조 제2항의 국민주권은 "헌법 각 조항을 비롯한 모든 법규범을 해석함에 있어서 그 기준이 되고, 국가권력발동의 정당성의 근거가 되며, 헌법개정절차에 의해서도 폐기할 수 없는 헌법개정의 한계요인이 된다"고 인정되었다.[19]

3. 현행헌법상의 규정과 그 특징

　현행헌법의 규정도 1962년 헌법 이래의 규정을 그대로 유지하고 있다. 그러나 헌법 제1조의 해석에 관해서는 조금 더 다양한 견해들이 제시되었다. 이러한 변화는 조문 자체와는 상관없는 헌법해석론의 변화였지만, 그 파급효는 작지 않았다. 그것은 무엇보다 현행헌법하에서 헌법재판소가 구성되고 활동하면서, 헌법 제1조도 재판규범으로 활용되었기 때문이다.

　헌법재판소는 많은 판례들을 통하여 헌법 제1조의 의미를 나름으로 풀이하기도 하였고, 이를 기초로 구체적인 사안 속에서 합헌과 위헌을 판단하는 기준으로 적용하기도 하였다. 이러한 헌법재판소의 판례는 헌법 제1조의 해석에 관한 헌법이론들의 발전을 자극하였고, 그 결과 헌법 제1조의 의미에 관한 다양한 해석론이 발전하게 되었던 것이다. 그러나 헌법 제1조에 대한 해석론은 구체적인 사례를 염두에 둔 것이라기보다는 민주주의 이론에 대한 추상적인 이론에 기초한 것들이 대부분이었기 때문에 이론과 판례의 실질적인 연계는 크게 두드러지지 못했다.

　다만, 국민주권의 해석과 관련한 다양한 외국이론의 소개 및 적용을 위한 시도들은 주권문제에 대한 새로운 관심을 야기하였고, 국민주권이 단순한 정당성의 근거일 뿐만 아니라 정치현실 속에서의 구체화로 연결되어야 한다는 문제의식을 일깨우는 데 큰 역할을 하였다.[20]

---

16) 전주, 106 이하.

17) 권영성, 헌법학원론, 법문사, 1981, 101.

18) 전주, 101.

19) 전주, 119.

20) 이에 관하여는 김명재, "헌법상의 국민주권의 개념: 정당화원리설에 대한 비판을 중심으로," 공법학연구 제7권 제1호(2006. 2), 85-106; 문종욱, "정보화사회에 있어서의 국민주권의 실현과 국민참여," 법학연구 제10집(2002. 12), 23-46; 박경철, "통치권의 정당화원리로서 국민주권," 공법연구 제31집 제1호(2002. 11), 383-408; 조병윤, "헌법존재론의 동태적 구조와 실질적 국민주권 및 현대적 대표제의 실현방안," 명지법학 1(2000. 2), 121-151; 조병윤, "통일을 대비하는 민주주의 실질화와 실질적 국민주권의 구현 방안," 리서치아카데미논총 1(1998. 12), 111-141; 조병윤, "국회의 자율권과 실질적 국민주권," 유럽헌법연구 통권 8호(2010. 12), 159-162 참조.

Ⅲ. 외국헌법과의 비교

1. 미국 연방헌법의 규정

1787년 제정된 미국 연방헌법은 중요 국가기관의 구성 및 연방과 주의 관계, 주들 상호간의 관계, 헌법수정절차 및 헌법비준 등에 관한 7개조로 구성되었다. 이후 인권보장과 관련된 27개조의 증보조항들이 추가되었으나, 연방헌법의 본문은 그대로 유지되었다.[21] 그 결과 미국 연방헌법은 근래에 제정된 헌법들처럼 헌법원리에 관한 일반규정을 갖추지 못하고 있으며, 기본권규정들 또한 본문이 아닌 증보조항에 포함되어 있는 독특한 구조를 갖고 있다.

이러한 사정으로 인하여 미국 연방헌법에서는 우리 헌법 제1조에 해당하는 규정이 존재하지 않게 되었다. 즉, 국가형태나 국민주권에 대한 명시적 규정을 찾을 수 없는 것이다. 미국 연방헌법 중에서 국가형태와 관련된 규정으로는 제4조 제4절에서 "합중국은 이 연방 내의 모든 주에 공화정체를 보장하며, … "[22]라고 명시한 것이 가장 가까운 것이라고 할 수 있을 것이다. 또한 국민주권을 직접 선언하고 있지는 않지만, 국가기관의 구성이나 국민투표 등을 통해서 국민주권을 간접적으로 인정하는 것으로 볼 수 있을 것이다.

실제로 미국 연방헌법이 민주공화국이 아니라고 보는 사람은 찾기 어려우며, 국민주권을 부정하는 것으로 보는 견해 또한 존재하기 어렵다. 미국 연방헌법은 역사적 배경과 영미법적 특성 등으로 인하여 우리 헌법 제1조에 해당되는 명문의 규정을 가지고 있지 않을 뿐, 민주주의를 국가형태 내지 국가질서의 구성원리로 인정하고 있다는 점에서는 본질적 차이가 없다.[23]

2. 프랑스 헌법의 규정

프랑스 헌법은 제2조 이하에서 주권에 관한 규정을 두고 있으며, 우리 헌법 제1조에 가까운 조항으로는 제2조 제1항과 제3조 제1항을 들 수 있다.

프랑스 헌법 제2조 제1항은 "프랑스는 불가분의 세속적이며 민주적·사회적인 공화국이다. 프랑스 공화국은 출생이나 종족이나 종교에 의한 구별 없이 모든 국민의 법 앞의 평등을 보장한다. 프랑스 공화국은 모든 신앙을 존중한다"[24]라고 선언하고 있다. 그리고 제3조 제1항은 "국가의 주권은 국민에게 속하며, 국민은 대표자를 통해 또는 국민투표를 통해 주권을 행사한

---

21) 이러한 상황은 판례법 국가의 특수성이 작용한 결과이기도 하다. 즉, 조문의 해석을 통한 문제해결에 못지 않게 판례를 통한 법형성이 활발하기 때문에 조문 자체의 변경 필요성이 적어지고, 판례를 통한 탄력적인 문제해결이 가능했던 것이다.

22) "The United States shall guarantee to every state in this union a republican form of government, … "

23) 이에 관하여는 Robert A. Dahl(박상훈·박수형 역), 미국헌법과 민주주의, 후마니타스, 2001 참조.

24) "La France est une République indivisible, laique, démocratique et sociale. Elle assure l'égalité devant la loi de tous les citoyens sans distinction d'origine, de race ou de religion. Elle respecte toutes les croyances."

다"[25]라고 규정하고 있다.

　이와 같은 프랑스 헌법의 규정은 미국 연방헌법에 비하여 발전된 것이지만, 프랑스의 특수한 상황을 반영하여 조금 복잡하게 규정되어 있다. 종교적 갈등과 인종 간의 갈등 등이 전면에 부각될 수밖에 없었던 까닭에 이를 포함하는 규정이 제정되었던 것이다. 이러한 점에서 우리 헌법 제1조의 규정이 보다 단순하고 간명화된 것이라고 할 수 있다.

3. 독일 기본법의 규정

　독일 기본법의 경우, 제20조가 우리 헌법 제1조에 유사한 규정이라고 할 수 있다. 우리 헌법의 편제와는 달리 제1장에서 '기본권'에 관한 규정들을 두고 있는 독일 기본법은 제2장 '연방과 주(Bund und Länder)'가 우리 헌법 제1장 '총강'과 유사한 내용을 담고 있으며, 그 첫 번째 조문인 제20조가 우리 헌법 제1조와 유사한 기능을 하고 있는 것이다.

　총 4개 항으로 구성되어 있는 독일 기본법 제20조 중에서 우리 헌법 제1조와 유사한 내용을 담고 있는 것은 제1항과 제2항이다. 제1항은 "독일연방공화국은 민주적·사회적 연방국가다"[26]라고 선언하고 있으며, 제2항은 "모든 국가권력은 국민으로부터 나온다. 국가권력은 국민의 선거와 표결, 그리고 입법, 집행, 사법을 담당하는 기관을 통해 행사된다"[27]라고 규정하고 있다.

　이렇게 볼 때, 독일 기본법 제20조 제1항과 우리 헌법 제1조 제1항은 그 구조와 내용에서 상당한 유사성을 확인할 수 있다. 비록 독일 기본법에서는 "민주적·사회적 연방국가"로 표현되고 있고, 우리 헌법에서는 "민주공화국"으로 표현되고 있을 뿐, 큰 차이는 없다고 할 수 있기 때문이다.

　또한 독일 기본법 제20조 제2항과 우리 헌법 제1조 제2항도 상당한 유사성을 보인다. 우리 헌법에서는 국민주권을 선언하면서 모든 권력이 국민으로부터 나온다는 점을 확인하고 있는 반면에, 독일 기본법에서는 이를 조금 더 구체화하여 국가권력의 행사방식까지도 구체적으로 예시하고 있는 점에서 약간의 차이를 보이고 있을 뿐이다.

4. 일본 헌법의 규정

　일본 헌법에는 우리 헌법 제1조에 해당하는 규정이 없다. 그러나 그것이 일본의 국호 내지 국가형태나 국민주권에 관한 언급이 전혀 없는 것은 아니다.

　일본 헌법에서는 국호와 관련하여 "일본국"이라는 용어를 사용하고 있다. 일본국이라는 용

---

25) "La souveraineté nationale apparatient au peuple qui l'exerce par ses représentant et par la voie du référendum."

26) "Die Bundesrepublik Deutschland ist ein demokratischer und sozialer Bundesstaat."

27) "Alle Staatsgewalt geht vom Volke aus. Sie wird vom Volke in Wahlen und Abstimmungen und durch besondere Organe der Gesetzgebung, der vollziehenden Gewalt und der Rechtsprechung ausgeübt."

어는 일본 헌법의 제1조에서 "천황은, 일본국의 상징이고, … "라고 규정한 것과 제98조에서 "일본국이 체결한 조약 및 확립된 국제 법규는 … "이라는 규정을 통해 확인된다. 그러나 우리 헌법 제1조 제1항과 같이 국호와 국가형태를 명시하고 있는 것은 없다.

국민주권에 관한 일본 헌법상의 규정으로는 전문(前文)에서 " … 여기에 주권이 국민에게 있음을 선언하고, … "라는 표현과 제1조에서 "천황은, 일본국의 상징이고, 일본 국민 통합의 상징으로서, 그 지위는, 주권을 갖는 일본 국민의 총의에 기초한다"[28]라고 언급한 것을 들 수 있다.

그밖에 일본 헌법에서 국가형태나 국민주권에 대한 구체적인 규정을 두고 있는 것은 없다. 그러나 일본 헌법이 민주공화국이라는 점을 부정할 수 없으며, 국민주권의 구체적 의미에 대한 헌법해석도 국내에서의 해석과 유사한 점이 많다.[29]

IV. 헌법 제 1 조와 다른 조문과의 관계

1. 헌법 제 1 조와 헌법 전문의 관계

현행 헌법 제1조와 헌법 전문은 적지 않은 공통점을 가지고 있다. 형식면으로는 헌법의 맨 앞에서 전체 헌법의 이념과 성격을 나타내는 역할을 하고 있다는 점에서 유사성을 가지고 있으며, 내용면으로 볼 때에도 민주주의에 관한 내용을 담고 있다는 공통점을 갖고 있다.

물론 헌법 전문에는 민주주의에 관한 것 이외에도 헌법의 이념과 원리에 관한 문구들이 다수 포함되어 있다. 그러나 민주주의에 관한 헌법 전문의 내용과 헌법 제1조의 내용이 함께 어우러져서 민주주의에 관한 전체상을 조금 더 선명하게 만들고 있다는 점은 결코 간과될 수 없는 부분이다.

헌법 전문에서 '大韓國民'이라는 표현을 사용한 것은 대한민국의 국민이라는 의미를 담고 있으며, 이를 통해 헌법 전문과 헌법 제1조 제1항의 국호 '大韓民國'은 의미상 연결되고 있다. 또한 헌법 제1조에서 대한민국을 민주공화국이라고 선언한 것은 헌법 전문에 내포되어 있는 민주주의에 관한 여러 내용들과 유기적으로 연결될 수밖에 없다.

예컨대 "不義에 抗拒한 4·19民主理念,""祖國의 民主改革"은 대한민국이 민주공화국임에도 불구하고 민주주의가 이미 완성되어 있는 것이 아니라 끊임없는 노력을 통해 실현시켜야 할 과제이기도 함을 보여주고 있으며, "自律과 調和를 바탕으로 自由民主的 基本秩序를 더욱 확고히 하여 政治·經濟·社會·文化의 모든 領域에 있어서 各人의 機會를 균등히 하고, 能力을 最高度로 발휘하게 하며, 自由와 權利에 따르는 責任과 義務를 완수하게 하여"라는 문구는 민주공화국의 내적 질서가 어떻게 형성되어야 할 것인지를 설명해주고 있는 것이다.

---

28) "天皇は、日本国の象徴であり日本国民統合の象徴であつて、この地位は、主権の存する日本国民の総意に基く"

29) 이에 관하여는 구병삭, 헌법학 I, 박영사, 1983, 101 이하 참조.

또한 헌법 전문이 "··· 우리 대한국민은 ··· 개정한다"고 규정함으로써 헌법 제정 및 개정의 주체가 국민임을 밝히고 있는 것은 헌법 제1조 제2항에서 국민주권을 선언하고 있는 것과 같은 맥락이라는 점이 쉽게 눈에 들어온다. 그러나 헌법 전문과 제1조 제2항을 통일적으로 해석할 경우에는 주권과 헌법제정권력의 관계가 선명해질 수 있다는 점도 지적될 수 있다.

2. 헌법 제1조와 헌법 제 2 조 ～ 제 4 조의 관계

헌법 제1조 제2항에서 국민주권을 선언한 것에 이어서 헌법 제2조에서는 국민의 자격, 즉 국적에 관한 원칙적 규정과 더불어 국가의 재외국민 보호의무를 선언하고 있다.[30] 고전적인 국가삼요소설에서는 주권과 국민을 별개로 언급하고 있지만, 국민주권에 기초하는 민주공화국에서는 주권의 문제와 국민의 문제는 밀접불가분일 수밖에 없다.

그런 의미에서 헌법 제1조 제2항이 국민주권에 관한 원칙적 규정이라면, 제2조 제1항은 주권을 갖는 국민의 범위를 설정함으로써 주권의 실질적 내용을 구체화하고 있는 것으로 볼 수 있을 것이다. 그리고 제2조 제2항은 국가가 주권자인 국민의 보호를 위해 담당해야 할 과제 중의 일부를 언급한 것으로 이해될 수 있다.[31]

그리고 헌법 제3조에서 "大韓民國의 領土는 韓半島와 그 附屬島嶼로 한다"고 규정한 것은 헌법 제1조 제1항의 대한민국의 구성요소인 영토를 분명히 한 것으로서 역시 직접적인 관련을 갖는다. 다만, 헌법 제3조의 규정은 이른바 한반도 유일합법정부론을 배경에 깔고 있는 것으로서 북한과의 관계에서 매우 복잡한 문제를 낳고 있다.[32]

헌법 제4조에서 "大韓民國은 統一을 指向하며, 自由民主的 基本秩序에 입각한 平和的 統一政策을 수립하고 이를 추진한다"고 규정한 것도 제3조와 관련하여 해석상 매우 날카로운 견해의 대립을 보인 바 있으며, 현재에는 헌법 제3조와 제4조를 조화시키는 해석이 학설과 판례의 주류를 형성하고 있다.[33]

---

30) 헌법 제2조 제1항: 大韓民國의 國民이 되는 요건은 法律로 정한다.
　　제2항: 國家는 法律이 정하는 바에 의하여 在外國民을 보호할 義務를 진다.
31) 제2조 제2항의 도입취지 및 재외국민의 개념범위 등에 관하여는 제2조에 대한 주석 참조.
32) 구체적인 문제들에 관하여는 제3조에 대한 주석 참조.
33) 헌재 1997. 1. 16. 89헌마240 결정: "북한이 남·북한의 유엔동시가입, 소위 남북합의서의 채택·발효 및 남북교류협력에관한법률 등의 시행 후에도 대남적화노선을 고수하면서 우리 자유민주주의체제의 전복을 획책하고 지금도 각종 도발을 계속하고 있음이 현실인 점에 비추어, 國家의 存立·安全과 國民의 生存 및 自由를 수호하기 위하여 국가보안법의 해석·적용상 북한을 반국가단체로 보고 이에 동조하는 反國家活動을 規制하는 것 자체가 헌법이 규정하는 國際平和主義나 平和統一의 原則에 위반된다고 할 수 없다."
　　헌재 2005. 6. 30. 2003헌바114 결정: "남한과 북한 주민 사이의 외국환 거래에 대하여는 법 제15조 제3항에 규정되어 있는 "거주자 또는 비거주자" 부분 즉 대한민국 안에 주소를 둔 개인 또는 법인인지 여부가 문제되는 것이 아니라, 남북교류협력에관한법률(이하 '남북교류법'이라 한다) 제26조 제3항의 "남한과 북한" 즉 군사분계선 이남지역과 그 이북지역의 주민인지 여부가 문제되는 것이다. 즉, 외국환거래의 일방 당사자가 북한의 주민일 경우 그는 이 사건 법률조항의 '거주자' 또는 '비거주자'가 아니라 남북교류법의 '북한의 주민'에 해당하는 것이다. 그러므로, 당해사건에서 아래위원회가 법 제15조 제3항에서 말하는 '거주자'나 '비거주자'에 해당하는지 또는 남북교류법상 '북한의 주민'에 해당하는지 여부는 법률해석의 문제에 불과한 것이고, 헌법 제3조의 영토조항과는 관련이 없다."

이와 관련하여 또 한 가지 중요하게 고려되어야 할 것은, 그 모든 해석의 방향설정 내지 한계설정에 있어서 헌법 제1조가 고려되어야 한다는 점이다. 즉, 영토에 관한 해석이건 평화통일에 관한 해석이건 국민의 주권적 의사를 기초로 판단해야 하며, 민주공화국 내지 자유민주적 기본질서를 대전제로 삼아서 이를 벗어나지 않도록 해야 한다는 것이다.

3. 헌법의 기타 규정들과의 관계

민주주의는 헌법의 기본틀을 형성하는 중추적인 헌법원리이기 때문에 헌법 제1조의 영향은 헌법의 수많은 규정들 속에서 발견될 수 있다. 예컨대 기본권에 관한 제10조 이하의 규정들은 국민주권과의 연계 속에서 그 실질적 의미를 발견할 수 있으며, 국가기관들에 관한 제40조 이하의 규정들도 민주주의의 구체화라는 측면을 빼놓고서는 그 의미가 올바르게 이해될 수 없을 것이다.

다만, 민주주의를 구체화하는 것 자체가 매우 복잡하고 다층적인 과정을 포함하고 있기 때문에 각기 연결점 내지 강조점은 다를 수 있다. 예컨대 선거에 관한 헌법규정들과 국민투표에 관한 헌법규정들이 민주주의와의 연결고리를 보다 선명하게 드러내는 반면에, 법원이나 헌법재판소의 활동은 법치국가적 정당성을 강조하기 때문에 민주주의와의 연결이 다소 소홀히 될 수 있다.

그러나 대법원의 구성방식[34] 내지 헌법재판소의 재판관 선출방식[35]에 관한 수많은 논의에서 드러나듯이, 사법부의 독립을 중시하는 사법기관의 활동에서도 민주성의 확보는 매우 중요한 화두의 하나이며, 사법개혁이 논의될 때마다 사법의 민주화가 강조되고 있는 점에도 주목할 필요가 있다.

V. 헌법 제 1 조 제 1 항(민주공화국)의 성격과 효력에 관한 학설과 판례

현행헌법 제1조 제1항은 "대한민국은 민주공화국이다"라고 선언하고 있다. 이 규정은 한편으로 「대한민국」이라는 국호(國號: 우리나라의 공식명칭)를 정하고 있지만, 다른 한편으로는 「민주공화국」이라는 국가형태(國家形態)를 정하고 있는 것이다.

이러한 제1조 제1항의 성격과 효력에 관하여 국내의 학설과 판례는 비교적 큰 논란 없이 대한민국이라는 국호와 민주공화국이라는 국가형태의 실질적 의미를 인정하고 있으나, 민주공화국의 구체적 내용에 대해서는 견해의 차이가 적지 않다.

---

34) 이에 관하여는 장영수, "대법관 선임방식의 헌법적 의미와 개선방향," 고대법대 100년의 학문적 성과와 미래(고려대학교 법학과 100주년 기념논문집 제1권)(2005. 12), 21-39 참조.

35) 이에 관하여는 고문현, "헌법재판소구성에 관한 개선방안: 헌법재판관선출을 중심으로," 헌법학연구 제11권 제4호(2005. 12), 357-406; 신봉기, "우리나라 헌법재판관의 선임절차, 그 비판과 구체적 개선방안," 단국대 법학논총 제20호(1994. 12), 189-227; 이욱한, "헌법재판의 성격과 재판관 선출," 사법행정 377호(1992. 5), 33-43 참조.

1. 국호(國號)의 의의

헌법 제1조 제1항이 명시하고 있는 '대한민국'은 우리나라의 국호(國號), 즉 나라이름이다. 우리나라를 지칭할 때, '한국'이나 '조선' 등의 용어도 사용되지만 공식적인 이름은 '대한민국'인 것이다.

국호를 정하는 것은 개인의 이름을 짓는 것과는 다른 의미를 갖는다. 개인이나 국가나 동일성을 식별하는 데 있어서 이름이 중요하다는 점은 공통점이라 할 수 있겠지만, 개인의 경우와 달리 국가의 이름은 국가의 성격을 담고 있는 것이 일반적이기 때문이다. 예컨대 우리나라의 이름을 대한민국이라고 정한 것은 민주국가라는 의미를 담고 있는 것이다. 미국이 'United States of America'라는 국호를 사용하는 것은 연방국가임을 보여주는 것이고, 독일의 경우에도 'Bundesrepublik Deutschland'라는 명칭을 사용함으로써 연방국가라는 점과 공화국이라는 점을 이름 자체에서 드러내고 있다.

대한민국이라는 국호는 임시정부헌법에서 최초로 사용되었다.[36] 이는 구한말 국호를 '대한제국'으로 정했던 것과 비교되며, 임시정부가 지향하는 국가의 성격을 분명하게 보여주는 것이기도 하였던 것이다. 그리고 현재까지도 그 의미는 여전히 살아 있다고 할 수 있다. 그러나 국호의 해석을 통해 모든 문제를 풀어내는 것은 적절치 않다. 국가질서형성의 구체적인 내용과 방식의 문제는 민주공화국이라는 국가형태 내지는 민주주의와 법치주의 등 헌법원리에 대한 해석을 통해 밝혀져야 할 것이기 때문이다.

2. 민주공화국의 개념과 의미

국호(國號)의 문제는 나름의 중요성을 갖고 있지만, 그것은 현실적인 문제의 해결에 관한 것이라기보다는 상직적인 의미를 갖고 있다. 하지만 국가형태의 문제는 국가질서의 형성과 관련한 실질적 의미를 갖고 있다. 비록 국가형태론의 의미가 과거에 비해 많이 퇴색되기는 하였지만, 현행헌법상의 국가형태가 갖는 의미를 밝히는 것은 우리 헌법이 지향하는 이념, 우리 헌법이 형성하고자 하는 국가질서의 기본방향을 확인하는 데 의미를 가질 수 있기 때문이다.

현행헌법이 명시하고 있는 "민주공화국"이라는 국가형태는 「민주국」의 의미와 「공화국」의 의미를 함께 포함하고 있는 것이다.

그 중 「민주국」의 의미는 과거와 달리 현재로서는 커다란 현실적 중요성을 갖지 못하게 되었다. 19세기 이전까지는 주권의 소재에 따라 국가형태를 군주국, 귀족국, 민주국으로 나누는 것이 그 국가의 전체적 성격을 규정하는 매우 중요한 징표였다. 실제로 군주국가에서 권력의 소재 및 권력행사의 방법이 어떠한지와 귀족국이나 민주국에서의 그것은 본질적인 차이를 보였고, 이를 통해 국가를 분류하는 것은 현실적으로도 큰 의미를 가질 수 있었던

---

36) 1919년 4월 11일의 대한민국 임시헌장 이래로 현재까지 '대한민국'이라는 국호는 계속 사용되고 있다.

것이다.

물론 오늘날에도 이와 같은 국가형태는 국가질서를 형성하는 방향을 결정하는 데 중요한 의미를 갖는다. 그러나 형식적인 군주국가는 존재할지언정 종래와 같은 군주주권국가는 더이상 찾아보기 어려울 뿐만 아니라, 이런 형태의 국가가 소생할 전망도 없는 것이 오늘날의 현실이다. 이런 상황을 고려할 때, 민주국의 문제는 다른 국가형태와의 비교로서의 의미는 이미 상실하였다고 보야야 할 것이다.

그러므로 오늘날 민주주의의 문제는 국가형태의 구분이라는 측면보다는 오히려 민주주의를 자칭하는 대부분의 국가들을 대상으로 이들의 실질적 차이를 구분하는 징표로서 작용해야 한다. 즉, 오늘날의 민주주의(Democracy)는 군주국, 귀족국에 대립하는 국가형태로서가 아니라 국가질서의 구체적 형성기준이라는 의미에서 헌법원리로서의 측면에서 헌법적 의미를 고찰하는 것이 훨씬 중요하게 된 것이다.[37]

또한 「공화국」이라는 개념이 갖는 의미도 예전과는 달리 많이 축소되었다고 할 수 있다. 공화국은 좁은 의미로는 고유의 권리로부터 — 즉, 공동체 구성원의 합의와는 상관없이 — 나오는 모든 통치권력, 특히 세습에 의한 권력을 주장하는 군주적 통치권력을 부정하는 국가를 지칭하는 것이며, 넓은 의미로는 공화제(res publica: 공동-체)의 요청에 따라 모든 공권력이 공동체에 귀속되며, 공공복리에 봉사하는 국가를 의미한다. 이러한 공화국을 요구하는 것은 공화국에서만 모든 시민이 자유롭고 평등한 인간으로 살아갈 수 있기 때문이었다.[38]

이렇게 볼 때, 좁은 의미의 공화국은 민주국과 마찬가지로 현실적 의미를 거의 상실하였다. 또한 넓은 의미의 공화국, 즉 권력보유자의 자의(恣意)만이 지배하는 전제(專制)와 대비되는 참되고 자유로운 공동체질서라고 하는 것도 오늘날 민주주의와 법치주의를 통해 구체적으로 실현되고 있는 것이기 때문에 이를 공화국이라는 개념하에서 별도로 취급할 실익이 별로 없게 되었다.[39]

물론 헌법질서를 형성해 나가야 할 기본방향의 설정이라는 측면에서 본다면, 이미 「민주공화국」이라는 표현 안에 많은 것이 포함되어 있다고 할 수 있다. 민주공화국을 선언함으로써 군주제의 부정, 그리고 이와 연결되어 있는 공동체 구성원(즉 국민)의 합의에 의한 국가질서의 형성이라는 기본방향이 그 안에 내포되어 있는 것이다. 하지만 국가질서의 형성에 관한 본격적 문제는 그 다음의 단계에서, 즉 어떻게 국민의 합의에 의해 국가질서를 형성할 것인지, 그 가운데서 파생되는 여러 문제들을 어떻게 해소할 것인지에 있기 때문에 국가형태에 대한 결정만으

---

37) 이에 관하여는 장영수(주 5), 137 이하 참조.

38) 공화국의 의미와 역사적 발달에 관하여는 W. Henke, Die Republik, in: J. Isensee/P. Kirchhof(Hrsg.), Handbuch des Staatsrechts, Bd. I, 2. Aufl., 1995, S. 863-886 참조.

39) 민주공화국의 의미를 주권과의 관련성 속에서 찾는 것도 결국은 같은 결론에 도달할 수밖에 없다. 이에 관하여는 한상희, "『민주공화국』의 헌법적 함의: 공화주의논쟁과 동태적 주권론," 일감법학 제3호(1998. 12), 115-141; 한상희, "『민주공화국』의 의미: 그 공화주의적 실천규범의 형성을 위하여," 헌법학연구 제9권 제2호(2003. 8), 27-91 참조.

로 국가질서 내지 헌법질서의 구조와 성격을 충분히 해명했다고는 말하기 어렵다.[40]

3. 국가형태의 의의와 한계

이렇게 볼 때 ― 국가형태가 가지고 있는 나름의 의미를 부정할 필요는 없지만 ― 국가형태를 통해 국가질서의 내부적 지향점을 구체적으로 도출해내는 데에는 한계가 있다는 점이 분명해진다. 그럼에도 불구하고 국가형태로서의 민주국 내지 민주공화국의 의미는 다음과 같은 세 가지 측면에서 여전히 그 의미를 갖는다.

첫째, 오로지 국민만이 주권자가 될 수 있으며, 국민에 의한 민주적 정당성의 부여가 없는 국가권력은 허용되지 않는다는 점이 민주공화국이라는 선언에 내포되어 있다.[41]

둘째, 민주공화국의 이념은 민주주의와 법치주의라는 헌법원리들을 통해서 헌법질서 속에 구체화되고 있다. 비록 헌법 제1조 제1항을 직접적인 근거로 제시하지는 않고 있다 하더라도 선거나 여론, 또는 언론의 자유 등의 의미를 민주주의의 핵심적 요소로 이해하고 있는 것은 역시 민주공화국의 이념과 연결되는 것으로 이해될 수 있을 것이다.[42]

셋째, 민주공화국의 이념으로서의 공화주의를 새롭게 이해함으로써 시민사회의 활성화 내지 이와 연결된 거버넌스 이론과의 접점을 찾을 수 있다. 최근 민주주의를 실현하는 새로운 방법론으로 제시되고 있는 거버넌스 이론의 출발점은 공화주의에서 찾을 수 있기 때문이다.[43]

하지만 오늘날 국가형태의 의미와 비중이 과거에 비할 수 없을 정도로 낮아졌다는 점은 부인하기 어렵다. 오늘날에는 대부분의 국가가 민주국임을 자처하고 있기 때문에 국가형태를 통해서 군주국 또는 귀족국과는 다른 민주국가의 특성을 지적하려는 전통적 국가형태론의 주장이 현실에 잘 맞지 않게 되었을 뿐만 아니라, 오늘날 국가유형의 문제는 전통적 국가형태론의 관점보다는 다른 시각에서의 접근을 필요로 하기 때문이다.

민주국가를 자처하는 국가들 중에서 진정한 민주국가와 그렇지 않은 국가를 구별하는 기준은 주권의 소재가 군주나 귀족이 아닌 국민에게 있다는 전통적 관점에서 찾기 어렵고, 오히려 국민주권이 어떻게 실질적으로 구현되고 있는지에 대한 구체적 검토를 통해서만 가능해지는 것이다. 또한 민주국가로 인정된 경우라 하더라도 정부형태의 차이, 의회제도의 차이, 사법제도의 차이 등에 의하여 다양한 차이를 보이고 있다는 점도 국가형태론의 의미를 약화시키는 요인이라고 할 수 있을 것이다.

---

40) 민주공화국의 의미를 적극적으로 해석하려는 시도들도 적지 않다. 예컨대 민주공화국을 하나의 정치이념이라기보다는 여러 형태의 결합이 가능한 조정원칙으로 이해하려는 견해도 있다. 이에 관하여는 곽준혁, "민주주의와 공화주의: 헌정체제의 두 가지 원칙," 한국정치학회보 제39집 제3호(2005, 가을), 33-57 참조.

41) 그러므로 헌법개정을 통한 군주제의 도입 등은 헌법개정의 한계를 벗어나게 된다.

42) 이에 관하여는 아래의 헌법재판소 판례들을 참조.

43) 이에 관하여는 염재호, "한국 시민단체의 성장과 뉴 거버넌스의 가능성," 아세아연구 제45권 제3호 통권 109호(2002. 9), 113-147 참조.

4. 민주공화국 내지 민주국가의 구체화에 관한 대법원과 헌법재판소의 판례

대법원과 헌법재판소의 판례 중에서 '민주공화국'의 의미를 직접 밝힌 것은 찾기 어렵다. 그러나 우리나라의 헌법질서의 성격 내지 중요한 헌법적 원리나 제도에 관한 대법원과 헌법재판소의 판례를 통하여 민주공화국에 대한 이해를 간접적으로 확인하는 것은 가능하다.

예컨대 대법원 1997. 4. 17. 선고 96도3376 전원합의체 판결에서 대법원은 "우리나라는 제헌헌법의 제정을 통하여 국민주권주의, 자유민주주의, 국민의 기본권보장, 법치주의 등을 국가의 근본이념 및 기본원리로 하는 헌법질서를 수립한 이래 여러 차례에 걸친 헌법개정이 있었으나, 지금까지 한결같이 위 헌법질서를 그대로 유지하여 오고 있는 터이므로, 군사반란과 내란을 통하여 폭력으로 헌법에 의하여 설치된 국가기관의 권능행사를 사실상 불가능하게 하고 정권을 장악한 후 국민투표를 거쳐 헌법을 개정하고 개정된 헌법에 따라 국가를 통치하여 왔다고 하더라도 그 군사반란과 내란을 통하여 새로운 법질서를 수립한 것이라고 할 수는 없으며, 우리나라의 헌법질서 아래에서는 헌법에 정한 민주적 절차에 의하지 아니하고 폭력에 의하여 헌법기관의 권능행사를 불가능하게 하거나 정권을 장악하는 행위는 어떠한 경우에도 용인될 수 없다. 따라서 그 군사반란과 내란행위는 처벌의 대상이 된다"고 판시한 바 있다.[44] 이 판결은 비록 민주공화국에 대하여 직접 언급하고 있지는 않지만, 그 의미는 민주공화국의 침해 내지 변경이 허용될 수 없다는 것과 다르지 않은 것이다.

또한 헌재 1991. 9. 16. 89헌마165 결정,[45] 헌재 1995. 7. 21. 92헌마177등 결정,[46] 헌재

---

44) 이 판결에는 "군사반란 및 내란행위에 의하여 정권을 장악한 후 이를 토대로 헌법상 통치체제의 권력구조를 변혁하고 대통령, 국회 등 통치권의 중추인 국가기관을 새로 구성하거나 선출하는 내용의 헌법개정이 국민투표를 거쳐 이루어지고 그 개정 헌법에 의하여 대통령이 새로 선출되고 국회가 새로 구성되는 등 통치권의 담당자가 교체되었다면, 그 군사반란 및 내란행위는 국가의 헌정질서의 변혁을 가져온 고도의 정치적 행위라고 할 것인바, 그와 같이 헌정질서 변혁의 기초가 된 고도의 정치적 행위에 대하여 법적 책임을 물을 수 있는지 또는 그 정치적 행위가 사후에 정당화되었는지 여부의 문제는 국가사회 내에서 정치적 과정을 거쳐 해결되어야 할 정치적·도덕적 문제를 불러일으키는 것으로서 그 본래의 성격상 정치적 책임을 지지 않는 법원이 사법적으로 심사하기에는 부적합한 것이고, 주권자인 국민의 정치적 의사형성과정을 통하여 해결하는 것이 가장 바람직하다. 따라서 그 군사반란 및 내란행위가 비록 형식적으로는 범죄를 구성한다고 할지라도 그 책임 문제는 국가사회의 평화와 정의의 실현을 위하여 움직이는 국민의 정치적 통합과정을 통하여 해결되어야 하는 고도의 정치문제로서, 이에 대하여는 이미 이를 수용하는 방향으로 여러 번에 걸친 국민의 정치적 판단과 결정이 형성되어 온 마당에 이제 와서 법원이 새삼 사법심사의 일환으로 그 죄책 여부를 가리기에는 적합하지 아니한 문제라 할 것이므로, 법원으로서는 이에 대한 재판권을 행사할 수 없다"는 반대의견이 있었다.

45) "언론의 자유는 바로 민주국가의 존립과 발전을 위한 기초가 되기 때문에 특히 우월적인 지위를 지니고 있는 것이 현대 헌법의 한 특징이다. 그러나 다른 한편 모든 권리의 출발점인 동시에 그 구심점을 이루는 인격권이 언론의 자유와 서로 충돌하게 되는 경우에는 헌법을 규범조화적으로 해석하여 이들을 합리적으로 조정하여 조화시키기 위한 노력이 따르지 아니할 수 없고, 이는 각 나라의 역사적 전통과 사회적 배경에 따라 조금씩 다른 모습을 보이고 있다." 같은 취지로 헌재 2006. 6. 29. 2005헌마165등 결정 참조.

46) "현대민주국가에 있어서 선거는 국가권력에 대하여 민주적 정당성을 부여하고 국민을 정치적으로 통합하는 중요한 방식이라고 할 수 있다. 그런데 선거의 결과는 여론의 실체인 국민의 의사가 표명된 것이기 때문에 민주국가에서 여론의 중요성은 특별한 의미를 가진다.
민주국가에서 여론이란 국민이 그들에게 공통되고 중요한 문제에 관하여 표명하는 의견의 집합체를 말

2000. 4. 27. 98헌가16등 결정,[47] 헌재 2003. 10. 30. 2000헌바67등 결정,[48] 헌재 2003. 12. 18. 2002헌바49 결정,[49] 헌재 2004. 3. 25. 2001헌마710 결정,[50] 헌재 2004. 5. 14. 선고 2004헌나1 결정,[51] 헌재 2006. 7. 27. 2004헌마215 결정[52] 등에서는 헌법상의 여러 요소들이 민주국가의 구체화와 연결되어 있는 점을 개별적으로 밝히고 있다. 그러나 역시 민주공화국 자체에 대한 직접적인 언급이나 해명은 찾기 어려우며, 그 이유는 앞서 설명된 바와 같이 오늘날 국가형태의 의미 자체가 퇴색된 것에서 찾을 수 있을 것이다.

VI. 헌법 제 1 조 제 2 항(국민주권)의 성격과 효력에 관한 학설과 판례

1. 국민주권의 의미와 실현구조

민주주의라는 말의 어원(democracy＝demos＋kratein)에서 나타나듯이 민주주의는 국민주권에 기초하고 있다. 이미 「민주」주의라는 개념자체가 이런 의미를 내포하고 있는 것으로 보이는

한다고 할 것인데, 이와 같은 여론을 정확히 파악하여 표출시키는 것을 목적으로 하는 여론조사는 선거와 밀접한 관련을 갖고 있다.
　우선 여론조사를 통하여 국민은 정당이나 정치인의 정책에 대한 자신의 의사를 표명할 기회를 갖게 됨으로써 간접적이나마 국가정책에 참여할 수 있고, 정당이나 정치인들은 자신들이 추진하고 있는 정책에 대한 지지도를 파악하여 국민이 거부하는 정책을 시정할 수 있으므로 선거와 선거 사이의 공백이나 선거의 결과가 정책보다는 후보자의 개인적인 인기에 좌우되기 쉽다는 선거의 문제점을 어느 정도 보완할 수 있게 된다. 또한 여론조사는 선거와 관련하여 예비선거의 기능을 수행하고, 무엇보다도 국민으로 하여금 선거에 대하여 높은 관심을 갖도록 하는 구실을 한다."

47) "교육을 받을 권리는 국민이 인간으로서의 존엄과 가치를 가지며 행복을 추구하고(헌법 제10조) 인간다운 생활을 영위하는데(헌법 제34조 제1항) 필수적인 전제이자 다른 기본권을 의미있게 행사하기 위한 기초이고, 민주국가에서 교육을 통한 국민의 능력과 자질의 향상은 바로 그 나라의 번영과 발전의 토대가 되는 것이므로, 헌법이 교육을 국가의 중요한 과제로 규정하고 있는 것이다."

48) "집회의 자유에 의하여 보호되는 것은 단지 '평화적' 또는 '비폭력적' 집회이다. 집회의 자유는 민주국가에서 정신적 대립과 논의의 수단으로서, 평화적 수단을 이용한 의견의 표명은 헌법적으로 보호되지만, 폭력을 사용한 의견의 강요는 헌법적으로 보호되지 않는다."

49) "헌법상 보장된 방송의 자유가 방송사업자의 주관적 방어권이자 동시에 민주국가에서 자유로운 여론형성에 기여하는 중대한 기능을 가지고 있다는 점이 인정되고 이에 따라 방송의 자유에 있어서 방송사업자로 하여금 국민의 다양한 의견을 반영하고 국가권력이나 사회세력으로부터 독립된 공정하고 객관적인 방송을 실현할 수 있도록 하기 위하여 입법자에 의한 조직적·절차적 형성을 필요로 …"

50) "오늘날 정치적 기본권은 국민이 정치적 의사를 자유롭게 표현하고, 국가의 정치적 의사형성에 참여하는 정치적 활동을 총칭하는 것으로 넓게 인식되고 있다. 정치적 기본권은 기본권의 주체인 개별 국민의 입장에서 보면 주관적 공권으로서의 성질을 가지지만, 민주정치를 표방한 민주국가에 있어서는 국민의 정치적 의사를 국정에 반영하기 위한 객관적 질서로서의 의미를 아울러 가진다."

51) "대통령의 파면을 요청할 정도로 '헌법수호의 관점에서 중대한 법위반'이란, 자유민주적 기본질서를 위협하는 행위로서 법치국가원리와 민주국가원리를 구성하는 기본원칙에 대한 적극적인 위반행위를 뜻하는 것 …."

52) "민주정치는 주권자인 국민이 정치과정에 참여하는 기회가 폭 넓게 보장될 것을 요구하므로, 국민의 주권행사 내지 참정권행사의 의미를 지니는 선거과정에 대한 참여행위는 원칙적으로 자유롭게 행하여질 수 있도록 최대한 보장되어야 한다. 이러한 선거자유의 원칙은 민주국가의 선거제도에 내재하는 법원리로서 국민주권의 원리, 대의민주주의의 원리 및 참정권에 관한 헌법규정들(제1조, 제24조, 제25조, 제41조 제1항, 제67조 제1항 등)을 근거로 하며, 그 내용으로 선거권자의 의사형성의 자유와 의사실현의 자유, 구체적으로는 투표의 자유, 입후보의 자유 나아가 선거운동의 자유가 있다."

것도 사실이다. 근대국가의 형성에 있어 결정적인 역할을 했던 주권개념은 민주주의의 이념과 결합, "국민주권"이라는 강력한 무기를 탄생시켰으며 국민주권은 근대민주주의를 관철시키는 데 지대한 공헌을 했다.

그러나 또한 민주주의의 이해에 대한 혼란은 많은 부분 민주주의에 있어서 "국민주권"의 의의와 한계가 정확하게 인식되지 않고 있다는 사실에 기인한다. 근대 초 절대군주제와 민주주의가 대립하고, 군주주권론과 국민주권론이 투쟁하던 시기에는 국민주권론이 곧 민주주의였고, 따라서 "민주주의＝국민주권"이라는 등식이 일반적으로 승인되었다.

하지만 국민주권론의 승리로써 민주주의가 완성되는 것은 아니다. 아무리 군주를 주권의 왕좌에서 끌어내리고 국민을 주권자라고 선언한다 하더라도 실질에 있어서는 국민이 국가질서의 형성에 아무 영향을 미치지 못하는 종속적인 지위에 머물러 있다면 그것은 독재이지 민주주의는 아니다. 따라서 군주(주권)국이 더이상 존재하지 않는 오늘날 민주주의의 구체적 문제들은 — 국민주권을 선언하고 군주주권(또는 귀족주권)을 부정하는 것보다는 — 국민이 실제로 주권자일 수 있도록 하는 (즉, 국민이 주권자로서 실질적인 대접을 받는) 국가질서를 어떻게 민주적으로 구성하느냐에 있다.

따라서 민주주의를 올바르게 이해하기 위하여 먼저 주권이론의 탄생과 발전에 대한 검토를 통하여 국민주권의 의의와 한계를 정확하게 이해할 필요가 있다.

2. 주권이론의 역사적 발달

가. 근대주권국가의 탄생

근대주권국가의 탄생 내지 주권이론의 탄생은 중세 봉건질서의 붕괴와 근대적 정치질서의 형성이라는 역사적 배경 하에서 고찰되어야 한다.[53] 중세의 봉건질서는 교황과 황제를 정점으로 하는 안정된 사회적 구조와 질서를 유지하고 있었다. 그러나 중세 말에 교황과 황제의 권위가 실추되고 여러 가지 개혁운동 등으로 인하여 중세적 사회구조가 근본적으로 붕괴될 위험에 처했을 때, 이로 인해 야기된 혼란과 무질서, 내란과 내전, 테러와 모든 기본적 가치(생명, 자유, 재산…)의 위협 등은 많은 정치사상가들로 하여금 새로운 안정된 질서를 수립할 수 있는 방법을 추구하도록 만들었다.

이것은 낡은 권위의 회복, 즉 이미 타락하고 약화된 교황과 황제의 권위를 다시 강화함으로써 이루어지기는 힘들다고 생각되었으며 이들을 대체할 수 있는 새로운 권위, 즉 군주의 권위(＝王權)를 절대화함으로써만 새로운 안정된 질서가 형성될 수 있다고 생각되었다. 근대 초의 정치사상가들은 이를 위하여 군주에게 안정된 사회적 질서를 형성, 유지할 수 있는 권위를 부

---

53) 이러한 역사적 배경은 주권개념의 성격과 내용에 직접적인 영향을 미쳤다. 이에 관하여는 A. Randelzhofer, Staatsgewalt und Souveränität, in: J. Isensee/P. Kirchhof(Hrsg.), Handbuch des Staatsrecht, Bd. I, 2. Aufl., 1995, S. 691-708(692) 참조.

여하려는 목적에서 주권이론을 형성·발전시켰다.[54] 따라서 주권이란 대외적으로 (교황 및 황제의 권위로부터) 독립되어 있고, 대내적으로는 (봉건영주 및 제후 등의 권위에 우선하는) 최고의 위치에 있는 권력(자기관철력)으로 이해되었다.[55]

이러한 역사적 배경 하에서 만들어진 근대적 주권이론은 군주의 권위를 절대화시킴으로써 사회적 질서와 평화를 회복시키고자 하는 데 초점이 맞추어져 있었으며, 결과적으로 근대적 주권국가, 그것도 절대군주제국가의 형성에 강력한 이론적 뒷받침을 제공하였다.

나. 군주주권론의 발달

(1) 보뎅(J. Bodin)의 주권이론

주권은 이미 중세의 정치사상가들에도 생소한 개념은 아니었다.[56] 그러나 근대 초 프랑스의 정치적 혼란을 배경으로 군주주권론을 체계화함으로써 근대적인 주권이론을 국가학 및 헌법학의 핵심테마로 만들어낸 최초의 사상가는 보뎅(J. Bodin)이라고 할 수 있다.

보뎅(J. Bodin)에 따르면 주권이란 한 국가의 절대적이고 항구적인 권력이며 최고의 명령권이다.[57] 보뎅(J. Bodin)은 주권적 군주를 지상에서의 신(神)의 대리자[58]로 해석했고(왕권신수설), 모든 권력과 권위는 군주 개인에게 집중되어야 한다고 생각하였다.[59] 따라서 주권자인 군주는 절대적 권력을 갖으며, 특히 국민의 동의없이 법률을 제정, 공포할 권한을 갖게 된다. 하지만 군주 자신은 그 법률에 구속되지 않는다고 한다.[60] 그러나 보뎅(J. Bodin)은 주권자인 군주도 神法과 自然法, 그리고 모든 민족에 공통으로 적용되는 몇 가지 人間의 法에 복종하여야 하며[61] 스스로 체결한 계약[62]을 지켜야 한다고 주장함으로써 주권에 대한 최소한의 한계를 인정하였다.

54) M. Kriele, 국순옥 옮김, 민주적 헌정국가의 역사적 전개, 종로서적, 1983, 41 이하 참조.

55) 이와 같은 주권의 기본적 의의는 오늘날까지도 통용되어서 국내적으로는 국가권력의 유일성과 최고성으로, 그리고 국제적으로는 주권국가들간의 평등으로 나타나고 있다. 그러나 그 의미는 이미 상당히 제한적인 것으로 이해되고 있다. 이에 관하여는 P. Häberle, Zur gegenwärtigen Diskussion um das Problem der Souveränität, AöR 92(1967), S. 259-287, wieder abgedruckt mit Nachtrag in: ders., Verfassung als öffentlicher Prozeß, 1978, S. 364-395(368ff.); A. Randelzhofer, a.a.O.(Anm. 53), S. 700ff. 참조.

56) A. Randelzhofer, a.a.O.(Anm. 53), S. 695f.; P. Dagtoglou, Art. "Souveränität," in: Evangelisches Staatslexikon, 3. Aufl., Bd. Ⅱ, 1987, Sp. 3155-3169(3155f.); F. A. Frhr. v. Heydte, Art. "Souveränität," in: Staatslexikon, Bd. Ⅶ, 1962, Sp. 136-139(136) 참조. 물론 당시의 통치자의 주권은 피치자의 저항권, 그리고 상위법(神法, 自然法, 敎會法 등)에 의해 훨씬 약화된 형태로 생각되었다.

57) J. Bodin, Über den Staat, Stuttgart 1976, S. 19ff.

58) J. Bodin, a.a.O.(Anm. 57), S. 39.

59) J. Bodin은 심지어 제후들이 왕을 선출되는 것에 대해서도 반대했으며, 선거로써 선출된 왕은 주권자가 아니라는 생각까지 했다. 즉 왕은 외부의 영향 없이 그의 권력을 세습하는 것이 가장 바람직하다는 것이다 (a.a.O.(Anm. 57), S. 21, 23f.).

60) J. Bodin, a.a.O.(Anm. 57), S. 24f.

61) J. Bodin, a.a.O.(Anm. 57), insbes. S. 19ff.

62) J. Bodin은 법률과 계약을 분명하게 구별하고 있다. 법률은 주권자에게 맡겨져 있는 것이지만 계약은 군주와 신민간의 쌍무적 관계이며, 양측 모두에게 의무를 지우는 것이라는 지적이다. 이러한 J. Bodin의 주장을 통해 우리는 그가 주권이론을 통하여 단순히 恣意的 權力體를 구성하고자 한 것은 아님을 확인하게 된다.

이러한 보뎅(J. Bodin)의 군주주권론이 갖는 의의는 무엇보다 그 이론을 통하여 군주에게 새로운 안정적 질서를 재정립시킬 수 있는 권위와 정당성을 부여했다는 데에 있으며, 실제로 근대국가는 이러한 주권이론의 도움으로 「독립된 그리고 자기관철력을 가진 정치적 단위」로 구성될 수 있었다.

(2) 홉스(Th. Hobbes)의 주권이론

보뎅(J. Bodin)이래의 군주주권론에 있어서 가장 특징적인 것의 하나는 그것이 "군주＝국가"라는 공식을 전제하고 있다는 것이다.63) 즉 객관적이고 독립된 제도로서의 국가라는 관념은 아직 존재하지 않고 있었으며 모든 권위(즉 주권)는 군주 개인에게 집중되었다. 이것은 군주주권의 이론을 극도로 발달시켜 주권의 절대성을 완전한 형태로 관철시키고자 하였던 홉스(Th. Hobbes)의 이론에서 특히 분명하게 나타난다.

홉스(Th. Hobbes)는 국가의 기원을 사회계약에서 찾는다. 즉 자연상태에서 "인간은 인간에 대해 이리"이기 때문에 이러한 "만인의 만인에 대한 투쟁"의 상태를 극복하기 위하여 사회계약을 통한 국가의 구성이 필요하다.64) 이러한 사회계약을 통하여 모든 시민은 그들의 모든 권리를 무조건적으로 포기하고 주권자에게 이양함으로써 비로소 모든 분쟁이 종식되고 사회의 평화를 확보할 수 있게 되었다는 것이다.65)

이렇게하여 주권자인 군주는 모든 것에 대한 처분권을 갖게 된다.66) 주권자는 무제한적으로 법률을 제정, 개정 및 폐지할 수 있는 반면에(auctoritas non veritas legem facit!) 그 자신은 법률에 구속되지 아니한다.67) 모든 국가권력은 주권으로부터 파생된 것이며 따라서 언제든지 회수될 수 있다. 그러나 주권자의 주권은 무조건적이고 회수될 수 없는 것이고 시간적으로도 무제한적이다.68) 또한 홉스(Th. Hobbes)는 신법(神法)과 자연법(自然法)조차도 주권자의 전능에 대한 한계로서 인정하지 않는다.69) 심지어 주권의 기초로서 인정된 사회계약 자체도 주권의 한계로서는 기능하지 못한다.70) 홉스(Th. Hobbes)는 그럼으로써 절대적, 무조건적, 불가분, 불가

---

63) M. Kriele, 국순옥 옮김(주 54), 1983, 522에서 초기의 주권이론가들이 국법상의 주권과 주권자의 주권을 구별하지 않고 이들 양자를 동일시했다고 지적하는 것이나, A. Randelzhofer, a.a.O.(Anm. 53), S. 698에서 국가권력과 주권의 동일시를 지적하는 것도 같은 맥락에서 이해될 수 있다.

64) Th. Hobbes, Leviathan, Frankfurt am Main 1984, S. 94ff.

65) Th. Hobbes, a.a.O.(Anm. 64), S. 131ff.

66) Th. Hobbes, a.a.O.(Anm. 64), S. 136ff.

67) Th. Hobbes, a.a.O.(Anm. 64), S. 204.

68) Th. Hobbes, a.a.O.(Anm. 64), S. 142ff.

69) Th. Hobbes가 神法과 自然法의 존재를 완전히 부정한 것은 아니다. 그러나 그는 신법과 자연법에 대한 구속력있는 해석을 할 권한조차 주권의 내용으로 인정함으로써(a.a.O.(Anm. 64), S. 211ff.) 神法과 自然法이 주권의 한계로서 기능하지 못하게 만든 것이다.

70) Th. Hobbes는 사회계약을 제3자를 위한 계약으로 상정함으로써 주권자인 군주는 계약의 당사자가 되지 않으며, 따라서 군주에 의한 계약의무불이행이라는 문제는 발생될 소지가 없다고 주장하였던 것이다. (a.a.O.(Anm. 64), S. 137.). 이에 관하여는 M.Kriele, 국순옥 옮김(주 54), 55; 심재우, "Thomas Hobbes의 法思想," 현승종박사화갑기념논문집(1980), 61-83(69)도 참조.

양의 무제한적이고 안정적인 권력으로서 주권을 정립하고자 하였던 것이다.

다. 군주주권론의 딜레마와 새로운 주권이론의 발전

그러나 이와 같이 군주의 주권을 극단화시킴으로 인하여 주권은 질서의 회복과 평화의 유지라는 본래의 의도에 반하여 현존하는 사회질서에 대해 위협적인, 심지어 파괴적인 힘으로 작용하게 된다. 즉 주권 자체가 통제불가능한 자의에 따라 현존하는 법적, 정치적, 경제적, 사회적 질서를 위협하는 요소로 작용하게 되는 것이다. 여기에 고전적인 군주주권론의 딜레마가 있다.

이러한 딜레마로부터의 탈출은 주권이론의 새로운 해석을 통하여 시도되었다. 이미 주권 개념은 국가의 징표로서 너무도 깊이 뿌리내리고 있었기 때문에 주권개념 자체의 배격은 현실적으로 어려웠고 결국은 주권의 성격과 주권의 소재를 달리 해석함으로써, 즉 "군주＝주권자＝국가"라는 공식을 파괴함으로써 군주주권이론이 갖는 문제점을 해결하고자 하는 시도들이 나오게 된 것이다. 이러한 시도들은 국민주권론을 비롯하여 의회주권론, 국가주권론 등 다양한 방향으로 전개된다.

(1) 국민주권론의 대두

(군주)주권이론의 형성과 발전은 중세적 구속으로부터 벗어나 국가권력을 세속화시킴으로써 이루어졌다. 그러나 중세의 종교적 구속으로부터 벗어나는—합리성이 지배하는—세속화의 과정은 동시에 국민주권론을 크게 자극하게 되었다.

고대 그리스의 아리스토텔레스(Aristoteles), 혹은 중세의 아퀴나스(Th. Aquinas)까지도 거슬러 올라가는[71] 국민주권론은 근대에 이르러서는 국가의 합리적 설명으로 크게 각광을 받았던 사회계약설과 결합되어서 나타난다. 홉스(Th. Hobbes)는 사회계약설로부터 군주주권론을 이끌어냈지만, 그로티우스(H. Grotius), 푸펜도르프(S. Pufendorf), 알투시우스(J. Althusius) 등에 의해 군주의 절대권은 점차 제한적인 것으로 풀이되었고, 오히려 국민의 (양도될 수 없는) 최종적 권력이 주장되기 시작했다.[72] 주권자인 군주도 합리성에 복종해야만 했으며, 그에 따라 사회계약론도 달리 구성되었다. 나아가 군주의 절대권에 대한 제한은 로크(J. Locke)와 몽테스키외(Montesquieu)의 권력분립론에 의해 보다 확실하게 뿌리를 내렸다. 시민의 생명, 자유와 재산은 불가침인 것으로 주장되었으며 결국에는 (군주가 아닌) 국민이 주권자라고 선언된 것이다.

---

71) 국민주권론이 어디까지 거슬러 올라갈 수 있는지에 대하여는 물론 국가성이라는 관념의 틀이 근대와 중세, 근대와 고대에 있어 어느 정도까지 비교가 가능한가에 따라 상이한 결론에 이를 수 있다. 이와 관련하여 Kielmansegg은 국민주권론의 근원으로서 독일의 법전통과 기독교의 자연법사상, 로마법의 계수, 아리스토텔레스의 계수 등의 4가지를 들고 있다. 이에 관하여는 Peter Graf Kielmansegg, Volkssouveränität-Eine Untersuchung der Bedingungen demokratischer Legitimität, Stuttgart 1977, S. 16ff. 참조.

72) 이미 Th. Hobbes 이래로 아리스토텔레스류의 인간이 불평등하게 태어났다는 생각은 극복되었다. 근대적 사회계약론은 인간의 평등에 기초하는 것으로 인정되었으며, 사회계약은 이성적 행위, 자신의 이익을 위한 행위로 이해되는 것이다. 이에 관하여는 I. Fetscher, Einleitung zu Thomas Hobbes Leviathan, Frankfurt am Main 1966, XX 참조.

군주주권론에서 국민주권론으로 이행되어가는 이러한 발전의 정점은 루소(J. J. Rousseau)의 사회계약론에서 찾을 수 있다.[73] 루소(J. J. Rousseau)에 따르면 주권자는 사회계약의 당사자인 국민이다.[74] 그러나 국민이 아무 권리없이 복종만을 강요당한다면 그들은 더이상 (주권자인) 국민으로서의 성격을 갖지 못하고 있다고 말할 수밖에 없으며,[75] 그러한 사회상태는 정상적이 아닌 것으로 풀이된다. 왜냐하면 루소(J. J. Rousseau)가 이해하는 주권은 "일반의사(voloté générale)의 행사"[76]이므로 양도될 수도, 분할될 수도 없는 것이다.[77] 또한 일반의사는 언제나 올바르고 공공의 이익을 지향하는 것이기 때문에 일반의사의 행사로서의 주권은 — 제아무리 절대적이고 신성하고 불가침이라 하더라도 — 일반적 약속의 한계를 넘지 않으며, 넘을 수 없다고 인정된다.[78] 따라서 개인의 자유와 재산에 대한 부당한 침해가 주권(자)에 의해 행해질 수는 없다는 것이다.[79]

여기서 루소(J. J. Rousseau)는 군주주권론과 결정적인 현실적 차이를 보이는 결론을 도출해낸다: 자연상태를 벗어난 사회(계약)상태에서는 모든 권리가 법률로 규정되어 있다. 이러한 법률을 만드는 것도 또한 일반의사의 행위에 속하며,[80] 모든 법률은 일반성을 가져야 한다.[81] 그리고 이러한 법률에는 — 국민의 위임을 받은 자에 불과한 — 군주도 복종하여야 한다는 것이다.[82]

(2) 의회주권론

외부로부터의 위협에 대처하기 위해 군주의 강력한 지도력을 필요로 하던 시기(튜더왕조시절)가 지난 후 영국에서는 군주세력의 약화와 더불어 귀족세력과 시민세력의 연합이라는 형태로 나타난 의회의 권한의 강화가 두드러지게 되었다. 이미 14~15세기경에 과세와 입법에 대한 협의권을 확보하였던 의회는 17세기 초 스튜어트왕조와의 대립을 통하여 군주에 대한 의회의 통제권을 강화시켰으며, 1628년의 권리청원(Petition of Right), 1649년의 청교도혁명(Puritan Revolution), 1679년의 인신보호법(Habeas Corpus Act), 1688년의 명예혁명(Glorious Revolution)과 1689년의 권리장전(Bill of Rights), 1701년의 왕위계승법(The Act of Settlement) 등을 거치면서 마침내 국왕의 권한은 형식적·의례적인 것으로 축소되고 의회가 통치의 중심이 되는 정치

---

73) J. J. Rousseau이후에도 Kant, Fichte 등에 의해 국민주권론이 주장되었으나 그들의 주장은 J. J. Rousseau를 크게 넘어서지 못했으며, 현실적으로도 독자적인 큰 영향을 미치지 못했다. 이에 관하여는 또한 A. Randelzhofer, a.a.O.(Anm. 53), S. 698, Anm. 58 참조.

74) J. J. Rousseau, Gesellschaftsvertrag, Stuttgart 1977, S. 19ff.

75) J. J. Rousseau, a.a.O.(Anm. 74), S. 10ff.

76) J. J. Rousseau, a.a.O.(Anm. 74), S. 98.

77) J. J. Rousseau, a.a.O.(Anm. 74), S. 27ff.

78) J. J. Rousseau, a.a.O.(Anm. 74), S. 32ff.

79) J. J. Rousseau, a.a.O.(Anm. 74), S. 35.

80) J. J. Rousseau, a.a.O.(Anm. 74), S. 39ff.

81) J. J. Rousseau, a.a.O.(Anm. 74), S. 40f.

82) J. J. Rousseau, a.a.O.(Anm. 74), S. 109ff.

적 발전이 진행되었다.[83]

    이런 과정을 거치는 가운데 영국에서 군주가 아니라 의회가 주권자라는 소위 의회주권론이 영국에서 주장된 것은 영국의 정치적 현실 내지 정치발전과정을 반영하는 것이라고 볼 수 있다. 현실정치적 세력관계에서, 그리고 근대적 민주주의사상과의 결합을 통하여 정당성을 획득한 의회는 법에 관한 절대적 권한을 인정받게 되었고, 그 결과 의회제정법의 우위[84]라는 사상을 중심으로 영국에서 의회주권론이 점차 힘을 얻게 되었던 것이다.[85]

    이러한 의회주권의 주장은 전체로서의 의회가 주권을 갖는다고 인정하는 데에 의견의 일치를 보이고 있으며, 의회의 민주화와 더불어 사실상 국민주권에 접근하는 형태로 발전되었다. 그러나 의회주권론에서 주목할 것은 ― 국가주권론 등과는 달리 ― 주권의 본래의 출발점, 즉 한계상황에 있어서의 최종적 결정권이라는 문제를 시야에서 놓치지 않고 있다는 것이다.[86]

(3) 국가주권론, 법주권론

    국가주권론은 국가를 하나의 독립된 법인격으로 인정하는 데에서 출발한다. 17~18세기 이래 단체법의 이론이 발달하여 각종 단체가 법적 권리의무의 주체로서 인정되는 것이 일반화됨에 따라 또한 국가도 독립된 단체 또는 법인격으로 보려는 견해가 대두되었다. 이 견해는 특히 국가형태의 변화 또는 국가구성원들의 변동과 관계없이 국가 그 자체의 동일성 내지 계속성이 유지되는 것을 잘 설명할 수 있다는 점에서 강력한 설득력을 갖고 주장되었으며,[87] 국가주권론은 이러한 바탕 위에서 독립된 법인격으로서의 국가 그 자체가 주권을 갖고 있으며 군주나 의회 또는 국민은 국가의 기관이라고 보는 것이다.[88]

    나아가 소위 법주권론이라는 것도 주장되었다. 즉 사회 내에서 집행력을 갖고 통용되는 모든 권력은 오직 법적 권력뿐이고 모든 자연인 또는 다른 법인과 마찬가지로 국가도 실정법질서의 테

---

83) 중세 및 근대 영국의 헌정사에 관하여는 F. W. Maitland, The Constitutional History of England, Cambridge 1948 참조.

84) 영국의 형성된 보통법의 전통, 이와 결부된 「(보통)법의 지배의 원리」가 근대영국의 정치적 발전과 더불어 「의회제정법의 우위」를 통한 「의회주권」으로 발전되는 과정 및 보통법과 제정법의 관계에 관하여는 A. V. Dicey, Introduction to the Study of the Law of the Constitution, 9. ed., London 1952; W. Geldart, Elements of English Law, 8. ed., London 1975; 양승두·이동과·김영삼, 영미공법론, 1992; 최대권, 영미법, 제2판, 1992 참조.

85) 영국의 의회주권론에 관하여는 또한 E. C. S. Wade/A. W. Bradley, Constitutional Law, London 1965, S. 36ff.; K. Streifthau, Die Souveränität des Parlaments-Ein Beitrag zur Aufnahme des Souveränitätsbegriffes in England in 19. Jahrhundert, Stuttgart 1963 참조.

86) 결국 영국에서는 군주와 의회가 대립할 경우, 의회가 주권자로서 최종적 결정권을 가진다는 점을 분명히 한 것이다. 한 걸음 더 나아가 구체적으로 의회 내에서 누가 비상시의 결정권을 갖느냐의 문제에 이르러서는 의회 내에서 다른 의원들의 복종을 요구할 수 있는 자, 즉 수상이 결국 실질적 주권자라는 결론에 도달하게 된다. 그러나 Austin과 같이 그러한 수상의 권한은 정치적인 것이지 법적인 용어로 정의될 수는 없는 것이라는 주장도 있고, Dicey처럼 법적 주권과 정치적 주권을 구별하는 견해도 있다.

87) H. Quaritsch, Staat und Souveränität, Bd. 1, Frankfurt am Main 1970, S. 309ff.

88) H. Quaritsch, a.a.O.(Anm. 87), S. 487ff. Carl Friedrich von Gerber이후의 독일의 법실증주의 헌법학은 Paul Laband, Georg Jellinek, Hans Kelsen에 이르기까지 일관되게 국가법인론에 기초한 국가주권론을 주장해왔다.

두리 내에서만 그 권위를 발하고 유지할 수 있다는 관점에서 법에 주권이 있다고 보는 것이다.[89]

그러나 이러한 국가주권론 또는 법주권론은 현실적으로 당시 전제군주와 귀족, 시민세력 간의 대립에 대한 타협의 시도라는 제한된 의의를 가지고 있었을 뿐,[90] 주권의 본래의 의미, 즉 한계상황에 있어서의 최종적인 결정권이라는 의미에 비추어 볼 때 단지 문제의 회피 내지 우회에 불과하다는 비판을 피하기 어렵다.

물론 이러한 국가주권론이 주권과 국가권력의 구별을 명확히 하고 법치국가사상의 발전에 긍정적인 영향을 미쳤다는 평가도 있다.[91] 하지만 국가주권론이나 법주권론은 "누가 주권자인가"라는 주권문제의 핵심적 쟁점을 우회함으로써 군주와 귀족, 시민세력 간의 대립에 대한 본질적 해결은 제시하지 못했으며, 결국 국가주권론에 기초하여 발달된 법치국가의 실제 적용도 그때 그때의 세력관계에 따라 좌우되었다.[92]

3. 주권의 의의와 성질

주권이론의 역사적 발달을 통하여 주권의 의의와 성질에 대한 이해도 조금씩 다듬어지고, 변형되었다. 초기의 군주주권이론에서는 주권을 거의 절대시하였던 반면에 군주주권론에 대한 국민주권론의 도전이 본격화된 이후에는 주권의 의미를 어느 정도 제한하려는 시도도 있었던 것이다.

예컨대 보뎅(J. Bodin)의 주권이론에 따르면, 주권은 신에 의해서만 제약되는 절대적 권력이다. 다만 주권에 대해서는 스스로가 약속한 것을 지켜야 한다는 부가적 제한만이 인정되었고, 그밖에는 어떤 제한도 인정하지 않으려는 태도를 보였던 것이다. 홉스(Th. Hobbes)의 경우에도 군주의 주권을 절대적인 것으로 인정하려고 하였지만, 그의 출발점은 보뎅(J. Bodin)과 같은 왕권신수설이 아니라 사회계약론이었기 때문에 계약 자체에 의한 제한의 가능성을 완전히 배제하지는 않았다. 반면에 국민주권론에서는 군주가 아닌 국민의 절대적 권력을 주장하였고, 양자 사이의 과도기적 이론인 국가주권론이나 법주권론은 주권 자체의 절대성을 회피하는 타협적 이론을 주장하였던 것이다.

그러나 주권이론의 발전과정 및 주장자들에 의한 개별적인 차이에도 불구하고 오늘날 주권의 의의와 성질에 대해서는 비교적 광범위한 합의가 형성되어 있다. 그것은 전통적인 주권이론에서부터 오늘날의 국민주권이론에 이르기까지 큰 변화 없이 유지되었던 주권의 기본적 징표에 대한 합의라고 할 수 있을 것이다. 즉, 주권이 한 국가 내의 최고의 권력이며, 이는 결코 나누어지거나 제3자에게 양도할 수 없는 권력이라는 것이다.[93]

---

89) H. Krabbe, Die Lehre der Rechtssouveränität, Groningen 1906, S. 5.

90) P. Häberle, Zur gegenwärtigen Diskussion um das Problem der Souveränität, AöR 92(1967), S. 259-287, wiederabgedruckt mit Nachtrag in: ders., Verfassung als öffentlicher Prozeß, 1978, S. 364-395(370).

91) A. Randelzhofer, a.a.O.(Anm. 53), S. 699.

92) 실제로 군주세력이 강할 경우에는 사실상의 군주주권국가 유사한 현실을 보였고, 시민세력이 강력한 힘을 보일 경우에는 민주국가에 유사한 상황이 전개되었던 것이다.

93) 주권개념의 본질에 관한 구체적 논의는 박경철, "국민주권의 본질과 실현조건에 관한 연구," 연세대 박사

첫째, 주권의 최고성이 널리 인정되고 있다. 어떤 국가라 할지라도 전체 국가질서의 통일성 내지 국가권력의 체계성을 확보하기 위해서는 최고의 권위를 중심으로 한 피라밋 형의 구성을 갖출 수밖에 없으며, 주권은 그러한 국가권력의 최정점에 위치해 있는 것이다.

둘째, 주권은 시원성(始原性)을 갖는다. 이는 주권이 다른 권력이나 규범으로부터 파생된 것이 아니라 그 자체가 출발점이 된다는 것이다. 이러한 시원성은 주권의 최고성이 인정되기 위한 전제이기도 하다.

셋째, 주권은 자율성(自律性)을 갖는다. 이는 주권이 다른 권위나 규범에 의해 통제되지 않으며 스스로 결정한다는 것을 의미한다. 바로 이러한 자율성 때문에 주권에 대한 외부의 제약이 원칙적으로 인정되지 않는다.[94]

넷째, 불가분성(不可分性)과 불가양성(不可讓性)을 갖는다. 주권은 한 국가 내에서 오직 하나만 존재할 수 있으며, 이를 임의로 나눌 수도 없고, 또 타인에게 양도할 수도 없다는 것이다. 그러나 이에 대해서는 논란의 여지가 있다.[95]

4. 국민주권의 의의와 한계

가. 역사적 개념으로서의 주권이론과 그 현대적 의의

여러 주권이론들 사이의 혼란과 대립은 정치현실에서 나타나고 있던 여러 세력들의 대립과 갈등을 반영하는 것이기도 하였다. 주권개념은 그 출발에서부터 법이론적 체계 내에서만 사용되는 형식논리적 개념이 아니라 역사적으로 정치적 논쟁과정 속에서 형성·발전되어온 투쟁적·이데올로기적 개념[96]인 것이다. 따라서 주권의 문제에 있어서는 법과 정치가 얽혀있는 규범과 현실의 한계상황이 고려될 수밖에 없다.

그런 관점에서 볼 때 근대 초의 정치적 상황은 보뎅(J. Bodin)에 의한 군주주권론의 체계화를 정당화시켰다고 말할 수도 있을 것이다.[97] 그러나 또한 그 이후의 사회적·정치적 발전은 전통적인 권위주의적 체제의 유지를 지향하는 군주세력에 의해 주장되어온 군주주권론 보다는 새로운 합리주의적 정치체제를 요구하는 시민세력에 의해 주장되어온 국민주권론을 정당화시켰다는 평가도 가능할 것이다.

학위논문(2000. 12); 박경철, "통치권의 정당화원리로서 국민주권," 공법연구 제31집 제1호(2002. 11), 383-408(386 이하); 이승우, "국민주권의 본질과 국민주권원리의 재고찰," 공법연구 제32집 제4호(2004. 3), 213-235(222 이하) 참조.

94) 다만 승전국과 패전국의 관계에서 나타나는 것처럼 국제적 관계에서 사실상의 제약이 가해지는 예는 간혹 존재한다. 예컨대 제2차 세계대전 후 전범국가였던 독일과 일본의 경우가 그러하였다.

95) 예컨대 연방국가의 경우 다수의 지분국(즉 연방을 구성하는 여러 주)들이 주권을 나누는 것으로 이해되어야 하지 않는가에 대한 논란이 있었으며, 또한 제2차 세계대전 후에는 패전국이었던 독일이나 일본 등이 주권의 제약을 받았던 점을 들어 주권(즉 헌법제정권력)의 불가분성 및 불가양성에 대해 문제를 제기하는 경우가 있다.

96) 헌법적 개념이 이데올로기에 의해 감염 내지 위협받는 문제에 관하여는 A. Hollerbach, Ideologie und Verfassung, in: W. Maihofer(Hrsg.), Ideologie und Recht, 1969, S. 37-61(54ff.) 참조.

97) M. Kriele, 국순옥 옮김(주 54), 41 이하 참조.

　　군주주권론과 국민주권론을 중심으로 전개되어 오던 여러 세력들 간의 대립과 갈등은 결국 근대의 정치적 발전을 통하여 국민주권론의 관철로 귀결되었다. 오늘날 민주주의를 부정하는 국가나 정부를 찾기 어려운 것과 마찬가지로 국민이 주권자임을 부정하는 예도 찾기 힘들다. 그러나 국민을 주권자로 선언하는 것만으로 주권의 모든 문제가 해결되지는 않는다. 군주주권론이 완전히 극복되고 국민주권이 보편화됨으로 인하여 주권은 (과거 주권이론의 본질적 성격이었던) 투쟁적 개념으로서의 가치를 상실하게 되었으며, 그 결과 주권개념 내지 주권이론의 해체, 붕괴 또는 (적어도) 변천이 계속 이야기되고 있다.

　　이와 같이 주권개념내지 주권이론의 해체, 붕괴, 변천 또는 극복이 이야기되는 이유로는 다음의 몇 가지를 들 수 있다.

　　ⅰ) 주권은 더이상 과거와 같은 투쟁적 개념으로서의 가치를 갖고 있지 않다. 더욱이 오늘날의 민주적 헌법국가에서는 내부적 갈등이 일정한 법적 절차에 따라 정돈되고 완화되기 때문에 전통적인 의미의 주권개념(최고·유일의 불가분·불가양의 무제한적 권력)은 해체되는 것으로 보인다.[98]

　　ⅱ) 주권이론이 절대주의의 정당화에 이용되었던 경험으로 인하여 부정적인 평가를 받고 있다.[99]

　　ⅲ) 개별국가의 결합을 통해 또 하나의 새로운 국가로 발전해 가는 유럽연합(EU)의 예에서 보듯이 전통적인 주권개념으로 파악하기 어려운 새로운 정치적 현상이 나타나고 있다. 이런 관점에서 주권개념의 과거 역사는 현재에 부응하는 주권의 문제를 사리에 맞게 정확하게 이해하는 데 오히려 장애가 된다는 견해도 있다.[100]

　　ⅳ) 국민주권의 사상보다 헌법의 우위 또는 법의 우위라는 사상이 전면에 등장하고 있다.[101] 즉 종래 주권의 문제로 다루어지던 갈등이나 한계상황 등의 문제가 헌법과 법의 테두리 내에서 해결되고 있으며 또 그래야 한다는 것이다.

　　ⅴ) 이러한 주장은 나아가 주권의 한계에 관한 물음으로 이어지며, 결국 인간의 존엄, 정의 등에서 주권의 한계를 찾으려는 태도로 연결된다.[102]

　　ⅵ) 주권의 문제를 결정권력의 주체 내지 담당자의 문제로 이해하는 것은 국가의 과제가 보통 여러 요소들 내지 세력들의 규범적 공동작용에 의해 수행된다는 것을 간과하고 있다.[103]

　　ⅶ) 이런 바탕 위에서 오늘날의 주권개념은 과거의 전통적인 개념을 완전히 벗어나 ─ 종래의 절대적 무조건적 권력으로서의 주권을 제한하고 상대화시키는 것이 아니라 ─ 주권개념

---

　98) P. Häberle, a.a.O.(Anm. 90), S. 372f.

　99) 같은 맥락에서 H. Preuß는 주권개념을 관헌국가의 잔재로 보고 있다(Selbstverwaltung, Gemeinde, Staat, Souveränität, in: Laband Festgabe Ⅱ, 1908, S. 197ff.).

100) P. Häberle, a.a.O.(Anm. 90), S. 374.

101) K. Hesse(계희열 역), 헌법의 규범력, 「헌법의 기초이론」 제2판, 박영사, 1988, 26-48(45).

102) 이에 관하여는 W. Hennis, Das Problem der Souveränität, Diss. Göttingen 1951, S. 78ff., 84f. 참조.

103) P. Häberle, a.a.O.(Anm. 90), S. 375.

자체를 규범적, 역사적인 것으로 재정립되어야 한다는 주장도 나오고 있다.[104]

주권개념은 중세 말 근대 초라는 특정한 역사적 상황하에서 당시의 문제를 해결하고자 하는 시도의 하나로서 등장한 것이다. 따라서 우리는 주권개념의 역사성에 대한 통찰을 문제해결의 출발점으로 삼아야 할 것이다. 이미 살펴본 바와 같이 근대적 주권개념은 한계개념 내지 비상상태의 개념에서 규범의 개념 내지 정상상태의 개념으로 발전하였다. 그렇다고 주권개념이 과거와 같은 갈등상황에서 더 이상 필요치 않다고 해서 간단히 포기될 수 있는 것은 아니다. 오히려 우리는 주권개념을 그 역사적 배경으로부터 나오는 항의적·투쟁적 이데올로기라는 성격으로부터 해방시킴으로써 주권개념의 새로운 의미를 분명히 해야 한다.[105]

물론 주권은 갈등상황·한계상황에서 의의를 갖고 있다. 그러나 그것이 결정적인 것은 아니다. 더욱이 민주적 헌법국가에 있어서 비상사태란 헌법부재의 상태를 의미하는 것이 아니라 법적으로 규율되고 통제되는 상황이어야 한다. 이미 주권의 동의어로 이해되고 있는 헌법제정권력에 대해서도 오늘날 한계를 인정하려는 견해가 다수라는 사실은[106] 주권문제를 우리가 어떻게 이해해야 하느냐에 대해 시사하는 바가 크다.

나. 현대 민주주의 헌법에 있어서 국민주권의 의의와 한계

주권이론의 현대적 의의 내지 한계를 이와 같이 이해했을 때, 국민주권의 의의와 한계도 또한 분명해진다. 그동안 민주주의의 핵심요소 내지 본질적 징표로서 널리 인정되던 국민주권은 역사적으로 볼 때 군주주권에 대항하는 항의적·투쟁적 이데올로기로 기능해왔을 뿐, 구체적으로 국가질서를 형성하는 원리로 작용하지 못했다. 이것은 군주주권과의 비교를 통해 보다 분명하게 확인될 수 있다.

군주주권이 인정될 경우 군주는 구체적이고 사실적인 결정권력을 보유하게 되고, 따라서 군주개인의 의사를 중심으로 구체적인 국가질서의 형성이 가능해진다. 이때 군주는 최종적 결정권자로서 주권자라 지칭될 수 있다. 그러나 국민주권이 관철될 경우에도 주권자로서의 국민은 구체적 행동체로서의 개개인 또는 그들 중의 일정범위의 집합이 아니라 추상적·이념적 통일체인 전체로서의 국민이다.[107] 따라서 국민주권이 국민에게 실제로 의미하는 바는 군주주권

104) P. Häberle, a.a.O.(Anm. 90), S. 373.
105) P. Häberle, a.a.O.(Anm. 90), S. 376.
106) 권영성, 헌법학원론, 법문사, 2007, 49 이하; 김철수(주 7), 37 이하; 허영, 한국헌법론, 박영사, 2007, 44 이하.
107) 주권자인 국민은 대한민국의 국적을 갖는 모든 사람이다. 이 가운데는 행위능력은 물론 의사능력조차 없는 유아, 정신병자 등도 포함된다. 따라서 이들이 실질적인 행동통일체로 구성되는 것은 불가능하며, 추상적·이념적 통일체로 이해되는 것이다. 이에 관하여는 권영성(전주), 123; 김철수(주 7), 185 이하; 허영(전주), 137 이하 참조. 이에 반하여 국민주권과 구별되는 인민주권을 주장하면서 구체적인 행동통일체로 구성될 수 있는 인민을 주권자로 파악하는 견해에 대하여는 W. Mantl, Repräsentation und Identität, 1975, S. 101ff. 참조. 人民主權과 國民主權의 구별에 관하여는 그밖에 국순옥, 자본주의와 헌법(1987)에 수록된 "杉原泰雄, 프랑스혁명과 인민주권(49-62)"과 "杉原泰雄, 프랑스혁명과 국민주권(63-82)"도 참조.
　　최근 국민주권을 인민주권과 유사하게 해석하여 "실재(實在)하는 구체(具體)적 국민에 의하여 국가기관이 구성됨은 물론 국민에 의하여 국가의 의사가 결정된다는 것을 의미한다. 대표(대통령, 국회의원 등)는 국민의 위임을 받은 대리인(agent)이며 국민에 기속되어야 한다" 주장하는 견해에 관하여는 오충환, 국민주

이 군주에게 의미하는 것과는 전혀 다른 차원에 있다고 할 수 있다.[108]

그렇다고 오늘날 국민주권이 아무런 실질적 의미도 더이상 갖지 못하는 장식물에 불과하다는 것은 아니다. 근대민주주의의 발전과정에 있어서 국민주권이 민주주의와 동일시되고 또 국민주권이 관철·보편화되는 과정이 민주주의의 실현과정과 동일시 될 수 있었던 것은 양자가 동일한 이념에 의해 이끌어지고 있었기 때문이었다. 국민주권이론은 앞서 서술한 바와 같이 인간의 이성(합리성)에 기초하는 모든 개인의 인격적 평등을 전제로 하였으며, 개인의 최대한의 자율성의 보장에 그 정당성의 근거를 두고 있었던 것이다.[109]

국민주권이 관철됨으로써 구체적인 국가질서가 곧바로 민주적인 것으로 완성되지는 않는다. 그러나 국민주권은 국가질서의 정당성에 대한 근거 내지 기준으로 작용하며,[110] 국가질서가 지향해야 할 방향을 제시한다. 비록 국민주권만으로써 민주주의가 완성되는 것은 아니지만 국민주권을 부정하는 민주주의는 있을 수 없는 것이 또한 그런 까닭이다.

5. 국민주권의 의미에 관한 헌법재판소의 판례

헌법 제1조 제1항에서 규정하고 있는 민주공화국의 경우와는 달리 제1조 제2항의 국민주권에 대해서는 헌법재판소의 다수 판례에서 명시적으로 언급하면서 판단의 근거로 제시한 바 있다. 헌법 제1조 제2항의 의미를 비교적 상세하게 풀이한 판례[111]가 있는가 하면, 선거권을 비롯한 공무담임권과 관련하여 국민주권과의 직접적 관련성을 강조한 판례,[112] 언론의 자유나

권을 통치권의 정당화원리로 보는 것에 대한 비판, 헌법학연구 제17권 제1호(2011. 3), 1-37 참조.

108) 이에 반하여 군주주권국가에 있어서의 군주와 다름없는 권한과 기능을 국민에게 인정하려는—루소가 주장한 바와 같은—급진적 국민주권론(소위 인민주권론)의 주장도 있다. 이에 대한 비판으로는 M.Kriele, 국순옥 옮김(주 54), 279 이하 참조.

109) Kielmansegg은 이런 맥락에서 국민주권론의 역사적 발전을 개인의 자율성의 확보라는 측면에서 고찰하고 있다(a.a.O.(Anm. 71), S. 99ff.).

110) P. Häberle, a.a.O.(Anm. 90), S. 383; Kielmansegg, a.a.O.(Anm. 71), S. 230ff.

111) 헌재 1999. 5. 27. 98헌마214 결정: "헌법은 제1조 제2항에서 "대한민국의 주권은 국민에게 있고, 모든 권력은 국민으로부터 나온다"고 규정함으로써 국민주권의 원리를 천명하고 있다. 민주국가에서의 국민주권의 원리는 무엇보다도 대의기관의 선출을 의미하는 선거와 일정사항에 대한 국민의 직접적 결정을 의미하는 국민투표에 의하여 실현된다. 선거는 오늘날의 대의민주주의에서 국민이 주권을 행사할 수 있는 가장 중요한 방법으로서, 선거를 통하여 국민은 선출된 국가기관과 그의 국가권력의 행사에 대하여 민주적 정당성을 부여한다. 민주주의는 참정권의 주체와 국가권력의 지배를 받는 국민이 되도록 일치할 것을 요청한다. 국민의 참정권에 대한 이러한 민주주의적 요청의 결과가 바로 보통선거의 원칙이다. 즉, 원칙적으로 모든 국민이 균등하게 선거에 참여할 것을 요청하는 보통·평등선거원칙은 국민의 자기지배를 의미하는 국민주권의 원리에 입각한 민주국가를 실현하기 위한 필수적 요건이다. 원칙적으로 모든 국민이 선거권과 피선거권을 가진다는 것은 바로 국민의 자기지배를 의미하는 민주국가에의 최대한의 접근을 의미하기 때문이다."
    헌재 2003. 9. 25. 2003헌마106 결정: "우리 헌법은 제1조 제2항에서 "대한민국의 주권은 국민에게 있고, 모든 권력은 국민으로부터 나온다"고 규정함으로써 국민주권의 원리를 천명하고 있다. 민주국가에서의 국민주권의 원리는 무엇보다도 대의기관의 선출을 의미하는 선거와 일정사항에 대한 국민의 직접적 결단을 의미하는 국민투표에 의하여 실현된다. 특히 선거는 오늘날의 대의민주주의에서 주권자인 국민이 주권을 행사할 수 있는 가장 의미 있는 수단이며, 모든 국민이 선거권과 피선거권을 가지며 균등하게 선거에 참여할 기회를 가진다는 것은 민주국가에서 국가권력의 민주적 정당성을 담보하는 불가결의 전제이다."

112) 헌재 1994. 7. 29. 93헌가4등 결정: "민주정치는 주권자인 국민이 되도록 정치과정에 참여하는 기회가 폭

알권리를 국민주권과 연결시켜서 강조한 판례[113] 등도 있다. 그리고 그밖에도 국민주권의 구체화와 관련된 수많은 판례들이 축적되어 있다.[114]

넓게 보장될 것을 요구한다. 이는 국민주권의 원리로부터 나오는 당연한 요청이다. 특히 대의민주주의를 원칙으로 하는 오늘날의 민주정치 아래에서의 선거는 국민의 참여가 필수적이고, 주권자인 국민이 자신의 정치적 의사를 자유로이 결정하고 표명하여 선거에 참여함으로써 민주사회를 구성하고 움직이게 하는 것이다. 따라서 국민의 주권행사 내지 참정권 행사의 의미를 지니는 선거과정에의 참여행위는 원칙적으로 자유롭게 행하여질 수 있도록 최대한 보장하여야 한다.

한편 자유선거의 원칙은 비록 우리 헌법에 명시되지는 않았지만 민주국가의 선거제도에 내재하는 법원리인 것으로서 국민주권의 원리, 의회민주주의의 원리 및 참정권에 관한 규정에서 그 근거를 찾을 수 있다. 이러한 자유선거의 원칙은 선거의 전 과정에 요구되는 선거권자의 의사형성의 자유와 의사실현의 자유를 말하고, 구체적으로는 투표의 자유, 입후보의 자유/나아가 선거운동의 자유를 뜻한다.

… 한편 헌법 제116조 제1항은 "선거운동은 각급 선거관리위원회의 관리하에 법률이 정하는 범위 안에서 하되, 균등한 기회가 보장되어야 한다"라는 별도의 규정을 두고 있다. 그러나 이 규정의 의미를 선거운동의 허용범위를 아무런 제약 없이 입법자의 재량에 맡기는 것으로 해석하여서는 아니된다. 오히려 위에서 본 바와 같이 선거운동은 국민주권 행사의 일환일 뿐 아니라 정치적 표현의 자유의 한 형태로서 민주사회를 구성하고 움직이게 하는 요소이므로 그 제한입법에 있어서도 엄격한 심사기준이 적용된다 할 것이다."

헌재 1995. 5. 25. 91헌마44 결정: "오늘날 민주주의는 사실상 대의제의 형태를 띨 수밖에 없고, 선거는 국민주권 및 대의민주주의를 실현하는 핵심적인 수단인 것이다. 이러한 의미를 갖는 선거에 있어서 선거권과 선거직 공무담임권과 관련된 차별은 민주주의의 기본전제를 뒤흔드는 것이 되기 때문에 이들 권리와 관련한 국민의 차별이 정당화될 수 있는 것은 그 차별이 중대한 법익의 실현을 위하여 불가피한 경우에 한한다고 할 것이다. 그러므로 헌법이 제24조에서 선거권, 제25조에서 공무담임권을 보장하면서 그것을 법률유보 하에 두고 있다 하더라도, 이들 권리의 제한에 관한 입법자의 재량의 폭은 매우 좁다고 할 것이다."

헌재 2004. 3. 25. 2002헌마411 결정: "헌법 제24조는 "모든 국민은 법률이 정하는 바에 의하여 선거권을 가진다"고 규정하고 있다. 원칙적으로 간접민주정치를 채택하고 있는 우리나라에서 이처럼 공무원을 선거하는 권리는 국민의 참정권 중 가장 중요한 기본적 권리라고 할 것이다. 즉, 주권자인 국민이 자신의 정치적 의사를 자유로이 결정하고 표명하여 선거에 참여함으로써 민주사회를 구성하고 움직이게 하는 작동원리로 작용하는 것이다. 따라서 국민의 주권행사의 발현으로서 선거과정에 참여하는 행위는 원칙적으로 자유롭게 행하여질 수 있도록 최대한 보장되어야 한다.

이처럼 공무담임권·선거권 등 참정권은 선거를 통하여 통치기관을 구성하고 그에 정당성을 부여하는 한편, 국민 스스로 정치형성과정에 참여하여 국민주권 및 대의민주주의를 실현하는 핵심적인 수단이라는 점에서 아주 중요한 기본권 중의 하나라고 할 것이다. 따라서 참정권의 제한은 국민주권에 바탕을 두고 자유·평등·정의를 실현시키려는 우리 헌법의 민주적 가치질서를 직접적으로 침해하게 될 위험성이 크기 때문에 언제나 필요한 최소한의 정도에 그쳐야 한다. 다만, 우리 헌법 아래에서 선거권도 법률이 정하는 바에 의하여 보장되는 것이므로 입법형성권을 갖고 있는 입법자가 선거법을 제정하는 경우에 헌법에 명시된 선거제도의 원칙을 존중하는 가운데 구체적으로 어떠한 입법목적의 달성을 위하여 어떠한 방법을 선택할 것인가는 그것이 현저하게 불합리하고 불공정한 것이 아닌 한 입법자의 재량영역에 속한다고 할 것이다."

113) 헌재 1992. 2. 25. 89헌가104 결정: "국가의 안전보장을 위하여 국민의 기본권 제한이 가능하다고 할지라도 그 제한의 한계는 어디까지나 국민의 자유와 권리의 본질적인 내용을 침해하지 않는 한도내에서 행하여져야 할 것이며, 아울러 과잉금지의 원칙(그 중에서도 피해의 최소성·법익의 균형성)에 저촉되어서도 아니될 것이므로 국가기밀의 보호를 통한 국가의 안전보장이라는 공공의 이익이 국민의 "알 권리"라는 개인적 법익보호보다 명백히 우월한 경우에 한하여야 한다고 할 것이다. 국가의 안전보장이라는 차원에서 국민의 "알 권리"의 대상에서 제외될 필요가 있는 군사기밀이 있다는 점에서는 이론이 있을 수 없으나 다만 국민의 "알 권리"와의 조화를 위하여 광범위한 군사기밀의 지정은 설사 각 기밀이 그 표지를 빠짐없이 갖추고 있다고 할지라도 문제될 수 있다고 할 것이다. 왜냐하면 군사기밀의 범위가 필요이상으로 광범할 때 군사사항에 관한 한, 언론보도를 위한 취재는 물론 입법이나 학문연구를 위한 자료조사 활동과도 갈등 또는 마찰을 빚게 되어 표현의 자유(알 권리)나 학문의 자유가 위축되는 것은 물론 국민의 정당한 비판이나 감독도 현저히 곤란하거나 불가능하게 만들어 결국 국민주권주의 및 자유민주주의의 기본이념과도 배치되기 때문이다."

114) 예컨대 로비활동 허용 문제를 국민주권과 연결시켜서 검토한 판례도 있다.
헌재 2005. 11. 24. 2003헌바108 결정: "다원화되고 있는 현대 사회에서 로비를 통하여 이익집단이 건전

  이러한 판례들을 통해 확인될 수 있는 것은 우리 헌법재판소가 국민주권을 막연한 추상적 개념으로 치부하지 않고, 구체적인 기본권의 근거로서 그 의미를 살리려는 의식적 노력을 하고 있다는 점이다. 즉, 국민주권의 실질적 의미를 기본권의 실질적 보장과의 관련성 속에서 찾는 점이 눈에 띄는 것이다.115) 이러한 헌법재판소의 노력은 긍정적으로 평가될 수 있을 것이다.

  그러나 개중에는 관습헌법의 문제를 국민주권으로부터 정당화시킴으로써 많은 논란을 야기하였던 판례도 있었다.116) 여기서 확인될 수 있는 것처럼, 모든 문제를 국민주권과 결부시켜서 그로부터 자신의 주장이나 판단의 정당성을 이끌어내는 마법상자처럼 사용하는 것을 경계할 필요도 있다.117)

한 이익을 추구할 수 있도록 보장하는 것은 분명 긍정적인 측면이 있다. 국민이 자신의 권익을 위해서 국가기관 등의 정책결정 및 집행과정에 전문가인 로비스트를 통해 자신의 의견이나 자료를 제출할 수 있다면, 국민은 언제나 이러한 의견 전달 통로를 이용해 국정에 참여할 수 있으므로 국민주권의 상시화가 이루어질 수 있다는 점에서, 국가기관은 정책결정에 필요한 좀더 많은 자료와 전문가의 조력으로 합리적인 의사결정을 할 수 있다는 점에서, 전문가나 전문가 집단의 로비활동은 적극적으로 권장할 사항으로 보인다. 그러나 금전적 대가를 받는 알선 내지 로비활동을 합법적으로 보장할 것인지 여부는 그 시대 국민의 법감정이나 사회적 상황에 따라 달라진다고 보아야 한다. 사회적 조건이 성숙되어 있지 않은 상황에서 대가를 받는 알선 내지 로비활동을 인정하게 되면 국가에 대한 유익한 정보의 제공이라는 측면보다는 부정부패의 온상을 양산하는 결과를 가져올 수도 있기 때문이다.”

115) 헌재 2013. 3. 21. 2010헌바132 등 결정에서는 유신헌법 당시의 긴급조치가 위헌임을 확인하는 근거로 국민주권을 제시한 바 있다: “헌법을 개정하거나 다른 내용의 헌법을 모색하는 것은 주권자인 국민이 보유하는 가장 기본적인 권리로서, 가장 강력하게 보호되어야 할 권리 중의 권리에 해당하고, 집권세력의 정책과 도덕성, 혹은 정당성에 대하여 정치적인 반대의사를 표시하는 것은 헌법이 보장하는 정치적 자유의 가장 핵심적인 부분이다. 정부에 대한 비판 일체를 원천적으로 배제하고 이를 처벌하는 긴급조치 제1호, 제2호는 대한민국 헌법의 근본원리인 국민주권주의와 자유민주적 기본질서에 부합하지 아니하므로 기본권제한에 있어서 준수하여야 할 목적의 정당성과 방법의 적절성이 인정되지 않는다. 긴급조치 제1호, 제2호는 국민의 유신헌법 반대운동을 통제하고 정치적 표현의 자유를 과도하게 침해하는 내용이어서 국가긴급권이 갖는 내재적 한계를 일탈한 것으로서, 이 점에서도 목적의 정당성이나 방법의 적절성을 갖추지 못하였다. …
  ‘북한의 남침 가능성의 증대’라는 추상적이고 주관적인 상황인식만으로는 긴급조치를 발령할 만한 국가적 위기상황이 존재한다고 보기 부족하고, 주권자이자 헌법개정권력자인 국민이 유신헌법의 문제점을 지적하고 그 개정을 주장하거나 청원하는 활동을 금지하고 처벌하는 긴급조치 제9호는 국민주권주의에 비추어 목적의 정당성을 인정할 수 없다. 다원화된 민주주의 사회에서는 표현의 자유를 보장하고 자유로운 토론을 통해 사회적 합의를 도출하는 것이야말로 국민총화를 공고히 하고 국론을 통일하는 진정한 수단이라는 점에서 긴급조치 제9호는 국민총화와 국론통일이라는 목적에 적합한 수단이라고 보기도 어렵다.”
116) 헌재 2004. 10. 21. 2004헌마554등 결정: “헌법 제1조 제2항은 ‘대한민국의 주권은 국민에게 있고, 모든 권력은 국민으로부터 나온다’고 규정한다. 이와 같이 국민이 대한민국의 주권자이며, 국민은 최고의 헌법제정권력이기 때문에 성문헌법의 제·개정에 참여할 뿐만 아니라 헌법전에 포함되지 아니한 헌법사항을 필요에 따라 관습의 형태로 직접 형성할 수 있는 것이다. 그렇다면 관습헌법도 성문헌법과 마찬가지로 주권자인 국민의 헌법적 결단의 의사의 표현이며 성문헌법과 동등한 효력을 가진다고 보아야 한다. 이와 같이 관습에 의한 헌법적 규범의 생성은 국민주권이 행사되는 한 측면인 것이다. 국민주권주의 또는 민주주의는 성문이든 관습이든 실정법 전체의 정립에의 국민의 참여를 요구한다고 할 것이며, 국민에 의하여 정립된 관습헌법은 입법권자를 구속하며 헌법으로서의 효력을 가진다.”
117) 이에 관하여는 또한 김경제, “국민주권에 대한 오해: 신행정수도건설법 위헌결정(2004헌마554, 566 병합)과 관련하여,” (서울대학교)법학 제46권 제3호 통권 제136호(2005. 9), 397–436 참조.

VII. 현실적 평가

헌법 제1조 제1항에 명시되어 있는 국가형태(민주공화국)에 관한 규정과 제2항에 규정되어 있는 국민주권에 관한 선언은 국가공동체의 기본적 성격을 결정하는 매우 중요한 것임에 틀림없다. 그러나 오늘날 민주주의가 보편화되어 있는 상황에서 헌법 제1조가 갖는 의미는 오히려 크게 부각되지 않는다. 마치 공기와도 같이 당연스럽게 여겨지기 때문에 오히려 주목받지 않는 것이라 할 수 있을 것이다.

그러나 헌법 제1조의 규정이 국가공동체를 형성하는 근간이며 헌법질서의 출발점이라는 점은 아무리 강조해도 지나치지 않는다. 다만 현실적으로 중요한 것은, 선거철과 같은 특별한 시기에만 난무하는 구호로서의 국민주권이 아니라 이를 어떻게 실질화시키는가에 대한 고민이라고 할 수 있을 것이다. 그리고 이러한 고민이 다양한 민주주의이론으로 나타나고 있는 것이다.

수많은 민주주의 정치이론 가운데 무엇이 진리인지를 말하기는 어렵다. 다만 현행헌법이 전제하고 있는 민주주의가 무엇인지를 헌법규정의 해석을 통해서 어느 정도 도출하는 것은 가능할 것이다. 즉, 국민주권을 출발점으로 하여 대의제와 다수결, 다원주의, 자유민주적 기본질서 등이 엮어내는 유기적 체계 속에서 헌법이 구상하는 민주주의의 전체상이 그려질 수 있는 것이다.

이러한 민주주의의 근간에 대해서는 어느 누구도 공격하지 못한다. 민주주의의 핵심적 요소는 헌법개정의 한계일 뿐만 아니라, 헌법제정(권력)의 한계로까지 인정되기 때문이다. 그러나 구체적 현실상황을 고려하는 가운데 민주주의의 이념을 어떻게 실현시킬 것인가의 문제는 여전히 끝없는 논란 속에서 한 발짝씩 앞으로 나아가고 있다. 헌법 제1조는 민주주의의 이념을 담고 있는 기본규정이며, 앞으로도 계속 헌법질서 형성의 방향을 제시하는 나침반으로서의 역할을 수행하여야 할 것이다.

헌법 제 1 조

VIII. 관련문헌

1. 국내문헌

곽준혁, "민주주의와 공화주의: 헌정체제의 두 가지 원칙," 한국정치학회보. 제39집 제3호
          (2005, 가을), 33-57.
구병삭, 헌법학Ⅰ, 박영사, 1983.
권영성, 헌법학원론, 법문사, 1981.
_____, 헌법학원론, 법문사, 2010.

김경제, "국민주권에 대한 오해: 신행정수도건설법 위헌결정(2004헌마554, 566 병합)과 관
　　　련하여," (서울대학교)법학 제46권 제3호 통권 제136호(2005. 9), 397-436.

김명재, "헌법상의 국민주권의 개념: 정당화원리설에 대한 비판을 중심으로," 공법학연구
　　　제7권 제1호(2006. 2), 85-106.

김철수, 헌법학개론, 법문사, 1978.

_____, 헌법학개론, 박영사, 2007.

문종욱, "정보화사회에 있어서의 국민주권의 실현과 국민참여," 법학연구 제10집(2002. 12),
　　　23-46.

문홍주, 한국헌법, 1965.

박경철, "국민주권의 본질과 실현조건에 관한 연구," 연세대 박사학위논문, 2000. 12.

_____, "통치권의 정당화원리로서 국민주권," 공법연구 제31집 제1호(2002. 11), 383-408.

_____, "통치형태원리로서 직접민주주의와 대의민주주의," 법학연구 제14권 제2호 통권
　　　제23호(2004. 6), 17-54.

_____, "대의민주주의국가에서 직접민주제적 제도의 헌법적 의미," 토지공법연구 제29집
　　　(2005. 12), 483-510.

_____, "국민주권, 국민의 헌법제정권력 그리고 관습헌법," 헌법학연구 제13권 제2호
　　　(2007. 6), 199-238.

박홍규, "민주공화국과 국민주권론: 공화국과 시민," 시민과 세계 제6호(2004, 하반기),
　　　70-89.

서보건, "국민개념의 현대적 변용," 영남법학 제8권 제1·2호 통권 제15·16호(2002. 2)
　　　327-346.

신용옥, "대한민국 제헌헌법의 주권원리와 경제질서," 한국사학보 제17호(2004. 7), 209-
　　　239.

심재우, "Thomas Hobbes의 法思想," 현승종박사화갑기념논문집(1980), S. 61-83.

양석진, "국민참여의 본질과 한계," 법학연구 제15집(2004. 6), 105-124.

_____, "지방자치에 있어서 주민참여와 국민주권의 실현," 법학연구 제18집(2005. 6), 149-
　　　171.

양승두·이동과·김영삼, 영미공법론, 길안사, 1992.

염재호, "한국 시민단체의 성장과 뉴 거버넌스의 가능성," 아세아연구 제45권 제3호 통권
　　　109호(2002. 9), 113-147.

오충환, "국민주권을 통치권의 정당화원리로 보는 것에 대한 비판," 헌법학연구 제17권 제
　　　1호(2011. 3), 1-37.

유진오, 헌법해의, 명세당, 1949.

이승우, "국민주권의 본질과 국민주권원리의 재고찰," 공법연구 제32집 제4호(2004. 3), 213-235.

장영수, "헌법의 기본원리로서의 민주주의," 안암법학 창간호(1993), 67-147.

_____, "대법관 선임방식의 헌법적 의미와 개선방향," 고대법대 100년의 학문적 성과와 미래(고려대학교 법학과 100주년 기념논문집 제1권)(2005. 12), 21-39.

조병윤, "통일을 대비하는 민주주의 실질화와 실질적 국민주권의 구현 방안," 리서치아카데미논총 1(1998. 12), 111-141.

_____, "헌법존재론의 동태적 구조와 실질적 국민주권 및 현대적 대표제의 실현방안," 명지법학 1(2000. 2), 121-151.

_____, "국회의 자율권과 실질적 국민주권," 유럽헌법연구 통권 8호(2010. 12), 159-162.

최대권, 영미법, 제2판, 박영사, 1992.

한동섭, 헌법, 박영사, 1964.

한상희, "『민주공화국』의 헌법적 함의: 공화주의논쟁과 동태적 주권론," 일감법학 제3호(1998. 12), 115-141.

_____, "『민주공화국』의 의미: 그 공화주의적 실천규범의 형성을 위하여," 헌법학연구 제9권 제2호(2003. 8), 27-91.

허 영, 한국헌법론, 박영사, 2007.

2. 외국문헌

Dahl, Robert A.(박상훈·박수형 역), 미국헌법과 민주주의, 후마니타스, 2001.

Hesse, K.(계희열 역), 헌법의 규범력, 「헌법의 기초이론」 제2판, 박영사, 1988, 26-48.

Kriele, M.(국순옥 옮김), 민주적 헌정국가의 역사적 전개, 종로서적, 1983.

杉原泰雄(국순옥 역), "프랑스혁명과 인민주권," 「자본주의와 헌법」, 까치, 1987, 49-62.

杉原泰雄(국순옥 역), "프랑스혁명과 국민주권," 「자본주의와 헌법」, 까치, 1987, 63-82.

Bodin, J., Über den Staat, Stuttgart 1976.

Dagtoglou, P., Art. "Souveränität," in: Evangelisches Staatslexikon, 3. Aufl., Bd. Ⅱ, 1987, Sp. 3155-3169 (3155f.)

Dicey, A. V., Introduction to the Study of the Law of the Constitution, 9. ed., London 1952.

Fetscher, I., Einleitung zu Thomas Hobbes Leviathan, Frankfurt am Main 1966.

Geldart, W., Elements of English Law, 8. ed., London 1975.

Häberle, P., Zur gegenwärtigen Diskussion um das Problem der Souveränität, AöR

92(1967), S. 259-287, wieder abgedruckt mit Nachtrag in: ders., Verfassung als
öffentlicher Prozeß, 1978, S. 364-395.

Henke, W., Die Republik, in: J. Isensee/P. Kirchhof(Hrsg.), Handbuch des Staatsrechts,
Bd I, 2. Aufl., 1995, S. 863-886

Hennis, W., Das Problem der Souveränität, Diss. Göttingen 1951.

v.Heydte, F. A. Frhr., Art. "Souveränität," in: Staatslexikon, Bd. VII, 1962, Sp. 136-139.

Hobbes, Th., Leviathan, Frankfurt am Main 1984.

Hollerbach, A., Ideologie und Verfassung, in: W. Maihofer(Hrsg.), Ideologie und Recht,
1969, S. 37-61.

Kielmansegg, Peter Graf, Volkssouveränität-Eine Untersuchung der Bedingungen
demokratischer Legitimität, Stuttgart 1977.

Krabbe, H., Die Lehre der Rechtssouveränität, Groningen 1906.

Maitland, F. W., The Constitutional History of England, Cambridge 1948.

Mantl, W., Repräsentation und Identität, 1975.

Preuß, H., Selbstverwaltung, Gemeinde, Staat, Souveränität, in: Laband Festgabe II,
1908.

Quaritsch, H., Staat und Souveränität, Bd. 1, Frankfurt am Main 1970.

Randelzhofer, A., Staatsgewalt und Souveränität, in: J. Isensee/P. Kirchhof(Hrsg.),
Handbuch des Staatsrecht, Bd. I, 2. Aufl., 1995, S. 691-708.

Rousseau, J. J., Gesellschaftsvertrag, Stuttgart 1977.

헌법 제2조

第2條

① 大韓民國의 國民이 되는 요건은 法律로 정한다.

② 國家는 法律이 정하는 바에 의하여 在外國民을 보호할 義務를 진다.

I. 기본개념과 입헌취지

헌법 제2조는 옐리네크적인 사고로 볼 때 국가구성의 3요소 중의 하나인 국민을 규정한 것이다. 기본적으로 국가의 최고주권자인 국민의 자격에 관한 사항을 입법부에 의해 정하도록 하고 재외국민의 보호의무를 국가에 부여하는 규정이다.

우선 여기서 국민이란 국가의 인적 구성요소로서 자연인을 의미하는바, 법인이나 단체에 관한 부분은 제외되므로 기본권의 주체로서의 국민보다는 좁은 개념이다.[1] 국민은 헌법에 의

---

1) 전광석, 한국헌법론, 제8판, 집현재, 2013, 161.

해 부여된 기본권과 법률상의 권리의 주체가 되며, 나아가 국가의 구성원으로 수행해야 하는 각종 의무의 주체가 된다. 특히 국가통치권력은 국민으로부터 유래되는 것이기 때문에 국민은 최고의 국가통치권을 가지며 이러한 이유로 국가통치권력을 위임받은 여러 대의기관의 구성권을 가지며 때로는 직접적으로 국가기능에 참여하는 권리를 갖는다.[2] 또한 국민은 대한민국 영토 내에 있거나 외국에 있거나 관계없이 대한민국헌법의 적용을 받는다. 이를 정한 것이 「국가는 법률이 정하는 바에 의하여 재외국민을 보호할 의무를 진다」(제2조 제2항)는 규정이다. 사실상 국민이 국가를 벗어난 공간에서 존재하는 경우 국내법상의 권리와 의무의 주체로서의 지위는 현실적인 상태에서 벗어나 잠재적일 뿐이므로, 국가는 국민이 국외에 거주 혹은 체류하는 동안에 국제법적인 합의 등을 통해 국민의 지위를 보장하고 불이익을 받지 않도록 노력을 기울여야 한다.[3]

이러한 대한민국의 국가구성원으로서의 국민이 되는 법적 자격을 국적이라고 하며, 국적법은 대한민국 국적의 취득에 관한 사항을 정하고 있다. 국적법에 따르면 원칙적으로 복수국적을 허용하지 않는 단일국적주의를 취하고 있으나 예외적으로 복수국적을 인정하고 있다(국적법 제10조).

II. 연   혁

국민의 개념은, 국가권력의 지배를 받는 국민과 사회학적 의미의 국민, 나아가 자연적, 생물학적 관점에서의 민족개념이 혼재된 가운데, 정치적 운명공동체로서의 근본적 동질성을 바탕으로 한 근대국가가 탄생하기 시작한 무렵에 비로소 본격적으로 논의되기 시작했다. 중세봉건국가에서는 영토와 그에 부속된 영민의 관계가 중심이었고 국민을 정하는 국적의 중요성은 지금과 같이 중요한 기준이 되지는 않았다. 유럽에서는 나폴레옹에 대한 전쟁의 과정에서 민족의식이 싹트기 시작하여 범세계적으로 민족의 자결권의 관념이 발전하고 모든 민족은 하나의 국가를 형성할 권리가 주어져야 한다는 사고가 확립되었다.[4] 이러한 이념하에 형성되기 시작한 근대민족국가에서는 영토를 전제로 한 신분과 지연의 틀을 넘어서는 국적의 중요성이 부각되기 시작한 것이다. 우리나라는 1919년 3·1 독립운동의 결과 수립된 상해임시정부의 헌장에서 대한민국은 민주공화국이며 '인민'에 관한 권리를 선언하면서 독립된 국가를 전제로 한 국민의 관념이 표출되었다.[5] 그 후 해방을 거쳐 수립된 대한민국정부는 1948년 국적법을 제정하고 민족주의적인 관점에서 국적에 관하여 단일국적주의, 부계혈통주의를 원칙으로 국민의 자격요건

---

2) 예컨대, 국민참여재판제도에 의해 일정한 국민은 배심원으로 사법권의 행사에 참여할 수 있다. 국민형사재판참여에 관한 법률 제1조 등 참조.
3) 전광석(주 1), 162.
4) 한수웅, 헌법학, 제3판, 법문사, 2013, 90 참조.
5) 대한민국임시헌장 제1조, 제3조 및 제4조 참조.

을 정하였다.6)

Ⅲ. 입헌례와 비교법적 의의

국민의 요건은 법률로 정하며, 그러한 법적 자격인 국적의 취득과 상실 등은 국적법에서 구체화하고 있다. 비교법적 관점에서 볼 때 국적취득은 속인주의와 속지주의로 구분된다.7) 속인주의는 부모의 국적을 기준으로 자녀의 국적을 정하는 것이며 속지주의는 자녀의 출생지를 기준으로 국적을 결정하는 원칙을 말한다. 단일민족국가의 전통을 보유한 우리나라는 속인주의를 취하여 부모양계혈통주의를 취하고 있는 반면, 다양한 인종으로 구성된 다민족국가인 미국의 경우 속지주의를 채택하고 있다. 국적을 정한 입법례를 보면 우리나라처럼 단행법을 제정하여 이를 규정한 예(국적단행법주의), 미국의 경우처럼 헌법에 규정한 예(국적헌법주의)8) 그리고 프랑스처럼 민법에 규정한 예(국적민법주의)9)가 있다.

Ⅳ. 다른 조문과의 체계적 관계

옐리네크가 주창한 국가의 3요소—국민, 영토, 주권—는 상호밀접하게 연관성을 가진다. 따라서 헌법 제2조 제1항은 헌법 제1조의 국민주권주의, 제3조의 영토와 관련되고, 헌법 제2조 제2항의 국가의 재외국민보호의무는 헌법 제6조 제2항의 국제상호주의와도 밀접한 관련성이 있다. 특히 제1조가 국민주권주의를 선언하고 있는데 국민주권주의는 국가의 주권이 국민에게 있고 모든 국가권력은 국민으로부터 나온다는 우리 헌법의 최고이념을 말하고 이는 당연히 국민의 개념을 전제로 하는 것이기 때문에 헌법 제2조와 깊은 관련성이 있다. 또한 우리 헌법 제3조는 "대한민국의 영토는 한반도와 그 부속도서로 한다"고 규정하고 있기 때문에 우리 국민의 범위를 인정하는 데 있어서 중요한 기준이 될 수밖에 없다. 이와 관련하여 영토조항에 따라 북한지역도 미수복의 우리 땅이며 여기에 거주하는 사람들, 즉 북한주민들도 헌법해석상 우리 국민으로 보아야하기 때문에 북한동포에게 대한민국의 국적부여의 중요한 헌법적 근거를 헌법

_____

6) 국적법 [시행 1948. 12. 20.] [법률 제16호, 1948. 12. 20., 제정] 제2조.
   다음 각호의 1에 해당하는 자는 대한민국의 국민이다.
   1. 출생한 당시에 부가 대한민국의 국민인 자
   2. 출생하기 전에 부가 사망한 때에는 사망한 당시에 대한민국의 국민이던 자
   3. 부가 분명하지 아니한 때 또는 국적이 없는 때에는 모가 대한민국의 국민인 자
   4. 부모가 모두 분명하지 아니한 때 또는 국적이 없는 때에는 대한민국에서 출생한 자. 대한민국에서 발견된 기아는 대한민국에서 출생한 것으로 추정한다.
7) 전광석(주 1), 162.
8) 미국연방수정헌법 제14조 제1항 참조(미국에서 태어나거나 귀화한 모든 사람은 미국의 국민이다).
9) 프랑스 민법 1권 1편에서 국적에 관한 조항을 규정하고 있다. 한국법제연구원, 프랑스이중국적에 관한 제도와 법령, 2 참조.

제3조는 제공하고 있다. 이에 더하여 해방 후 남조선과도정부 법률 제11호「국적에 관한 임시조례」제2조 제1호에 따르면 조선인을 부친으로 하여 출생한 자는 조선의 국적을 갖는다고 규정하고 있고, 1948년 제헌헌법 제3조는 대한민국의 국민이 되는 요건을 법률로써 정하며, 제100조에서 현행 법령이 헌법에 저촉되지 아니한 한 효력을 갖는 것으로 규정하고 있으므로 북한주민은 당연히 대한민국의 국적을 갖게 된다.[10) 이러한 해석의 출발점에는 적어도 헌법 제3조의 영토조항이 위치하는 것이다. 또한 헌법 전문의 "동포애와 민족의 단결을 공고히 하고"라는 규정도 넓게 보면 단일민족국가인 대한민국의 국민개념 및 국민의 자격을 정하는 규범과 관련되고 헌법 제2조 제2항과 더불어 재외국민도 동포로서 대한민국이 포용하고 보호해야하는 당위성을 선언하는 것으로 볼 수 있다. 이와 관련하여 현재「재외동포의 출입국과 법적 지위에 관한 법률」이 제정되어 국가의 재외국민보호의무의 과제를 실현하도록 하고 있다. 다만, 여기서 국민은 넓게 이해하여, "민족적 동질성과 이를 기초로 대한민국 국적을 보유한 적이 있는 한 현재국적은 중요한 기준이 아님"을 전제로 소정의 요건을 충족한 경우 외국 국적보유자도 재외국민으로서 보호된다.[11)

V. 개념과 원리에 대한 판례 및 학설

1. 국민의 헌법상 지위

국민의 헌법상 지위에 관해서는 여러 논란이 있다. 논란의 중핵은 소위 국가기관으로서의 국민을 인정할 수 있을 것인가에 있다. 즉, 개별적인 국민은 현실적으로 국가기능에 참여하고 헌법상 규정된 국민의 권리·의무의 주체가 된다는 점에 이론이 없다. 그런데 단체로서의 국민 또는 이념적 통일체로서의 국민을 법적 개념으로 인정할 수 있을 것인가에 대해서는 논란의 여지가 있는 것이다. 일반적으로 법실증주의적인 견해에 따르면 단체로서의 국민은 조직화된 단체나 법인이 아니기 때문에 권리능력이 없다고 한다. 그러나 이념적으로 볼 때 주권의 귀속주체인 관념체로서의 국민을 상정할 수 있을 뿐만 아니라 우리나라 헌법에서도 정당이나 국민투표에 관한 규정을 통하여 기관·단체로서의 국민에게 특정한 권리를 인정하고 있으므로 이념적 통일체로서의 국민의 법적 개념을 부인하는 것은 타당하지 않다. 단체로서의 국민 또는 이념적 통일체로서의 국민의 지위를 인정하여 주권자로서의 국민, 주권행사기관으로서의 국민으로 나눌 수 있다. 또한 개별적인 국민은 당연히 기본권의 주체로서의 국민과 의무주체로서의 국민으로 나누어 볼 수 있다.[12) 국민의 개념에 대해 이념적인 통일체로서의 국민을 규범적으로 수용

---

10) 전광석(주 1), 168. 우리나라 헌법재판소와 대법원도 같은 입장이다. 헌재 2000. 8. 31. 97헌가12 및 대판 1996. 11. 12. 96누1221 참조.

11) 전광석(주 1), 169.

12) 김철수, 헌법학개론, 박영사, 2007, 189-94 참조.

하고 개별적인 국민의 경험적 의사가 아니라 소위 국민전체의 추정적인 의사를 대의한다는 대
의민주주의를 현행헌법상 취하고 있기 때문에 이러한 분류는 타당하다.[13]

가. 국적의 의의

국적은 어떤 개인을 특정한 국가에 귀속시키기 위한 법적인 유대를 의미한다.[14] 국민이
되는 자격을 의미하는 국적을 우리 헌법은 법률로서 정한다고 규정하여 입법에 위임하고 있다.
하지만 이러한 국적법에도 규정하지 않은 다음의 사안들에 대해서 문제의 소지가 있다. 우리나
라의 경우는 남북한이 분단되어 있고 우리 헌법 제3조는 "대한민국의 영토는 한반도와 그 부속
도서로 한다"고 규정하고 있기 때문에 또한 건국이전 출생인의 국적에 대해서도 대법원판례[15]
는 조선인을 부친으로 하는 자는 남조선과도정부법률 제11호 국적에관한임시조례의 규정에 따
라 조선국적을 취득하였다가 제헌헌법의 공포와 동시에 대한민국의 국적을 취득한다고 하였다.
특히 북한지역에 살고 있는 주민[16]은 그 조상이 대한제국의 후손이며 대한민국의 영토 내에
거주하고 있기 때문에 대한민국의 국민이라고 하겠다. 대법원판결로는 북한주민의 한국국적을
인정한 것이 있다.[17] 이 판결은 위와 같은 입장에서 보면 타당하다.

나. 국적의 취득과 상실

(1) 국적의 취득

국적의 취득에는 선천적 취득과 후천적 취득의 두 가지가 있다.

(가) 선천적 취득

선천적 국적의 취득은 출생이라는 자연적 사실로 인하여 자동적으로 국적을 취득하는 것
을 말한다. 여기에는 부모의 국적에 따라 출생자의 국적을 정하는 속인주의(＝혈통주의 ius
sanguis: 한국, 독일, 스위스, 일본)와 부모의 국적에 무관하게 출생한 장소에 따라 출생자의 국적
을 취하는 속지주의(＝출생지주의 ius soli: 미국)가 있다. 우리나라는 "부모양계혈통주의"에 기초

---

13) 전광석(주 1), 84 참조.

14) 서희원, 국제사법강의, 일조각, 1995, 64 참조.

15) 대판 1996. 11. 12. 96누1221 참조.

16) 「당해사건과 같이 남한과 북한 주민 사이의 외국환 거래에 대하여는 법 제15조 제3항에 규정되어 있는
    "거주자 또는 비거주자" 부분, 즉 대한민국 안에 주소를 둔 개인 또는 법인인지 여부가 문제되는 것이 아
    니라 남북교류협력에관한법률(이하 '남북교류법'이라 한다) 제26조 제3항의 "남한과 북한" 즉 군사분계선
    이남지역과 그 이북지역의 주민인지 여부가 문제되는 것이다. 즉 외국환거래의 일방 당사자가 북한의 주민
    일 경우 그는 이 사건 법률조항의 '거주자' 또는 '비거주자'가 아니라 남북교류법의 '북한의 주민'에 해당하
    는 것이다. 그러므로 당해사건에서 아태위원회가 법 제15조 제3항에서 말하는 '거주자'나 '비거주자'에 해당
    하는지 또는 남북교류법상 '북한의 주민'에 해당하는지 여부는 법률해석의 문제에 불과한 것이고 헌법 제3
    조의 영토조항과는 관련이 없다」(헌재 2005. 6. 30. 2003헌바114).

17) 「남조선과도정부법률 제11호 국적에 관한 임시조례 제2조 제1호는 조선인을 부친으로 하여 출생한 자는
    조선의 국적을 가지는 것으로 규정하고 있고, 제헌헌법은 제3조에서 대한민국의 국민되는 요건을 법률로써
    정한다고 규정하면서 제100조에서 현행 법령은 이 헌법에 저촉되지 아니하는 한 효력을 가진다고 규정하
    고 있는바, 원고는 조선인인 위 이승호를 부친으로 하여 출생함으로써 위 임시조례의 규정에 따라 조선국
    적을 취득하였다가 1948. 7. 17 제헌헌법의 공포와 동시에 대한민국 국적을 취득하였다 할 것이다」(대판
    1996. 11. 12. 96누1221).

한 속인주의를 원칙으로 하면서 속지주의를 보충적으로 채택하고 있다(국적법 제2조 제1항 제1호 및 제2호: 속인주의/동법 제2조 제1항 제3호 및 제2항: 속지주의). 부모양계혈통주의를 적용함에 있어서 부와 모의 지위는 평등하게 고려된다. 이는 국적법상 부계혈통주의에 대한 헌법재판소의 위헌결정으로 말미암아 신법에서 개정된 부분이다.[18]

(나) 후천적 취득

출생 이외의 사실에 의한 국적취득(후천적 취득)에는 혼인, 인지, 귀화, 국적회복 및 국적재취득이 있다.

1) 인   지

대한민국의 국민이 아닌 자로서 대한민국의 국민인 부 또는 모에 의하여 인지된 자는 대한민국의 민법에 의하여 미성년이고 출생한 당시에 그 부 또는 모가 대한민국의 국민인 경우에 한하여 법무부장관에게 신고함으로써 대한민국 국적을 취득할 수 있는데, 국적취득의 시점은 이러한 신고를 한 때이다(국적법 제3조 제1항 및 제2항). 따라서 외국인도 대한민국 국민인 부 또는 모에 의하여 인지될 때 우리 국적을 취득할 수 있는데, 인지 상대방이 미성년자이며, 출생한 당시 부 또는 모가 대한민국 국민이었어야 한다. 구법은 인지된 때 자동으로 우리 국적을 취득할 수 있었는데, 신법은 법무부장관에게 신고한 때 비로소 우리 국적을 취득할 수 있도록 하였고, 인지한 부 또는 모가 그 자의 출생당시에도 우리 국민이었다는 것을 그 요건으로 추가하였다. 또한 구법은 인지의 대상을 '본국법상 미성년인 자'로 하였으나, 신법은 '대한민국의 민법에 의하여 미성년인 자'로 규정하였고, '외국인의 처가 아닐 것'등은 삭제하였다(국적법 제3조).

2) 귀   화

대한민국의 국적을 취득한 사실이 없는 외국인은 법무부장관의 귀화허가를 받아 대한민국의 국적을 취득할 수 있다(동법 제4조 제1항). 이러한 귀화에는 일반귀화(동법 제5조), 간이귀화(동법 제6조) 및 특별귀화(동법 제7조) 등이 있는데 법무부장관은 각 경우에 요구되는 요건을 심사하여 요건을 갖춘 자에 한하여 귀화를 허가한다. 일반귀화는 5년 이상 주소, 민법상 성년, 품행단정, 생계유지능력, 우리 국어와 문화에 대한 소양이 있어야 한다. 또한 배우자가 대한민국의 국민인 외국인으로서 그 배우자와 혼인한 상태로 대한민국에 2년 이상 계속하여 주소가 있거나, 그 배우자와 혼인한 후 3년이 경과하고 혼인한 상태로 대한민국에 1년 이상 계속하여 주

---

18) 「부계혈통주의 원칙을 채택한 구법조항은 출생한 당시의 자녀의 국적을 부의 국적에만 맞추고 모의 국적은 단지 보충적인 의미만을 부여하는 차별을 하고 있으므로 위헌이라는 결론에 이르게 된다. 다시 말하면, 한국인 부와 외국인 모 사이의 자녀와 한국인 모와 외국인 부 사이의 자녀를 차별취급하는 것은, 모가 한국인인 자녀와 그 모에게 불리한 영향을 끼치므로 헌법 제11조 제1항의 남녀평등원칙에 어긋남이 분명하고 이러한 차별취급은 헌법상 허용되지 않는 것이다 … 국적취득에서 혈통주의는 사회적 단위인 가족에로의 귀속을 보장하는 한편 특정한 국가공동체로의 귀속을 담보하며 부모와 자녀간의 밀접한 연관관계를 잇는 기본이 된다. 만약 이러한 연관관계를 부와 자녀 관계에서만 인정하고 모와 자녀 관계에서는 인정하지 않는다면, 이는 가족 내에서의 여성의 지위를 폄하(貶下)하고 모의 지위를 침해하는 것이다. 그러므로 구법조항은 헌법 제36조 제1항이 규정한 "가족생활에 있어서의 양성의 평등원칙"에 위배된다」(헌재 2000. 8. 31. 97헌가12).

소가 있는 경우에도 우리 국적을 취득할 수 있다(국적법 제6조 제2항). '혼인한 상태'란 혼인 후 귀화신청시까지 혼인관계가 중단되지 않고 사회통념상 정상적인 부부관계를 유지하고 있는 상태를 의미하는데 이는 위장결혼에 의한 국적취득을 방지하기 위함이다. 대한민국에 특별한 공로가 있는 경우에는 주소만 있으면 법무부장관의 허가와 대통령의 승인에 의하여 귀화가 가능하다(국적법 제7조 2항).

3) 수반취득

수반취득이란 외국인이 우리 국적을 취득하는 경우 그 배우자와 미성년자인 자는 또는 부와 함께 자동적으로 우리 국적을 취득하는 것을 의미한다. 즉 외국인의 자로서 대한민국의 민법에 의하여 미성년인 자는 그 부 또는 모가 귀화허가를 신청할 때 함께 국적취득을 신청할 수 있다(동법 제8조 제1항). 이에 의하여 국적취득을 신청한 자는 그 부 또는 모에 대하여 법무부장관이 귀화를 허가한 때에 함께 대한민국의 국적을 취득한다. 신법은 자동수반취득조항을 삭제하였다. 미성년자의 경우 당사자의 의사를 도외시한 국적변경의제보다는 수반취득의 의사표시를 요구할 수 있도록 하는 것이 바람직하다는 정책을 반영한 것이다. 또 배우자는 수반취득의 대상이 아니므로 외국인 부부가 우리 국적의 취득을 원할 경우 각각 귀화허가를 받아야 하며, 따라서 부부 중 1인이 단독으로 귀화신청을 할 수 있다. 이는 기혼의 외국인 여성이 단독으로 귀화하는 것을 금한 구법조항을 삭제함으로써 가능하게 되었다.

(2) 국적의 상실

우리나라 국민이 외국인과 혼인하여 그 배우자의 국적을 취득하거나, 외국인의 자로서 그 국적을 취득하면 우리나라의 국적을 상실하게 된다. 자의로 외국의 국적을 취득한 때에도 동일하다.

(가) 국적의 상실

구법은 외국국적을 취득한 경우 취득원인을 불문하고 자동적으로 우리 국적을 상실하게 되었으나, 신법은 자진취득이 아닌 혼인, 입양, 인지의 경우에는 6개월 내에 법무부장관에게 우리 국적의 보유의사를 신고하지 않은 경우에 한하여 우리 국적을 상실하는 것으로 하였다(국적보유신고제도의 신설: 국적법 제15조). 다만 우리나라의 남자와 결혼하여 대한민국의 국적을 취득하였다가 이혼하였다고 하여 대한민국의 국적을 상실하지 않는다고 대법원은 판시하였다.[19] 또한 외국의 영주권을 취득한 때에 한국국적을 상실하지 않는다고 판시하였다.[20]

(나) 국적 상실의 효과

구법은 국적을 상실한 자는 대한민국 국민이 아니면 향유할 수 있는 권리를 1년 내에 양도하도록 하였고, 양도하지 않으면 권리가 상실한다고 하였으나, 대한민국 국민이 아니면 향유할

---

19) 대판 1976. 4. 23. 73마1051 참조.
20) 대판 1981. 10. 13. 80다1235 참조.

헌법 제2조

수 없는 권리의 구체적 내용이 불분명하고 그 기간도 너무 짧다는 등 문제가 있어, 신법은 국적상실자에 대하여 대한민국 국민이었을 때 취득한 것으로서 양도 가능한 권리에 대해서만 3년 내에 양도하는 것으로 하였고, 불이행시의 권리의 상실여부에 대하여는 별도로 규정하지 않았다(국적법 제18조).

(3) 국적의 회복과 재취득

(가) 국적회복

국적회복이란 우리 국적을 상실한 자가 우리 국적을 재취득하는 것을 의미하는데, 과거우리 국민이었던 자를 그 대상으로 한다는 점에서, 우리 국적을 취득한 적이 없는 순수외국인을 대상으로 하는 귀화와 구별된다. 신법은 회복의 대상을 '대한민국의 국민이었던 외국인'으로 함으로써 구법의 '국적법 제12조 및 제13조의 규정에 의하여 대한민국 국적을 상실한'으로 대상자를 한정하지 않고 있는데, 이는 1948년 정부수립 전에 중국 등 한반도 주변 국가로 이주한 한인동포 및 그 자녀 중 영주귀국(국적취득)을 원하는 사람이 늘고 있는 것을 감안한 것이다. 이 경우 법무부장관에게 허가를 받음으로써 우리 국적을 재취득할 수 있도록 한 것이다(국적법 제9조 제1항).

(나) 국적 재취득

우리 국적을 취득하고 원국적을 포기하였으나 포기절차이행에 6월 이상이 소요된 관계로 우리 국적도 상실하게 된 자에게는 법무부장관에게 신고만 함으로써 우리 국적을 재취득할 수 있도록 한 것이다.

다. 복수국적자

(1) 복수국적자의 의의 및 복수국적의 원칙적 금지

복수국적자라 함은 출생이나 그 밖에 국적법에 따라 대한민국 국적과 외국국적을 함께 가지게 된 자를 말한다. 그러나 원칙적으로 단일국적주의에 입각한 우리 국적법은 예외적으로만 복수국적자를 허용하므로, 대한민국 국민 중 외국 국적도 함께 보유 중인 이른바 복수국적자들은 국적법 제12조부터 제14조까지 정한 기한 내에 어느 하나의 국적을 선택하여야 하며, 이를 이행하지 않은 사람은 국적법 제14조의2에 따라 국적선택명령을 받는다. 즉, 국적법은 원칙적으로 복수국적을 금지하고 있으므로[21] 외국인으로 대한민국 국적을 취득한 자는 기존의 외국 국적을 포기하여야 한다(국적법 제10조 제1항). 다만 출생 등의 이유로 만 20세가 되기 전에 이중국적을 갖게 된 자는 만 22세가 되기 전에, 그리고 만 20세가 된 후에 이중국적을 갖게 된 자는 그 때부터 2년 내에 하나의 국적을 선택하도록 완화하였다(국적법 제12조 제1항 본문). 또한 병역의무 이행과 관련하여, 병역법 규정에 의하여 제1국민역에 편입된 자는 편입된 때로부터 3개월 이내에 국적을 선택하여야 하며, 현역·상근예비역 또는 보충역으로 복무를 마치거나 마친 것으로 보게 되는 경우, 제2국민역에 편입된 경우, 또는 병역면제처분을 받은 경우에는 2년

---

21) 전광석(주 1), 172.

이내에 하나의 국적을 선택하여야 한다(국적법 제12조 제2항). 이 경우 복수국적자가 정한 기간 내에 국적을 선택하지 않더라도 1년의 기간을 정하여 법무부장관은 국적 선택 명령을 발하도록 하여 다시 한 번 국적선택의 기회를 부여하고 있다(국적법 제14조의2 제1항). 그 기간이 지나도 국적을 선택하지 아니하면 우리국적을 상실하도록 정함으로써 종전의 국적자동상실제도를 개선·보완하였다(국적법 제14조의2 제4항). 또한 현행 국적법은 병역을 기피할 목적으로 자녀를 외국에서 원정출산하는 폐해를 방지하기 위하여, 국적이탈에 관한 제한규정도 두었다. 즉, 직계존속이 외국에서 영주할 목적 없이 체류한 상태에서 출생한 자는 병역의무의 이행과 관련하여 현역·상근예비역 또는 보충역으로 복무를 마치거나 마친 것으로 보는 때, 병역면제처분을 받은 때, 그리고 제2국민역에 편입된 때에 한하여 국적이탈신고를 할 수 있도록 국적법은 정하고 있다(국적법 제12조 제3항). 이 조항에 대해서 헌법재판소는 18세가 되어 제1국민역에 편입되어 3월이 지나기 전이라면 국적이탈을 할 수 있고 그 이후부터는 만 36세가 되어서 입영의무 등이 해소되는 시점까지만 국적이탈이 제한되기에 국적이탈의 자유를 과도히 제한하는 것은 아니라고 하였다.[22] 더불어 헌법재판소는 해외동포법의 적용대상인 중국동포에게 국적선택제도를 허용하기 위한 특별법제정의무가 인정되기에 입법부작위가 위헌이라는 헌법소원에 대하여 그러한 국회의 특별법 제정의무는 인정되지 않는다고 결정한 바 있다.[23]

(2) 복수국적의 예외적 허용 및 복수국적자의 법적 지위

국적법에 따르면 법무부장관이 정하는 바에 따라 대한민국에서 외국 국적을 행사하지 아니하겠다는 뜻을 법무부장관에게 서약한 다음과 같은 자는 예외적으로 복수국적을 보유할 수 있다(국적법 제10조 제2항). 첫째, 혼인을 통한 간이귀화자, 둘째 특별한 공로나 우수한 능력 보유자인 특별귀화자, 셋째, 국적회복허가를 받은 특별공로자나 우수 능력 보유자인 특별귀화자, 넷째, 대한민국 민법상 성년이 되기 전에 외국인에게 입양된 후 외국국적을 취득하고 외국에서 계속 거주하다 국적회복허가를 받은 자, 다섯째, 외국에서 거주하다 영주할 목적으로 만 65세 이후 입국하여 국적회복 허가를 받은 자 등. 복수국적자는 대한민국 법령 적용에서 대한민국 국민으로만 처우하므로 이들이 관계 법령에 따라 외국 국적을 보유한 상태에서 직무를 수행할 수 없는 분야에 종사하려는 경우에는 외국 국적을 포기하여야 한다(국적법 제11조의2 제1항 및 제2항).[24] 다만 중앙행정기관의 장이 복수국적자를 외국인과 동일하게 처우하는 내용으로 법령을 제정 또는 개정하려는 경우에는 미리 법무부장관과 협의하여야 한다(국적법 제11조의2 제3항). 또한 복수국적자가 국가안보, 외교관계 및 국민경제 등에 있어서 대한민국의 이익에 반하는 행위를 하거나 혹은 대통령령이 정한 대한민국의 사회질서 유지에 상당한 지장을 초래하는 행위를 하여 대한민국 국적을 보유하는 것이 현저히 부적합하다고 인정되는 경우에는 법무부

---

22) 헌재 2006. 11. 30. 2005헌마739 참조.
23) 헌재 2004. 8. 26. 2002헌바13 참조.
24) 전광석(주 1), 173.

장관은, 출생에 의해 대한민국 국적을 취득한 자를 제외하고, 청문을 거쳐 복수국적자의 대한민국 국적상실을 결정할 수 있다(국적법 제14조의3).25)

라. 국가의 재외국민보호의무

(1) 재외국민

헌법 제2조 제2항은 "국가는 법률이 정하는 바에 의하여 재외국민을 보호할 의무를 진다"고 규정하여 재외국민에 대한 국가의 보호의무를 명시하고 있고, 재외동포의출입국과법적자립에관한법률(1999. 9. 2. 공시)은 재외국민의 법적 보호를 명시하고 있다. 재외국민이란 대한민국의 국적을 가지고 있으면서 외국에 생활근거를 가지고 외국의 영주허가를 가지거나 장기간 외국에 체류하는 자를 말하는데 재외국민은 등록을 하여야 한다(재외국민등록법 제3조). 이러한 사람은 대한민국 국민이므로 헌법상의 기본권의 주체가 된다. 국민에 대한 기본권주체성에 대한 법리가 그대로 적용되어 우리 헌법상 보장된 기본권을 행사할 수 있음은 물론이나, 영주하고 있는 해당 국가의 법도 속지주의원칙에 따라 적용되므로 그러한 범위 내에서 우리 헌법이 정하는 기본권이 제한될 수 있다(예컨대, 미국 내에서 재외국민이 일으킨 범죄에 대하여는 대한민국소재 법원에서 재판을 받을 재판청구권과 같은 기본권은 제한될 수 있는 것이다). 이들 영주권자인 재외국민의 지위는 「재외동포의 출입국과 법적지위에 관한 법률」에 의해 특별보호를 받는다.

(2) 외국국적동포의 보호

외국국적동포는 한 때 대한민국의 국적을 가졌던 자(대한민국정부 수립 이전에 국외로 이주한 동포를 포함한다) 또는 그의 비속으로 외국국적을 취득한 자 중 대통령령이 정하는 자를 말한다(재외동포의 출입국과 법적지위에 관한 법률 제2조 제2호). 이러한 외국 국적 동포는 법적으로 외국인에 해당하기 때문에 원칙적으로 외국인에 대한 기본권제한의 법리가 그대로 적용됨은 물론이다. 다만 예외적으로 이러한 외국 국적의 동포에 대해서는 다른 외국인과 비교하여 특별한 정책을 취할 수 있는바, 정부는 「재외동포의 출입국과 법적지위에 관한 법률」을 통하여 일정한 사항에 관하여 특별한 보호를 부여하고 있다.26)

헌법재판소는 정부수립 이후의 이주동포에게는 특혜를 주면서 정부수립 이전의 이주동포를 「재외동포의 출입국과 법적지위에 관한 법률」이 정하는 수혜의 대상에서 제외한 것은 평등권 위반이라고 판시하였다.27) 여기서 해외동포란 외국국적을 가진 한민족을 의미하는데 헌법재판소는 정부수립 이전 이주동포를 적용대상에서 제외하는 것은 그 차별의 정도가 적합하지 않다는 이유로 헌법불합치판결을 하였다.28) 이는 역사 바로 세우기와 연결되어서 중요한 판

---

25) 전광석(주 1), 174.
26) 부동산거래 및 금융거래상 대한민국 국민과 동등한 권리를 보유, 의료보험적용 및 국가유공자·독립유공자 예우에 관한 법률규정에 의한 보훈급여금 수령가능(동법 제11조, 제12조 및 제16조) 등이 그 예이다.
27) 헌재 2001. 11. 29. 99헌마494 참조.
28) 헌재 2001. 11. 29. 99헌마494 참조.

결이라고 할 것이다. 그 후 정부수립 이전 이주동포를 포함시키는 방향으로 법률을 개정하였다.

(3) 관련 판례의 검토

헌법재판소는 해외거주자에게 부재자투표를 인정하지 않은 것은, 북한주민에게 선거권을 인정할 수 없으며, 선거의 공정성확보에 문제가 있고, 선거기간 등의 선거기술적 문제, 병역 및 납세의무의 부담하지 않은 등을 이유로 합헌[29]이라고 하였다가 "선거권의 제한은 불가피하게 요청되는 개별적·구체적 사유가 존재함이 명백할 경우에만 정당화될 수 있고, 막연하고 추상적인 위험이나 국가의 노력에 의해 극복될 수 있는 기술상의 어려움이나 장애 등을 사유로 그 제한이 정당화될 수 없다. 북한주민이나 조총련계 재일동포가 선거에 영향을 미칠 가능성, 선거의 공정성, 선거 기술적 이유 등은 재외국민등록제도나 재외국민 거소신고제도, 해외에서의 선거운동방법에 대한 제한이나 투표자 신분확인제도, 정보기술의 활용 등을 통해 극복할 수 있으며, 나아가 납세나 국방의무와 선거권 간의 필연적 견련관계도 인정되지 않는다는 점 등에 비추어 볼 때, 단지 주민등록이 되어 있는지 여부에 따라 선거인명부에 오를 자격을 결정하여 그에 따라 선거권 행사 여부가 결정되도록 함으로써 엄연히 대한민국의 국민임에도 불구하고 주민등록법상 주민등록을 할 수 없는 재외국민의 선거권 행사를 전면적으로 부정하고 있는 법 제37조 제1항은 어떠한 정당한 목적도 찾기 어려우므로 헌법 제37조 제2항에 위반하여 재외국민의 선거권과 평등권을 침해하고 보통선거원칙에도 위반된다"하여 헌법불합치결정[30]을 하였다.

2. 북한주민의 헌법상 지위

휴전선 이북의 북한지역은 북한정권이 점령하고 있어 비록 대한민국의 통치권이 미칠 수 없게 되어있다고 하더라도 이는 사실상의 효과일 뿐이고 규범적으로 보면 당연히 북한의 주민에게는 대한민국의 헌법과 법령의 효력이 미치기 때문에 북한주민도 대한민국 국민으로서의 지위를 가지게 된다. 헌법재판소 판례[31]와 대법원 판례도 마찬가지 입장이다. "원고는 조선인인 위 소외 1을 부친으로 하여 출생함으로써 … 조선국적을 취득하였다가 1948. 7. 17. 제헌헌법의 공포와 동시에 대한민국 국적을 취득하였다 할 것이고, 설사 원고가 북한법의 규정에 따라 북한국적을 취득하여 1977. 8. 25. 중국 주재 북한대사관으로부터 북한의 해외공민증을 발급받은 자라 하더라도 북한지역 역시 대한민국의 영토에 속하는 한반도의 일부를 이루는 것이어서 대한민국의 주권이 미칠 뿐이고, 대한민국의 주권과 부딪치는 어떠한 국가단체나 주권을 법리상 인정할 수 없는 점에 비추어 볼 때 이러한 사정은 원고가 대한민국 국적을 취득하고, 이를 유지함에 있어 아무런 영향을 끼칠 수 없다 … "[32] 또한 대법원과 헌법재판소 판례[33]는

29) 헌재 1999. 3. 25. 97헌마99 참조.
30) 헌재 2007. 6. 28. 2004헌마644, 2005헌마360(병합) 참조.
31) 헌재 2006. 3. 30. 2003헌마806 참조.
32) 대판 1996. 11. 12. 96누1221 참조.
33) 헌재 2006. 11. 30. 2006헌마679 참조.

헌법 제 2 조

북한주민이 귀순하는 경우 별도의 조치없이 당연히 우리 국적을 취득한다고 하고 있다.

　　문제는 규범과 현실의 불일치 문제가 생긴다는 점이다. 즉, 법규범적으로는 헌법 제3조를 통해 북한을 반국가단체로 파악하고 북한지역을 미수복지역 그리고 북한주민을 우리나라 국민으로 파악하지만, 헌법 현실적으로 보면 대한민국의 통치권이 전혀 북한지역이 미칠 수 없어 규범과 현실의 괴리가 발생하고 있다. 그러나 대한민국과 북한 사이의 현실적·사실적 관계와 정세 및 상황이 변화된다고 하여도(예컨대, 남북한 경제교류, 문화교류 등 남북교류의 활성화, 독립국가를 전제로 한 북한의 국제연합 가입, 혹은 중국, 일본, 미국과의 수교 등) 헌법 제3조는 변함없이 동일한 규범적 의미를 가진다고 보아야 한다. 상황에 따라 북한이 교류와 협력 및 대화의 상대방이라고 하여 그 지위를 대한민국이 인정한다손 치더라도 제3조의 규범적 의미는 변함이 없는 것이다.

VI. 현실적 평가

　　우리 헌법은 "국민이 되는 요건은 법률이 정한다"라고 하여 국민의 자격을 법률사항으로 하였으므로 글로벌시대의 도래와 함께 세계의 여러 민족을 포용하는 국적법 규정을 마련할 필요가 있다. 더불어 헌법 전문은 "동포애와 민족의 단결을 공고히 하고"라고 하여 대한민국의 단일민족적 전통을 확인하고는 있지만 이 규정 또한 폭넓게 해석하여, 다문화·다민족 구성원도 모두 우리 동포와 민족의 범주에 속한다는 해석 방향으로 나아가야 할 것이다. 더불어 세계화 추세에 발맞추어 외국에서 우리나라로 이민 오는 사람을 위한 이민지원제도와 넓게는 난민의 지위와 원조에 관한 규정 및 독일 기본법에서 인정하고 있는 망명권 등의 규범적 수용에 관한 진지한 고려가 필요한 시점이라고 본다.

VII. 관련문헌

김철수, 헌법학개론, 박영사, 2007.

법무부 법무과, 各國의 國籍關係法 3, 법무부, 2006.

　　　　　　　, 미국국적법, 법무부, 2004.

서희원, 국제사법강의, 일조각, 1995.

전광석, 한국헌법론, 집현재, 2013.

조병인·도중진·손영학, "국적취득제도에 관한 비교법적 연구: 미국, 일본, 중국의 국적취득제도를 중심으로," 법무부, 2002.

차종환·강득휘·강상윤, "재외 동포들의 권익을 위한 법률: 참정권, 동포청, 기본법, 병역법 및 이중국적," 로스앤젤레스한인회 한미인권연구소 한미동포권익신장위원회,

2005.

하병욱 저·홍구희 역, 재외 한국인의 국적 문제, 열린책들, 2002.

한국법제연구원, 프랑스이중국적에 관한 제도와 법령, 2007.

한수웅, 헌법학, 법문사, 2013.

허 영, 한국헌법론, 박영사, 2010.

헌법 제3조

[도 회 근]

第 3 條
大韓民國의 領土는 韓半島와 그 附屬島嶼로 한다.

Ⅰ. 기본개념과 헌법적 의미

영토(territory)란 국가영역의 기초가 되는 일정 범위의 육지를 뜻한다. 세계의 많은 나라들은 헌법에 영토조항을 두고 있고 우리나라도 건국헌법에서부터 영토조항을 두고 있다. 일반적으로 헌법에 영토조항을 두는 것은 다음과 같은 헌법적 의미를 가진다. 첫째, 국가의 정체성 (national identity)을 확인하고 고양하는 의미를 가진다. 영토는 한 국가의 정체성을 표현하는 가장 중요한 요소 중 하나이다.[1] 이렇게 헌법에 영토조항을 두는 첫 번째 의미는 바로 이러한 국가정체성을 확인하고 고양하는 것이라고 보아야 한다. 둘째, 한 나라의 가장 중요한 구성요소 중 하나인 영토(영해, 영공)의 범위를 확정함으로써 나라의 관할범위를 분명히 하는 의미를 가진다. 셋째, 영토수호의지를 표현하는 의미를 가진다. 많은 헌법들이 영토 보전, 불가분, 불가양, 불가침 등의 규정을 두고 있는 것은 영토수호의지를 분명히 밝히고 있는 것이다.[2]

　　이러한 일반적 의미 외에 우리 헌법의 영토조항은 분단국이라는 특수한 상황에서 통일에의 의지와 대한민국의 정통성을 표현한다는 또 하나의 중요한 의미를 가지고 있다. 우리 헌법이 현실적으로 통치권을 행사하지 못하는 북한지역까지 우리 영토로 규정한 것은 통일에 대한 '강력한' 의지와 함께 한반도에서 우리 대한민국이 정통성 있는 나라라는 것을 표현하고 있는 것이다.[3] 나라의 정통성에 관해 경쟁하고 있는 분단국의 경우, 헌법의 영토조항은 비록 그것으로 국제법적 효력을 주장할 수는 없다 할지라도 나라의 정통성을 주장할 수 있는 유력한 근거가 될 수는 있기 때문이다. 이와 같이 우리 영토조항은 간단명료하지만 영토범위를 구체적으로 명시하고 있고 분단국으로서 통일의 의지와 함께 다른 정치체(북한)와의 관계에 있어서 우리나라의 정통성을 표현하고 있는, 세계적으로 독특한 역사와 의미를 담고 있는 조항이다.[4]

---

1) Anthony D. Smith는 영토를 국가정체성을 구성하는 근본적인 5가지 변수, 즉 역사적 영토, 공통의 신화와 역사적 기억, 공통의 집단적 공적 문화, 모든 구성원에 대한 공통의 법적 권리와 의무, 공통의 경제 중 첫 번째로 명시하고 있다. Anthony D. Smith, National Identity, London: Penguin, 1991, p. 9-14 참조.

2) 도회근, "헌법의 영토조항에 관한 비교헌법적 연구," 법조(2009. 11), 318-319.

3) 1948년 헌법제정 당시 유진오 박사가 "대한민국헌법은 결코 남한에서만 시행되는 것이 아니고 우리나라의 고유의 영토 전체에 시행되는 것이라는 것을 명시하기 위하여 특히 본조를 설치한 것이다"고 한 것도 이러한 의지를 뒷받침하고 있는 것이다. 유진오, 신고헌법해의, 일조각, 1959, 50 참조.

4) 도회근(주 2), 320-322 참조. 우리나라 학계는 대체로 영토조항의 일반적 의미에 관한 설명은 생략하거나 소략하게 넘어가고 분단상황에 초점을 맞추어 그 의미를 설명하는 경향이 있다. 권영성 교수는 정치적 의미와 규범적 의미를 구분하고, 정치적 의미는 ① 대한민국의 영역은 구한말시대의 국가영역을 기초로 한다는 것(구한말영토승계론)과 ② 우리나라의 영토의 범위를 명백히 함으로써 타국의 영토에 대한 야심이 없음을 선언하는 것(국제평화지향론)이고, 규범적 의미는 '한반도에서 유일한 합법정부는 대한민국뿐(유일합법정부론)'이라거나 '휴전선이북지역은 인민공화국이 불법적으로 점령한 미수복지역(미수복지역론, 반국가적불법단체론)이라는 해석론의 헌법적 근거로 삼을 수 있다는 점이라고 하며(권영성, 헌법학원론, 법문사, 2010, 122-123), 김철수 교수는 우리 국법의 적용의 장소적 범위와 한계를 규정한 것일 뿐 아니라, 대한민국이 유일한 합법정부이고 대한민국의 영역은 구한말시대의 국가영역에 입각한 것이며 휴전선의 북방지역은 이른바 인민공화국이 불법적으로 점령한 미수복지역이라는 것을 선언하고 있는 것(김철수, 학설판례 헌법학(상), 박영사, 2008, 169), 계희열 교수는 대한민국의 정통성과 더 이상의 영토적 야심이 없음을 천명한 것(계희열, 헌법학(상), 박영사, 2005, 173-174), 양건 교수는 영토조항의 법적 의미로 ① 북한지역도 대한민국의 영토이며 헌법적 효력이 미치고 ② 북한지역은 미수복지역이며 북한정권은 불법단체이며 ③ 북한을 반국가단체로 볼 헌법상의 근거가 영토조항이고 ④ 통일의 방식은 대한민국헌법하에 국토수복의 형식만 인정되는데 이는 영토조항만을 근거한 것(양건, 헌법강의, 법문사, 2009, 131), 성낙인 교수는 대한민국이 유일한 합법정부이고 북한과의 관계는 대내적으로는 민족내부관계에 불과하다는 규범적 의미를 내포하는 것(성낙인, 헌법학, 법문사, 2013, 298), 홍성방 교수는 대한민국의 정통성, 평화통일의 사명, 한반도 이외의 지역에 대한 영토야심이 없음을 천명하는 것(홍성방, 헌법학(상), 박영사, 2010, 74), 장영수 교수는 유일합법정부임을 확인하는 것(장영수, 헌법학, 홍문사, 2007, 122)이라고 한다. 전광석 교수는 유일하

II. 연 혁

우리 헌법의 영토조항은 1948년 건국헌법에서부터 현행 헌법에 이르기까지 조항번호가 바뀐 것 외에는 내용 변화가 거의 없다.

1. 임시정부 헌법

우리 헌법은 1948년 건국헌법부터 영토조항을 두었다. 그러나 보다 정확하게 말하자면 건국 이전 3·1운동으로 건립된 대한민국 임시정부의 첫 헌법(臨時憲法, 1919. 9. 11)에서부터 영토 규정이 있었다. 제3조에 "대한민국의 강토(疆土)는 구한국의 판도(版圖)로 함"이라는 조항을 둔 것이다.5) 임시정부의 헌법은 이후 4차에 걸쳐 개정되었는데, 제1차 개정헌법(1925)에서 영토조항이 삭제되었다가 해방 직전의 제4차 개정헌법(1944)에서 제1조 "대한민국은 민주공화국임"에 이어 제2조에 "대한민국의 강토는 대한의 고유한 판도로 함"이라고 하여 첫 헌법의 내용과 거의 비슷한 내용으로 다시 규정되었다.

2. 건국헌법(1948)

우리나라의 건국헌법(1948)은 대한민국이 분단국가라는 사실을 전혀 전제하지 않고 제정되었다.6) 제1조 국호, 제2조 주권, 제3조 국민조항에 이어, 제4조에 영토조항이 규정되었다. 어떠한 유보나 제한조항도 없이 "대한민국의 영토는 한반도와 그 부속도서로 한다"라고 하여 우리나라가 완성된 국가인 것처럼 규정하였다. 제2차 헌법개정(1954)에서는 "대한민국의 주권의 제약 또는 영토의 변경을 가져올 국가안위에 관한 중대사항은 국회의 가결을 거친 후에 국민투표에 부하여 민의원의원선거권자 3분의 2 이상의 투표와 유효투표 3분의 2 이상의 찬성을 얻어야 한다"(제7조의 2)라고 하여 영토변경에 관한 조항이 추가되었다. 이러한 영토규정은 제2공화국헌법까지 계속되었다.

게 '헌법의 공간적 적용범위를 명확히 하는' 영토조항의 일반적 의미를 밝힌 후 ① 식민지 독립시에 영토에 대한 확인적 규정의 필요성 ② 분단에 대한 평가의 명확화를 위해 대한제국의 계승 ③ 국제평화 의지의 표명이라는 우리나라의 특수한 상황적 의미를 덧붙이고 있다(전광석, 한국헌법론, 집현재, 2013, 178-179).

5) 임시정부 헌법 이전에 전문과 10개 조항으로 구성된 '대한민국임시헌장'이라는 문서가 선포되었는데(1919. 4. 11) 이 임시헌장에는 영토조항이 없었다. 학자에 따라서는 이 임시헌장을 임시정부 최초의 헌법으로 보기도 하는데 이 글에서는 1919. 9. 11.의 헌법이 헌법으로서의 체계를 갖춘 첫 번째 헌법으로 보았다. 임시정부의 헌법의 내용에 관해서는 김영수, 한국헌법사, 학문사, 2000, 871 이하 참조.

6) 건국헌법제정과정에서 나온 여러 헌법초안에도 다양한 영토조항이 있었다. 유진오 헌법초안은 "조선민주공화국의 영토는 조선반도와 울릉도, 제주도 기타의 부속도서로 한다"(제4조), 제2단계 헌법초안은 "한국의 영토는 조선반도와 울릉도 및 기타의 부속도서로 한다"(제4조), 법전편찬위원회 헌법초안은 "대한민국의 영토는 경기도·충청북도·충청남도·전라북도·전라남도·경상북도·경상남도·황해도·평안남도·평안북도·강원도·함경남도·함경북도이다"(제4조)로 규정하고 있었다.

3. 1962년헌법

5·16 군사쿠데타에 이어 수립된 이른바 제3공화국헌법(1962)은 이전 헌법에 제4조에 있던 영토조항을 제3조로 변경하고 내용은 "대한민국의 영토는 한반도와 부속도서로 한다"고 하여 "그 부속도서"에서 "그" 자를 삭제하였다.[7] 그리고 본문이 아닌 부칙 제8조에 "국토수복 후의 국회의원의 수는 따로 법률로 정한다"라는 조항을 삽입함으로써 현재 상태가 '미수복' 상태임을 암시적으로 인정하였다.

4. 1972년헌법

영토조항은 유지되었으나 영토조항과 관련하여 1972년헌법부터 통일문제가 헌법에 명시되기 시작하였다. 이후 영토조항과 통일조항과의 관계를 둘러싸고 영토조항의 해석에 문제가 발생하게 되었는데 이에 관하여는 다시 논의하기로 한다.

5. 1987년헌법

현행 1987년헌법은 영토조항(제3조)에서 " … 한반도와 '그' 부속도서 … "로 '그' 자를 다시 추가하고[8] "대한민국은 통일을 지향하며, 자유민주적 기본질서에 입각한 평화적 통일정책을 수립하고 이를 추진한다"(제4조)고 하여 국가에 평화통일정책수립 및 추진의무를 부과하는 조항을 신설하였다.

이와 같이 우리 헌법은 처음에는 국토분단사실을 명시하지 않았다가, 1962년헌법에서 처음으로 부칙에 미수복지역이 있음을 암시하였고, 1972년헌법에 와서야 처음으로 '통일'이라는 용어를 씀으로써 비로소 미통일(분단)상태임을 인정하고 통일을 국가적 과제로 설정하였으며, 이후 평화통일의무를 더욱 적극적으로 규정하면서 오늘에 이르고 있다. 건국헌법 제4조에 있던 영토조항의 내용은 조항이 1962년헌법부터 제3조로 바뀐 것을 제외하고는 처음과 거의 그대로 지금까지 유지되고 있다.

---

7) 건국헌법부터 제2공화국헌법까지 독립되어 있었던 제1조 국호조항과 제2조 주권조항을 제1조 제1항과 제2항으로 통합하였고, 제3조 국민조항을 제2조로, 제4조 영토조항을 제3조로 변경한 것이다. 영토조항에서 '그' 자가 삭제된 정확한 이유는 알 수 없다. 현행 1987년 헌법개정시 '그' 자가 다시 들어갔는데, '그' 자가 있건 없건 내용상 아무 차이도 없다고 생각되고 개헌 이유에도 명시된 바 없으며 역대 헌법교과서들이 이에 관하여 아무런 설명도 하고 있지 않은 것으로 보아 특별한 의미는 없는 것으로 보인다.

8) 1987년 헌법개정 논의 당시 각 정당의 헌법개정안에는 영토조항이 모두 동일한 내용으로 들어 있었으나 대한변호사협회가 제안한 개정안에는 영토조항이 없었다. 그 이유는 확인하지 못했다.

Ⅲ. 입헌례와 비교법적 의의

1. 개   관

영토조항에 관해서는 두 가지 측면에서 비교헌법적 관찰이 필요하다. 한 가지는 영토조항의 유무 및 그 내용에 관한 것이고, 다른 한 가지는 국가유형별 영토조항에 관한 것이다. 즉, 연방국가나 우리나라처럼 분단국가의 영토조항에 관한 것이다.

영토조항의 유무와 그 내용에 관해서 살펴볼 필요가 있는 것은 두 가지 이유가 있기 때문이다. 우선 우리나라 학계에서는 세계적으로 헌법상 영토조항이 없는 경우가 많다고 전제하고 논리를 전개하는 연구가 대부분인데,9) 이는 명백하게 사실과 다르므로 이에 관한 사실(facts)을 바르게 확인할 필요가 있기 때문이고, 나아가서 헌법개정시 영토조항 개정론과 관련하여 영토조항에 관한 세계 각국 헌법의 경향을 살펴봄으로써 우리 헌법의 영토조항의 개정방향을 가늠해 볼 수 있을 것이기 때문이다.

국가유형별 영토조항에 관하여 살펴볼 필요가 있는 것도 두 가지 이유 때문이다. 첫째로 뒤에서 자세히 살펴보겠지만 분단국가인 우리나라는 헌법에 다른 분단체의 현실적 관할지역(북한지역)까지 우리나라 영토로 명시한 영토조항을 가지고 있는데, 외국의 사례를 비교·검토함으로써 현재 우리 헌법의 영토조항의 해석론과 입법론(헌법개정론)에 참고할 수 있을 것이기 때문이다. 둘째로 연방국가의 경우는 역시 분단국인 우리나라가 장차 통일될 경우 유력하게 검토할 수 있는 통일방안으로 연방제 통일방안이 있으므로 통일헌법의 영토조항의 규정형식으로 참고할 필요가 있기 때문이다.

2. 세계 각국 헌법의 영토조항

영토조항에 관하여 세계에 존재하는 200여 국가 중에서 입수가능한 190개국의 헌법을 수집·분석하여 다음과 같이 분류해 보았다.10) (1) 영토조항이 없는 경우, (2) 영토조항이 있으나 단순한 규정만 두고 있는 경우, (3) 영토에 관한 비교적 적극적 규정을 두고 있는 경우, (4) 상세한 영토범위를 규정하고 있는 경우, (5) 구성단위를 열거하고 있는 경우 등이다.11)

(1) 미국,12) 일본, 북한, 터키, 스페인, 네덜란드, 룩셈부르크, 노르웨이, 헝가리, 태국, 이

---

9) 이러한 기존의 연구에 대해서는 도회근(주 2), 292, 주 6 참조.

10) 2009. 1. 1. 기준으로 인터넷을 통해 검색하였다. 헌법전을 가지고 있지 않은 영국, 스웨덴, 이스라엘, 뉴질랜드는 당연히 분석대상에서 제외하였다.
    인터넷 자료는 http://www.findlaw.com/01topics/06constitutional/03forconst/index.html#Sce ne_1; http://www.uni-trier.de/~ievr/constitutions/eng/worldconstitutions.html; http://confinder.richmond.edu/admin/docs/; http://www.constitution.org/cons/natlcons.htm 등 참조.

11) 각각에 해당하는 자세한 국가명칭과 조항에 관해서는 도회근(주 2), 294-303 참조.

12) 미국은 일반적으로 영토조항이 없는 국가로 알려져 있으나, 1787년 미국헌법 제정 당시에는 영토라는 용어는 사용하지 않았지만 미국의 구성단위를 열거하는 형태로 영토관련 조항이 있었다. 즉 최초로 주(state)별

란, 이라크, 사우디 아라비아, 이집트, 가봉, 우루과이 등 61개국(32%)이 헌법에 영토조항을
가지고 있지 않았다.

(2) '영토의 보전'(territorial integrity), 영토의 불가분(indivisible), 불가양(inalienable), 불가침
(inviolable) 등의 영토라는 용어와 이와 관련한 단순한 표현만을 사용하고 있는 나라는 중국, 인
도네시아, 몽골, 타이완, 프랑스, 덴마크, 핀란드, 크로아티아, 브라질,13) 파라과이, 칠레, 케냐,
리비아, 카타르, 카자흐스탄, 우즈베키스탄 등 38개국(20%)이었다.

(3) 베트남, 라오스, 벨라루스, 에스토니아, 페루, 모잠비크, 가나, 앙골라, 부탄 등 15개국
(7.9%)은 영토에 관한 단순한 언급을 넘어서 영해·영공·대륙붕 등까지 규정하고 있으나 대체
로 일반적인 내용을 기술하고 있을 뿐 상세한 영토범위를 언급하는 데까지는 이르지 못한 나라
들이다.

(4) 상당수의 나라들(39개국, 20.5%)은 상세하고 구체적인 영토범위를 규정하고 있다. 이
유형의 헌법은 우리나라처럼 중요한 지명을 명시하여 영토범위를 특정하는 경우(필리핀,14) 동
티모르, 쿠바, 에쿠아도르 등), 위도 경도로 표시하거나(시에라리온, 투발루 등), 이웃 나라들과의
국경을 명시함으로써 지리적으로 명확히 하는 경우(파나마, 니카라구아 등), 독립시점 등 특정시
점의 영토범위를 규정하는 경우(방글라데시, 캄보디아, 파푸아뉴기니, 스와질랜드, 트리니다드 앤드
토바고 등), 영토에 관한 특정 조약을 명시하는 경우(코스타리카, 온두라스,15) 베네주엘라 등) 등이
있는데 대체로 위의 여러 경우를 혼용하면서 영해·영공 등 적극적 규정을 두는 경우가 많다.

(5) 독일, 오스트리아, 스위스, 벨기에, 러시아, 인도, 파키스탄, 말레이시아, 캐나다, 멕시
코, 아르헨티나, 호주16) 등의 연방국가들, 안도라, 리히텐슈타인 등 도시국가, 이탈리아, 남아
프리카공화국 등 37개국(19.5%)은 국가 구성단위를 헌법에 열거함으로써 영토범위를 규정하고
있다.17)

하원의원 숫자를 할당하는 조항에서 당시 13개 구성주 모두를 열거하고 있었다(헌법 제1조 제2항). 이후
미합중국에 가입한 주들은 헌법에 명시되지 않아 지금은 영토관련조항이 없는 나라로 분류된다.

13) 연방국가인 브라질 헌법은 '영토'라는 제목의 편장에 영토에 관한 일반원칙을 길게 규정한 조항을 두고 있
으나, 적극적인 영토범위 규정은 없다.

14) 필리핀 헌법은 "필리핀 군도와 모든 도서," "영해, 대륙붕, 해저토, 기타 해저지역을 포함한 영토, 하천, 영
공"(제1조)이라고 규정하고 있다.

15) 온두라스 헌법의 영토조항(제9조-제14조)은 법률로 정할만한 상세한 사항까지 헌법에서 명시하고 있어 아
마도 세계 헌법 중 가장 상세한 영토조항일 것이다. 과테말라, 엘살바도르, 니카라과 등 인접국가들간의 국
경 결정에 관한 중재결정, 조약, 국제사법재판소 판결 등을 명기하고, 특정 섬들의 명칭을 열거하고 있으
며, 영토 불가양, 불가침, 영해·영공·해저·대륙붕·접속수역·배타적 경제수역 등의 범위를 재는 방법까지
규정하고 있다.

16) 연방국가인 호주는 1900. 7. 9. 제정된 Commonwealth Of Australia Constitution Act(Preamble)를 같은 해
제정된 헌법의 전문처럼 취급한다. 이 법률 전문에 호주를 구성하는 구성단위들이 열거되어 있다. 헌법 본
문에는 연방가입절차나 영토변경에 관한 조항이 있다(제121조-제124조).

17) 독일, 캐나다처럼 영토라는 표현 없이 구성단위만을 열거하는 경우, 이탈리아처럼 지방자치부분에서 지방
행정단위의 명칭을 열거하는 경우도 이 유형에 포함하였다. 우리나라 헌법제정 당시 법전편찬위원회의 초
안에도 영토범위 규정형식으로 구성단위 열거 방식을 제안한 바 있다.

3. 국가유형별 영토조항

가. 분단국 또는 분쟁국의 영토조항

(1) 아일랜드(Ireland)

아일랜드의 과거 1937년헌법은 우리나라와 마찬가지로 현실적으로 관할권을 행사하지 못하는 북아일랜드 지역까지 자국 영토로 규정하고 있어서 우리 헌법과 가장 비슷한 상황을 초래한 바 있다. 1801년 영국에 복속된 아일랜드는 1차 세계대전 종료 후 1921년 독립하였는데 그 과정에서 전체 32개 구(county) 중 북아일랜드 6개구는 인종, 종교 등의 차이로 영국ㅡ아일랜드 조약에 따라 아일랜드 자유국을 수립하여 영국령으로 남게 되었다. 아일랜드는 이를 인정하지 않은 채 1937년 헌법에서 "영토는 아일랜드 섬 전체와 그 부속도서 및 영해로 구성된다"(제2조), "영토의 재통합까지는, 이 헌법에 의해서 확립된 의회와 정부의 전 영토에 대한 관할권 행사가 침해됨 없이, 의회가 제정한 법률이 아일랜드의 법률로서 그 적용 지역과 범위에 대하여 같은 효력을 가진다"(제3조)고 규정하고 있었다. 이 조항의 효력은 당연히 북아일랜드에는 미치지 않았으나 영국을 포함한 남ㅡ북아일랜드간 오랜 갈등은 마침내 1998. 4. 10. 미국의 중재 아래 영국과 아일랜드 정부 및 북아일랜드 대다수 정당들이 참여한 벨파스트평화협정(Belfast Agreement)으로 명목상 해소되었다.[18] 이 협정에는 북아일랜드의 평화이행 방안 외에 아일랜드 헌법의 영토조항 개정이 포함되어 있었다. 이 협정안에 따라 개정된 아일랜드 헌법(1998. 6. 3)은 "도서들과 바다를 포함하는 아일랜드 섬," "아일랜드 섬의 영토" 등으로 영토조항을 이전 헌법에 비해 다소 추상적인 표현으로 바꾸었으나(제2조) "아일랜드 섬의 영토를 공유하는 모든 사람들의 통합이 아일랜드 국민의 굳은 의지"라고 명시함으로써(제3조) 여전히 북아일랜드에 대한 의지를 포기하지 않았음을 보여주었다.[19] 아일랜드는 이후 2004. 6. 24. 다시 아일랜드 국민의 요건을 변경하는 헌법개정을 하였는데 이 개정에서 국민의 범위를 "아일랜드 섬에서 태어난 …"(제9조 제2항)으로 확장함으로써 여전히 영토조항과의 갈등을 예고하고 있다.[20]

(2) 사이프러스(Cyprus)

지중해의 섬나라인 사이프러스는 터키계 주민 거주지역과 그리스계 주민 거주지역으로 나뉘어 영토분쟁이 있는 나라이다. 20세기 초 영국의 식민지였던 이 나라는 1960년에 독립하였

---

18) British-Irish Agreement done at Belfast on 10 April 1998이라고 불리는 이 벨파스트 평화협정(일명 Good Friday Agreement)은 북아일랜드의 헌법적 지위는 주민투표로 결정하기로 하였고, 아일랜드 헌법의 영토조항(제2조와 제3조)은 개정하기로 하는 등 평화적 절차에 의한 북아일랜드 문제 해소방안들을 합의하였다. 이 협정에 따라 1998. 5. 23. 주민투표로 이 협정이 인준되었고 아일랜드에서는 헌법개정이 있었다.

19) 아일랜드 헌법개정에 관한 자세한 내용은 Donal O'Donnell, "Constitutional Background to and Aspects of the Good Friday Agreement-A Republic of Ireland Perspective," 50 Northern Ireland Legal Quarterly 76 (Spring 1999) 참조.

20) 국민조항 개정에 관한 자세한 내용은 Judith Pryor, Constitutions Writing Nations, Reading Difference, NY: Birkbach Law Press, 2008, pp. 47-84(chapter 3 "'In the name of God and of the dead generations': Proclaiming the Irish Republic") 참조.

으나 섬 남부 그리스계와 북부 터키계의 갈등으로 1974년 이래 분단되어 있다. 남부지역이 UN으로부터 공인된 사이프러스 공화국이고, 북부지역은 터키의 지원 아래 수립된 북사이프러스 터키공화국(Turkish Republic of Northern Cyprus)인데 터키 외에 국제적으로 이를 승인한 나라는 아직 없다. 사이프러스는 헌법에 영토규정을 두지 않고 독립협정 당시 영국, 그리스, 터키 등 관련당사국 간의 조약으로 영토범위를 정하였다. 1960년 당시의 헌법과 조약이 아직까지 효력을 유지하고 있으므로 법적으로(de jure) 북사이프러스 지역도 사이프러스 영토의 일부이기는 하지만 사실상(de facto) 지배권을 행사하지 못하고 있다.

(3) 중국과 타이완

중국 헌법은 일반적으로 영토조항을 가지고 있지 않은 것으로 알려져 있으나 영토의 범위를 명시하지 않았을 뿐 영토 개념은 헌법에 들어 있다. 전문(前文)에 타이완을 중국 영토의 일부라고 명시하고 있기 때문이다.[21] 이어 "통일 조국의 대업 완성"이라는 표현을 하고 있어 타이완과의 통일이 아직 이루어지지 않았음을 인정하고 있다.

반면 타이완 헌법은 "고유의 강역에 따른 중화민국의 영토는 국회의 의결 없이 변경할 수 없다"(제4조)는 원칙적인 규정을 두고 있다. "고유의 강역"에 대한 해석에 따라 달라지겠지만 타이완 헌법의 영토조항이 중국 본토를 포함하는 것으로 해석된다면 역시 우리나라와 비슷한 문제를 안고 있는 셈이다.

중국 헌법의 영토조항도 우리나라와 비슷한 문제를 가지고 있다고 할 수 있지만 법치주의와 헌법재판제도가 아직 정착되지 않은 중국에서 타이완 문제에 대한 헌법해석에 이견은 존재하지 않고, 양국관계(이른바 兩岸關係)에 관해서는 법률로써 규율하고 있다. 우리나라는 남북한 관계에 관하여 매우 다양한 학설이 존재한다는 점만 제외하면 법률로써 양국관계를 규율하고 있는 점에서는 우리나라와 중국이 비슷하다고 할 수 있다.

(4) 그루지야, 소말리아, 구 유고슬라비아 지역

1991년 구 소련의 해체로 독립한 그루지야(Georgia)는 헌법에 구 소련의 자치공화국이었던 압하지야(Abkhazia)공화국과 남오세티야(South Ossetia)공화국을 자국 영토로 규정하였는데(제1조) 친러시아 성향을 지니고 있던 두 공화국은 당시 그루지야로부터 독립을 선언한 바 있어 관할권을 둘러싸고 여전히 문제가 되고 있다.[22]

해적으로 널리 알려진 소말리아(Somalia)는 1960년 영국과 이탈리아 식민지로부터 독립하였으나 내전으로 사실상 여러 개의 나라로 분리되었는데 이 지역들에 대한 통치권이 전혀 미치지 않는 상황에서 2004년에 이전의 1960년 헌법을 대체하는 임시헌장(2004 The Transitional

---

21) " … 台灣是中華人民共和國的神聖領土的一部份. 完成統一祖國的大業是包括台灣同胞在內的全中國人民的神聖職責. … "(중국헌법 전문).

22) 두 공화국의 독립 역시 북사이프러스처럼 국제사회로부터 지지를 받지 못하고 오직 러시아만이 인정하고 있을 뿐이다. 2008년에는 러시아와 그루지야간에 이 문제로 군사적 충돌까지 벌어졌다.

Federal Charter of the Somali Republic)을 제정하고 이 모든 지역을 여전히 자국의 영토범위로 규정하고 있다(제2조).23)

1992년 공산권 붕괴 이후 구 유고슬라비아에서 마케도니아, 크로아티아 등과 함께 분리 독립한 유고슬라비아연방공화국(Federal Republic of Yugoslavia)은 세르비아와 몬테네그로로 구성되어 있었다. 코소보 사태 이후 2003. 2. 4. UN 중재하에 새로 제정된 헌법은 국호를 세르비아-몬테네그로 연방(State Union of Serbia and Montenegro)으로 바꾸었다가 2006. 6. 3, 6. 5. 몬테네그로와 세르비아가 각각 분리, 독립함으로써 구 유고슬라비아연방은 소멸하였다. 분리전의 세르비아-몬테네그로 연방의 헌법도 전문(preamble)에서 실질적 관할권을 행사하지 못하고 있던 코소보 지역 등을 자국 영토에 포함시키고 있었다.

(5) 구 동서독, 구 남북 베트남, 구 남북 예멘

통일 이전 동서독 헌법의 영토조항은 각각 관할지역을 자기 지역에 한정함으로써 법적 분쟁상황은 발생하지 않았다. 서독기본법은 구성단위를 서독지역 주들에 한정하여 열거하고 있었고(전문, 제23조), 동독헌법은 '독일민주공화국의 영역'(제7조 제1항)이라고 하여 서독지역을 제외하였다.24)

반면 통일 이전 북베트남의 1946년헌법은 '북에서 남까지 전체가 분리될 수 없는 베트남의 영토'라고 규정하여 남베트남까지를 영토라고 선언하였다(제1조). 반면 남베트남헌법은 영토조항이 없었다.

통일 이전 남예멘 헌법에는 영토에 관하여 법률로 정한다는 단순한 규정만 있었고(제3조), 북예멘 헌법에는 영토조항이 없었으므로 헌법상 영토문제가 발생할 여지는 없었다.

나. 연방국가의 영토조항

28개 연방국가 헌법에서 영토조항은 대체로 국가구성단위들을 열거하는 형태를 취하고 있다. 연방국가 중 영토조항이 없는 경우는 미국과 이라크 정도(2국)이고 대부분의 연방국가들은 영토조항을 가지고 있다.

단순한 영토조항을 가지고 있는 브라질(1국), 적극적 영토조항을 두고 있는 네팔,25) 미크로네시아연방, Saint Christopher(Kitts) and Nevis, 소말리아, 베네주엘라(5국), 구성단위를 열거하고 있는 아르헨티나, 오스트레일리아, 오스트리아, 벨기에, 보스니아-헤르체고비나, 캐나다, 코모로스, 에티오피아, 독일, 인도, 말레이시아, 멕시코, 미얀마, 나이지리아, 파키스탄, 러시아,

---

23) 1991년 북부의 소말릴랜드(Somaliland)가, 1998년에는 북동부의 푼틀랜드(Puntland)가 각각 독립을 선언하고 분리되었다.

24) 동독의 경우, 첫 헌법인 1949년헌법에서는 분단국가임을 인정하지 않았다가 1968년헌법에서 분단과 통일을 언급함으로써(제8조 제2항) 영토범위에 대한 모호함을 해소하였다.

25) 네팔은 2007년의 임시헌법(제138조)에서 단일국가제를 폐지하고 국가구조 개편은 헌법제정회의가 결정한다고 규정하고 있어 연방제로 이행할 것을 예측할 수 있으나 신헌법이 제정된 이후에야 그 정확한 실체를 알 수 있을 것이다.

수단, 스위스, 아랍에미레이트, 구 유고슬라비아(20국) 등이 그 나라들이다.

구성단위를 열거하는 형태를 취할 경우 연방의 구성국을 명백히 하는 것 외에도 연방에의 가입과 탈퇴를 통해 연방관할권(즉, 영토) 범위를 결정하기 편리하기 때문일 것이다.

4. 우리 헌법의 영토조항의 비교법적 의의

이상 살펴본 바, 우리나라에 알려져 있는 바와는 달리[26] 세계의 3분의 2가 넘는 나라들(190국 중 129국) 헌법에 영토조항이 있다. 단순한 영토 규정만 있는 나라도 있지만 약 절반 정도의 나라들은 적극적이고 상세한 영토규정을 가지고 있다. 영토규정의 헌법상 위치는 대체로 헌법의 앞부분인 전문(preamble)이나 제1조에서 제5조 사이에 배치되어 있고 구성단위를 열거하는 경우는 전문이나 지방자치 부분에 배치되어 있다. 동티모르, 레소토, 소말리아 등 최근 독립한 신생국가들이나 구 사회주의권의 붕괴 이후 분리독립한 크로아티아, 세르비아, 코소보, 체코, 슬로바키아 등과 최근 헌법개정을 한 나라들은 국제법의 발전을 반영하여 영토 뿐 아니라 영해·영공·배타적 경제수역(EEZ) 등 적극적이고 상세한 영토규정을 두는 경향이 강하다.

비교법적 관점에서 살펴볼 때 우리 헌법의 영토조항은 다음과 같은 의의를 가지고 있다고 생각된다.[27]

첫째, 우리 헌법의 영토조항은 1948년헌법에서부터 존재하였으므로 세계적으로 비교적 오래된 조항이다. 1919년의 임시정부 헌법까지 거슬러 올라가면 더욱 그러하다. 제국주의 시대의 국제법질서 속에서 자주독립의 의지를 영토조항으로 표명한 선구적인 조항이라고 생각된다.

둘째, 우리 영토조항은 '한반도'라는 지리적 명칭을 특정함으로써 영토범위를 비교적 상세히 규정한 경우에 속한다. 다만, 임시정부 헌법부터 현재의 헌법까지 영토조항의 규정형식과 내용에는 별 차이가 없어서 영해, 영공, 대륙붕 등 국제법적 내용까지 상세히 규정하는 최근의 경향을 반영하고 있지는 못하고, 위도 경도로 표시한다든가 중요한 섬이나 구성단위의 명칭을 열거하는 정도의 상세함에도 미치지 못하고 있다.

셋째, 우리 영토조항은 분단국으로서 사실상 통치권을 행사하지 못하는 지역까지 영토범위에 포함시켜 규정함으로써 영토조항 해석에 문제가 발생하고 있는 희소한 사례에 속한다. 과

---

26) 영토조항에 관한 우리나라의 기존연구들 대부분이 세계 각국 헌법상 영토조항이 별로 없다고 기술하고 있었던 것은 최근 세계 헌법의 변화를 반영하지 못하였던 탓도 있지만, 부분적으로는 1948년 헌법제정 당시 국회 질의응답과정에서 나온 유진오의 진술에서 유래된 것으로 추정된다. 유진오는 "영토에 관한 각국의 입법례를 보면 헌법에 그 범위를 규정한 곳도 있고(예, 白耳義 헌법 제1조, 와이말 독일 헌법 제2조), 헌법에 전연 그에 관한 규정이 없는 곳도 있다(일본 구헌법 및 신헌법). 헌법에 영토에 관한 규정을 설치하는 것은 다수국가가 결합하여 일 국가를 형성한 연방국가에서 특히 필요한 것인데, 우리나라는 연방국가도 아니고 또 우리나라의 영토는 역사상 명료하므로 헌법에 그에 관한 규정을 설치할 필요가 없다는 주장도 일리가 있다 할 수 있다"고 하였는데(유진오, 신고헌법해의, 49-50) 이 주장이 60여 년이 지난 최근까지 사실관계 변화의 확인 없이 내려온 것이라고 생각된다.

27) 도회근(주 2), 340-323 참조.

거와 현재 분단국가 헌법들 중에는 우리나라와 비슷한 상황에 처해 있는 경우도 있고 그렇지 않은 경우도 있다. 통일 전 동·서독헌법들은 관할범위, 즉 영토범위를 자신의 관할지역으로 한 정하였으므로 아무 문제도 발생하지 않았지만, 과거 아일랜드, 통일 전 북베트남, 현재의 중국, 타이완, 사이프러스 등의 헌법들은 우리나라처럼 현실적으로 관할권이 미치지 않는 범위까지 영토로 규정하고 있어 헌법해석의 문제가 발생할 소지가 있다. 그러나 실제로 헌법적 문제가 제기된 경우는 우리나라를 제외하면 아일랜드가 유일한데 아일랜드의 경우는 여전히 문제의 여지가 남아있지만 일단 당사국 간의 조약으로 문제를 해결하고 헌법개정까지 하였다.[28]

Ⅳ. 평화통일조항(제 4 조)과의 체계적 관계

영토조항은 1948년 건국헌법부터 있었던 조항이지만 1972년헌법에서 통일관련 조항이 신 설되었고 현행 1987년헌법에 평화통일조항(제4조)이 신설되면서 기존의 영토조항과 관련하여 다양한 학설과 판례가 나타나기 시작하였다. 1972년 7·4남북공동성명과 통일관련 규정이 포함 된 헌법개정, 특히 냉전체제의 해소, 동구권 붕괴와 독일통일(1990), 1987년헌법의 통일조항 신 설, 남북교류협력에 관한 법률의 제정(1990), 남북한의 국제연합(UN) 동시가입(1991), 남북기본 합의서의 체결(1991) 등의 국내외적 변화에 따라 영토조항에 근거한 북한의 법적 지위에 관한 기존의 학설과 판례에 대항하여 새로운 이론들이 제시되기 시작한 것이다.

새로운 학설들이 제기된 배경은 크게 두 가지 근거에 기초하고 있다. 하나는 위와 같은 국 내외적 변화에 따라 북한은 더 이상 불법반국가단체가 아니라 독립된 국가로 인정되었으므로 영토조항의 타당성이 상실된 것이 아닌가 하는 점이고, 또 하나는 신설된 통일조항과 기존의 영토조항간에 규범적 불일치와 모순상태가 발생한다는 법해석상의 문제점이 그것이다. 이를 배 경으로 매우 다양한 학설이 제기되었고 대법원과 헌법재판소도 새로운 판례를 내놓게 되었다. 이하에서 자세히 살펴본다.

Ⅴ. 학설 및 판례

1. 학설과 판례의 변화

헌법의 영토조항과 관련된 학설과 판례는 매우 드라마틱하게 변화하였다. 이를 편의상 남 북한이 적대적으로 대립하던 시기(1948-1987), 남북 간 대립이 완화되고 교류·협력이 시작된

---

28) 이 과정에 대한 자세한 소개와 아일랜드 사례를 우리나라에도 적용할 것을 주장한 연구가 있다. Horigan, Damien P., "Territorial Claims by Divided Nations: Applying the Irish Experience to Korea," 10 Gonzaga Journal of International Law 227 (2006) 참조.

시기(1988–2000, 6·15 남북공동선언 이전까지), 6·15 남북공동선언 이후 현재까지 비교적 남북 간 교류협력이 활발히 진행된 시기(2000–)29)의 3단계로 구분하여 살펴보기로 한다.

제1기는 헌법상 평화통일조항이 신설되기 전 영토조항만이 있던 시기로서 판례와 다수 학설은 거의 일치하였다. 북한지역은 헌법상 우리나라의 영토이고 헌법에 의거하여 제정·시행된 모든 법령의 효력이 당연히 미치는 지역이라고 본 1954년의 대법원 판결30)이 이 시기의 지배적 견해이자 학설이었다. 즉 헌법의 영토조항에 근거해서 국가보안법상 북한은 반국가단체 내지 불법단체임을 부인할 수 없다는 것이었다. 1972년 7·4 남북공동성명과 이른바 10월유신 이후 이루어진 헌법개정으로 남북분단의 현실을 인정하고 국가에게 평화통일의 사명이 있음을 헌법에 명시하게 되고 1980년 헌법개정에서도 이 기조가 유지되었지만 판례에는 변화가 없었다. 다만 학설에서는 대법원의 판례와 다른 해석을 시도한 연구가 나타나기 시작하였다. 7·4 남북공동성명 등 남북관계의 변화를 전제로 헌법의 영토조항은 법적 의미를 가진 것이 아니라 정치적 선언으로 보아야 한다는 견해31)와 1972년 헌법 이후 헌법규범과 헌법현실 사이의 모순이 생겨서 '헌법의 변천'이 이루어졌다고 보는 견해32)가 그것이다.

제2기는 민주화 이후 1987년 헌법개정으로 평화통일조항(제4조)이 신설되자 영토조항과의 관계에 관하여 수많은 학설이 제기되고 특히 신설된 헌법재판소가 이 조항과 관련된 새로운 판례를 내놓음으로써 학설, 판례의 백화제방기가 시작된 시기이다. 신설된 헌법재판소는 초기에 북한을 반국가단체로 보는 기존의 대법원 판례의 입장을 따랐으나,33) 곧 독자적 견해를 제시하였다. "현 단계에 있어서의 북한은 조국의 평화적 통일을 위한 대화와 협력의 동반자임과 동시에 대남적화노선을 고수하면서 우리 자유민주체제의 전복을 획책하고 있는 반국가단체라는 성격도 함께 갖고 있음이 엄연한 현실"이라고 하여 이른바 북한의 '이중적 성격론'을 제시한 것이다.34) 반면 대법원은 이 기간동안 북한을 반국가단체 내지 불법단체로 보는 기존의 태도를 유지하였다. 그러나 학설은 실로 다양하게 전개되었다. 제2기 초기에는 주로 통일조항의 신설로 영토조항과의 상충·모순관계가 발생함에 따라 영토조항의 효력이 상실되었다는 견해들이 제기되다가 점차 양 조항의 조화적 해석을 꾀하는 견해들이 다양하게 전개되었다.35)

---

29) 이명박정부 이후 남북한관계가 현실적으로 상당히 악화된 바 있으나 법제도적으로 볼 때는 별로 변화한 것이 없다.

30) 대판 1954. 9. 28. 4286형상109.

31) 최대권, "한국통일방안에 관한 국내법적 고찰," 최대권, 통일의 법적 문제, 법문사, 1990, 29 참조. 이 글은 1972년에 통일부의 학술용역으로 작성, 발표되었던 것인데 1990년 발간된 책에 수록된 것이다.

32) 양건, "남북한관계의 새로운 방안제시와 법적 문제," 국제법학회논총 제26권 제2호(1982). 이 글은 양건, 헌법연구, 법문사, 1995, 730–754에 재수록되어 있다. 이들은 우리 헌법의 영토조항에 관한 새로운 해석문제를 제기한 선구적 연구들이다.

33) 헌재 1990. 4. 2. 89헌가113.

34) 헌재 1993. 7. 29. 92헌바48. 헌재는 이후에도 이중적 성격론을 유지하고 있다. 헌재 1997. 1. 16. 92헌바6·26, 93헌바34·35·36(병합) 등.

35) 이 시기에 헌법의 영토조항의 규범적 의미 상실문제를 본격적으로 제기함으로써 이후 영토조항 개정론 및 해석논쟁을 불러일으킨 대표적인 연구자는 앞의 양건(주 32)과 장명봉이었다. 장명봉, "통일정책과 헌법문

제3기는 2000년 6·15 공동선언 이후 남북관계가 급속히 접근한 시기이다. 이 시기에 대법원이 드디어 기존의 태도를 버리고 헌법재판소의 이른바 북한의 이중적 성격론 판례를 그대로 따름으로써36) 두 최고사법기관의 판례가 일치하게 되었다. 이 시기에 학설의 다양한 전개는 지속되었고, 판례는 두 사법기관의 북한의 지위에 관한 일치 이외에도 미묘한 변화를 보여주었다. 대법원은 북한의 이중적 성격 이외에 개별 법률적용 사례에서는 "북한 지역을 외국에 준하는 지역으로, 북한 주민 등을 외국인에 준하는 지위에 있는 자"로 해석하는 판결을 내놓았다.37) 대법원은 외국환관리법 사건에서 외국환거래의 일방 당사자인 북한주민에 대하여는 헌법의 영토조항과 관련이 없고 개별 법률조항을 적용하여야 한다면서 위와 같이 판시한 것이다. 이 대법원의 판결을 헌법재판소도 그대로 따름으로써38) 일단 개별 법률 적용 사례에서는 헌법의 영토조항과 분리 적용하는 경향을 보여주고 있다.39)

2. 학설의 대립

영토조항, 특히 영토조항과 평화통일조항과의 관계에 관하여는 많은 학설이 제기되고 있다. 이미 언급한 바처럼 국제적인 냉전체제의 해소에 따라 남북한의 국제연합 동시가입, 남북합의서 체결과 남북교류협력의 발전 등 국내외적 환경의 변화와 1987년 개정헌법에서 평화통일조항의 신설에 따라 기존의 영토조항과 충돌·모순관계가 발생하였다는 헌법해석의 문제로 이에 관한 수많은 학설이 제기된 것이다. 이 학설들을 다음과 같이 8가지로 분류해 보기로 한다.40)

가. 제1설

제1설은 대법원의 초기 판례, 즉 북한지역은 헌법상 우리나라의 영토이고 헌법에 의거하여 제정·시행된 모든 법령의 효력이 당연히 미친다고 보는 대법원 판례를 지지하는 학설로서 과거의 다수설이었다.41) 제1설에 의하면 대한민국은 구한말 대한제국의 영토를 승계한 국가이

제," 법학논총(국민대학교 법학연구소) 제3집(1990); 장명봉, "남북한 기본관계정립을 위한 법적 대응," 유엔 가입과 통일의 공법문제(한국공법학회)(1991) 등 참조.

36) 대판 2003. 5. 13. 2003도604.

37) 대판 2004. 11. 12. 2004도4044.

38) 헌재 2005. 6. 30. 2003헌바114.

39) 북한의 의과대학을 졸업한 탈북의료인에 대한 사건에서는 북한의 의과대학을 영토조항에도 불구하고 국내 대학으로도 인정하지 아니하고 외국의 대학으로도 인정하지 않았다. 헌재 2006. 11. 30. 2006헌마679.

40) 각 학설들의 논리와 법적 효과를 모두 고려해서 분류하면 10가지가 훨씬 넘지만 거칠게 8가지로 분류하였다. 우리나라의 헌법교과서들은 이 학설들을 간략히 2분설, 3분설, 4분설 등으로 소개하고 있는데, 대부분의 독자들이 학생들인 점을 감안하여 단순화한 것이겠지만, 그렇게 되면 각 학설들의 논리와 법적 효과의 차별성을 명확히 할 수 없다는 문제점이 있다. 각 학설들에 관한 자세한 소개는 도회근, 남북한관계와 헌법, 울산대학교출판부, 2009, 21-44 참조.

41) 문홍주, 김철수, 구병삭 교수 등 헌법학계 원로교수들 대부분이 이 입장을 가지고 있었고, 최근에도 소수 학자가 이 설의 입장에 서 있다. 문홍주, 제5공화국 한국헌법, 해암사, 1985, 146; 김철수(주 4), 169; 구병삭, 신헌법원론, 박영사, 1998, 82; 육종수, 헌법학신론, 형설출판사, 1996, 134; 강경근, 헌법학, 법문사, 1997, 90; 조정찬, "남북통합과 21세기 법제," 법제(2000. 1), 22-23 등.

며, 대한민국정부는 한반도에서 유일한 합법정부이고, 북한지역은 대한민국의 영토이지만 이른
바 '조선민주주의인민공화국'이라 불리는 불법단체에 의하여 점령되어 있는 미수복지역으로 대
한민국의 주권은 당연히 미치나 통치권이 현실적으로 미치지 못하고 있다고 한다.

나. 제 2 설

제2설은 헌법의 영토조항이 평화통일조항과 상호 모순되므로 개정·삭제하여야 한다는 설
이다. 이 설은 기술한 바와 같이 국내외적 정치외교적 환경의 변화로 북한이 사실상 독립국가
성을 인정받았으므로 북한을 인정하지 않는 영토조항을 존치시키는 것은 헌법현실에 반하고,
헌법개정으로 평화통일조항이 신설됨에 따라 영토조항에서는 전한반도를 한국영토로 하면서
통일조항에서는 통일을 지향한다고 하여 분단이라는 현실을 인정한 것은 논리적으로 모순이므
로 영토조항을 개정 또는 삭제하여야 한다는 것이다.[42]

다. 제 3 설

제3설은 영토조항과 평화통일조항 간의 모순을 해결하기 위하여 평화통일조항의 영토조항
에 대한 우월적 효력을 인정하는 설이다. 즉, 두 조항이 충돌한다면 어느 한 조항의 우선적 효
력을 인정함으로써 그 상충을 해결할 수 있다는 것이다. 이 설에는 구법(영토조항)에 대한 신법
(통일조항) 우선의 원칙, 비현실(분단사실과 국제법상의 원칙의 외면)에 대한 현실(남북분단사실인식
과 영토범위는 국가권력이 미치는 공간까지라는 국제법상의 원칙수용) 우선의 원칙에 따라 해결해야
한다는 설,[43] 일반법과 특별법의 관계에 따라 제4조가 우선한다는 설,[44] 평화통일은 우리 헌법
이 지향하는 이념이고 통일정책의 기본성격이므로 헌법이념과 헌법정책상 평화통일조항의 효
력이 우선한다는 설[45] 등이 있다.

라. 제 4 설

제4설은 영토조항을 헌법변천으로 보는 설이다. 이 설은, 우리 헌법 초기에는 영토조항에
의하여 북한을 불법단체로 보았으나 40여 년이나 분단상태가 지속되는 동안 시대상황의 변화
에 따라 우리의 통일정책도 변화하였고, 따라서 북한을 불법단체로 보던 영토조항의 본래의
의미는 더 이상 유지될 수 없을 만큼 실질적으로 변화하여 '헌법의 변천'을 가져왔다고 보는

---

42) 장명봉, "남북한 기본관계정립을 위한 법적 대응," 유엔 가입과 통일의 공법문제(한국공법학회)(1991); 이장
    희, "남북합의서의 법제도적 실천과제," 남북합의서의 후속조치와 실천적 과제(아시아사회과학연구원 제1회
    통일문제 학술세미나)(1992), 3; 홍성방, 헌법학, 현암사, 2003, 63; 이준일, 헌법학강의, 홍문사, 2007, 122;
    김승환, "기본권규정 및 기타 분야의 개정과제," 공법연구 제34집 제1호(2005. 11), 38-39; 이부하, "영토조
    항에 대한 규범적 평가," 통일정책연구 제15권 제1호(2006. 6), 330-331; 최우정, 한국헌법학, 진원사,
    2008, 96; 박명림, "87년 헌정체제 개혁과 한국 민주주의," 창작과비평(2005 겨울호), 47 등.
       이 학설 주장자들 중에는 헌법개정의 현실적 곤란성 때문에 헌법개정 전까지는 조화적 해석이 필요하다
    고 하는 학자도 있다(장명봉은 제3설 및 제4설, 홍성방, 이준일은 각각 제6설을 보충적으로 주장한다).
43) 권영성, 헌법학원론, 법문사, 1998, 122. 그러나 권 교수는 1999년 이후 종래의 이 견해를 삭제하고, 헌법
    재판소의 이중적 성격론을 수용하여 학설을 바꾸었다.
44) 계희열(주 4), 174.
45) 장명봉(주 42), 133.

것이다.[46]

마. 제 5 설

제5설은 제6설과 함께 영토조항과 평화통일조항이 조화된다고 보는 설이다. 제5설은 제1설과 마찬가지로 영토조항에 의하여 북한지역도 대한민국의 영토의 일부분이고 장애로 인하여 대한민국의 주권적 권력의 실현이 방해되고 있으나 장애요인이 소멸할 경우 당연히 대한민국의 주권적 권력이 북한지역에도 미치게 된다고 한다. 다만 통일조항과의 관계를 설명함에 있어서 제1설이 설명하지 않고 있는 부분을 보완하고 있는데, 대한민국이 통일방안으로 무력통일을 포함한다면 그 한에 있어서는 영토조항과 평화통일조항이 충돌하지만, 그것이 평화적 통일방안이라면 우리 헌법은 무력통일방안을 배제하고 있다고 믿기 때문에 두 조항은 상충되지 아니하고 상호조화된다는 견해,[47] 영토조항을 대외적 2국가, 대내적으로는 민족내부관계라는 규범적 의미를 내포하는 것으로 보면서, 영토는 한반도 전체이나 실질적 통치권이 한반도 전역에 미치도록 하기 위한 수단으로 무력이 아닌 평화적 방법을 추구하고 있다고 이해하는 것이 양조항의 조화적 해석방법이라는 견해,[48] 영토조항의 해석에 있어서 남북분단은 '사실상의 분단'일 뿐 '법률상의 분단'이 아님을 선언한 것이며, 헌법 제4조 등의 '통일'은 '사실상의 통일'(de facto unification)을 뜻하며 '법률상의 통일'(de jure unification)을 뜻하는 것이 아니라고 보는 견해,[49] 영토조항은 통일한국의 영역범위를 규범적으로 밝힌 것이고, 영토조항과 통일조항에 의하면 "우리의 통일방식은 통일합의서의 체결과 북한지역에 대한 우리 헌법의 효력을 사실상 확대하는 것"이라는 견해,[50] 영토조항은 영토회복의 책무를 부과하고 있는 목적적이고 가치적인 규정이며 평화통일이 실현되었을 경우에 성립하는 통일국가의 최종적인 영토범위를 설정한 조항이고, 통일조항은 이 책무를 현실적으로 실천하기 위한 방법론적·수단적 성격을 가진 조항으로

헌법 제 3 조

---

46) 장명봉(주 42), 133-134; 양건, "남북한관계의 새로운 방안제시와 법적 문제," 국제법학회논총 제26권 제2호(1982. 2), 110; 양건, "남한의 통일방안을 어떻게 볼 것인가," 공법연구 제22집 제1호(1994. 4), 224-225 등. 다만 양건 교수는 뒤의 글에서 국가보안법의 규정 및 그 해석·집행에 의해 북한이 여전히 '반국가단체'로 취급되고 있어, 이러한 사실이 계속되는 한, 영토조항의 규범적 의미의 변천이 완료되었다고는 할 수 없어 헌법변천의 과정에 해당한다고 보았다(225). 그러나 양건 교수는 이후 학설을 변경하였다. 헌법변천설, 제4조 우위설 등을 모두 비판하면서, 남북관계의 현실적 이중성을 반영한 헌재의 판례에 대해서도 현실의 이중성을 인식하더라도 사실이 아닌 규범의 세계에서 이중성은 용인되기 어렵다고 비판하고 있어 정확히 어떤 입장인지는 명확하지 않다(양건(주 4), 129-131, 137-138 참조).

47) 최대권, 헌법학강의, 박영사, 2001, 105; 허전, "남북기본합의서와 헌법," 법학연구(충북대학교 법학연구소) 제5권(1993), 200-201; 이성환, "대한민국 국민의 범위," 법학논총(국민대학교) 제9집(1997), 272-273; 이주현, "남북한 특수관계의 의미," 남북교류와 관련한 법적 문제점[1] ─ 특수사법제도연구위원회 제6·7차 회의 결과보고 ─, 법원행정처(2002), 35-36; 이백규, "남북한의 왕래에 관련된 법적 문제점," 남북교류와 관련한 법적 문제점[1] ─ 특수사법제도연구위원회 제6·7차 회의 결과보고 ─, 법원행정처(2002), 280-281; 김학성, 헌법학강의 I, 강원대출판부, 2007, 113 등.

48) 성낙인, 헌법학, 법문사, 2008, 281-282; 고일광, "한국의 통일에 관한 헌법적 좌표 개관," 통일과 사법(1)(법원행정처)(2011), 24-25 등.

49) 김명기, "북한주민을 대한민국국민으로 본 대법원 판결의 법이론," 저스티스 제30권 제2호(1997. 6), 205; 심경수, "영토조항의 통일지향적 의미와 가치," 헌법학연구 제7권 제2호(2001. 8), 166 등.

50) 김승대, 통일헌법이론, 법문사, 1996, 295, 300-301.

보는 견해,[51) 남북분단은 사실상의 분단일 뿐 법리상의 분단이 아니라는 전제하에 제3조는 통일에의 책무를 부과하고 있는 목적적이고 가치적인 규정으로, 제4조는 이 책무에 대한 법적 확인이나 방향을 규정한 조항으로 보는 견해[52) 등이 있다.

바. 제 6 설

제6설은 두 조항이 외견상 모순상태로 보이지만 헌법의 특성에 착안하여 상호조화적으로 해석할 수 있다고 보는 학설이다. 이 설은 북한지역을 현실적으로 남한의 주권이 미치지 않는 지역이라고 해석한다는 점에서 제5설과 구별된다. 이에는 헌법만이 상반대조적인 구조를 가질 수 있는 특징을 가지고 있다는 전제 아래, 영토조항은 역사성의 표현이고 평화통일조항은 가치지향개념으로 보는 견해,[53) 영토조항은 명목적·선언적 규정으로, 평화통일조항은 통일의 방법을 명시한 조항으로 보는 견해,[54) 영토조항은 미래의 목표인 통일한국의 영토범위를 규정한 것이고 통일조항은 통일을 실현하기 위한 수단과 방법을 규정한 것으로 보는 견해,[55) 영토조항은 우리 헌법의 법통이 그 뿌리를 두고 있는 구한말 당시의 영토를 승계했음을 천명한 것이고, 통일조항은 현재 분단된 조국의 현실에서 볼 때 반드시 통일하여야 할 당위성(Sollen)이 있음을 규정한 것으로 보는 견해[56) 등이 있다.

사. 제 7 설

제7설은 국제사회에서 통용되는 국제법의 영토개념을 바탕으로 전개된 이론이다. 이 설은

---

51) 이효원, 남북교류협력의 규범체계, 경인문화사, 2006, 127-136, 특히 133.
52) 이상훈, "헌법상 북한의 법적 지위에 대한 연구," 법제(2004. 11), 78-79; 이상훈·금창섭, "헌법상 통일조항에 대한 법리적 고찰," 2004년도 남북법제개선 연구보고서, 법제처(2004), 328-330(이 두 글은 같은 내용임).
53) 허영, "장명봉의 앞의 글에 대한 토론," 유엔가입과 통일의 공법문제(1991), 162; 허영, 한국헌법론, 박영사, 2008, 188; 김상겸, "헌법상의 남북관련조항에 관한 연구," 헌법학연구 제10권 제3호(2004. 9), 228, 236-237; 이승우, 헌법총론, 두남, 2008, 154-155 등. 김상겸 교수와 이승우 교수는 모두 허영 교수를 인용하면서 조화적 해석의 필요성을 강조하고 있으나 정확한 설명은 생략되어 있다.
54) 제성호, "헌법상 통일정책과 자유민주주의 ― 제3조 영토조항과 제4조 통일조항," 자유공론(1994. 1), 210. 그러나 제성호 교수는 이후 저서(남북한 특수관계론, 한울아카데미, 1995)에서 기존의 대법원판례의 태도를 인정하는 전제에서 논리를 전개하였다가, 최근에는 영토조항과 통일조항의 규범력을 모두 인정하는 견해를 취함으로써 제8설을 지지하는 듯한 입장을 취하고 있다(제성호, "헌법상 영토조항과 통일조항의 개폐문제," 헌법을 연구하는 국회의원모임 주최, 헌법개정을 위한 심포지움 발제문(2005. 6. 14), 6-7).
55) 도회근, "헌법 제3조(영토조항)의 해석," 권영성교수 정년기념논문집 헌법규범과 헌법현실, 법문사, 1999, 867; 홍성방(주 42), 63-64; 이준일(주 42), 122;. 김영추, "남북공동체의 헌법적 고찰," 경성법학(경성대학교 법학연구소) 제9호(2000. 10), 62; 최창동, "헌법상 '영토조항'과 '통일조항'의 올바른 헌법해석론," 정책연구(국제문제조사연구소)(2005 봄호), 322-323; 최창동, "통일을 앞둔 남·북한의 법적 지위," 디터 블루멘비츠 지음, 최창동 편저, 분단국가의 법적 지위, 법률행정연구원(1996), 186-187; 최경옥, "한국헌법 제3조와 북한과의 관계," 공법학연구 창간호(영남공법학회)(1999), 202, 206; 이규창, "「남북관계 발전에 관한 법률」의 분석과 평가," 법조 제55권 제8호(2006. 8), 168 및 주 20; 양영희, "북한의 법적 지위," 통일사법정책연구[1](법원행정처)(2006), 18 등.
56) 박선영, "자유민주주의 실현을 위한 헌법개정의 방향," 헌법학연구 제10권 제1호(2004. 3), 79-80. 박선영 교수는 제5설에 기초한 것인지 제6설에 기초한 것인지 정확히 밝히지 않았으나 필자가 임의로 제6설로 분류하였다.

실제로 한국의 관할, 영토고권 및 통치권은 남한지역에 한정되었고 오래전부터 국제사회에서 한국의 영토는 남한을 가리키는 것으로 인식되었으므로, 헌법의 영토조항에도 불구하고 남한지역만이 대한민국의 영토라고 본다.[57]

아. 제8설

제8설은 두 조항의 구체적 효력을 모두 인정하는 학설이다. 이 설은 어느 한 조항의 효력을 부인하는 제3설 및 제4설과 구분되고, 제5설과 제6설과 비슷하지만, 차이점은 두 조항의 상충모순관계를 인정하되 두 조항 모두 각자의 현실적 구체적 효력을 인정한다는 점에 있다. 여기에는 북한정권의 이중적 성격을 인정하면서 두 조항 간의 규범조화적 해석을 시도하는 견해,[58] 남북관계의 이중성이 영토조항과 통일조항을 통하여 반영되고 있다고 보고 모순되는 두 조항의 효력을 모두 인정하면서, 서로 다른 방향의 두 조항을 동시에 규정하는 상반구조적 입법기술이 헌법입법의 독특한 방식이고 어느 한 방향으로의 의사확정이 곤란할 때 일정한 헌법적 테두리를 그어놓고 그 한도 내에서 구체화입법에 의하여 그때그때 올바른 결정을 할 여지를 주기 위한 것이라고 설명하는 견해,[59] 영토조항이 북한과의 관계에서 평화공존과 대립적 공존의 현실적 가능성을 모두 내포하고 있고, 통일조항은 규범적으로 통일의 과제를 다시 한 번 확인하고 평화적 통일과 자유민주주의를 통일의 방법과 기초로서 제시하는 것이라는 견해,[60] 제3조는 남북한의 대내적 관계를, 제4조는 남북한의 대외적 관계를 규율하는 것으로 각기 적용영역이 구별되는 것으로 설명하는 견해[61] 등이 있다.

3. 최근 학설의 동향

최근 헌법재판소와 대법원의 판례는 이른바 이중적 성격론으로 정착되어 있다고 할 수 있다. 반면 학설에서는 아직도 다수설이나 통설적 견해가 나타나지 않고 있으나 몇 가지로 수렴하는 경향은 나타나고 있다. 제5설, 제6설, 제8설이 그것이다. 제1설은 판례의 변경으로 제5설과 제8설로 발전적 분화가 이루어졌다고 볼 수 있고, 제2설은 입법론이라는 점에서 헌법조항의 해석이론으로 보기에 문제가 있어 이 이론의 주장자들도 대체로 다른 해석론을 병행하여 제시하고 있다. 제3설과 제4설은 논리적으로 극복되어 더 이상 추종이론이 나오지 않고 있고, 제7설은 헌법이론이라기보다는 국제법의 관점에서 제시된 것이라서 더 이상 거론되지 않고 있는 것으로 보인다.

제5설과 제8설은 모두 북한지역을 대한민국 영토의 일부로 본다는 점에서 판례와 기본적

---

57) 나인균, "한국헌법의 영토조항과 국적문제," 헌법논총(헌법재판소) 제5집(1994), 476.

58) 권영성(주 4), 125.

59) 김선택, "헌법과 통일정책," 한국 법학 50년 — 과거, 현재, 미래(I), 한국법학교수회주최, 대한민국 건국 50주년 기념 제1회 한국법학자대회 논문집(1998. 12), 366-369; 제성호, "헌법상 영토조항과 통일조항의 개폐문제," 헌법을 연구하는 국회의원모임 주최, 헌법개정을 위한 심포지움 발제문(2005. 6. 14), 6-7 등.

60) 전광석, 한국헌법론, 법문사, 2007, 164-165.

61) 장영수(주 4), 123-124.

으로 같은 입장에 있고 제6설은 국가이든 다른 어떤 단체이든 북한의 존재를 규범적으로 인정
하여야 한다는 입장에서 판례를 비판적으로 보고 있다는 점에서 구별된다. 제5설과 제6설은
영토조항과 통일조항간의 모순관계를 조화적으로 해석하려는 학설임에 반하여 제8설은 모순관
계를 그대로 인정하면서 양 조항의 병렬적 효력을 인정한다.

VI. 개정의 필요성에 대한 검토

1. 영토조항 개정에 관한 주장들

이미 살펴본 바와 같이 영토조항과 통일조항의 모순관계를 해소하기 위해 영토조항을 개
정 또는 삭제해야 한다는 이론이 나와 있다. 이에 더하여 남북통일을 위해서 더욱 영토조항의
개정·삭제가 필요하다는 이론들이 제시되었다. 그래서 2000년대 들어 제기되기 시작한 수많은
헌법개정 관련 논의들 중에서 영토조항 개정논의도 대단히 많이 제기되었다. 이에 관하여는 크
게 4가지 주장들이 제기되었다.[62]

가. 삭 제 론

영토조항과 통일조항의 관계에 관한 학설 중 제2설의 일부 입장이다. 이 설의 주된 논거는
논리적으로 영토조항과 통일조항이 상호모순되며, 현실적으로 사실관계(북한은 이미 독립국가라
는 사실)와 부합되지 않으며, 세계 각국 헌법에 영토조항을 두고 있는 경우가 거의 없으며, 남
북통일에 장애가 될 수 있다는 것 등이다. 다만 제2설의 주장자들 대부분은 순수삭제론과 함께
개정론 또는 해석론을 같이 주장하고 있다.[63]

나. 전면개정론

이 주장은 현행 헌법규정의 모호성을 없애고 북한의 실체를 인정함으로써 적극적으로 평
화통일의 의지를 헌법에 반영할 필요가 있음을 강조하는 견해이다. 개정 내용으로는 과거 서독
의 기본법처럼 잠정적 성격의 헌법으로의 개정,[64] 북한에 대한 국가인정과 평화통일원칙을 헌
법에 명기하는 개정[65] 등이 있다. 주로 국제법학자들이 주장하고 있다.

---

62) 자세한 사항은 도회근(주 40), 205-221 참조.

63) 제2설 중 김병묵 교수(김병묵, "남북한 헌법상의 통일관계조항 비교연구," 경희법학 제29권 제1호(1994),
    48)와 김승환 교수(김승환, "기본권규정 및 기타 분야의 개정과제," 공법연구 제34집 제1호(2005. 11))를
    제외하면 순수삭제론을 주장하는 분은 거의 없다. 김병묵 교수는 자유민주적 기본질서에서 자유를 삭제하
    고 민주적 기본질서로 개정할 것을 제안한다(김병묵, 47-48)

64) 이장희, "평화공존체제를 위한 법적 수정방향," 통일한국(1990. 7), 54. 이 교수는 영토조항의 표현도 '한반
    도와 그 부속도서'에서 장차 간도지역에 대한 영유권주장을 대비하여 '한반도의 고유한 영토와 그 부속도
    서'로 바꾸자고 한다.

65) 장기붕, "남북한 평화통일의 기초조건," 국제법학회논총 제35권 제1호(1990), 26-27; 이승현, "남북관계의 측
    면에서 본 개헌논의; 영토조항을 중심으로," 국가전략 제12권 제2호(2006 여름), 168. 이승현은 장기적 관점
    의 개헌안으로 비교적 상세한 전면개정안을 주장하면서 중기적으로는 단서추가개정론을 제안한다. 장기붕은
    자유민주적 기본질서에 입각한 통일조항도 흡수통일로 해석될 수 있어 삭제할 것을 주장한다(장기붕, 28).

다. 단서 추가 개정론 또는 법률 위임론

이 설은 현행 영토조항의 후단에 통일이 될 때까지 대한민국 헌법의 효력범위를 잠정적으로 남한지역에 한정한다는 내용의 단서조항을 추가하자는 안이다. 영토조항의 유지논리를 견지하면서도 남북관계의 현실을 적절히 반영함으로써 분단현실의 인정을 통한 잠정헌법성 도입, 통일지향성과 미래지향성 구현, 고토회복의지의 표현 등 긍정적 요소를 담고 있다는 것이다.[66]

단서 추가 개정론과 비슷한 맥락에서 제3조를 보완할 수 있도록 영토의 구체적 범위를 법률에 위임하자는 주장도 제시되었다. 영토범위의 확대 또는 편입 등을 법률로 정할 수 있다는 것이다.[67]

라. 개정불필요론

영토조항과 통일조항 상호간에 모순이 없다고 해석하는 견해들의 대부분은 일단 영토조항 개정불필요론의 입장이라는 추정이 가능하다.

이 중에서 개헌과 관련하여 적극적으로 개정이 필요하지 않다는 주장들이 나타나기 시작하였다. 이에는 북한의 남북연방제 주장을 받아들이지 않는 한 헌법 제3조와 제4조를 개정할 필요가 없다고 견해,[68] 영토조항은 통일의 당위성을 근거지우는 조항으로, 영토조항의 개정 삭제는 우리 의사와는 관계없이 주변국가나 국제적으로 대한민국 영토를 현재의 남한으로 한정하고 북한지역을 포기하는 것과 같은 오해를 줄 우려가 있고, 통일 이전에 어떤 사정으로 한 쪽이 붕괴되었을 때 붕괴된 지역에 우리나라가 개입할 수 있는 근거를 상실하게 된다는 견해,[69] 영토조항은 통일후 영토문제를 정하는데 중요한 의미를 가진다는 점을 고려하여 삭제에 신중을 기하여야 한다고 하는 견해,[70] 통일지상주의에 경도되어 성급하게 영토조항 개정론을 제기하는 태도를 경계해야 한다는 견해,[71] 영토조항 개정의 득실을 검토한 결과 현 시점에서는 잠정적이지만 영토조항 개정의 득보다 실이 더 많다는 견해[72] 등이 있다.

한편, 영토조항과 통일조항의 유지를 원칙으로 하되 조항의 배치변경과 자구수정을 제안하는 견해도 있다.[73]

---

66) 배재식, "남북한의 유엔가입과 법적 문제," 한국통일정책연구논총 제2권(1993), 23; 제성호(주 59), 14-15; 박명림, "87년 헌정체제 개혁과 한국 민주주의," 창작과비평(2005 겨울호), 47; 이승현(주 65), 166 등.

67) 제성호(주 59), 13; 이부하(주 42), 335 등. 박인수 교수는 헌법적 차원의 헌법부속규범을 제정하자고 하는데 이 주장도 법률위임론이라고 할 수 있을 것이다(박인수, "헌법개정논의 — 총강편," 「통일시대를 대비한 헌법개정의 방향」(한국공법학회 제129회 학술발표회 토론문)(2006. 5. 20), 182).

68) 김철수, "현행헌법 18년 … 민주헌정의 기틀 마련," 자유공론(2005. 7), 28.

69) 심경수(주 49), 165-168; 장석권, "3조 '영토조항'과 4조 '통일조항'은 헌법개정대상 아니다," 자유공론(2006. 2), 73-74; 도회근(주 40), 215-217 등.

70) 윤대규, 왜 개헌인가, 한울, 2005, 136-137.

71) 허영, 한국헌법론, 박영사, 2008, 188.

72) 장영수, "헌법총강에 대한 헌법개정," 「통일시대를 대비한 헌법개정의 방향」(한국공법학회 제129회 학술발표회 발제문)(2006. 5. 20), 82-84.

73) 박선영(주 56), 80; 강경근·이석연·김상겸 외, 「헌법포럼」의 헌법개정시안(월간조선 2006년 1월호 별책부록 2), 월간조선사, 2006. 1, 43-44.

2. 영토조항 개정론에 관한 검토

위와 같이 헌법개정논의와 더불어 영토조항에 관하여도 다양한 이론과 제안들이 제기되었다. 현재 헌법학계에서는 개정불필요론이 상대적 다수설로 보인다.[74]

Ⅶ. 관련문헌

1. 국내문헌

강경근, 헌법학, 법문사, 1997.

계희열, 헌법학(상), 박영사, 2005.

고일광, "한국의 통일에 관한 헌법적 좌표 개관," 통일과 사법[1], 법원행정처, 2011, 1-35.

구병삭, 신헌법원론, 박영사, 1998.

권영성, 헌법학원론, 법문사, 1998, 2008, 2010.

김명기, 북방정책과 국제법, 국제문제연구소, 1989.

_____, "북한주민을 대한민국국민으로 본 대법원 판결의 법이론," 저스티스 제30권 제2호 (1997. 6).

김병묵, "남북한 헌법상의 통일관계조항 비교연구," 경희법학 제29권 제1호(1994).

김상겸, "헌법상의 남북관련조항에 관한 연구," 헌법학연구 제10권 제3호(2004. 9).

김선택, "헌법과 통일정책," 한국 법학 50년－과거, 현재, 미래(Ⅰ), 한국법학교수회주최, 대한민국 건국 50주년 기념 제1회 한국법학자대회 논문집(1998. 12).

김승대, 통일헌법이론, 법문사, 1996.

_____, "남북한간 특수관계의 법적 성격에 관한 일고찰," 법조(1995. 3).

김승환, "기본권규정 및 기타 분야의 개정과제," 공법연구 제34집 제1호(2005. 11).

김영수, 한국헌법사, 학문사, 2000.

김영추, "남북공동체의 헌법적 고찰," 경성법학(경성대학교 법학연구소) 제9호(2000. 10).

김주환, "영토변증설," 세계헌법연구 제17권 제2호(2011).

김철수, 독일통일의 정치와 헌법, 박영사, 2004.

_____, 학설판례 헌법학(상), 박영사, 2008.

_____, "현행헌법 18년 … 민주헌정의 기틀 마련," 자유공론(2005. 7).

김학성, 헌법학강의 Ⅰ, 강원대출판부, 2007.

---

74) 2005년, 한국공법학회에서 공법학자들을 대상으로 헌법개정에 관한 설문조사를 한 결과에서도, 영토조항 개정반대 55.4%, 단서조항 추가 33.8%, 삭제 10.1%, 모르겠다 0.7%로 나타났다. 도회근, "헌법개정의 쟁점과 과제," 공법연구 제34집 제1호(2005. 11), 59-60 참조.

나인균, "한국헌법의 영토조항과 국적문제," 헌법논총(헌법재판소) 제5집(1994).

남기환, "현행헌법과「남북한 상호불가침협정」," 율강박일경박사화갑기념 공법논총(1981).

도회근, 남북한관계와 헌법, 울산대학교 출판부, 2009.

_____, "헌법 제3조(영토조항)의 해석," 권영성교수 정년기념논문집 헌법규범과 헌법현실, 법문사, 1999.

_____, "헌법개정의 쟁점과 과제," 공법연구 제34집 제1호(2005. 11).

_____, "헌법의 영토와 통일조항 개정론에 대한 비판적 검토," 헌법학연구 제12집 제4호 (2006. 11).

_____, "헌법의 영토조항에 관한 비교헌법적 연구," 법조(2009. 11).

문홍주, 제5공화국 한국헌법, 해암사, 1985.

박명림, "87년 헌정체제 개혁과 한국 민주주의," 창작과비평(2005 겨울호).

박선영, "자유민주주의 실현을 위한 헌법개정의 방향," 헌법학연구 제10권 제1호(2004. 3).

박인수, "헌법개정논의-총강편,"「통일시대를 대비한 헌법개정의 방향」(한국공법학회 제129회 학술발표회 토론문)(2006. 5. 20).

배재식, "남북한의 법적 관계," 대한국제법학회논총 제21권 1·2호(1976. 12).

_____, "남북한의 유엔가입과 법적 문제," 한국통일정책연구논총 제2권(1993).

성낙인, 헌법학, 법문사, 2008, 2013.

심경수, "영토조항의 통일지향적 의미와 가치," 헌법학연구 제7권 제2호(2001. 8).

양 건, "남북한관계의 새로운 방안제시와 법적 문제," 국제법학회논총 제26권 제2호 (1982. 2).

_____, 헌법강의, 법문사, 2009.

_____, 헌법강의 Ⅰ, 법문사, 2007.

_____, 헌법연구, 법문사, 1995.

양영희, "북한의 법적 지위," 통일사법정책연구[1], 법원행정처(2006).

유진오, 신고헌법해의, 일조각, 1959.

육종수, 헌법학신론, 형설출판사, 1996.

윤대규, 왜 개헌인가, 한울, 2005.

이규창, "「남북관계 발전에 관한 법률」의 분석과 평가," 법조 제55권 제8호(2006. 8).

이백규, "남북한 왕래에 관련된 법적 문제점," 남북교류와 관련한 법적 문제점[1] ─ 특수사법제도연구위원회 제6·7차 회의 결과보고 ─, 법원행정처(2002).

이부하, "영토조항에 대한 규범적 평가," 통일정책연구 제15권 제1호(2006. 6).

이상훈, "헌법상 북한의 법적 지위에 대한 연구," 법제(2004. 11).

이상훈·금창섭, "헌법상 통일조항에 대한 법리적 고찰," 2004년도 남북법제개선 연구보고서, 법제처(2004).

이성환, "대한민국 국민의 범위," 법학논총(국민대학교) 제9집(1997).

이승우, 헌법총론, 두남, 2008.

이승현, "남북관계의 측면에서 본 개헌논의; 영토조항을 중심으로," 국가전략 제12권 제2호(2006 여름).

이장희, "남북합의서의 법제도적 실천과제," 남북합의서의 후속조치와 실천적 과제(아시아사회과학연구원 제1회 통일문제 학술세미나)(1992).

_____, "평화공존체제를 위한 법적 수정방향," 통일한국(1990. 7).

이주현, "남북한 특수관계의 의미," 남북교류와 관련한 법적 문제점[1] ― 특수사법제도연구위원회 제6·7차 회의 결과보고 ―, 법원행정처(2002).

이준일, 헌법학강의, 홍문사, 2007.

이효원, 남북교류협력의 규범체계, 경인문화사, 2006.

장기붕, "남북한 평화통일의 기초조건," 국제법학회논총 제35권 제1호(1990).

장명봉, "'6·15공동선언' 실천과 통일지향적 공법적 정비과제," 이장희 외, 6·15 남북공동선언과 통일지향적 법제정비방향, 아시아사회과학연구원(2001. 7).

_____, "남북한 기본관계정립을 위한 법적 대응," 유엔가입과 통일의 공법문제(한국공법학회)(1991).

_____, "명목화한 영토조항 냉전적 해석 극복해야," 자유공론(2005. 7).

_____, "통일정책과 헌법문제," 법학논총(국민대학교 법학연구소) 제3집(1990).

장석권, "3조 '영토조항'과 4조 '통일조항'은 헌법개정대상 아니다," 자유공론(2006. 2).

장영수, "헌법총강에 대한 헌법개정,"「통일시대를 대비한 헌법개정의 방향」(한국공법학회 제129회 학술발표회 발제문)(2006. 5. 20).

_____, 헌법학, 홍문사, 2007.

전광석, "동서독통일의 방법론에 대한 헌법논의," 허영 편저, 독일통일의 법적조명, 박영사, 1994.

_____, 한국헌법론, 법문사, 2007.

_____, 한국헌법론, 집현재, 2013.

제성호, "헌법상 영토조항과 통일조항의 개폐문제," 헌법을 연구하는 국회의원모임 주최, 헌법개정을 위한 심포지움 발제문(2005. 6. 14).

_____, "헌법상 통일관련 조항을 둘러싼 주요 쟁점," 2004년도 남북법제개선 연구보고서, 법제처(2004).

_____, "헌법상 통일정책과 자유민주주의 ― 제3조 영토조항과 제4조 통일조항," 자유공론(1994. 1).

_____, 남북한 특수관계론, 한울아카데미, 1995.

조정찬, "남북통합과 21세기 법제," 법제(2000. 1).

지봉도, "법사회학적 관점에서의 남북관계발전의 기본방향," 세계헌법연구 제9호(2004. 6).

최경옥, "한국헌법 제3조와 북한과의 관계," 공법학연구 창간호(영남공법학회)(1999).

최대권, "한국헌법의 좌표 ―「영토조항」과「평화통일조항」―," 법제연구(한국법제연구원) 제2권 제1호(1992).

_____, 통일의 법적 문제, 법문사, 1990.

_____, 헌법학강의, 박영사, 2001.

최우정, 한국헌법학, 진원사, 2008.

최창동, "통일을 앞둔 남·북한의 법적 지위," 디터 블루멘비츠 지음, 최창동 편저, 분단국가의 법적 지위, 법률행정연구원, 1996.

_____, "헌법상 '영토조항'과 '통일조항'의 올바른 헌법해석론," 정책연구(국제문제조사연구소)(2005 봄호).

한국사회여론연구소, "개헌, 국민들이 느끼는 시급성과 필요 분야," 동향과 분석 제64호(2006. 2. 9).

한승호, "영토조항 관련 국가행위의 변천," 국제법 동향과 실무, Vol. 7, No. 1(2008).

허 영, 한국헌법론, 박영사, 2008.

허 전, "남북기본합의서와 헌법," 법학연구(충북대학교 법학연구소) 제5권(1993).

「헌법포럼」의 헌법개정시안(월간조선 2006년 1월호 별책부록 2), 월간조선사, 2006. 1.

홍성방, 헌법학, 현암사, 2003.

_____, 헌법학(상), 박영사, 2010.

2. 외국문헌

Horigan, Damien P., "Territorial Claims by Divided Nations: Applying the Irish Experience to Korea," 10 Gonzaga Journal of International Law 227 (2006).

O'Donnell, Donal, "Constitutional Background to and Aspects of the Good Friday Agreement-A Republic of Ireland Perspective," 50 Northern Ireland Legal Quarterly 76 (Spring 1999).

Pryor Judith, Constitutions Writing Nations, Reading Difference, NY: Birkbach Law Press, 2008.

Smith, Anthony D., National Identity, London: Penguin, 1991.

헌법 **제4조**

[전 광 석]

第4條

大韓民國은 統一을 指向하며, 自由民主的 基本秩序에 입각한 平和的 統一 政策을 수립하고 이를 추진한다.

Ⅰ. 통일의 과제와 방법

1948년 헌법제정과 건국은 한반도에서 남과 북이 사실상 분단되어 있는 상태에서 이루어 졌다. 그러나 우리 헌법은 분단과 통일에 관한 어떠한 암시도 하지 않았다.[1] (현행 헌법 제3조에

---

1) 이에 비해서 북한, 즉 조선민주주의인민공화국 헌법은 제103조에서 수부가 "서울시"라고 명시함으로써 조 선민주주의인민공화국이 한반도에서 유일한 국가라는 의지를 표명하였다.

해당하는) 1948년 헌법 제4조는 "대한민국의 영토는 한반도와 그 부속도서로 한다"고 하여 북한의 실체 자체에 대해서 침묵하였다. 이후 1962년 헌법이 남북의 분단을 처음 언급하였지만 이는 실질적으로 의미가 있는 조문은 아니었다.[2] 분단과 통일에 관한 헌법의 태도는 1972년 헌법에서 변화하였다. 1972년 헌법은 '조국의 평화적 통일'을 대통령의 과제로 제시하였다. 1987년 헌법은 분단의 인정과 통일의 과제에 관하여 보다 적극적인 태도를 보였다. 즉 통일의 과제를 독자적인 조문을 두어 규율하고, 통일의 방법으로 '평화적 통일'과 통일의 정치적 질서로서 '자유민주적 기본질서'를 제시하였다. 이는 다음과 같은 해석론적인, 그리고 체계론적인 문제를 제기하였다.

해석론적으로 평화적 통일의 방법은 무력통일을 부인하는 의미인가, 나아가서 일방적 혹은 흡수통일이 아닌 합의에 의한 통일을 요청하는가의 문제이다. 자유민주적 기본질서에 기반을 둔 통일은 북한체제를 흡수하는 방법이 될 수밖에 없는데, 이는 평화적 통일의 방법과 조화될 수 없다는 문제가 제기되었다. 통일의 정치적 기반으로서 '자유민주적 기본질서'가 헌법원리로서 민주주의 혹은 민주적 기본질서에 비해서 협소한 개념인가 하는 문제도 논의를 필요로 하였다. 이 경우 헌법 제4조는 전혀 다른 정치 및 경제질서가 지배하는 북한과의 통일에 관한 협의와 합의에 있어서 오히려 장애가 될 수 있기 때문이다. 헌법체계론적 관점에서는 헌법 제3조와의 관계가 집중적으로 논의되었다. 평화적 통일의 방법이 체계적 의미를 갖기 위해서는 헌법 제3조 영토에 관한 조항이 폐지 혹은 개정되어야 한다는 견해와 헌법 제3조는 평화적 통일의 방법과 충돌 없이 조화될 수 있다는 견해가 대립하였다. 다만 이는 기본적으로 헌법 제3조에 관한 문제이므로 이 글에서는 헌법 제4조를 이해하는데 필요한 최소한의 설명을 하는데 그친다.

II. 연혁 ─ 한반도의 분단, 그리고 통일조항의 헌법에의 편입과 발전

1. 한반도의 분단

1948년 헌법제정 당시 국제적인 냉전이 싹트고 있었고, 미국과 소련이 한반도 분할점령에 합의함으로써 한반도의 분단은 주어진 것이었다.[3] 대한제국과 국가적 정통성 및 영토적 계속성을 갖는 민족국가의 건설은 해방 후 국내외적 노력에도 불구하고 불가능한 것으로 보였다. 1945년 12월 모스크바에서 개최된 연합국 회의에서 합의된 한반도의 통일방안은 처음부터 실현에 한계가 있었다. 이미 소련이 진주한 이후 정부구성을 시작한 북한의 상황을 볼 때 남북의

---

2) 1962년 헌법 부칙 제8조 "국토수복후의 국회의원의 수는 따로 법률로 정한다."
3) 한반도 분단의 과정에 대해서는 박명림, "해방, 분단, 한국전쟁의 총체적 인식," 박명림 외, 해방전후사의 인식 6, 한길사, 1989, 7 이하; 양호민 외, "한반도 분단의 재인식(1945-1950), 나남, 1993; 이정식, "냉전의 전개과정과 한반도 분단의 고착화," 박지향 외, 해방전후사의 재인식 2, 책세상, 2006, 13 이하 등 참조.

국내적 노력에 의하여 통일 한국을 건설하는 것은 어려워 보였다. 이에 대안으로서 한반도 문제의 국제화가 논의되었다. 공식적으로 한반도문제에 대한 미국의 새로운 구상은 1947년 9월 8일 연합국간의 회담을 통해서 본격화되었다. 미국 국무장관 마샬(G. C. Marshall)은 모스크바회의에서 결정된 신탁통치와 미소공동위원회를 통한 조선독립문제는 비현실적으로 보았고, 이를 국제연합총회에서 직접 다루고자 하였다.

국내적으로 남한과 북한은 각각 독자적인 정부구성의 수순을 밟고 있었다. 1946년 예비회의로 시작된 제1차 미소공동위원회(이하 '미소공위')는 참여단체의 범위를 둘러싼 미소 간의 대립으로 결렬되었다. 이어 미국은 남한에 한정하여 효과적인 지배를 위한 정책을 구상하였다. 1946년 미군정 하에서 입법기관으로 '남조선과도입법의원'이 설치되었다[4]. 이 기구는 과도적인 기관의 성격을 가졌으며, 또 입법기구의 명칭에 걸맞은 기능을 수행할 수도 없었다. 이러한 기능적 한계 속에서도 입법의원은 미군정으로부터 정권을 이양받을 것을 전제로, 그러나 남북한 통일정부가 수립되기까지 임시헌법의 성격을 갖는 기본법을 제정하였다. 이것은 1947년 '남조선과도약헌안'으로 제출되어, '조선임시약헌'으로 통과되었다.[5] 북한에서도 제1차 미소공위가 결렬된 후 1946년 7월 22일 북조선노동당이 결성되었고, 11월에는 인민위원회 선거가 실시되었다. 1947년 2월 21일에는 북조선인민위원회가 소집되어 북한에는 실질적으로 단독 정부가 세워졌다.

한반도문제의 국제화는 미국이 1947년 9월 17일 영국과 중국의 동의하에, 그러나 소련이 반대하는 상황에서 한국문제를 국제연합에 이관하기로 결정하고, 이를 국제연합 제2차 총회에 의제로 제출하면서 본격화되었다. 국제연합은 1947년 10월 30일과 11월 14일 각각 정치위원회와 총회에서 미국의 주장을 담은 결의안을 의결하였다. 결의안은 크게 네 부분으로 구성되었다. 첫째, 한국에서 대표들을 선출하기 위한 선거를 참관할 국제연합한국임시위원단(United Nations Temporary Commission on Korea; UNTCOK)을 설치한다. 둘째, 인구비례에 따라 보통선거 및 비밀선거원칙에 의한 선거를 실시한다. 셋째, 총선거 후 국회를 구성하고, 정부를 수립한다. 넷째, 이 정부는 점령군당국으로부터 정부의 기능을 이양받고, 자체 국방군을 조직하며, 가능하면 90일 이내에 점령군이 철수한다.

그러나 소련은 이 결의안을 받아들이지 않았고, 이후 분단이 고착화되는 과정에 들어간다. 1948년 5월 10일 최초의 국회의원선거는 국가형태의 기본방향과 성격을 규정짓는 의미를 가졌다. 이는 한반도의 분단을 전제로 한 선거였다. 선거는 남한만의 단독정부수립이 확정된 후 좌파는 물론 중도파마저 참여하지 않은 상태에서 실시되었다. 이로써 헌법제정의 정치 환경으로서 우파 중심의 이념과 가치가 지배하는 상황이 고착되었다.[6] 실제 제헌국회의 세력분포를

---

4) 입법의원의 설치와 기능에 대해서는 예컨대 김혁동, 미군정 하의 입법의원, 범우사, 1970 등 참조.

5) 이에 대해서는 전광석, "해방 후 3간의 헌법구상," 헌법판례연구 5(2003), 315 이하 참조.

6) 5·10선거에 의한 단정수립에 대한 각 정파의 입장에 대해서는 예컨대 정영국, "정치사회의 유동성과 제헌국회 선거," 한국정신문화연구원 현대사연구소(편), 한국현대사의 재인식 2. 정부수립과 제헌국회, 오름, 1998, 196 이하; 황수익, "제헌국회의원 선거," 서울대학교 한국정치연구소(편), 한국의 현대정치, 서울대 출판부, 1993, 304 이하 등 참조.

보면 보수 양대 세력인 대한독립촉성국민회(독촉)와 한국민주당(한민당)이 다수세력을 이루고, 여기에 무소속이 대립하는 양상을 보였다.[7]

2. 통일조항의 헌법에의 편입과 발전

가. 1948년 헌법에서 분단과 통일의 문제

헌법제정회의 당시 한반도의 분단은 이미 확정되어 있었으며, 우파가 지배하는 정치적 배경 하에서 헌법이 제정되었다. 북한 주민, 그리고 북한 지역의 법적 지위와 같은 한반도 분단, 그리고 통일에 관련된 문제는 헌법제정회의에서 이례적으로 전혀 논제가 되지 않았다. '대한민국의 영토는 한반도와 그 부속도서'라고 선언함으로써 북한 지역의 실체적 존재에 대해서 침묵하였다(제4조). 북한 지역에 현실적으로 통치권이 미치지 않기 때문에 영토조항이 삭제되어야 한다는 동의안이 일부 있었다. 그러나 이러한 동의안은 진지한 논의를 거치지 않고 부결되었다.[8]

현실적인 분단과 통일의 문제가 헌법제정회의에서 논제로서 채택조차 되지 않았고, 또 그 결과 1948년 헌법이 분단과 통일의 문제에 대해서 침묵하였던 배경은 무엇인가? 다음과 같은 의식이 작용하였을 것이다. 첫째, 19세기 후반 대한제국의 국가적 및 영토적 계속성을 유지하면서 민족국가를 건설하려는 노력은 외세, 즉 일본의 합병에 의하여 좌절되었다. 이제 외세가 물러나면서 반세기 동안 늦춰진 민족국가를 건설하는 과제가 헌법에 주어졌다. 그런데 민족국가건설의 오랜 염원을 고려할 때 해방 후 현실적으로 분단된 한반도의 상황, 즉 국가건설이 미완성임을 규범적으로 확인하는 것은 헌법이 갖는 상징적인 의미와 어울리지 않았다. 둘째, 대한민국은 대한제국의 정통성을 계승하며, 따라서 국가적 계속성을 갖는다.[9] 이에 북한의 실체적 존재를 인정할 수 없었으며, 따라서 북한은 처음부터 부정되어야 할 대상이었다. 이러한 의식과 정책은 1948년 국제연합이 대한민국을 한반도에서 유일한 합법정부라는 결의를 함으로써 더욱 공고화되었다.[10] 셋째, 1945년 이후 한반도의 분단 상황은 기본적으로는 국제적 환경의

---

7) 당시 국회의 의석분포에 대해서는 박찬표, "국회의 의정활동; 분단·냉전체제하의 대의제 민주주의," 한국정신문화연구원 현대사연구소(편), 한국현대사의 재인식 2. 정부수립과 제헌국회, 오름, 1998, 295 이하; 전상인, "이승만과 5.10 총선거," 고개 숙인 수정주의, 전통과 현대, 2001, 154 이하; 황수익(주 6), 326 등 참조.

8) 헌정사자료 제1집 헌법제정회의록(제헌의회), 국회도서관, 1967, 351 이하 참조.

9) 최대권, "남북기본합의서와 관련된 제반 법문제 — 특수 관계의 의미를 중심으로," 법학(서울대), 제34권 제3. 4호(1993), 1 이하 참조.

10) 이 선언 중 대한민국의 법적 지위에 관한 중요한 내용은 다음과 같다; " … this government is based on elections which were a valid expression of the free will of the elaborate on that part of Korea and which were observed by the Temporary Commission; and that is the only such Government in Korea." 이 문장은 대한민국이 한반도에 있어서 유일한 합법정부라는 의미로 이해될 수 있다. 그러나 엄격히 보면 대한민국이 한국임시위원단의 감시 하에 해당 지역 주민의 자유로운 의사에 의하여 성립된 해당 지역의 유일한 합법정부라는 의미로도 해석될 수 있다. 이 경우 북한과의 관계는 개방적인 것으로 남는다. 이 점에 대해서 자세히는 예컨대 김명기, "국제연합총회의 결의 195(Ⅲ)," 국제법학회논총 제28권 제2호(1983), 5 이하; 최대권, 통일의 법적 문제, 법문사, 1989, 41 등 참조.

제 4 조   127

산물이었다. 그렇다면 국제적 환경의 변화에 따라 분단은 극복될 수 있다고 보았다. 이 점에서 과도적인 것은 현실이며, 헌법규범은 완성적이어야 한다고 보았다. 이는 과도적인 현실을 과도적인 헌법으로 규율하였던 분단 후 독일 헌법과 비교된다.[11]

　　1948년 제정된 북한 헌법은 우리 헌법에 비해서는 더 적극적이었다. 분단과 분단의 극복을 헌법의 과제로 명시적으로 규율하지는 않았지만 "조선민주주의인민공화국의 수부는 서울시이다"라고 규정하여(제103조), 북한의 영토가 한반도 전체임을 강력하게 암시하였다. 이는 대한민국의 실체를 부정하는 기반 위에서 통일의 과제를 선언하는 의미를 내포하고 있었다.

　　1948년 헌법에서 북한에 대한 이해는 뚜렷했다. 즉 북한은 대한민국 영토의 일부를 불법적으로 점거하고 있는 범죄단체이며, 북한 지역은 미수복지역이다. 이는 오랫동안 사법부의 태도이기도 하였다.[12] 이에 정부의 현실적인 대북정책은 무력북진통일이었으며, 평화통일은 북한의 법적 지위에 대한 이해방법과 조화될 수 없었다.[13] 북한의 입장에서 보면 남한 지역은 아직 제국주의의 억제 속에 있으며, 이로부터 해방되어야 할 조선민주주의인민공화국의 영토였다. 이러한 남북의 대립은 1950년 한국전쟁을 겪으면서 더욱 심화되었으며, 이후 한반도는 2차대전 이후 세계질서를 지배하는 냉전의 최전방으로서, 체제와 이념이 극단적으로 대립하는 실험장이었다.

나. 1972년 헌법에서 평화통일의 과제

　　1962년 헌법은 남북분단의 현실을 처음으로 언급하였다. 즉 '국토수복 후의 국회의원의 수는 따로 법률로 정한다'(부칙 제8조). 그러나 이는 분단과 통일의 문제에 관한 실질적인 의미가 있는 규정은 아니었다.

　　1972년 헌법은 처음으로 분단과 통일에 관한 실질적인 규정을 두었다. 1970년대 초반 미국 외교의 새로운 기조인 데탕트(detente)의 물결은 한반도에도 미치는 듯 했다. 1971년 분단 후 처음으로 민간 차원에서, 즉 남북적십자 회담이 개최되었다. 20년 이상의 분단의 벽은 이산가족상봉의 형태로 열려질 것으로 기대되었다. 1972년에는 남북한이 서로 밀사를 파견하여 준비과정을 거친 후 처음으로 정치회담이 개최되었고, 7·4 남북공동성명이 채택되었다. 이로써 1945년 이후 남북한이 서로를 철저히 부정하는 관계에서 실체를 인정하는 관계로 발전하였다. 정부는 1973년 이른바 6·23선언을 시작으로 북한이 대화와 협력의 상대방이라는 전제 하에 평화통일정책을 표방하기 시작하였다. 그러나 이는 국내 정책적으로는 체제경쟁을 위하여 강권적인 통치체제로의 개편을 앞 둔 서막이었다. 대한민국은 유신체제를, 그리고 북한은 주체사상의

---

11) 이에 대해서는 후술 주 23 및 Ⅲ. 참조.

12) 예컨대 대판 1948. 3. 24. 4281형상10; 1954. 9. 28. 4286형상109 등 참조. 이후 같은 취지의 판결로는 대판 1961. 9. 28. 4292행상48; 1987. 7. 21. 87도1081 등 참조.

13) 그러나 법원은 평화통일이 정부의 통일정책과 충돌하는 것은 사실이지만 헌법에 위반된다고 보지는 않았다. 1958년 정계를 뒤흔든 진보당사건은 이를 보여주는 좋은 예이다. 대판 1959. 2. 27. 4291형상559 참조. 이후 이 판결은 재심결정의 대상이 되었으며(대판 2010. 10. 29. 2008재도11), 재심의 결과 형의 선고가 유예되었다(대판 2011. 1. 20. 2008재도11).

통치를 눈앞에 두고 있었다.

1972년 헌법은 전문에서 평화적 통일을 역사적 사명으로 선언하였다. 명목적으로는 주권적 수임기관의 지위를 갖는 기관의 명칭이 통일주체국민회의였다(제35조). 대통령에게는 조국의 평화적 통일을 위한 성실한 의무가 부과되었고, 대통령은 취임에 앞서 이러한 과제를 선서한다(제43조 제3항 및 제46조). 그러나 평화통일의 과제는 정치적으로 민주주의의 희생 하에 체제경쟁에서 우위를 점할 때 비로소 실현될 수 있다는 정치적 상징조작을 내포하고 있었다. 체제경쟁과 평화통일의 미명 하에 민주주의와 기본권 등 헌법의 이념적 요소들이 희생되었다. 1972년 헌법과 헌법 현실은 우리 헌정사에서 암흑기에 해당했다.

다. 1980년 헌법과 1987년 헌법, 1987년 헌법에서 논의의 계기들

(1) 1980년 헌법과 1987년 헌법

1980년 헌법은 분단과 통일에 관한 1972년 헌법의 태도를 그대로 유지하였다. 대통령이 국민투표에 부의할 수 있는 안건으로 통일문제가 명시되었으며(제47조), 대통령 자문기관으로 평화통일정책자문회의를 줄 수 있도록 하였다(제68조).

1987년 헌법은 처음으로 제4조에 통일에 관한 독자적인 조항을 두었다. 즉 '대한민국은 통일을 지향하며, 자유민주적 기본질서에 입각한 평화적 통일정책을 수립하고 이를 추진한다'. 이 조항은 1987년 헌법 개정 당시에는 크게 주목을 받지 못했지만 1980년대 후반 이후, 특히 1990년대에 와서 헌법 제3조와의 관계에서 체계정합성, 그리고 북한의 법적 지위에 관련된 이념적 대립의 쟁점으로 발전하였다. 이러한 발전의 계기는 다음과 같았다.[14]

(2) 새로운 상황과 문제

1988년 출범한 정부는 1960년대 후반 이후 독일의 동독정책, 즉 동방정책(Ostpolitik)을 참조하여 북한과 평화공존을 적극적으로 추진하고, 이를 외교적으로 뒷받침하기 위하여, 또 독자적으로 동북아 정세의 안정을 위하여 과거에 적대적인 국가였던 소련 및 중국과 외교관계를 수립하는 정책을 추진하였다. 이러한 북방정책(Nordpolitik)은 1988년 이른바 7.7 선언에서 공식화되었다. 여기에는 대한민국이 극력 저지해 왔던 북한의 국제법적 주체로서의 지위를 수용하는 내용이 포함되어 있다. 이를 뒷받침하기 위하여 '국내법', '국제법', 그리고 '남북관계'를 재정비하여야 했다. 국내법적으로는 교류협력관계를 규율하기 위하여 1990년 「남북교류협력에 관한 법률」(이하 '남북교류협력법')이 제정되었다. 국제법적으로는 1991년 남북한이 국제연합에 동시에 가입하여 북한이 국제법상의 주제임을 인정하였다. 그러나 아래에서 설명하듯이 이러한 결정이 북한을 국내법적으로 국가로 인정한다든가 혹은 국제법적으로 국가로 승인하는 의미를 갖지는 않았다. 1991년 「남북 사이의 화해와 불가침 및 교류협력에 관한 합의서」(이하 '남북기본합의서')를 채택하여 남북관계의 성격을 정비하고 교류협력의 기반을 마련하였다. 이러한 규범

---

14) 남북관계의 발전의 시대구분에 대해서는 도회근, "남북관계의 현실과 국가의 평화통일의무," 공법연구 제39집 제2호(2010), 157 이하 참조.

적 및 사실적인 변화는 헌법 제4조가 주목을 받고, 이에 비해서 제3조를 재검토하는 계기가 되었다. 본래 북한을 불법이적단체로 보는 근거인 헌법 제3조가 이제 사실관계의 변화에 따라서 변천하였다는 견해가 주장되었다.[15] 그러나 이는 헌법 제3조에 대한 정확한 이해방법은 아니다.[16] 헌법 제4조가 적극적인 의미를 갖게 되면서 북한의 법적 지위는 뚜렷한 변화를 겪었다. 즉 북한은 '대한민국의 일부를 점거하고 있는 불법단체'의 성격과 더불어 '통일을 지향하는 동반자적 지위'를 내용으로 하는 이중적 지위를 갖는 것으로 이해되었다.[17]

1990년 역사적 및 지정학적 이유에서 불가능할 것처럼 보였던 동서독의 통일이 이루어졌다.[18] 이 세계사적 대사건은 통일은 준비에 의하여 단계적으로 이루어지기보다는 국제정세의 변화와 성숙된 민권의식이 함께 작용하면서 예고 없이 찾아온다는 교훈을 주었다. 또 통일비용의 문제를 새롭게 제기하고 진지하게 논의하는 계기가 되었다. 동서독통일은 분단 상태에 있는 우리 헌법에 새로운 문제들을 제기하였다.[19] 헌법 제3조는 대한민국의 영토를 한반도와 그 부속도서로 하여 (임시적 혹은 과도기적 헌법이 아니라) 완전헌법을 지향하고 있으면서 제4조가 평화통일을 추구하는 것은 모순이 아닌가 하는 의문이다.[20] 이 문제를 둘러싸고 헌법 제3조 개정에 관한 다양한 의견이 표출되었다.[21] 통일 전 서독 헌법은 제23조에서 헌법의 적용범위를 서부 독일의 11개주에 한정하여 열거하였다. 서독 헌법은 한편으로는 서독이 독일제국(Deutsches Reich)의 국가적 계속성을 계승하는 것으로 이해하였고 동독의 국가성을 부인하였지만 다른 한편 독일의 분단 상태를 규범적으로 명확히 하였다.[22] 서독 헌법은 이 점에서 과도기적 헌법으로 구상되었다.[23]

헌법 제 4 조

---

15) 이에 대해서는 예컨대 양건, "남한의 통일방안과 법적 문제," 헌법연구, 법문사, 1995, 725 이하 참조.

16) 이에 대해서는 아래 Ⅳ. 4. (2) 참조.

17) 이에 관한 헌법재판소의 결정으로는 헌재 1993. 7. 29. 92헌바48, 5-2, 74 이하; 1997. 1. 16. 92헌바6등, 9-1, 22 이하; 1997. 1. 16. 89헌마240, 9-1, 74 이하 등 참조. 이후 대법원도 북한의 이중적 지위를 인정하는 태도를 취하고 있다. 대판 2000. 9. 29. 2000도2536; 2003. 4. 8. 2002도7281; 2003. 5. 13. 2003도604 등 참조.

18) 동서독의 통일과정에 대해서는 백경남, 분단에서 통일까지, 강천, 1991; 정용길·안석교·전성우, 독일통일에서 무엇을 배울 것인가, 연합통신, 1990; 이영기, 독일통일의 해부, 국제언론문화사, 1990; 프리데만 슈리커·임정택(편), 논쟁 독일통일의 과정과 결과, 창작과 비평사, 1991; 황성모, 독일통일 현장연구, 일념, 1990 등 참조. 이 밖에 Jürgen Kocka, Vereinigungskrise, Kleine Vandehoeck, 1995; Gerhard A Ritter, Der Preis der deutschen Einheit, C. H. Beck, 2007 등 참조.

19) 1993년 한국공법학회는 한국, 독일, 중국 등 각국의 분단과 통일의 헌법문제를 집중적으로 조명한 바 있다. 공법연구 제22집 제1호(1994) 참조.

20) 이러한 문제제기에 대해서는 예컨대 장명봉, "남북한 기본관계정립을 위한 법적 대응," 한국공법학회, 유엔가입과 통일의 법적 문제(1991), 132 이하 등 참조.

21) 이에 관한 다양한 의견을 정리하는 문헌으로는 도회근, "헌법의 영토와 통일조항 개정론에 대한 비판적 검토," 헌법학연구 제12권 제4호(2006), 40 이하 참조. 이 밖에 김상겸, "헌법상 남북 관련 조항에 관한 연구," 헌법학연구 제10권 제3호(2004), 235 이하; 도회근, "헌법 총강의 개정 필요성과 방향," 헌법학연구 제16권 제3호(2010), 10 이하 등 참조.

22) 분단 당시 동서독의 법적 지위에 대해서는 Rudolf Dolzer, "Die rechtliche Ordnung des Verhältnisses der Bundesrepublik Deutschland zur Deutschen Demokratischen Republik" Josef Isensee/Paul Kirchhof(편), Handbuch des Staatsrechts Bd.1, C. F. Müller, 1987, 550 이하 참조.

23) 서독 헌법의 임시적 성격에 대해서는 예컨대 Reinhard Mussgnug, "Zustandekommen des Grundgesetzes

헌법 제3조와 제4조의 관계는 1990년대 이후 남북관계를 규율하는 두 개의 법률, 즉 국가
보안법과 남북교류협력법의 관계에 대한 정책론적 및 해석론적 논의에도 영향을 미쳤다. 1970
년대, 그리고 특히 1980년대 후반 이후 북한을 사실상의 정부로서 인정하는 기반 위에서 헌법
제4조가 도입되었으며, 이로써 북한을 불법이적단체로 판단하는 근거인 헌법 제3조가 의미를
상실하였고, 그 결과 헌법 제3조에 근거하여 제정된 국가보안법 역시 폐지되어야 한다는 주장
이 제기되었다. 이러한 견해에 대한 평가는 후술한다.[24]

Ⅲ. 외국의 입법례 — 독일의 예를 중심으로

1. 서독 헌법 — 시원적 임시성과 완전헌법으로의 발전

1990년 이전까지 같은 민족이면서 국토와 국민이 분단되었던 대표적인 국가는 우리나라
와 독일, 그리고 중국이었다. 베트남은 1975년 전쟁이 종식되면서 공산화되는 형태로 통일되
었다.[25] 남북예멘은 평화적인 협상을 통하여 통일을 실현하였다.[26] 중국은 불균형관계에 있는
분단국가로서 분단 자체를 인정하지 않고, 타이완을 중국의 일부로 삼고 있다는 점에서 우리
의 분단과 비교될 수 있는 대상이 아니었다.[27] 베트남과 예멘은 통일의 방법에 있어서 우리에
게 분단을 극복하는 선례가 되기는 어렵다. 그래서 자연스럽게 독일 및 독일 헌법이 주목을
받았다.

1945년 2차 세계대전이 종식되고 독일 지역은 미국·영국·프랑스, 그리고 소련 등 전승
4대국이 분할 점령하였다. 4대국의 독일문제에 대한 수차례의 회담을 거쳐 독일은 서부의 3개
국 점령지역과 동부의 소련점령지역으로 분할되었다. 이에 1949년 서부독일지역에서는 독자적
인 헌법을 제정하여 독일연방공화국(Die Bundesrepublik Deutschland; BRD)이 성립되었다. 독일
헌법제정의 아버지들은 서독 헌법이 여러 관점에서 임시적 성격을 갖는다는 점을 명백히 하였
다. 첫째, 헌법제정절차 자체가 역사적인 전형과는 차이가 있었다. 주권적 행위로서 헌법제정절
차는 국민이 헌법제정회의를 구성하여 여기에서 헌법이 제정되고, 경우에 따라서 국민투표를
거친다. 그런데 서독 헌법은 이 중 어떠한 절차도 거치지 않았다. 당시 서독 헌법은 주의회가
파견한 대표자회의(Parlamentarischer Rat)에서 초안을 작성하고 이를 각주 의회가 승인하고, 점

---

und Entstehen der Bundesrepublik Deutschland," Josef Isensee/Paul Kirchhof(편), Handbuch des
Staatsrechts Bd.1, C. F. Müller, 1987, 226 이하 참조.

24) 아래 Ⅳ. 4. (2) 참조.

25) 베트남의 분단과정과 상황에 대해서는 김철수, 분단국의 문제, 삼성문화재단, 1972, 261 이하 참조.

26) 남북예멘의 통일과정에 대해서는 예컨대 장명봉, 분단국가의 통일과 헌법 — 독일과 예멘의 통일사례와 헌
법자료, 국민대 출판부, 1998, 113 이하 참조.

27) 분단과 통일에 관한 중국 헌법의 태도에 대해서는 예컨대 허숭덕, "一國兩制와 中國의 統一方案," 공법연
구 제22집 제1호(1994), 9 이하 참조.

령국사령부의 승인을 받아 성립하였다. 둘째, 1919년 독일의 바이마르공화국 헌법은 자유권적 기본권 이외에 자유를 실제 행사하기 위하여 필요한 조건을 사회적 기본권에 의하여 보장하고, 또 이를 실현하기 위하여 필요한 객관적인 사회경제질서를 형성하는 과제를 제시한 실험적 헌법이었다.[28] 그런데 1949년 서독 헌법은 바이마르의 선례를 따르지는 않았다. 사회경제질서에 관한 구체적인 결정은 통일 후 전체 독일 국민에 유보되어야 한다는 논리였다.[29] 이러한 임시적 성격에 충실하기 위해서는 헌법은 국가조직과 기능에 관한 필수적인 사항을 규율하는 데 그쳐야 한다는 주장도 있었다. 그러나 인권이 참혹하게 유린되었던 독재불법정권과 전쟁을 겪은 후 제정되는 헌법에서 기본권을 보장하는 과제가 포기될 수는 없었다. 이에 헌법 제1조에서 국가권력의 존재의미가 인간의 존엄(Menschenwürde)을 보장하는데 있다는 선언을 하였다.

서독 헌법의 임시적 성격 중 첫 번째 요소, 즉 헌법제정절차상의 문제는 특히 1980년대 후반 이후 40년의 헌법역사를 경험하면서 극복된 것으로 평가되었다. 헌법은 지난 40년간 기본적 인권을 보장하고 독일을 세계 공동체에 편입시키는 데에 기여했으며, 이 점에 있어서 독일 역사에 있어서 어떠한 헌법에 비해서도 국민의 신뢰를 받았다는 것이다. 이러한 역사적 경험은 1949년 헌법제정의 절차상의 하자를 치유하기에 충분하였다.[30] 서독 헌법은 헌법의 구조적 원리로서 민주주의, 법치국가, 연방국가와 함께 사회국가원리를 선언하였다(헌법 제20조 및 제28조). 사회국가원리(Sozialstaatsprinzip)는 그 동안 학설과 판례를 통하여 그 내용이 구체화되었다.[31] 사회국가원리는 그 자체로서 완결적일 수 없으며, 국가작용, 특히 입법적 구체화를 통하여 실현된다.[32] 따라서 헌법의 사회경제질서에 대한 침묵은 결코 헌법의 임시적 성격을 징표하는 것은 아니며, 어느 정도 헌법의 본질적 성격에 해당한다.

헌법 제 4 조

---

28) 이에 대해서는 예컨대 Christoph Gusy, Die Weimarer Reichsverfassung, Mohr Siebeck, 1997, 342 이하; Walter Pauly, Grundrechtslaboratorium Weimar, Mohr Siebeck, 2004 등 참조.

29) 이에 대해서는 예컨대 Josef Isensee, "Verfassung ohne soziale Grundrechte," Der Staat(1980), 367 이하; Werner Weber, "Die verfassungsrechtlichen Grenzen sozialstaatlicher Forderungen," Der Staat(1965), 413 이하 등 참조.

30) 이러한 평가는 독일 헌법 제정 40주년, 50주년, 그리고 60주년을 맞아 출간된 문헌들에서 공통적으로 이루어졌다. 예컨대 Klaus Stern(편), 40 Jahre Grundgesetz. Entstehung, Bewährung und Internationale Ausstrahlung, C. H. Beck, 1990; Bundesministerium des Innern(편), Bewährung und Herausforderung. Die Verfassung der Zukunft. 50 Jahre Grundgesetz/50 Jahre Bundesrepublik Deutschland(1999); Dieter Grimm, "Das Grundgesetz nach den 50 Jahren," Dieter Grimm, Die Verfassung und die Politik, C. H. Beck, 2001, 295 이하; Klaus Stern(편), 60 Jahre Grundgesetz. Das Grundgesetz für die Bundesrepublik Deutschland im europäischen Verfassungsverbund, C. H. Beck, 2010 등 참조.

31) 이에 해당하는 대표적인 작업으로는 예컨대 Hans F. Zacher, "Das soziale Staatsziel," Josef Isensee/Paul Kirchhof(편), Handbuch des Staatsrechts Bd. Ⅱ, C. F. Müller, 2004, 659 이하 참조.

32) 이에 대해서는 Franz-Xaver Kaufmann, "Der Sozialstaat als Prozess-für eine Sozialpolitik zweiter Ordnung," Festschrift für Hans F. Zacher, C. F. Müller, 1998, 307 이하; Hans F. Zacher, "Der Sozialstaat als Prozess," Hans F. Zacher, Abhandlungen zum Sozialrecht, C. F. Müller, 1993, 73 이하 등 참조.

2. 통일의 방법과 실현

　　서독 헌법의 임시적 성격은 동독과의 관계에서 통일의 유보하에 적용된다는 형태로 남아
있었다. 분단을 극복하고 통일을 실현하는 방법론으로 서독 헌법은 두 가지를 예정하였다. 첫
째, 서독 국가의 성립에 참여할 수 없었던 다른 지역의 독일 국민, 즉 동독 국민은 서독 헌법에
가입할 수 있다. 이로써 서독 헌법의 효력이 동독 지역으로 확대되는 방법으로 통일이 실현된
다(제23조). 이 경우에는 서독 헌법의 동질성은 그대로 유지된다. 즉 동질성을 상실하지 않으
면서 임시적 성격이 극복된다. 둘째, 전체 독일 국민이 헌법을 제정할 수 있는 상황이 되었을
때 새로운 헌법을 제정하여 통일을 실현하는 방법이다(제146조). 짧았지만 격렬한 논의 끝에
독일의 통일은 전자의 방법, 즉 제23조에 의하여 동독 국민이 서독 헌법에 가입하는 방법으로
실현되었다.[33]

　　통일의 가능성이 가시화되었을 때 헌법 제23조에 의한 통일의 방법이 지배적으로 선호되
었다. 헌법 제146조에 의한 새로운 헌법의 제정은 지난 40년 동안 성공적으로 운영되었던 서독
헌법을 근본적으로 새로이 논의하는 부담을 준다.[34] 그런데 동독 주민의 통일에의 의지는 정치
적 민주주의와 사회적 시장경제질서를 지향하였으며, 따라서 서독 헌법에 대한 대안이 필요하
지는 않았다. 헌법 제146조에 의한 새로운 헌법의 제정은 왜곡된 국민적 열광에 의하여 예기치
않은 비합리적인 결과를 낳을 우려도 있었다. 또 새로운 헌법의 제정은 정치세력 및 이익단체
들 간에 이념과 이익을 관철시키기 위한 투쟁으로 발전하고, 이러한 상황에서 정치적 및 사회
적으로 불안정한 과도기가 장기화될 수도 있었다. 결국 독일 통일은 기본적으로 서독의 헌법체
계를 유지하고 이를 동독 지역에 확대하되, 일시적인 체제변화로 인하여 동독 지역에서 발생하
는 문제를 개별적으로 조정하는 방법으로 이루어졌다.

　　헌법 제146조에 의한 통일을 선호하는 진영은 다음과 같은 논리를 제시하였다. 이미 언급
했듯이 1949년 서독 헌법은 전형적인 헌법제정절차를 따르지 않았다. 이제 헌법 제146조를 적
용하여 제정 당시의 정당성의 흠결을 치유하는 효과가 있다는 것이다. 그러나 위에서 언급했듯
이 지난 40년간의 성공적인 헌법운영으로 제정 당시의 정당성의 하자가 치유되었다는 것이 일
반적인 견해였다.[35] 헌법 제146조에 의한 통일을 선호했던 또 하나의 논리는 제23조에 의한 통
일은 일방적인 흡수통일에 해당하며, 진정한 의미에서의 통일을 위해서는 제146조에 의한 통일

---

33) 이에 대해서는 전광석, "동서독 통일의 방법론에 대한 헌법논의," 허영(편), 독일통일의 법적 조명, 박영사,
　　1994, 11 이하 참조. 당시 독일의 공법학자대회는 특별학술대회를 열어 이 문제를 집중적으로 조명하였다.
　　Deutschlands aktuelle Verfassungslage, VVSTRL 49(1990) 참조.
34) 실제 동독의 일부 시민단체는 헌법제정을 위한 연대회의(Runder Tisch)를 개최하여 헌법개정안을 제안한
　　바 있다. 이는 서독과의 통일과정에서 새로운 헌법제정을 위한 초안으로 의도되었다. 이에 대해서는 예컨
　　대 Bernhard Schlink, "Deutsch-Deutsche Verfassungsentwicklung im Jahre 1990," Der Staat (1991), 165
　　이하 참조.
35) 전술 주 30 참조.

헌법의 제정과정에서 동독의 이해관계를 반영할 수 있어야 한다는 것이다. 그러나 이미 언급했듯이 독일 통일의 직접적인 계기였던 민중봉기에서 나타난 동독 주민의 의사는 서독의 정치 및 경제체제를 지향하였다. 또 아래에서 살펴보는 바와 같이 헌법 제23조에 의한 통일이 결코 일방적인 흡수통일에 해당하는 것도 아니었다.

3. 통일과정

헌법 제23조에 의하여 서독 헌법에 가입하는 주체는 동독 주민이다. 동독 주민에 의하여 일정한 절차를 거쳐 정당성이 부여된 국가기관이 가입을 선언하여야 한다. 동독은 1990년 3월 18일 최초로 민주적인 선거를 실시하여 정부를 구성하였다. 새로이 구성된 정부는 1990년 8월 23일 인민의회(Volksrat)의 의결을 거쳐 서독 헌법에 가입하였으며, 두 정부 간에 체결된 통일조약은 10월 3일 효력을 발생하였다.

독일은 다음과 같은 단계를 거치면서 통일을 실현하였다. 첫째, '통화·경제 및 사회통합에 관한 조약(Vertrag über die Schaffung einer Währungs-, Wirtschafts- und Sozialunion zwischen der Bundesrepublik Deutschland und der Deutschen Demokratischen Republik)'을 체결하여 서독과 동독지역을 단일의 통화·경제 및 사회공동체로 발전시켰다.[36] 이 조약에 의하여 동서독은 자유민주적 기본질서, 연방주의적 기본질서, 법치국가적 기본질서 및 사회적 기본질서에 관한 원칙적인 합의를 하였다. 동독에 사회적 시장경제질서를 도입하기 위하여 필요한 제도들, 즉 사유재산제도, 가격의 자유화, 노동·자본·재화·서비스 등의 자유로운 이동의 보장, 이에 상응하는 노동법질서와 사회보장제도의 도입 등을 합의하였다. 경제질서형성에 필요한 기본권, 즉 계약의 자유, 영업의 자유, 직업의 자유 및 거주이전의 자유를 보장하도록 하였다. 법치국가적 권리보호를 위해서 사법적 권리구제를 정비하였다. 서독의 민주주의와 법치국가원리, 그리고 사회적 시장경제질서가 동독에 정착할 수 있도록 하부구조를 형성하였다. 둘째, 통일 후 법적 상태에 대한 구체적인 합의는 '통일조약(Vertrag zwischen der Bundesrepublik Deutschland und der Deutschen Demokratischen Republik über die Herstellung der Einheit Deutschlands)'에서 이루어졌다.[37] 이로써 동독 국가는 소멸하고, 동독의 헌법은 효력을 상실하였다. 다만 동독 지역에 즉시, 그리고 전면적으로 서독 헌법의 효력을 확대하지는 않았다. 즉 서독 헌법 중 일부 규정은 1992년 12월 31일까지 혹은 1995년 12월 31일까지 효력발생이 유예되었다.[38]

---

36) 이 조약에 대해서 자세히는 예컨대 전광석, "독일 통일 관련 조약과 독일 헌법의 발전," 한림법학 FORUM 제1호(1991), 15 이하 참조.

37) 이 조약에 대해서 자세히는 예컨대 전광석(주 36), 20 이하 참조.

38) 이와 같은 가입지역에서의 헌법의 단계적 적용은 이미 1957년 자르란트(Saarland)가 독일 헌법에 가입하여 편입되었을 때에도 경험한 바 있다. 이 조치는 독일 연방헌법재판소에 의해서 그 정당성이 확인되기도 하였다. 연방헌법재판소에 따르면, 헌법의 일부 조항의 효력을 정지시키는 것은 물론 바람직하지 않지만 이것이 통일과 같은 지금보다 개선된 헌법상태를 창출하는데 필요한 과도기이고, 이 법상태가 이전의 법상태에 비해서 보다 통일에 가까운 (접근한) 것이라면 헌법에 반한다고 할 수 없다는 것이다. 이후 독일 통일에 관하여 연방헌법재판소가 종종 제시하는 이론, 즉 이른바 "접근이론(Nähetheorie)"의 효시이다. BVerfGE 4,

4. 평가와 교훈

위 두 조약에 의한 법적 통일은 궁극적으로는 서독 헌법 및 법체계를 동독에 확대하는 내용을 가졌지만 이러한 과정이 결코 일방적이고 전면적으로 이루어진 것은 아니었다. 대부분의 법체계가 일시적·전면적으로 효력을 확대하였지만 동독 지역의 특수한 상황을 고려하는 조치가 취해졌다[39]. 첫째, 위에서 언급했듯이 일부 조항은 일정한 유예기간을 두고 적용되었다. 둘째, 일부 조항은 일정한 변형을 거쳐 동독에 효력을 발생하도록 하였다. 이 과정에서 서독 정부와 동독에서 새로이 구성된 정부 간에 긴밀하고 밀도 있는 협의가 이루어졌다. 결국 헌법 제23조에 의한 통일이 결코 제146조에 의한 통일에 비해서 일방적이라거나, 동독 주민의 자기결정권을 침해하는 방법이라고 할 수 없었다.

독일통일은 통일이 미래지향적인 법적 과제를 부여할 뿐 아니라 과거청산의 복잡한 법적 문제를 제기한다는 교훈을 주었다. 경우에 따라서 이러한 과거청산의 방법은 통일의 정당성에 의문을 제기하는 계기가 될 수도 있다. 예컨대 통일조약은 동독 지역에 재산권을 보유한 서독 주민에게 원상회복의 방법으로 재산권을 회복하도록 하였다.[40] 그런데 이를 예외 없이 적용할 경우, 동독 주민은 기존의 생활기반을 상실하고, 또 이 문제가 오랫동안 분쟁의 대상으로 남는 경우 동독 지역에 필요한 민간투자를 저해할 것이기 때문이다.

정치적 통일은 결코 분단극복의 최종적인 단계가 아니라 시작에 불과하다는 점도 독일 통일이 우리에게 주는 값진 교훈 중의 하나이다. 제도적으로 보면 통일은 법적 통일을 의미한다.[41] 여기에는 균형 있는 사회경제질서를 형성하는 과제가 포함되지만 이러한 과제는 법적 통일을 넘어서서 보다 거시적인 국가과제의 성격을 갖는다. 장기적으로 지속된 이질적인 체제에서 형성된, 그리고 오히려 통일 후 심화된 심리적 분단을 극복하는 것은 보다 근본적이고 장기적인 통일의 과제이다.

IV. 평화적·자유민주적 통일의 과제

헌법 제4조는 다음과 같은 세 가지 내용으로 구성되어 있다. 첫째, 통일을 지향하는 국가의 과제이다. 둘째, 통일은 평화적인 방법으로 실현되어야 한다. 셋째, 통일정책은 자유민주적 기본질서에 입각하여 수립·추진되어야 한다. 이를 나누어 살펴보기로 한다.

157(170); 36, 1(18) 등 참조.

39) 조약 단계별 사회보장법 통일의 예에 대해서는 예컨대 전광석, 독일 사회보장법과 사회정책, 박영사, 2008, 310 이하 참조.

40) 이에 대해서는 이승우, "동서독 통일과 불법청산문제," 허영(편), 독일 통일의 법적 조명, 박영사, 1994, 139 이하; 전광석, "동서독 통일조약에서의 재산권문제," 한림대논문집 제9집(1991), 157 이하 등 참조.

41) 최대권, 통일의 법적 문제, 법문사, 1989, 138 참조.

1. 통일의 과제

가. 국가과제

통일은 헌법적 과제로서 모든 국가기관은 통일을 위하여 노력하여야 한다.[42] 이 점이 외형적으로 보면 1972년 헌법에서 통일을 주로 대통령의 의무로 규정하였던 점과 차이가 있다. 다만 통일정책의 수립과 집행이 준외교적 성격을 갖고, 통일에 관련된 대통령의 중요한 행위에 대해서 어느 정도 국회의 통제권이 있기 때문에 과거 헌법과 현행 헌법에서 통일의 과제가 갖는 헌법적 의미의 차이가 있다고 볼 수는 없다. 통일을 저해하는 국가작용은 금지된다. 통일은 객관적인 국가의 과제이기 때문에 국민 개인이 통일을 위하여 구체적인 내용의 국가행위를 청구할 권리를 갖지는 않는다.

헌법 제4조는 헌법 제3조와의 관계에서 보면 선언적인 성격을 갖는다. 제3조는 영토의 범위에 관한 규정이지만 동시에 현재의 분단 상황에 대해서 규범적인 영토상황을 실현하는 과제, 즉 통일의 과제를 부여하는 의미를 갖기 때문이다.

나. 준외교적 행위

대한민국은 한반도에서 유일한 국가이기 때문에 우리 헌법상 북한이 국가가 될 수는 없다. 그러나 북한은 평화적인 통일의 대상으로 사실상의 정부로서 인정되고, 또 우리와 전혀 다른 정치 및 사회경제체제를 보유하고 있기 때문에 외국과의 관계에 적용되는 규범의 규율대상이기도 하다. 이 점에서 북한은 외국에 준하는 지위를, 그리고 북한 주민은 외국인에 준하는 지위를 갖는다.[43] 또 남북관계는 국가와 국가의 관계는 아니며 엄격한 의미에서 외교관계는 아니지만 준외교적 관계에 해당한다. 통일은 1차적으로는 행정부의 과제이다. 따라서 대통령을 비롯한 행정부는 대북관계뿐 아니라 한반도 주변을 둘러싼 외교정책을 수립·집행하는데 있어서 통일의 과제를 존중하여야 한다. 정부는 북한과의 평화적 공존관계를 유지하면서 협력과 교류를 추진하는 적극적인 의무가 있으며, 소극적으로는 평화적 공존의 틀을 깨고 대립적 관계로 악화되지 않도록 하여야 한다. 통일정책은 고도의 정치적 행위의 성격을 갖기 때문에 통일정책의 효율성에 대한 판단은 1차적으로는 대통령에게 유보되어 있다. 따라서 대통령의 통일정책은 원칙적으로는 사법심사의 대상이 되지 않는다.

통일정책을 수행하는 대통령의 행위에는 다음과 같은 적극적인, 그리고 소극적인 기준이 헌법적으로 제시되어 있다. 첫째, 헌법 제3조에서 북한의 법적 지위는 개방적이다.[44] 따라서 북한을 사실상의 정부로 인정하고 교류와 협력을 하는 데 헌법적 장애가 있지는 않다.[45] 다만

---

42) 헌법 제4조의 국가과제로서의 성격에 대해서는 도회근(주 14), 이하 참조.

43) 헌재 2005. 6. 30. 2005헌바114, 17-1, 892; 2006. 11. 30. 2006헌마679, 18-2, 553 이하; 대판 2003. 5. 13. 2003도604; 2004. 11. 12. 2004도4044 등 참조.

44) 전술 주 17 참조.

45) 이 점은 헌법재판소의 결정에서는 다음과 같이 간접적으로 표현되고 있다. 즉 "… 구법이 북한을 반국가단

북한을 국내법상 국가로 인정하는 것은 허용되지 않는다. 이 점에서 1991년 우리나라가 북한과 함께 국제연합(UN)에 가입하고 북한을 국제법상의 주체로 인정한 것이 헌법에 위반되지는 않는다. 그러나 이러한 외교적 행위가 북한을 국내법상 국가로 인정한다거나 국제법상 북한을 국가로서 승인하는 의미를 가질 수는 없다. 둘째, 위에서 언급했듯이 대통령의 통일정책은 기본적으로 고도의 정치행위로서 원칙적으로는 사법심사의 대상이 되지 않는다. 그러나 특정한 통일정책의 수립 및 집행과정에서 혹은 그 결과 개인의 기본권을 침해하는 경우에는 헌법적 한계에 부딪힌다. 예컨대 통일정책이 개인의 거주이전의 자유, 재산권 등을 제한하는 효과를 갖는 경우가 이러한 예에 해당한다.

다. 절 차

통일정책은 준외교적 성격을 갖기 때문에 기본적으로 대통령의 권한에 속한다. 대통령은 권한행사에 있어서 일반적인 국가의사결정절차를 따라야 한다. 예컨대 해당 통일정책이 개인의 기본권 실현에 관련되어 있거나 혹은 중요한 국가조직의 변화를 수반하는 경우 법적 근거를 필요로 한다. 이 밖에 헌법은 통일정책의 수행에 있어서 두 가지 특수한 형태의 권한행사방법을 두고 있다. 첫째, 헌법 제72조에 의하여 대통령이 필요하다고 인정하는 경우 통일문제를 국민투표에 부칠 수 있다. 통일문제에 관하여 대의기관의 의견이 파편화되어 의사결정능력이 없는 경우에 대통령은 국민투표에 부칠 수 있다. 이는 국회에 구속력을 가지며, 국회는 이를 위반하는 내용의 법률을 제정할 수 없다. 둘째, 헌법은 통일문제에 대한 신중한 접근을 위하여 대통령 자문기구로서 국가안전보장회의와 민주평화통일자문회의를 두고 있다(헌법 제90조, 제91조). 전자는 국가안전보장 일반에 관한 자문기구이며, 후자는 통일문제를 특유한 대상으로 하는 자문기구이다. 전자는 필수기구이며, 후자는 임의기구이지만 현재 두 기구가 모두 설치되어 있다.

대통령은 중요한 통일문제에 관한 의사결정에 있어서 국회와 협의 혹은 국회의 동의 등 사전절차가 필요한 경우 이러한 절차를 거쳐야 한다. 위에서 언급한 대통령 자문기구들은 사전에 자문을 하는 기능을 수행할 것이다. 다만 이들 기구들의 자문이 법적 구속력이 있지는 않다.

국내법적 절차와 별개의 문제로서 북한과 합의의 효력에 관한 문제가 제기된다. 이 점은 이미 1991년 남북기본합의서가 채택된 후 논란을 겪은 바 있다. 당시 남북기본합의서는 국회의 간여 없이 채택되었고, 또 이후 헌법재판소와 법원은 이를 일종의 신사협정으로 보고 법적 구속력을 부인하였다.[46] 이에 대해서는 다음과 같은 비판이 있었다. 즉 남북기본합의서에 적극적으로 국내법적 효력을 인정하여야 하며, 또 국회에서 동의절차를 거치게 하여 법률과 같은 효력을 인정하여야 한다는 것이다.[47] 국회의 통제가능성에 대해서는 2005년 제정된 「남북관계발

체로 규정하고 있음을 전제로 한 위헌주장은 형사절차상의 사실인정 내지 법적용의 문제를 헌법문제로 오해한 것이어서 …" 헌재 1997. 1. 16. 92헌바6등, 9-1, 22; 1997. 1. 16. 89헌마240, 9-1, 74 이하 등 참조.

46) 헌재 1997. 1. 16. 92헌바6등, 9-1, 23; 2000. 7. 20. 98헌바63, 12-2, 66; 대판 1999. 7. 23. 98두14525 등 참조.

47) 예컨대 방승주, "헌법재판소와 대법원의 남북관계 관련 판례에 대한 헌법적 평가," 공법연구 제39집 제2호 (2010), 225; 최윤철, "평화통일 관련 입법에 대한 헌법적 평가," 공법연구 제39집 제2호(2010), 305 등 참조.

전에 관한 법률」(이하 '남북관계발전법')이 이에 대한 실용적인 규정을 두었다. 즉 대통령은 남북합의서를 비준하기에 앞서 국무회의의 심의를 거쳐야 하며, 국가나 국민에게 중대한 재정적 부담을 지우는 남북합의서 또는 입법사항에 관한 남북합의서의 체결·비준에 대해서는 국회가 동의하여야 한다(제21조 제2, 3항). 그러나 이 법률에도 남북 간에 체결되는 합의서의 법적 효력에 관한 규정은 결여되어 있다. 남북합의서가 조약의 성격을 갖지 않는 한, 국회에서 동의절차는 정부의 통일행위에 대한 통제의 의미를 가질 뿐 법적 효력을 부여하는 계기가 되지는 않는다. 더구나 남북관계발전법은 조약에 적용되는 일반적인 기준을 벗어나 조약의 효력을 정지시킬 수 있도록 하였다. 즉 '대통령은 남북관계에 중대한 변화가 발생하거나 국가안전보장, 질서유지 또는 공공복리를 위하여 필요하다고 판단될 경우에는 기간을 정하여 남북합의서의 효력의 전부 또는 일부를 정지시킬 수 있다'(제23조 제2항). 법적으로 구속력 있는 조약을 체결하기 위한 가장 기본적인 전제는 당사국 간에 법률관계를 성립시키고자 하는 합의이다. 그런데 남과 북 사이에 이러한 의사가 존재하는가의 여부에 관계없이 준외교적 행위라는 이유로, 혹은 국회의 동의를 거쳤다는(혹은 거칠 것이라는) 이유로 조약과 같은 법적 효력을 부여하는 것은 성급한 판단이다.[48] 남북합의서가 조약은 아니지만 그 효력에 대해서는 남북 모두 준수할 법적 책임이 있다는 주장도 이에 관한 합의가 있는 경우에 한하여 타당하다.[49] 다만 입법 정책적으로 보면 구체적으로 통일이 진행되는 상황에서 이루어지는 남북합의는 법적 효력을 갖는 형태로 형성되어야 한다. 이는 통일절차와 통일 후 상황에 대한 구체적인 결과를 도출하기 위한 합의를 내용으로 할 것이기 때문이다.

2. 평화적 통일의 과제

가. 국제평화유지의 과제, 침략전쟁 부인

통일의 방법은 평화적이어야 한다. 남북은 전쟁을 겪은 바 있고, 이는 우리 민족에게 유례가 없는 물질적 및 정신적 피해를 남겼다. 또 전쟁은 승리를 위하여 모든 수단이 동원·정당화되고 그 결과 인권이 참혹하게 말살되는 반인도적 범죄행위이다. 헌법 제5조 제1항에 의하면 대한민국은 국제평화의 유지에 노력하고 침략전쟁을 부인한다. 이때 침략전쟁은 넓게 보면 인류의 공존에 위협이 되는 폭력적인 수단의 사용을 의미한다.[50] 따라서 무력통일의 방법은 국제

---

48) 같은 견해로는 도회근, "남북관계 법제의 발전과 한계," 헌법학연구 제14권 제3호(2008), 227 이하 참조. 이에 비해서 비교의 대상으로 빈번히 거론되었던 1972년 '동서독 기본조약'(Vertrag über die Beziehungen zwischen der Bundesrepublik Deutschland und Deutschen Demokratischen Republik; Grundlagenvertrag)은 국회의 동의절차를 거쳤으며 합의의 형태가 조약이라는 명칭을 가졌기 때문에 법적 효력이 부여되었다. 이에 관한 연방헌법재판소의 결정으로는 BVerfGE 36, 1 참조. 이 결정에 대해서 자세히는 허영, "남북한 간 조약체결의 헌법적 검토 ─ 동서독기본조약에 대한 서독 연방헌법재판소 판례의 교훈," 헌법판례연구 3(2001), 105 이하 참조

49) 이에 대해서는 김종세, "한국의 통일방안을 위한 헌법적 접근," 공법학연구 제9권 제1호(2008), 73 참조.

50) 예컨대 독일 헌법은 제26조 제1항에서 국제평화유지의 구체적인 내용을 넓은 의미로 규정하고 있다. 즉 "인류의 공존을 파괴하는 행위, 특히 침략전쟁을 수행하는 행위는 헌법에 위반되며, 형법에 의하여 처벌된다".

평화를 유지하는 과제뿐 아니라 침략전쟁을 부인하는 헌법조항과 조화될 수 없다.

나. 평화적 통일정책

평화통일정책을 수립하고 집행하기 위해서는 북한과 평화적인 공존관계를 형성·유지하여야 한다. 헌법 제3조와 제4조의 관계는 이러한 맥락에서 이해되어야 한다. 위에서 언급했듯이 헌법 제3조는 북한의 법적 지위에 대해서 개방적이다. 소극적으로 보면 헌법 제3조에서 북한의 불법이적단체로서의 성격이 도출되는 것은 아니며, 적극적으로 보면 북한은 이중적 지위를 갖는다.[51] 한편으로 북한은 분단 이후 오랫 동안 대한민국을 공산화 혹은 해방의 대상으로 삼고 실제 전쟁을 일으킨 당사자로서 대한민국과 적대·대립의 관계에 있으며, 다른 한편 1970년대 이후 우리 통일정책이 변화하면서 헌법 제4조 평화통일조항을 근거로, 또 국제연합의 회원국으로서 서로 평화적 관계를 형성하여 교류 및 협력을 하는 관계에 있다.[52] 대한민국과 북한이 서로 국가성을 부인하는 점은 남북기본합의서에서는 남과 북은 '나라와 나라 사이의 관계가 아닌 통일을 지향하는 관계에서 잠정적으로 형성되는 특수 관계'로 표현되었다(전문).[53] 이는 남북관계발전법에도 그대로 이어졌다(법 제3조 제1항). 이러한 남북관계의 법적 구성방법은 남과 북의 구체적인 법률관계에 따라서 적용법률을 신축성 있게 선택하는 여지를 제공하였다. 예컨대 남과 북 사이의 거래는 국가 간의 거래가 아닌 민족내부의 거래로 보며(남북관계발전법 제3조 제2항), 이에 비해서 남북 사이의 현금이전에 대해서는 외국환관리법이 적용된다.[54]

남북교류협력법의 헌법적 근거는 제4조이다. 헌법 제3조는 헌법 제4조의 적용에 있어서 영향을 미친다. 평화적 공존의 관계를 규율하는 경우에도 남북관계의 또 다른 측면인 적대적 관계가 현실화될 가능성이 있으며, 이러한 상황에 대비하기 위한 규제가 필요하기 때문이다. 남북교류협력법은 이 점을 실체법적으로, 그리고 절차법적으로 다음과 같이 반영하고 있다. '실체법'적으로 보면 이 법이 적용되는 대상을 한정하였다. 즉 '남한과 북한의 왕래·접촉·교역·협력사업 및 통신 역무의 제공 등 남한과 북한 간의 상호 교류와 협력을 목적으로 하는 행위에 관하여는 이 법률의 목적 범위에서 다른 법률에 우선하여 이 법을 적용한다'(법 제3조). 이로써 적극적으로는 목적 범위 내의 교류와 협력에 대해서는 국가보안법을 적용하지 않고, 소극적으로 보면 적대대립의 관계에 대해서 국가보안법 등 다른 법률을 적용할 가능성을 여전히 남겨두고 있다. '절차법'적으로 보면 북한을 방문하기 위해서는 통일부장관의 승인을 받아야 한다(법 제9조). 이는 북한 지역이 대한민국의 영토이기 때문에 거주이전의 자유에 대한 제한이기는 하지만 교류협력관계가 적대대립관계로 변질될 가능성이 내재해 있기 때문에 이에 대한 사전심사가 헌법에 위반되는 것은 아니다.[55]

---

51) 이에 대해서는 전술 주 17 참조.

52) 헌재 1993. 7. 29. 92헌바48, 5-2, 75; 대판 2000. 9. 29. 2000도2536; 2003. 4. 8. 2002도7281 등 참조.

53) 남북특수관계에 대해서는 도회근(주 14), 163 참조.

54) 헌재 2005. 6. 30. 2003헌바114, 17-1, 879 이하 참조.

55) 헌재 1993. 7. 29. 92헌바48, 5-2, 65 이하; 1997. 1. 16. 92헌바6등, 9-1, 22 이하; 2000. 7. 20. 98헌바63,

남북교류협력법과 외견적으로는 충돌하는 관계에 있는 국가보안법을 적용하는데 있어서도 평화적 통일의 과제는 존중되어야 한다. 국가보안법은 국가안전보장을 구체적으로 위태롭게 하는 행위를 금지하는 입법목적을 갖는다. 따라서 국가보안법의 직접적인 헌법적인 근거는 헌법 제37조 제2항이며, 헌법 제37조 제2항을 적용함에 있어서 헌법 제3조가 내포하고 있는 북한의 법적 지위 및 남북관계의 이중적 측면 중 적대·대립관계가 국가보안법의 적용대상이 된다.[56] 평화적 공존의 관계 속에서 이루어지는 접촉이 추상적으로 북한에 이로운 행위라는 이유로 국가보안법의 적용대상이 될 수는 없다. 두 법률이 충돌관계에 있으며, 이러한 법의 충돌이 특별법우선의 원칙에 의하여 극복되어야 한다는 주장 역시 타당성이 없다. 두 법률은 입법목적과 규율대상 자체를 달리하기 때문이다. 국가보안법의 폐지 혹은 개정의 필요성이 있다면 이는 국가보안법이 남용된 과거의 경험을 되풀이하지 않기 위한 입법정책적인 문제이며, 평화통일정책의 문제는 아니다.

3. 자유민주적 기본질서에 입각한 통일의 과제

가. 질서선택의 가능성과 이론적·현실적 한계

북한은 우리와는 이질적인 헌법을 운영하고 있으며, 이는 자유민주적 기본질서와는 근본적인 차이가 있다. 이러한 정치적 및 규범적 상황에서 북한과 대화와 합의를 통하여 남북이 수용할 수 있는 국가형태 및 헌법에 합의하는 것은 불가능하다.

통일의 실현방법과 관련하여 이론적으로 세 가지 형태를 생각할 수 있다. 이는 통일 후 한반도를 지배하는 헌법질서와 직접적으로 연계되어 있는 문제이다. 첫째, 우리 헌법질서를 기초로 통일이 이루어지는 방법이다.[57] 우리 헌법 제4조는 이 점을 명확히 하고 있다. 헌법은 국가의 정치 및 사회경제질서에 대한 근본적인 결정이며, 국가를 지배하는 장기적인 가치질서이다. 따라서 우리 헌법의 가치질서가 통일의 기초가 되어야 한다는 선언은 당연하다. 다만 이것이 평화적 통일의 과제와 어떠한 관계에 있는가의 문제가 남는다. 둘째, 북한의 헌법질서에 기초하여 통일을 실현하고 이것이 통일 후 헌법으로 기능하게 하는 방법이다. 북한의 입장에서 보면 당연한 구상이지만 이는 우리의 연구 및 정책과제는 아니다. 셋째, 우리와 북한의 헌법질서를 혼합하여 중간 형태로 통일을 실현하고 이를 통일 후의 헌법질서로 형성하는 방법이다.

감성적 혹은 정치상징적으로 남한과 북한의 정치, 사회경제질서 및 헌법을 절충하여 통일

12-2, 64 이하 등 참조. 사전승인제도를 완화하여 신고제를 적용하도록 하는 제안이 있다. 예컨대 최윤철(주 47), 308 참조. 그러나 신고제가 단순한 행정편의를 위한 것이라면 남북관계에 미치는 영향을 실질적으로 검토할 수 없기 때문에 충분하다고 할 수 없으며, 신고에 따른 실질적인 심사가 이루어진다면 현재의 사전승인제도와 차이가 없을 것이다.

56) 같은 견해로는 예컨대 최대권, 헌법학강의, 박영사, 2001, 106 참조.

57) 통일에 대비한 헌법개정의 내용에 대해서는 이승우, "남북통일에 대비한 헌법개정의 필요성과 방향," 공법연구 제39집 제2호(2010), 23 이하 참조.

을 실현하는 방법이 정당성이 있어 보이지만 이는 이론적으로는 불가능하다.[58] 또 현실적인 가
능성도 높지 않다. 대의민주주의와 인민민주주의, 실체적 가치의 개방성과 폐쇄성, 복수정당제
도와 일당지배의 원칙, 권력분립과 권력집중, 자본주의시장경제와 사회주의계획경제 등 헌법을
지배하는 원칙 및 제도들은 선택의 대상이며, 절충할 수 있는 문제가 아니기 때문이다.

나. 자유민주적 기본질서의 이해

　　자유민주적 기본질서의 내용에 대해서는 논란이 있다. 자유민주적 기본질서를 통일의 기
반으로 제시한 결과 평화적 통일의 가능성을 차단한다는 지적은 타당하지 않다. 위에서 언급했
듯이 통일의 기반으로 우리 헌법의 가치를 제시하는 것은 당연하다. 또 우리 헌법상의 가치와
질서 및 제도와 북한 헌법상의 가치와 질서 및 제도를 중간에서 절충하여 제3의 길을 가는 방
법은 이론적으로 불가능하고, 또 현실성도 지극히 낮다. 따라서 자유민주적 기본질서의 이해에
대한 문제가 통일정책과 갖는 관련성은 크지 않다.

　　헌법이 통일의 기반으로 선언하고 있는 자유민주적 기본질서는 일반적인 민주적 기본질
서 혹은 민주주의와 구별되는 특별한 형태의 민주주의를 염두에 둔 것은 아니다. 민주주의에
서 자유와 평등의 이념이 균형 있게 실현되어야 하며, 자유의 가치가 부인될 수 없다는 의미
정도로 이해하여야 한다. 따라서 통일의 기반이 되는 민주주의는 자유와 평등의 이념 어느 하
나를 일방적으로 희생시키지 않는 범위에서 개방적인 가치질서를 의미한다. 자유민주주의에
대한 헌법재판소의 이해방법도 다르지 않다. 헌법재판소는 자유민주주의의 가치요소로서 일
인 혹은 일당독재의 배제, 국민다수의 지배, 자유와 평등에 기초한 법치주의 등을 들고 있다.
구체적인 제도요소로서 기본권 보장, 권력분립, 의회제도, 복수정당제도, 선거제도, 사유재산
과 시장경제, 사법권의 독립 등을 들고 있다. 이는 민주주의에 대한 일반적인 이해와 다르지
않다.[59] 자유민주적 기본질서가 자유와 평등의 균형을 강조하는 사회민주주의를 배제하는 것
은 아니다. 또 통일질서를 현행 우리 헌법의 정치·사회경제적 질서에 비해서 협소하게 해석
하여야 할 이유도 없다.

　　자유민주적 기본질서가 예컨대 사회민주주의와 대칭되는 개념이기 때문에 '자유'의 수식어
를 삭제하는 개정이 필요하다는 견해가 있다.[60] 객관적으로 보면 이러한 주장이 타당하다. 그
러나 '자유민주적 기본질서'는 해석을 통하여 우리 헌법상의 가치에 포섭될 수 있으며, 여기에
는 사회민주주의 등 다양한 민주주의유형을 배제하는 의미가 내포되어 있지 않다.[61] 또 '자유'
를 삭제하는 개정은 필연적으로 우리 사회에서 이념투쟁을 촉발시킬 가능성이 있다. 따라서 이

---

58) 이 점에 대한 검토로는 예컨대 전광석, "통일헌법상의 경제사회질서," 한림법학 FORUM 제3권(1993), 27
　　이하 참조.
59) 헌재결 1990. 4. 2. 89헌마113, 2, 64 참조.
60) 예컨대 김병묵, "남북한 헌법상의 통일관계조항 비교연구," 경희법학 제29권 제1호(1994), 47 참조. 이 밖에
　　자유민주적 기본질서에 관한 규정 자체를 삭제하자는 주장도 있다. 예컨대 장명봉(주 20) 참조.
61) 이에 대해서는 김상겸(주 21), 229 이하; 도회근, "헌법 총강의 개정필요성과 방향," 헌법학연구 제16권 제
　　3호(2010), 14 등 참조.

에 대한 개정이 시급하지는 않다.[62]

다. 합의통일과 흡수통일

자유민주적 기본질서에 의한 통일은 흡수통일을 암시하고 있으며, 따라서 평화적 통일의 요청과 모순된다는 주장 역시 타당하지 않다. 통일의 실현과정을 예측하기는 어렵다. 1990년 독일의 통일은 일반적으로 흡수통일로 평가되어 왔다. 이는 동독 주민이 서독 헌법에 가입하는 형태로 통일이 이루어졌으며, 또 서독의 정치·경제체제가 동독에 확대되었다는 사실에 대한 평가이다. 그러나 위에서도 살펴보았듯이 실질적으로 보면 독일의 통일을 결코 흡수통일이라고 할 수는 없다.[63] 먼저 서독에의 가입은 동독 주민의 혁명적 의지가 결정적인 계기가 되었다. 전후 동독의 강권적인 통치체제를 붕괴시킨 것은 동독 주민의 의사였으며, 이들은 서독의 정치 및 경제체제를 지향하였다. 구체적인 통일과정 역시 서독의 일방적인 의지가 관철된 것은 아니다. 서독 정부와 새로이 민주적으로 구성된 동독 정부 간에 짧지만 집중적인 협의를 거쳐서 동독의 특수성을 고려하여 부분적으로는 일시에, 그리고 부분적으로는 점진적으로 법적 통일을 이루었다.

우리의 통일도 위와 같은 과정을 거칠 것으로 예측된다. 통일은 어느 한쪽의 체제가 중심이 될 것이다. 다만 오랜 동안 이질적인 법, 정치 및 사회경제체제가 지배하였던 공동체가 새로운 질서에 편입되는데 따르는 혼란을 방지하기 위해서는 일정한 경과조치들이 필요하다.[64] 이 점에 있어서도 남북 대표 간에 밀도 있는 협의가 있거나 (북한의 대표가 구성될 수 없는 경우에는) 북한 주민의 이익을 충실히 반영하여 실질적으로는 합의에 위한 통일이 이루어져야 할 것이다.

V. 다른 조문과의 관계

헌법 제4조와의 관계에서 가장 논란이 많았던 조문은 제3조이다. 헌법 제4조의 평화통일의 과제는 북한의 실체 및 체제를 인정하고, 북한을 실질적인 교류와 협력의 상대방으로 이해하는 기반 위에서 실현된다. 그런데 헌법 제3조는 북한의 국가성, 그리고 그 실체를 부인하고 불법단체로서 이해하는 근거가 된다는 점에 문제가 있다고 본다.[65] 그러나 헌법 제3조는 대한민국이 한반도에서 유일한 국가라는 의미를 내포할 뿐 북한의 법적 지위에 대해서는 개방적이다.[66] 따라서 헌법 제3조가 북한을 사실상의 정부로 인정하고 평화적 공존과 통일을 위한 교류와 협력의 상대방으로 하는데 규범적 장애가 되지는 않는다. 오히려 헌법 제3조는 규범적으로 대한민국의 영토를 한반도와 그 부속도서라고 하여 현실의 분단 상황을 자극하고 통일을 지향하

62) 이러한 견해로는 예컨대 최윤철(주 47), 301 참조.
63) 위 Ⅲ. 3. 참조.
64) 예컨대 통일 후 우리 헌법을 전면적으로 적용하기 전에 2년 정도의 유예기간을 두자는 견해로는 이승우(주 57), 241 이하 참조.
65) 전술 주 15 참조.
66) 전술 주 17 및 51 참조.

는 조문으로 보아야 한다. 이렇게 보면 헌법상 통일의 과제는 이미 헌법 제3조에서 도출되며, 통일의 과제에 관한 헌법 제4조는 선언적 의미를 갖는다.[67] 또한 헌법 제3조는 최근 새로운 의미를 부여받고 있다. 즉 북한의 체제가 붕괴하여 권력공백상태가 발생했을 때 이를 우리의 문제로 보고 주체적으로 접근할 수 있는 중요한 근거가 되며, 또 북한지역 외에서 북한 주민에 대한 적극적인 보호의 계기가 된다는 것이다.[68]

통일의 방법으로서 '평화적 통일'과 '자유민주적 기본질서'는 여러 헌법조문과 연계하여 이해되어야 한다. 헌법 제5조 제1항에 의하여 대한민국은 국제평화의 유지에 노력하고, 침략적 전쟁을 부인한다. 한반도의 분단은 국제정치질서의 재편과정에서 이루어진 측면이 있고, 또 한반도의 통일 역시 국제정치질서에서 이해를 구하는 과정을 거쳐야 한다. 독일의 통일과정에서도 국제사회에서 이해를 구하는 절차를 거친 바 있다[69]. 따라서 한반도의 통일은 헌법적으로 보더라도 국제평화를 파괴하고, 북한을 무력으로 침략하는 형태로 실현될 수는 없다. 이 점에서 보면 평화적 방법에 의한 통일은 이미 헌법 제5조 제1항의 내용에 포함되어 있다.

자유민주적 기본질서에 대한 이해는 우리 헌법을 중심으로 이루어져야 한다. 자유민주적 기본질서는 민주적 기본질서 혹은 민주주의와 내용상 차이가 없다. 따라서 이념으로서 국민주권주의, 자유와 평등의 가치, 대의제원리, 다수의 지배와 소수의 보호 등을 내용으로 한다.[70] 우리 헌법은 사회적 약자를 보호하기 위한 기본권 보장과 경제질서의 형성을 요청하고 있기 때문에 사회민주주의의 가능성을 내포하고 있다. 따라서 통일의 기반으로서 자유민주주의는 자유의 가치를 배제하는 민주주의를 부정한다는 소극적인 개념으로 이해하여야 하며, 예컨대 사회민주주의를 허용하지 않는다는 적극적인 개념으로 보아서는 안 된다. 정당은 그 목적·조직과 활동이 '민주적'이어야 한다는 의미와 같은 내용으로 볼 수 있다(헌법 제8조 제2항).

VI. 개정의 필요성에 대한 검토

한반도의 분단과 통일에 관련된 헌법조항 중 개정논의가 활발하게 이루어진 부분은 헌법 제3조이다.[71] 그러나 헌법 제3조의 의미가 헌법제정 이후 변천했다고 볼 수 없으며, 1987년 도입된 헌법 제4조와 모순되는 관계에 있지도 않다. 또 북한에서 급변사태의 발생가능성, 그리고 북한 주민에 대한 보호의 필요성을 고려하면 오히려 존재의미가 더욱 강화되었다고 볼 수 있다. 헌법 제4조와 관련해서는 통일의 방법으로서 자유민주적 기본질서 중 '자유'부분을 삭제하

---

67) 위 Ⅳ. 1. (1) 참조.
68) 이에 대해서는 도회근(주 61), 11 참조.
69) 이에 대해서는 예컨대 이장희, "독일통일의 국제법적 조명," 허영(편), 독일 통일의 법적 조명, 박영사, 1994, 37 이하; 전광석, "동서독 통일과 국가승계문제," 현대공법논총(변재옥박사화갑기념논문집), 1994, 375 이하 등 참조.
70) 전술 주 59 참조.
71) 전술 주 21 참조.

거나 혹은 '자유민주적 기본질서' 자체를 삭제하는 논의가 있었다.[72] 그러나 이러한 견해는 객관적으로 타당하기는 하지만, 이러한 헌법개정은 필연적이지 않고, 또 불필요하게 이념적 논쟁을 일으킬 것이기 때문에 시급하지도 않다.

VII. 관련문헌

김병묵, "남북한 헌법상의 통일관계조항 비교연구," 경희법학 제29권 제1호(1994).

김선택, "헌법과 통일정책," 한국법학 50년 — 과거, 현재, 미래(Ⅰ), 한국법학교수회, 대한민국 건국 50주면 기념 제1회 한국법학자대회 논문집(1998).

김상겸, "헌법상 남북관련조항에 관한 연구," 헌법학연구 제10권 제3호(2004).

김종세, "한국의 통일방안을 위한 헌법적 접근," 공법학연구 제9권 제1호(2008).

도회근, "남북관계의 현실과 국가의 평화통일의무," 공법연구 제39집 제2호(2010).

＿＿＿, "헌법의 영토와 통일조항개정론에 대한 비판적 검토," 헌법학연구 제12권 제4호(2006).

＿＿＿, "헌법총강의 개정 필요성과 방향," 헌법학연구 제16권 제3호(2010).

방승주, "헌법재판소와 대법원의 남북관계 관련 판례에 대한 헌법적 평가," 공법연구 제39집 제2호(2010).

양 건, "남한의 통일방안과 법적 문제," 헌법연구(법문사, 1995).

이승우, "남북통일에 대비한 헌법개정의 필요성과 방향," 공법연구 제39집 제2호(2010).

장명봉, "남북한 기본관계정립을 위한 법적 대응", 한국공법학회, 유엔가입과 통일의 법적 문제(1991).

＿＿＿, "남북한 평화통일의 기초조건," 국제법학회논총 제35권 제1호(1990).

전광석, "독일 통일 관련 조약과 독일 헌법의 발전," 한림법학 FORUM 제1호(1991).

＿＿＿, "동서독 통일의 방법론에 대한 헌법논의," 허영(편), 독일통일의 법적 조명(박영사, 1994).

전광석, "동서독통일의 헌법문제," 한림대 논문집 제8집(1990).

최대권, "남북기본합의서와 관련된 제반 법문제 — 특수관계의 의미를 중심으로," 법학(서울대), 제34권 제3·4호(1993).

＿＿＿, 통일의 법적 문제(법문사, 1990).

최윤철, "평화통일 관련입법에 대한 헌법적 평가," 공법연구 제39집 제2호(2010).

허 영, "남북한간 조약체결의 헌법적 검토 — 동서독기본조약에 대한 서독 연방헌법재판소판례의 교훈," 헌법판례연구 제3권(2001).

---

72) 전술 주 60 참조.

헌법 제5조

[이 상 경]

第5條

① 大韓民國은 國際平和의 유지에 노력하고 侵略的 戰爭을 否認한다.

② 國軍은 國家의 安全保障과 國土防衛의 神聖한 義務를 수행함을 使命으로 하며, 그 政治的 中立性은 준수된다.

Ⅰ. 기본개념과 입헌취지

우리 헌법은 세계평화와 국제협력을 통한 평화추구의 이념을 바탕으로 하고 있다.[1] 특히

---

1) 전광석, 한국헌법론(제8판), 집현재, 2013, 145 참조; 정종섭, 헌법학원론, 박영사, 2012, 251 참조; 허영, 한

헌법 전문에서 항구적인 세계평화와 인류공영에 이바지하는 현 세대의 과제를 명시하고 이는 후대의 안전, 자유 및 행복을 실현하기 위한 당연한 전제조건으로 받아들이고 있다.[2] 이러한 헌법의 평화추구이념을 헌법 제5조는 거듭 강조하여 제1항에서는 국제평화의 유지를 위한 국가의 노력의무를 밝히고 특히 침략적인 전쟁을 부인하고 있다. 헌법 제5조 제2항에서는 국가의 존립과 안전을 보장하기 위한 국가방위제도로서의 국군의 헌법상 의무와 정치적 중립성 준수를 규정하고 있다.

　　세계 각국 헌법상 적극적으로 평화유지 및 침략전쟁의 부인에 관한 조항을 두기 시작한 것은 제2차 세계대전 후의 일이며 이는 제2차 세계대전이라는 참혹한 전쟁을 경험한 세계 각국에서 비롯된 평화구현의 정신에서 나온 것이다. 평화구현의 핵심은 평화정신의 선언과 침략적 전쟁의 금지규정이다.[3] 우리 헌법도 제5조 제1항에서 "대한민국은 국제평화의 유지에 노력하고, 침략적 전쟁을 부인한다"라고 규정함으로써 헌법적 차원에서 무력에 의한 침략적 전쟁을 금지하고 있다. 여기서 침략적 전쟁이란 타국에 대한 영토적 야심을 실현하기 위한 전쟁, 채권확보목적의 전쟁 등 포괄적 의미에서 볼 때 인류의 공영·공존을 위협하는 각종 무력의 사용 및 이에 따른 국가 간의 충돌을 의미한다.[4] 침략적 전쟁의 금지의 의미는 형식적으로 판단할 것이 아니기 때문에 외형상 전쟁의 범주에 속하지 않더라도 실제 인류의 공존을 위협하는 효과를 갖는 타국 혹은 타인종에 대한 국가행위 역시 금지된다.[5] 아울러 우리나라는 국제연합의 회원으로서 UN헌장에 규정된 무력행사금지원칙을 당연한 것으로 받아들이고 있다.[6] 그런데 이는 제국주의 내지 패권주의적 발상에 의한 침략전쟁을 부인할 뿐 자위수단으로서의 자위전쟁까지 부인하는 것은 아니기 때문에 국군의 조직이나 국군의 존재 자체를 포기하는 것이 아님은 물론이다. 국가는 국제법상 자기존속에 대한 권리를 갖기 때문에[7] 방어적 전쟁을 수행할 권리는 승인되는 것이다.[8] 또한 우리 헌법 제5조 제2항에서는 국군의 정치적 중립의무를 규정하고 있는데 그 취지는 지금까지 군인들이 군사쿠데타를 일으켜 정권을 잡은 것에 대한 반성과 앞으로 이러한 일이 반복되지 않도록 헌법적 차원에서 국민의 의지를 담고 이에 따른 민주적 통제를 가능케 하기 위한 것이다. 군사쿠데타에 대해서는 역사 바로 세우기 관점에서 헌법적으로

　　국헌법론(전정 6판), 박영사, 2010, 177 이하 참조.

2) 전광석(주 1).

3) 김철수, 헌법학개론, 박영사, 2007, 309-310 참조.

4) 전광석(주 1), 147.

5) 전광석(주 1).

6) UN헌장 제33조 이하 참조.

7) UN헌장 제51조: 이 헌장의 어떠한 규정도 국제연합회원국에 대하여 무력공격이 발생한 경우, 안전보장이사회가 국제평화와 안전을 유지하기 위하여 필요한 조치를 취할 때까지 개별적 또는 집단적 자위의 고유한 권리를 침해하지 아니한다. 자위권을 행사함에 있어 회원국이 취한 조치는 즉시 안전보장이사회에 보고된다. 또한 이 조치는, 안전보장이사회가 국제평화와 안전의 유지 또는 회복을 위하여 필요하다고 인정하는조치를 언제든지 취한다는, 이 헌장에 의한 안전보장이사회의 권한과 책임에 어떠한 영향도 미치지 아니한다.

8) 전광석(주 1).

여하한 경우에도 허용될 수 없도록 한 것이며 헌법적으로도 이를 명문화한 이후 설령 성공한 군사쿠데타라도 국민을 위한 것이 아닌 자신들의 권력욕을 위한 것이라면 형사처벌된다는 헌법재판소의 결정[9]은 군사쿠데타 등으로 군이 정치적 중립을 지키지 못하고 정권을 장악함으로써 헌정질서를 교란시킨 역사적인 사실을 바로잡는 의미를 가진다.[10]

II. 연 혁

인간은 유사 이래 전쟁의 잔혹함을 극복하고 영구평화를 실현하기 위해 다양한 평화 정착 방안을 모색해 왔다. 그러므로 전쟁을 방지하고 인류의 영구평화를 보장하기 위한 영구평화주의에 관한 논의의 기원은 B.C. 4세기의 알렉산더 대왕의 세계제국의 수립까지 거슬러 올라간다.[11] 이어 로마제국에 의해 이러한 이상은 구체적으로 실현되었고 이는 오늘날 세계화의 이념의 시작이자 철학적 이념을 현실적으로 실현하고자 한 것으로 간주된다.[12] 그러나 실제로 영구평화주의이념을 계승한 것은 근대 이전의 기독교세력이다. 프랑스의 성직자 생 피에르(Abbé de Saint-Pierre)는 1713년에 『영구평화 초안』(Projet de paix perpéuelle) 3권을 통하여 평화의 실현을 위한 구체적 방안으로서는 최초로 '국제연맹계획'을 밝혔다. 생 피에르의 평화실현 계획은 루소(J. J. Rousseau)에게 계승되었고, 그 뒤 칸트(Immanuel Kant)에 이르러 한 걸음 더 발전하였다. 칸트는 1795년에 발표한 『영구평화론』(Zum ewigen Frieden)을 통해 각국은 자신의 막중한 주권의 일부를 양도함으로써 국제조직을 만들어 전쟁을 방지하여야 한다고 강조하였다.[13] 특히 칸트는 인류 본래의 도덕적 소질에 의한 전쟁 폐지의 요망으로부터 자신이 제창한 평화연맹이 창설되리라고 확신하였다. 나아가 칸트는 '영구평화'의 조건으로 '공화정체'를 들었다.[14] 이와 같은 유럽중심의 국제평화주의는 18세기 이전까지는 주로 기독교사상을 근저에 두고 터키 등의 이교도들의 침입을 방지하기 위한 것이었으며, 비로소 칸트 등이 프랑스혁명의 이론적 근거를 제시하면서 엄격한 이성적 비판과 검토를 거쳐 체계적인 항구평화원칙을 확립시켰

---

9) 헌재 1995. 12. 15. 95헌마221·233·297(병합): "성공한 쿠데타 이론의 바탕이 되고 있는 "완성된 사실의 규범적 효력"이라는 19세기적 법실증주의적 논리는 현대 법철학에서 극복된 지 오래이며, 만일 위와 같은 논리를 그대로 적용한다면 앞으로 군사반란행위자의 살 길은 내란에 나아가서 정치권력을 획득하는 것밖에 없다는 것을 제시하는 결과가 되어 잘못된 역사의 재현을 막을 수 없다. 결국 내란세력이 집권에 성공한 경우 이에 통상 뒤따르는 헌법의 개·제정만을 이유로 내란죄의 보호법익 또는 구성요건이 바뀌었다고 보고 그 내란행위에 대하여 처벌을 할 수 없다고 하는 것은 헌법의 기본정신인 국민주권의 원리와 실질적 법치주의에 원리에 어긋나는 것이므로, 집권에 성공한 내란죄의 처벌 가부는 어디까지나 주권자인 국민으로부터 실질적인 승인을 받았는지 여부에 의하여 판단되어야 한다."

10) 한수웅, 헌법학, 제3판, 법문사, 2013, 346 참조.

11) 한형건, "국제사회에서의 평화유지사상," 헌법과 현대법학의 제문제, 현민 유진오박사기념논문집, 일조각 (1975), 213 참조.

12) 이광주, "역사에서의 민족주의와 세계주의," 광장(1979. 10), 14 참조.

13) 박관숙, "국제법과 세계평화," 아카데미논집 제3집(1975. 12), 134 참조.

14) 장영권, 한반도 평화의 이론·구성·전략, 한국평화미래연구소 평화미래연구총서, 2011, 서문 7 참조.

다.[15] 그런데 이러한 평화론의 공통점은 국가연합의 창설과 중재기구의 실치 및 전쟁을 일으킨 국가들에 대한 군사나 경제적 제재를 가할 수 있다는 점이다. 그러나 역사적으로 전 세계가 20세기에 발생한 비참한 세계전쟁을 경험함으로써 현실적으로 영구평화주의의 필요성과 타당성의 논의가 활성화되었고 이에 따라 각국 헌법에도 이와 같은 규정들이 도입된 것이다. 우리 헌법 제5조 제2항은 앞서 언급한 바와 같이 5·16 군사쿠데타 및 1980년 군사쿠데타 등 군이 정권을 장악함으로서 헌정질서를 교란·파괴한 역사적으로 뼈아픈 경험을 토대로 이를 다시 반복하여 겪지 않겠다는 국민적 의지에 연원한 것으로 우리나라의 독특한 헌법규정이라고 할 것이다.[16]

Ⅲ. 입법례와 비교법적 의의

국제질서에서 평화를 영구정착화하고자 하는 시도는 제2차 세계대전 이후 뚜렷이 나타나기 시작했으며 특히 평화주의를 중심으로 한 국제질서는 패전국의 헌법에 충실히 나타났다.[17] 일본국 헌법 제9조의 전쟁권 부인 규정, 소위 평화헌법조항,[18] 독일의 양심상 집총거부권의 헌법상 보장 등이 그 패전국 헌법에 나타난 평화주의적 국제질서의 뚜렷한 예이다.[19] 평화를 보장하기 위한 방법으로서 각국 헌법상 규정되고 있는 것으로는 다음과 같은 것이 있다.[20]

1. 침략적 전쟁의 포기를 규정한 입법례

이는 대부분의 국가에서 채택하고 있다고 보이는 가장 기본적인 형태의 평화주의 헌법형태이다. 이는 1791년 프랑스혁명헌법이 이러한 형태의 헌법의 시초라고 할 것이다. 이 외에 브라질 헌법과 이탈리아 헌법이 이를 따랐다. 역시 우리나라도 이에 따른 입법례이다.

2. 국제분쟁의 평화적 해결

또 평화보장을 위하여 국제분쟁을 평화적으로 해결할 것을 국가에 과하여진 의무로서 규정하고 있는 헌법들이 있다(예: 네덜란드 헌법, 포르투갈 헌법, 1931년의 스페인 헌법). 구체적 방안으로서 중재재판에 의하도록 규정하는 입법례가 있다(예: 독일기본법, 인도 헌법, 브라질 헌법).

---

15) 권영성·민경식, "평화주의의 헌법적 보장," 아카데미논총 제8집(1980. 12), 127 참조.
16) 한수웅(주 10), 346 참조.
17) 전광석(주 1), 146.
18) 일본국 헌법 제9조: 일본 국민은 정의와 질서를 기조로 하는 국제평화를 성실히 희구하며 국권의 발동인 전쟁과 무력에 의한 위협 또는 무력의 행사는 국제분쟁을 해결하는 수단으로서 영구히 이를 방기한다.
19) 전광석(주 1).
20) 성낙인, 헌법학(제12판), 2012, 290 이하 참조; 송인권, "헌법상 국제평화주의에 관한 연구," 충남대학교 법과대학원(1981. 7), 36-44 요약정리.

3. 국제기관에의 주권의 위양·주권의 제한

오늘날 국제기구와 주권국가와의 긴장관례는 심각한 이론적 쟁점이 되고 있는데, 독일기본법은 국제기구가 평화유지를 위하여 필요한 경우에 있어서는 국가주권을 국제기구에 위양할 수 있다는 규정을 두고 있다. 이 같은 국제기구에 대한 주권의 위양의 가능성과 방식을 규정한 것으로는 1953년의 덴마크 헌법, 1949년의 독일기본법을 들 수 있다. 또한 프랑스 제4공화국 헌법 전문은 상호주의하에서 평화의 조성과 방위에 필요한 주권의 제약에 동의함을 선언하였다. 이러한 입법례 중 하나는 이탈리아 헌법을 예를 들 수 있다.

4. 평화파괴행위의 처벌 및 평화주의자의 보호

독일기본법 제26조는 국가 간의 평화적 공동생활을 문란하게 할 우려가 있고 또 그 의도로써 행하여지는 행동, 특히 침략전쟁의 수행을 준비하는 행동은 위헌으로 하고, 그러한 행동은 처벌한다고 규정하고 있다. 평화파괴행위자의 처벌에 못지않게 중요한 것은 평화주의자의 보호이다. 평화를 인권으로 파악하는 경향이 일본에서 나타나고 있는바, 평화적 주재권의 인정과 함께 평화운동 때문에 국외추방된 자에게 거주권을 부여하는 것도 평화주의자의 보호라고 하겠다. 그러나 그보다 더 실효성 있는 것은 양심적 반전주의자에 대한 보호이다. 독일기본법 제4조 제3항은 집총군무거부권을 규정한 것으로서, 이는 미국에서의 양심적 반전주의자에 대한 보호보다도 더욱 강한 보호라고 할 것이다. 이러한 양심적 집총거부자들을 인정한 예로는 스칸디나비아 3국을 비롯해서, 오스트리아, 프랑스가 있고 이들 이외에 일부 아프리카와 중남미국가들도 있다. 다만 이스라엘은 여성에 한해서 인정하고 있다.

5. 군비의 방기·제한

전쟁의 수단으로서의 군비를 축소·제한 방기하는 것은 평화보장을 위한 좋은 방법이 될 것이다. 독일기본법 제26조 제2항은 무기의 제조 운반 거래를 금지하여 정부에 의한 군비의 통제를 규정하였다고 볼 수 있다. 또한 앞서 살펴본 바와 같이 일본국 헌법 제9조는 무력을 보유하지 않는다고 하여 군비를 헌법이 명시적으로 폐지한 유일한 국가가 되었다.[21] 또한 약한 형태로는 연방은 상비군을 둘 수 있다고 규정한 스위스 헌법을 들 수 있다.

6. 국제법규의 존중

오늘날의 헌법들은 국제법규의 준수를 규정하고 있는데, 심지어 국제법규가 국내법규에

---

21) 일본 최고재판소는 "일본헌법의 평화주의는 결코 무방비, 무저항을 규정한 것은 아니다. … 일본국이 자국의 평화와 안전을 유지하고 그 존립을 완전히 하기 위한 필요한 조치를 할 수 있는 것은 국가고유의 권한의 행사로서 당연한 것이라고 하지 않을 수 없다"고 판시하였다(최고재판소, 昭 34. 12. 16 참조).

우월하다는 규정을 두는 헌법이 나타나기에 이르렀다(예: 독일기본법 제25조). 그 외에도 국제법이 자동적으로 국내법의 일부가 된다는 규정도 있다(예: 1948년의 이탈리아 헌법). 이는 또한 영국헌법에서도 불문율로 여겨지고 있다.

Ⅳ. 다른 조문과의 체계적 관계

우선 국제평화주의와 관련하여서는 우리 헌법은 전문에서 "안으로는 국민생활의 균등한 향상을 기하고 밖으로는 항구적인 세계평화와 인류공영에 이바지함으로써 우리들과 우리들의 자손의 안전과 자유와 행복을 영원히 확보할 것을 다짐하면서"라고 규정하고 있다. 이러한 헌법 전문의 이념을 구현하기 위하여, 헌법 제5조 제1항에서 국제평화유지 노력의무와 침략적 전쟁을 부인하고, 제5조 제2항에서 국군의 신성한 의무가 국가의 안전보장과 국토방위임을 선언하고 있다. 이러한 국제평화주의 이념을 실현하면서도 외국으로부터의 공격에 대하여 국민과 영토를 보호하기 위한 자위전쟁은 허용되며, 이를 위하여 헌법상 대통령의 국군통수권(헌법 제74조 제1항), 국군의 조직과 편성의 법정주의(헌법 제74조 제2항), 국민의 국방의 의무(헌법 제39조 제1항) 등의 군사관련 규정이 존재한다.[22] 그러나 우리 헌법은 평화파괴행위의 처벌, 평화주의자의 보호, 국제분쟁의 평화적 해결, 군비의 방기·제한, 국제기관에의 주권의 위양 등에 대해서는 일체 규정하고 있지 않고 있으며, 다만 제5조에서 침략전쟁의 금지와 제6조의 제1항에서는 국제법규의 존중, 그리고 제2항에서는 외국인의 보호에 관한 규정을 두어 간접적으로 평화유지에의 노력을 규정하고 있다.[23] 또한 헌법 제5조에 선언된 평화주의국제질서는 헌법 제4조의 평화통일조항과도 밀접히 관련되어, 분단국가인 우리 현실에서 평화적으로 통일정책을 수립하고 이를 통해 통일을 달성하도록 하는 헌법적 기본방향을 제시하고 있다.[24] 다음으로 제2항의 국군의 정치적 중립성보장 조항과 관련될 수 있는 조항은 다음과 같다. 헌법 제60조 제2항에서 선전포고와 같은 침략적 전쟁에 대응하는 자위전쟁에 대한 국회동의권을 규정하고 나아가 집단적 자위권의 행사로서 국군의 해외파견, 외국군의 국내주둔에 대한 국회동의권을 규정하고 있다.[25] 그리고 행정부와 관련하여서는 헌법 제74조 제1항의 대통령의 국군통수권 조항과 동조 제2항에서 국군의 조직과 편성의 법정주의를 규정하고 있으며, 제82조는 국무총리와 관계 국무위원의 군사에 관한 부서제도를 규정하고 있다. 이는 모두 자위전쟁의 경우만을 전제로 한 것이다.[26] 또한 제86조 제3항과 제87조 제4항에서는 국무총리와 국무위원의 문민원칙을 규정하고

---

22) 정극원, "헌법상 평화조항에 관한 일고찰," 세계헌법연구 제19권 제3호(2012), 129-130 참조.

23) "우리 헌법은 헌법에 의하여 체결·공포된 조약은 물론 일반적으로 승인된 국제법규를 국내법과 마찬가지로 준수하고 성실히 이행함으로써 국제질서를 존중하여 항구적 세계평화와 인류공영에 이바지함을 기본이념의 하나로 하고 있다(헌법 전문 및 제6조 제1항 참조)"(헌재 1991. 7. 22. 89헌가106 참조).

24) 전광석(주 1), 145 참조.

25) 정극원(주 22), 130 참조.

26) "북한이 남·북한의 유엔동시가입, 소위 남북합의서의 채택·발효 및 남북교류협력에관한법률 등의 시행 후

있고, 제89조는 군사에 관한 중요한 사항은 국무회의의 심의를 거쳐야 함을 규정하고 있다.

V. 개념과 원리에 대한 판례 및 학설

1. 헌법 제 5 조 제 1 항의 국제평화주의와 침략전쟁의 부인

헌법 제5조 제1항은 "대한민국은 국제평화의 유지에 노력하고 침략적 전쟁을 부인한다"라고 규정하여 '침략적 전쟁의 금지'라는 국제법상의 원칙을 헌법상 수용하여 헌법적 지위를 가진 구속력 있는 원칙으로 규정하고 있다.[27] 침략전쟁은 자위전쟁에 대응하는 개념으로 일국이 무력을 사용하여 타국의 주권이나 영토보전권, 정치적 독립을 침해하는 전쟁을 말한다. 자위전쟁이란 적의 직접적인 공격을 격퇴하기 위한 전쟁을 의미하며 UN헌장에 따라 개별적 자위와 집단적 자위로 나누어지는데, 이와 같은 자위전쟁이 아닌 전쟁은 모두가 침략전쟁이라고 할 수 있다. 침략전쟁은 국제분쟁을 해결하는 수단으로서의 전쟁으로서 영토의 확장이나 채권의 확보 등의 국가목적을 위한 전쟁을 말한다. 침략전쟁의 금지규정에서 문제되는 것은 전쟁에 이르지 않는 무력의 사용은 가능할 것인가이다. 무력의 행사란 형식적으로는 전쟁이 아니나 실질적으로는 전쟁이라고 볼 수 있는 대외적 군사행동에 한정되어야 하고 단순한 경찰력의 행사는 이에 포함되지 않는다. 생각건대 자위전쟁이 아닌 한 침략전쟁은 물론 무력의 행사도 금지된다고 할 것이다.[28] 국제연합도 일반적으로 침공, 폭격이나 외국영토의 봉쇄를 시간적으로 먼저 취하는 경우를 침략전쟁으로 간주하고 있다.[29] 나아가 UN헌장은 무력의 행사 이외에 무력에 의한 위협도 금지하고 있다.[30] 따라서 우리 헌법의 정신에 비추어 단지 무력의 행사 이외에 무력에 의한 위협도 금지되어야 한다고 본다. 한편, 예외적으로 엄격한 요건하에서 확실하게 예측되는 임박한 공격이나 침략에 대한 예방적 차원의 자위전쟁도 허용될 수 있다. 이에 더하여, 유엔헌장 제7장에서는 일반적인 무력금지에 대한 예외를 인정하여 평화의 위협이나 파괴를 군사력으로 대처하기 위하여 안정보장이사회가 이에 필요한 군사조치의 수행을 회원국에게 위임할 수 있도록 하고 있다.[31]

다만 이라크 파병은 처음에는 생화학무기의 존재를 전제로 한 집단적 자위전쟁이었으나

에도 적화통일의 목표를 버리지 않고 각종 도발을 자행하고 있으며, 남·북한의 정치 군사적 대결이나 긴장관계가 조금도 해소되고 있지 않음이 현실인 이상 국가의 존립·안전과 국민의 생존 및 자유를 수호하기 위하여 신·구 국가보안법이 해석·적용상 북한을 반국가단체로 보고 이에 동조하는 반국가활동을 규제하는 것 자체가 헌법이 규정하는 국제평화주의나 평화통일의 원칙에 위배된다고 할 수 없다"(헌재 1997. 1. 16. 92헌바6; 1997. 1. 16. 89헌마240).

27) 한수웅(주 10), 332 참조.
28) 김철수(주 3), 313.
29) 한수웅(주 10), 323 참조.
30) UN헌장 제39조.
31) UN헌장 제7장 참조; 한수웅(주 10), 332 참조.

이라크침공이후 생화학무기의 존재자체가 부정되고 나서 우리 국군의 파병이 헌법상 국제평화
주의에 반하는 침략전쟁이냐에 대해서 헌법재판소는 "이른바 이라크 전쟁의 국제규범에 어긋
나는 침략전쟁인지 여부 등에 대한 판단은 대의기관인 대통령과 국회의 몫이고, 성질상 한정된
자료만을 가지고 있는 우리 헌법재판소가 판단하는 것은 바람직하지 않다고 할 것이다"[32]라고
판단한바 있다.

2. 제 5 조 제 2 항의 국군의 정치적 중립성

헌법은 제5조 제2항에서 "국군은 국가의 안전보장과 국토방위의 신성한 의무를 수행함을
사명으로 하며, 그 정치적 중립성은 준수된다"고 함으로써 국군은 국가의 외부로부터의 침략으
로부터 국가를 방위하고, 내부적으로는 정치적인 중립을 통하여 쿠데타 등을 통한 정권창출 등
의 헌정질서 교란·파괴행위를 부인함으로써 국내평화질서의 확립을 통하여 국민에게 '안전과
자유와 행복'을 보장하는 것을 궁극적인 목적으로 선언하고 있다.

가. 헌법상 의미

국가의 존재가 국가 스스로 대내적 최고임과 동시에 대외적 독립을 유지하면서 자국민의
자유, 생명, 자산의 최대향유에 봉사하는 점에 그 의의가 있는 만큼, 이러한 국가자체의 존립
및 안전보장의 물리적 장치로서의 군의 존재도 필수적이다. 대부분의 국가가 국제적 위기가 상
설화함에 따라서 군사제도에 관한 규정을 마련하고 있는 것은 현대헌법의 특징 중의 하나이다.
우리나라도 역시 군사제도에 관련된 조항을 여러 곳에 마련해 놓고 있다. 여기서의 국군이라
함은 대한민국의 군대만을 가리킨다. 따라서 제60조 제2항의 외국군대와는 구별되어야 한다.
국군의 범위는 다음과 같이 크게 세 가지로 나눌 수 있다.[33] 첫째, 협의의 군은 일정한 사회세
력으로 정착된 고급장교단(officers corps)을 의미한다. 둘째, 광의의 군은 일반적으로 일컬어질
때의 군을 의미하는 군대(army)를 말한다. 즉 무력집단으로서의 육, 해, 공 3군으로서 국군조직
법에 의해서 규율되는 군을 말한다. 마지막으로 예비군, 민방위, 전시근로동원법에 의한 노동제
공자도 포함한다. 하지만 여기서의 국군은 두 번째의 광의의 군으로서 범위에 해당한다고 할
것이다. 그런데 국군의 정치적 중립성을 실효성 있게 하기 위하여 가장 중요한 것은 국민에 대
표들에 의해서 민주적 통제를 하게 하는 것이 우리 헌법의 가장 중요한 이념이라고 할 수 있고
이에 대해서 구체적으로 검토해 보면 다음과 같다. 국군의 정치적 중립성 보장에 관한 주요 내
용은 다음과 같다.[34] 우선, 군의 정치개입 및 정치활동은 원칙적으로 금지된다. 이에 위반하는
경우에는 군형법에 의하여 그러한 정치군인의 처벌이 가능하다. 그러므로 상부에서 특정후보에
대한 지시 또는 정치개입의 명령이 하달되었더라도 이는 위헌위법한 명령으로 복종할 의무가

---

32) 헌재 2004. 4. 29. 2003헌마814 참조.
33) 권영성, 헌법학원론, 법문사, 2007, 255 참조.
34) 권영성(주 33), 258 요약 참조.

없는 것이며, 군형법 94조에 의하여 처벌된다. 다음으로, 문민통치체제의 원칙, 즉 군부에 대한 민간우위의 원칙이다. 이는 군의 역할이 오직 국가안보와 국방이라는 군사적 목적에 한정되는 것을 의미하며 비군사적, 민간적 부분에서의 군사화를 지양하는 것을 의미한다. 끝으로, 정치가의 정치목적을 위한 군의 이용의 금지이다. 이는 과거 정치력을 통해 해결하여야 했던 문제들을 군의 이용을 통해 해결함으로써 군부의 정치개입구실을 제공하였다는 점을 고려한 것이다.

나. 병정통합주의

병정통합주의를 검토하는 것은 이 제도가 군대의 정치적 중립을 보장하기 위한 강력한 제도이기에 검토하고자 한다.

(1) 병정통합주의와 병정분리주의[35)]

헌법상 군사제도에는 병정통합주의와 병정분리주의의 두 가지가 있다. 병정통합주의라함은 군정군령일원주의를 말하는 바, 이는 군정과 군령을 다 같이 일반 행정기관이 관장하여 정부에 의한 군의 통제가 가능한 주의를 의미한다. 이에 대하여 병정분리주의라함은 군정군령이원주의로, 군정담당기관인 군정기관으로서의 일반행정기관과 군령담당기관으로서의 국가원수소속하의 별도 특수기관이 병존하는 주의를 뜻하는데 이 주의하에서는 군령작용이 일반행정작용의 범주 밖에서 이루어지므로 과거 프로이센, 일본과 같이 군국주의로의 위험이 크다. 여기서 군정이라 함은 민간인이 행정계통에 따라 군을 조정, 유지, 관리하는 양병작용, 즉 군의 조직, 편성권을 말하고 한편 군령이라 함은 군인이 작전에 따라 군을 사용, 통솔하는 용병작용, 즉 군의 지시·작전·명령권을 말한다.

(2) 현행 헌법상의 군정·군령일원체제

우선 대통령의 권한과 관련하여 검토하면 다음과 같다. 첫째, 대통령은 제74조 제1항에 의하여 최고의 군통수권을 갖는다. 여기서의 통수에는 국군의 최고사령관, 최고지휘자로서 군정, 군령에 관한 행사는 물론 국군지휘권, 국군내부편성권, 교육규율권 들이 포함된다. 다만 국군의 작전지휘권 문제와 관련하여 이승만 대통령이 UN군 사령관 맥아더에게 6·25 당시 작전권을 이양한 후 한미연합군 사령관이 한국작전권을 행사해 오고 있다. 아무튼 대통령의 이러한 군통수권은 제69조가 부여한 헌법수호와 국가보호를 위한 것이며, 침략적 전쟁을 위해서는 행사할 수 없음이 제5조 제1항에 비추어 명백하다. 둘째, 대통령은 제73조에 의하여 선전포고권 및 강화권을 갖는다. 이는 대통령의 군령권 행사의 일종으로, 그 행사를 위해서는 국회의 사전동의가 필요하다(제60조). 셋째, 대통령은 제60조 제2항에 의하여 국회의 동의하에 국군의 해외파견권을 갖는다. 넷째, 대통령은 제77조 제1항의 계엄선포권을 갖는 바, 이는 군령권 행사의 일종이다. 또한 국무회의는 대통령의 국군통수의 권한을 보좌하는 기능을 수행하는바, 선전, 강화(제89조 제2호), 계엄과 그 해제(제89조 제5호), 군사에 관한 중요한 사항(제89조 제6호)의 심의를

35) 김철수(주 3), 1435 참조.

행한다. 국방부 장관은 행정각부로서의 국방부의 장으로서 국방에 관련된 군정, 군령사무를 관장한다(정부조직법 제33조) 그리고 국가안전보장회의는 제91조 제1항에 의해 대외정책, 군사정책 등의 자문기구로 활동한다.

(3) 문민통제(우위)의 원칙

국군의 정치적 중립성을 보장하기 위해 헌법은 문민통제(civilian control)를 실현하고 있다. 현행 헌법 제82조에서는 국무총리와 관계국무위원의 군사에 관한 부서제도를 규정하고, 제86조 제3항과 제87조 제4항은 군인은 현역을 면한 후에 국무총리, 국무위원의 임명이 가능하다고 명시하며, 제89조에서는 군사에 관한 중요사항의 국무회의 심의를 규정하고 있다.[36]

다. 국회의 통제-민주적 군정주의

헌법 제60조 제2항에서는 선전포고, 국군의 해외파견, 외국군의 국내주둔에 대한 국회동의권을 규정하여 군사권에 대해서 국민의 대표기관인 국회의 민주적 통제를 받게 하고 있다. 그리고 행정부와 관련하여서는 헌법 제74조 제1항의 국민에 의하여 당선되어 민주적 정당성이 있는 대통령에게 국군통수권을 부여하고 있다. 또한 동조 제2항에서는 국군의 조직과 편성의 법정주의를 규정하기에 국민의 대표기관인 국회에 의하여 제정된 법률에 의하게 하고 있다. 제82조는 민주적 정당성이 있는 대통령에 의해서 임명된 국무총리와 관계국무위원의 군사에 관한 부서제도를 규정하고 있다. 또한 제86조 제3항과 제87조 제4항에서는 국무총리와 국무위원의 문민원칙을 규정하고 있고, 제89조는 군사에 관한 중요한 사항은 국무회의의 심의를 거쳐야 함을 규정하고 있다.

VI. 현실적 평가

인류는 두 차례에 걸쳐 세계대전을 겪으면서 반인륜적인 참상을 목도하였다. 이러한 경험을 토대로 세계 각국은 전쟁을 방지하고 평화를 유지하기 위한 각별한 노력을 경주하기 시작한 것이다. 인간의 존엄과 가치를 헌법의 최고이념으로 선언하고 있다 하더라도 전쟁 앞에서는 속수무책으로 인간의 존엄성은 오간 데 없이 짓밟히고 유린되기에 이러한 헌법상 평화주의의 선언은 특별한 의미를 갖는 것이다. 인류공영을 실현하는 데 이바지하기 위해서는 앞으로 국제적 평화를 유지하기 위한 국제사회에서의 우리 국가의 책무 등을 선언적으로 규정한다는 것은 의미가 있을 것이다. 또한 6·25 사변 이후에 전쟁의 폐허 속에도 한강의 기적을 이루기까지 우리는 해외에서 많은 원조를 받은 경험이 있다. 이러한 해외원조는 국가의 자립과 국제적인 성장을 도와 국제평화주의에 이바지할 수 있다는 관점에서 우리도 국가의 해외원조의무 등을 헌법에 규정함으로서 우리나라의 국제적 위상을 높일 수도 있을 것이다. 더불어 우리의 평화주의규

---

36) 양건, 헌법강의(제3판), 법문사, 2012, 145 참조.

정은 주로 국가의 의무조항이지만 실제 전쟁에 의해서 피해를 보는 주체는 개인적 국민들이기에 앞으로는 이들이 주체가 된 평화적 생존권의 논의가 활성화될 필요가 있을 것이다. 이러한 평화적 생존권은 헌법 제10조의 행복추구권[37)]에서 보장이 가능할 것이다. 평화적 생존권이란 평화적 생존을 위협하는 국가적·국제적 간섭의 배제를 국가 및 국제사회에 요청하고 이를 위해 연대할 수 있는 권리로 정의된다.[38)] 우리 헌법재판소는 소위 미군기지평택이전사건에서는 평화적 생존권을 인정하였으나,[39)] 이후 소위 전시증원연습사건에서 선례를 변경하면서 평화적 생존권을 헌법상 보장된 기본권으로 보지 않았다.[40)] 하지만 인간의 존엄과 가치 및 행복추구는 전쟁과 테러 등의 위협 없는 평화로운 생존의 보장 없이는 공허한 메아리에 불과할 뿐이다. 따라서 헌법의 최고이념인 인간의 존엄을 실현하기 위해서 평화적 생존 보장의 의미를 과소평가해서는 안되며 공동체에 있어서의 평화유지 및 존속의 보장을 헌법상 기본권으로 수용해야 할 당위성이 존재한다.[41)]

VII. 관련문헌

권영성, 헌법학원론, 법문사, 2007.

김철수, 헌법학개론, 박영사, 2007.

권영성·민경식, "평화주의의 헌법적 보장," 아카데미논총 제8집(1980. 12).

박관숙, "국제법과 세계평화," 아카데미논집 제3집(1975. 12).

성낙인, 헌법학(제12판), 2012.

송인권, "헌법상 국제평화주의에 관한 연구," 충남대학교 법과대학원(1981. 7).

양 건, 헌법강의(제3판), 법문사, 2012.

이광주, "역사에서의 민족주의와 세계주의," 광장(1979. 10).

이경주, 평화적 생존권, 헌법판례 100선, 한국헌법학회 편, 법문사, 2012.

장영권, 한반도 평화의 이론·구성·전략, 한국평화미래연구소 평화미래연구총서, 2011.

전광석, 한국헌법론(제8판), 집현재, 2013.

---

37) 김철수(주 3), 509 참조.
38) 이경주, 평화적 생존권, 헌법판례 100선, 한국헌법학회 편, 법문사, 2012, 493 참조.
39) 헌재 2006. 2. 23. 2005헌마268: "오늘날 전쟁과 테러 혹은 무력행위로부터 자유로워야 하는 것은 인간의 존엄과 가치를 실현하고 행복을 추구하기 위한 기본 전제가 되는 것이므로 헌법 제10조와 제37조 제1항으로부터 평화적 생존권이라는 이름으로 이를 보호하는 것이 필요하며, 그 기본 내용은 침략전쟁에 강제되지 않고 평화적 생존을 할 수 있도록 국가에 요청할 수 있는 권리라고 볼 수 있다."
40) 헌재 2009. 5. 28. 2007헌마369: "청구인들이 평화적 생존권이란 이름으로 주장하고 있는 평화란 헌법의 이념 내지 목적으로서 추상적인 개념에 지나지 아니하고, 평화적 생존권은 이를 헌법에 열거되지 아니한 기본권으로서 특별히 새롭게 인정할 필요성이 있다거나 그 권리내용이 비교적 명확하여 구체적 권리로서의 실질에 부합한다고 보기 어려워 헌법상 보장된 기본권이라고 할 수 없다."
41) 동지, 정극원(주 22), 133 참조.

정종섭, 헌법학원론, 박영사, 2012.

한수웅, 헌법학(제3판), 박영사, 2013.

한형건, "국제사회에서의 평화유지사상," 헌법과 현대법학의 제문제, 현민 유진오박사기념
　　　　논문집, 일조각(1975).

허　영, 한국헌법론(전정 6판), 박영사, 2010.

정극원, "헌법상 평화조항에 관한 일고찰," 세계헌법연구 제19권 제3호(2012).

헌법 제6조

[정 문 식]

第6條

① 憲法에 의하여 체결·公布된 條約과 一般的으로 승인된 國際法規는 國內法과 같은 效力을 가진다.

② 外國人은 國際法과 條約이 정하는 바에 의하여 그 地位가 보장된다.

Ⅰ. 기본개념과 입헌취지

1. 제 6 조 제 1 항

가. 헌법에 의하여 체결·공포된 조약

(1) 조　　약

조약법에관한비엔나협약(다자조약 제697호)[이하 '조약법협약'이라 한다] 제2조 제1항 (a)호에서는[1] 조약(treaty, Vertrag)의 요건을 '서면형식'과 '국가간' 합의로 규정하고 있다. 오늘날은 국가 외에 국제기구도 국제법 주체로 인정되기 때문에 국가와 국제기구 사이의 문서에 의한 합의도 조약에 포함된다.[2] 조약의 명칭은 기본적으로 조약의 성립과 무관하다. 협약(convention), 협정(agreement), 규약(covenant), 헌장(charter), 규정(statute), 결정서(act), 합의서(agreed minute), 선언(declaration), 각서교환(exchange of notes), 양해각서(memorandum of understanding), 잠정약정(modus vivendi) 등의 명칭에 관계없이, 국가 간 문서에 의한 합의라면 모두 넓은 의미의 조약에 속한다.[3]

헌법재판소도 명칭과 관련 없이 국가 간 합의의 내용에 따라 조약 여부를 판단하고 있다.[4] 다만 '남북 사이의 화해와 불가침 및 교류협력에 관한 합의서'(소위 남북기본합의서)에 대해서는 양 "당국간 합의로서 남북당국의 성의 있는 이행을 상호 약속하는 일종의 공동성명 또는 신사협정에 준하는 성격"을 가진 것으로, 헌법재판소나[5] 대법원[6] 모두 조약으로서의 성격을 부정하고 있다.

헌법 제60조 제1항에 의거하면 조약은, 조약의 체결·비준에 국회의 동의가 필요한 조약과 국회의 동의가 필요 없는 조약으로 구분할 수 있다. 국회의 동의를 받아야 하는 조약은 i) 상호원조 또는 안전보장에 관한 조약, ii) 중요한 국제조직에 관한 조약, iii) 우호통상항해조약, iv) 주권의 제약에 관한 조약, v) 강화조약, vi) 국가나 국민에게 중대한 재정적 부담을 지우는 조

---

* 초판의 기본 내용을 유지하되 최근 판례와 필요한 최소한의 내용을 첨삭하는 데 중점을 두었음.
1) 조약법협약 제2조 제1항 (a)호: "조약"이라 함은 단일의 문서에 또는 2 또는 그 이상의 관련문서에 구현되고 있는가에 관계없이 또한 그 특정의 명칭에 관계없이 서면형식으로 국가 간에 체결되며 또한 국제법에 의하여 규율되는 국제적 합의를 의미한다.
2) 이한기, 국제법강의, 박영사, 1997, 496; 양건, 헌법강의, 법문사, 2013, 150.
3) 이한기(전주), 498. 따라서 조약이라는 명칭이 사용되더라도, 조약의 성격을 구비하지 못한 경우에는 조약에 해당하지 않는다. 형식적인 조약은 기본적으로 여러 제도적 장치들을 통해 어느 정도 구속력을 가진다. 이와 관련하여 최근 들어 소위 '연성법'(soft law)이 국제법상 중대한 의미를 갖게 되었다. 연성법이란 법적으로는 직접적 구속력을 갖지 않지만, 국제관계에서 각 국에 상당한 정치적 의무를 부과하고, 이에 따라 헌법개정과 법률개정 등에 영향을 미치는 선언, 행동강령, 결정 등을 일컫는다. 국제연합(UN)의 결의안(resolution), 1948년 인권선언, 경제협력개발기구(OECD)의 지침(codex) 등이 이에 해당한다.
4) 헌재 1999. 4. 29. 97헌가14, 11-1, 273(282).
5) 헌재 1997. 1. 16. 92헌바6등, 9-1, 1(23); 2000. 7. 20. 98헌바63, 12-2, 52(62).
6) 대판 1999. 7. 23. 98두14525.

약, vii) 입법사항에 관한 조약 등이다. 헌법 제60조 제1항은 열거규정이므로[7] 열거되지 않은 조약은 국회의 동의를 요하지 않는다고 본다.

국제법상 체결절차에 따라 조약을 정식조약(formal treaty)과 약식조약(agreement in simplified form)으로 구분할 수도 있다.[8] 정식조약은 조약문의 인증과 조약의 구속을 받겠다는 동의표시(기속적 동의)를 따로 체결하는 조약이며,[9] 약식조약은 서명만으로 조약이 체결되는 간단한 형식의 조약이다.

(2) 헌법에 의한 체결·공포

헌법 제73조에 근거하여 조약의 체결권과 비준권은 대통령에게 있고, 헌법 제60조 제1항에 따라 일정한 조약의 체결·비준에 대해서는 국회가 동의권을 갖는다. 조약의 체결이란[10] 당사국간의 합의를 형성하기 위한 조약의 교섭과 확정과정 전체를 의미한다.[11] 비준이란 전권위원이 서명한 조약을 조약체결권자(대통령)가 확인하는 행위이며, 국가의 조약체결의사를 최종적으로 확정하는 효과를 갖는다.[12] 비준은 국내법상 절차로서 조약에 구속력을 부여하는 동의방식의 하나이다. 조약의 공포는 관보에 게재하여 한다(법령 등 공포에 관한 법률 제11조 제1항).[13]

통상적인 조약체결절차는, 먼저 대통령에 의하여 협상권한을 위임받은 전권대표가 국가간 혹은 국가와 국제기구 사이에 협상을 담당하여, 특정한 사안에 대하여 상대국 내지 국제기구와 합의를 이루어 조약의 내용을 확정하고(채택: adoption), 협상한 조약문에 수석대표가 서명한다(인증: authorization). 이러한 조약문에 국제법상 구속을 받겠다는 동의표시를 하는 것을 기속적 동의표시(consent to be bound by a treaty)라고 한다. 이 때 조약은 서명에 의해서만 조약의 효력을 발생할 수도 있고(약식조약),[14] 새로이 그 외 비준 등을 필요로 할 수도 있다(정식

---

7) 정종섭, 헌법학원론, 박영사, 2006, 884.

8) 김선택, "헌법 제60조 제1항에 열거된 조약의 체결·비준에 대한 국회의 동의권," 헌법실무연구회 제70회 월례발표회 발표문(2006), 5.

9) 조약법협약에서는 (a) 국가의 기속적 동의가 비준에 의하여 표시될 것을 조약이 규정한 경우, (b) 비준이 필요한 것으로 교섭국간 합의가 확정된 경우, (c) 조약국 대표가 비준되어야 할 것으로 조약에 서명한 경우, (d) 비준되어야 할 것으로 조약에 서명하고자 하는 국가의 의사가 대표의 전권위임장이나 교섭중에 표시된 경우를 비준받아야 하는 것으로 본다(제14조 제1항). 이러한 비준은 '수락' 또는 '승인'으로 표시되기도 한다(제14조 제2항).

10) 조약의 "체결" 개념에 대해서는, "조약을 국내적으로 최종 성립시키는 절차"(양건(주 2), 151), "조약의 내용에 대한 합의를 성립시키고 이를 최종적으로 확인하는 것"(정종섭(주 7), 200), "조약이 성립되어 효력을 발생하는 전과정을 말할 수도 있고, 서명과 비준이 행정부의 주요권한이라는 점을 보면 서명"(전광석, 한국헌법론, 2013, 150, 각주 9) 등으로 설명하고 있어서, 대략 '조약을 최종적으로 성립시키는 절차' 정도로 이해하는 듯하다. 체결과 비준 개념에 대한 상세한 내용은 김선택(주 8), 21-35 참조.

11) 이한기(주 2), 501.

12) 이한기(주 2), 505.

13) 조약실무에서는 "발효를 위한 모든 헌법적 법률적 요건을 완료하였다는 서면통보를 각 정부가 타방 정부로부터 접수한 날로부터" 일정 기간이 지난 후 조약의 효력을 발생하도록 하고 있다. 전광석(주 10), 151.

14) (a) 서명이 조약에 대한 국가의 기속적 동의를 갖는 것으로 조약 자체가 규정한 경우, (b) 서명이 그러한 효과를 갖는 것으로 교섭국간 합의되었음이 확정된 경우, (c) 서명에 그러한 효과를 부여하려는 국가의사가 대표의 전권위임장 혹은 교섭 중에 표시된 경우 등에는 서명에 의해서 조약의 효력이 발생한다(조약법협약 제12조 제1항).

헌법 제6조

조약). 국회의 동의를 요구하지 않는 조약은 국무회의의 심의를 거쳐(헌법 제89조 제3호) 대통령
이 비준한다. 헌법 제60조 제1항에 따라 국회의 동의를 요하는 조약은 국무회의 심의와 국회의
동의를 거친 후에 대통령이 비준한다.[15] 조약공포문의 전문에는 국무회의 심의와 국회의 동의
를 거친 뜻을 기재하고 국무총리와 국무위원이 부서한 후에 공포한다(헌법 제82조, 법령 등 공포
에 관한 법률 제6조).

나. 일반적으로 승인된 국제법규

일반적으로 승인된 국제법규란 대다수의 국가가 승인하여 국제사회에서 보편적 효력을 갖
는 규범으로서,[16] 국제관습법을 의미한다는 입장과[17] 국제관습법 외에 우리나라가 체결당사국
이 아닌 조약이라도 국제사회에서 일반적으로 그 규범성이 인정된 것은[18] 포함된다는 입장,[19]
법의 일반원칙까지 포함시키는 입장[20] 등이 있다. 법의 일반원칙은 조약이나 국제관습법의 흠
결을 보충하는 기능을 갖는데 지나지 않고, 양자와 저촉될 때는 하위에 선다.[21] 우리나라가 당
사국인 조약은 "헌법에 의하여 체결·공포된 조약"이다. 조약은 기본적으로 비당사국에 대하여
규범력을 발휘하는 것이 아니다.[22] 다만 헌법이 국제평화주의를 기본원리로 삼고 있기 때문에,
우리나라가 가입하거나 체결하지 않은 조약이라도 일정한 조약은 국제사회의 절대적 다수의
지지를 바탕으로, 조약의 내용 중 국제관습법화된 부분이 국제관습법의 자격으로 규범력을 가
질 수 있다.[23] 따라서 일반적으로 승인된 국제법규는 우리나라가 가입하지 않은 조약의 내용
중 규범력을 갖는 국제관습법을 의미하는 것으로 볼 수 있다.

다. 입헌취지

제헌헌법의 기초위원회 전문위원이었던 유진오는 헌법 제6조 제1항에 대하여 다음과 같이

---

15) 이에 대한 상세한 내용은 김선택(주 8), 8-13 참조.
16) 이준일, 헌법학강의, 홍문사, 2011, 183.
17) 양건(주 2), 157.
18) 그 예로서 세계우편연합규정, 제노사이드 금지, 포로에 관한 제네바협정, 부전조약 등을 든다.
19) 김철수, 헌법학개론, 박영사, 2006, 245; 권영성, 헌법학원론, 법문사, 2007, 178.
20) 계희열, 헌법학(상), 박영사, 2005, 183. 한편 허영, 한국헌법론, 박영사, 2006, 179; 장영수, 헌법학, 홍문사,
    2007, 249; 이준일(주 16), 183-184 등은 일반적으로 승인된 국제법규를 성문의 국제법규, 불문의 국제관
    습법, 일반적으로 승인된 (국제)조약 등으로 구분하고 있는데, 성문의 국제법규와 일반적으로 승인된 국제
    조약이 어떻게 구분되는지 불분명하다. 이 견해는 독일 기본법 제25조의 해석론을 따르는 것으로 보이는
    데, 참고로 독일의 경우 "일반적인 국제법규(die allgemeinen Regeln des Völkerrechtes: 또는 국제법상 일
    반법규)"에는 독일의 가입이나 비준 여부와 관계없이 국제법상 강행규범(ius cogens), 국제관습법상 임의규
    범, 지역적인 국제관습법, 법의 일반원칙 등이 포함되는 것으로 본다. Herdegen, in: Maunz/Dürig, GG, Bd.
    Ⅲ, Art. 25(2000), Rn. 19ff.; Koenig, in: v.Mangoldt/Klein/Starck, GG, Bd. 2, 6. Aufl., 2010, Art. 25, Rn. 15ff.;
    Pernice, in: Dreier, GG, Bd. Ⅱ, 2. Aufl., 2006, Art. 25, Rn. 17ff.; Rojahn, in: v. Münch/Kunig, GG, Bd.
    1, 6. Aufl., 2012, Art. 25, Rn. 6ff.; Streinz, in: Sachs, GG, 6. Aufl., 2011, Art. 25, Rn. 22ff. 등 참조.
21) 이한기(주 2), 116.
22) 조약법협약 제34조: "조약은 제3국에 대하여 그 동의 없이는 의무 또는 권리를 창설하지 않는다."
23) 정인섭, "헌법재판소 판례의 국제법적 분석," 헌법실무연구 5(2004), 571, 각주 1. 일반적으로 승인된 국제
    법규로서 예시되는 포로에 관한 제네바협정, 제노사이드 협정, 국제인권규약, 세계우편연합규정, 유엔헌장
    등은 모두 한국이 당사국으로 적용받는 조약이므로 헌법에 의하여 체결·공포된 조약에 해당한다.

적고 있다.[24]

"… 국제조약과 국제법규의 경시는 종래 국제평화 파괴의 중요 원인이 되어 왔으므로, … 우리나라가 국제평화의 유지에 적극 노력하기 위한 규정이라 할 수 있다. 비준·공포된 조약은 우리나라에 있어서는 대부분이 이미 국회의 동의를 얻은 것이므로, 국내법과 동일한 효력을 가지게 하는 것이 당연하다고도 할 수 있으나 일반적으로 승인된 국제법규까지를 국내법과 동일한 효력을 가진다고 규정한 것은 우리나라가 국제평화를 위하여 적극적으로 국제법을 존중할 것을 선명(宣明)한 것이라 할 수 있다. … 제2차 세계대전 이후에 제정된 불란서 신헌법 제26조는 조약을, 일본 신헌법 제98조 제2항은 조약과 국제법규를 법률 이상의 효력을 가진다고까지 규정하였는데(국제법우위설), 그것은 법리상으로는 더욱 진보적인 것이라 할 수 있으나 국제법과 국제관계의 현실을 고려할 때에는 지나친 것이라 아니할 수 없으므로 우리 헌법은 이를 취하지 아니한 것이다."

유진오는 국제평화와 국제민주주의에 대한 열의를 가지고 국제관습법을 일반적으로 승인된 국제관습법인 한 당연히 국내법과 동일한 효력이 있는 것으로 보고자 했으며, 이는 일반적으로 승인된 국제관습법 등 국제법규에 대해 적극적인 포괄적 수용에 의한 국내법으로의 편입 의사를 밝힌 것으로 보인다.[25] 이를 국제법우위사상이라고 할 수는 없으나 적어도 '국제법존중주의'라고 평가할 수는 있다.[26]

2. 제 6 조 제 2 항

가. 외국인, 국제법과 조약

외국인은 대한민국 국적을 갖지 않은 자로서 무국적자 및 이중국적자를 포함한다.[27] 대한민국과 외국의 국적을 동시에 갖는 복수국적자의 경우에는 원칙적으로 하나의 국적을 선택하거나(국적법 제12조) 외국 국적을 포기해야 하지만(동법 제10조 제1항, 제11조의2 제2항), 일정한 경우 외국 국적을 행사하지 않겠다고 법무부장관에게 서약할 수도 있다(제10조 제2항).

조약은 국제법 법원의 하나이므로 "국제법과 조약이 정하는 바"는 동의어 반복적인 표현으로서 적절하지 않다. 그러나 "국제법과 조약"이 동의어 반복이 아니라면, 여기서 국제법은 조약을 제외한 국제법 내용으로 볼 수 있다.[28] 다만 본 항에서 의미하는 '조약'은 우리나라가 체결한 조약이므로, '국제법'이란 우리나라가 가입하지 않았지만 규범력을 갖는 국제관습법으로 볼 수 있다.[29]

---

24) 유진오, (신고)헌법해의, 1954, 탐구당, 53-54.
25) 이상면, "국제법관련 헌법 규정의 제정 경위와 그 의의," 서울대학교 법학 39-4(1999), 177-178.
26) 전주, 179.
27) 헌재 2000. 8. 31. 97헌가12, 12-2, 167(175).
28) 전광석(주 10), 161.
29) 양건(주 2), 158; 전광석(주 10), 161.

헌법 제 6 조

나. 입헌취지

유진오의 "헌법해의"(憲法解義)에 의하면 본 조항의 입법취지는 다음과 같다.[30]

" … 그것은 외국인의 법적 안전을 명시하기 위하여 특히 설치한 규정이다. 종래 각국은 자국인민의 자유와 권리는 존중하고 보장하면서도 자국내에 있는 외국인에게는 부당한 차별대우를 하여 편협한 국가주의로 흐르는 경향이 많았는데, 우리나라는 그러한 배외주의를 일척(一擲)하고 국제법과 국제조약의 범위 내에서 그 지위를 보장하기로 한 것이다. 그러나 국제법과 국제조약의 범위 내에서 외국인의 법적 지위를 보장한다는 것은 여하한 경우에나 외국인을 우리나라 국민과 동일하게 취급한다는 의미는 아니다. … 대체로 말하여 국제법과 국제조약에 특별한 규정이 없는 한, 국방상 또는 치안상 중대한 관계가 있는 경우에는 사권(私權)에 대하여도 외국인에게는 그 향유를 인정하지 않을 수 있는 것이라 할 것이다. 우리나라 국민에 대하여는 여하한 경우에도 국외추방은 용허(容許)되지 아니하지만, 외국인에 대하여서는 범죄 또는 공안을 해하는 경우에 국외추방을 명함은 국제법상 당연히 용인되는 바이다."

II. 연   혁

1. 제 6 조 제 1 항

유진오의 헌법초안에는[31] 제7조에서 "정식으로 비준공포된 조약과 일반으로 승인된 국제법규는 국내법으로서의 효력을 갖는다"라고 되어 있다. 이후 사법부 법전편찬위원회에 제출한 헌법초안이나 국회헌법기초위원회에 제출된 헌법초안에서도 변화가 없었으며, 본회의로 이송된 헌법초안에서는 "비준공포된 국제조약과 일반적으로 승인된 국제법규는 국내법과 동일한 효력이 있다"로 약간 바뀌어 제헌헌법에서 그대로 수용되었다.

제5차 헌법개정(1962년 헌법)에서 제5조 제1항으로 조문이 바뀌면서 "이 헌법에 의하여 체결·공포된 조약과 일반적으로 승인된 국제법규는 국내법과 같은 효력을 가진다"로 표현도 약간 바뀌었다. 제9차 헌법개정(현행헌법)에서 조문이 현재와 같이 제6조로 바뀌었다.

2. 제 6 조 제 2 항

외국인의 법적 지위에 관한 조항은 헌법초안에는 없다가, 국회헌법기초위원회가 국회 본회의에 이송한 후에 논의과정에서 첨가되어 제헌헌법에서 제7조 제2문에 "외국인의 법적 지위는 국제법과 국제조약의 범위 내에서 보장된다"고 규정되었다.[32] 제5차 헌법개정에서 제5조 제

---

30) 유진오(주 24), 54-55.
31) 유진오, 헌법기초회고록, 일조각, 1981, 113. 그 밖에 초안의 작성경과와 토의 내용에 대해서는 이상면(주 25), 171-175 참조.
32) 이와 관련된 내용은 이상면(주 25), 180-181 참조.

2항으로 조문이 바뀌면서 "외국인에 대하여는 국제법과 조약에 정한 바에 의하여 그 지위를 보장한다"로 표현이 바뀌었다. 제9차 헌법개정 때 조문이 현재와 같이 바뀌면서 "외국인은 국제법과 조약이 정하는 바에 의하여 그 지위가 보장된다"고 수정되었다.

Ⅲ. 입헌례와 비교법적 의의

1. 제6조 제1항

가. 조문의 기원과 발전

국제법에 대하여 개방적인 태도는 18세기 블랙스톤(W. Blackstone)의 "국제법은 국가법의 일부"(Customary international law is the part of the law of the land)라는 사상에서 찾을 수 있고,[33] 명시적으로 헌법에 규정된 것은 바이마르공화국 헌법 제4조에서 발견된다: "일반적으로 승인된 국제법규는 독일라이히법의 일부로서 효력을 갖는다"(Die allgemein anerkannten Regeln des Völkerrechts gelten als bindende Bestandteile des deutschen Reichsrechts). 이러한 헌법적 차원의 규정은 1차 세계대전 이후 독일의 국제법 위반사실 비난에 대응하는 것이었다. 그러나 실제에 있어서는 판례와 학설이 이를 엄격하게 해석하여, 독일이 명시적으로 인정한 국제법규만이 "일반적으로 승인된 국제법규"였다. 뿐만 아니라 한번 인정한 국제법규라도 언제나 후에 법률로서 철회할 수 있고, 그 효력을 상실시킬 수 있었다.[34] 하지만 2차 세계대전에서 다시 패배한 이후 히틀러 시대의 국제법 위반에 대한 반동으로서, 현재 독일기본법 제25조에서는 국제법 적용에 엄격한 해석의 근거가 되었던 "승인된"(anerkannten)을 삭제하였다.[35]

나. 각국의 입헌례

오스트리아는 1920년부터 헌법 제9조 제1항에서 "일반적으로 승인된 국제법규는 연방법의 일부분으로서 효력이 있다," 이탈리아 헌법 제10조 제1항은 "이탈리아의 법질서는 일반적으로 승인된 국제법의 제원칙에 따른다," 프랑스 헌법 전문에서는 국제법규를 구속력이 있는 것으로 인정하고 제55조에서 "정상적으로 체결 및 비준한 국제조약 등이 당사국에 적용되면, 그 공표

---

33) Streinz(주 20), Rn. 2; Koenig(주 20), Rn. 9. 물론 블랙스톤 자신은 국제법이란 표현을 "International Law"로 사용하지 않고, "Law of Nations"로 사용하였다. Pernice(주 20), Rn. 14, Fn. 51.

34) Pernice(주 20), Rn. 2; Hofmann, in: Umbach/Clemens, GG, Bd. Ⅰ, 2002, Art. 25, Rn. 6; Streinz(주 20), Rn. 3; Koenig(주 20), Rn. 8.

35) 다만 효력문제에 있어서 처음 독일기본법 초안에서는 국제법의 일반규범을 "연방헌법의 구성부분"으로 규정하려던 것이 "연방법의 구성부분"을 이루는 것으로 수정되고, "법률에 우선한다"는 것으로 보충되었다: "국제법의 일반법규는 연방법의 구성부분이다. 이는 법률에 우선하고 연방영역의 거주자에게 직접 권리와 의무를 발생시킨다"(Die allgemeinen Regeln des Völkerrechtes sind Bestandteil des Bundesrechtes. Sie gehen den Gesetzen vor und erzeugen Rechte und Pflichten unmittelbar für die Bewohner des Bundesgebietes). 이에 대해서는 Pernice(주 20), Rn. 3f.; Hofmann(주 34), Rn. 8; Streinz(주 20), Rn. 4ff.; Koenig(주 20), Rn. 10f.; Herdegen(주 20), Rn. 2 등 참조.

와 함께 법률에 우선"하는 것으로 규정하고 있다. 그리스 헌법 제28조는 일반적인 국제법규를 국내법의 구성부분으로 볼 뿐만 아니라 법률보다 상위인 것으로 규정한다. 그 밖에 국제법규나 국제법상 일반원칙 등에 대해서 법률보다 상위의 효력을 부여하고 있는 헌법에는 폴란드 헌법 제91조 제2항과 제3항, 헝가리 헌법 제7조 제1항, 체코 헌법 제10조, 러시아 헌법 제15조 제4항 제2문 등이 있다.[36] 유럽 국가들은 대체로 헌법질서상 국제법에 대하여 우호적인 태도를 취하고 있으며, 심지어 헝가리 헌법재판소는 국제법상 강행규범(ius cogens)에 헌법보다 우위의 효력을 인정하고, 스위스는 국제법상 강행규범에 위반되는 국민투표를 인정하지 않기도 했다.[37]

    영국 등 앵글로 아메리칸 계열 국가들은 약간 다르다. 18세기 영국은 소위 수용이론(doctrine of incorporation)을 통해 국제관습법이 자동적으로 영국법의 일부를 형성하였으나, 1876년 이후 국제관습법의 변형(transformation)을 요구하는 판결들이[38] 내려지면서, 의회의 법률로 언제든지 국제관습법을 무효화시킬 수 있는 국내법우위 사상이 확립되었다. 이는 남아프리카, 인도, 호주, 미국 등에서 일반적인 관행이 되었다.[39] 미국 헌법 제6조 제2항 제1문은 "본 헌법에 의거하여 제정되는 합중국의 법률 그리고 합중국의 권한에 의하여 체결되거나 체결된 모든 조약은 이 국가의 최고법(the Supreme Law of the Land)이다"라고 규정하여, 조약이 헌법, 연방법률과 함께 최고법이라고 할 뿐 상호간 효력관계는 언급하지 않았다. 조약이 헌법과 동등한 효력을 갖는다는 주장도 있지만, 일반적으로 조약이 헌법상 제규정에 위반할 수 없는 것으로 본다.[40] 일본은 헌법 제98조 제2항에서[41] 국제법규의 성실한 준수의무만을 규정하고 있다.

2. 제6조 제2항

    외국인의 지위에 대해서 그리스 헌법 제28조 제1항 제2문이[42] 우리 조문과 유사하고, 다른 국가들은 법률로 유보하는 것이 일반적이다. 예컨대 코스타리카 헌법 제19조,[43] 이탈리아 헌법 제10조 제2항,[44] 스페인 헌법 제13조 제1항[45] 등이 그렇다. 유럽인권협약 제16조에서는[46] 외국인에 대한 정치적 권리에 대한 일정한 제한을 전제하고 있으며, 유럽연합운영조약

---

36) Pernice(주 20), Rn. 11f.
37) Pernice(주 20), Rn. 13.
38) 정영진/황준식(역), (이안 브라운리)국제법, 현암사, 2004, 69~72.
39) Pernice(주 20), Rn. 14. 남아프리카공화국 헌법 제232조는 "헌법과 법률에 위반되지 않으면 국제관습법(customary international law)은 공화국 법의 일부를 형성한다"고 규정되어 있다.
40) 양건, 헌법연구, 법문사, 1995, 769~770.
41) 제98조 제2항: 일본국이 체결한 조약 및 확립된 국제법규는 이를 성실히 준수할 것을 필요로 한다.
42) " … 외국인의 경우에 있어 국제법의 원칙과 국제조약은 항상 호혜주의 조건에 따라서 이를 적용한다."
43) "외국인은 헌법과 법률이 정하는 경우를 제외하고는, 코스타리카 국민과 동등한 권리와 의무를 갖는다.…"
44) "외국인의 법적 지위는 국제법규와 국제조약에 따라 법률로 정한다."
45) "외국인은 조약 및 법률에 따라, 본장의 규정이 보장하는 공적 자유를 향유한다."
46) "제10조, 제11조, 제14조의 어떤 규정도 체약국이 외국인의 정치활동에 대한 제한을 부과하는 것을 금하는 것으로 해석되지 않는다." 이에 대한 구체적인 내용은 Frowein/Peukert, EMRK-Kommentar, 3. Aufl., 2009,

(AEUV) 제18조 제1문과[47] 유럽기본권헌장 제21조 제2항은 유럽연합 내에서 국적을 이유로 한 차별을 금지하고 있다. 유럽연합 내 차별금지는 유럽 각 회원국 내에서 외국인에 대한 모든 차별을 금하는 것이 아니라, "유럽공동체법 규정이 적용되는 상황"(gemeinschaftsrechtlich geregelte Situation)에서[48] 국적을 근거로 한 차별에만 적용된다.[49]

IV. 다른 조문과의 체계적 관계

1. 제 6 조 제 1 항

본 조항은 "세계평화와 인류공영에 이바지"한다는 헌법 前文규정 및 제5조 제1항과 함께 국제평화주의에 입각한 국제법존중의 원칙을 밝힌 것이며,[50] 대외관계[51] 내지 국제질서에[52] 관한 헌법상 기본원리를 밝힌 것이다.

헌법 제60조 제1항은 대통령이 헌법 제73조의 권한에 의해 조약을 체결·공포할 때에도 반드시 국회의 동의를 얻어야 할 조약의 내용을 열거함으로써, 대통령 권한행사에 대한 국회의 통제근거로 기능한다. 제6조 제1항의 조약은 제73조의 대통령 권한에 의해 성립된 조약이, 국회의 제60조 제1항에 의한 통제를 거쳐, 합헌적으로 성립된 모든 조약을 포함한다.

헌법 제107조 제1항에서는 위헌법률심판의 대상을 "법률"로 규정하고 있는데, 헌법재판소는 위헌심사의 대상이 되는 법률에는 "조약"과[53] "일반적으로 승인된 국제법규"도[54] 포함된다

Art. 16; Grabenwarter, Europäische Menschenrechtskonvention, 2. Aufl., 2005, S. 113f.; Karpenstein/Mayer, EMRK, 2012, Art. 16; Meyer-Ladewig, EMRK, 3. Aufl., 2011, Art. 16; Peters/König, in: Dörr/Grote/Marauhn, EMRK/GG, 2. Aufl., 2013, Bd. II, Kap.21, Rn. 108ff. 등 참조.

47) "조약의 특별규정을 침해하지 않는 한, 조약의 적용에 있어서 국적을 이유로 한 어떤 차별도 금지된다." 유럽연합운영조약 제18조에 대해서는 Epiney, in: Calliess/Ruffert, EUV/AEUV, 4. Aufl., 2011, Art. 18 AEUV, Rn. 3ff.; Zuleeg, in: v.d.Groeben/Schwarze(Hrsg.), EU/EG-Vertrag, Bd. 1, 6. Aufl., 2003, Artikel 12 EG, 9ff.; v. Bogdandy, in: Grabitz/Hilf/Nettesheim, Das Recht der EU, Bd. I, Art. 18 AEUV(2010), Rn. 6ff.; Kingreen, Verbot der Diskriminierung wegen der Staatsangehörigkeit, in: Ehlers, EuGR, 3. Aufl., 2009, §13; Odendahl, in: Haselhaus/Nowak, Hdb. EU-Grundrechte, 2006, §45, Rn. 4ff.; Streinz, in: ders., EUV/AEUV, 2. Aufl., 2012, Art. 18 AEUV, Rn. 8ff. 등을, 유럽기본권헌장 제21조 제2항에 대해서는 Sachs, in: Tettinger/Stern, GRCh, 2006, Art. 21, Rn. 26ff.; Hölscheidt, in: Meyer(Hrsg.), GRCh der EU, 3. Aufl., 2011, Art. 21, Rn. 42f.; Rengeling/Szczekalla, Grundrechte in der Europäischen Union, 2004, §24, Rn. 892ff.; Frenz, Handbuc Europarecht, Bd. 4, 2009, S. 966ff.; Jarass, GRCh, 2010, Art. 21, Rn. 27ff; Rossi, in: Calliess/Ruffert, EUV/AEUV, 4. Aufl., 2011, Art. 21 GRCh, Rn. 11; Streinz, in: ders., EUV/AEUV, 2. Aufl., 2012, Art. 21 AEUV, Rn. 8 등 참조.

48) EuGHE Rs.C-274/96, Slg.1998 S.I-7637 Rn. 14f.-Bickel.

49) Rossi, Das Diskriminierungsverbot nach Art. 12 EGV, EuR(2000), S.197(203f.).

50) 김철수, 주석헌법(1995), 76; 허영(주 20), 173; 계희열(주 20), 214; 이준일(주 16), 178; 정종섭(주 7), 200.

51) 양건(주 2), 144.

52) 김철수(주 19), 232; 권영성(주 19), 174; 전광석(주 10), 145; 장영수(주 20), 242.

53) 헌재 2001. 9. 27. 2000헌바20, 13-2, 322(328).

54) 헌재 2004. 5. 14. 2004헌나1, 16-1, 609(633).

고 보았다.

2. 제 6 조 제 2 항

외국인과 대칭되는 개념으로서 국민에 관하여 헌법 제2조 제1항에서 대한민국 국민이 되는 요건을 법률로 정하도록 규정하고 있으며, 이에 따라 국적법은 속인주의를 원칙으로 하면서 속지주의를 예외적으로, 부모양계혈통주의를 기초로 대한민국 국적에 관하여 규율하고 있다(국적법 제2조).

헌법 제10조와 제11조에서는 모든 "국민"에게 인간으로서의 존엄과 가치가 인정되고, 법 앞에 평등하다고 규정하고 있어, 마치 대한민국 국민만이 주체가 될 수 있는 것처럼 보인다. 그러나 헌법재판소는 이 때 국민을 제2조의 국민과는 달리 외국인도 포함하는 넓은 개념으로 보고 있다.[55]

V. 개념과 원리에 대한 판례 및 학설

1. 제 6 조 제 1 항

가. 일반적 의미: 국제법의 국내적 효력

세계화 내지 국제화 현상에 따라 국제법이 그동안 국내법의 규율을 받던 개인의 생활관계까지 규율한다면, 국제법은 국가를 뛰어넘어 개인의 생활관계에 대해서도 직접 효력을 미치는가? 국제법이 국내적으로 효력을 갖는다면 그 근거는 무엇인가? 이 때 국제법과 국내법이 저촉하면 어떤 법이 우선하게 되는가?[56] 등이 국제법의 국내적 효력에 관한 문제들이다.[57]

헌법 제6조 제1항의 문면상 의미와 입헌취지를 고려하면, 국제법 기준에 맞추어 국내법을 완전히 무시하거나, 국내법 기준으로 국제법을 완전히 배척할 정도로 극단적인 태도는 취할 수 없다. 헌법 제6조 제1항은 국제법에 대하여 국내법과 동일한 지위와 효력을 인정하고 있으므로, 가능한 양자의 해석과 적용에 있어서 갈등과 충돌을 피하여 우호적으로 국제법을 다루도록 명하고 있다.[58] 헌법재판소는 국제법규의 "현실적 적용과 관련한 우리 헌법의 해석과 운용에 있어서 우리 사회의 전통과 현실 및 국민의 법감정과 조화를 이루도록 노력을 기울여야 한다"는 것을 헌법적 요청이라고 보았다.[59]

---

55) 헌재 2001. 11. 29, 99헌마494, 13-2, 714(724).

56) 양건(주 2), 149-150; 정인섭(주 23), 572.

57) 여기서는 국제법의 국내적 효력만 문제되기 때문에 조약 등의 국제법상 효력은 별개의 문제다. 즉 헌법 제 6조 제1항의 해석에 따라 조약이 위헌으로 효력을 상실하여도 이는 국내적 효력만 무효가 된 것이지, 국제 법상 효력은 여전히 남아있는 것이다. 조약의 국제법상 효력에 대해서는 이한기(주 2), 512-515 참조.

58) 정인섭(주 23), 572.

59) 헌재 2007. 8. 30. 2003헌바51등, 19-2, 213(232)

나. 국제법과 국내법의 관계

국제법과 국내법의 관계를 이해하는 입장은 기본적으로 양자를 하나의 법질서로 이해하는 일원론(Monismus)과 분리된 법체계로 이해하는 이원론(Dualismus)으로 나뉜다.[60] 일원론은 다시 국내법의 효력을 앞세우는 국내법우위론과 국제법의 효력을 앞세우는 국제법우위론으로 구분한다.[61] 그러나 국제법과 국내법 관계를 일원론과 이원론으로 보는 입장은 19세기 말 트리펠(H. Triepel)에 의해서 시도되었던 것으로 시대적·이데올로기적 한계를 가지며, 오늘날 국제법과 국내법이 복잡하게 얽히면서 발생하는 문제들을 일관되게 해결하기에도 부족하고, 각국의 실제와도 맞지 않는 문제가 있어 큰 의미가 없는 것으로 평가되기도 한다.[62] 아래에서는 헌법 조문에 따라 조약과 일반적으로 승인된 국제법규를 나누어 논한다.

다. 조   약

(1) 조약의 국내적 효력을 위한 국내법적 근거

조약의 집행은 각국의 국내법질서에 위임되어 있으므로, 조약이 국내에서 효력을 발휘하고 집행되기 위해서는 일정한 국내법상 근거가 필요하다. 이것은 이원론을 취하는 국가뿐만 아니라 일원론을 취하는 국가의 경우에도 마찬가지다.[63] 조약을 국내법질서에 적용시키는 방법은 두 가지가 있다.[64] 첫째, 조약의 성질을 그대로 가지고 그 자체로서 국내적 효력을 갖는 방식을 '수용'이라 한다.[65] 둘째, 조약의 내용이 국내법으로 전환되어 국내에서 효력을 갖는 방식을 '변형'이라 한다. 수용은 일원론의 입장을, 변형은 이원론의 입장을 따른 것이라 볼 수 있다.[66]

---

60) 이원론을 다시 완전한 분리를 주장하는 급진적(radikal) 입장과 기본적인 분리만을 주장하고 양자 간 갈등은 인정하는 온건한(gemäßigt) 입장으로 세분하기도 한다. Schweitzer, Staatsrecht Ⅲ, 10. Aufl., 2010, Rn. 31ff. 독일의 다수견해는 온건한 이원론에 가까운 것으로 평가한다. Schweitzer, Staatsrecht Ⅲ, 8. Aufl., 2004, Rn. 38.

61) 국제법우선주의의 일원론도 다시 국제법에 위반되는 국내 공권력행사(법률, 판결, 행정행위 등)를 위헌으로 판단하는 급진적 입장과 국내 공권력행사는 일단 유효하나 국제사법재판소 등에서 무효로 판결될 수 있다는 온건한 입장으로 세분하기도 한다. Schweitzer, Staatsrecht Ⅲ, 10. Aufl., 2010, Rn. 27ff.

62) 양건(주 2), 150; 계희열(주 20), 177-178. Herdegen, in: Maunz/Dürig(Hrsg.), GG, Bd. Ⅲ, Art. 25(2000), Rn. 4에서는 특수한 국제법에 근거하여 국제화된 국가질서를 제외하고는 현대국가에서는 이원론이 일반적이라고 평가하고 있다. 정종섭(주 7), 201; 김대순, 국제법론(2006), 223 등은 우리나라의 판례와 학설이 대체로 일원론의 입장이라고 평가하고 있다.

63) Schweitzer, Staatsrecht Ⅲ, 10. Aufl., 2010, Rn. 418; 계희열(주 20), 178-179.

64) 국제법을 국내법에 집행시키는 방법을 편입(Adoption), 집행(Vollzug), 변형(Transformation), 온건한(gemäßigte) 변형 등으로 구분하는 견해가 있다(Schweitzer, Staatsrecht Ⅲ, 10. Aufl., 2010, Rn. 420ff.; 계희열(주 20), 179-182). 이는 독일의 상황을 배경으로 한 것으로 보이며, 편입과 집행, 변형과 온건한 변형은 정도를 기준으로 좀 더 세분화한 것으로 보인다. 여기서는 크게 변형과 수용으로만 구분한다.

65) 이한기(주 2), 132는 이를 '편입'으로 번역하였다. 계희열(주 20), 179는 이를 '채용'이라고 번역하고, 조약의 국내법으로의 전환을 '변형', 국가의 집행명령에 의하여 조약의 국내집행이 가능하게 되는 경우를 '집행'으로 구별한다. 독일의 학설은 집행을 수용과 비슷한 것으로 보기도 하지만(예컨대 Schweitzer, Staatsrecht Ⅲ, 10. Aufl., 2010, Rn. 423), 독일연방헌법재판소는 집행을 변형과 혼합하기도 한다(예컨대 BVerfGE 111, 307).

66) 이한기(주 2), 132.

어떤 방식에 따라 조약을 국내법질서에 끌어들이는지 헌법 제6조 제1항은 분명하게 밝히
지 않았다. 특별한 언급이 없이 "국내법과 같은 효력을 가진다"는 것은 조약의 성격을 그대로
유지한 채 국내적 효력을 발휘한다는 것이며, 국제법에 우호적인 태도를 취한다면 수용의 방식
을 취한다고 해석함이 합리적이다.[67] 비교법적으로 본다면, 영국은 조약에 대하여 변형방식을
채택하고 있으며,[68] 미국과 일본은 수용방식을 채택하고 있는 것으로 보인다.[69] 독일의 경우
다수 학설은 변형방식을 지지하며,[70] 최근 독일 연방헌법재판소 판례도 변형방식에 기초하여
유럽인권협약의 국내효력을 심사한 것으로 볼 수 있다.[71]

(2) 조약의 직접적용

조약 자체에 의해 직접적용 여부가 결정됨에 따라, 특별한 입법조치가 필요 없이 개인에
게 조약에 근거하여 직접 권리·의무 등이 부과되거나 법원이나 행정기관에 의해 직접 적용될
수 있는 자기집행(self-executing)조약과 집행을 위해서 특별한 입법조치가 필요한 비자기집행
(non-self-executing)조약으로 구분할 수 있다.[72] 조약의 자기집행성을 인정하는 기준은 먼저
조약의 문언에 나타난 조약당사국의 의도이다. 조약상 당사국의 의도가 명백하지 않을 때는
조약의 목적, 성질 기타 주변사정 등을 고려하여 판단한다. 조약규정이 명확성을 결여하면
비자기집행적으로 판단하고, 정치관계를 규율하는 조약도 비자기집행적으로 보는 것이 타당
하다.[73]

헌법재판소는 국제통화기금(IMF)협정 제9조 등에 관한 헌법소원심판에서 조약의 직접적용
성을 인정하며 위헌법률심판의 대상이 됨을 인정하였다.[74] 세계무역기구 설립을 위한 협정(소
위 마라케쉬협정)의 가중된 형벌을 부과하는 내용에 대해서도, 조약의 직접적용성이 인정됨을

---

67) 양건(주 2), 151; 계희열(주 20), 182-183; 정인섭(주 23), 594.
68) 이에 대한 자세한 내용은 이한기(주 2), 132-137; 김대순(주 62), 191-193 등 참조.
69) 이에 대한 자세한 내용은 이한기(주 2), 137-143; 김대순(주 62), 193-196 등 참조.
70) Pernice(주 20), Rn. 47.
71) BVerfGE 111, 307(316).
72) 양건(주 2), 152. 자기집행성과 비자기집행성에 대한 자세한 설명은 양건, 미국헌법과 대외문제(1979),
    128-130; 양건(주 40), 761-767; 김대순(주 62), 211-214 등 참조. "조약의 직접적용가능성" 의미에 대
    하여 비판적인 입장은 정경수, "국제인권법의 국내 적용에 관한 비판적 분석," 헌법학연구 8-4(2002), 63-
    64 참조. 조약의 직접적용성(direct applicability)과 자기집행성을 구분하고 있는 입장은 박찬운, 국제인권법
    (1999), 33 참조. 유럽법분야에서 유럽공동체법의 직접적 효력(unmittelbare Geltung)과 직접적용(unmittelbare
    Anwendbarkeit)은 구별하기도 하는데, 유럽공동체법의 직접적 효력은 회원국에 효력을 주장하기 위하여
    회원국의 변형조치 등을 요구하지 않는다는 의미이며(수용과 유사), 공동체법의 직접적용이란 유럽공
    동체 기관들과 회원국들뿐만 아니라, 유럽공동체 시민들에게 직접적으로 권리나 의무를 부과한다는 것이
    다. Borchardt, Die rechtlichen Grundlagen der Europäischen Union, 4. Aufl., 2010, Rn. 134ff. "직접 적
    용"의 개념은, 회원국 행정청이나 법원 등에 의한 유럽공동체조약의 재판규범으로의 사용을 의미하기도 한
    다. 예컨대 Jung, in: Calliess/Ruffert(Hrsg.), EUV/AEUV, 4. Aufl., 2011, Art. 103 EGV, Rn. 3ff. 참조. 직접
    적 효력, 직접적 적용, 자기집행성 등에 관한 용어상 내용은 정리가 필요한 것으로 보인다. 물론 개인에게
    직접 권리, 의무를 부과하는 것을 개념요소로 보지 않는 입장도 있다. 양건(주 40), 763.
73) 양건(전주, 1979), 128; 전광석(주 10), 155.
74) 헌재 2001. 9. 27. 2000헌바20, 13-2, 322(328).

전제로 합헌결정을 내렸다.[75] 그러나 국제연합교육과학문화기구(UNESCO)와 국제노동기구(ILO)
가 채택한 "교원의 지위에 관한 권고"는 직접적으로 국내법적 효력을 갖지 않는 것으로 판단하
였다.[76]

(3) 조약의 국내법상 효력순위

변형방식을 취할 경우 조약은 국내법상 인정된 일정한 규범형식을 취하기 때문에 효력순
위문제는 특별히 발생하지 않지만, 수용방식일 경우에는 조약의 국내법상 효력순위가 문제된
다.[77] 헌법 제6조 제1항은 "국내법과 같은 효력을 가진다"고 규정할 뿐, 국내법상 어떤 단계의
효력인지에 대해서는 언급이 없다. 이는 헌법해석으로 해결해야 할 문제이다. 조약과 일반적으
로 승인된 국제법규의 효력이 각각 구별된다면, 그에 상응하는 국내법, 예컨대 법률이나 명령
등과 비교하는데 유연성을 갖는다는 장점이 있다.

(가) 외　　국

비교법적으로 보면 프랑스의 경우에는 헌법 제55조를[78] 근거로 상호주의를 유보하는 가
운데 조약이 법률보다 우위의 효력을 가진다. 오스트리아는 (국회 2/3 비준동의를 받은) 조약이
헌법과 같거나 또는 (국회 과반수 비준동의를 받은 경우) 법률과 같고, 네덜란드의 경우 조약이
헌법보다 상위이거나 법률보다 상위인 경우로 구분된다.[79] 독일에서는 헌법 제59조 제2항 제
1문에 따르면, 외국과의 정치관계나 연방입법사항에 관한 조약은 연방법률의 형태로서 연방
의회나 연방상원의 동의 내지 협력을 요구하기 때문에 연방법률과 같은 효력을 갖는다. 미국
에서도 조약과 법률을 동위인 것으로 보는데, 서로 충돌할 때는 신법우선의 원칙에 따라 해결
한다.[80]

유럽연합조약은 형식적 측면에서 유럽내 여러 국가 간 국제조약으로 볼 수 있다. 그러나
많은 회원국에서는, 예컨대 독일의 다수 견해는 이를 국제법과 구별된 독립된 법영역으로 파악
한다.[81] 독일 헌법에서도 유럽통합과 관련해서는 별도의 조문들(제23조, 제24조, 제45조, 제50조,
제52조 제3a항, 제88조)을 두고 있기 때문에, 유럽연합조약의 효력은 헌법적 효력으로 볼 수도
있다. 특히 명시적인 규정이 없음에도 유럽재판소(EuGH)의 적극적인 판례들과[82] 각 회원국 법

---

75) 헌재 1998. 11. 26. 97헌바65, 10-2, 685(699). 물론 여기에 대해서는 헌법 제6조 제1항을 표피적으로 해석
　　하여 수용의 문제와 효력문제를 쉽게 해결했다는 비판이 있다. 김대순(주 62), 225-226.
76) 헌재 1991. 7. 22. 89헌가106, 3, 387(428).
77) 정종섭(주 7), 202.
78) 제55조: 정식으로 비준 또는 승인된 조약이나 협정은 공표되며, 각 조약이나 협정이 다른 체약국에서 적용
　　되는 한, 의회의 법률에 우선한다.
79) 이한기(주 2), 147.
80) 양건(주 40), 769-771; 김대순(주 62), 215-217.
81) 대표적으로 Schweitzer, Staatsrecht Ⅲ, 10. Aufl., 2010, Rn. 43ff. 참조.
82) EuGHE, Rs. 26/62, Slg. 1963, 1(23ff.)-Van Gend & Loos; Rs. 6/64, Slg. 1964, 1251(1269f.)-Costa/ENEL;
　　Rs. 11/70, Slg. 1970, 1125(1135ff.)-Internationale Handelsgesellschaft.

원의 소극적인 인정,[83] 학계의 지지[84] 등을 통해 각 회원국에 대하여 유럽공동체 관련 영역에
서는 적용우위(Anwendungsvorrang)의 효력을 갖는 것으로 확립되었다. 공동체법이 회원국의 헌
법, 법률 등과 저촉되거나 갈등이 발생할 때, 공동체법 위반으로 회원국의 법을 무효화시키는
것(효력우위)이 아니라, 유럽공동체조약이 적용될 상황에서는 회원국 국내법의 "적용"만을 배제
시키는 것이다.[85]

(나) 우리나라

국내법상 효력은 단계에 따라 헌법과 법률, 명령 등으로 구별하여 조약과 관계가 문제된
다. 헌법재판소의 판결은 그 동안 구체적인 법률의 위헌심사에 있어서 이미 가입한 조약과 관
련하여 국제법적 측면에서 검토가 미흡했던 것으로 지적되고 있다.[86]

1) 조약과 헌법

국제법존중원칙을 고려해도 조약에 헌법보다 우위의 효력을 인정하기는 어렵다.[87] 첫째,
헌법조문의 해석상 근거로서, 헌법 제6조 제1항에 따라 조약은 절차적으로 헌법상 기준을 충족
시켜야 하고, 헌법 부칙 제5조에 따라 법률과 조약은 "헌법에 위배되지 아니하는 한 그 효력을"
지속할 수 있기 때문에 실체법적인 내용상으로도 헌법에 위배되지 않을 것을 전제로 한다.[88]
둘째, 헌법규범의 체계적 해석상 조약체결권은 헌법에 근거하여 인정된 권한이며, 조약은 국민
주권이라는 헌법의 최고원리를 배제할 수 없다. 따라서 헌법의 최고규범성을 인정한다면 헌법
에 대한 조약의 우위를 인정할 수 없다.[89]

헌법재판소도 우리 헌법이 국제법을 존중하지만, 이것이 곧 조약이나 국제법규가 국내법

---

83) 예컨대 독일 연방헌법재판소의 경우 BVerfGE 37, 271(280ff.)-Solange Ⅰ; 73, 339(375ff.)-Solange Ⅱ; 89,
    155(174f.)-Mastricht; 102, 147(161ff.)-Bananenmarktordnung. 이 판례들에 대한 상세한 설명은 Schweitzer,
    Staatsrecht Ⅲ, 10. Aufl., 2010, Rn. 72ff. 참조.
84) Schweitzer, Staatsrecht Ⅲ, 10. Aufl., 2010, Rn. 68ff.; Streinz, Europarecht, 9. Aufl., 2012, Rn. 203ff.;
    Borchardt, Die rechtlichen Grundlagen der Europäischen Union, 4. Aufl., 2010, Rn. 140ff.; Ehlers, in:
    ders(Hrsg.), EuGR, 3. Aufl., 2009, §7, Rn. 11 등 참조.
85) 이에 대하여 정문식, "유럽법상 자유로운 상품이동의 기본적 자유와 기본권 보호로 인한 제한," 중앙법학
    7-4(2005), 61, 유럽공동체조약과 각 회원국의 헌법들의 관계에 대해서는 정문식, "유럽헌법은 조약인가
    헌법인가," 공법연구 34-3(2006), 301-304 참조. 유럽헌법 제I-6조("본 헌법과 연합에 이양된 권한을 행사
    하여 연합기관들이 제정한 법은 회원국 법에 우선한다")에서는 이것을 명문화시키려고 하였으나 리스본조
    약에서는 삭제되었고, 다만 우선적 효력(Vorrang)에 관한 제17 설명서(Erklärung Nr. 17)에서 유럽연합조약
    과 운영조약, 이 조약들에 의해 제정된(유럽사법재판소의 확립된 판례의 내용을 담고 있는 경우에는 판례
    에서 정한 조건 하에) 법규범은 회원국의 법보다 우선한다고 설명하고 있다.
86) 정인섭(주 23), 578-586.
87) 이것은 조약 전체에 관한 일반적인 입장이다. 국제인권조약에 대해서는, 자기집행력을 가지고 직접 원용될
    수 있는 조약은 위헌심사의 재판규범으로 판단하고, 예외적으로 헌법해석의 보완적 자료로서 원용하는 것
    을 정책적으로 제시하는 입장도 있다. 예컨대 이명웅, "국제인권법의 국내법적 효력," 국가인권위원회 심포
    지엄 발표집(2004), 63-65. 국제인권조약관련 헌법재판소 판례에 대한 평가는 같은 논문, 57-63 참조.
88) 전광석(주 10), 153; 김대순(주 62), 223.
89) 김철수(주 19), 248-249; 계희열(주 20), 187; 전광석(주 10), 154-155; 장영수(주 20), 248-249; 이준일(주
    16), 181-183.

에 우선한다는 의미가 아님을 분명히 하고 있다.[90] 다만 조약의 특정 조문은 해석상 헌법과 동등한 효력을 갖는다고도 볼 수 있는데, 예컨대 재판에 의한 형의 선고 등의 경우를 제외하고 강제노역의 금지를 규정하고 있는 시민적·정치적 권리에 관한 국제규약(1990. 6. 13. 조약1007호) 제8조 제3항의 경우는 헌법 제12조 제1항 후문과 같은 취지의 내용으로 본다.[91]

2) 조약과 법률

조약이 국회의 동의를 얻어 체결된 경우, 예컨대 헌법 제60조 제1항에 따라 국회의 동의가 필요한 조약은 법률과 동등한 효력을 가지며,[92] 국회동의 없이 체결된 조약, 예컨대 행정협정(executive agreement)은[93] 법률보다 하위인 명령과 같은 효력을 갖는 것으로 볼 수 있다.[94] 행정협정은 미국헌법상 상원의 동의 없이 대통령이 독자적으로 체결한 조약을 일컫는데, 미국 측에서는 행정협정이라 하더라도, 국가재정에 관련되거나 입법사항에 관한 것이면 한국에 대해서는 국회의 동의가 필요한 조약에 해당한다.[95]

헌법재판소도 국회의 동의를 얻어 체결된 국제통화기금협정 등 조약은 기본적으로 법률에 준하는 효력을 갖는 것으로 판단하고 있다.[96]

3) 조약과 법률의 충돌

조약이 법률과 동위라는 의미는, 양자의 저촉문제는 국내법 상호간 충돌의 경우 적용의 우선순위를 결정하는 일반원칙에 따라, 특별법우선의 원칙 혹은 신법우선의 원칙 등에 따라 해결한다는 것이다. 동일한 사안을 규율하는 법률과 조약의 충돌은 신법우선의 원칙을 기준으로, 규율대상이 다를 때는 특별법우선의 원칙에 따라 판단한다.[97] 그러나 실제에 있어서는 규율대상을 어떤 시각에서 선정하는가에 따라, 특히 특별법우선의 원칙에 있어서 결과가 달리 나올 수 있는 경우가 가능하므로 간단한 문제는 아니다.[98]

(4) 조약에 대한 통제

명령과 같은 효력을 갖는 조약은 헌법 제107조 제2항에 따라 법원에 의한 통제를 받는다.

90) 헌재 2001. 4. 26. 99헌가13, 13-1, 761(773).
91) 헌재 1998. 7. 16. 97헌바23, 10-2, 243(265).
92) 정인섭(주 23), 640. 조홍석, "국제인권법의 국내법적 서열과 직접적용가능성," 저스티스 32-3(1999), 12-14.
93) 행정협정의 개념과 문제 등에 대해서는 양건(주 72), 111-123; 강승식, 미국헌법학강의(2007), 192-194 참조. 행정협정의 국내적 효력에 대해서는 양건(주 40), 777-781 참조.
94) 양건(주 2), 156; 이준일(주 16), 181; 전광석(주 10), 154-155. 최근 서울고등법원 결정에서는 국회의 동의를 얻은 조약(대한민국과 베트남사회주의공화국간의 범죄인 인도조약)은 법률의 효력을, 국회의 동의를 얻지 않은 조약은 명령의 효력을 갖는다는 점을 명시적으로 인정했다. 서울고법 2006. 7. 27. 2006토1 참조.
95) 헌재 1999. 4. 29. 97헌가14, 11-1, 273(282).
96) 헌재 2001. 9. 27. 2000헌바20, 13-2, 322(328).
97) 양건(주 40), 776; 전광석(주 10), 155-156.
98) 1965년 실제 미국신문의 등록신고와 관련하여 신문통신등의등록에관한법률(1963)과 한미우호통상항해조약(1957)이 저촉되는바, 인적규율대상 측면에서는 조약이 특별법의 위치에 있으나, 조약이 광범한 사항에 관하여 미국인의 내국민대우를 규정한 반면 법률은 신문통신이라는 특별한 문제만 규율하므로 사안면에서는 법률이 특별법이므로 실제로는 어떤 것을 기준으로 하는가에 따라 다른 결과와 해석이 나올 수 있다. 양건(주 40), 776.

법률과 같은 효력을 갖는 조약이 헌법에 위반되는 내용을 가질 경우에는 원칙적으로 헌법재판소를 통해 위헌심사의 대상이 될 수 있으며,[99] 자기집행조약의 경우 위헌법률심판이나 헌법소원심판 대상이 될 수 있다.[100] 물론 실제로 여러 단계를 거쳐 성립된 조약이 위헌으로 결정되기는 쉽지 않다.[101] 헌법재판소는 국제통화기금협정 자체에 대한 위헌심사를 실시하지는 않았지만, 조약의 위헌심판대상성은 분명히 인정하고 있다.[102]

라. 일반적으로 승인된 국제법규

헌법 제6조 제1항 문면상으로는 일반적으로 승인된 국제법규도 "국내법과 같은 효력을" 갖는다. 우리와 유사하게 '일반적 국제법규' 조항을 가진 독일의 경우, 헌법제정자들의 의도나[103] 연방헌법재판소 설립 후 첫 해 판결은,[104] 일반적인 국제법규가 헌법개정권력보다도 우위의 효력을 갖는다고 보았다. 그렇지만 그 후 독일 다수설과 판례는 헌법의 최고규범성, 독일 기본법 제79조 제3항의 해석 등을 이유로, 일반적인 국제법규가 연방법률보다는 상위이지만 헌법보다는 하위의 효력을 가진다고 본다.[105] 우리나라에서는 이와 관련하여 독일 다수 견해와 같이 헌법보다 하위이지만 법률보다는 상위라고 보는 견해와[106] 사안에 따라 법률보다 상위 또는 하위의 효력을 갖는 것으로 보는 견해로[107] 나뉜다. 일반적으로 승인된 국제법규의 확인과 국내적 효력은 최종적으로 법원이 판단하는 것으로 본다.[108]

헌법재판소는 '세계인권선언'이 법적 구속력이나 국제법적 효력을 갖지 않는다고 보았다.[109] 일반적 규범력이 인정될 수 있는 조약이지만 우리나라가 가입하지 않은 경우, 예컨대 국제노동기구 관련 국제인권조약에 가입하지 않은 경우[110] 그 효력을 부인하거나,[111] 국제노동

---

99) 조약에 대한 사법심사를 부정하는 입장은 허영(주 20), 178,

100) 권영성(주 19), 180; 이준일(주 16), 183.

101) 먼저 조약체결을 위해 국무회의의 심의를 거치고, 국회의 동의를 받는 과정 등에서 헌법을 기준으로 조약에 대한 실제적인 사전심사가 이루어질 수 있고, 국제법존중의무에 따라 헌법재판소도 조약의 위헌여부가 심판의 대상이 되었을 때에는 가능한 헌법에 합치하도록 해석하는 노력을 기울이게 되기 때문이다. 전광석 (주 10), 156-157; 계희열(주 20), 189.

102) 헌재 2001. 9. 27. 2000헌바20, 13-2, 322(328).

103) Matz, in: Doemming/Füsslein/ders., Entstehungsgeschichte der Artikel des Grundgesetzes, JöR 1(1951), S. 233ff.

104) BVerfGE 1, 208(233).

105) Streinz(주 20), Rn. 85ff. 일부 견해는 국제법상 강행규범(ius cogens)의 경우에는 일반적인 조약 등과 구별하여 헌법과 동등한 효력을 인정하고자 한다. Pernice(주 20), Rn. 24; Koenig(주 20), Rn. 55.

106) 계희열(주 20), 184-185; 성낙인(주 19), 225; 양건(주 2), 158; 장영수(주 20), 250.

107) 김철수(주 19), 247; 이준일(주 16), 184.

108) 계희열(주 20), 184; 전광석(주 10), 159.

109) 헌재 2005. 10. 27. 2003헌바50등, 17-2, 238(257-258); 2008. 12. 26. 2005헌마971, 20-2하, 666(699).

110) 헌재 1991. 7. 22. 89헌가106, 3, 387(425-426). 물론 이에 대하여 김양균 재판관은 인권에 관한 세계선언을 일반적으로 승인된 국제법규로 보고, ILO와 UNESCO의 권고 등을 준수할 의무를 근거로, 위헌의견을 밝히고 있다(동 결정 473).

111) 예컨대 헌재 1996. 12. 26. 90헌바19등, 8-2, 729(747)에서 청구인이 국제노동기구 제105호의 위반을 주장 했으나 재판부는 이에 대해 전혀 논의하지 않았고, 헌재 1998. 7. 16. 97헌바23, 10-2, 243(248)에서도 역시 동일하게 주장되었으나, 재판부는 헌법적 효력이 없다고 일축했다.

기구의 협약이라 할지라도(제87조 협약, 제98호 협약, 제151호 협약 등) 우리나라가 비준하지 않은 경우에는 일반적으로 승인된 국제법규로 인정하지 않고 위헌심사의 척도로도 인정하지 않았다.[112] '경제적·사회적 및 문화적 권리에 관한 국제규약'이나 '시민적 및 정치적 권리에 관한 국제규약'의 경우처럼 우리나라가 가입했더라도 유보하고 있는 경우에도 조약의 직접적인 국내 법적 효력을 인정하지 않았다.[113] 헌법재판소는 수표법 제29조 제1항 등이 1931년 제네바수표 법통일조약에 따라 규정된 것처럼 언급하고 있지만, 한국은 동 조약에 가입하지 않았다.[114] 이를 국제관습법을 인정한 판례로 볼 수 있을지는 의문이다. 다만 국제노동기구 제105호 조약과 '시민적 및 정치적 권리에 관한 국제규약'은 강제노동금지 등에 관한 유사한 내용을 담고 있음에도, 국제노동기구조약은 위헌심사의 척도에서 배제되고, '시민적 및 정치적 권리에 관한 국제규약'은 헌법과 실질적으로 동일한 내용을 규정하고 있다며 양 조약에 대해 달리 판단한 점은 주목할 만하다.[115] 가입한 조약과 가입하지 않은 국제관습법이라는 형식적 모습은 다르지만, 실질적 내용이 같다면 당연히 그 효력은 동일한 차원에서 인정하는 것이 국제법존중원칙에 부합할 것이다.

2. 제 6 조 제 2 항

제6조 제2항은 외국인의 법적 지위를 조약과 국제관습법에 의해서만 보장하고 있는 것처럼 보이지만, 이는 보편적으로 형성된 외국인의 지위가 국내법적으로 보장됨을 전제로 한다. 예컨대 원칙적으로 모든 외국인에게 권리주체성이 인정되어 私法上 권리는 자유롭게 취득하고, 합법적으로 취득한 권리는 존중되며, 권리가 침해되었을 때 구체적인 司法的 구제수단이 보장되어야 한다. 헌법적인 측면에서는 외국인에게 인간의 권리에 관한 기본권 주체성이 인정되기 때문에[116] 인간의 존엄과 가치 및 행복추구나 생명·신체 등은[117] 국민과 동일하게 보장될 수 있지만, 국민의 권리로서 참정권이나 사회권적 기본권의 경우에는 성질상 제한 및 상호주의에 의한 제한이 있을 수 있다.[118] 헌법재판소는 "인간의 존엄성에 대한 침해를 방어하기 위한 자유권적 기본권의 성격"을 가지는 (직업의 자유 중에서) 직장선택의 자유와[119] 건강한 작업환경, 일에 대한 정당한 보수, 합리적인 근로조건의 보장 등을 요구할 수 있는 권리는 "일할 환경에

112) 헌재 2005. 10. 27. 2003헌바50등, 17-2, 238(258-259); 2007. 8. 30. 2003헌바51등, 19-2, 213(233); 2008. 12. 26. 2005헌마971, 20-2하, 666(700). 이에 대해 비록 비준하지 않았거나, 유보되었거나, 권고적 효력만 있어서 직접적인 구속력이 없더라도 헌법해석에 중요한 지침이 될 수 있다는 반대견해(전효숙, 조대현재판관)도 있다. 헌재 2005. 10. 27. 2003헌바50등, 17-2, 238(265).

113) 헌재 2005. 10. 27. 2003헌바50등, 17-2, 238(258); 2008. 12. 26. 2005헌마971, 20-2하, 666(699-700).

114) 정인섭(주 23), 592.

115) 헌재 1998. 7. 16. 97헌바23, 10-2, 243(265).

116) 헌재 1994. 12. 29. 93헌마120, 6-2, 477(480); 2001. 11. 29, 99헌마494, 13-2, 714(724); 2007. 8. 30. 2004헌마670, 19-2, 297(303).

117) 헌재 2012. 8. 23. 2008헌마430, 24-2상, 567(574).

118) 헌재 2001. 11. 29. 99헌마494, 13-2, 714(723-724); 2007. 8. 30. 2004헌마670, 19-2, 297(303).

119) 헌재 2011. 9. 29. 2007헌마1083, 23-2상, 623(639).

관한 권리"로서[120) 보장된다고 판단하였다. 외국인과 내국민의 평등 원칙은 아직 일반적인 국제법 원칙은 아니다. 따라서 외국인의 법적 지위 보장은 조약에 의한 경우가 실질적인 의미를 가진다. 외국인 보호에 관하여 국제법적으로 확립된 것은 상호주의원칙이지만,[121) 국내법적으로도 외국인에게 일정한 조건 하에 내국인과 동등한 지위를 보장할 수 있다.[122) 이 때 보장되는 권리는 헌법상 권리가 아닌 법률상 권리이다.

Ⅵ. 현실적 평가

국제평화주의 원리나 국제법 존중원칙에 부합하는 것은 조약을 헌법보다 우위 또는 동위에 두고, 적어도 법률보다는 우위에 두는 것이다. 국민주권 때문에 조약이 헌법보다 우월하거나 동등하다고 인정할 수 없다면, 최소한 법률보다는 우위인 것으로 개정하는 것이 지향할만하다: 예컨대 "헌법에 의하여 체결·공포된 조약은 **법률에 우선한다**." 물론 이 때 법률에 우선한다는 의미는 효력상 우위보다 '적용상' 우위에 그치는 것이 바람직하다. 일반적인 국내 상황을 규율하는데 의미가 있는 법규범을, 특수한 국제 상황에서 성립된 법규범 때문에 그 효력 자체까지 문제삼는다면, 이것은 국내상황을 너무 간과한 것이기 때문이다.[123)

국회의 동의를 받지 않은, 그러나 일반적으로 승인된 국제법규의 효력도 법률에 우선시킬 것인지는 숙고할 문제다. 국제법 존중원칙에 따르면 법률과 같은 효력을 인정하는 것이 이상적이지만, 국회의 입법권을 무시하는 것이 될 수 있기 때문이다. 헌법재판소의 판례도 이를 인정하지 않는다.

제6조 제2항은 국제법과 조약의 관계에 관한 개념상 혼돈을 피하기 위하여 개정하는 것이 바람직하다: 예컨대 "외국인은 **조약과 국제관습법**(또는 일반적으로 승인된 국제법규)이 정하는 바에 의하여 그 지위가 보장된다."

Ⅶ. 관련문헌

김대순, "국제법과 국내법의 관계에 관한 소고: 97헌바65 결정을 보면서," 헌법판례연구 3(2001), 143-186.

양   건, "국제법과 국내법의 관계 — 조약의 국내적 효력의 문제를 중심으로 —," 국제법학회논총 23-1·2(1978), 167-186.

---

120) 헌재 2007. 8. 30. 2004헌마670, 19-2, 297(304).
121) 허영(주 20), 180. 그러나 상호주의는 헌법상 요청에 충실한 것은 아니라는 입장은 전광석(주 10), 162-163.
122) 예컨대 주민투표법 제5조 제2항에서 지방자치단체의 조례로서 일정한 외국인에게 부여되는 주민투표권이나, 공직선거법 제15조 제2항 제2호에서 일정한 외국인에게 인정되는 지방자치단체선거 선거권은 법률에 의해 인정된 권리다.
123) 좀 더 명확하게 "법률에 우선하여 적용한다"로 규정할 수도 있다.

이명웅, "국제인권법의 국내법적 효력," 국가인권위원회 심포지엄 발표집(2004), 51-75.

이상면, "국제법관련 헌법 규정의 제정 경위와 그 위의," 서울대학교 법학 39-4(1999), 169-188.

정경수, "국제인권법의 국내 적용에 관한 비판적 분석 ― 한국의 국가관행을 대상으로 ― ," 헌법학연구 8-4(2002), 35-66.

정인섭, "헌법재판소 판례의 국제법적 분석," 헌법실무연구 5(2004), 571-595.

조홍석, "국제인권법의 국내법적 서열과 직접적용가능성," 저스티스 32-3(1999), 7-22.

[박 경 철]

第 7 條

① 公務員은 國民全體에 대한 奉仕者이며, 國民에 대하여 責任을 진다.

② 公務員의 身分과 政治的 中立性은 法律이 정하는 바에 의하여 보장된다.

Ⅰ. 기본개념과 헌법적 의미

1. 공직과 공무원제도의 헌법적 좌표

국가작용이 현실적으로 실현되고 이를 통해서 국가작용을 국민이 인식할 수 있기 위해서

는 국가를 대신하여 국가의 이름으로 국가에 효력이 발생하게 하는, 일정한 공무를 실제로 담
당하는 자연인으로서의 공무원의 존재가 필요불가결하다.[1]

  그런데 공무원제도는 광범위한 국가권력작용을 그 기능에 따라 세분화하고 구체화한 다양
한 공직을 전제로 한다. 공직은 개개의 공직자에게 위임될 국가권력의 한 부분으로서 국가가
그 기능을 수행하기 위한 조직체의 최소한의 구성단위이다.[2] 공직은 포괄적이고 다양한 국가
과제를 수행하는 국가권력의 합리적인 분업에 기여하고, 이를 통하여 국가과제에 대한 국가의
책임을 개별책임으로 전환시킨다. 따라서 국가는 공직을 통하여 활동할 수 있고, 국민은 공직
을 통하여 국가활동을 파악하고 인식할 수 있다.[3] 또한 국민주권의 통치질서에서 공직자는 법
률에 의하여 자신에게 부여된 공직의 권한범위내에서 국가를 대표하여 권한을 행사하며, 이에
대해서 국민에게 책임을 져야 한다. 즉 국가의 통치권력은 공직이라는 매개체를 통하여 의무와
책임으로 전환되는 것이다.[4] 공직을 통해서 국가권력은 힘(Macht)의 상태에서 법(Recht)의 상태
로 전환되며, 공직을 통해서 국가는 윤리적으로 의무를 지게 되고, 법적으로 구속되게 되고, 정
치적으로 방향을 잡게 된다. 그럼으로써 공직은 투명성을 요구받게 되며, 정당화가 필요하고,
이를 통해서 공직에 대한 통제가 가능하게 된다.[5] 이런 점에서 직무의 성격과 기능에 따라 분
류된 다양한 공직과 이를 바탕으로 하는 공무원의 인사, 신분 등에 관한 공무원제도는 국가와
헌법의 전제조건이며, 특히 자유민주주의 헌법국가의 필요불가결한 전제조건이다.[6]

  현행 헌법도 이런 관점에서 헌법전의 총강부분에서 공무원제도에 관하여 규정하고 있다.
헌법 제7조에서는 일차적으로 모든 공무원을 국민전체에 대한 봉사자임을 규정하고 공무수행
에 대해서 국민에 대하여 책임을 짐을 명시하여 공직자가 갖추어야 할 자세와 그에 대한 책임
을 밝히고 있고(제1항), 이어서 여러 종류의 공무원 중에서도 특히 직업공무원제도가 갖추어야
할 기본적 요소를 명시적으로 밝히고 구체적 내용을 법률로 정하도록 규정하고 있다(제2항).

2. 공무원제도의 구조

  헌법의 여러 조문에서 공무원이라는 용어를 사용하고 있는데, 현행 헌법 제7조 제1항이 적
용되는 공무원의 범위와 동조 제2항이 적용되는 공무원의 범위가 다르고, 헌법 제29조의 국가
배상책임의 전제가 되는 공무원의 범위, 헌법 제33조 제2항의 노동3권이 인정되는 공무원의 범
위, 헌법 제65조 제1항의 탄핵대상이 되는 공무원의 범위, 헌법 제78조에 따라 대통령이 임명

---

1) 허영, 한국헌법론, 박영사, 2013, 802.
2) 한수웅, "헌법 제7조의 의미 및 직업공무원제도의 보장," 법조 통권 674호(2012. 11), 9; O. Depenheuer,
   "Das öffentliche Amt," in: Isensee/Kirchhof(Hrsg.), HdbStR Bd. Ⅲ, 2005, §36, Rn. 1.
3) O. Depenheuer(주 2), Rn. 1.
4) 한수웅(주 2), 10.
5) O. Depenheuer(주 2), Rn. 1.
6) 허영(주 1), 802; O. Depenheuer(주 2), Rn. 3. 이런 점에서 직업공무원제도를 포함한 공무원제도는 단순히
   공무원법의 영역에 속하는 행정법적 차원의 문제가 아니라 중요한 헌법적 차원의 문제인 것이다. 허영(주
   1), 802; 이승우, 헌법학, 두남, 2013, 379.

하는 공무원의 범위, 헌법 제97조에 따라 감사원이 직무감찰 할 수 있는 공무원의 범위 등이 각각 상이하다는 점에서 헌법의 개별조항에서 의미하는 공무원의 의미가 항상 같은 것은 아니다. 그렇기 때문에 공무원의 의미를 헌법 개별 조문마다 공무원이라는 용어가 가지는 의미, 내용을 규율영역의 성질을 고려하여 개별적으로 검토하여야 한다.[7]

그런데 공무원을 분류하는 방식은 학자에 따라 상당히 달라질 수 있는데, 자유민주주의를 추구하는 헌법질서에서 신분이 보장되고 정치적 중립이 요청되는 직업공무원제도와 그렇지 아니한 공무원, 특히 선거직·정무직 공무원제도의 구별이 중요하다. 선거직·정무직 공무원제도를 어떻게 형성할 것인가 하는 문제는 정부형태, 지방자치제도 그리고 선거제도와 밀접한 관계를 가지고 있기 때문에 일반적으로 자유민주주의국가에서 공무원제도를 어떻게 형성할 것인가 하는 문제는 주로 직업공무원제도에 관련한 것이라고 할 수 있다.

현행 공무원법에 따르면 공무원은 임용주체에 따라 국가공무원과 지방공무원으로 분류하고 있고, 임용자격과 신분에 따라 실적과 자격에 따라 임용되고 그 신분이 보장되며 평생동안 (근무기간을 정하여 임용하는 공무원의 경우에는 그 기간 동안을 말한다) 공무원으로 근무할 것이 예정되는 경력직 공무원[8]과 그렇지 아니한 특수경력직 공무원[9]으로 분류되고 있다.

3. 공무원제도의 헌법적 의의

현대의 자유민주적 헌법국가는 다양한 공직과 공무원제도를 통해서 국민의 의사에 의해서 민주적으로 정당화된 법치국가와 사회국가로 기능할 수 있다. 이런 점에서 헌법 제7조는 헌법재판소의 지적처럼 '국민주권원리에 바탕을 둔 민주적이고 법치주의적인 공직제도'를 형성할 것을 내용으로 한다.[10]

가. 자유민주주의 실현기능

자유민주주의는 구성원의 자유와 평등을 보장하고 실현하기 위하여 국가기관의 구성이나 국가정책결정과정에 모든 구성원이 자유롭고 평등하게 참여하여야 한다는 정치공동체의 의사결정원리이자 구성원의 자유와 평등이 보장되는 정치공동체를 형성하려는 정치적 형성원리이다. 자유민주주의를 추구하는 헌법질서에서 공권력을 행사하는 공무원은 직접적이든 간접적이

---

7) 이종수, "헌법 제7조," 헌법주석서 Ⅰ, 법제처, 2010, 172. 유사한 취지: 장영수, 헌법학, 홍문사, 2013, 356.

8) 경력직공무원에는 일반직, 특정직 공무원이 있었으나, 2012. 12. 11. 국가공무원법과 지방공무원법의 개정으로 2013. 12. 12.부터 기능직공무원제도는 폐지되고, 일반직공무원에 통합되었다. 국가공무원법 제2조 제2항(법률 제11530호, 2013. 12. 12. 시행) 및 지방공무원법(법률 제11531호, 2013. 12. 12. 시행) 제2조 제2항 참조.

9) 특수경력직공무원에는 정무직, 별정직 공무원이 있었으나, 2012. 12. 11. 국가공무원법과 지방공무원법의 개정으로 2013. 12. 12.부터 계약직공무원은 일반직공무원 내에 신설된 임기제공무원으로 전환해 일반직공무원제도에 편입되었고, 별정직공무원제도는 본래의 취지에 부합하는 비서관·비서 등 보좌업무 등을 수행하거나 특정한 업무수행을 위하여 법령에서 별정직으로 지정하는 공무원으로 축소하고, 그 외의 직위들은 업무의 성격에 따라 일반직공무원제도 내에 실설되는 '전문경력관' 또는 종전의 일반직 유사직렬로 전환되었다. 국가공무원법 제2조 제3항, 지방공무원법 제2조 제3항 참조.

10) 허영(주 1), 804; 이승우(주 6), 384; 헌재 1997. 4. 24. 95헌바48, 9-1, 443.

든 국민에 의하여 선출 또는 임용되어야 하고, 민주적 정당성의 크기에 상응하는 권한을 가지고 책임을 져야 한다. 이런 점에서 공무원제도는 다양한 공직의 민주적 정당성을 확보하고 공무수행에 대한 책임추궁의 통로로서 기능한다는 점에서 자유민주주의의 실현과 불가분의 관계에 있다.11)

나. 가치다원주의와 민주적 공직윤리 실현기능

또한 헌법에서 공무원이 국민전체의 봉사자임을 명시하고 있는 것은, 가치다원주의를 전제로 하는 자유민주주의국가에서 공무원은 자신의 개인적 신념이나 가치 또는 자신의 이해관계나 소속집단의 이익 및 가치를 추구하여서는 아니 되고, 국민전체의 이익을 위하여 활동하여야 함을 의미한다. 이점은 국회의원의 국익우선의무를 규정한 헌법 제46조 제2항과 대통령으로 하여금 헌법 준수, 국가 보위와 더불어 국민의 자유와 복리의 증진에 노력할 것을 선서하도록 규정한 제69조에서 잘 나타난다.

다. 권력분립의 제도화와 기능적 권력통제의 기능

공무원제도는, 국가작용을 기능과 성격에 따라 여러 종류의 사무로 나누고 분산할 것을 전제로 하기 때문에 공직을 통하여 권력분립을 제도화하는 의미를 가지고 있다.12) 또한 모든 공무원은 공익실현의무를 지고 있지만, 공무원의 구체적인 공익실현방법은 담당하는 직무의 성격에 따라 차이가 있고, 이를 바탕으로 정치적 공무원 상호간 그리고 정치적 공무원과 비정치적 직업공무원 간의 견제와 통제가 이루어진다. 즉, 정치적 공무원인지, 아니면 비정치적 직업공무원인지 여부에 따라 공무원의 권한행사방식에는 차이가 있다. 정치적 공무원에는 다시 국민에 의하여 직접 선출되어 국회를 구성하는 국회의원 그리고 국민에 의하여 직접 선출되어 행정부를 조직하는 대통령과 대통령의 신임에 의하여 임명되는 행정각부의 장 등이 있는데, 정치적 공무원들은 각각의 민주적 정당성을 바탕으로 각자의 정치적 신념에 따라 자신들의 고유한 기능을 수행함으로써 상호 견제를 하게 된다. 또한 정치적 중립성과 신분보장을 전제로 하는 비정치적 직업공무원은 전문성을 바탕으로 헌법과 법령이 부여한 권한을 헌법과 법령에서 정한 절차에 따라 직무를 집행함으로써, 유동적이고 한시적인 정치적 공무원의 권력행사를 견제할 수 있게 된다.

특히 신분이 보장되고 정치적 중립이 요청되는 직업공무원은 직무를 수행함에 있어서 사회내에 존재하는 다양한 이해관계를 전문성과 공익의 관점에서 중립적이고 공정하게 형량하여, 사회내 각종 이익단체 내지 이와 결합된 정치권력의 활동을 견제하여야 한다. 이런 점에서 직업공무원제도는 과학적인 직무분류를 바탕으로 권한의 범위와 행사절차를 법률로 정하여 직무집행에서의 고유한 권한을 인정함으로써 공무원의 신분을 보장할 뿐만 아니라 정치권력의 활동을 견제한다는 점에서 오늘날 자유민주주의 헌법질서에서 현대 민주국가에서 기관내 권력분

---

11) 전광석, 한국헌법론, 집현재, 2013, 514.
12) O. Depenheuer(주 2), Rn. 2, 3.

립을 실현하고 정치권력을 통제하는 기능을 한다.[13]

라. 법치국가원리의 구체화이자 이를 보충하는 기능

공무원제도가 전제로 하는 공직은 개개 공직자에게 위임될 국가권력의 한 부분이라는 점에서 그에 관한 명확한 법적 근거가 있어야 하며, 공직을 법적으로 존재하게 하는 법률에 구속되어 그 권한을 행사하여야 한다는 점에서 공무원제도는 공권력을 법에 종속시키고자 하는 법치국가원리를 실현하는 기능을 한다.[14] 따라서 자유민주주의헌법질서에서 공직 자체가 특정되어 있지 아니하기 때문에 공직을 언제든지 권력자가 그 필요에 따라 임의로 창설하는 것은 허용되지 아니한다.[15] 현행 헌법에서 직업공무원제도를 법률로 정하도록 한 것(제7조 제2항)이나 국군의 조직과 편성, 그리고 행정각부의 설치·조직 및 직무범위를 법률로 정하도록 한 것(제74조 제2항, 제96조), 대통령은 헌법과 법률이 정하는 바에 의하여 공무원을 임면하도록 한 것(제78조)도 이와 같은 이유에서이다.

다만, 헌법을 비롯한 실정법은 법에 대한 공직자의 복종과 더불어 공직자에 의한 법의 해석과 적용을 필요로 한다.[16] 즉 법치국가는 모든 국가권력의 행사를 법적으로 구속하고자 하는 국가이지만, 법이 완전무결할 수 없기 때문에 법에 의한 구속 역시 완전할 수 없다. 또한 국가권력을 행사하는 공무원은 전적으로 공익실현의무를 지지만, 공익은 법에 의하여 완전무결하게 정의될 수 없고, 단지 부분적으로 규정될 수 있을 뿐이다. 그 결과 실정법은 공익실현의무를 지는 공직을 단지 제한적으로 규율할 수 있다.[17] 즉 실정법은 공직을 단지 공직의 외부적 측면에서 부분적으로 행사될 권한의 내용을 규정하고 절차를 규율할 뿐이다. 구체적 사안에서 무엇이 공익인지, 어떤 내용의 직무수행이 공공복리에 적합한 것인지는 공무원에 의하여 결정된다.[18] 이런 이유로 공무원의 헌법에의 충성의무와 공익실현의무는 법치국가원리를 실현하기 위한 필요불가결한 보완요소이다.

마. 공화주의를 실현하는 기능

공직제도는 민주적 정당성과 법구속성과 더불어 국가작용이 바탕으로 하여야 하는 공화주의를 실현하는 기능을 한다.[19] 공직자의 임명을 신분에 따라 세습하거나 신분에 따라 공직이

---

13) 이승우(주 6), 388; 전광석(주 11), 516; 한수웅(주 2), 44; 허영(주 1), 817.

14) 장영수(주 7), 357; O. Depenheuer(주 2), Rn. 2, 3; Zippelius/Würtenberger, Deutsches Staatsrecht, 32. Aufl., 2008, S. 448.

15) R. Herzog, Art. 20 in: Maunz-Dürig-Herzog, Grundgesetz Kommentar(1986), Ⅱ, Rn. 51.

16) 한수웅(주 2), 17; 전광석(주 11), 515.

17) 한수웅(주 2), 17; O. Depenheuer(주 2), Rn. 43, 44. 참조.

18) 헌법은 단지 공익의 내용적 지침과 공익발견의 절차적 과정만을 규정할 뿐이고, 구체적인 사안과 관련하여 공익을 구체화하는 과제는 입법자에 위임되어 있다. 그리하여 공익은 입법자에 의하여 법률의 형태로 구체화되고, 이러한 형태로 구체화된 공익은 행정과 사법을 구속한다. 그런데 법률에 의한 공익의 구체화에도 불구하고 실정법이 완전무결할 수 없기 때문에 직업공무원이 어느 정도는 스스로 공익을 구체화해야 한다. 공익의 구체화 과정에 관하여 자세한 것은 한수웅(주 2), 18 이하 참조.

19) O. Depenheuer(주 2), Rn. 67.

정해지는 것이 아니라 국민 모두에게 능력이나 자질에 따라 평등하게 공직에 취임할 수 있게 하여 공직을 특정신분의 전유물이 아니라 국민 모두에게 개방함과 동시에 공무원이 공직이 부여하는 권한을 행사함에 있어서 특정 계급이나 특정 정당, 특정지역 등의 특수이익이 아니라 국민전체의 이익을 위하여 행사되도록 하는 경우 이는 공화주의를 실현하는 데 기여한다.

바. 국가작용의 안정성과 계속성을 실현하는 기능

신분이 보장되고 정치적 중립의무를 지니는 직업공무원제도를 통하여 정권교체나 정당에 의한 권력통합현상에도 불구하고, 국가의 일상적 권력작용이 정치권력의 변동에 영향을 크게 받지 않고 지속적이고 일관되게 이루어지게 함으로써, 공무원제도는 국가생활의 안정성과 계속성을 실현하는 기능을 한다.[20]

Ⅱ. 연   혁

우리나라에서 자유민주적 헌법질서에 입각한 공무원제도는 1948. 7. 17. 제정된 건국헌법에서부터 헌법에 규정되어 현행 헌법에 이르기까지 큰 변화없이 유지되어 왔다고 평가할 수 있다.

건국헌법 제27조 제1항에서는 "공무원은 주권을 가진 국민의 수임자이며 언제든지 국민에 대하여 책임을 진다. 국민은 불법행위를 한 공무원의 파면을 청원할 권리가 있다"고 규정하여, 공무원이 주권자인 국민의 수임자임을, 그리고 국민에 대한 책임을 인정하였다. 그리고 책임추궁의 한 방법으로 국민에게 불법행위를 한 공무원에 대해 파면을 청원할 권리를 인정하여 공무원의 직권남용의 위험성을 막아보고자 하였다.[21] 그리고 건국헌법 제54조에서는 대통령이 취임할 때 국헌 준수와 국가 보위와 더불어 '국민의 복리를 증진할 의무'를 성실히 수행할 것을 선서하도록 규정하고 있을 뿐만 아니라, 제5조에서는 국가의 과제로서 "대한민국은 정치, 경제, 사회, 문화의 모든 영역에 있어서 각인의 자유, 평등과 창의를 존중하고 보장하며 공공복리의 향상을 위하여 이를 보호하고 조정하는 의무를 진다"고 규정함으로써 자유민주적 헌법국가에서 공무수행을 함에 있어서 당연히 준수되어야 할 공익실현의무를 강조하고 있다.

한편 건국헌법에서는 공무원의 책임과 관련하여 건국헌법 제27조 제2항에서 공무원의 불법행위에 대한 국가의 배상책임을 인정함과 동시에 이로 인하여 공무원 개인의 민사·형사상의 책임이 면제되지 아니함을 명시하였다. 또한 건국헌법 제46조에서는 일반사법절차에 의하여 책임을 추궁하기 곤란한 대통령, 부통령, 국무총리, 국무위원, 심계원장, 법관 기타 법률이 정하는 공무원의 그 직무수행에 관하여 헌법 또는 법률에 위배한 때에는 국회는 탄핵소추를 결의할 수 있고, 이에 대해서 탄핵재판소가 심판하도록 규정하였고, 탄핵판결은 공직으로부터 파면

---

20) 헌재 1989. 12. 18. 89헌마32 등, 1, 352; 1997. 4. 24. 95헌바48, 9-1, 442; 1998. 4. 30. 96헌마7, 10-1, 473 참조.
21) 김철수, 헌법총람, 현암사, 1964, 110. 하지만 1960년 개정된 제3차 헌법개정에서 삭제되었다.

함에 그치도록 하되, 이에 의하여 민사상이나 형사상의 책임이 면제되는 것은 아님을 규정하였다(건국헌법 제47조). 이를 통하여 국민주권의 통치질서에서 국민을 대신하여 권력을 행사는 공무원의 책임을 분명히 하였다.

그런데 건국헌법에서는 직업공무원제도의 핵심을 이루는 공무원의 신분보장과 정치적 중립성을 요청하는 명문의 규정을 두고 있지 아니하였으며,[22] 또한 국민의 대표자로서 국민을 대신하여 국가정책을 논의하고 결정하는 국회의원의 의무에 관한 규정을 두고 있지 아니하였다. 직업공무원제도의 보장과 관련하여서는 1960년 제3차 헌법개정을 통해서 비로소 "공무원의 정치적 중립성과 신분은 법률의 정하는 바에 의하여 보장된다"는 규정이 신설되었고, 이 규정은 현행 헌법에까지 유지되고 있다. 제3차 개정헌법에서 직업공무원제도를 규정한 것은, 제3차 개정헌법이 대통령의 임기동안 내각이 안정되어 있는 대통령제와 달리, 정부에 대한 국민여론이 의회를 통해서 반영되는 의원내각제 정부형태를 채택함에 따라, 의원내각제에서 발생할 수 있는 빈번한 정권교체에 대비하여 직업공무원제도를 확립해야 할 필요성이 강하였기 때문으로 평가되기도 하고,[23] 이승만 정권의 장기집권을 위한 관권부정선거에 대한 반성에서 헌법에 규정되었다고 평가되기도 한다.[24] 그리고 국회의원의 의무와 관련하여, 1962년 제5차개정헌법에서는 국회의원의 지위남용 금지와 이권개입 금지를 헌법에 명시하였으며(제40조), 1980년 제8차 헌법개정에서는 국회의원의 청렴의무와 국회의원의 국가이익우선의무를 추가하여 국회의원의 전국민의 대표자로서의 지위에서 국가이익 즉 공익우선의무를 명시하여(제82조 제1항, 제2항) 오늘에 이르고 있다.

Ⅲ. 다른 조문과의 체계적 관계

현행 헌법의 개개 조문들은 전체적으로 개인의 자유와 평등의 보장, 국민의 참여와 동의에 입각한 통치 그리고 국가권력의 통제를 실현하기 위한 규정들이므로, 헌법의 다른 조문과 밀접한 관계를 가지고 있는 경우가 많다. 공무원제도에 관하여 규정하고 있는 헌법 제7조는 국민주권을 선언한 헌법 제1조 제2항, 국민의 공무담임권을 규정한 헌법 제25조, 국가배상책임을 규정한 헌법 제29조, 그리고 국회의원의 공공복리실현의무를 규정한 헌법 제46조 제2항과 대통령의 헌법준수의무와 공공복리실현의무를 규정한 헌법 제69조와 밀접한 관계를 가지고 있다.

---

22) 다만 1948년 제정된 국가공무원법에서 신분 보장과 정치적 중립성이 요청되는 직업공무원과 그러하지 아니한 공무원을 엄격히 구분하고 있는 것은 아니지만, 적어도 일반직 공무원에 대해서는 신분을 보장하고 정치적 중립성이 요청됨을 명시하고 있다(구 국가공무원법 제37조, 제39조 이하 참조).

23) 김기범, 헌법강의, 법문사, 1964, 210; 김철수(주 21), 111.

24) 정종섭, 헌법학원론, 박영사, 2013, 965.

1. 헌법 제 1 조 제 2 항의 국민주권이념과의 관계

헌법 제7조 제1항은 공무원의 국민전체에 대한 봉사자로서의 지위와 국민에 대한 책임을 규정하고 있는데, 사실 이는 "대한민국의 주권은 국민에게 있고, 모든 권력은 국민으로부터 나온다"고 규정하고 있는 헌법 제1조 제2항에서 당연히 도출되는 것이다. 그런 점에서 현행 헌법 제7조 제1항은, 현행 헌법이 주권재민, 권력유민의 국민주권이념을 채택하고 있음을 다시 한번 확인하는 규정이다. 또한 구체적으로는 국민주권이념과 관련하여 헌법 제7조 제1항은 공무원의 권한 내지 직무는 국민으로부터 위임받은 국가권력이라는 것을 표현하는 동시에,[25] 국민에게 책임을 지는 공직제도, 즉 대의민주주의에 입각한 공직제도를 형성할 것을 의미하는 규정이다.[26]

2. 헌법 제25조의 공무담임권과의 관계

헌법에서 공무원제도를 명시하여 공무의 성격과 기능에 따른 공직제도를 형성할 것을 예정함으로써 공무원제도는 개인의 자유로운 개성 신장을 전제로 하는 국민주권의 통치질서에서 헌법 제25조에 규정된 국민의 공무담임권의 실현과 보호에 기여한다. 즉 정치적, 선거직 공무원이 되고자 하는 국민은 선거에서의 입후보의 자유와 평등을 요구할 수 있다는 점에서, 그리고 비정치적 직업공무원이 되고자 하는 국민은 헌법 제7조 제2항에서 직업공무원제도의 보장을 명시함에 따라 능력주의 내지 실적주의에 입각하여 공직취임의 균등한 기회 제공을 요구할 수 있고, 공무원으로서의 신분 보장을 요구할 수 있다는 점에서 국민의 공무담임권의 보호에 이바지한다. 이런 점에서 공무원제도는 국민의 기본권 실현과 밀접한 관계에 있다.

다만 공무원의 권한행사의 정당성은 공직자 개인의 기본권에 의해서 주어지는 것이 아니라 국민의 의사와 법에 의하여 위임된 권한이므로 공직은 공무원 개인 소유물이 아니며 공무원은 공직과 그의 권한을 임의로 포기, 양도, 상속 등 처분할 수 없다.[27]

3. 헌법 제29조의 국가배상청구권과의 관계

헌법 제7조 제1항의 공무원의 국민전체의 봉사자로서의 지위와 공무원의 책임을 구현하기 위하여, 현행 헌법 제29조 제1항에서는 "공무원의 직무상 불법행위로 손해를 받은 국민은 법률이 정하는 바에 의하여 국가 또는 공공단체에 정당한 배상을 청구할 수 있다. 이 경우 공무원 자신의 책임은 면제되지 아니한다"고 규정하여 국가를 대신한 공무원의 직무상 불법행위

---

25) 같은 취지: 김기범(주 23), 204; 한수웅(주 2), 26. 따라서 공무원은 국민의 직접선거에 의하여 선출되든 그러하지 아니하든 간에 공무원은 주권자인 국민과 연관을 가져야 한다. 김기범(주 23), 204.

26) 같은 취지: 한수웅(주 2), 26: 허영(주 1), 805 참조. 이에 관하여 자세한 것은 후술하는 "Ⅳ. 1. 나. (1) 공무원의 국민에 대한 책임의 헌법적 의의" 참조.

27) 한수웅(주 2), 11.

에 대한 국가의 배상책임을 명시하고 있을 뿐만 아니라 관련 공무원 자신의 법적 책임 역시 면제되지 아니함을 규정하여, 법치국가원리에 입각하여 국가권력이 행사되어야 하고, 그렇지 아니한 경우 국가와 공무원이 법적 책임을 져야 함을 분명히 하고 있다.

4. 헌법 제21조의 의사표현의 자유와 공무원의 비판감수의무

헌법 제21조에서는 국민의 의사표현의 자유를 보장하면서도 제4항에서 타인의 명예나 권리 또는 공중도덕이나 사회윤리를 침해하여서는 아니 됨을 규정하고 있다. 헌법 제7조 제1항에 따라 공무원은 국민전체의 봉사자로서 국민전체의 이익을 위하여 공무를 수행하여야 하는데, 선험적으로 국민전체의 이익이 되는 국가정책이 정해져 있는 것이 아니고 그때그때의 제반 상황을 참작하여 공무원이 결정하는 것이다. 그런데 공무원은 궁극적으로 주권자인 국민에 의하여 임용되고 국민에 대해서 책임을 져야 하고, 국민은 어떤 정책이 공익실현에 적합한지에 관하여 발언하고 비판할 수 있는 자유가 기본권으로 보장되고 있기 때문에, 공무원은 공무수행과 관련하여 언론기관이나 사인에 의하여 제기되는 정당한 비판을 감수하고 이를 수인하여야 할 의무가 있다. 이에 따라 언론기관의 보도 내지 사인의 의사표현으로 인한 공직자의 명예훼손 여부의 판단기준은 일반사인의 경우보다 강화된 기준이 적용되어야 한다. 헌법재판소도 도의회 의원의 공적인 활동과 관련된 사실을 보도한 신문기사가 형법상의 명예훼손행위에 해당하는지 여부를 판단하는 기준과 관련하여 "신문보도의 명예훼손적 표현의 피해자가 공적 인물인지 아니면 사인인지, 그 표현이 공적인 관심 사안에 관한 것인지 순수한 사적인 영역에 속하는 사안인지의 여부에 따라 헌법적 심사기준에는 차이가 있어야 한다. 객관적으로 국민이 알아야 할 공공성·사회성을 갖춘 사실은 민주제의 토대인 여론형성이나 공개토론에 기여하므로 형사제재로 인하여 이러한 사안의 게재를 주저하게 만들어서는 안 된다. 신속한 보도를 생명으로 하는 신문의 속성상 허위를 진실한 것으로 믿고서 한 명예훼손적 표현에 정당성을 인정할 수 있거나, 중요한 내용이 아닌 사소한 부분에 대한 허위보도는 모두 형사제재의 위협으로부터 자유로워야 한다"라고 판시하고 있다.[28]

Ⅳ. 세부개념과 구체적 내용

1. 헌법 제 7 조 제 1 항의 의미와 내용

가. '국민전체에 대한 봉사자'의 의미

헌법 제7조 제1항에 규정된 공무원의 국민전체에 대한 봉사자로서의 지위는, 자유민주주의를 추구하는 헌법질서에서 공권력을 행사하는 공무원은 직접적이든 간접적이든 국민에 의하

---

28) 헌재 1999. 6. 24. 97헌마265, 11-1, 768.

여 선출 또는 임용되어야 한다는 점에서[29] 당연히 도출되는 바이다.

국민전체에 대한 봉사자라는 지위로부터 공무원은 적극적으로 직무에 전념할 의무, 공공복리를 실현하여야 할 의무, 성실의무를 지고, 소극적으로는 법령을 준수하고, 헌법에 충실할 의무, 직장이탈금지의무, 영리행위금지의무, 겸직금지의무 등을 진다.[30]

(1) 공익실현의무

국민전체에 대한 봉사자라는 지위로부터 공무원은 현 집권세력의 이익, 자신이 소속한 국가기관이나 정당, 자신을 선출한 유권자, 그리고 자신이 속한 계급, 종교, 지역, 사회단체 등 부분사회의 특수이익으로부터 독립하여 국민전체를 위하여 공정하고 균형 있게 업무를 수행할 의무를 가진다.[31] 즉 공무원은 국민의 공복으로서 공공복리를 추구하여야 한다. 그러므로 공무원에게 부여된 권한은 오로지 공직에 객관적으로 부여된 국가과제를 수행하기 위해서 행사되어야 한다.[32]

공무원은 국민 전체의 봉사자로서 친절하고 공정하게 직무를 수행하여야 한다(국가공무원법 제59조; 지방공무원법 제51조). 그리고 공무원은 노동운동이나 공무 외의 일을 위한 집단행위를 하여서는 아니 된다(국가공무원법 제66조; 지방공무원법 제58조). 그리고 공무원은 직무와 관련하여 직접적이든 간접적이든 사례·증여 또는 향응을 주거나 받아서는 아니 되며, 직무상의 관계가 있든 없든 그 소속 상관에게 증여하거나 소속 공무원으로부터 증여를 받아서는 아니 된다(국가공무원법 제61조; 지방공무원법 제53조). 또한 부패방지 및 국민권익위원회의 설치와 운영에 관한 법률에 의하면 공직자는 업무처리 중 알게 된 비밀을 이용하여 재물 또는 재산상의 이익을 취득하거나 제3자로 하여금 취득하게 하여서는 아니 되며(같은 법 제7조의2), 또한 일정한 공직자는 퇴직 후 일정기간동안 퇴직 전의 업무와 밀접한 관련이 있는 사기업체 등에 취업할 수 없는 등의 제한을 받는다(공직자윤리법 제17조). 특히 부패방지법에 의하면 공직자는 그 직무를 행함에 있어 다른 공직자가 부패행위를 한 사실을 알게 되었거나 부패행위를 강요 또는 제의받은 경우에는 지체없이 이를 수사기관·감사원 또는 위원회에 신고하도록 규정하고 있으며(제56조), 신고자 보호를 위하여 신고자의 신분보장(제62조), 신변보호(제64조), 책임감면(제66조)과 더불어 신고자에 대한 일정한 조치 등을 불이익조치로 추정하는 규정(제62조)을 두고 있다.

공익실현의무는 직업공무원뿐만 아니라 정치적 공무원에게도 적용된다. 현행 공무원법에서도 공무원의 복무에 관한 규정은 정치운동 금지와 노동운동 제한에 관한 규정을 제외하고는 정무직공무원에게도 적용됨을 밝히고 있다(국가공무원법 제3조; 지방공무원법 제3조). 그런데 공

---

29) 헌재 1992. 4. 28. 90헌바27, 4, 255(264).
30) 유사한 취지: 전광석(주 11), 517.
31) 김학성, 헌법학원론, 박영사, 2012, 877; 이승우(주 6), 393; 이준일, 헌법학, 홍문사, 2013, 243; 전광석(주 11), 517 이하; 장영수(주 7), 360; 정재황, 신헌법입문, 박영사, 2012, 157; 한수웅(주 2), 15; 허영(주 1), 805.
32) 박경철, "국민주권의 본질과 실현조건에 관한 연구," 연세대학교 대학원 박사학위논문(2000), 294; 한수웅(주 2), 16; Depenheuer(주 2), Rn. 67.

무원의 공익실현의무를 실현하는 방법은 담당하는 공무의 성격에 따라 다르다. 정치적 공무원은 정치적 대표성이 그 업무의 기초이므로 국민전체의 이익을 위한 정치적 이념과 정책의 방향을 제시하는 방법으로 직무를 수행하는 반면에, 직업공무원은 제시된 정책의 방향을 전문지식에 입각하여 국민전체에게 이익이 되도록 구체화하는 방법으로 국민에게 봉사한다.33) 그렇기 때문에 국회의원은 그가 지역구국회의원이든 비례대표국회의원이든 그를 선출한 유권자나 지역구의 대표가 아니며 또한 그를 국회의원후보로 추천한 정당의 대표자가 아니라 전 국민의 대표자로서의 지위에서 누구의 지시나 명령을 받지 아니하고 국민전체의 이익을 위하여 권한을 행사하여야 한다. 국회의원은 국가이익을 우선하여 양심에 따라 직무를 행한다고 규정한 헌법 제46조 제2항은 이를 명시한 것이다.34) 또한 현행 헌법 제69조에서는 대통령은 국민의 자유와 복리의 증진에 노력할 것을 국민 앞에 선서하도록 규정하고 있는데, 이는 헌법 제7조 제1항에 규정된 공무원의 공익실현의무를 대통령의 공무수행 내지 권한행사와 관련하여 다시 한 번 강조하는 의미를 담고 있다. 따라서 대통령은 물론 대통령에 의하여 임명된 행정각부의 장관 등 집행부의 정치적 공무원도 국민전체에 대한 봉사자로서의 지위에서 소속정당의 이익이나 임명권자인 대통령 개인이나 특정계층의 이익이 아닌 국민전체의 이익 즉 공공복리를 실현하기 위하여 공정하고 적법하게 권한을 행사하여야 할 의무가 있다. 따라서 국회의원이 행정각부의 장관직을 겸직하는 경우에도 직무상의 권한을 소속 정당이나 임명권자인 대통령 개인을 위하여 행사하여서는 아니 되고 국민전체의 이익을 위하여 공정하고 균형있게 권한을 행사하여야 한다.

　　가치다원주의를 바탕으로 하는 자유민주주의헌법질서에서 구체적인 국가과제의 수행에 있어서 무엇이 공익인지, 어떤 정책결정이 가장 공공복리에 적합한지 여부는 사전에 확정되어 있는 것이 아니다. 즉 공익이란 선험적으로 국민전체에게 이익이 되는 국가정책이 존재하여 국가기관이 이를 발견, 인식할 수 있는 것이 아니며, 또한 확정될 수 있는 고정불변의 실체가 있는 것이 아니라, 사회의 다양한 이익의 경쟁 속에서 합의와 타협을 통하여 비로소 발견되는 가변적인 것이다. 이런 점에서 공무원에 의한 공익실현이란 '과정과 절차의 문제'로서 '경쟁하는 다양한 부분이익 사이의 선별과정'에 관한 것이다.35) 이런 점에서 공무원의 공익실현의무는 공익발견의 과정과 관련하여 공무원이 갖추어야 할 자세를 의미하는 것이기도 하다. 즉 공무원은 전적으로 공공복리를 실현하기 위하여 직무수행에서 개인의 주관과 이해관계 그리고 자의를 개입시켜서는 아니 된다.

　　또한 공무원에 의한 공공복리의 실현은 국가권력의 존재목적이자 국가권력의 행사가 그 정당성을 획득하기 위한 조건인 것이다. 다만 공공복리의 실현도 선거 등을 통하여 민주적 정

---

33) 전광석(주 11), 517 이하.
34) 전광석(주 11), 514; 한수웅(주 2), 17; 허영(주 1), 973.
35) 자세한 것은 한수웅(주 2), 21 참조.

당성이 확보된 국가권력에 의해서 헌법과 법률 등이 정하는 바에 따라 이루어져 국가권력 행사의 절차적 정당성 내지 국가권력의 법기속성을 갖춘 상태에서 이루어져야 한다.

(2) 직무전념의무

공무원은 국민전체의 봉사자로서 공공복리를 실현하기 위하여 직무에 전념해야 할 의무를 지고 있고, 이에 따라 구체적으로 공무원은 담당하는 직무를 성실히 수행하여야 하며(국가공무원법 제56조; 지방공무원법 제48조), 정당한 사유가 없이 직장을 이탈하여서는 아니 되며(국가공무원법 제58조; 지방공무원법 제50조), 국가작용의 효율성을 저해하고 이익충돌의 가능성을 수반하여 공무원의 공익실현의무를 실현할 수 없거나 공익을 실현하여야 할 공직에 대한 국민의 신뢰를 저버릴 수 있는 영리행위와 일정한 직업을 겸직하는 것이 금지된다(국가공무원법 제64조; 지방공무원법 제56조). 또한 공직에 대한 국민의 신뢰를 유지하기 위하여 공무원은 직무의 내외를 불문하고 그 품위가 손상되는 행위를 하여서는 아니 되며(국가공무원법 제63조; 지방공무원법 제55조), 공무원은 재직 중은 물론 퇴직 후에도 직무상 알게 된 비밀을 엄수하여야 한다(국가공무원법 제60조; 지방공무원법 제52조).

(3) 헌법충실의무와 법령준수의무

공무원은 국민전체의 봉사자이므로 국민에 의하여 제정된 헌법과 국민의 대표인 의회에 의하여 형성된 법률 등 법질서를 존중하고 준수하여야 한다.[36] 즉 공무원은 헌법이 추구하는 근본적 가치질서에 동의하고 이를 부정하여서는 아니 된다.[37] 즉 공무원이 자유민주적 사회적 법치국가원리와 시장경제질서를 부정하여서는 아니 된다. 그러므로 공무원이 자신의 개인적 정치적 신념이나 세계관에 입각해서 헌법의 근본질서를 부정하거나 공공복리를 실현하기 위해서 헌법을 위반하여서는 아니 된다. 따라서 공무원은 헌법이 추구하는 가치질서를 부정하는 경우 공직의 담당자가 될 수 있는 적격이 없다고 할 것이다.[38]

또한 공무원은 헌법과 법령에 의해서 부여받은 권한을 헌법과 법령에 규정된 절차에 따라 권한을 행사하여야 한다. 따라서 공무원의 공공복리를 실현하여야 할 의무는 헌법과 법령을 준수하였음을 전제로 한다. 또한 공무원은 해당법령이 재량을 부여하고 있는 경우 혹은 해당 업무를 규율하는 법령이 존재하지 않는 경우 평등원칙, 비례의 원칙, 신뢰보호의 원칙 등 공권력

---

36) 공무원의 국민전체의 봉사자로서의 지위에서 공무원의 법령준수의무와 국가 및 헌법에 충실할 의무를 도출하는 견해로는 전광석(주 11), 517 참조.

37) Zippelius/Würtenberger(주 14), S. 226; 한수웅(주 2), 35. 한편 한수웅 교수는 공무원의 충성의무에는 이를 넘어서 정치적 충성의무(국가 및 헌법에 대한 충성의무), 명령복종의 의무, 공정의 의무, 비밀엄수의 의무, 직무전념의 의무, 품위유지의 의무 등을 포함하고 있다고 한다. 한수웅(주 2), 31 참조. 유사한 취지: Zippelius/Würtenberger(주 14), S. 449.

38) Zippelius/Würtenberger(주 14), S. 226. 이런 관점에서 소속정당이 헌법재판소에 의하여 위헌정당으로 인정되어 해산되는 경우에 위헌정당에 소속된 국회의원의 의원직 역시 상실되는 것으로 이해하는 것이 타당하다. 다만 이를 명확히 하기 위하여 헌법재판소법이나 국회법 등에 이에 관한 명문의 규정을 두는 것이 필요하다. 자세한 것은 박경철, "국회의원의 무기속위임적 지위," 공법연구(한국공법학회) 32-4(2004. 3). 176 참조.

작용이 당연히 준수하여야 할 법원칙을 준수하여야 한다. 또한 공무원의 내부업무를 규율하는 행정규칙이나 지침이 존재하더라도 구체적인 경우에 타당성이 없거나 형평에 어긋나는 경우 또는 업무의 최적실현을 위하여 지침과는 다른 행위를 할 필요가 있을 때에는 공무원은 이를 행할 권한이 있고 또 경우에 따라서는 이를 행할 의무가 있다.39)

  그리고 공무원은 일반 국민에 비해서 보다 높은 정도의 법령준수의무(국가공무원법 제56조; 지방공무원법 제48조)가 있다. 일반국민은 법령에 위반되는 행위를 하는 경우 해당법령에 규정된 제재만을 받을 뿐이지만, 공무원이 법령에 위반하는 행위를 한 경우에는 해당 법령에 규정된 제재 외에도 당해 행위와 무관한 공무원의 신분 혹은 공무원의 법적 지위에 불이익이 가해질 수 있다.40) 즉 공무원으로 재직하는 중에 직무와 무관한 범죄행위로 인하여 금고이상의 형을 받는 등 비난가능성이 큰 범죄를 저지른 경우 이를 당연퇴직사유로 하거나 공무원의 연금법적 지위에 불이익을 주는 규정 등은 공무원의 법령준수의무를 구체화하는 대표적인 예이다. 이와 같은 규정은 공무원의 법령준수의무와 품위유지의무에 근거를 두고 있기 때문에 합리적 이유가 있어 공무원에 대한 불합리한 차별이라고 할 수는 없다. 그렇지만 불이익의 구체적 내용이 과잉금지원칙에 위반되어서는 아니 된다.

  헌법재판소는, 금고이상의 형의 선고유예의 판결을 받은 경우까지 당연퇴직사유로 하는 지방공무원법 제61조 중 제31조 제5호를 처음에는 합헌이라고 결정하였으나,41) 이후 선고유예 판결의 경우 일반적으로 비난가능성이 낮으며, 이로 인하여 공직의 신뢰를 침해하는 정도가 현저하지 않다는 점에서 과잉금지원칙에 위반하여 공무원의 공무담임권을 침해한다고 하여 위헌이라고 결정하였다.42) 반면에 헌법재판소는, 법원이 범죄의 모든 정황을 고려하여 금고 이상의 형의 집행유예 판결을 하였다면 그 범죄행위가 직무와 직접적 관련이 없거나 과실에 의한 것이라 하더라도 공무원의 품위를 손상하는 것으로 당해 공무원에 대한 사회적 비난가능성이 결코 적지 아니함을 의미하므로 이를 공무원의 당연퇴직사유로 규정한 것을 위헌의 법률조항이라고 볼 수 없다고 판시하였다.43) 또한 헌법재판소는 1995. 7. 21. 94헌바27 등 결정에서 재직 중에 금고이상의 형의 선고를 받은 경우 퇴직급여를 감액하도록 규정한 공무원연금법 제64조 제1항에 대해서 합헌이라고 판단하였으나, 2007. 3. 29. 선고된 2005헌바33 결정에서는 재직 중 형의 선고를 받았다고 하더라도 공무원의 '신분이나 직무상 의무'와 관련이 없는 경우 또는 비난가능성이 크지 않은 과실범 등의 경우에도 연금법적 지위에 불이익한 처분을 하는 것은 과잉금지원칙에 위반하여 재산권 및 평등권을 침해한다는 이유로 직무와 관련성이 없는 사유로 인한 연금

---

39) 자세한 것은 전광석(주 11), 519 참조. 이런 관점에서 구체적 타당성을 결여한 지침을 철저히 준수하는 방법으로 공익에 반하는 결과를 의도하는 행위, 예컨대 준법투쟁은 적법한 노동쟁의행위로 인정될 수 없다고 한다.

40) 전광석(주 11), 519.

41) 헌재 1990. 6. 25. 89헌마220, 2, 200.

42) 헌재 2002. 8. 29. 2001헌마788등, 14-2, 219; 2003. 9. 25. 2003헌마293등, 15-2(상), 536.

43) 헌재 2003. 12. 18. 2003헌마409, 15-2(하), 664.

법적 지위에 대한 불이익처분을 규정한 공무원연금법에 대하여 헌법불합치결정을 하였다.[44] 이에 따라 2009. 12. 31. 공무원연금법 제64조 제1항 제1호는, 재직 중의 사유로 금고 이상의 형을 받은 경우라도 '직무와 관련 없는 과실로 인한 경우' 및 '소속 상관의 정당한 직무상의 명령에 따르다가 과실로 인한 경우'는 퇴직급여 등을 감액하지 아니하는 내용으로 개정되었다.[45] 한편 헌법재판소는 2010. 11. 25. 2010헌바93 결정에서는 명예퇴직한 공무원이라고 하더라도 공무원으로 재직 중의 사유로 금고이상의 형의 선고를 받은 경우 해당범죄의 직무관련성의 존재여부에 관계없이 명예퇴직수당을 회수하는 국가공무원법 제74조의2 제3항 제1호에 대해서는 명예퇴직수당은 공무원의 조기퇴직을 유도하기 위한 특별장려금이고, 퇴직 전 근로에 대한 공로보상적 성격도 갖는다고 할 것이어서, 입법자가 명예퇴직수당 수급권의 구체적인 지급요건·방법·액수 등을 형성함에 있어서 상대적으로 폭넓은 재량이 허용되고, 직무와 관련 없는 사유 중에도 법률적·사회적 비난가능성이 큰 범죄가 존재하는 점 등을 고려할 때, 과잉금지원칙에 위배되지 아니한다고 하여 합헌결정을 하였다.

이에 대해서 공무원의 법령준수의무는 단순히 직무상의 의무에 그치지 않고 공무원이라는 신분에서 비롯되는 신분상의 의무이므로 공무원이 법령준수의무 및 성실의무를 위반하였는지 여부를 판단함에 있어서 해당 공무원의 직무와 관련되는지 여부 내지 해당공무원의 직무범위에 속하는가 여부를 기준으로 판단하는 것은 타당하지 아니하다는 비판이 있다.[46]

나. '국민에 대하여 책임을 진다'의 의미

(1) 공무원의 국민에 대한 책임의 헌법적 의의

현행 헌법 제7조 제1항의 "공무원은 … 국민에 대하여 책임을 진다"라는 것은 현행 헌법이 국민주권이념을 채택하고 있기 때문에 공무원의 권한 내지 직무는 국민으로부터 위임받은 국가권력임을 분명히 하는 동시에 국민에게 책임을 지는 공직제도, 즉 권한행사에 대한 책임추궁이 가능한 공직제도를 형성할 것을 나타내는 것이다.[47] 즉 국민주권의 통치질서에서 국민 개개인은 자율성을 가진 주체로서 자기 자신의 문제를 스스로 결정할 권리뿐만 아니라 공동체의 공동관심사에 관한 의사결정에 주체로서 참여할 권리를 가지기 때문에, 국민 개개인을

---

44) 이어서 헌법재판소는 구 공무원연금법 제64조 제1항 제1호를 준용하고 있던 구 '사립학교교직원 연금법'(2009. 12. 31. 법률 제9908호로 개정되기 전의 것) 제42조 제1항 전문에 대하여도 같은 취지로 헌법불합치결정을 내렸다. 헌재 2010. 7. 29. 2008헌가15, 22-2(상), 16.

45) 2005헌바33 결정에 따른 개선입법인 이 조항이 공무원의 '신분이나 직무상 의무'와 관련이 없는 범죄중에서 고의범을 포함시키지 아니한 것이 2005헌바33 결정의 기속력에 위배하여 재산권 등을 침해하고 있음을 이유로 청구된 위헌심사형 헌법소원사건에서 헌법재판소는, 교원의 직무와 관련이 없는 범죄라 할지라도 고의범의 경우에는 교원의 법령준수의무, 청렴의무, 품위유지의무 등을 위반하는 것으로 볼 수 있으므로 이를 퇴직급여의 감액사유에서 제외하지 아니하더라도 헌법불합치결정의 취지에 반한다고 볼 수 없다고 하여 합헌결정을 하였다(헌재 2013. 9. 26. 2013헌바170).

46) 전광석(주 11), 518 참조.

47) 따라서 헌법 제7조 제1항 후단으로부터 직접 공무원의 국민에 대한 법적 책임이 발생하는 것은 아니다. 정종섭(주 24), 971.

구속하는 공권력은 국민으로부터 '위임된 권력' 즉 公務(Amt)로 이해되어야 한다. 즉 국민주권의 통치질서에서는 모든 공권력은 구성원의 참여와 동의에 기초하여야 하며, 공권력은 국민전체의 이익을 위하여 즉 공공복리를 실현하기 위하여 행사되어야 하며, 국민에 대하여 책임을 져야 한다.

그렇기 때문에 국가기관 구성의 모든 단계에서 분명한 임명관계와 책임관계가 존재하여야 한다. 즉 공직에 임명된 사람은 그를 공직에 임명한 사람에게 책임을 져야 한다. 그리고 "공직에 임명된" 사람들 간에도 임용방법과 공무의 성질에 따라 분명한 구별이 있어야 하고, 또한 임용방법과 공무의 성질에 따라 의무와 책임 역시 객관적으로 확정되어 있어야 한다. 이를 실현하기 위해서는 광범위한 국가권력을 세분화하는 공직제도와 이를 담당하는 공무원제도가 필요하다. 또한 공직은 그 권한과 책임이 상응하도록 형성되어야 한다는 점에서, 즉 권한과 책임을 바탕으로 하는 공직제도를 통하여 국민주권이념이 실현되어야 한다는 점에서 국민주권이념은 대의민주주의를 통치기관의 구성원리로 하여야 한다.[48]

이점은 직접민주주의와 구별되는 점이다. 왜냐하면 직접민주주의에서는 다수결원칙에 의하여 형성된 국민 다수의 의사를 절대시하고 그로 인하여 국민에 의하여 직접 결정된 국가정책과 그 집행에 대하여 책임을 추궁하기 곤란하기 때문이다.[49] 그렇기 때문에 직접민주주의에서는 자유민주적 법치국가에서 요구하는, 권한과 책임을 바탕으로 하는 공직제도를 생각할 수 없다. 이런 점에서 공직 및 공무원제도는 대의민주주의와 국민주권이념의 실현에 있어서 핵심적 요소인 것이다.[50]

그러므로 국민주권의 통치질서에서 공무원제도는 대의민주주의의 신임과 책임의 원칙이 실천될 수 있도록 마련되어야 한다.[51] 그러기 위해서는 공권력을 행사하는 한, 민주적 정당성의 원리에 따라 대통령에서부터 말단 관직의 공무원에게까지 직접적이든 간접적이든 그 권한에 상응하는 민주적 정당성이 있어야 하며,[52] 권한행사에 대한 책임추궁이 가능한 공무원제도를 형성하여야 한다. 그래서 국가중요정책을 결정하는 권한을 가진 의회 의원과 대통령은 국민이 직접 선출하도록 하고, 국민에 의하여 직접 선출된 의회 의원과 대통령은 주권자로부터 위임받은 권한을 행사하고 임기동안의 권한행사에 대해서 국민에게 책임을 져야 한다. 그리고 대통령은 집행부의 수반으로서 행정각부의 장인 각료를 임명하고, 각료들은 다시 그들의 관할권

---

48) 박경철(주 32), 149, 159; E. Böckenförde, "Demokratische Willensbildung und Repräsentation," in: Isensee/Kirchhof(Hrsg.), HdbStR Bd. Ⅱ, §30, Rn. 19ff.; P. Kielmansegg, Volkssouvärinität als Legitimitätsprinzip, 1977, S. 262; W. Hennis, "Amtsgedanke und Demokratiebegriff," in: Staatsverfassung und Kirchordnung (Festgabe für Rudolf Smend), 1962, S. 55, 58.

49) R. Rhinow, Grundprobleme der schweizerischen Demokratie, 1984, S. 207ff.; 박경철, "통치형태원리로서 직접민주주의와 대의민주주의," 법학연구(연세대학교 법학연구소) 14-2(2004), 37; 한수웅(주 2), 26.

50) 박경철(주 32), 159; 이승우(주 6), 379; 한수웅(주 2), 26. 같은 취지: W. Hennis(주 48), S. 58; Böckenförde (주 48), Rn. 19.

51) 허영(주 1), 805.

52) 허영(주 1), 805; 한수웅(주 2), 26; R. Herzog(주 15), Rn. 52; Böckenförde(주 48), Rn. 15.

의 범위 내에서 그의 책임 하에 공무원을 임명하고 지휘하여야 한다. 이를 통하여 대통령의 민주적 정당성은 직업공무원에게까지 미치게 되고, 행정각부의 장관은 그를 임명한 대통령과 국민의 대표기관으로서 광범위한 국정통제권한을 가지고 있는 의회에 책임을 져야 하고, 직업공무원은 헌법과 법령에 따라 부여받은 권한과 의무의 범위 내에서 권한을 행사하되, 법령과 상관의 정당한 직무상의 명령에 복종하여야 한다(국가공무원법 제57조; 지방공무원법 제49조). 단 여기서 하급공무원의 복종의무는 적법한 법령과 지시를 전제로 한다. 상관의 위법한 명령에 따라 공직을 수행한 경우 그에 따른 법적 책임을 면할 수 없다.[53] 따라서 공무원에게 법령이 위헌이거나 적법하지 않은 상관의 명령에 대해서는 이의진술권 내지 지시거부권을 인정하여야 하고,[54] 공직사회의 내부비리나 탈법·위법행위를 고발하는 경우 내부고발자의 신분을 보장하는 것이 필요하다.[55]

(2) 책임의 법적 성격

헌법 제7조 제1항에 규정된 공무원의 책임의 법적 성격에 관하여 학계에서는 공무원이 비록 국민의 수임자라고 하지만 국민과 공무원 사이에는 법적 위임관계가 존재하지 않고, 공무원에 대한 파면권이 인정되지 않으므로 법적 책임이라기보다는 정치적, 윤리적 책임이라는 견해[56]와 법적 책임이라는 견해[57]의 대립이 있다. 또한 이에 대해서 공무원의 책임은 공무원이 담당하는 공무의 성격과 이에 따른 공무원으로의 임용방법에 따라 다르다는 견해도 있다. 즉 국회의원이나 대통령 등 정치적 공무원의 공익실현의무는 규범화되어 있지 않다는 점에서 정치적 공무원의 책임은 일차적으로 정치윤리적 책임인 반면에, 법률에 의하여 행위지침이 제시되고 법률에 대한 복종의무를 지는 직업공무원의 경우에는 공익실현의무는 전반적으로 규범화되어 있기 때문에 직업공무원의 책임은 일차적으로 법적 책임으로서의 성격을 가진다는 것이다.[58]

생각건대 헌법 제7조 제1항의 공무원의 국민에 대한 책임은 구체적으로 공무원의 국민전체에 대한 봉사자로서의 지위에서 도출되는 공익실현의무, 직무전념의무, 헌법과 법령을 준수하여야 할 의무에서 비롯되는 것이다. 이런 점에서 공무원은 자신의 공무수행과 관련하여 공무수행의 타당성만이 문제되는지 아니면 더 나아가 직무수행의 위법성여부가 문제되는지에 따라 정치윤리적 책임을 지기도 하고, 법적 책임을 지기도 한다. 다만 국가권력의 법구속성을 추구

---

53) 대판 1988. 2. 23. 87도2358.

54) 유사한 취지: 허영(주 1), 805.

55) 부패방지법에 의하면 공직자는 그 직무를 행함에 있어 다른 공직자가 부패행위를 한 사실을 알게 되었거나 부패행위를 강요 또는 제의받은 경우에는 지체 없이 이를 수사기관·감사원 또는 위원회에 신고하도록 규정하고 있으며(제56조), 신고의 경우 신고자의 신분보장(제62조), 신고로 인한 불이익추정(제62조), 신변보호(제64조), 책임의 감면(제66조) 등을 규정하고 있다.

56) 권영성, 헌법학원론, 2010, 228, 741.

57) 성낙인, 헌법학, 법문사, 2013, 1099; 김철수, 헌법학신론, 박영사, 2013, 248; 정재황(주 31), 157.

58) 한수웅(주 2), 20 참조.

하는 국민주권의 통치질서에서 모든 공직자는 법을 준수하여야 한다는 점에서 법적 책임을 제1차적 책임으로 이해하고, 정부의 정책결정과 집행의 공정성 및 공익성에 대해 지는 책임인 정치적 책임은 제2차적 책임으로 이해하는 것이 타당하다.[59] 즉 법치국가원리 내지 법의 지배는 선출직이든 임명직이든 모든 공무원은 헌법과 법률에 의하여 부여된 공권력을 바탕으로 헌법과 법률의 테두리 내에서 직무를 수행하여야 한다는 원칙을 말한다.

이런 관점에서 볼 때, 헌법 제46조 제1항에서 국회의원에 대하여 무기속위임원칙을 인정하고 있음을 이유로 하여 국회의원은 국민에 대하여 법적 책임을 지지 아니하고 단지 정치적 책임만을 진다는 견해는 문제가 있다. 왜냐하면 국회의원의 무기속위임적 지위는 헌법과 법령에 위반되지 아니한 경우 보장되는 것이지, 그렇지 않고 국회의원이 헌법과 법령에 위반되게 권한을 행사한 경우에는 그에 따른 법적 책임, 즉 민사상의 손해배상책임, 형사책임, 국회법에 따른 징계책임을 면할 수는 없기 때문이다.[60]

(3) 책임의 구체적 내용

공무원의 책임은 대의민주주의를 전제로 하는 것이므로 헌법에 명문의 규정이 없는 한, 헌법 제7조 제1항으로부터 공무원에 대한 국민소환권이 발생한다고 할 수 없다.[61] 자유민주주의 헌법질서에서 공무원의 책임은 법적 책임과 정치적 책임으로 나눌 수 있는데, 먼저 공무원이 지게 되는 법적 책임을 살펴보면, 모든 공무원은, 정치적 공무원이든 직업공무원이든, 법령준수의무가 있으므로 법적 기준에 따라 행정법상의 징계책임, 민사법상의 책임, 형사법상 책임을 진다. 특히 현행 헌법은 대통령, 국무총리, 국무위원 등 행정부와 사법부의 고위공직자에 대한 탄핵책임(헌법 제65조)을 직무집행에 있어서 헌법과 법률에 위반한 경우에 추궁할 수 있도록 하여 법적 책임으로 규정하고 있다. 또한 헌법재판소의 탄핵결정으로 공직에서 파면된 경우에도 이와 별개로 위법한 직무수행에 대해서 민, 형사책임을 물을 수 있음을 헌법은 규정하고 있다(헌법 제66조 제4항). 또한 헌법은 공무원의 직무상 불법행위에 대해서 국가의 배상책임을 인정함과 동시에 이로 인하여 공무원 개인의 책임이 면제되지 아니함을 규정하고 있다(헌법 제29조 제3항).

또한 공무원의 직무수행이 위헌, 위법하거나 부당한 경우에 이루어지는 공무원의 징계책임은 조직 내의 위계질서 속에서 상명하복의 복무규율을 바탕으로 하는 직업공무원제도에서 특히 중요한 의미를 가진다. 다만 공무원은 법령준수의무와 성실의무를 지고 있기 때문에 법령에 반하는 상관의 명령을 거부할 권한과 의무가 있다.

정치적 책임은 정치적 공무원이 임명권자인 국민 또는 국회나 대통령의 정치적 신임에 대해서 국민 또는 국회나 대통령에 대해서 지는 책임을 의미한다. 예컨대 국민의 선거를 통하여

---

59) 허영(주 1), 820; 박경철(주 32), 159.

60) 이런 점에서 공무원의 국민에 대한 책임의 법적 성격이 '공무원의 유형 내지 종류'에 따라 달라진다는 주장(이종수(주 7), 178; 이준일(주 31), 244; 한수웅(주 2), 24; 허영(주 1), 821)은 일응의 기준일 뿐이라는 점에서 적확한 표현은 아니라고 판단된다.

61) 유사한 취지: 김기범(주 23), 204.

선출된 대통령이나 국회의원은 임기만료 이후의 선거를 통하여 임기 동안의 공무수행에 관해 국민에 대하여 정치적 책임을 지게 된다. 그리고 대통령은 국무총리, 국무위원, 행정각부 장의 업무수행에 대해서 언제든지 책임을 물어 해임할 수 있으며, 국회는 대통령에게 국무총리, 국무위원의 해임을 언제든지 건의할 수 있다. 이런 점에 비추어볼 때 실적과 자격에 따라 임용되고 업무수행의 기준이 정치적 신임 여부에 있는 것이 아니라 전문성에 입각한 실적에 있으며, 정치적 중립성이 요구되고 신분이 보장되는 직업공무원에 대하여 정치적 관점에 따라 책임을 묻는 것은 직업공무원제도의 본질에 반하는 것이기 때문에 헌법적으로 허용되지 아니한다.

다. 적용대상 공무원의 범위

헌법 제7조 제1항은 공무원은 국민전체의 봉사자이며, 국민에 대하여 책임을 진다고 규정하고 있다. 헌법 제7조 제1항이 적용되는 공무원의 범위가 문제된다.

공무원은 최광의로는 국가와 공공단체 등 모든 공법상의 사단·영조물(국립대 병원)·재단 등에서 공무를 수행하는 모든 인적 요원을 총칭하는 개념으로 이해된다. 여기에는 선거직 공직자와 공무수탁사인, 임시직 공무원을 포함한다. 광의로는 직업공무원외에 정치적 공무원이라든가 임시직 공무원을 포함한다. 국가공무원법과 지방공무원법상의 공무원은 광의의 공무원을 대상으로 한다.[62] 협의의 공무원이라 함은 국가 또는 공공단체와 근로관계를 맺고 이른바 공법상 특별권력관계 내지 특별행정법관계 아래 공무를 담당하는 것을 직업으로 하는 공무원을 말하며, 정치적 공무원이라든가 임시직 공무원은 포함되지 않는 것이다.[63] 헌법 제7조 제1항은 공무원의 국민전체에 대한 봉사자로서의 헌법적 지위와 그에 따른 책임을 명시하고 있다는 점에서 헌법 제7조 제1항이 적용되는 공무원은 모든 공무원, 즉 최광의의 공무원으로 이해하는 것이 타당하다.[64]

2. 헌법 제 7 조 제 2 항의 의미와 내용

가. 헌법 제 7 조 제 2 항의 의의

헌법 제7조 제2항은 공무원의 신분과 정치적 중립성의 보장을 내용으로 하는 직업공무원제도의 보장을 내용으로 한다. 주기적인 정권교체를 전제로 하는 자유민주주의헌법질서에서 직업공무원제도는 필요불가결한 제도인 것이다. 왜냐하면 직업공무원제도는 주기적인 정권교체를 전제로 하는 자유민주주의 헌법질서에서, 실적과 자격에 의하여 전문성이 인정된 자를 공무

---

62) 다만 국가공무원법의 규정 중에서 공무원결격사유에 관한 규정(제33조)와 공무원의 보수, 교육훈련, 복무의무에 관한 규정(제46조 - 제67조) 그리고 당연퇴직에 관한 규정(제69조) 외에는 국가공무원법이나 그 밖의 법률에 특별한 규정이 없으면 특수경력직공무원에게 적용하지 아니하며, 특히 정무직 공무원에게는 제33조와 제69조 역시 적용되지 아니한다(국가공무원법 제3조).

63) 헌재 1989. 12. 18. 89헌마32, 1, 343(352).

64) 권영성(주 56), 227; 김철수(주 57), 247; 성낙인(주 57), 1178; 이종수(주 7), 177; 이준일(주 31), 243; 전광석(주 11), 516; 정종섭(주 24), 962; 허영(주 1), 804. 장영수, 공무원의 정치적 기본권 연구(정책개발연구 제5권), 헌법재판소(2012. 12), 23.

원으로 임용하여 신분을 보장하면서 정치적으로 중립된 지위에서 업무를 처리하게 함으로써 공직이 집권세력의 논공행상의 대상이 되는 것을 방지하고, 정권이 교체되더라도 국정이 중단되지 아니하고 안정적이고 효율적으로 정책집행이 가능하도록 보장하기 위한 제도적 장치이기 때문이다.[65] 이런 점에서 헌법 제7조 제2항의 공무원은 협의의 공무원을 의미한다.

나. 직업공무원제도의 법적 성격

직업공무원제도는 공법상의 제도이고, 헌법이 이를 보장하고 있는 것을 직업공무원제도라는 공법상의 제도보장으로 평가한다.[66] 전통적인 제도보장이론에 의하면, 제도보장의 대상이 되는 제도는 그 사회에서 전통적으로 형성된 제도로서 헌법에 의하여 보장되고 있는 제도에 대해서는 입법자가 법률을 통하여 제도의 구체적 내용을 정함에 있어서 광범위한 재량이 허용되지만, 법률을 통하여 헌법이 보장하는 제도를 폐지하거나 제도의 본질을 형해화되게 하여서는 아니 된다는 것이 전통적 견해이다.[67]

우리 헌법재판소도 전통적 제도보장이론에 입각하여 기본권 보장과 객관적 제도 보장을 구별하면서 후자는 전자보다 보호의 정도가 약함을 인정하고 있다. 즉 "직업공무원제도는 지방자치제도, 복수정당제도, 혼인제도 등과 함께 '제도보장'의 하나로서 이는 일반적인 법에 의한 폐지나 제도본질의 침해를 금지한다는 의미의 '최소보장'의 원칙이 적용되는바, 이는 기본권의 경우 헌법 제37조 제2항의 과잉금지의 원칙에 따라 필요한 경우에 한하여 '최소한으로 제한'되는 것과 대조되는 것이다"라고 판시하고 있다.[68] 다만 헌법재판소는, 제도보장의 대상이 되는 제도는 반드시 '국가공동체 내에서 역사적, 전통적으로 형성된 기존 제도'임을 전제로 하지 아니 하고, '헌법제정권자가 특히 중요하고도 가치가 있다고 인정하여 헌법에 규정한 제도'이면 보호의 대상이 됨을 밝히고 있다.[69]

우리나라에서 현행헌법의 해석과 관련하여 전통적 제도보장이론을 원용하는 데에는 크게 두 가지 문제점이 있다. 첫째는 과연 우리 역사에서 현행 헌법이 보장하는 여러 제도가 형성되고 발전되어온 전통이 있었는가 하는 점이다. 둘째로 전통적 제도보장이론이 주장하는 심사기준을 위헌법률심사제도가 도입된 오늘날에도 여전히 유효한 심사기준인가 하는 점이다.

---

65) 이종수(주 7), 179. 유사한 취지: 헌재 1997. 4. 24. 95헌바48, 9-1, 435(444).

66) 반대의견: 헌법에 직업공무원제도를 정하고 있는 규정이 없음을 이유로 이를 헌법상의 제도라고 어렵다는 견해도 있다. 자세한 것은 정종섭(주 24), 964 참조.

67) 정종섭(주 24), 184; 김철수(주 57), 253, 313; 허영(주 1), 813; 한수웅(주 2), 29. 그런데 한수웅 교수는 우리나라의 경우 직업공무원제에 관한 고유한 역사와 전통을 결여하고 있기 때문에 헌법은 이러한 점을 고려하여 제7조 제2항에서 신분보장과 정치적 중립성을 직업공무원제도의 구조적 원칙으로 명시하고 있다고 평가하고 있다. 한수웅(주 2), 29.

68) 헌재 1994. 4. 28. 91헌바15등, 6-1, 317(339); 1997. 4. 24. 95헌바48, 9-1, 435(444). 같은 취지의 지방자치제도의 보장에 관한 헌법재판소의 결정례로는 헌재 1998. 4. 30. 96헌바62, 10-1, 380(384); 2006. 2. 23. 2005헌마403, 18-1(상), 320(334).

69) 헌재 1997. 4. 24. 95헌바48, 9-1, 435(444)("제도적 보장은 … 헌법제정권자가 특히 중요하고도 가치가 있다고 인정되고 헌법적으로 보장할 필요가 있다고 생각하는 국가제도를 헌법에 규정함으로써 장래의 법발전, 법형성의 방침과 범주를 미리 규율하려는데 있다").

전통적 제도보장이론에 관한 일반적 설명에 의하면 헌법적 보장의 대상이 되는 제도는 '국가공동체 내에서 역사적, 전통적으로 형성된 기존 제도'이다. 그러나 우리나라에서 제도보장이론으로 거론되는 가족제도, 사유재산제도, 정당제도, 직업공무원제도, 지방자치제도, 자유언론제도, 대학제도, 교육제도 등은 우리나라에서 형성된 바 없거나 역사적, 전통적인 가족제도는 헌법이 보장하는 가족제도와는 상반되는 성격의 제도인 경우도 있다. 이런 이유로 현행 헌법의 제도보장을 이해함에 있어서 독일의 전통적 이론을 사용하여 '국가공동체 내에서 역사적, 전통적으로 형성된 기존의 제도'를 기준으로 하는 것은 적절하지 않은 측면이 있다.[70] 제도보장이론에서 언급되는 제도들은 개인의 자유와 평등의 보장, 국가권력으로부터 사회의 자율영역의 보장, 국민의 참여와 동의에 입각한 통치, 국가권력의 통제라는 헌법적 가치를 실현하기 위하여 필요한 기본적인 제도임을 이유로 헌법이 보장하는 것이므로, 제도보장의 보호대상에 관한 헌법재판소의 견해가 우리의 실정에 부합하는 것으로 판단된다.

그리고 전통적 제도보장이론이 주장하는 심사기준, 즉 입법자가 제도를 구체적으로 형성하는 과정에서 제도를 폐지하거나 제도의 본질을 침해하지 아니하여야 한다는 것은 전통적 제도보장이론을 원용하지 않더라도 특정 제도를 보장하고 있는 헌법의 취지에서 도출될 수 있다는 점에서 전통적 제도보장이론을 원용할 실익이 있는지 의문이다. 또한 전통적 제도보장이론은 위헌법률심사제도가 정착되지 아니 한 시절에 입법자의 입법권 남용을 막기 위하여 전개된 이론이라는 점에서, 오늘날 위헌법률심사제도를 통하여 입법자의 법률제정행위를 헌법에 구속시키고 있는 실질적 법치국가에서 여전히 전통적 제도보장이론의 심사기준을 고수하면, 결국 소극적인 현상유지적 판단을 할 뿐이고, 실질적으로 입법을 통제할 수 없는 문제점이 있다.[71][72]

다. 직업공무원제도의 본질적 구성요소

(1) 서   설

우리나라에서는 헌법 제7조 제2항이 보장하는 직업공무원제도와 관련하여 역사적으로 형성된 제도의 본질에 해당하는 내용을 찾을 수 없다. 따라서 법률로 직업공무원제도를 구체적으로 형성함에 있어서 입법의 지침이 되는 직업공무원제도의 핵심적·본질적 내용이 무엇인가에

---

70) 유사한 취지: 장영수(주 7), 371; 정종섭(주 24), 979.

71) 전통적 제도보장이론의 문제점은 주로 지방자치제도와 관련하여 제기되고 있다. 오동석, "지방자치의 제도적 보장론 비판," 공법연구 29-1(2000), 227; 허영(주 1), 828; 방승주, "중앙정부와 지방자치단체와의 관계," 공법연구 35-1(2006. 10), 57. 이와 관련하여 직업공무원제도가 제도보장으로 이해되지만 국민이 공무담임권과 불가분의 관계에 있다는 점에서 입법자에게는 공무담임권을 과도하게 제한하지 않을 헌법적 한계안에서만 입법형성의 자유를 갖는다는 주장도 있다. 이준일(주 31), 245; 이승우(주 6), 381.

72) 그러나 전통적 제도보장이론에 대한 비판적 견해에 따르더라도 제도를 구체화하는 법률규정이 어떠한 경우에 위헌인가 하는 문제와 관련하여 뚜렷한 기준을 제시하지 못하고 있다. 제도의 본질적 내용이 무엇인지는 논자에 따라 다양할 수 있고, 이를 구체적으로 입법화하는 방법 역시 매우 여러 가지가 있을 수 있다는 점에서, 헌법에서 제도에 관하여 상세한 규정을 두고 있지 아니 하는 한, 제도의 구체적 형성에 관한 입법자의 입법행위를 통제하기가 쉽지 않다는 문제점이 있다.

관해서는 직업공무원제도의 본질적·핵심적 내용을 규정하고 있는 헌법 제7조 제2항과 더불어 국민주권을 선언한 헌법 제1조 제2항, 공무원의 헌법적 지위를 규정한 헌법 제7조 제1항 그리고 국민의 공무담임권을 보장하는 헌법 제25조와 일반적 평등권을 규정한 헌법 제11조 제1항 등과의 관련 속에서 직업공무원제도의 헌법적 의미와 기능이 실현될 수 있도록 헌법의 통일성에 입각한 헌법해석을 통하여 밝혀야 한다.[73]

먼저 헌법 제7조 제2항에서는 자유민주주의헌법질서에서 갖추어야 할 직업공무원제도의 본질적·핵심적 내용으로 직업공무원의 신분 보장과 정치적 중립의 보장을 규정하고 있다. 이런 점에서 헌법 제7조 제2항은 동조 제1항과 더불어 직업공무원제도와 관련된 입법형성권의 한계로서 기능한다.

그리고 신분이 보장되고 정치적 중립이 요청되는 직업공무원은 정치적 공무원처럼 국민의 신임에 근거하여 공직에 취임하는 것이 아니라 공무에 관한 전문적 지식을 전제로, 즉 실적과 자격에 의하여 공직에 취임하고 이를 바탕으로 신분이 보장된다. 그리고 헌법 제25조의 국민의 공무담임권은 헌법 제11조 제1항의 평등원칙과 관련하여 공무담임권의 기회균등한 보장을 내용으로 한다는 점 등에 비추어볼 때, 직업공무원제에서는 정치적 공무원의 경우와 달리 실적주의 내지 능력주의를 바탕으로 한다. 이런 점에서 능력주의를 바탕으로 공무원의 신분을 보장하고 정치적 중립성을 요구하는 것은 직업공무원의 핵심적이고 본질적인 구성요소라고 할 것이다.

그 외에도 헌법 제1조 제2항의 국민주권이념과 헌법 제7조 제1항의 국민전체의 봉사자로서의 공무원의 지위에 비추어볼 때, 직업공무원제도 역시 공무원이 국민전체의 이익 즉 공공복리를 실현할 의무가 있음을 전제로 하여 형성되어야 하며, 직업공무원제도를 형성함에 있어서 민주적 정당성의 크기에 상응하는 권능과 책임을 명확히 하여 민주적 지시계통을 확립하여야 하며, 헌법이 추구하는 법치국가원리를 실현할 수 있도록 하여야 한다.

이런 관점에서 볼 때 직업공무원제도의 본질적·핵심적 내용은 공무원의 신분과 정치적 중립성 보장, 능력주의, 공익실현의무, 민주적 지시계통의 확립, 법치국가적 요청의 실현이라고 할 수 있다. 그런데 공무원의 공익실현의무, 민주적 지시계통의 확립, 법치국가적 요청의 실현은 이미 헌법 제7조 제1항과 헌법의 기본원리로서 자유민주주의원리와 법치국가원리에서 도출되는 것으로 이와 같은 요청은 직업공무원뿐만 아니라 정치적 공무원에게도 적용되어야 한다는 점에서 직업공무원제도의 고유한 핵심적·본질적 내용이라고 할 수 없다. 그렇기 때문에 여기에서는 직업공무원제도의 본질적·핵심적 내용을 능력주의, 신분보장, 정치적 중립성의 요청에 국한해서 서술하기로 한다.[74]

---

73) 유사한 취지: 한수웅(주 2), 31.

74) 같은 취지: 권영성(주 56), 228; 김학성(주 31), 880(더불어 국가의 법집행은 원칙적으로 직업공무원에게 맡겨져야 한다는 의미에서 기능유보를 직업공무원제도의 내용으로 제시하고 있다). 정치적 중립성, 신분보장을 직업공무원제도의 요소로 주장하는 견해로는 정종섭(주 24), 965; 정재황(주 31), 161. 한편 직업공무원

    한편 공무원의 생활보장 내지 부양원칙을 직업공무원제도의 본질적 내용으로 이해하는 견해가 있다. 이 견해에 따르면 공무원은 국가와 헌법에 대한 충성과 복종의 의무, 사익을 배제한 채 공익실현을 위하여 직무에 전념해야 할 의무를 지는 대신, 국가는 이에 대해서 반대급부로서 공무원에 대하여 공무원 신분의 법적 독립성을 위한 신분보장뿐만 아니라 공무원의 경제적 독립성을 위한 생활보장을 해야 할 헌법적 의무가 헌법 제7조 제2항에서 도출된다는 것이다.[75]

    공무원의 재직 중이나 퇴직 후의 생활을 보장하는 것이 공무원으로 하여금 임기 중에 공무에 전념하고, 공정하고 독립적으로 공무를 수행하도록 하는 데 기여한다는 점에서 공무원의 생활보장은 직업공무원제도를 통하여 확립하고자 하는 바에 기여한다. 부패방지법에 따르면 국가 및 지방자치단체는 공직자가 공직에 헌신할 수 있도록 공직자의 생활보장을 위하여 노력하여야 하고, 그 보수와 처우의 향상에 필요한 조치를 취하도록 규정하고 있다(제9조). 그러나 위의 견해가 주장하는 공무원의 충성의무는 공익실현의무 내지 직무전념의무와 다를 바 없으며, 이는 헌법 제7조 제1항의 국민전체의 봉사자로서의 지위에서 도출되어 모든 공무원에게 인정되는 일반적 의무로 이해하는 것이 타당하다.[76] 이점은, 현행 국가공무원법 제3조에서 국가공무원법 규정은 원칙적으로 정무직 공무원에게는 적용되지 아니하도록 규정하면서도, 공무원의 국민전체의 봉사자로서의 지위에서 도출되는 각종 공무원의 복무의무와 관련된 규정들은 공무원의 정치운동금지에 관한 제65조와 노동운동 및 집단행동 금지에 관한 제66조를 제외하고는 모두 정치적 공무원에게도 적용하도록 규정하고 있는 점에서 잘 나타난다.

    그리고 이 견해는 공무원의 신분보장과 생활보장은 공무원의 충성의무에 대응하는 국가의 보호, 배려의무의 헌법적 표현이라고 평가하는데, 직업공무원의 신분보장은 국가 내지 헌법에 대한 복종의 대가가 아니라 직업공무원제도에 관한 헌법 제7조 제2항의 문언과 공무담임의 기회 균등한 보장을 국민의 기본권으로 규정하고 있는 헌법 제25조에서 도출되는 것임을 간과하고 있다. 또한 독일기본법 제33조 제5항에서는 공직에 관한 법은 '직업공무원제도의 전통적 원칙'(unter Berücksichtigung der hergebrachten Grundsätze des Berufsbeamtentums)들을 고려하여 규율하도록 규정하고 있는 점에서, 독일에서는 역사적으로 형성된 공법상의 근무충성관계에서 공무원의 충성의무와 국가의 신분보장과 생활보장의 의무를 직업공무원제도의 본질적 요소로 이해할 수 있지만,[77] 우리나라에서는 공무원이 국가에 대해서 충성의무를 지는 것에 대응하여 국가가 공무원에 대해서 생활을 보장해야 할 의무가 있다고 해석하여야 할 역사적 전통도 없으

        제도는 기능유보를 전제로 하면서 이를 실현하기 위하여 능력주의, 정치적 중립성, 신분 보장, 종신주의, 국가의 생활부양의무, 민주적인 직무지시계통, 국가배상책임을 구조적 요소로 한다는 견해로는 허영(주 1), 814; 이승우(주 6), 388; 장영수(주 7), 368. 한편 직업공무원제도의 본질적 구성요소로 공무원의 충성의무, 능력주의, 신분보장, 생활보장, 정치적 중립성을 내용으로 하는 견해로는 한수웅(주 2), 33.
    75) 한수웅(주 2), 32 이하 참조; 방승주, 헌법소송사례연구, 박영사, 2002, 72 이하 참조. 유사한 견해: 허영(주 1), 807.
    76) 같은 취지: 전광석(주 11), 517.
    77) Zippelius/Würtenberger(주 14), S. 449; T. Maunz. Art. 33, in: Maunz-Dürig-Herzog, Grundgesetz Kommentar, 1999, Ⅵ, Rn. 54, 68ff.

며, 헌법 제7조 제2항에서도 이에 관하여 규정하고 있지 아니하다. 게다가 공무원의 재직 중이나 퇴직 후의 생활을 보장함으로써 공무원으로 하여금 임기 중에 공무에 전념하고 공평무사하게 공무를 수행하도록 하기 위한 생활보장은 직업공무원뿐만 아니라 정치적 공무원에게도 필요하다는 점[78]에서, 생활보장을 헌법 제7조 제2항의 직업공무원제도의 핵심적·본질적 내용으로 보기 곤란하다. 따라서 공무원의 생활보장 및 이에 대한 국가의 부양의무는 국가의 헌법적 의무가 아니라 공무원이 재직 중이나 퇴직 후 경제적 어려움을 겪지 않게 함으로써 안정되고 공정한 공무집행을 보장할 목적으로 요청되는 입법정책의 문제로 이해하는 것이 타당하다.[79] 헌법재판소도 공무원연금제도에 관한 법률의 위헌여부를 심사할 때 헌법 제7조 제2항의 직업공무원제도와 관련하여 판단하고 있지는 않다.[80]

(2) 신분보장

직업공무원제도에서는 헌법 제7조 제2항에 규정된 것처럼 공무원의 직무수행의 독립성과 공정성을 담보하기 위하여 공무원 신분을 법적으로 보장하여야 한다. 즉 실적과 자격에 의하여 전문성이 인정되어 공무원으로 임용된 직업공무원은 공무원의 법령준수의무 위반 등 법률에 정한 사유에 해당하지 아니하는 한, 공무원으로 하여금 그의 의사에 반하여 퇴직, 휴직·강임 또는 면직 등 불리한 신분조치를 당하지 아니하여야 한다. 이를 통해서 공무원은 인사권자의 재량에 의하여 면직될 수 없고, 정권교체에 상관없이 공직을 유지할 수 있게 된다는 점에서 공무원 신분의 법적 보장은 공무원에 대한 인사와 공무원의 직무수행에 대한 인사권자의 자의와 외부의 영향력 행사를 차단하는 효과를 가진다.[81] 이런 점에서 공무원의 신분 보장은 공무원의 공익실현의무와 정치적 중립의무를 실현하기 위한 불가결한 전제이다.[82]

공무원의 신분보장을 위하여 모든 공무원에게 적용할 인사행정의 근본 기준을 확립하여 그 공정을 기하기 위하여 국가공무원법과 지방공무원법이 제정되어 있으며, 국가공무원법 등에 의하면 정무직공무원과 고위공무원을 제외하고 공무원은 형의 선고, 징계처분 또는 이 법에서 정하는 사유에 따르지 아니하고는 본인의 의사에 반하여 휴직·강임 또는 면직을 당하지 아니하며(국가공무원법 제68조; 지방공무원법 제60조), 정년까지 근무할 권리를 가진다(국가공무원법 제74조; 지방공무원법 제66조). 따라서 합리적 이유 없이 인사권자의 자의적 판단에 따라 불이익한 인사조치를 하는 것은 공무원의 신분보장을 침해하는 것이다. 헌법재판소는 자신의 귀책사유없이 자신의 의사에 반하여 임명권자의 후임자 임명 여부에 따라 자동적으로 공무원 신분이 상실

---

78) 물론 한시적으로 공직을 맡아 공무를 수행하는 정치적 공무원과 달리 직업공무원은 원칙적으로 평생토록 근무할 것이 보장된다는 점에서 장기간 공무에 종사한 자의 재직 중이나 퇴직 후의 생활을 보장해야 할 필요성이 더욱 큰 것은 사실이다.

79) 같은 취지: 전광석(주 11), 523.

80) 헌재 1998. 12. 24. 96헌바73, 10-2, 856(864); 1999. 4. 29. 97헌마333, 11-1, 503(512); 2003. 9. 25. 2001헌가22, 15-2(상), 231(245).

81) 헌재 2004. 11. 25. 2002헌바8, 16-2(하), 282(292).

82) 한수웅(주 2), 40.

되도록 하거나[83] 인사권자인 지방자치단체의 장이 지방공무원의 동의 없이 그를 다른 지방으로 전입·전출하는 것은 공무원의 신분보장이라는 직업공무원제도의 본질에 반하는 것[84]이라고 판시하고 있다.

다만 공무원의 신분보장은 직권면직제도에 의하여 제한된다. 현행 공무원법에서는 직권면직사유를 규정하고 있다.[85] 그런데 직제폐지 등 법률이 정하는 사유로 직업공무원에 대해서 직권면직을 하는 경우에도 합리적인 근거를 요하며, 직권면직이 시행되는 과정에서는 합리성과 공정성이 담보될 수 있는 절차적 장치가 요구된다.[86] 그리고 공무원의 신분이 보장된다고 하여 공무원으로 임용당시의 법에 의하여 보장되는 상태가 영구히 보장되어야 한다는 것은 아니다. 헌법재판소는 임용당시에는 연령정년제도만 있었으나 사후에 계급정년제도가 법률의 개정으로 도입되어 정년이 사실상 단축되었다거나 임용당시와 달리 연령정년이 단축되었다고 하더라도 정년제도에 대한 공무원의 신뢰를 보호하는 적정한 조치를 마련하고 있는 경우에는 공무원의 신분 보장이 침해된 것은 아니라고 한다.[87]

(3) 정치적 중립성

자유민주적 헌법질서에서 공무원으로 하여금 국민전체의 이익을 위하여 직무를 수행하도록 하기 위해서 그리고 국가작용의 공정성을 실현하기 위해서는 공직자의 정치적 중립성이 유지될 수 있는 공무원제도가 마련되어야 한다.[88] 공무원이 모든 사회적, 정치적 세력에 대하여 중립성과 등거리를 유지하는 것은 공익실현을 위하여 필수적인 것이다.

또한 민주주의는 주기적인 선거를 통한 정권교체를 전제로 한다. 특히 오늘날 정당민주주의에서는 조직화된 정치세력인 정당을 통한 정권교체를 전제로 한다. 따라서 오늘날 정당민주주의 시대에 직업공무원이 모든 정당에 대해서 중립을 지키는 것은 바로 정당민주주의 실현의 전제조건이기도 하다. 공무원이 한시적으로 국정을 담당하고 있는 집권 정당과 일체감을 가지고 직무를 당파적으로 집권 정당에게 유리하게 수행하는 경우 공익은 실현될 수 없을 뿐만 아니라 민의를 왜곡하여 정권의 교체를 어렵게 하고, 정권이 교체되는 경우 정권교체에 상관없는 공무원의 신분 안정을 실현할 수 없으며, 그에 따라 안정적이고 효율적인 행정을 실현할 수 없다.[89]

또한 직업공무원의 신분과 정치적 중립성의 보장에도 불구하고 정치권력이 직업공무원 인사에 영향력을 행사하여 능력과 실적이 아닌 공무원의 정치적 성향이나 정치권력과의 인연

---

83) 헌재 1989. 12. 18. 89헌마32, 1, 343(354).
84) 헌재 2002. 11. 28. 98헌바101, 14-2, 609(614).
85) 현행 공무원법에 의하면 직제와 정원의 개폐 또는 예산의 감소 등에 의하여 폐직 또는 과원이 되었을 때 등의 경우에는 공무원은 직권에 의하여 면직될 수 있다(국가공무원법 제70조; 지방공무원법 제62조)
86) 헌재 2004. 11. 25. 2002헌바8, 16-2(하), 282.
87) 헌재 2000. 12. 14. 99헌마112, 12-2, 399; 1994. 4. 28. 91헌바15등, 6-1, 317.
88) 정종섭(주 24), 967; 한수웅(주 2), 43.
89) 한수웅(주 2), 43.

이 공무원 인사의 기준이 되는 경우, 이로 인하여 공직사회는 승진과 보직을 위하여 정치권력에 의존하게 되어 결국 공직사회의 정치화를 초래하게 된다.[90] 이런 행태는 헌법이 요구하는 공무원의 정치적 중립성과 신분 보장을 형해화시키는 것으로 헌법 제7조 제2항과 제25조에 위반되는 위헌적 형태이다. 따라서 자유민주적 헌법질서에서는 선거에서 승리한 정당이 관직을 선거의 전리품으로 소속 당원들이나 지지자에게 논공행상의 상품으로 분배하는 엽관제는 금지된다.[91]

현행 공무원법에서 공무원은 정당이나 그 밖의 정치단체의 결성에 관여하거나 이에 가입할 수 없으며, 선거에서 특정 정당 또는 특정인을 지지 또는 반대하기 위한 일련의 행위를 하여서는 아니 된다고 규정하고 있다(국가공무원법 제65조, 지방공무원법 제57조). 그리고 「공무원의 노동조합 설립 및 운영 등에 관한 법률」(이하 '공무원노조법'이라고 한다)에서는 노동조합과 그 조합원의 정치활동을 금지하고 있다(제4조). 또한 정당법에서는 정당에 가입할 수 있는 공무원의 범위를 한정하고 있다(정당법 제22조 제1항 제1호, 제3호).

(4) 능력주의

헌법 제7조 제2항에서는 직업공무원의 신분 및 정치적 중립성의 보장을 규정하고 있고, 헌법 제25조는 "모든 국민은 법률이 정하는 바에 의하여 공무담임권을 가진다"고 규정하고 있을 뿐이고 헌법에서 직업공무원제도의 요소로서 능력주의를 명시하고 있지 않다. 하지만 헌법 제25조에 규정된 공무담임권은, "정치, 경제, 사회, 문화 모든 영역에서 각인의 기회를 균등히" 할 것을 명시한 헌법 전문과 헌법 제11조 제1항의 일반적 평등원칙과 관련하여 이해할 때, 모든 국민에게 공직취임에 있어서 균등한 기회가 보장되어야 함을 의미한다. 이를 실현하기 위해서 직무의 종류와 책임의 정도에 상응하는 과학적인 직위분류제를 마련하여야 하고, 이를 바탕으로 각각의 공직에 요구되는 능력을 고려하여 임면, 승진, 보직 등의 인사를 합리적으로 운영하여야 한다.[92] 이에 따라 직업공무원의 경우 공무원으로의 임용에 있어서나 승진·보수 등에서 능력주의가 적용되어야 한다. 능력이외의 종교적 신념이나 정치적 성향은 물론이고 성별이나 출신지역을 이유로 공무원 임용이나 인사에서 차별하여서는 아니 된다. 능력주의는 행정의 효율성에 기여할 뿐만 아니라 공무수행과 인사에 대한 외부의 영향력을 차단함으로써 행정의 독립성과 공정성에 기여하며, 직업공무원의 신분 보장을 위한 전제조건으로 기능한다는 점에서 직업공무원제도의 필수적 요소이다.[93] 이런 점에서 능력주의는 직업공무원제도의 핵심적 구성요소일 뿐만 아니라 공무원이 되고자 하는 국민의 공무담임권의 보호범위에 포함된다. 현행 공무원법에서도 능력주의를 실현하기 위하여 직업공무원에 해당하는 경력직공무원은 "실적과 자격에 따라 임용"되는 공무원으로 규정하고 있고(국가공무원법 제2조 제2항; 지방공무원법 제2조 제

2항), 경력직공무원의 임용여부는 "시험성적·근무성적, 그 밖의 능력의 실증"에 따라 하도록 규정(국가공무원법 제26조; 지방공무원법 제25조)하고 있다.

다만 공무원이 되려고 하는 자 또는 공무원에게 헌법이 추구하는 자유민주적 기본질서를 부정하는 경우에는 공무원 임용과 승진에 필요한 능력이 인정되더라도 공무원으로 임용할 수 없다고 할 것이다. 이런 점에서 공무원 임용과 승진의 기준이 되는 실적과 능력은 공무원의 헌법에 대한 충성, 자유민주적 기본질서 존중 등 민주적 공직윤리를 전제로 한다.[94] 또한 능력주의에 따라 공무원 선발과 승진의 기준을 정하더라도 일정한 임용조건이나 승진조건을 구비한 지원자중에서 누가 최적격자인지 여부에 관해서는 인사권자의 판단재량이 인정된다. 여기에서 능력주의를 통한 직업공무원의 신분을 보장하고, 직무 독립성 및 공정성을 확보하는 데 일정한 한계가 있다.[95]

라. 공무원의 이중적 지위와 공무원의 기본권행사

(1) 서   론

공무원은, 공무원이기 이전에 일반 국민으로서 자신의 개성을 실현하고 자신의 의사에 따라 행동할 수 있는 기본권의 주체이지만, 일반국민과 달리 국가기능을 국민전체의 이익을 실현하기 위하여 일정한 공무를 담당하고 있다는 점에서 국민전체에 대한 봉사자로서의 지위를 가지고 있다. 이러한 이유로 공무원은 국가와의 관계에서 국가의 집행기능이 단절됨이 없이 안정되고 효율적으로 실현되도록 하기 위해서 일반 사법상의 근로관계와 다른, 특수한 근무관계를 형성하고 있다. 이로 인하여 공무원은 일반 국민에 비하여 국가와의 관계에서 특수한 신분을 가지고 있고, 이러한 신분적 특징으로 인하여 공무원은 일정한 기본권 행사와 관련하여 일반 국민보다 넓은 범위의 기본권 제한을 받기도 하고, 경우에 따라서는 국가로부터 일반국민에 비하여 특별한 보호를 받기도 한다.[96]

그런데 과거에는 직업공무원의 경우 국가와의 관계에서 특별권력관계[97]에 있기 때문에 공무원의 기본권은 법률에 의하지 아니하고도 제한할 수 있으며, 특별권력관계에서의 국가의 행위는 사법심사의 대상이 되지 않는다는 견해가 있었다. 하지만 이러한 내용의 종래의 특별권력관계이론은 오늘날의 국민주권이념과 법치국가원리에 조화될 수 없는 시대착오적인 주장이다.[98] 실질적 법치주의가 확립된 오늘날에는 국가 등과 특수한 관계에 있는 공무원도 국민이고 기본권주체이므로 공무원 등의 기본권을 제한하는 경우에도 법률유보원칙 등이 적용되어야 한다. 다만 공무원 등 국가와 특별한 관계에 있는 국민은 이러한 특별관계를 설정한 목적달성을

---

94) 유사한 취지: Zippelius/Würtenberger(주 14), S. 226; 한수웅(주 2), 35.

95) 한수웅(주 2), 48.

96) 이종수(주 7), 182.

97) 공법상의 특별권력관계에는 이외에도 공법상 영조물이용관계, 공법상 사단관계, 공법상 특별감독관계, 공공단체에 대한 국가의 감독관계 등이 있다.

98) 고전적 특별권력관계이론과 그 문제점에 관하여 자세한 것은 허영(주 1), 297; 장영수(주 7), 361; 전광석(주 11), 520 참조.

위하여 일반국민에 비하여 보다 많은 기본권 제한이 가능할 뿐이다. 그리고 공무원의 기본권을 제한하는 경우에도 기본권 제한은 법률에 의하거나 법률에서 구체적으로 범위를 정한 위임이 있어야 하는 등 기본권제한 입법의 한계를 준수하여야 한다. 이를 준수하지 못한 기본권 제한은 위헌으로서 이에 대해서는 행정소송이나 헌법재판의 대상이 된다.[99]

공무원의 기본권적 지위와 관련해서 헌법은 특히 직업공무원의 정치적 중립의무(헌법 제7조 제2항), 군인, 군무원 등의 국가배상청구권 제한(헌법 제29조 제2항) 그리고 노동3권(헌법 제33조 제2항)을 명시적으로 제한하고 있다. 그 외의 법률에 의하여 공무원의 기본권이 제한될 수 있는데, 현행 공무원법에서는 앞에서 설명한 것처럼 공무원으로 하여금 정치활동과 노동운동 기타 공무 외의 일을 위한 집단행위를 할 수 없도록 규정하고 있다(국가공무원법 제65조, 제66조; 지방공무원법 제57조, 제58조).

이와 관련하여 공무원의 정치적 기본권 행사와 노동3권의 행사를 제한하는 공무원법 등 관련 법률의 내용이 헌법적 정당성을 가지고 있는지 여부를 검토한다.

(2) 정치적 기본권 행사의 제한

(가) 공무원법에서의 정치적 기본권 행사가 제한되는 공무원의 범위

현행 공무원법에 의하면 원칙적으로 공무원은 정당이나 그 밖의 정치단체의 결성에 관여하거나 이에 가입할 수 없으며, 선거에서 특정 정당 또는 특정인을 지지 또는 반대하기 위한 정치행위를 하여서는 아니 되며, 다른 공무원에게 이와 같은 행위를 하도록 요구하거나, 정치적 행위에 대한 보상 또는 보복으로서 이익 또는 불이익을 약속하여서는 아니 된다고 규정하고 있다(국가공무원법 제65조; 지방공무원법 제57조). 그렇지만 이와 같은 정치행위금지의무를 대통령령으로 정하는 특수경력직공무원에게 적용하지 아니하도록 규정하고 있다(국가공무원법 제3조 제3항; 지방공무원법 제3조 제3항). 따라서 현행 공무원법에서 정치적 기본권 행사가 제한되는 공무원은 원칙적으로 직업공무원에 한한다. 이들은 정치적으로 중립적인 지위에서 자신의 정치적 신념 및 주의, 주장을 배제하고 전문지식에 기초하여 균형 있는 국가정책을 입안, 집행하여야 한다. 또한 직업공무원에 대해서 공무원의 정치적 신념이나 주의에 의해서 신분상의 불이익을 주어서도 아니 된다.[100]

(나) 정당가입 금지

헌법과 법률에 의하여 정당가입이 금지된 공무원[101]뿐만 아니라 현행 공무원법에서는 모

---

99) 이러한 이유로 종래 특별권력관계로 표현되던 국가와 국민의 관계는 일정한 공익목적달성을 위하여 일반국민보다 부담하는 의무가 더 크거나 반대로 일반국민보다는 더 많은 권리가 인정될 수도 있는 특수신분관계로 이해하는 것이 타당하다. 자세한 것은 허영(주 1), 299 참조; 같은 취지: 이종수(주 7), 184 참조.

100) 전광석(주 11), 520.

101) 정당가입을 명시적으로 금지한 경우로는 헌법재판소 재판관(헌법 제112조 제2항), 중앙선거관리위원회 위원(헌법 제114조 제4항), 감사원 감사위원(감사원법 제10조)이 있고, 정치운동에 관여하는 것이 금지된 경우로는 판사(법원조직법 제10조), 검사(검찰청법 제43조)가 있다.

든 경력직공무원에 대해서 정당 기타 정치단체의 결성과 가입을 금지시키고 있다. 이에 따라 정당법에서도 대통령, 국무총리, 국무위원, 국회의원, 지방의회의원, 선거에 의하여 취임하는 지방자치단체의 장, 국회의원의 보좌관·비서관·비서, 국회 교섭단체의 정책연구위원과 「고등교육법」 제14조(교직원의 구분) 제1항·제2항의 규정에 의한 총장·학장·교수·부교수·조교수·전임강사인 교원을 제외하고는 「국가공무원법」 제2조 또는 「지방공무원법」 제2조에 규정된 공무원과 총장·학장·교수·부교수·조교수·전임강사를 제외한 사립학교 직원, 법령의 규정에 의하여 공무원의 신분을 가진 자의 정당가입을 금지하고 있다(정당법 제22조 제1항 제1호, 제3호).

그런데 우리나라 현행 공무원법은 직업공무원의 정당가입을 직접적인 정치활동과 동일시하여 이를 전면적으로 금지하고 있다. 직업공무원이 정당에 가입한다는 것은 자신의 정치적 신념이나 지향을 대외적으로 나타내는 것이라는 점에서 공무원의 정치적 중립성과 관련하여 다소 문제의 소지가 있다. 그렇지만 공무원에게 요구되는 정치적 중립성은 어디까지나 공무수행과 관련하여 요구되는 것이고, 공무수행과 무관한 영역에서의 공무원의 모든 정치적 활동을 금지하는 것은 아니다. 특히 특정 후보자나 특정 정당을 위한 선거운동과는 달리 정당가입만으로 직접적인 정치활동을 실제로 하는 것은 아니며, 정당가입만으로 직무수행과정에서 지켜야 할 공무원의 공정성 내지 중립성을 해치는 것으로 단정할 수는 없다.[102] 정당과 관련된 정치활동에는 정당 가입, 가입 후 당원으로서의 당비 납부, 정당이 개최하는 각종 모임이나 공식회의 참석, 특정 후보자나 특정 정당을 위한 선거운동, 대의원으로서의 활동, 정당의 공직선거후보자로서의 활동, 당간부로서의 활동 등 여러 다양한 활동이 있는데, 그 중에서 적극적인 정치활동이라고 할 수 없는 행위, 예컨대 정당에 가입하여 당비를 납부하고 정당의 활동사항에 관한 정보를 수령하는 정도를 가지고 공무원의 정치적 중립을 훼손하는 정치활동이라고 평가하는 것은 문제가 있다. 이런 점에 비추어볼 때 직업공무원의 정당가입 자체를 전면적으로 금지하는 것은 공무원의 정당의 자유를 지나치게 제한하는 문제점이 있다.

　　(다) 선거에서의 정치적 중립의무 및 선거운동 금지

선거운동은 가장 직접적인 정치적 활동이며, 정치적 중립을 저해하는 가장 대표적인 행위이다. 따라서 공무원에 대한 선거운동 금지 내지 선거에서의 공무원의 정치적 중립의무는 '국민전체에 대한 봉사자'로서의 공무원의 지위를 규정하는 헌법 제7조 제1항, 자유선거원칙을 규정하는 헌법 제41조 제1항 및 제67조 제1항 및 정당의 기회균등을 보장하는 헌법 제116조 제1항으로부터 나오는 헌법적 요청이다.[103] 헌법재판소도, 선거에서 특정 정당 또는 특정인을 지

---

102) 같은 취지: 송석윤, 헌법과 정치, 경인문화사, 2007, 217; 이종수(주 7), 181; 전광석(주 11), 467; 허영(주 1), 822. 공무원의 법령준수의무와 성실의무와 마찬가지로 공무원의 정치적 중립의무는 단순히 직무상의 의무에 그치는 것이 아니라 공무원이라는 신분에서 비롯되는 신분상 의무라는 견해도 있다. 전광석(주 11), 521. 한편 우리나라의 정치 문화와 공직문화를 근거로 하여 공무원의 정당가입만으로 정치적 편향성을 드러낸 것으로 볼 수 있고 엽관제의 폐해를 야기할 수 있음을 이유로 직업공무원의 정당가입 금지가 정당한 것이라는 견해도 있다. 장영수(주 64), 47, 203.

103) 헌재 2004. 5. 14. 2004헌나1, 16-1, 611.

지 또는 반대하기 위한 공무원의 투표권유 운동 및 기부금 모집을 금지하고 있는 국가공무원법 제65조 제2항 제1호 및 제4호가 과잉금지원칙을 위배하여 공무원의 선거운동의 자유 및 정치적 의사 표현의 자유를 침해하는 것은 아니라고 판시하였다.[104]

공직선거법은, 정당의 당원이 될 수 있는 공무원(국회의원과 지방의회의원 외의 정무직공무원을 제외한다)을 제외한 공무원을 선거운동을 할 수 없는 자로 규정하여 선거에서의 공무원의 정치적 중립의무를 다시 한 번 확인하고 있다(공직선거법 제60조 제1항 제4호). 또한 공직선거법에서는 공무원 기타 정치적 중립을 지켜야 하는 자(기관, 단체를 포함한다)는 선거에 부당한 영향력을 행사하거나 기타 선거결과에 영향을 미치는 행위를 하여서는 아니 됨을 명시하고(공직선거법 제9조 제1항), 공무원에게 금지되는 선거에 영향을 미치는 행위의 유형에 관해서는 공직선거법 제85조 및 제86조에 규정하고 있다.

헌법재판소는, 공직선거법 제9조의 선거운동이 금지되는 '공무원'의 범위와 관련하여 공직선거법 제9조의 공무원이란, 그 직무의 행사를 통하여 선거에 부당한 영향력을 행사하여 구체적으로 '자유선거원칙'과 '선거에서의 정당의 기회균등'을 위협할 수 있는 모든 공무원을 의미하므로, 여기서의 공무원이란 좁은 의미의 직업공무원은 물론이고, 정당의 대표자이자 선거운동의 주체로 활동하는 국회의원과 지방의회의원을 제외하고는 행정각부의 장 등 적극적인 정치활동을 통하여 국가에 봉사하는 정치적 공무원도 포함한다고 하면서 대통령은 행정부의 수반으로서 공정한 선거가 실시될 수 있도록 총괄·감독해야 할 의무가 있음을 이유로 선거에서의 중립의무를 지는 공직선거법 제9조의 '공무원'에 포함된다고 판시하였다.[105] 따라서 대통령, 국무총리, 국무위원, 지방자치단체의 장과 같은 정무직공무원은 선거운동을 할 수 없다. 이에 대해서 대통령은 선거를 관리하는 최고책임자로서 선거에 직접적인 영향을 주는 행위를 하여서는 아니 되지만, 대통령은 국회와의 관계에서 한편으로는 견제·대립의 관계에 있고 다른 한편으로는 협력관계에 있으므로, 국회와의 관계가 효율적으로 형성될 수 있도록 자신의 정치적 의견을 표현하는 형태로 영향력을 행사하는 것이 대통령의 선거중립의무 위반이라고 할 수 없다는 비판이 있다.[106]

(라) 그 밖의 정치활동의 자유

정당 가입이나 선거운동이외의 정치활동의 자유, 특히 정치적 의사표현의 자유가 직업공무원에게 인정될 수 있는가 하는 것이 문제된다. 정당 가입이나 선거운동에 해당하지 아니 한다고 하여 공무원의 정치적 의사표현의 자유가 일반 국민과 동일한 정도로 보장되는 것은 아니

---

104) 헌재 2012. 7. 26. 2009헌바298, 24-2(상), 37.

105) 헌재 2004. 5. 14. 2004헌나1, 16-1, 609(635). 지방자치단체의 장의 선거중립의무에 관해서는 대판 2004. 6. 25. 2003도2932.

106) 전광석(주 11), 521; 이승우, "대통령노무현에 대한 탄핵심판결정의 평석," 헌법판례연구 6(2004. 11), 275; 조재현, "공무원의 정치적 중립성과 선거중립의무," 인권과 정의 통권 385호(2008. 9), 19; 남복현, "정당국가에서 대통령의 선거중립의무는?," 헌법학연구 13-3(1)(2007. 9), 461. 대통령에게 선거중립의무가 있다고 보는 견해로는 허영, "노무현 대통령에 대한 탄핵심판," 헌법판례연구 6(2004), 250; 장영수(주 64), 60.

다. 직업공무원의 정치적 중립은 공무원으로 하여금 공익을 실현하게 하고, 정당민주주의를 실현하기 위한 불가결한 요소이기 때문에 헌법 제7조 제2항은 직접적으로는 입법자에게 공무원의 신분 보장과 정치적 중립성을 보장하는 직업공무원제도를 형성할 것을 명령하고 있지만, 간접적으로 국가작용의 중립성과 계속성, 안정성을 위하여 직업공무원에게 정치적으로 중립을 지킬 것을 명령하고 요구하고 있는 것이다. 따라서 헌법 제7조 제2항에서 요구하는 공무원의 정치적 중립성이 보장되기 위해서는 기본적으로 공무원이 현실의 정치적 문제에 대해서 언론기관이나 대중을 상대로 공개적으로 정치적 발언을 하여서는 아니 된다.[107] 왜냐하면 직무시간에 직무와 관련하여 정치적 발언을 하는 경우는 물론이고, 직무시간 외에 혹은 직무와 관련 없이 공무원이 정치적 발언을 공개적으로 하는 것을 허용하는 경우에는 공무원의 정치적 중립에 대한 신뢰가 상실되며, 또 직무수행에 있어서 공무원의 정치적 중립을 더 이상 기대할 수 없게 되기 때문이다. 다만 이러한 정치적 발언이 구체적으로 공무원의 정치적 중립의무를 위반하는 것인가 여부는 개별적으로 판단되어야 하며 이에 대한 일반적인 기준을 제시하기는 어렵다.[108]

(3) 노동3권의 인정여부와 인정범위

(가) 공무원의 근로자로서의 지위

일반적으로 근로자라 함은 사용자와 근로관계를 체결하여 노동력 제공의 대가로 얻은 수입에 의존하여 생활하는 사람을 의미한다. 이런 관점에서 볼 때 공무원 역시 근로자로서의 지위를 가짐을 부정할 수는 없다. 현행 헌법 제33조 제2항에서 "공무원인 근로자는 법률이 정하는 자에 한하여 단결권·단체교섭권 및 단체행동권을 가진다"고 규정하여 공무원도 근로자로서의 지위에 있음을 긍정하고 있다.

그러면서도 헌법 제33조 제2항은 공무원의 노동3권을 원칙적으로 제한하고 있다. 헌법에서 공무원의 노동3권을 광범위하게 제한하고 있는 것은, 공무원은 국가 또는 공공단체의 유지와 공공복리의 실현을 내용으로 하는 공적인 업무를 담당하고 있어서 직무를 수행함에 있어서 개인적 사익 보다 공공성·공정성·성실성 및 중립성 등을 우선할 것이 요구되고, 국가적으로도 정부는 행정의 계속성과 효율성을 확보하여 공공복리를 실현하여야 하기 때문에 사기업체처럼 직장폐쇄 등으로 노동자인 공무원에 대항할 수 없기 때문이다.[109]

다만 헌법 제33조 제2항의 문언에 따라 일정한 범위의 공무원에게는 노동3권이 인정되어야 하는데, 어떠한 종류와 범위의 공무원에게, 단결권, 단체교섭권, 단체행동권 중에서 어떤 범위에서 인정하여야 하는 것인지 문제된다.

---

107) 같은 취지: 전광석(주 11), 521. 유사취지: 장영수(주 64), 52.
108) 전광석(주 11), 521.
109) 유사한 취지: 헌재 1992. 4. 28. 90헌바27 등, 4, 255(264).

(나) 현행 공무원법 관련규정의 문제점

헌법 제33조 제2항의 문언에 따르면, 노동3권을 향유할 수 있는 공무원과 그렇지 아니한 공무원의 범위 획정과 공무원에게 노동3권을 인정하는 경우 전부 인정할 것인지, 아니면 부분적으로 인정할 것인지 하는 노동3권의 인정범위 획정은 입법자에게 유보되어 있다. 그리고 현행 공무원법에 의하면 공무원은 노동운동이나 그 밖에 공무 외의 일을 위한 집단행위를 하여서는 아니 됨을 규정하고 있다(국가공무원법 제66조 제1항; 지방공무원법 제58조 제1항).

그런데 현행 공무원법에서 금지하는 '노동운동', '집단행위' 그리고 '사실상 노무에 종사하는 공무원'의 개념은 지극히 불명확하여 법적 명확성의 요청에 반한다는 주장이 있다.[110] 이에 대해서 헌법재판소는, 국가공무원법 제66조 제1항에 규정된 '노동운동'에 대한 명문의 개념규정은 없으나 헌법 제33조 제2항에 근거하여 제정되었다는 점을 고려할 때 '근로자의 근로조건의 향상을 위한 단결권·단체교섭권 및 단체행동권 등 이른바 노동3권을 기초로 하여 이에 직접 관련된 행위를 의미하는 것으로 좁게 해석하여야 하며, '공무 이외의 일을 위한 집단행위'의 개념도 헌법상의 집회·결사의 자유와 연관시켜서 국가공무원법의 입법취지를 고려하면, 공무 이외의 일을 위한 집단행위 중 공익에 반하는 행위로 축소해석 해야 하고, '사실상 노무'의 개념은 '육체노동을 통한 직무수행의 영역'으로서 '사실상 노무에 종사하는 공무원'은 공무원의 주된 직무를 정신활동으로 보고 이에 대비되는 신체활동에 종사하는 공무원으로 해석된다는 점에서 명확성원칙에 위반되지 아니한다고 한다.[111]

(다) 노동3권이 인정되는 공무원의 범위

1963. 4. 17. 시행된 국가공무원법에서 사실상 노무에 종사하는 공무원을 제외하고는 공무원은 노동운동이나 그 밖에 공무 외의 일을 위한 집단행위를 하여서는 아니 하도록 규정(구 국가공무원법 제37조)한 이후 오랫동안 사실상 노무에 종사하는 공무원 이외의 공무원에 대해서 노동3권이 인정되지 아니하였다. 사실상의 노무에 종사하는 공무원을 제외한 모든 공무원에게 단체행동권, 단체교섭권과 달리 노동조합을 결성하고 가입할 권리, 즉 단결권 자체를 인정하지 아니하는 것은 공무원의 노동3권에 대한 중대한 제한에 해당하는 것이다.

2006년 1월 28일 공무원노조법이 시행되면서 비로소 사실상 노무에 종사하지 아니하는 공무원도 노동조합을 조직하고 가입할 수 있게 되었다(공무원노조법 제5조).[112] 다만 공무원노조법은 단체교섭의 대상을 한정하고, 일정한 단체협약의 내용에 대해서는 법적 구속력을 인정하지 아니하며, 노동조합의 단체행동권을 부정하고 있다. 현행 공무원노조법에 따르면, 다른 공무원에 대하여 지휘·감독권을 행사하거나 노동조합과의 관계에서 행정기관의 입장에 서서 업무를

---

110) 전광석(주 11), 418.

111) 헌재 1992. 4. 28. 90헌바27, 4, 255(270); 2007. 8. 30. 2003헌바51등, 19-2, 213(223). 같은 취지: 대판 1992. 2. 14. 90도2310; 2004. 10. 15. 2004도5035.

112) 공무원에 해당하는 국공립학교 교원에 대해서는 1999년 7월 1일 「교원의 노동조합 설립 및 운영 등에 관한 법률」이 시행됨에 따라 노동조합의 설립과 단체교섭 및 체결권한이 인정되었다.

수행하는 공무원 등을 제외하고는,[113] 6급 이하의 일반직공무원 및 이에 상당하는 일반직공무원, 특정직공무원 중 6급 이하의 일반직공무원에 상당하는 외무행정·외교정보관리직 공무원, 6급 이하의 일반직공무원에 상당하는 별정직공무원은 노동조합에 가입할 수 있다(공무원노조법 제6조 제1항).

그리고 노동조합의 대표자는 노동조합에 관한 사항 또는 조합원의 보수·복지, 그 밖의 근무조건에 관하여 국회 사무총장 등 정부교섭대표와 각각 교섭하고 단체협약을 체결할 권한을 가진다. 다만 법령 등에 따라 국가나 지방자치단체가 그 권한으로 행하는 정책결정에 관한 사항, 임용권의 행사 등 그 기관의 관리·운영에 관한 사항으로서 근무조건과 직접 관련되지 아니하는 사항은 단체교섭의 대상이 되지 아니한다(공무원노조법 제8조). 단체협약의 내용 중 법령·조례 또는 예산에 의하여 규정되는 내용과 법령 또는 조례에 의하여 위임을 받아 규정되는 내용은 단체협약으로서의 효력을 가지지 아니한다. 다만 정부교섭대표는 그 내용이 이행될 수 있도록 노력하여야 한다(공무원노조법 제10조). 이는 공무원의 근로조건에 관한 법령·조례를 제정하는 경우에는 해당 국가기관이 결정하는 것이 아니라 국회나 지방의회의 의결과 대통령의 서명, 공포가 필요하고, 예산의 경우에는 국회나 지방의회의 의결이 필요하기 때문이다.[114]

그리고 공무원노동조합은 단체교섭에서 조합의 의사를 관철하기 위한 파업·태업 그 밖에 업무의 정상적인 운영을 방해하는 일체 쟁의행위를 할 수 없다(공무원노조법 제11조). 단결권을 보장하면서도 단체행동권을 부정하는 것은 단결권 내지 노동조합의 실효성을 약화시키는 것이지만, 공무원의 근로조건은 위에서 지적한 것처럼 엄밀한 의미에서 해당 국가기관과의 단체교섭의 대상이 되지 아니한다는 점에서 단체행동권이 공무원과 공무원노동조합에게 반드시 인정되어야 하는 것은 아니다. 또한 공무원과 공무원노조의 단체행동권은 공무원의 국민전체의 대표자로서의 지위와도 조화되지 아니한다. 이런 점에서 공무원의 단체행동권을 제한하는 것은 헌법적으로 정당화된다.[115]

그리고 사실상 노무에 종사하는 공무원은 예외적으로 노동운동을 할 수 있는데, 국가공무원 복무규정 제28조에 의하면, 국가공무원법 제66조에 따른 사실상 노무에 종사하는 공무원은 미래창조과학부 소속 현업기관의 작업 현장에서 노무에 종사하는 일정한 우정직공무원(우정직공무원의 정원을 대체하여 임용된 일반임기제공무원 및 시간선택제일반임기제공무원을 포함한다)을 의미한다. 그런데 사실상 노무에 종사하는 공무원 중 특정부처의 공무원에 한하여 노동3권을 인정하고, 다른 부처에 소속하여 사실상 노무를 제공하는 공무원에 대해서는 노동3권을 인정하지 아니하는 것은 합리적 이유가 없다. 또한 지방공무원법에서 사실상 노무에 종사하는 공무원의 범위를 전적으로 조례로 정하도록 한 것 역시 문제 있다.[116] 조례는 전국적으로 통일적인 규율

---

113) 공무원노동조합에 가입할 수 없는 공무원에 관하여는 공무원노조법 제6조 제2항 참조.
114) 전광석(주 11), 420.
115) 자세한 것은 전광석(주 11), 421.
116) 헌법재판소는, 각 지방자치단체에 속하는 사실상 노무에 종사하는 공무원의 범위를 미리 법률로써 자세히

을 할 수 없거나 적절하지 아니한 사항에 대해서 지방자치단체로 하여금 규율하게 하기 위한 규범형식인 반면에, 노동3권을 향유할 수 있는 사실상 노무에 종사하는 지방공무원의 범위는 전국적으로 통일적인 규율이 필요한 사항이라는 점에서 법률에서 허용범위 내지 기준을 제시하고 여기에 해당하지 않는 다른 사실상의 노무에 종사하는 공무원에 노동3권을 인정할 것인지 여부를 조례로 정하도록 하는 것이 바람직하다.

V. 개정의 필요성에 대한 검토

헌법에서는 공무원에게 국민전체의 봉사자로서의 지위를 부여하고 국민에 대한 책임을 규정하고 있고, 또한 공무원의 신분보장과 정치적 중립을 내용으로 하는 직업공무원제도를 보장하고 있음에도 불구하고, 권위주의적 정치문화와 정치권력의 과욕으로 또는 정권과 결탁한 이익단체의 사익을 위하여 공공복리에 반하는 국가정책이 결정되기도 한다. 이런 과정에서 사안에 관한 직업공무원의 전문적 가치판단을 왜곡하려는 정치적 압력으로 공무원의 정치적 중립성과 업무의 독립성 그리고 더 나아가 능력주의에 입각한 신분 보장원칙이 훼손되는 사례가 자주 발생하고 있다.

현재 검찰청법에서는 검사에게 구체적 사건과 관련된 소속 상급자의 지휘·감독의 적법성 또는 정당성 여부에 대하여 이의제기권을 인정하고 있고(검찰청법 제7조 제2항), 지방공무원법 제49조에서도 상관의 직무상 명령에 대한 공무원의 복종의무를 규정하면서 이에 대한 의견을 진술할 수 있음을 규정하고 있다. 이를 다른 직업공무원에게도 확대시키는 동시에 보다 구체화하는 것이 바람직하다. 즉 공무원이 자신의 전문적 지식에 입각한 판단에 비추어볼 때 국가재정 등에 중대한 악영향을 초래하는 등 공익에 중대한 해악을 끼치는 국가정책이 수립되거나 집행된다고 판단되는 경우 공무원으로 하여금 상관의 부당한 명령에 대하여 이의를 제기할 수 있는 권한을 인정하고, 더 나아가서 오스트리아(Austria)의 경우[117]처럼 관할권 없는 상관의 지시나 공무원이 상관의 지시를 따를 경우 형법규정에 위반되는 경우에는 상관의 지시를 거부할 수 있음을 헌법이나 국가공무원법과 지방공무원법에 명문의 규정을 두는 것이 필요하다. 공무원의 이의제기권과 지시거부권을 인정할 때 국가정책결정과정의 투명성을 확보할 수 있는 동시에 직업공무원의 정치적 중립성과 업무의 독립성을 보장하는데 기여할 것이다. 그럼으로써 정치권력의 남용을 직업공무원제도를 통하여 막을 수 있을 것이다.

정할 수 없는 부득이한 사정이 있음을 이유로 이를 조례로 정하도록 위임하더라도 위헌이 아니라고 한다. 헌재 2005. 10. 27. 2003헌바50등, 17-2, 238.

117) 오스트리아연방헌법 제20조 제1항.

VI. 관련문헌

1. 국내문헌

권영성, 헌법학원론, 2010.

김기범, 헌법강의, 법문사, 1964.

김철수, 헌법총람, 현암사, 1964.

_____, 헌법학신론, 박영사, 2013.

김학성, 헌법학원론, 박영사, 2012.

남복현, "정당국가에서 대통령의 선거중립의무는?," 헌법학연구 13-3(1)(2007. 9).

박경철, "국민주권의 본질과 실현조건에 관한 연구," 연세대학교 대학원 박사학위논문, 2000.

_____, "통치형태원리로서 직접민주주의와 대의민주주의," 법학연구(연세대학교 법학연구소) 14-2(2004).

방승주, "중앙정부와 지방자치단체와의 관계," 공법연구 35-1(2006. 10).

_____, 헌법소송사례연구, 박영사, 2002.

성낙인, 헌법학, 법문사, 2013.

송석윤, 헌법과 정치, 경인문화사, 2007.

오동석, "지방자치의 제도적 보장론 비판," 공법연구 29-1(2000).

이승우, 헌법학, 두남, 2013.

_____, "대통령노무현에 대한 탄핵심판결정의 평석," 헌법판례연구 6(2004. 11).

이종수, "헌법 제7조," 헌법주석서 I, 법제처, 2010.

이준일, 헌법학, 홍문사, 2013.

장영수, 헌법학, 홍문사, 2013.

_____, 공무원의 정치적 기본권 연구, 헌법재판소, 2012.

전광석, 한국헌법론, 집현재, 2013.

정재황, 신헌법입문, 박영사, 2012.

조재현, "공무원의 정치적 중립성과 선거중립의무," 인권과 정의 통권 385호(2008. 9).

한수웅, "헌법 제7조의 의미 및 직업공무원제도의 보장," 법조 통권 674호(2012. 11).

허 영, 한국헌법론, 박영사, 2013.

_____, "노무현 대통령에 대한 탄핵심판," 헌법판례연구 6(2004).

2. 외국문헌

Böckenförde E., "Demokratische Willensbildung und Repräsentation," in: Isensee/ Kirchhof(Hrsg.), HdbStR Bd. Ⅱ, §30.

Depenheuer O., "Das öffentliche Amt," in: Isensee/Kirchhof(Hrsg.), HdbStR Bd. Ⅲ, 2005, §36.

Hennis W., "Amtsgedanke und Demokratiebegriff," in: Staatsverfassung und Kirchordnung (Festgabe für Rudolf Smend), 1962

Herzog R., Art. 20 in: Maunz-Dürig-Herzog, Grundgesetz Kommentar, 1986.

Kielmansegg P., Volkssouvärinität als Legitimitätsprinzip, 1977.

Maunz T., Art. 33, in: Maunz-Dürig-Herzog, Grundgesetz Kommentar, 1999.

Rhinow R., Grundprobleme der schweizerischen Demokratie, 1984.

Zippelius R./Würtenberger T., Deutsches Staatsrecht, 32. Aufl., 2008.

헌법 제8조

[정 만 희]

第 8 條

① 政黨의 設立은 自由이며, 複數政黨制는 보장된다.

② 政黨은 그 目的·組織과 活動이 民主的이어야 하며, 國民의 政治的 意思形成에 참여하는 데 필요한 組織을 가져야 한다.

③ 政黨은 法律이 정하는 바에 의하여 國家의 보호를 받으며, 國家는 法律이 정하는 바에 의하여 政黨運營에 필요한 資金을 補助할 수 있다.

④ 政黨의 目的이나 活動이 民主的 基本秩序에 違背될 때에는 政府는 憲法裁判所에 그 解散을 提訴할 수 있고, 政黨은 憲法裁判所의 審判에 의하여 解散된다.

Ⅰ. 기본개념과 헌법적 의미

1. 헌법상 정당제도의 보장

가. 현대민주주의와 정당

오늘날의 대의제민주주의는 보통선거제의 실시에 따른 선거권의 보편화와 유권자의 비약적 확대를 의미하는 이른바 대중민주주의(mass democracy)라고 말할 수 있으며, 이러한 현대의 대중민주주의에 있어서 국민의 정치적 의사결정은 국민 대중의 분산된 의사를 통합하고 조직화하는 것을 전제로 한다. 여기에 다원화된 민의를 집약하고 여론화함으로써 국민과 국가기관 사이에 중개적 기능을 수행하는 것이 바로 정당(political parties)이다. 일반적으로 국민이 그의 능동적 지위에서 국정에 참가하는 방식은 제도적으로는 선거와 국민투표가 있지만, 그러한 방법은 시기나 요건 등이 법정되어 있는 것이므로 그 이외의 경우에는 헌법상 보장된 기본권의 행사를 통하여 부단하게 정치적인 요구나 비판 등을 투영하는 방법에 의해 행해진다. 그러나 여기에서 국민 개개인은 그 자신만으로는 정치적으로 거의 기능을 발휘할 수 없음은 의심의 여지가 없다. 따라서 그와 같은 부동적(浮動的)이고 개개인의 무력한 정치적 의사 중에서 그 최대공약수를 추출하여 그것을 구체적인 정책에 반영시키고 또는 자발적으로 특정의 정견을 전달·유포하는 것에 의하여 분산적인 국민대중과 국가권력과를 매개·결합하는 단체의 발생은 필연적이라 할 수 있는데, 그러한 기능을 담당하는 정치적 결사가 곧 정당인 것이다.

정당은 본래 그 발생 당초에는 임의적인 사회적 결사로 출발하였으나, 근대 의회제의 발달과 함께 점차 그 정치적 지위를 확보하게 되었으며, 오늘날의 정당은 민주정치의 단순한 부산물이 아니라 민주정치의 핵심에서 '결정적이고 창조적인 역할'(determinative and creative role in modern government)을 수행하고 있는 것이다.1) 이와 같이 현대 민주정치에 있어서 정당은 필수적인 장치이며 민주정치의 원동력이 되고 있음을 부정할 수 없다. 이처럼 오늘날의 대중민주주의 내지 의회민주주의에 있어서 정당은 민주주의의 전제조건인 동시에 정치활동의 필수불가결한 요소라 할 수 있다. 즉, 로시터(C. Rossiter) 교수의 표현처럼 "정당과 민주주의는 상호관계 속에서 공존하는 것으로 정당 없이 민주주의는 존재할 수 없다"고 할 수 있다.2) 국민이 정치에

---

1) E. E. Schatschneider, Party Government, Reinhart & Company, 1958, p. 1.
2) C. Rossiter, Parties and Politics in America, Cornell University Press, 1960, p. 67.

참여하는 것은 정당을 통하여 행해지고 정당지도자가 정통의 또는 헌법상의 지배자로 격상되는 현실정치에서 볼 때 오늘날의 민주정치는 곧 "정당국가적 민주주의"(parteienstaatliche Demokratie)를 의미하게 된다.[3]

나. 정당의 헌법에의 편입

정당에 대한 법적 취급은 국가와 시대에 따라 각각 다르게 전개되어 왔으나, 일반적으로 트리펠(Triefel)의 발전단계구분에 의거하여 초기의 적대시의 단계와 무시의 단계, 승인과 합법화의 단계를 거쳐, 오늘날의 '헌법적 편입'의 단계로 변천해 온 것으로 설명될 수 있다.[4] 정당에 관하여 헌법에 직접적으로 명문규정을 두는 국가들이 나타나게 된 것은 제2차대전 이후의 일이다. 1949년의 서독기본법상의 정당조항(제21조)을 비롯하여 프랑스헌법과 이탈리아헌법, 남미 여러 나라의 헌법 등에 정당조항이 채택됨에 따라 정당의 헌법적 편입의 시대로 접어들게 된 것이다.

각국에 있어 정당이 헌법조항에 편입하게 된 것은 헌법생활에 있어서 정당이 강력한 정치권력을 담당한다는 인식에 기초하여 정당국가의 현실과 성문헌법을 조화시켜 양자의 사이에 존재하는 긴장을 제거하기 위한 것이었다. 즉, 정당이 헌법상에 규정되기 전에는 헌법과 정치현실 사이에 서로 대립되는 현상이 나타났으나, 정당이 헌법상에 들어오게 됨으로써 정당정치 자체에서의 헌법과 정치현실 사이의 상호 대립이 해소되기에 이른 것이다. 그리하여 정당의 헌법적 편입은 단순히 정당정치의 법적 승인을 의미하는 것뿐만 아니라 정당을 통해서 나타나는 정치권력이 헌법의 테두리 밖에서 헌법의 파괴를 초래한 경험을 되살려서 정당의 조직과 활동의 규제를 포함하는 "정당의 헌법제도화"로 결단을 내리게 된 것을 의미한다.[5]

다. 정당의 법적 개념

정당의 개념에 관하여는 학자들에 따라 다양하게 정의될 수 있으나 일반적으로 정치학적·사회학적 개념과 법적 개념으로 구분하여 생각할 수 있다. 정치학적 개념으로 보면 정당이란 정치적 영역에 있어서의 필수적인 사회적 행동통일체로서, 그것은 "권력획득을 목적으로 하는 투쟁단체"(Kampfverband)로 정의될 수 있다. 즉, 현대적 대중민주주의에 있어서 정당은 그 자체의 일체의 이데올로기적 요소를 배제하고 보면 정치적 권력의 획득과 유지를 위해 투쟁하는 투쟁단체에 불과하다고 할 수 있다. 즉, 그것은 권력획득을 위한 선거조직으로서의 기능과 사실상의 통치조직으로서의 기능을 수행하고 이러한 목적을 위하여 공동의 주의·주장으로 결합된 행동통일체를 의미한다.[6]

---

3) 정당국가적 민주주의 이론에 대하여는 G. Leibholz, Strukturprobleme der modernen Demokratie, C. F. Müller, 1958, S. 93ff.

4) H. Triepel, Das Staaatsverfassung und die politischen Parteien, 2. Aufl., 1930, S. 24ff.

5) 정만희, 정당법론, 동아대학교출판부, 1985, 39.

6) 정만희(주 5), 24-26.

정당의 법적 개념은 헌법 제8조의 정당조항과 그 조항을 구체화하는 정당법상의 규정들에 의해 정의될 수 있다. 오늘날 대의제 민주주의에 있어서 정당의 활동과 기능의 중요성이 강조됨에 따라 정당제도가 헌법에 수용되고, 그 헌법에 의해 정당의 기능과 활동이 보장되고 헌법과 법률에 따라 정당의 권리와 의무가 규정되고 있는 정당국가적 민주주의에 있어서 정당의 법적 개념은 다음과 같은 개념적 징표와 요소로써 설명될 수 있다.

헌법상의 정당이 되기 위해서는 첫째, 그것이 국가와 헌법질서를 긍정하는 정치단체이어야 한다. 헌법 제8조 제4항에 "정당의 목적이나 활동이 민주적 기본질서에 위배될 때에는 … 해산된다"라고 하여 위헌정당의 금지를 규정하고 있는 바와 같이 정당의 목적이나 활동은 국가의 존립을 긍정하고 헌법의 기본질서로서의 "민주적 기본질서"를 준수하면서 행해지지 않으면 안 된다. 따라서 헌법상의 정당이 되기 위해서는 그 목적이나 활동이 헌법의 테두리 안에서 헌법의 기본질서를 긍정하는 것이어야 한다.

둘째, 정당은 국민의 이익을 위하여 책임 있는 정치적 주장이나 정책을 추진하여야 한다. 일반의 이익단체나 압력단체들도 정치적 주장이나 정책을 추진하지만 오로지 특정집단 자신만의 이익을 위해 활동하고 공익의 실현을 위해 활동하는 것이 아닌 단체는 정당의 개념에서 제외된다. 여기서 공익의 실현은 국민전체의 이익을 위한 것을 의미하는 것은 아니다. 국민전체의 이익을 위한다는 것이 중요한 정치적 요청을 의미하기는 하지만 정당의 개념에 있어서 반드시 본질적인 것은 아니라고 할 수 있다. 왜냐하면 국민의 일부계층의 이익만을 위한 정당도 있을 수 있기 때문이다.[7]

셋째, 정당은 공직선거의 후보자를 추천 또는 지지함으로써 국민의 정치적 의사형성에 참여하는 조직이다. 국민의 정치적 의사형성에는 정당뿐만 아니라 이익단체, 압력단체 등 많은 단체들이 참여하지만, 국민의 정치적 의사형성에 있어서 가장 중요한 공직선거에서 후보자를 추천하고 국민의 다수의 지지를 얻음으로써 최종적으로는 정권의 획득을 목표로 하는 정치적 집단만이 정당의 법적 개념에 포함된다. 정치적 활동을 하기는 하지만 선거에 참여하는 것을 포기한 정치집단은 정당으로 법적 보호를 받는 대상이 되지 못한다. 그러나 선거에 참여하기는 하지만 원내의석을 차지하지 못한다고 해서 정당의 개념에서 제외되지 않는다.

넷째, 정당은 국민의 정치적 의사형성에 참여하는 공적 기능을 수행하기 위해서는 그 조직이 어느 정도 '계속적이고 고정적'이어야 한다. 단지 일시적으로 존재하는 단체에 대해서는 공익의 실현이나 국민의 정치적 의사형성에 참여하는 것이 기대될 수 없기 때문이다. 국민의 정치적 의사형성에 참여하는 것을 목적으로 하는 정당은 또한 특정한 지역에 편중된 조직이어서는 안 되며 어느 정도 전국적 조직을 갖추는 것이 요구된다. 즉 시간적 계속성과 지역적 상당성이 정당의 개념요소에 포함된다[8]

---

7) 한태연, 헌법학, 법문사, 1977, 227.
8) 계희열, 헌법학(상), 박영사, 2005, 251.

다섯째, 정당은 국민의 자발적 조직에 의한 결사(voluntary association)이어야 한다. 헌법상 정당설립의 자유와 복수정당제가 보장되고 있으므로 정당의 설립, 가입과 탈퇴의 자유가 보장되며, 관제정당이나 일당독재는 허용되지 않음은 물론이다.[9] 국민의 자발적·임의적 정당결성은 민주정치의 전제인 자유롭고 공개된 정치적 의사형성을 가능하게 하는 것이므로 헌법은 정당설립의 자유를 보장하고 있으며, 정당법 제2조에서도 정당의 개념정의에서 국민의 "자발적 조직"을 명문화하고 있다.

2. 헌법 제 8 조 정당조항의 의미

가. 헌법상 제도적 보장으로서의 의미

우리 헌법 제8조의 정당조항의 의미는 첫째로 그것이 헌법상 "제도적 보장"에 관한 규정이라는 점이다. 헌법상 제도적 보장(institutionelle Garantien)이란 정당제도, 선거제도, 공무원제도, 지방자치제도, 사유재산제, 가족제도 등 국가존립의 기반이 되는 기존의 전통적 제도를 헌법의 수준에서 보장함으로써 당해 제도의 본질을 유지하려는 것을 말한다. 헌법에 의하여 일정한 제도가 보장되면 입법부는 그 제도를 설정하고 유지할 입법의 의무를 지게 될 뿐만 아니라 그 제도를 법률로써 폐지하거나 그 본질을 훼손할 수 없는 구속을 받게 된다. 즉, 제도적 보장은 입법권을 비롯하여 집행권과 사법권까지도 구속한다는 점에서 단순한 프로그램적 성격을 띠는 것이 아니라 직접적 효력을 가지는 재판규범으로서의 성격을 가진다.[10]

헌법재판소도 제도적 보장을 인정하여 "헌법에 의하여 일정한 제도가 보장되면 입법자는 그 제도를 설정하고 유지할 입법의무를 지게 될 뿐만 아니라 헌법에 규정되어 있기 때문에 법률로써 이를 폐지할 수 없고, 비록 내용을 제한한다고 하더라도 그 본질적 내용을 침해할 수 없다"라고 판시하고 있다.[11] 따라서 이 정당조항에 의하여 정당제도를 전면적으로 부정하거나 복수정당제를 폐지하고 일당제를 채택하는 것은 허용될 수 없음은 물론이다.

나. 결사의 자유 규정(제21조)에 대한 특별규정

둘째로 헌법 제8조의 정당조항은 일반 결사에 관한 헌법 제21조에 대한 특별법적 규정을 의미한다. 헌법 제21조 제1항은 언론·출판·집회·결사의 자유를 보장하고, 제2항에서는 집회·결사의 허가제 금지를 규정하고 있어서, 정당도 결사의 일종인 정치적 결사이므로 이 조항의 적용을 받을 수 있다. 즉, 정당에 대해서도 헌법 또는 정당법이 규정하고 있는 외에는 일반결사에 관한 헌법 제21조가 적용된다고 할 수 있다.[12] 그러나 정당은 일반결사와는 달리 현대민주정치의 불가결의 요소로서 국민과 국가기관을 매개하는 공적 기능을 수행하고 있기 때문에 정

---

9) 정만희(주 5), 31.
10) 권영성, 헌법학원론, 법문사, 2010, 189.
11) 헌재 1997. 4. 24. 95헌바48.
12) 김철수, 헌법학개론, 박영사, 2007, 215.

당 활동에 대한 국가적 보호와 동시에 그 활동의 헌법적 한계를 명시하기 위하여 헌법 제8조의 적용을 받도록 하고 있다. 따라서 정당에 관하여는 일반결사에 관한 헌법 제21조에 앞서 헌법 제8조가 우선적으로 적용된다.

다. 헌법개정금지조항

정당조항은 또한 헌법개정과 관련하여 중요한 의미를 가지고 있다. 정당설립의 자유와 복수정당제의 보장은 헌법상 자유민주적 기본질서의 핵심적 구성요소를 의미한다. 오늘날의 정당국가적 민주주의에 있어서 정당설립의 자유와 복수정당제는 민주주의의 초석이며 헌법의 기본질서를 구성하므로 이에 대한 침해는 독재정치를 강요하는 것이 되므로 허용될 수 없다. 따라서 정당설립의 자유와 복수정당제 보장에 관한 규정은 헌법개정절차에 의해서도 개정할 수 없는 헌법개정의 한계를 의미한다.[13]

라. 헌법의 예방적 수호

우리 헌법의 정당조항은 헌법의 예방적 수호라는 측면에서 중요한 의미를 가진다. 헌법 제8조 제4항은 "정당의 목적이나 활동이 민주적 기본질서에 위배될 때에는 정부는 헌법재판소에 그 해산을 제소할 수 있고, 정당은 헌법재판소의 심판에 의하여 해산된다"라고 규정하고 있는데, 이 조항은 정당활동의 헌법적 한계에 관한 규정이며 동시에 그것은 반국가적·반민주적 정당활동을 방지하기 위한 '헌법의 예방적 수호'에 관한 규정을 의미한다. 즉 헌법 제8조 제4항의 위헌정당의 금지에 관한 규정은 정당의 목적이나 활동이 민주적 기본질서에 위배될 경우에 그 존립과 활동에 관한 특권을 박탈하여 민주주의의 적으로부터 민주주의를 수호한다는 이른바 '방어적 민주주의'(streitbare Demokratie)에로의 헌법제정권자의 결단을 의미하는 것이다.[14]

II. 연 혁

1. 건국헌법 이전의 정당규제

우리나라에서 정당에 관한 단일법규로서 정당규제의 일반법이 제정된 것은 제3공화국헌법의 정당조항에 의거하여 1962년에 제정된 정당법이다. 그러나 해방 후 최초의 정당에 관한 규제법으로는 1946년 11월 23일 공포된 미군정령 제55호 '정당에 관한 규칙'이 있다. 이것은 해방 후 수많은 정당이 출현되는 과정에서 특히 군소정당 및 좌익정당의 난립 등으로 인한 정당의 규율의 필요성에서 정당설립을 억제하고 정당을 통제하기 위한 것이었다. 이 규칙에 의하여 정당의 등록을 규정함으로써 정당활동을 명확히 하고 비밀정당이 금지되었다. 정치적 활동을 행

---

13) 김철수(주 12), 216; 권영성(주 10), 193-194.
14) 정만희, 헌법강의1, 동아대출판부, 2011, 171-172.

할 목적으로 단체 또는 협회를 조직하여 어떠한 형식으로 정치적 활동에 종사하는 자로 구성된 3인 이상의 각 단체는 정당으로서 등록을 하여야 하며, 정치적 영향을 미치기 쉬운 활동을 은밀히 행하는 단체 또는 협회는 금지되었다. 정당의 등록사항으로는 정당의 명칭 및 기호, 당헌, 보통당원 이상의 특정당원의 지위와 성명 등, 사무소의 주소, 정당의 조직과 정치활동개시일, 당원수 등을 규정하였다. 또한 이 규칙은 당원의 입당자격에 관하여 법상의 공직자격상실자, 외국국적을 가진 자 등은 자격이 없음을 규정하고 비밀입당은 위법이며, 당원 이외의 출처에서 오는 기부 또는 직접·간접의 원조를 금지하고 각 도에 거주하는 당원명부를 도지사에 제출하도록 규정하였다.

이와 같은 군정법령에 의하여 당시의 미군정 당국은 혼란한 정당질서를 바로 잡기 위해 정당을 법적 규제의 대상으로 하였으며, 공산당에 대하여 강경책으로 나가는 한편, 남한의 민주정당의 육성 및 민주정치의 기반을 견고히 하는 데 주력하였다.[15)

2. 건국헌법과 정당

1948년의 건국헌법은 정당에 관한 아무런 규정을 두지 않고 묵시적인 태도를 취하고 있었던 것이 특색이다. 그리하여 헌법은 정당을 일반결사에 포함시켜 취급하였으며 정당에 대하여 다른 결사와는 상이한 특별한 지위를 인정하지 않았던 것이다. 국법상 정당은 다른 일반결사와 동일하게 취급되었으나, 다만 국회법상 인정된 교섭단체 및 교섭단체에 입각한 위원회의 구성은 사실상 정당의 존립을 전제로 한 것이었다.

3. 제2공화국헌법의 정당조항 채택

우리나라의 헌법상 정당에 관한 조항을 최초로 규정한 것은 1960년 제2공화국헌법이다. 헌법 제13조 제2항에 "정당은 법률이 정하는 바에 의하여 국가의 보호를 받는다. 또 정당의 목적이나 활동이 헌법의 민주적 기본질서에 위배될 때에는 정부가 대통령의 승인을 얻어 소추하고 헌법재판소의 판결로써 그 정당의 해산을 명한다"라고 규정함으로써 정당의 특수성을 인정하였던 것이다. 이것은 이승만 대통령의 자유당시대의 쓰라린 야당탄압의 경험을 살려 정당해산을 행정부의 자의에서 해방시켜 헌법의 수호자인 헌법재판소의 판결에 의하여 해산할 수 있게 한 점에서 헌법제도로서의 정당의 존립을 보장한 데에 그 의의가 있다고 할 수 있다.[16)

이 헌법규정에 근거하여 정당의 등록에 관한 입법이 행해지게 되었다. 1960년 '신문 등 및 정당 등의 등록에 관한 법률'은 제3조에 정당의 등록을 규정하여 정당 기타 정치활동을 목적으로 하는 단체를 조직할 때에는 그 명칭, 정강·정책, 당헌, 주소, 대표자, 조직연월일 등을 기재한 요식등록을 하도록 하였다.

---

15) 중앙선거관리위원회, 대한민국정당사, 1968, 165.
16) 김철수, 현대헌법론, 박영사, 1979, 525.

4. 제 3 공화국헌법과 정당

1962년의 제3공화국헌법은 제7조에 정당에 관한 일반조항을 두어 "① 정당의 설립은 자유이며 복수정당제는 보장된다. ② 정당은 그 조직과 활동이 민주적이어야 하며 국민의 정치적 의사형성에 필요한 조직을 가져야 한다. ③ 정당은 국가의 보호를 받는다. 다만 정당의 목적이나 활동이 민주적 기본질서에 위배될 때에는 정부는 대법원에 그 해산을 제소할 수 있고, 정당은 대법원의 판결에 의하여 해산된다"라고 규정하였다. 또한 정당은 헌법상 제36조 제3항의 국회의원후보자공천권, 제64조 제3항의 대통령후보자공천권을 가지고 있어서 대통령선거와 국회의원선거에 입후보할 경우 당적의 보유를 필수요건으로 하였으며, 제38조에 의하여 국회의원이 당적을 이탈·변경한 경우에는 자격이 상실되는 점에서 볼 때 정당은 강력한 권한을 가진 사실상의 헌법기관적 역할을 담당하고 있었다.[17] 이처럼 제3공화국헌법은 철저한 정당국가적 경향을 지향하였던 것이다. 현대의 대중민주주의가 정당국가로 발전하는 것은 부인할 수 없는 현상이지만, 제3공화국헌법과 같은 정당의 우월한 지위를 규정한 헌법은 그 유례를 찾아보기 힘든 것이었다.

5. 제 4 공화국헌법과 정당

1972년의 제4공화국헌법에서는 정당국가적 경향을 대폭 완화하여 정당의 지위를 격하시키게 되었다. 즉, 제4공화국헌법에서는 국회의원선거에 있어서 무소속입후보를 허용하고, 통일주체국민회의의 대의원선거에서는 정당소속원의 출마를 금지하는 등 정당국가적 경향을 상당히 후퇴시켰다. 헌법 제7조에 정당조항을 두면서 제3조 제3항에서 통일주체국민회의대의원의 정당가입금지를 규정하였으며, 제111조에 정당해산판결의 정족수를 규정하였다.

6. 제 5 공화국헌법과 정당

1980년의 제5공화국헌법은 제4공화국헌법의 정당조항을 거의 그대로 답습하면서 정당의 지위를 강화시켰다고 볼 수 있다. 제7조에 "① 정당의 설립은 자유이며, 복수정당제는 보장된다. ② 정당은 그 조직과 활동이 민주적이어야 하며, 국민의 정치적 의사형성에 참여하는 데 필요한 조직을 가져야 한다. ③ 정당은 법률이 정하는 바에 의하여 국가의 보호를 받으며, 국가는 법률이 정하는 바에 의하여 정당의 운영에 필요한 자금을 보조할 수 있다. ④ 정당의 목적이나 활동이 민주적 기본질서에 위배될 때에는 정부는 헌법위원회에 그 해산을 제소할 수 있고, 정당은 헌법위원회의 결정에 의하여 해산된다"라고 규정하고 있는데, 특히 제3항의 정당운영자금의 국고보조규정은 새롭게 신설된 조항이다. 이와 같은 정당에 대한 적극적 보호조항을 둔 것이 제5공화국헌법의 특색의 하나이며, 정당자금의 국고보조조항은 과거의 정치자금으로 인한

---

17) 문홍주, 한국헌법, 해암사, 1963, 160.

부정부패를 일소하기 위해 채택되었다는 점에서 그 의의가 있다고 할 수 있다.[18]

그리고 제5공화국헌법은 부칙 제7조에서 "새로운 정치질서의 확립을 위하여 이 헌법시행과 동시에 이 헌법 시행 당시의 정당은 해산된다"고 규정하여 당시의 정당이었던 민주공화당, 신민당, 민주통일당, 통일사회당 등이 1979년 10월 27일 해산되고, 새로이 민주정의당, 민주한국당, 민주국민당, 민권당, 신정당 등의 여러 정당이 창당되었다.

Ⅲ. 입헌례와 비교법적 의의

1. 입 헌 례

전술한 바와 같이 오늘날 대부분의 국가는 다소간의 차이는 있으나 정당을 중심으로 대의제민주주의를 실현하고 있으며, 특히 선거과정 및 여론의 형성과정에서 정당은 핵심적인 역할을 수행하고 있다. 이와 같이 정당은 정치사회의 자연스러운 "채널 시스템"(Channel System)[19]으로서, 현실적인 정치과정에서 사회의 다양한 이익·의견을 정치과정에 흡수·집약하여 정책을 형성하는 기능을 담당하고 있다. 이러한 공적 기능을 수행하는 정당에 대한 헌법의 태도 및 법적 규제 등은 각 국가에 따라 다양한 형태로 나타나고 있다. 이하에서는 독일, 프랑스, 이탈리아, 일본 등을 중심으로 정당제도의 특색 및 정당법제를 비교법적으로 살펴보기로 한다.

가. 독일의 헌법과 정당

(1) 정당제도의 특색

독일에서는 이데올로기가 정당에 선행하였으며, 또한 계급적 동맹에 대한 집착이 정당의 분열을 촉진함으로써 이념지향적인 다당제가 성립하였다.[20] 이와 같이 성립된 다당제적 구조는 총선거에서 5% 이상의 득표를 하지 못하면 연방의회에 진출할 수 없도록 연방선거법을 운용함으로써 오늘에 이르고 있다. 또한 독일기본법 제21조에서 정당에 관하여 규정함으로써 정당의 자유를 보장하고 방어적 민주주의에 입각하여 헌법재판소에 의해 정당의 활동을 제도적으로 제한한 것도 다당제적 구조의 전통을 유지해 온 하나의 원인으로 지적할 수 있을 것이다.[21] 현재 독일의 정당체제는 일반적으로 기독교민주동맹(CDU)과 사회민주당(SPD), 자유민주당(FDP)의 연합체제로 운용되고 있다.[22] 1983년 이후 녹색당이 새로이 연방의회에 진출하여 그 영향력을 유럽의회에까지 확대함으로써 독일정당제도의 변화가 예측되고 있다.[23]

---

18) 구병삭, 헌법학Ⅰ, 박영사, 1981, 240.
19) Gionanni Sartori, Comparative Constitutional Engineering: an inquiry into structures, incentives and outcomes, Macmillan, 1997, p. 37.
20) 정용길, "독일의 정당구조와 정당통합," 한국정치학회보 제30집 제4호(1997), 404.
21) 안경환, "구미의 정당제도," 인권과 정의 제164호(1990), 43-44 참조.
22) 독일 정당들의 창당배경과 변천과정에 관하여는 정용길(주 20), 404-408.
23) 안경환(주 21), 44 참조.

(2) 독일기본법과 정당

독일기본법 제21조는 "① 정당은 국민의 정치적 의사형성에 협력한다. 정당의 결성은 자유이다. 정당의 내부질서는 민주주의원칙에 합치해야 한다. 정당은 그 자금의 출처 및 용도, 그 재산에 대하여 공적으로 보고해야 한다. ② 정당의 목적 또는 당원의 행동이 자유민주적 기본질서를 침해 또는 폐지하거나 독일연방공화국의 존립을 위태롭게 하는 경우에는 위헌이다. 그 위헌성의 여부는 연방헌법재판소가 결정한다. ③ 기타 상세한 사항은 연방법률로 이를 규율한다"고 규정하고 있다. 이와 같이 독일기본법은 정당의 기능 및 자유, 당내민주주의, 정당재정의 공개의무, 위헌정당의 금지와 그 절차, 정당에 관한 사항의 연방법률에 대한 위임을 규정하고 있다. 그 내용을 간단하게 살펴보면 다음과 같다.

첫째, 독일기본법상 정당은 원칙적으로 설립의 자유, 가입과 탈퇴의 자유, 활동의 자유 등을 가진다. 여기에서 정당활동의 자유의 내용으로는 강령의 자유, 당원의 자유, 경쟁의 자유 등을 들 수 있다.[24] 이러한 정당의 자유는 일반적 결사의 자유(독일기본법 제9조)[25]에 비하여 강한 헌법적 보장을 받는다는 취지에서 규정된 것이라 하겠다.[26] 이것은 정당에 비하여 일반적 결사의 금지요건이 완화되어 있다는 점, 그리고 정당의 금지에 관한 절차가 연방헌법재판소의 사법절차에 의하도록 되어 있지만, 일반적 결사의 금지에 관한 절차에 대해서는 그러한 규정이 없다는 점 등으로부터 잘 알 수 있다.

둘째, 정당의 민주적 내부질서, 즉 당내민주주의는 정당의 헌법적 기능으로부터 도출되는 것으로서, 이것은 정당의 조직이 민주주의적 원칙에 입각하고 있어야 한다는 것을 의미하고, 특히 정당 구성원이 정당의 의사형성에서 배제되어서는 안 되며, 구성원의 원칙적인 평등과 입당 및 탈당의 자유가 보장되어야 한다는 것으로 해석되고 있다.[27] 즉, 의사전달통로·재정·전문가들의 지식 또는 선거제도와 같은 정당의 전문적인 권한행사에 당원들의 권리가 충분히 반영되어야 하고, 또한 정당은 당원들에게 말할 권리와 의견을 제시할 권리, 특히 다수의사와 다른 의견을 가진 당원들에게도 당내에서 충분히 활동할 지위를 부여하여 소수자들이 다수의 의사를 형성할 수 있는 가능성을 제시해 주어야 할 것이다.[28] 따라서 당내민주주의를 실현하기 위해서는 정당 내부에서 독립적이고 효과적인 당원의 권리보호가 필수적이라 할 것이다.

셋째, 정당재정의 공개의무는 불법적인 정치자금의 조달을 방지하여 정당의 내부적 민주질서를 보장하고, 비밀자금의 유입으로 야기될 수 있는 정당의 자주성 침해를 방지하며, 나아

---

24) 지성우, "독일정당의 재정제도에 관한 연구," 토지공법연구 제37집 제1호(2007), 470 참조.
25) 독일기본법 제9조에서는 모든 독일인은 결사 및 사단을 조직할 권리를 가지고(제1항), 목적 또는 활동이 형사법규에 위반되는 단체 또는 헌법적 질서 내지 국민 간의 화합에 반하는 단체는 금지된다고(제2항) 규정하고 있다.
26) 계희열(주 8), 109.
27) 계희열(주 8), 209 이하.
28) 권영호, "독일정당의 내부질서에 관한 연구," 토지공법연구 제16집(2002), 110 참조.

가 정당의 불법자금의 모금으로 인한 부패와 부정행위를 예방하는 데 그 목적이 있다. 후술하는 정당법에서도 제23조에서 제31조까지 정치자금의 공개에 관하여 상세하게 규정하고 있다.

(3) 정 당 법

영미의 정당규제가 구체적인 사안에 대하여 개별적 목적을 실현하기 위하여 개별입법으로 대응하고 있는 것과는 달리 독일은 정당법이라는 일반법을 통하여 정당의 조직 등 내부질서도 법적 통제의 대상으로 하고 있다. 우선 독일의 정당법은 정당에 대하여 자유민주주의적 기본질서라는 헌법이 요구하는 필수적인 구성요소로서의 헌법적 지위를 부여하고 있다(제1조 제1항). 이에 따라 정당은 서면으로 된 규칙과 문서로 된 강령을 가져야 한다(제6조 제1항). 그리고 하부조직으로서 당헌으로 규모와 지역이 설정되어 있는 지역당을 가져야 하고, 당총회와 당간부회는 정당과 지역당의 필수적인 기관이다(제8조). 당원총회와 대표자회의가 모든 지역당의 최고기관으로서 규정되어 있고(제9조), 정당·당헌·당비에 관한 규정 및 다른 정당과의 합당이나 해산에 관한 의결 등에 관한 사항을 규정하고 있다. 또한 당간부의 임기, 임명절차, 구성요건, 기본적 권한 등도 규정하고 있다. 각종 위원회를 두어 당헌에 따라 당의 정치적 결정이나 조직편성 등의 문제에 대하여 자문하거나 일정부분에 대하여 결정할 수 있도록 하고 있다(제12조).[29]

이상과 같이 독일기본법 및 정당법은 정당의 조직구조의 기본원칙을 규정하고 있으며, 특히 정당법에 의하여 당조직의 지역기반원칙, 당기관의 기능적 역할분담, 상향식 의결제도, 당의 재정문제에 대한 분명한 가이드라인을 제시하고 있다. 그 외에도 독일의 정당법은 선거운동자금의 보조나 회계보고 등 정치자금에 관하여 구체적인 규정을 두고 있다.

(4) 정당의 정치자금규제

(가) 수입·지출의 규제

현재 독일의 정당들은 일정한 법적 한계 내에서 기부금을 수령할 수 있는데, 이러한 기부금에 대하여는 세액을 공제해 주는 제도를 시행하는 기부금제도를 활성화하고 있다.[30] 기부의 양적 제한 및 지출에 대한 제한은 없지만, 정당법은 기부의 질적 제한으로서 다음의 사항을 규정하고 있다. 즉, ① 공법상의 법인, 의회 내의 단체 및 집단 등, 지방자치단체 대의기관의 단체 등에 의한 기부, ② 공익단체·자선단체 등에 의한 기부, ③ 외국으로부터의 기부, ④ 직업단체로부터의 기부로서 정당에의 전송을 조건으로 당해 단체에 기부된 것, ⑤ 연방·주 등의 직접 자본참가율이 25%를 넘는 기업에 의한 기부, ⑥ 1회에 500유로를 넘는 익명 등의 기부, ⑦ 명확하게 특정한 경제적 이익 또는 정치적 이익의 제공을 기대하거나 혹은 그 대가로서 제공되는 기부, ⑧ 25%를 넘는 보수를 지불할 것을 조건으로 제3자로부터 얻은 기부는 금지된다(제25조

29) 정당과 당원간의 분쟁이나 당헌의 해석·적용에 관한 분쟁을 중재하고, 당원의 제명 등에 관한 임무를 수행하는 정당중재재판(Parteischiedsgericht)에 관한 규정을 두고 있으며(제10조, 제14조), 이와는 별도로 중재재판소법(Schiedsgerichtsordnung)이 제정되어 있다. 권영호(주 28), 112-113 참조.

30) 지성우(주 24), 478-479 참조.

제2항). 이러한 것들 외에도 현금에 의한 기부의 수령을 1,000유로로 제한하고 있다.[31]

　　(나) 국고보조금 제도

　　독일기본법에는 정당에 대한 국고보조에 관한 명문의 규정을 두고 있지 않고, 연방헌법재판소도 1966년에 정당에 대한 직접적인 국고보조를 헌법상 평등권 등을 근거로 위헌이라 판시한 바 있다.[32] 그 후 연방헌법재판소는 1992년 4월 9일의 판결에서 판례를 변경하여 일정한 조건 하에 정당에 대한 직접적인 국고보조금의 지급도 허용되는 것으로 판시하였다.[33] 이에 따라 후술하는 상대적 정치자금총액의 제한과 절대적 정치자금총액의 제한을 준수하는 한도 내에서 직접적 국고보조를 허용되고 있다. 최근에는 국고보조금의 지급의 정당성에 대하여는 논의가 없으며, 그 지급범위에 대한 문제가 주로 논의되고 있다.

　　독일기본법 제21조 제1항의 규정에 따라 국가의 보조금은 개별정당이 받은 정치자금의 총액을 초과할 수 없고(상대적 정치자금총액의 제한), 이 범위 내에서 지불된다.[34] 이에 대하여 절대적 정치자금총액의 제한은 정당법 제18조 제2항에 규정되어 있으며, 이것은 국가가 모든 정당에게 지급하는 국가재원의 총액은 1억 3천 300만유로를 넘을 수 없다는 것을 내용으로 한다.

　　다음으로 의석수에 따른 보조금지급을 규정하고 있으며, 정당법 제18조 제3항에서는 다음과 같은 경우에 국가로부터 부분적 재정지원을 받는 것으로 하고 있다. 즉, ① 정당명부에 대한 2차 유효투표 1표당 0.7유로, ② 정당명부를 제출하지 못한 주의 선거구에서 획득한 유효투표 1표당 0.7유로, ③ 1유로당 0.38유로를 당비, 임원회비, 합법적 기부금과 같은 기부금의 매칭펀드로 받는다. 개인은 3,300유로까지 기부금을 낼 수 있으며, 정당은 4백만 유효득표까지 1표당 0.85유로를 받는다. 그리고 2002년 6월 28일 제8차 정당법개정이 있은 후, 예외적으로 법 적용이 2005년 1월 1일로 연기된 제18조 제3항과 관련된 사항으로서, 정당이 기존의 정당법 제18조 제4항을 주장하기 위해서는 주 선거의 유효득표가 1%에서 5%로 상향된 조건을 충족해야 하거나 아니면 직전에 실시된 3개 주의 의회선거에서 1% 이상의 유효득표를 얻어야 하도록 되었다.[35]

　　(다) 수지의 보고와 공개

　　정당법은 회계보고에 관한 상세한 규정을 두고 있으며, 정당은 매년 수입·지출의 계산서 및 자산계산서로 구성되는 회계보고서를 작성하고, 연방의회에 제출해야 한다. 이 회계보고서

---

31) 기부금에 대한 세액공제제도에 관하여 연방헌법재판소는 1992년 4월 9일의 판결에서 개인이 아닌 법인(회사 및 단체)의 정당기부에 대하여 세제상의 혜택을 주는 것은 정치적 의사형성에 대한 시민참여라는 관점에서 위헌으로 판시하였다. BVerfGE 85, 264ff. 이에 따라 법인의 기부금에 대한 면세혜택은 폐지되었다.

32) BVerfGE 20, 56ff.

33) BVerfGE 85, 264ff.

34) 이 상대적 정치자금총액의 제한은 정당법 제19조a 제5항에 규정되어 있으며, 이것은 정당법 제18조 제5항의 효력을 정지시킨다. 즉, 제18조 제5항은 국가의 부분보조가 정당이 정당법 제24조 제4항 1-7(당비, 임원회비, 개인기금, 법인기금, 기업활동과 참여를 통한 소득, 기타 재산소득, 행사·출판관련수익 및 기타 수입)에 따른 소득의 총액을 넘어서는 안 된다는 것이다.

35) 정흥모, "독일정당제도와 그 시사점: 정당법의 국고보조금제도를 중심으로," 연세대 사회과학논집 제37집 제1호(2006), 55 이하 참조.

에는 당비·기부·국고보조, 그 외의 수입 및 지출 등을 기재하고, 공인회계사 또는 공인회계사협회에 의한 감사를 받을 필요가 있다. 1만유로를 넘는 기부 등에 대하여는 기부자 등의 성명, 주소 및 금액 등을 회계보고서에 기재해야 하고, 1회에 5만유로를 넘는 기부에 대하여는 지체 없이 연방의회의장에게 보고할 필요가 있다. 또한 윤리강령에 따라 연방의회의원에 대한 기부도 공개의 대상으로 되어 있고, 1만유로를 넘는 기부를 수령한 의원에게는 연방의회의장에 대한 보고가 의무화되어 있다. 제출된 회계보고서의 내용은 연방의회의 간행물로서 공표된다.

　　이상과 같이 정당의 정치자금에 대한 규제는 독일기본법 제21조가 규정하고 있는 정당재정의 공개에 의해 실시되고 있으며, 개인이나 법인의 기부를 금지하거나 상한을 설정하는 것은 헌법상 곤란한 것으로 이해되고 있다. 특히 선거권을 가지지 않는 법인의 기부에는 문제가 있는 것으로 판단되고 있으며, 이로부터 독일의 정치자금규제에 있어서는 정당국고보조금의 배분방식과 세제상의 조치에 의해 당비 및 소액의 개인헌금을 우대하고, 간접적으로 기업 등의 단체를 억제하는 구조를 취하고 있다. 이러한 규제 하에서 정당수입의 중요부분은 당비, 개인헌금 및 국고보조가 점하고 있으며, 기업 등 단체에 의한 기부의 비중은 비교적 낮은 편이다. 여하튼 독일의 정치자금제도의 변천은 "국고보조금을 규제하려는 연방헌법재판소와 이를 피해 국고보조금을 증액하려는 정당들 간의 힘겨루기의 역사"[36]라고 할 수 있을 것이다.

나. 프랑스의 헌법과 정당

(1) 정당제도의 특색

　　프랑스는 전통적으로 다당제, 특히 소수당이 분립하는 정당제도라는 점과 독일보다는 덜하지만 이념적 편향에 의해 지배되고 있다는 점을 특색으로 하고 있다. 이러한 소당분립의 원인으로는 18세기 말 이래의 혁명과 반혁명의 반복, 19세기 중엽에 시작된 보수파의 분열, 20세기 교회의 보수적 역할과 그에 대한 역작용 등을 들 수 있다. 또한 지방적 기질과 이해가 각양각색이고, 프랑스 국민의 경제적·사회적 보수주의는 양대정당의 조직화를 저해함과 동시에 정치세력의 대립을 조장함으로써 정당의 소당분립을 초래한 것이다.[37] 그러나 최근에는 현실적으로 결선투표를 통하여 과반수득표자를 선출하는 선거제도와 강력한 대통령중심제의 권력구조가 정착됨으로써 군소정당은 그 명맥을 유지하기에 급급하게 되었으며, 기존의 정당들도 정치적인 연합에 의해 그들의 목적을 달성하려는 경향이 강하게 나타나고 있다. 특히 제5공화국을 전후로 하여 드골이라는 역사적인 인물을 중심으로 그의 정책에 대한 지지여부를 두고 정당이나 정치세력이 편재된 특이한 역사적 토양을 가진 프랑스는 최근 사회당(SFIO)을 중심으로 좌파가 연합하고, 신드골당(RPR)과 중도민주연합(UDF)이 우파연합을 형성하였으며, 공산당(PCF)이 사회당의 주변을 형성하는 2대정당제적 경향을 보이고 있다.[38]

---

36) 손희두, "정당국고보조제도의 헌법상 문제점," 법제연구 제21호(2001), 163 참조.

37) 김중권, 헌법과 정당, 법문사, 1990, 51 참조.

38) 김수갑, "정당의 역사적 발달, 심천 계희열박사 화갑기념논문집 간행위원회," 정당과 헌법질서, 박영사, 1995,

(2) 제5공화국헌법과 정당

프랑스의 1958년 헌법은 제4조에 프랑스 헌법사에서 최초로 정당에 관한 규정을 둠으로써 트리펠이 말하는 정당의 역사적 전개과정에 의하면 형식적으로는 프랑스도 "헌법적 편입"의 단계에 해당한다고 할 수 있을 것이다. 역사적으로 보면 역대 프랑스헌법은 결사의 자유에 대하여 위협이 될 수 있는 정당에 관하여 무시·적대시적인 태도를 보여 왔다. 이는 프랑스의 이른바 국민주권·순수대표제의 논리가 정당을 비롯한 중간단체를 법의 세계로부터 추방하였기 때문이다. 1901년의 제3공화국에서 "결사의 자유법"을 계기로 이른바 반단체주의가 완화되어 결사의 자유가 법률상 승인되었으며, 그 후 1910년에는 대표제도와 관련하여 정당의 존재가 실정법규에 등장하였다. 또한 1971년에 헌법위원회는 결사의 자유가 개인의 자유에 대한 잠재적 위험성을 가진다고 하여 그 위험성을 지적하면서도 결사의 자유의 헌법적 가치를 인정한 바 있다. 그 후 제4공화국에 있어서 정당은 저항운동을 통하여 영향력을 확장하고, 국민의회의원선거에 구속명부식 비례대표제가 채용되면서 정당은 결정적인 역할을 수행하게 되었다. 이와 같이 정당의 정치적 중요성이 고조되었음에도 불구하고, 정당조항의 도입곤란성과 예상되는 폐해 등을 이유로 인민투표에서 부결됨으로써 결국 제4공화국헌법은 정당조항을 가지지 못하게 되었다.

제5공화국헌법의 성립과정에서는 정당에 대하여 민주주의의 원칙에 기초하여 외국의 지배를 받아들이지 않을 것 등을 요구하는 규정의 삽입에 관하여 논의되었으나 받아들여지지 않았다. 결국 최종적으로 "정당 및 정치단체는 선거권의 행사에 협력한다. 정당 및 정치단체는 자유로이 결성되고, 동시에 자유로이 활동한다. 정당 및 정치단체는 국민주권과 민주주의의 원칙을 존중해야 한다"(제4조)는 규정을 두게 되었다. 이러한 정당조항의 지위 및 제도의 특징 등을 개관하면 다음과 같다.

첫째, 보장 및 규제에 대하여 정당과 일반결사가 구별되고 있다는 점이다. 독일기본법의 정당조항과 같이 기본권인 결사의 자유를 분리하여 국가기본구조의 영역에 정당조항을 두고 있는 것이 아니라 프랑스의 정당조항은 "정당 및 정치단체"라고 하여 정당과 정치적 결사를 병기하고 있고, 그 양자에 대하여 선거권의 행사(투표의 표명)에 협력하는 역할을 부여하고 있다. 또한 양자에 대하여 설립의 자유를 규정하고 있으므로 정당에 대해서만 특별한 지위를 인정하고 있는 것이 아니라고 할 수 있다. 즉, 독일의 정당조항은 정당을 다른 결사와 구별하고, 이에 특별한 지위와 의무를 부여하기 위하여 두어진 것임에 대하여 프랑스의 정당조항은 그때까지 정당이 수행해 온 역할을 확인하는 것에 불과한 것이다.

둘째, 제5공화국헌법 제4조에서 말하는 "정당 및 정치단체는 국민주권과 민주주의의 원칙을 존중해야 한다"는 정당에 대한 규제조항이 법적인 효력을 가지는 것이 아니라 정치적 내지

49-51; 김정기, "프랑스 정당체제에 관한 연구," 동북아논총 제12집(1999), 161 이하 참조.

정치적·윤리적 효력만을 가지는 것으로 해석·운용되고 있다는 점이 특징이다. 결국 제5공화국
헌법은 1789년의 권리선언에 의해 승인된 인간 및 시민의 권리와 자유, 나아가 공화국의 법률
에 의해 승인된 기본원리를 엄숙하게 재확인하고, 제4공화국헌법의 인권선언을 계승하고 있기
때문에 프랑스헌법 제4조에서 말하는 "국민주권을 침해하는 정당·결사"는 1936년법이 말하는
"국가의 완전성에 공격을 가하는" 결사로서 규제대상으로 되어 있는 것이다. 또한 "민주주의의
원칙"에 위반하는 정당·결사는 1901년법의 위법한 결사의 해산제도 및 1936년법의 폭력주의
적 결사의 해산제도에 의한 규제대상으로 되어 있었다. 따라서 "국민주권 및 민주주의의 원칙
의 존중"이라는 의무는 이미 실정법에 의해 결사에 대하여 부과되어 있었다고 할 수 있으며,
정당조항을 둘 필연성은 희박했던 것이다. 여하튼 제5공화국헌법 제4조의 규정은 정당에 특권
을 부여 또는 이를 규제한다는 법적 효과는 가지지 않고, 정당의 자유로운 형성과 활동을 보장
하는 것을 확인하는 규정으로 해석·운용되고 있다. 이것은 반민주주의적 정당을 국가기관에
의해 배제할 수 있는 독일기본법의 정당조항과는 큰 차이라고 할 것이다.

(3) 정당의 정치자금 규제

프랑스의 경우에도 정당의 선거에 있어서 득표수 및 의석수에 대응한 국고보조제도가 채
용되어 있다. 보조의 총액은 매년 예산에 계상되고, 의회의 의결을 거쳐 결정된다. 국고보조의
수령만을 목적으로 하는 소정당·정치단체의 결성을 방지하기 위하여 국고보조는 제1부분과 제
2부분으로 나누어 그것들을 연동시키는 구조를 취하고 있다. 제1부분은 50개 이상의 선거구에
서 후보자를 출마시킨 정당·정치단체로서 해당 후보자가 각각 유효득표수의 1% 이상을 획득
한 자에 대하여 제1회투표에서의 득표수에 대응하여 배분된다. 제2부분은 제1부분의 수령자격
을 획득한 정당·정치단체에 대하여 그 보유하는 의석수에 대응하여 배분된다.[39]

국고보조를 받은 정당은 매년 수지보고서를, 또한 하원의원후보자는 선거운동비용의 수지
보고서를 각각 선거운동수지보고 및 정치자금전국위원회(CNCCFP)에 제출해야 한다. 보고서의
내용은 간략한 형식으로 관보에 공표되지만, 개개의 기부자의 성명이나 금액 등의 공개에 대하
여는 규정되어 있지 않으므로 정치자금의 실태를 파악하기는 어렵다.

프랑스에서는 1988년에 정치자금의 투명성에 관한 법률이 제정되었고, 1990년 및 1993
년의 법률에 의한 규제강화를 거쳐 1995년부터는 법인에 의한 기부는 전면적으로 폐지되었다.
한편 법인에 의한 기부금지의 대체적 조치로서 후보자에 대한 선거운동비용의 상환제도 및 개
인헌금에 대한 세제상의 우대조치 등 공적 자금에 관한 구조가 정비되어 있다.

---

39) 한편 선거운동비용의 상환에 대한 것으로서 제1회투표에서 유효투표수의 5% 이상을 획득한 하원의원후보
   자에 대하여 해당 후보자가 실제로 부담한 금액을 한도로 하여 선거운동비용 지출한도액의 50%가 일률적
   으로 국고로부터 상환된다.

다. 이탈리아의 헌법과 정당

(1) 정당제도의 특색

역사적으로 독일과 비슷한 경험을 해 온 이탈리아는 아직도 정치적으로 이합집산을 거듭하는 다당제적 구조에 의하여 정치적 불안을 경험하고 있다. 대표적인 정당으로는 기독교민주당, 공산당, 사회당 등이 있지만, 선거제도가 군소정당의 의회진출을 용이하게 하고 있고, 기성정당과 일체감을 갖지 않은 유권자층이 상대적으로 광범위한 영역을 형성하고 있어 정당구조의 변화가능성을 엿볼 수 있다. 특히 공산당의 집권이 다른 나라에 비하여 가장 쉽다는 점도 특징으로 들 수 있을 것이다. 1973년 이후 공산당은 역사적 타협을 제안하고 민주적 대안으로서의 전략적 추이를 보여 집권가능성을 타진하고 있다. 특히 2007년 10월에는 중도좌파연합정권에 참가한 주도적 정당인 민주당이 탄생함으로써 종래의 전통을 벗어나 2대정당제로 한 걸음 다가서고 있다.

(2) 정당의 정치자금 규제

1948년의 이탈리아헌법에서는 정당에 관한 규정을 제1부 시민의 권리 및 의무의 제4장 정치적 권리에서 선거권, 청원권 등과 함께 시민의 자유로운 정당결성권으로서 규정하고 있다(제49조). 이와 함께 법률에 의한 다양한 정당재정에 관한 규제 등이 행해지고 있다. 이탈리아의 정당자금제도는 1974년에 제정된 정당관련법에 의해 처음으로 규정되었으며, 이 법은 공기업의 정당기부를 불법화하고, 일정액 이상의 기부일 경우 명의를 공개하며, 국고보조를 통해 정당자금의 투명성을 보장하도록 규정하였다. 대부분의 국가들이 금권정치의 폐해로부터 벗어나기 위해 국고보조를 핵심으로 하는 정치자금공영제를 도입하였듯이 이탈리아의 정당관련법의 취지도 그와 동일하였다. 1974년의 정당자금법의 주요내용을 보면 다음과 같다. 전체 국고보조의 85%를 정당조직의 운영을 위해 지급하며, 그 중 2%는 모든 정당에게 동일하게 지급되는 기본보조이고, 75%는 선거결과에 비례해서 지급되며, 23%는 혼합방식에 의해 지급된다. 전체 국고보조의 15%는 선거운동을 위해 지급되며, 총선거에서 하원전국구의 3분의 2에 후보자를 내어 전국 차원에서 30만표 이상을 획득하거나 총 유효투표의 2% 이상을 획득한 정당, 그리고 소수언어지역의 정당·그룹일 경우 하원선거에 참여하여 당해 주에서 1석 이상을 획득한 정당에게 동일하게 지급한다.[40]

이 1974년의 법은 약간의 수정을 거쳐 1980년 이후 주의회선거와 유럽의회선거에 적용되었고, 1981년 이후에는 유럽의회선거뿐만 아니라 각급 지방선거에도 확대 적용되었다. 또한 1980년부터 주의회선거와 유럽의회선거에서 모두 바로 전의 선거를 통해 1석 이상을 획득한 정당에게 20%에 해당하는 일정액이 지급되고, 나머지 80%는 선거결과에 비례해서 지급되도록 하였다. 1993년 이후의 이탈리아의 정치자금제도를 규정하는 법률은 1993년 국민투표를 통

---

40) 안청시·백창재 편, 한국정치자금제도: 문제와 개선방안, 서울대학교출판부, 2003, 173-186 참조.

해 폐지되고, 새롭게 "공화국 상·하원선거를 위한 선거운동관련법"이 제정되었다. 이 법률의 중요 취지는 정당에 의한 관공서와 공기업의 식민지화에 따른 제도적 부정부패를 일소하기 위해 정당 중심의 국고보조를 폐지하고, 선거운동에 대한 후보자 중심의 국고보조제도를 도입하는 것이었다. 선거운동에 대한 국고보조도 선거가 끝난 후 일정한 규정에 따라 비용을 상환하는 방식으로 이루어지게 되었다.

라. 미국의 헌법과 정당

(1) 정당제도의 특색

미국의 정당제도의 가장 큰 특징으로는 양당제와 지역주의를 들 수 있다.[41] 그 외에도 후술하는 바와 같이 미국의 경우 정당의 본질은 그 "자유로운 정치적 결사"라는 데 있지만, 정당은 공직선거후보자의 지명과정에서 자유로운 지위가 크게 제약되고, 일정한 법적 규제의 대상이 되고 있다는 것이 중요한 특징을 이룬다.[42] 정당의 후보자지명과정이 어떠한 법적 규제도 받지 않고 자유롭게 행해지는 정당내부의 문제로 파악되고 있는 다른 국가와는 달리, 미국의 경우는 일정한 법적 규제를 받음으로써 후보자지명이 소수의 당간부나 지도층에 의해 좌우되는 것이 아니라 당의 후보자지명과정에 참여하는 다수의 일반당원에 의해 결정되고 있다. 이러한 정당의 공천후보 지명과정에의 대중적 참여라는 미국정치의 실제가 곧 미국의 정당제도의 특색을 이루고 있는 것이다.

(2) 미국헌법과 정당

미국헌법은 1787년 제정 이래 시민혁명기의 헌법체제를 지금까지 기본적으로 유지하고 있으며, 특히 정당조항은 물론 결사의 자유에 관한 명문의 규정을 두고 있지 않다. 그것은 당시의 헌법제정권자들이 정당의 필요성을 예견하지 못하였을 뿐만 아니라 오직 정당을 "유해한 도당"(pernicious faction) 또는 파벌로서 적대시하였기 때문이다.[43] 그러나 미국에서 정당에 대한 국가의 태도는 정당적대시 정책이 추진된 19세기 독일 등과는 다르며, 직접적으로 정당조직의 발생에 대하여 억제한 흔적은 찾아보기 어렵다. 오히려 1796년의 대통령선거 이래 대통령선출에 있어서 정당의 관여는 현저하게 나타나기 시작하였으며,[44] 1804년에 성립된 수정 제12조는 정당의 존재를 전제로 한 조항을 의미한다. 이 수정조항의 성립으로 정당은 선거과정에 참여하는 것이 정당화되었으며, 정당은 선거에 참여함으로써 정치지도자를 양성·선발하는 중요한 기능을 승인받게 된 것이다.[45]

---

41) 김중권(주 37), 31-41. 그리고 미국의 양당정치의 형성과 발전요인에 대하여는 윤용희, "미국 양당정치의 형성과 발전요인," 한국동북아논총 제18집(2001), 45 이하 참조.

42) 정만희, "미국헌법상 정당의 지위 — 선거과정에서의 정당에 관한 판례를 중심으로 —," 고시연구(1985. 12), 55.

43) 정만희, "정당의 자유와 법적 규제," 심천 계희열박사 화갑기념 「정당과 헌법질서」, 1995, 252이하.

44) 미국의 대통령선거제도의 역사에 대하여는 Eugene H. Roseboom and Alfred E. Eckes, Jr., A History of presidential elections, from George Washington to Jimmy Carter, Collier Books, 1979 참조.

45) 정만희(주 43), 255.

미국의 연방헌법 및 각 주의 헌법은 정당에 관한 명문규정은 두고 있지 않으며, 결사의 권리(right of association)에 관하여도 특별한 규정을 두고 있지 않지만, 개인의 자발적인 결사의 권리는 국민의 고유한 권리로 인정되고 있다. 연방과 각 주의 판례도 정당결성권을 코몬 로의 권리에 덧붙여 헌법상의 권리로 인정하고 있다. 이와 같이 미국에서 정당에 대한 헌법상 지위는 결사의 권리의 헌법상 보장에 관한 판례를 통하여 이해할 수 있으며, 결사의 권리를 헌법상의 권리로 수립하는 데 있어서 판례는 결사를 언론·집회의 자유에 포함되는 것으로 인정하기도 하고, 참정권에 근거를 구하거나 통치형태에 고유한 것이라는 등의 접근으로 이론구성을 하고 있다. 요컨대 정당의 결성권은 헌법상 직접적인 명문의 규정이 없더라도 언론의 자유·집회의 권리·선거권 등에 대한 헌법적 보장의 부산물로 인정되고 있는 것이다.[46]

(3) 정당에 대한 법적 규제

미국에서의 정당에 대한 법적 규제는 주로 선거과정에서의 선거비용과 정치자금에 대한 연방법률의 규제가 중심이 되고 있으며, 그 외에 각 주에서의 예비선거제도와 관련하여 정당에 대한 주법에 의한 규제가 이루어지고 있는 정도이다.

(가) 대통령선거에 대한 국고보조제도

특정한 기부자에 의한 영향력을 배제하고, 자금력이 부족한 후보자에게도 의견표명이나 입후보의 기회를 제공하는 것 등을 목적으로 대통령선거에 대한 국고보조제도가 도입되어 있다. 국고보조의 재원은 납세자가 임의로 적립하는 대통령선거운동기금(Presidential Election Campaign Fund)이다. 소득납세자는 납세시에 자기의 소득세로부터 3달러를 당해 기금에 지불하도록 지정할 수 있다. 다만, 특정한 정당명이나 후보자명을 지정할 수는 없다. 국고보조는 ① 예비선거후보자, ② 정당의 후보자지명전국대회, ③ 본선거후보자에 대하여 지급되지만, 보조를 받은 경우에는 지출제한에 따를 필요가 있다. 국고보조금의 지급방법은 다음과 같다.

첫째, 예비선거에서의 국고보조의 배분에는 각 후보자가 모은 소액의 개인헌금과 상관시키는 방법이 채용되어 있다. 주로부터 개인헌금을 모은 후보자가 그것에 대응하여 국고보조를 수급할 수 있도록 하는 구조로서 1인당 250달러 이하의 개인헌금을 20개 주 이상 각각 5,000달러 이상 모은 후보자에 대하여 지출한도액의 50%까지의 범위 내에서 모은 개인헌금의 총액과 같은 금액이 지급된다. 지출한도액은 1,000만달러에 생계비조정[47]에 의한 증액분을 추가한 금액[48]이고, 2004년선거에서의 한도액은 3,731만달러로 나타나고 있다. 둘째, 2대정당의 후보자지명 전국대회에 대하여는 지출한도액과 동일한 금액이 지급된다. 지출한도액은 400만달러에

---

46) David Fellman, Constitutional Rights of Association, in Philip B. Kurland ed., Free speech and association: the Supreme Court and the first amendment, University of Chicago Press, 1975, p. 54.

47) 생계비조정(cost-of-living adjustment: COLA)은 1974년을 기준으로 하여 매년 계산된다.

48) 실제로는 여기에 20%의 자금조달경비를 추가한 금액이 상한으로 된다. 또한 최근에는 국고보조를 수령하지 않는 대신에 지출제한에도 복종하지 않는 자금력이 풍부한 유력후보자가 나오고 있다.

생계비조정에 의한 증액분을 추가한 금액이고, 2004년 선거에서의 한도액은 1,492만달러로 나타나고 있다. 셋째, 본선거후보자에 대한 국고보조는 각 후보자가 해당 선거운동을 위하여 추가적인 기부를 수령하지 않는 것을 조건으로 하여 지출한도액과 동일한 금액이 지급된다. 지출한도액은 2,000만달러에 생계비조정에 의한 증액분을 추가한 금액이고, 2004년 선거에서의 한도액은 7,462만달러로 되어 있다.

(나) 정치자금의 수지공개

정당 및 후보자의 정치활동위원회 등은 200달러를 넘게 기부한 자의 성명, 주소 및 기부금액 등을 기재한 수지보고서를 연방선거위원회(Federal Election Commission: FEC)에 제출해야 한다. 또한 수지보고서에는 200달러를 넘는 지출의 상대방 등에 대하여도 기재할 필요가 있다. 연방선거운동법의 집행과 정치자금의 공개·감독을 담당하는 FEC는 수지보고서에 관한 조사권한 등을 가지는 독립된 기관으로서 제출된 수지보고서를 48시간(전자적으로 제출된 것에 대하여는 24시간) 이내에 공개한다. 수지보고서는 인터넷상에서 검색이나 내려받기를 할 수 있도록 되어 있어 정치자금의 투명성은 상당히 높게 보장되고 있다.

마. 일본의 헌법과 정당

(1) 정당제도의 특색

미국의 점령기에서 벗어난 1952년을 기점으로 하여 일본의 정당은 보수주의적 정당으로서 자유당과 민주당이 있었고, 혁신적인 정당인 사회당은 좌파와 우파가 분열되어 있는 다당제의 구조를 이루고 있었다. 이러한 다당제의 구조는 1955년 사회당의 좌파와 우파가 결합하는 통일사회당을 결성하자 이를 계기로 자유당과 민주당도 자유민주당으로 합당하여 거대보수여당을 결성하였다. 1960년 미·일안보조약의 연장문제를 둘러싼 안보투쟁과 관련하여 사회당에서 제명당한 세력이 민주사회당을, 1967년 종교단체인 창가학회가 공명당을 창설하는 등 장기간 이합집산의 과정을 거치게 된다. 그 후 금권정치·정경유착·거대여당의 파벌확장 등으로 인하여 1974년 록히드사건, 1980년 KDD사건, 1988년 리크루트사건, 1992년 사가와사건 등을 초래하게 되었고, 결국 자민당의 붕괴와 정치제도의 개혁이 단행되었다. 결국 그 후에는 정치부패를 극복하고 정치에 대한 국민의 신뢰를 회복하기 위하여 출범한 사회당, 신생당, 공명당, 신당사키가케, 민사당, 시민련, 민주개혁연합 등의 비자민세력으로 구성된 연립정권이 성립되었다. 최근에는 자민당이 비자민세력과의 공조체제를 통하여 정권을 유지하고 있지만, 2007년에 행해진 참의원의 총선거에서는 민주당이 다수의석을 획득함으로써 일본에서 특유한 자민당장기집권체제의 종말이 예상되고 있다.

(2) 일본국헌법과 정당

정당은 현실적인 정치과정에서 중요한 역할을 수행하고 있지만, 일본국헌법은 정당에 대하여 직접적인 규정을 두고 있지 않다. 이와 관련하여 헌법이 정당에 관하여 규정하고 있지 않다는 점 등을 중시하여 정당의 헌법적 지위를 소극적으로 파악하는 견해도 있지만,[49] 최고재판소는 "헌법은 정당의 존재를 당연히 예정하고 있으며, 정당은 의회제민주주의를 지지하는 불가결한 요소이다"[50]고 하여 적극적으로 평가하고 있다. 또한 대부분의 학설도 이러한 판례의 입장을 지지하면서 "정당은 오늘날의 실제적 정치과정으로부터 보면 의회제민주주의를 지지하고, 국민의 통합과 헌법의 기능방식을 규정하는 중요한 존재"[51]로 이해하고 있다. 그리고 정당은 헌법 제21조가 보장하는 일반적 결사의 경우와 같이 정당결성의 자유, 정당에의 가입·탈퇴의 자유, 당원의 계속·탈당의 자유, 정당의 자치적 활동의 자유가 보장되는 것으로 이해하고 있다.

다만, 헌법 제21조에 의해 보장되는 정당의 자유가 결사의 자유와 동일한 정도의 보호로 충분한가, 결사의 자유에 비하여 강한 보호가 요청되고 있는가, 강한 규제가 허용되는가 등에 대하여는 견해의 대립이 있다. 즉, 정당도 하나의 결사로서 제21조의 보장 하에 있고, 그 헌법적 지위는 다른 결사와 본질적으로 차이가 없다는 견해를 들 수 있다.[52] 이에 대하여 정당의 독자성은 현행헌법이 채용하고 있는 의원내각제 하에서의 정권획득·유지 또는 억제기능으로 나타나며, 정당의 결사의 자유는 그 독자성에 대응하여 다른 사적 결사의 자유와는 달라야 한다는 견해도 있다.[53] 이러한 점에 대하여 최고재판소 판례에서는 정당이 헌법상 보호되는 근거나 정당의 자유보장의 정도를 언급하고 있지 않아 그 입장이 명확하지 않다.

(3) 정당조항의 헌법적 도입에 관한 논의

일본국헌법에 정당조항을 도입하려는 논의는 헌법학계는 물론 1956년 6월에 설치되어 1959년 7월에 보고서를 제출한 내각헌법조사회나 2000년 1월에 설치되어 2005년에 최종보고서를 제출한 중의원헌법조사회나 참의원헌법조사회에서도 행해졌다. 2005년 10월에는 자민당과 민주당이 헌법초안을 공표한 바 있으며, 일부 국회의원이나 언론사들이 헌법개정에 관한 제언을 공표하기도 하였다. 그러한 과정에서는 찬부양론이 대립하였으며, 그 내용을 간략하게 소개하면 다음과 같다.

우선 소극적인 견해로서 내각헌법조사회의 보고서에서는 현행헌법의 해석상 정당의 자유로운 결성 및 활동은 결사의 자유의 보장에 포함되고, 또한 그 규제는 "공공의 복지"에 의해 가능하기 때문에 따로 정당에 대한 특별한 규정을 둘 필요가 없다는 주장이 있다.[54] 그리고 중의원·참의원헌법조사회에서도 헌법은 정당에 대하여 명문의 규정을 두고 있지는 않지만, 제21조가 묵시적으로 정당결성의 자유 등을 보장하고 있고, 이것은 헌법이 결사의 자유의 보장을 통하여 사적인 결사인 정당의 공적 성격을 발휘하도록 하고 있는 것이라고 하여 소극적인 견해가

---

49) 小林昭三, 政黨の"憲法的融合"についての再編, 早稻田政治經濟學雜誌 第189号, 1962, 37-38.
50) 最大判 昭和 45年(1970) 6月 24日, 民集 第24卷 第6号, 625.
51) 佐藤幸治, 憲法(第3版), 靑林書院, 1995, 126.
52) 樋口陽一·佐藤幸治·中村睦男·浦部法穗, 憲法2, 靑林書院, 1997, 40(浦部法穗 교수의 견해).
53) 阪本昌成, 憲法理論Ⅰ(改訂 第3版), 成文堂, 1999, 208.
54) 內閣憲法調査會, 憲法調査會報告書, 1964, 795-797 참조.

제시되었다.55) 또한 헌법학설 중에도 정당조항도입의 주장은 헌법질서 전체의 제도설계라는 관점에서 보면 기존정당을 공적 조성에 의해 육성하기 위한 것으로 그 득실을 충분히 논의하고 있지 못하다고 하여 의문을 제기하는 입장이 있다.56) 정당조항도입의 전제로 되는 현재의 정당 또는 정당법제에 대한 분석, 1990년대 이후 도입된 일련의 정당법제의 현상, 그 정당법제와 정당의 실제적 괴리, 기존정당과 국가의 관계강화와 새로운 정당의 참가저해의 가능성 등에 대한 검토의 부족이 지적되기도 한다.57) 또한 독일의 정당조항은 나치를 부정하고, 공산주의와 대결하려는 매우 특수한 독일의 상황을 배경으로 한 것으로서 일본에는 적용하기 어려운 것이라는 지적도 있다.58)

   이에 대하여 적극적인 견해로서 내각헌법조사회에서는 현대의 의회제민주주의에서의 정당의 지위와 역할은 무시할 수 없는 단계에 있고, 정당의 성격이나 행동여하가 민주정치 내지 의회정치의 성부를 결정하는 열쇠로 되어 있으므로 헌법이 정당에 무관심 또는 소극적인 태도를 취하는 것은 불가능함과 동시에 허용되지 않는다는 견해가 제시되었다.59) 중의원·참의원헌법조사회에서도 정당은 의회제민주주의의 근간을 이루는 것으로서 다양한 민의를 정치에 매개·반영하는 중요한 지위와 역할을 가지고 있으며, 정당을 헌법에 명기하는 것은 정책결정과 집행책임의 명확화를 노리는 정부·여당의 일체화에도 도움이 된다는 견해가 제시되었다.60) 또한 헌법학설 중에도 정당의 역할에 관한 규범체계를 확립하는 것은 정당의 자유와 양립할 수 있는 한 정당정치 나아가 민주제의 보장에 공헌하는 것이라는 주장이 있으며, 정당이라는 존재 없이는 현대에 있어서 의회제도·선거제도·의원내각제가 기능할 수 없는 상태에 있고, 정당은 이미 다른 사적 결사가 아니라 오히려 헌법이 예정하는 국가의 통치기구 또는 정치과정의 일부로 평가함이 타당하다는 견해가 있다.61) 그 외에 국회의원에 의한 것으로서 정당은 현대의 의회제민주주의에 있어서 불가결한 지위와 역할을 담당하고 있으며, 정당조성금이라는 세금을 사용하고, 정책결정에 관여하며, 국민의 생활에 중대한 영향력을 행사하는 정당에 관한 규정이 헌법에 없다는 것은 부자연스럽다고 하면서 정당조항의 삽입이 주장되기도 하였다.62)

   이상과 같이 정당조항의 도입에 적극적인 견해는 의회제민주주의에서 정당이 수행하고 있

헌법 제 8 조

---

55) 衆議院憲法調査會, 衆議院憲法調査會報告書, 2005, 389 참조.

56) 本 秀紀, 政黨條項－"憲法的編入"の意味と無意味, ジュリスト 第1289号, 2005, 120.

57) 只野雅人, 報告3·統治機構をめぐって, 法と民主主義 第400号(2005), 43-44.

58) 上脇博之·棟居快行, 政黨の位置付け政黨基本法は必要か、浦部法穗·棟居快行·市川正人、いま、憲法学を問う, 日本評論社, 2001, 129-141 참조.

59) 內閣憲法調査會, 憲法調査會報告書(전게), 787. 내각헌법조사회에서의 다수의견은 정당에 관한 필요최소한의 기본적인 사항에 한정하여 규정해야 하고, 정당의 민주주의적 존재방식 내지 성격의 기본적인 방향을 제시하는 간략한 조문을 삽입해야 한다는 것으로 제시되었다.

60) 衆議院憲法調査會(주 55), 388.

61) 小林 節, 21世紀への責任として, 中西輝政 編, 憲法改正, 中央公論新社, 2000, 36.

62) 山崎 拓, 憲法改正, 生産性出版, 2001, 141-142. 여기에서는 정당조항의 삽입은 물론 정당법을 제정하여 정당의 개념, 정당의 요건, 정당의 성립, 정당의 내부질서 등을 규정하고, 또한 전체주의국가를 표방하거나 민주주의를 부정하는 정당의 금지 등도 규정해야 한다고 하고 있다.

는 중요한 역할이나 정당교부금을 수급하는 등의 공적 성격을 강조하면서 정당을 헌법상 명문
화하는 것을 주장하고 있다. 이에 대하여 소극적인 견해는 기성정당에 대한 우대, 정당의 활동
의 자유에 대한 억압효과 등을 근거로 들고 있다. 이러한 견해의 대립은 정당이 사적 결사로서
의 성격을 가지면서 의회제민주주의를 지지하는 공적 성격을 가진다는 양면성에 기인하는 것
으로 생각된다. 앞으로 이러한 논의에 있어서는 일본의 민주주의적 정치과정에서 정당이 수행
하는 기능을 어떻게 파악할 것인가가 매우 중요하게 작용할 것으로 보이며, 이에 관한 더욱 객
관적이고 체계적인 분석에 기초한 논의를 기대해 보는 바이다.

(4) 정당의 정치자금에 대한 규제

(가) 정치자금규정법

   일본의 경우 일찍부터 정치자금에 관한 의혹사건들이 발생하였고, 이로부터 정치와 돈에
관한 규제의 강화가 지적되어 왔다. 그리하여 1948년 정치자금규정법(政治資金規正法)의 제정과
그 후 여러 차례의 개정을 통하여 정치자금의 투명화 등을 꾀하고 있다. 정치자금규정법은 정
당 및 기타 정치단체의 기능적 중요성, 그리고 공직후보자의 책무적 중요성을 고려하여 정치단
체 및 공직후보자에 의해 행해지는 정치활동을 국민의 부단한 감시 하에 두기 위하여 정치단체
의 신고, 정치단체에 관한 정치자금의 수지공개, 정치단체 및 공직후보자에 관한 정치자금의
수수규정 등의 조치를 강구하고 있다(제1조). 이로부터 이 법률은 정치단체의 신고, 회계장부의
구비와 기재의 의무, 정치단체의 수입·지출에 대한 보고의무, 회사·노동조합의 기부제한 등을
규정하고 있다.

(나) 정당자금의 공적 조성

   이러한 정치자금규정법의 운용 등을 통해서도 정치자금을 둘러싼 부패가 근본적으로 해결
되지 못하고, 그 대안으로서 정당에 대한 국고조성의 도입논의가 시작되었다. 이 정당조성법안
의 심의과정에서는 구조적인 정치와 돈에 얽힌 추문을 근본적으로 단절해야 한다는 의견(정치
부패방지론, 기업·단체헌금대체론),[63] 민주주의비용론,[64] 정당의 공적 성격론[65] 등이 도입의 중
요한 이유로 제기되었다. 여하튼 1994년 2월 4일에 정당조성법(政黨助成法)이 성립되고, 1995년
1월 1일부터 시행되고 있으며, 그 내용을 살펴보면 다음과 같다.

   정당조성법은 의회제민주주의에 있어서 정당의 중요성을 고려하여 국가가 정당에 대하여
정당교부금으로 조성하고, 이를 위하여 필요한 정당의 요건, 정당의 신고, 기타 정당교부금의
교부에 관한 절차를 규정함과 동시에, 그 용도의 보고와 기타 필요한 조치를 강구함으로써 정
당의 정치활동의 건전한 발달을 촉진하고, 그 공명과 공정을 확보함으로써 민주정치의 건전한

---

63) 岡澤憲芙, 政黨, 東京大學出版會, 1988, 206 이하; 加藤秀治郎, 西ドイツの比例代表制と公費補助, 選擧硏究
   第6号, 1991, 70-72 참조.
64) 加藤秀治郎, 政治改革と政黨への公費補助ー西ドイツを參考例に, 議會政治硏究 第15号, 1990, 11.
65) 小沢隆一·村田尚紀 編, 資料/選擧制度と政黨助成, 法律時報 第64巻 第2号, 1992, 130-131.

발전에 기여하는 것을 목적으로 하고 있다(제1조).

정당조성법 제2조는 정당조성의 수급자격으로서 정치단체(정치자금규정법 제3조 제1항에 규정하는 정치단체) 중에서 중의원의원 또는 참의원의원을 5인 이상 보유할 것, 또는 중의원의원 도는 참의원의원을 가지는 것으로서 동시에 직전의 총선거 또는 참의원선거에서 득표율이 2% 이상인 것 중 어느 하나에 해당되어야 한다고 규정하고 있다. 이러한 정의에 의하여 정당은 이하의 6가지 점으로 분류할 수 있다.[66] 즉, ① 국회의원 5인 이상으로 득표율 2% 이상인 것, ② 국회의원 5인 이상이지만, 득표율 2% 미만인 것, ③ 국회의원 1인 이상 5인 미만이지만, 득표율이 2% 이상인 것, ④ 국회의원 1인 이상 5인 미만으로서 득표율 2% 미만인 것, ⑤ 국회의원을 가지지 않지만, 득표율 2% 이상인 것, ⑥ 국회의원을 가지지 않고, 득표율 2% 미만인 것이다.

정당조성법 제3조는 국가가 정당에 지급하는 것을 정당교부금이라고 하고(제1항), 정당교부금의 배분기준은 의원수비율 및 득표수비율로 한다고 하고 있다(제2항). 그리고 배분의 내용은 지급되는 정당교부금의 총액(제7조 제1항)에 대하여 2분의 1을 의석수비율, 교부금의 나머지 2분의 1을 득표수비율로 하고 있다(제7조 제2항). 그리고 정당교부금은 국민으로부터 징수된 세금 등이므로 그 조직 및 운영이 민주적이고 공정한 것이어야 하며, 국민의 신뢰에 반하지 않도록 하기 위하여(제2항) 제4장 제14조에서 정당교부금의 용도의 보고를 규정하고 있다. 정당교부금에 의한 지출의 정의[67](제14조 제1항), 정당 및 정당지부의 회계장부의 기재 등(제15조, 제16조), 정당 및 정당지부의 보고서의 제출(제17조, 제18조), 감사의견서의 제출 등[68](제19조) 등을 의무화하고 있다. 이에 기초하여 각 정당은 정당교부금에 대하여 정당본부와 정당지부에 대하여 사용보고서의 제출이 의무화되어 있으며, 그 위반행위에는 벌칙이 적용된다(제9장 제43조).[69]

2. 비교법적 의의

이상과 같이 현대의 많은 국가의 헌법에서 정당조항을 규정하고 있으며, 정당은 헌법적 편입의 단계에 이르러 있다고 볼 수 있다. 다만, 전술한 바와 같이 독일기본법에 도입된 정당제도는 외견상 안정적으로 보이지만, 이에 대하여 전술한 1992년 4월 9일의 독일연방헌법재판소에

---

66) 上脇博之, 政黨助成法の合憲性の問題, 北九州大學法政論集 第24卷 第2·3併合号, 1996, 6.

67) 제14조 제1항은 정당의 지출(정치자금규정법 제14조 제5항에 규정하는 지출) 중 정당교부금을 충당 또는 정당기금(특정한 목적을 위하여 정당교부금의 일부를 적립한 적립금)을 헐어 충당하는 것(차입금의 변제 및 대부금의 대부를 제외)을 말하고, 지부정당교부금의 지급을 포함하며, 지부정당교부금에 의한 지출을 포함하지 않는 것으로 하고 있다.

68) 제19조에 의하면 정당의 보고서에는 감사를 해야 하는 자의 감사의견보고서, 공인회계사 또는 감사법인이 그 감사에 기초하여 작성한 감사의견보고서를 첨부하는 것으로 되어 있다. 또한 지부보고서에는 감사를 해야 하는 자의 감사의견보고서를 첨부하는 것으로 되어 있다.

69) 주된 내용으로는 회계책임자에 대한 보고서미제출에 대한 벌칙, 지부보고서를 제출하지 않은 자에 대한 벌칙, 감사의견서를 제출하지 않는 자에 대한 벌칙, 허위기재를 한 자에 대한 벌칙이다(제44조). 또한 정당에 대한 양벌규정 등(제48조 제1항)이 있다.

의한 정당법의 위헌판결[70]은 의문을 제기하고 있다. 이와 같이 독일에서는 1967년에 정당법이
제정된 후에도 정당조항 자체 혹은 정당법의 여러 조문들에 대하여 여러 차례 재검토가 행해졌
다. 이러한 상황으로부터 보면 독일의 경우 정당이 헌법에 편입되었지만, 현실적으로는 아직
제도적 불안정 또는 제도적 피로를 느끼고 있다는 것을 알 수 있다.

　　또한 프랑스 제5공화국헌법도 정당조항을 가지고 있으며, 제4공화국헌법보다 더욱 진전된
단계, 즉 헌법적 편입의 단계에 이르렀다고 할 수 있다. 그러나 헌법질서에 있어서 정당의 지위
는 실제로 제4공화국헌법이 제5공화국헌법보다 발전되어 있었다고 할 수 있다. 왜냐하면 제4공
화국에서는 국민의회의 선거제도에 정당본위의 명부투표제·비례대표제가 채용됨으로써 정당
에 큰 역할이 기대되었지만, 제5공화국헌법에서는 국민의회의 선거제도에 단기투표제가 채용
됨으로써 헌법에서 언급하고 있던 정당의 의회 내 세력이라고도 할 수 있는 의원그룹에 대한
특권적 역할이 자취를 감추었기 때문이다. 따라서 프랑스 제5공화국헌법 제4조는 외견상 트리
펠이 주장하는 정당에 대한 헌법적 태도의 역사적 흐름에 따라 진행되고 있는 것으로 보이지
만, 실제적 헌법질서로부터 보면 그 이론에 역행하고 있다고 할 수 있으며, 이 또한 프랑스의
특수성을 나타내고 있다.

　　미국과 일본은 헌법상 정당조항을 두고 있지 않은 것이 특색이며, 정당은 헌법상 결사의
자유보장에 의해 그 결성과 활동의 자유가 보장되고 있다.

　　따라서 이상에서 살펴본 각 국가의 헌법에 규정된 정당조항의 현실적 운용상황을 비교헌
법적 관점에서 보면 각국의 정당제도는 완전한 "헌법적 편입"의 단계에 진입하였다고 보기 어
렵다. 이와 같이 정당과 헌법의 관계에 있어서는 정당의 헌법적 편입만이 중요한 것이 아니라
정당에 대한 국가의 다양한 보호 및 규제에 관한 법제를 어떻게 운용할 것인가가 더욱 중요한
요소로 작용할 수 있다고 할 것이다.

Ⅳ. 다른 조문과의 체계적 관련

1. 결사의 자유(제21조)와의 관련

　　전술한 바와 같이 헌법 제8조의 정당조항은 일반 결사에 관한 헌법 제21조에 대한 특별법
적 규정을 의미한다. 헌법 제21조 제1항은 언론·출판·집회·결사의 자유를 보장하고, 제2항에
서는 집회·결사의 허가제 금지를 규정하고 있어서, 정당도 결사의 일종인 정치적 결사이므로
이 조항의 적용을 받을 수 있다. 즉, 정당에 대해서도 헌법 또는 정당법이 규정하고 있는 외에

---

70) Vgl. BVerfGE 85, 264ff. 이 판결에서는 정당의 자유 등에 대한 종래의 판례의 경고를 다시 확인하면서 점
　　차 증가하고 있는 현행의 국고보조제도의 운용에 심각한 위헌의 의문을 제기하고, 제도의 일부를 명확한
　　위헌으로 판단하여 정당법을 비롯한 정당국고보조관련법의 개정을 요구하였다. 박승호, "정당에 대한 국고
　　보조의 의의와 문제점," 심천 계희열박사 화갑기념논문집 간행위원회, 정당과 헌법질서, 214-238 참조.

는 일반결사에 관한 헌법 제21조가 적용된다고 할 수 있다.[71] 그러나 정당은 일반결사와는 달리 현대민주정치의 불가결의 요소로서 국민과 국가기관을 매개하는 공적 기능을 수행하고 있기 때문에 정당 활동에 대한 국가적 보호와 동시에 그 활동의 헌법적 한계를 명시하기 위하여 헌법 제8조의 적용을 받도록 하고 있다. 따라서 정당에 관하여는 일반결사에 관한 헌법 제21조에 앞서 헌법 제8조가 우선적으로 적용된다.

2. 위헌정당해산심판(제111조 제1항 제3호)과의 관련

헌법 제8조 제4항은 위헌정당해산제도를 규정하고, 헌법 제111조 제1항 제3호는 헌법재판소의 관장사항으로 위헌정당해산심판을 규정하고 있다. 이 위헌정당해산심판에 있어서는 제8조 제4항의 정당해산사유와 관련하여 다음과 같은 점들이 고려될 수 있다. 우선 정당의 조직이나 활동이 내부적으로 민주적이지 못할 경우 헌법 제8조 제4항의 민주적 기본질서에 위배된다고 하여 위헌정당으로 해산시킬 수 있는가가 문제로 된다. 헌법 제8조 제4항의 입헌취지는 헌법의 핵심적 질서인 자유민주적 기본질서에 어긋나는 활동을 하는 정당의 제재를 목적으로 하며, 정당의 내부적 민주화를 위한 요청으로 보기는 힘들 것이다. 따라서 헌법재판소에 의한 위헌정당해산심판은 방어적 민주주의를 위한 하나의 수단으로써 극단적인 경우에만 행사되어야 할 것이다. 독일의 연방헌법재판소도 추상적인 민주적 원칙에 어긋나는 내부질서만을 이유로 정당을 해산하는 것은 타당하지 못하며, 추가적으로 헌법을 위반하는 행위가 있어야 정당을 해산할 수 있다는 취지의 결정을 내린 바 있다.[72]

다음으로 헌법재판소의 해산결정으로 정당이 강제적으로 해산되는 경우 해산되는 정당의 소속의원이 의원직을 상실할 것인가가 문제로 된다. 전술한 바와 같이 위헌정당으로 해산되는 경우 소속의원의 자격여부에 대하여는 견해의 대립이 있다.[73] 생각건대 특정 정당의 목적이나 활동은 그 정당 구성원인 소속의원을 비롯한 당원들의 의사결정이나 활동과 불가분의 관계에 있는 것이므로 위헌적인 정당활동은 곧 그 정당소속 의원들의 위헌적 활동을 의미한다고 할 수 있을 것이다. 따라서 현대의 정당국가적 민주주의에 있어서 의원의 선출이 사실상 당적에 의해 좌우되는 현실에 비추어 위헌정당으로 해산되는 경우 소속의원의 자격도 상실하도록 하는 것이 타당하다고 본다.

3. 선거관리위원회의 사무(제114조 제1항)와의 관련

중앙선거관리위원회는 헌법 제114조의 규정에 의하여 선거와 국민투표의 공정한 관리 및

---

71) 김철수(주 12), 215.

72) BVerfGE 2, 14.

73) 예컨대 김문현, "정당국가현상과 대의제민주주의," 공법연구 제24집 제4호(1996), 122에서는 "국회에서의 의원의 활동에 관해서는 자유위임원리가 정당규정보다 우선적으로 적용된다 할 것이고, 위헌정당해산의 결정의 효과가 헌법에 특별한 규정이 없이 독자적 정당성을 가지고, 또한 자유위임관계에 있는 의원의 신분 상실까지 가져온다고 보기는 곤란하다"고 하고 있다.

정당에 관한 사무를 처리하기 위하여 설치된 국가기관으로 국회·정부·법원·헌법재판소와 병립하는 독립된 합의제 헌법기관이다. 전술한 바와 같이 헌법은 정당설립의 자유를 보장하고, 설립된 정당은 국가의 보호를 받지만, 정당의 조직과 활동이 민주적이어야 하며, 국민의 정치적 의사형성에 참여하는 데 필요한 조직을 갖출 것을 요구하고 있다. 이에 따라 선거관리위원회는 정당의 조직과 활동에 관하여 세부적 사항을 정한 정당법에 근거하여 정당의 설립·변경·활동·소멸에 관한 감독사무와 기타 지원업무를 담당하고 있다.[74] 이러한 업무를 수행하기 위하여 선거관리위원회는 감독상 필요한 경우 정당에 대하여 보고 또는 장부·서류 기타 자료의 제출을 요구할 수 있는 권한을 보유하고 있다. 이와 같이 헌법 제114조 제1항의 규정은 위와 같은 감독사무 등의 적정한 집행을 담보하고, 정당이 헌법과 정당법 등을 준수하도록 하여 건전한 정당정치의 발전을 도모하는 것으로서, 양 규정은 서로 모순·대립하는 관계가 아니라 보충적·보완적 관계에 있다고 하겠다.

V. 세부개념과 원리 등 실체적 내용에 대한 학설 및 판례

1. 정당의 헌법상의 지위와 법적 형태

가. 정당의 법적 개념에 관한 판례

헌법 제8조에 근거하여 정당법은 제2조에 정당의 개념을 정의하여 "이 법에서 정당이라 함은 국민의 이익을 위하여 책임 있는 정치적 주장이나 정책을 추진하고 공직선거의 후보자를 추천 또는 지지함으로써 국민의 정치적 의사형성에 참여함을 목적으로 하는 국민의 자발적 조직을 말한다"라고 규정하고 있다. 이러한 정당의 법적 개념에 관하여 헌법재판소 판례는 다음과 같은 7개의 개념징표의 요소로 정의하고 있다. 즉 정당의 법적 개념요소로는 "1) 국가와 자유민주주의 또는 헌법질서를 긍정할 것, 2) 공익의 실현에 노력할 것, 3) 선거에 참여할 것, 4) 정강이나 정책을 가질 것, 5) 국민의 정치적 의사형성에 참여할 것, 6) 계속적이고 공고한 조직을 구비할 것, 7) 구성원들이 당원이 될 수 있는 자격을 구비할 것"을 제시하고 있다.[75] 여기서 여섯 번째의 "계속적이고 공고한 조직을 구비할 것"을 정당의 필수적 개념요소로 보고 있는 것이 특징적이라고 할 수 있다. 그러나 정당의 필수적 개념요소가 확대되는 것은 그만큼 정당에 대한 법적 규제의 폭도 확대될 수 있는 문제가 있으므로 정당의 법적 개념은 헌법 제8조의 정당조항의 해석범위 안에서 이루어져야 할 것이다.[76]

---

74) 즉, 창당준비위원회의 설립신고 처리, 중앙당, 시·도당의 등록·변경등록·등록취소 등 정당의 생성과 변경 및 소멸에 관한 사무처리, 정당발전 지원업무가 바로 그것이다.
75) 헌재 2006. 3. 30. 2004헌마246, 18-1(상), 412.
76) 정만희, "정당법상 정당의 자유제한의 문제점," 동아법학 제54호(2012), 116.

나. 정당의 헌법상 지위에 관한 학설 및 판례

(1) 학   설

정당의 헌법상 지위에 관한 국내의 학설은 헌법에 정당조항을 신설한 제2공화국헌법시대부터 논의가 되기 시작하여 제3공화국헌법에 들어와서 매우 활발하게 정당조항의 해석과 함께 정당의 헌법상의 지위에 관한 학설이 대두되었다. 그 학설은 국가기관설, 사적 결사설(私的 結社說), 중개적 권력설(仲介的 權力說) 등으로 대별되는데, 오늘날에는 중개적 권력(체)설이 통설적 견해로 받아들여지고 있다.

제3공화국헌법상의 정당의 지위에 관하여는 국가기관설 내지 헌법기관설이 다수설의 입장이었다. 즉, 정당은 그 설립이 자유로운 결사이지만 그것이 국민의 정치적 의사형성에 참여하는 경우에는 헌법기관적 기능을 수행하기 때문에 헌법상의 기관으로 볼 수 있다는 것이다.[77] 그러나 오늘날 국가기관설 내지 헌법기관설을 취하는 입장은 거의 없다. 사적 결사설은 정당이 국민의 정치적 의사형성에 참여한다는 헌법적 과제를 부여받고 있지만, 정당은 국민의 자발적 조직으로서 결코 국가기관이 될 수 없으며 여전히 자유로운 사회적 성격을 가진 사적 결사라는 것이다. 정당의 헌법상 지위에 관한 논의에서 사적 결사설의 주장은 독일에서 일부 학자들의 견해이며,[78] 국내에서 이를 주장하는 학자는 거의 찾아보기 어렵다.[79]

(가) 헌법기관설

제3공화국헌법상의 정당의 지위에 관하여 헌법기관설을 주장한 문홍주 교수에 의하면 정당이 헌법에 편입됨으로써 단순한 정치적 사적 결사로부터 헌법기관의 지위에 오르게 되었으며 헌법기관으로서의 기능을 수행하고 있다고 본다. 즉, "비록 정당의 설립은 자유이나 설립된 정당이 담당하는 기능은 자유로운 것이 아니라 중요한 국가작용의 일부를 담당하게 되어 있고 정당에서 입후보자의 추천이 없으면 민주정치를 운영하는데 있어서 중요한 기반이 되는 선거 자체를 못하게 된다. 이러한 정당의 기능으로 보아, 그것이 단순한 자유로운 한갓 정치적 결사에 그치는 것이 아니라 헌법이 부여한 일정한 일을 담당해야 할 헌법상의 기관이라고 볼 수 있다"는 것이다.[80]

또한 윤세창 교수는 "정당은 본래 국민의 개인적이고 산발적인 여론을 정치에 반영할 수 있도록 조직화하는 정치적 결사라고 볼 수 있는 것인데, 헌법은 그 기능과 활동의 한계를 규정함으로서 정당을 하나의 헌법상의 국가기관으로 삼고 있는 것이다. 즉, 개정헌법상의 정당은

---

77) 당시 헌법기관설을 주장한 문홍주 교수는 "비록 정당의 설립은 자유이나 설립된 정당이 담당하는 기능은 자유로운 것이 아니라 중요한 국가작용의 일부를 담당하게 되어 있고, 정당에서 입후보자의 추천이 없으면 민주정치를 운영하는데 있어서 중요한 기반이 되는 선거 자체를 못하게 된다. 이러한 정당의 기능으로 보아 그것이 단순한 자유로운 한갓 정치적 결사에 그치는 것이 아니라 헌법이 부여한 일정한 일을 담당해야 할 헌법상의 기관이라고 볼 수 있다"고 기술하고 있다. 문홍주(주 17), 332.

78) 독일에서의 사적 결사설에 관한 것은 계희열 역, 독일헌법원론, 박영사, 2001, 266.

79) 사적 결사설을 주장한 유일한 학자는 박일경 교수를 들 수 있다. 박일경, 제5공화국헌법, 일명사, 1980, 98.

80) 문홍주(주 17), 332.

사회생활에서 흔히 볼 수 있는 결사의 지위를 지양하여 국가기관으로서의 지위로 등장시킨 것
이다”라고 하여 제3공화국헌법상의 정당의 지위에 관하여 국가기관의 성격을 인정하였다.[81]

(나) 사적 결사설

제4공화국헌법에서 정당조항이 변경되자 국가기관설은 그 자취를 감추게 되고 사적 결사
설(私的 結社說)과 중개적 권력설이 대두되게 되었다. 사적 결사설은 정당이 정치적 의사의 형
성에 협조함으로써 정당의 공적 기능의 행사를 인정하지만, 그 본질은 국가조직외의 자유로운
구성인 동시에 자유로운 사회적 결사임을 결코 부정할 수 없다는 입장이다. 박일경 교수는 정
당의 헌법적 성격을 정함에 있어서 정당의 기능이 문제되는 것이 아니고 정당이라는 조직 그
자체의 성격이 문제되어야 한다고 하고 정당을 “사법상의 결사 내지 법인격 없는 사단(社團)”이
라고 보고 있다.[82]

(다) 중개적 권력설

제4공화국헌법 이래 현행헌법에 이르기까지 정당의 헌법상 지위에 관한 통설적 입장은 중
개적 권력설(仲介的 權力說)이라고 할 수 있다. 원로학자 한태연 교수는 “정당은 국가기관 밖에
서 자유로이 설립되는 정치적 결사에 불과한 까닭에 비록 그것이 헌법의 운용과정에 있어서의
핵심적 요소를 의미한다고 할지라도 그것은 결국 유권자와 정치적 의사형성을 직접적으로 담
당하는 국가기관과의 사이에 개재하는 중개적 권력을 의미하고 있는 데 불과하다”고 하여 중개
적 권력설을 주장하고 있다.[83]

김철수 교수는 “정당은 다만 국민의 정치적 의사형성에 참여할 뿐이요, 어디까지나 국민과
그 대표기관인 국회와를 중개하는 중개기관 내지는 중간정류장에 불과한 것이기 때문에 이를
국가기관이라고 하기는 어렵다 … 또한 정당이 헌법생활에 참여하면서도 정당의 순수한 사회적
성격에 변경이 없다는 사적 결사설은 타당성을 가지기 어렵다 … 우리 헌법에서 정당의 설립의
자유가 보장되고 복수정당제가 보장되며 국가의 존립이 보장되는 동시에 당운영비의 국고보조
등 국가의 보호를 받는다고 규정된 점에서 정당의 헌법상의 지위는 국민의 정치적 의사를 중개
하는 헌법적 기능을 가진 정당제도가 헌법상 보장되는 제도보장이라고 하겠다”고 하여 중개적
권력설과 맥락을 같이하는 제도보장설을 취하고 있다.[84]

권영성 교수도 정당의 헌법상 지위는 오늘날 정당이 수행하는 헌법상의 기능 내지 그 정
치적 역할에 비추어 볼 때 국민의 의사와 국가의사를 연결하는 ‘매개체’로서의 지위를 가진다
고 본다. 그 논거로는 정당은 직접 헌법규정에 따라 결성된 것이 아니고 시민의 자발적 조직체
일 뿐이며, 정당의 의사가 곧 국가의사가 되는 것도 아니기 때문에 헌법기관이라 할 수 없으며,

---

81) 윤세창, “개정헌법상의 정당조항,” 사법행정 제4권 제7호(1963), 17-18.
82) 박일경(주 79), 98.
83) 한태연(주 7), 229.
84) 김철수(주 12), 213-214.

정당은 국민의 다양한 정치적 의사를 자체 내에 수렴하여 정책을 제시하거나 국정운영을 감시 비판하는 기능을 수행하므로 국민의 의사와 국가의사를 매개하는 일종의 매개체라 할 수 있다는 것이다.[85]

생각건대 오늘날의 정당국가적 민주주의에 있어서 정당이 수행하는 헌법상의 기능의 중요성에 비추어 볼 때 정당은 국민과 국가기관 사이의 중개체의 지위를 가지는 것으로서 일반의 사적 결사와도 구별되고 국가기관으로도 볼 수 없는 특수한 정치적 결사라고 할 수 있다. 이 점에서 중개적 권력체설이 타당하다고 할 것이다.[86]

(2) 판   례

정당의 헌법상 지위에 관한 헌법재판소의 판례는 중개적 권력설에 입각하고 있는 것으로 보인다. 1991년의 헌법재판소 판례에 의하면 "정당은 자발적 조직이기는 하지만 다른 집단과는 달리 그 자유로운 지도력을 통하여 무정형적이고 무질서적인 개개인의 정치적 의사를 집약하여 정리하고 구체적인 진로와 방향을 제시하며 국정을 책임지는 공권력으로까지 매개하는 중요한 공적 기능을 수행하기 때문에 헌법은 정당의 기능에 상응하는 지위와 권한을 보장함과 동시에 그 헌법질서를 존중해 줄 것을 요구하고 있는 것이다"라고 판시하고 있다.[87] 이러한 헌법재판소의 입장은 정당을 국민과 국가기관 사이의 중개적 권력으로 보는 것이라 할 수 있다.

그 후 1996년의 판례에서도 중개적 권력설의 입장에서 "정치적 결사로서의 정당은 국민의 정치적 의사를 적극적으로 형성하고 각계 각층의 이익을 대변하며, 정부를 비판하고 정책적 대안을 제시할 뿐만 아니라, 국민 일반이 정치나 국가작용에 영향력을 행사하는 매개체의 역할을 수행하는 등 현대의 대의제 민주주의에 없어서는 안 될 중요한 공적 기능을 수행하고 있다"고 판시하고 있다.[88]

최근의 헌법재판소 판례도 일관되게 중개적 권력설에 입각하여 "정당은 국민과 국가의 중개자로서 정치적 도관(導管)의 기능을 수행하여 주체적 능동적으로 국민의 다원적 정치의사를 유도 통합함으로서 국가정책의 결정에 직접 영향을 미칠 수 있는 규모의 정치적 의사를 형성하고 있다"고 판시하고 있다.[89]

다. 정당의 법적 형태에 관한 학설 및 판례

(1) 학   설

정당의 법적 형태 내지 성격에 관하여는 법인격 없는 사법상의 사단(社團)의 일종으로 보는 입장이 통설적 견해이나, 헌법제도와 사적 결사의 혼성체로 보는 입장도 있다.

---

85) 권영성(주 10), 195.
86) 중개적 권력설의 입장을 취하는 견해로는 계희열(주 8), 270; 성낙인, 헌법학, 법문사, 141; 김학성, 헌법학원론, 박영사, 2011, 148.
87) 헌재 1991. 3. 11. 91헌마21, 3, 91.
88) 헌재 1996. 3. 28. 96헌마18 등(병합), 8-1, 37.
89) 헌재 2003. 10. 30. 2002헌라1, 15-2(하), 17(32); 헌재 2004. 3. 25. 2001헌마710, 16-1, 422(434).

정당의 법적 형태의 문제는 정당의 본질에 관련된 문제일 뿐 아니라 현실적으로 정당 간에 분쟁이 발생한 경우 또는 정당내부에서 분쟁이 발생한 경우에 그 분쟁을 공법적 절차에 의해 해결할 것인가 사법적 절차에 따라 해결할 것인가의 문제와도 관련이 있다.

(가) 법인격 없는 민법상의 사단설

이 견해에 의하면 우리의 정당법은 정당에게 법인격을 부여하지 않고 있으므로 정당의 법적 형태와 성격을 형식적 차원에서 보면 민법상의 법인격 없는 사단이라고 보는 것이다. 즉, 정당은 국민의 정치적 의사형성에 참여함을 목적으로 하는 정치적 결사이기 때문에 헌법과 정당법 등에 의하여 특수한 지위와 기능이 부여되어 있을 뿐, 그 법적 형태는 당원들에 의하여 자발적으로 구성된 단체로서 법인격 없는 사법상의 사단의 일종으로 보는 것이다.[90]

(나) 혼성체(混成體)의 결사설

정당을 혼성체의 결사로 보는 입장은 정당이 국민의 자유로운 결사로서의 본질을 가지나 다른 사적 결사와는 달리 그 존립이 헌법에 의하여 보장되고 국가의 특별한 보호를 받고 있으며 공적 임무를 다하고 있기 때문에 헌법제도와 사적 결사의 혼성체로 보는 것이다.[91] 정당은 법인격 없는 사단의 형태를 취하지만 정당은 헌법상 특별한 보호를 받으며 헌법상의 특별한 의무를 지는 점에서 다른 통상적인 사법상의 단체와는 다른 성격을 가지며 그렇다고 국가기관이라고는 할 수 없는 중간적 성격의 조직이라고 할 수 있다.[92]

생각건대 정당의 법적 형태를 단지 사법상의 결사 또는 사단으로 보아 정당내부의 분쟁에 대하여 일반의 민사사건과 마찬가지로 법원의 사법심사의 대상이 된다고 보는 것은 문제가 있다고 하겠다.[93] 정당은 본래 사적 결사로서 조직된 정치적 결사이지만, 정당활동의 공적 성격에 의하여 정당은 헌법규범의 적용을 받고 있다. 정당은 그 구성, 내부조직, 활동 등에 있어서 공법적 규제를 받고 있으며 당의 운영에 필요한 자금을 국가로부터 보조받고 있다. 이렇게 볼 때 정당은 완전한 사적 결사도 아니고 또한 완전한 공적 기관도 아닌 양자의 성격을 동시에 가진 '혼성태의 결사'(hybrid-type association)라고 할 수 있다.[94]

그러므로 정당의 내부문제에 관한 법적 분쟁에 대하여는 정당을 사법상의 사단으로 보아 그 정당내부의 분쟁을 일률적으로 일반의 민사사건으로 해결하는 것은 문제가 있다고 본다. 앞에서 기술한 헌법재판소의 판례와 같이 정당 소유재산의 귀속관계 등과 같은 분쟁에 대하여는 정당을 민법상의 사단으로 보는 것이 타당하다고 하겠으나, 정당의 지도부의 구성이나 대의원의 선출 등과 같은 정치적 성격의 정당내부 의사결정문제에 관하여는 일반의 민사사건과 구별하여 법원이 개입하지 않는 것이 타당하다고 하겠다.

---

90) 권영성(주 10), 196.
91) 김철수(주 12), 214-15.
92) 양건, 헌법강의, 법문사, 2011, 159-160.
93) 이 점에 관하여는 양건, "정당내부의 분쟁과 사법심사의 한계," 공법연구 제8집(1980), 111 이하.
94) 정만희, 헌법과 통치구조, 법문사, 2003, 494.

(2) 판 례

(가) 헌법재판소의 판례

헌법재판소는 정당의 법적 형태에 관하여 '법인격 없는 사단'으로 보고 있다. 즉, "정당의 법적 지위는 적어도 그 소유재산의 귀속관계에 있어서는 법인격 없는 사단으로 보아야 하고, 중앙당과 지구당과의 복합적 구조에 비추어 정당의 지구당은 단순한 중앙당의 하부조직이 아니라 어느 정도의 독자성을 가진 단체로서 역시 법인격 없는 사단에 해당한다고 보아야 할 것이다"라고 판시하고 있다.[95]

(나) 법원의 판례

1979년의 '신민당총재단직무정지가처분신청사건'에 관한 서울 민사지방법원의 판결에서 "정당이란 그 목적이 국민의 정치적 의사형성에 참여하는 데 있는 정치적 단체란 점에서 헌법과 정당법 등에 의하여 특별한 지위가 보장되어 있을 뿐이고, 그 단체로서의 본질은 당원에 의하여 구성된 통일적 결합체, 즉 사법상의 사단이라 할 것이다"라고 판시하면서, "정당내의 내부적 의사결정과정에 다툼이 있는 경우 정당의 특수성과 자율성을 강조하여 독일정당법에서처럼 별도의 중재재판제도를 두고 있지 아니하고, 우리 헌법이 정당해산에 관하여만 헌법위원회의 권한에 두고 있는 우리 법제하에서는 통상의 민사사건과 마찬가지로 법원의 사법심사의 대상이 된다"고 하였다.[96]

그러나 그 후 1987년 서울민사지방법원의 판례는 정치활동을 목적으로 하는 정치단체로서의 정당의 자율성을 근거로 하여 정당내부의 분쟁에 대하여 사법심사의 대상이 되지 않는다고 판시한 바 있다.[97]

2. 정당설립의 자유와 복수정당제의 보장(제 8 조 제 1 항)

가. 정당설립의 자유

헌법 제8조 제1항은 정당설립의 자유와 복수정당제를 보장하고 있다. 현대적 정당국가적 민주주의에 있어서는 정당의 존재가 필수적으로 전제되어야 하므로 헌법은 정당설립의 자유를 보장하고 있는 것이다. 정당은 민주정치의 불가결의 요소인 국민의 자유롭고 공개된 정치적 의사형성을 가능하게 하는 것이므로 국가로부터 자유로운 지위에 서 있지 않으면 안 된다. 따라서 정당설립의 자유는 정당의 설립에 있어서 국가로부터의 자유를 의미하며 여기에서 정당조직의 국가화와 관제화가 금지된다. 그러므로 정당의 설립에는 사전에 국가권력에 의해 제한을 받을 수 없으며 정당설립의 허가제는 위헌을 면할 수 없다.[98]

---

95) 헌재 1993. 7. 29. 92헌마262, 5-2, 211.
96) 1979. 9. 8. 서울민지 합의 제19부 79카21709.
97) 1987. 7. 30. 서울민지 제16부 87카30864.
98) 김철수(주 12), 217.

또한 헌법 제8조 제1항이 명시하고 있는 "정당의 설립은 자유이며 …"라는 규정은 "정당설립의 자유"뿐만 아니라 설립될 정당의 조직형태를 선택할 "정당조직선택의 자유"와 그와 같이 선택된 조직을 결성할 "정당조직의 자유" 및 "정당활동의 자유"를 포함하는 정당의 자유를 정하고 있다고 할 수 있다.[99] 헌법재판소도 "헌법 제8조 제1항은 정당설립의 자유, 정당조직의 자유, 정당활동의 자유 등을 포괄하는 정당의 자유를 보장하고 있으며, 이러한 정당의 자유는 국민이 개인적으로 갖는 기본권일 뿐만 아니라, 단체로서의 정당이 가지는 기본권이기도 하다"고 판시하고 있다.[100]

그러나 한편 정당의 설립에 있어서 군소정당의 난립으로 건전한 의회정치를 저해할 수 있는 요인을 방지하기 위하여 그 설립에 일정한 요건을 요구하고, 또한 질서유지를 위한 최소한의 필요에 의해 정당의 등록제를 채택하는 것은 정당설립의 자유와 양립될 수 없는 것은 아니라고 보는 것이 통설이다. 즉, 헌법상 정당은 자유롭게 설립되지만 동시에 정당은 "국민의 정치적 의사형성에 참여하는 데 필요한 조직을 가져야 한다"고 규정(제8조 제2항)하고 있으며, 여기의 국민의 정치적 의사형성에 필요한 조직이 무엇인가를 구체화하는 것은 정당법에 의하여 그 최소한의 조직기준을 규정하게 되고, 자유롭게 설립되는 정당이 그 조직기준을 충족하고 있는지를 확인하는 절차가 등록이라 할 수 있으므로 이러한 "확인적 성격"의 등록은 정당설립의 자유를 침해하는 것이라 할 수 없다. 그렇지만 정당법에 의한 정당의 조직기준이 지나치게 엄격하게 되면 이는 실질적으로 정당설립의 자유를 침해하게 되는 문제가 있게 되므로 그에 관한 입법에 있어서는 신중을 기해야 함은 물론이다.[101]

나. 복수정당제의 보장

복수정당제의 보장은 정당설립의 자유 보장의 당연한 논리적 귀결이다. 정당설립의 자유는 필연적으로 다원적 정당제를 보장하는 것을 의미한다. 따라서 법률로써 강제하든 사실상으로 강제하든 일당제는 헌법에 위반하게 된다. 복수정당제의 보장은 공산주의국가에서의 공산당 일당독재를 헌법상 보장하는 것과는 대조적인 것으로서 이는 자유민주적 기본질서의 본질적 구성요소를 의미한다. 복수정당제는 양당제만을 뜻하는 것이 아니라 다원적 정당제를 의미하는 것이므로 법률로써 양당제만을 존립하게 하는 것은 허용될 수 없다.[102]

복수정당제의 헌법적 보장은 일당독재를 부정하는 것뿐만 아니라 상이한 사회적 조건과 정치적 견해를 가진 여러 정당의 존재를 인정함으로써 다원적 정당국가의 성립을 가능하게 하려는 것을 의미하므로 여당과 야당, 대정당과 소정당을 막론하고 모든 정당에게 평등한 보호와 기회균등이 보장되어야 한다. 이는 헌법이 정당제 민주정치에 있어서 야당의 존재를 필수조건

---

99) 정종섭, 헌법학원론(제8판), 박영사, 2013, 145.
100) 헌재 2004. 12. 16. 2004헌마456, 16-2(하), 618(625).
101) 정당법상 정당의 등록 및 등록취소제도에 관한 문제점은 이종수, "선거과정의 민주화와 정당," 헌법학연구 제8권 제2호(2002), 88-92.
102) 정만희(주 5), 82.

으로 해야 하고 야당을 보호해야 한다는 의미를 내포하고 있다. 말하자면 조직화된 반대의사의 존재는 민주주의의 본질적 특징이며 이러한 반대의사의 효과적인 조직은 야당 없이는 불가능한 것이므로 야당의 존재와 정치적 이견의 존중은 복수정당제 보장의 전제가 되는 것으로서 중요한 의미를 가진다고 할 수 있다.

다. 정당설립의 자유에 관한 학설과 판례

(1) 정당의 등록제에 관한 학설과 판례

(가) 학   설

헌법 제8조 제1항에 따라 정당은 그 설립의 자유와 복수정당제가 보장되어 있으므로 정당의 설립에 대하여 사전적 허가제 등의 제한을 가할 수 없으나, 정당은 선거에의 참여를 통해 국민의 정치적 의사형성에 참여하는 공적 기능을 수행하는 것이므로 그 조직과 설립에 일정한 규모의 요건을 갖출 것을 요구하는 정당의 '등록제'를 채택하고 있다. 즉 정당이 국민의 폭넓은 지지를 얻으면서 정치적 의사형성에 참여하기 위해서는 지속적이고 공고한 조직, 특정 지역에 편중된 조직이 아닌 전국적으로 분산된 조직을 필요로 하기 때문에 그러한 조직의 최소한을 확보하기 위한 정당의 등록제는 정당의 자유에 대한 합리적 제한으로서 정당화될 수 있다고 보는 것이 학계의 통설이라 할 수 있다.

이러한 정당의 등록제에 대해 일부 소수 견해는 정당의 등록은 헌법적 의미의 정당의 개념요소가 아니기 때문에 등록을 정당성립요건으로 하는 것과 정당법이 헌법이 요구하는 것 이상의 수량화된 조직요건만을 요구함으로써 신생정당의 진입을 어렵게 만든 것은 정당설립의 자유를 침해하는 것으로 위헌이라는 보는 입장이 있다.[103] 또 다른 견해는 정당등록요건을 갖추지 못한 정당은 정치과정에 전혀 참여하지 못하게 됨에 따라 정당설립의 자유를 심하게 제한받게 되고 전국규모의 조직화되지 못한 소수자의 정치활동에 대한 지나친 규제가 될 것이므로 정당의 등록은 정당에 대한 국고보조 등과 관련된 일정한 법률상의 혜택을 받기 위한 조건으로 이해되어야 하며 정당의 정치활동 자체가 가능하기 위한 요건으로 인정되어서는 안 된다는 견해도 있다.[104]

그 밖의 정당의 등록제에 대한 부정적 입장으로는 현행 정당법상의 일정한 규모의 확보를 요건으로 하는 정당등록제도도 사실상 '허가제'와 다를 바 없으며 그 자체 정당설립의 자유를 과잉적으로 침해하는 위헌인 규정이라는 견해가 있다.[105] 말하자면 정당이 선거에 참여하여 국민의 폭넓은 지지를 얻어 선거에서 승리하고 궁극적으로 정권획득을 도모하기 위해서는 일정한 규모를 갖추어야 하겠지만 이는 철저히 당해 정당 내부의 문제이며, 군소정당의 후보난립을 방지하고 의회의 안정적 다수세력형성을 위해서는 기탁금제도와 비례대표의석배분과정에서

103) 정태호, "정당설립의 자유와 현행정당등록제의 위헌성에 대한 관견," 인권과 정의(2005. 3), 97 이하.
104) 장영수, 헌법학, 홍문사, 2007, 269-270.
105) 이종수, "최근 판례들에 나타난 헌법재판소의 정당관," 헌법판례연구 [8], 2006, 169.

의 저지조항 등이 마련되어 있기 때문에 이와는 별도로 정당에 대해서 처음부터 일정한 조직규모를 요건으로 사전적으로 정당설립을 통제하는 것은 정당설립의 자유 자체를 지나치게 제한하는 것이라고 한다.[106)]

(나) 판   례

헌법재판소는 정당법상 정당의 등록요건에 관한 제한규정이 정당설립의 자유를 침해하는 것인가의 여부에 대하여 입법목적의 정당성과 목적과 수단간의 비례성을 인정하여 헌법위반이 아니라고 다음과 같이 판시하고 있다. "정당에게 5 이상의 시·도당을 요구한 제25조의 규정은 특정 지역에 지역적 연고를 두고 설립·활동하려는 이른바 '지역정당'을 배제하려는 취지로 볼 수 있고, 각 시·도당에게 1천인 이상의 당원을 요구한 제27조의 규정은 아직 당원을 충분히 확보하지 못하여 일정규모 이상 국민의 지지를 받지 못하거나 이익을 대변하지 못한다고 판단되는 이른바 '군소정당'을 배제하려는 취지로 볼 수 있다. 우선 우리 헌법의 대의민주적 기본질서가 제기능을 수행하기 위해서는 의회 내의 안정된 다수세력의 확보를 필요로 한다는 점에서, 군소정당의 배제는 그 목적의 정당성이 인정될 수 있으며, 다만 지역정당의 배제가 정당한 목적으로 인정될 수 있는가에 대해서는 이론이 제기될 수 있으나, 지역적 연고에 지나치게 의존하는 정당정치풍토가 우리의 정치현실에서 자주 문제시되고 있다는 점에서 볼 때, 단지 특정지역의 정치적 의사만을 반영하려는 지역정당을 배제하려는 취지가 헌법적 정당성에 어긋난 입법목적이라고 단정하기는 어렵다."[107)] 헌법재판소는 이 법률조항의 입법목적은 이른바 지역정당과 군소정당을 배제하려는 것으로 정당하다고 판단한 것이다.

입법목적과 수단의 비례성에 관하여 헌법재판소는 이 법률조항은 '지역정당' 및 '군소정당'을 배제하려는 취지이며, 이와 같은 규정내용은 특정 지역에만 조직이 형성되는 것을 막고, 5개 이상의 시·도에 각 조직이 구성되고 그 조직 내에 일정 수 이상의 당원이 활동할 것을 요구함으로써 선거단체 및 소규모 지역정치단체들이 무분별하게 정당에 편입되는 것을 억제하기에 적합한 수단이라고 판시하고 있다. 한편 이 사건 법률조항은 헌법 제8조 제2항이 규정하고 있는바 "국민의 정치적 의사형성에 참여하는데 필요한 조직" 요건을 구체화함에 있어서 5개 이상의 시·도당 및 각 시·도당마다 1,000명 이상의 당원을 갖추도록 규정하고 있는바, 이와 같이 전국 정당으로서의 기능 및 위상을 충실히 하기 위해서 5개의 시·도당을 구성하는 것이 필요하다고 본 입법자의 판단이 자의적이라고 볼 수 없고, 각 시·도당 내에 1,000명 이상의 당원을 요구하는 것도 우리 나라 전체 및 각 시·도의 인구를 고려해 볼 때, 청구인과 같은 군소정당 또는 신생정당이라 하더라도 과도한 부담이라고 할 수 없다는 것이다. 따라서 이 사건 법률조항이 비록 정당으로 등록되기에 필요한 요건으로서 5개 이상의 시·도당 및 각 시·도당마다 1,000명 이상의 당원을 갖출 것을 요구하고 있기 때문에 국민의 정당설립의 자유에 어느 정도

---

106) 이종수(주 105), 169.

107) 헌재 2006. 3. 30. 2004헌마246, 18-1(상), 414.

제한을 가하는 점이 있는 것은 사실이나, 이러한 제한은 "상당한 기간 또는 계속해서," "상당한 지역에서" 국민의 정치적 의사형성 과정에 참여해야 한다는 정당의 개념표지를 구현하기 위한 합리적인 제한이라고 할 것이므로, 그러한 제한은 헌법적으로 정당화된다고 판시하고 있다.[108]

(2) 지구당폐지의 위헌여부

(가) 학   설

2004년 정치개혁입법의 일환으로 정당법을 개정하여 지구당을 폐지하게 되었는데, 지구당 폐지의 배경은 무엇보다 지구당 운영으로 인한 고비용을 줄이고 지구당위원장의 지구당운영의 사당화경향을 타파하여 유권자의 참여를 증대시키고 지방정당조직의 사적 요소를 제거하여 정당을 공적 조직으로 만들려는 것이었다고 할 수 있다.[109]

그러나 이러한 법률에 의한 지구당조직의 강제적 폐지는 정당조직의 자유를 침해하는 것이 아닌가의 문제가 제기될 수 있으며, 학계에서는 지구당폐지의 위헌성을 주장하는 견해도 있다. 생각건대 정당이 국민의 정치적 의사형성에 참여하는 헌법적 기능을 수행하기 위해서는 정당의 조직이 기본적으로 전국적인 조직을 갖춰야 하며, 당원과 국민의 정치적 의사를 '밑에서부터 위로 향하여' 형성할 수 있는 상향적 조직을 가져야 한다. 즉, 국민의 정치적 의사형성에 참여하는 민주적 정당의 조직은 상향식의 의사형성을 가능하게 하는 '지역단위의 상향식 조직'이어야 한다. 그러나 종래의 지구당이 폐지된 상황에서 중앙당과 시·도당의 조직만으로 상향식의 정치적 의사형성을 기대하기 어렵다는 견해는 타당하다고 할 수 있다.[110] 지구당운영의 현실적 폐해가 아무리 크다고 해서 지구당조직을 전면적으로 폐지하는 법적 강제는 정당설립의 자유, 정당의 조직형태를 선택할 자유를 침해하게 되는 문제가 있다.

헌법 제8조 제1항이 명시하는 정당설립의 자유는 설립할 정당의 조직형태를 어떠한 내용으로 할 것인가에 관한 정당조직 선택의 자유 및 그와 같이 선택된 조직을 결성할 자유를 포괄하는 '정당조직의 자유'를 포함한다. 따라서 정당법에 의한 지구당의 폐지의 강제는 헌법상 보장된 정당의 설립과 조직 및 활동의 자유를 침해하는 것이 아닌가의 의문이 제기될 수밖에 없다. 지구당폐지의 목적이 아무리 고비용 저효율의 정당구조를 개선하는 데에 있다고 하더라도 정당의 본질로서 국민의 자유로운 자발적 결사를 의미하는 정당의 조직과 활동의 자유를 최대한 보장하기 위해서는 정당의 조직형태에 국가가 관여하는 것은 가급적 배제되어야 한다. 정당조직의 최소단위로서 지구당의 존치여부는 정당의 자율에 맡기는 것이 타당하며 법률로써 지구당설치를 금지하는 것은 정당의 자유보장에 관한 헌법정신에 위배된다고 할 수 있다.[111]

---

108) 헌재 2006. 3. 30. 2004헌마246, 18-1(상), 414-415.
109) 김용호, "최근 한국정당의 개혁조치에 대한 평가," 한국정당학회보 제7권 제1호(2008), 198.
110) 계희열(주 8), 271.
111) 정만희(주 76), 130-132.

(나) 판   례

한편 헌법재판소의 판례는 정당법상 지구당폐지에 관한 법률조항에 대하여 그것이 정당의 조직과 활동의 자유를 제한하는 것이라고 하더라도 그 자유를 본질적으로 침해하는 것은 아니며 과잉금지의 원칙에도 위배되는 것이 아니라고 판시하고 있다. 헌법재판소는 2004. 12. 16. 2004헌마426 사건에서 이 사건 법률조항들은 정당의 조직 중 기존의 지구당과 당연락소를 강제적으로 폐지하고 이후 지구당을 설립하거나 당연락소를 설치하는 것을 금지하고 있으므로 정당조직의 자유와 정당활동의 자유를 포함한 정당의 자유를 제한한다고 한다. 그러나 이 사건 법률조항들이 정당으로 하여금 그 핵심적인 기능과 임무를 전혀 수행하지 못하도록 하거나 이를 수행하더라도 전혀 비민주적인 과정을 통할 수밖에 없도록 하는 것이라면 정당의 자유의 본질적 내용을 침해하는 것이 되지만, 지구당이나 당연락소(이하 '지구당'이라고만 한다)가 없더라도 이러한 기능과 임무를 수행하는 것이 불가능하지 아니하고 특히 교통, 통신, 대중매체가 발달한 오늘날 지구당의 통로로서의 의미가 상당부분 완화되었기 때문에, 본질적 내용을 침해한다고 할 수 없다고 판시하였다.112)

그리고 과잉금지원칙의 위배여부에 관하여 헌법재판소는 "첫째, 이 사건 법률조항들의 입법목적인 '고비용 저효율의 정당구조를 개선함'은 그 정당성을 인정할 수 있고, 둘째, 지구당 폐지는 위 입법목적을 달성하는데 효과적이고 적절한 수단일 뿐만 아니라, 지구당을 강화할 것인가 여부에 관한 선택은 헌법의 테두리를 벗어나지 않는 한 입법자가 합목적적으로 판단할 당·부당의 문제에 그치고 합헌·위헌의 문제로까지 되는 것은 아니어서 지구당을 폐지한 것에 수단의 적정성이 있는가 하는 것은 상대적으로 완화된 심사기준에 의하여 판단하여야 하므로, 수단의 적정성을 인정할 수 있으며, 셋째, 지구당을 폐지하지 않고서는 문제점들을 해결할 수 없다는 한국정당정치의 현실에 대한 입법자의 진단이 타당할 뿐만 아니라 이 사건 법률조항들하에서도 정당활동을 할 수 있는 길이 있으므로 침해의 최소성을 인정할 수 있고, 넷째, 이 사건 법률조항들이 달성하려는 공익과 이로 인하여 침해되는 사익 사이에 현저한 불균형이 있다고 보기 어려워 법익의 균형성을 인정할 수 있으므로, 비례원칙에 반하지 아니한다"고 판시하였다.113)

라. 당원의 자격문제에 관한 판례

당원의 자격제한과 관련하여 헌법재판소는 초·중등학교 교원의 정당가입금지에 대하여 합헌이라고 결정하였다. 헌법재판소 판례에 의하면 "초중등학교 교원의 정당가입 및 선거운동의 자유를 금지함으로써 정치적 기본권을 제한하는 측면이 있는 것은 사실이나, 공무원의 정치적 중립성 등을 규정한 헌법 제7조 제1항·제2항 교육의 정치적 중립성을 규정한 헌법 제31조 제4항의 규정취지에 비추어 보면, 감수성과 모방성 그리고 수용성이 왕성한 초·중

---

112) 헌재 2004. 12. 16. 2004헌마426, 16-2(하), 618,
113) 헌재 2004. 12. 16. 2004헌마426, 16-2(하), 618(627-630).

등학교 학생들에게 교원이 미치는 영향은 매우 크고, 교원의 활동은 근무시간 내외를 불문하고 학생들의 인격 및 기본생활습관 형성 등에 중요한 영향을 끼치는 잠재적 교육과정의 일부분인 점을 고려하고, 교원의 정치활동은 교육수혜자인 학생의 입장에서는 수업권의 침해로 받아들여질 수 있다는 점에서 현 시점에서는 국민의 교육기본권을 더욱 보장함으로써 얻을 수 있는 공익을 우선시해야 할 것이라는 점 등을 종합적으로 감안할 때, 초중등학교 교육공무원의 정당가입 및 선거운동의 자유를 제한하는 것은 헌법적으로 정당화될 수 있다"고 판시하였다.[114]

    그 밖의 당원의 자격제한과 관련하여 헌법재판소는 검찰총장이 퇴직 후 2년간 정당의 발기인, 당원이 될 수 없도록 규정한 검찰청법 규정이 위헌이라고 판단하였으며,[115] 경찰청장에 대해서도 이와 동일한 제한을 둔 경찰청법에 대해 위헌결정을 내린 바 있다.[116]

3. 정당의 기능과 권리·의무(제 8 조 제 2 항)

가. 헌법 제8조 제2항의 규정

    헌법 제8조 제2항은 "정당은 그 목적·조직과 활동이 민주적이어야 하며 국민의 정치적 의사형성에 참여하는 데 필요한 조직을 가져야 한다"라고 규정하여 ① 정당의 목적·조직·활동의 민주성(당내민주주의)에 관한 헌법적 의무, ② 정당의 헌법적 기능으로서 국민의 정치적 의사형성에의 참여, ③ 이러한 정당의 기능을 수행하기 위한 정당의 조직확보에 관한 의무 등을 명시하고 있다.

    여기서는 먼저 정당의 핵심적인 헌법적 기능으로서 국민의 정치적 의사형성에의 참여와 그 기능을 효과적으로 수행할 수 있도록 정당법에 의해 보장되고 있는 정당의 특권과 권리 등의 구체적 내용을 살펴보고, 정당의 조직과 활동에 관한 당내민주주의의 헌법적 요청과 정당의 조직기준에 관하여 기술한다.

나. 정당의 헌법적 기능

    헌법 제8조 제2항 후단 "정당은 … 국민의 정치적 의사형성에 참여하는 데 필요한 조직을 가져야 한다"라는 규정은 정당의 헌법상의 기능으로서 '국민의 정치적 의사형성에의 참여'를 명문화한 것이라 할 수 있다. 정당은 국민의 이익을 위하여 책임 있는 정치적 주장이나 정책을 추진하고 공직선거의 후보자를 추천 또는 지지함으로써 국민의 정치적 의사형성에 참여하는 것을 본질적 기능으로 하고 있다. 정당은 "정치적 결사로서 국민의 정치적 의사를 적극적으로 형성하고 각계각층의 이익을 대변하며, 정부를 비판하고 정책적 대안을 제시할 뿐만 아니라, 국민 일반이 정치나 국가작용에 영향력을 행사하는 매개체의 역할을 수행하는 등 현대의 대의

---

114) 헌재 2004. 3. 25. 2001헌마710, 16-1, 422(423).
115) 헌재 1997. 7. 16. 97헌마26.
116) 헌재 1999. 12. 23. 99헌마153.

제민주주의에 없어서는 안 될 중요한 공적 기능을 수행하고 있다."117) 헌법은 정치현실에서 수행하는 이러한 정당의 기능을 직접적으로 헌법에 명문화함으로써 정당의 활동을 헌법적 수준에서 보장하게 되고, 이와 같은 정당의 헌법제도화는 국민의 자발적 사적 결사에 지나지 않는 정당을 국민과 국가기관을 매개하는 중개적 권력체로서의 헌법상의 지위를 갖도록 한 것을 의미한다.

다. 정당의 권리(특권)

정당은 일반결사와는 달리 그 존립뿐만 아니라 활동 등에 있어서 정치적 특권을 부여받고 있다. 특히 정당은 헌법 제8조 제2항에 근거한 국민의 정치적 의사형성에 참여하기 위하여 공직선거의 후보자를 추천하고 그들의 당선을 위한 선거운동에 관한 특권을 가진다. 또한 정당은 각급 선거관리위원회 위원추천권, 선거참관인지명권, 정당보조금청구권 등의 법률이 정하는 권리를 가진다. 그 밖에 정당은 일정한 범위 내에서 기본권의 주체로서 권리를 행사할 수 있다. 정당은 선거에 있어서 기회균등의 보장을 받을 수 있는 헌법적 권리를 가진다.118)

라. 정당의 의무

(1) 정당 내부조직의 민주화 의무

(가) 의   의

헌법 제8조 제2항의 "정당은 그 목적·조직과 활동이 민주적이어야 하며"란 정당의 헌법적 의무로서 정당의 목적과 활동이 민주적이어야 할 뿐만 아니라, 그 내부조직도 민주적이어야 한다는 것을 규정한 것이다. 이것은 곧 정당의 내부질서가 민주적 원칙에 적합하지 않으면 안 된다는 것을 의미한다. 즉, 정당 내부의 의사형성이 민주적 기본원칙에 합치하여야 한다는 헌법적 요청을 규정한 것이다. 여기서 "민주적"이라는 말은 헌법의 기본원리로서의 민주주의 원리를 의미하며, 따라서 헌법상의 국민주권원리(제1조 제2항)를 이념적 기초로 하는 국민에 의한 지배의 원리를 비롯하여 민주선거의 원칙(제41조 제1항, 제67조 제1항), 다수결의 원칙(제49조) 등이 정당의 내부조직과 의사결정에 적용되어야 함을 의미한다.

이 헌법규정에 근거하여 정당법은 제29조 제1항에 "정당은 민주적인 내부질서를 유지하기 위하여 당원의 총의를 반영할 수 있는 대의기관 및 집행기관과 소속 국회의원이 있는 경우에는 의원총회를 가져야 한다"라고 규정하고 있으며, 제28조에는 정당의 강령 및 당헌 등의 공개를 규정하고 있다.

정당의 민주적인 내부질서를 유지하기 위해서는 정당의 내부에 있어서 자유로운 정치적 의사형성이 보장되어야 하며, 정당 구성원의 의사형성에의 참가가 최대한 보장되어야 한다. 정당의 구성원인 당원은 단지 추종자로 존재하는 것이 아니라 자발적으로 정당의사를 결정하고

---

117) 헌재 1996. 8. 29. 96헌마18 등(병합); 헌재 1996. 8. 29. 96헌마99, 8-2, 199(207).
118) 헌재 1991. 3. 11. 91헌마21.

항상 합의에 의한 당의의 결정이 이루어져야 한다. 따라서 정당의 민주적 내부질서가 의미하는 구체적인 조직형태는 일반적으로 당기구의 구성, 당의 운영, 당의의 결정, 공직선거후보자의 추천 등이 민주주의적 원칙에 따라 행해져야 하는 것을 말한다. 그렇게 하기 위하여는 정당내에서의 당론이 "상향적"(上向的)으로 결정될 수 있는 방법이 제도적으로 보장되어야 하는 것이 가장 중요한 문제라 할 수 있다.[119] 이와 같은 정당의 민주적 내부조직을 갖추기 위해서는 지구당이나 시·도당에서 선출된 대의원들로 구성된 전당대회를 당의 최고의결기구로 해야 하며, 당지도부가 전당대회에서 정기적으로 선출되고 신임을 받아야 한다는 등의 당기구의 신진대사가 보장되어야 하며, 다수결원리와 소수보호의 정신이 제도화되어야 하는 것 등의 요건들이 전제되어야 하는 것이다. 따라서 지역조직을 바탕으로 하지 않는 중앙집권식 하향조직의 정당은 민주적 내부조직을 갖추었다고 할 수 없는 것이다.

(나) 민주적 내부질서(당내민주주의) 요청의 근거

정당의 내부질서의 민주화를 요구하는 필요성 내지 이론적 근거는 다음과 같은 두 가지 이유에서 찾아볼 수 있다. 첫째는 정당이 담당하는 헌법적 기능이나 정당의 헌법상의 지위에서 볼 때 정당의 내부질서의 민주화는 필수불가결한 것이라 할 수 있고, 둘째는 정당조직 자체의 성격, 즉, 정당의 본질적 속성에 따른 과두화현상이 나타남에 따라 민주적 원칙에 입각한 정당의 내부질서를 강하게 요청하게 되는 것이다.[120]

1) 정당의 헌법상의 기능수행

정당이 국민의 정치적 의사형성에 참여하는 헌법상의 기능 및 그에 따라 일반결사와 구별되는 정당의 특별한 헌법상의 지위에서 볼 때 정당조직의 민주화는 매우 중요한 의미를 갖는다. 만약 정당의 내부조직 내지 질서를 완전히 정당의 자유에 맡기게 되면 민주주의적 원칙에 합치되지 않는 자기조직을 갖게 될 가능성이 크게 된다. 따라서 정당의 자유에서 발생하게 되는 그러한 결함을 방지하기 위하여 정당의 자율권에 개입하여 정당에 대하여 민주화의 의무를 규정함으로서 민주국가구조와 균형을 이루는 정당의 내부질서를 확보할 것을 요구하게 되는 것이다.

정당이 헌법상 보장된 공적 기능을 정상적으로 발휘하기 위해서는 정당의 목적설정뿐만 아니라 그 내부조직에 있어서도 민주적이지 않으면 안 된다. 정당이 국민과 국가기관 사이의 중개적 권력체로서 국민의 다양하고 분산된 정치적 의사를 수렴하여 상향적으로 국가의 정책결정과 입법과정 등에 반영시키기 위해서는 정당 내부의 의사결정과정이 민주적 원칙에 합치되어야 함은 말할 것도 없다. 정당의 조직이 비민주적이고 독재적인 체제를 가진 경우에는 국민의 정치적 의사형성을 상향적으로 집약할 수 없으며, 국민의 의사에 기초를 둔 국가의 정치지도자를 선발 양성할 수 없게 된다. 이와 관련하여 정당의 공직선거후보자추천의 민주화가 중요한 의의를 가지게 된다. 즉, 정당의 내부질서의 민주화를 구현하는 여러 방안 중에서 특히 후보자공천의 민주화가 큰 비중을 차지하는 것은 선거에 관한 정당의 공천이 민주화되지 못할 때 그 선거의 민주화를 기대할 수 없으며, 선거의 민주화 없이 민주주의를 실현할 수 없기 때문이다.[121] 따라서 정당의 내부질서의 민주화가 선행되어야만 정당의 헌법적 기능이 제대로 수행될 수 있고, 나아가 헌법의 민주적 기본질서가 유지될 수 있는 것이다.

2) 정당의 과두화(寡頭化)경향의 배제

정당의 내부질서의 민주화를 요구하는 또 하나의 이유는 정당의 과두화 경향과 관련하여 나타난다. 라이프홀츠(G. Leibholz)가 역설하고 있는 바와 같이 정당국가적 민주주의에 있어서 그 불가결의 기구인 정당이 동시에 그 "잠재적 파괴자"로 되지 않게 하기 위해서는 무엇보다도 먼저 중앙집권적이고 권위주의적으로 관리되는 조직으로서의 정당 그 자체가 민주화되어야 하며, 그 목적을 위해서는 관료주의적 정당정치의 내부에서 형성되는 과두정적이고 권위주의적인 지배경향이 제거되어야 하는 것이 중요하다.[122]

정당내부에 있어서 과두화현상에 관한 체계적인 이론은 미헬스(R. Michels)의 이른바 정당의 "과두화의 철칙"(iron law of oligarchy)에 의해 잘 설명되고 있다. 그에 의하면 모든 조직에 있어서 과두화의 경향은 필연적인 것이며, 특히 정당조직은 폭넓은 대중의 기반위에 세워질수록 지배층은 더욱 강력하고 예각적인 관료조직을 갖게 된다고 한다. 미헬스는 특히 정당을 권력획득을 위한 투쟁단체로 파악하고 있기 때문에 그 조직은 필연적으로 과두화하지 않을 수 없다고 주장하고 있다.[123] 듀베르제(M. Duverger)도 정당의 과두화 현상에 관하여 언급하면서, 정당의 리더십은 자연히 과두적 형태로 되는 경향이 있으며, 정당의 지배층은 폐쇄성을 띠게 되는데 그러한 현상은 독재적 지배자뿐만 아니라 민주적 지도자에게도 공통적으로 나타나는 것이라 한다.[124]

이와 같은 정당조직의 과두화경향이 정치적 필요성에 의하여 후천적으로 이루어지든 대중의 본능으로서 선천적으로 운명지워지든 간에 거의 피할 수 없는 필연적인 현상으로 나타난다는 것은 부인할 수 없다고 할 수 있다. 따라서 정당의 내부조직의 민주화라는 헌법적 임무를 수행하기 위해서는 정당의 과두화 현상을 어떻게 억제할 것인가가 중요한 과제로 될 수밖에 없다.

(다) 당내민주주의의 실현과 정당공천문제

1) 당내민주주의의 구체적 원리

정당의 민주적 내부질서를 유지하기 위해서는 우선 당원의 의사를 "밑에서부터 위로"(von

---

121) 계희열, "현대민주주의와 공천," 신동아(1970. 11), 76.

122) G. Leibholz, Verfassungsstaat-Verfassungsrecht, 1973; 권영성 역, 헌법국가와 헌법, 박영사, 1975 참조.

123) M. Michels, Political Parties: A Sociological Study of the Oligarchical Tendencies of Modern Democracy, Dover, 1962, pp. 333-357.

124) 정만희(주 5), 112.

unten nach oben) 전달하기 위한 당의(黨議)의 상향조직을 갖추어야 한다. 상향식의 의사형성조직은 세포조직이나 군대식 조직에 기초해서는 안 되고 지역단위의 상향식 조직이어야 한다.[125] 또한 정당은 전국적 규모의 의사기관을 당의 최고의결기관으로 삼아야 한다. 현행 정당법 제29조 제1항에 "정당은 민주적인 내부질서를 유지하기 위하여 당원의 총의를 반영 할 수 있는 대의기관 및 집행기관과 소속국회의원이 있는 경우에는 의원총회를 가져야 한다"라고 규정하고 있는 것도 바로 이러한 취지에 의한 것이다. 따라서 하향식으로 당간부나 지도층의 의사조직에 의하여 지배되는 권위적인 정당조직의 형태는 민주적 정당조직이라 할 수 없다. 당내민주주의 실현을 위해서는 또한 정당조직의 공개성 및 다수결원칙과 당원의 자유로운 의사에 의한 당의(黨議)의 결정이 요구되며, 특히 정당의 공직선거 후보자의 추천은 일반 당원의 의사를 존중하여 상향식으로 이루어져야 하는 것이 중요하다. 즉 공직선거의 후보자가 위에서부터 하향식으로 지명되는 것이 지양되어야 함은 바로 당내민주주의 기본적 요청이므로 정당의 민주적 공천절차를 확보하는 것은 정당의 민주화에 관한 헌법상의 요청을 실현하기 위한 핵심과제라 아니 할 수 없다.

2) 정당의 민주적 공천과정의 확보

정당의 공천은 한편으로는 정당의 내부문제로 볼 수 있으며, 이렇게 보는 경우 그것은 국민의 자유로운 임의적·사적 결사인 정당의 지지자들에 의한 후보자선택의 방법에 지나지 않으므로 이 내부문제에 대해 국가가 개입하는 것은 타당하지 않으며, 공천과정에 대한 법적 규제는 정당의 자율성을 침해하는 문제가 있게 된다. 이 점은 미국에 있어서 초기의 정당의 후보자 지명제도가 정당의 내부문제로 간주되어 법적 규제의 대상에서 제외되었던 것에서도 잘 알 수 있다. 즉 정당은 본질적으로 헌법외적 사적 조직이기 때문에 정당의 후보자지명과 관련한 내부분쟁이 있더라도 이를 정당이 자율적으로 처리케 하고 사법부는 개입을 자제하였던 것이다.[126] 그러나 공천을 정당의 내부문제로 보는 경우에도 오늘날의 정당국가적 민주주의에 있어서 정당의 공적 지위나 기능의 중요성에 비추어 정당의 공천문제는 정당내부질서의 민주화라는 헌법적 요청의 일환으로서 법적 규제의 대상이 되고 있다.

다른 한편, 정당의 공천은 오늘날 선거과정의 필수부분을 의미하게 됨에 따라 이 점에서 공천과정은 선거법의 규제를 받게 된다. 현대의 선거제도는 정당본위의 선거가 보편화되고 있으며 정당공천이 선거결과에 지대한 영향을 미치게 되는 현실에 있어서 정당공천은 선거의 필수부분으로 간주되고 있다. 따라서 정당의 공천과정에 대하여도 선거법의 기본원칙의 적용이 불가피하게 요구되기에 이른 것이다. 특히 유권자의 입장에서 볼 때 정당의 공천은 공직담당자의 선택이 용이해지는 효과가 있으며, 경우에 따라서는 유권자의 후보자선택의 자유를 저해하는 부정적인 효과가 있을 수 있다. 이는 정당의 공천이 헌법상 자유선거의 원칙이 보장하는 유

권자의 '입후보자 추천권'을 침해하게 되는 것이므로 공천과정에도 선거의 기본원칙이 요구된
다고 할 수 있다.127)

　　이처럼 정당의 공천은 정당의 자율적인 내부문제로서의 성격과 동시에 선거과정의 필수부
분이라는 공적인 성격을 가진 양면성을 부정하기 어려우나, 오늘날 정당공천이 선거과정의 구
성부분으로서 강조되는 정당국가적 민주주의의 정치현실에 있어 공천과정은 선거법에 의한 규
제가 불가피하다고 할 수 있으며, 또한 당내민주주의의 관점에서 정당공천은 정당법에 의한 일
정한 규제를 받게 되는 것이다.

(라) 민주적 내부질서의 실효성확보 문제

　　정당의 민주적 내부질서를 위한 헌법과 정당법상의 규정에도 불구하고 현실적으로 정당이
과두적이고 전제적인 체제를 갖춘 경우에 어떻게 정당의 민주적 내부질서를 보장할 수 있는가
의 문제가 제기될 수 있다. 즉, 정당이 민주적 내부질서 확보의 요청을 무시한 경우에 당해 정
당에 어떠한 제재가 행해질 수 있는가의 문제가 있다. 현행 정당법상 민주적 내부질서위반에
대한 일부 벌칙조항에 의하여 어느 정도 민주적 내부질서 준수를 확보하고 있다고 할 수 있다.
그리고 헌법 제8조 제4항의 정당해산조항에 의하여 정당의 내부질서가 민주적 기본질서에 반
하고, 동시에 그 정당의 목적이나 활동이 민주적 기본질서에 위반하는 경우에는 그 정당은 강
제해산을 당하게 된다.

　　그러나 정당의 목적이나 활동이 민주적 기본질서에 위배되지 않으면서 단지 조직의 내부
질서와 운영과정이 비민주적이어서 과두적이고 폐쇄적인 정당조직의 경우에 그 정당을 위헌정
당으로 해산시키는 것은 거의 불가능하다고 할 수 있다. 즉, 정당조직이 민주적인 기준에 적합
하지 않는다는 문제는 직접 정당의 금지사유가 되는 것은 아니며, 그것은 단지 그 부수적인 지
표에 불과한 것이라 할 수 있다.

　　정당의 강제해산의 경우에는 해산의 요건을 엄격하게 한정적으로 해석하여야 하므로 정당
의 내부조직 및 그 운영과정이 민주적 원칙에 합치되지 않는 경우에는 그것이 헌법상의 정당해
산의 대상이 되는 것은 아니며, 단지 정당법상의 벌칙규정에 의한 제재를 가할 수 있으나 그
벌칙규정도 매우 한정된 범위 안에서 적용되기 때문에 그러한 벌칙에 의해서 민주적 내부질서
를 확보한다는 것은 곤란한 문제라고 할 수 있다. 이 점에서 정당의 내부질서는 정당 본래의
'자유로운 지위'에서 볼 때 법적 규제에 의해 통제되는 것보다는 국민의 여론과 사회적 비판에
의해 통제되는 것이 바람직하다고 보는 견해가 설득력을 가질 수 있다고 하겠다.128)

　　말하자면 정당의 내부조직의 민주화의 요청은 정당의 자유를 규율하려는 것이 목적이 아
니라 오히려 그 내적 자유를 보장하려는 데 그 목적이 있다고 할 수 있다. 즉, 정당이 국민의
정치적 의사형성에 참여하는 기능을 다할 수 있도록 광범한 대중을 적극적으로 정당조직의 내

---

127) 전광석, "정당의 내부질서와 민주적인 공직선거입후보자 추천," 헌법학연구 제6권 제1호(2000), 140.
128) 정만희(주 94), 522.

부에 참여시키는 것을 보장하기 위하여 당내민주주의를 요구하는 것이다. 따라서 헌법 제8조 제2항에 근거하여 정당법에 의해 정당내부질서의 민주화의 의무를 규정하고 있다 하더라도 그 의무위반에 대한 벌칙조항이 없는 한 아무런 법적 제재를 가할 수 없게 되는 문제가 있다.

현행의 정당법은 당내민주주의의 요구에 관한 규정과 그 위반에 대한 벌칙규정이 미흡하기 때문에 현실적으로 당내민주주의의 실효성을 확보하는 데 한계가 있게 된다. 이러한 경우 민주적 내부질서를 갖추지 못한 정당에 대해서는 국민의 여론에 의한 비판에 의해 당지도부에 대하여 정치적·도의적 책임을 물을 수 있을 뿐이다. 특히 국민의 자발적 조직으로서 정당의 자유로운 지위를 강조하는 입장에서는 정당의 내부조직에 대한 일정한 법적 강제를 허용하기 어렵다고 볼 수 있다.

그러나 한편 헌법상 정당의 자유는 당내민주주의를 준수하는 헌법적 한계 내에서 보장되어야 한다고 할 것이므로 정당이 당내민주주의를 실현하지 아니하는 경우에 이를 실현하기 위하여 법적으로 강제할 수 있는 수단을 마련하는 것은 국가적 의무가 된다고 할 수 있을 것이다.[129] 이러한 입장에서는 당내민주주의 실현을 위한 여러 가지 법적 제재방안을 고려할 수 있다.

(2) 정당의 조직기준에 관한 의무

(가) 헌법 제 8 조 제 2 항에 근거한 정당법상의 조직기준

헌법 제8조 제2항 후단의 규정에 따라 정당은 국민의 정치적 의사형성에 참여하는 데 필요한 조직을 가져야 하는 헌법상의 의무를 부과 받고 있다. 따라서 정당은 특정지역에 편중된 조직이어서는 안 되며 전국적인 조직을 갖추는 것이 요구된다. 그리하여 현행 정당법은 정당을 중앙당과 시·도당으로 구성하도록 하며(법 제3조), 시·도당은 5 이상 가져야 하고(법 제17조), 각 시·도당은 1천명이상의 당원을 가져야 한다(법 제18조 제1항)고 규정하고 있다. 다만 종래의 법정지구당은 2004년 3월의 정당법 개정에 의해 폐지되었다.

정당이 국민의 정치적 의사형성에 참여하는 헌법적 기능을 수행하기 위해서는 정당의 조직이 기본적으로 전국적인 조직을 갖춰야 하며, 당원과 국민의 정치적 의사를 밑에서부터 위로 향하여 형성할 수 있는 상향적 조직을 가져야 한다. 즉, 국민의 정치적 의사형성에 참여하는 민주적 정당의 조직은 상향식의 의사형성을 가능하게 하는 "지역단위의 상향식 조직"이어야 한다. 그러나 종래의 지구당이 폐지된 상황에서 중앙당과 시·도당의 조직만으로 상향식의 정치적 의사형성을 기대하기 어렵다고 할 수 있다.[130] 지구당운영의 현실적 폐해가 아무리 크다고 해서 지구당조직을 전면적으로 폐지하는 법적 강제는 정당설립의 자유, 정당의 조직형태를 선택할 자유를 침해하게 되는 우려가 없지 않다. 국회의원선거구 단위의 지구당조직의 설치여부

---

129) 방승주, "권력구조의 민주화와 정당야당기능의 활성화와 당내민주주의를 중심으로 —," 헌법학연구 제8권 제2호(2002), 42.

130) 계희열(주 8), 271.

는 정당의 자율에 맡기는 것이 정당설립의 자유와 복수정당제보장의 헌법정신에 부합된다고 보며, 지구당조직을 비롯한 다양한 조직형태를 허용함으로써 일반당원과 유권자의 의사를 상향적으로 형성할 수 있도록 하여 헌법이 요구하는 정당의 민주적 정치의사형성에 참여하는 기능을 제대로 수행할 수 있게 된다.

(나) 정당의 조직기준과 정당등록취소

1) 정당등록취소규정의 위헌여부

현행 정당법은 정당등록제도와 함께 등록취소제도를 규정하고 있다(제44조). 즉 정당이 정당법 제44조 제1항의 제1호에서 제3호의 등록취소사유에 해당하게 되면 당해 선거관리위원회는 그 정당의 등록을 취소하는데, 그 등록취소사유는 다음의 세 가지로 규정하고 있다. 첫째, 정당법 제17조(법정시·도당수) 및 제18조(시·도당의 법정당원수)의 요건을 구비하지 못하게 된 때, 다만 요건의 흠결이 공직선거의 선거일 전 3월 이내에 생긴 때에는 선거일 후 3월까지, 그 외의 경우에는 요건흠결시부터 3월까지 그 취소를 유예한다. 둘째, 최근 4년간 임기만료에 의한 국회의원선거 또는 임기만료에 의한 지방자치단체의 장선거나 시·도의회의원선거에 참여하지 아니한 때, 셋째, 임기만료에 의한 국회의원선거에 참여하여 의석을 얻지 못하고 유효투표총수의 100분의 2 이상을 득표하지 못한 때이다. 그리고 정당법 제41조 제4항은 정당의 등록취소규정에 의하여 등록취소된 정당과 같은 명칭은 등록취소된 날부터 최초로 실시하는 임기만료에 의한 국회의원선거의 선거일까지 정당의 명칭으로 사용할 수 없다고 규정하고 있다.

위의 정당등록취소사유 중에서 첫째 사유는 정당등록제도를 전제로 한 그 당연한 결과라고 볼 수도 있다. 그러나 정당등록당시의 등록요건을 등록 이후의 사정으로 유지하지 못하게 된다고 해서 반드시 정당등록을 취소하는 것이 헌법에 합치하는 것인지의 의문이 제기될 수 있다. 정당의 자유는 정당설립의 자유뿐만 아니라 정당의 존립과 활동의 자유를 포함하는 것이며, 특히 헌법 제8조 제4항의 정당해산제도는 헌법재판소의 위헌정당해산결정 이외에는 어떠한 경우에도 정당을 강제해산시킬 수 없다는 '정당존립의 특권'을 의미하는 것이므로 이 점에서 정당의 등록취소는 정당존립의 특권을 보장하는 헌법에 위배되는 문제가 있다. 특히 정당등록요건을 겨우 충족시킨 이른바 '한계정당'의 경우 정당설립 이후의 운영과정에서 등록요건에 부분적으로 미달하게 되는 요인이 발생하면 3개월의 유예기간을 거쳐 즉각 등록취소를 하는 것은 권력에 의한 야당탄압의 수단으로 악용될 우려가 있으며, 정당존립의 자유를 보장하는 헌법정신과 조화될 수 없는 것이 된다.[131] 더욱이 세번째 등록취소사유인 정당이 선거에서 실패한 경우, 즉 선거에서의 의석을 얻지 못하고 유효투표총수의 100분의 2 이상을 얻지 못한 경우 그 정당의 등록을 취소하는 것은 본질적으로 정당의 자유를 침해하는 것이라 하지 않을 수 없다.[132] 특정 정당이 선거에서 유권자의 지지를 얻지 못하여 의석을 확보하지 못하고 일정한 득

---

131) 이종수(주 105), 174; 정만희(주 76), 126.
132) 성낙인(주 86), 227.

표율을 얻지 못하였다고 해서 그 정당을 등록취소시키는 것은 사실상 정당해산을 의미하는 것으로, 이는 헌법 제8조 제4항의 위헌정당해산제도와의 관계에서도 체계정당성의 원리에 부합하지 않는 것이 된다. 이러한 정당등록취소제도는 헌법이 예견하지 않은 '작은 정당해산제도'(Kleinparteivervot)로 기능하게 된다고 할 수 있다.133)

2) 정당등록취소에 관한 판례

헌법재판소는 정당법상 등록취소규정과 명칭사용금지규정의 기본권침해여부에 관한 헌법소원심판사건에서 재판관의 다수의견으로 기본권침해의 직접성을 인정하지 않고 각하결정을 하였다. 그러나 재판관 3인의 반대의견은 이 정당법규정들이 청구인의 기본권침해의 직접성을 인정하면서 이 규정들은 정당설립의 자유를 침해하여 헌법에 위반된다고 하였다.134) 헌법재판소에 의하면, 우리 헌법 제8조 소정의 '정당의 특권과 자유'의 주체가 될 수 있는 정당은 정당법 소정의 요건을 구비하여 중앙선거관리위원회에 등록함으로써 성립되고, 정당법 소정의 등록취소사유에 해당되는 경우 중앙선거관리위원회의 등록취소에 의하여 비로소 소멸하게 된다. 그렇다면 이 사건 등록취소규정에 의하여 곧바로 청구외 사회당이 소멸하여 그 결과 청구인 주장의 기본권이 침해되는 것이 아니라 위 규정 소정의 등록취소사유에 해당되는지 여부에 대한 중앙선거관리위원회의 심사 및 그에 이은 등록취소라는 집행행위에 의하여 비로소 정당이 소멸하게 된다고 본다. 그리고 중앙선거관리위원회의 이 사건 사회당에 대한 등록취소처분이 행정소송의 대상이 됨은 명백하다고 할 것이고 그 정당 등록취소처분의 취소소송절차에서 위 규정에 의한 등록취소사유(예컨대 소정의 득표율에 미달되었는지 여부)에 대한 사실관계 확정과 더불어 얼마든지 위 규정에 대한 위헌 여부의 제청을 구할 수 있는 것이며 그 외 달리 그러한 절차경유가 곤란하거나 부당하다고 볼 사정 또는 그러한 절차의 경유가 실효성이 없다고 볼 사정은 찾아보기 어렵다고 한다. 따라서 이 사건 등록취소 규정은 기본권 침해의 직접성을 결하고 있으므로 그에 대한 위헌확인 청구는 부적법하다는 것이다.135)

이에 대해 재판관 송인준, 재판관 주선회, 재판관 조대현의 반대의견에 의하면 이 사건이 적법요건을 갖추고 있어 본안 판단을 하여야 하며, 이 사건 심판대상조항은 정당설립의 자유를 침해하여 헌법에 위반된다고 보고 있다.136)

---

133) 이종수(주 105), 174; 이종수, "정당제민주주의와 현안문제," 헌법학연구 제13권 제2호(2007), 122-127.

134) 헌재 2006. 4. 27. 2004헌마562, 18-1(상), 574.

135) 헌재 2006. 4. 27. 2004헌마562, 18-1(상), 579-581.

136) 재판관 송인준, 주선회, 조대현의 반대의견 "헌법은 제8조 제2항에서 "정당은 그 목적·조직과 활동이 민주적이어야 하며, 국민의 정치적 의사형성에 참여하는 데 필요한 조직을 가져야 한다."고 규정하고 있는바 이러한 헌법규정 및 해석으로부터 파악될 수 있는 헌법상 정당의 개념을 확정해보면, 헌법적 의미의 정당이란 선거가 선출된 대표자에게 민주적 정당성을 매개해줄 수 있도록 유권자가 자유롭고 공개적인 의사형성의 과정에서 판단을 내릴 수 있고 새로운 정치적 표상이 국민의 정치의사 형성과정에서 실현될 수 있도록 언제든지 새로운 정당을 결성할 수 있는 가능성을 전제로 국민의 정치적 의사형성에 영향을 미치고 정권을 획득하는 것을 목적으로 선거에 참여하는 것을 비롯하여 "상당한 기간," "상당한 지역에서" 국민의 정치의사형성에 참여하는 결사를 말한다(헌재 2006. 3. 30. 2004헌마246, 공보 114, 553(557) 참조). 헌법재판소는 이와 같은 헌법상 정당개념을 법률로 구체화하여 1천 인 이상의 당원을 가진 5 이상의 시·

4. 정당의 국가적 보호와 정당자금의 국고보조(제8조 제3항)

가. 정당의 국가적 보호

헌법 제8조 제3항 전단은 "정당은 법률이 정하는 바에 의하여 국가적 보호를 받으며"라고 규정하여 정당의 국가적 보호를 명문화하고 있다. 이 규정은 국가에 대한 정당의 보호청구권을 규정한 것이라고 할 수 있는데, 그 중에서도 중요한 것은 정당에 대한 평등의 보장이다.[137] 정당의 평등은 국가에 대한 기본권으로서 인장되며 정당의 설립과 조직, 당원포섭, 선전, 공직선거후보자추천, 선거과정, 정당활동 등에 있어서 정당간의 평등이 보장되어야 한다.

정당제민주주의에 바탕을 둔 우리 헌법은 정당설립의 자유와 복수정당제를 보장하고 정당의 목적 조직 활동이 민주적인 한 법률이 정하는 바에 의하여 국가의 보호를 받으며, 정당운영에 필요한 자금도 보조받을 수 있도록 하는 등 정당을 일반결사에 비하여 특별히 두텁게 보호하고 있다. 그리고 정당이 국민의 정치적 의사형성에 참여하는 가장 중요한 형태는 공직선거에 있어서 후보자를 추천 지지함으로써 행하는 선거를 통한 참여라고 할 것이고, 여기에 정당 본래의 존재의의가 있다.[138] 그러므로 선거과정에서 정당을 일반결사보다 특별히 보호하고 특권을 부여하거나 정당후보자를 무소속후보자보다 보호하는 것은 헌법 제8조 제3항의 취지에 합

도당을 가져야 한다고 정한 정당법상의 등록요건규정에 대하여 "상당한 기간 또는 계속해서," "상당한 지역에서" 국민의 정치적 의사형성 과정에 참여해야 한다는 헌법상 정당의 개념표지를 구현하기 위한 합리적인 제한으로서 헌법상 정당화된다고 판시한 바 있다(헌재 2006. 3. 30. 2004헌마246, 공보 114, 553 (557)).

　헌법 제8조 제4항은 "정당의 목적이나 활동이 민주적 기본질서에 위배될 때에는 정부는 헌법재판소에 그 해산을 제소할 수 있고, 정당은 헌법재판소의 심판에 의하여 해산된다."고 규정하고 있는바, 이는 '방어적 민주주의'의 한 요소를 규정함과 아울러 헌법 스스로가 되도록 정당의 금지를 민주적 정치과정의 개방성에 대한 중대한 침해로 이해하여 오로지 제8조 제4항의 엄격한 요건 하에서만 정당설립의 자유에 대한 예외를 허용하여 민주적 정치과정의 개방성을 최대한으로 보장하려는 것으로 정당의 정치적 내용 및 활동에 관하여는 헌법재판소가 위헌성을 확인한 경우에만 정치생활의 영역에서 축출될 수 있게 하려는 것이다(헌재 1999. 12. 23. 99헌마135, 11-2, 800(814-815)).

　그런데 이 사건 등록취소규정은 아직 원내에 진출하지 못하고 득표율이 저조하다는 이유로 헌법상 정당의 개념 표지를 갖추고 적법하게 그 요건을 충족하여 등록된 정당을 사후적인 등록취소를 통해 그 존립을 불가능하게 하는 것으로 정당의 개념표지와는 무관한 국회의원총선거에서의 결과적 성공이라는 우연한 사정에 기초하여 정당을 소멸시킴으로써 정당의 존속을 불가능하게 하고, 계속적으로 진지하게 정당활동을 수행하는 과정에서 국민대중의 지지를 획득하여 보다 굳건한 정당으로 성장할 수 있는 신생정당들을 정치생활의 영역으로부터 축출하여 신생정당의 진입을 가로막으며 소수의견의 정치적 결집을 봉쇄하고 기성의 정당체제를 고착화시키는 데 기여하므로 정당설립의 자유를 제한함에 있어 헌법상 준수하여야 할 비례성을 지키지 못하고 있다. 예컨대 이 사건 등록취소 규정에 의하여 제16대 총선거 직후 등록이 취소되었던 민주노동당은 재등록 후 바로 다음 17대 총선거에 참여하여 원내 제3당의 지위를 차지하였는바 이는 이 사건 등록취소규정이 정당설립의 자유 제한에 있어서 적정한 비례성을 지키고 있지 못하다는 점을 현실적으로 입증하는 분명한 사례라 할 것이다. 따라서 이 사건 등록취소규정이 적법하게 등록요건을 갖추어 등록한 정당을 국회의원총선거에서 지지가 미미하다는 우연한 결과에 근거하여 등록을 취소함으로써 정당을 소멸시키는 것은 헌법상 보장된 정당설립의 자유를 침해하여 헌법에 위반된다 할 것이다." 헌재 2006. 4. 27. 2004헌마562, 18-1(상), 583-585.

137) 김철수(주 12), 218-219.
138) 헌재 1991. 3. 11. 91헌마21.

치되는 것으로 정당화된다. 이와 관련하여 공직선거에 있어서 정당후보자에게 무소속후보자보다 우선순위의 기호를 부여하는 제도에 대하여 헌법재판소는 정당제도의 존재의의와 정당에 대한 국가적 보호의 정신에 비추어 그 목적이 정당하다고 판시한 바 있다.[139]

그 밖에 정당에 대한 국가적 보호로는 선거에 관한 경비를 원칙적으로 부담하지 않는 선거공영제(헌법 제116조 제2항)를 비롯하여 정당이 수행하는 기부 찬조 기타 재산상의 출연에 대한 면세조치(정치자금법 제59조) 등이 있다. 또한 정당은 헌법재판소의 해산결정에 의하지 않는 한 해산되지 않는 존립의 특별한 보호를 받고 있으며, 헌법재판소는 정당의 기본권침해에 대하여 헌법소원을 청구할 수 있는 청구인적격을 인정하고 있다.[140]

나. 정당운영자금의 국고보조

(1) 정당국고보조 조항의 의의

헌법 제8조 제3항 후단에 의하여 정당은 법률이 정하는 바에 의하여 정당운영에 필요한 자금을 보조받을 수 있다. 정당 운영자금의 국고보조는 1980년 헌법에서 최초로 채택한 것으로 이는 정당에 대한 정치자금의 적정한 제공을 보장하여 정당의 자금조달과정과 결부된 정치적 부패를 방지하며, 나아가 정당의 보호 육성을 도모하는 데에 그 의의가 있다. 이 헌법규정에 근거하여 정치자금법은 보조금의 계상, 지급방법, 보조금의 용도제한 등에 관하여 규정하고 있다 (정치자금법 제25조 – 제30조).

(2) 국고보조금의 지급

정치자금법(2006. 4. 28. 개정)은 정당에 대하여 국고에서 보조금을 지급하도록 강제하고 있다(동법 제25조). 국가는 정당에 대한 보조금으로 최근 실시한 국회의원 총선거의 선거권자 총수에 800원을 곱한 금액을 매년 계상하여야 한다. 대통령선거, 임기만료에 의한 국회의원선거 또는 동시지방선거가 있는 연도에는 각 선거마다 800원씩을 추가하여 계상하여야 한다(동법 제25조 제2항).

보조금은 지급당시 동일정당의 소속의원으로 교섭단체를 구성한 정당에 대하여 그 100분의 50을 정당별로 균등하게 배분 지급한다. 보조금의 지급당시 위의 배분 지급대상이 아닌 정당으로서 5석 이상의 의석을 가진 정당에 대하여는 100분의 5씩을, 의석이 없거나 5석 미만을 얻은 정당 중 일정 요건을 갖춘 정당에 대하여는 100분의 2씩을 배분 지급한다. 그 잔여분 중 100분의 50을 지급 당시 국회의석을 가진 정당에 그 의석수의 비율에 따라 배분 지급하며, 그 잔여분은 최근에 실시된 국회의원총선거 득표수비율에 따라 배분 지급한다(동법 제27조).[141]

---

139) 헌재 1996. 3. 28. 96헌마9 등 (병합), 8-1, 289.
140) 헌재 1991. 3. 11. 91헌마21, 3, 91.
141) 보조금의 배분기준에 있어 교섭단체를 구성하는 대정당과 소수정당을 차별하는 본 규정에 대하여 헌법재판소는 다음과 같이 판시하고 있다. "이 사건 법률조항은 교섭단체를 구성할 정도로 다수정당에 대해서만 보조금을 배분하는 것이 아니라 그에 미치지 못하는 소수정당에게도 일정 범위의 보조금 배분을 인정하여 소수정당의 보호 육성도 도모하고 있고, 교섭단체의 구성여부만을 보조금 배분의 유일한 기준으로 삼은 것

(3) 보조금의 용도제한

정치자금법은 보조금에 대해 정당의 운영에 소요되는 경비 이외에는 사용할 수 없다고 규정하고 있다. 경비는 인건비, 사무용비품 및 소모품비, 사무소 설치 운영비, 공공요금, 정책개발비, 당원교육훈련비, 조직활동비, 선전비, 선거관계비용 등으로 한정하고 있다. 보조금을 지급받은 정당은 그 보조금총액의 100분의 30 이상은 정책연구소에, 100분의 10 이상은 시도당에 배분 지급하여야 하며, 100분의 10 이상은 여성정치발전을 위한 용도로 사용하여야 한다(동법 제28조).

5. 위헌정당해산(제 8 조 제 4 항)

가. 정당해산조항의 의의

헌법 제8조 제4항은 정당의 해산에 관한 규정으로 "정당의 목적이나 활동이 민주적 기본질서에 위배될 때에는 정부는 헌법재판소에 그 해산을 제소할 수 있고, 정당은 헌법재판소의 심판에 의하여 해산된다"라고 규정하고 있다. 이 조항은 정당활동의 헌법적 한계에 관한 규정이며 동시에 그것은 반국가적 반민주적 정당활동을 방지하기 위한 헌법의 예방적 수호에 관한 규정을 의미한다. 즉, 위헌정당의 금지는 정당의 목적이나 활동이 민주적 기본질서에 위배될 경우에 그 존립과 활동에 관한 특권을 박탈하여 민주주의의 적으로부터 민주주의를 수호한다는 이른바 "투쟁적 민주주의"에로의 결단을 의미하는 것이다.[142]

우리 헌법상의 정당해산조항은 독일기본법의 정당조항을 모방한 것으로, 이 독일기본법의 정당조항은 바이마르헌법시대의 정당에 대한 방임적 태도와 세계관적 중립성에 대한 역사적 반성에서 전후 기본법에 채택된 것이다.[143] 즉, 바이마르헌법시대의 정당에 대한 가치중립적 태도는 나치스 독재정당의 출현을 가져왔고 결국에는 나치스에 의한 민주주의와 헌법질서의 파괴라는 역사적 경험에 기초하여 헌법적대적 정당의 출현을 방지하기 위한 헌법적 요청으로 정당해산조항이 채택된 것이다.

이 아니라 정당의 의석수의 비율이나 득표수비율도 고려하여 정당에 대한 국민의 지지도도 반영되고 있다. 또한 아래 표에 나타난 바와 같이 이 사건 법률조항에 의한 현행의 보조금 배분비율과 의석수비율 또는 득표수비율을 비교하면 현행의 보조금 배분비율은 의석수비율보다는 오히려 소수정당에 유리하고, 득표수비율과는 큰 차이가 나지 않아 결과적으로 교섭단체 구성여부에 따라 보조금의 배분규모에 차이가 있더라도 그러한 차등 정도는 각 정당간의 경쟁상태를 현저하게 변경시킬 정도로 합리성을 결여한 차별이라고 보기 어렵다" 헌재 2006. 7. 27. 2004헌마655, 18-2, 242(251).

142) 투쟁적 민주주의(streitbare Demokratie) 또는 방어적 민주주의는 1930년대 후반 독일에서 민주주의의 상대주의적 가치중립성에 대한 한계이론으로 등장한 이론이다. 즉, 나치스의 집권과 바이마르공화국의 붕괴로 이어지는 과도기에 민주주의가 스스로의 존립을 유지하기 위해서는 민주주의의 가치상대주의적 관용을 지양하고 자신을 수호하기 위한 어떠한 방어책을 강구하지 않으면 안 된다는 요청에서 주창된 이론이다. 권영성(주 10), 85-86.

143) 독일기본법은 제21조 제2항은 "정당의 목적 또는 당원의 행동이 자유민주적 기본질서(freiheitliche demokratische Grundordnung)를 침해 또는 폐지하거나 독일연방공화국의 존립을 위태롭게 하는 경우에는 위헌이다. 그 위헌성의 여부는 연방헌법재판소가 그것을 결정한다"고 규정하고 있다.

  또한 정당해산조항은 국가를 부정하거나 민주적 기본질서에 반하는 정당의 존립을 부정하는 것이면서, 다른 한편 정당의 헌법적 수호를 규정한 것이라는 데 그 의의가 있다. 즉, 정당의 해산을 헌법재판소의 심판절차에 의한 결정으로써만 가능하게 하며, 그것도 민주적 기본질서에 위배될 경우에 한하여 해산할 수 있도록 한 것은 행정부의 일방적·자의적 처분에 의한 정당해산을 금지하며, 특히 야당이 집권당에 의하여 부당하게 그 활동을 제한받거나 해산되지 않도록 그 '존립의 특권'을 보장하는 의미를 가진다.[144]

나. 정당해산의 실질적 요건에 관한 학설

  헌법 제8조 제4항에 의해 해산되는 정당은 "그 목적이나 활동이 민주적 기본질서에 위배될 때"에 한한다. 첫째, 해산의 대상이 되는 정당은 원칙적으로 정당으로서의 등록을 마친 기성정당을 말한다. 따라서 정당방계조직이나 대체정당 등은 여기의 정당에 해당되지 않는다. 둘째, 정당의 "목적"이나 "활동"이 민주적 기본질서에 위배될 때에 그 정당은 해산된다. 정당의 목적을 인식할 수 있는 자료는 정당의 강령과 당헌을 비롯하여 당간부의 연설, 당기관지, 출판물 등이며 정당의 활동은 당수와 당간부의 행동은 물론 일반 당원의 행동을 포함한다. 셋째, 정당의 목적이나 활동이 "민주적 기본질서"에 위배될 때에 그 정당은 해산되는데, 여기서 민주적 기본질서가 무엇인가가 문제된다. 국내의 학설은 민주적 기본질서를 헌법전문에서 규정하고 있는 "자유민주적 기본질서"로 보고, 또한 그것은 독일 기본법 제21조 제2항의 정당해산요건인 "자유민주적 기본질서"(freiheitliche demokratische Grundordnung)[145]와 같은 의미로 파악하려는 것이 다수설이다.[146] 이에 대하여 민주적 기본질서를 자유민주적 기본질서뿐만 아니라 이보다 넓은 개념으로 사회복지국가원리도 포함하는 것으로서 우리 헌법의 민주주의적 원리로 보는 견해도 있다.[147] 생각건대 우리 헌법상의 정당조항은 독일 기본법의 정당조항의 영향을 받아 채택된 것이며, 정당해산규정은 동시에 정당존립의 특권보장으로서의 의미를 가지는 것이기 때문에 그 요건은 협의로 해석하는 것이 바람직하다고 할 수 있다. 따라서 정당해산의 실질적 요건으로서 민주적 기본질서의 개념은 광의의 헌법질서 그 자체가 아니라 헌법질서 중에서 자유민주적 기본질서만을 의미하는 것으로 해석하는 것이 타당하다고 본다.[148] 여기서 자유민주적 기본질서는 헌법질서보다 좁은 개념으로 구체적으로는 국민주권의 원리, 기본권보장, 권력분립제, 의회주의, 복수정당제보장, 민주적 선거제도, 사법권의 독립 등이 그에 포함된다고 할 수 있다.[149] 넷째, 민주적 기본질서의 '위배'의 정도가 문제되는데, 여기서 '위배'는 민주적 기본질

---

144) 정만희(주 94), 501.

145) 독일연방헌법재판소는 1952. 10. 23. 사회주의국가당(SRP)에 대한 위헌정당해산결정에서 자유민주적 기본질서를 "일체의 폭력적·자의적 지배를 배제하고 그때그때의 다수의 의사와 자유 및 평등에 의거한 국민의 자기결정을 토대로 하는 법치국가적 통치질서를 의미한다"고 판시하였다. BVerfGE 2, 2.

146) 권영성(주 10), 199-200; 계희열(주 8), 293-294.

147) 김철수(주 12), 229; 성낙인(주 86), 1417.

148) 정만희(주 14), 127.

149) 헌법재판소는 정당해산요건으로서 민주적 기본질서의 의미에 관하여 판단한 것은 없으나, 자유민주적 기본

서를 소극적으로 인정하지 않는 경우를 포함하는 것이 아니라 적극적인 개념으로 이해할 필요
가 있다. 즉 정당의 목적이나 활동이 투쟁적·공격적 태도를 취하면서 계획적으로 민주적 기본
질서를 침해하고 궁극적으로 그것을 폐기하려고 시도하는 경우를 의미한다고 볼 수 있다. 독일
연방헌법재판소 판례도 이러한 입장을 취하고 있다.150) 이에 관한 국내 학설도 민주적 기본질
서에 대한 추상적 위협이 아니라 민주적 기본질서를 침해 또는 파괴하는 현실적 위험성 내지
'구체적 위협의 가능성'으로 이해하는 것이 다수견해라 할 수 있다.151)

다. 정당해산절차

정당해산의 실질적 요건이 구비되면 정부는 국무회의의 심의를 거쳐 헌법재판소에 그 해
산을 제소할 수 있다. 위헌정당의 해산제소는 정부의 권한이며 의무라 할 수 있다.152) 국가의
존립이나 헌법질서의 유지는 정부의 책임이므로 특정정당의 위헌성이 명백하다고 판단될 때에
는 정부는 반드시 그 해산을 제소하여야 하기 때문이다. 정부의 제소에 대하여 헌법재판소는 9
인의 재판관 중에서 6인 이상의 찬성을 얻어 정당의 해산을 명하는 결정을 내릴 수 있다. 헌법
재판소의 해산결정은 확인적 효력을 가지는 것이 아니라 그 결정에 의하여 비로소 정당해산의
효과가 발생하는 창설적 효력을 갖는다.

라. 정당해산의 효과
(1) 정당법 및 관련법률 규정

헌법재판소의 정당해산결정이 선고되면 그때부터 그 정당은 모든 특권을 상실하게 된다.
정당은 해산결정에 의해 자동적으로 해산되며 해산된 정당의 대표 및 간부는 그 정당의 강령
또는 기본정책과 동일하거나 유사한 대체정당을 창설하지 못한다(정당법 제42조). 해산된 정당
의 잔여재산은 국고에 귀속된다(동법 제41조 제3항). 또한 국고보조금을 받은 정당이 해산되는
경우에는 그 잔액도 반환하여야 한다(정치자금법 제20조). 그리고 헌법재판소의 결정에 의하여
해산된 정당의 목적을 달성하기 위한 집회 또는 시위는 금지되고, 집회 또는 시위를 할 것을
선전하거나 선동하여서는 아니 된다(집회 및 시위에 관한 법률 제5조). 그러나 해산된 정당의 소
속의원의 의원자격상실여부에 관하여는 문제가 있다. 이에 관한 헌법이나 법률의 명문규정이
없기 때문에 국회의원직을 상실하는지 아니면 무소속으로 남게 되는지 의문이 있다.

질서의 의미에 관하여는 다음과 같이 판시하고 있다. "모든 폭력적 지배와 자의적 지배 즉 반국가단체의
일인독재 내지 일당독재를 배제하고 다수의 의사에 의한 국민의 자치, 자유 평등의 기본원칙에 의한 법치
주의적 통치질서이고, 구체적으로 말하면 기본적 인권의 존중, 권력분립, 의회제도, 복수정당제도, 선거제
도, 사유재산제와 시장경제를 골간으로 한 경제질서 및 사법권의 독립 등으로 풀이할 수 있다." 헌재 1990.
4. 2. 89헌가113.

150) BVerfGE 5, 85(142f).

151) 김철수(주 12), 229; 송석윤, "정당해산심판의 실체적 요건," 서울대학교 법학 제51권 제1호(2010), 60.

152) 권영성(주 10), 201. 그러나 이 견해에 대하여 김철수 교수는 정부의 해산제소의 여부는 정부의 자유재량
사항이라고 보고 있다. 김철수(주 12), 239. 그 밖에 정부의 재량사항으로 보는 견해로는 헌법재판소, 헌법
재판실무제요, 1998, 238.

(2) 정당해산의 효과로서 의원직상실 여부에 관한 학설

헌법재판소의 해산결정으로 정당이 강제해산되는 경우 해산되는 정당의 소속의원이 의원직을 상실하는지의 여부에 관하여는 법률에 명문의 규정이 없다. 다만 공직선거법 제192조 제4항에 "비례대표국회의원 또는 비례대표지방의회의원이 소속정당의 합당·해산 또는 제명 외의 사유로 당적을 이탈·변경하거나 2 이상의 당적을 가지고 있는 때에는 국회법 제136조(퇴직) 또는 지방자치법 제70조(의원의 퇴직)의 규정에 불구하고 퇴직한다"라고 규정하고 있을 뿐이다. 따라서 위헌정당으로 강제해산되는 경우 소속의원의 의원자격여부에 의문이 제기되며 여기에 그 해석론을 둘러싸고 학설이 대립하고 있다. 이 문제에 관하여는 독일연방선거법의 경우와 같이 입법으로 해결하는 것이 바람직하지만,[153] 그 구체적 입법이 없는 우리나라에 있어 학설은 의원직을 상실한다는 견해와 의원직을 상실하지 않는다는 견해로 나뉘고 있다.

(가) 의원직상실설

헌법재판소의 결정에 의하여 강제해산된 경우에는 의원의 자격을 상실한다고 보는 입장에 의하면, 오늘날의 정당제민주주의하에서는 유권자가 각급 공직선거에서 후보자 개인의 인물보다는 그가 소속하는 정당을 투표의 기준으로 하는 것이 일반적이기 때문에 위헌정당을 이유로 해산된 정당에 소속하는 의원들로 하여금 계속 의원직을 보유하게 한다면 그것은 정당제민주주의 원리와 모순되고 방어적 민주주의 원리에도 위배될 뿐 아니라 위헌결정 그 자체를 무의미한 것으로 되게 하므로 의원직을 상실하게 해야 한다는 것이다.[154]

(나) 의원직유지설

위의 견해와는 반대로 정당의 강제해산의 경우에도 소속 의원의 의원직은 상실되지 않는다고 보는 입장에서는 우리 헌법상 무소속후보자 금지규정이 없고 현행 공직선거법상 무소속 입후보를 인정하고 있으므로 국회의원의 자격은 그대로 유지되고 무소속의원으로 남는다고 본다.[155] 그리고 선거가 국민주권의 행사라는 점에 비추어 의원직상실은 법률에 명시된 경우에 한하는 것이 타당하다고 하며, 자유위임의 원칙에 비추어 소속의원의 정당에 대한 기속은 헌법과 법률에 명시된 범위에 한정하는 것이 옳다고 한다.[156] 또한 위 공직선거법 제192조 제4항에서 말하는 소속정당의 "해산"은 자진해산만을 의미하는 것으로 제한하여 해석할 근거가 없다고 보는 입장에서는 비례대표의원이 아닌 지역구의원의 경우에는 의원직을 상실하지 않는다고 보고 있다.[157]

---

153) 독일 연방선거법(Bundeswahlgesetz) 제46조 제1항 제5호.
154) 권영성(주 10), 201; 정종섭(주 99), 1528.
155) 김철수(주 12), 174.
156) 양건(주 92), 166-167.
157) 양건(주 92), 167.

(다) 소   결

생각건대 특정 정당의 목적이나 활동은 그 정당 구성원인 소속의원을 비롯한 당원들의 의사결정이나 활동과 불가분의 관계에 있는 것이므로 위헌적인 정당활동은 곧 그 정당소속 의원들의 위헌적 활동을 의미한다고 할 수 있으며, 현대의 정당국가적 민주주의에 있어서 의원의 선출이 사실상 당적에 의해 좌우되는 현실에 비추어 위헌정당으로 해산되는 경우 소속의원의 자격도 상실하도록 하는 것이 타당하다고 본다. 그러한 해석론이 방어적 민주주의에 기초한 위헌정당해산제도의 헌법정신에 부합된다고 할 것이다.

또한 공직선거법 제192조 제4항의 정당의 해산은 그 입법취지에 비추어 볼 때 정당의 자진해산의 경우로 한정하는 것이 타당하며 강제해산의 경우까지 포함하는 것으로 해석하기 어렵기 때문에 위 조항에 근거하여 정당이 강제적으로 해산되더라도 적어도 지역구 의원의 자격은 상실되지 않는다는 견해는 타당하다고 할 수 없다.

VI. 개정의 필요성에 대한 검토

1. 현행 헌법 제8조의 정당조항은 헌법상 제도적 보장으로서 정당제도의 보장과 함께 국민의 정치적 기본권으로서의 정당설립의 자유 및 정당활동의 자유를 보장하는 것으로 헌법상 결사의 자유(제21조 제1항) 보장에 대한 특별규정의 성격을 갖고 있음은 전술한 바와 같다. 이러한 정당조항에 의한 정당제도 내지 복수정당제의 보장은 우리 헌법의 기본질서인 자유민주적 기본질서의 핵심적 구성요소를 구성할 뿐만 아니라 국민의 정당결성의 자유 및 정당활동의 자유를 보장함으로써 현대의 대중민주주의에 있어서 국민의 능동적 정치참여를 가능하게 하여 국민주권원리를 구현한다는 점에서 그 정당조항이 헌법규범과 정치현실에서 수행하는 기능의 중요성은 높이 평가될 수 있다. 특히 오늘날의 다원적 사회에 있어서 국민의 다양한 의사와 욕구를 수렴하고 대변할 수 있는 진보정당, 계급정당 등의 설립이 보장되고 있는 민주정치의 현실에서 볼 때 정당조항의 가치와 중요성은 매우 긍정적으로 평가할 수 있다. 더욱이 헌법 제8조 제4항의 위헌정당해산규정은 정당존립의 특권을 보장함과 동시에 헌법의 예방적 수호를 위한 정당활동의 헌법적 한계를 명시하고 있다는 점에서도 그 의의가 크다고 할 수 있다. 이러한 정당해산조항은 우리나라의 남북분단과 이데올로기의 대립이라는 한반도의 현실에 있어 국가의 존립과 자유민주주의체제 수호를 위해 불가결의 규정이라고 할 수 있다.

다만, 위헌정당해산의 사유로서 "정당의 목적이나 활동이 민주적 기본질서에 위배될 때"에 있어서 '민주적 기본질서'의 해석이 문제될 수 있는데, 여기서 '민주적 기본질서'가 무엇을 의미하는지에 관하여 학계의 논의가 있음은 전술한 바와 같다. 따라서 정당해산의 실질적 요건으로서 "민주적 기본질서에 위배된 때"에 관하여 그 해석상 논쟁의 여지를 없애기 위해서는 여기의 '민주적 기본질서'를 헌법전문과 헌법 제4조에서 규정하고 있는 '자유민주적 기본질서'와 동일한 의미로 보아 "정당의 목적이나 활동이 자유민주적 기본질서에 위배된 때"로 수정할 필요가 있다고 본다. 즉 헌법전반에 걸친 개정의 필요성이 현실문제로 제기되는 경우에는 제8조 제4항의 정당해산사유를 좀 더 명확하고 구체적으로 규정하는 것이 바람직하다고 할 수 있다.

2. 헌법개정의 필요성과 관련하여 현행 정당조항이 헌법편제상 총강(總綱) 속에 규정되어 있는데 이 점에 관하여도 논의가 있을 수 있다. 우리 헌법은 편제상 제1장에 총강을 두어 그 속에 국가형태와 국민주권의 원리, 국민, 영토, 국제법질서, 공무원제도와 정당제도, 문화국가원리 등을 규정하고 있으나 총강의 존치여부와 총강내용의 재배치 등에 관하여 논의가 있다.[158] 생각건대 현행 헌법의 총강에 규정되어 있는 내용 중 국제법질서와 정당제도, 공무원제도, 문화국가원리 등이 하나의 장에 규율될 정도로 일정한 동질성이 있는 것도 아니며, 이 점에서 총강존치의 필요성에 의문이 제기될 수도 있다. 총강을 없애고 기존 총강의 사항을 재배치하는 경우에 정당조항을 어떻게 배치할 것인가에 관하여 여러 가지 방안을 생각할 수 있다고 본다. 첫째는 정당의 민주주의와의 관계에서 그 중요성을 특히 강조하려는 경우 제1장에 국가형태, 국민주권원리와 함께 정당을 규정하는 방법을 고려할 수 있다. 둘째는 정당을 기본권과 관련하여 결사의 자유에 정당을 함께 규정하는 방법도 생각할 수 있다. 현행헌법이 정당조항을 총강에서 규정하고 있는 취지에 충실하기 위해서는 전자의 방법이 타당하다고 본다.[159]

VII. 관련문헌

1. 국내문헌

가. 단행본

계희열, 헌법학(상), 박영사, 2005.

계희열 역, 독일헌법원론, 박영사, 2001.

구병삭, 신헌법원론, 박영사, 1989.

_____, 헌법학Ⅰ, 박영사, 1981.

권영성, 헌법학원론, 법문사, 2010.

권영성 역, 헌법국가와 헌법, 박영사, 1975.

김중권, 헌법과 정당, 법문사, 1990.

김철수, 헌법학개론, 박영사, 2007.

_____, 비교헌법론(상), 박영사, 1980.

_____, 현대헌법론, 박영사, 1979.

문홍주, 한국헌법, 해암사, 1963.

박일경, 제5공화국헌법, 일명사, 1980.

성낙인, 헌법학, 법문사, 2013.

심천 계희열박사 화갑기념논문집 간행위원회, 정당과 헌법질서, 박영사, 1995.

안청시·백창재 편, 한국정치자금제도: 문제와 개선방안, 서울대학교출판부, 2003.

양 건, 헌법강의, 법문사, 2011.

장영수, 헌법학, 홍문사, 2007.

정만희, 정당법론, 동아대출판부, 1985.

_____, 헌법과 통치구조, 법문사, 2003.

_____, 헌법강의1, 동아대학교출판부, 2011.

정종섭, 헌법학원론, 박영사, 2013.

중앙선거관리위원회, 대한민국정당사, 1968.

한태연, 헌법학, 법문사, 1977.

허 영, 헌법이론과 헌법(상), 박영사, 1980.

_____, 한국헌법론, 박영사, 2009.

헌법재판소, 헌법재판실무제요, 1998.

나. 논   문

계희열, "현대민주주의와 공천," 신동아(1970. 11).

권영호, "독일정당의 내부질서에 관한 연구," 토지공법연구 제16집(2002).

김문현, "정당국가현상과 대의제민주주의," 공법연구 제24집 제4호(1996).

김용호, "최근 한국정당의 개혁조치에 대한 평가," 한국정당학회보 제7권 제1호(2008).

김정기, "프랑스 정당체제에 관한 연구," 동북아논총 제12집(1999).

방승주, "권력구조의 민주화와 정당," 헌법학연구 제8권 제2호(2002).

손희두, "정당국고보조제도의 헌법상 문제점," 법제연구 제21호(2001).

송석윤, "정당해산심판의 실체적 요건," 서울대학교 법학 제51권 제1호(2010).

안경환, "구미의 정당제도," 인권과 정의 제164호(1990).

양 건, "정당내부의 분쟁과 사법심사의 한계," 공법연구 제8집(1980).

윤세창, "개정헌법상의 정당조항," 사법행정 제4권 제7호(1963).

이종수, "선거과정의 민주화와 정당," 헌법학연구 제8권 제2호(2002).

_____, "최근 판례들에 나타난 헌법재판소의 정당관," 헌법판례연구(8)(2006).

_____, "정당제민주주의의현안문제의 검토," 헌법학연구 제13권 제2호(2007).

전광석, "정당의 내부질서와 민주적인 공직선거입후보자 추천," 헌법학연구 제6권 제1호
          (2000).

정만희, "미국헌법상 정당의 지위," 고시연구(1985. 12).

_____, "정당의 자유와 법적 규제," 심천 계희열박사 화갑기념 「정당과 헌법질서」(1995).

_____, "정당법상 정당의 자유제한의 문제점," 동아법학 제54호(2012).

_____, "정당의 민주적 공천제의 법리," 공법학연구 제4권 제1호(2002).

정용길, "독일의 정당구조와 정당통합", 한국정치학회보 제30집 제4호(1997).

정태호, "정당설립의 자유와 현행정당등록제도의 위헌성에 대한 관견," 인권과 정의(2005. 3).

정흥모, "독일정당제도와 그 시사점: 정당법의 국고보조금제도를 중심으로," 사회과학논집
　　　 제37집 제1호, 연세대학교 사회과학연구소(2006).

지성우, "독일정당의 재정제도에 관한 연구," 토지공법연구 제37집 제1호(2007).

2. 국외문헌

가. 미국 및 독일

Fellman David, Constitutional Rights of Association, in Philip B. Kurland ed., Free
　　　 speech and association: the Supreme Court and the first amendment, Chicago:
　　　 University of Chicago Press, 1975.

Leibholz G., Strukturprobleme der modernen Demokratie, Karlsruhe: C. F. Müller, 1958.

Michels M., Political Parties: A Socialogical Study of the Oligarchical Tendencies of
　　　 Modern Democracy, New York: Dover, 1962.

Roseboom E. H., and Alfred E. Eckes, Jr., A History of Presidential Elections, from
　　　 George Washington to Jimmy Carter, New York: Collier Books, 1979.

Rossiter C., Parties and Politics in America, Ithaca, N. Y.: Cornell University Press, 1960.

Sartori G., Comparative Constitutional Engineering: an inquiry into structures, incentives
　　　 and outcomes, Basingstoke: Macmillan, 1997.

나. 일 본

岡澤憲芙, 政黨, 東京大學出版會, 1988.

本　秀紀, 政黨條項－"憲法的編入"の意味と無意味, ジュリスト 第1289号, 2005.

小林昭三, 政黨の"憲法的融合"についての再編, 早稲田政治經濟學雜誌 第189号, 1962.

齋藤康輝, 政黨の憲法的融合論, 成文堂, 2006.

阪本昌成, 憲法理論 I (改訂 第3版), 成文堂, 1999.

佐藤幸治, 憲法(第3版), 靑林書院, 1995.

高木八尺・末延三次・宮澤俊義 編, 人權宣言集, 岩波文庫, 1957.

中西輝政 編, 憲法改正, 中央公論新社, 2000.

樋口陽一・佐藤幸治・中村睦男・浦部法穂, 憲法2, 靑林書院, 1997.

山崎　拓, 憲法改正, 生産性出版, 2001.

헌법 제9조

[김 상 겸]

第 9 條
國家는 傳統文化의 계승·발전과 民族文化의 暢達에 노력하여야 한다.

Ⅰ. 기본개념과 입헌취지

1. 서　론

　1948년 건국헌법부터 헌법은 전문과 여러 조항에서 문화 내지 문화와 관련된 내용에 대하여 언급하였지만, 개별조항에서 전통문화와 민족문화에 대하여 구체적으로 언급한 것은 1980년 제8차개정헌법이 처음이다. 1980년헌법은 제9조에 전통문화의 계승·발전과 민족문화의 창달에 노력할 국가의 과제를 명문화하였고, 1987년 제9차개정헌법인 현행헌법은 이 조항을 그대로 답습하였다.

2. 입헌취지

헌법 제9조는 전통문화의 계승·발전과 민족문화의 창달에 대하여 규정하고 있다. 동 조항은 일반적인 문화영역을 대상으로 하지 않고 전통문화와 민족문화에 대해서만 언급하고 있지만, 문화국가에 관한 기본규정으로서의 의미를 갖는다. 이 규정에 대한 취지는 1980년 개헌 당시 어느 자료에도 기록되어 있지 않다. 그러나 우리 근대사에서 외부 세력에 의한 민족문화의 훼손이 많았다는 점을 고려할 때 동 조항의 의미는 있다. 왜냐하면 대한제국의 몰락과 함께 일본에 의한 식민지 시대를 경험하였고 해방 이후의 분단 상황과 미군정 시대를 거치는 동안 우리의 고유한 전통문화와 민족문화가 왜곡되었기 때문이다. 그렇다면 이 조항은 향후 국가생활에서 우리의 전통문화와 민족문화를 지키고 발전시키는 것이 중요하다는 의미에서 특별히 강조하고자 한 것으로 볼 수 있다.

3. 전통문화와 민족문화의 개념

가. 문화의 의미

문화(culture, Kultur)는 인류의 지식·신념·행위 등을 총체적으로 뜻하는 용어이다. 문화는 라틴어의 cultura에서 파생한 culture를 번역한 말로 원래의 의미는 경작이나 재배였는데, 나중에 교양·예술 등의 뜻을 가지게 되었다. 영국의 인류학자 타일러가 언급하고 있는 것처럼 문화란 지식·신앙·예술·도덕·법률·관습 등 인간이 사회의 구성원으로서 획득한 능력 또는 습관의 총체를 말한다. 즉 문화란 사회 내의 전형적인 생활양식, 가치관 및 행위양식의 총체라고 할 수 있다.

일반적으로 문화는 유럽형의 요소나 현대적 편리성(문화생활·문화주택 등)을 지칭하거나, 높은 교양과 깊은 지식, 세련된 생활, 우아함, 예술풍의 요소(문화인·문화재·문화국가 등), 또는 인류의 가치적 소산으로서의 철학·종교·예술·과학 등을 가리킨다. 전자의 경우는 문화가 없는 인류가 과거에 존재하였고, 현재도 존재하고 있다는 것이다. 후자의 경우는 독일의 철학이나 사회학에 전통적인 것으로 인류의 물질적인 소산을 문명이라 부르고 문화와 문명을 구별하고 있다. 그러나 현재의 사회과학, 특히 문화인류학에서는 미개와 문명을 가리지 않고, 모든 인류가 문화를 소유하며 인류만이 문화를 가진다고 생각한다. 여기에서 문화란 인류에서만 볼 수 있는 사유, 행동의 양식(생활방식) 중에서 유전에 의하는 것이 아니라 학습에 의해서 소속하는 사회(협동을 학습한 사람들의 집단)로부터 습득하고 전달받은 것 전체를 포괄하는 총칭이다.[1]

이러한 문화에 대한 일반적·사전적 정의를 기초로 하여 법학에서 문화는 국가와 특별한 관계를 가지고 있는 인간의 정신적·창조적 활동영역이라고 그 개념을 정의하고 있다.[2]

---

1) 네이버 백과사전(http://100.naver.com/100.nhn?docid=65967).
2) 홍성방, 헌법학, 박영사, 2011, 172.

나. 전통문화의 개념

전통(tradition)이란 일반적으로 역사적으로 전승된 물질문화, 사고와 행위양식 등으로 넓은 의미로는 과거부터 전해진 문화유산을 말한다. 그러나 객관적인 존재로서 과거로부터 현재에 전해진 사상·관행·행동·기술의 양식 등은 전통이라기보다 관습이며 과거로부터 연속성을 가진 문화유산에 불과하다. 그것에 비하여 전통은 같은 문화유산이라 하더라도 현재의 생활에서 볼 때 어떤 주관적인 가치판단을 기초로 하여 파악된 것을 말하며 반드시 연속성을 필수조건으로 하지 않는다. 어느 시대에 사라졌던 것이 후대에 이르러 전통으로 되살아나는 일은 흔한 일이다. 이와 같이 잊었던 것이 새삼 전통으로 되살아나는 것은 그 시대 사람들의 주관적인 가치판단에 의하여 재평가되기 때문이다. 이 문화유산의 재평가가 전통의 기본이 되므로 단순히 옛것, 인습, 또는 누습은 전통이라고 하지는 않는다.[3]

이렇게 문화와 전통을 결합한 용어가 전통문화이다. 따라서 전통문화에 대한 개념의 정립은 양자의 결합을 통하여 가능하다. 전통문화는 역사적으로 전승되어 온 인류의 지식·신앙·예술·도덕·법률 등 인간이 사회의 구성원으로서 획득한 능력 또는 습관의 총체라고 정의할 수 있다. 그리고 국가를 중심으로 정의하자면 한 국가에서 발생하여 전해 내려오는 그 국가 고유의 문화를 전통문화라고 할 수 있다.

전통문화는 인류가 사회생활을 하면서 습득한 지식이나 예술, 또는 도덕과 관습 및 법률 등 인간이 사회의 구성원으로서 획득한 능력 또는 습관의 총체인 문화를 지속적으로 축적시킨 것이라는 점에서 역사성이나 계속성과 같은 특성을 가지고 있다. 또한 주관적 판단에 의하여 평가된 대상이란 점에서 객관적 성격보다는 주관적 성격을 갖고 있다. 이러한 특성이 전통문화를 좀 더 구체적으로 인식시킨다. 전통문화는 인류의 문화 중에서 지속성을 가진 것을 대상으로 한다는 점에서, 그리고 주관적 판단에 의하여 결정된다는 점에서 일정한 범위를 갖는다. 전통문화는 국가가 갖고 있는 고유의 문화를 의미하기 때문에 국가의 역사 속에서 형성되어 온 문화에 국한한다. 전통적으로 문화의 범주에는 교육, 학문, 예술, 종교 등이 해당된다. 이는 문화를 전통적인 영역에서만 이해하는 경우로 새로운 문화영역은 포함시키지 않는다. 그렇기 때문에 현대사회에서 형성된 대중문화는 제외한다. 또한 전통문화라 하더라도 헌법이 보호하는 영역을 벗어나면 더 이상 헌법상 전통문화라 할 수 없다.[4]

다. 민족문화의 개념

우리나라는 과거부터 오늘에 이르기까지 단일민족이란 용어를 빈번하게 사용하면서 민족의 결속을 강조해 왔다. 물론 이런 표현의 근저에는 우리 역사에서 보듯이 빈번한 외세의 침입으로부터 민족의 결속과 자주성을 지키기 위한 정치적 의도가 있었지만, 다른 한편에서는 지정

---

3) 네이버 백과사전(http://100.naver.com/100.nhn?docid=135192).

4) 그런 점에서 동성동본금혼제(헌재 1997. 7. 16. 95헌가6등; 헌재 2010. 7. 29. 2009헌가8)와 호주제(헌재 2005. 2. 3. 2001헌가9) 등은 전통문화로 보호받지 못한다.

학적으로 한반도라는 매우 제한된 지역적 상황과 맞물리면서 국가의 정체성을 유지하기 위한 방법으로 사용된 점도 있다.

　　민족이란 일정한 지역에서 장기간에 걸쳐 공동생활을 함으로써 언어·풍습·종교·정치·경제 등 각종 문화내용을 공유하고 집단귀속감정에 따라 결합된 인간집단의 최대단위로서의 문화공동체를 말한다.[5] 그러나 현실에서 민족이란 표현은 국민·부족·종족 등과 혼동되는 경우가 많으며, 또 실제로는 이들과 부분적으로 중복되기도 한다. 그러므로 민족은 언어, 거주하는 지리적 범위, 경제생활과 문화 등에서 공동의 의식을 가지고 역사적으로 형성된 인간집단이다.

　　문화와 민족이 결합된 민족문화란 일정한 지역에서 오랜 기간 언어·풍습·종교·정치·경제 등 각종 문화내용을 공유하면서, 정신적·창조적 활동을 통하여 형성된 문화를 의미한다.

4. 문화국가의 원리

가. 문화와 국가의 관계

　　문화국가라는 용어는 18세기 말 독일의 피히테(J. G. Fichte)가 문화와 국가를 개념적으로 결합시키면서 등장하였다. 이 이후 문화에 대한 국가의 태도는 시대에 따라 변화하면서 발전하였다. 특히 문화와 국가의 관계에 대하여 독일의 헌법학자 그림(D. Grimm)은 역사적으로 3단계를 거치면서 발전해왔다고 한다. 먼저 근대 이전에는 문화란 철저하게 지배체계에 봉사하는 수단적 존재로서 기능하였고, 시민계급의 성장과 함께 근대 초기에는 국가와 유리되어 문화의 자율성과 독자성을 인정받았던 시기 및 시장경제의 발전과 함께 문화의 경제적 종속성, 전통문화의 퇴조와 외래문화의 유입과 문화적 불평등 등 이를 시정하는 것이 국가의 과제가 된 현대 등이다.[6]

　　또한 그는 문화에 대한 국가의 태도에 따라 4가지로 유형화하기도 하였다. 그에 의하면 건국초기의 미국처럼 문화에 대한 국가의 불간섭 내지 무관심의 이원주의적 모델이나 계몽주의가 풍미하던 시절의 군주국에서 문화적 국가목적과는 다른 이해관계로 인하여 국가가 문화를 육성하는 공리주의적 모델, 프로이센처럼 문화의 발전을 위하여 국가가 문화를 육성하는 문화국가적 모델 및 나치독일의 경우처럼 정치적 기준에 의하여 국가가 문화를 조정하는 지도적 모델 등으로 구분할 수 있다.[7]

나. 문화국가의 개념

　　앞에서 언급한 것처럼 문화란 국가와 특별한 관계를 가지고 있는 인간의 정신적·창조적

---

5) 두산백과사전 EnCyber & EnCyber.com(http://100.naver.com/100.nhn?docid=67819).

6) Grimm, Kulturauftrag im staatlichen Gemeinwesen, VVDStRL, 42 (1984), S. 59. 문화와 국가의 관계에 대한 우리나라의 문헌으로는 권영성, 헌법학원론, 법문사, 2007, 146 이하; 전광석, "헌법과 문화," 공법연구 제18집(1990), 161 이하; 오세탁·김수갑, "문화국가원리의 실현구조," 법학연구(충북대 법학연구소) 제5권 (1993), 3 이하.

7) Grimm, Kulturauftrag des Staates, in: ders., Recht und Staat der bürerlichen Gesellschaft, 1987, S. 104ff.

활동영역이지만 문화국가가 무엇인지에 대한 일의적 정의는 없다. 문화국가의 개념에 관해서는 독일의 법학자 후버(E. R. Huber)가 그 요소를 언급하면서 정의를 내린 것이 유명하다. 후버에 의한 문화국가의 개념적 요소에는 문화의 자율성, 문화에 대한 국가의 기여, 국가의 문화형성력, 문화의 국가형성력 및 문화적 산물로서의 국가 등이다.[8] 또한 슈타이너(U. Steiner)라는 학자는 문화국가를 문화의 개념과 더불어 변화하는 개념이라고 하면서, 인간의 정신적·창조적 활동영역인 교육, 학문, 예술, 종교 등 좁은 의미의 문화영역에 있어서 임무와 책임을 다하는 국가가 문화국가라고 하고 있다.[9]

　　문화국가의 개념에 대한 학계의 견해를 소개한다면 우선, 문화국가란 문화의 자율성을 존중하면서 건전한 문화육성이라는 적극적 과제의 수행을 통하여 실질적인 문화의 평등을 실현시키려는 국가라고 한다.[10] 또는 학문, 예술, 종교, 교육 등과 같은 특정한 정신적·창조적 활동영역의 보장을 국가의 책임이나 과제로 하는 국가를 문화국가라고 한다.[11] 그런가하면 국가로부터 문화활동의 자유가 보장되고 국가에 의하여 문화가 공급되어야 하는 국가로서 문화에 대한 국가적 보호·지원·조정 등이 이루어져야 하는 국가를 문화국가라고도 한다.[12] 그리고 공동체구성원이 스스로의 정체성을 확인하면서 민주주의와 법치주의 헌법원리에 따라 공동체에서 생활할 수 있도록 하는 국가의 성격이라고도 한다.[13]

다. 문화국가의 내용

　　헌법국가에 있어서 문화는 보호되어야 될 대상이며, 헌법은 문화국가의 원리를 기본원리로서 채택하여 문화의 보호·육성·전수를 국가의 중요한 과제로서 부여하고 있다.[14] 문화국가(Kulturstaat)란 문화의 자유와 평등이 보장되고, 국가의 적극적 과제로서 문화의 보호와 육성이 실현되는 국가를 말한다.[15] 문화의 특성이 자율성과 창조성에 있다고 할 때, 헌법을 통하여 구체화되는 문화국가원리는 자율적 문화활동의 보장과 문화적 평등의 확보를 핵심 내용으로 한다.[16] 현행 헌법은 문화국가원리를 여러 문화관련 규정을 통하여 표방하고 있다.[17] 먼저 헌법

---

8) Huber, Zur Problematik des Kulturstaates, 1958, S. 8ff. 참조.
9) Steiner, Kulturauftrag im staatlichen Gemeinwesen, VVDStRL 42 (1984), S. 8f.
10) 홍성방(주 2), 172; 김수갑, "한국헌법에서의 「문화국가」조항의 법적 성격과 의의," 공법연구 제32집 제3호 (2004. 2), 186.
11) 한수웅, 헌법학, 법문사, 2013, 350.
12) 권영성(주 6), 146.
13) 강경근, 헌법, 법문사, 2004, 217.
14) 문화의 규범적 개념에 대해서는 Steiner, Kulturauftrag im staatlichen Gemeinwesen, VVDStRL 42 (1984), S. 8f.; 이시우, "문화복지의 헌법적 의미와 그 입법정책적 과제," 헌법학연구 제5권 제2호(1999), 157 이하; 홍성방, "문화국가원리," 고시연구(1998. 5), 84-85.
15) 문화국가의 개념과 헌법상의 문화국가원리에 대해서는 대표적으로 강경근(주 13), 217; 권영성(주 6), 139 이하; 전광석(주 6), 161 이하; Schelsky, Die Idee des Kulturstaates, in: Häberle(Hrsg.), Kulturstaatlichkeit und Kulturverfassungsrecht, 1982, S. 200.
16) 장영수, 헌법학, 홍문사, 2007, 232 이하 참조.
17) 헌법 제127조의 정보사회에서의 과학기술의 혁신과 정보·인력개발도 간접적으로 문화국가의 규범적 표현으로 기능한다고 보기도 한다. 강경근(주 13), 206.

전문은 "문화의 영역에서 각인의 기회를 균등히 하고 능력을 최고도로 발휘하게 하며"라고 규정하여 문화국가원리를 선언하고 있다. 헌법 제10조는 인간의 존엄과 가치를 규정하고 있으며, 제34조 제1항에서는 인간다운 생활을 할 권리를 규정하여 일정 수준의 문화생활까지 보장하고 있다.[18] 또한 전통문화의 계승발전과 민족문화의 창달, 그리고 문화영역에서의 평등을 위하여 헌법 전문과 헌법 제9조 등에서 규정하고 있다. 나아가 문화국가의 실현을 위하여 양심의 자유, 언론·출판 및 집회·결사의 자유, 학문과 예술의 자유 등을 헌법 제19조 내지 제22조에 걸쳐 보장하고 있으며, 헌법 제69조의 규정에 의하여 대통령의 의무로서 민족문화의 창달을 언급하고 있다. 문화국가의 이념을 실현하는 방법의 기초로서 교육을 받을 권리와 교육제도를 규정하고 있다.[19]

　　앞에서 본 것처럼 헌법은 여러 조항에서 문화에 관하여 언급하고 있다. 또한 이런 헌법조항들을 모아서 문화헌법이란 개념을 사용하고 있고, 이것을 기초로 하여 문화국가원리를 헌법상의 기본원리로 도출하고 있다. 문화국가원리가 헌법상의 기본원리가 될 수 있는지 여부에 대한 논란은 있지만,[20] 헌법재판소는 학교보건법 위헌제청사건에서 "우리나라는 건국헌법 이래 문화국가의 원리를 헌법의 기본원리로 채택하고 있다. 우리 현행 헌법은 전문에서 "문화의 … 영역에 있어서 각인의 기회를 균등히" 할 것을 선언하고 있을 뿐 아니라, 국가에게 전통문화의 계승 발전과 민족문화의 창달을 위하여 노력할 의무를 지우고 있다(제9조). 또한 헌법은 문화국가를 실현하기 위하여 보장되어야 할 정신적 기본권으로 양심과 사상의 자유, 종교의 자유, 언론·출판의 자유, 학문과 예술의 자유 등을 규정하고 있는바, 개별성·고유성·다양성으로 표현되는 문화는 사회의 자율영역을 바탕으로 한다고 할 것이고, 이들 기본권은 견해와 사상의 다양성을 그 본질로 하는 문화국가원리의 불가결의 조건이라고 할 것이다. 문화국가원리는 국가의 문화국가실현에 관한 과제 또는 책임을 통하여 실현되는바, 국가의 문화정책과 밀접 불가분의 관계를 맺고 있다"라고 하여 문화국가원리를 인정하고 있다.[21]

II. 연   혁

　　현행 헌법 제9조의 전통문화의 계승과 발전 및 민족문화의 창달에 관한 조항은 1980년 제8차개정헌법에 처음 도입되어 규정되었다. 당시 1980년헌법 제8조에 규정된 내용이 제9차개정

---

18) 헌법재판소는 보건복지부장관의 '1994년 생계보호기준'에 대한 위헌소송에서 헌법상의 인간다운 생활권의 의미는 "국민소득, 국가의 재정능력과 정책 등을 고려하여 가능한 범위 안에서 최대한으로 모든 국민이 물질적인 최저생활을 넘어서 인간의 존엄성에 맞는 건강하고 문화적인 생활권"이라고 보고 있다(헌재 1997. 5. 29. 94헌마33).

19) 헌재 1991. 2. 11. 90헌가27에서 헌법재판소는 교육을 받을 권리가 우리 헌법이 지향하는 문화국가의 이념을 실현하는 방법의 기초라고 판시하고 있다. 강경근(주 13), 218.

20) 이러한 논란에 대해서는 장영수(주 16), 229 이하 참조.

21) 헌재 2004. 5. 27. 2003헌가1, 2004헌가4(병합); 이외에도 2000. 6. 29. 98헌바67.

헌법 제9조에 그대로 승계되어 조항만 바뀌었다. 헌법에 전통문화나 민족문화에 관한 규정은 1980년 헌법 이전에는 규정이 없었고 헌법 전문에서 단지 전통이란 표현을 쓰고 있을 뿐이었다. 제헌헌법부터 명문으로 등장한 전통이란 표현은 헌법의 역사성을 나타내는 의미로만 사용되었다. 그러다가 문화와 결합하여 1980년헌법에서부터 독립된 조항으로 등장한 후 현행 헌법에 이르기까지 전통문화와 민족문화에 대한 국가의 의무를 명시하여 헌법차원에서 보장하고 있다.

Ⅲ. 입헌례와 비교법적 의의

헌법에서 문화를 명문화하고 있는 경우는 그리 많지 않다. 문화라는 용어 자체가 정의하기 쉽지 않고, 문화에 대한 국가의 태도에 따라 바뀌었기 때문이다. 그렇기 때문에 20세기 들어올 때까지 헌법에서 문화라는 표현을 찾아보기는 불가능하였다. 문화에 대한 헌법의 명문규정은 1919년 독일의 바이마르헌법에서 처음 도입되었다. 동 헌법 제18조 제1항은 '제국을 각 주로 분할함에 있어서 국민의 경제 및 문화상의 최고의 이익에 부응할 수 있도록 …'이라고 규정하였다.

제2차 세계대전 이후에는 1948년 세계인권선언을 필두로 1966년 경제적·사회적·문화적 권리에 관한 국제규약 등 국제법적 차원에서 뿐만 아니라, 각국 헌법에서도 점차 문화에 관한 규정이 명문화되기 시작하였다. 예를 들어 1976년 필리핀헌법은 제15조 제9항 제2호에 "필리핀문화는 민족적 주체성을 위하여 보존되고 개발되어야 한다. 예술과 문학은 국가가 보호한다"라고 규정하여 민족문화에 대한 국가의 의무에 대하여 규정하고 있다.[22]

Ⅳ. 다른 조문과의 체계적 관계

헌법 제9조는 전통문화의 계승·발전과 민족문화의 창달에 대한 국가의 노력의무를 규정하고 있다. 우리 헌법은 이 조항뿐만 아니라 여러 조항에서 문화에 대하여 직·간접적으로 문화를 언급하고 있다. 그래서 헌법상의 기본원리에 문화국가원리를 포함할 것인지 여부에 대하여 학계의 견해는 일치되고 있지 않음에도,[23] 문화와 관련하여 헌법상의 여러 조항을 모아서 문화국가원리에 대하여 언급하고 있다.

헌법 제9조에서 언급하고 있는 문화와 관련하여 먼저 헌법전문은 '유구한 역사와 전통에 빛나는 우리 대한국민'이라고 하여 문화국가의 이념을 선언하고 있다. 이와 함께 '정치·경제·사회·문화의 모든 영역에 있어서 각인의 기회를 균등히 하고'라고 하여 문화영역에서의 평등

---

22) 각국의 입법례와 관련하여 자세히는 권영성, 비교헌법학, 법문사, 1981, 345 이하 참조.

23) 홍성방(주 2), 172.

을 언급하고 있다. 또한 헌법 제69조는 대통령이 취임할 때 '민족문화의 창달에 노력'할 것을
선서하도록 규정하고 있다.

　　문화에 관련된 기본권은 앞에서도 살핀 바와 같이, 사상과 종교의 자유, 학문의 자유, 예
술의 자유, 교육을 받을 권리, 언론과 출판의 자유, 신문과 방송 등 언론매체의 기능보장, 집
회·결사의 자유의 보장, 지식재산권보장 등이 있다. 그리고 혼인과 가족제도 보장과 환경권도
빼놓을 수 없는 문화국가 조항의 내용이다. 이러한 기본권 조항은, 헌법 전문의 문화를 중시하
는 헌법정신과, 제9조의 문화국가 조항과의 관계에서, 기본권 실현을 위한 국가의 문화정책 수
행이 더욱 활기와 추진력을 얻게 된다. 즉 국가가 정책적으로 국민들의 문화적 활동을 제도적
으로 장려하고 촉진함으로써, 실제적으로 개별적 기본권의 실현은 더욱 가능하게 된다. 문화와
관련한 국가의 재정적 조치나 제도적 기반시설의 확충 등을 통해서 기본권 실현과 향유가 더욱
용이해지기 때문이다. 따라서 제9조의 문화국가 조항은, 국가의 문화적 과제 수행의 방향이나
지침을 제공하는 포괄적 근거 조항으로 작용한다. 이로써 국가를 통한 문화적 영역의 객관적인
질서형성도 가능하게 된다.

V. 개념과 원리에 대한 판례 및 학설

　　헌법국가에 있어서 문화는 보호되어야 될 대상이며, 헌법은 문화국가의 원리를 기본원리
로서 채택하여 문화의 보호·육성·전수를 국가의 중요한 과제로서 부여하고 있다.[24] 문화국가
(Kulturstaat)란 문화의 자유와 평등이 보장되고, 국가의 적극적 과제로서 문화의 보호와 육성이
실현되는 국가를 말한다.[25] 우리 헌법은 문화국가원리의 근거를 여러 규정에 두고 있다.[26] 먼
저 헌법전문은 "문화의 영역에서 각인의 기회를 균등히 하고 능력을 최고도로 발휘하게 하며"
라고 규정하여 문화국가원리를 선언하고 있다. 헌법 제10조는 인간의 존엄과 가치를 규정하고
있으며, 제34조 제1항에서는 인간다운 생활을 할 권리를 규정하여 일정 수준의 문화생활까지
보장하고 있다.[27] 또한 전통문화의 계승발전과 민족문화의 창달, 그리고 문화영역에서의 평등
을 위하여 헌법 전문과 헌법 제9조 등에서 규정하고 있다. 나아가 문화국가의 실현을 위하여
양심의 자유, 언론·출판 및 집회·결사의 자유, 학문과 예술의 자유 등을 헌법 제19조 내지 제

---

24) 문화의 규범적 개념에 대해서는 Steiner(주 14), VVDStRL 42 (1984), S. 8f.; 이시우(주 14), 157 이하; 홍성
　　방(주 14), 84-85.
25) 문화국가의 개념과 헌법상의 문화국가원리에 대해서는 대표적으로 강경근(주 13), 217; 권영성(주 6), 146
　　이하; 전광석(주 5), 161 이하; Schelsky,(주 15), 1982, S. 200.
26) 헌법 제127조의 정보사회에서의 과학기술의 혁신과 정보·인력개발도 간접적으로 문화국가의 규범적 표현
　　으로 기능한다고 보기도 한다. 강경근(주 13), 206.
27) 헌법재판소는 보건복지부장관의 "1994년 생계보호기준"에 대한 위헌소송에서 헌법상의 인간다운 생활권의
　　의미는 "국민소득, 국가의 재정능력과 정책 등을 고려하여 가능한 범위 안에서 최대한으로 모든 국민이 물
　　질적인 최저생활을 넘어서 인간의 존엄성에 맞는 건강하고 문화적인 생활권"이라고 보고 있다(헌재 1997.
　　5. 29. 94헌마33).

22조에 걸쳐 보장하고 있으며, 헌법 제69조의 규정에 의하여 대통령의 의무로서 민족문화의 창달을 언급하고 있다. 문화국가의 이념을 실현하는 방법의 기초로서 교육을 받을 권리와 교육제도를 규정하고 있다.[28)]

VI. 헌법조문에 대한 현실적 검토

헌법 제9조는 헌법이 지향하는 가치 중 하나라고 할 수 있는 문화의 형성과 발전이라는 측면에서 의미를 갖는 조항이다. 그래서 동 조항은 문화국가에 관한 기본규정으로서의 의미를 갖는다. 그렇지만 동 조항은 단지 전통문화의 계승·발전과 민족문화의 창달만 규정함으로써 일반적인 문화영역을 그 대상으로 하지 않고 있다. 물론 동 조항은 우리나라 근대사를 통하여 우리 문화의 훼손과 왜곡을 고려하여 도입된 것이라 볼 수 있다. 그렇지만 1980년 당시 상황에서 동 조항을 도입한 신군부 세력의 그 취지는 개헌 당시의 어느 자료에도 나타나 있지 않다. 그러나 이것은 일본 식민지 시대와 해방 이후의 분단 상황과 미군정 시대를 거치는 근현대사에서 우리의 고유한 전통문화와 민족문화가 왜곡되었던 점들을 고려하여 향후 국가생활에서 그 점을 특별히 강조하고자 한 것으로 볼 수 있다. 그런 의미에서 헌법의 기본원리로서 문화국가원리의 성격을 훼손하는 것이라고 보기는 어렵다. 그것은 기본권 조항에서 구체적인 문화의 각 분야들에 관한 권리를 보장하고 있다는 점을 보아도 알 수 있다.

다만 현행 헌법 제9조가 민족문화와 전통문화로 한정하고 있는 의미를 조금 더 되짚어 볼 필요가 있다. 이 조항은 1980년 헌법에서 처음 채택되어, 다음의 1987년 헌법개정에서도 그대로 수용되어 지금에 이르렀다. 1980년 당시 문화국가 조항을 두면서 왜 이러한 내용으로 형성되었는지를 밝힐 수 있는 자료는 존재하지 않는다. 그러나 당시 정치적 상황을 고려하면 이 조항이 신설된 의도는 알 수 있다. 즉 새 시대를 시작한다는 대의명분 속에서 문화적 정체성의 확립과 동질성의 회복을 위하여 헌법상 문화국가 조항의 신설이 필요했다고 할 수 있다. 또한 분단국가에서, 장차 통일에 대비하여 민족의 문화적 동질성 회복까지 고려했다고 볼 수도 있다. 그러한 점에서 동 조항에 대하여 부정적인 평가만을 할 수는 없다.

그러나 헌법 제9조에서 단지 전통문화와 민족문화의 보호 및 육성을 강조하고 있는 것에 대해서 대중문화나 다른 문화의 영역과 비교할 때 긍정적으로만 평가될 수는 없다고 본다. 헌법이 국가의 최고 규범이라는 점과 기본권 규정에서 문화의 영역에서도 평등의 원칙이 적용되어야 한다는 점에서 볼 때 단지 전통문화와 민족문화에 국한하는 것은 문제가 있다고 볼 수 있다. 더구나 21세기 다원주의하에서 디지털 기술과 인터넷에 의한 새로운 문화가 형성되고 발전하는 시점에서 이는 자칫 잘못하면 세계화에 배치되고 시대정신과 충돌할 수 있는 문제를 야기할 수도 있다.

---

28) 헌재 1991. 2. 11. 90헌가27.

현대사회가 다양성을 추구하는 사회라면 문화의 영역에서 단지 전통문화와 민족문화만으로 국가 구성원으로서의 정체성과 국민적 동질성을 형성하는 것은 아니다. 그렇기 때문에 이 시대를 풍미하는 다양한 문화의 유형을 수용하고 발전시킬 수 있는 헌법의 태도가 필요하다. 물론 전통문화와 민족문화의 유지와 발전은 앞으로도 중요한 국가의 과제임에는 분명하다. 그렇지만 헌법 제9조에 대하여 좀 더 전향적인 개정논의가 이루어진다면 인류사회의 보편적 문화를 위하여 개방적인 자세로 그 내용을 다듬는 것이 좋다. 따라서 기존의 문화국가 조항을 전통문화의 계승발전과 민족문화 창달의 범주를 벗어나서, 일반적인 문화조항으로 확대 · 전환하는 것이 필요하다.

Ⅶ. 관련문헌

1. 국내문헌

강경근, 헌법, 법문사, 2004.

계희열, 헌법학(상), 박영사, 1996.

계희열 역, 통일 독일헌법원론, 박영사, 2001.

권영성, 헌법학원론, 법문사, 2007.

_____, 비교헌법학, 법문사, 1981.

김기영, 헌법강의, 박영사, 2002.

김철수, 헌법학개론, 박영사, 2013.

_____, 비교헌법론(상), 박영사, 1980.

김학성, 헌법학강의, 성문사, 2011.

성낙인, 헌법학, 법문사, 2013.

윤명선, 헌법학, 대명출판사, 2000.

윤명선 · 김병묵, 헌법체계론, 법지사, 1999.

장영수, 헌법학, 홍문사, 2007.

정종섭, 헌법학원론, 박영사, 2013.

전광석, 한국헌법론, 집현재, 2013.

최대권, 헌법학강의, 박영사, 1999.

한수웅, 헌법학, 법문사, 2013.

허 영, 한국헌법론, 박영사, 2007.

홍성방, 헌법학, 박영사, 2011.

_____, "문화국가원리," 고시연구(1998. 5), 83-92.

강철근, "문화국가와 국산영화의무상영제에 관한 연구," 공법연구 제32집 제4호(2004. 3), 237-266.

곽상진, "방송기본권의 문화국가 형성적 기능," 헌법학연구 제12권 제4호(2006. 11), 69-106.

김수갑, "한국헌법에서의 「문화국가」조항의 법적 성격과 의의," 공법연구 제32집 제3호 (2004. 2), 179-197.

_____, "헌법상 문화국가원리에 관한 연구," 고려대학교 법학박사학위논문, 1993.

_____, "문화국가의 개념과 법적 성격," 부산외국어대학교 법학연구 제3집(1991).

_____, "한국 헌법상의 민족국가의 원리," 공법학연구 제5권 제1호(2004. 2), 121-143.

오세탁·김수갑, "문화국가원리의 실현구조," 충북대학교 법학연구소, 법학연구 제5권(1993), 3-39.

이시우, "문화복지의 헌법적 의미와 그 입법정책적 과제," 헌법학연구 제5권 제2호(1999), 154-184.

이준형, "국가에 의한 예술지원의 법적 문제점," 중앙대학교 법학논문집 제30집 제1호 (2006. 8), 37-53.

전광석, "헌법과 문화," 공법연구 제18집(1990), 161-178.

2. 외국문헌

Grimm, Dieter, Kulturauftrag des Staates, in: ders., Recht und Staat der bürerlichen Gesellschaft, 1987, S. 104ff.

Grimm, Dieter, Kulturauftrag im staatlichen Gemeinwesen, VVDStRL, 42 (1984), S. 42ff.

Hesse, Konrad, Grundzüge des Verfassungsrechts der Bundesrepublik Deutschland, Neud. 20. Aufl., Heidelberg, C.F.Müller, 1999.

Huber, Ernst Rudolf, Zur Problematik des Kulturstaates, 1958.

Schelsky, Die Idee des Kulturstaates, in: Häberle, Peter(Hrsg.), Kulturstaatlichkeit und Kulturverfassungsrecht, 1982, S. 200ff.

Steiner, Udo, Kulturpflege, in: Josef Isensee/Paul Kirchhof(Hrsg.), Handbuch des Staatsrechts der Bundesrepublik Deutschland Ⅲ, 2. Aufl., Heidelberg, 1996, §86.

Steiner, Udo, Kulturauftrag im staatlichen Gemeinwesen, VVDStRL 42 (1984), S. 7ff.

Zippelius, Reinhold/Würtenberger, Thomas, Deutsches Staatsrecht, 32. Aufl., 2008, München, C. H. Beck.

국민의 권리와 의무

헌법 제10조

[방 승 주]

第10條

　모든 國民은 人間으로서의 尊嚴과 價値를 가지며, 幸福을 追求할 權利를 가진다. 國家는 개인이 가지는 不可侵의 基本的 人權을 확인하고 이를 보장할 義務를 진다.

Ⅰ. 인간으로서의 존엄과 가치

1. 인간으로서의 존엄과 가치보장의 헌법적 의의

우리 헌법은 인간으로서의 존엄과 가치를 국민의 권리와 의무를 규정하고 있는 헌법 제2장의 첫 번째 조문으로 위치시키고 있다. 이것은 개인이 가지는 여러 가지 기본권들 가운데 인간으로서의 존엄과 가치가 가장 기본적이고도 중요한 기본권이며, 동시에 모든 기본권의 근원이 되는 원리이기도 함을 분명히 해주고 있다. 동시에 헌법 제10조는 국가에 불가침의 기본적 인권을 확인하고 보장할 의무를 지움으로써, 국가가 개인을 위해서 존재하는 것이지 개인이 국가를 위해서 존재하는 것이 아님을 확실히 해 주고 있다.

헌법재판소는 인간의 존엄과 가치를 "모든 기본권의 종국적 목적이자 기본이념"이라고 하면서, 인간의 존엄과 가치는 "인간의 본질적이고도 고유한 가치로서 모든 경우에 최대한 존중되어야 한다"[1]고 하고 있다. 또한 "우리 헌법에서 최고의 가치를 가지는 핵심적인 조항으로서 헌법에 의하여 창설된 모든 국가기관의 공권력행사는 이를 효과적으로 실현하고 이에 봉사하기 위하여 존재하는 것으로 체계적으로 최상위의 목표규정"이라고 하면서, "규범적으로 이는 모든 국가작용뿐만 아니라 사회생활에서도 국민 개개인은 통치의 대상이나 지배의 객체가 되어서는 안 되고 그 자체가 목적적 존재로서 섬김의 대상이 되어야 하는 것이고, 국민 개개인의 그 인격이 최고도로 자유롭게 발현될 수 있도록 최대한으로 보장되어야 한다는 의미"[2]라고 하고 있다.

또한 인간의 존엄은 독일의 경우[3]와는 달리 우리 헌법에는 명문의 헌법개정금지조항이 없기는 하지만 우리 헌법전체의 근본규범에 해당하는 것으로서 헌법개정의 한계에 해당한다고 볼 수 있으며, 기본권제한의 한계인 본질내용침해금지의 판단기준이라고 할 수 있다.

인간으로서의 존엄과 가치는 우리 헌법상 최고의 구성원리[4]라고 할 수 있다. 이 말은 모든 국가권력은 이러한 인간으로서의 존엄과 가치에 구속되며, 모든 국가권력 행사의 기준이 된다는 의미이다. 뿐만 아니라 인간존엄은 개인의 주관적 권리로서의 의미를 갖는다.

---

1) 헌재 2001. 7. 19. 2000헌마546, 13-2, 103(111); 2002. 7. 18, 2000헌마327, 14-2, 54(62-63).

2) 헌재 2005. 5. 26. 99헌마513, 17-1, 668(695).

3) Günter Dürig, in: Maunz-Dürig, Grundgesetz Sonderdruck, -Kommentierung der Artikel 1 und 2 Grundgesetz von Günter Dürig, Art. 1 Abs. 1 GG, Rn. 9.

4) Richter/Schuppert/Bumke저, 방승주 역, 독일헌법판례해설(Casebook Verfassungsrecht, 4. Aufl., München 2001), 헌법재판소, 2003, 79; BVerfGE 45, 187 (227 f.); Josef Wintrich, Zur Problematik der Grundrechte, Heft 71 der Arbeitsgemeinschaft für Forschung des Landes Nordrhein-Westfalen, 1957; BVerfGE 6, 36- Günter Dürig, a.a.O., Rn. 14에서 재인용.

　　인간의 존엄은 우리 헌법의 가장 중추적 구성원리라고 할 수 있는 민주주의원리, 법치국가
원리, 사회국가원리의 실질적 이념이자 목적이다. 민주주의원리는 정치적 공동체의 구성원으로
서 인간의 존엄을 실현하기 위한 정치적 형식원리이다.[5] 다음으로 법치국가원리는 법공동체의
구성원으로서 인간의 존엄과 자유, 평등을 실현하기 위하여 국가적 결정과정을 합리화하고 예
측가능하게 하기 위한 법적 형식원리라고 할 수 있다.[6] 그리고 사회국가원리는 사회적 공동체
의 구성원으로서 인간의 존엄, 즉 물질적 최저한의 생활보장을 비롯한 인간다운 생활이념을 실
현하기 위한 사회적 형식원리라고 할 수 있다. 이러한 원리들은 모두 궁극적으로는 개인의 인
간존엄을 실현하기 위한 객관적인 조건들이자 제도적 장치인 것이다.

2. 인간존엄의 국제적 보장과 헌법적 수용[7]

가. 인간존엄의 국제적 보장[8]

　　2차 대전 이후 독일과 일본 등은 조직적인 민족말살, 고문, 강제추방, 단종, 사체의 산업적
이용, 생체실험 등 나치즘과 군국주의에 의한 끔찍한 비인간적 만행을 경험한 후, 다시는 이와
같은 역사적 과오를 반복해서는 안 된다고 하는 다짐을 천명하는 의미에서 인간존엄의 불가침
을 헌법적으로 선언하였다.

　　1949년 독일의 본(Bonn) 기본법은 제1조에서, "① 인간의 존엄은 불가침이다. 이를 존중하
고 보호하는 것은 모든 국가권력의 의무이다. ② 따라서 독일국민은 불가침·불가양의 인권을
세계의 모든 인간공동체, 평화 그리고 정의의 기초로서 인정한다. ③ 이하의 기본권은 직접 효
력을 갖는 법으로서 입법, 집행, 사법을 구속한다"라고 규정하였다.

　　그리고 1946년에 제정된 일본헌법은 제13조 제1항에서 "모든 국민은 개인으로서 존중된
다. 생명·자유 및 행복추구에 대한 국민의 권리에 대해서는 공공의 복지에 반하지 않는 한 입
법 기타의 국정상에서 최대의 존중을 필요로 한다"고 규정하였고,[9] 제24조에서 " … 법률은 개
인의 존엄과 양성의 본질적 평등에 입각하여 제정되어야 한다"고 규정하였다.[10]

---

5) Zippelius, in: BK-GG(Lfg. Dez. 1989), Art. 1 Abs. 1 u, 2 GG, Rn. 9, 19: "각 개인의 양심이 접근가능한
　최후의 도덕적 기관이라고 하는 칸트의 자율사상은 민주적 정당성의 이념과 밀접한 관련을 가진다. 칸트의
　이러한 자율사상은 결국 각 개인이 다른 사람과 똑같은 도덕적 판단권한과 존엄을 가진다고 하는 것을 의
　미하며 이러한 사상을 법적 공동생활질서에 적용해 본다면, 모든 사람이 동등한 도덕적 권한을 가지고서
　공적 과제, 특히 법과 정의의 문제에 관하여 함께 토론하고 결정하여야 한다고 하는 결론에 이른다. 이것
　은 결국 공동체질서가 모든 사람의 동등한 참여 가운데 이루어져야 한다고 하는 사고에 도달하게 된다. 민
　주주의는 법과 정치적 의사형성이 개별 국민의 이성에 의한 양심적 결정에 궁극적인 뿌리를 두고 있는 국
　가형태라고 할 수 있기 때문에, 인간존엄을 가장 잘 존중하고 자율적 개인이 법적·정치적 영역에서도 스
　스로 발전해 나갈 수 있는 가장 많은 기회를 열어주는 국가형태라고 볼 수 있다."
6) 계희열, 헌법학(상), 박영사, 2005, 374 이하.
7) 이에 대하여는 특히 이재명, "인간존엄의 헌법적 접근," 중앙대학교 대학원 박사학위논문, 1991, 68 이하
　참고할 것.
8) 인간존엄권의 역사적 발전에 대해서는 김철수, 헌법학개론, 박영사, 2007, 478-479를 참조할 것.
9) 김철수(주 8), 479.
10) 계희열, 헌법학(중), 박영사, 2007, 189-190. 그 밖의 헌법의 규정사례는 같은 책 각주 1) 참조.

인간존엄을 보장하려고 하는 노력은 인권보장의 국제화 추세에 따라서 여러 국제법 규범에 성문화되기에 이르렀다. 가령 1945년의 국제연합헌장 전문,[11] 1948년의 세계인권선언 제1조[12], 1966년의 국제인권규약 A규약 전문[13] 등은 인간의 존엄성을 명문으로 보장하고 있다. 1950년의 유럽인권협약은 제3조에 인간의 존엄성을 규정하고 있을 뿐만 아니라 1953년부터 회원국을 법적으로 구속하고 있다.[14]

그밖에도 1949년 12월 8일의 전쟁부상자의 보호에 관한 제네바협정, 1949년 12월 9일의 Genocide금지협정에서 인간의 존엄과 가치를 국제법적으로 보장하고 있다.[15]

나. 인간존엄의 헌법적 수용

인간의 존엄과 가치 규정이 처음 도입된 것은 1962. 12. 26 헌법 제6호에 의해서이다. 즉 당시 헌법 第8條는 "모든 國民은 人間으로서의 尊嚴과 價値를 가지며, 이를 위하여 國家는 國民의 基本的 人權을 最大限으로 보장할 義務를 진다"고 규정하였다.

1962년 헌법개정안은 국가재건최고회의에서 다루었다는 것[16] 외에 접근 가능한 자료가 전혀 없으며, 당시의 헌법개정논의에 관한 언급도 찾아보기 힘들다. 인간존엄 규정을 도입한 최초의 배경이나 목적 등에 대한 명시적 언급을 확인할 수 없으나, 전후 인간존엄을 실정 헌법으로 확인한 독일 등 여러 선진국가들의 사례를 따랐을 것으로 추정된다.

그 후 1980. 10. 27 헌법 제9호에 의하여 여기에 행복추구권과 기본적 인권의 확인의무 규정을 추가하여 오늘날과 같은 규정으로 개정되었다. 즉 "모든 國民은 人間으로서의 尊嚴과 價値를 가지며, 幸福을 追求할 權利를 가진다. 國家는 個人이 가지는 不可侵의 基本的 人權을 確認하고 이를 보장할 義務를 진다"고 하는 현행 헌법규정의 문구는 1980년헌법 제9조로부터 유래한다.

3. 인간으로서의 존엄과 가치의 법적 성격

인간존엄권의 기본권보호영역을 확정하기 전에 우리 학계에서는 인간의 존엄과 가치가 단순히 하나의 객관적 원리만을 뜻하는 것인지 아니면 그 자체가 기본권적 성격을 아울러 가지는

---

11) 전문은 "기본적 인권과 인간의 존엄과 가치와 남녀 및 대소 각국의 동권에 관한 신념을 다시 한 번 확인"하고 있으며, 제1조 제8항 등에서 "인간의 인권과 기본적 자유를 존중할 것"을 규정하고 있다. 김철수(주 8), 476.

12) "모든 인간은 태어날 때부터 자유이며, 존엄성과 권리에 있어서 평등하다. 인간은 천부의 이성과 양심을 지니고 있으며, 동포애의 정신으로써 서로 행동하여야 한다." 김철수(주 8), 476.

13) "인류사회의 모든 구성원의 고유의 존엄 및 평등의 또 불가박탈의 권리를 인정하는 것이 세계에 있어서의 자유, 정의 및 평화의 기초를 이룬다는 것을 고려하고, 이러한 권리가 인간의 고유의 존엄에서 유래한 것을 인정하고 … 김철수(주 8), 480.

14) 계희열(주 10), 190.

15) 김철수(주 8), 480.

16) 국가재건최고회의본회의회의록 제27호: 헌법개정안과 관련 어석제 의원의 제안설명에 이어 기명투표 결과 재적 25명, 재석 22명 중 가 22표로서 만장일치로 의결하였다는 사실 외에, 국가재건최고회의상임회의회의록을 살펴보아도 헌법개정안과 관련한 기록은 찾지 못하였다.

것인지 논란이 되고 있다. 헌법 제10조의 인간으로서의 존엄과 가치의 주관적 기본권성을 인정할 것인가의 여부는 과연 이의 침해를 주장하면서 헌법소원을 통하여 구제받을 수 있느냐 여부를 판가름하는 매우 중요한 문제가 될 수 있다고 본다.

기본권적 성격 부인론의 주장 요지는 대체로, 인간존엄이 객관적 헌법원리를 규범화한 것으로서 모든 "기본권의 이념적 전제," "기본권의 근원 내지 핵"[17]이며, 인간존엄과 다른 기본권과의 관계는 "목적과 수단의 관계"[18]에 있다고 하는 것이다. 그리고 인간의 존엄과 가치 자체는 기본권이 아니기 때문에 그 침해를 이유로 헌법소원심판으로 다툴 수 없다고 하는 견해[19]도 있다. 그러면서 이와 같이 인간존엄을 헌법원리로서만 파악한다고 해서 그 규범적 보호의 정도가 낮아지는 것은 아니라는 것이다.[20]

하지만 다수설[21]과 헌법재판소 판례는 인간존엄의 헌법원리[22]로서의 성격뿐만 아니라, 기본권으로서의 성격도 인정하고 있는 바,[23] 이는 독일에서의 사정[24]과 유사하다고 할 수 있다.

---

17) 권영성, 헌법학원론, 법문사, 2010, 378; 권영설, 헌법이론과 헌법담론, 법문사, 2006, 645.

18) 허영, 한국헌법론, 박영사, 2013, 332.

19) 정종섭, 헌법학원론, 박영사, 2013, 408.

20) Dreier의 주석을 인용하며, 정문식, "독일에서의 인간의 존엄과 생명권의 관계," 공법학연구 제7권 제2호 (2006), 265-294(276).

21) 계희열(주 10), 200-201; 김철수(주 8), 480; 성낙인, 헌법학, 법문사, 2013, 416; 홍성방, 헌법학(中), 현암사, 2010, 17; 양건, 헌법강의, 법문사, 2013, 305; 장영수, 헌법학, 홍문사 2012, 563; 김선택, "행복추구권"과 "헌법에 열거되지 아니한 권리"의 기본권체계적 해석," 안암법학 창간호(1993), 177-203(201); 김선택, "헌법 제9조 제1문 전단「인간으로서의 존엄」의 의미와 법적 성격," 고려대학교 대학원 석사학위논문(1983), 80 이하; 이준일, 헌법학강의, 홍문사, 2013, 376-377; 이재명(주 7), 180; 김병곤, 인간의 존엄, 교육과학사 1996, 256; 한수웅, "헌법 제10조의 인간의 존엄성," 헌법학연구 제13권 제2호(2007. 6), 239-273.

22) "헌법 제10조에서 규정한 인간의 존엄과 가치는 헌법이념의 핵심으로, 국가는 헌법에 규정된 개별적 기본권을 비롯하여 헌법에 열거되지 아니한 자유와 권리까지도 이를 보장하여야 하며, 이를 통하여 개별 국민이 가지는 인간으로서의 존엄과 가치를 존중하고 확보하여야 한다는 헌법의 기본원리를 선언한 조항이다." 헌재 2000. 6. 1. 98헌마216, 12-1, 622(648-648).

23) 헌재 2011. 8. 30. 2008헌마648, 23-2상(417, 434).

24) Herdegen은 "인간존엄을 기본권적 가치질서의 핵심적 지위로서 그리고 기본권적 가치 및 권리체계의 객관적인 기초로서 파악한다고 해서 인간존엄을 주관적 기본권으로서 볼 수 없는 것은 아니라고 한다. 인간존엄을 침해하는 경우에는 대부분 다른 자유권이나 평등권과 관련될 수밖에 없고 따라서 헌법소원의 길도 열려져 있는 것은 사실이다. 그렇다고 하여 기본권으로서의 인간존엄의 중요성을 결정적으로 약화시킬 수 있는 논거가 될 수는 없다. 특히 오늘날 발달하고 있는 생명공학과 관련하여 개별적인 자유권이나 평등권 가지고서 이러한 개인의 인격성에 대한 위험을 효과적으로 방어하기에는 충분하지 않다. 또한 일반적 인격권의 경우 기본법 제2조 제1항의 일반적 행동의 자유와 기본법 제1조 제1항의 인간존엄이 함께 규범적 근거가 되고 있는 사실은 인간존엄의 기본권으로서의 성격을 말해주고 있다. 특히 기본권체계에서 차지하고 있는 인간존엄의 특별한 지위와 자율적 인격체로서 개인의 보호를 위한 그 중심적 기능을 고려해 볼 때 인간존엄은 기본권으로서의 성격을 가지기에 충분하다. 왜냐하면 인간존엄은 우선적으로 인류로서의 인간 또는 추상적인 인간상을 보호하는 것이 아니라, 인격체로서 구체적 개인의 존중요구권을 보호하는 것이기 때문이다. 그리고 인간존엄의 사상사적 배경을 고려할 때도 인간존엄을 단순히 객관적인 원리나 질서이념으로 파악하는 것은 문제가 있다. 가령 홀로코스트의 희생자들에 대하여 오늘날 헌법에 따를 때, 그들의 독자적인 존엄권에 대한 침해를 거부한다든가 국가적 테러를 단지 객관적인 존엄원리에 대한 침해로서만 간주하는 것은 받아들이기 힘든 것으로 보인다. 그리고 인간존엄을 단순히 객관적인 원리로서만 보는 것은 인간존엄이 다른 기본권으로 전환되도록 촉진할 위험성이 있다. 따라서 인간존엄을 기본권으로 보는 통설의 입장이 타당하다"고 하고 있다. Herdegen, Art. 1 Abs. 1 GG, Rn. 26, S. 19; 그 밖에도 Zippelius, in: BK-GG(Lfg. Dez. 1989), Art. 1 Abs. 1 u. 2 GG, Rn. 26.

생각건대, 우리 학계의 기본권적 성격 부인론은 인간의 존엄에 관한 공격의 경우 다른 구체적이고 특별한 기본권에 대한 침해를 유발하며 그렇지 않은 경우에는 일반적 행동의 자유의 침해를 유발하기 때문에 그러한 인간존엄의 침해사례들은 모두 구체적 기본권을 원용하여 구제받을 수 있다고 하는 뒤리히의 논리에 영향을 받은 것은 아닌가 생각된다.[25]

뒤리히(Günter Dürig)는 독일 기본법 제1조 제1항의 인간존엄을 정점으로 하는 기본권목록과 본질내용침해금지를 규정하는 기본법 제19조 제2항,[26] 그리고 헌법개정의 한계에 관한 기본법 제79조 제3항[27]을 전체적으로 기본법이 결단한 가치 및 권리체계[28]로 보고, 이러한 가치보호체계는 흠결이 없기 때문에 굳이 인간존엄을 주관적 공권으로 구성할 필요가 없다고 주장한다. 즉 일반적 행동의 자유를 규정하고 있는 기본법 제2조 제1항은 주자유권으로서, 그리고 기본법 제3조 제1항은 주평등권으로서, 그리고 그 이후의 기본권들은 이러한 주자유권과 주평등권의 특별한 규정들로서 구체적이고도 특별한 개별적 자유권과 평등권을 규정함으로써 전체적으로 흠결없는 기본권보장체계를 갖추고 있기 때문에, 굳이 기본법 제1조 제1항의 인간존엄을 주관적인 공권으로서 봐야 할 필요가 없다고 보는 것이다. 다시 말해서 이러한 개별적 기본권 목록에서 기본법이 혹 흠결을 가지고 있다 하더라도, 인간존엄에 대한 국가적 침해는 기본법 제2조 제1항의 주자유권과 기본법 제3조 제1항의 주평등권에 의해서 얼마든지 보호될 수 있기 때문에, 굳이 기본법 제1조 제1항의 인간존엄을 주관적인 공권으로서 구성하려고 노력해야 할 필요가 없다고 하는 것이다.[29]

그러나 우리 헌법 제10조는 인간존엄이 불가침임을 선언하고 있는 독일 기본법 제1조 제1항과는 달리, 기본권의 주체와 내용을 특정하고 있다. 즉 모든 국민은 인간으로서의 존엄과 가치를 가진다는 것인데, 모든 국민은 법앞에 평등하다고 하는 제11조가 평등원칙으로서의 의의뿐만 아니라, 평등권이라고 하는 주관적 기본권으로서의 성격을 가지고 있는 것과 마찬가지로, 인간으로서의 존엄과 가치라고 하는 것 역시, 헌법의 최고원리로서의 측면 뿐만 아니라, 자율적 인격성을 가진 주체로서 존엄하게 대우받을 권리로서의 이중적 성격을 가지고 있다고 생각된다.

물론 행복추구권과 평등권을 비롯한 나머지 기본권들을 통해서 자유롭고 평등한 존재로서의 국민의 인간존엄성이 실현될 수는 있으며, 혹 인간존엄의 침해사례의 경우에도 나머지 기본권들의 침해를 주장함으로써 기본권구제를 받을 수 있는 것이 보통이라고 볼 수 있을 것이다. 하지만 이러한 구체적이고 개별적인 기본권들이 다 보호하지 못하는 인간 자체의 고유가치를 보호해야 할 영역은 여전히 남는다고 할 수 있다. 인간으로서의 존엄과 가치는 헌법 제10조 제

---

25) 같은 지적으로 계희열(주 10), 203.
26) Günter Dürig, a.a.O., Rn. 8.
27) Günter Dürig, a.a.O., Rn. 9.
28) Günter Dürig, a.a.O., Rn. 5 이하.
29) Günter Dürig, a.a.O., Rn. 13.

2문이 규정하고 있는 바와 같이 "개인이 가지는 불가침의 기본적 인권을 확인"하기 위한 기준, 그리고 또한 헌법 제37조 제1항의 열거되지 않은 기본권을 확인하기 위한 기준[30]이 되기도 하지만, 인간의 고유가치 그 자체를 보호하는 기본권으로서의 성격을 여전히 가지고 있다고 볼 수 있을 것이다. 특히 이러한 인간이 가지는 고유가치의 보호필요성은 생명공학의 눈부신 발전으로 인한 인간생명과 존엄의 보호필요성, 그리고 정보화시대에 개인정보의 보호필요성 등을 비롯한 새로이 제기되는 갖가지 인간존엄침해사례에 대하여 효과적으로 방어할 수 있는 무기가 될 수 있을 것이다.

결론적으로 "인간의 존엄과 가치는 인간을 개인이나 집단의 특정한 목적을 위한 수단으로 삼음으로써 인간의 자율적 인격성을 부정하는 모든 국가적 조치에 대한 방어권적 성격을 인정할 수 있다고 볼 때, 원칙규범이자 동시에 주관적 권리로서의 성격을 가진다고 할 수 있을 것이다."[31]

4. 헌법의 최고원리로서 "인간으로서의 존엄과 가치"

헌법의 최고원리로서 인간존엄은 다음과 같은 기능을 한다.

가. 국가생활의 최고 지도원리로서의 기능

헌법 제10조에서 규정한 인간으로서의 존엄과 가치는 모든 국가생활을 지도하고 그 방향을 설정해 주는 최고의 이념이자 지도원리가 된다. 국가는 모든 국민의 인간으로서의 존엄과 가치 및 행복추구권 그리고 불가침의 기본적 인권을 확인하고 이를 보장하여야 하기 때문에 모든 국가작용에 있어서 이러한 기본권을 존중하고 이를 실현하여야 할 뿐만 아니라, 국민의 기본권보장을 국가정책의 최고 목표로 삼아야 하는 것이다.[32]

또한 인간존엄의 실현을 위하여 국가행위의 조직과 절차[33]가 잘 보장되어야 한다고 하는 요청은 바로 이러한 인간존엄의 객관적 가치질서로서의 측면으로부터 도출될 수 있는 새로운 논거로 부상하고 있다.

나. 헌법과 법률의 해석기준으로서의 기능

헌법 제10조의 인간으로서의 존엄과 가치는 헌법과 일반 법률의 해석에 있어서 해석의 기준이 된다. 헌법과 법률을 해석함에 있어서 과연 국민의 기본권이 우선하는지 아니면 국가적 공익이 우선하는지 애매할 경우에는 자유우선의 원칙에 따라서 국민의 기본권이 우선할 수 있도록 해석하여야 한다. 입법기관은 법률을 제정함에 있어서 헌법과 기본권에 직접 구속되며,

---

30) 헌법 제10조 인간존엄권과 헌법 제37조 제1항의 관계를 쌍방적 기본권창설관계라고 보는 견해, 김선택(주 21), 1983, 90; 계희열(주 10), 209 역시 이러한 맥락에 있다고 볼 수 있을 것이다.

31) 방승주, "호주제의 위헌성 여부," 헌법소송사례연구, 박영사, 2002, 380.

32) 헌재 2000. 6. 1. 98헌마216, 12-1, 622(648).

33) Alfred Katz, Staatsrecht, 15. Aufl., Heidelberg 2002, Rn. 583 ff.; Michael Sachs 저, 방승주 역, 헌법 Ⅱ-기본권론(Verfassungsrecht Ⅱ-Grundrechte 2000), 헌법재판소, 2002, 226.

법집행기관인 행정과 사법은 헌법과 법률에 구속되기 때문에 각 국가기관이 헌법과 법률을 해석하고 집행함에 있어서 우리 헌법이 천명하고 있는 최고 구성원리로서의 인간존엄을 기준으로 삼아야 하는 것이다.

다. 헌법개정의 한계로서의 기능

우리 헌법에는 독일 기본법 제79조 제3항과 같은 영원불변의 보장, 즉 헌법개정의 대상이될 수 없는 조항을 명문으로 확정하고 있는 헌법조항은 없다. 그러나, 인간으로서의 존엄과 가치보장은 헌법개정의 대상이 될 수 없다고 하는 것이 우리 학계의 통설이다.[34] 인간존엄과 가치의 실현은 우리 헌법의 근본적인 결단이자 원리에 해당된다고 볼 수 있기 때문에 이러한 인간으로서의 존엄과 가치를 비롯한 그 실현을 내용으로 하고 있는 여러 기본적 인권들은 헌법개정의 대상이 될 수 없다고 보아야 할 것이다.

라. 기본권제한의 한계원리로서의 기능

우리 헌법은 제37조 제2항에서 국민의 모든 자유와 권리는 국가안전보장·질서유지·공공복리를 위하여 필요한 경우에 한하여 법률로써 제한할 수 있으며, 제한하는 경우에도 자유와 권리의 본질적인 내용을 침해할 수 없다고 확인하고 있다. 인간으로서의 존엄과 가치는 모든 기본권의 핵이자 본질에 해당한다고 할 수 있다. 따라서 기본권제한에 있어서 넘어설 수 없는 한계가 무엇인지를 밝힘에 있어서 인간으로서의 존엄과 가치가 그 기준이 된다고 할 수 있을 것이다.

기본권으로서 인간존엄권 자체의 경우 인간 자체가 가지는 고유가치 내지 신체적·정신적 정체성과 완전성이라고 하는 핵심적 보호영역이 인간존엄권의 본질내용으로서 그 어떠한 사유에 의해서도 침해할 수 없는 절대적 기본권이라고 보아야 할 것이다. 그 밖에 인간존엄권으로부터 도출되는 여러 가지 일반적 인격권 등의 기본권의 경우는 그와 상반된 다른 헌법적 법익과 충돌하는 경우, 그때 그때 비례의 원칙에 입각하여 제한의 한계를 설정하여야 할 것이다.

마. 불가침의 기본적 인권을 확인하기 위한 기준으로서의 기능

헌법 제10조 제2문은 국가는 개인이 가지는 불가침의 기본적 인권을 확인하고 이를 보장할 의무를 진다. 뿐만 아니라 헌법 제37조 제1항은 국민의 자유와 권리는 헌법에 열거되지 아니한 이유로 경시되지 아니한다고 규정하고 있다. 개인이 가지는 불가침의 기본적 인권이 무엇인가 그리고 혹 열거되지 아니한 자유와 권리는 어떠한 것들이 있는가를 확인하는 기준은 바로 인간으로서의 존엄과 가치라고 말할 수 있을 것이다.

---

34) 가령 김철수, "인간의 존엄과 가치·행복추구권에 관한 연구(상)," 대한민국학술원 논문집(인문·사회과학편) 제47집 제1호(2008), 199-279, 201.

5. 기본권으로서 "인간으로서의 존엄과 가치"의 보호영역

가. 인간으로서의 존엄과 가치의 구체화방법

인간존엄의 보호영역을 어떻게 해석하고 확정할 것인가의 방법론이 먼저 문제된다. 인간존엄 개념의 추상성과 개방성으로 인하여 그 보호영역을 확정하는 것은 간단한 문제가 아니다. 특히 문언적 해석은 인간존엄 개념의 추상성으로 인하여 용이하지 않다. 이와 같은 인간존엄의 추상성과 개방성으로 인하여 각자가 생각하는 주관적 정의관념을 유입시킬 가능성이 매우 큰 사실에 비추어 볼 때, 치펠리우스35)가 잘 제의하였듯이 인간존엄의 개념은 가급적 엄격하게 해석하고, 구체적인 정의의 문제는 의회의 다수결에 맡기는 것도 한 방법이 될 수 있을 것이라고 생각된다. 하지만 그렇다고 하여 인간존엄 자체의 보호영역 확정을 어떠한 방법으로 하든 포기할 수는 없다. 그러므로 인간존엄의 구체화 방법에 대하여 먼저 생각해 보아야 할 것이다.

첫째, 역사적 접근방법을 생각해 볼 수 있다. 우리 헌법 제10조의 인간의 존엄과 가치가 처음 도입된 것은 1962년헌법인데, 유감스럽게도 그 도입배경과 그 규정의 의미내용을 확인할 수 있는 헌법개정사적 자료는 존재하지 않는다. 다만 당시 독일 기본법 등 선진국의 입법례를 따랐을 것으로 추정할 수 있을 뿐이다.36) 그러므로 역사적 접근방법은 결국 이러한 독일 등의 헌법에 인간존엄보장이 도입된 역사와 배경을 추적하는 것이 한 방법이 될 수 있을 것이다.

둘째, 비교법적 접근방법이다. 결국 같은 맥락이 되겠지만 선진국의 입법례와 그 배경, 그리고 국제법적 인권보장내용의 참조이다.37)

셋째, 체계적 접근을 통한 인간존엄의 구체화이다. 이것은 우리 헌법이 채택하고 있는 다른 기본권들과의 관계 가운데서 그 의미내용을 밝히는 것이다.

넷째, 사례적 접근방법이다. 치펠리우스가 잘 지적하고 있듯이 인간존엄의 의미의 보다 자세한 구체화는 헌법재판소의 헌법실무를 통해서 이루어질 수 있다. 헌법재판소의 실무에서 인간존엄의 구체화는 보다 구체적인 적용문제들에 대하여 결정을 내려야 할 필요에 직면하게 되며, 가능한 한 그 밖의 가치관과 공동체의 확립된 일반적 정의관념을 지향하는 합리적 논증에 입각하여 구체적인 해석과정에서 형량을 통해서 이루어지게 된다.38) 이 경우에 헌법해석기관에게는 헌법개념의 구체화를 위한 재량이 적지 아니하게 주어지게 된다. 이와 같은 개념을 해

---

35) Zippelius, in: BK-GG(Lfg. Dez. 1989), Art. 1 Abs. 1 u. 2 GG, Rn. 16: "인간존엄의 개념을 넓게 해석하면 할수록 그 개념은 변천가능한 부분적 정의관념으로 채워질 수 있으며, 그로 인하여 인간존엄의 불가침성의 의미는 불가피하게 변화될 수밖에 없다. 동시에 인간존엄을 넓게 해석하면 할수록 의회의 입법권한을 그만큼 더 축소할 수밖에 없게 된다. 이러한 것들을 고려해 볼 때, 인간존엄이라고 하는 기본권보장은 엄격하게 해석하고 이와 동시에 앞으로 계속 발전할 필요가 있는 정의의 문제는 언제든지 바로잡을 수 있고 가치관의 변화에 적응할 수 있는 의회의 다수결에 의한 규정에 맡길 필요가 있다고 본다."

36) 같은 견해로, 김철수(주 34), 258.

37) 가령 위 김철수 교수의 논문은 인간존엄의 의미에 대한 비교법적, 역사적 고찰방법에 해당한다고 할 수 있을 것이다.

38) BVerfGE 34, 287 f.를 인용하며, Zippelius, in: BK-GG(Lfg. Dez. 1989), Art. 1 Abs. 1 GG, Rn. 17.

석함에 있어서는 역사적 해석뿐만 아니라, 조문의 체계를 고려하는 체계적 해석과 그리고 사례비교적 방법이 중요한 역할을 하게 된다. 처음에 개념의 핵심과 그에 속하는 사례유형으로부터 출발하여 주어진 사건에 있어서 일정한 사례유형이 기존의 명백한 사례들과 유사한 것으로 평가되어 보호영역에 포함될 수 있는지 여부를 심사하게 된다. 이러한 방법으로 규범적 유형이 구체화되고 계속 발전할 수 있게 된다. 이와 같은 사례비교적 방법은 인간존엄의 개념에 개방성과 발전가능성을 부여해 준다. 이러한 방법은 인간존엄의 개념을 생활현실과 관련시켜서 그것을 통해서 제기되는 적용문제들을 구체화시킬 수 있게 하는 길을 열어준다.[39]

나. "존엄"과 "가치"개념의 구별필요성 여부

우리 헌법은 독일 기본법과는 달리 인간의 존엄이라고 하는 개념만을 쓰지 않고, 가치라고 하는 개념을 하나 더 붙이고 있다. 따라서 헌법이 쓰고 있는 인간존엄과 인간가치의 개념이 서로 다른 것인지 아니면 같은 것인지, 그 개념들을 먼저 해명해 볼 필요가 있다.

(1) 구 분 설

존엄과 가치개념을 구분하는 입장이 있다. "인간으로서의 존엄이란 인간의 본질로 간주되고 있는 인격의 내용을 의미하고, 인간의 가치란 이러한 인간에 대한 총체적 평가를 의미한다"고 하는 견해[40]가 그것이다.

(2) 동일시설

이에 반하여 우리 학계의 대부분의 견해는 인간의 존엄과 가치개념을 구분하지 않고 같은 의미로 본다. "인간은 원래 가치있는 존재이며, 존엄의 개념도 원래 가치개념[41]이기 때문에 가치라는 말이 불필요하나 그럼에도 불구하고 헌법이 명시적으로 이를 규정한 것은, 인간은 가치있는 존재이고 그 존엄성도 가치개념이라는 것을 확인하는 의미가 있으며, 더 나아가 우리 헌법의 가치질서적 성격을 분명히 하는 의의가 있다고 하겠다"고 하면서 그 이상의 의미를 찾기는 어렵다[42]든가, "존엄이라는 개념이 이미 가치개념임에도 불구하고 가치라는 표현을 덧붙이고 있다고 본다면, 가치라는 표현은 더 이상 해석의 필요성이 없다고 보는 것이 타당하다. 다만 굳이 그 의미를 찾는다면 인간의 존엄이 단순한 존재개념이 아니라 헌법적 가치를 부여받은 개념임을 분명히 하고, 나아가서 우리 헌법의 가치질서적 성격을 뚜렷하게 함에 있다"고 보는 견해[43] 등이 그것이다.

---

39) BVerfGE 30, 25를 인용하며 Zippelius, in: BK-GG(Lfg. Dez. 1989), Art. 1 Abs. 1 GG, Rn. 17.
40) 한태연, 헌법학, 법문사, 1977, 302 — 이재명(주 7)에서 재인용.
41) 치펠리우스가 지적하고 있듯이, 존엄은 그 내용에 따를 때 도덕적 자율능력을 가진 존재로서 인간에게 귀속되는 특별한 가치이다. Zippelius, in: BK-GG(Lfg. Dez. 1989), Art. 1 Abs. 1 GG, Rn. 49.
42) 계희열(주 10), 194.
43) 이재명(주 7), 27.

(3) 사   견

일반적으로 존엄한 것은 모두 가치가 있다고 할 수 있으나, 가치가 있다고 해서 모두 존엄하다고 할 수는 없을 것이다. 존엄의 개념은 주로 인격성을 가진 존재의 속성에 관한 표현인데 비하여, 가치의 개념은 인격적 주체이든 아니면 사물이든 불문하고, 귀중하고도 값어치가 있는 경우에 그 속성을 나타내는 개념이라고 볼 수 있을 것이다. 그렇다면 가치있는 존재는 결코 함부로 다루어서는 안된다고 하는 당위성이 이 가치 개념에 내포되어 있다고 볼 수 있는데, 존엄성의 주체는 사물이 아니라, 인격을 가진 인간에 국한된다고 할 수 있을 것이므로, 결국 존엄 개념과 가치의 개념은 서로 다르지 않다고 보는 것이 타당하다고 생각된다.

다. 인간존엄의 근거

인간존엄의 보호영역 내지 그 의미내용을 밝히기 전에 과연 인간이 왜 존엄하다고 하는지 그 근거에 대한 이론을 검토해 볼 필요가 있다. 그러한 근거에 관한 이론은 다음과 같은 세가지 접근이 있다.

(1) 가치이론 또는 천부적 품성론(Mitgifttheorie)

가치이론 또는 천부적 품성론[44]은 인간존엄을 일정한 인간적 속성, 즉 인간을 나타내주는 특성을 인간존엄의 근거로 이해한다. 이 이론은 기독교적 인간존엄론과 자연법적－이상주의적 인간존엄론의 두가지로 나눌 수 있다.

(가) 기독교적 인간존엄론

첫째, 기독교적 인간존엄론이다. 기독교적 사상에 따르면 인간은 하나님의 형상(imago-Dei)대로 창조되었기 때문에 다른 어떠한 피조물과도 구별되는 하나님과 동일한 고유가치를 가지며 따라서 인간은 존엄하다고 설명하고 있다. 이에 따라 카톨릭적 사회이론은 "인간의 불가침적 존엄"과 "하나님의 피조물이며 그 영혼을 자신의 형상과 같게 창조한 인간의 존엄"을 보호할 필요성을 신봉하고 있기도 하다.[45]

(나) 칸트의 윤리학

둘째, 인간존엄사상의 근거가 되는 두 번째 사상은 이성에 의해서 지배되는 도덕적 자율이다. 자기 자신에 대한 이성적 지배에 인간존엄의 근거가 있다고 하는 사상은 고대, 특히 스토아 철학으로 거슬러 올라간다.[46] 인간은 천성적으로 자유롭고 자기목적적 존재라고 하는 이러한 사상은 그 후 토마스 아퀴나스에게서도 나타난다.[47] 이성에 지배되는 도덕적 자율론은 칸트 윤리학의 중심개념이기도 하다. 칸트 윤리학에 의하면 자신의 양심적 결정에 따라서 올바르게 행

---

44) "Mitgifttheorie"는 신으로부터 은총으로 받은 선물이라고 하는 의미로서 천부적 품성론이라고 번역할 수 있을 것이다.

45) Zippelius, in: BK-GG(Lfg. Dez. 1989), Art. 1 Abs. 1 u. 2 Rn. 4.

46) Cicero, De officiis, Ⅰ, 105 ff.를 인용하며, Zippelius, in: BK-GG(Lfg. Dez. 1989), Art. 1 Abs. 1 u. 2 Rn. 6.

47) Zippelius, in: BK-GG(Lfg. Dez. 1989), Art. 1 Abs. 1 u. 2 Rn. 6.

위하는 것, 즉 "자기 자신과 일반적인 입법에만" 복종하는 것이 모든 도덕의 원리이다. 자기 스스로 입법한 법 이외의 아무 법에도 복종하지 않는 데에 이성적 존재의 존엄이 존재한다. 모든 가치를 결정하는 그러한 자율적이고 도덕적인 입법은 바로 그 이유 때문에 존엄, 즉 무조건적이고 비교불가능한 가치를 가질 수밖에 없다. 따라서 자율은 인간 그리고 모든 이성적 존재의 존엄의 근거이다.[48] 그러므로 각자는 스스로 양심적 결정을 할 수 있는 능력을 존중받아야 하며, 자기목적으로서도 존중되어야 한다. "인간은 어떠한 인간에 의해서도 (다른 사람에 의해서이건 아니면 자기 스스로에 의해서이건) 단순한 수단으로서가 아니라, 항상 동시에 목적으로 사용되어야 하며, 여기에 그의 존엄(인격성)이 존재한다."[49]

(다) 비판 및 평가

이 두 가지 인간존엄론은 인간존엄을 그것이 실제로 현실화되어 있는지 또는 현실화될 가능성이 있는지 여부와 상관없이, 그리고 실제적으로 그러한 속성이 결여되어 있거나 변형되어 있는지 여부와 상관없이, 모든 인간에게 인간존엄을 인정하고자 하는 경향을 공통적으로 가지고 있다.

다만 기독교적 인간존엄론은 기독교 신앙을 가지고 있지 않은 사람들에게는 인간존엄의 근거로서 설득하기가 어렵다는 점이 문제이다.[50]

또한 인간을 단순한 수단이 아니라 목적으로 취급하라고 하는 칸트의 윤리학적 명제 역시 그 자체가 애매모호하여 많은 문제들에 대하여 개방적이라고 하는 점은 이미 쇼펜하우어[51]가 지적한 바와 같다. 그리고 오늘날 인간은 목적으로서만이 아니라, 수단으로서 이용될 경우도 허다하다고 하는 점 등의 약점을 가진 것이 사실이다.

(2) 능력이론(Leistungstheorie)

이에 반하여 능력이론은 인간존엄을 인간이라면 항상 가지고 있는 어떤 것이나 또는 인간으로서 존재하고 있는 어떤 것으로서 설명하지 않고, 획득해야 하는 어떤 것으로서 설명한다. 이 이론에 따르면 사람들은 존엄을 정체성형성과 자기표현의 도달가능한 과정에서 비로소 얻게 된다는 것이다. 이 이론에서는 자유권적 기본권과 비교하여 인격적 정체성과 사실적 자기결정에 대한 독자적 형성의 계기가 특히 강조된다. 치펠리우스에 의하면 존엄은 "그 내용에 따를 때 도덕적 자율능력을 가진 존재로서 인간에게 귀속되는 특별한 가치이다. 따라서 존엄의 주체는 그러한 도덕적 자율능력이 있는 그러한 인간이다"라고 하고 있는 바, 이러한 입장도 능력이

---

48) Kant, Grundlegung der Metaphysik der Sitten, 2. Aufl., 1786, S. 73, 76 f.-Zippelius, in: BK-GG(Lfg. Dez. 1989), Art. 1 Abs. 1 u. 2 Rn. 7에서 재인용.

49) Kant, Metaphzsik der Sitten, Tugendlehre, 1797, §38: Zippelius, in: BK-GG(Lfg. Dez. 1989), Art. 1 Abs. 1 u. 2, Rn. 7.

50) Horst Dreier, in: ders.(Hrsg), Grundgesetz-Kommentar, Bd Ⅰ, 2. Aufl., 2004, Art. 1 Abs. 1, Rdnr. 55; 계희열(주 10), 195.

51) Schopenhauer, Die Welt als Wille und Vorstellung, Ⅰ §62.-Zippelius, in: BK-GG(Lfg. Dez. 1989), Art. 1 Abs. 1 u. 2 Rn. 8에서 재인용.

론과 맥락을 같이 하고 있다고 보인다.[52]

하지만 이 이론은 이러한 능력을 더 이상 보여줄 수 없는 인간은 인간존엄의 주체로 파악할 수 없게 된다는 데에 약점을 가지고 있다.[53]

(3) 의사소통이론(Kommunikationstheorie)

비교적 최근에 주목받고 있는 이론으로서 소위 호프만의 의사소통이론이 있다. 호프만은 인간존엄의 국가구조적 측면[54]과 국가구성기능[55]에 보다 중점을 두고 인간존엄을 파악하고 있다. 호프만에 따르면 존엄이라고 하는 것은 어떠한 본질이나 특성 또는 능력이 아니라, 하나의 관계개념 또는 의사소통개념이다. 따라서 인간존엄은 사회적인 존중요구에 대한 적극적 평가를 통한 사회적 승인 가운데서 구성된다.[56] 다시 말해서 존엄을 인간의 의사소통적 관계와 사회적 기대(Geltungsanspruch) 가운데 있는 인간 상호간의 존중으로서 파악하고 있다.[57] 존엄을 이해하기 위해서는 개인을 더불어 살아가는 인간(Mitmenschlichkeit)으로서 파악해야 한다는 것이다.

호프만에 따르면 이러한 사상이 결코 새로운 것은 아니다. 왜냐하면 푸펜도르프(Samuel Pufendorf)가 이미 그와 유사한 사상을 펼쳤다는 것이다. 그리하여 인간존엄의 보호법익은 개인의 일정한 속성이나 능력이 아니라, 동료인간의 연대성에 있다는 것이다. 따라서 인간존엄은 결국 구체적인 승인공동체(Anerkennungsgemeinschaft)와 유리해서는 생각할 수 없다고 하는 것이다.[58] 이러한 연대공동체 내에서 인간존엄은 더 이상 단순히 생명, 불가침성에 대한 상호간의 존중이나 상호간의 불간섭이라고 하는 소극적 의미에서의 자유 이상으로서, 정치적 공동생활의 목적을 위한 상호간의 승인을 의미하는 것이다.[59]

---

52) 하지만 치펠리우스는 그렇다고 하여 인간존엄은 정신적 장애인과 같이 인간적 인격성이 상실되어 있는 경우 그리고 가령 아동과 유아의 경우와 같이 자기의식과 도덕적 결정능력이 아직 형성되지 않은 인격의 전단계에서는 물론, 심지어 한때 인간이었던 사체에 있어서도 인간존엄이 존중되어야 한다는 결론을 배제하는 것은 아니라고 하고 있다. Zippelius, in: BK-GG(Lfg. Dez. 1989), Art. 1 Abs. 1 u. 2 Rn. 49.

53) Horst Dreier, in: ders.(Hrsg), Grundgesetz-Kommentar, Bd Ⅰ, 2. Aufl., 2004, Art. 1 Abs. 1, Rdnr. 56; 이러한 인식능력이나 이성능력을 인간존엄의 근거로 보는 이론에 대한 자세한 비판으로는 김일수, "배아 생명에 대한 법적 이해와 법정책의 방향," 형사정책연구 제13권 제3호(통권 제51호, 2002 가을호), 5-24(10).

54) Hasso Hofmann, AöR 118 (1993), S. 353 (365).

55) "기본법상 인간존엄의 주체는 기본법의 전문에 의하면 이 근본규범에 기초하여 국가를 건설한 독일 국민이다. 이것은 물론 일반적인 원리의 단순한 선언이나 집단적인 가치의식의 표명과는 다르며 그 이상이다. 즉 그것은 모리스 오류가 제도론에서 지칭한 것과 같은 국가건설이요 공동체행위이다. 따라서 여기에는 어떠한 신봉이나 선언 뿐만 아니라 국가건설에 대한 합치된 의사가 존재하는 것이다. 그러한 한 기본법상 인간존엄보장은 그것과 함께 다른 무엇보다도 특별한 하나의 법공동체가 구성되었다는 점에서, 역설적으로 말하면 개방적 시작(Anfang)일 뿐만 아니라, 동시에 종료(Ende)이며, 종결(Abschluß)이자 배제(Ausschluß)이다.": Hofmann, AöR 118 (1993), S. 353 (367).

56) Hofmann, AöR 118 (1993), S. 353 (364).

57) Hofmann, AöR 118 (1993), S. 353 (364 ff.).

58) Hofmann, AöR 118 (1993), S. 353 (364).

59) Hofmann, AöR 118 (1993), S. 353 (370): 이러한 이유에서 호프만은 아직 태어나기 전의 생명이나, 사자에 대해서는 상호간의 사회적 존중요구권의 주체가 될 수 없는 것으로 보고 있다. 그리고 상호간의 존중요구의 능력이나 도덕적 자율능력이 아직 없거나 정신적 장애 등으로 인하여 그러한 능력이 없는 자들에 대해서는 다음과 같은 말로 대답하고 있다. 즉 어느 누구도 타인을 경멸해서는 안되며, 또한 우리 가운데 어느

라. 인간존엄의 정의

인간존엄의 정의와 관련하여 헌법재판소[60]나 학설[61]은 대체로 칸트의 도덕형이상학적 정 언명령[62]에 입각하여 뒤리히가 전개한 소위 객체설(Objektformel)의 입장을 따르고 있다고 보인 다. 따라서 이러한 독일의 객체설의 내용과 문제점을 살펴 볼 필요가 있다.

(1) 消極的 定義 그리고 객체설(Objektformel)

(가) 정의의 포기 내지 소극적 정의

독일에서 특히 기본법 해석의 초기에 인간존엄을 더 이상 자세히 확정할 필요가 없다고 하는 사실상 포기[63]적 입장들이 있었다.[64] 마찬가지로 "인간존엄은 해석되지 않는 테제"라고 하는 호이스의 유명한 표현이나, 인간존엄은 일반적으로 타당한 그리고 추상적인 파악이 가능 하지 않다고 보는 학자들도 역시 같은 입장이라고 볼 수 있다.

이와 같이 인간존엄을 정의하지 않게 되면 인간존엄의 내용을 소극적으로 즉 침해양태로 부터 구체적 사건에 따라 구체화할 가능성이 열려지게 된다. 그리고 이러한 소극적 정의의 방 식에는 독일 연방헌법재판소가 기여한 바도 크다. 이러한 소극적 정의는 어렵기도 할 뿐만 아 니라, 흔히 고착화의 위험에 빠질 수 있는 한정적 정의의 부담으로부터 자유로울 수 있으며 헌 법해석에 있어서 상당히 유동적인 입장을 취할 수 있다는 장점을 가지고 있다.

하지만 그에 못지않은 단점은 구체적인 경우에 인간존엄의 내용확정을 명백성이나 합의에 의존할 수밖에 없다는 데에 있다. 이것은 가령 고문, 모욕, 추방 등과 같이 전형적인 인간존엄 침해 사례의 경우에는 충분히 해결될 수 있을지 모르나, 새로이 제기되는 민감한 문제들에 대 해서는 별다른 도움이 되지 않는다는 데에 문제가 있다.[65]

누구도 다른 사람보다 높아져서는 안되고, 우리가 서로 공동체의 일원으로서 똑같이 존엄한 존재로 상호 승인하는 약속은 어느 누구에게 다른 개인에 대하여 이러한 똑같이 존엄한 지위를 원칙적으로 부인할 수 있는 권한을 부여하지 못하게 하고 있다(S. 376). 의사소통적 합의가능성을 인간존엄성의 근거로 보는 입장 에 대한 비판으로는 김일수(주 53), 10.

60) 객체설을 받아들였다고 볼 수 있는 판례로는 가령, 헌재 2005. 5. 26. 99헌마513, 17-1, 668(695), 그 밖에 변호인의 조력을 받을 권리와 관련하여 피의자·피고인을 형사절차의 단순한 객체로 삼아서는 안된다고 판 시한 사례로, 헌재 2004. 9. 23. 2000헌마138, 16-2(상), 543(554).

61) "인간에게 인격자로서의 정체성이 보장될 때 인간이 단순한 수단으로 또는 객체로 전락되는 것을 막을 수 있게 된다. 즉 개인의 국가에 대한 관계에서 개개 인간은 국가권력의 객체가 아니라 주체로서 국가권력의 구성적 지위를 갖게 되며, 개인의 개인에 대한 관계에서 일방이 타방의 객체가 아니라 상호 대등한 주체가 된다" 계희열(주 10), 197, 199.

62) Kant, Metaphysik der Sitten, Tugendlehre, 1797, §38: Zippelius, in: BK-GG(Lfg. Dez. 1989), Art. 1 Abs. 1 u. 2, Rn. 7.

63) Michael Sachs 저, 방승주 역(주 33), 215.

64) H. -C. Nipperdey, Die Würde des Menschen, in: Die Grundrechte Ⅱ, S. 1 ff.(1); F. Klein, in: B. Schmidt-Bleibtreu/F. Klein (Hrsg.), Kommentar zum Grundgesetz, 8 Aufl., 1995, Art. 1 Rn. 1 — 이하 Horst Dreier, in: ders.(Hrsg.), Grundgesetz-Kommentar, Bd Ⅰ, 2. Aufl., 2004, Art. 1 Abs. 1, Rdnr. 51에서 재인용.

65) Horst, Dreier, in: ders.(Hrsg.), Grundgesetz-Kommentar, Bd Ⅰ, 2. Aufl., 2004, Art. 1 Abs. 1, Rdnr. 52 참조.

(나) 객 체 설

뒤리히는 칸트의 윤리학적 정언명령에 기초하여 소위 객체설(Objektformel)을 전개하였으며, 독일 연방헌법재판소도 이러한 객체설을 따르고 있다.

뒤리히는 인간존엄이라고 하는 불확정 법개념의 내용은 실무에 비추어 침해양태로부터 소극적으로 확정하는 것이 가장 좋다고 보고 있다. 그리고 모든 정의의 시도는 간단한 것이 가장 좋다는 점을 고려할 때, 다음과 같이 인간존엄의 침해를 정의하고 있다. 즉 "구체적인 인간이 객체, 단순한 수단, 어떠한 단위로 전락될 경우에 인간존엄은 침해된다."[66] 그 밖에 인간이 어떠한 국가적 절차의 객체로 전락되는 경우 인간의 존엄은 침해된다는 것이다.[67] 뒤리히는 이렇게 국가적 절차의 단순한 객체로 전락되는 경우로서 형사소추 과정에서 진실을 밝혀내기 위해서 약물이나 거짓말탐지기 등, 화학적 또는 심리학적 수단을 사용하는 경우,[68] 법적 진술권의 거부[69] 등과 그 밖의 여러 가지 사례들을 들고 있다.

(다) 독일 연방헌법재판소의 입장

독일 연방헌법재판소는 인간존엄에 대한 침해로서 우선 "모욕, 낙인, 박해, 추방"을 들었다(E 1, 332 [348]). 그 후 연방헌법재판소는 인간을 국가적 행위의 단순한 객체로서 만드는 것은 인간존엄에 반한다고 보았다(E 9, 89 [95]; 57, 250 [275]). 인간의 존엄은 "도덕적 인격"과 인간의 "사회적 가치와 존중요구"라는 것이다.(E 9, 167 [171]) 하지만 도청판결[70]에서는 이러한 객체설이 충분하지 않은 것으로서 보고 더욱 구체화하고 있다.[71]

"기본법 제79조 제3항에 따라서 헌법개정에 의해서도 침해될 수 없는, 기본법 제1조에서 규정된 인간존엄의 불가침원칙과 관련되는 것은 모두가, 어떠한 상황에서 인간존엄이 침해될 수 있는지의 확정에 달려 있다. 이것은 분명히 일반적으로 말할 수는 없고, 항상 구체적인 사건을 보면서만 말할 수 있다. 인간이 국가권력의 단순한 객체로 전락되어서는 안 된다고 하는 것과 같은 일반적 표현은, 단순히 인간존엄의 침해사례들이 발견될 수 있는 방향을 제시할 수 있을 뿐이다. 인간은 적지 않게 여러 상황과 사회적 발전의 단순한 객체일 뿐만 아니라, 자기의 이익이 고려되었는지 여부와 상관없이 여기에 편입되지 않으면 안되는 한에서, 법의 단순한 객체이기도 하다. 하지만 그것만으로 인간존엄의 침해가 있다고 할 수는 없다. 추가되어야 할 것은, 인간이 자신의 주체성을 근본적으로 문제시되게 하는 취급을 당한다는 사실, 또는 구체적인 경우에 그러한 취급에 인간존엄에 대한 恣意的인 무시가 있다는 사실이다. 즉 법률을 집행하는 공권력의 인간에 대한 취급은, 그러한 취급이 인간존엄과 관계되는 경우에는 인간이 인간

---

66) Günter Dürig, a.a.O., Rn. 28.
67) Günter Dürig, a.a.O., Rn. 34.
68) Günter Dürig, a.a.O., Rn. 35.
69) Günter Dürig, a.a.O., Rn. 36.
70) BVerfGE 30, 1 (25 f.).
71) BVerfGE 30, 1 (25 f.).

이기 때문에 가지는 가치에 대한 무시의 표현, 즉 이러한 의미에서 '경멸적 취급'(verächtliche Behandlung)이어야 한다."

그러나 이러한 구체화의 시도에 대하여 인간존엄의 자의적인 무시 외에 자의적이 아닌 무시가 허용될 수 있을 것인가의 비판을 제기하면서 여전히 종전의 객체설이 유용하다고 보는 것이 일반적이다.72)

우리 학계에서도 "인간에게 인격자로서의 정체성이 보장될 때 인간이 단순한 수단으로 또는 객체로 전락되는 것을 막을 수 있게 된다. 즉 개인의 국가에 대한 관계에서 개개 인간은 국가권력의 객체가 아니라 주체로서 국가권력의 구성적 지위를 갖게 되며, 개인의 개인에 대한 관계에서 일방이 타방의 객체가 아니라 상호 대등한 주체가 된다"고 보는 견해73)도 이러한 객체설적 입장에 속한다고 할 수 있을 것이다.

(라) 객체설에 대한 비판

이러한 객체설에 대해서는 전통적인 유형의 명백한 인간존엄침해를 확인하는 데는 유용하나 그 밖의 사례에 대한 판단에 있어서는 한계를 드러낸다는 비판이 따르고 있다.

첫째, 이 이론은 지나치게 애매모호하고 불분명하여 각자가 생각하는 주관적 正義관념을 유입시킬 여지가 크다는 것이다.74) 드라이어는 객체설의 가장 결정적인 비판을 다음에서 찾고 있다. 즉 이 객체설은 겉으로 보기에는 세계관적으로 중립적인 기준인 것 같아 보여도, 자세히 들여다보면 곧바로 모든 유형의 주관적 가치평가의 유입을 가능케 하는 관문의 역할을 수행하고 있다는 점이다. 이것은 현대의 생명윤리와 관련한 논란에 있어서 특히 그러하다는 것이다.75)

둘째, 이 이론은 인간존엄침해를 확정하기 위한 수단으로서 문의상의 한계를 드러내고 있다는 것이다. 왜냐하면 모든 인간은 살아가는 과정에서 다른 인간은 물론 국가에 의해서도 목적이 아니라 수단으로서 취급되기도 한다. 이 점은 독일 연방헌법재판소가 도청판결에서 지적한 바와도 같다.76)

또한 연방헌법재판소가 도청판결77)에서 시도한 바와 같이 '인간의 주체성을 근본적으로 문제시되게 하는 취급'과 같은 기준이나 또는 '인간의 존엄에 대한 자의적인 무시와 인간의 가치에 대한 경멸' 등의 기준과 같은 보다 상세히 구체화하려는 시도에 대해서도, 자의적이지 않

---

72) 같은 비판으로는 Hasso Hofmann, Die versprochene Menschenwürde, AöR 118(1993), S. 353ff(360); Pieroth/ Schlink, Grundrechte-Staatsrecht Ⅱ, Heidelberg 2002, Rn. 360; Horst Dreier, in: ders.(Hrsg.), Grundgesetz-Kommentar, Bd Ⅰ, 2. Aufl., 2004, Art. 1 Abs. 1, Rdnr. 53.

73) 계희열(주 10), 197, 199.

74) Horst Dreier, in: ders.(Hrsg.), Grundgesetz-Kommentar, Bd Ⅰ, 2. Aufl., 2004, Art. 1 Abs. 1, Rdnr. 53; 동지, Pieroth/Schlink, Grundrechte-Staatsrecht Ⅱ, Heidelberg 2002, Rn. 360; Zippelius, in: BK-GG(Lfg. Dez. 1989), Art. 1 Abs. 1 u. 2 Rn. 15.

75) Horst Dreier, in: ders.(Hrsg.), Grundgesetz-Kommentar, Bd Ⅰ, 2. Aufl., 2004, Art. 1 Abs. 1, Rdnr. 53.

76) BVerfGE 30, 1 (25 f.).

77) BVerfGE 30, 1 (25 f.).

은 인간존엄에 대한 무시 역시 인간존엄에 대한 침해라고 할 수 있으며,[78] 침해자의 의도는 인간존엄침해 여부의 기준이 될 수 없고, 또한 좋은 의도에 의한 인격적 가치에 대한 무시도 인간존엄의 침해가 될 수 있다는 점을 들고 있다.[79]

결국 도청판결에서 전개된 보다 상세화된 기준의 이러한 문제점 때문에 대체로 종전의 객체설을 지지하면서 몇 가지 방향에서 인간존엄의 침해사례로 인정할 수 있는 영역들을 제시하는 경향들을 보이고 있다.

마. 인간존엄침해의 전형적 사례[80]

인간존엄의 근거와 내용에 대한 많은 논란에도 불구하고 독일에서는 다음과 같은 세가지 분야가 인간존엄의 보호영역에 포함된다고 하는 데 대하여 전반적인 합의가 이루어져 있으며, 이러한 내용은 우리 헌법상 인간존엄과 가치의 보호영역의 구체화를 위해서도 상당한 이론적 참고가 될 수 있다고 생각된다.[81]

(1) 인간존엄은 우선 모든 인간의 법적인 평등을 보장한다. 따라서 인간존엄은 모든 유형의 체계적인 차별과 천대를 금지한다. 즉 이것은 가령 전형적으로 노예제도, 농노제도 그리고 인신매매 등을 금지하며 체계적인 경멸, 일정한 민족이나 인간집단의 추방 등을 금지한다. 그리고 일정한 인간집단을 제2계급이나 천민으로 전락시키는 신분제 역시 금지된다.

우리 헌법은 이러한 이유에서 헌법 제11조 제1항에서 "모든 국민은 법 앞에 평등하다. 누구든지 성별·종교 또는 사회적 신분에 의하여 정치적·경제적·사회적·문화적 생활의 모든 영역에 있어서 차별을 받지 아니한다"고 선언하고 있을 뿐만 아니라, 제2항에서는 "사회적 특수계급의 제도는 인정되지 아니하며 어떠한 형태로도 이를 창설할 수 없다"고 하고 있다. 오늘날 사회적 신분은 모두 철폐되었기 때문에 이 조문은 사실상 사문화되어 있는 것처럼 보이나, 이를 실질적으로 이해하여 새로운 사실상의 신분제도의 고착화를 방지해야 할 국가적 보호의무의 근거로 이해할 필요가 있다고 보인다.

(2) 인간존엄은 인간의 주체성, 특히 신체적 및 정신적인 정체성과 완전성의 보장을 요구한다. 따라서 이러한 정체성과 완전성을 침해하는 모든 종류의 고문, 세뇌 또는 그 밖의 경멸적 취급은 금지된다. 제2차대전 때 나치와 일본군에 의해서 자행된 민족말살, 강제추방, 생체실험, 위안부[82]의 강제동원 등과 그 밖에 인신매매와 감금, 강제노동 등도 전형적인 인간존엄침해라

---

78) Pieroth/Schlink, Grundrechte-Staatsrecht Ⅱ, Heidelberg 2002, Rn. 360; Horst Dreier, in: ders.(Hrsg), Grundgesetz-Kommentar, Bd Ⅰ, 2. Aufl., 2004, Art. 1 Abs. 1, Rdnr. 53.

79) Horst Dreier, in: ders.(Hrsg.), Grundgesetz-Kommentar, Bd Ⅰ, 2. Aufl., 2004, Art. 1 Abs. 1, Rdnr. 53.

80) Horst Dreier, in: ders.(Hrsg.), Grundgesetz-Kommentar, Bd Ⅰ, 2. Aufl., 2004, Art. 1 Abs. 1, Rdnr. 58-61; 마찬가지로 Pieroth/Schlink, Grundrechte-Staatsrecht Ⅱ, Heidelberg 2002, Rdnr. 361 참조.

81) Hasso Hofmann, in: AöR 118(1993), S. 353 ff.(363); Horst Dreier, in: ders.(Hrsg.), Grundgesetz-Kommentar, Bd Ⅰ, 2. Aufl., 2004, Art. 1 Abs. 1, Rdnr. 58-61; Pieroth/Schlink, Grundrechte-Staatsrecht Ⅱ, Heidelberg 2002, Rdnr. 361.

82) 헌재 2011. 8. 30. 2006헌마788, 23-2상, 366(367).

고 보아야 할 것이다.

　우리 헌법은 법률에 의하지 아니하고는 체포·구속·압수·수색 또는 심문을 받지 아니하며, 법률과 적법절차에 의하지 아니하고는 처벌·보안처분 또는 강제노동을 받지 아니한다고 확인하고 있다. 따라서 법률과 적법절차 없이 이루어지는 이와 같은 조치들은 헌법 제12조 제1항의 침해일 뿐만 아니라, 인간의 존엄을 침해하는 조치가 될 소지가 크다. 한편 형사소송절차에서의 강압적 수사에 의한 인권침해를 방지하기 위하여 특별히 고문금지를 명문화(헌법 제12조 제2항)하고 있는데, 이 고문금지 역시 인간의 존엄과 가치를 보호하는 구체적 인권보호조항이라고 볼 수 있을 것이다.

　(3) 인간존엄은 모든 사람의 인간다운 생존의 보장을 요구한다. 따라서 이로부터 국가 전체의 경제적 발전과 재정적 능력에 부합하는 물질적 최저생계기준이 인간존엄으로부터 도출될 수 있다.

　우리 헌법 제34조의 인간다운 생활을 할 권리는 사회국가적 차원에서 인간존엄을 보다 구체화한 조항이라고 할 수 있을 것이다.[83] 물론 인간다운 생활을 위한 물질적 최저생활의 기준은 각 나라의 문화적, 경제적 수준에 따라서 달리 평가될 수 있을 것이다.

바. 인간으로서의 존엄과 가치로부터 도출되는 기본권

(1) 일반적 인격권

　우리 헌법재판소는 일반적 인격권을 인간의 존엄과 가치로부터 도출[84]하기도 하고, 인간의 존엄과 가치 및 행복추구권으로부터 포괄적으로 도출[85]하기도 하고 있다.

　가령 일반적 인격권을 인간의 존엄과 가치로부터 도출한 사례로서는 반론권에 해당하는 정정보도청구권을 헌법 제10조의 인간으로서의 존엄과 가치로부터 도출되는 일반적 인격권과 헌법 제17조의 사생활의 비밀과 자유를 언론에 의하여 침해받은 피해자에게 신속하고도 적절한 방어의 수단으로 주어진 것이라고 본 정정보도청구권 사례[86]를 들 수 있다.

---

83) 그러나 헌법재판소는 "자유와 권리의 보장은 1차적으로 헌법상 개별적 기본권규정을 매개로 이루어지지만, 기본권제한에 있어서 인간의 존엄과 가치를 침해한다거나 기본권형성에 있어서 최소한의 필요한 보장조차 규정하지 않음으로써 결과적으로 인간으로서의 존엄과 가치를 훼손한다면 헌법 제10조에서 규정한 인간의 존엄과 가치에 위반된다고 할 것"이라고 하면서 헌법 제34조의 인간다운 생활을 할 권리에 대한 침해 여부와 더불어서 헌법 제10조의 인간존엄권 침해여부를 병렬적으로 심사하고 있기도 하다. 헌재 2011. 3. 31. 2009헌마617 등, 23-1상, 416(424).

84) 헌재 1991. 9. 16. 89헌마165 결정; 1999. 5. 27. 97헌마137, 11-1, 653(665)(재소자용수의착용처분); 2001. 7. 19. 2000헌마546(유치장내화장실설치및관리행위 위헌확인), 13-2, 103(112).

85) 헌재 2005. 7. 21. 2003헌마282, 17-2, 81(90); 헌재 2010. 10. 28. 2007헌가23, 22-2상, 761(767).

86) "헌법의 위 조항들을 종합해 볼 때 언론기관에 의하여 일반적인 인격권이나 사생활의 비밀과 자유를 침해받은 피해자에게 인간의 존엄과 가치 및 사생활의 비밀과 자유권을 보호하기 위하여 신속하고도 적절한 방어의 수단이 주어져야 함이 형평의 원리에 부합한다고 할 것이다. 그러므로 이 법이 규정한 반론권으로서의 정정보도청구권은 바로 헌법상 보장된 인격권에 그 바탕을 둔 것으로서, 피해자에게 보도된 사실적 내용에 대하여 반박의 기회를 허용함으로써 피해자의 인격권을 보호함과 동시에 공정한 여론의 형성에 참여할 수 있도록 하여 언론보도의 객관성을 향상시켜 제도로서의 언론보장을 더욱 충실하게 할 수도 있을 것이라는 취지 아래 헌법의 위에 든 각 조항들을 근거로 하여 제정된 것이다." 헌재 1991. 9. 16. 89헌마

(2) 생 명 권

생명권에 대해서 헌법재판소는 인간의 존엄으로부터 직접 도출하고 있지는 않고, 모든 기본권의 전제로서 기본권 중의 기본권이라고 이해하고 있다.[87]

(3) 자기운명결정권, 성적 자기결정권

또한 인간의 존엄과 가치를 인격권으로 보고서 그 인격권과 행복추구권으로부터 자기운명결정권과 성적 자기결정권을 도출하기도 하며,[88] 연명치료중단, 즉 생명단축에 관한 자기결정권 역시 인간으로서의 존엄과 가치로부터 나오는 자기결정권의 한 내용으로서 보장된다고 하고 있다.[89]

(4) 알 권 리

알권리는 헌법 제21조로부터 도출하고 있으면서도 또한 헌법 제10조와도 관련된다고 하고 있다.[90]

사. 인간으로서의 존엄과 가치에 관한 헌법재판소 판례

(1) 인간존엄의 침해를 인정한 사례

헌법재판소는 형벌체계상 정당성을 잃은 과중한 법정형,[91] 지나치게 열악한 보호감호시설,[92] 동성동본금혼조항[93]과 호주제,[94] 친생부인의 소의 제척기간을 "그 출생을 안날로부터 1년내"로 규정한 민법 제847조 제1항,[95] 인간으로서의 기본적 품위를 유지할 수 없도록 하는 행위,[96] 과잉한 신체수색행위,[97] 과도한 계구사용행위,[98] 변호사에 대한 업무정지명

165, 3, 518(527).

87) 헌재 1996. 11. 28. 95헌바1, 8-2, 537(544); 헌재 2008. 7. 31. 2004헌바81, 20-2상, 91(92); 헌재 2012. 8. 23. 2010헌바402, 24-2상, 471(479).

88) 헌재 1990. 9. 10. 89헌마82, 2, 306(310); 헌재 1997. 7. 16. 95헌가6 등, 9-2, 1(15-16); 헌재 2001. 10. 25. 2000헌바60, 13-2, 480(484); 헌재 2008. 10. 30. 2007헌가17 등, 20-2상, 696(706).

89) 헌재 2009. 11. 26. 2008헌마385, 21-2하, 647(658-659); 마찬가지로 진료행위를 받을 것인지에 대한 환자의 동의를 헌법 제10조에서 규정한 개인의 인격권과 행복추구권에 의하여 보호되는 자기결정권을 보장하기 위한 것으로 보면서 회복불가능한 사망의 단계에 이른 후에 환자가 인간으로서의 존엄과 가치 및 행복추구권에 기초하여 자기결정권을 행사하는 것으로 인정되는 경우에는 특별한 사정이 없는 한 연명치료의 중단이 허용될 수 있다고 보는 대법원 판례로는 대판(전) 2009. 5. 21. 2009다17417 판결[무의미한연명치료장치제거등][공2009상, 849].

90) 헌재 1989. 9. 4. 88헌마22; 1991. 5. 13. 90헌마133; 1992. 2. 25. 89헌가104; 2009. 9. 24. 2007헌바107, 21-2상, 533(540); 2010. 12. 28. 2009헌바258, 22-2하, 721(729).

91) 헌재 2007. 11. 29. 2006헌가13, 19-2, 535; 2004. 12. 16. 2003헌가12, 16-2하, 446(457-457); 1992. 4. 28. 90헌바24, 4, 225(236); 2002. 11. 28. 2002헌가5, 14-2, 600(606); 2003. 11. 27. 2002헌바24, 15-2하, 242.

92) 헌재 1991. 4. 1. 89헌마17 등.

93) 헌재 1997. 7. 16. 95헌가6, 민법 제809조 제1항 위헌제청, 9-2, 1.

94) 헌재 2005. 2. 3. 2001헌가9, 17-1, 1; 2005. 12. 22. 2003헌가5, 17-2, 544.

95) 헌재 1997. 3. 27. 95헌가14, 96헌가7(병합), 9-1, 193.

96) 헌재 2001. 7. 19. 2000헌마546, 13-2, 103(112).

97) 헌재 2002. 7. 18. 2000헌마327, 신체과잉수색행위위헌확인, 14-2, 54-64.

98) 헌재 2003. 12. 18. 2001헌마163, 15-2하, 562(580); 2005. 5. 26. 2004헌마49, 17-1, 754(763).

령,[99] 미결수용자에 대한 재소자용수의착용강제,[100] 사람의 육체적·정신적 상태나 건강에 대한 정보공개의 강제[101] 등은 인간으로서의 존엄과 가치 내지 인격권에 대한 침해로 보았다.

또한 헌법재판소는 일본군위안부피해자 헌법소원사건[102]에서 일본군위안부 피해자들의 일본에 대한 배상청구권의 실현 및 인간으로서의 존엄과 가치의 회복에 대한 장애상태를 제거하는 행위를 다 하지 아니한 부작위는 청구인들에 대한 중대한 기본권침해를 초래하여 위헌이라고 한 바 있으며, 또한 원폭피해자 헌법소원사건[103]에서 원폭피해자들의 일본에 대한 배상청구권을 실현하도록 협력하고 보호하여야 할 의무를 다하지 아니한 부작위에 대해서도 마찬가지 이유에서 위헌으로 판단하였다.

한편 법인도 인격권의 주체가 될 수 있음을 인정하면서 방송사업자의 의사에 반하여 사과행위를 강제하는 것은 법인인 방송사업자의 인격권을 제한한다고 보기도 하였다.[104]

(2) 인간존엄의 침해를 부인한 사례

이에 반하여 정정보도청구권,[105] 사형제도,[106] 좌석안전띠강제착용제,[107] 소변채취강요,[108] 간통죄,[109] 인지청구의 소의 제소기간을 부 또는 모의 사망을 안 날로부터 1년내로 규정한 것,[110] 기초생활보장제도의 보장단위인 개별가구에서 교도소·구치소에 수용 중인 자를 제외토

---

99) 헌재 1990. 11. 19. 90헌가48, 2, 393(401).

100) 헌재 1999. 5. 27. 97헌마137, 11-1, 653(665).

101) 헌재 2007. 5. 31. 2005헌마1139, 공보 128, 646(651): "이 사건 법률조항은 사생활 보호의 헌법적 요청을 거의 고려하지 않은 채 인격 또는 사생활의 핵심에 관련되는 질병명과 그렇지 않은 것을 가리지 않고 무차별적으로 공개토록 하고 있으며, 아무런 비공개요구권도 인정하고 있지 않다. 그리하여 그 공개 시에 인격이나 사생활의 심각한 침해를 초래할 수 있는 질병명(예를 들어 후천성면역결핍증, 정신분열장애, 매독, 인공항문)을 예외 없이 공개함으로써 사생활의 비밀을 심각하게 침해하고 있다."

102) 헌재 2011. 8. 30. 2006헌마788, 23-2상, 366(367).

103) 헌재 2011. 8. 30. 2008헌마648, 23-2상, 417(418).

104) 헌재 2012. 8. 23. 2009헌가27, 24-2상, 355.

105) 헌재 1991. 9. 16. 89헌마165, 3, 518.

106) 헌재 1996. 11. 28. 95헌바1, 형법 제250조 등 위헌소원, 8-2, 537-572; 헌재 2010. 2. 25. 2008헌가23, 22-1상, 36(38-39): "사형제도는 우리 헌법이 적어도 간접적으로나마 인정하고 있는 형벌의 한 종류일 뿐만 아니라, 사형제도가 생명권 제한에 있어서 헌법 제37조 제2항에 의한 헌법적 한계를 일탈하였다고 볼 수 없는 이상, 범죄자의 생명권 박탈을 내용으로 한다는 이유만으로 곧바로 인간의 존엄과 가치를 규정한 헌법 제10조에 위배된다고 할 수 없으며, 사형제도는 형벌의 경고기능을 무시하고 극악한 범죄를 저지른 자에 대하여 그 중한 불법 정도와 책임에 상응하는 형벌을 부과하는 것으로서 범죄자가 스스로 선택한 잔악무도한 범죄행위의 결과인바, 범죄자를 오로지 사회방위라는 공익 추구를 위한 객체로만 취급함으로써 범죄자의 인간으로서의 존엄과 가치를 침해한 것으로 볼 수 없다. 한편 사형을 선고하거나 집행하는 법관 및 교도관 등이 인간적 자책감을 가질 수 있다는 이유만으로 사형제도가 법관 및 교도관 등의 인간으로서의 존엄과 가치를 침해하는 위헌적인 형벌제도라고 할 수는 없다." 이에 반하여 독일에서는 사형이 인간존엄에 합치되지 않는다는 의견이 지배적이다. Zippelius, in: BK-GG(Lfg. Dez. 1989), Art. 1 Abs. 1 u. 2 Rn. 70.

107) 헌재 2003. 10. 30. 2002헌마518, 15-2하, 185(208).

108) 헌재 2006. 7. 27. 2005헌마277, 18-2, 280(286).

109) 헌재 1990. 9. 10. 89헌마82, 2, 306(311).

110) 헌재 2001. 5. 31. 98헌바9, 13-1, 1140(1146-1147).

록 규정한 '국민기초생활 보장법 시행령'조항,[111] 마약류사범이 구치소에 수용되는 과정에서 반입금지물품의 소지·은닉 여부를 확인하기 위하여 실시한 구치소 수용자에 대한 항문 내 정밀신체검사[112] 등은 인간의 존엄과 가치나 인격권을 침해하는 것이 아니라고 보았다.

그리고 교도관의 동행계호행위는 인간으로서의 존엄과 가치에 대한 제한이라고 하기 보다는 일반적 행동의 자유에 대한 제한을 초래할 수 있다고 보았으나 그 침해는 인정하지 않았다.[113]

한편 헌법재판소는 '계속근로기간 1년 이상인 근로자인지 여부'라는 기준에 따라 퇴직급여법의 적용 여부를 달리한 것에는 합리적 이유가 있다고 인정되고, 그 기준이 인간의 존엄성을 전혀 보장할 수 없을 정도라고도 보기 어려우므로 이 사건 법률조항은 헌법 제32조 제3항에 위반된다고 할 수 없다고 한 바 있다.[114]

6. 인간으로서의 존엄과 가치의 기본권주체

가. 헌법상 인간상

(1) 헌법 제10조의 인간의 개념

우리 헌법이 전제하고 있는 인간상은 뒤리히[115]가 잘 지적하였듯이, 자유롭고 평등한 인간이며, 자기 스스로 주체적으로 결정할 수 있을 뿐만 아니라, 자신의 삶과 주변 환경을 주체적으로 형성해 나갈 수 있으며, 자신의 결정과 행동에 대하여 스스로 책임질 수 있는 자율적 인간이라고 할 수 있을 것이다.

인간존엄 속에 내재해 있는 자기 스스로와 주변 환경을 형성해 나갈 수 있는 자율적 능력은 인간 자체에 내재되어 있는 추상적인 능력이지, 구체적이고 개별적인 인간 개인에 있어서 언제든지 똑같이 실현될 수 있는 가치인 것은 아니다. 이러한 의미에서 인간의 자율적 능력은 잠재적인 능력이라고 보아야 할 것이다. 가령 민법상 권리능력 개념 역시 개인이 가진 개별적 능력과 상관없이 인정되는 것과 마찬가지로 헌법상 인간존엄 역시 모든 인간에게 인정되는 추상적 속성 내지 가치라고 보아야 할 것이다.[116]

---

111) 헌재 2011. 3. 31. 2009헌마617 등, 23-1상, 416.

112) 헌재 2006. 6. 29. 2004헌마826, 공보 117, 938.

113) 헌재 2010. 10. 28. 2009헌마438, 공보 169, 1956(1959).

114) 헌재 2011. 7. 28. 2009헌마408, 23-2상, 118(119).

115) 뒤리히는 인간존엄은 불가침이라고 하는 이러한 객관적 헌법의 규범적 언명은 존재적으로 주어진 것(Seinsgegebenheit)에 기초하고 있는 가치에 관한 언명을 포함하고 있다고 하면서, 이와 같이 시간과 공간을 초월하여서 "존재"하며, 또한 법적으로 실현"되어야 하는" 인간존엄이라고 하는, 존재적으로 주어진 것은 다음 가운데 있다고 보고 있다. 즉 "모든 인간은 비인간적 자연과 자신을 구별하며, 또한 자기 자신을 의식하고 자기 스스로를 규정하며 자신과 환경을 형성할 수 있는 능력을 가진 정신이 있기에 인간이다." 이러한 인간관은 또한 그 자체 존재적 측면에서 상호 불가분의 관계에 있는 두가지 부분적 가치를 포함하는데, 이것은 일반적 행동의 자유와 일반적 평등에 규범적으로 반영되어 있다. 즉 첫째, 모든 인간은 자유롭다는 것이고, 둘째 모든 인간이 이러한 자유를 가지며, 그러한 한에서 평등하다고 하는 사실이다. Günter Dürig, a.a.O., Rn. 17.

116) Günter Dürig, a.a.O., Rn. 19.

그렇게 본다면 존엄이라고 하는 일반적인 인간의 고유가치는 구체적 인간이 자율적 형성능력을 처음부터 가지고 있지 않은 경우(가령 정신적 장애인[117]과 같이)에도 존재한다.[118] 그리고 자율적인 도덕적 인격성을 발전시킬 수 있는 능력을 가지고 있지 않은 기형아에 대해서도 인간존엄이 인정된다.[119]

뿐만 아니라, 범죄자와 같이 구체적인 인간이 자신의 자유를 남용하여 스스로의 인격적 가치를 비하시키는 경우에도 존엄이라고 하는 일반적인 인간의 고유가치는 존재하는 것이다.[120]

그리고 존엄이라고 하는 일반적인 인간의 고유가치는 구체적인 인간이 자기 스스로 결정할 수 있는 능력과 자유에 대한 침해에 동의한 경우에도 그러한 국가적 행위는 인간존엄 자체를 침해하는 것이다. 가령 피고인의 동의 하에 자백제를 사용하도록 한 경우라도 진실발견에 있어서 헌법적으로 불법적 방법이 사용되었음에는 아무런 변화가 없다. 이러한 결론은 인간존엄을 보호해야 할 국가의 객관적인 의무(헌법 제10조 제2문)로부터도 도출될 수 있다. 이러한 객관적인 가치보호규정을 고려할 때, 구체적인 기본권주체의 주관적 동의가 있다고 해서 국가가 이러한 객관적인 보호의무로부터 면제되는 것은 아니다.

존엄이라고 하는 일반적인 인간의 고유가치는 구체적으로 생존하는 인간에 있어서 그 실현여부와는 상관이 없기 때문에, 구체적인 인간이 아직 태어나지 않았거나 죽은 경우라 하더라도, 그에 대한 공격은 인간존엄 자체에 대한 침해가 될 수 있다.[121]

(2) 헌법이 추구하는 인간상

헌법재판소에 따르면『우리 헌법질서가 예정하는 인간상은 "자신이 스스로 선택한 인생관·사회관을 바탕으로 사회공동체 안에서 각자의 생활을 자신의 책임 아래 스스로 결정하고 형성하는 성숙한 민주시민"(헌재 1998. 5. 28. 96헌가5, 10-1, 541(555); 헌재 2000. 4. 27. 98헌가16 등, 12-1, 427(461))인바, 이는 사회와 고립된 주관적 개인이나 공동체의 단순한 구성분자가 아니라, 공동체에 관련되고 공동체에 구속되어 있기는 하지만 그로 인하여 자신의 고유가치를 훼손당하지 아니하고 개인과 공동체의 상호연관 속에서 균형을 잡고 있는 인격체』[122]라고 할 수 있다.

이러한 우리 헌법재판소 판례는 독일 연방헌법재판소의 공동체 관련적이고 공동체 구속적인 인간상에 관한 판례[123]로부터 영향을 받은 듯하다.

---

117) Zippelius, in: BK-GG(Lfg. Dez. 1989), Art. 1 Abs. 1 u. 2 Rn. 50.
118) Günter Dürig, a.a.O., Rn. 20.
119) 다만 인간의 형상을 띠고 있지 않은 소위 괴물과 관련해서만 의문이 제기되고 있다고 한다. 이에 대해서는 Zippelius, in: BK-GG(Lfg. Dez. 1989), Art. 1 Abs. 1 u. 2 Rn. 52. Anm. 70 참조.
120) Günter Dürig, a.a.O., Rn. 21; Zippelius, in: BK-GG(Lfg. Dez. 1989), Art. 1 Abs. 1 u. 2 Rn. 50.
121) Günter Dürig, a.a.O., Rn. 23.
122) 헌재 2003. 10. 30. 2002헌마518, 15-2하, 185(201).
123) "기본법의 인간상은 고립된 주권적 개인주의의 인간상이 아니다. 기본법은 오히려 개인의 고유가치를 침해하지 않으면서도 개인의 공동체관련성과 공동체구속성의 의미에서의 개인과 공동체간의 긴장관계를 택하였다." BVerfGE 4, 15 f.; 65, 44; 45, 187, 227.

(3) 헌법 제10조의 인간개념과 헌법이 추구하는 인간상과의 관계

그러나 이러한 인간상에서 제시된 균형잡힌 인격체로서의 인간이 아닌 사람은 인간의 존엄과 가치의 주체가 될 수 없는가 하는 의문이 제기될 수 있다. 즉 보통의 인간들의 경우는 이러한 인간상에 별 문제없이 포섭이 가능하나, 가령 태아나, 배아, 그리고 식물인간이나 뇌사자 등과 같이 인간으로서의 자율적 결정능력을 가지고 있지 못하다고 볼 수 있는 인간존재들에 대해서 과연 이러한 인간상이 적용될 수 있겠는가의 문제가 제기되기 때문이다.

하지만 이러한 균형있는 인격을 갖추지 못한 사람 역시 인간의 존엄과 가치의 주체라고 하는 것에는 이론의 여지가 없다. 그러므로 이러한 인간상에 관한 언급은 헌법 제10조가 전제하고 있는 인간의 개념에는 잘 부합하지 않으며, 오히려 인간상 내지 인간관 보다는 우리 헌법이 추구하고 있는 국가관 내지 공동체상이 무엇인가의 문제와 더 관련성이 있지 않나 생각된다. 즉 우리 헌법이 추구하는 국가관은 공동체 이익만을 절대시하는 전체주의적 국가관이나, 아니면 개인의 이익만을 절대시하는 고립된 개인주의적 국가관이 아니라, 공동체이익과 개인적 이익의 충돌을 적절히 조화시킴으로써 공동체 구성원이 함께 더불어 살아가는 인격주의적 국가관 내지 공동체관을 추구한다고 하는 측면에서 그러하다.

요컨대, 헌법 제10조의 인간으로서의 존엄과 가치보장 규정이 보호하는 보호대상은 어떠한 이상적 인간상도 아니고 일정한 인간성도 아니며, 또한 추상적 인간이나 인류가 아니라, 구체적 인간으로서의 개인임을 분명히 하여야 할 것이다.[124]

나. 외국인의 기본권주체성

헌법 제10조는 모든 국민이 인간으로서의 존엄과 가치를 가진다고 밝히고 있다. 따라서 인간으로서의 존엄과 가치의 기본권주체는 국민이 포함된다고 하는 것은 당연하다. 다만 외국인이 이러한 인간존엄권의 기본권주체가 될 수 있는지가 문제될 수 있다.[125] 이에 대해서 우리 학계의 다수설[126]은 외국인 역시 인간의 존엄과 가치의 기본권주체임을 인정하고 있으며, 또한 헌법재판소 판례도 외국인의 기본권주체성을 원칙적으로 인정[127]하고 있다.

여기에서 우리 헌법제정자가 "모든 국민"이라고 하는 표현으로써 외국인을 굳이 배제하려고 했다고 볼 수는 없을 것이다. 왜냐하면 헌법 제10조 제2문은 "국가는 개인이 가지는 불가침의 기본적 인권을 확인하고 이를 보장할 의무를 진다"고 확인하고 있는데, 인간의 존엄과 가치

---

124) 동지, Zippelius, in: BK-GG(Lfg. Dez. 1989), Art. 1 Abs. 1 u. 2 Rn. 55.

125) Hofmann에 따르면 국가설립을 위한 공동체 구성원 상호간의 존중약속이라고 할 수 있는 인간존엄은 국민에 대한 의미와 외국인에 대한 의미가 같지 않다고 보고 있다. 다시 말해서 국가구성의 약속으로서의 인간존엄의 효력은 내국인에게만 미친다고 보는 것이다. Hasso Hofmann, in: AöR 118(1993), S. 353 (375) 참조.

126) 가령, 계희열(주 10), 209.

127) 헌재 2001. 11. 29. 99헌마494, 13-2, 714. 다만 국민과 유사한 지위에 있는 외국인에게만 기본권주체성을 인정하려는 듯한 표현이 나오고 있으나, 어떠한 외국인이 국민과 유사한 지위에 있는 외국인인지는 밝히고 있지 아니하다. "인간의 존엄과 가치 및 행복추구권은 '인간의 권리'로서 외국인도 그 주체가 될 수 있다"고 명시적으로 인정하고 있는 판례로는 헌재 2007. 8. 30. 2004헌마670, 19-2, 297(303).

는 대표적인 불가침의 기본적 인권에 해당한다고 할 수 있다. 그리고 "개인"의 개념은 국민뿐
만 아니라 외국인을 포함한 모든 인간을 의미한다고 볼 수 있기 때문이다. 따라서 인간의 존엄
과 가치의 기본권주체는 국민과 외국인, 그리고 무국적자를 포함한 모든 인간이라고 보는 것이
타당하며, 그것이 우리 헌법이 추구하고 있는 "객관적 가치질서"의 측면에서도 합당하다고 볼
수 있다.

　　헌법재판소는 외국인에게 모든 기본권이 무한정 인정될 수 있는 것이 아니라 원칙적으로
'국민의 권리'가 아닌 '인간의 권리'의 범위 내에서만 인정될 것인바, 인간의 존엄과 가치 및 행
복추구권은 '인간의 권리'로서 외국인도 그 주체가 될 수 있고, 평등권도 인간의 권리로서 참정
권 등에 대한 성질상 제한 및 상호주의에 의한 제한이 있을 수 있을 뿐이라(헌재 2001. 11. 29.
99헌마494, 13-2, 714(723-724) 참조)[128]고 보고 있다.

　　그리고 여기에서 말하는 인간이란 육체, 심령, 정신의 총합체[129]라고 할 수 있는 자연인으
로서의 인간을 말한다고 할 수 있다. 이러한 인간이면 성별, 인종, 피부색을 막론하고, 또한 그
가 범죄자나 수형자이든, 아니면 장애자와 노약자이든, 식물인간이든 이른 바 살만한 가치가
있는 사람이든, 없는 사람이든 불문하고 인간으로서의 존엄과 가치를 갖는다.

다. 태아의 기본권주체성

　　한편 생명권의 기본권주체성과도 연관시켜 검토해 보아야 할 문제로서 우선 태아가 인간
으로서의 존엄과 가치의 기본권주체가 될 수 있는지가 문제된다.

　　이에 대하여는 "태아가 생물학적 독립성이나 행위능력이 없다고 하여 존엄권의 향유자가
될 수 없다고 할 수는 없다"[130]거나, "태아는 법상 자연인이라고 할 수는 없지만 태아도 생명권
의 주체가 될 수 있으므로 인간의 존엄과 가치의 기본권주체성을 인정하는 것이 타당하다"거
나,[131] "태아의 경우에도 생명과 건강에 대한 보호의 필요성을 부정할 수 없다"[132]거나, "미성년
자, 정신병자, 범죄인, 기형아, 태아, 이른바 식물인간을 막론하고 인간으로서의 존엄과 가치의
주체가 된다"는 등 태아의 기본권주체성을 긍정하는 입장이 압도적 다수설이라고 할 수 있다.

　　독일 연방헌법재판소의 경우 태아에 대하여 생명권과 인간존엄권의 주체성[133]을 인정해
오고 있다. 동 재판소는 다음과 같이 밝히고 있다. "인간존엄은 이미 태아의 생명에게도 인정되
는 것이며, 태어난 생명이라야 비로소, 또는 교육에 의하여 인격성이 갖추어져야 비로소 주어
지는 것이 아니다."[134] 우리 헌법재판소도 태아의 생명권의 기본권주체성을 인정하고 있다.[135]

---

128) 헌재 2007. 8. 30. 2004헌마670, 공보 28, 982(3).
129) 계희열(주 10), 210.
130) 계희열(주 10), 210.
131) 성낙인(주 21), 416.
132) 장영수(주 21), 466.
133) BVerfGE 39, 1; BVerfGE 88, 203.
134) Richter/Schuppert/Bumke 저, 방승주 역(주 4), 80.
135) 헌재 2008. 7. 31. 2004헌바81, 20-2상, 91(92); 헌재 2008. 7. 31. 2004헌마1010, 20-2상, 236(252).

결론적으로 인간의 존엄성은 늦어도 수정란이 모체의 자궁에 착상된 이후부터는 부여되어야 할 것인바, 태아에게도 인간의 존엄과 가치의 주체성이 인정된다.

라. 배아의 기본권주체성

최근 생명공학[136] 내지 유전자공학의 발달과 함께 배아의 법적 지위가 문제될 수 있는데, 과연 배아[137]도 인간이라고 하는 범주에 포함시킬 수 있을 것인지가 문제된다.[138] 문제는 인간존엄의 시기를 언제부터로 볼 것인가이다.[139]

(1) 정자와 난자설

위 설에 따르면 정자와 난자가 수정되기 전의 유전적 과정에 인간존엄의 객관적 보호 내지는 예선효과 또는 반사적 효과가 적용되며, 이러한 인간존엄의 객관적 보호가 수정 후에 생성된 개체에 미치게 된다고 본다. 이에 따르면 객관적인 존엄보호는 권리주체가 아직 존재하지 않는 시점에 이미 존재한다는 것이다. 다만 생성된 생명체의 주관적 존엄권이 수정시부터 주어질 뿐이라는 것이다. 즉 정자와 난자의 수정은 인간존엄의 시기의 근거가 되는 것이 아니라 주관적인 존엄권이 시작되는 시점을 설명해 줄 뿐이라는 것이다.[140]

(2) 수정시설

법학문헌의 통설적 입장은 정자와 난자의 수정과 더불어 수정란이 자궁에 착상되었는지 여부와 상관없이 이 수정란에 완전한 인간존엄권이 부여된다고 하는 것이다.[141] 이러한 수정시설은 다음의 소위 SKIP논증[142]과 같은 몇가지 논거들을 가지고 있다.

---

136) 생명공학과 관련한 법적 문제에 대하여는 박은정, 생명공학시대의 법과 윤리, 이화여대출판부 2000, 특히 인간존엄내용의 불명확성에 대한 지적으로 147; 같은 지적으로 이상돈, 생명공학과 법, 아카넷, 2003, 124; 이인영 외, 생명인권보호를 위한 법정책, 삼우사 2004; 강희원, "배아복제와 인간존엄성의 정치학," 법제연구 제20호(2001), 7-37(30); 김일수(주 53); 황상익, "인간 배아 연구의 윤리 — 인간줄기세포 연구를 중심으로 —," 형사정책연구 제13권 제3호(통권 제51호, 2002 가을호), 25-51; 이인영, "인간배아보호를 위한 법정책에 관한 고찰," 형사정책연구 제13권 제3호(통권 제51호, 2002 가을호), 53-86; 신동일, "배아 생명보호를 위한 형법적 개입의 시기," 형사정책연구 제13권 제3호(통권 제51호, 2002 가을호), 87-107.

137) 여기에서 배아의 개념은 법학적 개념과 의학적 개념이 다를 수 있다. 독일의 배아보호법 제8조에 따르면 배아(Embryo)라 함은 이미 수정된, 그리고 발전가능한 핵융합시점부터의 수정란을 의미하며 나아가 그 밖의 전제조건이 존재하는 경우에 분화가 가능하며 개체로 발전할 수 있는, 배아로부터 추출된 만능세포를 일컫는다. 이에 반하여 의학적 용어에 따르면 배아의 개념은 착상 후부터 장기형성이 완료되는 임신 3개월의 종료시점까지의 태아(Leibesfrucht)를 지칭한다. 핵융합시부터 착상까지의 수정란은 접합체(Zygote)라 하며, 임신 3개월 후부터 출생시까지를 태아(Fetus)라 한다. Peter Zaar, Wann beginnt die Menschenwürde nach Art. 1 GG?, Baden-Baden 2005, S. 15. 여기에서 배아라 함은 정자와 난자가 결합하여 핵융합을 한 후 착상되기 전까지의 수정란(주로 시험관을 통한 체외수정란이 문제가 될 것이다)을 일컫는 것으로 보고 이하의 내용을 다루기로 한다.

138) 최근 배아일 외 12인, 2005헌마346 생명윤리및안전에관한법률 제13조 제1항 등에 관하여 헌법소원심판을 청구하였으며, 이에 대하여 헌법재판소는 착상 전 배아의 기본권주체성을 부인하였다. 헌재 2010. 5. 27. 2005헌마346, 22-1하, 275.

139) 이하 Peter Zaar, Wann beginnt die Menschenwürde nach Art. 1 GG?, Baden-Baden 2005를 주로 참조.

140) Kirchhof, in: Gentechnik und Meschenwürden, S. 9 (23)-Peter Zaar, a.a.O., S. 69에서 재인용.

141) Peter Zaar, a.a.O., S. 70과 각주 225의 문헌들 참조.

142) 이에 대하여 자세한 것은 Peter Zaar, a.a.O., S. 70 ff. 참조.

이와 관련하여 독일의 헌법학자인 슈타크(Starck)는 뒤리히의 객체설과 또한 소위 SKIP논증에 입각하여 배아에게도 인간존엄의 기본권주체성을 인정하고, 배아를 줄기세포연구의 대상으로 삼는 것은 그 배아의 인간존엄을 침해하는 것이기 때문에 금지된다고 하는 입장을 가지고 있다. 여기에서 SKIP 논증이라 함은 정자와 난자가 융합한 초기 배아 때, 즉 수정시부터 이미 인간으로서의 지위를 가지는데 이것은 첫째 人間種(Spezies Mensch)에의 歸屬性(S), 繼續的 發生性(kontinuierliches Werden)(K), 유전적 正體性(genetische Identiät)(I), 그리고 內在的 潛在性(innewohnende Potenzialität)(P) 때문에 완전한 인간으로 발전한다는 것이다. 슈타크(Starck)는 이미 수정란을 존엄권과 생명권을 갖춘 인간으로 보고 있다. 즉 수정란은 "인간으로서의 속성"(Personeneigenschaft)을 지닌다. 따라서 배아를 학문적 연구나 제3자의 진단 또는 치료의 목적으로 이용하거나 생성하는 것은 인간존재의 자기목적성에 반하며 따라서 인간존엄을 침해하는 것이라는 것이다.[143]

마찬가지로 뵈켄회르데(Böckenförde) 역시 인간 배아는 세포의 수가 8개나 16개가 되었을 때라든가 아니면 자궁벽에 착상되었을 때부터가 아니라, 난자와 정자가 결합되어 수정란이 된 시점, 즉 가장 초기의 인간생명 단계부터 인간존엄의 보호를 받아야 한다고 보고 있다. 다시 말해서 인간 배아는 인간생명의 가장 초기부터 인간존엄권과 생명권의 주체로서 존중되고 다루어져야 한다는 것이다. 따라서 배아를 대상으로 하는 연구나 줄기세포의 수입, 착상전 진단요법과 치료를 목적으로 하는 복제는 모두 배아의 인간존엄을 침해하는 것이기 때문에 허용될 수 없다고 보고 있다.[144]

독일의 경우 90년대 후반 소위 생명공학혁명시대가 시작되기 전에 발표된 논문들은 대부분 이러한 수정시설을 따르고 있다.

우리나라에서도 역시 다수설은 수정시설을 따르고 있다. 즉 배아 역시 인간 생명의 시작이므로 정자와 난자의 수정시점부터 인간존엄권이 인정되어야 한다는 것이다.[145]

---

143) Harmut Kreß, Menschenwürde, Embryonenschutz und gesundheitsorientierte Forschungsperspektiven in ethisch-rechtlicher Abwägung-Reformbedarf zum Stammzellgesetz, ZRP 2006, S. 219 ff.(220)에서 인용.

144) Ernst-Wolfgang Böckenförde, Menschenwürde als normatives Prinzip, JZ 2003, S. 809 ff.

145) 김일수(주 53), 12, 그는 여기에서 독일 연방헌법재판소가 수정시설을 택하고 있다고 지적한 바 있으나, 독일 연방헌법재판소가 확실히 인정한 것은 어쨌든(jedenfalls) 늦어도 착상 이후부터 태아는 인간존엄과 생명권의 기본권주체가 된다는 점으로 착상전 배아가 인간존엄의 주체가 될 것인지의 문제는 열어 두었다{BVerfGE 88, 203, (251 f.); 39, 1 (37)}. 권영성(주 17), 380: "수정란은 … 헌법상으로는 생명체로 간주되어 인간의 존엄성보장의 주체가 된다. 그러므로 수정란을 조작하여 인간을 복제하는 것은 인간의 존엄성을 현저히 침해할 우려가 있기 때문에 이를 금지하는 특별법이 제정되어야 할 것"; 조홍석, "생명복제와 인간의 존엄," 공법연구 제30집 제1호(2001. 12), 23 이하(44); 김형성, "생명공학의 헌법적 가능성과 한계," 공법연구 제32집 제1호(2003. 11), 263 이하(286); 박선영, "인간의 존엄과 가치 그리고 배아," 헌법학연구 제13권 제1호(2007. 3), 373 이하(379); 방승주, 배아와 인간존엄, 법학논총 제25집 제2호(2008. 6), 1-37; 정현미, "배아의 생명권과 착상전 유전자진단," 비교형사법연구 제5권 제2호(2003), 259-277(264); 수정시설 입장에서 14일론에 대한 비판으로, 임종식, "배아를 인간으로 볼 것인가?," 법철학연구 제3권 제2호(2000), 195-216; 신동일(주 136), 91; 윤영철, "인간배아의 보호필요성과 형법," 형사정책 제16권 제1호(2004), 171-195(177); 생명권과 인간존엄의 시기를 수정시부터 인정해야 한다고 보면서도, 연구와 치료목적의 배아줄기세포의 이용이 반드시 인간존엄을 침해한다고 볼 수는 없다고 하는 견해로는 정문식, "배아줄기세포

이와 같이 수정시설은 수정란에는 개별인간의 완전한 유전적 프로그램이 들어있다고 보는데 이에 대하여 치펠리우스[146]는 한 인간의 모든 육체적 세포 가운데는 전능한 따라서 복제가 가능한 세포들도 존재하는데 그렇다면 이러한 세포들 역시 인간존엄의 주체가 되어야 하는가 하는 문제를 제기한다.

(3) 인간존엄의 극단적 단계화설

(가) 착상시설(14일설)

인간존엄의 시기를 착상시, 즉 배아가 자궁벽에 착상하는 시점부터라고 보는 입장이다. 이러한 입장에 따르면 체외 수정된 배아는 그것이 자궁벽에 착상되기 전까지는 인간존엄권을 가지지 못한다.[147]

우리나라에서도 수정 후 14일이 되는 때로부터 인간으로 보는 견해[148]가 있다. 이러한 입장에 따르면 잔여배아의 경우에도 "수정 후 14일 이내에 이용하는 한, 인간으로서의 동일성을 인정할 수 없어 일단 인간의 존엄의 보호대상은 안된다고 본다. 물론 인간생명으로서 헌법적 보호의 대상은 된다. 수정 후 14일 이상 배양하여 연구목적에 이용한다면, 이미 인간성·주체성·동일성이라는 존엄성에 해당하는 모든 보호법익을 구현하고 있는 인간존재(인간으로서의 인간생명)에 대한 침해로서 인간의 존엄과 가치를 침해하는 일이 될 것이다."[149] 또한 원칙적으로 수정 후 14일부터 생명권과 인간존엄의 주체성을 인정하고 있지만 착상전 배아에 대해서도 완전한 인간존엄권까지는 아니더라도 그에 준하는 가치를 부여할 필요가 있다고 보는 입장[150]도 있다.

(나) 뇌형성시설(35일설)

인간존엄의 시작은 뇌의 발달과 관련될 수 있다고 하는 입장이 있을 수 있다.

첫째, 인간존재를 만드는 것은 육체적 정체성만이 아니며 인간은 정신적·육체적 존재라고 하는 것이다. 또한 정신적 요소들은 인간존엄이 언제부터 시작되는지에 대한 대답에 있어서 출발점이 되어야 한다는 것이다. 이 경우에 정신적 능력의 완전한 발달을 기준으로 해야 하는 것은 아니지만 최소한 정신적 능력의 필수적 요건은 존재해야 한다는 것이다. 정신적 행위의 이러한 가능성의 요건은 대뇌의 존재에 있다는 것이다. 뇌는 최소한 수정후 35일부터 기초적으로

연구시 배아의 생명권과 인간존엄," 한양법학, 제18집(2005), 91-124(107, 120); 정문식(주 20), 265 이하 (282).

146) Zippelius, in: BK-GG(Lfg. Dez. 1989), Art. 1 Abs. 1 u. 2 Rn. 51.

147) Peter Zaar, a.a.O., S. 79; 착상시점으로부터 생명보호가 시작된다고 보는 견해로, 이재상, 형법각론, 박영사 1999, 86; 대판 1985. 6. 11. 84도1958 판결: "잉태된 때"(자궁 착상시) — 이인영(주 136), 2002, 64에서 재인용.

148) 김선택, "출생전 인간생명의 헌법적 보호," 헌법논총 제16집(2005), 145-180(166); 법무부, 생명윤리및안전에관한법률 제13조 제1항 등 위헌확인, 헌법재판사건의견서사례집 제15집 제1권, 2005, 450 이하.

149) 김선택(전주), 166.

150) 이재명(주 7), 209.

기능하는 근본기관으로서 형성된다. 이러한 시점은 인간존엄의 시점으로서 확정될 수 있다는 것이다.[151]

그러나 이러한 논거는 다음과 같이 경험적으로 입증된 사실 때문에 받아들일 수 없다. 즉 인간 배아는 그것이 가지고 있는 잠재성 때문에 원칙적으로 뇌를 형성할 수 있다고 하는 사실이다. 하나의 정신적 존재로 발전할 수 있다고 하는 잠재성은 충분한 인간존엄보호의 근거가 된다.[152]

둘째, 뇌사를 생명과 존엄의 종료시점으로 보는 입장이 있다. 인간존엄의 시점을 뇌형성시부터로 보는 그 밖의 논거로서 인간생명이 현행법에 따를 때 뇌사와 함께 종료한다고 하는 점이 들어지고 있다. 즉 뇌사 후에 가령 혈압, 맥박과 체온 등이 남아 있거나 심지어 분만이 완성될 수 있다고 하는 사정과 상관없이 그러하다. 이러한 기준은 개별화된 인간 생명의 시점에도 적용될 수 있다는 것이며, 따라서 인간존엄의 시기에도 적용될 수 있다는 것이다. 왜냐하면 인간생명이 존재할 수 있는 곳에 비로소 인간존엄이 인정될 수 있기 때문이라는 것이다.[153]

하지만 뇌활동의 시작과 종료는 서로 대칭적으로 비교할 수 있는 것이 아니라는 점이 이러한 입장에 대한 비판논거이다. 즉 뇌파가 시작되기 전에 이미 잠재적으로 뇌의 이용가능성은 존재하는 데 반하여 뇌파의 소멸은 종국적이라는 것이다. 뇌의 잠재적 기능은 물론 사실적 기능도 종료된다는 것이다. 뇌로 발달할 수 있는 잠재성이 바로 인간의 보호근거라는 것이다.[154] 또한 생명이라고 하는 보호법익과 존엄이라고 하는 보호법익은 분명하게 구분되어야 한다는 점이다. 즉 이것은 양 법익의 종료시점을 확정함에 있어서 명백히 나타난다는 것이다. 다시 말해서 생명권의 보호영역이 뇌사로 종료하는 데 반하여, 인간존엄의 보호영역은 사후에까지 확대될 수 있는 것이다.[155]

(다) 인식가능성설(60일설)

법학 문헌에서는 아니지만 존엄권을 배아가 인간으로서 시각적으로 인식가능하게 될 때부터 인정하고자 하는 입장이 있을 수 있다.[156] 우리가 단순한 "세포덩어리" 그 자체에 대하여 인

---

151) Peter Zaar, a.a.O., S. 88.
152) Peter Zaar, a.a.O., S. 88.
153) Peter Zaar, a.a.O., S. 88.
154) Peter Zaar, a.a.O., S. 89.
155) Peter Zaar, a.a.O., S. 89.
156) 배아의 발달과정에서 도대체 이 배아가 언제부터 인식가능한가의 문제는 대답하기 어려운 문제이며 이는 법학적 방법론만으로는 결정될 수 없는 문제라고 보면서도 이러한 인식가능한 때를 인간존엄의 시기로 보고자 하는 입장으로는 Edzard Schmidt-Jortzig, Systematische Bedingungen der Garantie unbedingten Schutzes der Menschenwürde in Art. 1 GG, in: DÖV 2001, S. 925 ff(929): "인간존엄의 보호라고 하는 의미에서 '인간'이라고 부르려면, 현미경을 통해서든, 시험관 안에서이든, 아니면 초음파기계를 통해서이든 그 어떤 것이든 간에, 우리가 살아있는 어떤 것을 인간으로서 인식할 수 있을 경우에만 가능할 것이다."; 인간생명이 존재하는 곳에는 인간존엄이 인정된다고 하는 연방헌법재판소의 판례를 비판하면서, 수정란과 가령 연방헌법재판소 재판관과 같은 한 인간이 어떻게 똑같은 인간존엄을 가질 수 있다고 보아야 하는가의 의문을 제기하고 있는 입장으로 Zippelius, in: BK-GG, Art. 1 Abs. 1 u. 2 Rn. 51.

간 동료로서의 감정을 나타내 보이지는 않는데 반하여, 인간의 모습을 띠고 있는 모든 것에 대해서는 다르다고 하는 점이 이러한 입장을 뒷받침한다는 것이다.

하지만 이러한 견해에 대하여는 육안으로 어떠한 사물의 본질을 파악하는 것은 한계가 있으며, 경험적인 관찰로부터 가치판단을 이끌어내는 것은 허용되지 않고, 따라서 자연과학적으로 잘못된 추론의 함정에 빠질 수 있게 된다는 점이 그 반대의 논거로 들어지고 있다.[157] 그리고 과연 어떠한 인간이 인간의 모습이 아니라, 괴물의 모습을 가지고 태어난 경우에, 그에게는 인간존엄을 인정하지 말아야 할 것인가, 그리고 어떠한 인간이 인간의 모습을 가지고 태어났는지 아니면 인간이 아닌 괴물로 잘못 태어났는지를 누가 판단할 것인가의 문제에 대하여 답변하기 힘들 것이다.[158]

(라) 체험가능성설(15주설)

인간존엄은 체험능력을 획득한 때로부터 시작된다고 하는 견해가 주장된다. 이 시점 전에는 독자적으로 "자아"를 체험할 수가 없다는 것이다. 즉 독자적인 필요가 존재하지 않기 때문에 침해가능성도 존재하지 않는다는 것이다. "초기 배아가 완전히 체험불능이라고 하는 것은 논란의 여지가 없다. 따라서 그것에 대한 주관적 침해가능성은 현실적으로 없다. 따라서 초기 배아는 그 자체를 위해서, 즉 배아의 현재 상태를 위해서 보호될 수는 없다. 그 자신의 意思가 보호되기 위해서는 주관적 보호청구권의 소지자가 되지 않으면 안 된다"[159]는 것이 그것이다.

이러한 입장 가운데서도 메르켈(Merkel)은 본질로 발전할 수 있는 잠재성을 근거로 수정시부터 모든 인간생명에게 그 연대의무의 결과로서 객관적인 존엄보호를 인정하지만 그것을 개별적인 존엄권의 형태로서가 아니라, 추상적인 인류의 존엄(Gattungswürde)의 형태로 인정하고자 한다. 하지만 이러한 추상적 존엄은 상당히 광범위한 법익형량과 제한하에 놓여질 수 있는 것이다.[160] 이에 반하여 베츠(Wetz)는 체험가능성을 가지기 전 단계의 인간생명에게 인간존엄의 보호를 전혀 인정하지 않고 있다.[161]

하지만 인간존엄의 침해는 이러한 침해가 침해당하는 자에 의해서 인식될 것을 반드시 전제로 하는 것은 아니라는 점이다. 즉 배아는 인간적 同情의 객체로서 보호되는 것이 아니라 독자적인 존엄을 가진 주체로서 보호된다. 의식이 없는 상태의 인간도 그가 체험가능성은 없지만 인간존엄이 거부될 수 없는 것과 마찬가지로, 체험가능성을 인간존엄의 시기로 볼 수는

---

157) Peter Zaar, a.a.O., S. 89.

158) Peter Zaar, a.a.O., S. 90.

159) Reinhard Merkel, in: DRiZ 2002, S. 184 (191).

160) Reinhard Merkel, Forschungsobjekt Embryo-Verfassungsrechtliche und ethische Grundlagen der Forschung an menschenlichen embrzonallen Stammzellen, München 2002, S. 41.-Peter Zaar, a.a.O., S. 91에서 재인용.

161) Franz Josef Wetz, Die Würde des Menschen ist antastbar-Eine Provokation, Stuttgart 1998, S. 300.-Peter Zaar, a.a.O., S. 91에서 재인용.

없다.[162]

(마) 체외생존가능성설(22주설)

미국에서는 인간존엄의 시기가 체외에서의 생존가능성의 시점, 즉 모체의 밖에서 — 물론 의학적 보조수단을 투입한 상태에서 — 생존이 가능한 시점으로부터인 것으로 확립되어 있다고 한다.[163] 오늘날의 과학기술의 수준에 의하면 조기출산아는 모태 밖에서 22주 전에는 생존가능성이 없다고 한다.

하지만 이러한 입장에 대해서는 과연 인간존엄의 시기를 과학발전의 수준에 좌우시킬 수 있을 것인지의 의문을 제기할 수 있다. 그리고 그러한 경우에 어떠한 과학발전의 수준을 기준으로 삼아야 할 것인지가 문제이다.

(바) 출생시설[164]

또한 출생시부터 인간존엄을 인정하고자 하는 입장이 있다. 이러한 입장에 대한 비판적 관점은 다음과 같은 것들이 있다. 즉 출생시부터 비로소 인간존엄을 가지게 된다면, 엄마나 제3자가 분만촉진 수단을 가지고서 태아의 인간존엄의 시점에 영향을 미칠 수 있게 된다는 점이다. 그 밖에 출생의 시작과 종료와 관련된 민법과 형법규정으로부터 헌법상의 인간존엄의 시기에 관한 어떠한 논거도 끌어낼 수 없다는 점이다.[165]

우리나라에서 법무부는 배아의 발생학적 특질 및 배아의 인간으로서의 잠재성을 종합적으로 고려할 때, 배아는 완전한 인간은 아니지만 장차 완전한 인간으로 발전할 잠재성을 가진 잠재적 인간존재로서의 지위를 가지고 있으므로 엄밀한 의미에서 아직 인간은 아니기 때문에 인간으로서의 존엄과 가치의 기본권주체가 될 수 없다고 하는 견해[166]를 피력한 바 있다.

1) 입센(Ipsen)

입센은 인간존엄의 기본권주체는 태어난 인간을 전제로 한다고 보면서 배아의 인간존엄권의 기본권주체성을 부인하고 있다.[167] 이 견해에 따르면 평등한 존엄이라고 하는 의미에서 법적 평등과 인간존엄의 결합을 강조하는 최근의 학설에 의하면 배아의 주관적 권리로서 인간존엄을 가정하는 경우 상당한 해석론적 어려움에 봉착하게 됨을 알 수 있다는 것이다. 전체 법질서는 태어난 인간과 태어나지 않은 인간을 구별하고 있으며 따라서 양자 사이에는 주관적 권리로서의 인간존엄권을 인정할 만한 전제라고 할 수 있는 동등성과 비교가능성이 존재하지

---

162) Peter Zaar, a.a.O., S. 90 f.

163) U.S. Supreme Court, Roe v. Waden, 410 U.S. 113이래 확립된 판례라고 함. -Peter Zaar, a.a.O., S. 92에 서 재인용.

164) 이러한 입장들을 Schreiber는 공리주의적 입장이라고 하면서, 여기에 속하는 학자들로 Peter Singer, Nobert Hoester, Merkel이 포함된다고 한다. Hans Ludwig Schreiber(김혜정, 신동일 역), "초기생명의 법적 보호," 형사정책연구 제13권 제3호(2002 가을호), 239-257(250).

165) Classen, in: DVBl. 2002, S. 141 ff.(142) -Peter Zaar, a.a.O., S. 92에서 재인용.

166) 법무부(주 148), 452-453.

167) Jörn Ipsen, Der "verfassungsrechtliche Status" des Embryos in vitro, JZ 2001, S. 989 ff.(992).

않는다는 것이다. 인간존엄에 내재하는 사회적 존중권 — 관계개념이나 의사소통개념으로서의 존엄 — 은 인간의 출생을 전제로 한다는 것이다.[168] 물론 그렇다고 해서 인간존엄권과 배아가 전혀 상관없다는 것은 아니다. 즉 독일 연방헌법재판소가 강조하듯이 아직 태어나지 않은 인간 생명에 대해서 국가는 보호의무를 지기 때문에, 이러한 보호의무에 따라서 인간존엄권은 배아에 대하여 예선적 효과를 발휘한다는 것이다. 즉 기본법 제1조 제1항 제2문으로부터 체외수정된 배아를 위해서도 입법자의 보호의무가 도출된다는 것이다. 왜냐하면 이 배아 스스로는 전혀 권리주체성이나 인간존엄의 기본권주체성을 가지지 못하고 있기 때문에, 입법자가 이를 보호하지 않으면 안된다는 것이다.[169]

2) 드라이어(Dreier)

드라이어는 인간존엄은 생명보호와 동일한 것이 아니며, 인간존엄침해는 모든 인간생명의 침해와 동일한 것이 아니라고 하고 있다.[170] 즉 인간존엄의 기본권주체와 생명권의 기본권주체는 같지 않다는 것이다. 일반적으로 인정되는 인간존엄에 대한 침해는 모든 경우에 당사자의 죽음을 초래하거나 목표로 하는 것은 아니라는 점에서 이 점을 쉽게 알 수 있다는 것이다. 따라서 인간존엄보장과 생명보호는 서로 분리되어야 한다. 이 경우 분리의 의미는 살해행위가 인간존엄에 대한 침해를 포함할 수 없다고 하는 것이 아니라, 살해행위가 반드시 그리고 당연히 인간존엄의 침해를 말하는 것은 아니라고 하는 것이다.[171] 낙태문제에 대한 법적 판단에 있어서 헌법적 기준은 인간존엄이 아니라 생명보호로 옮겨져야 한다는 데에 상당한 이유가 있다는 것이다.[172]

3) 호프만(Hofmann)

인간존엄을 의사소통이론으로 설명하고자 하는 호프만은 배아는 법적인 보호의무의 객체가 될 수 있을지언정, 그 자체로서 사회적 존중요구권의 주체가 될 수는 없다고 보고 있다. 이와 관련하여 우리가 물을 수 있는 것은 우리 자신의 존중요구를 위하여 태어나지 않은 생명을 어떻게 보호할 것인가에 관한 문제일 뿐이라는 것이다.[173] 배아는 호프만이 의사소통이론에서 인간존엄의 존재를 긍정하기 위해서 불가피하게 전제하고 있는 승인공동체(Anerkennungsgemeinschaft)의 일원이 될 수 없다는 것이다.

4) 포들레히(Podlech)

포들레히는 인간의 존엄은 육체와 영혼 그리고 정신의 합일체로서의 인간에게 귀속된다고 설명하고서 그것은 출생시부터 비로소 시작된다고 한다. 따라서 임신중절의 경우도 인간

---

168) Jörn Ipsen, JZ 2001, S. 989 ff.(993).
169) Jörn Ipsen, JZ 2001, S. 989 ff.(993).
170) Horst Dreier, in: Art. 1 Abs. 1 GG, Rn. 66 ff.
171) Horst Dreier, in: Art. 1 Abs. 1 GG, Rn. 67.
172) Horst Dreier, in: Art. 1 Abs. 1 GG, Rn. 70. 배아줄기세포연구에서의 구체적인 헌법적 판단기준을 생명권에서 찾고 있는 국내 문헌으로는 정문식(주 20), 276 이하.
173) Hofmann, in: AöR 118(1993), S. 353 (376).

존엄을 침해할 수는 없다는 것이다. 왜냐하면 기본권주체가 존재하지 않았기 때문이라는 것이다. 물론 포들레히도 최소한 수정시부터 인간존엄은 그 객관적 효력을 발휘하며 그것이 생명공학의 영역에서의 일정한 목적설정을 금지한다고 하기는 한다. 다만 주관적 권리를 가진 개별적 기본권주체는 출생시부터 비로소 생성되는 것이며, 이와 함께 존엄권이 인정된다는 것이다.174)

하지만 어떠한 이유에서 출생 전의 배아가 육체와 영혼 및 정신의 합일체로서 간주될 수 없는지가 대답되지 않고 있다. 출생전 생명을 배제함으로써 인간존엄보장을 좁게 해석하려고 하는 주된 동기 중의 하나는 오히려 헌법의 구속을 실용성의 관점에 희생시키지 않으려 하는 시도라고 지적되고 있다.175)

(4) 발전정도와 관련된 인간존엄의 유동적 단계화설

인간존엄의 시작이 언제인가에 관한 그 밖의 견해들로서는 인간생명에게 존엄을 인정하되 각 발전단계에 따라서 존엄의 정도를 상이하게 인정하는 입장을 들 수 있다. 인간생명의 보호가치는 계속적인 단계적 발전 과정에서 일정한 시점까지 상승한다는 것이다. 그리고 일정한 시점부터 비로소 완전한 불가침의 기본권적 존엄권을 획득하게 된다는 것이다.176)

(가) 헤르데겐(Herdegen)

헤르데겐은 배아의 발전단계에 따라서 인간존엄보호의 적용도 단계화되어야 한다고 본다.177) 즉 인간존엄의 보호는 인간생명의 모든 발전단계에 적용되어야 하지만, 착상 전에는 인간존엄을 일정한 발전단계에 따라 구체화해야 할 여지가 있다고 보는 입장이다. 기본법 제1조 제1항이 그러한 차등을 위한 여지를 남겨주고 있다는 것이다. 즉 이 규정은 불가침을 "인간"의 존엄과 결부시키고 있는 것이지, 인간생명에 결부시키고 있는 것이 아니라는 것이다.178) 이것은 인간존엄을 착상 후의 생명에게만 국한시켜야 한다는 것을 의미하는 것은 아니지만, 타부시되는 영역을 인간의 발전단계를 고려하면서 확정할 수 있게 한다는 것이다.179) 인간존엄의 보호의 정도는 최소한 자연적 발전과정에 따라서와 그리고 이러한 자연적 발전으로부터 벗어난 정도에 따라서 달라질 수 있다는 것이다. 요컨대 착상 전의 경우 인간존엄의 단계화된 보호는, 연방헌법재판소가 착상 후 배아에 대해서 허용하고 있는 바와 같은, 발전단계와 무관한 절대적 인간존엄보호를 조심스럽게 수정하는 것을 의미한다.180)

이러한 견해에 따르면 수정된 시점부터 인간존엄을 인정해야 한다는 견해와는 달리, 배아

---

174) Podlech, in: AK-GG Art. 1 Abs. 1 Rn. 53a, Rn. 60-Peter Zaar, a.a.O., S. 94에서 재인용.
175) Peter Zaar, a.a.O., S. 93.
176) Peter Zaar, a.a.O., S. 95.
177) Matthias Herdegen, Die Menschenwürde im Fluß des bioethischen Diskurses, JZ 2001, S. 773 ff.(774).
178) Herdegen, in: Maunz-Dürig, GG Kommentar(Liferung 44 Februar 2005), Art. 1 Abs. 1 Rn. 57,
179) Matthias Herdegen, JZ 2001, S. 773 ff.(774).
180) Matthias Herdegen, JZ 2001, S. 773 ff.(775).

생성의 목적 여하에 따라서 인간존엄의 적용여하가 달라질 수 있는 여지가 있다. 즉 줄기세포의 추출을 목적으로 체외배아를 생성한 경우에 이것은 착상을 목적으로 한 수정과는 질적으로 다르다고 보는 것이다. 마찬가지로 장차 다기능세포를 장기이식이나 치료목적을 위하여 만능세포로 환원시키는 것도 가능할 것인지 여부는 분명히 다른 문제라고 하는 것이다.[181]

(나) 키르히호프(Kirchhof)

키르히호프는 인간존엄을 수정시부터 받아들이고 있지만 기본법 제1조 제1항의 인간존엄 보장과 또한 기본법 제2조 제2항의 생명보호규정과의 상호작용으로부터 생명의 단계에 걸맞는 그리고 현실에 적합한 단계적 보호를 도출해 내고 있는데, 그에 따르면 태어난 인간은 모체내의 배아와 다른 보호를 받으며, 또한 착상 전 배아는 착상 후 배아와 다른 보호를 받는다고 한다. 가령 생명으로서의 발전이 더 이상 가능하지 않은 경우에는 다른 헌법적 법익이 우선하는 것으로 형량할 수 있다는 것이다.[182]

(다) 로렌츠(Lorenz)

로렌츠는 수정시부터 절대적인 인간존엄보호를 인정한다. 그것을 부인하는 것은 허용될 수 없는 한계설정을 의미할 것이라는 것이다. 존엄이라고 하는 것은 인간생명의 존재와 관련된다는 것이다. 하지만 인간존엄의 절대적 보호는 각각의 내용에 대한 상황관련적 결정을 금지하는 것은 아니라는 것이다. 인간존엄이라고 하는 유동적 개념은 준거점에 따라서는 다른 내용을 허용하기도 한다는 것이다. 즉 존엄보호는 출생전 생명인가 아니면 출생한 생명인가에 따라 각각 다양한 형태로 적용될 수 있는데 그때 마다 각각 의미가 상이하다는 것이다.

그러면서 다음과 같은 단계를 제시하고 있다. 즉 착상시부터는 개인에게 출생전이든 후이든 동일한 존엄이 인정된다. 즉 기본권적 존엄권이 인정된다는 것이다. 착상 전에는 단지 객관적인 보장의 의미에서만 존엄보호가 인정된다는 것이다. 왜냐하면 개별적으로 형성되고 있는 인간은 로렌츠에 따르면 착상시부터 비로소 주체로서 존재하기 때문이라는 것이다. 로렌츠는 이러한 입장을 착상시설에서 설명된 논거에 기초하여 주장하고 있다. 이러한 시점 이전에는 존엄보호가 단지 인류의 형식(Gattungswesen)으로서만 존재한다는 것이다. 이러한 존엄보호의 내용은 착상후의 존엄보호에 비하여 뒤떨어진다는 것이다. 체외수정된 배아는 자궁에 이식될 때 비로소 기본권적 존엄권을 가지게 된다는 것이다. 왜냐하면 자궁에 이식되기 전에는 그 자체로 인간으로 형성될 수 있는 가능성은 없기 때문이라는 것이다.[183]

(라) 슈라이버(Schreiber)

슈라이버는 원칙적으로 배아 역시 인간존엄의 주체로서 인간이며, 생명권의 주체라고 본

---

181) Matthias Herdegen, JZ 2001, S. 773 ff.(775).
182) Kirchhof, in: Jahrbuch für Wissenschaft und Ethik, Bd. 7(2002), S. 5 (17)-Peter Zaar, a.a.O., S. 97에서 재인용.
183) Lorenz, in: Zfl. 2001, S. 38 (45)-Peter Zaar, a.a.O., S. 97에서 재인용.

다.[184] 그러나 이러한 말로 모든 문제가 다 해결되는 것은 아니라는 것이다. 배아연구나 착상
전진단요법, 그리고 치료목적의 복제 등에 관한 문제가 이러한 확인으로 다 해결될 수 있는 것
은 아니라는 것이다. 수정으로 시작된 배아내의 모든 프로그램은 아직 발전된 인간은 아니라는
것이다. 어쨌든 착상은 인간으로서의 잠재성이 계속 발전할 수 있는 전제조건을 의미하기 때문
에, 이는 어떠한 보호단계를 말해 줄 수 있다는 것이다. 그리고 기본법 제2조의 생명권과 신체
불훼손권은 법률유보하에 있기 때문에 법률에 의해서 제한가능하다는 것이다. 하지만 인간존엄
은 아무런 법률유보가 없고 제한이 불가하므로, 과연 배아가 실제로 인간존엄의 보호대상에 포
함되는가의 문제가 심각하게 제기된다는 것이다.[185]

　　이러한 문제에 대하여 슈라이버는 모든 살해가 반드시 인간존엄의 침해를 의미하는 것은
아니며 생명보호는 인간존엄보호와 같이 취급될 수는 없다고 보고 있다. 그리고 연구를 위한
배아의 이용이 객체설의 의미에서 타인의 목적을 위한 수단으로서의 사용은 아니라고 하는 입
장이다. 그리고 임신 후 첫 3개월 내에는 의무적 상담을 거쳐서 임신중절을 가능하게 한 형법
조항의 사례를 들면서 생명보호는 물론 인간존엄보호도 결코 절대적인 것은 아니며, 구별과 단
계화가 될 수 있다고 하고 있다. 그리하여 착상전진단요법에 있어서도 체외수정이 된 배아가
검사 결과 심각한 유전적 결함을 가지고 있다는 것이 확인될 경우에는 모체에의 이식과 사용을
하지 않아도 된다고 하는 법을 규정할 수 있다는 것이다. 이 경우 배아의 생명에 대한 중단이
있을 뿐, 하등의 인간존엄의 침해가 있는 것은 아니라는 것이다.[186] 이와 같이 착상 전 단계에
서의 배아에 대한 인간존엄과 생명의 보호는 상대화될 수 있는 것으로 이해한다.

　　(마) 타우피츠(Taupitz)

　　타우피츠도 인간존엄의 보호는 수정시부터라고 보고 있다. 하지만 출생 전의 경우에는 그
보호의 범위와 정도를 단계화할 수 있다고 보고 있다. 언제부터 완전한 인간존엄보호가 인정될
수 있을 것인지는 입법자에게 맡겨져 있다는 것이다. 임신중절에 관한 연방헌법재판소의 결정
에서 거론된 착상시는 법적인 차등의 기준이 될 수도 있지만 그것이 꼭 필연적인 것은 아니라
고 한다. 인간존엄의 단계화에 대한 그 이상의 자세한 설명은 없다. 결론적으로 그는 입법자가
출생전 인간존엄과 관련된 입법에 있어서 그때 그때 인정되고 있는 것 보다는 훨씬 넓은 형성
의 자유가 인정된다고 확인하고 있다.

　　타우피츠는 자신의 이러한 논리의 근거로서 독일 법질서에 광범위하게 퍼져 있는 단계화
된 인간존엄개념을 들고 있다. 그러한 예로서는 가령 피임조치에 대한 비제재, 죽어가는 인간
의 경우 단계화된 인간존엄의 적용사례를 들고 있다. 다시 말해서 사망은 모든 인간생명의 소
멸에 의한 것이 아니고 뇌기능의 소멸로 정의되기도 한다. 따라서 생물학적으로 살아있는 육체

---

184) Hans-Ludwig Schreiber, "Der Schutz des Lebens an seinem Beginn durch Recht," 형사정책연구 제13권
　　　제3호(2002 가을호), 217-238(236).
185) 전주, 236.
186) 전주, 237-238.

로부터 장기이식법상의 기관을 적출해 낼 수 있는 것이다. 또한 사망 이후에도 인간존엄은 살아 있는 사람과 동등한 정도라고 할 수는 없지만 어쨌든 약한 수준으로나마 보호되고 있다는 등이 그것이다.[187]

(5) 기   타

위의 일부 견해들과 마찬가지로 최근 생명공학시대에 들어와서 인간존엄의 보호와 생명보호의 문제는 별개로 다루어야 한다는 견해들이 다수 주장되고 있다. 즉 태아 역시 모체의 생명보호나 그 밖의 불가피한 사유가 있는 경우에는 희생될 수밖에 없다든가, 그 밖에 군인, 경찰, 소방공무원 등을 국민의 생명보호를 위해서 그들의 생명이 위협되는 사지에 투입시킬 경우도 있으며, 또한 국민의 생명보호를 위하여 인질범이나 테러리스트들에 대하여 사살명령을 내린다 하더라도 이러한 경우 인간존엄침해의 문제가 제기되지 않는 사례가 보여 주듯이, 인간존엄과 생명의 문제는 항상 같은 것이 아니라는 것이다. 이와 같이 존엄보호와 생명보호의 문제를 별개로 보고서,[188] 인간존엄권의 주체성의 논란이 있는 배아 보호의 문제는 인간존엄보다는 생명권의 보호문제로 다룰 필요가 있다고 하는 것이 그것이다.[189]

(6) 사   견

배아가 과연 인간으로서의 존엄과 가치의 기본권주체인가? 이러한 문제의 제기는, 생명공학이 발달하여 인공수정이 가능하게 되기 전에는 제기되지도 않았던 문제일 것이다. 다시 말해서, 인간존엄을 불가침의 기본적 인권으로 천명하고 있는 독일에서나 우리나라에서나 헌법제정 또는 개정 당시에 과연 배아도 인간으로 취급하여야 할 것인지, 또 배아에 대한 생명공학적 연구를 허용할 것인지 여부의 문제에 대해서는 인식하지 못하였을 것이다. 헌법이 어떠한 문제에 대하여 뚜렷한 대답을 허용하고 있지 않을 경우에, 이러한 문제를 헌법의 해석을 통하여 무리하게 답을 하는 것은 오히려 적절치 않을 수 있다. 다시 말해서 배아에 대한 연구의 허용이 인간존엄을 침해하는 것인지의 문제가 인간으로서의 존엄과 가치에 대한 해석을 통해서 만족할 만하게 답변되지 않을 경우에는 이러한 결정은 민주적으로 정당화된 입법자와 열린사회의 공개된 토론을 통한 합의에 맡기는 것이 헌법적으로 더 적절한 대답이 될 수도 있다.[190] 그러나 그렇다고 해서 이에 대한 어느 정도의 헌법적 윤곽을 포기할 수는 없다. 왜냐하면, 생명윤리 및 안전에 관한 법률에 대한 헌법소원사건(헌재 2010. 5. 27. 2005헌마346)이 말해 주고 있듯이, 의회

---

187) Jochen Taupitz, Der rechtliche Rahmen des Klonens zu therapeutischen Zwecken, NJW 2001, S. 3433 ff.(3438).

188) Schmidt-Jortzig, DÖV 2001, S. 925 ff.(929); Zippelius, in: BK-GG(Lfg. Dez. 1989), Art. 1 Abs. 1 u. 2 Rn. 76; Dreier, in: Art. 1 Abs. 1 GG, Rn. 70.

189) Zippelius, in: BK-GG(Lfg. Dez. 1989), Art. 1 Abs. 1 u. 2 Rn. 76ff; 국내 문헌으로는 정문식(주 20), 265-294(280 이하); 같은 취지로, 양건(주 21), 332.

190) 같은 취지, Zippelius, in: BK-GG(Lfg. Dez. 1989), Art. 1 Abs. 1 u. 2 Rn. 78; 김명재, "인간복제와 존엄성," 공법연구, 제30집 제1호(2001. 12), 73-96; 황성기, "생명권의 현재 그리고 미래," 이인영 외, 생명인권보호를 위한 법정책, 삼우사, 2004, 53-80(68-76); 강희원(주 136), 35.

다수에 의한 결정 자체가 인간생명인 배아의 인간으로서의 존엄과 가치를 침해한 것이 아닌지의 문제가 제기될 수 있기 때문이다.

그러므로 이 문제와 관련하여 제기된 다양한 의견들이 취할 수 있는 가능성을 거꾸로 뒤집어 봄으로써, 혹시 헌법해석이라고 하는 이름으로 해석자의 개인적 종교관이나 윤리관 또는 세계관이 여과없이 절대화될 수 있는 소지는 없는지의 문제점을 제기하면서, 개방사회에서의 열린 토론을 위한 나름대로의 소견을 제시하는 데 만족할 수밖에 없을 것 같다.

인간배아에 대한 연구와 실험을 허용할 것인가의 문제와 관련하여, 해석자(학자, 헌법재판관, 입법자, 국민)는 각자가 어떠한 종교적, 윤리적, 철학적 입장을 가지고 있느냐에 따라서 "인간존엄"에 대한 해석이 달라질 수 있을 것이라고 생각된다.

인간존엄은 먼저 "인간"에 대한 해석의 부분과 "존엄"에 대한 해석의 부분으로 나누어지는데, 전자가 인간존엄의 기본권 주체이고, 후자가 인간존엄의 보호영역 또는 대상이다. 인간에 대한 해석은 불가피하게 자연과학적·생물학적 인간개념과 불가분의 관계에 있으며, 존엄의 보호영역은 그 사회의 역사성, 문화성, 정치성을 반영할 수밖에 없다.

인간에 대한 해석은 언제 인간이 시작되는가의 문제인데, 이에 대한 해석의 양극단을 두가지로 나눈다면, 수정시와 출생시라고 할 수 있으며, 그 사이에 일정한 단계화(착상시, 뇌형성시, 인식가능시, 체험가능시, 체외생존가능시)가 존재한다. 또한 존엄의 보호영역이나 내용도 해석자의 가치관에 따라서 다양할 수 있는데, 그 해석의 양극단을 두가지로 나눈다면, 존엄보호의 절대화(인간존엄의 신성불가침)와 존엄보호의 객체화(물건취급과 짐승취급)이며, 그 사이에 존엄보호의 상대화(인간존엄의 제한 내지 형량가능성, 인간존엄의 객관적 보호, 인간존엄의 적용 대신 생명권의 적용)가 있다.

인간배아에 대한 생명공학적 연구를 허용할 것인가의 문제와 관련하여, 해석자가 어떠한 종교적, 윤리적, 철학적 세계관 내지 선이해를 가지고 있느냐에 따라서 위 두가지의 양 극단을 조합하면 이론적으로 다음과 같은 4가지의 가능한 논리가 나올 수 있으며, 중간에 위치하고 있는 단계화와 상대화를 조합하면 훨씬 더 다양한 이론적 주장이 가능해진다.

첫째, 인간배아에 대한 연구와 실험은 절대로 허용되어서는 안 된다고 보는 제1설은 인간의 시기는 수정시로, 그리고 존엄보호는 절대적 보호의 입장을 취하게 될 것이다. 다시 말해서 인간은 정자와 난자의 수정시부터 인간이며, 이 배아를 연구대상으로 삼는 것은 인간을 객체화하는 것이기 때문에 절대적으로 금지된다는 입장을 취할 수 있을 것이다.

둘째, 그 정반대로 연구가 전면적으로 자유로이 허용되어야 한다고 보는 제2설은 인간시기를 출생시로, 존엄보호와 관련해서는 인간배아를 물건이나 동물의 배아와 같이 객체로 취급해도 좋다고 생각할 것이다. 이러한 입장에서는 배아에 대한 연구와 실험은 더 이상 인간을 객체화하는 것이 아니기 때문에 얼마든지 가능하다는 논리를 취하게 될 것이다.

셋째, 배아에 대한 연구와 실험을 어느 정도 허용하면서도 인간존엄도 등한시 될 수 없다고 보는 중간적 입장은 두 가지의 논리가 가능하다. 즉, 제3설로서 인간시기의 절대성(수정시)을 고수하는 대신 존엄보호를 상대화(존엄권의 제한가능성 인정, 인간존엄의 객관적 보호를 통한 존엄권의 형량가능성, 존엄권 대신 생명권만 적용)하는 입장이다.

넷째, 마찬가지로 중간적 입장으로 제4설은 존엄보호의 절대성을 고수하면서 인간시기를 단계화(착상시, 뇌형성시, 인식가능시, 체험가능시, 체외생존가능시)시키는 입장을 취할 수 있다.

다음으로 인간시기의 단계화 기준(착상시, 뇌형성시, 인식가능시, 체험가능시, 체외생존가능시, 출생시)과 존엄보호의 상대화 내용들(존엄권의 제한가능성 인정, 인간존엄의 객관적 보호를 통한 존엄권의 형량가능성, 존엄권 대신 생명권만 적용)을 각각 조합시키는 경우 위 네 가지 논리보다 훨씬 더 많은 다양한 이론적 주장이 가능해진다.[191]

각 주장가능성의 장점과 문제점들을 살펴보면 다음과 같다.

제1설은 인간의 시기를 정자와 난자가 결합한 수정시점부터라고 봄으로써, 어떠한 배아이든지, 가령 착상과 같은 몇가지 전제조건만 있으면 앞으로 계속해서 인간으로서 발전해 나갈 수 있는 정체성과 잠재성을 가지고 있는 존재이기 때문에, 이러한 존재 자체를 인간으로 봄으로써, 배아에 대한 절대적인 보호가 가능해지게 된다. 그에 반하여, 유전적 질환이 의심되어 착상전진단요법을 희망하는 부부의 행복추구권(건강한 아기의 출산), 생명공학자의 학문의 자유, 불치병·난치병·희귀병 등 환자의 생명과 건강권 등에 대하여 지나치게 소홀히 취급한다고 하는 비난가능성을 내포하고 있다. 다만 만일 배아를 인간으로 보는 순간 배아의 인간의 존엄과 생명은 절대적 법익인 데 반하여, 나머지 유전적 질환이 의심되는 부부의 행복추구권이나, 생명과학자의 학문의 자유, 불치병·난치병환자 등의 건강 등은 상대적 법익이기 때문에 절대적 법익이 매번 우선할 수밖에 없는 결과가 된다.

제2설은 그 정반대로 부부의 행복추구권이나 생명과학자의 학문의 자유, 불치병·난치병환자 등의 건강 등의 법익은 강력하게 보호될 수 있는 데 반하여, 태어나기 전의 인간생명(약자)과 미래세대[192]의 존엄과 생명의 보호가 취약해질 수 있으며, 또한 생명공학적 연구의 남용으로 인하여 장차 인류(Gattungswesen)에 대한 위험초래가능성을 아무도 예측할 수 없다고 하는 등의 문제를 내포하고 있다.

제3설은 인간시기를 수정시로 절대화하는 대신 인간존엄권의 보호를 각 인간의 발달단계에 따라서 상대화시키는 입장으로서, 인간시기를 인위적으로 평가한다는 종교적·윤리적 비난가능성을 피할 수 있는 장점이 있는 대신, 헌법상 최고의 가치로 천명된 불가침의 인간존엄을 다른 법익과 비교하여 형량하고 상대화할 수 있게 된다는 점에서, 전체 인간존엄권의 보호의 강도를 약화시킬 수 있는 위험을 내포하고 있다는 기본권해석론적 문제가 있다.

헌법 제10조

---

191) 위에서 소개한 여러 학설들은 이러한 조합들 중 어느 하나에 근사한 주장이 될 것이다.
192) "우리들과 우리들의 자손의 안전과 자유와 행복을 영원히 확보할 것을 다짐하면서"라고 하는 헌법 전문의 문구로부터 미래세대(태어나지 않은 인간생명을 포함하여)에 대한 보호의 필요성과 보호의무를 도출해 낼 수 있을 것이다.

제4설은 존엄보호의 절대성을 유지함으로써, 불가침의 인간존엄에 관한 기본권해석론적 일관성을 유지할 수는 있지만, 인간의 시기를 가령 착상시나 뇌형성시 등 그 밖의 인간생명의 발달단계에 좌우시킴으로써, 인간으로서 계속해서 발달될 수 있는 인간생명의 정체성과 잠재성을 자의적으로 무시하고 간과한다고 하는 문제점과 그러한 종교적·윤리적 비난가능성을 내포하고 있다.

이러한 여러 가지 점들을 고려해 볼 때, 제1설과 제2설은 충돌하는 법익들간의 이익형량에 있어서 한쪽의 법익만을 우선함으로써 나머지 법익을 등한시하고 있다는 문제점이 있다. 제1설의 경우 인간생명의 존엄과 다른 법익은 서로 형량될 수 있는 것이 아니라, 인간생명이 타법익에 비하여 무조건 우선한다고 하는 논리가 있을 수 있으나, 인간의 시기가 언제인가 하는 문제에 있어서, 착상되기도 전에 수정란을 태어난 인간과 동등한 인간으로서 볼 수 있을 것인가의 문제가 제기될 수는 있기 때문에, 배아생명의 존엄성이 무조건적으로 우선한다고 하는 입장은 구체적인 경우에 취약성을 드러낼 수 있다.

그렇다면 제3설과 제4설이 남는다. 제4설은 존엄보호의 절대성 때문에 인간의 시기를 단계화하는 설로서 종교적·윤리적 문제가 있을 수 있는 데 비하여, 제3설은 그 정반대로 인간시기를 수정시로 절대화함으로써 종교적·윤리적 비난가능성의 부담은 없는 데 반하여, 인간존엄보호의 상대화로 인한 기본권해석론적 일관성에 부담 또는 약점이 있을 수 있다. 그러나 기본권해석론 자체도 절대적인 것이라 할 수는 없다. 헌법이론적으로 인간존엄 역시 그 불가침적 성격을 어디에서나 언제든지 유지할 수 있는 것은 아니다. 그렇다면 존엄보호 자체가 그와 버금가는 헌법적 법익과 충돌할 경우에는 상대적이 될 수 있고, 또 이론적으로 다른 법익과 형량 가능성을 가지고 있다고 볼 수 있기 때문에, 남는 것은 제3설이다. 즉 인간의 시기는 수정시부터라고 하되, 다만 그 존엄보호는 인간생명의 발달단계에 따라서 상대화될 수 있다고 보는 것이다. 그 가운데 가장 중요한 발달단계는 착상시이다. 착상 이후의 인간생명, 즉 태아는 절대적 인간존엄보호의 대상이 된다. 그에 반하여 착상 전 인간배아는 상대적 인간존엄보호의 대상이다. 다시 말해서 그 생명과 충돌하는 다른 헌법적 법익이 있을 경우 신중한 법익형량이 이루어질 수 있다. 그러나 이 착상전 배아 역시 인간존엄의 주체이며, 일정한 요건하에 완전한 인간으로 계속 발달할 정체성과 잠재성이 있는 존재이기 때문에, 어떠한 동물이나 물건처럼 자유로운 실험대상으로 취급해서는 안될 것이다.

헌법 제10조 제2문에 따라 국가는 개인이 가지는 인간존엄과 생명권을 보호해야 할 의무를 진다. 뿐만 아니라, 인간과 생명의 존엄은 국가를 구성하는 중추적인 원리이자 이념이기 때문에, 배아를 대상으로 하는 생명공학과 관련한 국가정책을 결정함에 있어서는, 이러한 원리와 이념의 취지가 훼손되지 않는 범위 내에서, 현대의 생명공학으로 인하여 발생하는 법익들간의 충돌문제를 해결하도록 하여야 할 것이다.

(7) 헌법재판소의 입장

하지만 헌법재판소는 생명윤리 및 안전에 관한 법률에 대한 헌법소원 사건에서 수정전 인간배아의 기본권 주체성을 부인하였다. 즉 "초기배아는 수정이 된 배아라는 점에서 형성 중인 생명의 첫걸음을 떼었다고 볼 여지가 있기는 하나 아직 모체에 착상되거나 원시선이 나타나지 않은 이상 현재의 자연과학적 인식 수준에서 독립된 인간과 배아 간의 개체적 연속성을 확정하기 어렵다고 봄이 일반적이라는 점, 배아의 경우 현재의 과학기술 수준에서 모태 속에서 수용될 때 비로소 독립적인 인간으로의 성장가능성을 기대할 수 있다는 점, 수정 후 착상 전의 배아가 인간으로 인식된다거나 그와 같이 취급하여야 할 필요성이 있다는 사회적 승인이 존재한다고 보기 어려운 점 등을 종합적으로 고려할 때, 기본권 주체성을 인정하기 어렵다"는 것이다.[193]

헌법재판소는 "다만, 오늘날 생명공학 등의 발전과정에 비추어 인간의 존엄과 가치가 갖는 헌법적 가치질서로서의 성격을 고려할 때 인간으로 발전할 잠재성을 갖고 있는 초기배아라는 원시생명체에 대하여도 위와 같은 헌법적 가치가 소홀히 취급되지 않도록 노력해야 할 국가의 보호의무가 있음을 인정하지 않을 수 없다"[194]고 부언하고 있다.[195]

마. 사자의 기본권주체성

다음으로 死者의 인간존엄의 기본권주체성이 문제될 수 있다. 특히 생자의 명예나 인격권이 사후에는 얼마든지 침해되어도 괜찮은지의 문제가 제기되고 있다.

이 문제에 관하여 우리 학설에는 원칙적으로 생자에게만 인간의 존엄과 행복추구권을 인정하고, 사자에 대해서는 가족관계와의 관련하에서 제한적으로 인정하고 있는 견해,[196] 인간의 시체는 인격주체성이 결여되어 있기 때문에 원칙적으로 인간으로서의 존엄과 가치를 인정할 수 없다고 할 것이나 예외적으로 인정되는 경우가 있을 수 있다고 하면서 예컨대 인간의 사체를 산업용으로 이용하는 것 등을 그 예로 드는 견해,[197] 인간의 시체에는 인격성이 없기 때문에 원칙적으로 존엄권의 주체가 될 수 없으나, 독일 연방헌법재판소의 판례와 같이 예외적으로 사자의 존엄권을 인정해야 할 경우가 있다고 보는 견해,[198] 사자에게는 생존하는 인간과 같은 정도로 공동체구속성과 공동체관련성을 갖는 인격이 인정된다고 보기 힘들기 때문에 사자의

---

193) 헌재 2010. 5. 27. 2005헌마346, 22-1하, 275(275-276).

194) 헌재 2010. 5. 27. 2005헌마346, 22-1하, 275(292).

195) 이러한 헌재 결정에 비판하는 입장으로 방승주, "착상전 진단의 헌법적 문제," 헌법학연구 제16권 제4호 (2010. 12), 67 이하(82 이하, 106-108). 이에 반하여 결론적으로 헌재의 입장을 지지하는 견해로 장영철, "생명공학과 기본권―소위 초기 인간배아의 기본권을 중심으로," 헌법학연구 제16권 제4호(2010. 12), 1 이하; 서종희, "배아연구와 인간의 존엄과 가치 ― 헌재 2010. 5. 27. 선고, 2005헌마346 전원재판부 결정에 대한 검토," 법학연구 27-1(2011), 243 이하.

196) 김철수(주 8), 491.

197) 권영성(주 17), 380.

198) 계희열(주 10), 211.

기본권주체성은 제한적으로 인정할 수밖에 없다는 견해,[199] 사체와 관련해서는 인간의 존엄과
가치에 대한 국가의 보호의무 및 객관적 가치가 문제되는 것이며 특히 해부나 장기이식 등은
이러한 인간의 존엄과 가치에 합당하게 모든 과정이 이루어져야 한다고 보는 견해,[200] 인간인
이상 살아 있는 인간 존재는 물론이고 사망한 인간 존재에도 인간존엄이 인정되나 사자의 경우
에는 인간존엄의 보호범위가 한정되며, 그 범위의 결정에는 해당 공동체의 문화가 큰 영향을
미친다는 견해[201] 등 제한적 또는 예외적 인정설이 대부분이다.

　　이에 반하여 사자의 인격이나 명예는 그가 생전에 누렸던 인간존엄권의 "반사적 효과"로
보는 것이 타당하며, 사자가 인간존엄권을 현재도 누리고 있는 결과라고 할 수는 없다고 하면
서도, 다만 사자도 한때 인간으로서 인간존엄성을 보유하였던 자라는 점에 비추어 비록 그 존
재구조상의 불완전성이 인정된다 하더라도 출생전의 불완전한 개체인 수정란이나 전배아와 마
찬가지로 그 신중한 취급이 요구된다고 하는 견해[202]도 있다. 따라서 우리 학계의 다수설은 원
칙적으로 사자에 대하여 인간존엄의 주체성을 인정하지 않으나, 예외적으로 인정하는 제한적
또는 예외적 인정설이다.

　　독일의 경우 사자의 인간존엄의 보호의 문제가 초기에는 논란이 되었으나 오늘날 거의 통
설적으로 인정되고 있다.[203] 인간의 존엄, 특히 생전에 그 사람이 가지고 있던 인격권이나 명
예는 사망 이후에도 계속해서 존중되어야 할 필요가 있다. 그렇다고 해서 이 경우 죽은 사체가
인간의 존엄의 주체가 된다고 할 수는 없고, 생전의 인간존엄에 대한 사후적 존중의 표현이라
고 보아야 할 것이다.[204] 다만 사자 자신이 직접 인간의 존엄과 가치의 기본권주체가 될 수 없
다고 해서 국가에게 사후적인 인간존엄에 대한 보호의무가 면제되는 것은 아니다.[205] 따라서
사체를 산업적 이용을 위한 단순한 객체로 전락시키는 것은 인간존엄에 반하는 것이며, 사체해

---

199) 성낙인(주 21), 417.

200) 홍성방(주 21), 26.

201) 정종섭(주 19), 410-411.

202) 이재명(주 7), 213.

203) 다만 인간존엄성이 인간의 사망과 동시에 종료되는 것이 원칙이라고 보는 견해도 있다. 가령 Michael Sachs
　　저, 방승주 역(주 33), 220.

204) Herdegen, in: Maunz-Dürig, GG Kommentar(Lieferung 44 Februar 2005), Art. 1 Abs. 1 Rn. 54: 사자가 인
　　간의 존엄의 주체라고 할 경우, 사후에 사자의 인격권이나 명예권침해에 대한 소송은 제3자 소송담당의 법
　　리로 해결해야 할 것이라는 입장도 있다. 이에 관하여 Richter/Schuppert/Bumke 저, 방승주 역(주 4), 81.
　　그 밖에 사자의 기본권을 인정하기 위해서는 기본권침해의 구제절차를 명확히 할 필요가 있으며, 예컨대
　　입법을 통해 사자의 존엄권이나 명예권의 침해에 대해 주장할 수 있는 가족이 없을 경우에는 공익의 대표
　　자로서 검사가 사자의 기본권을 직접 대리하거나 대리할 자를 지정할 수 있도록 할 필요가 있다는 견해
　　(장영수(주 21), 467)도 있다.

205) BVerfGE 30, 173, 194: "만일 인간이기 때문에 존엄성이 인정되는 인간의 이러한 일반적인 존중요구권이
　　사후에도 격하되거나 무시될 수 있다고 한다면, 모든 기본권에 기초하고 있는 인간존엄의 불가침성이라고
　　하는 헌법적으로 보장된 원칙과 합치하지 않을 것이다. 이에 따라서 기본법 제1조 제1항에서 인간존엄에
　　대한 공격으로부터 개인을 보호할, 모든 국가 권력에게 부과된 의무는 사망과 함께 종료되지 않는다." 이
　　메피스토-클라우스만 결정의 내용소개와 평석으로는 계희열, "메피스토-클라우스만 결정, 고려대학교 법
　　학연구소," 판례연구 제2집(1983. 2), 7-45 참고할 것.

부와 장기이식도 존엄한 방법으로 이루어져야 한다. 공동묘지로의 강제는 인간존엄에 반하지 않는다고 한다.[206]

사자의 인간의 존엄성은 주로 뇌사자의 장기적출과 관련하여 문제된다. 여기에서 사망한 사람은 심장박동이 완전히 멈춘 사람을 의미하며, 뇌사한 사람의 경우 아직 사체라고 할 수는 없다. 따라서 아직 사체라고 할 수 없는 뇌사자의 장기를 적출하는 것이 그 사람의 인간의 존엄과 가치를 침해하는 것이 아닌지의 문제가 제기된다.[207] 그러나 본인이 생전에 장기이식에 동의를 하였거나, 이러한 동의 여부가 불분명한 경우 가족들의 동의가 있는 경우에 뇌사자의 장기를 적출하는 것은 인간존엄에 대한 침해라고 보지 않는다.[208] 그렇지만 그러한 동의가 없음에도 불구하고 뇌사자로부터 장기를 적출하는 것은 사후적으로도 존중되어야 할 인간존엄에 대한 침해라고 할 수 있다.[209]

다음으로 타인의 범죄행위로 사망한 사람에 대한 사체해부의 경우 사자의 인간의 존엄권을 침해하는 것이 아닌지가 문제된다. 즉 범죄나 또는 알 수 없는 원인에 의하여 사망한 자의 경우, 정확한 사망의 원인과 시간을 규명하기 위하여 사체를 검시하거나 해부해야 할 필요성이 있을 수 있다.[210] 이 경우 유족의 동의가 있는 경우에는 문제가 되지 않으나, 유족이 이를 거부하거나 반대할 경우에, 검시나 사체해부를 강제하는 것은 사자의 인간존엄이나 혹은 유족의 인격권을 침해하는 것은 아닌지가 문제될 수 있다.

하지만 그러한 사체해부는 사자의 일반적인 존중요구권을 격하시키거나 사자를 모욕하는 것은 아니며, 또한 유족의 일반적 행동의 자유의 범위 내에서 보장되는 시신보호권(Recht auf Totenfürsorge)이 침해되는 것도 아니라고 하는 독일 연방헌법재판소의 결정[211]을 참고할 필요

---

206) BVerfGE 50, 262를 인용하며, Zippelius, in: BK-GG(Lfg. Dez. 1989), Art. 1 Abs. 1 u. 2 Rn. 53.

207) 생명권의 침해로 보는 견해로는 양건(주 21), 331-332; 뇌사를 사망시점으로 보려는 것은 장기이식의 필요에 따른 것으로 법적 사망시점으로는 적절치 않다고 보는 견해로, 박은정(주 136), 241-245.

208) 가령, 계희열(주 10), 212. 다만 생전에 본인의 동의가 없었을 경우, 가족들의 동의만 가지고서 장기적출을 허용하는 문제는 본인의 자율적 인격성을 핵심으로 하는 인간으로서의 존엄과 가치를 침해할 수 있으며, 그리고 인간존엄과 행복추구권으로부터 도출되는 일반적 인격권(자기결정권)을 침해할 수 있다는 점에서 문제가 될 수 있다{자기결정권에 대하여는 Michael Sachs저, 방승주 역(주 33), 247 참조}. 또한 이 점을 경계하는 견해로 김일수(주 53), 5-24(11).

209) Herdegen, in: Maunz-Dürig, GG Kommentar(Liferung 44 Februar 2005), Art. 1 Abs. 1 Rn. 54: 그와 같은 생전의 동의나 법적 근거 없이도 장기를 비롯한 신체의 일부를 이식하는 것이 허용되어야 하고, 사인의 규명이나 전염병의 퇴치 등을 위해 시체의 해부와 실험도 허용되어야 한다는 주장이 있다고 하면서 이에 대하여 동의 없는 시체의 해부나 활용은 엄격한 기준에 따라서만 제한적으로 허용되어야 할 것이라고 하는 견해{계희열(주 10), 212-213}가 있으나, 언제 어떠한 기준에 따라서 동의 없이도 시체의 해부나 활용이 허용될 수 있을 것인지가 밝혀져야 할 문제라고 할 수 있을 것이다.

210) 법원은 사실을 발견함에 필요한 때에는 검증을 할 수 있으며(형사소송법 제139조), 이러한 검증에는 사체의 해부와 분묘의 발굴도 포함된다(동법 140조). 다만 이러한 사체의 해부 또는 분묘의 발굴을 하는 때에는 예를 잊지 아니하도록 주의하고 미리 유족에게 통지하여야 한다(동법 제141조 제4항).

211) 유족의 시신보호권은 합헌적 질서에 해당한다고 할 수 있는 형사소송법의 사체해부에 관한 규정(독일형사소송법 제87조)에 그 한계가 있다는 것이다. 이 규정은 한 인간의 죽음을 초래한 범죄의 발견, 확인 및 소추에 관한 공익에 기여를 한다는 것이다. 그리고 이 형사소송법 규정은 이러한 공익목적을 위해서 이루어지는 유족의 시체보호권에 대한 제한을 헌법적인 비례원칙에 부합할 수 있도록 보장하고 있다는 것이다.

가 있다.

바. 법인의 기본권주체성

인간의 존엄은 육체-정신-심령의 합일체라고 할 수 있는 자연적 인간의 신체적·정신적 정체성과 완전성, 그리고 자율적 인격성을 보호하는 것이다. 따라서 법인은 이러한 인간존엄의 기본권주체가 될 수 없다고 보아야 할 것이다.[212]

다만, 인간으로서의 존엄과 가치 및 행복추구권으로부터 도출되는 "인격권"의 기본권주체가 될 수 있는지 여부의 문제는 별론으로 생각해 볼 필요가 있다.[213]

7. 인간으로서의 존엄과 가치에 대한 헌법적 한계와 제한

우리 헌법상 인간의 존엄과 가치의 기본권에 대한 헌법적 한계와 제한체계를 살필 필요가 있다.

가. 인간존엄의 제한가능성

우선 헌법 제10조 자체에는 인간의 존엄과 가치에 대한 헌법적 한계조항을 담고 있지 아니하다. 그렇다면 헌법 제37조 제2항으로 돌아갈 수밖에 없다. 과연 헌법 제37조 제2항을 근거로 인간의 존엄과 가치를 제한할 수 있는지 있다면 어떠한 경우에 그러한지가 문제될 수 있다.

(1) 부 인 설

먼저 제한가능성을 부인하는 입장을 살펴보면, "헌법 제10조 제1문 전단이 규정하고 있는 인간의 존엄과 가치는 최고의 헌법가치이며 기본권적 가치체계에 있어서 최고의 가치이기 때문에 어떠한 경우에도 제한될 수 없다"고 하면서 헌법 제37조 제2항에 따라서 인간의 존엄과

즉 사체의 해부가 형사소추기관의 임무수행을 위하여 필요하고도 적합하며 구체적인 경우에 보다 덜 침해적인 방법이 없거나 또는 적합하지 아니할 경우에만 사체해부명령이 발부될 수 있다는 것이다. 사체해부를 위한 이러한 필요성에 대한 요건은 독일 형사소송법 제87조에 명시적으로 규정되어 있지는 않으나 형사소추기관의 임무와 일반적인 권한으로부터 도출된다는 것이다. BVerfG, 2. Kammer des Zweiten Senats, Beschluß vom 18. 1. 1994-2 BvR 1912-93, NJW 1994, S. 783ff.(784).

212) Zippelius, in: BK-GG(Lfg. Dez. 1989), Art. 1 Abs. 1 u. 2 Rn. 56.

213) 즉 헌법재판소의 민법 제764조에 관한 사죄광고결정)(헌재 1991. 4. 1. 89헌마160, 3, 149)에 의하면 법인이든 자연인이든 인격권 내지 양심의 자유의 기본권주체가 될 수 있음을 인정한 바 있다. 우리 헌법재판소는 인격권을 인간의 존엄과 가치 및 행복추구권으로부터 도출하고 있다. 법인의 브랜드 가치나 기업의 이미지 또는 평판 등이 넓은 의미의 인격권의 범주에 포함될 것인지, 아니면 재산권의 보호영역 하에 드는 것으로 봐야 할 것인지는 좀더 검토해 볼 필요가 있지만, 이를 인정하는 경우 법인 역시 헌법 제10조에서 도출되는 인격권의 기본권주체가 될 수 없다고 단정할 수는 없을 것이다(이와 달리 정종섭(주 19), 411). 최근 헌법재판소 역시 법인의 인격권의 주체성을 인정한 바 있다. 즉 "법인도 법인의 목적과 사회적 기능에 비추어 볼 때 그 성질에 반하지 않는 범위 내에서 인격권의 한 내용인 사회적 신용이나 명예 등의 주체가 될 수 있고 법인이 이러한 사회적 신용이나 명예 유지 내지 법인격의 자유로운 발현을 위하여 의사결정이나 행동을 어떻게 할 것인지를 자율적으로 결정하는 것도 법인의 인격권의 한 내용을 이룬다"는 것이다(헌재 2012. 8. 23. 2009헌가27, 24-2상, 355(363-364)). 한편 사람이 모인 집단의 경우 집단적 명예권이 있을 수 있다. 이러한 인간집단의 경우 헌법 제10조로부터 파생된 인격권의 기본권주체가 될 수는 없는지 논의해 볼 필요가 있다고 생각된다.

가치를 포함하는 모든 기본권을 제한할 수 있는 것 같이 규정되어 있다 하더라도, 최고의 가치인 인간존엄권을 제한할 수 있다면, 이는 헌법의 자기부정을 의미하기 때문에 인간존엄권에 대한 제한은 불가하다는 입장[214]이다.

(2) 제한적 인정설

인간으로서의 존엄과 가치의 기본권적 성격을 부인하면서 최고원리로서의 인간존엄의 제한가능성을 부인하되, 그로부터 도출되는 기본권들에 대해서만 제한가능성을 인정하는 입장[215]이 있다.

(3) 인 정 설

헌법 제37조 제2항에 따르면 모든 자유와 권리를 제한할 수 있게 하고 있으므로, 인간으로서의 존엄과 가치도 법률로 제한할 수 있다고 보는 견해,[216] "인간의 존엄과 가치로부터 비롯되는 구체적 권리로서의 성격은 일반적인 기본권과 마찬가지로 제한의 대상이 된다. 그것은 헌법 제37조 제2항의 기본권제한의 일반원리에 따른 제한을 의미한다. 따라서 구체적 기본권성을 인정하면서도 절대적 기본권에 준하여 제한이 아니된다고 보는 견해는 결과적으로 구체적 기본권으로서 인간의 존엄과 가치를 부정하게 될 우려가 있다"고 하는 견해[217]가 그것이다.

(4) 헌법재판소

우리 헌법재판소의 판례를 살펴보면, 인간으로서의 존엄과 가치의 핵심적 영역에 해당하는 부분이 문제될 경우에는 과잉금지의 원칙이나 비례의 원칙에 입각한 심사, 즉 법익간의 형량을 전혀 하지 않는다고 볼 수는 없지만, 내용적으로 상세하게 하지 아니하고, 인간존엄권의 침해를 확인하고 있음을 볼 수 있다.

가령 미결수용자들에 대하여 유치장내 차폐시설이 되어 있지 아니한 화장실사용을 강제한 사건의 경우, 헌법재판소는 이러한 행위는 인간으로서의 기본적 품위를 유지할 수 없도록 하는 것으로서, 수인하기 어려운 정도라고 보여지므로 전체적으로 볼 때 비인도적·굴욕적일 뿐만 아니라 동시에 비록 건강을 침해할 정도는 아니라고 할지라도 헌법 제10조의 인간의 존엄과 가치로부터 유래하는 인격권을 침해하는 정도에 이르렀다고 판단하였다.[218] 이 사례에서 가령 자살행위 방지나 도주의 위험 등 수용자의 유치장의 질서와 안전 그리고 미결수용자의 생명보호 등의 목적과 그 목적달성을 위해서 취해진 조치간의 비례의 원칙에 입각한 심사를 내용적으로 자세하게 수행하지는 않고 있는 것이다.

또한 경찰서 유치장 내의 수용자에 대하여 과도한 신체검사를 함으로써 심한 모욕감과 수

---

214) 계희열(주 10), 213-214.
215) 홍성방(주 21), 27; 정종섭(주 19), 426.
216) 김철수(주 8), 514.
217) 성낙인(주 21), 419.
218) 헌재 2001. 7. 10. 2000헌마91등(병합), 13-2, 103(111-112).

치심을 안겨준 사건의 경우도 과잉금지의 원칙을 언급하기는 하였지만 내용적으로 상세히 심사하지는 않고, 청구인들의 인간으로서의 기본적 품위를 유지할 수 없도록 한 행위로서 수인하기 어려운 정도라고 판단한 사례[219]가 있는가 하면, 마약류사범에 대한 정밀 알몸수색의 경우[220]에는 역시 과잉금지원칙 위반여부를 심사하면서 과잉한 제한이라고 보지 아니한 바 있다.

그리고 친생부인의 소의 제척기간을 "그 출생을 안날로부터 1년내"라고 규정한 민법 제847조 제1항에 대해서 헌법재판소는 "그런데 이 사건의 경우 친생부인의 소의 제척기간을 일률적으로 자의 출생을 안날로부터 1년으로 규정함으로써 부가 자의 친생자 여부에 대한 의심도 가지기 전에 그 제척기간이 경과하여 버려 결과적으로 부로 하여금 혈연관계가 없는 친자관계를 부인할 수 있는 기회를 극단적으로 제한하고 또 자의 출생 후 1년이 지나서 비로소 그의 자가 아님을 알게 된 부로 하여금 당사자의 의사에 반하면서까지 친생부인권을 상실하게 되는 것이다. 이는 인간이 가지는 보편적 감정에도 반할 뿐 아니라 자유로운 의사에 따라 친자관계를 부인하고자 하는 부의 가정생활과 신분관계에서 누려야 할 인격권 및 행복추구권을 침해하고 있는 것이다"라고 함으로써 과잉금지의 원칙에 따른 위헌여부의 심사를 내용적으로 상세히 하고 있지 않음을 볼 수 있다.

또한 형벌체계상 정당성을 잃은 과중한 법정형에 대해서 헌법재판소는 "형사법상 책임원칙은 기본권의 최고이념인 인간의 존엄과 가치에 근거한 것으로, 형벌은 범행의 경중과 행위자의 책임, 즉 형벌 사이에 비례성을 갖추어야 함을 의미한다"고 전제하고 형벌이 죄질과 책임에 상응하도록 비례성을 지켜야 한다고 하면서, 과중한 법정형은 기본권을 제한하는 입법을 함에 있어서 지켜야 할 헌법적 한계인 과잉금지의 원칙 내지는 비례의 원칙에도 어긋난다고 하고 있다.

한편 우리 헌법재판소는 사형제도에 관한 합헌결정에서 인간존엄성의 활력적인 기초를 의미하는 생명권이라 하더라도 타인의 생명이나 중대한 공공의 이익의 보호를 위해서 헌법 제37조 제2항에 따라 불가피하게 제한될 수밖에 없다고 보고 있다.[221]

결론적으로 헌법재판소는 인간으로서의 존엄과 가치의 제한가능성을 완전히 부인하고 있다고 할 수는 없다.

---

219) 헌재 2002. 7. 18. 2000헌마327, 14-2, 54(63).

220) 헌재 2006. 6. 29. 2004헌마826, 공보 117, 938(939).

221) 헌재 1996. 11. 28. 95헌바1, 8-2, 537(545). 다만 사형제도의 경우, 테러리스트나 납치범이 인질살해를 위협하고 있는 급박한 상황에 있어서와는 달리, 이미 범죄자에 의하여 피해자의 생명이 희생된 후의 일이기 때문에, 사형에 해당하는 범죄자를 죽여야만 피해자의 목숨을 살릴 수 있는 것이 아니며, 살인범에 대한 사형집행이 반드시 범죄에 대한 일반예방의 효과가 있는지도 과학적으로 입증된 바가 없기 때문에, 살인범의 생명을 국가가 앗아가야 할 정당화사유를 찾기 힘들다. 기껏해야 피해자와 국민의 응보감정의 실현을 생각해 볼 수 있으나, 이러한 응보감정의 실현은 인간의 존엄을 최고의 가치로 선언하고 있는 우리 헌법적 이념이나, 범죄자의 교화와 개선에 형벌의 궁극적인 목적을 두고 있는 근대 형법이념에도 부합하지 않는다고 보아야 할 것이다. 따라서 사형은 생명권과 인간존엄을 침해하는 위헌적인 제도라고 보아야 할 것이다. 동지, 재판관 김진우와 조승형의 반대의견. 위 8-2, 537(550) 이하; 김철수(주 8), 516.

(5) 사 견

기본법 제10조에서 인간존엄의 불가침을 선언하고 있는 독일의 경우도, 인간존엄의 침해 여부를 심사함에 있어서 과잉금지의 원칙을 기준으로 상반된 법익과의 형량을 하고 있는 사례들을 볼 수 있다.[222] 여기에서 인간존엄의 보호영역도 경우에 따라서는 형량이 될 수 있다고 하는 점을 알 수 있다. 물론 인간존엄의 핵심영역에 대한 제한과는 달리 이러한 넓은 보호영역의 침해는 그러한 양태 자체만을 근거로 일반적으로 인간존엄의 침해로 판단할 수 있는 것은 아니다. 또한 일반적으로 받아들여지고 있는 내밀영역에 대한 가장중대한 제한(동의불능자의 피임시술이나 사적영역의 가장 내밀한 영역에 대한 수색과 같이)도 보다 고차원적인 헌법적 법익의 보호를 위해서는 인간존엄과 합치하다고 보는 것도 인간존엄의 내용과 상반된 법익간의 형량가능성을 보여주고 있는 것이다.[223]

생각건대, 인간의 신체적·정신적 정체성과 완전성, 즉 자율적 인격성과 관련된 핵심적 인간존엄권은 절대적인 기본권이라고 보아야 하지만, 일반적 인격권과 같이 인간존엄권으로부터 파생되거나 도출되는 그 밖의 기본권들은 다른 헌법적 법익과의 충돌의 경우에 비례의 원칙에 따라서 형량될 수 있는 상대적 기본권으로 보아야 하지 않나 생각된다.[224]

그리고 인간존엄과 가치에 대한 제한이 원칙적으로 불가능하다 하더라도, 혹 생명권이나 그 밖에 다른 사람의 인간의 존엄과 가치와 충돌할 수 있는 상황이 있을 수도 있을 것이다.[225] 가령 단식으로 자살을 택한 수형자에게 그의 의사에 반하여 강제로 영양을 공급하는 경우, 또는 독극물을 마신 자를 병원으로 후송하여 그곳에서 강제적으로 구토제를 먹여 생명을 구하기 위한 노력을 하는 경우, 비록 본인이 스스로 생명을 단절하고자 한 意思에 반하여 강제적으로

---

222) 독일 연방헌법재판소가 인간의 존엄을 과잉금지의 원칙을 기준으로 형량한 사례로서는 가령 무기징역판결을 들 수 있다. 즉 "원칙적으로 인간존엄을 침해하는 무기징역을 통한 인격의 변형(Persönlichkeitsdeformation)은 구체적인 경우에 가장 중한 죄의 징벌의 경우에만 감수할 수 있는 것으로 보일 수 있다" BVerfGE 64, 261 (272); 72, 105 (116, 118). 매우 유사하게 장기보호감호에 대한 판단에 대해서도 인간존엄의 관점에서 순수한 도식적 고찰방법은 너무 불충분하다. 보호감호는 피보호감호자의 지속적인 위험성으로 인하여 그러한 보호감호가 "필요한" 경우에만 인간존엄보장과 합치한다. BVerfGE 109, 13 (149 ff.). 사후적 인간존엄의 보호가 점차적으로 악화되는 것은 인간존엄보장의 주변영역에 의한 형량가능성을 보여주고 있는 사례이다. BVerfGE 30, 173 (196)-Herdegen, in: Maunz/Dürig, GG Kommentar(Liferung 44 Februar 2005), Art. 1 Abs. 1 GG, Rn. 44에서 재인용.

223) Herdegen, in: Maunz/Dürig, GG Kommentar(Liferung 44 Februar 2005), Art. 1 Abs. 1 GG, Rn. 44. S. 30, 국가구성원리로서 인간존엄은 일정 범위 내에서 제한될 수 있다고 보는 입장으로 Hasso Hofmann, in: AöR 118(1993), S. 353 ff.(374). 국내에서 인간존엄권이 다른 기본권과 충돌할 때 형량가능한 상대적 기본권이라고 보는 견해로 이준일(주 21), 379; 이에 반하여 형량가능성을 부인하고 있는 입장으로는 Schmidt-Jortzig, DÖV 2001, S. 925 ff.(931): "다른 헌법적 지위들과의 실제적 조화 가운데서 제한을 정당화하는 형량은 있을 수 없다. 또한 인간존엄의 주체의 인간으로서의 달발과정이나 침해행위의 깊이 내지는 중대성에 따라서 인간존엄보호를 단계화하는 것도 가능하지 않다. 존엄을 가진 인간존재는 항상 완전히 존재하든지 아니면 전혀 존재하지 않든지 둘 중의 하나이다."; 독일 논의에 대한 자세한 소개로는 정문식(주 20), 265-294(287-288) 참조할 것.

224) 동지, Zippelius, in: BK-GG(Lfg. Dez. 1989), Art. 1 Abs. 1 u. 2 Rn. 89.

225) 이에 대하여 부정적으로는 Pieroth/Schlink, a.a.O., Rn. 365.

생명구출조치를 취하는 것이 그의 자율적 인격성에 대한 침해가 된다 하더라도, 생명가치의 고귀함과 중대성으로 인하여 이러한 조치가 정당화될 수 있다고 보아야 하지 않을까 생각된다.[226]

다음으로 인간의 존엄과 가치 그 자체는 아니라 하더라도 최소한 그로부터 파생되는 인격권이나 명예권 등은 경우에 따라서 다른 사람의 표현의 자유나 알권리 등을 이유로 제한될 수 있는 경우가 발생할 수 있다. 그러므로 이러한 파생적 기본권의 제한가능성은 다른 기본권과의 관계상 처음부터 내재될 수밖에 없다.

나. 제한의 헌법적 정당화

이와 같이 예외적으로 인간의 존엄과 가치 또는 그로부터 파생된 기본권을 제한할 경우에 그러한 제한을 정당화할 수 있는 헌법적 근거가 무엇인가가 문제된다. 위에서도 언급하였듯이 그 경우는 헌법 제37조 제2항의 국가안전보장, 질서유지, 공공복리 등의 헌법적 법익과 타인의 기본권이 될 수 있을 것인 바, 그 구체적 사례들을 살펴볼 필요가 있다.

인간으로서의 존엄과 가치의 핵심적 영역, 즉 신체적·정신적 정체성과 완전성의 보호가 문제되는 경우 이보다 우선하는 다른 헌법적 법익은 생각하기 힘들다. 다만, 국민의 생명과 안전을 보호하기 위하여, 군인이나, 경찰공무원, 소방공무원을 생명의 위험이 있는 장소에 투입시켜서, 국민생명을 구출하거나 보호하게 하는 경우, 그들의 인간존엄과 생명권을 제한하는 것 아닌가 하는 점을 생각해 볼 수 있다. 이 경우 군인과 경찰공무원, 소방공무원 등은 다른 국민의 생명보호라고 하는 보다 높은 헌법적 법익을 위해서 그들의 생명의 위험을 감수하게 하는 것이며, 이 경우 그들은 자신들에게 부여된 직무상의 과제를 수행하는 것이므로, 이들의 자율적 인격성을 침해하거나 그들을 국가적 목적을 위한 단순한 수단으로 전락시키는 사례에 해당되지는 않는다고 보아야 할 것이다. 그러므로 이들에 대해서는 인간존엄권이 아니라 생명권의 제한이 이루어지는 것이며, 이 때 이들의 생명권의 제한은 국가의 안전보장이나 질서유지 또는 국민의 생명보호라고 하는 또 다른 헌법적 법익의 보호필요성에 의해서 정당화될 수 있을 것이다.

그 밖에 인간의 존엄과 가치로부터 도출되는 인격권이나 명예권의 경우, 헌법 제21조 제1항의 언론·출판의 자유나 그로부터 도출되는 국민의 알권리 등과 충돌할 수 있다. 이 경우에 입법자나 헌법재판소는 양 법익을 실제적 조화의 원칙에 맞게 잘 형량하여야 하며, 인격권을 제한하는 법률이나 또는 보도의 자유나 알권리를 제한하는 법률이 그와 상반되는 다른 헌법적 법익을 비례의 원칙에 맞지 않게 과잉하게 제한하는 것은 아닌지 헌법 제37조 제2항에 따라서 심사하여야 할 것이다.[227] 다만 사자의 인격권의 경우, 그 사람이 사망한 시점이 오래되면 오

---

226) 그 밖에 자율적 의사능력이 없는 정신장애인에 대하여 그 의사와 상관없이 영구피임조치를 하는 경우는 인간존엄에 대한 제한이 정당화될 수 있는 사례가 될 수 있을 것인지 검토를 요한다.

227) 공적인물인가 여부의 기준에 따라서 표현의 자유와 명예보호간의 형량을 달리하고 있는 판례로 헌재 1999.

래될수록 표현의 자유의 법익에 비하여 점차적으로 그 강도를 잃어갈 것이기 때문에 양 법익간의 형량의 결론이 바뀔 수도 있을 것이다.228)

다. 제한의 한계

(1) 과잉금지의 원칙

우선 인간으로서의 존엄과 가치의 중심적 보호영역에 해당하는 자율적 인격성, 인간의 신체적·정신적 정체성과 완전성은 원칙적으로 불가침으로 제한될 수 없는 영역이라고 보아야 할 것이다. 다만 예외적으로 인간으로서의 존엄과 가치와 마찬가지로 중요한 생명권이나 다른 사람의 인간으로서의 존엄과 가치가 서로 충돌하는 극히 예외적인 상황에서는 이러한 인간으로서의 존엄과 가치도 제한될 수 있는 가능성이 있으며, 형량대상이 될 수도 있다.

그리고 인간으로서의 존엄과 가치로부터 도출되는 그 밖의 인격권 등은 다른 헌법적 법익과 충돌하는 경우 제한될 수 있으며, 다만 그 제한의 한계가 준수되어야 할 것이다. 특히 제한하는 경우에 과잉금지의 원칙과 비례의 원칙이 준수되어야 하고, 실제적 조화의 원리 등 충돌하는 양 법익이 최대한 실현될 수 있는 방법으로 절충과 조화점을 찾지 않으면 안될 것이다.

(2) 본질내용침해금지

제한하는 경우에도 그 본질내용을 침해할 수 없다고 하는 소위 본질내용침해금지조항은 인간존엄과 가치에 대하여 어떠한 의미를 가지는지가 문제된다.

본질내용침해금지는 국가권력이 국민의 기본권을 제한함에 있어서도 그 본질적인 내용은 결코 침해할 수 없도록 금지하고 있는 것이므로, 기본권이 가지고 있는 인권적 성격 또는 인간존엄과 결부된 핵심영역을 국가권력의 처분으로부터 보호하고자 하는 조항이라고 할 수 있을 것이다.229) 결국 인간으로서의 존엄과 가치는 기본권제한의 한계가 되는 본질내용을 구체화하기 위한 기준이 될 수 있을 것이다. 다만 여기에서 본질내용이라고 해서 반드시 고정되어 있는 어떠한 내용이라고 할 수는 없을 것이며, 구체적인 사례 가운데서 충돌하는 헌법적 법익과 가치를 비교·형량하는 과정에서 제한되는 기본권의 본질내용이 확인될 것이다.

그리고 인간으로서의 존엄과 가치는 그 자체가 본질로만 구성된 기본권이라고 할 수 있을 것이기 때문에 위에서 지적하였듯이 극히 예외적인 경우를 제외하고는 원칙적으로 제한이 불가하다. 그 밖에 인간으로서의 존엄과 가치로부터 도출되는 기본권은 제한이 가능하나, 그 본질내용은 침해할 수 없다고 할 것이다. 여기에서 본질내용이라 할 때에는 결국 자율적 인격성과 신체적·정신적 정체성과 완전성 등 인간의 고유가치에 해당하는 부분이 바로 본질내용으로서 침해가 불가한 영역이라고 보아야 할 것이다.

6. 24. 97헌마265 [기각] ― 강원일보사건.

228) Herdegen, in: Maunz-Dürig, GG Kommentar(Liferung 44 Februar 2005), Art. 1 Abs, 1 GG, Rn. 53.

229) Günter Dürig, in: Maunz-Dürig, Grundgesetz Sonderdruck, -Kommentierung der Artikel 1 und 2 Grundgesetz von Günter Dürig, Art. 1 Abs. 1 GG, Rn. 8.

8. 인간존엄권의 대사인적 효력의 문제

가. 문제제기

인간존엄권은 원칙적으로 대국가적 방어권으로서의 성격을 가진다. 하지만 인간으로서의 존엄과 가치가 가지는 최고헌법원리로서의 성격과 그 중요성에 비추어 사인간에도 직접 효력을 미치는 기본권인지 여부가 문제될 수 있다. 여기에 대해서는 학설이 갈리고 있다.

나. 직접효력설

직접효력설은 인간존엄보장은 국민들 상호간의 관계에서도 직접 구속력 있는 것으로 효력을 발휘한다고 한다. 이것은 가령 일반적 인격권의 경우와 같이 소위 간접적 제3자효가 충분하게 형성되지 않은 곳에서 그 실제적 의미를 얻게 된다는 것이다. 인간존엄규정이 인간존엄을 곧바로 불가침인 것으로 선언한다고 하는 것으로부터 국가권력에 대해서만 아니라 모든 사람에게 다른 사람의 인간존엄에 대한 침해금지명령이 도출된다는 것이다. 이러한 일반적인 금지는 국가의 기본권보호의무에 의해서 인간존엄을 침해당한 모든 사람에 의해서 주장될 수 있는 권리구제절차의 보장과 연결된다는 것이다.230)

치펠리우스에 따르면 이러한 제3자효는 특히 일반적 인격권의 경우에 발휘된다. 독일 연방법원도 기본법은 인간존엄에 대한 존중요구권과 인격의 자유로운 발현권을 모든 사람에 의해서 존중되어야 하는 사적 권리로서도 받아들였다고 판시하였다는 것이다. 요컨대 인간존엄의 보호는 협의의 사적 생활영역과 그 기본조건이 관계되는 곳에서 어떠한 사람이 무제한적으로 다른 사람의 처분하에 놓여져서는 안된다고 하는 것을 요구한다는 것이다.231) 하지만 치펠리우스는 인간존엄의 보장이 私法 규정의 해석과 법률흠결의 보충을 위한 지침으로서도 적용되는 한에서 인간존엄의 간접적 제3자효가 적용될 수 있다고 보고 있다. 그리하여 가령 계약당사자의 인간존엄을 침해하는 법률행위는 선량한 풍속 위반을 이유로 무효이며, 그리고 인간존엄과 합치되지 않는 계약이행은 기대불가능한 것으로서 신의성실의 원칙에 위반되므로 거절할 수 있다는 것이다.232)

하지만 니퍼다이는 인간존엄규정을 모든 법률관계에 적용되는 강행규정으로 보고 가령 법률상 금지규정에 위반된 법률행위는 무효로 하고 있는 독일민법 제134조와 같은 무효사유에 해당한다고 하면서 직접적인 대사인효를 부여하고자 하고 있다.

우리나라에서 김철수 교수는 사인간에 직접 적용되는 기본권으로 협의의 인간의 존엄과 가치·행복추구권을 들고 있다.233)

---

230) Zippelius, in: BK-GG, Art. 1 Abs. 1 u. 2 Rn. 36, 46.
231) BVerfGE 72, 170 f.를 인용하며, Zippelius, in: BK-GG, Art. 1 Abs. 1 u. 2 Rn. 35.
232) Zippelius, in: BK-GG, Art. 1 Abs. 1 u. 2 Rn. 36, 46.
233) 김철수(주 8), 411.

다. 간접효력설

이러한 니퍼다이의 견해에 대하여 뒤리히는 반론을 제기하면서, 대국가적 효력의 측면에서 보호의 강도와 대사인적 효력의 측면에서 보호의 강도는 결코 같을 수 없다는 점을 강조하고 간접적 제3자효설을 주장하였다.[234] 왜냐하면 국가가 침해자로서는 더 이상 금지되어 있는 경우라 할지라도, 동일한 사적 주체들간의 관계에 있어서는 바로 그 인간존엄에 근거하여 다른 사람의 인간존엄을 법적으로 적법하게 처분할 수 있는 권리가 사인에게는 인정될 수 있기 때문이라는 것이다. 다시 말해서 사법상의 거래에 있어서는 절대적인 강행규정에 의하여 간섭받지 아니하고서, 동일하게 존중하여야 할 인간존엄의 주체를 위하여 이러한 인간존엄에 미달하는 것(unterschreiten) 역시 인간존엄에 해당할 수 있다는 것이다. 이러한 사적 자치 내지 자율적 결정권은 그러한 사적 거래의 수정가능성이 배제되는 데에 그 한계가 있는 데 반하여, 국가에게는 이미 그러한 인간존엄에 대한 우발적 침해 자체가 처음부터 금지되어 있다는 것이다.[235] 따라서 사법상의 거래에 있어서는 전통적으로 내려오는 사법상의 가치충족이 필요한 일반조항을 통하여 인간존엄을 간접적으로 실현하는 것이 더 타당하다고 하는 것이다.[236]

라. 절 충 설

이에 반하여 "인간의 존엄성규정은 전체법질서의 객관적 요소로서 사인에 대하여 효력을 갖는다. 즉 사인 상호간의 관계에 있어서 존엄권이 개별기본권이나 법률에 의해 충분히 보장되지 못하는 경우 존엄권은 사인에게도 직접 또는 간접으로 적용되며 사인을 구속한다. 존엄권을 직접 또는 간접 적용하느냐의 문제는 구체적 상황에 따라 그때 그때 존엄권의 임무와 기능을 고려하여 헌법질서의 테두리 내에서 판단할 문제이지 획일적으로 정할 수 없는 문제"라고 하는 계희열 교수의 입장은 절충적 입장에 속한다고 볼 수 있을 것이다.

그 밖에 직접효력인지 간접효력인지 여부를 밝히지 않고, "인간으로서의 존엄과 가치는 대국가적 효력과 대사인적 효력을 모두 갖는데 그 이유는 인간의 존엄과 가치가 기본권이기 때문에 인정되는 것이 아니라, 그것이 우리 헌법의 최고구성원리이기 때문에 인정되는 것"이라고 보는 견해[237]나 기본권보장의 이념적 기초이고 최고원리로서 모든 국가권력과 사인에 대하여 효력을 갖는다고 보는 견해[238]도 모두 절충적 입장이라고 생각된다.

---

234) Günter Dürig, a.a.O., Rn. 16.
235) Günter Dürig, a.a.O., Rn. 16.
236) Dürig는 다만 이렇게 할 경우에 이러한 전통적인 사법상의 일반조항이 지나치게 과부하가 걸리게 될 수 있으며, 이러한 우려로 인하여 인간존엄규정이 사법적 거래에서 효력을 발휘하지 못하게 될 수 있는 위험도 있기 때문에 가장 좋은 것은 전통적인 일반조항 대신에 인간존엄이라고 하는 새로운 일반조항을 도입하는 것이라고 제의한 바 있다. Günter Dürig, a.a.O., Rn. 16. S. 11.
237) 홍성방(주 21), 27. 그러나 인간존엄을 개인의 기본권으로서 파악한 이상 기본권으로서의 인간존엄권이 가지는 대사인적 효력의 문제도 제기된다고 보아야 할 것이다.
238) 정종섭(주 19), 426.

마. 판   례

(1) 인간의 존엄과 가치

(가) 대법원 판례

대법원은 헌법 제10조의 인간의 존엄과 가치 그리고 행복추구권으로부터 생명권과 인격권을 도출하고 있으며 인격권의 내용에는 명예를 침해당하지 아니할 권리가 포함된다고 보고 있고, 헌법 제21조 제4항이 보호하고자 하는 기본권적 법익이 바로 타인의 명예나 권리임을 강조하고 있는데, 이것은 일부 학설[239]이 지적하는 바와 같이 언론출판의 자유의 직접적인 대사인적 효력이 아니라 오히려 인격권 내지 명예권 궁극적으로는 인간의 존엄과 가치의 간접적인 대사인적 효력이 인정되고 있음을 보여주는 것이라 하겠다.[240]

한편 이 판례에서 대법원은 언론·출판의 자유와 인격권으로서의 명예권이 충돌할 경우 이러한 충돌을 조정하는 방법과 기준을 자세하게 보여주고 있다. 특히 언론·출판의 자유와 명예보호 사이의 한계를 설정함에 있어서 표현된 내용이 사적(私的) 관계에 관한 것인가 공적(公的) 관계에 관한 것인가에 따라 차이가 있다는 점을 유의하여야 한다는 입장인데 이것은 헌법재판소와 같은 입장인 것으로 보인다.

(나) 헌법재판소 판례

헌법재판소도 역시 대법원과 마찬가지로 "신문보도의 명예훼손적 표현의 피해자가 공적 인물인지 아니면 사인인지, 그 표현이 공적인 관심 사안에 관한 것인지 순수한 사적인 영역에 속하는 사안인지의 여부에 따라 헌법적 심사기준에는 차이가 있어야 한다"는 입장을 보여 주고 있다.[241]

또한 헌법재판소는 직업안정법 제46조 제1항 제2호가 규정하고 있는 공중도덕상 유해한 업무에 취직하게 할 목적으로 직업소개·근로자 모집 또는 근로자공급을 한 자 중 "공중도덕상 유해한 업무" 부분이 명확성의 요구를 충족하는지 여부에 대하여 결정하면서 "예컨대, 윤락행위의 경우 법률상 금지되어 있을 뿐만 아니라 여성을 성상품화하여 인간의 존엄을 해치고 선량한 풍속을 극도로 저해하는 행위로서 공중도덕에 극히 유해한 업무라고 할 것"[242]이라고 판시한 바 있다. 이로써 우리 헌법재판소는 사인간의 윤락행위 등의 사적 거래나 계약의 경우는 인간존엄에 위반되는 행위로서 선량한 풍속에 위반되는 행위라고 하는 입장을 간접적으로 표명함으로써 (직접적인지 간접적인지는 불분명하나) 인간존엄의 대사인적 효력을 암시하였다고 생각

239) 허영(주 18), 267.
240) 대판 2002. 1. 22. 2000다37524·37531 판결【손해배상(기)】; 대판 1998. 9. 4. 96다11327 판결【손해배상(기)】; 대판 1998. 2. 10. 95다39533 판결【손해배상(기)】; 대판 1996. 4. 23. 95다6823 판결【손해배상(기)】.
241) 이 사건은 민법상 손해배상청구사건이 아니라 형법상 명예훼손죄에 대한 불기소처분과 관련한 헌법소원사건이기는 하지만 이러한 기준은 민사상의 불법행위판단의 기준도 될 수 있을 것이라고 생각된다. 헌재 1999. 6. 24. 97헌마265 [기각] ― 강원일보사건.
242) 헌재 2005. 3. 31. 2004헌바29, 17-1, 429(435).

된다.

(다) 평   가

제10조 인간의 존엄과 가치 및 행복추구권은 대국가적 효력을 가질 뿐만 아니라 대사인적 효력을 가지는 것이라고 할 것이다. 다만 직접효력을 갖는가 간접효력을 갖는가 하는 점인데, 실무상 결론에 있어서는 큰 차이가 없지만 사법질서에 있어서 사적 자치를 존중하기 위해서는 민법 제2조의 '신의성실의 원칙'이나 제103조의 '공서양속'의 해석을 통하여 간접적으로 효력을 발휘한다는 간접효력설의 논리가 직접효력설보다 타당다고 볼 수 있다.

그리고 명예훼손적 표현을 통한 인격권의 침해와 같이 불법행위가 문제되는 경우에는, 인간의 존엄과 가치나 행복추구권 또는 사생활의 비밀과 보호라고 하는 기본권적 법익의 보호를 위하여 입법자는 민법 제751조와 제764조를 마련하고 있는데, 이러한 '불법행위'의 해석을 통하여 간접적으로 적용되는 것이라고 볼 수 있을 것이다. 따라서 일부 학설[243]이 주장하고 있듯이 인간의 존엄과 가치라고 해서 굳이 직접효력이 인정되는 기본권이라고 할 필요는 없다고 생각된다.

(2) 생 명 권

다음으로 헌법 제37조 제1항에 따라 열거되지 않은 기본권 중 하나이며 인간존엄과 가치의 전제로서 생명권의 제3자효의 문제를 생각해 보아야 할 것이다.

(가) 판   례

대법원 판례에는 생명권의 침해를 불법행위로 인정하고 그로 인한 재산적 손해발생을 인정한 사례도 보인다.[244] "불법행위로 인하여 생명권이 침해되었을 경우, 가해자는 피해자가 장래 얻을 수 있는 수입을 상실한 데 대한, 손해를 배상하여야 할 의무가 있다 할 것이며, 장래 얻을 수 있는 수입의 상실은 통상의 손해라 할 것으로서, 생명권의 침해가 있을 당시, 본건 피해자와 같은 환경에 있는 여자라고 하여도, 본건 불법행위가 없었더라면, 오히려 특별한 사정이 없는 한, 장래 수입이 전연 없을 것이라, 미리 단정할 수 없다고 보는 것이 조리에 맞는다 할 것이며, 노동에 의한 수입은 최소한도의 수입을 의미한다 할 것이므로, 특별한 사정이 없는 한, 본건 피해자와 같은 환경에 있었다고 하여, 농업노동에 의한 최소한도의 수입도, 장래 얻을 수 있는 수입으로 볼 수 없다는, 원판결 판단은, 생명권침해로 인한 재산적 손해발생에 관한 법리를 오해한 것이라 할 것으로서, 이점에 관한 상고논지는 이유있고, 원판결은 파기를 면치 못할 것이다"는 것이 그것이다.

다음으로 다운증후군을 발견하지 못하여 태어난 아이가 의사를 상대로 손해배상청구를 한 사건에서 대법원은 "인간 생명의 존엄성과 그 가치의 무한함에 비추어 볼 때, 어떠한 인간 또

---

243) 김철수(주 8), 411.
244) 대판 1966. 6. 7. 66다535 판결【손해배상】.

는 인간이 되려고 하는 존재가 타인에 대하여 자신의 출생을 막아 줄 것을 요구할 권리를 가진다고 보기 어렵고, 장애를 갖고 출생한 것 자체를 인공임신중절로 출생하지 않은 것과 비교해서 법률적으로 손해라고 단정할 수도 없으며, 그로 인하여 치료비 등 여러 가지 비용이 정상인에 비하여 더 소요된다고 하더라도 그 장애 자체가 의사나 다른 누구의 과실로 말미암은 것이 아닌 이상 이를 선천적으로 장애를 지닌 채 태어난 아이 자신이 청구할 수 있는 손해라고 할 수는 없다"245)고 한 바 있다.

(나) 평　가

기본권 가운데는 열거되어 있지 않지만 인간의 권리라고 할 수 있는 생명권과 같은 가장 존엄한 권리가 있을 수 있는데, 이러한 생명권은 생명권을 침해하려 하는 자들이 국가이건 사인이건 그 어떠한 자들에 대해서도 침해배제 또는 방해배제청구권을 주장할 수 있는 방어권이라고 할 수 있을 것이다. 생명침해에 대해서는 민법상 불법행위를 구성하므로 이를 통한 간접효력을 인정할 수 있을 것이고 생명을 담보로 하는 계약 역시 민법 제103조의 공서양속 위반을 이유로 하는 간접효력을 인정할 수 있을 것이다.

9. 기본권 경합의 문제

인간의 존엄과 가치의 특별한 기본권은 헌법 제36조 제1항, 헌법 제34조 등을 들 수 있다. 이러한 일반·특별의 관계에 있는 기본권이 경합될 경우에는 특별한 기본권이 적용되고 일반적 기본권은 배제되기 때문에 별로 문제될 것이 없으나, 인간의 존엄권과 다른 기본권이 경합될 경우에는 어떠한 기본권을 적용하여야 할 것이며, 어떠한 제한체계에 따라야 할 것인지가 문제될 수 있다.

위에서 이미 언급하였듯이 인간으로서의 존엄과 가치는 모든 기본권의 근원이자 기본권중의 기본권으로서의 역할을 수행하는 것이다. 따라서 이러한 헌법상 최고의 기본권적 이념을 실현하기 위해서 행복추구권과 평등권을 비롯한 그 밖의 구체적 기본권이 존재하는 것이다. 따라서 인간으로서의 존엄과 가치와 그 밖의 다른 기본권이 경합될 경우에는 구체적이고 특별한 기본권이 우선적으로 적용된다고 보아야 할 것이다. 다만 다른 기본권들의 경우 가령 헌법 제21조 제4항이나 제23조 제3항, 제29조 제2항 등과 같이 특별히 각 개별기본권에 대한 헌법적 유보가 있는 경우도 있고, 또한 개별적 법률유보가 존재하는 기본권도 있다. 그로 인하여 이와 같이 제한체계가 다른 기본권과 인간존엄권이 경합될 경우에 어떠한 기본권제한체계에 따라서 기본권을 제한하여야 할 것인지가 문제될 것이다. 이 경우에는 인간으로서의 존엄과 가치의 핵심적 영역이 관련되는 경우에는 이 핵심영역의 불가침성을 고려하여 이를 기준으로, 그 밖에 인간으로서의 존엄과 가치로부터 도출되는 기본권과 다른 기본권이 경합될 경우에는 특별한 기본권을 기준으로 기본권제한문제를 해결하면 될 것이다.

---

245) 대판 1999. 6. 11. 98다22857 판결; 이에 대하여 김선택(주 148), 172 참조.

10. 타 헌법조항과의 관계

가. 헌법 제37조 제1항과의 관계

인간으로서의 존엄과 가치는 후술하는 바와 같이 헌법 제10조 제2문의 개인이 가지는 불가침의 기본적 인권의 확인을 위한 기준이 될 뿐만 아니라, 헌법 제37조 제1항의 열거되지 않은 기본권의 확인을 위한 기준이 되기도 한다. 후자를 쌍방적 기본권창설관계[246]라고 할 수 있을 것이다.

우리 헌법재판소도 헌법 제37조 제1항은 헌법에 명시적으로 규정되지 아니한 자유와 권리라도 헌법 제10조에서 규정한 인간의 존엄과 가치를 위하여 필요한 것일 때에는 이를 모두 보장함을 천명하는 것[247]이라고 보고 있다.

나. 타 기본권과의 관계

헌법 제10조의 인간으로서의 존엄과 가치는 헌법의 최고구성원리이기도 하면서, 인간이 가지는 자율적 인격성과 그 정체성·완전성을 보호영역으로 하는 주관적 방어권이기도 하다. 그러나 이러한 인간의 존엄과 가치를 구체적인 생활영역별로 더 자세히 규정하고 이를 기본권으로 보장하는 것이 나머지 개별 기본권이라고 볼 수 있을 것이다. 따라서 행복추구권과 평등권 그 밖의 모든 다른 기본권들은 인간으로서의 존엄과 가치의 내용을 알려주는 역할을 하기도 한다. 그럼에도 불구하고 그러한 기본권에 의해서 모두 보호되지 않는 인간가치의 고유하고도 핵심적인 영역이 있을 수 있는데, 인간으로서의 존엄과 가치는 바로 이러한 영역을 주관적 권리로서 보호한다고 보아야 할 것이다.

그리고 헌법의 개별 기본권이 구체적으로 다 열거하지 못한 나머지 생활영역이 있을 수 있으며, 또한 현대의 과학기술의 발전과 여러 가지 사회적 환경의 변화에 따라서 인권에 대한 새로운 침해형태들이 속속 출현할 수 있다. 이와 같이 새로이 보호의 필요성이 대두되는 경우, 개인이 가지는 기본적인 인권을 확인할 수 있는 기준이 되는 것이 바로 인간으로서의 존엄과 가치라고 할 수 있을 것이다.

모든 기본권이 그렇다고 할 수는 없지만 대다수의 기본권들, 특히 국민의 권리라기보다는 인간의 권리로서 천부인권적 성격을 가지는 기본권들의 경우 그 침해는 인간으로서의 존엄과 가치의 침해가능성을 동반할 수 있다.

한편 헌법재판소는 이와 관련하여 "자유와 권리의 보장은 1차적으로 헌법상 개별적 기본권규정을 매개로 이루어지지만, 기본권제한에 있어서 인간의 존엄과 가치를 침해한다거나 기본권형성에 있어서 최소한의 필요한 보장조차 규정하지 않음으로써 결과적으로 인간으로서의 존엄과 가치를 훼손한다면, 헌법 제10조에서 규정한 인간의 존엄과 가치에 위반된다고 할 것이

---

246) 김선택(주 21), 1983, 90; 계희열(주 10), 209.
247) 헌재 2002. 1. 31. 2001헌바43, 14-1, 49(57); 2004. 9. 23. 2000헌마138, 16-2상, 543(559).

다"[248]라고 판시한 바 있다.

지금까지 헌법재판소 판례를 통해서 나타난 개별 기본권과 인간존엄권과의 관계에 관해 살펴보면 다음과 같다.

(1) 신체의 자유

신체의 안전이 보장되지 아니한 상황에서는 어떠한 자유와 권리도 무의미해질 수 있기 때문에 신체의 자유는 인간의 존엄과 가치를 구현하기 위한 가장 기본적인 최소한의 자유로서 모든 기본권 보장의 전제가 된다.[249]

(2) 양심의 자유

인간의 존엄성 유지와 개인의 자유로운 인격발현을 최고의 가치로 삼는 우리 헌법상의 기본권체계 내에서 양심의 자유의 기능은 개인적 인격의 정체성과 동질성을 유지하는 데 있다.[250] 이른바 개인적 자유의 시초라고 일컬어지는 이러한 양심의 자유는 인간으로서의 존엄성 유지와 개인의 자유로운 인격발현을 위해 개인의 윤리적 정체성을 보장하는 기능을 담당한다. 그러나 내심의 결정에 근거한 인간의 모든 행위가 헌법상 양심의 자유라는 보호영역에 당연히 포괄되는 것은 아니다.[251]

이 사건으로 돌아와 보건대, 비록 양심의 자유가 개인의 인격발현과 인간의 존엄성실현에 있어서 매우 중요한 기본권이기는 하나, 양심의 자유의 본질이 법질서에 대한 복종을 거부할 수 있는 권리가 아니라 국가공동체가 감당할 수 있는 범위 내에서 개인의 양심상 갈등상황을 고려하여 양심을 보호해 줄 것을 국가로부터 요구하는 권리이자 그에 대응하는 국가의 의무라는 점을 감안한다면, 입법자가 양심의 자유로부터 파생하는 양심보호의무를 이행할 것인지의 여부 및 그 방법에 있어서 광범위한 형성권을 가진다고 할 것이다.[252]

(3) 근로의 권리

헌법 제32조 제3항은 "근로조건의 기준은 인간의 존엄성을 보장하도록 법률로 정한다"고 규정하고 있다. 무릇 근로자의 근로조건은 당사자간의 자유로운 계약에 의하는 것이 원칙이지만 이 경우 일반적으로 경제적·사회적 약자인 근로자에게 불리한 계약이 체결될 수 있으므로 근로조건이 인간의 존엄성에 적합하도록 최저기준을 법률로 정함으로써 근로자를 보호하고 근로자가 근로조건을 감내할 수 있도록 하기 위하여 근로기준법을 제정케 하고 있는 위 헌법 제32조 제3항은 계약자유의 원칙에 대한 수정을 의미한다.[253]

---

248) 헌재 2000. 6. 1. 98헌마216, 12-1, 622(648).
249) 헌재 2003. 11. 27. 2002헌마193, 15-2하, 311(320).
250) 헌재 2004. 8. 26. 2002헌가1, 16-2상, 141(151).
251) 헌재 2002. 4. 25. 98헌마425, 14-1, 351(363).
252) 헌재 2004. 10. 28. 2004헌바61·62·75(병합), 병역법 제88조 제1항.
253) 헌재 2005. 9. 29. 2002헌바11, 공보 108, 995(998).

헌법 제32조 제3항은 "근로조건의 기준은 인간의 존엄성을 보장하도록 법률로 정한다"고 하여 적어도 근로자들의 인간존엄성을 확보하는 데 필요한 최저한의 근로조건의 기준을 법률로 정하도록 규정하고 있다. 이처럼 헌법이 근로조건의 기준을 법률로 정하도록 한 것은 인간의 존엄에 상응하는 근로조건에 관한 기준의 확보가 사용자에 비하여 경제적 사회적으로 열등한 지위에 있는 개별 근로자의 인간존엄성의 실현에 중요한 사항일 뿐만 아니라, 근로자와 그 사용자들 사이에 이해관계가 첨예하게 대립될 수 있는 사항이어서 사회적 평화를 위해서도 민주적으로 정당성이 있는 입법자가 이를 법률로 정할 필요성이 있으며, 인간의 존엄성에 관한 판단기준도 사회 경제적 상황에 따라 변화하는 상대적 성격을 띠는 만큼 그에 상응하는 근로조건에 관한 기준도 시대상황에 부합하게 탄력적으로 구체화하도록 법률에 유보한 것이다.[254]

(4) 진술거부권

헌법이 진술거부권을 기본적 권리로 보장하는 것은 형사피의자나 피고인의 인권을 형사소송의 목적인 실체적 진실발견이나 구체적 사회정의의 실현이라는 국가적 이익보다 우선적으로 보호함으로써 인간의 존엄성과 생존가치를 보장하고 나아가 비인간적인 자백의 강요와 고문을 근절하려는 데 있다.[255]

(5) 교육을 받을 권리

헌법 제31조 제1항은 "모든 국민은 능력에 따라 균등하게 교육을 받을 권리를 가진다"라고 규정하여 모든 국민에게 균등하게 교육을 받을 권리를 기본권으로 보장한 이유는 모든 국민에게 노동에 의한 생활유지의 기초를 다지게 하여 국민의 인간으로서의 존엄과 법 앞에서의 평등을 교육의 측면에서 실현하고자 함에 있다.[256]

교육을 받을 권리는 국민이 인간으로서의 존엄과 가치를 가지며 행복을 추구하고(헌법 제10조) 인간다운 생활을 영위하는데(헌법 제34조 제1항) 필수적인 전제이자 다른 기본권을 의미있게 행사하기 위한 기초이고, 민주국가에서 교육을 통한 국민의 능력과 자질의 향상은 바로 그 나라의 번영과 발전의 토대가 되는 것이므로, 헌법이 교육을 국가의 중요한 과제로 규정하고 있는 것이다.[257]

(6) 재 산 권

우리 헌법은 제23조 제1항 제1문에서 "모든 국민의 재산권은 보장된다"고 규정하고, 제119조 제1항에서 "대한민국의 경제질서는 개인과 기업의 경제상의 자유와 창의를 존중함을 기본으로 한다"고 규정함으로써, 국민 개개인이 사적 자치(私的 自治)의 원칙을 기초로 하는 자본주의 시장경제질서 아래 자유로운 경제활동을 통하여 생활의 기본적 수요를 스스로 충족할 수 있

도록 하면서, 사유재산의 자유로운 이용·수익과 그 처분 및 상속을 보장하고 있다. 이는 이러한 보장이 자유와 창의를 보장하는 지름길이고 궁극에는 인간의 존엄과 가치를 증대시키는 최선의 방법이라는 이상을 배경으로 하고 있는 것이다(헌재 1993. 7. 29. 92헌바20, 5-2, 36(44); 1989. 12. 22. 88헌가13, 1, 357(368)).[258]

(7) 혼인과 가족생활기본권

헌법 제36조 제1항은 "혼인과 가족생활은 개인의 존엄과 양성의 평등을 기초로 성립되고 유지되어야 하며, 국가는 이를 보장한다"고 규정하고 있는바, 이는 혼인제도와 가족제도에 관한 헌법원리를 규정한 것으로서 혼인제도와 가족제도는 인간의 존엄성 존중과 민주주의의 원리에 따라 규정되어야 함을 천명한 것이라 볼 수 있다. 따라서 혼인에 있어서도 개인의 존엄과 양성의 본질적 평등의 바탕위에서 모든 국민은 스스로 혼인을 할 것인가 하지 않을 것인가를 결정할 수 있고 혼인을 함에 있어서도 그 시기는 물론 상대방을 자유로이 선택할 수 있는 것이며, 이러한 결정에 따라 혼인과 가족생활을 유지할 수 있고, 국가는 이를 보장해야 하는 것이다.[259]

(8) 생 명 권

인간의 생명은 고귀하고, 이 세상에서 무엇과도 바꿀 수 없는 존엄한 인간존재의 근원이다. 이러한 생명에 대한 권리는 비록 헌법에 명문의 규정이 없다 하더라도 인간의 생존본능과 존재목적에 바탕을 둔 선험적이고 자연법적인 권리로서 헌법에 규정된 모든 기본권의 전제로서 기능하는 기본권 중의 기본권이라 할 것이다. 따라서 사형은 이러한 생명권에 대한 박탈을 의미하므로, 만약 그것이 인간의 존엄에 반하는 잔혹하고 이상한 형벌이라고 평가되거나, 형벌의 목적달성에 필요한 정도를 넘는 과도한 것으로 평가된다면 앞서 본 헌법 제12조 제1항 및 제110조 제4항의 문언에도 불구하고 우리 헌법의 해석상 허용될 수 없는 위헌적인 형벌이라고 하지 않을 수 없을 것이다.[260]

II. 행복추구권

1980년헌법은 인간으로서의 존엄과 가치 및 기본권보장의무 규정에 행복추구권을 삽입하였다. 초기 행복추구권이 도입된 이래로 그 의미, 법적 성격, 다른 헌법규정과의 체계적 관계 등과 관련하여 여러 가지 비판과 문제점들이 제기되어 왔으나, 1988년 헌법재판소가 설립되어 활동한 이래로, 행복추구권과 관련한 많은 판례를 축적하여, 행복추구권의 법적 성격이나 구체적인 보호영역 등에 관한 문제들이 어느 정도 정리되어 가고 있다.

---

258) 헌재 1999. 4. 29. 94헌바37, 11-1, 289(302-303).
259) 헌재 1997. 7. 16. 95헌가6, 9-2, 1(17).
260) 헌재 1996. 11. 28. 95헌바1, 8-2, 537(545).

1. 연   혁

"모든 국민은 […] 행복을 추구할 권리를 가진다"고 하는 헌법 제10조 제1문 후단은 1980년 제5공화국헌법에 도입되었다. 1972년의 유신헌법 제8조는 "모든 국민은 인간으로서의 존엄과 가치를 가지며, 이를 위하여 국가는 국민의 기본적 인권을 최대한으로 보장할 의무를 진다"라고 하는 간단한 조문구조를 가지고 있었다. 이에 대하여 제8차 개헌인 1980년 헌법 개정 논의당시 정부의 법제처 산하에 헌법개정안심의의 기초자료에 관한 조사·연구임무를 맡아 구성된 헌법연구반[261] 논의 가운데, 생명권, 인격권, 행복추구권, 알 권리, 읽을 권리, 들을 권리 등을 추가하여 구체화하자는 의견[262]과 현행대로 두자고 하는 의견[263]이 주장되기도 하였다.[264] 하지만 당시 헌법개정안 심의과정에서 국회특위안에 따르도록 하자고 하는 헌법개정안요강작성소위원회[265]의 입장에 따라서 현행헌법과 같은 형태로 채택되었다.[266]

---

261) 당시 헌법연구반의 설치, 구성, 임무에 대하여는 당시 박윤흔 법제처 기획관리관의 설명, 제103회 국회 헌법개정심의특별위원회회의록 제16호, 1980년 3월 6일, 2-3 참조. 그에 따르면 당시 헌법연구반은 정부조직법 제27조에 의해서 법제처가 관장하는 국내외 법제에 관한 조사연구기능의 일환으로 국내외 헌법제도를 연구하기 위하여 법제처 내부기구로 설치 운영하였고, 연구위원은 30명으로 법학자 10명, 정치학자, 6명, 경제학자 6명, 법조인 3명, 관계공무원 5명으로 구성하였으며, 임무는 헌법개정안이나 또는 그 요강을 작성하는 것이 아니고, 이후 헌법개정안 또는 그 기본요강을 마련함에 있어서 기초자료로 활용하기 위하여 항목별로 우리나라의 과거 또는 현재의 헌법제도 및 관련 외국제도와 그 운영실태를 분석 평가하고, 채택 가능성이 있는 여러 제도의 제유형과 채택시 예상되는 문제점 등을 분석하는 것이었다. 한편 연구반위원장은 법제처장인 김도창, 제1분과(전문, 총강, 헌법개정)위원장 문홍주, 제2분과(정부형태, 대통령, 내각, 국회, 선거제도, 지방자치)위원장 박일경, 제3분과(기본권, 사법제도, 헌법보장)위원장 이종극, 제4분과(재정, 경제)위원장 김성훈이었다.

262) 구체화하자는 의견의 요지는 "첫째, 이 규정은 기본권의 기본원리적 규정으로서 근대헌법사상의 자연법적 이념을 확인하여 헌법의 기본가치를 명시하는 것이라고 해석하고 있다. 따라서 이 규정이 너무 간결한 추상적 규정이기 때문에 이 조문이 지닌 본래의 의미가 적절히 인식되고 있지 못해서 실제의 헌법해석이나 입법 및 법제운영면에서 크게 기여하지 못하고 있다. 둘째, 국민의 인권보장에의 소망, 인권에의 의지를 참작하고 새로이 변모된 사회상황, 정치상황에서 인권규정의 보완을 꾀할 수 있다. 셋째, 추상적이고 간결한 규정이 의례적, 강령적인 것에 그쳐 버리는 것을 시정함과 아울러 기본권의 보장을 보다 실효적이게 할 수 있다"는 것이었다. 그리고 "법치국가"를 추가하자는 의견도 있었다. 그 요지는 첫째, 현행헌법에는 우리나라의 법치국가성에 관한 규정이 없으므로 명시할 필요가 있다. 둘째, 서독기본법과 같이 민주적·사회적 법치국가를 규정하거나 터어키헌법 제10조 제2항과 같이 기본권의 보호와 성격의 일반규정에서 규정할 수도 있다. 따라서 우리 헌법도 국가의 기본권 보장의무와 함께 규정할 수 있다"는 것이다. 법제처, 헌법연구반 보고서(1980. 3), 77-78.

263) 그 요지는, "첫째 개별 기본권조항에서 이를 규정하고 있으므로 굳이 기본원리규정에서 구체화할 필요성이 없다. 둘째, 구체적 규정을 두더라도 실효적 규정이 될 수 없다"는 것이다. 전주, 78.

264) 당시 공화당안은 현규정에 "행복을 추구할 권리"를 삽입하는 것이었고, 신민당안은 현행규정대로 하는 것이었으며, 6인시안에 의하면 생명권, 인격권, 행동자유권, 행복추구권, 알고 읽고 들을 권리를 추가하고 사회단체나 개인으로부터의 침해금지규정을 신설하는 것이었다. 전주, 78.

265) 제4공화국 헌법에 의하면 대통령이 헌법개정안을 발의하면 바로 국민투표로 확정할 수 있었기 때문에(제124조 제1항 제2항) 정부는 법제처에 헌법개정심의위원회와 헌법연구반을 설치하고 헌법개정안 심의를 위한 개초작업을 수행하였으며, 이 헌법연구반보고서를 토대로 헌법개정안요강작성소위원회에서 정부헌법개정안을 최종 확정한 것으로 보인다. 이 요강작성소위원회의 논의 끝에 국회특위안대로 하되, 현행대로 두자는 의견이 있었다는 것을 본회의에 보고하기로 하고, 현행규정과 같은 문언으로 결정하였다. 헌법개정안요강작성소위원회회의록, 제3차회의, 1980년 6월 5일자, 4.

266) 문홍주, 제6공화국 한국헌법, 해암사, 1988, 212-213 — 홍성방(주 21), 29에서 재인용.

2. 유래와 입헌례

행복추구권은 인간의 생명, 자유, 재산을 인권의 핵심으로 보는 로크의 사상적 영향을 받아[267] 미국의 헌법문서에서 유래한 것으로 알려져 있다.[268] 1776년의 버지니아권리장전(Virginia Bill of Rights) 제3조에서는 "최선의 정부형태는 최대한도의 안전과 행복을 형성해 낼 능력이 있는 정부"라고 하여 국민의 안전과 '행복'이 국가의 목적임을 밝히고 있다.[269] 또한 1776년 7월 4일의 미국독립선언서는 모든 인간이 평등하게 창조되었으며 창조주로부터 일정한 불가양의 권리들, 그 중에서도 생명, 자유와 '행복의 추구'를 부여받았다는 것, 새로운 정부를 창설함에 있어서 그들의 안전과 '행복'을 가장 효과적으로 확보하여 줄 것으로 보이는 정부형태를 기초로 할 것임을 선언하고 있다.[270]

그밖에 1947년 일본국헌법 제13조[271]에도 행복추구권이 보장되고 있다.

3. 행복추구권의 법적 성격

1980년 헌법에 최초로 행복추구권이 도입되고 나서, 그것이 도대체 권리로서의 성격을 가지는 것인지 여부에 대하여 많은 논란이 이루어졌다.

가. 학   설

(1) 권리로서의 성격 부인론

먼저 행복추구라고 하는 말의 상대성과 세속성 때문에 규범화의 대상이 될 수 없는 것을 규범화시킨 것으로서, 권리를 내용으로 한다기 보다는 인간의 존엄과 가치가 갖는 윤리규범적 성격과 실천규범적 성격을 강조하는 의미 밖에 없다고 하면서, 그 규범적 의미를 축소하고 무시하려는 입장,[272] 행복추구는 구체적 권리로 존재하는 것이 아니라, 자기결정원리와 같이 국가와 국민간의 관계를 지배하는 지배원리일 뿐 아니라, 국민의 기본권을 보장함에 있어 상위에 존재하는 이념이고 기본가치이며 근본원리라고 하는 견해[273]가 바로 그것이다.[274]

(2) 권리로서의 성격 인정론

행복추구권을 안락하고 만족스러운 삶을 추구할 수 있는 권리로서 자유권으로서의 성격과

---

267) 이에 대하여 김선택, "헌법재판소판례에 비추어 본 행복추구권," 헌법논총 제10집(1998), 7-39(14).
268) 홍성방(주 21), 28.
269) 김선택(주 267), 7-39(15).
270) 김선택(주 267), 7-39(15); 홍성방(주 21), 28, 각주 88.
271) "모든 국민은 개인으로서 존중된다. 생명·자유 및 행복추구에 대한 국민의 권리에 대해서는 공공의 복지에 반하지 않는 한 입법, 기타의 국정상에서 최대의 존중을 필요로 한다"고 규정하고 있다. 김철수(주 8), 479.
272) 허영(주 18), 337.
273) 정종섭(주 19), 430.
274) 그 밖에도 임지봉, "행복추구조항의 기본권성," 저스티스 제71호(2003), 5-25.

사회적 기본권으로서의 성격을 아울러 가지는 기본권전반에 관한 총칙적 규정으로 보는 견해[275]나, 인간의 존엄과 가치와 더불어 포괄적 기본권으로서 광의로는 생명권, 자기결정권, 인격권, 알 권리·읽을 권리·들을 권리까지 포함하며, 최협의의 행복추구권에는 일반적 행동자유권과 신체의 불훼손 및 평화적 생존권이 포함되는 것으로 보는 견해,[276] 일반적 인격권과 무정형적 행동들을 포괄하는 일반적 행동의 자유 및 열거되지 않은 기본권인정의 실질적 기준역할을 모두 포함하는 포괄규범으로서의 성격을 가진다는 견해,[277] 협의의 인격권과 인격발현권(일반적 행동의 자유)을 포함하는 일반적 인격권이 바로 행복추구권이라고 보는 견해,[278] 일반적 행동자유권과 개성의 자유로운 발현권 그리고 자기결정권을 포함하는 포괄적·보충적 기본권이라고 보는 견해,[279] 구체적 내용을 일일이 열거하기는 힘들다고 보면서도 행복추구권의 보호대상은 행복을 추구하는 개인의 활동으로서 주관적 권리라고 보는 견해,[280] 일반적 자유와 권리라는 개인적 '지위'와 그에 상응하는 객관적 '규범'으로 보는 견해[281] 등이 그것이다.[282]

나. 판   례

헌법재판소는 "헌법 제10조의 행복추구권은 국민이 행복을 추구하기 위하여 필요한 급부를 국가에게 적극적으로 요구할 수 있는 것을 내용으로 하는 것이 아니라, 국민이 행복을 추구하기 위한 활동을 국가권력의 간섭 없이 자유롭게 할 수 있다는 포괄적인 의미의 자유권으로서의 성격을 가진다"[283]고 하고 있으며, 대법원 역시 주관적 권리로서의 성격을 인정하고 있다.[284]

다. 사   견

헌법개정 당시 행복추구권이 도입된 배경이 어떻든, 그리고 "행복추구"라고 하는 개념과 의미가 아무리 상대적이고 세속적이어서 규범적 의미를 결한 것 같이 보인다 하더라도 그것이 헌법에 기본권으로서 규정된 이상 그 규범적 의미와 다른 헌법규정과의 체계적 관련성을 밝혀주어야 한다는 데에는 이론이 있을 수 없을 것이다.

행복추구권의 법적 성격과 관련하여 그것이 실정권이냐 자연권이냐 하는 논란은 이미 시대에 뒤떨어졌을 뿐만 아니라, 더 이상 실익이 없는 논쟁이므로 논급할 필요가 없을 것이다. 다만 여기

---

275) 권영성(주 17), 383.
276) 김철수(주 8), 495, 509.
277) 김선택(주 21), 1993, 177-203(202); 동지, 계희열(주 10), 225.
278) 홍성방(주 21), 42.
279) 성낙인(주 21), 426-434.
280) 장영수(주 21), 566.
281) 이준일(주 21), 386.
282) 그 밖에도 양건(주 21), 305.
283) 헌재 2002. 12. 18. 2001헌마546, 14-2, 890(902-903); 1995. 7. 21. 93헌가14, 7-2, 1(32); 헌재 2012. 5. 31. 2011헌마241, 24-1하, 671(673); 헌재 2012. 3. 29. 2010헌마97, 24-1상, 578(587); 헌재 2011. 12. 29. 2009헌마182 등.
284) 대판 1992. 5. 8. 91누7552.

에서 문제가 되는 것은 행복추구권이 인간으로서의 존엄과 가치와 함께 객관적 원리나 원칙으로
서의 성격만을 가지는지 아니면 주관적 권리로서의 성격까지 모두 가지는가가 문제될 것이다.

행복추구권은 인간으로서의 존엄과 가치와 밀접불가분의 관계에 있는 것은 조문의 구조상
이를 부인할 수 없을 것이다. 그렇다고 하여 인간으로서의 존엄과 가치와 결합된 일체의 권리
라고 볼 수는 없을 것이다. 이는 연혁적으로 볼 때, 인간으로서의 존엄과 가치가 먼저 규정되었
으며, 나중에 행복추구권이 추가되었다는 사정을 고려할 때 그러하다. 물론 인간존엄권의 간명
성을 구체화시키기 위한 목적으로 행복추구권을 더 추가하였다고 하는 논거가 있을 수 있으나,
헌법개정논의 당시 과연 그것만이 동기가 되었는지 여부가 불확실하며, 또한 행복추구권이 하
나 더 추가되었다고 해서 인간존엄권이 좀더 구체화되었다고 말하기는 힘들기 때문이다.

다음으로 우리 헌법 제10조는 "모든 인간은 […] 행복을 추구할 권리를 가진다"라고 규정
하여 기본권으로서의 행복추구권을 엄연히 보장하고 있다. 그럼에도 불구하고 그 권리로서의 성
격을 부인하는 모든 논거는 문언적 해석의 중요성을 지나치게 등한시하고 있다고 생각된다.[285]

행복추구권은 인간으로서의 존엄과 가치와 더불어서 천부인권적 성격을 가지는 자연권을
헌법적으로 실정화한 것이라고 볼 수 있기 때문에, 이를 근거로 구체적으로 국가에게 무엇을
요구할 수 있는 권리는 아니고, 다만 국가가 개인의 행복추구활동을 간섭하거나 방해할 경우에
이에 대한 방어권으로서의 성격을 가진다고 볼 것이다.

끝으로 행복추구권은 이와 같이 주관적 권리로서 성격을 가지지만, 동시에 객관적인 가치
질서로서의 성격도 가짐을 잊어서는 안 된다. 이러한 객관적 가치질서의 개념에는 국가의 기본
권 확인의무와 보장의무, 그리고 기본권보호의무가 포함된다. 국가는 기본권보호의무를 지기
때문에, 국민의 행복추구권이 제3자에 의해서 침해될 경우에는 그 보호를 위해서 개입할 수 있
게 되는 것이다.

4. 행복추구권과 다른 기본권과의 관계

행복추구권을 이와 같이 이해할 경우 다른 기본권과의 관계가 문제된다.

가. "인간으로서의 존엄과 가치"와의 관계

우선 인간으로서의 존엄과 가치는 헌법의 최고구성원리이며 최고의 이념과 가치를 선언하
고 있는 객관적 가치결단에 해당한다. 그리고 인간의 자율적 인격성, 인간의 신체적·정신적 정
체성과 완전성, 즉 인간의 핵심적 고유가치에 대한 국가적 침해를 방어할 수 있는 대국가적 방
어권으로서 주관적 기본권이기도 하다. 동시에 인간으로서의 존엄과 가치는 모든 기본권의 근
원이기 때문에 각 기본권의 해석의 기준이 되기도 한다.

---

285) 심지어 행복추구권의 침해에 대하여 권리구제절차를 통하여 주장할 수 없다고 하는 견해(정종섭(주 19),
    430)도 있으나, 행복추구권은 뒤에서 보는 바와 같이 헌법소원심판을 통하여 구제받을 수 있는 대표적인
    주관적 기본권 중 하나라고 하는 것이 헌법재판소의 확립된 판례이다.

이에 비하여 행복추구권은 이러한 인격적 가치를 실현하기 위해서 필요한 모든 인간활동을 보호하는 자유권으로서의 성격을 가진다. 여기에는 일반적 인격권과 인격의 자유로운 발현권, 일반적 행동의 자유가 포함된다. 일반적 인격권 부분은 인간존엄권과 결합되어 도출될 수 있다. 그리고 나머지 인격의 자유로운 발현권과 일반적 행동의 자유는 구체적 개별적 자유권들과 중첩될 수 있으며, 이 경우에는 특별한 기본권이 우선 적용되고, 그러한 열거된 자유권에 의해서 보호되지 않는 나머지 생활영역은 바로 이 행복추구권에 의하여 보호된다.

나. 헌법 제37조 제1항과의 관계

그리고 헌법 제37조 제1항은 국민의 자유와 권리는 헌법에 열거되지 아니한 이유로 경시되지 아니한다고 규정하고 있다. 여기에서 말하는 자유와 권리는 헌법상 모든 기본권이라고 볼 수 있다. 그런데 헌법상 기본권 중 "자유"와 "권리"는 구분할 필요성이 있다. 즉 헌법상 "자유"라고 하는 개념을 사용한 기본권은 주로 천부인권적 자유이며, 여기에서는 몇 개의 예외를 제외하고는 대부분 개별적인 제한적 법률유보가 없는 데 반하여, "권리"의 뜻으로서 "권"이라고 하는 개념을 사용한 기본권, 즉 대부분의 사회적 기본권이나 청구권적 기본권의 경우, 그리고 참정권의 경우 "법률이 정하는 바에 의하여"라고 하는 개별적인 형성적 법률유보가 달린 것이 보통이다. 결국 헌법 제37조 제1항은 이러한 여러 기본권들 가운데 혹 헌법에 열거되지 아니하였을 경우에도 국가는 그러한 자유나 권리에 대해서 존중을 하여야 한다고 하는 의미라고 볼 수 있을 것이다.

이에 반하여 행복추구권은 일단 인격의 자유로운 발현권과 일반적 행동의 자유라고 하는 포괄적 자유권이기 때문에, 나머지 사회권적 기본권이나 청구권적 기본권과 관련해서는 모권으로서의 역할을 수행할 수 없다. 그에 비하여 헌법 제37조 제1항은 이러한 권리들에 대해서도 존중할 것을 명령하고 있는 것이다.

결국 열거되지 아니한 자유권적 기본권의 구체적인 내용은 헌법 제10조의 인간으로서의 존엄과 가치 및 행복추구권을 기준으로, 또한 열거되지 아니한 사회권적 기본권의 구체적인 내용은 헌법 제10조의 인간으로서의 존엄과 가치 및 헌법 제34조 제1항의 인간다운 생활을 할 권리를 기준으로, 그리고 열거되지 아니한 청구권적 기본권의 확인은 헌법 제10조의 인간으로서의 존엄과 가치 및 청원권[286]을 기준으로, 그리고 열거되지 아니한 참정권적 기본권의 확인은 헌법 제10조의 인간으로서의 존엄과 가치 및 제13조 제2항의 참정권을 기준으로, 끝으로 열거되지 아니한 평등권의 경우 헌법 제10조의 인간으로서의 존엄과 가치 및 헌법 제11조 제1항의 일반적 평등원칙을 기준으로 그 구체적 내용을 확인할 수 있을 것이다.

---

286) 우리 헌법상 청구권적 기본권의 모기본권이라고 볼 수 있는 기본권을 굳이 찾으라면 헌법 제26조의 청원권을 고려해 볼 수 있지 않을까 생각되며, 이점에 대해서는 앞으로 계속적인 연구를 요한다. 아무튼 "청원권은 오늘날에도 권리구제수단으로서 간과할 수 없는 기능을 수행하고 있다. 권리구제절차가 미비되어 있는 경우는 말할 것도 없고, 사법제도가 확립되고 권리구제절차가 마련되어 있는 경우에도 엄격한 절차나 요건들, 과도한 비용이나 노력 등의 이유로 청원권은 비정상적인 권리구제수단으로서의 기능을 수행한다"{계희열(주 10), 621}고 하는 견해를 근거로 해 볼 때, 청원권을 청구권적 기본권의 모기본권으로 보는 것도 불가능한 것은 아니라고 생각된다.

행복추구권은 무정형적 자유에 대한 포괄규범으로 헌법 제37조 제1항은 정형적 자유에 대한 포괄규범으로 보는 견해[287]가 있으나, "정형"과 "무정형"을 나누는 기준이 우선 애매모호하다는 문제점이 있다. 따라서 정형적이든 무정형적이든 열거되지 아니한 각 기본권들을 위와 같은 모권으로서의 기본권을 기준으로 하여 확인하고 존중하도록 명령하고 있는 것이 헌법 제37조 제1항이라고 이해할 수 있지 않을까 생각된다.[288]

이 점을 도표로 그려 설명한다면 다음과 같다.

[기본권 체계도]

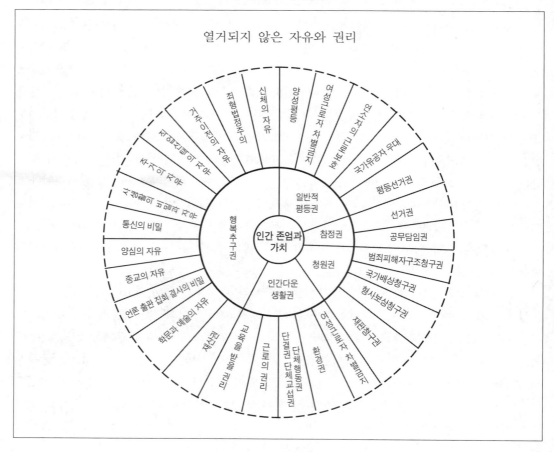

---

287) 김선택(주 21), 177-203(202); 김선택(주 267), 7-39(34).

288) 가령 무정형적 행위 중 하나라고 볼 수 있는 "하객들에 대한 음식물 접대행위"를 헌법재판소는 헌법 제37조 제1항과 헌법 제10조의 행복추구권에 의하여 보호되는 행위로 본 바 있다. 헌재 1998. 10. 15. 98헌마 168, 10-2, 586(596).

5. 행복추구권의 보호영역

가. "행복"의 개념과 행복추구권의 보호영역

행복의 개념은 어찌 보면 법적 개념은 아니다. 따라서 행복추구권 자체가 가지는 법적인 개념정의나 보호영역의 확정 자체가 쉽지 않은 것만은 사실이다. 그렇다고 하여 행복추구권이라고 하는 기본권이 무의미하다거나 다른 기본권과의 체계상 그 의미를 축소하거나 무시하는 것은 적절하지 않다.

행복이란 일응 각자가 하고 싶은 일을 추구하는 것이라고 말할 수 있을 것이다. 결국 행복의 기준은 각자의 주관에 따라서 모두 달라질 수밖에 없다. 우선 가장 기초적인 인간의 육체적 욕구가 충족되지 않을 경우, 행복을 느낄 수는 없을 것이며, 그렇다고 이러한 기초적인 육체적 욕구의 충족만으로 모두 행복을 느낄 수 있는 것은 아니다. 즉 인간은 그 밖의 여러 가지 개인적, 사회적 활동을 펼치게 될 때, 인간으로서의 존엄과 가치를 느끼며, 나름대로의 행복한 생활을 영위해 나갈 수 있게 될 것이다. 그러므로 행복추구권에서 말하는 행복 개념을 반드시 인간의 인격성과 동떨어진 어떠한 세속적 의미로만 이해한다거나, 물질이나 정신 등 어떠한 일정한 기준에 입각한 행복으로만 국한하여 이해하는 것은 육체·정신·심령의 합일체라고 할 수 있는 인간의 자유와 행복을 지나치게 단편적으로만 이해하는 것이라고 할 수밖에 없을 것이다.

행복추구권은 적극적으로 각자가 하고 싶은 일을 할 수 있는 권리, 그리고 소극적으로는 하고 싶지 않은 일을 하지 않을 권리, 다시 말해서 일반적인 행동의 자유이며, 또한 개성이나 인격의 자유로운 발현권이라고 보아야 할 것이다.[289] 이러한 의미에서 행복추구권은 포괄적 자유권[290]이라고 보아야 할 것이며, 다른 구체적이고 개별적인 자유권이 존재하지 않을 경우에 보충적으로 적용될 수 있는 기본권이라고 할 것이다. 따라서 이러한 행복추구권을 근거로 적극적으로 국가에게 자기가 행복하다고 생각하는 바를 요구하고 청구할 수 있는 근거로 삼을 수는 없다. 즉 행복추구권은 사회적 기본권의 모권이라고 볼 수는 없기 때문이다.[291] 행복추구권은

---

[289] 이러한 의미에서 독일 기본법 제2조 제1항의 인격의 자유로운 발현권과도 유사하다고 볼 수 있을 것인데, 독일연방헌법재판소는 이 조항을 일반적 행동의 자유로 파악하고 있다. 독일연방헌법재판소 판례에 따르면 이러한 일반적 행동이 자유에 의해서 보호되는 행위에는 특별히 재산권이나 직업 등 다른 기본권과 관계되지 않는 한에서의 사적 계약체결 여부(E 8, 274/328; 89, 214/231), 헬멧을 착용하지 아니하고서 오토바이를 타는 것이나 안전띠를 착용하지 아니하고서 승용차를 운전하는 것(BVerfGE, NJW 1987, 180), 동물을 사육하는 것(E 10, 55/59), 숲 속에서의 승마(E 80, 137/154 f.), 술과 마약을 즐기는 것(E 90, 145/171), 공공의 장소에서의 흡연, 의복과 장식을 통하여 외모를 가꾸는 것, 여가와 휴식을 활용하는 것. 그리고 개별 기본권에 해당하지 않는 무엇인가를 하지 않을 자유, 요구당하지 않을 자유 등이 있다. Pieroth/Schlink, a.a.O., Rdnr. 405; 그 밖의 사례들에 대해서는 Richter/Schuppert/Bumke저, 방승주 역(주 4), 95-123; Michael Sachs 저, 방승주 역(주 33), 228-252(233) 참조.

[290] 이러한 의미에서 행복추구권에 생존권적 및 청구권적 기본권의 성격을 인정하는 견해{가령 김철수(주 8), 490; 권영성(주 17), 383 등}와 입장을 달리한다. 사회권적, 청구권적 기본권들은 보통 우리 헌법상 "법률이 정하는 바에 의하여" 보장되는 것이 보통이다. 이러한 권리들은 위에서도 지적하였듯이 헌법 제37조 제1항의 열거되지 아니한 권리로서 충분히 포섭될 수 있을 것이므로 행복추구권에는 자유권적 성격만 인정하는 것이 타당하다고 보인다.

[291] 왜냐하면 사회적 기본권의 모권이라고 볼 수 있는 것은 헌법 제34조이기 때문이다.

포괄적 기본권으로서 자유권의 모권이라고 할 수 있기 때문에, 그에 포함되는 보호영역을 일일이 열거할 수는 없다.

이러한 의미에서 행복추구권을 포괄적 자유권으로서 인간으로서의 존엄과 가치와 결합하여 그로부터 일반적 인격권을 도출하고, 또한 개성 또는 인격의 자유로운 발현권과 여러 가지 자기결정권이 도출된다고 보는 헌법재판소의 입장은 타당하다고 본다. 그러므로 지금까지 헌법재판소가 인정한 행복추구권의 보호영역에 해당하는 것들을 중심으로 그 내용을 살펴보면 다음과 같다.292)

나. 일반적 인격권

우리 헌법재판소는 위에서도 언급하였듯이 일반적 인격권을 인간의 존엄성으로부터 도출293)하기도 하고, 인간의 존엄과 가치 및 행복추구권으로부터 도출294)하기도 하고 있다. 이러한 일반적 인격권에는 여러 가지 자기결정권295)이 포함된다고 볼 수 있는데, 헌법재판소는 자기운명결정권과 성적자기결정권, 개인정보자기결정권, 소비자의 자기결정권을 포함시키고 있다.

그러나 이 일반적 인격권의 영역에 포함되어야 하는 것은 헌법 제10조와 더불어서 개인의 인격영역과 불가분의 관계에 놓여 있는 요소들이다. 이러한 요소들은 우리 헌법 하에서는 특히 사생활의 비밀과 자유, 그리고 주거의 자유와 통신의 자유에 의해서 보호되는 경우에는 그러한 특별한 기본권에 포섭되는 것으로 보아야 할 것이다. 그 나머지 요소들의 경우, 이러한 일반적 인격권에 의하여 보호되는 것으로 보아야 할 것이다.

이러한 인격권에 해당되는 사례들을 독일 연방헌법재판소의 판례에 따라 살펴보면 성명권,296) 명예권,297) 초상권,298) 언어권,299) 공개적인 자기묘사권,300) 독자적인 인격상에 관한 권

---

292) 이와 관련된 문헌으로 송길웅, "헌법재판소에 의한 행복추구권의 구체화," 헌법학연구 제10권 제3호(2004), 173-219.

293) 헌재 1991. 9. 16. 89헌마165; 1999. 5. 27. 97헌마137, 11-1, 653(665)(재소자용수의착용처분); 2001 7. 19, 2000헌마546, 13-2, 103(112).

294) 헌재 2005. 7. 21. 2003헌마282, 17-2, 81(90); 2005. 5. 26. 99헌마513, 17-1, 668(683).

295) 자기결정권을 광의와 협의로 나누고, 협의의 자기결정권은 낙태나 치료, 장기기증 등 생명과 신체에 관한 문제와 같이 헌법 제17조에 의해 포섭되기 어려운 사항에 관한 결정을 보호영역으로 한다고 보는 견해{성낙인(주 21), 432-434}가 있으나, 이러한 자기결정권은 오히려 인간의 존엄과 가치의 핵심영역인 자율적 인격성과 신체적·정신적 정체성과 완전성 등 핵심적인 인간가치의 보호의 문제와 관련되는 부분이 아닌가 생각된다. 이러한 의미에서 행복추구권으로부터만이 아니라 인간존엄권과 함께 행복추구권으로부터 도출되는 권리로서 파악하는 것이 더 타당하다고 생각된다. 한편 "자기결정권이란 개인이 자신의 삶에 관한 중대한 사항에 대하여 스스로 자유롭게 결정하고 그 결정에 따라 행동할 수 있는 권리를 의미한다"(432)고 하면서도, 자기결정권은 결정의 측면을, 일반적 행동자유권은 행동의 측면을 강조한다는 점에서 양자는 구별된다고 하고 있다. 그러나 가령 계약의 자유나 성적자기결정권의 영역은 결정과 행동을 분리하기 힘든 영역이 아닌가 생각된다.

296) BVerfGE 78, 38 (49).

297) BVerfGE 54, 208 (217).

298) BVerfGE 54, 148 (155).

299) BVerfGE 54, 148 (155); 54, 208 (217).

300) BVerfGE 54, 148 (155).

리,[301] 반론권,[302] 재사회화의 기회권,[303] 스스로를 책망하지 않을 권리,[304] 성전환을 인정받을 권리,[305] 자신의 권리영역을 통한 자기결정권,[306] 자신의 혈통을 알 권리[307] 등이 있다.

(1) 자기운명결정권, 성적자기결정권

헌법재판소는 인간의 존엄과 가치를 인격권으로 보고서 그 인격권과 행복추구권으로부터 자기운명결정권과 성적자기결정권을 도출하기도 한다.[308]

즉 헌법재판소에 따르면 "개인의 인격권·행복추구권에는 개인의 자기운명결정권이 전제되는 것이고, 이 자기운명결정권에는 성행위여부 및 그 상대방을 결정할 수 있는 성적자기결정권이 또한 포함되어 있으며 간통죄의 규정이 개인의 성적자기결정권을 제한하는 것임은 틀림없다"[309]고 하고 있다.

하지만 이러한 성적자기결정은 헌법 제17조의 사생활의 비밀과 자유에 의해서도 보호될 수 있는 생활영역이다. 따라서 성행위여부 및 그 상대방을 결정할 수 있는 자유는 우선적으로는 특별한 기본권인 헌법 제17조의 사생활기본권에 의해서 보호되는 것으로 보고, 일반적 기본권인 행복추구권은 그 적용이 배제되는 것으로 봐야 했던 것은 아닌가 하는 의문이 제기된다.

(2) 개인정보자기결정권

헌법재판소는 개인정보자기결정권과 관련하여 이 권리를 현대 정보화사회에서 새로이 보호할 필요성이 대두된 새로운 독자적 기본권이라는 입장을 취하다가, 다시 헌법 제10조의 인간의 존엄과 가치 행복추구권으로부터 도출되는 일반적 인격권과 헌법 제17조의 사생활의 비밀과 자유에 의해서 보장되는 권리로 보고 있어 헌법적 근거와 관련하여 일관되지 못한 입장을 취하고 있는 것으로 보인다.

우선 주민등록법상 지문채취의 위헌성여부에 대하여 다룬 사건에서 헌법재판소는 "개인정보자기결정권의 헌법상 근거로는 헌법 제17조의 사생활의 비밀과 자유, 헌법 제10조 제1문의 인간의 존엄과 가치 및 행복추구권에 근거를 둔 일반적 인격권 또는 위 조문들과 동시에 우리 헌법의 자유민주적 기본질서 규정 또는 국민주권원리와 민주주의원리 등을 고려할 수 있으나, 개인정보자기결정권으로 보호하려는 내용을 위 각 기본권들 및 헌법원리들 중 일부에 완전히 포섭시키는 것은 불가능하다고 할 것이므로, 그 헌법적 근거를 굳이 어느 한두 개에 국한시키는 것은 바람직하지 않은 것으로 보이고, 오히려 개인정보자기결정권은 이들을 이념적 기초로

301) BVerfGE 99, 185 (193 f.).
302) BVerfGE 97, 125 (146).
303) BVerfGE 35, 202 (235).
304) BVerfGE 38, 105 (114 f.).
305) BVerfGE 49, 286 (298 ff.).
306) BVerfGE 72, 155 (170 ff.).
307) BVerfGE 79, 256 (268 f.).
308) 헌재 1990. 9. 10. 89헌마82, 2, 306(310).
309) 헌재 1990. 9. 10. 89헌마82, 2, 306(310).

하는 독자적 기본권으로서 헌법에 명시되지 아니한 기본권이라고 보아야 할 것이다"[310]라고 판시한 데 반하여, 이 결정이 선고된 지 두 달도 안되어 선고된 교육정보시스템(NEIS) 결정에서는 "인간의 존엄과 가치, 행복추구권을 규정한 헌법 제10조 제1문에서 도출되는 일반적 인격권 및 헌법 제17조의 사생활의 비밀과 자유에 의하여 보장되는 개인정보자기결정권은 자신에 관한 정보가 언제 누구에게 어느 범위까지 알려지고 또 이용되도록 할 것인지를 그 정보주체가 스스로 결정할 수 있는 권리이다. 즉 정보주체가 개인정보의 공개와 이용에 관하여 스스로 결정할 권리를 말한다. 개인정보자기결정권의 보호대상이 되는 개인정보는 개인의 신체, 신념, 사회적 지위, 신분 등과 같이 개인의 인격주체성을 특징짓는 사항으로서 그 개인의 동일성을 식별할 수 있게 하는 일체의 정보라고 할 수 있고, 반드시 개인의 내밀한 영역이나 사사(私事)의 영역에 속하는 정보에 국한되지 않고 공적 생활에서 형성되었거나 이미 공개된 개인정보까지 포함한다. 또한 그러한 개인정보를 대상으로 한 조사 · 수집 · 보관 · 처리 · 이용 등의 행위는 모두 원칙적으로 개인정보자기결정권에 대한 제한에 해당한다(헌재 2005. 5. 26. 99헌마513등, 공보 105, 666(672))"[311]고 판시하고 있다.

하지만 공직자에 대하여 병역사항, 특히 질병과 관계된 정보의 공개를 강제하도록 한 데 대하여 헌법재판소는 헌법 제17조의 사생활의 비밀과 자유를 침해하는 것으로 본 바 있다.[312]

(3) 소비자의 자기결정권

한편 소비자의 행복추구권으로부터 소비자의 자기결정권을 도출하기도 한다.

즉 "구입명령제도는 소주판매업자의 직업의 자유는 물론 소주제조업자의 경쟁 및 기업의 자유, 즉 직업의 자유와 소비자의 행복추구권에서 파생된 자기결정권을 지나치게 침해하는 위헌적인 규정이다"[313]라는 것이다.

그러나 이러한 소비자의 자기결정권은 인간으로서의 존엄과 가치와 결부하여 행복추구권으로부터 파생되는, 다시 말해서 일반적 인격권의 범주에 포함될 수 있을 것인지는 의문이다. 헌법재판소도 이러한 자기결정권을 행복추구권으로부터만 도출하고 있는 것으로 볼 때, 일반적 인격권의 범주에 포함시키고 있는 것 같지는 않다. 따라서 이러한 소비자의 자기결정권과 같은

---

310) 헌재 2005. 5. 26. 99헌마513, 17-1, 668(683); 헌재 2010. 5. 27. 2008헌마663, 22-1하, 323(334).

311) 헌재 2005. 7. 21. 2003헌마282, 17-2, 81(90-91).

312) 사람의 육체적 · 정신적 상태나 건강에 대한 정보, 성생활에 대한 정보와 같은 것은 인간의 존엄성이나 인격의 내적 핵심을 이루는 요소이다. 따라서 외부세계의 어떤 이해관계에 따라 그에 대한 정보를 수집하고 공표하는 것이 쉽게 허용되어서는 개인의 내밀한 인격과 자기정체성이 유지될 수 없다. '공직자등의 병역사항 신고 및 공개에 관한 법률' 제8조 제1항 본문 가운데 '4급 이상의 공무원 본인의 질병명에 관한 부분'(이하 '이 사건 법률조항'이라 한다)에 의하여 그 공개가 강제되는 질병명은 내밀한 사적 영역에 근접하는 민감한 개인정보로서, 특별한 사정이 없는 한 타인의 지득(知得), 외부에 대한 공개로부터 차단되어 개인의 내밀한 영역 내에 유보되어야 하는 정보이다. 이러한 성격의 개인정보를 공개함으로써 사생활의 비밀과 자유를 제한하는 국가적 조치는 엄격한 기준과 방법에 따라 섬세하게 행하여지지 않으면 아니된다. 헌재 2007. 5. 31. 2005헌마1139, 공보 128, 646.

313) 헌재 1996. 12. 26. 96헌가18, 8-2, 680(681).

경우는 오히려 일반적 행동의 자유에서 보호되는 것으로 보는 것이 더 적절하다고 생각된다.

(4) 기   타

학설 중에는 이 일반적 인격권에 이른바 인격의 영역, 즉 개인적 영역, 사적 영역, 그리고 비밀영역의 보호가 포함된다고 하면서, 개인영역은 개인적인 생활과 창조적 활동을 전개할 수 있는 정적과 평온의 영역이라고 하고, 사적 영역은 직장, 친지, 가족, 친척, 인근에 같이 일상생활하는 생활영역을 말한다고 하고, 비밀영역은 각자가 비밀유지의 이익이 있을 때의 모든 경우를 말한다고 설명하는 견해314)도 있다. 이러한 개인적 비밀영역은 독일에서는 기본법 제2조 제1항에 의하여 보호되는 일반적 인격권의 보호영역하에 속하는 것으로 이해되고 있다.315) 하지만 이러한 이해는 사생활의 비밀과 자유를 특별한 기본권으로 보호하고 있지 않은 독일 기본법하에서는 타당한 설명일지 모르나, 우리 헌법하에서는 이러한 개인영역은 헌법 제17조의 사생활의 비밀과 자유의 보호영역에 포함될 수 있기 때문에 이와 같은 영역을 굳이 행복추구권에 포함시킬 필요는 없을 것이라고 생각된다. 행복추구권의 보충적 기본권으로서의 성격을 고려한다면 이와 같이 보호영역을 배분하는 것이 합리적이라고 생각된다.316)

다. 개성의 자유로운 발현권과 일반적 행동의 자유

헌법재판소는 행복추구권에 개성(인격)의 자유로운 발현권과 일반적 행동의 자유가 포함되는 것으로 보고 있다.317) 헌법재판소는 그리고 이러한 일반적 행동의 자유로부터 계약의 자유도 도출되는 것으로 보고 있다. 그리고 헌법재판소는 이 일반적 행동자유권이 포괄적인 의미의 자유권으로서 일반조항적인 성격을 가짐을 강조하고 있다.318)

한편 이러한 일반적 행동의 자유 말고도 개인의 법적 지위에 대한 일반적 침해로부터의 자유도 함께 보호되는 것으로 보아야 할 것이다.

---

314) 홍성방(주 21), 43과 각주 132)의 독일문헌 참고할 것.

315) 이러한 사적인 것에 대한 인격권에 대하여 독일 연방헌법재판소는 첫째, 내밀영역(사생활의 핵심영역으로서 동시에 인간존엄에 의해서도 강력하게 보호되는 핵심영역), 둘째 사적 영역, 셋째, 사회적 영역으로 단계화시켜 각각의 사적인 이익들이 어느 정도로 보호가치가 있는지를 구분하고 있다. BVerfGE 80, 367 (376 ff.). 이에 관하여 Michael Sachs저, 방승주 역(주 33), 228-252(233) 참조.

316) 헌법재판소 역시 이와 같이 보고 있다. 헌재 2007. 5. 31. 2005헌마1139, 공보 128, 646(650-650): "사생활의 비밀은 국가가 사생활영역을 들여다보는 것에 대한 보호를 제공하는 기본권이며, 사생활의 자유는 국가가 사생활의 자유로운 형성을 방해하거나 금지하는 것에 대한 보호를 의미한다. 구체적으로 사생활의 비밀과 자유가 보호하는 것은 개인의 내밀한 내용의 비밀을 유지할 권리, 개인이 자신의 사생활의 불가침을 보장받을 수 있는 권리, 개인의 양심영역이나 성적 영역과 같은 내밀한 영역에 대한 보호, 인격적인 감정세계의 존중의 권리와 정신적인 내면생활이 침해받지 아니할 권리 등이다. 요컨대 헌법 제17조가 보호하고자 하는 기본권은 사생활영역의 자유로운 형성과 비밀유지라고 할 것이다(헌재 2003. 10. 30. 2002헌마518, 15-2하, 185(206-207))."

317) 헌법재판소는 개성의 자유로운 발현권과 일반적 행동의 자유의 개념을 같이 쓰고 있는 것으로 봐서 양 내용이 서로 다른 것이 아님을 알 수 있고, "발현"이라고 하는 것은 "행동"하고 연관지어서 생각할 수 있기 때문에 서로 같은 내용이라고 이해하는 것이 적절해 보인다.

318) 헌재 2003. 10. 30. 2002헌마518, 15-2하, 185(199-200); 1991. 6. 3. 89헌마204, 3, 268(276); 1995. 7. 21. 93헌가14, 7-2, 1(32); 1997. 11. 27. 97헌바10, 9-2, 651(673); 2000. 6. 1. 98헌마216, 12-1, 622(648).

(1) 일반적 행동의 자유

(가) 일반적 행동의 자유의 내용

헌법재판소는 "행복추구권 속에 함축된 일반적인 행동자유권과 개성의 자유로운 발현권은 국가안전보장, 질서유지 또는 공공복리에 반하지 않는 한 입법 기타 국정상 최대의 존중을 필요로 하는 것이라고 볼 것이다. 일반적 행동자유권에는 적극적으로 자유롭게 행동을 하는 것은 물론 소극적으로 행동을 하지 않을 자유 즉 부작위의 자유도 포함"319)된다고 본다.

한편 이 일반적 행동자유권은 "가치있는 행동만 그 보호영역으로 하는 것은 아닌 것으로, 그 보호영역에는 개인의 생활방식과 취미에 관한 사항도 포함되며, 여기에는 위험한 스포츠를 즐길 권리와 같은 위험한 생활방식으로 살아갈 권리도 포함된다"고 하고 있다.320)

그리고 소극적으로 하기 싫은 일에 대한 강요 역시 일반적 행동의 자유에 대한 제한으로 본 사례도 있다. 즉 법률상 근거 없이 의무도 없는 소변채취를 강요한 행위를 당하였다면 헌법 제10조의 인간의 존엄과 가치 및 행복추구권에 의하여 보장되는 일반적인 행동의 자유권{하기 싫은 일(소변을 받아 제출하는 일)을 하지 않을 자유, 자기 신체상태나 정보에 대하여 외부에 알리지 않을 자유}과 헌법 제12조에 의하여 보장되는 신체의 자유의 침해 여부가 문제된다고 본 것이다.321)

이에 반하여 영내에 기거하는 군인은 그가 속한 세대의 거주지에서 등록하여야 한다고 규정하고 있는 주민등록법규정은 영내 기거 현역병의 일반적 행동자유권을 제한하는 것은 아니라고 보았다.322)

(나) 일반적 행동의 자유와 자기책임원리

그리고 일반적 행동자유권을 인정하는 이유를 "개인이 행위를 할 것인가의 여부에 대하여 자유롭게 결단하는 것을 전제로 하여 이성적이고 책임감 있는 사람이라면 자기에 관한 사항은 스스로 처리할 수 있을 것이라는 생각"에서 찾고 있다.323)

또한 이러한 책임원칙과 관련하여 형벌을 포함한 법적 제재는 기본적으로 행위자의 의사결정과 책임의 범위에 상응하는 것이어야 하고, 자신의 의사결정이나 행위책임과 무관한 제재

---

319) 헌재 1991. 6. 3. 89헌마204, 3, 268(275-276); 1998. 5. 28. 96헌가5, 10-1, 541(549); 1998. 10. 29. 97헌마345, 10-2, 621(633); 1991. 6. 3. 89헌마204, 3, 268(275).

320) 헌재 2003. 10. 30. 2002헌마518, 15-2하, 185(199-200).

321) 헌재 2006. 7. 27. 2005헌마277, 18-2, 280(286). 이 사건에서 일반적 행동의 자유를 인간으로서의 존엄과 가치와 행복추구권으로부터 파생하는 것으로 보고 있는데, 종전 판례에 비추어 인간의 존엄과 가치를 더 붙인 것은 일관성이 없는 판시 아니었나 생각된다.

322) 헌재 2011. 6. 30. 2009헌마59, 23-1하, 445. 이 사건에서 헌법재판소는 관련규정이 선거권, 거주·이전의 자유에 대한 관련성 자체를 부인하고 있으며, 또한 영내거주 군인과 일반국민이나 장교 등과의 차별취급 여부 논의 자체를 부인하고 있는 것으로 보인다. 그렇다면 해당 기본권들에 대한 관련성 자체를 부인하고 있는 것이므로 본안판단으로서의 기각결정이 아니라 적법요건 결여의 의미에서의 각하결정을 내리는 것이 논리 일관된 것이 아니었나 생각되며, 굳이 본안판단을 할 여지가 있었다면, 일단 기본권의 관련성, 즉 기본권제한가능성을 분명하게 인정한 후, 그 침해를 부인하였어야 할 것이라고 생각된다.

323) 헌재 2003. 10. 30. 2002헌마518, 15-2하, 185(199-200); 2005. 12. 22. 2004헌바64, 공보 111, 124(128); 1991. 6. 3. 89헌마204, 3, 268(276); 2000. 6. 1. 98헌마216, 12-1, 622(648).

는 '책임원칙'에 반하거나, 타인에 해악을 주지 않는 한 자유롭게 행동할 수 있고 자신과 무관한 사유로 인한 법적 제재로부터 자유로울 것을 내포하는 헌법 제10조의 행복추구권의 취지에 어긋난다[324]고 보고 있다.

(다) 계약의 자유

이러한 일반적 행동의 자유에는 우선 계약의 자유가 포함된다.

"법률행위의 영역에 있어서는 계약을 체결할 것인가의 여부, 체결한다면 어떠한 내용의, 어떠한 상대방과의 관계에서, 어떠한 방식으로 계약을 체결하느냐 하는 것도 당사자 자신이 자기의사로 결정하는 자유뿐만 아니라 원치 않으면 계약을 체결하지 않을 자유 즉 원치 않는 계약의 체결은 법이나 국가에 의하여 강제받지 않을 자유인 이른바 계약자유의 원칙도, 여기의 일반적 행동자유권으로부터 파생되는 것이라 할 것이다."[325]

그리고 이 계약의 자유의 구체적인 내용도 밝히고 있다. 즉 "계약의 자유란 계약 체결의 여부, 계약의 상대방, 계약의 방식과 내용 등을 당사자의 자유로운 의사로 결정하는 자유"를 말한다.[326] 또한 이 계약의 자유를 사적 자치의 원칙과 동일한 개념으로 보기도 한다. 즉 이 사적 자치의 원칙이란 자신의 일을 자신의 의사로 결정하고 행하는 자유뿐만 아니라 원치 않으면 하지 않을 자유로서 우리 헌법 제10조의 행복추구권에서 파생되는 일반적 행동자유권의 하나라는 것이다.[327]

한편 이 계약의 자유를 청구인의 재산권을 자유로이 사용, 수익할 자유에 포함되는 것으로 본 사례[328]도 있는데, 이는 재산권이 일반적 행동의 자유에 포함되는 계약의 자유에 우선하여 적용된 것으로서 계약의 자유의 적용은 배제된 사례에 해당된다고 볼 수 있을 것이다.

(라) 그 밖의 일반적 행동의 자유의 제한사례

한편 의료행위를 지속적인 소득활동이 아니라 취미, 일시적 활동 또는 무상의 봉사활동으로 삼는 것에 대한 금지,[329] 친구나 친지 등으로부터 대가를 받고 운전교육을 하는 일체의 유상운전교육행위에 대한 금지,[330] 금품을 대가로 해서는 다른 사람을 중개하거나 대신하여 그 이해관계나 국정에 관한 의견 또는 희망을 해당 기관에 진술할 수 없게 하는 것,[331] 학교운영위원 선거에 있어서 직원대표 입후보 규정을 두지 않음으로 직원대표위원 활동을 통하여 사회

324) 헌재 2005. 7. 21. 2004헌가30, 17-2, 1(14).
325) 헌재 1991. 6. 3. 89헌마204, 3, 268(275-276); 1998. 5. 28. 96헌가5, 10-1, 541(549); 1998. 10. 29. 97헌마345, 10-2, 621(633); 1991. 6. 3. 89헌마204, 3, 268(275).
326) 헌재 2002. 1. 31. 2000헌바35, 14-1, 14(22); 1991. 6. 3. 89헌마204, 3, 268(275-276); 1998. 5. 28. 96헌가5, 10-1, 541; 1998. 10. 29. 97헌마345, 10-2, 621(633); 1999. 12. 23. 98헌가12등, 11-2, 659; 2001. 5. 31. 99헌가18등, 공보 57, 14(35); 2002. 2. 28. 2001헌바73, 14-1, 141(149).
327) 헌재 2003. 5. 15. 2001헌바98, 15-1, 534(546-547).
328) 헌재 2006. 6. 29. 2005헌마1167, 18-1, 498(505).
329) 헌재 2002. 12. 18. 2001헌마370, 14-2, 882(887); 2005. 5. 26. 2003헌바86, 17-1, 630(637-638).
330) 헌재 2003. 9. 25. 2001헌마447, 15-2상, 420(432-433).
331) 헌재 2005. 11. 24. 2003헌바108, 17-2, 409(415).

형성에 적극적으로 참여하는 행위를 제한하는 것332)은 일반적 행동의 자유에 대한 제한이며, 설립자가 사립학교를 자유롭게 운영할 자유 역시 일반적인 행동의 자유권에 의하여 보호되는 것으로 보고 있다.333)

(마) 기타 행복추구권(과 인간으로서의 존엄과 가치 등 다른 기본권)으로부터 도출되는 권리

그 밖에도 헌법재판소는 행복추구권으로부터 여러 가지 권리들을 도출해 내고 있다. 즉 부모의 자녀에 대한 교육권,334) 경제활동의 자유,335) 미결수용자의 접견교통권,336) 가족의 미결수용자에 대한 접견권,337) 흡연권,338) 인간다운 생활공간에서 살 권리339) 등이 그것이다.

(2) 법적지위에 대한 일반적 침해로부터의 자유

다음으로 기본권적으로 보호되는 개인의 법적지위에 대한 일반적 침해로부터의 자유도 이러한 일반적 행동의 자유에 포함되는 것으로 볼 수 있을 것이다. 이러한 법적 지위에는 합법적으로 이루어진 개인의 모든 이익 전체라고 할 수 있으며, 이러한 이익과 지위에 대한 일반적인 침해로부터의 자유를 행복추구권은 보장한다고 할 수 있다. 다시 말해서 개인이 가지는 어떠한 법적 지위에 대하여 국가가 이를 부당하게 제한하거나 빼앗아서는 안되는데, 결국 이러한 법적지위의 포괄적 보호의 문제는 다른 특별한 기본권에 의해서 보호되지 아니하는 경우에는 행복추구권과 그로부터 도출되는 일반적 행동의 자유에 의해서 보호되는 것으로 보아야 하는 것이다.340)

우리 헌법재판소 판례에서는 가령 자의적인 기소유예처분341)이나 기소중지처분342)의 경우, 비록 전과는 아니지만 불필요하게 기소유예라고 하는 신분상 전력이 남게 되어 이로 인하여 여러 가지 불이익을 입을 수 있다는 점에서 법적지위에 대한 침해의 사례에 해당한다고 볼 수 있을 것이다.

6. 행복추구권의 기본권주체

행복추구권도 역시 원칙적으로 자연인만이 기본권의 주체라고 볼 수 있다. 왜냐하면 인간으로서의 존엄과 가치를 가지는 인간만이 하고 싶은 일을 하고, 하고 싶지 않은 일을 하지 않

---

332) 헌재 2007. 3. 29. 2005헌마1144, 공보 126, 345(346).
333) 헌재 2001. 1. 18. 99헌바63, 13-1, 60(68); 2006. 4. 27. 2005헌마1119, 18-1, 631(643).
334) 헌재 2007. 3. 29. 2005헌마1144, 공보 126, 345(349).
335) 헌재 2002. 11. 28. 2001헌바50, 14-2, 668(679).
336) 헌재 2003. 11. 27. 2002헌마193, 15-2하, 311(329). 같은 판례로 대판 1992. 5. 8. 91부8 판결{공 1992. 8. 1.(925), 2151}.
337) 헌재 2003. 11. 27. 2002헌마193, 15-2하, 311(329).
338) 헌재 2004. 8. 26. 2003헌마457, 16-2상, 355(360).
339) 헌재 1994. 12. 29. 94헌마201, 6-2, 510(522).
340) 이러한 관점에 대해서는 Michael Sachs 저, 방승주 역(주 33), 228-252(234) 참조.
341) 헌재 1993. 3. 11. 92헌마191, 5-1, 170; 1989. 10. 27. 89헌마56, 1, 309.
342) 헌재 1997. 2. 20. 95헌마362, 9-1, 179.

을 자유, 즉 일반적 행동의 자유와 개성 및 인격의 자유로운 발현권을 가질 수 있기 때문이다. 그러나 이러한 행복추구권에는 일반적 행동의 자유에서 도출되는 계약체결의 자유, 그리고 성명권과 명예권 등이 포함되는 일반적 인격권이 포함되는데, 우선 계약체결의 자유의 경우 법인에게 인정하지 못할 이유가 없다.[343] 그리고 성명권이나 명예권 등과 같은 일반적 인격권에 법인의 상호권이나 사회적 평판, 명예 등이 포함된다고 본다면, 그러한 범위 내에서 법인의 기본권주체성도 인정해 줄 필요가 있다고 할 수 있을 것이다.[344]

다음으로 이렇게 자연인에게만 인정된다고 할 때, 구체적으로 외국인과, 태아, 배아, 그리고 사자의 경우 기본권주체성이 인정될 수 있을 것인지가 문제된다.

우선 행복추구권은 전국가적 초국가적 자연권으로서 당연히 외국인에게도 인정된다고 보아야 할 것이다. 이것은 인간의 존엄과 가치의 경우와 마찬가지라고 보아야 할 것이다. 헌법재판소는 "외국인에게 모든 기본권이 무한정 인정될 수 있는 것이 아니라 원칙적으로 '국민의 권리'가 아닌 '인간의 권리'의 범위 내에서만 인정될 것인바, 인간의 존엄과 가치 및 행복추구권은 '인간의 권리'로서 외국인도 그 주체가 될 수 있고, 평등권도 인간의 권리로서 참정권 등에 대한 성질상 제한 및 상호주의에 의한 제한이 있을 수 있을 뿐이다(헌재 2001. 11. 29. 99헌마494, 13-2, 714(723-724) 참조)"[345]고 하고 있다. 이와 관련하여 국민의 권리의 성격을 띤 기본권의 경우, 외국인이 그 기본권의 주체성을 인정받을 수 없다 하더라도, 보충적으로 이 행복추구권을 통해서 그러한 생활영역에서의 일반적 보호는 받을 수 있는 것으로 볼 수 있을 것이다.

그리고 태아가 행복추구권의 기본권주체가 될 것인가의 문제가 제기될 수 있다. 행복추구권은 자기가 하고 싶은 일을 하고, 하고 싶지 않은 일을 하지 않을 자유라고 할 것인데, 모체의 태중에 있는 태아 역시 인간으로서의 존엄과 가치의 기본권주체로서 자신의 능력이 미치는 범위 내에서 하고 싶은 대로 할 수 있는 인간이라고 할 수 있기 때문에, 당연히 행복추구권의 주체성도 인정하지 않으면 안될 것이다.[346]

다만 배아의 경우 과연 행복추구권의 기본권주체성을 인정할 수 있을 것인가가 문제된다. 인간으로서의 존엄과 가치의 기본권주체성을 인정한다면, 행복추구권의 주체성도 같이 인정할 수밖에 없을 것이다. 다만 그 보호의 강도와 관련하여서, 착상시부터는 완전한 행복추구권의 보호를 받지만, 착상 전까지의 배아는 착상 후의 배아에 대한 보호보다 완화된 보호를 받을 수 있다.

다음으로 死者의 행복추구권의 기본권주체성을 인정할 것인지가 문제될 수 있다. 행복추구권은 천부인권적 자연권으로서 살아 있는 사람의 권리라고 보아야 할 것이다. 다만 사자 역시 생전의 인간존엄권 내지 인격권과 명예권은 사후적으로도 존중받을 필요가 있다는 것은 전

---

343) 동지, 계희열(주 10), 225; Michael Sachs 저, 방승주 역(주 33), 228-252(235); 이에 반하여, 김철수(주 8), 490; 성낙인(주 21), 433.
344) 최근 헌법재판소도 법인의 인격권의 주체성을 인정한 바 있음은 전술한 바와 같다(주 213). 헌재 2012. 8. 23. 2009헌가27, 24-2상, 355(363-364).
345) 헌재 2007. 8. 30. 2004헌마670, 공보 28, 982(3).
346) 계희열(주 10), 226.

술한 바와 같다. 그러나 일반적 행동의 자유나 그 밖에 살아 있는 인간을 전제로 할 수 있는 계약의 자유, 자기결정권347) 등은 사자에게 인정할 수는 없을 것이다.

7. 행복추구권의 제한

헌법 제10조의 행복추구권에는 독일 기본법 제2조 제1항과 같은 헌법직접적 한계조항(타인의 권리, 헌법질서, 도덕률)이 존재하지 않는다. 그리고 개별적 법률유보조항 역시 없다. 그러나 행복추구권 역시 헌법 제37조 제2항의 일반적 법률유보조항에 따라 국가안전보장·질서유지·공공복리를 위하여 필요한 경우에 한하여 제한될 수 있다. 다만 제한하는 경우에도 그 본질내용은 침해할 수 없다.

가. 제한의 헌법적 정당화

행복추구권의 제한을 위해서는 헌법 제37조 제2항의 국가안전보장, 질서유지, 공공복리에 해당되는 헌법적 법익에 의하여 그 제한이 정당화되지 않으면 안된다.

헌법재판소는 가령 성적 자기결정권의 한계에 대하여, "그러나 개인의 성적자기결정권도 국가적·사회적·공공복리 등의 존중에 의한 내재적 한계가 있는 것이며, 따라서 절대적으로 보장되는 것은 아닐 뿐만 아니라 헌법 제37조 제2항이 명시하고 있듯이 질서유지(사회적 안녕질서), 공공복리(국민공동의 행복과 이익) 등 공동체 목적을 위하여 그 제한이 불가피한 경우에는 성적자기결정권의 본질적 내용을 침해하지 않는 한도에서 법률로써 제한할 수 있는 것이다"348) 라고 밝히고 있다.

그리고 계약의 자유에 해당하는 사적자치권의 제한가능성에 대해서도, "이 사적 자치권(계약자유권)도 국가안전보장, 질서유지 및 공공복리를 위하여 필요한 경우에는 법률로써 제한될 수 있고 다만, 그 제한은 필요 최소한에 그쳐야 하며 사적 자치권의 본질적인 내용을 침해할 수 없다"고 판시하고 있다.349)

나. 제한의 한계

행복추구권의 제한에 있어서도 과잉금지의 원칙 등 제한의 한계법리를 준수해야 하며, 본질내용침해금지에 따라서 그 본질내용을 침해해서는 안된다.

다만 행복추구권에서 도출되는 기본권들 가운데, 일반적 인격권과 같이 인간으로서의 존엄과 가치와 밀접하게 관련되면 될수록 그 가치와 중요성이 높아진다고 할 수 있기 때문에, 이

---

347) 다만 자기결정권과 관련하여 생전에 장기기증의 동의가 없었던 경우 뇌사자의 장기기증을 유족들이 동의할 수 있는가의 문제와 관련하여, 이 경우 뇌사자의 생전의 자기결정권을 침해하는 것 아닌가 여부의 문제가 제기될 수 있다. 뇌사의 경우 아직 사망이라고 받아들이지 않는 법학적 견지에서 본다면, 뇌사자의 경우도 자기결정권의 주체성이 인정될 수밖에 없고, 그렇지 않다 하더라도 생전의 자기결정권은 존중되어야 하므로, 생전의 명시적 의사가 확인될 수 없는 경우에 장기기증 가능성의 문제에 대해서는 신중한 접근을 요한다.

348) 헌재 1990. 9. 10. 89헌마82, 2, 306(310).

349) 헌재 2003. 5. 15. 2001헌바98, 15-1, 534(546-547).

러한 기본권에 대한 제한의 경우는 과잉금지원칙의 침해여부의 심사가 보다 엄격하게 이루어 질 필요가 있을 것이다. 이에 비하여 일반적 행동의 자유는 일반적 인격권보다는 덜 중요할 수 있기 때문에, 다른 법익과의 충돌시 실제적 조화의 원리에 맞게 적절히 형량하여야 할 것이며, 과잉금지원칙 위반여부의 심사에 있어서도 일반적 인격권의 경우보다는 완화된 심사를 할 수 있을 것이다.

일반적 인격권과 사생활의 기본권에 의해서 보호되는 사적인 비밀영역은 인간의 자기정체 성과 관련되는 생활영역이기 때문에 그 영역이 침해될 경우 인간의 존엄성 자체가 침해될 수 있다. 따라서 우리 헌법이 선택한 인간존엄의 가치질서에 따라 보다 중요한 기본권과 덜 중요 한 기본권(또는 헌법적 법익)과의 형량의 경우에는, 인간으로서의 존엄 영역에 가까운 더 중요한 기본권이 우선하여 보호될 수 있도록 하되, 충돌하는 법익들 간에 실제적 조화가 잘 이루어질 수 있도록 하여야 할 것이다.

헌법 제37조 제2항의 본질내용침해금지는 행복추구권 가운데 절대적으로 침해할 수 없는 어떠한 객관적인 내용을 보호한다고 하기 보다는 비례의 원칙에 따라 상대적으로 결정될 수 있 는 내용이라고 볼 수 있을 것이다. 다만, 행복추구권이 보호하는 일반적 인격권의 경우, 인간으 로서의 존엄과 가치와의 밀접불가분성 때문에, 이러한 인격권의 제한은 신중을 기해야 하며, 그 본질내용은 인간으로서의 존엄과 가치가 될 수 있다. 다음으로 일반적 행동의 자유의 경우 도 공익상 필요에 의하여 제한하지 않으면 안 되는 불가피한 사유가 그 제한을 정당화하지 않 는 한, 자유우선(in dubio pro libertate)의 원칙에 따라서 일반적 행동의 자유가 우선하는 것으로 보아야 할 것이고, 이를 침해하면 과잉금지의 원칙뿐만 아니라, 일반적 행동의 자유의 본질내 용도 침해되는 것으로 보아야 할 것이다.

8. 행복추구권의 효력

가. 대국가적 효력

행복추구권은 원칙적으로 대국가적 방어권으로서의 효력을 가진다. 이는 헌법 제10조 제2 문이 밝히고 있는 바, 국가는 개인이 가지는 불가침의 기본적 인권을 확인하고 이를 보장할 의 무를 진다는 규정이 말해 주고 있다. 여기에서 기본권에 구속되는 수범자는 국가임을 알 수 있 다. 이러한 국가에는 지방자치단체와 공법인 등이 모두 포함되는 것으로 보아야 할 것이다. 따 라서 국가와 지방자치단체 등은 개인의 행복추구권을 침해해서도 안 되지만, 사인에 행복추구 권의 침해도 방지하고 이를 보호해야 할 의무를 진다.

국가의 모든 법질서에는 기본권이 가지는 객관적인 가치질서나 소위 방사효과(파급효과)가 미치기 때문에, 국가기관의 모든 법집행자들은 국민의 행복추구권의 중요성을 인식하고 여기에 구속되어 법집행을 하여야 하는 것이다.

나. 대사인적 효력

사인의 경우도 예외적으로 기본권에 구속될 수 있으며, 행복추구권의 경우도 마찬가지이다. 학설에 따라서는 직접적 효력을 주장하는 견해가 있으나, 그러할 필요는 없고, 간접효력으로 충분하다고 생각된다.

이와 같이 기본권의 대사인적 효력과 관련하여 간접효력설을 택하는 것은 민법상 사적자치의 원리, 그리고 계약의 자유 자체가 바로 이러한 행복추구권에 의해서 보호되는 자유이기 때문에, 사인간의 사적 계약에 대하여 행복추구권이 직접 개입하여 효력을 발하는 것으로 보는 경우에는 오히려 역설적으로 그 사적 자치와 계약의 자유 자체가 후퇴하고 침해될 수 있기 때문이다.

(1) 일반적 인격권

우선 일반적 인격권의 경우 사인의 표현의 자유 등에 의해서 침해가 빈발할 수 있다. 이때에도 이러한 대사인적 효력은 직접적 효력을 미친다고 하기 보다는 민법상 불법행위 관련 규정 등을 통한 간접적 효력이 미치는 것으로 보아야 할 것이다. 이 점은 표현의 자유와 명예권의 보호에 대한 대법원의 많은 판례들이 보여주고 있다.[350]

(2) 일반적 행동의 자유

그리고 일반적 행동의 자유의 경우 역시 계약의 자유나 그 밖의 일반적 자유를 침해하는 사인의 행위에 대해서는 공정거래법상 관련규정이나, 기타 사법상의 일반조항을 통하여 그 효력을 미치게 할 수 있기 때문에 역시 간접효력에 의한 해결이 타당하다고 보아야 할 것이다.

사인간의 계약에 있어서 어떠한 사인이 우월적 지위를 이용하여 자유로운 경쟁을 저해하거나 일방적인 불이익을 끼칠 수 있는 경우를 예방하기 위하여 입법자는 공정거래법을 제정하였으며, 또한 법원 역시 구체적인 사례에 동법을 적용함에 있어서 불공정거래행위의 개념의 해석을 통하여 계약체결의 자유를 보호하는 기능을 수행하고 있다. 즉 공정거래법상 "불이익제공"이나 "가격차별," "기타의 거래거절" 등 "불공정거래행위" 개념의 해석을 통하여 사법적 거래에 있어서 불공정거래행위가 있는지 여부를 판단하면서 기본권의 효력을 간접적으로 미치게 하는 것이다.

가령 대법원은 2005. 12. 8. 선고 2003두5327 판결에서 "불이익제공을 불공정거래행위로 규정하고 있는 것은 거래과정에서 거래상의 지위를 이용하여 일방당사자가 그보다 열등한 지위에 있는 타방당사자의 자유의사를 구속하여 일방적으로 상대방에게만 불이익이 되도록 거래조건을 설정하거나 변경하는 등 상대방에게 일방적으로 불이익을 주게 되는 경우에는 공정한 경쟁의 기반을 침해할 우려가 있기 때문에 이를 규제하고자 함에 그 취지가 있는 반면, 가격차별을 불공정거래행위로 규정하고 있는 것은 가격차별로 인하여 차별취급을 받는 자들의 경쟁력

---

350) 위 Ⅰ. 8. 마 (1) (다) 참조.

에 영향을 미치고, 경쟁자의 고객에게 유리한 조건을 제시하여 경쟁자의 고객을 빼앗는 등 경쟁자의 사업활동을 곤란하게 하거나 거래상대방을 현저하게 불리 또는 유리하게 하는 등 경쟁질서를 저해하는 것을 방지하고자 함"에 그 취지가 있다고 판시하고 있다.

9. 행복추구권에 관한 헌법재판소 판례

가. 행복추구권 침해를 인정한 사례

먼저 행복추구권 침해를 인정한 사례를 열거하면 다음과 같다.

(1) 일반적 인격권, 성적 자기결정권

친생부인의 소를 '그 출생을 안 날로부터 1년내'로 제한 한 것[351]은 일반적 인격권의 침해라고 보았다.

그리고 헌법재판소는 헌법 제10조로부터 도출되는 일반적 인격권으로부터 장래 가족의 구성원이 될 태아의 성별 정보에 대한 접근을 국가로부터 방해받지 않을 부모의 권리를 도출한 후, 태아의 성별에 대하여 고지하는 것을 금지하는 규정은 이러한 부모의 태아 성별 정보에 대한 접근을 방해받지 않을 권리를 침해한다고 보았다.[352]

그리고 헌법재판소는 형법 제304조의 혼인빙자간음죄에 대하여 종전에 합헌으로 보던 판례[353]를 변경하여 남성의 성적 자기결정권을 침해하여 위헌이라고 보았다.[354]

(2) 일반적 행동의 자유, 자기책임원리

특수건물소유자에게 특약부화재보험계약 체결의 강제,[355] 검사의 자의적인 기소유예처분[356] 또는 기소중지처분,[357] 18세 미만자에 대한 당구장출입금지,[358] 기부금품모집행위금지 및 행정자치부장관 등 허가제,[359] 경조기간중 주류 및 음식물접대 금지,[360] 경찰청장이 경찰버스를 동원하여 서울광장을 둘러싸 통행을 제지한 행위[361] 등은 일반적 행동의 자유의 침해라고 보았다.

한편 선거범죄로 인하여 당선이 무효로 된 때를 비례대표지방의회의원의 의석 승계 제한 사유로 규정한 공직선거법 제200조 제2항 단서 중 '비례대표지방의회의원 당선인이 제264조(당

---

351) 헌재 1997. 3. 27. 95헌가14 등, 9-1, 193.
352) 헌재 2008. 7. 31. 2004헌마1010 등, 20-2상, 236(251-252).
353) 헌재 2002. 10. 31. 99헌바40 등, 14-2, 390.
354) 헌재 2009. 11. 26. 2008헌바58 등, 21-2하, 520(528).
355) 헌재 1991. 6. 3. 89헌마204, 3, 268.
356) 헌재 1993. 3. 11. 92헌마191, 5-1, 170; 1989. 10. 27. 89헌마56, 1, 309.
357) 헌재 1997. 2. 20. 95헌마362, 9-1, 179.
358) 헌재 1993. 5. 13. 92헌마80, 5-1, 365.
359) 헌재 1998. 5. 28. 96헌가5, 10-1, 541.
360) 헌재 1998. 10. 15. 98헌마168, 관보(98. 10. 28), 69, 73.
361) 헌재 2011. 6. 30. 2009헌마406, 23-1하, 457.

선인의 선거범죄로 인한 당선무효)의 규정에 의하여 당선이 무효로 된 때' 부분362)은 자기책임의
범위를 벗어나는 제재라고 보았으며, 또한 종업원 등의 일정한 범죄행위에 대하여 영업주에게
어떠한 잘못이 있는지를 전혀 묻지 아니하고 곧바로 그를 종업원 등과 같이 처벌하도록 하고
있는 규정에 대하여 헌법상 법치국가원리에 내재하며 헌법 제10조로부터 도출되는 형벌의 책
임주의 원칙에 반한다고 보았다.363)

(3) 계약의 자유 또는 사적자치의 침해

고려기간내에 상속의 한정승인 내지 상속포기 안한 경우 단순승인간주,364) 상속회복청구
권의 행사기간을 상속 개시일로부터 10년으로 제한한 것365)은 계약의 자유 또는 사적자치의
침해이다.

(4) 인간으로서의 존엄과 가치 및 행복추구권 또는 그 이념

동성동본금혼제,366) 아동·청소년의 인격권, 문화향유권,367) 미결수용자에 대한 재소자용
수의착용처분368)은 인간으로서의 존엄과 가치 및 행복추구권을 동시에 침해한 사례이다.

(5) 단순히 행복추구권의 침해 확인

단순히 행복추구권의 침해를 확인한 사례로서는 검사의 자의적인 기소유예처분369)이나 피
구속자의 면회제한370) 등이 있다.

(6) 특별한 기본권의 침해와 더불어서 행복추구권침해도 확인한 사례

치과전문의자격시험불실시로 전문과목 표시 불가능371)을 행복추구권침해로 확인한 사례
는 보충적 기본권으로서의 행복추구권의 의미와 기본권경합이론의 법리를 아직 인식하지 못한
상태에서 병렬적으로 침해를 확인한 경우라고 생각된다.

---

362) 헌재 2009. 6. 25. 2007헌마40, 21-1하, 850.
363) 헌재 2010. 7. 29. 2009헌가14 등, 22-2상, 140(158). 이 판례에서는 과연 형벌에 관한 책임주의가 인간존
    엄권으로부터 도출되는지 아니면 행복추구권으로부터 도출되는지를 분명하게 밝히고 있지는 않다. 같은 취
    지의 판례로 헌재 2010. 7. 29. 2009헌가18 등, 22-2상, 163(174); 2010. 7. 29. 2009헌가25 등, 22-2상,
    183(191); 2009. 10. 29. 2009헌가6, 21-2하, 1; 2009. 7. 30. 2008헌가10, 21-2상, 64; 2009. 7. 30. 2008헌
    가24, 공보 154, 1435; 2009. 7. 30. 2008헌가18, 공보 154, 1427; 2009. 7. 30. 2008헌가14, 21-2상, 77;
    2009. 7. 30. 2008헌가16, 21-2상, 97; 2009. 7. 30. 2008헌가17, 공보 154, 1418; 2007. 11. 29. 2005헌가
    10, 19-2, 52.
364) 헌재 1998. 8. 27. 96헌가22 등, 공보 29, 693(699-700).
365) 헌재 2001. 7. 19. 99헌바9, 13-2, 1.
366) 헌재 1997. 7. 16. 95헌가6 등, 9-2, 1.
367) 헌재 2004. 5. 27. 2003헌가1, 16-1, 670(672).
368) 헌재 1999. 5. 27. 97헌마137, 11-1, 653(665).
369) 최근 결정으로 헌재 2013. 9. 26. 2012헌마562; 헌재 2013. 9. 26. 2012헌마73 등.
370) 헌재 2003. 11. 27. 2002헌사129, 14-1, 433(439-440).
371) 헌재 1998. 7. 16. 96헌마246, 공보 29, 673(681).

나. 행복추구권 침해를 부정한 사례

(1) 일반적 인격권, 성적 자기결정권, 개인정보자기결정권[372]

간통죄의 형사처벌[373]은 성적 자기결정권의 침해가 아니라고 한다.

그리고 채무불이행자명부나 그 부본은 누구든지 보거나 복사할 것을 신청할 수 있도록 규정한 민사집행법 제72조 제4항(4 : 5 합헌),[374] 검사의 '혐의없음' 불기소처분 등에 관한 수사경력자료의 보존 및 보존기간을 정한 구 '형의 실효 등에 관한 법률' 제8조의2 제1항 제1호 중 검사의 '혐의없음'의 불기소처분이 있는 경우에 관한 부분 및 제2항 제2호 등[375]은 개인정보자기결정권을 침해하지 않는다고 보았다.

(2) 일반적 행동의 자유

음주운전 여부확인을 위한 음주측정,[376] 사법시험 시행일을 일요일로 정한 것(휴식권),[377] 인천국제공항고속도로를 이용하는 영종도민에 대한 고속도로사용료의 징수,[378] 도로교통법 제50조 제1항 및 제2항 위반으로 운전면허가 취소된 사람에 대한 5년간 운전면허취득자격제한제도,[379] 이륜자동차와 원동기장치자전거에 대한 고속도로, 자동차전용도로의 통행금지제,[380] 국가보안법 제9조 제2항의 편의제공죄의 처벌(한정합헌),[381] 세무대학폐교,[382] 학교운영위원회의 입후보자에서 실무담당자인 일반직원대표를 제외한 것,[383] 시력기준에 미달시 제1종 운전면허 대상 차량에 대한 운전금지,[384] 자필증서에 의한 유언에 있어서 '주소의 자서'와 '날인'을 유효요건으로 규정하고 있는 민법 제1066조 제1항,[385] 공공기관의 공문서를 표준어 규정에 맞추어 작성하도록 하는 구 국어기본법 제14조 제1항 및 초·중등교육법상 교과용 도서를 편찬하거나 검정 또는 인정하는 경우 표준어 규정을 준수하도록 하고 있는 제18조 규정,[386] 주취 중 운전금지규정을 2회 이상 위반한 사람이 다시 이를 위반한 때에는 운전면허를 필요적으로 취소하

---

372) 전술한 바와 같이 판례에 따라서는 이를 열거되지 않은 독자적 기본권으로 보기도 하나, 일단 헌법 제10조의 행복추구권으로부터 도출하는 판례에 따라 이하에서 그 사례를 보기로 한다.

373) 헌재 1990. 9. 10. 89헌마82, 2. 306; 헌재 2008. 10. 30. 2007헌가17 등, 20-2상, 696(4: 5 합헌).

374) 헌재 2010. 5. 27. 2008헌마663, 22-1하, 323.

375) 헌재 2009. 10. 29. 2008헌마257, 21-2하, 372, 373; 헌재 2012. 7. 26. 2010헌마446, 24-2상, 248.

376) 헌재 1997. 3. 27. 96헌가11, 9-1, 245.

377) 헌재 2001. 9. 27. 2000헌마159, 13-2, 353(355).

378) 헌재 2005. 12. 22. 2004헌바64, 공보 111, 124(128-128).

379) 헌재 2005. 4. 28. 2004헌바65, 17-1, 528(546-546).

380) 헌재 2007. 1. 17. 2005헌마1111, 공보 124, 167; 헌재 2008. 7. 31. 2007헌바90 등, 20-2상, 224.

381) 헌재 1992. 4. 14. 90헌바23, 4, 162(171); 1997. 1. 16. 92헌바6 등, 9-1, 1(28); 1997. 1. 16. 89헌바240, 9-1, 45(79) 참조.

382) 헌재 2001. 2. 22. 99헌마613, 13-1, 367(368).

383) 헌재 2007. 3. 29. 2005헌마1144, 공보 126, 345(346).

384) 헌재 2003. 6. 26. 2002헌마677, 15-1, 823(824).

385) 헌재 2008. 12. 26. 2007헌바128, 20-2하, 648.

386) 헌재 2009. 5. 28. 2006헌마618, 21-1하, 746.

도록 하고 있는 도로교통법 제93조 제1항 제2호 규정,[387] 의료인이 아닌 자의 의료행위를 전면적으로 금지한 의료법 규정(4 : 5 합헌),[388] 대마의 흡연을 범죄로 규정하여 처벌하고 있는 '마약류관리에 관한 법률' 규정,[389] 국민건강보험에의 강제가입제도,[390] 국민건강보험공단이 사위 기타 부당한 방법으로 보험급여비용을 받은 요양기관에 대하여 급여비용에 상당하는 금액의 전부 또는 일부를 징수할 수 있도록 한 국민건강보험법 제52조 제1항 규정(자기책임원리),[391] 교도관의 동행계호행위,[392] 피치료감호자에 대한 치료감호가 가종료되었을 때 필요적으로 3년간의 보호관찰이 시작되도록 하고 있는 치료감호법 규정,[393] 공무원이 취급하는 사건 또는 사무에 관하여 사건 해결의 청탁 등을 명목으로 금품을 수수하는 행위를 규제하는 구 변호사법 제111조,[394] 총포와 아주 비슷하게 보이는 것으로서 대통령령이 정하는 모의총포의 소지를 처벌하는 규정,[395] 이륜자동차를 운전하여 고속도로 또는 자동차전용도로를 통행한 자를 형사처벌하도록 한 도로교통법규정[396] 등은 일반적 행동의 자유를 침해한 것이 아니다.

(3) 계약의 자유 또는 사적자치

경과실로 인한 실화자에 대한 피해자의 손해배상청구권 제한[397]은 계약의 자유의 침해로 보지 않았으나, 최근 헌법재판소가 판례를 변경[398]한 바 있다. 그 밖에 토지거래허가제,[399] 상속법제의 포괄·당연승계주의,[400] 수차의 도급사업의 경우 하수급인을 사업주로 하기 위하여는 근로복지공단의 승인을 얻도록 한 조항,[401] 화물자동차운송주선사업자에게 적재물배상보험 등 가입의무제,[402] 궁박한 상태를 이용하여 현저하게 부당한 이익을 취득한 자에 대한 처벌,[403] 탁주의 공급구역제한제도(소비자의 자기결정권),[404] 요양기관 강제지정제(의료소비자의 자기결정권),[405] 임대사업자로 하여금 특별수선충당금을 적립하도록 한 임대주택법 제17조의3 제1

---

387) 헌재 2010. 3. 25. 2009헌바83, 공보 162, 693.
388) 헌재 2010. 7. 29. 2008헌가19 등, 22-2상, 37(38).
389) 헌재 2010. 11. 25. 2009헌바246, 공보 170, 2087.
390) 헌재 2003. 10. 30. 2000헌마801, 15-2하, 106(106-107).
391) 헌재 2011. 6. 30. 2010헌바375, 23-1하, 390(398).
392) 헌재 2010. 10. 28. 2009헌마438, 공보 169, 1956, 1960.
393) 헌재 2012. 12. 27. 2011헌마285, 24-2하(589).
394) 헌재 2012. 4. 24. 2011헌바40, 24-1하, 107.
395) 헌재 2011. 11. 24. 2011헌바18, 23-2하, 410(423).
396) 헌재 2011. 11. 24. 2011헌바51, 23-2하, 430.
397) 헌재 1995. 3. 23. 92헌가4 등, 7-1, 289.
398) 이 실화책임에 관한 법률은 실화자만을 보호할 뿐 실화피해자의 손해배상청구권을 지나치게 제한한다는 이유로 판례를 변경하여 헌법불합치로 선언되었다. 헌재 2007. 8. 30. 2004헌가25, 19-2, 203.
399) 헌재 1997. 6. 26. 92헌바5, 9-1, 595(605).
400) 헌재 2004. 10. 28. 2003헌가13, 16-2하, 76(76-77).
401) 헌재 2004. 10. 28. 2003헌바70, 16-2하, 178(178).
402) 헌재 2006. 3. 30. 2005헌마349, 18-1상, 427(427).
403) 헌재 2006. 7. 27. 2005헌바19, 18-2, 125.
404) 헌재 1999. 7. 22. 98헌가5, 11-2집, 26(27).
405) 헌재 2002. 10. 31. 99헌바76, 14-2, 410(438).

항,406) 보증인에게 주채무와 동일한 내용의 채무를 부담하게 한 민법 제428조 제1항 및 제429조 제1항407) 등은 계약의 자유나 사적 자치에 대한 침해가 아니라고 하였다.

(4) 인간으로서의 존엄과 가치 및 행복추구권 침해 부인

준재심사유의 제한,408) 존속상해치사죄의 가중처벌제,409) 정당·의석수를 기준으로 한 기호배정,410) 지방의회에 청원시 지방의회 의원의 소개를 얻도록 한 것,411) 단체보험에서 타인의 생명보험에서 일반적으로 요구되는 피보험자의 개별적 동의를 요건으로 하지 않은 것,412) 인지청구의 소의 제소기간을 부 또는 모의 사망을 안 날로부터 1년내로 규정한 것413) 등은 인간으로서의 존엄과 가치에 대한 침해도 행복추구권의 침해도 아니라고 보았다.

(5) 단순히 행복추구권의 침해 부인

전투경찰순경의 시위진압 임무 투입,414) 18세미만자의 노래연습장출입금지,415) 의료기관의 교통사고환자에 대한 진료비의 직접청구제한,416) 국가유공자 등에 대한 일정한 수급기준규정,417) 임용결격·당연퇴직공무원의 특별채용시 사실상 근무기간의 불인정,418) 법 시행 전에 설정된 담보물권자와의 관계에서 임금우선특권의 비보장,419) 물가연동제에 의한 연금액조정규정,420) 대마의 흡연행위에 대한 처벌,421) 법무사 사무원 수의 제한,422) 分娩給與의 範圍·上限基準을 보건복지부장관이 정하도록 委任한 醫療保險法 제31조 제2항의 규정,423) 범죄행위로 인하여 형사처벌을 받은 경찰공무원에게 그에 상응하는 신분상의 불이익을 과하는 것,424) 재건축참가자에게 재건축불참자의 구분소유권에 대한 매도청구권을 인정한 것,425) 수질개선부담금의

406) 헌재 2008. 9. 25. 2005헌바81, 20-2상, 462.
407) 헌재 2010. 5. 27. 2008헌바61, 22-1하, 205.
408) 헌재 1996. 3. 28. 93헌바27, 8-1, 179.
409) 헌재 2002. 3. 28. 2000헌바53, 14-1, 159(159-160).
410) 헌재 2004. 2. 26. 2003헌마601, 16-1, 337.
411) 헌재 1999. 11. 25. 97헌마54, 11-2, 583(589-590).
412) 헌재 1999. 9. 16. 98헌가6, 11-2, 228.
413) 헌재 2001. 5. 31. 98헌바9, 13-1, 1140(1141).
414) 헌재 1995. 12. 28. 91헌마80, 7-2, 851.
415) 헌재 1996. 2. 29. 94헌마13, 8-1, 126.
416) 헌재 2004. 2. 26. 2002헌바97, 16-1, 272(273-274).
417) 헌재 2003. 7. 24. 2002헌마522·604, 2003헌마70·80(병합) 참전유공자예우에 관한법률 제6조 제1항 위헌확인; 2000. 6. 1. 98헌마216, 12-1, 622; 2007. 3. 29. 2004헌마207, 공보 126, 318(318-319).
418) 헌재 2004. 4. 29. 2003헌바64, 16-1, 520(527).
419) 헌재 2006. 7. 27. 2004헌바20, 18-2, 52(63).
420) 헌재 2005. 6. 30. 2004헌바42, 17-1, 973.
421) 헌재 2005. 11. 24. 2005헌바46, 17-2, 451(451).
422) 헌재 1996. 4. 25. 95헌마331, 8-1, 465.
423) 헌재 1997. 12. 24. 95헌마390, 9-2, 817.
424) 헌재 1998. 4. 30. 96헌마7, 10-1, 465(465).
425) 헌재 1999. 9. 16. 97헌바73, 11-2, 285.

헌법 제10조

부과,[426] 수용자에게 신문기사내용의 제한허용,[427] 국민연금법상 강제가입규정,[428] 혼인빙자간
음죄의 처벌,[429] 학원설립등록의무위반시 처벌제도,[430] 법정수료제도,[431] '군사정전에 관한
협정 체결 이후 납북피해자의 보상 및 지원에 관한 법률' 제2조 제1호가 납북자의 범위에 있어
서 6·25 전쟁 중 납북자를 제외하고 있는 것,[432] 학교정화구역 내의 납골시설의 설치·운영을
절대적으로 금지하고 있는 구 학교보건법 조항,[433] 분묘의 설치기간을 제한하는 규정을 신설하
면서 이를 당해 조항의 시행 후 최초로 설치되는 분묘부터 적용하도록 한 구 '장사 등에 관한
법률' 부칙조항[434] 등에 대해서 행복추구권 침해를 부인하였다.

(6) 특별한 기본권의 침해와 더불어서 행복추구권침해도 부인한 사례

이러한 사례는 보충적 기본권으로서의 행복추구권의 의미와 기본권경합이론의 법리를 아직
인식하지 못한 상태에서 병렬적으로 침해를 부인한 사례들도 있지만, 청구인들이 주장한 행복추
구권을 비롯한 기본권의 침해에 대하여 이를 부인하는 결론을 내린 것들도 많이 있다. 가령 국
산영화의무상영제[435] 공연장경영자의 행복추구권 침해하지 않음,[436] 학교보건법 소정의 학교환
경위생정화구역 안에서 노래연습장의 시설·영업을 금지하는 것,[437] 공무원의 정년제,[438] 약사의 한
약조제권의 한시적 인정,[439] 금고이상의 형의 집행유예판결시 공무원의 임용결격 및 당연퇴직[440]
과 자격정지 이상의 형의 선고유예의 판결시 경찰공무원의 당연퇴직,[441] 경감 이하 경찰공무원의
정년을 57세로 정한 것,[442] 국세관련 경력공무원에게 세무사자격을 부여하지 않는 것,[443] 특허청
의 경력공무원에게 변리사자격을 부여하지 않는 것,[444] 노인들의 국민연금가입제한,[445] 교통사

---

426) 헌재 1998. 12. 24. 98헌가1, 10-2, 819(819).
427) 헌재 1998. 10. 29. 98헌마4, 10-2, 637(637).
428) 헌재 2001. 2. 22. 99헌마365, 13-1, 301(301).
429) 헌재 2002. 10. 31. 99헌바40, 14-2, 390(390).
430) 헌재 2001. 2. 22. 99헌바93, 13-1, 274(274).
431) 헌재 2002. 6. 27. 2000헌마642, 14-1, 644(656).
432) 헌재 2009. 6. 25. 2008헌마393, 21-1하, 915.
433) 헌재 2009. 7. 30. 2008헌가2, 21-2상, 46.
434) 헌재 2009. 9. 24. 2007헌마872, 21-2상, 738(738-738).
435) 헌재 1995. 7. 21. 94헌마125, 7-1, 155.
436) 헌재 1995. 7. 21, 94헌마125, 7-2, 155(156).
437) 헌재 1999. 7. 22. 98헌마480, 공보 37, 715(715).
438) 헌재 1997. 3. 27. 96헌바86, 9-1, 325.
439) 헌재 1997. 11. 27. 97헌바10, 9-2, 651(673). 일반적 기본권으로서의 행복추구권의 침해를 결론적으로 부
    인함.
440) 헌재 1997. 11. 27. 95헌바14 등, 9-2, 575(587). 이러한 판례는 2002. 8. 29. 2001헌마788 지방공무원법
    제31조 제5호 등 위헌확인 결정에서 변경되어 위헌선언되었다. 이 사건에서는 이제 기본권경합이론을 제대
    로 인식한 듯, 타당하게도 공무담임권의 침해만을 확인하고 있다.
441) 헌재 1998. 4. 30. 96헌마7, 10-1, 465(476).
442) 헌재 2007. 6. 28. 2006헌마207, 경찰공무원법 제24조 제1항 제1호 위헌확인.
443) 헌재 2001. 9. 27. 2000헌마152, 13-2, 338(346).
444) 헌재 2001. 9. 27. 2000헌마208, 13-2, 363(375).
445) 헌재 2001. 4. 26. 2000헌마390, 13-1, 977(978).

고로 사람을 사상한 후 법 소정의 필요한 구호조치와 신고를 하지 아니한 때 운전면허를 필요적으로 취소하도록 한 규정,[446] '청소년이용음란물'의 제작 등 행위의 가중처벌,[447] 장애로 인한 추가지출비용을 반영한 별도의 최저생계비를 결정하지 않은 것,[448] 음주측정거부자에 대한 필요적면허취소제도,[449] 국립사범대학졸업자중교원미임용자임용등에관한특별법 제2조가 1990. 10. 8. 이후졸업자들을 구제대상에서 제외한 것,[450] 구 군사법원법 제7조, 제23조, 제24조, 제25조상의 관할관제도,[451] 민법 부칙 제10조 제1항,[452] 물리치료사와 임상병리사로 하여금 의사의 지도하에서만 복무하도록 한 것,[453] 1994년도 생계보호기준,[454] 자동차등록신청대행업무를 일반행정사 이외의 자동차매매업자 및 자동차제작·판매자 등에게도 중첩적으로 허용하는 것,[455] 多段階販賣에서 다른 가입자의 영업활동에 의하여 상위가입자가 이익을 얻을 수 없도록 규제하는 것,[456] 사납금제를 금지하기 위하여 택시운송사업자의 운송수입금 전액 수납의무와 운수종사자의 운송수입금 전액 납부의무,[457] 자연공원내 집단시설지구의 지정·개발에 관한 자연공원법 제16조 제1항 제4호 및 제21조의2 제1항,[458] 생명보험에서는 보험계약자 등의 중과실에 의한 사고의 경우에도 보험자가 면책될 수 없도록 한 규정,[459] 행정사를 제외하고 법무사에게만 고소고발장 작성을 허용한 법무사법 제2조 제1항 제2호,[460] 명의신탁의 사법적 효력에 관한 부동산실권리자명의등기에관한법률(1995. 3. 30. 법률 제4944호, 이하 "부동산실명법"이라 한다) 제4조 제1항, 제2항 본문,[461] 게임물판매업자의 등록의무위반시 처벌규정,[462] 유족의 범위를 "동학혁명참여자의 자녀 및 손자녀"로 한정한 것,[463] 금연구역의 지정제,[464] 징역형 수형자에 대한 작업의무 부과[465] 등이 그것이다.

---

446) 헌재 2002. 4. 25. 2001헌가19, 14-1, 235(235).
447) 헌재 2002. 4. 25. 2001헌가27, 14-1, 251(253).
448) 헌재 2004. 10. 28. 2002헌마328, 공보 98, 1187(1188).
449) 헌재 2004. 12. 16. 2003헌바87, 16-2하, 489(489).
450) 헌재 2004. 9. 23. 2004헌마192, 16-2상, 604(604).
451) 헌재 1996. 10. 31. 93헌바25, 8-2, 443(444).
452) 헌재 1996. 12. 26. 93헌바67, 8-2, 800(800).
453) 헌재 1996. 4. 25. 94헌마129, 8-1, 449(463-464).
454) 헌재 1997. 5. 29. 94헌마33, 9-1, 543(544).
455) 헌재 1997. 10. 30. 96헌마109, 9-2, 537(545).
456) 헌재 1997. 11. 27. 96헌바12, 9-2, 607(607-608).
457) 헌재 1998. 10. 29. 97헌마345, 10-2, 621(621).
458) 헌재 1999. 7. 22. 97헌바9, 11-2, 112(112).
459) 헌재 1999. 12. 23. 98헌가12, 11-2, 659(659).
460) 헌재 2000. 7. 20. 98헌마52, 12-2, 114(127).
461) 헌재 2001. 5. 31. 99헌가18, 13-1, 1017(1017).
462) 헌재 2002. 2. 28. 99헌바117, 14-1, 118(119).
463) 헌재 2005. 12. 22. 2005헌마119, 17-2, 804(805).
464) 헌재 2004. 8. 26. 2003헌마457, 16-2 상, 355.
465) 헌재 2012. 11. 29. 2011헌마318, 24-2하, 187(188).

10. 기본권경합 문제

가. 기본권 경합이론[466]

(1) 일반기본권과 특별기본권의 경합의 경우

일반기본권에 해당하는 행복추구권은 그 자체가 일반적 행동의 자유라고 하는 포괄적 기본권으로서의 성격을 가지기 때문에 다른 특별한 기본권과 늘 경합할 수밖에 없다. 이 경우 일반적 기본권인 행복추구권은 특별한 기본권에 대해서 그 적용이 배제되며, 혹 그 특별한 기본권에 의해서 보호되지 않는 나머지 영역이 있는 경우에는 바로 이 행복추구권에 의해서 보충적으로 보호된다고 보아야 할 것이다.[467]

(2) 상상적 경합의 경우

그러나 가령 헌법 제11조 제1항의 평등권과 같이 상상적으로 경합되는 경우에는 일반·특별의 경우가 아니기 때문에 경합되는 각 기본권을 모두 적용하여야 한다. 상상적으로 경합될 경우에는 어떠한 기본권의 제한 체계에 따라야 할 것인가의 문제가 제기될 수 있는데, 우리 헌법상 원칙적으로 모든 기본권은 제37조 제2항에 따라 제한될 수 있기 때문에 사실상 제한체계의 차이는 상대화될 수밖에 없다.

나. 인간으로서의 존엄과 가치와의 경합

행복추구권은 인간으로서의 존엄과 가치와 경합되는 경우가 많이 발생할 수 있다. 오히려 일반적 인격권은 양 기본권으로부터 도출되기도 한다. 이렇게 인간으로서의 존엄과 가치 및 행복추구권으로부터 도출되는 일반적 인격권은 인격의 핵심영역과 인간의 신체적·정신적 정체성과 완전성을 보호하는 인간으로서의 존엄과 가치의 경우와는 달리 그 자체가 불가침적 성격을 가지고 있지는 않고 헌법 제37조 제2항에 따라서 법률에 의하여 제한될 수 있는 성질의 기본권이다. 따라서 그 제한이 허용되지 않는 인간으로서의 존엄과 가치의 핵심영역과 일반적 인격권이 경합될 경우에는 당연히 인간으로서의 존엄과 가치의 핵심영역을 기준으로 판단하고 그에 대한 제한은 더 이상 허용되지 않는다고 보아야 할 것이다.

다. 일반적 인격권과 일반적 행동의 자유와의 경합

그 밖에 일반적 인격권은 행복추구권으로부터 도출되는 다른 일반적 행동의 자유와도 경합될 수 있다.[468] 가령 이러한 경우에는 인간으로서의 존엄과 가치에 보다 더 가깝다고 볼 수 있는 일반적 인격권의 효력이 보다 강하다고 볼 수 있을 것이므로 이를 기준으로 그 제한가능성 여부를 판단해야 할 것이다. 따라서 일반적 인격권의 제한을 정당화할 수 있는

---

466) 이에 대하여는 방승주, "직업선택의 자유," 헌법논총 제9집(1998), 211-275(224-234).

467) 가령 행복추구권의 보충적 성격을 명시하고 있는 판례로 헌재 2013. 8. 29. 2011헌마122, 공보 203, 1179 (1182-1182); 2013. 6. 27. 2011헌마475, 공보 201, 847(849); 2009. 3. 26. 2006헌마240, 21-1상, 592(612).

468) Michael Sachs 저, 방승주 역(주 33), 228-252(250) 참조.

다른 헌법적 법익이 존재할 경우에만 비례의 원칙에 따라서 그 제한이 허용된다고 보아야 할 것이다.

라. 일반적 인격권과 다른 기본권과의 경합

그리고 일반적 인격권과 가령 사생활의 기본권이나 주거의 자유 그리고 통신의 자유와 같이 개인의 사생활영역을 그 보호영역으로 하는 기본권들이 경합할 수 있다. 이러한 경우에는 우선적으로 특별한 기본권이라고 할 수 있는 개별 기본권이 우선적으로 적용된다고 보아야 할 것이며, 이로써 보호되지 않는 그 나머지 영역에 대해서는 보충적으로 이 일반적 인격권이 적용된다고 보아야 할 것이다. 우리 헌법하에서는 사생활영역은 대부분 헌법 제17조의 사생활의 비밀과 자유에 의해서 보호될 수 있기 때문에, 이러한 영역을 제외한 나머지 영역들을 일반적 인격권으로 포섭하여야 할 것이다.

마. 일반적 행동의 자유와 다른 기본권과의 경합

그리고 일반적 행동의 자유와 다른 특별한 기본권이 경합할 경우에는 역시 특별한 기본권이 우선적으로 적용되고, 일반적 기본권에 해당하는 일반적 행동의 자유는 보충적으로 적용된다고 할 것이다.

그리고 계약의 자유와 직업선택의 자유가 경합하는 경우에도 직업선택의 자유가 특별한 기본권이기 때문에 우선적으로 적용된다고 보아야 할 것이다. 특히 직업선택의 자유의 경우에는 헌법재판소가 소위 단계이론을 수용한 결과, 좁은 의미의 직업선택의 자유의 제한의 경우는 직업행사의 자유의 제한에 있어서 보다 더욱 엄격하게 심사하고 있는 것을 볼 수 있는데, 이에 따라 단순한 계약의 자유와 직업선택의 자유가 경합하는 경우에는 직업선택의 자유의 제한체계에 따라서 그 위헌여부를 심사하는 것이 기본권 보호에 더 유리하다고 보아야 할 것이다.

바. 헌법재판소의 구체적 판례

헌법재판소 역시 행복추구권과 다른 기본권이 경합될 경우에는 행복추구권이 보충적 일반적 기본권이라는 점에서 그 적용이 배제된다고 보고 있다. 그 사례로 결사의 자유[469]·재산권,[470] 영업의 자유·재산권,[471] 재산권,[472] 직업의 자유,[473] 공무담임권,[474] 선거권[475] 등이 행

---

469) 헌재 2012. 12. 27. 2011헌마562 등, 24-2하, 617(625).

470) 헌재 2002. 8. 29. 2000헌가5, 14-2, 106(123-123).

471) 헌재 2002. 8. 29. 2000헌마556, 14-2, 185(197-197).

472) 헌재 2003. 10. 30. 2000헌마801, 15-2하, 106(132-132); 2004. 2. 26, 2001헌마718, 16-1, 313(323).

473) 헌재 2012. 12. 27. 2011헌마562 등, 24-2하, 617(625); 2003. 12. 18. 2001헌마754, 15-2하, 609 (628-628); 2003. 9. 25. 2002헌마519, 15-2상, 454(472); 2003. 4. 24. 2002헌마611, 15-1, 466(478); 2004. 11. 25. 2002헌마809, 16-2하, 398(419); 2004. 1. 29. 2002헌바36, 16-1, 87(99); 2006. 4. 27. 2005헌마997, 18-1상, 586(595); 2007. 5. 31. 2007헌바3, 공보 128, 589; 2007. 8. 30. 2006헌바96, 공보 28, 979(4).

474) 헌재 2006. 6. 29. 2005헌마44, 18-1하, 319(331-332); 2006. 7. 27. 2005헌마821, 공보 118, 1193 (1195-1195); 2000. 12. 14. 99헌마112, 12-2, 399(408); 2005. 10. 27. 2004헌바41, 17-2, 292(308).

475) 헌재 2004. 4. 29. 2002헌마467, 16-1, 541(543-543); 2006. 4. 27. 2005헌마1190, 18-1상, 652(658-658); 2007. 3. 29. 2005헌마985, 공보 126, 325(330).

복추구권과 경합한 경우에 행복추구권의 적용을 명시적으로 배제한 바 있어 이제 일반·특별관계에 있는 기본권경합에 대해서는 일반기본권배제의 원리가 확립된 것으로 보인다.

Ⅲ. 기본권 확인의무와 보장의무(보호의무)

헌법 제10조 제2문은 "국가는 개인이 가지는 불가침의 기본적 인권을 확인하고 이를 보장할 의무를 진다"고 규정하고 있다. 여기에서 문제가 되는 것은, 첫째, 확인의무476)와 보장의무의 주체, 둘째, 불가침의 기본적 인권의 주체, 셋째, 확인의무와 보장의무의 대상, 넷째, 불가침의 기본적 인권의 범위, 다섯째, 확인의무와 보장의무의 내용이다.

1. 입법례와 연혁

가. 입 법 례

1948년 12월 10일 세계인권선언 전문의 "인류 가족 모든 구성원의 고유한 존엄성과 평등하고 양도할 수 없는 권리를 인정하는 것이 세계의 자유, 정의, 평화의 기초가 됨을 인정하며,"477) 1966년 12월 16일 경제적, 사회적 및 문화적 권리에 관한 국제규약 전문의 "국제연합헌장에 선언된 원칙에 따라 인류사회의 모든 구성원의 고유의 존엄성 및 평등하고 양도할 수 없는 권리를 인정하는 것이 세계의 자유, 정의 및 평화의 기초가 됨을 고려하고" 등에 나타나는 "권리를 인정하는 것"이라는 표현은 기본적 인권의 확인과도 유사한 표현이라고 생각된다.478)

그 밖에 전술한 바와 같이 독일 기본법 제1조 제1항은 "인간의 존엄은 불가침이다. 이를 존중하고 보호하는 것은 모든 국가권력의 의무이다"라고 규정하고 있다. 불가침의 인간존엄을 보장할 뿐만 아니라, 이를 존중하고 보호하는 것이 국가권력의 의무라고 천명하고 있는데, 여기에서 "존중"(achten)은 우리 헌법상 "확인"과, 그리고 "보호"(schützen)는 우리 헌법상 "보장"

---

476) 아직까지 우리 학계와 판례에서 이 확인의무에 관한 깊이 있는 연구는 보이지 않는다. 다만 "기본권의 보장을 위해 제일 먼저 필요한 작업은 기본권의 확인 및 그 내용의 구체화라 할 수 있을 것"이라고 하면서 "국가의 기본권보장의무 중의 기본적인 내용의 하나가 기본적 인권이 국가 이전에 자연권으로서 존재하고 있다는 것을 확인하는 것이다. 헌법 제10조에서는 국가가 불가침의 기본적 인권을 확인할 것을 그 의무로 하고 있다"는 언급으로 송기춘, "국가의 기본권보장의무에 관한 연구," 서울대학교 대학원 박사학위논문 1999, 110. 필자의 기본권 확인의무에 관한 주석{방승주, 헌법 제10조, 주요 법령에 대한 주석서 발간 1 (헌법—총강 및 기본권 부분)(2007. 12), 251, 344 이하}에 대한 반향으로 보이는 문헌들로는 허완중, "기본적 인권을 확인하고 보장할 국가의 의무," 저스티스 제115호(2010. 2), 68–105; 김해원, "기본권관계에서 국가의 의무—확인의무·보장의무·보호의무를 중심으로—," 공법학연구 제12권 제1호, 2011. 11, 85–107; 표명환, "헌법 제10조 제2문의 불가침의 기본적 인권을 확인하고 보장할 국가의 의무," 토지공법연구 제53호(2011), 331 이하.

477) 정인섭 편역, 국제인권조약집, 사람생각, 2000, 13.

478) 그 밖에 국제인권법상의 해석상 자유권에 대해서 소극적으로 침해하지 말 의무뿐만 아니라, 적극적으로 제3자에 의한 침해를 방지해야 할 의무 즉 보호의무를 도출하기도 하며, 사회권에 대해서도, 권리의 존중(respect)의무, 보호(protect)의무, 충족(fulfill) 또는 증진(promote)의무를 도출하기도 한다. 이에 관하여, 박찬운, "한국사회 빈곤층의 사회권 확보를 위한 국가의 의무와 국가인권위원회의 역할," 한양법학 제21집(2007. 8), 313–338(318); 같은 설명으로 UN, Economics, Social and Cultural Rights, Handbook for National Human Rights Institutions, New York/Geneva, 2005, p. 21.

과 비교된다고 하겠다.

나. 연 혁

기본권보장의무가 우리 헌법에 처음 도입된 것은 1962. 12. 26 헌법 제6호에 의해서이다. 즉 당시 헌법 第8條는 "모든 國民은 人間으로서의 尊嚴과 價値를 가지며, 이를 위하여 國家는 國民의 基本的 人權을 最大限으로 보장할 義務를 진다"고 규정하였다. 현행 헌법과는 달리 "기본적 인권의 최대한 보장의무"만을 선언한 것이다.

확인의무가 삽입된 것은 전술한 바와 같이 1980년헌법에 의해서이다. 즉 현행헌법은 "모든 國民은 人間으로서의 尊嚴과 價値를 가지며, 幸福을 追求할 權利를 가진다. 國家는 個人이 가지는 不可侵의 基本的 人權을 確認하고 이를 보장할 義務를 진다"고 하는 1980년 헌법 제9조로부터 유래한다.

2. 확인의무와 보장의무의 주체: 기본권의 수범자

헌법 제10조 제2문은 "국가는 … 의무를 진다"고 규정하고 있다. 여기에서 기본권 확인의무와 보장의무를 지는 주체는 국가라는 점을 알 수 있다. 여기에서 국가라고 할 때에는 모든 국가기관과 지방자치단체 그리고 공법인까지 포함하는 모든 공권력의 주체를 뜻한다고 할 수 있을 것이다. 따라서 국가의 모든 공권력의 주체는 기본권에 구속되며, 기본적 인권을 확인하고 이를 보장할 의무를 진다.

예외적으로 사인이 이러한 기본권에 구속되는가의 문제가 기본권의 대사인적 효력의 문제이다. 이에 대해서는 대사인적 효력 부인설과 인정설이 있으며, 인정설에는 직접효력설과 간접효력설이 존재한다. 그러나 기본권의 주체가 되는 사인이 또 다시 기본권의 수범자로서 기본권의 확인의무와 보장의무의 주체가 되어 의무를 진다면, 그 자체가 모순이며, 이러한 의무는 결국 국민의 자유를 제한하는 결과가 될 것이다. 따라서 사인이 기본권에 구속되는 것은 예외적으로일 뿐이다. 그리고 사법질서에서는 사적 자치가 지배원리이며 이러한 사적 자치는 헌법 제10조의 행복추구권에서 나오는 일반적 행동의 자유가 이를 보장한다. 따라서 이러한 사적 자치를 침해하지 않으면서도 국민이 가지는 기본적 인권이 사인에 의해서 침해되지 않게 하기 위해서는 신의성실의 원칙이나, 공서양속, 불법행위 등의 사법상의 일반조항을 통해서 기본권이 간접적으로 효력을 미친다고 보는 것이 가장 합리적이다. 이러한 일반조항을 해석함에 있어서 국가기관인 법관은 기본권에 구속될 뿐만 아니라, 개인이 가지는 기본적 인권을 확인하고 이를 보장할 의무를 지기 때문에, 사실상 사적 자치가 존재하지 않았다고 볼 수 있는 예외적인 경우에는, 인간의 존엄이나 직업선택의 자유 등 기본권을 근거로 신의성실의 원칙 위반이나 공서양속 위반을 확인할 수 있을 것이다. 법관의 이러한 해석을 통해서 종속적 지위의 당사자의 권리를 회복시켜 준다면, 이것이 바로 법관에 의한 기본권보호의무의 실현이라고 할 수 있다. 따라서 사법질서에 있어서 기본권의 간접적 제3자효는 국가의 기본권보호의무개념에 의해서 잘 설명될 수 있는 것이다.[479]

3. 불가침의 기본적 인권의 주체

헌법 제10조 제2문은 국가는 개인이 가지는 불가침의 기본적 인권을 확인하고 보장할 의무를 짐을 강조하고 있다. 따라서 기본적 인권의 주체는 개인이다. 여기에서 개인의 의미는 반드시 국민에만 국한되지 않는다. 외국인을 포함한 모든 인간이 개인이라고 볼 수 있다. 그리고 법인이 여기에 포함되는가 하는 것이 문제될 수 있다.[480] 그러나 불가침의 기본적 인권의 주체는 원칙적으로 자연인이라고 할 수 있기 때문에 법인은 포함되지 않는다고 보아야 할 것이다. 다만, 예외적으로 계약의 자유나 직업선택의 자유, 그리고 재산권, 평등권, 사법절차적 기본권 등과 같이 그 성질상 법인도 주체가 될 수 있는 기본권의 경우에는 법인도 그 주체가 된다고 보아야 할 것이다.

또한 태아와 배아, 그리고 사자가 "개인" 개념에 포함될 수 있을 것인지가 문제된다. 이에 대하여는 인간으로서의 존엄과 가치 및 행복추구권의 기본권주체(I. 6; II. 6)에서 이미 언급한 바와 같다. 특히 배아는 정자와 난자가 결합된 수정시점부터 인간으로서의 존엄과 가치를 비롯한 기본적 인권의 완전한 주체가 된다고 보아야 할 것이다. 다만 착상(일반적으로 수정 후 14일) 전까지는 다른 법익과의 충돌의 경우, 그 보호의 정도와 관련하여 신중한 형량이 가능하다고 보아야 할 것이다. 인간생명에 대한 객관적인 국가의 보호의무는 여전히 존재한다. 이러한 인간생명에 대한 국가의 객관적 보호의무의 근거는 인간존엄을 최고의 가치로 천명하고 있는 헌법 제10조와, "우리들과 우리들의 자손의 안전과 자유와 행복을 영원히 확보"할 것을 다짐하고 있는 헌법 전문을 들 수 있을 것이다. 인간생명에 대한 존중이 없이는 자손의 안전과 자유와 행복을 확보할 수 없을 것이기 때문이다.

4. "확인"과 "보장"의 대상

확인의무와 보장의무의 대상은 "불가침"의 "기본적 인권"이다. 여기에서 개인이 가지는 모든 기본적 인권은 원칙적으로 불가침이라고 할 수 있기 때문에, 이 불가침이라고 하는 수식어가 군이 필요했겠는가의 문제제기가 있을 수 있다. 즉 기본적 인권에 불가침의 인권과 침해가 능한 인권이 따로 존재하는가 하는 의문이 제기될 수 있다. 그러나 기본적 인권은 어떠한 경우에도 침해되어서는 안 된다고 하는 생각이 불가침[481] · 불가양[482]의 전국가적, 초국가적 천부인

---

479) 방승주, "사법질서에 있어서 국가의 기본권보호의무," 공법학연구 제7권 제5호(2006. 12), 47-83

480) 1980년 6월 5일 헌법개정안요강작성소위원회(제3차회의, 3)에서의 헌법개정논의 때도, 개인 개념에 법인이 포함될 것인지에 관한 논란이 있었다.

481) 이 개념은 독일 기본법 제1조 제1항에 나온다.

482) 이와 같이 기본적 인권의 불가양성을 천명하고 있는 국제인권문서로서는, 1048. 12. 10. 세계인권선언 전문: "Whereas recognition of the inherent dignity and of the equal and inalienable rights of all members

권개념에 내재되어 있다. 따라서 이 조항은 이러한 자연권적 천부인권을 헌법적으로 확인하고 수용하는 규정이라고 보아야 할 것이다.[483]

문제는 그러한 기본적 인권에 속하는 것들이 무엇인가이다. 불가침의 기본적 인권의 경우는 논리적으로 어떠한 이유에서도 국가가 침해해서는 안 되는 권리이다. 이러한 권리에 속하는 것들로는 헌법 제10조의 인간으로서의 존엄과 가치 및 행복추구권 그리고 헌법 제11조의 평등권, 그리고 제12조의 신체의 자유를 비롯한 제22조의 학문과 예술의 자유와 제23조의 재산권[484]까지 헌법이 주로 "자유"라고 하는 표현을 사용한 전통적인 의미의 자유권적 기본권들이 포함된다고 볼 수 있을 것이다. 여기에 제36조의 혼인과 가족생활에 있어서의 개인의 존엄과 양성평등도 자유권적 기본권으로서의 측면이 있기 때문에 그러한 범위 내에서는 이 조항도 그 범주에 포함된다고 보아야 할 것이다.

다음으로 헌법 제34조의 인간다운생활을 할 권리를 정점[485]으로 하는 사회적 기본권(교육을 받을 권리, 근로의 권리, 노동3권, 환경권, 헌법 제36조의 나머지 부분)은 국가의 적극적인 실현이 전제가 된 사회적 기본권이라고 할 수 있다. 하지만 우리 헌법상 이 기본권은 위에서 언급한 자유권적 기본권과 형식상 아무런 차이가 없이 규정되어 있다, 다시 말해서 "법률이 정하는 바에 의하여" 이러한 권리들이 보장되는 것으로 규정한 것이 아니라, "모든 국민은 … 권리를 가진다"라고 하는 표현을 사용한 것이다. 이러한 사회적 기본권은 헌법 제10조의 인간으로서의 존엄과 가치 그리고 행복추구권을 실현하기 위하여 필요한 사회적·환경적 전제가 되는 기본권이라고 볼 수 있을 것이다. 그러한 의미에서 이 사회적 기본권들도 위 자유권적 기본권과 마찬가지의 불가침은 아니라 하더라도, 인간으로서의 존엄과 가치의 실현에 직결되는 의미만큼은 불가침의 성격을 보유하고 있다고 해야 할 것이다.

끝으로 제24조의 선거권과 제25조의 공무담임권, 그리고 청구권적 기본권의 모권으로 볼 수 있는 제26조의 청원권을 비롯한 제27조 재판을 받을 권리, 제28조 형사보상청구권, 제29조 국가배상청구권, 제30조 범죄피해자구조청구권 등과 같은 청구권적 기본권 역시 국가에 의한 구체적 형성을 전제로 하는 기본권이다, 그러므로 이 기본권들은 대부분 "법률이 정하는 바에

---

of the human family is the foundation of freedom, justice and peace in the world, …"; 1966. 12. 16. 경제적, 사회적 및 문화적 권리에 관한 국제규약 전문: Cinsidering that, in acordance with the principles proclaimed in the Charter of the United Nations, recognition of the inherent dignity and of the equal and inalienable rights of all members of the human family is the foundation of freedom, justice and peace in the world, … " 등.

483) 1980년 6월 5일 헌법개정안요강작성소위원회회의록(제3차회의, 3)을 보면 이 "불가침"이라고 하는 수식어를 통해서 천부인권을 강조하고 기본권보호를 강화하고자 하였음을 알 수 있다.

484) 헌법 제23조의 재산권의 경우는 원래 전통적 의미에서 자유권에 속한다고 볼 수 있지만 현대 산업사회가 출현하면서 재산권도 신성불가침이 아니라 일정한 범위 내에서 제한될 수밖에 없고, 그 행사는 사회적 의무를 지는 것으로 이해되기 시작한 이래 우리 헌법도 소위 공공복리적합의무개념을 도입하는 등 그 사회적 의미의 변천을 반영하고 있다.

485) 조문의 위치상으로는 정점이라고 할 수 없지만 내용적으로는 사회적 기본권의 모권이라고 할 수 있으므로 정점에 속하는 기본권이라고 할 수 있을 것이다.

의하여 … 권리를 가진다"고 하는 조문구조를 가지고 있는데 이는 이 기본권들이 성질상 전국 가적, 초국가적 천부인권이 아님을 반영하고 있다고 할 수 있다.

하지만 선거권과 공무담임권과 같은 참정권의 경우, 오늘날 현대 민주주의 국가에 있어서 는 이러한 기본권의 평등한 보장이 없이는 민주주의가 제대로 실현될 수 없고, 민주주의가 없 이는 인간으로서의 존엄과 가치가 잘 보장될 수 없다. 그러한 의미에서 선거권과 공무담임권 역시 국가를 전제로 하는 기본권이라 하더라도 인간으로서의 존엄과 가치 실현에 필수적인 기 본권이라고 할 것이기 때문에 불가침의 기본적 인권에 근접하는 권리들이라 할 수 있다.

그 외의 절차적·청구권적 기본권들은 불가침의 기본적 인권이라고 할 수는 없을 것이다. 다만 이러한 권리들의 경우도, 위에서 언급한 불가침의 기본적 인권을 실현하기 위해서 필요 한 권리라고 할 수 있다는 점에서, 인간으로서의 존엄과 가치와 기본적 인권의 실현에 불가 결한 범위 내에서는 이러한 절차적·청구권적 기본권도 제한되어서는 안 된다고 보아야 할 것이다.

이렇게 본다면, 우리 헌법 제2장에서 보장하는 기본권들은 인간으로서의 존엄과 가치를 최고 정점으로 하여, 그 밑에 행복추구권과 평등권, 자유권적 기본권과 사회적 기본권까지는 불가침의 기본적 인권으로서의 성격을 가지며, 그 밖의 나머지 절차적·청구권적 기본권과 참 정권적 기본권은 인간으로서의 존엄과 가치 실현을 위해서 불가피한 범위 내에서 불가침의 기 본적 인권으로서의 성격을 가지는 것으로 이해할 수 있을 것이다.

끝으로 혹 헌법이 열거하지 않은 경우라 하더라도 불가침의 기본적 인권이 존재하는 경우 에는 그에 대하여 경시해서는 안될 뿐만 아니라, 이를 확인하고 보장하여야 한다(헌법 제37조 제1항).486)

이렇게 우리 헌법은 인간으로서의 존엄과 가치를 최고 정점으로 하는 가치의 질서와 가치 의 서열을 확정하고 있으며, 이러한 가치질서와 가치서열을 기초로 헌법 제37조 제2항에 의하 여 국가안전보장·질서유지·공공복리를 위하여 필요한 경우에 한하여 각 기본권을 제한할 수 있으되, 그 본질내용은 그 어떠한 경우에도 침해할 수 없는 것이다.

5. 확인의무의 내용

확인이라 함은 국가가 개인이 가지는 기본적인 인권의 존재를 인정하고 이를 존중487)하는 것을 말한다. 따라서 이러한 확인의무는 국가가 소극적으로 국민의 기본권을 침해하지 말아야 할 의무488)뿐만 아니라, 적극적으로는 기본적 인권의 존재를 발견하고, 이를 인정해야 할 의무

---

486) 같은 취지로, 표명환, ""헌법에 열거되지 아니한 국민의 자유와 권리"에 관한 체계적 고찰," 공법학연구 제 12권 제2호(2011), 88.
487) 그러한 의미에서 독일 기본법 제1조 제1항의 소위 존중의무와도 비교할 수 있을 것이다.
488) 확인의무와 보장의무를 분리하지 않고서, 국가가 인간의 존엄과 행복추구권을 소극적으로 침해하지 않는 데 그치지 않고, 적극적으로 보장할 의무를 지게하고 있다고 보고 있는 견해로 김철수, 헌법학개론 2007, 525.

를 포함한다.

확인의무는 우선 기본적 인권의 헌법적 차원에서의 확인의무, 법률적 차원에서의 확인의무, 법집행적 차원에서의 확인의무로 나누어진다.

가. 헌법적 차원에서의 확인의무: 헌법개정자와 헌법재판소

헌법적 차원에서 개인이 가지는 기본적 인권을 확인할 의무를 지는 주체는 먼저 헌법개정자라고 할 수 있다. 만일 현행 헌법상의 기본적 인권의 보장체계가 흠결이 있다거나 불완전·불충분한 경우에는 일단 헌법 차원에서 이러한 문제가 해결되어야 할 필요가 있다. 그러한 관점에서 헌법개정자, 다시 말하면 헌법개정의 발의권자인 대통령과 국회의원은 기본권의 확인 차원에서 헌법개정의 필요성을 검토해야 할 의무가 있다.[489]

다음으로 헌법적 차원에서 기본적 인권의 확인기능을 하는 기관은 바로 헌법재판소이다. 헌법재판소는 위헌법률심판이나 헌법소원심판이 청구되면, 그러한 절차에서 기본권의 보호영역과 주체를 확인하게 된다. 국민의 일정한 행위나 생활이 헌법상 보장되는 기본적 인권에 의해서 보호되는 대상인지 여부를 헌법해석을 통하여 확인하여야 한다. 하지만 인간으로서의 존엄과 가치 및 행복추구권, 평등권을 비롯한 많은 기본권보장이 극히 추상적 개념을 내용으로 하고 있기 때문에, 결국 이러한 기본권의 보호영역과 내용은 헌법재판소 재판관에 의해서 구체화되는 과정을 거치지 않을 수 없다. 이러한 구체화과정 역시 기본적 인권의 확인행위라고 할 수 있을 것이다. 헌법재판소는 이러한 확인행위에 있어서 자신의 구체화가 기본적 인권의 창설적 행위가 아니라, 이미 존재하고 있는 국민의 불가침의 기본적 인권을 발견해 낸다고 하는 의미에서 선언적 행위에 해당한다고 해야 할 것이다. 뿐만 아니라 어떠한 개인이 기본적 인권의 주체인지 아닌지를 확인하는 것도 역시 기본적 인권의 확인행위에 해당한다. 따라서 기본권의 주체성에 관한 판단에 있어서도 우리 헌법이 채택한 인간존엄의 가치질서에 따라서 '의심스러울 경우에는 자유에 유리하게'(in dubio pro libertate)의 원칙에 따라서 신중한 판단을 내려야 할 것이다.

나. 법률적 차원에서의 확인의무: 입법부

다음으로 기본적 인권의 확인은 법률적 차원에서 이루어질 수 있다. 이러한 법률적 차원에서의 기본권의 확인은 두 가지 방향으로 이루어질 수 있다.

첫째, 입법자가 먼저 개인이 가지는 기본적 인권을 확인해야 한다. 다시 말해서 입법자가 어떠한 국가정책을 입법화해서 추진할 경우에, 가급적 국민의 기본권을 침해하지 않도록 기본권의 최대보장의 원칙하에서 법률을 제정하여야 한다. 즉 입법자 차원에서의 기본권침해금지가

---

489) 가령 그 대표적인 대상으로서 헌법 제29조 제2항의 문제점이다. 이 조항은 제3공화국 시절에 대법원(1971. 6. 22. 선고 70다1010)이 인간의 존엄과 가치 및 평등권과 국가배상청구권의 본질적인 내용을 침해한다는 이유로 위헌선언한 국가배상법 제2조 제1항 단서조항을 유신헌법이 헌법조항으로 끌어올려 놓은 후 아직까지 존재하는 유신헌법의 잔재이다. 이에 대하여는 방승주, "소위 이중배상금지규정과 헌법규정의 위헌심사가능성," 헌법소송사례연구, 박영사, 2007, 86-136(102) 참조.

바로 법률적 차원에서의 기본권 확인이라고 할 수 있을 것이다.

둘째, 기본권 가운데는 그 구체적 내용의 형성을 입법자에게 위임한 기본권이 많이 있다. 특히 절차적·청구권적 기본권과 참정권의 경우가 그러하다. 이러한 기본권들을 구체화시킬 경우에, 각 기본권이 가지는 객관적 가치와 서열을 중시하여 그 기본권에 걸맞는 내용으로 구체화시켜야 할 것이며, 이 때 인간으로서의 존엄과 가치의 실현이 기본권형성의 궁극적 목적이 되도록 하여야 할 것이다. 경우에 따라서는 기본권형성적 법률을 제정하면서 오히려 기본권을 제한하는 경우가 있을 수 있는데, 이것이 무조건 금지된다고 할 수는 없고, 제한하는 목적과 선택한 수단 사이에 비례의 원칙을 잘 유지하면서 헌법적 법익과 충돌하는 기본권적 법익을 조정하고 형량하여야 하는데 이러한 신중한 형량이 바로 기본적 인권의 확인행위가 될 것이다.

다. 법집행적 차원에서의 확인의무: 행정부와 사법부

이러한 기본권 확인의무는 법집행적 차원, 즉 행정과 사법에 의해서도 이루어져야 한다. 법률을 구체적으로 해석하고 적용하는 기관인 행정과 사법, 특히 법원은 구체적 사건에서 법률을 해석·적용함에 있어서 개인이 가지는 기본적인 인권을 침해하지 않도록 최대한 인권을 존중하는 방향으로 하여야 한다. 법집행기관의 법해석작용에 있어서 최대한 국민의 기본권을 존중하는 것이 바로 법집행적 차원에서의 기본적 인권의 확인행위이다.

특히 헌법의 최고해석기관은 헌법재판소이기 때문에, 헌법재판소의 헌법해석에 국가기관은 모두 기속된다. 따라서 입법자는 물론이거니와 법집행기관인 행정과 사법부도 헌법재판소의 헌법해석에 기속되며, 헌법재판소의 위헌결정에 반하는 취지의 재판을 하여서는 아니된다.[490] 이러한 의미에서 법원이 헌법재판소의 기본권침해의 확인, 즉 위헌결정을 따르고 존중하는 행위도 기본적 인권의 확인행위에 해당한다고 보아야 할 것이다.

6. 보장의무의 내용

가. 보장의 개념

보장이란 국가가 자신이 침해하지 않는다고 하는 차원을 넘어서, 개인이 가지는 기본적 인권이 실현될 수 있도록 하기 위해서 법과 제도를 통해서 적극적인 보호조치를 하는 것을 의미한다. 따라서 이것은 우선 기본권의 실현을 위한 법적·제도적 장치의 형성행위(법제도와 조직 및 절차의 보장과 사전적 권리구제절차–청문회, 입법예고제), 그리고 기본권이 침해된 경우에 이를 구제해 주기 위한 법적·제도적 장치의 형성행위(기본권구제를 위한 절차의 보장, 사후적 권리구제절차–사법적 권리구제절차와 헌법재판제도)를 포함한다.

한편 기본권의 침해는 국가에 의해서 이루어지는 경우도 있지만, 외세나 자연재해 또는 개인에 의해서 이루어지는 경우도 있다. 외세나 자연재해에 의해서 개인의 기본적 인권이 침해될

---

490) 방승주, "한정위헌결정의 기속력을 부인한 대법원 판결의 위헌여부," 헌법소송사례연구, 박영사, 2002, 343-373.

경우에도 국가는 이를 보호해야 할 의무를 진다(제2조 제2항, 헌법 제5조 제2항, 제34조 제6항). 개인에 의해서 기본권적 법익이 침해되거나 침해될 위험이 있을 경우에도 국가가 이를 보호하기 위해서 적극적으로 나서지 않으면 안 되는데 이것을 협의의 기본권보호의무라고 할 수 있을 것이다.

따라서 기본권보장의무의 개념은 이러한 여러 가지 기본권의 보호의무를 포괄하는 광의의 개념이라고 할 수 있을 것이다.

나. 법적·제도적 장치의 형성의무

(1) 기본권실현을 위한 조직과 절차의 형성의무

기본권은 그 내용이 실현되기 위해서는 입법자의 적극적인 법제도의 마련이 필수적이다. 이는 특히 기본권의 구체적 내용의 형성을 입법자에게 위임해 놓은 기본권의 경우에 그러하다. 또한 자유권적 기본권이라 하더라도 그 자유권의 실현을 위해서 여러 가지 법적 제도적 장치의 마련을 입법자에게 위임하고 있는 규정들이 있다. 가령 언론·출판의 자유와 관련하여 헌법 제21조 제3항(통신·방송의 시설기준과 신문의 기능을 보장하기 위하여 필요한 사항은 법률로 정한다)이라든가, 학문과 예술의 자유와 관련하여 제22조 제2항(저작자·발명가·과학기술자와 예술가의 권리는 법률로써 보호한다)이라든가, 제31조 교육을 받을 권리와 관련하여 제31조 제4항(교육의 자주성·전문성·정치적 중립성 및 대학의 자율성은 법률이 정하는 바에 의하여 보장된다)이나 제6항(학교교육 및 평생교육을 포함한 교육제도와 그 운영, 교육재정 및 교원의 지위에 관한 기본적인 사항은 법률로 정한다), 또는 재산권의 수용의 경우 헌법 제23조 제3항의 규정들은 모두 기본권의 실현을 위한 제도적 장치의 마련을 입법자에게 위임한 것이다. 따라서 입법자는 이러한 헌법적 위임규정에 따라 해당 기본권의 실현을 위하여 조직과 절차를 마련하는 등 법제도를 형성하여 국민의 기본적 인권을 보장하여야 한다.

또한 사전적 권리구제절차에 해당하는 청문회 제도나 입법예고절차 등은 모두 기본권실현을 위한 보장내용에 속한다.

(2) 기본권구제를 위한 조직과 절차의 형성의무

한편 헌법은 국민의 기본권이나 권리가 침해된 경우에 여러 가지 권리구제를 위한 절차적 기본권을 마련해 놓고 있다. 재판을 받을 권리를 비롯한 청원권과 국가배상청구권 등 절차적·청구권적 기본권들이 그것인데, 이러한 기본권들의 경우 위에서도 언급하였듯이 법률이 정하는 바에 의하여 보장되는 기본권이기도 하다. 이러한 기본권들은 입법자가 구체화시키지 않으면 보장되기 힘든 기본권이며, 이러한 기본권들은 대부분 1차적으로 기본권의 침해를 구제받기 위한 절차에 해당하는 기본권에 해당한다. 따라서 입법자가 임의로 그 내용을 지나치게 축소시킨다든가, 그 기본권의 본질내용을 침해하는 경우에는 기본권구제 자체가 불가능하게 될 수도 있다. 따라서 입법자는 불가침의 기본적 인권을 보장하기 위한 제2차적 기본권의 형성을 인권보장의 이념과 정신에 입각하여 충분히 그 절차와 조직을 완비하지 않으면 안 된다.

아무튼 기본권구제를 위한 헌법재판제도, 권리구제를 위한 각종 재판제도는 모두 이러한 기본권보장을 위한 법적·제도적 장치들이라고 할 수 있다.

다. 외세와 자연재해에 의한 침해로부터의 기본권보호의무

(1) 외세에 의한 침해로부터의 기본권보호의무

외세로부터 국민의 기본권이 침해되는 경우가 발생할 수 있다. 우선 국민이 외국에 주재하는 동안 외국이나, 그 국가기관 또는 국제기구에 의해서 기본적 인권이 침해되는 경우가 있을 수 있는데 이러한 경우에 국가는 법률이 정하는 바에 의하여 재외국민을 보호할 의무를 진다(헌법 제2조 제2항).[491]

또한 외국의 침략을 받았을 경우에 국가는 우리 국토를 방위해야 할 뿐만 아니라, 국민의 안전과 생명과 재산을 지켜야 할 의무를 지는 것은 당연하다(헌법 제5조 제2항).

헌법재판소는 최근 일본군에 의하여 인간으로서의 존엄과 가치를 유린당한 일본군위안부[492]의 헌법소원사건과 원폭피해자 헌법소원사건[493]에서 외세의 침략에 의하여 희생당한 국민에 대한 국가의 기본권보호의무 위반을 확인한 바 있다.

(2) 자연재해에 의한 침해로부터의 기본권보호의무

뜻하지 않은 자연재해로 인하여 국민의 재산이나 인명에 대한 손실 또는 손실의 위험이 발생한 경우에 국가는 이를 예방하고 이러한 재해나 그 위험으로부터 국민을 보호할 의무를 진다. 헌법 제34조 제6항은 "국가는 재해를 예방하고 그 위험으로부터 국민을 보호하기 위하여 노력하여야 한다"고 규정하고 있다.[494]

라. 제 3 자에 의한 침해로부터의 기본권보호의무(협의의 기본권보호의무)

(1) 기본권보호의무의 개념과 의의

오늘날 가장 빈발하는 것은 제3자에 의한 국민의 기본권적 법익의 침해이다. 아무리 국가

---

491) 이와 관련하여 헌법재판소는 "국제협력요원이 병역의무를 이행하기 위하여 개발도상국 등에 파견되어 일정한 봉사업무에 종사하던 중 사망한 경우에 대한민국 내에서 위와 같은 사망자를 국가유공자법에 의하여 보상하여야 하는지에 관련된 것이므로, 국가의 재외국민 보호의무를 규정하고 있는 헌법 제2조 제2항의 보호법익이 이 사건에 그대로 적용된다고 보기 어려우므로, 이 사건 조항이 국제협력요원이 복무 중 사망한 경우 국가유공자법에 의한 보상을 하지 않는다고 하여 국가가 헌법 제2조 제2항에 규정한 재외국민을 보호할 의무를 행하지 않은 경우라고는 볼 수 없다"고 판시한 바 있다. 헌재 2010. 7. 29. 2009헌가13, 22-2상, 124(125).

492) 헌재 2011. 8. 30. 2006헌마788, 23-2상, 366(367).

493) 헌재 2011. 8. 30. 2008헌마648, 23-2상, 417(418).

494) 이에 관하여는 Seung-Ju Bang, Die Pflicht des Staates, Katastrophen zu verhüten und die Bürger vor ihren Gefahren zu schützen, in: Rudolf Rengier (Hrsg), Die Rolle des Rechts bei der Bewältigung von Katastrophen-Vortrage des 5. Trilateralen deutsch-japanisch-koreanischen Seminars 3. -5. Juli 2012 in Konstanz, 2013, S. 31 ff. {Konstanzer Online-Publikations-System (KOPS) URL: http://nbn-resolving.de/urn:nbn:de:bsz:352-237093}

가 국민의 기본권을 침해하지 않는다 하더라도, 사인에 의한 기본권적 법익침해가 끊이지 않는 다면, 국민은 인간으로서의 존엄과 가치를 가지고 행복하게 살아갈 수 없다. 따라서 이렇게 제3 자에 의한 기본권적 법익의 침해나 침해의 위험이 있을 경우에 국가는 피해자의 기본권을 적극 적으로 보호할 의무가 있다고 하는 사고가 바로 국가의 기본권보호의무이론이다. 그러므로 이 협의의 기본권보호의무는 가해자와 피해자 그리고 국가라고 하는 삼각관계를 전제로 한 개념 이다.495)

(2) 기본권보호의무의 헌법적 근거

기본권보호의무의 헌법적 근거에 대해서는 학설과 판례의 견해가 다양하게 나뉘고 있다.

---

495) 이에 대하여는 정태호, "기본권보호의무," 인권과 정의 252(1997. 8.), 83 이하; 송기춘, "기본권 보장의무에 관한 연구," 서울대학교 법학박사학위논문, 1999; 이승우, "기본권보호의무와 공권이론," 고시연구 제20권 제9호(1999), 71 이하; 이흥용·이발래, "국가의 기본권보호의무로서 과소보호금지원칙," 사회과학연구 13-1 (2000. 8.), 105 이하; 장영철, "기본권의 제3자적 효력과 기본권보호의무," 공법연구 29-2(2001), 155 이하; 방승주, "교통사고처리특례법과 국가의 기본권보호의무,"『헌법소송사례연구』, 박영사 2002, 440 이하; 이준 일, "기본권으로서 보호권과 기본권의 제3자효," 저스티스 통권 제65호(2002), 65 이하; 송석윤, "기본권으 로서의 안전권에 관한 시론적 연구," 법학논집 제8권 제1호(2003), 1 이하; 방승주, "국가의 기본권보호의 무와 그 이행여부에 대한 헌법재판소의 통제(상)·(하)," 고시연구(2004. 8. 9), 171 이하(상), 14 이하(하); 요제프 이젠제(Josef Isensee) 저/김효전 역, "방어권과 국가의 보호의무로서의 기본권," 동아법학 제35호 (2004), 161 이하; 표명환, "국가의 기본권보호의무와 행정법상의 개인적 공권이론," 헌법학연구 제10권 제 1호(2004), 277 이하; 박규하, "헌법국가에 있어서의 국가의 기본권보호의무와 입법부작위에 관한 소고," 외법논집 제19권(2005), 163 이하; 정상기, "생명과학기술과 기본권," 연세법학연구 제11권 제1호(2005), 67 이하; 방승주, "사법질서에 있어서 국가의 기본권보호의무," 공법학연구 7-5(2006. 12), 47 이하; 이부하, "헌법영역에서의 기본권보호의무," 공법학연구 8-3(2007), 123 이하; 이부하, "비례성원칙과 과소보호금지 원칙," 헌법학연구 12-2(2007. 6), 276 이하; 정문식, "생명윤리법상 국가의 기본권 보호의무," 공법학연구 제8권 제3호(2007), 167-191; 정문식, "안전에 관한 기본권의 헌법상 근거와 위헌심사기준," 법과 정책연구 7-1(2007. 6), 217 이하; 방승주, "배아와 인간존엄," 한양대 법학연구소, 법학논총 제25집 제2호(2008), 1 이하; 정문식, "형성 중인 생명에 대한 국가의 기본권 보호의무," 법학논총 제28권 제2호(2008), 385 이하; 장영철, "과소보호금지원칙에 관한 연구," 헌법학연구 14-1(2008. 3), 109 이하; 허완중, "기본권보호의무에 서 과소보호금지원칙과 과잉금지원칙의 관계," 공법연구 제37집 제1·2호(2008. 10), 201면 이하; 이효원, "범죄피해자의 헌법상 기본권보호," 서울대학교 법학, 제50권 제4호(2009), 81 이하; 장영철, "태아의 생명 권에 대한 국가의 보호의무," 공법학연구 제10권 제2호(2009), 129 이하; 정문식, "과잉금지원칙과 과소금 지원칙의 관계," 법과 정책연구 9-1(2009. 6), 197 이하; 방승주, "교통사고처리특례법 제4조 제1항의 위헌 여부 심사기준," 법률신문 2009년 3월 26일자 제3733호 판례평석; 방승주, "착상전 진단의 헌법적 문제," 헌법학연구 제16권 제4호(2010), 67 이하; 장영철, "생명공학과 기본권―소위 초기 인간배아의 기본권을 중심으로," 헌법학연구 제16권 제4호(2010), 1 이하; 김범기, "국가의 기본권 보호의무," 경기법학논총 제10 호(2010), 1 이하; 김종보, "헌법의 객관성과 기본권보호의무," 공법학연구 11-4(2010), 27 이하; 최현선, "입법자의 기본권 보호의무," 동아법학 제48호(2010), 31 이하; 표명환, "태아의 생명보호에 관한 헌법적 고찰," 토지공법연구 제51권(2010), 343 이하; 표명환, "기본권해석에 있어서 기본권의 객관법적 성격의 기 능과 현대적 쟁점," 법학연구 제42호(2011), 45 이하; 권영복, "국가의 기본권보호의무와 보험금 압류 및 보험계약 강제해지 제한입법의 필요성," 토지공법연구 제52권(2011), 489 이하; 정영화, "기업의 사회적 책 임과 헌법의 기본권보호," 헌법학연구 제17권 제3호(2011), 111 이하; 조동석, "국가의 기본권 보호의무와 개인의 보호청구권," 법과 정책연구 제11집 제3호(2011. 9), 1097 이하; 표명환, "기본권보호청구권의 구조 와 체계에 관한 고찰," 법학연구 제45집(2012. 2), 23-46; 정혜영, "과소보호원칙에 관한 소고," 강원법학 제38권(2013. 2), 631 이하.

(가) 헌법재판소

1) 헌법 제10조 후단

교통사고처리특례법 제4조에 대한 헌법소원사건에서 4인의 합헌의견[496]과 한국보건산업진흥원법 부칙 제3조 위헌소원,[497] 민사소송법 제118조 제1항 등 위헌소원,[498] 보건범죄단속에관한특별조치법 제5조 위헌소원[499]에서 헌법재판소는 헌법 제10조 후단을 보호의무의 근거로 보았다. 이러한 결정으로 보아 이것이 헌법재판소의 공식적 입장인 것으로 보인다.[500]

2) 헌법 전문, 헌법 제10조, 헌법 제30조, 헌법 제37조 제1항의 규정

교특법사건의 3인의 위헌의견[501]과 형법 제9조 위헌확인 등 사건의 별개의견[502]은 우리 헌법 전문, 헌법 제10조, 헌법 제30조, 헌법 제37조 제1항의 규정으로부터 그 근거를 찾았다.

(나) 학   설

1) 기본권의 객관적 가치질서

이 입장은 실정헌법규정으로부터가 아니라, 기본권이 가지는 객관적 가치질서의 측면으로부터 그 근거를 찾는다.[503]

2) 입헌주의 헌법과 민주공화국의 선언규정

입헌주의 헌법과 민주공화국의 선언규정으로부터 기본권보장의무를 도출하고 헌법 제10조 제2문이나 헌법전문은 단지 이를 확인하는 것으로 보는 견해가 있다.[504]

3) 헌법 제10조 제2문

헌법 제10조 제2문을 그 근거로 드는 견해가 있다.[505]

4) 종합적 근거

기본권의 객관적 가치질서로서의 성격과 개인의 안전보장이라고 하는 국가목적, 헌법전문, 헌법 제10조 제2문, 헌법 제30조 모두를 그 근거로 드는 견해가 있다.[506]

---

496) 헌재 1997. 1. 16. 90헌마110 등, 9-1, 90. 김문희, 정경식, 고중석, 신창언 재판관.

497) 헌재 2002. 11. 28. 2001헌바50, 14-2, 668.

498) 헌재 2002. 5. 30. 2001헌바28, 14-1, 490.

499) 헌재 2001. 11. 29. 2000헌바37, 13-2, 632.

500) 최근 판례로는 헌재 2012. 8. 23. 2010헌바402, 24-2상, 471(485). 여기에서는 헌법 제10조를 보호의무의 근거로 들고 있다.

501) 헌재 1997. 1. 16. 90헌마110 등, 9-1, 90. 김진우, 이재화, 조승형 재판관.

502) 헌재 2003. 9. 25. 2002헌마533, 15-2상, 479, 전효숙 재판관의 별개의견.

503) 정태호, "기본권보호의무," 김남진교수정년기념논문집, 현대 공법학의 재조명, (고려대학교)법학논집 특별호(1997), 361-409(390); 이부하(주 495), 2007, 123-140(131).

504) 송기춘(주 476), 108.

505) 이승우, "국가의 기본권보호의무," 균재 양승두교수 화갑기념논문집(Ⅰ), 현대공법과 개인의 권익보호, 1994, 1153-1187(1182); 정문식, 공법학연구 제8권 제3호(2007. 8), 167-191(174).

506) 김선택, 헌법사례연습(제3판), 법문사, 2004, 274.

(다) 사 견

우선 헌법 제10조 제2항의 기본권보장의무를 그 근거로 들 수 있다. 다음으로 기본권보호의무의 사상이 드러나는 많은 헌법규정이 존재한다. "우리들과 우리들의 자손의 안전과 자유와 행복을 … 확보"를 다짐하는 헌법전문, 헌법 제21조 제4항의 "언론·출판은 타인의 명예나 권리 또는 공중도덕이나 사회윤리를 침해하여서는 아니된다. 언론·출판이 타인의 명예나 권리를 침해한 때에는 피해자는 이에 대한 피해의 배상을 청구할 수 있다"는 규정, 제30조의 "타인의 범죄행위로 인하여 생명·신체에 대한 피해를 받은 국민은 법률이 정하는 바에 의하여 국가로부터 구조를 받을 수 있다"는 규정 등이 그것이다. 요컨대 기본권의 헌법직접적 한계규정으로서 소위 "타인의 권리"(neminem laedere)와 관련된 헌법조문은 국가의 기본권보호의무를 간접적으로 시사하고 있는 규정들이라고 할 수 있다.[507)

(3) 기본권보호의무의 구성요건

기본권보호의무가 성립되기 위해서는 기본권적 보호법익에 대한 사인의 위법한 침해 또는 침해의 위험이 존재하여야 한다.[508)

1) 침해의 대상

침해의 대상은 자유권적 기본권의 모든 보호법익이다. 가령 생명, 건강, 재산권, 인신의 자유 등을 들 수 있다. 또한 사적 거래관계에서 침해될 수 있는 보호법익으로서 직업의 자유나 인간의 존엄과 가치 및 행복추구권으로부터 도출되는 일반적 인격권도 포함될 수 있을 것이다.[509) 특히 일반적 인격권에 포함되는 명예나 헌법 제17조의 사생활의 비밀과 자유는 표현의 자유에 의해서 빈번하게 침해될 수 있는 바, 이러한 인격권과 사생활의 비밀과 자유는 우리 헌법 제21조 제4항이 보호하고 있는 중요한 보호대상이 된다고 볼 수 있을 것이다.

2) 구성요건적 행위

기본권보호의무의 구성요건이 되는 행위는 기본권적 법익에 대한 현재의 침해와 또한 임박한 침해이다. 예를 들어서 어떠한 출판물을 통해서 개인의 명예나 사생활의 비밀을 심각하게 침해할 위험이 있는 경우에, 피해자는 가해자가 그러한 출판물을 출판하지 못하도록 출판정지가처분신청을 청구할 수 있게 될 것이다. 이와 같이 침해행위는 현재 존재할 경우뿐만 아니라, 임박한 경우에도 이러한 국가의 기본권보호의무의 구성요건이 충족될 수 있을 것이다.

그리고 이러한 침해행위의 위법성 판단기준은 헌법이 될 것이다.[510) 다시 말해서 헌법적

---

507) 방승주(주 489), 440-486(463-464) 참조.
508) 이하 방승주(주 489), 440-486(464 이하)의 내용을 참고하여 보완함.
509) 사법질서에 있어서 기본권보호의무에 대하여는 방승주(주 479), 47-83l 참조.
510) 다만 타인의 침해가 헌법적으로 위법한지 여부의 문제는 결국 충돌하는 헌법적 법익들 상호간의 형량의 문제가 될 수 있다는 점에서, 이러한 요건이 꼭 필요한 것은 아니라는 헤르메스의 지적이 있는 바, 이 부분은 상당히 일리가 있으며, 앞으로 계속 연구해야 할 과제라고 생각한다. 이에 대하여는 방승주(주 489), 465-466.

보호의무의 발동요건으로서는 기본권에 의해서 보호되는 헌법적 법익이 침해되었거나 침해될 위험이 존재하느냐가 될 것이다.

3) 침해행위의 주체

침해행위의 주체는 私人이다. 따라서 국가나 지방자치단체 등 공권력 주체나, 외국 기타 자연재해의 경우는 이러한 협의의 기본권보호의무를 성립시킬 수 있는 침해의 주체가 아니다.

또한 자해행위의 경우 가해자가 존재하지 않기 때문에 국가의 적극적인 기본권보호의무가 성립되지 않는다. 기본권의 행사와 그 보호는 원칙적으로 자기책임의 원칙에 따라서 스스로의 자유로운 행위에 대하여 스스로가 책임을 지는 것이 원칙이기 때문이다.

(4) 기본권보호의무의 법적 효과

기본권보호의무의 구성요건이 충족되면, 그 법적 효과는 국가의 보호의무의 실현과 그 이행을 위한 수단의 선택이다. 다시 말해서 구체적으로 기본권보호의무가 발생하였기 때문에 그 이행을 위해서 적절한 수단과 조치를 취해야 한다는 것이다.

(가) 보호의무의 수범자

이 때 그 보호의무의 수범자는 모든 국가기관이다. 다만 이 보호의무를 수행함에 있어서는 국가기관이 자신의 일반적인 권한의 범위 내에서, 보호조치를 이행해야 하는 것이지, 이러한 보호의무가 국가기관에게 새로운 권한을 창설해 주는 것은 아니다. 국가기관은 법치국가의 원칙에 부합하는 범위 내에서 효과적이고도 적절한 보호조치를 취하여야 한다.

우선 입법자는 보호의 필요성을 충족시킬 수 있는 법률을 제정해야 하며, 항상 기본권적 법익보호를 충분히 할 수 있는 최소한의 수준을 유지하여야 하고, 만일 현행 규정과 관련하여 사정이 변경된 경우에는 새로운 위험상황에 부응하여 대처해야 할 입법개선의무[511]를 지게 된다. 기본권보호를 위한 보호입법의 개정이나 폐지는 허용된다. 하지만 법률적 보호의 최소한의 수준은 유지될 수 있도록 하여야 한다.

이러한 입법이 이루어지면, 행정부와 사법부가 이러한 법률을 근거로 효과적인 보호의무를 수행하여야 하며, 만일 그와 같은 입법이 존재하지 않는 경우 행정부나 사법부는 구체적인 상황에서 어떠한 조치를 취해야 할 것인지에 관하여 기본권적 법익형량을 현명하게 하여야 할 것이다.

(나) 보호조치의 내용

구체적으로 어떠한 보호조치를 취할 것인지의 문제는 기본권의 객관적인 보호의 필요성과 기본권주체(피해자)의 주관적인 보호의 필요성에 따라서 달라질 것인데, 이러한 문제는 결국 기본권적 법익에 대한 위해의 심각성, (현재적이거나 장래의) 침해의 유형, 그 범위와 강도, 그리고

---

511) 이에 대하여는 방승주, "독일 연방헌법재판소의 입법자에 대한 통제의 범위와 강도," 헌법논총 제7집(1996), 299-348(347-343) 참조.

기본권주체 스스로에 의해서 정당하고도 기대가능한 방법으로 극복될 수 있는 가능성 등을 종합적으로 고려하여 판단해야 할 것이다.

또한 이러한 보호조치의 실행은 현실적으로 가능한 범위 내에서 이루어질 수밖에 없다. 이 것은 마치 사회적 기본권이 국가에게 허용된 가능한 재원이 없는 경우에 제대로 보장될 수 없는 것과 마찬가지로, 가능한 것의 유보하에 놓인다고 하는 것이다.

그러므로 구체적인 보호조치의 결정에 있어서 입법자에게는 넓은 형성의 자유가 인정된다. 이 경우에 법률은 행정부에 구체적인 위험에 대응을 할 것인지 아니면 기다릴 것인지에 대한 결정에 있어서 재량을 부여할 수도 있다. 이러한 재량에 따라 구체적인 보호조치를 수행하지 않거나 거부한 경우에는 그러한 행위가 기본권적 정당성이 있었는지를 추궁하게 된다. 경우에 따라서 특정한 조치 외에는 다른 보호조치가 존재하지 않을 경우에는 이러한 재량은 영으로 수축할 수도 있다.

결국 구체적인 보호조치의 내용을 결정함에 있어서 입법자에게 넓은 형성의 자유가 인정되는 만큼, 보호의무의 이행여부의 통제기준은 소위 과소금지의 원칙(Untermaßverbot)이 된다.

(다) 가해자의 지위

국가의 기본권보호의무를 이행하기 위한 수단을 투입할 경우에, 가해자 역시 기본권주체로서 국가에 대하여는 방어권적 지위에 있다고 하는 점을 잊어서는 안된다.

우선 가해자나 그 밖의 제3자에 대하여 가하는 보호조치는 법치국가원리에 따라서 법률유보의 원칙에 입각하지 않으면 안 되며, 또한 보호조치로 선택한 수단이 보호목적과 적절한 비례관계를 유지하지 않으면 안 된다. 다시 말해서 보호조치는 피해자의 기본권적 법익의 보호라고 하는 목적에 의해서 정당화되지 않으면 안 된다. 결국 한편으로 피해자와의 관계에서는 과소금지의 원칙을 만족하여야 하면서도, 다른 한편으로 가해자에 대해서는 과잉금지의 원칙을 충족시키지 않으면 안 된다.[512]

(라) 피해자의 지위

피해자의 입장에서는 국가가 그에 대한 보호의무를 전혀 이행하지 아니하거나 충분히 효과적으로 이행하지 않을 경우에 이러한 국가의 기본권보호의무로부터 주관적인 보호청구권이 인정될 수 있을 것인지가 문제된다. 다시 말해서 생명권이나 인간존엄권 또는 인격권이나 사생활의 비밀과 보호 등의 기본권적 법익을 침해하거나 침해할 위험이 있는 가해자는 국가가 아니라 사인이었음에도 불구하고, 오히려 무관한 국가에게 구체적으로 자신의 기본권적 법익을 보호해 달라고 요구할 수 있는 보호청구권이 인정될 수 있겠는가의 문제이다. 전통적으로 자유권적 기본권의 경우 국가가 기본권을 침해하지 말 것을 요구하는 대국가적 방어권으로서의 의미

---

512) 이 경우 과소금지의 원칙과 과잉금지의 원칙과의 관계에 관해서는 방승주(주 489), 469 이하; 마찬가지로 양 원칙을 독자적인 것으로 보는 견해로, 이부하, "비례성원칙과 과소보호금지원칙," 헌법학연구 제13권 제2호(2007. 6), 275-303 참조.

가 있을 뿐, 적극적으로 국가에게 구체적인 행위를 요구할 수 있는 기본권이 아니라고 이해해 왔기 때문에, 과연 보호청구권을 인정할 것인지의 문제를 제기하는 것은 기본권이론적 혼란을 초래할 것처럼 보인다.

하지만 기본권이 가지는 객관적 가치질서로서의 측면과, 그리고 헌법 제10조 제2문이 규정하고 있는 국가의 기본권보장의무과 기본권보호의무의 의미는 이렇게 사인에 의한 기본권침해나 침해의 위험이 있는 경우, 구체적으로 보호청구권이 발생할 수 있다고 하는 점에 있다. 이것이 인정되지 않으면, 국가의 기본권보호의무이론은 구체적인 사건에서 피해자가 국가에 대하여 소구할 수 있는 근거가 될 수 없고, 따라서 보호의무의 위반은 위헌법률심판과 같은 객관적 소송에서만 이루어질 수밖에 없을 것이기 때문이다. 다시 말해서 항상 그와 같은 것은 아니라 하더라도, 특정한 경우에는 피해자가 국가에 대해서 보호를 요구할 수 있는 적극적인 청구권이 이 기본권보호의무로부터 도출될 수 있다는 것이 인정되어야 한다는 것이다.

(마) 기본권보호의무위반의 경우 구제수단

만일 입법자가 기본권보호의무를 전혀 이행하지 않고 해태하는 경우에는 헌법재판소법 제68조 제1항에 따라 입법부작위에 대한 헌법소원심판을 청구할 수 있을 것이며(진정입법부작위), 입법자가 입법의무를 이행하기는 하였으나 불완전·불충분한 입법을 하여 문제가 되는 경우에는 이러한 법률 자체에 대하여 헌법소원심판을 청구할 수 있을 것이다(부진정입법부작위).[513]

또한 행정기관이 보호의무를 이행하지 않는 경우에는 행정소송법 제4조 제3호에 따른 부작위위법확인소송으로 다툴 수 있을 것이다.

(5) 기본권보호의무 위반여부의 심사에 있어서 심사기준 내지 통제의 강도

기본권보호의무위반을 다투는 입법부작위에 대한 헌법소원심판이나, 또는 법률에 대한 헌법소원심판에서는 보호의무 이행에 있어서 입법자에게 인정되는 넓은 형성의 자유를 고려할 때, 헌법재판소는 소위 과소금지의 원칙에 입각한 완화된 심사를 수행하는 것이 타당하다. 헌법상 기본권보호의무를 어떻게 이행할 것인지는 구체적인 위험상황이나 피해자의 보호필요성의 정도, 국가적 수단동원의 가능성 등 전체를 고려하여 민주적으로 정당화된 입법자가 가장 최적으로 판단할 입장에 있기 때문에 입법자에게는 행위규범으로 기능하지만, 헌법재판소에게는 사후적 통제규범으로서 기능할 뿐이라고 보아야 한다. 따라서 입법자가 보호의무를 수행하기 위해서 명백히 아무런 조치를 취하지 않았다고 판단되지 아니하는 한,[514] 입법자의 보호의무위반을 확인하기는 힘든 것이다.[515]

---

513) 기본권보호의무 위반을 이유로 하는 헌법소원심판청구의 적법요건심사에 관해서는 방승주(주 489), 450-460 참고.

514) 이러한 의미에서 명백성통제가 적용될 수 있을 것이다. 이에 관하여는 방승주(주 511), 299-348; (주 479), 47-83(75 이하) 참조.

515) 위 교통사고처리특례법 제4조에 대한 헌법소원사건에서 4인의 합헌의견은 바로 이러한 입장에 있었으며, 이러한 입장이 타당하다고 생각된다. 헌재 1997. 1. 16. 90헌마110 등, 9-1, 90. 이에 대한 평석으로 방승

헌법재판소도 "국가가 국민의 생명·신체의 안전에 대한 보호의무를 다하지 않았는지 여부를 헌법재판소가 심사할 때에는 국가가 이를 보호하기 위하여 적어도 적절하고 효율적인 최소한의 보호조치를 취하였는가 하는 이른바 '과소보호 금지원칙'의 위반 여부를 기준으로 삼아, 국민의 생명·신체의 안전을 보호하기 위한 조치가 필요한 상황인데도 국가가 아무런 보호조치를 취하지 않았든지 아니면 취한 조치가 법익을 보호하기에 전적으로 부적합하거나 매우 불충분한 것임이 명백한 경우에 한하여 국가의 보호의무의 위반을 확인하여야 하는 것이다"라고 하고 있다.[516]

7. 헌법재판소 판례

(1) 기본권 보호의무 위반을 인정한 사례

헌법재판소는 대한민국과 일본국 간의 재산 및 청구권에 관한 문제의 해결과 경제협력에 관한 협정 제3조 부작위 위헌확인 사건에서 일본군위안부에 대한 일본의 배상청구권문제에 대한 적극적인 해결노력을 하지 않고 있는 국가의 부작위가 청구인들의 인간존엄권을 침해한다고 하면서 그 위헌을 확인한 바 있다.[517] 또한 원폭피해자 헌법소원사건[518]에서도 청구인들이 일본국에 대하여 가지는 원폭피해자로서의 배상청구권이 '대한민국과 일본국 간의 재산 및 청구권에 관한 문제의 해결과 경제협력에 관한 협정' 제2조 제1항에 의하여 소멸되었는지 여부에 관한 한·일 양국 간 해석상 분쟁을, 위 협정 제3조가 정한 절차에 따라 해결하지 아니하고 있는 피청구인의 부작위가 위헌인지 여부에 대하여 판단하면서 부작위의 위헌을 확인하였다.

(2) 기본권 보호의무 위반을 부인한 사례

국가의 기본권보호의무 위반여부를 심사하였으나 이를 부인한 사례로는 첫번째 교통사고처리특례법 제4조 제1항에 대한 헌법소원사건[519]을 들 수 있다. 그리고 공직선거법에서 확성장치 사용 등에 따른 소음제한기준을 두고 있지 않은 입법부작위에 대한 헌법소원사건[520]에서 "확성장치 소음규제기준을 정하지 않았다는 것만으로 청구인의 정온한 환경에서 생활할 권리를 보호하기 위한 입법자의 의무를 과소하게 이행하였다고 평가할 수는 없다"고 하였다.

그리고 사산된 태아의 경우 권리능력을 인정하지 않는다고 하는 해석을 전제로 하는 민법 제3조에 대한 헌법소원 사건에서 사산된 태아의 권리능력을 인정하지 않는다고 해서 태아의

주(주 489), 474 이하.

516) 헌재 1997. 1. 16. 90헌마110등, 9-1, 90(122) 참조; 2008. 7. 31. 2004헌바81, 20-2상, 91(92-93); 2008. 12. 26. 2008헌마419 등, 20-2하, 960(974).

517) 헌재 2011. 8. 30. 2006헌마788, 23-2상, 366(366-367).

518) 헌재 2011. 8. 30. 2008헌마648, 23-2상, 417(418).

519) 헌재 1997. 1. 16. 90헌마110 등, 9-1, 90(4:5 합헌). 헌법재판소는 두 번째 헌법소원심판에서 이 교통사고처리특례법 제4조 제1항에 대하여 판례를 변경하고 위헌선언을 하였으나 정작 국가의 기본권보호의무위반은 부인하였다. 헌재 2009. 2. 26. 2005헌마764 등, 21-1상, 156. 이에 대한 비판으로는 방승주, 교통사고처리특례법 제4조 제1항의 위헌여부 심사기준, 법률신문 2009년 3월 26일자 제3733호 판례평석 참조.

520) 헌재 2008. 7. 31. 2006헌마711, 20-2상, 345.

생명권에 대한 국가의 기본권보호의무를 위반하는 것은 아니라고 보기도 하였다.521)

또한 미국산 쇠고기 및 쇠고기 제품 수입위생조건 위헌확인사건522)에서 헌법재판소는 이 사건 고시가 개정 전 고시에 비하여 완화된 수입위생조건을 정한 측면이 있다 하더라도, 쇠고기 소비자인 국민의 생명·신체의 안전을 보호하기에 전적으로 부적합하거나 매우 부족하여 그 보호의무를 명백히 위반한 것이라고 단정하기는 어렵다고 보았다.

한편 해외에서 발생한 범죄피해에 대하여는 범죄피해자구조법에 따른 구조의 대상에 포함시키지 아니한 것이 청구인의 평등권을 침해하는지 여부에 대한 헌법소원사건523)에서 헌법재판소는 국가공권력이 해외에는 미치지 아니하는 등의 이유로 해외에서 발생한 범죄피해자에 대한 국가의 보호책임을 인정하지 않았으며, 따라서 이들에 대하여 범죄피해자구조대상에서 제외하였다 하더라도 평등원칙에 위반되는 것은 아니한다고 보았다. 그러나 이와 같이 해외범죄피해자를 범죄피해자구조대상에서 제외한 것이 청구인들에 대하여 헌법 제30조가 규정하고 있는 범죄피해자구조청구권 자체를 사실상 불가능하거나 무의미하게 할 정도로 입법형성을 한 것은 아닌지, 그리하여 그들에 대한 국가의 기본권보호의무의 최소한 마저도 불이행한 것은 아닌지에 관하여 보다 신중하게 접근하였어야 할 것이라고 생각된다.

그리고 구 국외강제동원자지원법과 행정부가 국내 강제동원희생자에 대하여 보상절차를 취하지 않은 것이 청구인들의 평등권, 재산권 및 행복추구권을 침해한다고 하면서 제기한 헌법소원사건524)에서는 국내강제동원자지원을 배제한 것을 부진정입법부작위로 보고서 청구인들의 기본권침해를 인정하지 않았으나 이에 대하여는 '국내' 강제동원희생자에 대하여도 그 지원에 관한 법률을 제정하여야 하는 헌법상 의무가 인정된다고 하는 재판관 4인의 반대의견이 있었다.

Ⅳ. 관련문헌

1. 인간으로서의 존엄과 가치

가. 국내문헌

강희원, "배아복제와 인간존엄성의 정치학," 법제연구 제20호(2001), 7-37.

권영설, 헌법이론과 헌법담론, 법문사, 2006.

권영성, 헌법학원론, 법문사, 2010.

계희열, 헌법학(상), 박영사, 2005.

---

521) 헌재 2008. 7. 31. 2004헌바81, 20-2상, 91

522) 헌재 2008. 12. 26. 2008헌마419 등, 20-2하, 960(961).

523) 헌재 2011. 12. 29. 2009헌마354, 23-2하, 795(802).

524) 헌재 2011. 12. 29. 2009헌마182 등; 2011. 2. 24. 2009헌마94, 23-1상, 143(149-152).

_____, 헌법학(중), 박영사, 2007.

_____, "메피스토－클라우스만 결정," 고려대학교 법학연구소, 판례연구 제2집(1983. 2), 7-45.

김명재, "인간복제와 존엄성," 공법연구, 제30집 제1호(2001. 12), 73-96.

김병곤, 인간의 존엄, 교육과학사, 1996.

김선택, "출생전 인간생명의 헌법적 보호," 헌법논총 제16집(2005), 145-180.

_____, ""행복추구권"과 "헌법에 열거되지 아니한 권리"의 기본권체계적 해석, 안암법학 창간호(1993), 7-39.

_____, "헌법 제9조 제1문 전단「인간으로서의 존엄」의 의미와 법적 성격," 고려대학교 대학원 석사학위논문(1983).

김일수, "배아 생명에 대한 법적 이해와 법정책의 방향," 형사정책연구 제13권 제3호(통권 제51호)(2002), 5-24.

김철수, 헌법학개론, 박영사, 2007.

_____, "인간의 존엄과 가치·행복추구권에 관한 연구(상)(하)," 대한민국학술원 논문집 (인문·사회과학편) 제47집 제1호, 제2호(2008), 199-279, 41-104.

김형성, "생명공학의 헌법적 가능성과 한계," 공법연구 제32집 제1호(2003. 11), 263-291.

박선영, "인간의 존엄과 가치 그리고 배아," 헌법학연구 제13권 제1호(2007. 3), 373-409.

박은정, 생명공학시대의 법과 윤리, 이화여대출판부, 2000.

방승주, "호주제의 위헌성 여부," 헌법소송사례연구, 박영사, 2002.

_____, "배아와 인간존엄," 법학논총 제25집 제2호(2008. 6), 1-37

_____, "착상전 진단의 헌법적 문제," 헌법학연구 제16권 제4호(2010. 12), 67 이하

_____ 역, Richter/Schuppert/Bumke저, 독일헌법판례해설(Casebook Verfassung -srecht, 4. Aufl., München 2001).

_____ 역, Sachs, Michael 저, 헌법 Ⅱ－기본권론(Verfassungsrecht Ⅱ-Grund-rechte 2000), 헌법재판소, 2002.

법무부, 생명윤리및안전에관한법률 제13조 제1항 등 위헌확인, 헌법재판사건의견서사례집 제15집 제1권, 2005.

서종희, "배아연구와 인간의 존엄과 가치-헌재 2010. 5. 27. 선고, 2005헌마346 전원재판부 결정에 대한 검토," 법학연구 27-1(2011), 243 이하.

성낙인, 헌법학, 법문사, 2013.

신동일, "배아 생명보호를 위한 형법적 개입의 시기," 형사정책연구 제13권 제3호(통권 제51호)(2002), 87-107.

양 건, 헌법강의, 법문사, 2013.

헌법 제10조

윤영철, "인간배아의 보호필요성과 형법," 형사정책 제16권 제1호(2004), 171-195.

이상돈, 생명공학과 법, 아카넷, 2003.

이인영, "인간배아보호를 위한 법정책에 관한 고찰," 형사정책연구 제13권 제3호(통권 제51호)(2002), 53-86.

이인영 외, 생명인권보호를 위한 법정책, 삼우사, 2004.

이재명, "인간존엄의 헌법적 접근," 중앙대학교 대학원 박사학위논문, 1991.

이준일, 헌법학강의, 홍문사, 2013.

임종식, "배아를 인간으로 볼 것인가?," 법철학연구 제3권 제2호(2000), 195-216.

장영수, 헌법학, 홍문사, 2012.

장영철, "생명공학과 기본권―소위 초기 인간배아의 기본권을 중심으로," 헌법학연구 제16권 제4호(2010), 1 이하

정문식, "독일에서의 인간의 존엄과 생명권의 관계," 공법학연구 제7권 제2호(2006), 265-294.

_____, "배아줄기세포연구시 배아의 생명권과 인간존엄," 한양법학, 제18집(2005).

정종섭, 헌법학원론, 박영사, 2013.

정현미, "배아의 생명권과 착상전 유전자진단," 비교형사법연구 제5권 제2호(2003), 259-277.

조홍석, "생명복제와 인간의 존엄," 공법연구 제30집 제1호(2001), 23-45.

한수웅, "헌법 제10조의 인간의 존엄성," 헌법학연구 제13권 제2호(2007), 239-273.

황상익, "인간 배아 연구의 윤리 ― 인간줄기세포 연구를 중심으로 ―," 형사정책연구 제13권 제3호(통권 제51호)(2002), 25-51.

황성기, 생명권의 현재 그리고 미래, 이인영 외, 생명인권보호를 위한 법정책, 삼우사, 2004, 53-80.

허 영, 한국헌법론, 박영사, 2013.

홍성방, 헌법학, 현암사(中), 2010.

나. 외국문헌

Böckenförde, Ernst-Wolfgang, Menschenwürde als normatives Prinzip, JZ 2003., S. 809 ff.

Dreier, Horst, in: ders.(Hrsg), Grundgesetz-Kommentar, Bd I, 2. Aufl., 2004, Art. 1 Abs. 1.

Dürig, Günter, in: Maunz/Dürig, Grundgesetz Sonderdruck, -Kommentierung der Artikel 1 und 2 Grundgesetz von Günter Dürig.

Herdegen, Matthias, Die Menschenwürde im Fluß des bioethischen Diskurses, JZ 2001. S. 773 ff.

ders., in: Maunz-Dürig, GG Kommentar(Liferung 44 Februar 2005), Art. 1 Abs, 1 GG.

Hofmann, Hasso, Die versprochene Menschenwürde, AöR 118(1993). S. 353 ff.

Ipsen, Jörn, Der "verfassungsrechtliche Status" des Embryos in vitro, JZ 2001. S. 989 ff.

Katz, Alfred. Staatsrecht, 15. Aufl., Heidelberg 2002.

Kreß, Harmut, Menschenwürde, Embryonenschutz und gesundheitsorientierte Fors-
chungsperspektiven in ethisch-rechtlicher Abwägung -Reformbedarf zum
Stammzellgesetz, ZRP 2006. S. 219 ff.

Pieroth/Schlink, Grundrechte-Staatsrecht Ⅱ, Heidelberg 2002.

Schmidt-Jortzig, Edzard, Systematische Bedingungen der Garantie unbedingten Schutzes
der Menschenwürde in Art. 1 GG, in: DÖV 2001. S. 925 ff.

Schreiber, Hans-Ludwig, Der Schutz des Lebens an seinem Beginn durch Recht, 형사정
책연구 제13권 제3호(2002 가을호), 217-238(236).

Zaar, Peter, Wann beginnt die Menschenwürde nach Art. 1 GG, Baden-Baden 2005.

Zippelius, in: BK-GG(Lfg. Dez. 1989), Art. 1 Abs. 1 u. 2

BVerfG, 2. Kammer des Zweiten Senats, Beschluß vom 18. 1. 1994-2 BvR 1912-93,
NJW 1994, S. 783ff.

2. 행복추구권

권영성, 헌법학원론, 법문사, 2010.

계희열, 헌법학(중), 박영사, 2007.

김선택, "헌법재판소판례에 비추어 본 행복추구권," 헌법논총 제10집, 1998, 7-39.

_____, ""행복추구권"과 "헌법에 열거되지 아니한 권리"의 기본권체계적 해석," 안암법학
창간호(1993), 7-39.

김철수, 헌법학개론, 박영사 2007, 479.

방승주, "직업선택의 자유," 헌법논총 제9집(1998), 211-275.

방승주 역, Richter/Schuppert/Bumke저, 독일헌법판례해설(Casebook Verfassung -srecht
4. Aufl., 2001), 헌법재판소, 2003.

_____, Michael Sachs저, 헌법 Ⅱ-기본권론(Verfassungsrecht Ⅱ -Grund -rechte 2000),
헌법재판소, 2002.

송길웅, "헌법재판소에 의한 행복추구권의 구체화," 헌법학연구 제10권 제3호(2004), 173-
219.

법제처, 헌법연구반 보고서, 법제처(1980. 3).

성낙인, 헌법학, 법문사, 2013.

양 건, 헌법강의, 법문사, 2013.

이준일, 헌법학강의, 홍문사, 2013.

임지봉, "행복추구조항의 기본권성," 저스티스 제71호(2003), 5-25.

장영수, 헌법학, 홍문사, 2012.

정종섭, 헌법학원론, 박영사, 2013.

허 영, 한국헌법론, 박영사, 2013.

홍성방, 헌법학, 현암사(中), 2010.

3. 기본권 확인의무와 보장의무 그리고 보호의무

가. 국내문헌

권영복, "국가의 기본권보호의무와 보험금 압류 및 보험계약 강제해지 제한입법의 필요성," 토지공법연구 제52권(2011), 489 이하.

김범기, "국가의 기본권 보호의무," 경기법학논총 제10호(2010), 1 이하.

김선택, 헌법사례연습(제3판), 법문사, 2004.

김종보, "헌법의 객관성과 기본권보호의무," 공법학연구 11-4(2010), 27 이하.

김해원, "기본권관계에서 국가의 의무 ― 확인의무·보장의무·보호의무를 중심으로 ―," 공법학연구 제12권 제1호(2011. 11), 85-107.

박규하, "헌법국가에 있어서의 국가의 기본권보호의무와 입법부작위에 관한 소고," 외법논집 제19권(2005), 163 이하.

박찬운, "한국사회 빈곤층의 사회권 확보를 위한 국가의 의무와 국가인권위원회의 역할," 한양법학 제21집(2007. 8), 313-338.

방승주, "독일 연방헌법재판소의 입법자에 대한 통제의 범위와 강도," 헌법논총 제7집(1996), 299-348.

_____, "교통사고처리특례법과 국가의 기본권보호의무,"『헌법소송사례연구』박영사, 2002, 440 이하.

_____, "한정위헌결정의 기속력을 부인한 대법원 판결의 위헌여부,"『헌법소송사례연구』박영사, 2002, 343-373.

_____, "국가의 기본권보호의무와 그 이행여부에 대한 헌법재판소의 통제(상)·(하)," 고시연구(2004. 8. 9), 171 이하(상), 14 이하(하).

_____, "사법질서에 있어서 국가의 기본권보호의무 ― 최근 독일 연방헌법재판소 판례의 분석을 중심으로," 공법학연구 제7권 제5호(2006. 12), 47-83

_____, "소위 이중배상금지규정과 헌법규정의 위헌심사가능성," 헌법소송사례연구, 박영사, 2007, 86-136.

_____, "배아와 인간존엄," 한양대 법학연구소, 법학논총 제25집 제2호(2008), 1 이하.

_____, "교통사고처리특례법 제4조 제1항의 위헌여부 심사기준," 법률신문 2009년 3월 26일자 제3733호 판례평석.

_____, "착상전 진단의 헌법적 문제," 헌법학연구 제16권 제4호(2010), 67 이하.

송기춘, "국가의 기본권보장의무에 관한 연구," 서울대학교 대학원 박사학논문, 1999.

송석윤, "기본권으로서의 안전권에 관한 시론적 연구," 법학논집 제8권 제1호(2003), 1 이하.

요제프 이젠제(Josef Isensee) 저/김효전 역, 방어권과 국가의 보호의무로서의 기본권, 동아법학 제35호(2004), 161 이하.

이부하, "비례성원칙과 과소보호금지원칙," 헌법학연구 12-2(2007. 6), 276 이하.

_____, "헌법영역에서 기본권보호의무," 공법학연구 제8권 제3호(2007. 8), 123-140.

이승우, "국가의 기본권보호의무, 균재 양승두교수 화갑기념논문집(Ⅰ)," 현대공법과 개인의 권익보호(1994), 1153-1187.

_____, "기본권보호의무와 공권이론," 고시연구 제20권 제9호(1999), 71 이하.

이준일, "기본권으로서 보호권과 기본권의 제3자효," 저스티스 통권 제65호(2002), 65 이하.

이효원, "범죄피해자의 헌법상 기본권보호," 서울대학교 법학 제50권 제4호(2009), 81 이하.

이흥용·이발래, "국가의 기본권보호의무로서 과소보호금지원칙," 사회과학연구 13-1(2000. 8), 105 이하.

장영철, "과소보호금지원칙에 관한 연구," 헌법학연구 14-1(2008. 3), 109 이하.

_____, "기본권의 제3자적 효력과 기본권보호의무," 공법연구 29-2(2001), 155 이하.

_____, "생명공학과 기본권 – 소위 초기 인간배아의 기본권을 중심으로," 헌법학연구 제16권 제4호(2010), 1 이하.

_____, "태아의 생명권에 대한 국가의 보호의무," 공법학연구 제10권 제2호(2009), 129 이하.

정문식, "과잉금지원칙과 과소금지원칙의 관계," 법과 정책연구 9-1(2009. 6), 197 이하.

_____, "생명윤리법상 국가의 기본권 보호의무," 공법학연구 제8권 제3호(2007. 8), 167-191.

_____, "안전에 관한 기본권의 헌법상 근거와 위헌심사기준," 법과 정책연구 7-1(2007. 6), 217 이하.

_____, "형성 중인 생명에 대한 국가의 기본권 보호의무," 법학논총 제28권 제2호(2008), 385 이하.

정상기, "생명과학기술과 기본권," 연세법학연구 제11권 제1호(2005), 67 이하.

정영화, "기업의 사회적 책임과 헌법의 기본권보호," 헌법학연구 제17권 제3호(2011), 111 이하.

정인섭 편역, 국제인권조약집, 사람생각, 2000.

정태호, "기본권보호의무," 김남진교수정년기념논문집, 현대 공법학의 재조명, 고려대학교
　　　　법과대학, 법학논집 특별호(1997). 361-409.

_____, "기본권보호의무," 인권과 정의 252(1997. 8), 83 이하

정혜영, "과소보호원칙에 관한 소고," 강원법학 제38권(2013. 2), 631 이하.

조홍석, "국가의 기본권 보호의무와 개인의 보호청구권," 법과 정책연구 제11집 제3호
　　　　(2011. 9), 1097 이하.

최현선, "입법자의 기본권 보호의무," 동아법학 제48호(2010), 31 이하.

표명환, "국가의 기본권보호의무와 행정법상의 개인적 공권이론," 헌법학연구 제10권 제1
　　　　호(2004), 277 이하.

_____, "태아의 생명보호에 관한 헌법적 고찰," 토지공법연구 제51권(2010), 343 이하.

_____, ""헌법에 열거되지 아니한 국민의 자유와 권리"에 관한 체계적 고찰," 공법학연구
　　　　제12권 제2호(2011).

_____, "헌법 제10조 제2문의 불가침의 기본적 인권을 확인하고 보장할 국가의 의무," 토
　　　　지공법연구 제53호(2011), 331 이하.

_____, "기본권해석에 있어서 기본권의 객관법적 성격의 기능과 현대적 쟁점," 법학연구
　　　　제42호(2011), 45 이하.

_____, "기본권보호청구권의 구조와 체계에 관한 고찰," 법학연구 제45집(2012. 2), 23-46.

허완중, "기본권보호의무에서 과소보호금지원칙과 과잉금지원칙의 관계," 공법연구 제37
　　　　집 제1·2호(2008. 10), 201 이하.

_____, "기본적 인권을 확인하고 보장할 국가의 의무," 저스티스 제115호(2010. 2), 68-
　　　　105.

나. 외국문헌

Bang Seung-Ju, Die Pflicht des Staates, Katastrophen zu verhüten und die Bürger vorihren
　　　　Gefahren zu schützen, in: Rudolf Rengier (Hrsg.), Die Rolle des Rechtsbei der
　　　　Bewältigung von Katastrophen -Vortrage des 5. Trilateralendeutsch-japanisch-
　　　　koreanischen Seminars 3.-5. Juli 2012 in Konstanz, 2013, S.31 ff.

UN, Economics, Social and Cultural Rights, Handbook for National Human Rights
　　　　Institutions, New York/Geneva, 2005.

헌법 제11조

[임 지 봉]

第11條

① 모든 國民은 法 앞에 平等하다. 누구든지 性別·宗敎 또는 社會的 身分에 의하여 政治的·經濟的·社會的·文化的 生活의 모든 領域에 있어서 차별을 받지 아니한다.

② 社會的 特殊階級의 制度는 인정되지 아니하며, 어떠한 形態로도 이를 創設할 수 없다.

③ 勳章등의 榮典은 이를 받은 者에게만 效力이 있고, 어떠한 特權도 이에 따르지 아니한다.

Ⅰ. 기본개념과 입헌취지

1. 기본개념

평등권은 '국가로부터 부장하게 차별대우를 받지 아니함은 물론 국가에 대해 평등한 처우를 요구할 수 있는 주관적 공권'을 말하는 것으로 정의되고 있다.[1] 즉, '합리적 기준없는 차별'을 받지 않을 권리가 평등권인 것이다.

2. 입헌취지

평등권에 관한 현행헌법 제11조 규정은 1948년 건국헌법에서부터 존재했다. 즉, 국내외 헌법들이 평등권을 기본적이고 포괄적인 기본권으로 헌법에 규정하고 있었기 때문에, 우리 헌법도 이 평등권을 건국헌법에서부터 규정하게 되었다.

Ⅱ. 연   혁

평등의 개념의 본격적인 기원은 서양의 중세로까지 거슬러 올라간다. 기독교 신앙이 강조되고 교황의 종교적·세속적 권위가 높았던 중세에 있어서는 주로 '神 앞의 평등'이 평등의 개념으로 강조되었다. 그 후 시민혁명으로 시작된 근대에서는 '神'이 아닌 '국가권력'으로부터의 평등이 강조되기 시작했다. 그리고 이 근대의 평등은 자유를 누림에 있어서의 '자유의 평등,' 형식적 기회의 균등을 의미하는 '형식적 평등,' 투표권 등 정치참여에 있어서의 평등을 의미하는 '정치적 평등'을 중심으로 한 것이었다. 제1차 및 제2차 세계대전 후에 본격적으로 도래한 현대에서는 누구나 최소한의 생활의 기본적 수요를 충족시키면서 생존할 수 있어야 한다는 '생존의 평등,' 형식적 기회가 균등하게 주어질 뿐만 아니라 그 결과에 있어서도 실질적으로 평등해야 함을 요구하는 '실질적 평등,' 정치보다는 경제적·사회적인 면에서의 평등을 강조하는 '경제적·사회적 평등'이 평등 개념의 중심을 이루었다.

Ⅲ. 입헌례와 비교법적 의미

평등권의 법리는 그 후 영미법계에서는 차별 기준의 '합리성'의 개념을 중심으로, 독일 등에서는 차별의 '자의금지'개념을 중심으로 평등 개념이 계속 발전하였다. 그러나 '합리적 이유

---

1) 권영성, 헌법학원론 改訂版, 박영사, 2007, 390; 김철수, 헌법학개론 제19全訂新版, 박영사, 2007, 445; 허영, 한국헌법론 全訂3版, 박영사, 2007, 330; 성낙인, 헌법학 제7판, 법문사, 2007, 340; 정종섭, 헌법학원론 제2판, 박영사, 2007, 367 참조.

없는' 차별과 '자의적인' 차별은 사실상 같은 개념이라 할 수 있다. 특히 미국에서는 평등권의 법리가 미국 연방대법원을 중심으로 정치한 법리적 발전을 거듭해왔다. 따라서 다음에서는 미국의 평등권 법리를 중심으로 평등권의 입헌례와 비교법적 의미를 살펴본다.

1. 미국의 평등권 규정과 연방대법원의 평등심사 기준

가. 서　설

"평등"은 가장 미국적인 주제이다. 종교적 박해와 각종의 부당한 차별을 뒤로한 채 목숨을 걸고 대서양과 태평양을 건너온 사람들이 이룩한 국가가 미국이기 때문이다. 또 이 평등조항은 미국연방헌법에 일찍이 규정되면서 헌법재판에 자주 인용되는 중요한 조항으로서의 구실을 했으며 이런 면에서 평등은 미국사회에서 가장 많이 논의되는 헌법적 주제 중의 하나가 될 수 있었다. 미국 연방 수정헌법 제14조의 끝부분에는 적법절차조항 다음으로 평등보호조항이 ― 우리로 치면 평등권 조항 ― 규정되어 있다. "어떠한 주도 그 관할권내에 있는 어떠한 사람에 대해 법률에 의한 평등한 보호를 거부하지 못한다"는 조항이 그것이다. 이 평등보호조항은 노예제도 등을 둘러싼 미국 남부와 북부의 갈등으로 폭발한 남북전쟁(1861-65) 직후에, 노예제 폐지에 관한 수정헌법 제13조, 흑인의 투표권에 대한 수정헌법 제15조와 더불어 미국 연방헌법에 편입되었으며[2] 그 주된 목적은 미국사회에서 대대로 부당한 차별을 받던 흑인들에 대한 자유와 평등보호를 보장하기 위한 것이었다. 그러나 이러한 수정헌법조항들이 헌법에 편입된 초창기에 미국법원은 이 조항들이 "차별(classifications)의 영역이 무엇이건, 차별의 기준이 무엇이건, 차별의 사용에 일반적 제한을 가하려는"[3] 의도로 만들어진 것이라고 이 조항들의 의미를 넓게 해석했다. 차별은 도처에서 다반사로 이루어진다. 특히 법에 의한 어떤 집단이나 부류의 구별과 그에 차이를 두는 차별은 아주 자연스럽게 또 흔하게 이루어지고 있다. 이런 이유일까? 평등조항은 우리 헌법재판소에서 위헌판단에 가장 많이 원용되는 조항이라고 한다. 이 점은 미국에 있어서도 비슷하다. 평등보호조항은 수정헌법 제5조와 수정헌법 제14조에 규정되어있는 적법절차조항과 함께 가장 대표적인 포괄적 일반조항으로 기능하고 있다. 따라서 평등보호조항과 평등권에 대해 알아보는 것은 미국헌법의 이해에 아주 중요하며, 또한 평등보호조항과 관련해서는 판례나 이론도 아주 많다. 이런 이유로 미국 로스쿨들에서는 보통 적법절차의 원칙과 평등보호조항을 '헌법 2'(Constitutional Law Ⅱ)로 해서 한 학기 내내 강의한다. 특히 그 강의는 평등보호조항에 대한 설명에 훨씬 더 많은 시간을 할애한다.

미국 연방대법원이 위헌심사에 적용하는 기준에는 세 가지가 있다. 단순합리성심사(Mere Rationality Test), 엄격심사(Strict Scrutiny), 중간수준심사(Middle Level Review)가 그것이다. 이 세

---

2) 정확하게는 수정헌법 제13조는 1865년에, 수정헌법 제14조는 1868년에, 끝으로 수정헌법 제15조는 1870년에 미국연방헌법에 추가되었다.

3) Gerald Gunther & Kathleen Sullivan, Constttutional Law 676 (13th ed. Foundation Press, 1997).

단계 합헌성 심사의 기준은 미국 헌법상의 논의에서 줄기차게 등장하며 각 헌법규정에의 위배여부가 문제될 때 어떤 헌법조항의 위배여부에 대해서는 단순합리성심사가, 어떤 헌법규정에의 위헌여부 심사에 있어서는 엄격심사가, 또 어떤 다른 헌법규정에의 위배여부를 심사할 때에는 중간수준심사가 이루어진다. 하지만, 세 가지 단계의 기준이 다 적용될 수 있는 경우로는 미국 수정헌법 14조의 평등보호조항에의 위배여부를 심사할 때가 유일하다. 즉, 평등심사에 있어서는 세 단계의 합헌성 판단의 기준이 그 차별(classifications)의4) 유형이나 근본적 권리들(fundamental rights)의 침해여부에 따라 다 적용될 수 있는 것이다.

나. 미국 연방대법원의 평등심사기준의 형성과 3단계 기준

(1) 평등심사기준 형성의 역사

　　미국연방 수정헌법 제14조는 어떤 州도 그 주민에게 법의 평등보호를 부인할 수 없다고 함으로써 "州政府"를 평등보호조항의 규율대상으로 하고 있다. "연방정부"도 이 평등보호조항의 규율대상이라는 헌법상의 명문규정이 없어 문제였으나, 워렌 대법원 때인 1954년에 Bolling v. Sharpe(1954)판결에 의해 수정헌법 제14조의 평등보호조항은 이제 주정부뿐만이 아니라 수정헌법 제5조의 적법절차조항을 통해 연방정부에도 적용될 수 있게 되었다.

　　이러한 평등보호조항이 헌법에 존재한다 하더라도 모든 차별이 다 이 평등보호조항에 위배되는 것은 아니다. 법은 그 일반적 속성상 사람들에 대한 다른 대우를 상정하고 있기 때문이다. 즉, 법이 모든 사람을 똑같게 대우할 수는 없다. 오직 비합리적이고 자의적인 차별이 있을 때에만 평등보호조항에 위배되게 된다.5) 이렇듯 법에 의한 차별이 "합리적 근거"(rational basis)가 있는 차별이면 합헌적 차별이 되는 것이어서, 이러한 차별의 "합리적 근거" 유무를 위헌판단의 기준으로 삼던 것이 전통적 평등심사의 기준인 "단순합리성심사"(Mere Rationality Test)이다. 이 단순합리성심사는 1953년에 워렌 대법원(1953년－1969년)이 나타나기 이전까지 극히 오

---

4) "Classification"이라 하면 보통 "분류" 또는 "분류를 통한 구별"로 해석된다. 따라서 예를들어 법이 여자와 남자를 분류화하고 구별하는 것을, 백인과 유색인종(colored people)을 분류화하고 구별하는 것을 법을 통한 "classification"이라 하는 것이다. 그러나 이를 한국어로 "분류"로 번역할 경우 "구별"의 의미가 없어지면서 한국어의 어감상으로는 너무 약한 의미로 전달될 수 있다. "Classification"은 분명 '법에 있어서의 분류화와 그 분류화를 통한 구별'의 의미이므로 필자는 이를 "차별"이라고 번역한다. "차별"의 뜻을 국어사전으로 찾아보면 "차가 있게 구별함"이라고 해석되어 있다. 따라서, 원래 우리말의 "차별"의 의미에는 '부당한' 구별이라는 식의 부정적인 의미가 없다. 이런 이유로 "classification"을 차별이라 번역하는 것이 가장 적합하다고 생각한다. 물론 이 때의 "차별"은 그러한 차별에 "합리적 기준이 있느냐"의 여부를 따지기 以前의 '분류화를 통한 구별'의 의미로서 부정적인 의미가 없는 "차가 있는 구별"이다.

5) "평등권"의 "평등"의 의미에 관해서는 과거 절대적 평등설과 상대적 평등설의 대립이 있었다. 절대적 평등설은 어떠한 차별도 금지하는 것이고 상대적 평등설은 "같은 것은 같게 다른 것은 다르게" 취급할 수 있다고 하면서, 그 차별의 기준이 미국의 경우는 "합리성"을 띨 것, 독일의 경우는 "자의적이 아닐 것이"— 미국식의 "합리적 기준에 의한 차별 인정"과 독일식의 "자의적 차별금지"는 비슷한 내용으로 보인다 — 요구되었다. 그런데 이 "합리성"이나 "자의금지" 그 자체가 또다른 가치판단을 필요로 하므로 합리적인 차별이냐의 여부, 비자의적인 차별이냐의 여부는 그 시대의 평균적인 정의감정에 비추어 파악되어야 할 것이다. 절대적 평등설과 상대적 평등설에 대한 설명으로 자세히는 권영성, 헌법학원론 補訂版, 법문사, 2003, 369; 김철수, 헌법학개론 第13全丁新版, 박영사, 2001, 398-400; 허영, 한국헌법론 新版, 박영사, 2001, 322 참조.

랜 기간 동안 미국 연방대법원에 의해 사용되어지던 평등심사의 유일한 기준이었다.

워렌 대법원 이전의 미국연방대법원은 인종이나 국적(national origin)이외의 것을 근거로 한 차별에 관해서는, 심지어 이를 평등보호조항 위반으로 별로 중요하게 다루지는 않았다. 입법부에 의한 법적 차별이 '입법목적에 합리적으로 관련되는'(reasonably related to the legislature's purpose) 한 그 법은 합헌판결을 받았다. 그러나 "그 입법목적 자체가 합헌적인 것인가에 대해서는 법원이 별다른 주목을 하지 않았다"고[6] 한다. 이것은 20세기 초반에 미국 연방대법원이 평등보호조항보다는 적법절차조항을 차별 입법의 합헌성심사에서 더 많이 원용하고 있다는 점에서도 역력히 나타난다. 즉, 대법원은 경제입법이나 사회복지입법의 경우 평등보호조항에 위배된다는 이유보다는 적법절차조항에 위배된다는 이유로 위헌판결을 더 많이 내렸다. 그 일례로 1902년부터 1932년까지 30년의 긴 세월동안 미국 연방대법원의 대법관으로 재직한 그 유명한 홈즈(Homles) 판사조차도 1968년에 미국연방헌법전에 들어온 수정헌법 제14조의 평등보호조항을 "위헌논의의 마지막 수단"(last resort of constitutional arguments)으로[7] 이해하는 정도였다.

워렌 대법원에 와서 연방대법원은 평등심사와 관련하여 '2단계 기준'(two-tier standard)을 발전시킨다. 사회·경제적 차별입법의 심사에 있어 미국 연방대법원은 과거의 전통적인 단순합리성심사 기준을 적용함으로써 주의회의 입법재량권을 존중하는 태도를 보였다. 그러나 법이 의도적으로 '위헌의 의심이 가는 차별'(suspect classification)에 기한 차별을 하거나 시민의 '기본적 인권에 중대한 부담을 지우는'(significantly burdens fundamental rights) 경우에는 그 법의 합헌성판단에 '엄격심사'(strict scrutiny)가 사용되었다. 즉, 그 차별은 '긴절한 (주)정부의 이익에 필요한 것이어야만'(must be necessary to a compelling government interest) 정당화되었고 합헌이었다. 버거 대법원에 와서 세 번째 평등심사 단계로서 합리성심사와 엄격심사의 중간쯤의 단계에 해당하는 '중간수준심사'(middle or intermediate level scrutiny)가 나타나 性(gender)과 非摘出性(illegitimacy)에 기한 차별심사에 사용되었고 그 차별이 '중요한 정부의 이익에 실질적으로 관련될 경우'(substantially related to an important governmental interest)에만 합헌이라고 판시하게 되었다. 물론 몇몇 대법관들은 평등심사에 있어서는 단 하나의 단계 내지 기준만 있으며, 그 하나의 평등심사의 단계 내지 기준에 있어 그 심사의 엄격성의 정도는 그 '차별의 본질'(nature of the discrimination)과 '차별에 의해 제한되는 이익의 중요성'(the significance of the interests burdened by the classification)에 따라 사안별로 변화한다고 힘주어 주장하기도 한다.[8]

이런 역사적 과정을 통해 미국 연방대법원에 의해 발전된 이 3가지 평등심사 단계 내지 기준에 관해 다음에서 하나하나 살펴본다.

---

6) Gerald Gunther & Kathleen Sullivan(주 3), 629-630 참조.
7) Buck v. Bell, 274 U.S. 200, 47 S. Ct. 584, 71 L. Ed. 1000 (1927).
8) Jerome A. Barron & C. Thomas Dienes, Constitutional Law 190 (4th ed., West Publishing Co., 1995).

(2) 단순 합리성 심사(Mere Rationality Test)

수정헌법 제14조의 평등보호조항은 전통적으로 법제정시 차별을 규정함에 있어 넓은 재량을 주에게 부여하는 조항으로 오랜 기간동안 해석되어져 왔다. 법에 규정된 차별이 어떤 합리적 근거를 가지는 한, 즉 그 차별이 '정당한 (주)정부의 이익에 합리적으로 관련되는'(rationally related to a legitimate government interest) 한 평등보호조항에 위배되지 않는다고 보았다.

이 단순합리성심사에서는 다음과 같은 요소들이 고려된다. 첫째, 법에 의한 차별이 평등보호조항 위배를 이유로 다투어질 때, '그 법을 지지할'(sustain the law) 어떤 '사실들의 상태'(state of facts)가 합리적으로 생각되어질 수 있을 때, 그 법 제정시에도 그 사실들의 상태는 존재했었던 것으로 간주된다.9) 둘째, 입증책임의 문제로서 평등보호조항에 근거해 위헌성을 다투는 자는, 그 차별이 정당한 정부목적에 합리적 관련이 없으며 본질적으로 자의적 차별임을 입증할 책임을 진다. 그러한 청구인 측 입증책임은 최근까지 입증하기가 곤란한 고도의 입증책임으로 인식되어져 왔다.10) 따라서, 이 단순합리성심사의 대상이 되는 법률은 웬만하면 합헌결정을 받아왔던 것이다. 예를 들어 위에서 본 Yick Wo판결(1886)의 경우, 미국 연방대법원의 아주 초기 판결이었는데, 동판결에서 Yick Wo 측은 법이 합리적 기준없이 중국계 주민을 세탁업에서 배제시킴으로써 샌프란시스코(San Francisco) 시조례가 비합리적으로 차별적인 방법으로 적용된다는 것을 객관적으로 입증할 수 있었고, 따라서 대법원은 이 시조례를 위헌판결할 수 있었다. 이 Yick Wo판결에서 한 가지 더 추가된 것은 위에서 본 바와 같이 그 법 '내용' 자체가 아니라 그 법의 집행이나 행정부나 지방자치단체에 의한 '적용'이 비합리적으로 차별적이더라도 그 법은 위헌판결을 받을 수 있다는 점이었다.

일반적으로 이야기해서, 이 심사기준은 후에 엄격심사기준과 중간수준심사기준이 생기면서 그 둘의 대상이 되지 않는 차별 법률의 합헌성심사에 사용되어오고 있기는 하지만, 특히 課稅에 있어서의 차별과 같은 경제적·사회적 규제(economic-social regulation)를 위한 차별을 내용으로 하는 법률의 평등심사에는 거의 반드시 적용되고 있다. 1992년의 Nordlinger v. Hahn판결이11) 그 예가 될 수 있다. 동판결은 부동산 취득시의 가액을 과세대상으로 함으로써 과세에 있어 부동산의 새 소유자를 구소유자에 비해 차별했던 '주민발안 13'(Proposition 13)이라 불리던 캘리포니아주 부동산세법을 합헌이라 결정했다. 대법원은 그 세법조항이 부동산 소유자의 신뢰이익을 보호함으로써 합리적으로 주정부의 정당한 이익을 촉진시키므로 단순합리성심사의 요건들을 충족시켜 합헌이라고 판시했다.

(3) 엄격심사(Strict Scrutiny)

워렌 대법원에 와서야 평등보호조항이 적법절차조항과는 별도로, 법률의 위헌판결에서 자

---

9) Id. at 190.

10) Id. at 191.

11) Nordlinger v. Hahn, 505 U.S. 1, 112 S. Ct. 2326, 120 L. Ed. 2d 1 (1992).

주 원용되고 국민의 자유와 권리를 보장하는 중요한 조항으로 부각되었다. 특히, 워렌 대법원은 종래의 단순합리성심사와는 구별되는 '엄격심사'의 기준을 판례를 통해 형성하였다. 엄격심사는 원래 '성', '출신민족'(national origin) 때에 따라서는 '외국인 지위'(alienage)와 같은 집단(class)을[12] 차별대상으로 하거나 차별사유로 하여 이루어지는 차별에 이용되었는데, 그러한 차별을 '위헌의 의심이 가는 차별'(suspect classification)로[13] 불렀다. 후에 여기에 '근본적 권리'(fundamental right)에 실질적 부담을 과하는 차별까지 추가되어 같이 그 평등심사에서 '엄격심사'가 이루어지는 경우로 자리잡았다.

엄격심사의 중요한 요건으로는 첫째, 대법원이 엄격심사를 행할 경우 입증책임이 정부쪽으로 전환되어 그 법률이 위헌임을 주장하는 소송 청구인이 아니라 그 법을 만든 주정부나 연방정부가 그 차별이 '긴절한 정부이익'(compelling government interest)을 달성하는 데 필요한 것임을 입증해야한다. 그리고 둘째, 그 긴절한 정부이익을 달성하는, '기본권제한의 정도가 더 경미한 다른 가능한 대안'(less burdensome laternative available)이[14] 있어서는 안 된다. 셋째, 엄격심사의 대상이 되는 법률에 대해서는 법률에 대한 합헌성추정의 원칙(the ordinary presumption of constitutionality)이 배제된다. 정부가 이러한 입증책임을 충족시키는 것은 대단히 어려운 것으로 이해되고 있다. 따라서, 엄격심사의 대상이 되면 그 법률은 웬만하면 위헌이 된다.

이 엄격심사에서 주의해야할 점은 첫째, 차별의 고의성의 문제이다. 즉, 이 엄격심사가 사용되어지기 이전에 어떤 법률이 위헌이라고 주장하는 청구인은 그 차별이 명시적으로든 묵시적으로든 고의적인(purposeful) 것임을 증명해야 한다. 차별의 영향(impact)이나 효과(effect)가 차별의 고의성의 증거가 될 수는 있지만, 보통 그것 자체만으로는 차별의 고의성을 입증하기에 불충분하다. 1976년의 Washington v. Davis판결이[15] 그 예다. 즉, 비록 시험 결과 백인지원자에 비해 불균형적으로 많은 수의 흑인지원자가 탈락한다 하더라도, 그 직업과 有關한 사항을 테스트하는 인종중립적 테스트의 운영은 평등보호조항에 위배되지 않는 것이며, 위헌이 되기

---

12) 평등보호조항은 부적절한 차별을 만드는 것을 금하는 것이다. 그러나, 여기서 우리가 주의해야 할 것은 법상의 차별이 적절한 것이라면 그 사건에서 문제가 된 특정의 그 개인이 어느 부류(class, 차별사유)에 속하느냐는 평등보호의 문제가 아니다. 대신에 이것은 '법의' 해석의 문제이며 따라서 적법절차조항의 문제이기가 쉽다. 따라서 평등보호조항 자체는 차별사유가 되는 차별의 부류를 만드는 데에만 적용되는 것이지 개인적 상황의 재판에 관한 것은 아니다. Nowak & Rotunda, Constitutional Law 597 (5th ed., West Publishing Co., 1995).

13) 엄격심사의 대상이 되는 '위헌의 의심이 가는 차별'(suspect classification)이냐를 결정짓는 데에는 다음과 같은 요소들이 고려될 수 있고 그 결과 현재까지 성, 민족 기원, 때에 따라서는 외국인 여부가 이러한 차별대상이 될 수 있었다. 첫째, 평등보호조항의 역사적 목적, 둘째, 그 집단(class)에 대한 과거의 광범위한 차별의 역사, 셋째, 그 차별이 그 집단에게 '오명을 씌우는 효과'(stigmatizing effect)를 내는지 여부, 넷째, 그 차별이 인간이 콘트롤할 수 없는 불변의 지위나 상태에 기한 차별인지 여부, 다섯째, "정치적으로 고립된 소수"에 대한 차별인지 여부가 그 고려요소들이라 한다. Jerome A. Barron & C. Thomas Dienes(주 8), 194 참조.

14) 이것은 후에 미국에서 LRA(Less Restrictive Alternative) rule로 발전하는데, 우리 헌법재판소가 법률에 의한 기본권제한의 한계의 하나로 인정하고 있는 과잉금지의 원칙 중 '피해의 최소성'(최소침해성)이 이와 유사한 개념이다.

15) Washington v. Davis, 426 U.S. 229 (1976)

위해서는 '차별의 의도나 목적'(discriminatory intent or purpose)이 입증되어야만 하는 것이다. 만약 그러한 법률이 부분적으로만 차별적 고의에 의해 만들어졌다면, 차별적 고의유무에 상관없이 같은 결정에 이르러 그러한 차별적 법률을 만들었을 것이라는 점을 정부가 입증하면 그 정부는 엄격심사를 피해갈 수 있다.

둘째, 이 차별의 고의성과 관련하여 '법률상 차별'(de jure discrimination)과 '사실상 차별'(de factor discrimination)이 이야기될 수 있다. 간단히 말해서 법이 文面上 차별적이거나, 문면상은 차별적이 아니더라도 차별의 고의성이 입증될 수 있는 차별이면 '법률상 차별'이다. 즉, 어떤 법이 문면상으로는 중립적이지만, 그 뒤에는 차별의 목적이나 의도·계획이 숨어있는 경우, 차별의 목적·의도·계획이 입증된다면 그것은 '법률상의'(de jure) 차별이 되어, 문면상의 중립성에도 불구하고 위헌이 된다. 또한 법이 문면상으로는 중립적이더라도, 그 적용이나 집행이 차별적인 방법으로 행해질 경우도 '법률상 차별'이 될 수 있다.[16] '사실상 차별'은 차별의 고의성이 없거나 그것이 입증될 수 없는 차별을 말한다. 예를 들어 Brown판결(1954) 등에서 나타나는 인종에 의한 분리교육의 경우, 그 분리가 (주)정부에 의해 의도적으로(intentionally) 만들어지지 않았을 때, 그것을 '사실상 분리'(de facto segregation)라 하여 '사실상 차별'의 한 형태로 보았다.

(가) 차별대상(class) 내지 차별사유로서의 '인종'과 '출신민족'(national origin)

수정헌법 제14조 평등보호조항의 첫 번째 목표는 위에서 본 바와 같이 소수인종, 그 중에서도 특히 흑인에 대한 법적 차별을 막는 데 있었다. 따라서 현재까지 인종을 이유로 한 소수인종에 대한 차별이 정당화되는 경우는 거의 없었다. '인종'은 역사적으로 매우 오욕적인 효과를 가진 아주 가시적인 차별사유 내지 차별대상이었다. 그것은 인간으로서 어떻게 변화시킬 수 없는 사유이다. 또한 흑인과 같은 소수인종은 대대로 '일반적인 정치적 과정'(ordinary political process)을 통해서는 그들의 이익을 잘 대변하고 보호할 수 없었다. 이런 이유로, 인종은 '위헌의 의심이 가는 차별'(suspect classification)이다. 고의적인 인종차별은 정부에게 무거운 합헌의 입증책임을 지운다. 즉, 엄격심사가 적용되는 것이다. '출신민족'(national origin)은 중국계, 일본계와 같이 어느 민족출신인가를 말하는데, '인종'(race)과 거의 구별되지 않고 같이 쓰이고 있다.

인종차별과 관련해서는 특히 교육 등의 공공시설영역에서의 인종차별이 인종간 분리의 합헌성여부와 관련하여 크게 문제되었다. 위에서 본 바와 같이 1896년의 Plessy판결은 열차요금, 열차칸의 시설, 열차칸을 오가는 차장 등의 유형적 요소가 같으면 비록 인종에 따라 탑승 열차칸을 분리하더라도 유형적 요소가 같기 때문에 평등보호조항 위배가 아니라는, '분리하되 평등의 원칙'(separate but equal)을 확립하였다. 그러나, 이 원칙이 오랜 동안 미국사회를 지배하다

---

16) Yick Wo v. Hopkins, 118 U.S. 356 (1886) 판결의 경우 1886년의 미국 연방대법원이 엄격심사를 적용하지는 않았지만, 법의 내용은 문면상 중립적이더라도 주의 행정부나 지방자치단체에 의한 법의 적용이나 집행이 차별적일 때에도 '법률상 차별'이 될 수 있음을 밝힌 바 있다.

가 58년이 지난 1954년의 Brown판결에 의해 깨졌다. Brown판결은 평등하기 위해서는 유형적 요소 이외에 무형적 요소도 평등해야 하는데, 인종간의 공립학교에서의 분리교육은 인종간 통합교육이 가져올 수 있는 여러 이익들을 — 예를 들어 흑인학생이 백인학생과 수업시간에 토론하고 의견을 교환할 기회 — 박탈하고, 흑인학생들의 가슴에 씻을 수 없는 '열등의식'(sense of inferiority)을 심어줌으로써, 이 무형적 요소에 있어서의 불평등을 초래하여 평등보호조항 위반으로 위헌이라고 판시했다. 이 판결의 엄청난 사회적 파급효과와 反司法府的 저항으로 말미암아 이 판결의 시행이 잘 이루어지지 않자, 대법원은 1년 후인 1955년의 Brown 2 판결을 통해 흑백분리교육 폐지라는 Brown 1 판결의 판시사항을 집행하고 감독할 수 있는 권한을 각 연방 지방법원에 부여함으로써, Brown 1 판결의 판시내용이 "여러 지역적 특수사정을 고려한 신중한 속도로" 시행되고 실현될 수 있게 했다. 더욱 주목을 요하는 것은 이 Brown판결 이후에도 연방대법원은 다른 공공시설에서의 인종에 의한 분리정책에 위헌판결을 많이 내렸다는 점인데, 이 후속판결들은 해변, 버스, 골프장, 공원 등과 같은 다른 공공시설에서의 인종분리에 대해서도 이 Brown판결을 인용하면서 만장일치로 위헌판결을 내려갔다. 즉, 모든 공공시설에서 인종에 의한 분리 수용이 금지되어갔던 것이다.

(나) 차별대상(class) 내지 차별사유로서의 '외국인 지위'(alienage)

주가 외국인 지위에 근거해 차별을 할 경우, 다른 심사기준이 적용되는 경우도 간혹 있지만, 보통 엄격심사가 적용된다. 그러한 차별은 사법부의 별도의 세심한 배려를 요구하는 '분리되고 고립된 소수'(a discrete and insular minority)인 외국인에 대한 차별이기 때문이다. 예를 들어 1973년의 In re Griffith판결에서[17] 미국시민에게만 변호사자격을 주고 있던 주법원규칙이 평등보호조항에 위배된다고 판시했다. 이 사건에서 주정부는 외국인에 대한 그 차별이 긴절한 주정부의 이익을 달성하는 데 필요한 것임을 입증하지 못했기 때문이었다. 즉, '외국인 지위'에 따른 차별에 대해 엄격심사를 적용한 것이다.

그러나, '정치적 기능의 예외'(Political Function Exception)가 인정된다. 주가 선거인의 자격을 규정하거나 중요한 주정부요직에 임명될 공무원의 자격을 정하는 것과 같이 州의 定義와 州의 自治에 관련되는 사항에 있어 외국인에게 가해진 차별은 엄격심사가 아니라 단순합리성심사에 의한 합헌성심사를 받게 된다. 예를 들어 1978년의 Foley v. Connelie판결은[18] 주경찰관이 될 수 있는 자격을 미국시민에게만 한정하고 있는 주법을 엄격심사가 아니라 단순합리성 심사를 통해 합헌판결 했다.

(다) '근본적 권리나 이익'(fundamental rights and interests)을 실질적으로 제한하는 경우

1) 근본적 권리

엄격심사는 또한 차별에 의해 제한되는 권리나 이익의 본질 때문에도 사용되어진다. 차별

---

17) In re Griffith, 413 U.S. 717 (1973).
18) Foley v Connelie, 435 U.S. 291 (1978).

이 기본적인 개인적 인권의 행사를 심대하게 제약하는 경우 정부는 보통 그 차별이 긴절한 정부의 이익을 위해 필요한 것임을 입증해야만 한다. 그러나 대법원은 엄격심사에서 이탈하려는 움직임을 제의하면서 심사기준을 정의함에 있어 여러 변화된 용어들을 증가적으로 사용해 왔다. 기본적 인권은 헌법규정들로부터 독립적으로 도출되어질 수도 있고 혹은 평등보호조항 자체로부터 도출될 수도 있다. 후자의 예로 투표권 혹은 투표의 이익, 사법접근권 — 우리로 치면 재판받을 권리 — 혹은 사법접근의 이익을 들 수 있다.

차별이 기본적 인권의 행사에 어떤 효과를 가진다는 사실만으로 엄격심사가 적용되지는 않는다. 어떤 경우들에 있어 법이 기본적 인권의 행사를 방해하거나 처벌하거나 혹은 심대하게 제약하는 경우에도 대법원은 엄격심사가 아니라 전통적인 단순합리성심사를 적용해 왔다.

기본적 인권의 예로는 첫째 수정헌법 제1조상의 권리를 들 수 있다. (주)정부의 차별이 언론·출판의 자유, 집회·결사의 자유, 양심의 자유, 종교의 자유와 같은 수정헌법 제1조상의 기본적 인권을 심대하게 제약할 경우 대법원은 엄격심사기준을 평등심사에 적용해 왔다. 그 예로 1990년의 Austin v. Michigan Chamber of Commerce판결을[19] 들 수 있다. 동판결은 법인이 선거운동자금을 일반회계자금으로부터 지출하는 것을 금하는 주법의 적용은 평등보호조항에 위배되지 않는다고 보았다. 법인의 선거운동자금 지출에 관한 규제는 정치적 과정으로부터 법인에 주어진 법적 이득의 도움으로 정치적 활동자금을 모으려는 부패 효과를 제거하려는 긴절한 주의 이익에 이바지하기 위해 '정확히 만들어'(precisely tailored)졌기 때문이었다. 즉, 엄격심사를 만족시켜 합헌이었던 것이다. 이 법인에서 언론법인을 제외하는 것 또한 대중에게 정보를 주고 대중을 교육하는 언론의 독특한 사회적 역할을 고려할 주의 긴절한 이익이 존재하기 때문에 정당화된다고 보았다.

둘째, 여행의 자유(Right to Travel)도 여기서 말하는 기본적 인권이다. (주)정부가 州間의 여행을 어떤 이익들을 박탈하는 근거로 사용할 경우 그 차별은 여행의 자유라는 기본적 인권을 제약하는 것이어서 엄격심사가 적용된다. 1969년의 Shapiro v. Thompson판결이[20] 그 예이다. 동판결에서 대법원은 복지수당 신청직전에 최소한 1년간 그 주에 거주하지 않은 주민에게 복지수당을 지급치 않을 것을 규정한 주법이 위헌이라고 판시했다. 그러한 차별은 여행의 자유라는 기본적 인권을 제약하는 것이고 따라서 그 차별에 대해 엄격심사를 했을 때 긴절한 주의 이익을 촉진하지 못한다는 것이 그 이유였다.

셋째, 프라이버시권도 여기서 말하는 기본적 인권에 해당한다. 따라서 프라이버시권의 행사를 심대하게 제약하는 차별적 주법은 엄격심사의 대상이 된다. 이 원칙은 여성의 낙태권이라는 프라이버시권에 관한 Maher v. Roe판결(1977)에서[21] 적용된 바 있고 심지어는 치료적

---

19) Austin v. Michigan Chamber of Commerce, 494 U.S. 652 (1990).
20) Shapiro v. Thompson, 394 U.S. 618 (1969).
21) Maher v. Roe, 432 U.S. 464 (1977). 참고로 당사자 이름에 "Roe"나 "Doe"가 나오는 것은 한국말로 "아무개" "홍길동"에 해당하는 가명이다.

낙태에 관한 Harris v. McRae판결(1980)이나[22] Williams v. Zbaraz판결(1980)에서도[23] 적용된 바 있다.

넷째, 결혼의 자유도 기본적 인권에 속한다. 결혼의 자유는 Loving v. Virginia판결(1967)이[24] 밝힌 바와 같이 "기본적인 개인의 *私的* 자유"이며 인간의 존재와 생존 자체에 관계되는 기본적 인권이다. 이 Loving판결은 타인종간의 결혼을 금한 주법에 대해 엄격심사를 적용해 위헌판결을 내렸다.

2) 근본적 이익

대법원은 투표나 형사재판청구와 같은 기본적 이익들에 관한 차별에 대해서도 엄격심사를 적용했다. 이러한 이익들에 대한 접근은 독립된 다른 권리가 아니라 평등보호조항 자체에 의해 보호된다. 즉, 대법원은 이 경우 다른 독립된 권리의 제약 여부를 따지지 않는다. 대법원이 이러한 선례를 명백히 깬 적은 없지만, 다른 이익들의 중요성에 기해 엄격심사의 적용을 자주 기피해오고 있다. 오늘날에는 이러한 기본적 이익의 제약이 아니라 보통 독립된 헌법적 권리들의 행사에 있어서의 차별이 평등보호조항하의 엄격심사의 적용을 부른다.

첫째, 투표이익을 보면, 헌법에 투표권에 대한 명문규정은 없다. 그러나, 대법원은 투표는 '기본적 이익'이며 다른 권리 침해에 대한 방패막임을 선언해 왔고 특히 수정헌법 제1조의 권리들에 밀접히 연관되어 있음을 밝혀왔다. 정부가 투표자격에 있어 차별을 하거나 다른 방법으로 참정권에 심대한 제약을 가할 때 정부는 그 차별이 긴절한 정부의 이익을 촉진하기 위해 필요한 것임을 입증해야 했다. 즉, 엄격심사가 적용된 것이다. 이 원칙은 그것이 총선거이든 특수한 목적의 보궐선거이든 관계없이 적용되었다. 예를 들어 1969년의 Kirkpatrick v. Preisler판결에서[25] 대법원은 헌법상의 규정은 선거구인구수에 있어 제한된 편차만을 허락한다고 판시했고 그것은 엄격심사를 통과해야만 한다고 보았다.

둘째, 형사재판에의 접근의 이익이다. 형사피고인을 위해 재판에의 접근은 기본적 중요성을 띤다. 적어도 형사절차의 주도권이 정부에게 있을 때, 경제적 *富*의 차이가 피고가 받는 형사재판의 종류나 질을 결정해서는 안 된다. 형사재판에의 평등한 접근에 관한 사건들은 종종 평등보호조항이 아니라 적법절차조항에 의해 심리되어지기도 한다. 예를 들어 Douglas v. California판결(1963)은[26] 피고가 변호사를 고용할 경제적 능력이 있느냐가 주법하의 유일한 상소 여부를 결정하는 것은 평등보호조항에 위배된다고 판시했고, Evitts v. Lucey판결(1985)은[27] 더 나아가 피고는 변호인의 효과적인 조력을 받을 권리가 있음을 밝혔다. 두 경우 다 이러한

---

22) Harris v McRae, 448 U.S. 297 (1980). 이 사건에서 그 차별법률은 연방법이었다.

23) Williams v. Zbaraz, 448 U.S. 358 (1980). 이 사건에서 차별법률은 주법이었다.

24) Loving v Virginia, 388 U.S. 1 (1967).

25) Kirkpatrick v. Preisler, 394 U.S. 526 (1969).

26) Douglas v. California, 372 U.S. 353 (1963).

27) Evitts v Lucey, 469 U.S. 387 (1985).

법률의 합헌성 심사에 엄격심사를 적용했다.

(4) 중간수준심사(Middle Level Review)

버거 대법원과 렌퀴스트 대법원은 워렌 대법원의 평등심사기준을 크게 후퇴시키지도 않았지만, 워렌 대법원의 판결들이 궁극적으로 추구했던 정도로까지 그 시대의 평등심사기준의 적용영역을 확대시키지도 않았다. 예를 들어 '위헌의 의심이 가는 차별'에 해당하는 차별사유 혹은 차별대상(class)을 더 이상 추가시키지도 않았고 '기본적 인권'의 목록도 실질적으로 추가하지 않았다. 그러나 워렌 대법원에 의해 '위헌의 의심이 가는 차별'에 해당할 수 있는 정도의 차별일 경우, 버거 대법원과 렌퀴스트 대법원의 이에 대한 사법심사도 매우 엄격한 엄격심사였다.

버거(Burger) 대법원과 렌퀴스트(Rehnquist) 대법원에 있어 평등심사와 관련하여 가장 흥미로운 발전은 소위 '중간수준심사'(middle-level or intermediate level test)라는 평등심사의 새로운 단계가 출현한 것이다. 性(gender), 非適出性(illegitimacy)을 차별사유로 하는 차별에 있어, 그 법은 엄격심사를 받지는 않지만, 그렇다고 일반적인 경제적 혹은 사회복지적 차별에 적용되는 것과 같은 단순합리성심사를 받는 것도 아니었다. 그런데, 버거 대법원과 렌퀴스트 대법원의 어떤 다수도 이런 경우 그들이 중간수준심사를 따르고 있음을 공식적으로 인정한 적은 없다. 그러나 여러 번에 걸쳐 그러한 중간수준의 심사를 명백히 제의하는 말들을 판결문에 썼다. 맥주를 마실 수 있는 연령에 남녀간의 차별을 둔 오클라호마(Oklahoma) 주법을 중간수준심사를 통해 평등조항 위배로 위헌선언한 Craig v. Boren판결(1976)이[28] 그 대표적인 예이다.

이 중간수준심사의 요건으로 첫째, Craig판결(1976)에서도 판시된 바와 같이 이 중간수준심사에 그 차별 법률이 합헌이기 위해서는 그 차별이 '중요한 (주)정부의 목적 달성에 연관되어있어야'(related to achieving an important government objective) 한다. 둘째, 이 때 (주)정부의 이익은 '실제적인'(actual) 것이어야 하고 차별과 그 정부이익 사이에 '긴밀한 관련'(close corre-spondence)이 요구된다. 즉, 차별이라는 수단과 정부이익이라는 목적이 '실질적으로'(substantially) 연관되어 있어야하는 것이다. 예를 들어 대법원은 Mississippi University for Women v. Hogan 판결(1982)에서[29] 여성만의 입학을 허가하는 주간호학교의 입학정책은 여성의 차별에 대한 보상이 실제적 주정부 이익이 될 수 없기 때문에 중간수준심사의 요건을 만족시키지 않아 평등보호조항에 위반된다고 위헌판결을 내렸다.

(가) 차별대상(class) 내지 차별사유로서의 '性'

미국 헌정사의 오랜 기간 동안 연방대법원은 수정헌법 제14조의 평등보호조항이 성차별을 금지하는 것으로 해석하지 않았다. 즉, 성에 따른 차별은 애초에 부당한 차별이 아니었고 '합리적' 차별이었던 것이다. 1948년의 Goesaert v. Cleary판결에서[30] 대법원은 허가받은 주점 소유

---

28) Craig v. Boren, 429 U.S. 190 (1976).

29) Mississippi University for Women v. Hogan, 458 U.S. 718 (1982)

30) Goesaert v. Cleary, 335 U.S. 464 (1948)

자의 처나 딸이 아니면 여자는 바텐더를 할 수 없다는 미시건(Michigan) 주법을 합리적 차별이라는 이유로 합헌결정 했다. 그러던 것이 1971년의 Reed v. Reed판결(1971)에서[31] 부터는 성차별에 대법원이 좀더 높은 합헌성심사기준인 중간수준심사를 적용하기 시작했다. 이 사건판결은 동산관리자로 같은 자격의 여성보다 남성을 더 우대하는 주법을 위헌판결 했다. 州는 이 분야에서 남성이 여성보다 더 많은 직업적 경험을 가지고 있으며 따라서 동산관리자로 더 좋은 자격을 갖추었다고 가정했다. 대법원은 주의 이러한 가정을 깨고 개별적 경우에서 남성과 여성의 그 직업이 요구하는 자질을 조사해야한다고 보았다. 그 2년 후인 1973년에는 대법원은 성차별에 '위헌의 의심이 가는 차별'의 합헌성 판단기준을 확대하려는 시도를 하기도 했다. Frontiero v. Richardson판결(1973)이[32] 그것이다.[33]

이처럼 성에 의한 차별의 합헌성심사기준이 점점 더 엄격해진 데에는 여성에 대한 차별이 인종에 따른 차별과 공통된 특성을 가지고 있다는 사고가 한 몫을 했다. 즉, 여성에 대한 차별은 인종차별과 마찬가지로 오랜 역사동안 계속되어왔고 광범위하게 행해져 왔으며, '性別'이라는 것은 '人種과 같이 매우 가시적이며 당사자의 의지에 따라 바꿀 수 있는 것이 아닌 (immutable) 것이다. 또한 법에 의한 성의 차별은 종종 性 사이의 의미있는 차이보다는 '해묵은 고정관념'(archaic stereotype)을 반영하므로 더욱 문제인 것이다. 그러나 어떤 경우들에 있어서는 법에 의한 성차별이 성별에 따른 고정관념보다는 실제적인 사실적·생리적 차이를 이유로 한 경우도 있었고[34] 따라서 이런 경우는 엄격심사로까지 나아가기는 어려웠다. 이러한 이유로 성차별 법률에 대한 대법원의 합헌성 심사는 중간수준심사로 굳어졌다.[35]

그런데 성에 따른 차별에 대한 중간수준심사에서는 다음의 사항들을 유의해야 한다. 첫째, 성차별에 엄격심사보다 더 완화된 기준을 적용한다는 면에서 더 나아가 많은 성차별 입법의 경우 대법원은 중간수준심사의 요건들을 매우 완화하여 적용하고 있다. 즉, 심사에 있어 차별의 실제목적(actual purpose)보다는 여러 혼합된 입법동기(mixed legislative purpose)에 강조점이 두어진다. 그리고 차별과 (주)정부이익과의 관련성은 대부분의 다른 중간수준심사 사건들만큼 밀접하고 엄밀할 필요가 없다. 예를 들어 연방법률이 남성만의 군대징집을 규정한 것에 대한 평등 침해여부를 다룬 Rostker v. Goldberg판결(1981)은[36] 연방의회가 남성만을 군징집의 대상으

---

31) Reed v. Reed 404, U.S. 71 (1971).
32) Frontiero v. Richardson, 411 U.S. 677 (1973).
33) Norman Redlich, John Attanasio, Joel K. Goldstein, Understanding Constitutional Law 287-288 (2nd ed., Matthew & Bender, 1999).
34) 예를 들어 Michael M. v. Superior Court(450 U.S. 464, 1981)사건의 경우, 의제강간(statutory rape)을 처벌하는 주법이 미성년 여성은 놔두고 남성만을 처벌하는 것은 성에 따른 차별이므로 중간수준심사를 적용할 수 있는데, 이 때 중요한 정부이익은 미성년임신의 방지로서 임신은 여성만 할 수 있다는 남녀의 사실적·생리적 차이에서 오는 차별이고, 그 정부이익이라는 목적에 남녀차별이라는 수단이 실질적으로 연관되어 있으므로 합헌이라고 판시했다.
35) Jerome A. Barron & C. Thomas Dienes(주 8), 205-207 참조.
36) Rostker v. Goldberg, 453 U.S. 57, 69 L. Ed. 2d 478 (1981).

로 규정한 것에는 전투력이 없는 여성을 배제시킴으로써 얻을 수 있는 국가방위나 군사력 증강 등의 여러 혼합된 '입법동기'가 존재하고 성차별 징집이 그러한 입법동기에 관련이 되므로 합헌 이라고 판시했다.

둘째, 성차별에 있어 차별효과는 차별목적의 증거가 될 수는 있지만, 차별효과의 존재만으로 중간수준심사가 행해지지는 않는다. 성에 따라 차별하려는 정부의 고의 내지 목적이 존재해야지만 단순합리성심사가 아닌 중간수준심사가 이루어진다. 1979년의 Personal Administrator of Massachusetts v. Feeney판결의[37] 경우가 그 좋은 예이다. 제대군인에 대한 공직채용특혜를 규정한 州法은 사실상 여성을 차별하는 효과는 가지지만, 이 차별의 목적은 제대군인의 군생활을 통한 봉사에 대한 '보상'(compensation)에 있지 여성에 대한 차별에 있지 않다. 따라서 이것은 중간수준심사가 적용되는 성차별이 아니어서 단순합리성심사를 거쳤다. 그 결과 그 차별은 제대군인에 대한 보상이라는 목적에 합리적으로 연관되어 있으므로 합헌판결을 받았다.[38]

(나) 차별대상(class) 내지 차별사유로서의 非適出性(illegitimacy)

非摘出性(庶子性, illegitimacy)에 기한 차별은 '위헌의 의심이 가는 차별'(suspect classification)의 많은 특징들을 가지고 있다. 그것은 아이의 통제를 넘어서는 신분상의 지위라는 점, 비적출자에 대한 광범위한 차별의 역사가 존재했다는 점, 비적출자는 정치적으로 고립된 소수라는 점이 그 특징들이다. 대법원은 비적출성에 기한 차별대우에 고정되지 않고 유동적인(ambivalent) 입장을 취해왔었고 오늘날에는 그 합헌성판단에 중간수준심사를 사용하고 있다. 즉, 이 경우 그 차별은 중요한 정부의 이익에 실질적으로 연관되어야만 합헌이다. 그 차별이 비적출자에 대한 편견을 더 많이 나타내는 것일수록, 그 법은 위헌판결을 받기가 더 쉽다. 1978년의 Lalli v. Lalli판결이[39] 그 대표적인 예이다. 동판결은 관할권있는 법원이 生父가 살아있을 때 친자확인 판결을 했을 경우에만 비적출자가 다른 주의 生父의 재산을 상속할 수 있다고 규정한 주법을 합헌판결 했다. 비적출자에게 부과된 부담 내지 차별은 생부의 사망 시에 적정하고 규율있는 생부재산의 처리라는 중요한 주의 이익에 실질적으로 연관되어 있기 때문이었다.

(5) 심사기준의 유형화

차별대상(class)이나 차별사유가 인종·민족 기원·외국인 지위이냐 성별·비적출성이냐 조세와 같은 경제적－사회적 규제이냐에 따라서도 심사기준 내지 심사단계가 달라지며 특히 근

---

37) Personal Administrator of Massachusetts v. Feeney, 442 U.S. 256 (1979)

38) 이 사건은 우리 헌법재판소의 군가산점위헌결정(1999. 12. 23. 98헌마363)과 사실관계가 거의 같다. 그러나, 결론은 정반대이어서 우리는 성별에 따른 부당한 차별로 평등권을 침해한다는 등의 이유로 위헌판결을 내렸지만, 미국 연방대법원은 합헌판결을 내렸다. 왜냐하면 그 가장 큰 이유중의 하나가, 미국에서는 중간 수준심사가 적용되는 성별에 따른 차별이 되기 위해서는 결과적으로 여성 공무원 합격자수가 작다는 '차별 결과'가 아니라 여성을 차별하겠다는 입법부의 '차별목적 혹은 차별의 고의성'이 인정되어야 한다고 본 반면에, 우리는 "여성의 합격자수가 극히 적고 심한 경우 만점을 받고도 불합격 할 수 있다"는 사실상의 차별효과 내지 결과만으로 이를 성별에 따른 차별로 보았고 헌법 제11조가 "사회적 신분" "종교"와 함께 "성별"을 차별금지사유로 규정하고 있다는 이유로 이 사안에서 엄격심사를 하여 평등권을 침해한다고 보았다.

39) Lalli v Lalli, 439 U.S. 259 (1978).

본적 권리나 근본적 이익에 심대한 제약을 가하는 경우는 이러한 차별대상(class)이나 차별사유에 관계없이 엄격심사가 적용된다.

또한 심사기준에 있어서도, 가장 엄격한 엄격심사는 '긴절한 정부의 이익을 촉진하기 위해 필요한 경우에만' 이러한 차별이 합헌이고, 덜 엄격한 중간수준심사는 '중대한 정부목적에 실질적으로 관련되는 경우에만' 이러한 차별이 합헌이며, 가장 덜 엄격한 단순합리성심사는 차별이 '정당한 정부목적에 합리적 연관성을 가지면' 합헌이다.

여기에 덧붙여 입증책임의 문제에 주목해야 한다. 위에서 본 바와 같이 첫째, 단순합리성심사에서는 그 차별의 위헌성을 다투는 국민인 '청구인'이 그 차별이 정당한 정부목적에 합리적 관련이 없으며 본질적으로 자의적 차별임을 입증할 책임을 진다. 그러한 청구인측 입증책임은 최근까지 입증하기가 곤란한 고도의 입증책임으로 인식되어져 왔기 때문에, 이 단순합리성심사의 대상이 되는 법률은 웬만하면 합헌결정을 받아왔던 것이다.

둘째, 엄격심사를 행할 경우는 입증책임이 정부쪽으로 전환된다. 따라서, 그 법률이 위헌임을 주장하는 소송 청구인이 아니라 그 법을 만든 주정부나 연방정부가 그 차별이 '긴절한 정부이익'을 달성하는데 필요한 것임을 입증해야한다. 그리고 엄격심사의 대상이 되는 법률에 대해서는 법률에 대한 합헌성추정의 원칙(the ordinary presumption of constitutionality)이 배제되기 때문에, 정부가 이러한 입증책임을 충족시키는 것은 대단히 어려운 것으로 이해되고 있다. 따라서, 엄격심사의 대상이 되면 그 법률은 웬만하면 위헌이 된다.

다. 적극적 평등실현조치(Affirmative Action)와 역차별(Reverse Discrimination)

미국 연방대법원은 취업이나 입학 등에 있어 특히 국가적 도움을 필요로 하는 흑인이나 여성 등의 경제적·사회적 약자에 대해 우선적 처우(preferential treatment)나 적극적 조치(affirmative action) 등의 특혜를 부여함으로써 실질적 평등을 기하려 노력하였다. 이 특혜는 보통 이들에 대한 취업·입학에 있어서의 할당제(quota system)의 형태로 많이 나타났다. 이것이 적극적 평등실현조치이다. 이 적극적 평등실현조치는 연방대법원의 판례를 통해 발전되었으며 그 후 주의회나 연방의회의 立法化와 학자들에 의한 理論化를 통해 더더욱 발전되어 갔다. 그런데, 여기서 흑인이나 여성과 같은 경제적·사회적 약자에게 우선적 처우와 같은 특혜가 주어지는 것은 "대대로 학대받고 차별받던" 이들 소수자들에 대한 과거의 차별에 대한 "보상"의 의미라는 점을 연방대법원은 여러 판결을 통해 일관되게 밝혀왔다. 그리고 이러한 취업·입학상의 특혜는 이러한 경제적·사회적 약자들에 대한 과거의 차별이 어느 정도 보상되어 이들이 어느 정도 실질적 평등을 이루게 될 때까지만 잠정적·일시적으로 제공되는 것이라는 점도 대법원의 판결이 줄기차게 강조해 온 적극적 평등실현조치의 핵심내용이다.

그런데 이러한 흑인이나 여성 등의 경제적·사회적 약자들에 대한 잠정적인 취업·입학상의 특혜가 상대적으로 백인이나 남성에게는 "역차별"(Reverse Discrimination)의 문제를 발생시켰다. 이 적극적 평등실현조치의 시행으로 발생되는 역차별의 문제가 연방대법원의 심판을 받게 된 최초의 사건이 바로 1978년의 Regents of the University of California v. Bakke판결인[40] 것이다. 배커(Bakke)는 의대에 진학하여 장래 유능한 내과의사가 되는 그의 목표를 추구했다. 데이비스 의과대학(U.C. Davis)은 학생선발과 구성에 있어 더 큰 인종적·민족적 다양성을 추구했다. 이 두 추구목표 사이의 충돌이 바로 연방대법원에 의한 적극적 평등실현조치와 관련된 첫 번째의 중요한 헌법재판을 있게 한 것이다.[41] 이 사건을 조금 더 상세히 들여다보면, 하급심인 캘리포니아 주지방법원과 주대법원은 데이비스 의과대학의 인종할당제는 인종차별에 근거해 소수인종에 대한 선호를 나타내었고, 적극적 평등실현조치가 인정되는 취지가 과거의 차별에 대한 보상에 있다는 면에서 살펴보아도, 캘리포니아 주립대학 자체에 의한 과거의 소수인종에 대한 부당한 차별은 존재치 않았기 때문에, 이 인종할당제는 평등보호조항에 위배되는 것이라고 보았다. 일체의 차별없이 오직 실력에만 근거해 학생들을 선발하겠다는 약속은, 과거와 현재에까지도 일부 이어지는 인종차별의 희생자들을 위한다는 주의 긴절한 필요와 다시 충돌을 일으킨다. 캘리포니아 주립대학 측은 또한 그러한 인종할당제의 이익들에 대해서 강조하고 나섰다. 다양한 인종의 학생구성을 통해 의학교육 자체의 발전을 가져올 수 있는 점, 소수인종의 어린이들에게 자기도 열심히 하면 저렇게 의사가 될 수 있다는 꿈을 심어주는 점, 소수인종 사회에 의료서비스를 확충할 수 있다는 점 등이 그것이었다.[42]

이 사건에서 연방대법원은 인종별 할당비율이 매년 "고정"되지 않는 한 대학이 인종을 입학사정의 한 기준으로 고려할 수 있다고 판시했다. 이 사건판결에서 5인이 가담한 다수의견을 집필한 파웰(Powell) 대법관은 '덜 배타적인'(less exclusionary) 적극적 평등실현조치의 정당성의 근거를 수정헌법 제1조의 대학의 자유 보장에서 찾았다는 점도 주목할 만하다. 즉, 대학은 다양한 출신배경을 가진 학생집단을 구성할 이익을 가지므로 학생선발에 있어 이를 위해 인종을 선발기준으로 고려하는 것은 '대학의 자유'의 하나라는 것이다.

이 판결이 소수인종 학생들의 대학원이나 전문대학원에의 — 의과대학이나 법과대학 같은 — 입학에 위축효과를 가져오리라는 우려에도 불구하고 실제로는 이 판결은 이러한 면에 별 효과를 가져오지 않았다. 적극적 평등실현조치에 대한 명확한 대답을 주는 대신, Bakke판결은 그 문제를 살짝 건드리기만 하면서 주립대학 입학에 있어서의 인종할당이라는 좁은 문제만을 해결하고, 다른 영역에서의 적극적 평등실현조치의 적합성에 대한 판단은 그 후의 판결들에 남겨두었던 것이다.[43] 그 후에도 연방대법원은 적극적 평등실현조치 자체에 대한 그리고 적극적 평등실현조치의 전체영역에 대한 헌법적 판단을 계속해서 회피해 왔다. 그러자, 이에 대한 폐

---

40) Regents of the University of California v. Bakke, 438 U.S. 265 (1978).
41) Timothy J. O'Neil, Regents of the University of California v. Bakke in The Oxford Companion To The Supreme Court Of The United States (Kermit L. Hall ed. Oxford University Press, 1992) at 714.
42) Id. at 714.
43) Id. at 715.

지논의는 대법원이 아니라 주민발안의 주법의 형태로 나타나기 시작했다. 캘리포니아에서는 주민발안(initiative)으로 적극적 평등실현조치의 폐지를 내용으로 하는 법안이 주민투표에 부쳐졌고, 이것이 주민투표에서 통과되어 캘리포니아 州內에서의 적극적 평등실현조치의 폐지의 길로 들어서게 되었다. 유색인종의 비율이 다른 주에 비해 월등히 높고 진보적 성향을 가진 것으로 유명한 캘리포니아주에서 이 적극적 평등실현조치에 대한 폐지법안이 그것도 주민발의와 주민투표로 통과되었다는 것은 참으로 아이러니였다. 이러한 적극적 평등실현조치 폐지의 경향은 캘리포니아를 시발로 미국 전역으로 확산되어가는 추세에 있다.

라. 평등심사와 관련한 미국 연방대법원 판례의 최근 경향

분명 적극적 평등실현조치의 발전과 확립은 평등심사와 관련해 큰 변화를 몰고 올 수 있는 변수였다. 이로 인해 대법원에 의한 평등심사의 3단계기준이 흔들리지 않을까 우려하는 목소리도 높았다. 하지만, 하버드 로스쿨의 터쉬넷(Mark V. Tushnet) 교수가 지적한 바와 같이 적극적 평등실현조치의 문제들이 나타난 이후에도 미국 연방대법원은 평등심사의 3단계기준을 꾸준히 고수해오고 있다. 즉, 터쉬넷 교수는 "적극적 평등실현조치의 문제들에 관한 대법원의 분석은 그 문제가 판결을 통해 어떻게 해결되느냐에 관계없이 많은 사람들에게 대법원이 그 사건들이 제시하는 복잡한 규범적 문제들에 둔감하게 대응하는 것으로 보이게 한다. 이런 비판에도 불구하고 대법원은 3단계 접근방식에 꾸준히 또 착실하게 매달려 왔다"[44]고 평가한 것이다. 이러한 평가가 미국의 대다수 법학자나 법실무가들에 의한 평가이다.

단순합리성심사에 있어서 비교적 최근의 연방대법원은 과거 보다 좀 더 엄격한 접근을 시도하고 있는 것으로 보인다. 이러한 경향을 나타내는 사건들에서, 연방대법원의 사건분석은 그 법의 합리성을 심사하기 위해 '진정한 특별목적의 이익형량'(true ad hoc balancing)에 밀접히 가까워지고 있다.[45] 즉, '합리적 차별'이 되기 위한 합리성의 수준을 높여가고 있는 것이다. 예를 들어 Metropolitan Life v. Ward판결(1985)은[46] 州內의 보험회사에게 주외의 보험회사보다 훨씬 더 낮은 세율을 적용하는 주의 세법에 관한 판결이었다. 이 판결에서 대법원은 주가 경쟁을 하려는 주외의 회사를 차별대우함으로써 주내의 사업들을 장려하려는 것은 "정당한 주정부의 이익"이 아니며 차별에 의해 촉진될 때에는 주의 자산에 대한 투자의 장려도 '정당한 주정부의 이익'이 될 수 없다고 판시했다. 따라서 높아진 합리성의 수준으로 인해 심사대상이 된 법들이 단순합리성심사에서 조차도 그 합리성을 결하여 평등보호조항 위배로 위헌판결을 받는 경우가 많아졌다.

엄격심사의 대상이 되는 인종차별과 관련해, 오늘날 미국의 연방지방법원은 1955년의

---

44) Mark V. Tushnet, Equal Protection in The Oxford Companion To The Supreme Court Of The United States (Kermit L. Hall ed. Oxford University Press, 1992) at 259.
45) Jerome A. Barron & C. Thomas Dienes(주 8), 192-93 참조.
46) Metropolitan Life v. Ward, 470 U.S. 869 (1985).

Brown 2의 판시사항 대로 공립학교 교육에 있어 인종에 의한 '법률상의 분리'를 획책하고 있는 교육위원회들에 대해 광범위한 감독권을 행사하고 있다.[47] 그러나, 1990년대에 들어서 일어나고 있는 인종간의 재분리(resegregation) 교육에 대해서는 대법원이 유연한 입장을 취하고 있다. 즉, Oklahoma City v. Dowell판결(1991)에서는[48] 만약 그 교육위원회가 연방지방법원의 원래의 분리철폐명령에 '선의로'(in good faith) 따라왔고 과거의 인종차별 흔적들이 실제적인 범위로까지 제거되어져 왔다면 그 교육위원회는 단일인종학교를 결과할 수도 있는 새로운 통학버스계획(busing plan)을 실시할 수 있다고 보았다. 1년 후인 1992년의 Freeman v. Pitts판결에서[49] 연방대법원은, 연방지방법원의 궁극적 목적은 헌법상의 평등보호조항 위반을 시정·구제하고 그리고 나서는 학교시스템의 통제권을 지방자치단체에게 되돌려주는 것이라고 판시했다. 따라서, 연방지방법원은 완전한 평등보호조항 준수를 이루기 전에 어느 정도 위헌성이 제거되면 교육위원회에 대한 감독과 통제를 그만둘 수 있게 되었다.

또한 엄격심사가 적용되는 인종차별과 관련해 연방대법원은, 평등심사의 기준은 적극적 평등실현조치가 연방의회에 의해 이루어지는지 주나 지방자치단체정부에 의해 이루어지는지에 따라 다르다고 판시하고 있다.

첫째, 주나 지방자치단체에 의한 적극적 평등실현조치의 경우, 주정부나 지방자치단체정부는 그 인종의식적(race-conscious) 프로그램이 긴절한 정부이익에 필요한 것이라는 점을 입증해야만 한다. 즉, 엄격심사의 대상이 되는 것이다. 이를 통해 주나 지방자치단체정부는 자신의 과거의 인종차별의 과오와 개인에 의한 인종차별에 대해 수동적 지지를 한 것에 대해 보상하게 되는 것이다. 이 때 이 프로그램은 '좁게 만들어'(narrowly drawn)져야만 하고 인종중립적 수단들이 고려되어져야만 한다. 위에서 본 Bakke판결(1978)에서도 유색인종에 대해 인종할당제를 실시하는 주립대학의 입학프로그램에 대해 다수의견에 의해 엄격심사가 행해졌고, 이 엄격심사를 통과하지 못해 위헌판결이 내려졌다.

둘째, 그러나 연방의회에 의한 적극적 평등실현조치의 경우는 엄격심사를 충족시킬 필요가 없다. 연방의회의 입법재량권에 대한 존중 때문이다. 이 때 그 법은 연방의회의 권한 내에서 중요한 국가이익에 이바지해야 하고 그러한 목적달성에 실질적인 관련을 가져야만 한다. 중간수준심사가 적용되는 것이다. 이 기준은 비록 그 연방의 조치가 확인가능한 법적 과오를 시정하기 위해 만들어진 것이 아니더라도 충족될 수 있다. 다른 중요한 정부이익들로 충분하다. 예를 들어 1980년의 Fullilove v. Klutznick판결에서 대법원은, 지방의 공무 프로젝트에 부여된 연방기금의 10%는 법이 확정한 소수인종집단의 구성원들에 의해 소유되고 제어되는 사업들로부터의 서비스나 물자공급을 획득하기 위해 쓰여져야만 한다는 연방법률은 수정헌법 제5조에 의

---

47) Id. at 199.
48) Board of Education of Oklahoma City v. Dowell, 498 U.S. 237 (1991).
49) Freeman v. Pitts, 503 U.S. 467 (1992).

해 인정되는 평등보호조항에 위배되지 않는다고 판시했다. 이 때 중간수준심사가 사용되었고 그 프로그램은 이 심사를 통과했다. 즉, 그 프로그램은 제한적이고 좁게 짜여진 프로그램이며 미래에 효과를 발휘하고 건설업에서의 과거의 차별을 보상하기 위해 고안되었다고 보았다. 또한 이로부터 혜택을 입는 특정 소수인종집단의 의회 선택이 과소포함(under-inclusive)으로 인해 다른 확정가능한 소수인종집단에 대해 악의적 차별로 작용하는가에 대한 입증이 없다고 보았다. 대법원은 그 프로그램은 그것이 연방의회의 보상의 목적에 한정될 것이라는 합리적 확신을 심어주므로 文面上 과대포함(over-inclusive)도 아니다라고 본 것이다.

중간수준심사가 적용되는 성차별과 적극적 평등실현조치가 관련된 사건에 대해 연방대법원은, 과거의 차별을 보상하기 위해 남성이 아니라 여성들에게만 특혜를 제공하는 차별은 과거의 과오를 보상하기 위해 좁게 만들어지면 합헌이라고 판시해 왔다. 그러나 이 경우 대법원은 주장된 '자애로운 목적'(benign purpose)이 진짜 목적인지를 결정하기 위해 면밀한 조사를 하여야 한다. 이 예로는 1974년의 Kahn v. Shevin판결을[50] 들 수 있다. 동판결은 과부들에게는 재산세를 면제해주고 홀아비들에게는 이를 면제해주지 않는 주법은 과부들의 더 큰 재정적 어려움을 고려해 보았을 때 합헌이라고 판시했다.

끝으로 최근에는 동성애자 집단과 관련한 평등심사가 심심찮게 이루어지고 있어 눈길을 끈다. 위에서 본 Romer판결은 동성애에 관해 주법이 이를 범죄화하는 것은 합헌이라고 판시한 10년 전의 Bowers v. Hardwick판결(1986)과는 약간 다른 입장을 보이고 있어 주목을 끈다. 주가 동성애를 범죄로 처벌하는 주법을 만들 수는 있지만, 평등보호조항과 관련해 동성애자들 집단을 차별하는 지방자치단체의 조례 제정을 주가 금할 수는 없다는 점을 밝힌 것이다.

마. 소결: 우리 헌법재판소의 평등심사에 주는 교훈

이상에서 살펴보았듯이 미국 연방대법원은 평등심사와 관련하여 여러 단계의 세밀한 심사기준들을 개발하고 또 이것을 적용하며 보완해 왔다. 이에 비해 우리 헌법재판소의 평등심사는 독일식의 합리성(자의금지)심사에, 평등권의 법률에 의한 제한의 한계에 관한 헌법 제37조 제2항으로부터 도출되는 과잉금지의 원칙이 보태지는 정도였었다. 그러다가 1999년의 군가산점위헌결정 등에서 볼 수 있는 바와 같이 평등권에 관해 규정하고 있는 우리 헌법 제11조에 특히 규정된 세 가지 차별금지 사유인 "여성, 종교, 사회적 신분"에 대해서는 헌법이 이 세 가지를 굳이 규정한 이유가 이들 차별사유에 의한 차별에는 더 엄격한 기준이 적용되어야 한다는 것이라 보고 이들 차별사유에 의한 차별에 대해서는 엄격심사를 행하고 있다. 그러나 우리의 평등심사기준은 솔직히 미국처럼 구체적이지도 못하고 잘 정비되어 있지도 못해서 문제이다.

첫째, 미국처럼 3단계로 나누어지지 못하고 최근의 엄격심사를 포함시켜도 2단계에 불과하다. 또한 성별, 종교, 사회적 신분이 엄격심사의 대상이 되는 차별금지사유가 된 이유도 석연

---

50) Kahn v. Shevin, 416 U.S. 351 (1974).

치 않고—특히 미국에서는 성별에 기한 차별이 엄격심사가 아니라 중간수준심사에 머물러 있음도 주목할 만하다—다른 엄격심사의 대상이 되는 차별금지사유를 헌법재판소판례가 제시하지도 못했다. 이런 면에서 미국의 3단계 평등심사기준이나, 그 차별사유, 합헌조건 등에 대한 상세한 구분 등은 우리에게 시사해 주는 바가 크다고 생각한다.

둘째, 위에서 본 것처럼 우리는 '엄격심사'의 대상이 되는 차별금지의 사유만 헌법규정에서 따왔지, 이 엄격심사는 구체적으로 기존의 합리성심사와 어떻게 다른지, 이 엄격심사를 통과해 합헌결정을 받으려면 어떤 조건을 만족시켜야 하는지에 대해 판례가 명백히 밝히고 있지 못하고 있다. 이러한 심사의 요건이나 합헌이 되기 위한 조건에 관해 상세하고 명백한 기준이 헌법재판소 판례를 통해 계속적으로 제시되었으면 한다.

셋째, 필자의 판단으로는 엄격심사의 생명은 합헌성추정원칙의 배제와 그에 따른 입증책임의 전환에 있다고 생각한다. 미국에서는 이러한 점에 착안하여 엄격심사시에는 입증책임이 정부측으로 전환되어 그 법률이 위헌이라고 주장하는 국민인 청구인이 아니라 정부가, 그 법률이 합헌임을 입증하게—즉, 긴절한 정부이익을 촉진하기 위해 필요함을 입증하게—하고 있다. 우리 헌법재판소는 아직 여기에까지는 나가지 못하고 있으나, 엄격심사에서의 이러한 입증책임의 전환도 생각해 볼만하다고 믿는다.

넷째, 평등심사에 있어 미국처럼 '차별의 영향'과 '차별의 고의성'을 구별하고 차별인정을 위해 '차별의 고의성' 입증을 필요케 하는 식의 보다 세밀화된 평등심사기준의 마련이 요청된다. 위에서도 보았지만, 미국의 Feeney판결은 우리 헌법재판소의 군가산점위헌결정과 사실관계가 거의 흡사하다. 둘 다 남자가 대부분인 제대군인에 대해 공무원직 채용에 특혜를 준 법이 평등심사를 받은 사건이기 때문이다. 그러나 우리와 미국은 결론에 있어서는 위헌과 합헌으로 전혀 달랐다. 거의 흡사한 사실관계에 그렇게 정반대의 결론이 난 이유는, 미국의 성차별에 대한 평등심사에서는 결과적으로 또 사실적으로 공무원시험에의 여성합격자수가 극히 적다는 '차별의 효과'만으로는 이것이 성에 기한 차별로 되지 못하고 '차별의 고의나 목적'이 존재함으로써 '법률상 차별'(de jure discrimination)이 되어야만 성에 기한 차별이 되는데 비해, 우리 헌법재판소에는 이런 세밀한 기준이 마련되어 있지 않아 '차별의 고의' 유무는 따질 여유도 없이 "여성 합격자수가 극히 적고 심한 경우 만점을 받고도 불합격할 수 있다"는 사실적·결과적인 '차별의 효과나 영향'만으로 쉽게 이 사안을 제대군인과 비제대군인의 차별이 아니라 남성과 여성의 성차별로 끌고 가버린 성급함이 엿보인다. 이것이 바로 세밀화된 평등심사기준과 그 요건들의 개발이 부족하기 때문이다. 이러한 부분들에 대한 우리 헌법재판소의 노력이 요청된다.

IV. 다른 조문과의 체계적 관계

1. 서 설

헌법 제11조는 헌법재판소에서 밝힌대로 주관적 공권으로서의 평등권을 규정한 것이기도 하지만 국민의 기본권보장에 관한 기본원리인 평등원칙을 선언한 조항이기도 하다. 따라서, 헌법 제11조는 평등권과 평등원칙에 관한 기본조항이고 이것을 구체화한 개별적 평등권 규정들이 헌법에는 많이 있다. 이들 개별적 평등권 규정들은 1987년의 제9차 개정헌법에서 대거 신설되었다.

2. 헌법상의 개별적 평등권규정들

가. 근로관계에 있어 여성노동자의 차별대우 금지

헌법 제32조 제4항은 "여자의 근로는 … 고용·임금 및 근로조건에 있어서 부당한 차별을 받지 아니한다"라고 규정하여 근로관계에 있어 여성에 대한 부당한 차별을 금지하고 있다.

나. 혼인과 가족생활에서의 양성 평등

헌법 제36조 제1항은 "혼인과 가족생활은 양성의 평등을 기초로 성립되고 유지되어야 하며"라고 규정하여 혼인과 가족생활에 있어서 양성의 평등에 관한 별도의 규정을 두고 있다.

다. 교육의 기회균등

헌법 제31조 제1항은 "모든 국민은 능력에 따라 균등하게 교육받을 권리를 가진다"라고 규정하여 교육영역에 있어서의 평등권을 개별적 평등권의 하나로 규정하고 있다.

라. 평등선거의 원칙

헌법 제41조 제1항은 "국회는 보통·평등·직접·비밀선거에 의하여 선출된 국회의원으로 구성한다"고 규정하여 국회의원 선거에 있어 평등선거의 원칙을, 헌법 제67조 제1항은 "대통령은 국민의 보통·평등·직접·비밀선거에 의하여 선출한다"고 규정하여 대통령 선거에 있어서의 평등선거 원칙을 강조하고 있다. 선거영역에 있어서의 평등조항이라고 할 수 있다.

마. 경제질서에 있어서의 평등

헌법 제119조 제2항은 "국가는 균형있는 국민경제의 성장 및 안정과 적정한 소득의 분배를 유지하고, 시장의 지배와 경제력의 남용을 방지하며, 경제주체간의 조화를 통한 경제의 민주화를 위하여 경제에 관한 규제와 조정을 할 수 있다"고 규정하여 경제질서에 있어서 '평등'을 하나의 중요한 원리로 선언하고 있다. 또한 헌법 제123조 제2항은 "국가는 지역간의 균형있는 발전을 위하여 지역경제를 육성할 의무를 진다"고 규정하여 지역발전에 있어서의 '균형' 즉 '평등'을 선언하고 있다.

V. 개념과 원리에 대한 판례 및 학설

1. 평등권 일반

가. 헌법적 근거와 법적 성격

헌법 11조는 평등권의 주된 헌법적 근거가 되고 위에서 본 개별적 평등권 규정들이 개별 영역들에서의 구체적 평등권들을 규정하고 있다. 이 때 헌법 제11조의 평등권 규정의 법적 성격과 관련해 그것이 前國家的인 자연권이며 우리 헌법의 최고원리인 근본규범으로서 입법·사법·행정의 기준이 되고 헌법개정의 한계가 된다는 데에는 이설이 없다. 그러나, 헌법 제11조가 주관적 공권으로서의 평등권을 규정한 것이냐 아니면 평등원칙이라는 헌법상의 기본원리를 선언한 것이냐는 두고 판례와 학설들간의 대립이 있다.

(1) 객관적 법원리설

헌법 제11조는 국민이 생활관계에서 불평등하게 취급당하는 일이 없어야 한다는 기본원리를 선언한 것으로 본다. 즉, 헌법 제11조 자체는 평등원칙을 선언한 것으로 권리성이 없다는 것이다. 다만, 위에서 본 헌법 제31조 제1항, 제32조 제4항, 제36조 제1항, 제41조 제1항과 제67조 제1항, 제119조 제2항과 제123조 제2항이 개별적 평등권을 규정하고 있고 이 개별적 평등권 규정들만이 권리성을 가지며 이 규정들에서 평등권이라는 기본권이 도출된다고 본다.

(2) 주관적 공권설

헌법 제11조의 평등권은 평등한 취급을 받고 불평등한 취급을 받지 않을 국가에 대한 개인의 주관적 공권이라고 이해한다. 따라서 불평등한 입법에 대해서는 위헌심사를 요청할 수 있고 불평등한 행정처분이나 재판에 대해서는 행정소송이나 상소를 할 수 있다고 본다.[51]

(3) 헌법재판소의 입장

헌법재판소는 위의 두 학설을 절충하여, 헌법 제11조는 국민의 기본권 보장에 관한 최고원리임과 동시에 모든 국민의 권리를 규정한 조항으로 이해한다.[52]

나. 주   체

내국인은 당연히 평등권의 주체가 된다. 외국인은 국제법상 상호주의원칙에 따른 제한을 받는다. 법인도 평등권의 성질상 권리능력없는 사단이나 재단도 포함해서 평등권의 주체가 된다.

---

51) 김철수(주 5), 396.
52) 예를 들어, 헌재 1989. 1. 25. 88헌가7; 2003. 5. 15. 2002헌마90.

다. 내   용

(1) "법 앞에 평등"

헌법 제11조 제1항 제1문은 "모든 국민은 법 앞에 평등하다"고 규정하고 있다. 우선, "법 앞에"의 "법"은 국회제정법 뿐만 아니라 관습법 등을 포함하는 모든 법을 의미한다. "법 앞에"의 의미를 두고는 학설과 판례의 대립이 있다.

(가) "법 앞에"의 의미

첫째, 법적용평등설(입법비구속설)이 있다. '법 앞에 평등'을 법의 집행과 적용에 대한 규제원리로만 이해한다. 따라서 법의 제정에는 평등이 미치지 못해 평등원칙이 입법자를 구속하지는 못한다고 본다.

둘째, 법내용평등설(입법구속설)이 있다. '법 앞에 평등'을 법의 집행과 적용에 대한 규제원리로서 뿐만이 아니라 법의 제정에 대한 규제원리로 이해한다. 따라서 평등원칙이 입법자도 구속하게 된다. 통설과 헌법재판소 판례의 입장이다.

(나) '평등'의 의미

'평등'의 의미에 관해서도 학설의 대립이 있다. 첫째, 절대적 평등설이 있다. 아리스토텔레스의 '평균적 정의'에 입각한 이 학설은 다시 '무제한적 절대적 평등설'과 '제한적 절대적 평등설'로 나뉘어진다. '무제한적 절대적 평등설'은 어떠한 차별도 금지하는 입장이다. 이에 비해 '제한적 절대적 평등설'은 '신분'을 이유로 한 차별만 절대로 금지한다.

둘째, 상대적 평등설이 있다. 아리스토텔레스의 배분적 정의에 입각한 이 학설은 '평등한 것은 평등하게 불평등한 것은 불평등하게' 다룰 것을 요구한다. 즉, 합리적 기준이 있는 차별은 평등에 위배되지 않고, 합리적 기준없는 차별만 평등에 위배된다고 본다. 이에 따라 독일에서는 차별에 있어 '자의 금지'의 개념을 중심으로 평등개념이 발달했고, 영미에서는 차별 기준의 '합리성' 개념을 중심으로 평등개념이 발달했다. '자의 금지'니 '합리성' 모두 그 자체가 또 다른 가치판단을 필요로 하므로 평등은 결국 그 시대의 평균적인 정의감정에 비추어 파악되게 되었다.

(2) 차별금지사유

헌법 제11조 제1항 제2문은 차별금지의 사유로 "누구든지 성별·종교 또는 사회적 신분에 의하여 … 차별을 받지 아니한다"며 성별, 종교, 사회적 신분을 차별금지사유로 규정하고 있다.

(가) 차별금지사유 규정 부분의 의미

그런데, 성별, 종교, 사회적 신분을 규정한 이 부분의 의미와 관련해 학설의 대립이 있다.

첫째, 열거설은 성별, 종교, 사회적 신분의 세 가지 차별금지사유를 헌법이 제한적으로 열거한 것이기 때문에 이 세 가지 사유에 의한 차별만 평등조항 위배로 본다.

둘째, 예시설은 성별, 종교, 사회적 신분은 차별금지사유를 예시한 데 불과하고 그 이외에도 학력, 건강, 정치성향, 연령, 출신지역, 인종, 언어 등에 의한 차별도 금지된다고 본다. 통설과 헌법재판소 판례의 입장이다. 그런데, 헌법재판소는 여기서 한 걸음 더 나아가 헌법에 예시된 성별, 종교, 사회적 신분에 의한 차별은 그 합헌성 판단에 있어 엄격심사의 대상이 된다고 보면서,53) 성별, 종교, 사회적 신분에 의한 차별을 더 어렵게 만든 바 있다.

(나) 성   별

예를 들어, 미혼 여성을 결혼하면 퇴직함을 조건으로 채용하는 결혼퇴직제, 같은 능력과 같은 노동인데도 남녀간의 임금차별을 두는 것은 "성별"에 따른 차별로 평등조항에 위배된다. 그러나, 남녀간의 사실적·생리적 차이에 의거한 차별이나 합리적 이유가 있는 차별은 허용된다. 예를 들어, 형법에서 강간죄의 객체를 여성으로만 제한한다든지,54) 여성에게만 생리휴가 등 특별한 근로보호를 한다든지, 여성만 조산원이 될 수 있다든지, 남자에게만 병역의무를 지우는 것들은 평등조항에 위배되지 않는다.

헌법재판소는 '성별'에 따른 차별과 관련해, 평등권에 대한 이러한 합리성 심사 내지 자의성 심사에서 한 걸음 더 나아가 엄격심사의 기준을 채택하고, 엄격심사의 기준이 어떤 경우에 적용되는지에 관해 여러 결정들을 내놓았다. 그 중에서 대표적인 결정으로, 병역의무와 관련한 제대군인가산점제 사건 결정과 여성 병역의무사건을 다음에서 살펴본다.

[헌재 1999. 12. 23. 98헌마363] 제대군인가산점제 위헌

a. 심판대상

제대군인 지원에 관한 법률(1997. 12. 31. 법률 제5482호로 제정된 것)

제 8 조(채용시험의 가점) ① 제7조 제2항의 규정에 의한 취업보호실시기관이 그 직원을 채용하기 위한 시험을 실시할 경우에 제대군인이 그 채용시험에 응시한 때에는 필기시험의 각 과목별 득점에 각 과목별 만점의 5퍼센트의 범위 안에서 대통령령이 정하는 바에 따라 가산한다. 이 경우 취업보호실시기관이 필기시험을 실시하지 아니한 때에는 그에 갈음하여 실시하는 실기시험·서류전형 또는 면접시험의 득점에 이를 가산한다.

③ 취업보호실시기관이 실시하는 채용시험의 가점대상직급은 대통령령으로 정한다.

제대군인 지원에 관한 법률 시행령(1998. 8. 21. 대통령령 제15870호로 제정된 것)

제 9 조(채용시험의 가점비율 등) ① 법 제8조 제1항의 규정에 의하여 제대군인이 채용시험에 응시하는 경우의 시험만점에 대한 가점비율은 다음 각호의 1과 같다.

1. 2년 이상의 복무기간을 마치고 전역한 제대군인: 5퍼센트

2. 2년 미만의 복무기간을 마치고 전역한 제대군인: 3퍼센트

② 법 제8조 제3항의 규정에 의한 채용시험의 가점대상직급은 다음 각호와 같다.

1. 국가공무원법 제2조 및 지방공무원법 제2조에 규정된 공무원 중 6급이하 공무원 및 기능직공

---

53) 예를 들어, 헌재 1999. 12. 23. 98헌마363 제대군인가산점제 사건 참조.
54) 형법 제297조.

무원의 모든 직급

2. 국가유공자 등 예우 및 지원에 관한 법률 제30조 제2호에 규정된 취업보호실시기관의 신규채
용 사원의 모든 직급

b. 사실관계의 요지

청구인 갑 등은 모 여대 4학년에 재학중이던 여성들로서 모두 7급 또는 9급 국가공무원 공개경쟁
채용시험에 응시하기 위하여 준비 중에 있으며, 청구인 을은 모 대학교 4학년에 재학중이던 신체장
애가 있는 남성으로서 역시 7급 국가공무원 공개경쟁채용시험에 응시하기 위하여 준비 중에 있다.
청구인들은 제대군인이 6급 이하의 공무원 또는 공·사기업체의 채용시험에 응시한 때에 필기시험의
각 과목별 득점에 각 과목별 만점의 5퍼센트 또는 3퍼센트를 가산하도록 규정하고 있는 제대군인 지
원에 관한 법률 제8조 제1항, 제3항 및 동법 시행령 제9조가 자신들의 헌법상 보장된 평등권, 공무담
임권, 직업선택의 자유를 침해하고 있다고 주장하면서 이 사건 헌법소원심판을 청구하였다

c. 주 문

제대군인 지원에 관한 법률 제8조 제1항, 제3항 및 동법 시행령 제9조는 헌법에 위반된다.

d. 결정 이유의 주요 논점 및 요지

(a) 청구인적격 있어 적법한 헌법소원 제기임

심판청구 당시 청구인들은 국가공무원 채용시험에 응시하기 위하여 준비하고 있는 단계에 있었으
므로 이 사건 심판대상조항으로 인한 기본권 침해를 현실적으로 받았던 것은 아니지만, 이들이 응시
할 경우 장차 그 합격여부를 가리는 데 있어 가산점제도가 적용될 것임은 심판청구 당시에 이미 확
실히 예측되는 것이었다. 따라서 기본권 침해의 현재관련성이 인정된다.

(b) 평등권 침해

가산점제도는 제대군인과 제대군인이 아닌 사람을 차별하는 형식을 취하고 있다. 이를 통해 대부
분의 여성, 심신장애가 있어 군복무를 할 수 없는 남자, 보충역에 편입되어 복무를 마친 남자를 차별
하고 있다. 평등위반 여부를 심사함에 있어 엄격한 심사척도에 의할 것인지, 완화된 심사척도에 의할
것인지는 입법자에게 인정되는 입법형성권의 정도에 따라 달라진다. 먼저 헌법에서 특별히 평등을
요구하고 있는 경우 엄격한 심사척도가 적용될 수 있다. 헌법이 스스로 차별의 근거로 삼아서는 안
되는 기준을 제시하거나 차별을 특히 금지하고 있는 영역을 제시하고 있다면 그러한 기준을 근거로
한 차별이나 그러한 영역에서의 차별에 대하여 엄격하게 심사하는 것이 정당화된다. 다음으로 차
별적 취급으로 인하여 관련 기본권에 대한 중대한 제한을 초래하게 된다면 입법형성권은 축소되어
보다 엄격한 심사척도가 적용되어야 할 것이다. 그런데 가산점제도는 엄격한 심사척도를 적용하여
야 하는 위 두 경우에 모두 해당한다. 헌법 제32조 제4항은 "여자의 근로는 특별한 보호를 받으며,
고용·임금 및 근로조건에 있어서 부당한 차별을 받지 아니한다"고 규정하여 "근로" 내지 "고용"의
영역에 있어서 특별히 남녀평등을 요구하고 있는데, 가산점제도는 바로 이 영역에서 남성과 여성을
달리 취급하는 제도이기 때문이고, 또한 가산점제도는 헌법 제25조에 의하여 보장된 공무담임권이라
는 기본권의 행사에 중대한 제약을 초래하는 것이기 때문이다. 이와 같이 가산점제도에 대하여는 엄
격한 심사척도가 적용되어야 하는데, 엄격한 심사를 한다는 것은 자의금지원칙에 따른 심사, 즉 합리

적 이유의 유무를 심사하는 것에 그치지 않고 비례성원칙에 따른 심사, 즉 차별취급의 목적과 수단간에 엄격한 비례관계가 성립하는지를 기준으로 한 심사를 행함을 의미한다.

제대군인에 대하여 여러 가지 사회정책적 지원을 강구하는 것이 필요하다 할지라도, 그것이 사회공동체의 다른 집단에게 동등하게 보장되어야 할 균등한 기회 자체를 박탈하는 것이어서는 안 되는데, 이 가산점제도는 차별취급을 통하여 달성하려는 입법목적의 비중에 비하여 차별로 인한 불평등의 효과가 극심하므로 가산점제도는 차별취급의 비례성을 상실하고 있다. 7급 및 9급 국가공무원 채용시험의 경우 경쟁률이 매우 치열하고 합격선도 평균 80점을 훨씬 상회하고 있으며, 그 결과 불과 영점 몇 점 차이로 합격, 불합격이 좌우되고 있는 현실에서 각 과목별로 과목별 만점의 3% 또는 5%의 가산점을 받는지의 여부는 결정적으로 영향을 미치게 되고, 가산점을 받지 못하는 사람은 시험의 난이도에 따라서는 만점을 받고서도 불합격될 가능성이 없지 않기 때문이다.

(c) 공무담임권 침해

헌법 제25조는 "모든 국민은 법률이 정하는 바에 의하여 공무담임권을 가진다"고 규정하여 공무담임권을 보장하고 있다. 선거직공직과 달리 직업공무원에게는 정치적 중립성과 더불어 효율적으로 업무를 수행할 수 있는 능력이 요구되므로, 직업공무원으로의 공직취임권에 관하여 규율함에 있어서는 임용희망자의 능력·전문성·적성·품성을 기준으로 하는 이른바 능력주의 또는 성과주의를 바탕으로 하여야 한다.

제대군인 지원이라는 입법목적은 예외적으로 능력주의를 제한할 수 있는 정당한 근거가 되지 못하는데도 불구하고, 가산점제도는 능력주의에 기초하지 않는 불합리한 기준으로 공무담임권을 제한하고 있다. 가산점제도는 제대군인에 해당하는 대부분의 남성을 위하여 절대 다수의 여성들을 차별하는 제도이고, 그 기준을 형식적으로는 제대군인 여부에 두고 있으나 실질적으로는 성별에 두고 있는 것과 마찬가지이다. 그러나 공직수행능력에 관하여 남녀간에 생리적으로 극복할 수 없는 차이가 있는 것이 아니므로 공직자선발에 있어서 적성·전문성·품성 등과 같은 능력이 아니라 성별을 기준으로 공직취임의 기회를 박탈하는 것은 명백히 불합리한 것이어서 헌법적으로 그 적정성을 인정받을 수 없다. 가산점제도는 또한 제대군인에 해당하는 남자와 병역면제자, 보충역복무자를 차별하는 제도이고, 이 경우 차별의 실질적 기준은 현역복무를 감당할 수 있을 정도로 신체가 건강한가에 있으므로 역시 공무수행능력과는 별다른 관계도 없는 기준으로 공직취임의 기회를 박탈하는 것이다. 공직을 수행함에 있어서도 상당한 정도의 건강을 필요로 함은 물론이나, 공직수행에 필요한 건강의 정도와 현역복무를 감당할 수 있는 건강의 정도는 애초에 다를 수밖에 없기 때문이다. 가산점제도에 의한 공직취임권의 제한은 위 평등권침해 여부의 판단부분에서 본 바와 마찬가지 이유로 그 방법이 부당하고 그 정도가 현저히 지나쳐서 비례성원칙에 어긋난다.

e. 이 결정이 가지는 의미

취업보호실시기관의 채용시험에서 제대군인들에게 과목별 만점의 3~5%의 가산점을 주는 제대군인가산점제에 대해 평등권과 공무담임권 침해를 이유로 9인 재판관 만장일치의 위헌결정이 내려진 사건이다. 결정문에서도 밝히고 있듯이 취업보호실시기관이 사기업인 경우 공무담임권이 아니라 직업선택의 자유 침해가 된다는 점, 헌법재판소가 평등심사와 관련해 비록 자세하지는 못하지만 '엄격심사'의 개념과 방법을 나름대로 제시하고 있다는 점에 주목을 요한다.

[헌재 2010. 11. 25. 2006헌마328] 여성 병역의무 면제 합헌

a. 심판대상

구 병역법(1983. 12. 31. 법률 제3696호로 개정되고, 2009. 6. 9. 법률 제9754호로 개정되기 전의 것)

제3조(병역의무) ① 대한민국 국민인 남자는 헌법과 이 법이 정하는 바에 의하여 병역의무를 성실히 수행하여야 한다. 여자는 지원에 의하여 현역에 한하여 복무할 수 있다.

제8조(제1국민역에의 편입 및 편입대상자신고) ① 대한민국 국민인 남자는 18세부터 제1국민역에 편입된다.

b. 사실관계의 요지

甲은 1981. 8. 13.생의 남성이고, 2005. 10. 1. 카투사에 지원하여 2005. 12. 3. 병무청으로부터 육군 모집병 입영통지서를 이메일로 수령하였다. 청구인은 남성에게만 병역의무를 부과하는 구 병역법 제3조 제1항 및 제8조 제1항이 청구인의 평등권 등을 침해하여 헌법에 위반된다고 주장하며 2006. 3. 10. 위 조항들의 위헌확인을 구하는 이 사건 헌법소원심판을 청구하였다. 그 후 청구인은 2006. 3. 13. 입대하여 현역 복무를 마쳤다.

c. 주   문

구 병역법 제8조 제1항에 대한 청구를 각하한다. 구 병역법 제3조 제1항 전문에 대한 청구를 기각한다.

d. 결정 이유의 주요 논점 및 요지

(a) 병역법 제8조 제1항에 대한 청구는 청구기관 도과로 기각

헌법재판소법 제68조 제1항의 규정에 의한 헌법소원심판은 헌법재판소법 제69조 제1항에 의해 그 사유가 있음을 안 날부터 90일, 그 사유가 있는 날부터 1년 이내에 청구하여야 한다. 1981. 8. 13.생인 청구인은 구 병역법 제8조 제1항, 제2조 제2항에 의하여 1999. 1. 1. 제1국민역에 편입되었고, 그 때에 구 병역법 제8조 제1항으로 인한 기본권 침해의 사유가 발생하였다고 할 것이다. 따라서 그로부터 1년이 경과하여 한 구 병역법 제8조 제1항에 대한 청구는 청구기간이 도과한 것으로서 부적법하다.

(b) 구 병역법 제3조 제1항 전문은 자의금지원칙에 위배되지 않아 합헌(이강국, 김희옥, 이동흡, 송두환 재판관)

구 병역법 제3조 제1항 전문은 헌법 제11조 제1항 후문이 예시하는 차별금지 사유 가운데 하나인 '성별'을 기준으로 병역의무를 달리 부과하도록 한 규정이다. 그러나 헌법 제11조 제1항 후문은 불합리한 차별의 금지에 초점이 있는 것이고, 예시한 사유가 있는 경우에 절대적으로 차별을 금지하거나 언제나 엄격한 심사를 요구하는 것은 아니다. 우리 헌법은 '근로', '혼인과 가족생활' 등 인간의 활동의 주요부분을 차지하는 영역으로서 성별에 의한 불합리한 차별적 취급을 엄격하게 통제할 필요가 있는 영역에 대하여는 헌법 제32조 제4항과 헌법 제36조 제1항에서 양성평등 보호규정을 별도로 두고 있다. 헌법재판소는 위와 같이 헌법이 특별히 양성평등을 요구하는 경우에는 엄격한 심사기준을 적용하여 왔으나, 이 사건 법률조항은 그에 해당한다고 보기 어렵다.

　　국방의 의무의 부담 자체는 국가나 공익목적을 위하여 개인이 특별한 희생을 하는 것이라고 할 수 없으므로 관련 기본권에 대한 중대한 제한이 인정된다고 보기도 어렵다. 그 밖에 징집 대상자의 범위를 정하는 문제는 그 목적과 성질상 입법자 등의 입법형성권이 매우 광범위하게 인정되어야 하는 영역이다. 이러한 점 등을 고려할 때, 이 사건 법률조항이 평등권을 침해하는지 여부는 완화된 심사척도에 따라 자의금지원칙 위반 여부에 의하여 판단함이 상당하다. 집단으로서의 남자는 집단으로서의 여자에 비하여 보다 전투에 적합한 신체적 능력을 갖추고 있으며, 개개인의 신체적 능력에 기초한 전투적합성을 객관화하여 비교하는 검사체계를 갖추는 것이 현실적으로 어렵다. 신체적 능력이 뛰어난 여자의 경우에도 월경이나 임신, 출산 등으로 인한 신체적 특성상 병력자원으로 투입하기에 부담이 크다. 이러한 점 등에 비추어 남자만을 징병검사의 대상이 되는 병역의무자로 정한 것이 현저히 자의적인 차별취급이라 보기 어렵다.

　　국가안보를 위한 병력규모는 적정한 수준에서 유지되어야 할 필요가 있고, 과다한 병력은 오히려 군비경쟁 등을 촉발할 우려가 있으므로 현역의 수는 제한될 수밖에 없으나, 국가비상사태에 대비한 예비적 전력의 확보 및 유지의 필요성은 부인하기 어렵다. 보충역이나 제2국민역 등은 국가비상사태에 즉시 전력으로 투입될 수 있는 예비적 전력으로서 병력동원이나 근로소집의 대상이 되는데, 평시에 현역으로 복무하지 않는다고 하더라도 병력자원으로서 일정한 신체적 능력이 요구된다고 할 것이므로 보충역 등 복무의무를 여자에게 부과하지 않은 것이 자의적이라 보기 어렵다.

　　비교법적으로 보아도, 징병제가 존재하는 70여 개 나라 가운데 여성에게 병역의무를 부과하는 국가는 이스라엘 등 극히 일부 국가에 한정되어 있으며, 그러한 국가도 남녀의 복무 내용, 조건을 다르게 규정하고 있다는 점에서 이 사건 법률조항이 자의적 기준에 의한 것이라 볼 수 없다.

　　그 밖에 남녀의 동등한 군복무를 전제로 한 시설과 관리체제를 갖추는 것에는 막대한 경제적 비용이 소요될 수 있고, 현재 남자를 중심으로 짜여진 군조직과 시설체계하에서의 여자에 대한 병역의무 부과는 기강해이 등 여러 문제를 발생시킬 수 있다.

　　결국 이 사건 법률조항이 성별을 기준으로 병역의무자의 범위를 정한 것은 자의금지원칙에 위배하여 평등권을 침해하지 않는다.

　　e. 이 결정이 가지는 의미

　　헌법재판소는 대한민국 국민인 남자가 18세부터 제1국민역에 편입되도록 한 구 병역법 제8조 제1항에 대해서는 재판관 전원 일치의 의견으로 각하결정을, 대한민국 국민인 남자에 한정하여 병역의무를 부과하는 구 병역법 제3조 제1항 전문에 대해서는 재판관 6(기각, 합헌) : 2(인용, 위헌) : 1(각하)의 의견으로 기각결정을 내렸다. 위와 같은 기각의견을 낸 4인의 재판관 가운데 김희옥 재판관은 다시 보충의견을 제시하였다. 즉, 현역 이외의 대체적 복무형태는 국토방위라는 병역의무 본래의 목적과 관련하여 불가피한 경우에 한하도록 하고, 병역의무를 부담하지 않는 국민은 다른 형태로 병역의무의 이행을 지원하도록 하는 등의 입법적 개선노력을 요구해야 한다고 주장했다.

　　구 병역법 제3조 제1항 전문에 관한 위 4인 재판관의 기각의견 이외에 조대현, 김종대 재판관의 2인 재판관은 기각의 이유는 다르고 기각이라는 결론은 같은 별개의견을 개진했다. 이 별개의견은, 구 병역법 제3조 제1항 전문에 대한 심사는 기본권의 과잉제한을 논할 필요가 없고, 다만 기본의무의 부과가 그 목적에 있어 정당한지, 그 부과 내용이 합리적이고 공평한지 여부를 따지는 것만으로 족하며, 위 조항은 국가보위를 위한 것으로서 기본의무 부과에 있어 지켜야 할 헌법상 심사기준을 충족시킨다고 보았다.

이에 비해 이공현, 목영준 재판관은 반대의견으로 위헌의견을 개진했다, 헌법 제39조 제1항에 따라 모든 국민은 국방의 의무를 지는데, 남성과 여성의 신체적 조건 등에 따르는 차별취급은 용인되어야 할 것이다. 그러나, 병역법은 국방의 의무 가운데 그 복무 내용이 신체적 조건이나 능력과 직접 관계되지 않는 의무까지도 남자에게만 부과함으로써 남자와 여자를 합리적 이유없이 차별취급하고 있고, 현재 그러한 차별의 불합리성을 완화하기 위한 제도적 장치도 마련되어 있지 않다. 따라서, 구 병역법 제3조 제1항은 국방의 의무의 자의적 배분으로서 남성의 평등권을 침해하여 헌법에 위반된다고 보았다.

민형기 재판관은 또 다른 반대의견으로 각하의견을 개진했다. 구 병역법 제3조 제1항이 위헌으로 선언되더라도 종래 여자들이 병역의무를 부담하지 않던 혜택이 제거되는 것일 뿐 청구인과 같은 남자들의 병역의무의 내용이나 범위 등에 어떠한 직접적이고 본질적인 영향을 미친다고 보기 어렵다. 따라서 위 조항으로 인하여 청구인의 평등권이 침해될 가능성이 있다거나 자기관련성 또는 심판청구의 이익이 인정된다고 보기 어려우므로 위 조항에 대한 청구는 부적법하다고 보았다.

헌법재판소가 본 사건 결정에서, 헌법 제11조 제1항에 차별금지사유로 예시된 "성별, 종교, 사회적 신분"에 따른 차별이 절대적으로 금지되거나 언제나 엄격심사의 대상이 되는 것은 아니라고 본 점에 주목을 요한다. 그러면서 헌법재판소는 그 중 "성별"에 따른 차별과 관련해, 우리 헌법이 '근로'나 '혼인과 가족생활' 등 성별에 의한 불합리한 차별적 취급을 엄격하게 통제할 필요가 있는 영역에 대해서는 헌법 제32조 제4항과 헌법 제36조 제1항에서 양성평등 보호규정을 별도로 두고 있으며 그처럼 헌법이 특별히 양성평등을 요구하는 경우에 헌법재판소가 엄격한 심사기준을 적용해 왔고, 이 사건 법률조항은 그에 해당한다고 보기 어렵다고 보았다. 그러면서 본 사안을 완화된 심사척도에 따라 자의금지원칙 위반 여부에 의하여 판단하고 있으며, 남녀간의 신체적 특성 등에 비추어 남자만을 징병검사의 대상이 되는 병역의무자로 정한 것이 현저히 자의적인 차별취급이라 보기 어렵다는 결론에 이르고 있는 것이다.

(다) 종   교
사기업에서의 근무관계나 사립학교의 입학관계 등에서 종교 차별이 흔히 문제된다.

(라) 사회적 신분
헌법 제11조 제1항 제2문이 규정하고 있는 "사회적 신분"의 의미를 두고 학설의 대립이 있다.

첫째, 선천적 신분설은 "사회적 신분"을 출생에 의해 고정되는 사회적 지위로 본다. 예를 들어, 귀족, 전과자의 자손, 존·비속의 지위 등이 사회적 신분이 된다.

둘째, 후천적 신분설은 선천적 신분은 물론 후천적으로 사회에서 장기간 점하고 있는 지위도 "사회적 신분"에 포함된다고 본다. 예를 들어, 전과자,[55] 공무원, 부자, 학생, 농민도 "사회적 신분"에 포함된다. 다수설과 헌법재판소 판례의 입장이다. 후천적 신분설에 의할 경우 "사회적 신분"이 아닌 신분이 없게 된다는 비판도 있다. 그러나, 후천적 신분설은 평등권의 적용을 확대시킬 수 있다는 장점도 가진다.

[헌재 1995. 2. 23. 93헌바43] 형법상의 누범가중규정 합헌

a. 심판대상

형법 제35조(누범) ① 금고 이상의 형을 받아 그 집행을 종료하거나 면제를 받은 후 3년 내에 금고 이상에 해당하는 죄를 범한 자는 누범으로 처벌한다.

② 누범의 형은 그 죄에 정한 형의 장기의 2배까지 가중한다.

이외에 형사소송법 제31조(변호인의 자격과 특별변호인), 제33조(국선변호인), 행형법(1994. 12. 31. 법률 제5015호로 개정되기 전의 것) 제14조(계구), 제18조(접견과 서신의 수발), 제19조(서신등의 영치), 제31조(교회(敎誨)), 제46조(징벌), 제62조(미결수용자에 대한 본법의 준용), 제63조(참관금지), 제67조(작업과 교회)

b. 사실관계의 요지

청구인은 1990년 5월 4일에 서울형사지방법원에서 업무상횡령죄로 징역 10월을 선고받고 1991년 1월 29일에 그 판결이 확정되어 복역하다가 출소한 후, 다시 공갈, 공갈미수의 죄로 기소되어 1993년 3월 17일에 서울지방법원 동부지원이 누범가중을 하여 징역 2년 6월을 선고하였다. 청구인은 이에 불복하여 서울형사지방법원 항소부에 항소하여 같은 법원에 형법 제35조 제1항, 제2항, 형사소송법 제31조, 제33조 제5호, 행형법 제62조, 제14조 제1항, 제2항, 제18조 제1항 내지 제4항, 제19조, 제31조, 제46조 제1항, 제2항 제2호 내지 제4호, 제6호 내지 제9호, 제3항, 제63조, 제67조가 헌법에 위반된다는 이유로 위헌제청신청을 하였으나 법원이 이를 기각하자 이 사건 헌법소원심판청구를 하였다.

c. 주   문

이 심판청구 중 형사소송법 제31조, 제33조 제5호, 1994. 12. 31. 법률 제5015호로 개정되기 전의 행형법 제62조, 제14조 제1항, 제2항, 제18조 제1항 내지 제4항, 제19조, 제31조, 제46조 제1항, 제2항 제2호 내지 제4호, 제6호 내지 제9호, 제3항, 제63조, 제67조에 대한 청구는 각하하고, 형법 제35조 제1항, 제2항은 헌법에 위반되지 아니한다.

d. 결정 이유의 주요 논점 및 요지

(a) 형법 제35조를 제외한 나머지 법률조항들에 대한 청구는 '재판의 전제성'이 없어 각하

헌법 제107조 제1항은 "법률이 헌법에 위반되는 여부가 재판의 전제가 된 경우에는 법원은 헌법재판소에 제청하여 그 심판에 의하여 재판한다"라고 규정하고, 한편 헌법재판소법 제41조 제1항은 "법률이 헌법에 위반되는 여부가 재판의 전제가 된 때에는 당해 사건을 담당하는 법원은 직권 또는 당사자의 신청에 의한 결정으로 헌법재판소에 위헌 여부의 심판을 제청한다"라고 규정하고 있으며 같은 법 제68조 제2항은 "제41조 제1항의 규정에 의한 법률의 위헌여부심판의 제청신청이 기각된 때에

---

55) 헌재 1995. 2. 23. 93헌바43 누범가중.

는 그 신청을 한 당사자는 헌법재판소에 헌법소원심판을 청구할 수 있다"라고 규정하고 있다. 따라서 법률에 대한 위헌여부심판의 제청이나 헌법재판소법 제68조 제2항의 규정에 의한 헌법소원심판청구가 적법하기 위해서는 문제된 법률조항이 헌법에 위반되는 여부가 '재판의 전제'가 되어야 한다는 요건을 갖추어야 한다. 여기서 '재판의 전제'라 함은 첫째 구체적인 사건이 위헌제청신청 당시 법원에 현재 계속중이어야 하고, 둘째 위헌 여부가 문제되는 법률 또는 법률조항이 당해 소송사건의 재판과 관련하여 적용되는 것이어야 하며, 셋째 그 법률이 헌법에 위반되는지의 여부에 따라 당해 사건을 담당한 법원이 '다른 내용'의 재판을 하게 되는 경우를 말한다. 여기에서 법원이 '다른 내용'의 재판을 하게 되는 경우라 함은 원칙적으로 법원에 계속중인 당해 사건의 주문이나 결론에 어떠한 영향을 주는 것이어야 하나, 비록 재판의 주문 자체에는 아무런 영향을 주지 않는다고 하더라도 문제된 법률조항의 위헌 여부에 따라 재판이 결론을 이끌어내는 이유를 달리하는 데 관련되어 있거나 재판의 내용과 효력에 관한 법률적 의미가 달라지는 경우이어야 한다.

청구인은 업무상횡령죄로 징역 10월을 선고받고 그 판결이 확정되어 복역하다가 출소한 후, 3년 이내에 다시 공갈, 공갈미수죄로 기소되어 누범가중된 징역 2년 6월을 선고받았다. 청구인은 이 판결에 대해 사실오인, 양형부당 등을 이유로 항소하였으므로, 이 항소심 재판의 전제가 되는 법률조항은 청구인이 주장한 법률조항들 중 누범에 관한 규정인 형법 제35조 제1항, 제2항뿐이고, 그 외 청구인이 위 재판의 전제가 된다고 주장한 형사소송법 제31조, 제33조 제5호, 행형법 제62조, 제14조 제1항, 제2항, 제18조 제1항 내지 제4항, 제19조, 제31조, 제46조 제1항, 제2항 제2호 내지 제4호, 제6호 내지 제9호, 제3항, 제63조, 제67조는 위 재판을 함에 있어 적용되지도 않을 뿐만 아니라, 만약 적용된다 하더라도 판결의 주문이나 이유의 법률적 의미가 달라지지는 않는다고 할 것이다. 따라서 청구인 주장의 법률조항들 중 형법 제35조 제1항, 제2항을 제외한 나머지 법률조항들에 대한 청구인의 이 사건 심판청구는 재판의 전제성을 인정할 수 없어 부적법하다.

(b) 형법 제35조의 누범가중규정은 일사부재리의 원칙에 위배되지 않음

누범을 가중처벌하는 것은 전범에 대하여 형벌을 받았음에도 다시 범행을 하였다는 데 있는 것이지 전범에 대하여 처벌을 받았음에도 다시 범행을 하는 경우에도 전범도 후범과 일괄하여 다시 처벌한다는 것은 아니다. 같은 법조항의 누범은 전범에 대하여 처벌을 받은 후 다시 범죄를 저지른 모든 경우를 포함하는 것이 아니라 금고 이상의 형을 받아 그 집행을 종료하거나 면제받은 후 3년 내에 금고 이상에 해당하는 죄를 범한 일정한 요건의 경우만을 누범으로 하고 있으며, 그 형도 장기만을 가중하고 단기는 가중하지 않으므로 누범을 심판하는 법관은 피고인의 정상을 참작하여 그 형의 최단기형을 선고할 수도 있는 것이며, 전범이 있다는 사실은 단지 하나의 정상으로서 법관의 양형에 있어 불리하게 작용하는 요소일 뿐, 전범 자체가 심판의 대상으로 되어 다시 처벌받기 때문에 형이 가중되는 것은 아니다. 따라서 누범에 대해 형을 가중하는 것이 헌법상의 일사부재리의 원칙에 위배되어 피고인의 기본권을 침해하는 것이라고는 볼 수 없다.

(c) 형법 제35조의 누범가중규정은 평등의 원칙에 위배되지 않음

헌법 제11조 제1항은 "모든 국민은 법 앞에 평등하다. 누구든지 성별·종교 또는 사회적 신분에 의하여 정치적·경제적·사회적·문화적 생활의 모든 영역에 있어서 차별을 받지 아니한다"라고 규정하

고 있는바 여기서 "사회적 신분"이란 사회에서 장기간 점하는 지위로서 일정한 사회적 평가를 수반하는 것을 의미한다 할 것이므로 전과자도 사회적 신분에 해당된다고 할 것이다. 그러나 헌법상의 평등의 원칙은 일체의 차별적 대우를 부정하는 절대적 평등을 의미하는 것이 아니라 입법과 법의 적용에 있어서 합리적 근거가 없는 차별을 해서는 안된다는 상대적 평등을 뜻한다. 따라서 합리적인 근거가 있는 차별 내지 불평등은 평등의 원칙에 반하는 것이 아니다. 그리고 합리적인 근거가 있는 차별인가의 여부는 그 차별이 인간의 존엄성 존중이라는 헌법원리에 반하지 않으면서 정당한 입법목적을 달성하기 위하여 필요하고도 적정한 것인가를 기준으로 판단하여야 한다.

누범을 가중처벌하는 것은 전범에 대한 형벌의 경고적 기능을 무시하고 다시 범죄를 저질렀다는 점에서 비난가능성이 많고, 누범이 증가하고 있는 현실에서 사회방위, 범죄의 특별예방 및 일반예방이라는 형벌목적에 비추어 보아 형법 제35조가 누범에 대해 형을 가중한다고 해서 그것이 인간의 존엄성 존중이라는 헌법의 이념에 반하는 것도 아니며, 누범가중은 사회방위, 범죄의 특별예방 및 일반예방, 더 나아가 사회 질서유지의 목적을 달성하기 위한 하나의 적정한 수단이기도 한 것이므로 이는 합리적 근거있는 차별이어서 헌법상의 평등의 원칙에 위배되지 않는다.

(d) 이 결정이 가지는 의미

우선 '재판의 전제성'과 관련된 헌법재판소의 판단기준을 계속 적용해 청구인이 위헌임을 주장한 조항들 중 형법 제35조 이외의 나머지 조항들에 대해서는 '재판의 전제성'을 인정하지 않고 각하하였다. 본안판단에 들어간 형법 제35조의 누범가중규정에 대해서도 일사부재리의 원칙이나 평등원칙에 위배되지 않아 합헌이라 판시한 판결이다. 그런데 평등원칙 위배여부에 대한 판단에서 누범(전과자)을 헌법 제11조 제1항이 규정하고 있는 "사회적 신분"에 해당한다고 보기는 했으나 이러한 "사회적 신분"인 누범에 대한 차별을 합리적 근거있는 차별이라 본 점에 주목을 요한다. 이것은 4년 후인 1999년의 제대군인가산점제 판결(98헌마363)에서 "성별"이 헌법 제11조 제1항에 예시된 차별금지사유임을 이유로 제대군인가산점제가 엄격심사를 거쳐 위헌결정이 난 것과 크게 대비된다.

(3) 차별금지영역

헌법 제11조 제1항 제2문은 " … 정치적·경제적·사회적·문화적 생활의 모든 영역에 있어서 차별을 받지 아니한다"고 규정하고 있다. 정치, 경제, 사회, 문화 등 모든 생활영역을 차별금지의 영역으로 보고 있는 것이다. 평등조항과 관련해서는 특히 평등조항을 원용한 헌법재판소 판례들이 많이 있음에 유념할 필요가 있다. 다음에서는 평등조항 관련 주요 판례들을 정치, 경제, 사회, 문화 영역별로 나누어 검토해 보기로 한다.

(가) 정치적 생활영역

첫째, 투표, 선거, 피선거에서 평등선거의 원칙 위배가 많이 문제된다. 평등선거의 원칙이란 '투표의 수적 평등'(一人一票制) 뿐만 아니라 '투표 결과가치의 평등'(一票一價制)까지도 포함한다. 이 중 투표 결과가치의 평등과 관련해 '선거구 인구의 불평등'이 헌법적으로 중요하게 다루어지며 헌법재판소도 국회의원 선거구 인구 불평등과 관련해 판결을 통해 계속적으로 그 기준을 제시해오고 있다. 지금은 2001년 10월 25일의 결정을 통해[56] 평등선거원칙 위배의 기준으로 인구편차 상하 50% 편차(이 경우 상한 인구수와 하한 인구수의 비율은 3 : 1)가 제시되어 있다.

[헌재 2001. 10. 25. 2000헌마92·240 병합] 선거구 인구의 불평등

a. 심판대상

'공직선거 및 선거부정방지법'(2000. 2. 16. 법률 제6265호로 개정된 것) 제25조 제2항에 의한 [별표 1]의 「국회의원 지역선거구구역표」중 "경기 안양시 동안구 선거구란" 및 "인천 서구·강화군 을선거구란"

b. 사실관계의 요지

(a) 2000헌마92 사건

청구인은 공직선거 및 선거부정방지법 제25조 제2항에 의한 [별표1] 「국회의원지역선거구구역표」상의 "경기 안양시 동안구 선거구"에 주소를 두고 2000년 4월에 실시될 예정인 제16대 국회의원선거에서 선거권을 행사하려는 자이다. 1999년 12월말 현재 위 선거구의 인구수는 331,458명으로서, 전국선거구의 평균인구수 208,502명과 비교해 +59%의 편차를 보이고 있고, 위 선거구구역표상의 최소선거구인 "경북 고령군·성주군 선거구"의 인구수 90,656명에 비하여 3.65 : 1의 편차를 보이고 있다.

이에 청구인은 위 선거구구역표에 의한 선거구획정으로 인하여 자신의 투표가치가 "경북 고령군·성주군 선거구" 선거권자의 3.65분의 1밖에 되지 않게 되어 평등선거의 원칙에 반할 뿐만 아니라, 청구인의 헌법상 보장된 평등권 및 선거권이 침해되었다고 주장하면서 헌법소원심판을 청구하였다.

(b) 2000헌마240 사건

청구인들은 '공직선거 및 선거부정방지법' 제25조 제2항에 의한 [별표1] 국회의원지역선거구구역표 상의 '인천 서구·강화군 을선거구'에 주소를 두고 제16대 국회의원선거에서 선거권을 행사하려는 자들이다. 청구인들은 위 국회의원 지역선거구구역표 중 '인천 서구·강화군 을선거구란'에 자신들의 거주지인 인천 서구 검단동과 지리적으로 분리되어 있고, 사회·경제적으로 유대감이 거의 없는 인천 강화군이 하나의 선거구로 규정됨으로써 자신들의 헌법상 보장된 선거권, 평등권 등이 침해되었다고 주장하면서 헌법소원심판을 청구하였다.

c. 주   문

'공직선거 및 선거부정방지법' 제25조 제2항에 의한 [별표1] 「국회의원 지역선거구구역표」는 헌법에 합치되지 아니한다. 위 선거구구역표는 2003년 12월 31일을 시한으로 입법자가 개정할 때까지 계속 적용된다.

d. 결정 이유의 주요 논점 및 요지

(a) 평등선거의 원칙과 선거구 획정에 관한 입법재량의 한계

선거구획정에 관하여 국회의 광범위한 재량이 인정된다고 하여도 그 재량에는 평등선거의 실현이라는 헌법적 요청에 의하여 다음과 같은 일정한 한계가 있을 수밖에 없다. 첫째, 선거구획정에 있어

---

56) 헌재 2001. 10. 25. 2000헌마92·240 병합.

서 인구비례원칙에 의한 투표가치의 평등은 헌법적 요청으로서 다른 요소에 비하여 기본적이고 일차적인 기준이기 때문에 합리적 이유없이 투표가치의 평등을 침해하는 선거구 획정은 자의적인 것으로서 헌법에 위반된다. 둘째, 특정 지역의 선거인들이 자의적인 선거구 획정으로 정치과정에 참여할 기회를 잃게 되었거나 그들이 지지하는 후보가 당선될 가능성을 의도적으로 박탈당하고 있음이 입증되어 특정 지역의 선거인들에 대하여 차별하고자 하는 국가권력의 의도와 그 집단에 대한 실질적인 차별효과가 명백히 드러난 게리맨더링의 경우, 그 선거구 획정은 입법재량의 한계를 벗어난 것으로 헌법에 위반된다.

(b) '경기 안양시 동안구 선거구란'은 투표가치의 평등에 위배

인구편차의 허용한계에 관한 다양한 견해 중 인구편차가 상하 33⅓% 편차(이 경우 상한 인구수와 하한 인구수의 비율은 2 : 1)를 기준으로 하는 방안은 행정구역 및 국회의원정수를 비롯한 인구비례의 원칙 이외의 요소를 고려함에 있어 적지 않은 난점이 예상된다. 특히 우리 재판소가 선거구 획정에 따른 선거구간의 인구편차의 문제를 다루기 시작한지 겨우 5년여가 지난 현재의 시점에서 너무 이상에 치우친 나머지 현실적인 문제를 전적으로 도외시하는 이러한 기준을 사용하기는 어렵다. 따라서, 이번에는 인구편차 상하 50% 편차(이 경우 상한 인구수와 하한 인구수의 비율은 3 : 1)를 기준으로 하는 방안을 사용하여 위헌 여부를 판단하기로 한다. 그러나 앞으로 상당한 기간이 지난 후에는 인구편차가 상하 33⅓% 또는 그 미만의 기준에 따라 위헌 여부를 판단하여야 할 것이다.

이 기준을 적용해 봤을 때, '경기 안양시 동안구 선거구'의 경우 전국 선거구의 평균인구수로부터 +57%의 편차를 보이고 있으므로, 그 선거구의 획정은 국회의 재량 범위를 일탈한 것으로서 청구인의 헌법상 보장된 선거권 및 평등권을 침해한다.

(c) '인천 서구·강화군 을선거구란'은 합헌

'인천 서구·강화군 을선거구란'의 제정 경위 등에 비추어 봤을 때, 국회는 제16대 국회의원선거를 앞두고 강화군이 최소인구수 기준에 미달되어 이를 하나의 독립한 선거구로 할 수 없게 되자, 지리적으로 계양구보다 가까운 서구의 일부를 분할하여 강화군에 합쳐 하나의 선거구로 하기로 하면서, 서구 중에서 강화군과 비교적 가까우면서도 서구의 여러 동 중 가장 인구수가 많아 최소인구수의 기준을 충족시키기에 가장 적합하다고 판단되는 검단동을 분할하기로 한 것으로 보인다. 이를 두고 입법자가 서구 검단동에 대하여 차별의 의도를 가지고 자의적인 선거구 획정을 하였다고 볼 수는 없다. 따라서, '인천 서구·강화군 을선거구란'은 청구인들의 선거권, 평등권을 침해한다거나 기타 사유로 헌법에 위반된다고 할 수 없다.

(d) 선거구구역표의 불가분성과 헌법불합치결정

따라서, 청구인의 헌법상 보장된 평등권 및 선거권을 침해하는 것은 이 사건 선거구구역표 중 '경기 안양시 동안구 선거구란'에 관한 부분 뿐이어서 이 사건 선거구구역표의 전부에 관하여 위헌선언을 할 것인지, 선거구구역표의 가분성을 인정하여 '경기 안양시 동안구 선거구란' 부분만 위헌선언을 할 것인지가 문제될 수 있다. 우리 재판소는 95헌마224등 결정에서 선거구구역표는 전체가 불가분의 일체를 이루는 것으로서 일부 선거구의 선거구획정에 위헌성이 있다면, 선거구구역표의 전부에 대하여 위헌선언을 하는 것이 상당하다는 취지의 판시를 함으로써 불가분설을 취하였다. 이것은 객관적

헌법질서의 보장이라는 측면이나 적극적인 기본권 보장의 측면에서 보더라도 타당한 것으로 보이므로 이러한 입장을 계속 유지하기로 한다.

이 사건 선거구구역표에 기한 국회의원선거가 이미 실시된 상황에서 단순위헌의 결정을 하게 되면, 선거구구역표의 성격상 그 개정입법이 빠른 시일내에 이루어지기 어렵다고 할 것이어서, 추후 재선거 또는 보궐선거가 실시될 경우 국회의원 지역선거구구역표가 존재하지 않게 되는 법의 공백이 생기게 될 우려가 큰 점, 국회의 동질성 유지나 선거구구역표의 변경으로 인한 혼란을 방지하기 위하여도 재선거나 보궐선거 등이 치러지는 경우에는 이 사건 선거구구역표에 의하여 이를 시행하는 것이 바람직한 점 등에 비추어, 입법자가 2003년 12월 31일을 시한으로 이 사건 선거구구역표를 개정할 때까지 이 사건 선거구구역표의 잠정적 적용을 명하는 헌법불합치결정을 하기로 한다.

e. 이 결정이 가지는 의미

다수의견 이외에도 권성 재판관의 별개의견과, 95헌마224등 결정의 상하 60%의 편차(이 경우 상한 인구수와 하한 인구수의 비율은 4 : 1) 기준을 적용했을 때 "경기 안양시 동안구 선거구"는 +57%의 편차를 보이므로 합헌이라고 본 한대현, 하경철 재판관의 반대의견도 있었다. 여하튼 선거구 획정의 선거인 수 불균형이 계속 선거권과 평등권을 침해할 수 있다고 보면서, 위헌의 기준으로 인구편차 상하 50% 편차(이 경우 상한 인구수와 하한 인구수의 비율은 3 : 1)를 사용하고 있는 점에 유의할 필요가 있다. 그리고 앞으로 상당한 기간이 지난 후에는 인구편차 상하 33⅓% 또는 그 미만의 기준에 따라 위헌 여부를 판단하여야 할 것이라고 미리 천명한 점, 선거구구역표의 전체 불가분성을 인정한 점, 법의 공백이나 혼란 방지를 위해 헌법불합치결정을 내리면서 이 선거구구역표의 잠정 적용을 명한 점도 눈길을 끈다.

둘째, 선거운동기회에 있어서의 균등한 기회가 주어지지 않는다면 평등조항에 위배된다. 헌법재판소는 1992년 3월 13일의 결정을 통해 정당후보자에게 정당연설회를 별도로 허용하고, 2종의 소형인쇄물을 더 배부할 수 있도록 한 국회의원선거법 제55조의3, 제55조의5, 제56조, 제58조의2에 대해 평등조항 위배라고 판시한 바 있다.[57]

(나) 경제적 생활영역

평등조항에 의해, 고용(동일자격의 동일취업), 임금(동일노동의 동일임금), 담세율(동일소득의 동일납세) 등에서 불합리한 차별을 받지 아니한다.

[헌재 1989. 1. 25. 88헌가7] 국가에 대한 가집행금지 위헌

a. 심판대상

구 '소송촉진 등에 관한 특례법'(1981. 1. 29. 법률 제3361호) 제6조(가집행의 선고)

① 재산권의 청구에 관한 판결에는 상당한 이유가 없는 한 당사자의 신청유무를 불문하고 가집행할 수 있음을 선고하여야 한다. 다만, 국가를 상대로 하는 재산권의 청구에 관하여는 가집행의 선고를 할 수 없다.

---

57) 헌재 1992. 3. 13. 92헌마37·39.

b. 사실관계의 요지

이 사건 위헌법률심판의 제청신청인은 국가를 상대로 하는 재산권 청구소송에서 승소를 하였다. 그러나, 국가에 대해서는 가집행 선고를 할 수 없게 하고 있는 '소송촉진 등에 관한 특례법' 제6조 제1항 단서규정에 의해 가집행을 얻을 수 없었다. 이에 제청신청인은 담당재판부에 위헌법률심판 제청신청을 하였고 담당재판부가 이를 받아들여 헌법재판소에 위헌법률심판을 제청하였다.

c. 주   문

'소송촉진 등에 관한 특례법' 제6조 제1항 중 "다만, 국가를 상대로 하는 재산권의 청구에 관하여는 가집행의 선고를 할 수 없다"라는 부분은 헌법에 위반된다.

d. 결정 이유의 주요 논점 및 요지

(a) 헌법 전문과 헌법 제11조 제1항의 평등원칙

'소송촉진 등에 관한 특례법' 제6조 제1항은 재산권의 청구에 관한 민사소송의 원고 승소판결에는 상당한 이유가 없는 한 법원으로 하여금 반드시 가집행의 선고를 붙이도록 하면서 유독 국가가 피고일 경우에만은 가집행의 선고를 붙일 수 없도록 예외 규정을 두고 있다. 이것은 평등한 수평적 관계에서 진행되는 민사소송에 있어서 사경제의 주체에 불과한 국가에게 까지 우월적 지위를 부여하는 것이어서, 헌법 제11조 제1항의 평등의 원칙에 위배되는 위헌 규정이라고 해석될 여지가 있다는 것이 위헌제청의 이유이다.

헌법은 그 전문에 "정치, 경제, 사회, 문화의 모든 영역에 있어서 각인의 기회를 균등히 하고"라고 규정하고, 제11조 제1항에 "모든 국민은 법앞에 평등하다"고 규정하여 평등의 원칙을 선언하고 있다. 평등의 원칙은 국민의 기본권 보장에 관한 우리 헌법의 최고원리로서 국가가 입법을 하거나 법을 해석 또는 집행함에 있어 따라야할 기준인 동시에, 국가에 대하여 합리적 이유없이 불평등한 대우를 하지 말 것과, 평등한 대우를 요구할 수 있는 모든 국민의 권리로서, 국민의 기본권중의 기본권이다.

(b) 재판권과 신속한 재판을 받을 권리의 보장에서 소송당사자를 차별

이러한 평등원칙은 헌법 제23조에 의하여 보장된 "모든 국민의 재산권"과 헌법 제27조 제3항에 의하여 보장된 "모든 국민의 신속한 재판을 받을 권리"의 실현에도 당연히 적용되어야 할 것이므로 재산권 등 사권의 구제절차인 민사소송에서도 당사자가 누구인가에 따라 차별대우가 있어서는 안 되는 것이며, 국가가 민사소송의 당사자가 되었다고 해서 합리적 이유없이 우대받아서도 안 되는 것이다. 왜냐하면 비록 국가라 할지라도 권력적 작용이 아닌, 민사소송의 대상이 되는 국고작용으로 인한 법률관계에서는 사인과 동등하게 다루어져야 하기 때문이다. 나아가서 '소송촉진 등에 관한 특례법' 제6조 제1항을 보건대, 가집행의 선고는 불필요한 상소권의 남용을 억제하고 신속한 권리실행을 하게 함으로써 국민의 재산권과 신속한 재판을 받을 권리를 보장하기 위한 제도인데, 이 규정에 의하면 법원은 국가가 원고가 되어 얻은 승소판결에는 상당한 이유가 없는 한 반드시 가집행의 선고를 하여야 하나, 반면에 국민이 국가를 상대로 한 소송에서 얻어낸 승소판결에는 아무리 확신있는 판결이라고 할지라도 가집행의 선고를 할 수 없게 되어 있어서, 결국 재산권과 신속한 재판을 받을 권리의 보장에 있어 소송당사자를 차별하여 국가를 우대하고 있는 것이 명백하고 이처럼 민사소송의 당사자를 차별하여 국가를 우대할만한 합리적 이유도 찾기 어렵다.

(c) 평등원칙 위배

국가에 대해 가집행을 금지한 예외규정을 두었다고 해서 헌법 제11조의 평등의 원칙에 위배된다고 볼 수 없는 이유로, 가집행제도의 근본취지는 집행불능을 사전에 방지하려는 것인데 국가는 성질상 집행불능의 상태가 생길 수 없으므로 국가에 대한 가집행을 불허하더라도 집행불능의 문제가 생길 수 없다는 점, 국가에 대한 가집행을 허용할 경우에는 소송과 직접 관계가 없는 국가기관에 대한 집행 등으로 국가회계질서의 문란이 초래될 우려가 있다는 점, 가집행을 한 후 상소심에서 판결이 번복되었으나 원상회복이 어려운 경우에는 국고손실이 예상되며 회복이 가능한 경우라도 회복에 따르는 인력과 예산낭비 등의 우려가 있다는 점이 정부측에 위해 주장된다.

그러나, 가집행 선고는 불필요한 상소권의 남용을 억제하고 신속한 권리실현을 위해 둔 제도이지 집행불능을 사전에 방지하려는 제도가 아니다. 따라서 국가에 대해 집행이 불가능하게 될 염려가 없다고 해서 가집행 선고의 필요가 없는 것도 아니고, 가집행으로 인한 국가회계질서 문란의 우려는 국가 스스로 얼마든지 이를 예방할 수 있는 것이다. 가집행 후 상소심에서 판결이 번복되었을 경우 원상회복이 어렵게 될 경우를 예상할 수 있으나 이런 문제는 국가가 피고일 경우에만 생기는 문제가 아니라 가집행제도의 일반적인 문제라 할 것이다. 이런 문제는 법원이 판결을 함에 있어 가집행을 붙이지 않을 상당성의 유무를 신중히 판단하고 민사소송법 제199조 제1항에 의한 담보제공명령이나 같은 법조 제2항에 의한 가집행 면제제도를 적절하게 운용하면서 민사소송법 제473조, 제474조에 의해 법원에 신청하여 가집행 정지명령을 받는 등의 방법으로 사전에 예방할 수 있는 것이므로 위와 같은 문제가 있다고 해서 그것이 국가에 대해 예외적으로 가집행 선고를 금지할 이유가 될 수 없다. 따라서, 정부측의 주장 사유는 국가에 대해 차별적 우대를 하는 예외적 규정을 두어야 할 합리적 이유가 될 수 없다.

e. 이 결정이 가지는 의미

이 결정은 1988년 말에 헌법재판소가 세워진 이후 헌법재판소에서 나온 최초의 결정문이다. 이 결정문은 헌법재판소 판결집으로 네 쪽 남짓 되는 적은 분량이다. 헌법재판소는 이 결정에서 재판관 9인의 만장일치 의견으로, 사경제 주체로서 활동하는 국가를 소송에서 일반 사인에 비해 우대하는 것은 합리적 이유가 없는 차별로서 평등원칙에 위배돼 위헌이라 판시했다. 첫 결정부터 과감한 만장일치의 위헌결정을 내리기 시작한 것이다. 이것은 헌법재판소가 과거의 헌법위원회처럼 적극적인 위헌판결을 내리지 못할 것이라는 세간의 우려를 잠재우는 것이었고 헌법재판소에 의한 사법적극주의의 시작을 알리는 청신호였다.

[헌재 1991. 5. 13. 89헌가97] 잡종재산의 시효취득 금지 위헌

a. 심판대상

국유재산법(1976. 12. 31. 법률 제2950호) 제 5 조(국유재산의 보존)

② 국유재산은 민법 제245조의 규정에 불구하고 시효취득의 대상이 되지 아니한다.

※ 참조조문

민법 제245조(점유로 인한 부동산소유권의 취득기간) ① 20년간 소유의 의사로 평온, 공연하게 부동산을 점유하는 자는 등기함으로써 그 소유권을 취득한다.

② 부동산의 소유자로 등기한 자가 10년간 소유의 의사로 평온, 공연하게 선의이며 과실 없이 그 부동산을 점유한 때에는 소유권을 취득한다.

b. 사실관계의 요지

이 사건 위헌심판의 제청신청인들은, 국가를 상대로 수원지방법원 여주지원에 주청구로서 소유권보존등기의 말소등기절차 이행을 구하고, 예비적 청구로서 취득시효 완성을 원인으로 한 소유권이전등기절차의 이행을 구하는 소를 제기하였다. 즉 신청외 망 한모씨는 1931년 5월경과 1935년 1월경 경기도 소재 임야를 매수하여 점유·관리하여 오다가 1961년 8월 10일에 사망했다. 제청신청인들이 위 망인의 공동상속인으로 위 부동산을 현재까지 계속 점유·관리하고 있는데, 위 부동산에 대한 등기부 등 공부가 6·25사변으로 멸실되자 국가가 1987년 3월 16일에 그 명의로 위 부동산에 관하여 각 소유권보존등기를 경료하였다는 것이다. 이에 수원지방법원 여주지원은 헌법재판소법 제41조 제1항에 따라 위 재판의 전제가 되는 국유재산법 제5조 제2항의 위헌여부에 대한 심판을 제청하였다.

c. 주   문

국유재산법 제5조 제2항을 동법의 국유재산 중 잡종재산에 대하여 적용하는 것은 헌법에 위반된다.

d. 결정 이유의 주요 논점 및 요지

(a) 심판의 범위를 국유재산 중 잡종재산으로 한정

국유재산법은 국유재산을 보호하고, 그 취득·유지·보존 및 운영 등 그 관리와 처분에 관하여 적용하고, 다른 법률에 특별한 규정이 있는 것을 제외하고는 이 법이 정하는 바에 의한다고 규정하고 있다(법 제1조, 제2조). 이 법에서의 국유재산은 국가의 부담이나 기부의 채납 또는 법령이나 조약의 규정에 의하여 국유로 된 부동산과 그 종물 등의 재산으로서(법 제3조 제1항 본문), 그 용도에 따라 행정재산·보존재산과 잡종재산으로 구분된다(법 제4조 제1항). 행정재산이라 함은 다시 그 용도에 따라 국가가 직접 그 사무용·업무용 또는 공무원의 주거용으로 사용하거나 사용하기로 결정한 공용재산과 국가가 직접 공공용으로 사용하거나 사용하기로 결정한 공공용재산, 그리고 정부기업이 직접 그 사무용·사업용 또는 당해 기업에 종사하는 직원의 주거용으로 사용하거나 사용하기로 결정한 기업용재산으로 구분되는 각종의 재산을 말하며(법 제4조 제2항), 보존재산은 공적 목적을 위하여 물건 그 자체의 보존에 중점을 둔 재산으로서 법령의 규정에 의하거나 기타 필요에 의하여 국가가 보존하는 재산을 말하고(법 제4조 제3항), 잡종재산이라 함은 위에서 본 행정재산 및 보전재산에 속하지 않는 모든 국가재산을 말한다(법 제4조 제4항). 동법의 잡종재산은 행정재산, 보존재산과는 달리 사권(私權)의 설정과 사거래의 대상이 되는 것을 전제로 하여 별도의 장으로 규정하고 있으며, 특히 잡종재산의 대부·매각·교환·양여 등 처분과 현물출자를 할 수 있도록 명시하고 있다. 그것은 국유·사유를 막론하고 권리주체가 누구이든 권리의 객체가 되는 물건은 법률행위의 자유의 원칙에 따라 매매, 임대차, 기타 사권의 설정 등 사적 거래의 목적이 되고, 이 때에는 민법 등 사법의 규정이 적용된다는 근대법치국가의 기본원칙에서 나온 것임을 알 수 있다.

(b) 평등권과 재산권을 과잉금지원칙에 위배되게 침해함

국가는 국가가 우월적 공법인으로서 자연인이나 일반법인과 다르므로 헌법상의 평등의 원칙이 규

율된다고 볼 수 없으며 헌법상 보장된 재산권 중 국가가 소유하는 잡종재산은 비록 사유재산과 법적 성질이 같다 할지라도 그 내부적 관리 규율은 국가공익의 실현과 국가재정의 원칙에 입각하여 운영 되고 있을 뿐만 아니라 국가 기능의 확대와 행정수요가 증대 되고 있는 현대 사회복지국가에서는 국가의 필요에 따라 보존재산 혹은 행정재산으로 관리 전환되는 것이므로(법 제32조) 예외를 인정하여 야 한다고 주장한다. 그러나 헌법 전문 및 헌법상의 평등의 원칙과 사유재산권의 보장은 그가 누구냐에 따라 차별대우가 있어서는 아니되고 비록 국가라 할지라도 국고작용으로 인한 민사관계에 있어서는 일반인과 같이 원칙적으로 대등하게 다루어져야 하며 국가라고 하여 우대하여야 할 헌법상의 근거가 없으며 이는 입법을 함에 있어서도 따라야 할 우리 헌법의 기본원리이다. 따라서 국가재정의 원칙과 국가공익의 구현 및 사회복지국가의 실현 등은 헌법의 기본질서인 자유민주주의와 법치주의의 기초가 되는 사유재산제도와 자유평등의 원칙에 반하지 아니하여야 하며 이를 망각하고 행정의 능률성만을 앞세워 국가기능의 확대나 행정수요가 증대되어 가고 있다고 하는 이유만을 가지고는 헌법상 보장된 국민의 기본권을 제한할 수 있는 사유가 될 수 없고, 나아가 헌법상의 기본권제한의 근거가 되는 공공의 이익과 복리증진에 합치한다고도 볼 수 없는 이러한 입법은 과잉제한금지의 원칙에 반한다. 사적 거래의 대상이 되는 잡종재산이 국유재산이라고 하여 무한정 불확실한 장래에 언젠가 국가공익을 위한 행정재산으로서의 관리 전환을 할 수 있다는 이유만으로써 사전에 일방적으로 소유권의 변동이나 일반 법률관계의 형성을 임의로 확정하고 제한하는 것은 거래질서의 기본인 사적자치의 원칙을 무시하고 국민의 기본권을 본질적으로 침해하는 법률규정으로서 이는 민주헌법의 기본원리인 실질적 적법절차에 위배되며 헌법적 정의에 반하는 것이다.

따라서, 국가는 사적거래에 있어서도 자연인이나 법인보다 우월한 지위에 있으므로 평등권에 규율 된다고 볼 수 없다는 정부의 주장은 헌법을 잘못 이해하고 있는 데에서 비롯되며, 이에 기초하여 국유재산 중 잡종재산에 대하여까지 시효취득의 대상이 되지 않는다고 한 것은 잘못된 것이고, 나아가 국유재산의 사유화로 인한 잠식을 방지하고 국유재산관리의 효율성을 도모하기 위하여 제정한 국유재산법의 입법취지 등을 가지고는 국가의 안전보장, 질서유지 또는 공공복리를 위하여 필요한 경우에 한하여 법률로써 기본권을 제한할 수 있다는 헌법 제37조 제2항의 예외사유에도 해당하지 않는 것이 명백한 것이므로 입법상의 비례의 원칙과 과잉제한금지의 원칙에 반하는 자의적인 입법이라 하지 않을 수 없다.

그러므로 동법 제5조 제2항을 동법의 국유재산 중 잡종재산에 대하여서 까지 시효취득의 대상이 되지 않는다고 규정한 것은 사권을 규율하는 법률관계에 있어서는 그가 누구냐에 따라 차별대우가 있어서는 안되며 비록 국가라 할지라도 국고작용으로 인한 민사관계에 있어서는 사경제적 주체로서 사인과 대등하게 다루어져야 한다는 헌법의 기본원리에 반하고, 국토에 대한 효율적이고 균형있는 이용 및 개발과 보전을 위한 수단도 아닌 것이 명백하여 입법재량상의 비례의 원칙에 반하고, 나아가 헌법 제37조 제2항에 의하여 국민의 기본권을 제한할 수 있는 예외조치의 사유에도 해당하지 않음에도 불구하고 국가만을 우대하여 국가와 일반 국민간에 합리적 근거없이 차별대우를 하는 것으로서 과잉제한금지의 원칙에도 반하는 불평등한 과잉입법이라고 하지 않을 수 없어 헌법 제11조 제1항, 제23조 제1항 및 제37조 제2항에 위반된다.

e. 이 결정이 가지는 의미

이 결정은 조규광, 변정수, 김양균 재판관의 반대의견 이외에는 6인 관여재판관 전원의 의견일치에 따른 위헌결정이었다. 그런데, 이 위헌결정이 국유재산법 제5조 제2항 자체를 무효화시킨 단순위헌결정이 아니라, 동조항을 국유재산 중 잡종재산에 대해 적용하는 것이 위헌이라고 본 적용위헌결정, 즉 '질적 일부위헌결정'임에 주목할 필요가 있다. 1991년 5월 13일에 이 결정이 내려지고 2년여가 지난 후인 1994년 1월 5일에, 국회는 동결정의 취지를 받아들여 국유재산법 제5조 제2항을 개정해 "국유재산은 민법 제245조의 규정에 불구하고 시효취득의 대상이 되지 아니한다. 다만, 잡종재산의 경우는 그러하지 아니하다"로 바꾸었다.

(다) 사회적 생활영역

주거·여행·공공시설의 이용에 있어서의 불합리한 차별, 적자·서자간 불합리한 차별, 혼인·가족생활에서 남녀간의 불합리한 차별은 평등조항에 위배된다.

[헌재 1989. 11. 20. 89헌가102] 재조경력에 따른 변호사 개업지 제한 위헌

a. 심판대상

변호사법 제10조(개업신고 등) ② 판사·검사·군법무관 또는 변호사의 자격이 있는 경찰공무원으로서 판사·검사·군법무관 또는 경찰공무원의 재직 기간이 통산하여 15년에 달하지 아니한 자는 변호사의 개업신고 전 2년 이내의 근무지가 속하는 지방법원의 관할구역 안에서는 퇴직한 날로부터 3년간 개업할 수 없다. 다만, 정년으로 퇴직하거나 대법원장 또는 대법관이 퇴직하는 경우에는 그러하지 아니하다.

③ 제2항의 지방법원의 관할구역은 각급법원의 설치와 관할구역에 관한 법률 제4조의 규정에 불구하고 그 지방법원에 설치된 각 지원의 관할구역을 포함한다.

b. 사실관계의 요지

이 사건 위헌심판의 제청신청인은 사법시험에 합격하고 사법연수원을 수료하여 변호사의 자격을 취득한 후, 군법무관으로 육군에 입대하여 병역의무를 마치고 전역하였다. 그 후 서울지방변호사회를 경유하여 대한변호사협회에 변호사자격등록신청과 개업신고를 하였으나, 대한변호사협회는 제청신청인이 그 개업신고전 2년 이내에 서울지방법원의 관할구역 안에 소재하는 육군본부 법무감실에서 송무장교로 근무한 사실을 들어 변호사법 제10조 제2항에 의하여 그 등록 및 신고를 거부하였다. 이에 제청신청인은 대한변호사협회를 상대로 서울민사지방법원에 변호사자격등록이행청구의 소를 제기하였다가 각하되자 다시 서울고등법원에 항소하였다. 서울고등법원은 헌법재판소법 제41조 제1항에 따라 변호사법 제10조 제2항의 위헌여부에 대한 심판을 제청하였다.

c. 주   문

변호사법(1982. 12. 31. 법률 제3594호 전문개정, 1987. 12. 4. 법률 제3992호 개정) 제10조 제2항, 제3항은 헌법에 위반된다.

d. 결정 이유의 주요 논점 및 요지

(a) 직업선택의 자유 침해

헌법 제15조의 직업선택의 자유도 물론 헌법 제37조 제2항에 의하여 제한될 수 있다. 그러나 그 제한은 반드시 법률로써 하여야 할 뿐 아니라 국가안전보장, 질서유지 또는 공공복리 등 정당하고 중요한 공공의 목적을 달성하기 위하여 필요하고 적정한 수단·방법에 의하여서만 가능한 것이다.

이 사건 위헌심판의 대상인 변호사법 제10조 제2항의 입법제안 이유에 의하면, 그 입법취지는 판사나 검사 등으로 근무하던 공무원이 그 근무지에서 변호사로 개업함으로써 생길 수 있는 정실개입의 위험을 배제하고, 공무원 직무의 공정성에 대한 신뢰 확보에 있음이 분명하다. 또한 위 법률조항에 의한 제한 대상자를 관계공무원으로서 재직기간이 통산하여 15년에 달하지 아니한 자에 대해서만 적용하도록 규정한 점으로 미루어 보면, 법무부장관이 주장하듯 중견판사 및 검사를 확보하기 위함도 위 법률조항의 입법취지의 하나로 인정된다.

변호사로 개업하고자 하는 판사나 검사 등의 개업지를 제한함으로써 개업을 막겠다는 것은 중견판사 및 검사의 확보라는 목적에 비추어 적절하거나 합리적인 방법이라 할 수 없다. 왜냐하면, 판사나 검사 등으로서의 직무 수행이 국민의 의무에 따른 복무가 아닌 한 필요한 인력의 확보는 인력충당의 장기계획이나 스스로 전직을 원하지 않도록 제도적 뒷받침을 마련함으로써 이루어야 하는 것이지 본인의 의사에 반하여 전직을 어렵게 하는 방법으로써 이루어서는 안되기 때문이다.

변호사법 제10조 제2항은 법조경력이 15년이 되지 않은 변호사가 개업신고전 2년 이내의 근무지가 속하는 지방법원의 관할구역 안에서 3년간 개업하는 것을 금지하고 있기는 하나, 개업이 금지된 곳에서 법률사무를 취급하는 행위 자체를 금지하고 있지는 않다. 따라서 위 법률조항이 변호사의 개업지를 제한하는 그 자체에 목적이 있는 것이 아니라 특정사건으로부터 정실개입의 소지가 있는 변호사의 관여를 배제하여 법률사무의 공정성과 공신성을 확보하자는 데 그 목적이 있는 것이라면, 그 제한이 획일적인 점을 감안해 볼 때 위 법률조항이 정한 개업지의 제한은 결국 정실배제라는 목적실현에도 필요하고 적정한 수단이라고 할 수 없다.

변호사법 제10조 제2항이 개업지의 제한 단위를 지방법원의 관할구역으로 정하고 있는 것도 문제다. 공무원이 법원이나 검찰청에서 근무하면서 그 동료들과 사이에 형성하는 친분관계는 그 관청의 규모나 본원·본청과 지원·지청간의 거리, 교통편의, 생활권의 범위 등에 따라 달라질 수 있을 것이다. 그럼에도 불구하고 변호사법 제10조 제2항은 각 지방법원의 규모 및 사회환경에 따른 특성에 관한 합리적 고려없이 일률적으로 지방법원의 관할구역을 단위로 하여 개업지를 제한하고 있다. 이는 국민에게 자신이 선택한 직업에 자유롭게 종사할 수 있는 직업행사의 자유를 심히 부당하게 제한하는 것이다. 더우기 군법무관의 경우에는 군복무기간중 주로 법률사무 가운데 군사법원이 관할하는 한정된 범위에만 종사하는데다가 그 조직의 성격상 판사·검사나 경찰관과의 직무상 교류가 적은만큼 변호사로 개업한다 하여 군사법원 관할사건 이외에 정실의 영향을 미칠 소지도 거의 없다. 그럼에도 불구하고 지방법원의 관할구역을 기준으로 하여 개업지를 제한함으로써 군사법원에 비하여 업무의 양이나 조직이 월등히 방대한 법원이나 검찰을 상대로 한 변호사로서의 활동까지 제한한다는 것은 법 제10조 제2항의 제정으로 이루고자하는 공익과 비교하여 보아도 과잉제한이라 아니할 수 없다.

서울지방법원의 관할구역이 미치는 최전방 소재의 군사법원에서 복무하던 군법무관이 전역하여 변호사로 개업하고자 할 때 서울지방법원의 관할구역 어느 곳에서도 개업할 수 없다는 점을 상정해보면 그 제한의 정도가 얼마나 부당하게 과잉한 것인가를 쉽사리 알 수 있다.

(b) 평등권 침해

변호사법 제10조 제2항은 변호사의 개업지를 제한하면서 판사·검사·군법무관 또는 경찰공무원의 재직기간이 통산하여 15년에 달하는 경우와 정년으로 퇴직하거나 대법원장 또는 대법관이 퇴직하는 경우에는 위 법률의 조항이 정한 개업지 제한의 적용을 배제하고 있다. 그런데, 개업지의 제한을 둔 입법의 목적이 법률사무를 취급하는 공무원의 업무에 정실이 개입하지 못하도록 하자는데 있는 것이라면, 재직기간이 길면 길수록 정실개입의 소지가 줄어든다는 사정이 있을 때에만 위 규정은 합리적이라 할 것이다.

그러나 변호사로 개업하는 공무원의 재직기간이 길수록 그가 법률사무를 취급하는 공무원의 업무에 친분관계로 인한 영향을 미칠 소지는 적어진다고 볼 합리적 근거는 발견되지 않는다. 그렇다면 법 제10조 제2항은 재직경력이 긴 사람에 대하여 그렇지 않은 사람과 구별하여 그 개업지 제한 규정의 적용을 배제하고 있어 변호사로서의 개업을 하고자 하는 동일한 처지에 있는 자를 합리적 이유없이 차별하고 있다 할 것이므로 이는 법 앞에서의 평등을 규정한 헌법 제11조 제1항에 위반된다.

(c) 헌법 제39조 제2항에 위배

특히 위 법률의 조항이 병역의무의 이행으로 군법무관으로 복무한 자에게도 적용될 때에는 다음의 문제가 제기된다. 즉 사법연수원을 수료하고 즉시 개업하는 변호사의 경우 개업지를 선택함에 있어 아무런 제한을 받지 않으나, 병역의무의 이행을 위하여 군법무관으로 복무한 자는 전역 후 변호사로 개업함에 있어 개업지의 제한을 받게 된다. 군법무관으로의 복무 여부가 자신의 선택에 의하여 정해지는 경우와는 달리 병역의무의 이행으로 이루어지는 경우, 이는 병역의무의 이행으로 말미암아 불이익한 처우를 받게 되는 것이라 볼 수 밖에 없어 이의 금지를 규정한 헌법 제39조 제2항에 위반된다.

e. 이 결정이 가지는 의미

판사나 검사 등으로 근무하던 공무원의 변호사 개업지 선택을 개업신고전 2년 이내의 근무지가 속하는 '지방법원의 관할구역'이라는 불합리한 획일적 기준에 입각해 금지하고, 그것도 15년 미만의 경력자에게만 적용하는 차별적 변호사법 제10조 제2항에 대해 직업선택의 자유, 평등권, 헌법 제39조 제2항의 병역의무 이행으로 인한 불이익 처우 금지조항 위반을 이유로 위헌이라 선언한 결정이다. 위헌제청시 제청된 법률조항이 아닌 변호사법 제10조 제3항에 대해서도, 헌법재판소가 헌법재판소법 제45조 단서에 근거해 독립하여 존속할 의미가 없다는 이유로 아울러 위헌선언을 한 점에 주목을 요한다.

(라) 문화적 생활영역

교육의 기회,[58] 문화적 자료 이용, 정보에의 접근 등에 있어서의 불합리한 차별은 평등조항에 위배된다.

---

58) 헌재 1990. 10. 8. 89헌마89; 1992. 10. 1. 92헌마68·76.

[헌재 1992. 10. 1. 92헌마68·76] 서울대 입시요강 합헌

a. 심판대상

서울대학교 1994학년도 대학입학고사 주요요강

b. 사실관계의 요지

서울대학교는 1년간의 연구·검토 끝에 1992년 4월 2일에 2년간의 준비기간을 두고 '94학년도 대학입학고사 주요요강'을 발표하였다. 이것은 교육부가 마련한 네 가지 입시유형 중 제4유형을 선택한 것으로서 고등학교 내신성적 반영비율을 40%로 하고 대학수학능력시험성적 반영비율을 20%로 하며, 대학별 고사의 반영비율을 40%로 하되 인문계열의 경우 국어(논술), 영어, 수학1 등 3과목을 필수과목으로 하고 한문, 프랑스어, 독일어, 중국어, 에스파냐어 등 5과목을 선택과목으로 정하여 그 중 1과목을 선택하도록 하는 등을 내용으로 한 것이었다.

대원외국어고등학교 일본어과 1학년에 재학 중이어서 1995학년도 대학입학고사에 응시예정인 청구인 甲과, 같은 고등학교 2학년에 재학 중이어서 1994학년도에 대학입학고사에 응시예정인 청구인 乙은, 서울대학교가 대학별 고사방법을 정함에 있어 인문계열의 선택과목에서 일본어를 제외시킨 것을 문제삼아 각각 이 사건 헌법소원을 제기하였다.

c. 주 문

심판청구를 기각한다.

d. 결정 이유의 주요 논점 및 요지

(a) 공권력 행사에 해당됨

국립대학인 서울대학교는 특정한 국가목적인 대학교육에 제공된 인적·물적 종합시설로서 공법상의 영조물이다. 그리고 서울대학교와 학생과의 관계는 공법상의 영조물이용관계로서 공법관계이며, 서울대학교가 대학입학고사 시행방안을 정하는 것은 공법상의 영조물이용관계설정을 위한 방법, 요령과 조건 등을 정하는 것이어서 서울대학교 입학고사에 응시하고자 하는 사람들에 대하여 그 시행방안에 따르지 않을 수 없는 요건·의무 등을 제한설정하는 것이기 때문에 그것을 제정·발표하는 것은 공권력의 행사에 해당된다.

(b) 보충성의 원칙도 충족함

서울대학교의 '94학년도 대학입학고사 주요요강'은 교육부가 마련한 대학입시제도 개선안에 따른 것으로서 대학입학방법을 규정한 교육법시행령 제71조의2의 규정이 교육부의 개선안을 뒷받침할 수 있는 내용으로 개정될 것을 전제로 하여 제정된 것이고 위 시행령이 아직 개정되지 아니한 현 시점에서는 법적 효력이 없는 행정계획안이어서 이를 제정한 것은 사실상의 준비행위에 불과하고 이를 발표한 행위는 앞으로 그와 같이 시행될 것이니 미리 그에 대비하라는 일종의 사전안내에 불과하다. 따라서 위와 같은 사실상의 준비행위나 사전안내는 행정심판이나 행정쟁송의 대상이 될 수 있는 행정처분이나 공권력의 행사가 될 수 없다. 그러나 이러한 사실상의 준비행위나 사전안내라도 그 내용이 국민의 기본권에 직접 영향을 끼치는 내용이고 앞으로 법령의 뒷받침에 의하여 그대로 실시될 것이 틀림없을 것으로 예상될 수 있는 것일 때에는 그로 인하여 직접적으로 기본권침해를 받게 되는

사람에게는 사실상의 규범작용으로 인한 위험성이 이미 발생하였다고 보아야 할 것이므로 이러한 것
도 헌법소원의 대상은 될 수 있다고 보아야 하고 헌법소원 외에 달리 구제방법도 없다.

(c) 현재성이 인정됨

서울대학교가 위 요강을 작성하여 발표하게 된 경위에 비추어 볼 때 그 요강은 1994학년도 서울대
학교 신입생선발부터 실시될 것이 틀림없어 보이고 1995학년도 신입생선발에도 적용될 가능성을 충
분히 예측할 수 있다. 그리고 고등학교에서 일본어를 배우고 있는 청구인들은 서울대학교 대학별 고
사의 선택과목에서 일본어가 제외되어 있는 입시요강으로 인하여 그들이 94학년도 또는 95학년도에
서울대학교 인문계열 입학을 지원할 경우 불이익을 입게 될 수도 있다는 것을 현재의 시점에서 충분
히 예측할 수 있는 이상 기본권 침해의 현재성이 인정된다.

(d) 대학은 학문의 자유라는 기본권의 주체

헌법 제31조 제4항은 "교육의 자주성·전문성·정치적 중립성 및 대학의 자율성은 법률이 정하는
바에 의하여 보장된다"라고 규정하여 교육의 자주성과 대학의 자율성을 보장하고 있는데 이는 대학
에 대한 공권력 등 외부세력의 간섭을 배제하고 대학구성원 자신이 대학을 자주적으로 운영할 수 있
도록 함으로써 대학인으로 하여금 연구와 교육을 자유롭게 하여 진리탐구와 지도적 인격의 도야라는
대학의 기능을 충분히 발휘할 수 있도록 하기 위한 것이다. 교육의 자주성이나 대학의 자율성은 헌법
제22조 제1항과 제2항이 보장하고 있는 학문의 자유의 확실한 보장수단으로 꼭 필요한 것으로서 이
는 대학에게 부여된 헌법상의 기본권이다. 따라서 국립대학인 서울대학교는 다른 국가기관 내지 행
정기관과는 달리 공권력의 행사자의 지위와 함께 기본권의 주체라는 점도 중요하게 다루어져야 한
다. 여기서 대학의 자율은 대학시설의 관리·운영만이 아니라 학사관리 등 전반적인 것이라야 하므로
연구와 교육의 내용, 그 방법과 대상, 교과과정의 편성, 학생의 선발, 학생의 전형도 자율의 범위에
속해야 하고 따라서 입학시험제도도 자주적으로 마련될 수 있어야 한다. 다만 이러한 대학의 자율권
도 헌법상의 기본권이므로 기본권제한의 일반적 법률유보의 원칙을 규정한 헌법 제37조 제2항에 따
라 국가안전보장·질서유지·공공복리 등을 이유로 필요, 최소한의 범위내에서 제한될 수 있는 것이
며, 대학입학방법을 규정하고 있는 교육법 제111조의2 및 교육법 시행령 제71조의2의 규정은 바로
헌법 제37조 제2항에 의한 대학자율권 규제법률이다.

(e) 교육상의 평등권이 침해되지 않음

현재 고등학교에서 일본어를 외국어 선택과목으로 배우고 있는 학생들 중 94학년도에 대학진학 예
정인 2학년생과 95학년도에 대학진학 예정인 1학년생은 그들이 서울대학교 인문계열 진학을 희망할
경우 일본어를 선택과목으로 시험을 치를 수 없게 되어 고등학교에서 독일어, 프랑스어, 에스파냐어,
중국어 중 하나를 외국어 선택과목으로 배우고 있는 학생들보다 불리한 입장에 놓이게 되었다고 주
장할 수도 있을 것이다. 그러나 이러한 불이익은 서울대학교가 학문의 자유와 대학의 자율권이라고
하는 기본권의 주체로서 자신의 주체적인 학문적 가치판단에 따른, 법률이 허용하는 범위내에서의
적법한 자율권행사의 결과 초래된 반사적 불이익이어서 부득이한 일이다. 대학인에게 보장된 강학의
자유 등 학문의 자유나 대학의 자율권도 교육의 기회균등 못지않게 중요하고 청구인들과 서울대학교
와의 관계는 기본권 주체와 공권력 주체와의 관계 뿐만 아니라 아울러 기본권주체 상호간의 관계이

기도 하기 때문이다. 더구나 서울대학교는 일본어를 선택과목에서 뺀 대신 고등학교 교육과정의 필수과목으로서 모든 고등학교에서 가르치고 있는 한문을 다른 외국어와 함께 선택과목으로 채택하였다. 또한 '94학년도 대학입학고사 주요요강'을 적어도 2년간의 준비기간을 두고 발표함으로써 청구인 등 요강 발표 당시 고등학교에서 일본어를 배우고 있는 1·2학년생 학생들로 하여금 2년 후 또는 3년 후에 서울대학교 입학시험을 치르는 데 그다지 지장이 없도록 배려까지 하고 있다. 따라서 서울대학교가 일본어를 시험과목에서 배제하였다고 해서 그들이 갖는 교육상의 평등권이 침해되지는 않는다.

e. 이 결정이 가지는 의미

김진우, 이시윤 재판관의 별개의견과, 김양균 재판관의 반대의견 및 조규광 헌법재판소장의 청구인 乙사건에 대한 반대의견이 있는 등 재판관들의 의견이 합치된 결정은 아니었다. 고등학교 교육과정의 필수과목으로 모든 고등학교에서 가르치고 있는 '한문'을 선택과목에 넣어 놓았고 94학년도 대학입학고사 주요요강을 2년 일찍 발표해 2년간의 준비기간을 두었으므로 일본어를 선택과목에서 제외하더라도 청구인들의 교육상의 평등권을 침해하지 않아 합헌이라는 것이 핵심내용이다. 국립대학인 서울대학교가 다른 국가기관 내지 행정기관과는 달리 공권력의 행사의 주체인 동시에 학문의 자유라는 기본권의 주체라는 점을 지적한 것에도 주목할 필요가 있다.

(4) 제11조 제 2 항: 사회적 특수계급제도의 부인

헌법 제11조 제2항에 의해 귀족제도나 노예제도, 양반제도와 같은 봉건적 계급제도는 "사회적 특수계급제도"로 부인된다. 榮典에 수반되는 연금 등의 보훈제도나 전직대통령에 대한 예우는 특수계급제도에 해당되지 않는다.

(5) 제11조 제 3 항: 榮典一代의 原則

헌법 제11조 제3항에 의해 훈장 수여 등 영전의 효력은 당사자에게만 미치고 그 후손들에게는 미치지 않는다. 특권계층의 발생을 예방하기 위한 것이다. 그러나 훈장에 수반되는 연금이나 유족에 대한 보훈까지 금지되는 것은 아니다.

라. 평등권의 효력

평등권은 대국가적 효력을 가진다. 행정, 사법 뿐만 아니라 입법도 평등권을 침해해서는 안 된다. 평등권은 사적 법률관계에 사법상의 일반조항을 통해 간접적으로 적용가능한 기본권이다. 따라서 대사인적 효력도 가진다.

마. 평등권의 제한

(1) 헌법상 제한

헌법 자체에도 평등권에 대한 일종의 제한으로서 합리적 차별을 내용으로 하고 있는 조항들이 적지 않다.

(가) 정당의 특권

정당은 법률이 정하는 바에 의해 국가의 보호를 받으며 국가는 법률이 정하는 바에 의해 정당의 운영에 필요한 자금을 보조할 수 있다.[59] 정당의 목적이나 활동이 민주적 기본질서에 위배될 때에만 정부는 헌법재판소에 그 정당의 해산을 제고할 수 있고 정당은 헌법재판소의 심판에 의해서만 해산된다.[60] 정당의 공적 기능 보장을 위해 다른 일반 결사와 정당을 차별하면서 정당에게 특권을 부여하고 있다.

(나) 군인·군무원 등에 대한 군사재판

군인 또는 군무원이 아닌 국민은 대한민국의 영역 안에서는 중대한 군사상 기밀·초병·초소·유독음식물공급·포로·군용물에 관한 죄 중 법률이 정한 경우와 비상계엄이 선포된 경우를 제외하고는 군사법원의 재판을 받지 않는다.[61] 비상계엄하의 군사재판은 군인·군무원의 범죄나 군사에 관한 간첩죄의 경우와 초병·초소·유독음식물공급·포로에 관한 죄 중 법률이 정한 경우에 한하여 사형을 선고하는 경우 이외에는 단심으로 할 수 있다.[62] 효율적인 국방목적을 위해 군인·군무원 등과 일반인을 차별하고 있다.

(다) 대통령과 국회의원의 특권과 의무

국회의원에게는 불체포특권과 면책특권의 특권이 부여된다. 그러나 청렴과 국가이익우선의 의무가 부과되고 법률이 정하는 겸직도 금지된다.[63] 대통령에게는 형사상의 특권이 부여되고 퇴직 후 법률이 정하는 신분보장과 예우를 받는다. 그 대신 겸직금지 의무가 부과된다.[64] 대통령과 국회의원의 원활한 직무수행을 위해 대통령 및 국회의원과 일반국민을 차별하고 있다.

(라) 공무원과 방위산업체 근로자의 근로삼권 제한

공무원인 근로자에 대해서는 법률이 정하는 공무원에게만 단결권, 단체교섭권, 단체행동권이 인정된다.[65] '국민전체에 대한 봉사자'라는[66] 공무원의 특수한 지위 때문에 공무원과 일반국민을 차별하고 있다. 주요방위산업체에 종사하는 근로자도 법률이 정하는 바에 따라 단체행동권을 제한받을 수 있다.[67] 국방상의 이유 때문에 주요방위산업체에 종사하는 근로자와 일반근로자를 차별하고 있다.

---

59) 헌법 제8조 제3항.
60) 헌법 제8조 제4항.
61) 헌법 제27조 제2항.
62) 헌법 제110조 제4항.
63) 헌법 제43조, 제44조, 제45조, 제46조.
64) 헌법 제83조, 제84조, 제85조.
65) 헌법 제33조 제2항.
66) 헌법 제7조 제1항.
67) 헌법 제33조 제3항.

(마) 현역군인의 문관임용제한

군인은 현역을 면한 후가 아니면 국무총리 또는 국무위원으로 임명될 수 없다.[68] 군의 정치적 중립과 문민정치의 확립을 위해 군인에게 가해지는 차별이다.

(바) 국가유공자의 취업우선기회의 보장

국가유공자·상이군경·전몰군경의 유가족은 법률이 정하는 바에 따라 우선적으로 근로의 기회를 부여받는다.[69] 애국애족 정신의 함양을 위해 국가유공자·상이군경·전몰군경의 유가족과 일반국민을 차별하고 있다.[70]

(사) 군경 등의 국가배상청구권제한

군인, 군무원, 경찰공무원 기타 법률이 정한 자가 전투, 훈련 등 직무집행과 관련해 입은 손해에 대해서는 법률이 정한 보상 이외에 국가 또는 공공단체에 공무원의 직무상 불법행위로 인한 배상을 청구할 수 없다.[71] 군인, 군무원, 경찰공무원 기타 법률이 정한 자와 일반국민을 차별하는 차별의 이유가 분명하지 않아 문제다. 그래서 이 조항에 대한 삭제 주장이 많다.

(2) 법률상 제한

헌법 제37조 제2항에 따라, 국가안전보장·질서유지·공공복리를 위해 필요부득이한 경우에는 평등권을 법률로써 제한할 수 있다. 평등권에 대한 법률상 제한의 예는 무수히 많다. 예를 들어 행형법에 의한 수형자의 서신검열 교화 등 통신과 신체의 자유에 대한 제한이 수형자와 일반국민을 차별하는 것으로 법률에 의한 평등권의 제한에 해당한다.

2. 적극적 평등실현조치(Affirmative Action)와 실질적 평등

가. 미국에서의 적극적 평등실현조치(Affirmative Action)의 법리

(1) 적극적 평등실현조치 법리의 탄생

위에서 이미 적극적 평등실현조치에 대해 짧게 개괄해 보았다. 이하에서는 이에 대해 실질적 평등과 관련해 보다 자세히 살펴본다. 미국 연방대법원은 취업이나 입학, 정부가 발주하는 공사의 하도급 등에 있어 특히 국가적 도움을 필요로 하는 흑인이나 여성 등의 경제적·사회적 약자에 대해 우선적 처우(preferential treatment)나 적극적 우대 등의 특혜를 부여함으로써 '실질적 평등'을 기하려 노력하였다. 이 특혜는 보통 이들에 대한 취업·입학, 하도급계약에 있어서의 할당제(quota system) 실시의 형태로 많이 나타났다. 이것이 적극적 평등실현조치이다.

이 적극적 평등실현조치의 법리는 평등심사와 관련한 연방대법원의 판례를 통해 실질적 평등의 개념과 관련하여 그 이념적 기초가 마련되면서 탄생·발전하였으며, 그 후 연방행정부

---

68) 헌법 제86조 제3항, 제87조 제4항.
69) 헌법 제32조 제6항.
70) 관련 판례 헌재 2000. 6. 1. 98헌마216.
71) 헌법 제29조 제2항.

와 연방의회의 立法化와 학자들에 의한 理論化를 통해 더더욱 정교하게 다듬어졌고, 주정부나 주의회, 각종 시행정부나 시의회의 입법이나 조치에로 확대되어 나갔다.

　　"Affirmative action"(적극적 평등실현조치)이라는 용어를 최초로 사용한 사람은 다름 아닌 미국의 케네디(John F. Kennedy) 대통령이었다. 그는 1961년에 발한 행정명령에서 연방정부 발주사업의 계약자들이 "인종, 정치적 신조, 피부색, 민족기원"에 근거해 하도급자를 차별하는 것을 금하고 오히려 사회적·경제적 약자들에게 "적극적 평등실현조치"를 취할 것을 요구했다.[72] 이 적극적 평등실현조치의 개념은 그 후 존슨(Lyndon Johnson) 대통령에 의해 계승되고 더욱더 발전되는데, 그는 1965년의 하워드(Howard) 대학에서의 다음과 같은 연설을 통해 적극적 평등실현조치의 개념을 강조한 바 있다.

　　"자유로는 충분치 않다. 당신은 수세기에 걸쳐 썩어터진 상처를 '당신은 이제 당신이 원하는 어디든지 갈 수 있고, 당신이 갈망하는 것은 무엇이든 할 수 있으며, 당신이 좋아하는 이를 대표로 뽑을 수 있습니다'라는 말로 깨끗이 지워버릴 수는 없다. 당신은 수년간 양발을 쇠고랑에 묶여 지내던 이를 풀어주고 출발선에 데리고 가서 '당신은 다른 모든 사람과 이제 자유롭게 경쟁할 수 있고 이것은 공정한 것입니다'라고 말할 수는 없다."[73]

　　바로 그 해에 존슨 대통령은 비차별의 원칙을 연방정부 공무원의 고용에까지 확대하는 행정명령을 발포했고, 그것은 연방의회가 의회 내에 '평등기회위원회'(Equal Opportunity Commission)를 설립하는 것으로 이어졌으며, 1970년대에는 연방정부의 고용과 하도급계약에서 소수인종의 참여를 확대시킨다는 목표와 목표달성의 시간계획에 대해 규정한 연방규칙을 만들게 하였다.

　　이러한 적극적 평등실현조치의 뿌리에는 '대대로 학대받고 차별받던' 소수자에게, 특히 1960년대의 민권법이 제정되기 전까지 인종분리 입법이나 각종의 불공정 정부관행으로 차별받던 흑인들에게, 과거의 차별에 대한 보상을 행한다는 사상이 자리잡고 있었다. 그리고 그 후에 적극적 평등실현조치는 여성에게도 확대 적용되게 되었는데, 이것도 州政府나 연방정부에 의해 행해진 여성에 대한 차별의 긴 역사가 있었다는 반성에 입각한 것이었다.

　　연방정부의 이러한 노력은 주정부나 지방자치단체의 노력으로 확대되어 갔는데, 州政府나 市政府는 적극적 평등실현조치를 통해 과거의 차별을 보상하기 위해 다양한 프로그램들을 개발해내었다. 이에 대학까지 합세하였다. 대학도 사회적·경제적 약자들의 선발을 확충하기 위한 각종 프로그램들을 시행하기 시작한 것이다. 정부계약, 정부공무원의 고용과 승진, 대학교육의 세 영역은 적극적 평등실현조치가 실시되는 가장 중요한 영역들이 되어갔고 결과적으로 적극적 평등실현조치 실시의 합헌성 여부에 대한 논란이 일어나는 주된 영역들이 되었다. 그런데, 이러한 취업·입학, 하도급 계약상의 특혜는 경제적·사회적 약자들에 대한 과거의 차별이 어느

---

　72) Howard Schweber, Affirmative Action, in The Oxford Companion To American Law(Oxford and New
　　　York: Oxford University Press, 2002) at 10.
　73) Id.

정도 보상되어 이들이 어느 정도 실질적 평등을 이루게 될 때까지만 잠정적·일시적으로 제공되는 것이라는 점도 연방대법원의 판결이 줄기차게 강조해 온 적극적 평등실현조치의 핵심적 내용의 하나였다.

그러나, 1970년대 중반에는 '과거의 차별에 대한 보상' 이외에 적극적 평등실현조치의 또 다른 정당화 논리가 하나 더 추가되었다. 그것은 바로 적극적 평등실현조치가 고용, 하도급 계약, 교육과 같은 영역에서 다양성(diversity)을 촉진한다는 것이었다. 그 '다양성 촉진'의 이익은, 적극적 평등실현조치가 사회적·경제적 약자들의 사회적 환경을 개선하는 수단으로서 기능한다거나 구성원의 다양성이 각 기관에 이익을 준다는 논리를 근거로 하는 것이었다. 특히 대학들은 다양한 인종으로 구성된 학생집단을 가지는 것은 대학교육의 목적에 비추어 보아도 바람직한 것이라고 보았다.

적극적 평등실현조치에 대해 반대론과 위헌론도 고개를 들기 시작했다. 이러한 입장의 주된 근거는 적극적 평등실현조치가 인종적으로 혹은 성별에 따라 특정가능한 약자'집단'에게 특혜를 줌으로써 '개인'적 평등을 희생시킨다는 것이었다. 헌법의 문제로서, 적극적 평등실현조치는 사회적·경제적 약자집단에 속하지 않는 개인들에게서 수정헌법 제14조가 인정하는 법의 평등보호를 박탈하는 것으로 비판된 것이다. 즉, 흑인이나 여성 등의 경제적·사회적 약자들에 대한 취업·입학, 하도급 계약상의 잠정적인 특혜가 상대적으로 백인이나 남성에게는 '역차별'의 문제를 발생시켰다. 이 적극적 평등실현조치의 시행으로 발생되는 역차별의 문제가 연방대법원의 심판을 받게 된 최초의 사건이 바로 위에서 살펴본 Bakke판결(1978)이다. 배케는 의대에 진학하여 장래 유능한 내과의사가 되는 것이 목표였다. 데이비스 의과대학은 학생선발과 구성에 있어 인종적·민족적 다양성을 추구했다. 이 두 추구목표 사이의 충돌이 바로 이 판결을 있게 했다. 이 사건을 조금 더 자세히 들여다보면, 하급심인 캘리포니아 州地方法院과 州大法院은 데이비스 의과대학의 인종할당제는 인종차별에 근거해 소수인종에 대한 선호를 나타내었고, 적극적 평등실현조치가 인정되는 취지가 과거의 차별에 대한 보상에 있다는 면에서 살펴보아도, 캘리포니아 주립대학 자체에 의한 과거의 소수인종에 대한 부당한 차별은 존재치 않았기 때문에, 이 인종할당제는 평등보호조항에 위배되는 것이라고 보았다. 일체의 차별없이 오직 실력에만 근거해 학생들을 선발하겠다는 약속은, 과거와 현재에까지도 일부 이어지는 인종차별의 희생자들을 위한다는 州의 긴절한 필요와 다시 충돌을 일으킨다. 캘리포니아 주립대학측은 또한 인종할당제가 가져오는 다른 이익들에 대해서도 강조하고 나섰다. 다양한 인종의 학생구성을 통해 의학교육 자체의 발전을 가져올 수 있는 점, 소수인종의 어린이들에게 자기도 열심히 하면 저렇게 의사가 될 수 있다는 꿈을 심어주는 점, 소수인종사회에 의료서비스를 확충할 수 있다는 점 등이 그것이었다.

이 사건에서 연방대법원은 인종별 할당비율이 매년 '고정'되지 않는 한 대학이 인종을 입학사정의 여러 기준들 중의 한 기준으로 고려할 수는 있다고 판시했다. 이 사건판결에서 5인이 가담한 다수의견을 집필한 파웰 대법관은 '덜 배타적인'(less exclusionary) 적극적 평등실현조치의 또 다른 정당성의 근거를 수정헌법 제1조의 대학의 자유 보장에서 찾았다는 점도 주목할 만하다. 대학은 다양한 출신배경을 가진 학생집단을 구성할 이익을 가지므로 학생선발에 있어 이를 위해 인종을 선발기준으로 고려하는 것은 '대학의 자유'의 하나라는 것이다. 즉, '구성원의 다양성 증진'이 수정헌법 제1조의 '대학의 자유'를 통해 적극적 평등실현조치의 또 다른 정당화 논리로 대두했다. 적극적 평등실현조치 자체가 위헌이냐 합헌이냐에 대한 명확한 대답을 주는 대신, Bakke판결은 그 문제를 살짝 건드리기만 하면서 주립대학 입학에 있어서의 인종할당이라는 작은 문제만을 해결하고, 다른 영역에서의 적극적 평등실현조치의 합헌성에 대한 판단은 그 후의 판결들에 남겨두었다.

　　사법부를 통한 판결을 통해서 뿐만이 아니라, 적극적 평등실현조치에 대한 입법을 통한 폐지논의도 고개를 들기 시작했다. 원래 적극적 평등실현조치는 사회적·경제적 약자들에게 '실질적 평등'을 보장해주기 위해 이들에게 특혜를 가하는 것을 내용으로 하지만, 그 특혜의 실시는 이 약자들이 빈곤의 악순환을 깨고 나가 실질적으로 공정한 경쟁을 하게 될 수 있을 때까지 잠정적·한시적으로만 행해지는 것을 그 조건으로 하고 있었다. 적극적 평등실현조치에 대한 폐지논의는 클린턴의 임기말에 융성했던 미국 경제가 조금씩 어려워지기 시작하면서 그 힘을 얻기 시작했다. 잘 살 때야 별 문제가 없었지만, 경제가 어려워져 백인실업자들이 증가하자, 특히 취업에서 소수인종에게 특혜를 준다는 것은 그 소수인종보다 더 나은 자격조건을 갖춘 백인실업자에게 계속해서 실업상태에 있으라는 소리가 되어 이들을 자극했다. 적극적 평등실현조치에 대한 폐지논의는 대법원 판결에서가 아니라 주민발안의 州法의 형태로 나타나기 시작했다. 캘리포니아에서는 1990년대 말에 주민발안(initiative)으로 적극적 평등실현조치의 폐지를 내용으로 하는 법안이 주민투표에 부쳐졌고, 이것이 주민투표에서 통과되어 캘리포니아 州內에서의 각종 적극적 평등실현조치가 폐지되게 되었다. 유색인종의 비율이 다른 州에 비해 월등히 높고 진보적 성향을 가진 것으로 유명한 캘리포니아주에서 적극적 평등실현조치에 대한 폐지법안이 최초로 — 그것도 주민발의와 주민투표로 — 통과되었다는 것은 참으로 아이러니였다. 이러한 적극적 평등실현조치 폐지의 경향은 캘리포니아를 시발로 미국 전역으로 확산되어가는 추세에 있다.

(2) 적극적 평등실현조치 법리의 발전과 연방대법원 판례의 최근 경향

　　적극적 평등실현조치에 대한 합헌성 심사의 기준으로는 그 '대상'에 대한 일반적인 차별에 적용되는 합헌성 심사기준이 적용된다. 즉, 인종에 따른 적극적 평등실현조치에 대해서는 엄격심사가, 성별에 따른 적극적 평등실현조치에 대해서는 중간수준심사가 적용되는 것이다.

(가) 성별에 따른 적극적 평등실현조치

　　미국에서는 '성별에 따른 적극적 평등실현조치'가 위에서 본 바와 같이 '인종에 따른 적극적 평등실현조치'가 발달한 이후 늦게 탄생했으며, 따라서 적극적 평등실현조치는 주로 '인종에 따른 적극적 평등실현조치'에 집중되어왔고 '성별에 따른 적극적 평등실현조치'는 그 수도 많지 않았고 그것이 연방대법원의 위헌심사의 대상이 된 적도 흔치 않았다. 연방대법원은 '성별에 따른 적극적 평등실현조치'가 관련된 사건에 평등심사시 중간수준심사를 적용하면서, 과거의 차별을 보상하기 위해 남성이 아니라 여성들에게만 특혜를 제공하는 차별은 '중요한 정부이익에 실질적으로 연관'되면서 과거의 과오를 보상하기 위해 '좁게 구체적으로 만들어지면'(narrowly tailored) 합헌이라고 판시해 왔다. 그러나 이 경우 연방대법원은 주장된 '자애로운 목적'(benign purpose)이 진짜 목적인지를 결정하기 위해 면밀한 조사를 행해야함을 강조했다.

그 예로는 1974년의 Kahn v. Shevin판결을[74] 들 수 있다. 同判決은 과부들에게는 재산세를 면제해주고 홀아비들에게는 이를 면제해주지 않는 州法은 과부들의 더 큰 재정적 어려움을 고려해 보았을 때 합헌이라고 판시했다. 또한, Orr v. Orr판결(1979)에서도[75] 이혼시 여성인 전처에게만 부양료 지급청구권을 인정함으로써 여성에 대한 적극적 평등실현조치를 내용으로 하고 있었던 Alabama주법에 대해 중간수준심사를 적용하였고, 결혼생활 중에 차별받은 부인을 보상해야한다는 입법목적과 그 수단인 입법 사이에 '실질적 관련'(substantially related)이 없어 위헌이라고 판시한 바 있다.

(나) 인종에 따른 적극적 평등실현조치

적극적 평등실현조치의 본류는 아무래도 엄격심사가 적용되는 '인종에 따른 적극적 평등실현조치'가 점하고 있다. 1978년에 선고된 Bakke판결의 법리는 연방대법원에 의해 1980년대까지 고수되었다. 즉, 과거의 차별에 대한 보상의 의미를 가지는 적극적 평등실현조치는 쉽게 정당화되었지만, 과거의 차별에 대한 보상보다는 구성원의 다양성의 증진의 의미를 가지는 적극적 평등실현조치는 인종을 여러 고려요소들 중의 하나로서만 고려할 수 있었고, 인종에 따른 적극적 평등실현조치이므로 합헌성심사에 엄격심사가 적용되었다. 예를 들어, United Steelworkers of America v. Weber판결(1979)에서[76] 과거의 차별을 보상하는 의미의 적극적 평등실현조치로서 행해진 사기업의 고용에 있어서의 소수인종 우대는 엄격심사를 받지 않고 쉽게 합헌이 될 수 있었다. 특히 연방정부나 주정부의 기관도 아니고 정부의 자금을 조달받는 기관도 아닌 사기업에 의한 소수인종 우대는 더더욱 위헌의 소지가 줄어드는 것이었다. 1980년의 Fullilove v. Klutznick판결에서[77] 대법원은, 지방의 공무 프로젝트에 부여된 연방기금의 10%는 법이 확정한 소수인종집단의 구성원들에 의해 소유되고 운영되는 사업들로부터의 서비스나 물자공급을 획득하기 위해서만 쓰여져야 한다는 연방법률은 평등보호조항에 위배되지 않는다고 판시했다.

---

74) Kahn v. Shevin, 416 U.S. 351 (1974).

75) Orr v. Orr, 440 U.S. 268, 99 S.Ct. 1102 (1979).

76) United Steel Workers of America v. Weber, 433 U.S. 193, 99 S.Ct. 2721 (1979).

77) Fullilove v. Kurtznick, 448 U.S. 448, 100 S.Ct. 2758 (1980).

이것은 과거의 차별에 대한 보상의 의미를 가지는 소수인종에 대한 적극적 평등실현조치여서 엄격심사를 받지 않아도 되어 쉽게 합헌일 수 있었던 것이다. 1986년의 Local 28 of the Sheet Metal Workers v. EEOC 판결에서도[78] 전체노동자 중 29%라는 소수인종 채용목표가 소수인종에 대한 과거의 차별 보상의 의미를 가지는 적극적 평등실현조치로 이해되어 쉽게 합헌결정을 받을 수 있었다.

  그러나, 1990년대에 들어와서 연방대법원은 과거의 차별에 대한 보상의 의미를 가지는 적극적 평등실현조치와 구성원의 다양성 증진의 의미를 가지는 적극적 평등실현조치를 구분하는 Bakke판결의 법리를 포기하기 시작했다. City of Richmond v. Croson판결(1989)과[79] 1995년의 Adrand Constructors Inc. v. Pena판결에서[80] 연방대법원은 정부계약 영역에서의 적극적 평등실현조치에 새로운 접근을 시도했다. Croson판결에서 Virginia주 Richmond 시의회는 소수인종에 대한 과거의 차별의 보상으로 시건설계약의 30%가 소수인종이 운영하는 사업체에 할당될 것을 명하는 시조례를 제정했다. Adarand판결은 하청계약액의 10%를 소수인종이 운영하는 사업체에 줌으로써 소수인종이 운영하는 사업체의 하도급 입찰을 촉진할 것을 내용으로 하는 연방법률, 즉 小事業法(Small Business Act)에 관한 것이었다. Richmond시의 시조례와 연방법률인 소사업법은 둘 다 평등권 침해여부와 관련하여 엄격심사를 통해 위헌판결을 받았다. 우선, Croson판결에서 Richmond 시조례는 입법목적의 달성을 위해 '좁게 구체적으로 규정되지' (narrowly tailored) 못했다고 평가되었다. O'Connor 대법관에 의해 집필된 다수의견은 한 산업에서 과거에 차별이 행해진 것만으로는 경직된 인종할당제의 사용이 정당화되지는 않는다고 보았다. Adarand판결에서 연방대법원은 Bakke판결 이후 확립된 '과거의 차별을 보상하는 의미에서의 적극적 평등실현조치'와 '인종적 다양성을 증진한다는 의미에서의 적극적 평등실현조치'의 구분을 버렸다. 그러면서, 연방정부에 의해 주어진 소수인종 우대이건 주정부나 지방자치단체에 의해 주어진 그것이건, 모든 인종에 근거한 차별은 엄격심사의 대상이 되어야함을 강조했다.

  Miller v. Johnson(1995)판결에서도[81] 소수인종에게 유리하게 만들어진 선거구 획정에 대해 위헌판결이 내려졌는데, 이것은 엄격심사를 적용한 결과였다. 이 판결에서 연방대법원은 평등보호조항의 핵심은 시민들을 '개인'으로서 평등하게 대우하는데 있는 것이지 소수인종집단이나 여성집단 등과 같이 하나의 집단의 일원으로 보면서 평등 대우의 문제를 생각하게 하는 것은 아니라는 점을 강조함으로써 적극적 평등실현조치의 근간을 흔드는 판결을 내려 주목을 끈다.

  최근 2000년대에 와서, Adarand판결의 판시사항은 대학입학에서 소수인종에 대한 우대정책에 대해 연방하급법원들이 변화된 입장을 취하게 되는 근거가 되었다. 예를 들어, Hopwood

---

78) Local 28 of the Sheet Metal Workers v. EEOC, 478 U.S. 421, 106 S.Ct. 3019 (1986)
79) Richmond v. J.A. Croson Co., 488 U.S. 469, 109 S.Ct. 706 (1989).
80) Adrand Constructors Inc. v. Pena, 515 U.S. 200, 115 S.Ct. 2097 (1995).
81) Miller v. Johnson, 515 U.S. 900, 115 S.Ct. 2475 (1995).

v. Texas(2000)판결에서[82] 제5 연방항소법원은 인종을 입학사정의 한 고려요소로 채택하고 있던 Texas주립대 로스쿨의 입학정책에 대해 위헌결정을 내렸고 연방대법원은 이 사건의 상고를 받아들이지 않았다.[83] Hopwood판결에서 제5 연방항소법원은 엄격심사를 적용하면서 Bakke판결이 구속력을 갖는 선판례는 이제 아니라고 보았고, 다양한 인종의 학생집단을 가지는 것이라든지 과거의 차별에 대한 보상 등이 엄격심사를 통과하기 위한 '긴절한 정부이익'이 되지는 못한다고 판단했다.

나. 적극적 평등실현조치 법리의 한국에의 유입과 시행현황

(1) 제대군인가산점제도 위헌결정과 적극적 평등실현조치의 관계

위에서 살펴본 바 있는 미국의 Feeney판결(1979)은[84] 우리 헌법재판소의 군가산점위헌결정과 사실관계가 거의 흡사하다. 둘 다 남자가 대부분인 제대군인에 대해 공무원직 채용에 특혜를 준 법이 평등심사를 받은 사건이기 때문이다. 그러나 우리와 미국은 결론에 있어서는 위헌과 합헌으로 전혀 달랐다. 거의 흡사한 사실관계에 그렇게 정반대의 결론이 난 이유는, 미국의 성차별에 대한 평등심사에서는 결과적으로 또 사실적으로 공무원시험에의 여성합격자수가 극히 적다는 '차별의 결과'만으로는 이것이 성별에 기한 차별로 되지 못하고 '차별의 고의나 목적'이 존재함으로써 '법률상 차별'(de jure discrimination)이 되어야만 성별에 기한 차별이 되는데 비해, 우리 헌법재판소에는 이런 세밀한 기준이 마련되어 있지 않아 '차별의 고의'유무는 따질 여유도 없이 '여성 합격자수가 극히 적고 심한 경우 여성은 만점을 받고도 불합격할 수 있다'는 사실적·결과적인 '차별의 효과나 영향'만으로 쉽게 이 사안을 제대군인과 비제대군인의 차별이 아니라 남성과 여성의 성차별로 끌고 가버린 성급함이 엿보인다. 이것은 바로 우리 헌법재판소가 세밀화된 평등심사기준과 그 요건들의 개발을 이루어내지 못한 데서 오는 당연한 결과였다. 이러한 부분들에 대한 우리 헌법재판소의 노력이 요청된다.

그리고 본 판결에서 제대군인에 대해 가산점을 준 것이 적극적 평등실현조치의 하나는 아니라는 점에도 주목할 필요가 있다. Feeney판결에서도 지적되었듯이, 제대군인의 공직채용에 우선적 채용의 특혜를 부여하는 Massachusetts주 州法은 평등문제의 하나로서의 '적극적 평등실현조치의 문제'를 발생시키는 것이 아니라 과거의 軍奉仕에 따른 국가봉사의 공로에 대한 '보상(compensation)'으로 이해되어야 한다. '제대군인'집단은 과거 역사적으로 '대대로 차별받아 오던 집단'은 아니므로 적극적 평등실현조치가 우선적 처우를 행하는 사회적·경제적 약자집단은 아니기 때문이다. 또한, 제대군인이 공무원집단에 할당제 등의 특혜를 통해 인위적으로라도 들어가야 공무원집단의 人的 구성에 '다양성'이 확보되어 필연적으로 공무원집단의 발전을 낳게 되는 것도 아니기 때문이다. 우리나라에서 제대군인에게 하급직 공무원시험에서 가산점을 주던

---

82) Hopwood v. Texas, 236 F.3d.256 (5th Cir. 2000).
83) Hopwood v. Texas, 533 U.S. 929, 121 S.Ct. 2550 (2001).
84) Personal Administrator of Massachusetts v. Feeney, 442 U.S. 256, 99 S.Ct. 2282 (1979).

것은 제대군인에게 주어진 적극적 평등실현조치가 아니라, 그들의 軍奉仕라는 노고에 대한 '보상'이었다. 이것은 우리 헌법 제32조 제6항이[85] 국가유공자들에게 그들의 애국애족 정신을 기리고 그들의 국가에의 봉사에 대해 '보상'하기 위해 취업기회를 우선 보장하는 혜택을 주는 것과 같은 맥락의 '보상'의 문제가 되는 것이다.

  물론 제대군인가산점제가 여성에게 주어지는 '여성고용할당제'라는 적극적 평등실현조치에 대응해 주로 남성인 제대군인들에게 인정되던 혜택이었다는 점에서는 적극적 평등실현조치와 간접적으로 약하게 연관되어 있기는 하다. 즉, 제대군인에 대한 가산점제는, 원래 여성의 공직채용에 주어지던 특혜인 '여성고용할당제'라는 적극적 평등실현조치의 시행이 가져올 수 있는 남성에 대한 역차별의 효과를 — 대부분이 남성인 제대군인의 입장에서 — 상쇄하는 장치였던 것이다. 이러한 점은 同判決文에 게재된 "국가보훈처장의 의견" 부분에서 아래와 같이 지적되고 있다.

  "여성에 대하여는 공무원시험에서 이른바 '여성채용목표제'가 시행되고 있어 합격선에 미달하더라도 추가로 합격처리될 수 있는 바, 이러한 특혜를 부여받는 여성이 제대군인가산점제도로 인한 피해자라고 할 수 없으므로 청구인들 중 여성들은 헌법소원청구의 적격이 없다."[86]

  그러나, '여성채용목표제'라는 여성에 대한 적극적 평등실현조치에 대한 대응장치로서, 제대군인의 軍奉仕에 대한 국가의 '보상'으로서 입법화된 제대군인가산점제는 평등권에 대한 과잉한 금지로서 평등권을 침해하고 공직이 요구하는 직무수행능력과 무관한 요소인 성별을 기준으로 공직취임을 제약하는 것으로 공무담임권을 침해하여 위헌판결을 받았다.

(2) 우리의 시행현황

  대한민국은 단일민족국가이다. 따라서, '인종'이나 '민족 기원'에 따른 차별은 적어도 현재까지는 크게 문제되지 않았다. 따라서, 미국과 같이 '소수인종에 대한 과거의 차별역사'가 존재하지 않아서 인종에 따른 적극적 평등실현조치의 시행은 애초에 불필요한 것이었다. 그러나, 우리 한국사회에서 '여성'은 '대대로 차별받아 온 차별의 역사를 가진' 집단으로 범주화될 수 있다. 유교문화로 인한 가부장적 위계질서 하에서 '여성'은 가정 내에서나 가정 밖에서 수동적 위치를 요구받아 왔고 갖가지 차별을 감내해야 했다. 따라서, 우리 한국사회에서 이들 여성에 대한 과거의 차별을 보상하는 의미에서의 '성별에 따른 적극적 평등실현조치'의 시행은 충분히 정당화될 수 있는 근거를 가지고 있었다.

  이러한 근거에 기해 우리나라에서는 적극적 평등실현조치의 하나로서 여성에 대한 공직진출상의 — 즉, 취업상의 — 특혜를 의미하는 '여성공무원 채용목표제'가 1996년부터 시행되었다. 1996년에는 10%, 1997년에는 13%, 1998년에는 15%, 1999년에는 18%, 2000년에는 20%의 여성

---

85) 우리 헌법 제32조 제6항은 "국가유공자·상이군경 및 전몰군경의 유가족은 법률이 정하는 바에 의하여 우선적으로 근로의 기회를 부여받는다"고 규정하고 있다.
86) 헌재 1999. 12. 23. 98헌마363, 11-2, 770, 779.

채용비율을 일률적으로 정했고, 2001년부터는 공직의 급수가 5급이냐 6·7급이냐 8·9급이냐에 따라 또 연도가 몇 년도이냐에 따라 다르지만 적게는 20%에서 많게는 30%까지 10명 이상을 채용하는 공무원 채용시 여성채용 비율을 미리 정하고, 여성채용비율이 이 목표율에 미달할 때에는 합격점의 3점 혹은 5점의 범위 내에서 급수에 따라 일정점수의 가산점을 부여하여 여성을 추가로 선발하고 있는 것이다. 그리고 이 여성채용목표 비율은 해가 바뀜에 따라 상향조정되도록 하고 있다. 공직 이외에 다른 공기업 채용에 있어서도 여성에 대한 적극적 평등실현조치로서 '공기업인센티브제'를 실시하여, 정부투자기관, 정부재투자기관, 정부출연기관, 공공법인체의 직원 채용시 병역필 남성에게 부여되는 5점 가산제를 여성에게도 적용하게 하였다. 그리고 최근에는 이러한 여성에 대한 취업상의 적극적 평등실현조치의 시행이 남성에 대한 역차별의 문제를 제기하게 되자, 직장에 있어서의 남성과 여성 비율의 균형을 목표로 하는 '양성고용평등제'의 실시가 시도되고 있다.

그 외에도, 국립대학인 서울대학교에서는 신입생 선발시 일정비율을 각 지역별로 할당한다는 '지역할당제'를 계획하였고, 이를 다소간의 내용수정을[87] 거쳐 '지역균형선발 전형'이라는 이름으로 확정하여 발표하였다.[88] 이 '지역균형선발 전형'에서는 지역할당제적 성격이 다소 후퇴하긴 하였지만, 원래 서울대 측에서 신입생선발시 고려하고자 했던 지역할당제는, '입학'의 영역에 적용되는 일종의 적극적 평등실현조치로서의 성격을 강하게 지니고 있었다. 농촌지역 등 오지의 학생들이 서울 등 대도시의 학생들과 비교했을 때 과거 서울대학교 입학에서 열악한 교육환경 때문에 불평등한 경쟁을 종용받아왔고 이러한 불평등이 '과거의 차별'로 간주될 수 있으므로 이들 농촌지역 등의 학생들에 대한 입학을 일정비율로 '할당'하겠다는 것으로 이해될 수 있기 때문이다. 또한, '입학'에 적용되는 적극적 평등실현조치의 또 다른 정당화 근거인 '다양한 배경의 학생집단의 구성'이라는 이익의 관점에서 보더라도, '지역할당'을 통해 전국 각지의 여러 지역에서 두루 신입생을 선발해 다양한 배경의 학생집단을 구성하겠다는 것으로 해석될 수 있기 때문이다.

(3) 우리나라의 적극적 평등실현조치가 갖는 특징

우리나라에서 시행되고 있거나 그 시행이 시도되고 있는 갖가지 적극적 평등실현조치는 미국과 비교했을 때 다음과 같은 특징을 갖고 있는 것으로 분석될 수 있다.

첫째, 위에서 본 바와 같이 단일민족국가이면서 유교문화권에 속하는 국가라는 우리의 특수성 때문에, 미국에서는 인종에 따른 적극적 평등실현조치가 주류이고 성별에 따른 적극적 평

---

87) 2005학년도부터 전체 모집정원의 20% 내외를 서울 등 대도시 수험생이 상대적으로 유리했던 '수능'과 '심층면접' 대신, '내신'을 위주로 선발하겠다는 것을 주된 내용으로 하고 있다. 이때 '지역균형선발 전형'은 내신 성적 위주로 지원자를 평가하면서 지원자의 '출신지역'이 비교과영역에서 고려되게 했다. 지역할당제적 성격이 다소 완화되었다. 그러나, 이와 함께 서울대는 현재 일부 읍면지역 소재의 고교에서 그 합격자를 대량으로 배출해 문제가 되고 있는 농어촌학생 특별전형을, 지역별로 합격자가 균등하게 나오도록 합격자를 군별로 할당하여 지역할당제와 같은 효과를 내는 방안을 개선안으로 검토 중에 있다고 한다.

88) 자세히는 인터넷 연합뉴스 2003년 4월 4일자(http://www3.yonhapnews.net/cgi-bin/naver/getnews) 참조.

등실현조치가 부수적인데 비해, 우리는 인종에 따른 적극적 평등실현조치는 그 필요성이 적고 성별에 따른 적극적 평등실현조치의 시행이 그 주류를 이루어 오고 있다는 것이다. 물론, 앞으로 서울대학교 신입생 선발에 있어서의 '지역할당제'가 성공적으로 자리를 잡는다면, 그래서 다른 대학교에도 신입생 선발에 이러한 '지역할당제'가 도입된다면, 농촌 등 오지의 학생들에 대한 적극적 평등실현조치가 이 땅에 뿌리를 내리면서 새로운 적극적 평등실현조치의 적용대상으로 자리매김할 수 있을 것이다.

그리고 장래에는 적극적 평등실현조치의 '적용대상'으로서, 다른 사회적·경제적 약자집단이라 할 수 있는 '장애인'들에 대한 취업, 입학상의 특혜 부여를 통해 ─ 주로, 할당제를 통해 ─ 적극적 평등실현조치의 확대가 검토될 수 있다고 생각한다. 또한, 취업, 입학 이외에 미국과 같이 국가나 지방자치단체 발주의 하도급 계약에 있어서도 적극적 평등실현조치의 적용이 모색될 수 있을 것이다.

둘째, 미국에서는 연방대법원 판례를 통해 적극적 평등실현조치의 개념이 탄생하고 연방대법원의 판례가 적극적 평등실현조치 법리의 발전을 이끌었다면, 우리나라에서는 대법원이나 헌법재판소 등의 사법기관보다는 주로 행정부가 적극적 평등실현조치의 도입을 리드하고 있다는 특징을 갖는다. 우리나라에서의 적극적 평등실현조치 시행의 시초라 할 수 있는 '여성 공무원 채용목표제'도 행정부가 입안한 것이라는 점을 고려하면, 이러한 사실은 분명해진다. 앞으로 우리나라에서 입법부나 사법부에 의한 적극적 평등실현조치 시행에의 더 많은 기여가 기대된다.

다. 소 결

以上에서, 미국에 있어서의 적극적 평등실현조치 법리의 발전과 우리나라에의 도입 및 그 시행현황 등을 兩國의 비교를 중심으로 살펴보았다. 우리가 미국의 적극적 평등실현조치를 받아들여 '실질적 평등'의 이념을 이 땅에 실현하기 위해 노력함에 있어 한 가지 주의해야할 점이 있어 이를 지적하고자 한다. 그것은 다름 아니라 '너무 서두르지는 말라'는 것이다. 1990년대 말 캘리포니아주가 주민투표로 적극적 평등실현조치를 폐지한 이래로 적극적 평등실현조치 폐지의 열기가 미국의 전체 州들에 확산되어나가고 있다. 이것은 적극적 평등실현조치의 시행과 그 확대가 미국의 백인과 남성들에게는 ─ 즉, 사회적·경제적 강자 및 다수자(majority)에게는 ─ '역차별'의 화살이 되어 날아왔고, 경제상황이 좋을 때에는 미국의 백인과 남성들이 '역차별'에서 오는 박탈감을 웃는 얼굴로 참아내었지만, 경제상황이 나빠져 자신들도 생활이 힘들어지자 드디어 적극적 평등실현조치의 완전 폐지를 주장하고 나선 것이라 이해될 수 있다. 우리나라에 있어서도 '여성' 등 우리사회의 전통적인 사회적·경제적 약자에 대한 적극적 평등실현조치의 시행이 1990년대를 기점으로 활발히 시도되며 그 뿌리를 내려가고 있다. 그러나, 적극적 평등실현조치는 일정집단에 대한 특혜를 내용으로 하므로 필연적으로 다른 집단에의 '역차별'을 태생적으로 수반하게 된다. 너무 급작스러운 적극적 평등실현조치의 추진과 시행 및 그 확대는 특혜를 받지 못하는 집단들에게는 상대적 박탈감을 가지게 하며, 이러한 '역차별'로 인한 박탈감이 적극적 평등실현조치 시행에 대한 저항으로 응집된다면, 모처럼 우리나라에 애 써 도입한 적극적 평등실현조치의 시행이 조기에 좌절을 맞게 될 수도 있는 것이다. 따라서, 적 극적 평등실현조치의 시행 확대는 다른 집단에 대한 '역차별'의 문제를 고려하면서 점진적으로 속도를 조절하며 이루어져야 함을 지적하고자 한다.

끝으로, 적극적 평등실현조치는 무엇보다도 '실질적 평등'의 구현을 통해 평등권을 내실있 는 '살아있는 기본권'으로 만들며, 여성이나 장애인 등 우리 사회의 전통적인 사회적·경제적 약 자집단에게 빈곤의 악순환을 끊고 '사회통합'의 과정에 기쁜 마음으로 평등하게 참여하게 함으 로써, 진정한 의미에서의 '사회통합'을 이룩하는 가교가 될 수 있음도 강조하고자 한다. '형식적 평등'만이 강요되면서 실질적으로는 갖가지 차별을 감내 당하는 사회적·경제적 약자그룹이 존 재하는 한, 이들까지 포용하는 진정한 의미에서의 한국사회의 '사회통합'은 이루어질 수 없기 때문이다.

VI. 현실적 평가

1. 적극적 평등실현조치에 관한 근거규정 신설의 필요성

적극적 평등실현조치에 대한 헌법적 근거규정을 평등권조항인 헌법 제11조에 신설하는 헌 법개정의 필요성이 논의될 수 있다. 즉, 적극적 평등실현조치에 대해 이를 이론이나 판례로 갖 고 있지만 말고, 헌법 제11조 평등권조항 속에 '적극적 평등실현조치'에 관한 헌법상의 근거규 정을 마련할 필요가 있는 것이다.

2. 외국의 예와 개정 필요성의 근거

독일헌법 제3조 제2항은 "남성과 여성은 평등하다. 국가는 남녀평등의 실질적 실현을 촉진 하고 현존하는 불이익의 제거를 위해 노력하여야 한다"는 평등권 규정을 두어 국가에게 보다 분명한 실질적 평등권 실현의무를 부과하고 있다. '기회의 평등' '형식적 평등'을 지나 '실질적 평등'을 중시하는 현대 평등개념 하에서 사회적·경제적 약자와 소수자에 대한 취업·입학 등에 서의 할당제 특혜를 통해 '실질적 평등'을 추구하려는 '적극적 평등실현조치'(affirmative action) 개념이 탄생하고 우리나라를 위시한 많은 개발국가들이 이미 이를 정책에 반영하고 있다.

따라서, 제11조 제1항 제3문으로 "국가(혹은 정부)는 실질적 평등 실현을 촉진하고 현존하 는 각종 차별을 제거하기 위해 적극적인 조치를 취하여야 한다"는 규정을 신설할 필요성이 크 다. 그러면, 적극적 평등실현조치의 근거규정도 마련할 수 있고 국가에게 평등실현의무를 분명

헌법 제11조

하게 부과할 수 있는 일거양득의 효과를 거둘 수 있기도 하다.

VII. 관련문헌

1. 국내문헌

권영성, 헌법학원론, 법문사, 2010.

김철수, 헌법학개론, 박영사, 2013.

성낙인, 헌법학, 법문사, 2013.

윤후정·신인령, 법여성학: 평등권과 여성 개정증보판, 이화여자대학교 출판부, 1998.

임지봉, "미국 연방대법원의 평등심사기준," 법조(2002. 7).

_____, "적극적 평등실현조치와 실질적 평등," 법조(2003. 7).

정종섭, 헌법학원론, 박영사, 2013.

허 영, 한국헌법론, 박영사, 2013.

2. 외국문헌

Barron Jerome A. & C. Thomas Dienes, Constitutional Law 190 (4th ed., West Publishing Co., 1995).

Guther Gerald & Kathleen Sullivan, Constitutional Law 676 (13th ed. Foundation Press, 1997).

Leiter, Samuel & Leiter, William M., Affirmative Action In Antidiscrimination Law And Policy: An Overview And Synthesis 186-187 (Albany: State University of New York Press, 2002).

Nowak & Rotunda, Constitutional Law 597 (5th ed., West Publishing Co., 1995).

O'Neil, Timothy J., Regents of the University of California v. Bakke in The Oxford Companion To The Supreme Court Of The United States (Kermit L. Hall ed. Oxford University Press, 1992) at 714.

Redlich, N., Attanasio, J., Goldstein, J. K., Understanding Constitutional Law 287-88 (2nd ed., Matthew & Bender, 1999)

Schweber, Howard, Affirmative Action, in The Oxford Companion To American Law(Oxford and New York: Oxford University Press, 2002) at 10.

Tushnet, Mark V., Equal Protection in The Oxford Companion To The Supreme Court Of The United States (Kermit L. Hall ed. Oxford University Press, 1992) at 259.

헌법 제12조

[송 기 춘]

第12條

① 모든 國民은 身體의 自由를 가진다. 누구든지 法律에 의하지 아니하고는 逮捕·拘束·押收·搜索 또는 審問을 받지 아니하며, 法律과 適法한 節次에 의하지 아니하고는 處罰·保安處分 또는 强制勞役을 받지 아니한다.

② 모든 國民은 拷問을 받지 아니하며, 刑事上 자기에게 不利한 陳述을 强要당하지 아니한다.

③ 逮捕·拘束·押收 또는 搜索을 할 때에는 適法한 節次에 따라 檢事의 申請에 의하여 法官이 발부한 令狀을 제시하여야 한다. 다만, 現行犯人인 경우와 長期 3年 이상의 刑에 해당하는 罪를 범하고 逃避 또는 證據湮滅의 염려가 있을 때에는 事後에 令狀을 請求할 수 있다.

④ 누구든지 逮捕 또는 拘束을 당한 때에는 즉시 辯護人의 助力을 받을 權利를 가진다. 다만, 刑事被告人이 스스로 辯護人을 구할 수 없을 때에는 法律이 정하는 바에 의하여 國家가 辯護人을 붙인다.

⑤ 누구든지 逮捕 또는 拘束의 이유와 辯護人의 助力을 받을 權利가 있음을 告知받지 아니하고는 逮捕 또는 拘束을 당하지 아니한다. 逮捕 또는 拘束을 당한 者의 家族등 法律이 정하는 者에게는 그 이유와 日時·場所가 지체없이 통지되어야 한다.

⑥ 누구든지 逮捕 또는 拘束을 당한 때에는 適否의 審査를 法院에 請求할 權利를 가진다.

⑦ 被告人의 自白이 拷問·暴行·脅迫·拘束의 부당한 長期化 또는 欺罔 기타의 방법에 의하여 自意로 陳述된 것이 아니라고 인정될 때 또는 正式裁判에 있어서 被告人의 自白이 그에게 不利한 유일한 증거일 때에는 이를 有罪의 증거로 삼거나 이를 이유로 處罰할 수 없다.

Ⅰ. 제12조의 개관

인간은 몸을 가진 존재이며, 인간의 존엄과 가치·행복추구권의 보장을 위해서는 몸의 움직임 등에 관한 자유, 즉 신체의 자유의 보장이 필수적이다. 신체의 자유가 보장되지 않으면 다른 어떠한 권리도 온전한 것일 수 없다. 헌법 제12조는 이러한 신체의 자유에 대해 상세하게 규정하고 있다.

1. 신체의 자유의 연혁

신체의 자유는 근대헌법이 보장하는 가장 기본적인 자유로서 모든 사회적·경제적·정신적 자유의 근간 또는 전제가 되는 것이며, 연혁상으로도 다른 모든 기본권에 앞서 전취된 것이다.[1] 신체의 자유는 영국에서 대헌장, 권리청원, 인신보호법 및 권리장전 등에서 발전되었으며, 이들 문서는 미국의 버지니아권리장전 및 연방헌법에 영향을 미쳤다. 또한 프랑스의 인간과 시민의 권리선언(1789)에서는 죄형법정주의(제8조)와 무죄추정의 원칙(제9조)을 명시하였다. 우리 헌법에는 미군정기를 거쳐 제헌헌법 제9조에 신체의 자유에 관한 규정을 두었다.

2. 신체의 자유 조항의 변화

신체의 자유에 관한 조항이 현재와 같은 모습을 처음부터 가졌던 것은 아니다.

가. 1948년 헌법

제9조에서 신체의 자유를 규정하고 있다. 그 내용은 다음과 같다.

> 제 9 조 모든 국민은 신체의 자유를 가진다. 법률에 의하지 아니하고는 체포, 구금, 수색, 심문, 처벌과 강제노역을 받지 아니한다.
> 체포, 구금, 수색에는 법관의 영장이 있어야 한다. 단, 범죄의 현행·범인의 도피 또는 증거인멸의 염려가 있을 때에는 수사기관은 법률의 정하는 바에 의하여 사후에 영장의 교부를 청구할 수 있다.

---

1) 김철수, 헌법학신론(제21전정신판), 박영사, 2013, 575.

누구든지 체포, 구금을 받은 때에는 즉시 변호인의 조력을 받을 권리와 그 당부의 심사를 법원에 청구할 권리가 보장된다.

현재와 같은 자세한 규정은 아니지만 영장주의, 변호인의 조력을 받을 권리 및 체포·구속적부심청구권 등이 규정되고 있다. 1960년 헌법까지 이러한 규정에 변함이 없다.

나. 1962년 헌법

1948년 헌법부터 1960년 헌법까지 존재해 온 제9조 규정은 1962년 헌법에 와서 상당 부분 변화한다. 대체적인 골격은 현행헌법과 같다고 할 수 있다. 현행헌법과 비교하자면, 구속 대신 구금이라는 용어를 사용하고 있는 점, 사인에 의한 신체의 자유 침해 규정이 있다는 점이 다르다. 현행헌법에 규정된 체포 또는 구속의 이유와 변호인의 조력을 받을 권리를 고지받을 권리(현행 헌법 제12조 제5항)는 명시되어 있지 않다.

제10조 ① 모든 국민은 신체의 자유를 가진다. 누구든지 법률에 의하지 아니하고는 체포·구금·수색·압수·심문 또는 처벌을 받지 아니하며, 형의 선고에 의하지 아니하고는 강제노역을 당하지 아니한다.
② 모든 국민은 고문을 받지 아니하며, 형사상 자기에게 불리한 진술을 강요당하지 아니한다.
③ 체포·구금·수색·압수에는 검찰관의 신청에 의하여 법관이 발부한 영장을 제시하여야 한다. 다만, 현행범인인 경우와 장기 3년이상의 형에 해당하는 죄를 범하고 도피 또는 증거인멸의 염려가 있을 때에는 사후에 영장을 청구할 수 있다.
④ 누구든지 체포·구금을 받은 때에는 즉시 변호인의 조력을 받을 권리를 가진다. 다만, 법률이 정하는 경우에 형사피고인이 스스로 변호인을 구할 수 없을 때에는 국가가 변호인을 붙인다.
⑤ 누구든지 체포·구금을 받은 때에는 적부의 심사를 법원에 청구할 권리를 가진다. 사인으로부터 신체의 자유의 불법한 침해를 받은 때에도 법률이 정하는 바에 의하여 구제를 법원에 청구할 권리를 가진다.
⑥ 피고인의 자백이 고문·폭행·협박·구속의 부당한 장기화 또는 기망 기타의 방법에 의하여 자의로 진술된 것이 아니라고 인정될 때, 또는 피고인의 자백이 그에게 불리한 유일한 증거인 때에는, 이를 유죄의 증거로 삼거나 이를 이유로 처벌할 수 없다.

다. 1972년 헌법

역대 헌법 가운데 가장 인권침해적이라 할 수 있는 1972년 헌법에서는 강제노역이 형의 선고가 아니라 법률에 의하면 가능하게 되었고 보안처분이 삽입되었다(제1항). 영장의 발부를 '검사의 요구'에 의하도록 하고 사후영장의 발부도 장기 3년 이상의 형에 해당하지 않아도 되도록 하여, 그 요건을 매우 완화하였다(제3항). 체포·구속적부심제도가 폐지되었으며, 자백의 증거능력과 증명력에 관한 규정도 삭제되었다.

제10조 ① 모든 국민은 신체의 자유를 가진다. 누구든지 법률에 의하지 아니하고는 체포·구금·압수·수색·심문·처벌·강제노역과 보안처분을 받지 아니한다.
② 모든 국민은 고문을 받지 아니하며, 형사상 자기에게 불리한 진술을 강요당하지 아니한다.
③ 체포·구금·압수·수색에는 검사의 요구에 의하여 법관이 발부한 영장을 제시하여야 한다. 다만, 현행범인인 경우와 죄를 범하고 도피 또는 증거인멸의 염려가 있을 때에는 사후에 영장을 요구할 수 있다.
④ 누구든지 체포·구금을 받은 때에는 즉시 변호인의 조력을 받을 권리를 가진다. 다만, 법률이 정하는 경우에 형사피고인이 스스로 변호인을 구할 수 없을 때에는 국가가 변호인을 붙인다.

라. 1980년 헌법

1972년 헌법이 가진 문제를 상당 부분 해결하려는 시도 속에서 규정이 마련되었다. 사인에 의한 침해구제제도를 제외하고는 대체로 1962년헌법의 규정과 같다.

제11조 ① 모든 국민은 신체의 자유를 가진다. 누구든지 법률에 의하지 아니하고는 체포·구금·압수·수색·심문·처벌과 보안처분을 받지 아니하며, 형의 선고에 의하지 아니하고는 강제노역을 당하지 아니한다.
② 모든 국민은 고문을 받지 아니하며, 형사상 자기에게 불리한 진술을 강요당하지 아니한다.
③ 체포·구금·압수·수색에는 검사의 신청에 의하여 법관이 발부한 영장을 제시하여야 한다. 다만, 현행범인인 경우와 장기 3년이상의 형에 해당하는 죄를 범하고 도피 또는 증거인멸의 염려가 있을 때에는 사후에 영장을 청구할 수 있다.
④ 누구든지 체포·구금을 당한 때에는 즉시 변호인의 조력을 받을 권리를 가진다. 다만, 법률이 정하는 경우에 형사피고인이 스스로 변호인을 구할 수 없을 때에는 국가가 변호인을 붙인다.
⑤ 누구든지 체포·구금을 당한 때에는 법률이 정하는 바에 의하여 적부의 심사를 법원에 청구할 권리를 가진다.
⑥ 피고인의 자백이 고문·폭행·협박·구속의 부당한 장기화 또는 기망 기타의 방법에 의하여 자의로 진술된 것이 아니라고 인정될 때 또는 정식재판에 있어서 피고인의 자백이 그에게 불리한 유일한 증거일 때에는 이를 유죄의 증거로 삼거나 이를 이유로 처벌할 수 없다.

마. 현행헌법

현행헌법은 1980년 헌법과 달리 제12조 제1항에 '적법한 절차'에 관한 규정이 삽입되었으며 제5항에 체포 또는 구속의 이유와 변호인의 조력을 받을 권리를 고지받을 권리가 규정되었다.

3. 입 법 례

신체의 자유에 관한 보장은 역사적으로 영국의 대헌장(Magna Carta, 1215)에서 비롯되어 권리청원(1628), 인신보호법(Habeas Corpus Act), 권리장전(1679), 미국의 버지니아 권리장전(1776), 연방헌법(1787), 프랑스의 인간과 시민의 권리선언(1789) 등에서 구체적으로 보장되어 왔으며 입헌주의 국가의 헌법은 예외 없이 신체의 자유를 보장하고 있다. 미국연방헌법에서는 수정 제4조, 수정 제5조, 수정 제6조, 수정 제8조, 수정 제14조와 수정 제13조 제1항에서 신체의 자유, 적법절차, 잔혹하고 비정상적 형벌의 금지, 변호인의 조력을 받을 권리와 노예제도의 폐지 등에 대해 규정하고 있다. 일본헌법은 미국헌법의 영향을 받아 제18조 후문, 제31조, 제33조, 제34조, 제37조 제3항, 제38조 등에서 신체의 자유와 형사피고인의 권리를 상세하게 규정하고 있다. 독일기본법에서는 제102조, 제104조에서 사형의 폐지, 피구금자의 학대금지, 체포이유고지 등에 대해 규정하고 있다. 프랑스의 경우 프랑스 헌법 제66-1조에서 사형의 금지를, 1789년 인간과 권리선언 제7조에서는 법률에 의하지 아니하고는 소추, 체포 또는 구금당하지 아니할 권리를, 제8조 전문은 형벌은 엄격하고 명백히 필요한 경우 법률로 정한다고 규정하고, 제9조 후문은 체포를 위한 가혹행위 금지를 규정하고 있다.

4. 헌법규정의 개요

신체의 자유와 관련되는 헌법규정은 제12조, 제13조, 제27조, 제28조 등이다. 제12조 제1항에서는 신체의 자유를 일반적으로 규정하고 죄형법정주의와 체포·구속의 법률주의, 적법절차를 규정하고 있다. 제2항에서는 고문금지와 묵비권을 규정하고, 제3항에서는 영장주의, 적법절차를, 제4항에서는 변호인의 조력을 받을 권리를, 제5항은 체포 또는 구속의 이유와 변호인의 조력을 받을 권리를 고지받을 권리를, 제6항은 구속적부심제, 제7항은 자백의 증거능력과 증거력의 제한 등을 각각 규정하고 있다. 제13조는 행위시법주의, 이중처벌금지, 소급입법금지원칙 및 친족의 행위로 인한 불이익처우(연좌제)의 금지 등을 규정하고 있다. 제27조와 제28조에서는 형사피고인의 권리를 보장하고 있다.

II. 신체의 자유의 의의와 내용

1. 신체의 자유의 의의

제12조에서 규정하는 신체의 자유의 개념에 관해서는 견해가 갈린다.

가. 인신을 훼손당하지 않을 자유와 신체활동의 자유를 포함하는 견해

'신체의 자유'라는 표제를 가지는 헌법 제12조 각항에서 규정하고 있는 내용을 중심으로 정의하는 견해는 '신체활동의 자유'뿐 아니라 '인신을 훼손당하지 않을 권리'도 포함한다고 이해한다.[2] 법률에 의하지 아니하고는 '체포·구속·압수·수색 또는 심문'(제1항)을 받지 아니하며, '체포 또는 구속'과 관련하여 영장주의, 변호인의 조력을 받을 권리, 구속적부심사청구권 등(제3-6항)을 규정하고 있고, '고문을 받지 아니'한다(제2항)고 하고 피고인의 자백의 증거능력과 증거력 등에 관해서도 규정하고 있으므로 이러한 조문의 내용을 신체의 자유로 이해한다면 신체의 자유는 신체활동의 자유와 인신을 훼손당하지 않을 권리를 포괄하는 개념으로 이해할 수 있을 것이다.[3] 헌법재판소의 판례[4]도 이와 같은 맥락에 서 있다고 생각된다. 헌법재판소의 판례에서는 "신체의 자유를 보장하고 있는 것은 신체의 안정성이 외부로부터의 물리적인 힘이나 정신적 위협으로부터 침해당하지 않을 자유와 신체활동을 임의적이고 자율적으로 할 수 있는 자유를 말하는 것"[5]으로서 "신체의 자유는 정신적 자유와 더불어 헌법이념의 핵심인 인간의 존엄과 가치를 구현하기 위한 가장 기본적인 자유로서 모든 기본권보장의 전제조건"[6]이라고 한다. 그러나 엄격하게 말하자면 헌법재판소의 이 판례에서는 신체의 자유가 "신체의 안전성이 외부로부터의 물리적인 힘이나 위협으로부터 침해당하지 않을 자유"를 포함한다고 하므로 신체의 자유가 정신적 위협으로부터 침해당하지 않을 자유 즉 불안과 공포로부터의 자유까지 포함하게 되어 지나친 확대해석의 위험을 내포하고 있다.

나. 신체활동의 자유만을 포함한다는 견해

신체의 자유를 생명권, 신체불훼손권과 구별하여 신체활동의 임의성 또는 신체활동의 자유만을 의미하는 것으로 보는 견해이다.[7] 헌법 제10조와 제36조 제3항의 규정을 보면 생명이나 건강에 관한 권리는 제12조에 포함되지 않는 것으로 보아야 한다는 점이 근거로 제시되기도 한다.[8] 그 외에도 생명권, 신체불훼손권이 신체활동과 달리 인간존재 자체에 관련되는 정적(靜的)인 권리인데 반하여 신체활동은 동적(動的)인 성격을 가진다는 점, 전자의 두 권리가 후자의 전제가 된다는 관계에 있으므로 이들을 별도로 분류할 필요가 있다는 점도 근거로 제시될 수 있을 것이다. 신체의 자유를 신체의 안전성과 자율성을 제한 또는 침해당하지 아니하

---

2) 허영, 한국헌법론(전정 7판), 박영사, 2011, 360.
3) 양건, 헌법강의 Ⅰ(제2판), 법문사, 2011, 358; 홍성방, 헌법학(중), 박영사, 2010, 76; 허영(주 2), 360; 조병윤, 헌법학원리(제2판), 성광사, 2010, 310.
4) 헌재 1992. 12. 24. 92헌가8; 2005. 5. 26. 99헌마513, 2004헌마190(병합).
5) 헌재 1992. 12. 24. 92헌가8.
6) 헌재 1992. 4. 14. 90헌마82.
7) 김철수(주 1), 577; 권영성, 헌법학원론(개정판), 법문사, 2010, 415; 계희열, 헌법학(중)(신정2판), 박영사, 2007, 290; 김학성, 헌법학원론(개정판), 박영사, 2012, 386; 성낙인, 헌법학(제12판), 법문사, 2012, 475; 장영수, 헌법학(제6판), 홍문사, 2011, 603; 정종섭, 헌법학원론(제8판), 박영사, 2013, 495, 497; 이준일, 헌법학강의(제5판), 홍문사, 444; 한수웅, 헌법학(제3판), 법문사, 2013, 607.
8) 김철수(주 1), 577.

는 자유라고 보는 견해9)는 생명권과 신체의 불훼손권 등을 포함하는 의미로 이해될 여지가 있으나 신체의 자유와 별도로 생명권과 신체불훼손권을 포함하는 인신의 자유를 논의10)하고 있으므로 신체의 자유는 생명권과 신체의 불훼손권을 제외한 신체 거동의 자유를 의미하는 것으로 이해된다.

한편 독일기본법에서 신체의 자유는 '신체활동의 자유'(die körperliche Bewegungsfreiheit) 또는 신체적 거동의 자유를 의미한다11)는 견해도 아울러 함께 제시된다. 그러나 독일기본법 제2조 제2항의 제1문에서 생명권과 신체불훼손권을 명확하게 규정하고 있으므로 신체의 자유의 개념을 신체거동의 자유라고 좁게 해석하기가 용이하다는 점을 고려하면 독일의 해석을 바로 우리 헌법해석으로 연결하기에는 어려움이 있다. 앞에서 언급하였듯이, 생명권, 신체불훼손권이 신체활동의 자유의 전제적 조건이 되며, 후자와 달리 정적이라는 차이가 있으므로 이를 구별하여 신체의 자유를 좁게 보아야 한다는 견해가 타당하다고 생각된다.

2. 신체의 자유의 내용

신체의 자유는 신체적 이동, 신체활동의 임의성 또는 신체활동의 자유이다. 신체활동의 자유란 자기가 원하는 바대로 일정지역에서 활동할 수 있는 자유를 말한다12). 적극적으로는 어디든지 자신이 원하는 장소로 이동할 수 있는 자유이며, 소극적으로는 현재 있는 장소에 머무를 수 있는 자유, 다시 말하면 피하고 싶은 어떤 장소든지 피할 수 있는 자유를 말한다13)고 한다. 달리 표현하자면, 신체의 자유는 적법절차에 의하지 아니하고는 신체의 자유의 제한과 박탈이 금지된다는 것을 의미한다.14) 적법절차에 의하지 아니한 임의동행, 체포, 신체수색, 강제구인, 강제압류 등에 의하여 신체의 자유가 침해될 수 있다.

가. 거주·이전의 자유와의 관계

신체의 자유와 거주·이전의 자유 모두 인간의 신체적 움직임(거동)에 관계된다는 점은 같지만, 체류시간을 기준으로 두 기본권을 구별하는 견해가 있다. 사회상규상 거주 또는 거주의 이전으로 볼 정도로 신체활동으로 일정한 곳에 체류하는 기간이 긴 경우에는 거주·이전의 자유에 해당하고 그렇지 않은 경우에는 신체활동의 자유에 해당한다는 견해이다.15) 그러나 시간의 길고 짧음은 상대적인 것이므로 명확한 기준은 되지 못한다고 생각된다.

다른 견해는 위의 시간적 요소와 장소적 요소를 결합하는 입장이다. 즉, 거소나 체류지와

---

9) 권영성(주 7), 416.
10) 전주, 415.
11) 콘라드 헷세, 계희열 역, 통일 독일헌법원론(제20판), 박영사, 2001, 234.
12) 김철수(주 1), 291.
13) 계희열(주 7), 290.
14) 김철수(주 1), 576.
15) 정종섭(주 7), 496.

같이 일상적으로 전개되는 직접적인 장소의 변경이 있는 경우에는 거주·이전의 자유에 해당되고 그렇지 않은 경우에는 신체활동의 자유에 해당한다는 입장이다. 여기의 장소의 변경이란 생활권 즉 거소나 체류지에서 일상적으로 전개되는 직접적 거동영역을 말한다고 한다.[16]

또 다른 견해는 신체활동의 자유는 시간의 길고 짧음이나 장소의 변경과 무관하게 인정되는 것이며, 신체활동으로 장소의 임의적인 변경이 수반되는 경우 그 장소가 거주·이전에 해당하는 것이면 이를 거주·이전의 자유의 문제로 보게 되고 그 밖의 경우는 신체활동의 자유의 문제라고 본다.[17]

신체의 자유는 장소와 무관한 것은 결코 아니다. 그러나 특정한 장소와 관계되지 않고 논의될 수 있는 신체의 자유가 있는가 하면 장소와의 관련성이 높은 부분도 있다. 신체활동의 자유와 별도로 거주·이전의 자유가 제14조에 규정된 취지를 고려하면, 신체활동의 자유 가운데 거주·이전의 자유에 관련되는 장소적 관련성(일상생활 및 경제생활의 근거지가 되는 장소인 주소, 거소 또는 현재지와의 관련성)이 높아지는 경우 이는 거주·이전의 자유의 문제가 되며, 장소적 관련성이 약해지면 신체활동의 자유의 문제가 된다고 할 수 있을 것이다. 일상생활 및 경제생활의 근거지가 되는 장소에 관련될 경우의 거주·이전의 자유는 신체활동의 자유에 대해 일반법에 대한 특별법의 관계에 있다고 할 수 있을 것이다.

나. 일반적 행동자유권과의 관계

일반적 행동자유권을 독자적인 기본권으로 인정하지 않는 견해도 있지만, 학계의 다수의 견해와 헌법재판소의 판례에서는 이를 인정하고 있다. 헌법재판소의 판례에서는 "일반적 행동자유권은 모든 행위를 할 자유와 행위를 하지 않을 자유로 가치 있는 행동만 그 보호영역으로 하는 것은 아닌 것으로, 그 보호영역에는 개인의 생활방식과 취미에 관한 사항도 포함되며, 여기에는 위험한 스포츠를 즐길 권리와 같은 위험한 방식으로 살아갈 권리도 포함된다"[18]고 하고 있다. 그러나 이러한 일반적 행동자유권은 개별적 자유권에 대하여 보충적인 지위에 있으며, "개별적 기본권이 적용되는 경우에는 일반적 행동의 자유는 제한되는 기본권으로 고려되지 아니한다"[19]고 하므로 신체활동의 자유가 우선적으로 적용되는 지위에 있다고 할 수 있다.

다. 지문날인의 문제

지문날인은 신체의 일부에 대한 강제적 성격을 가지므로 신체의 자유의 문제인지가 논란이 된다. 헌법재판소는 "우리 헌법 제12조 제1항 전문에서 보장하는 신체의 자유는 신체의 안정성이 외부로부터의 물리적인 힘이나 정신적인 위험으로부터 침해당하지 아니할 자유와 신체활동을 임의적이고 자율적으로 할 수 있는 자유를 말하는 것이다. 그렇다면 이 사건 시행령조

---

16) 계희열(주 7), 291.
17) 정종섭(주 7), 496.
18) 헌재 2003. 10. 30. 2002헌마518.
19) 헌재 2002. 10. 31. 99헌바505.

항이 주민등록증 발급대상자에 대하여 열 손가락의 지문을 날인할 의무를 부과하는 것만으로 는 신체의 안전성을 저해한다거나 신체활동의 자유를 제약한다고 볼 수 없으므로, 이 사건 시 행령조항에 의한 신체의 자유의 침해가능성은 없다고 할 것이다"[20]라고 하여 지문날인의 문제 가 신체의 자유의 문제는 아니라고 판단하였다.[21]

라. 강제연행의 문제

당사자의 의사에 반하여 경찰관의 임의동행의 한계를 넘는 강제연행이나 영장 없는 체포 나 구금, 신체수색, 강제구인, 강제구류, 강제노역, 보안처분 등은 신체의 자유를 침해한다.[22] 원심판결의 선고 후 상소제기일의 전일까지의 구속기간을 형기의 법정통산에서 제외하는 것은 신체의 자유를 침해한다는 것이 헌법재판소 판례[23]이다.

마. 군인의 신체의 자유 문제

군인은 군복무와 관련하여 신체의 자유에 대한 제한이 정당화될 가능성이 있다. 군인사법 에서 규정하는 영창은 군인으로서 군율에 위반하여 군풍기를 문란하게 하거나 그 본분에 배치 되는 행위를 한 자에 대하여 행하는 징계(제56조) 가운데 하나로서 강등·휴가제한·근신 등과 함께 병에 대해 가해지는 처벌의 방법(제57조)이다.[24] 영창제도는 군과 같이 일정한 목적의 달 성을 위한 강한 기율을 유지하고 특히 그 조직의 지휘권을 확립하기 위해서도 필요하다는 주장 이 가능할 것이다. 특히 군은 본래 일정한 장소적 제약을 가지고 살아가고 있으므로 영창은 그 생활범위를 축소한 것일 뿐이라는 점도 주장할 수 있으며, 신속한 징계를 통하여 효과적이고 경제적으로 지휘권을 확립하고 특히 함정이나 오지에서의 문제발생시 적절한 방법일 수 있다 는 점도 지적될 수 있을 것이다.

그러나 군인이라고 해도 신체의 자유가 전면 부인될 수는 없으며, 군복무의 이행과 관련되 는 한도에서 좀 더 강한 제한이 정당화될 뿐이다. 따라서 징계처분을 통한 영창처분(군인사법 제56조 제2항)에 대해서는 헌법이 보장하는 신체의 자유를 침해한 것이라는 주장이 제기된다. 또한 전투경찰대설치법에서도 영창에 관한 규정을 두고 있는데, 이 조항 또한 신체의 자유를 침해한 것이라고 판단할 수 있을 것이다.[25] 전·의경에 대한 징계로서의 영창은 '전경복무기율 을 위반하여 풍기를 문란하게 하거나 그 본분에 배치되는 행위를 한 자에 대하여 전투경찰대 또는 함정 기타의 구금장에 구금하는 징계방법'을 말한다고 할 수 있으며, 그 기간은 15일을 넘 지 못한다고 되어 있다(전투경찰대설치법 제5조 제2항).

---

20) 헌재 2005. 5. 26. 99헌마513.
21) 한수웅(주 7), 631에서는 지문채취나 음주측정에 응하지 않을 자유는 일반적 행동자유권의 문제이고 영장 주의가 적용되지 않는다고 한다.
22) 정종섭(주 7), 498.
23) 헌재 2000. 7. 20. 99헌가7.
24) 군 영창의 법적 문제에 관해서는 최정학, "군 영창제도의 법적 문제점," 공익과 인권(창간호), 서울대학교 BK21 법학연구단 공익과 인권법 센터(2004. 2) 참조.
25) 송기춘, 전투경찰대 폐지론, 민주법학 제30호(2006. 3) 참조.

이러한 영창은 헌법 제12조 제3항에 규정한 영장주의에 반한다고 생각한다. 영창이 비록 법률에 징계방법으로 규정되어 있지만 구금장에 신체를 구금하는 강제적 처분으로서 이는 실질적으로 형법에 규정된 구류에 해당하는 것이다. 오히려 신체의 구금을 넘어 구금상태에서도 입창자의 행동과 생각까지도 통제한다는 점에서 더욱 기본권 침해적인 요소가 존재하고 있다.

Ⅲ. 신체의 자유권의 체계

헌법 제12조, 제13조를 중심으로 한 신체의 자유권은 신체의 자유에 관한 실체적 보장과 절차적 보장으로 나눌 수 있다. 또한 이러한 권리 가운데 특히 범죄의 혐의가 구체화된 형사피의자 또는 형사피고인에게 중요한 기본권이 있다.26)27)

1. 신체의 자유의 실체적 보장

가. 죄형법정주의

(1) 의   의

제12조 제1항 후문은 "누구든지 … 법률과 적법한 절차에 의하지 아니하고는 처벌, 보안처분 또는 강제노역을 받지 아니한다"고 규정하여 죄형법정주의와 적법절차를 선언하고 있다. 죄형법정주의는 자유주의, 권력분립주의, 법치주의 및 국민주권의 원리에 입각하고 있으며, 무엇이 범죄이고 그에 대한 형벌이 어떠한 것인가를 국민의 대표로 구성된 입법부에서 제정한 법률로 정하여야 한다28)는 원칙을 말한다. "법률이 없으면 범죄도 없고 형벌도 없다"라는 말로 표현되는 죄형법정주의는 이미 제정된 정의로운 법률에 의하지 아니하고는 처벌되지 아니한다는 원칙으로서 이는 무엇이 처벌될 행위인가를 국민이 예측가능한 형식으로 정하도록 하여 개인의 법적 안정성을 보호하고 성문의 형벌법규에 의한 실정법질서를 확립하여 자의적(恣意的)인 국가형벌권의 행사로부터 개인의 자유와 권리를 보장하려는 법치국가 형법의 기본원칙이다.29)

(2) 연   혁

영국의 대헌장 제39조에 "어떠한 자연인이라도 그와 동등한 신분을 가지는 자의 적법한 재판 또는 국가의 법률에 의하지 아니하고는 체포, 구금되지 아니하고, 영지가 박탈되지 아니

---

26) 김철수(주 1), 578 이하. 이에 대해 형사피의자·형사피고인의 권리도 신체의 자유를 절차적으로 보장하기 위한 것이라는 점에서 적절한 분류가 아니라는 비판이 있다. 홍성방(주 3), 81.

27) 이와 달리 인신보호를 위한 헌법상 기속원리와 인신보호를 위한 사법절차적 기본권으로 나누는 견해도 있다. 허영(주 2), 361 이하. 이에 대해서는 그 구분 기준이 명확하지 않다는 비판이 있다. 홍성방(주 3), 81.

28) 헌재 2003. 6. 26. 2002헌바3.

29) 헌재 1991. 7. 8. 91헌가4.

하고, 법적 보호가 박탈되지 아니하고, 추방되지 아니하고, 어떠한 방법에 의하여서도 파멸되지 아니하고, 또 폭력이 가하여지지 아니하고, 투옥되지 아니한다"라고 규정하고 있으며, 미국에서는 1776년의 버지니아 권리선언 제8조가 "누구라도 법률과 재판에 의하지 아니하고는 자유를 박탈당하지 않는다"라고 규정하였으며, 이를 이어받아 1787년의 미합중국헌법 제1조 제9항에서 "형사소급입법은 허용되지 않는다"라고 규정하였다. 또한 프랑스에서는 1789년의 인권선언 제8조가 "누구라도 범죄행위 이전에 제정, 공포되고 적법하게 적용되는 법률에 의하지 않고는 처벌되지 않는다"라고 규정하여 죄형법정주의와 그 구체적인 내용인 소급효금지의 원칙을 확립하였으며, 독일에서도 1794년 프로이센의 프리드리히대제가 제정한 프로이센 일반 란트법에 죄형법정주의가 명기된 바 있다. 나아가 1948년 국제연합 인권선언 제11조와 1950년 유럽인권협약 제7조 제1항에도 죄형법정주의가 천명되어 있다.

(3) 내 용

죄형법정주의는 범죄의 구성요건을 명확하게 법률로 정하여야 하며, 그 범죄에 대하여 형벌을 과할 때에는 그 형벌의 양과 종류가 국민의 의사에 기한 법률이 정한 절차에 의하여야 한다는 원칙이다. 그 구체적 내용은 다음과 같이 설명할 수 있다.

(가) 법률주의

첫째, 범죄와 형벌을 정하는 규범의 형식은 법률이어야 한다. 이를 법률주의라고 할 수 있다. 국민의 동의에 의한 국민의 자유의 제한이라는 자유주의의 원리에서 볼 때 국민의 자유제한은 국민 스스로의 동의에 입각하여야 하며, 법률은 바로 국민의 대표기관인 국회의 의사결정이라는 점에서 궁극적으로는 국민 자신의 동의에 기초한 자신의 자유와 권리의 제한이라는 점에서 이러한 요건을 충족한다고 할 수 있을 것이다.

이러한 법률주의는 국민의 의사결정형식인 법률에 의할 것을 요구하므로 불문법의 대표적 형식인 관습법에 의해 죄와 형의 내용을 정하는 것은 철저히 금지된다는 의미를 담고 있으며, 이러한 차원에서 '관습형법 배제의 원칙'이라고 불리기도 한다.

법률주의의 원칙상 명령이나 규칙으로써는 원칙적으로 범죄와 형벌을 규정할 수 없다.[30] 그러나 현대 행정영역의 복잡화·방대화와 국회의 전문적·기술적 능력의 한계 및 시간적 적응 능력의 한계 때문에 형벌의 종류, 정도 자체는 법률로 정하되, 범죄구성요건에 관한 규정의 일부는 행정입법에 맡기고 있는 예가 적지 않다. 모법이 처벌대상이 되는 행위를 규정함에 있어서 따라야 할 구체적 기준을 제시하고 형의 종류 및 최고 한도를 규정한 것과 같이 구체적으로 범위를 정하여 위임하는 것은 허용된다.[31] 그러나 법률에 전혀 근거가 없는 경우 하위명령에서

---

30) "사행행위단속법 제9조는 형벌규정이면서도 형벌만을 규정하고 범죄구성요건의 설정은 완전히 총리령에 백지위임하고 있는 것이나 다름없어 위임입법의 한계를 규정한 헌법 75조와 죄형법정주의를 규정한 헌법 12조 1항, 13조 1항에 위반된다"(헌재 1991. 7. 8. 91헌가4, 3, 336).

31) "형벌법규를 법률에 의하여 규정하라는 원칙을 예외 없이 관철하기란 사실상 불가능할 뿐 아니라 실지에 적합지 못할 경우도 생기어 예외의 길을 만들 수 있게 되었고, 그 예외의 길은 무엇이냐 하면 그 으뜸가는

벌칙을 정하는 것은 헌법에 위반된다.[32]

　　헌법재판소의 판례는 "처벌법규의 위임은 특히 긴급한 필요가 있거나 미리 법률로써 자세히 정할 수 없는 부득이한 사정이 있는 경우에 한정되어야 하고 이 경우에도 법률에서 범죄의 구성요건은 처벌대상인 행위가 어떠한 것이라고 이를 예측할 수 있을 정도로 구체적으로 정하고 형벌의 종류 및 그 상한과 폭을 명백히 규정하여야 한다"[33]고 한다. 또한 "권력분립주의 · 법치주의와 죄형법정주의의 본질에 입각하여 범죄의 구성요건과 형벌의 대강이 반드시 법률(모법)에 규정되어 국민들이 모법을 통해 어떤 행위가 처벌될 것인지, 어떠한 형벌이 부과될 것인지를 예측할 수 있고, 처벌법규에 있어서 구성요건과 형벌의 예측가능한 구체적 내용이 규정되어 있다면, 이러한 처벌규정의 위임도 헌법에 반하는 것은 아니"라고 한다. 그러나 "그 예측가능성의 유무는 당해 특정조항 하나만 가지고 판단할 것이 아니고 관련 법조항 전체를 유기적 · 체계적으로 종합판단하여야 하며, 각 대상법률의 성질에 따라 구체적 · 개별적으로 검토하여야 할 것"[34]이라고 한다.

　　조례에 의한 벌칙규정이 죄형법정주의에 반하는지가 문제된다. 조례는 법률이 아니기 때문에 조례에 형벌의 내용을 담는 것은 죄형법정주의의 한 원칙인 법률주의에 위배된다. 하지만 오늘날 지방자치가 활성화되면서 지방의회가 제정하는 조례의 중요성 및 역할이 날로 커져가고 있는바, 이러한 배경 하에 조례의 실효성을 확보하기 위해서는 조례에 의한 형벌 제정도 인정해야 한다는 주장이 제기되고 있다. 그리하여 과연 조례에 의한 형벌 제정을 인정할 것인지, 인정한다면 어떠한 조건하에 인정하여야 죄형법정주의와 조화를 이룰 수 있을지 하는 것이 문제된다.

　　이와 관련하여 구 지방자치법 제20조가 "시, 도는 당해 지방자치단체의 조례로써 3월 이하의 징역 또는 금고, 10만원 이하의 벌금, 구류, 과료 또는 50만원 이하의 과태료의 벌칙을 정할 수 있다"라고 되어 있었던 것과 관련하여, 동 조항을 근거로 몇 개의 지방의회가 '지방의회 증언 및 감정 등에 관한 조례'를 제정하면서 위반 시 형벌을 부과할 수 있도록 규정하였고, 이에 대해 지방행정청이 반발하여 구 지방자치법 제20조가 헌법 제12조 제1항 제2문 죄형법정주의 원칙에 위배되는 위헌이라고 헌법소원을 제기한 예[35]가 있다. 하지만 이 대립은 헌법재판소에서 결정이 나기 전에 구 지방자치법 제20조의 개정이 이루어졌고, 개정된 지방자치법 제20조는 "지방자치단체는 조례로써 조례위반행위에 대하여 1,000만원 이하의 과태료를 정할 수 있다"고 하여 형벌 부과의 부분을 삭제함으로써 입법적으로 해결하였다. 그러나 지방의회는 이러한 개

　　　것이 위임명령이라고 불리는 대통령령을 통한 형벌법규의 제정이요 조례에 의한 것들 등이 있다. 이 경우에 형벌법규가 형식적 법률이 아니라는 이유만으로 위 대통령령을 가리켜 죄형법정주의에 위배된다고 할 수 없다"(대판 1972. 9. 12. 72도1137).

32) 홍성방(주 3), 84.
33) 헌재 1991. 7. 8. 91헌가4.
34) 헌재 1994. 7. 29. 93헌가12.
35) 헌재 1996. 8. 29. 93헌마61.

정법률에 대해 조례의 실효성 확보가 어려워졌다고 강한 불만을 제기한 바 있다.

지방자치단체의 민주성[36]을 바탕으로 지방자치단체의 사무를 효과적으로 수행할 수 있도록 하기 위해서는 조례위반에 대한 제재로 벌칙을 규정할 권한이 필요하다고 할 것이므로 조례로 벌칙을 정할 수 있겠지만, 법률의 위임이 필요하다(지방자치법 제22조 단서). 현행 지방자치법 제15조 단서는 법률의 위임하에 주민의 권리제한과 의무부과가 가능하다고 한다. 이때의 위임이 포괄적 위임을 의미하느냐 아니면 구체적, 개별적 위임을 의미하느냐에 관해서는 견해가 갈리고 있다.[37]

대법원규칙에서 벌칙규정을 제정하는 것은 인정되지 않는다. 헌법재판소규칙이나 중앙선거관리위원회규칙의 경우에도 마찬가지이다.[38]

(나) 구성요건의 명확성

법률의 내용에 관한 원칙으로서 명확성의 원칙과 비례성의 원칙을 요구한다. 범죄와 형벌을 규정하는 법률은 그 내용이 명확해야 한다. 즉, 국회를 통과한 법률에 의해 죄와 형을 규정한다 하더라도 그러한 법률의 내용이 불명확하고 애매모호하면 국민의 행위결정의 기준이 될 수 없으므로 죄형법정주의 정신의 실현은 불가능할 것이기 때문에 국회는 죄와 형의 내용을 명확히 하여 법률에 담아야 한다. 헌법재판소는 "죄형법정주의는 범죄와 형벌이 법률로 정해져야 함을 의미하는 것으로 이러한 죄형법정주의에서 파생되는 명확성의 원칙은 누구나 법률이 처벌하고자 하는 행위가 무엇이며, 그에 대한 형벌이 어떠한 것인지를 예견할 수 있고, 그에 따라 자신의 행위를 결정할 수 있도록 구성요건이 명확할 것을 의미하는 것"[39]이며 "그 내용이 모호하거나 추상적이어서 불명확하면 무엇이 금지된 행위인지를 국민이 알 수 없고 범죄의 성립여부가 법관의 자의적인 해석에 맡겨져 죄형법정주의에 의하여 국민의 자유와 권리를 보장하려는 법치주의의 이념은 실현될 수 없게 된다(헌재 1994. 7. 29. 93헌가4등, 판례집 6-2, 15, 32; 1998. 5. 28. 97헌바68, 판례집 10-1, 640, 655)고 설시하고 있다.[40]

처벌법규의 구성요건이 다소 광범위하여 어떤 범위에서는 법관의 보충적인 해석을 필요로하는 개념을 사용하였다고 하더라도 그 점만으로 헌법이 요구하는 처벌법규의 명확성원칙에 반드시 배치되는 것이라고는 볼 수 없으며,[41] 일부 명확하지 못한 부분이 있다 해도 건전한 상

---

36) "지방자치제도의 헌법적 보장은 국민주권의 기본원리에서 출발하여 주권의 지역적 주체인 주민에 의한 자기통치의 실현으로 요약할 수 있으므로 이러한 지방자치의 본질적 내용인 핵심영역은 입법 기타 중앙정부의 침해로부터 보호되어야 함은 헌법상의 요청인 것이다"(헌재 1998. 4. 30. 96헌바62).

37) 법률이 주민의 권리의무에 관한 사항에 관하여 구체적으로 아무런 범위도 정하지 아니한 채 조례로 정하도록 포괄적으로 위임하였다고 하더라도, 행정관청의 명령과는 달리 조례는 주민의 대표기관인 지방의회의 의결로 제정되는 지방자치단체의 자주법인 만큼, 지방자치단체가 법령에 위반되지 않는 범위내에서 주민의 권리의무에 관한 사항을 조례로 제정할 수 있는 것이다(대판 1991. 8. 27. 90누6613).

38) 김철수(주 1), 613.

39) 헌재 2000. 6. 29. 98헌가10.

40) 헌재 2002. 2. 28. 99헌가8.

41) 헌재 2002. 2. 28. 99헌가8.

식과 통상적인 법감정을 가진 사람으로 하여금 그 적용대상자가 누구이며 구체적으로 어떤 행위가 금지되고 있는지 충분히 알 수 있도록 규정되어 있다면 죄형법정주의의 명확성의 원칙에 위반되지 않는다[42]고 한다.

다른 판례에서도 이러한 명확성의 원칙은 거듭 확인되고 있다. "구성요건 자체에서 금지되는 행위의 유형을 어느 정도 예측할 수 있도록 요구하는 것은 금지행위 유형의 구체성을 통해 처벌법규가 달성하려는 보호법익과 금지위반에 대한 처벌이 그 행위에 상응하는 정도인지를 알 수 있게 하기 위해서이다. 범죄 행위의 유형을 정하는 구성요건규정과 제재규정인 처벌규정을 별도의 조항에서 정하고 있는 법규인 경우, 처벌규정에서 범죄 구성요건에 해당하는 당해 법률규정을 명시하는 것이 통상의 예이다. 따라서 법규 수범자는 처벌규정에서 정한 당해 법조에 의해 자신의 어떠한 행위가 처벌받는지를 예측할 수 있게 된다. 그러나 이 사건의 경우 처벌규정에서 범죄구성요건에 해당하는 규정을 특정하지 아니하였을 뿐만 아니라 그렇다고 하여 처벌규정 자체에서 범죄구성요건을 정하고 있는 것도 아니다. 물론 형벌규정에 대한 그 예측가능성의 유무는 당해 특정조항 하나만을 가지고 판단할 것이 아니고, 관련 법조항 전체를 유기적·체계적으로 종합 판단하여야 하며, 각 대상법률의 성질에 따라 구체적·개별적으로 검토하여야 한다는 것은 확립된 우리의 선례이다"[43]라고 하고 있다.

또한 행위자의 책임과 형벌 사이에는 적절한 비례관계가 성립하여야 한다. 헌법재판소의 판례에서는 이러한 비례관계에 관하여 '범죄의 실태와 죄질의 경중, 이에 대한 행위자의 책임, 처벌규정의 보호법익 및 형벌의 범죄예방효과'가 비례관계에 있을 것을 요청하고 있으며 구체적으로 다음과 같이 설시하고 있다.

"우리 헌법은 국가권력의 남용으로부터 국민의 기본권을 보호하려는 법치국가의 실현을 기본이념으로 하고 있고, 법치국가의 개념은 범죄에 대한 법정형을 정함에 있어 죄질과 그에 따른 행위자의 책임 사이에 적절한 비례관계가 지켜질 것을 요구하는 실질적 법치국가의 이념을 포함하고 있다. 따라서 어떤 행위를 범죄로 규정하고 어떠한 형벌을 과할 것인가 하는데 대한 입법자의 입법형성권이 무제한한 것이 될 수는 없다. 즉, 법정형의 종류와 범위를 정할 때는 형벌 위협으로부터 인간의 존엄과 가치를 존중하고 보호하여야 한다는 헌법 제10조의 요구에 따라야 하고, 헌법 제37조 제2항이 규정하고 있는 과잉입법금지의 정신에 따라 형벌개별화 원칙이 적용될 수 있는 범위의 법정형을 설정하여 실질적 법치국가의 원리를 구현하도록 하여야 하며, 형벌이 죄질과 책임에 상응하도록 적절한 비례성을 지켜야 한다."[44]

또한 이러한 원칙은 일반법의 제정 이후 사회적 변화를 반영하여 일반법을 보완 혹은 대체하기 위해 제정되는 특별형법의 경우도 마찬가지라고 하면서, 특별법의 용도는 어디까지나

---

42) 헌재 1996. 12. 26. 93헌바65.
43) 헌재 2001. 1. 18. 99헌바112.
44) 헌재 2003. 11. 27. 2002헌바24.

한시적이고 제한적이지 않으면 안 된다고 한다. 이를 바탕으로 "특가법 역시 다른 법률과 마찬가지로 범죄와 형벌은 헌법질서에 기초한 그 시대의 가치체계와 일치되도록 제정되어야 하는 것이다. 그러므로 그 입법취지에서 보아 중벌(重罰)주의로 대처할 필요성이 인정되는 경우라 하더라도 범죄의 실태와 죄질의 경중, 이에 대한 행위자의 책임, 처벌규정의 보호법익 및 형벌의 범죄예방효과 등에 비추어 전체 형벌체계상 지나치게 가혹한 것이어서, 그러한 유형의 범죄에 대한 형벌 본래의 기능과 목적을 달성함에 있어 필요한 정도를 현저히 일탈함으로써 입법재량권이 헌법규정이나 헌법상의 제원리에 반하여 자의적으로 행사된 것으로 평가되는 경우에는 이와 같은 법정형을 규정한 법률조항은 헌법에 반한다고 보아야 한다"[45]고 한다.

(다) 소급효금지 및 유추해석의 금지

죄형법정주의는 법률적용의 문제로서 소급적용과 유추해석의 금지를 포함한다.

유추해석의 금지(Analogieverbot)란 법률에 대하여 요구되어지는 명확성의 원칙을 법률해석의 측면에서 달성하기 위하여 요구되는 원칙이라 할 수 있다. 아무리 형벌법규의 내용이 명확하다 할지라도 그 해석과 적용에 관하여 자의가 허용된다면 형벌법규의 명확성은 무의미하게 되고 자의에 의한 입법을 허용하는 것과 동일한 결과를 야기하게 되므로,[46] 그 해석과 적용의 한계를 명확하게 할 필요가 있다. 바로 그러한 필요성에 의해 법률해석의 영역에서 요구되어지는 원칙이 유추해석금지의 원칙이다.[47] 그러나 유추해석의 금지는 피고인에게 불이익한 유추해석을 금지하는 것이며, 형벌의 감경이나 조각사유와 같이 피고인에게 유리한 유추해석까지 금지하는 것은 아니다.

소급효금지원칙에 대해서는 헌법 제13조 제1항에서 "행위시의 법률에 의하여 범죄를 구성하지 아니하는 행위"라고만 규정하고 있지만 죄형법정주의 및 보안처분법정주의를 규정한 헌법 제12조 제1항과 관련하여 볼 때 이 부분은 "행위시의 법률에 의하여 범죄를 구성하지 아니하는 행위" 및 "행위시의 법률에 의하여 그 범죄에 대한 법적 효과가 종류와 정도에 있어서 구체적으로 규정되지 아니한 행위"까지도 포함하고 있는 것으로 해석되고 있다. 헌법재판소는 보호감호처분에 대해서도 소급입법이 금지된다는 점을 확인하고, 나아가 개정 사회보호법(법률

---

45) 위와 같은 판례.

46) 예컨대 형법상 문서위조죄의 문서의 개념에 복사문서를 포함시키는 것이 유추해석금지의 원칙에 반하지 않느냐 하는 문제에 대하여는 견해가 대립하고 있었으나 판례(대판 1989. 9. 12. 87도506)는 복사문서의 문서성을 긍정하였고, 이는 입법화되었다.

47) 공소시효제도는 비록 절차법인 형사소송법에 규정되어 있으나 실질은 국가형벌권의 소멸이라는 점에서 형의 시효와 마찬가지로 실체법적 성격을 갖고 있는 것으로, 예외로서 시효가 정지되는 경우는 특별히 법률로써 명문의 규정을 둔 경우에 한하여야 할 것이다. 만일 법률에 명문으로 규정되어 있지 아니한 경우에도 재정신청에 관한 위 법조의 규정을 피의자에게 불리하게 유추적용하여 공소시효의 정지를 인정하는 것은, 유추적용이 허용되는 범위를 일탈하여 법률이 보장한 피의자의 법적 지위의 안정을 법률상의 근거없이 침해하는 것이 되고, 나아가서는 헌법 제12조 제1항, 제13조 제1항이 정하는 적법절차주의, 죄형법정주의에 반하게 되며, 헌법재판소가 사실상의 입법행위를 하는 결과가 되므로, 형사소송법 제262조의2의 규정의 유추적용으로 고소사건에 대한 헌법소원이 심판에 회부된 경우도 공소시효가 정지된다고 인정함은 허용되지 않는다고 보아야 할 것으로 생각된다(헌재 1993. 9. 27. 92헌마284).

제4089호, 1989. 3. 25. 시행)이 소급금지 원칙을 회피하기 위하여 부칙 제2조[48]를 두었음에도 불구하고 청구인의 재심청구권을 인정한 바 있다.[49] 그런데 이러한 헌법재판소의 해석이 있은 후에도 대법원은 종전의 견해를 고수하고 있다. 대법원은 헌법재판소가 이미 보호감호에 대해 그것이 신체구금임을 이유로 죄형법정주의 및 형벌불소급원칙의 대상이 됨을 천명하였음에도 불구하고, 같은 신체구금인 구사회안전법상 보안감호에 대해서 그것이 "형벌과는 다른 보안처분"이라는 이유만으로 형벌불소급원칙의 적용이 없는 것으로 판단하고 있다.[50] 뿐만 아니라 대법원은 집행유예시 보호관찰(형법 제62조의2 제1항)에 대해서도 보안처분이라는 이유로 재판시 규정을 적용하더라도 형벌불소급원칙에 반하지 않는다고 했다.[51] 5·18특별법이나 헌정질서파괴특례법에서 공소시효의 정지 내지 적용배제를 규정하고 있는 것은 죄형법정주의에 위반되지 않는다.[52]

　　판례를 변경하여 그 변경이전에 행한 범죄를 처벌 또는 가중처벌할 수 있는가, 즉 판례에 대해서도 소급효금지의 원칙이 적용되는가가 문제된다.[53]

(라) 제재의 명확성(절대적 부정기형의 금지)

　　절대적 부정기형의 금지원칙이란 개인의 자유를 확정하고 제재의 과잉을 피하기 위한 인권보장적 사고의 발현으로서, 형벌의 종류 및 범위 역시 명확하게 규정되어 있어야 한다는 원칙이다. 절대적 부정기형은 범죄와 형벌의 비례성의 원칙에도 반한다고 할 수 있다.

　　형의 선고시에 기간을 특정하지 않고 그 기간이 형의 집행단계에서 결정되는 것을 일컫는 부정기형 가운데 죄형법정주의의 명확성의 원칙에 반하는 것은 절대적 부정기형에 한하며, 상대적 부정기형은 형기를 수형자의 개선 또는 갱생의 진도에 따르게 하여 교정교육의 효과를 기대하는 것으로 교육사상이 지배하고 있는 소년범[54]과 상습범에 대하여 형벌의 개별화사상에 근거한 것으로 죄형법정주의에 반하지 않는다는 것이 일반적 견해이다.

(마) 적정성의 원칙

　　형벌법규의 내용이 적정하지 않다면 죄형법정주의의 중요한 기능인 인권보장기능이 저해되는 까닭에 형벌법규의 내용이 적정하여야 하는 것도 죄형법정주의의 요청이다. 이는 입법자의 자의에 의한 형벌권의 남용을 방지하기 위함이다. 적정하다는 것은 "공정하고 합리적이며 상당성이 있어 정의관념에 합치한다"[55]는 것을 말한다. 헌법재판소의 판례에서도 적정성의 원

---

48) 개정사회보호법 부칙 제2조 "이 법 시행전에 종전의 규정에 의하여 보호감호 … 의 판결을 받은 자는 이 법에 의하여 보호감호 […]의 판결을 받은 것으로 본다."
49) 헌재 1989. 7. 14. 88헌가5·8, 89헌가44(병합), 1(1989), 81.
50) 대판 1997. 6. 13. 96다56115, 공보 39(1997), 2157.
51) 대판 1997. 6. 13. 97도703, 공보 38(1997), 2019.
52) 허영(주 2), 368.
53) 하태영, "피고인에게 불리한 판례변경과 소급효금지의 문제," 동아법학 제38조(2006. 6), 39 이하.
54) 소년법 제60조 제1항은 다음과 같이 규정하고 있다.
　　소년이 법정형 장기 2년 이상의 유기형에 해당하는 죄를 범한 때에는 장기 10년, 단기 5년을 초과하지 않는 범위내에서 장기, 단기를 선고한다.
55) 대판 1988. 11. 16. 88초60.

칙을 언급하고 있다.[56]

나. 보안처분과 강제노역

보안처분이란 범죄로부터 사회를 보전하기 위한 하나의 방법으로서 형벌만으로 불충분하거나 부적당한 경우에 보충적 또는 대체적으로 범죄위험자 또는 범죄행위자에 대하여 과하는 범죄예방처분을 말하며, 강제노역이란 본인의 의사에 반하여 강제적으로 과하는 노역이며 어느 정도의 고통을 수반하는 것이다.

보안처분이나 강제노역은 법률과 적법절차에 의하지 아니하고는 과할 수 없다. 보안처분에는 형법상 보호관찰제도(제59조의2, 제73조의2, 제75조), 사회봉사명령제도, 수강명령제도(제62조의2, 제64조 제2항)와 소년법상의 보호처분(제32조 이하),[57] 보호관찰 등에 관한 법률상의 보호관찰, 보안관찰법상의 보안관찰, 치료감호법상의 치료감호 등이 있으며, 강제노역으로는 형법상 벌금형에 대한 환형처분으로서의 노역장유치(제69조 제2항)가 있다.

헌법재판소는 치료감호법 제2조의 치료감호는 "재범의 위험성이 있는 정신장애 범죄인을 치료감호시설에 수용하여 치료·개선하고 이로써 사회의 안전을 도모하는 조치로서 대인적·자유박탈적 처분의 일종"[58]으로서 "책임에 따른 제재가 아니어서 책임주의의 제한을 받지 않"는다고 판단하였다. 또한 보안관찰법의 보안관찰처분과 피보호관찰자의 신고의무규정은 "우리나라의 자유민주적기본질서, 북한공산주의자들과 대치하고 있는 현실적 상황 등을 고려한 것으로서 그 법이 추구하는 입법목적의 정당성, 국민에게 부과되는 자유제한의 정도, 보안관찰처분심의위원회의 구성과 보안관찰처분의 개시 및 불복절차에 비추어 적법절차의 원칙이 요청하는 합리성, 정당성 및 절차적 공평성을 갖추고 있다고 할 것이므로 헌법 제12조 제1항 후문의 적법절차의 원칙 내지 법관에 의한 정당한 재판을 받을 권리를 보장하고 있는 헌법 제27조 제1항에 위배되지 아니한다"[59]고 판단하였다.

헌법에 국방의 의무를 규정하고 있으므로 징병제도는 강제노역은 아니다.[60] 재산형에 대한 환형처분으로서의 노역장유치는 법률과 적법절차에 의한 강제노역이므로 위헌이 아니다. 국내법으로서의 효력(1990. 7. 10.)을 가지는 '시민적 및 정치적 권리에 관한 국제규약' 제8조 제3항에서도 강제노동금지를 규정하고 있다. 이 조항 (a)에서는 "어느 누구도 강제노동을 하도록 요구되지 아니한다"고 규정하면서, (c)에서는 금지되는 강제노동에서 "군사적 성격의 역무 및

---

56) 헌재 2002. 4. 25. 2001헌바26.
57) 소년법 제32조 제1항에서는 다음의 처분을 규정하고 있다. 1. 보호자 또는 보호자를 대신하여 소년을 보호할 수 있는 자에게 감호 위탁, 2. 수강명령, 3. 사회봉사명령, 4. 보호관찰관의 단기(短期) 보호관찰, 5. 보호관찰관의 장기(長期) 보호관찰, 6. 「아동복지법」에 따른 아동복지시설이나 그 밖의 소년보호시설에 감호 위탁, 7. 병원, 요양소 또는 「보호소년 등의 처우에 관한 법률」에 따른 소년의료보호시설에 위탁, 8. 1개월 이내의 소년원 송치, 9. 단기 소년원 송치, 10. 장기 소년원 송치.
58) 헌재 2005. 2. 3. 2003헌바1.
59) 헌재 1997. 11. 27. 92헌바28.
60) 김철수(주 1), 619.

양심적 병역거부가 인정되고 있는 국가에 있어서는 양심적 병역거부자에게 법률에 의하여 요구되는 국민적 역무"(ii), "공동사회의 존립 또는 복지를 위협하는 긴급사태 또는 재난시에 요구되는 역무"(iii)와 "시민으로서 통상적인 의무를 구성하는 작업 또는 역무"(iv)는 제외한다고 규정하고 있다. 즉, 군사적 성격의 역무가 아니면, 국민적 역무는 양심적 병역거부자에 대한 대체복무만이 인정되고 그 밖의 사람에 대한 노동강제는 금지된다는 것이다. 국제노동기구(ILO)의 기본협약 가운데 하나인 '강제노동 금지에 관한 협약(제29호)'이 있으나 우리나라는 이에 아직 가입하지 않고 있다.

    대법원이 '폭행·협박 등의 위법행위를 수반하지 않는 단순한 집단적 노무제공의 거부행위를 구 형법 제314조의 위력업무방해죄 규정이 정하는 위력에 해당한다고 보아 정당행위로서 위법성이 조각되지 않는 한 형사처벌할 수 있다'고 해석하는 것이 강제노역금지원칙에 반한다는 이유로 제기된 헌법소원심판사건에서 헌법재판소는 "비록 단체행동권의 행사가 본질적으로 위력성을 가져 외형상 업무방해죄의 구성요건에 해당한다고 하더라도 그것이 헌법과 법률이 보장하고 있는 범위 내의 행사로서 정당성이 인정되는 경우에는 위법성이 조각되어 처벌할 수 없음을 분명히 하고 있다. 즉 대법원 판례는 헌법이 보장하는 근로3권의 내재적 한계를 넘어선 행위(헌법의 보호영역 밖에 있는 행위)를 규제하는 것일 뿐 정당한 권리행사까지 처벌하는 것이 아님을 분명히 하고 있다. 따라서 본인의 의사에 반하는 노역을 강요하거나 또는 근로자라는 신분만으로 그들을 불합리하게 차별하는 것은 아니"[61]라고 하면서 강제노역금지원칙에 반하지 않는다고 판단하였다.

2. 신체의 자유의 절차적 보장

가. 법률주의

    누구든지 법률에 의하지 아니하고는 체포, 구속, 압수, 수색 또는 심문을 받지 아니하며, 법률과 적법한 절차에 의하지 아니하고는 처벌과 보안처분 또는 강제노역을 받지 아니한다(제12조 제1항). 체포란 실력으로 신체의 자유를 구속하는 것이며, 구속은 신체의 자유를 제한하여 장소적 이전의 가능성을 제한 또는 박탈하는 것을 말한다. 압수는 강제로 어떤 물건의 점유를 취득하는 것이며, 심문은 답변을 강요하는 것이다. 기본권은 형사상의 절차뿐 아니라 행정영역에서도 지켜져야 하는 것이므로 '처벌'에는 형사처벌만 아니라 개인에게 불리한 모든 제재(질서벌, 행정벌, 행정상 강제집행 등)가 포함된다고 보아야 한다. '법률'은 원칙적으로 형식적 의미의 법률을 말하며 예외적으로 긴급명령, 긴급재정·경제명령 등을 포함한다. 또한 법률의 내용이 실질적으로 합리성과 정당성을 갖춘 것이어야 한다.[62]

---

61) 헌재 1998. 7. 16. 97헌바23.
62) 헌재 1992. 12. 24. 92헌가8.

나. 적법절차

적법절차에 의한 신체의 자유 등 보장규정은 1987년 헌법개정시 신설되었다. 적법절차란 절차가 법률에 규정되고 이에 따라야 한다는 절차적 공정과 법률의 실체적 내용까지도 공정성, 합리성, 정당성에 위반되어서는 안된다는 실체적 공정을 포함하는 원칙이다. 1215년 대헌장에서 국법(the law of the land)에 의하지 않고는 자유민의 재산, 자유 등을 박탈할 수 없다고 규정한 데서 비롯된다. 미국연방헌법 수정 제5조에서는 "누구든지 적법절차에 의하지 아니하고는 생명, 자유 또는 재산을 박탈당하지 아니하며 … "라고 규정하고, 수정 제14조에서도 "어떠한 주도 적법절차에 의하지 아니하고는 누구로부터도 생명, 자유 또는 재산을 박탈할 수 없으며 … "라고 규정하고 있다.

적법절차의 내용이나 한계는 일의적으로 확정지을 수는 없으나 본래 '공정하고 개명된 사법체계(fair and enlightened system of justice)'를 의미[63]하였으므로 적어도 정당한 소송법의 절차에 따라야 한다[64]고 할 수 있다. 헌법재판소는 "헌법 제12조 제1항 및 제3항에 규정된 적법절차의 원칙은 일반적 헌법원리로서 모든 공권력의 행사에 적용되는바, 이는 절차의 적법성뿐만 아니라 절차의 적정성까지 보장되어야 한다는 뜻으로 이해된다(헌재 1993. 7. 29. 90헌바35, 판례집 5-2, 14, 30). 즉 형식적인 절차뿐만 아니라 실체적 법률내용이 합리성과 정당성을 갖춘 것이어야 한다는 실질적인 의미로 확대 해석되고 있다(헌재 1992. 12. 24. 92헌가8, 판례집 4, 853, 877)."[65]

적법절차의 원칙은 단순히 입법권의 유보제한이라는 한정적인 의미에 그치는 것이 아니라 모든 국가작용을 지배하는 독자적인 헌법의 기본원리로 해석되어야 할 원칙이라는 점에서 입법권의 유보적 한계를 선언하는 과잉금지의 원칙과 구별된다는 것이 헌법재판소 판례[66]이다. "이 적법절차의 원칙은 법률의 위헌여부에 관한 심사기준으로서 그 적용대상을 형사소송절차에 국한하지 않고 모든 국가작용 특히 입법작용 전반에 대하여 문제된 법률의 실체적 내용이 합리성과 정당성을 갖추고 있는지 여부를 판단하는 기준으로 적용되고 있음을 보여주고 있다."[67] 입법과정에서 적법절차가 준수되어야 하며, 행정영역에서 적법절차원칙은 행정절차제도로 구현되고 있다. 사법영역에서의 적법절차원칙은 공정한 재판을 받을 권리와 관련된다.[68]

헌법의 명문규정은 적법절차에 의하지 아니한 처벌, 보안처분, 강제노역과 적법절차에 의하지 아니한 영장발부만을 금지하고 있으므로 적법절차의 원칙은 이들에 한정된다는 입장[69]이

63) 양건(주 3), 372.
64) 헌재 1997. 11. 27. 92헌바28.
65) 헌재 2007. 4. 26. 2006헌바10.
66) 헌재 1992. 12. 24. 92헌가8.
67) 헌재 1992. 12. 24. 92헌가8; 1989. 9. 8. 88헌가6; 1990. 11. 19. 90헌가48 등 참조.
68) 정재황, 신헌법입문(제2판), 박영사, 2013, 344.
69) 윤명선·김병묵, 헌법체계론, 법률계, 1996, 494.

있다. 헌법의 명문규정을 보면 이 규정이 당연히 포괄적으로 광범위하게 적용된다고 볼 수는 없을 것이다. 그러나 보다 철저한 인권보장이 이 조항의 취지라는 점을 고려한다면 처벌, 보안처분, 영장발부뿐 아니라 신체적, 정신적 또는 재산상의 불이익이 되는 모든 제재에 관해서도 적용되어야 한다는 주장이 옳다70)고 생각된다.

헌법재판소의 판례는 적법절차를 매우 폭넓게 해석하고 있다. 형사절차에 관한 제12조 제3항은 적법절차의 일반조항으로서 형사절차상의 영역에 한정되지 않고 입법, 행정 등 국가의 모든 공권력의 작용에 적용되는 것으로 보고 있다. 헌법재판소는 이 적법절차의 원칙의 적용범위를 형사소송절차에 국한하지 않고 모든 국가작용에 대하여 문제된 법률의 실체적 내용이 합리성과 정당성을 갖추고 있는지 여부를 판단하는 기준으로 적용된다고 판시함71)으로써, 행정절차에도 적법절차의 원칙이 적용됨을 명백히 하고 있다. 일정 기간 내에 매매대금을 납부하지 않으면 귀속재산 매매계약이 해제되도록 하는 귀속재산처리법 제21조의3에 관한 사건에서도 적법절차 위반이라고 결정72)하였으며, 실용신안권의 등록료 납부기한을 1회 6개월간 유예할 뿐 등록료 미납시 실용신안권을 소멸시키면서도 다른 사후적 구제수단을 두지 않은 것도 적법절차의 문제로 판단73)하였다. 국가작용이 기본권제한에 관련되는지 여부는 문제가 되지 않는다.74)

그러나 헌법재판소는 적법절차 조항은 국민에 대한 공권력 행사에 관련되는 것이지 국가기관 사이의 권한 행사에 관해서는 적용되지 않는다75)고 한다. 그러나 헌법재판소에서 적법절차원칙의 적용대상과 범위를 계속적으로 확장해 오던 경향76)에 비춰보면 왜 국기기관 사이의 권한 행사에서 그 적용이 배제되어야 하는지 근거가 충분하지 않다는 비판이 가해진다.

"적법절차원칙이란, 국가공권력이 국민에 대하여 불이익한 결정을 하기에 앞서 국민은 자신의 견해를 진술할 기회를 가짐으로써 절차의 진행과 그 결과에 영향을 미칠 수 있어야 한다는 법원리를 말한다. 국민은 국가공권력의 단순한 대상이 아니라 절차의 주체로서, 자신의 권리와 관계되는 결정에 앞서서 자신의 견해를 진술할 수 있어야만 객관적이고 공정한 절차가 보장될 수 있고 당사자간의 절차적 지위의 대등성이 실현될 수 있다는 것이다. 그런데 이 사건의 경우, 국회의 탄핵소추절차는 국회와 대통령이라는 헌법기관 사이의 문제이고, 국회의 탄핵소추의결에 의하여 사인으로서의 대통령의 기본권이 침해되는 것이 아니라, 국가기관으로서의 대통령의 권한행사가 정지되는 것이다. 따라서 국가기관이 국민과의 관계에서 공권력을 행사함에 있어서 준수해야 할 법원칙으로서 형성된 적법절차의 원칙을 국가기관에 대하여 헌법을 수호

---

70) 계희열(주 2), 304.
71) 헌재 1998. 5. 28. 96헌바4.
72) 헌재 2000. 6. 1. 98헌가13.
73) 헌재 2002. 4. 25. 2001헌마200.
74) 헌재 1992. 12. 24. 92헌가8.
75) 헌재 2004. 5. 14. 2004헌나1 참조.
76) 헌재 1992. 12. 24. 92헌가8.

하고자 하는 탄핵소추절차에는 직접 적용할 수 없다고 할 것이고, 그 외 달리 탄핵소추절차와 관련하여 피소추인에게 의견진술의 기회를 부여할 것을 요청하는 명문의 규정도 없으므로, 국회의 탄핵소추절차가 적법절차원칙에 위배되었다는 주장은 이유 없다."[77]

　　적법절차원칙의 핵심적 내용은 무엇보다도 의견진술의 기회, 즉 청문 기회의 제공이라 할 수 있다.[78] 헌법재판소 판례에서는 적법절차원칙에서 도출할 수 있는 가장 중요한 절차적 요청 중의 하나로, 당사자에게 적절한 고지를 행할 것, 당사자에게 의견 및 자료제출의 기회를 부여할 것[79]을 들기도 한다. 특히 형사절차에 있어서는 당사자에게 혐의사실이나 소의 개시를 적정한 시기에 고지해야 할 뿐만 아니라 공정한 청문절차, 즉 충분한 구술기회, 반대신문 등의 절차가 행해져야 하고 변호인의 도움을 받을 권리, 신속한 공개재판을 받을 권리 등이 보장되어야 한다.[80]

　　이와 관련하여 법무부장관의 일방적 명령에 의하여 변호사업무를 정지시키는 것은 당해 변호사가 자기에게 유리한 사실을 진술하거나 필요한 증거를 제출할 수 있는 청문의 기회가 보장되지 아니하여 적법절차를 존중하지 않는 것이라는 판례[81]가 있다. 또한 공판전 증인심문제도를 규정한 형사소송법 제221조의2는 "증인이 공판기일에 법관의 면전에서 자유롭게 진술하는 것을 제약함과 동시에 법관이 공판기일에 법정에서 직접 조사한 증거에 의하여 심증을 형성하는 것을 제약하여 결국 … 증거가치판단의 진실성을 담보함에 흠을 가져오는 결과를 초래"하게 된다는 이유로 위헌이라 판단[82]하였으며, 자기의 책임 없이 출석하지 못한 피고인에게 바로 유죄선고를 할 수 있도록 한 것도 적법절차원칙에 반한다고 판단[83]하였다. 또한 법원에 의한 범죄인인도심사는 국가형벌권의 확정을 목적으로 하는 형사절차와 같은 전형적인 사법절차의 대상이 되는 것은 아니며 법률에 의하여 인정된 특별한 절차이지만 법원에 의한 범죄인인도 결정은 신체의 자유에 밀접하게 관련된 문제이므로 인도심사에서 적법절차가 준수되어야 한다[84]고 보고 있다.

　　대법원 판례는 "헌법과 형사소송법이 정한 절차에 따르지 아니하고 수집된 증거는 기본적 인권 보장을 위해 마련된 적법한 절차에 따르지 않은 것으로서 원칙적으로 유죄 인정의 증거로 삼을 수 없다"[85]고 한다. 그렇지만 "실체적 진실 규명을 통한 정당한 형벌권의 실현도 헌법과 형사소송법이 형사소송 절차를 통하여 달성하려는 중요한 목표이자 이념이므로, 형식적으로 보아 정해진 절차에 따르지 아니하고 수집된 증거라는 이유만을 내세워 획일적으로 그 증거의 증

---

77) 헌재 2004. 5. 14. 2004헌나1.
78) 한수웅(주 7), 623.
79) 헌재 2003. 7. 24. 2001헌가25.
80) 계희열(주 7), 302.
81) 헌재 1990. 1. 19. 90헌가48.
82) 헌재 1996. 12. 26. 94헌바1.
83) 헌재 1998. 7. 16. 97헌바22.
84) 헌재 2003. 1. 30. 2001헌바95.
85) 대판(전) 2007. 11. 15. 2007도3061 【공직선거법위반】.

거능력을 부정하는 것 역시 헌법과 형사소송법이 형사소송에 관한 절차 조항을 마련한 취지에 맞는다고 볼 수 없"으며 "수사기관의 증거 수집 과정에서 이루어진 절차 위반행위와 관련된 모든 사정 즉, 절차 조항의 취지와 그 위반의 내용 및 정도, 구체적인 위반 경위와 회피가능성, 절차 조항이 보호하고자 하는 권리 또는 법익의 성질과 침해 정도 및 피고인과의 관련성, 절차 위반행위와 증거수집 사이의 인과관계 등 관련성의 정도, 수사기관의 인식과 의도 등을 전체적·종합적으로 살펴 볼 때, 수사기관의 절차 위반행위가 적법절차의 실질적인 내용을 침해하는 경우에 해당하지 아니하고, 오히려 그 증거의 증거능력을 배제하는 것이 헌법과 형사소송법이 형사소송에 관한 절차 조항을 마련하여 적법절차의 원칙과 실체적 진실 규명의 조화를 도모하고 이를 통하여 형사 사법 정의를 실현하려 한 취지에 반하는 결과를 초래하는 것으로 평가되는 예외적인 경우라면, 법원은 그 증거를 유죄 인정의 증거로 사용할 수 있"으며, 이는 적법한 절차에 따르지 아니하고 수집된 증거를 기초로 하여 획득된 2차적 증거의 경우에도 마찬가지이며 "절차에 따르지 아니한 증거 수집과 2차적 증거 수집 사이의 인과관계 희석 또는 단절 여부를 중심으로 2차적 증거 수집과 관련된 모든 사정을 전체적·종합적으로 고려하여 예외적인 경우에는 유죄 인정의 증거로 사용할 수 있"다고 한다.[86]

적법절차원칙의 "의미와 내용을 실체적 법률내용의 합리성과 정당성, 즉 실체적 적정성까지 포함하는 것으로 해석하는 것"은 불필요하고 타당하지 않다는 견해[87]가 있다. 미국 연방대법원 판례에서 적법절차의 의미를 실체적 적법절차로 확대한 것은 사생활의 권리와 같은 헌법에 명시되지 않은 권리의 헌법적 근거를 찾기 위한 것이었으나 우리 헌법의 경우 그러한 필요가 없기 때문이다.[88] 타당한 주장이라고 본다.

다. 영장제도

체포·구속·압수 또는 수색을 할 때에는 적법한 절차에 따라 검사의 신청에 의하여 법관이 발부한 영장을 제시하여야 한다(제12조 제3항). 영장주의란 "형사절차와 관련하여 체포·구속·압수 등의 강제처분을 함에 있어서는 사법권독립에 의하여 그 신분이 보장되는 법관이 발부한 영장에 의하지 않으면 안된다는 원칙이고, 따라서 영장주의의 본질은 신체의 자유를 침해하는 강제처분을 함에 있어서는 중립적인 법관이 구체적 판단을 거쳐 발부한 영장에 의하여야만 한다는 데 있다"[89]고 할 수 있다. 달리 표현하면 법관이 발부한 영장에 의하지 아니하고는 수사에 필요한 강제처분을 하지 못한다는 원칙을 말한다[90]고 할 수 있다. 영장주의 또는 영장제도는 수사기관이 형사절차와 관련하여 체포·구속 또는 수색 등 신체의 자유를 침해하는 강제처분을 할 경우, 중립적 지위에 있는 법관이 발부한 영장에 의하도록 하여 수사기관에 의한

---

86) 대판(전) 2007. 11. 15. 2007도3061【공직선거법위반】.
87) 양건(주 3), 378.
88) 양건(주 3), 378.
89) 헌재 1997. 3. 27. 96헌바28·31·32(병합).
90) 헌재 1997. 3. 27. 96헌가11.

체포, 구속의 남용을 막고자 하는 것이다. 신체의 자유를 최대한 보장하고 무죄추정원칙에 입각하여 수사와 재판은 불구속을 원칙으로 하므로 구속은 예외적으로 구속 외의 방법에 의해서는 범죄에 대한 효과적인 투쟁이 불가능하여 형사소송의 목적을 달성할 수 없다고 인정되는 경우에 한하여 최후의 수단으로 사용하여야 한다.

체포시에 영장을 발부받도록 하고 영장 없이 긴급체포한 경우에는 사후에 구속영장을 청구하여야 하며, 체포영장에 의하여 체포한 경우에도 구속이 필요하고 도주 또는 증거인멸의 우려가 있는 경우에 구속영장을 청구할 수 있다(형사소송법 제200조의2). 체포·구속의 경우 영장에는 구속할 피의자와 구속의 이유가 최소한 명시되어야 한다.[91]

체포영장이나 긴급체포에 의하여 체포된 피의자에 대하여 구속영장을 청구받은 판사는 피의자 등의 신청이 있거나 피의자가 죄를 범하였다고 의심할 만한 사유가 있는 경우에는 구속의 사유를 판단하기 위하여 피의자를 심문할 수 있고 구속영장을 청구받은 경우에도 피의자를 심문할 수 있다(형사소송법 제201조의2). 또한 수사단계가 아닌 법원의 공판단계에서 법관이 직권으로 영장을 발부하여 구속하는 경우에도 검사의 신청이 필요한가(형사소송법 제70조 제1항)에 대하여 헌법재판소는 필요하지 않다고 판단하였다.

"제5차 개정헌법이 영장의 발부에 관하여 "검찰관의 신청"이라는 요건을 규정한 취지는 검찰의 다른 수사기관에 대한 수사지휘권을 확립시켜 종래 빈번히 야기되었던 검사 아닌 다른 수사기관의 영장신청에서 오는 인권유린의 폐해를 방지하고자 함에 있다고 할 것이고, 따라서 현행 헌법 제12조 제3항 중 "검사의 신청"이라는 부분의 취지도 모든 영장의 발부에 검사의 신청이 필요하다는 것이 아니라 수사단계에서 영장의 발부를 신청할 수 있는 자를 검사로 한정한 것으로 해석함이 타당하다. 즉, 수사단계에서 영장신청을 함에 있어서는 반드시 법률전문가인 검사를 거치도록 함으로써 다른 수사기관의 무분별한 영장 신청을 막아 국민의 기본권을 침해할 가능성을 줄이고자 함에 그 취지가 있는 것이다.

앞서 본 영장주의의 본질과 헌법 제12조 제3항의 연혁을 종합하여 살펴보면, 영장주의는 헌법 제12조 제1항 및 제3항의 규정으로부터 도출되는 것이고, 그 중 헌법 제12조 제3항이 "… 구속 … 을 할 때에는 … 검사의 신청에 의하여 법관이 발부한 영장 … "이라고 규정한 취지는 수사단계에서의 영장주의를 특히 강조함과 동시에 수사단계에서의 영장신청권자를 검사로 한정한 데 있다고 해석된다(공판단계에서의 영장발부에 관한 헌법적 근거는 헌법 제12조 제1항이다). 그렇지 아니하고 헌법 제12조 제3항의 규정 취지를 공판단계에서의 영장발부에도 검사의 신청이 필요한 것으로 해석하는 것은 신체의 자유를 보장하기 위한 사법적 억제의 대상인 수사기관이 사법적 억제의 주체인 법관을 통제하는 결과를 낳아 오히려 영장주의의 본질에 반한다고 할 것이기 때문이다."[92]

---

91) 헌재 2003. 11. 27. 2002헌마193.
92) 헌재 1997. 3. 27. 96헌바28.

체포영장의 법적 성격에 관해서는 허가장이라는 입장과 명령장이라는 입장이 있으나 허가장이라고 보는 것이 옳다. 헌법재판소도 법원이 직권으로 발부하는 영장은 명령장으로서의 성질을 갖지만 수사기관의 청구에 의하여 발부하는 구속영장은 허가장으로서의 성격을 갖는 것으로 이해된다[93]고 한다.

체포·구속영장제도는 신체의 자유제한에 대한 사법적 통제장치 또는 법관유보라 할 수 있으므로 지방의회 조례상의 동행명령을 법관이 아닌 지방의회 의장의 동행명령장에 의하게 한 것은 헌법 제12조 제3항 위반이라고 하는 것이 대법원의 판례[94]이다.

"지방의회에서의 사무감사·조사를 위한 증인의 동행명령장제도도 증인의 신체의 자유를 억압하여 일정 장소로 인치하는 것으로서 헌법 제12조 제3항의 "체포 또는 구속"에 준하는 사태로 보아야 하고, 거기에 현행범 체포와 같이 사후에 영장을 발부받지 아니하면 목적을 달성할 수 없는 긴박성이 있다고 인정할 수는 없으므로, 헌법 제12조 제3항에 의하여 법관이 발부한 영장의 제시가 있어야 함에도 불구하고 동행명령장을 법관이 아닌 지방의회 의장이 발부하고 이에 기하여 증인의 신체의 자유를 침해하여 증인을 일정 장소에 인치하도록 규정된 조례안은 영장주의원칙을 규정한 헌법 제12조 제3항에 위반된 것이다."

체포·구속뿐 아니라 압수·수색에도 영장이 필요하다. 제12조 제3항의 수색은 신체수색에 한정된다. 주거의 압수·수색은 제16조에서 규정하고 있기 때문이다. 압수·수색영장에는 압수할 물건과 장소가 특정되어야 한다. 별건체포·구속은 수사방법으로서 허용되지 않는다.[95]

그러나 현행범인인 경우와 장기 3년 이상의 형에 해당하는 죄를 범하고 도피 또는 증거인멸의 염려가 있을 때에는 사후영장을 청구할 수 있으며(제12조 제3항 단서), 비상계엄선포지역에서는 영장제도에 특별한 조치를 할 수 있다(제77조 제3항). 그러나 특별한 조치가 영장제도 자체를 전면적으로 정지시키는 정도까지 의미하는 것은 아니다.[96] 제1공화국의 헌법위원회에서도 같은 취지의 결정[97]을 한 적이 있다.

교정시설의 안전과 질서유지를 위하여 소변을 채취하게 한 것은 수사에 필요한 처분이 아닐 뿐 아니라 검사대상자에게 소변을 종이컵에 채취하여 제출하도록 하는 것으로서 당사자의 협력이 불필요하므로 이를 강제처분이라고 할 수 없다[98]고 하며, 교도관이 마약류사범에게 검사의 취지와 방법을 설명하고 반입금지품을 제출하도록 안내한 뒤 외부와 차단된 검사실에서 같은 성별의 교도관 앞에 돌아서서 하의속옷을 내린 채 상체를 숙이고 양손으로 둔부를 벌려

---

93) 헌재 1997. 3. 27. 96헌바28·31·32(병합).
94) 대판 1995. 6. 30. 93추83【경상북도의회에서의증언·감정등에관한조례(안)무효확인청구의소】.
95) 허영(주 2), 371; 김철수(주 1), 637; 권영성(주 7), 432-433.
96) 김철수, 헌법학개론, 박영사, 2007, 656.
97) 헌법위원회 1953. 10. 8. 4286헌위2 결정. "비상계엄의 선포에 수반한 계엄사령관의 공포 또는 포고중 계엄지구에 있어서는 체포·구금·수색에 관하여 법관의 영장을 요하지 아니한다는 취지의 부분과 검찰청이 법관의 영장 없이 검사가 발부한 영장으로 체포·구금·수색을 실시하는 것은 모두 계엄법 제13조의 법의를 억측곡해함에 기인한 것으로 헌법 제9조 제2항에 위반됨이 이상 논한 바에 의하여 명료한 것이다."
98) 헌재 1997. 3. 27. 96헌가11; 2006. 7. 27. 2005헌마277.

항문을 보이는 방법으로 실시한 정밀신체검사가 마약류사범인 청구인의 기본권을 침해하지는 않는다[99]고 판단한 예도 있다.

　행정상 즉시강제에도 영장을 필요로 하는지에 대해서는 견해가 대립한다. 헌법재판소는 행정상 즉시강제의 경우 실정법상의 근거가 필요하며, 행정상의 장애가 목전에 급박하고 다른 수단으로는 행정목적을 달성할 수 없는 경우에 한하며 그 행사는 필요최소한도에 그쳐야 한다고 한다.

　"행정강제는 행정상 강제집행을 원칙으로 하며, 법치국가적 요청인 예측가능성과 법적 안정성에 반하고, 기본권 침해의 소지가 큰 권력작용인 행정상 즉시강제는 어디까지나 예외적인 강제수단이라고 할 것이다. 이러한 행정상 즉시강제는 엄격한 실정법상의 근거를 필요로 할 뿐만 아니라, 그 발동에 있어서는 법규의 범위 안에서도 다시 행정상의 장해가 목전에 급박하고, 다른 수단으로는 행정목적을 달성할 수 없는 경우이어야 하며, 이러한 경우에도 그 행사는 필요 최소한도에 그쳐야 함을 내용으로 하는 조리상의 한계에 기속된다.

　행정상 즉시강제란 개념 자체가 본질적으로 긴급성을 전제로 한 것으로서 행정상 즉시강제의 실정법적 근거를 둠에 있어 긴급성의 요건을 명문화하는 것은 사족(蛇足)에 불과하다고 할 것이므로, 이 사건 법률조항이 행정청에 의한 즉각적인 수거·폐기를 규정함에 있어 긴급성의 요건을 별도로 정하고 있지 않다고 하더라도 그것만으로 과도한 기본권이 제한이 될 수 없음은 명백하다."[100]

라. 체포·구속 이유와 변호인의 조력을 받을 권리의 고지를 받을 권리

　누구든지 체포 또는 구속의 이유와 변호인의 조력을 받을 권리가 있음을 고지받지 아니하고는 체포 또는 구속을 당하지 아니한다. 체포 또는 구속을 당한 자의 가족 등 법률이 정하는 자에게는 그 이유와 일시·장소가 지체없이 통지되어야 한다(제12조 제5항). 피의자에게 방어와 변명의 기회를 실질적으로 보장하기 위한 것이다.[101] 피고인에 대하여 범죄사실의 요지, 구속의 이유와 변호인을 선임할 수 있음을 말하고 변명의 기회를 준 후가 아니면 구속할 수 없다(형사소송법 제72조). 피고인을 구속한 때에는 변호인이 있는 때에는 변호인에게, 변호인이 없는 경우에는 피고인 또는 피의자의 법정대리인, 배우자, 직계친족, 형제자매, 호주 중 피고인이 지정한 자에게 피고사건명, 구속일시·장소, 범죄사실의 요지, 구속의 이유와 변호인을 선임할 수 있는 취지를 알려야 한다(형사소송법 제87조). 검사 또는 사법경찰관은 피의자를 체포하는 경우에는 피의사실의 요지, 체포의 이유와 변호인을 선임할 수 있음을 말하고 변명할 기회를 주어야 한다(형사소송법 제200조의5). 따라서 피의자를 구속영장 없이 현행범으로 체포하기 위하여는 체포 당시에 피의자에 대하여 범죄사실의 요지, 체포의 이유와 변호인을 선임할 수 있음을 말

---

　99) 헌재 2006. 6. 29. 2004헌마826.

　100) 헌재 2002. 10. 31. 2000헌가12 전원재판부.

　101) 이는 미국의 Miranda 원칙과 유사한 것이다. Miranda v. Arizona, 383 U.S. 436(1966) 참조.

하고 변명할 기회를 준 후가 아니면 체포할 수 없고, 이와 같은 절차를 밟지 아니한 채 실력으로 연행하려 하였다면 적법한 공무집행으로 볼 수 없다.102) "이러한 법리는 비단 현행범인을 체포하는 경우뿐만 아니라 긴급체포의 경우에도 마찬가지로 적용되는 것이고(대법원 1994. 3. 11. 선고 93도958 판결, 대법원 1995. 5. 26. 선고 94다37226 판결 등 참조), 이와 같은 고지는 체포를 위한 실력행사에 들어가기 이전에 미리 하여야 하는 것이 원칙이나, 달아나는 피의자를 쫓아가 붙들거나 폭력으로 대항하는 피의자를 실력으로 제압하는 경우에는 붙들거나 제압하는 과정에서 하거나, 그것이 여의치 않은 경우에라도 일단 붙들거나 제압한 후에는 지체 없이 행하여야" 한다.103)

　　통지는 지체없이 서면으로 하여야 한다(형사소송법 제87조). 이 권리를 포기할 수 있는가에 대해서는 견해 대립이 있으나 피의자의 심리상태가 매우 불안한 상태에 있다는 점에서 이 권리의 포기는 인정하지 않는 것이 타당하다104)고 생각된다.

　　형사피의자와 그 가족 등에게 고지 또는 통지를 하는 것은 수사기관의 의무이며, 이 고지 또는 통지를 하지 않고 수집한 증거는 위법한 수사에 의한 것으로서 증거능력을 부인하여야 할 것105)이며, 나아가 직무유기106) 또는 직권남용107)의 형사책임을 져야 한다.

　　헌법상의 변호인의 조력을 받을 권리를 실질적으로 보장하기 위한 것이 바로 구속된 피의자·피고인이 갖는 변호인과의 접견교통권이며 이는 변호인의 조력을 받을 권리의 가장 중요한 내용이 된다.108) 이 때 "변호인의 조력"이란 "변호인의 충분한 조력"을 의미한다.109) 헌법재판소 판례110)는 "우리 헌법은 변호인의 조력을 받을 권리가 불구속 피의자·피고인 모두에게 포괄적으로 인정되는지 여부에 관하여 명시적으로 규율하고 있지는 않지만, 불구속 피의자의 경우에도 변호인의 조력을 받을 권리는 우리 헌법에 나타난 법치국가원리, 적법절차원칙에서 인정되는 당연한 내용이고, 헌법 제12조 제4항도 이를 전제로 특히 신체구속을 당한 사람에 대하여 변호인의 조력을 받을 권리의 중요성을 강조하기 위하여 별도로 명시하고 있다. 피의자·피고인의 구속 여부를 불문하고 조언과 상담을 통하여 이루어지는 변호인의 조력자로서의 역할은 변호인선임권과 마찬가지로 변호인의 조력을 받을 권리의 내용 중 가장 핵심적인 것이고, 변호인과 상담하고 조언을 구할 권리는 변호인의 조력을 받을 권리의 내용 중 구체적인 입법형

---

102) 대판 1995. 5. 9. 94도3016【상해·공무집행방해·재물손괴】
103) 대판(전) 2007. 11. 15. 2007도3061【공직선거법위반】
104) 김철수(주 77), 661.
105) 같은 책, 661.
106) 형법 제122조(직무유기) 공무원이 정당한 이유없이 그 직무수행을 거부하거나 그 직무를 유기한 때에는 1년 이하의 징역이나 금고 또는 3년 이하의 자격정지에 처한다.
107) 형법 제123조(직권남용) 공무원이 직권을 남용하여 사람으로 하여금 의무없는 일을 하게 하거나 사람의 권리행사를 방해한 때에는 5년 이하의 징역, 10년 이하의 자격정지 또는 1천만 원 이하의 벌금에 처한다.
108) 헌재 2003. 11. 27. 2002헌마193 전원재판부.
109) 헌재 1992. 1. 28. 91헌마111; 1995. 7. 21. 92헌마144.
110) 헌재 2004. 9. 23. 2000헌마138[인용(위헌확인)].

성이 필요한 다른 절차적 권리의 필수적인 전제요건으로서 변호인의 조력을 받을 권리 그 자체에서 막바로 도출되는 것"이라고 한다.[111]

신체구속을 당한 사람의 변호인의 조력을 받을 권리는 변호인과의 자유로운 접견교통을 통하여 실현될 수 있으므로 "변호인 또는 변호인이 되려는 자의 신체구속을 당한 피고인 또는 피의자와의 접견교통권을 규정하고 있는바, 이러한 신체구속을 당한 사람의 변호인과의 접견교통권은 그 인권보장과 방어준비를 위하여 필수불가결한 권리이므로 법령에 의한 제한이 없는 한 어떠한 명분으로도 제한될 수 있는 성질의 것이 아님은 물론, 수사기관의 처분이나 법원의 결정으로도 이를 제한할 수 없다."[112] 또한 "신체구속을 당한 사람은 수사기관으로부터 피의자 신문을 받는 도중에라도 언제든지 변호인과 접견교통하는 것이 보장되고 허용되어야"하므로 이를 제한하거나 거부하는 것은 위법이다.[113] 변호인의 접견·교통도 다른 이익을 보호해야 할 필요성이 있는 경우에는 시간, 장소, 방법에 대한 제한이 가능하다[114]고 한다. "구금된 피의자는 형사소송법의 위 규정을 유추·적용하여 피의자신문을 받음에 있어 변호인의 참여를 요구할 수 있고 그러한 경우 수사기관은 이를 거절할 수 없는 것으로 해석"되지만, "신문을 방해하거나 수사기밀을 누설하는 등의 염려가 있다고 의심할 만한 상당한 이유가 있는 특별한 사정이 있음이 객관적으로 명백하여 변호인의 참여를 제한하여야 할 필요가 있다고 인정되는 경우에는 변호인의 참여를 제한할 수 있다"는 것이 대법원 판례이다.[115]

마. 체포·구속적부심사제도

누구든지 체포 또는 구속을 당한 때에는 적부의 심사를 법원에 청구할 권리를 가진다(제12조 제6항). 체포 또는 구속이 적법하지 않거나 부당한 경우를 구제하기 위한 절차이며, 법관이 발부한 영장에 대한 재심절차의 성격을 가진다. 영장의 발부는 단독판사가 하며, 구속적부심사는 합의부에서 범죄 혐의, 증거인멸 혐의, 도주 혐의 등을 심사하여 혐의가 없을 경우 석방한다. 형사소송법 제214조의2에서 상세한 절차를 규정하고 있다.

구속적부심사제도는 영국의 인신보호영장제도에서 유래한 제도라고 할 수 있다. 그러나 인신보호영장제도는 인신보호영장이 발부될 경우 피구금자를 법관의 면전에 소환하여 수감자를 구속 또는 감금하는 이유를 제시하여야 하고 이유가 없는 경우 석방되거나 자유롭게 되어야 하는 제도인 데 반하여, 체포·구속적부심제도는 이미 적법하게 체포 또는 구속된 자에 관하여 체포 또는 구속이 적법하지 않거나 사유가 부당한 경우를 구제하기 위한 제도라는 점에서 체포·구속영장 발부에 대한 재심청구 또는 항고적 성격을 띤다는 점에서 다르다고 할 수

---

111) 한수웅(주 7), 639-640에서는 이에 대해 비판적 관점을 제시하고 있다.

112) 대결 1991. 3. 28. 91모24; 헌재 1992. 1. 28. 91헌마111 등

113) 같은 판례.

114) 정종섭(주 7), 538.

115) 대결 1991. 3. 28. 91모24. 김대웅, "구금된 피의자의 신문과 변호인을 참여시킬 권리," 헌법판례해설 Ⅰ, 대법원 헌법연구회 편, 사법발전재단, 2010, 283 참조.

있다. 체포·구속영장제도는 수사권의 남용으로 인한 불법체포·구속으로부터 신체의 자유를 보호하기 위한 사전예방적 제도인 데 반하여 체포·구속적부심제도는 법관에 의해 발부된 사후적 구제제도라는 점에서 다르다.

체포 또는 구속된 피의자 또는 그 변호인, 법정대리인, 배우자, 직계친족, 형제자매나 가족, 동거인 또는 고용주는 관할법원에 체포 또는 구속의 적부심사를 청구할 수 있다(형사소송법 제214조의2 제1항). 긴급체포된 피의자도 체포적부심사청구권이 인정된다는 것이 대법원의 판례116)이다.

피의자를 체포 또는 구속한 검사 또는 사법경찰관은 체포 또는 구속된 피의자와 제1항에 규정된 자 중에서 피의자가 지정하는 자에게 제1항에 따른 적부심사를 청구할 수 있음을 알려야 한다(같은 조 제2항). 법원은 청구서가 접수된 때부터 48시간 이내에 체포 또는 구속된 피의자를 심문하고 수사관계서류와 증거물을 조사하여 그 청구가 이유없다고 인정한 때에는 결정으로 이를 기각하고, 이유있다고 인정한 때에는 결정으로 체포 또는 구속된 피의자의 석방을 명하여야 한다(같은 조 제4항). 체포영장 또는 구속영장을 발부한 법관은 체포·구속적부심사의 심문·조사·결정에 원칙적으로 관여하지 못한다(제12항). 검사·변호인·청구인은 심문기일에 출석하여 의견을 진술할 수 있다(제9항). 법원은 구속된 피의자에 대하여 죄증을 인멸할 염려가 있다고 믿을만한 충분한 이유가 있는 때, 피해자, 당해 사건의 재판에 필요한 사실을 알고 있다고 인정되는 자 또는 그 친족의 생명·신체나 재산에 해를 가하거나 가할 염려가 있다고 믿을만한 충분한 이유가 있는 때를 제외하고는 피의자의 출석을 보증할 만한 보증금의 납입을 조건으로 하여 결정으로 석방을 명할 수 있다(제5항). 그러나 체포된 피의자를 체포적부심 절차에서 보증금 납입을 조건으로 석방할 수 있는지에 대해 소극적인 입장을 보이고 있다.117)

체포 또는 구속적부심사결정에 의하여 석방된 피의자가 도망하거나 죄증을 인멸하는 경우를 제외하고는 동일한 범죄사실에 관하여 재차 체포 또는 구속하지 못한다(제214조의3 제1항). 보증금을 납부하고 석방된 피의자에 대하여, 도망한 때, 도망하거나 죄증을 인멸할 염려가 있다고 믿을만한 충분한 이유가 있는 때, 출석요구를 받고 정당한 이유없이 출석하지 아니한 때, 주거의 제한 기타 법원이 정한 조건을 위반한 때를 제외하고는 동일한 범죄사실에 관하여 재차 체포 또는 구속하지 못한다(같은 조 제2항).

법원은 체포·구속적부심사청구가 청구권자 아닌 자가 청구하거나 동일한 체포영장 또는 구속영장의 발부에 대하여 재청구한 때, 공범 또는 공동피의자의 순차청구가 수사방해의 목적임이 명백한 때에 해당하는 때에는 심문 없이 결정으로 청구를 기각할 수 있다(제214조의2 제3항).

---

116) 대결 1997. 8. 27. 97모21.
117) 대결 1997. 8. 27. 97모21.

바. 고문을 받지 않을 권리(제2항)

고문의 개념에 대하여, 자백을 강제하기 위하여 가해지는 폭력, 자백을 얻기 위해 가해지는 폭력, 자백을 받아내는 등의 목적으로 사람에게 정신적 또는 신체적 폭력을 가하는 것, 정보를 얻거나 자백을 강요하기 위하여 행하는 행위 등으로 설명된다. 고문을 받지 아니할 권리는, 공무원이나 공무수행자로부터 자백이나 정보를 얻기 위하여 극심한 신체적 또는 정신적 고통을 받지 아니할 권리이다. 고문은 사람의 신체나 정신에 대하여 극심한 고통을 가하는 일체의 행위로서, 고통을 가하는 방법은 단순한 육체적 폭력 이외에도 전기나 물을 이용하거나 심리적으로 굴욕감을 주거나 불안감과 공포심을 극도로 자극하는 등 극히 다양하다.

고문은 인간의 인격성을 모독하고 학대하는 행위로서 고문당하는 자는 인격주체성을 상실하고 단순한 제도적 폭력의 객체로 전락할 뿐 아니라 고문하는 자의 인간성까지 파괴한다.[118] 고문은 인간의 존엄성을 심히 침해하는 것이므로, 고문은 절대적으로 금지되어야 한다. 헌법 제12조 제2항이 "모든 국민은 고문을 받지 아니하며 … "로 규정하여 고문을 받지 않을 권리를 규정하고 있다. 고문은 절대적으로 금지되는 것이며, 공공복리를 위해서도 허용될 수 없다. 공무원이 고문을 하는 경우 공무원의 폭행·가혹행위로서 범죄(형법 제125조)를 구성하며, 특히 특정범죄가중처벌 등에 관한 법률(제4조의2)에 의하여 가중처벌된다.

고문방지협약[119] 제1조 제1항은, "이 협약의 목적상 '고문'이라 함은 공무원이나 그 밖의 공무수행자가 직접 또는 이러한 자의 교사·동의·묵인 아래, 어떤 개인이나 제3자로부터 정보나 자백을 얻어내기 위한 목적으로, 개인이나 제3자가 실행하였거나 실행할 혐의가 있는 행위에 대하여 처벌을 하기 위한 목적으로, 개인이나 제3자를 협박·강요할 목적으로, 또는 모든 종류의 차별에 기초한 이유로, 개인에게 고의로 극심한 신체적·정신적 고통을 가하는 행위를 말한다. 다만 합법적 제재조치로부터 초래되거나, 이에 내재하거나 이에 부수되는 고통은 고문에 포함되지 아니한다"라고 규정하고, 국제형사재판소규칙 제7조는 "여기서 '고문'이란 구금상태 또는 통제상태에 있는 사람에 대하여 고의적으로 육체적 또는 정신적으로 극심한 고통 및 피해를 가하는 행위를 말한다. 다만 합법적인 제재조치로부터 야기되고 이에 고유한 또는 이에 부수적인 고통 또는 피해는 포함되지 않는다"고 규정하고 있다. 약물투여를 통한 마취분석은 진술을 강요하는 것이므로 위헌이다. 거짓말탐지기의 사용은 피의자의 승낙을 받을 경우는 허용된다고 본다.

고문방지협약은 고문의 목적으로 ① 개인이나 제3자로부터 정보나 자백을 얻어내기 위한 고문, ② 개인이나 제3자가 혐의받고 있는 범죄를 처벌하기 위한 고문, ③ 개인이나 제3자를 협박 또는 강요하기 위한 고문, ④ 모든 종류의 차별에 기초한 이유로 가해지는 고문을 제시하고

---

118) 한수웅(주 7), 627.

119) 고문 및 그 밖의 잔인하고 비인도적이거나 굴욕적인 대우 또는 처벌의 방지에 관한 협약(Convention against Torture and other cruel, inhuman or Degrading Treatment or punishment).

있다. 헌법 제12조 제2항은 주로 국가수사권의 행사와 관련하여 범죄의 자백이나 정보를 얻기 위한 것이다.

사. 진술거부권

진술은 언어적 표출, 즉 생각이나 지식, 경험사실을 정신작용의 일환인 언어를 통하여 표출하는 것으로서, 진술거부권은 고문 등 폭행에 의한 강요는 물론 법률로써도 진술을 강요당하지 아니함을 의미한다. 묵비권이라고도 불린다. 고문이나 위협은 물론이고 법률의 형태로 진술을 강요하는 것도 금지된다.[120] 진술거부권은 영미법계에서는 미국헌법의 자기부죄거부권(privilege against self-incrimination)으로 명문화되었고, 판례로는 미란다원칙으로 구체화되었다. 미란다원칙의 내용[121]은 당사자주의의 전제인 무기대등의 원칙을 실현하기 위한 것[122]이며, 피의자를 심문하기 전에 피의자가 진술거부권을 가지고 있다는 사실, 피의자의 진술이 그에게 불리한 증거로 사용될 수 있다는 사실, 피의자가 변호인의 조력을 받을 권리가 있다는 사실을 고지하여야 한다는 것이다. 진술의 거부란 범죄의 성립과 양형에서의 불리한 사실 등을 진술거부하는 것을 말하며, 단순히 자기의 인격, 명예, 성실성, 신뢰성, 평판이 훼손될 우려가 있거나 행정상의 불리한 처분을 받을 우려가 있는 사실에 대해서는 진술을 거부하지 못한다[123]고 할 수 있다.

진술거부권은 현재 피의자나 피고인으로서 수사 또는 공판절차에 계속중인 자뿐만 아니라 장차 피의자나 피고인이 될 자에게도 보장되며, 형사절차뿐 아니라 행정절차나 국회에서의 조사절차 등에서도 보장된다.[124]

진술거부권을 국민의 기본적 권리로 보장하는 것은 첫째, 피고인 또는 피의자의 인권을 실체적 진실발견이나 사회정의의 실현이라는 국가이익보다 우선적으로 보호함으로써 인간의 존엄성과 가치를 보장하고, 나아가 비인간적인 자백의 강요와 고문을 근절하려는데 있고,[125] 둘째, 피고인 또는 피의자와 검사 사이에 무기평등(武器平等)을 도모하여 공정한 재판의 이념을 실현하려는 데 있다.

검사 또는 사법경찰관은 피의자를 신문하기 전에 1. 일체의 진술을 하지 아니하거나 개개의 질문에 대하여 진술을 하지 아니할 수 있다는 것, 2. 진술을 하지 아니하더라도 불이익을 받지 아니한다는 것, 3. 진술을 거부할 권리를 포기하고 행한 진술은 법정에서 유죄의 증거로 사용될 수 있다는 것, 4. 신문을 받을 때에는 변호인을 참여하게 하는 등 변호인의 조력을 받을 수 있다는 것을 알려주어야 한다(형사소송법 제244조의3). 재판장은 형사소송법 제284조에 따른

---

120) 헌재 1997. 3. 27. 96헌가11.
121) Miranda v. Arizona, 384 U.S. 436(1966).
122) 권영성(주 7), 441.
123) 계희열(주 7), 316; 정종섭(주 7), 533.
124) 헌재 1997. 3. 27. 96헌가11.
125) 헌재 1990. 8. 27. 89헌가118.

인정신문을 하기 전에 피고인에게 진술을 하지 아니하거나 개개의 질문에 대하여 진술을 거부할 수 있고, 이익 되는 사실을 진술할 수 있음을 알려 주어야 한다(형사소송규칙 제127조).

진술거부권을 가지므로 피고인은 범죄사실에 대하여 진술을 거부하고 침묵할 수 있을 뿐 아니라 거짓진술을 할 수도 있다.[126] 그러나 이러한 행위가 방어권의 행사범위를 넘어서 객관적이고 명백한 증거가 있음에도 진실의 발견을 적극적으로 숨기거나 법원을 오도하려는 시도에 기인한 경우에는 가중적 형량의 조건으로 참작할 수 있다는 것이 대법원의 판례이다.

"형법 제51조 제4호에서 양형의 조건의 하나로 정하고 있는 범행 후의 정황 가운데에는 형사소송절차에서의 피고인의 태도나 행위를 들 수 있는데, 모든 국민은 형사상 자기에게 불리한 진술을 강요당하지 아니할 권리가 보장되어 있으므로(헌법 제12조 제2항), 형사소송절차에서 피고인은 방어권에 기하여 범죄사실에 대하여 진술을 거부하거나 거짓 진술을 할 수 있고, 이 경우 범죄사실을 단순히 부인하고 있는 것이 죄를 반성하거나 후회하고 있지 않다는 인격적 비난요소로 보아 가중적 양형의 조건으로 삼는 것은 결과적으로 피고인에게 자백을 강요하는 것이 되어 허용될 수 없다고 할 것이나, 그러한 태도나 행위가 피고인에게 보장된 방어권 행사의 범위를 넘어 객관적이고 명백한 증거가 있음에도 진실의 발견을 적극적으로 숨기거나 법원을 오도하려는 시도에 기인한 경우에는 가중적 양형의 조건으로 참작될 수 있다고 할 것이다."[127]

또한 헌법재판소는 교통사고를 일으킨 운전자에게 신고의무를 부여하고 있는 도로교통법 규정은 형사책임에 관계되는 사항에는 적용하지 않는 것으로 해석하는 한 헌법상의 진술거부권을 침해하지 않는다[128]고 한다. 탈영을 한 군인이 복귀명령을 준수하지 않은 행위를 명령위반죄로 처벌하는 것은 결국 군무이탈죄를 범한 자에게 자수의무를 부과하는 결과가 된다고 해도 이는 군병력의 유지를 주된 목적으로 하는 복귀명령의 부수적인 효과에 불과하므로 이러한 복귀명령이 군무이탈자의 진술거부권을 침해한 것은 아니라[129]고 한다.

진술거부권을 고지하지 않고 자백을 받은 경우 그 진술은 증거능력이 부정된다.[130]

3. 형사피고인, 피의자의 권리

가. 개   관

형사피의자가 된 사람은 다음과 같은 권리를 가진다. 불법한 체포·구금·압수·수색·심문을 받지 아니할 권리, 변호인의 조력을 받을 권리, 영장에 의하지 아니하고는 체포·구속·압수·수색·심문을 받지 아니할 권리, 체포 또는 구속의 이유와 변호인의 조력을 받을 권

---

126) 정종섭(주 7), 532.
127) 대판 2001. 3. 9. 2001도192.
128) 헌재 1990. 8. 27. 89헌가118.
129) 헌재 1995. 5. 25. 91헌바20.
130) 대판 1992. 6. 23. 92도682.

리가 있음을 고지받을 권리, 체포·구속적부심사청구권, 무죄추정권, 고문을 받지 아니할 권리, 묵비권, 형사보상청구권, 국가배상청구권 등이다. 또한 피의자가 변호인과 접견교통할 권리나 미결수용자의 가족이 미결수용자를 접견하는 것도 기본권에 속한다고 본다.

형사피고인은 피의자가 가지는 권리를 가지고, 신속하고도 공정한 재판을 받을 권리, 법률과 적법한 절차에 의하지 아니하고는 처벌, 보안처분 또는 강제노역을 받지 아니할 권리를 가진다.

나. 자백의 증거능력과 증명력의 제한

피고인의 자백이 고문·폭행·협박·구속의 부당한 장기화 또는 기망 기타의 방법에 의하여 자의로 진술된 것이 아니라고 인정될 때 또는 정식재판에 있어서 피고인의 자백이 그에게 불리한 유일한 증거일 때에는 이를 유죄의 증거로 삼거나 이를 이유로 처벌할 수 없다(제12조 제7항). 이와 관련된 내용은 형사소송법은 제309조와 제310조에 규정되어 있다. 자백을 포함한 증거의 증명력에 관해서는 형사소송법 제307조 제2항에서 "범죄사실의 인정은 합리적인 의심이 없는 정도의 증명에 이르러야 한다"고 하고 있다.

자백이란 자기 범죄사실의 전부 또는 일부에 관하여 자기에게 불이익한 진술 즉 범죄사실의 일부 또는 전부를 시인하는 진술이다. 그러나 자백은 가장 중요한 범죄사실 입증의 증거가 되기 때문에 허위가 많고 자백을 확보하기 위하여 고문이 가해질 수 있기 때문에 임의성이 없는 자백을 재판절차에서 아예 증거로 사용할 수 없도록 함으로써 자백 때문에 발생할 수 있는 인권침해의 소지를 없애려는 것이다.

또한 자백이 임의성을 가진 경우라도 자백이 유일한 증거일 때에는 자백만으로 범죄사실을 인정할 수 없도록 하고 있다. 범죄사실을 인정하기 위해서는 자백 이외에 별도의 보강증거가 필요하다.

다. 변호인의 조력을 받을 권리

누구든지 체포 또는 구속을 당한 때에는 즉시 변호인의 조력을 받을 권리를 가진다. 다만 형사피고인이 스스로 변호인을 구할 수 없을 때에는 법률이 정하는 바에 의하여 국가가 변호인을 붙인다(제12조 제4항). 형사절차에서 피의자 또는 피고인이 검사 등 수사·공소기관과 대립되는 당사자의 지위에서 변호인 또는 변호인이 되려는 자와 충분한 접견교통에 의하여 피의사실이나 공소사실에 대하여 충분히 방어할 수 있도록 함으로써 피고인이나 피의자의 인권을 보장하려는 것이다. 체포 또는 구속을 당하지 아니한 불구속피의자나 피고인에게도 인정된다.[131] 그러나 형사절차가 종결되어 교정시설에 수용중인 수형자에게는 원칙적으로 변호인의 조력을 받을 권리가 인정되지 않는다.[132] 변호인의 조력을 받을 권리는 형사절차에서 피의자

---

131) 헌재 2004. 9. 23. 2000헌마138.
132) 헌재 1998. 8. 27. 96헌마398.

또는 피고인이 검사 등 수사·공소기관과 대립되는 당사자의 지위에서 변호인 또는 변호인이 되려는 자와 사이에 충분한 접견교통에 의하여 피의사실이나 공소사실에 대하여 충분하게 방어할 수 있도록 함으로써 피고인이나 피의자의 인권을 보장하려는 데 그 제도의 취지가 있기 때문이다.

형사피고인이 스스로 변호인을 구할 수 없을 때에는 법률이 정하는 바에 의하여 국가가 변호인을 붙인다(헌법 제12조 제4항 단서). 법원이 직권으로 변호인을 선임하여야 하는 경우에 대해서는 형사소송법 제33조, 제201조의2, 제214조의2 등에서 규정하고 있다.

변호인의 조력을 받을 권리는 변호인을 선임하고 변호인으로부터 충분한 조력을 받을 권리를 의미한다.[133] 변호인의 조력을 받을 권리는 변호인과 접견교통할 권리가 그 핵심을 이룬다.[134] 변호인이 구속된 피의자를 만나지 못하게 방해하는 행위는 형사소송법상의 변호인의 접견교통권을 침해하는 것이기는 하지만 헌법상의 피의자의 접견교통권을 침해하는 것은 아니라는 취지의 헌법재판소 결정[135]이 있다. 여기에서 조력이란 변호인과 그 상대방 사이의 상호적 또는 관계적인 것이므로 방해의 대상이 변호인이든 그 상대방이든 결과적으로 변호인의 조력을 받을 권리를 행사할 수 없게 되면 변호인의 조력을 받을 권리가 침해되게 된다는 점에서 이 결정은 문제가 지적된다.[136] 그러나 한편으로 피구속자를 조력할 변호인의 권리 중 그것이 보장되지 않으면 피구속자가 변호인으로부터 조력을 받는다는 것이 유명무실하게 되는 핵심적인 부분은 피구속자의 기본권과 표리관계에 있기 때문에 이러한 핵심부분에 관한 변호인의 조력할 권리 역시 헌법상의 기본권으로 보호된다고 결정한 예[137]도 있다. "불구속 피의자가 피의자신문시 변호인을 대동하여 신문과정에서 조언과 상담을 구하는 것은 신문과정에서 필요할 때마다 퇴거하여 변호인으로부터 조언과 상담을 구하는 번거로움을 피하기 위한 것으로서 불구속 피의자가 피의자신문장소를 이탈하여(예컨대, 변호인 사무실에 찾아가) 변호인의 조언과 상담을 구하는 것과 본질적으로 아무런 차이가 없다"는 것이 헌법재판소 판례[138]이다.

수사기관이 구속수사중인 피의자의 변호인 접견을 방해하고 변호인의 조력을 받을 권리를 침해하는 경우 형법상 직권남용에 의한 권리행사방해죄가 성립한다.[139] 변호인의 조력을 받을 권리는 변호인과의 접견교통권만 아니라 소송서류의 열람까지 포함하는 것으로 인정한다.[140]

변호인의 조력을 받을 권리의 보장을 위하여 국선변호인 선정 등에 관한 규칙(대법원규칙)이 있으며, 법률구조법에 의하여 설립된 대한법률구조공단이 있다.

---

133) 헌재 1992. 1. 28. 91헌마111.
134) 헌재 1992. 1. 28. 91헌마111.
135) 헌재 1991. 7. 8. 89헌마181.
136) 정종섭(주 7), 535.
137) 헌재 2003. 3. 27. 2000헌마474.
138) 헌재 2004. 9. 23. 2000헌마138[인용·(위헌확인)].
139) 권영성(주 7), 443.
140) 헌재 1997. 11. 27. 94헌마60.

Ⅳ. 관련문헌

계희열, 헌법학(중), 박영사, 2007.

권영성, 헌법학원론(개정판), 법문사, 2010.

김대웅, "판례변경과 형벌불소급의 원칙," 헌법판례해설 Ⅰ, 대법원 헌법연구회 편, 사법발
　　　전재단, 2010

_____, "구금된 피의자의 신문과 변호인을 참여시킬 권리," 헌법판례해설 Ⅰ, 대법원 헌
　　　법연구회 편, 사법발전재단, 2010

김일수, 형법총론(제5판), 박영사, 1997.

김철수, 헌법학개론, 박영사, 2007.

_____, 헌법학신론(제21전정신판), 박영사, 2013.

김학성, 헌법학원론(개정판), 박영사, 2012.

박홍우, "피의자 및 피고인의 변호인의 조력을 받을 권리," 서울대학교 법학박사학위논문,
　　　1986.

성낙인, 헌법학(제12판), 법문사, 2012.

송기춘, 전투경찰대 폐지론, 민주법학(2006. 3).

양　건, 헌법강의 Ⅰ(제2판), 법문사, 2011.

이준일, 헌법학강의(제5판), 홍문사, 2013.

장영수, 헌법학(제6판), 홍문사, 2011.

전광석, 한국헌법론(제3판), 법문사, 2006.

정종섭, 헌법학원론(제8판), 박영사, 2013.

조병윤, 헌법학원리(제2판), 성광사, 2010.

최정학, "군 영창제도의 법적 문제점,"『공익과 인권(창간호)』, 서울대학교 BK21 법학연구
　　　단 공익과 인권법 센터, 2004. 2.

콘라드 헷세, 계희열 역, 통일 독일헌법원론(제20판), 박영사, 2001.

한수웅, 헌법학(제3판), 법문사, 2013.

하태영, "피고인에게 불리한 판례변경과 소급효금지의 문제," 동아법학 제38호(2006. 6)

허　영, 한국헌법론(전정7판), 박영사, 2011.

홍성방, 헌법학(중), 박영사, 2010.

헌법 제13조

[김 종 철]

第13條

① 모든 國民은 行爲時의 法律에 의하여 犯罪를 구성하지 아니하는 행위로 訴追되지 아니하며, 동일한 犯罪에 대하여 거듭 處罰받지 아니한다.

② 모든 國民은 遡及立法에 의하여 參政權의 제한을 받거나 財産權을 剝奪당하지 아니한다.

③ 모든 國民은 자기의 행위가 아닌 親族의 행위로 인하여 불이익한 處遇를 받지 아니한다.

I. 기본개념과 헌법적 의의

1. 소급입법금지의 원칙(헌법 제13조 제1항 및 제2항)

가. 의   의

헌법 제13조 제1항과 제2항은 소급입법금지의 원칙과 이중처벌금지의 원칙을 보장하고 있다. 소급입법금지의 원칙이란 과거의 사실관계 또는 법률관계를 규율하기 위함을 목적으로 입법권자가 구법 당시의 행위에 신법을 소급적으로 적용하는 입법 즉 '소급입법'을 제정하는 것을 원칙적으로 금지하는 헌법원칙을 말한다.[1] 소급입법의 금지는 법치주의에서 유래하는 것으로서 법적 안정성과 국가권력의 자의적 권력행사의 방지, 신뢰보호 등을 기본목적으로 하고 있다.[2] 법치국가에서 개인은 법률이나 제도를 기준으로 자신의 행위를 결정하고, 그에 따라 자신의 법적 생활관계를 형성하고 있다. 그러므로 행위 당시에 시행되던 법률이나 제도에 기초하여 행위한 당사자가 사후입법에 의하여 그 지위에 불이익이 가해지는 것은 법치주의 정신에 어긋난다.

소급입법금지의 원칙은 각 기본권 영역이나 제도에서 구체적으로 발현된다. 첫째, 신체의 자유와 관련하여 죄형법정주의에 따른 형벌불소급의 원칙으로 나타난다(제13조 제1항). 둘째, 참정권과 재산권 영역에서 소급입법에 의한 박탈을 금지하고 있다(제13조 제2항). 셋째, 조세법률주의의 원칙상 소급과세가 금지되고 있다(제59조). 이 세 가지를 제외하고도 다양한 곳에서 소급입법의 금지는 실제 중요한 헌법원칙으로 작동되고 있다.

나. 소급입법의 유형분류와 예외

이상에서 본 것처럼 소급입법의 금지가 문제되는 영역에서 어떠한 입법이 소급입법인지, 그리고 그러한 입법이 헌법적으로 정당화될 수 있을 것인지 등에 직면하여 구체적인 기준점을 가져야만 당해 입법의 위헌성을 심사할 수 있다.

우선 소급입법의 유형과 관련하여 헌법재판소는 여러 사례를 심사하면서 소급입법의 유형에 대하여 일정한 체계를 형성해 오고 있다. 물론 시간이 흘러감에 따라 그러한 기존의 구분체계에 대한 조심스런 변화도 보이는데, 주요 내용을 보면 다음과 같다.

소급입법은 과거에 완성된 사실 또는 법률관계를 대상으로 하는 '진정소급입법'과 과거에 시작되었으나 아직 완성되지 아니하고 진행과정에 있는 사실관계 또는 법률관계를 규율대상으로 하는 '부진정소급입법'으로 구분될 수 있다.[3]

이렇게 심판대상에 오른 법률의 성격을 두 가지로 구분하는 이유는 소급입법금지의 원칙이라는 헌법원리를 심사잣대로 사용하는 경우에 그 위헌성의 심사방법에서 일정한 차이를 두

---

  1) 강경근, 헌법, 법문사, 2004, 188.
  2) 헌재 1991. 7. 8. 91헌가4, 3, 340; 1995. 10. 26. 94헌바12, 7-2, 447.
  3) 헌재 1995. 10. 26. 94헌바12, 7-2, 447; 1996. 2. 16. 96헌가2등, 8-1, 84-88.

기 위한 것이다. 원칙적으로 헌법은 당사자의 신뢰보호와 법적 안정성을 도모하기 위하여 사후입법에 의하여 당사자의 지위나 권리의 박탈을 허용하지 않기 때문에 진정소급입법을 위헌이라고 본다.[4] 그렇지만 구법질서에 대하여 기대했던 당사자의 신뢰보호보다 입법권자의 입법형성권을 존중해야 할 것이므로 특단의 사정이 없는 한 부진정소급입법은 허용되는 것으로 보고 있다.[5] 그러므로 헌법재판소는 진정소급입법의 경우는 특단의 사정이 없는 한 예외를 허용하지 않으며 입법자의 입법형성권에 대하여 제약을 가하고 있지만, 부진정소급입법의 경우는, 물론 예외는 있지만, 입법자의 형성재량을 보다 넓게 인정하고 있다.

헌법재판소는 진정소급입법이 허용될 수 있는 사유를 몇 가지 한정하여 밝히고 있다. 진정소급입법이 허용되기 위하여, 첫째로 일반적으로 국민이 소급입법을 예상할 수 있었어야 하거나, 둘째로 법적 상태가 불확실하거나 혼란스러웠거나 하여 보호할만한 신뢰의 이익이 적은 경우여야 하거나, 셋째로 소급입법에 의한 당사자의 손실이 없거나 아주 경미한 경우라야 하거나, 넷째로 신뢰보호의 요청에 우선하는 심히 중대한 공익상의 이유가 소급입법을 정당화하는 경우라는 요건을 충족하여야 한다.[6]

다. 형벌불소급의 원칙

(1) 의 의

형벌불소급의 원칙이란 범죄의 성립과 처벌을 행위시의 법률에 의하게 함으로써 사후법률에 의한 처벌을 금지하여 국민의 법적 안정성을 도모하고자 하는 원칙을 말한다. 이는 우리 헌법 제12조 제1항 제2문과 제13조 제1항 전단에서 천명하고 있는 죄형법정주의의 한 내용으로 설명할 수 있다.[7] 죄형법정주의는 다음 몇 가지 기본내용을 포함하고 있다.[8] 첫째로 형벌법규의 성문법주의 및 관습형법의 금지, 둘째로 형벌법규의 소급효력의 금지, 셋째로 유추해석의 금지, 넷째로 절대적 부정기형의 금지, 다섯째로 불명확한 구성요건의 금지(규범명확성의 원칙) 등을 들 수 있다. 주요 다섯 가지 원칙 중 형벌법규의 소급효력금지가 성문법주의와 더불어 가장 중요한 것으로 인식되고 있다.

헌법은 제13조 제1항에서 "모든 국민은 행위시의 법률에 의하여 범죄를 구성하지 아니하는 행위로 소추되지 아니하며"라고 규정하여 처벌을 하기 위해서는 반드시 행위시에 법률이 존재하여야 함을 밝히고 있다.

(2) 구성요건의 형성과 처벌규정의 위임

헌법 제13조 제1항은 다음 두 가지 의미를 내포하고 있다. 우선 구성요건과 관련하여 행위

---

4) 헌재 1998. 9. 30. 97헌바38, 10-2, 530.
5) 헌재 1989. 3. 17. 88헌마1, 1, 9; 2001. 4. 26. 99헌바55, 13-1, 884.
6) 헌재 1998. 9. 30. 97헌바38, 10-2, 530.
7) 허영, 한국헌법론, 박영사, 2013, 366.
8) 권영성, 헌법학원론, 법문사, 2010, 419; 성낙인, 헌법학, 법문사, 2013, 478; 허영(전주), 366.

시에 존재하지 않던 것을 사후에 새롭게 구성요건을 규정하거나 그 처벌의 정도를 가중하는 규정을 마련하는 것은 형벌불소급의 원칙에 위반된다. 다음으로 처벌규정에 대한 위임의 문제와 관련하여 원칙적으로 처벌법규의 일반적 또는 포괄적 위임은 허용되지 않는다. 법률에 의한 처벌법규의 위임은 특히 긴급한 필요가 있거나 미리 법률로써 자세히 정할 수 없는 부득이한 사정이 있는 경우에 한정되어야 한다. 이때에도 법률에서 범죄의 구성요건은 처벌대상인 행위가 어떠한 것일거라고 이를 예측할 수 있을 정도로 구체적으로 정하고 형벌의 종류 및 그 상한과 폭을 명백히 규정하여야 한다.9)

그런데 구성요건의 내용이 모두 해석할 필요가 없을 만큼 서술적 개념으로 규정되어야 하는 것은 아니다. 구성요건은 일정한 범위 내에서 가치개념을 내포할 수도 있으며, 지나치게 시대변화에 대응할 수 없을 정도로 고정적일 것을 요구하지 않는다. 비록 입법자가 다소 광범위하고 어느 정도 법관의 보충적인 해석이 필요한 개념을 사용하였더라도 적용단계에서 다의적으로 해석될 우려가 없으며, 입법자의 입법의도가 일반 상식을 가진 자에 의하여 일의적으로 파악될 수 있는 정도이면 헌법의 요청에 반하지 않는다.10)

라. 이중처벌금지의 원칙

우리 헌법은 제13조 제1항 후단에서 '동일한 범죄에 대하여 거듭 처벌받지 아니한다'고 규정하였는데, 이는 같은 사건에 대하여 다시 심판할 수 없다는 이중처벌금지의 원칙을 선언한 것이다.11) 이것은 법적 안정성과 신뢰보호에 바탕을 둔 일사부재리의 원칙이 국가의 형벌권 실행을 기속하는 원리로서 특수하게 규정하고 있는 개념이다.

이중처벌금지의 원칙에 따라 어떤 행위에 대하여 처벌이 끝났거나 무죄판결이 확정된 경우에 재차 형사책임을 물을 수 없다. 또한 여기서 처벌의 의미는 원칙적으로 범죄에 대한 국가의 형벌권실행으로서의 과벌을 말하는 것이고, 국가가 행하는 일체의 제재나 불이익처분이 모두 여기에 포함되는 것으로 볼 수는 없다.12) 따라서 공무원이 재직 중에 일정한 범죄를 저지른 경우에 형벌로 처벌받고 다시 퇴직시 급여를 제한받는 것은 이중처벌금지원칙에 위반되지 않는다.13)

그리고 일사부재리의 원칙은 실체판결에 대한 실체적 확정력의 문제임에 반하여 영미법상 이중위험(double jeopardy)금지의 원칙은 형사절차가 일정한 단계에 이르면 동일절차를 반복할 수 없다는 절차법적 관점이라는 것에서 차이가 있다.14)

---

9) 헌재 1997. 9. 25. 96헌가16; 2000. 6. 29. 99헌가16; 2001. 12. 20. 2001헌가6 등.
10) 헌재 1989. 12. 22. 88헌가13, 1, 383.
11) 허영(주 7), 369.
12) 헌재 1994. 6. 30. 92헌바38, 6-1, 619(627); 2002. 7. 18. 2000헌바57.
13) 헌재 2002. 7. 18. 2000헌바57.
14) 성낙인(주 8), 486.

2. 연좌제의 금지(헌법 제13조 제3항)

헌법 제13조 제3항에서 금지하고 있는 연좌제는 주로 동양에서 전근대적 처벌의 하나로 시행되어 왔던 역사성을 가지고 있다. 그러나 근대 헌법이 개인책임의 원칙 또는 자기책임의 원칙을 받아들이면서 연좌제를 허용하는 것은 헌법정신에 위반되는 것으로 인식되었다.

신체의 자유를 구속하거나 다른 불이익을 가하기 위해서는 개인에게 책임을 물을 수 있는 행위에 대한 비난가능성이 존재해야 한다. 따라서 자신과 아무런 관련도 없는 행위, 즉 다른 사람의 행위로 말미암아 처벌 등 불이익을 받는 것을 허용하지 않겠다는 것이다.[15] 비록 헌법의 체계상 신체의 자유와 관련하여 논의되지만 이를 넘어 다른 영역에서도 마찬가지로 자신의 행위와 관련 없는 사유로 어떠한 불이익처분도 받지 않아야 한다. 여기서 친족의 행위라고 명시하였으나 민법상 친족[16]의 개념인 배우자, 혈족, 인척의 행위뿐만 아니라 그 밖의 모든 타인의 행위로 인한 불이익한 처우를 금지하는 취지를 담고 있다.

II. 연 혁

1. 소급입법금지의 원칙(헌법 제13조 제1항 및 제2항)

소급입법금지의 원칙을 죄형법정주의와 이중처벌금지의 원칙을 묶어서 규정하는 방식은 제헌헌법 이래 일관되게 규정되어 왔다. 다만 제5차개정헌법인 1962년헌법에서 참정권과 재산권에 대한 박탈금지원칙이 추가로 같은 조 제2항에 규정되기 시작했다.

참정권과 재산권에 대한 박탈금지가 명문으로 규정되게 된 것은 헌정사의 경험에서 비롯된 것이다. 참정권과 관련하여 과거에 「반민족행위자 처벌법」이나 「반민주행위자 공민권 제한법」, 「정치활동 정화법」과 「정치풍토쇄신을 위한 특별조치법」에 의하여 참정권을 소급적으로 제한하는 사례가 있었다. 이를 계기로 소급입법에 따라 참정권이 함부로 제한되는 일이 없도록 경계하고자 하는 것이다. 그리고 재산권과 관련하여 예전에 4·19 이후 부정축재처리법이나 5·16 이후에 있었던 부정축재처리법이라는 소급입법에 의하여 재산권을 박탈하는 일이 있었는데, 이러한 일이 재발하지 않도록 하기 위한 것이다. 다만 모든 소급입법이 금지되는 것은 아니며, 헌법 제37조 제2항에 근거하여 일정한 제한이 가해질 수는 있다.

---

15) 전광석, 한국헌법론, 집현재, 2013, 288.
16) 제777조(친족의 범위) 친족관계로 인한 법률상 효력은 이 법 또는 다른 법률에 특별한 규정이 없는 한 다음 각호에 해당하는 자에 미친다. 1. 8촌 이내의 혈족, 2. 4촌 이내의 인척, 3. 배우자.

2. 연좌제의 금지(헌법 제13조 제3항)

소급입법금지원칙과 더불어 연좌제의 금지가 헌법에 명문으로 규정된 것은 제8차개정헌법인 1980년헌법이다. 현행 제9차개정헌법은 그 체제를 그대로 계승하고 있다.

Ⅲ. 입헌례와 비교법적 의의

1. 소급입법금지의 원칙(헌법 제13조 제1항 및 제2항)

주요국에서 소급형벌처벌금지와 이중처벌금지원칙을 개별조항으로 규정하고 있는 경우를 일별하면 다음과 같다.

한 국	일 본	독 일	미 국	프 랑 스	이탈리아	스 페 인
제13조 제1항 모든 국민은 행위시의 법률에 의하여 범죄를 구성하지 아니하는 행위로 소추되지 아니하며, 동일한 범죄에 대하여 거듭 처벌받지 아니한다.	제39조 누구든지 당시에 적법하였던 행위 또는 이미 무죄가 된 행위에 대해서는 형사상 책임을 추궁받지 아니한다. 또한 동일한 범죄에 대하여 거듭 형사상의 책임을 추궁받지 아니한다.	제103조 제2항 행위를 저지르기 전에 법률이 처벌을 규정한 경우에 한하여 해당 행위는 처벌할 수 있다. 제103조 제3항 누구라도 동일한 행위에 대하여, 일반형법에 의거하여 이중처벌되지 않는다.	수정헌법 제5조 "이중위험금지 규정" … 누구라도 동일한 범행으로 생명이나 신체에 대한 위협을 재차 받지 아니하며, …	1789 제8조 후문 … 어느 누구도 범죄행위 이전에 제정 및 공포되고, 합법적으로 적용되는 법률에 의하지 아니하고는 처벌받지 않는다.	제25조 제2문 범죄 당시 유효한 법률에 의하지 않으면 처벌할 수 없다.	제25조 제1항 누구든지 사건 당시의 현행법규에 따라서 범죄, 과실 또는 행정상의 위반을, 사건 발생시에 구성하지 아니한 작위 또는 부작위에 의하여 소추되거나 처벌되지 아니한다.
제13조 제2항 모든 국민은 소급입법에 의하여 참정권의 제한을 받거나 재산권을 박탈당하지 아니한다.						

2. 연좌제의 금지(헌법 제13조 제3항)

연좌제의 금지를 헌법 명문으로 규정한 예는 주요국의 경우 이탈리아가 제27조 제1문에서 "개인이 형사 책임을 진다"는 규정을 두어 자기책임의 원리를 선언한 예가 있다.

Ⅳ. 다른 조문과의 관계

1. 소급입법금지의 원칙(헌법 제13조 제1항 및 제2항)

헌법에서 직접 일반적인 규정으로 소급입법금지의 원칙을 선언하고 있지는 않다. 그렇지만 기본권의 제한과 관련하여 기본권제한입법의 한계조항으로 인식되는 헌법 제37조 제2항이 그 내용을 포함하고 있는 것으로 볼 수 있다.[17] 헌법 제37조 제2항에서 법률에 근거한 기본권제한에서 형식적 요건으로서 법률을 요구할 뿐만 아니라 개인의 행위 당시에 존재하는 법률에서 정한 요건을 충족하여야 하는 것은 당연하다.

이와 같은 이론적 근거에서 헌법 제13조 제1항과 제2항에 대한 체계적 해석에 유의하면서 이들의 관계를 검토해 볼 필요가 있다. 우선 헌법 제13조 제1항은 체계상 헌법 제37조 제2항 및 법치국가원리에서 도출되는 법적 안정성을 실현하기 위한 내용을 단순히 확인하는 것인가 아니면 특별법과 일반법의 관계에 있는가? 헌법 제13조 제1항은 형벌에 의한 개인의 신체의 자유가 침해되는 것을 방지하고자 헌법 제12조 제1항에서 정한 형벌법률주의와 적법절차의 원리의 한 요소인 죄형법정주의에서 파생되는 소급입법금지의 원칙을 헌법이 수용한 것이다. 따라서 이 규정은 형벌에 관한 소급입법금지에 대하여 절대적 효력을 갖는다.[18]

다음으로 헌법 제13조 제2항은 형벌불소급의 원칙을 정한 제1항과 그 효력면에서 달리 파악될 수 있다. 왜냐하면 형벌을 정하는 입법은 소급입법이 절대적으로 부인되지만, 재산권 또는 참정권은 소급입법으로부터 절대적으로 보호될 수는 없기 때문이다. 단지 헌법 제37조 제2항의 규정에 따라 기본권을 제한할 수 있는 것을 확인하는 의미로 파악할 수 있다.[19] 이 규정이 헌법에 도입된 정치사적 배경을 살펴보더라도 예전의 잘못된 입법의 행태를 근절하겠다는 정책적 의지가 보다 강하게 작용된 것으로 보아야 한다.[20]

2. 연좌제의 금지(헌법 제13조 제3항)

엄밀하게 보면 자기책임의 원칙에 기초한 연좌제의 금지는 법치국가의 원칙이나 적법절차

---

17) 전광석(주 15), 287.
18) 전광석(주 15), 287.
19) 전광석(주 15), 241.
20) 한수웅, 헌법학, 법문사, 2013, 255.

의 원칙의 한 내용으로 이해될 수 있다. 그런 취지에서 이들 원칙을 헌법의 일반원리로 선언한 근거로 이해되는 헌법 제37조 제2항이나 헌법 제12조 제1항의 특별조항이라고 보아도 무방하다.

V. 세부개념과 원리

1. 소급입법금지의 원칙(헌법 제13조 제1항 및 제2항)

가. 신뢰보호원칙과의 관련성

(1) 신뢰보호원칙의 의의

신뢰보호원칙이란 국민들이 법적 안정성을 유지한 채 삶을 영위하도록 하기 위하여 합리적인 판단에 따라 국가가 시행하는 법률 또는 제도가 장래에도 그대로 존속될 것이라고 믿고 이를 바탕으로 일정한 법적 지위를 형성한 경우에 그 법적 지위와 관련된 법규나 제도의 개폐가 있을 때에 이를 믿고 따른 국민의 신뢰를 최대한 보호하고자 하는 원칙을 말한다.[21] 신뢰보호원칙은 법치국가원리의 내용인 법적 안정성에 그 근거를 두고 있다.[22] 하지만 우리가 여기서 다루는 소급입법금지의 원칙과 반드시 동의어로 사용되는 것은 아니며, 형벌불소급의 원칙과도 개념상 구분이 가능하다. 일반적으로 신뢰보호의 원칙은 소급입법금지의 원칙에 의하여 보다 구체적으로 실현되고 있다.[23]

실제로 법률의 개정시 구법질서에 대한 당사자의 신뢰가 합리적이고도 정당하며 법률의 개정으로 야기되는 당사자의 손해가 극심하여 새로운 입법으로 달성하고자 하는 공익적 목적이 그러한 당사자의 신뢰의 파괴를 정당화할 수 없다면 그러한 새 입법은 신뢰보호의 원칙상 허용될 수 없다. 헌법재판소는 이러한 신뢰이익보호원칙의 위배여부를 판단하기 위하여 일정한 기준을 제시하면서 헌법상 법치국가의 원칙으로부터 신뢰이익보호의 원리가 도출된다고 판시하였다. 그 기준을 보면, 한편으로 침해받은 이익의 보호가치, 침해의 중한 정도, 신뢰가 손상된 정도, 신뢰침해의 방법 등과 다른 한편으로 새 입법을 통해 실현하고자 하는 공익적 목적을 종합적으로 비교·형량하여야 한다고 하였다.[24]

(2) 신뢰보호원칙의 한계

개인이 기존의 법률 또는 제도에 의하여 형성된 신뢰를 보호받는 것은 마땅하지만 모든 신뢰가 보호되는 것은 아니다. 다른 일정한 공익적 조치를 필요로 할 경우에 개인의 신뢰는 일

21) 정종섭, 헌법학원론, 박영사, 2013, 178.
22) 헌재 2004. 12. 16. 2003헌마226등, 16-2하, 590.
23) 전광석(주 15), 240.
24) 헌재 1997. 11. 27, 97헌바10, 9-2, 651-674; 2002. 2. 28. 99헌바4, 14-1, 116.

부 후퇴할 여지가 존재한다. 헌법재판소도 " … 사회환경이나 경제여건의 변화에 따른 정책적인 필요에 의하여 공권력행사의 내용은 신축적으로 바뀔 수밖에 없고, 그 바뀐 공권력행사에 의하여 발생된 새로운 법질서와 기존의 법질서와의 사이에는 어느 정도 이해관계의 상충이 불가피하므로 국민들의 국가의 공권력행사에 관하여 가지는 모든 기대 내지 신뢰가 절대적인 권리로서 보호되는 것은 아니 … "라고 하여 일정한 한계가 제시될 수 있음을 밝혔다.[25]

나. 특수문제

(1) 시혜적 소급입법의 문제

모든 소급입법이 금지되는 것은 아니라는 것은 이미 살펴보았다. 그런데 입법자가 구체적인 입법을 하는 과정에서 어느 범위의 대상을 정하여 시혜적 조치의 내용을 담은 입법을 하는 것은 가능하다. 하지만 이 과정에서 국가가 반드시 피적용자에게 유리한 이른바 시혜적 소급입법을 해야 할 의무를 지는 것은 아니다. 개정된 신법이 피적용자에게 유리한 경우에 이른바 시혜적인 소급입법을 하여야 한다는 입법자의 의무가 헌법상의 원칙들로부터 도출되지는 아니한다. 따라서 이러한 시혜적 소급입법을 할 것인지의 여부는 입법재량의 문제로서 그 판단은 일차적으로 입법기관에 맡겨져 있는 것이므로 이와 같은 시혜적 조치를 할 것인가를 결정함에 있어서는 국민의 권리를 제한하거나 새로운 의무를 부과하는 경우와는 달리 입법자에게 보다 광범위한 입법형성의 자유가 인정된다.[26]

(2) 형벌불소급의 원칙과 관련한 특수문제

(가) 불처벌의 특례와 관련된 소급입법의 문제

헌법재판소는 교통사고처리특례법과 관련한 사안에서 교통사고를 낸 자에게 일정한 사유가 충족되면 형사상 처벌하지 않는 것을 규정한 불처벌특례규정을 합헌이라고 한 바가 있다.[27] 그 이유는 행위 당시 행위자를 처벌하지 않는 규정이 존재하여 처벌되지 않았던 자가 심판대상규정의 위헌결정으로 말미암아 소급하여 처벌되는 것은 소급입법금지의 원칙과 조화될 수 없기 때문이다. 또한 이와 같은 경우까지 헌법재판소법 제47조 제2항 단서의 적용범위에 포함시키는 것은 그 규정취지에 반하므로 심판대상법률조항이 헌법에 위반된다고 선고되더라도 형사처벌을 받지 않았던 자들을 소급하여 처벌할 수 없다.[28]

(나) 공소시효의 연장 문제

헌법이 행위시법에 따른 처벌을 규정하였기 때문에 사후에 새로운 구성요건을 창설하거나 형을 가중하는 규정으로 개정하는 것은 허용되지 않는다고 하였다. 그런데 행위자가 범죄를 저지른 후 법을 개정하여 공소시효를 연장하는 것이 형벌불소급의 원칙에 반하는가에 대하여 의

---

25) 헌재 1996. 4. 25. 94헌마119, 8-1, 445-446.
26) 헌재 1998. 11. 26. 97헌바65, 10-2, 694; 1994. 12. 28. 95헌마196, 7-2, 899.
27) 헌재 1997. 1. 16. 90헌마110, 9-1, 90.
28) 헌재 1997. 1. 16. 90헌마110, 9-1, 108.

견이 나뉘고 있다. 이런 논의의 출발점은 공소시효의 문제가 형벌불소급의 원칙에 포섭되는가
에 따라 달라지고 있다. 첫째, 공소시효의 정지 및 연장의 문제는 형벌불소급의 원칙에 포섭되
지 않기 때문에 사후에 공소시효를 정지 또는 연장하는 규정을 두는 것은 가능하다고 본다.[29]
그래서 이 사안이 형벌불소급의 원칙을 적용해야 하는 사안은 아니지만 일반적인 소급입법금
지의 원칙을 적용하여 제한을 가할 수 있는 것으로 본다.[30] 이러한 대표적인 사안으로 5·18특
별법이나 헌정질서파괴특례법에서 공소시효의 정지 내지 적용배제를 규정하는 것은 죄형법정
주의에 어긋나지 않는 것으로 본다.[31] 둘째, 공소시효의 문제는 소송법적 성격뿐만 아니라 실
체법적 성격을 동시에 갖기 때문에 형벌불소급의 원칙에 포섭될 수 있기에 사후에 공소시효를
연장하는 것은 헌법위반이라고 본다.[32]

(3) 이중처벌금지의 원칙과 관련한 특수문제

(가) 행정형벌과 과태료

국가가 행하는 일체의 제재나 불이익처분이 모두 병과할 수 없는 것은 아니다. 만약 행위
자가 행정법상 위반행위를 하여 행정형벌로 처벌되고 나서 그에 대한 의무이행의 확보를 위해
과태료를 부과하는 것은 이중처벌이 아니다.[33] 왜냐하면 행정형벌은 행위자에 대한 과거 법위
반행위에 대한 제재의 성격을 갖고 있지만, 과태료처분은 의무를 이행하지 않은 것에 대한 이
행확보를 위한 제재이므로 그 목적과 기능을 달리하고 있으며 동일한 행위에 대하여 거듭 처벌
하는 것이라고 볼 수도 없다.

그리고 행정법상 의무불이행에 대하여 의무이행을 강제하는 조치를 취하고 동시에 의무위
반에 대한 제재로서 징수금을 부과하는 것 역시 이중처벌금지의 원칙이 적용되는 사안이 아니
다. 예컨대 산업재해보상보험법에 따라 보험관계를 신고하여야 하나 사업주가 태만하여 미신고
상태에서 산재가 발생한 경우에 근로복지공단이 보험금을 지급한 후 그 급여액의 전부 또는 일
부를 징수할 수 있을 뿐만 아니라 일정한 징수금을 부과하는 것은 그 성격이 달라 중복부담이
라 볼 수 없다.[34]

(나) 형벌과 보안처분

보안처분은 형벌보충처분과 범죄예방처분을 말한다.[35] 보안처분은 처벌이나 강제노역에

---

29) 헌재 1996. 2. 16. 96헌가2, 96헌바7·13, 8-1, 83 이하(재판관 김진우, 재판관 이재화, 재판관 조승형, 재판
    관 정경식의 의견).
30) 전광석(주 15), 241.
31) 허영(주 7), 368.
32) 헌재 1996. 2. 16. 96헌가2 등, 8-1, 94 이하(재판관 김용준, 재판관 김문희, 재판관 황도연, 재판관 고중
    석, 재판관 신창언의 의견).
33) 헌재 1994. 6. 30. 92헌바38, 6-1, 628 이하; 2001. 5. 31. 98헌가18등(병합), 13-1, 1100 이하; 2003. 6.
    26. 2002헌가14, 15-1, 640 이하.
34) 헌재 2004. 10. 28. 2003헌바70, 16-2(하), 186 이하.
35) 성낙인(주 8), 486.

버금가는 중대한 기본권 제한을 수반하기 때문에 적법절차의 원칙이 적용되어야 한다. 또한 형벌이 과거의 범죄행위에 대한 법적 비난이지만 보안처분은 행위자의 재범의 위험성을 방지하고 행위자의 사회복귀를 촉진하기 위한 목적을 갖고 있으므로 형벌과 그 본질, 목적 및 기능이 서로 다르다. 따라서 형벌과 보안처분을 병과하는 것이 이중처벌금지의 원칙에 위반되는 것은 아니다. 헌법재판소는 보안관찰처분에 대하여 그 본질이 헌법 제12조 제1항에 근거한 보안처분인 이상 형의 집행종료 후 별도로 보안관찰처분을 명할 수 있다고 하여 헌법 제13조 제1항이 규정한 일사부재리의 원칙에 위반하였다고 볼 수 없다고 결정하였다.[36] 보호처분의 경우에도 같다.[37]

(다) 누범 또는 상습범의 가중처벌에 대한 문제

형법 제35조 제1항은 "금고 이상의 형을 받아 그 집행을 종료하거나 면제를 받은 후 3년 내에 금고 이상에 해당하는 죄를 범한 자는 누범으로 처벌한다"고 하였는데, 제2항에서 "누범의 형은 그 죄에 정한 형의 장기의 2배까지 가중한다"고 하였다. 누범의 경우에 전범(前犯)에 이어 다시 후범을 저질렀다는 사실 자체에 비난가능성이 더 크다고 보기 때문이다. 그리고 전범의 처벌은 이미 이루어진 상태이고, 그 판단은 오로지 후범에 의하여 저질러진 범죄에 대하여 가중처벌하는 것이므로 이중처벌로 볼 수 없다.[38]

우리 형법은 상습범의 처벌에 관하여 각칙에서 정하고 있는데, 대체로 각 죄에 정한 형의 1/2까지 가중한다고 규정하고 있다. 상습범을 가중처벌하는 것은 단순히 전과가 있기 때문이 아니라 상습범에게는 그 속성으로서 범죄행위를 반복하여 저지르는 범죄의 습벽이 있어 그러하지 아니한 사람에 비하여 반사회적 위험성이 크기 때문이다. 그러므로 어느 한 행위에 대하여 이중처벌하는 것은 아니므로 이중처벌금지의 원칙에 위반되지 않는다.[39]

(라) 외국에서 받은 형벌의 처리문제

형벌은 국가권력의 독점에 의하여 이루어지는 제재를 말한다. 그러므로 이중처벌금지의 원칙도 일반 개인에게 기준으로 적용되는 것이 아니라 국가권력이 그 수범자로 되고,[40] 국가권력의 형벌권 행사의 한계로 기능한다. 그런데 개인이 외국에서 범죄를 저지르고 그 국가에서 일정한 형벌을 선고받아 집행을 당한 후 국내에 입국한 경우에 우리 형법에 따른 처벌은 가능하다. 우리 형법도 제7조에서 "범죄에 의하여 외국에서 형의 전부 또는 일부의 집행을 받은 자에 대하여 형을 감경 또는 면제할 수 있다"라고 하였다. 따라서 국가가 범죄자에 대하여 반드시 형을 감경 또는 면제할 의무는 없으며 임의적 감면에 불과하다.

---

36) 헌재 1997. 11. 27. 92헌바28, 9-2, 549; 2003. 6. 26. 2001헌가17등.
37) 헌재 1989. 7. 14. 88헌가5, 1, 69.
38) 헌재 1995. 2. 23. 93헌바43, 7-1, 235.
39) 헌재 1995. 3. 23. 93헌바59, 7-1, 395.
40) 전광석(주 15), 289.

(4) 참정권과 재산권에 대한 구체적 소급입법

참정권의 제한은 주로 공직선거법이나 국민투표법에 근거하여 제한이 이루어진다. 선거권이나 국민투표권의 행사가 제한되는 범위를 설정하거나 일정한 사유로 피선거권 등이 제한되는 사유가 입법자에 의하여 설정되고 있다. 이러한 규정은 소급입법의 문제는 발생시키지 않기 때문에 그것이 헌법 제37조 제2항의 한계 내에 있다면 허용될 수 있다. 따라서 오늘날 소급입법에 의하여 참정권을 제한할 가능성은 거의 사라졌다고 볼 수 있다.

앞서 설명한 바와 같이 진정소급입법에 의하여 재산권을 제한하거나 박탈할 수는 없다. 다만 일정한 요건을 갖춘 매우 예외적인 소급입법은 정당화될 여지도 있다. 최근에 가장 크게 논란이 되었던 친일재산을 그 취득·증여 등 원인행위시에 국가의 소유로 하도록 규정한 친일재산귀속법 제3조 제1항 본문(2005. 12. 29. 법률 제7769호로 제정된 것, "이 사건 귀속조항")에 대하여 헌재는 진정소급입법에 해당하지만 헌법상 허용된다고 판시하였다: "이 사건 귀속조항이 진정소급입법에 해당하지만, 진정소급입법이라 할지라도 예외적으로 국민이 소급입법을 예상할 수 있었던 경우와 같이 소급입법이 정당화되는 경우에는 허용될 수 있다. 친일재산의 취득 경위에 내포된 민족배반적 성격, 대한민국임시정부의 법통 계승을 선언한 헌법 전문 등에 비추어 친일반민족행위자측으로서는 친일재산의 소급적 박탈을 충분히 예상할 수 있었고, 친일재산 환수 문제는 그 시대적 배경에 비추어 역사적으로 매우 이례적인 공동체적 과업이므로 이러한 소급입법의 합헌성을 인정한다고 하더라도 이를 계기로 진정소급입법이 빈번하게 발생할 것이라는 우려는 충분히 불식될 수 있다. 따라서 이 사건 귀속조항은 진정소급입법에 해당하나 헌법 제13조 제2항에 반하지 않는다."[41]

헌법 제13조 제2항의 규범적 의미는 이미 종결된 사안에 대하여 새로운 입법으로 과거에 소급하여 과세하거나 납세의무자가 존재하는 경우에도 소급하여 중과세하도록 하는 것은 헌법에 위반된다는 것이다.[42] 따라서 이미 위헌결정된 구법 조항을 그대로 적용할 수 있게 한 규정은 소급입법에 의한 재산권 박탈을 가져오므로 위헌이다.[43] 공무원연금법 제64조 제3항의 급여제한을 퇴직 후의 사유에도 적용하는 것은 소급입법으로 재산권을 침해하는 것이다.[44]

2. 연좌제의 금지(헌법 제13조 제3항)

헌법이 연좌제를 금지하고 있지만 행위자와 일정한 상관관계가 존재하는 경우에 예외적으로 불이익한 처분을 가할 수 있다. 다만 그 때도 친족 등의 행위이기 때문에 불이익한 처분을 받는 것이 아니라 문제된 당사자와 구체적인 사안밀접성이 존재하기 때문이다. 예를 들어 선거

41) 헌재 2011. 3. 31. 2008헌바141 등, 23-1상, 277.
42) 헌재 1995. 3. 23. 93헌바18등, 7-1, 376 이하.
43) 헌재 1993. 9. 27. 92헌가5, 5-2, 253.
44) 헌재 2002. 7. 18. 2000헌바57, 14-2, 1 이하.

에서 후보자와 밀접한 관계 속에서 선거운동을 하는 후보자의 배우자 등의 위법행위가 후보자의 지위에 불이익을 주는 조치는 허용된다.[45] 이 사건 법률조항은 배우자가 죄를 저질렀다는 이유만으로 후보자에게 불이익을 주는 것이 아니라, 후보자와 불가분의 선거운명공동체를 형성하여 활동하게 마련인 배우자의 실질적 지위와 역할을 근거로 후보자에게 연대책임을 부여한 것이므로 헌법 제13조 제3항에서 금지하고 있는 연좌제에 해당하지 아니한다.[46]

「반국가행위자의 처벌에 관한 특별조치법」 제8조에서 정한 반국가행위자의 재산몰수와 관련하여 헌법재판소는 이 법 제10조와 관련하여 친족의 재산까지도 반국가행위자의 재산이라고 검사가 적시하기만 하면 특조법 제7조 제7항에 의하여 증거조사 없이 몰수형이 선고되게 되어 있으므로, 헌법 제13조 제3항에서 금지한 연좌형이 될 소지도 크다고 보았다.[47] 그러나 친일재산을 그 취득·증여 등 원인행위시에 국가의 소유로 하도록 규정한 「친일재산귀속법」 제3조 제1항 본문(2005. 12. 29. 법률 제7769호로 제정된 것)이 친일반민족행위자 후손의 재산 중 그 후손 자신의 경제적 활동으로 취득하게 된 재산이라든가 친일재산 이외의 상속재산 등을 단지 그 선조가 친일행위를 했다는 이유만으로 국가로 귀속시키는 것은 아니므로, 연좌제금지에 해당되지 않는다고 헌재는 보았다.[48]

공직자의 지휘계통에 근거하여 하급자의 행위에 대한 책임을 물어 상급자를 인사조치하는 것은 연좌제금지에 위반되지 않는다. 또한 감독관청이 감독을 게을리하여 문제가 발생한 경우에 행하는 불이익조치는 감독을 태만히 한 자신의 행위에 기초하고 있기 때문에 연좌제에 해당하지 않는다.[49]

한편 국회의원이 보유한 직무관련성 있는 주식의 매각 또는 백지신탁을 명하고 있는 구 공직자윤리법(2008. 2. 29. 법률 제8863호로 개정되고, 2009. 2. 3. 법률 제9402호로 개정되기 전의 것) 제14조의4 제1항 본문 제1호 및 제2호 가목 본문 중 제10조 제1항 제1호의 '국회의원' 부분(이하 '이 사건 법률조항'이라 한다)은 "매각 또는 백지신탁의 대상이 되는 주식의 보유한도액을 결정함에 있어 국회의원 본인 뿐만 아니라 본인과 일정한 친족관계가 있는 자들의 보유주식 역시 포함하도록 하고 있는 것은 본인과 친족 사이의 실질적·경제적 관련성에 근거한 것이지, 실질적으로 의미 있는 관련성이 없음에도 오로지 친족관계 그 자체만으로 불이익한 처우를 가하는 것이 아니므로" 연좌제금지원칙에 저촉되지 아니한다고 헌재는 판단하였다.[50]

45) 헌재 2005. 12. 22. 2005헌마19, 17-2, 785.
46) 헌재 2005. 12. 22. 2005헌마19, 17-2, 785.
47) 헌재 1996. 1. 25. 95헌가5, 8-1, 21.
48) 헌재 2011. 3. 31. 2008헌바141 등, 23-1상, 277.
49) 허영(주 7), 372.
50) 헌재 2012. 8. 23. 2010헌가65, 24-2상, 370.

VI. 개정의 필요성

소급처벌과 재산권박탈에 대한 헌정사적 경험이 주는 충격이 아직 완전히 가셨다고 보기 힘든 시점에서 죄형법정주의와 소급입법금지 및 연좌제의 금지는 여전히 유지될 필요성이 있다. 다만 입법기술적으로 헌법 제13조 제3항의 연좌제 금지에 '친족'이라고 특정된 금지범위는 '타인'이라는 일반적 금지범위로 수정되는 것이 타당하다.

VII. 관련문헌

〈단 행 본〉

강경근, 헌법, 법문사, 2004.

권영성, 헌법학원론, 법문사, 2010.

성낙인, 헌법학, 법문사, 2013.

전광석, 한국헌법론, 법문사, 2013.

정종섭, 헌법학원론, 박영사, 2013.

한수웅, 헌법학, 법문사, 2013,

허 영, 한국헌법론, 박영사, 2013.

〈연구논문〉

김경제, "이중처벌금지의 원칙," 공법연구 32-2(2003).

김성규, "일사부재리의 원칙과 형법 제7조의 의미," 성균관법학 14-1(2002).

김성민, "기판력과 일사부재리 원칙," 고시연구 33-7(2006).

김승대, "이중처벌 금지원칙에 대한 헌법해석의 재검토," 공법연구 35-4(2007).

김용재, "미국판례법상 민사금전벌과 이중처벌금지의 원칙에 관한 연구," 고려법학 51 (2008).

김웅희, "소급입법 과세금지원칙의 헌법적 근거에 관한 연구," 세무학연구 22-2(2005).

김종철, "친일진상규명법에 대한 헌법적 검토," 헌법학연구 15-1(2009).

박경철, "최근의 성범죄 대응방안의 헌법적 문제점-현행 신상등록제도와 신상공개제도를 중심으로," 강원법학 33(2011).

박용석, "친일후손의 토지소유권의 회복주장과 소급입법 불허에 대한 평가," 토지법학 22 (2006).

이부하, "헌법상 소급효금지의 원칙과 예외-독일 연방헌법재판소 판례를 분석하며," 세계 헌법연구 17-1(2011).

이창섭, "위치추적 전자장치 부착명령의 법적 성격과 형벌불소급의 원칙," 형사정책 23-2(2011).

최병조, "조선시대의 죄형법정주의 단상—소급입법문제를 중심으로," 법사학연구 45(2012).

하명호, "개선입법의 소급효와 진정 소급입법 과세금지와의 관계," 법조 58-11(2009).

홍영기, "일사부재리의 효력범위—즉결심판을 예로 하여," 저스티스 123(2011).

헌법 제14조

[김 상 겸]

第14條

모든 國民은 居住·移轉의 自由를 가진다.

I. 기본개념과 입헌취지

1. 서 론

인간은 누구나 자신이 원하는 곳에서 생활하고 이동하면서 활동하기를 원한다. 인간에게 주어진 자유는 스스로의 의지에 의하여 거주하고 자신의 활동을 위하여 자유롭게 이동할 수 있을 때 의미가 있다. 거주·이전의 자유는 인간이 생활하고 활동하는 장소를 스스로 선택하여 결정하는 권리로서 거주지와 체류장소에 관한 자기결정권이다.[1] 거주·이전의 자유는 중세를 지

---

1) 한수웅, 헌법학, 법문사, 2013, 646.

나면서 유럽에서 군주의 종교를 따르지 않는 신민들에게 출국의 자유를 보장하면서 시작되었
다. 더구나 근대 시민혁명이후 시민에게 경제적 자유가 주어지면서 거주·이전의 자유는 단지
신체의 자유에만 해당하는 것이 아니라 경제적 자유를 위해서도 중요한 자유가 되었다.[2]

2. 입헌취지

거주·이전의 자유가 헌법에 도입된 것은 20세기 초반이지만, 근대 국가 이후에 동 권리를
보호하면서 현재까지 유지한 것은 국가권력으로부터 자유를 위한 것이다. 거주·이전의 자유의
핵심은 출국의 자유였다.[3] 그 배경에는 종교적 문제가 있었지만, 무엇보다도 근대 시민사회의
형성과 국가의 성립이라는 환경의 변화 속에서 사회계약론이 영향을 미쳤다. 개인이 스스로 국
가권력에 복종하면서 생활하는 한 자유로이 그 국가를 떠날 수 있는 권리도 보장되어야 한다고
생각하였다. 그 이후 거주·이전의 자유는 헌법적 차원에서 중요한 권리가 되었다.

우리나라는 1948년 헌법부터 거주·이전의 자유가 규정되어 있으나, 이를 헌법에 명문으로
두고 있는 이유에 대한 문헌이 없다. 그렇지만 거주·이전의 자유는 개인의 신체활동의 자유 내
지 일반적 행동자유권 뿐만 아니라, 오늘날 인격의 형성과 경제활동을 위하여 필수적인 기본권
이라는 점에서 그 의의가 있다고 본다.

3. 거주·이전의 자유의 개념과 법적 성격

가. 거주·이전의 자유의 개념

거주·이전의 자유는 국가권력의 간섭을 받지 않고 누구나 그 의사에 따라 원하는 장소에
주소나 거소를 정하고 그 곳으로부터 자유롭게 이전하거나 또는 자신의 의사에 반하여 거주지
나 체류지를 변경하지 않을 자유를 말한다.[4] 즉 거주·이전의 자유는 자신이 원하는 장소에 거
주하거나 그 이전을 방해받지 않고 자유롭게 향유할 수 있는 방어권으로서 자유권이다.

거주·이전의 자유는 신체활동의 자유에 기초하여 기본권 주체의 공간적 활동영역을 넓히
는 기본권이다.[5] 동 기본권에는 국내의 거주지 상호간, 국내와 국외의 거주지 상호간 그리고
국외의 거주지 상호간에 있어서 이전의 자유를 포함한다. 거주·이전의 자유는 거주뿐만 아니
라 이동의 자유를 보장함으로써 개인의 일반적 행동의 자유와 인격의 성장, 그리고 직업활동과
재산의 형성을 위한 기초가 되는 기본권이다. 특히 동 기본권은 자본주의의 발전에 따라 사람
과 재화의 자유로운 이동이 필수적으로 요구되는 환경에서 중요한 기본권이다.[6]

---

2) 계희열, 헌법학(중), 박영사, 2007, 509.

3) 전주, 436.

4) 권영성, 헌법학원론, 법문사, 2007, 480.

5) 강경근, 헌법, 법문사, 2004, 740.

6) 성낙인, 헌법학, 법문사, 2013, 664.

나. 거주·이전의 자유의 법적 성격과 효력

거주·이전의 자유는 국가로부터 방해를 받지 않고 자유롭게 거주와 이전 등을 향유할 수 있는 개인의 방어권으로서의 주관적 공권이다. 또한 공동체의 질서를 형성하며 국가행위에 대하여 지침을 제공하는 객관적 가치결정으로서 국가의 법질서에 있어서 중요한 구성요소로서 이중적 성격을 가진다.[7]

거주·이전의 자유는 개인의 주관적 공권으로 국가로부터 침해를 받지 아니할 대국가적 효력을 가지며, 객관적 가치질서라는 점에서 공서양속조항을 통하여 사인 상호간에도 간접적으로 적용된다.

4. 거주·이전의 자유의 주체

거주·이전의 자유의 주체는 국민이다. 국민에는 자연인뿐만 아니라 법인이나 단체도 포함된다. 거주·이전의 자유의 경제적 기본권으로서의 성격에 비추어 볼 때 법인이나 단체가 주체가 되는 것은 당연하다.[8] 그런데 국민과 달리 외국인은 국제법과 조약이 정하는 바에 의한 상호주의에 따라 주체성 인정여부를 판단한다. 다만 외국인이라 하여도 대한민국정부 수립 이전에 국외로 이주한 동포를 포함한 대한민국의 국적을 보유하였던 자나 그 직계비속으로서 외국국적의 동포는 '재외동포 출입국과 법적 지위에 관한 법률'에 따라 국내체류에 관하여 법무부장관이 재외동포체류자격을 부여하도록 하여 예외를 인정하고 있다.

외국인의 기본권주체성에 관한 상호주의는 국민을 우대하는 국내적 표준주의와 인권최소 국제기준원칙을 따르는 국제적 표준주의로 구분할 수 있는데, 전자는 외국인의 보호를 그 외국인의 국가에 체류하는 자국민에 대한 보호와 같은 정도로 행하는 원칙이다.[9] 그러나 후자는 자국민이 체류하는 국가의 인권수준과 관계없이 입국과 체류가 허용된 외국인에게는 일반적으로 문명국가의 국민에게 부여되는 인권의 최소수준을 인정하는 원칙이다. 우리나라는 상호주의에 입각하여 외국인에게 기본권의 주체성을 인정하기 때문에 일반적으로 거주·이전의 자유를 보장하는 것은 아니다. 그렇기 때문에 외국인의 경우 출입국관리법 등에 의하여 제한된다.

이 외에 북한주민이 거주·이전의 자유의 주체가 될 수 있는지 여부가 문제될 수 있다. 왜냐하면 국제사회에서 북한은 하나의 주권국가로 인정되고 있으며, 이로 인하여 북한주민은 북한정부의 국적법에 의하여 북한국적을 취득하고 있기 때문이다. 그러나 북한은 국내법에 의하여 국가로 인정되지 않기 때문에, 북한주민의 경우 대한민국 국적의 취득여부와 상관없이 대한

---

7) 한수웅(주 1), 650.
8) 헌법재판소는 지방세법 제112조 제3항에 대한 위헌소원에서 "법인 등의 경제주체는 헌법 제14조에 의하여 보장되는 거주·이전의 자유의 주체로서 …"라고 하여 거주·이전의 자유의 주체로서 법인을 확인하고 있다 (헌재 2000. 12. 14. 98헌바104). 물론 여기서 법인은 기본권의 수범자인 국가나 지방자치단체와 같은 공법인은 제외된다.
9) 강경근(주 5), 741.

민국의 영토에 살고 있는 주민으로 보아야 한다.10) 따라서 북한주민은 헌법상 거주·이전의 자유의 주체가 되기 때문에 해외에서 대한민국 내로 입국할 권리를 갖는다.11)

5. 거주·이전의 자유의 내용

거주·이전의 자유에는 대한민국 내의 모든 장소에 체류하고 이전할 수 있는 자유뿐만 아니라, 외국으로 이주와 해외여행 및 귀국의 자유, 그리고 국적변경(국적이탈)의 자유도 포함된다.

가. 국내 거주·이전의 자유

모든 국민은 국내에서 거주·이전의 자유를 향유한다. 즉 국민은 국가권력이 미치는 공간에서는 어디이든 상관없이 자신의 의사에 의하여 자유롭게 거주하고 이동할 수 있는 자유를 갖는다. 그렇지만 생활의 근거지에 이루지 못하는 일시적인 이동을 위한 장소의 선택과 변경은 거주·이전의 자유에 포함되지 않는다.12) 이러한 거주·이전의 자유에는 거주지의 이전 이외에도 국내여행의 자유, 기업활동의 근거지인 본점이나 사무소의 설치·이전의 자유 등이 포함된다.13)

거주·이전의 자유와 관련하여 헌법은 제3조에서 우리나라의 영토를 한반도와 그 부속도서로 규정하여 북한도 포함된다. 그러나 북한은 대한민국 헌법의 효력이 현실적으로 미치지 않는 영역이기 때문에 거주·이전의 자유가 보장되지 않는다. 그러나 '남북교류협력에 관한 법률' 제9조에 따라 통일부장관의 허가를 얻으면 북한의 방문이 허용되며, 허가를 얻지 않은 방문의 경우 국가보안법 제6조에 따라 잠입·탈출죄를 구성한다.14)

나. 국외 거주·이전의 자유

국외 거주·이전의 자유는 국외이주의 자유, 출국의 자유(유학의 자유, 해외여행의 자유)와 귀국의 자유, 여권수급의 자유 등을 포함한다. 모든 국민은 외국으로 나가 체류하거나 장기간 해외에 거주할 수 있는 권리를 가진다. 이를 위하여 '해외이주법' 제6조는 국민의 국외이주를 신고사항으로 하고 있다.

모든 국민은 자유로이 해외여행을 다닐 수 있다. 이런 해외여행의 자유는 출국의 자유를 전제로 하고 있다. 또한 모든 국민은 본인이 원하는 경우 외국에서 국내로 귀국할 수 있는 귀국의 자유 내지 입국의 자유를 갖는다. 현행법에는 국민의 귀국의 자유에 대하여 아무런 제한

---

10) 정종섭, 헌법학원론, 박영사, 2013, 674.
11) 대판 1996. 11. 12. 96누1221.
12) 헌재 2011. 6. 30. 2009헌마406.
13) 헌법재판소는 기업의 본점이나 사무소의 설치와 이전은 헌법 제14조에 의한 거주·이전의 자유로부터 보호를 받을 뿐만 아니라, 영업소의 설치와 이전은 통상적 영업에도 속하기 때문에 헌법 제15조에 의한 직업의 자유로부터도 보장받는다(헌재 2000. 12. 14. 98헌바104).
14) 헌재 1997. 1. 16. 92헌바6 등(국가보안법 위헌소원).

이 없다.[15)

거주·이전의 자유와 관련하여 망명자비호권도 포함시킬 것인지 여부가 문제된다. 이에 대하여 우리나라의 판례는 대체로 부정적이다.[16) 이 망명자비호권에 대하여 우리 헌법은 명문의 규정을 두고 있지 않으나, 헌법 제4조와 제5조에 의한 평화주의원칙에 따라 이를 법률상의 권리로 인정할 수는 있다.[17) 그렇지만 우리나라는 난민의 지위에 관한 조약 및 그 의정서에 비준을 하였음에도 여전히 부정적이다.

다. 국적변경의 자유

거주·이전의 자유에는 단지 국외이주나 여행뿐만 아니라, 국적변경(국적이탈)의 자유도 포함한다. 즉 모든 국민은 자신의 의사에 따라 국적을 이탈하여 이민을 갈 수 있다. 헌법재판소는 "거주·이전의 자유는 국가의 간섭 없이 자유롭게 거주와 체류지를 정할 수 있는 자유로서 … 대한민국의 국적을 이탈할 수 있는 '국적변경의 자유' 등도 그 내용에 포섭된다고 보아야 한다"라고 결정하여 국적이탈을 포함시키고 있다.[18) 그렇지만 대한민국 국적을 포기하고 외국의 국적을 취득하는 것에 무국적의 자유까지 인정하는 것은 아니다.[19)

6. 거주·이전의 자유의 제한과 그 한계

가. 거주·이전의 자유의 제한

거주·이전의 자유는 헌법 제37조 제2항에 의하여 제한을 받는다. 즉 국가안전보장, 질서유지 또는 공공복리를 위하여 법률로써 거주·이전의 자유를 제한할 수 있다. 거주·이전의 자유는 헌법 제76조와 제77조에 의하여 긴급명령 또는 계엄 등 국가긴급시에도 제한을 받는다.

국가안전보장을 위하여 거주·이전의 자유를 제한하는 예로는 '군사시설보호법' 제7조와 제9조에 의한 군사시설에의 출입제한과 강제퇴거가 있고, '계엄법' 제9조에 의한 계엄사령관의 특별조치가 있다. 그리고 질서유지를 위한 제한에는 '경찰관직무집행법'과 '소년법'에 의한 보호조치나 보호처분, '소방법'에 의한 강제처분, 형사소송법상 형사피고인의 주거제한 등이 있다. 또한 공공복리를 목적으로 한 제한에는 '감염병의 예방 및 관리에 관한 법률'과 '결핵예방법', '마약류 관리에 관한 법률' 등에 의한 환자의 강제수용 및 치료와 보균자 입원 등이 있다. 그 외에도 거주지를 기준으로 중·고등학교의 입학을 제한하거나,[20) 미성년자에 대한 친권자의 거소지정 등도 거주·이전의 자유의 제한에 해당한다.

15) 정종섭(주 10), 676.
16) 대판 1984. 5. 22. 84도39(중국 민간항공기 납치사건).
17) 강경근(주 5), 743.
18) 헌재 2004. 10. 28. 2003헌가18.
19) 1930년 헤이그조약이나 1948년 세계인권선언 제15조에 의하면 1인 1국적이 원칙으로 되어 있다. 물론 최근에 오면서 상당수의 국가가 복수국적을 인정하거나 묵인하고 있다. 그럼에도 오늘날 국제사회에서 국적입법은 기본원칙이기 때문에 무국적이 보장되지는 않는다.
20) 헌재 1995. 2. 23. 91헌마204.

거주·이전의 자유의 제한은 국내뿐만 아니라 국외 거주·이전의 자유도 법률로써 제한될 수 있다. 병역법은 병역의무자에 대하여 거주지이동에 따른 전입신고의무뿐만 아니라 국외여행 허가제를 규정하여 해외여행의 자유를 제한하고 있다. 또한 해외이주법 제3조는 병역기피자나 금고이상의 형을 선고받고 집행이 끝나지 않은 자에 대하여 해외이주를 제한하고 있다. 그 외에도 '여권법'은 여권발급사유를 제한함으로써 출국의 자유나 해외여행의 자유를 제한하고 있으며, '출입국관리법'도 추징금을 미납한 국민에 대하여 출국을 금지할 수 있도록 규정하여 출국의 자유를 제한하고 있다.

나. 제한의 한계

거주·이전의 자유는 상대적 기본권으로서 제한이 가능하지만, 헌법 제37조 제2항에 의하여 기본권의 본질을 침해해서는 안 되기 때문에 거주·이전에 대한 허가제를 규정하는 법률은 인정될 수 없다.[21] 그러나 헌법재판소는 지방자치단체장의 피선거권 자격요건과 관련하여 90일 이상의 주민등록,[22] 한약업사의 허가 및 영업행위에 대한 지역적 제한이나[23] 대도시에서 법인의 부동산등기에 대한 중과세[24] 등은 거주·이전의 자유를 본질적으로 침해하는 것은 아니라고 하였다.[25]

II. 연　　혁

거주·이전의 자유는 건국헌법 제10조에서부터 현행 헌법에 이르기까지 규정되고 있다. 다만 건국헌법에서는 거주·이전의 자유를 주거의 자유와 함께 규정하면서 개별적 법률유보조항을 두었다. 1960년 헌법개정에서는 거주·이전의 자유에 대한 개별적 법률유보조항이 삭제되었고, 1962년 제5차 개정헌법에서는 주거의 자유와 분리되어 제12조에 규정되었다. 그 후 1972년 유신헌법에서 거주·이전의 자유에 대하여 개별적 법률유보조항이 다시 추가되었다. 거주·이전에 관한 자유에 대한 개별적 유보조항은 1980년헌법에서 다시 삭제되어 현행 헌법에 이르고 있다.

III. 입헌례와 비교법적 의의

거주·이전의 자유는 고대에서 중세에 이르기까지 오랜 기간 제한되었다. 거주·이전의 자유가 인정되기 시작한 것은 중세의 농노가 예속으로부터 해방되어 자유롭게 생산활동을 할 수

---

21) 홍성방, 헌법학, 현암사, 2007, 441.
22) 헌재 1996. 6. 26. 96헌마200.
23) 헌재 1991. 9. 16. 89헌마231.
24) 헌재 1996. 3. 28. 94헌바42
25) 성낙인(주 6), 667.

있게 되고 시민계급이 형성되면서부터이다. 물론 거주·이전의 자유는 근대 이전의 영국에서 1215년 대헌장 제41조에 규정되어 상인들의 자유로운 이동을 보장하였다. 그 후 중부유럽에서 1514년 튜빙엔조약과 1548년 평화령(Landesfrieden)에서 상인들에 대하여 부분적인 거주·이전의 자유가 보장되었고, 1555년 아우구스부르크 종교평화협정(Augusburger Religionsfrieden)과 1648년 베스트팔렌 평화협정(Westfälische Frieden)에서는 종교적 이유로 인한 거주·이전의 자유가 인정되었다.[26]

거주·이전의 자유가 헌법차원에서 보장되기 시작한 것은 1791년 프랑스헌법으로 동 헌법 제1장 제3호에 규정되었다. 그 후 1849년 독일 프랑크푸르트헌법 제133조 등에서 규정하였고, 1867년에는 독일 프로이센에서 국내법에 명문화하였다. 그러나 헌법에서 본격적으로 명문화된 것은 1919년 바이마르헌법이다. 그 후 제2차 세계대전이 끝난 후 1948년 세계인권선언 제13조, 1963년 유럽인권규약 제4차 부속의정서 제2조, 1966년 국제인권규약 B규약 제12조 등에 의하여 국제화되었다. 이렇게 거주·이전의 자유는 종교적 이유와 경제적 이유에서 신체의 자유와 분리되어 보장되면서 오늘날 인간의 자유로운 인격의 발현을 위한 하나의 독립된 기본권으로 보장되고 있다.

IV. 다른 조문과의 체계적 관계

헌법은 거주·이전의 자유를 제14조에 규정하고 있다. 현행 헌법의 구성을 보면 헌법 제10조는 인간의 존엄성, 제11조는 평등권, 제12조부터 개별 기본권을 규정하고 있는데, 거주·이전의 자유는 인간이 자유롭게 움직일 수 있는 공간적 개념의 토대하에서 신체적 자유를 말하면서 현실적으로는 경제적 자유와 연관되어 있다. 그런 점에서 대부분의 교재에서는 경제적 기본권의 핵심인 헌법 제23조 재산권과 제15조 직업선택의 자유와 관련하여 거주·이전의 자유를 설명하고 있다. 이와 관련하여 대표적인 것은 기업활동에 관한 것으로, 기업활동의 경우 본점, 지점과 사무소의 설치 등은 거주·이전의 자유 이외에도 직업선택의 자유에도 포섭된다.[27]

V. 개념과 원리에 대한 판례 및 학설

거주·이전의 자유에 관한 학설에는 다툼이 거의 없다. 그러나 거주·이전의 자유의 주체문제에 있어서 탈북주민의 입국의 경우 이를 어떻게 볼 것인지에 대하여 견해의 다툼은 있다. 즉 탈북주민이 우리나라에 입국하는 경우 이를 '입국의 자유'로 보아 헌법 제14조에 의한 주체성

---

26) 계희열(주 2), 511 참조.
27) 헌재 2000. 12. 14. 98헌바104.

을 인정해야 하는지 여부이다.[28] 탈북주민의 입국의 자유에 대하여 우리나라 국민이 아니기 때문에 입국의 자유가 아니라 정치적 망명이나 경제적 난민의 입국으로 이해해야 한다는 견해도 있다.[29] 이러한 다툼은 북한주민의 법적 지위를 어떻게 볼 것인지 여부에 달려있는데 탈북주민이 대한민국의 통치권이 미치는 범위에 들어오는 한 국민으로 보아야 한다면 이를 정치적 망명이 아니라 입국의 자유에서 보아야 하는 것은 아닌지 판단된다.[30]

헌법재판소는 거주·이전의 자유에 대하여 많은 판례를 가지고 있다. 이 중에서도 거주·이전의 자유의 개념과 내용에 대하여 대표적인 판례는 2004년 출입국관리법 제4조 제1항 제4호에 관한 위헌법률심판이다. 여기서 헌재는 "거주·이전의 자유는 국가의 간섭 없이 자유롭게 거주와 체류지를 정할 수 있는 자유로서 정치·경제·사회·문화 등 모든 생활영역에서 개성신장을 촉진함으로써 헌법상 보장되고 있는 다른 기본권들의 실효성을 증대시켜주는 기능을 한다. 구체적으로는 국내에서 체류지와 거주지를 자유롭게 정할 수 있는 자유영역뿐만 아니라 나아가 국외에서 체류지와 거주지를 자유롭게 정할 수 있는 '해외여행 및 해외이주의 자유'를 포함하고 덧붙여 대한민국의 국적을 이탈할 수 있는 자유는 필연적으로 외국에서 체류 또는 거주하기 위해서 대한민국을 떠날 수 있는 '출국의 자유'와 외국체류 또는 거주를 중단하고 다시 대한민국으로 돌아올 수 있는 '입국의 자유'를 포함한다"라고 판시하였다.[31]

이 뿐만 아니라 헌법재판소는 거주·이전의 자유의 주체와 관련하여 "법인 등의 경제주체는 헌법 제14조에 의하여 보장되는 거주·이전의 자유의 주체로서"라고 하여 법인의 거주·이전의 자유의 주체성을 인정하였다.[32] 그렇지만 교육법시행령 제71조에 대한 헌법소원사건에서는 거주지를 기준으로 하는 중·고등학교에의 입학을 제한하는 판결에 대해서는 입법목적이나 입법수단이 정당하다고 판시하고 있으나,[33] 거주·이전의 자유를 과도하게 제한하는 위헌이라고 보아야 한다는 견해도 있다.[34]

VI. 헌법조문에 대한 현실적 검토

헌법 제14조에 규정되어 있는 거주·이전의 자유는 1948년 건국헌법 때부터 단독 조항으로 규정되어 제9차 개정헌법까지 그 형태가 바뀌지 않고 있다. 그렇지만 경제와 관련하여 헌법 제15조 직업선택의 자유와 거주·이전의 자유는 불가분의 관계에 있기 때문에 양자를 통합하자는 의견이 제시되고 있다. 비교법적으로 보면 과거 1919년 독일 바이마르헌법에서 양자를 같은

---

28) 허영, 한국헌법론, 박영사, 2007, 440.

29) 홍성방(주 21), 437.

30) 정종섭(주 10), 674 참조.

31) 헌재 2004. 10. 28. 2003헌가18; 1995. 4. 20. 92헌바29.

32) 헌재 2000. 12. 14. 98헌바104.

33) 헌재 1995. 2. 23. 91헌마204.

34) 성낙인(주 6), 443.

조항에 규정하였고, 현재 일본의 경우 헌법 제22조 제1항에 함께 규정하고 있다.

이상의 견해에 대하여 거주·이전의 자유가 직업의 자유와 같이 경제적 자유로서의 성격도 갖지만, 다른 한편에서는 인격의 형성과 그 실현의 자유, 인신의 자유 및 표현의 자유 등과 같은 성격도 가지기 때문에 기본권체계의 관점에서 볼 때 향후 헌법개정논의가 있다 하여도 직업의 자유와 분리하여 현행 헌법의 형태로 가는 것이 바람직하다고 본다.

VII. 관련문헌

1. 국내문헌

강경근, 헌법, 법문사, 2004.

계희열, 헌법학(중), 박영사, 2007.

계희열 역, 통일 독일헌법원론, 박영사, 2001.

권영성, 헌법학원론, 법문사, 2007.

_____, 비교헌법학, 법문사, 1981.

김기영, 헌법강의, 박영사, 2002.

김철수, 헌법학개론, 박영사, 2013.

_____, 비교헌법론(상), 박영사, 1980.

김학성, 헌법학강의, 성문사, 2011.

성낙인, 헌법학, 법문사, 2013.

양 건, 헌법강의, 법문사, 2011.

윤명선, 헌법학, 대명출판사, 2000.

윤명선·김병묵, 헌법체계론, 법지사, 1999.

장영수, 헌법학, 홍문사, 2007.

전광석, 한국헌법론, 집현재, 2013.

정재황, 신헌법입문, 박영사, 2013.

정종섭, 헌법학원론, 박영사, 2013.

최대권, 헌법학강의, 박영사, 1999.

최용기, 대한헌법, 대명출판사, 2000.

한수웅, 헌법학, 법문사, 2013.

허 영, 한국헌법론, 박영사, 2007.

홍성방, 헌법학, 현암사, 2007.

2. 외국문헌

Dürig, Günter, in: Maunz/Dürig(Hrsg.), Grundgesetz Kommentar, München, C. H. Beck, 1999, Art. 11.

Hailbronner, Kay, Freizügigkeit, in: Josef Isensee/Paul Kirchhof(Hrsg.), Handbuch des Staatsrechts der Bundesrepublik Deutschland Ⅵ, 2. Aufl., Heidelberg, C. F. Müller, 2001, § 131.

Hesse, Konrad, Grundzüge des Verfassungsrechts der Bundesrepublik Deutschland, Neud. 20. Aufl., Heidelberg, C. F. Müller, 1999.

Kunig, Philpp, in: Ingo von Münch(Hrsg.), GG-Kommentar, Bd. Ⅰ, 4. Aufl., 1992, Art. 11.

Jarass, D. Hans/Pieroth, Bodo(Hrsg.), Grundgesetz für die Bundesrepublik Deutschland, 8. Aufl., München, C. H. Beck, 2006.

Zippelius, Reinhold/Würtenberger, Thomas, Deutsches Staatsrecht, 32. Aufl., München, C. H. Beck, 2008.

헌법 제15조

[정 태 호]

第15條

　모든 國民은 職業選擇의 自由를 가진다.

Ⅰ. 헌법규정, 연혁, 입법례

1. 헌법규정

　우리 헌법사에서 직업의 자유는 1962년의 제3공화국 헌법 제13조에 처음으로 기본권으로

서 명시적으로 보장되었다. 그 전까지는 헌법에 명문의 규정이 없었기 때문에 직업의 자유는
거주·이전의 자유에 포함된다는 견해와 '헌법에 열거되지 아니한 자유와 권리도 경시되지 아니한다'(1948년 제28조 및 1960년 헌법 제28조 제1항)는 규정에 포함된다는 견해가 대립했었다.

한편, 1972년의 제4공화국 헌법에서는 직업의 자유조항에 개별적 법률유보조항이 붙었으나(제13조 참조), 1980년 제5공화국 헌법에서 삭제되었다(제14조 참조). 그에 따라 직업의 자유조항은 1980년 헌법 이래 현행 헌법과 같은 법문을 갖추게 되었다.

2. 연혁과 입법례

직업의 자유는 근세에 들어와서야 보장되기 시작하였다. 엄격한 신분제도와 세습적 직업제도를 특징으로 하는 봉건사회에서는 자유로운 직업의 선택이 불가능하였을 뿐만 아니라 직업에 대한 많은 법적·전통적 제한이 존재하였다. 근세에 이르러 부르주아 사회가 성립되고 과학과 기술이 점차 발전하면서 직업에 대한 신분적 구속은 경제발전에 장애가 된다는 것을 인식하게 되었고, 이에 다라 전통적인 직업제도를 타파하고 마침내 직업의 자유가 헌법적으로 보장되게 되었다.

직업의 자유는 다른 자유권에 비하여 헌법문서에 뒤늦게 명시되었다. 1776년의 버지니아 권리장전이나 1789년의 프랑스인권선언은 직업의 자유를 명문으로 규정하지 않았다. 물론 포괄성을 띠는 자유권의 보장 가운데 직업의 자유도 포함되는 것으로 볼 수 있다. 또한 1793년의 프랑스헌법은 부분적이긴 하지만(제17조, 제18조) 직업의 자유에 해당하는 내용을 규정한다. 독일에서는 1849년의 프랑크푸르트헌법(제158조와 제133조)[1]이 직업의 자유를 규정하였으나 시행되지는 못하였고, 1919년의 바이마르헌법[2](제111조)에 이어 기본법(제12조)[3]에 규정되어 오늘에 이르고 있다.

오늘날 많은 나라의 헌법이 직업의 자유를 명시하고 있다. 직업의 자유를 보장하는 방식으로는 우리나라 현행 헌법처럼 별도의 조항에서 보장하는 유형(독일 기본법 제12조), 일본헌법처럼 거주·이전의 자유와 함께 보장하는 유형(일본 헌법 제22조 제1항), 미국 헌법처럼 별도로 보

---

1) 제133조: 모든 독일인은 제국영토의 모든 장소에서 체류하고 거주하며, 모든 종류의 부동산을 취득하고, 모든 생업에 종사하며, 시·읍·면의 공민권을 취득할 권리를 가진다.
   체류와 주소의 조건은 본적법에 의하여, 영업의 조건은 제국의 권력이 미치는 전독일을 위한 영업법에 의하여 정한다.
   제158조: 모든 사람은 자유롭게 자신이 원하는 방법과 장소에서 자신의 직업을 선택하고 훈련할 수 있다.
2) 제111조: 모든 독일인은 전 독일국(Reich) 내에서 자유롭게 이전할 수 있다. 모든 사람은 독일국의 임의의 장소에 체류하고 정착할 권리를 가지며, 토지를 취득하고 모든 생업을 영위할 권리를 가진다. 이 권리를 제한하기 위해서는 독일국법이 필요하다.
3) 제12조(직업의 자유): (1) 모든 독일인은 직업, 직장 및 직업훈련장을 자유롭게 선택할 권리를 가진다. 직업행사는 법률에 의하여 또는 법률에 근거하여 규제될 수 있다.
   (2) 모든 사람에게 평등한, 전통적이고 일반적인 공적(公的) 병역의무를 제외하고는 누구도 일정한 노동을 강요당하지 않는다.
   (3) 강제노동은 법원(法院)이 명하는 자유박탈의 경우에만 허용된다.

장하지 않고 보충적·포괄적인 자유조항을 통해서 보장하는 유형(미국 헌법 수정 제5조 및 제14조의 적법절차조항)이 있다.

3. 관련 국제조약

직업의 자유는 다수의 국제조약이나 국제적 선언을 통해서 보장되고 있다. 1948년 국제연합의 세계인권선언은 제23조 제1호에서 직업의 자유(free choice of employment)를 보장하였다. 그러나 이 인권선언은 정치적 구속력만을 가질 뿐이다. 직업의 자유와 관련된 보다 상세하고 법적 구속력이 있는 국제법적 보장은 경제적·사회적·문화적 권리에 관한 국제협약 제6조, 제7조에 포함되어 있다. 동 조약은 자유롭게 선택하거나 수용한 노동을 통해서 생계를 해결할 수 있는 가능성에 대한 개인의 권리로 정의된 노동의 권리(제6조 제1항),[4] 적정임금 및 동일가치노동에 대한 동일임금에 대한 권리를 포함하는 정의롭고 유리한 노동조건에 대한 권리(제7조)[5] 등을 보장하고 있다. 이 협약은 직접적인 효력을 가지는 개인의 권리를 보장하는 것이 아니나, 가입국은 그러한 권리를 법률적 규율을 포함한 적합한 수단을 통해 완전히 실현시키기 위하여 필요한 조치를 취하여야 할 의무를 진다.

II. 직업의 자유의 일반적 의의

1. 직업의 자유의 현대적 기능

오늘날 직업의 자유는 다음과 같은 다양한 기능[6]을 수행하고 있다.

첫째, 직업, 노동, 직업교육은 개인의 자유와 자아를 실현하기 위한 연결고리, 특히 개인을 현대의 고도로 복잡해진 그리고 분업화된 사회에 결합시키는 연결고리로서의 역할을 한다. 그

---

4) 제6조 제1호: 이 규약의 당사국은, 모든 사람이 자유로이 선택하거나 수락하는 노동에 의하여 생계를 영위할 권리를 포함하는 근로의 권리를 인정하며, 동 권리를 보호하기 위하여 적절한 조치를 취한다.

5) 제7조: 이 규약의 당사국은 특히 다음 사항이 확보되는 공정하고 유리한 노동조건을 모든 사람이 향유할 권리를 가지는 것을 인정한다.
  (a) 모든 노동자에게 최소한 다음의 것을 제공하는 보수
  (i) 공정한 임금과 어떠한 종류의 차별도 없는 동등한 가치의 노동에 대한 동등한 보수, 특히 여성에게 대하여는 동등한 노동에 대한 동등한 보수와 함께 남성이 향유하는 것보다 열등하지 아니한 근로조건의 보장
  (ii) 이 규약의 규정에 따른 노동자 자신과 그 가족의 품위 있는 생활
  (b) 안전하고 건강한 노동조건
  (c) 연공서열 및 능력이외의 다른 고려에 의하지 아니하고, 모든 사람이 자기의 직장에서 적절한 상위직으로 승진할 수 있는 동등한 기회
  (d) 휴식, 여가 및 노동시간의 합리적 제한, 공휴일에 대한 보수와 정기적인 유급휴일

6) 이하에 대해서 상세한 것은 정태호, "헌법 제15조의 "직업의 자유" — 단계이론의 정치화를 중심으로—," 「법학과 행정학의 현대적 과제」 유소 이방기교수 정년기념논문집, 2000, 297, 298 이하; R. Breuer, Freiheit des Berufs, in: HStR VI, 1989, §147 Rn. 26, 27 및 그 곳에서 인용된 문헌 참조.

중 직업은 노동과 직업교육을 상호 결부시키는 요소이다.

둘째, 직업은 고도로 분업화된 현대사회에서는 개인의 노동을 통한 자유행사 및 자기실현의 수단이다. 현대산업사회의 기능적 분화 및 전문화의 과정 속에서 거의 모든 분야에서 직업체계가 발전되어 왔다. 직업체계는 허가요건, 자격요건, 시설기준, 특정행위의 명령 및 금지, 여타의 활동 제한 등에 의하여 구체화된 다양한 직능분야 및 지위로 이루어져 있다. 직업은 이와 같은 체계화를 거치면서 오늘날 "중심적인 의미를 갖는 사회제도"가 되었다. 오늘날 개인은 대체로 직업이라는 제도를 통해서만 노동생활, 경제생활에 참여할 수 있으며, 결국 개인의 노동을 통한 자유발현 및 자기실현도 분업화된 현대사회에 있어서는 직업을 통하여 이루어지게 되는 것이다.

셋째, 국민의 압도적 다수가 경제적 삶의 기초를 소유권이나 재산이 아닌 직업, 직업활동으로 벌어들이는 소득, 직업에 의해 매개되는 사회보험 등에 두고 있다. 그러므로 직업은 개인에게 필요한 생활의 수요를 충족시켜 주는 기본적 바탕이 된다.

넷째, 경제와 노동의 과정이 기계화·자동화됨에 따라 부단히 역동적으로 발전하고 그에 따라 직업생활을 하는 개인에게 새로운 능력과 지식을 획득함으로써 노동력의 질을 제고하기 위한 기회의 제공도 늘어나게 된다. 결국 오늘날 개인은 직업을 통하여 사회적·경제적 활동의 기회를 확보하게 되고 또 그로 인하여 직업에 실존적으로 의존하고 있다. 따라서 개인의 사회에 대한 통합은 오늘날 무엇보다도 직업을 통하여 이루어진다고 할 수 있다.

2. 직업의 자유의 현대적 문제상황

현대 경제의 특징 중의 하나로 경제력이 부단히 집중되는 현상을 들 수 있다. 그에 따라 직업의 자유의 문제상황도 현저하게 변화하고 있다.[7] 경제력의 집중과 더불어 기본권에 의하여 보호되는 자유에 대한 새로운 위협요인들이 나타나고 있다.

경제력이 집중됨에 따라 기업의 수나 자유직 종사자의 수는 감소하는 반면, 종속노동자의 수는 증가하게 된다.[8] 그에 따라 기업의 영업의 자유와 노동자의 직업의 자유가 서로 충돌하는 상황, 특히 노동자의 직업의 자유를 법률을 통하여 보장해야 하는 문제(이 문제는 근로의 권리의 문제로도 제기된다)와 직업의 자유가 법률의 해석을 통하여 노동법관계에 제3자효를 미치느냐의 문제가 실천적으로 더욱 큰 의미를 갖게 된다.

또한 경제력이 집중되는 현상에 따라 개인 내지 자연인에 의한 독립적 직업활동은 점차

---

7) 이하의 내용에 대하여 상세한 것은 R. Breuer, HStR Ⅵ, §147 Rn. 28 ff. 참조.

8) 이와 같은 사회적 상황은 자유직이나 기업의 자유에 초점을 맞추고 그에 따라 직업의 자유를 중산층의 기본 권으로 변질시키고 있는 직업의 자유에 관한 판례의 경향에 대한 비판을 불러일으키고 있다. 이러한 비판에 대해서는 W. Hoffmann-Riem, Die grundrechtliche Freiheit der arbeitsteiligen Berufsausübung, in: FS für Hans Peter Ipsen, 1977, S. 392 ff. 참조. 그 밖에도 일찍이 직업의 자유를 영업의 자유로 축소하지 않도록 유의하여야 한다는 것에 대한 경고를 하고 있는 H. P. Ipsen, Verfassungsfragen zur Handwerksordnung, in: DVBl. 1956, S. 358 (359); U. Scheuner, Grundrechtsinterpretation und Wirtschaftsordnung, DÖV 1956, S. 65 (68) 참조.

감소하고, 오히려 법인형태로 운영되는 중·대규모의 기업에 의하여 직업활동이 수행되는 현상이 점증하고 있다. 그에 따라 기업의 설립과 운영의 자유라는 의미에서의 "기업의 자유"의 의미와 그 지위가 기본권론의 관심대상이 되고 있다. 이러한 현상은 직업의 자유를 주로 개인의 자유 위주로 해석하면서 직업의 자유를 기업의 자유에 대한 한계로 보려는 종래의 입장을 재고하여야 한다는 주장이 목소리를 높여 가고 있다.9) 환언하면, 기업을 위한 자유주의적 경제적 자유를 강조하는 쪽에서의 우려가 커지고 있다.

이러한 발전경향으로 인하여 직업의 자유의 사회적 관련성 및 사회적 기능이 강화되고 있다. 종속노동자의 직업의 자유, 기업의 직업의 자유 그리고 직업의 자유의 여러 주체들이 대기업의 조직내부에서 대립해 있는 기본권충돌상황에 관한 분석결과는 이 발전양상을 법적으로 규율하고 또 그에 대한 행정적 감독을 강화하여야 할 필요가 현저하게 증대하고 있음을 보여주고 있다. 나아가 기업의 규모가 커짐에 따라 그 사회적 중요성도 또한 커지고 있다. 대기업 및 그 안에서 활동하는 기업가의 직업활동은 각별한 사회적 의미 때문에 국가에 버금가는 의미를 갖게 된다. 기업활동이 공익적 과제의 이행으로 파악될 수 있는 경우에는 더욱더 그 기업은 강한 사회적 의미를 갖는다.

III. 직업의 자유의 보호영역

1. 직업의 자유의 주체

(1) 자 연 인

대한민국의 국적을 가진 자연인이 직업의 자유의 주체가 될 수 있다는 데는 헌법 제15조의 문언상 명백하다. 외국인이나 무국적자가 이 기본권의 주체가 될 수 있는지에 대해서는 견해가 대립하고 있다.10) 제15조가 직업의 자유의 주체로서 '국민'만을 들고 있다는 점, 경제활동

---

9) 독일 연방헌법재판소도 직업의 자유를 이제까지 주로 개인의 권리의 관점에서 해석하면서 이를 통하여 기업의 자유에 한계를 그었다. 즉, 중소기업에 있어서는 기업인 개인의 인격적 요소가 경제적인 영역에 있어서도 전면적으로 실현되는 반면에, 대기업에 있어서는 이러한 요소가 많이 상실되어 가고 있다고 보고 있다(BVerfGE 50, 290 [363]). 연방헌법재판소는 이와 같이 직업의 자유를 개인 중심으로 고찰함으로써 사실상 입법자로 하여금 경제적 기본권을 사회국가적인 관점에서 형성해 나가도록 하는 여지를 부여하고 있는 것이다(이와 같은 분석을 하고 있는 이로는 P. Badura, Arbeit als Beruf[Art. 12. Abs. 1 GG], in: FS für Wilhelm Henschel, 1982, S. 21 [27]). 그에 따라 동 재판소는 직업의 자유가 수행하는 전체 사회적인 내지는 전체 경제적인 기능을 충분히 파악하지 못하고 있다는 비판을 받고 있다(이 비판에 대해서는 H. -J. Papier, Art. 12 GG-Freiheit des Berufs und Grundrecht der Arbeit, in: DVBl. 1984, S. 801 [806 ff.]). 즉 동 재판소가 해석을 통하여 경제력 집중과 경제의 성장과정에 직업의 자유를 적절하게 발전시킴으로써 대응하지 못하고 있다는 것이다.

10) 이 문제에 대하여 상세한 것은 무엇보다도 정태호, "외국인의 기본권주체성 문제에 대한 비판적 고찰 — 헌재 2011. 9. 29, 2007헌마1083 등 (외국인근로자의 고용 등에 관한 법률 제25조 제4항 등 위헌확인 사건)의 관련 법리분석을 중심으로 —," 2012. 6. 12. 헌법실무연구회 제120회 월례발표회 발제문(헌법실무연구 제13권(2012), 402 이하 소수); 안영미, "외국인의 기본권 주체성에 대한 검토: 직업의 자유를 중심으로,"

을 통한 생계유지 및 개성신장의 기회는 내국인에게 우선적으로 주어져야 한다는 점 등과 같은 헌법정책적 측면을 고려하여 내국인만이 그 주체가 될 수 있고 외국인들은 조약이나 입법정책에 의하여 비로소 직업활동의 가능성이 부여된다는 설과[11] 직업의 자유의 천부인권성을 논거로 헌법이 비록 국민이라는 문언을 사용하고 있지만 외국인에게도 그 주체성을 인정하여야 한다는 설[12]이 대립하고 있다.

헌법재판소는 직업의 자유는 국민의 권리이지만 직장선택의 자유는 인간의 존엄과 가치 및 행복추구권과도 밀접한 관련을 가진다는 이유로 직업의 자유 중 이 자유만을 떼어 내어 '국민의 권리'가 아닌 '인간의 권리'로 평가하는 한편, 외국인에게도 그 주체성을 인정하고 있다.[13] 그러나 이 판례는 직업의 자유의 기본권주체성 문제와 관련하여 우리 헌법의 조문을 무시하면서 한편으로는 추상적인 기본권이론에, 다른 한편으로는 국익이라는 두 가지 이질적 기준에 동시에 의거하고 있기 때문에 구체적인 사건에서의 합리적 추론을 어렵게 만들고 있고, 또 하나의 기본권을 분해하여 특정 내용에 대해서만 외국인에게 주체성을 인정함으로써 예측 가능성 및 법적 안정성을 심각하게 저하시키고 있다는 비판에 직면하고 있다.[14]

한편, 국익의 관점에서 직업의 자유, 거주이전의 자유, 집회·결사의 자유 등을 인간의 권리로 분류하는 것에 반대하지만 외국인은 해당 자유를 행복추구권에서 파생하는 일반적 행동의 자유를 통해서 보장받도록 하자는 설도 있으나,[15] 오늘날 일반적 행동의 자유로 해석되는 '인격의 자유발현권'을 국민의 권리가 아닌 만인의 권리로 명시하고 있는 독일 기본법(제2조 제1항)과는 달리 우리 헌법은 행복추구권도 국민을 그 주체로 명시하고 있다는 점을 간과하고 있다는 비판을 받고 있다.[16]

미성년자, 정신병자 등도 헌법 제15조에 보장된 기본권의 주체가 될 수 있다. 기본권행사능력에 대해서는 사법질서가 존중되어야 한다.

(2) 법　　인

인간은 삶의 과제이며 기초인 동시에 사회적 작용에 참여하는 기반이 되는 활동인 직업에 투신하는 가운데 발현되고 완성되는 인격체이다. 따라서 직업의 자유는 일차적으로 자연인의 기본권이다. 그렇지만 자연인만이 아니라 私法上의 내국법인 내지 내국의 사적 단체도, 그것이 특정의 영리목적에 기여하는 활동, 자연인과 동일한 방법으로 영업활동을 수행할 수 있는 한,

---

청연논총(제8집) 손용근 사법연수원장 퇴임기념(사법연수원), 545 이하 참조.
11) 계희열, 헌법학(중), 2007, 530; 권영성, 헌법학원론, 2010, 575; 정종섭, 헌법학원론, 2013, 680; 한수웅, 헌법학, 2013, 385 참조.
12) 홍성방, 헌법학, 2008, 443; 허영, 한국헌법론, 2009, 459.
13) 헌재 2011. 9. 29. 2009헌마230, 23-2상, 623(639).
14) 이에 대해서 상세한 것은 정태호(주 10), 5 이하 참조.
15) 목영준, 이정미 재판관의 별개의견, 헌재 2011. 9. 29. 2009헌마230, 23-2상, 623(647). 학계에 이 설을 주창한 대표적인 학자로는 계희열(주 11), 530. 다만, 그는 주 54에서 직업의 자유가 그 내용상의 특별성 때문에 일반적 행동의 자유보다 더 강한 보호를 제공한다고 지적한다.
16) 이 설의 문제점에 대한 상세한 비판으로는 정태호(주 10), 20-21 참조.

직업의 자유의 주체가 될 수 있다는 데 현재[17] 이설이 없다.[18]

여기서 말하는 법인은 법기술적 의미의 법인만이 아니라 법인격이 없는 단체도 포함한다. 헌법재판소도 법인이 아닌 사단이나 재단도 "대표자의 정함이 있고 독립된 사회적 조직체로서 활동할 때"는 성질상 법인이 누리는 기본권을 가질 수 있다고 하여[19] 광의의 법인개념을 수용하고 있다. 법인 형식의 기업의 자유와 아울러 그 기업에 결합된 사람들의 자유, 즉 기업의 자유로운 설립 및 그 운용 등을 내용으로 하는 기업가의 자유도 보호됨은 물론이다. 따라서 기업의 내부질서는 직업의 자유의 문제인 동시에 재산권, 결사의 자유의 문제이기도 하다.

외국의 사법인도 우리 헌법이 보장하는 기본권의 주체가 될 수 있는지에 대해서는 견해가 갈린다. 현재 외국사법인의 기본권주체성을 모두 부인하는 설,[20] 외국사법인의 기본권주체성을 부정하되 재판청구권을 비롯한 권리구제를 위한 절차적 권리의 주체성만 인정하는 설,[21] 독일 기본법과는 달리 외국사법인의 기본권주체성을 원칙적으로 부정하는 명문의 규정이 없음을 이유로 국내사법인과 외국사법인을 동일하게 취급하는 설[22]이 대립하고 있다. 헌법재판소는 이 문제에 대하여 아직까지 입장을 표명하지 않고 있다. 외국과의 통상협상에서 대한민국이 전략적으로 불리해지지 않으려면 우리 헌법이 직접 외국사법인이 대한민국에서 자유롭게 영업활동을 할 수 있도록 보장하고 있어서는 안 된다는 헌법정책적인 관점에서 외국사법인의 주체성을 부정하는 해석이 타당하다고 본다.[23] 외국사법인은 법치국가원리에 의한 보호 및 조약에 의거하여 상호주의에 의한 보호를 받을 수 있을 따름이다.

그런데 법인은 자연인과는 달리 국적이 없다. 그렇기 때문에 아직까지 내국사법인인지를 판단하는 일반적 지지를 받는 기준이 개발된 것은 아니나, 법인의 성립, 존속, 소멸의 준거가 되는 국가의 법질서를 준거로 법인의 소속국가를 판별하는 경향이 있다. 국제사법상으로는 국내에 소재지(Sitz)를 두고 있지 아니한 법인을 외국법인으로 본다. 여기서 소재지란[24] 법인의 경영 내지 관리의 사실상의 중심지가 있는 곳을 말한다. 즉 법인의 최고 행정(경영)기관이 조직 운영에 관한 다수의 결정을 내리는 곳을 의미한다. 따라서 내국에 있는 외국법인의 지사, 대리

---

17) 독일에서 과거 직업활동의 인격적 특성을 이유로 법인의 주체성을 부인하는 견해가 있었으나(VGH Bebenhausen, DÖV 1955, 733; H. Rittstieg, AK, Art. 12 Rn. 167; O. Haußleiter, DÖV 1952, 496[497]), 극복되었다.

18) 헌재 1991. 6. 3. 90헌마56, 3, 289(295); 1996. 3. 28. 94헌바42, 8-1, 199(206-207); 헌재 2002. 9. 19. 2000헌바84, 14-2, 268(277). 이 판례들은 법인설립 자체가 직업선택의 한 방법이라고 하여 명시적으로 이를 확인하였다.

19) 헌재 1991. 6. 3. 90헌마56, 3, 289(296); 헌재 2011. 6. 30. 2009헌마595, 23-1하, 494(500) 등 참조.

20) 정종섭(주 11), 327 참조.

21) 가령 계희열(주 11), 67-68 및 651; 한수웅(주 11), 389.

22) 가령 김철수, 헌법학신론, 2009, 315; 성낙인, 헌법학, 2013, 344.

23) 원칙적 부정설로 볼 수 있는 견해로는 계희열(주 11), 67-68; 장영수, 헌법학, 2007, 476; 한수웅(주 11), 389는 사법절차적 기본권의 주체성만을 인정한다; 불분명하기는 하지만 정종섭(주 11), 327. 그는 외국사법인에게는 인간의 권리가 인정되기 어렵기 때문에 학설이 외국사법인의 기본권주체성을 부정하는 것이 일반적이라고 하지만, 그 논거가 설득력이 있는지 의문이다. 가령 인간의 권리의 전형인 재산권은 외국사법인에게도 얼마든지 인정될 수 있기 때문이다.

24) 이에 대해서 상세한 것은 R. Rüfner, HStR Ⅴ, § 116 Rn 60; H. Quaritsch, HStR Ⅴ, § 120 Rn 48 참조.

인, 지점은 그 소재지라고 할 수는 없다. 한편, 법인 내지 단체를 결성한 사람들의 국적은 내국
법인성을 판단하는 데 준거가 되지 않는다.25) 국내법에 의해 설립되고 국내에 그 경영을 위한
소재지를 두고 있는 자회사는 내국법인이기는 하지만, 그 때문에 모회사도 내국법인이 되는 것
은 아니다.

　　공법인이 직업의 자유의 주체가 될 수 있는지 여부는 공기업의 기능에 달려 있다. 공법인
의 기능이 법률에 의해 공법인에 부과되고 또 법률에 의해서 규율되는 공적 과제를 수행하는
것이면, 직업의 자유의 주체가 될 수 없다. 그렇지만 공법인이 주로 사적 이익을 집단적으로 추
구하는 역할을 한다면, 공법적 형식에도 불구하고 직업의 자유를 주장할 수 있다.26)

2. 직업의 자유의 사항적 보호영역

(1) 직　　업

(가) 직업의 개념

　　직업은 삶의 기초를 마련하고 유지하기 위해서 지속적으로 행해지는 모든 활동을 말한
다.27) 따라서 고전적 형태의 직업활동 또는 소명의식에 기반을 둔 활동뿐만이 아니라, 내용적
인 측면에서 한계설정이 어려운 다양한 완전히 비전형적인 활동들도 보호된다.

　　① 개념요소로서의 허용성?: 직업의 개념과 관련하여 무엇보다도 먼저 문제가 되는 것은
생활수단성과 지속성을 개념요소 이외에 "법에 의해 금지되지 아니한"28) 활동이어야 한다는
개념요소가 추가되는지 여부이다. 즉 가령 장물매집, 상습 소매치기, 청부범죄, 상습도박처럼
법에 의해 금지된 활동을 상습적으로 할 경우 그것이 헌법의 보호대상인 직업인지의 문제에 관
하여 학설은 대립하고 있다.

　　'법에 의해 금지되지 아니한 활동'이라는 것을 개념요소로 추가하는 견해에 대하여 "금지
되지 아니한" 내지는 "허용된" 활동을 추가적인 개념요소로 요구할 경우에 법률로 금지된 활동
은 직업이 아니고, 따라서 직업의 자유의 보호를 받을 수 없으며, 결국 입법자에 의한 직업의

---

25) 이 문제에 대하여 상세한 것은 H. Quaritsch, HStR Ⅴ, §120 Rn 51 ff. 부정설로는 A. v. Mutius: in: Bonner
　　Kommentar(Zweitbearbeitung), Art. 19 Abs. 3 Rn 3; 긍정설로는 H. Quaritsch, HStR Ⅴ, §120 Rn 52 ff.

26) 독일 연방헌법재판소도 이와 같은 구분을 하고 있다. 이에 대해서는 BVerfGE 68, 193 (211ff.); 70, 1(15ff.,
　　28ff.).

27) 직업이란 '생활의 기본적 수요를 충족시키기 위한 계속적인 소득활동을 의미하며 그러한 내용의 활동인 한
　　그 종류나 성질을 묻지 아니한다'(헌재 1993. 5. 13. 92헌마80, 5-1, 365(374); 2002. 5. 30. 2000헌마81,
　　14-1, 528(541); 2010. 2. 25. 2009헌바38, 22-1상, 275(285)[게임 결과물의 환전업도 직업]).

28) 이를 직업의 개념요소로 보는 견해로는 BVerfGE 7, 377 (397) ―약국판결; 81, 70 (85); 98, 265 (297) 참조.
　　이 판례를 지지하는 견해로는 계희열(주 11), 523-524; Pieroth/Schlink, Grundrechte, Staatsrecht Ⅱ, 15.
　　Aufl., 1999, Rn. 810. 그는 직업이라는 것은 수많은 개별 행위들의 다발이고, 이 다발이 금지되거나 제한될
　　수 있는지는 직업의 자유에 의하여 판단하여야 하지만, 그 개별행위는 다른 기본권에 의하여 보호되며, 그
　　것이 금지될 수 있는지는 해당 기본권에 의하여 판단되어야 한다고 본다. 그리고 금지되지 아니한 활동이
　　라는 표지에 대한 비판은 금지의 대상이 직업과는 무관한 개별행위라는 점을 간과하고 있다고 반박한다.
　　이러한 주장에 대한 비판으로는 J. Suerbaum. Berufsfreiheit und Erlaubtheit, DVBl. 1999, 1690 (1693 f.).

자유의 공동화를 초래할 소지가 있다는 비판이 제기되었다.[29]

그에 따라 그 개념요소를 법공동체의 가치관념에 의할 때 일반적으로 "공공에 해가 되지 않는"[30] 활동 또는 "헌법의 인간상에 반하지 않는"[31] 활동 등의 개념요소로 대체하려는 시도도 있다.

그러나 이 대체기준들 역시 너무 모호하다.[32] 따라서 대체기준을 제시한 시도의 목적, 즉 직업의 자유의 공동화방지라는 목적을 달성할 수 있을지는 의문이 아닐 수 없다. 따라서 허용성 또는 공공무해성을 직업의 표지로 삼는 것은 타당하지 않다고 본다.[33] 그렇게 하더라도 헌법 제37조 제2항의 법률유보에 의하여 공익에 반하는 직업활동을 법률로 금지할 수 있는 여지가 충분하기 때문에 개인에 의해 직업의 자유가 남용되는 결과는 방지될 수 있다.[34]

그러므로 어떤 활동이 헌법 제15조의 직업이 되기 위해서는 "지속성"과 "생활수단성"이라는 두 가지 개념요소들을 충족시키면 된다. 물론 이 개념표지들은 개방적으로 이해할 필요가 있다. 헌법재판소도 직업의 개념 요소로 공공무해성을 요구하지 않는다.[35]

② 지속성: 어떤 활동이 헌법 제15조의 직업이 되려면, 먼저 그것이 어느 정도의 "지속성"을 띠어야 한다. 지속적 활동이란 일시적이거나 우연한 것이 아닌 활동을 말한다. 그 일을 실제로 지속적으로 해왔느냐는 중요하지 않으며, 활동의 주체가 주관적으로 어느 정도 지속적으로 해당 소득활동을 영위할 의사가 있어야 하고, 객관적으로도 그러한 활동이 지속성을 띨 수 있는 것으로 족하다.[36]

물론 이 요건을 너무 엄격하게 해석하지 말아야 한다. 휴가기간 중에 하는 일, 정규직으로 채용하기 이전의 수습직도 삶의 수요를 충족시키는 데 기여할 수 있다면 헌법 제15조의 직업에 해당할 수 있다.[37]

③ 생활수단성: 나아가 어떤 활동이 헌법 제15조에 의해서 보호되는 직업이 되기 위해서는 그것이 "삶의 기본적 수요를 충족시키기에 적합한 것"이어야 한다. 따라서 단순한 여가활동이나 취미활동은 이 요건을 충족하지 못한다. 그러한 활동을 통한 수입으로 생활의 수요가

29) 이에 관하여 자세한 것은 R. Scholz, in: Maunz-Dürig, Kommentar zum GG. Art. 12(이하 MD로 인용), Rn. 24, 27 ff.; R. Breuer, HStR Ⅵ, §147 Rn. 43 f. 참조.

30) 허영(주 12), 475; 권영성(주 11), 574; 정종섭(주 11), 678. "사회적으로 무가치하지 않은" ― M. Gubelt, in: von Münch/Kunig (Hrsg.), GG, Bd. 1, 4. Aufl., 1992, Art. 12 Rn. 9; "공동체에 전적으로 유해한 것이 아닌" ― BVerwGE 22, 286 (289); "공동체에 절대적으로 유해한 것이 아닌 한" ― R. Scholz, MD, Art. 12 Rn. 27.

31) P. J. Tettinger, in: M. Sachs(Hrsg.), Grundgesetz, Kommentar, 2. Aufl., 1999(이하 Sachs로 약칭), Art. 12 Rn. 38.

32) W. Berg, Berufsfreiheit und verbotene Berufe, GewArch. 1977, 249 (253); H. D. Jarass, in: Jarass/Pieroth, 4. Aufl., 1997(이하 JP로 인용), Art. 12 Rn. 6.

33) 동지: 한수웅(주 11), 656쪽; R. Breuer, HStR Ⅵ, §147 Rn. 44; J. Wieland, in: H. Dreier(Hrsg.), GG-Kommentar, 1996(이하 Dreier로 인용), Art. 12 Rn. 51; J. Suerbaum, a.a.O., 1690 (1693 f.).

34) 이에 대해서 정태호(주 10), 302 참조.

35) 가령 헌재 1993. 5. 13. 92헌마80, 5-1, 365(374); 헌재 2002. 5. 30. 2000헌마81, 14-1, 528(541).

36) R. Scholz, MD, Rn. 20.

37) Pieroth/Schlink, a.a.O., Rn. 812.

충족될 수 있는지 여부는 문제되지 않는다. 피아니스트나 화가가 자신의 활동에 의해서 생활하는 것이 아니라 회사의 수입이나 부인의 수입으로 생활하고 있더라도 그는 직업활동을 하는 것이다.[38]

④ 겸업 및 부업: 겸업이나 부업[39]도 그것이 삶의 수요를 충족하기에 적합하므로 헌법 제15조의 직업에 해당한다.

⑤ 종속성: 독립적 활동만이 아니라 종속적 활동도, 그것이 삶의 수요를 충족시키기 위한 지속성을 띠는 활동인 한 헌법적 의미의 직업이 될 수 있다.[40] 오늘날 높은 비율의 생산활동 종사자들이 타인에 의하여 고용되어 노동력을 제공하고 그 대가로 받는 임금으로 생활의 수요를 충족시키고 있기 때문에 종속적 직업활동의 보호는 그 중요성을 더해 가고 있다.

⑥ 영업: 자유직 및 1차산업을 제외한 영리를 목적으로 하는 지속적인 독립적 활동을 의미하는 영업(Gewerbe)[41]도 당연히 여기서 말하는 직업에 포함[42]됨은 물론이다.

⑦ 공직: 공직 내지 공무(헌법 제25조)가 헌법 제15조가 말하는 직업에 해당하는지에 관해서는 설이 갈린다.

먼저, 국민에게 공직취임을 원칙적으로 강요하지 못하게 한다는 점에서 직업의 자유가 의미를 갖기는 하지만, 공직은 기본적으로 국가의 조직고권의 대상이며 국민의 자유행사의 대상이 되지 못한다는 설이 있을 수 있다.[43]

이에 대하여 헌법 제25조가 제15조의 특별규정이기는 하지만, 공직과 관련하여 제15조를 완전히 구축하는 것은 아니고 공직에 관한 특별한 규율을 할 수 있도록 허용하는 것일 뿐이라는 설이 있을 수 있다. 그에 따르면 헌법 제25조로 인하여 직업의 선택과 관련한 제15조의 보호영역은 균등한 공직접근권으로 축소되게 된다고 한다.[44]

생각건대, 우리 헌법은 공직취임과 그 수행에 대한 국민의 권리를 헌법 제25조에서 별도로 보장하고 있으므로, 공직취임의 균등한 기회보장을 애써 제15조의 직업의 자유와 결부시켜야 할 이유를 확인할 수 없다. 오히려 헌법 제25조가 헌법 제15조의 특별규정으로 우선적으로 적용되며, 헌법 제15조는 공직취임을 강요받지 않을 자유만을 보호하는 것으로 해석하여야 한다. 따라서 공직취임의 제한과 관련된 사건들에서 직업의 자유의 침해여부를 함께 심사하거나 전

---

38) R. Scholz, MD, Rn. 21.

39) 헌재 1997. 4. 24. 95헌마90, 9-1, 474(480).

40) 헌재 2002. 11. 28. 2001헌바50, 14-2, 668(677); BVerfGE 7, 377(398f.); 59, 231(262); H. Lecheler, Art. 12 GG-Freiheit des Berufs und Grundrecht der Arbeit, VVDStRL 43(1985), 48(64); H. -J. Papier, HdbVerfR, § 18 Rn. 35.

41) 영업의 개념에 대해서 자세한 것은 W. Frotscher, Wirtschaftsverfassungs- und Wirtschaftsverwaltungsrecht, 2. Aufl., 1994, Rn. 157 ff.

42) BVerfGE 50, 290(362) 참조.

43) 정종섭(주 11), 679; H. H. Rupp, Das Grundrecht der Berufsfreiheit in der Rechtsprechung des Bundesverfassungsgerichts, AöR 92(1967), 212 (223); O. Bachof, Freiheit des Berufs, in: Die Grundrechte Ⅲ/1, 1958, S. 155 (200 f.); J. Wieland, in: Dreier, Art. 12 Rn. 52 참조.

44) 한수웅(주 11), 866-867; Pieroth/Schlink, a.a.O., Rn. 818 참조.

적으로 직업의 자유의 침해여부만을 심사하고 본래의 문제인 전자의 침해여부는 아예 심사조차 하지 아니한 헌법재판소의 일부 판례는 타당하다고 할 수 없다.[45]

(나) 직업의 형성문제

직업의 형성권이 원칙적으로 개인에게 있는가 아니면 국가, 특히 입법자에게 있는가? 먼저, 직업이라는 개념은 전통적으로 또는 법적으로 고정된 특정의 "직업상(직업유형)"[46]에 해당하는 직업뿐만 아니라, 개인이 임의로 선택한 비전형적인 (허용된) 활동까지도 포함한다는 설이 있다.[47] 이 설은 직업의 자유가 비전형적인 활동을 통해 직업을 발전시킬 수 있는 자유도 보호한다는 점, 직업활동과 관련한 포괄적 보호를 제공한다는 점, 사회발전에 따라 새로운 직업이 개인들에 의해 창출될 수 있어야 사회가 정체되지 않는다는 점을 논거로 개인에게 직업을 형성할 수 있는 권리가 있다고 본다. 즉 개인이 "직업"을 자율적으로 그리고 개별적·구체적으로 확정할 수 있다는 것이다. 이에 따르면 직업의 자유는 직업의 "선택" 및 "행사"에 국한되는 것이 아니라, 직업의 형성도 직업활동의 특수한 형태로 인정될 수 있으며 직업의 선택·행사와 "아울러" 헌법 제15조의 보호대상이 된다.

이에 대하여 입법자가 어떤 영역에서 직업상(Berufsbild)을 법적으로 확정한 경우 이 영역에서 비전형적인 직업유형을 창출해 낼 수 있는(Berufserfindung) 국민의 자유를 부인함으로써 원칙적으로 입법자가 직업을 형성할 수 있는 권한을 가지고 있다고 보는 설도 있다.[48]

기술한 바와 같이 분업화와 전문화 과정에서 거의 전반적으로 직업체계가 성립하였고 직업이 이미 "중심적인 사회제도"로 발전하였기 때문에, 직업상의 확정권이 원칙적으로 개인이 아닌 입법자에게 부여되는 것은 사리에 합당하며 불가피하다. 이와 같은 상황에서 입법자가 법률을 통하여 상호 연관성이 있는 활동들에 형식을 부여하고 유형화하는 것은 ― 즉 직업상을 법률에 의하여 확정하는 것은 ― 불가피하다.[49] 또한 원칙적으로 입법자에게 직업상의 확정권

---

45) 가령 헌재 1998. 5. 28. 96헌가12, 10-1, 560(569) 등 참조. 헌법재판소의 판례에 대하여 비판적인 견해로는 정태호(주 10), 303쪽; 방승주, "직업선택의 자유," 헌법논총, 제10집(1998), 211(227 이하); 이와 같은 설을 취하고 있는 판례로는 가령 헌재 2011. 12. 29. 2009헌바282, 23-2하, 547(556) 참조.

46) 직업상이란 "직업을 특징짓는 활동과 그러한 활동과 연관되어 있는 전문적이고 인격적인 그리고 경우에 따라서는 경제적인 소여의 내용과 한계에 관한 전체관념"을 의미한다. T. Maunz, MD, Erstbearbeitung, 1968, Rn. 24 참조.

47) BVerfGE 7, 377 (397).

48) BVerfGE 17, 232 (241 ff.) ― 복수의 약국경영; BVerfGE 21, 173 (181ff.); 22, 275 (276); 54, 237 (246) ― 겸직금지. 긍정적으로 무엇보다 Breuer, HStR Ⅵ, §147 Rn. 35ff. 이에 대하여 비판적인 견해로는 H. P. Rupp, Das Grundrecht der Berufsfreiheit in der Rechtsprechung des Bundesverfassungsgerichts, AöR 92 (1967), S. 221 f.; ders., Grundrecht der Berufsfreiheit, in: NJW 1965, S. 993 ff.; H. A. Hesse, Der Einzelne und sein Beruf, in: AöR 95(1970), S. 449 (463 ff.); H. Lecheler, VVDStRL 43 (1985), S. 53 f.

49) BVerfGE 13, 97 (106, 117 f.); 21, 173 (180); 25, 236 (248); 75, 246 (265). 한편, 헌법재판소는 명시적으로는 직업상이론을 채택하고 있지는 않다. 그러나 사실상 그와 같은 관념을 인정하고 있는 것으로 분석된다. 예를 들면 "국가는 국민의 신체와 재산의 보호와 밀접한 관련이 있는 직업들에 대해서는 공공의 이익을 위해 그 직업의 수행에 필요한 자격제도를 둘 수 있으며, 이때 그 구체적인 자격제도의 형성에 있어서는 입법자에게 광범위한 입법형성권이 인정되고, 다만 입법자가 합리적인 이유 없이 자의적으로 자격제도의 내용을 형성한 경우에만 그 자격제도가 헌법에 위반된다고 할 수 있다"(헌재 2010. 2. 25. 2007헌마956,

이 부여된다 하더라도 그 권한이 절대적인 것은 아니다. 입법자가 직업상을 확정하면서 제시한 직업의 구체적인 허가요건 또는 직업수행에 관한 규율이 그 자체 정당화되는 것은 아니며 단계이론의 요청 내지 과잉금지의 원칙을 충족시켜야 한다.[50] 그 밖에도 입법자는 직업상을 유형적으로 확정할 때 해당 활동의 태양을 감안하여야 하고,[51] 또 전통, 사실상의 관행, 사리 등을[52] 존중하여야 한다. 결과적으로 전형에서 벗어난 직업을 선택할 수 있는 개인의 자유의 범위는 입법자의 직업상 확정권이 미치지 않는 범위에서만 존재한다.[53]

(다) 독자적인 직업과 직업의 단순한 부분의 구분

직업인은 종종 전문화를 위해 또는 자신이 가진 여러 능력들을 결합하여 능률을 극대화하기 위해 전형적인 또는 법률에 의하여 확정된 직업상으로부터 벗어나서 자신의 활동영역을 축소하거나 확대하고자 한다. 여기서 전문화된 활동 또는 추가된 활동이 독자적인 직업이냐 아니면 어떤 직업의 단순한 부분이냐의 문제는 직업에 관한 규율의 합헌성심사에 단계이론을 적용하기 위한 선결문제로서의 의미를 갖는다.[54] 그것이 하나의 독자적인 직업이라면 그러한 활동을 법적으로 못하게 하는 것은 직업선택의 자유에 대한 제한인 반면, 그러한 활동이 직업의 단순한 부분에 불과하다면 그것을 법적으로 금지하는 것은 단지 직업수행의 특정 양식에 대한 금지를 의미하기 때문이다.

직업상이론(職業相理論, Berufsbildlehre)에 의하면 그러한 사건은 법률에 의하여 확정된 직업상에 의거할 경우에만 합리적으로 해결할 수 있다고 본다.[55] 입법자는 직업상의 확정에 관한 권한을 갖고 있으므로 개별 직업의 활동반경을 확정할 수도 있다. 이로써 동시에 입법자는 (독자적인) 직업과 직업의 (단순한) 부분을 구분하기 위한 기준도 미리 제시하기도 한다. 법률이 전문화된 활동 또는 확대된 활동을 별개의 허가요건이나 직업수행에 관한 규율을 통하여 부각시키고 또 형성하고 있는 경우 그 법률은 이러한 활동을 독자적인 직업으로서 형성한 것이다.[56]

22-1상, 329(340); 헌재 2012. 8. 23. 2010헌마740, 공보 191, 1657(1660); 헌재 2013. 2. 28. 2011헌바398, 공보 197, 381(384) 등 참조).

50) BVerfGE 54, 301 (314); 59, 302 (315 f.); 75, 246 (266f.); Gublet, in: Ⅰ. v. Münch Ⅰ, Art. 12 Rn. 14; P. J. Tettinger, Das Grundrecht der Berufsfreiheit in der Rechtsprechung des BVerfG, AöR 108 (1983), S. 92 (101); R. Scholz, MD, Rn. 272 f.

51) BVerfGE 13, 97 (106); 54, 301 (322, 326).

52) BVerfGE 13, 97 (117 f.) 참조.

53) 비전형적인 직업의 보호에 관하여는 BVerfGE 7, 377 (397); 16, 147 (163) 참조. 그 밖에도 BVerfGE 97, 12 (25, 33 f.); Pieroth/Schlink, a.a.O., Rn. 810 참조.

54) H. H. Rupp, a.a.O., S. 219 ff.;P. J. Tettinger, AöR 108 (1983), S. 98 ff.

55) 이 문제에 관해서는 R. Breuer, HStR Ⅵ, § 147 Rn. 42.

56) BVerfGE 9, 39 (48); 54, 237 (247) 참조. 그러나 헌법재판소는 한약사라는 직업을 새로 형성하면서 동시에 일정 범위에서 한약의 조제·판매를 해왔던 양약사들에게 경과기간 동안에 간이화된 한약조제시험을 통과하지 못할 경우 한약을 조제·판매하지 못하도록 한 규정을 양약사라는 직업의 활동범위를 제한한 것으로서 직업수행의 자유에 대한 제한으로 평가한 뒤, 보충적으로만 그러한 제한의 효과가 사실상 직업선택의 자유에 대한 제한에 버금가는 것인지를 검토한 바 있다(헌재 1997. 11. 27. 97헌바10, 9-2, 651(665-666) ― 양약사의 한약조제판매의 제한). 한편, 헌법재판소는 헌재 2009. 6. 25. 2007헌마451, 21-1하, 872(891)에서 "게임제공업자는 이 사건 법률조항으로 인하여 게임결과물의 환전업 등을 운영할 수 없지만 이는 게임제공업

이와 같은 특별한 규율이 없고 전문화된 활동 또는 추가된 활동이 애초에 시작한 직업에 대한 법률의 통제를 받는 경우, 즉 이 법률에 의하여 확정된 직업상에 포함되어 있는 경우에는 그러한 활동은 원래 직업의 단순한 부분일 뿐이다.[57] 끝으로 하나의 "직역"(職域)이 법률에 의한 직업상 확정을 통하여 구분되어 있지 않는 경우에는 전문화되거나 추가된 활동의 사실상의 특색 및 거래관념에 직접 주목할 필요가 있다. 그 경우에 중요한 것은 또한 활동의 "축소나 확대"가 그 사실상의 특성에 비추어 볼 때 직업선택의 행위냐 아니면 직업에 대한 수정현상으로 직업수행의 한 양식일 뿐인가 하는 점이다.

(2) 직업의 자유의 내용

직업의 자유를 보장하고 있는 제15조는 그 법문상 직업 내지 직종의 "선택"에 관한 자유만을 보장하는 것처럼 보인다. 그러나 오늘날 이 기본권이 하나의 통일적인 생활과정으로서의 직업과 관련된 활동의 자유를 보장한다는 데 이론이 없다.[58] 그러므로 헌법 제15조의 직업의 자유는 원하는 직업 내지 직종을 선택할 수 있는 자유, 선택한 직업을 수행하는 자유,[59] 직장선택의 자유[60]를 포함한다.

나아가 유의하여야 할 것은 직업의 선택과 직업의 수행이 각기 직업생활의 특정한 단계에 해당하여 시간적으로 명확히 구분될 수 있는 것이 아니라 오히려 서로 일정 부분 중복된다는 점이다.[61] 특히 직업활동의 개시는 직업수행의 개시인 동시에 직업선택행위의 표출이다. 마찬가지로 직업수행 활동이 계속되고 있는 중에는 그 직업을 계속 보유하고자 하는 의지가 표출되는 것이며 직업수행을 자유의사에 기하여 종료하는 것은 직업을 선택하는 행위이기도 한 것이다. 그럼에도 불구하고 직업선택과 직업수행을 구분하는 것은 그 제한에 있어서 각기 다른 정당화요건이 충족되어야 하기 때문이다.

(가) 직업선택의 자유

직업선택의 자유에 의하여 누구나 타인의 의사에 의하여 영향을 받지 아니하고 자신이 희망하는 직업을 선택할 수 있는 자유가 보장된다. 이는 특정 직종의 선택의 자유, 이미 선택한 직종을 포기할 수 있는 자유, 이미 선택한 직종에서 다른 직종으로의 전직의 자유를 포함한다. 내심의 영역에 머무르는 선택을 위한 결단만이 아니라, 대외적으로 표출되는 행위를 통하여 특

소의 영업 방법에 대한 제한이라는 직업수행의 자유의 제한에 포함되는 것"이라고 하여 게임물환전업을 독자적인 직업이 아니라 게임제공업에 포함되는 직업수행활동 중의 하나로 평가하고 있다.

57) BVerfGE 9, 73 (78 f.); 10, 185 (197); 11, 30 (42); 16, 286 (294); 18, 353 (361); 48, 376 (388); 54, 251 (270); 57, 121 (130 f.) 참조.

58) 헌재 2002. 11. 28. 2001헌바50, 14-2, 668(677).

59) 헌재 2002. 7. 18. 99헌마574, 14-2, 29(40); 헌재 2013. 6. 27. 2011헌마315등, 공보 201, 841(844); 헌재 2013. 8. 29. 2010헌마562 등.

60) 헌재 2002. 11. 28. 2001헌바50, 14-2, 668(678); 헌재 2011. 9. 29. 2007헌마1083 등, 공보 180, 1453(1459) 등 참조.

61) BVerfGE 7, 377 (400 f.).

정 직업의 선택의 표시를 하는 것도 직업선택의 자유의 내용이 된다.[62]

직업선택에는 직업을 가지거나 가지지 않기로 하는 결정[63] 및 특정 직업의 선택과 직업변경이 속한다.[64] 직업의 종료는 선택한 직업을 그만두는 것일 뿐 아니라, 직업행사의 최종단계를 나타내며, 취업의 반대되는 개념이다.

나아가 소극적인 직업선택의 자유, 즉 특정 직업의 선택을 강요받지 아니할 자유도 보호된다.[65] 직업선택의 자유는 강제노역을 받지 아니할 자유도 포함하지만, 헌법은 이에 대해서 제12조 제1항에 별도의 규정을 두고 있다.

또한 무직의 자유가 직업선택의 자유의 범위에 포함되는 여부도 문제된다. 이는 헌법 제32조 제2항의 근로의 의무의 성격에 대한 이해와 결부되어 있다. 이 의무를 법적 의무가 아니라 윤리적 의무로 이해하는 한, 직업선택의 자유는 무직의 자유도 포함한다고 볼 수밖에 없다.[66]

(나) 직업수행의 자유

직업수행의 자유는 선택된 직업이 현실에서 투영되어 나타나는 활동 전체를 보호한다. 직업수행의 자유는 모든 직업적 활동 또는 영업적 활동, 즉 그러한 활동의 형식, 수단 및 활동범위와 내용에 대한 결정의 자유를 말한다.

특정 직업에서 구체적인 노동 및 생산의 범위와 내용을 결정하는 것, 작업과정의 조직화 및 영업조직, 타인의 고용,[67] 시설과 장비의 선택·설치·사용,[68] 재료 및 자본의 조달, 광고,[69] 시장 및 판매의 관리[70] 등이 모두 직업수행 행위에 포함된다. 직업수행의 자유는 기업가 내지 영업체와 관련해서는 기업의 자유 내지 영업의 자유,[71] 좀 더 구체적으로 말하면, 기업설립 및 조직의 자유, 법적 형태 선택의 자유,[72] 처분 및 투자의 자유, 생산활동의 자유, 경업의 자

---

62) 계희열(주 11), 2007, 525.

63) BVerfGE 58, 358(364f.); 68, 256(267).

64) 계희열(주 11), 525.

65) 계희열(주 11), 527.

66) 동지 정태호(주 10), 308; Pieroth/Schlink, a.a.O., Rn. 813.

67) 헌재 2012. 3. 29. 2010헌바432, 24-1상, 494(506) — 장애인 고용부담금.

68) 헌재 2013. 2. 28. 2011헌바398, 공보 197, 381(383) — 한의사의 초음파진단기기와 같은 의료기기 사용 가능성.

69) 헌재 2000. 3. 30. 99헌마143, 12-1, 404(414-415); 헌재 2005. 10. 27. 2003헌가3, 17-2, 189(198) 등 참조.

70) 헌재 1999. 7. 22. 98헌가5, 11-2, 26(37) — 탁주의 공급구역제한제도.

71) 헌재 1996. 12. 26. 96헌가18, 8-2, 680(691) — 자도소주구입명령; 헌재 1998. 10. 29. 97헌마345, 10-2, 621 (629) — 택시운송수입금전액납부제.
    한편, 독일에서는 기업의 자유 내지 기업가의 자유의 헌법적 근거에 관해서 견해가 갈린다. 일설은 이 자유는 기본법 제2조 제1항(일반적 행동의 자유)으로부터 도출되는 독자적인 기본권이라고 보는 데 비해 다른 설은 이 자유를 직업의 자유의 한 내용으로 본다. 이 학설의 대립에 관해서는 W. Frotscher, a.a.O., Rn. 48 ff. 참조.

72) 헌재 1996. 8. 29. 94헌마113, 8-2, 141(56) — 감정평가법인설립요건으로서의 최소인원; 2002. 9. 19. 2000 헌바84 — 약사들이 법인을 구성하여 약국을 개설할 수 없도록 하는 규율(직업선택의 자유에 대한 제한이라는 소수의견이 있음). 한편, 헌법재판소는 헌재 2002. 4. 25. 2001헌마614, 14-1, 410(427-427)에서 경비업을 경영하고 있는 자들이나 다른 업종을 경영하면서 새로이 경비업에 진출하고자 하는 자들로 하여금 경비업을 전문으로 하는 별개의 법인을 설립하지 않는 한 경비업과 여타 업종간에 택일하도록 강제하고 있는 경비업법상의 규율을 객관적 사유에 의한 직업선택의 자유의 제한으로 보았다. 그러나 법인형식을 요구하는

유,[73] 가격설정의 자유, 광고의 자유 등을 내용으로 한다.

　개인적 취미활동, 가사적·가정적 의무의 이행, 사단이나 회사 또는 정당 내의 활동,[74] 제10조 내지 제17조에 의하여 보호되는 사생활은 직업수행이 아니다. 특히 자영업의 경우에는 직업영역과 사사의 영역 사이의 구별에 대한 결정, 곧 기업경영에서 추구되는 이득이 기업을 위한 투자에 사용되는가 또는 "사적 구매"에 사용되어야 하는가에 대한 결정은 직업영역에 속한다.

　때에 따라서는 어떤 직업 관련 활동이 직업선택과 직업행사 중 어느 것에 속하는지를 판단하는 것이 쉽지 않다. 특히 취업을 어느 것으로 보아야 할 것인지에 대해서도 견해가 대립하였다. 이와 관련하여 독일 연방헌법재판소는 다음과 같이 판시함으로써 논란을 정리하였다. "직업'선택'과 직업'행사'라는 개념이 각각 다른 개념과 교차되지 않는 직업생활의 특정 시적 단계를 나타낼 정도로 구분되는 것은 아니다. 즉 취직은 직업행사의 시작일 뿐만 아니라 바로 여기에서―그리고 여기에서만 흔히―표출되는 직업선택 행위를 의미한다. 마찬가지로 계속적인 직업행사 중에 표출되는 직업수행 계속 의지와 결국은 직업행사를 자유로운 의지로써 종료하는 것은 실제로는 직업선택 행위이기도 하다. 두 개의 개념은 다양한 관점으로부터 오는 직업의 자유라는 통일적 전체를 포착한다."[75]

(다) 직장선택의 자유

　국민은 직업활동이 이루어지는 곳인 직장을 자유롭게 선택·유지·포기할 수 있다.[76] 물론 여기서 직장은 전적으로 공간적인 것만을 의미하는 것은 아니다. 그것은 종속노동의 경우에는 사용자 선택을 포함한 노동관계나 구체적인 직업에의 종사가능성을 포함하는 개념이다.

　직장의 선택은 직업선택 후에 행해지며 직업선택을 구체화한다. 직장의 선택은 선택된 직장에서 수행되는 직업행사에 선행한다.

　직장선택의 자유는 종속직업뿐만 아니라 또한 독립적 직업에도 해당된다.[77] 이를 종속직업에 한정시키는 것은 직업관련 활동의 자유를 포괄적으로 보호하려는 제15조의 취지에 반한다.

　제15조는 개인이 직업의 자유 행사의 현실적 가능성을 열어주는 법적·사실적 전제를 창출

　　　것 자체는 주관적 사유에 의한 직업선택의 자유에 대한 제한이라고 보아야 할 것이다.
73) 헌재 1996. 12. 26. 96헌가18, 8-2, 680(691) ― 자도소주구입명령제.
74) H. Rittstieg, AK, Rn. 62.
75) 오늘날 독일의 거의 일치된 견해이다. BVerfGE 7, 377(401) 이래의 확립된 판례; R. Scholz, MD, Rn. 14, 295; R. Breuer, HStR Ⅵ, § 147 Rn. 32f.; P. J. Tettinger, in: Sachs, Art. 12 Rn. 8; Pieroth/Schlink, StaatsR, Rn. 808 참조.
76) BVerfGE 84, 133 (146); 85, 360 (373); "직장선택의 자유란 개인이 그 선택한 직업분야에서 구체적인 취업의 기회를 가지거나, 이미 형성된 근로관계를 계속 유지하거나 포기하는 데 있어 국가의 방해를 받지 않는 자유로운 선택·결정을 보호하는 것을 내용으로 한다"(헌재 2002. 11. 28. 2001헌바50, 14-2, 668(678); 헌재 2011. 9. 29. 2007헌마1083 등, 공보 180, 1453(1459)).
77) 긍정설은 R. Scholz, MD, Rn. 429; H. D. Jarass, JP, Rn. 8; J. Wieland, in: Dreier, Rn. 54; 부정설로는 G. Uber, Freiheit des Berufs, 81.

할 의무를 국가에게 부과한다는 견해[78]도 일부 있으나, 근로의 권리가 별도로 보장되고 이있는 현행 헌법의 해석론으로는 수용하기 어렵다. 물론 종속노동자는 독립적 직업종사자보다 강한 사회적 보호를 필요로 한다고 볼 수 있지만,[79] 이는 제15조의 문제가 아니라 근로의 권리의 문제이다.

"근로의 권리"가 별도로 규정되어 있는 현행 헌법에서 제15조는 직장의 알선 청구권이나 그러한 권리를 실현하는 데 필요한 국가의 조치를 요구하는 청구권의 근거가 되지 못함은 물론이다.

(라) 직업교육장선택의 자유

① 직업교육장선택의 자유의 헌법적 근거

먼저, 직업을 훈련하는 데 사용되는 모든 시설을 의미하는 직업교육장 선택의 자유가 헌법 제15조에서 보장된 직업의 자유의 한 내용인지가 문제된다. 현재 국내의 통설 및 판례[80]는 이를 긍정하고 있다. 그러나 교육을 받을 권리가 헌법 제31조에 별도로 보장되고 있음을 이유로 이를 부정하는 설도 있다.[81]

교양교육(Bildung)과 직업교육(Ausbildung)을 다음과 같이 구분하고 교양교육을 받을 권리의 근거만을 제31조에서 찾는 견해도 있을 수 있다. 즉 정신적으로 획득될 수 있는 모든 것이 교양교육의 내용이 될 수 있으며, 그 내용과 마찬가지로 교육목표 또한 개방적이다. 반면, 직업교육은 '직업과 관련된 자격'의 획득이라는 목표를 지향하고 있으며, 이 목표가 그 내용까지도 규정한다.[82] 직업과 관련성이 없는 학교교육의 경우에는 그와 같은 목표나 내용이 없다. 그러나 이와 같은 구분기준이 사실 모호할 뿐만 아니라 직업교육과 교양교육을 구분함이 없이 포괄적으로 교육을 받을 권리를 보장하고 있는 현행 헌법에서 이를 구분하여 직업교육은 헌법 제15조의 직업의 자유에 의하여, 교양교육은 헌법 제31조의 교육을 받을 권리에 의하여 각기 보호되는 것으로 보아야 할 필요가 있을지 의문이다. 더구나 통설이 한결같이 '교육을 받을 권리'가 '교육을 받을 자유'를 포함하는 다층적 권리라고 보면서도 그러한 주장을 펴는 것은 더욱 설득력이 없다.[83] 직업교육이, 따라서 직업교육장의 선택이 직업선택의 전 단계에 놓여 있기 때문

78) H. P. Schneider, Freiheit des Berufs und Grundrecht der Arbiet, VVDStRL 43(1985), 7(23, 41).

79) H. Lechele, VVDStRL 43(1985), 48(68ff.).

80) 가령 계희열(주 11), 525 이하; 정종섭(주 11), 2013, 682 이하; 한수웅(주 11), 657 이하; 헌재 2009. 2. 26. 2007헌마1262, 21-1상, 248(259); 2011. 6. 30. 2010헌마503, 23-1하, 534(544) 등 참조.

81) 이에 대해서는 정태호(주 10), 306-30.

82) Pieroth/Schlink. a.a.O., Rn. 820. 그러한 관점에서 볼 때 초등학교 정도는 직업교육장이라고 볼 수 없을 것이다. 독일의 지배설에 의하면 전문대학, 대학교, 국가의 시보직, 사업장 내의 직업훈련과정, 어학원 등등은 직업교육장이라고 한다(a.a.O., Rn. 821).

83) 헌법재판소가 대학입학정원을 중앙에서 통제할 뿐만 아니라 각 대학별로 입시를 치르는 대학입시제도와 관련 사건들(가령 헌재 1992. 10. 1. 92헌마68 등, 4, 659(669) 이하; 헌재 1996. 4. 25. 94헌마119, 8-1, 433(442) 이하)을 다루면서 한 번도 직업교육장선택의 자유를 포함하는 직업의 자유의 침해여부를 검토한 바 없다는 사정도 바로 여기에 기인한다고 본다.

에 직업의 자유와 관련되어 있음은 사실이지만, 교양교육과 직업교육이 밀접하게 결합되어 있어서 양자를 구분하는 것이 항상 용이한 것이 아니고 또 헌법 제31조 제1항에서 교육을 받을 자유가 포괄적으로 보장되어 있다고 보는 한 제15조가 아닌 헌법 제31조 제1항에서 헌법의 직접적 근거를 찾는 것이 합당하다고 생각된다.[84]

그러나 헌법재판소는 평준화지역에 거주하는 학생들의 중학교 선택의 자유를 제한하는 중학교추첨배정제의 합헌성을 인정하면서 그 제도가 학생의 직업의 자유가 아닌 헌법 제10조의 행복추구권에 포함되어 있는 교육을 받을 자유를 침해하는지 여부를 심사하는 등[85] 학교선택의 문제와 직업의 자유 내지 교육을 받을 권리에 포함되어 있는 교육을 받을 자유의 연관성을 온전히 포착하지 못하고 있는 것으로 분석된다.

② 직업교육장의 개념

직업교육장을 "지원자가 그 훈련장에서 교육을 수료한 뒤에 응시할 수 있는 시험에 합격해야만 직업을 구할 수 있거나 특정 직업에 종사하기 위한 전제로 수료하여야만 하는 시설"로 좁게 해석하는 설도 있다.[86] 그러나 그렇게 좁게 해석할 합리적 이유가 없으며 전적으로 교양교육만을 담당하지 않는다면, 여기서 말하는 직업교육장으로 보아야 한다.

그 전형적인 예로 특히 전문대학, 대학교, 법학전문대학원,[87] 사법연수원, 행정공무원연수원, 기타 각종 직업교육시설을 들 수 있다. 그러나 대학의 개별 강의[88]나 시간강사직[89]은 직업교육장이 아니다. 중등학교와 관련해서는 견해가 대립하지만[90] 직업교육장으로서의 성격을 부인하기 어렵다고 본다.[91]

③ 직업교육장 선택의 자유의 내용

직업훈련장 선택의 자유는 장소적 측면 외에 질적 측면을 가진다. 즉 직업훈련분야와 직업훈련과정을 자유롭게 선택하는 것을 포함한다. 나아가 직업훈련을 강제당하지 않을 자유를 포함한다. 따라서 일반적 교육의무 외에 국가가 직업훈련을 강제하는 것에 대하여 개인을 보호한다.[92]

---

84) 독일 기본법은 제15조에서 직업교육장선택의 자유를 명시하고 있지만, 이를 명시하지 않고 오히려 직업의 자유와 함께 교육을 받을 권리를 명시하고 있는 우리 헌법의 규율태도에 비추어 볼 때 독일의 해석론을 기계적으로 수용할 수 있을지는 의문이다. 이 경우 굳이 직업의 자유에서 직업교육장선택의 자유의 근거를 찾으려면 그러한 범위에서 헌법 제15조는 제31조 제1항에 대한 특별규정으로 볼 수밖에 없을 것이다.

85) 헌재 2000. 4. 27. 98헌가16, 12-1, 427, 455-456; 헌재 2012. 11. 29. 2011헌마827, 24-2하, 250 (261) 등 참조.

86) 독일의 연방행정법원이 취하는 견해이다. BVerwGE 47, 330 (332); 91, 24 (32) 참조.

87) 헌재 2009. 2. 26. 2007헌마1262, 21-1상, 248(259).

88) OVG Lüneburg, DVBl. 1984, 280(281).

89) 독일의 사강사직(Privatdozent)과 관련하여 이와 같은 견해를 취하고 있는 BVerwGE 96, 136[140]; P. J. Tettinger, in: Sachs, Art. 12 Rn. 68 참조.

90) 부정설로는 한수웅(주 11), 657.

91) 긍정설: 정종섭(주 11), 683; BVerfGE 58, 257(273); OVG Münster, NJW 1976, 725[726]; R. Breuer, HStR Ⅵ, § 147 Rn. 75. 부정설로는 H. D. Jarass, DÖV 1995, 674(675, 678).

92) H. Rittstieg, AK, Rn. 125.

그러나 교육을 받을 자유를 포함하는 교육을 받을 권리가 헌법 제31조에서 별도로 보장되고 있음을 감안할 때, 특정 직업훈련장에 대한 입학허가를 청구하는 주관적 공권은, 비록 그 시설이 공적 시설로서 법적으로나 사실적으로 국가에 의해 독점되어 있더라도 제15조에서는 도출된다고 볼 수 없다. 독일에서 그와 같은 파생적 참여권을 직업의 자유를 근거로 인정하는 이유는[93] 독일 헌법에 사회적 기본권인 교육을 받을 권리가 별도로 보장되어 있지 않기 때문이다.

제15조에는 직업교육을 재정적으로 지원할 것을 요구하는 청구권[94]은 물론 예비수습실무 시 생활비를 보조할 것을 요구하는 청구권[95]도 포함되어 있지 않다.

IV. 직업의 자유에 대한 제한과 그 한계

1. 직업의 자유에 대한 제한

(1) 직업의 자유에 대한 제한적 법률유보와 제한의 정당화요건

직업의 자유도 헌법 제37조 제2항의 일반적 기본권제한적 법률유보 아래에 놓여 있다. 따라서 직업의 자유도 "국가안전보장, 질서유지, 공공복리"와 같은 공익실현을 위하여 필요한 경우에는 제한될 수 있다.

제15조에 의하여 보장된 개인의 자유를 공익과 조화시키기 위하여 제37조 제2항은 입법자에게 직업의 자유를 제한할 수 있는 권한을 부여하고 있다. 이와 같은 제한이 합헌성을 띠는지를 심사할 때 헌법재판소는 주로 다음과 같은 심사구조를 취하고 있다.

첫째, 어떤 조치가 직업행사의 자유에 대한 제한인지 아니면 직업선택의 자유에 대한 제한인지를 구분하고, 이어서 직업선택에 대한 제한인 경우에는 다시 주관적 허거조건인지 아니면 객관적 허가조건인지를 구분한다.

둘째, 직업의 자유에 대한 제한은 "법률에 의하여 또는 법률에 근거하여" 행해진 것인지를 판단한다.

그 제한은 다음과 같은 모든 관점에서 합헌성을 띠어야 한다(BVerfGE 15, 231).

① 우선 법규범이 형식적인 합법성을 갖추어 성립했는지가 심사된다(특히 입법권능, 입법

---

93) BVerfGE 33, 303 (331f.) — 제1차 대학입학정원판결; 43, 291 (313f.) — 제2차 대학입학정원판결; 85, 36 (53f.) — 수용능력소진의 명령; BVerwGE 102, 142 (146f.). 독일 연방헌법재판소는 기본법 제12조 제1항 제1문에 의하여 보장된 직업과 직업훈련장 선택의 자유를 기본법 제3조 제1항(일반적 평등권) 및 사회국가명령과 결합시켜 대학진학연령에 달한 모든 지원자가 선택한 직업훈련장의 최대한의 수용능력의 범위 내에서 대학에 입학할 권리를 가진다고 본다. 그 주된 논거는 직업훈련과 직업선택은 서로 밀접하게 연관되어 있고 국가가 직업훈련장을 독점하는 경우 국가가 보장되어 있는 직업선택의 자유를 침해할 가능성이 있을 수 있다는 것이다.

94) BVerwGE 81, 242 (251); R. Scholz, MD, Rn. 65; H. Rittstieg, AK, Rn. 150 참조.

95) BVerfGE 33, 44 [50]; H. D. Jarass, JP, Rn. 48 참조.

절차).

② 법률 이하의 규범은 법률의 위임이 있어야만 한다.

③ 제한조치는 과잉금지원칙에 위배되어서는 안 된다. 특히 과잉금지원칙을 직업의 자유의 영역에 엄격하게 적용[96]하여 구조화한 "단계이론"(Stufentheorie)이 제시하는 요건들을 충족하는 것이 중요하다. 우선, 조치가 공익(국가안전보장, 질서유지, 공공복리)을 실현하기 위한 것이어야 하고, 선택된 수단이 조치의 목적을 달성하기 위하여 적합하고 필요한지 여부, 개인의 직업자유에 대한 제한의 정도가 그러한 제한을 정당화하는 공익에 대하여 적절한 관계에 있는지(기대가능성, 좁은 의미의 비례의 원칙) 여부를 심사한다.

④ 제한조치가 과잉금지원칙을 충족하더라도 직업의 자유의 본질적 내용을 침해해서는 안 된다.

(2) 직업의 자유에 대한 제한

(가) 제한의 개념과 유형

직업의 자유에 대한 제한[97]이란 직접적으로 또는 간접적으로 직업활동을 제약하려는 의도 하에 개인의 직업활동에 영향을 미치고 있고 또 그 직업활동을 전적으로 또는 부분적으로 방해하거나 또는 개인이 원하는 방법으로 행사할 수 없도록 하는 국가의 조치이다.[98]

직업의 자유에 대한 '직접적 또는 의도적 제한'이란 궁극적으로 직업활동과 관계가 있고 또 직업활동을 직접 대상으로 하는 제한을 말한다(이른바 고전적 기본권제한). 따라서 원칙적으로 명령과 금지를 통하여 특정의 직업활동의 가부와 방법을 구속하는 조치를 의미한다. 예컨대 자격제, 인가제 또는 직업행사의 종류와 방법과 관련한 부담이 직접적 제한에 해당된다.

직업의 자유에 대한 '간접적 제한'이란 어떤 공권력의 조치가 직업의 자유 자체를 겨냥하지는 않지만 해당 조치가 발휘하는 감지할 수 있는 사실적 영향 때문에 제15조에 의해 보호되는 직업적 가능성을 축소시키는 조치를 말한다.[99] 판례는 직업의 자유에 대한 직접적·의도적 제약만이 아니라 간접적 제약도 그에 대한 제한으로 인정하고 있는 추세이다. 이에 대해서 상세한 것은 직업의 자유의 개별 내용에 대한 제한을 다루면서 설명하기로 한다.

헌법
제
15
조

---

96) BVerfGE 46, 120 (138).

97) 자유권 일반의 제한 개념 일반에 대해서는 정태호, "자유권 기본권의 "제한"에 관한 고찰 — 이른바 사실상의 기본권제약을 중심으로 —," 헌법논총 제13집(2002), 561 이하 참조.

98) BVerfGE 82, 209 (223) 참조.

99) BVerfGE 13, 181 (185f.); 81, 108 (121 f.); P. J. Tettinger, in: Sachs, Rn. 72; R. Breuer, HStR Ⅵ, § 148 Rn. 31; 이에 대하여 전반적으로 다루고 있는 것으로는 H. U. Gallwas, Faktische Beeinträchtigungen im Bereich der Grundrechte, 1970, 165; 더 나아가서 H. Bethge, VVDStRL 57(1998), 7(37ff.); B. Weber-Dürler, VVDStRL 57(1998), 57(66ff).

(나) 단계이론의 개요와 문제점[100]

단계이론에 따르면 직업의 자유에 대한 법적 규율이 직업수행에 대한 규율의 성격을 강하게 띨수록 자유제약의 정도가 상대적으로 약하기 때문에 그 만큼 입법재량의 폭은 넓어지고, 그 법적 규율이 직업선택의 자유를 제한할수록 자유제약의 정도는 상대적으로 강하기 때문에 입법재량의 폭은 그 만큼 좁아진다.[101] 따라서 직업의 자유에 대한 최소한의 제약을 수반하는 단계에서 직업에 대한 규율이 이루어져야 하며, 그 다음 단계에서의 규율은 예상되는 위험이 하급단계의 수단으로는 효과적으로 방지될 수 없다는 것이 고도의 개연성을 갖고 입증될 때에야 비로소 허용된다[102]는 것이 단계이론의 핵심적인 내용이다. 이를 보다 구체적으로 설명하면 다음과 같다.

"직업행사의 자유는 공공복리를 이성적으로 형량하여 직업행사에 대한 제한이 합목적적인 것으로 생각되는 한 제한될 수 있다. 직업선택의 자유는 특별히 중요한 사회의 이익이 직업선택의 자유제한을 반드시 필요로 하는 범위에서만 제한될 수 있다. 그러한 제한이 불가피하더라도 입법자는 이 기본권을 최소한으로 제한하는 방식으로 제한을 선택하지 않으면 안 된다. 개인이 특정 직업을 선택하려면 특정 요건을 충족할 것을 요구함으로써 직업선택의 자유를 제한하는 경우에는 그 제한이 주관적 허가요건인지 아니면 객관적 허가요건인지를 구별하여야 한다. 주관적 허가요건, 특히 직업훈련경료요건은 직업활동의 정상적 수행의 확보라는 그 목적과 비례관계에 있어야 한다. 끝으로 객관적 허용요건을 입증함에는 특히 엄격한 정당화요건이 부과된다. 일반적으로는 현저하게 중요한 사회적 이익에 대한 입증될 수 있는 또는 매우 개연성 있는 중대한 위험이 있어야만 객관적 허가요건이 정당화될 수 있을 것이다.

제37조 제2항에 의거한 직업의 자유에 대한 규제는 항상 직업의 자유를 가장 적게 제한하는 '단계'에서 이루어져야 한다. 예상되는 공익에 대한 위험에 대하여 낮은 단계의 (합헌적인) 수단을 가지고 효과적으로 대처할 수 없는 고도의 개연성이 존재하는 경우에만 입법자는 다음 '단계'의 제한으로 이행할 수 있다.

직업의 자유에 대한 제한의 정당성 심사와 관련해서는 이처럼 독일 연방헌법재판소가 약국판결[103]을 계기로 '단계이론'이 폭넓은 지지를 받고 있다.[104] 우리 헌법재판소도 항상 명확하게 단계귀속을 하고 기본권심사를 하는 것은 아니지만 그 판례를 통해 이 이론을 수용하고

---

100) 이에 대하여는 정태호, "헌법 제15조의 "직업의 자유"," 309 이하; 한수웅, "직업의 자유와 3단계이론," 중앙법학 제12집 3호, 9 이하 참조.

101) BVerfGE 7, 377 (403 ff.) 참조.

102) BVerfGE 7, 377 (408).

103) BVerfGE 7, 377 ff.

104) 그러나 단계이론에 대해서 비판적인 견해로는 H. H. Rupp, AöR 92 (1967), S. 223, 236; P. J. Tettinger, AöR 108 (1983), S. 92 (122 f.); B. Schlink, Abwägung im Verfassungsrecht, 1976, S. 58 f.; J. Lücke, Die Berufsfreiheit, 1994, S. 52 (59). 긍정적인 평가로는 H. -J. Papier, DVBl. 1984, S. 801 (804 f.); R. Breuer, Die staatliche Berufsregelung und Wirtschaftslenkung, in: HStR Ⅵ, §148 Rdnr 8 참조.

있다.105)

그러나 이 단계이론의 약점도 많이 지적되었다. 먼저 직업상에 관한 법률적 규율은 단계이론에서 말하는 3개의 단계 중 어느 하나에 정확하게 귀속되지 않고 또 허가요건들도 그것이 주관적인 것인지 객관적인 것인지를 분류하기 어려운 경우가 적지 않다는 것이다.106) 입법자가 임의의 입법의도를 정당화하기 위하여 중차대한 공동체이익을 제시하는 것은 어렵지 않다는 지적도 있었다. 즉 직업의 자유의 제한을 정당화하는 '공동선'의 실체를 해명함이 없이 개인의 보호와 공동체이익 보호 사이의 형량을 일방적으로 개인의 기본권적 이익을 기준으로 시도하고 있다거나,107) 구체적으로 공동선이 무엇이고 어느 경우에 협의의 비례의 원칙에 따른 형량과정에서 그것이 정당하게 교량될 수 있는가의 문제를 해명하고 있지 않기 때문에 단계이론은 다른 방식으로 발견된 결과를 극히 자의적으로 포장하기 위하여 이용될 수도 있다108)고 한다. 직업선택과 직업수행의 구분은 무의미하므로 개별 사건에서의 법원의 법익형량에 맡기는 것이 나으며, 이 경우 기본권제한의 비중과 의의는 관련 직업종사자의 수와 그 직업의 사회적 기능에 의해 달려 있다는 지적도 있다.109) 어쨌든 과잉금지원칙 준수여부의 심사는 오히려 단절이 없는 연속적 스펙트럼 위에서 행해져야 함에도 불구하고 직업의 자유에 대한 각종 규율을 3단계로 분류하는 것은 지나치게 경직되어 있다는 비판도 받았다.110)

이러한 다양한 비판에도 불구하고 단계이론은 헌법 제15조에 대한 해석론에서 계속하여 확고한 지위를 점하고 있다. 물론 상술한 비판들로 인하여 단계이론이 제15조의 해석에서 가지는 비중을 상대적으로 축소시키고, 단계이론의 근저에 있는 과잉금지원칙이 보다 큰 의미를 획득하게 되었지만 말이다.111)

이처럼 다양한 비판에도 불구하고 단계이론이 약국판결의 원형에 비해서 많이 수정되기는 하였지만 폐기되지 않고 보다 정치화되고 또 발전될 수 있었던112) 이유는 실무를 통하여 단계이론의 장점이 드러났기 때문이다. 단계이론에 의하여 직업의 자유에 관한 헌법규범과 정치적·경제적·사회적 생활의 현실의 사이에서 다양한 사태와 문제상황에 관한 유형화되고 세분화된 범주들이 개발될 수 있었다. 단계이론은 합리적이고도 개념적으로 구조화된 논증을 요구함으로써 비례성통제를 보다 이성적인 통제장치로 만들었다. 단계이론에 의거한 판결들이 언

---

105) 우리 헌법재판소도 이른바 당구장사건에서 단계이론을 명시적으로 수용하였다(헌재 1993. 5. 13. 92헌마80, 5-1, 365(374)). 물론 그 이전에도 소수의견은 이 이론을 원용한 바 있다(헌재 1990. 10. 15. 89헌마178, 2, 365(381)에 수록된 이성렬 재판관의 소수의견 참조). 그밖에도 헌재 1998. 5. 28. 95헌바18, 10-1, 583 (594); 2002. 10. 31. 99헌바76 등, 14-2, 410(430); 2003. 6. 26. 2002헌바3, 15-1, 713(723); 헌재 2003. 10. 30. 2000헌마563, 15-2하, 84(96-97) 등 참조.

106) O. Bachof, Freiheit des Berufs, in: Grundrechte Ⅲ/1, S. 155ff. (200f.).

107) H. H. Rupp, AöR 92 (1967), S. 223 참조.

108) 전주, S. 236.

109) J. Schwabe, Die Stufentheorie des Bundesverfassungsgerichts zur Berufsfreiheit, DÖV 1969, 734 (736ff.).

110) B. Schlink, Abwägung im Verfassungsrecht, 1976, S. 58f.

111) J. Wieland, in: Dreier, Art. 12 Rn. 12 참조

112) 이에 관해서는 P. J. Tettinger, AöR 108 (1983), S. 92 (118 ff.) 참조.

제나 설득력이 있는 것은 아니라고 할지라도, 얻어진 결과들이 개념적·체계적 합리성에 바탕을 두고 증명되고 바로 이러한 수단들을 통해 비판적으로 검증될 수 있게 된다는 점은 단계이론의 장점이 아닐 수 없다. 학설과 판례는 단계이론을 통해서 다른 기본권의 경우와는 달리 직업의 자유에서는 법익형량, 이익형량, 비례성 또는 실제적 조화라는 상당히 무정형적인 논거에만 의거하는 상태로부터 벗어날 수 있었다.[113] 단계이론이 그 발전과정에서 변형되고 세분화되어야 했으며 또 그럴 수 있었다는 사실은 단계이론의 부적격성보다는, 오히려 그 장점, 그 이론에 내재된 논증의 구조화능력을 말해주는 것이다.[114] 이 때문에 적합성, 최소침해성, 협의의 비례성이라는 3대요소로 이루어진 과잉금지원칙에 직접 의거하는 것을 지지하면서 단계이론이 마치 이를 통해 극복될 수 있다고 시사하거나, 단계이론이 단순한 보조적인 도구로 "헌법적 권위를 누릴 수 없으며 실제의 직업의 자유에 대한 침해와 관련된 모든 문제들을 설득력 있게 극복할 수 없다고 비판하는 것"[115]은 잘못이다.

그러므로 여기서는 독일 연방헌법재판소가 약국판결을 계기로 개발한 단계이론의 문제점을 수정·보완하여 이를 수용한다.

(다) 과잉금지원칙의 준수여부의 통제와 입법자의 예측의 여지

역동성을 띠고 있는 직업 내지 경제에 관한 법률적 규율은 일반적으로 미래를 지향하고 있고 또 매우 다양한 요인들이 영향을 미치고 있기 때문에, 입법의 기초되는 사실과 관련 정보가 세심하고 정확하게 조사된 경우에도 경제적 상황의 전개에 대한 예측은 처음부터 불확실할 수밖에 없다. 직업생활 및 경제생활 영역에 대한 형성의 과제가 헌법이 예정한 시장경제질서와 기본권에 의해 그어진 한계 안에서 민주적으로 정당화된 의회입법자에게 맡겨져 있다면, 법적 규율과 관련된 평가와 예측을 위한 여지가 입법자에게 인정되고 사법적 통제권이 상응하여 축소되는 것이 민주주의원리와 권력분립의 원리에 부합한다.[116] 물론 이 예측의 여지는 일률적으로 주어지는 것은 아니며 규율대상의 성격, 기본권제한의 정도, 방지되어야 할 위험의 종류와 실현가능성 등에 의해서 좌우된다.

우리 헌법재판소도 직업의 자유에 관한 판례에서 입법자의 예측의 여지가 인정된다는 것을 명시적으로 언급한 바 있다.[117] 또 헌법재판소가 그와 같은 개념을 직접 사용하지는 않더라도 이 영역에서 입법자에게 폭넓은 입법형성권이 부여된다고 전제하고 있고 또 판례에서 일반적으로 직업의 자유에 대한 제한조치가 입법목적의 달성에 명백히 부적합한지 여부를 기준으

---

113) H. -J. Papier, DVBl. 1984, S. 801 (804 f.); R. Breuer, HStR Ⅵ, § 148 Rn 8.

114) 이와 같은 평가에 동조하는 이로는 J. Wieland, in: Dreier, Art. 12 Rn. 12 참조.

115) P. J. Tettinger, AöR 108 (1983), S. 122 f.

116) R. Breuer, Der Staat 16 (1977), S. 21 (38 ff.) 참조. 그 밖에도 계희열, "헌법재판과 국가기능, 『헌법재판의 회고와 전망』─ 헌법재판소 창립 10주년 기념 세미나 ─," 1998, 201(219 이하); 방승주, "독일연방헌법재판소의 입법자에 대한 통제의 범위와 강도," 헌법논총, 제7집(1996), 335 이하도 참조.

117) 무엇보다도 헌재 2002. 10. 31. 99헌바76 등, 14-2, 410-411 요지 1 ─ 요양기관 강제지정제.

로 심사하는 것으로 보아[118] 경제의 역동성을 감안하여 입법자에게 예측의 여지를 부여하고 또 그에 따라 관련 조치에 대한 헌법재판소의 통제강도를 낮추고 있다고 분석된다.

독일에서는 입법에 대한 통제의 강도를 사안의 특성에 따라 명백성통제,[119] 주장가능성(상대적 타당성)통제(입법자가 입법의 기초가 되는 사실과 관련된 예측이 입법당시부터 이미 잘못된 것으로 탓할 수 있는 경우가 아닌 한 후에 그의 예측이 전부 또는 부분적으로 잘못된 것으로 판단되더라도 이를 문제 삼지 않는 심사방식),[120] 내용에 대한 치밀한 통제[121]로 분화하고 있다.[122]

물론 입법자의 예측의 여지는, 입법자가 입법당시에 확인할 수 있었던 입법사실을 신빙성 있게 조사하였고 또 이와 같은 기초 위에서 한 예상이 가용 정보를 상대적으로 타당성 있게 활용한 경우에만 인정될 수 있다.[123] 입법자의 예상이 입법당시를 기준으로 헌법적인 관점에서 탓할 수 없었음에도 후에 잘못된 것으로 판명된 경우에는 입법자는 입법개선 의무를 진다. 입법자가 이 의무를 장기간 해태하게 되면, 일단 합헌성을 띠었던 규범이 위헌성을 띠게 된다.

2. 수정·보완된 단계이론에 따른 직업의 자유에 대한 제한과 그 정당화[124]

단계이론은 다음과 같이 보다 섬세하게 수정·보완되고 있다. 여기서는 먼저 일반론적으로 이 정치화된 단계이론의 모델을 개괄적으로 설명하고 이어서 이를 각 직업의 자유에 대한 제한의 단계별로 상설하기로 한다.

가. 기본모형

① 제1과정(단계귀속): 먼저 직업의 자유에 대한 제한이 직업수행의 자유에 대한 제한, 주관적 사유로 인한 직업선택의 자유에 대한 제한, 객관적 사유로 인한 직업선택의 자유에 대한 제한 등 3개의 제한 단계 가운데 어느 단계에 속하는지를 평가하고 판단한다. 물론 이 단계귀속만으로 포섭의 과정이 모두 종결되는 것은 아니다. 단계귀속은 구조적인 포섭의 제1단계에 불과하다. 단계귀속을 통해서는 기본권제약의 심각성과 비례의 원칙에 비추어 본 그 정당화요

---

118) 가령 헌재 1998. 10. 29. 97헌마345, 10-2, 621(630-631) — 택시운송수입금전액납부제.

119) BVerfGE 40, 196(223). 우리 헌법재판소도 입법자의 폭넓은 형성의 자유를 이유로 종종 명백성통제에 그 쳐야 한다고 본다. 가령 헌재 2002. 10. 31. 99헌바76 등, 14-2, 410(434) — 요양기관 강제지정제.

120) 독일연방헌법재판소는 바이에른주에서 먼저 전문의의 상담을 받는 것을 조건으로 낙태를 허용하는 법률을 입법자의 예측의 여지를 이유로 상대적으로 타당한 것으로 판단하였다. BVerfGE 98, 265 (308f.).

121) BVerfGE 7, 377 (415); 17, 269 (276ff.); 87, 363 (382ff.).

122) 이에 대하여 상세한 것은 정태호, "규범통제에서의 사실확인과 법률의 실제효과예상 — 미국 연방대법원 및 독일 연방헌법재판소의 실무에 대한 비교를 중심으로 —," 전남대 법률행정논총 제21집(2001), 133 이하 참조. 우리 헌법재판소도 이 이론에 종종 의거하고 있다. 가장 선명한 것으로는 헌재 1997. 1. 16. 90헌마 110 등, 9-1, 90(131)에 수록된 교통사고처리특례법에 대한 제1차 결정에 대한 4인의 반대의견(위헌의견) 참조.

123) 이와 유사한 입장으로는 F. Ossenbühl, Die Kontrolle von Tatsachenfeststellungen und Prognoseentscheidungen durch das Bundesverfassungsgericht, in: FG BVerfG, Bd. 1, S. 458 (482ff.); R. Breuer, HStR Ⅵ, § 148 Rn. 18; J. Wieland, in: Dreier, Rn. 138.

124) 이에 대하여 상세한 것은 무엇보다도 R. Breuer, HStR Ⅵ, § 148 Rn. 6 ff. 참조.

청의 수준이 유형론적으로 그리고 대략적으로 파악될 수 있을 뿐이다.

② 제2과정(단계별 비례성통제): 이어서 직업의 자유에 대한 문제의 제한조치에 대하여 각 단계별로 개별화되는 비례성통제를 수행한다. 즉 직업의 자유에 대한 제한에 필요한 정당화의 수준이 각 단계마다 분화되고 정치화되어야 한다. 이 제2과정에서는 법률에 의한 추상적 규율의 차원, 즉 "추상적 차원"의 형량이 요구된다. 즉 법률에 의해 규율된 직업의 자유의 제한이 각 해당 단계에 맞는 형량의 기준에 따라 그 법률이 추구하는 목적에 의해서 정당화되는가 여부를 심사하여야 한다. 그로 인하여 단계이론에 따른 비례성통제가 일반적인 비례의 원칙으로 해체되어 흡수된 것이 아니라, 오히려 비례성통제가 직업의 자유에 대한 제약의 3가지 단계별로 각기 다른 형량의 전제에 따라 이루어지는 것이다. 이는 직업의 자유의 사회적 차원, 입법자의 상응하는 법정책적 형성권, 그에 결부되어 있는 직업의 자유 제한에 필요한 정당화의 정도는 각 단계별로 상이한 형량의 지침을 제공하고 있다는 실질적인 사유에 바탕을 두고 있는 것이다.

③ 제3과정(비전형적 타격의 고려): 마지막 과정에서는 법적 규율의 효과를 받는 개인이 구체적으로 받은 비전형적인 타격을 고려한다. 단계귀속과 각 단계별 비례성통제가 추상적인 법률적 규율의 차원에서 법률이 추구하는 공익과 그 법률을 통한 또는 그에 기초를 둔 직업의 자유에 대한 일반적·추상적 제한 사이의 형량을 목표로 하는 반면, 최종과정에서 개인이 받은 구체적인 타격의 정도를 고려하는 것은 추상적인 비례성통제의 결과를 수정하는 작업으로서의 의미를 갖는다. 이러한 수정과정의 적용례를 들어보면 직업수행에 관한 규율이 직업선택의 자유에 타격을 가하게 되는 경우,[125] 직업선택의 자유에 대한 주관적인 제한사유가 사실상 객관적인 제한의 효과를 발휘하는 경우[126]나 법률에 의한 직업개혁으로 인하여 해당 직업의 기존 종사자들이 각별히 가중된 부담을 지게 되는 경우[127] 등이다.

유의할 것은 이 경우에도 추상적·유형론적인 단계귀속은 원칙대로 이루어지고, 형량의 기준들만이 수정될 뿐이라는 점이다. 본래 적용되어야 할, 각 규율단계에 해당하는 비례성통제를 대신하여 관련 개인들이 받은 구체적인 타격의 정도에 상응하는 정당화요건들에 의거한 통제가 이루어진다. 그에 따라 차상급단계의 기본권제약에 적용되는 형량의 기준이 적용된다. 이렇게 함으로써 비례성통제를 추상적·전형적인 귀속단계로부터 분리시켜 개인이 해당규율로 인하여 받게 되는—상황에 따라서는 훨씬 심각한—구체적인 타격의 정도에 맞출 수 있게 되고,

---

125) "직업수행의 자유에 대한 제한이지만 그 실질이 직업수행의 자유를 형해화시키는 경우에는 그것이 직업선택이 아닌 직업수행의 자유에 대한 제한이라고 하더라도 엄격한 심사기준이 적용된다 할 것"이라고 하여 단계귀속을 수정하고 있는 헌재 2008. 11. 27. 2006헌마352, 20-2하, 367(381) ─ 방송법에 의한 방송광고 판매대행의 독점권 부여(위헌); BVerfGE 16, 147 (163 ff.); 30, 292 (313 f.).

126) 의료보험조합이 지정하는 진료의사로 허가를 받기 위한 주관적 조건인 준비기관을 6개월에서 18개월로 늘리는 것에 관하여 H. J. Papier, Die Verlängerung der Kassenarztzulassung in verfassungsrechtlicher Würdigung, in: SGb 1984, S. 221 ff.; 그의 논문 DVBl. 1984, S. 804.

127) BVerfGE 16, 147 (165); 21, 173 (182f.); 22, 275 (276); 25, 236 (248); 30, 292 (314); 32, 1 (22f., 29 ff., 34ff.); 50, 265 (273 ff.); 75, 246 (278 ff.)

이를 통하여 심각한 비전형적인 직업의 자유에 대한 제약을 참작할 수 있게 된다.

나. 기본모형에 따른 단계이론의 설명

(1) 직업수행의 자유에 대한 제한과 한계

공익을 위해 직업의 자유를 제한할 필요가 있다고 하더라도 기본권제한의 정도가 상대적으로 강한 직업선택의 자유가 아닌 직업수행의 자유에 대한 제한을 통해서 그 공익을 실현할 수 있는 경우에는 후자에 대한 제한으로 그쳐야 한다. 제1단계인 직업수행에 관한 규율에서는 공익을 고려할 때 합목적성이 인정되는 범위에서 그 자유를 제한할 수 있는 등[128] 폭넓은 제한이 허용된다.[129] 관점을 달리하여 말하면, 이 자유의 규율과 관련하여 입법자에게 상당히 폭넓은 경제·사회정책적 형성의 여지[130]가 주어진다.

일반적으로 특정 직업활동의 "여부"가 아닌 직업활동의 내용과 범위, "방법이나 태양"에 관한 규율이 직업수행에 관한 규율이라고 볼 수 있다.

가령 영업장소[131]·영업시간[132]·영업 내지 업무의 범위[133] 등의 제한, 기업체의 조직형식

---

128) 최근 판례로는 BVerfG, NJW 1998, 1627 (1628).

129) 헌재 2005. 2. 3. 2003헌마930, 17-1, 167(175); 헌재 2010. 10. 28. 2008헌마408, 22-2하, 150(168).

130) 가령 헌재 2002. 10. 31. 99헌바76 등, 14-2, 410(433-434); 2009. 9. 24. 2007헌마1345, 21-2상, 792(801); 2012. 6. 27. 2011헌마288, 24-1하, 773(785); 2013. 5. 30. 2010헌마136, 공보 200, 668(673) 참조.

131) 헌재 1989. 11. 20. 89헌가102 — 변호사의 개업지제한(위헌); 1991. 9. 16. 94헌마196 — 한약업사의 영업지 제한(합헌); 1995. 4. 20. 92헌마264 — 담배자판기설치장소 제한(합헌); 1997. 3. 27. 94헌마196 — 교육시설 인근지역에서의 당구장설치 금지(위헌); 2003. 10. 30. 2001헌마700 — 의료기관의 시설 등의 분할, 변경 등을 통한 약국개설 금지(합헌); 2003. 10. 30. 2001헌마563 — 의료기관 내의 약국개설 금지(합헌); 2004. 5. 27. 2003헌가1 — 학교정화구역 내 극장시설 및 영업의 금지(헌법불합치); 2004. 7. 15. 2001헌마646 — 대덕단지내 LPG충전소 설치금지(합헌 — 재산권침해로 위헌이라는 반대의견); 2004. 10. 28. 2002헌바41 — 학교환경위생정화구역 안에서의 여관시설의 설치와 영업금지(합헌); 2006. 3. 30. 2005헌바78 — 재해발생방지를 위한 산림 내의 채석금지(합헌); 2007. 6. 28. 2004헌마540 — 액화석유가스를 용기로 판매하는 액화석유가스 판매사업자의 영업범위 제한(합헌); 2008. 4. 24. 2007헌마243 — 액화석유가스 판매사업소의 부지 요건(합헌); 2009. 7. 30. 2008헌가2 — 학교위생정화구역 안에서의 납골당 설치 금지(합헌, 3인의 위헌의견, 1인의 1부 위헌의견); 2013. 6. 27. 2011헌바8 등 — 학교환경위생정화구역 안에서의 성관련 청소년유해물건을 제작·생산·유통하는 청소년유해업소의 금지.

132) 헌재 2007. 7. 20, 99헌마455 — 무도장 영업시간 제한(합헌); 1999. 2. 25. 97헌바63 — 어선의 조업시간 등의 규제(합헌); 2009. 10. 29. 2008헌마454 및 헌재 2009. 10. 29. 2008헌마635 — 학원의 교습시간 제한(합헌).

133) 헌재 1993. 5. 13. 92헌마80 — 18세미만자 당구장출입금지 표시의무(위헌); 1993. 11. 25. 92헌마87 — 안경사의 시력검사 범위 제한(합헌); 1996. 2. 29. 94헌마13 — 18세미만자에 대한 노래연습장 출입금지; 1996. 8. 29. 94헌마113 — 감정평가업자의 업무범위 제한(합헌); 1997. 11. 27. 97헌마10 — 양약사의 한약조제판매제한(합헌); 1998. 3. 26. 97헌마194 — 밀수품에 대한 감정금지(합헌); 1999. 2. 25. 97헌바63 — 어선의 조업구역 등의 규제(합헌); 2001. 1. 18. 99헌마565 — 19세 미만자에 대한 주류판매 금지(합헌); 2002. 7. 18. 99헌마574 — 지나치게 사행성이 높은 게임물을 이용한 영업금지(합헌); 2003. 10. 30. 2000헌마563 — 의료기관의 조제실에 근무하는 약사에 대한 처방전이 교부된 환자에 대한 의약품조제 금지(합헌); 2005. 11. 24. 2004헌바83 — 변호사에게 고용되어 있는 사무직원의 사건알선행위 금지(합헌); 2005. 2. 3. 2003헌마930 — 일반게임장업에서 18세 이상의 게임물을 구분하여 비치·관리하고, 18세 미만자에게는 출입금지표시를 하여야 할 의무(합헌); 2007. 7. 20. 98헌마52 — 일반행정사에 대한 고소고발장 작성금지(합헌); 2008. 1. 17. 2005헌마1215 — 청소년의 심야시간대 찜질방 출입제한(합헌); 2008. 7. 31. 2004헌마1010 등 — 태아성감별 제한(헌법불합치 5, 단순위헌 3, 합헌 1); 2008. 7. 31. 2005헌마667 등 — 한약사의 임의조제가 허용되는 한약처방의 범위 제한(합헌); 2008. 9. 25. 2007헌마233 — 밴형화물자동차 운송사업자가 화주가 동승할 경우의 화물기준에 관한 준수사항을 위반할 경우 행정제재(합헌); 2009. 3. 26. 2008헌마498 — 화물자동차를 사용한

의 제한,134) 조직규모나 형식에 따른 합법적 영업 내지 업무 범위의 차등,135) 영업 내지 업무 방식의 제한,136) 장애인의 채용의무나 직원 수의 제한과 같은 인사권의 제한,137) 노사협의회 와 같은 기관구성의무, 가격이나 요금의 신고 및 인가제,138) 연소자 및 노인에 대한 요금할인 내지 무료제공의무, 물건이나 용역의 선전·배포·판매에 대한 금지와 제한,139) 임금지불방식 의 제한,140) 생명보험계약에서의 보험자 면책사유제한,141) 채용노동자의 노동시간제한, 카르 텔의 금지, 경쟁제한적 계약·결의 및 기업합병의 원칙적 금지, 행정관청 등에 대한 통지 내지 고지, 신고, 또는 영업용 서류의 제출의무,142) 공중파방송의 재송신의무나 소득세원천징수의 무와 같은 공적 과제의 부과,143) 의료보험취급 요양기관으로의 강제편입, 지정제한 및 취

여객운송의 금지(합헌); 2009. 7. 30. 2007헌마870 — 문화재의 선의취득 제한(합헌); 2012. 8. 23. 2010헌마 740 — 변리사의 소송대리 제한; 2012. 12. 27. 2011헌바235 — 성매매를 위한 건물제공 등의 금지(합헌); 2013. 2. 28. 2011헌바398 — 한의사의 의료행위범위 제한(합헌); 2013. 7. 25. 2011헌바395 — 근로자파견대상 업무 제한(합헌).

134) 헌재 2002. 9. 19. 2000헌바84 — 약사들이 법인을 구성하여 약국을 개설할 수 없도록 하는 규율(헌법불합 치; 직업선택의 자유에 대한 제한이라는 소수의견).

135) 헌재 1996. 8. 29. 94헌마113 — 감정평가사합동사무소와 감정평가법인 간의 업무영역(합헌)의 차등(합헌); 2007. 6. 28. 2004헌마262 — 지적측량업자에 대한 지적측량업무범위 차등제한; 2008. 7. 31. 2006헌마400 — 국가 또는 지방자치단체가 시행하는 산림사업을 대행하거나 위탁받아 수행할 수 있는 자의 범위 제한(합 헌); 2009. 9. 24. 2007헌마1345 — 분양가상한제 적용 주택의 택지가격 감정평가 업무 취급 제한(합헌).

136) 헌재 2001. 6. 28. 2001헌마132 — 백화점 셔틀버스 운행제한(합헌); 2002. 11. 28. 2001헌마596 — 약국의 셔틀버스 운행 금지(합헌); 2007. 4. 26. 2006헌가2 — 화장품 판매자가격표시제(합헌); 2008. 4. 24. 2006헌 바68 — 검사 받지 아니한 홍삼의 판매·전시금지; 2008. 2. 28. 2006.헌마1028 — 학교급식의 직영방식(합 헌); 2008. 7. 31. 2006헌마1087 — 회수건조기가 부착된 세탁용 기계 사용의무(합헌); 2010. 6. 24. 2007헌 바101 등 — 증권투자신탁업법상의 환매조항(합헌); 2011. 8. 30. 2009헌마638 — 일정 해역 내에서 통발어법에 의한 대게 포획 금지(합헌); 2011. 10. 25. 2010헌마482 — 밴형 화물차의 승차정원제한; 2013. 2. 28. 2012헌바 62 — 법률사건의 수임에 관하여 알선의 대가로 금품을 제공 등의 금지(합헌); 2013. 6. 27. 2011헌마315 — PC방 전체에 대한 금연구역 설정(합헌).

137) 헌재 1996. 4. 25. 95헌마331 — 법무사가 고용할 수 있는 사무원수의 제한(합헌); 2012. 3. 29. 2010헌바 432 — 장애인 고용의무 및 장애인 고용부담금(합헌).

138) 헌재 2003. 6. 26 2002헌바3 — 법무사회칙에서 정한 보수만을 받으라는 법률적 명령(합헌).

139) 헌재 1995. 7. 21. 94헌마125 — 국산영화상영일수의 법정(합헌); 1996. 4. 25. 94헌마129 — 의사 지도하에서만 물리치료사 활동허용(합헌); 1996. 12. 26. 96헌가200 — 자도소주 구입명령제(합헌); 1997. 11. 27. 96헌바 129 — 다단계판매에 대한 규제(합헌); 1998. 2. 27. 97헌마64 — 터키탕에서의 이성의 입욕보조자 고용금지(합 헌); 1999. 7. 22. 98헌가5 — 탁주의 공급지 제한(합헌; 반대의견 유); 2001. 12. 20 2001헌가6 — 석유제품 또는 석 유화학제품의 혼합판매 금지(합헌; 포괄위임입법금지를 인정하는 반대의견); 2005. 11. 24. 2004헌마536 — 휘발유용 첨가제의 첨가비율의 특정 및 휘발유용 첨가제를 특정 규모의 용기에 담아 판매하도록 하는 법적 명령(합 헌); 2005. 11. 24. 2004헌마563 — 유사 석유제품 제조 금지(합헌); 2005. 2. 3. 2003헌마930 — 일반게임장업에서 18세 이상의 게임물설치비율 제한(합헌); 2013. 5. 30. 2010헌마136 — 의약품의 판매전제로서의 임상실험(합헌).

140) 헌재 1998. 10. 29. 97헌마345; 2009. 9. 24. 2008헌바75 — 택시운송사업자의 운송수입전액관리의무(사납금 제의 금지)(합헌).

141) 상법 제732조의 2 위헌제청 등에 대한 헌재 1999. 12. 23. 98헌가12.

142) 헌재 2009. 10. 29. 2007헌마667 — 변호사의 수임사건 건수 및 수임액 보고(합헌); 2009. 3. 26. 2008헌바63 — 부동산거래를 중개한 중개업자에 대한 신고의무(합헌); 2013. 5. 30. 2011헌마131 — 변호인선임서 등의 지 방변호사회 경유제도(합헌).

143) 헌재 2008. 11. 27. 2007헌마860 — 영화상영관 입장권 부과금 징수·납부의무(기각 4, 위헌 5); 2008. 10. 30. 2006헌바1 — 축산자조금의 일종인 거출금 징수의무를 도축업자에게 부과하는 것(한정위헌 6 단순위헌 1 합헌 2); 헌재 1996. 3. 28. 96헌가18 — 종합유선방송업자에 대한 공중파방송의 재송신의무부과. 헌법재

소,[144] 광고내용의 제한,[145] 직업수행과 관련한 손해배상책임 등의 부과,[146] 직업인으로서의 품위유지의무,[147] 직업단체에의 가입강제,[148] 특정 직업(자격)명칭의 사용제한,[149] 기타 직업수행 과정에서의 각종 준법의무의 부과 및 위반시 제재[150] 등이 그 예이다.

그러나 직업수행에 대한 규율을 직접적으로 의도하고 있지 아니한 조치들도 직업수행의 자유에 대한 규율로 볼 수 있는지는 어려운 문제를 내포하고 있다. 학설과 판례는 점차 규율의 직접적 목적이 아닌 그 규율이 직업의 자유에 미치는 실질적 효과를 기준으로 직업수행에 관한 규율인지 여부를 가리는 경향을 보이고 있다. 즉, 고전적인 의미에서의 기본권제약처럼 직업의 자유에 대한 제한을 '직접적'으로 '의도'하고 있는 '법적'인 '명령'이 아닌 사실상의 기본권제약(faktische Grundrechtsbeeinträchtigung)도 기본권제약으로 보고 있다. 가령 세법규정도 직업활동과 밀접하게 관련되어 있고 — 객관적으로 — 직업을 규율하는 경향을 명백히 드러내는 경우[151]에는 그 규정이 직업 자체에 대한 규율을 직접적인 목적으로 삼지 않았더라도 이는 직업의 자유에 대한 규율이며,[152] 그 규율이 직업선택의 자유에 직접적으로 관계

판소는 이 결정에서 본질적인 문제를 간과하고는 있으나 결론에 있어서는 올바른 결정을 내리고 있다. 개인은 해당 직업을 계속하여 수행하고자 하는 한, 그 의무를 이행하여야 하고 이를 위해서는 자신의 자본과 노동력을 투여하여야 한다. 이와 같은 기본권제약의 특수성에 비추어 볼 때, 그러한 의무부과가 정당화되기 위해서는 중요성을 띠는 공익의 실현이 의도되는 때에 그리고 의무자가 소정의 과제와 사리상 친밀한 관계에 있거나 책임연관 속에 있을 때 그리고 그 과제가 전적으로 국가에 의해서만 수행되어야 할 것이 아닌 경우에만 정당화된다고 할 것이다(BVerfGE 30, 292 [311] 참조).

144) 헌재 1998. 5. 28. 96헌가1 — 요양기관지정의 취소; 2002. 10. 31. 99헌바76 — 의료기관의 요양기관으로의 강제지정(합헌). 이 판례에 대한 상세한 해설은 한수웅, "구 의료보험법 제32조 제1항 등 위헌소원, 국민건강보험법 제40조 제1항 위헌확인: 보험의 강제지정제와 직업의 자유," 헌법재판소결정해설집 2002(2003. 10), 545 이하 참조.

145) 헌재 2000. 3. 30. 97헌마108 — 의약품과 혼동할 우려가 있는 식품의 효능 광고의 금지(합헌); 2000. 3. 30. 99헌마143 — 식품 용기 등에 "음주전후" 또는 "숙취해소"라는 표시의 금지(위헌); 2002. 12. 18. 2000헌마764 — 교통수단을 이용하여 타인을 위한 옥외광고의 금지(합헌); 2005. 10. 27. 2003헌가3 — 의료기관, 특정 의료인의 기능·진료방법 등에 대한 광고의 금지(합헌); 2012. 2. 23. 2009헌마318 — 상조업자의 표시·광고 제한(합헌).

146) 헌재 2011. 7. 28. 2009헌바244 — 건설사업시행자에 대한 문화재 발굴비용 전부 부담 부과(합헌); 2012. 12. 27. 2011헌마44 — 공동주택관리사무소장에 대한 손해배상책임 및 보증보험 등의 가입의무의 부과(합헌).

147) 헌재 2012. 11. 29. 2010헌바454 — 변호사의 품위유지의무(합헌).

148) 헌재 2008. 7. 31. 2006헌마666 — 변리사회에의 가입강제(3인 각하, 2인 합헌, 4인 위헌).

149) 헌재 2008. 5. 29. 2007헌마248 — 세무사의 자격이 있는 자 중 변호사 자격이 있는 자로 하여금 세무사 또는 이와 유사한 명칭의 사용금지(합헌 6, 위헌 3).

150) 헌재 2010. 3. 25. 2007헌마1191 — 소득세법에 의한 복식부기의무자에 대한 사업용계좌의 사용 의무화(합헌); 2011. 9. 29. 2010헌가93 — 의료기기법 위반행위를 한 의료기기 판매업자에 대한 업무정지(합헌); 2011. 11. 24. 2010헌바373 — 사업장 내에 보육시설을 설치 등의 의무(합헌); 2012. 10. 25. 2011헌바99 — 부정당업자의 공기업·준정부기관 입찰자격 제한(합헌).

151) BVerfGE 70, 191 (214). 그 밖에도 BVerfGE 13, 181 (186); 14, 76 (100); 55, 7 (25 ff.); 61, 291 (308); 81, 108 (121 f.) 참조.

152) 헌재 1998. 12. 24. 98헌가1 — 먹는샘물제조업자에게 먹는샘물판매가액의 100분의 20의 범위 안에서 수질개선부담금을 부과·징수하도록 하는 것(합헌); 2008. 11. 27. 2007헌마860 — 영화상영관 입장권 부과금 징수·납부의무(기각 4, 위헌 5); 2008. 10. 30. 2006헌바1 — 축산자조금의 일종인 거출금 징수의무를 도축업자에게 부과하는 것(한정위헌 6 단순위헌 1 합헌 2).

되는 허가조건에 버금가는 효과를 갖고 있지 아니한 한 직업수행의 자유에 대한 규율로 다룬다.[153] 기본권제약의 형식이나 모습이 아닌 그 실질적 효과를 중심으로 헌법적으로 정당화되어야 할 기본권제약이 존재하는지를 판단하여야 한다고 보는 현대적 기본권이론이 사회국가적 현실에서 국가작용의 형식이 다양해지고 있는 오늘날 기본권보호의 실효성을 확보함에 있어서 적합하다는 사정에 비추어 볼 때 이러한 추세는 타당하다고 본다.[154] 따라서 직업규율을 직접적인 목표로 하고 있지 않은 규정도, 그 사실상의 작용으로 인하여 직업수행의 자유를 제약하기에 적합한 경우에는, 직업수행에 대한 규율로 분류될 수 있다고 보아야 할 것이다.[155]

국가가 국민에게 정보를 제공하는 활동도,[156] 그 활동이 직업활동에 어느 정도의 비중을 갖는 것이고 또 직업수행과 밀접한 연관을 맺고 있으며 객관적으로 직업규율적 경향을 뚜렷하게 띠고 있는 경우에는 직업의 자유에 대한 제한으로 볼 수 있다.[157] 행정청이 제품의 성능이나 유해성 검사 결과를 공표하는 경우도 마찬가지이다.[158] 물론 국가가 직업에 대한 규율로 볼 수 있는 정보활동을 하는 것이 필요하다.

기타의 사실행위도 직업의 자유를 제한할 수 있다. 물론 그 전제는 그와 같은 행위가 직업활동에 대하여 어느 정도의 비중을 가지고 있어야 하고, 직업수행과 밀접한 관련성이 있어야

---

153) 한편, 우리 헌법재판소는 골프장에 대하여 일반세율보다 높은 세율(7.5배)의 취득세를 부과함으로써 골프장의 원활한 설립이 간접적으로 억제되는 결과를 초래한다고 하면서 이를 직업선택의 자유에 대한 제한으로 평가하고 있다 ― 구 지방세법 제112조 제2항 전문에 대한 헌재 1999. 2. 25. 96헌바64.

154) 우리 헌법재판소도 앞서 지적한 골프장취득에 대한 중과세, 먹는샘물제조업자에 대한 수질개선부담금 등의 사건 이외에도 대도시로의 기업집중을 막기 위하여 대도시에서의 법인설립 등을 목적으로 취득하는 부동산의 등기에 대하여 높은 세율을 부과하는 지방세법의 규정(1996. 3. 28. 94헌바42; 헌재 2013. 5. 30. 2011헌바171 등), 1가구 다차량보유 중과의 예외에서 법인사업자만을 제외한 지방세법의 규정(1998. 5. 28. 95헌바18)이 개인사업자의 직업의 자유를 제한한다고 전제하고 그 침해여부를 가림으로써 실질설의 입장에 서 있다고 평가할 수 있다. 또 헌법재판소는 안경사에 대한 시력검사의 허용이 안과의사의 직업의 자유를 침해하는지(1993. 11. 25. 92헌마87), 그리고 누구에게나 행정기관발급서류를 외국어로 번역할 수 있도록 하는 것이 외국어번역행정사의 직업의 자유를 침해하는지(1997. 4. 24. 95헌마273), 자동차등록신청대행 업무를 자동차매매업자 등에게도 허용하는 것이 일반행정사의 직업의 자유를 침해하는지(1997. 10. 30. 96헌마109)를 검토한 뒤 이를 모두 부정하였는 바, 이 결정들도 우리 헌법재판소가 묵시적으로 실질설의 입장에 서 있음을 보여 주고 있는 것이다. 왜냐하면 형식설의 관점에서는 관련 조치들이 모두 관련 업무를 전문적으로 하는 직업인들의 직업수행의 자유를 제한하는 것을 목표로 하고 있지 않으며, 단지 간접적·사실적으로, 즉 경제적으로만 이들의 직업수행에 영향을 미칠 수 있기 때문이다.
다만, 수의사자격이 없는 자도 자기가 사육하는 동물을 진료할 수 있도록 하는 것은 수의사들에게 사실상 기대되던 반사적 이익이 실현되지 않게 된 것에 불과한 것이지 어떠한 헌법상 기본권의 제한 또는 침해의 문제가 생기는 것은 아니라 할 것이라고 판시하고 있다(헌재 1999. 11. 25. 99헌마163, 11-2, 644(655-657); 2000. 1. 27. 99헌마660, 공보 42, 152(154); 2002. 10. 31. 2002헌마20, 14-2, 554(561-562); 2008. 2. 28. 2006헌마582, 20-1상, 305(309)).

155) 실질설의 입장에 있으면서도 조심스럽게 제한을 가하고 있는 견해로는 Pieroth/Schlink, a.a.O., Rn. 823. 그에 의하면 어떤 조치가 직업규율을 목표로 하고 있어야 하며, 직업에 대하여 중립적인 목표를 가지고 있는 조치인 경우에는 그 조치가 직접적으로 직업활동에 영향을 미치거나 간접적으로만 영향을 미칠 경우에는 그것이 사소하지 않은 것(mittelbare Auswirkung von einigem Gewicht)일 때에만 그 조치는 직업규율적 경향을 갖는다고 본다.

156) 이에 대해서는 J. Wieland, in: Dreier, GG, Art. 12 Rn. 89.

157) BVerwGE 71, 183 (189ff.) 참조.

158) BVerwG, NJW 1996, 3161 참조.

하며 객관적 직업규율적 경향을 뚜렷하게 보여주어야 한다는 것이다. 가령 국가의 조치가 경제적 경쟁관계에 영향을 미치고 또 이로 인하여 직업수행을 방해한다면 직업의 자유에 대한 제한이 존재한다.159) 경쟁자에 대한 국가의 혜택부여는, 그와 같은 수혜가 교살적인 효과를 발휘할 정도로 관련자의 행위를 조종할 수 있는 강도를 띨 때에만 직업의 자유에 대한 제한으로 평가할 수 있다.160) 국가의 조치의 결과로 어떤 기업의 사업범위가 줄어들거나 추가적인 이익획득의 가능성이 사라진 것만으로는 직업의 자유에 대한 제한이 존재한다고 할 수 없다.161) 새로운 허가로 경업자가 새로 생기더라도 그러한 허가를 직업의 자유에 대한 제한으로 볼 수 없다.162)

직업의 자유는 국가가 사인들과 경쟁하는 것에 대하여 원칙적으로 아무런 보호를 제공하지 않는다.163) 국가가 사인을 특정 업종에서 몰아낼 정도로 경쟁할 때에만 직업의 자유에 대한 제한을 인정할 수 있다.164) 국가가 일부시장을 지배할 경우에는 보다 엄격한 요건이 적용되는지는 의문스럽다.165) 국가나 기업이 사인들과 평등한 조건으로 경쟁할 뿐 고권적 수단을 사용하지 않는 한 직업의 자유를 제한하는 것은 아니다.166)

또한 이륜자동차의 고속도로통행금지는 그 운전자가 고속도로 등을 통행하는 것을 금지하고 있을 뿐, 퀵서비스 배달업의 직업수행행위를 직접적으로 제한하는 것이 아니다.167) 세제우대를 통해 기업의 재무구조개선을 유도하는 것은 직업수행의 자유에 대한 제한이 아니다.168)

어떤 규율을 직업수행의 자유에 대한 규율로 평가(즉 제1단계로의 단계귀속)한 다음에는 이 규율에 대한 "비례성통제"를 하여야 한다. 이 자유의 제약이라는 수단이 공익의 실현이라는 목적을 달성하기에 적합하고, 필요하며 또 수단과 목적의 비중 사이에 상당한 비례관계에 있어야 한다. 관련 법률규정에 의한 규율에 대한 비례성통제는 두 단계로 나뉜다. 일차적으로 문제의 규정에 의하여 개인이 구체적으로 받은 타격의 정도를 일단 도외시하고 일반적－추상적으로 해당 규율의 비례성심사를 하게 된다.169) 그리하여 직업수행의 자유에 대한 규율은 그것이 법률적 보호목표를 달성하기에 부적합하거나 필요이상으로 이 자유를 제한하거나 수인할 수 없

---

159) BVerfGE 86, 28 (37).

160) R. Breuer, HStR Ⅵ, §148 Rn. 77ff.; BVerfGE 82, 209 (224 f.); 86, 28 (40); BVerwGE 71, 183 (191).

161) BVerwGE 24, 236 (251); 71, 183 (193).

162) BVerfGE 55, 261 (269).

163) BVerfGE 39, 329 (336); J. Wieland, in: Dreier, Art. 12 Rn. 89. 이견으로는 A. W. Löwer, Der Staat als Wirtschaftssubjekt und Auftraggeber, VVDStRL 60 (2001), S. 416ff. (445f.); T. Puhl, Der Staat als Wirtschaftssubjekt und Auftraggeber, VVDStRL 60 (2001), S. 456ff.

164) BVerwG NJW 1995, 2938 (2939); R. Breuer, HStR Ⅵ, §148 Rn. 61; M. Rollenfish, HStR Ⅲ, §84 Rn. 35; J. Wieland, in: Dreier, Art. 12 Rn. 89.

165) J. Wieland, in: Dreier, Art. 12 Rn. 89.

166) J. Wieland, in: Dreier, Art. 12 Rn. 89; H. D. Jarass, JP, GG, Art. 12 Rn. 15f.

167) 헌재 2008. 7. 31. 2007헌바90 등, 20-2상, 224(232); 2011. 11. 24. 2011헌바51, 23-2하, 430(438-440) 등 참조.

168) 헌재 2008. 4. 24. 2006헌바52, 20-1상, 536(544-545) ― 세제우대를 통한 법인의 재무구조개선 등의 유도.

169) BVerfGE 30, 292 (315 f.); 68, 193 (219) 참조.

을 정도로 강력하게 제한할 경우에는 위헌이다.[170] 이어서 추상적인 비례성통제의 결과를 규범의 수규자가 받은 직업수행의 자유에 대한 구체적 타격의 정도를 반영함으로써 수정하여야 한다. 어떤 법률규정의 효과가 추상적으로는 과잉금지의 원칙을 충족시킨다고 하더라도 특정한 유형의 수범자에게는 직업선택의 자유를 제한하는 것에 비견될 정도로 강력하게 직업수행의 자유를 제한하는 경우도 있을 수 있기 때문이다.[171] 예를 들면 어떤 직업에 대한 개혁의 진행 과정에서 구법에 비하여 신법이 허용되는 직업수행의 범위를 축소하는 경우에 그러한 제한은 해당 직역에 신규로 진입하는 자에게는 직업수행의 자유에 대한 제한에 불과할지라도 기존의 종사자가 구법규정을 신뢰하여 투자한 자본이나 설치한 설비가 그로 인하여 못쓰게 되는 경우에는 기존종사자는 직업선택의 자유에 대한 제한에 비견될 정도의 타격을 입을 수도 있다. 그러한 규율이 합헌성을 띠려면 기존종사자들의 이익을 적절한 경과규율을 통해서 배려하거나 "기존 종사자"들의 직업활동에 대한 중대한 제약을 정당화할 만한 정도로 중대한 공익실현의 필요가 있어야 한다.[172]

(2) 주관적 사유에 의한 직업선택의 자유의 제한과 한계

주관적 사유(또는 주관적 허가조건)에 의한 직업선택의 자유에 대한 제한은 어떤 직업에의 진입이나 지속적 수행을 그 직업의 희망자나 직업종사자의 특정한 인적 표지의 충족에 결부시키고, 그 요건을 충족한 자에게만 그 직업의 선택을 허가해 주는 경우에 존재한다.[173] 보다 정확히 말하면 개인의 지식정도나 전문적인 능력,[174] 교육,[175] 경력,[176] 시험합격,[177] (신뢰성과

---

170) 예를 들면 헌재 1989. 11. 20. 89헌가102 — 변호사의 개업지제한; 1996. 12. 26. 96헌가200 — 자도소주 구입명령제. 그 밖에도 헌재 1990. 11. 19. 90헌가48 — 형사사건으로 기소된 변호사에 대한 판결확정시까지의 업무정지; 1994. 7. 29. 93헌가3 — 형사사건으로 기소된 사립학교교원에 대한 필요적 직위해제는 직업수행의 자유에 대한 과잉제한으로 위헌이다. 업무정지나 직위해제와 같은 제한형식을 직업선택의 자유에 대한 규율로 보는 이(방승주, "직업선택의 자유," 헌법논총 제9집(1998), 254-255)도 있으나, 이 조치는 직업수행을 잠정적으로 중단시키는 것일 뿐 아직 해당 직업선택을 위한 자격을 박탈하는 것은 아니므로 직업수행의 자유에 대한 규율의 단계로 귀속시켜야 할 것이다.

171) 어떤 직업규율적 규정의 효과가 이러한 정도에 이르는지를 심사하고 있는 헌법재판소의 판례로는 1998. 3. 26. 97헌마194 — 밀수품에 대한 감정금지; 1997. 11. 27. 97헌바10 — 양약사의 한약조제판매의 제한.

172) BVerfGE 32, 1 (22 f., 29 ff.); 50, 265 (273 ff.); 68, 272 (284 ff.) 참조. 기존의 양약사에 대하여 2년의 경과기간 동안 시험에 붙지 않고도 한약의 조제판매를 허용하는 약사법부칙규정에 대한 헌재 1997. 11. 27. 97헌바10도 참조.

173) 김지현, "자격제도와 직업의 자유: 자격제도를 통한 직업의 자유 제한의 체계 및 위헌심사기준," 안암법학 제32호(2010. 5), 1 이하 참조.

174) 헌재 1989. 3. 17. 88헌마1 — 사법서사자격 취득을 위한 법원서기직 종사기간환산규정의 흠결.

175) 헌재 2003. 9. 25. 2002헌마519 — 대학졸업자에게만 학원강사의 자격을 인정하는 것(합헌); 2008. 11. 27. 2007헌바51 — 건축사예비시험 응시자격 제한(합헌); 2010. 10. 28. 2009헌바23 — 한약사시험 응시자격 (합헌); 2012. 3. 29. 2009헌마754 — 법학전문대학원 졸업자에게만 변호사시험 응시자격을 인정하는 것(합헌); 2012. 4. 24. 2009헌마608 등 — 대학졸업자에게만 법학전문대학원 입학자격 인정; 2012. 11. 29. 2011 헌마801 — 학점이수요건에 의한 공인회계사 응시자격 제한(합헌).

176) 헌재 2001. 9. 27. 200헌마208 — 기존 특허청 경력공무원 중 일부에게만 구법규정을 적용하여 변리사자격을 부여하는 경과규율(위헌; 이 사건에서 헌재는 직업선택의 자유에 대한 침해를 인정하지 않고 있으나, 신뢰의 궁극적 대상이 변리사활동의 가능성이라는 점을 감안하면 이 판례는 법리적 오류를 내포하고 있음); 2001. 9. 27. 2000헌마152 — 세무공무원 경력의 산입제한(위헌); 2008. 5. 29. 2005헌마195 — 건축사자

같은) 인품,[178] 신체적인 특성,[179] 연령[180]이나 재산정도, 능력 또는 신용 내지 신뢰성,[181] 등록,[182] 시설요건,[183] 법인형태로만 영업을 할 수 있도록 하는 것,[184] 복수면허소지자의 면허택일

격시험 응시자격으로서의 실무경력(합헌); 2008. 12. 26. 2007헌마1149 — 일정한 경력을 갖춘 세무직 공무원 등에 대한 세무사자격시험 중 일부 과목 면제(합헌).

177) 헌재 1995. 6. 29. 90헌바43 — 변호사자격부여 요건(합헌); 1996. 10. 4. 94헌바32 — 법무사자격요건(합헌); 1998. 2. 27. 96헌바5 — 미수복지에서 귀순한 의약업자의 자격취득 시기의 제한(합헌); 2000. 4. 7. 98헌바95 — 변호사 아닌 자의 법률사무취급 금지(합헌); 1998. 7. 16. 96헌마246 — 치과전문의 자격시험 미실시(위헌); 2003. 4. 24. 2002헌마611 — 외국 치과, 의과 대학을 졸업한 국민이 국내 의사면허시험을 치기 위해서는 기존의 응시요건에 추가하여 새로이 예비시험을 치도록 한 의료법상의 규정(합헌; 이 사건에 대한 상세한 해설로는 이명웅, "의료법 제5조 등 위헌확인: 해외 의과대학 출신자의 의사면허시험 제한과 직업의 자유," 헌법재판소결정해설집 2003, 161 이하 참조); 2003. 9. 25. 2001헌마156 — 법무사에게만 등기업무의 대행자격을 부여하는 것; 2003. 9. 25. 2001헌마36 — 변호사 자격 없이 타인의 권리를 양수하거나 양수를 가장하여 소송·조정·화해 등의 방법으로 그 권리를 실행하는 것을 업으로 하는 것의 금지(합헌); 2005. 5. 26. 2003헌바86 및 헌재 2013. 8. 29. 2012헌바174 — 비의료인의 의료행위금지·처벌(합헌, 반대의견 있음); 2005. 6. 30. 2004헌마21 — 교육대학원에서 특수교육교과과정을 이수하였음에도 특수학교(유치원) 정교사(2급) 자격증을 무시험검정에 의하여 수여받을 수 있도록 허용하지 않은 입법부작위(위헌); 2008. 9. 25. 2005헌바74 — 공인회계사의 자격 없이 회계에 관한 감사 행위를 한 자에 대한 처벌(합헌); 2008. 11. 27. 2007헌마389 — 기술등급의 승급요건; 2010. 4. 29. 2007헌마910 — 행정사 시험 실시여부를 사실상 시도지사의 재량사항으로 규율하고 있는 대통령령(위헌); 2010. 7. 29. 2009헌마53 등 — 국민의 생명·건강에 직결되는 분야에 대한 민간자격의 신설·관리·운영 금지(합헌, 1인 한정위헌); 2010. 6. 24. 2008헌마271 등 — 산업안전보건법 시행규칙에 의한 특수건강진단업무 수행자격의 제한(합헌); 2010. 10. 28. 2009헌마4 — 비변호사의 법률사무 취급 포괄적 금지(합헌); 2011. 6. 30. 2009헌마709 — 대물·차량 손해사정사 제1차 시험 면제(합헌); 2012. 4. 24. 2010헌마649 — 외국기술사의 국내기술사 필기시험 면제거부(합헌).

178) 헌재 2005. 3. 31. 2001헌바87 — 음주사고 후 사상자구호의무 및 신고의무를 해태하여 벌금형 이상을 선고받고 운전면허가 취소된 자에 대한 운전면허 취소 후 5년간의 운전면허 재취득 금지(합헌).

179) 헌재 2003. 6. 26. 2002헌마677 — 제1종 운전면허 취득요건으로 0.5 이상의 양눈시력을 요구하는 것(합헌); 2006. 5. 25. 2003헌마715(위헌); 2010. 7. 29. 2008헌마664 등 (합헌) — 안마사 응시자격으로서의 비맹제외. 이처럼 비맹제외 기준을 주관적 허가조건으로 보는 전광석, 헌법학원론, 2013, 360. 이 요건을 객관적 허가조건으로 것(한수웅(주 11), 667)은 특정 인적 집단에 특정 직업을 독점시킨다는 것을 논거로 한다)은 단계이론에 대한 오해에서 비롯된 것이라고 본다. 만일 비맹제외를 개인이 아무리 노력해도 달성할 수 없기 때문에 객관적 사유라고 본다면, 나이, 시력 0.5 이상도 개인의 노력에 의해 달성될 수 없다는 점에서 객관적 사유로 분류하여야 할 것이다.

180) 연령은 개인이 영향을 미칠 수 있는 요소는 아니나, 그 충족여부가 개인의 위험영역에 속하기 때문에 주관적 제한요소이다. BVerfGE 9, 338 (345 ff.);1, 264 (274 f.); 64, 72 (82 f.) 참조. 한편, 공무원정년제도가 공무담임권이외에 직업선택의 자유도 침해하고 있는지를 가리고 있는 헌재 1997. 3. 27. 96헌바86도 참조.

181) 헌재 2002. 8. 29. 2002헌마160 — 형의 집행유예를 받고 그 기간이 종료한 후 1년이 경과하지 아니한 자에 대한 세무사시험 응시자격의 제한(합헌); 2006. 4. 27. 2005헌마997 — 금고 이상의 형을 선고받고 그 집행이 종료되거나 그 집행을 받지 아니하기로 확정된 후 5년을 경과하지 아니한 자는 변호사가 될 수 없도록 하는 규정(합헌); 2008. 9. 25. 2007헌마419 — 공인중개사 사무소 개설 등의 결격사유(합헌); 2009. 7. 30. 2007헌마1037 — 감정평가사의 결격사유(합헌); 2009. 10. 29. 2008헌마432 — 금고 이상의 형의 집행유예를 선고받고 그 기간이 경과한 후 2년을 경과하지 아니한 자의 변호사 자격 부정(합헌); BVerwG in: NJW 1961, S. 1834 f.; 22, 16 (18 f.); 21, 197 (199) 참조.

182) 헌재 2003. 9. 25. 2001헌마447 — 운전학원으로 등록하지 아니한 자에 대한 유료 운전교육 실시 또는 유료로 운전연습시설 제공하는 것의 금지(합헌); 2009. 9. 24. 2009헌바28 — 인터넷컴퓨터게임시설제공업의 등록제; 2011. 5. 26. 2009헌마285 — 타워크레인의 등록제(합헌); 2013. 5. 30. 2011헌바227 — '유아를 대상으로 교습하는 학원'의 등록의무(합헌).

183) 헌재 2004. 7. 15. 2003헌마337 — 학력인정학교 형태의 평생교육시설의 설치자에게 교사 및 교지를 소유할 의무를 부과하는 것.

184) 헌재 2002. 4. 25, 2001헌마614 — 경비업을 오로지 법인에게만 허용하는 규율. 물론 헌법재판소는 이 사건

요건185)과 같이 관련당사자의 개인적 삶의 영역과 위험영역 안에 있는 사유로 직업선택을 제한하는 것이다.186) 허가를 받고 어떤 직업에 종사하다가 각종 직업법이 정한 규정에 위반한 자에 대한 제재로 그 직업을 위한 자격을 박탈하는 규정도 직업선택의 자유에 대한 제한이다.187)

주관적인 사유에 의한 직업선택의 자유의 제한은 특히 중대한 공익의 보호를 위하여 그러한 제한이 불가피하고 다른 방식으로는, 특히 직업수행의 자유에 대한 제한으로서는 그러한 목적을 달성할 수 없는 경우에만 정당화된다.188) 그리고 그 제한이 불가결한 경우에도 직업선택의 자유를 가능한 한 보호하는 방식을 택하여야 한다. 중대한 공익의 예로 생명, 건강, 신체적 완전성, 생필품의 안정적 공급, 소비자보호 등을 들 수 있다.

직업선택을 위한 주관적인 조건은 법률이 추구하는 공익의 달성을 위하여 적합하며 또 기본권제약에 비추어 볼 때 필요하고 비례에 맞는가의 여부에 비추어 판단되어야 한다. 이 경우 법적 규율에 대한 비례성심사는 일단 "추상적 차원"에서 이루어져야 한다. 즉 법률이 정한 주관적 요건들이 일반적·추상적으로 해당 직역의 직업선택의 자유를 합리적으로 그리고 적정하게 제한하고 있는가에 대하여 판단하여야 한다. 그 다음에 일정 유형의 수규자가 받은 구체적인 타격을 평가함으로써 일반적·추상적으로 이루어진 비례성통제의 결과를 보완하여야 한다.

직업선택의 주관적인 조건들, 특히 전문적인 자격과 개인의 신뢰성에 관한 법적 요건들은 직업이 사회적 제도가 되어 있는 현실에 비추어 볼 때 공익의 보호를 위한 적합하고 필요하며 또 비례에 맞는 수단임을 부인하기 힘들 것이다. 그럼에도 불구하고 가령 매우 다양한 물건을 취급하는 소매업자에게 전문지식을 요구하는 경우,189) 공무원이 다른 직종의 자격시험에 응시할 경우 사전에 현재의 공직으로부터 퇴직할 것을 요구하는 경우190)에서와 같이 자격요건을

에서 관련 규율을 객관적 사유에 의한 직업선택의 자유에 대한 제한으로 이해하고 있다.

185) 헌재 2007. 12. 27. 2004헌마1021 — 양한방 의사자격 소지자에게 하나의 의료기관만을 개설할 수 있도록 하는 규정(7인 위헌, 1인 한정위헌, 1인 각하).

186) 영업양도인의 경업금지에 관한 상법규정이 직업선택의 자유에 대한 객관적 제한사유라고 분류하는 방승주(주 170), 257에 대해서는 동의할 수 없다. 왜냐하면 직업선택의 자유를 제한받는 원인이 영업양도인에게 있기 때문이다. 따라서 동 규정은 주관적인 사유로 인한 직업선택의 자유에 대한 제한으로 보아야 할 것이다.

187) 헌재 1995. 2. 23. 93헌가1 — 업무범위를 위반한 건축사의 필요적 등록취소(위헌); 1997. 11. 27. 95헌바14 등 — 금고 이상의 유죄확정판결을 받은 공무원의 당연퇴직; 2000. 6. 1. 99헌가11 — 여객운송사업자가 지입제 경영을 한 경우 사업면허의 필요적 취소(위헌); 2004. 7. 15. 2003헌바35 — 건설업자가 부정한 방법으로 건설업등록을 한 경우 건설업 등록의 필요적 말소(합헌); 2008. 5. 29. 2006헌바85 등 — 개인택시운송사업자의 운전면허가 취소된 경우 개인택시운송사업면허를 취소하거나 6월 이내의 기간을 정하여 사업정지를 명할 수 있도록 하는 규정(합헌); 2008. 11. 27. 2005헌가21 — 파산선고 받은 교원의 자동퇴직제(합헌); 2010. 3. 25. 2009헌바83 — 음주운전금지 3회 위반자 필요적 면허취소(합헌); 2010. 4. 29. 2008헌가8 — '금고 이상의 실형을 선고받고 그 집행이 종료되거나 그 집행이 면제된 날부터 3년이 경과되지 아니한 자 또는 그 형의 집행유예선고를 받고 그 유예기간 중에 있는 건설업자 등의 건설업의 필요적 등록말소(합헌); 2010. 10. 28. 2009헌마442 — 금고 이상의 형의 집행유예를 받은 사립학교교원의 당연퇴직(합헌); 2010. 10. 28. 2008헌마612 등 — 부정선거로 당선된 새마을금고 임원의 당연퇴직(합헌); 2011. 10. 25. 2011헌마85 — 자격정지 이상의 형이 확정된 청원경찰의 당연퇴직(합헌).

188) 최근 판례로는 BVerfG, NVwZ 1997, 1207 (1208) 참조.

189) BVerfGE 19, 330 (336 ff.).

190) BVerfGE 69, 209 (218 f.).

필요이상으로 강화하는 것은 직업선택의 자유에 대한 과잉제한이 된다.

주관적인 허가조건이 애초부터 결여되어 있었다거나 사후적으로 소멸되었다는 이유로 후에 자격을 박탈하는 것은 주관적인 허가조건의 단계에서 이미 직업선택의 자유에 대한 제약을 가하는 것이며 따라서 주관적인 사유로 인한 직업선택의 자유에 대한 제한으로 보아야 한다.[191] 특정 직업의 선택이 법률상 주관적인 전제조건의 충족을 전제로 하고 있는 한, 이러한 법률적인 전제에 반하는 구체적인 허가의 철회는 법률에 따른 집행행위로서 원칙적으로 헌법적으로도 정당화된다. 그러나 그러한 규율의 한계는 다시 과잉금지원칙으로부터 나온다.[192]

이어서 문제의 규율이 일정 유형의 수규자에게 구체적으로 가한 비정상적인 타격을 반영하여 추상적 차원의 비례성통제의 결과를 수정한다. 주관적 사유로 인한 직업선택의 자유에 대한 제한이 경우에 따라서는 객관적인 허가요건과 같은 효과를 발휘할 수 있으며, 이 때 그러한 요건이 정당화되려면 원래의 단계에 해당하는 정도를 넘어 객관적인 허가요건을 정당화하기에 필요한 수준의 정당화가 필요하다. 중대한 공익에 대한 명백하고 개연성이 높은 위험을 방지할 필요가 있는 경우에만 그러한 제한은 정당화될 수 있다. 교육의 기간이나 수준, 시험과목의 수나 실무수습에 대한 요구수준이 지나치게 높아 이 주관적인 자격요건을 통상 충족하기 어렵거나 수인하기 힘든 희생을 치루는 경우에만 충족시킬 수 있는 경우에 그러하다 할 것이다.[193] 입법자가 특정 직업을 개혁하면서 자격요건을 강화하고 신법을 "기존종사자"와 "신규지망자"에게 무차별적으로 확장하는 경우에는 기존종사자들이 그 자격요건으로 인하여 각별한 타격을 받는 수가 있다. 신규지망자들은 기껏해야 장래의 직업활동의 기회를 상실하는 데 불과하지만, 기존종사자들은 그로 인하여 직업을 포기할 수밖에 없게 되거나 이미 닦아 놓은 직업적 삶의 토대를 상실하거나 이미 한 투자나 처분의 의미가 새로운 규율로 인하여 사라지게 되어 재산상의 손실을 입을 수도 있다. 그 경우에는 기존종사자의 보호를 위한 경과규율을 둘 필요가 있다.[194]

(3) 객관적인 사유로 인한 직업선택의 자유에 대한 제한과 그 한계

직업선택의 자유에 대한 객관적 제한의 특징은 직업허가의 조건의 실현에 개인이 영향을 미칠 수 없다는 것이다.[195] 엄밀히 말하면 객관적인 허가요건은 연령이나 재산정도와 같이 개인적인 생활영역 및 위험영역에 뿌리를 두고 있는 것이 아니라, 사회적 또는 국가적인 환경 따

---

191) 수련의사자격취소의 즉시집행과 관련한 BVerfG, DVBl. 1991, 482(483) 참조. 그러나 방승주(주 140), 211 (254)는 이를 객관적 사유로 인한 직업선택의 자유의 제한사례로 분류하고 있다. 그러나 이러한 분류가 단계이론을 제대로 반영한 것인지는 의문이다.

192) 헌재 1997. 11. 27. 95헌바14 참조. 헌법재판소는 이 결정에서 금고 이상의 형의 확정판결을 받은 공무원을 그 직에서 당연퇴직시키는 규정이 기본권을 과잉제한하는 것은 아님을 확인하였다.

193) 이 문제는 BGHSt 4, 385 (393)과 O. Bachof, in: GR Ⅲ/1, S.155(217 f.)에 의하여 인식되었다.

194) BVerfGE 25, 236 (248); 55, 185 (201ff.); 64, 72 (83f.); 75, 246 (278ff.). 그 밖에도 BVerfGE 54, 301 (331) 참조.

195) BVerfGE 7, 377 (407).

라서 일반의 영역에 기초를 두고 있고 개인이 자력으로 영향을 미칠 수 없다는 점에서 주관적인 허가요건과 구분된다. 여기에 객관적 사유로 인한 직업선택의 자유에 대한 제한의 심각성이 있다.

객관적 허가조건의 대표적인 유형은 어떤 경제적 활동을 허가하는 전제로 그 활동에 대한 수요가 있을 것을 요구하는 것이다. 수요에 대한 공적 계획,196) 정원제,197) 생산규모의 상한제,198) 생산능력감축을 목표로 하는 기업설립 및 그 확장의 금지,199) 기존조합구역 내에서의 동종업종조합의 설립금지200) 등이 그러한 유형에 해당한다.201) 이 경우 해당 직업을 희망하는 자는 수요를 충족하기 위한 경제적 필요가 있음을 입증하여 자신이 희망하는 활동을 정당화하여야 한다. 이로써 직업활동의 원칙적인 자유와 그에 대한 제약을 정당화해야 할 필요성이라는 기본적인 관계가 역전되게 된다.202)

기본권제약의 정도가 비교적 적은 직업선택의 자유에 대한 객관적 제한형식으로는 허용된 활동 이외의 활동을 병행함으로써 시장의 기능에 장애가 발생하는 것을 방지하는 조치를 들 수 있다.203) 겸직금지조항도 객관적 사유에 의한 직업선택의 자유에 속하지만 금지의 범위가 합목적적인 한 비교적 그 침해의 정도가 약한 것으로 볼 수 있다.204)

---

196) 헌재 1990. 10. 15. 89헌마89 — 법무사시험실시 여부에 관한 재량.

197) BVerfGE 17, 371 (376 ff.) u. 73, 280 (292 ff.) — 공증인; BVerwGE 6, 72 ff. — 굴뚝소제부. 헌재 2008. 6. 26. 2005헌마173 — 수산자원고갈 방지를 위한 잠수기어업의 허가정수. 물론 이 사건에서 헌법재판소는 이와 같은 제한이 직업선택의 자유에 대한 제3단계 제한인지를 분명히 밝히지 않았다. 한편, 사법시험 정원제는 주관적인 사유에 의한 직업선택의 자유에 대한 제한이라고 평가하고 있는 헌재 2010. 5. 27. 2008헌바110, 22-1하, 232(241). 한편, 헌법재판소는 여성에 대해서만 입학을 허가하는 이화여자대학교 법학전문대학원에 대한 법학전문대학원 인가 처분이 심판대상이 된 헌재 2013. 5. 30. 2009헌마514에서 문제의 인가처분이 직업선택의 자유에 대하여 제한을 가하는 조치임을 인정하기는 하였으나, 어떤 단계의 제한인지는 분명히 하지 않았다. 문제의 인가처분은 정원제에 토대를 두고 남성의 입학가능성을 축소하는 차별적 조치이므로 남성의 직업선택의 자유를 매우 심각하게 제한하는 것이므로 엄격한 정당화요건을 충족하여야 하지만, 헌법재판소가 적용한 심사기준은 그러하지 못했다고 본다. 같은 문제는 법학전문대학원 정원제 및 전공별 할당제가 문제된 헌재 2009. 2. 26. 2007헌마1262, 21-1상, 248(259) 이하에서도 나타난다.

198) BVerfGE 40, 196 (218) — 화물운송의 상한제.

199) BVerfGE 25, 1 (11) — 제분소 설치·시설확충의 금지.

200) 헌재 1996. 4. 25. 92헌바47. 다만 헌법재판소는 이 결정에서 문제의 축산업협동조합법의 구 규정이 축협의 육성·발전을 위하여 법인설립을 억제하는 '직업선택'에 관한 규율로 보다가(판례집 8-1, 370 [379 f.]), 후에는 '직업수행의 자유의 본질적 내용'까지 침해한다고 하여(같은 곳, 386) 규율의 성격에 대한 평가에 혼선을 빚고 있다.

201) 헌법재판소는 2002. 4. 25, 2001헌마614에서 경비업을 경영하고 있는 자들이나 다른 업종을 경영하면서 새로이 경비업에 진출하고자 하는 자들로 하여금 경비업을 전문으로 하는 별개의 법인을 설립하지 않는 한 경비업과 그밖의 업종간에 택일하도록 강제하고 있는 경비업법상의 규율을 객관적 사유에 의한 직업선택의 자유의 제한으로 보았다. 영업을 위해 법인형식을 요구하는 것 자체는 주관적 사유로 인한 직업선택의 자유에 대한 제한이지만, 겸업을 금지한 것은 객관적 조건에 의한 직업선택의 자유에 대한 제한이라고 보아야 할 것이다.

202) Vgl. BVerfGE 7, 377 (391 ff., 413 ff., 431 f., 442 f.) — 약국판결; 11, 168 (183 ff.) — 여객운송.

203) BVerfGE 11, 168 (190 ff.) — 여객운송.

204) R. Breuer, HStR Ⅵ, §148 Rn. 49; 헌재 2004. 12. 16. 2002헌마333 — 지방공사직원의 지방의회의원 겸직의 금지(합헌); 2004. 1. 29. 2001헌바39 — 의료기관을 개설한 학교법인의 약국경영금지(합헌). 한편, 헌법재판소는 1997. 4. 24. 95헌마90에서 업무의 공정성을 해칠 위험이 없는 일체의 직업을 행정사가 겸직하는 것

객관적인 사유로 인한 직업선택의 자유에 대한 제한을 정당화할 수 있는 공익의 범위는 기본권제약이 심각한 만큼 좁을 수밖에 없다. 이와 관련하여 중대한 공익에 대한 명백하고 또 고도의 개연성이 있는 위험의 방지를 위해서만 그와 같은 제한은 정당화될 수 있을 것이다.[205] 물론 장래의 불확실한 상황전개에 대한 평가와 관련한 입법자의 예측의 여지는 직업활동에 대한 객관적인 허가조건과 관련해서도 인정될 수 있으나 입법의 기초되는 사실·경험·지식에 대한 조사는 기본권제약의 정도가 심각한 것에 비례하여 그만큼 철저하게 이루어져야 한다. 국민 건강, 생명, 신체적 온전성,[206] 생필품이나 운송서비스 등의 안정적 공급[207] 등이 직업의 객관적 허가조건들을 정당화할 수 있는 공익의 예라고 할 수 있다. 반면 특정 직종의 사회적 위신을 확보해주기 위한 정원제한이나 기존종사자의 보호를 위한 신규허가의 제한[208] 등은 정당화되기 어렵다. 한편, 전매·체신·철도분야에서와 같은 국가독점이 객관적 사유로 인한 직업선택의 자유에 대한 제한인지, 따라서 중대한 공익실현의 필요성에 의해서 정당화되어야 하는지에 관해서는 견해가 대립하고 있으나,[209] 이를 긍정하여야 할 것이다.

직업선택에 관한 객관적인 조건은 중대한 공익의 실현에 적합하고 필요하며 또 상당한 비례관계에 있는 경우에만 정당화된다. 객관적 제한사유들은 그로 인한 기본권제약에 심히 중대함에 비례하여 엄격한 정당화요건을 충족시켜야 한다. 입법자는 가능한 한 직업수행의 자유에 대한 제약을 통하여 또는 주관적인 허가조건을 통하여 공익실현을 도모하여야 하며, 객관적 허가조건의 도입은 최후의 보충적 수단이어야 한다. 그에 대한 비례성통제에서는 먼저 일반적－추상적인 차원에서 특정의 객관적 허가기준의 합헌성을 검토하고, 이어서 그 결과를 일정 유형의 수규자가 받는 구체적인 타격의 정도를 감안하여 수정한다. 따라서 추상적 차원에서는 객관적인 허가조건이 합헌성을 띤다 하더라도 그 규정의 적용으로부터 발생하는 그 수규자에 대한 구체적 타격이 수인하기 힘든 정도인 경우에는 그 조건은 위헌성을 띠게 된다.

을 모두 금지한 것은 과잉제한으로 위헌이라고 보았다.

205) "이러한 제한은 월등하게 중요한 공익을 위하여 명백하고 확실한 위험을 방지하기 위한 경우에만 정당화될 수 있다"(헌재 2002. 4. 25. 2001헌마614, 14-1, 410(427)). 그밖에도 헌재 2002. 12. 18. 2000헌마764, 14-2, 856(870); 헌재 2010. 5. 27. 2008헌바110, 22-1하, 232(241) 참조; BVerfGE 7, 377 (408); 84, 133 (151); 85, 360 (374); 93, 213 (235 f.); 97, 12 (32).

206) BVerfGE 7, 377 (414); 9, 39 (52); 17, 269 (276).

207) BVerfGE 11, 168 (184 f., 186 f.) — 노선 여객운송 및 합승차에 의한 부정기 여객운송; BVerfGE 25, 1 (13 ff.) — 제분업.

208) 동일조합구역 내에서의 동종의 복수조합설립을 원칙적으로 금지하고 있는 축산업협동조합법의 규정에 대한 1996. 4. 25. 92헌바47에서 헌법재판소는 축산업협동조합의 육성과 발전이라는 입법목적이 직업선택의 자유에 대한 그와 같은 제한을 정당화시킬 수 없다고 보았다.

209) 긍정설: R. Breuer, HStR Ⅵ, §148 Rn. 66 ff.; U. Steiner, Öffentliche Verwaltung durch Private, 1975, S. 92 ff.; H. -J. Papier, Grundgesetz und Wirtschaftsordnung, HdbVerfR, §18 Rn. 38 ff.; M. Wallerath, Öffentliche Bedarfsdeckung und Verfassungsrecht, 1988, S. 379f. 부정설: H. P. Bull, Die Staatsaufgaben nach dem Grundgesetz, 2. Aufl., 1977, S. 213 ff., 403 f.; F. Ossenbühl, Die Erfüllung von Verwaltungsaufgaben durch Private, VVDStRL 29 (1971), S. 379 f.; J. Wieland, in: Dreier, Art. 12 Rn. 74. 독일 연방헌법재판소의 판례는 동요하고 있다. 명백히 긍정적인 판례로는 BVerfGE 21, 245 (248 ff.). 그러나 그 뒤 이 문제에 대한 판단을 의식적으로 유보하고 있다(BVerfGE 41, 205 [218]).

(4) 행정에 의한 독점

국가가 특정 경제활동을 독점하면서 일반인에게는 일반적으로 그 경제활동을 직업으로 삼는 것을 금지하는 것은 누구도 특정 직업을 선택할 수 없도록 만들기 때문에 객관적 허가조건에 의한 직업선택의 자유에 대한 제한보다 더 심각한 직업의 자유에 대한 제한이다.[210) 직업소개업의 국가독점, 우편업무의 국가독점, 철도운송의 국가독점 등이 일반적 직업금지의 전형적인 예라고 할 수 있다.[211) 독일 연방헌법재판소는 약국판결(BVerfGE 7, 377)에서 이 단계를 별도로 명시하지 않았다. 동 재판소는 직업소개의 국가독점이 직업의 자유를 침해하지 않는다고 판단하면서도(BVerfGE 21, 245[261]), 문제의 국가독점을 객관적 허가요건이 헌법적 정당성을 확보하기 위한 기준에 맞추어 판단하고 있다. 직업소개업의 독점은 특히 실업방지, 노동력부족 저지와 같은 고차적 사회적 가치는 물론 직업소개업의 복잡성 때문에 관련 노동자들에게 발생할 수도 있는 중대한 위험으로부터 노동자를 보호하기 위하여 불가피하다.[212) 특정 직업영역을 행정이 독점하는 것이 허용되는지를 직업의 자유를 기준으로 심사하여야 한다는 통설[213)에 대하여 직업의 자유는 사적 활동에 개방된 영역에서만 심사기준이 될 수 있고, 국가의 조직고권 하에 있는 공적 부문을 사적 부문과 구획하는 조치의 경우에는 그렇지 않다는 반대설이 있다.[214) 독일의 학설에 의하면 재정수입을 확보하기 위한 화주(火酒)생산 및 판매의 국가독점과 같은 재정독점은 직업의 자유를 침해한다고 하나, 판례는 그 합헌성을 인정한 바 있다.[215) 도박장영업 공적 독점은 현재의 또는 잠재적인 영업자의 제12조 제1항의 기본권을 침해한다는 것이 독일의 학설이자 판례이다.[216)

개별적 직업금지는 일반적 직업금지와는 달리 체계적으로는 주관적 허용요건에 속한다.

민법적으로 합의된 경쟁금지는 사적 자치를 근거로 해서는 허용되나, 독일 연방헌법재판소의 새로운 판결에 따르면 직업의 자유는 그 간접적 제3자효에 의하여 계약당사자 간에 힘의 균형이 현저히 무너진 경우 입법자로 하여금 민법에서 계약에 의한 제한(여기서는 상법 제90a조 제2항 제2문에 따른 대리상에 대한 대명(待命)기간에 대한 배상 제외)으로부터 직업의 자유를 보호하는 예방책을 마련할 것을 명할 수 있다.[217)

---

210) R. Scholz, MD, Rn. 364ff.; Schwabe, DÖV 1969, 734(735)도 참조.

211) R. Breuer, HStR Ⅵ, § 148 Rn. 62ff.

212) BVerfGE 21, 245 (250ff.).

213) R. Breuer, HStR Ⅵ, § 148 Rn. 63; H. -J. Papier, HdbVerfR, § 18 Rn. 38ff. m. w. N.

214) H. Rittstieg, AK, Rn. 108; Bachof, GRe Ⅲ/1, 201.

215) R. Breuer, HStR Ⅵ, § 148 Rn. 63; 다른 견해: 기본법 발효 이전에 존재했던 재정독점에 찬성하는 BVerfGE 14, 105 (111).

216) BVerwGE 96, 302 (314ff.).

217) BVerfGE 81, 242 (254ff.).

다. 직장선택의 자유에 대한 제한과 그 한계

(1) 직장선택의 자유에 대한 제한

국가가 개인에게 특정 직장에 다닐 것을 강요하거나[218] 개인이 취임하려는 직장의 취임을 방해하거나 직장의 포기를 요구하는 경우에는 직장선택의 자유가 제한된다.

계약을 통한 합의에 의거하여 노무계약의 해지하는 노동자에게 금전지급의무를 지우는 것은 경우에 따라서는 직장선택의 자유를 침해하는 것일 수 있다.[219]

제15조가 노동자 해고를 금하는 것은 아니다.[220] 해고로 노동자가 직면하게 될 어려움에 대처하기 위하여 고용주의 해고를 제한하는 입법자의 조치는 근로의 권리에서에서 발생하는 국가의 의미를 다하기 위한 것이다.

(2) 직장선택의 자유에 대한 제한과 그 한계

이 자유에 대한 제한도 직장의 선택을 주관적 사유로 제한하는 것이냐 아니면 객관적 사유로 제한하는 것이냐, 아니면 선택한 직장에서 행하는 노동을 제약하는 것이냐에 따라 구분될 수 있다. 따라서 예를 들면 국가가 강제로 어떤 조직을 해체함으로써 직장을 잃게 되는 경우에는 객관적 사유로 인한 직장선택의 자유에 대한 제한이 있는 것이며, 그 만큼 엄격한 정당화요건을 충족시켜야 한다.[221]

라. 직업교육장선택의 자유에 대한 제한과 그 한계

정원제를 통해 직업교육장인 대학입학의 자유를 제한하기 위해서는 헌법 제37조 제2항에 비추어 볼 때 법률에 의한 수권이 필요하다.[222] 대학에서 공부하기를 원하는 자가 국가로부터 대학교나 전문대학에서 교육장소를 제공받는 것이 제15조의 기본권을 현실화하는 데 필수적인 전제이기 때문이다.

독일의 판례는 대학입학을 통한 직업교육이 현대산업사회에서 구직에 대하여 가지는 중요성을 감안하여 입학정원제의 합헌여부에 대하여 매우 엄격한 심사기준을 들이대고 있다. 즉 직업에 대한 객관적 허가요건과 유사한 의미를 가지는 입학정원제한이 합헌성을 띠기 위해서는 대학입학정원제한이 현저히 중요한 사회적 이익에 기여하며, 현존하는, 공적 수단으로 창출된 직업훈련 수용능력을 모두 사용하고서도 절대적으로 필요한 한계 내에서만 행하여진다는 것이 필수적이다.[223] 이외에도 모든 이해당사자가 대학공부에 대한 균등한 기회를 가질 수 있도록

---

218) 헌재 2011. 9. 29. 2007헌마1083 등 — 외국인근로자의 사업장 이동 제한; 헌재 2011. 9. 29. 2009헌마351 — 외국인 근로자의 사업장 변경허가 기간 제한.

219) BAGE 13, 168. 노동자가 "연수비를 융자받은" 경우는 물론 사정이 다르다.

220) BVerfGE 84, 133 (146f.); BAG, BB 1958, 1171과 NJW 1964, 1921(1922); R. Scholz, MD, Rn. 428; R. Breuer, HStR Ⅵ, §147 Rn. 72 참조.

221) 구 동독의 기구해체에 관한 BVerfGE 84, 133 (151) 참조.

222) 이는 독일의 통설이기도 하다. BVerfGE 33, 303 (336); 85, 36(54); R. Scholz, MD, Rn. 313; R. Breuer, HStR Ⅵ, §147 Rn. 80 참조.

223) BVerfGE 54, 173 (191); 85, 36 (54); 33, 303 (338ff.); 독일의 확립된 판례.

정의로운 규준에 따라 지원자의 선정과 정원의 분배가 이루어질 것을 요구한다.[224] 입학허가제한은 학생의 대학수용능력의 한계를 초과한 경우 현저히 중요한 사회적 이익을 보호하는 데 기여한다. 매우 중요한 사회적 이익으로서의 헌법 제21조 제1항의 학문의 자유에 의하여 보호되는 해당 대학의 원활한 기능은 연구와 강의의 효율성이 심각하게 문제됨으로써 직접적으로 위협받는다.[225]

V. 직업의 자유의 법적 성격

1. 직업의 자유의 방어권적 측면

헌법 제15조의 직업의 자유는 무엇보다 직업의 자유에 대한 국가의 침해에 대한 방어권이다. 영리활동의 자유와 직업교육을 받을 자유는 개인의 자유의 본질적 구성요소이다. 이 자유는 산업사회의 국가가 공익을 실현하기 위하여 영리활동 및 경제활동을 현저히 규제함으로써 침해되기 쉽다. 헌법 제15조는 방어권으로서 국가에 의한 규제의 한계를 설정하고 있다.

2. 직업의 자유의 객관법적 내용

직업의 자유는 국가권력이 개인의 직업활동의 자유에 대한 간섭하는 것을 방어하는 개인의 방어권일 뿐만 아니라, 객관적 가치질서의 요소이기도 하다.

이 객관적 가치질서의 측면으로부터 다시 여러 가지 차원의 내용이 도출된다. 그것은 먼저 기본권보호의무[226]의 원천이 된다. 기업의 내부에서 그리고 기업가(사용자)와 노동자 사이의 노동법관계에서 이질적인 이익을 추구하는 직업의 자유의 주체들이 경쟁한다. 원칙적으로 이들의 법적 관계는 사적 자치의 원칙에 따라 규율되지만, 이는 계약관계의 당사자들이 서로 동등하다는 것을 전제로 한다. 만일 일방 당사자인 직업종사자나 그 희망자가 현저히 열등한 상황에 처해 있어서 상대방과의 공정한 계약의 형성을 기대할 수 없는 경우에 기본권보호의무를 지는 입법자는 이를 방임해서는 안 된다. 입법자는 이 경우 계약관계의 균형을 잡아주는 법률을 제정할 의무를 진다.[227] 만일 입법자가 이와 관련하여 강행법규를 제정하지 않은 경우에는 법원이 민법의 일반조항을 통해서 헌법 제15조의 객관법적 내용으로부터 발원하는 기본권보호의무를 이행하여야 한다.

또한 직업의 자유의 객관적 가치질서의 측면은 조직과 절차의 형성지침으로도 작용할 수 있는바, 직업의 자유와 관련해서는 특히 국가가 시행하는 자격시험의 절차형성에 영향을 미친

---

224) BVerfGE 33, 303 (338, 345ff.); 43, 291 (314ff.).
225) BVerfGE 66, 155 (179); BVerwGE 80, 373 (379).
226) 이에 대해서 상세한 것은 정태호, "기본권보호의무," 인권과 정의 252호(1997. 8), 83 이하.
227) BVerfGE 81, 242 (254 f.) 참조.

다. 특정 직업의 자격시험이 직업선택의 자유에 대한 중대한 제약을 의미하고 또 시험결과를 법원이 사후에 통제하는 것이 시험상황의 특수성 때문에 극히 제한된 범위에서만 가능하기 때문에 무엇보다도 사전절차를 통한 기본권보호가 불가결하다. 직업의 자유의 객관적 측면은, 국가로 하여금 직업관련 자격시험의 절차를 실효성 있는 기본권보호가 가능하도록 형성해야 할 의무를 부과하며,[228] 이러한 의무를 이행하지 않을 경우 제15조의 직업의 자유를 침해하게 된다.

VI. 직업의 자유와 다른 기본권들과의 관계

1. 근로의 권리와의 관계

직업의 자유의 방어권적 측면은 그 향유주체가 자유활동의 기본전제를 충족하고 있을 것을 전제로 그 자유를 보장하는 기능을 하고 있다. 그러나 그러한 전제가 미비되어 있는 자에게 직업의 자유는 실질적인 의미가 없다. 경제의 산업화, 전문화, 기술화 및 기업의 집중화·대형화로 인하여 다수의 국민들이 생활의 수요를 충족하고 개성을 신장하기 위하여 종속적 노동에 의존하는 현상이 가속화하는 상황에서 일할 기회를 확보한다는 것은 직업활동을 통한 인격의 발현은 물론 삶의 기본적 수요를 충족하는 데 중요한 의미를 갖는다고 할 수 있다. 우리 헌법은 노동이 인간의 현실적인 삶의 기본범주라는 점에 비추어 제32조에서 국가로 하여금 개인에게 노동의 기회를 제공할 의무를 부과하는 한편, 개인의 노동력을 특별히 보호하고 있다. 이처럼 직업의 자유를 보장하는 제15조와 근로의 권리를 보장하는 제32조는 그 보장내용과 보장형식에 있어서 근본적인 차이가 있으나 기능적인 면에서는 적어도 부분적으로는 상호보완적인 관계에 있다.

2. 헌법 제23조의 재산권과의 관계

경제영역에서의 규율들과 관련하여 그 규율이 직업의 자유를 제약하는 것인지 아니면 재산권을 제약하는 것인지의 문제가 종종 제기된다. 그 구분의 문제는 일반적으로 각 기본권이 보호하는 자유의 영역에 따라서, 즉 다음과 같은 기준에 의해서 해결하여야 할 것이다. 직업의 자유는 소득활동, 즉 행위 자체를 보호하는 반면, 재산권은 그 활동의 결과, 즉 이미 획득한 것을 보호한다.[229] 따라서 공권력의 조치가 개인의 소득활동 내지 능력발휘에 대하여 규율하고 있느냐 아니면, 이미 획득한 재산가치 있는 재화의 보유와 사용에 대하여 규율하고 있느냐에 따라 관련된 기본권을 확정하여야 한다.

---

228) BVerfGE 84, 34 (45 f.); 84, 59 (72) 참조.
229) BVerfGE 30, 292 (334 f.).

VII. 관련문헌

1. 국내문헌

계희열, "헌법상 직업의 자유," 고려대학교 법학논집 제35집(1999. 12), 1-22.

_____, 헌법학(중), 박영사, 2007.

권영성, 헌법학원론, 법문사, 2010.

권형준, "직업선택의 자유," 법학논총 10(1993. 10), 143-160.

김기범, "직업선택의 자유," 고시계 16, 9(1971. 9), 31-37.

김승환, "독일기본법상의 직업의 자유: 약국판결을 중심으로," 공법학연구 제4권 제2호 (2003. 4), 3-26.

김지현, "자격제도와 직업의 자유: 자격제도를 통한 직업의 자유 제한의 체계 및 위헌심사 기준," 안암법학 제32호(2010. 5), 1-30.

방승주, "직업선택의 자유," 헌법논총 제10집(1998), 211-275.

성낙인, 헌법학, 법문사, 2013.

안영미, "외국인의 기본권 주체성에 대한 검토: 직업의 자유를 중심으로," 청연논총(제8집) 손용근 사법연수원장 퇴임기념(사법연수원), 545-574.

이명웅, "의료법 제5조 등 위헌확인: 해외 의과대학 출신자의 의사면허시험 제한과 직업의 자유," 헌법재판소결정해설집 2003(2004. 11), 161-192.

이철호, "헌법상 직업선택의 자유와 공직자 취업 제한 문제," 헌법학연구 제8권 제3호(2002. 10), 179-209.

정종섭, 헌법학원론, 박영사, 2013.

정태호, "헌법 제15조의 "직업의 자유" ― 단계이론의 정치화를 중심으로 ―,"「법학과 행정학의 현대적 과제」유소 이방기교수 정년기념논문집, 2000, 297-323.

_____, "기본권보호의무," 인권과 정의 252호(1997. 8), 83-108.

_____, "규범통제에서의 사실확인과 법률의 실제효과예상 ― 미국 연방대법원 및 독일 연방헌법재판소의 실무에 대한 비교를 중심으로 ―," 전남대 법률행정논총 제21집 (2001), 133-182.

한수웅, 헌법학, 법문사, 2013.

_____, "직업의 자유와 3단계이론," 중앙법학 12집 3호(통권 제37호), 9-48.

_____, "구 의료보험법 제32조 제1항 등 위헌소원, 국민건강보험법 제40조 제1항 위헌확인: 보험의 강제지정제와 직업의 자유," 헌법재판소결정해설집 2002(2003. 10), 545-578.

허 영, 한국헌법론, 박영사, 2009.

홍성방, 헌법학, 현암사, 2008.

2. 외국문헌

Bachof, O., Freiheit des Berufs, in: GRe Ⅲ/1, S. 155 ff.

Badura, P., Arbeit als Beruf (Art. 12 Abs. 1 GG), Fs. f. W. Herschel, 1982, S. 21 ff.

Berg, W., Berufsfreiheit und verbotene Berufe, GewArch. 1977, S. 249 ff.

Breuer, R., Freiheit des Berufs, in: HStR Ⅵ, 1989, § 147.

Breuer, R., Die staatliche Berufsregelung und Wirtsschaftslenkung, in: HStR Ⅵ, § 148.

Breuer, R., Legislative und administratve Prognoseentscheidungen, in: Der Staat 16 (1977), S. 21 ff.

Bryde, B. -O., Artikel 12 Grundgesetz-Freiheit des Berufs und Grundrecht der Arbeit, NJW 1984, S. 2177 ff.

Bull, H. P., Die Staatsaufgaben nach dem Grundgesetz, 2. Aufl., 1977.

Frotscher, W., Wirtschaftsverfassungs- und Wirtschaftsverwaltungsrecht, 2. Aufl., 1994.

Gallwas, H.-U., Faktische Beeinträchtigungen im Bereich der Grundrechte, 1970.

Gubelt, M.: in, von Münch/Kunig (Hrsg.), GG, Bd. 1, 4. Aufl. 1992, Art. 12.

Haußleiter, O., Beruf und Gewerbe nach dem Bonner Grundgesetz, DÖV 1952, S. 496 ff.

Hesse, H. A., Der Einzelne und sein Beruf: Die Auslegung des Art. 12 Abs. 1 GG und das Bundesverfassungsgericht aus soziologischer Sicht, AöR 95 (1970), S. 449 ff.

Hoffmann-Riem, W., Die grundrechtliche Freiheit der arbeitsteiligen Berufsausübung, Fs. f. H. P. Ipsen, 1977, S. 385 ff.

Ipsen, H. P., Verfassungsfragen zur Handwerksordnung, DVBl. 1956, S. 358 ff.

Ipsen, J., "Stufentheorie" und Übermaßverbot-Zur Dogmatik des Art. 12 GG, JuS 1990, S. 634 ff.

Jarass, H. D., in: Jarass/Pieroth, Kommentar zum Grundgesetz, 4. Aufl. 1997, Art. 12.

Lecheler, H., Art. 12 GG-Freiheit des Berufs und Grundrecht der Arbeit, VVDStRL 43 (1985), S. 48 ff.

Löwer, A. W., Der Staat als Wirtschaftssubjekt und Auftraggeber, VVDStRL 60 (2001), S. 416 ff.

Lücke, J., Die Berufsfreiheit, 1994. -W. Martens, Grundrechte im Leistungsstaat, VVDStRL 30 (1972), S. 7 ff.

Ossenbühl, F., Die Kontrolle von Tatsachenfeststellungen und Prognoseentscheidungen durch das Bundesverfassungsgericht, in: FG BVerfG, Bd. 1, S. 458 ff.

Ossenbühl, F., Die Erfüllung von Verwaltungsaufgaben durch Private, VVDStRL 29 (1971), S. 137 ff.

Papier, H. -J., Grundgesetz und Wirtschaftsordnung, in: HdbVerfR, 2. Aufl., 1994, § 18.

Papier, H. -J., Die Verlängerung der Kassenarztzulassung in verfassungsrechtlicher Würdigung, in: SGb 1984, S. 221 ff.

Papier, H. -J., Art. 12 GG-Freiheit des Berufs und Grundrecht der Arbeit, DVBl. 1984, S. 801 ff.

Pieroth/Schlink, Grundrechte, Staatsrecht II, 15. Aufl., 1999.

Puhl, T., Der Staat als Wirtschaftssubjekt und Auftraggeber, VVDStRL 60 (2001), S. 456 ff.

Rittstieg, H., Alternatve Kommentar zum GG, 2. Aufl., 1989, Art. 12.

Rollenfish, M., Wirtschaftliche Betätigung des Staates, in: HStR III, 1988, § 84.

Rupp, H. H., Das Grundrecht der Berufsfreiheit, NJW 1965, S. 993 ff.

Rupp, H. H., Das Grundrecht der Berufsfreiheit in der Rechtsprechung des Bundesverfassungsgerichts, AöR 92 (1967), S. 212 ff.

Schmitt, H. J., Freie Wahl der Ausbildungsstätte und numerus clausus, JuS 1970, S. 60 ff.

Schneider, H. -P.: Art. 12 GG-Freiheit des Berufs und Grundrecht der Arbeit, VVDStRL 43 (1985), S. 7 ff.

Schlink, B., Abwägung im Verfassungsrecht, 1976.

Scholz, R., in: Maunz-Dürig, Kommentar zum GG. Stand 1981, Art. 12.

Schwabe, J., Die Stufentheorie des Bundesverfassungsgerichts zur Berufsfreiheit, DÖV 1969, S. 734 ff.

Steiner, U., Öffentliche Verwaltung durch Private, 1975.

Suerbaum. J., Berufsfreiheit und Erlaubtheit, DVBl. 1999, S. 1690 ff.

Tettinger, P. J., in: M. Sachs(Hrsg.), Grundgesetz, Kommentar, 2. Aufl., 1999, Art. 12.

Tettinger, P. J., Das Grundrecht der Berufsfreiheit in der Rechtsprechung des Bundesverfassungsgerichts, AöR 108 (1983), S. 92 ff.

Uber, G., Freiheit des Berufs, 1952.

Wallerath, M., Öffentliche Bedarfsdeckung und Verfassungsrecht, 1988.

Wieland, J., in: H. Dreier(Hrsg.), GG-Kommentar, 1996, Art. 12.

[이 성 환]

第16條
  모든 國民은 住居의 自由를 침해받지 아니한다. 住居에 대한 押收나 搜索을 할 때에는 檢事
의 申請에 의하여 法官이 발부한 令狀을 제시하여야 한다.

Ⅰ. 주거의 자유의 의의

  헌법 제16조는 "모든 국민은 주거의 자유를 침해받지 아니한다. 주거에 대한 압수나 수색
을 할 때에는 검사의 신청에 의하여 법관이 발부한 영장을 제시하여야 한다"고 하여 주거의 자

유를 보장하고 있다.

　　주거의 자유란 인간의 체류와 활동을 위한 사적 공간인 주거에 관하여는 개인의 자유로운 영역으로 인정하여 국가가 공간적으로 이를 침해할 수 없다는 것을 의미한다. 주거의 완전성 (Integritat)을 보호하기 위한 것으로 주거의 불가침(Unverletzlichkeit der Wohnung)이라고 불리기도 한다.[1]

　　주거의 자유는 사생활영역에서 "인간실존의 중점"으로서 또한 "개인의 인격발현을 위한 공간적 영역"으로서 특별한 의의를 갖는다.[2] 주거의 자유는 개인에게 그의 존엄성과 관련하여 또한 그의 자유로운 인격의 발현을 위하여 '기초적 생활공간'을 보장하고, 개인에게 "은거할 수 있는 영역"(Ruckzugsbereich)을 보장하며, 자신의 거소에서 "조용히 있고"(in Ruhe gelassen zu werden) 싶은 인간의 욕구를 확보해 준다. 주거의 자유는 개인의 인격의 발현과 자주적인 생활형성을 위한 공간적 기초를 보장하게 해 주는데 필수적 권리이다.

　　개인의 사적인 공간영역의 불가침성은 고대 그리스와 로마시대의 법에서도 인정되었다. 이 당시에도 주거는 가정의 생활공간일 뿐만 아니라 동시에 제사의 장소였고, 따라서 도피장소이기도 하였다. 로마법은 국가공권력은 가정의 대문 앞에서 머문다는 법언에서 추측할 수 있듯이 주거의 불가침을 인정하였다. 게르만법은 가택의 평온(Hausfrieden)이라는 특별한 제도를 만들어 내었고 1215년의 대헌장(Magna Charta, 제52조)은 봉건 영주의 권리로서 방해받지 않을 주거의 권리를 규정하였다. 여기서부터 '내 집은 나의 성'(My house is my castle)이라는 영국의 속담이 연유하며 이 말은 시민세력이 확대되는 과정에서 점차 보통법적 성질을 갖게 되었다.

　　주거의 자유에서 역사적으로 중요한 또 하나의 작용요소는 군인의 사적 주거에 대한 강제 주둔이다. 주거의 자유가 기본권이란 관념이 확립되기 이전에는 군인은 전쟁수행을 위하여 사적 공간을 함부로 징발하거나 혹은 사적 주택이나 공간에 함부로 숙영하고 주둔 생활을 하였다. 이것은 개인으로서는 사적 생활의 평화와 안정을 위협받는 것으로서 개인이 수용하기에는 너무 고통스러운 것이었다. 따라서 미국 수정헌법 제3조는 "평화시에 군대는 어떠한 주택에도 그 소유자의 승낙을 받지 아니하고는 사영할 수 없다. 전시에 있어서도 법률이 정하는 방법에 의하지 아니하고는 사영할 수 없다"라고 규정하고 있다.

II. 주거의 자유의 연혁

　　우리 헌법은 1948년의 건국헌법의 경우 제10조에서 개별적 법률유보하에 거주·이전의 자

---

1)　예컨대, 독일 기본법 제13조에서는 주거의 불가침(Unverletzlichkeit der Wohnung)이라는 제목으로 주거의 자유가 규정되어 있다.

2)　Michael Sachs, Grundgesetz Kommentar, 1996(방승주 역, 헌법 II - 기본권론, 헌법재판소, 2002), Art. 13; 계희열, 헌법학(중), 박영사, 2002.

유와 함께 주거의 자유를 규정하였다. 4·19혁명 이후 1960년 제3차 개헌당시 이 법률유보조항이 삭제되었다. 1962년 제5차 개헌당시 거주·이전의 자유에서 독립하여 지금과 같이 별개의 조항에서 규정되어(제14조) 현행 헌법에 이르고 있다.

제헌헌법(1948. 7. 17.)
제10조 모든 국민은 법률에 의하지 아니하고는 주거와 이전의 자유를 제한받지 아니하며 주거의 침입 또는 수색을 받지 아니한다.

제 3 차개정헌법(1960. 6. 15.)
제10조 모든 국민은 주거와 이전의 자유를 제한받지 아니하며 주거의 침입 또는 수색을 받지 아니한다.

제 5 차개정헌법(1962. 12. 26.)
제14조 모든 국민은 주거의 침입을 받지 아니한다. 주거에 대한 수색이나 압수에는 법관의 영장을 제시하여야 한다.

제 7 차개정헌법(1972. 12. 27.)
제14조 모든 국민은 법률에 의하지 아니하고는 주거의 자유를 침해받지 아니한다. 주거에 대한 압수나 수색에는 검사의 요구에 의하여 법관이 발부한 영장을 제시하여야 한다.

제 8 차개정헌법(1980. 10. 27.)
제15조 모든 국민은 주거자유를 침해받지 아니한다. 주거에 대한 압수나 수색에는 검사의 요구에 의하여 법관이 발부한 영장을 제시하여야 한다.

Ⅲ. 주거의 자유의 입헌례와 비교법적 의의

주거의 자유가 처음 기본권으로 인정된 것은 1776년의 버지니아 권리장전(제10조)이었다. 그 후 1776년의 펜실베니아헌법과 1780년의 매사추세츠헌법에도 유사한 보장이 규정되었다. 미국 연방헌법은 1791년의 수정헌법 제4조에서 주거의 자유를 보장하고 있다. 1831년의 벨기에헌법(제10조), 1849년의 프랑크푸르트헌법(제140조), 1850년의 프로이센헌법(제6조), 바이마르헌법(제115조) 등으로 그 역사적 맥락이 이어져 왔고 오늘날에는 거의 모든 헌법이 이를 규정하고 있다.

국제적 차원에서도 세계인권선언 제12조[3]와 시민적 정치적 권리에 관한 국제규약 제17

---

3) 예컨대, 동선언 제12조 사람은 누구를 막론하고 그 사사, 가족, 가정 혹은 통신에 대하여 부당한 간섭을 받지 아니하여야 하며 그 명예와 신망에 대한 침해를 받아서는 아니된다. 모든 사람은 이러한 간섭이나 침해에 대하여 법의 보호를 받을 권리를 가진다.

조4)도 주거의 불가침을 규정하고 있다.

IV. 주거의 자유와 다른 기본권과의 관계

1. 사생활의 비밀과 자유와의 관계

주거의 자유는 헌법 제10조의 인간의 존엄과 가치 내지 행복추구권에서 나오는 일반적 행동자유권의 구체적 실현형태라고 보아야 한다. 따라서 사적 공간 영역과 관련하여 일반적 행동자유권이 문제되는 경우에는 이는 주거의 자유문제로서 다루어야 한다.5)

우리 헌법은 독일이나 미국헌법 등과는 달리 사생활의 비밀(제17조)과 주거의 자유를 동시에 규정하고 있다. 여기서 양자와의 관계가 문제로 된다. 헌법상의 주거의 자유나 사생활의 비밀도 모두 광의의 프라이버시(privacy)의 개념에 포함시킬 수 있다.6) 주거의 자유와 사생활의 비밀을 기본권경합관계로 보아 기본권경합의 법리로 이를 해결하여야 한다는 견해와 주거의 자유를 사생활의 비밀에 대한 특별규정으로 보아 주거의 자유의 법리만에 의하여 해결하여야 한다는 견해가 있다. 사생활의 비밀은 보다 포괄적인 개념이고 주거의 자유가 사생활비밀 침해의 특별한 형태라는 점에서 후자의 견해가 문제를 보다 단순히 해결할 수 있는 견해라고 본다. 주거침입개념의 전통적 관념에 비추어 물리적인 공간침해가 있으면 이를 주거의 자유침해로 해석하고 그렇지 아니하고 단순히 기능상 주거의 평온을 해한 경우에는 사생활침해로 보는 것이 타당하다. 따라서 주거에 직접 신체적으로 진입하거나 혹은 도청기나 기타 물리적 물체를 투입시키는 것은 주거의 자유침해로 보아야 하지만 단순히 망원경으로 엿본다거나 혹은 증폭기 등으로 주거내 소리를 탐지한다거나 잠복하여 주거에 대한 출입상황을 관찰하는 행위 등은 사생활침해로 해석하여야 할 것이다.7)

2. 주거급부권과의 관계

주거의 자유는 단순히 주거생활을 간섭받지 않을 권리로서 주관적인 방어권으로서의 성격만 가지고 있을 뿐 국가에 대하여 적극적으로 주거공간을 요구할 급부청구권을 포함하지는 않는다. 주거요구권은 생존권으로서 헌법 제35조 제3항과 관련될 뿐 주거의 자유와는 관계가 없

---

4) 예컨대, 동규약 제17조
   1. 어느 누구도 그의 사생활, 가정, 주거 또는 통신에 대하여 자의적이거나 불법적인 간섭을 받거나 또는 그의 명예와 신용에 대한 불법적인 비난을 받지 아니한다.
   2. 모든 사람은 그러한 간섭 또는 비난에 대하여 법의 보호를 받을 권리를 가진다.
5) 다만 주거의 자유를 일반적 행동권의 특별규정으로 보아서는 안된다는 견해도 있다.
6) 김철수, 헌법학개론, 박영사, 2007; 권영성, 헌법학원론, 법문사, 2008; 양건, 헌법강의, 법문사, 2013 등.
7) 다만 주거의 자유 침해와 유사한 사생활침해의 경우에도 영장 또는 영장유사의 법원허가가 있어야 한다고 해석하여야 하고 영장 등 법원허가 없이 법률로 행정부에 이에 대한 자유로운 결정권을 허락하는 것은 헌법해석상 허용될 수 없다고 할 것이다.

다.8) 그리고 뒤에서 보는 바와 같이 주거공간의 존속자체가 문제로 되는 경우, 예를 들어 주거의 철거나 주거공간의 물리적 변경이나 손괴 등의 경우에는 이는 원칙적으로 재산권문제로 다루어야 한다. 다만 철거 등이 재산권을 주장할 수 없는 무권원 거주자의 주거생활에 영향을 미치거나 혹은 재산권이 있다고 하더라도 주거생활의 평온성과 관련될 경우에는 부차적으로 주거의 자유를 주장할 수 있다고 보아야 한다.

V. 주거의 자유의 내용

1. 주거의 자유의 법적 성격

주거의 자유는 한편으로 주관적 권리로서의 성격을 가지며, 다른 한편으로 객관적 질서의 요소로서의 성격을 갖는다. 즉 다른 자유권과 마찬가지로 기본권의 이중적 성격을 갖는다. 우선 주거의 자유는 모든 형태의 주거에 대한 국가권력의 침해에 대한 방어권이다. 이 규정은 모든 국가기관에 대한 방어권이며 국가의 위임을 받은 사인(私人)에 대해서도 마찬가지이다. 그러나 이 규정은 국가에 대해 적정한 주거공간을 청구할 수 있는 급부청구권적 성격을 갖고 있지는 않다.

주거의 자유는 또한 다른 모든 기본권과 마찬가지로 객관적 질서의 기본요소로서의 성격을 가져서 방사효로서의 성격을 갖는다. 즉 주거의 자유는 인간생활의 모든 질서를 형성하는 기본요소이다. 이로써 모든 국가기관의 행위와 조치는 이 객관적 가치질서를 존중하지 않으면 안 된다.9)

2. 주거의 자유의 주체

주거의 자유의 주체는 모든 자연인이다. 내국인만이 아니라 외국인이나 무국적자에게도 인정된다. 왜냐하면 주거의 자유란 국가를 전제로 하지 않는 인간의 사적 생활을 보장하기 위한 인간의 권리이기 때문이다. 미성년자도 그 주체가 된다.

주거의 자유는 법인이나 법인격 없는 사단이나 재단 등 단체에도 그 주체성을 인정할 수 있을 것인가 하는 문제는 견해의 대립이 있다. 부정설은 법인은 주체가 될 수 없으며 공장이나

---

8) 계희열(주 2).
9) 동지 대판 1962. 6. 2. 62아3[주거는 사람으로서의 사적 생활과 평온한 휴식처로서 인간생활에 있어서의 가장 중요한 장소라 아니할 수 없으므로, 우리 헌법은 주거의 자유를 보장하고 형법 기타 법률로써 가사 정당한 권원에 의한 주거가 아니라 하더라도 그 주거로서의 안전을 보호하였다. 그러므로 민법에서 인정하는 주위토지통행권을 행사함에 있어서도 위와 같은 기본적 인권의 하나인 주거의 자유와 안전은 통행권행사의 이유로써도 침해할 수 없다 할 것이며, 만일 위와 같은 주거의 안전을 침해하지 아니하고서는 통행권을 적법하게 행사할 수 없는 경우라면 차라리 통행권방해에 의한 건물의 철거 기타 장애물의 제거를 요구함은 별 문제로 하더라도 주거를 그대로 인정하면서 통행권행사를 이유로 주거의 자유와 안전을 해할 수는 없다(주위토지통행권의 행사를 이유로 한 주거의 자유와 안전침해)].

학교 등의 주거의 경우에는 원칙적으로 당해 생활공간의 관리자인 공장장이나 교장이라고 한다.10) 하지만 긍정설이 타당하다고 보아야 한다. 이는 주거의 개념을 단순히 자연인이 개인적으로 체류하는 장소만이 아니라 집단적으로 체류하는 장소도 포함된다고 보아야 하고 영업공간 등도 주거개념에 포함되기 때문이다.11)

공법인의 경우에는 주거의 자유의 주체성이 인정되지 않는다. 공법인이라도 경우에 따라 그 주체성이 인정된다며 국공영방송국이나 국립대학 ─ 이들이 공법인인 경우 ─ 을 그 예로 드는 견해가 있다.12) 하지만 공법인은 기본권향유의 주체가 아니고 기본권보장의무의 주체이므로 이들은 제외된다고 보아야 한다. 만약 이들도 기본권의 주체가 된다면 공법인에도 국민의 출입권이 원칙적으로 배제된다고 보아야 하는데 이것은 국민의 공법인에 대한 접근권을 차단하는 것으로서 타당하지 않다고 해석하여야 한다. 다만 이들 기관도 기본권으로서 주거의 자유가 아니고 업무의 평온성을 보장받기 위하여 법률상 권리로서 주거침입죄의 객체는 된다고 보아야 한다.

주체와 관련하여 구체적인 경우 누가 주거의 자유를 주장할 수 있는 권한을 갖느냐의 문제가 제기된다.13) 주거권자라는 개념을 인정하여 이들에게만 인정하는 견해도 있으나 이는 타당하지 않다. 원칙적으로 주거재산권에 대한 실체적 권원과 관계없이 주거의 그때 그때의 거주자가 주거의 자유를 주장할 수 있다. 타인 소유의 주거 내에 세입자나 임차인이 거주하는 경우 이들이 주거의 자유의 보호를 받게 된다. 호텔객실의 투숙객도 마찬가지이다. 주거가 부분 또는 공동소유인 경우, 즉 소유관계가 복잡할 경우 민법적인 소유의 서열이 중요한 것이 아니라 사실상의 거주관계가 결정적이다. 가령 주거의 관리인도 만약 그에게 일정한 공간이 사생활형성에 이용하는 것이 인정되고 소유주에 대하여 최소한의 처분권이 존재하는 경우 주거의 자유를 주장할 수 있다. 가족의 모든 구성원에게는 주거의 자유를 주장할 수 있는 권한이 있다. 가족과 같은 공동거주자는 공동주거의 일부에 대하여 공동구간에 대하여 부분적으로 이용할 권리가 있다. 군막사의 군인이나 교도소의 수형인에게는 인정되지 않는다는 견해도 있으나14) 이들에게도 제한적으로 인정된다고 보아야 한다.15) 사업장의 경우 사업주에게 인정되고 학교, 공장, 작업장 등의 경우 그 공간의 장인 학교장, 공장장이나 장으로부터 위임받은 자에게 인정된

---

10) 권영성(주 6).

11) 동지 계희열(주 2).

12) 계희열(주 2).

13) 예전에는 주거권자라는 개념을 가지고 주거침입죄의 보호법익으로 하였으나 오늘날은 주거의 사실상 평온을 보호법익으로 보고 있다(이재상, 형법각론, 박영사, 2005, 228-230 참조). 기본권으로서의 주거의 자유는 주거출입을 허용하는 결정권인 주거권과는 구별하여 판단하여야 한다.

14) 예컨대, 허영, 한국헌법학, 박영사, 2007 참조.

15) 군인이나 경찰 등 집단합숙생활을 하는 경우라고 하더라도 내무생활에 대하여 주거의 자유를 인정할 것인지가 문제로 된다. 이 경우에도 원칙적으로 주거의 자유에 포함된다고 보아야 한다. 사생활의 희석이란 개념을 인정하여야 한다는 견해도 있을 수 있다. 영등포교도소에서 전주교도소로 이감됨으로써 헌법상 보장된 주거의 자유를 침해당하였다고 헌법소원을 제기하였으나 헌법소원 제기요건을 갖추지 못하였다고 본안 판단 없이 각하된 사례가 있다(헌재 1994. 10. 19. 94헌마197).

다는 견해도 있으나16) 이는 타당하지 않다. 업무에 종사하는 사람에게 업무목적으로 개인적으로 맡겨진 작업공간도 업무종사자의 주거의 자유에 의하여 보호된다고 보아야 한다.

3. 주거의 자유의 내용

가. 주거의 개념

헌법상의 주거의 개념은 프라이버시(privacy)와 밀접한 관계를 갖고 있으며, 이를 넓게 이해하는 것이 통설이다. 주거란 인간의 체류(거주)와 활동을 위한 장소로 만들어진, 누구에게나 출입할 수 있도록 개방되지 않은 모든 사적 공간을 말한다. 여기서 사적 공간이란 함부로 발을 들여 놓을 수 없고, 들여다 볼 수 없으며 엿들을 수 없는 자신만을 위한 공간을 말한다. 이러한 개념정의에도 불구하고 구체적인 경우 주거인지 아닌지를 판단하는 것은 쉬운 일이 아니다. 이를 판단하는 기준으로는 사적영역성, 격리성, 안전성, 안식처성, 외부세계와의 단절성 등을 들 수 있는데 주관적으로 주거의 목적을 갖고 있는지와 객관적으로 식별가능성이 있는지가 결정적으로 중요하다. 따라서 기차역의 대합실이나 지하철 대기실과 같은 공공장소의 휴게소는 공간적 한계설정이 어렵기 때문에 주거라고 할 수 없다. 교도소의 감방과 같은 경우에도 이를 주거의 공간으로 인정할 것인지 여부에 대하여는 영구적 관찰가능성으로 인하여 사적 영역성을 인정하기 어렵다는 외국의 견해도 있으나17) 수형자도 인간으로서 최소한 사적 공간을 보장받아야 한다는 측면에서 제한적 한도 내에서 주거로 인정하여야 한다고 본다.

주거의 자유가 보장받는 주거란 주거의 소유권이나 이용권 등 주거에 대한 실체적 권원을 전제로 하는 개념이 아니다. 따라서 임차인이 명도판결을 받았더라도 명도가 집행될 때까지는 여전히 주거의 자유를 가진다. 이 경우에도 집행관이 강제집행을 위하여 거주에 출입하는 경우에는 주거의 자유 보호상 기본권제한에 관한 비례의 원칙 등 헌법적 요건을 갖추어야 한다.18)

주거란 체류나 작업의 용도를 이용하는 모든 공간, 즉 거주용 주택은 물론 일시 머무르는 셋방, 호텔방 등을 포함한다. 그리고 지하실, 차고, 다락방, 계단 등과 같은 부속공간들과 이에 접속하여 둘러싸고 있는 난간을 포함한다. 이 밖에 캠핑용 자동차, 선박이나 선박의 객실, 텐트, 병원입원실 등도 포함된다.19) 또한 사람이 거주하는 건물의 안마당, 경계가 정해진 정원, 울타리로 둘러싸인 인근의 놀이터 등도 주거의 자유에 의해 부수적으로 보호된다.

사업장이나 영업소의 공간도 주거의 개념에 포함되며 주거의 자유에 의해 보호되느냐 하는 데에 대하여는 견해의 대립이 있다. 먼저 부정설에 따르면 인격의 자유로운 발현이나 개인의 프라이버시와 관련하여 볼 때 이런 공간들은 주거가 아니며 주거는 가정의 범위 내에서 개인을 보호하는 것에 국한된다고 한다. 하지만 독일의 연방헌법재판소는 노동이나 직업 및 영업

---

16) 허영(주 14).
17) Michael Sachs, 방승주 역(주 2) 참조.
18) 민사집행법 제5조; BVerfGE 89, 1[12].
19) 운행중인 자동차 공간도 주거로 볼 것인가가 문제로 된다. 음주측정이 거주의 자유침해라는 주장이 있다.

이 인간의 자아실현(인격의 자유로운 발현)을 위해 갖는 의미를 내세우며 여러 판결에서 계속적
으로 이를 긍정하였고[20] 우리나라 학계도 이를 긍정하는 것이 지배적이다.[21] 물론 주거의 자
유가 적용되는 사업장이나 영업소는 일반에게 출입이 개방되지 않은 곳에 국한된다. 모든 사람
에게 출입이 개방되어 있는 영업장 특히 상점이나 백화점은 영업시간 중에는 주거의 자유의 보
호를 받지 못한다.[22]

또한 울타리로 둘러싸여 있기는 하지만 거주관계를 분명히 확인할 수 없는 밭, 정원, 목장
등과 같은 토지도 주거의 개념에 포함하여 주거의 자유에 의해 보호될 수 있느냐 하는 문제가
제기된다. 이에 대하여는 여러 가지 상황과 기준에 따라 찬·반의견이 주장되지만, 사적(私的)
영역과의 관련이 적기 때문에 재산권적 차원에서의 법적 보호 이상으로 주거의 자유를 인정하
는 데는 대체로 부정적이다.[23]

나. 주거의 자유의 보호법익

주거의 자유의 보호법익은 사생활이 전개되는 공간적 영역의 평온성과 완전성이다. 공간
적 영역의 평온성과 완전성에서 문제로 되는 것은 외부로부터의 출입금지와 자유 그리고 내적
주거생활의 평온성 두 가지를 상정하여 볼 수 있다. 원래 주거의 자유는 개인적 인신보호의 측
면에서 보호하는 기능을 하며, 가택평온(Hausfrieden)이라는 근대 이전의 법제도에 그 뿌리를
두고 있다. 가택평온이란 신분권 내지 복합적 권리로서 가택 내에 기거하는 모든 사람들, 즉 단
체를 보호하며 가택구역의 권리소유자에게 처분권을 부여해 주는 것을 말한다.[24] 이러한 역사
적 의미를 고려할 때 오늘날의 보호법익은 외부로부터 출입금지만이 아니라 국가권력에 대한
개인적·가족적인 고유영역의 보호(Einhegungsbsfugnis)라고 보아야 한다.

보호법익과 관련하여 주거의 외부적 자유와 주거의 내부적 자유를 구별할 필요가 있다. 먼
저 주거의 외부적 자유에서는 사적 평온구역 내지 가정의 자율영역이 문제된다. 이로부터 국가
에 대하여 다음과 같은 구체적 권리들이 나온다. 즉 자유로운 주거의 선택과 개인적 또는 연합
적 주거의 설립, 자신의 주거체류와 제3자의 체류를 포함하는 친족의 자유로운 주거체류, 체류
를 부여한 경우 이를 종결시킬 권리 그리고 국가기관의 물리적(korperlich) 진입이나 망원경에
의한 관찰 등 비물리적 진입에 대하여 주거를 폐쇄할 수 있는 권리 등이다. 주거의 자유의 이
러한 외부적 자유 보호는 인간적 실존의 중점으로서 또한 개인적 인격발현의 공간적 영역으로
서 주거의 내부적 이용을 위해 보호되는 것이다. 주거의 내부적 자유는 정신적인 내심의 자유
보다는 약화된 것이지만 그와 유사한 것으로서 무엇보다도 "조용히 있을 수 있는" 권리 내지

---

20) BVerfGE 32, 54[69ff]; 97, 228[265f].
21) 김철수(주 6); 권영성(주 6); 계희열(주 2).
22) 결국 주거의 자유의 주거로 인정받기 위한 일반적 요건인 사적영역성, 격리성, 안전성, 안식처성, 외부세계
    와의 단절성 등을 종합적으로 고려하여 판단하여야 한다고 본다.
23) 이러한 점이 헌법상의 주거의 자유와 형법상의 주거침입죄에 있어서 주거개념에 차이가 난다고 할 수 있다.
24) 우리 형법 판례도 가택에 대한 지배권 내지 주거권의 개념에서 간통목적의 주거진입자를 주거침입죄로 처
    벌할 수 있다고 하고 있다(대판 1958. 5. 23. 4291형상117).

안식처 및 은신처적 성격의 권리를 의미한다. 내부적 자유란 주거활동 공간 내에서의 행동의 자유, 내부이용의 자유를 의미한다고 할 수 있다.

다. 주거의 자유의 불가침성

제16조 제1문의 "주거의 자유를 침해받지 아니한다"라는 말은 주거 거주자의 의사에 반하는 침입이나 체류를 금지하는 것을 의미한다. 즉 위에서 설명한 주거의 자유의 주체에 의한 동의나 승낙이 없는 경우 누구도 주거에 들어가거나 머무르는 것을 금지한다는 말이다. 다만 제16조 제2문에 따라 검사의 신청에 의하여 법관이 발부한 영장을 제시하고 주거에 대한 압수나 수색을 할 수 있으며, 법적 근거가 있는 경우 주거의 자유는 제한될 수 있다.

여기서 승낙과 관련하여 우선 승낙의 권한을 가진 자는 주거의 자유의 주체 또는 그 대리인이다. 거주자의 승낙은 명시적인 것만이 아니라 추정적인 것도 포함된다. 가령 친지집 방문이나 상점에 손님이 들어가는 경우 등은 추정적 승낙이 있다고 보아야 한다. 거주자의 동의가 있었다고 하더라도 불법행위를 할 목적으로 들어간 경우에는 진정한 동의가 있었다고 볼 수 없기 때문에 이는 주거의 침입이 되고 형법상 주거침입죄(제319조)가 성립된다. 주거 거주자인 아동의 동의를 얻어 절도의 목적으로 침입한 경우에는 당연히 주거침입죄가 성립된다. 또한 대리시험을 치루기 위한 시험장출입도 마찬가지이다. 공동주거인 경우 주거의 자유 주체의 일부 동의를 받아 주거출입을 한 경우라도 다른 공동의 주거주체의 동의를 받지 않은 경우에는 다른 공동주거자의 주거자유 침해로 보아야 한다.

동의를 받은 경우에도 동의의 내용을 고려하여야 한다. 설령 출입을 허용하였다고 하더라도 몰래 카메라 등을 소지하여 주거 내부를 비밀리에 촬영하는 것은 주거의 자유 내지 사생활 침해로 보아야 한다.[25]

라. 침해형태

주거의 자유는 그 주체의 동의나 승낙 없이 직접 또는 기술적 보조수단을 통해 간접적으로 주거에 들어가거나 머무는 경우 침해된다. 특히 주거에 대한 압수나 수색은 국가권력에 의한 침해의 전형적인 예이다. 기술의 발달과 더불어 주거 내에 도청기를 설치하는 것, 음향탐지기나 망원경 그리고 적외선 카메라 등을 통해 엿듣고 들여다보는 감시행위 등도 주거의 자유의 침해나 혹은 사생활침해가 된다.[26] 다만 국가기관이 주거에 들어가지 않고 정보를 수집하는 것은 침해가 되지 않는다.

주거의 자유는 주거라는 장소와 거기에서 생활하는 사람이나 그곳에 존재하는 물건에 대한 보호를 의미하므로, 그 압수·수색시의 영장제도, 내부생활의 도청금지 등을 포함한다. 최

---

25) Michals Sachs(주 2), 2.
26) 국가기관이 주거에 들어가지 않고 정보를 수집하는 것은 침해가 되지 않는다는 견해(계희열(주 2))가 있으나 이는 사생활침해의 가능성이 높은 행위라고 보아야 하고, 행정조사와 주거의 자유(정확히는 사생활보호)와의 관계에 관한 법리가 적용되어야 한다.

근에는 전산망을 통한 컴퓨터통신 내지 인터넷을 통하여 타인의 사적 영역으로서의 컴퓨터공간에 들어가 불법적 행위를 하는 해킹(hacking) 등이 행해지는바, 이 역시 주거의 자유에 대한 침해로 보아야 한다는 견해가 있다.[27] 원하지 않는 스팸메일이나 팩시밀리전송, 광고지 투입 등도 사적 주거공간에서의 평온을 해치는 것이므로 주거의 자유에 대한 침해가 될 수 있다고 본다.

행정목적으로 신고수입의 적정성이나 위생사항의 검사 등을 위하여 주거에 진입할 수 있느냐 하는 문제가 있다. 이는 결국 기본권의 제한 문제이다. 법률에 규정이 있으면 가능하다고 하여야 한다. 이 경우에도 비례의 원칙은 지켜져야만 한다. 그리고 영장대체물 즉 공무원신분증 등의 제시는 필요하다고 해석하여야 한다.

4. 주거의 자유의 효력

주거의 자유는 우선 주관적 권리로서 대국가적 효력을 갖는다. 즉 주거의 자유는 국가권력이 주거에 대해 어떤 형태로든지 간섭하거나 영향력을 행사하거나 또는 침해하는 데 대한 방어권으로서 대국가적 효력을 갖는다.

또한 주거의 자유는 전체 법질서의 객관적 요소로서 사인(私人)에 대하여도 효력을 갖는다. 즉 주거의 자유규정은 사인상호간의 관계에서도 직접 또는 간접으로 적용되며 사인을 구속한다. 주거의 자유는 민법이나 형법 등 법률로써 이미 충분히 보호되기 때문에 주거의 자유의 대사인적 효력이 불필요하다는 견해도 있으나, 이를 인정하는 것이 일반적이다.

주거의 자유의 경우 대체로 간접적용을 주장하나 주거의 자유를 직접 또는 간접적용 하느냐의 문제는 구체적 상황에 따라 그때그때 주거의 자유의 임무와 기능을 고려하여 헌법질서의 테두리 내에서 판단할 문제이지 획일적으로 정할 수 없는 문제이다.

주거의 자유는 또한 국가의 기본권보장의무상 방사효를 가져서 사인에 의한 주거의 침해에 대하여 국가가 이를 보호할 의무를 부담한다고 보아야 한다.

5. 주거에 대한 압수나 수색과 영장주의

주거는 침해되어서는 안 될 인간의 기초적 생활공간이기는 하지만 주거가 범인이나 범죄와 관련된 물건의 은닉장소로 이용될 수 있기 때문에 이런 경우 주거의 자유에 대한 제한은 불가피하다. 즉 위법행위를 방해받지 않고 계속 행하기 위하여 주거의 불가침을 주장할 수는 없다. 이를 이유로 주거에 대한 압수나 수색은 국가권력에 의해 주거의 자유를 제약하는 전형적인 예가 되어 왔다. 이러한 현실을 감안하여 우리 헌법은 주거에 대한 압수나 수색의 남용을 막고 주거의 자유를 보다 강하게 보호하기 위해 주거에 대한 압수나 수색의 경우 검사의 신청에 의하여 법관이 발부한 영장을 제시하도록 하고 있다(제16조 제2문). 즉 주거에 대한 압수나

---

27) 강경근, 헌법, 법문사, 2002, 503.

수색을 법관유보(Richtervorbehalt) 하에 두고 있다.[28] 다만 이 경우에도 사실상 수색이 행하여지기 전에 법적 행위로 수색을 위한 주거출입 허용을 요청하는 것이 필요하다.

가. 영장제도와 그 예외

주거에 대한 압수나 수색을 하기 위하여는 정당한 이유와 적법절차에 의해 발부된 영장이 필요하다. '압수'란 강제적으로 물건의 점유를 취득하는 것을 말하고 '수색'이란 목적물을 발견하기 위하여 일정한 장소에서 행하는 각종의 처분을 하는 것을 말한다.[29] 그리고 영장을 요청하기 위하여서는 우선 정당한 이유란 범죄혐의가 있어야 하고 이를 수사해야 할 객관적 필요성이 있어야 한다. 다음으로 영장은 법관이 발부한 것이어야 하고, 영장에는 압수할 물건과 수색할 장소 등이 명시되어야 하며(형소법 제114조 제1항) 그 대상을 포괄적으로 기재하는 일반영장(general warrant)은 금지된다.[30]

다만 형사소송법 제216조 제1항에 의하여 긴급체포나 현행범인을 체포할 때에는 합리적인 범위 내에서 영장 없이 주거에 대한 압수나 수색을 할 수 있다. 사후영장을 받아야 한다. 다만 이 경우 주거 내에서 도박 등이 행하여지고 있는 등 현행범이라고 하더라도 '긴급을 요하여 법원판사의 영장을 받을 수 없는 때'의 요건을 결여하고 있는 경우에는 영장없이 주거에 진입할 수 없다고 해석하여야 한다.[31]

구속영장을 집행하거나 긴급체포를 하는 경우에 피구속자가 그 당시 현존하는 장소의 수색에는 영장이 필요없다.[32] 그리고 헌법 제77조 제3항에 의거하여 비상계엄의 경우에는 영장제도가 배제될 수 있다.

민사집행법 제5조의 규정에 의한 민사강제집행을 위한 수색의 경우에는 영장이 필요없다고 보아야 한다.[33] 왜냐하면 이 경우는 형사절차가 아니라 검찰의 영장청구가 불가능하고 집행문부여 단계에서 판사가 이미 민사상 수색의 필요성에 대하여 심사하였다고 볼 수 있기 때문에 헌법 제37조 제2항에 의하여 정당화된다고 볼 수 있다.

나. 행정상의 절차와 영장제도

주거에 대한 영장주의가 형사절차에만이 아니라 행정상의 즉시강제나 행정조사와 같은 행정절차에도 적용되는가의 문제가 제기된다.

행정상 즉시강제란 목전의 급박한 행정적 장애를 제거하여야 할 필요성이 있는 경우에 미리 의무를 명할 시간적 여유가 없거나 그 성질상 의무를 명하여서는 목적을 달성할 수 없는 때

---

28) 법관유보라는 용어가 잘못 사용되었고 가중된 법률유보라고 보아야 한다는 견해가 있다.

29) 김철수(주 6), 722.

30) 김철수(주 6); 계희열(주 2).

31) 일본 판례는 이와 반대로 세무목적(밀주단속)으로 실제 밀주가 행하여지고 있는 현장은 현행범의 법리에 의하여 영장없이 출입할 수 있다고 한다.

32) 다만 영장에 기재되지 않은 장소에 구속목적으로 출입할 수 있는지는 다툼이 있을 수 있다.

33) 민사집행법 제5조 제1항 "집행관은 집행을 하기 위하여 필요한 경우에는 채무자의 주거창고 그 밖의 장소를 수색하고 잠근 문과 기구를 여는 등 적절한 조치를 할 수 있다."

에 직접 국민의 신체 또는 재산에 실력을 가하여 행정상 필요한 상태를 실현하는 행정작용을
말한다.

　　행정상 즉시강제는 때로는 위생검사를 위한 가택에의 침입 등과 같이 주거에 대한 침해를
가져오기도 한다. 그리하여 이러한 행정상 즉시강제의 경우에도 헌법이 요구하는 법관의 영장
을 요할 것인지에 대하여 학설은 영장필요설, 영장불요설, 절충설로 나누어져 있다. 생각건대
첫째, 영장을 요구하는 헌법규정들은 연역상 형사법상의 원칙에서 연유하고 있다는 점, 둘째,
헌법상 사후영장에 의할 수 있는 예외가 즉시강제에는 거의 적용될 여지가 없다는 점, 셋째, 행
정경찰은 물론이요, 보안경찰의 경우에도 미리 업무상 특별감독관계가 성립되어 있는 일이 많
은 점, 넷째, 모든 즉시강제에 영장주의를 관철함은 결국 즉시강제를 부정하는 것이 된다는 점,
다섯째, 현행의 즉시강제수단 중에는 강제수단이라기보다는 보호수단으로 볼 수 있는 것이 있
다는 점에서 볼 때 원칙적으로 영장을 필요로 하지 않는다고 보아야 한다. 다만, 조치가 경찰상
즉시강제와 형사책임 추급의 두 가지 목적으로 행사되는 경우에는 형사책임 추급 쪽에서 형사
사법권의 발동이므로 영장을 요한다고 해석하여야 한다. 결국 절충설이 타당하다. 하지만 주거
의 자유를 최대한 보장하기 위하여 대상적(代償的) 조치로서 영장주의의 취지와 기능적으로 유
사하게 각 행정법규에서는 증표의 제시를 요하게 하거나, 지체 없이 소속 상관에 대하여 사후
보고를 하게 하거나, 본인의 사전 동의를 요하게 하거나, 강제조치 후에 일정한 증명서의 발급
을 요하도록 하거나, 혹은 강제조치를 남용한 공무원의 형사책임을 실정법규정들은 규정하고
있다.34) 이 경우에도 비례의 원칙 등 기본권제한의 일반법리는 지켜져야 한다.

　　헌법재판소도 행정상 즉시강제는 그 본질상 급박성을 요건으로 하고 있어 법관의 영장을
기다려서는 그 목적을 달성할 수 없다고 할 것이므로, 원칙적으로 영장주의가 적용되지 않는다
고 하면서 급박한 상황에 대처하기 위한 것으로서 그 불가피성과 정당성이 충분히 인정되는 경
우에는 영장 없는 불법게임물의 수거를 인정한다고 하더라도 이를 두고 헌법상 영장주의에 위
배되는 것으로는 볼 수 없다고 보았다.35)

　　최근에 행정상 즉시강제와는 구별되는 행정조사라는 관념이 행정법 학계에서 일반적으로
소개되고 있다. 행정조사란 행정기관이 행정작용을 적정하고 효과적으로 실행하기 위하여 필요
로 하는 자료나 정보 등을 수집하기 위한 조사활동을 의미한다. 예를 들면 적정한 과세행정을
위한 영업소 등에의 세무조사나 토지수용사업을 위한 출입조사, 식품위생업의 실태 파악을 위
한 출입이나 질문을 들 수 있다. 이러한 행정조사를 위하여 주거출입을 할 경우에 영장이 필요
한지 여부에 대하여 학설은 나뉘어져 있다.36) 하지만 이 경우에도 앞에서 설명한 행정상 즉시
강제에 준하여 원칙적으로 영장이 필요없고, 다만 형사절차와 연결될 경우에만 영장이 필요하

---

　34) 박윤흔, 행정법강의(상), 박영사, 2001.
　35) 헌재 2002. 10. 31. 2000헌가12. 불법게임물의 수거·폐기에 대한 무효확인소송(예비적으로 취소소송)에서의
　　　위헌심판제청사건 참조.
　36) 박윤흔(주 34).

다고 해석하는 것이 타당하다고 본다. 그리고 행정조사도 헌법 제37조 제2항에 의한 기본권제한이므로 당연히 기본권제한에 대한 일반원칙이 지켜져야만 한다. 적법절차의 원칙이나 비례의 원칙이 지켜져야 함은 당연하다. 따라서 관련 법률도 비례의 원칙상 야간이 아닌 주간시간에 일정한 시간 내에 행하도록 하고 또 적법절차의 원칙상 증표의 소지나 제시 등을 요구하고 있다.

6. 주거의 자유에 대한 제한과 한계

다른 모든 기본권과 마찬가지로 주거의 자유도 절대적으로 보장되지 않는다. 주거의 자유도 타인의 권리보호, 도덕률이나 헌법질서 등 내재적 한계가 문제가 될 수도 있지만,[37] 제37조 제2항에 따른 법률에 의한 제한이 있다.

주거의 자유는 주로 제37조 제2항에 따라 국가안전보장·질서유지 또는 공공복리를 위하여 필요한 경우 법률에 의해 제한된다. 주거의 자유를 제한하는 법률로는 형사소송법(제106조 이하, 제216조), 경찰관직무집행법(제7조),[38] 소방시설 설치·유지 및 안전관리에 관한 법률(제4조),[39] 감염병의 예방 및 관리에 관한 법률(제42조),[40] 국제징수법(제26조),[41] 우편법(제5조),[42] 근로기준법(제102조), 마약류관리에 관한 법률(제41조), 관세법(제296조) 등 많은 법이 있다.

이러한 법률들이 주거의 자유를 제한하는 경우에도 법률이 규정한 목적의 달성을 위해 필요한 최소한에 그쳐야 하고, 주거의 자유의 본질적 내용이 침해되어서는 아니 된다. 주거의 자유라는 보호법익과 제한의 법익은 규범조화적 해석에 따라 최적화되어 모순되는 법익이 동시

---

37) 권영성(주 6).
38) 경찰관직무집행법 제7조(위험방지를 위한 출입) ① 경찰관은 제5조 제1항·제2항 및 제6조 제1항에 규정한 위험한 사태가 발생하여 인명·신체 또는 재산에 대한 위해가 절박한 때에 그 위해를 방지하거나 피해자를 구조하기 위하여 부득이 하다고 인정할 때에는 합리적으로 판단하여 필요한 한도 내에서 타인의 토지·건물 또는 선차내에 출입할 수 있다.
39) 소방시설 설치·유지 및 안전관리에 관한 법률 제4조(소방특별조사) ① 소방방재청장, 소방본부장 또는 소방서장은 관할구역에 있는 소방대상물, 관계 지역 또는 관계인에 대하여 소방시설등이 이 법 또는 소방 관계법령에 적합하게 설치·유지·관리되고 있는지, 소방대상물에 화재, 재난·재해 등의 발생 위험이 있는지 등을 확인하기 위하여 관계공무원으로 하여금 소방안전관리에 관한 특별조사를 하게 할 수 있다. 다만, 개인의 주거에 대하여는 관계인의 승낙이 있거나 화재발생의 우려가 뚜렷하여 긴급한 필요가 있을 때에 한정한다.
40) 감염병의 예방 및 관리에 관한 법률 제42조(감염병에 관한 강제처분) ① 보건복지부장관, 시·도지사 또는 시장·군수·구청장은 해당 공무원으로 하여금 다음 각 호의 어느 하나에 해당하는 감염병환자등이 있다고 인정되는 주거시설, 선박·항공기·열차 등 운송수단 또는 그 밖의 장소에 들어가 필요한 조사나 진찰을 하게 할 수 있으며, 그 진찰 결과 감염병환자등으로 인정될 때에는 동행하여 치료받게 하거나 입원시킬 수 있다.
41) 국제징수법 제26조(수색의 권한과 방법) ① 세무공무원은 재산을 압류하기 위하여 필요한 때에는 체납자의 가옥·선박·창고 기타의 장소를 수색하거나 폐쇄된 문·금고 또는 기구를 열게 하거나 또는 열 수 있다. 체납자의 재산을 점유하는 제3자가 재산의 인도를 거부한 때에도 또한 같다.
42) 우편법 제5조(운송원등의 통행권) ① 우편업무 집행중의 우편운송원, 우편집배원과 우편전용비행기·차량·선박등은 도로의 장애로 말미암아 통행이 곤란할 경우에는 담장 또는 울타리 없는 택지, 전답 기타의 장소를 통행할 수 있다. 이 경우에 있어서 우편관서는 피해자의 청구에 의하여 손실을 보상하여야 한다.

에 최대한으로 보호되도록 하고, 제한의 법익과 보호의 법익이 동시에 최적의 실효성을 나타낼 수 있도록 하여야 한다. 여기에는 필연적으로 양 법익이 동시에 최대한으로 실현될 수 있도록 비례적인 조정이 필요하게 된다.

주거의 제한에는 항상 영장이 있어야 한다는 견해도 있으나 이는 타당하지 않다고 본다. 영장은 압수나 수색의 경우에만 필요하고 단순히 관찰이나 확인의 경우에는 필요하지 않다고 해석하여야 한다.[43] 따라서 위생점검이나 세법상의 소득파악 목적으로 내방객수의 확인을 위하여 영업소를 출입하는 것에는 영장이 필요하지 않다고 본다.[44]

주거부동산에 대한 명도 강제집행과 주거의 자유보장이 문제로 된다. 이는 소위 기본권의 충돌문제로서 사인의 재산권보장과 주거의 자유가 충돌하는 경우이다. 규범조화적인 방법으로 해결하여야 할 것이나, 이익형량에 의할 수밖에 없는 경우에도 비례의 원칙을 준수하도록 하여야 한다. 권한없는 점유라 할지라도 이미 사회적으로 주거의 개념을 형성하였다고 보면 법원의 결정 없이는 퇴거를 구할 수 없다고 하여야 한다. 명도청구에는 당연히 퇴거 청구가 포함되었다고 보아야 하나, 임차권이나 점유에 대한 독립의 권원이 없더라도 주거의 평온상태가 이미 완성하여 주거를 사실상 행하고 있다면 이 사람에 대하여 퇴거청구를 하여 채무명의와 집행권원을 법원으로부터 확인받지 않으면 강제집행으로 퇴거를 실행할 수 없다고 보아야 한다. 특히 정식재판이 아닌 가처분결정으로 명도나 퇴거를 결정하는 것은 주거의 자유 보호를 위하여 상당히 신중을 기하여야 한다. 가처분 결정에 있어서 설령 피보전권리가 인정된다고 하더라고 보전의 필요성을 인정하는데 비례의 원칙을 적용하여 신중한 판단을 하여야 한다.

구 도시재개발법 제22조 제2항 본문은 토지 등의 소유자 또는 조합이 제1항의 규정에 의하여 시행인가를 신청할 때에는 재개발구역 안의 토지면적의 3분의 2 이상의 토지소유자의 동의와 토지소유자 총수 및 건축물소유자 총수의 각 3분의 2 이상에 해당하는 자의 동의를 얻어 도시재개발을 할 수 있고 이 경우에는 조합에 토지매수청구권이 주어져 매수의사의 표시로 도시재개발에 반대하는 주거권자의 주거를 매수할 수 있도록 규정되는바 이 규정이 주거의 자유 침해가 아닌가 하는 점이 문제된다.[45] 이 점은 결국 입법자의 형성의 자유가 크게 작용하는 영역으로 여러 가지 상황을 판단하여 도시재개발이란 공공의 이익과 반대자의 주거자체의 재산권을 고려하여 입법으로 결정할 수 있다고 보아야 한다. 다만 재개발이 단순한 재산권의 문제만이 아니고 주거의 자유와 관련이 되므로 수용이 아닌 조합방식의 자체 재개발결정인 경우에 지나치게 완화된 재개발 동의 요건을 인정하는 것은 주거의 자유 침해라고 보아야 할 것이다.

---

43) 예컨대, 독일의 설명에 의하면 식품업소에 냉장고가 존재하는지 여부를 살펴보는 것은 압수나 수색이 아니기 때문에 영장을 필요로 하지 않지만 냉장고 속의 식품을 검사하는 것은 수색에 해당한다고 한다(Michals Sachs, 방승주 역(주 2) 참조).

44) 예컨대, 독일의 판례에 의하면 영업감시에는 영장이 필요없다고 한다.

45) 헌재 1998. 10. 29. 98헌마139, 공보 30, 817에서 헌법소원청구인이 이러한 주장을 하였으나 이 사건은 재개발결정의 행정처분을 대상으로 행정소송을 하여야 한다고 하며 직접성의 요건을 갖추지 못하였다고 각하처분을 하였을 뿐 주거의 자유권을 침해하는지 여부에 대하여서는 판단하지 아니하였다.

'집합건물의 소유 및 관리에 관한 법률'에서 재건축불참자의 매도청구권을 인정하는 조항이[46] 거주이전의 자유·주거의 자유를 침해하는지 여부가 문제로 된다. 여기에 대하여 헌법재판소는 이 조항으로 인하여 집합건물 거주자가 그 의사에 관계없이 거주를 이전하게 되므로 이는 행복추구권·거주이전의 자유·주거의 자유에 영향을 미치게 됨을 인정하면서도 공공복리에 의한 합리적 제한이라며 합헌으로 선언하고 있다.[47]

VI. 개정의 필요성에 대한 검토

주거의 자유에 관한 조문은 사생활의 비밀과 자유가 헌법에 명시적으로 규정되는 경우에는 그 한 부분항으로 도입되면 체계적합적이고 논리적 이해에도 도움이 된다. 이를 별개로 규정하는 경우에는 혼란만 초래한다고 본다. 따라서 같은 조문에서 규정하는 것이 바람직하다.

주거권을 주거의 자유와 함께 규정하는 것도 자유권과 사회권을 함께 규정하는 것으로 타당하지 않으므로 이를 별개의 조문으로 하여야 한다고 본다.

VII. 관련문헌

1. 단행본

강경근, 헌법, 법문사, 2002.
권영성, 헌법학원론, 법문사, 2008.
권형준, 요해헌법, 법원사, 1996.
계희열, 헌법학(중), 박영사, 2000.
김철수, 헌법학개론, 박영사, 2007.
_____, 판례 헌법, 법문사, 1988.

---

46) 제48조(구분소유권 등의 매도청구 등) ④ 제2항의 기간이 경과한 때에는 재건축의 결의에 찬성한 각 구분소유자, 재건축의 결의내용에 따른 재건축에 참가할 뜻을 회답한 각 구분소유자(그의 승계인을 포함한다) 또는 이들 전원의 합의에 의하여 구분소유권 및 대지사용권을 매수하도록 지정된 자(이하 "매수지정자"라 한다)는 제2항의 기간만료일로부터 2월 이내에 재건축에 참가하지 아니하는 뜻을 회답한 구분소유자(그의 승계인을 포함한다)에 대하여 구분소유권 및 대지사용권을 시가에 따라 매도할 것을 청구할 수 있다. 재건축의 결의가 있은 후에 이 구분소유자로부터 대지사용권만을 취득한 자의 대지사용권에 대하여도 같다.

47) 거주이전의 자유·주거의 자유를 침해한다고 주장하고 있는바, 이 사건 법률조항으로 인하여 청구인들은 그 의사에 관계없이 거주를 이전하게 되고, 이는 청구인들의 행복추구권·거주이전의 자유·주거의 자유에 영향을 미치게 됨은 분명하다고 할 것이다. 그러나 행복추구권·거주이전의 자유·주거의 자유 역시 무제한의 자유는 아니어서 공공복리 등을 위하여 필요한 경우에는 법률로써 제한할 수 있다(헌법 제37조 제2항). 위에서 본 바와 같이 재건축에 반대하는 구분소유자들의 구분소유권 및 대지사용권에 대한 이 사건 법률조항의 제한에는 합리적인 이유가 있다고 인정되므로 이 사건 법률조항이 청구인들의 행복추구권·거주이전의 자유 및 주거의 자유의 본질적인 내용을 침해한다거나 과도하게 제한하고 있다고 할 수 없다(헌재 1999. 9. 16. 97헌바73등).

문홍주, 한국헌법, 해암사, 1975.

_____, 미국헌법과 기본적 인권, 예풍출판사, 2002.

성낙인, 헌법학, 법문사, 2013.

양 건, 헌법강의, 법문사, 2013.

양영태·원희룡, 주관식헌법, 정문사, 1995.

이준일, 헌법학강의, 홍문사, 2005.

이재상, 전정판 형사소송법, 박영사, 1993.

전광석, 한국헌법론, 법문사, 2006.

한태연, 헌법학, 법문사, 1979.

허 영, 한국헌법론, 박영사, 2013.

홍성방, 헌법학, 현암사, 2002.

2. 논 문

이강혁, "주거의 자유와 영장주의," 고시계, 1988년 2월호.

채한태, "주거의 자유와 사생활비밀의 자유," 고시연구, 2002년 1월호.

허 염, "주거의 자유," 고시계, 1984년 6월호.

3. 판 례

(1) 대법원 1992. 9. 25. 92도1520.

(2) 대법원 1962. 6. 21. 62아3, 통행로확인, 민사판례집 Ⅲ(상), 413 이하.

(3) 대법원 1967. 12. 19. 67도1281.

(4) 헌재 1999. 9. 16. 97헌바73등 병합.

(5) 헌재 2004. 6. 24. 2003헌바53.

4. 기타 외국문헌

Dolzer Rudolf, Bonner zum Grundgesetz, Bd. 3, Art. 13, 1995.

Dreier Horst, Grundgesetz Kommentar, Bd. 1, Art. 13, 1996.

Dürig Maunz, Grundgesetz Kommentar, Bd. 2, Art. 13, 1995.

Gentz Manfred, Die Unverletzlichkeit der Wohnung, 1968.

Glaeser Schmitt, Schutz der Privatsphäre, Handbuch des Staatsrechts Bd. 6, SS. 68ff.

Hesse Konrad, Grundzuge des Verfassungsrtechts der Bundesrepublik Deutschland, 20 Aufl., 1995. S. 165-166.

Pieroth Bodo/Bernhard Schlink, Grundrechte, Staatsrecht Bd. 2, § 22.

Rohlf Dietwalt, Der grundrechtliche Schutz der Privatsphore, 1980.

Sachs Michael, Grundgesetz Kommentar, Art. 13, 1996.

Sachs Michael, Grundrechte, Verfassungsrecht Ⅱ, 2000.

헌법 제17조

[이 성 환]

第17條

모든 國民은 私生活의 秘密과 自由를 침해받지 아니한다.

I. 사생활의 비밀과 자유의 의의

헌법 제17조는 "모든 국민은 사생활의 비밀과 자유를 침해받지 아니한다"라고 규정하여, 사생활의 비밀과 자유의 불가침을 규정하고 있다.

인간은 개인으로서의 존엄과 가치를 가지고 타인과 구별되는 고유한 삶을 살아가면서 동시에 사회적 동물로서 타인과 관계하며 생활한다. 인간이 타인과 관계하며 공동체 구성원으로서의 생활하는 영역에 대하여는 공동체가 공동체 전체의 공공복리를 위하여 개인의 생활과 삶에 관여할 필요가 있다. 하지만 다른 한편 개인은 타인과 구별되는 유일무이한 존재로서 자신의 인격의 반영으로서 자신만의 고유한 생활을 영위한다. 전자를 공적 생활 그리고 후자를 사적 생활이라고 나눈다면 이들 양자에 대한 법적인 규율도 달라질 수밖에 없다.[1] 사적 생활영역에서는 개인의 고유한 가치와 판단을 존중하여 공동체로서 국가는 이를 간섭하지 아니하고 그 독자성과 개별성을 보장할 필요가 있다.

근대 이전에는 기술의 미발달로 인하여 개인의 고유한 삶을 국가가 관여한다는 것이 기술적으로 불가능하였다. 근대 중앙집권주의 관료사회에 와서 비로소 개인의 생활은 국가에 의하여 통제되고 관리되기에 이르렀고 국민의 생활 대부분이 국가의 통제 하에 놓이게 되었다. 특히 정보화사회가 진행되면서 국민의 모든 정보가 국가에 의하여 수집, 정리, 저장되면서 개별 국민의 자기만의 개성 다시 말하여 유일무이한 존재로서 독자적인 삶은 심각하게 침해받기에 이르렀다.

하지만 고유한 독자적 가치를 가진 인간은 자신의 인생관과 가치관에 의하여 타인과 구별되는 자기만의 삶을 영위할 수 있어야만 진정으로 인격체로서의 존엄성을 의식할 수 있다. 개인이 독자적 삶을 영위할 수 있다는 것은 타인과 공동체에 비치는 자신의 모습을 원칙적으로 스스로 조절할 수 있다는 것을 의미한다. 따라서 최소한 진정한 자신의 모습과 다른 사람과는 다른 자신의 모습을 공개당하지 않는 것은 물론 타인에게 공개하고 싶지 않은 자신의 모습도 비밀로 할 수 있어야 한다.

우리 헌법 제17조도 사생활의 비밀과 자유를 헌법에 명문으로 규정하여 헌법 제10조가 보장하는 인간의 존엄과 가치를 사적 영역에서 보장하고 있다고 할 수 있다.

II. 사생활의 비밀과 자유의 연혁

사생활의 비밀과 자유의 불가침은 헌법에서 기본권으로 인정되기 이전에도 사인간의 법률

---

[1] 물론 사적 생활과 공적 생활의 구별은 쉽지 아니하고 사실상 불가능하다고 생각할 수도 있다. 왜냐하면 인간의 삶에 있어서 완전히 타인이나 공동체로부터 격절된 사적인 생활이 존재하는지는 대단히 의문이다. 하지만 양자의 구별을 사유의 편의를 위한 방편개념으로 이해하는 것도 의미가 있다고 할 수 있다.

관계에서 인격권의 법리에 의하여 규율되었으며 불법행위이론에 의하여 손해배상 등이 인정되었다.

특히 미국에서 1890년 워렌과 브랜다이즈가 프라이버시에 관한 논문을 발표한 이래로 사생활의 비밀과 자유를 독립한 권리로 인정하기 시작하였고, 독일에서는 일반적 인격권의 일환으로 학설상 인정하게 되었다. 특히 정보화사회의 진행과 함께 1974년의 미국에서 프라이버시법(Privacy Act), 1979년의 독일에서 연방정보보호법(Datenschutzgesetz) 등과 같은 특별법의 제정에 의하여 보호받기 시작하였다.

1976년 3월 23일에 발효한 국제연합의 시민적·정치적 권리에 관한 국제연합인권규약과 스페인헌법·터키헌법·포르투갈헌법 등에서도 이를 보장하고 있다.

정보화사회에 있어서는 개인에 관한 정보가 광범하게 수집되고 분류·정리되어 사용된다. 개인은 국가의 전체적인 감시 하에 놓이게 되어 자신의 주체성을 보장받지 못하고 국가에 의하여 관리대상으로 된다. 이러한 상황에서 개인이 타인에게 알려지기를 원하지 않는 자기만의 고유한 사적 정보도 공개되어 개인은 자신의 삶을 주체적으로 영위할 수 없게 되고 개인의 존엄성은 크게 훼손되게 된다. 자신의 사적 사항을 스스로 통제하지 못하고 언제나 타인을 의식하여 행동하여야 한다는 것은 인간을 이성적인 존재로서만 활동하게 하여 인간을 억압하는 것이다. 타인을 의식하도록 존재 지워진 공적 생활에서는 자신을 억압하고 공동체의 공공복리를 위하여 행동하는 것이 타당하다고 하겠으나, 개인적 결정에 맡겨도 될 영역에 대하여서는 전체적 공동체 생활에 큰 지장이 없다면 이를 개인의 비밀과 자유에 유보하도록 하는 것이 인간을 전체적으로 파악한 것으로 진정한 인간의 존엄과 가치를 보장하는 것이라고 할 수 있다. 그리하여 우리나라에서도 1987년 제6공화국 헌법에서 사생활의 비밀과 자유를 헌법의 기본권으로 처음으로 명문화하게 되었다.

Ⅲ. 사생활의 비밀과 자유의 개념

1. 사생활의 비밀과 자유의 불가침

헌법 제17조의 사생활의 비밀과 자유의 불가침은 사생활의 내용을 의사에 반하여 공개당하지 아니할 권리, 사생활의 자유로운 형성과 전개를 방해받지 아니할 권리를 포함하는 개념이다. 그리고 정보화 사회에 있어서는 개인이 자신에 관한 정보를 스스로 관리·통제할 수 있는 권리 등도 그 내용으로 하는 권리이다.[2]

---

2) 헌법재판소는 '사생활의 자유'란 시민공동체의 일반적인 생활규범의 범위 내에서 사생활을 자유롭게 형성해 나가고 그 설계 및 내용에 대해서 외부로부터의 간섭을 받지 아니할 권리이며 사생활과 관련된 사사로운 자신만의 영역이 본인의 의사에 반해서 타인에게 알려지지 않도록 할 수 있는 권리인 '사생활의 비밀'과 함께 헌법상 보장되는 것이라고 설명하고 있다(헌재 2003. 10. 30. 2002헌마518).

2. 협의의 인간의 존엄과 가치와의 관계

협의의 인간의 존엄과 가치 즉 인격권은 유일무이한 인격체로서 개인이 가지는 존엄한 가치를 말하는 것으로 개인의 주체성을 식별할 수 있는 인격적 징표, 즉 생명·신체·명예·성적 취향·성명·초상·생활스타일 등을 스스로 선택하고 이를 향유할 수 있는 권리를 말한다. 이는 현행 헌법상 제10조의 인간의 존엄성 조항에서 보장된다는 견해와 제17조의 사생활의 비밀과 자유에서 보장된다는 견해, 제37조 제1항의 헌법에 열거되지 아니한 자유와 권리의 존중조항 등에서 보장된다는 견해가 있다. 하지만 협의의 인간의 존엄과 가치는 사생활의 비밀과 자유에서 대부분 보장되고 개인을 식별할 수 있는 요소는 사생활이 아니고 공적 생활에도 연관되므로 헌법 제10조에서 보장된다는 것이 논리적으로는 타당하다.[3]

3. 프라이버시(privacy)권과의 관계

프라이버시(privacy)권에 관하여는 그 의미를 해석하는데 여러 가지 견해가 있다. 일부 견해는 사생활의 평온을 침해받지 아니하고 사생활의 비밀을 함부로 공개당하지 아니할 권리로 이해하여 헌법 제17조보다 좁은 것으로 본다. 하지만 이를 넓게 인정하는 견해는 이러한 협의의 개념에다 개인의 자기정보에 대한 정보를 관리·통제할 수 있는 권리를 포함하는 것으로 이해하여 헌법 제17조와 동일한 것으로 본다. 하지만 미국에서 논의되는 프라이버시권은 헌법 제17조보다 더욱 넓은 개념으로 사생활의 비밀과 자유뿐만 아니라 주거의 불가침과 통신의 불가침 등도 포괄하는 개념으로 이해하는 것으로 볼 수 있다.

Ⅳ. 사생활의 비밀과 자유의 법적 성격

1. 보호법익

사생활의 비밀과 자유의 보장은 인격적 존재로서의 인간의 존엄성과 가치이다. 자신이 원하지 아니하는 사생활의 영역에 속하는 사항의 비밀을 보호하고 나아가 적극적으로는 개인이 원하는 사생활을 영위하게 하는 것이다. 또한 자신의 개인적 징표를 의사에 반하여 함부로 공개하지 못하게 하는 것이다. 개인의 자유로운 삶을 방해하는 불필요한 간섭을 배제하고 유일무이한 인격체로서의 개인의 인격적 징표를 타인이나 공동체의 수단으로 사용함으로 인한 인간에 대한 평가의 훼손이나 존엄성 침해를 방지하려는 것이다.[4]

---

3) 물론 이와 같은 견해에 의하면 성명권이나 초상권 등은 헌법 제10조에서 논의되어야 할 것이지만 논의의 편의를 위하여 본고에서는 이를 사생활의 비밀과 자유에서 논의한다. 이미 설명한 바와 같이 공적 생활과 사생활의 차이가 상대적이라는 견해에 의하면 이러한 개인적 식별요소를 헌법 제17조에서 논의하는 것도 잘못된 것만은 아니라고 생각한다.

4) 헌법재판소는 사생활의 비밀과 자유가 보호하는 것은 개인의 내밀한 비밀의 내용을 유지할 권리, 개인이

2. 법적 성격

사생활의 비밀과 자유는 개인의 사적 영역에 대하여 국가의 간섭을 받지 않고 자유를 지키려는 것이므로 주관적 공권의 일종으로서 방어권적 성격을 지닌다. 그리고 기본권의 이중적 성격에 의하여 제도로서 국가의 법질서적 측면을 가진다. 국가는 기본권보호의무로 인하여 사생활의 비밀을 침해하는 사인에 대하여 기본권 주체의 사생활의 비밀과 자유를 보호하여야 할 헌법상 의무를 지닌다.

물론 사생활의 비밀과 자유에 자기정보결정권을 포함한다면 이는 국가에 대하여 적극적인 조치를 요구할 수 있는 절차적 청구권적 성격도 지닌다고 하여야 한다. 이러한 측면에서는 복합적인 기본권이라고 할 수 있으나, 사생활의 비밀과 자유의 핵심적 부분은 자유권적 측면임을 부인할 수 없다.

V. 사생활의 비밀과 자유의 주체

사생활의 비밀과 자유는 감정을 소유하고 정신적 고통을 느낄 수 있는 인간의 권리를 의미하므로, 내·외국인을 불문하고 모든 인간이 누릴 수 있다. 그것은 인간의 존엄성 존중을 궁극의 목표로 하고 인격적 가치가 훼손됨으로써 정신적 고통을 받는 경우에, 이를 구제하려는 것을 법익으로 하는 까닭에, 원칙적으로 생존하고 있는 자연인만이 누릴 수 있고 죽은 사람은 그 주체가 될 수 없다.[5] 죽은 사람에게는 정신적 고통을 가할 수 없고, 그 권리는 사망과 더불어 소멸한다고 보기 때문이다. 사생활의 비밀과 자유는 인간의 존엄성존중과 인간의 인격적 가치를 보호하려는 것이므로, 법인이나 단체 등은 원칙적으로 그 주체가 될 수 없다. 다만 법인 등도 명예의 주체가 될 수 있으므로 그 명예가 훼손되거나 명칭·상호 등이 타인에 의하여 영리의 목적으로 이용당하는 경우에는 권리의 침해가 성립될 수 있다.

VI. 사생활의 비밀과 자유의 내용

1. 사생활의 비밀 보호

사생활의 비밀은 사생활을 공개당하지 아니할 권리로서 사사로운 자기만의 영역이 본인의 의사에 반하여 타인에게 알려지지 않을 권리로서 개인이 공개하고 싶지 않은 사항을 공개하거

자신의 사생활의 불가침을 보장받을 수 있는 권리, 개인의 양심영역이나 심적 영역과 같은 내밀한 영역에 대한 보호, 인격적인 감정세계의 존중의 권리와 개인적인 내면생활이 침해받지 아니할 권리 등이라고 설명하고 있다(헌재 2001. 8. 30. 99헌바92 등).

5) 개인정보 보호법 제2조 제1호는 개인정보를 살아있는 개인에 관한 정보로 국한하고 있다.

나 명예나 평판을 훼손하는 공개 개인만의 고유한 인격적 징표의 타인에 의한 이용 등을 의미한다.

가. 공개를 원하지 않는 사항의 불가침

본인이 비밀로 하거나 공개를 원하지 아니하는 사적 사항을 공개하는 것은 허용되지 아니한다. 개인이 비밀로 선언하였거나 순수한 사적 사항인 내밀영역에 속하는 사항 즉 민감한 정보는 공개되어서는 아니된다. 그 공개는 신문·잡지·방송·TV 등 대중매체만이 아니라 개인들에 의한 개별적 공개도 허용되지 아니한다. 공개를 원하지 아니하는 사항에 대한 판단은 기본권주체를 중심으로 판단하지만 현실적으로는 객관적인 기준에 의하여 판단할 수밖에 없다.

나. 명예나 신용의 불가침

타인의 인격적 가치를 훼손하거나 경제적 평가인 신용에 대하여 허위사실을 공표하는 것은 허용되지 아니한다. 다만 공공의 이익을 위하여 객관적으로 진실한 사실의 경우에는 위법성이 조각된다고 보아야 한다.

다. 인격적 징표의 불가침

개인의 성명이나 목소리·초상·이미지 등은 기본권 주체의 고유한 인격적 징표로서 그 사용에는 원칙적으로 동의를 받아야 한다. 다만 인격적 징표가 침해되었다고 하기 위해서는 기본권주체를 식별할 수 있는 식별가능성이 있어야 한다. 재산적 가치가 없는 경우에는 단순한 인격권 침해로 인정되겠지만 재산권 가치가 있는 경우에는 퍼블리시티권이란 권리가 문제로 되기도 한다.

2. 사생활의 자유의 불가침

사생활의 자유는 사생활의 자유로운 형성과 전개를 방해받지 아니할 권리로서 기본권주체가 선택한 방식의 사생활을 적극적으로 형성하고 전개하는 것과 사생활의 평온성을 유지하는 것을 그 내용으로 한다.

가. 자유로운 사생활의 형성과 전개

개인은 자기가 추구하는 사생활을 자유로이 형성하고 영위할 수 있다. 타인과 관계하지 아니하거나 개인적 영역으로 일반적으로 인정되는 영역에서는 자기가 선택한 내용을 존중하여야 한다. 복장, 헤어스타일, 주거양식, 교통편 사용 등은 모두 사적 사항으로 개인이 원하는 대로 선택할 수 있다고 보아야 한다. 다만 개인이 사려분별 능력이 부족하거나 공동체에 영향을 많이 미치는 사항에 대하여는 공동체가 관여할 수 있다고 보아야 한다.

나. 사생활평온의 보장

개인의 평온한 사생활을 적극적으로 방해 또는 침해하거나 소극적으로 평화를 교란하여 불안·불쾌감을 유발하여서는 아니된다. 그 방해·교란행위라 하더라도 정당한 근거가 있는 경우에는 공공복리 보장차원에서 허용된다고 보아야 한다.

3. 자기정보결정권

가. 자기정보결정권의 의의

자기정보결정권은 자신에 관한 정보를 함부로 침해당하지 아니하고, 자신에 관한 정보를 자유로이 열람하며(자기정보접근권·자기정보열람청구권), 자신에 관한 정보의 정정·사용중지·삭제 등을 요구할 수 있고(자기정보정정청구권, 자기정보사용중지·봉쇄청구권, 자기정보삭제청구권), 이러한 요구가 수용되지 않을 경우에 불복신청이나 손해배상을 청구할 수 있는 권리(이의신청권, 손해배상청구권)를 포괄하는 권리를 그 내용으로 한다. 이에 대하여 좁은 의미의 자기정보결정권은 자기정보관리통제권을 의미하여 자신에 관한 정보의 열람·정정·사용중지·삭제 등을 요구할 수 있는 권리만을 의미한다. 일반적으로는 광의로 사용되고 있다.[6]

나. 개인정보보호를 위한 입법례

개인정보보호를 위한 법률로서는 미국에는 1974년의 프라이버시법(Privacy Act)이 있고 영국에는 1984년의 약칭 정보보호법(Data Protection Act)이 있으며, 프랑스에서는 1978년의 「정보처리·축척·자유에 관한 법률」이 있다. 독일에는 1977년의 「연방정보보호법」이 있다. 일본의 경우에도 1988년 12월 「행정기관이 보유하는 전자계산기처리와 관련된 개인정보에 관한 법률」(약칭 개인정보보호법)을 공포한 바 있다. 유엔경제개발협력기구(OECD)는 1980년 10월 「개인정보의 국제적 유통과 프라이버시보호에 관한 가이드라인」을 작성·공포한 바 있다. 이 가이드라인은 정보의 자유로운 유통을 원칙으로 하면서도 프라이버시보호라는 관점에서 가맹국이 개인정보처리시에 준수해야 할 8개 원칙을 제시하고 있다.

우리나라에서도 1995년 1월부터 「공공기관의 개인정보보호에 관한 법률」을 시행하였지만, 2011년 3월 이 법률을 폐지하고 공공기관만이 아니고 사적 단체에까지도 적용되는 일반법으로서 「개인정보보호법」을 제정하여 개인정보를 보호하는 법제를 완비하였다. 이 법은 개인정보의 수집·유출·오용·남용으로부터 사생활의 비밀 등을 보호함으로써 국민의 권리와 이익을 증진하고, 나아가 개인의 존엄과 가치를 구현하기 위하여 개인정보 처리에 관한 사항을 규정함을 목적으로 하고 있다. 이 법에서 개인정보란 살아 있는 개인에 관한 정보로서 성명, 주민등록번호 및 영상 등을 통하여 개인을 알아볼 수 있는 정보(해당 정보만으로는 특정 개인을 알아볼 수 없

---

6) 헌법재판소는 자기정보결정권을 개인정보자기결정권이라 부르고 이는 헌법 제17조, 제10조, 자유민주적 기본질서 규정, 국민주권주의 원리, 민주주의 원리 등을 헌법상 근거로 들 수 있으나 결국 헌법에 명시되지 않은 기본권이라고 설명하고 있다(헌재 2005. 5. 26. 99헌마513).

더라도 다른 정보와 쉽게 결합하여 알아볼 수 있는 것을 포함함)를 의미하고, 이러한 개인정보 보호를 위하여 독립기관으로서 '개인정보 보호위원회'를 설치하며, 개인정보의 처리, 안전한 관리와 정보주체의 권리를 보장하고 있고, 당사자의 동의 없는 개인정보 수집 및 활용하거나 제3자에게 제공하는 것을 금지하고 상대방의 동의 없이 개인정보를 제3자에게 제공하면 처벌하는 규정을 두는 등 개인정보 보호에 관한 제반 규정을 두고 있다.

개인정보 보호를 위한 주요한 입법으로서는 「개인정보보호법」 외에도 「정보통신망 이용촉진 및 정보보호에 관한 법률」과 「신용정보제공 등에 관한 법률」 등이 있다.

다. 자기정보결정권의 법적 성격

자기정보결정권은 헌법 제17조의 사생활의 비밀과 자유의 일환으로서 보장되고, 궁극적으로는 인간의 존엄성존중의 내용이 되는 인격의 자유로운 발현과 법적 안전성을 그 보호법익으로 한다. 그러므로 자기정보결정권은 인격권의 일종이라고 할 수 있다. 그러나 사생활의 비밀과 자유가 공권력 또는 제3자에 대한 소극적·방어적 성격의 권리라면, 자기정보결정권(적극적 프라이버시권)은 청구권적 성격이 강한 능동적·적극적 권리도 포함하는 포괄적 권리라고 할 수 있다. 또한 자기정보결정권은 일신전속적 권리이다. 그리고 자기정보결정권 중에서 자기정보열람청구권(접근권)은 알 권리로서의 성격도 가지고 있기 때문에 정보공개청구권과 중복되는 측면이 없지 아니하다.

라. 자기정보결정권의 주체

자기정보결정권은 사생활의 비밀과 자유의 내용으로서 보장되는 것이라면 인간의 권리이므로 국민만이 아니고 외국인에게도 보장된다. 그러나 법인이나 법인격 없는 사단이나 재단도 필요성이 단체의 고유목적을 달성하기 곤란한 정도의 문제에 직면한다면 자기정보결정권에 준하는 권리를 행사할 수 있다고 해석할 수 있다.

마. 자기정보결정권의 내용

(1) 자기정보 열람청구권

개인정보의 정보주체는 개인정보보유기관에 대하여 자신에 관한 정보의 보유여부를 확인할 수 있으며 열람을 청구할 수 있고, 정보보유기관은 정당한 이유가 없는 한 열람을 허용해야 한다. 그리고 최소한의 필요경비만 징수하고 그 복사를 허용하여야 한다.[7)]

(2) 자기정보 정정청구권

개인정보의 정보주체는 정보를 열람한 결과 정보내용이 잘못되었거나 부정확하다면 정정을 요구할 수 있고, 정보보유기관은 이에 응하여야 한다.[8)] 다만 그 정정요구가 정당한 사유에 근거하지 않은 경우에는 근거제시를 요구할 수 있으며 그 이유를 통보해야 한다. 정보주체는

---

7) 개인정보 보호법 제35조 등 참조.
8) 개인정보 보호법 제36조 등 참조.

잘못된 정보로 인하여 정보주체가 피해를 입은 경우에 이를 배상할 책임을 진다.

(3) 자기정보 사용중지와 삭제청구권

정보보유기관이 개인 정보를 무단으로 이용하거나 잘못된 정보를 사용하고 있다면 정보주체는 자기정보의 사용중지 또는 삭제를 요구할 수 있다.9) 다만 헌법에 비추어 그 정보수집이나 보관이 강제되고 있는 경우에는 단순히 정정청구만 가능하다고 보아야 한다.

Ⅶ. 사생활의 비밀과 자유의 효력

사생활의 비밀과 자유는 개인이 향유하는 공법상의 권리로서 모든 국가권력을 직접 구속하는 효력이 있다. 입법부는 헌법 제37조 제2항에 의하지 아니하고는 이를 제한하는 법률을 제정할 수 없고, 행정부나 사법부도 헌법 제17조에 위반하여 사생활의 비밀과 자유를 침해하는 행정처분이나 재판행위를 할 수 없다.

사생활의 비밀과 자유는 사인간의 법률관계에서도 기본권의 제3자적 효력에 관한 직접적용설에 따라 사인간에도 직접적인 효력을 가진다.10) 사생활의 비밀과 자유는 그 속성상 비단 국가에 대한 권리일 뿐만 아니라 사인에게 대하여도 주장할 수 있는 권리이므로 직접적 효력설이 타당하다고 본다. 국가는 기본권 보장의무를 부담하므로 사인에 의하여 국민의 사생활의 비밀과 자유가 침해되지 아니하도록 형법법규를 엄격히 집행하고 사법적 절차를 완비하여야만 한다.

Ⅷ. 사생활의 비밀과 자유의 제한

1. 사생활의 비밀과 자유의 제한과 일반적 법률유보

개인의 사생활의 비밀과 자유는 헌법 제37조 제2항에 따라 국가안전보장·질서유지 또는 공공복리를 위하여 필요한 경우에는 법률로써 제한될 수 있다. 또한 법률과 동일한 효력을 가지는 대통령의 긴급명령에 의해서도 잠정적으로 그 효력이 정지될 수 있다. 그러나 제한하는 경우에도 사생활의 비밀과 자유의 본질적인 내용은 침해할 수 없다.

2. 사생활의 비밀과 자유의 제한과 인격영역론

넓은 의미의 사생활의 자유와 관계되는 주거의 자유, 통신의 비밀, 협의의 사생활의 비밀

---

9) 개인정보 보호법 제36조 등 참조.
10) 우리나라의 통설은 사생활의 비밀과 자유도 사인간의 효력에 있어서는 간접적 효력설이 타당하다고 보고 있다.

과 자유에서 보호하려는 것은 개인의 인격체로서의 존엄과 가치이다. 이러한 인격체로서의 개인의 각종 영역은 국가공동체나 생활공동체와 관련하여 동일한 법적 가치를 가지는 것은 아니다. 이른바 '인격영역론(Sphärentheorie der Persönlichkeit)'은 이와 같이 인격의 보호받는 영역을 구분하고 유형화하여 상이한 사생활의 비밀 보호를 보장하기 위한 이론이다.[11]

　　벤젤(Wenzel)에 의하면 ① 법적으로 특히 형법적으로 보호되는 비밀영역(geheimsphäre)[12]을 제외하고, 자연적인 생활영역은 ② 내밀영역(Intimsphäre)[13] ③ 사사적(私事的) 영역(Privatsphäre)[14] ④ 사회적 영역(Sozialsphäre)[15] ⑤ 공개적 영역(Öffentlichkeitssphäre)[16]으로 나뉜다. 이들 영역의 보호는 단계가 높을수록 공개가 바람직하고 단계가 낮아질수록 비공개가 더욱 요구되는 원칙적인 설명이 타당하다고 할 수 있다. 당사자의 주관적 의사뿐 아니라 사회적인 윤리 의식이라든가 도덕관념 등 객관적 일반 관념도 이러한 분류에서 간과할 수 없는 기준이 된다.[17] 내밀영역에 관한 사항은 그 폭로에 대해 가장 강력한 보호를 받게 되나 공개적 영역에 관해서는 보호가 주어지지 않는다.[18]

　　이와 같이 인격영역을 구분하여 몇 가지로 유형화하는 것은 일반적 인격권의 내용을 정서하고 그 보호 객체를 명확히 함은 물론 타법익과 인격권이 충돌하는 경우 그 법익 형량을 위해 중대한 역할을 한다는 점에서 실제적 의미를 갖는다. 즉, 구체적 개별적 사례에서 각각의 이익이 어떠한 영역에 속하는가를 검토하는 것은 일반적 인격권의 보호범위를 정함에 의미를 갖는다. 그 경우 각각의 영역이 외계 내지 공공으로부터의 거리에 따라 정하여진다고 하는 관점에서 보면 해당 법익이 어떠한 영역에 속하는가에 따라 충돌하는 반대이익과의 비교형량에서 척

---

11) 박용상, 언론과 개인법익, 조선일보사, 1997, 263.

12) 비밀영역(秘密領域)이란 사회 통념상 이성적인 평가를 할 경우 공공에게 노출되어서는 안 될 인간의 생활영역을 의미한다. 비밀영역이 되기 위해서는 우선 본인의 의식적인 비밀 보존 의사가 있을 것을 요하며, 일반적으로 신뢰 관계에 기하여 표현된 감정 또는 사고 내용 등 사회 통념상 비밀로 하는 것이 마땅하다고 생각되는 것이면 이 보호를 받는다. 주 11, 267-268.

13) 내밀영역(內密領域)은 인간 자유의 최종적이고 불가침적인 영역을 포괄하며, 어느 문화에서나 전제되고 인정되는 바로서 인간들 사이의 거리(Distanz zum Mitmenschen)를 만들어 준다. '고독의 공간' 또는 내심 공간(Innenraum)으로서 인격의 비밀 보존 의사에 의해서뿐 아니라 윤리칙이나 기본적 관념에 의해서도 일반적으로 불가침의 것으로 간주되는, 최종의 가장 좁은 내밀의 영역(Bezirk der Intimität Innerlichkeit)이다. 주 11, 267-268.

14) 사사적 영역(私事的 領域)이란 가족 및 가정과 친구나 친지와 같이 친밀한 범위 내에서 이루어지는 일상생활의 영역이다. 가족 구성원이나 친구 등 가까운 사이에서는 서로 이해될 수 있다는 친밀성 때문에 보다 솔직하고 거리낌없는 행동이 행해질 수 있다. 모든 사람들은 원칙적으로 헌법상 인간의 존엄과 사생활의 보호 조항에 의해 보호받는 사적영역의 보호에 관한 권리를 갖는다(주 11, 267-268).

15) 사회적 영역(社會的 領域)은 사적인 것을 넘어서는 개인의 생활 영역을 포괄한다. 일반적으로 보면 사회적인 공동체의 일원으로서 행동하는 경우, 예컨대 자기의 직업 활동을 하는 동안, 어떤 행사에 참여하는 동안, 길거리에 있는 동안과 같이 개인은 대외적으로 등장하기 때문에 개인적인 관계가 없는 모든 사람에 의해 원칙상 인지될 수 있으나 공공에의 의식적인 지향성을 결여하는 경우이다(주 7, 267-268).

16) 공개적 영역(公開的 領域)은 모든 사람에 의해 인식될 수 있고, 경우에 따라서는 인식되어야 할 인간 생활의 영역을 포괄하고, 공중(公衆)에 향해진 영역이다(주 11, 267-268).

17) 박용상(주 11), 264-265.

18) Karl Egbert Wenzel, Das Recht der Wort- und Bildberichterstattung, Handbuch des Äußerungsrechts, 3. Auflage, Verlag Dr. Otto Schmidt KG. Köln, 1986, S. 110ff.(주 11, 266에서 재인용).

도를 제시하게 되기 때문이다. 즉 침해되는 영역이 외계 내지 공공으로부터의 거리가 멀면 멀수록 그만큼 피침해 이익의 보호가 두터워진다.

예컨대 인격권이 다른 인격권과 충돌하는 경우 일방의 이익이 내밀영역이고 타방의 이익이 사사적 영역에 속하게 되면 전자의 인격권 쪽이 우선하게 된다. 나아가 인격권과 표현의 자유나 알 권리 등 타인의 권리와 충돌하는 경우에도 침해된 또는 침해될 피해자의 인격적 이익이 외부 공동체로부터 먼 영역에 속한다면 인격권에 보다 큰 비중이 부여된다.[19]

하지만 유의할 점은 이들 영역의 구분이 명확한 것이 아니며, 그 각 영역에서도 공개성과 사사성의 어느 일방이 완전히 지배하는 것은 아니라는 사실이다. 사회적 존재인 개인의 인간적 삶은 사회로부터의 격리와 사회적 참여의 상황이 교착되면서 유보적 요소가 미묘하게 혼합되기 때문이다. 인격영역론은 이러한 인간 생활의 동태적인 과정을 일정 시점의 기회마다 포착하여 이를 상이하게 다루기 때문에 그 각각의 분류구분이 절대적인 것일 수는 없다.

3. 사생활의 비밀과 자유의 제한에 관한 구체적 문제

가. 사생활의 비밀과 자유와 언론의 자유(알권리)

언론의 자유 혹은 '알' 권리와 '알려지지 않을 권리'인 사생활의 비밀 및 자유권은 일응 필연적으로 충돌할 수밖에 없는 관계에 있는 것으로 보인다. 양자는 그 헌법적 근거와 이에 따른 보호이익에 있어서 각자 고유의 독자성을 지니며, 또한 각각의 기본권이 본질적으로 헌법 제37조 제2항에 따라 일정한 제한영역을 가지므로, 양자가 실질적으로 충돌하고 그로 인하여 실제로 문제가 될 수 있는 부분을 확정하는 것이 양자의 갈등의 해결과 조화에 있어서 선결되어야 할 문제이다.

알 권리의 보호영역, 다시 말해 알 권리의 대상으로서의 정보는 우선 알 권리의 내용에 따라 나누어 볼 필요가 있을 것이다. 청구권으로서의 알 권리의 대상은 일단 정부 등 공공기관이 보유하는 공문서 등 공적 정보를 말하는 것으로 볼 수 있다.

이 중 개별적 정보공개청구권의 대상으로서의 정보란 권리(또는 정보공개의 청구)의 주체에 관한 정보이거나 직접적, 구체적 관련이 있는 정보를 의미한다.

한편 일반적 정보공개청구권의 대상 정보에 관해서는[20] 알 권리의 참정권적 성격 및 국민주권원리의 현실화라는 기능에 비추어 볼 때는 선거권 등을 제대로 행사하고 국정감시·비판을 실효적으로 보장하기 위하여 공개되어야 할 정부의 정보를 의미하며, 인격권 및 인간의 존엄과 가치라는 헌법적 근거에 초점을 둘 경우에는 개인의 지적인 관심사나 공익적인 차원에서 접근이 허용되어야 할 정보(예컨대 불량식품이나 전염병 등에 관한 정보)를 포함한다. 이 경우 대상은

---

19) 전주, 264.
20) 일반적 정보공개청구권의 구체적 권리성을 부정하는 견해로는 한수웅, "헌법상의 알 권리," 법조 51권 8호, 법조협회, 2002. 8.

공적 정보이지만 공사(公私)의 구별은 반드시 분명하다고는 할 수 없다. 사적 정보에 속하는 개인의 프라이버시 가운데에도 예컨대 정치가의 소득이나 자산 등과 같이 공적 성격의 정보도 있다.

　　자유권으로서의 알 권리는 일반적으로 접근가능한 정보원으로부터의 정보수령, 수집의 자유를 그 내용으로 하는바, 여기에서의 알 권리의 대상 정보는 취재·보도의 자유의 대상 영역으로서의 정보와 일치한다고 볼 수 있을 것이다. 일반적 정보공개의 대상이 되는 정부 보유의 정보 및 그것이 공공의 관심사에 해당하거나 공공의 이익에 관련되는 한 개인의 사적인 영역에 관련되는 것이라고 할지라도 그에 대한 취재, 편집 및 보도의 자유는 헌법 제21조에 의하여 보장된다고 할 것이다. 이 경우 사생활의 자유와 언론·출판의 자유의 충돌을 해결하기 위하여 미국 판례상의 원리인 인격영역이론, 권리포기이론, 공공이익이론, 공적인물이론 및 명예훼손죄의 위법성조각사유에 관한 우리 판례의 이론을 적용할 수 있다.

　　정리하자면 알 권리의 대상이란 알 필요가 있고 또 알아야 할 가치와 이익을 현실적·실질적으로 가지는 일반인들의 지적 관심사를 말하며, 그렇지 아니하고 단순히 오락적이고 흥미위주의 관심으로부터 유출되는 정보는 정당한 관심의 대상이 될 수 없어 알 권리의 대상이 될 수 없다.

　　외견상 기본권의 충돌로 보이지만 실제로 기본권의 충돌로 볼 수 없는 유사충돌은 기본권의 충돌로 볼 수 없다.[21] 즉, 어떠한 행위가 기본권의 보호영역에 해당하지 않는다면 다른 기본권과의 관계에서 어느 쪽을 우선하느냐, 혹은 어떠한 제한을 통하여 양자를 조화시키느냐 하는 문제는 발생하지 않는다. 사생활의 내용이 공적인 지적 관심사를 벗어나 단순히 오락적 흥미에서 비롯된 정보에 불과한 것이라면 이는 알 권리의 보호영역에 포함되지 않으므로 그에 대한 접근이나 공개여부는 문제될 여지가 없는 것이다.

　　기본권 내지 헌법규범간에 충돌 갈등이 있는 경우의 일반적 해결방법에 대해서는 이익형량에 의한 방법과 규범조화적 해석에 의한 방법이 있다.[22] 이익형량에 의한 방법이란 충돌하는 양자 간의 이익을 형량하여 보다 중요한 또는 보다 우월한 이익을 보장하고 덜 중요한 이익을 유보시키는 방식이다. 구체적 기준으로는 첫째 상위기본권 우선의 원칙, 둘째 인격적 가치우선의 원칙, 셋째 자유우선의 원칙 등이 있다. 이익형량에 의한 방법은 방법론 자체가 기본권 상호간의 위계질서를 전제로 하고 있으며, 특정한 기본권을 보장하기 위해 다른 기본권을 희생시키게 되며, 그 기준이 주관적일 수 있다는 점에서 문제점이 많은 방법론이다. 뿐만 아니라 사생활의 비밀과 알 권리와 같이 이익의 우열을 판단하기 힘든 기본권 간의 충돌의 경우에는 해결책을 제시하지 못한다. 규범조화적 해석에 의한 방법이란 헌법의 통일성의 관점에서 충돌하는 기본권 모두가 최대한으로 그 기능과 효력을 나타낼 수 있는 조화의 방법을 찾으려는 해결방법이

---

21) 권영성, 헌법학원론, 법문사, 2008, 335-336.
22) 전주, 337-342 참조.

다. 구체적 해결방법으로는 과잉금지의 방법, 대안식 해결방법, 최후수단의 억제방법 등이 있다. 사생활의 비밀과 알 권리가 충돌하는 경우 과잉금지의 방법에 의한 규범조화적 해석방법이 충돌의 해결책이 될 수 있을 것이다.

한편 기본권의 충돌이 입법에 의해 구체적으로 규율되어 그 입법자체가 문제되는 경우, 기본권의 충돌문제는 그 입법의 합헌성 문제로 해결할 수 있는바, 이익형량의 원칙이나 규범조화적 해석의 원칙은 비례의 원칙에서 충분히 고려되므로 이 경우 기본권의 충돌 문제는 입법을 통하여 기본권의 제한문제로 전환된다.[23]

알 권리의 제한에 관한 대표적인 입법은 「개인정보보호법」인데, 「공공기관의 정보공개에 관한 법률」에서는 제9조 비공개대상정보에서 알 권리의 제한원리 중 하나로 개인의 사생활의 자유와 비밀을 들고 있다.

문제는 상충되는 사생활의 비밀과 알 권리의 조화문제이다. 이 경우 법익의 충돌이 있을 때 너무 성급하게 추상적 기준에 따른 이익형량으로 해결함으로써 다른 일방의 이익의 희생을 초래하여서는 안 되며 헌법적으로 보호되는 법익이 문제해결에 있어서 서로 존중되고 최적화 명령을 실현하여야 한다.[24] 헌법의 통일성의 원칙은 최적화의 관계를 설정하게 되며 양 가치의 최적화의 유효성을 획득하기 위해 입법자는 양자의 한계를 적절히 설정하여야 한다. 이와 더불어 비례성의 원칙이 동원될 수 있는바, 동 원칙은 법익의 실제적 조화를 도모하는 데 있어 지속적인 하나의 목적과 하나 또는 복수의 가변적인 수단 간의 관계 문제로서가 아니라 두 개의 법익 간의 비교할 수 있는 크기를 설정해 주고 최적화의 과제를 적절히 실현될 수 있도록 하는 데 기여한다.[25]

우리 헌법재판소도 반론권과 언론의 자유와 관계에 있어서 상충하는 두 기본권 모두가 최대한으로 그 기능과 효력을 나타낼 수 있도록 조화로운 방법의 모색을 요구하고 있다.[26]

---

23) 성낙인, 헌법학, 법문사, 2007, 276.
24) 서울고법 1995. 8. 24. 94구39262 판결은 "사생활의 비밀과 자유의 불가침은 사생활의 내용을 공개당하지 아니할 권리, 자신에 관한 정보를 스스로 관리·통제할 수 있는 권리 등을 내용으로 하는 인격권으로서 오늘날 정보화 사회가 급속히 진행되면서 그 보호가 절실한 권리이고, 국민의 알 권리 또는 국민의 기본권에 속하나 공공기관이 정보에 대한 공개청구권을 의미하는 한 청구권적·간접적 성격을 가진다고 보여지는 점에서, 위 두 개의 기본권이 경합하여 충돌하는 경우에 구체적 상황을 고려하여 그 보호법익을 형량하되 충돌하는 기본권 모두의 본질적 내용을 훼손하지 아니하는 범위 내에서 그 효력을 최적정화할 수 있도록 기본권들을 조화시키는 방법으로 제한 가능성이 보다 작은 기본권을 우선시킴이 원칙이라고 할 것인데, 일반적으로 기본권의 보호법익인 생명권, 인격권이 가장 우선한다고 보여지는 점에서 알 권리보다는 개인의 사생활의 비밀과 자유가 더욱 보호해야 할 우선적인 가치라고 할 것이므로 그 범위 내에서는 국민의 알 권리도 제한을 받지 아니할 수 없다고 할 것인바"라고 판시하고 있다. 이 판결은 상충되는 사생활의 비밀과 알 권리의 조화문제에 대한 심각한 고려 없이 사생활의 비밀과 자유를 알 권리보다 우선한다고 판시한 감이 없지 아니하다
25) 김용섭, "행정상 공표의 법적 문제," 판례월보 2000년 8월호, 16 [박용상(주 11), 168에서 재인용].
26) 헌재 1991. 9. 16. 89헌마165 결정은 "두 기본권이 서로 충돌하는 경우에는 헌법의 통일성을 유지하기 위하여 상충하는 기본권 모두가 최대한으로 그 기능과 효력을 나타낼 수 있도록 하는 조화로운 방법이 모색되어야 할 것이고, 결국은 이 법에 규정한 정정보도청구제도가 과잉금지의 원칙에 따라 그 목적이 정당한 것인가 그러한 목적을 달성하기 위하여 마련된 수단 또는 언론의 자유를 제한하는 정도가 인격권과의 사이에 적정

사생활의 비밀과 자유와 알 권리 사이에 규범조화의 방법에 의한 기본권충돌 문제의 해결방법으로는 구체적으로 두 기본권 모두 침해됨이 없이 일종의 대안을 찾는 방법인 대안해결방식이나 상충하는 기본권 모두에게 일정한 제한을 가함으로써 두 기본권 모두를 양립시키되 두 기본권에 대한 제약은 최소한에 그쳐야 한다는 과잉금지의 원칙을 상정해 볼 수 있다.

언론의 자유가 포함되는 상충되는 기본권 사이에 있어서 규범조화의 방법으로 통상 논의되는 이론으로서 공적인물(public figure)이론이 있다. 공적인물의 경우 정치가라든가 연예인, 스포츠 스타 등 유명인사에 대한 보도는 일반인에 비하여 사생활의 비밀과 자유를 보장받는 경우가 줄어들게 되고 보도의 자유가 보다 많이 보장된다. 즉, 공적인물의 경우에는 외부적 공표의 필요성이 크고 관심이 많게 되므로 사적인 생활영역의 침입과 공개로부터 직접적으로 사생활비밀의 침해를 성립시킬 수 없다는 이론이다.27)

공적인물이론에 있어서 공적인물이란 단순히 공무원(public official)만이 아니라 공공의 일반의 관심의 대상이 되는 전면적인 공적 인물(pervasive public figure)과 공적 논쟁에 자의적으로 가담하여 논쟁적 인물이 된 논쟁사안의 공적 인물(vortex public figure) 등도 포함된다고 한다.28)

다만 전형적인 공적인물인 공무원이라고 하더라도 사생활의 비밀과 자유를 스스로 묵시적으로 포기한 것이 아니라면 공무원의 공무수행에 대하여 국정 감시라는 명목을 든다고 할지라도 사생활의 비밀과 자유의 향유주체성을 완전히 배제하는 것은 바람직하지 않다. 다만 공무원인 경우에는 공익적 요청이 보다 강한 점을 고려하여 일반 사인보다 규범조화를 위한 고려에 있어 공개요청이 더욱 요구될 뿐이다.29)

공적 인물에 대하여는 사생활의 비밀과 자유가 일정한 범위 내에서 제한되어 그 사생활의 공개가 허용되는 경우도 있을 수 있으나, 이는 공적인물은 통상 언론매체에 접근이 용이하여 자신의 견해를 피력할 기회가 많으며, 일반 국민의 알 권리의 대상이 되고 그 공개가 공공의 이익이 된다는 데 근거한 것이므로, 일반국민의 알 권리와는 무관하게 국가기관이 평소의 동향을 감시할 목적으로 공적 인물의 개인정보를 비밀리에 수집한 경우에는 그 대상자가 공적인물이라는 이유만으로 면책될 수 없다.30)

결국 사생활의 비밀과 자유와 알권리나 언론의 자유가 충돌할 때에는 알권리의 내용에 포함하는지 여부를 먼저 판단하여 유사충돌인지를 판단한 후 만약 유사충돌이 아니라면 규범조화의 방법에 의하여 해결할 수밖에 없다. 그리고 규범조화의 구체적 방법으로는 인격영역이론이나 권리포기이론, 공공이익이론, 공적인물이론 및 익명처리 방법 등을 들 수 있다.31)

한 비례를 유지하는 것인가의 여부가 문제된다 할 것이다"고 판시하고 있다.

27) 박인수, "Privacy권과 Publicity권," 고시계(2000. 6), 88.
28) 공적 인물의 종류에 대한 구체적 설명은 박용상(주 11), 287-293 참조.
29) 김용섭(주 25), 193.
30) 대판 1998. 7. 24. 96다42789.
31) 익명방법은 개인 식별 가능성을 제거할 수 있는 정보에 있어서 개인의 이름을 삭제하는 등 개인을 식별할 수 있는 내용을 삭제함으로써 표현의 자유나 알 권리를 보장하면서도 사생활의 비밀과 자유 침해를 막는

나. 사생활의 비밀과 자유와 국정감사 및 국정조사권

국정감사 및 조사에 관한 법률 제8조는 국정감사 또는 국정조사는 개인의 사생활을 침해하여서는 아니 된다고 하고 있다. 사생활의 비밀과 자유를 국정감사나 국정조사라는 명목으로 함부로 침해하지 못하도록 규정한 것이다. 하지만 이는 국정감사나 국정조사에서 절대적인 금지사항이 아니고 상대적인 것이고 국정감사나 국정조사의 필요성이 더욱 크고 사생활의 비밀과 자유의 본질적 내용을 침해하지 아니하는 경우에는 국정감사나 조사가 가능하다고 보아야 한다.

다. 사생활의 비밀과 자유와 수사

수사기관의 수사권의 남용은 개인의 사생활의 비밀과 자유에 대한 가장 커다란 위협이 된다. 위법한 수사는 당연히 허용되지 않으며, 적법한 수사권의 발동으로 말미암아 사생활의 비밀과 자유가 제한될 수밖에 없는 경우에도, 헌법상의 적법절차를 준수하고 원칙적으로 법원의 허가를 필요로 하고 과잉금지의 원칙에 따라 필요·최소한의 제한에 머물러야 한다.

라. 사생활의 비밀과 자유와 행정조사

효율적인 행정을 위하여 행정에 필요한 정보를 수집·정리하여 사용하기 위한 행정조사가 필요하다. 하지만 이 경우에도 국민의 기본권인 사생활의 비밀과 자유를 침해하지 않도록 기본권 제한에 관한 일반이론이 지켜져야 한다. 특히 과잉금지의 원칙이 지켜져서 목적의 정당성, 방법의 적정성, 법익의 균형성, 피해의 최소성이 지켜져야 하고 이를 지킬 수 있도록 충분한 예방조치를 갖춘 후에 행정조사를 하여야 한다.

마. 사생활의 비밀의 자유와 법규 위반자의 명단공표

형벌법규 혹은 행정법상의 법규를 위반한 자에 대하여 범죄의 예방 혹은 행정상의 의무이행을 확보하기 위하여 법규 위반자의 명단을 공표할 수 있느냐 하는 점이 다투어지고 있다. 구체적으로 성범죄자의 명단을 공개하는 것과 국세 등 세금체납자의 명단공개가 문제로 된다. 이 역시 기본권제한의 일반적 법리에 따라 해결할 수밖에 없는데 과잉금지의 원칙이 준수되어야 한다. 헌법재판소는 성범죄자의 명단공개에 대하여 합헌으로 판정하였고,[32] 현재 국세청의 체납자 명단공개로 행하여지고 있다.[33] 하지만 적법절차의 준수나 비례의 원칙에 위반되는 공표는 허용되지 않는다고 하여야 한다.

방법으로 공개하는 방식을 사용해 상충되는 기본권 사이에 조화를 도모하려고 하는 방법이다. 익명방법을 적용하면 통신의 내용이 공개됨으로 인하여 입게 되는 인격권이나 명예권의 침해는 통신 당사자의 동일성을 식별할 수 없도록 익명 처리함으로써 보호될 수 있다. 알 권리도 동일성의 식별 없이도 많은 경우 알 권리가 전달하려고 하는 충분한 내용의 정보를 전달하여 충족시킬 수도 있다. 개인은 익명으로만 알려지므로 인하여 사회로부터 격리되어 개인의 인격권을 보호하고 홀로 있고 싶어 하는 권리를 보호받을 수 있다. 박용상(주 11), 37-40은 익명보도의 원칙을 자세히 설명하고 있다.

32) 헌재 2003. 6. 23. 2002헌가14.
33) 국세기본법 제85조의5 참조.

IX. 사생활의 비밀과 자유의 침해와 구제

1. 공권력에 의한 침해의 경우

사생활의 비밀과 자유를 침해하는 것은 입법권이나 사법권에 의하여 행하여지는 경우도 있겠지만 일반적으로는 행정기관에 의한 침해가 주로 문제가 된다. 특히 행정기관이 행정조사 또는 범죄수사를 이유로 사생활을 감시하거나 사적 사항을 탐지하거나 촬영 등으로 사생활의 비밀과 자유를 침해하는 경우가 많다. 권리행사방해·직권남용·불법주거침입 등을 이유로 형사처벌을 요구할 수 있으며, 기본권 침해를 이유로 국가손해배상을 청구하거나 헌법소원을 제기할 수 있다. 행정적으로는 징계책임을 물어 관계공무원의 파면을 요구할 수 있고, 공무원 개인을 상대로 불법행위를 이유로 손해배상을 청구할 수도 있다. 급박한 침해의 경우에는 행정심판이나 법원에 침해금지의 가처분을 청구할 수 있다고 본다. 만약 법원에 대한 청구가 불가능한 경우에는 헌법소원을 제기하고 급박한 경우에 헌법재판소에 가처분을 신청할 수 있다.

행정기관이 사생활의 비밀과 자유를 침해하여 획득한 증거방법은 원칙적으로 불법수집된 증거로서 위법수집 증거배제의 원칙에 의하여 그 증거능력이 부인되어 유죄의 증거로 사용할 수 없다고 해석하여야 한다.

2. 사인에 의한 침해의 경우

오늘날 자본주의 경제의 발달로 인하여 타인의 사생활을 조사하는 신용정보조사기관, 사설조사기관(심부름센터) 등이 점차 증대하고 있다. 특히 개인의 정보를 수집하고 보관하는 사설 데이터베이스의 증설로 인하여 사생활의 비밀과 자유의 침해가 심각하다.

이러한 사인에 의한 사생활의 비밀과 자유침해에 대하여는 침해배제청구·민사상의 손해배상청구·위자료청구 등의 방법으로 구제를 받을 수 있다. 만약 악의적으로 사생활을 공개한 경우에는 형법의 명예훼손죄 등을 이유로 형사처벌을 요구할 수도 있다.

정기간행물과 방송이 공표한 사실적 주장으로 말미암아 사생활의 비밀과 자유를 침해당한 자는 정기간행물의 등록 등에 관한 법률이나 방송법에 따라 발행인이나 편집인 또는 방송국의 장이나 편집책임자에게 정정보도나 반론보도를 게재 또는 방송을 하여 줄 것을 청구할 수 있다. 물론 이 경우에도 보도나 방송이 위법할 경우에는 손해배상을 정정보도나 반론보도와는 별개로 청구할 수 있다.

X. 관련문헌

김용섭, "행정상 공표의 법적 문제," 판례월보(2000. 8).

김철수, 헌법학개론, 박영사, 2007.

권영성, 헌법학원론, 법문사, 2008.

박용상, 언론과 개인법익, 조선일보사, 1997.

박인수, "Privacy권과 Publicity권," 고시계(2000. 6).

성낙인, 헌법학, 법문사, 2007.

양 건, 헌법강의, 법문사, 2013.

한수웅, "헌법상의 알 권리," 법조 51권 8호(2002. 8), 법조협회.

헌법 제18조

[이 성 환]

第18條
  모든 國民은 通信의 秘密을 침해받지 아니한다.

Ⅰ. 통신의 자유의 의의

헌법 제18조는 「모든 국민은 통신의 비밀을 침해받지 아니한다」라고 하여, 통신의 비밀의 불가침을 내용으로 하는 통신의 자유를 보장하고 있다.

통신의 비밀 또는 자유란 개인 또는 법인의 의사나 정보가 우편물, 전기통신 등 통신수단에 의하여 전달·교환되는 경우, 그 과정이나 형태, 내용 등이 본인의 의사에 반하여 공개되지 아니함을 내용으로 하는 기본권이다.[1]

---

1) "통신의 비밀의 불가침이란 서신뿐만 아니라 전신, 전화, 텔렉스, 텔레텍스트 등의 검열이나 도청을 금지하고 나아가 발신에서부터 수신 사이에 비밀이 침해되는 것을 금지하는 것을 말한다." - 김철수, 헌법학개론,

통신의 비밀은 주거의 자유와 더불어 사생활의 비밀을 보장하기 위한 수단으로서의 성격을 가지며, 헌법 제18조에서 별개의 조항으로 통신의 비밀의 불가침을 규정하고 있다. 또한 이는 사생활의 보호와 마찬가지로 내부적 의사전달과정 및 그 의사내용의 보호를 통하여 개인의 인격을 보호하기 위한 것이기도 하다. 이 밖에 학자들에 따라 통신의 비밀보장의 헌법적 의의로서 사회구성원 상호간의 의견교환을 보호함으로써 이를 촉진하는 의미를 가진다거나[2] 통신은 의사전달의 수단이자 의사표현의 한 형태이므로 언론의 자유와도 직결되는 것으로 보기도 하며,[3] 정보통신기술의 발달과 더불어 제기된 정보통신의 비밀보장을 포함한 정보관련 기본권의 문제를 통합적, 독자적 기본권으로 구성하려는 입장에서는 이를 국민주권주의 및 인간의 존엄과 가치로부터 직접 도출하려는 노력을 전개하고 있기도 하다.[4]

이에 관하여 헌법재판소는 감청설비의 제조·수입 등의 경우 정보통신부장관의 인가를 받도록 한 통신비밀보호법 제10조 제1항에 관한 위헌소원사건에서 헌법 제18조의 취지는 개인간의 사적 영역에 속하는 개인간의 의사소통을 사생활의 일부로서 보장하려는 것이라고 해석하면서, 사생활의 비밀과 자유에 포섭될 수 있는 사적 영역에 속하는 통신의 자유를 헌법이 별개의 조항을 통해서 기본권으로 보호하고 있는 이유는 국가에 의한 침해의 가능성이 여타의 사적 영역보다 크기 때문이라고 판시한 바 있다.[5]

박영사, 2007, 736.

"통신의 자유는 개인이 그 의사나 정보를 우편물이나 전기통신 등의 수단에 의하여 전달 또는 교환하는 경우에 그 내용 등이 본인의 의사에 반하여 공개되지 아니할 자유를 말한다."-권영성, 헌법학원론, 법문사, 2008, 468.

"통신의 비밀이란 편지, 전화, 전보, 소포, 우편환, 텔렉스 등의 통신수단을 이용함에 있어서 그 통신형태, 통신내용, 통신의 당사자, 배달의 방법 등이 본인의 의사에 반해서 공개되는 일이 없어야 한다는 것을 뜻한다."-허영, 헌법이론과 헌법, 박영사, 2005, 507; 한국헌법론, 박영사, 2000, 372.

"통신의 자유란 개인이 그 의사나 정보를 편지, 전화, 전신 등의 통신 수단에 의해 전달하는 경우 본인의 의사에 반해 그 내용·당사자 등을 공개당하지 아니할 자유를 말한다."-성낙인, 헌법학, 법문사, 2007, 503.

"통신의 자유란 개인이나 법인이 그 의사나 정보를 우편물이나 전기통신 등의 수단에 의하여 전달 또는 교환하는 경우에 그 내용이 본인의 의사에 반하여 공개되지 아니할 자유를 의미한다."-홍성방, 헌법학, 현암사, 2005, 460.

2) 허영(주 1), 507-508, 홍성방(주 1), 460.

3) 장영수, 헌법학 Ⅱ, 홍문사, 2003, 305.

4) 이인호, "정보사회와 개인정보자기결정권," 중앙법학 창간호, 1999, 41-100; 김배원, "정보관련기본권의 독자적·통합적 보장을 위한 시론," 헌법학연구 제7권 제2호, 한국헌법학회, 2001, 79-125.

5) 헌재 2001. 3. 21. 2000헌바25, "헌법 제18조에서는 '모든 국민은 통신의 비밀을 침해받지 아니한다'라고 규정하여 통신의 비밀보호를 그 핵심내용으로 하는 통신의 자유를 기본권으로 보장하고 있다. 통신의 자유를 기본권으로서 보장하는 것은 사적 영역에 속하는 개인간의 의사소통을 사생활의 일부로서 보장하겠다는 취지에서 비롯된 것이라 할 것이다. 그런데 개인과 개인간의 관계를 전제로 하는 통신은 다른 사생활의 영역과 비교해 볼 때 국가에 의한 침해의 가능성이 매우 큰 영역이라 할 수 있다. 왜냐하면 오늘날 개인과 개인간의 사적인 의사소통은 공간적인 거리로 인해 우편이나 전기통신을 통하여 이루어지는 경우가 많은데, 이러한 우편이나 전기통신의 운영이 전통적으로 국가독점에서 출발하였기 때문이다. 사생활의 비밀과 자유에 포섭될 수 있는 사적 영역에 속하는 통신의 자유를 헌법이 별개의 조항을 통해서 기본권으로 보호하고 있는 이유는, 이와 같이 국가에 의한 침해의 가능성이 여타의 사적 영역보다 크기 때문이라고 할 수 있다 … 그러나 오늘날에 있어서는 통신기술의 발달과 광범위한 보급으로 인해 사인에 의한 통신의 비밀의

II. 통신의 자유의 연혁

통신의 자유에 관한 헌법 규정은 제헌헌법 이래로 헌법에 규정되어 있었다. 헌법 제11조에서 "모든 국민은 법률에 의하지 아니하고는 통신의 비밀을 침해받지 아니한다"고 규정한 이래로 개별적 법률유보가 삭제되거나 다시 첨가되는 등으로 변경되다가 1987년 현행 규정이 도입되었다. 독일 등 외국에서도 일반적으로 통신의 비밀에 관하여는 대부분 규정하고 있다.

그리고 공권력에 의한 감청이나 사인간에서의 도청을 규제하는 법률도 일반적으로 도입되고 있다. 우리나라에서도 '통신비밀보호법'이 제정됨으로써 통신의 비밀 보장이 구체화되었다. 그 밖에 우편법(제3조), 형법(제127조), 형의 집행 및 수용자의 처우에 관한 법률(제43조), 형사소송법(제107조), 국가보안법(제8조), 국가공무원법(제60조), 채무자 회생 및 파산에 관한 법률(제484조), 정보통신망이용촉진 및 정보보호 등에 관한 법률 등에서 비밀침해의 금지와 통신의 자유가 제한되는 일정한 경우에 관한 요건을 규정하고 있다.

미국에는 도청을 규제하는 법률로 1968년의 「종합범죄방지 및 거리안전법」(Omnibut Crime Control and Safe Street Act)이 있고, 영국에서도 1985년의 「감청법」(Interception of Communications Act)이 제정되었으며, 독일에서는 1968년의 「감청법」(Abhorgesetz)이 제정되어 통신의 비밀을 구체적으로 보호하고 있다.

III. 통신의 자유와 다른 기본권과의 관계

우리 헌법은 독일이나 미국헌법 등과는 달리 사생활의 비밀(제17조)과 통신의 자유를 동시에 규정하고 있다. 여기서 양자와의 관계가 문제로 된다. 헌법상의 통신의 자유나 사생활의 비밀도 모두 광의의 프라이버시(privacy)의 개념에 포함시킬 수 있다.[6] 통신의 자유와 사생활의 비밀을 기본권경합관계로 보아 기본권경합의 법리로 이를 해결하여야 한다는 견해와 통신의 자유를 사생활의 비밀에 대한 특별규정으로 보아 통신의 자유의 법리만에 의하여 해결하여야 한다는 견해가 있을 수 있다. 사생활의 비밀은 보다 포괄적인 개념이고 통신의 자유가 사생활 비밀 침해의 특별한 형태라는 점에서 후자의 견해가 문제를 보다 단순히 해결할 수 있는 견해라고 본다. 통신이란 개념의 의사소통성에 비추어 통신으로 분류할 수 있으면 이를 통신의 자유침해로 해석하고 그렇지 아니하고 단순히 기능상 사생활의 평온을 해한 경우에는 사생활침해로 보는 것이 타당하다. 따라서 타인과 의사소통을 직접 엿듣거나 혹은 도청기나 기타 물리

침해가능성도 점차 확대되어 가고 있는바, 이 사건 법률조항은 이와 같이 사인에 의한 통신의 비밀에 대한 침해행위를 사전에 예방하기 위한 것이라고 할 것이다. 아무런 통제 없이 감청설비가 대량 제조, 유통, 사용된다면, 그와 같은 감청설비를 이용한 통신비밀침해행위가 사인들에 의하여 널리 이루어질 가능성이 매우 높기 때문이다"; 동지 결정 2004. 11. 25. 2002헌바85.

6) 김철수(주 1); 권영성(주 1) 등.

적 물체를 투입시키는 것은 통신의 자유침해로 보아야 한다.

Ⅳ. 통신의 자유의 내용

1. 통신의 자유의 법적 성격

통신의 자유의 법적 성격에 관해서는 통신자유설·사생활비밀불가침설·표현행위자유설 등이 대립하고 있다. 헌법 제18조에서 보장하고자 하는 통신의 비밀은 일정한 통신수단을 통하여 표현되는 개인의 외면적 정신활동의 자유를 보호하고자 하는 것이며 다만 제한된 한정적 범위 내에서의 대내적인 의사표시의 비밀을 보호하려는 점에서 대외적인 표현행위를 대상으로 하는 언론·출판의 자유와 구별된다고 본다. 따라서 통신의 자유를 보장함으로써 언론·출판의 자유와 같은 대외적인 의사전달과정을 보다 원활히 할 수 있는 측면이 있기는 하나, 기본적으로 통신의 자유는 사생활의 안정을 위한 자유권적 기본권으로서 이해되어야 한다.[7]

또한 헌법 제18조가 규정하고 있는 통신의 비밀의 불가침은 개인 및 법인의 대내적인 통신 및 대화의 비밀을 보장함으로써 결국 통신을 통한 의사표시의 자유를 보장하기 위한 것으로 통신수단의 열람금지, 통신내용의 누설금지, 정보활동에의 제공금지 등 발신자의 의사에 반하여 일체의 공개를 강제당하지 아니할 소극적 자유가 그 핵심이 된다고 볼 수 있다. 동 권리가 대국가적 기본권으로서 국가기관에 의한 도청·검열 등이 금지됨을 전제하고 있음은 물론이나, 사인 간에 있어서도 통신의 비밀의 불가침은 개별법률에 의하여 보장되고 적용된다. 따라서 통신의 비밀을 침해받지 않을 권리 그 자체만으로는 이것이 헌법상 국민주권주의 또는 민주주의에 기반한 것이라고 보기는 어렵다. 또한 인간의 존엄과 가치에 관한 헌법 제10조는 모든 기본권의 이념적 전제가 되고 모든 기본권보장의 목적이 되는 객관적 헌법원리를 규범화한 것으로서 통신의 자유에 있어서만 특별히 헌법적 의의를 가지는 것은 아니다.

결국 헌법 제18조는 사생활 보호의 한 영역으로서 통신의 비밀을 침해당하지 아니할 소극적 자유와 이의 보장을 통한 대내적 의사표현의 자유를 보장하고자 하는 자유권적 기본권으로서의 성격을 가지며, 통신의 침해로 인하여 개인의 내밀한 영역이 공개되는 것을 금지한다는 측면에서 인격권의 보호라는 헌법적 기능을 아울러 가지고 있다고 보아야 할 것이다.

2. 통신의 자유의 주체

통신의 자유는 자연인으로서 자국민뿐만 아니라 외국인에게도 보장되며 법인과 법인격 없는 단체에게도 보장된다.

---

7) 성낙인, "통신에서의 기본권 보호," 공법연구 제30집 제2호, 한국공법학회, 2001. 12, 35-36 참조.

3. 통신의 자유의 내용

가. 통신의 개념

통신비밀보호법에서의 통신이라 함은 우편물과 전기통신을 말하는데(동법 제2조 제1호), 다시 우편물이라 함은 우편법에 의한 통상우편물과 소포우편물을 말하며(동법 제2조 제2호), 전기통신이라 함은 전화·전자우편·회원제정보서비스·모사전송·무선호출 등과 같이 유선·무선·광선 및 기타의 전자적 방식에 의하여 모든 종류의 음향·문언·부호 또는 영상을 송신하거나 수신하는 것을 의미한다(동법 제2조 제3호). 구체적으로는 서신, 엽서, 전신, 이메일, 텔렉스, 팩시밀리 등이 포함된다.

통신의 의미에 격지자간이라는 장소적 개념요소를 요구하는 견해[8]도 있으나, 통신비밀보호법 제2조의 정의에 불구하고 동법 제1조 및 제3조의 취지상 공개되지 않은 사인간의 대화 역시 헌법 제18조에 의하여 보호되는 통신의 비밀에 포함되는 것으로 보아야 할 것이다. 따라서 헌법상 통신의 비밀 및 자유에서의 통신은 통신비밀보호법 제2조에서 규정하는 '통신'과 '대화'를 함께 의미하는 것으로 해석할 수 있다.[9]

앞서 언급한 결정례에서 헌법재판소는 "헌법 제18조에서 그 비밀을 보호하는 '통신'의 일반적인 속성으로는 '당사자간의 동의', '비공개성', '당사자의 특정성' 등을 들 수 있는바, 이를 염두에 둘 때 위 헌법조항이 규정하고 있는 '통신'의 의미는 '비공개를 전제로 하는 쌍방향적인 의사소통'이라고 할 수 있다"고 정의한 바 있다.[10]

나. 비밀의 의미

공개가 금지되는 통신의 '비밀'이란 사생활의 비밀에서와 같이 그 내용에 따라 불가침적인 내밀영역이거나 공공에 노출되어서는 안 될 비밀영역, 또는 사적 생활영역에 해당할 것을 요하는 것이 아니라 통신 또는 대화의 당사자들의 의사에 의하여 공개가 전제되지 아니한 것이라면 내용에 관계없이 그 침해가 허용되지 아니한다. 또한 통신의 비밀의 불가침에 의하여 보호되는 대상은 통신의 내용에 국한되는 것이 아니라 통신 그 자체, 통신의 형태, 과정 및 통신의 당사자에 이르기까지 공개를 원하지 않는 당사자의 의사에 반하는 것이라면 어느 것이나 공개되거나 공개를 강제당하는 것을 허용하지 아니한다. 통신의 비밀은 통신에 의하여 생성된 '정보'가 아니라 통신을 통한 의사의 표시와 의사의 교환 자체를 보호하기 위한 것이기 때문이다.

---

8) 권영성(주 1) 469: "통신이란 격지자간의 의사의 전달과 물품의 수수를 의미한다"; 홍성방(주 1), 461도 같은 취지인 듯: "전화도청은 통신의 비밀과 관계되고, 전화와 관계없이 도청기구를 사용하여 대화를 듣거나 녹음하는 경우에는 사생활의 비밀과 관계된다."

9) 성낙인(주 7), 36 참조.

10) 헌재 2001. 3. 21. 2000헌바25.

다. 불가침의 의미

통신의 비밀의 '불가침'이란 통신의 발신에서부터 수신 사이에 일체의 통신과정 및 내용에 관한 당사자의 비공개 의사에 반하여 제3자가 인지하는 것을 금지하는 것을 말한다. 구체적 내용에 관해서는 다소간의 견해대립이 있는데, 다수설은 열람금지, 누설금지, 정보금지를 들고 있는 반면11) 다수설이 말하는 정보금지는 결국 열람금지, 누설금지로 분류할 수 있다는 반대설12)이 있다. 열람금지란 통신의 내용을 알기 위해서 통신물을 열거나, 또는 읽거나 도청하는 행위를 금하는 것이고, 누설금지란 통신업무 때문에 알게 된 사실을 남에게 알리는 행위를 금하는 것이고, 정보금지란 통신업무내용을 정보활동의 목적에 제공하거나 제공받으려는 행위를 금지하는 것이다.13) 그 밖에 공개를 강제하거나 정당한 이유없이 통신을 금지하는 것 역시 통신의 비밀을 침해하는 것이 되며,14) 개인은 통신의 비밀의 불가침에 근거하여 통신시설을 하자없이 관리해줄 것을 요청할 수 있다.

한편 통신비밀보호법 제3조는 법률에 예외가 있는 경우를 제외하고는 "우편물의 검열·전기통신의 감청 또는 통신사실확인자료의 제공 및 공개되지 아니한 타인간의 대화를 녹음 또는 청취"하는 것을 금지하고 있다.

4. 통신의 자유의 효력

통신의 비밀의 불가침의 수범자는 국가뿐 아니라 사인도 포함된다.15) 따라서 통신의 자유는 대국가적 효력만이 아니고 사인간에도 효력이 있다고 보아야 한다.

국가와 사인 모두 우편물에 대한 검열이나 전기통신에 대한 감청이 금지되는데, 이를 위반한 경우 사인에 대해서는 통신비밀보호법 제16조, 형법 제316조에 의하여 형벌을 부과할 수 있다. 한편 국가에 대해서는 통신비밀보호법 제4조에서 불법감청에 의하여 지득 또는 채록된 전기통신의 내용은 재판 또는 징계절차에서 증거로 사용될 수 없도록 규정함으로써 통신의 비밀을 침해하는 행위가 결과적으로 무용하도록 하고 있으며, 위헌·위법의 검열, 도청행위로 인하여 통신의 비밀을 침해당한 사인은 국가를 상대로 국가배상청구가 가능하다. 또한 정부의 통신관계 공직자가 재직 중 지득한 타인의 통신비밀을 누설하여서는 안 되고, 위반할 경우 처벌하도록 하고 있다(국가공무원법 제60조, 우편법 제3조, 형법 제127조).

---

11) 허영(주 1), 508; 권영성(주 1), 235; 홍성방(주 1), 460.

12) 성낙인(주 7), 36.

13) 허영(주 1), 508.

14) 이러한 의미에서 정부가 한총련이 국내용 전용정보통신망과 컴퓨터통신 ID를 통해 투쟁지침을 전파하고 있는 데다 그 내용에 이적성이 있다는 이유로 한총련의 인터넷통신을 폐쇄조치한 것은 통신의 비밀 침해와 관련하여 재고해 볼 여지가 있다.

15) 통신비밀보호법은 "누구든지 이 법과 형사소송법 또는 군사법원법의 규정에 의하지 아니하고는 우편물의 검열·전기통신의 감청 또는 통신사실확인자료의 제공을 하거나 공개되지 아니한 타인간의 대화를 녹음 또는 청취하지 못한다"고 규정하고 있다(제3조).

5. 통신의 자유의 제한과 한계[16]

가. 기본권 제한의 일반이론과 통신의 비밀의 제한

통신의 자유도 절대적 기본권이 아니므로 헌법 제37조 제2항에 따라 국가안전보장·질서 유지 또는 공공복리를 위하여 필요한 경우에는 법률로써 제한할 수 있다. 이 경우에도 기본권 제한의 법리, 특히 과잉금지의 원칙의 적용되어야 한다. 그 대표적인 법률이 통신비밀보호법이 며, 그 외에도 국가보안법상 반국가단체와의 통신금지(제8조), 형사소송법상 피고인과 관련된 우편물의 검열, 제출명령, 압수처분 등(제107조), 형의 집행 및 수용자의 처우에 관한 법률(제43 조), 채무자 회생 및 파산에 관한 법률상 파산관리인의 파산자 우편물 관리(제484조) 등이 있다. 이와 같은 통신의 자유의 제한, 즉 통신의 검열이나 압수수색에는 헌법상 영장주의의 원칙이 적용되어야 한다.[17]

나. 통신비밀보호법상의 제한과 한계

통신비밀보호법은 통신 및 대화의 비밀과 자유를 보장하기 위하여 국가안보를 위한 통신

---

16) 이 부분은 성낙인(주 7), 37-42 및 조국, "개정통신비밀보호법의 의의, 한계 및 쟁점: 도청의 합법화인가 도청의 통제인가?," 형사정책연구 제15권 제4호 통권 60호, 2004겨울, 형사정책연구원, 106-133을 대부분 참조하였다.

17) 이에 대하여 일본의 川崎英明은 통신이나 대화를 도청하는 행위는 곧 프라이버시를 침해하는 행위로서 위 헌이라고 한다. 도청이라는 권리침해의 내실이 인간의 존엄에 반하는, 헌법상 전혀 허용되지 않는 강제처 분이라는 것이며, 도청은 그 비밀처분성과 권리침해성에서 압수·수색과 본질적으로 다르다고 한다. 즉, 도 청의 비밀처분성이란 통신등의 당사자에게 도청의 사실이 알려지면 도청이 성립될 수 없다는 점에서 도청 의 본질적 속성이다. 이것은 적어도 처분의 집행단계에서는 수사의 밀행성이 해제되지 않을 수 없는 압수· 수색과 본질적으로 다른 점이다. 도청의 권리침해성은 도청의 대상이 되는 통신 등의 특성에서 나온다. 첫 째로, 통신은 문서의 경우와 같이 당사자에 의한 사전의 내용정서나 사후의 점검과정을 경유함이 없이 프 라이버시가 생기는 형태로 표명된다. 둘째로, 통신 등은 내용이 고정화되어 있는 문서의 경우와는 달리 그 당사자 사이에서 내용이 양적으로나 질적으로나 부단히 발전한다. 셋째로, 도청의 대상을 사전에 특정의 당사자 사이나 특정의 사항에 대한 통신 등에 한정하는 것은 불가능하다. 이와 같은 특성이 중첩적으로 작 용하기 때문에 통신 등의 도청은 그 당사자의 내심에 침입하는 정도가 높다(질적 침해의 강도성). 침해되 는 프라이버시의 범위도 무차별·무한정으로 되지 않을 수 없다(양적 침해의 강도성). 또한 도청은 영장주 의, 특히 영장주의의 세 가지 요청(특정, 개시, 제시)에 반하기 때문에 위헌이라는 지적이 있다. 일본헌법 제35조가 규정하는 영장주의는 영장이 없으면 압수나 수색을 허용하지 않는다는 의미를 갖고 있다고 보기 때문이다. 헌법 제35조는 단지 권리침해의 허용조건을 정하는 규정에 그치는 것이 아니라, 무엇보다도 형 사절차에서의 인권규정으로서 존재한다고 보면서, 형사절차에서의 인권규정이라는 의미는 한편으로는 국가 권력을 절차적으로 구속하고 다른 한편으로는 시민에게 절차적 보장청구권을 부여한다는 것을 뜻한다고 한다. 헌법 제35조는 다시 제1항에서 영장에서의 압수목적물이나 수색장소의 특정(명시)을 요구하고, 제2 항에서는 개별영장을 요구하고 있다. 특정의 요청과 개별영장의 요청은 국가권력에 대한 절차적 기속을 기 도하는 헌법 제35조의 지주라는 것이다. 헌법 제35조가 압수·수색을 받는 시민의 절차적 보장청구권을 부 여하는 규정이라고 한다면, 처분을 받는 시민에게는 절차적 보장이 지켜지고 있는가를 감시하고 통제하는 수단이 있어야 하는데, 그것은 압수·수색영장의 제시라는 것이다. 영장의 기재사항을 확인하고, 영장기재 의 범위에 압수나 수색을 한정시킴으로써 처분을 받는 시민은 국가권력에 의한 프라이버시 침해의 남용을 막을 수 있다는 것이다. 시민은 자신의 권리로서 주체적으로 국가권력에 대한 절차적 구속을 확보할 수 있 다. 헌법 제35조가 압수목적물과 수색장소를 특정한, 개별영장을 요구하는 의미도 이러한 관점에서 바라볼 필요가 있다는 것이다(川崎英明, 盜聽의 問題性格과 理論性格, 法律時報 69권 10호, 1997. 9)-김승환, "도 청과 프라이버시에 관한 헌법적 문제," 영남법학, 제5권 제1·2호, 1999. 2, 77-79 재인용.

제한조치(제7조), 통신제한조치에 대한 긴급처분(제8조) 등 예외적인 경우를 제외하고는 설령 범죄수사를 위한 경우에도 반드시 법원의 허가를 받아야만 제한이 가능하도록 규정하고 있다 (제5조, 제6조). 이에 따라 그간 위헌논란의 대상이 되어 왔던 임시우편단속법은 폐지되었다(부 칙 제2조).

(1) 통신제한조치

　　통신제한조치 중 대표적으로 문제되는 것이 감청이다. 통신비밀보호법은 불법적인 의미를 내포하고 있는 도청에 대칭되는 의미에서 적법절차에 따른 통신제한조치라는 점에서 감청이라 고 표현하고 있는 것으로 보인다.

　　통신제한조치 중 "'감청'이라 함은 전기통신에 대하여 당사자의 동의 없이 전자장치, 기계 장치 등을 사용하여 통신의 음향·문언·부호·영상을 청취하거나 공독하여 그 내용을 지득 또 는 해득하거나 전기통신의 송·수신을 방해하는 것을 말한다"(동법 제2조 제7호). 통신비밀보호 법상 감청에는 일반감청, 특별감청과 긴급감청을 허용하고 있다.

　　일반감청은 통신비밀보호법 제5조 제1항 각호에 규정된 내란죄·외환죄 등 약 150종의 범 죄수사를 위하여, 범죄를 계획 또는 실행하고 있거나 실행하였다고 의심할만한 충분한 이유가 있고, 다른 방법으로는 그 범죄의 실행을 저지하거나 범인의 체포 또는 증거의 수집이 어려운 경우에 한하여, 검사의 청구에 의하여 법원이 허가할 수 있다. 법원이 감청청구에 대하여 이유 가 있다고 인정할 경우에 발부하는 허가서에는 감청의 종류·목적·대상·범위·기간 등을 특정 하여야 한다. 감청의 기간은 원칙적으로 3개월을 초과할 수 없다(제5조, 제6조). 일반감청은 사 전에 법원의 허가서 발부라는 사법적 통제 아래 시행되기 때문에 법리상 용납될 수 있다.

　　그러나 첫째, 법원의 허가서가 사실상 영장의 발부에 유사함에도 불구하고 당사자는 감청 당하고 있다는 사실 그 자체를 전혀 모르고 있는 상태에서 이루어지는 것이기 때문에 개인의 사생활이 침해될 우려가 매우 높다. 특히 헌법상 영장주의가 의미하는 특정성, 공개성, 영장제 시와는 달리 감청은 일반성, 비밀처분성, 영장지시의 결여라는 특성으로 인하여 사실상 헌법상 영장주의에 대한 예외적인 절차이기 때문에 그 적용이나 실행은 매우 한정적, 특정적이어야 한 다. 나아가서 사회공공의 안녕질서의 유지라는 공익적 목적을 달성하기 위하여 희생되어야 하 는 개인의 사생활침해가 최소한에 그치도록 운용되어야 한다. 둘째, 외국에서의 통신비밀보호 법을 통한 감청이 주로 조직범죄나 국가안전보장에 관련된 범죄에 한정되어 있는 점에 비추어, 일반감청의 대상이 되는 범죄의 종류가 지나치게 광범위하게 설정되어 있어서 자칫 감청의 일 반화로 나아갈 우려가 있다. 그것은 곧 기본권제한의 일반이론으로서의 비례의 원칙(과잉금지원 칙)이 의미하는 기본권제한법률 목적의 정당성, 방법의 적절성, 피해의 최소성, 법익의 균형성 에 반할 소지가 있다.

　　특별감청은 국가안전보장에 대한 위해를 방지하기 위하여 이에 관한 정보수집이 특히 필요한 때에 행하는 감청으로서, 대통령령이 정하는 정보수사기관의 장은 내국인인 때에는 고등법원 수석부장판사의 허가, 외국·외국인 등인 때에는 대통령의 승인을 얻어 감청할 수 있다. 감청기간은 원칙적으로 6월을 초과할 수 없다(법 제7조). 특별감청은 일반감청에 대한 예외적인 조치로서 국가안전보장이라는 국가의 존립에 관련된 사안이기 때문에 특별히 외국기관 및 외국인 등에 대하여서는 대통령의 승인만으로도 감청을 할 수 있도록 규정하고 있다. 그러나 적법절차에 대한 중대한 예외이기 때문에, 외국인에 대하여서도 입법상 상호주의의 원칙에 따라 법원의 허가제도로 통합하는 것이 바람직할 것으로 보인다.

  긴급감청은 일반감청이나 특별감청에서 정한 절차를 밟을 수 없는 긴급한 사유가 있는 경우에 긴급처분에 의하여 행하는 감청을 말한다. 이 경우 감청을 집행한 때부터 48시간 이내에 법원의 허가나 대통령의 승인을 얻어야 하며, 법원의 허가나 대통령의 승인을 받지 못한 때에는 즉시 감청을 중지하여야 한다(제8조). 특히 긴급감청을 위한 긴급처분의 요건을 법률에서 규정하지 아니하고 이를 대통령령으로 위임하여 규정하고 있는 것은 위임입법의 한계를 일탈하였다는 비판을 받을 수 있다.

(2) 통신사실 확인자료제공[18]

  2001년 6차 개정 이전에 수사기관은 통신비밀보호법상의 통화감청과 관련된 법적 제한으로부터 자유로운 통화내역자료를 이용하여 사실상의 통신비밀을 확인하는 편법을 사용하고 있었다. 그러나 통신의 비밀이란 통신 내용은 물론이고, 통신의 구성요소가 될 수 있는 통신당사자에 관한 사항, 착발신지, 통신일시, 통신횟수, 통신방법 등을 포함하는 것이므로 이러한 현실은 명백히 통신의 비밀을 침해하는 것이었다. 2001년의 6차 개정은 이러한 문제점을 해결하기 위해 통신사실 확인자료제공의 법적 근거와 절차를 새로이 규정하였다.

  주요 내용을 보자면, 첫째, 검사 또는 사법경찰관이 통신사실 확인자료제공을 요청하는 경우에는 미리 서면 또는 이에 상당하는 방법으로 관할지방법원 또는 지원의 허가를 받아야 한다. 다만, 관할 지방법원 또는 지원의 허가를 받을 수 없는 긴급한 사유가 있는 때에는 통신사실 확인자료제공을 요청한 후 지체없이 그 허가를 받아 전기통신사업자에게 송부하여야 한다. 둘째, 통신사실 확인자료제공의 요청은 요청사유, 해당 가입자와의 연관성, 필요한 자료의 범위를 기재한 서면(=통신사실 확인자료제공요청서)으로 하여야 한다(제13조 제2항).

V. 관련문헌

  권영성, 헌법학원론, 법문사, 2008.
  김배원, "정보관련기본권의 독자적·통합적 보장을 위한 시론," 헌법학연구 제7권 제2호,

---

18) 조국(주 16), 115-119 참조.

			한국헌법학회, 2001, 79-125.

김승환, "도청과 프라이버시에 관한 헌법적 문제," 영남법학, 제5권 제1·2호(1999. 2), 77-
			79.

김철수, 헌법학개론, 박영사, 2007.

성낙인, "통신에서의 기본권 보호," 공법연구 제30집 제2호, 한국공법학회(2001. 12), 35-
			36.

_____, 헌법학 제2판, 법문사, 2007.

양 건, 헌법강의, 법문사, 2013.

이인호, "정보사회와 개인정보자기결정권," 중앙법학 창간호(1999), 41-100.

장영수, 헌법학 Ⅱ, 홍문사, 2003, 305.

조 국, "개정통신비밀보호법의 의의, 한계 및 쟁점: 도청의 합법화인가 도청의 통제인가?,"
			형사정책연구 제15권 제4호 통권 60호(2004 겨울), 형사정책연구원, 106-133.

홍성방, 헌법학, 현암사, 2005.

허 영, 헌법이론과 헌법, 박영사, 2005.

_____, 한국헌법론, 박영사, 2000.

헌법 제19조

[박 종 보]

第19條

모든 國民은 良心의 自由를 가진다.

Ⅰ. 기본개념과 입헌취지

헌법 제19조는 "모든 국민은 양심의 자유를 가진다"고 규정하여 양심의 자유가 헌법적 보호의 대상임을 명백히 하고 있다. 헌법 제19조는 양심의 자유가 국민의 기본권임을 선언하였을 뿐 그 내용 또는 보호영역이나 그 한계 또는 제한에 관하여 직접 언급하지 않는다. 그리고 양심의 자유와 밀접한 관련을 가지는 종교의 자유를 제20조에서 별도로 보장하는 체계를 가지고 있다. 서양에서 신앙과 양심의 자유는 국가와 교회 및 종교개혁파 간의 투쟁에서부터 점진적으로 발전해 온 것이다. 역사적 발전과정을 더듬어 보면 처음에 국가와 교회의 분리가 먼저 확립되고 이 원칙으로부터 종교의 자유가 도출되었다. 양심의 자유는 종교의 자유를 매개로 하여 발전하다가 다시 세속화되면서 종교와 분리되었다.[1]

양심의 자유는 인격권의 중요 요소이다. 헌법재판소는 "인간의 존엄성 유지와 개인의 자유로운 인격발현을 최고의 가치로 삼는 우리 헌법상의 기본권체계 내에서 양심의 자유의 기능은 개인적 인격의 정체성과 동질성을 유지하는 데 있다"고 보고,[2] 양심의 자유는 "인간의 존엄성과 불가분의 관계에 있고, 가치상대주의와 세계관적 중립성을 토대로 공동체 내에서 다양한 의사가 자유롭게 형성되고 나누어지는 것을 가능하게 하므로 민주주의를 구현하기 위한 전제가 되며, 이것이 없이는 학문·예술의 자유, 정치활동의 자유 등이 실질적으로 보장되기 어렵"다는 점을 인정한다.[3] 독일연방헌법재판소는 "독일기본법은 자유로운 인격과 인간 존엄성을 최상의 법적 가치로 여긴다. 기본법 제4조 제1항에 의하여 자율적인 윤리적 인격과 직접 관련되는 양심 및 그 결정의 자유가 불가침이라고 승인한다"고 설명한다.[4] 신앙의 자유와 더불어 양심의 자유는 우리 헌법 제10조(독일기본법 제1조)의 인간 존엄성의 핵심요소를 보장하는 것이며,[5] 인간 존엄성을 구체화하는 것이다.[6]

II. 연   혁

우리나라 헌법은 처음에는 신앙의 자유와 양심의 자유를 통합하여 보장하였다. 건국헌법 제12조는 "모든 국민은 신앙과 양심의 자유를 가진다. 국교는 존재하지 아니하며 종교는 정치로부터 분리된다"고 규정하였던 것이다. 그런데 1962년헌법은 태도를 바꾸어 제17조에서 "모든 국민은 양심의 자유를 가진다"고만 규정하고 이를 제16조의 종교의 자유 보장과[7] 구별하였다. 이와 같이 종교와 양심을 구별하고 각각의 보장을 표현하는 형식은 현행헌법에 이르기까지 조문 위치만 바꾸어(제19조 양심의 자유, 제20조 종교의 자유) 계속 유지되고 있다. 이러한 우리 헌법의 규범구조는 다음과 같이 설명될 수 있을 것이다. 즉 창조주나 초월자에 관한 신앙은 제20조가 보장하고, 세속사에 관한 세계관적·윤리적 신념은 제19조가 보장한다는 것이다.

---

1) 후술하는 II 참조.
2) 헌재 2004. 8. 26. 2002헌가1, 16-2상, 151(다수의견).
3) 헌재 2004. 8. 26. 2002헌가1, 16-2상, 162(소수의견).
4) BVerfGE 12, 53f.; BVerfGE 32, 106; BVerfGE 33, 28f.
5) Roman Herzog, in: Maunz/Dürig, Grundgesetz Kommentar, Bd. I, C. H. Beck, 2009, Art. 4, Rn. 11.
6) Reinhold Zippelius, in: Dolzer/Vogel/Graßhof, Bonner Kommentar von Grundgesetz, Bd. I, C. F. Müller, 2004, Art. 4, Rn. 56.
7) 1962년헌법 제16조: "① 모든 국민은 종교의 자유를 가진다. ② 국교는 존재하지 아니하며, 종교와 정치는 분리된다."

서양에서의 연혁을 살펴보면 신앙과 양심의 자유는 위에서 언급한대로 국가와 교회 및 종교개혁파간의 투쟁에서부터 점진적으로 발전해 온 것이다.[8] 서양에서는 로마 제국이 기독교를 국교로 채택한 이후 중세시대에 이르기까지 로마 가톨릭의 일원적 세계관이 지배하였다. 여기서 벗어나 국가의 세속적 권력과 교회의 영적 권력을 구별하게 된 것이 신앙의 자유의 발아점이다. 국가와 교회의 분리는 성직임명권을 둘러싼 신성로마제국 황제와 교황 간의 분쟁을 마무리한 1122년의 보름스협약(Wormser Konkordat)에 의하여 처음으로 문서화되었다. 이후 국가와 교회의 구별은 서방사회에서 보편적으로 인정되기 시작하였다. 종교적으로 중립인 국가를 지향하던 것이 궁극적으로 종교의 자유로 발전하였다. 종교적으로 중립인 국가라야 종교의 자유를 보장할 수 있고, 종교의 자유를 통해서만 국가는 중립일 수 있기 때문이다.

종교개혁은 처음에 신앙의 내용을 문제삼았지 신앙의 자유를 요구하지는 않았다. 그러나 Luther는 국가와 교회는 분리되어야 하고 종교문제는 국가의 관할권에 속하지 않는다는 견해를 지지하였다. 법적인 변화는 1555년의 아우구스부르크 종교화의(宗敎和議, Augsburger Religionsfriede)에서 시작되었다. 이 조약에 의하여 가톨릭 교파와 함께 복음주의 교파(evangelisches Bekenntnis)도 허용되었으나 교파를 결정할 권한은 군주가 보유하였다. 신성로마제국의 종교이원주의 하에서도, 개인이 자기의 종교를 선택할 자유는 여전히 허용되지 않았던 것이다.

종교의 자유를 향한 진전은 30년 전쟁 후 체결된 1648년의 베스트팔렌조약(Westfälishe Frieden)의 내정(內政)편에서 이루어졌다. 가톨릭, 복음파와 더불어 새로이 개혁파(reformiertes Bekenntnis)가 허용되었으나(제7조), 다른 교파는 계속 금지되었다. 이 조약은 표준일 또는 표준년을 기준으로 교파별 지역구분(status quo)을 확정하였다(제5조 제31항, 제32항). 이제 아욱스부르크 종교화의에 근거한 군주의 종교결정권은 다시 제약되었고, 군주는 신민에게 다른 교파를 용인해야 하였다. 그러나 그 후에도 여전히 자기의 신앙생활을 허락받지 못한 자에게는 이주권(ius emigrandi)과 가정예배의 가능성만이 인정되었으며(제5조 제34항), 겉으로 신앙을 드러내거나 선교해서는 안 되었다. 기존교파를 유지하고 공공의 안전과 질서를 유지하기 위하여, 각자의 신앙에 관한 견해를 표명하거나 전파하는 것은 여전히 금지되었다. 여기서 이들 소수파를 위하여 conscientia libera라는 형식으로 양심의 자유라는 개념이 처음으로 등장하게 되었다.

신앙과 양심의 자유가 성문화된 것은 1663년 Rhodes Island를 시발로 한 북미대륙의 식민지헌장과 권리선언에서부터이다. 그 후 신앙 및 양심의 자유는 1791년 미국연방헌법의 권리장전 그리고 1789년 프랑스의 '인간과 시민의 권리선언' 등에서 기본권 목록에 포함되었다. 이러한 영미류의 양심의 자유와 결합한 종교의 자유 보장체계는 독일 헌법에서의 양심의 자유 보장에 영향을 미쳤다. 양심의 자유는 처음에는 종교의 자유와 병립하는 권리로 인식되었으나 차츰

헌법 제19조

---

8) 개략적인 서술로는 Martin Morlok, in: Horst Dreier, Grundgesetz Kommentar, Bd. I, 2. Aufl., Mohr Siebeck, 2004, Art. 4, Rn. 1ff.; Christian Starck, in: Mangoldt/Klein/Starck, Das Bonner Grundgesetz Kommentar, Bd. I, 5. Aufl., Vahlen, 2005, Art. 4, Rn. 1ff.; Zippelius(주 6), Rn. 2f. 및 Rn. 17ff. 등 참조.

하나의 통일적인 '신앙과 양심의 자유'의 일부로 이해되기에 이르렀다. 그 후 신앙과 양심의 자유의 보호영역은 비종교 또는 반종교적 세계관 그리고 종교적 세계관과 무관한 양심을 포함하는 방향으로 발전하였다. 그러한 예가 1849년의 프랑크푸르트헌법(Paulskirchenverfassung) 제5조[9], 1850년의 프로이센헌법 제12조-제19조, 1919년의 바이마르공화국헌법 제135조[10] 이하 그리고 1949년의 독일기본법 제4조 등이다.

요컨대 역사적 발전과정을 더듬어 보면 처음에 국가와 교회의 분리가 먼저 확립되고 이 원칙으로부터 종교의 자유가 도출되었다. 양심의 자유는 종교의 자유를 매개로 하여 발전하다가 다시 세속화되면서 종교와 분리되었다. 신앙의 자유와 양심의 자유는 그 출발점부터 국가가 종교적으로 중립일 것을 요구하였다. 양심의 자유는 국가가 세속적으로도 가치중립일 것을 요구한다.

Ⅲ. 입헌례와 비교법적 의의

1. 독   일

독일기본법 제4조 제1항은 "신앙과 양심의 자유 그리고 종교적 및 세계관적 신념고백(Bekenntnis)의 자유는 불가침이다"라고 규정하여 신앙과 양심의 자유를 보장하고 있고, 동조 제3항은 "누구도 양심에 반하여 집총병역을 강제당하지 않는다. 자세한 것은 연방법률로 정한다"고 규정하여 양심적 집총거부권을 명시적으로 보장하고 있다. 동조 제2항은 '방해받지 않는 종교행위'(Religionsausübung)를 보장한다. 신념고백의 자유와 종교행위의 자유가 신앙의 자유에 포함되는 것으로 이해하고, 종교와 세계관도 하나의 권리로 통합될 수 있기 때문에 기본법 제4조는 세 기본권의 복합체로 이해된다. 즉 종교와 세계관의 자유(신앙의 자유), 양심의 자유 그리고 병역거부의 자유이다.[11]

2. 미   국

1776년의 버지니아권리장전 제16조는 "종교 또는 창조주에 대한 예배 및 그 양식은 무력이나 폭력에 의해서가 아니라 오로지 이성과 신념에 의해서만 지시될 수 있다. 그러므로 누구든지 양심이 명하는 바에 따라 자유로이 종교를 신앙하는 평등한 권리를 가진다"고 하여 종교의 자유와 양심의 자유를 함께 규정하였다. 그러나 미국연방헌법은 양심의 자유(freedom of

---

9) 프랑크푸르트헌법 제5조 MXLIV: "모든 독일인은 완전한 신앙과 양심의 자유를 가진다. 누구도 자기의 종교적 신념을 공표할 의무를 지지 않는다."

10) 바이마르공화국헌법 제135조: "모든 거주자는 완전한 신앙과 양심의 자유를 누린다. 헌법은 방해받지 않는 종교행위를 보장하며 국가는 이를 보호한다. 일반적 국법은 이에 관여하지 않는다."

11) Morlok(주 8), Rn. 31.

conscience)를 명시적으로 보장하지는 않는다. 그런데 연방헌법 개정 제1조가 사상과 양심 중 특정한 범주, 즉 종교와 언론을 열거하여 특별한 취급을 하고 있기 때문에,[12] 미국연방대법원은 이를 일반화하여 개정 제5조 및 제14조의 적법절차가 보장하는 '자유'와 더불어 종교와 언론의 자유로부터 광범위한 개인의 양심 영역을 도출하였다.[13] 굳이 말하자면 비종교적인 내면세계의 형성과 그 표현 문제를 다룰 때 법원은 주로 언론의 자유를 그 근거로 삼는 경향이 있다.

3. 프 랑 스

프랑스 제5공화국헌법 전문(前文) 제1문에[14] 따라 프랑스헌법의 일부로 편입되는 1789년 '인간과 시민의 권리선언' 제11조는 "사상 및 견해의 자유로운 통신은 인간의 가장 귀중한 권리 중의 하나이다. 그러므로 모든 시민은 자유롭게 말하고, 저작하고 출판할 수 있다. 단 모든 시민은 법률에 규정된 경우에만 이러한 남용에 대하여 책임을 진다"고 규정하고 있다. 이에 따라 개인의 윤리적·종교적·정치적 사상을 제약당하지 않을 뿐만 아니라 공직 취임에 차별받지 않는다.[15]

4. 일 본

일본헌법 제19조는 "사상과 양심의 자유는 이를 침해하여서는 아니 된다"고 규정하여 좁은 의미의 양심의 자유뿐만 아니라 널리 사상의 자유도 명시적으로 보장하고 있다.

Ⅳ. 다른 조문과의 체계적 관계

연혁적으로 양심의 자유는 종교의 자유와 밀접한 관련을 가지고 있는데, 신앙의 자유와 양심의 자유를 독일의 이론은 다음과 같이 구별한다. 종교와 세계관적 신념은 형이상학적 사유체계, 즉 인간의 본질과 인간을 둘러싼 세계를 '더 높은' 차원에서 이해하는 사유체계이다. 이와는 달리 양심은 윤리의 영역에 속하는 것으로서, 일정한 정황이나 과정을 '더 높은 곳에서' 이해하는 방법을 명하는 것이 아니라 오히려 인간이 일정한 상황에서 '바르게' 자기구속을 하는 방법을 명하는 인간 '내면의' 법정이다.[16] 구체적인 양심상 결정이 반드시 일반적이고 포괄적인 형이상학적 사유체계로 귀속하여야 하는 것은 아니기 때문에 많은 경우에 양심이 종교나 세계관

---

12) 미국연방헌법 개정 제1조: "연방의회는 국교를 수립하거나, 자유로운 종교행위를 금지하거나, 언론이나 출판의 자유, 평온하게 집회하고 정부에 고충의 구제를 청원할 권리를 침해하는 법률을 제정할 수 없다."

13) Laurence H. Tribe, American Constitutional Law, 2nd ed., Foundation Press, 1988, §15-5, 1315.

14) "프랑스 국민은 1789년 인권선언에서 정의되고 1946년 헌법의 전문에서 확인·보완된 인권과 국민주권의 원리에 대한 애착을 엄숙히 선언한다." 번역문은 성낙인, 프랑스헌법학, 법문사, 1995, 889에 따른다. 이하 같다.

15) 성낙인(전주), 809 이하.

16) Herzog(주 5), Rn. 125 및 주 97. 원칙적으로 확립된 판례이자 통설이라고 한다.

과 결합하지 않는다고 한다.[17]

V. 개념과 원리에 대한 판례 및 학설

1. 양심의 자유의 의의

가. 양심 개념의 주관성

동서양을 막론하고 양심은 법률 이전의 개념이기 때문에 다양한 의미로 사용될 수 있다. 그런데 인권의 기초개념으로서 양심을 정의할 때 그것은 '절대적으로 옳은 것'과는 다르게 이해되어야 한다.[18] 양심의 자유는 개인이 자기행동에 대하여 스스로 인지하는 책임감을 보호한다. 그것은 내면의 도덕적 통제와 관련되어 있다. 양심을 심리학적으로 고찰하면, "인격의 일부로서 정서적으로 준수하여야 한다고 느끼는 규범을 개인에게 의무로 부과하는 내면의 심판"이라고 이해할 수 있다.[19] 그렇다면 양심의 객관적 내용이 무엇이라고 미리 정해 놓을 수는 없는 것이다.

독일연방행정법원은 '양심'의 개념을 "정의(Recht)와 부정의(Unrecht)에 관한, 내면에 근원적으로 존재하는 확신 그리고 그로부터 나오는 일정한 작위와 부작위에 관한 의무감" 또는 "자기 행위의 윤리적 가치 또는 무가치에 관한 주관적 인식"이라고 정의하였다.[20] 독일연방헌법재판소는 일반적 병역의무부과와 민간대체복무제도의 위헌 여부에 관한 사건들에서 비슷한 정의를 내렸는데, '양심상 결정'을 "일정한 경우에 개인의 내면에서 원래 구속력 있고 무조건 의무적인 것으로 봉착하기 때문에 개인이 양심적 고뇌(Gewissennot) 없이는 행동할 수 없게 만드는 모든 진지한 윤리적 결정, 즉 '선'(Gut)과 '악'(Böse)의 범주를 지향하는 결정"이라고 정의하였다.[21]

이러한 정의는 다분히 형식적이지만, 고도의 인격적 윤리적 기준을 설정하는 데 주관의 다양성을 인정할 수밖에 없으므로 부득이하다. 이재승 교수는 이 문제를 다음과 같이 설명한다. 법원이나 실정법이 실질적 또는 내용적 양심개념을 채택한다면 양심의 문제는 불가피하게 진리의 문제로 되돌아가게 되고, 법원은 종교재판소와 같은 역할을 하게 되기 때문에, 양심은 그 내용을 특정한 윤리적·종교적 표준에 입각해서 정의할 것이 아니라 형식적으로 정의해야 한다. 양심에 대한 법적 논쟁의 출발점은 양심의 '진리'가 아니라 '개인'의 양심이 되어야 한다. 이러한 주관적 양심개념만이 인간존엄의 기초 그리고 자유국가의 근본전제에 합당한 것이다.[22]

---

17) Starck(주 8), Rn. 13.
18) 이재승, "인권의 기초개념으로서의 양심," 법학논총(국민대학교) 14(2002), 177.
19) Morlok(주 8), Rn. 57.
20) BVerwGE 7, 246; 9, 97.
21) BVerfGE 12, 54f.; BVerfGE 48, 173.
22) 이재승(주 18), 185. 같은 글 178-184에서는 양심의 개념에 관하여 칸트의 주관주의와 헤겔의 객관주의를 소개하면서 각각 비판하고 있다. 또 칸트의 양심개념을 다룬 것으로 임미원, "양심과 자율," 법철학연구

그러므로 어떤 내용을 양심이 요구하는지는 양심상 결정을 해야 하는 사람의 관점에서 판단할 수밖에 없다. 어떤 이의 양심적 결정의 내용을 판단하는 데 '평균인'의 기준을 적용하는 것은 이러한 고도의 인격적 판단을 보장하는 헌법의 취지에 합치할 수 없는 것이다.[23]

우리 헌법재판소도 일찍이 헌법이 보호하려는 양심은 "어떤 일의 옳고 그름을 판단함에 있어서 그렇게 행동하지 아니하고는 자신의 인격적인 존재가치가 허물어지고 말 것이라는 강력하고 진지한 마음의 소리로서 절박하고 구체적인 양심"이라거나[24] "옳고 그른 것에 대한 판단을 추구하는 가치적·도덕적 마음가짐으로, 개인의 소신에 따른 다양성이 보장되어야 하고 그 형성과 변경에 외부적 개입과 억압에 의한 강요가 있어서는 아니 되는 인간의 윤리적 내심 영역"이라고[25] 정의해 왔다. 그리고 헌법재판소는 "'양심상의 결정'이란 선과 악의 기준에 따른 모든 진지한 윤리적 결정으로서 구체적인 상황에서 개인이 이러한 결정을 자신을 구속하고 무조건적으로 따라야 하는 것으로 받아들이기 때문에 양심상의 심각한 갈등이 없이는 그에 반하여 행동할 수 없는 것"이라고 부연하였다.[26]

헌법재판소는 양심적 집총거부 사건(1)에 이르러 드디어 양심의 개념이 주관적이라고 하는 점을 분명히 하였다. 이 결정의 다수의견은 "양심의 자유가 보장하고자 하는 '양심'은 민주적 다수의 사고나 가치관과 일치하는 것이 아니라, 개인적 현상으로서 지극히 주관적인 것이다. 양심은 그 대상이나 내용 또는 동기에 의하여 판단될 수 없으며, 특히 양심상의 결정이 이성적·합리적인지, 타당한지 또는 법질서나 사회규범, 도덕률과 일치하는지 여부는 양심의 존재를 판단하는 기준이 될 수 없다"고 보았다.[27] 이 결정의 반대의견도 "어떠한 근원에 의해 형성된 것이든 양심은 그에 따라 행동하지 않고서는 자신의 인격적 존재가치가 허물어지고 말 것이라는 정도의 진지성이 있어야 하며 그와 같이 강력하고도 진지한 양심인지에 대한 판단은 개별적으로 이루어져야" 하고, "양심의 내용에 대한 외부인의 평가에 따라 양심인지 여부가 좌우될 수 없고 그 가치의 고하가 가려져서도 아니 된다. 강력하고도 진지한 마음의 소리이기만 하면 양심으로 보아야 하며 사회와 국가 또는 인류에 유익한 것인지 등은 보호대상이 되는 양심인지 여부를 가릴 때 고려되지 않는다"고 설시하였다.[28] 이 결정의 다수의견이든 반대의견이든 양심을 주관적 개념으로 이해하는 데는 일치한다.

헌법재판소는 양심적 집총거부 사건(2)에서도 주관적 양심개념을 유지하고 있다. 헌법재판소는 "일반적으로 민주적 다수는 법과 사회의 질서를 그들의 정치적 의사와 도덕적 기준에 따

5-1(2002), 141-156 참고.

23) Morlok(주 8), Rn. 58 본문 및 주 107.

24) 헌재 1997. 3. 27. 96헌가11, 9-1, 263.; 헌재 2002. 4. 25. 98헌마425 등, 14-1, 363.

25) 헌재 2002. 1. 31. 2001헌바43, 14-1, 49.

26) 헌재 2004. 8. 26. 2002헌가1, 16-2상, 151.

27) 헌재 2004. 8. 26. 2002헌가1, 16-2상, 151. 유사한 설명으로 한수웅, "헌법 제19조의 양심의 자유," 헌법논총(헌법재판소) 12(2001), 396. 인용된 표현은 헌재 2011. 8. 30. 2008헌가22에서 수정된 것임.

28) 헌재 2004. 8. 26. 2002헌가1, 16-2상, 162.

라 형성하기 때문에, 국가의 법질서나 사회의 도덕률과 갈등을 일으키는 양심은 현실적으로 이러한 법질서나 도덕률에서 벗어나려는 소수의 양심이"라는 문제의식을 바탕으로 "그러므로 양심상 결정이 어떠한 종교관·세계관 또는 그 밖의 가치체계에 기초하고 있는지와 관계없이, 모든 내용의 양심상 결정이 양심의 자유에 의하여 보장되어야 한다"고 본다.[29]

　　대법원은 헌법재판소가 발전시킨 주관적 양심개념을 대체로 수용하고 있는 것으로 보인다.[30] 그러나 대법원이 양심적 집총거부 사건에서 "양심상의 결정에 반한 행위를 기대할 가능성이 있는지 여부를 판단하기 위해서는, 행위 당시의 구체적 상황 하에 행위자 대신에 '사회적 평균인'을 두고 이 평균인의 관점에서 그 기대가능성 유무를 판단하여야 할 것"이라고 본 것은[31] 양심개념의 주관성을 분명하게 인식하지 못한 것이라고 평가할 수 있다.

나. 윤리적 판단의 진지성의 정도

　　한편, 자신의 인격적 존재가치가 허물어지고 말 것이라는 정도의 진지성이 없이 법질서가 요구하는 특정행위에 대하여 마음이 내키지 않는 막연한 감정은 양심으로 보호받지 못한다. 그러므로 헌법재판소가 초기 판례인 사죄광고 사건에서[32] 법원이 명하는 사죄광고가 타인의 명예를 훼손하여 비행을 저질렀다고 믿지 않는 자에게 본심에 반하여 깊이 '사과한다' 하면서 죄악을 자인하는 의미의 사죄의 의사표시를 강요하는 것이라는 이유로 양심의 자유를 침해한다고 본 것은 문제가 있다.[33] 헌법재판소는 초기 판례의 이러한 문제점을 곧 시정하였다. 헌법재판소는 주취운전 혐의자에게 주취 여부의 측정에 응할 의무를 지우고 이에 불응한 사람을 처벌하는 도로교통법 조항의 위헌 여부가 문제된 사건에서, 헌법이 보호하려는 양심은 "어떤 일의 옳고 그름을 판단함에 있어서 그렇게 행동하지 아니하고는 자신의 인격적인 존재가치가 허물어지고 말 것이라는 강력하고 진지한 마음의 소리로서 절박하고 구체적인 양심"이라고 전제하고, 음주측정요구에 처하여 이에 응하여야 할 것인지 거부해야 할 것인지 고민에 빠질 수는 있겠으나 그러한 고민은 선과 악의 범주에 관한 진지한 윤리적 결정을 위한 고민이라 할 수 없으므로 양심의 자유를 침해하지 않는다고 판시하였다.[34] 마찬가지로 탈법방법에 의한 문서·도화의 배부·게시 등을 금지하고 있는 공직선거법 조항은 내면적으로 구축된 인간의 양심을 왜곡 굴절시킨다고 할 수 없으므로 양심의 자유를 침해하지 않는다.[35]

　　헌법재판소는 공정거래법 위반사실 공표 사건에서 "헌법 제19조에서 보호하는 양심은 옳고 그른 것에 대한 판단을 추구하는 가치적·도덕적 마음가짐으로, 개인의 소신에 따른 다양성

---

29) 헌재 2011. 8. 30. 2008헌가22, 23-2(상), 189.

30) 대판 2004. 7. 15. 2004도2965, 집 52-2, 230.

31) 전주, 233(다수의견).

32) 헌재 1991. 4. 1. 89헌마160, 3, 149.

33) 같은 견해로는 최대권, "양심의 자유와 사죄광고," 법학(서울대학교) 39-3(1998), 4 이하; 한수웅(주 27), 395, 주 10.

34) 헌재 1997. 3. 27. 96헌가11, 9-1, 245(263).

35) 헌재 2001. 8. 30. 99헌바92 등, 13-2, 174.

이 보장되어야 하고 그 형성과 변경에 외부적 개입과 억압에 의한 강요가 있어서는 아니 되는 인간의 윤리적 내심영역"이라고 분명히 정의하였다.[36] 이렇게 볼 때 단순한 사실관계의 확인과 같이 가치적·윤리적 판단이 개입될 여지가 없는 경우는 물론, 법률해석에 관하여 여러 견해가 갈리는 경우처럼 다소의 가치관련성을 가진다고 하더라도 개인의 인격형성과는 관계가 없는 사사로운 사유나 의견 등은 그 보호대상이 아니다. 그러므로 사업자단체의 공정거래법 위반행위가 있을 때 공정거래위원회가 당해 사업자단체에 대하여 '법위반사실의 공표'를 명할 수 있도록 한 공정거래법 조항은 양심의 자유를 침해하지 않는다.[37] 마찬가지로 자동차 운전자에게 좌석안전띠를 매도록 하고, 이를 위반했을 때 범칙금을 납부하도록 통고하는 것은 양심의 자유를 침해하지 않는다. 자동차를 운전하며 좌석안전띠를 맬 것인지의 여부에 대하여 고민할 수는 있겠으나, 그 고민 끝에 제재를 받지 않기 위하여 어쩔 수 없이 좌석안전띠를 메었다 하여 청구인이 내면적으로 구축한 인간양심이 왜곡·굴절되고 청구인의 인격적인 존재가치가 허물어진다고 할 수는 없기 때문이다.[38]

2. 양심의 자유의 보호법익

위와 같이 판단하면 양심의 자유는 인격권의 중요 요소이다. 신앙의 자유와 더불어 양심의 자유는 우리 헌법 제10조(독일기본법 제1조)의 인간 존엄성의 핵심요소를 보장하는 것이며,[39] 인간 존엄성을 구체화하는 것이다.[40] 독일연방헌법재판소는 "독일기본법은 자유로운 인격과 인간 존엄성을 최상의 법적 가치로 여긴다. 기본법 제4조 제1항에 의하여 자율적인 윤리적 인격과 직접 관련되는 양심 및 그 결정의 자유가 불가침이라고 승인한다"고 설명한다.[41] 이러한 의미에서 양심의 자유는 자유민주주의의 기능적 전제조건이기도 하다.[42] 미국에서도 양심의 자유 보장의 의의를 미국헌법이 명시적으로 규정하지 않는 개인의 '인격권' 또는 '정신적 자유' 보호에 근거한 것으로 이해하는 견해와 판례를 발견할 수 있다.

3. 양심의 자유의 보호영역

양심상 결정의 내용을 객관적으로 정할 수 없기 때문에, 양심의 자유의 보호영역도 구체적

---

36) 헌재 2002. 1. 31. 2001헌바43, 14-1, 49, 56.

37) 그러나 헌법재판소는 '법위반으로 공정거래위원회로부터 시정명령을 받은 사실'이 아니라 '법위반사실'의 형식으로 공표하게 하는 것은 과잉금지 원칙에 위반하여 일반적 행동의 자유 및 명예권을 침해하고, 무죄추정의 원칙에 위배되며, 진술거부권을 침해하여 위헌이라고 선언하였다. 헌재 2002. 1. 31. 2001헌바43, 14-1, 57 이하. 이 판례에 적용된 법리가 '사죄광고 결정'의 법리를 번복한 것인지는 분명하지 않다.

38) 양심의 자유뿐만 아니라 일반적 행동자유권, 사생활의 비밀과 자유도 침해하지 않아 합헌이라고 보았다. 헌재 2003. 10. 30. 2002헌마518, 15-2하, 185.

39) Herzog(주 5), Rn. 11.

40) Zippelius(주 6), Rn. 56.

41) BVerfGE 12, 45(53f.); BVerfGE 32, 98(106); BVerfGE 33, 23(28f.).

42) 박종보, "양심의 자유의 규범구조와 보호범위: 준법서약제를 중심으로," 민주법학 22(2002), 249.

인 경우에 주관적 기준, 즉 기본권 주체의 자기이해(Selbstverständnis)에 따라 정할 수밖에 없다. 양심의 자유의 적용 대상은 불특정하고 무제한적이다. 그러므로 양심의 자유는 종교의 자유에 귀속시키기가 의문스러운 경우들을 총괄하는 기능(Auffangfunktion)을 가진다.[43] 양심의 자유를 종교의 자유와 별도로 보장하는 것은 모든 개인에게 도덕적 결정의 여지를 주는 것이다.

가. 이 분 설

헌법재판소는 양심의 자유를 내심의 자유인 '양심형성의 자유'와 양심적 결정을 외부로 표현하고 실현하는 '양심실현의 자유'로 구분한 후, 여기서 양심형성의 자유란 외부로부터의 부당한 간섭이나 강제를 받지 않고 개인의 내심영역에서 양심을 형성하고 양심상의 결정을 내리는 자유를 말하고, 양심실현의 자유란 형성된 양심을 외부로 표명하고 양심에 따라 삶을 형성할 자유로서, 양심을 표명하거나 또는 양심을 표명하도록 강요받지 아니할 자유(양심표명의 자유), 양심에 반하는 행동을 강요받지 아니할 자유(부작위에 의한 양심실현의 자유), 양심에 따른 행동을 할 자유(작위에 의한 양심실현의 자유)를 모두 포함하는 것으로 이해한다.[44]

나. 삼 분 설

그러나 학설은 양심의 자유의 보호영역을 다음과 같은 세 가지 영역으로 나누어 설명하는 것이 대부분이다. 즉 양심형성의 자유, 양심표현의 자유, 양심실현(양심적 행동)의 자유가 그것이다.[45] 여기서는 편의상 삼분설에 따라 설명하기로 한다. 양심의 자유의 보호영역을 더 정확하게 이해하는 데 삼분설이 더 타당해 보이기 때문이다.[46]

(1) 양심형성의 자유

양심의 자유는 우선 양심을 형성하고 견지할 수 있도록 보장한다. 이른바 내심(forum in-ternum)을 보호하는 것이다.[47] 이렇게 내심을 보호한다는 것 자체가 보호받는 내심영역에 대한 어떠한 형태의 강제적 간섭도 금지한다. 인간의 내심영역은 본질상 국가가 간섭할 수 없고 국가의 영향권 밖에 있기 때문에 양심실현의 자유에 대한 침해는 "현실적으로 큰 의미가 없다"는 지적은 일리가 있으나, "양심형성의 자유는 사실상 기본권에 의한 별도의 보호를 필요로 하지 않는다"고는[48] 말할 수 없다.

---

43) Morlok(주 8), Rn. 61.
44) 헌재 1998. 7. 16. 96헌바35, 10-2, 135. 이러한 견해는 헌재 2004. 8. 26. 2002헌가1에서도 반복되고 있다. 16-2, 151 이하. 유사한 설명으로 한수웅(주 27), 404 이하.
45) Herzog(주 5), Rn. 129f.
46) 박종보, "양심의 자유와 병역거부," 민주사회와 정책연구 7(2005), 295 이하.
47) Herzog(주 5), Rn. 130; Bethge, "Gewissensfreiheit," in: Isensee/Kirchhof, Handbuch des Staatsrechts, Bd. Ⅵ, 2. Aufl., C. F. Müller, 2001, § 137, Rn. 13.
48) 한수웅(주 27), 404 이하. 양심보호의 핵심영역이 양심실현의 자유라는 점을 강조하기 위한 표현으로 이해된다. 현대국가는 최면, 세뇌 등 양심의 형성과정에 부당한 영향을 미치는 수단을 가지고 있으므로 내심의 영역도 이러한 점에서 보호되어야 한다고 설명하고 있다.

(2) 양심표현의 자유

내면적 신념을 적절하게 보호하기 위해서는 표현의 자유도 보장되어야 한다. 양심표현의 자유는 일반적인 의사표현의 자유(한국헌법 제21조 제1항; 독일기본법 제5조 제1항)의 특별법적 지위를 가진다. 이러한 견해가 독일의 통설이다.[49] 양심의 자유는 인간 존엄성의 핵심이므로 양심표현의 자유는 최상급 기본권으로서 일반적 표현의 자유에 비해서도 고도의 보장을 받아야 마땅하다.

(3) 양심실현의 자유

신앙의 자유와 마찬가지로 양심의 자유도 단순히 신념을 가지고, 그것을 고백하는 것만을 보장하지 않는다. 신앙과 양심의 자유의 보호영역은 원칙적으로 종교적 및 세계관적 신념이나 양심에서 나오는 모든 실현행위를 포함한다.[50] 이러한 견해가 독일의 압도적 다수설이자[51] 확립된 판례이다. 즉 신앙과 양심의 자유는 또한 자기의 신앙과 양심적 의무감에 맞추어 행동할 자유이기도 하다.[52] 신앙과 양심의 자유는 무엇보다도 개인의 내심에 합치하는 생활방식 안에서 실현되므로, 자기의 신앙이 가르치는 바를 수행하고 자기의 내면적 확신에 따라 사는 개인의 자유를 포함한다.[53] 이러한 양심실현의 자유는 자유로운 인격발현권(일반적 행동의 자유)의[54] 특수형태로 이해된다.[55]

다. 소극적 양심의 자유

기본권은 일차적으로 국가에 대한 방어권이므로 소극적 권능은 행동자유의 개념에 내재하는 것이다. 양심의 자유에 있어서도 적극적 자유뿐만 아니라 소극적 자유가 보장되며[56] 이것은 세 가지 보장범위 모두에 적용된다.[57] 다시 말하면 소극적 양심형성의 자유, 즉 아무런 양심상 결정을 내리지 않을 자유(믿지 않을 자유), 소극적 양심표현의 자유, 즉 아무 것도 고백하지 않을 자유(자기의 신념에 대하여 침묵할 자유)와 소극적 양심실현의 자유, 즉 특정한 세계관적 신념으로부터 초연할 자유가 보장된다. 요컨대 특정한 문제에 관하여 자기 양심을 구속하는 결정을

---

49) Herzog(주 5), Rn. 131; Zippelius(주 6), Rn. 98; Morlok(주 8), Rn. 37.

50) BVerGE 78, 395; Ernst-Wolfgang Böckenförde, "Das Grundrecht der Gewissensfreiheit," VVDStRL, Heft 28(1970), 51f.; Bethge(주 47), Rn. 14; Herzog(주 5), Rn. 132f.; Zippelius(주 6), Rn. 44f.

51) Zippelius(주 6), Rn. 50 본문 및 주 87의 문헌 참조.

52) BVerfGE 78, 395.

53) BVerfGE 32, 106.

54) 독일기본법 제2조 제1항은 "누구든지 타인의 권리를 침해하지 않고 헌법질서나 도덕률을 위반하지 않는 한 자기의 인격을 자유로이 발현할 권리를 가진다"고 규정하고 있다. 우리 헌법은 일반적 행동자유권을 명시적으로 보장하지 않으나 헌법재판소는 이 권리를 헌법 제10조의 한 내용으로 이해한다. 헌재 1991. 6. 3. 89헌마204, 3, 268 이후 확립된 판례.

55) Herzog(주 5), Rn. 132f.; Böckenförde(주 50), 50f.; Richard Bäumlin, "Das Grundrecht der Gewissensfreiheit," VVDStRL, Heft 28(1970), 15f.

56) Zippelius(주 6), Rn. 31; Herbert Bethge(주 47), Rn. 16.

57) Herzog(주 5), Rn. 54f.

내리거나 행동하지 않아도 되는 것이다.

4. 양심의 자유의 제한

가. 내재적 한계 이론과 그 비판

양심의 자유와 관련하여 '기본권의 내재적 한계'라는 관념을 사용하는 경우가 있다. 이 관념은 독일 헌법학에서 유래한 것이다. 독일에서는 신앙이나 양심의 자유의 제한을 논할 때 '헌법내재적 한계'(verfassungsimmanente Schranken) 또는 기본권내재적 한계(grundrechtsimmanente Schranken)라는 개념을 사용한다. 기본법 제4조에는 헌법직접적인 제한이나 법률에 의한 제한을 명시적으로 유보해 놓지 않았기 때문에, 헌법내재적 한계에 근거하여서만 제약될 수 있다는 것이다.[58] 독일연방헌법재판소는 이 원칙을 "종교의 자유 제한은 이른바 내재적 한계에 의해서만 정당화될 수 있다. 즉 동급의 헌법적 가치가 종교자유의 행사와 충돌하는 때에는 헌법의 통일성의 관점에서 조정을 행하여야 한다"고 설명한다.[59] 그러나 독일의 경우와는 달리 '기본권의 내재적 한계'라는 관념은 우리 헌법의 규범구조 하에서는 사용할 필요가 없다는 유력한 반론이 있다. 그 취지는 다음과 같다.[60]

독일기본법 제19조 제1항은[61] 기본권제한의 형식('법률에 의하여' 또는 '법률에 근거하여')을 규정하고 있고, 동조 제2항은[62] 기본권제한의 한계('본질적 내용의 침해금지')만을 규정하고 있으며, '모든 기본권'을 법률로 제한할 수 있는 근거가 되는 '기본권의 일반적 법률유보' 조항이 아니다. 그러므로 독일에서는 기본권제한의 실정헌법상의 근거를 개별기본권 조항에 포함된 제한유보(Schrankensvorbehalt)에서 찾아야 한다. 이 제한 유보는 헌법직접적 제한(Begrenzung) 또는 개별적 법률유보(Gesetzesvorbehalt)의 두 가지 형태로 나타난다. 이 중 헌법직접적 제한은 다시 입법자가 법률로 규정할 수 있으나, 이 경우 입법자는 이미 그어진 한계를 선언적으로 확인하는 데 불과하다. 법률유보 조항에 근거하여 입법자는 제한을 스스로 행하거나('법률에 의한 제한'), 집행기관 또는 사법기관이 제한을 실현할 수 있거나 실현하여야 할 요건을 규정할 수 있다('법률에 근거한 제한').

그런데 독일기본법의 개별기본권 조항 중에 헌법직접적 제한이나 제한의 법률유보가 전혀 규정되어 있지 않은 기본권이 존재한다. 그 예가 평등권(제3조), 신앙과 양심의 자유(제4조 제1항 및 제2항), 학문과 예술의 자유(제5조 제3항), 혼인의 자유(제6조), 평화적 옥내집회의 자유(제8조 제1항) 등이다. 그러나 실제에 있어서 무제약적 권리라고 하는 것은 존재할 수 없으므로 이

---

58) Ute Mager, in: Münch/Kunig, Grundgesetz-Kommentar, Bd. Ⅰ, 5. Aufl., C. H. Beck, 2000, Art. 4, Rn. 47; Morlok(주 8), Rn. 90.

59) BVerfGE, 32, 98(107f.); 33, 23(29); 44, 37(49f.).

60) 박종보(주 42), 255 이하.

61) 독일기본법 제19조 제1항: "이 기본법에 따라 기본권이 법률로써 또는 법률에 근거하여 제한될 수 있는 때에는, 그 법률은 일반적으로 적용되어야 하고 개별적인 경우에만 적용되어서는 안된다 … "

62) 독일기본법 제19조 제2항: "기본권의 본질적 내용은 결코 침해되어서는 안된다."

러한 기본권의 제약은 '내재적 한계'의 문제로 다루어, 다른 기본권의 '(명시적) 제한'과는 구별
하여 설명한다.[63]

　　반면에 우리나라 헌법 제37조 제2항은[64] 모든 기본권을 제한의 대상으로 삼는 '기본권의
일반적 법률유보' 조항이면서, 동시에 기본권 제한의 목적, 형식, 한계를 규정한 조항이기도 하
다. 따라서 한국헌법상 기본권의 분류방법으로서 법률로써 제한될 수 없는 이른바 '절대적 기
본권'이라는 개념은 불가능하며 그 제약가능성을 정당화하기 위하여 내재적 한계를 논할 필요
가 없다는 것이다.

　　이러한 입장이 한국 헌법에서는 양심의 자유와 동등한 다른 헌법적 가치 또는 타인의 기
본권 보장과 무관한 사유로도 양심의 자유를 제한할 수 있는 입법형성의 자유를 입법자가 누린
다고 주장하는 것이 아님은 물론이다. 양심의 자유 개념 자체에 내재하는 일정한 한계가 있다
고 보아서는 안 된다는 것이다.

나. 법률에 의한 제한과 그 한계

(1) 내심-표현 이분론과 그 비판

(가) 판례의 경향

　　헌법재판소는 "양심의 자유 중 양심형성의 자유는 내심에 머무르는 한, 절대적으로 보호되
는 기본권이라 할 수 있는 반면, 양심적 결정을 외부로 표현하고 실현할 수 있는 권리인 양심
실현의 자유는 법질서에 위배되거나 타인의 권리를 침해할 수 있기 때문에 법률에 의하여 제한
될 수 있는 상대적 자유"라고 설시한 적이 있다.[65] 이러한 논증은 기본권의 분류방법으로서 법
률로써 제한할 수 없는 절대적 기본권을 논하는 것이 아니라, 특정 기본권의 내용을 '질적으로'
분해하여 그 기본권의 어떤 부분(예컨대 양심상 결정, 종교선택, 연구와 창작 자체 등 "침해하려고 해
도 침해할 수 없는" 내심의 작용)은 절대적 권리이고 나머지 부분(예컨대 양심상 결정 등 내심의 외
부적 표현, 연구결과의 발표, 예술작품의 전시)은 상대적 권리이므로 제한가능하다는 논리형식이다.
그런데 "기본권의 행사가 국가공동체 내에서의 타인과의 공동생활을 가능하게 하고 국가의 법
질서를 위태롭게 하지 않는 범위 내에서 이루어져야 한다는 것은 모든 기본권의 원칙적인 한
계"라는[66] 의미에서 모든 기본권은 상대적이다. 모든 기본권이 절대적 자유(무제한의 자유)가
아니라는 것은 자명한 것인데, 특별히 인간 존엄성의 핵심요소이자 자유민주주의의 기능적 전
제조건인 양심의 자유의 보호영역을 '법질서'와 '타인의 권리'의 한계 내에서 강조하는 것은 오
해의 소지가 있다.

---

63) 독일에서의 내재적 한계 논의에 관한 소개로는 허영, 헌법이론과 헌법, 박영사, 2013, 459 이하 참조.
64) 헌법 제37조 제2항: "국민의 모든 자유와 권리는 국가안전보장·질서유지·공공복리를 위하여 필요한 경우
　　에 한하여 법률로써 제한할 수 있으며, 제한하는 경우에도 자유와 권리의 본질적인 내용은 침해할 수 없다."
65) 헌재 1998. 7. 16. 96헌바35, 10-2, 166; 2004. 8. 26. 2002헌가1, 16-2상, 152; 2011. 8. 30. 2008헌가22,
　　공보 179, 1210 이하.
66) 헌재 2004. 8. 26. 2002헌가1, 16-2상, 154.

(나) 양심의 자유 보호영역의 축소 위험성

절대적 권리성을 강조하는 위와 같은 논리구성은 일견 내심의 자유를 적극적으로 옹호하는 것 같지만, 사실은 기본권의 보호영역을 축소시키는 위험한 이론이 될 수 있다. 양심의 자유의 보호영역은 '절대적으로' 내심의 영역에만 머물고 그 외부적 표현은 '상대적 자유'이므로 얼마든지 제한할 수 있다는 논리적 비약을 허용할 수 있기 때문이다.[67] 이 이론이 외면적인 종교(양심)상의 행위에 대한 모든 제한을 합리화하기 위한 논거로서 원용되는 한, 이는 배격되어야 한다. 신앙(양심) 자체와 본질적으로 연관된 외부적 행위의 제한에는 일정한 한계가 있다고 보아야 하기 때문이다.[68] 내심의 자유가 보호받는 것은 그 외부적 표현이 보호될 때에만 가능하고, 그때에만 비로소 진정한 의미를 가진다. 양심의 자유의 내용으로서 내심의 자유인 양심적 결정의 권리만을 인정하고 양심적 결정에 따라 행동할 권리를 부정하는 것은 헌법상 양심의 자유 보장을 사실상 무의미하게 하는 것이다. 왜냐하면 양심의 자유는 기본권적 보호의 필요성이 거의 없는 내심의 자유의 보호에 제한되어 결과적으로는 국가권력으로부터 개인의 양심을 보호하는 역할을 할 수 없게 되기 때문이다.[69]

'상대적 자유' 이론을 처음 제시한 불고지죄 사건은 진정 보호받아야 할 외부적 표현 영역을 모색하는 것을 방해한 예가 될 것이다.[70] 헌법재판소는 국가보안법 위반죄를 범한 자라는 사실을 알면서 수사기관 또는 정보기관에 고지하지 아니한 행위를 처벌하는 국가보안법 제10조가 양심의 자유를 침해하는지 여부를 심사한 이 사건에서 "고지하지 아니하는 것은 결국 부작위에 의한 양심실현 즉 내심의 의사를 외부에 표현하거나 실현하는 행위가 되는 것이고 이는 이미 순수한 내심의 영역을 벗어난 것이므로 이에 대하여는 필요한 경우 법률에 의한 제한이 가능하다"고 판단한 다음 별다른 논증 없이 "제반사정에 비추어 볼 때 이 사건 심판대상 법률조항이 양심의 자유를 제한하고 있다 하더라도 그것이 헌법 제37조 제2항이 정한 과잉금지의 원칙이나 기본권의 본질적 내용에 대한 침해금지의 원칙에 위반된 것이라고 볼 수 없다"고 판시하였다.[71] 대법원도 "종교의 자유, 양심의 자유, 학문·예술의 자유 등 인간의 정신생활에 관한 기본권은 인간의 내적 정신적 면을 규제할 수 없으므로 그 성질상 어떠한 법률에 의하여서라도 이를 제한할 수 없다고 할 것이나 이미 정신적, 내적영역을 떠나 외부적으로 나타나는 종교적 행위, 종교적 집회의 결사 또는 학문 예술 활동 학술 및 예술적 집회와 결사 등에 이르러서는 이는 이미 인간의 내적 정신적 문제가 아니라 대외적인 것이며 … 헌법이 보장하는 신앙

---

67) 허영 교수는 '기본권의 내재적 한계'를 일반화시켜서 이를 모든 기본권에 확대적용 하는 것은 '일반적인 법률유보' 조항과 조화되기 어렵고, 법률에 의한 기본권제한에 대한 최후적 한계로 명시되고 있는 '본질적 내용의 침해금지'를 공허한 것으로 만들 위험성마저 가진다고 지적하고 있다. 허영(주 63), 461.

68) 양건, "국가와 종교의 관계에 대한 법적 고찰," 헌법연구, 법문사, 1995, 325. 또 양건, 헌법강의, 법문사, 2013, 472-474 참조.

69) 한수웅(주 27), 406.

70) 자세한 것은 박종보(주 42), 258 이하 참조.

71) 헌재 1998. 7. 16. 96헌바35, 10-2, 167.

과 양심 그리고 학문의 자유에 관한 것이라고 하여 국가보안법의 적용을 배제할 수 없"다고 판시해 왔다.[72]

다행히도 헌법재판소는 양심적 집총거부 사건(1)에서 '상대적 자유'론을 반복하면서도 거기서 심사를 그치지 아니하고 양심실현의 자유의 보장문제를 충실히 논함으로써, 진일보한 태도를 보여 주었다. 대법원의 양심적 집총거부 사건의 다수의견도 "양심 실현의 자유도 결국 그 제한을 정당화할 헌법적 법익이 존재하는 경우에는 헌법 제37조 제2항에 따라 법률에 의하여 제한될 수 있는 상대적 자유"라고 표현하지만 그것을 양심 실현의 자유가 제한받는다고 하여 곧바로 양심의 자유의 본질적인 내용에 대한 침해가 있다고 말할 것은 아니라는 판단의 논거로 삼을 뿐이다.[73] 앞으로는 양심의 자유의 상대성을 강조하기보다는 헌법재판소 양심적 집총거부 사건(1)의 반대의견이 설시한 바와 같이, 사람은 내면의 세계만으로 살아가는 것이 아니라, 주변세계와 관련을 맺고 살아가는 것이며, 마음과 행동은 서로 연결되어 있으므로 행동이 내면과 일치하여야 그 마음이 보전될 수 있기 때문에 어떠한 행동이 제한이 가능한 양심에 따른 것이라 하여 가볍게 취급할 수는 없다는 점을 강조하여야[74] 할 것이다. 질적으로 규명되어야 할 것은 사실상 침해가 거의 불가능한 내심의 결정이냐 아니냐가 아니라, 외부적 표현도 포함하여 보호받아야 할 기본권의 본질적 내용이 어디까지인가 하는 것이기 때문이다.[75]

(2) 과잉금지의 원칙

내심의 자유의 절대성을 논하는 논리형식이 전혀 불필요한 이유는 한 가지 법적 문제를 해결하는 데에는 한 가지 이론체계만 있으면 되기 때문이다. 바로 그 부분, 즉 개별 기본권의 침해되어서는 안 되는 부분은 우리 헌법이 제37조 제2항에서 명시하고 있는 원칙인 본질적 내용의 침해금지 또는 헌법재판소가 채택하고 있는 과잉금지(비례)의 원칙으로 해결하면 된다. 우리 헌법 제37조 제2항의 일반적 법률유보에 의하여 양심의 자유도 법률로써 제한할 수 있다. 그러나 제한하는 경우에도 양심의 자유의 본질적 내용은 침해할 수 없다. 그리고 우리 헌법재판소는 독일연방헌법재판소가 발전시킨 과잉금지의 원칙을 수용하였다. 과잉금지 원칙은 "국가가 국민의 기본권을 제한하는 입법을 함에 있어서 준수하여야 할 기본원칙 내지 입법활동의 한계"이다.[76]

그런데 헌법재판소의 양심적 집총거부 사건(1)에서 다수의견은 양심의 자유의 경우 비례의 원칙을 통하여 양심의 자유를 공익과 교량하고 공익을 실현하기 위하여 양심을 상대화하는

---

72) 대판 1982. 7. 13. 82도1219, 집 30-2형, 144 이하.
73) 대판 2004. 7. 15. 2004도2965, 집 52-2, 231.
74) 헌재 2004. 8. 26. 2002헌가1, 16-2상, 163.
75) 헌법재판소의 양심적 집총거부 사건(1)에서 권성 재판관의 별개의견이 양심의 소리를 3단계로 구별하여, 내심적 존재인 경우와 보편타당성이 있는 양심의 소리는 절대적으로 보호되는 반면, 양심의 소리가 보편타당성이 없을 때에는 헌법 제37조 제2항이 적용되어 국가안전보장·질서유지·공공복리를 위하여 필요한 때에는 이를 제한할 수 있다고 보는 것은 그러한 규명 노력의 하나로서는 의미가 있다.
76) 헌재 1989. 12. 22. 88헌가13; 1990. 9. 3. 89헌가95 등 확립된 판례.

것은 양심의 자유의 본질과 부합될 수 없다고 하면서, 양심실현의 자유의 경우 비례원칙의 일
반적 심사과정은 그대로 적용되지 않는다고 주장한다.[77] "종교적 양심상의 이유로 병역의무를
거부하는 자에게 병역의무의 절반을 면제해 주거나 아니면 유사시에만 병역의무를 부과한다는
조건 하에서 병역의무를 면제해 주는 것은 병역거부자의 양심을 존중하는 해결책이 될 수 없
다"는 점은 수긍할 수 있으나, "양심의 자유의 경우에는 법익교량을 통하여 양심의 자유와 공
익을 조화와 균형의 상태로 이루어 양 법익을 함께 실현하는 것이 아니라, 단지 '양심의 자유'
와 '공익' 중 양자택일, 즉 양심에 반하는 작위나 부작위를 법질서에 의하여 '강요받는가 아니면
강요받지 않는가'의 문제가 있을 뿐"이라는[78] 서술에는 다소 문제가 있다고 판단된다. 이 결정
의 다수의견도 지적하다시피 법적 의무와 개인의 양심이 충돌하는 경우 법적 의무의 부과를 통
하여 달성하고자 하는 공익의 실현과 법질서를 위태롭게 함이 없이 법적 의무를 대체하는 다른
가능성이나 법적 의무의 개별적 면제와 같은 대안을 제시함으로써 양심상의 갈등이 제거될 수
있다면, 입법자는 이와 같은 방법을 통하여 개인의 양심과 국가 법질서의 충돌가능성을 최소화
해야 할 의무가 있다.[79] '양심과 국가 법질서의 충돌가능성'이 최소화되었는지를 심사하는 데
과잉금지의 원칙은 여전히 유효하다. 다수결원리가 전적으로 우선하여야 함을 전제로 하여 '혜
택을 부여할 것인가'의 관점에서 심사기준을 완화할 것은 아니고, 법률의 합헌성 여부 심사는
다른 기본권침해의 판단과 마찬가지로 일반적인 헌법 제37조 제2항에 의한 기본권제한 원리에
따라 이루어져야 한다는[80] 반대의견이 더 설득력 있다. 이 사건에서는 적어도 고도의 보장을
요하는 개인의 양심의 자유와 병역의무, 그 중에서도 현역집총의무를 강제하지 않으면 안 될
국가이익 간의 비교형량이 이루어졌어야 한다.[81] 종교의 자유의 문제로 말하자면, 만일 규제에
서 오는 세속적 이익이 '절박한'(compelling) 또는 '압도적'(overriding)인 것이라면 규제로부터의
면제는 허용되지 않을 것이다. 그러나 '가장 덜 제한적인 방법'(least restrictive means)에 의하여
국가의 세속적 목적을 달성할 수 있는 경우에는 규제로부터의 면제를 부여하여야 한다.[82] 헌법
재판소는 양심적 집총거부 사건(2)에서는 "이 사건 법률조항이 헌법 제39조에 규정된 국방의
의무를 형성하는 입법이라 할지라도 그에 대한 심사는 헌법상 비례원칙에 의하여야 한다"고 밝
히면서 과잉금지원칙을 적용하였다.[83]

---

77) 헌재 2004. 8. 26. 2002헌가1, 16-2상, 155.
78) 헌재 2004. 8. 26. 2002헌가1, 16-2상, 155.
79) 헌재 2004. 8. 26. 2002헌가1, 16-2상, 155 이하.
80) 헌재 2004. 8. 26. 2002헌가1, 16-2상, 163.
81) 한인섭, "양심적 병역거부: 헌법적·형사법적 검토," 양심적 병역거부와 인권(토론회 자료집, 2002. 3. 25), 18.
82) 양건(주 68), 헌법연구, 326. 또 양건(주 68), 헌법강의, 475 참조.
83) 헌재 2011. 8. 30. 2008헌가22, 공보 179, 1211.

다. 양심의 자유 보장과 기본권의 이중성

(1) 기본권의 이중성

독일 헌법이론에서는 기본권의 주관적 권리성을 좁게 이해하기 때문에 공권력에 의하여 국민의 주관적 권리가 침해되었다고 보기 어려운 경우에도 기본권 조항의 가치질서를 관철시키기 위하여 '기본권의 이중성'(Doppelcharakter der Grundrechte) 이론을 발전시켰다. 헤세(Hesse)는 독일기본법상의 기본권에는 다층적 의미구조(多層的 意味構造)가 결합되어 있다고 하면서, 기본권은 한편으로는 개인을 위한 주관적 권리(subjektive Rechte)이면서, 다른 한편으로는 공동체의 객관적 질서의 기본요소(Grundelemente objektiver Ordnung)라고 한다. 전자의 예로는 협의의 인간과 시민의 권리(예컨대 평등권과 자유권, 신앙과 양심의 자유, 학문과 예술의 자유 등) 외에 법제도 또는 생활영역의 자유 보장(예컨대 혼인과 가족의 보호나 재산권보장)을 든다. 후자의 예로 개인의 권리를 포함하고 있지 않으나 기본권목록에 수록된 보장(예컨대 학교제도)을 들 뿐만 아니라, 원래 '주관적 권리로 형성되어 있는 기본권들'도 여기에 해당한다고 한다.[84] 그러므로 기본권은 주관적 권리로서는 개인의 기본적 법상태를 결정하고 보장하며, 민주적 및 법치국가적 질서의 객관적 기본요소로서는 그러한 주관적 권리의 실행에 의하여 비로소 실현되는 이 질서 속에 개인의 법상태를 편입시킨다고 한다.[85] 국가권력에 대한 주관적 '방어권'이라는 기본권의 의의는 국가권력에 대한 '소극적 권한규정'이라는 기본권의 객관적 법질서로서의 의미와 상통하며, 이것이 국가권력행사의 '지침과 기준'이 된다는 것이다.[86]

(2) 양심의 자유와 객관적 법질서

신앙 및 양심의 자유에 포함된 민주적이고 법치국가적인 객관적 가치질서는 바로 '국가는 종교적 및 세계관적 중립성을 유지하여야 한다'는 원칙이라고 말할 수 있다.[87] 양심, 신앙 및 세계관의 문제에 관한 '관용'이 독일기본법 제4조를 통하여 기본법의 가치질서의 구성요소가 되었다. 그러므로 국가는 국민이 무엇을 믿고 안 믿는 것을 평가하여서는 안 된다.[88] 이러한 국가기관의 중립성의 요구로부터 다음 원칙들이 파생된다.[89]

---

84) Konrad Hesse, Grundzüge des Verfassungsrechts der Bundesrepublik Deutschland, 20. Aufl., C. F. Müller, 1999, Rn. 279. 이 이론을 채택한 예로는 BVerfGE 7, 198f.(208).

85) Hesse(전주), Rn. 280.

86) Hesse(주 84), Rn. 291f. 미국에서는 기본권의 이중성과 비슷한 이론을 발견할 수 없고 또 필요하지도 않다. 미국연방헌법상의 권리장전 자체가 주관적 권리 보장("모든 국민은 …할 권리를 가진다")이 아니라 국가의 소극적 권능규정("연방정부[또는 주정부]는 … 하여서는 안된다")의 형식으로 규정되어 있는데다가, 그러한 국가의 소극적 의무를 이행하도록 국민이 요구할 수 있는 것이 바로 '권리'라고 개념하고 있는 것으로 보이기 때문이다("국가의 의무 이행을 요구하는 것 전부가 국민의 권리이다"). 소구가능성(訴求可能性)은 연방헌법 제3조(사법부) 제2항의 요건(사건과 쟁송, cases and controversy)에 근거하여 원고적격, 사건의 성숙성, 권리보호의 이익 등의 문제로 다룰 뿐이다.

87) Hesse(주 84), Rn. 391f.; Morlok(주 8), Rn 121f.

88) Zippelius(주 6), Rn. 74.

89) Morlok(주 8), Rn. 122f.

(가) 국가이념 설정 금지(Identifikationsverbot)

중립적인 국가는 특정한 종교나 세계관을 채택하여서는 안 된다. 자기정체성을 고집하지 않는 국가는 종교적 또는 세계관적 신념을 가지지 않고, 특정 국가이념에 묶여 있지 않으며, 정체성의 외관을 입지도 않는다. 국가가 취하는 입장이 국민의 신념을 '옳은 것'이나 '그른 것'으로 평가하여서는 안 된다.90) 그러므로 양심의 자유의 보장은 전체주의체제를 거부한다. 그것이 파시즘이건, 사회주의이건, 반공주의이건, 이른바 국시(國是)라고 하는 강령을 국민에게 강요하는 것은 헌법에 위반된다.91)

(나) 국가의 평등 취급 의무

국가의 중립성의 필연적 결과로 국가는 다양한 종교나 세계관을 가진 집단을 평등하게 취급할 의무를 진다. 양심의 자유 보장은 개별 국민의 신념을 존중하고 평등하게 취급할 의무를 국가에게 지운다.

이러한 관점에서 보면 보안관찰처분 사건에서는 가장 중요한 쟁점이 배제되었다. 헌법재판소는 보안관찰처분의 위헌 여부에 관해서도 불고지죄 사건과 같이 외부적 표현은 얼마든지 처벌할 수 있다는 단순논리를 반복한다. 보안관찰법상의 신고의무를 이행하지 않았다는 이유로 기소된 보안관찰처분대상자가 제기한 헌법소원 사건에서 헌법재판소는 "헌법이 보장한 양심의 자유는 정신적인 자유로서 어떠한 사상·감정을 가지고 있다고 하더라도 그것이 내심에 머무르는 한 절대적인 자유이므로 제한할 수 없는 것이나, 이 법상의 보안관찰처분은 보안관찰처분대상자의 내심의 작용을 문제삼는 것이 아니라, 보안관찰처분대상자가 보안관찰해당범죄를 다시 저지를 위험성이 내심의 영역을 벗어나 외부에 표출되는 경우에 재범의 방지를 위하여 내려지는 특별예방적 목적의 처분이므로, 이 법상의 보안관찰처분이 양심의 자유를 보장한 헌법규정에 위반된다고 할 수 없다"고 판시하였다.92)

이 결정의 취지 중에서 우선 '위험성이 내심의 영역을 벗어나 외부에 표출'된다는 것이 무엇을 뜻하는지가 명확하지 않고, 일정한 사실을 신고하도록 의무화하는 것이 왜 양심의 표출인지가 분명히 밝혀지지 않았다. 헌법재판소가 채택하고 있는 내심의 자유/외부적 표현의 이분법에 맞추기 위하여 무리하게 논리를 전개했다는 인상을 지우기 힘들다. 이 사건에서 헌법재판소는 무엇보다도 신고의무의 내용이 피보안관찰자의 사상과 양심을 감시하고 통제하는 정도가 과잉금지의 원칙에 위배되어 청구인의 양심의 자유를 침해하는지 여부를 검토했어야 함에도 불구하고 헌법재판소는 이 문제에 관하여는 언급하지 않았다. 더 나아가 양심의 자유와 관련된 또 다른 쟁점으로 사상전향서 작성을 거부하였다는 이유로 보안관찰처분의 대상이 된 한 집단을 다른 범죄자 집단과 차별대우하는 것이 국가의 평등 취급 의무에 어긋나므로 헌법에 위배되

---

90) BVerfGE 12, 1f.(4); BVerfGE 33, 23f.(29f.).
91) 박종보(주 42), 261.
92) 헌재 1997. 11. 27. 92헌바28, 9-2, 571 이하.

지 않는가 하는 점을 판단할 필요가 있었다.

VI. 현실적 검토

양심의 자유 조항은 그 해석과 적용에서 개선의 여지가 있으나, 반드시 헌법 제19조의 개정을 통하여 문제를 해결할 필요성은 없다. 양심의 자유와 관련하여 현실적인 검토를 요하는 문제로 사상의 자유와 준법서약, 양심적 집총거부, 불고지죄 처벌 문제를 들 수 있다.

1. 사상의 자유와 준법서약

헌법재판소는 준법서약제 사건에서 국가보안법위반으로 구속되어 무기징역형이 확정된 후 교도소에서 복역하던 중, 당국의 준법서약서 제출요구를 거절하여 가석방에서 제외된 수형자가, 국가보안법위반 등의 수형자에 대한 가석방심사시 준법서약서를 요구하는 '가석방심사등에관한규칙' 조항이 양심의 자유, 평등권 등을 침해한다는 이유로 제기한 헌법소원심판을 기각하였다.[93]

그런데 이보다 앞선 사죄광고 사건에서 헌법재판소가 인정한 양심의 자유의 개념과 보호영역은 널리 사상의 자유를 포괄하고 있다. 이 사건에서 헌법재판소는 헌법 제19조에서 말하는 양심이란 "세계관·인생관·주의·신조 등은 물론 이에 이르지 아니하여도 보다 널리 개인의 인격형성에 관계되는 내심에 있어서의 가치적·윤리적 판단도 포함된다"고 넓게 보면서, 양심의 자유에는 "널리 사물의 시시비비나 선악과 같은 윤리적 판단에 국가가 개입해서는 안되는 내심적 자유는 물론 이와 같은 윤리적 판단을 국가권력에 의하여 외부에 표명하도록 강제받지 아니할 자유까지 포괄한다"고 보았다.[94] 헌법재판소는 "이와 같이 해석하는 것이 다른 나라의 헌법과 달리 양심의 자유를 신앙의 자유와도 구별하고 사상의 자유에 포함시키지 않은 채 별개의 조항으로 독립시킨 우리 헌법의 취지에 부합할 것이며, 이는 개인의 내심의 자유, 가치판단에는 간섭하지 않겠다는 원리의 명확한 확인인 동시에 민주주의의 기초가 되고 인간의 내심의 영역에 국가권력의 불가침으로 인류의 진보와 발전에 불가결한 것이 되어왔던 정신활동의 자유를 보다 완전히 보장하려는 취의라고 할 것"이라고 양심의 자유를 위와 같이 넓게 해석하는 이유를 설명하였다. 이러한 견해는 준법서약제 사건의 반대의견이 지적하다시피 "우리 헌법이 사상 혹은 이데올로기의 자유에 관한 보호규정을 두고 있지 않은 점을 감안하고, 민주주의의 정신적 기초로서의 양심의 자유의 중요성에 비추어 이를 폭넓게 인정하겠다는 취지이므로 타당한 판시"라고 하겠다.[95] 즉 우리 헌법상 초월자에 대한 신앙은 제20조에 규정된 종교의 자유가

---

93) 헌재 2002. 4. 25. 98헌마425, 99헌마170·498(병합), 14-1, 351 이하.
94) 헌재 1991. 4. 1. 89헌마160, 3, 153.
95) 헌재 2002. 4. 25. 98헌마425, 14-1, 372 이하.

보장하고, 사상이나 신조를 포함한 세속사에 관한 그 밖의 모든 신념은 제19조에 의하여 보장 된다고 보아야 한다.96)

　　그런데 준법서약제 사건의 다수의견은 준법서약의 내용이 양심의 자유의 보호영역에 포함 되지 않는다고 한다. 다수의견은 "개인적 자유의 시초라고 일컬어지는 이러한 양심의 자유는 인간으로서의 존엄성 유지와 개인의 자유로운 인격발현을 위해 개인의 윤리적 정체성을 보장 하는 기능을 담당한다"고 인정하면서도, "헌법과 법률을 준수할 의무는 국민의 기본의무로서 헌법상 명문의 규정은 없으나 우리 헌법에서도 자명한 것"이므로 "'대한민국의 국법질서를 준 수하겠다'는 취지의 서약을 할 것을 요구하는 이 사건 준법서약은 국민이 부담하는 일반적 의 무를 장래를 향하여 확인하는 것에 불과하며, 어떠한 가정적 혹은 실제적 상황 하에서 특정의 사유를 하거나 특별한 행동을 할 것을 새로이 요구하는 것이 아니"어서 양심의 자유를 건드리 지 않는다고 한다.97)

　　이 결정의 보충의견도 "국법질서나 헌법체제를 준수하여야 하는 국민의 일반적 의무를 단 순히 확인·서약케 하는 것임이 분명하므로 이러한 서약서의 제출을 요구하는 것은 위에서 본 바와 같이 청구인들에게 윤리적 문제에 관하여 선악의 선택을 하고 그 결과를 공개하도록 요구 하는 것이 아니므로 이는 청구인들의 양심의 자유와는 처음부터 무관한 것"이라고 한다.98)

　　양심의 자유의 보호영역을 위와 같이 파악하는 견해에 대해서는 다음과 같은 비판이 가능 할 것이다.99) 국법질서의 준수가 국민의 의무라는 것은 옳은 전제이다. 그러나 국법질서의 준 수를 '서약'하는 것은 국민의 당연한 의무가 아니다. 준법서약은 '서약이라는 특별한 행동'을 할 것을 요구하고 있다. 그것은 양심의 자유의 일부인 양심표현의 자유의 소극적 측면을 침해한 다. 양심의 자유의 한 내용으로서 내심의 자유를 보장하는 것은 머리 속에서 일어나는 일에는 정부의 통제가 절대로 미쳐서는 안 된다는 것을 뜻한다.100) 심지어 마약 중독자의 환상도 그의 것이며 정부가 간섭할 수 없다.101) 자유로운 사회에서 개인의 신념은 자기의 정신과 양심으로 부터 형성되는 것이지 정부에 의해 강제되어서는 안 된다.102) 특정한 신념을 표현하도록 강제 당할 때 이러한 내심의 자유는 여지없이 침해된다. 위에서 살펴본 바와 같이 신념의 표현을 강 제당하지 않을 권리는 양심의 자유의 한 부분이다. 공무원의 취임선서를 제외하고는 미국과 독

---

96) 그런데 준법서약제 사건의 보충의견은 "학문과 예술의 문제에 대하여 판단하고 선택하는 정신적 작용은 양심의 문제가 아니며 마찬가지로 윤리적 선악의 문제와 직접 연결되지 않는 정치적 사상과 신조 및 종교 상의 교리와 원칙 등에 관한 정신적 작용도 양심의 문제는 아닌 것"이라고 하면서 양심의 자유개념에서 종교의 자유뿐만 아니라 사상과 신조의 자유를 배제한다. 헌재 2002. 4. 25. 98헌마425, 99헌마170·498(병 합), 14-1, 369. 그러나 사상의 자유를 양심의 자유의 보호영역에서 제외하는 논리는 신앙 및 양심의 자유 의 역사적 발전과정에 비추어 보면 타당하지 않다.

97) 헌재 2002. 4. 25. 98헌마425, 14-1, 363 이하.

98) 헌재 2002. 4. 25. 98헌마425, 14-1, 370.

99) 박종보(주 42), 267 이하.

100) Stanley v. Georgia, 394 U.S. 557 (1969).

101) Paris Adult Theatre Ⅰ v. Slaton, 413 U.S. 49 (1973).

102) Abood v. Detroit Bd. of Educ., 431 U.S. 209 (1977).

일의 판례는 모두 이를 인정한다.

2. 양심적 집총거부와 기본권의 보호영역

'양심에 따른 행동'의 한계를 미리 개념적으로 정의할 수는 없다. 특히 독일기본법의 해석론으로는 제2조 제1항의 일반적 행동자유권에는 제한유보가 있는[103] 반면에 제4조 제1항의 양심의 자유에는 그러한 유보가 없기 때문에 양심적 행동의 자유는 원칙적으로 무제약적인 행동자유권으로 이해된다. 기본법 제2조 제1항이나 제5조 제2항과 같은 다른 기본권의 제한이 제4조 제1항에는 적용되지 않는다고 보는 것이 현재 독일의 통설이다.[104]

가. 판례의 경향

이 문제에 관한 혼란상은 양심적 집총거부에 관한 헌법재판소와 대법원의 판례에서 발견할 수 있다. 헌법재판소의 양심적 집총거부 사건(1)의 다수의견은 양심의 자유가 개인의 내면세계에서 이루어지는 양심형성의 자유뿐만 아니라 외부세계에서 양심을 실현할 자유를 함께 보장한다는 점을 인정하면서도, 양심의 자유는 헌법상의 기본권에 의하여 보호되는 자유로서 실정법적 질서의 한 부분이므로 개인이 양심상의 이유로 법질서에 대한 복종을 거부할 수 있는 권리를 부여받는다는 것을 의미하지는 않는다고 본다. "기본권적 자유는 법적 자유이며, 법적 자유는 절대적 또는 무제한적으로 보장될 수 없다. 국가의 존립과 법질서는 국가공동체의 모든 구성원이 자유를 행사하기 위한 기본적 전제조건이다. 기본권의 행사가 국가공동체 내에서의 타인과의 공동생활을 가능하게 하고 국가의 법질서를 위태롭게 하지 않는 범위 내에서 이루어져야 한다는 것은 모든 기본권의 원칙적인 한계이며, 양심의 자유도 헌법적 질서 내에 자리잡음으로써 모든 헌법적 법익을 구속하는 이러한 한계가 이미 설정되었다"는 것이다. 그러한 전제하에 헌법 제19조의 양심의 자유는 개인에게 병역의무의 이행을 거부할 권리를 부여하지 않으며, 양심의 자유로부터 대체복무를 요구할 권리도 도출되지 않는다고 단정한다.[105] 대법원의 양심적 집총거부 사건의 다수의견도 "헌법상 기본권의 행사가 국가공동체 내에서 타인과의 공동생활을 가능하게 하고 다른 헌법적 가치 및 국가의 법질서를 위태롭게 하지 않는 범위 내에서 이루어져야 한다는 것은 양심의 자유를 포함한 모든 기본권 행사의 원칙적인 한계이므로, 양심 실현의 자유도 결국 그 제한을 정당화할 헌법적 법익이 존재하는 경우에는 헌법 제37조 제2항에 따라 법률에 의하여 제한될 수 있는 상대적 자유"라고 표현한다.[106]

---

103) 독일기본법 제2조 제1항: " … 타인의 권리를 침해하지 않고 헌법질서나 도덕률을 위반하지 않는 한 … "

104) Mager(주 58), Rn. 46; Starck(주 8), Rn. 14.

105) 헌재 2004. 8. 26. 2002헌가1, 16-2상, 154. 종래의 대법원 판례는 바로 이런 태도를 답습하고 있었다. "종교의 교리를 내세워 법률이 규정한 병역의무를 거부하는 것과 같은 이른바 '양심상의 결정'은 헌법에서 보장한 종교와 양심의 자유에 속하는 것이 아니"라는 것이다. 대판 1969. 7. 22. 69도934; 1985. 7. 23. 85도1094; 1992. 9. 14. 92도1534; 2004. 7. 15. 2004도2965; 2007. 12. 27. 2007도7941 등.

106) 대판 2004. 7. 15. 2004도2965, 집 52-2, 231.

나. 비판적 검토

그러나 '양심실현의 자유의 보호영역'과 '양심의 자유에 대한 제한'은 구별하여야 한다. 헌법재판소와 대법원의 다수의견의 위와 같은 주장의 전제부분은 마치 양심실현의 자유와 국가의 법질서를 양립시키는 것이 어렵다는 이유로 양심의 자유의 보호영역을 처음부터 내심의 영역에 한정해야 한다는 것과 마찬가지로 보인다. 그러나 이러한 주장은 "기본권제한의 문제를 법리적으로 해결할 수 있는가 여부가 기본권의 보호영역을 결정한다"는 주장과 다름없을 뿐 아니라, 다른 법익과의 충돌을 비례의 원칙을 통하여 조화와 균형의 상태로 조정하는 것이 모든 기본권에 일반적으로 나타나는 자유 제한의 문제라는 것을 간과하고 있다.[107] 이러한 주장은 헌법재판소의 양심적 집총거부 사건(1)의 다수의견이 같은 결정문의 다른 곳에서 다음과 같이 설시한 것과 모순된다. 헌법재판소는 "양심의 자유에서 현실적으로 문제가 되는 것은 사회적 다수의 양심이 아니라, 국가의 법질서나 사회의 도덕률에서 벗어나려는 소수의 양심이다. 따라서 양심상의 결정이 어떠한 종교관·세계관 또는 그 외의 가치체계에 기초하고 있는가와 관계없이, 모든 내용의 양심상의 결정이 양심의 자유에 의하여 보장된다"고 설시한 것이나,[108] "자신의 종교관·가치관·세계관 등에 따라 전쟁과 그에 따른 인간의 살상에 반대하는 진지한 양심이 형성되었다면, '병역의무를 이행할 수 없다'는 결정은 양심상의 갈등이 없이는 그에 반하여 행동할 수 없는 강력하고 진지한 윤리적 결정인 것이며, 병역의 의무를 이행해야 하는 상황은 개인의 윤리적 정체성에 대한 중대한 위기상황에 해당한다. 이와 같이 상반된 내용의 2개의 명령, 즉 '양심의 명령'과 '법질서의 명령'이 충돌하는 경우에 개인에게 그의 양심의 목소리를 따를 수 있는 가능성을 부여하고자 하는 것이 바로 양심의 자유가 보장하고자 하는 대표적인 영역"이라고[109] 보았던 것이다.

물론 헌법재판소 양심적 집총거부 사건(1)의 다수의견이 지적하는 바와 같이 우리 헌법은 병역의무와 관련하여 양심의 자유의 일방적인 우위를 인정하는 어떠한 규범적 표현도 하고 있지 않다. 그렇다고 해서 "양심상의 이유로 병역의무의 이행을 거부할 권리는 단지 헌법 스스로 이에 관하여 명문으로 규정하는 경우에 한하여 인정될 수 있다"고[110] 단정할 수는 없다. 독일 기본법 제4조 제3항의 경우처럼 헌법제정자의 결단에 따르는 당연한 헌법상의 권리로 주장할 수 없을 뿐이다. 만약 병역거부나 대체복무를 요구할 권리가 처음부터 양심실현의 자유의 보호영역에 포함되지 않는다고 단정한다면 헌법재판소는 바로 그 지점에서 위헌여부심사를 끝내면 되었을 것이고, 뒤이어 '이 사건 법률조항이 양심실현의 자유를 침해하는지의 여부'를 장황하게 따질[111] 필요가 없었을 것이다. 타인의 기본권을 침해할 수는 없다든가 다른 헌법적 가치를 보

---

107) 한수웅(주 27), 406.
108) 헌재 2004. 8. 26. 2002헌가1, 16-2상, 151.
109) 헌재 2004. 8. 26. 2002헌가1, 16-2상, 152.
110) 헌재 2004. 8. 26. 2002헌가1, 16-2상, 154.
111) 헌재 2004. 8. 26. 2002헌가1, 16-2상, 155 이하.

호하는 형벌법규에 위반해서는 안 된다는 요청은 양심의 자유의 보호영역이 아니라 양심의 자유의 제한 문제로 논의되어야 한다.[112]

헌법재판소는 양심적 집총거부 사건(2)에서 필자의 이러한 비판을 수용한 것으로 보인다. "상반된 내용의 2개의 명령, 즉 '양심의 명령'과 '법질서의 명령'이 충돌하는 경우에 양심의 목소리를 따를 수 있는 가능성을 부여하고자 하는 것이 바로 양심의 자유가 보장하고자 하는 영역이므로, 형사처벌을 통하여 양심적 병역거부자에게 양심에 반하는 행동을 강요하는 것은 '양심에 반하는 행동을 강요당하지 아니할 자유', 즉 '부작위에 의한 양심실현의 자유'를 제한하는 규정"이다.[113]

다. 대체복무제 도입의 필요성

양심적 병역거부를 인정하고 대체복무제를 도입해야 할 필요성은 오래 전부터 주장되어 왔고,[114] 헌법재판소 2002헌가1 사건의 다수의견과 반대의견, 대법원 양심적 집총거부 사건의 반대의견이 망라해서 소개하고 있다. 명백한 사실은 우리나라에 한 해 600명 이상의 양심적 병역거부자가 발생한다는 것, 이들이 형사처벌과 전과자로서 받는 여러 가지 유·무형의 냉대와 취업곤란을 포함한 막대한 불이익을 겪으면서도 꾸준히 입영이나 집총을 거부할 정도로 이들의 양심은 결코 포기될 수 없는 진지하고도 강력한 마음의 명령이라는 것, 이들을 형사처벌해 보았자 병역의무를 이행하도록 강제할 수 없다는 것이다. 거의 분명한 사실은 공익근무요원으로 입영하는 인원에 비하여 양심적 병역거부자가 차지하는 비율이 낮아 병력이나 전투력의 감소를 논할 정도가 아니라는 것이다.[115]

물론 양심적 병역거부자에 대한 예외를 인정하면, 국방의무의 평등한 이행확보가 어려울 수 있고, 그 파급효과로 전체적인 병역제도가 신뢰를 잃고 양심적 병역거부를 빙자한 병역기피자들이 증가하여 국민개병제(國民皆兵制)를 바탕으로 한 전체 병역제도의 실효성이 훼손될 수 있다는 우려에도 상당한 이유가 있다. 우리나라의 안보상황, 병역의무이행이 개인에게 요구하는 부담의 막대함, 병역비리문제, 병영시설과 군대문화 등 군 복지에 관련된 문제 등으로부터 비롯된 평등한 병역의무이행에 대한 강한 요구와 좀처럼 끊이지 않는 병역기피풍조가 우리 사회에 확산되어 있음을 고려하면, 대체복무제의 도입이 사회통합을 저해할 것이라는 우려를 단지 기우에 불과하다고 외면할 수는 없을 것이다.

그러나 이제는 양심적 병역거부자의 고뇌와 갈등상황을 외면하고 그대로 방치할 것이 아니라, 이들을 어떻게 배려할 것인가에 관하여 진지한 사회적 논의를 거쳐 나름대로 국가적 해

---

112) 자세한 것은 전술 V. 4. 나. 참조.

113) 헌재 2011. 8. 30. 2008헌가22, 공보 179, 1211.

114) 대표적인 것으로 조국, "양심적 집총거부권," 민주법학, 20(2001), 131 이하; 한인섭(주 81), 1 이하; 오재창, "국제인권법상 양심적 병역거부권의 인정과 국내의 최근 동향," 양심적 병역거부와 인권(토론회 자료집, 2002. 3. 25), 41 이하; 한인섭·이재승, 양심적 병역거부와 대체복무제, 경인문화사, 2013, 3 이하 등.

115) 병무청 통계에 따르면 2010년 현재 전체 35만명 중 현역병으로 병역처분이 되는 인원은 32만명(91%)이고, 공익근무요원으로 입영하는 인원은 약 1만9천명이다.

결책을 찾아야 할 때가 되었다. 양심의 보호와 형평의 문제를 동시에 해결할 수 있는 대안으로
서 대체복무제의 도입은 현실적으로 가능하며, 다수의 국가에서 이미 오래 전부터 성공적으로
시행되고 있다는 사실이 이를 증명한다. 양심적 병역거부자에 대한 예외인정과 관련하여 가
장 중요한 것은 병역의무의 형평성 확보이다. 입법자에게 주어진 과제는 복무기간, 고역의 정
도 등을 종합하여 대체복무의 부담과 현역복무 사이에 등가관계가 성립되도록 하는 것, 그리
고 진정한 양심적 병역거부자를 가려내는 엄격한 사전심사절차와 사후관리장치를 마련하는
것이다.116)

3. 불고지죄 처벌

헌법재판소는 국가보안법 위반죄를 범한 자라는 사실을 알면서 수사기관 또는 정보기관에
고지하지 아니한 행위를 처벌하는 국가보안법 제10조가 양심의 자유를 침해하는지 여부를 심
사하면서 다음과 같이 판시하였다.

"헌법 제19조가 보호하고 있는 양심의 자유는 양심형성의 자유와 양심적 결정의 자유를
포함하는 내심적 자유(forum internum)뿐만 아니라, 양심적 결정을 외부로 표현하고 실현할 수
있는 양심실현의 자유(forum externum)를 포함한다고 할 수 있다. 내심적 자유, 즉 양심형성의
자유와 양심적 결정의 자유는 내심에 머무르는 한 절대적 자유라고 할 수 있지만, 양심실현의
자유는 타인의 기본권이나 다른 헌법적 질서와 저촉되는 경우 헌법 제37조 제2항에 따라 국가
안전보장, 질서유지 또는 공공복리를 위하여 법률에 의하여 제한될 수 있는 상대적 자유라고
할 수 있다. 그리고 양심실현은 적극적인 작위의 방법으로도 실현될 수 있지만 소극적으로 부
작위에 의해서도 그 실현이 가능하다 할 것이다. … '고지하지 아니하는 것은 결국 부작위에 의
한 양심실현 즉 내심의 의사를 외부에 표현하거나 실현하는 행위가 되는 것이고 이는 이미 순
수한 내심의 영역을 벗어난 것이므로 이에 대하여는 필요한 경우 법률에 의한 제한이 가능하다
할 것이다'. … 제반사정에 비추어 볼 때 이 사건 심판대상 법률조항이 양심의 자유를 제한하고
있다 하더라도 그것이 헌법 제37조 제2항이 정한 과잉금지의 원칙이나 기본권의 본질적 내용
에 대한 침해금지의 원칙에 위반된 것이라고 볼 수 없다."117)

이 사건에서 헌법재판소가 불고지행위가 '신고를 않는 것이 옳다'고 믿고(양심형성) 그것을
실천하는 부작위(양심실현)로서 양심의 자유에 포함된다고 본 것은 어느 정도 납득할 수 있다.

---

116) 박종보(주 46), 319. 헌법재판소는 양심적 집총거부 사건(2)에서 ① 우리나라의 특유한 안보상황, ② 대체
    복무제 도입시 병력자원의 손실, ③ 심사의 곤란성, ④ 사회 통합의 문제, ⑤ 종전 헌법재판소의 결정에서
    제시한 선행조건을 충족하였는지 여부 등을 검토한 후, 양심적 병역거부자들에게 대체복무제를 허용하더라
    도 국가안보와 병역의무의 형평성이란 중대한 공익의 달성에 아무런 지장이 없다는 판단을 쉽사리 내릴
    수 없기 때문에 양심적 병역거부자에 대하여 대체복무제를 도입하지 않은 채 형사 처벌하는 규정만을 두
    고 있다 하더라도, 최소침해의 원칙에 반하지 않는다고 보았다. 헌재 2011. 8. 30. 2008헌가22, 공보 179,
    1212 이하.
117) 헌재 1998. 7. 16. 96헌바35, 10-2, 166 이하.

그러나 양심의 자유와 관련하여 정작 판단하였어야 할 것은 형벌을 수단으로 하여 '고발하도록 강요하는 것'이 양심적 행동자유권의 본질적 내용을 침해하는지 그리고 과잉금지원칙에 위배되는지 여부인데, 헌법재판소는 이 쟁점에 관하여 아무런 논증을 하지 않았다. 입법의 목적이 정당한지, 방법은 적절한지, 피해는 최소화되어 있는지, 보호되는 공익이 침해되는 사익보다 더 큰지는 전혀 검토하지 않고, '외부적 행위이므로 법률로써 제한할 수 있다'는 단순논리만을 전개했을 뿐이다. 결국 외부적 표현 중 과잉금지원칙에 저촉되기 때문에 보장받아야 할 기본권의 보호영역에 관하여는 아무런 논증을 하지 않은 것이나 마찬가지이다. 소극적인 부작위에 의한 양심실현도 양심의 자유에 포함된다는 논리를 양심의 자유의 보호영역을 확대하기 위한 목적으로 구사하는 것이 아니라, 오히려 불고지행위가 양심의 자유로서 보호받지 못하는 외부적 표현에 속한다고 주장하기 위한 목적으로 이용하고 있다. "마음속으로야 무슨 생각을 하건 개의치 않겠다. 그러나 그것을 밖으로 드러내면 어떤 방법으로든 어느 정도까지든 무한정 처벌할 수 있다"고 해서야, 인간 존엄성의 본질적 요소인 양심을 보장하고 있다고 말할 수 없는 것이다.

한편, 이 판례 이후 헌법재판소가 따로 발전시킨 "자신의 인격적 존재가치가 허물어지고 말 것이라는 정도의 진지성이 없이 법질서가 요구하는 특정행위에 대하여 마음이 내키지 않는 막연한 감정은 양심으로 보호받지 못한다"는 법리를 적용한다면, 구체적으로 "어떤 일의 옳고 그름을 판단함에 있어서 그렇게 행동하지 아니하고는 자신의 인격적인 존재가치가 허물어지고 말 것이라는 강력하고 진지한 마음의 소리로서 절박하고 구체적인 양심"이 문제되는지 아닌지를 진지하게 검토하여야 한다.[118]

VII. 관련문헌

김승대, "독점규제및공정거래에관한법률 제27조 위헌소원: 법위반사실 공표명령과 양심의 자유," 헌법재판소결정해설집, 2002, 헌법재판소, 2003.

_____, "준법서약제 등 위헌확인, 가석방심사등에관한규칙 제14조 제2항 위헌확인: 준법서약제와 양심의 자유," 헌법재판소결정해설집, 2002, 헌법재판소, 2003.

나달숙, "양심적 병역거부와 대체복무: 헌재 2004. 8. 26. 2002헌가1 결정을 중심으로," 인권과 정의 359(2006. 7).

노혁준, "양심적 병역거부에 관한 병역법상 처벌조항의 위헌성 검토," 민주법학 24(2003).

박종보, "양심의 자유의 규범구조와 보호범위: 준법서약제를 중심으로," 민주법학 22(2002).

_____, "양심의 자유와 병역거부," 민주사회와 정책연구 7(2005).

---

118) 전술 V. 1. 나. 참조.

박진완, "양심적 병역거부권에 대한 헌법재판소결정에 대한 검토," 헌법실무연구 6(2005. 12).

오재창, "양심적 병역거부에 관한 국제규범적 차원에서의 접근," 민주사회를 위한 변론 43 (2001. 12).

_____, "국제인권법상 양심적 병역거부권의 인정과 국내의 최근 동향," 양심적 병역거부와 인권(토론회 자료집, 2002. 3. 25).

윤영미, "양심의 자유의 내용과 제한," 인권과 정의 345(2005. 5).

윤영철, "병역법 제88조 제1항과 양심적 병역거부," 비교형사법연구 6-2(2004. 12).

이경주, "준법서약제등 위헌확인사건에 대한 헌재결정의 비판적 고찰," 민주사회를 위한 변론 46(2002. 6).

이기철, "양심의 자유와 국방의 의무가 충돌하는 경우 국가는 Leviathan이어야 하는가?: 양심적 병역거부에 결정과 관련하여," 한양법학 17(2005. 6).

이영규, "양심적 병역거부자에 대한 형사처벌의 재검토," 검찰 114(2003. 12).

이재승, "인권의 기초개념으로서의 양심," 법학논총(국민대학교) 14(2002).

조 국, "양심적 집총거부권," 민주법학 20(2001).

표명환, "양심의 자유와 병역의 의무," 헌법학연구 8-3(2002. 10).

최대권, "양심의 자유와 사죄광고," 법학(서울대학교) 39-3(1998).

한수웅, "헌법 제19조의 양심의 자유," 헌법논총(헌법재판소) 12(2001).

한인섭, "양심적 병역거부: 헌법적·형사법적 검토," 양심적 병역거부와 인권(토론회 자료집, 2002. 3. 25).

한인섭·이재승, 양심적 병역거부와 대체복무제, 경인문화사, 2013.

허 영, 헌법이론과 헌법(중), 박영사, 1992.

헌법 제20조

[박 종 보]

第20條

① 모든 國民은 宗敎의 自由를 가진다.

② 國敎는 인정되지 아니하며, 宗敎와 政治는 分離된다.

Ⅰ. 기본개념과 입헌취지

헌법 제20조 제1항은 "모든 국민은 종교의 자유를 가진다"고 규정하여 종교의 자유를 보장하고, 제2항은 "국교는 인정되지 아니하며, 종교와 정치는 분리된다"고 규정하여 국교부인 및 정교분리(영어식 표현으로는 교회와 국가의 분리 – separation between church and state)의 원칙을 선언하고 있다.

　　종교의 자유는 신이나 절대자 등 초월적 존재를 신앙할 자유를 말한다. 종교의 자유를 보장하는 국가는 개인에게 특정 종교를 믿으라고도 믿지 말라고도 강요할 수 없다. 아무 종교도 믿지 않는 것도 자유이다. 종교의 자유 보장과 관련하여 공권력 주체와의 관계에서 발생할 수 있는 문제의 예로는 신앙에 근거한 행위를 사기죄로 처벌할 수 있는가 하는 것과, 종교단체의 내부 문제를 법률로써 규율할 수 있는가 하는 것을 들 수 있다.

　　국교(national church)의 부인과 정교의 분리란 일종의 동어반복이라고 할 수 있는데, 국가를 비롯한 공권력 주체가 종교에 대하여 중립성을 유지하여야 한다는 원칙이다. 이 원칙에서 파생되는 대표적인 문제가 국가가 종교단체를 지원할 수 있는가 하는 것과, 국·공립학교에서 종교교육을 실시할 수 있는가 하는 것이다.

II. 연　　혁

　　우리나라 헌법은 처음에는 신앙의 자유와 양심의 자유를 통합하여 보장하였다. 건국헌법 제12조는 "모든 국민은 신앙과 양심의 자유를 가진다. 국교는 존재하지 아니하며 종교는 정치로부터 분리된다"고 규정하였던 것이다. 그런데 1962년헌법은 태도를 바꾸어 제17조에서 "모든 국민은 양심의 자유를 가진다"고만 규정하고 이를 제16조의 종교의 자유 보장과[1] 구별하였다. 이러한 종교와 양심의 구별 및 표현방식은 그 후 현행헌법에 이르기까지 조문 위치만 바뀌어 (제19조 양심의 자유, 제20조 종교의 자유) 계속 유지되고 있다.[2]

　　서양 헌법사에서 종교의 자유는 양심의 자유와 밀접한 관련을 가지고 있으나, 우리 헌법은 제19조에서 양심의 자유를 별도로 보장하는 체계를 가지고 있다. 신앙과 양심의 자유는 국가와 교회 및 종교개혁파간의 투쟁에서부터 점진적으로 발전해 온 것이다. 역사적 발전과정을 더듬어 보면 처음에 국가와 교회의 분리가 먼저 확립되고 이 원칙으로부터 종교의 자유가 도출되었다. 양심의 자유는 종교의 자유를 매개로 하여 발전하다가 다시 세속화되면서 종교와 분리되었다.[3]

---

1) 1962년헌법 제16조: "① 모든 국민은 종교의 자유를 가진다. ② 국교는 존재하지 아니하며, 종교와 정치는 분리된다."
2) 이러한 우리 헌법의 규범구조에 관한 설명은 전술 제19조 II. 참조.
3) 자세한 것은 전술 제19조 II. 참조.

Ⅲ. 입헌례와 비교법적 의의

1. 미 국

우리 헌법 제20조의 구조는 미국연방헌법 개정 제1조의 종교의 자유 부분과 유사하다. 동조는 "연방의회는 종교를 설립하거나, 종교의 자유로운 행사를 금지하는 … 법률을 제정할 수 없다"고 규정하고 있다. 미국에서는 앞부분을 국교 부인 조항(Establishment Clause), 뒷부분을 종교의 자유로운 행사 조항(Free Exercise Clause)이라고 부른다. 미국 헌법이론에서는 종교를 설립하지 말라는 명제와 종교를 방해하지 말라는 명제는 서로 긴장관계에 있는 것으로 이해된다.[4]

2. 독 일

독일기본법 제4조는 제1항은 "신앙(Glauben)과 … 종교적 및 세계관적 신념고백(Bekenntnis)의 자유는 불가침이다"라고 규정하고, 동조 제2항은 "방해받지 않는 종교행위(Religionsausübung)가 보장된다"고 규정하여 종교와 세계관의 자유(신앙의 자유)를 보장하고 있다. 정교분리의 원칙은 명시적으로 규정하고 있지 않다. 오히려 독일에서는 국가와 교회의 관계를 실질적 협약(praktische Konkordanz)에 따르는 상호협력 관계로 파악한다.[5]

기본권의 이중적 성격을[6] 인정한다면, 종교의 자유도 다른 기본권과 같이 객관적인 내용을 포함하고 있다. 종교의 자유에 포함된 객관적 가치질서는 중립성, 불편부당성 그리고 관용성을 요구하며, 이것은 민주적인 공동체에 필수적이다.[7]

3. 프 랑 스

프랑스 제5공화국헌법 전문(前文) 제1문에[8] 따라 프랑스헌법의 일부로 편입되는 1789년 '인간과 시민의 권리선언' 제10조는 "누구든지 그의 의사표시로 인하여 법률에 의해 정해진 공공질서가 파괴되지 않는다면 그의 견해 특히 종교상의 견해 때문에 불이익을 받지 않아야 한다"고 규정하고 있다. 1905년 12월 19일 법률에 따라 국가와 종교가 분리됨으로써 개인은 종교

---

4) John E. Nowak & Ronald D. Rotunda, Constitutional Law, 7th ed., West, 2004, 1408. 미국 헌법상 국교 부인 조항에 관한 연구로는 김영수, "종교의 자유와 정교분리원칙에 관한 헌법적 고찰: 미국연방대법원의 판례를 중심으로," 미국헌법연구 2(1991), 185 이하 참조; 종교의 자유로운 행사 조항에 관한 연구로는 윤명선·박영철, "종교의 자유로운 행사 조항," 미국헌법연구 11(2000), 83 이하 참조.
5) 최우정, "학교 내에서의 종교의 자유: 교내에서의 강제적 채플수업에 대한 문제를 중심으로," 법학논고(경북대학교) 21(2004), 159, 주 18 및 거기서 인용하고 있는 문헌 참조.
6) 자세한 것은 전술 제19조 Ⅴ. 4. 다. (1) 참조.
7) Benda/Maihofer/Vogel, Handbuch des Verfassungsrechts, 2. Aufl., de Gruyter, 1994, §29, Rn. 8.
8) "프랑스 국민은 1789년 인권선언에서 정의되고 1946년헌법의 전문에서 확인·보완된 인권과 국민주권의 원리에 대한 애착을 엄숙히 선언한다." 번역문은 성낙인, 프랑스헌법학, 박영사, 1995, 889에 따른다. 이하 같다.

의 자유를 가진다.9) 제5공화국헌법 제2조 제1항 제1문은 "프랑스는 … 비종교적 … 공화국이다"라고 규정하여 정교분리의 원칙을 명시하고 있다.

4. 일 본

일본헌법 제19조 제1항 제1문은 "신교의 자유는 누구에게나 이를 보장한다"고 규정하고, 동조 제2항은 "누구든지 종교적 행위, 축전, 의식 또는 행사에 참가할 것을 강제받지 아니한다"고 규정하여 신앙의 자유뿐만 아니라 종교행위의 자유도 명시적으로 보장하고 있다. 한편, 동조 제1항 제2문은 "어떠한 종교단체도 국가로부터 특권을 받거나 정치적 권력을 행사하여서는 아니 된다"고 규정하고, 동조 제3항은 "국가와 그 기관은 종교교육 기타 어떠한 종교적 활동도 하여서는 아니 된다"고 하여 정교분리의 원칙을 상세하게 규정하고 있다.

Ⅳ. 다른 조문과의 체계적 관계

연혁적으로 종교의 자유는 양심의 자유와 밀접한 관련을 가지고 있는데, 신앙의 자유와 양심의 자유는 다음과 같이 구별될 수 있다. 종교는 형이상학적 사유체계, 즉 인간의 본질과 인간을 둘러싼 세계를 '더 높은' 차원에서 이해하는 사유체계이고, 양심은 윤리의 영역에 속하는 것으로서, 일정한 정황이나 과정을 '더 높은 곳에서' 이해하는 방법을 명하는 것이 아니라 오히려 인간이 일정한 상황에서 '바르게' 자기구속을 하는 방법을 명하는 인간 '내면의' 법정이다.10)

Ⅴ. 개념과 원리에 대한 판례 및 학설

1. 종교의 자유의 개념

동서양을 막론하고 종교는 법률 이전의 개념이기 때문에 다양한 의미로 사용될 수 있다. 헌법학자들은 각자 표현은 달리 하지만 대체로 종교를 인간의 상념의 세계에서만 존재할 수 있는 신이나 절대자 등 초월적 존재를 신봉하고 그것에 귀의하는 것이라고 이해한다.11) 이러한 견지에서 종교의 자유는 절대자에 대한 귀의 또는 신과 내세(피안)에 대한 내적 확신의 자유이다.12) 그러므로 아무리 내적 확신에서 나온 것이라 하더라도 신과 피안에 대한 관련성이 없는 한 하나의 사상일 수는 있어도 종교는 아니라는 것이다.13)

---

9) 성낙인(전주), 810.
10) 자세한 것은 전술 제19조 Ⅳ. 참조.
11) 권영성, 헌법학원론, 법문사, 2010, 489.
12) 동지 홍성방, 헌법학, 박영사, 2010, 151.
13) 허영, 한국헌법론, 박영사, 2012, 419.

이러한 다소 기독교적 우주관에 근거한 종교개념에 비하여, 종교를 넓은 의미의 영적인 세계로 이해하는 견해도 있다. 즉 종교를 초자연적·초인격적 존재나 본질에 대하여 숭배하고 경외하는 개개인의 주관적 확신과 그에 기초한 행위라고 정의하며, 여기서 존재자는 인격적 존재일 수도 있고, 비인격적 존재일 수도 있으며, 영적인 삶이 현세적일 수도 있고, 내세적일 수도 있다는 것이다. 이런 견지에서는 신의 존재를 부정하는 무신론(humanism)을 믿는 것도 종교에 해당한다. 존재자는 太極, 無極, 無, 空 등과 같이 존재하지 않는 존재일 수도 있다는 것이다.[14]

종교의 개념을 법적으로 정의하기는 매우 힘들다. 그 이유는 무엇보다도 신도 수가 많은 기존의 유력종교뿐만 아니라 신도 수가 극히 적은 소수종교를 모두 포함하는 개념으로 종교를 완벽하게 정의하는 것이 거의 불가능하기 때문이다. 종교의 개념 정의가 현실적으로 문제가 될 수 있는 예로 종교적 확신(religious belief)에 따라 형법을 위반한 경우에 처벌할 수 있는지 여부를 들 수 있는데,[15] 이와 관련하여 미국연방대법원은 특정 약물이 종교적인 이유로 사용되는 경우에도, 종교의 자유가 특정 약물을 금지하는 법률로부터 면책되는 사유가 될 수 없으므로, 정부는 금지 약물 사용자를 처벌할 수 있다고 판시하였다.[16] 그러나 미국연방대법원은 종교의 개념 정의를 시도한 적이 없다. 즉, 신 중심의(theocratic) 확신이어야 종교적 확신인지, 아니면 전지전능한 존재의 관념에 근거하지 않아도 종교 체계라고 할 수 있는지를 판시한 바 없다. 합리적인 사람이라면 진실이라고 믿지 않을 신념은 종교가 아닌지도 분명히 밝힌 바 없다. 다만 진지한 종교적 확신에 따라 퇴직하였다는 이유만으로 실업수당을 받을 자격을 박탈할 수 없다고 판시한 적은 있다.[17]

독일 연방헌법재판소는 종교의 개념을 일반적으로 소수의 종교까지 포함하는 넓은 의미로 파악하는데, 이런 입장은 학문적·사실적으로 인지된 기존종교뿐만 아니라 이러한 검증을 받지 못한 소수종교 역시 종교의 자유에 근거한 주장을 할 수 있다는 문제를 제기한다.[18] 그러나 독일연방헌법재판소도 구체적으로 종교의 개념을 정의하지는 않았다. 의무교육을 행하는 공립학교에서 십자가상을 교실에 부착하는 행위는 종교의 자유를 침해한다고 판시하였지만,[19] 종교의 개념에 대해서는 직접 언급하지 않았다.

우리나라 대법원과 헌법재판소도 종교 관련 판례에서 종교의 개념을 직접 정의내린 예를 찾아보기 힘들다. 이러한 입장은 종교의 개념 자체는 국어사전적 또는 신학적 정의에 맡기고, 개인이나 종교단체의 활동이 외부적으로 표출되어 반사회적인 문제를 야기할 때 비로소 구체

---

14) 정종섭, 헌법학원론, 박영사, 2012, 547.
15) Nowak & Rotunda(주 4), 1481.
16) Employment Division v. Smith, 494 U.S. 872 (1990). 그러나 이 사건에서 미국연방대법원은 종교의 개념 정의는 회피하였다.
17) Thomas v. Review Board, 450 U.S. 707, 715 (1981).
18) 최우정(주 5), 163; Juliana Kokott, in: Michael Sachs, Grundgesetz Kommentar, 6. Aufl., C. H. Beck, 2011, Art. 4, Rn. 17.
19) BVerfGE 93, 1ff. — 십자가상 판결(Kruzifix Urteil).

적인 법적 규제 기준을 설정하려는 태도라고 설명할 수 있다.

2. 종교의 자유의 보호법익

종교의 자유는 인격권의 중요 요소이다.[20] 양심의 자유와 더불어 신앙의 자유는 우리 헌법 제10조(독일기본법 제1조)의 인간 존엄성의 핵심요소를 보장하는 것이며,[21] 인간 존엄성을 구체화하는 것이다.[22] 또한 종교의 자유는 자유민주주의의 기능적 전제조건이기도 하다.[23]

3. 종교의 자유의 보호영역

종교 및 세계관의 자유와 양심상 결정의 자유는 객관적으로 정할 수 없다. 종교의 자유의 보호영역도 구체적인 경우에 주관적 기준, 즉 기본권 주체의 자기이해(Selbstverständnis)에 따라 정할 수밖에 없다.[24]

우리나라 헌법학자들은 대체로 종교의 자유를 내심의 영역인 신앙의 자유와 외부적 표현 행위인 신앙실행(종교적 행위)의 자유로 대별하고,[25] 신앙실행의 자유를 다시 다양하게 분류한다. 이렇게 구분한다면 신앙실행의 자유에는 종교적 행사(종교적 의식·집회)의 자유, 종교적 결사의 자유, 그리고 선교와 종교교육의 자유가 포함된다. 그런데 신앙고백의 자유에 관해서는 견해가 일치하지 않는다. 신앙고백의 자유가 헌법상 종교의 자유의 일부로서 보호받는다는 데는 이견이 없지만, 대체로 그것을 신앙의 자유의 내용으로 보는데[26] 비하여, 신앙고백의 자유를 종교적 행위의 자유의 일부로 분류하는 견해도 있다.[27] 독일에서는 대체로 신앙고백의 자유를 별도로 분류하여, 종교의 자유를 신앙의 자유, 신앙고백의 자유, 신앙실행의 자유로 대별하거나,[28] 여기에 종교적 결사의 자유를 별도로 구분하여 덧붙이기도 한다.[29]

한편, 기본권은 일차적으로 국가에 대한 방어권이므로 소극적 권능은 행동자유의 개념에 내재하는 것이다. 종교의 자유에 있어서도 적극적 자유뿐만 아니라 소극적 자유가 보장되며 이것은 신앙의 자유와 신앙실행의 자유 모두에 적용된다.

---

20) Martin Morlok, in: Horst Dreier, Grundgesetz Kommentar, Bd. Ⅰ, 2. Aufl., Mohr Siebeck, 2004, Art. 4, Rn. 41.

21) Roman Herzog, in: Maunz/Dürig, Grundgesetz Kommentar, Bd. Ⅰ, C. H. Beck, 2009, Art. 4, Rn. 11.

22) Reinhold Zippelius, in: Dolzer/Vogel/Graßhof, Bonner Kommentar von Grundgesetz, Bd. Ⅰ, C. F. Müller, 2004, Art. 4, Rn. 56.

23) Morlok(주 20), Rn. 46.

24) Morlok(주 20), Rn. 55.

25) 허영(주 13), 420; 정종섭(주 14), 550.

26) 권영성(주 11), 491; 허영(주 13), 421.

27) 정종섭(주 14) 550.

28) Kokott(주 18), Rn. 25ff.; Morlok(주 20), Rn. 67ff.

29) Axel Freiherr von Campenhausen, "Religionsfreiheit," in: Isensee/Kirchhof, Handbuch des Staatsrechts, Bd. Ⅵ, 3. Aufl., C. H. Beck, 2008, Rn. 41ff.

가. 신앙의 자유

신앙의 자유는 종교의 자유의 핵심이다.[30] 신앙의 자유는 내심(forum internum)을 보호한다.[31] 신앙의 자유는 적극적으로 믿을 자유뿐만 아니라 소극적으로 믿지 않을 자유도 보장한다.[32] 소극적 신앙의 자유는 신앙의 자유의 출발점이자 핵심이다.[33] 신앙고백의 자유를 신앙의 자유와 구별한다면, 신앙의 자유에는 신앙의 형성, 변경, 포기 및 불신앙의 자유가 포함된다.

나. 신앙고백의 자유

내면적 신앙을 적절하게 보호하기 위해서는 표현의 자유도 보장되어야 한다. 신앙고백의 자유는 내심의 신앙을 적극적으로 외부에 표출하는 자유와 소극적으로 자신의 신앙을 외부에 나타내지 않을 자유를 포함한다. 신앙의 자유는 "믿거나 믿지 않는지 여부와 무엇을 믿거나 믿지 않는지를 말하거나 침묵할 수 있도록" 허용한다.[34] 소극적 신앙고백의 자유는 자기의 신앙에 대하여 침묵할 자유이다.

다. 신앙실행의 자유

종교의 자유는 신앙을 실행하는 자유, 즉 종교적 행사의 자유, 종교적 결사의 자유, 그리고 선교와 종교교육의 자유를 포함한다. 종교적 행사의 자유는 종교적 예배, 독경, 예불, 기도, 성찬식 등 종교적인 의식과 종교적 집회를 보장한다. 종교적 결사의 자유는 종교적인 목적으로 결합하여 단체를 조직하는 자유를 보장한다. 종교적 집회와 결사의 자유는 일반적인 집회 및 결사의 자유를 보장하는 헌법 제21조에 대해 특별법적인 관계에 있다.

선교의 자유는 자신의 신앙에 대한 동조자를 규합하기 위한 포교, 종교적 목적의 모금행위, 타종교의 신자를 영입하는 행위 등을 보장한다. 우리나라 헌법학계의 통설적 견해는 자신의 종교적 확신을 남에게 전파함으로써 실현하는 선교의 자유가 종교의 자유에 포함된다고 보는 데 이론이 없다. 대법원도 헌법 제20조 제1항이 보장하는 종교의 자유에는 자기가 신봉하는 종교를 선전하고 새로운 신자를 규합하기 위한 선교의 자유가 포함되고 선교의 자유에는 다른 종교를 비판하거나 다른 종교의 신자에 대하여 개종을 권고하는 자유도 포함되고,[35] 공공장소 등에서 자신의 종교를 선전할 목적으로 타인에게 그 교리를 전파하는 것은 이러한 선교의 자유의 한 내용을 당연히 이루는 것이라고 판시한 바 있다.[36]

---

30) Kokott(주 18), Rn. 23.
31) v. Campenhausen(주 29), Rn. 41.
32) Kokott(주 18), Rn. 26.
33) BVerwG DVBl. 1999, 1581 (1586).
34) BVerfGE 12, 4.
35) 대판 1996. 9. 6. 96다19246, 집 44-2, 176 이하. 기도원의 운영에 이단적 요소가 있음을 들어 한 비판 행위 및 이에 맞선 상대방의 광고행위가 모두 허용되는 종교적 비판의 표현행위에 해당하여 위법성이 없다고 본 사례이다.
36) 대판 2003. 10. 9. 2003도4148. 지하철 전동차 구내에서 한 선교행위를 경범죄처벌법상 인근소란행위로 본 원심의 판단에 심리미진의 위법이 있다는 이유로 원심판결을 파기한 사례이다.

종교의 자유에는 종교교육의 자유가 포함된다고 보는 것에도 이론이 없다. 국가나 지방자
치단체가 국·공립학교에서 특정 종교를 위한 종교교육을 실시하는 것은 정교분리의 원칙에 따
라 금지되지만, 종교이념에 입각해서 설립된 사립학교 기타 육영기관에서 종교교육을 실시하는
것은 선교활동의 일환으로서 허용된다는 것이다.[37] 대법원도 종교의 자유에는 종교를 위한 선
전 포교의 자유가 포함되며 정교분리 원칙상 국·공립학교에서의 특정종교를 위한 종교교육은
금지되나, 사립학교에서의 종교교육 및 종교지도자 육성은 선교의 자유의 일환으로서 보장된다
고 본다.[38]

그러나 사립학교라 하더라도 자신의 자발적 의사에 반하여 강제로 배정되어 입학한 경우
에 그 학생에게 특정 종교를 교육하는 것은 그 학생의 종교의 자유를 침해할 가능성이 크다고
보는 견해가 있다.[39] 나아가 종교단체가 설립한 사립학교(이하 '종립학교')에 입학하기를 원하지
않는 학생을 종립학교에 강제 배정하는 것도 같은 이유로 헌법에 위반된다고 본다.[40] 문제는
이런 양비론이 우리의 복잡·미묘한 현실 문제를 해결하는 데 적확한 지침이 되어 주지 못한다
는 데 있다. 종립학교에서의 종교교육 문제는 주관적 권리로서의 종교의 자유뿐만 아니라 헌법
상 교육제도와의[41] 체계적인 관련 속에서 이해되어야 한다.[42]

4. 종교의 자유의 제한: 내심/표현 이분론과 그 비판

종교의 자유의 보호영역 중에서 신앙의 자유는 인간의 내심의 영역에 속하기 때문에 어떠
한 경우에도 제한될 수 없다는 것이 통설적 견해이다.[43] 대법원은 "종교의 자유는 인간의 정신
세계에 기초를 둔 것으로서 인간의 내적 자유인 신앙의 자유를 의미하는 한도 내에서는 밖으로
표현되지 아니한 양심의 자유에 있어서와 같이 제한할 수 없는 것이지만 그것이 종교적 행위로
표출되는 경우에 있어서는 대외적 행위의 자유이기 때문에 질서유지를 위하여 당연히 제한을
받아야 하며 공공복리를 위하여서는 법률로서 이를 제한할 수도 있다"는 것을 근거로 삼아 "기
망당한 신도들로부터 헌금명목으로 고액의 금원을 교부받은 것을 형법상 사기죄에 해당한다고
하여 처단한 것이 헌법상 종교의 자유나 양심의 자유에 관한 법리를 잘못 오해한데 기인한 것
이라고 할 수 없다"고 판시한 바 있다.[44] 그러나 이러한 논증 방식에는 다소 문제가 있어 보인
다. 인간의 내적 자유인 신앙의 자유가 제한할 수 없는 권리라는 설명은 무방하지만, 사기죄로

---

37) 권영성(주 11), 492; 허영(주 13), 422.
38) 대판 1989. 9. 26. 87도519, 집 37-3, 640; 1998. 11. 10. 96다37268.
39) 허영(주 13), 422-23.
40) 정종섭(주 14), 554.
41) 교육에 관한 헌법의 기본이념과 체계에 관해서는 박종보, "법학전문대학원법안의 설치·운영상 문제점," 법
    과 사회 28(2005), 31 이하; 박종보, "교원단체의 법적 지위와 관련한 헌법적 문제," 한국교육법연구 8-2
    (2005), 107 이하 참조.
42) 자세한 것은 후술하는 Ⅵ. 2. 참조.
43) 권영성(주 11), 491; 정종섭(주 14), 550.
44) 대판 1995. 4. 28. 95도250.

처벌하는 부분은 위와 같은 내심/표현 이분론보다는, 앞에서 본 미국 판례법에서와 같이 종교가 일반적으로 적용되는 법적 책임을 면제받는 이유가 될 수 없다는 원칙에서 접근하는 것이[45] 타당할 것이다. 대법원이 "종교교육 및 종교지도자 양성은 종교의 자유의 한 내용으로서 보장되지만 그것이 학교라는 교육기관의 형태를 취할 때에는 교육기관 등을 정비하여 국민의 교육을 받을 권리를 실질적으로 보장하고자 하는 교육제도 등에 관한 법률주의에 관한 헌법규정 및 이에 기한 교육법상의 각 규정들에 의한 규제를 받게 된다"고 본 것은 이런 점에서 타당하다.[46]

    헌법재판소는 "종교적 행위의 자유는 신앙의 자유와는 달리 절대적 자유가 아니다"라고 본다.[47] 이것은 양심의 자유의 제한에 관하여 헌법재판소가 밝힌 내심/표현 이분론을 종교의 자유에도 그대로 적용하고 있음을 의미한다. 헌법재판소는 "양심의 자유 중 양심형성의 자유는 내심에 머무르는 한, 절대적으로 보호되는 기본권이라 할 수 있는 반면, 양심적 결정을 외부로 표현하고 실현할 수 있는 권리인 양심실현의 자유는 법질서에 위배되거나 타인의 권리를 침해할 수 있기 때문에 법률에 의하여 제한될 수 있는 상대적 자유"라는 판시를 반복하고 있다.[48] 대법원도 "종교의 자유, 양심의 자유, 학문 예술의 자유 등 인간의 정신생활에 관한 기본권은 인간의 내적 정신적 면을 규제할 수 없으므로 그 성질상 어떠한 법률에 의하여서라도 이를 제한할 수 없다고 할 것이나 이미 정신적, 내적 영역을 떠나 외부적으로 나타나는 종교적 행위, 종교적 집회의 결사 또는 학문 예술 활동 학술 및 예술적 집회와 결사 등에 이르러서는 이는 이미 인간의 내적 정신적 문제가 아니라 대외적인 것이며 … 헌법이 보장하는 신앙과 양심 그리고 학문의 자유에 관한 것이라고 하여 국가보안법의 적용을 배제할 수 없"다고 판시해 왔다.[49] 만약 이런 기준을 신앙고백의 자유에 그대로 적용한다면, 신앙고백의 자유는 상대적 자유가 될 것이다.

    그런데 이러한 논증 방식은 기본권의 분류방법으로서 법률로써 제한할 수 없는 절대적 기본권을 논하는 것이 아니라, 특정 기본권의 내용을 '질적으로' 분해하여 그 기본권의 어떤 부분(예컨대 양심상 결정, 종교선택, 연구와 창작 자체 등 "침해하려고 해도 침해할 수 없는" 내심의 작용)은 절대적 권리이고 나머지 부분(예컨대 양심상 결정, 신앙 등 내심의 외부적 표현, 연구결과의 발표, 예술작품의 전시)은 상대적 권리이므로 제한가능하다는 논리형식이다. 그런데 "기본권의 행사가 국가공동체 내에서의 타인과의 공동생활을 가능하게 하고 국가의 법질서를 위태롭게 하지 않는 범위 내에서 이루어져야 한다는 것은 모든 기본권의 원칙적인 한계"라는[50] 의미에서 모든

----

45) 전술 V. 1. 참조.
46) 대판 1989. 9. 26. 87도519, 집 37-3, 641 이하. 비슷한 사례로 대판 2001. 2. 23. 99두6002.
47) 헌재 2001. 9. 27. 2000헌마159, 13-2, 361.
48) 헌재 1998. 7. 16. 96헌바35, 10-2, 166; 2004. 8. 26. 2002헌가1, 16-2상, 152.
49) 대판 1982. 7. 13. 82도1219, 집 30-2형, 144 이하.
50) 헌재 2004. 8. 26. 2002헌가1, 16-2상, 154.

기본권은 상대적이다. 모든 기본권이 절대적 자유(무제한의 자유)가 아니라는 것은 자명한 것인데, 특별히 인간 존엄성의 핵심요소이자 자유민주주의의 기능적 전제조건인 종교(양심)의 자유의 보호영역을 '법질서'와 '타인의 권리'의 한계 내에서 강조하는 것은 오해의 소지가 있다. 질적으로 규명되어야 할 것은 사실상 침해가 거의 불가능한 내심의 결정이냐 아니냐가 아니라, 외부적 표현도 포함하여 보호받아야 할 기본권의 본질적 내용이 어디까지인가 하는 것이다. 절대적 권리성을 강조하는 이러한 논리구성은 일견 내심의 자유를 적극적으로 옹호하는 것 같지만, 사실은 기본권의 보호영역을 축소시키는 위험한 이론이 될 수 있다[51]

VI. 현실적 검토

종교의 자유 조항은 그 해석과 적용에서 개선의 여지가 있으나, 반드시 헌법 제20조의 개정을 통하여 문제를 해결할 필요성은 없다. 종교의 자유와 관련하여 현실적인 검토를 요하는 문제로 국기에 대한 경례와 사립학교에서의 종교교육 문제를 들 수 있다.

1. 국기에 대한 경례

오래 전의 판결이기는 하지만 대법원은 국기에 대한 경례를 거부한 여자고등학교 학생에 대한 제적처분이 합법이라고 판시한 바 있다[52] 이 사건의 배경인 1950. 5. 16자 총제430호 국무총리의 국기에 대한 경례통첩과 이에 의한 문교부의 국기에 대한 예절에 관한 지시 및 1973년도 고등학교 학생교련교육 지침서에 따라 국기에 대한 예절은 '국기에 대한 경례'의 구령으로 시작되어 제복 제모를 착용한 학생들은 거수경례를 하도록 되어 있었는데, 종교적인 이유로 이를 거부한 학생들을 징계로 제적한 김해여자고등학교장의 처분이 문제되었다. 당시 대법원은 "이 사건 징계처분은 원고들 주장의 신앙 양심 즉 우상을 숭배하여서는 아니 된다는 종교적인 신념을 그 처분의 대상으로 삼은 것이 아니고 나라의 상징인 국기의 존엄성에 대한 경례를 우상숭배로 단정하고 그 경례를 거부한 원고들의 행위 자체를 처분의 대상으로 한 것이므로 헌법이 보장하고 있는 종교의 자유가 침해되었다고 할 수 없다"고 판시하였다. 나아가 "학생들로서 모름지기 그 학교의 학칙을 준수하고 교내질서를 유지할 임무가 있을진대 원고들의 종교의 자유 역시 그들이 재학하는 위 학교의 학칙과 교내질서를 해치지 아니하는 범위 내에서 보장되는 것이다. 원고들이 그들의 임무를 저버림으로써 학교장인 피고로부터 이건 징계처분을 받음으로 인하여 종교의 자유가 침해된 결과를 초래하였다 하더라도 이를 감수할 수밖에 없다"고 선언하였다.

이 판례의 부당성을 지적하는 데는 많은 설명이 필요 없을 것이다. 소극적 신앙의 자유는 종교적 신념에 반하는 행동을 강제당할 때 바로 침해된다. 종교적인 신념을 그 처분의 대상으

---

51) 자세한 것은 전술 제19조 V. 4. 나. (1) 참조.
52) 대판 1976. 4. 27. 75누249.

로 삼은 것이 아니라 종교적인 신념에 반하는 행동을 거부한 행위 자체를 처분의 대상으로 삼
았기 때문에 종교의 자유를 침해하지 않았다는 논지는 그러한 소극적인 종교의 자유의 본질을
도외시한 것이다. 앞에서 본 바와 같이 소극적 신앙의 자유는 종교의 자유의 핵심이다. 더욱이
"종교의 자유가 학칙 범위 내에서 보장된다"고 하는 서술은 헌법이 종교의 자유를 보장하는 의
의 자체를 몰각한 것이라고 지적할 수밖에 없다. 신앙의 자유에 포함된 민주적이고 법치국가적
인 객관적 가치질서는 바로 '국가는 종교적 및 세계관적 중립성을 유지하여야 한다'는 원칙이
다.[53] 그러므로 국가는 개인의 신앙의 자유에 부담을 줄 수 있는 상징물에 대한 경례를 강요하
여서는 안 된다. 설령 종교의 자유가 질서유지를 위해서 제한될 수 있다고 양보하더라도 국기
경례 거부행위에 대하여 제적이라는 극단적인 징계처분을 내리는 것은 과잉금지원칙에 위배된
다고 보아야 한다.

　　미국연방대법원은 학교에서 국기에 대한 경례를 거부했다는 이유로 여호와의 증인 신자인
학생을 처벌한 결정에 대하여 연방헌법 개정 제1조가 보장하는 종교의 자유를 침해하고, 언론
의 자유의 한 내용인 침묵의 권리도 침해한 것이라고 판시한 바 있다.[54]

2. 사립학교에서의 종교교육: 종교교육의 자유와 소극적 신앙의 자유의 충돌

　　이른바 평준화정책을 실시하고 있는 현행 중등학교제도는 비평준화지역의 학교와 평준화
지역의 일부 특수목적고를 제외하고는 학생들의 실질적인 학교선택권을 전면적으로 배제하고
있다. 즉, 종교를 가진 학생이 자신의 신앙을 더욱 발전시키기 위해 학교를 선택할 수도 없고,
무종교 또는 배정된 학교의 건학이념과 다른 종교를 가진 학생도 강제로 재학해야만 한다.

　　헌법학자들의 통설적 견해와 같이 헌법이 보장하는 종교의 자유가 초월적 존재를 신앙하
는 데 그치지 않고, 자기의 신앙을 전파하는 자유까지 포함한다면 이 선교의 자유는 제3자의
종교를 믿지 않을 자유와 충돌할 수 있다. 또한 통설과 같이 선교의 자유가 학교를 설립하여
종교교육을 할 자유를 포함한다면 이 종교교육의 자유는 학생의 종교교육을 받지 않을 자유와
충돌할 수 있다. 여기까지는 국가의 개입이 없는 순수한 사인 간의 기본권 충돌이다. 그러나 학
생이 그 학교를 자발적으로 선택한 것이 아니라 공권력에 의해서 배정받았다면 이 사인간의 기
본권 충돌의 원인제공자는 국가이다.[55] 여기서 우리나라 사립학교에서의 종교교육 문제의 복
잡성이 발생한다.

53) Konrad Hesse, Grundzüge des Verfassungsrechts der Bundesrepublik Deutschland, 20. Aufl., C. F.
　　Müller, 1999, Rn. 391f.; Morlok(주 20), Rn 121f.
54) West Virginia State Board of Education v. Barnette, 319 U.S. 624 (1943).
55) 그러므로 현행 교육제도는 학생들의 종교자유에 대한 침해를 제도 자체적으로 내재하고 있다. 이런 상황은
　　양심적 집총거부권이 징병제를 실시하는 국가에서만 발생하는 것과 같다. 최우정(주 5), 153.

가. 종교계 사립학교 설립 및 종교교육의 자유

(1) 교육의 자주성

헌법 제31조 제4항은 교육제도에 관한 기본원리로 "교육의 자주성, 전문성, 정치적 중립성"을 규정하고 있다. 여기서 자주성이란 외부의 지배를 받지 않는다는 독립성, 즉 부당한 간섭의 배제를 의미한다. 교육의 자주성은 우선 공교육제도 하에서도 국가는 교육내용에 대하여 지배권을 행사할 수 없다는 것을 뜻한다. 그러므로 사립학교의 설립은 원칙적으로 자유로워야 한다.

교육의 자주성이 유지되기 위해서는 교육행정기관의 교육내용에 대한 권력적 개입이 배제되어야 하며,[56] 국가는 피교육자가 인간으로서의 존엄과 가치를 누리기 위하여 교육을 받을 수 있는 환경을 조성할 의무를 지고 그를 위한 감독권만을 가진다. 그러나 국가의 감독권은 필요 이상으로 또 합리적인 범위를 넘어서 교육의 자주성을 유린하는 것이어서는 안 된다.[57] 우리나라 헌법상 사립학교 설립의 자유는 이러한 교육의 자주성 원칙에 근거하고 있다.

헌법재판소는 사립학교의 특수성을 다음과 같이 판시한 바 있다. 일반적으로 국·공립학교는 보편적인 교육이념과 교육의 기회균등 원칙에 따라 표준화된 교육을 실시하여야 할 책무가 있으므로 학교 나름의 특성을 개발·배양하는데 본질적인 한계가 있는데 반하여, 사립학교는 그 설립자의 특별한 설립이념을 구현하거나 독자적인 교육방침에 따라 개성 있는 교육을 실시할 수 있을 뿐만 아니라 공공의 이익을 위한 재산출연을 통하여 정부의 공교육실시를 위한 재정적 투자능력의 한계를 자발적으로 보완해 주는 역할을 담당한다는 것이다.[58]

(2) 교육의 종교적 중립성 배제

사립학교의 특수성으로 들 수 있는 대표적인 것이 종교적 중립성의 요청을 받지 않는다는 것이다. 사립학교의 특수성으로 들 수 있는 대표적인 것이 종교적 중립성의 요청을 받지 않는다는 것이다. 원론적으로 말하면, 사립학교 설립자는 사립학교 운영의 자유를 가진다. 여기에는 교육과정의 자유로운 형성이 포함되므로 사립학교 설립자가 자신의 교육적·종교적·세계관적 운영구도에 따라 교육과정을 자유로이 운영해 갈 수 있는 자유를 누린다.

헌법 제31조 제4항이 규정하는 교육의 정치적 중립성은 특정 정치세력에게 유리하거나 불리한 내용을 교육해서는 안 되며 교육전문가로서의 양심에 따라 공정한 교육을 하여 객관적인 진리를 추구하여야 한다는 의미로 이해된다.[59] 이러한 헌법정신은 "교육은 교육본래의 목적에 기하여 운영·실시되어야 하며 어떠한 정치적·파당적(派黨的) 기타 개인적인 편견의 선전을 위한 방편으로 이용되어서는 아니 된다"고 규정한 교육기본법 제6조 제1항에 반영되어 있다. 이

---

56) 김철수, 헌법학신론, 박영사, 2013, 978.
57) 권영성(주 11), 266.
58) 헌법재판소 1991. 7. 22. 89헌가106.
59) 표시열, 교육정책과 법, 박영사, 2002, 103.

러한 정치적 중립성의 요구는 사립학교에도 그대로 적용된다고 보아야 한다. 그러나 종교적 중립성은 사립학교에 적용되지 않는다.

교육제도를 규정하고 있는 독일기본법 제7조 제4항은 사립학교 설립권의 보장을, 제5항은 그러한 사립학교의 종교교육과의 관계를 규정하고 있다. 독일 교육판례법상 교육의 기본원칙은 중립성의 원칙과 관용의 원칙이다. 이 중 중립성의 원칙은 국가가 교육의 본질을 규정하는 기본적 가치에 대한 논쟁에서 당파성을 가져서는 안 된다는 원칙이다. 교육에 있어서의 국가의 중립성은 세 가지 측면에서 요구된다. 세계관적 측면, 정당정치적 측면, 종교적 측면이 그것이다. 국가는 세계관적으로나 정치적으로나 종교적으로 중립적이어야 한다. 그런데 국가의 중립성이 문제되는 곳은 공립학교이다. 사립학교의 경우에는 설립자의 선교목적에 따른 학교설립의 자유가 보장된다.[60]

사립학교는 원래 사인에 의해 설립되고 운영되는 학교이며, 교육이 자신의 책임 하에서 이루어지고 부모와 학생이 자유로이 선택할 수 있는 학교이다.[61] 독일에서는 기본법 제7조 4항 1문에 의해 사립학교 설립자는 사립학교 운영의 자유를 가진다. 학교 운영의 자유에는 교과과정의 자유로운 형성과 교사의 자유로운 임용 및 학생의 자율적 선발에 대한 권리가 포함된다. 교과과정의 자유로운 형성이란 사립학교 설립자가 자신의 교육적·종교적·세계관적 운영구도에 따라 교과과정을 자유로이 운영해 갈 수 있는 자유를 의미한다.[62] 그러므로 종립학교에서 종교교육을 할 자유는 선교의 자유의 일부이기도 하고, 사립학교의 자율성의 일부이기도 하다.[63] 요컨대 종교교육을 할 자유는 사립학교 제도의 본질적 요소이다.[64]

대법원도 "종립학교가 종파교육 형태의 종교교육을 실시한다고 하여 그 자체만으로 바로 강제로 배정된 학생들에 대한 관계에서 학교법인의 종교교육의 자유나 사학의 자유의 한계를 넘은 것이라고 단정할 수는 없"고, "학생 또한 피교육자의 입장에서 올바른 인성을 함양하고 민주 시민으로서 필요한 자질을 기르기 위하여 (일정한) 한계 내에서 실시되는 종교교육을 용인하여야 한다"고 판시하였다.[65]

나. 기본권의 충돌

위에서 살펴본 바와 같이 종립학교가 가지는 종교교육의 자유는 교육과정에서 포기할 수 없는 본질적 부분이다. 그런데 학생이 종교교육을 거부하는 경우 학교의 종교교육을 실시할 적극적 권리와 학생의 종교교육을 거부할 소극적 자유가 서로 충돌할 수 있는 것이다. 이것은 전

---

60) 이광윤 외, "교육의 자주성·전문성·정치적 중립성 원리의 비교법적 검토," 헌법재판연구 14(2003), 50.

61) 전주, 133.

62) 전주, 139 이하. 다만, 처음부터 기존의 공립학교를 대신하기 위해 설립된 사립학교의 자유에는 일정한 한계가 있다. 자세한 것은 Hans Heckel/Hermann Avenarius, Schulrechtskunde, Luchterhand, 1986, S. 145ff. 참조.

63) 최우정(주 5), 168도 종교교육의 자유를 선교의 자유와 사립학교의 자율성에서 찾고 있다.

64) 박종보, "사립학교에서 종교교육의 자유와 학생의 신앙의 자유," 법학논총(한양대학교) 24-3(2007), 58.

65) 대판 2010. 4. 22. 2008다38288.

형적인 기본권 충돌의 한 유형을 보여준다. 기본권의 충돌이란 '복수의 기본권 주체가 동일한 생활관계에서 서로 대립되는 기본권을 적용해 달라고 국가에 대하여 주장하는 경우'를 말한다. 여기서는 사립학교의 적극적 종교교육의 자유와 학생의 소극적 신앙의 자유가 충돌한다.

일반적으로 기본권 충돌을 해결하기 위한 방법으로는 입법자유영역 이론, 기본권의 위계질서 이론, 이익형량 이론, 실제적 조화 이론, 규범영역분석 이론 등이 제시되고 있으나, 보편 타당한 원칙은 발견하기 힘들다.66) 기본권 충돌 문제는 결국 구체적인 기본권을 이익형량의 방법을 통하여 조화적으로 해결하여야 한다. 이 경우에도 어느 일방의 기본권이 완전히 배제되는 극단적인 이익형량이 아니라 각 기본권이 보호하는 법익 간에 조화를 이루어야 한다. 즉, 규범 조화적인 이익형량을 하면서 어느 기본권의 본질적인 영역이 보호받지 못하는 해석방법은 지양되어야 하는 것이다.67)

우리나라 대법원과 헌법재판소가 채택하는 대표적인 방법은 기본권의 위계질서 이론과 실제적 조화 이론이다. 기본권의 위계질서란 상하의 위계질서가 있는 기본권끼리 충돌하는 경우에는 상위 기본권 우선의 원칙에 따라 하위 기본권이 제한될 수 있다는 이론이다.68) 그런데 충돌하는 기본권이 둘 다 종교의 자유인 경우 이와 같이 기본권의 위계질서에 의하여 해결할 수 없다. 적극적 종교의 자유와 소극적 종교의 자유가 충돌하는 경우 적극적 자유가 소극적 자유를 항상 우선적으로 보호할 수 없다.69) 종교의 자유는 원래 국가가 종교적으로 중립일 것을 요구한 데서 출발한 것이므로 소극적 신앙의 자유는 종교의 자유의 핵심적 내용이다. 그렇다고 하여 소극적 신앙의 자유가 어떠한 경우에도 종교교육의 자유보다 우위에 있다고 할 수는 없다.

대법원은 종교의 자유의 충돌이라고 볼 수 있는 사례에서 원칙적으로 실제적 조화 이론을 채택해 왔다. "다른 종교나 종교집단을 비판할 권리는 최대한 보장받아야 할 것인데, 그로 인하여 타인의 명예 등 인격권을 침해하는 경우에 종교의 자유 보장과 개인의 명예보호라는 두 법익을 어떻게 조정할 것인지는, 그 비판행위로 얻어지는 이익, 가치와 공표가 이루어진 범위의 광협, 그 표현 방법 등 그 비판행위 자체에 관한 제반 사정을 감안함과 동시에 그 비판에 의하여 훼손되거나 훼손될 수 있는 타인의 명예 침해의 정도를 비교·고려하여 결정하여야 한다"고 본 것을70) 그 예로 들 수 있다.

헌법재판소도 반론보도청구권을 보장하는 법률이 신문사의 언론의 자유를 침해한 것인지

---

66) 성정엽, "기본권충돌에 대한 헌법이론적 접근," 공법학연구 1(1993), 89 이하,

67) 전주, 110.

68) 헌법재판소는 공중이 이용하는 시설 중 시설의 관리자가 당해 시설의 전체를 금연구역으로 지정하거나 당해 시설을 금연구역과 흡연구역으로 구분하여 지정하도록 하고, 시설이용자가 이와 같이 지정된 금연구역에서 흡연하는 것을 금지하는 법규명령의 위헌 여부를 심사하면서 기본권간의 위계질서로 해결하였다. 흡연권은 사생활의 자유를 실질적 핵으로 하는 것이고 혐연권은 사생활의 자유뿐만 아니라 생명권에까지 연결되는 것이므로 혐연권이 흡연권보다 상위의 기본권이라는 것이다. 결국 흡연권은 혐연권을 침해하지 않는 한에서 인정되어야 한다고 판시하였다. 헌재 2004. 8. 26. 2003헌마457, 16-2상, 355 이하.

69) Kokott(주 18), Rn. 27; 허영(주 13), 423.

70) 대판 1996. 9. 6. 96다19246, 집 44-2, 176.

여부를 심사하면서 실제적 조화 이론을 적용하였다. 헌법재판소는 반론권은 보도기관이 사실에 대한 보도과정에서 타인의 인격권 및 사생활의 비밀과 사유에 대한 중대한 침해가 될 직접적 위험을 초래하게 되는 경우 이러한 법익을 보호하기 위한 적극적 요청에 의하여 마련된 제도이지 언론의 자유를 제한하기 위한 소극적 필요에서 마련된 것이 아니라면서 반론권에 따라 언론기관이 누리는 언론의 자유에 대한 제약은 피해자의 반론권과 서로 충돌하는 관계에 있는 것으로 보았다. 이와 같이 두 기본권이 서로 충돌하는 경우에는 헌법의 통일성을 유지하기 위하여 상충하는 기본권 모두가 최대한으로 그 기능과 효력을 나타낼 수 있도록 하는 조화로운 방법이 모색되어야 한다는 것이다.71) 헌법재판소는 사실적 주장에 관한 언론보도가 진실하지 않음으로 인하여 피해를 입은 자가 그 보도내용에 관한 정정보도를 언론사에 청구할 수 있도록 한 정정보도청구제도에 대해서도 정정보도로 인하여 위축될 가능성이 있는 신문의 자유와 진실에 부합한 정정보도로 인하여 얻어지는 피해구제의 이익 간에 조화를 이루고 있다고 할 것이므로, 이 조항이 신문의 자유를 침해하는 것이라고 볼 수는 없다고 판시하였다.72)

다. 해결 기준: 학교선택권

이와 같이 기본권 간의 실제적 조화를 추구할 때에는 그 기본권이 적용되는 구체적 사실관계를 고려하여 두 기본권이 조화되는 접점을 모색하여야 한다. 그런데 사립학교의 종교교육의 자유와 학생의 소극적 신앙의 자유가 실제적 조화를 이루는 접점은 학생에게 학교선택권이 있는가에 따라 위치가 달라진다.73)

(1) 자발적 입학의 경우

사립학교 선택의 자유가 보장되는 정상적인 교육체계에서라면 종립학교의 종교교육의 자유와 학생의 소극적 신앙의 자유의 충돌은 피교육자의 자발성에 의하여 조화적으로 해결될 수 있다. 학부모에게 실질적인 학교선택권이 보장된다면 원칙적으로 사립학교에게 광범위한 종교교육의 자유가 허용된다고 보아야 한다. 이러한 교육체계에서 학생 또는 학부모는 사립학교의 설립이념과 공개된 교육과정을 확인하고 학교를 선택한 후 입학계약을 체결한다. 입학 후 종교적 설립이념과 교육과정에 동의할 수 없는 학생은 계약을 철회하고 다른 학교를 선택할 수 있다. 이 경우 입학관계는 포괄적 학칙을 준수하겠다는 부합계약(附合契約)의 성격을 띤다. 미국 사립대학의 경우 학생의 입학 및 재학관계는 모두 이러한 계약상의 합의(contractual agreement)로 간주되며, 학교는 학칙 제정을 통하여 학생의 시민적 자유(civil rights)를 제한할 수도 있고, 종교행사 참석을 의무화할 수도 있다.74)

---

71) 결론적으로 반론보도청구권은 언론의 자유를 일부 제약하는 성질을 가지면서도 반론의 범위를 필요·최소한으로 제한함으로써 양쪽의 법익 사이의 균형을 도모하고 있다고 판시하였다. 헌재 1991. 9. 16. 89헌마165, 3, 518 이하; 1996. 4. 25. 95헌바25, 8-1, 420 이하.

72) 헌재 2006. 6. 29. 2005헌마165 등, 18-1하, 337 이하(401 이하)..

73) 이하의 논의에 관하여 자세한 것은 박종보(주 64), 61 이하 및 최우정(주 5), 177 이하 참조.

74) 이성호, "헌법상 종교의 자유와 사립대학의 학칙제정 및 학생규율에 관한 권한," 판례실무연구 2(1998), 68

대법원은 대학예배 6학기 참석을 졸업요건으로 정한 사립대학교의 학칙이 학생들의 신앙을 가지지 않을 자유를 침해하는 위헌무효의 학칙인지 여부가 문제된 사건에서, 사립학교는 국·공립학교와는 달리 종교의 자유의 내용으로서 종교교육 내지는 종교선전을 할 수 있고, 학교는 인적·물적 시설을 포함한 교육시설로써 학생들에게 교육을 실시하는 것을 본질로 하며, 특히 대학은 헌법상 자치권이 부여되어 있으므로, 사립대학은 종교교육 내지 종교선전을 위하여 학생들의 신앙을 가지지 않을 자유를 침해하지 않는 범위 내에서 학생들로 하여금 일정한 내용의 종교교육을 받을 것을 졸업요건으로 하는 학칙을 제정할 수 있다고 보았다. 그런데 여기서 "학생들의 신앙을 가지지 않을 자유를 침해하지 않는 범위 내에서" 대학이 종교교육의 자유를 행사할 수 있다는 논지는 논란의 여지가 있다. 학생들의 소극적 신앙의 자유가 항상 사립대학의 종교교육의 자유보다 항상 우위에 있다는 논리로 볼 수도 있기 때문이다.[75]

대법원은 기독교 재단이 설립한 이 사립대학의 대학예배가 목사에 의한 예배뿐만 아니라 강연이나 드라마 등 다양한 형식을 취하고 있고 학생들에 대하여도 예배시간의 참석만을 졸업의 요건으로 할 뿐 그 태도나 성과 등을 평가하지는 않는 사실 등에 비추어 볼 때, 위 대학교의 예배는 복음 전도나 종교인 양성에 직접적인 목표가 있는 것이 아니고 신앙을 가지지 않을 자유를 침해하지 않는 범위 내에서 학생들에게 종교교육을 함으로써 진리·사랑에 기초한 보편적 교양인을 양성하는 데 목표를 두고 있다고 적시한 다음, 대학예배에의 6학기 참석을 졸업요건으로 정한 위 대학교의 학칙은 헌법상 종교의 자유에 반하는 위헌무효의 학칙이 아니라고 판시하였다.[76] 대법원의 논지를 요약하면 선교를 직접 목표로 하지 않고 보편적 교양인을 양성하기 위한 종교교육을 실시했기 때문에 합헌이라는 것이다.

그러나 대법원은 이 사건에서 대학생들에게 학교선택권이 주어져 있기 때문에 종교의 자유의 보호밀도가 낮아진다는 사실은 고려하지 않았다. 이 문제에 관하여 대학교육의 80% 이상이 사학에 의존하고 있는 현실에 학생들에게 종교문제까지 고려한 실질적인 학교선택권이 보장되어 있지 않다는 이유로 학생의 재학관계를 단순히 사법상의 계약관계로 이해할 수 없다는 견해가 있다.[77] 반대로 사립대학에서의 의무적 종교교육은 허용되어야 하지만 허용기준은 이 교육이 학생의 무신앙의 자유를 침해하는지 여부가 아니라, 종교의식 및 종교교육에 불참할 자유를 침해하는지 여부이어야 하고, 이 자유의 침해 여부는 대학이 학칙을 학생에게 고지하였는지 여부로 판단하여야 한다는 견해도 있다.[78] 만약 순수한 종교행사에 참석하는 것을 졸업요건

이하, 특히 71.

75) 이러한 관점과는 달리, 본인의 의사에 반해 강제적으로 특정종교의 이론교육을 받아들여야 한다면 이것이 바로 소극적 신앙의 자유에 대한 침해이기 때문에 신앙을 가지지 않을 자유를 침해하지 않는 범위 내에서 종교교육을 실시한다는 것은 논리적으로는 완전히 오류라고 지적하는 견해도 있다. 최우정(주 5), 174, 주 65. 그런데 이 견해는 대학의 경우 학생에게 실질적 학교선택권이 주어져 있다는 사실은 고려하지 않고 있다.

76) 대법원 1998. 11. 10. 96다37268.

77) 성낙인, "종교의 자유와 학교에서의 종교교육," 판례실무연구 2(1998), 48 이하.

78) 손희권, "사립학교에서의 의무적 종교교육의 헌법 위반 여부 검토," 교육행정학연구 22-4(2004), 149 이하.

으로 하는 것이 허용될 수 있는가에 관한 대법원의 판단은 아직 내려지지 않은 셈이다.[79]

(2) 강제 배정의 경우

정교분리의 원칙 때문에 국·공립학교에서는 종교교육을 실시할 수 없다. 그러므로 국·공립학교에 학생을 강제 배정하더라도 종교의 자유 침해 문제는 발생하지 않는다. 그런데 사립학교에 학생을 강제 배정하는 때에는 학교의 종교교육의 자유와 학생의 소극적 신앙의 자유 간에 심각한 충돌이 일어날 수 있다. 현재의 중등학교 평준화제도 하에서는 학생이나 학부모가 학교를 자발적으로 선택한 것이 아니라 공권력에 의해서 배정받은 것이기 때문에 자발적 입학에 따르는 '포괄적 학칙을 준수하겠다는 부합계약'이 없다는 것이 근본적인 문제이다.

첫째, 이 충돌은 사립학교가 국가나 지방자치단체로부터 보조금을 받는지 여부에 따라 해결될 수 없다. 사립학교가 보조금을 받는 것은 그 학교가 공교육의 일부를 담당하는 데 대한 일종의 반대급부에 불과하고, 사립학교를 공립학교로 전환하는 것은 아니기 때문이다. 종립학교가 정부 보조금을 수령한다 하더라도 사립학교로서의 특수성은 여전히 유지하며,[80] 설립이념에 입각한 종교교육을 실시할 자유는 이 사립학교의 종교의 자유의 핵심적 부분이다.[81]

대법원은 종립학교의 종교교육을 금지하지 않으며, 오히려 제한된 범위 내에서 '종립학교가 종파교육 형태의 종교교육을 실시하는 것'을 공인하였다. 종교교육을 '보편적인 교양'의 범위로만 제한하려고 하는 일부 입장에 비하면, 대법원은 종립학교의 종교교육의 자유를 더 많이 허용하는 진취적인 원칙론을 전개하고 있다. 대법원은 "사학 운영의 자유에는 설립자나 학교법인의 종교적·세계관적 교육이념에 따라 교과과정을 자유롭게 형성할 자유가 당연히 포함되므로 종교단체가 설립한 사립학교 즉 '종립학교'에서 '종교교육'(종교행사 및 종교과목 수업)을 할 자유는 종교의 자유뿐만 아니라 사학의 자유라는 관점에서도 일반적으로 보장되어야 한다"고 언명하였다. 그러나 대법원은 학생에게 실질적인 학교선택권이 보장되어 있지 않기 때문에 소극적 신앙의 자유를 보호하여야 할 필요성이 더 높다고 보는 듯하다. 그 중요한 근거는 초·중등교육법상 대부분의 사립 고등학교가 교원, 교육내용, 교과용 도서의 사용, 학교에 대한 공적 지도·감독 등 학교에 관한 사항에 관하여 국·공립학교와 구분 없는 동일한 규율을 받고, 국가로부터 학교의 기본적 운영을 위한 재정결함보조금과 교육활동을 위한 기타보조금 등의 재정지원을 받는 등으로 공교육체계 내에 편입되어 있다는 점이다.[82] 그러나 국고보조금을 받는 사기업이 국가기관이 아니듯이 사립학교가 국고지원을 받는다고 하여 그 본질이 공립학교로 바뀌지는 않으며, 종립학교가 공교육체계 내에 편입되어 있다고 하더라도 국·공립학교와는 다른 자주성, 즉 종교교육의 자유를 보장해야 한다는 점 또한 분명하다.

둘째, 이 충돌의 근본 원인은 학생의 강제 배정이라는 공권력의 개입이다. 학생에게 학교 선택권이 없기 때문에 소극적 신앙의 자유의 보호밀도는 높아질 수밖에 없다. 그러므로 특정 종교교육을 필수로 하는 것이 학생의 종교의 자유와 양립되기 힘들어진다. 그러나 학생의 소극적 신앙의 자유를 보장하기 위하여 일체의 종교교육을 실시하지 못한다고 하면 종립학교의 본질적 특수성인 종교교육의 자유를 완전히 부정하게 된다. 그런데 학생의 소극적 신앙의 자유를 부인하는 것은 사실은 종교교육을 실시하는 사립학교가 아니라 원치 않는 종교계 학교에 학생을 강제로 배정한 공권력이다. 그러므로 이 문제를 근원적으로 해결하려면 사립학교 학생의 강제 배정 제도를 폐지하여야 한다. 그런 의미에서 종교계 사립학교에 입학하기를 원하지 않는 학생을 종교학교에 강제 배정하는 것은 헌법에 위반된다[83] 주장은 납득할 수 있다. 그러나 이러한 견해가 철저하게 관철되려면 먼저 공립학교 시스템이 완비된 후 사립학교가 설립되어 그 특수성을 충분히 추구할 수 있는 교육환경이 갖추어져 있는가 하는 현실 여건도 고려하여야 한다.

헌법재판소는 고교평준화지역에서 일반계 고등학교에 진학하는 학생을 교육감이 학교군별로 추첨에 의하여 배정하도록 하는 초·중등교육법시행령 조항이 학부모의 자녀 학교선택권을 침해하지 않는다고 판시하였다.[84] 이 결정에서 종립학교의 종교교육의 자유 또는 학생의 종교교육 거부의 자유라는 문제는 본격적으로 논의되지 않았다. 그러나 종립학교에서의 종교교육을 둘러싼 갈등의 근본 원인이 중등학교 평준화에 있다는 것은 분명하다. 비록 평준화정책이 합헌이라고 하더라도 종립학교의 교육과정에 대하여 공립학교와 똑같은 기준을 강요하는 것이 정당화될 수는 없다.[85]

셋째, 현 제도 하에서 종교교육의 자유와 소극적 종교의 자유 중 일방이 희생되지 않으면서 양방이 실제적 조화를 이루는 접점은 종교교육과 종교행사를 구별하는 데서 찾을 수 있을 것으로 보인다. 먼저 사립학교는 종교인을 양성하거나 좁은 의미의 포교를 시도하는 데까지 종교교육의 자유를 행사할 수 없다.[86] 반면에 소극적 종교의 자유 보장이 학생이 일체의 종교관련 교과를 거부하는 데까지 이르지는 않는다고 보아야 할 것이다. 종교란 원래 인간 본성의 중요한 요소이므로 일정 범위의 종교교육은 전인교육의 내용에 포함될 수 있다. 그러므로 교육이

---

83) 정종섭(주 14), 554.

84) 헌재 2009. 4. 30. 2005헌마514, 21-1(하), 185.

85) 박종보, "종립학교의 종교교육의 자유와 학생의 종교교육 거부의 자유," 종교교육론, 학지사, 2013, 199.

86) 물론 신자들이나 성직자를 양성하기 위한 특수 목적의 사립학교의 경우 종교적 교과목의 채택, 종교적 행사에 대한 학생참여의 강제, 일정한 예배나 미사에 대한 참여, 집단적인 기숙사생활의 강제 등은 전적으로 사립학교의 종교교육의 본질적인 영역으로 포섭이 된다. 이런 목적의 학교에서 종교교육을 배제하는 것은 종교적 사립학교의 본질적인 부분을 침해한다. 최우정(주 5), 180.

념으로서의 종교적 가치와 종파교육을 구분하여, 보편적인 전인교육 차원에서 실시하는 종교 교육은 필수로 부과하여도 무방하다고 생각된다. 다만, 여기에 특정 종교의 교리를 집중적으로 가르치는 내용의 종파교육을 정규교과에 포함시키는 것은 본인의 의사와 무관하게 배정된 학생의 소극적 신앙의 자유를 침해하므로 허용되기 힘들다고 본다. 종교행사에 참여하는 것을 필수로 부과하는 것도 허용되기 힘들다고 본다. 종파교육이 아닌 전인교육으로서의 종교 교육은 소극적 신앙의 자유를 침해하지 않을 수 있지만, 특정 종교의식 참여를 강제하는 것은 바로 소극적 신앙고백의 자유를 침해하기 때문이다. 물론 사립학교에서 특정 종교의 교리를 배우고자 희망하는 학생들에게는 특별활동 시간을 통하여 따로 교육하는 것은 아무 문제가 없다.[87]

이 문제에 관한 대법원의 근본적인 입장은 "종립학교의 종교교육을 할 자유는 독립한 기본권의 주체인 학생들에 대하여 영향을 미치기 위한 것인 반면 학생의 종교교육을 거부할 자유는 소극적으로 자신의 권리를 지키기 위한 것인 점, 종립학교의 종교교육이 비판의식이 성숙되지 않은 학생에게 일방적으로 주입되는 방식으로 행하여진다면 그 자체로 교육 본연의 목적을 벗어났다고 볼 소지가 높은 점, 그로 인하여 학생이 입게 되는 피해는 지속적이고 치유되기 어려울 것이라는 점들을 고려한다면 종립학교와 학생 사이의 관계에 있어서 학생의 법익이 보다 두텁게 보호될 필요가 있다"는 관점이다. 최종적으로 대법원은 "비록 학교법인이 국·공립학교의 경우와는 달리 종교교육을 할 자유와 운영의 자유를 가진다고 하더라도, 그 종립학교가 공교육체계에 편입되어 있는 이상 원칙적으로 학생의 종교의 자유, 교육을 받을 권리를 고려한 대책을 마련하는 등의 조치를 취하는 속에서 그러한 자유를 누린다"고 한계를 설정한다.[88]

넷째, 학생 강제 배정을 폐지하지는 않더라도 종교의 자유에 부담을 덜 주는 방향으로 완화할 필요가 있다. 그 하나는 종립학교에 배정받은 후 종교교육을 원하지 않는 학생을 배려하여, 배정 후에 종교를 이유로 하는 전학을 허용하는 방안이다. 학교생활 시작 초기에 학생과 학부모에게 종교교육의 방침과 내용을 구체적으로 설명하고, 동의할 수 없는 학생과 학부모가 전학을 원하는 경우에는 다른 학교로 전학할 수 있는 제도를 마련하여야 한다. 여기에는 초·중등교육법시행령 제73조와 제89조를 개정하여 종교상 문제를 전학 사유에 포함시키도록 요구하는 방안과, 초·중등교육법시행령상 "학교장이 전학을 추천할 수 있는 사유"가 인정됨을 근거로 시·도교육청의 전입학 업무시행계획에 종교상 문제를 포함시키도록 요구하는 방안이 있을 것이다. 다른 하나는 애초 배정시 학생의 종교를 제도적으로 고려하는 등 학생의 학교선택권을 부분적

---

87) 국·공립학교와 병존하는 우리나라의 교육제도의 양대 지주의 하나로 존재하는 사립학교는 비록 그 건학이 념이나 설립자의 취지가 종교적인 것이라 하더라도 가장 본질적인 사항은 공교육의 수행이라고 보는 견지에서도, 교육의 공공성, 학생들의 학교에 대한 선택권부재라는 측면에서 강제적인 채플교육은 학생들의 소극적 신앙의 자유의 본질적 부분을 침해한다. 그러나 학생들 본인의 의사에 부합하는 선택적 채플은 사립학교의 교육의 자주성이란 측면과 사립학교의 종교교육의 자유라는 측면에서 더 타당한 방법론으로 채택될 수 있다고 본다. 최우정(주 5), 180.

88) 대판 2010. 4. 22. 2008다38288.

으로 인정하는 방안이다.[89] 두 방안 모두 다소 복잡한 학군 조정, 공동 학군의 인정, 종교적 진정성의 확인 등의 제도적 뒷받침이 있어야 실현되겠지만, 위와 같이 복잡한 종교의 자유 충돌 문제를 더 합헌적으로 해결하는 데 필수적인 조치라고 할 수 있다. 그러나 전학의 기회가 보장되어 있음에도 학생이 전학권유에 응하지 않는다고 하여 아래 대법원 판례에 따른 손해배상책임이 없어지는 것은 아니라는 점에 유의하여야 한다.

다섯째, 종립학교가 고등학교 평준화정책에 따라 입학한 학생에게 일정한 한계를 넘어서 종파교육을 지나치게 강요하는 경우에는 손해배상책임을 질 수 있다는 것이 대법원의 판례이다. 법원은 이때 고려되는 구체적인 사정을 종파교육의 구체적인 내용과 정도, 종파교육이 일시적인 것인지 아니면 계속적인 것인지, 학생들에게 그러한 종파교육에 관하여 사전에 충분한 설명을 하고 동의를 구하였는지 여부, 종교교육에 대한 학생들의 태도나 학생들이 불이익이 있을 것을 염려하지 아니하고 자유롭게 대체과목을 선택하거나 종교교육에 참여를 거부할 수 있었는지 여부 등으로 제시하고 있다. 그러나 민사상 손해배상이 인정되려면 피고의 과실과 위법성이 인정되어야 하는데, 대법원의 다수의견은 과실 여부를 판단할 때 종립학교의 종교교육이 자기의 기본권을 행사한 것이라는 점을, 그리고 위법성을 판단할 때 이 문제가 근본적으로 사립학교에 학생선발권을 보장하지 않는 평준화제도에 기인한 것이라는 점을 충분히 고려하지 않았다. 그리고 국가권력에 대한 방어권으로서 기본권의 침해를 인정하는 기준과, 사법상 권리침해로 인한 손해배상을 인정하는 기준 사이에는 큰 간격이 있다는 점을 간과하였다. 아무튼 대법원은 학교가 종파교육으로 인한 손해배상책임을 면할 수 있는 기준도 제시하였는데, 단순한 입학선서나 학칙 배포만으로는 불충분하며, "학생의 진지한 의사에 근거한 동의"가 필요하다는 것이다. 이 동의는 입학 이후에 실시될 종교교육에 관하여 충분한 정보를 제공받은 후 불이익에 대한 염려 없이 진지한 성찰을 한 후에 동의가 이루어지고 그 후 실시된 종교교육의 내용도 동의 당시에 예측할 수 있는 범위 내라는 전제를 충족하여야 한다.[90]

VII. 관련문헌

권영성, 헌법학원론, 법문사, 2010.

김영수, "종교의 자유와 정교분리원칙에 관한 헌법적 고찰: 미국연방대법원의 판례를 중심으로," 미국헌법연구 2(1991).

김철수, 헌법학신론, 박영사, 2013.

박종보, "사립학교에서 종교교육의 자유와 학생의 신앙의 자유," 법학논총(한양대학교) 24-3(2007).

---

89) 성낙인, 헌법학, 법문사, 2013, 534.
90) 대판 2010. 4. 22. 2008다38288.

_____, "종립학교의 종교교육의 자유와 학생의 종교교육 거부의 자유," 종교교육론, 학지사, 2013.

성낙인, 헌법학, 법문사, 2013.

_____, "종교의 자유와 학교에서의 종교교육," 판례실무연구 2(1998).

성정엽, "기본권충돌에 대한 헌법이론적 접근," 공법학연구 1(1993).

손희권, "사립학교에서의 의무적 종교교육의 헌법 위반 여부 검토," 교육행정학연구 22-4(2004).

양 건, "국가와 종교의 관계에 대한 법적 고찰," 헌법연구, 법문사, 1995.

윤명선·박영철, "종교의 자유로운 행사 조항," 미국헌법연구 11(2000).

이광윤 외, "교육의 자주성·전문성·정치적 중립성 원리의 비교법적 검토," 헌법재판연구 14(2003).

이성호, "헌법상 종교의 자유와 사립대학의 학칙제정 및 학생규율에 관한 권한," 판례실무연구 2(1998).

전광석, 한국헌법론, 집현재, 2013.

정종섭, 헌법학원론, 박영사, 2012.

최우정, "학교 내에서의 종교의 자유: 교내에서의 강제적 채플수업에 대한 문제를 중심으로," 법학논고(경북대학교) 21(2004).

표시열, 교육정책과 법, 박영사, 2002.

허 영, 한국헌법론, 박영사, 2012.

홍성방, 헌법학, 박영사, 2010.

헌법 제21조

[박 선 영]

제21조

① 모든 國民은 言論·出版의 自由와 集會·結社의 自由를 가진다.

② 言論·出版에 대한 許可나 檢閱과 集會·結社에 대한 許可는 인정되지 아니한다.

③ 通信·放送의 施設基準과 新聞의 機能을 보장하기 위하여 필요한 사항은 法律로 정한다

④ 言論·出版은 他人의 名譽나 權利 또는 公衆道德이나 社會倫理를 침해하여서는 아니 된다. 言論·出版이 他人의 名譽나 權利를 침해한 때에는 被害者는 이에 대한 被害의 賠償을 請求할 수 있다.

Ⅰ. 기본개념과 헌법적 의미

1. 기본개념

헌법 제21조는 제1항에서 언론·출판의 자유와 집회·결사의 자유를 함께 규정하고 있어 국민에게 광의의 표현의 자유를 보장하고 있다. 따라서 언어적·문자적 표현의 자유만이 아니라 비언어적·비문자적 매체나 행동 등 상징적 표현(symbolic expression)도 그것이 자신의 의사를 표현하는 것으로써, 흔히 '정신활동의 자유'로 보고 있다. 타인의 명예나 권리 또는 공중도덕이나 사회윤리를 침해하지 아니하는 한 모든 정신활동의 자유는 헌법의 보장을 받는 우월적 지위를 누린다. 그 까닭은 인간 개개인이 각자의 생각을 자유롭게 표현함으로써 개인적으로는 개성을 신장시키며 인격권을 형성해 가지만, 공동체는 그러한 표현의 자유를 통해 공개토론과 비판적 여론을 형성할 수 있고, 그 과정을 통해 자유민주주의적 통치질서가 구성되기 때문이다.

결국 헌법 제21조는 언론·출판의 자유와 집회·결사의 자유를 모두 포괄하는 광의의 표현의 자유를 보장하고 있는 조항이라고 할 수 있으며,[1] 헌법재판소도 '헌법 제21조 제1항이 보장하고 있는 표현의 자유는 …'이라고 하여 헌법 제21조를 표현의 자유 조항으로 보고 있다.[2]

수식으로 정리하면 헌법 제21조＝표현의 자유≧언론·출판의 자유＋집회·결사의 자유로 표시할 수 있다. 따라서 많은 헌법학자들은 교과서에서 언론·출판·집회·결사의 자유를 통틀어 '표현의 자유' 또는 '의사표현의 자유'라는 표제 하에 설명하기도 한다. 이하에서는 이같은 전제 하에 논의를 전개한다.

가. 언론·출판의 자유

언론·출판의 자유는 자신의 의사를 표현·전파하고, 의사형성에 필요한 정보를 수집·접수하고, 객관적인 사실을 보도·전파할 수 있는 자유를 말한다. 따라서 언론·출판의 자유는 자유로운 인격발현의 수단이고, 합리적이고 건설적인 의사형성 및 진리발견의 수단이며, 민주주의

---

1) 계희열, 헌법학(중), 박영사, 2007, 424; 권영성, 헌법학원론, 법문사, 2011, 487; 권영호, "표현의 자유의 개념과 법적 성격에 관한 연구," 공법연구 제31집 제1호; 김승대, 헌법학강론(제2판), 2012, 법문사, 224; 김철수, 헌법개설(제12판), 박영사, 2012, 176; 박선영, 언론정보법연구 Ⅰ-21세기 표현의 자유, 법문사, 2002, 7; 박용상, 표현의 자유, 현암사, 2003; 성낙인, 헌법학(제12판), 법문사, 2012, 551; 양건, 헌법강의(제3판), 법문사, 2012, 478; 장영수, 헌법학(제7판), 2012, 홍문사, 657, 662; 정종섭, 헌법학원론(제7판), 2013, 법문사, 596; 한수웅, 헌법학(제3판), 법문사, 2013, 725; 허영, 한국헌법론(전정 8판), 박영사, 2012, 569. 이밖에 본조에 대한 이전의 주석서는 김철수(대표집필), 주석헌법(§§1-130), 법원사, 1992, 184-196이 있다.

2) 헌재 2012. 8. 23. 2010헌마47 등.

국가의 존립과 발전에 필수불가결한 기본권이다.[3]

강학상으로 고전적 의미에서의 언론·출판의 자유라 함은 사상 또는 의견을 언어·문자 등으로 불특정 다수인에게 표명하거나 전달하는 자유를 말한다. 언론은 담화·토론·연설·방송 등 구두에 의한 사상 또는 의견의 표명과 전달을 뜻하고, 출판은 문서·도화·사진·조각 등 문자와 형상에 의한 사상 또는 의견의 표명과 전달을 뜻한다고 해서, 입과 귀로 이루어지는 의사소통은 '언론'(speech)으로, 손과 눈으로 이루어지는 의사소통은 '출판'(press)으로 구분하고 있지만, 의사표현과 전파의 자유에 있어서 모든 형태의 의사소통 또는 전파의 매개체는 어떠한 형태이건 가능하며 제한이 없다.[4] 따라서 언론·출판의 자유는 국가권력에 대한 방어권으로서 국가의 간섭이나 방해를 받지 않고 자유롭게 의사표현을 할 수 있는 소극적 성격을 갖는 동시에, 현대 자유민주주의의 존립과 발전에 필수불가결한 기본권으로서의 최대한 보장이라고 하는 적극적 성격도 동시에 갖는 권리이다. 의사의 자유로운 표명을 가능케 하는 열린 공간(공적 광장, public forum)이 확보되지 않고는 민주정치를 기대할 수 없기 때문에,[5] 언어·문자·도형·플랜카드·현수막·제스처·심볼·표지·음반·광고·비디오 등 어떤 것을 이용하든 모든 의사표시는 언론·출판의 보호대상이 될 수 있다.[6] 정치자금을 기부하는 행위도 정치적 의사표현의 한 방법이 될 수 있고,[7] 입에 X표시가 그려진 마스크를 하거나 가슴에 검은 리본을 다는 행위, 또는 입영통지서를 태우는 행위 등도 자신의 의사를 전달하기 위한 것이고, 이를 제3자가 의사표시라고 인식하는 경우 상징적 표현으로서 보호를 받는다.

그러나 우리 헌법이 '언론'과 '출판'이라는 고전적 의미의 문자를 사용하여 영역을 구분하고 있는 것은 미군정하에서 헌법을 제정하면서 미국 헌법이 규정하고 있는 'freedom of speech and freedom of the press'를 미국헌법제정 당시의 상황을 전혀 고려하지 않고 직역을 했기 때문으로 풀이된다. 결과적으로 헌법 제21조가 이와 같은 의견 또는 사상의 표명과 전달의 자유를 언론·출판이라는 용어로 보장하고 있기 때문에 공권력은 법적으로도 의사표명 또는 사상전달을 방해하거나 금지할 수 없으며, 이를 억제하기 위한 인신구속이나 사전검열, 입법조치, 도청 등도 할 수 없다.

(1) 언론·출판의 역사적 의미

언론·출판의 자유는 그 역사적인 맥락에서 볼 때 15세기 신문발행에서부터 시작하여 20세기 방송을 거쳐 21세기 전자매체로 옮겨왔고, 그 과정은 소극적 자유에서 적극적 자유로의 변화라고 할 수 있다. 국가에 따라 신문의 역사가 조금씩 다르기는 하지만, 출판의 자유

---

3) 헌재 1998. 4. 30. 95헌가16.
4) 헌재 1993. 5. 13. 91헌바17.
5) 김학성, 헌법학원론(개정판), 2012, 박영사, 487; 박승호, "표현의 자유와 공적 광장 이론 — 미연방대법원 판례를 중심으로 —," 법학논고 제41집(2013. 2), 경북대학교 법학연구원, 287-324.
6) 허영(주 1), 569.
7) 헌재 1999. 11. 25. 95헌마154.

(Freedom of the Press, Pressefreiheit)는 정기간행물로서의 신문의 자유로 압축된다고 할 수 있으며,[8] 신문의 자유는 세계사적으로 볼 때 500여년에 걸쳐 의사표현의 자유와 인간의 알권리 형성에 매우 중요한 역할을 수행해 왔음을 부인하기 어렵다.[9]

이에 비해 언어적 전달수단인 방송(braodcasting)은 '말'을 의미하는 speech를 대중매체화한 것으로서, 신문과 같은 靜的인 인쇄매체와는 달리 방송매체는 비록 제1차 세계대전 이후, 군사용에서 오락용으로 전환되면서 상용화되었다. 그러나 방송매체는 현대과학기술문명의 급격한 발달과 더불어 그 매체의 종류와 확산, 이용 상황의 변화, 매체수신기의 보급, 수용자의 확대 등 제반여건이 현재도 하루가 다르게 급변하고 있는 대단히 動的인 매체이지만, 방송이 사회여론형성에 미치는 영향은 인쇄매체와는 비교가 되지 않을 정도로 막강하다고 할 수 있다.[10] 다만 방송 중에도 음악이나 연예, 드라마 등은 경우에 따라 표현의 자유가 아닌, 헌법 제22조 상의 학문과 예술의 자유에 의해 보호받을 수도 있지만, 이러한 프로그램에 의해서도 정보가 전달될 수 있다는 점을 간과해서는 안 될 것이다.

그러나 19세기 말에 처음으로 라디오가 등장하였을 때 학자들이 방송에 대해 언론성을 인정하려 들지 않았던 것과 동일하게, 21세기의 새로운 매체인 인터넷 등 전자매체에 대해서도 현재 그 언론성에 대한 논란이 끊이지 않고 있다. 완전히 새로운 성격의 매체인 위성방송, 인터넷방송(webcasting), 전자신문(internet press), 인터넷잡지(web-zine), 전자게시판(BBS) 등 기존의 인쇄매체나 방송매체에 통신매체까지 통합한 성격의 이들 새로운 매체(new media)들은 엄청난 양의 정보를 싣고 전혀 상상하지 못했던 형태로 인간생활 속에 급속히 침투해 들어가면서, 21세기 정보화시대에 헌법상 보호되는 언론의 보호영역이 과연 어디까지인가에 관한 논란이 가열되고 있다. 그러나 이들 매체의 언론성만은 부인할 수 없다.[11]

(2) 언론·출판의 이중적 기능

언론·출판의 자유는 의사형성 내지 의사표현에 대한 국가적인 영향을 배제할 수 있는 주관적 공권에 그치지 않고, 의사표현과 여론형성, 정보전달을 통해 국민의 정치적 공감대에 바탕을 둔 민주정치 실현과 통합을 이루기 위한 객관적 규범질서로서의 성격도 동시에 갖는다.[12] 이른바 언론·출판의 이중적 성격이다.

비록 시대적 변화에 따라 매체가 다양해지고는 있지만, 표현의 자유는 아직도 언론·출판

---

8) 신문은 모든 출판물을 포함하는 개념으로서, 대량복제수단으로 제작된 모든 인쇄물, 즉 정보를 제공하거나 또는 의사형성작용을 하기에 적합하고 이를 위해 만든 모든 인쇄물을 말한다. 따라서 신문의 개념에는 정기적으로 발행되는 신문·잡지 등의 인쇄물만이 아니라, 부정기적으로 인쇄되는 책이나 전단, 팜플렛, 부착물 및 포스터 등도 모두 포함된다. 계희열(주 1), 433.

9) 상세는 이시우, "정보화사회와 기본권의 변천," 헌법학연구 제30집 제5호.

10) 박선영, "언론정보법연구 Ⅱ — 방송의 자유와 법적 제한—," 법문사, 2002, 3-4. 일반적인 방송법제에 대한 논의는 박용상, 방송법제론, 교보문고, 1988 참조.

11) 박선영(주 1), 3-5.

12) 허영(주 1), 568.

의 자유로 압축되고 있으며, 언론·출판의 자유는 정신적 자유와 정치적 자유의 중핵이자 다른 모든 기본권의 핵심을 이룬다는 의미에서 원초적 기본권(Urgrundrecht)으로서의 우월적 지위 (preferred position)를 누린다. 인간은 언어를 통해 상호간에 의사[13]를 교환하는 존재이고,[14] 의 사소통을 통해 사람 사이의 관계를 형성하는 존재(人間)이기 때문에 언론·출판·집회·결사의 자유를 통해 자신을 표현할 권리(right to express)는 자아실현과 진실발견의 가장 기본적인 도구 라고 할 수 있다. 그래서 개인이 한 말(das gesprochene Wort)은 발언자의 인격표출이라고도 하 는 것이며, 인간의 존엄을 최고 가치로 신봉하는 자유민주주의 사회에서는 인격의 표현인 자기 표현의 자유가 다른 기본권보다 강한 보호를 받는 것이다. 이렇게 상호간의 의사소통은 민주사 회에서 가장 중요한 여론형성 도구이기 때문에 인간이 갖는 기본권 가운데 가장 원초적이면서 도 핵심적이고 구성적인(schlechthin konstituierend) 기본권[15]으로서의 본질적이고도 우월적인 지위를 누린다.[16]

요컨대 표현의 자유는 개인이 인간으로서의 존엄과 가치를 유지하고 행복을 추구하는 데 핵심적인 원초적 기본권인 동시에, 오늘날 민주국가에서 국민주권을 실현하는 데 필수불가결한 (compelling) 궁극적인 기본권(finales Grundrecht)[17]이다.[18] 따라서 신문과 방송 등 대중매체에 대해서는 공정성과 공익성 등 사회적 책임이 법적으로 부과되고 있다.[19]

(3) 개념의 변화와 민주적 함의

언론·출판의 자유가 처음으로 주창되던 시대에는 밀턴(John Milton)의 '자유로운 사상의 시 장터'(A Free Market Place of Idea)라는 명제 아래 주로 대국가적인 견지에서 검열금지를 주장하 였고,[20] 그 후에는 국가안보와 언론의 자유의 한계문제가 주요논점이 되어왔다. 물론 이 문제

---

13) 여기서 의사라 함은 단순한 사실적 주장이나 전달 외에도 사고의 과정을 거친 의견이나 견해, 소견, 확신, 평가, 판단, 예견, 가능한 모든 사물적 대상과 인간에 대한 평가적 태도표명(wertende Stellungnahme), 가 치판단 등을 말한다. 계희열(주 1), 424-425.
14) 사람을 뜻하는 영어 'person'은 라틴어 어원으로 볼 때 소리(son)를 통해(per) 자아정체성을 찾는 존재라는 의미를 갖는다.
15) BVerfGE 5, 85; 7, 198; 20, 56; 25, 256.
16) 헌재 1998. 4. 30. 95헌가16. 그러나 밀(J. S. Mill)은 그의 저서 자유론(on Liberty)에서 표현의 자유를 자유 권이 아닌 사회적 효용(social utility)으로 풀이하면서 공리주의이론을 전개하기도 했다.
17) BVerfGE 7, 198.
18) 박선영(주 1), 2.
19) 신문 등의 자유와 기능 보장에 관한 법률 제4조(정기간행물 등의 사회적 책임) ① 정기간행물 및 인터넷신 문은 인간의 존엄과 가치 및 민주적 기본질서를 존중하여야 한다. ② 정기간행물 및 인터넷신문은 국민의 화합과 조화로운 국가의 발전 및 민주적 여론형성에 이바지하여야 하며, 사회 각계각층의 다양한 의견을 균형있게 수렴하여야 하고, 지역간·세대간·계층간·성별간의 갈등을 조장하여서는 아니된다.
　　放送法 第5條 (放送의 公的 責任) ① 放送은 인간의 존엄과 가치 및 민주적 基本秩序를 존중하여야 한다. ② 放送은 國民의 화합과 조화로운 國家의 발전 및 민주적 輿論形成에 이바지하여야 하며 지역간·세대간· 계층간·성별간의 갈등을 조장하여서는 아니된다. ③ 放送은 타인의 名譽를 훼손하거나 權利를 침해하여서 는 아니된다.
　　④ 放送은 범죄 및 부도덕한 행위나 사행심을 조장하여서는 아니된다. ⑤ 放送은 건전한 가정생활과 아동 및 청소년의 선도에 나쁜 영향을 끼치는 음란·퇴폐 또는 폭력을 조장하여서는 아니된다.
20) Walter F. Murphy, Constitutional Democracy: Creating and Maintaining a Just Political Order(The Johns

들이 오늘날에도 여전히 주요논점의 대상이 되기도 하지만, 현대 언론이 점차 거대기업화·독점화하면서 언론·출판의 자유 영역에서는 소위 기본권의 제3자적 효력의 문제로서 알권리 (Right to Know),21) 들을 권리(Right to Hear), 대화할 권리(le Droit au Dialogue), 접근권(Right of Access to Mass Media), 반론권(Right of Reply), 정정보도청구권, 언론기관의 설립의 자유는 물론이고 보편적 시청권 등 언론수용자로서의 국민의 권리와 언론기관의 대내외적 자유까지 포함하는 상당히 포괄적인 자유를 의미한다. 이른바 새로운 의미의 권리들이 주창·시행되면서 좁은 의미의 언론·출판의 자유에서부터 오늘날에서 넓은 의미의 언론·출판의 자유로 그 내용과 대상이 변화하고 있다고 할 수 있다. 심지어 자신의 의사를 표현하지 않거나 전파하지 않을 소극적인 자유까지도 보장한다.22)

　　위와 같이 광의를 지닌 현대적 의미의 언론·출판의 자유는 첫째, 사상 또는 의견을 자유로이 표명할 수 있을 때 개개인은 인간으로서의 존엄과 가치를 유지하고 자유로운 인격발현을 이룩할 수 있다는 점, 둘째, 민주시민으로서 국정에 참여하고 인간다운 생활을 영위하기 위하여는 합리적이고 건설적인 사상 또는 의견의 형성이 불가피하다는 점에서 민주국가의 기본적 전제라고 할 수 있다. 또한 이같은 현대적 의미의 언론·출판의 자유를 확보하기 위해 알권리·접근권·반론권과 더불어 취재의 자유를 포함하는 언론기관의 자유까지 인정된다. 특히 민주정치체제는 사상의 자유로운 형성과 전달에 의하여 비로소 기능을 발휘할 수 있기 때문에 민주적인 정치적·법적 질서를 형성하고 유지하기 위해서는 그와 같은 자유로운 사상전달의 수단과 기회가 보장되어야 한다. 표현의 자유가 광범위하게 인정되는 이유는 바로 공적인 문제에 대해 올바른 결정을 내릴 수 있는 원동력이 정보가 제대로 주입된 시민(well-informed citizen)이기 때문이다.23)

나. 집회·결사의 자유

　　집회·결사의 자유는 넓은 의미의 표현의 자유에 속하기는 하지만, 다수인이 공동의 목적을 가지고 회합을 하거나 결합하는 집단적인 표현형태라는 점에서 언론·출판의 자유와 구별된다.

　　집회와 결사의 자유는 상호 밀접한 관계를 갖고 있으면서도 그 성격과 내용이 달라, 우리나 미국은 이를 동일한 헌법조항에서 규정하고 있지만, 독일과 같이 각기 다른 조항에서 별도로 규정하는 나라도 있는데,24) 어떤 헌법규정을 유지하든 하위법은 각기 별개의 법률을 통해 그 내용을 구체화하고 있다.

　　　　Hopkins Series in Constitutional Thought), The Johns Hopkins University Press, Baltimore, 2006; 존 밀턴 著, 박상익 譯, 언론 자유의 경전 아레오파기티카, 소나무, 1999.

21) 알권리는 학자에 따라서 정보의 자유라고도 한다. 계희열(주 1), 423.
22) BVerfGE 65, 1.
23) 허버트 알철 著, 양승목 譯, 현대언론사상사, 나남신서, 2004.
24) 성낙인(주 1), 604.

(1) 집회의 자유

(가) 개 념

'집회'라 함은 다수인이 공동의 의사형성과 그 의사의 표현이라는 공동의 목적을 가지고 屋內外의 일정한 장소에서 일시적으로 회합하는 행위를 말하며, 집회를 하기 위한 최소한의 인원은 3인 이상으로 보고 있다.[25] 모인 자들 간에는 공적 사항이든 사적 사항이든 특정의 의사표현을 하기 위한 공동의 목적을 함께 한다는 내적 유대(innere Verbindung)가 있어야 하므로 순수한 사교적·오락적·상업적 집회라든지, 노상에서 우연히 모인 것은 집회라고 할 수 없다는 견해도 있다.[26] 그러나 집회의 목적을 공적 사항 또는 정치적 성격 등으로 지나치게 좁게 인정할 경우 복잡다기한 현대사회에서 오히려 인간이 의사표현을 할 수 있는 기회를 원천봉쇄하는 결과를 초래할 수도 있으며, 우연한 집합이 내적 유대를 결성 내지는 강화할 수도 있다는 점에 대해서도 유의하여야 한다.

역사적으로 볼 때 정치적 투쟁과정에서 확립된 집회의 자유는 의사표현의 통로가 봉쇄되거나 제한된 소수집단에게 의사표현의 수단을 제공하며 소수의사가 관철될 수 있는 기회를 제공해왔다.[27] 때문에 집회의 자유는 사회구속적 존재인 인간의 절대적 고립화를 방지하기 위한 주관적 공권으로 인정받고 있는 동시에 민주국가에서의 집단적 형태의 정보교환과 시위를 보호하기 위한 정치적·민주적 기본권이라는 점에서 언론·출판의 자유와 밀접한 관계를 갖고 있다. 다시 말해 집회의 자유는 다른 사람과 접촉하여 집단적으로 의사를 형성하고 이를 표현하며 또한 이를 관철하려 하기 때문에 현실적으로 언론의 자유를 보충하는 기능을 수행하는, 이른바 '민주적 공동체의 필수적 기능요소'[28]로 인식되고 있다.[29]

집회의 자유가 헌법상 보장되는 이유는 첫째, 집회 또는 결사를 통하여 다수인이 공동의 목적 하에 의견을 교환하고 공동의견을 형성 또는 확인하면서 자아를 발전시켜 나가며,[30] 나아가 그것을 다른 사람 또는 다른 집단에게 전달하는 것은 인간본래의 자연적 행동양식이기 때문이고, 둘째, 집회 또는 결사는 정치문제에 대하여 다수인이 집단적으로 사상 또는 의견을 표현하는 수단으로서 민주정치를 위한 불가결의 조건이 되기 때문이며, 셋째는 지배체제에 대해 비판적 입장을 취하는 소수의 표현행위에 대한 공권력의 간섭이나 제한을 지배하는 것은 소수의 권익보장을 위해 필요하기 때문이다. 특히 현대적 상황에서 언론매체를 소유하지 못한 일반대중이 단체를 결성하거나 집회 또는 집단시위와 같은 집단적 행동을 함으로써 스스로 표현의 장

---

25) 학자에 따라서는 2인 이상으로 보기도 한다. 양건(주 1), 536.

26) 현행 집회 및 시위에 관한 법률은 학문, 예술, 체육, 종교, 의식, 친목, 오락, 관혼상제 및 국경행사에 관한 집회에 대해서는 신고의무 등을 배제하고 있다(제13조). 이희훈, "集會의 槪念에 대한 憲法的 考察," 헌법학연구 제12권 제5호(2006. 12.), 147-189.

27) 헌재결 1992. 1. 28. 89헌가8; 2003. 10. 30. 2000헌바67.

28) BVerfGE 69, 315.

29) 계희열(주 1), 465.

30) 헌재결 2003. 10. 30. 2000헌바67.

을 구축하고 그들의 의견이나 요구를 표명하고 전달할 수단을 확보할 필요는 그만큼 절실하기 때문이다.[31] 결국 집회·결사의 자유도 넓은 의미의 표현의 자유에 속하는 기본권으로서, 개인의 인격발현과 개성신장의 요소이자 대의기능이 약화된 경우에 직접 민주주의의 수단이 될 수 있으며, 소수의견을 국정에 반영함으로써 소수를 보호하고 민주주의를 구성하는 기능을 하는 이중적인 헌법기능을 가진다고 볼 수 있다. 이렇게 집회의 자유가 정치적 의사형성과 표현을 집단적으로 행사하는 자유이기 때문에 원칙적으로 국적을 가진 내국인에게 인정되지만 외국인이나 무국적자 또는 법인 등도 제한적으로 주체가 될 수 있다.

집회의 자유는 집회의 주최·진행·참여의 자유 등을 골자로 하지만, 법률상 의무가 아닌 경우에는 이러한 행위를 하지 아니할 소극적 자유도 인정되어야 하며,[32] 집회 시에는 헌법질서와 타인의 권리·도덕률을 존중하여야 하며, 헌법 제37조 제2항에 따른 제한도 받는다.

(나) 집회의 자유와 시위의 자유의 관계

집회의 개념에 시위 또는 행진이 포함되는가 하는 문제는 상당히 어려운 헌법적 문제를 야기한다. 현행 집회 및 시위에 관한 법률(이하 '집시법'이라 한다)상 시위란 '여러 사람이 공동의 목적을 가지고 도로, 광장, 공원 등 일반인이 자유로이 통행할 수 있는 장소를 행진하거나 위력 또는 기세를 보여, 불특정한 여러 사람의 의견에 영향을 주거나 제압을 가하는 행위를 말한다'(제2조 제2호).

집회가 옥내외적인 고정된 장소를 전제로 하는데 비하여,[33] 다수인이 공개적인 장소에서 일반 대중의 이목을 끌기 위해 행하는 시위는 통상적으로 장소를 이동하며 하는 집회의 성격을 띤다는 점에서, 그리고 보통 집회 후에 자신들의 의견을 표출하고 관철하기 위한 수단으로 '示威'를 한다는 점에서 시위도 집회의 일종이라고 보아야 한다. 더욱이 집회가 정치적 투쟁수단으로 이용되는 경우가 많고 상당부분 집회 후에 시위 또는 행진으로 이어지는, 소위 '움직이는 집회'인 경우가 많기 때문에 시위도 집회의 일종으로 보아야 한다는 데에는 異論이 없다.[34]

우리나라에서는 건국 이후 오랫동안 군사독재 등을 거쳐 오면서, 국민의 집단적인 표현행위를 제한하기 위해 1962년부터 강력한 집시법을 제정하여 시행해왔고, 2007년도에 전면개정을 하기는 했지만, 아직도 집회 및 시위의 금지 또는 제한통고제도(제8조)나 옥외집회의 금지시

---

31) 권영성(주 1), 524–525.

32) 헌재 2003. 10. 30. 2000헌바67.

33) 현행 집시법은 옥외집회와 시위의 금지 장소로서, 1. 국회의사당, 각급 법원, 헌법재판소 2. 대통령 관저(官邸), 국회의장 공관, 대법원장 공관, 헌법재판소장 공관 3. 국무총리 공관(행진의 경우에는 예외적으로 인정됨) 4. 국내 주재 외국의 외교기관이나 외교사절의 숙소(다만 외교기관 또는 외교사절 숙소의 기능이나 안녕을 침해할 우려가 없다고 인정되는 때에는 허용됨)를 적시하고 있다(제11조)

34) 학자에 따라서는 시위를 행진과는 달리 '움직이는 집회'로 보아서는 안 된다는 견해를 피력하기도 하나, 현실적으로 시위와 행진이 장소이동이라는 점에서 엄격히 구별하기 어렵고, 건축기술이 발달하면서 지하도로, 지하광장, 지하공원 등 이용한 집회의 경우 덮개가 있는가의 여부로 옥내외를 구별하기도 어렵고 구별할 실익도 없을 뿐만 아니라, 그 개념이 상호교차되기 때문에 엄격한 기준을 적용할 수도 없다. 계희열(주 1), 469.

간 및 금지장소(제10조 - 제11조) 등 집회 및 시위에 관한 과도한 제한이 계속 논란을 야기하고 있다.[35] 경찰서장에게 광범위한 권한을 부여하고 있는 집회금지통고제도는 이의신청절차 등과 함께 1991년에 대법원으로부터 합헌판단을 받기는 했지만,[36] 집회 또는 시위가 집단적인 폭행·협박·손괴·방화 등으로 공공의 안녕질서에 직접적인 위험을 초래한 경우에는 남은 기간의 당해 또는 시위에 대하여 신고서를 접수한 때부터 48시간이 경과된 경우에도 금지통고를 할 수 있다는 점 때문에 위헌논란이 일고 있으며, 보완통고제도와 집회 금지 조치, 그리고 처벌조항으로 이어지는 일련의 조항도 헌법상 금지된 허가제의 역할을 한다는 지적을 받고 있다. 이와는 별개로 집회의 신고가 이루어지지 않은 상태에서 일어나는 우발적 집회는 어떻게 보아야 하는가의 문제도 제기되는바, 동 집회의 목적이 자유민주적 기본질서와 조화될 수 있는 일반적 성질의 것이고, 집회방법이 허용된 것이며, 집회의 목적과 방법이 내적인 관련성을 유지하고 합리적인 비례관계가 있는 한 신고가 없더라도 허용된다고 보고 있다.[37]

집시법과는 별도로 헌법상 보호되는 집회의 자유는 평화적이고도 비폭력적인 집회라는 점에서,[38] 화염병투척 등의 폭력시위를 근절하기 위한 특별법으로 화염병 사용 등의 처벌에 관한 법률도 1991년에 제정하여 시행중이다. 또 최근 우리 사회에서 실정법을 준수하기 위해서 또는 특정목적으로 1인 시위 또는 1인 릴레이 시위를 하는 경우가 많은데, 이는 집회금지구역에서 여러 명이 돌아가며 시위를 한다는 점과 집회를 대신한다는 점에서는 넓은 의미의 집회라고 볼 수도 있겠으나, 다수가 모인 집회가 아니라 산술적으로 1인이라는 점, 그리고 집회의 자유가 개인이 고립되는 것을 방지하기 위해 인정되기 시작했다는 역사적 맥락을 고려해 볼 때, 개인의 의사표현이라고 보아야 할 것이다.

(2) 결사의 자유

결사라 함은 다수의 자연인 또는 법인이 그 자유의사에 따라 공동의 목적을 위하여 자발적·지속적으로 단체를 결성하고 조직적 의사에 복종하는 것을 말한다.[39] 표현의 자유에 관한 기본권 중 비교적 늦게 19세기에서야 인정[40]된 결사의 자유는 단체의 형태로 인격을 자유롭게 발현하는 권리로서, 자유로운 공동체를 구성하는 보다 일반적인 원리라고 할 수 있다.

역사적으로 보면 결사의 자유가 중세의 동업조합(길드)과 같은 고권적 강제결합에 반대하면서, 조직적인 강제로부터 사인을 보호하기 위해 주창되기 시작하였기 때문에, 중세 사회의

---

35) 이에 관한 자세한 내용은 한수웅, "집회의 자유와 '집회및시위에관한법률'," 저스티스 제77호(2004. 2), 5-19.
36) 대판 1991. 11. 12. 91도1870.
37) 계희열(주 1), 474; 허영(주 1), 545.
38) 헌법재판소는 '헌법이 보장하고 있는 집회의 자유는 비폭력을 전제로 한 것이며, … 개인이 집회의 자유를 집단적으로 행사함으로써 불가피하게 발생하는 일반대중에 대한 불편함이나 법익에 대한 위험은 보호법익과 조화를 이루는 범위 내에서 국가와 제3자에 의하여 수인되어야 한다'고 판시하였다. 헌재 2003. 10. 30. 2000헌바67·83(병합).
39) 여기서 말하는 '다수'나 '공동의 목적'은 前述한 집회의 자유의 개념에서 논한 것과 동일하다.
40) 결사의 자유는 중세를 지배하던 조직 가운데 하나였던 각종 길드에 대한 부정적인 인식에서부터 발원했기 때문에 근대인권선언 당시에도 결사에 대한 적대적인 태도가 지배적이었다. 장영수(주 1), 690.

특징이었던 신분적 단체질서와 형태가 다르고, 현대 전체주의적 국가의 특징인 지배집단이 지시하는 가치체계에 따르는 국가의 계획적 형성과도 그 성격이 구별된다.[41]

결사의 자유는 일반적 결사의 자유와 특수적 결사의 자유로 구분되나, 헌법 제21조가 말하는 결사의 자유는 일반결사의 자유를 의미하기 때문에 정치적 결사인 정당이나 종교적 결사인 敎團, 학문 또는 예술적 목적의 결사인 학회·예술단체, 근로조건의 향상을 위한 근로자들의 결사인 노동조합 등 특수한 결사는 각각 헌법 제8조와 제20조, 제22조, 제33조의 적용을 받으며, 각각 개별 법률들이 특별법으로 존재한다.[42]

결사의 자유를 통해 소수자도 의사를 표현할 수 있는 기회를 갖고, 경우에 따라서는 이익단체·압력단체 또는 각종 사회단체를 형성하여 여론을 형성한다는 점에서 결사의 자유는 언론의 자유를 보충하는 성격과 함께 정치적 자유권으로서의 기능도 수행한다. 따라서 집회·결사의 자유까지 모두 포함해서 헌법 제21조를 표현의 자유조항이라고 하는 것이다.

결사의 자유에는 적극적인 측면과 소극적인 측면이 존재하는바, 적극적인 측면으로는 단체결성의 자유, 단체존속의 자유, 단체활동의 자유, 결사에의 가입·잔류의 자유 등을 들 수 있으며, 소극적인 측면으로는 단체로부터 탈퇴할 자유와 결사에 가입하지 아니할 자유 등을 들 수 있다. 이 가운데 결사에 가입하지 아니할 소극적 자유와 관련하여 사법상의 결사에는 가입을 강제할 수 없으나, 공법상의 결사(의사회·변호사회·상공회의소 등)에는 가입의 강제가 인정된다고 본다.[43]

결사의 자유의 주체는 자연인과 법인이 모두 가능하고, 그 성격상 미성년자도 누릴 수 있는 권리이다. 헌법재판소는 "법인 등 결사체도 그 조직과 의사형성에 있어서 그리고 업무수행에 있어서 자기결정권을 가지고 있어 결사의 자유의 주체가 된다고 봄이 상당하다"며, 법인의 결사의 자유의 기본권주체성을 긍정하고 있다.[44] 민법상의 법인이나 사단 등 모든 단체가 결사의 개념에 포함되기 때문에 민법이나 상법에서 규정하고 있는 설립절차를 제외하고는 원칙상 언제, 어떤 목적으로, 어떤 형태의 결사체를 조직할 것인가 하는 것은 전적으로 자유이기 때문에, 그 설립에 대한 허가나 사전통제는 불가능하고 결사의 자유의 본질적인 내용도 침해할 수 없다.[45] 1961년에 제정되었다가 1997년에 폐지되었던 사회단체 등록에 관한 법률은 모든 결사체에 대해 신고를 의무화했고, 현행 국가보안법은 반국가단체의 구성과 가입을 금하고 있다(제3조). 또 형법은 범죄단체의 조직 및 가입을 금하고 있으며(제11조), 국가공무원법(제65

---

41) 계희열(주 1), 485-491.

42) 헌법재판소는 노동단체가 정당에 정치자금을 기부하는 행위를 금지하는 것은 헌법 제33조의 단결권이 아니라, 헌법 제21조에서 보장된 노동조합의 정치활동의 자유를 제한한다고 보았다(헌재결 1999. 11. 25. 95헌마154).

43) 권영성(주 1), 531-532.

44) 헌재결 2000. 6. 1. 99헌마553.

45) 헌법재판소는 복수조합의 설립을 금지한 舊 축산업협동조합 제99조 제2항은 결사의 자유의 본질적 내용을 침해하기 때문에 위헌이라고 하였다(헌재결 1996. 4. 25. 92헌바47).

조)과 지방공무원법(제57조－제58조)은 정치활동이 허용된 예외적인 경우를 제외하고는 일반적으로 공무원의 정당결성과 가입만이 아니라 정치단체의 결성과 가입 외에도 집단행위를 금지하고 있다.

다. 제21조 제1항의 개념

(1) 동 조항의 의미

헌법 제21조 제1항은 "모든 國民은 言論·出版의 自由와 集會·結社의 自由를 가진다"고 규정하고 있다. 비록 동 조항이 法文으로는 '모든 국민'이라고 하고 있지만, 표현의 자유는 국민의 자유와 권리가 아니라 인간 본연의 존재로부터 나오는 자연적인 자유이고 권리이기 때문에 외국인과 무국적자를 포함한 모든 자연인은 물론, 법인이나 권리능력이 없는 단체, 정당 등도 주체가 될 수 있다. 언론기관도 표현의 자유를 누릴 수 있다. 다만 1963년부터 지금까지 외국인의 경우에는 정기간행물 및 인터넷신문의 발행인이나 편집인이 될 수 없도록 배제하고 있고, 외국인이나 외국법인 또는 단체에 대해서는 정기간행물발행을 제한하고 있으며(신문 등의 자유와 기능보장에 관한 법률 제13조, 이하 '신문법'이라 한다), 집회와 결사의 자유도 외국인에게는 제한하는 등, 기본권행사능력(Grundrechtsmündigkeit)에 대해서는 사안에 따라 일정한 한계를 인정하고 있다.

(2) 동 조항의 범위

上述한 바와 같이 동 조항은 고전적이고도 좁은 의미의 표현의 자유를 말하고(언론, speech) 쓰고 배포할(출판, press) 자유만이 아니라 알권리·반론권·접근권·언론기관의 자유, 상징적 표현 등 넓은 의미의 현대적이고도 포괄적인 표현의 자유를 비롯하여, 말하지 않고 침묵할 자유 등 소극적인 표현의 자유까지 모두 포함된다.

(3) 동 조항의 효력

언론·출판의 자유는 우선 주관적 권리로서 대국가적 효력을 갖는다. 따라서 국가권력이 언론·출판의 자유의 내용 중 그 어떤 것에 대해서든 어떤 형태로든 간섭하거나 영향력을 행사하거나 또는 침해하는데 대한 방어권으로서의 대국가적 효력을 갖는다.[46] 또한 언론·출판의 자유는 전체 법질서의 객관적 요소로서 사인 상호간의 관계에서도 직·간접적으로 사인을 구속하는 효력을 갖는다.

라. 제21조 제2항의 개념

헌법 제21조 제2항은 "言論·出版에 대한 許可나 檢閱과 集會·結社에 대한 許可는 인정되지 아니한다"고 규정하고 있다. 검열은 그 명칭이나 형식과 관계없이 실질적으로 행정권이 주체가 되어 사상이나 의견 등이 발표되기 이전에 예방적 조치로서 그 내용을 심사, 선별하여 발

---

46) 계희열(주 1), 450; 권영성(주 1), 500.

표를 사전에 억제하는, 즉 허가받지 아니한 것의 발표를 금지하는 제도를 뜻하고, 이러한 사전검열은 법률로써도 불가능한 것으로서 절대적으로 금지된다. 언론·출판에 대하여 사전검열이 허용될 경우에는 국민의 예술활동의 독창성과 창의성을 침해하여 정신생활에 미치는 위험이 크고 행정기관이 집권자에게 불리한 내용의 표현을 사전에 억제함으로써 이른바 관제의견이나 지배자에게 무해한 여론만이 허용되는 결과를 초래할 염려가 있기 때문에 헌법이 이를 절대적으로 금지하는 것이다. 일반적으로 헌법에 의하여 금지되는 검열이란, 허가를 받기 위한 표현물의 제출의무, 행정권이 주체가 된 사전심사절차, 허가를 받지 아니한 의사표현의 금지 및 심사절차를 관철할 수 있는 강제수단 등의 요건을 갖춘 경우를 말한다.

(1) 언론·출판에 대한 허가나 검열금지

(가) 허가금지

허가란 법규에 의한 일반적인 상대적 금지를 특정한 경우에 해제하여 적법하게 일정한 행위를 할 수 있도록 하게 하는 행정행위로서, 사전제한에 해당한다. 사전제한은 의사표현 자체를 불가능하게 함으로써 일반인들이 그 내용은 물론 내용에 대한 평가를 미리 봉쇄하게 한다는 점에서 사상과 의견을 원천적으로 봉쇄하기 때문이다.[47]

허가제와 관련하여 신문 등 정기간행물과 인터넷신문 등에 대한 등록제가 문제될 수 있는바, 현행 신문법은 발행인·편집인·발행목적·발행내용·보급대상·보급지역 등을 등록관청(문화관광부장관, 특별시장·광역시장·도지사 등)에 등록하도록 규정하면서(제12조), 등록관청이 발행을 정지하거나 직권으로 등록을 취소하게 하는 등(제21조) 등록관청이 과도한 권한을 행사할 수 있도록 규정하고 있어 위헌의 소지를 담고 있다. 등록취소는 사후제한적인 성격과 함께 사전제한적인 성격도 아울러 갖고 있기 때문이다.[48]

(나) 검열금지(사전억제, 사전제한)

그리스 로마시절부터 신성모독적이거나 무신론적인 저술, 또는 중상모략적인 저술에 대한 검열제도가 존재했고, 중세에는 모든 서적에 대해 査問制度(inquisition)라고 하는 사후검열(censura repressive)을 통해 이교적 저술의 전파와 소지, 열독을 금지하다가, 인쇄술의 발달로 대량 출판이 가능해지자 교회는 사후검열을 버리고 사전검열(censura praevia) 제도로 전환하였다.[49] 입법적으로 사전검열제도를 가장 먼저 채택한 나라는 영국이다. 영국은 1275년 에드워드

---

47) 김철수, 주석헌법 §§ 1-130, 법원사, 1992, 193.

48) 역사적으로 보면 1959년의 경향신문 폐간사건이나 1970년의 씨얼의 소리사 등록취소사건, 1970년의 사상계 등록취소사건 등이 모두 정치적인 이유에서 독재에 항거하는 언론사를 말살한 사건이었음에 주목할 필요가 있다.

49) 사문제도는 1184년 교황 루시우스 3세에 의해 최초로 선포되었고, 1252년 교황 인노센트 4세는 사문절차에 고문을 허용함으로써, 마녀재판(Hexenprozess)이 18세기까지 계속되었고, 1486년 마인츠의 대주교 폰 헤네베르크가 자신의 교구 안에 검열위원회를 설치한 것이 사전검열제도의 효시로 알려지고 있으며, 1559년 트리엔트 종교회의는 이른바 금서목록(index liberorum prohibitorum)을 반포하기도 하였다. 박용상, 언론의 자유와 공적 과업, 교보문고, 1982, 24-26.

1세가 국왕과 귀족의 명예를 훼손하는 출판물의 발행과 반포를 금지하고 그러한 행위를 반역죄(treason) 또는 치안방해죄(sedition)로 처벌하는 추문방지법(De Scandalis Magnatum)을 제정하였고, 1643년에는 출판허가법(Licensing Order)을 제정하였다. 그러나 오늘날 현대 민주주의 헌법을 가진 나라에서는 언론·출판에 대한 사전검열은 사전억제에 해당되어 금지된다. 학자에 따라서는 사전제한이라고도 하는 사전억제는 검열제나 허가제를 말하는 것으로서, 사상이나 의사가 발표되기도 전에 국가기관이 그 내용을 심사·선별하여 허가하는 것은 오늘날 자유민주주의국가에서는 인정되지 않는다.

우리 헌법재판소는 헌법 제21조 제2항이 금지하고 있는 '검열'이란 "행정청이 주체가 되어 사상이나 의견 등이 발표되기 이전에 예방적 조치로서 그 내용을 심사, 선별하여 발표를 사전에 억제하는, 즉 허가받지 아니한 것의 발표를 금지하는 제도로서, 일반적으로 허가를 받기 위한 표현물의 제출의무, 행정권이 주체가 된 사전심사절차, 허가를 받지 아니한 의사표현의 금지 및 심사절차를 관철할 수 있는 강제수단 등의 요건을 갖춘 경우에 검열에 해당한다"[50]고 하였다.

다만 법률로써 일정한 의사표현을 할 수 있는지의 여부를 정부가 사전에 결정할 수 있도록 하는 규제방법을 규정하고 있더라도 권력에 의한 여론의 왜곡과 호도가 가능하기 때문에 엄격하고 명확한 요건을 갖춘 경우에만 허용되어야 한다.[51] 특히 출판물에 대한 발행·판매 등의 금지는 사전억제에 해당하기 때문에 민사집행법(제304조)이 규정하고 있는 가처분과는 달리 신중하게 판단하여야 한다.[52]

이와는 별개로 헌법이 인정하고 있는 대통령의 비상대권(제77조 제3항) 중 비상계엄을 선포하는 경우, 언론·출판의 자유에 대한 특별조치로서 검열을 행할 수 있는가의 여부가 문제될 수 있으나, 지난 헌정사를 돌이켜 보면 실제로 비상계엄이 선포된 경우 검열제가 시행되었었다.

(다) 사후제한

사전제한으로서 검열을 행하지는 않지만, 사후에 형사처벌 등을 통해 일정한 제한을 가하는 사후제한도 언론·출판의 자유의 우월적 지위에 비추어 볼 때 엄격한 원칙과 절차에 따라 제한적으로 인정되어야 한다.[53] 사후제한의 합헌성 여부에 관한 판단기준으로서 이른바 '명백·현존하는 위험성의 원칙'(clear and present danger)과 '막연하기 때문에 무효의 원칙'(void for vagueness) 또는 명확성의 원칙 등은 자유주의 헌법을 가진 대부분의 나라에서 적용되고 있는 헌법원리이다.

---

50) 헌재결 2001. 8. 30. 2000헌가9.
51) 이균용, "헌법의 입장에서 본 명예의 침해에 의한 출판물의 출판 등 금지가처분에 관한 실무상의 문제," 언론과 법 4권 1호(2005. 6), 13-54.
52) 대판 2005. 1. 17. 2003마1477.
53) 김철수(주 47), 190.

(2) 집회·결사에 대한 허가금지

집회 및 시위를 사전에 파악하고 행정상 참고하기 위한 신고제는 사전제한이 아니므로 가능하지만, 사전허가를 받게 하는 허가제는 헌법 제21조 제2항에 따라 금지된다. 허가제는 집회·시위의 일반적 금지를 전제로 당국의 재량적 허가처분에 따라 특정한 경우에 금지를 해제해 주는 것이지만, 신고제는 집회 또는 시위의 중복에 의한 혼란을 예방하고 일반인의 도로·공원 등 공물이용과의 충돌을 조정하며 공물의 관리상 필요하기 때문에 불가피한 측면이 있고, 신고만 하면 당연히 집회·시위를 할 수 있는 자유를 전제로 한다는 점에서 양자는 구별된다.

이렇게 본래 의미의 신고제에서 신고는 어떤 행위를 하기 위한 요건이 아니고, 단지 관할 행정기관의 행정적 편의를 위한 것으로, 그 위반에 대하여 행정질서벌인 과태료를 부과하는 데 그친다. 그러나 집시법의 신고제는 용어만 신고일 뿐, 그 실질은 허가제처럼 운용되고 있음을 부인하기 어렵다.54)

역사적으로 볼 때 집회나 시위에 대한 허가제가 인정되던 때가 있었지만, 오늘날 자유민주 국가에서는 허가제가 인정되지 않고, 신고제는 집회가 갖고 있는 사회·심리학적 물리적 구조에 내재하는 특별한 위험을 고려하여 구체적이고도 엄격한 요건에 따라 예방적·질서유지적 차원에서 인정된다. 현행 집시법은 옥외집회나 시위를 주최하려는 자에 대하여 720시간 전부터 48시간 전에 관할 경찰서장에게 그 목적과 일시·장소·주최자 등을 제출하도록 하는 사전신고제를 규정하고 있다(제6조). 그러나 이러한 신고는 형식적 심사에 그쳐야 하고, 특별한 이유가 없는 한 수리되어야지, 그렇지 않을 경우에는 신고제가 사실상의 허가제로 기능하게 된다는 점에서 위헌적일 수 있다. 그런 점에서 볼 때 단지 신고를 하지 않았다거나 신고서 보완요구에 응하지 않았다거나 집회가 신고내용과 다르다는 이유만으로 곧바로 집회를 금지하거나 해산할 수는 없다고 보아야 한다. 최소침해의 원칙상 조건을 붙여 집회를 허용하거나 '조속히 신고'55) 할 의무를 부과하는 조치를 먼저 취하여야 하며, 비록 신고는 없었다고 하더라도 공공의 안녕질서 등 다른 법익을 해하지 않고 평화적으로 집회가 진행되는 경우에는 상충하는 법익이 없다는 점에서 신고의 목적을 해하지 아니하였으므로 해산해서는 아니 될 것이다.56)

또한 신고의무위반행위가 발생하더라도 이는 행정절차적·사무적 규정위반으로서 행정질서범에 해당하는 과태료 부과에 한정되어야 한다. 그러나 현행 집시법은 준수사항을 위반했을 경우 6개월 이하의 징역 또는 50만 원 이하의 벌금·구류 또는 과료에 처하도록 함으로써 행정형벌을 가하고 있다. 이에 대해 위헌논란이 계속되고 있으나, 헌법재판소는 "어떤 행정법규 위반행위에 대하여 이를 단지 간접적으로 행정상의 질서에 장해를 줄 위험성이 있음에 불과한 경우로 보아 행정질서벌인 과태료를 과할 것인가, 아니면 직접적으로 행정목적과 공익을 침해한

---

54) 동지 양건(주 1), 540.

55) BVerfGE 85, 69.

56) 헌재 2003. 10. 30. 2000헌바67.

행위로 보아 행정형벌을 과할 것인가, 그리고 행정형벌을 과할 경우 그 법정형의 형종과 형량을 어떻게 정할 것인가는 당해 위반행위가 위의 어느 경우에 해당하는가에 대한 법적 판단을 그르친 것이 아닌 한 그 처벌내용은 기본적으로 입법권자가 제반사정을 고려하여 결정할 입법재량에 속하는 문제"[57]라고 하여 합헌결정을 한 바 있다.

일반적으로 표현의 자유에 대한 허가와 검열 등 사전제한이 예외적으로 정당화될 수 있는 사유는 첫째, 특정한 표현이 헌법상 보호받지 못 함이 확실한 경우, 둘째, 사전제한을 하지 않음으로써 오는 해악의 성격이 '회복할 수 없는 경우'이다.[58]

마. 제21조 제3항의 개념

헌법 제21조 제3항은 "통신·방송의 시설기준과 신문의 기능을 보장하기 위하여 필요한 사항은 法律로 정한다"고 규정하여, 언론기관의 시설기준과 신문기능보장의 법정주의를 천명하고 있다.

(1) 언론기관의 시설기준

동조에서 말하는 통신이라 함은 무선국의 허가를 받아 외국의 통신사와 계약을 체결하고 정기적으로 정치·경제·문화·시사 등에 관한 보도·논평 및 여론 등을 전파할 목적으로 행하는 송수신 또는 발생하는 간행물을 말한다. 이에 비해 방송이라 함은 방송프로그램을 기획·편성 또는 제작하여 이를 공중에게 전기통신설비에 의하여 송신하는 것으로서 텔레비전방송[59]과 라디오방송,[60] 데이터방송,[61] 이동멀티미디어방송[62] 등을 모두 포함하는 무선통신의 송신을 말한다(방송법 제2조 제1호).

결국 통신·방송은 전파[63]를 이용하는 것이고, 전파의 관리를 위한 공공적인 필요성 때문에 통신사나 방송국의 개설을 위한 설치기준을 법률로써 정하도록 한 것이다.[64] 그러나 동 조항이 언론기관의 설립을 원천적으로 불가능하게 할 정도로 통신과 방송의 시설기준을 엄격하게 요구하거나 신문의 기능보장을 위한 조건을 지나치게 까다롭게 규정하여 현실적으로 신문의 다양성을 억제한다면, 그것은 동 조항의 취지에 반하는 것이다. 동 조항이 표명하고 있는 언

---

57) 헌재 1994. 4. 28. 91헌바14.
58) 양건(주 1), 541.
59) 텔레비전방송이라 함은 '정지 또는 이동하는 사물의 순간적 영상과 이에 따르는 음성·음향 등으로 이루어진 방송프로그램을 송신하는 방송'을 말한다.
60) 라디오방송이라 함은 음성·음향 등으로 이루어진 방송프로그램을 송신하는 방송을 말한다.
61) 데이터방송이라 함은 방송사업자의 채널을 이용하여 데이터(문자·숫자·도형·도표·이미지 그 밖의 정보체계를 말한다)를 위주로 하여 이에 따르는 영상·음성·음향 및 이들의 조합으로 이루어진 방송프로그램을 송신하는 방송(인터넷 등 통신망을 통하여 제공하거나 매개하는 경우를 제외한다)을 말한다.
62) 이동멀티미디어방송이라 함은 이동중 수신을 주목적으로 다채널을 이용하여 텔레비전방송·라디오방송 및 데이터방송을 복합적으로 송신하는 방송을 말한다.
63) 전파법상 "電波"라 함은 人工的인 誘導없이 空間에 퍼져 나가는 電磁波로서 國際電氣通信聯合이 정한 범위안의 周波數를 가진 것을 말한다(제2조 제1호).
64) 김철수(주 47), 195.

론기관의 시설기준 법정주의는 언론기관설립의 자유를 제한하기 위한 것이 아니라, 언론기관의 남설을 방지하려는 데에 있는 것이므로 국민의 표현의 자유를 최대한 보장할 수 있도록 언론기관의 다양성을 보장하여야 할 것이다. 방송법은 법인이 아니면 방송을 행할 수 없도록 규정하고 있으며(방송법 제13조 제1항), 언론기업의 뉴스통신겸영도 금지하고 있는바, 이는 언론기업의 독과점화를 방지하기 위한 조치로 풀이된다.

(2) 신문기능보장의 법정주의

동 조항이 규정하고 있는 '신문의 기능을 보장하기 위하여 필요한 사항'이 무엇을 의미하는지는 명확하지 않지만, 헌법제정과정을 보면 신문발행에 관한 시설기준을 법률로 정할 수 있도록 할 것인지에 관해 헌법의 아버지들 간에 대립이 심했던 것으로 전해지고 있다. 본래 의미의 신문의 기능이란 정치·경제·사회·문화·시사 등에 관한 보도·논평·여론 등의 전파를 통해 민주적 여론형성에 기여함을 의미하지만, 과연 신문발행을 위한 시설기준을 설정하는 것이 신문의 기능을 보장하기 위해 필요한 사항인지에 대해서는 의문이다.[65]

2005년에 제정된 신문법은 정기간행물[66]의 일종으로 신문을 개념 정의하면서 '정치·경제·사회·문화·시사·산업·과학·종교·교육·체육 등 전체분야 또는 특정분야에 관한 보도·논평·여론 및 정보 등을 전파하기 위하여 동일한 제호로 월 2회 이상 발행하는 간행물'로 규정하고 있다(제2조). 신문에는 일반일간신문,[67] 특수일간신문,[68] 외국어일간신문,[69] 일반주간신문,[70] 특수주간신문,[71] 인터넷신문[72] 등이 있으며, 신문법은 이 밖에도 잡지[73]와 기타 간행물[74]을 함께 규정하고 있다.

신문법은 법인이 아니면 일간신문이나 일반주간신문 또는 통신을 발행할 수 없도록 규정하고 있으며(신문법 제13조 제3항), 신문의 뉴스통신겸영도 금지하고 있는바, 이는 언론기업의

---

65) 김철수(주 47), 195.
66) 정기간행물이라 함은 동일한 제호로 연 2회 이상 계속적으로 발행하는 신문·잡지·기타간행물을 말한다.
67) 일반일간신문이라 함은 정치·경제·사회·문화·시사 등에 관한 보도·논평 및 여론 등을 전파하기 위하여 매일 발행하는 간행물을 말한다.
68) 특수일간신문이라 함은 산업·과학·종교·교육 또는 체육 등 특정분야(정치를 제외한다)에 국한된 사항의 보도·논평 및 여론 등을 전파하기 위하여 매일 발행하는 간행물을 말한다.
69) 외국어일간신문이라 함은 외국어로 발행하는 일반일간신문 또는 특수일간신문을 말한다.
70) 일반주간신문이라 함은 정치·경제·사회·문화·시사 등에 관한 보도·논평 및 여론 등을 전파하기 위하여 매주 1회 발행하는 간행물(주 2회 또는 월 2회 이상 발행하는 것을 포함한다)을 말한다.
71) 특수주간신문이라 함은 산업·과학·종교·교육 또는 체육 등 특정분야(정치를 제외한다)에 국한된 사항의 보도·논평 및 여론 등을 전파하기 위하여 매주 1회 발행하는 간행물(주 2회 또는 월 2회 이상 발행하는 것을 포함한다)을 말한다.
72) 인터넷신문이라 함은 컴퓨터 등 정보처리능력을 가진 장치와 통신망을 이용하여 정치·경제·사회·문화·시사 등에 관한 보도·논평·여론 및 정보 등을 전파하기 위하여 간행하는 전자간행물로서 독자적 기사 생산과 지속적인 발행 등 대통령령이 정하는 기준을 충족하는 것을 말한다.
73) 잡지라 함은 정치·경제·사회·문화·시사·산업·과학·종교·교육·체육 등 전체분야 또는 특정분야에 관한 보도·논평·여론 및 정보 등을 전파하기 위하여 동일한 제호로 월 1회 이하 정기적으로 발행하는 제책된 간행물을 말한다.
74) 기타간행물이라 함은 신문·잡지 이외의 간행물로서 대통령령이 정하는 간행물을 말한다.

독과점화를 방지하기 위한 조치로 풀이된다.

바. 제21조 제4항의 개념

헌법 제21조 제4항은 "言論·出版은 他人의 名譽나 權利 또는 公衆道德이나 社會倫理를 침해하여서는 아니된다. 言論·出版이 他人의 名譽나 權利를 침해한 때에는 被害者는 이에 대한 被害의 賠償을 請求할 수 있다"고 규정하고 있다.

언론과 출판이 그 활동을 함에 있어서 타인의 권리나 명예를 침해하지 않고 존중해야 함은 내재적 한계로서 위와 같은 규정이 없더라도 언론·출판에 요구되는 사항이다. 어떤 자유와 권리이든 그것을 행사하고 자유를 구가하기 위해서는 다른 법익을 침해하지 않고자 노력해야 하는 침해회피원칙(Ausweichprinzip)이 적용된다는 사실을 인식한다면, 본 조항은 행위반가치론(Handlungsunwert)으로서의 언론의 자유의 내재적 한계를 재확인한 것이라고 볼 수 있다. 결국 "言論·出版이 他人의 名譽나 權利를 침해한 때에는 被害者는 이에 대한 被害의 賠償을 請求할 수 있다"는 규정이 없더라도 당연히 피해자의 권리는 구제받아야 한다고 보아야 한다. 언론과 출판의 활동결과 일어나는 권리침해가 워낙 심대하고 그 전파력이 크기 때문에 개별적 헌법유보의 형식을 취하고 있는 것이다.

학자에 따라서는 동 조항을 개별적 헌법유보라고 볼 경우, 타인의 명예나 권리 또는 공중도덕이나 사회윤리라는 막연하고 추상적인 개념을 가지고 직접 언론의 자유를 제한하는 경우 남용의 가능성이 엄청나게 클 뿐만 아니라, 이처럼 구체화되지 않은 막연한 개념을 어떻게 구체적 사건에 적용할 것인가 하는 문제가 제기된다는 점에서 동 조항의 '개별적 가중법률유보조항'으로 보기도 한다.[75] 그러나 대부분의 학자들은 동 조항을 개별적 헌법유보조항으로 보고 있으며, 헌법재판소도 동 조항을 '언론기관이 취재·보도·논평을 함에 있어서 진실을 추구해야 하고, 공정성과 객관성을 유지해야 함은 물론 타인의 명예나 권리도 존중하는 등 도덕률을 준수해야 함을 명시적으로 규정한 조항'이라고 판시한 바 있다.[76] 표현의 '자유'가 제약이 전혀 없는 무제한적인 자유를 의미하는 'freedom'이 아니라, 책임과 의무를 준수하는 자유를 의미하는 'liberty'를 말하는 것이고, 언론의 자유도 헌법상 개인에게 부여된 다른 권리와 헌법원칙을 준수해야 하는 내재적 한계와 함께 사회적 책임을 부담하는 자유롭고 책임있는 언론(Free and Responsible press)이어야 하기 때문이다.[77]

이에 비해 "言論·出版이 他人의 名譽나 權利를 침해한 때에는 被害者는 이에 대한 被害의 賠償을 請求할 수 있다"는 후문은 결과반가치론(Erfolgsunwert)을 규정한 문구로 해석할 수 있다. 언론이 그 활동을 하는 과정에서 고의든 과실이든 결과적으로 타인의 명예나 권리를 침해한 경우에 그에 대한 배상을 명문화하고 있기 때문이다. 그러나 이 규정이 없어도 가치결정적

---

75) 계희열(주 1), 458.
76) 헌재 1989. 9. 4. 88헌마22.
77) 언론의 사회적 책임에 대하여는 박용상(주 49), 182.

인 원칙규범(wertentscheidende Grundsatznorm)에 따라 승인할 수 없는 가해행위(zu mißbilli—gende Art der Schädigung)가 있는 경우에는 당연히 손해배상책임이 발생한다[78]는 점에서는 위의 前文에 대한 논의와 그 성격을 함께 한다.

(1) 내재적 한계로서의 언론·출판의 책임

(가) 타인의 명예 및 권리 존중

1) 타인의 명예

명예란 사람의 품성, 독행, 명성, 신용 등 인격적 가치에 대하여 사회로부터 받는 객관적인 평가를 말하는 것이고, 특히 법인의 경우에는 그 사회적 명성과 신용을 가리키는 것이며,[79] 명예훼손이란 명예주체에 대한 사회적 평가를 저하시키는(herabwürdigen) 일체의 행위를 말한다.[80] 판단주체와 기준은 일반인이지만, 실질적이고 품위있는 시민의 관점(die Anschauungen der anständigen Leute)도 그 기준이 될 수 있다.[81]

현행 형법은 공연히 사실을 적시하여 타인의 명예를 훼손할 경우 명예훼손죄로 처벌하고 있으며, 허위의 사실을 적시한 경우와 출판물 등에 의한 명예훼손인 경우에는 가중처벌하고, 고인이 된 자에 대해서도 명예를 보호하고 있다(제307조—제309조). 민법 제764조에서 말하는 명예훼손이란 사람의 사회적 평가를 저하시키는 행위를 말하므로 단순히 주관적으로 명예감정이 침해되었다고 주장하는 것만으로는 명예훼손이 되지 않는다.[82] 언론활동으로 인한 명예훼손에 대해서는 '진실한 사실로서 오로지 공공의 이익에 관한 때'에는 위법성을 조각함으로써 언론의 활동을 보장하고 있지만(제310조),[83] 사회적 평판을 침해하는 명예훼손죄 외에 모욕죄를 별도로 규정함으로써 개인적인 명예감정도 보호하고 있다(제311조).

그러나 같은 명예훼손이라 하더라도 私人과 公人의 경우에는 알권리라는 차원에서 법리를 다소 달리하게 되는데, 언론의 자유와 명예보호라는 상반되는 헌법상의 두 권리를 조정하기 위해서는 그 표현행위로 인한 피해자가 공적 인물인지 사인인지, 그 표현이 공적인 관심사안에 관한 것인지 순수한 사적인 영역에 속하는 사안인지, 피해자가 당해 명예훼손적 표현의 위험을 자초한 것인지, 그 표현이 객관적으로 국민이 알아야 할 공공성·사회성을 갖춘 사실(알권리)로서 여론형성이나 공개토론에 기여하는 것인지 등을 종합하여 구체적인 표현내용과 방식에 따

---

78) BVerfGE 42, 143; BGHZ 45, 296; 50, 133.
79) 대판 1965. 11. 30. 65다1707.
80) 대판 1988. 7. 14. 96다17257; 1988. 10. 11. 85다카29; 2000. 7. 28. 99다6203.
81) BVerfGE 7, 98.
82) 대판 1992. 10. 27. 92다756.
83) 이와 관련하여 대법원은 '명예훼손적 표현에 대한 형사법을 해석함에 있어서는 그 표현이 진실한 사실이라는 입증이 없어도 행위자가 진실한 것으로 오인하고 행위를 한 경우, 그 오인에 정당한 이유가 있는 때에는 명예훼손죄는 성립되지 않는 것으로 해석하여야 한다'(대판 1993. 6. 22. 92도3160; 1994. 8. 26. 94도237)고 하여 진실성 외에도 진실이라고 믿을 만한 상당한 이유가 있었던 경우에는 '상당성'을 인정하여 위법성조각사유를 넓게 보고 있다..

라 상반되는 두 권리를 유형적으로 형량한 비례관계를 따져 언론의 자유에 대한 한계를 설정할 필요가 있다.[84]

그러나 인격에 대한 가장 심대한 침해는 허위사실을 전파함으로 인해 발생하는 명예훼손이다. 허위사실유포에 의한 명예훼손은 개인의 인격상(Persönlichkeitsbild)을 의도적으로 왜곡하거나 날조, 누락, 전가(publicity in a false light)시키기 때문에 항상 위법하다고 보는 것이다. 통상 허위사실에 의한 명예훼손의 경우에는 사생활침해와 경합하는 경우가 많은데, 명예훼손이 피해자의 사회적 평가를 저하시키는 결과를 중시하는 반면, 사생활침해는 피해자의 명예감정(Ehrgefühl)을 보호하는 데에 주안점을 두기 때문에 반드시 사회적 평가를 저하시킬 필요는 없다는 점에서 차이가 난다.[85] 개인에 대한 美化도 인격상을 왜곡한다는 점에서 명예훼손 책임을 물을 수는 있으나,[86] 우리나라에서는 아직 이와 관련된 사건이 제기되지는 않았지만, 실제인물을 픽션 또는 드라마의 등장인물로 하는 경우(일명 faction＝fact＋fiction) 또는 다큐멘터리에 드라마적 요소를 가미한 이른바 docudrama의 경우에는 실존인물 또는 그 유족으로부터 명예훼손소송이 제기된 예가 있다. 死者에게 명예훼손이 인정되지 않는 것은 인격권은 일신전속권이기 때문이며, 다만 형법이 허위사실에 의해 사자의 명예를 훼손한 경우 처벌하는 조항을 두고 있을 뿐이다(제308조). 또 보도를 하면서 비록 이니셜을 사용하였다 하더라도 특정인으로 지칭될 수 있으면 명예훼손죄가 성립하며,[87] 보도의 대상이 특정된 부류에 속하는 집단을 지칭하거나, 그 대상이 좁혀질 수 있는 여러 명으로 지칭된 경우에는 집단표시에 의한 명예훼손(Kollektivbeleidigung, Sammelbeleidigung, group libel)이 가능하다. 이 밖에 인격을 무시(Nichtachtung)하거나 경시(Geringachtung)하고 멸시(Mißachtung)하는 언행은 빙고 농담(Scherzhaftigkeit)이라고 하더라도 비방적 비판(Schmähkritik)으로서 형사상 모욕죄(제311조)가 적용될 수 있고, 민사상으로는 명예감정에 대한 불법행위로서의 명예훼손이 가능하다.

2) 타인의 권리

일반적으로 명예나 프라이버시권, 초상권 등 개인의 인격과 밀접한 관련이 있는 권리를 포괄적으로 인격권이라고 한다. 일반적 인격권(allgemeine Persönlichkeitsrecht)을 법적으로 보호하고 있는 독일과는 달리 우리나라는 동 조항이 '타인의 명예 및 권리'라고 하여 '명예'를 분리하고 있으므로 동조에서 말하는 타인의 권리란 사생활의 비밀과 자유의 침해, 그리고 성명권,[88]

---

84) 헌재 1999. 6. 24. 97헌마265; 대판 1988. 10. 11. 85다카29.
85) 박용상, 언론과 개인법익, 조선일보사, 1997, 95-96.
86) 미국에서는 전설적인 원손잡이 투수 Warren Spahn을 전쟁영웅으로 미화한 傳記小說에 대해 민권법 제51조(section 51 of the Civil Right Law) 위반으로 인한 명예훼손을 인정하였다. Julian Messner, Inc. v. Spahn, 387 U.S. 239 (1967) (per curiam).
87) 대판 1994. 5. 10. 93다36622.
88) 법적으로 보호받는 성명이란 개인의 자신에 대한 표시수단이며, 동시에 타인과의 구별수단을 말한다. 언론보도로 인한 성명권이 문제되는 경우는 언론이 자기의 이익을 위하여 개인의 성명을 이용하는 경우(Namensnennung)와 특정 사안의 보도에서 개인의 익명권(Recht auf Anonymität)을 침해하는 경우, 그리고 권리자의 동의없이 영업 또는 광고의 목적으로 사용하는 경우로 나누어 볼 수 있다.

초상권,[89] 음성권[90] 등을 말한다고 볼 수 있다.[91]

오늘날 고도로 정보화된 현대사회에서는 자신의 동질성을 해치는 인격권 침해 행위가 과거보다 훨씬 더 빈번하게 발생할 가능성이 많은데, 대법원은 "사람은 누구나 자신의 얼굴 기타 사회통념상 특정인을 식별할 수 있는 신체적 특징에 관하여 함부로 촬영 또는 그림 묘사되거나 공표되지 아니하며, 영리적으로 이용당하지 않을 권리를 갖는다"[92]고 판시한 바 있다. 여기서 초상권이라 함은 사람이 자신이 초상에 대하여 갖는 인격적·재산적 이익이라고 할 수 있다.

이에 비해 성명권은 독일 민법 제12조가 명시적으로 인정하고 있는데 비해 우리의 경우에는 실무상 성명권이 명예훼손의 내용 속에 용해되어 버리는 경우가 많아 실제로 성명권만이 문제되는 경우는 거의 없다고 할 수 있다.[93] 그러나 음성권의 경우에는 탐사보도나 다큐멘터리 프로그램이 많아지면서 사전 동의 없이 사람의 음성을 그대로 방송해 문제되고 예가 늘고 있다.[94] 또 사생활의 침해는 본인의 승낙을 받고 승낙의 범위 내에서 그의 사생활에 관한 사항을 공개할 경우 이는 위법한 것이라고 할 수 없으나, 본인의 승낙을 받은 경우에도 승낙의 범위를 초과하여 승낙 당시의 예상과는 다른 목적이나 방법으로 이러한 사항을 공개할 경우에는 위법하게 된다.[95] 즉, 사생활권이 침해되었다고 주장하기 위해서는 사적 사항이 공공연하게 공표되어야 하고, 공개된 사실이 아직 공표되지 않은 사적인 사항이어야 하며, 통상인의 감수성을 기준으로 보았을 때 심리적 부담 또는 불안을 주는 것이어야 한다.[96]

(나) 공중도덕 및 사회윤리의 준수

동 조항에서 말하는 '공중도덕'이란 공중을 위하여 사생활에서 지켜야 할 도덕을 말하고, '사회윤리'란 사회 구조나 질서 또는 제도와 관련된 윤리 문제에 대한 도덕적 규범을 총칭하는 말이지만 명확한 개념정의가 대단히 어려운 추상명사이다. 또한 개인의 행위는 대부분 직·간접으로 타인들과 연결되어 있으므로 결과가 개인에게 귀속되어도 그것은 사회적이라고 볼 수 있기 때문에 더욱 복잡한 문제를 야기하게 된다. 결국 사회윤리나 공중도덕에 관련된 문제들

---

89) 초상이란 인간의 실제모습을 표현한 것으로서, 사진만이 아니라 몽타쥬, 소묘, 풍자화, 인물화 또는 인형과 같은 형상적 표현도 모두 포함되며, 식별가능여부는 관찰자를 기준으로 하는 것이 아니라, 知面人士의 범위 내에서 식별가능하면 족하다. 박용상(주 85)(개인법익), 87. 초상권을 간접적으로 보호하는 현행법으로는 법원조직법 제59조에 따른 법정내 촬영금지, 소년법상의 보도금지(제68조) 등이 있다.

90) 일단 발설한 말(gesprochene Worte)은 발언자의 인격의 표출로 인식되기 때문에, 그 말에 대한 지배력 안에 음성권도 포함된다. 따라서 본인의 동의를 받지 않고 비밀녹음을 하거나 이를 언론에 공개하는 행위 등은 위법한 것이 된다. 이와 관련해서는 비밀도청의 문제도 야기되지만, 이는 '신뢰영역에 대한 침입'으로서 통신의 자유에서 논해질 것이다.

91) 독일에서는 인격권의 구체적인 내용으로 성명권과 초상권을 비롯하여 인생상(Lebensbild), 성격상(Charakterbild), 인격상(Persönlichkeitsbild)의 보호와 사적영역의 보호, 명예의 보호 등 다양한 권리를 그 내용으로 인정하고 있다. BVerfGE 51, 148, 박용상(주 85), 32-33.

92) 대판 2006. 10. 13. 2004다16280.

93) 박용상(주 85), 82-87.

94) 서울고판 1999. 7. 7. 98가합51935; 1999. 10. 22. 99나49001.

95) 대판 1998. 9. 4. 96다11327.

96) 계희열(주 1), 460-461.

은 응용 철학이자 생명윤리에 속하는 인종차별·성차별·범죄보도·환경윤리 등을 비롯하여, 낙태·안락사·자살 문제 외에도 성윤리에 속하는 사안들이 모두 이 범주에 속한다고 보아야 하지만, 사회적 담론이 활성화되어 있지 않은 우리나라에서는 성과 관련된 음란표현물이 주로 이 분야에서 법적 문제를 야기하고 있다.

그러나 음란의 개념에 대해서는 수세기를 두고 많은 학자와 법률가들이 논란을 계속하고 있을 정도로 그 판단기준이 문제되고 있는바, 대법원은 "일반 보통인의 성욕을 자극하여 성적 흥분을 유발하고 정상적인 성적 수치심을 해하여 성적 도의관념에 반하는 것을 가리키고, 문서의 음란성의 판단에 있어서는 당해 문서의 성에 대한 노골적이고 상세한 묘사서술의 정도와 그 수법, 묘사서술이 문서전체에서 차지하는 비중, 문서에 표현된 사상 등과 묘사서술과의 관련성, 문서의 구성이나 전개 또는 예술성, 사상성 등에 의한 성적 자극의 완화의 정도, 이들의 관점으로부터 당해 문서를 전체로서 보았을 때 주로 독자의 호색적 흥미를 돋우는 것으로 인정되느냐의 여부 등의 여러 점을 검토하는 것이 필요하고, 이들의 사정을 종합하여 그 시대의 건전한 사회통념에 비추어 그것이 공연히 성욕을 흥분 또는 자극시키고 또한 보통인의 정상적인 성적 수치심을 해하고, 선량한 성적 도의관념에 반하는 것이라고 할 수 있는가의 여부에 따라 결정되어야 한다"[97]고 판시하였다.

공중도덕과 사회윤리에 대해서는 上記한 바와 같이 그 용어의 불명확성과 애매성의 문제 외에도 일반적 법률유보조항인 헌법 제37조 제2항[98]에서 말하는 '질서유지·공공복리'가 동조항이 규정하고 있는 '공중도덕·사회윤리'와 어떤 관계가 있느냐에 대해서도 학자들 간의 이견이 있다.

(2) 피해배상

동 조항이 규정하고 있는 '타인의 명예나 권리'를 침해한 경우에는 민·형사상의 명예훼손소송 외에도, 초상권·성명권·음성권 침해로 인한 손해배상소송이나 사생활침해에 대한 손해배상소송이 가능하다. 그러나 언론보도에 의한 형사책임은 그 내용이 오로지 공공의 이익에 관한 때에는 처벌하지 아니한다(제310조). 언론활동으로 인해 타인의 권리를 침해하는 경우에는 통상적으로 이익형량(banlacing test)에 의해 판단하게 되지만 일반적으로 언론사의 고의나 중과실이 인정되지 않는 한, 자유언론의 허용성추정(Vermutung für die Zulässigkeit der freien Rede)[99]이 적용되어 그 책임이 완화된다.

이 밖에 민법 제764조가 규정하고 있는 '명예회복에 적당한 조치'로서 반론권, 정정보도청구권, 추후보도청구권과 판결문게시, 발행금지·반포금지·출판금지·상영금지·방영금지 등 민

---

97) 대판 1995. 6. 16. 94도2413.
98) 제37조 제2항: 국민의 모든 자유와 권리는 국가안전보장·질서유지 또는 공공복리를 위하여 필요한 경우에 한하여 법률로써 제한할 수 있으며, 제한하는 경우에도 자유와 권리의 본질적인 내용을 침해할 수 없다.
99) BVerfGE 24, 278.

사집행법상의 각종 가처분이 가능하지만, 원상회복은 원천적으로 불가능한 것이 언론보도에 의한 명예훼손행위이다. 또한 사죄광고는 지난 1991년 헌법재판소로부터 "명예회복에 적당한 처분에 사죄광고를 포함시키는 것은 헌법에 위반된다"는 이유로 위헌결정을 받아 더 이상 활용되지 않고 있다.[100]

2. 입헌취지

가. 건국헌법까지

19세기까지 계속되었던 쇄국정책의 탓도 있지만, 이 땅에 '헌법'이 인식된 것이 언제인가를 연혁해 내기는 상당히 어려운 일이다. 학자에 따라서는 블룬츨리(J. K. Blunschli)의 '公法會通'이 한국에 전해진 첫 서양법서로 꼽고 있지만, 이 책은 국제법 소개책자였을 뿐,[101] 헌법에 대한 인식을 가져온 책은 아니었으며, 1895년에 세워진 법관양성소도 법실용교육을 시키던 곳에 불과했다. 이렇게 헌법에 대한 인식이 척박한 상황에서 독립을 하고 미군정 하에서 임시정부헌법이 제정되었고 이 헌법은 건국헌법에도 많은 영향을 미쳤다.[102] 특히 표현의 자유는 미국 수정헌법 제1조의 영향을 많이 받을 수도 있었을 터이지만, 건국헌법 제13조가 "모든 國民은 法律에 依하지 아니하고는 言論, 出版, 集會, 結社의 自由를 制限받지 아니한다"라고 하여 철저하게 법률유보주의를 택한 것은 헌법제정 당시에 혼란스러웠던 국내정세와 혼탁했던 이념논쟁에 기인한 때문이 아닌가 판단된다.

나. 헌법개정과 표현의 자유

건국헌법에서 "모든 國民은 法律에 依하지 아니하고는 言論, 出版, 集會, 結社의 自由를 制限받지 아니 한다"라고 하여 법률유보주의를 채택한 표현의 자유조항은 1959년까지 그대로 이어졌다. 1960년에 이르러서는 갑자기 "모든 國民은 言論, 出版의 自由와 集會, 結社의 自由를 制限받지 아니한다. 政黨은 法律의 定하는 바에 依하여 國家의 保護를 받는다. 但, 政黨의 目的이나 活動이 憲法의 民主的 基本秩序에 違背될 때에는 政府가 大統領의 承認을 얻어 訴追하고 憲法裁判所가 判決로써 그 政黨의 解散을 命한다"라고 하여, 표현의 자유 조항에 정당에 관한 규정이 들어오면서 민주적 기본질서와 위헌정당해산제도 등이 삽입되어 정당에 관한 내용이 더 많은 부분을 차지하는 등 헌법상 표현의 자유는 계속 위축되었다. 그러나 생각해보면 표현의 자유가 자유민주주의사회에서 정치적 기본권의 가장 근간이 되기 때문에, 정당조항과 함께 결부되었을 것으로 판단된다.

그러나 1962년과 1969년 헌법은 정당조항과 결별하고 다시 표현의 자유 조항으로 자리매김하면서, "① 모든 國民은 言論·出版의 自由와 集會·結社의 自由를 가진다. ② 言論·出版에

---

100) 헌재 1991. 4. 1. 89헌마160.
101) 최종고, 한국법입문, 박영사, 2003, 13.
102) 자세한 것은 김영수, 대한민국 임시정부 헌법론, 삼영사, 1980 참조.

대한 許可나 檢閱과 集會·結社에 대한 許可는 인정되지 아니한다. 다만, 公衆道德과 社會倫理를 위하여는 映畵나 演藝에 대한 檢閱을 할 수 있다. ③ 新聞이나 通信의 發行施設基準은 法律로 정할 수 있다. ④ 屋外集會에 대하여는 그 時間과 場所에 관한 規制를 法律로 정할 수 있다. ⑤ 言論·出版은 他人의 名譽나 權利 또는 公衆道德이나 社會倫理를 侵害하여서는 아니된다"라고 하여, 언론·출판에 대한 허가 및 검열금지와 집회·결사의 허가제 금지를 천명하는 등 상당히 진전된 면모를 보였지만, 신문이나 통신의 시설기존에 대한 법정주의를 도입하였다.

곧 이어진 유신헌법은 다시 언론·출판에 대한 허가나 검열을 금지하는 조항 등을 모두 삭제하면서 "모든 國民은 法律에 의하지 아니하고는 言論·出版·集會·結社의 自由를 制限받지 아니한다"라고 하여 법률유보주의로 환원하여 표현의 자유를 말살하다시피 하였다. 1980년 헌법 또한 "① 모든 國民은 言論·出版의 自由와 集會·結社의 自由를 가진다. ② 言論·出版은 他人의 名譽나 權利 또는 公衆道德이나 社會倫理를 侵害하여서는 아니된다. 言論·出版이 他人의 名譽나 權利를 侵害한 때에는 被害者는 이에 대한 被害의 賠償을 請求할 수 있다"라고 하여, 표현의 자유보다는 언론의 사회적 책임만 강조함으로써 언론을 통제할 수 있는 기틀을 마련하였고, 실제로 악법으로 평가받는 언론기본법을 제정하였고, 정부는 신문·방송·통신 등 언론기관들에 대한 통·폐합을 시도하여, 언론시장을 인위적으로 제정하였다.

이상에서 살펴 본 바와 같이 표현의 자유 조항은 헌법 개정 당시의 정치적·사회적 맥락을 그대로 반영하면서 굴곡의 역사를 보여 왔다.

다. 현행헌법의 입헌취지

이상과 같은 헌법제정과 개정의 역사를 돌이켜 볼 때 현행 헌법은 상당히 진전된 모습을 보이고 있다. 비록 文言上으로는 고전적 의미의 소극적인 표현의 자유만을 규정하고 있지만, 1962년과 1969년 헌법에 규정되었다가 유신헌법과 1980년 헌법에서 삭제되었던 언론·출판에 대한 허가와 검열금지조항이 부활했다는 것은 대단히 유의미한 일로 볼 수 있다. 동시에 1980년대에 제정되어 표현의 자유를 크게 위축시켰던 언론기본법이 폐지되었음도 주목할 필요가 있다. 물론 곧이어 정기간행물등록등에관한법률과 방송법이 대체입법으로 제정되기는 하였지만, 국민의 민주주의 열망에 따라 한국헌정사상 최초로 여야 합의에 의해 제정된 헌법인 만큼, 표현의 자유에 있어서는 현행헌법이 그 어느 때보다도 괄목할만한 수준을 보이고 있음도 부인할 수 없는 사실이다.

II. 한국헌정사적 연혁

1. 언론·출판의 자유

가. 개화기부터 1960년대까지

개화기인 구한말부터 미국의 영향을 많이 받은 우리나라는[103] 해방 후 미군정을 거치면서 일제 식민지하에서 제정·반포되었던 출판법은 폐지되었지만[104] 신문 기타 출판물의 등기제도를 도입·시행하게 되면서 언론통제의 길을 열었으며,[105] 좌우익의 대립이 극심하던 1946년에는 신문 및 정기간행물의 허가제도를 도입하였고,[106] 1948년 4월 7일에 하지(John Reed Hodge) 장군이 선포한 '조선인민의 권리에 관한 포고'에도 언론·출판·집회·결사의 자유가 개별적인 유보를 부한 채 포함되었었다.[107]

이같은 미군정 하에서 발효되었던 일련의 표현의 자유 관련 군령은 1948년에 제정된 제헌헌법에 그대로 투영되었다. 제헌헌법은 제13조에서 언론·출판·집회·결사의 자유를 일괄적으로 규정하면서도 1954년 헌법까지는 철저하게 법률유보의 원칙을 견지해오다가, 4·19 직후인 1960년 헌법에서 비로소 법률유보형식에서 벗어나, "모든 국민은 언론·출판·집회·결사의 자유를 제한받지 아니한다"라고 하여, 언론의 자유를 절대적 자유권으로 규정하였다. 그러나 특이하게도 정당조항이 표현의 자유와 함께 규정되었고, 같은 해에 반민족행위자 처벌을 위한 소급입법의 근거를 마련하기 위해 두 번이나 헌법이 개정되었지만, 정당조항과 표현의 자유가 함께 규정된 동 조항의 내용과 형식에는 변함이 없었다. 그러나 동 헌법의 시행기간은 너무 짧았다.

1961년 5·16 군사쿠테타 이후 군사혁명정부가 6개 항의 혁명공약을 발표하고 연이어 포고령[108]과 계엄령[109]을 발하다가 6월 6일에는 국가재건비상조치법을 제정·공포하였다. 국가재

---

103) 이에 관한 자세한 내용은 김철수, 한국헌법사, 대학출판사, 1988, 13-66 참조.

104) 미군정청법령 제11호: 조선인민과 그 통치에 적용하는 법률로부터 조선인민에게 차별과 압박을 가하는 모든 정책과 주의를 소멸하고 조선인민에게 정의의 정치와 법률상 균등을 회복케 하기 위하여 좌기(左記) 법률(정치범처벌법, 예비구속법, 치안유지법, 출판법, 정치범보위관찰령, 神社法)과 법률의 효력을 가진 조령(條令)과 명령을 폐지한다.

105) 미군정청법령 제19조 제5조: 언론의 자유 및 출판의 자유를 불법 또는 파괴적 목적에 악용하지 않고 유지 보호하기 위하여 조선북위 38도 이남에서 자연인 또는 법인이 후원, 소유, 지휘, 관리 또는 지배하는 서적, 소책자, 서류 기타 독물(讀物)의 인쇄에 종사하는 모든 기관의 등기를 차에 명함.

106) 미군정청법령 제88호. 동 법령은 자유당 시절 경향신문을 폐간하고 정간시키는 근거법령이 되기도 했다.

107) 조선인민의 권리에 관한 포고
제8조: 집회·결사·언론·출판 그밖에 모든 표현의 자유는 각종의 선전삐라나 벽포스타의 사용까지도 그것이 질서문란이나 정부전복을 선동하는 정도까지 선동적인 것만 아니라면 이를 인정한다.
제9조: 집회와 결사의 자유는 법에 의하여 규정된다, 모든 시민, 시민의 집단은 정부 각 기관에 고정(苦情)의 구제를 청원할 권리가 있다.

108) 1961년 5월 16일에 선포된 '군사혁명위원회 포고 1호'는 일체의 옥내외의 모든 집회를 금지하고 언론·출판·보도 등은 사전 검열을 받아야 한다고 규정하고 있었으며, '치안확보상 유해한 기사와 유언비어의 날조 유포도 금한다'는 내용이 들어 있다.

109) 1964년 6월 3일 '계엄사 포고 1호'도 모든 옥내외 집회 및 시위를 금하고 언론·출판·보도는 사전 검열을

건비상조치법은 혁명과업을 수행하는데 지장이 없는 범위 안에서만 기본권을 보장하였기 때문에[110] 표현의 자유는 대폭 위축될 수밖에 없었다. 더욱이 혁명정권은 비상조치법을 개정하는 방법으로 헌법을 개정하여 현행헌법과 유사한 내용과 구조를 갖게 되었고, 이같은 헌법규정은 다시 법률유보형식으로 되돌아간 유신헌법직전까지 유지되었다.

나. 1970년대부터 1980년대까지

1971년 12월 27일에 발효된 '국가보위에 관한 특별조치법'은 국가비상사태법으로서 초헌법적인 국가긴급권의 행사를 가능하게 하고 있었는데, 제8조는 국가 안위에 관한 사항, 국론을 분열시킬 위험이 있는 사항, 사회질서의 혼란을 조장할 위험이 있는 사항 등에 대해 언론 및 출판을 규제하기 위한 특별한 조치를 할 수 있도록 규정하고 있었다. 유신헌법이 제정되던 해인 1974년 1월 8일에 발효된 '대통령 긴급조치 제1호'는 대한민국 헌법을 부정·반대·왜곡·비방하거나 폐지를 주장하는 행위를 방송·보도·출판 기타의 방법으로 타인에게 알리는 일체의 행동을 금하였다.[111] 그로부터 3개월 후인 1974년 4월 3일에 발효된 긴급조치 제4호[112]는 전국민주청소년학생연맹과 이에 관련되는 모든 단체를 조직하거나 가입하는 행위

받도록 규정하고 있었으며, 유언비어의 날조·유포를 금하는 동시에 '포고위반자는 영장 없이 압수·수색·체포·구속한다'고 규정하고 있었다.

110) 제3조(국민의 기본권) 헌법에 규정된 국민의 기본적 권리는 혁명과업수행에 저촉되지 아니하는 범위 내에서 보장된다.

111) 동 조치는 1974년 8월 23일 긴급조치 제5호로 해제되었다.

112) 대통령긴급조치 제4호(1974. 4. 3.)

1. 全國民主靑少年學生總聯盟과 이에 關聯되는 諸 團體(이하 "團體"라 한다)를 組織 하거나 또는 이에 加入하거나, 그 構成員과 會合, 또는 通信 其他 方法으로 連絡하거나, 그 構成員의 潛伏, 會合·連絡 그밖의 活動을 위하여 場所·物件·金品 其他의 便宜를 提供하거나, 其他 方法으로 團體나 構成員의 活動에 直接 또는 間接으로 關與하는 一切의 行爲를 禁한다.

2. 團體나 그 構成員의 活動에 關한 文書, 圖畵·音盤 其他 表現物을 出版·製作·所持·配布·展示 또는 販賣 하는 一切의 行爲를 禁한다.

3. 第1項, 第2項에서 禁한 行爲를 勸誘, 煽動 또는 宣傳하는 一切의 行爲를 禁한다.

4. 이 措置 宣布前에 第1項 내지 第3項에서 禁한 行爲를 한 者는 1974年 4月 8日까지 그 行爲內容의 全部를 搜査·情報機關에 出席하여 숨김없이 告知하여야 한다. 위 期間內에 出席·告知한 行爲에 對하여는 處罰하지 아니한다.

5. 學生의 不當한 理由없는 出席·授業 또는 試驗의 拒否, 學校 關係者 指導·監督下의 正當한 授業·研究活動을 除外한 學校 內外의 集會·示威·聲討·籠城 其他 一切의 個別的·集團的 行爲를 禁한다. 但, 儀禮的·非政治的 活動은 例外로 한다.

6. 이 措置에서 禁한 行爲를 勸誘, 煽動 또는 宣傳하거나 放送·報道·出版 其他 方法으로 他人에게 알리는 一切의 行爲를 禁한다.

7. 文敎部長官은 大統領緊扱措置에 違反한 學生에 대한 退學 또는 停學의 處分이나 學生의 組織, 結社 其他 學生團體의 解散 또는 이 措置 違反者가 所屬된 學校의 廢校處分을 할 수 있다. 學校의 廢校에 따르는 諸般 措置는 따로 文敎部長官이 정한다.

8. 第1項 내지 第6項에 違反한 者, 第7項에 의한 文敎部長官의 處分에 違反한 者 및 이 措置를 誹謗한 者는 死刑, 無期 또는 5年以下의 有期懲役에 處한다. 有期懲役에 處하는 境遇에는 15年以下의 資格 停止를 倂科할 수 있다. 第1項 내지 第3項, 第5項, 第6項 違反의 경우에는 未遂에 그치거나 豫備, 陰謀한 者도 處罰한다.

9. 이 措置에 違反한 者는 法官의 令狀없이 逮捕, 拘束, 押收, 搜索하며 非常軍法會議에서 審判 處斷한다.

10. 非常軍法會議 檢察官은 大統領緊扱措置 違反者에 대하여 訴追를 하지 아니할 때에도 押收한 書類 또는

및 회합·연결·각종 편의제공 등 일체의 집회 및 결사의 자유를 원천적으로 제한하는 동시에
그 단체나 구성원의 활동에 관한 문서·도서·음반 기타 표현물의 출판·제작·소지·배포·전시
또는 판매를 금하여 표현의 자유를 전반적으로 제한하였다.[113] 또 같은 해 10월 17일에는 헌법
의 일부조항의 효력을 중지시키는 비상조치를 선포하면서, '계엄사 포고 1호'를 통해 언론·출
판·보도 및 방송은 사전검열을 받도록 하고 있고 포고를 위반한 자는 영장 없이 수색·구속할
수 있도록 했다.

　　1972년 12월 17일에 국민투표로 확정된 유신헌법은 "국민의 기본권을 우리 실정에 맞게
보장한다"는 취지 아래 표현의 자유조항이 다시 법률유보형태로 환원되었고, 1974년 4월 3일
헌법 제53조에 따라 선포되기 시작한 긴급조치는 대한민국 헌법을 부정·반대·왜곡 또는 비방
하는 일체의 행위를 금하고, 그 개정과 폐지를 주장·발의·제안 또는 청원하는 행위는 물론, 유
언비어를 날조·유포하는 일체의 행위, 그러한 행위를 권유·선동·선전하거나 방송·보도·출판
기타의 방법으로 타인에게 이를 알리는 일체의 언동까지 금지하였는바, 이같은 초헌법적 조치
는 1976년 5월 13일에 제정된 긴급조치 9호까지 이어졌다. 특히 긴급조치 9호는 위와 같은 국
민의 표현의 자유를 원천봉쇄하는 내용 외에도 주무부 장관으로 하여금 긴급조치 위반자의 소
속 학교나 단체, 사업체 또는 대표자나 장에 대해 방송·보도·제작·판매 또는 배포의 금지조치
를 시행하도록 했지만, 10·26사태 이후인 1979년 12월 7일에 해제되었다. 그러나 1980년 5월
17일에 발효된 비상계엄령에 따라 선포된 포고령 10호도 역시 언론·출판·보도 및 방송에 대한
사전검열제 실시와 함께 정치적 발언을 일체 금지하였다.

　　1980년 10월 27일에 헌법 제10호로 공포된 1980년 헌법은 표현의 자유보장에 대한 법률유
보방식을 탈피하는 동시에 언론에 의한 피해배상청구권을 신설하였고, 이 부분은 현행헌법에도
그대로 계승되었다.

다. 현행헌법

　　현행헌법은 제21조에서 국민의 표현의 자유를 선언하면서(제1항), 언론·출판에 대한 허가
나 검열을 금지하고 있다(제2항). 이는 연혁적으로 볼 때 1962년 헌법에 규정되어 있던 내용이
그 후 헌법개정과정에서 삭제되었다가 부활되었다고 볼 수도 있지만, 표현의 자유라는 본질적
인 내용과 헌법 또는 언론법의 발달과정을 고려할 때 굳이 헌법에 성문화하지 않더라도 당연히
인정되는 제도라고 보아야 한다. 그러나 한국헌정사에서 군사독재를 거쳐 오면서 검열이나 허
가 등이 긴급조치 등을 통해 자행되었던 점을 상기한다면 현행헌법 제21조 제2항의 가치는 유
의미하다고 볼 수 있을 것이다. 또한 집회 및 결사의 자유에 대한 허가금지제도는 현실적으로

　　　　　物品의 國庫歸屬을 命할 수 있다.
　　　11. 軍地域司令官은 서울特別市長, 釜山市長 또는 道知事로 부터 治安秩序 維持를 위한 兵力出動의 要請을
　　　　　받은 때에는 이에 응하여 支援하여야 한다. 부칙〈제4호, 1974. 4. 3〉12. 이 措置는 1974年 4월 3日 22
　　　　　時부터 施行한다.
　113) 동 조치도 긴급조치 제1호와 마찬가지로 1974년 8월 23일 긴급조치 제5호로 해제되었다.

[표 1] 한국헌법사를 통해 본 표현의 자유 관련 조문 변화

	헌법조문	헌법조문내용
제헌헌법 (1948년, 헌법 제1호)	第13條	모든 國民은 法律에 依하지 아니하고는 言論, 出版, 集會, 結社의 自由를 制限받지 아니한다.
1952년 헌법 (헌법 제2호)	第13條	모든 國民은 法律에 依하지 아니하고는 言論, 出版, 集會, 結社의 自由를 制限받지 아니한다.
1954년 헌법 (헌법 제3호)	第13條	모든 國民은 法律에 依하지 아니하고는 言論, 出版, 集會, 結社의 自由를 制限받지 아니한다.
1960년 헌법 (6월 15일, 헌법 제4호)	第13條	모든 國民은 言論, 出版의 自由와 集會, 結社의 自由를 制限받지 아니한다. 政黨은 法律의 定하는 바에 依하여 國家의 保護를 받는다. 但, 政黨의 目的이나 活動이 憲法의 民主的 基本秩序에 違背될 때에는 政府가 大統領의 承認을 얻어 訴追하고 憲法裁判所가 判決로써 그 政黨의 解散을 命한다
1960년 헌법 (11월 29일, 헌법 제5호)	第13條	모든 國民은 言論, 出版의 自由와 集會, 結社의 自由를 制限받지 아니한다. 政黨은 法律의 定하는 바에 依하여 國家의 保護를 받는다. 但, 政黨의 目的이나 活動이 憲法의 民主的 基本秩序에 違背될 때에는 政府가 大統領의 承認을 얻어 訴追하고 憲法裁判所가 判決로써 그 政黨의 解散을 命한다.[114]
1962년 헌법 (헌법 제6호)	第18條	① 모든 國民은 言論·出版의 自由와 集會·結社의 自由를 가진다. ② 言論·出版에 대한 許可나 檢閱과 集會·結社에 대한 許可는 인정되지 아니한다. 다만, 公衆道德과 社會倫理를 위하여는 映畫나 演藝에 대한 檢閱을 할 수 있다. ③ 新聞이나 通信의 發行施設基準은 法律로 정할 수 있다. ④ 屋外集會에 대하여는 그 時間과 場所에 관한 規制를 法律로 정할 수 있다. ⑤ 言論·出版은 他人의 名譽나 權利 또는 公衆道德이나 社會倫理를 侵害하여서는 아니 된다.
1969년 헌법 (헌법 제7호)	第18條	① 모든 國民은 言論·出版의 自由와 集會·結社의 自由를 가진다. ② 言論·出版에 대한 許可나 檢閱과 集會·結社에 대한 許可는 인정되지 아니한다. 다만, 公衆道德과 社會倫理를 위하여는 映畫나 演藝에 대한 檢閱을 할 수 있다. ③ 新聞이나 通信의 發行施設基準은 法律로 정할 수 있다.

---

114) 1960. 11. 29.에 반민주행위자 처벌을 위한 소급입법의 근거를 마련하기 위해 헌법이 일부 개정되어 헌법 제5호가 발령되었으나, 언론출판의 자유는 1960. 6. 15.에 개정된 것과 동일하여 변동이 없었다.

		④ 屋外集會에 대하여는 그 時間과 場所에 관한 規制를 法律로 정할 수 있다. ⑤ 言論·出版은 他人의 名譽나 權利 또는 公衆道德이나 社會倫理를 侵害하여서는 아니 된다.
1972년 (유신헌법 헌법 제8호)	第18條	모든 國民은 法律에 의하지 아니하고는 言論·出版·集會·結社의 自由를 制限받지 아니한다.
1980년헌법 (헌법 제9호)	第20條	① 모든 國民은 言論·出版의 自由와 集會·結社의 自由를 가진다. ② 言論·出版은 他人의 名譽나 權利 또는 公衆道德이나 社會倫理를 侵害하여서는 아니 된다. 言論·出版이 他人의 名譽나 權利를 侵害한 때에는 被害者는 이에 대한 被害의 賠償을 請求할 수 있다.
현행헌법 (1987년, 헌법 제10호)	第21條	① 모든 國民은 言論·出版의 自由와 集會·結社의 自由를 가진다. ② 言論·出版에 대한 許可나 檢閱과 集會·結社에 대한 許可는 인정되지 아니한다. ③ 通信·放送의 施設基準과 新聞의 機能을 보장하기 위하여 필요한 사항은 法律로 정한다. ④ 言論·出版은 他人의 名譽나 權利 또는 公衆道德이나 社會倫理를 侵害하여서는 아니 된다. 言論·出版이 他人의 名譽나 權利를 침해한 때에는 被害者는 이에 대한 被害의 賠償을 請求할 수 있다.

집회 및 시위에 관한 법률에 따라 신고제가 사실상의 허가제로 운영되고 있는 현실인바, 이에 관한 문제점은 판례부분에서 後述한다. 이같은 문제점은 통신·방송의 시설기준과 신문의 기능을 보장하기 위해 필요한 사항의 법률주의(제3항)도 발견되는바, 舊 정기간행물등록등에관한법률의 대체입법인 신문법이나 방송법에 대해 끊임없이 위헌소송이 제기되는 점에서도 이를 확인할 수 있다. 또한 언론의 내재적 한계라고 할 수 있는 타인의 명예존중과 공중도덕, 사회윤리의 준수 및 피해자의 배상청구권 등(제4항)은 언론중재및피해구제등에관한법률에서 구체화되어 있으나, 이 또한 위헌여부가 제기되고 있음은 後述 판례부분에서 詳述한다.

2. 집회·결사의 자유

우리 헌법은 上記 표 1에서 보는 바와 같이, 건국헌법 이래 집회·결사의 자유를 언론·출판의 자유와 함께 동일 조항에서 규정하였고, 법률유보형식을 취하고 있다.

특이점이 있다면 1960년 헌법에서 두 번 모두 집회·결사의 자유를 정당조항과 함께 규정하다가 1962년 헌법에서 정당조항을 분리하면서, 집회·결사에 대한 허가제의 금지(제18조 제2항)와 옥외집회에 대한 법률적 규제(제18조 제4항) 등을 규정하였다는 점이다. 그 후 집회·결사

에 대한 허가제의 금지는 1972년의 유신헌법과 1980년의 헌법에서 규정되지 않다가 현행헌법
에서 다시 규정하고 있다.

Ⅲ. 입헌례와 비교법적 의의

1. 입 헌 례

가. 언론·출판의 자유

(1) 사상적 배경

표현의 자유로 압축되는 언론·출판의 자유는 上述한 바와 같이 근대 이후 언론행위에 대
한 정부의 검열로부터의 자유를 의미하는 소극적인 의미의 표현의 자유에서 출발하여 오늘날
에는 단순히 표현행위에 대한 검열이나 허가의 금지가 아니라 정부와 언론이 국민에게 말할 기
회와 수단을 보장해야 한다는 적극적인 의미의 표현의 자유의 개념으로 변화해 왔다.

언론의 자유의 중요성에 대해서는 17세기 말부터 영국에서 밀톤(John. Milton)에 의해 주창
되었지만,[115] 표현의 자유를 최초로 헌법에 명시한 나라는 1776년 버지니아 권리선언을 기록한
미국이다.

1649년 영국에서는 인민협약(The Agreement of the People)을 통해 언론의 자유를 선언하였
으나, 곧이어 제정된 검열법(The Licensing Act)으로 위기를 겪기도 했지만, 1695년에 동법이 폐
지되면서 표현의 자유는 급물살을 타기 시작했다.[116] 결과적으로 1776년 버지니아권리장전 제
12조에 표현의 자유조항이 들어가고, 1789년 프랑스혁명당시에 발표된 인간과 시민의 권리선
언(이하 '인권선언'이라 한다) 제11조에 커뮤니케이션의 권리가 규정되었으며,[117] 1791년에는 미
국연방헌법 수정 제1조에 표현의 자유 조항이 들어가게 되었다.

결국 언론·출판의 자유는 근대국가에 있어서는 국가에 대한 소극적·방어적 권리를 의미
하였으나, 오늘날은 민주정치에 있어서의 필수불가결한 자유로서 민주국가질서형성의 적극적
권리로 변모하였다.[118]

---

115) 밀턴은 1644년, 그의 저서 아레오파지티카(Areopagitica: A Speech for Liberty of Unlicensed Printing, to
   Parliament of England)를 통해 '검열은 모든 영국민을 비하하는 처사이다. 진리와 이해는 법령과 기준에
   의해 독점되거나 거래될 수 있는 상품이 아니다'라고 주장하였다.
116) 영국에서 검열법이 폐지되는데 획기적인 역할을 한 것으로 평가받는 밀턴(John Milton)의 아레오파지티가
   (Areopajitica, 1644)는 1643년에 장기의회가 제정한 출판허가법(Licensing Order)를 폐지하기 위한 것이었다.
117) 지금도 프랑스 헌법의 권리장전으로 효력을 발하고 있는 '인권 및 시민권 선언' 제11조는 '사상과 의견의
   전달(communication)은 인간의 가장 고귀한 권리 중의 하나이다. 따라서 모든 시민은 자유로이 말하고, 쓰
   고, 인쇄할 수 있다. 다만 모든 시민은 법률이 정하는 바에 따라서 그 자유의 남용에 대해서 책임을 져야
   한다'고 규정함으로써 표현의 자유를 넘어 커뮤니케이션의 권리를 1789년에 도입하였다.
118) 김철수(주 1), 179.

(2) 각국의 입헌례[119]

(가) 미   국

미국은 수정헌법 제1조에서 "연방의회가 국교를 정하거나 신앙의 자유를 금지하는 법률, 언론·출판의 자유[120]를 제한하거나 국민이 평화적으로 집회할 권리나 불만의 구제를 정부에 청원할 권리를 제한하는 어떠한 법률도 제정할 수 없다"고 천명하고 있다. 미국 헌법의 이같은 표현의 자유 조항은 2년 전에 프랑스에서 채택된 인권선언을 구체화한 것이라는 평가를 받기도 하지만, 미국의 수정헌법 제1조가 표현의 자유를 제한하는 입법의 원천적 금지를 천명하고 있음에 비해 프랑스의 인권선언 제11조는 언론의 사회적 책임을 부과하고 있다는 점에서 단순히 시대적 순서에 따라 구체화여부를 결정할 수는 없을 것이다.[121]

(나) 독   일

유럽에서 가장 늦게 헌법에 언론의 자유를 규정한 독일은 1849년, 프랑크푸르트헌법 제4조에서 "독일인은 누구나 언어·문자·인쇄 및 상형에 의해 자신의 사상을 자유로이 표현할 권리를 갖는다.[122] 출판의 자유는 어떠한 상황이나 방법으로도 검열·허가·담보제공·국가적 의무부과, 인쇄업 및 서적업의 제약, 우송금지, 기타 자유로운 소통의 저해 등의 억압조치에 의해 제한되거나 정지되거나 폐지되지 않는다"라고 규정한 것이 효시이다.

현재는 헌법 제5조 제1항에서 "누구든지 자기의 의사를 말, 글 및 그림으로 자유로이 표현·전달하고, 일반적으로 접근할 수 있는 정보로부터 방해받지 않고 알권리를 가진다. 신문의 자유와 방송과 영상으로 보도할 자유는 보장된다. 검열은 허용되지 아니한다"고 규정하고 있

---

119) 각국의 입헌례는 Esin Orucu and David Nelken, Comparative Law: A Handbook, Hart Pub, Portland, 2007; 高橋和之編, 世界憲法集, 岩波文庫, 2007; 권영성, 비교헌법론, 법문사, 1981 참조.

120) 어원상으로 보면 미국 헌법상의 'freedom of speech'는 '언론의 자유'가 아니라 '표현의 자유'로 'freedom of the press'는 '출판의 자유'가 아니라 '언론의 자유'로 번역되는 것이 타당하지만, 본고가 주석서임을 감안하여 통상적인 번역체인 언론·출판의 자유로 번역하였다. 자세한 것은 Daniel A. Farber, The First Amendment (Concepts & Insights) 2nd ed., Foundation Press, 2002); Jerome A. Barron, Thomas C. Dienes, and C. Thomas Dienes, First Amendment Law in a Nutshell: Constitutional Law, West Group Publishing, 2004); Louis M. Seidman, Cass R. Sunstein, Mark V. Tushnet, and Pamela S. Karlan, The First Amendment, Aspen Publishers, 2003; T. Barton Carter, Marc A. Franklin, and Jay B. Wright, The First Amendment and the Fourth Estate: The Law of Mass Media, Ninth Edition (University Casebook Series),Foundation Press, 2004; Kathleen M. Sullivan & Gerald Gunther, First Amendment Law, Foundation Press, 2007; Steven H. Shiffrin and Jesse H. Choper, First Amendment, Cases, Comments & Questions, 4th, Supplement, Thomson West, 2007 참조.

121) 자세한 것은 François Frédéric Poncelet, Précis de l'histoire du droit civil en France, Adamant Media Corporation, 2000; M. A. Porée & Pellegrino Rossi & M. C. Bon-Compagni, Cours de droit constitutionnel: Tome 1. Recueilli, Adamant Media Corporation, Paris, 2002; Elisabeth Zoller, Droit constitutionnel(Droit fondamental), Presses universitaire de France, Paris, 2006; Claude Franck, Droit constitutionnel, Presses Universitaires de France, Paris, 2001 참조.

122) 자세한 것은 Wilhelm Hasbach, Die moderne Demokratie: Eine politische Beschreibung, Adamant Media Corporation, 2002; Michael Sachs, Verfassungsrecht Ⅱ-Grundrechte (Springer-Lehrbuch), Springer, Heidelberg, 2003 참조.

다. 동조 제2항과 제3항은 "上記 권리는 일반적 법률, 청소년보호를 위한 법률상의 규정 및 인격적 명예권의 제한을 받는다. 예술 및 학문, 연구 및 교수는 자유이다. 교수의 자유는 헌법에 대한 충성을 면제하지 않는다"고 하고 있다.

(다) 스 위 스

1999년에 전문과 함께 헌법을 개정한 스위스는 의견 및 정보의 자유권과 매체의 자유, 언어의 자유를 분리하여 규정하고 있다. 즉, 제16조는 '의견 및 정보의 자유'라는 제목 하에 "① 의견 및 정보의 자유는 보장된다. ② 자신의 의사를 자유롭게 형성하고 그것을 방해받지 않고 표명할 수 있는 광범위한 자유를 갖는다. ③ 정보를 자유롭게 취득할 수 있으며, 일반적 접근권이 가능한 정보원으로부터 정보를 획득할 광범위한 권리를 갖는다"라고 규정하면서, 제17조에서는 '미디어의 자유'라는 제목 하에 "① 출판, 라디오방송 및 TV방송의 자유 등 공공의 통신기술을 이용한 제작물 및 정보의 제공, 기타 형태의 자유는 보장된다. ② 검열은 금지된다. ③ 편집의 비밀은 보장된다"라고 규정하고, 다시 제18조에서 '언어의 자유'[123]를 보장하고 있다.

(라) 러 시 아

1993년 12월 12일에 국민투표를 통해 채택된 러시아 헌법은 제23조에서 광범위한 프라이버시권을 규정하면서[124] 제24조에서 개인정보보호[125]를 규정한 후, 제29조에서 '사상과 언론의 자유'라는 제목 하에 "① 모든 사람은 사상 및 언론의 자유를 보장받는다. ② 사회적·인종적·민족적·종교적인 증오를 비롯하여 적대감을 야기하거나 선전 또는 선동하는 행위는 인정되지 않는다. 사회적·인종적·민족적·종교적·언어적 우월성을 선전하는 것은 금지된다. ③ 누구라도 자기의 견해 및 신조의 표명할 자유를 가지며, 그것을 부인하도록 강요받지 않는다. ④ 모든 사람은 법률적 수단에 따라 정보를 자유롭게 탐색·享受·전달·창출 및 유포할 권리를 갖는다. 국가기밀 정보의 열람은 연방법률이 정한다. ⑤ 매스 미디아의 자유는 보장된다. 검열은 금지된다"고 규정하고 있다.

(마) 중   국

2004년도에 헌법을 개정한 중국은 제35조에 표현의 자유라는 제목으로 "중화인민공화국시민은 언론·출판·집회·결사·행진·시위의 자유를 가진다"고 규정하고 있다.

(바) 일   본

일본헌법은 제21조에서 '집회·결사·표현의 자유, 검열금지, 통신의 비밀'이라는 제목 하에

---

123) 제18조 언어의 자유는 보장된다.

124) 제23조 ① 모든 사람은 사생활의 불가침, 개인 및 가족의 비밀로부터 자기의 명예 및 명성을 보호할 권리를 갖는다. ② 모든 사람은 文通·전화·우편·전신 및 기타 통신의 비밀권을 갖는다. 위 권리의 제한은 법원의 판결을 통해서만 인정된다.

125) 제24조 ① 개인의 사생활의 정보의 수집·보관·이용 및 유포는 본인의 승낙 없이는 인정되지 않는다. ② 국가권력기관 및 지방자치단체 등에 근무하는 자는 법률에 특별한 규정이 없는 한 개인의 권리 및 자유에 직접 영향을 미치는 문서 및 자료에 관한 본인이 알권리를 보장하여야 한다.

"① 집회·결사 및 언론·출판 기타 일체의 표현의 자유는 보장한다. ② 검열은 하지 않는다. 통신의 비밀은 침해받지 않는다"라고 간단하게 규정하고 있다.

(사) 스 웨 덴

스웨덴헌법은 '기본권과 자유' 編 제1조에서 구두·서면·도면 또는 기타 방식으로 정보를 전달하고 사상·의견·감정을 표현할 권리를 '표현의 자유'라는 개념으로 규정하고 있으며, 동시에 정보를 획득·입수하고 기타의 방식으로 타인의 견해를 숙지할 수 있는 정보의 자유도 규정하고 있다.

上述한 바와 같이 오늘날 세계 각국의 헌법은 각국이 지향하는 이데올로기에 상관없이 모두 표현의 자유를 규정하고 있으며,126) 세계인권선언127)과 국제인권규약,128) 유럽인권규약, 유럽헌법 등 국제적 규범들도 각각 표현의 자유를 명문으로 보장하고 있다.

(아) 프 랑 스

프랑스는 개별 기본권 조항을 갖고 있지 않다. 다만 전문에 "프랑스 국민은 1789년 인간과 시민의 권리선언에서 규정되고 1946년 헌법 전문에서 확인·보완된 인권과 국민주권의 원리, 그리고 2004년 환경헌장에 규정된 권리와 의무를 준수할 것을 엄숙히 선언한다"고 규정하고 있을 뿐이다.

그리고 '1789년 인간과 시민의 권리선언' 제11조 제2문은 "사상 및 견해의 자유로운 통신은 인간의 가장 귀중한 권리 중의 하나이다. 그러므로 모든 시민은 자유롭게 말하고 저작하고 출판할 수 있다"고 규정하고 있을 뿐, 집회결사에 대한 규정은 전혀 존재하지 않는다. 다만

---

126) 표현의 자유의 역사에 관하여는 로버트 하그리브스 著 오승훈 譯, 표현자유의 역사, 시아출판사, 2006 참조; 권영성(주 1), 487-488.

127) 1948년에 채택된 세계인권선언 제19조는 '모든 사람은 의견과 표현의 자유에 관한 권리를 가진다. 이 권리는 간섭받지 않고 의견을 가질 자유와 모든 매체를 통하여 국경에 관계없이 정보와 사상을 추구하고, 접수하고, 전달하는 자유를 포함한다'고 규정하고 있다(Article 19: Everyone has the right to freedom of opinion and expression; this right includes freedom to hold opinions without interference and to seek, receive and impart information and ideas through any media and regardless of frontiers).

128) 1966년에 채택된 시민적·정치적 권리에 관한 국제규약(The International Covenant on Civil & political Rights, 통칭 B조약) 제19조 1. 모든 사람은 간섭받지 않고 의견을 가질 권리를 가진다. 2. 모든 사람은 표현의 자유의 권리를 가진다. 이 권리는 구두·서면 또는 인쇄, 예술의 형태 또는 스스로 선택하는 기타의 방법을 통하여 국경에 관계없이 모든 종류의 정보와 사상을 추구하고 접수하며 전달하는 자유를 포함한다. 3. 동조 제2에 규정된 권리에는 제한이 따르므로 일정한 제약을 받을 수 있다. 다만 그 제한은 법률에 의해서 규정되고 또한 다음 사항을 위하여 필요한 경우에만 한정된다. a. 타인의 권리 또는 신용의 존중 b. 국가안보, 공공질서, 공중보건 또는 도덕의 보호(Article 19 General Comment on its implementation 1. Everyone shall have the right to hold opinions without interference. 2. Everyone shall have the right to freedom of expression; this right shall include freedom to seek, receive and impart information and ideas of all kinds, regardless of frontiers, either orally, in writing or in print, in the form of art, or through any other media of his choice. 3. The exercise of the rights provided for in paragraph 2 of this article carries with it special duties and responsibilities. It may therefore be subject to certain restrictions, but these shall only be such as are provided by law and are necessary: (a) For respect of the rights or reputations of others; (b) For the protection of national security or of public order (ordre public), or of public health or morals.

'1789년 인간과 시민의 권리선언' 제11조 제3문은 "모든 시민은 법률에 규정된 경우에만 이러한 자유의 남용에 대하여 책임을 진다"고 일반유보조항적 규정을 두고 있다.

(자) 이탈리아

이탈리아 현행헌법 제21조는 모두 6개의 문장으로 이루어진 매우 긴 구조를 하고 있다. 그 내용은 다음과 같다. "누구나 연설이나 서면, 기타 형태의 의사소통을 통하여 자신의 생각을 자유롭게 표현할 권리를 갖는다. 언론은 어떠한 허가나 검열을 받지 않는다. 언론상 법률에 범죄나 그 범죄에 대한 책임자의 시누언을 확인할 의무위반의 경우에 한해 이유를 기재한 법원명령으로 압수가 허용된다. 절대적으로 긴급하고 법원의 개업이 불가능한 경우, 경찰은 정기간행물을 압수할 수 있고, 즉시 그리고 어떤 경우에도 24시간 내에 그 사안을 법원에 제출하여 정당성을 인정받도록 한다, 이후 24시간 내에 그 정당성을 인정받지 못한 조치는 취소된다. 정기간행물 출판 재원 공개에 관한 일반규정을 법률로 정할 수 있다. 공중도덕을 위반하는 출판, 공연, 기타 전시는 금지된다. 위반에 대한 예방조치와 규제조치는 법률로 정한다"라고 규정하고 있다.

(차) 스 페 인

스페인 현행헌법 제20조 제1항은 매우 광범위하게 한 조항에서 언론·출판·예술·강학의 자유를 담고 있다. 그 내용은 다음과 같다. "다음 각호의 권리는 인정되고 또한 보장된다. 1. 사상, 이념 및 의견을 자유로 표명하고 전파하는 일 2. 문화적, 예술적 및 기술적 생산 및 창조 3. 대학강의의 자유 4. 어떠한 보급수단에 의하든 충실한 정보를 자유로 발신하거나 수취하는 것, 법률은 이러한 자유의 행사에 있어서 양심조항 및 직업상의 비밀의 권리를 규정한다."

제20조 제2항은 "이러한 권리의 행사는 어떠한 형태의 사전검열에 의한 제한을 받지 아니한다"고 규정하고 있고, 동조 제5항은 "출판물, 녹음 및 기타 정보통신수단의 몰수는 오직 재판소의 결정에 의해 행할 수 있다"고 규정하고, 제3항은 "법률은 국가 또는 기타 공공단체에 종속되는 사회적 통신수단의 조직 및 이에 대한 의회의 통제를 규제하고 그 외에 스페인의 사회 및 각종 언어의 다원주의를 존중하며, 사회적·정치적 집단의 이러한 사회적 통신이용을 보장한다"고 규정하고 있으며, 동조 제3항은 "이러한 모든 자유는 이 장의 규정에서 인정되고 있는 모든 권리, 특히 명예권, 비밀권, 초상권 및 소년·아동보호의 권리에 관하여 제한할 수 있다"고 규정하고 있다.

나. 집회·결사의 자유

(1) 개   요

인간의 집단적 공동작용의 전형적인 형태인 집회와 결사는 결사가 계속적인 목표를 추구하는데 비해, 집회는 일시적인 목표를 추구한다는 점에서 차이가 있기는 하지만, 상호 밀접한 관계를 갖고 있음을 부인할 수 없다. 그러나 집회·결사의 자유가 헌법상 보장된 것은 바이마르헌법(제123조)이 효시일 정도로 그 역사가 짧다. 집회의 자유와 결사의 자유는 우리나라나 미국·일본처럼 동일한 하나의 조문에서 규정하는 것이 일반적이지만, 바이마르헌법이나 독일 기본법처럼 양자를 별개의 조문에서 규정하기도 한다.[129]

집회·결사의 자유는 그 성격상 독재국가나 권위주의적 국가에서는 인정될 수 없었고, 자유주의시대에 들어와서야 보장되기 시작하였다.[130] 오늘날에는 上述한 언론·출판의 자유에 관한 연혁에서 보았듯이, 통치구조나 정치체제 또는 각 국가가 표방하는 이데올로기에 상관없이 모든 나라에서 적어도 헌법의 명문조항으로서는 인정되고 있다.

(2) 각국의 입헌례

(가) 영   국

영국은 이미 18세기부터 일반법으로 집회·결사의 자유를 보장하거나 제한해왔다. 1714년 소요법(riot act), 1817년 선동적 집회법(seditious meeting act), 1835년 도로법(highway act), 1908년 공공집회법(public meeting act), 1936년 공공질서법(public order act) 등이 있었고, 결사와 관련해서는 1824년과 1825년에 각각 단결금지법을 폐지하고 1871년에 노동조합법에 따라 근로자의 단결권을 본격적으로 인정하였다.

(나) 프 랑 스

프랑스에서는 1789년 대혁명 이후에 인간과 시민의 권리선언(인권선언) 제2조에서 결사의 자유가 선언되었으나, 1935년 10월 23일, 공공질서의 강화내지 공공질서에 관한 조치에 관한 명령이 제정되기까지는 집단행동을 보장하거나 규제하는 아무런 법도 없이, 관용이라는 이름으로 통용되거나 또는 제한되었다.

(다) 독   일

독일에서는 1919년 바이마르헌법이 제정되기 전까지는 각 란트별 또는 각 공화국별로 집회·결사의 자유를 보장하거나 제한해 왔다. 독일에서는 최초로 1849년에 프랑크푸르트헌법이 제161조(집회)와 제163조(결사)에서 집회·결사의 자유를 규정했으나 실시되지 못했고, 1850년에 바이에른이나 프로이센지역에서 결사법을 제정하기는 했지만, 1908년에 결사법이 제정되기 전까지는 독일 전역에 적용되는 개별법이 실효를 거두지는 못했다. 그러다가 1919년 바이마르헌법에 비로소 제123조와 제124조에서 각각 집회의 자유와 결사의 자유조항이 헌법에 들어가게 되었다.

독일의 현행 헌법은 언론·출판의 자유와 집회·결사의 자유를 분리·규정하고 있다. 즉, 집회의 자유를 규정하고 있는 제8조 제1항은 "모든 독일인은 신고나 허가를 받지 않고 무기를 소지하지 않고 평화로이 집회할 권리를 가진다"라고 규정하면서, 제2항에서는 "이 권리는 옥외집

---

129) 독일기본법은 언론·출판의 자유는 제5조에서, 집회의 자유는 제8조, 결사의 자유는 제9조에서 규정하고 있다.
130) 계희열(주 1), 464.

회의 경우 법률에 의하여 또는 법률에 근거하여 제한될 수 있다"고 제한하고 있다. 또 결사의 자유를 규정하고 있는 제9조 제1항은 "모든 독일인은 단체와 조합을 결성할 권리를 가진다"고 규정하고 있으며, 제2항에서 "그 목적이나 활동이 형법에 위반되거나 또는 헌법질서, 국제상호 이해에 반하는 단체는 금지된다"고 제한하고 있다.

(라) 이탈리아

이탈리아 현행헌법은 집회의 자유와 결사의 자유를 나누어 규정하고 있다.

집회의 자유를 규정하고 있는 제17조는 "국민은 평화적이고 무기를 휴대하지 아니하고 집회할 권리를 가진다. 공중에게 개방된 장소에서 열리는 집회를 포함한 집회에 대한 사전 통지는 불필요하다. 공공장소에서 열리는 집회의 경우 당국에 사전통지하고, 당국은 입증된 안보나 공공안전을 이유로만 집회를 금지할 수 있다"고 규정하고 있다.

또 결사의 자유를 규정하고 있는 제18조는 "국민은 형법상 금지되지 않은 목적을 위해서는 허가없이 자유롭게 단체를 설립할 수 있다. 비밀결사와 간접적이라도 군사적 성격을 띤 조직으로 정치적 목적을 추구하는 단체는 금지된다"라고 규정하여, '정치적 목적을 추구하는 단체'의 조직을 원천금지하고 있다.

(마) 스 페 인

스페인도 집회의 자유와 결사의 자유를 나누어 규정하고 있다.

집회의 자유를 규정한 제21조는 "무기를 소지하지 아니하는 평화적인 집회의 권리는 보장된다. 이 권리의 행사에는 사전의 허가를 요하지 아니한다. 공공의 장소에서 열리는 집회 및 시위행진의 경우에는 사전에 관공서에 신고하여야 한다. 다만 사람 또는 재산의 위험을 수반하거나 공공의 질서에 대한 침해가 있는 경우에는 이를 금지할 수 있다"고 규정하고 있다.

또 결사의 자유를 규정하고 있는 제22조는 "① 결사의 권리는 인정된다. ② 단체의 목적이나 범죄로 분류되는 경우 이를 위법한 것으로 본다. ③ 이 조항의 규정에 의하여 설립되는 단체는 광고만을 목적으로 하는 동북부에 등록하여야 한다. ④ 단체는 해당 재판소의 결정에 의하지 않고는 해산되거나 그 활동이 정지되지 아니한다. ⑤ 비밀결사 및 준군사적 성격의 결사는 금지된다"고 규정하고 있다.

2. 비교법적 의의

가. 현대적 의미의 표현의 자유로 규정

(1) 뉴미디어와 정보권까지 포함

上述한 바와 같이 영미법 국가를 제외하고, 20세기 후반 이후에 헌법을 개정한 나라들은 대체로 언론·출판의 자유를 말과 글로 표현할 자유를 의미하는 고전적인 형태에서 방송과 영화 등 새로운 매체를 포함하면서 동시에 정보권을 함께 규정하는 현대적인 표현의 자유 형태로 바꾸었음을 알 수 있다. 예컨대 독일의 경우에는 방송과 영화를 명문으로 포함시키고 있고(제5조 제1항), 스위스헌법은 '미디어의 자유'를 별도로 규정하고 있으며(제17조), 스웨덴 헌법은 '기타 방식'이라는 문구를 삽입함으로써 새로운 매체에 대해 열린 구조를 취하고 있다(제1조).

정보의 자유를 표현의 자유에 포함시켜 규정하고 있는 입헌례는 스위스헌법(제16조)과 러시아(제29조), 스웨덴(제1조) 등을 들 수 있다.

(2) 집회 및 결사의 자유의 구체화

집회 및 결사의 자유 외에 명문으로 행진 및 시위의 자유를 규정한 입헌례도 있는바, 중국이 대표적이라고 할 수 있다(제35조).

나. 표현의 자유의 한계를 구체화

매체가 다양해지면서 일어나는 헌법적 변화는 표현의 자유의 한계를 구체화하기 시작했다는 점이다. 예컨대 독일 헌법은 표현의 자유의 한계로서 청소년보호를 명문으로 규정하고 있고(제5조 제2항), 러시아헌법은 인종적·종교적·민족적인 증오를 비롯하여 적대감을 야기하거나 선전 또는 선동하는 행위를 비롯하여, 사회적·인종적·민족적·종교적·언어적 우월성을 선전표현행위를 금지하고 있다(제29조). 이같은 표현행위의 한계를 구체화하는 입헌례는 앞으로도 국제화·세계화가 가속화되는 속도에 비례해서 앞으로도 계속 늘어날 것으로 보인다.

다. 언론·출판과 집회·결사의 자유를 분리 규정

上述한 바와 같이 독일이나 이탈리아, 스페인 등은 언론·출판의 자유와 집회·결사의 자유를 분리해서 규정하고 있다. 물론 일본이나 미국처럼 같은 조문에서 규정하는 경우도 있으나, 나머지 국가들은 대부분 분리규정하고 있음을 알 수 있다. 그 이론구성과 보호내용, 보호방법 등이 상이하기 때문으로 분석된다.

Ⅳ. 다른 조문과의 체계적 관계

1. 언론·출판과 집회·결사의 자유

가. 이론적 체계

언론·출판의 자유와 집회·결사의 자유는 그 모두가 표현의 자유에 해당하지만, 언론·출판의 자유는 개인적 표현의 자유인 반면에 집회·결사의 자유는 집단적 표현의 자유라는 점에서 대비된다. 다만 집회에 참가하여 연설을 하거나 토론에 참가하는 등의 발언을 하는 경우, 그 발언은 언론의 자유에 해당하느냐, 집회의 자유에 해당하느냐, 하는 문제가 발생한다. 학자에 따라서는 언론의 자유로 보기도 하지만,[131] 집회에 참가하여 발언하는 것은 집회의 자유로 보아야 한다는 것이 다수설이다.[132] 집회에 참여하여 연설을 하거나 토론 등을 통해 발언을 하는 것은 집회의 본질적인 핵심요소를 형성하는 것일 뿐만 아니라, 집회·결사의 조항이 언론·출판의 자유의 조항에 대한 특별법적 규정이기 때문에 집회의 자유에 포함된다고 보아야 할 것이다. 그러나 헌법재판소는 "집회·시위의 규제에는 집회에 있어서의 의사표현 자체를 제한하는 경우와 그러한 의사표현에 수반하는 행동자체를 제한하는 두 가지가 있을 수 있다"고 하여 마치도 한 집회 안에 집회의 자유와 언론의 자유가 분리 또는 공존할 수 있는 것처럼 판시한 바 있다.[133]

나. 관련판례

(1) 집회의 자유

헌정사적으로 보면 우리나라는 오랜 군사독재와 권위주의 시대를 거쳐 왔고, 또 남북분단이라는 특이한 지정학적 이유 때문에 집회 및 시위의 자유에 대한 제한과 침해가 유독 심했다고 볼 수 있다. 아주 최근까지도 시위의 자유가 집회의 자유에 의해 보호되는 기본권인지의 여부가 문제되었을 정도로 우리 사회에서 시위 또는 행진 등의 문제는 정치적·사회적 변화에 따라 법적 문제로 비화해 왔기 때문에 집회 및 시위에 관한 법률(이하 '집시법'이라 한다)은 오랫동안 수많은 위헌 논란과 법적 논란의 대상이 되어왔다.[134]

(가) 집회의 자유의 의미

"집회의 자유는 개인의 인격발현의 요소이자 민주주의를 구성하는 요소라는 이중적 헌법적 기능을 가지고 있다. 인간의 존엄성과 자유로운 인격발현을 최고의 가치로 삼는 우리 헌법질서 내에서 집회의 자유도 다른 모든 기본권과 마찬가지로 일차적으로는 개인의 자기결정과 인격발현에 기여하는 기본권이다. 뿐만 아니라, 집회를 통하여 국민들이 자신의 의견과 주장을 집단적으로 표명함으로써 여론의 형성에 영향을 미친다는 점에서, 집회의 자유는 표현의 자유와 더불어 민주적 공동체가 기능하기 위하여 불가결한 근본요소에 속한다".[135]

"집회의 자유는 집회를 통하여 형성된 의사를 집단적으로 표현하고 이를 통하여 불특정 다수인의 의사에 영향을 줄 자유를 포함하므로 이를 내용으로 하는 시위의 자유 또한 집회의

---

131) 김철수(주 1), 733.

132) 계희열(주 1), 476; 권영성(주 1), 526; 허영(주 1), 545.

133) 헌재결 1992. 1. 28. 89헌가8.

134) 집회 및 시위에 관한 논문은 강태수, "집회의 자유와 개정된 '집회및시위에관한법률'의 문제점," 헌법학연구 제10권 제1호(2004. 3), 413-448; 임규철, 집회의 자유: "집시법"과 "서울광장조례"를 중심으로, 헌법학연구 제10권 제3호(2004. 9), 243-270; 장유식, 개정집시법 위헌이다, 시민과 변호사 124호 (2004. 5), 서울지방변호사회, 21-24; 한수웅, "집회및시위에관한법률 제11조 제1호 중국 내 주재 외국의 외교기관 부분 위헌소원 등: 외교기관인근에서의 집회금지규정 위헌여부," 헌법재판소결정해설집 2003(2004. 11), 헌법재판소, 515- 558 참조.

135) 헌재결 2003.10.30. 2000헌바67,83(병합).

자유를 규정한 헌법 제21조 제1항에 의하여 보호되는 기본권이다. 집회 및 시위의 장소는 집회 및 시위의 목적을 달성하는 데 있어서 매우 중요한 역할을 수행하는 경우가 많기 때문에 집회·시위장소를 자유롭게 선택할 수 있어야만 집회·시위의 자유가 비로소 효과적으로 보장되므로 장소선택의 자유는 집회·시위의 자유의 한 실질을 형성"하기 때문에 "집회의 자유는 집회의 시간·장소·방법과 목적을 스스로 결정할 권리를 포함한다. 집회의 자유에 의해 구체적으로 보호되는 주요행위는 집회의 준비 및 조직·지휘·참가·집회장소·시간을 자율적으로 선택하는 것이다. 따라서 집회의 자유는 개인이 집회에 참가하는 것을 방해하거나 또는 집회에 참가할 것을 강요하는 국가행위를 금지할 뿐만 아니라, 집회장소로의 여행을 방해하거나, 집회장소로부터 귀가하는 것을 방해하거나, 집회참가자에 대한 검문의 방법으로 시간을 지연시킴으로써 집회장소에 접근하는 것을 방해하는 등 집회의 자유행사에 영향을 미치는 모든 조치가 금지된다"라고 헌법재판소는 판시해왔다.[136]

이에 비하여 시위란 그 文理的 의미와 개정연혁에 비추어 볼 때 다수인이 공동목적을 가지고 도로·광장·공원 등 공중이 자유로이 통행할 수 있는 장소를 진행함으로써 불특정다수인의 의견에 영향을 주거나 제압을 가하는 행위, 또는 위력 또는 기세를 보여 불특정다수인의 의견에 영향을 주거나 제압을 가하는 행위를 말한다고 풀이할 수 있다.

그러나 헌법에 의해 보호되는 집회 및 시위의 자유는 평화적 집회에 한하므로 폭력적이고도 무력적인 집회 및 시위의 자유는 보장되지 않는다. 따라서 집회의 자유는 민주국가에서 정신적 대립과 논의의 수단으로서, 평화적 수단을 이용한 의견의 표명은 헌법적으로 보호되지만, 폭력을 사용한 의견의 강요는 헌법적으로 보호되지 않는다. "헌법은 집회의 자유를 국민의 기본권으로 보장함으로써, 평화적 집회 그 자체는 공공의 안녕질서에 대한 위험이나 침해로서 평가되어서는 아니 되며, 개인이 집회의 자유를 집단적으로 행사함으로써 불가피하게 발생하는 일반대중에 대한 불편함이나 법익에 대한 위험은 보호법익과 조화를 이루는 범위 내에서 국가와 제3자에 의하여 수인되어야 한다는 것을 헌법 스스로 규정"하고 있기 때문이다.[137]

(나) 집회의 자유의 제한

1) 조건부 허가

집회의 자유를 제한하는 대표적인 공권력의 행위는 집시법에서 규정하는 집회의 금지나 해산 또는 조건부 허용이다. 집회의 자유에 대한 제한은 다른 중요한 법익의 보호를 위하여 반드시 필요한 경우에 한하여 정당화되는 것이며, 특히 집회의 금지와 해산은 원칙적으로 공공의 안녕질서에 대한 직접적인 위험이 명백하게 존재하는 경우에 한하여 허용될 수 있다. 집회의 금지와 해산은 집회의 자유를 보다 적게 제한하는 다른 수단, 즉 조건을 붙여 집회를 허용하는

---

136) 헌재 2003. 10. 30. 2000헌바67·83(병합); 2005. 5. 26. 2003헌가7; 2005. 11. 24. 2004헌가17.
137) 헌재 2003. 10. 30. 2000헌바67·83(병합).

가능성을 모두 소진한 후에 비로소 고려될 수 있는 최종적인 수단이다.[138)]

　2) 옥내집회와 옥외집회의 구분

　집회의 내용과 집회의 장소는 일반적으로 밀접한 내적인 연관관계에 있기 때문에 집회의 장소에 대한 선택이 집회의 성과를 결정짓는 경우가 많다.[139)] 집회장소가 바로 집회의 목적과 효과에 대하여 중요한 의미를 갖기 때문이다. 누구나 '어떤 장소에서' 자신이 계획한 집회를 할 것인가를 원칙적으로 자유롭게 결정할 수 있어야만 집회의 자유가 비로소 효과적으로 보장된다. 따라서 집회의 자유는 다른 법익의 보호를 위하여 정당화되지 않는 한, 집회장소를 항의의 대상으로부터 분리시키는 것이 금지된다.

　그러나 우리나라의 집시법이 옥외집회와 옥내집회를 구분하는 이유는 '옥외집회의 경우 외부세계, 즉 다른 기본권의 주체와 직접적으로 접촉할 가능성으로 인하여 옥내집회와 비교할 때 법익충돌의 위험성이 크다는 점에서 집회의 자유의 행사방법과 절차에 관하여 보다 자세하게 규율할 필요가 있기 때문'이라는 것이 헌법재판소의 일관된 입장이다. 이는 한편으로는 집회의 자유의 행사를 실질적으로 가능하게 하기 위한 것이고, 다른 한편으로는 집회의 자유와 충돌하는 제3자의 법익을 충분히 보호하기 위한 것이라고 풀이할 수 있다.[140)]

　이와 관련하여 "'옥외' 또는 '집회'의 개념이 너무 광범위해 명확성의 원칙에 위배된다"는 주장에 대해서 우리 헌재는 "일반적으로 집회는 일정한 장소를 전제로 특정 목적을 가진 다수인이 일시적으로 회합하는 것을 말하는 것이고, 그 공동의 목적은 '내적인 유대 관계'로 족하며, 건전한 상식과 통상적인 법감정을 가진 사람이라면 이같은 의미에서 '집회'가 무엇을 의미하는지 추론할 수 있으므로 그 개념이 불명확하다고 할 수 없다"[141)]고 설시하였다.

　3) 장소적 제한

　특정장소에서의 집회가 법에 의해 보호되는 법익에 대한 직접적인 위협을 초래한다는 일반적 추정이 구체적인 상황에 의하여 부인될 수 있다면, 입법자는 '최소 침해의 원칙'의 관점에서 금지에 대한 예외적인 허가를 할 수 있어야 한다. 그러나 법익충돌의 위험성이 작거나, 소규모 집회의 경우 등 위험성이 작은 경우, 일반 대중의 합세로 인하여 대규모시위로 확대될 우려나 폭력시위로 변질될 위험이 없는 경우, 또는 예정된 집회가 그 장소의 업무가 없는 휴일에 행해지는 경우에는 일반적으로 고도의 법익충돌위험이 없다고 보아야 하므로, 일반적 금지에 대한 예외조항을 두어야 할 것이다. 따라서 외교관저나 대사관 주변에서의 전면적인 집회 및 시위의 금지는 최소 침해의 원칙에 위배되는 위헌적인 규정이라는 것이 헌법재판소의 입장이다.[142)]

---

138) 헌재 2003. 10. 30. 2000헌바67·83(병합); 2005. 5. 26. 2003헌가7; 2005. 11. 24. 2004헌가17.
139) 상세는 권혜령, "집회·시위의 전제로서 '장소'개념에 대한 고찰," 공법학연구(제11권 제3호), 한국비교공법학회, 2010. 8.
140) 헌재 2003. 10. 30. 2000헌바67·83(병합); 2005. 5. 26. 2003헌가7; 2005. 11. 24. 2004헌가17.
141) 헌재 2009. 5. 28. 2007헌바22.
142) 헌재 2003. 10. 30. 2000헌바67·83(병합).

그러나 법원에 대해서는 "집회 및 시위의 자유가 제한되더라도 집회 및 시위로 달성하려는 효과가 감소되는 것일 뿐 그 자유에 대한 중대한 제한이라고 하기 어렵고, 독립된 건물을 가지고 그 주변의 일반건물과 어느 정도 이격거리를 두고 있는 경우가 많은 우리나라 법원의 일반적 구조상 제한되는 집회 및 시위의 범위는 상대적으로 작은 반면 사법기능의 보호라는 이 사건 법률조항이 추구하는 공익은 매우 커서, 법익의 균형성도 갖추었다"라며 합헌판결을 하였다.143)

이같은 입장은 국회나 외교기관의 경우에도 마찬가지이다.144) 헌재는 "외교기관 인근의 옥외집회나 시위를 원칙적으로 금지하면서도 외교기관의 기능이나 안녕을 침해할 우려가 없다고 인정되는 구체적인 경우에는 예외적으로 옥외집회나 시위를 허용하고 있는 집시법은 집회의 자유를 침해하지 않는다"고 설시하였다.145)

장소적 제한과는 별개의 문제로 출입을 제지당하지 않았다고 하더라도 관리자의 의사에 반하여 건조물인 대학교에 들어갔다면 건조물침입죄가 성립된 사례도 있다.146)

4) 시간적 제한

현행 집시법 제10조는 야간의 옥외집회·시위를 일률적으로 금지하지 않고, 집회의 성격상 부득이한 경우에는 일정한 조건을 붙여 일출시간 전 또는 일몰시간 후의 옥외집회를 허용할 수 있다는 단서규정을 두고 있었으나, 이 부분은 헌법불합치 결정을 받았다.147) 집회에 대한 허가제는 집회에 대한 검열제와 마찬가지이므로 이를 절대적으로 금지하겠다는 헌법개정권력자인 국민의 헌법가치적 합의이며 헌법적 결단인데, '허가'는 행정권이 주체가 되어 집회 이전에 예방적 조치로서 집회의 내용·시간·장소 등을 사전 심사하여 일반적인 집회금지를 특정한 경우에 해제함으로써 집회를 할 수 있게 하는 제도로서 허가를 받지 아니한 집회는 원천적으로 금지하는 결과를 가져오기 때문이다. 그러나 이같은 헌재결정에는 반대의견도 만만치 않았다. 김희옥 재판관과 이동흡 재판관은 "집회의 자유에 대한 내용중립적인 시간, 장소 및 방법에 관한 규제는 구체적이고 명확한 기준에 의하여 이루어지는 한, 헌법 제21조 제2항이 금지하고 있는 '허가'에 해당하지 않으며, 이러한 입장은 언론·출판에 대한 허가 및 검열금지에 관한 우리 재판소의 기존 해석과도 상통하는 것이고, 입법자도 같은 전제에서 집회의 자유를 제한하는 각종 규제조항을 마련해 놓고 있다. 따라서 집시법이 옥외집회의 자유를 제한함에 있어서 '야간'이라는 내용중립적이고 구체적이며 명확한 시간적 기준을 정하고 있으므로 헌법이 금지하고 있는 '허가'에 해당한다고 볼 수 없다"며 반대의견을 피력하였다. 이 두 재판관은 또 "야간 옥외집회의 허용 여부는 헌법이념 및 조리상 관할 경찰관서장의 편의재량사항이 아니고

---

143) 헌재 2009. 12. 29. 2006헌바13; 2005. 5. 26. 2003헌가7; 2005. 11. 24. 2004헌가17.
144) 헌재 2009. 12. 29. 2006헌바20·59(병합).
145) 헌재 2010. 10. 28. 2010헌마111.
146) 대판 2003. 5. 13 2003도604; 2004. 7. 9. 2000도987; 2004. 7. 22. 2002도539; 2004. 8. 30. 2004도3212; 2004. 8. 30. 2004도3212; 2004. 8. 30. 2004도3212; 2004. 8. 30. 2004도3212; 2003. 10. 10. 2001도3936; 2002. 5. 17. 선고 2001도3307.
147) 헌재 2009. 9. 24. 2008헌가25

기속재량사항이라고 해석하여야 하고, 이같은 규정은 '일반적으로 학문·예술·체육·종교·의식·친목·오락 등에 관한 집회에는 적용되지 않을 뿐만 아니라 야간이라도 옥내집회는 일반적으로 허용되는 점을 고려할 때, 야간의 옥외집회·시위의 금지에 관한 집시법 제10조의 규정은 집회의 자유의 본질적 내용을 침해한 것이라고 볼 수 없다"[148]라고 기존판례를 적시하기도 하였다.

(2) 결사의 자유

결사의 자유란 다수인이 공동의 목적으로 단체를 결성할 수 있는 자유를 말한다. 결사의 자유는 의사표현을 말이나 글, 또는 모여서 하는 것이 아니라 '단체'를 구성해서 한다는 점에서 다른 표현의 자유와 구별된다.[149] 여기에는 단체결성과 존속의 자유, 단체활동의 자유, 결사에의 가입과 잔류의 자유 및 소극적으로 단체에 가입하지 않을 자유와 탈퇴할 자유가 포함된다.[150]

(가) 국가보안법

결사의 자유 역시 오랜 군사독재와 권위주의시대, 그리고 남북분단이라는 지정학적 특이성으로 인해 주로 국가보안법이 문제되어왔다.[151]

국가보안법은 기본적으로 헌법이 규정하고 있는 평화통일원칙과 모순되지 않느냐, 하는 문제제기에서부터 대통령이 정상회담을 제의하고 정부의 대북관련 개방정책선언이 있었으며 남북한이 유엔에 동시가입하고 '남북사이의화해불가침및교류협력에관한합의서'가 발효되는 등 정치적인 변화가 발생한 상황에서도 북한이 국가보안법상의 반국가단체라고 할 수 있는지의 여부문제, 그리고 죄형법정주의와의 관계 등이 끊임없이 논란거리를 제공해왔다. 이밖에도 국가보안법상 반국가단체와 이적단체를 구분하는 기준에서부터 시작하여, 반국가단체의 의미 및 구성, 소위 '불온서적'이라고 통칭되어 온 이적표현물의 요건, 이적단체의 설립 및 운영이 헌법이 보장하고 있는 양심과 사상의 자유, 표현의 자유, 결사의 자유의 범위 내에 속하는지의 여부가 꾸준히 법적 논란의 대상이 되어 왔다.[152] 그동안 반국가단체 또는 이적단체로 인정되어 온 단체는 '남한사회주의 노동자동맹'[153] '조국통일범민족청년학생연합'[154] 등이고, '남한사회주의 과학원'은 이적단체가 아니라는 판단을 받았다.[155]

(나) 노동법 등

노동조합을 설립할 때 행정관청에 설립신고서를 제출하게 하고 그 요건을 충족하지 못 하

---

148) 헌재 1994. 4. 28. 91헌바14.
149) 김학성(주 5), 520.
150) 양건(주1), 547쪽.
151) 이에 관한 자세한 논의는 박용상, "국가안보와 표현의 자유," 금랑 김철수 선생 팔순기념 논문집, 박영사, 477-551.
152) 대판 1982. 10. 26. 82도1861; 1986. 9. 23. 86도1547; 1993. 2. 9. 92도1711.
153) 대판 1995. 5. 12. 94도1813.
154) 대판 1993. 9. 28. 93도1730.
155) 대판 1995. 5. 12. 94도1813.

는 경우 설립신고서를 반려하도록 규정하고 있는 '노동조합 및 노동관계조합법'은 "헌법상 금지
되어 있는 단체결성에 대한 허가제에 해당하지 않는다"156)는 것이 우리 헌재의 입장이다.

　　이밖에 결사의 자유와 관련해서는 근로기준법이나 공무원법 등도 2000년대를 전후해서는
문제가 제기되고 있다. 특히 공법인과 결사의 자유의 상관관계와 관련한 문제가 자주 발생한다.

　　공무원은 노동운동 기타 공무 이외의 일을 위한 집단행위를 하여서는 아니 된다'고 규정하
고 있는 국가공무원법이나 지방공무원법 등이 노동삼권을 지나치게 제한하고 있다는 인식에서
비롯되는 현상이다. 우리 헌법이 노동3권을 집회 및 결사의 자유와 구분하여 보장하면서도 노
동삼권에 한하여 공무원에 대한 헌법적 제한규정을 두고 있는 점, 그리고 헌법 제21조 제1항과
각 공무원법의 입법취지나 공무원법상의 성실의무와 직무전념의무 등을 종합적으로 고려한 공
무원에 대한 결사의 자유가 곧바로 노동3권과 직결되는 것은 아니라는 것이 우리 대법원의 일
관된 입장이다.157) 이런 입장은 헌재도 다르지 않다. 예컨대 농지개량조합을 공법인으로 보는
이상, 결사의 자유가 뜻하는 헌법상 보호법익의 대상이 되는 단체로 볼 수 없어 조합이 해산됨
으로써 조합원이 그 지위를 상실하였다고 하더라도 조합원의 결사의 자유가 침해되었다고 볼
수 없다는 것이 헌재의 입장이다.158) 따라서 사적인 결사라고 하더라도 공적인 역무를 수행하
는 경우에는 결사의 자유에 관해서는 완화된 심사기준이 적용된다. 예컨대 단체 또는 단체의
구성원들이 유리한 경우에는 설립의 근거법률에 따른 특혜를 누리거나 요구하다가, 제한에 대
해서는 사적 조직임을 강조하면서 결사의 자유의 침해를 주장하는 경우에 과잉금지원칙 위배
여부를 판단할 때에는 순수한 사적인 임의결사의 기본권이 제한되는 경우의 심사에 비해서는
완화된 기준을 적용할 수 있다는 것이다.159)

　　또 어떤 경우에도 구성원을 대신하여 단체가 헌법소원심판을 청구할 수는 없다.160)

2. 언론·출판·집회·결사의 자유와 양심·종교의 자유

가. 이론적 체계

　　정신적 자유를 내면적 정신활동의 자유와 그 외부적 표현의 자유로 구별할 때, 사상 혹은
양심의 자유와 종교의 자유는 전자에 속하고, 언론·출판의 자유 등은 후자에 속한다고 볼 수
있다.161) 역사적으로 볼 때 인쇄술이 발달하기 이전에는 출판의 자유라는 것이 문제되지 않았
고, 그 시기의 표현의 자유는 종교적 신앙 내지 정치적·사상적 신념에 대한 박해와 이에 대한
투쟁으로 계속되었기 때문이다. 결과적으로 양심 또는 신앙을 외부에 표현하는 자유에 관한 제

---

156) 헌재 2012. 3. 29. 2011헌바53.
157) 대판 2004. 10. 15. 2004도5035.
158) 헌재 2000. 11. 30. 99헌마190.
159) 헌재 2006. 5. 25. 2004헌가1.
160) 헌재 2010. 7. 29. 선고 2008헌마664·665·666·667·668·669·670·671·673·674·675, 2009헌마583·644
　　 (병합).
161) 장영수(주 1), 657.

19조 및 제20조는 표현의 자유를 규정하고 있는 제21조에 대한 특별법적 규정으로 볼 수 있어, 양심과 신앙의 외부적 표현에 대해서는 제19조와 제20조가 우선적으로 적용된다.

헌법이 보호하고자 하는 양심은 '어떤 일의 옳고 그름을 판단함에 있어서 그렇게 행동하지 않고는 자신의 인격적 존재가치가 파멸되고 말 것이라는 강력하고 진지한 마음의 소리로서 절박하고 구체적인 양심'이다. 양심의 자유에는 이러한 양심 형성의 자유와 양심상 결정의 자유를 포함하는 내심적 자유뿐만 아니라 소극적인 부작위에 의하여 양심상 결정을 외부로 표현하고 실현할 수 있는 자유, 즉 양심상 결정에 반하는 행위를 강제 받지 아니할 자유도 함께 포함된다. 따라서 양심의 자유는 기본적으로 국가에 대하여, 개인의 양심의 형성 및 실현 과정에 대한 부당한 법적 강제를 하지 말 것을 요구하는, 소극적인 방어권으로서의 성격을 가진다.

나. 관련판례

(1) 양심의 자유

양심의 자유와 표현의 자유는 주로 군복무의 의무와 관련하여 문제가 되어 왔다. 통칭 양심적 병역거부(conscientious objector)라는 이름으로 불리어 온 양심의 자유와 그 표현에 따른 국민의 의무불이행은 오랫동안 사회적으로 논란을 야기하여 왔다.[162] 현행 병역법은 입영을 기피하는 정당한 사유를 규정하고 있는데(제88조 제1항), 그동안 대법원은 '정당한 사유'에 대해 "원칙적으로 추상적 병역의무의 존재와 그 이행 자체의 긍정을 전제로 하되 다만 병무청장 등의 결정으로 구체화된 병역의무의 불이행을 정당화할 만한 사유, 즉 질병 등 병역의무 불이행자의 책임으로 돌릴 수 없는 사유에 한하는 것"[163]으로 보아왔다. 즉, 구체적 병역의무의 이행을 거부한 사람이 그 거부 사유로서 내세운 권리가 우리 헌법에 의하여 보장되고, 나아가 그 권리가 위 법률조항의 입법목적을 능가하는 우월한 헌법적 가치를 가지고 있다고 인정될 경우에 한 해 병역의무의 이행을 거부할 정당한 사유가 존재하는 것으로 보면서, 양심에 따른 병역의무 거부는 인정하지 않았다. 요컨대 헌법상 기본권의 행사가 국가공동체 내에서 타인과의 공동생활을 가능하게 하고 다른 헌법적 가치 및 국가의 법질서를 위태롭게 하지 않는 범위 내에서 이루어져야 한다는 것은 양심의 자유를 포함한 모든 기본권 행사의 원칙적인 한계이므로, 양심 실현의 자유도 결국 그 제한을 정당화할 헌법적 법익이 존재하는 경우에는 헌법 제37조 제2항에 따라 법률에 의하여 제한될 수 있는 상대적 자유라는 것이다. 또한 병역의무의 이행을 확보하기 위하여 현역입영을 거부하는 자에 대하여 형벌을 부과할 것인지, 대체복무를 인정할 것인지 여부에 관하여는 입법자에게 광범위한 입법재량이 유보되어 있다고 보아야 하므로, 병

---

162) 자세한 논의는 김상환, "이른바 양심적 병역거부가 병역기피에 해당하는지 여부," 21세기사법의 전개: 송민 최종영대법원장재임기념 논문집, 박영사, 2005; 김태천, "재판과정을 통한 국제인권협약의 국내적 이행," 국제법평론 20호(2004. 9); 정태호, "양심을 이유로 한 입영거부에 대한 형사처벌의 위헌여부," 고시연구 제32권 제2호(371호), 2005. 2; 정인섭, "헌법재판소 판례의 국제법적 분석," 헌법실무연구 제5권, 헌법실무연구회, 2004 참조.

163) 대판 2004. 7. 15. 2004도2965

역법이 질병 또는 심신장애로 병역을 감당할 수 없는 자에 대하여 병역을 면제하는 규정을 두고 있고, 일정한 자에 대하여는 공익근무요원, 전문연구요원, 산업기능요원 등으로 근무할 수 있는 병역특례제도를 두고 있음에도 양심 및 종교의 자유를 이유로 현역입영을 거부하는 자에 대하여는 현역입영을 대체할 수 있는 특례를 두지 아니하고 형벌을 부과하는 규정만을 두고 있다고 하더라도 과잉금지 또는 비례의 원칙에 위반된다거나 종교에 의한 차별금지 원칙에 위반된다고 볼 수 없다는 것이 헌법재판소나 대법원의 공통된 의견이다.[164]

그러나 2007. 9. 18. 국방부가 종교적 신념 등에 따른 병역거부를 용인하여 치매노인 수발 등의 장기 사회복무로 대체하는 방안을 내놓았기 때문에 앞으로 이 문제는 빠르면 2009년부터 입법적으로 해결될 전망이다.

(2) 종교의 자유

종교의 자유에 관한 헌법 제20조 제1항은 표현의 자유에 관한 헌법 제21조 제1항에 대하여 특별규정의 성격을 갖는다 .

다시 말해 현행 헌법 제20조 제1항이 "모든 국민은 종교의 자유를 가진다"라고 규정하고 있는데, 종교의 자유에는 자기가 신봉하는 종교를 선전하고 새로운 신자를 규합하기 위한 선교의 자유가 포함되고 선교의 자유에는 다른 종교를 비판하거나 다른 종교의 신자에 대하여 개종을 권고하는 자유도 포함되며, 종교적 선전, 타 종교에 대한 비판 등은 동시에 표현의 자유의 보호대상이 된다. 다만 그 언론·출판의 목적이 다른 종교나 종교집단에 대한 신앙교리 논쟁으로서 같은 종파에 속하는 신자들에게 비판하고자 하는 내용을 알리고 아울러 다른 종파에 속하는 사람들에게도 자신의 신앙교리 내용과 반대종파에 대한 비판의 내용을 알리기 위한 것이라면 그와 같은 비판할 권리는 최대한 보장받아야 할 것이다. 따라서 "종교의 자유에 관한 헌법 제20조 제1항은 표현의 자유에 관한 헌법 제21조 제1항에 대하여 특별 규정의 성격을 가지므로 종교적 목적을 위한 언론·출판의 경우에는 그 밖의 일반적인 언론·출판에 비하여 보다 고도의 보장을 받게 된다"는 것이 우리 대법원의 입장이다.[165] 결국 종교활동으로 인하여 타인의 명예 등 인격권을 침해하는 경우에 종교의 자유 보장과 개인의 명예 보호라는 두 법익을 어떻게 조정할 것인지는 그 비판행위로 얻어지는 이익과 가치, 공표가 이루어진 범위의 광협, 그 표현방법 등 비판행위 자체에 관한 제반 사정을 감안하고, 또 그 비판에 의해 훼손되거나 훼손될 수 있는 타인의 명예 침해의 정도를 비교·형량해 결정하게 된다. 이같은 논리 하에 대법원은 "군대 내에서 군종장교가 종교활동을 수행하면서 소속 종단의 종교를 선전하거나 다른 종교를 비판한 것만으로 종교적 중립 준수 의무를 위반했다고 볼 수 없다"고 판시하였다.[166]

---

164) 헌재 1997. 3. 27. 96헌가11; 1998. 7. 16. 96헌바35. 대판 1967. 6. 13. 67도677; 1982. 7. 13. 82도1219;
    1990. 2. 27. 88도2285; 2003. 12. 26. 2003도5365.
165) 대판 2007. 2. 8. 2006도4486; 1996. 9. 6. 96다19246, 19253.
166) 대판 2007. 4. 26. 2006다87903.

3. 언론·출판·집회·결사의 자유와 학문·예술의 자유

가. 이론적 체계

언론·출판의 자유와 학문이나 예술의 자유와의 관계도 양심 및 신앙의 자유가 언론·출판의 자유의 특별규정에 해당하므로, 연극·음악·영화 등이 순수한 학문적인 것 또는 예술적인 것일 때에는 제22조가 우선한다.

나. 관련판례

(1) 학문의 자유

우리나라에서는 학문의 자유가 주로 국가보안법과 관련하여 문제되었다.[167] 예컨대, 한국사회를 신식민지국가 독점자본주의사회로 파악하는 것 자체는 학문적 연구의 결과이므로 비록 그 분석방법이 마르크스주의에 입각한 것이라 하여도 이는 헌법이 보장하고 있는 학문의 자유의 범주 내에 속하지만, '반제 반독점 민중민주주의혁명론은 적극적으로 한국사회의 정치·경제체제를 변혁하여야 한다는 정치적 행동을 주창하는 내용이어서 더 이상 학문의 영역에 속한다고는 볼 수 없다'[168]는 것이다.[169] 다시 말해 헌법에 의한 학문의 자유는 순수하게 진리탐구를 목적으로 하는 경우에 한하여 인정되는 것이므로 반국가단체를 이롭게 할 목적으로 이적표현물인 유인물을 복사하거나 소지하였다면 학문의 자유의 한계를 넘는다는 것이다.[170]

(2) 예술의 자유

(가) 개　괄

"모든 국민은 학문과 예술의 자유를 가진다"라고 규정한 헌법 제22조가 보장하는 예술의 자유는 창작소재나 창작형태 또는 창작과정 등에 대한 임의로운 결정권을 포함한 예술창작활동의 자유와 창작한 예술작품을 일반대중에게 전시·공연·보급할 수 있는 예술표현의 자유 등을 포괄하는 것이다. 그러나 우리 헌법재판소나 대법원에서 본격적으로 예술의 자유를 다룬 판례는 찾아보기 어렵다. 영화나 음반 등에 대한 사전심의와 관련한 문제제기[171] 외에는 '음악·무용·연극·연예·국악 등 대부분의 무대예술을 포괄적으로 지칭하는 '공연'이 예술의 자유의 핵심적인 보호대상으로서, 주로 청소년보호와 관련하여 문제가 되었을 뿐이다.

예술의 자유가 예술창작의 자유, 예술표현의 자유, 예술적 집회·결사의 자유 등을 그 내용

---

167) 자세한 내용은 이광범, "국가보안법 제7조 제5항, 제1항의 해석기준에 관한 대법원 판례의 동향," 형사재판의 제문제 제2권, 박영사, 1998; 윤진수, "학문의 자유와 반공법," 법과 정의; 경사 이회창 선생 화갑기념 이회창 대법관 판결의 연구, 박영사, 1995 참조.

168) 대판 1993. 2. 9. 92도1711.

169) 동지 1991. 7. 9. 91도1090.

170) 대판 1990. 7. 24. 89도251; 1986. 11. 11. 86도1786; 1986. 9. 23. 86도1499; 1986. 9. 23. 86도1499; 1986. 9. 9. 86도1187; 1986. 6. 24. 86도403 등.

171) 헌재결 1993. 5. 13. 91바17. 김욱, "영화에서의 사전검열금지의 원칙과 표현의 자유의 한계: 2000헌가9 위헌법률 심판제청 사건에 부쳐," 민주법학 통권 제19호(2001. 2), 155-174.

으로 한다고 할 때 아직 우리나라에서는 자유로운 예술의 연주나 공연·상영 등과 관련한 문제
제기는 없었다고 볼 수 있다. 다만 영화의 경우에는 2000년대 이후 들어 하급심에서 예술의 자
유와 인격권이 관련된 문제로 판결이 나오기는 했으나, 대법원에까지 올라오지는 않았다. 다만
라디오와 TV방송에서 특정 프로그램이 '신앙 또는 종교의식을 풍자하고 조롱 또는 증오의 대
상으로 하였으며, 개인의 명예 또는 권리를 침해하거나 훼손할 염려가 있고 또 음란 기타 문란
한 내용의 오락방송을 실시한 것으로 판단'한 사례 정도가 있다.172)

　　청소년보호와 관련해서는 문화시설인 영화관을 학교 정화구역 내에 설치하는 것을 금지한
학교보건법 제6조 제1항 제2호에 대해 헌법재판소는 "극장의 유해환경으로서의 판단기준은 아
동·청소년의 연령이나 정신발달의 정도 및 사회적·문화적 환경에 따라 달라질 수 있는 것인
데, 각 학교는 교육의 목적·과정이 서로 다를 뿐 아니라, 학생의 연령이나 신체 및 지능의 발
달정도에 큰 차이가 있어서 극장이 학교교육에 미치는 영향은 학교의 종류에 따라 크게 다를
수밖에 없음에도 불구하고 일률적으로 금지한 것은 과잉금지의 원칙에 위배된다"며 위헌결정
을 하였다.173)

　　이밖에 하급심판례로서, 실제 사건이나 인물을 모델로 한 영화가 역사적 사실을 왜곡하는
등의 방법으로 그 모델이 된 인물의 명예를 훼손하거나 인격권을 침해한 경우, 피해자는 영화
제작자 등을 상대로 하여 인격권 침해 등을 이유로 그 영화의 상영금지 등을 구할 수 있고, 그
모델이 된 사람이 이미 사망하였다고 하더라도 사후에 망인의 인격권을 중대하게 훼손하는 왜
곡 등으로부터 인간으로서의 존엄과 가치를 보호하기 위하여 필요한 경우 그 유가족이 인격권
침해를 근거로 제기한 상영금지가처분 청구를 인용한 사건이 있다.174)

　　(나) 음　　　란

　　우리 헌법재판소는 음란표현에 대하여 기존의 입장을 변경해 "음란표현도 헌법 제21조가
규정하는 언론·출판의 자유의 보호영역 내에 있다"고 설시하였다.175) 헌재는 '음란표현이 언
론·출판의 자유의 보호영역에 해당하지 아니한다고 해석할 경우 음란표현에 대하여는 언론·
출판의 자유의 제한에 대한 헌법상의 기본원칙, 예컨대 명확성의 원칙, 검열 금지의 원칙 등에
입각한 합헌성 심사를 하지 못하게 될 뿐만 아니라, 기본권 제한에 대한 헌법상의 기본원칙, 예
컨대 법률에 의한 제한, 본질적 내용의 침해금지 원칙 등도 적용하기 어렵게 되는 결과, 모든
음란표현에 대하여 사전 검열을 받도록 하고, 이를 받지 않은 경우 형사처벌을 하거나, 유통목
적이 없는 음란물의 단순소지를 금지하거나, 법률에 의하지 아니하고 음란물출판에 대한 불이

172) 대판 1971. 1. 29. 70마900.
173) 헌재결 2004. 5. 27. 2003헌가1, 2004헌가4(병합). 관련 논문은 김승환, "의원입법의 개선·발전방안 모색,"
　　 공법연구 제33집 제3호(2005. 5); 김병기, "위헌결정법률의 효력과 그에 대한 국회의 대응," 행정법연구 제
　　 14호(2005 하반기); 정순원, "청소년의 인격성장권," 헌법학연구 제12권 제5호(2006. 12); 정남철, "공용수
　　 용의 요건 및 한계에 관한 재검토," 법조 제54권 제5호(통권 584호), 2005 참조.
174) 서울고결 2005. 1. 17. 2004라439.
175) 헌재결 2009. 5. 28. 2006헌바109, 2007헌바49·57·83·129 병합.

익을 부과하는 행위 등에 대한 합헌성 심사도 하지 못하게 됨으로써, 결국 음란표현에 대한 최소한의 헌법상 보호마저도 부인하게 될 위험성이 농후하게 된다는 점을 간과할 수 없다'며 '음란표현도 헌법적 보호를 받는다'고 결정함으로써, "음란표현은 헌법 제21조가 규정하는 언론·출판의 자유의 보호영역에 해당하지 아니한다"176)던 기존결정을 폐지하였다. 그러나 '음란'이라는 단어의 개념이 애매모호하거나 명확성의 원칙에 위배되지는 않는다는 것이 우리 헌재의 일관된 입장이다.177) 다시 말해 '음란'의 개념을 보다 구체화하는 것이 바람직스럽다고 볼 여지는 있으나, 현 상태로도 수범자와 법집행자에게 적정한 판단기준 또는 해석기준을 제시하고 있다고 볼 수 있고, 이와 같은 기준에 따라 어떤 표현이 '음란' 표현에 해당하는지의 여부에 관하여 자의적인 법해석이나 법집행을 배제할 수 있다는 것이다.

따라서 지금까지도 예술의 자유와 관련한 구체적인 사건은 '음란'과 관련된 경우가 가장 많다. 언론·출판의 영역에서 국가는 단순히 어떤 표현이 가치가 없다거나 유해하다는 주장만으로 그 표현에 대한 규제를 정당화할 수는 없다. 그 표현의 해악을 시정하는 1차적 기능은 시민사회 내부에 존재하는 사상의 경쟁메커니즘에 맡겨져 있기 때문이다. 그러나 대립되는 다양한 의견과 사상의 경쟁메커니즘에 의하더라도 그 표현의 해악이 처음부터 해소될 수 없는 성질의 것이거나 또는 다른 사상이나 표현을 기다려 해소되기에는 너무나 심대한 해악을 지닌 표현은 언론·출판의 자유에 의한 보장을 받을 수 없고 국가에 의한 내용규제가 광범위하게 허용되는데, 그 중의 하나가 바로 음란이다.178)

"음란"이란 인간존엄 내지 인간성을 왜곡하는 노골적이고 적나라한 성표현으로서 오로지 성적 흥미에만 호소할 뿐 전체적으로 보아 하등의 문학적·예술적·과학적 또는 정치적 가치를 지니지 않은 것으로서, 사회의 건전한 성도덕을 크게 해칠 뿐만 아니라 사상의 경쟁메커니즘에 의해서도 그 해악이 해소되기 어려워 언론·출판의 자유의 영역에 들어오지 못하는 표현물이다.179) 그러나 "저속"은 음란의 정도에 이르지 않는 성표현물을 의미하는 것으로서 이는 헌법의 보호영역 안에 있다고 볼 수 있다. 즉 "음란"과는 달리 "저속"은 그 적용범위가 매우 광범위할 뿐만 아니라 법관의 보충적인 해석에 의한다 하더라도 그 의미내용을 확정하기 어려울 정도로 매우 추상적이라는 점에 문제가 있다. 따라서 헌법재판소는 '저속한 표현물을 출판했다는 이유로 출판사등록을 취소하는 것은 출판을 하고자 하는 자로 하여금 어느 정도로 자신의 표현내용을 조절해야 하는지, 알 수 없을 뿐만 아니라, 성인과 청소년을 구별하지 않고 성표현물을

176) 현재 1998. 4. 30. 95헌가16.
177) 현재 2009. 5. 28. 2006헌바109, 2007헌바49·57·83·129 병합.
178) 박선영(주 1), 473-474. 한위수 편집, 재판실무연구(1) 언론관계소송, 2007, 한국사법행정학회, 571-613.
179) 현재 2001. 8. 30. 99헌바92, 2000헌바39, 2000헌마167·168·199·205·280(병합); 2001. 10. 25. 2001헌바9; 2002. 2. 28. 99헌가8; 2002. 4. 25. 2001헌바26; 2002. 4. 25. 2001헌마614; 2002. 6. 27. 2002헌마18; 2002. 6. 27. 99헌마480; 2002. 6. 27. 99헌마480; 2002. 7. 18. 2000헌마57; 2001. 6. 28. 99헌바31; 2005. 2. 3. 2004헌바10; 2005. 3. 31. 2004헌바29; 2005. 4. 28. 2003헌바40; 2005. 12. 22. 2004헌바45; 2006. 2. 23. 2005헌마403; 2006. 6. 29. 2005헌마165·314·555·807, 2006헌가3(병합); 2003. 1. 30. 2001헌가4; 2003. 2. 27. 2000헌바26; 2003. 10. 30. 2001헌마700, 2003헌바11(병합). 대판 2000. 10. 27. 98도679.

일괄적으로 제한하는 것은 위헌'180)이라는 것이다. 즉, 청소년의 건전한 심성을 보호하기 위해서 퇴폐적인 성표현이나 지나치게 폭력적이고 잔인한 표현 등을 규제할 필요성은 분명 존재하지만, 이들 저속한 표현을 규제하더라도 그 보호대상은 청소년에 한정되어야 하고, 규제수단 또한 청소년에 대한 유통을 금지하는 방향으로 좁게 설정해야지, 저속한 간행물의 출판을 전면 금지시키고 출판사의 등록을 취소시킬 수 있도록 하는 것은 청소년보호를 위해 지나치게 과도한 수단을 선택한 것이고, 또 청소년보호라는 명목으로 성인이 볼 수 있는 것까지 전면 금지시킨다면 이는 성인의 알권리의 수준을 청소년의 수준으로 맞출 것을 국가가 강요하는 것이어서 성인의 알권리까지 침해하게 된다는 것이다.181)

(다) 청소년보호

음란과 일맥상통하는 부분이긴 하지만, 청소년보호를 위해서는 일정한 표현물을 제한하는 것이 각국의 공통된 입헌례 또는 입법례이다.

1) 청소년이용음란물

현행 청소년보호법은 청소년이용음란물을 제작·소지·반포·유통시키지 못하도록 규정하고 있는데(제2조 제3호 및 제8조 제1항 등), 이같은 규제가 표현의 자유 및 신체의 자유나 행복추구권, 평등권에 위반된다는 주장이 제기되었다. 이에 대해 헌법재판소는 "청소년보호법의 입법 경과와 입법목적, 같은 법률의 다른 규정들과의 체계조화적 해석, 관계부처의 법률해석, 다른 처벌법규와의 법정형 비교 등을 고려하여 목적론적으로 해석할 때 '청소년이용음란물'에는 실제인물인 청소년이 등장하여야 한다고 보아야 함이 명백하고, 따라서 법률적용단계에서 다의적으로 해석될 우려가 없이 건전한 법관의 양식이나 조리에 따른 보충적인 해석에 의하여 그 의미가 구체화되어 해결될 수 있는 이상 죄형법정주의에 있어서의 명확성의 원칙을 위반하였다고 볼 수 없고, 설혹 이 사건 법률의 위 각 규정에 의하여 언론·출판 등 표현의 자유가 다소 제한된다 하더라도 청소년의 성을 보호한다는 입법목적과 청소년이용음란물의 성격과 그 제작 행위 등 범죄의 죄질과 그 제작 유통에 따른 파급효과, 법정형 등을 감안하면 헌법 제37조 제2항의 과잉금지의 원칙 내지 비례의 원칙에 반하지 아니하여 표현의 자유를 침해한다고 할 수 없을 뿐 아니라 그 본질적인 내용을 침해한다고도 볼 수 없으며, '청소년이용음란물'의 제작 등

---

180) 헌재결 1998. 4. 30. 95헌가16.
181) 자세한 내용은 박선영, "헌법상 개인이 갖는 표현의 자유와 국가통제," 공법연구 제31집 제3호(2003. 3), 267-282; 박선영, "정보화사회에 있어서 헌법상 보호되는 언론의 의미와 범위," 헌법학연구 제6권 제4호 (2000. 12), 86-110; 박영철, "미국 연방대법원의 음란성과 저속성의 판단," 헌법학연구 제7권 제4호(2001. 12), 213-238; 박용상, "표현의 자유와 음란규제 및 청소년보호," 헌법논총 제13집(2002. 12), 헌법재판소, 5-268; 이인호, "음란물출판사등록취소사건," 헌법실무연구 제1권, 헌법실무연구회, 2000. 9, 31-78; 지영철, "미성년자보호법 제2조의2 제1호 등 위헌제청: "불량만화" 반포 등 처벌규정과 명확성의 원칙," 헌법재판소 결정 해설집 2002(2003. 10), 헌법재판소, 25-38; 한위수, "영화등급제와 표현의 자유: 특히 제한상영가 등급과 관련하여," 가톨릭법학 제1호(2003. 12), 131-172; 한위수, "음란물의 형사적 규제와 표현의 자유: 특히 예술작품과 관련하여," 한국헌법학의 현황과 과제: 금랑 김철수 교수정년기념논문집, 박영사, 2002, 568-591; 황성기, "청소년보호를 위한 표현물 규제시스템의 헌법적 고찰: 구 청소년보호법 제2조 제3호 가목 등 위헌제청사건 등에 대한 평석을 중심으로," 헌법실무연구 제2권, 헌법실무연구회, 2002, 273-309 참조.

의 행위를 일반 음란물에 대한 동종의 행위보다 다소 무겁게 처벌하는 것은 합리적 근거에 의한 것으로서 그 처벌의 정도가 지나치게 가혹하다고 할 수 없으므로, 이로 인하여 신체의 자유나 행복추구권 등 헌법상 기본권이 침해되거나 평등의 원칙에 위반된다고 할 수 없다"고 판시하였으나,[182] 동 판례에 대한 논란은 끊이지 않았다.[183]

2) 불량만화

우리나라에서는 아동용 만화가 음란하고 잔인한 '불량'만화라는 이유로 문제가 되었었는데, 헌법재판소는 '미성년자보호법 상의 불량만화에 대한 정의 중 전단 부분의 "음란성 또는 잔인성을 조장할 우려"라는 표현을 보면, '음란성'은 법관의 보충적인 해석을 통하여 그 규범내용이 확정될 수 있는 개념이라고 할 수 있으나, 한편 '잔인성'에 대하여는 아직 판례상 개념규정이 확립되지 않은 상태이고 그 사전적 의미는 "인정이 없고 모짊"이라고 할 수 있는바, 이에 의하면 미성년자의 감정이나 의지, 행동 등 그 정신생활의 모든 영역을 망라하는 것으로서 살인이나 폭력 등 범죄행위를 이루는 것에서부터 윤리적·종교적·사상적 배경에 따라 도덕적인 판단을 달리할 수 있는 영역에 이르기까지 천차만별이어서 법집행자의 자의적인 판단을 허용할여지가 높고, 여기에 '조장' 및 '우려'까지 덧붙여지면 사회통념상 정당한 것으로 볼 여지가 많은 것까지 처벌의 대상으로 할 수 있게 되는바, 이와 같은 경우를 모두 처벌하게 되면 그 처벌범위가 너무 광범위해지고, 일정한 경우에만 처벌하게 된다면 어느 경우가 그에 해당하는지 명확하게 알 수 없다. 또한 불량만화에 대한 정의 중 후단 부분의 "범죄의 충동을 일으킬 수 있게"라는 표현은 그것이 과연 확정적이든 미필적이든 고의를 품도록 하는 것에만 한정되는 것인지, 인식의 유무를 가리지 않고 실제로 구성요건에 해당하는 행위로 나아가게 하는 일체의 것을 의미하는지, 더 나아가 단순히 그 행위에 착수하는 단계만으로도 충분한 것인지, 결과까지 의욕하거나 실현하도록 하여야만 하는 것인지를 전혀 알 수 없어 그 규범내용이 확정될 수 없다'[184]며 위헌결정을 하였다.

요컨대 '불량만화'라는 개념은 법관의 보충적인 해석을 통한다 하더라도 그 규범내용이 확정될 수 없는 모호하고 막연한 개념으로서 죄형법정주의에서 파생된 명확성의 원칙에 위배된다는 것이다.[185] 다시 말해 미성년자를 보호할 필요성이 아무리 높다 하더라도 그 목적을 달성하기 위한 수단이 적절하지 못하고, 이로 인한 국민의 언론·출판의 자유 및 학문·예술의 자유에 대한 침해가 중대하며, 이로써 추구하고자 하는 공익과 침해되는 사익간의 균형을 맞추지

182) 헌재 2002. 4. 25. 2001헌가27.

183) 김배원, "인터넷과 표현의 자유," 인터넷법연구 제2호(2003. 4), 83-124; 박선영(주 1), 90-144; 박선영, "가상공간에서의 표현의 자유와 청소년 보호," 인터넷 법률 제15호(2003. 1), 102-143; 박선영, "청소년의 성보호에관한법률 개정안의 문제점 및 개선방향," 공법연구 제33집 제3호(2005. 5), 167-196; 심희기, "아동 포르노그라피와 한국의 청소년 성보호법," 비교형사법연구 제5권 제2호(2003. 12), 883-904.

184) 헌재 2002. 2. 28. 99헌가8.

185) 박선영, "한국언론의 특징과 최근의 언론관련 명예훼손 소송분석," 언론과 법 제1호(2002. 12), 95-144; 박용상(주 181), 5-268; 지영철(주 181), 25-38.

못하면 과도한 규제에 해당하는 것이다.[186]

(라) 영화의 자유

강학상 언론·출판의 자유의 보호대상이 되는 의사표현 또는 전파의 매개체는 어떠한 형태이건 가능하다. 담화·연설·토론·연극·방송·음악·영화·가요 등과 문서·소설·시가·도화·사진·조각·서화 등 모든 형상의 의사표현 또는 의사전파의 매개체를 포함한다. 따라서 영화도 의사표현의 한 수단이므로 영화의 제작 및 상영은 다른 의사표현수단과 마찬가지로 언론·출판의 자유에 의한 보장을 받는다. 영화는 학문적 연구결과를 발표하는 수단이 되기도 하고 예술표현의 수단이 되기도 하므로 그 제작 및 상영은 학문·예술의 자유에 의하여도 보장을 받는다. 그러나 우리 사회에서 그동안 영화는 언론매체나 학문매체로서 인정받기 보다는 예술 중에서도 상업적인 오락매체로서 기능해왔던 것도 사실이다.[187] 결과적으로 영화에 대해서는 검열이나 사전심사를 해왔으나, 이에 대한 위헌소송결과 검열은 위헌결정을 받았고, 사전심사도 행정부가 주도하는 것은 위헌이며, 영상물등급위원회에 의한 등급분류보류제도도 궁극적으로 분류심사가 불가능하다면 이 또한 위헌이라는 판결을 연이어 받았다.

1) 검열금지

현행 헌법 제21조 제2항이 말하는 검열이란 그 명칭이나 형식과 관계없이 실질적으로 행정권이 주체가 되어 사상이나 의견 등이 발표되기 이전에 예방적 조치로서 그 내용을 심사, 선별하여 발표를 사전에 억제하는, 즉 허가받지 아니한 것의 발표를 금지하는 제도를 뜻하고, 이러한 사전검열은 법률로써도 불가능한 것으로서 절대적으로 금지되며, 언론·출판에 대하여 사전검열이 허용될 경우에는 국민의 예술활동의 독창성과 창의성을 침해하여 정신생활에 미치는 위험이 크고 행정기관이 집권자에게 불리한 내용의 표현을 사전에 억제함으로써 이른바 관제의견이나 지배자에게 무해한 여론만이 허용되는 결과를 초래할 염려가 있기 때문이다.

이같은 검열금지의 원칙은 모든 형태의 사전적인 규제를 금지하는 것이 아니고 단지 의사표현의 발표 여부가 오로지 행정권의 허가에 달려있는 사전심사만을 금지하는 것을 뜻한다. 그런데 검열을 행정기관이 아닌 독립적인 위원회에서 행한다고 하더라도 행정권이 주체가 되어 검열절차를 형성하고 검열기관의 구성에 지속적인 영향을 미칠 수 있는 경우라면 실질적으로 검열기관은 행정기관이라고 보아야 한다. 그러므로 공연윤리위원회가 민간인으로 구성된 자율적인 기관이라고 할지라도 영화법에서 영화에 대한 사전허가제도를 채택하고, 공연법에 의하여 공연윤리위원회를 설치토록 하여 행정권이 공연윤리위원회의 구성에 지속적인 영향을 미칠 수 있게 하였으므로 공연윤리위원회는 검열기관으로 볼 수밖에 없다.[188]

이같은 헌법재판소의 결정에 따라 정부와 의회는 공연윤리위원회를 해체하고 영상물등급

---

186) 헌재 2002. 2. 28. 99헌가8 중 재판관 하경철, 재판관 송인준의 별개의견.
187) 이에 관한 상세는 임상혁, 영화와 표현의 자유, 청림, 2005 참조.
188) 헌재 1996. 10. 4. 93헌가13, 91헌바10.

위원회를 만들어, 그 위원을 대통령이 위촉하게 하였다. 그러나 영상물등급위원회도 그 구성방법 및 절차에 관하여 필요한 사항을 대통령령으로 정하도록 하고 있고, 국가예산으로 그 운영에 필요한 경비의 보조를 받을 수 있도록 하고 있는 점 등에 비추어 행정권이 심의기관의 구성에 지속적인 영향을 미칠 수 있고 행정권이 주체가 되어 검열절차를 형성하고 있어 검열기관에 해당한다는 위헌결정을 받았다.[189]

그러나 작품이 발표된 이후에 취해지는 사후적인 사법적 규제는 검열에 해당하지 않는다. 즉, 심의기관에서 허가절차를 통하여 영화의 상영 여부를 종국적으로 결정할 수 있도록 하는 것은 검열에 해당하지만, 영화의 상영으로 인한 실정법위반의 가능성을 사전에 막고, 청소년 등에 대한 상영이 부적절할 경우 이를 유통단계에서 효과적으로 관리할 수 있도록 미리 등급을 심사하는 것은 사전검열이 아니어서 합헌이라는 것이 우리 헌법재판소의 입장이다.[190]

2) 등급보류제도

영화진흥법 제21조 제4항은 영상물등급위원회에 의한 등급분류 보류제도를 규정하면서, 영상물등급위원회가 영화의 상영에 앞서 영화를 제출받아 그 심의 및 상영등급분류를 하되, 등급분류를 받지 아니한 영화는 상영이 금지되고 만약 등급분류를 받지 않은 채 영화를 상영할 경우 과태료, 상영금지명령에 이어 형벌까지 부과할 수 있도록 하였다. 따라서 등급분류를 보류할 수 있는 횟수제한이 없어 실질적으로 영상물등급위원회의 허가를 받지 않는 한 영화를 통한 의사표현이 무한정 금지될 수 있으므로 이는 검열에 해당하여 위헌판결을 받았다.[191]

헌법재판소의 위와 같은 일련의 결정은 기본적으로 '영화는 시청각을 표현수단으로 하

---

189) 헌재 2001. 8. 30. 2000헌가9. 그러나 송인준 재판관은 '영상물등급위원회는 전문분야별 순수 민간인으로 구성된 단체에서 선정한 사람을 대한민국예술원회장이 추천하여 위원이 위촉되고, 행정부 공무원이 당연직 위원으로 위촉되지 아니하며, 문화관광부장관에 대한 심의결과 보고의무 및 문화관광부장관의 위원장·부위원장 승인제도를 두지 않을 뿐 아니라 국고 보조도 적은 액수에 불과하므로 독립된 민간 자율기관으로 보아야 한다'며 반대의견을 개진하였고, 주선회 재판관도 '영상물등급위원회는 과거와 달리 문화관광부장관의 위원장·부위원장 승인제도와 문화관광부장관에 대한 심의결과 보고의무가 없는 등 공연윤리위원회와 한국공연예술진흥협의회를 검열기관으로 판정한 헌법재판소의 결정취지를 반영하여 그 구성면에서나 구체적인 영화의 심의면에서 중요한 차이를 두었으므로, 공연윤리위원회와 한국공연예술진흥협의회와는 달리 행정권으로부터 형식적·실질적으로 독립된 민간 자율기관이라고 보아야 하는바, 행정권과 독립된 민간 자율기관에 의한 영화의 사전심의는 헌법이 금지하지 않을 뿐 아니라 오히려 필요하다'며 합헌의견을 개진하였다.

190) 헌재 1996. 10. 4. 93헌가13, 91헌바10.

191) 헌재 2001. 8. 30. 2000헌가9. 그러나 송인준 재판관은 '영상물등급위원회는 전문분야별 순수 민간인으로 구성된 단체에서 선정한 사람을 대한민국예술원회장이 추천하여 위원이 위촉되고, 행정부 공무원이 당연직 위원으로 위촉되지 아니하며, 문화관광부장관에 대한 심의결과 보고의무 및 문화관광부장관의 위원장·부위원장 승인제도를 두지 않을 뿐 아니라 국고 보조도 적은 액수에 불과하므로 독립된 민간 자율기관으로 보아야 한다'며 반대의견을 개진하였고, 주선회 재판관도 '영상물등급위원회는 과거와 달리 문화관광부장관의 위원장·부위원장 승인제도와 문화관광부장관에 대한 심의결과 보고의무가 없는 등 공연윤리위원회와 한국공연예술진흥협의회를 검열기관으로 판정한 헌법재판소의 결정취지를 반영하여 그 구성면에서나 구체적인 영화의 심의면에서 중요한 차이를 두었으므로, 공연윤리위원회와 한국공연예술진흥협의회와는 달리 행정권으로부터 형식적·실질적으로 독립된 민간 자율기관이라고 보아야 하는바, 행정권과 독립된 민간 자율기관에 의한 영화의 사전심의는 헌법이 금지하지 않을 뿐 아니라 오히려 필요하다'며 합헌의견을 개진하였다.

는 영상매체의 특수성을 고려할 때 청소년 보호 등을 위하여 상영 전에 심사·규제할 필요성이 크므로 영화에 대한 사전검증은 인정되어야 한다'는 사실을 전제하고 있어 논란은 계속되고 있다.[192]

3) 영화업의 자유

현행 영화법 제4조 제1항은 "영화업"이라는 일반적 개념을 사용하고 있고, 동법 제4조 제4항과 시행령 제5조의2는 "영화의 제작을 업으로 하는 자"를 규정하고 있는데, 이는 영리를 목적으로 하는지의 여부에 관계없이 영화를 계속·반복하여 제작하고자 하는 자를 의미한다. 헌법 제21조가 보장하는 언론·출판의 자유는 언론·출판의 자유의 내재적 본질인 표현의 방법과 내용을 보장하는 것을 말하는 것으로서 언론·출판기업 등의 주체인 기업인으로서의 활동까지 포함하는 것으로 볼 수 없다는 것이 우리 헌법재판소의 입장이다. 다시 말해 기업경영주체로서는 일반사회질서의 규율에서 예외가 될 수 없기 때문에 영화법에서 영화의 제작을 업으로 하고자 하는 자에게 등록의무를 부과하는 것은 영화산업의 육성발전을 촉진하고 영화예술의 질적 향상을 도모하기 위하여 문화체육부장관이 영화제작업자의 실태를 파악하여 이를 건전하게 육성하고 그 기능이 공공의 이익과 질서유지에 합당하게 지속적으로 유지·발전하도록 하기 위한 것이므로, 영화법의 상기조항이 입법부가 입법재량을 남용했다고 볼 수 없어서 과잉금지의 원칙에 위반하지 않는다는 것이다.[193]

영화는 다른 표현매체와 달리 대규모의 자본과 시설에 의해 이루어지고 있고, 영화의 영향력은 광범위하고 직접적이며 강력하여 각국이 자국의 영화산업을 집중 육성함으로써 자국의 문화를 세계에 널리 보급하고자 이를 새로운 전략산업으로 지원·육성하고 있어 이를 기업화하여 국민경제에 기여하는 전략산업으로 육성하여야 할 필요성 또한 크지만, 영화사업을 하기 위한 예탁금을 포함한 그 규제의 정도가 지나치게 클 경우에는 표현의 자유를 본질적으로 침해한다고 보아야 할 것이다.

4) 영화의무상영

영화법 제26조는 국산영화의 제작과 상영의 기회를 보장하여 국산영화의 존립과 발전의 터전을 마련하여 주기 위해 국산영화 의무상영 일수제도를 규정하고 있다. 동조항이 국산영화의 활성화에는 도움이 되지만, 극장 경영자에 대해서는 직업의 자유를 제한하고 관람객의 다양한 영화관람의 기회를 침해한다는 논란이 야기되었다. 이에 대해 헌법재판소는 "그 제한과 목

---

192) 헌재결 2002. 4. 25. 2001헌가27; 2005. 2. 3. 2004헌가8; 2006. 10. 26. 2005헌가14; 2004. 1. 29. 2001헌마 894; 대판 2004. 4. 13. 2001초472(2001도3495). 관련 논문은 김욱(주 171), 155-174; 박선영, "영화에 대한 사전심의의 위헌 여부," 법조 제45권 제12호(통권 제483호)(1996. 12), 111-137; 박선영(주 149), 267-282; 박용상, "영화에 대한 사전검열의 금지," 재판의 한 길: 김용준 헌법재판소장 화갑기념논문집(1998. 11), 박영사, 130-167; 정연주, "언론·출판의 자유와 사전검열금지: 영화법 제12조 등에 대한 위헌제청," 헌법판례 연구 I (2002. 1), 박영사, 325-342; 한위수(주 149), 131-172; 황성기, "제한상영관제도의 개선방안에 관한 연구," 공법연구 제31집 제4호(2003. 5), 131-148.

193) 헌재결 1996. 8. 29. 94헌바15.

적의 정당성과 방법의 적정성이 인정될 뿐 아니라, 연간상영일수의 5분의 2에 한정되어 있으므로 직업의 자유를 본질적으로 침해하지는 않으며, 영화인, 영화업자 혹은 영화수입업자와 비교해 볼 때 합리적 이유 없이 자의로 공연장의 경영자만을 차별한 것이라고 할 수도 없다"며 합헌결정을 하였다.[194]

그러나 입법목적이 정당하다고 해서 국산영화 의무상영 일수라고 하는 구체적 사항을 특정하여 연간상영일수의 상한이나 하한을 명시하지 않은 채 그 기준 일체를 대통령령에 위임하는 것은 그 대강을 충분히 예측할 수 없으므로 위임입법의 한계를 벗어난 것이라는 비난을 면하기는 어려울 것이다.

(마) 광고의 자유

광고에는 공익광고와 상업광고로 나누어 볼 수 있고, 기업광고도 표현의 자유에 속하는지에 대해서는 부정설과 긍정설, 절충설로 나뉘지만,[195] 공익광고와 상업광고의 구별은 상대적일 뿐이다.

상업광고와 같은 영리적인 표현행위는 언론·출판의 자유의 보호대상에서 제외된다고 보는 것이 종래의 전통적인 견해이고, 영리광고는 경제적 행위로서 그 규제원리에 적합하여야 한다고 하지만, 광고의 내용에 공공적 성격이 포함되어 있으면 상업적 언론(Commercial speech)으로서 표현의 자유의 범위에 포함된다고 보아야 할 것이다. 헌재도 상업적 광고를 표현의 자유의 보호대상으로 인정하고 있다.[196] 그러나 광고표현방법과 절차, 법리적용에는 일정한 제한이 따른다.[197] 헌재는 "상업광고도 헌법 제21조 제1항의 언론·출판의 자유 보호대상에 포함되기는 하나, 절대적 사전검열금지의 대상이 되는 표현행위 및 매체의 범위는 우리 헌법 제21조의 목적에 맞게 제한되어야 할 것"[198]이라고 설시하였다.

현재 모든 광고는 사전심의의 대상으로 되어 있어, 광고표현물의 제작에 참여하는 광고인들로서는 사전심의제도의 규율을 받는 직접 상대방은 아니지만, 그 제작과정에서 심의규정의 존재를 의식하여 제작활동을 행하지 않을 수 없고, 또 사전심의의 결과 불가 또는 조건부 판정을 받는 경우에는 광고표현물을 심의규정에 맞게 재수정해야 하는 등 제작활동이 직접적인 제약을 받고 있다고 보지 않을 수 없기 때문에 광고의 자유는 위축될 수밖에 없다.

1) 방송광고

방송광고도 上述한 광고의 사전심의의 적용을 받아, 이에 관한 표현의 자유위반여부가 헌

---

194) 헌재 1995. 7. 21. 94헌마125

195) 성낙인(주 1), 561.

196) 헌재 2002. 12. 18. 2000헌마764.

197) 헌재는 '상업광고는 사상이나 지식에 관한 정치적·시민적 표현행위와는 차이가 있고, 직업수행의 자유의 보호영역에 속하지만 인격발현과 개성신장에 미치는 효과가 중대한 것은 아니므로 상업광고 규제에 관한 비례의 원칙심사에 있어서 피해의 최소성 원칙은 입법목적을 달성하기 위하여 필요한 범위 내의 것인지를 심사하는 정도로 완화되는 것이 상당하다'고 하였다(헌재 2005. 10. 27. 2003헌가3).

198) 헌재 2008. 6. 26. 2005헌마506.

법재판소에 헌법소원으로 제기되었었지만, 헌법재판소는 당사자 적격이 없다는 이유와 기간도
과라는 이유로 각하하였다.[199] 또 중계유선방송사에 대해서만 보도·논평·광고를 하지 못 하도
록 한 방송법에 대해 우리 헌재는 "제한의 범위가 지나치게 넓다고 할 수 없고, 중계유선방송
사업에 대한 각종 규제는 전반적으로 종합유선방송사업에 대한 각종 규제보다 가벼운 점, 그
업무범위 위반시의 제재내용 등을 종합해 볼 때 규제의 정도가 과도하다고 보기 어렵다"[200]며
합헌결정을 하였다.

광고는 아니지만 법적으로 인정된 협찬고지의 경우 어디까지 인정되는가의 문제가 제기된
다. 우리 헌법재판소는 "협찬고지를 민영방송사업의 운영에 필수적인 재원조달수단의 하나로
보장하는 한편, 그 허용범위를 제한함으로써 방송사업자뿐 아니라 시청자 및 방송관련종사자
등 각 이해관계를 고려하여 헌법상 방송의 자유를 실질적으로 보장하기 위하여 필요한 규제로
서 헌법에 합치된다"[201]고 설시하였다.

   2) 옥외광고물

현행 옥외광고물등관리법은 옥외광고물의 표시장소·표시방법과 게시시설의 설치·유지 등
에 관하여 필요한 사항을 규정하고 있다. 자동차에 무제한적으로 광고를 허용하게 되면 교통안
전과 도시미관을 해칠 수도 있고, 운전자와 보행자의 안전을 방해할 수도 있기 때문이다. 따라
서 도로안전과 환경·미관을 위하여 자동차에 광고를 부착하는 것을 제한하는 것은 일반 국민
들과 운전자들의 공공복리를 위한 것이라고 할 수 있으나, 舊 옥외광고물등관리법시행령 제3조
제1항 제6호는 자동차 소유자 자신에 관한 내용의 광고는 허용하면서 타인에 관한 내용의 광고
를 금지하고 있었기 때문에 표현내용에 따른 규제라는 이유로 논란이 야기되었다.[202] 이에 대
해 헌법재판소는 광고의 매체로 이용될 수 있는 차량을 제한함으로써 자동차를 이용한 광고행
위의 양을 도로교통의 안전과 도시미관을 해치지 않는 적정한 수준으로 제한하려고 한 것이라
는 이유로 합헌판결을 하였다.[203]

   또한 일정한 지역이나 장소 및 물건에 광고물 또는 게시시설을 표시하거나 설치하는 경우
에 그 광고물 등의 종류·모양·크기·색깔, 표시 또는 설치의 방법 및 기간 등을 규제하고 있는
옥외광고물등관리법 제3조에 대해서도 표현의 자유 제한이라는 논란이 야기되었으나,[204] 헌법
재판소는 '입법목적이 옥외광고물이나 게시시설이 방임될 경우 각양각색의 광고물로 인하여 국
민의 주거환경과 국토경관이 크게 침해당하게 될 것이고, 광고물 관리를 사후적인 지도·감독

---

199) 헌재 1998. 11. 26. 94헌마207.
200) 헌재 2001. 5. 31. 2000헌바43.
201) 헌재 2003. 12. 18. 2002헌바49.
202) 전학선, "옥외광고물등관리법 제3조 제1항 제6호 등 위헌확인: 교통수단을 이용한 광고와 표현의 자유," 헌
    법재판소결정해설집 2002(2003. 10), 헌법재판소, 777-796.
203) 헌재결 2002. 12. 18. 2000헌마764.
204) 김웅규, "광고에 관한 법적 연구: 한국과 미국의 변호사광고를 중심으로," 공법연구 제31집 제5호(2003. 6),
    47-70.

에만 의존하게 되면 효과적인 광고물 관리가 어렵기 때문에 사전허가제도를 도입한 것'이라며 동 규정이 광고물 및 광고시설이 제한되는 지역을 특정하여 한정하고 있고, 허가나 신고의 기준에 관하여도 일정한 제한을 둠으로써 제한을 필요최소한으로 규정하고 있으므로 언론·출판의 자유를 침해한다고 볼 수 없다고 판시하였다.[205]

3) 의료광고

헌재는 상업광고가 표현의 자유의 보호영역에 속하지만, 사상이나 지식에 관한 정치적·시민적 표현행위와는 엄연한 차이가 있음을 전제로, '입법목적을 달성하기 위하여 필요한 범위 내'에서 피해의 최소성 원칙을 견지하고 있다.[206]

의료법 제69조는 의료인의 기능과 진료방법 등에 대한 광고를 일률적으로 금지하면서 이에 위반할 경우 벌금형에 처하도록 규정하고 있었으나, 헌법재판소는 '입법목적이 정당하다 하더라도 그 목적을 달성하기 위하여 필요한 범위를 넘어선 제재조치로서 이는 피해의 최소성에 위반되고, 보호하고자 하는 공익보다 제한되는 사익이 더 중하다고 볼 것이므로 법익의 균형성 원칙에도 반한다'며 위헌결정을 하였다.[207]

4) 不買運動

광고와는 또 다른 관점인 의견표명의 자유라는 관점에서, 또는 소비자운동의 한 방편으로 불매운동이 표현의 자유에 포함될 수 있는가, 하는 문제가 발생한다. 지난 2008년 미국산 쇠고기로 인한 과우병 파동이 있었을 때 특정 신문3사에 대해 인터넷 카페 '조중동 폐간 국민캠페인' 회원들이 이들 언론사에 광고주들에게 전화걸기 등을 통해 광고중단 압박 운동을 전개하자, 관련신문사와 광고주들이 업무방해혐의로 고소하였고, 이들은 '소비자운동의 일환으로서의 표현의 자유는 보호받아야 한다'며 헌법소원을 제기하였다. 이 사건에서 헌재는 "헌법이 보장하는 소비자보호운동도 헌법적 허용한계가 분명히 존재하는 이상, 불매운동을 하는 과정에서 폭행·협박 등 부당한 수단이 동원되는 등 헌법과 법률이 보장하는 한계를 넘어선 소비자불매운동은 정당성을 결여한 것"[208]이라고 설시하였다.

(바) 음반·비디오·게임물의 자유

음반이나 비디오물도 의사형성적 작용을 하는 한 의사의 표현·전파의 형식의 하나로 인정되므로 언론·출판의 자유에 의해서도 보호된다는 것이 우리 헌법재판소의 입장이다.[209] 따라서 외국음반의 국내제작도 의사형성적 작용이라는 관점에서 당연히 의사의 표현·전파 형식의 하나에 해당한다고 할 수 있으므로 역시 언론·출판의 자유의 보호범위 내에 있게 된다.

205) 헌재 1998. 2. 27. 96헌바2.
206) 헌재 2005. 10. 27. 2003헌가3.
207) 헌재 2005. 10. 27. 2003헌가3.
208) 헌재 2011. 12. 29. 2010헌바54.
209) 헌재 2006. 10. 26. 2005헌가14.

헌법 제21조

1) 검열과 사전심의

우리나라에서 표현의 자유와 관련하여 아직도 가장 많은 논란을 야기하고 있는 분야가 바로 음반, 비디오, 게임물이라고 할 수 있다.210)

비디오물을 복제하기 위해서는 舊 공연윤리위원회나 영상물등급위원회의 사전심의를 받아야 하고, 이를 어길 경우 대여나 상영·보관 등이 금지되었던 舊 음반및비디오물에관한법률(이하 '음비게법'이라 한다)에 대해 헌법재판소는 '구 음비게법 제16조 제1항 등이 규정한 공연윤리위원회의 심의는 헌법 제21조 제2항의 검열에 해당하므로 비디오물의 복제를 하기에 앞서 공연윤리위원회의 심의를 받도록 하고, 그 심의를 받지 아니한 비디오물의 대여·상영·보관 등을 금지하면서 이에 위반한 자를 처벌하며, 그 자가 소유 또는 점유하는 비디오물을 필요적으로 몰수·추징하도록 하는 내용의 이 사건 심판대상조항 부분은 헌법 제21조 제2항에 위반된다'고 판시하였다.211)

위 판결 이후 의회는 동 법률을 개정하여 한국공연예술진흥협의회로 하여금 사전심의를 하도록 했으나, 동 제도 역시 그 구성과 심의결과의 보고 등에 있어서 약간의 차이는 있지만, 공연법에 의하여 행정권이 심의기관의 구성에 지속적인 영향을 미칠 수 있고 행정권이 주체가 되어 검열절차를 형성하고 있는 점에 있어서 큰 차이가 없으므로, 한국공연예술진흥협의회도 검열기관으로 보는 것이 타당하고, 따라서 한국공연예술진흥협의회가 비디오물의 제작·판매에 앞서 그 내용을 심사하여 심의기준에 적합하지 아니한 비디오물에 대하여는 제작·판매를 금지하고, 심의를 받지 아니한 비디오물을 제작·판매할 경우에는 형사처벌까지 할 수 있도록 규정한 것은 사전검열제도를 채택한 것으로서 헌법에 위배된다는 헌법재판소의 결정이 있었다.212)

그러나 청소년 등에게 부적절한 내용의 음반에 대하여는 청소년에게 판매할 수 없도록 미리 등급을 심사하는 이른바 등급심사제도는 사전검열에 해당하지 아니한다.213)

2) 추천제도

음반 및 비디오물도 의사형성적 작용을 하는 한 의사의 표현·전파의 형식의 하나로 인정되며, 이러한 작용을 하는 음반 및 비디오물의 제작은 언론·출판의 자유에 의해서 보호됨은 상술한 바와 같다. 같은 취지에서 외국음반의 국내제작도 의사형성적 작용이라는 관점에서 당연히 의사의 표현·전파 형식의 하나에 해당한다고 할 수 있으므로 역시 언론·출판의 자유의 보호범위 내에 있다고 해야 할 것이다. 그러나 舊 음비게법214) 제35조 제1항 및 제50조 제6호이 규정하고 있는 외국음반 국내제작 추천제도는 외국음반의 국내제작이라는 의사표현행위 이전

---

210) 박선영(주 181), 86-110; 황성기, "현행 게임물 내용심의제도의 법적 문제점," 인권과 정의 제327호(2003. 11), 35-52.
211) 헌재 1996. 10. 31. 94헌가6; 1997. 3. 27. 97헌가1; 1998. 12. 24. 96헌가23; 2000. 2. 24. 99헌가17; 2001. 8. 30. 2000헌가9; 2005. 2. 3. 2004헌가8; 2006. 10. 26. 2005헌가14.
212) 헌재 1999. 9. 16. 99헌가1.
213) 헌재 1996. 10. 31. 94헌가6.
214) 2001. 5. 24. 법률 제6473호로 전문 개정된 것.

에 그 표현물을 행정기관의 성격을 가진 영상물등급위원회에 제출토록 하여 당해 표현행위의 허용 여부가 행정기관의 결정에 좌우되도록 해 논란을 야기하였다. 이에 대해 헌법재판소는 '동 규정은 행정기관에 의한 검열에 해당할 뿐만 아니라, 이를 준수하지 않는 자들에 대하여 형사처벌 등 강제수단까지 규정하고 있는 것은 허가를 받기 위한 표현물의 제출의무, 행정권이 주체가 된 사전심사절차, 허가를 받지 아니한 의사표현의 금지, 심사절차를 관철할 수 있는 강제수단의 존재라는 제 요소를 모두 갖추고 있으므로, 헌법에 위반된다'215)고 판시하였다.

또 외국비디오물을 수입할 경우에 반드시 영상물등급위원회로부터 수입추천을 받도록 규정하고 있던 구 음비게법216) 제16조 제1항도 '외국비디오물의 수입·배포라는 의사표현행위 전에 표현물을 행정기관의 성격을 가진 영상물등급위원회에 제출토록 하여 표현행위의 허용여부를 행정기관의 결정에 좌우되게 하고, 이를 준수하지 않는 자들에 대하여 형사처벌 등의 강제조치를 규정하고 있어 검열에 해당한다'217)는 이유로 위헌결정을 받았다. 그러나 재판관 송인준은 '영화나 비디오 등의 영상물은 그 영향력이나 파급효과 등의 측면에서 볼 때 상영·보급 이전 단계에서 내용에 대한 사전검증절차가 필요한 부분이라 할 수 있고, 또한 영상물등급위원회는 행정기관적 색채를 불식한 민간 자율기관에 해당한다고 할 것이므로, 외국비디오물에 대한 영상물등급위원회의 수입추천제도는 영상물에 대한 필요하고도 적절한 사전검증절차로서 우리나라 헌법이 금지하고 있는 사전검열에 해당하지 않는다'라며 반대의견을 개진하였다.

3) 게임물의 설치기준

음비게법 제27조 제2항은 일반게임장업으로 등록한 자가 게임장 내에 전체이용가 게임물을 비치하지 않고 18세 이용가 게임물만을 설치하여 실질적으로 성인전용게임장 영업을 하는 것을 금지하고 있다. 이에 대해 직업수행의 자유 침해 여부에 대한 논란이 야기되었는데, 헌법재판소는 '동규정이 청소년 보호라는 입법목적에 기여하는 효과적이고 적절한 수단이고, 성인전용게임장의 설치를 허용하고 있지 않은 현행법 하에서 볼 때 게임제공업자의 직업수행의 자유를 덜 제한하는 방법을 상정하기도 어려우므로 비례의 원칙이나 청구인의 직업수행의 자유를 침해한다고 볼 수 없다'고 판시하였다.218)

4) 게임물의 등급분류

현행 음비게법은 게임물에 대해 안전성·사행성 등의 검사를 받는 동시에 등급분류도 받도록 규정하고 있는데(부칙 제3조 제4항 단서 등), 이같은 규정이 직업의 자유를 침해한다는 논란이 야기되었다. 그러나 헌법재판소는 '헌법상 보장된 재산권은 사적 유용성 및 그에 대한 원칙적인 처분권을 내포하는 재산가치있는 구체적인 권리이므로, 구체적 권리가 아닌 영리획득의 단순한 기회나 기업활동의 사실적·법적 여건은 기업에게는 중요한 의미를 갖는다고 하더라도 재

---

215) 헌재 2006. 10. 26. 2005헌가14.
216) 1999. 2. 8. 법률 제5925호로 제정되고, 2001. 5. 24. 법률 제6473호로 전면개정되기 전의 것.
217) 헌재 2005. 2. 3. 2004헌가8.
218) 헌재 2005. 2. 3. 2003헌마930.

산권보장의 대상이 아니다'라라는 이유로 합헌결정을 하였다.

5) 게임업장의 등록제도

게임물도 예술표현의 한 수단이므로 그 제작 및 판매·배포는 표현의 자유를 보장하는 헌법 제21조 제1항에 의하여 보장을 받는다. 음비게법 제30조제1호는 "유통관련업자의 성명·주민등록번호·주소·본적, 상호(법인명), 영업소소재지, 업종" 등을 기재 내지 표시하도록 되어 있다. 그런데 동 조항이 규정하고 있는 등록제가 게임물의 내용을 심사·선별하여 게임물을 사전에 통제하기 위한 규정이 아닌가, 하는 논란이 야기되었었으나, 헌법재판소는 "등록규정은 통계를 통한 정책자료의 활용, 행정대상의 실태파악을 통한 효율적인 법집행을 위한 것으로 그 입법목적의 정당성이 수긍되고, 처벌규정은 등록의 실효성을 확보하기 위한 것이므로 방법의 적정성도 부인할 수 없다"며, 합헌결정을 하였다.[219] 동시에 동법은 허가제가 아니라 등록제로 규정하여 게임물의 판매에 관하여 단지 형식적 심사에 그치도록 함으로써 그 규제수단도 최소한에 그치고 있고, 또한 게임물 판매업자의 위와 같은 등록의무는 이 법이 추구하고자 하는 입법목적과 비교하여 볼 때 법익의 균형을 상실하고 있지도 않다는 것이다. 그러나 영화진흥법상 영화업자에 대하여는 등록이 아닌 신고만으로 족하고 이를 위반하는 경우에도 과태료만을 부과하고 있으나, 음비게법은 신고가 아닌 등록을 하게 하면서 그 위반에 대한 제재도 다르다는 점에서 과잉금지 및 평등권위반이라는 논란의 여지는 여전히 남아 있다.[220]

6) 음반제작자의 시설등록요건

舊 음비게법[221] 제3조 제1항은 비디오물을 포함하는 음반제작자에 대하여 일정한 시설을 갖추어 문화공보부에 등록할 것을 규정하고 있었는데, 이는 '음반제작에 필수적인 기본시설을 갖추지 못함으로써 발생하는 폐해방지 등 공공복리의 목적을 위한 것으로서 헌법상 금지된 허가제나 검열제와는 다른 차원의 규정이고, 예술의 자유나 언론·출판의 자유를 본질적으로 침해하거나 헌법 제37조 제2항의 과잉금지의 원칙에 반한다고 할 수 없다'[222]는 것이 헌법재판소의 입장이었다. 그러나 "동 조항이 규정한 시설은 임차 또는 리스 등에 의해서도 갖출 수 있는 것이므로, 이같은 시설을 자기소유여야 하는 것으로 해석하는 한, 헌법상 금지된 허가제의 수단으로 남용될 우려가 있으므로 동 조항은 예술의 자유, 언론·출판의 자유, 평등권을 침해할 수 있게 되고, 죄형법정주의에 반하는 결과가 된다"며 동 조항에 대해서는 한정위헌결정을 하였으나, 변정수 재판관은 "음반제작자의 등록제도는 실제에 있어 허가제와 다름없이 운영될 가능성이 있고, 결과적으로 재력이 있는 자와 재력이 없는 자를 차별하게 되므로 헌법 제11조 제1항 상의 평등의 원칙에 반한다"며 반대의견을 개진하였다.[223]

---

219) 헌재 2002. 2. 28. 99헌바117.
220) 자세한 것은 박선영(주 181), 95-144 참조.
221) 1967. 3. 30. 법률 제1944호, 최종개정 1989. 12. 30. 법률 제4183호, 폐지 1991. 3. 8.
222) 헌재 1993. 5. 13. 91헌바17.
223) 헌재 1993. 5. 13. 91헌바17.

4. 언론·출판·집회·결사의 자유와 통신의 자유

가. 이론적 체계

언론·출판의 자유가 사상 또는 의견을 불특정다수인을 상대로 표현하는 행위라면, 통신의 자유는 개인 간의 일상적인 회화나 대화 또는 서신에 해당하므로 이는 헌법 제17조나 제18조의 적용을 받는다.

현행헌법 제18조는 '모든 국민은 통신의 비밀을 침해받지 아니 한다'라고 규정하여 통신의 비밀보장을 핵심으로 하고 있다. 통신의 비밀과 자유의 법리는 20세기 초까지만 해도 단지 사생활과 인격을 통신의 영역에서 두텁게 보호한다는 전통적인 기능을 수행했었으나, 각종 통신기술이 급속도로 발전하면서 개인의 모든 형태의 통신이 국가권력으로부터 그 어떤 간섭을 받지 아니할 뿐만 아니라 그 내용 또한 공개되지 않으리라는 정당한 기대(legitimate privacy expectation)를 갖게 되었다.[224] 그 결과 사적 영역에서 자유롭게 의사를 전달하고 정보를 교환함으로써 표현의 자유를 보장하고 나아가 개인의 정치적 의사를 공론의 장으로 이끌어 낸다는 점에서 통신의 자유는 개인 간의 대화나 의견교환의 비밀보장에 그치는 것이 아니라 민주주의 이념을 실현하는 중요한 수단과 기능을 수행하게 되었다.[225]

나. 관련판례

(1) 통신사에 대한 국고지원

현행 뉴스통신진흥에 관한 법률 제10조 등은 뉴스통신사와 서로 경업관계에 있는 연합뉴스사를 국가기간뉴스통신사로 지정하고 이에 대하여 재정지원 등 혜택을 부여하도록 규정하고 있는데, 동 조항이 경쟁관계에 있는 업체의 평등권과 영업상의 경쟁의 자유를 제한한다는 주장이 제기되었다. 동 조항에 대해 헌법재판소는 '헌법이 처분적 법률로서 개인대상법률 또는 개별사건법률의 정의를 따로 두고 있지 않음은 물론, 처분적 법률의 제정을 금하는 명문의 규정도 두고 있지 않으며, 특정규범이 개인대상 또는 개별사건 법률에 해당한다고 하여 그것만으로 바로 헌법에 위반되는 것은 아니'라고 전제 한 후, '정보주권의 수호와 국민 간의 정보격차를 해소하고 국가이익보호와 국가의 홍보역량을 강화하기 위해서는 정부의 뉴스통신시장에 대한 최소한의 개입과 뉴스통신사에 대한 적절한 지원이 반드시 요청된다고 할 것이고, 이러한 차원에서 심판대상조항이 국가기간뉴스통신사를 지정하여 이에 대하여 여러 가지 공적 임무를 부여하며, 그 임무의 수행과 관련된 범위에서 비용을 부담하는 등의 우대조치를 취하는 것은 그 합리성을 인정할 수 있다'며 합헌결정을 하였다.[226]

그러나 연합뉴스사가 비록 6년이라는 한시적 제한이 있기는 하지만, 국가기간뉴스통신가

---

224) 자세한 논의는 원우현(編), 인터넷커뮤니케이션, 박영사, 2003.
225) 박선영, "언론기관의 자유와 통신의 비밀," 공법학연구 제14권 제3호 참조.
226) 헌재 2005. 6. 30. 2003헌마841.

로 지정되면서 막대한 인적·물적 혜택을 받음으로 인하여 다른 뉴스통신사들이 뉴스통신시장에서 불공정한 경쟁을 할 수밖에 없음은 현실적 과제로 남아있다.[227]

(2) 감청·도청

우리 입법과 대법원, 헌법재판소는 감청과 도청의 결과물을 공개하는 것을 원칙적으로 금지하고 있다.

지난 1997년 대통령 선거 당시 특정대선후보에게 정치자금을 제공한 내용을 국가안전기획부(현 국가정보원)가 불법 녹음했는데, 그것을(소위 X파일) 국내방송사가 보도하자, 정치·사회적으로 엄청난 파장을 일으켰으나, 우리 대법원은 그 불법 녹음파일을 실명으로 공개·보도한 언론사와 언론인에 대해 실형을 확정했다.[228] 우리 헌법재판소도 '공개되지 아니한 타인간의 대화를 녹음 또는 청취하여 지득한 대화의 내용을 공개하거나 누설한 자를 처벌하는 통신비밀보호법(2001. 12. 29. 법률 제6546호로 개정된 것)은 그 내용을 공개한 자의 표현의 자유를 침해하지도 않으며, 과잉금지의 원칙에 반하지도 않는다'는 입장이다.[229]

(3) 인 터 넷

(가) 인터넷 실명제

2004년부터 선거운동 기간 중에 인터넷에 글을 쓸 때 본인의 이름과 주민등록번호가 일치해야 하고, 본인 확인 절차를 거쳐야 이용할 수 있도록 하는 '인터넷 실명제' 혹은 '인터넷 본인확인제'가 '공직선거 및 선거부정 방지법'에 도입되면서 많은 논란과 사건이 있었다.

우리 헌법재판소는 '인터넷 언론사에 대해서 선거운동기간 중 게시판·대화방 등에 특정 정당이나 후보자에 대해 지지·반대의 글을 게시할 경우 반드시 실명확인을 하도록 하는 것은 사전검열금지의 원칙에 반하지 않고, 명확성의 원칙이나 과잉금지의 원칙에도 반하지 않으며, 실명인증자료를 보관하고 제출하게 하는 것 또한 개인정보 자기결정권에 대한 제한에 해당하지 않는다'[230]고 하였다.[231]

그러나 2007년부터 도입된 일반 인터넷 게시판에의 실명확인제는 도입 4년만에 위헌결정을 받았다. 헌법재판소는 "인터넷게시판을 설치·운영하는 정보통신서비스 제공자에게 본인확인조치의무를 부과해 게시판 이용자로 하여금 본인확인절차를 거쳐야만 게시판을 이용할 수 있도록 하는 본인확인제를 규정한 '정보통신망 이용촉진 및 정보보호 등에 관한 법률' 제44조

---

227) 이밖에 언론의 자유와 통신의 비밀이라는 관점에서 주목할 만한 사건으로 2005년도에 '안기부 X파일'이라는 사건이 있었으나, 공소시효과로 인해 법정으로까지 비화하지는 않았다. 허순철, "언론의 자유와 통신비밀 ─'안기부 X파일' 사건과 미국연방대법원 판례와의 비교를 중심으로 ─," 헌법학연구, 제13권 제3호 (2007. 9), 663-698.

228) 대판 2011. 3. 7. 2006도8839.

229) 헌재 2011. 8. 30. 2009헌바42.

230) 헌재 2010. 2. 25. 2008헌마324.

231) 동지 헌재 2010. 12. 28. 2008헌바89.

의5 제1항 제2호 등이 과잉금지원칙에 위배하여 인터넷게시판 이용자의 표현의 자유, 개인정보자기결정권 및 인터넷게시판을 운영하는 정보통신서비스 제공자의 언론의 자유를 침해한다"[232]고 결정하였다.

(나) 차단조치

정보통신망을 통하여 일반에게 공개된 정보로 말미암아 사생활 침해나 명예훼손 등 타인의 권리가 침해된 경우, 그 침해를 받은 자가 삭제요청을 하면 '정보통신서비스 제공자는 권리의 침해 여부를 판단하기 어렵거나 이해당사자 간에 다툼이 예상되는 경우에는 30일 이내에서 해당 정보에 대한 접근을 임시적으로 차단하는 조치를 하여야 한다'고 규정하고 있는 '정보통신망 이용촉진 및 정보보호 등에 관한 법률' 제44조의2 제2항 중 '임시조치'에 관해 우리 헌법재판소는 과잉금지원칙에 위반되지 않는다고 결정하였다.[233]

(다) 청소년유해매체물

1) 청소년유해매체물의 표시방법

현행 정보통신망 이용촉진 및 정보보호 등에 관한 법률(이하 '정보통신망법'이라 한다) 제42조 등은 전기통신사업자의 전기통신역무를 이용하여 일반에게 공개를 목적으로 정보를 제공하는 자 가운데 청소년보호법상의 청소년유해매체물 제공자는 대통령령이 정하는 표시방법에 따라 청소년유해매체물임을 표시하도록 규정하고 있다. 그런데 동 조항이 포괄위임입법금지 및 죄형법정주의의 명확성 원칙에 위배되는지의 여부가 문제되었으나, 헌법재판소는 "정보통신망법에 따라 대통령령으로 정해질 특정한 전자적 표시방법(PICS)이 청소년을 해당 유해정보로부터 보호하기 위하여 청소년의 이용을 억제하기 위한 취지의 표시이거나 그밖에 인터넷과 같은 매체의 특성에 맞춰 해당 정보에 대한 청소년의 이용을 억제하기 위한 표시가 될 것이라는 점이 예측될 수 있고, 구체적인 특정 사항의 범위를 다시 정하여 정보통신부장관고시에 위임한 것도 재위임에 관한 헌법적 한계를 벗어난 것이 아니므로 위임의 범위를 벗어난 위법 내지 위헌성이 없고, 피해의 최소성 원칙에도 저촉되지 않는다"며 합헌결정을 하였다.[234]

그러나 헌법재판소의 이같은 결정에도 불구하고 사회적으로는 동성애 사이트가 왜 청소년유해매체물로서 청소년에게 차단되어야 하느냐는 논란은 계속되고 있다.[235]

2) 청소년유해매체물의 결정 및 고시

청소년유해매체물 가운데 '동성애를 조장하는 것'을 청소년유해매체물의 개별 심의기준으

---

232) 헌재 2012. 8. 23. 2010헌마47.

233) 헌재 2012. 5. 31. 2010헌마88.

234) 헌재 2004. 1. 29. 2001헌마894

235) 명재진, "인터넷 규제제도와 헌법재판소 결정," 헌법판례연구 제4호(2002. 11), 박영사, 113-144; 박선영, "정치적 의견표명과 표현의 자유: 2004년도 언론관련판례를 중심으로," 헌법학연구 제11권 제2호(2005. 6), 111-142; 이덕연, "2004 중요헌법판례," 헌법판례연구 제7호(2005. 12), 박영사, 1-48; 정남철, "헌법소원의 대상으로서 소위 법령보충적 행정규칙," 헌법논총 제16집 (2005. 12), 헌법재판소, 445-478; 황성기, "청소년유해매체물의 전자적 표시제도에 관한 연구," 법과 사회 제22호(2002. 6), 215-252.

로 규정하고 있는 구 청소년보호법 시행령 조항과 동법에 따른 청소년유해매체물 결정·고시처
분이 무효인지 여부가 문제된 사안에서 대법원은 "위헌·위법한 시행령에 근거한 행정처분이
당연무효가 되기 위한 요건 및 그 시행령의 무효를 선언한 대법원판결이 없는 상태에서 그에
근거하여 이루어진 처분을 당연무효라 할 수 없다"고 전제한 뒤, 동성애에 관한 인터넷 웹사이
트에 대하여 구 청소년보호법에 따른 청소년유해매체물 결정·고시처분을 한 사안에서, "위 결
정은 이해관계인이 고시가 있었음을 알았는지 여부에 관계없이 관보에 고시됨으로써 효력이
발생하고, 그가 위 결정을 통지받지 못하였다는 것이 제소기간을 준수하지 못한 것에 대한 정
당한 사유가 될 수 없다"고 판시하였다.236)

(라) 불온통신

구 전기통신사업법 제53조 등은 공공의 안녕질서 또는 미풍양속을 해하는 내용의 통신을
'불온통신'이라는 이유로 금하고 있어서, '불온통신'이라는 개념의 모호성과 불명확성이 과잉금
지의 원칙과 함께 위헌논란을 야기하였다. 이에 대해 헌법재판소는 '무엇이 금지되는 표현인지
가 불명확한 경우에, 자신이 행하고자 하는 표현이 규제의 대상이 아니라는 확신이 없는 기본
권주체는 대체로 규제를 받을 것을 우려해서 표현행위를 스스로 억제하게 될 가능성이 높기 때
문에 표현의 자유를 규제하는 법률은 규제되는 표현의 개념을 세밀하고 명확하게 규정할 것
이 헌법적으로 요구된다'고 전제한 뒤, "공공의 안녕질서"는 위 헌법 제37조 제2항의 "국가의
안전보장·질서유지"와, "미풍양속"은 헌법 제21조 제4항의 "공중도덕이나 사회윤리"와 비교
하여 볼 때 동어반복이라 해도 좋을 정도로 전혀 구체화되어 있지 않아 그 개념의 모호성이
치유되지 않은 과도광범성으로 인해 위헌이고, 공공의 안녕질서 또는 미풍양속을 해하는 것으
로 인정되는 불온통신의 대상 등을 대통령령으로 정하도록 한 것은 포괄위임입법금지원칙에
위배될 뿐만 아니라, 불온통신에 대하여는 정보통신부장관이 전기통신사업자로 하여금 그 취
급을 거부·정지 또는 제한하도록 명할 수 있도록 규정한 것도 위헌'이라며 위헌결정을 하였다.237)

그러나 하경철, 김영일, 송인준 재판관은 반대의견을 통해 "법률의 합헌적 해석의 원칙 특
히, 기본권의 최대보장이나 최소제한의 원칙에 의하면, 위 법률조항들에서 위임의 기준으로 사
용되고 있는 '공공의 안녕질서' 또는 '미풍양속'은 '모든 국민이 준수하고 지킬 것이 요구되는
최소한도의 질서 또는 도덕률'을 의미한다고 보아야 할 것이므로, 위 개념들이 행정입법자에게
아무런 한계규범으로 작용하지 못한다거나, 또는 규제되지 않아야 할 표현까지 싸잡아 규제하
는 과잉규제를 필연적으로 초래한다고는 말할 수 없고, 적어도 위임의 기준으로서는 비교적 명
백하다고 할 수 있어, 이를 위헌이라고 보기는 어렵고, 시행령도 과잉금지의 원칙이나 적법절
차의 원칙에 위반하여 표현의 자유를 침해한다고는 볼 수 없다"는 의견을 개진하였다.238)

---

236) 대판 2007. 6. 14. 2004두619.
237) 헌재결 2002. 6. 27. 99헌마480. 동지 대판 1995. 3. 3. 92다55770; 1997. 5. 28. 95다15735; 2002. 2. 8.
　　　2000두4057; 2001. 7. 27. 99두9490; 2001. 9. 18. 2000두3092; 2006. 4. 14. 2004두3847.
238) 자세한 논의는 김대환, "인터넷상의 기본권의 제한과 한계," 인터넷법 연구 제2호(2003. 4), 253-294; 김배

(마) 잊혀질 권리

인터넷의 상용화가 가속화하고, 접근성이 높아지면서 시간이 지나도 사라지지 않는 지속성(durability)으로 인해 고통받는 사례가 늘어나자 최근에는 '잊혀질 권리'(right to be forgotten and to erasure)에 대한 논의가 활발하다.[239] 일종의 '21세기 주홍글씨' 또는 '디지털 주홍글씨'가 등장하면서, 개인의 사생활을 보장받고 싶어 하는 법익과 가상공간에서의 표현의 자유 또는 알 권리가 충돌하기 시작한 것이다. 일종의 '사회적 인격상에 관한 자기결정권'[240]이라고 할 수 있지만, 잊혀질 권리가 헌법적 권리냐, 입법창설적 권리냐에 대한 논란만 있을 뿐,[241] EU의 2012 Privacy Regulation[242] 외에는 잊혀질 권리를 개별국가에서 입법화되지는 않고 있다.

5. 언론·출판·집회·결사의 자유와 선거운동의 자유

가. 이론적 체계

민주적·법치국가적 질서를 형성하고 유지하기 위해서는 자유로운 여론형성과 여론존중이 보장되어야 한다는 의미에서 언론·출판의 자유는 민주주의의 불가결한 요소로서 민주주의의 전제이며 존립요건이다.[243] 언론·출판의 자유가 원초적·궁극적 기본권으로서의 우월적 지위를 누리는 것도 바로 이같은 이유 때문이다.[244] 그런 점에서 국민이 갖는 언론·출판·집회·결사의 자유는 정치적 표현의 자유라고 할 수도 있다. 근대적 민주정치에서는 정치적 의사와 정

헌법 제21조

원(주 183), 83-124; 명재진(주 235), 113-144; 박선영(주 181), 1-47; 박희영, "인터넷 서비스 제공자의 형사책임에 관한 연구: 독일의 개정 전자적 정보 통신서비스법(TDG)을 중심으로," 인터넷 법률 제22호 (2004. 3), 109-143; 방석호, "공서양속을 해하는 통신을 금지하는 전기통신사업법 제53조 1항이 명확성의 원칙이나 과잉금지원칙에 위배되는지 여부," 정보법 판례백선 Ⅰ, 박영사, 2006, 761-767; 백윤철, "통신의 자유와 개인정보보호," 인터넷 법률 제20호(2003. 11), 130-156; 백윤철, "인터넷법학의 성립과 과제," 인터넷법연구 제2호(2003. 4), 11-82; 윤종수, "인터넷 필터링(Intermet Filtering)에 대한 검토," 정보법학 제8권 제2호(2004. 12), 21-56; 윤종수, "정보통신윤리위원회의 음란물 접속차단조치가 사회상규에 위배되지 아니하는 정당한 행위인지 여부," 정보법 판례백선Ⅰ, 박영사, 2006, 625-632; 윤해성, "인터넷서비스제공자의 형사법적 책임," 인터넷 법률 제32호(2005. 11), 55-81; 이부하, "인터넷과 헌법상 쟁점들," 인터넷 법률 제 22호(2004. 3), 144-159; 조소영, "제한입법의 해석원칙으로서의 헌법재판상의 모호성에 의한 무효의 법리," 헌법판례연구 4(2002. 11), 박영사, 145-162; 한위수, "전기통신사업법 제53조 등 위헌확인: 불온통신에 대한 행정직 규제와 표현의 자유," 헌법재판소결정해설집 2002(2003. 10), 헌법재판소, 197-234; 황성기, "불온통신규제와 표현의 자유: 전기통신사업법 제53조 등 위헌확인사건의 평석과 개정 전기통신사업법 제53조에 대한 분석," 인터넷 법률 제15호(2003. 1.), 60-77.

239) 자세한 논의는 빅토르 마이어 쇤베르거 著, 구본권 譯, 잊혀질 권리, 지식의 날개, 2011; 민윤영, "인터넷상에서 잊혀질 권리와 개인정보보호법에 대한 비교법적 고찰," 고려법학, 제63호, 2011; 문재완, "프라이버시 보호를 목적으로 하는 인터넷의 규제의 의의와 한계," 언론과 법, 제10권 제2호, 2011: 정상기, "잊혀질 권리와 표현의 자유," 과학기술법연구 제18집 제3호, 한남대학교 과학기술법연구원, 2011 참조.

240) 헌재 2003. 6. 26. 2002헌가14.

241) 정상기(주 239), 208.

242) EU의 Privacy Regulation에서 말하는 잊혀질 권리란 '정보수집이 그 수집목적을 달성하였거나 정보주체가 정보의 처리에 대한 동의를 철회하거나, 정보의 저장기간이 만료한 경우 등의 사유가 있는 경우 그 정보에 포함된 개인정보(personal data)의 삭제 및 확산방지에 관한 권리를 말한다(제17조 제1항)

243) 권영성(주 1), 488-489; 계희열(주 1), 421.

244) 박선영(주 1), 71.

치적 의견의 존재를 전제로 국민이 선거와 투표를 통하여 주권을 행사하고 있다. 따라서 정치적 의사와 정치적 의견형성을 촉진해 선거와 투표를 통해 국민이 여론을 형성하고 정부를 선택하는 정치적 표현은 민주정치의 생명선이라고 할 수 있다.[245) 선거가 단지 정권을 교체하기 위해 치루는 것이 아니라 절차적·실질적 민주주의를 담보하기 위한 구성적인(schlechthin kon-stituierend) 수단이라는 점에서 그 수단의 정당성을 담보해 주는 것도 바로 언론의 기능과 역할에 해당함은 異論의 여지가 없다. 더욱이 정보화사회에서 언론이 선거에 미치는 영향은 절대적이다. 각종 선거가 가까워오면 언론은 일제히 입후보한 후보를 집중적으로 조명하기 시작하고, 선거운동 기간에는 언론사가 주목하는 특정 후보자의 일거수일투족을 선택적으로 유권자에게 노출시키면서 관심을 고조시키며, 언론사의 이해관계에 따라 선택된 자에게 긍정적·부정적 평가를 덧붙이는 것이 전형적인 정치커뮤니케이션의 형태이다. 따라서 선거운동의 자유가 문제되는 경우 표현의 자유 및 선거권과 일반적 행동자유권으로서의 행복추구권은 서로 특별관계에 있으므로 기본권의 내용상 특별성을 갖는 표현의 자유 및 선거권이 우선 적용된다.

나. 관련판례

(1) 공직선거법

(가) 문제제기

국민의 자유로운 의사와 민주적 절차에 의해 선거가 공정하게 행해지고 부정선거를 방지하기 위해 1994. 3. 16. 법률 제4739호로 제정된 공직선거법(이하 '공선법'이라 한다)은 단일 법률로는 가장 많은 위헌논란에 휩싸여왔다.[246)

과거 우리나라의 선거 역사를 얼룩지게 한 관권·금권 등에 의한 불법·타락선거로부터 선거의 공정성을 지키기 위해 제정되었다는 점을 감안하더라도, 선거운동을 지나치게 제약한다는 점에서 표현의 자유와 관련하여 많은 논란을 야기해 왔기 때문이다. 그럼에도 불구하고 지방선거와 관련된 선거구획정에 관해서 헌법불합치결정을 받은 것[247)을 제외하고는 대부분 합헌내지는 기각결정으로 귀결되면서, 지금까지 무려 13번이나 헌법재판소의 판단을 받았다.[248) 같은 이유로 대법원에서도 여러 차례 문제가 제기되었다.[249) 때문에 1994년 법률 제4739호로 제정된 이후 2013년까지 만 19년 동안 39번이나 개정되는, 단일 법률로는 최다개정의 신기록도 보

---

245) 김철수(주 1), 186.

246) 자세한 것은 정만희, "정치관계법의 근본문제와 개정방향," 제45회 정기학술대회 자료집(2007. 6. 15), 45-47 참조.

247) 헌재 1995. 12. 27. 95헌마224.

248) 헌재 1995. 12. 28. 95헌마196; 1998. 11. 26. 97헌바65; 1999. 6. 24. 98헌마153; 2001. 10. 25. 2000헌마193; 2001. 8. 30. 2000헌마121·202(병합); 2001. 10. 25. 2000헌마193; 2001. 12. 20. 2000헌바96·2001헌바57; 2002. 4. 25. 2001헌바26; 2002. 5. 30. 2001헌바58; 2003. 2. 27. 2002헌마106; 2004. 4. 29. 2002헌마467; 2005. 2. 3. 2004헌마216; 2006. 12. 28. 2005헌바23; 2006. 7. 26. 2004헌마217.

249) 대판 2004. 11. 25. 2004도4045; 2005. 1. 27. 2004초기484; 2005. 9. 15. 2005도40; 2005. 1. 27. 2004도7488; 2006. 3. 24. 2004도8716; 2005. 6. 23. 선고 2004도8969 등. 그러나 법원에서 위헌심판제청이 기각된 것을 모두 포함하면 이보다 훨씬 더 많다(참고: 대판 2005. 1. 27. 2004초기484).

유하고 있다.[250)]

이렇게 공선법은 선거가 국민의 자유로운 의사와 민주적인 절차에 의하여 공정히 치러지도록 각종 제도적 장치를 신설·보완하고, 합동연설회 및 정당·후보자 등에 의한 연설회를 폐지하는 대신 신문·방송 등 각종 미디어를 통한 선거운동을 확대하며, 고비용 선거구조를 혁신하고 선거비용 지출을 투명화 하는 등 새로운 선거풍토를 조성함으로써 우리 정치문화를 선진화한다는 취지에서 제정·개정이 이루어져왔다.[251)]

(나) 지나친 행위규제

현행 공선법은 특정인을 당선되거나, 되게 하거나, 되지 못하게 하기 위한 일체의 행위를 선거운동이라고 정의하면서(제58조 제1항), 선거운동을 할 수 없는 자(제60조), 선거운동기간(제59조), 후보자의 연설·대담·토론회(제79조-제82조의3), 정보통신망을 이용한 선거운동(제82조의4), 방송·신문 등에 의한 광고의 금지(제94조), 각종집회 등의 제한(제103조), 후보자 등의 기부행위제한(제113조-제115조), 선거일후 답례금지(제118조) 등[252)] 선거와 관련된 거의 모든 행위를 시기별로 지나치게 세밀하게 금지하고 있고, 법원이나 검찰도 엄격해석을 하고 있다.[253)]

명함배부행위도 금지[254)]되는 등 가능한 선거운동방법이 거의 없는 실정에서 그나마 선거운동기간을 후보자등록 마감일의 다음날로부터 선거일 전일까지로 제한하고 있으나, 실제로 이 기간은 전혀 의미가 없다고 할 정도로 지켜지지 않아, 법이 형해화·희화화 하고 있는 것 또한 사실이다.[255)]

---

250) 「대통령선거법」·「국회의원선거법」·「지방의회의원선거법」 및 「지방자치단체의장선거법」 등 4개의 선거관련법을 통합하여 「공직선거 및 선거부정방지법」이란 이름으로 공포·제정되었다. 2005년 8월 4일, 제21차 일부개정으로 그 명칭이 「공직선거법」으로 변경되었다.

251) 대판 2005. 9. 15. 2005도40.

252) 이밖에도 예비후보자의 선거운동(제60조의3), 선거운동기구의 설치(제61조), 정당선거사무소의 설치(제61조의2), 선거사무관계자의 선임(제62조), 선거운동기구 및 선거사무관계자의 신고(제63조) 외에도 선전벽보(제64조), 선거공보(제65조), 선거공약서(제66조), 현수막(제67조), 어깨띠(제68조), 신문광고(제69조), 방송광고(제70조), 방송연설(제71조-제74조), 선거운동정보의 전송제한(제82조의5), 인터넷언론사 게시판·대화방 등의 실명확인(제82조의6), 인터넷광고(제82조의7), 교통편의제공(제83조), 무소속후보자등의 정당표방금지(제84조), 지위를 이용한 선거운동금지(제85조), 공무원등의 선거에 영향을 미치는 행위금지(제86조), 단체의 선거운동금지(제87조), 타후보자를 위한 선거운동금지(제88조), 유사기관의 설치금지(제89조), 시설물설치등의 금지(제90조에서 상세하게 규정하고 있다.), 확성장치와 자동차등의 사용제한(제91조), 영화등을 이용한 선거운동금지(제92조), 탈법방법에 의한 문서·도화의 배부·게시 등 금지(제93조), 신문·잡지 등의 통상방법외의 배부금지(제95조), 허위논평·보도의 금지(제96조), 방송·신문의 불법이용을 위한 행위 등의 제한(제97조), 선거운동을 위한 방송이용의 제한(제98조), 구내방송 등에 의한 선거운동금지(제99조), 녹음기 등의 사용금지(제100조), 타연설회 등의 금지(제101조), 야간연설 등의 제한(제102조), 연설회장에서의 소란행위 등의 금지(제104조), 행렬 등의 금지(제105조), 호별방문의 제한(제106조), 서명·날인운동의 금지(제107), 여론조사의 결과 공표금지 등(제108조), 서신·전보 등에 의한 선거운동의 금지(제109조), 후보자등의 비방금지(제110조), 기부의 권유·요구 등의 금지(제116조), 기부 받는 행위 등을 무려 60여 개 조항에 걸쳐 규정·금지하고 있다(제117조).

253) 예컨대 2002년 대선 당시에 인터넷신문인 오마이뉴스가 후보초청토론회를 하고자 했으나, 정기간행물이 아니라는 이유로 무산되어 주간 오마이뉴스와 공동으로 개최하는 촌극을 벌이기도 했다.

254) 헌재 2008. 10. 30. 2005헌바32.

255) 권영설(주 34), 24.

또 미디어선거를 표방하면서도 신문과 방송에 일반광고를 하거나 경력방송256)하는 것까지 일간신문 70회,257) TV와 라디오 각 30회로 1회 1분 이내258) 등으로 평균 5－6회의 개정작업을 통해 세밀하게 규제하고 있다. 방송위원회의 '선거방송심의에 관한 특별규정'은 보도·토론방송을 제외한 일반 프로그램은 선거일전 90일부터 선거일까지 선거법의 규정에 의한 방송 및 보도·토론방송을 제외한 프로그램에 후보자를 출연시키거나 후보자의 음성·영상 등 실질적인 출연효과를 주는 내용도 금지하고 있어(제20조), 유권자가 각 후보자에 관한 정보를 수집·분석하여 올바른 선택을 할 수 있는 기회가 절대적으로 부족한 실정이다.

(다) 인적 규제

공선법은 선거운동을 할 수 있는 사람을 제한하고 있다. 그 가운데 후보자 또는 예비후보자의 배우자가 공무원인 경우에도 선거운동을 하지 못 하게 하는 것이 문제가 되었다. 이에 대하여 우리 헌재는 "공무원직에 있는 자에 대해 장기간 선거운동을 수행하는 것을 금지하는 것은 공직의 정치적 중립성에 관한 일반인의 신뢰 및 선거의 공정성을 보호하기 위함"이라고 설시하였다.259) 다시 말해 배우자가 공무원인 예비후보자는 그의 배우자를 대신해 직계 존·비속 중에서 공무원이 아닌 자 1인을 신고해 선거운동을 하도록 함으로써 기본권 제한의 정도를 최소화하고 있으므로, 공무원인 배우자를 불합리하게 차별하거나 평등권을 침해한다고 할 수 없다.

(라) 인터넷 실명제(익명표현의 자유)

그나마 정보통신망을 이용한 선거운동이 고전적인 선거운동에 비해서는 다소 덜 제한적이라고 볼 수 있지만,260) 현실세계에서보다 가상공간에서의 정치적 의견표명의 활성화가 갖는 경제성·민주성·연령적 대칭성 등에 비하면 여전히 폐쇄적이고도 제한적이다.261)

예컨대 헌법재판소는 '인터넷 언론사에 대하여 선거기간 중에 당해 인터넷 홈페이지의 게시판·대화방 등에 정당·후보자에 대한 지지·반대의 글을 게시할 수 있도록 하는 경우, 실명을

---

256) 제73조는 대통령선거에서 경력방송을 TV와 라디오를 통해 각 8회 이상 하도록 규정하고 있다.

257) 제69조는 선거기간 개시일부터 선거일전 2日까지 소속정당의 정강·정책이나 후보자의 정견, 정치자금 모금 기타 홍보에 필요한 사항을 일간신문에 70회 이내에서 광고하도록 규정하고 있다.

258) 제70조는 대통령선거 시에 텔레비전 및 라디오 방송별로 각 30회 이내에 광고하도록 규정하고 있다.

259) 헌재 2009. 3. 26. 2006헌마526.

260) 제82조의4는 정보통신망을 이용한 선거운동에 대해 인터넷 홈페이지 또는 그 게시판·대화방 등에 선거운동을 위한 내용의 정보를 게시하거나 전자우편을 전송하는 방법으로 선거운동을 할 수 있다고 규정하고 있지만, 선관위는 법규정에 위반되는 정보가 인터넷 홈페이지 또는 그 게시판·대화방 등에 게시되거나, 정보통신망을 통하여 전송되는 사실을 발견한 때에는 당해 정보가 게시된 인터넷 홈페이지를 관리·운영하는 자에게 해당 정보의 삭제를 요청하거나, 전송되는 정보를 취급하는 인터넷 홈페이지의 관리·운영자 또는 정보통신서비스제공자에게 그 취급의 거부·정지·제한을 요청할 수 있도록 하고 있으며, 실제로 선거운동 정보의 전송제한(제82조의5), 인터넷 언론사의 게시판이나 대화방에서의 실명제실시(제82조의6) 등을 통해 가상공간에서의 활발한 정치적 논의를 상당부분 제한하고 있다.

261) 선거운동의 전반적인 문제점에 대해서는 이현출, "선거운동에서의 공평성확보," 한국정당학회보 제3권 제1호, 2004 참조.

확인받도록 하는 기술적 조치를 할 의무, 위와 같은 글이 '실명인증'의 표시가 없이 게시된 경우 이를 삭제할 의무를 부과한 구 공직선거법 제82조의6 제1항, 제6항, 제7항이 명확성의 원칙에 위배되지 않는다'고 결정한 바 있다.262) 그러나 2년 뒤인 2012년 헌법재판소는 비록 공선법은 아니지만 본인확인절차를 거쳐야만 게시판 등에 글을 쓸 수 있도록 하는 인터넷 실명제를 규정하고 있던 정보통신망 이용촉진 및 정보보호 등에 관한 법률(이하 '정보통신망법'이라한다)에 대해 '피해의 최소성이 인정되지 않고, 법익의 균형성도 인정되지 않는다'며 위헌결정을 내렸다.263)

(마) 선거운동 기간 이전의 선거운동

선거운동기간 이전의 선거운동은 원칙적으로 금지된다. 그러나 후보자와 후보자가 되고자 하는 자가 자신이 개설한 인터넷 홈페이지를 이용한 선거운동을 할 경우에는 예외적으로 인정되는데(2005. 8. 4. 법률 제7681호로 개정된 내용), 헌재는 이같은 규정은 '일반 유권자의 선거운동의 자유를 침해하지 않는다'고 설시하였다.264)

(바) 결사의 자유와 선거운동

결사체에서 정한 종류의 선거운동 이외의 선거운동을 할 경우 형사처벌을 하도록 규정한 정관에 대해 헌재는 위헌결정을 내렸다. 헌재는 농업협동조합의 임원선거에 있어 정관이 정하는 행위 외의 선거운동을 한 경우 이를 형사처벌하도록 하는 농업협동조합법에 대해 '예측가능성을 현저히 결여한 것으로서 죄형법정주의 원칙에 위배된다'며 위헌결정을 하였다.265)

(2) 정치자금법

대통령 또는 국회의원 선거경선 후보자가 당내경선 과정에서 탈퇴함으로써 후원회를 둘 수 있는 자격을 상실한 때에는 후원회로부터 후원받은 후원금 전액을 국고에 귀속하도록 하고 있는 舊 정치자금법에 대해 헌법재판소는 '선거운동의 자유 및 공직선거에 입후보하지 아니할 자유를 침해한다'며 위헌결정을 하였다.266) 대통령 또는 국회의원 선거경선후보자가 적법하게 후원회를 지정하고 후원금을 기부 받아 선거운동의 비용으로 사용하였음에도 사후에 경선에 참여하지 않았다고 하여 후원금 총액의 국고귀속을 요구하는 것은 선거운동의 자유에 대한 중대한 제한이라는 것이다.267)

---

262) 헌재 2010. 2. 25. 2008헌마324.
263) 헌재는 "인터넷게시판을 설치·운영하는 정보통신서비스 제공자에게 본인확인조치의무를 부과하여 게시판 이용자로 하여금 본인확인절차를 거쳐야만 게시판을 이용할 수 있도록 하는 본인확인제를 규정한 정보통신망법(2008. 6. 13. 법률 제9119호로 개정된 것) 제44조의5 제1항 제2호, 같은 법 시행령(2009. 1. 28. 대통령령 제21278호로 개정된 것) 제29조, 제30조 제1항이 과잉금지원칙에 위배하여 인터넷게시판 이용자의 표현의 자유, 개인정보자기결정권 및 인터넷게시판을 운영하는 정보통신서비스 제공자의 언론의 자유를 침해한다"고 설시하였다. 헌재결 2012. 8. 23. 2010헌마47·252 병합.
264) 헌재 2010. 6. 24. 2008헌바169.
265) 헌재 2010. 7. 29. 2008헌바106.
266) 헌재 2009. 12. 29. 2007헌마1412
267) 헌재 2009. 12. 29. 2008헌마141.

(3) 대통령 탄핵

대통령의 공선법위반이 문제가 되어 헌정사상 처음으로 대통령에 대한 탄핵이 제기되었다.[268] 동 사건은 탄핵심판절차의 본질과 탄핵사유의 의미 외에도, 공직선거에서 대통령이 지켜야 할 정치적 중립의무의 내용과 한계, 기자회견 과정에서 특정정당을 지지한 대통령의 발언이 개인적 표현의 자유에 속할 수 있는지의 여부 등 표현의 자유와 관련된 사항이 주요 쟁점이었다. 특히 중앙선거관리위원회가 대통령의 언행에 대해 선거법위반 결정을 한 데에 대한 대통령의 반발행위가 헌법에 위반된다고 헌법재판소가 판정함으로써,[269] 헌법을 준수하고 수호해야 할 대통령의 의무와 대통령에 대한 재신임을 묻기 위한 국민투표를 제안한 행위가 헌법에 위반되는지의 여부, 대통령의 불성실한 직책수행과 경솔한 국정운영으로 인한 정국의 혼란 및 경제파탄이 탄핵심판절차의 판단대상이 되는지의 여부 등 광범위한 문제들도 헌법적으로 뜨거운 논란을 야기하였으나, 소수의견이 명시되지 않은 채 동 사건은 기각되었다.

그러나 대통령의 개인으로서의 표현의 자유 문제는 이에 그치지 않고, 2007. 6. 원광대학교에서 있었던 특강과 한겨레 신문과의 인터뷰, 참여정부평가포럼에서 행한 특정 정당이나 특정 후보자에 대한 노골적인 지지 및 반대 발언 등이 문제되어, 2007. 6. 7.과 18. 두 번에 걸쳐 중앙선거관리위원회로부터 공선법 위반에 대한 '준수요청'과 '준수촉구'[270] 결정을 받는 등 '대통령의 계속적이고도 반복적인 공선법 위반' 문제가 다시 불거졌다. 이에 대해 청와대가 대통령 개인의 자격으로 2007년 말 헌법소원을 제기한 상태에서, 정치인으로서의 대통령 개인의 정치적 표현의 자유의 범위와 한계 문제가 공무원으로서의 대통령의 정치적 중립의 문제와 함께 계속 논란이 되고 있다. 그러나 헌법재판소는 이미 2003년도에 선거관리위원회 위원장의 '선거법위반행위에 대한 중지촉구'가 공권력의 행사에 해당하지 않는다고 결정한 바 있다.[271]

(4) 선거운동의 자유

(가) 선거운동방법

1) 입법형성의 자유

가) 문서·도화·연설에 의한 선거운동의 제한

舊 공선법[272]은 지역구국회의원후보자에게는 허용하는 선거운동방법을 비례대표국회의원

---

268) 국회는 2004. 3. 12. 제246회 국회 임시회의 제2차 본회의에서 의원 157명이 발의한 대통령탄핵소추안을 재적의원 271명 중 193명의 찬성으로 가결하였고, 국회법제사법위원회 김기춘 위원장은 헌법재판소법 제49조 제2항에 따라 소추의결서의 정본을 제출함으로써 탄핵심판이 청구되었다.

269) 헌재 2004. 5. 14. 2004헌나1.

270) '준수촉구'라는 것은 중앙선거관리위원회가 내릴 수 있는 협조요청, 중지·경고, 시정명령, 고발, 수사의뢰 등 5단계 조치사항에는 없는 것으로서, 2007. 6. 7.에 발표했던 '준수요청' 보다 한 단계 높은 수위이다.

271) 헌재 2003. 2. 27. 2002헌마106.

272) 2004. 3. 12. 법률 제7189호로 개정되고, 2005. 8. 4. 법률 제7681호 공직선거법으로 개정되기 전의 것을 말한다. 그러나 법률 제7681호로 개정되면서 비례대표국회의원후보자를 추천한 정당도 그 선거운동을 위하

후보자에게는 허용하지 않는 등 일정한 선거운동방법을 비례대표국회의원후보자나 정당에게 허용하지 않는 것이 정치인의 표현의 자유와 평등권을 침해한다는 논란을 야기하였다.

헌법재판소는 '선거운동의 방법 등은 기본적으로 입법정책에 맡겨져 있다'고 전제한 뒤, '구 공선법 제93조 제1항은 탈법방법에 의한 문서, 도화 등 시각에 호소하는 방법 이외에 녹음, 녹화테이프 등 청각 또는 시청각에 호소하는 방법에 의한 선거운동행위를 제한하고 있는데, 건국 이후 반세기 가까이 수많은 선거를 치러왔으면서도 아직까지도 깨끗하고 공명한 선거풍토를 이룩하지 못하고 있는 우리의 현실적 상황을 고려하여 볼 때, 이 조항이 선거운동의 자유를 침해하고 있다고 할 수 없다'며 합헌결정을 하였다.[273] 특히 탈법방법에 의한 문서·도화의 개시·배부 등을 금지하는 것은 '선거운동의 특정한 방법에 대한 제한을 하고 있을 뿐 그 행위주체에 관하여는 아무런 제한을 가하고 있지 아니하므로 그 누구와 대비해서도 부당하게 차별대우를 하고 있지는 아니하므로 평등의 원칙에도 반하지 않는다'[274]는 것이다.

그러나 조대현재판관은 '문서나 연설은 후보자를 가장 정확하게 알리고 가장 정확하게 파악할 수 있는 선거운동방법이며, 정치적 표현의 자유로서 보장되어야 함에도 불구하고 문서·연설에 의한 선거운동을 제한하는 위 규정들에 대해서는 그 입법목적의 정당성을 인정하기 어렵고, 구 공선법 제93조 제1항과 제101조는 법정 외 문서·연설에 의한 선거운동을 후보자와 그 선거운동원 뿐만 아니라 모든 국민들에 대하여도 일반적으로 금지하고 있는데, 선거는 국민주권의 행사방법이므로 국민들이 선거의 주체로서 스스로 선거 운동을 할 수 있는 자유는 국민주권과 선거권의 내용에 포함된다고 보아 적극적으로 보장하여야 하므로 동 조항은 정치적 표현의 자유를 부당하게 제한한다'[275]며 반대의견을 개진하였다.

이밖에도 서신에 의한 선거운동방법도 엄격히 금지하고 있는 공선법에 대해 헌재는 합헌결정을 하였다. 다시 말해 '서신에 의한 선거운동은 후보자의 경제력의 차이에 따라 선거운동 규모의 차이가 현저하게 날 수 있는 점, 허무인 명의나 차명으로 서신이 작성·발송되어도 이를 단속하거나 제어할 방법이 없는 점, 현실적으로 자필서신 여부를 확인하기 어려운 점, 후보자에 대한 선거비용의 규제만으로는 그 폐해를 효과적으로 방지할 수 없는 점 등을 고려할 때, 서신에 의한 선거운동 자체를 전면적으로 금지한 이 사건 법률조항이 적절성이나 상당성의 범위를 벗어났다고 보기 어려워, 서신에 의한 폐해를 방지하고 선거운동의 기회균등을 보장한다는 차원에서 금지하는 것이므로 입법목적이 정당하고, 피해의 최소성과 법익형평성도 갖추었다'[276]는 것이다.

여 책자형 선거공보를 작성할 수 있도록 됨으로써 위헌의 소지가 해소되었다.

273) 헌재 2006. 7. 27. 2004헌마217; 2001. 8. 30. 99헌바92등.

274) 헌재 2007. 1. 17. 2004헌바82.

275) 헌재 2006. 7. 27. 2004헌마217.

276) 헌재 2007. 8. 30. 2004헌바49.

나) 정당한 차별

(a) 무소속후보자

舊 공선법[277] 제58조 제1항은 선거운동 기간 전에라도 통상적인 정당활동은 합법적으로 할 수 있도록 규정하고 있었는데, 이같은 규정이 무소속 후보자에게는 일방적으로 불리할 수밖에 없다는 점에서 표현의 자유와 함께 평등권 침해문제가 야기되었다. 그러나 헌법재판소는 '무소속 후보자와 정당후보자간에 차별이 생기고, 후보자가 선거권자에게 자신을 알릴 수 있는 표현의 자유가 제한될 소지가 있다 하더라도, 그것을 불합리한 차별로서 평등권을 침해한다고는 볼 수 없고, 또한 위 규정은 무소속 후보자의 선거운동의 준비행위를 금지하거나 법정 선거운동을 제한하는 것이 아니고 무소속 후보자의 당선기회를 봉쇄하는 것도 아니므로 공무담임권을 침해한다고도 볼 수 없다'라는 이유로 합헌결정을 하였다.[278]

그러나 국회의원이 그 직무상 행하는 의정활동 보고라고 하더라도 국회의원 개인의 정치적 활동이나 업적에 대한 선전이 포함되는 등 국회의원인 예비후보자와 국회의원이 아닌 예비후보자, 정당원인 예비후보자와 정당원이 아닌 예비후보자 사이에 개별적인 정치활동이나 그 홍보의 기회라는 면에서 현실적인 불균형이 생겨날 가능성이 있는 것은 사실이라는 점에서 여전히 논란의 여지를 남겨 놓고 있다.[279] 바로 이같은 점에서 윤영철 재판관과 하경철, 김효종, 김경일 재판관 등은 '의정활동 보고로서의 성격과 선거운동으로서의 성격을 아울러 갖는 정치활동이라고 봄이 상당하므로, 동규정은 일반의 예비후보자를 국회의원인 예비후보자에 비하여 합리적인 근거 없이 불리하게 차별대우하고 선거운동에 있어서의 기회균등을 박탈한 것으로서 위헌'이라며 반대의견을 개진하였다.

(b) 방송연설매체의 제한

공선법 제71조 등은 자치구·시·군의 장 선거에서 후보자의 방송연설을 종합유선방송만을 이용하여 실시하고 지역방송국을 이용할 수 없도록 규정하고 있다. 이처럼 방송연설매체를 제한한 공선법의 규정이 후보자의 선거운동의 자유 및 평등권과 선거권자인 주민들의 알권리 및 평등권을 침해하는지의 여부가 문제되었으나, 헌법재판소는 '방송연설은 인쇄매체 등에 비하여 국민일반에게 광범위하고 강력한 영향력을 가지며 방송시기나 방송매체 등에 따라 선거권자에게 미치는 영향에 차이가 있으므로 무엇보다도 후보자 모두에게 공평한 기회가 보장되는 것이 중요하나, 무선통신시설을 이용하는 방송은 기술적으로 유한한 전파를 통하여 이루어지므로 채널의 수가 한정되어 있는데 지역방송국을 이용할 후보자들의 숫자가 많은 지역구국회의원선거와 자치구·시·군의 장선거의 경우 선거운동기간인 17일 동안 후보자 모두에게 한정된 방송시간과 채널로 공평한 기회를 보장하는 것이 사실상 어렵다'고 전제한 뒤, '종합유선방송은 유선

---

277) 1994. 3. 16. 법률 제4739호로 제정되고 2000. 2. 16. 법률 제6265호로 개정된 것.

278) 헌재 2001. 10. 25. 2000헌마193. 동지 헌재 2001. 8. 30. 2000헌마121·202(병합).

279) 정태호, "헌법재판의 한계에 관한 고찰: 입법형성의 여지를 규정하는 요인들에 대한 분석을 중심으로," 공법연구 제30집 제1호(2001. 12), 223-246.

전기통신시설을 이용하여 수신자에게 송신하는 다채널방송으로서 채널이나 방송시간에 여유가 있어 후보자의 수가 많은 경우에도 선거운동기간에 별 차질없이 방송연설의 기회를 공평하게 제공할 수 있으며 행정구역을 중심으로 그 방송구역이 정해지고 지역정보와 공지사항 등을 송신하는 지역채널을 운용하므로 자치구·시·군의 장선거의 경우에는 종합유선방송을 이용하여 방송연설을 하더라도 선거운동을 하는데 지장이 있다고 할 수도 없으므로, 이는 선거의 공정을 기하기 위한 필요하고 합리적인 제한'이라며 합헌결정을 하였다.280)

  (c) 공단직원

  舊 공선법 제60조 제1항 제9호는 국민건강보험공단의 직원에 대하여 정치적 활동을 제한하고 있어 헌법소원이 제기되었으나, 헌법재판소는 '선거운동이 전면적으로 금지되는 것이 아니라 정치적 활동 중에서 당선 또는 낙선을 위한 직접적인 활동(즉, 선거운동)만을 부분적으로 금지하고 있는 것이므로, 선거운동이외의 선거에 관한 의견개진, 입후보와 선거운동을 위한 준비행위, 공천과 관련된 활동, 통상적인 정당활동은 허용되고 있으므로 국민건강보험공단의 직원에 대하여 정치적 표현의 자유를 전면 제한한다고 볼 수 없어, 이는 정당한 차별'이라며 합헌결정을 하였다.281)

  그러나 권성 재판관과 송인준, 주선회, 전효숙 재판관 등 4인은 '대통령선거, 국회의원선거, 지방자치단체장 및 지방의회의원 선거 등 선거의 규모와 종류를 불문하고 일체의 선거운동을 금지하는 것은 선거운동으로서의 표현의 자유라는 기본권의 본질적 내용을 침해하는 것으로 이는 사익에 대한 중대한 제한으로서 위헌'이라는 의견을 개진함으로써 표현의 자유와 선거운동의 제한이라는 두 권리의 충돌문제가 계속 논란을 야기하고 있다.282)

  2) 행진 행위 등의 금지

  舊 공선법 제105조 제1항283)은 선거운동으로서 2인을 초과하여 거리를 행진하는 행위나 연달아 소리 지르는 행위를 금지하고 있었는데, 동 규정이 선거운동을 지나치게 제한함으로써 유권자의 정치적 표현의 자유를 지나치게 제한한다는 논란을 야기하였으나, 헌법재판소는 '과거 우리나라 선거 역사를 얼룩지게 한 관권 등에 의한 불법·타락선거로부터 선거의 공정성을 지키기 위하여 제정된 경위에 비추어 볼 때 선거운동의 주체·방법·태양·기간을 어떻게 규율할 것인지는 선거전문가들의 집단이라고 할 수 있는 입법부의 재량에 맡겨야 하고, 그것이 명백히 재량권의 한계를 벗어난 자의적인 입법이 아닌 한 국회의 입법형성 자유를 존중하여야 한다'며 합헌결정을 하였다.284)

---

280) 헌재 1999. 6. 24. 98헌마153.
281) 헌재 2004. 4. 29. 2002헌마467.
282) 박선영(주 185), 111-142.
283) 2004. 3. 12. 법률 제7189호로 개정되고, 2005. 8. 4. 법률 제7681호로 개정되기 전의 것.
284) 헌재 2006. 7. 27. 2004헌마215.

3) 탈법 선거운동에 의한 표현의 자유

공선법 제255조 제2항은 탈법행위에 의한 문서, 도화 등 시각에 호소하는 방법 이외에 녹음, 녹화테이프 등 청각 또는 시청각에 호소하는 방법에 의한 선거운동행위를 제한하면서 이에 위반한 자를 처벌하도록 규정하고 있는데, 이같은 규정이 개인의 표현의 자유를 침해한다는 논란이 제기되었다. 그러나 헌법재판소는 '선거운동 또는 의사표현의 내용 그 자체나 모든 선거운동방법의 전반에 대한 전면적인 제한이 아니라 선거운동 내지 의사표현에 있어서의 특정한 수단과 방법, 즉 특히 폐해의 우려가 크다고 인정되는 인쇄물, 녹음 등의 배부, 살포 등 선거운동방법에만 국한되는 부분적인 제한에 불과하므로, 이로써 선거운동의 자유 내지 표현의 자유가 전혀 무의미해지거나 형해화 된다고 단정할 수 없다'며 합헌결정을 하였다.[285]

그러나 명함과 같이 크기, 면수, 재질이 제한된 상태의 문서까지도 배포하는 것을 금지하고 처벌하는 것은 그 금지와 처벌의 대상이 너무 광범위하고, 선거기간 개시 전일까지 집회나 보고서를 통하여 의정활동을 선거구민에게 보고할 수 있는 현역 국회의원에 비해 입후보 예정자의 선거운동을 차별적으로 제한한다는 문제점은 여전히 남아 있다.[286]

4) 시설물설치 등의 금지

공선법 제90조는 선거일 전 180일부터 선거에 영향을 미치게 하기 위하여 법정의 방법 이외의 방법으로 시설물을 설치하지 못하게 하는 등 선거운동을 금지하고 있는데,[287] 이러한 규정이 헌법이 보호하고 있는 표현의 자유 등을 과도하게 침해한다는 논란이 일었다. 이에 대해 헌법재판소는 '선거의 부당한 과열경쟁으로 인한 사회경제적 손실을 막고 후보자 간의 실질적인 기회균등을 보장함과 동시에 탈법적인 선거운동으로 인하여 선거의 공정과 평온이 침해되는 것을 방지하기 위한 목적 달성을 위하여 달리 효과적인 수단을 상정할 수가 없고, 확성장치나 서명날인의 금지 등 제한되는 자유의 범위도 예상되는 다양한 선거운동의 방법 중에서 특히 중대한 폐해를 초래할 우려가 크다고 인정되는 특정의 선거운동방법과 내용에 국한되는 것이어서, 이러한 제한은 폐해방지에 필요한 최소한의 정도를 넘지 아니하여 표현의 자유 등을 침해한다고 할 수 없다'[288]고 결정하였다.

5) 단순한 의견개진

공선법 제58조 제1항 단서 제1호 및 제3호는 선거운동으로 보지 아니하는 행위로 "단순한 의견개진 및 의사표시" 또는 "단순한 지지·반대의 의견개진 및 의사표시"를 규정하고 있으나, 이같은 규정의 의미가 지나치게 불명확하여 위헌논란을 야기하였으나, 헌법재판소는 '선거운동이라 함은 특정 후보자의 당선 내지 이를 위한 득표에 필요한 모든 행위 또는 특정 후보자의

---

285) 헌재 2002. 5. 30. 2001헌바58.

286) 박선영(주 185), 111-142.

287) 김래영, "개정 선거법의 문제점과 개선방향: 사전선거운동금지규정을 중심으로," 공법연구 제33집 제5호(2005. 6), 139-180.

288) 헌재 2001. 12. 20. 2000헌바96, 2001헌바57(병합).

낙선에 필요한 모든 행위 중 당선 또는 낙선을 위한 것이라는 목적의사가 객관적으로 인정될
수 있는 능동적·계획적 행위를 말하는 것으로 풀이할 수 있으므로, 법집행자의 자의를 허용할
소지를 제거할 수 있고, 건전한 상식과 통상적인 법감정을 가진 사람이라면 누구나 그러한 표
지를 갖춘 선거운동과 단순한 의견개진을 구분할 수 있으므로 명확성의 원칙에 위배된다고 할
수 없다'며 합헌결정을 하였다.[289]

6) 언론기사의 재배포

언론을 통하여 보도된 공직선거에 관한 기사를 정치적 목적을 갖는 단체의 내부회원들에
게 배부한 행위가 공선법 제93조 제1항이 금지하고 있는 '선거에 영향을 미칠 목적'에 해당하는
가가 문제된 사안에서 대법원은 "대통령탄핵 지지자들의 인터넷 카페의 운영자가 인터넷 신문
의 공직선거에 관한 기사를 복사하여 그 회원들에게 이메일로 발송한 행위는 '선거에 영향을
미칠 목적'이 있다"고 판시하였다.[290]

7) 인터넷 선거운동

정보통신망(인터넷 등)을 이용한 선거운동은 현재 대부분 제한없이 허용되고 있다. 헌법재
판소는 지난 2011년 12. 29. '선거일 전 180일부터 선거일까지 선거에 영향을 미치게 하기 위하
여 정당 또는 후보자를 지지·추천하거나 반대하는 내용이 포함되어 있거나 정당의 명칭 또는
후보자의 성명을 나타내는 문서·도화의 배부·게시 등을 금지하고 처벌하는 공직선거법 제93
조 제1항 등이 규정하고 있는 '기타 이와 유사한 것'에 '정보통신망을 이용하여 인터넷 홈페이
지 또는 그 게시판·대화방 등에 글이나 동영상 등 정보를 게시하거나 전자우편을 전송하는 방
법'이 포함된다고 해석한다면, 과잉금지원칙에 위배된다'고 설시함으로써 인터넷을 통한 선거
운동은 거의 제한없이 이루어지고 있다고 할 수 있다.[291]

가) 인터넷에의 문서게시

매체가 다양해지면서 舊 공선법 제93조 제1항이 금지하고 있는 '문서 게시'에 인터넷 홈페
이지의 자유게시판 등에 올려놓은 행위도 해당하는지의 여부가 문제되었다. 대법원은 이에 대
해 '前 정당 대표를 지지하는 인터넷 모임으로서 정치적 성향이 유사한 사람들을 회원으로 하
는 인터넷 홈페이지에 특정 정당과 정치인을 비난하는 내용의 글들을 게재한 행위는 공선법이
금지하고 있는 문서게시에 해당한다'[292]라고 하였다.[293]

나) 홈페이지

국회의원 입후보예정자의 홈페이지에 접속하여 위 후보자를 반대하는 내용의 문서를 게시

289) 헌재 2001. 8. 30. 2000헌마121·202(병합).
290) 대판 2005. 6. 23. 2004도8969; 2005. 5. 13. 2004도3385; 2002. 4. 9. 2000도4469.
291) 헌재 2011. 12. 29. 2007헌마1001, 2010헌바88, 2010헌마173·191 병합.
292) 대판 2006. 3. 24. 2004도8716.
293) 동지 헌재 2001. 8. 30. 99헌바92, 2000헌바39, 2000헌마167, 168·199·205·280. 대판 1997. 4. 25. 96도
    2910; 2004. 11. 25. 2004도4045; 2005. 1. 27. 2004도7488; 2005. 6. 23. 2004도8969; 2005. 7. 29. 2005도
    1425; 2005. 9. 15. 2005도40.

한 행위도 공선법(제255조 제2항 제5호, 제93조 제1항)에 위배된다.

대법원은 '공직후보자 또는 공직후보자가 되고자 하는 자는 선거운동기간의 제한 없이 자신이 개설한 인터넷 홈페이지를 이용하여 선거운동을 할 수 있다고 하더라도, 공선법의 개정 경과 등에 비추어 보면, 자신의 인터넷 홈페이지를 이용한 자신의 선거운동 행위를 법률의 개정을 통하여 새롭게 허용하는 취지일 뿐, 후보자나 후보자가 되려는 자가 아닌 일반 국민이 후보자 등이 개설한 인터넷 홈페이지를 이용하여 선거에 영향을 미치는 행위를 허용하기 위한 규정이라고 볼 수는 없다'는 이유로 공선법위반을 인정하였다.294)

(나) 대담·토론회 개최 언론사의 범위

2002년도에 인터넷신문인 '오마이뉴스'가 대선예비주자를 초청하여 대담 및 토론회를 개최하고자 하였으나, 선거관리위원회가 인터넷신문은 정기간행물이 아니라는 이유로 선거법위반 결정을 하였다. 이에 대해 오마이뉴스가 헌법소원을 제기하였으나, 헌법재판소는 "선거법위반 행위에 대한 중지촉구' 공문은 그 형식에 있어서 '안내' 또는 '협조요청'이라는 표현을 사용하고 있으며, 그 내용에 있어서도 청구인이 계획하는 행위(대담 및 토론회)가 공선법에 위반된다는, 현재의 법적 상황에 대한 행정청의 의견을 단지 표명하면서, 청구인이 공선법에 위반되는 행위를 하는 경우 피청구인이 취할 수 있는 조치를 통고하고 있을 뿐이므로, '중지촉구' 공문은 국민에 대하여 직접적인 법률효과를 발생시키지 않는 단순한 권고적·비권력적 행위로서, 헌법소원의 심판대상이 될 수 있는 '공권력의 행사'에 해당하지 않으며, 헌법이 아니라 법률이 행정청에 의한 해석·적용의 타당성을 심사하는 규범이 된다면, 이 경우 법률의 해석·적용에 대한 판단은 법원의 관할에 속한다'며 기각결정을 하였다.295) 또한 헌법재판소는 '청구인(오마이뉴스)은 이미 2002. 2. 20.부터 2002. 3. 5.까지 7차례 대선예비후보를 초청하여 열린 인터뷰를 개최하였으므로, 헌법소원심판청구를 통하여 달성하고자 하는 주관적 목적을 이미 달성하였고, 그 결과 청구인의 주관적 권리구제를 위해서는 본안에 관하여 심판의 이익이 없다'고 판시하였으나, 사회적으로는 동 결정과 관련한 논란이 그치지 않았다.296)

(다) 명예훼손

1) 의혹제기

선거기간 동안에 이루어지는 정치적 의견표명은 입후보자에 대한 의혹제기가 빈번하게 일어나면서 명예훼손 문제가 빈발하고 있다. 민주주의 정치제도하에서 언론의 자유는 가장 기초적인 기본권이기 때문에 선거과정에서도 충분히 보장되어야 하고, 공직선거에 있어서 후보자를

---

294) 대판 2005. 1. 27. 2004도7488; 2005. 9. 15. 2005도40; 2004. 11. 25. 2004도4045; 1980. 12. 9. 80도384; 1995. 6. 13. 94도3250. 동지 헌재 2001. 8. 30. 99헌바92, 2000헌바39, 2000헌마167, 168·199·205·280. 대판 2006. 3. 24. 2004도8716; 2007. 6. 1. 2005도7523.

295) 헌재 2003. 2. 27. 2002헌마106.

296) 박선영, "2003년도 언론관련판례로 살펴 본 '표현의 자유의 범위와 한계," 헌법학연구 제10권 제4호(2004. 12), 265-304; 조소영, "인터넷 선거운동(E-Campaigning)에 대한 헌법적 고찰," 헌법학연구 제11권 제2호(2005. 6), 417-456; 황치연, "헌법재판에서의 가처분," 헌법판례연구 4(2002. 11), 박영사, 319-382.

검증하는 것은 필요하고도 중요한 일이므로 후보자의 공직 적격성을 의심케 하는 사정이 있는 경우 이에 대한 문제 제기가 쉽게 봉쇄되어서는 안 되지만, 그 의혹제기가 허위인 경우에 문제는 심각해진다.

　대법원은 후보자에 관한 의혹 제기가 진실인 것으로 믿을 만한 상당한 이유가 있는 근거에 기초하여 이루어진 경우에는 비록 사후에 그 의혹이 진실이 아닌 것으로 밝혀지더라도 표현의 자유 보장을 위하여 이를 벌할 수 없다는 입장이다. 다시 말해 '다른 선거운동의 경우와 마찬가지로, 공직선거 후보자 합동토론회에 임하는 후보자는 자신에 관한 것이거나 다른 후보자에 관한 것이거나를 막론하고 모두 진실에 부합하는 주장만을 제시하고, 자신의 의견을 밝히고 다른 후보자에게 질의하거나 다른 후보자의 질의에 답변함에 있어 분명하고도 정확한 표현을 사용함으로써, 선거인이 각 후보자의 자질과 식견 및 견해를 명확하게 파악할 수 있도록 해야 하는 것이 원칙이지만, 미리 준비한 자료에 의하여 일방적으로 자신의 의견을 표현하는 연설의 경우와는 달리 후보자 사이에서 주장과 반론, 질의와 대답에 의한 공방이 즉흥적·계속적으로 이루어지는 합동토론회의 특성으로 인하여 위와 같은 표현의 명확성에는 그 한계가 있을 수밖에 없으므로, 후보자가 선거인의 정확한 판단을 그르치게 할 수 있을 정도로 다른 후보자의 견해나 발언을 의도적으로 왜곡한 것이 아니라, 합리적으로 보아 가능한 범위 내에서 다른 후보자의 견해나 발언의 의미를 해석하고 이에 대하여 비판하거나 질의하는 행위는 후보자의 주장이나 질의에 대하여 다른 후보자가 즉시 반론이나 답변을 통하여 자신의 입장을 밝힐 기회가 주어지는 합동토론회의 특성을 고려해 볼 때, 진실에 반하는 사실을 공표한다는 인식을 가지고 행하는 허위사실 적시행위로 평가할 수 없다고 보아야 하고, 이는 후보자가 자신의 주장을 내세우거나 상대방에게 질의하는 과정에서 한 표현이 선거인의 정확한 판단을 그르칠 정도로 의도적으로 사실을 왜곡한 것이 아닌 이상, 일부 부정확 또는 다소 과장되었거나 다의적으로 해석될 여지가 있는 경우에도 마찬가지'라는 것이다.297)

　2) 허위사실의 공표

　공선법 제250조 제1항은 비정규학력의 게재 자체를 금지하고 있는데, 대법원은 예비후보자 또는 후보자 명함 및 선거공보상 '○○대학교 산업대학원 총동창회장' 또는 '전 ○○대학교 산업대학원 1기 회장'이라는 표시를 '학력'이 아닌 '경력' 또는 '약력'란에 기재하였다 하더라도 그 기재에는 학력의 개념도 내포되어 있으므로, 선거공보의 '학력'란에 '○○중학교 졸업'이라고 제대로 기재되었는지 여부에 관계없이 이같은 비정규학력의 기재는 공선법이 규정하고 있는 제250조 제1항 상의 허위사실공표죄에 해당한다고 판시한 바 있다.298)

　(라) 후보자비방

　선거범죄 중 후보자 비방죄는 그 성격상 허위사실 유포와 명예훼손을 결합한 성격의 범죄

---

297) 대판 2007. 7. 13. 2007도2879.
298) 대판 2007. 2. 23. 2006도8098; 2003. 2. 20. 2001도6138.

라고 할 수 있다.[299] 언론에서는 흔히 흑색선전이라고도 한다.

공직선거법상 후보자비방죄(제251조)는 전체 선거범죄 가운데 2010년 기준으로 약 15%를 차지하지만, 범죄발생건수는 매년 늘어나는 추세이다.[300] 법적으로는 '비방'[301]의 행동양태와 의미, 그리고 '당선되거나 되지 못 하게 할 목적'의 해석문제가 주로 제기되곤 한다.[302] 비방이 지나치게 확대되면 선거의 자유는 물론 표현의 자유가 침해되고, 너무 엄격하게 해석하면 선거의 분위기가 많이 흐려지기 때문이지만, '비방'과 '비난'의 구분이 쉽지 않은 것 또한 사실이다. 따라서 선거의 공정성에 기초한 허용성의 관점과 표현의 자유를 침해할 수 있다는 위험성의 관점에서 후보자 비방죄라는 개별 구성요건을 통해서 얻을 수 있는 이익과 침해될 수 있는 이익의 적절한 형량과 한계의 설정이 필요하다.[303]

V. 개념과 원리에 대한 판례 및 학설

언론·출판·집회·결사의 자유로 규정되어 있는 헌법 제21조는 광의의 표현의 자유로서 민주주의 사회의 초석이 되는 인간의 원초적인 자유와 권리라고 할 수 있다. 바로 이같은 관점에서 표현의 자유의 우월적 지위가 인정된다. 미국 연방대법원에서 판례를 통해 인정되기 시작한 표현의 자유에 대한 우월적 지위의 보장은 ① 사전억제금지원칙, ② 합헌성 추정 배제원칙, ③ 명확성의 원칙, ④ 명백하고 현존하는 위험의 원칙, ⑤ 입증책임의 전환, 당사자적격의 요건 완화 등의 방법에 의해 학설과 판례가 발전해 왔다.[304]

1. 제21조 제 1 항

가. 언론·출판의 자유

의사표현과 전파의 자유에 있어서 의사표현 또는 전파의 매개체는 어떠한 형태이건 가능하므로, 담화·연설·토론·연극·방송·음악·영화·가요 등과 문서·소설·시가·도화·사진·조각·서화 등 모든 형상의 의사표현 또는 의사전파의 매개체를 포함한다.[305] 따라서 개인은 자신의 의견과 견해를 방해받지 않고 밝힐 수 있는 의견표현의 자유를 누리며, 신문·방송·통신

---

299) 이에 관한 자세한 내용은 권오걸, 공직선거법상 후보자비방죄에 대한 연구 — 표현의 자유와 선거의 공정과의 조화의 관점에서 — , 법학연구 제49집(2013. 3), 경북대학교, 159-185 참조.

300) 범죄백서, 법무연수원, 2011, 105.

301) 비방이라 함은 정당한 이유없이 상대방을 깎아 내리거나 헐뜯는 것을 말한다(대판 2009. 6. 25. 2009도1936).

302) 자세한 내용은 조해섭, 후보자비방죄의 구성요건인 당선되지 못 하게 할 목적과 사실의 적시에 관한 구체적 판단기준, 대법원판례해설, 법원도서관, 1997 참조. 대판 2011. 12. 22. 2008도11847; 2011. 3. 10. 2011도168; 2009. 5. 28. 2008도11857; 2007. 10. 26. 2006도5924; 2007. 3. 15. 2006도8368; 2005. 10. 14. 2005도301. 헌재 1994. 7. 29. 93헌가4·6.

303) 권오걸(주 299), 160.

304) 김철수(주 1), 176-177.

305) 헌재 1993. 5. 13. 91헌바17; 2001. 8. 30. 2000헌가9; 2004. 5. 27. 2003헌가1, 2004헌가4.

등 각 언론기관은 취재·편성(편집)·보도·보급·영업의 자유를 향유한다. 또 우리 헌법상 명문의 규정은 없지만 개인은 언론기관과 정보에 대한 접근권(right of access to mass media)을 가지며, 개인과 법인은 정보의 자유와 함께 알권리(right to know)를 향유한다는 것이 학자들의 일치된 견해이다.[306]

그러나 구체적인 전달이나 전파의 상대방이 없는 집필의 단계를 표현의 자유의 보호영역에 포함시킬 것인지에 대해서 논란이 있었으나, 헌법재판소는 집필도 당연히 표현의 자유에 포함된다고 하였다.[307]

(1) 법적 성격

정신적 활동에 관한 원초적 기본권을 의미하는 언론·출판의 자유의 법적 성격에 관해서는 자유권설·청구권설·제도적 보장설 등이 대립하고 있다. 그러나 국가권력의 방해를 받지 않고 자유로운 사상·의견을 발표할 수 있어야 한다는 점에서 대국가적 방어권의 성격도 갖는 것이고, 개인의 인격발현과 정치적 의사형성을 위해서는 널리 정보를 수집·청구할 수 있어야 한다는 점에서 청구권의 성격도 가지며, 민주적·법치국가적 질서를 형성하고 유지하기 위해서는 자유로운 여론형성과 여론존중이 보장되어야 한다는 의미에서 제도적 보장으로서의 성격도 가지므로, 언론출판의 자유는 그 모든 성격을 아울러 갖는다고 보아야 한다.[308]

다만 언론·출판의 자유가 갖는 이같은 성격은 언론·출판의 자유의 구체적인 내용에 따라 다르게 나타난다, 예컨대 의사표현의 자유와 알권리에서는 주관적 권리로서 자유권의 성격이 강하게 나타나지만, 언론기관의 자유와 보도의 자유에서는 제도보장적 성격이 강하게 나타난다.[309]

(2) 주　체

언론·출판의 자유는 국민의 권리가 아니라 인간의 권리이기 때문에 국민만이 아니라 외국인에게도 보장되지만, 외국인의 경우에는 정치적 표현의 자유가 제한을 받기도 한다. 또 신문사나 방송사 등 법인이나 권리능력 없는 사단에게도 의견표시나 정보수집 등 그 적용이 가능한 경우에는 보장된다.

(3) 효　력

언론·출판의 자유는 입법·집행·사법 등 모든 국가기관을 구속한다. 국가기관은 물론 영조물법인·공법상의 재단 등과 공권력의 행사를 위임받은 사인까지 구속한다. 또한 언론·출판의 자유는 사인 간에도 사법상의 일반조항을 통하여 간접적으로 적용된다.

---

306) 계희열(주 1), 444-447; 권영성(주 1), 491-500; 김철수(주 1), 525-528; 박선영(주 5), 66-96; 성낙인(주 1), 434-447; 허영(주 1), 541-554.
307) 헌재결 2011. 12. 29. 2007헌마1001; 2005. 2. 24. 2003헌마289.
308) 권영성(주 1), 488-489.
309) 정종섭(주 1), 598; 허영(주 1), 542.

(4) 한   계

언론·출판의 자유는 정신적 자유권의 중핵일 뿐만 아니라 민주사회의 초석이 되므로 최대한 보장되어야 하지만, 헌법 제21조 제4항에 따라 타인의 명예나 권리 또는 공중도덕이나 사회윤리를 침해해서는 아니 된다. 또한 자유민주적 기본질서를 위배하고 국가의 존립을 위태롭게 해서도 아니 되는 내재적 한계가 있다.

(5) 현대적 의미의 새로운 언론·출판의 자유로서의 알권리

현대적 의미의 표현의 자유는 앞서 살펴 본 바와 같이 자신의 의견이나 사상을 표명하고 그것을 전달할 수 있는 고전적 의미의 표현의 자유 외에도 알권리, 접근권, 반론권, 언론기관설립의 자유, 언론기관의 운영의 자유까지도 그 내용으로 한다. 위의 사항 가운데 접근권, 반론권 등은 後述하는 권리구제의 항에서 논하고, 언론기관 설립의 자유와 언론기관 운영의 자유는 제21조 제3항에서 논할 것이므로 이하에서는 알권리에 관하여만 서술한다.

(가) 개   념

알권리를 표현의 자유가 아닌, 독자적인 개별기본권으로 보는 학자도 있으나,[310] 대부분의 학자들은 표현의 자유와 정보의 권리 차원에서 보고 있다.

표현을 받아들이는 자유, 또는 정보수용자[311]의 자유와 권리는 흔히 '읽을 권리'와 '알권리'로 집약된다. 그러나 '읽을 권리'는 '알권리'의 한 수단이므로 이하에서는 '알권리'를 중심으로 서술한다. 알권리(right to know)라 함은 모든 정보원으로부터 신문·잡지·방송 등 불특정 다수인에게 개방될 수 있는 일반적 정보를 수집하고 처리할 수 있는 권리로서 표현행위를 하기 이전의 단계를 말한다.[312] 그래서 학자에 따라서는 알권리를 '정보의 자유'라고 표현하기도 하고,[313] 헌법재판소도 '정보를 수집하고 처리할 수 있는 권리를 말하는 알권리는 언론·출판의 자유의 한 내용으로 마땅히 보장되어야 한다'고 설시한다.[314] 여기서 '정보'란 자신의 양심·사상·의견·지식 등을 형성하는 데 필요한 모든 자료를 말하는바, 개인에게는 공공기관과 사회집단 등에 대하여 정보공개를 요구할 수 있는 권리가 되고, 언론기관에게는 공공기관과 사회집단 등에 대하여 정보공개를 청구할 수 있는 권리와 그에 대한 취재의 자유를 의미한다. 다시 말해 언론·출판의 자유는 알권리를 전제로 한다는 점에서 단지 알권리만이 아니라, 언론·출판의 자유 전체를 정보의 자유라고 하기도 한다.[315] 비록 헌법에 명시되어 있지는 않지만, 알권리는

---

310) 성낙인(주 1), 562.

311) 학자에 따라서는 의사수령자 또는 정보수령자라고 하기도 한다. 장영수(주 1), 667.

312) 자세한 것은 Raphael Cohen-Almagor, Speech, Media and Ethics: The Limits of Free Expression: Critical Studies on Freedom of Expression, Freedom of the Press and the Public's Right to Know, Palgrave Macmillan, 2005 참조.

313) 김학성(주 5), 490; 허영(주 1), 571.

314) 헌재 1995. 7. 21. 92헌마177 등.

315) 정보의 자유란 일반적으로 접근할 수 있는 정보원(Informationsquelle), 즉 정보를 소지하고 있는 사람이나 기관으로부터 방해받지 않고 정보를 수집하고 수집된 정보를 취사·선택하여 활용할 수 있는 자유를 말한

의사형성을 하기 위해 정보를 수집하는, 말하자면 언론·출판의 자유를 실현하기 위한 필연적인 전단계로서, '받아들이는 사람의 자유(Rezipientenfreiheit)'로 인정되는 권리이다.[316) 따라서 그 법적 성격도 자유권과 청구권적 성격을 모두 갖는 복합적 성격의 권리인바, 이는 정보를 내보내는 쪽과 받아들이는 쪽의 자유와 권리가 함께 보장될 때 비로소 올바른 의사형성이 가능하기 때문이다.

(나) 헌법적 근거

비록 우리 헌법이 알권리를 명문으로 규정하고 있지 않지만, 정보에의 접근과 수집, 처리의 자유를 의미하는 알권리는 헌법 제21조가 규정하고 있는 표현의 자유와 표리의 관계에 있을 뿐만 아니라, 제10조 인간의 존엄과 가치·행복추구권, 제34조 제1항 인간다운 생활을 할 권리 등으로부터 연유한다는 것은 학설과 판례가 모두 인정하고 있다.[317)

민주국가에서 특히 공적인 논쟁(public controversy) 또는 공적인 관심(public concern)의 대상이 되는 정보는 최대한 공개되어야 하지만,[318) 국민에게 알권리가 있다고 해서 모든 정보가 누구에게나 공개되어야 하거나 공개될 수는 없기 때문에 각국은 정보공개의 기관이나 대상, 절차 등을 개별법을 통해 법제화하고 있다.[319) 우리나라는 공공기관의정보공개에관한법률(이하 '정보공개법'이라 한다)과 정보화촉진기본법 등에서 관련사항을 규정하고 있는데, 1996년에 제정된 정보공개법은 국가안전보장·국방·통일·외교관계 등에 관한 사항으로서 공개될 경우 국가의 중대한 이익을 현저히 해할 우려가 있다고 인정되는 정보, 공개될 경우 국민의 생명·신체 및 재산의 보호에 현저한 지장을 초래할 우려가 있다고 인정되는 정보, 진행 중인 재판에 관련된 정보와 범죄의 예방, 수사, 공소의 제기 및 유지, 형의 집행, 교정, 보안처분에 관한 사항으로서 공개될 경우 그 직무수행을 현저히 곤란하게 하거나 형사피고인의 공정한 재판을 받을 권리를 침해한다고 인정할 만한 상당한 이유가 있는 정보 등을 비공개대상 정보로 규정하고 있다(제9조). 비공개정보의 범위와 관련하여 항상 국가기밀이나 군사비밀 등이 문제되는바, 군사비밀의 범위는 국민의 표현의 자유 내지 알권리의 대상영역을 최대한 넓혀줄 수 있도록 필요한 최소한도에 한정됨으로써,[320) 정보의 공개와 비공개가 실제적 조화(pratischer Konkordanz)를 이룰 수 있도록 실정법이 규범조화적으로 해석되고 판단되어야 할 것이다.

같은 논리로 개인에 대한 알권리도 그가 공인(public figure)인가, 사인인가에 따라 달라지

헌법
제
21
조

다(헌재 1991. 5. 13. 90헌마133; 1998. 10. 29. 98헌마4).

316) 계희열(주 1), 428-429. 헌재 1994. 8. 31. 93헌마174; 1992. 2. 25. 89헌가104.

317) 권영성(주 1), 492-493; 김학성(주 5), 491; 성낙인(주 1), 595-596..

318) 이에 해당하는 정보로는 정치과정의 중요사항, 즉 국민자치에 관련되는 사항으로 일반적으로 사회의 논제를 설정하는 것을 비롯하여 그 밖에 논란되는 정치·경제·사회·문화의 관심이 있는 광범하고 다양한 사항 또는 공동체의 도덕과 윤리에 관한 논란사항 등이다. 따라서 보도 자체로 인하여 야기된(bootstrapping) 관심은 알권리의 대상이 되지 않는다. 박용상(주 85), 35.

319) 1966년 미국이 정보자유법(Freedom of Information Act)이라는 연방법을 세계 최초로 제정한 이후 자유민주주의 국가들은 모두 유사한 독립법률을 갖고 있다.

320) 헌재 1992. 2. 25. 89헌가104.

며, 공인인 경우에도 인격영역론(Sphärentheorie der Persönlichkeit)에 따라 공개의 정도가 달라진다. 개방된 영역(Öffentlichkeitssphäre)이나 사회적 영역(Sozialsphäre)에 대한 알권리는 인정되지만, 사적인 영역(Privatsphäre)이나 비밀영역(Geheimsphäre) 또는 내밀영역(Intimsphäre)에 대한 알권리는 제한될 수밖에 없다.321)

그러나 정보의 시사적 이익(aktuelle Informationsinteresse)이 인정되는 경우 또는 공공의 진지한 관심(ernsthaftes Interesse der Öffentlichkeit)이 있는 경우에는 비록 그것이 오락적·선정적 환심에 토대를 두고 있더라도 오락이 갖는 정보적 기능에 따라, 그리고 정치적 기사보다 오락적 성격의 기사가 정치적·사회적 의식에 더 강력한 영향을 미칠 수 있다는 점에서 정보의 자유는 넓게 인정되어야 한다.322)

(다) 알권리(정보의 자유)의 내용

알권리의 실현을 위해서는 먼저 정보의 자유가 충족되어야 하고, 정보원에 접근할 수 있는 권리가 인정되어야 하며, 그 과정을 통해 수집된 정보를 취사선택·가공·전달할 수 있어야 한다.323) 그래서 학자에 따라서는 알권리를 정보의 자유라는 관점에서 보기도 하지만, 개인과 국가와의 관계에서 알권리를 도출하기도 한다.324) 알권리를 정보의 자유라고 하는 경우에는 자유로운 정보수집권인 취재의 자유와 수집된 정보를 널리 전파할 수 있는 보도의 자유로 집약해 볼 수 있다.

취재의 자유는 일반적으로 접근할 수 있는 정보원에의 접근권이 매우 중요하다. 이에 관하여는 後述하는 접근권에서 詳述하기로 하고, 그 다음 단계인 보도의 자유를 보면, 보도의 자유는 곧 여론형성과 연결이 되고, 수집된 정보를 어떤 기준으로 취사·선택해서 보도하느냐에 따라 국민에 대한 정보주입과 여론형성의 결과가 판이하게 달라진다. 또 보도의 자유는 단순한사실의 전달만이 아니라 평가적인 의사표현도 함께 전달하기 때문에 보도의 자유는 언론기관의 의사표현이라고 할 수도 있다. 보도의 자유는 그 전파매체의 종류에 따라 신문발행의 자유, 신문편집·보도의 자유, 신문보급의 자유, 방송 등 전파매체의 자유로 나누어 볼 수 있으나, 그 내용과 법리구성원칙은 동일하다. 다시 말해 보도의 자유는 스스로 정보를 구하고 판단하고 내보낼 수 있는 권리인 주관적 공권성을 가짐은 물론, 제도적 보장의 성격도 아울러 가진다는 사실이다. 그러나 그 제도적 보장이 '보장'의 역할은 도외시하고, 여론의 시장점유율을 인위적으로 재편하려 하는 등 제한의 성격으로만 강조된다면 그것은 언론·출판의 자유에 반한다고 보아야 한다.325)

---

321) BGHZ 80, 25.
322) 박용상(주 85), 300-301.
323) 아직 알권리에 관한 입법이 미비한 상황에서 우리 헌재는 '알권리의 실현은 법률의 제정이 뒤따라 이를 구체화시키는 것이 충실하고도 바람직하지만, 그러한 법률이 제정되어 있지 않다고 하더라도 불가능한 것은 아니고 헌법 제21조에 의해 직접 보장될 수 있다'고 설시하였다(헌재 1991. 5. 13. 90헌마133).
324) 김승대(주 1), 235; 장영수(주 1), 667.
325) 동지 헌재 2006. 6. 29. 2005헌마165 등.

(6) 판   례

(가) 의사표현의 자유

의사표현 및 전달의 형식에는 제한이 없다. 언어·문자·도형뿐만 아니라 음반, 비디오물, 현수막, 인터넷 등을 통한 의사표현은 물론이고, 패러디(parody), 상징적 표현도 포함된다.[326] 헌법 제21조 제1항에서 보장하고 있는 표현의 자유는 사상 또는 의견의 자유로운 표명과 전파의 자유를 의미하는 것이기 때문이다.[327]

(나) 소유제한(복수소유금지)

신문법 제15조 제3항은 일간신문의 지배주주가 뉴스통신 법인의 주식 또는 지분의 2분의1 이상을 취득 또는 소유하지 못하도록 함으로써 이종 미디어 간의 결합을 규제하고 있다.

이같은 규정은 세계적 추세에 역행한다는 논란이 법제정당시부터 제기되었다. 그러나 헌법재판소는 '언론의 다양성을 보장하기 위한 필요한 한도 내의 제한이라고 할 것이어서 신문의 자유를 침해한다고 할 수 없다'고 전제한 뒤, '신문의 복수소유가 언론의 다양성을 저해하지 않거나 오히려 이에 기여하는 경우도 있을 수 있는데, 이 조항은 신문의 복수소유를 일률적으로 금지하고 있어서 필요 이상으로 신문의 자유를 제약하고 있다. 그러나 신문의 다양성 보장을 위한 복수소유 규제의 기준을 어떻게 설정할지의 여부는 입법자의 재량에 맡겨져 있으므로 이 조항에 대해서는 단순위헌이 아닌 헌법불합치결정을 선고하고, 다만 입법자의 개선입법이 있을 때까지 계속 적용을 허용'하였다.[328] 그러나 권 성, 김효종, 조대현 재판관은 '이 조항을 위헌으로 선고하더라도 법적 공백이나 혼란이 초래될 것이라 볼 수 없으므로 이 조항에 대하여 헌법불합치결정이 아니라 위헌결정을 선고하여야 한다'며 단순위헌의견을 개진하였다.[329]

특히 방송에 대해서는 진입규제가 더 엄격하다. 헌재는 '정보유통의 통로가 유한하고 거대한 사회적 영향력을 갖는 방송매체의 특징 및 방송시설기준을 법률로 정하도록 한 것은 헌법상 허용된다'[330]고 설시하였다.

이처럼 언론사의 복수소유 금지 등 소유제한을 가하는 이유는 언론매체가 갖는 높은 정보효과와 그것이 여론형성에 미치는 커다란 영향 때문에 보도기관의 다원성 내지 다원적 구조를 저해하는 언론기관의 독과점 현상을 배척하기 위함이 목적이지만, 21세기 후기정보화사회에서는 언론환경이 변화하면서, 주파수의 제한문제가 해소되고, 1인 언론기관도 현실화하자 이같은 강제적 복수소유금지이론은 무의미하다는 견해도 대두하고 있다. 더욱이 언론의 횡포는 국가권력의 간섭에 의해서 해결하기 보다는 언론기관끼리의 자유경쟁에 의해서만 가장 효과적으로

---

326) 헌재 1993. 5. 13. 91헌바17; 1996. 10. 4. 93헌가13 등.

327) 헌재 2012. 8. 23. 2010헌마47 등.

328) 헌재 2006. 6. 29. 2005헌마165·314·555·807, 2006헌가3(병합).

329) 이와 관련된 자세한 내용은 황성기, "언론개혁에 관한 헌법학적 연구," 헌법학연구 제13권 제3호(2007. 9), 613-662.

330) 헌재결 2001. 5. 31. 2000헌바43.

방지할 있기 때문이다.[331]

(다) 겸업금지

신문법 제15조 제2항은 일간신문이 뉴스통신이나 일정한 방송사업을 겸영하는 것을 금지하고 있어 위헌론이 일었다. 그러나 헌법재판소는 '일간신문이 뉴스통신이나 방송사업과 같은 이종 미디어를 겸영하는 것을 어떻게 규율할 것인가 하는 것은 고도의 정책적 접근과 판단이 필요한 분야로서, 겸영금지의 규제정책을 지속할 것인지, 지속한다면 어느 정도로 규제할 것인지의 문제는 입법자의 미디어 정책적 판단에 맡겨져 있다'고 전제한 후, '신문의 다양성을 보장하기 위하여 필요한 한도 내에서 그 규제의 대상과 정도를 선별하여 제한적으로 규제하고 있는데, 그 규제 대상을 일간신문으로 한정하고 겸영에 해당하지 않는 행위, 즉 하나의 일간신문법인이 복수의 일간신문을 발행하는 것 등은 허용하고, 종합편성이나 보도전문편성이 아니어서 신문의 기능과 중복될 염려가 없는 방송채널사용사업이나 종합유선방송사업, 위성방송사업 등을 겸영하는 것도 가능하다'는 이유로 합헌결정을 하였다.[332]

그러나 권성, 김효종, 조대현 재판관은 "오늘날 통신기술 및 디지털기술의 발달과 위성방송, 인터넷 등 새로운 매스미디어의 발전에 따라 신문산업은 위축의 징후를 보이고 있으므로 신문사업자는 방송이나 통신의 컨텐츠사업자 등이 되어 활동영역을 넓히거나, 방송·통신의 겸영을 통하여 신문사업의 경영효율화를 도모할 필요성이 현저하게 되었는바, 이러한 상황에서는 일간신문사의 뉴스통신·방송사업 겸영을 일률적으로 금지할 것이 아니라 겸영으로 인한 언론의 집중 내지 시장지배력의 효과를 고려하여 선별적으로 통제하는 방법이 바람직함에도 불구하고, 신문법 제15조 제2항이 일률적으로 겸영을 금지하는 것은 입법수단으로서 필요한 최소한의 것이라고 볼 수 없다. 따라서 이 조항은 신문사업자인 청구인들의 언론표현 방법의 자유와 기업경영의 자유를 침해한다"며 위헌의견을 개진하였다.

(라) 언론통폐합

1980. 11. 14. 신군부는 '언론계 구조 개선'이라는 명목 하에 신문·방송·통신사를 포함해서 국내의 언론매체를 물리적으로 통폐합하였다. 중앙지의 경우 신아일보를 경향신문에 흡수시켰으며, 경향신문을 MBC와 분리하였고, 지방지는 1도 1사를 원칙으로 종전의 지방신문을 통폐합했으며 통신사는 기존의 6개 통신사를 폐지하고 신문협회와 방송협회가 출자한 연합통신 하나만 설립했다. 방송은 KBS를 한국방송공사로 개편하면서 동양방송(TBC)과 동아방송(DBS)을 KBS로 흡수·편입시켰고, 기독교방송(CBS)은 보도를 하지 못하게 했다. 이밖에 일간지로 서울에서는 신아일보와 서울경제신문, 내외경제신문 등이 자진 폐간 형식으로 해체되었고, 지방지는 각 시·도 내에 1개 신문사만 둔다는 원칙 아래 통폐합되었으나, 1990년대에 들어와 그동안

---

331) 시민사회 내부에서 서로 대립되는 다양한 사상과 의견들의 경쟁을 통하여 유해한 언론·출판의 해악이 자체적으로 해소될 수 있다면 국가의 개입은 최소한도에 그쳐야 한다(헌재결 1998. 4. 30. 95헌가16).

332) 헌재결 2006. 6. 29. 2005헌마165·314·555·807, 2006헌가3(병합).

통합되었던 일간지와 방송사 일부가 복간과 부활을 서두르면서, 언론통폐합 문제가 헌법재판으로까지 비화하게 되었다.

그러나 헌법재판소는 방송법 제6조의 최초 제정일이 1987. 11. 28.이고, 제정 당시의 방송법 부칙이 소급적용을 배제하고 있으며, 관련소송사건이 그 이전인 1980년도의 언론통폐합 과정에서 이루어진 의사표시의 법적 하자를 다투는 사안인 점을 감안하면, 이 사건 심판대상 법률조항들이 직접적으로 위 관련소송사건에 적용될 재판규범이 될 수 없어, 재판의 전제성을 인정할 수 없다고 판시함으로써 본안에 들어가지 못했다.[333]

(마) 정치적 의견표명

정치적 영역에서의 표현행위는 보통 의견의 성격을 갖게 되고, 헌법상 의견표현으로 허용된다. 정치적 토론이나 선거운동에서의 표현행위는 정책에 관한 의견을 제시하여 유권자의 지지를 얻을 목적으로 행해지는 것이므로 더욱 강한 허용성의 추정을 받게 된다. 후보자 상호간에는 정책논쟁과 상호비판에 의해 상대후보자의 정견이나 과거행적의 오류와 약점을 폭로하고, 상대방을 비판·비난하는 과정에서 과장·단순화·비유 등 여러 가지 표현기법을 구사하여 상대방을 신랄하고 통렬하게 공격하는 것이 예사일뿐만 아니라, 후보자들의 발언을 대하는 선거인 역시 그러한 사정을 이해하는 것이므로 선거운동을 즈음한 표현행위의 허부를 논함에는 그러한 현상과 관행이 충분히 고려되어야 한다.[334] 그러나 그 발언의 내용이 허위이거나 상당한 수단(adäquates Mittel)이라는 적정성(Angemmessenheit)을 넘어 비방적 비판(Schmähkritik)이 되는 경우에는 모욕죄의 책임을 면하기 어렵다.

1) 정치적 논평

표현의 자유와 명예보호 사이의 한계를 설정함에 있어서는 당해 표현으로 인하여 명예를 훼손당하게 되는 피해자가 공적인 존재인지 사적인 존재인지, 그 표현이 공적 관심사안에 관한 것인지 순수한 사적 영역에 속하는 사안에 관한 것인지 등에 따라 그 심사기준에 차이를 두어 공공적·사회적인 의미를 가진 사안에 관한 표현의 경우에는 표현의 자유에 대한 제한이 완화되어야 한다. 같은 맥락에서 정당의 정치적 주장에 관하여는 어느 정도 단정적인 어법 사용에 의해 수사적으로 과장 표현된 경우라도 명예훼손으로 인한 손해배상의 책임을 추궁할 수 없다.

예컨대 정당 대변인으로서의 공식적인 정치적 논평이나 정치적 주장에는 국민의 지지를 얻기 위하여 어느 정도의 단정적인 어법도 종종 사용되고, 이는 수사적인 과장표현으로서 용인될 수도 있으며, 국민들도 정당 대변인의 정치적 주장 등에 구체적인 사실의 적시가 수반되지 아니하면 비록 단정적인 어법으로 공격하는 경우에도 대부분 이를 정치공세로 치부할 뿐 그 주장을 그대로 객관적인 진실로 믿거나 받아들이지는 않는 것이 보통이므로, 정당 대변인의 정치적인 논평의 명예훼손과 관련한 위법성을 판단함에 있어서는 이러한 특수성이 충분히 고려되

---

333) 헌재결 1996. 8. 29. 94헌바35.

334) 박용상(주 85), 316.

어야 한다는 것이 대법원의 입장이다.335) 따라서 공공의 이해에 관련된 사항에서 정당 상호간
의 정책·정견, 다른 정당 및 그 소속 정치인들의 행태 등에 대한 비판, 이와 직접적으로 관련
된 각종 정치적 쟁점이나 관여 인물·단체 등에 대한 문제제기 등 정당의 정치적 주장에 관하
여는 그것이 어느 정도의 단정적인 어법 사용에 의해 수사적으로 과장 표현된 경우라고 하더라
도 구체적 정황의 뒷받침 없이 악의적이거나 현저히 상당성을 잃은 공격이 아닌 한 명예훼손이
인정될 여지가 크지 않다. 특히 정당 대변인의 정치적인 논평의 명예훼손과 관련한 위법성을
판단함에 있어서 고려되어야 할 특수성이 있는바, 정당의 정치적 주장에 관하여는 그것이 구체
적 정황의 뒷받침 없이 악의적이거나 현저히 상당성을 잃은 공격이 아닌 한 그 자유를 더욱 폭
넓게 인정하여야 할 것이다.

    2) 선거운동에 대한 규제336)

    민주주의 정치제도 하에서 언론의 자유는 가장 기초적인 기본권이므로 선거과정에서도 충
분히 보장되어야 하고, 공직선거에 있어서 후보자를 검증하는 것은 필요하고도 중요한 일이므
로 후보자의 공직 적격성을 의심케 하는 사정이 있는 경우 이에 대한 문제 제기가 쉽게 봉쇄
되어서도 안 된다. 선거는 헌법상의 국민주권에 입각한 대의제 민주주의의 실현과 통치권의
민주적 정당성의 확보를 위하여 불가결한 제도이며, 선거의 공정과 선거의 자유를 확보하는
것이야말로 이러한 선거제도의 성공적 실현을 위한 대원칙이기 때문이다. 선거운동은 이러한
선거의 시행에서 주권자인 국민에게 정당의 정책이나 후보자 선택에 필요한 정보를 제공하게
된다는 측면 외에도 후보자의 입장에서 보면 참정권의 행사로서 또는 정치적 의견표현의 기본
권행사로서 국가의 정책에 관한 논쟁을 통하여 국민의 지지를 획득한다는 의미를 갖는다. 따라
서 선거운동에 의해 정기적으로 정권쟁취를 위한 정당간의 공개적이고도 자유로운 경쟁이 자
유롭게 행해져야 하고 그러한 정치적 토론의 계기는 헌법상 표현의 자유와 긴밀한 연관을 갖는
것이다.337)

    (바) 방송의 자유

    신문과는 달리 방송은 주파수가 제한되어 있고 그 영향력과 침투력이 강하여 여러 가지
제한법리가 개발되어 왔으나, 기본적으로 방송도 언론으로서의 자유를 누린다.338) 방송의 자유
의 보호영역에는 단지 국가의 간섭을 배제함으로써 성취될 수 있는 방송프로그램에 의한 의견
및 정보를 표현·전파하는 주관적인 자유권 영역 외에 그 자체만으로 실현될 수 없고, 그 실현
과 행사를 위해 실체적·조직적·절차적 형성 및 구체화를 필요로 하는 객관적 규범질서의 영역
이 존재하며, 더욱이 방송매체의 특수성을 고려하면 방송의 기능을 보장하기 위한 규율의 필요

---

335) 대판 2005. 5. 27. 2004다69291; 2003. 7. 8. 2002다64384; 2003. 7. 22. 2002다62494.
336) 이에 관한 자세한 논의는 上述 Ⅳ. 다른 조문과의 체계적 관계 5. 언론·출판·집회·결사의 자유와 선거운
    동의 자유 참조.
337) 박용상(주 85), 317-318.
338) 박선영(주 10), 1-5.

성은 신문 등 다른 언론매체보다 높으므로, 방송체제의 선택을 비롯하여 방송사 설립 및 운영에 관한 조직적·절차적 규율과 방송운영주체의 지위에 관하여 실체적인 규율을 입법을 통해할 수 있다.[339]

나. 집회·결사의 자유

집회·결사의 자유는 타인과의 접촉을 통해 개성을 신장시키고 의사를 형성하며, 집단적인 의사표현을 하고, 집단적인 형태로 공동의 이익을 추구함으로써 민주정치의 실현과 동화적 통합에 기여한다.[340] 결국 언론·출판의 자유와 같이 기본적으로 개인의 인격발현적 요소와 민주주의를 구성하는 요소를 모두 갖지만, 언론·출판의 자유와 비교해 볼 때 개인적 권리의 성질보다는 집단적 권리의 성질을 더 강하게 보이면서, 언론·출판의 자유를 보완해주는 기능을 한다고 볼 수 있다.

(1) 집회의 자유

(가) 학　설

1) 개　념

가) 집　회

집회라 함은 불특정 다수인이 일정한 장소를 전제로 하여 특정한 공동의 목적을 위해 일시적으로 회합함을 말한다. 학자에 따라서는 집회의 자유를 집단적 의사표명으로 보지 않고 타인과 모이는 자유를 보호하는 것, 다시 말 해 국가로부터 개인이 고립되는 것을 방지하는 개념으로 보기도 한다.[341] 몇 명이 최소한이냐에 대해서도 이론이 있지만, 3인이 다수설이다.[342]

집회의 자유는 초실정법적 권리로서 타인과의 교섭을 통해 자신의 인격발전을 이룩할 수 있는 수단이 되므로 주관적 공권인 동시에, 민주국가에서의 집단적 형태의 정보교환과 시위를 보호하려는 것이므로 정치적 또는 민주적 기본권이라고 할 수 있다. 집회의 자유에 시위의 자유가 포함되느냐에 관하여는 논란이 있으나, 집회의 자유란 집회를 통하여 단체로서의 의사를 형성하고 형성된 의사를 표현하며, 나아가서 그 의사를 관철하기 위한 활동의 자유까지 포함하는 것으로 보아야 한다.[343] 그러나 헌법이 규정하고 있는 집회의 자유에 의해 보호되는 집회는 평화적 또는 비폭력적 집회에 한한다.

집회의 자유는 집회가 건조물·공원·도로 등 일정한 公物의 사용을 전제로 하기 때문에 국가 또는 지방자치단체 등에 대하여 공공시설의 이용을 적극적으로 요구할 수 있는 공물이용권으로서의 성격도 가지고 있다. 그러나 집회란 집단적으로 기본권을 행사하는 것일 뿐, 제도

---

339) 헌재 2003. 12. 18. 2002헌바49; 2001. 5. 31. 2000헌바43.
340) 허영(주 1), 589.
341) 한수웅(주 1), 756.
342) 허영(주 1), 592.
343) 성낙인(주 1), 474.

가 아니기 때문에 제도적 보장의 범주에 포함시킬 수는 없다.[344] 여러 사람이 한 자리에 모여 공동의 관심사를 이야기하고 함께 의사표현을 하는 것은 타인과 더불어 살아가는 인간 공동생활의 필수요건이지만, 특히 국민의 정치적인 의사형성과정에 집단적인 형태로 참여함으로써 의사표현의 실효성을 증대시켜 주고 정치적인 요구를 관철시킬 수 있도록 하기 위해 대의기능이 약화된 경우에는 그에 갈음하는 직접 민주주의의 수단으로서의 의의도 갖기 때문에 헌법이 집회의 자유를 특별히 보호하는 것이다.[345]

나) 시위와의 차이 등

현행법은 집회와 시위를 법률적으로 구별하고 있다. 양자의 차이는 집회가 정적이라면, 시위는 동적인 개념으로 행진 등을 통해 장소를 움직인다는 점에서 구별할 수 있지만, 연좌농성 같이 장소를 움직이지 않고 시위를 할 수도 있다. 따라서 시위도 집회의 자유에 의해 보호되는 행위태양이라고 해야 할 것이지만, 시위는 일반대중에게 불편을 끼칠 개연성이 높아 일반 집회보다 더 높은 정도의 제한이 있을 수 있다.[346] 그래도 현행 집시법상 시위라 함은 다수인이 공동의 목적을 가지고 도로·광장·공원 등 공중이 자유로이 통행할 수 있는 장소를 행진하거나 위력 또는 기세를 보여 불특정 다수인의 의견에 영향을 주거나 제압을 가하는 행위를 말한다.[347]

또 비계획적인 우발적 집회도 가능하다. 공청회 등에 참가한 후 흥분상태에서 이루어지는 우발적 집회는 신고가 불가능하지만, 집회의 목적·방법 등을 감안하여 신된 집회와 마찬가지로 보호되어 한다는 의견이 다수설이다.[348] 이밖에 사전계획은 있었으나, 사안의 긴급성 때문에 사전신고기간(720시간부터 48시간 전)의 신고가 불가능한 긴급집회의 경우에도 즉시 신고하면 합법적 신고로 인정되기도 한다.[349]

2) 주 체

자연인 외에 법인도 제한된 범위 내에서 집회의 자유의 주체가 될 수 있다(통설). 자연인 중에 외국인도 포함되는가에 관해서는 부정하는 견해도 있지만 포함된다고 보아야 한다. 다만 외국인은 국민에 비해 그 제한이 가중될 수 있다.[350] 집회가 시위로 성격이 변질되는 경우도 마찬가지이다. 1인 시위는 집회가 아니라 표현의 자유로 보호된다.

3) 효 력

집회의 자유는 원래 대국가적 방어권이므로 공권력의 담당자인 모든 국가기관을 구속한

---

344) 권영성(주 1), 525-526; 허영(주 1), 591.
345) 허영(주 1), 561. 그러나 김철수 교수는 집회의 자유와 결사의 자유를 모두 제도적 보장으로 보고 있다. 김철수(주 1), 631.
346) 정종섭(주 1), 622.
347) 집시법 제2조.
348) BVerfGE 69, 315(350); 김학성(주 5), 513-514.
349) BVerfGE 85, 69(75); 계희열(주 1), 486; 김학성(주 5), 514.
350) 권영성(주 1), 526.

다. 사인에 의해 집회의 자유가 침해되는 때에도 기본권의 제3자적 효력에 관한 간접적용설에 따라 집회의 자유는 보호를 받는다(다수설). 집회 및 시위에 관한 법률 제3조 제1항이 '누구든지 폭행·협박 기타의 방법으로 평화적인 집회 또는 시위를 방해하거나 질서를 문란하게 하여서는 아니된다'라고 한 것은 집회의 자유의 제3자적 효력을 수용한 규정이라고 볼 수 있다. 그러나 집회 또는 시위는 평화적·비폭력적·비무장적이어야 한다. 평화적 집회와 폭력적 집회를 구별하는 기준에 관해서는 심리적 폭력설과 물리적 폭력설이 대립하고 있으나, 물리적 폭력설이 다수설이다.[351]

집회의 자유도 무제한의 자유가 아니어서 헌법 제37조 제2항의 규정에 따라 국가안전보장·질서유지 또는 공공복리를 위하여 필요한 경우에는 법률로써 제한할 수 있으나, 집회의 자유를 제한하는 경우에도 집회의 자유의 본질적인 내용은 침해할 수 없으며, 명백·현존하는 위험의 법리, 막연하기 때문에 무효의 이론, 규제입법의 합헌성추정의 배제이론, 과잉금지의 원칙 등이 준수되어야 한다.

(나) 판   례

집회나 시위는 민주사회가 치러내야 하는 민주주의 비용이다. 따라서 집회나 시위로 인해 일반국민에게 발생하는 어느 정도의 불편은 자유민주국가가 지불해야 하는 일종의 사회적 비용으로 보아야 하지만, 집회의 자유에 의해서 보호되는 집회는 어디까지나 평화적·비폭력적 집회이다.[352]

1) 집회의 자유의 의미

우리 헌법재판소는 집회의 자유에 대해 '집회의 자유는 불만과 비판을 공개적으로 표출케 해서 건전한 여론표현과 여론형성을 촉진시키며, 대의기능이 약화되었을 때 소수의견을 국정에 반영할 수 있다'[353]며 그 기능을 설시하고 있다. 따라서 '민주국가에서 정신적 대립과 논의의 수단으로서 평화적 수단을 이용한 의견의 표명은 헌법적으로 보호되지만, 폭력을 사용한 의견의 강요는 헌법적으로 보호되지 않으며, '헌법은 집회의 자유를 국민의 기본권으로 보장함으로써 평화적 집회 그 자체는 공공의 안녕질서에 대한 위험이나 침해로서 평가되어서는 안되고, 개인이 집회의 자유를 집단적으로 행사함으로써 불가피하게 발생하는 일반대중에 대한 불편함이나 법익에 대한 위험은 보호법익과 조화를 이루는 범위 내에서 국가와 제3자에 의하여 수인되어야 한다는 것을 헌법 스스로 규정하고 있다.'[354]

2) 집회 및 시위에 관한 법률(집시법)

집시법위반행위에 대한 벌칙에 대해서는 '어떤 행정법규 위반행위에 대하여 이를 단지 간접적으로 행정상의 질서에 장해를 줄 위험성이 있음에 불과한 경우로 보아 행정질서벌인 과태료를 과할 것인가, 아니면 직접적으로 행정목적과 공익을 침해한 행위로 보아 행정형벌을 과할

---

351) 권영성(주 1), 526-527.
352) 헌재 2003. 10. 30. 2001헌바67.
353) 헌재 1992. 1. 28. 89헌가8.
354) 헌재 2003. 10. 30. 2000헌바 67·83(병합).

것인가, 그리고 행정형벌을 과할 경우 그 법정형의 형종과 형량을 어떻게 정할 것인가는 당해 위반행위가 위의 어느 경우에 해당하는가에 대한 법적 판단을 그르친 것이 아닌 한 그 처벌내용은 기본적으로 입법권자가 제반사항을 고려하여 결정할 입법재량에 속하는 문제라고 할 수 있다'355)라고 하여 금지통고된 옥외집회 등을 개최한 자에 대하여 행정형벌을 과하도록 한 집시법 규정의 합헌성을 인정하였다. 옥외집회의 사전신고제도와 미신고옥외집회주최자에게 행정형벌을 과하도록 규정한 집시법 규정은 신고제를 사실상 허가제로 변화시킨 것은 아니기 때문이다.356)

舊 집시법이 국내주재 외교기관 부근에서의 집회를 금지했던 것에 대해서는 '집회의 목적·내용과 집회의 장소는 일반적으로 밀접한 내적인 연관관계에 있기 때문에, 집회의 장소에 대한 선택이 집회의 성과를 결정짓는 경우가 적지 않다. 집회장소가 바로 집회의 목적과 효과에 대하여 중요한 의미를 가지기 때문에 누구나 어떤 장소에서 자신이 계획한 집회를 할 것인가를 원칙적으로 자유롭게 결정할 수 있어야만 집회의 자유가 비로소 효과적으로 보장되는 것이다. 따라서 집회의 자유는 다른 법익의 보호를 위하여 정당화되지 않는 한, 집회장소를 항의의 대상으로부터 분리시키는 것을 금지하는바, … 동규정은 최소침해의 원칙에서 볼 때 입법목적을 달성하기 위하여 필요한 조치의 범위를 넘는 과도한 제한'357)이라며 위헌결정을 한 바 있다.

그러나 '현저히 사회적 불안을 야기시킬 우려가 있는 집회 또는 시위'를 금지한 舊 집시법 규정에 대해서 헌재는 '그 행위가 공공의 안녕과 질서에 직접적인 위협을 가할 것이 명백한 경우에 한하여 적용된다고 해석할 때에만 합헌'358)이다.

(2) 결사의 자유

(가) 학   설

1) 개   념

결사란 '다수인'이 일정한 공통된 목적을 위해 계속적인 단체를 형성하는 것(지속성)을 말하되 가입과 탈퇴의 자유(자발성)가 인정되는 자의적 단체에 한한다.359) 2인 이하인 경우에는 다수결이 불가능하기 때문에 인정되지 않는다.

결사의 자유는 임의적인 사적 결사의 자유로서 사회적인 집단형성에 대한 국가적 간섭이나 조작으로부터의 자유를 그 내용으로 한다. 국민 한 사람 한 사람이 타인과 더불어 단체를 조직하고 견해를 같이 하는 사람끼리 일정한 기간 동안 결합함으로써 공동의 목적을 추구하고 단체의사를 형성하며 그 조직의 한 구성원으로 그 단체의사에 복종하면서 살아가는 것은 사회공동체의 가장 기본적인 조직원리라고 할 수 있다.360) 따라서 결사의 자유에는 결사내부조직,

---

355) 헌재 1994. 4. 28. 91헌바14.
356) 헌재 2009. 5. 28. 2007헌바22.
357) 헌재 2003. 10. 30. 2000헌바67·83(병합).
358) 헌재 1992. 1. 28. 89헌가8.
359) 김철수(주 1), 185.
360) 계희열(주 1), 465; 권영성(주 1), 525; 김철수(주 1), 539; 허영(주 1), 567.

내부적인 의사결정기구, 업무처리방법 등에 대한 이른바 결사내향적 자율권이 전제[361]되기 때문에 공법상의 결사는 결사의 자유에 포함되지 않는다.[362]

2) 법적 성격

일반적 결사의 자유는 개인 또는 집단 또는 단체의 자유권적 기본권이면서 정치적 기본권이라고 하는 복합적 성격을 가진다. 종래에는 결사의 자유를 전적으로 국가에 대한 개인 및 집단의 소극적 방어권으로서의 자유권으로 이해했지만 오늘날에는 국민이 여론을 형성하고 정치적 과정에 참여하는 권리로도 이해되고 있다. 따라서 결사의 자유는 타인과 자유로이 교통할 수 있는 권리로서의 성격과 민주적인 국법질서를 구성하는 요소로서의 성격을 아울러 가지는 권리로 파악되지만, 제도적 보장을 의미하는 것은 아니다.[363]

3) 주 체

결사의 자유는 고독한 인간의 원초적 조건이라고 할 수 있으므로 인간이면 누구나 그 주체가 되지만, 외국인은 정치적인 목적으로 결사를 하는 경우 국적을 가진 자연인에 비해 제한을 받게 된다.[364] 법인 등 결사체도 그 조직과 의사형성, 그리고 업무수행에 있어 자기결정권을 가지기 때문에 결사의 자유의 주체가 된다. 다만 공적 책무의 수행을 목적으로 하는 공법상의 단체는 결사의 주체가 될 수 없다.

4) 효 력

결사의 자유가 공권력 외에 사인에 대해서도 구속력이 있는가가 문제될 수 있는바, 사인에 대해서는 사법상의 일반조항을 통해 간접적으로 적용된다고 보아야 할 것이다.[365]

(나) 판 례

요건을 갖춘 사회단체의 등록신청에 대해서 설립목적 등이 유사한 다른 사회단체가 이미 등록되었다는 이유만으로 행정관청이 그 등록접수를 거부하는 것은 결사의 자유에 대한 침해다.[366] 이는 사회단체로 등록되지 않더라도 단체활동에는 지장이 없다는 이유로 행정관청의 임의적인 등록접수 거부를 허용하던 1967년 이래의 판례를 바꾼 것이다.[367]

헌법재판소는 '법인 등 결사체도 그 조직과 의사형성에 있어서 그리고 업무수행에 있어서 자기결정권을 가지고 있어 결사의 자유의 주체가 된다고 봄이 상당하다며, 법인의 결사의 자유의 기본권주체성을 긍정하고 있다.[368] 또 노동단체가 정당에 정치자금을 기부하는 행위를 금지

---

361) BVerfGE 50, 290(354).
362) 헌재 1996. 4. 25. 92헌바47.
363) 권영성(주 1), 531.
364) 학자에 따라서는 외국인에 대해 결사의 자유를 부정하기도 하고{계희열(주 1), 506; 김철수(주 1), 880} 긍정하기도 한다{권영성(주 1), 531}.
365) 권영성(주 1), 532.
366) 대판 1989. 12. 26. 87누308.
367) 허영(주 1), 600.
368) 헌재 2000. 6. 1. 99헌마553.

하는 것은 '헌법 제33조의 단결권이 아니라, 헌법 제21조에서 보장된 노동조합의 정치활동의 자유를 제한하는 요소'이며,[369] 복수조합의 설립을 금지한 舊 축산업협동조합 제99조 제2항도 결사의 자유의 본질적 내용을 침해하기 때문에 위헌이다.[370] 이밖에 사립학교 설립법인은 전국 또는 시·도 단위로 연합해야만 교원노조와 단체교섭을 할 수 있고, 개별학교법인은 단체교섭을 할 수 없게 한 교원노조법규정(제6조 제1항)은 결사의 자유와 평등권의 침해가 아니며,[371] 변리사와 안마사에게 변리사회나 안마사회에 의무적으로 가입하게 한 변리사법이나 의료법 규정은 '소극적 결사의 자유, 직업수행의 자유, 평등권의 침해가 아니'[372]라는 것이 우리 헌재의 입장이다. 이는 독일도 마찬가지이다. 공적인 과제를 수행하기 위해서 공법상의 강제결사를 조직하는 것은 일반적인 행동의 자유를 제한하게 될지는 몰라도 소극적 결사의 자유에 대한 침해라고는 볼 수 없다는 것이 독일 학계와 연방헌법재판소의 입장이다.[373]

그러나 서울시가 서울광장통행을 저지함으로써 집회의 자유를 제한하는 것은 위헌이다.[374]

2. 제21조 제 2 항

가. 허가제의 금지

허가나 검열과 같은 사전억제(prior restraint)는 자유로운 의사표현 자체를 봉쇄하여 집권세력에 유리한 의견의 발표만이 허용됨으로써 사상과 의사의 자유시장의 성립을 방해하므로 허용될 수 없다.[375] 우리 헌법은 허가나 검열금지에 대해서 제21조 제2항에 정하고 있지만, 그 취지에서 보면 예술표현이나 종교적 표현, 학문연구발표 등 모든 표현의 자유에 적용되는 법리이므로 표현의 자유 일반에 적용된다고 보아야 한다.[376]

(1) 학   설

언론에 대한 허가제는 원래 자연적 자유에 속하는 언론의 자유를 일단 일반적으로 금지한 연후에 특정한 경우에 한하여 그 금지를 해제하여 주는 행정처분이다. 언론에 대한 허가제는 전면적 금지의 대상이 될 수 없는 자연적 자유를 일단 전면적으로 금지하는 것이라는 점에서도 부당할 뿐 아니라, 특정의 경우에 한하여 당국이 선별적으로 금지를 해제하여 주는 것이라는 점에서도 부당하다.[377] 다만 방송의 특성상 방송법은 추천·허가·승인·등록 등을 규정하고 있

---

369) 헌재 1999. 11. 25. 95헌마154.
370) 헌재 1996. 4. 25. 92헌바47.
371) 헌재 2006. 12. 28. 2004헌바67.
372) 헌재 2008. 7. 31. 2006헌마666; 2008. 10. 30. 2006헌가15.
373) 허영(주 1), 599.
374) 헌재 2011. 6. 30. 2009헌마406.
375) 이에 관한 상세는 임지봉, "미국헌법상의 표현의 자유와 사전억제금지의 원칙," 미국헌법연구 제20권 제2호(2009. 9), 287-315; 한수웅, "헌법 제21조 제2항의 '집회에 대한 허가금지'의 의미," 인권과 정의 419호(2011. 7), 대한변호사협회, 1-20.
376) 정종섭(주 1), 615.
377) 권영성(주 1), 504-505; 성낙인(주 1), 448.

다(제9조). 그러나 등록이나 신고는 사전허가나 사전검열과는 다르기 때문에 허용된다. 예컨대 영화법 제4조 제1항에서 영화제작을 업으로 하는 자에게 등록의무를 부과하는 것은 영화산업의 육성발전을 촉진하고 영화예술의 질적 향상을 도모하기 위한 것이지, 헌법상 보장된 표현의 자유와 그 내용을 간섭하기 위한 것이 아니므로 위헌이 아니다.[378]

(2) 판 례

(가) 방송허가

헌법재판소는 중계유선방송사업자의 사업범위를 방송의 중계송신업무에 국한시킨 舊 유선방송관리법의 규율과 관련하여 '헌법 제21조 제3항은 통신·방송의 시설기준을 법률로 정하도록 규정하여 일정한 방송시설기준을 구비한 자에 대해서만 방송사업을 허가하는 허가제가 허용될 여지를 주는 한편 행정부에 의한 방송사업허가제의 자의적 운영이 방지되도록 하고 있으므로, 정보유통 통로의 유한성, 사회적 영향력 등 방송매체의 특성을 감안할 때, 종합유선방송 등에 대한 사업허가제를 두는 것 자체는 허용된다'라고 하여 합헌결정을 하였다.[379]

(나) 정기간행물의 등록

舊 정기간행물의등록등에관한법률 제7조 제1항은 각종 정기간행물에 대해 등록의무를 부과하고 있었는데, 이에 대해 헌법재판소는 '국가가 정기간행물의 실태에 관한 정보를 관리하고, 이를 바탕으로 언론·출판의 건전한 발전을 도모하기 위한 장·단기 계획을 수립하고 시행하는 데 필요한 참고자료를 획득할 수 있도록 한다는 목적을 가지고 있고, 등록제를 규정하여 정기간행물의 발행요건에 관하여 실질적 심사가 아니라 단지 형식적 심사에 그치도록 하고 있으며, 정기간행물의 외형적이고 객관적인 사항에 한정되어 있으므로 위 규정이 정기간행물의 내용을 심사·선별하여 정기간행물을 사전에 통제하기 위한 규정이 아님 명백하므로, 헌법 제21조 제2항이 정하는 사전허가나 검열에 해당되지 아니하여, 언론·출판의 자유를 침해하지 않는다'고 판시하였다.[380] 또 '어떤 행정법규 위반행위에 대하여 이를 단지 간접적으로 행정상의 질서에 장해를 줄 위험성이 있음에 불과한 경우(단순한 의무태만 내지 의무위반)로 보아 행정질서벌인 과태료를 과할 것인가, 아니면 직접적으로 행정목적과 공익을 침해한 행위로 보아 행정형벌을 과할 것인가, 그리고 행정형벌을 과할 경우 그 법정형의 형종과 형량을 어떻게 정할 것인가는, 당해 위반행위가 위의 어느 경우에 해당하는가에 대한 법적 판단을 그르친 것이 아닌 한 그 처벌내용은 기본적으로 입법권자가 제반사정을 고려하여 결정할 그 입법재량에 속하는 문제'라고 전제한 후, '정기간행물을 등록하지 아니하고 정기간행물을 발행함으로써 정기간행물의 발행질서를 교란하고 국가의 정책수립을 방해하는 자로서 사회질서를 훼손하였다는 사회적 비난을

---

378) 헌재 1996. 8. 29. 94헌바15.
379) 헌재 2001. 5. 31. 2000헌바43, 52(병합).
380) 헌재 1997. 8. 21. 93헌바51; 1998. 10. 15. 96헌바77; 2004. 12. 16. 2003헌바78; 2005. 10. 27. 2003헌바50·62, 2004헌바96, 2005헌바49(병합).

면하기 어려운 자들이므로, 이들에 대하여 1년 이하의 징역 또는 500만원 이하의 벌금에 처할 것을 규정한 것도 헌법상 평등의 원리에 반한다거나, 입법목적의 달성에 필요한 정도를 일탈하여 위헌이라고 인정하기는 어렵다'고 밝혔다. 그러나 이재화 재판관과 조승형 재판관은 반대의견을 통해 '등록제도의 입법목적은 정기간행물의 객관적·외형적 사항을 등록하게 함으로써 정기간행물의 실태파악이라는 행정편의를 위하여 참고자료를 수집하고자 함에 있고, 그러한 입법목적에 비추어 볼 때 동법이 규정하고 있는 처벌규정은 행정질서벌을 부과하는 방법으로 충분히 입법목적을 달성할 수 있음에도 불구하고, 사회적 비난이 포함되어 있는 행정형벌인 징역형이나 벌금형을 부과하여 과다하게 국민의 기본권을 제한하고 있다'며 위헌의견을 개진하였다.

나. 검열금지

(1) 학   설

검열이라 함은 사상·의견 등이 발표되기 이전에 국가기관이 내용을 심사·선별하여 일정한 사상이나 의견의 표현을 사전에 억제하는 제도를 말한다. 검열의 대상은 출판물·영화·비디오물 등 객체화된 표현물인데, 집권세력에게 불리한 내용의 표현을 사전에 억제하는 것은 이른바 관제의견이나 지배자에 무해한 世論만이 허용되는 위험한 결과를 초래하기 때문에 용납될 수 없다.381)

(2) 판   례

(가) 검열의 의미

1) 검열의 주체

'헌법이 규정하고 있는 검열이란 행정권이 주체가 되어 사상이나 의견 등이 발표되기 전에 예방적 조치로서 그 내용을 심사·선별하여 발표를 사전에 억제하는, 즉 허가받지 아니한 것의 발표를 금지하는 제도를 말한다'.382) 결국 우리 헌법재판소는 일반적으로 허가를 받기 위한 표현물의 제출의무, 행정권이 주체가 된 사전심사절차, 허가를 받지 아니한 의사표현의 금지 및 심사절차를 관철할 수 있는 강제수단 등 4가지 요건을 모두 갖춘 경우에만 검열로 보아 절대금지하고 있다.383) 따라서 행정기관이 아닌 독립적인 위원회가 검열을 행한다고 하더라도 행정권이 주체가 되어 검열절차를 형성하고 그 설립·구성·절차·권한 등에 있어 지속적인 영향을 미칠 수 있는 경우라면 실질적으로 보아 행정기관이 검열기관이라고 보아야 한다.384)

2) 검·인정교과서

초·중등학교의 교과서용 도서는 국정 또는 검·인정한 것에 한하도록 규정한 교육법(제157조)에 대해서 헌법재판소는 '국정교과서제도에 대해 같은 내용의 책을 교과서가 아닌 일반도서

---

381) 권영성(주 1), 505.
382) 헌재 1996. 10. 4. 93헌가13.
383) 헌재 2010. 7. 29. 2006헌바75.
384) 헌재 2006. 10. 26. 2005헌가14.

로 발행하는 것을 금지하고 있는 것이 아니기 때문에 사전검열이 아니고, 출판의 자유를 침해하는 것도 아니다'[385]라고 결정하였다.

3) 광고규제

광고는 기업마케팅 활동의 필수요소로서 현대 자본주의사회의 필수불가결한 제도이다. 광고소비자들에게 상품의 품질, 특징, 가격 등의 정보를 제공함으로써 소비자의 선택을 위한 판단과 의사결정에 보조적인 역할을 수행하며, 이러한 정보제공과정에서 광고는 여러 형태의 표현방식을 동원하여 상품에 대한 사회적 가치를 부여하게 된다. 이같은 목적을 달성하기 위해 광고는 자극적인 정보와 표현방식을 주로 사용하게 되면서 소비자의 합리적인 의사결정을 방해하고 나아가 시장의 공공성을 해침으로써 사회질서를 교란하게 된다.[386] 사전제한이 논의되고 정당화되는 논리이기도 하다.

광고에 대한 사전제한에 대해서 헌법재판소는 '옥외광고물등관리법 제3조처럼 일정한 지역·장소·물건에 광고물 또는 게시시설을 표시하거나 설치하는 경우에 그 광고물 등의 종류·모양·크기·색깔·표시 또는 설치의 방법 및 기간 등을 규제하는 경우에는 광고물 등의 내용을 심사·선별하여 광고물을 사전에 통제하려는 제도가 아니기 때문에 헌법 제21조 제2항에서 금지하고 있는 사전검열이 아니라고 하였다.[387]

헌법재판소는 건강기능식품의 기능성 표시·광고에 대한 사전심의업무도 검열이 아닌 것으로 판단했다. 헌재는 '건강기능식품의 허위·과장 광고를 사전에 예방하지 않을 경우 불특정다수가 신체·건강상 피해를 보는 등 광범위한 해악이 초래될 수 있고, 허위·과장 광고 등에 대해 사후적인 제재를 하더라도 소비자들이 신체·건강상으로 이미 입은 피해는 피해 회복이 사실상 불가능할 수 있어서 실효성이 별로 없을 뿐만 아니라, 건강기능식품 광고는 영리 목적의 순수한 상업광고로서 사상이나 지식에 관한 정치적·시민적 표현행위 등과 별로 관련이 없고, 이러한 광고를 사전에 심사한다고 하여 예술활동의 독창성과 창의성 등이 침해되거나 표현의 자유 등이 크게 위축되어 집권자의 입맛에 맞는 표현만 허용되는 결과가 될 위험도 작다'는 이유로 합헌결정을 하였다.[388]

인터넷 실명제에 대해서도 우리 헌재는 '인터넷이용자가 스스로의 판단에 따라 실명확인 절차를 거치거나 거치지 아니하고 자신의 글을 게시할 수 있으므로 이 인터넷실명제를 사전검열에 해당한다고 볼 수 없다'고 설시하였다.[389]

---

385) 헌재 1992. 11. 12. 89헌마88; 1996. 10. 4. 93헌가13; 1998. 12. 24. 96헌가23; 1999. 9. 16. 99헌가1; 2000. 2. 24. 99헌가17.
386) 황도수, 광고의 제한과 표현의 자유, 재판실무연구(1) 언론관계소송, 한국사법행정학회, 2008.
387) 헌재 1996. 10. 4. 93헌가13.
388) 헌재 2010. 7. 29. 2006헌바75.
389) 헌재 2010. 2. 25. 2008헌마324, 2009헌바31(병합).

4) 추천제도

그러나 음비계법상의 영상물등급위원회의 외국음반 국내제작 추천제도는 사전검열에 해당
하는 것으로 위헌결정을 받았다.[390]

(나) 사전심의

1) 영화에 대한 사전심의

헌법재판소는 영화법 제12조 등이 규정하고 있는 영화에 대한 심의제도에 대한 위헌제청
에서 '영화에 대한 심의제도의 내용은 심의기관인 공연윤리위원회가 영화의 상영에 앞서 그 내
용을 심사하여 심의기준에 적합하지 아니한 영화에 대하여는 상영을 금지할 수 있고, 심의를
받지 아니하고 영화를 상영할 경우에는 형사처벌까지 가능하도록 한 것이 그 핵심이므로 이는
명백히 헌법 제21조 제2항이 금지하고 있는 사전검열제도를 택한 것'이라고 결정한 바 있
다.[391] 또 '일반적으로 허가를 받기 위한 표현물의 제출의무, 행정권이 주체가 된 사전심사절
차, 허가를 받지 아니한 의사표현의 금지 및 심사절차를 관철할 수 있는 강제수단 등의 요건을
갖춘 경우에는 헌법에 의하여 금지되는 검열에 해당되는데, 영상물등급위원회는, 그 위원을 대
통령이 위촉하고, 그 구성방법 및 절차에 관하여 필요한 사항을 대통령령으로 정하도록 하고
있으며, 국가예산으로 그 운영에 필요한 경비의 보조를 받을 수 있도록 하고 있는 점 등에 비
추어 행정권이 심의기관의 구성에 지속적인 영향을 미칠 수 있고 행정권이 주체가 되어 검열절
차를 형성하고 있어 검열기관에 해당한다'고 보았다.[392] 이밖에 영상물등급위원회의 등급보류
제도도 우리 헌법이 절대적으로 금지하는 사전검열에 해당하는 것으로 위헌결정을 받았다.[393]

2) 공연에 대한 사전심의

공연윤리위원회가 음반의 제작 및 판매에 앞서 그 내용을 심사하여 심의기준에 적합하지 아
니한 음반에 대하여는 판매를 금지할 수 있고, 심의를 받지 아니한 음반을 판매할 경우에는 형사
처벌까지 할 수 있도록 규정한 것은 행정권이 그 구성에 지속적인 영향을 미칠 수 있게 되어 있으
므로 이같은 사전심의제도는 명백히 사전검열에 해당한다는 것이 우리 헌법재판소의 입장이다.[394]

---

390) 헌재 2006. 10. 26. 2005헌가14.
391) 헌재 1996. 10. 4. 93헌가13·91, 91헌바10(병합).
392) 헌재 2001. 8. 30. 2000헌바9. 그러나 재판관 송인준은 "헌법 제21조 제1항에서 보호되는 '언론·출판'에 해
    당되지 아니하는 표현은 헌법 제21조 제2항의 검열금지에 의한 보호의 대상이 될 수도 없으므로, 이와 같
    이 헌법상 보호되지 아니하는 표현을 여과하는 장치인 등급분류보류제도는 위헌이라 할 수 없다"고 하였
    고, 재판관 주선회도 '영상물등급위원회는 과거와 달리 문화관광부장관의 위원장·부위원장 승인제도와 문
    화관광부장관에 대한 심의결과 보고의무가 없는 등 공연윤리위원회와 한국공연예술진흥협의회를 검열기관
    으로 판정한 헌법재판소의 결정취지를 반영하여 그 구성면에서나 구체적인 영화의 심의면에서 중요한 차
    이를 두었으므로, 공연윤리위원회와 한국공연예술진흥협의회와는 달리 행정권으로부터 형식적·실질적으로
    독립된 민간 자율기관이라고 보아야 한다'는 이유로 반대하였다. 동지 대판 2004. 4. 13. 2001초472 (2001
    도3495) 결정; 헌재 2002. 4. 25. 2001헌가27; 2005. 2. 3. 2004헌가8; 2006. 10. 26. 2005헌가14; 2004. 1.
    29. 2001헌마894.
393) 헌재 2001. 8. 30. 2000헌가9.
394) 헌재 1996. 10. 31. 94헌가6; 1998. 2. 28. 96헌바2; 1998. 12. 24. 96헌가23; 1999. 9. 16. 99헌가1; 2000. 2.
    24. 99헌가17.

3) 음반 등에 대한 사전심의

舊 음반및비디오물에관한법률(이하 '음비게법'이라 한다) 제16조 제1항이 규정하고 있던 사전심의제도도 '심의기관인 공연윤리위원회가 음반의 제작·판매에 앞서 그 내용을 심사하여 심의기준에 적합하지 아니한 음반에 대하여는 판매를 금지할 수 있고, 심의를 받지 아니한 음반을 판매할 경우에는 형사처벌까지 할 수 있도록 규정하고 있는 것은 명백한 사전검열제도에 해당한다'[395]는 헌법재판소의 판단을 받았다.

4) 광고자율심의

방송위원회로부터 위탁을 받은 한국광고자율심의기구가 텔레비전 방송광고의 사전심의를 담당하도록 한 것은 헌법이 금지하는 '사전검열에 해당한다'[396]는 것이 우리 헌법재판소의 입장이다. 한국광고자율심의기구는 민간이 주도가 되어 설립된 기구이기는 하지만, 그 구성에 행정권이 개입하고 있고, 행정법상 공무수탁사인으로서 그 위탁받은 업무에 관하여 국가의 지휘·감독을 받고 있으며, 방송위원회는 텔레비전 방송광고의 심의 기준이 되는 방송광고 심의규정을 제정·개정할 권한을 가지고 있고, 자율심의기구의 운영비나 사무실 유지비, 인건비 등을 지급하고 있기 때문이다. 따라서 한국광고자율심의기구가 행하는 방송광고 사전심의는 방송위원회가 위탁이라는 방법에 의해 그 업무의 범위를 확장한 것에 지나지 않으므로 '텔레비전 방송광고 사전심의는 행정기관에 의한 사전검열로서 헌법이 금지하는 사전검열에 해당한다'는 것이 우리 헌재의 입장이다.

(다) 납본제도

舊 정기간행물의등록등에관한법률은 모든 정기간행물에 대해 납본의 의무를 부과하고 있어(제10조 및 제24조 제1항) 위헌논란을 야기하였다. 그러나 헌법재판소는 '정기간행물의 공보처장관에의 납본제도는 언론·출판에 대한 사전검열이 아니어서 언론·출판의 자유를 침해하는 것이 아니고, 헌법이 보장하는 재산권을 침해하는 것도 아니며, 도서관진흥법과 국회도서관법 외에 따로 납본제도를 두었다고 하여 과잉금지의 원칙에도 반한다고 할 수 없다'며 합헌결정을 하였다.[397] 또 동법 제24조 제1항 제4호가 규정하고 있는 과태료 부과도 부당하게 과중하다고 볼 수 없다며 합헌결정을 하였다.[398] 같은 의미에서 음반법이 요구하고 있는 음반제작자의 등록제와 음반제작시설의 설치등록제도(제3조)에 대해서도 합헌결정을 하였다.[399]

(라) 등급보류제도

검열금지나 사전심의와 같은 취지에서 등급보류제도도 비록 형식적으로는 등급분류보류에

---

395) 헌재 1996. 10. 31. 94헌가6.
396) 헌재 2008. 6. 26. 2005헌마506.
397) 헌재 1992. 6. 26. 90헌바26.
398) 그 후에도 동일한 사항이 위헌제청되었으나, 같은 이유로 헌법재판소는 합헌결정을 하였다. 헌재 2001. 8. 30. 2000헌바36; 2005. 7. 21. 2004헌바57; 2006. 4. 27. 2005헌마1119; 2004. 2. 26. 2001헌마718.
399) 헌재 1993. 5. 13. 91헌바17.

의한다 하더라도 실질적으로는 영상물등급위원회의 허가를 받지 않는 한 무한정 영화를 통한 의사표현이 금지될 수 있다는 것을 의미하기 때문에 사전 검열에 해당한다.400) 마찬가지로 舊 음비게법에 의한 등급심사도 공연윤리위원회의 후신인 한국공연예술진흥협의회가 비디오물에 대해 사전심사를 통해 등급을 보류하는 것이므로 사전검열금지의 원칙에 위배된다는 결정을 받았다.401)

(마) 가처분제도

사전적 구제제도로서의 가처분제도는 사후구제수단만으로는 충분한 권리보호가 불가능하다고 판단될 때 인정된다. 인격권은 그 성질상 일단 침해된 후의 구제수단(금전배상이나 명예회복처분 등)만으로는 그 피해의 완전한 회복이 어렵고 손해보전의 실효성을 기대하기 어려우므로, 인격권 침해에 대해서는 사전 예방적 구제수단으로 침해행위의 정지·방지 등의 금지청구권이 인정될 수 있다. 민사집행법 제300조에 의해 가능한 사전적 구제제도는 신문이나 서적 등에 대한 출판 및 배포금지와 방송·영화·연예 등에 대한 방송(영)금지·판매금지 등이 있다. 사전구제수단으로서의 이같은 부작위 청구권은 명예 등 인격권에 대한 침해의 우려가 있는 경우 또는 이미 침해가 있었고 재발의 위험도 있어야 예방적 부작위 청구의 소를 제기할 수 있다.402)

관련 판례로는 분유업체 간에 벌어진 신문을 통한 비방광고에 대해 A사가 청구한 부작위 청구를 인용하면서 B사에 대해 7천만원의 손해배상과 함께 기존에 행해진 비방광고에 대한 대응광고비용으로 1매체당 1천3백만원씩 6천5백만원 및 위자료로서 금3억원의 지급을 명한 대법원판례가 있다.403)

3. 제21조 제 3 항

가. 학 설

(1) 언론기관 설립의 자유

언론·출판의 자유는 언론기관을 자유로이 설립할 수 있는 언론기관설립의 자유까지도 포함한다고 보아야 한다. 언론기관이 다원화되어야 사람들은 다양하고도 제대로 된 정보를 제공받을 수 있고(well-informed), 정치권으로부터 의도되거나 왜곡된 특정 정보를 배제할 수 있으며, 그러한 정보를 바탕으로 올바른 의사가 형성될 수 있기 때문에 기본적으로 언론기관의 설립은 자유로워야 한다.

(가) 언론기관설립 법정주의

현행헌법은 통신·방송의 시설기준을 법률로 정할 수 있도록 언론기관의 시설기준법정주

---

400) 현재 2001. 8. 30. 2000헌바9.
401) 현재 1999. 9. 16. 99헌가1.
402) 현재 2001. 8. 30. 2000헌바36.
403) 대판 1996. 4. 12. 93다40614.

의를 채택하고 있다. 그러나 이 조항은 언론기관의 설립자유를 보장함과 동시에 언론기관의 남설방지의 의미를 가지는 조항일 뿐,[404] 언론기관 설립의 자유를 기본적으로 부인하는 조항은 아니다. 따라서 부실한 언론기관의 출현으로 인한 폐해를 방지하고, 언론기업의 독과점이나 집중을 막는 정도가 아니라,[405] 언론기관 설립 자체를 불가능하게 만들 정도로 관련 법률이 신문·통신·방송 등의 시설기준을 지나칠 정도로 엄격하고도 과중하게 규정한다면 그것은 위헌적인 법률이 될 것이다.

이같은 사유에서 헌법 제21조 제3항이 언론기관의 시설법정주의를 명시하고 있으며, 신문법 및 방송법, 뉴스통신진흥에관한법률 등도 언론기관의 설립에 있어서 일정한 제한규정을 두고 있다. 그러나 현행법제는 신문 또는 통신의 발행시설기준이 너무 과중하여 언론기관남설의 폐해를 방지하고자 하는 법의 원래의 제정목적을 넘어 신문사나 통신의 설립의 자유를 사실상 제한하고 있다는 비판을 받고 있다.[406] 또 여론의 다양성을 보장하고 신문산업의 진흥을 위하여 설치된 신문발전위원회와 신문발전기금을 비롯하여 언론매체선택권을 보장하기 위해 신문유통원을 설치한 것도 신문의 자유를 지나치게 침해한다는 위헌론이 제기되고 있다.[407]

(나) 언론집중화 현상방지책

언론·출판의 자유는 다양한 견해를 제공할 수 있는 가능성을 전제로 하기 때문에 과도한 언론집중으로 인한 여론형성의 획일화는 방지되어야 한다. 언론기관이 특정인이나 특정기업에 의해 독과점되는 경우에는 언론이 상품화될 수 있고, 특정인이나 특정기업의 이해에 따라 국민의사가 왜곡될 수도 있기 때문이다.[408]

현행 관련법들은 매체 상호간의 소유를 금지하고(방송법 제8조 제3항), 법인이 아니면 일간신문이나 일반주간신문 또는 통신을 발행하거나 방송을 할 수 없도록 하는 동시에(신문법 제13조, 방송법 제13조 제1항) 외국인이나 금고이상의 형의 선고를 받고 그 집행이 종료되지 아니한 자 등도 발행인이나 편집인이 될 수 없도록 제한하고 있다(신문법 제13조 제1항, 방송법 제13조). 헌재가 舊 신문법 제15조 제3항 중 일간신문의 지배주주에 의한 신문의 복수소유를 규제하는

---

404) 김학성(주 5), 497.

405) 대량생산되는 공산품이 아닌, 정신적인 의사소통의 매개체인 신문 방송 등에 대해 독과점을 인정해 인위적으로 시장점유율을 제한한다는 것 자체가 사실은 결과적으로 발행부수를 제한하는 효과를 가져오게 되고, 또 '수용자의 선택'을 제한함으로써 인위적으로 정보의 흐름을 조정한다는 차원에서 문제가 될 수 있다. 또 독과점을 인정한다고 하더라도 어느 정도의 점유율을 독과점이라고 할 수 있는가 하는 문제도 간단하지 않다.

406) 성낙인(주 1), 439.

407) 법정으로까지 비화하지는 않았지만 1974년 유신헌법 당시에 동아일보에 대한 광고탄압사건이 있었다. 12. 20.부터 1975. 7. 16.까지 장기광고계약자들이 동아일보에 광고게재를 취소함으로써 발생한 동 사건은 언론기관의 존립을 위태롭게 하면서 기자 등 121명을 해고하는 동아사태로까지 발전하였으나, 이 문제는 영업의 자유라는 차원으로 무마되고 말았다.

408) 김학성(주 5), 498. 관련논의는 김승수, 미디어시장과 공공성, 한울, 2010; C. 에드윈 베이커 著, 남궁협 譯, 미디어집중과 민주주의, 커뮤니케이션북스, 2010; 문병효, "언론기관의 독립성과 표현의 자유 — 방송을 중심으로 —," 헌법학연구 제17권 제4호(2011. 12.), 227-266 참조.

부분에 대해 헌법불합치 결정409)을 내린 이후, 일간신문과 뉴스통신의 상호겸영 금지를 폐지하고, 일간신문·뉴스통신 또는 방송사업법인의 주식·지분 소유자의 일간신문법인의 주식 및 지분취득 제한을 폐지했으나, 아직도 비교법적으로 보면 우리는 매체에 대한 규제가 지나치다고 하지 않을 수 없다.

현실적으로 자본주의국가에서는 언론기관이 재벌기업이나 국가에 의해 독점되고 있어 국민의 표현의 자유가 원천적으로 제한되거나 왜곡될 경향이 있는 것도 사실이다. 그러나 언론기관설립의 자유는 여론형성의 독과점배제라는 차원에서도 가능한 한 넓게 인정되어야 하고, 언론기관이 존립할 수 있는 여건도 가능하면 최대한 보장하여야 한다.

(다) 언론기관에 대한 국가보조

언론기관에 대한 국가보조가 허용될 수 있는지, 또 국고보조를 하는 경우에 특정 언론사를 배제하거나 차별할 수 있는지의 문제가 발생한다. 독일에서는 저렴한 우편배달서비스를 신문과 잡지에 대해 실시한 사건에서 연방헌법재판소가 '언론사간의 경쟁이 왜곡되어서는 안 된다는 전제 하에 상호경쟁관계에 있는 모든 간행물이 동일하게 취급되면 합헌'410)이라고 하였다. 내용중립적이고 형평성이 인정되는 국고보조는 합헌이라는 것이다. 같은 관점에서 국내에서도 논란이 일었다. 우리 헌법재판소는 '발행부수만을 기준으로 특정 신문사업자를 정부가 기금지원에서 배제하고 다른 사업자에게만 기금을 지원하는 차별적 규제를 하는 것은 자유롭고 공정한 경쟁을 통해 형성될 신문시장의 구도를 국가가 개입하여 인위적으로 변경시키는 것이고, 이것은 헌법이 보장하려는 자유로운 신문제도에 역행하며 자유와 창의를 존중함을 기본으로 삼는 헌법상의 시장경제질서에 어긋난다'411)고 설시하였다.

(2) 언론기관의 자유

언론기관의 자유란 언론기관의 취재의 자유와 편집·편성권 및 그 내부적 자유까지도 포괄하는 자유를 말한다. 언론매체의 자유로운 활동 없이는 올바른 여론 형성이 불가능하며, 그 결과 여론에 기초를 두는 민주주의도 성공할 수 없다.412) 우리 헌법은 신문기능의 법정주의를 규정하고 있는바, 이는 민주사회에서 신문 등 언론기관이 수행하는 비판기능을 제도적으로 보장해 주기 위한 것이다.413) 다시 말해 언론기관을 설립하고 존립시키며 그 활동을 보장하기 위해 필요한 자립성을 제도적으로 보장해준다는 제도적 자립성(institutionelle Eigenständigkeit)을 천명한 것이다.414)

---

409) 헌재 2006. 6. 29. 2005헌마165 등.
410) BVerfGE 80, 124, 133f.
411) 헌재 2006. 6. 29. 2005헌마165 등.
412) 김학성(주 5), 499.
413) 신문을 비롯한 언론기관의 이러한 사회적 기능을 독일학자들은 öffentliche Aufgabe라고 규정하고 있으며, 이 용어를 우리나라 학자들은 공적 책무 또는 공적 과업이라고 부른다.
414) 계희열(주 1), 432-433.

역사적으로 볼 때 언론매체가 등장한 이후 표현활동이 단순히 개인의견의 발표나 전달형태를 띠고 있을 때에는 언론의 보도내용과 보도과정, 즉 취재[415]와 편집·발행·배포·유통 등이 하나로 이루어져 있었으나, 언론기관이 대기업화·독점화하면서 언론활동의 요소(내부적 자유, innere Pressefreiheit 또는 대내적 자유)[416]와 기업활동의 요소(외부적 자유 또는 대외적 자유)가 상호 모순·충돌하는 상황을 보이기 시작했다.[417] 특히 취재의 자유와 관련하여 취재원 隱匿權(비호권 또는 비닉권)이나,[418] 취재과정에서 도청[419]을 한다거나 불법취업을 하는 등[420]의 행위는 복잡한 법적 문제를 야기한다.[421]

본래 언론기관은 정신부분과 물질부분이 복합된 독특한 기업이라는 점에서 본다면 경영자가 편집 등 언론활동에 어디까지 간섭할 수 있는 것인가, 하는 문제는 대단히 복잡한 논점을 야기한다.[422] 신문법이 '정기간행물 및 인터넷신문의 편집의 자유와 독립은 보장된다'고 규정하고(제3조), 정기간행물발행자로 하여금 편집위원회를 설치하고 편집규약을 제정할 수 있도록 하는 것(제18조 제1항·제3항)도 언론기관의 자유를 제한하기 위한 것이 아니라, 언론과 언론기관 본래의 기능을 보장하기 위한 조치로 보아야 한다. 언론기관의 편집인이 社主 내지 경영주로부터 독립하여 보도의 내용을 결정할 수 있는 자유는 이윤을 추구하는 사주 내지는 경영주의

헌법 제21조

---

415) 취재의 자유와 관련하여 취재행위는 당연히 보호되지만 보도는 헌법 제21조 제4항과 제37조 제2항에 따라 사생활의 자유나 국가기밀, 사회질서, 공공복리 차원에서 일정한 제한을 받을 수밖에 없다. 박선영, "언론기관의 자유와 통신비밀—안기부X파일사건(2006도8839)을 중심으로," 공법학연구, 한국비교공법학회, 2013. 8., 4.

416) 계희열(주 1), 418; 김학성(주 5), 501.

417) 박선영(주 1), 32-33.

418) 기자가 자기에게 정보를 제공해 준 취재원의 성명이나 소속 등 신원을 검찰수사나 재판과정에서 밝혀야 하는가, 아니면 밝히지 않을 권리가 있는가, 하는 취재원은닉권 또는 취재원비호권(Zeugnisverweigerungsrecht, Newsmen's right to protect the confidentiality of news sources)은 국내외적으로 많은 논란을 야기하고 있다. 독일연방헌법재판소는 취재원 비닉권을 자유언론의 제도적 요소로 보고 있지만(BVerfGE 20, 162; 25, 296; 36, 193), 미국에서는 이익형량에 따라 취재원의 공개여부를 결정하려는 듯한 경향을 보이고 있으나{Estes v. Texas, 381 U.S. 532(1965); Sheppard v. Maxwell, 384 U.S. 333(1966); Branzburg v. Hayes, 408 U.S. 665(1972)}, 일본 등 다른 나라에서는 대체로 이를 부인하고 있다(최고재판 昭 27(1952). 8. 6. 刑集 6券 8號, 974). 계희열(주 1), 438; 권영성(주 1), 498-499. 생각건대 일단 재판에 출정은 하되, 재판과정에서 진술거부권은 인정될 수 있을 것이다. 만일 취재원에 대한 신원보장이 원칙적으로 인정되지 않는다면 훗날 있을지도 모른 보복과 불이익으로 인해 민주사회에서 내부고발이나 의혹제기 등이 원천적으로 불가능해 질 것이기 때문이다. 자세한 내용은 문재완, "취재의 자유와 그 한계 — 정보 취득의 위법성 심사를 중심으로 —," 헌법학연구 제13권 제3호(2007. 9), 391-424 참조.
취재의 자유와 관련하여 2007년 6월, 정부가 발표한 취재선진화방안은 또 다른 점에서 많은 논란을 야기하고 있는바, 현재 이에 대해서는 헌법소원이 제기된 상태이다.

419) 통신의 비밀은 어느 나라든 신뢰영역(Vertraulichkeitssphäre)으로서의 두터운 보호를 받는다. 그러나 대화의 일방이 기자이거나 기자가 그 대화를 들을 수 있는 거리 내에서 행해진 대화인 경우에는 도청으로 인정되지 않는다. 박용상(주 85), 361-362.

420) 예컨대 위장취업을 통해 기업내부의 문제점을 보도하는 탐사보도가 대표적인 경우이다. 독일에서는 이에 대해 언론의 여론형성업무의 중요성에 비추어 이를 폭로하기 위한 위장취업으로서 허용된다는 입장을 밝힌 바 있다(BVerfGE 66, 116; BGHZ 80, 25; BVerfGE 66, 116).

421) 성낙인, 언론정보법, 1998, 나남, 107-120.

422) 자세한 것은 Julie L. Andsager, Robert O. Wyatt, and Ernest L. Martin, Free Expression and Five Democratic Publics: Support for Individual and Media Rights(The Hampton Press Communication Series. Communication and Law), Hampton Press 2004 참조.

이익과 자유로운 보도를 지향하는 편집인의 이상이 서로 충돌할 수 있는 상황을 넘어서 경영권이 편집권에 간섭하는 경우 언론이 왜곡되거나 편향된 정보를 제공할 수 있는 위험성이 잔존하기 때문이다. 같은 관점에서 방송법은 편성의 자유를 규정하고 있다(제4조). 그러나 사기업체인 언론기관의 경영자가 편집이나 편성에 대해 기본적인 방향을 제시하고 그에 맞는 인사권을 행사하는 것은 경영자로서의 최소한의 권한으로 인정되어야 할 것이고, 이에 대해 제3자적효력을 인정할 수는 없을 것이다.423)

나. 판　례

(1) 시설기준 법정주의

우리 헌법재판소는 '헌법상의 표현의 자유는 어디까지나 언론·출판의 자유의 내재적·본질적 표현의 방법과 내용을 보장하는 것을 말하는 것이지 그를 객관화하는 수단으로 필요한 객체적인 사실이나 언론기업의 주체인 기업인으로서의 활동까지 포함하는 것으로 볼 수는 없다'며 시설기준의 설정에 대해 합헌결정을 내렸지만, 그러나 지나친 시설기준의 요구는 허가제로변질될 우려가 있기 때문에 위헌이라는 반대의견도 있다. 다시 말해 헌법재판소는 언론기관의시설법정주의가 일응 필요하다고 하더라도 舊 정기간행물등록등에관한법률(제7조 제1항)이 요구하고 있는 정기간행물을 발행자에 대한 일정한 물적 시설이 자기소유일 것으로 해석하는 한신문발행인의 자유를 제한하는 허가제의 수단으로 남용될 우려가 있다는 이유로 한정위헌결정을 하였다.424) 그러나 변정수 재판관은 반대의견을 통해 '정기간행물에 대한 등록제는 실질적으로 허가제와 다름없이 운영될 가능성을 내포하고 있으므로 이는 언론·출판의 자유를 침해하는 위헌적인 법률이며, 일정한 시설을 갖추어야 등록할 수 있는 동 규정은 출판자유의 보장에있어서 재력이 있는 자와 없는 자를 차별하는 것으로서 헌법상의 평등원칙에 반한다'며 위헌을주장하였다.425)

(2) 신문의 기능보장

신문의 기능보장을 위해 제정된 신문법이 사실은 신문의 자유와 기능을 위축시키고 침해한다는 논란이 제정과정에서부터 야기되었다.426) 즉, 신문의 자유의 핵심에 속하는 편집권을신문사업자로부터 박탈하고, 신문사업자가 자치적으로 정할 사항을 법으로 강요하며, 신문사업자의 신문편집방향과 배치되는 편집인의 편집권한을 인정함으로써 신문사업자의 편집권을 심각하게 축소하는 등 신문사업자의 신문의 자유를 직접 제한할 뿐만 아니라, 신문발전위원회의

---

423) 권영성(주 1), 498-499.
424) 헌재결 1992. 6. 26. 90헌가23.
425) 그 후로도 같은 이유로 위헌제청이 되었었으나 모두 합헌결정이 났다. 헌재결 1993. 5. 13. 91헌바17; 대판 1994. 12. 9. 93도3223. 이에 대한 평석은 정재황, "정기간행물의등록등에관한법률 제7조 제1항의 위헌심판결정," 헌법재판 운영현황과 활성화 제6집(1993. 12), 3-9.
426) 이에 대한 상세는 박선영, "헌법 제21조 제3항 '신문기능보장 법정주의'의 의미와 한계 — 신문법 개정논의를 중심으로 —," 공법연구 제36집 제3호(2008. 2), 59-86.

주된 업무가 신문발전기금의 관리·운영인데, 신문발전기금은 불가피하게 선별적이고 차등적으로 사용될 수밖에 없고 이러한 선별·차등지원은 필연적으로 신문사업자 간의 자유롭고 공정한 경쟁을 왜곡하여 신문의 자유를 침해한다. 특히 사적 기관인 언론사들에게 공익의 추구를 최우선적 과제로 부과하면 신문은 이 요구에 부합하기 위하여 고유한 논조나 경향성을 표출하는 보도나 편집을 스스로 억제하게 되어 언론의 자유를 사전에 위축시킨다는 이유로 헌법소원이 제기되었다(제3조 제2항·제3항, 제6조 제3항, 제4조, 제5조, 제8조 및 언론중재법 제4조, 제5조 제1항).

　　이같은 주장에 대해 헌법재판소는 '일간신문의 전체 발행부수 등 신문사의 경영자료를 신고·공개하도록 규정한 것이 신문의 자유와 평등권을 침해한다고 볼 수 없고, 일간신문사에 고충처리인을 두고 그 활동사항을 매년 공표하도록 규정한 언론중재법 제6조 제1항·제4항·제5항도 신문사업자인 청구인들의 신문의 자유를 침해한다고 볼 수 없으나, 1개 일간신문사의 시장점유율 30%, 3개 일간신문사의 시장점유율 60% 이상인 자를 시장지배적 사업자로 추정하는 신문법 제17조는 신문사업자인 청구인들의 신문의 자유와 평등권을 침해하는 것이고, 시장지배적 사업자를 신문발전기금의 지원 대상에서 배제한 신문법 제34조 제2항 제2호도 신문사업자인 청구인들의 평등권에 위배되며, 신문의 자유를 침해하고, 자유로운 신문제도에 역행하며, 시장경제질서에도 어긋난'다고 하였다.[427] 권성, 김효종, 조대현 재판관도 개별의견을 통해 '신문의 투명성 확보라는 모호한 입법목적을 위하여 신문기업의 자유를 침해하면서까지 신문기업의 여러 자료들을 제출시켜 검증·공개할 필요가 있는지 의문이며, 신문기업의 주식 소유자에 대한 정보공개는 개인의 프라이버시를 노출시키게 되고, 그 결과 특정 신문에 대한 개인의 투자를 저해할 수도 있다. 다수의견은 신문법 제16조 제1항·제2항·제3항이 신문법 제15조의 겸영·소유금지 규정의 실효성을 담보하기 위해 필요하다고 하나, 우리는 신문법 제15조 제2항·제3항이 위헌이라고 판단하기 때문에 위헌조항의 실효성을 담보한다는 입법목적은 그 자체로 정당성이 없으며, 신문사가 언론피해의 예방이나 구제를 위하여 고충처리인을 둘 것인지 여부는 신문사가 자율적으로 정할 문제'라며 위헌의견을 강하게 개진하였다.

(3) 방송의 자유와 규제

　　방송의 자유의 보호영역에는 단지 국가의 간섭을 배제함으로써 성취될 수 있는 방송프로그램에 의한 의견 및 정보를 표현·전파하는 주관적인 자유권 영역 외에 그 자체만으로 실현될 수 없고, 그 실현과 행사를 위해 실체적·조직적·절차적 형성 및 구체화를 필요로 하는 객관적 규범질서의 영역이 존재하며, 더욱이 방송매체의 특수성을 고려하면 방송의 기능을 보장하기 위한 규율의 필요성이 신문 등 다른 언론매체보다 높다는 것이 우리 헌법재판소의 기본 입장이다.[428] 같은 관점에서 일정한 방송시설기준을 구비한 자에 대해서만 방송사업을 허가하는 허가제가 허용될 여지를 주는 한편, 행정부에 의한 방송사업허가제의 자의적 운영이 방지되도록 하

고 있는데, 헌법재판소는 중계유선방송사업자에 대하여 방송의 중계송신업무만 하도록 하고, 보도·논평·광고는 할 수 없도록 하는 것도 방송사업허가제, 특히 종합유선방송사업의 허가제를 유지하기 위해서 본래적 의미에서의 방송을 수행하는 종합유선방송사업의 허가를 받지 아니한 중계유선방송사업에 대해 부과할 수 있는 행정부의 자유제한으로서 합헌이라고 결정하였다.429) 이 밖에 헌법재판소는 방송사에 대한 협찬고지에 대해 '방송법 제74조 제1항의 입법 경위와 목적, 방송법의 전반적 체제 및 협찬고지의 본질에 비추어 볼 때 대통령령으로 정하여질 협찬고지의 내재적 허용범위는 실정법상 광고방송이 허용되는 범위 내에서 건전한 방송문화 및 광고질서 확립을 통하여 방송의 공정성과 공익성을 기하고 나아가 방송의 자유를 실질적으로 보장하는데 기여할 수 있는 범위로 한정될 것이므로 충분히 예측가능하다'는 이유로 합헌결정을 하였다.430)

방송내용과 관련해서는 1시간 분을 녹화한 것을 방송제작자가 임의로 23분을 삭제·편집하여 방송한 사건에서 법원은 '원고가 자기의 이론에 대하여 갖는 신념과 확신을 훼손하여 결국 학자로서 또는 저술가로서 원고의 저작인격권을 침해하였다'고 인정하였다.431)

4. 제21조 제 4 항

가. 학   설

(1) 내재적 한계로서의 법익준수

언론·출판의 자유는 정신적 자유권의 중핵일 뿐만 아니라 정치적 자유로서의 의의, 즉 민주주의의 불가결의 요소이며 그 전제이자 존립요소라는 점 때문에 그 어떤 기본권보다도 우선적으로 최대한 보장을 받는다. 이처럼 민주정치를 유지함에 있어서 필수불가결한 언론·출판 등 표현의 자유도 보도과정에서 개인의 명예나 사생활의 자유와 비밀 등 인격권의 영역을 침해할 경우가 있는데, 표현의 자유 못지않게 이러한 사적 법익도 보호되어야 하므로, 인격권으로서 개인의 명예라는 법익과 표현의 자유라는 법익이 상호 충돌할 때에는 구제적인 경우에 사회적인 여러 가지 이익을 비교하여 표현의 자유로 얻어지는 이익, 가치와 인격권의 보호에 의하여 달성되는 가치를 비교 형량하여 그 규제의 폭과 방법을 정해야 한다. 법인도 명예훼손의 주체가 됨은 물론이지만, 실제 사건에서 '개인적 이익'(私益)과 '사회적 이익'(公益)의 판단기준과 방법은 대단히 어려운 문제를 야기한다. 때문에 표현의 자유도 일반적 법률유보조항인 헌법 제37조 제2항에 따라 법률로써 제한될 수 있지만 그 제한에 앞서 제21조 제4항이 내재적 한계432) 로서의 또는 개별적 가중 법률유보조항433)으로서의 헌법적 한계434)를 명시한 것이다.

---

429) 헌재 2001. 5. 31. 2000헌바43·52(병합).
430) 헌재 2003. 12. 18. 2002헌바49.
431) 서울고판 1994. 9. 27. 92나35846.
432) 권영성(주 1), 501; 김철수(주 1), 183.
433) 계희열(주 1), 451.
434) 허영(주 1), 554.

언론·출판의 자유가 내재적 한계 또는 헌법적 한계를 벗어나 남용되는 전형적인 예로는 타인에 대한 비방이나 모욕 등을 포함한 명예훼손과 타인의 사생활의 비밀과 자유의 침해, 공중도덕 또는 사회윤리에 위배되는 경우, 기타 범죄나 공공질서를 교란하거나 국가질서를 파괴하고자 선동하는 경우를 들 수 있다. 대체로 이같은 표현행위에 대한 제한입법으로는 형법·국가보안법·계엄법·군사기밀보호법 등이 있으며, 언론기관에 대한 법률적 제한은 신문법·방송법 등에서 개별적으로 규정하고 있으나,[435] 언론기관과 그 활동에의 위축효과를 최소화하기 위해서는 자율적 통제 제도가 활성화되어야 한다.

(가) 명예와 권리

헌법 제21조 제4항이 규정하고 있는 '타인의 명예와 권리'는 우리 헌법이 보장하고 있는 인간의 존엄과 가치 및 그를 바탕으로 인정되는 인격권과 사생활의 비밀과 보호와의 상호관계 하에서 이해하여야 할 것이다. 따라서 형법에서 말하는 명예보다 헌법이 보호하고자 하는 명예가 더 넓은 개념이라고 보아야 한다.[436] 우리 대법원은 명예를 '사람의 품성, 덕행, 명성, 신용 등 인격적 가치에 대하여 사회로부터 받는 객관적인 평가'[437]로 보고 있고, 헌재는 '사람의 가치에 대한 사회적 평가'[438]로 보고 있다.

사실을 적시하여 공연히 그리고 고의로 명예를 훼손하는 언론·출판은 범죄가 되고, 피해자의 명시한 의사에 반하지 아니하는 한 피해자의 고소여부에 관계없이 처벌을 받는다. 또 고의 또는 과실로 그러한 표현을 하는 것은 민법상 불법행위가 된다(제751조). 형사상으로는 타인의 명예를 훼손한 언론·출판일지라도 그 언론·출판이 '진실한 사실로서 오로지 공공의 이익에 관한 것인 때에는 처벌받지 않는다(제310조). 그러나 고의로 명예를 훼손하는 표현행위는 범죄가 되고, 피해자의 명시한 의사에 반하지 않는 한 피해자의 고소여부와 관계없이 처벌이 가능하다.

(나) 사생활의 비밀과 자유의 침해

사생활의 비밀을 침해하는 일은 오늘날 통속적인 주간지·월간지·TV프로 등에서 범람하고 있다. 자신의 뜻에 반하여 私事가 공표되는 것을 고통으로 느끼는 사람이 그 공표를 불법행위라 하여 사법적 구제를 구할 수 있는가가 문제된다. 사생활의 비밀의 침해가 불법행위가 되려면, 먼저 자신의 동일성(identification)이 인정된 후, 공개된 내용이 일반인에게 알려져 있지 아니한 사생활의 내용이어야 하고, 그 사람의 입장에서라면 공개를 원치 않을 것으로 인정되어야 하며, 공개된 사실이 통상인의 감수성을 기준으로 하여 심리적 부담 또는 불안을 주는 것이

---

435) 신문법에서는 정기간행물 등의 등록취소와 발행정지를 명할 수 있도록 하고 있으며(제21조), 직권등록취소 제도도 도입하고 있다(제22조). 방송법은 기본적으로 허가·승인·등록의 취소제도를 전제하고 있으며(제18조), 이밖에도 전파발사정지(제53조)와 무선국의 허가취소(제72조)를 규정하고 있다.

436) 허영(주 1), 555-556.

437) 대판 2000. 7. 28. 99다16203.

438) 헌재 1999. 6. 24. 97헌마265.

어야 한다.439)

(다) 공중도덕과 사회윤리

표현의 자유의 한계로서 공중도덕과 사회윤리가 무엇을 의미하는 가에 관해서는 한 마디로 정의하기가 매우 어려울 뿐만 아니라, 공중도덕이나 사회윤리를 침해했을 때에 그 법적 효과에 관한 명시적인 언급이 없다는 점에서도 판단이 어렵다는 것이 학자들의 공통된 입장이지만, 이 또한 헌법상의 가치질서와의 상호관계 하에서 이해하여야 한다.440) 이같은 점에서 볼때 공중도덕이나 사회윤리는 반민주적 기본질서에 해당하는 표현행위의 금지나 문화국가원리, 혼인과 가족제도, 청소년보호 등이 그 보호대상이 될 수 있을 것이나, 일반적으로는 음란성이 주로 문제가 되고 있다. 그러나 음란의 기준 또한 대단히 어려운 문제로서, 같은 예술작품을 보더라도 어떤 사람이 보느냐에 따라 다를 뿐만 아니라, 그 작품을 일부만 볼 때와 전체를 볼 때가 다를 수 있고, 전시 또는 상영 장소와 용도에 따라서도 달라질 수 있기 때문이다.

이와는 별도로 국가기밀이나 군사기밀 등이 표현의 자유의 제한사유로서 대두하나, 그 범위는 국민의 알권리와의 관계에서 필요최소한에 그쳐야 한다는 것이 학자들의 견해이다.441)

(라) 선   동

선동이라 함은 문서·도화·언동 등으로 타인에 대하여 실행의 결의를 하게 하거나 결의를 조장하는 것을 말한다. 이 때 선동된 행위가 실행되는가의 여부는 상관이 없다. 법은 선동을 독립된 범죄로 규정하면서 처벌하는 경우가 적지 않아서, 형법(제90조 제2항, 제101조 제2항, 제120조 제2항), 국가보안법(제4조 제1항, 제7조) 등에서 표현의 자유와 관련한 선동행위를 처벌하는 규정을 두고 있다. 그러나 선동에는 구체적인 가벌성의 기준으로서 명백·현존하는 위험의 원칙이 적용되어야 한다.442)

(마) 제한의 법리

사상이나 의사가 일단 표현된 후에는 그 내용에 대하여 국가기관이 사후제한을 할 수 있으며, 법률에 반하는 경우에는 제재도 가할 수 있다. 이때의 법률은 일반성과 명확성을 갖추어야 한다는 데에는 異論의 여지가 없으나, 여기서 말하는 일반성이란 법률의 효력범위를 말하는 것이 아니라, 그 내용이 표현의 자유에 반하는 특별법을 내포하고 있지 않아야 한다는 뜻에서 일반적으로 인정되는 법률의 일반성과 구별된다. 이는 독일 기본법 제19조 제1항이 기본권을 제한하는 법률의 일반성을 규정하면서, 표현의 자유를 규정하고 있는 제5조에서는 언론의 자유를 규정하는 법률의 일반성에 관해 규정하고 있는데 이 두 규정을 달리 이해하는 데에서 출발한 것을 우리 헌법에도 적용한 것이라고 볼 수 있다.443)

---

439) 계희열(주 1), 460-461; 권영성(주 1), 502.
440) 계희열(주 1), 460-461; 권영성(주 1), 502; 허 영(주 1), 556.
441) 성낙인(주 1), 454.
442) 권영성(주 1), 503-504.
443) BVerfGE 7. 198; 28, 282; 50, 234; 62, 230; 계희열(주 1), 456.

표현행위에 대하여 사후제한을 하는 경우에도 표현의 자유의 중요성에 비추어 엄격한 원칙이 적용되어야 하는데, 가장 일반적인 원칙으로는 '명백하고도 현존하는 위험의 원칙'(clear and present danger)[444]을 들 수 있다. 1919년에 있었던 미국 연방대법원의 판례에서 유래하는 명백하고도 현존하는 위험의 원칙은 해당 표현으로 말미암아 발생할 위험성이 명백하고도 현존하는 경우에만 사후제한이 가능하다는 의미이다. 이밖에 표현의 자유를 제한하는 법률은 그 文言이 명확해야 한다는 명확성의 원칙이 적용되어 법률규정이 막연하면 무효(void for vagueness)가 되어 위헌결정을 받게 된다. 불명확한 규범에 의한 표현의 자유에 대한 규제는 자칫 언론에 대한 위축효과(chilling effect)를 가져올 수도 있고, 자기검열을 할 가능성도 있기 때문이다.[445]

1) 명확성의 원칙과 합헌성 추정금지의 원칙

표현행위를 제한하는 법률은 명확해야 한다. 불명확한 입법은 사람들에게 예측가능성을 주지 못 해 합법적으로 표현할 수 있는 것까지도 스스로 자제하게 하는 이른바, 위축효과(chilling effect)를 가져오기 때문이다. 따라서 불확정개념이나 막연한 용어를 사용하는 불명확한 법률로는 표현의 자유를 제한하지 못한다.[446] 미국에서 발전된 '막연하기 때문에 무효'(void for vagueness)라는 이론은 표현의 자유를 제한하는 법률이 불명확한 경우 그 내용이 막연하기 때문에 무효가 된다는 뜻에서 동의어라고 할 수 있다. 표현의 자유영역에서 발전된 명확성의 원칙은 기본권제한의 일반원칙으로 자리하고 있으며, 동시에 표현의 자유를 침해하는 법률은 합헌성의 추정의 원칙이 금지된다. 동시에 명확성의 원칙은 '과도한 광범성의 원칙'(overbreadth doctrine)과 동의어로 사용되기도 한다.[447]

2) 명백·현존하는 위험의 원칙

명백하고도 현존하는 위험의 원칙(clear and present danger)이란 미국에서 판례를 통해 확립된 원칙으로서[448] 표현의 자유를 규제하는 조치의 합헌성을 판단하는 기준으로 작용하고 있다. 그러나 위험의 명백성이나 현존성을 객관적으로 판단하기가 어려운 점이 있어 위험의 근접성과 정도가 위헌성판단의 주안점이 되고 있다. 따라서 표현과 발생할 해악 사이의 비교형량을 통해 과잉금지를 제한하는 것이 보다 합리적이라는 견해도 대두하고 있다.[449]

3) 과잉금지의 원칙(비례의 원칙, 이익형량의 원칙)

과잉금지의 원칙 또는 비례의 원칙은 국민의 기본권을 제한함에 있어서 국가 작용의 한계를 명시한 원칙으로 목적의 정당성, 수단의 적합성, 침해의 최소성, 법익의 균형성 등을 들

---

444) Schenck v. U.S., 249 U.S. 47(1919).
445) 자세한 내용은 박용상, 표현의 자유, 현암사, 2003 참조.
446) 헌재 1998. 4. 30. 95헌가16.
447) 헌재 1998. 4. 30. 95헌가16.
448) Schenck v. U.S., 249 U.S. 47(1919).
449) 계희열(주 1), 456.

수 있다. 헌법 제37조 제2항은 과잉금지의 원칙을 '필요한 경우에 한하여' 법률로써 기본권을 제
한할 수 있다고 표현하고 있다. 표현의 자유에 대한 제한은 매체의 특성에 따라 달라질 수 있고,
더욱이 그 매체의 한국적 특성에 대해서까지 특별한 법적 고려를 해야 하기도 하기 때문이다.[450]

과잉금지의 원칙은 '이익형량의 원칙'(balancing theory) 또는 '덜 제한적인 규제의 원칙'(The
Less Restrictive Alternative, LRA)이라고도 한다.

4) 피해구제

현대 민주사회에서 언론은 국민의 여론형성에 기여할 뿐만 아니라, 권력기관의 부패나 타
락 등을 널리 알림으로써 견제하는 중요한 기능을 수행하며, 국민이 선택한 공직자들로 하여금
국민에게 책임을 지도록 감시하는 헌법적 수단으로서의 기능도 수행한다. 그러나 저널리즘의
상업화로 무책임한 가십이나 스캔들 등을 보도함으로써 개인의 명예를 침해하는 사례가 빈발
하고 독자들의 저속한 관심에 영합하기 위하여 개인의 사생활을 폭로하는 행위가 늘어나면서
언론매체의 부정적인 영향 또한 증대하고 있다. 이같은 언론행위에 의한 피해의 구제방법으로
는 언론사에 직접 시정을 요구할 수도 있고, 피해구제기구를 이용할 수도 있으며, 직접 행위자
를 상대로 소송을 제기할 수도 있다.

과거에는 명예훼손에 대한 대응책으로서 응징을 중시하는 형사상의 절차를 선호하는 경향
이 강했으나, 1990년대를 기점으로 점차 재력이 있는 언론사를 상대로 실리적인 금전배상이나
명예회복을 위한 적절한 조치를 구하고자 하는 경향이 강해지면서 민사소송이나 화해·중재 등
으로 그 관심이 옮아가고 있다고 볼 수 있다.[451]

가) 명예훼손

사실을 적시하여 공연히 그리고 사람을 비방할 목적으로 타인의 명예를 손상하는 표현행
위는 범죄가 되고(형법 제309조), 고의 또는 과실로 그러한 표현을 하는 것은 민사상의 불법행위
가 되며(제750조 - 제751조), 매체가 다양화되면서 정보통신망법에서도 사이버명예훼손을 처벌하
고 있다. 특히 언론에 의한 명예훼손은 수십만 수천만의 독자나 시청자를 상대로 그 파급효과
를 가져온다는 점에서 피해자에게는 거의 치명적인 타격을 가할 수도 있고, 매체가 다양화되면
서 잘못된 언론보도에 따른 명예훼손은 그 형태가 다양하고 복잡해지면서 그에 따른 피해 또한
매우 빠르고 넓게, 그리고 지속적으로 확산되는 경향이 강해지고 있다.[452]

표현행위는 그 내용에 따라 주장(original statement, Behaupten)과 전파(republication, Verbreiten)
로 구별된다.[453] 표현행위가 자신의 인식을 주장하는 것이든 타인의 말을 전파하는 것이든, 그
것이 타인의 명예를 침해하는 것이면 명예훼손으로서의 책임을 발생한다. 다만 언론의 경우 중

---

450) 양건(주 1), 536.

451) 박선영(주 181) 95-144.

452) 방석호, "새로운 언론매체의 등장과 권리침해의 문제," 민사판례연구 제21집, 박영사, 1999, 727.

453) Horst E. Thesis, Die Multimedia-Gesetz, Luchterhand, Dar,stadt, 1997; Wolfgang Hoffmann-Riem &
    Wolfgang Schulz & Thorsten Held, Konvergenz und Regulierung, Nomos Verlagsgesellschaft, Baden-
    Baden, 2000.

립보도의 면책특권 또는 공정한 논평의 법리(privilege of neutral reportage or fair comment rule) 등이 영미법상 인정되지만,[454] 이 경우에도 사실주장(statement of fact, Tatsachenbehauptung)과 의견표명(statement of opinion, Meinungsäußerung)을 구별하여 논하는 것은 우리와 동일하다.[455]

특히 언론보도로 인한 명예훼손의 경우에는 그 대상이나 내용에 따라 공인이론(public figure)과 공적 관심사(public concern), 공익(public interest) 등 다양한 이론이 국내외에서 개발되어왔고, 실제 사례에서도 적용되고 있다.[456] 즉, 언론매체가 보도를 통하여 타인의 명예를 훼손한 경우에도 그 보도내용이 오로지 공공의 이익을 위한 것일 때에는 그 진실성이 증명된 경우 또는 그 증명이 없더라도 행위자가 그것을 진실이라고 믿을만한 상당한 이유가 있는 경우(상당성)에는 불법행위를 인정하지 않고 있다.

나) 반론권

(a) 개   념

반론권이라 함은 언론에서 공표된 사실적 주장에 연관된 자가 발행인이나 방송사업자에게 서면으로 반론보도문을 게재해 주거나 반론방송을 해 줄 것을 청구할 수 있는 대응권(Recht auf Gegenschlag)을 말한다.[457] 그런 점에서 반론권은 국민이 국가에 대해 요구하는 권리가 아니라, 국민이 언론사에 대해 요구하는 권리이다. 독자나 시청자가 여론형성에 중대한 영향을 미치는 언론매체에 접근해 의사표현의 방법으로 이용하고, 자신과 관련된 보도에 대해서 반론 및 해명의 기회를 요구하는 것은 여론형성에 기여하는 모든 민주시민의 당연한 권리라고도 할 수 있다.[458] 의사표현의 자유라는 관점에서 볼 때 작용과 반작용의 상호교환(Verknüpfung von Anlaß und Reaktion)은 진실발견과 바람직한 여론형성에 도움이 된다는 점에서 새로운 표현의 자유의 장을 열었다는 평가를 받는다.[459]

(b) 정정보도청구권과의차이

1980년, 우리나라에 반론권제도가 처음 도입될 당시에는 정정보도청구권과 그 용어나 실제 운용면에서 혼동을 겪기도 했으나,[460] 2000년대를 기점으로 두 제도는 구별이 되기 시작했

---

454) C. R. Sunstein, Democracy and the Problem of Free Speech, The Free Press, N.Y., 1993; Jerry Berman & Daniel J. Weitzner, "Abundance and User Control: Renewing the Democratic Heart of the First Amendment in the Age of Interactive Media," 104 The Yale Law Journal, 1621-1626; Thomas G. Krattenmarker & L. A. Powe Jr., "Converging First Amendment Principles for Converging Communications Media," 104 The Yale. Law Journal, 1721; Gertz v. Robert Welch, Inc., 418 U.S. 339(1974); Milkovich v. Lorain Journal Co., 110 S.Ct. 2695(1990).

455) 신평, "한국에서의 의견과 사실의 이분론: 대법원 2006. 2. 10. 선고 2002다49040 사건의 분석과 함께," 법조 제55권 제8호(통권 제599호), 56-84, 2006.

456) 자세한 내용은 박선영(주 1), 155-196 참조.

457) 반론권에 관한 자세한 내용은 박운희, "반론권에 관한 비교헌법학적 고찰," 서울대학교 법학박사학위논문, 1995 참조.

458) 허영(주 1), 580-581.

459) BVerfGE 12, 113.

460) 1980년도에 제정되었던 언론기본법에 '정정보도청구권'이라는 규정이 처음으로 도입되면서 그 개념을 언론보도의 진위여부를 불문하고 언론보도로 인해 피해를 입은 자가 작성한 보도문을 무료로 보도할 책무를

고, 2005년도에 언론중재및피해구제에관한법률(이하 언론중재법이라 한다)이 제정되면서 명확하
게 구분되고 있다.

반론권과 정정보도청구권의 가장 큰 차이점은 정정보도청구권이 보도된 내용이 사실이 아
니라는 점을 주장해야 하는데 비해, 반론권은 보도내용의 진실성 여부와는 관계없이 주장할 수
있다는 점이다. 따라서 반론보도청구권을 행사하기 위해서는 언론보도와 개별적 연관성을 갖는
자가 일정한 기간 내에 반론보도 의무자에게 반론보도문의 게재를 요청하는 것으로 족하고, 당
해 언론사는 원문보도의 진위여부나 청구자의 구체적인 손해여부와 관계없이 이에 응하여 반
론보도문을 게재하여야 한다. 언론중재위원회의 중재절차나 법원의 심판절차도 이러한 형식적
인 요건의 구비여부만을 심리대상으로 할 뿐 구체적인 내용심사는 하지 않는다. 이 때문에 학
자에 따라서 반론권을 '진실발견을 위한 형식적 권리'라고 칭하기도 한다.[461]

(c) 의   의

언론기관이 향유하는 언론의 자유가 현대민주국가에서 우월적 지위를 인정받아온 반면,
20세기 후반에 이르러 언론매체의 거대화·독과점화·상업화현상이 가속화되면서 언론기관을
갖지 못한 자의 표현의 자유를 死文化하는 결과를 초래하자, 그 반작용으로 개인의 언론기관에
대한 접근권과 알권리, 반론권 등이 인격권의 한 분야로 대두하여 인정받게 되었다.[462] 반론권
(right of reply) 내지 반론보도청구권이라 함은 신문·잡지 등 정기간행물이나 방송 등에서 공표
된 사실적 주장에 의하여 피해를 입은 자가 발행인이나 방송사업자에게 서면으로 반론보도문
을 게재해 주거나 반론보도를 방송해 줄 것을 청구할 수 있는 권리를 말한다.

반론권은 언론보도로 인한 피해를 구제해주는 대륙법상의 특수한 구제제도로서 우리 법제
는 독일식을 따르고 있다. 반론권을 최초로 도입한 프랑스는 사실관계와 논평·비평 등 가치판
단사항을 모두 포함하여 반론권을 인정하는데 비해, 독일은 사실보도에 대해서만 인정하고 있
고, 영미법에는 거의 존재하지 않는 제도이다. 반론권은 신속한 권리구제를 목적으로 하기 때
문에 보도내용에 언급된 자라는 연관성만 인정되면 바로 반론을 할 수 있다는 점에서 '형식적
권리' 또는 '절차적 권리'라는 성격을 갖는다. 그러나 반론보도가 상업적 광고만을 목적으로 하
거나, 반론보도의 내용이 명백히 진실에 반하는 경우, 그 내용이 위법한 경우, 반론보도의 내용
이 적절한 범위를 초과할 경우에는 반론문의 게재 및 방송이 인정되지 않는다.[463]

진다고 규정하여, 내용은 반론권이면서 이름은 정정보도청구권이라고 하여 혼선을 빚었으며, 동법은 1987
년에 정기간행물등록등에관한법률(이하 '정간법'이라 한다)과 방송법에 그대로 계승되었다가 1995년에 정간
법이 개정되면서 용어를 반론보도청구권으로 개칭하여 혼란을 해소하였고, 2005년에 언론중재법을 제정하
면서 두 권리를 분리·규정하였다.

461) 박선영(주 5), 433-525.
462) 박선영(주 5), 434.
463) 김상환, "반론보도 심판청구 사건: 반론보도청구권의 요건 등에 관한 대법원 2006.2.10. 선고 2002다49040
    판결에 대한 평석," 언론과 법 제5권 제1호(2006. 9), 439-454.

반론권을 행사하기 위해서는 언론보도와 개별적 연관성을 갖는 자가 일정한 기간 안에 반론보도 의무자에게 반론보도문의 게재를 요청함으로 족하고 당해 언론사는 원문보도의 진위여부나 청구자의 구체적인 손해여부에 관계없이 이에 응하여 반론보도문을 게재하여야 하며, 언론중재위원회의 중재절차나 법원의 심판절차에서도 이러한 형식적 요건의 구비여부만이 심리의 대상이 된다.

다) 접 근 권

반론권과 유사하면서도 구별되는 개념으로 접근권(right of access to mass media)이 있다. 접근권이란 일반국민이 자신의 사상이나 의견을 발표하기 위하여 언론매체에 자유로이 접근하여 그것을 이용할 수 있는 권리를 말한다. 이렇게 접근권은 국가와 국민 사이에 발생하는 문제가 아니라, 국민과 언론기관 사이에 발생하는 문제라는 점에서 그 특성이 있고, 바로 그런 점에서 한계도 있다.[464] 현대사회 이전에는 표현의 자유가 국가로부터의 자유로 인식되었으나, 언론기관이 거대화·독점화·집중화 하면서 현대사회에서는 국가 못지 않는 권력을 향유·행사하게 된 언론매체와 언론수용자(국민 등)의 대립과 갈등이 나타나게 되었다.[465] 다시 말해 접근권은 국민이 언론기관에 대해 갖는 권리이기 때문에 경우에 따라서는 언론기관이 갖는 보도의 자유, 계약의 자유 등과 충돌할 수도 있다.[466]

이같은 접근권은 다시 언론의 공적 기능을 강조하여 자신의 의견을 대중매체를 통하여 전달하고자 하는 일반적인 권리인 일반적 접근권(광의의 접근권)과 대중매체가 특정견해를 전달했을 경우에 그와 다른 견해를 갖는 개인이나 단체가 자신의 견해를 전달하여 줄 것을 요구할 수 있는 권리인 한정적 접근권(협의의 접근권)으로 구분하기도 한다.[467] 반론권 규정이 없는 미국에서는 공정성의 원칙(Fairness Doctrine)에 기하여 한정적 접근권을 반론권의 한 형식으로 인정해 왔다.[468]

이렇게 반론권과 접근권은 그 개념상 확연히 구별되면서도 그 의미와 내용, 실제 운용상의 실태에서는 상호 중복되는 면이 없지 않아, 학자에 따라서는 반론권과 접근권을 같은 개념으로 보기도 하고, 반론권을 접근권의 하위개념, 또는 부분개념으로 보기도 하며,[469] 때로는 정정보도청구권과 반론권을 접근권의 하위개념으로 보기도 하지만,[470] 우리 법제와 법원은 반론권만

---

464) 정종섭(주 1), 604.
465) 김학성(주 5), 493.
466) 정종섭(주 1), 607.
467) 성낙인(주 1), 564.
468) NBC v. U.S., 319 U.S. 190(1943); Office of Communication of the United Church of Crist v. FCC, 359 F. 2d 994(1966) 등이 있다.
469) Andrew O. Shapiro, Media Access: Your Right to Express Your Views on Radio and Television, Little Brown and Company, 1976, 135-160. 구병삭교수는 접근권을 언론기관에 대하여 비판·항의·요구·진정할 수 있는 권리와 의견광고·반론권·언론기관에의 참가 등을 통합한 개념으로 보기도 한다. 구병삭, 신헌법원론, 박영사, 1990, 589.
470) 김학성(주 5), 494-495.

을 인정하고 있다.[471]

라) 추후보도청구권

신문이나 방송 등 언론에 의하여 범죄혐의가 있다거나 형사상의 조치를 받았다고 보도된 자는 그에 대한 형사절차가 무죄판결 또는 이와 동등한 형태로 종결된 때에는 그날로부터 1월 이내에 서면으로 언론사에 이 사실에 관한 추후보도의 게재를 요청할 수 있고, 추후보도의 내용은 청구인의 명예나 권리회복에 필요한 범위에 국한한다.

마) 정정보도청구권

정정보도청구권이란 사실적 주장에 관한 언론보도가 진실하지 아니함으로 인하여 피해를 입은 경우에 그 피해자가 해당 언론사를 상대로 보도내용을 정정해 줄 것을 청구할 수 있는 권리(Richtigstellung)를 말한다. 정정보도청구권과 유사한 인접개념으로 추후보도청구권이라는 것이 있는데, 이는 언론사가 특정인에게 범죄혐의가 있다거나 형사상의 조치를 받았다고 보도한 경우, 그 보도대상자가 자신에 대한 형사절차가 무죄판결 또는 무죄와 동등한 형태로 종결된 때에 한하여 그 사실을 보도해달라고 요구할 수 있는 권리라는 점에서, 원보도가 잘못되었으니 바로잡아달라고 요구하는 정정보도청구권과는 그 내용과 절차가 다르다.

과거에는 정정보도청구권이 민법 제764조의 규정에 따라 '명예회복에 적당한 처분'으로 인식·적용되어 왔고, 반론권이 도입된 1980년대 이후에는 반론권을 포함하는 개념으로 이해되어 용어도 혼용했으며, 재판 등 실제 운용면에서도 정정보도청구권과 반론권을 구별하지 않았었다. 그러나 2000년대를 기점으로 두 제도는 그 개념과 실제 운용 면에서 구별되기 시작했고, 2005년도에 언론중재법이 제정되면서 명확하게 구분되었다.

언론중재법상의 정정보도청구권[472]은 언론사의 고의나 과실, 위법성을 요하지 않고(제14조

---

471) 박선영(주 1), 317-319.

472) 제14조(정정보도청구의 요건) ① 사실적 주장에 관한 언론보도가 진실하지 아니함으로 인하여 피해를 입은 자(이하 "피해자"라 한다)는 당해 언론보도가 있음을 안 날부터 3월 이내에 그 보도내용에 관한 정정보도를 언론사에 청구할 수 있다. 다만, 당해 언론보도가 있은 후 6월이 경과한 때에는 그러하지 아니하다. ② 제1항의 청구에는 언론사의 고의·과실이나 위법성을 요하지 아니한다. ③ 국가·지방자치단체, 기관 또는 단체의 장은 당해 업무에 대하여 그 기관 또는 단체를 대표하여 정정보도를 청구할 수 있다. ④ 민사소송법상 당사자능력이 없는 기관 또는 단체라도 하나의 생활단위를 구성하고 보도내용과 직접적인 이해관계가 있는 때에는 그 대표자가 정정보도를 청구할 수 있다.
제15조(정정보도청구권의 행사) ① 정정보도청구는 언론사의 대표자에게 서면으로 하여야 하며, 청구서에는 피해자의 성명·주소·전화번호 등의 연락처를 기재하고 정정의 대상인 보도내용 및 정정을 구하는 이유와 청구하는 정정보도문을 명시하여야 한다. ② 제1항의 청구를 받은 언론사의 대표자는 3일 이내에 그 수용 여부에 대한 통지를 청구인에게 발송하여야 한다. 이 경우 정정의 대상인 보도내용이 방송이나 인터넷신문의 보도과정에서 성립한 경우에 있어서는 당해 언론사가 그러한 사실이 없었음을 입증하지 않는 한 그 사실의 존재를 부인하지 못한다. ③ 언론사의 대표자가 제1항의 청구를 수용하는 때에는 지체 없이 피해자 또는 그 대리인과 정정보도의 내용·크기 등에 관하여 협의한 후 그 청구를 받은 날부터 7일 내에 정정보도문을 방송 또는 게재하여야 한다. 다만, 정기간행물의 경우 이미 편집 및 제작이 완료되어 부득이한 때에는 다음 발행 호에 이를 게재하여야 한다. ④ 다음 각호의 1에 해당하는 사유가 있는 경우에는 언론사는 정정보도청구를 거부할 수 있다. 1. 피해자가 정정보도청구권을 행사할 정당한 이익이 없는 때 2. 청구된 정정보도의 내용이 명백히 사실에 반하는 때 3. 청구된 정정보도의 내용이 명백히 위법한 내용인 때 4. 상업적인 광고만을 목적으로 하는 때 5. 청구된 정정보도의 내용이 국가·지방자치단체 또는 공공단체의 공개

제2항), 정정보도청구의 소를 제기하는 하는 것이 민법 제764조의 규정에 의한 권리행사에 영향을 미치지도 않는다(제26조 제4항). 더욱이 민법상의 불법행위로 인한 손해배상청구권의 소멸시효에 비해 현저히 짧은 제소기간을 두고 있어(제14조 제1항), 보도내용의 진실여부와 관계없이 사실적 보도에 의하여 인격권을 침해당한 자가 언론사에 대하여 자신의 사실적 주장을 게재하여 줄 것을 청구하는 반론보도청구권이나 민법상의 불법행위에 의한 청구권과는 전혀 다른 새로운 성격의 청구권이라고 보아야 한다. 특히 정정보도청구권에 대한 소송을 반론권이나 추후보도청구권처럼 가처분절차에 의하도록 규정하고 있는 현행 언론중재법 제26조 제6항[473)]에 대해 헌법재판소가 위헌결정을 내린 것에 대해 주목할 필요가 있다.[474)] 반론권 등이 요건만 갖추면 바로 실행할 수 있는 권리인 반면, 정정보도청구권은 보도된 내용이 사실인지, 그 내용이 오로지 공익적인 이유에서 작성된 것인지, 사실이라고 믿을만한 상당성이 있었는지 등을 판단하기 위해서는 반드시 본안소송을 거쳐야 판명되기 때문이다.

나. 판　례

(1) 제한의 법리

(가) 명확성의 원칙

　　헌법재판소는 '표현의 자유를 규제하는 입법은 명확성의 원칙이 특별히 중요한 의미를 지닌다'[475)]고 전제하면서도 '모든 법규범의 문언을 순수하게 기술적 개념만으로 구성하는 것은 입법기술적으로 불가능하고 또 바람직하지도 않기 때문에 명확성의 원칙이란 기본적으로 최대한이 아닌 최소한의 명확성을 요구하는 것'이라고 밝히고 있다.[476)]

　　그러나 출판사및인쇄소의등록등에관한법률 제5조가 규정하고 있는 '음란 또는 저속한 간행물'이라는 용어에 대해 '음란의 개념과는 달리 저속의 개념은 그 적용범위가 매우 광범위할 뿐만 아니라 법과의 보충적인 해석에 의한다 하더라도 그 의미내용을 확정하기도 어려울 정도로 매우 추상적이어서 명확성의 원칙 및 과도한 광범성의 원칙에 반한다'며 위헌결정을 내렸다.[477)]

회의와 법원의 공개재판절차의 사실보도에 관한 것인 때 ⑤ 언론사가 행하는 정정보도에는 원래의 보도내용을 정정하는 사실적 진술, 그 진술의 내용을 대표할 수 있는 제목과 이를 충분히 전달하는데 필요한 설명 또는 해명을 포함하되, 위법한 내용을 제외한다. ⑥ 언론사가 행하는 정정보도는 공정한 여론형성이 이루어지도록 그 사실공표 또는 보도가 행하여진 동일한 채널, 지면 또는 장소에 동일한 효과를 발생시킬 수 있는 방법으로 이를 하여야 하며, 방송의 정정보도문은 자막(라디오방송을 제외한다)과 함께 통상적인 속도로 읽을 수 있게 하여야 한다. ⑦ 언론사는 공표된 방송보도(재송신을 제외한다) 및 방송프로그램, 정기간행물·뉴스통신 및 인터넷신문 보도의 원본 또는 사본을 공표 후 6월간 보관하여야 한다.

473) 언론중재법 제26조 제6항: 정정보도청구에 대하여는 민사집행법의 가처분절차에 관한 규정에 의하여 재판하며, 청구가 이유 있는 경우에는 법원은 제15조 제3항·제5항 및 제6항의 규정에 따른 방법에 따라 정정보도·반론보도 또는 추후보도의 방송·게재 또는 공표를 명할 수 있다. 다만, 민사집행법 제277조 및 제287조는 이를 적용하지 아니한다.

474) 헌재 2006. 6. 29. 2005헌마165.

475) 헌재 2002. 6. 27. 99헌마480.

476) 헌재 1998. 4. 30. 95헌가16.

477) 헌재 1998. 4. 30. 95헌가16.

또 전기통신사업법 제53조 등이 규정하고 있던 "공공의 안녕질서 또는 미풍양속을 해하는 '불온통신'"에 대해 불온통신의 개념이 너무 불명확하고 애매모호하다는 이유로 위헌결정을 하면서 "'공공의 안녕질서', '미풍양속' 등은 매우 추상적인 개념이어서 어떠한 표현행위가 과연 '공공의 안녕질서'나 '미풍양속'을 해하는 것인지, 아닌지에 관한 판단이 사람마다의 가치관과 윤리관에 따라 크게 달라질 수밖에 없고, 법집행자의 통상적 해석을 통하여 그 의미내용을 객관적으로 확정하기도 어렵다"478)고 밝혔다. '공익을 해할 목적으로 전기통신설비에 의하여 공연히 허위의 통신을 한 자를 형사처벌하도록 규정하고 있는 전기통신기본법 제47조 제1항에 대해서도 헌법재판소는 "'공익'은 형벌조항의 구성요건으로서 구체적인 표지를 정하고 있는 것이 아니라, 헌법상 기본권 제한에 필요한 최소한의 요건 또는 헌법상 언론·출판의 자유의 한계를 그대로 법률에 옮겨 놓은 것에 불과할 정도로 그 의미가 불명확하고 추상적'이라며 명확성의 원칙에 위배된다고 설시하였다. 다시 말해 '어떠한 표현행위가 "공익"을 해하는 것인지, 아닌지에 관한 판단은 사람마다의 가치관, 윤리관에 따라 크게 달라질 수밖에 없으며, 이는 판단주체가 법전문가라 하여도 마찬가지이고, 법집행자의 통상적 해석을 통하여 그 의미내용이 객관적으로 확정될 수 있다고 보기 어려워 명확성의 원칙에 위배된다'는 것이다.479) 요컨대 '명확성의 원칙은 법치주의와 신뢰보호의 원칙에서 비롯되며, 불명확한 법률이 무효가 되는 것은 그것이 수범자에게 공정한 경고를 할 수 없기 때문이라는 것'480)이 우리 헌법재판소의 입장이다. 이밖에 기초의원 후보자의 정당표시금지제도 또한 명확성에 위배된다며 공직선거법 제84조에 대해서도 위헌결정을 하였다.481)

그러나 헌법재판소는 국가보안법상의 반국가단체의 활동에 대한 찬양·고무행위를 처벌하는 제7조 제1항과 제5항에 대해 '국가의 존립·안전을 위태롭게 하거나 자유민주주적 기본질서에 실질적 해악을 미칠 명백한 위험성이 있는 행위에 대해서만 적용된다'고 하여, 한정합헌결정을 계속 내려왔다.482)

(나) 과잉금지의 원칙 등

1) 과잉금지의 원칙

헌법재판소는 선거일 전 180일부터 선거일까지 선거에 영향을 미치게 하기 위하여 정당 또는 후보자를 지지·추천하거나 반대하는 내용이 포함되어 있거나 정당의 명칭 또는 후보자의 성명을 나타내는 문서·도화의 배부·게시 등을 금지하고 처벌하는 공직선거법 제93조 제1항 및 제255조 제2항 제5호 등에서 규정하고 있는 '기타 이와 유사한 것' 부분에 '정보통신망을 이

---

478) 헌재 2002. 6. 27. 99헌마480.
479) 헌재 2010. 12. 28. 2008헌바157, 2009헌바88(병합).
480) 헌재 2005. 3. 31. 2003헌바12.
481) 헌재 2003. 5. 15. 2003헌가9.
482) 헌재 1990. 4. 2. 89헌가113; 1990. 6. 25. 90헌가11; 1992. 1. 28. 89헌가8; 1992. 4. 14. 90헌바23; 1992. 2. 25. 89헌가104.

용하여 인터넷 홈페이지 또는 그 게시판·대화방 등에 글이나 동영상 등 정보를 게시하거나 전자우편을 전송하는 방법'이 포함된다고 해석한다면, 이는 정치적 표현의 자유 내지 선거운동의 자유를 침해하게 되므로 과잉금지원칙에 위배된다고 설시하였다.[483]

2) 이익형량의 원칙

대법원은 '인격권으로서의 개인의 명예보호와 표현의 자유의 보장이라는 두 법익이 충돌하였을 때 그 조정을 어떻게 할 것인지는 구체적인 경우에 사회적인 여러 가지 이익을 비교하여 표현의 자유로 얻어지는 이익, 그리고 가치와 인격권의 보호에 의하여 달성되는 가치를 형량하여 그 규제의 폭과 방법을 정하여야 한다'고 판시하고 있다.[484] 헌법재판소도 '법률에 의하여 국민에게 야기되는 효과인 기본권침해의 정도와 법률에 의하여 실현되는 공익의 비중을 전반적으로 비교형량하였을 때 양자사이의 적정한 비례관계가 성립해야 한다'[485]며 이역형량의 원칙을 천명하고 있다.

3) 비례의 원칙

법익의 균형성이라는 차원에서 헌법재판소는 의료인의 기능과 진료방법 등에 대한 광고를 금지하고 있는 의료법이 이를 어길 경우 벌금형에 처하도록 한 규정은 '입법목적을 달성하고자 하기 위해 필요한 범위를 넘어선 제재로서, 피해의 최소성 원칙에 위반하고, 보호하고자 하는 공익보다 제한되는 사익이 더 중하다고 볼 것이므로 법익의 균형성원칙에도 반한다'며 위헌결정을 하였다.[486]

(다) 알권리

헌법재판소는 '사상 또는 의견의 자유로운 표명은 자유로운 의사형성을 전제로 하는데, 자유로운 의사의 형성은 충분한 정보에의 접근이 보장됨으로써 비로소 가능하다'고 전제하고, '그러한 의미에서 정보에의 접근·수집·처리의 자유를 의미하는 알권리는 표현의 자유에 당연히 포함되는 것'이라고 판단하였다.[487] 헌법재판소가 이렇게 알권리를 언론출판의 자유의 전제적 기본권으로 보고 있기 때문에 국가 또는 지방자치단체의 기관이 보관하고 있는 문서 등에 관하여 이해관계 있는 국민이 공개를 요구하는 경우, 정당한 이유 없이 이에 응하지 아니하거나 거부하는 것은 당해 국민의 알권리를 침해하는 것으로 보고 있다.[488] 따라서 '국가기관이 갖고 있는 서류가 비밀 또는 대외비로 분류되어 있다거나 그 공개로 타인의 사생활의 비밀이 침해되지 않는 한 공개'[489]되어야 하므로, 확정된 형사소송기록의 복사신청에 대한 거부행위는 청구인의

---

483) 헌재 2011. 12. 29. 2007헌마1001, 2010헌바88, 2010헌마173·191(병합).
484) 대판 1988. 10. 11. 85다카29.
485) 헌재 1999. 5. 27. 98헌마214.
486) 헌재 2005. 10. 27. 2003헌가3.
487) 헌재 1989. 9. 4. 88헌마22; 1991. 5. 13. 90헌마133.
488) 헌재 1994. 8. 31. 93헌마174; 1989. 9. 4. 88헌마22; 1989. 9. 4. 88헌마22.
489) 헌재 1989. 9. 4. 88헌마22.

헌법적 권리인 알권리를 침해하는 것이 된다.490) 다시 말해 알권리는 '국민이 일반적으로 정보에 접근하고 수집·처리함에 있어서 국가권력의 방해를 받지 않음을 보장하고 의사형성이나 여론형성에 필요한 정보를 적극적으로 수집하고 그 수집에 대한 방해의 제거를 청구할 수 있는 권리'라는 것이다.491) 따라서 개인은 일반적으로 접근가능한 정보원, 특히 신문, 방송 등 매스미디어로부터 방해받음이 없이 알권리를 보장받아야 하며, 미결수용자도 자비로 신문을 구독할 수 있어야 한다.

대법원도 국가정보에의 접근권은 일반국민 누구나 국가에 대하여 보유·관리하고 있는 정보의 공개를 청구할 수 있는 이른바 일반적인 정보공개청구권이 포함되는 것으로 보고 있어,492) 알권리의 실현을 위한 법률이 제정되어 있지 않더라도 그 실현이 불가능한 것은 아니다.493) 다만 공개를 구하는 정보를 공공기관이 보유·관리하고 있을 상당한 개연성이 있다는 점에 대한 증명은 공개청구자가 부담해야 하지만, 그 정보를 더 이상 보유·관리하고 있지 아니하다는 점에 대한 증명은 공공기관이 부담해야 한다.494)

그러나 알권리도 일반적 법률유보조항(제37조 제2항)에 의하여 제한될 수 있으며, 그 제한에는 비례의 원칙이나 이익형량의 원칙 등이 고려되어야 한다. '알권리라 할지라도 다른 기본권이나 국가·사회적 법익과 상충되거나 마찰을 일으키는 경우, 즉 타인의 명예나 권리(개인적 법익), (공중도덕이나 사회윤리 사회적 법익), 국가의 안전보장이나 치안질서(국가적 법익)을 침해하는 경우에는 보호될 수 없'495)기 때문에, 형법·국가보안법·군사기밀보호법·군사시설보호법·국가정보원법 등의 개별 법률들은 국가안전보장과 관련하여 상당히 넓은 의미의 국가기밀을 보호하고 있어 상대적으로 국민의 알권리를 광범위하게 제한하고 있다.496) 이같은 맥락에서 헌법재판소는 '교화상 또는 구금목적에 특히 부적당하다고 인정되는 기사, 조직범죄 등 수용자 관련 범죄기사에 대한 신문기사 삭제행위는 구치소 내 질서유지와 보안을 위한 것으로, 신문기사 중 탈주에 관한 사항이나 집단단식, 선동 등 구치소 내 단체생활의 질서를 교란하는 내용이 미결수용자에게 전달될 때 과거의 예와 같이 동조단식이나 선동 등 수용의 내부질서와 규율을 해하는 상황이 전개될 수 있고, 이는 수용자가 과밀하게 수용되어 있는 현 구치소의 실정과 과

---

490) 헌재 1991. 5. 13. 90헌마133.

491) 헌재 2004. 12. 16. 2002헌마579.

492) 대판 1999. 9. 21. 97누5114.

493) 헌재 1991. 5. 13. 90헌마133.

494) 대판 2006. 12. 7. 2004두9180; 2006. 1. 13. 2003두9459; 2004. 12. 9. 2003두12707; 2004. 5. 28. 2001두3358; 2003. 10. 10. 2003두7767; 2003. 3. 14. 2000두6114; 2003. 8. 22. 2002두12946; 2003. 3. 11. 2001두6425.

495) 헌재 1991. 2. 25. 89헌가104.

496) 헌법재판소는 국가기밀에 대해 '국가기밀의 적용범위가 지나치게 광범하고 모호하여 법피적용자에게 무엇이 금지되고 처벌되는 행위인가에 관하여 명확한 예측가능성을 제공하는 기능을 하지 못할 뿐만 아니라, 법적용 당국의 자의적인 법해석·적용을 초래할 우려가 있어 결국 죄형법정주의에 위배되므로, … 국가보안법 제4조 제1항 제2호 나목에 대해서는 헌법합치적 해석을 해야 한다'고 하였다{헌재 1997. 1. 16. 92헌바6 등(병합)}.

소한 교도인력을 볼 때 구치소내의 질서유지와 보안을 어렵게 할 우려가 있다'497)는 이유로 미결구금자의 알권리의 제한을 인정하였다.498) 그러나 군사기밀의 범위는 국민의 표현의 자유 내지 알권리의 대상영역을 최대한 넓혀줄 수 있도록 필요한 최소한도에 한정되어야 할 것이다.499)

(라) 명예훼손

대법원은 '명예는 생명·신체와 함께 매우 중대한 보호법익이고 인격권으로서의 명예권은 물권의 경우와 마찬가지로 배타성을 가지는 권리라고 할 것이므로 사람의 품성·덕행·명성·신용 등의 인격적 가치에 관하여 사회로부터 받는 객관적인 평가인 명예를 위법하게 침해당한 자는 손해배상 또는 명예회복을 위한 처분을 구할 수 있는 이외에 인격권으로서 명예권에 기초하여 가해자에 대하여 현재 이루어지고 있는 침해행위를 배제하거나 장래에 생길 침해를 예방하기 위하여 침해행위의 금지를 구할 수도 있다'고 밝히고 있다.500)

그러나 언론보도에 의한 명예훼손이 성립하려면 피해자의 사회적 평가를 저하시킬 만한 구체적인 사실의 적시가 있어야 한다. 다시 말해 순수한 의견 또는 논평의 경우에는 명예훼손으로 인한 손해배상 책임은 성립되지 않는다. 여기에서 말하는 '사실의 적시'란 사실을 직접적으로 표현한 경우는 물론이고 간접적이고 우회적인 방법에 의하더라도 그 표현의 전체 취지에 비추어 어떤 사실의 존재를 암시하고 또 이로써 특정인의 사회적 가치 내지 평가가 침해될 가능성이 있을 정도의 구체성이 있으면 된다.501) 따라서 구체성이 없는 제목만으로는 특단의 사유가 없는 한 명예훼손이 인정되기 어렵다.502)

결국 신문 등 언론매체의 어떤 기사가 타인의 명예를 훼손하는지의 여부는 일반 독자가 기사를 접하는 통상의 방법을 전제로 그 기사의 전체적인 취지와의 연관 하에서 기사의 객관적 내용, 사용된 어휘의 통상적인 의미, 문구의 연결방법 등을 종합적으로 고려하여 그 기사가 독자에게 주는 전체적인 인상을 기준으로 판단하여야 하고, 여기에다가 당해 기사의 배경이 된 사회적 흐름 속에서 당해 표현이 가지는 의미를 함께 고려하여야 한다.503)

1) 명예훼손의 양태

가) 언론기사에 의한 명예훼손

(a) 일반보도

신문이나 잡지의 어떤 기사가 타인의 명예를 훼손하여 불법행위가 되는지의 여부는 일반 독자가 기사를 접하는 통상의 방법을 전제로 그 기사의 전체적인 취지와의 연관 하에서 기사의 객관적 내용, 사용된 어휘의 통상적인 의미, 문구의 연결방법 등을 종합적으로 고려하여 그 기

---

497) 헌재 1998. 10. 29. 98헌마4.
498) 동지 헌재 1999. 5. 27. 97헌마137, 98헌마5(병합); 2005. 5. 26. 2001헌마728; 2004. 3. 25. 2002헌마411.
499) 헌재 1992. 2. 25. 89헌가104.
500) 대판 2005. 1. 17. 2003마1477.
501) 대판 2009. 7. 23. 2008다18925.
502) 대판 2009. 1. 30. 2006다60908.
503) 대판 2008. 2. 14. 2005다75736.

사가 독자에게 주는 전체적인 인상을 기준으로 판단하여야 하고, 여기에다가 당해 기사의 배경
이 된 사회적 흐름 속에서 당해 표현이 가지는 의미를 함께 고려하여야 한다.504)

특히 보도의 내용이 수사기관이나 감사기관에 의하여 조사가 진행 중인 사실에 관한 것일
경우, 일반 독자들로서는 보도된 비위혐의 사실의 진실 여부를 확인할 수 있는 별다른 방도가
없을 뿐만 아니라 언론기관이 가지는 권위와 그에 대한 신뢰에 기하여 보도내용을 그대로 진실
로 받아들이는 경향이 있고, 신문보도가 가지는 광범위하고도 신속한 전파력 등으로 인하여 그
보도내용의 진실 여하를 불문하고 그러한 보도 자체만으로도 피조사자로 거론된 자나 그 주변
인물들이 입게 되는 피해의 심각성을 고려할 때, 이러한 조사혐의사실을 보도하는 언론기관으
로서는 그 보도에 앞서 혐의사실의 진실성을 뒷받침할 적절하고도 충분한 취재를 하여야 하고,
기사의 작성 및 보도 시에도 당해 기사가 주는 전체적인 인상으로 인하여 일반 독자들이 사실
을 오해하는 일이 생기지 않도록 그 내용이나 표현방법 등에 대하여도 주의를 하여야 한다. 만
약 이러한 주의의무를 충분히 다하지 않았다면 '설사 그 보도의 목적이 타인의 비위사실의 보
도에 주안점을 두고 있는 것이 아니라 할지라도, 그 보도내용 중에 타인의 비위가 있는 것으로
의심할 만한 사실이 적시되어 있고, 그것이 명예훼손에 해당하는 이상 언론매체로서는 명예훼
손으로 인한 손해배상책임을 져야 한다'는 것이 우리 대법원의 입장이다.505) 따라서 인터넷 종
합정보제공 사업자가 보도매체의 기사를 보관하면서 그 기사의 일부를 선별하여 게시한 경우
에도 명예훼손 책임이 부여된다.506)

(b) 피의사실공표

언론의 보도내용이 수사기관이나 감사기관에 의하여 조사가 진행 중인 사실에 관한 것일
경우, 일반 독자들로서는 보도된 비위 혐의 사실의 진실 여부를 확인할 수 있는 별다른 방도가
없을 뿐만 아니라, 언론기관의 권위와 그에 대한 신뢰 때문에 보도내용을 진실로 받아들이는
경향이 있다. 게다가 언론보도의 광범위하고도 신속한 전파력 등으로 인하여 그 보도내용의 진
실 여하를 불문하고 그러한 보도 자체만으로도 피조사자로 거론된 자나 그 주변 인물들이 입게
되는 피해의 심각성은 일반인의 상상을 초월한다. 따라서 조사혐의사실을 보도하는 언론기관으
로서는 그 보도에 앞서 혐의사실의 진실성을 뒷받침할만한 적절하고도 충분한 취재를 해야 하
고, 기사를 작성하고 보도할 때에도 그 기사가 주는 전체적인 인상으로 인하여 일반 독자들이
사실을 오해하는 일이 발생하지 않도록 그 내용이나 표현방법 등에 대하여도 각별한 주의를 해
야 한다. 만약 이러한 주의의무를 충분히 하지 않았다면 설사 그 보도의 목적이 타인의 비위사
실의 보도에 주안점을 두고 있는 것이 아니라 할지라도, 그 보도내용 중에 타인의 비위가 있는
것으로 의심할 만한 사실이 적시되어 있으면 명예훼손에 대한 책임을 져야 한다.507)

---

504) 대판 2009. 2. 26. 2008다77771.
505) 대판 2007. 12. 27. 2007다29379; 2009. 7. 23. 2008다18925.
506) 대판 2009. 4. 16. 2008다53812.
507) 대판 2007. 12. 27. 2007다29379.

또 피의사실공표는 단지 피의자만이 아니라 피내사자도 포함된다.[508]

나) 풍자 등에 의한 명예훼손

언론에 의한 명예훼손은 단지 기사에 의해서만 이루어지는 것은 아니다.

풍자만화나 시사만평의 경우에는 직설적인 언행과는 달리 풍자나 은유, 희화적 표현기법이 흔히 사용되고 일반 독자들도 그러한 속성을 감안해 받아들이는 경향이 있는 만큼 어느 정도의 과장은 용인할 수 있다[509]는 점도 고려해야 할 것이다.

정당 논평과 관련된 명예훼손 사건도 언론의 풍자만화나 시사만평과 유사한 이론적 구성이 가능하다. 정당대변인이 다른 정당에 대한 논평을 할 경우에는 그것이 언론사의 사설과는 달리 과장과 풍자를 많이 사용한다는 점에서 언론사의 시사만평과 유사한 성격을 인정받는 것이다. 정당의 간부나 대변인으로서의 정치적 주장이나 정치적 논평에는 국민의 지지를 얻기 위해 어느 정도의 단정적인 어법도 종종 사용되는데, 이는 수사적인 과장표현으로서 용인될 수도 있으며, 국민도 정당의 정치적 주장 등에 구체적인 사실의 적시가 수반되지 아니하면 비록 단정적인 어법으로 공격하는 경우에도 대부분 이를 정치공세로 치부할 뿐 그 주장을 그대로 객관적인 진실로 믿거나 받아들이지는 않는 것이 보통이다. 따라서 정당의 정치적 주장이나 논평의 명예훼손과 관련한 위법성을 판단함에 있어서 정당 상호간의 정책, 정견, 다른 정당 및 그 소속 정치인들의 행태 등에 대한 비판, 이와 직접적으로 관련된 각종 정치적 쟁점이나 관여 인물, 단체 등에 대한 문제 제기 등 정당의 정치적 주장에 관해서는 그것이 어느 정도의 단정적인 어법 사용에 의해 수사적으로 과장 표현된 경우라 하더라도 구체적 정황의 뒷받침 없이 악의적이거나 현저히 상당성을 잃은 공격이 아닌 한 쉽게 명예훼손으로서의 책임을 추궁하지 않는 것이 우리 대법원의 입장이다.[510]

2) 명예훼손의 인정 및 참작 사유

학설과 판례는 모두 명예훼손을 인정하고 조각하는 요건과 양형 참작사유를 거의 동일하게 인정하고 있다. 이 점에 대해서는 학설과 판례 간에 간극은 존재하지 않는다.

가) 公益과 公人

(a) 비교법적 고찰

공익과 관련하여 국내외적으로 논란을 야기하는 것이 공인이론이다.[511] 공인(public figure)의 경우에는 명예훼손, 특히 사생활보호와 관련하여 미국과 독일 등에서는 판례를 통해 위법성이 조각되기도 하고 현실적 악의(actual malice)가 인정되거나 허위에 대한 고의 또는 무모한 경시(with knowledge or reckless disregard of its falsity)가 인정되면 징벌적 손해배상(punitive damage)이

---

508) 대판 2007. 11. 30. 2005다40907.
509) 대판 2008. 2. 14. 2005다75736; 2002. 1. 22. 2000다37524; 2000. 7. 28. 99다6203; 1999. 2. 9. 98다31356.
510) 대판 2007. 11. 30. 2005다40907.
511) 공인에 관한 명예훼손에 대해서는 김태수, "공인에 관한 표현의 자유의 한계," 2006. 6., 고려대학교 박사 학위 논문; 김진, "공적인 인물에 대한 명예훼손에 관한 고찰—새로운 모색을 위한 제언—," 형사법의 신 동향, 제36호(2012. 9) 참조.

부과되는 등 특칙이 적용되고 있다.[512] 즉 공무원은 자기의 공무집행과 관련한 허위사실로 인하여 명예훼손을 당한 경우에 그것이 언론사의 현실적 악의에 의해 일어난 것이라는 사실을 입증하지 않는 한, 그 손해에 대한 배상을 청구할 수 없다.[513]

미국의 경우에는 판례를 통해 처음에는 공무원(public officer)에 대해서만 제한적으로 인정되던 공적 인물에 대한 명예훼손의 위험수인론(assumption of the risk rationale)[514]이 공인으로 확대되면서 그 개념이 모호한데다가 범위가 지나치게 넓어지면서 모든 문맥에서 공적인물(all purpose public figure)로 가게 되자,[515] 공적 사항(public issue) 또는 공적 논쟁(public controversy) 등의 개념으로 다시 좁아지면서, 사적 사항에 대한 공표(public disclosure of private facts)를 프라이버시침해로 보고 있다.[516] 그럼에도 불구하고 공인과 공익의 개념과 범위가 사건이 벌어질 때마다 문제가 되자 공인 이론 외에도 시사적 인물(vortex public figure, limited issue public figure, person der Zeitgeschichte)이라는 개념을 도입하여, 특정사건이 공적 관심사에 해당하여 뉴스가치(newsworthiness)가 있는 경우에는 공개의 이익 때문에 관련자의 성명권이 침해될 수도 있다는 이론을 전개하기도 했다.[517] 이런 경우에는 언론이 관계자의 동의가 없어도 그의 사적인 영역을 취재할 수 있고 공개도 할 수 있다는 것이다.[518] 바로 알권리의 대상이 되기 때문이라는 것이다.[519] 그러나 국민의 알권리에 기초한 정보의 이익(Informationsinteresse)이 아무리 중요하다 하더라도 공적인 현존의 영역(öffentliche Daseinssphäre) 또는 공적인 자기과시(Sich zur Schaustellen)가 아닌 한, 공인도 기본적으로 자기정보에 관한 자주결정권(Recht auf informationelle Selbstbestimmung)이 있으며,[520] 절대적 주관적 권리로서의 인격권은 보호받는 인격적 이익의 종류, 금지되는 침해의 종류 및 반대이익에 의한 제한 등이 비록 인격영역론(Sphärentheorie der

---

512) Rosenblatt v. Baer 383, U.S. 75(1966); Curtis Publishing Co. v. Butts 388 U.S. 130(1967); Associated Press v. Walker 388 U.S. 130(1967).

513) N. Y. T. v. Sullivan, 376 U.S. 254(1964).

514) 공무원이 명예훼손을 어느 정도 감수해야 한다는 위험수인론은 자신이 공무원직을 유지하고 있는 한 공적인 정책에 영향을 미칠 수 있는 자리에 있기 때문이며, 일반인보다 언론에 접근할 수 있는 기회가 많다(access to channels of self-felp)는 이유 때문이다. Gertz v. Robert Welch, Inc 418 U.S. 323(1974).

515) 공인은 주체에 따라 일반인에게 노출이 많이 되는 전면적인 공인(pervasive public figure), 논쟁사안에 따라 주목을 받게 되는 제한적인 공인(limited public figure), 스스로 문제를 야기하여 공적인 관심의 대상이 되는 자발적 공인(voluntary public figure), 범죄피해자 또는 유명인의 배우자가 되는 타의에 의한 공적 인물(involuntary public figure) 등으로 분류할 수 있다. 그러나 명시적이든 묵시적이든 추정적이든 피해자의 승낙이 있는 경우에는 위의 모든 이론이 배제되지만, 이 경우에도 인간의 존엄과 사회윤리에 위배되는 승낙은 그 자체로 용인되지 않는다. 기본적으로 인간은 누구나 홀로 있을 수 있는 권리(right to be left alone)를 누리기 때문이다. Rosenbloom v. Metromedia, Inc., 403 U.S. 29(1971); Gertz v. Robert Welch, Inc 418 U.S. 323(1974).

516) Wolston v. Reader's Digest Association, 443 U.S. 157(1979); Hutchinson v. Proxmire, 443 U.S. 111(1979).

517) BGHZ JZ 1979, 351.

518) 박용상(주 85)(언론 개인), 48-49.

519) 이와 관련한 정치인에 대한 명예훼손에 대해서는 이희경, "정치인에 대한 명예훼손죄 — 비교법적 고찰을 중심으로 —," 형사정책 제21권 제1호, 한국형사정책학회, 2009, 136.

520) BVErfGE 8, 122; 65, 1.

Persönlichkeit)에 의지한다고 하더라도 모두 불확정적이라는 점에서 역시 문제는 남는다.

(b) 우리 법원의 판단

a) 공   익

적시된 사실이 공공의 이익에 관한 것인지의 여부는 사실자체의 내용과 성질에 비추어 객관적으로 판단하여야 하고, 행위자의 주요한 목적이 공공의 이익을 위한 것이면 부수적으로 다른 사익적 동기가 내포되어 있더라도 위법성이 조각된다.[521] 그러나 그 구체적인 판단에 있어서는 우리나라의 경우에도 대체로 위와 같은 경향과 문제점을 그대로 보여주고 있다.[522] 다만 명예훼손의 입증책임은 행위를 한 방송 등 언론매체에 있고, 피해자가 공적인 인물이라고 하여 그 입증책임을 피해자가 부담하는 것은 아니라는 것이 우리 법원의 입장이다.[523]

b) 공   인

대법원은 '언론·출판의 자유와 명예보호 사이의 한계를 정함에 있어 그 표현내용의 대상이 사적인 존재인가 또는 공적인 존재인가, 그 표현이 공적인 관심사안에 관한 것인지 아니면 순수한 사적인 영역에 속하는 사안에 관한 것인지의 여부에 따라 그 한계설정을 달리하여야 한다'고 밝히고 있다.[524] 예컨대 정치적 영향력이 있는 BBK 사건에 관한 검사 직무집행의 공정성에 관한 것은 공적 관심 사안으로서 공공성이 있다고 판시하였다.[525]

그러나 타인에 대한 비판자로서 언론의 자유를 누리는 범위가 넓은 언론사의 경우에는 악의적이거나 현저히 상당성을 잃은 표현이 아닌 한 쉽게 그 책임을 추궁해서는 아니된다는 것이 우리 대법원의 입장이다.[526] 따라서 "공자가 죽어야 나라가 산다"는 제목의 서적이 공자·유학자·유교 및 유교문화에 대하여 비판적인 문구를 사용하였다고 할지라도 그것이 유교의 진흥과 유교 문화의 발전을 목적으로 하는 단체인 재단법인 성균관에 대한 사회적 평가와 직접 관련된 것이라고 할 수 없고, 나아가 그 내용에 다소 과장되고 부적절한 표현, 신랄하고 가혹한 비유가 있다고 하더라도 이는 표현의 자유로서 보호되어야 할 범위 내에 있으므로 명예훼손으로 인한 불법행위가 되지 않는다'는 것이다.[527] 즉, '언론매체의 기사가 타인의 명예를 훼손하여 불법행위가 되는지의 여부를 판단함에 있어서는 일반독자가 기사를 접하는 통상의 방법을 전제로 그 기사의 전체적인 취지와의 연관 하에서 기사의 객관적인 내용과 사용된 어휘의 통상적인 의미,

---

521) 헌재 1999. 6. 24. 97헌마265; 대판 2012. 8. 23. 2011다40373; 2006. 3. 23. 2003다52142; 1999. 1. 26. 97다10215·10222(병합); 1998. 5. 8. 96다36395; 1996. 5. 28. 94다33828; 1993. 6. 22. 92도3160.

522) 김재협, "언론사간 명예훼손소송의 면책기준," 언론중재 제23권 제4호(통권 89호)(2003. 12), 15-35; 문재완, "공인에 관한 최근 명예훼손 법리의 비교 연구," 언론중재 제24권 제1호(통권90호)(2004. 3), 4-21; 박선영(주 181), 86-110; 이인호, "범죄보도와 면책사유의 적용," 언론중재 제19권 제3호(통권 72호)(1999), 48-61.

523) 대판 1998. 5. 8. 97다34563.

524) 대판 2012. 8. 23. 2011다40373; 2003. 7. 8. 2002다64384; 2003. 7. 22. 2002다64494; 2004. 2. 27. 2001다53387.

525) 대판 2012. 8. 23. 2011다40373.

526) 대판 2006. 3. 23. 2003다52142.

527) 대판 2004. 11. 12. 2002다46423. 동지 대판 2004. 11. 12. 2002다65899.

문구의 연결방법 등을 종합적으로 판단하여야 하고, 여기에다가 당해 기사의 배경이 된 사회적 흐름 속에서 당해 표현이 갖는 의미를 함께 고려하여야 한다'.528)

c) 공공성

결국 특정 사안에서 공익성이 문제되는 경우에는 언론의 자유보장이라는 차원에서 그 적용범위를 넓게 인정하여야 한다. 국민의 알권리의 배려라는 측면에서 객관적으로 국민이 알아야 할 필요가 있는 사실에는 공공성이 인정되어야 하고, 또 사인이라도 그가 관계하는 사회적 활동의 성질과 이로 인하여 사회에 미칠 영향을 헤아려 공공의 이익은 쉽게 수긍할 수 있어야 하기 때문이다.529) 구체적으로는 형법 제310조에서 말하는 공공의 이익에는 널리 국가, 사회 기타 일반 다수인의 이익에 관한 것뿐만 아니라 특정 사회집단이나 그 구성원 전체의 관심과 이익에 관한 것도 포함되고, 행위자의 주요한 동기 내지 목적이 공공의 이익을 위한 것이라면 부수적으로 다른 개인적인 목적 또는 동기가 내포되어 있거나 그 표현에 있어서 다소 모욕적인 표현이 들어 있다 하더라도 형법 제310조의 적용을 배제할 수 없다는 것이 우리 대법원의 입장이다.530) 나아가 공인이나 공적 기관의 공적 활동 혹은 정책에 대하여는 국민의 알권리와 다양한 사상, 의견의 교환을 보장하는 언론의 자유의 측면에서 그에 대한 감시와 비판기능이 보장되어야 하므로 명예를 훼손당한 자가 공인인지, 그 표현이 객관적으로 국민이 알아야 할 공공성, 사회성을 갖춘 공적 관심사안에 관한 것으로 사회의 여론형성 내지 공개토론에 기여하는 것인지, 피해자가 그와 같은 명예훼손적 표현의 위험을 자초한 것인지 여부 등의 사정도 적극 고려되어야 한다. 따라서 이러한 공적 관심 사안에 관하여 진실하거나 진실이라고 봄에 상당한 사실을 공표한 경우에는 그것이 악의적이거나 현저히 상당성을 잃은 공격에 해당하지 않는 한 원칙적으로 공공의 이익에 관한 것이라는 증명이 있는 것으로 보아야 한다는 것이다.531)

d) 업무로 인한 행위

공익이론과는 다소 그 이론적 틀을 달리하지만, 업무로 인한 행위는 정당한 것으로 인정받는다. 예컨대 국회의원이 공개회의에서 한 발언 또는 국회 본회의에서 발언할 내용을 30분 먼저 기자들에게 배포한 행위는 국회의원의 면책행위로 인정받았고,532) 국세청장의 투기거래자 발표를 그대로 보도한 언론사에 대해서도 면책이 인정되었다.533) 법령에 의한 행위가 아니더라도 공무원 등의 업무로 인한 행위가 설사 개인에게 명예를 훼손하는 결과를 야기하였다고 하더라도 비방의 목적이나 악의가 없는 경우에는 정당행위로서 위법성이 조각되는 것이다.

528) 대판 2002. 1. 22. 2000다37524.
529) 헌재 1999. 6. 24. 97헌마265.
530) 대판 2007. 1. 26. 2004도1632.
531) 대판 2002. 2. 25. 99도4757; 2002. 6. 28. 2000도3045.
532) 대판 1992. 9. 22. 91도317.
533) 대판 1993. 11. 26. 93다18389.

이같은 공인이론 또는 공적 관심사, 시사적 인물 등의 이론은 특정인에 대한 명예훼손이나 사생활 침해 또는 알권리의 대상이 되는지의 여부를 결정하기 위한 이론적 틀을 제공한다.

나) 진 실 성

타인의 발언을 비판할 의도로 출판물에 그 발언을 그대로 소개한 후 그 중 일부분을 강조하여 적시하면서 다소 과장되거나 편파적인 내용의 비판을 덧붙인 경우에 대법원은 이를 허위의 사실을 적시한 것으로 볼 수 없다고 판시하고 있다.[534] 진실성과 관련해서도 대법원은 신문사 지사장이 지방행정당국의 불합리한 처사를 취재·보도함에 있어서 다소 과장된 표현을 하였다고 하여 곧바로 허위보도라고 할 수 없다고 판시한 바 있다.[535] 다만 진실성의 입증책임은 언론사가 부담하여야 한다. 사건보도를 함에 있어서 대중적 흥미를 끌기 위하여 실제의 사실관계에 장식을 가하거나 복잡한 사실관계를 알기 쉽게 생략하고 단순화하는 것(cosmetic inaccuracies or minor literary embellishments)은 언론인의 문필가적·편집적 작업의 일환이므로 허용되기 때문이다.[536]

허위란 그 적시한 내용 또는 전파되거나 인용된 내용(Inhalt des Zitates)이 사실상의 사실관계(tatsächlichen Sachverhalt)와 부합하지 않는 것을 말한다. 허위사실의 표현은 개인적으로는 국민의 올바른 정보획득에 방해가 되고, 사회적으로는 신뢰에 바탕을 둔 법률관계의 형성을 저해하며, 국가적으로는 여론형성을 저해하여 민주주의를 왜곡한다.[537] 그러나 언론이 신속한 보도를 하는 과정에서 사소한 부분에 대해 진실성을 위반한 경우 우리 대법원은 '중요한 내용이 아닌 사소한 부분에 대한 허위보도는 모두 형사제재의 위협으로부터 자유로와야 한다'[538]며 면책을 하였으며, 헌법재판소도 '시간과 싸우는 신문보도에 오류를 수반하는 표현은 사상과 의견에 대한 아무런 제한없는 자유로운 표현을 보장하는데 따른 불가피한 결과이고, 이러한 표현도 자유로운 토론과 진실확인에 필요한 것이므로 함께 보호되어야 한다'[539]고 판시하였다.

다) 상 당 성

우리 형법은 단순하게 '공연히 사실을 적시하여 타인의 명예를 훼손'한다고 규정하고 있지만(제307조), 판례상 진실이라고 믿을만한 상당한 이유가 있는 때에도 위법성은 조각된다.

헌법재판소와 대법원은 형사상으로나 민사상으로 타인의 명예를 훼손하는 행위를 한 경우에도 그것이 공공의 이해에 관한 사항으로서 그 목적이 오로지 공공의 이익을 위한 것일 때에는 진실한 사실이라는 증명이 있으면 위 행위에 위법성이 없으며, 또한 그 증명이 없더라도 행위자가 그것을 진실이라고 믿을 만한 상당한 이유가 있는 경우에는 위법성이 없다고 보고 있

534) 대판 2007. 1. 26. 2004도1632.
535) 대판 1959. 9. 26. 58형상323.
536) 박용상(주 85), 133-134.
537) 이에 관한 논의는 문재완, "허위사실의 표현과 표현의 자유 — 한국과 미국의 판례비교를 중심으로 — ," 공법연구 제39집 제3호(2011. 2.) 참조.
538) 대판 1996. 8. 23. 94도3191.
539) 헌재 1999. 6. 24. 97헌마265.

다.540) 예컨대 BBK사건에서 '검찰이 구형량을 수단으로 甲을 회유·협박하여 허위진술을 하도
록 강요했다'는 취지의 기사 때문에 명예훼손을 당했다고 주장하는 검사에 대해 '보도내용이나
표현방식, 공익성의 정도, 사실 확인을 위한 노력의 정도 등 여러 사정에 비추어 정당한 언론활
동의 범위를 벗어나 악의적이거나 심히 경솔한 공격으로서 현저히 상당성을 잃었다고 평가되
지 않는다'고 판시하였다.541) 이같은 입장은 특정 교회와 소속목사의 교리에 이단성이 있다는
내용의 광고를 게재하고 같은 내용의 보고서 등을 작성·배포한 행위가 종교적 비판의 표현행
위로서 '진실하다고 믿을 만한 상당한 이유가 있다'며, 상당성을 인정한 것과 일맥상통한다.542)

그러나 특정 정보에 접한 언론이 그 주요 내용의 정확성에 미심쩍은 부분이 있음을 충분
히 알 수 있음에도 불구하고 그 의문점을 해소함으로써 진실이라고 믿을 만한 상당한 근거가
있는지 여부를 합리적으로 판단하지 아니하고 단지 손쉬운 몇 가지 미진한 조사에 의해 이를
진실이라고 속단한 채 보도하였다면 상당성은 인정받기 어렵다.543) 반대로 언론사가 정치강
연회에서 초청연사가 한 발언을 인용하는 방법으로 다른 언론사의 명예를 훼손하는 내용의
기사를 게재한 경우에는 '언론사에 대한 정당한 감시와 비판기능의 수행으로서 보호되어야
할 범위에 속하므로 그 명예훼손행위가 악의적이거나 현저히 상당성을 잃어 위법하다고 볼 수
없다'.544)

이렇게 함으로써 법원은 인격권으로서의 명예보호와 표현의 자유의 보장과의 조화를 꾀하
고 있다고 볼 수 있다. 그러나 허위라는 것을 알거나 진실이라고 믿을 수 있는 정당한 이유가
없는데도 진위를 알아보지 않고 게재한 허위보도에 대해서는 면책을 주장할 수 없다.545) 구체
적인 사례로는 공공기관의 공식발표를 인용한 경우,546) 통신사의 기사를 전재한 경우547) 등이
지만, 확인을 거치지 않고 관계자의 말이나 소문만을 근거로 기사화한 경우에는 상당성이 인정
되지 않았다.548)

우리 법원이 이렇게 형법이 규정하고 있는 공익성과 진실성 외에 상당성을 인정하는 것은
언론이 공정보도 또는 공정한 논평(fair comment)을 하고자 노력하는 과정에서 빚어지는 사소한
오류로 인해 언론의 활동이 위축되는 것을 막기 위한 것으로 풀이되며, 이는 공정보도의 특권
(fair report privilege) 또는 중립보도의 면책특권(neutral reporting privilege)으로서의 적합한 주의
(pressemäßige Sorgfalt)만 기울이면 된다는 것이다.549)

---

540) 헌재 1999. 6. 24. 97헌마265; 대판 1988. 10. 11. 85다카29; 1995. 6. 16. 94다35718.
541) 대판 2012. 8. 23. 2011다40373.
542) 대판 2010. 9. 9. 2008다84236.
543) 대판 2008. 11. 13. 2008다53805.
544) 대판 2008. 4. 24. 2006다53214.
545) 헌재 1999. 6. 24. 97헌마265.
546) 대판 1993. 11. 26. 93다18389; 1996. 5. 28. 94다33828.
547) 대판 1996. 8. 23. 94도3191.
548) 대판 1994. 5. 10. 93다36622; 1988. 1. 100. 85다카29.
549) Edwards v. National Audubon Society, Inc., 434 U.S. 1002(1977).

라) 비방의 목적

명예훼손적 표현에서 비방의 목적(형법 제309조)은 그 폭을 좁히는 제한된 해석이 필요하며, 법관은 엄격한 증거로써 입증이 되는 경우에 한하여 행위자의 비방목적을 인정하여야 한다는 것이 우리 헌법재판소의 입장이다.550) 즉, '비방할 목적'이란 가해의 의사 내지 목적을 요하는 것으로서 공공의 이익을 위한 것과는 행위자의 주관적 의도의 방향에 있어 서로 상반되는 관계에 있다고 할 것이므로, 적시한 사실이 공공의 이익에 관한 것인 경우에는 특별한 사정이 없는 한 비방할 목적은 부인된다는 것이다.551)

실제사건으로는 한국 최초로 변호사를 상대로 소송을 제기해 승소한 중학중퇴 기능공의 법정투쟁기라는 수기에 대하여 변호사가 명예훼손 소송을 제기한 사건에서 대법원은 위자료 1천만원의 배상을 명하면서 원고의 사무처리를 부당하게 비난하였다고 판시하였다.552)

그러나 상대가 언론사인 경우에는 수인의 한계가 일반인보다 훨씬 넓어진다.

예컨대 甲신문사가 乙신문사의 신문을 '처첩신문'이라고 표현한 것은 모멸적인 표현에 의한 모욕내지 명예훼손에 해당하지 않는다고 판시하였다.553) 그 이유는 '명예훼손이 언론사가 언론사에 대해 일어난 경우에는, 언론사가 타인에 대한 비판자로서 언론의 자유를 누리는 범위가 넓은 만큼 그에 대한 비판의 수인 범위 역시 넓어야 하고, 언론사는 스스로 반박할 수 있는 매체를 가지고 있어서 이를 통하여 잘못된 정보로 인한 왜곡된 여론의 형성을 막을 수 있으며, 일방 언론사의 인격권의 보장은 다른 한편 타방 언론사의 언론자유를 제약하는 결과가 된다는 점을 감안해, 언론사에 대한 감시와 비판 기능은 그것이 악의적이거나 현저히 상당성을 잃은 공격이 아닌 한 쉽게 제한되어서는 안 된다'고 판시하였다.554)

마) 피 해 자

(a) 피해자 특정

명예훼손에 의한 불법행위가 성립하려면 피해자가 특정되어 있어야 하지만, 그 특정을 할 때 반드시 사람의 성명이나 단체의 명칭을 명시해야만 하는 것은 아니다. 우리 법원은 사람의 성명을 명시하지 않거나 또는 두문자(頭文字)나 이니셜만 사용한 경우라도 그 표현의 내용을 주위 사정과 종합하여 볼 때 그 표시가 피해자를 지목하는 것을 알아차릴 수 있을 정도이면 피해자가 특정되었다고 본다. 예컨대 원고의 실명을 명시하지 않고 '김 아무개 중사'라고 하더라도, 기사의 내용 중에 '김훈과 같은 소대의 부소대장', '특전사 출신' 등 원고의 군대 내 직책, 출신 등을 비교적 상세하게 기술하면 특정되었다고 보는 것이다.555) 다시 말해 기사를 접하는 일반

---

550) 헌재 1999. 6. 24. 97헌마265.
551) 대판 2005. 4. 29. 2003도2137.
552) 대판 1988. 10. 11. 85다카29.
553) 대판 2008. 2. 1. 2005다8262.
554) 대판 2008. 2. 1. 2005다8262.
555) 대판 2007. 6. 29. 2005다55510.

독자 또는 적어도 원고와 같이 근무하였던 군인들이나 원고의 주변 사람들로서는 '김아무개 중사'가 원고를 지목하는 것을 충분히 알 수 있었다고 보는 것이다.

(b) 집단표시의 경우

이른바 집단표시에 의한 명예훼손은, 명예훼손의 내용이 그 집단에 속한 특정인에 대한 것이라고는 해석되기 힘들고 집단표시에 의한 비난이 개별구성원에 이르러서는 비난의 정도가 희석되어 구성원 개개인의 사회적 평가에 영향을 미칠 정도에 이르지 않는 것으로 평가되는 경우에는 구성원 개개인에 대한 명예훼손이 성립되지 않는다. 그러나 구성원 개개인에 대한 것으로 여겨질 정도로 구성원 수가 적거나 당시의 주위 정황 등으로 보아 집단 내 개별구성원을 지칭하는 것으로 여겨질 수 있는 때에는 집단 내 개별구성원이 피해자로서 특정된다고 보아야 한다. 구체적 기준으로는 집단의 크기, 집단의 성격과 집단 내에서의 피해자의 지위 등을 들 수 있다. 우리 대법원은 텔레비전 방송보도 중 사용된 '○○지방경찰청 기동수사대'라는 표시를 함으로써 집단표시가 문제된 경우, '사실의 적시'의 정도 및 텔레비전 방송보도의 내용이 특정인의 명예를 훼손하는 내용을 담고 있는지에 따라 판단하여야 한다고 판시하였다.556)

(바) 보호법익

1) 사생활보호

국립대학교 교수가 자신의 연구실 내에서 제자인 여학생을 성추행하였다는 내용의 글을 지역 여성단체가 자신의 인터넷 홈페이지 또는 소식지에 게재한 사건에서, 대법원은 국립대학교 교수인 피해자의 지위, 적시사실의 내용 및 성격, 표현의 방법, 동기 및 경위 등 제반 사정을 종합하여 볼 때, 비록 성범죄에 관한 내용이어서 명예의 훼손정도가 심각하다는 점까지를 감안한다 할지라도 인터넷 홈페이지 또는 소식지에 위와 같은 내용을 게재한 행위는 학내 성폭력 사건의 철저한 진상조사와 처벌 그리고 학내 성폭력의 근절을 위한 대책마련을 촉구하기 위한 목적으로 공공의 이익을 위한 것으로서 달리 비방의 목적이 있다고 단정할 수 없다고 하여 사생활침해를 인정하지 않았다.557)

2) 인 격 권

우리 법원은 명예훼손과 별개로 인격권침해를 인정하고 있다.

변호사 정보제공 웹사이트 운영자가 변호사들의 개인신상정보를 기반으로 변호사들의 '인맥지수'를 산출하여 공개하는 서비스를 제공한 사안에서 변호사 개개인에 대한 인격권침해를 인정하였다. 그러나 변호사들의 승소율이나 전문성 지수 등을 제공한 부분에 대해서는 인격권침해가 아니라고 판시하였다.558) 또 학교를 설립·운영하는 법인과 그 교장은 자신들의 인격권

---

556) 대판 2006. 5. 12. 2004다35199. 동지 대판 1999. 10. 8. 98다40077; 2003. 1. 24. 2000다37647; 2004. 2. 27. 2001다53387.

557) 대판 2005. 4. 29. 2003도2137. 동지 2005. 10. 14. 2005도5068; 2007. 1. 26. 2004도1632; 2006. 10. 13. 2005도3112; 2006. 10. 26. 2004도5288.

558) 대판 2011. 9. 2. 2008다42430.

을 침해하는 위법한 표현행위 등에 대하여 구제를 신청할 권리를 갖는다.559)

3) 성 명 권

우리 법원은 명예훼손이나 인격권과는 별개로 성명권을 독립적 침해영역으로 인정하고 있다. 예컨대 대법원은 '범죄사실의 보도에서 피의자의 실명보도를 허용할 수 있을 정도로 공공의 정보에 관한 이익이 피의자의 명예나 사생활의 비밀이 유지됨으로써 얻어지는 이익보다 더 우월한 경우에는 그 실명공개가 피의자의 의사에 반하여 이루어졌다 하더라도 성명권을 침해한 것이 아니다'560)라고 판시하고 있다.

4) 사회윤리(성도덕)

공중도덕과 사회윤리의 침해로서 음란과 외설적인 표현이 가장 많은 문제를 야기하고 있다.561) 선량한 풍속이 지배적인 사회윤리적 확신을 의미한다는 점을 인정한다 할지라도 그 개념과 내용, 가치판단기준이 역사적으로 변화할 뿐만 아니라, 방법적으로도 매우 어려운 문제를 낳을 수 있기 때문이다. 특히 예술의 자유와 관련하여 '예술성과 음란성은 차원을 달리하는 관념이고 어느 예술작품에 예술성이 있다고 하여 그 작품의 음란성이 당연히 부정되는 것은 아니고, 다만 그 작품의 예술적 가치, 주제와 성적 표현의 관련성 정도 등에 따라서 그 음란성이 완화되어 처벌대상으로 삼을 수 없게 되는 경우가 있을 뿐이다.562) 따라서 음란의 개념을 가치윤리적 원칙으로 이해해야지 특정한 철학적·세계관적 사고를 토대로 규범 지을 경우 많은 법적 논란을 야기하게 된다.563) 특히 매체가 다양화하면서 음란과 외설의 문제는 청소년보호와의 관계에서 더욱 큰 법리논쟁을 야기하고 있으므로,564) 이하에서는 순수한 음란에 관한 판례와 청소년보호를 목적으로 한 성표현물에 관한 규제로 나누어 고찰한다.

가) 개념에 대한 판단

헌법 제21조 제4항이 규정하고 있는 공중도덕과 사회윤리 외에도 형법 제243조는 음란한 문서·도화 등의 반포·판매·임대·전시 행위를 금지하고 있는데, 헌법재판소는 음란을 '인간존엄 내지 인간성을 왜곡하는 노골적이고도 적나라한 성표현으로서 오로지 성적 흥미에만 호소할 뿐 전체적으로 보아 하등의 문학적·예술적·과학적 또는 정치적 가치를 지니지 않은 것으로서, 사회의 건전한 성도덕을 크게 해할 뿐만 아니라 사상의 경쟁매커니즘에 의해서도 그 해악이 해소되기 어려운 것'565)이라고 보고 있다. 즉, '묘사의 수법이나 비중 등 제반사정을 종합해 볼 때 그 시대의 건전한 사회통념에 비추어 성욕을 흥분·자극시키고 또한 보통인의 정상적인

---

559) 대판 2006. 5. 26. 2004다62597.
560) 대판 2009. 9. 10. 2007다71.
561) BVerfGE 64, 274.
562) 대판 2005. 7. 22. 2003도2911.
563) 자세한 것은 박선영, 가상공간에서의 성표현의 자유와 법적 제한, 한국법제연구원, 2002 참조.
564) 자세한 논의는 박용상, "독일에서의 청소년보호를 위한 표현자유의 규제," 헌법규범과 헌법현실—권영성교수 정년기념 논문집, 법문사, 1999, 290-317 참조.
565) 헌재 1998. 4. 30. 95헌가16.

성적 수치심을 해하고, 선량한 성적 도의관념에 반하는 것'566)을 음란으로 보고 있다. 대법원도 이와 유사하여 소설집 '즐거운 사라'의 음란성이 문제된 사건에서, '문서의 음란성을 판단함에 있어서는 당해 문서의 성에 관한 노골적이고도 상세한 묘사·서술의 정도와 그 수법·묘사·서술이 문서전체에서 차지하는 비중, 문서에 표현된 사상 등과 묘사·서술과의 관련성, 문서의 구성이나 전개 또는 예술성·사상성 등에 의한 성적 자극의 완화의 정도, 이들의 관점으로 부터 당해 문서를 전체적으로 보았을 때 주로 독자의 호색적 흥미를 돋우는 것으로 인정되느냐의 여부 등의 여러 점을 검토하는 것이 필요하고, 이들의 사정을 종합하여 그 시대의 건전한 사회통념에 비추어 그것이 공연히 성욕을 흥분 또는 자극시키고 또한 보통인의 정상적인 성적 수치심을 해하고 선량한 도의관념에 반하는 것이라고 할 수 있는가의 여부에 따라 결정하여야 한다'567)고 자세히 설시하였다.

나) 음란 사례

2000년대 이전에는 주로 인쇄매체에 대한 음란이 문제가 되었으나, 2000년대 이후에는 연극, 영화, 인터넷 등 다양한 매체의 음란성이 문제되고 있다.

우리나라에서 최초로 음란성이 인정된 사건은 성냥갑에 인쇄된 고야(Goya)의 名畵 '나체의 마야' 사건인데, 대법원은 '비록 명화에 실려 있는 그림이라 하더라도 이를 예술·문학·교육 등 공공의 이익을 위해서 이용하는 것이 아니라 다른 상품 특히 성냥갑 속에 넣어서 판매할 목적으로 그 카드사진을 복사·제조하거나 시중에 판매할 때에는 이를 보는 자에게 성욕을 자극하여 흥분시키는 동시에 일반의 정상적인 성적 정서와 선량한 사회풍기를 해칠 가능성이 있다'568)는 이유로 음란성을 인정하였다.

이어서 염재만의 소설 '반노'도 음란 논란을 야기하였으나, 대법원은 '인간의 性에 대한 본능을 주제로 하고 있고, 몇 군데 성교장면이 나오기는 하나, 남녀간의 성교에서 향락적이고 유희적인 면을 탈색해 버리고 본능에 의한 매혹적인 성교와 그 뒤에 오는 허망함을 반복 묘사함으로써 결국 그로부터 벗어나 새로운 자아를 발견하는 과정으로 이끌어 매듭된 사실을 인정할 수 있다'569)며 음란성을 부인하였다. 그러나 마광수교수의 소설 '즐거운 사라'에 대해서는 음란성을 인정하였다.570) 또 대법원은 공연윤리심의위원회의 심의를 거친 영화 '사방지'의 포스터에 대해 "심의를 거쳤더라도 영화의 선정적 측면을 강조해 건전한 성풍속을 해치는 것이라면

---

566) 헌재 1998. 4. 30. 95헌가16. 동지 헌재 2001. 8. 30. 99헌바92, 2000헌마39, 2000헌마167·168·199·205·280(병합); 2001. 10. 25. 2001헌바9; 2002. 2. 28. 99헌가8; 2002. 4. 25. 2001헌바26; 2002. 4. 25. 2001헌마614; 2002. 6. 27. 2002헌마18; 2002. 6. 27. 99헌마480; 2002. 6. 27. 99헌마480; 2002. 7. 18. 2000헌바57; 2001. 6. 28. 99헌바31; 2005. 2. 3. 2004헌바10; 2003. 1. 30. 2001헌가4; 2003. 2. 27. 2000헌마26; 2003. 10. 30. 2001헌마700, 2003헌바11(병합); 2005. 3. 31. 2004헌마29; 2005. 4. 28. 2003헌바40; 2005. 12. 22. 2004헌바45; 2006. 2. 23. 2005헌마403; 2006. 6. 29. 2005헌마165·314·555·807·2006헌가3(병합).
567) 대판 1995. 6. 16. 94도2413. 동지 2000. 10. 27. 98도679;
568) 대판 1970. 10. 30. 70도1879.
569) 대판 1975. 2. 9. 74도976.
570) 대판 1995. 6. 16. 94도2413.

음란하다"[571]며 유죄판결을 내렸으며, 노골적인 성행위를 묘사한 연극 '미란다'에 대해서도 '공연행위의 음란성 여부는 그 공연행위 자체로서 객관적으로 판단하여야 한다'며 음란성을 인정하였다.[572] 동일한 원칙에 따라 대법원은 미술교사가 자신의 인터넷 홈페이지에 게시한 자신의 미술작품과 사진 및 동영상의 일부에 대해서도 음란성을 인정했다.[573] 그러나 "저속"은 이러한 음란의 정도에 이르지 않는 성표현 등을 의미하는 것으로서 저속은 헌법적인 보호를 받게 된다.[574]

5) 청소년보호

청소년의 건전한 심성을 보호하기 위해서 퇴폐적인 성표현이나 지나치게 폭력적이고도 잔인한 표현 등을 규제할 필요성은 분명 존재하지만, 이들 저속한 표현을 규제하더라도 그 보호대상은 청소년에게 한정되어야 하고, 규제수단 또한 청소년에 대한 유통을 금지하는 방향으로 좁게 설정해야 하며, 청소년보호라는 명목으로 성인이 볼 수 있는 것까지 전면 금지시켜서는 안 된다는 것이 헌법재판소의 기본입장이다.[575]

가) 청소년의성보호에관한법률

청소년의성보호에관한법률은 '청소년이용음란물'을 처벌하고 있는데(제2조 제3호 및 제8조 제1항) 동 규정이 명확성에 위배된다는 논란이 야기되었다. 그러나 헌법재판소는 '이 사건 법률의 입법경과와 입법목적, 같은 법률의 다른 규정들과의 체계조화적 해석, 관계부처의 법률해석, 다른 처벌법규와의 법정형 비교 등을 고려하여 목적론적으로 해석할 때 실제인물인 청소년이 등장하여야 한다고 보아야 함이 명백하고, 따라서 법률적용단계에서 다의적으로 해석될 우려가 없이 건전한 법관의 양식이나 조리에 따른 보충적인 해석에 의하여 그 의미가 구체화되어 해결될 수 있는 이상 죄형법정주의에 있어서의 명확성의 원칙을 위반하였다고 볼 수 없다'는 이유로 합헌결정을 하였다.[576] 즉, 언론·출판 등 표현의 자유가 다소 제한된다 하더라도 청소년의 성을 보호한다는 입법목적과 청소년이용음란물의 성격과 그 제작행위 등 범죄의 죄질과 그 제작 유통에 따른 파급효과, 법정형 등을 감안하면 헌법 제37조 제2항의 과잉금지의 원칙 내지 비례의 원칙에 반하지 아니하여 표현의 자유를 침해한다고 할 수 없을 뿐만 아니라 그 본질적인 내용을 침해한다고 볼 수도 없다는 것이다.

나) 미성년자보호법

미성년자보호법 제2조의2 제1호 등이 규정하고 있던 불량만화에 대해서 헌법재판소는 '음란성은 법관의 보충적인 해석을 통하여 그 규범내용이 확정될 수 있는 개념이라고 할 수 있으

---

571) 대판 1990. 10. 16. 90도1485.
572) 대판 1996. 6. 11. 96도980.
573) 대판 2005. 7. 22. 2003도2911.
574) 헌재 1998. 4. 30. 95헌가16.
575) 헌재 1998. 4. 30. 95헌가16.
576) 헌재 2002. 4. 25. 2001헌가27.

나, '잔인성'에 대하여는 아직 판례상 개념규정이 확립되지 않은 상태이고 그 사전적 의미는 "인정이 없고 모짊"이라고 할 수 있는바, 이에 의하면 미성년자의 감정이나 의지, 행동 등 그 정신생활의 모든 영역을 망라하는 것으로서 살인이나 폭력 등 범죄행위를 이루는 것에서부터 윤리적·종교적·사상적 배경에 따라 도덕적인 판단을 달리할 수 있는 영역에 이르기까지 천차만별이어서 법집행자의 자의적인 판단을 허용할 여지가 높고, 여기에 '조장' 및 '우려'까지 덧붙여지면 사회통념상 정당한 것으로 볼 여지가 많은 것까지 처벌의 대상으로 할 수 있어 표현의 자유를 과도하게 침해하게 된다'[577]며 위헌결정을 하였다. 즉, 청소년보호가 중요하다 하더라도 그 처벌범위가 너무 광범위해지고, 일정한 경우에만 처벌하게 된다면 어느 경우가 그에 해당하는지 명확하게 알 수 없어 표현의 자유를 지나치게 위축시키는 결과를 초래한다는 것이다.

다) 정보통신망 이용촉진 및 정보보호 등에 관한 법률

청소년보호와 관련해서는 특히 인터넷매체가 상용화되면서 더욱 논란이 되고 있다. 정보통신망이용촉진및정보보호등에관한법률 제42조 등은 전기통신사업자의 전기통신역무를 이용하여 일반에게 공개를 목적으로 정보를 제공하는 자 중 청소년보호법상의 청소년 유해매체물 제공자는 대통령령이 정하는 표시방법에 따라 동성애사이트 등에 대하여 청소년 유해매체물임을 표시하도록 하고 있는데, 동 규정이 표현의 자유를 제한한다는 논란이 야기되었다. 그러나 헌법재판소는 '추가적으로 전자적 표시를 하도록 한 것은 인터넷의 경우 청소년이 이용할 수 없다는 표시를 하는 것만으로는 청소년들에게 차단 효과가 약하므로, 프로그램의 전자적 장치에 의해 소프트웨어가 선별함으로써 청소년들이 접근을 방지하고자 한 것으로 이해된다'[578]며 합헌결정을 하였다. 대법원도 '동성애를 조장하는 것'을 청소년 유해매체물 개별 심의기준으로 규정하고 있는 구 청소년보호법 시행령 등 청소년 유해매체물결정 및 고시처분에 대하여 '이해관계인이 고시가 있었음을 알았는지 여부에 관계없이 관보에 고시됨으로써 효력이 발생하고, 그가 위 결정을 통지받지 못하였다는 것이 제소기간을 준수하지 못한 것에 대한 정당한 사유가 될 수 없다'[579]고 판시하였다.

6) 선   동

특정인의 언행이 선동으로 인정되기는 상당히 어렵다. 선동이란 문서·도화 또는 언동으로 타인으로 하여금 실행의 결의를 하게 하거나 이미 한 결의를 조장하는 자극을 말한다.[580] 따라서 구체적 사건에서 형법(제90조 제2항, 제101조 제2항)이나 국가보안법(제4조 제1항) 상의 선동을 입증하기란 매우 어려운 문제인데, 우리 대법원은 노조사건과 국가보안법사건에서 선동을 인정한 바 있다. 대법원은 '피고인이 자극적이고 투쟁을 고취하는 내용의 연설을 하였으며 이로써 농성분위기가 고조되었다면 아무리 노조원을 위문·위로하고자 하는 취지에서 방문하고 연설을

---

577) 헌재 2002. 2. 28. 99헌가8.
578) 헌재 2004. 1. 29. 2001헌마894.
579) 대판 2007. 6. 14. 2004두619
580) 성낙인(주 1), 586.

하였다 하더라도 연설을 하게 된 경위와 방법, 연설의 내용, 연설 이후의 결과 등에 비추어 볼 때 이는 노동쟁의조정법에서 규정한 선동·조종에 해당한다'[581]고 판시하였다. 또 국가보안법 사건에서도 대법원은 '피고인들의 발언이나 글이 단지 우리나라의 현행 교육제도에 관한 모순을 지적한 데 불과한 것이 아니라 아나가 계층 간의 알력과 불화를 조장하며 우리의 사회·경제체제를 선진 자본주의국가의 신식민지 내지는 종속관계로 선전하면서 반미사상을 고취·선동하고 자본주의체제 자체를 비방하며 반공교육 등을 비난하는 등의 내용이 포함되어 있다'[582]는 이유로 국가보안법상의 선동죄를 인정하였다.

(사) 피해회복

1) 원상회복청구권

표현행위로 인한 명예훼손 등의 경우에는 다른 사건과는 달리 그 피해의 정도를 금전으로 평가하는 것이 불가능하거나 지극히 곤란한 경우가 많고, 또 금전배상만으로는 피해자가 입은 피해의 회복에 불충분한 경우가 많다. 따라서 민법 제764조는 금전배상에 대한 예외로서 '명예회복에 적당한 처분'을 명할 수 있도록 하고 있다. 명예회복에 적당한 처분으로서 가장 많이 선호되었던 것이 사죄광고였지만, 헌법재판소가 1991년에 위헌결정[583]을 내린 후에는 판결문게시 정도가 사용되고 있을 뿐이다.

이밖에 이론상으로는 표현행위에 대한 취소나 철회가 가능하지만, 이미 전파된 표현행위를 취소(Widerruf)하거나 철회(Rücknahme)한다고 해서 명예회복이 될 수는 없다는 점에서 현실적으로 의미가 박약하다고 할 수 있다. 따라서 일정한 표현행위가 행위자의 고의 또는 과실로 법익을 침해하는 위법성을 유발하여 손해를 발생시킨 인과관계가 인정될 때에는 손해야기자 책임의 원칙(Verursacherprinzip)에 따라 행위자에게 재산적 손해 및 정신적 손해에 대한 손해의 배상을 청구할 수 있도록 하고 있다. 언론에 허위로 제보한 사람에 대해서도 손해배상을 청구할 수 있으며,[584] 최근에는 우리나라에서도 표현행위로 인한 손해배상액이 점차 고액화하고 있다.

2) 반 론 권

1980년 언론기본법 제정과 함께 도입된 반론권은 도입당시에 '정정보도청구권'이라는 이름으로 규정되어 두 권리 간에 혼선이 빚어져, 헌법재판소도 '반론권과 정정보도청구권 간에는 표현상의 차이는 있으나, 오늘날 대다수 국가에서는 양자를 동일한 개념으로 사용하고 있고, 양자를 구별하는 경우에도 정정보도청구권을 협의의 반론권으로 이해하고 있으며, 정정보도청

─────────────

581) 대판 1993. 1. 29. 90도450.
582) 대판 1986. 9. 23. 86도1499.
583) 헌법재판소는 '민법 제764조가 사죄광고를 포함하는 취지라면 그에 의한 기본권제한에 있어서 그 선택된 수단이 목적에 적합하지 않을 뿐만 아니라, 그 정도 또한 과잉하여 비례의 원칙이 정한 한계를 벗어난 것으로 헌법 제37조 제2항에 의하여 정당화될 수 없는 것으로 헌법 제19조에 위반되는 동시에 헌법상 보장되는 인격권의 침해에 해당한다'고 판시하였다(헌재 1991. 4. 1. 89헌마160).
584) 대판 1994. 4. 12. 93도3535.

구권제도는 그 명칭에도 불구하고 피해자의 반론게재청구권으로 이해되고 있다'585)고 판시한 적이 있으나, 오늘날에는 두 권리가 분명히 구별되고 있다.

초기에는 반론권이 언론의 자유에 반한다며 위헌논란도 제기되었으나, 헌법재판소는 반론보도청구권에 관하여 합헌결정을 하였다.586) 반론권이 인정되는 까닭은 언론기관이 특정인의 일반적 인격권을 침해한 경우, 피해를 받은 개인에게도 신속·적절하고 대등한 방어수단이 주어져야 하며, 특히 공격내용과 동일한 효과를 갖게끔 보도된 매체 자체를 통하여 방어주장의 기회를 보장하는 것이 형평의 원칙에도 부합하기 때문이며, 독자나 시청자로서는 언론기관이 시간적 제약 아래 일방적으로 수집·공급하는 정보에만 의존하기 보다는 상대방의 반대주장까지 들어야 비로소 올바른 판단을 내릴 수 있기 때문이다.587) 그러나 반론보도는 사실 여부와 무관하게 반대당사자의 반박을 게재함으로써 형평을 유지하는 데에는 기여할 수 있으나, 이미 행해진 허위보도를 진실에 부합하게 교정하는 수단은 아니다.588)

반론권을 행사할 수 있는 자로서의 '피해를 받은 자'는 그 보도내용에서 지명되거나 그 보도내용과 개별적인 연관성이 있음이 명백히 인정되는 자로서 자기의 인격적 법익이 침해되었음을 이유로 그 보도내용에 대한 반론 내지 반박을 제기할 이익이 있는 자를 말한다.589)

3) 정정보도청구권

헌법재판소는 舊 정기간행물등록등에관한법률이 규정하고 있던 정정보도청구권제도에 대해서 반론권이라고 판시한 바 있다.590) 그러나 정정보도청구권이 반론권과 다른 가장 기본적인 차이는 정정보도청구는 원보도가 사실이 아니라는 점이다. 다시 말해 반론권은 사실여부와 관계없이 원보도와 관련된 자가 자신의 입장을 피력할수 있는 권리지만, 정정보도는 '사실'여부를 판단하는 제도이다.591)

따라서 정정보도는 기자 개인에 대한 책임추궁이 아니라 문제의 보도가 허위임을 동일한 매체를 통하여 동일한 비중으로 보도·전파하도록 하는 제도로서, 위법한 내용에 대해서는 정정보도를 거부할 수도 있고, 제소기간도 짧아 법적 안정성도 담보되어 있으므로 필요이상으로 언론기관의 자유를 제한하지 않는다.592)

(a) 자수제한

舊 방송법에서는 정정보도청구권의 경우에도 자수제한을 하고 있었으나(제41조 제5항), 대법원이 '정정보도문의 자수제한은 훈시적인 의미만을 가지는 것으로서, 법원이 방송을 명한 정

---

585) 헌재 1991. 9. 16. 89헌마165. 동지 대판 1986. 1. 28. 85다카1973.
586) 대판 1991. 9. 6. 89헌마165.
587) 헌재 1991. 9. 16. 89헌마165.
588) 헌재 2006. 6. 29. 2005헌마165, 2005헌마314·555·807, 2006헌가3 등 병합.
589) 대판 2000. 2. 25. 99다12840; 1986. 1. 28. 85다카1973.
590) 헌재 1996. 4. 25. 95헌바25.
591) 대판 2012. 11. 15. 2011다86782.
592) 헌재 2006. 6. 29. 2005헌마165, 2005헌마314·555·807, 2006헌가3 등 병합.

정보도문의 내용이 원문보도와 연관성을 가지고 있고, 알릴만한 가치가 있는 사실에 관한 간결한 기재로 구성되어 있는 이상 정정보도문의 자수가 원문보도문의 자수를 초과한다고 하여 위법하다고 할 수 없다'[593]고 판시한 이후 언론중재법은 자수제한에 관한 규정을 삭제하였다.

(b) 본안판단

2006년까지는 법원에서 정정보도청구권에 대해서도 반론권과 마찬가지로 가처분절차에 의해 판단해 왔으나, 헌법재판소가 '정정보도청구를 가처분절차에 따라 소명만으로 인용할 수 있게 하는 것은 진실에 부합하지 않을 개연성이 있다는 소명만으로 정정보도책임을 지게 되므로 언론의 자유를 매우 위축시킬 수 있고, 언론사로서는 사후의 분쟁에 대비하여 진실임을 확신할 수 있는 증거를 수집·확보하지 못하는 한 사실주장에 관한 보도를 주저하게 될 것'[594]이라며 위헌결정을 함에 따라 정정보도청구권도 필요적 변론절차 등 본안판단을 거치게 되었다.

(c) 정정보도청구권과 후속보도

부정확한 보도를 한 언론사가 후속보도 등을 통해 정정을 하려고 시도한 경우, 정정보도청구권을 행사할 수 있는가의 여부가 문제되는 경우가 잦다. 이런 경우 우리 법원은 '후속보도만으로는 원보도에 대하여 피해자가 정정보도청구권을 행사할 정당한 이익이 없을 정도로 충분히 이루어져야 한다'고 밝히고 있다.[595]

4) 가 처 분

일정한 표현행위에 대한 가처분에 의한 사전금지청구는 '개인이나 단체의 명예나 사생활 등 인격권보호라는 목적에 있어서 그 정당성이 인정되고 보호수단으로서도 적정하며 이에 의한 언론의 자유제한의 정도는 침해최소성의 원칙에 반하지 않을 뿐만 아니라, 보호되는 인격권보다 제한되는 언론의 자유의 중요성이 더 크다고 볼 수 없어, 법익균형성의 원칙 또한 충족한다'[596]는 것이 우리 헌법재판소의 기본입장이다.

대법원도 '표현행위에 대한 사전억제는 표현의 자유를 보장하고 검열을 금지하는 헌법 제21조 제2항의 취지에 비추어 엄격하고 명확한 요건을 갖춘 경우에만 허용되어야 한다'는 전제하에 '출판물에 대한 발행·판매 등의 금지는 위와 같은 표현행위에 대한 사전억제에 해당하고, 그 대상이 종교단체에 관한 평가나 비판 등의 표현행위에 관한 것이라고 하더라도 그 표현행위에 대한 사전금지는 원칙적으로 허용되어서는 안 될 것이지만, 다만 그와 같은 경우에도 그 표현내용이 진실이 아니거나, 그것이 공공의 이해에 관한 사항으로서 그 목적이 오로지 공공의 이익을 위한 것이 아니며, 또한 피해자에게 중대하고 현저하게 회복하기 어려운 손해를 입힐 우려가 있는 경우에는 그와 같은 표현행위는 그 가치가 피해자의 명예에 우월하지 아니하는 것이 명백하고, 또 그에 대한 유효적절한 구제수단으로서 금지의 필요성도 인정되므로 이러한 실

593) 대판 1996. 12. 23. 95다37278.
594) 헌재 2006. 6. 29. 2005헌마165 등 병합.
595) 대판 2011. 9. 2. 2009다52649.
596) 헌재 2001. 8. 30. 2000헌바36.

체적인 요건을 갖춘 때에 한하여 예외적으로 사전금지가 허용된다'597)고 밝히고 있다.

즉, 사전금지를 명하는 가처분은 임시의 지위를 정하기 위한 가처분에 해당하기 때문에 그 심리절차에서 원칙적으로 변론기일 또는 채무자가 참석할 수 있는 심문기일을 열어 표현내용의 진실성 등의 주장·입증의 기회를 주어야 하는 것이지만, 그와 같은 기일을 열어 심리하면 가처분을 신청한 목적을 달성할 수 없는 사정이 있는 경우에 한하여 예외적으로 그와 같은 절차를 거치지 아니하고 민사집행법 제304조에 따라 가처분 결정을 할 수 있다. 따라서 학교를 설립·운영하는 법인과 그 교장은 자신들의 인격권을 침해하는 위법한 표현행위 등에 대하여 부작위청구권을 행사하는 권리주체가 될 수 있고, 학교 시설관리권 등에 근거해 면학분위기를 해치는 전국교직원노동조합의 활동과 위법한 표현행위에 대한 방해예방청구 등 부작위청구권을 행사할 수 있다.598)

그러나 그와 같은 예외적인 사정이 있는지의 여부는 표현행위의 사전억제라고 하는 결과의 중대성에 비추어 일반적인 임시의 지위를 정하기 위한 가처분보다 더욱 신중하게 판단되어야 할 것이다.

Ⅵ. 현실적 평가

1. 의사소통기본권으로의 확대 필요성

우리 헌법의 '언론의 자유'(freedom of speech)와 '출판의 자유'(freedom of the press)는 현대적 의미의 '표현의 자유(freedom of speech)'로 그 개념을 확장할 필요가 있다. 아니면 유럽의 선진국 헌법처럼 '표현 및 의사소통의 자유'(freedom of express or communication)를 상위 개념으로 설정하고, 하위 개념으로 언론·출판의 자유를 종속시키되, 그 안에 인쇄매체와 방송매체, 전자매체, 통신매체 등 다양한 매체가 다 포용될 수 있도록 하는 동시에 정보의 자유와 알권리, 접근권, 반론권 등 새로운 권리들이 사생활의 자유나 통신의 자유와 유기적으로 연계될 수 있도록 규정하여야 할 것이다.

표현의 자유는 현대 자유민주주의의 존립과 발전에 필수불가결한 기본권임은 異論의 여지가 없다. 그러나 우리 헌법은 언론·출판의 자유의 개념에 관한 명확한 설명이 없기 때문에 비록 학설과 판례가 '사상·지식·정보 등을 불특정 다수에게 전파하는 것이면 어떠한 형태의 행위이든 언론·출판의 자유의 보호범위에 속한다'고 보고 있기는 하지만,599) 정보통신의 기술과 제도가 급속도로 발전하고 있는 21세기 정보화사회에서 현실적으로 표현의 자유의 개념과 범

---

597) 대결 2005. 1. 17. 2003마1477.
598) 대판 2006. 5. 26. 2004다62597.
599) 권영성(주 1), 467; 김철수(주 1), 635.

위·성격 등에 관한 논란이 끊임없이 일어나고 있기 때문에 이에 관한 구체화와 명확화가 절실하다. 전통적으로 표현의 자유는 의사표현의 자유가 중심이었으며, 그 의사표현의 자유는 주로 언론·출판의 자유의 한 내용으로 인식되어 왔으나, 언론·출판의 자유는 이제 전통적인 언론법제적 틀에서 벗어나 급속히 그 유형이 다양하게 변화하고 있다. 특히 인터넷으로 대변되는 전자매체를 통한 표현은 기존의 언론매체보다 훨씬 더 직접적이고 직설적이며 인터넷의 자유로운 표현양식으로 인해 의사표현의 방식은 상당히 다양하고 광범위하게 전개되고 있다.600) 따라서 정보화사회에서는 언론·출판의 자유와 사생활의 자유, 통신의 자유, 알권리 등이 상호 유기적으로 작용하게 되면서, 이 모든 기본권들은 일단 의사소통기본권(Kommunikationsgrundrechte)으로 통칭될 것이다. 이들 의사소통기본권들은 21세기 정보화사회에서 인간다운 삶의 본질적 내용을 구성한다는 점에서 더욱 그 중요성이 부각되기 때문에 전근대적인 개념의 언론·출판의 자유로 이 조항의 성격을 묶어 놓기 보다는 보다 발전적이고도 통합적인 의미의 표현의 자유영역으로 확대함으로써 개방적인 헌법(Die offende Verfassung)으로 나아가는 것이 바람직할 것이다.601)

2. 알권리와 정보권의 강화

현행 헌법에는 국민의 알권리와 정보공개청구권에 관한 조항이 존재하지 않기 때문에 이들 권리의 헌법상의 근거에 관한 논란이 제기되고 있다.602)

헌법 제21조가 현재와 같은 20세기적 언론·출판의 자유에 머물지 않고 21세기 정보화시대에 어울리는 현대적 의미의 표현의 자유조항이 될 수 있도록 앞의 논의에 더하여 국민의 알권리와 정보정구권도 포함하는 것이 바람직 할 것이다.603) 오늘날과 같은 정보화사회에서는 어떤 형태와 내용·성격의 것이든 정보청구권은 개인의 권리로서도 대단히 중요하지만, 국가적인 측면에서도 정보의 수집과 이용·제공·유지·관리 등의 처리는 사회전반의 효율성과 국가경쟁력이라는 차원에서 국민의 질적·양적 삶을 향상시키는 필수불가결한 원동력이 되기 때문이다.

3. 제한 법리의 명료화

현행 헌법 제21조 제4항에서 "타인의 명예나 권리 또는 공중도덕이나 사회윤리를 침해하여서는 아니된다"고 그 한계를 규정하고 있으나, 공중도덕과 사회윤리의 의미·내용이나 개념 정의가 애매모호하고 불명확할 뿐만 아니라, 상호 중복되고 일반적 법률유보조항인 헌법 제37조 제2항과의 관계도 불명확하다. 따라서 표현의 자유에 대한 제한의 법리를 명확히 규정함으로써 표현의 자유가 갖는 헌법적 질서에서의 위치를 더욱 확고히 할 필요가 있다.

---

600) 권영호, "표현의 자유의 개념과 법적 성격에 관한 연구," 공법연구 제31집 제1호, 333; 박선영(주 1), 202.
601) 박선영, "자유민주주의실현을 위한 헌법개정의 방향," 헌법학연구 제10집 제1호(2004. 3), 94-97.
602) 박종보, "공공정보공개제도와 알권리의 헌법적 근거," 공법연구 제28집 제1호(1999. 10), 1-18.
603) 박선영, "헌법 제21조에 대한 개헌논의," 헌법학연구 제12집 제4권(2006. 11), 260.

Ⅶ. 관련문헌

1. 국내문헌

구병삭, 신헌법원론, 박영사, 1990.

계희열, 헌법학(중), 박영사, 2007.

권영성, 헌법학원론, 법문사, 2007.

_____, 비교헌법론, 법문사, 1981.

권영호, "표현의 자유의 개념과 법적 성격에 관한 연구," 공법연구 제31집 제1호.

권오걸, "공직선거법상 후보자비방죄에 대한 연구 ― 표현의 자유와 선거의 공정과의 조화
        의 관점에서 ―," 법학연구 제49집(2013), 경북대학교 법과대학 법학연구소.

권혜령, "집회·시위의 전제로서 '장소'개념에 대한 고찰," 공법학연구(한국비교공법학회),
        제11권 제3호(2010).

김대환, "인터넷상의 기본권의 제한과 한계," 인터넷법연구 제2호(2003. 4).

김래영, "개정 선거법의 문제점과 개선방향: 사전선거운동금지규정을 중심으로," 공법연구
        제33집 제5호(2005. 6).

김병기, "위헌결정법률의 효력과 그에 대한 국회의 대응," 행정법연구 제14호(2005 하반기).

김배원, "인터넷과 표현의 자유," 인터넷법연구 제2호(2003. 4).

김상환, "이른바 양심적 병역거부가 병역기피에 해당하는지 여부," 21세기사법의 전개: 송
        민최종영대법원장재임기념 논문집, 박영사, 2005.

_____, "반론보도 심판청구 사건: 반론보도청구권의 요건 등에 관한 대법원 2006. 2. 10.
        선고 2002다49040 판결에 대한 평석," 언론과 법 제5권 제1호(2006. 9), 한국언론
        법학회.

김승대, 헌법학강론(제2판), 법문사, 2012.

김승수, 미디어시장과 공공성, 한울, 2010.

김승환, "의원입법의 개선·발전방안 모색," 공법연구 제33집 제3호(2005. 5).

김영수, 대한민국 임시정부 헌법론, 삼영사, 1980.

김 욱, "영화에서의 사전검열금지의 원칙과 표현의 자유의 한계: 2000헌가9 위헌법률심판
        제청사건에 부쳐," 민주법학 통권 제19호(2001. 2).

김웅규, "광고에 관한 법적 연구: 한국과 미국의 변호사광고를 중심으로," 공법연구 제31집
        제5호(2003. 6).

김재협, "언론사간 명예훼손소송의 면책기준," 언론중재 제23권 제4호(통권 89호)(2003.
        12).

김 진, "공적인 인물에 대한 명예훼손에 관한 고찰 — 새로운 모색을 위한제언 —," 형사
　　　법의 신동향, 제39호(2012. 9).

김철수, 헌법학신론, 박영사, 2007.

_____, 헌법개설(제12판), 박영사, 2012.

_____, 주석헌법(대표집필) §§ 1- 130, 法元社, 1992.

_____, 한국헌법사, 대학출판사, 1988.

김태수, 공인에 관한 표현의 자유의 한계, 고려대학교 박사학위 논문, 2006.

김태천, "재판과정을 통한 국제인권협약의 국내적 이행," 국제법평론 20호(2004. 9).

김학성, 헌법학원론(개정판), 박영사, 2012.

명재진, "인터넷 규제제도와 헌법재판소 결정," 헌법판례연구 제4호, 박영사, 2002. 11.

문병효, "언론기관의 독립성과 표현의 자유 — 방송을 중심으로 —," 헌법학연구 제17권 제
　　　4호(2011. 12.).

문재완, "취재의 자유와 그 한계 — 정보 취득의 위법성 심사를 중심으로 —," 헌법학연구,
　　　제13권 제3호(2007. 9.).

_____, "공인에 관한 최근 명예훼손 법리의 비교 연구," 언론중재 제24권 제1호(통권 90
　　　호)(2004. 3).

_____, "프라이버시 보호를 목적으로 하는 인터넷의 규제의 의의와 한계," 언로노가 법
　　　제10권 제2호(2011).

_____, "허위사실의 표현과 표현의 자유 — 한국과 미국의 판례비교를 중심으로 —," 공법
　　　연구 제39집 제3호(2011. 2.).

민윤영, "인터넷상에서 잊혀질 권리와 개인정보보호법에 대한 비교법적 고찰," 고려법학
　　　제63호(2011).

박선영, 언론정보법연구 Ⅰ — 21세기 표현의 자유, 법문사, 2002.

_____, 언론정보법연구 Ⅱ — 방송의 자유와 법적 제한 —, 법문사, 2002.

_____, 가상공간에서의 성표현의 자유와 법적 제한, 한국법제연구원, 2002.

_____, "언론기관의 자유와 통신비밀 — 안기부 X파일사건(2006도8839)을 중심으로," 공
　　　법학연구(2013. 8), 한국비교공법학회

_____, "헌법 제21조 제3항 '신문기능보장 법정주의'의 의미와 한계' — 신문법 개정논의
　　　를 중심으로 —," 공법연구 제36집 제3호(2008. 2.).

_____, "헌법 제21조에 대한 개헌논의," 헌법학연구 제12집 제4호(2006. 11.).

_____, "정치적 의견표명과 표현의 자유: 2004년도 언론관련판례를 중심으로," 헌법학연
　　　구 제11권 제2호(2005. 6).

_____, "청소년의성보호에관한법률 개정안의 문제점 및 개선방향," 공법연구 제33집 제3

호(2005. 5).

_____, "2003년도 언론관련 판례로 살펴 본 '표현의 자유의 범위와 한계," 헌법학연구 제
        10권 제4호(2004. 12).

_____, "자유민주주의실현을 위한 헌법개정의 방향," 헌법학연구 제10집 제1호(2004. 3.).

_____, "헌법상 개인이 갖는 표현의 자유와 국가통제," 공법연구 제31집 제3호(2003. 3).

_____, "가상공간에서의 표현의 자유와 청소년 보호," 인터넷 법률 제15호(2003. 1).

_____, "한국언론의 특징과 최근의 언론관련 명예훼손 소송분석," 언론과 법 제1호(2002.
        12), 한국언론법학회.

_____, "정보화사회에 있어서 헌법상 보호되는 언론의 의미와 범위," 헌법학연구 제6권
        제4호(2000. 12).

_____, "영화에 대한 사전심의의 위헌 여부," 법조 제45권 제12호(통권 제483호)(1996.
        12).

박승호, "표현의 자유와 공적 광장 이론 — 미연방대법원 판례를 중심으로 —," 법학논고,
        경북대학교 법학연구원, 2013

박영철, "미국 연방대법원의 음란성과 저속성의 판단," 헌법학연구 제7권 제4호(2001. 12).

박용상, 국가안보와 표현의 자유, 금랑 김철수 선생 팔순기념 논문집, 박영사, 2013.

_____, 표현의 자유, 현암사, 2003.

_____, 언론과 개인법익, — 명예, 신용, 프라이버시 침해의 구제제도, 조선일보사, 1997.

_____, 방송법제론, 교보문고, 1988.

_____, 언론의 자유와 공적 과업, 1982, 교보문고.

_____, "표현의 자유와 음란규제 및 청소년보호," 헌법논총 제13집(2002. 12), 헌법재판소.

_____, "독일에서의 청소년보호를 위한 표현자유의 규제," 헌법규범과 헌법현실 — 권영성
        교수 정년기념 논문집, 법문사, 1999.

_____, "영화에 대한 사전검열의 금지," 재판의 한 길: 김용준 헌법재판소장 화갑기념논문
        집(1998. 11), 박영사.

박운희(박선영), "반론권에 관한 비교헌법학적 고찰," 서울대학교 법학박사학위논문, 1995.

박종보, "공공정보공개제도와 알권리의 헌법적 근거," 공법연구 제28집 제1호(1999. 10).

박희영, "인터넷 서비스 제공자의 형사책임에 관한 연구: 독일의 개정 전자적 정보통신서
        비스법(TDG)을 중심으로," 인터넷 법률 제22호(2004. 3).

방석호, "공서양속을 해하는 통신을 금지하는 전기통신사업법 제53조 1항이 명확성의 원
        칙이나 과잉금지원칙에 위배되는지 여부," 정보법 판례백선 I, 박영사, 2006.

_____, "새로운 언론매체의 등장과 권리침해의 문제," 민사판례연구 제21집, 박영사, 1999.

법무연수원, 범죄백서, 법무연수원, 2011.

백윤철, "통신의 자유와 개인정보보호," 인터넷 법률 제20호(2003. 11).

_____, "인터넷법학의 성립과 과제," 인터넷법연구 제2호(2003. 4).

성낙인, 헌법학(제12판), 법문사, 2012.

_____, 언론정보법, 나남, 1998.

신 평, "한국에서의 의견과 사실의 이분론: 대법원 2006. 2. 10. 선고 2002다49040 사건의 분석과 함께," 법조 제55권 제8호(통권 제599호), 2006.

심희기, "아동 포르노그라피와 한국의 청소년 성보호법," 비교형사법연구 제5권 제2호 (2003. 12).

양 건, 헌법강의(제3판), 법문사, 2012.

윤종수, "인터넷 필터링(Intermet Filtering)에 대한 검토," 정보법학 제8권 제2호(2004. 12).

_____, "정보통신윤리위원회의 음란물 접속차단조치가 사회상규에 위배되지 아니하는 정당한 행위인지 여부," 정보법 판례백선 I, 박영사, 2006.

윤진수, "학문의 자유와 반공법," 법과 정의; 경사 이회창선생 화갑기념 이회창 대법관 판결의 연구, 박영사, 1995.

윤해성, "인터넷서비스제공자의 형사법적 책임," 인터넷 법률 제32호(2005. 11).

이광범, "국가보안법 제7조 제5항, 제1항의 해석기준에 관한 대법원 판례의 동향," 형사재판의 제문제 제2권, 박영사, 1998.

이균용, "헌법의 입장에서 본 명예의 침해에 의한 출판물의 출판 등 금지가처분에 관한 실무상의 문제," 언론과 법 4권 1호, 2005.

이덕연, "2004년 중요헌법판례," 헌법판례연구 제7호, 박영사, 2005. 12.

이부하, "인터넷과 헌법상 쟁점들," 인터넷 법률 제22호(2004. 3).

이시우, "정보화사회와 기본권의 변천," 헌법학연구 제8권 제3호.

이인호, "음란물출판사등록취소사건," 헌법실무연구 제1권(2000. 9), 헌법실무연구회.

_____, "범죄보도와 면책사유의 적용," 언론중재 제19권 제3호(통권 72호)(1999), 언론중재위원회.

이현출, "선거운동에서의 공평성확보," 한국정당학회보 제3권 제1호(2004).

이희경, "정치인에 대한 명예훼손죄 ─ 비교법적 고찰을 중심으로 ─," 형사정책 제21권 제1호(2009), 한국형사정책학회.

이희훈, "集會의 槪念에 대한 憲法的 考察," 헌법학연구 제12권 제5호(2006. 12.).

임지봉, "미국헌법상의 표현의 자유와 사전억제금지의 원칙," 미국헌법연구 제20권 제2호 (2009. 9.)

장영수, 헌법학(제7판), 홍문사, 2012.

전학선, "옥외광고물등관리법 제3조 제1항 제6호 등 위헌확인: 교통수단을 이용한 광고와 표현의 자유," 헌법재판소결정해설집 2002(2003. 10), 헌법재판소.

정남철, "공용수용의 요건 및 한계에 관한 재검토," 법조 제54권 제5호(통권 584호)(2005).

정남철, "헌법소원의 대상으로서 소위 법령보충적 행정규칙," 헌법논총 제16집(2005. 12), 헌법재판소.

정만희, "정치관계법의 근본문제와 개정방향," 제45회 정기학술대회 자료집(2007. 6. 15.).

정상기, "잊혀질 권리와 표현의 자유," 과학기술법연구, 한남대학교 과학기술법연구원, 2012.

정순원, "청소년의 인격성장권," 헌법학연구 제12권 제5호(2006. 12).

정연주, "언론·출판의 자유와 사전검열금지: 영화법 제12조 등에 대한 위헌제청," 헌법판례연구 I, 박영사, 2002. 1.

정인섭, "헌법재판소 판례의 국제법적 분석," 헌법실무연구 제5권, 헌법실무연구회, 2004.

정종섭, 헌법학원론(제7판), 법문사, 2013.

정재황, "정기간행물의등록등에관한법률 제7조 제1항의 위헌심판결정," 헌법재판자료 제6집, 헌법재판 운영현황과 활성화 제6집(1993. 12).

정태호, "양심을 이유로 한 입영거부에 대한 형사처벌의 위헌여부," 고시연구 제32권 제2호(371호), 2005. 2.

_____, "헌법재판의 한계에 관한 고찰: 입법형성의 여지를 규정하는 요인들에 대한 분석을 중심으로," 공법연구 제30집 제1호(2001. 12).

조소영, "제한입법의 해석원칙으로서의 헌법재판상의 모호성에 의한 무효의 법리," 헌법판례연구 4, 박영사, 2002. 11.

_____, "인터넷 선거운동(E-Campaigning)에 대한 헌법적 고찰," 헌법학연구 제11권 제2호(2005. 6).

조재현, "언론의 내적 자유," 공법학연구, 제8권 제3호(2007), 한국비교공법학회

조해섭, "후보자비방죄의 구성요건인 당선되지 못 하게할 목적과 사실의 적시에 관한 구체적 판단기준," 대법원판례해설, 법원도서관, 1997.

지영철, "미성년자보호법 제2조의2 제1호 등 위헌제청: "불량만화" 반포 등 처벌규정과 명확성의 원칙," 헌법재판소 결정 해설집 2002(2003. 10), 헌법재판소.

최종고, 한국법입문, 박영사, 2003.

한수웅, 헌법학(제3판), 법문사, 2013.

_____, "헌법 제21조 제2항의 '집회에 대한 허가금지'의 의미," 인권과 정의 제419호(2011. 7), 대한변호사협회.

_____, "집회의 자유와 '집회및시위에관한법률'," 저스티스 제77호(2004. 2).

한위수, "영화등급제와 표현의 자유: 특히 제한상영가 등급과 관련하여," 가톨릭법학 제1

호(2003. 12).

_____, "음란물의 형사적 규제와 표현의 자유: 특히 예술작품과 관련하여," 한국헌법학의
　　　　현황과 과제: 김랑 금철수 교수정년기념논문집, 박영사, 2002.

_____, "전기통신사업법 제53조 등 위헌확인: 불온통신에 대한 행정직 규제와 표현의 자
　　　　유," 헌법재판소결정해설집 2002(2003. 10), 헌법재판소.

_____(편집대표), 재판실무연구(1), 언론관계소송, 2007, 한국사법행정학회.

허순철, "언론의 자유와 통신비밀 ― '안기부 X파일' 사건과 미국연방대법원 판례와의 비교
　　　　를 중심으로 ―," 헌법학연구, 제13권 제3호(2007. 9).

허 영, 한국헌법론(전정 8판), 박영사, 2012.

황도수, "광고의 제한과 표현의 자유," 재판실무연구(1) 언론관계소송, 한국사법행정학회,
　　　　2008.

황성기, "언론개혁에 관한 헌법학적 연구," 헌법학연구, 제13권 제3호(2007. 9).

_____, "불온통신규제와 표현의 자유 : 전기통신사업법 제53조 등 위헌확인사건의 평석과
　　　　개정 전기통신사업법 제53조에 대한 분석," 인터넷 법률 제15호(2003. 1).

_____, "청소년보호를 위한 표현물 규제시스템의 헌법적 고찰: 구 청소년보호법 제2조 제
　　　　3호 가목 등 위헌제청사건 등에 대한 평석을 중심으로," 헌법실무연구 제2권(2002),
　　　　헌법실무연구회.

_____, "청소년유해매체물의 전자적 표시제도에 관한 연구," 법과 사회 제22호(2002. 6).

_____, "제한상영관제도의 개선방안에 관한 연구," 공법연구 제31집 제4호(2003. 5).

_____, "현행 게임물 내용심의제도의 법적 문제점," 인권과 정의 제327호(2003. 11).

황치연, "헌법재판에서의 가처분," 헌법판례연구 4, 박영사, 2002. 11.

허 영, 한국헌법론, 박영사, 2007

2. 외국문헌

로버트 하그리브스 著 오승훈 譯, 표현자유의 역사, 시아출판사, 2006.

빅토르 마이어 쇤베르거 著, 구본권 譯, 잊혀질 권리, 지식의 날개, 2011.

존 밀턴 著, 박상익 譯, 언론 자유의 경전 아레오파기티카, 소나무, 1999.

허버트 알철 著 양승목 譯, 현대언론사상사, 나남신서, 2004.

C. 에드윈 베이커 著, 남궁협 譯, 미디어집중과 민주주의, 커뮤니케이션북스, 2010.

高橋和之編, 世界憲法集, 岩波文庫, 2007.

Andsager, Julie L. & Wyatt, Robert O. & Martin, Ernest L., Free Expression and Five
　　　　Democratic Publics: Support for Individual and Media Rights (The Hampton

Press Communication Series. Communication and Law), Hampton Press 2004.

Barendt, E. M., Broadcasting Law, Clarendon Press, Oxford, 1995.

Barron, Jerome A., Thomas C. Dienes, and C. Thomas Dienes, First Amendment Law in a Nutshell: Constitutional Law, West Group Publishing, 2004.

Berman, Jerry & Weitzner J. Daniel, "Abundance and User Control: Renewing the democratic Heart of the First Amendment in the Age of Interactive Media:, 104 The Yale Law Journal, 1621 – 1626, 2004.

Blumer, J., Communcation and Democracy: The Crisis Beyond and the Ferment Within, Journal of Communication, 1993.

Caplan Aaron H., Invasion of the Public Forum Doctrine, 46 Willamette L. Rev. 647(2010).

Cohen – Almagor, Raphael, Speech, Media and Ethics: The Limits of Free Expression: Critical Studies on Freedom of Expression, Freedom of the Press and the Public's Right to Know, Palgrave Macmillan, 2005.

Carter T. Barton & Franklin, Marc, A. & Wright, Jay, B., The First Amendment and the Fourth Estate of Mass Media, 9th ed., Foundation Press, N.Y., 2004.

Chemerinsky Erwin, Constitutional Law: Principles and Politics, Wolters Kluwer, 2011.

Day, David S., The Public Forum Doctrine's "Government Intent Standard": What Happened to Justice Kennedy? 2000 Mich. St. L. Rev. 173, 2000.

Farber, Daniel A., The First Amendment (Concepts & Insights) 2nd ed., Foundation Press, 2002.

Fleming, Jacob G., The Case for a Modern Public Forum: How the Bay Area Rapid Transit System's Wierless Shutdown Strangled Free Speech Rights, 51 Washburn L. J. 631, 2012.

Franck, Claude, Droit constitutionnel, Presses Universitaires de France, Paris, 2001.

Hasbach, Wilhelm, Die moderne Demokratie: Eine politische Beschreibung, Adamant Media Corporation, 2002.

Hoffmann – Riem, Wolfgang & Schulz, Wolfgang, & Held,, Thorsten, Konvergenz und Regulierung, Nomos Verlagsgesellschaft, Baden – Baden, 2000.

Jowell, Jeffrey & Oliver, Down, The Changing Consitution, Oxford University Press, 2000.

Krattenmarker, Thomas G. & Powe, L. A. Jr., "Converging First Amendment Principles for Converging Communications Media," 104 The Yale. Law Journal.

Meyer, H. Lukas, Paulson L. Stanly & Pogge, W. Thomas, Rights, Culture and the Law, Oxford University Press, Oxford, 2003.

Murphy, Walter F., Constitutional Democracy: Creating and Maintaining a Just Political Order(The Johns Hopkins Series in Constitutional Thought), The Johns Hopkins University Press, Baltimore, 2006.

Orucu, Esin & Nelken, David, Comparative Law: A Handbook, Hart Pub, Portland, 2007.

Poncelet François Frédéric, Précis de l'histoire du froit civil en France, Adamant Media Corporation, 2000.

Porée M. André & Rossi Pellegrino & Bon—Compagni M. Carr, Cours de droit con- stit utionnel: Tome 1. Recueilli, Adamant Media Corporation, Paris, 2002.

Sachs Michael, Verfassungsrecht Ⅱ-grundrechte(Springer-Lehrbuch), Springer, Heidelberg, 2003.

Samoriski, Jan, Issues in Cyberspace, Allyn and Bacon, Boston, 2002.

Seidman, Louis M., & Sunstein, Cass R., Mark V. Tushnet, and Pamela S. Karlan, The First Amendment, Aspen Publishers, 2003.

Shapiro, Andrew O., Media Access: Your Right to Express Your Views on Radio and Television, Little Brown and Company, 1976.

Shiffrin, Steven H. & Choper, Jesse H., First Amendment, Cases, Comments & Questions, 4th, Supplement, Thomson West, 2007.

Smith, Rachael C., (ed.), Culture and European Union Law, Oxford University Press, 2004.

Sullivan, Kathleen M. & Gunther, Gerald, First Amendment Law, Foundation Press, 2007.

Sunstein, C. R., Democracy and the Problem of Free Speech, The Free Press, N.Y., 1993.

Thesis, Horst E., Die Multimedia—Gesetz, Luchterhand, Darstadt, 1997.

Teeter, Dwight L., Jr. & Loving, Bill, Law of Mass Communications: Freedom and Control of Print and Broadcast Media, 11ed., Foundation Press, N.Y., 2004.

Williams, Andrew, EU Human Rights Policies, Oxford University Press, Oxford, 2002

Zoller, Elisabeth, Droit constitutionnel(Droit fondamental), Presses Universitaires de France, Paris, 2006.

헌법 제21조

헌법 제22조

[명 재 진]

第22條

① 모든 國民은 學問과 藝術의 自由를 가진다.

② 著作者·發明家·科學技術者와 藝術家의 權利는 法律로써 보호한다.

I. 학문의 자유

1. 기본개념과 헌법적 의미

가. 학문의 자유의 개념

학문의 자유와 관련하여 우리 헌법 제22조 제1항은 "모든 국민은 학문과 예술의 자유를 가진다"고 규정하고 있다. 예술의 자유와 함께 학문의 자유는 인간의 독창적 사고의 창조라는 고유한 과정이며, 진리탐구의 자유(Freiheit der Wahrheitsforschung)를 뜻한다.[1] 진리탐구란 인간의 생활권 내에서 일어나는 실체적 내지 관념적 현상과 그들 상호관계를 논리적·철학적·실험적 방법으로 분석·정리함으로써 새로운 사실과 진리를 찾아내려는 모든 인간적 노력의 대명사이다.[2] 학문의 자유는 외부의 강압이나 구속이 없는 상태에서 연구자가 자유롭게 학문적 활동, 즉 연구·강의·토의하며 그 연구내용을 출판하는 권리라고 정의할 수 있다. 또한 학문의 연구는 기존의 사상이나 가치 또는 인식에 관하여 의문을 제기하고 비판함으로써 이를 개선하거나 새로운 것을 창출하려는 노력이기도 하므로 그 연구의 자료가 사회에서 현재 수용되고 있는 기존의 사상이나 가치체계 또는 인식체계와 상반되거나 저촉된다고 하여도 인정된다고 본다.[3]

학문의 자유는 주관적 권리의 성격과 객관적 질서의 성격을 모두 지니고 있다. 학문의 자유는 연구와 교수 및 연구결과의 발표나 학문 활동을 위한 집회·결사에 있어서 국가의 간섭이나 침해에 대한 방어권이라는 주관적 성격을 갖는다. 또한 이와 더불어 학문의 자유는 사회전체의 지적 수준을 향상시키고 문화국가질서를 형성하는 객관적 질서의 성격을 포함한다.[4]

나. 헌법적 의미

우리 헌법은 양심(헌법 제19조), 종교(헌법 제20조), 언론·출판(헌법 제21조)의 자유등과 더불어 학문(헌법 제22조), 예술(헌법 제22조)의 자유를 규정함으로써 정신적 활동을 최대한 보장하고 있다. 정신적 생활의 영역에서 학문이나 예술적인 정신의 표현이 헌법적 지위에 따라 중요성 면에 있어서 일반적인 의사의 표현보다 더 보호되어야 한다. 학문의 자유는 진리의 자유경쟁의 원리가 반영된 것이고, 이를 보호하는 것은 시민의 정신적 생활을 보장하기 위한 기초적 보장에 속한다.

---

1) 독일연방헌법재판소의 견해에 의하면 "학문이란 그 내용과 형식으로 보아 진리의 탐구를 위한 진지하고 계획적인 모든 활동"이라고 한다. BVerfGE 35, 79(113).
2) 허영, 한국헌법론, 박영사, 2012, 429.
3) 정종섭, 헌법학원론, 박영사, 2012, 567.
4) BVerfGE 90, 1.

2. 연   혁

가. 학문의 자유의 근원

학문의 자유(academic freedom; Freiheit der Wissenschaft)는 무엇보다도 역사적 산물이다. 본래 사상의 일부였으나 학문의 자유가 독자적 존재로 인정된 것은 근세 서구의 역사적 연혁에서 보이는 바와 같이 수세기에 걸쳐 사상의 자유와 언론의 자유획득에서 불가분의 관계를 가지고 이루어진 귀중한 창조적 인간정신의 소산이다.[5]

학문의 자유는 자유로운 창조적 행위에 대한 보장으로서, 진리추구에 향해진 행위에 근거하고 있으며, 신학적 도그마로부터의 자유로운 사고의 해방을 의미했다(libertas philosophandi; Spinoza).

나. 한국에서의 연혁

우리 제헌헌법 제14조에 "모든 국민은 학문과 예술의 자유를 가진다. 저작자, 발명가와 예술가의 권리는 법률로써 보호 한다"고 규정한 이래 계속하여 학문과 예술의 자유에 대한 보호규정을 두어왔다.

다만, 그 후 헌법의 변동 중에 일부 표현과 형태에 있어 약간의 수정만 있었다. 1962년 헌법은 위 문장을 분리하여 제1항에 "모든 국민은 학문과 예술의 자유를 가진다"라고 규정하고, 제2항에 "저작자, 발명가와 예술가의 권리는 법률로써 보호한다"라고 규정했고, 1987년 현행헌법에서는 제2항에 '과학기술자'를 추가하여 "저작자·발명가·과학기술자와 예술가의 권리는 법률로써 보호한다"라고 변경하였다. 이러한 변화는 우리 사회에 있어 과학기술자가 차지하는 위상이 높아지고, 연구 분야에서도 그 차지하는 비중이 확대된 것을 의미한다.

3. 입헌례와 비교법적 의의

가. 독일의 경우

(1) 연   혁

학문의 자유는 독일에서는 1810년 베를린 대학설립으로 시작되었으며, 훔볼트의 혁신으로 강화되었다. 벨기에 1831년 헌법을 모델로 한 1848년 프로이센 국왕헌법 제17조에 관련 규정을 두었으며, 1949년 파울교회 제국헌법 제152조에 "학문과 교수는 자유롭다"는 조문을 규정하였다. 그 후 학문의 자유는 1850년 프로이센 헌법 제20조에 계승되고, 바이마르 공화국 헌법 제142조에 명문화되기에 이르렀다.

학문의 자유는 독일에서 법실증주의 시대에는 법률에 의해 실행되는 자유로 여겨지다가(leerlaufende Grundrechte), 1927년 뮌헨 국가법학회에서 학문의 자유를 대학의 기본권으로 해

---

5) 구병삭, "학문의 자유와 대학의 자치," 새법정 4-12(1974), 8.

석함에 따라 그 헌법적 의미가 고양되었다. 독일은 학문의 자유에 관해서는 세계 최초로 1849
년 프랑크푸르트 헌법에서 규정하였다. 즉, 동헌법 제152조는 "학문 및 그의 교수는 자유이다"
라고 규정하였다. 그러나 1849년 3월 28일에 성립한 위의 프랑크푸르트헌법은 끝내 시행되지
못하고, 1850년 프로이센 헌법 제20조에 그대로 계승되었다. 학문의 자유를 헌법에 규정하게
된 이유는 나폴레옹과의 전쟁에서 패배한 이후, 민족의 진정한 힘은 무엇보다도 정신과 문화에
있다고 생각한 독일인들이 '철학의 자유'의 이념을 바탕으로 학문연구를 높이 평가하였기 때문
이다.[6]

(2) 독일연방의 규정

프랑크푸르트 헌법초안은 비록 실제 적용되지 못하고 말았지만, 그 기본권 규정들은 이후
의 독일헌법의 발달에 커다란 영향을 주었으며, 1919년의 바이마르헌법 제142조는 프랑크푸르
트헌법 제152조의 전통 위에 서 있는 것이었다.

그러나 나치 하에서 학문의 자유는 다시 한 번 커다란 왜곡을 보게 되었다. 그것은 무엇보
다 나치의 절대적 이데올로기가 자유로운 학문(연구와 교수)과 양립될 수 없었기 때문이다. 그
결과 나치는 능력 있는 학자들을 여러 가지 이유로 억압하고 배척하게 되었으며, 이러한 나치
의 경험은 학문에 대한 이데올로기적인 왜곡이 가져올 수 있는 문제들을 우리에게 웅변적으로
시사하고 있다.[7]

제2차 대전 후 등장한 독일연방헌법 제5조 제3항에 "예술, 학문, 연구와 강연은 자유롭다.
교수의 자유는 헌법정신에 적합하여야 한다"고 규정하고 있다.[8] 학문의 자유는 법률유보조항
이 없어 절대적 자유로 여겨지고 있다. 다만 다른 헌법상의 상충하는 기본권규정들에 의해 제
한된다.

(3) 주요내용

독일연방헌법재판소의 정의에 따르면 "학문이란 그 내용과 형식으로 보아 진리의 탐구를
위한 진지하고 계획적인 모든 활동"이라고 한다.[9] 독일의 경우, 강연 등 교수활동의 자유에 헌
법충실의무를 부과하고 있다. 이는 공무원은 독일연방헌법 제33조 제5항에 자유민주주의적 기
본질서에 구속되는 것과 유사하다.

나. 미국의 경우

(1) 학문의 자유의 등장배경

미국에 있어 학문의 자유라는 용어는 다른 나라의 개념과는 구체적 의미가 동일하지 않다.

---

6) 하철영·이동훈, "학문의 자유와 대학의 자치," 동의법정집(1988), 204.
7) 장영수, "학문의 자유의 현대적 의의와 보호범위," 균재 양승두교수화갑기념논문집, 홍문사, 1994. 756.
8) Art.5(3) Kunst und Wissenschaft, Forschung und Lehre sind frei. Die Freiheit der Lehre entbindet nicht
   von der Treue zur Verfassung.
9) BVerfGE 23, 112.

원래 미국에서는 시민적 자유가 보장되면 학문의 자유도 당연히 보장될 것이라고 생각하였기 때문에, 대학 교수와 그 외의 연구자에게 일반 시민이 향유하고 있지 않은 특별한 자유를 부여하는 것은 민주주의의 원칙에 반한다고 보아, 학문의 자유를 별도로 보장해야 한다는 생각을 하지 못했다. 그러나 19세기 말 이후에 대학관리체계의 변화에 따라 대학교수 등 연구 교육기관에 고용된 연구·교육을 담당하는 사람이 대학으로부터의 부당한 해고 등을 받지 않고, 그의 전문적 기능을 자유롭게 수행할 수 있어야 한다는 것에 중점을 두고, 학문의 자유의 보장을 논의하게 되었다.[10]

(2) 주요내용

연방대법원은 Keyishian사건에서, 학문의 자유의 본질이 연방 헌법 수정 제1조에 담겨 있다는 사실 등을 분명히 했다.[11]

이 판결은 학문의 자유가 모든 국민의 자유임을 재확인하였을 뿐만 아니라, 교수의 연구와 강의(교수)의 자유는 연방 헌법 수정 제1조의 "연방의회는 국교를 정하거나 또는 종교의 자유로운 행사를 금지하는 법률을 제정할 수 없다. 또한 언론, 출판의 자유 … 를 제한하는 법률을 제정할 수 없다"는 언론의 자유 조항에 의해 헌법적 권리로 보장되어야 함을 분명하게 판시하였다.[12]

대체로 1960년대까지만 해도 초·중·고등학교 교실에서 교사의 학문의 자유의 내용인 교수(수업)의 자유를 인정하지 않으려는 경향이 강했다. 왜냐하면 초·중등 교육은 지식과 승인된 진리를 수동적이고 흡수성이 강한 학생들에게 공급하는 것으로 규정하였기 때문이다. 그러나 이러한 전통적인 견해는 변화하기 시작하였다. 학문의 자유는 모든 인간이 누리는 인권으로서 교사나 학생에게도 적용된다는 관념이 생겨나게 된 것이다. Tinker사건[13]에서 연방대법원은 연방 헌법 수정 제1조의 권리들이 학생과 교사에게 학교 환경에서 유효하게 적용된다고 판시함으로써, 학교 교실에서 교사의 학문·교육(수)의 자유가 언론의 자유로 보장될 수 있는 여지를 남겨 두었다. 그러나 연방대법원은 구체적으로 교사의 교실 내에서 자유로운 언론이 연방 헌법 수정 제1조에 의해 보호되는지에 대한 문제를 직접적으로 다룬 적은 없다.[14]

다. 영   국
(1) 학문의 자유의 등장배경

영국은 12, 13세기에 옥스퍼드와 케임브리지 대학을 설립하였으며, 독일의 대학과는 달리 대학 내의 종교적 권위가 강하게 존속하고 있었다. 그 후 시민혁명으로 시민계급의 자유와 동

---

10) 송요원, "교실에서의 언론의 자유," 헌법학연구 9-4(2003), 317.
11) Keyishian v. Board of Regents of University of State of New York, 385 U.S. 603(1967).
12) 송요원(주 10), 319.
13) Tinker v. Des Moines Independent Community School, 393 U.S. 504, 505(1969).
14) 송요원(주 10), 322.

시에 대학의 자유가 획득되었고 국민의 개개인은 신앙, 사상의 자유, 언론·출판의 자유를 획득하였고 진리 탐구의 자유도 보장받게 되었다. 영국에서 종교적 자유를 위한 투쟁의 승리는 시민적 자유와 지적탐구가 불가분의 관계를 유지하면서 발전하였기 때문에 학문의 자유는 특히 그 의의를 크게 평가받고 있었다.[15]

(2) 주요내용

1851년의 설립된 마체스타 대학을 최초로 시민에 의해 운영되는 대학이 생겨남에 따라 1871년 University Test Act가 제정되어 대학이 국가와 종교의 권위에서 해방되어 독자성을 확보하게 되었다. 영국에서 대학발전이 된 계기는 종교적 자유를 위한 투쟁 가운데 대학에서 종교상의 이유로 쫓겨 난 학자들이 세운 비국교학원(dissenting academies) 때문이었다. 이들은 신흥중산계급의 자제를 양성하는데 기존대학보다 과학실용학을 중시하고 자유로운 연구의 교육방침을 취하였다.

4. 다른 조문과의 체계적 관계

가. 헌법 제31조(교육제도)와의 관계[16]

교육제도에 관한 헌법 제31조는 학문연구의 자유를 규정한 헌법 제22조와는 다른 보호영역을 가지고 있다. 교육은 일반화된 지식의 전달에 있고, 학문의 자유는 새로운 지식의 창설과 보다 밀접한 관련성이 있다. 그러므로 교수의 자유로 대표되는 대학 및 학문연구의 자유는 원칙적으로 교육제도에 대해 우선적 효력(lex specialis)을 지닌다.

우리 헌법 제31조 제4항은 "교육의 자주성·전문성·정치적 중립성 및 대학의 자율성은 법률이 정하는 바에 의하여 보장된다"고 규정하고 있다. 이 조문에서 규정한 대학의 자율성은 제22조 학문의 자유에 대한 확인에 그치는 것이고, 대학의 자율성은 제22조에 의한 보호영역에 포함된다.

나. 집회·결사의 자유와의 관계

우리 헌법 제21조는 "모든 국민은 언론·출판의 지유와 집회·결사의 자유를 가진다"라고 규정하고 있다. 그러나 학문의 자유를 위한 집회·결사는 제21조가 아닌 제22조의 학문의 자유에 의해 보호된다.

다. 직업의 자유와의 관계

학문의 자유가 직업의 자유와 경쟁관계에 서게 되는 경우에는 그 기본권의 효력이 상호보완되기 때문에 보다 강한 보호를 받는다고 보아야 한다. 학문의 자유뿐만 아니라 직업의 자유의 본질적 내용도 함께 존중해야 하기 때문이다.

---

15) 장용근, "헌법상 문화국가원리의 보장," 법학논총(단국대) 30-2(2006), 28.
16) 허영(주 2), 435.

라. 언론·출판의 자유와의 관계

우리 헌법은 언론·출판의 자유를 제21조에 규정하고 있다. 그러나 학문과 예술활동의 소산인 언론·출판은 학문과 예술의 자유에 의해서 보호되기 때문에 언론·출판의 자유의 규제대상에서 제외된다(lex specialis). 예컨대 순수한 학술적인 의사표시 '의사표현의 자유'로서가 아니고 학문의 자유로서 보호된다.

5. 학문의 자유의 주체, 내용과 판례

가. 학문의 자유의 주체

대학 교수뿐만 아니라 모든 자연인은 자기 책임적으로 학문적 활동을 하는 경우 학문의 자유의 주체가 될 수 있다. 즉 학생도 학문관련 연구에 참여하는 경우 학문적 활동의 주체가 될 수 있다. 법인도 학문적 활동을 위해 설립되고 조직된 경우 학문의 자유의 주체가 된다. 국가에 의해 설립된 연구기관도 학문의 자유를 향유한다. 국립대학도 학문의 자유에서 나오는 대학의 자치의 주체가 된다.

나. 학문의 자유의 법적 성격과 내용

(1) 법적 성격

(가) 제도보장설

제도보장설에 의하면 학문의 자유는 대학의 자유를 의미하는 것으로 대학 자치의 제도적 보장일 뿐 공권인 기본권은 아니라는 학설을 말한다. 이 학설에 따르면 학문은 개인이 혼자 자기의 연구실에서 연구하는 것에 그치는 것이 아니라 여러 연구자가 공동협력하여 또는 교원과 학생 사이에 정신적인 상호교섭을 통하여 이루어지는 사회과정의 연구활동이기 때문에 학문의 자유는 개인적 자유에서 한걸음 나아가서 특별히 제도적으로 보장할 필요가 있으며, 대학의 자치는 바로 이것을 보장한다고 주장한다.[17]

(나) 기본권설

기본권설에 따르면 학문의 자유는 개인이 학문을 연구하기 위한 기본권이란 학설로서 영미 및 일본의 학설과 판례가 지지하는 학설이다. 이 학설에 의하면 학문의 자유는 학문공동체의 구성원에게 연구와 교수의 기능을 효과적으로 수행하게 하기 위하여 인정되는 개인적 자유권으로서 근대 사회의 교육연구자는 일반적으로 개인이 설립한 교육기관에 고용된 위치에 있기 때문에 이들이 시민으로서 누리는 사상의 자유나 표현의 자유를 효과적으로 행사할 수 있도록 내외세력으로부터 해방시키려는 것이다.[18]

---

17) 한상범, "대학의 자치와 학생지위," 사법행정 10월호(1970), 14; 손희권, "학문의 자유에 관한 교육판례 분석," 교육행정학연구 16-3(1998), 237.

18) 한태연, 헌법학, 법문사, 1981, 320.

(다) 절 충 설

이 견해는 학문의 자유는 국가로부터의 자유를 의미하는 개인적 자유권을 의미하고 대학을 학문의 중심으로 보아 진리를 연구하는 기관이라는 점에서 대학 자치의 제도적 보장도 아울러 규정하고 있다고 보는 독일의 학설의 입장이다. 이 학설에서 학문의 자유는 학자들이 자유롭게 연구하고, 연구활동을 발표하며, 교수할 주관적 공권의 성격을 가지는 한편, 오늘날 대학은 학문의 중심으로서 보다 깊은 진리를 탐구하는 기관인 점에서 대학 자치의 제도적 보장이 학문의 자유의 중요한 내용이 된다고 본다. 학문의 자유는 주관적 공권으로서의 방어권적 성격과 학문의 자유를 위해 국가를 제어하는 가치결정적 근본규범으로서의 성격도 아울러 가진다고 보는 것이 학계의 일반적 경향이다.

(2) 학문의 자유의 내용

(가) 학문연구·활동의 자유

1) 연구의 자유

진리를 탐구하는 자유로서 연구과제의 선택이나 연구방법, 연구과정에 있어서 국가나 기타 여러 사회적 세력에 의한 개입이나 간섭을 받지 않을 자유를 말한다. 학문연구의 자유는 학문의 자유의 본질적인 내용을 형성하는 것으로서, 이에 대한 제한은 법률로써도 인정되지 않는다. 즉 연구의 자유는 양심(사상)의 자유, 신앙의 자유와 함께 절대적 자유에 속한다.

2) 연구발표의 자유

학문연구결과를 발표하는 자유로서 학문발전의 기초가 된다. 이는 표현의 자유의 한 형태로서 대학의 강단이나 학회에서의 경우와 일반적인 장소에서의 경우 사이에 어느 정도 차이가 있을 것이다.

즉 순수한 학문적 연구결과를 학자들이 모인 학회나 연구·교육기관에서 발표하는 경우 그 목적이 학술연구결과의 전달에 있다면 일반청중이 모인 공개집회에서의 일반적인 표현의 자유보다 강력히 보호받을 것이다. 한편 대학에서 학외 인사가 정치적·사회적·경제적 신조를 표현·발언하는 경우에는 표현의 자유의 일반원칙이 적용될 수 있을 것이다. 결국 연구결과발표의 자유는 그 발표장소와 상황에 따라 강한 정도의 보호를 받느냐, 아니면 일반적인 표현의 자유의 보호를 받느냐가 결정된다고 볼 것이므로 위 연구결과발표의 자유는 표현의 자유의 특별법적 지위를 가진다고 하겠다. 다만 연구의 결과물에 대한 경제적 평가는 직업의 자유에 속하지 학문연구의 자유에 의해 보호되지 않는다.

3) 교수의 자유

대학 등 고등교육기관에 종사하는 교육자가 강단에서 교수, 교육하는 자유로서 그리하여 학문의 보급과 발전이 있게 된다(하급교육기관에 대하여는 국가의 제한이 인정된다는 것이 통설이다). 그러나 무한한 것은 아니고 비도덕적·비과학적이거나 헌법질서를 파괴할 내용의 교수는 허용되지 않는다.

　(나) 대학의 자율성

　1) 대학의 자율성의 의의

　학문기관으로서의 대학의 자율성은 대학이 대학의 운영에 관한 모든 사항을 외부의 간섭 없이 자율적으로 결정할 수 있을 때만 그 실효성을 기대할 수 있기 때문에 '대학의 자치'를 그 본질로 한다. 우리 헌법재판소는 대학의 자율성의 개념과 관련하여 "대학에 대한 공권력 등 외부세력의 간섭을 배제하고 대학인 자신이 대학을 자주적으로 운영할 수 있도록 함으로써 대학인으로 하여금 연구와 교육을 자유롭게 하여 진리탐구와 지도적 인격의 도야라는 대학의 기능을 충분히 발휘할 수 있도록 하기 위한 것"으로 정의하고 있다.[19]

　2) 대학의 자율성의 근거

　가) 헌법 제22조 제1항을 근거로 보는 시각

　대학의 자율성은 제9차 개정헌법 제31조 제4항에 처음으로 명문화되었다. 대학의 자율성은 우리 헌법재판소의 판시에 의하면 학문의 자유의 확실한 보장수단으로 여겨지고 있다.[20]

　대다수의 학자들도 이에 대해 같은 견해를 가지고 있다. 그 이유는 다음과 같다. 첫째, 학문의 자유의 헌법적 규정이 연혁적으로 대학의 자유에서 유래하고 있으므로 대학의 자율성의 헌법적 근거를 헌법 제22조 제1항에 규정된 학문의 자유에서 유래하고 있으므로 대학의 자율성의 헌법적 근거를 헌법 제22조 제1항에 규정된 학문의 자유에서 찾는 것이 옳으며 헌법 제31조에서 교육을 받을 권리를 규정하면서 대학의 자율성을 재확인한 것이다. 둘째, 대학의 자율성은 헌법 제31조 제4항에 의하여 비로소 창설된 제도가 아니라 학문의 자유를 보장한 헌법 제22조 제1항에 근거하여 대학의 학문활동을 실효적으로 보장하기 위한 수단으로서 당연히 인정되는 것이며 헌법 제31조 제4항은 이를 재확인한 것에 불과하다. 셋째, 학문의 자유는 절차권을 포함하고 있고 대학의 자율성은 국민이 국가에 대해서 대학이 학문의 자유를 실현하는 조직이 될 수 있도록 규율하는 법규범을 제정하도록 요구하는 권리를 가지며 국가는 그에 상응한 의무를 진다는 적극적 의미로 해석되어야 하므로 대학의 자율성의 헌법적 근거를 헌법 제22조 제1항에 규정된 학문의 자유에서 찾는 것이 타당하고 헌법 제31조 제4항은 대학의 자율성을 재확인한 규정에 불과하다.[21]

　나) 헌법 제31조 제4항을 근거로 보는 시각

　대학의 자율성의 헌법적 근거를 제22조 제1항으로 보는 시각은 다음과 같은 문제점을 나타낸다. 첫째, 헌법 제31조 제4항에 대학의 자율성을 별도로 규정하고 있는데 그 헌법적 근거를 이외의 다른 조항에서 찾을 경우 헌법 제31조 제4항의 대학의 자율성 규정을 유명무실화하

---

　19) 헌재 2001. 2. 22. 99헌마613.
　20) 헌재 1992. 10. 1. 92헌마68.
　21) 손희권, "헌법재판소 결정에 나타난 대학의 자율성 법리의 비판적 검토," 교육행정학연구 23-4(2005), 272.

고 그 독자적 의미를 간과할 소지가 있으며 이는 대학의 자율성을 특별히 헌법에 별도로 규정하려고 한 헌법개정권자의 의사를 무시하는 처사가 될 수 있다.[22] 둘째, 학문의 자유는 개인만이 주체가 될 수 있지만 대학의 자율성은 교수나 학생 등과 같은 개인은 물론 대학과 학교법인과 같은 기관도 주체가 될 수 있으므로 그 주체에 차이가 있다. 셋째, 대학의 자율성의 헌법적 근거를 학문의 자유에서 찾을 경우 대학의 자율성과 헌법 제31조 제1항에 보장된 능력에 따라 균등하게 교육을 받을 권리와의 관계를 간과할 위험성이 있으며 이 위험성은 대학이 고등교육기관이라는 법적 성격을 지니고 있음을 고려할 때 과소평가할 수 없다. 따라서 대학의 자율성의 헌법적 근거를 헌법 제31조 제4항에 규정된 대학의 자율성에서 찾는 것이 타당하다.[23]

3) 대학의 자율성의 내용과 한계

대학의 자치는 대학의 자율성을 확보하기 위한 대학의 인사·학사·질서·재정 등 대학운영에 있어 필수적인 분야에 있어서의 자치를 포함한다.

대학운영에 있어서 필수적인 분야에 관한 자주적인 결정권이 가능하도록 국가권력에 대한 방어권이 인정된다. 내부 학무회의·교수회·학생회의 활동이 자주성이 보호되며, 외부세력에 의한 제한이 있어서는 안 된다. 그러나 학생과 직원의 학내 결정권참여는 한계가 있다고 보인다. 즉 학문의 자유의 주체는 교수에게 있고 이러한 구도는 대학의 자치라는 이름으로 훼손되어서는 안 된다.

대학교수의 신분보장은 학문의 자유의 가치질서성에 의해 강하게 보장된다. 대학교수에 대한 통제는 오직 학문성과물에 대한 평가에 의해 이루어져야 한다.

(다) 학문연구 결과물의 보호

1) 보호범위

우리 헌법 제22조는 저작자·발명가·과학기술자·예술가의 지적소유권 내지 무체재산적 권리의 보호를 국가의 과제로 규정하고 있다. 이와 관련된 입법으로는 저작권·산업재산권·예술공연권 등의 지식재산권을 보호하기 위해서 발명진흥법, 저작권법, 특허법, 영화법, 공연법, 산업기술의 유출방지 및 보호에 관한 법률 등이 있다.

2) 한   계

대학의 학문 활동에서 저작권이 주로 관련된다. 이에 관한 법률로 저작권법이 있으며, 그 중 몇몇의 규정들이 저작권에 대한 한계로 작용한다. 저작물의 복제, 인용 등은 저작권법에 의하여 일정한 제한이 따른다. 우선, 학교 교육목적을 위하여 내·외국 서적을 복사할 수 있으나 일정한 보상금을 저작권자에 지급하여야 한다(동법 제25조 제3항). 둘째, 방송·신문 그 밖의 방법에 의하여 시사보도를 하는 경우에 그 과정에서 보이거나 들리는 저작물은 보도를 위한 정당

---

22) 현행헌법은 제31조 제4항에서 대학의 자율성보장에 관하여 명문의 규정을 둠으로써 학설상 대립을 해소한 것으로 보는 견해가 있다. 김철수, 헌법학개론, 박영사, 2007, 700.

23) 손희권(주 21), 272.

한 범위 안에서 복제·배포·공연 또는 공중송신할 수 있다(동법 제26조). 셋째, 영리를 목적으로 하지 아니하고 청중이나 관중 또는 제3자로부터 어떤 명목으로든지 반대급부를 받지 아니하는 경우에는 공표된 저작물을 공연 또는 방송할 수 있다(동법 제29조). 넷째, 공표된 저작물을 영리를 목적으로 하지 아니하고 개인적으로 인용하거나 가정 및 이에 준하는 한정된 범위 안에서 이용하는 경우에는 복제할 수 있다(동법 제30조). 다섯째, 도서관 등에서는 조사·연구를 목적으로 하는 이용자의 요구에 의하여 저작물의 일부분을 1인 1부에 한하여 보관된 자료를 복제할 수 있다(동법 제31조).

다. 학문의 자유의 한계

(1) 학문연구의 내적한계

학문의 자유도 그 개념 내재적으로 일정한 한계를 가질 수밖에 없다. 연구의 자유는 법적 보장의 근거가 되는 어떤 윤리적 측면을 갖고 있다. 학문의 자유는 진리를 추구하고, 진리를 추구함에 있어서 이해할 수 있는 방법적 수단으로 자연과 사회의 실상을 분석하고 그 원인과 근거 그리고 법칙성을 탐구하는 것이다. 학문의 자유는 개념상 요구되는 윤리성으로 인해 선량한 학문연구의 원칙(Regeln guter wissenschaftlicher Arbeit)이 그 내재적 한계로 제안된다. 학문의 자유는 비학문적인 행위나 학문의 윤리성을 심각하게 침해하는 행위는 그 보호내용으로 포함하지 않는다. 데이터의 조작과 위조, 설명이나 도안의 조작, 표절과 아이디어 절취, 권한이나 근거 없이 학술저자나 공저자로 등재하거나 등재를 수용하는 것, 내용의 위·변조, 업적·지식·가설 또는 연구의 단서 등이 아직 공표되지 않았음에도 권한없이 제3자에 대해 공표하는 것, 훼손·조작 등으로 연구활동을 방해하는 것 등은 학문연구의 활동으로 볼 수 없을 것이다.[24] 또한 학문연구의 자유는 헌법질서를 파괴하는 목적으로 활용되어서도 아니 된다.

(2) 학문연구의 외적 한계

학문의 자유는 타인의 권리에도 영향을 주는 경우가 있으므로 무제한의 자유일 수는 없다. 학문의 자유의 보장과 헌법적으로 보장되는 다른 법익의 보호의 충돌은 헌법상의 가치질서라고 하는 기준에 따라 그리고 이 가치체계의 통일성을 고려하면서 헌법해석에 의해 해결된다. 이러한 긴장관계에서 학문의 자유와 충돌하면서 동일하게 헌법에 의해 보호되는 가치에 비하여 학문의 자유가 전적으로 우월하지는 않다. 충돌하는 법익으로 인간의 존엄성, 생명권, 건강, 자유, 재산 등이 있다.[25]

법률의 형식에 의해 학문의 자유를 제한하는 규범으로 고등교육법, 과학기술기본법, 교육공무원법, 교육기본법, 뇌연구촉진법, 사립학교법, 생명공학육성법, 생명윤리 및 안전에 관한 법률, 장기등 이식에 관한 법률, 의료법, 영재교육진흥법 등이 있다. 학문의 자유에 대해서 우

---

24) CH. Stark, "연구의 자유와 그 한계," 경성법학 15-1(2006), 234.

25) 전주, 237.

리 헌법 제37조 2항의 일반적 법률유보에 의한 제한이 가능하다.[26]

입법자는 기본권 제한 이외에 학문연구의 객관적 질서성에서 나오는 제도형성의 의무를 지니고, 다만 어느 정도 입법재량은 가진다고 본다. 개인의 참여와 이행의 요구는 학문의 자유의 보호를 위해 불가피한 경우에 한하여 가능하다. 그렇지만 학문적 연구소의 존속의 요구는 학문의 자유에서 도출된다고 볼 수 없다. 다만, 연구소의 폐쇄 전에 청문권의 보장은 인정되어야 한다.[27]

라. 학문의 자유에 관한 판례

(1) 대법원 판례

(가) 공산주의 서적의 소지

대법원은 미문화원 점거농성 사건에서 학문의 자유는 진리의 탐구를 순수한 목적으로 하는 경우에 한하여 보호를 받는 것이므로, 반국가단체를 이롭게 할 목적으로 공산주의 혁명이론 및 전술에 관한 내용을 담은 서적을 소지하고 있었다면 그것은 학문의 자유에 대한 관계를 넘은 것이라고 판시하고 있다.[28]

대법원은 또한 순수한 학문연구의 목적으로 반국가단체를 이롭게 하는 내용의 문서·도서·기타 표현물을 제작·수입·복사·소지·운반·반포·판매 또는 취득하는 행위는 국가보안법 제7조 제5항에 위반하지 않는다는 판결도 하였다.[29]

한편 대법원은 학문의 연구는 기존의 사상 및 가치에 대하여 의문을 제기하고 비판을 가함으로써 이를 개선하거나 새로운 것을 창출하려는 노력이므로 그 연구의 자료가 사회에서 현재 받아들여지고 있는 기존의 사상 및 가치체계와 상반되거나 저촉된다고 하여도 용인되어야 할 것이고, 한편 반공법(폐) 제4조 제2항의 죄는 목적범으로 위와 같은 경우에 있어서의 그 불법목적의 인정은 엄격한 증명을 요하는 바이니, 대학생이 학문연구를 위하여 시내 일반서점과 대학도서관에서 구입 또는 대출받아 보관한 연구자료가 반국가단체 또는 국외공산계열의 사상과 가치체계에 관한 것이라는 사실만으로써는 그 불법목적을 인정할 수 없다고 판시하였다.[30]

(나) 이적표현물 판단기준

대법원은 이 사건 논문 및 피고인이 작성한 강연 자료, 기고문 등에 대하여, 그 반포·게재된 경위 및 피고인의 사회단체 활동 내용 등에 비추어 볼 때 피고인이 절대적으로 누릴 수 있

---

26) 학문의 자유도 헌법 제37조 제2항에 의해 국가의 안전보장, 질서유지 또는 공공복리를 위하여 필요한 경우에는 그 자유와 권리의 본질적인 내용을 침해하지 아니하는 범위 내에서 제한할 수 있는 것이므로, 국가보안법의 입법목적과 적용한계를 위와 같이 자유와 권리의 본질적인 내용을 침해하지 아니하는 한도 내에서 이를 제한하는 데에 있는 것으로 해석하는 한 헌법에 위반된다고 볼 수 없다. 대판 2010. 12. 9. 2007도 10121.

27) BVerfGE 85, 360, 384f.

28) 대판 1986. 9. 9. 86도1187.

29) 대판 1983. 2. 8. 82도2894.

30) 대판 1982. 5. 25. 82도716.

는 연구의 자유의 영역을 벗어나 헌법 제37조 제2항과 국가보안법 제7조 제1항, 제5항에 따른 제한의 대상이 되었고, 또한 피고인이 북한문제와 통일문제를 연구하는 학자로서 순수한 학문적인 동기와 목적 아래 이 사건 논문 등을 제작·반포하거나 발표하였다고 볼 수 없을 뿐만 아니라, 피고인이 반국가단체로서의 북한의 활동을 찬양·고무·선전 또는 이에 동조할 목적 아래 이 사건 논문 등을 제작·반포하거나 발표한 것이어서 그것이 헌법이 보장하는 학문의 자유의 범위 내에 있다고 볼 수 없다고 판시하였다.[31]

(다) 상지학원판결

학교법인 상지학원은 구 사립학교법 제20조의2에 의하여 1993. 6. 4.자로 임원들에 대한 1990. 6. 9.자 이사취임승인처분이 취소됨과 동시에 사립학교법 제25조에 의하여 임시이사들이 선임되었다. 그 후 교육부장관은 임기가 만료되는 임시이사를 순차로 새로운 임시이사로 교체하였고, 이로 인하여 상지학원은 약 10년간 임시이사 관리체제로 운영되어 왔는데, 2003. 12. 18. 임시이사들이 이사회를 개최하여 정식이사 선임결의를 하였고, 같은 달 24. 교육부장관으로부터 취임승인을 받았다.

원고들은 10년 전 임시이사가 파견되기 전에 적법하게 선임되었다가 퇴임한 취후의 정식이사들로서 임시이사들이 자신들과 아무런 협의도 없이 위와 같이 정식이사 선임결의를 하자 교육부장관이 선임한 임시이사는 정식이사를 선임할 권한이 없다고 주장하면서 이사회결의 무효확인소송을 제기하였다.

원고들은 1심에서 패소하였으나, 2심에서 승소하였다. 이 판결에서 원고들에게 소의 이익이 인정되고, 임시이사는 독자적인 정식이사 선임권한이 없다고 확인하였다.

대법원 다수의견은 2심과 같이 판결하였고, 대법원은 학교법인의 기본권과 관련법령의 취지로 보아 임시이사는 위기관리자로서 정식이사를 선임할 권한은 없다고 판결하였다.[32]

이 상지학원판결은 지금까지 존재의의를 격하당해 온 사학법인 설립자 및 사학법인의 정관에 대하여 헌법이 인정하는 자유와 권익 특히 사학의 설립 및 운영의 자유, 자기결정권 등의 헌법상의 기본권이 실현될 수 있는 법제의 이론적 기초를 설정할 수 있게 되었다.[33]

(2) 헌법재판소 판례

(가) 서울대학교 신입생선발입시안

이 판례는 제2외국어 선택 과목에서 일본어 과목을 제외한 서울대학교의 1994년도 신입생선발입시안에 대한 헌법소원에 관한 것이다.

이 사건에서 헌법재판소는 "고등학교에서 일본어를 선택하여 공부한 학생이 다른 제2외국어를 선택한 학생에 비하여 입시경쟁에서 불리한 입장에 놓이는 것은 사실이나 이러한 불이익

---

31) 대판 2010. 12. 9. 2007도10121.
32) 대판 2007. 5. 17. 2006다19054.
33) 강경근, "학문의 자유와 사립학교 관계법률의 헌법적 연구," 토지공법연구 40(2008), 149.

은 서울대학교가 헌법 제22조 제1항 소정의 학문의 자유와 헌법 제31조 제4항 소정의 대학의
자율권이라고 하는 기본권의 주체로서 자신의 주체적인 학문적 가치판단에 따른, 법률이 허용
하는 범위 내에서의 적법한 자율권행사의 결과 초래된 반사적 불이익이어서 부득이하다"고 판
시하였다.[34]

(나) 교과서 검정제도

이 판례는 교육법 제157조가 "대학·교육대학·사범대학·전문대학을 제외한 각 학교의 교
과용도서는 교육부가 저작권을 가졌거나 검정 또는 인정한 것에 한 한다"고 규정한 것이 교사
의 학문의 자유·출판의 자유 등을 침해하는지의 여부에 관한 것이다.

이 사건에서 헌법재판소는 "국정교과서제도는 교과서라는 형태의 도서에 대하여 국가가
이를 독점하는 것이지만, 국민의 수학권의 보호라는 차원에서 학년과 학과에 따라 어떤 교과용
도서에 대하여 이를 자유발행제로 하는 것이 온당하지 못한 경우가 있을 수 있고 그러한 경우
국가가 관여할 수밖에 없다는 것과 관여할 수 있는 헌법적 근거가 있다는 것을 인정한다면 그
인정의 범위 내에서 국가가 이를 검·인정제로 할 것인가 또는 국정제로 할 것인가에 대하여
재량권을 갖는다고 할 것이므로 중학교의 국어교과서에 관한 한, 교과용 도서의 국정제는 학문
의 자유나 언론·출판의 자유를 침해하는 제도가 아님은 물론 교육의 자주성·전문성·정치적
중립성과도 무조건 양립되지 않는 것이라 하기 어렵다"라고 판시하며 청구를 기각하였다.[35]

(다) 대학교수재임용제도

이 판례는 대학교육기관의 교원은 당해 학교법인의 정관이 정하는 바에 따라 기간을 정하
여 임면할 수 있다고 규정한 구 사립학교법 제53조의2 제3항이 교원지위법정주의에 위반되는
지 여부에 관한 것이었다.

헌법재판소는 "임기만료 교원에 대한 재임용거부는 이 사건 교원지위법조항 소정의 '징계
처분 기타 그 의사에 반하는 불리한 처분'에 버금가는 효과를 가진다고 보아야 하므로 이에 대
하여는 마땅히 교육인적자원부 교원징계재심위원회의 재심사유, 나아가 법원에 의한 사법심사
의 대상이 되어야 한다. 그럼에도 불구하고 이 사건 교원지위법조항은 이에 대하여 아무런 규
정을 하고 있지 아니하므로, 입법자가 법률로 정하여야 할 교원지위의 기본적 사항에는 교원의
신분이 부당하게 박탈되지 않도록 하는 최소한의 보호의무에 관한 사항이 포함되어야 한다는
헌법 제31조 제6항 소정의 교원지위법정주의에 위반된다"고 판시하였다.[36] 이 판례에서 헌법
재판소는 헌법 제31조와 관련하여 판결하고 있지만, 대학의 교원인 교수의 지위와 관련된 것으
로 연구자의 지위는 학문의 자유와 밀접한 관련이 있으므로 단순히 '교원지위법정주의'의 문제
로만 다룰 사안은 아니라고 평가된다.

---

34) 헌재 1992. 10. 1. 92헌마68·76.
35) 헌재 1992. 11. 12. 89헌마88.
36) 헌재 2003. 2. 27. 2000헌바26.

(라) 대학총장 임용방식

헌법재판소는 "대학자치는 학문활동을 수행하는 교수들로 구성된 교수회가 누려오는 것이었고, 현행법상 국립대학의 장 임명권은 대통령에게 있으나, 1990년대 이후 국립대학에서 총장후보자에 대한 직접선거방식이 도입된 이래 거의 대부분 대학 구성원들이 추천하는 후보자 중에서 대학의 장을 임명하여 옴으로써 대통령이 대학총장을 임명함에 있어 대학교원들의 의사를 존중하여 온 점을 고려하면, 청구인들에게 대학총장 후보자 선출에 참여할 권리가 있고 이 권리는 대학의 자치의 본질적인 내용에 포함된다고 할 것이므로 결국 헌법상의 기본권으로 인정할 수 있다"고 판시였다.

또한 헌법재판소는 "총장선출방식으로 대학의장임용추천위원회에서의 선정은 원칙적인 방식이 아닌 교원의 합의된 방식과 선택적이거나 혹은 실제로는 보충적인 방식으로 규정되어 있는 점, 대학의 장 후보자 선정과 관련하여 대학에게 반드시 직접선출 방식을 보장하여야 하는 것은 아니다"고 판시하고, 교육공무원법 제24조 제4항은 대학의 장 후보자 선정을 위원회에서 할 것인지, 아니면 교원의 합의된 방식에 의할 것인지를 대학에서 우선적으로 결정하도록 하여 이를 충분히 보장하고 있는 점 등을 고려하여 교육공무원법 제24조 제4항을 합헌으로 결정하였다.[37]

(3) 외국의 판례

(가) Sweezy v. State of New Hampshire[38]

미국대학에서의 강의 내용을 조사하는 의회조사단의 심문에 답변을 거부한 교수의 해임사건이다. 연방대법원은 스위지(Sweezy)에 대해 그가 속한 진보정당과 대학에서의 강의의 내용을 강제로 답변시킬 수 없다고 판결하였다. 주요한 논쟁점은 대학교수의 강의 내용을 문제삼는 것은 표현의 자유에 대한 침해인가 여부로써, 연방대법원의 다수의견은 대학교수의 개인적 정보제공의 거부권을 인정하였고, 교수방법 및 교육내용에 대한 권력기관의 간섭에 대해 학문의 자유에 대한 간섭은 절제되어야 하며, 공립대학에서의 강의 내용은 의회조사로부터 보호되어야 한다는 것으로 대학의 학문의 자유를 확고히 한 판결이다.[39]

(나) Keyishian v. Board of Regents of University of State of New York(1967)[40]

이 사건은 뉴욕 주립대학에서 교수 채용 시 공산주의자가 아니라는 서명을 받도록 하는데서 발단이 되었다. 당시 뉴욕 주립대의 영문과 강사였던 키이샨(Keyishian) 등 3명은 이러한 확약서에 서명을 거절함으로써 해고되었다. 이 사건에서 뉴욕 주립대학교 교수들과 직원에 대해 계속하여 고용할지 여부는 뉴욕 주의 교육법(Education Law)과 공무원법(Civil Service Law)에서

---

37) 헌재 2006. 4. 27. 2005헌마1047.
38) Sweezy v. State of New Hampshire, 354 U.S. 234(1957).
39) 이혜숙, "학문의 자유에 대한 판례동향 — 미국대학을 중심으로 —," 고등교육연구 5-1(1993), 166.
40) Keyishian v. Board of Regents of University of State of New York, 385 U.S. 603(1967).

규정한 충성선서를 하는지에 달려 있었다. 이 사건에서 브레넌(Brennan) 판사는 뉴욕주 충성선서 프로그램이 불명확하고 지나치게 광범위하다는 이유로 위헌 판결하면서, 체제 전복적인 단체의 악의의 회원이라는 것만으로는 공무원 채용 결격사유로서 부족하고 해당 교사가 단체의 불법적 목표를 실현하기 위한 구체적인 의향을 가지고 있는 요건도 채용결격사유로서 필요하다고 선언하였다.

미국 연방대법원은 이 판결에서, "우리 국가는 해당 교원에게 뿐만 아니라 우리 모두에게 매우 가치 있는 학문의 자유를 보호하고자 하는 깊은 열정을 가지고 있다. 따라서 학문의 자유는 연방 헌법 수정 제1조의 특별 관심사로서 이 조항은 정통 교회 아마포(Pall of Orthodoxy)를 강의실에 덮씌우는 어떤 법률도 허용하지 않는다"고 판결하였다.

(다) Smith v. Losse[41]

원고가 교수협의회 의장이자 집행위원으로서 대학행정에 대한 비판이 문제가 되어 해임당했다고 주장함으로써 소송이 제기된 경우이다. 연방대법원은 대학교수의 대학행정에 대한 비판행위를 수정헌법 제1조의 권리로 보고, 이러한 권리행사는 대학의 효율성과 조화를 증진시키고자 하는 대학 측의 이익을 능가한다고 보고 대학교수의 승소를 판시하였다.[42]

II. 예술의 자유

1. 기본개념과 헌법적 의미

가. 예술의 자유의 개념

인간은 역사 이래 항상 미를 추구하고 문화를 창조하면서 생활해 왔다, 즉 인간은 미적 감정을 소유하고 있으며 이를 여러 가지 형태로(미술, 조각, 음악, 무용, 문학, 연극, 영화, …) 표현하면서 미를 추구하였고 문화를 창조하였다. 인간은 예술이라는 창조적 정신활동을 통해 그의 인격을 발현할 뿐만 아니라 존엄성을 가진 인간으로서 인간답게 생활할 수 있게 된다. 자유로운 예술활동의 보장은 인격의 자유로운 발현과 인간의 존엄성을 보장해 줄 뿐만 아니라 문화국가를 건설하는 기초가 되고 인간의 문화적 생활을 가능하게 해 준다.

예술의 개념을 정의하는 것은 이 분야의 전문가에게도 쉬운 일이 아니다. 하물며 법적으로 예술의 개념을 보편타당하게 정의하는 것은 거의 불가능에 가까운 일이다. 왜냐하면 예술의 개념은 예술의 분야에 따라, 또한 예술을 보는 관점과 사람에 따라 달리 이해될 수 있을 뿐만 아니라, 그 개념은 시대에 따라 변천하기 때문이다. 오늘날의 예술은 전위예술·실험예술, 참여예술 등에서 볼 수 있듯이 예술에 대한 기존의 모든 미적 평가기준이나 가치를 넘어서고 있기 때

---

41) Smith v. Losse, 485 F.2d 334(10th. Cir. 1973).

42) 이혜숙(주 39), 171

문에 더욱 더 그 개념을 규정하기가 어렵다. 즉 예술의 개념을 미적 또는 미학적 기준으로 정의하는 것은 불가능하게 되었다.[43] 예술의 자유는 예술의 독자적 법칙에 따라 행해지며, 미적인 고려에 의해 결정되는 창조과정, 행위양식과 결정에 있어서 국가의 간섭을 배제한다.

예술의 개념정의가 가능하다는 학설과 이를 부정하는 학설이 대립되고 있으나, 예술에 대한 개방적 개념을 인정하는 것이 독일 연방헌법재판소의 경향이다.

독일연방헌법재판소의 견해에 따르면 "예술이란 예술가의 인상, 경험, 체험 등을 일정한 형태언어를 수단으로 하여 직접적인 표상으로 나타내는 자유로운 창조적 형성이다. 모든 예술적 활동은 합리적으로 풀어낼 수 없는, 의식적 및 무의식적 과정들의 혼합인 것이다. 예술적 창조에는 직관, 상상 및 예술적 이해가 공동으로 작용한다. 그것은 무엇보다도 (단순한) 통지가 아니라 표현이며, 더욱이 예술가의 개인적 인격의 직접적인 표현이다."[44]

예술의 자유는 기본권이 일반적으로 그러하듯이 주관적 권리로서의 측면과 객관적 질서의 요소로서의 양면성을 갖는다. 예술의 자유의 주관적 방어권성격은 국가의 침해로부터 예술의 자유를 주장하여 이를 배제할 수 있는 것을 의미하고, 예술의 객관적 질서성은 국가에 대해 예술의 보호와 진흥의 의무를 부과한다.[45]

나. 헌법적 의미

헌법 제22조와 같이 독자적 기본권으로서 예술의 자유를 규정하고 있는 경우에는 헌법제정자가 예술활동을 학문활동과 함께 특별히 비중있게 다루려는 의도를 가지고 있었다고 본다. 예술활동은 인간의 창조적 정신의 표현이며, 이러한 자유로운 예술활동의 보장은 헌법의 최고이념인 인간존엄의 보장을 위해 필수적인 것이라고 이해할 때 예술에 대한 특별한 보호의 필요성은 정당화될 수 있다. 나아가 헌법의 기본원리로까지 고양되고 있는 이른바 헌법의 문화국가성 내지 문화국가원리의 요청에 비추어 볼 때 예술의 자유에 대한 헌법적 보장은 더욱 두터운 정당성근거를 확보하게 된다.

아울러 예술의 자유의 입헌취지는 예술의 영역에 대한 국가권력의 간섭과 침해가 자유로운 예술활동을 불가능하게 만들고, 나아가 관치예술, 어용예술이라는 왜곡된 형태의 예술을 탄생시켰던 과거의 경험에 대한 반성에 기초하여 예술의 자율성을 헌법적으로 보다 강력하고 포괄적으로 보장하고자 하는 데 있는 것이다.[46]

2. 연   혁

우리 헌법은 1948년의 건국헌법(제14조) 이래 예술의 자유를 독립된 기본권으로 규정하였

---

43) 계희열, "헌법상 예술의 자유," 청암 정경식박사 화갑기념논문집, 박영사, 1997, 61.

44) BVerfGE 30, 173(188f.).

45) 예술의 자유는 객관적 가치결정으로서, 스스로를 문화국가로 이해하는 국가에게 자유로운 예술생활을 유지하고 적극적으로 지원해야 할 과제를 부과한다. 한수웅, 헌법학, 법문사, 2012, 824면.

46) 장영수, "예술의 자유에 대한 헌법적 보장의 의의와 한계," 구산 곽종영교수화갑기념논문집, 1993, 98.

고 오늘에 이르기까지 변함없이 유지되고 있다. 현행헌법 제22조 제1항은 "모든 국민은 … 예술의 자유를 가진다"라고 규정하면서 예술의 자유를 보장하고 있다.

르네상스시대부터 예술은 자연에 대항하는 예술가의 독창적인 창의력의 표현으로 이해되었다. 그렇지만 당시의 예술가는 군주나 귀족들에게 봉사하는 직업이었다. 시민사회의 형성과 더불어 상품으로서의 예술이 시장에 도입된 이후에도 예술의 창의성을 헌법적 가치로 인정하려는 시도는 미약하였다. 예술은 자유민주체제와 불가분의 관계에 놓인다. 독일의 극작가인 쉴러(Friedrich von Schiller)는 "예술은 자유의 딸이다"고 선언하면서, "인간은 아름다움의 세계를 통하여 자유의 세계에 도달한다"고 갈파한 바 있다.[47] 이러한 자유민주주의의 등장으로 예술은 드디어 헌법적 지위를 차지하게 된다. 이러한 헌법적 관심은 바이마르 공화국 헌법에 최초로 나타나게 된다.

3. 입헌례와 비교법적 의의

1919년 바이마르헌법(제142조: "예술과 학문, 그리고 학문전달은 자유이다")이 최초로 예술의 자유를 독자적 기본권으로 규정하였고, 그 후 몇 나라의 헌법들이 이를 규정하였다. 이탈리아 헌법, 브라질헌법, 아르헨티나헌법 등이 독립된 기본권으로 규정하고 있다. 많은 나라의 헌법들은 예술의 자유를 독립된 기본권으로 규정하지는 않고 일반적 표현의 자유를 통해 보장하고 있다. 미국, 프랑스, 일본 등이 그 예이다. 국제연합인권규약도 경제적·사회적·문화적 규약의 제15조 제1항에 "모든 사람은 문화적 생활권을 가진다"고 규정하고 있고, 시민적·정치적 권리에 관한 규약의 제19조에서 '표현과 정보의 자유'에 관해 규정하여 이를 통해 예술의 자유를 보호하고 있다. 유럽인권규약도 제10조에 '표현의 자유'를 규정하고 있다.

4. 다른 조문과의 체계적 관계

가. 언론·출판의 자유

예술의 표현으로서 언론·출판의 형식을 갖는 경우에 이러한 영역도 예술의 자유의 범주에 속한다고 본다. 예술품보급을 업으로 하는 예술출판사와 음반제작사 등도 예술의 자유를 누린다. 즉 예술의 자유와 언론·출판의 자유는 상호간에 보호영역이 일치하는 부분이 존재한다. 예술을 위한 언론·출판은 우선적으로 예술의 자유의 보호영역에 속한다. 다만, 상업적 목적을 위한 예술품의 언론을 통한 광고는 경제적 자유이지 예술의 자유로 볼 수 없다. 또한 예술작품에 대한 비평은 예술의 자유에 의해서가 아니라 언론의 자유에 의해 보장된다.

나. 집회·결사의 자유

예술을 위한 집회·결사는 예술의 자유에 속하는 것이고, 집회·결사의 자유가 독자적으로

---

47) 서성록, "예술표현의 자유와 한계," 국회보 371호(1997), 100.

문제시되는 것은 아니다. 즉 예술의 자유와 집회·결사의 자유는 배제관계에 놓인다.

5. 예술의 자유의 주체, 내용과 판례

가. 예술의 자유의 주체

예술의 자유는 예술품을 창조하는 개인뿐만 아니라 예술품을 일반인에게 접근할 수 있도록 하는 개인을 포함하며, 상업적인 활동도 포함한다. 즉 출판업자, 음반업자, 영화업자, 출판사의 영업담당자도 예술의 자유의 주체가 된다. 예술의 자유는 자연인 이외에 법인과 단체도 향유할 수 있다. 예술전문대학 등도 예술의 주체가 된다. 그러나 예술품의 소비자는 예술의 자유의 주체가 될 수 없다.

나. 예술의 자유의 내용

(1) 보호영역

(가) 예술창작의 자유

예술창작의 자유는 예술의 자유의 기본적 내용으로서 예술작품의 전창작과정이 자유로워야 한다는 것을 말한다. 즉 작품의 소재나 창작형태의 선택이 자유로워야 할 뿐만 아니라 창작과정의 진행 등이 모두 자유로워야 한다.[48]

또한 창작을 위한 준비나 연습도 이 과정에 포함되며 보호된다. 예술창작의 자유는 창작된 예술작품의 보호에까지 미친다. 보호대상이 되는 예술작품은 반드시 고도의 예술성을 가져야만 하는 것은 아니다. 즉 실패한 작품이나 예술작품을 만들고자 하는 의도 없이 만들어진 것이라도 예술로 평가되는 작품은 보호되어야 한다.

또한 예술창작의 자유는 전문예술인에게만 부여되는 것이 아니라 모든 사람에게 부여된다. 헌법이 예술의 자유를 보장하는 이유는 예술창작을 통한 인격의 자유로운 발현을 보장하려고 하기 때문이다.

(나) 예술표현의 자유

예술의 자유는 예술작품의 자유로운 창작뿐만 아니라 창작된 예술작품을 다른 사람에게 자유롭게 표현하는 것도 보장한다. 즉 작품의 전시, 연주, 공연, 보급 등도 보장한다. 예술창작과 예술표현은 불가분의 관계를 갖는 하나의 예술과정이다. 예술창작이 보장되지 않으면 예술표현은 불가능하며 예술표현이 보장되지 않으면 예술창작은 무의미하게 된다. 또한 예술표현은 예술창작의 토양이 되며 이러한 의미에서 예술표현은 예술창작에 봉사하는 기능을 한다.

예술표현의 자유는 일반적 표현의 자유와는 달리 특별히 보호된다(lex specialis). 예술표현의 자유와 관련하여 예술품의 보급을 직업으로 하는 출판사나 음반제작사도 예술의 자유에 의해 보호된다. 예술품에 대한 비상업적 광고도 예술의 자유로 보호된다. 소설문학작품은 출판업

---

48) 헌재 1993. 5. 13. 91헌바17,

자에 의해 복제, 보급 및 출간되지 않고서는 일반대중에게 아무런 작용도 전개할 수 없기 때문에 또한 출판업자는 예술가와 독자간에 불가결의 중개기능을 수행하기 때문에 예술의 자유의 보장은 그들의 활동에까지도 미치는 것이다.[49] 이에 대해서는 반대의 견해도 존재한다.[50]

다만 출판물의 내용에 따라서는 언론·출판의 자유에 의해 보호된다. 예술품의 경제적 활용에 대하여는 예술의 자유가 아니라 재산권에 의해 보장되며 예술작품에 대한 비평은 예술의 자유에 의해서가 아니라 언론의 자유에 의해 보장된다.[51]

(다) 예술적 집회·결사의 자유

예술적 집회·결사의 자유란 예술활동을 위해 집회를 개최하고 결사를 조직할 수 있는 자유를 말한다. 예술활동을 위한 집회나 결사는 일반적 집회나 결사보다 특별히 강한 보호를 받는다. 이는 예술활동을 위하여 요청되는 고도의 자율성이 예술활동을 위한 집회·결사에까지 미치는 것이라고 하겠다. 그렇기 때문에 집회 및 시위에 관한 법률은 예술적 집회에 대하여는 각종 규제가 완화되고 있다.[52]

(2) 예술의 자유의 제한과 한계

(가) 예술의 자유의 제한

예술의 자유가 비록 특별한 헌법적 보장을 누리고 있다고 할지라도 절대적이고 무제한적인 권리는 아니다. 예술의 자유는 다른 헌법상 보호되는 가치들에 의해 제한된다. 예술의 자유도 다른 기본권과의 충돌 가운데서 그 적용의 한계가 발견될 뿐 아니라 그 밖의 중요한 헌법적 보호법익을 위해 제한될 수 있음은 다른 기본권과 다를 바 없다. 예술의 자유에 대한 제한으로 작용하는 헌법적 가치로서 국가의 보호, 인격권, 재산권 등을 들 수 있다.

우리 헌법 제37조 제2항에 의하여 예술의 자유도 법률로써 제한할 수 있다. 그리고 제한하는 경우에도 본질적 내용은 제한할 수 없다. 예술의 자유는 국가에 의한 제한에 있어서 문화국가에서 나오는 객관적 질서성의 요청으로 인해 특별한 보호가 요청된다.

(나) 예술의 자유의 제한의 한계

1) 서   설

예술의 자유에 대한 제한의 한계는 규범조화적 해석에 따라 그 정도가 정해진다. 즉 제한의 법익과 보호의 법익이 동시에 최적의 실효성을 나타낼 수 있는 경계가 그 한계이다. 그러한 경계는 양 법익이 동시에 최대한으로 실현될 수 있도록 비례적으로 정해진다.

---

49) BVerfGE 30, 173(191); 36, 321(331); 67, 213(224); 77, 240(251); 우리 헌법재판소도 "음반에관한법률 제3
   조 등에 대한 헌법소원"에서 같은 견해를 밝히고 있다. 헌재 1993. 5. 13. 91헌바17.
50) 예술품을 직업적 차원에서 취급하는 경우에는 직업의 자유, 또는 그 내용에 따라 언론 출판의 자유가 적용
   되어야 할 것이다. 마찬가지로 예술품의 경제적 활용에 대해서는 재산권이 적용될 뿐 예술의 자유에 의한
   특별한 보호가 부여되지 않는다. 장영수(주 46), 106.
51) 계희열, 헌법학(중), 박영사, 2007, 384.
52) 허영(주 2), 441.

　　예술표현의 자유는 무제한한 기본권은 아니다. 예술표현의 자유는 타인의 권리와 명예 또는 공중도덕이나 사회윤리를 침해하여서는 아니 된다. 그리고 국가안전보장, 질서유지 또는 공공복리를 위하여 필요한 경우에는 헌법 제37조 제2항에 의하여 법률로써 제한할 수 있으나, 이러한 필요에서 하는 법률에 의한 제한도 그 목적이 헌법 및 법률의 체계상 그 정당성이 인정되어야 하고(목적의 정당성), 그 목적달성을 위하여 그 방법이 효과적이고 적절하여야 하며(방법의 적절성), 그로 인한 피해가 최소한도에 그쳐야 하며(피해의 최소성), 보호하려는 공익과 침해하는 사익을 비교형량할 때 보호되는 공익이 더 커야 한다는(법익의 균형성) 과잉금지의 원칙에 반하지 않는 한도 내에서 할 수 있는 것이다.[53]

2) 예술의 수준심사

　　예술의 자유에 대한 제한은 신중을 기하여야 한다. 이는 예술의 개방성을 무시하고 새로운 경향의 예술을 억압하는 기능을 할 수 있기 때문이다. 예술의 형태·예술내용·예술경향 등에 대한 국가의 간섭은 예술의 자유의 본질적 침해가 된다. 따라서 모든 예술작품에 대한 국가의 이른바 '수준심사'는 허용되지 않는다.[54]

3) 예술의 자유와 음란성

　　예술의 자유와 관련하여 가장 많이 문제되는 것은 예술의 자유의 행사와 음란성과의 관계 문제이다. 예술의 자유도 그 내재적으로 공중도덕이나 사회윤리를 지키는 제약이 필요하다. 우리 형법 제234조는 "음란한 문서, 도화, 필름 기타 물건을 반포, 판매 또는 임대하거나 공연히 전시 또는 임대하거나 공연히 전시 또는 상영한 자는 1년 이하의 징역 또는 500만원 이하의 벌금에 처한다"고 규정하고 있다. 그러나 이러한 예술의 자유에 대한 제한개념으로서의 음란성도 시대적으로 변화되고 있다. 대법원은 음란을 "일반 보통인의 성욕을 자극하여 성적 흥분을 유발하고 정상적인 성적 수치심을 해하여, 건전한 성풍속이나 선량한 성적 도의관념에 반하는 것"이라고 그 개념범위를 넓게 상정하였다.[55] 그러나 우리 헌법재판소는 대법원의 과거의 태도와 달리 음란에 대해서 "음란이란 인간존엄 내지 인간성을 왜곡하는 노골적이고 적나라한 성표현으로서 오로지 성적 흥미에만 호소할 뿐 전체적으로 보아 하등의 문학적, 예술적, 과학적 또는 정치적 가치를 지니지 않은 것"이라 하여 그 개념의 폭을 좁히고 있다.[56]

　　지난 몇 십 년 동안 사회의 개방화과정에 있어서 성에 대한 일반적인 인식이 급속도로 변화해 왔다. 얼마 전까지 음란하다고 금지되었던 작품들이 잠시 후에는 다시 당당하게 공연, 상연 또는 출판되고, 또 어느 순간에는 다시금 그 중의 일부작품에 대하여 음란성의 시비가 재연되기도 한다. 그러므로 음란성을 근거로 한 예술의 자유에 대한 제한은 그 시대의 국민적 공감

헌법 제22조

---

53) 헌재 1993. 5. 13. 91헌바17.

54) 이명구, "예술의 자유에 대한 헌법적 보장과 한계," 헌법학연구 6-2(2000), 152.

55) 대판 1987. 12. 22. 87도2331; 1991. 9. 10. 91도1550; 1995. 6. 16. 94도1758; 1995. 6. 16. 94도2413; 1997. 8. 22. 97도937.

56) 헌재 1998. 4. 30. 95헌가16. 이인호, "예술의 자유와 성도덕의 보호," 스포츠와 법 4(2003), 13.

대에 따라 판단될 수밖에 없다. 독일연방헌법재판소는 포르노그래피(Pornographie)와 예술의 자유를 배제관계로 보고 있지 않다.[57] 우리 헌법재판소도 언론출판의 자유의 보호영역에 음란표현이 속한다고 해석하고 있다.[58] 그러나 음란물 정보의 배포 등의 행위에 대하여 형사상 중한 처벌을 가하는 것이 국민의 기본권을 다소 제한하게 되는 결과가 된다 하더라도 이는 공공복리를 위하여 필요한 제한으로서 헌법에 반하는 것은 아니라고 본다.

4) 예술의 자유와 명예훼손

예술의 자유와 관련하여 또 한 가지 많이 문제되는 것은 예술의 자유의 행사가 타인의 명예에 대한 침해가 되는 경우이다. 예술작품에 의한 명예훼손은 대부분이 문학작품에 의한 경우이므로 이를 언론·출판의 자유와 명예훼손의 관계에 준하여 생각하려는 견해도 적지 않으나 언론·출판의 자유(또는 일반적 표현의 자유)와 구별되는 예술의 자유를 독자적 기본권으로 명문화하고 있는 현행헌법 하에의 해석은 언론·출판의 자유와 예술의 자유의 공통점과 차이점을 분명히 인식하는 가운데서 전개되어야 할 것이다. 즉 헌법이 특별히 보호하는 예술의 자유에 속하는 언론·출판에 의한 명예훼손은 그 밖의 언론·출판에 의한 명예훼손과는 그 보호의 진지성에서 차이가 있을 수 있다.

5) 예술의 자유와 자유민주적 기본질서

헌법적 가치인 자유민주적 기본질서의 보호도 예술의 자유를 제한하는 요소로서 기능한다. 소설의 출판이나 영화의 상영이 일반인의 시각에서 볼 때 자유민주적 기본질서에 대한 직접적이고 현존하는 위협을 야기하게 될 경우에는 예술의 자유에 대한 국가의 통제가 가능하다고 본다. 이러한 경우는 그러나 극단적인 경우일 것이고, 대부분 자유민주주의의 자정능력으로 해결할 수 있는 경우가 대부분일 것이다.

다. 판 례

(1) 대법원 판례

(가) 나체의 마야 사건[59]

대법원은 음란과 예술의 자유에 관한 판결에서 "본건 나체의 마야 사진이 비록 명화집에 걸려 있는 사진이라 하여도 […] 성냥갑 속에 넣어서 판매할 목적으로 그 카드사진을 복사제조하거나 시중에 판매하였다고 하면 이는 그 명화를 모독하여 음화화시켰다고 할 것이므로 이러한 견지에서 이를 음화라고 본 원심판단은 정당하다"고 판시하였다.

(나) 반노 사건[60]

대법원은 소설 반노의 13장 내지 14장에 기재된 사실은 그 표현에 있어 과도하게 성욕을

---

57) BVerfGE 83, 130.
58) 헌재 2009. 5. 28. 2006헌바109.
59) 대판 1970. 10. 30. 70도1879.
60) 대판 1975. 12. 9. 74도976.

자극하거나 또는 정상적 성적 정서를 크게 해칠 정도로 노골적이고 구체적인 묘사라고 볼 수 없고 더욱이 그 전체적인 내용의 흐름이 인간에 내재하는 향락적인 성욕에 반항함으로써 결국 그로부터 벗어나 새로운 자아를 발견하는 과정으로 이끌어 매듭된 경우에는 이 소설을 음란한 작품이라고 단정할 수 없다고 판시하였다.

(다) 소설 "즐거운 사라" 사건[61]

대법원은 이 사건에서 "문학작품이라고 하여 무한정의 표현의 자유를 누려 어떠한 성적 표현도 가능하다고 할 수는 없고 그것이 건전한 성적 풍속이나 성도덕을 침해하는 경우에는 형법규정에 의하여 이를 처벌할 수 있다"고 판시하였다.

(라) 번역소설 '아마티스타' 사건[62]

대법원은 "번역소설 '아마티스타'가 성에 대하여 노골적으로 묘사하고 있지만 우아하고 독창적인 예술성으로 인하여 중남미 에로티시즘 문학의 대표작의 하나로 손꼽히는 작품이라고 평가받고 있는바, '음란'이란 개념 자체가 사회와 시대적 변화에 따라 변동하는 상대적이고도 유동적인 것이고 그 시대에 있어서 사회의 풍속, 윤리, 종교 등과도 밀접한 관계를 가지는 것이므로 중남미의 애정선정물에 대한 긍정적 평가를 그대로 우리 사회에 적용할 수 없음은 물론, 위 소설은 성에 관한 노골적이고 상세한 묘사서술이 전편에 흐르고 있고 성적 요소를 주제로 한 실험적 시도나 성교육의 기능이 내재하여 있다고 할지라도 그러한 예술성 등의 사회적 가치로 인하여 성적 자극의 정도가 완화되었다고 보이지 아니하며, 그 전편에 걸쳐 다양한 성행위를 반복하여 묘사하고 있는 점 등을 종합하여 볼 때, 위 소설은 우리 시대의 건전한 사회통념에 비추어 공연히 성욕을 흥분 또는 자극시키고 또한 보통인의 정상적인 성적 수치심을 해하고 선량한 성적 도의관념에 반하는 '음란한 간행물'에 해당한다"고 판시하였다.

(2) 헌법재판소 판례

(가) 공연윤리위원회사건[63]

헌법재판소는 공연윤리위원회의 행위를 국가의 검열행위로 보는 결정을 하였다. 헌재의 판결에 의하면 이 사건법률조항은 심의기관인 공연윤리위원회가 음반의 제작·판매에 앞서 그 내용을 심사하여 심의기준에 적합하지 아니한 음반에 대하여는 판매를 금지할 수 있고, 심의를 받지 아니한 음반을 판매할 경우에는 형사처벌까지 할 수 있도록 규정하고 있는바, 공연윤리위원회는 공연법에 의하여 설치되고 행정권이 그 구성에 지속적인 영향을 미칠 수 있게 되어 있으므로, 음반에 대한 위와 같은 사전심의제도는 명백히 사전검열제도에 해당한다. 이 판결은 예술표현물에 대한 검열에 있어서 언론·출판의 자유에 대한 검열금지원칙이 적용되는 것을 보여준다.

---

61) 대판 1995. 6. 16. 94도2413.
62) 대판 1997. 12. 26. 97누11287
63) 헌재 1996. 10. 31. 94헌가6.

(나) 한국공연예술진흥협의회사건[64]

헌법재판소의 결정에 의하면, 이미 위헌결정한 구 음반및비디오물에관한법률에 의한 공연윤리위원회와 이후 개정된 음반및비디오물에관한법률 제17조 제1항에 의한 한국공연예술진흥협의회는 그 구성, 심의결과의 보고 등에 있어서 약간의 차이는 있으나, 공연법에 의하여 행정권이 심의기관의 구성에 지속적인 영향을 미칠 수 있고 행정권이 주체가 되어 검열절차를 형성하고 있는 점에 있어서 큰 차이가 없으므로, 한국공연예술진흥협의회도 검열기관으로 보는 것이 타당하고, 따라서 한국공연예술진흥협의회가 비디오물의 제작·판매에 앞서 그 내용을 심사하여 심의기준에 적합하지 아니한 비디오물에 대하여는 제작·판매를 금지하고, 심의를 받지 아니한 비디오물을 제작·판매할 경우에는 형사처벌까지 할 수 있도록 규정한 이 사건 법률조항은 사전검열제도를 채택한 것으로서 헌법에 위배된다.

(다) 학교정화구역 극장금지 위헌결정[65]

헌법재판소는 학교보건법 제6조 제1항이 대학교는 물론 유치원 및 초·중·고등학교의 정화구역 내의 극장시설 및 영업도 일반적으로 금지하고 있는바, 그 정화구역 중 금지의 예외가 인정되는 구역을 제외한 나머지 구역은 어떠한 경우에도 예외가 인정되지 아니하는 절대금지구역인데, 국가·지방자치단체 또는 문화재단 등 비영리단체가 운영하는 공연장 및 영화상영관, 순수예술이나 아동·청소년을 위한 전용공연장 등을 포함한 예술적 관람물의 공연을 목적으로 하는 공연법상의 공연장, 순수예술이나 아동·청소년을 위한 영화진흥법상의 전용영화상영관 등의 경우에는 정화구역 내에 위치하더라도 초·중·고등학교 학생들에게 유해한 환경이라고 하기보다는 오히려 학생들의 문화적 성장을 위하여 유익한 시설로서의 성격을 가지고 있어 이를 일률적으로 금지하고 있는 이 사건 법률조항은 그 입법목적을 달성하기 위하여 필요한 정도 이상으로 극장운영자의 기본권을 제한하는 법률조항이며, 표현의 자유 및 예술의 자유를 침해하는 위헌적인 규정이라고 판시하였다.

(라) 수입비디오물에 대한 추천제 위헌결정[66]

헌법재판소의 결정에 의하면 외국비디오물을 수입할 경우에 반드시 영상물등급위원회로부터 수입추천을 받도록 규정하고 있는 구 음반·비디오물및게임물에관한법률 제16조 제1항 등에 의한 외국비디오물 수입추천제도는 외국비디오물의 수입·배포라는 의사표현행위 전에 표현물을 행정기관의 성격을 가진 영상물등급위원회에 제출토록 하여 표현행위의 허용 여부를 행정기관의 결정에 좌우되게 하고, 이를 준수하지 않는 자들에 대하여 형사처벌 등의 강제조치를 규정하고 있는바, 허가를 받기 위한 표현물의 제출의무, 행정권이 주체가 된 사전심사절차, 허가를 받지 아니한 의사표현의 금지, 심사절차를 관철할 수 있는 강제수단이라는 요소를 모두

---

64) 헌재 1999. 9. 16. 99헌가1.
65) 헌재 2004. 5. 27. 2003헌가1.
66) 헌재 2005. 2. 3. 2004헌가8.

갖추고 있으므로, 우리나라 헌법이 절대적으로 금지하고 있는 사전검열에 해당한다.

(마) 영화진흥법 위헌결정[67]

헌법재판소는 영화진흥법 제21조의 제한상영가 영화에 대한 불명확한 규정에 대한 위헌결정과 위임입법의 한계를 넘은 부분에 대해 위헌결정을 내렸다.

헌법재판소는 영진법 제21조 제3항 제5호는 '제한상영가' 등급의 영화를 '상영 및 광고·선전에 있어서 일정한 제한이 필요한 영화'라고 규정하고 있는데, 이 규정은 제한상영가 등급의 영화가 어떤 영화인지를 말해주기보다는 제한상영가 등급을 받은 영화가 사후에 어떠한 법률적 제한을 받는지를 기술하고 있는바, 이것으로는 제한상영가 영화가 어떤 영화인지를 알 수가 없고, 따라서 영진법 제21조 제3항 제5호는 명확성원칙에 위배된다고 판시하였다.

또한 헌법재판소는 영진법 제21조 제7항 후문 중 '제3항 제5호' 부분의 위임 규정은 영화상영등급분류의 구체적 기준을 영상물등급위원회의 규정에 위임하고 있는데, 이 사건 위임 규정에서 위임하고 있는 사항은 제한상영가 등급분류의 기준에 대한 것으로 그 내용이 사회현상에 따라 급변하는 내용들도 아니고, 특별히 전문성이 요구되는 것도 아니며, 그렇다고 기술적인 사항도 아닐 뿐만 아니라, 더욱이 표현의 자유의 제한과 관련되어 있다는 점에서 경미한 사항이라고도 할 수 없는데도, 이 사건 위임 규정은 영상물등급위원회 규정에 위임하고 있는바, 이는 그 자체로서 포괄위임금지원칙을 위반하고 있다고 판시하였다.

(바) 영화등급보류제도 위헌결정[68]

헌법재판소의 판시에 의하면 영화진흥법 제21조 제4항이 규정하고 있는 영상물등급위원회에 의한 등급분류보류제도는, 영상물등급위원회가 영화의 상영에 앞서 영화를 제출받아 그 심의 및 상영등급분류를 하되, 등급분류를 받지 아니한 영화는 상영이 금지되고 만약 등급분류를 받지 않은 채 영화를 상영한 경우 과태료, 상영금지명령에 이어 형벌까지 부과할 수 있도록 하며, 등급분류보류의 횟수제한이 없어 실질적으로 영상물등급위원회의 허가를 받지 않는 한 영화를 통한 의사표현이 무한정 금지될 수 있으므로 검열에 해당한다.

(3) 외국의 판례

(가) 미   국

1) 연방대법원의 음란에 관한 정의[69]

미국 연방대법원은 1957년의 Roth v. United States판결에서 음란성은 "보통사람에게 그 시대의 지역사회의 기준(contemporary community standards)을 적용하여 볼 때 전체적인 주된 내용이 호색적 흥미(prurient interest)에 호소하는지 여부"에 따라 판단되어야 한다고 판시하여

---

67) 헌재 2008. 7. 31. 2007헌가4.
68) 헌재 2008. 10. 30. 2004헌가18.
69) 한위수, "음란물의 형사적 규제와 표현의 자유 — 특히 예술작품과 관련하여 — ," 금랑 김철수 교수 정년기념논문집, 박영사, 1998, 571.

음란에 대한 새로운 정의를 내렸고, Memoirs v. Massachusetts에서는 음란물이 되기 위해서는 "보상할 만한 사회적 가치가 전혀 없어야 한다(utterly without redeeming social value)"고 판시하였다. 이러한 Roth−Memoirs판결의 음란정의는 1973년 Miller v. California 통하여 구체화되고 중대한 수정을 겪게 된다. 즉 위 판결은 음란물의 판정은, ① 보통사람이 그 시대의 지역사회의 기준에서 보아 그 작품을 전체적으로 고찰할 때 호색적 흥미에 호소하는 것인가, ② 그 작품이 주법(또는 연방법)이 구체적으로 정한 성행위를 명백히 불쾌하게(in a patently offensive way) 묘사하고 있는가, ③ 그 작품이 전체적으로 보아 중대한 문학적·예술적·정치적·과학적 가치(serious litarary, artistic, political or scientific value)를 가지지 못하는가에 의하여 판명되어어 한다고 판시하였다.

  2) 통신품위법 위헌결정

  미국 연방 대법원은 Reno 사건을 통하여 1996년의 "통신품위법"(the Communications Decency Act: CDA)은 인터넷상의 음란물로부터 청소년을 보호한다는 입법목적에도 불구하고 법문의 "저속한"(indecent) 또는 "명백히 역겨운"(patently offensive)이라는 용어가 대단히 모호하고 광범위하기 때문에 개인적으로는 중대한 가치가 있는 자료의 출판을 제한할 가능성이 있다고 판시하였다. 즉, "성에 관한 표현"(sexually-explicit) 중 "음란한" 것이 아닌 자료의 출판을 규제 또는 형사 처벌할 수 있는 가능성을 내포하고 있는바, 이는 헌법이 보호하는 표현의 자유를 제한하는 결과를 초래한다는 것이었다.[70]

  (나) 독   일

  1) 메피스토 판결[71]

  이 사건은 구스타프 그륀트겐의 입양아들이자 단독 상속인인 자의 제소로 발부된 한 책(Mephisto-Roman eider Karriere 메피스토−어느 한 경력)에 대한 발간정지 명령에 대한 불복의 의사로 이 책 출판사가 헌법소원을 제기한 것이다. 이 책은 클라우스 만(Klaus Mann)이라는 사람이 쓴 책으로 그 내용은 어느 연극인이 나치 정권 하에서 오직 출세를 위해 자신의 정치적인 신념도 부정하고. 모든 인간적이며 윤리적인 도덕률을 내 팽개치는 가상인물 헨드릭 회프겐의 일생을 다룬 것이다(이 책을 읽는 독자는 이 소설속의 인물이 바로 구스타프 그륀트겐이라는 것을 쉽게 발견하게 된다). 독일 연방헌법재판소는 이 사건에서 "사생활의 보호에 대한 중대한 침해(schwere Eingriffe)는 대개 예술의 자유의 한계로 인식된다. 이 경우 상황에 따른 모든 관련 사항들에 대한 규범조화적 해석이 요구된다고 하겠다. 메피스토사건에 있어 죽은 사람의 명예보호는 헌법 제1조(인간의 존엄성조항)에서 나오며, 이 사안에서 예술의 자유보다 명예보호가 앞선다"고 판시하였다.

---

  70) Reno v. American Civil Liberties Union, 117 S.Ct.2329, 138 L.Ed.2d 874(1997).
  71) BVerfGE 30, 173.

2) 캐리커쳐(Karikatur-Beschluss: 1987. 7. 15.) 판결[72]

본 사안의 헌법소원 청구인인 풍자화 화가는 잡지에 여러 차례 걸쳐 바이에른 주의 수상인 프란츠 요셉 스트라우스를 "교미하는 돼지"로 묘사하는 풍자화를 게재했다. 이로 인해 헌법소원의 청구인은 지방법원에서는 벌금형, 고등법원에서는 무죄, 주 최고법원에서는 형법상 명예훼손으로 처벌받자, 이 판결에 대한 헌법소원을 제기했다. 이에 대해 독일 연방헌법재판소는 풍자화의 정도가 심해 명예보호라는 헌법 제1조의 헌법적 가치를 침해한다고 판결했다.

Ⅲ. 지식재산권의 보호

1. 지식재산권의 보호

가. 헌법규정의 의의와 관련 법률들

헌법 제22조 제2항은 "저작자·발명가·과학기술자와 예술가의 권리는 법률로써 보호한다"고 규정하여 학문연구와 예술활동의 결과물에 대한 국가적 보호에 대해 규정하고 있다. 이러한 규정은 헌법의 다른 기본권과는 달리 국가에 대한 권리성이 도출되는 것은 아니고, 국가의 지적재산권 보호의무라는 국가목표규정을 설정하고 있는 것이다. 이러한 국가목표규정은 입법권·행정권·사법권을 기속하는 효력을 지니며, 특히 국가에게 지식재산권 보호를 위해 법률제정을 요구한다고 해석된다.

헌법의 이러한 국가목표규정을 구체화하는 법률로서는 특허법, 저작권법, 실용신안법, 디자인보호법, 발명진흥법, 과학기술기본법, 문화예술진흥법, 영화 및 비디오물의 진흥에 관한 법률, 공연법, 국가기술자격법 등이 있다.

나. 지식재산의 보호 필요성

우리의 경우에 산업의 원천이 되는 천연자원이 풍부하지 못하고, 수입된 자원을 통한 2차 가공 산업은 세계와의 경쟁 속에서 한계가 분명하다. 그러므로 우리 경제의 지속적 발전과 인재를 통한 고부가가치 상품의 창출을 위해서는 특허 등 지적재산의 확보가 중요하다고 본다.

특히 지식재산을 보호할 필요성은 다음과 같다. 첫째, 연구개발자가 오랜 시간과 노력을 기울여 연구·투자한 것이 침해되어서는 안 되며, 연구개발자를 위해서 지식재산은 보호되어야 한다. 둘째, 연구결과물이 쉽게 모방되어 유통된다면 건전한 상거래 질서를 해하게 되며, 소비자의 건전한 구매의욕도 저하될 수 있다. 셋째, 지식재산권은 이제 인권의 범주에 속하는 영역으로 세계적으로도 조약을 통해 보호하고 있는 일반적 재산권의 영역에 속한다.[73]

---

72) BVerfGE 75,369.

73) 윤선희, 지적재산권법, 세창출판사, 2012, 20.

다. 저작권법과 특허법의 발전

저작권법은 "문예·학술·예술의 범위에 속하는 창작물"의 저작자 및 그 창작물을 일반대중에게 전달해주는 역할을 담당하는 저작인접권자의 권리를 보호하는 한편, 저작물의 공정한 이용을 도모함으로써 궁극적으로 문화의 향상발전에 이바지함을 목적으로 한다. 저작권제도는 특허권과 함께 오늘날 급격한 전환기적인 국면에 처해 있다. 정보화시대의 도래와 함께 이들 분야에서의 발전적 모습이 기대되기 때문이다. 우리 정부도 이에 맞게 관련 규정의 개정에 힘쓰고 있고, 이로 인해 독자적이며 국제적 수준의 법으로 발전해 나가고 있다.

특허권은 특허법에 의해 보호되는데, 최근 산업경쟁력을 증진하는 요소로서 특허권의 보호가 중요한 국가의 관심사가 되어가고 있다. 특허법은 발명을 보호·장려하고 그 이용을 도모함으로써 기술의 발전을 촉진하여 산업발전에 이바지함을 목적으로 한다. 즉 특허법을 통해 발명자에게 국가에서 특허권이라는 독점권을 일정기간 부여하여 기술의 진보와 발전을 도모하고, 발명의 공개유도와 공개된 발명의 이용은 국가의 산업발전에 이바지할 수 있도록 하고 있다.

2. 지식재산권 보호의 한계

가. 인격권 침해금지

저작권의 남용으로 인해 타인의 인격권을 침해하는 저작물은 민법상 손해배상청구의 대상이 된다. 표현의 자유의 남용으로 인해 명예훼손의 형사적 문제도 제기될 수 있다.

나. 생명권 및 신체의 자유 침해금지

과학기술의 발전에 따라 그 위험도 증가하는 추세에 있다. 원자력과 생명과학의 발전이 그것이다. 최근에 특허보호범위가 점차 확대되어 생명체와 관련된 정보나 기술에 대한 특허까지 허락되기에 이르렀다. 이에 대한 찬반론이 학계에서 대립되고 있는 실정이다.[74]

첨단기술에 의한 국민의 기본권침해에 대한 가능성의 증대는 관련 분야 특별법에 의해 통제된다. 원자력법, 원자력손해배상법, 생명윤리 및 안전에 관한 법률이 제정되어 있다. 또한 유전자 변형관련 농수산물의 신체에 관한 영향에 대한 관심도 증대되고 있어 '유전자변형생물체의 국가간 이동 등에 관한 법률'이 제정되어 있다.

다. 권리남용의 금지

지식재산권의 행사가 정당한 범위를 넘어서 시장경제질서를 해칠 경우에는 독점이라는 문제가 발생하게 되는데, 이 때 지식재산권의 독점을 보호하려는 사익과 독점을 규제하려는 공익이 충돌하게 된다.

특정분야에 있어 우월적인 특허확보를 통해 독점적 시장지배자가 될 수 있다. 이런 경우에

---

74) 줄기세포에 관한 연구에 대해 유럽(영국)에서는 찬성론이 미국에서는 반대론이 대립되어 주장되고 있다. 최정열, "유전공학과 특허에 관한 소고," 특허소송연구 특별호(2008), 257.

는 '독점규제 및 공정거래에 관한 법률'의 제재를 받게 된다. 다만, 특허권의 특성상 특허권행사에 따르는 합리적 범위 내에 있으면 독점규제법이 적용되지 않는다. 또한 개인발명가가 자기의 특허권을 침해한 거대기업을 상대로 특허침해소송을 수행하는 경우 정당한 특허권자의 이익을 보호하는 것은 타당하지만, 반대로 자신이 보유한 특허권을 남용하여 부당하게 많은 손해배상금을 요구하거나 제품의 생산을 중지시킬 것을 요구할 수도 있어 법적인 문제가 발생된다(Patent Troll). 특허권의 남용의 문제는 민법 제2조 권리남용의 금지에 의해 제한된다.

3. 지식재산권 관련 헌법재판소 판례

가. 변리사 활동범위

1961. 12. 23. 법률 제864호로 변리사법이 제정될 당시에는 이 사건 법률조항은 "변리사는 특허, 실용신안, 의장 또는 상표에 관한 사항에 관하여 소송대리인이 될 수 있다"라고 규정하고 있었다. 그 후 2004. 12. 31. 법률 제7289호로 개정될 때 '의장'이라는 용어가 '디자인'으로 변경되었고, 2011. 5. 24. 법률 제10706호로 개정되면서 자구수정이 있었지만 법조항의 실질적인 내용은 동일하게 유지되고 있다.

이 사건 법률조항이 처음 도입되었던 1961년 당시 대법원은 특허청 항고심판소의 심결에 대한 법률심만을 관할하여 변리사는 위 심결에 대한 상고사건에서만 소송대리를 하여 왔다. 그 후 1994. 7. 27. 법원조직법 개정으로 1998. 3. 1. 특허법원이 창설되면서 변리사가 처음으로 사실심 법정에서 소송대리인으로 활동할 수 있게 되었으나, 이는 특허법원의 관할사건인 특허심판원을 거친 심결취소소송에 한정된 것이었다.

이에 대해 변리사들은 헌법재판소에 법원이 변리사법 제8조 중 '특허, 실용신안, 디자인 또는 상표에 관한 사항' 부분에 특허, 실용신안, 디자인 또는 상표의 침해로 인한 손해배상, 침해금지 등의 민사소송(이하 '특허침해소송'이라 한다)이 포함되지 아니하고, 민사소송법 제87조 중 '법률에 따라 재판상 행위를 할 수 있는 대리인' 부분에 '변리사법 제8조에 따라 특허침해소송을 대리하는 변리사'가 포함되지 아니한다고 해석하여 그 결과 자신들로 하여금 특허침해소송에서 소송대리를 할 수 없게 함으로써 자신들의 직업의 자유와 평등권 등이 침해되었다고 주장하며, 2010. 12. 2. 이 사건 헌법소원심판을 청구하였다.[75]

이에 대해 헌법재판소는 심결취소소송에서는 특허권 등 자체에 관한 전문적 내용의 쟁점이 소송의 핵심이 되므로, 이에 대한 전문가인 변리사가 소송당사자의 권익을 도모할 수 있으나, 특허침해소송은 고도의 법률지식 및 공정성과 신뢰성이 요구되는 소송으로, 변호사 소송대리원칙(민사소송법 제87조)이 적용되어야 하는 일반 민사소송의 영역이므로, 소송 당사자의 권익을 보호하기 위해 변호사에게만 특허침해소송의 소송대리를 허용하는 것은 그 합리성이 인정되며 입법재량의 범위 내라고 할 수 있다. 그러므로 이 사건 법률조항이 특허침해소송을 변리

---

75) 헌재 2012. 8. 23. 2010헌마740.

사가 예외적으로 소송대리를 할 수 있도록 허용된 범위에 포함시키지 아니한 것은 청구인들의 직업의 자유를 침해하지 아니하고, 이 사건 법률조항이 심결취소소송에서는 변호사 외에도 변리사에게 소송대리를 허용하되, 특허침해소송에서는 변호사에게만 소송대리를 허용한 것은 합리적, 합목적적인 차이에 따른 것으로서 정당하며, 달리 입법자가 형성권을 자의적으로 행사하여 변호사와 비교하여 청구인들을 포함한 변리사를 부당하게 차별한 것이라고 할 수 없으므로, 청구인들의 평등권을 침해하지 아니한다고 판시하였다.

나. 특허발명제품의 보호

"숙취해소용 천연차 및 그 제조방법"에 관하여 1997. 3. 19. 특허출원을 하고 특허법에 의한 특허청의 심사를 받은 다음 1998. 12. 5. 특허번호 제181168호로 그 설정등록을 함으로써 특허권을 획득한 자들이 특허권자로서 생산된 물건이나 그 용기 또는 포장에 특허표시를 할 수 있는 권리가 있음에도 불구하고, 식품의약품안전청의 고시인 식품등의표시기준 제7조 『별지 1』 식품등의 세부표시기준 1. 가. 10) 카)에서 "음주전후, 숙취해소 등 음주를 조장하는 내용을 표시하여서는 아니된다"고 규정함으로 말미암아 특허발명의 방법으로 생산한 천연차에 그 특허표시인 "숙취해소용 천연차"라는 표시를 하지 못하게 되자, 1999. 3. 16. 헌법재판소에 위 고시의 규정 중 "음주전후, 숙취해소"라는 부분이 재산권, 발명가의 권리, 직업행사의 자유를 침해한다고 주장하면서 그 위헌확인을 구하기 위하여 이 사건 심판을 청구하였다.[76]

이에 대해 헌법재판소는 위 규정은 음주로 인한 건강위해적 요소로부터 국민의 건강을 보호한다는 입법목적하에 음주전후, 숙취해소 등 음주를 조장하는 내용의 표시를 금지하고 있으나, "음주전후," "숙취해소"라는 표시는 이를 금지할 만큼 음주를 조장하는 내용이라 볼 수 없고, 식품에 숙취해소 작용이 있음에도 불구하고 이러한 표시를 금지하면 숙취해소용 식품에 관한 정확한 정보 및 제품의 제공을 차단함으로써 숙취해소의 기회를 국민으로부터 박탈하게 될 뿐만 아니라, 보다 나은 숙취해소용 식품을 개발하기 위한 연구와 시도를 차단하는 결과를 초래하므로, 위 규정은 숙취해소용 식품의 제조·판매에 관한 영업의 자유 및 광고표현의 자유를 과잉금지원칙에 위반하여 침해하는 것이고, 특히 청구인들은 "숙취해소용 천연차 및 그 제조방법"에 관하여 특허권을 획득하였음에도 불구하고 위 규정으로 인하여 특허권자인 청구인들조차 그 특허발명제품에 "숙취해소용 천연차"라는 표시를 하지 못하고 "천연차"라는 표시만 할 수밖에 없게 됨으로써 청구인들의 헌법상 보호받는 재산권인 특허권도 침해되었다고 판시하였다.

---

76) 헌재 2000. 3. 30. 99헌마143.

Ⅳ. 관련문헌

1. 학문의 자유

강경근, "학문의 자유와 사립학교 관계법률의 헌법적 연구," 토지공법연구 40(2008), 143-179.

구병삭, "학문의 자유와 대학의 자치," 새법정 4-12(1974), 8-12.

김선택, "생명공학시대에 있어서 학문연구의 자유," 헌법논총 12(2001), 229-276.

김철수, 헌법학개론, 박영사, 2007.

손희권, "헌법재판소 결정에 나타난 대학의 자율성 법리의 비판적 검토," 교육행정학연구 23-4(2005), 269-298.

_____, "학문의 자유에 관한 교육판례 분석," 교육행정학연구 16-3(1998), 236-256.

송요원, "교실에서의 언론의 자유," 헌법학연구 9-4(2003), 315-350.

이규홍·정필운, "헌법 제22조 제2항 관련 개헌론에 관한 소고," 법조, 통권 650호(2010), 57-129.

이혜숙, "학문의 자유에 대한 판례동향 — 미국대학을 중심으로 — ," 고등교육연구 5-1 (1993), 159-176.

장영수, "학문의 자유의 현대적 의의와 보호범위," 균재 양승두교수화갑기념논문집(1994), 751-778.

장용근, "헌법상 문화국가원리의 보장," 법학논총(단국대) 30-2(2006), 15-69.

정종섭, 헌법학원론, 박영사, 2012.

최정열, "유전공학과 특허에 관한 소고," 특허소송연구 특별호(2008), 245-278.

CH. Stark(김대환 역), "연구의 자유와 그 한계," 경성법학 15-1(2006), 231-244.

한상범, "대학의 자치와 학생지위," 사법행정 10월호(1970), 20-23.

하철영·이동훈, "학문의 자유와 대학의 자치," 동의법정집(1988), 203-218.

허 영, 한국헌법론, 박영사, 2012.

2. 예술의 자유

계희열, "헌법상 예술의 자유," 청암 정경식박사 화갑기념논문집(1997), 59-71.

명재진, "새로운 미디어와 표현의 자유," 충남대 법학연구 12-1(2001), 229-250

_____, "예술의 자유에 대한 독일 연방헌법재판소 판례의 변화," 판례월보 328호(1998), 64-68.

민경식, "예술의 자유," 중앙대 법학논문집 23-1(1998), 33-50.

윤선희, 지적재산권법, 세창출판사, 2012.

이명구, "예술의 자유에 대한 헌법적 보장과 한계," 헌법학연구 6-2(2000), 139-157.

이인호, "예술의 자유와 성도덕의 보호," 스포츠와 법 4(2003), 1-15.

주강원, "예술의 법적 정의에 관한 고찰," 홍익법학 12-1(2011), 559-579.

장재옥·이인호, "정보화와 예술의자유: 예술표현의 자유와 한계를 중심으로," 중앙법학
          4-2(2002), 119-178.

최정열, "유전공학과 특허에 관한 소고," 특허소송연구 특별호(2008), 245-278.

한수웅, 헌법학, 법문사, 2012.

한위수, "음란물의 형사적 규제와 표현의 자유 — 특히 예술작품과 관련하여 —," 금랑 김
          철수 교수 정년기념논문집(1988), 568-591.

헌법 제23조

[김 문 현]

第23條

① 모든 國民의 財産權은 보장된다. 그 내용과 限界는 法律로 정한다.

② 財産權의 행사는 公共福利에 적합하도록 하여야 한다.

③ 公共必要에 의한 財産權의 收用·사용 또는 제한 및 그에 대한 補償은 法律로써 하되, 정당한 補償을 支給하여야 한다.

I. 기본개념과 헌법적 의의

1. 기본개념

가. 헌법 제23조는 재산권의 보장과 그 한계 및 제한, 수용·사용·제한과 보상에 대해 규정하고 있다. 이처럼 헌법은 재산권을 기본권의 하나로 규정하고 있으나 재산권은 그 법적 성격이나 보장구조가 다른 기본권과 다르며, 재산권과 재산제도를 바라보는 시각의 차이도 크다. 사실 재산권보장은 생명성과 육체적 존재형식을 가진 인간이 자유롭기 위해서,[1] 그리고 자기 책임적 삶을 실현하기 위해서 필요한 전제이지만 그것을 실현하는 재산제도는 시대와 사회에 따라 다르다.

현행헌법상 재산권보장은 사유재산제도의 보장과 그러한 사유재산제도에 바탕하여 구체화되고 특정인에게 귀속된 구체적 재산권의 보장을 포함하고 있다.

나. (1) 기본권 중에서 신앙·양심·표현·예술·학문의 자유 등은 법질서의 평가없이 그 본질로부터 보호법익이 존재하나, 재산권은 법질서의 산물이며 법질서의 평가없이는 재산권은 존재할 수 없다고 할 수 있다.[2] 그러나 헌법이 보장하는 재산권은 단순히 법률에 의해 규정되는 개념이 아니라 고유한 헌법적 개념이다.[3][4] 그런 점에서 헌법상 보장되는 재산권과 법률상의 재산권이 동일한 개념일 수 없다. 만약 재산권이 법률에 의해 규정되는 권리라면 헌법상 재산권보장은 공허한 것이 될 수밖에 없기 때문이다. 다만 구체적 재산권의 종류나 내용은 헌법에 의하여 규정되지 않고, 법률에 의하여 구체화된다. 법률에 의해 구체화된 재산권의 종류나 내용은 헌법적 한계를 벗어나지 않는 이상 입법에 의해 변경될 수 있다. 헌법 제23조 제1항 2문은 재산권의 한계뿐 아니라 내용도 법률로 정하도록 하여 이를 밝히고 있다. 그런 점에서 재산권보장은 다른 기본권과는 법적 성격이나 입법에의 개방성에 있어 차이가 있다.

---

1) 그런 점에서 재산권보장은 개인의 자유와 긴밀한 관련성을 가진다(Jarass/Pieroth, Art 14, Rd. 1, GG Kommentar, 2011)

2) G. Schwerdtfeger, Die dogmatische Struktur der Eigentumsgarantie, 1983, 13; 헌법재판소도 "재산권이 법질서 내에서 인정되고 보호받기 위해서는 입법자에 의한 형성을 필요로 한다. 즉 법에 의한 보장 이전의 재산권은 재산에 대한 사실상 지배에 다름 아니므로, 다른 기본권과는 달리 그 내용이 입법자에 의하여 법률로 구체화됨으로써 비로소 권리다운 모습을 갖추게 된다"고 하였다(헌재 2008. 4. 24. 2005헌바43, 20-1 상, 510, 516-516).

3) Walter Leisner, Eigentum, in: J. Isensee/P.Kirchhof(ed.), Handbuch des Staatsrechts des Bundesrepublik Deutschland, 2010, 306; Friedhelm Hufen, Staatsrecht Ⅱ-Grundrechte, 2009, 684

4) 언론의 자유와 같은 헌법상 정치적 기본권의 경우 논쟁의 여지가 별로 없으나 재산권의 경우 헌법적 권리로서 세계적 콘센서스를 얻지 못하고 있고, 그래서 재산권을 헌법상 권리로 할 것인가에 관해서는 논란이 있다. 근래의 헌법이나 권리장전에도 이에 대한 입장의 차이가 나타나고 있다. 그래서 대부분의 민주국가의 경우 재산권규정을 가지는 것이 보통이긴 하나, 예컨대 인도의 경우 헌법개정을 통해 재산권조항을 삭제하였고, 캐나다의 1982년 Charter of Rights와 뉴질랜드의 1990년의 Bill of Rights는 재산권규정을 포함하고 있지 않다(이에 관해서는 Gregory S. Alexander, The Global Debate over Constitutional Property—Lessons for American Takings Jurisprudence—, The University of Chicago Press, 2006, 23 이하 참조).

(2) 헌법이 보장하는 구체적 재산권은 사법상, 공법상 재산적 가치가 있는 모든 권리를 포함한다. 따라서 민법상의 물권, 채권, 특권이나 저작권과 같은 무체재산권, 광업권이나 어업권[5]과 같은 특별법상의 권리, 공법상의 권리(공무원의 봉급청구권, 수리권, 하천점용권 등) 등이 모두 재산권의 범위에 속한다. 상속권도 재산권의 일종이다.[6] '이러한 재산권의 범위에는 동산·부동산에 대한 모든 종류의 물권은 물론, 재산가치 있는 모든 사법상의 채권과 특별법상의 권리 및 재산가치 있는 공법상의 권리 등이 포함되나, 단순한 기대이익·반사적 이익 또는 경제적인 기회 등은 재산권에 속하지 않는다고 보아야 한다.'[7)8]

그런 점에서 헌법재판소는 "전문의자격의 불비로 인하여 급료를 정함에 있어 불이익을 받는 것은 사실적·경제적 기회의 문제에 불과할 뿐 재산권의 침해라고 보기 어렵다."[9]고 하고 "국가보훈 내지 국가보상적 수급권도 법률에 규정됨으로써 비로소 구체적인 법적 권리로 형성된다 … 보상금수급권 발생에 필요한 절차 등 수급권 발생요건이 법정되어 있는 경우에는 이 법정요건을 갖추기 전에는 헌법이 보장하는 재산권이라고 할 수 없다"고 한다.[10] 또한 "약사의 한약조제권이란 그것이 타인에 의하여 침해되었을 때 방해를 배제하거나 원상회복 내지 손해배상을 청구할 수 있는 권리가 아니라 법률에 의하여 약사의 지위에서 인정되는 하나의 권능에 불과하고, 더욱이 의약품을 판매하여 얻게 되는 이익 역시 장래의 불확실한 기대이익에 불과한 것이므로, 구 약사법상 약사에게 인정된 한약조제권은 헌법조항들이 말하는 재산권의 범위에 속하지 아니한다"[11]고 한 바 있다.

한편 헌법재판소는 "공법상의 권리가 헌법상의 재산권보장의 보호를 받기 위해서는 다음과 같은 요건을 갖추어야 한다. 첫째, 공법상의 권리가 권리주체에게 귀속되어 개인의 이익을 위하여 이용가능해야 하며(사적 유용성), 둘째, 국가의 일방적인 급부에 의한 것이 아니라 권리주체의 노동이나 투자, 특별한 희생에 의하여 획득되어 자신이 행한 급부의 등가물에 해당하는

---

5) 헌법재판소는 "대법원판례에 의하여 인정되는 관행어업권은 물권에 유사한 권리로서−헌법상 재산권 보장의 대상이 되는 재산권에 해당한다고 할 것이다"고 한 바 있다(헌재 1999. 7. 22. 97헌바76등, 11-2, 175, 192).

6) 헌재 1998. 8. 27. 96헌가22 등, 10-2, 339(356-356).

7) 헌재 1998. 7. 16. 96헌마246, 10-2, 283(309-310); 2000. 6. 1. 98헌바34, 12-1, 607(616).

8) 헌재는 수용된 토지에 대한 환매권(1994. 2. 24. 92헌가15등), 공무원연금법상의 급여수급권(1998. 12. 24. 96헌바73), 손해배상청구권(2007. 8. 30. 2004헌가25), 상속권(2008. 10. 302003헌바10), 맡은행위를 이유로 한 증여계약해제권(2009. 10. 29. 2007헌바135) 등은 재산권이라고 하였다. 반면 관재담당공무원의 국유재산을 취득할 수 있는 기회(1999. 4. 29. 96헌바55), 농지개량조합총회에서의 의결권(2000. 11. 30. 99헌마190), 방송사업자가 협찬계약을 통해 얻을 수 있는 이익이나 기회(2003. 12. 18. 2002헌바49), 납세의무자의 종전규정에 의한 조세우대조치(2008. 5. 29. 2006헌바99), 채권자가 국가에 대하여 강제집행의 발동을 구하는 공법상의 권능인 강제집행청구권 및 청구인에게 부여하는 매각대상 부동산에 대한 매수의 기회(헌재 2007. 3. 29. 2004헌바93), 조세 납부방법의 하나로서 물납을 할 권리(헌재 2007. 5. 31. 2006헌바49) 등은 재산권에 해당하지 않는다고 한 바 있다.

9) 헌재 1998. 7. 16. 96헌마246, 10-2, 283(310).

10) 헌재 1995. 7. 21. 93헌가14, 7-2, 1(20, 22).

11) 헌재 1997. 11. 27. 97헌바10, 9-2, 651(664).

것이어야 하며(수급자의 상당한 자기기여), 셋째, 수급자의 생존의 확보에 기여해야 한다. 이러한 요건을 통하여 사회부조와 같이 국가의 일방적인 급부에 대한 권리는 재산권의 보호대상에서 제외되고, 단지 사회법상의 지위가 자신의 급부에 대한 등가물에 해당하는 경우에 한하여 사법상의 재산권과 유사한 정도로 보호받아야 할 공법상의 권리가 인정된다. 즉 공법상의 법적 지위가 사법상의 재산권과 비교될 정도로 강력하여 그에 대한 박탈이 법치국가원리에 반하는 경우에 한하여, 그러한 성격의 공법상의 권리가 재산권의 보호대상에 포함되는 것이다"[12]라고 하고 "퇴역연금수급권은 경제적 가치가 있는 권리로서 헌법 제23조에 의하여 보장되는 재산권이다"[13]라고 하였고, 또 "공무원의 퇴직급여청구권은 공무원 개인의 노력과 금전적 기여를 통하여 취득되고 자신과 그 가족의 생활비를 충당하기 위한 경제적 가치가 있는 권리로서 헌법 제23조에 의하여 보장되는 재산권으로서의 성격을 갖는 것임에 틀림없다"[14]라고 한 바 있다.

독일연방헌법재판소도 사회보장수급권과 관련하여 수급자의 무시할 수 없는 자기 기여에서 유래하고 또한 생존보장에 기여하는 재산가치있는 지위여야 재산권으로 인정할 수 있다고 한 바 있다.[15] 한편 미연방대법원은 초기에는 권리 — 특권구별(the rights-privileges distinction)을 통해 재산권의 개념을 좁게 해석해오다가 Goldberg v. Kelly판결(1970)[16]에서 재산권의 개념을 확장하여 법률에 따라 국가로부터 복지혜택을 받는 사람은 계속 수혜를 받을 재산적 이익이 있고, 정부가 그 혜택을 종료하려면 적법절차를 거쳐야 한다고 한 바 있다. 그 뒤 Roth v. Board of Regents판결(1972)에서 재산권을 이익을 얻을 자격(entitlement)의 문제로 보고 단순한 추상적 필요나 욕구만으로는 부족하고 그 이익에 대한 정당한 자격이 있어야 한다고 하였다. 그 뒤 연방대법원은 대체로 재산권을 '이익의 계속적 수혜에 대한 정당한 기대'로 이해하고 있다.[17]

한편 재산도 재산권에 속하는가가 주로 조세부과처분과 관련하여 문제된다. 일반적으로 재산권보장의 대상은 특정된 구체적 재산권을 의미하며, 재산권주체가 가지는 전체 재산가치를 의미하지는 않는다. 그러나 예컨대 과도한 상속세부과처분에 대해 재산권침해를 주장하는 경우 특정 구체적 재산권이 아니라 재산 자체가 재산권보장의 대상이 되는지, 재산에 대한 상속세부과는 재산권을 침해하는 것은 아닌지가 쟁점이 된다.[18] 헌법재판소는 국가가 과세권행사라는 이름 아래 법률의 근거나 합리적 이유없이 재산에 대한 조세를 부과하는 경우 재산권의 침해를 인정한다.[19]

---

12) 헌재 2000. 6. 29. 99헌마289, 12-1, 913, 948-949.
13) 헌재 1994. 6. 30. 92헌가9, 6-1, 543, 550.
14) 헌재 1995. 7. 21. 94헌바27, 7-2, 82, 90.
15) BVerfGE 69, 272, 301, 304; 76, 220, 235; 112, 368, 396; 이에 관해서는 방승주, "독일사회보험법상 급여수급권과 재산권보장," 헌법논총 제10집(1999), 436 이하 참조.
16) 397 U.S. 254.
17) 이에 관해서는 Erwin Chemrinsky, Constitutional Law-Principles and Policies, 2006, p. 560.
18) 이에 관한 독일의 학설 및 판례동향에 대해서는 허영(주 36), 586 이하 참조.
19) 헌재 1992. 12. 24. 90헌바21, 4, 890(890-890).

2. 재산권보장의 역사적 발전과 헌법적 의의

가. 재산제도는 각 나라의 생산양식, 사회·경제체제에 따라 다르며, 그런 점에서 실정적 재산권은 역사적 개념이며 그 사회의 역사적 관습이나 법의식, 사회적 상황, 특히 그 사회의 생산양식에 의해[20] 결정된다고 할 수 있다. 따라서 봉건제 생산양식에서 자본주의 생산양식으로의 이행은 그 소유권 개념의 변화를 가져왔고 또한 자본주의가 매뉴팩처단계에서 산업자본주의 단계 — 독점자본주의 단계로 발전함에 따라 소유권 개념도 이에 대응하여 자연법적 소유권 개념에서 자유방임적·실정법적 소유권 개념 — 사회구속적 재산권 개념으로 변모하였다.

나. 먼저 봉건사회에 있어서의 소유권은 다음과 같은 몇 가지 표지(標識)에 의해 특징지워졌다.[21]

첫째, 영주에 의한 토지독점이 봉건적 사회관계의 근저를 이루며, 둘째, 토지지배권을 중첩적으로 분할하여 영주가 상급소유권(dominium directum)을 가지고 농민이 하급소유권(dominium utile)을 가지고 있어 단일의 배타적 소유관계는 존재하지 않았으며, 셋째, 이러한 토지소유의 중첩적 구성이 사회관계의 계층적 구성의 기초로 되었고 양자는 서로 대응하는 것이었다고 하는 점이다.

즉, 소유는 정치권력의 도구이자 경제 및 정치질서의 구조원리를 의미했다.[22] 그러나 이러한 소유권 개념은 봉건사회의 붕괴와 더불어 소멸하고 자유국가, 자본주의적 생산양식과 결합한 시민사회의 등장으로 개인주의적이고 자유주의적인 소유권 개념이 등장하게 되었다.

다. 시민혁명은 정치적 자유를 위한 투쟁이었을 뿐 아니라 종래 정치권력의 구조적 기반을 이루었던 소유관계의 변화와 경제적 활동의 자유를 위한 투쟁이었던 만큼[23] 이러한 소유권 개념의 극단적 변화는 어느 의미에서 당연한 것이었다.

봉건적 소유권 개념에 대한 안티테제로 등장한 개인주의적·자유주의적 소유권 개념은 다음과 같은 법적 성질을 가진 권리로 나타났다.

첫째, 소유권은 불가침적 자연법적 인권으로 인식되었다. 1776년의 버지니아 권리장전에서 미국의 독립선언, 1780년의 매사추세츠헌법에 이르는 13개주의 인권선언 또는 헌법은 그 구체적 내용에 있어서는 차이가 있으나 생명과 자유와 더불어 재산권을 자연권으로 이해하였다. 또한 1789년의 프랑스 인권선언도 제2조 및 제17조에서 자유, 안전, 압제에 대한 저항권과 함께 재산권을 자연법적 절대적 인권으로 신성불가침한 것으로 규정하였고 1791년의 헌법 제87

---

20) K. Marx는 역사상 무수한 소유의 형태가 존재하였는데 그 사회의 생산양식이 소유의 형태를 결정하고 이러한 소유의 형태가 분배를 규정한다고 보았다(E. K. Hunt, 김성구·김양화 공역, 경제사상사 Ⅰ, 1982, 292).

21) 甲斐道太郎·稻本洋之助·戒能通厚·田山輝明, 所有權思想の歷史, 有斐閣, 1979, 71ff.

22) Hans-Jochen Vogel, Kontinuität und Wandlungen der Eigentumsverfassung, De Gruyter, 1976, S. 6.

23) ebenda.

조도 사적 소유권을 불가침적인 권리로 규정하였다. 이것은 매뉴팩처단계의 특유한 현상으로서 헌법과 자연법사상의 결합에서 유래하였는데 그 뒤 산업자본주의 단계로 이행하면 Bentham 등에 의한 자연법 비판이 이루어지면서 소유권도 실정법적 권리로 바뀌었다.[24]

둘째, 이러한 자연권으로서의 소유권 개념은 프랑스를 비롯한 유럽대륙의 경우 Rome법의 소유권 개념의 계수를 통해 법률적으로 구체화되었다. 이에 따라 소유권은 일원적, 배타적 권리로 구성되고 절대성, 배타성, 항구성, 혼일성을 그 본질적 속성으로 하였다. 소유관계는 사회관계 속에서 파악되지 않고 사람의 물건에 대한 직접적이고 배타적인 권리로만 이해되었고[25] 구체적 조건의 지배태양과는 관계없이 추상화되었다. 한편 영국의 경우 로마법의 계수는 없었으나 이미 17세기에 근대적 소유권 개념이 등장하여 코몬로의 체계 내에 수용되었다.[26]

셋째, 이리하여 소유권은 구체제의 사슬에서 해방되어 절대적이고 원칙적으로 무제한적인 지배권으로 이해되었다.[27] 물론 소유권이 완전히 무제한적인 것은 아니었던바 예컨대, 이러한 소유권 개념에 입각한 대표적 민법전인 나폴레옹민법도 제544조에서 '소유권은 그 사용이 법령에 위배되지 않는 한 가장 절대적 방법으로 물건을 사용하고 처분할 수 있는 권리'라고 규정한 것처럼[28] 법령에 의한 소유권의 제한이 인정되긴 하였으나 그것은 예컨대 평등·자유·박애와 같은 헌법의 다른 근본가치에서 그 한계를 인정할 뿐이었고 봉건적 소유권 제한은 부정되었다.[29] 그래서 무제한적 사적 이용이 원칙이고 제한은 예외적인 것이었다.[30] 따라서 국가에 의한 소유권 침해는 정당한 보상이 지급되는 경우에만 인정되었다. 그런 의미에서 이러한 소유권 개념은 사적 모멘트와 사회적 모멘트의 분리가 철저하게 된 소유권을 의미하였다.

이와 같은 시민혁명 후의 자유주의적·개인주의적 소유권 개념의 등장에는 다음과 같은 사회적·사상적 배경이 놓여 있었다고 생각된다.

즉, 첫째는 봉건적 신분질서의 붕괴는 개인의 신분으로부터의 자유를 의미함과 동시에 신분관계를 통해 확보되었던 개인의 생존보장이 이제는 그러한 신분질서에 의해서가 아니라 개인 스스로의 책임에 의해 실현된다고 하는 것을 의미하였다. 따라서 재산권은 자유의 기초임과 동시에 개인생존의 유일한 보루가 되었다.

둘째, 산업혁명 이전의 초기 자본주의 단계의 경제질서는 소유와 노동이 분리되지 않은 개인적 노동에 바탕을 두는 소상품생산자적 사적 소유에 기초하였다. 따라서 이 단계에서의 소유의 자유는 바로 노동의 자유, 인간존재의 자유를 의미하였고 자기노동에 기초한 소유권은 불가

---

24) 長谷川正安, 憲法과 資本主義(국순옥 엮음, 자본주의와 헌법, 까치, 1987), 182ff.

25) 川島武宜, 所有權法の法理, 岩波書店, 1949, 3ff.

26) Helmut Rittstieg, Eigentum als Verfassungsproblem, Darmstadt, 1976, S. 25f.

27) P. Häberle, Vielfalt der Property Rights und der verfassungsrechtliche Eigentumsbegriff, AöR 109, 1984, S. 53.

28) 이러한 프랑스 민법규정은 프랑스가 지배한 제 국가의 민법에 영향을 미쳤다(Gottfried Dietze, Zur Verteidigung des Eigentums, Tübingen, 1978, S. 86).

29) P. Häberle, a.a.O., S. 53.

30) H. J. Vigel, a.a.O., S. 7.

침적 인권으로 파악되었다.

셋째, 시민혁명기의 소유권 사상은 다른 인권사상과 마찬가지로 봉건적, 절대주의적 지배자에 대한 피지배자로서의 시민의 권리사상의 산물이었다. 시민혁명이 봉건적 토지소유와 전기적(前期的) 초기독점으로 특징되는 봉건적, 절대주의적 재산제도와 그것을 지탱하는 여러 재산제도의 체계에 대한 시민계급의 저항이라고 한다면 그 후에 등장한 소유권 개념이 역사의 주체로 등장한 넓은 의미의 부르주아지의 소유권 사상의 표현임은 당연하다. 그것은 소상품 생산자와 소매뉴팩처 경영자와 같은 소부르주아계급이 주축이었으나 소유권에 큰 이해관계를 가지고 있었던 대소유자도 포함되어 있었다.

넷째, 18·19세기를 지배한 자유주의·개인주의 사상은 개인을 이기적이고 원자론적 존재로 파악하고 또한 개인을 가치의 중심에 놓아 국가는 개인의 자유, 생명, 재산을 보호하는데 그 목적이 있는 것으로 이해하였다. 또한 개인의 자율적·이기적 활동은 예정조화에 따라 사회전체의 부를 증대시키고 개인의 행복을 확대시킨다고 보았다. 따라서 국가가 개인의 소유권 행사에 개입해서도 안되고 또 부의 재분배를 주도해서도 안된다고 보았다. 이리하여 소유권의 자유방임적 행사가 인정되었다. 한편 이러한 자유방임주의를 이루는 Bentham의 공리주의, A. Smith 등의 고전경제이론, H. Spencer의 사회진화론 외에도 E. Kant나 Hegel의 관념론 철학에 의해 정의는 불평등한 재능에 대한 대가로 불평등한 소유를 요구하며 소유는 인간의 자유의지 실현을 의미한다고 주장되었고 E. Burke나 Savigny, H. Maine 등은 소유권을 역사적 증거를 통해 옹호하였는데 사적 소유를 문명화와 발전과 같은 의미로 이해하였다.[31]

다섯째, 재산권에 대해 중립적 내지 부정적 태도를 보인 바 있는 종래 기독교의 교리해석과는 달리 칼빈 등에 의해 주도된 종교개혁을 통해 등장한 프로테스탄티즘은 재산권의 신성성을 인정하였다. 즉, Max Weber의 지적처럼 프로테스탄트들에게 있어 직업은 신의 소명(Beruf)이며 부(富)는 개인의 근면과 성실 그리고 금욕과 절제의 결과였다.[32] 이와 같은 프로테스탄티즘의 윤리에 있어 재산은 사악과 탐욕의 결과가 아니라 윤리적으로 정당한 것이었다. 즉, 목적으로서의 부(富)의 추구는 죄악으로 배척되지만 직업노동의 결과로서의 부의 획득은 신의 은총의 표징이라 보았던 것이다.

이상과 같은 자유주의적·개인주의적 소유권 개념은 18-19세기의 재산법 질서를 지배하였으며 자본주의 법질서의 구조적 원리를 구성하였다.

라. 그러나 자본주의의 발전과 더불어 사회적·경제적 상황이 변화함에 따라 이와 같은 무제한적 절대적 소유권 개념은 '기능장애(dysfunktional)'를 일으키고 이에 따라 소유권 개념의 수정이 불가피하게 되었다.

종래의 소유권 개념에 대한 수정은 다음과 같은 몇 가지 현실적 상황의 변화에 의해 요구

31) Gottfried Dietze, a.a.O., SS. 28ff.
32) 막스 베버, 양희수 역, 프로테스탄티즘의 윤리와 자본주의 정신, 을유문화사, 1985, 41, 194ff.

되었다.

첫째, 자본주의의 역사적 발전, 특히 산업혁명에 의하여 기술혁명이 이루어짐에 따라 종래 수공업적 소상품생산양식이 공장제 대규모 상품생산양식으로 바뀜에 따라 종래의 소유권 개념 에 중대한 변화가 초래되었다.

즉, 이러한 공장제 상품생산에 따라 숙련노동이 해체되고 농민층이 분해됨에 따라 대량의 비 숙련노동자가 양산되게 되고 이에 따라 본격적인 자본·임노동관계가 성립하게 되었다. 그리하여 노동생산물은 노동자의 소유에 귀속하지 않고 생산수단의 소유자의 소유로 귀속하게 되고 로크 (J. Locke)의 노동에 기한 소유이론에 기초한 소유권의 자연권성은 그 근거를 상실하게 되었다.

또 소유권은 노동력을 상품으로 소유하는 노동자와 생산수단을 소유하는 자본가에게 있어 각각 다른 의미를 가지게 되었다. 즉 자본가의 생산수단의 소유는 자기노동에 기초하지 않은 잉여가치의 소유를 낳고 또 한편으로 계약자유의 원칙과 결합하여 타인을 지배하는 권리로 변 하였다. 반면 노동자에게 있어서는 노동이 유일한 자기생존의 기초이며 또 자기의 인격에서 분 리된 상품을 의미하였다. 이리하여 종래 소유=노동=인격의 관계가 무너지고 종래의 일원적 소유권 개념에 균열이 생기게 되었다.

둘째, 이러한 생산양식의 변화는 종래의 시민에 의한 일원적 사회구성이 무너지고 노동자 와 자본가라는 계급의 분화를 가져왔다. 즉 자본주의적 소유는 생산관계에 있어 노동력을 구입 하고 생산과정을 지배하여 그 노동생산물을 소유하는 자본가계급과 노동을 제공하고 임금을 받는 노동자계급을 창출하였다. 이에 따라 노동자의 소유와 자본가의 소유는 서로 대립적 관계 를 가지게 되었는데 자본가의 소유의 자유는 노동자의 인권에 대한 억압의 양상을 띠게 된 것 이다. 이리하여 자본가의 이러한 자본주의적 소유는 계급의 형성과 갈등, 잉여가치의 착취와 이에 따른 프롤레타리아의 빈곤의 심화와 불평등의 원인으로 지적, 비판되었다.

셋째, 1920년대 이후 서구 경제를 강타한 경제공황은 종래의 자유방임주의의 종언을 의미 하였다. 독점자본주의 단계에서는 이미 시장기구를 통한 수요, 공급의 자율적 조절의 신화는 사라졌고 자본주의는 호황과 불황의 변덕스러운 경기순환을 거치면서 성장해간다는 것이 지적 되었다. 이에 따라 국가에 의한 경제질서에의 개입, 즉 경제규제, 유효수요창출을 위한 공공투 자가 요청되었다. 이에 따라 종래 자유방임적 재산권 개념에 대한 수정이 요구되었다.

넷째, 자본축적과 이에 따른 경제적 팽창은 국내에서의 수요의 부족과 이윤율의 계속적 하 향에 따라 자본을 수출해야 할 필요성을 낳고 또한 원자재의 공급의 필요성이 생김에 따라 자 본주의 국가가 제국주의적 양상을 띠게 되어 양차의 세계대전을 초래하였다.

다섯째, 그 밖에 종래의 소유제도가 가져오는 병리현상으로 인간소외, 정치권력의 불균형, 환경파괴 등이 나타나게 되었다.

이상과 같은 소유질서의 현실적 의미의 변화와 병리현상의 노정에 따라 종래 시민법적인 자유주의적·개인주의적 소유권 개념에 대해서 여러 가지 입장에서의 비판이 가해지게 되

었다.[33]

즉, 하나는 생산수단의 사적 소유 자체가 계급갈등, 인간소외, 불평등의 근본원인이라고 보고 생산수단의 사적 소유 자체를 부정하는 사회주의자들의 비판이다. 또 하나는 자본주의의 틀 내에서 사유재산제를 유지하면서 종래의 소유권 개념을 비판하는 입장이다. 여기에는 기르케(O. v. Gierke), 뒤기(L. Duguit) 등의 단체주의적 법률관에 기초한 입장과 종교적 윤리에 기초하여 이를 비판하는 입장, 그리고 사회국가적 입장과 신자유주의(Neo-Liberalism)적 입장 등이 있다고 볼 수 있다.

현대 자본주의 국가의 헌법상 소유권 개념은 이러한 후자의 비판의 수용 위에 구성되었다. 특히 사회국가원리의 헌법적 수용은 현존의 재산질서에 대한 광범위한 수정을 가져왔다. 이리하여 현대 사회국가에 있어 재산권보장은 근대 시민국가에 있어서의 그것에 비해 다음과 같은 몇 가지 다른 특성을 가지게 되었다.

첫째, 재산권의 사회성이 강조되면서 사회구속성이 확대되어 재산권의 제한이 근대 시민국가에 있어서의 권리남용금지의 원칙이나 상린관계와 같은 사인간의 이해조절적 차원을 넘어 사회경제정책에 의해서도 가능하게 되었다. 특히 사회국가 실현에 의한 사회정의와 사회통합의 원리에 의하여 생존권적 기본권의 보장, 빈부의 격차 해소, 독과점규제, 주요 자원과 기업의 사회화, 그리고 사회구성원의 다른 구성원에 대한 책임과 관련한 재산권의 의무성 등에 의하여 재산권의 규제와 제한이 증대되었다.

둘째, 이에 따라 종래 천부인권으로 이해되던 재산권이 헌법과 법률에 의해 보장되는 권리로 격하되었고 재산권보장의 상대성이 주장되기 시작하였다.

셋째, 자본주의 경제의 발전에 따른 재산권 영역의 확장과 사회국가의 등장에 따른 소유권에의 의존이 축소됨에 따라 상대적으로 소유권의 비중이 저하되고 재산권 개념의 확대가 이루어졌다.

넷째, 종래 일원적으로 파악되었던 재산권 개념이 수정되었다. 즉, 재산권이 공동체에 대하여 가지는 의미의 차이에 따라 그 보장의 범위와 한계를 달리 하는 것으로 일반적으로 이해되었다. 그리하여 특히 자본주의적 소유권과 토지소유권의 제도적 보장과 이에 대한 광범위한 규제, 그리고 생존적 재산, 노동적 재산에 대한 인권적 보장이 주장되었다.

마. 현행헌법상의 재산권보장은 기본적으로 자본주의적 사유재산제도에 바탕하고 있다. 그런 점에서 생산수단을 포함한 재화에 대한 사적 소유를 인정하고 개인이 자신의 소유재산을 자유롭게 사용·수익·처분할 수 있는 것을 원칙으로 한다. 그러나 현행헌법상 재산권은 과거의 개인주의적·자유주의적 재산권개념이 아니라 사회구속적 재산권개념에 바탕하고 있다. 그에 따라 헌법 제23조 제1항 2문은 재산권의 한계뿐 아니라 내용도 법률로 정한다고 규정하고 있

---

33) G. Dietze는 20세기에 와서 사유재산권에 대한 공격은 ① 공산주의자 ② 신학 및 윤리학자 ③ 국가경제학자 ④ 법률가 등에 의해 이루어졌다고 분류했다(G. Dietze, a.a.O., S. 115ff.).

고, 제2항은 재산권의 행사는 공공복리에 적합하여야 함을 규정하고 있다.

Ⅱ. 연혁 및 입법례

1. 연 혁

1948년의 제헌헌법 이래 현행헌법에 이르기까지 재산권보장과 재산권행사의 공공복리적 합의무에 관한 규정은 그대로 유지되어 왔으나 공용수용에 대한 보상기준에 관해서는 헌법개 정에 따라 그 내용이 변화해 왔다.

제헌헌법은 제15조에서 "① 재산권은 보장된다. 그 내용과 한계는 법률로써 정한다. ② 재 산권의 행사는 공공복리에 적합하도록 하여야 한다. ③ 공공필요에 의하여 국민의 재산권을 수 용·사용 또는 제한함은 법률의 정하는 바에 의하여 상당한 보상을 지급함으로써 행한다"고 규 정하고[34] 천연자원의 국유화(제85조), 농지의 농민분배 및 농지소유권의 내용과 한계의 법률에 의한 규정(제86조), 공공성을 가진 기업, 국방상·국민생활상 긴절한 필요에 의한 경우의 사영기 업의 국유·공유화(제87~88조)를 규정하였다.

그 뒤 제2차 개헌에서는 자유경제체제로의 대폭적인 전환에 따라 사영기업의 국유 또는 공유 및 경영통제관리의 원칙적 금지(제88조), 무역에 대한 통제완화(제87조) 등이 규정되고 천 연자원의 채취, 개발, 이용에 관한 특허취소규정을 삭제(제85조)하였다. 그 뒤 제3차, 제4차 개 헌에서도 재산권에 관한 규정은 그대로 유지되었다.

제5차 개헌에 와서 재산권보장은 강화되었는데 재산권보장과 그 공공복리적합성은 그대로 유지되었으나(제20조 제1항, 제2항) 공용수용의 경우 정당한 보상을 규정하였다(제20조 제3항). 또한 농지의 농민분배 규정이 삭제되고 소작제도를 법률이 정하는 바에 의하여 금지하였고(제 113조), 농지와 산지의 효율적 이용을 위해 법률에 의한 제한 및 의무부과가 명문으로 규정되었 다(제114조).

제7차 개헌에서도 재산권보장과 그 공공복리적합성은 그대로 유지되었으나(제20조 제1항, 제2항) 수용에 대한 보상의 기준과 방법을 법률로써 정하도록 함으로써 이를 법률유보사항으로 규정하여 재산권의 사회구속성이 강화되었다. 또한 경제에 관한 장에서는 토지에 관한 사회구 속성을 강화시켰다.

제5공화국헌법은 제4공화국의 헌법규정을 그대로 유지하였으나 공용수용의 보상액산정에 있어 독일기본법 제14조 제3항과 같이 공익 및 관계자의 이익을 정당하게 형량하여 법률로써 정하도록 하여 그 기준을 보다 명확하게 하였다.

현행헌법의 경우 기본적으로 제23조 제1항, 제2항은 제5공화국헌법규정을 유지하고 있으

---

34) 이는 유진오 교수 헌법초안 제15조를 수용한 것으로 바이마르헌법 제153조의 영향에 따른 것이다.

나 제23조 제3항은 제3공화국헌법 제20조 제3항과 같이 정당보상을 규정하고 있다.

2. 입 법 례

프랑스 인간과 시민의 권리선언(1789) 제2조는 "모든 정치적 결사의 목적은 인간의 자연적이고 소멸될 수 없는 권리를 보전함에 있다. 그 권리란 자유, 재산, 안전 그리고 압제에 대한 저항 등이다"라고 하고 제17조는 "하나의 불가침적이고 신성한 권리인 소유권은 합법적으로 확인된 공공필요성이 명백히 요구하고 또 정당하고 사전의 보상의 조건하에서가 아니면 침탈될 수 없다"라고 하여 소유권의 불가침성을 천명하였다.

한편 미국연방헌법 증보 제5조(1791)는 " … 누구도 적법절차에 의하지 아니하고는 생명, 자유 또는 재산을 박탈당하지 아니하며; 그 사유재산을 정당한 보상없이 공적 목적(public use)을 위하여 수용당하지 아니한다"고 규정하였고, 증보 제14조 제1항(1868)은 " … 어떠한 주도 적법절차에 의하지 아니하고는 어느 누구의 생명, 자유 또는 재산도 박탈하여서는 안된다 … "고 규정하여 재산박탈에 있어 적법절차와 정당한 보상에 의한 공용수용을 규정하였다.

그 후 바이마르헌법(1919)은 재산권에 대해 상세한 규정을 두면서 특히 소유권의 의무성과 그 행사의 공공복리적합의무를 규정하였다. 동헌법 제153조 제1항은 "소유권은 헌법에 의하여 보장된다. 그 내용과 한계는 법률로 정한다"고 하고 동조 제2항은 "공용수용은 공공의 복리를 위하여 법률에 근거하여서만 할 수 있다. 공용수용은 독일법률에 달리 정한 것이 있는 경우를 제외하고는 상당한 보상을 하여야 한다. … "고 하여 공용수용과 상당보상을 규정하였으며, 동조 제3항은 "소유권은 의무를 포함한다. 소유권의 행사는 동시에 공공의 복리에 적합하여야 한다"고 하여 사회구속적 소유권개념을 규정하였다. 그 밖에 상속권보장(제154조)과 토지의 분배 및 이용에 관한 국가의 감독(제155조), 사기업의 공유화(제156조) 등의 규정을 두고 있었다.

독일기본법(1949)은 제14조 제1항에서 재산권과 상속권의 보장, 제2항에서 재산권의 의무성, 제3항에서 공용수용에 대해 규정하고 있다. 즉 동조 제1항은 "재산권과 상속권은 보장된다. 그 내용과 한계는 법률로 정한다"고 하고 제2항은 "재산권은 의무를 수반한다. 그 행사는 동시에 공공복리에 봉사하여야 한다"고 하고, 제3항은 "공용수용은 공공복리를 위해서만 허용된다. 공용수용은 보상의 종류와 범위를 정한 법률에 의하여 또는 법률에 근거하여서만 행하여진다. 보상은 공공의 이익과 관련자의 이익을 공정하게 형량하여 정하여야 한다. … "고 규정하고 있다.

한편 일본헌법(1946) 제29조는 "재산권은 이를 침해하여서는 아니된다. 재산권의 내용은 공공의 복지에 적합하도록 법률로 정한다. 사유재산은 정당한 보상을 지급하고 공공을 위하여 사용할 수 있다"고 규정하고 있다.

Ⅲ. 재산권보장의 법적 성격

재산권보장의 법적 성격에 대해서 이를 자유권으로 이해하는 견해와 사유재산제의 보장과 그에 따른 현존권리상태의 보장으로 이해하는 견해로 나누어진다.

가. 자유권으로 보는 견해 중에는 재산권의 전국가적 자연권성을 인정하는 견해도 있다.35) 예컨대 마운쯔(T. Maunz)는 독일기본법 제14조는 재산권의 초국가성의 여부에 관하여 재산권을 국가의존적인 것으로 규정하였으나 최소한의 인간의 존엄의 관점에서 경제적 법익의 본질적 요소는 기본법에 의해 불가침적인 것으로 보장된다고 보았다. 그는 인간의 존엄은 일반적으로 적어도 생존의 최소한의 존재 속에서만 실현될 수 있다고 하고 인간의 존엄은 국가에 의한 생존의 최소한의 박탈로부터 시민을 보호할 뿐 아니라 국가에 대해 생존의 최소한의 보장에 대한 주관적 공권의 보장도 포함한다고 하고 이러한 범위에서 기본법 제14조는 초실정법적 인권핵심을 보유한다고 보았다.36) 또 슈미트(C. Schmitt)도 사유재산권은 전국가적인 것으로 모든 사회질서 이전에 존재하는 자연권이라 보았다.37) 한편 우리나라에서도 자유권을 전국가적 권리로 보고 재산권을 자유권으로 보아 재산권도 전국가적 자연권으로 보는 견해도 있고38) 작은 개인재산, 소비재산, 생존재산 등은 국민의 생존을 지탱하고 생활을 윤택하게 하는 재산으로 사회국가에서도 전국가적, 자연권적 재산으로서 존중되고 보장되지 않으면 안된다고 하는 주장도 있다.39)

나. 이에 대해 재산권보장은 사유재산제라는 제도의 보장과 기존의 법에 의해 창설된 현존권리상태의 보장(존속보장, 또는 현상보장)을 의미한다고 보는 견해가 있는데 이 견해가 헌법재판소의 판례와 다수 학자들에 의해40) 지지되고 있다. 즉 헌법재판소는 우리 헌법 제23조 제1항은 "재산권 보장의 원칙을 천명한 것으로서 그 재산권 보장이란 국민 개개인이 재산권을 향유할 수 있는 법제도로서의 사유재산제도를 보장함과 동시에 그 기조 위에서 그들이 현재 갖고 있는 구체적 재산권을 개인의 기본권으로 보장한다는 이중적 의미를 가지고 있으며, 후자에 따라 모든 국민은 헌법에 합치하는 법률이 정하는 범위 내에서 구체적 재산권을 보유하여 이를

---

35) 예컨대 T. Maunz, Rdnr. 6 zu Art. 14, in: Maunz/Dürig/Herzog/Scholz, GG Kommentar; G. Dietze도 사유재산권의 보장은 특정한 시대나 사회에만 인정되는 것이 아닌, 인류보편의 가치라고 하였다(G. Dietze, Zur Verteidigung des Eigentums, 1978, S. 40ff.).

36) T. Maunz, Rdnr 6 zu Art. 14.

37) C. Schmitt, a.a.O., S. 171.

38) 문홍주, 제6공화국 한국헌법, 1987, 239-240, 290.

39) 안용교, 한국헌법, 1989, 492.

40) 권영성, 헌법학원론, 2010, 545; 계희열, 헌법학(중), 2007, 559; 김철수, 헌법학신론, 2013, 731; 김학성, 헌법학원론, 2012, 438; 성낙인, 헌법학, 2013, 686; 양건, 헌법강의, 2013, 600; 이준일, 헌법학강의, 2013, 609; 장영수, 헌법학, 2012, 747-748; 정종섭, 헌법학원론, 2013, 694; 한수웅, 헌법학, 2011, 812-814; 허영, 헌법이론과 헌법, 2013, 582 이하; 다만 허영 교수는 재산권의 제도적 보장은 재산권의 헌법적인 보호에 관한 하나의 연혁적이고 역사적인 의미를 갖는 것으로 그 기능이 약화되었다고 한다.

자유롭게 이용·수익·처분할 수 있음을 의미한다"고[41] 한 바 있다.

다. 생각건대 재산권보장의 법적 성격은 재산권보장의 의의와 취지로부터 연역하지 않으면 안된다고 생각된다. 이렇게 보면 재산권의 법적 구조는 다음과 같은 세 단계로 구성되어 있다고 할 수 있다.[42]

(1) 제 1단계로는 인간이 자유롭고 자기책임적 생존을 영위하기 위하여 재산권이 보장되지 않으면 안된다고 하는 단계이다. 사실 생명적·육체적 존재형식을 가진 인간의 존엄, 자유가 외적 사물에 대한 지배 없이 정신적 영역에만 속한다고 보는 것은 타당하지 않고 인간의 존엄과 자유의 최소한은 사적 소유를 통해서 실현될 수 있는 것이다.[43] 외적 사물에 대한 지배는 인간의 생존적 삶의 기초를 이루며 인간의 자유, 인격의 실현도 외적 사물에 대한 지배과정을 통해 이루어지는 것이다. 따라서 이러한 재산에 대한 요구는 인간의 존엄의 한 부분을 이루며 전국가적·자연법적인 인간의 권리이며 자기의 자유의지를 외적 사물에 실현하기 위해, 그리고 인간으로서 생존하기 위하여 국가의 재산권의 침해로부터 자유로워야 한다는 것을 의미한다. 이러한 권리는 인간이 경제적 존재(homo economicus)이며 또한 외적 사물에 자기의 노동을 투입하여 자유의지를 실현하는 이른바 工作人(homo faber)이라는 점에서 인정된다. 이러한 의미에서 이와 같은 인간성의 실현을 위해 보장되는 재산권은 단순한 법제도의 산물이 아니라 전국가적 인권으로서의 성격을 가진다고 할 것이고 실정법에 의한 이러한 권리의 실현은 이러한 자연권의 확인과 현실적 실현을 의미한다. 그러나 이 단계에서의 재산권은 법에 의해 구체화되지 않은 추상적 권리일 뿐이다.

(2) 제2단계는 이와 같은 제1단계의 권리를 실현하기 위하여 과연 어떠한 법적 제도를 채택하여야 할 것인가의 단계이다. 자연법적 권리가 구체적으로 어떻게 실현될 것이냐를 결정하는 것은 그 나라의 사회, 경제체제에 바탕한 법질서이다. 이러한 법질서에는 예컨대 소비재에 대한 사적 소유만을 인정하고 생산수단에 대한 사적 소유를 부정하는 사회주의 법질서가 있는가 하면, 또 한편으로는 생산수단의 사적 소유까지 인정하는 자본주의 법질서도 있는 것이다. 즉, 인간의 기본적 생존을 위한 소비재에 대하여 개인의 사적 재산권을 인정하는 것은 전국가적 자연권에서 필연적으로 나오는 것이지만 생산수단에 대한 그것은 그로부터 필연적으로 나온다기보다 생산수단의 사적 소유를 인정함으로써 자원배분의 최적성과 비용의 극소화를 통해 사회적 효율성과 생산성을 제고하고 이를 통해 제1단계의 권리를 보다 잘 보장할 수 있다는 이데올로기의 산물로서 자본주의 법제도에 의한 보장을 의미하는 것이다. 그런 점에서 우리 헌법상 재산권보장은 자본주의적 사유재산제의 보장을 포함한다.

(3) 제3단계는 이와 같은 그 나라의 법적 제도에 의해 구체적으로 내용과 한계가 결정되고

헌법 제23조

각 개인에게 배분된 개별적 재산권의 단계로서 존속보장의 단계이다. 이는 재산권자에 귀속된 권리의 존속을 공권력의 수용이나 침해로부터 보장함을 의미한다.44)

이 단계의 재산권은 그 사회의 사회·경제체제에 기초하여 헌법이 규정하는 특정 재산제도 보장에 따라 개별입법에 의해 구체화된 재산권이다. 이것은 특정한 역사적·사회적 상황에 따라 그 사회의 사회, 경제체제의 틀 내에서 입법에 의해 형성, 변화하는 재산권이다. 따라서 우리나라에서의 이와 같은 의미의 재산권은 우리 헌법의 자본주의 경제체제에 입각하여 규정하는 사유재산제라는 제도보장의 테두리 내에서 사회적, 시대적 여건의 변화에 따라 입법에 의해 창설, 변화하게 되는 것이다. 이런 의미의 재산권은 재산권이 취득되는 과정인 재산의 분배 자체가 법질서에 의해 결정되며 재산권의 내용과 한계도 법질서에 의해 규정된다는 점 등에서 실정법에 의해 창설된 권리로서의 성격을 가지는 것이다. 이와 같은 권리는 국가의 입법, 행정, 사법을 구속하지만 그렇다고 권리의 현존상태의 변화를 불허하는 것은 아니다. 즉, 새로운 입법에 의해 기존의 구체적 재산권의 내용과 한계는 변용될 수 있다. 왜냐하면 현존상태를 전적으로 보장한다는 것은 입법에 의한 새로운 변화를 전혀 인정하지 않고 기존의 법, 특히 민법 등의 사법에 대해서 사실상 헌법적 효력을 인정하는 것이 되기 때문이다. 다만 이러한 재산권에 관한 새로운 입법이 앞에서 본 제1단계의 취지에 어긋나거나 사유재산제도 보장의 핵심을 배제하기에 이르러 권리의 본질적 내용을 침해하는 정도에 이르는 것은 인정되지 않는다.

Ⅳ. 재산권보장의 내용

1. 주   체

자연인인 국민은 재산권의 주체가 된다. 뿐 만 아니라 국내사법인도 재산권의 주체가 된다. 국가, 지방자치단체, 국내공법인의 경우 재산권을 보유할 수는 있지만 원칙적으로 국가에 대해서 기본권으로서 재산권을 주장할 수는 없다.45) 헌법상 재산권보장은 국가의 사유재산권을 보장하는 것이 아니라 국가에 대해 사인의 재산권을 보장하는 것에 그 취지가 있기 때문이다.46) 무국적자를 포함한 외국인도 재산권의 주체가 될 수 있으나 일정한 경우 제한되는 경우

---

44) Peter Badura, Staatsrecht, 2010, 269.

45) 헌법재판소는 "기본권 보장규정인 헌법 제2장의 제목이 '국민의 권리와 의무'이고 그 제10조 내지 제39조에서 '모든 국민은 […] 권리를 가진다'고 규정하고 있으므로 이러한 기본권의 보장에 관한 각 헌법규정의 해석상 국민만이 기본권의 주체라 할 것이고, 공권력의 행사자인 국가, 지방자치단체나 그 기관 또는 국가조직의 일부나 공법인은 기본권의 '수범자'이지 기본권의 주체가 아니고 오히려 국민의 기본권을 보호 내지 실현해야 할 '책임'과 '의무'를 지니고 있을 뿐이다. 그렇다면 이 사건에서 지방자치단체인 청구인은 기본권의 주체가 될 수 없고 따라서 청구인의 재산권 침해 여부는 더 나아가 살펴볼 필요가 없다"고 하였다 (헌재 2006. 2. 23. 2004헌바50); 이 점에 관해 독일연방헌법재판소도 지방자치단체나 주립대학, 공영방송 등 공법인은 기본법 제14조상의 재산권의 주체는 아니라 한 바 있다(BVerfGE 61, 82, 100).

46) F. Hufen, 전게서, 691.

가 있다. 예컨대 외국인토지법은 상호주의에 따라 외국인의 토지의 취득이나 양도를 금지 또는 제한할 수 있음을 규정하고 있다(제3조). 외국법인도 재산권의 주체가 될 수 있으나 외국인의 경우와 마찬가지로 일정 경우 제한할 수 있다. 오늘날 세계화의 추세에 비추어 외국법인도 재산권의 주체가 될 수 있다.

2. 재산권보장의 내용

재산권보장은 앞의 법적 성격에서 보았듯이 사유재산제의 보장과 법률이 구체적으로 내용과 한계를 정한 구체적·개별적 재산권의 보장을 포함한다.

가. 사유재산제도의 보장

먼저 헌법 제23조 제1항의 재산권보장은 자본주의적 사유재산제의 보장을 의미하며 그 속에는 생산수단의 사적 소유를 인정한다. 헌법상 재산권보장은 제도보장으로서 자본주의적 사유재산제의 보장을 포함한다.

이 점에 관해 독일이나 일본의 해석론상으로는 재산권보장이 반드시 자본주의적 사유재산제를 보장하는 것은 아니라는 견해도 있다. 즉 독일의 아벤트로트(W. Abendroth)나 하르트비쉬(H. Hartwich) 같은 좌파의 학자들은 독일기본법상의 사회국가원리와 관련하여 재산권보장에 관한 기본법 제14조가 사회주의적 소유를 의미할 수도 있다고 보았다. 한편 일본에서도 통설은 헌법상의 재산권보장이 자본주의적 사유재산제의 보장을 포함하는 것으로 보고 사회주의를 배제하는 것으로 이해하지만[47] 일부 견해는 재산권보장에 있어서의 제도보장에 생산수단의 사적 소유까지 포함해야 할 이유가 없다고 보고 제도적 보장의 핵심으로 남는 것은 인간이 인간으로서 가치있는 생활을 영위하기 위해 필요한 물적 수단의 향유라고 보고 있다.[48]

그러나 이러한 헌법해석론은 우리 헌법에서는 타당할 여지가 없다. 즉 상세한 경제헌법을 가지는 우리 헌법의 경우 사회주의적 경제체제로의 전환의 여지가 배제되고 있을 뿐 아니라 제119조, 제126조 등이 생산수단의 사적 소유를 전제로 하고 있기 때문이다.

사유재산제도의 보장은 개인의 사유재산의 사적 이용성을 인정하여 재산권자가 사적 이니셔티브를 가지고 자기의 사적 이익을 위해 그 객체를 이용할 수 있고 원칙적으로 자기 의사에 따라 처분권(Verfügungsbefugnis)을 가지는 것을 보장하는 것을 의미하며[49] 민법 등 법률과 그 사회의 관념에 따라 형성된 재산제도를 보장하는 것을 뜻한다.

한편 법제도로서 사유재산제의 보장이론의 중심적 관심사는 '경제적 영역'에서의 시민적 재산질서의 대체불가능성(die unablösbarkeit der bügerlichen Eigentumsordnung)이라 할 수 있

---

47) 일본의 학설상황에 관해서는 法學協會, 註解日本國憲法, 2012, 561 이하; 樋口陽一, 佐藤幸治, 中村睦男, 浦部法穗, 『註釋 日本國憲法 上卷』, 1990, 676-678; 松井茂記, 日本國憲法, 2007, 593-584; 渋谷秀樹, 憲法, 2007, 288-290.

48) 今村成和, 『損失補償制度の研究』, 1968, 12-13.

49) BVerfGE 53, 257, 290; 52, 1, 3; 58, 300, 345; 50, 290, 339.

다.50) 그런 점에서 사유재산제의 보장은 독일연방헌법재판소의 판결처럼 재산법 영역에 있어 기본권적으로 보장된 활동의 근본적인 현존상태에 속하는 사법질서의 물적 범위를 박탈하거나 그에 따라 기본권을 통해 보장된 자유의 영역이 배제되거나 본질적으로 축소되는 것을 금지하는 것51)이라 할 수 있다. 따라서 재산권으로서 보장되는 자유영역의 본질을 구성하는 객체에 대한 사적 이용성과 원칙적 처분권능을 배제하는 것은 인정할 수 없다. 이에 따라 사유재산제의 보장은 재산권에 대해 적대적인 경제체제를 부정할 뿐 아니라 전체적 경제헌법의 기초를 구성하며, 모든 경제정책의 결정은 그 정책적 재량에도 불구하고 이와 같은 제도에 구속된다. 따라서 사유재산권을 전면적으로 또는 대부분 배제하는 경제정책은 인정될 수 없다.52) 그런 점에서 모든 생산수단의 원칙적 국유화 또는 공유화는 허용될 수 없으며 손실보상 없이 사유재산을 수용하는 것도 인정될 수 없다.

그러나 그렇다고 이러한 제도보장이 이미 확정된 제도의 현상유지를 보장하려는 것은 아니고 다만 변화 속에 영속적인 무엇을 확고히 하려는 것이라고 할 수 있다.53)

이와 같은 제도보장으로서 사유재산제의 보장은 주로 입법자를 대상으로 한다. 이 점에 관해 베버(W. Weber)는 법률에 구속되는 행정과 사법과 같은 국가기능은 법제도 자체로부터는 영향을 받지 않으며 헌법상의 제도보장은 입법자만을 수범자로 한다고 한다.54) 이것은 슈비에트피거(G. Schwerdtfeger)의 지적처럼 객관적 제도보장에 의한 구속은 입법자가 새로운 재산권제도를 창설하거나 또는 현재에는 존재하지 않는 재산권의 내용을 장래를 향해 규율하는 경우에만 문제되기 때문이다.55)56)

나. 구체적 재산권의 존속보장

재산권보장은 사유재산제의 보장과 함께 이러한 법적 제도에 따라 법률이 구체적으로 내용과 한계를 정한 구체적 개별적 재산권의 보장을 포함한다. 이것은 기존의 법에 의해 창설된 현존 권리상태의 보장을 의미한다.57)

입법자는 이러한 재산권의 내용과 한계를 정할 때 앞에서 본 사유재산제의 테두리 내에서 재산권보장과 그 사회구속성을 고려하여 결정하게 된다. 그리하여 법률에 의해 구체적 재산권이 결정되게 되면 그 재산권자는 법률의 범위 내에서 자유롭게 그 재산권을 사용·수익·처분할

---

50) Helmut Rittstieg, a.a.O., S. 383.
51) BVerfGE 50, 341; 58, 339.
52) Maunz, Rdn. 3-4 zu Art. 14.
53) Werner Weber, a.a.O., S. 356f.
54) ebenda, S. 355.
55) G. Schwerdtfeger, a.a.O., S. 17.
56) 헌법재판소 2013. 5. 30. 2012헌바387 결정은 "민법 제245조 제1항의 취득시효제도는 원소유자가 갖고 있는 소유권을 개인의 기본권으로 보장하지 않는 것도 아니고 법제도로서의 사유재산제도나 사유재산을 부인하는 것도 아니어서 헌법 제23조 제1항에서 정한 재산권보장의 이념과 한계에 위반된 규정이라고 할 수 없다"고 하였다.
57) Nüssgens/Boujong, Eigentum, Sozialbindung, Enteignung, 1987, S. 6.

수 있고 국가에 대해 그 재산권의 침해를 방어할 수 있다. 이러한 재산권자에 대한 현존 권리상태의 보장은 합법적인 공용수용이 있는 경우, 손실보상을 청구할 수 있는 권리의 보장, 즉 價値保障(Wertgarantie)으로 전화한다. 그러나 재산권보장은 존속보장(현상보장)(Bestandsgarantie)을 원칙으로 하며 가치보장은 예외적으로 합법적 수용이 있는 경우에만 인정되는 것이므로 재산권보장을 가치보장으로 보아 재산권에 대한 침해가 있는 경우에도 적정한 보상만 한다면 적법하게 되고 이러한 침해를 인용하여야 한다는 것은 헌법상 재산권보장의 취지에 맞지 아니하다. 따라서 헌법상 요건을 갖추지 못한 위법적인 수용적 침해는 보상을 해준다고 하여 적법하게 되는 것은 아니다. 만약 이처럼 보상만 해주면 위법적인 침해도 적법하게 된다면 헌법상 공용수용의 요건규정과 존속보장이 가지는 재산권보장의 기능을 상실하게 되는 문제가 있다. 다만 적법한 재산권제한이지만 그 제한 정도가 피해자에게 특별희생을 주었음에도 보상규정을 두지 아니한 경우도 존속보장을 이유로 재산권 제한 자체를 위헌으로 보아 취소할 수 있도록 할 것이냐가 문제이다. 이 점에 관해 수용유사침해의 법리를 적용하여 법원이 직접 보상을 명할 수 있도록 하는 것은 재산권의 내용과 한계, 그리고 보상은 법률로 정하도록 한 헌법 제23조 제1항과 제3항에도 맞지 아니하다. 그러나 이러한 경우까지 존속보장의 우선성을 이유로 재산권 제한 자체를 위헌으로 하여야 할 것인가에 대해서는 의문이다. 즉 독일기본법과 달리 우리 헌법의 경우 제23조 제3항을 결합조항으로 이해하여야 할 이유는 없고 보상규정이 없음을 이유로 적법한 제한 자체를 위헌으로 보아 취소할 수 있도록 하면 사회적 혼란을 초래할 수 있다는 점에서 보상규정을 두지 아니한 입법부작위를 대상으로 다툴 수 있다 할 것이다.

그런데 문제는 이와 같은 현존의 재산권이 장래의 입법이나 행정, 사법에 대해 어느 범위까지 보장되느냐 하는 것이다. 예컨대, 1981. 6. 15. 독일 연방헌법재판소의 Nussauskiesung 판결에서 볼 수 있는 것처럼[58] 기존의 법에 의해 보장된 재산권자의 일부 권능을 박탈 또는 제한하는 경우 과연 그것이 이러한 존속보장과 相容할 수 있겠느냐 하는 것이다. 물론 입법자가 현존의 권리를 박탈하는 입법을 하거나 또는 행정권에 그러한 권한을 주는 것은 이와 같은 존속보장에 위반된다.[59] 왜냐하면 존속보장은 권리자에 대한 재산권 귀속상태가 유지되고 그 권리의 실체가 보장되는 것을 의미하기 때문이다.[60]

그러나 입법자가 현존재산권을 박탈하지 않고 그 내용만 기존의 재산권자에게 불리하게

---

58) 사건개요를 소개하면 砂利採取業을 하는 원고가 1931년 제정된 Preussische Wassergesetz에 의거하여 1936년 이래 자기가 임차한 토지에서 모래를 채취하기 위하여 합법적으로 토지의 지하수역까지 준설을 하여 왔는데 1957년에 제정되고 1960년 시행, 1976년 4차 개정된 Wasserhaushaltsgesetz에 의해 1965년에 모래채취의 계속허가를 신청하였으나 1973년 10월에 행정청에 의하여 수력발전소의 설비와의 인접, 수원오염을 이유로 거부되었다. 이에 원고는 동 불허가처분은 자신의 영업 및 토지소유권에 대한 수용적 침해라 하여 보상을 청구하였는데, 사건을 관할하게 된 연방일반법원이 연방헌법재판소에 WHG의 위헌심사를 청구하여 문제가 되었다. 이 판례에 대한 소개에 관해서는 G. Schwerdtfeger, Eigentumsgarantie, Inhaltsbestimmung und Enteignung-BVerfGE 58, 300("Nassauskiesung"), JuS, 1983, SS. 104-110 참조.

59) G. Schwerdtfeger, a.a.O., S. 21.

60) Nüssgens/Boujong, a.a.O., S. 6; Hans Schulte, Zur Dogmatik des Art. 14 GG, 1979, S. 17.

변경시키는 경우는 어떻게 보아야 할 것인가? 우리 헌법 제23조 제1항 1문은 재산권의 현존상태를 내용규정법률에 의해 정해진 바에 따라 행정과 사법에 대해 보장하고 있는데 그러면 입법자가 재산권의 내용을 새로이 정하는 경우 그 법률에 의해 내용규정된 재산권은 그에 상응하는 현존상태의 보장을 받을 수 있는가? 물론 이러한 존속보장이 언제나 현재의 법적 지위가 불가침이라거나 이미 보장된 법적 지위의 내용적 변경 모두가 허용되지 않는다고 하는 것을 의미하지는 않으며 입법권에 대한 극복할 수 없는 한계를 의미하지는 않는다는 점은 명백하다. 왜냐하면 그렇게 보는 경우, 미래는 완전히 과거에 의해 구속되는 것을 의미하기 때문이다.

그리하여 독일연방헌법재판소는 이러한 경우 존속보장을 인정하지 아니하였는데, Nassauskiesung 판결에서는 모든 토지소유자가 이제까지의 추상적 권능 — 지하수 사용에 관한 — 을 박탈당한 경우에는 존속보장과는 관계가 없다고 하였다.[61] 물론 이 사건에서 연방일반최고법원이 이러한 지하수 이용권의 박탈이 독일민법(BGB) 제905조에 의해 보장된 토지소유권의 본질적 내용침해로 이해한 것처럼 추상적 권능의 박탈이 본질적 내용침해가 되는 경우에는 존속보장침해를 가져오는 것은 자명하다 할 것이나 그 범위의 판단문제는 남는다 할 것이다.

그런데 문제는 기존의 재산권자의 추상적 권능을 부분적으로 박탈 또는 제한하는 것이 아니라 현실적 의미를 가지는 권능을 그 재산권의 새로운 내용규정 입법을 통해 박탈 또는 제한하는 경우이다(예컨대 대지에 집을 건축하였는데 새로운 법률에 근거하여 지목을 변경하고 집을 철거토록 하는 경우). 존속보장은 법적 안전성을 고려하여 기존 법질서에 의해 인정된 재산권을 그 권리자에게 계속 수여하는 것이며 그 재산권에 권리보장적 기능을 주는 것으로 여기에는 G. Schwerdtfeger가 지적하는 바와 같이 계속성의 사상(der Gedanke der Kontinuität)이 깔려 있는 것이다.[62] 따라서 재산권자의 추상적 권능이 재산권자에게 이론적으로 뿐만 아니라 현실적으로도 의미를 가지는 이상, 계속성의 사상은 재산권자에게서 그 권능을 박탈해서는 안될 것을 명한다고 할 것이다.[63]

특히 이러한 경우 재산권자가 그 추상적 권능에 의거하여 자본과 노동력을 투입한 경우가 문제되는데[64] 이러한 자기의 노동과 업적을 통해 획득된 재산가치있는 법익에 대한 현존상태는 특별한 보호를 받는다.[65] 그런데 이 경우 보장되는 것은 이제까지의 추상적 권능이라기보다 그에 투입된 노동과 자본이라고 할 수 있으며 그 한도에서 법치국가적 신뢰보호의 원칙(der rechtsstaatliche Grundsatz des Vertrauensschutzes)이 인정된다고 할 것이다.[66] 이상과 같은 입법자에 대한 존속보장의 원리는 입법자가 행정기관에게 그 재량에 따라 재산권에 관한 권한을 수

---

61) BVerfGE 58, 300, 337f.

62) G. Schwerdtfeger, a.a.O., S. 22.

63) ebenda.

64) G. Schwerdtfeger는 이러한 경우를 자격있는 존속보장(qualifizierten Bestandsschutzes)이라고 부른다(ebenda).

65) BVerfGE 50, 290, 340; 58, 81, 112; 31, 239; Nüssgens/Boujong, a.a.O., S. 7.

66) G. Schwerdtfeger, a.a.O., S. 22.

여한 경우에도 마찬가지로 적용된다.

3. 재산권보장의 범위

가. 재산권의 경우 다른 자유권과는 달리 그 한계뿐만 아니라 내용까지도 법률로 규정토록 하고 있다. 그런 의미에서 재산권의 내용과 한계를 정하는 입법은 헌법재판소의 판례[67]처럼 기본권형성적 법률유보의 성격을 가진다고 할 수 있다. G. Schwertfger가 신앙, 양심, 예술, 학문, 표현의 자유 등은 법질서의 평가없이 그 본질로부터 보호법익이 존재하나 재산권은 그와 달리 법질서의 산물이며 법질서의 평가없이는 구체적 재산권은 존재할 수 없다고 한 것처럼[68] 재산권은 광범위하게 장래의 입법에 개방된 개념이며 발전개방적 개념이라 할 수 있다. 다만 입법자가 재산권의 내용과 한계를 법률로 정할 때 다음과 같은 한계를 가진다고 할 수 있다.

첫째, 재산권에 관한 입법을 함에 있어 재산권보장에 관한 헌법의 기본적 가치결정을 존중하지 않으면 안되는데 특히 이러한 가치결정은 우리 헌법 제37조 제2항에 의해 불가침적으로 규정된 재산권의 본질적 내용을 구성한다. 둘째, 재산권의 구속성(Eigentumsbindung)이나 공용수용은 독일연방헌법재판소 판례에서 지적하는 바와 같이[69] 공공복리에 의해 동기지워져야 하며 그 점에서도 입법권자는 완전히 자유로운 것이 아니다. 셋째, 입법자는 재산권에 관한 입법을 함에 있어 자의금지(Willkürverbot), 필요성과 비례성의 원칙(die Prinzipien der Erforderlichkeit und Verhältnismassigkeit) 및 법치국가·사회국가원리(die Prinzipien der Rechts- und Sozialstaatlichkeit) 등 헌법의 특별규정이나 가치결정을 존중하지 않으면 안된다.[70]

대체로 이러한 한계는 재산권보장의 법적 구조와 관련하여 사유재산제의 핵심, 그리고 재산권의 본질적 내용보장에 집약되어 나타나고 있다.[71] 사유재산제의 핵심과 재산권의 본질적 내용은 별개의 다른 범주를 가지는 것은 아니고 같은 취지의 것으로서 단지, 전자는 제도적 측면에서의 한계를, 후자는 권리적 측면에서의 한계를 나타내주는 것이다.

또한 헌법이 규정하는 재산권 개념과 그 보장범위에 관한 논의의 출발점은 재산권보장의

---

67) 헌법재판소는 "헌법상의 재산권에 관한 규정은 다른 기본권 규정과는 달리 그 내용과 한계가 법률에 의해 구체적으로 형성되는 기본권 형성적 법률유보의 형태를 띠고 있다. 그리하여 헌법이 보장하는 재산권의 내용과 한계는 국회에서 제정되는 형식적 의미의 법률에 의하여 정해지므로 이 헌법상의 재산권 보장은 재산권 형성적 법률유보에 의하여 실현되고 구체화하게 된다. 따라서 재산권의 구체적 모습은 재산권의 내용과 한계를 정하는 법률에 의하여 형성된다. 물론 헌법이 보장하는 재산권의 내용과 한계를 정하는 법률은 재산권을 제한한다는 의미가 아니라 재산권을 형성한다는 의미를 갖는다. 이러한 재산권의 내용과 한계를 정하는 법률의 경우에도 사유재산제도나 사유재산을 부인하는 것은 재산권 보장규정의 침해를 의미하고, 결코 재산권 형성적 법률유보라는 이유로 정당화될 수 없다"고 하였다(헌재 1993. 7. 29. 92헌바20, 5-2, 36(44); 2000. 2. 24. 97헌바41, 12-1, 152(163-164); 2000. 6. 29. 98헌마36, 12-1, 869(880-881); 2001. 6. 28. 99헌바106, 13-1, 1307(1316-1317)).

68) G. Schwerdtfeger, a.a.O., S. 13.

69) BVerfGE 50, 290, 339-340.

70) B. Bender, a.a.O., S. 1298.

71) G. Schwerdtfeger도 재산권 규정입법의 한계를 ① 개인의 주관적 권리를 보호하는 존속보장(Bestandsgarantie)과 ② 객관적, 제도적 구속에서 찾는다(G. Schwerdtfeger, a.a.O., S. 17).

임무인 재산권 영역에서 자유를 보장하고 그를 통해 재산권자에게 자유로운 삶의 발현과 자기
책임적 삶의 형성을 가능케 하는 것에서 찾을 수 있으며 재산권 제한입법의 한계도 그러한 측
면에서 파악되어야 하는 것이다.

나. 재산의 종류와 재산권보장범위

(1) 재산권보장의 범위가 재산권 모두에 대해 획일적으로 이해될 수 있는가? 하는 점에 대
한 논의도 일찍부터 진행되어 왔다. 이에 대한 기본적 입장의 차이는 논리적으로 두 가지 카테
고리로 나누어 볼 수 있는데, 즉, 재산의 종류에 따라 재산권보장의 범위나 사회구속성의 정도
를 구별하려는 입장과 이를 통일적으로 파악하려는 입장이 그것이다.

비록 헌법규정상으로는 통일적으로 규정되어 있다 하더라도 재산권의 종류에 따라 재산권
보장의 취지가 다른 이상 모든 재산권의 통일적 개념을 주장하는 형식논리는 타당할 수 없다고
생각된다. 재산의 종류에 따라 개인에 대한 의미가 다르고 사회적 기능이나 타인에 대해 미치
는 영향이 다르며 또 그 취득과정에 차이가 있는 것이다. 평등원칙을 근거로 하여 이를 비판하
는 입장은 재산권의 종류에 따른 이러한 차이를 간과한 것이며 평등원칙을 형식적으로 이해한
것에 불과한 것이다. 따라서 헌법상 재산권 보장규정의 해석과 입법을 통한 헌법상의 재산권보
장의 실현은 각 재산권의 이러한 의미, 기능, 사회적 영향 등의 차이에 따라 비례적으로 그 보
장의 범위를 구체화시키는 것을 과제로 하지 않으면 안된다고 생각한다.

(2) 재산의 분류와 보장범위

첫째, 재산의 주체에 따라 ① 임금노동자의 재산(노동력＋주택, 동산) ② 소상품 생산자(예컨
대 농어민, 도시자영업자) 및 상인, 중소기업자의 재산 ③ 자본가의 재산(독점＋중소 부르주아의 재
산)으로 나눌 수 있다. ①과 ②는 자기 노동에 의해 또는 자기 노동을 통해 취득 또는 사용되는
데 반해 ③은 타인을 고용하여 그 재산을 사용케 하고 그로부터 이윤을 얻는 재산이다. 또 ①
과 ②는 보통 자기책임적 삶과 자유를 위해 필수적인 것이지만 ③의 경우는 그러하지 않으며
사회주의자들의 사적 소유에 대한 비판도 ③에 집중된다.

둘째, 재산권의 개인적 관련성과 관련하여 소비재에 대한 재산권과 생산수단에 대한 재산
권, 독점적 재산,[72] 큰 재산과 작은 재산,[73] 또는 인권으로서의 재산권과 자본주의적 재산제도
를 지지하는 권리로서의 재산권[74] 등으로 분류된다. 이 분류도 앞의 분류와 같이 개인의 자유
와 생존에 대한 친소관계에 따라 분류하는 것이다.

셋째, 사회적 기능과 관련하여 사회적으로 유용한 재산권과 그렇지 않은 재산권으로 나누
거나[75] 공업적 생산수단으로서의 재산, 토지소유자로서의 재산, 소비재로서의 재산으로 나누기

---

72) 齋藤壽, 憲法にみる[財産權の自由と制限], 法學論集 제10호, 1973, 88 이하.

73) P. Häberle, a. a. O., S. 37; 小林直樹, 新版憲法講座 (上), 1985, 526.

74) 渡邊洋三, 財産權論, 1985, 141 이하.

75) Ernst Knoll, Eingriffe in das Eigentum im Zuge der Umgestaltung gesellschaftlicher Verhältnisse, AöR 79,

도 한다.76)

이러한 분류는 외형상으로는 분류기준이 다르나 실질적으로는 A. v. Brünneck가 지적하는 바와 같이 ① 개인적 관련성 ② 경제적 기능 ③ 사회적 중요성이란 세 가지 기준으로 통합된다 할 수 있는데,77) 이 세 기준도 엄격히 말하면 별개의 것이 아니다.

생각건대 재산권보장의 범위의 광협과 관련하여 재산권을 분류한다면 다음과 같은 몇 가지 기준에 따라 분류하는 것이 의미있다고 생각한다.

첫째, 토지소유권의 경우 다른 재산권에 비하여 광범위한 사회구속을 받으므로 이를 구별하여 살펴보는 것이 필요하다.

둘째, 재산권이 개인의 생존과 자유에 대해 가지는 의미와 사회적 기능에 따라 분류하는 것이 가장 중요하다. 이러한 분류는 대체로 주체에 의한 분류, 큰 재산과 작은 재산의 분류, 소비재와 생산수단에 따른 재산의 분류, 생존적 재산과 독점적 재산의 분류로 나타나는데 이들 분류는 기본적 발상은 유사하나 구체적 뉘앙스는 차이가 있다. 즉, 재산권보장의 취지가 이미 본 바와 같이 인간의 자유의사의 실현과 자기책임적 삶의 보장, 그리고 자원배분의 효율성과 최적성을 통한 사회적 효율성의 보장에 있다는 점과 사유재산제에 대한 비판의 핵심이 사회적 불평등과 착취, 빈곤의 심화, 인간소외에 있다는 점을 고려하면 인간의 자유와 생존을 위해 직접적으로 요구되는 재산으로서 사회적 불평등, 착취, 소외 등을 초래하지 않는 재산의 경우는 광범위한 보장을 받는다고 할 것이나, 반면 인간의 자유와 생존을 위해 직접적으로 요구되는 것은 아니고 단지 사회적 효율성을 위해 그 보장이 인정되고 그로 인해 사회적 불평등, 착취와 소외의 직접적 원인을 제기하는 재산의 경우에는 보다 넓은 사회구속성을 받는다고 할 것이다. 그런데 이러한 차이를 나타내주는 분류기준은 단일기준에 의해 파악되지 않고 규모와 기능의 두 가지 기준에 의해 판단되는데, 이는 동일한 측면을 가지긴 하나 그 뉘앙스가 다르다.

셋째, 재산권의 취득과정에 따라 분류하는 것은 일반적으로 재산권 취득의 정당성 근거로서 노동이론이 인정되므로 노동에 의해 취득한 것인가의 여부에 따른 분류도 중요한 의미를 가진다.

그 밖에 재산권이 타인이나 사회에 미치는 영향에 따라서 공공성이 강한 재산권과 개인성이 강한 재산권으로 나눌 수 있을 것이다.

(가) 토지소유권

토지소유권은 역사적으로 가장 중요하고 전형적인 재산권으로서의 지위를 가졌다. 그러나 오늘날 토지의 사적 소유는 광범위한 제한과 비판에 직면하고 있다. 이미 본 바와 같이 마르크스주의자들은 토지의 사적 소유를 부정하고 미국의 Henry George도 일찍이 J. Locke의 노동이

S. 490; P. Badura, a.a.O., S. 37.

76) 한태연, 헌법학, 1983, 843.

77) A. v. Brünneck, a.a.O., S. 335.

론에 따라 토지는 노동의 산물이 아니고 자연의 일부인만큼 그 사적 소유는 부당하다고 보고, 토지의 사적 소유로부터 광범위한 사회적 악이 생긴다고 하였다.[78] 헨리 조지(Henry George)는 모든 사람은 공기와 같이 토지이용에 대해서도 평등한 권리를 가지는데 토지의 사적 소유는 이러한 개인의 자연권을 부정하여 궁극적으로 노동권을 노예화하여 토지의 가장 효율적인 이용을 저해한다고 주장하였다.[79] 또 기르케(O. v. Gierke)도 "우리의 지구의 한 부분이 우산이나 화폐처럼 특정 개인에게 소속된다고 하는 것은 반문명적 배려"라고 지적하였다.[80]

그리하여 자본주의 경제체제에 입각하여 토지의 사적 소유를 인정하고 있는 나라에서도 토지의 경우 광범위한 사회화를 인정하거나 또는 넓은 의미에서의 사회구속성을 인정하는 경향이 있다. 그래서 예컨대 독일연방헌법재판소는 1967. 1. 12. 판결에서 토지소유권은 토지라고 하는 재산의 특수성으로 인해서 다른 재산권보다 많은 사회적 구속을 받는다고 하였고[81] 또 연방행정법원이나 연방일반법원의 판례도 일찍부터 상황구속성 이론(Situantionsgebundenheihstheorie)이나 목적위배설(Eweckentfremdungstheorie)에 따라 그 사회구속성을 널리 인정하였다.[82]

우리나라의 경우도 부동산투기가 사회문제화되면서 토지공개념을 주장하는 견해가 많이 나타났고 이에 따라 그 소유권은 다른 재산권보다 훨씬 많은 사회적 구속성이 인정되어야 한다는 것이 주장되었다. 헌법재판소도 "토지는 … 그 공공성 등의 특성에 비추어 시장경제의 원리를 그대로 적용할 수 없고, 다른 재산권의 경우보다 더욱 강하게 사회공동체 전체의 이익을 관철할 것이 요구된다. 그래서 토지에 대하여서는 헌법 제122조가 명문으로 '국가는 국민 모두의 생산 및 생활의 기반이 되는 국토의 효율적이고 균형 있는 이용·개발과 보전을 위하여 법률이 정하는 바에 의하여 그에 관한 필요한 제한과 의무를 과할 수 있다'고 별도로 규정하고 있는데, 이것이 '토지공개념'의 기초가 되는 것으로서, 토지에 관한 각종 규제법률이 이를 근거로 하여 토지소유자 등에게 여러 가지 의무와 부담을 과하고 있다"고[83] 한 바 있다. 또한 "헌법상의 재산권은 토지소유자가 이용 가능한 모든 용도로 토지를 자유로이 최대한 사용할 권리나 가장 경제적 또는 효율적으로 사용할 수 있는 권리를 보장하는 것을 의미하지는 않는다. 입법자는 중요한 공익상의 이유와 앞에서 본 토지가 가진 특성에 따라 토지를 일정용도로 사용하는 권리를 제한할 수 있기 때문이다. 따라서 토지의 개발이나 건축은 합헌적 법률로 정한 재산권의 내용과 한계 내에서만 가능한 것일 뿐만 아니라 토지재산권의 강한 사회성 내지는 공공성으로

---

78) Henry George, Progress and Poverty, New York, 1981, 333ff.

79) Id. 338ff. 347ff. 397ff.; 그래서 H. George는 토지사유제의 폐해를 막기 위해 토지의 지대를 세금으로 징수하는 지대조세제를 주장하였다(우리나라에서 지대조세제를 주장하는 논문으로는 김윤상, "토지사유제와 지대조세제," 경북대 법대논총, 제24집(1986), 235-255가 있다).

80) K. Rudolph, Die Bindungen des Eigentums, 1960, S. 4.

81) BVerfGE 21, 73, 82-83.

82) BVerfGE 5, 143ff.; BGHZ 23, 30; BGH, NJW 1977, S. 945.

83) 헌재 1998. 6. 25. 95헌바35등, 10-1, 771(798)

말미암아 이에 대하여는 다른 재산권에 비하여 보다 강한 제한과 의무가 부과될 수 있다"고[84] 하였다.

이와 같은 토지소유권에 대한 광범위한 사회구속성을 인정하는 것은 먼저 그 객체인 토지의 특성에서 유래한다. 토지는 다른 재화와 비교하여 다음과 같은 특성을 가진다. 먼저 토지라는 재화 자체는 ① 부동산으로서 장소를 이전할 수 없으며 ② 생산도 소비도 될 수 없어 그 존재량이 일정하다는 특질을 가진다. 다음으로 토지를 사회적 연관 속에 파악하면 ① 물이나 공기와 같이 인간의 생존에 있어 불가결한 것이며 상품생산을 위해서도 필수적인 것이라는 점 ② 그 사용가치와 교환가치가 그 자연적 형질이나 존재위치뿐 아니라 사회정책적 결정에 의해 결정적으로 좌우된다는 점 ③ 토지는 연속되어 있으므로 그 이용관계는 인근토지의 이용에 영향을 미친다는 점 ④ 토지의 효율적 이용 여부가 토지소유자뿐 아니라 국민 전체의 이익과 직결된다는 점 그리고 ⑤ 토지 자체는 다른 재화와 달리 인간의 노동력에 의해 만들어진 것이 아니라 이미 존재하는 자연의 일부라는 점 등을 특성으로 들 수 있다. 다음으로 토지소유권 자체의 특성에서 문제가 되는 것으로는 인간에게 있어서 토지가 필요한 것은 그 토지를 사용함에 있는 것이지 토지를 소유함에 있는 것이 아니며 토지에 관한 많은 사회적 부정의가 유발되는 것은 토지의 소유와 사용의 분리에서 유래한다는 점을 들 수 있다. 따라서 토지이용권에 비하여 토지소유권은 보다 넓은 사회적 구속성이 인정된다. 이에 따라 재산권이 보장되는 자본주의 국가에 있어서의 토지소유권에 대한 법적 규제는 다음과 같은 형태로 나타나고 있다. 즉 ① 토지의 국·공유[85] ② 토지의 수용 ③ 토지소유권의 사회구속성이 그것이다. 그 중 토지소유권의 사회구속성은 예컨대 용도지역제(Zoning), 개발이익환수, 토지소유권의 취득 또는 양도의 제한 등이 있다.

그러나 토지를 전면적으로 국·공유화하는 것은 사유재산제를 보장하는 헌법 제23조 제1항 1문과 이에 기초하여 토지소유권의 제한에 관해서 규정한 헌법 제23조 제2항, 제121조, 제122조에 반하는 것이라고 생각된다.[86]

(나) 작은 재산과 큰 재산

어떤 재산이 개인의 자유와 생존에 있어서 가지는 의미는 그 개인이 가지는 재산의 크기에 따라 다르다고 할 수 있다. 어떤 개인이 가지는 재산의 크기가 작으면 작을수록 그 재산이 가지는 개인에의 의미는 절박하고 중대하며 반대로 크면 클수록 그 중요성은 축소되고 오히려 인간의 권력적 욕구의 확장에 봉사한다.[87] 어떤 시대의 특정 사회에서 개인이 존엄한 존재로서

---

84) 헌재 1998. 12. 24. 89헌마214등, 10-2, 927(948); 2002. 8. 29. 2000헌마556, 14-2, 185(198).

85) 자본주의 국가에서 토지의 사회화를 인정하고 있는 헌법으로는 독일기본법 제15조, 중화민국헌법 제43조 등이 있고 법률로는 영국의 1975 Community Act가 대표적이다.

86) 토지의 전면적 국유화가 사유재산제에 위반되지 않느냐 여부에 관해서는 柳瀬良幹, "土地の國有と憲法," 공법연구 제36호(1974), 98ff.; 토지의 전면적 국유화가 사유재산제에 위배된다면 H. George 등이 주장한 지대조세제도 사실상 토지 자체로부터 생긴 지대를 조세로 거둠으로써 토지사유제를 근간으로 하는 자본주의의 이데올로기와는 맞지 않은 것이라 생각된다.

87) Maunz, Rdnr. 9 zu Art. 14.

자기의 자유로운 의사를 실현하고 자기책임적 생존을 누리기 위하여 필요한 크기의 재산은 인간의 존엄성에서 직접적으로 도출되는 자연법상의 인권적 재산이라고 이해될 수 있으며 따라서 그러한 재산권은 생존권적 의미도 가지며 입법자는 사유재산제에 따라 재산분배를 함에 있어 모든 개인에게 이와 같은 재산이 귀속되도록 하지 않으면 안되는 의무를 진다 할 것이다.[88] 이에 속하는 재산으로는 사치품 등을 제외한 생존재 및 농민이나 소상품 생산자가 가지는 생산수단을 들 수 있다.

그러나 그러한 크기를 초과하는 재산의 경우는 인간성에서 직접적으로 나오는 인권적 성격의 것이라기보다 개인의 창의와 노력, 자원배분의 최적성을 위해 인정되는 사유재산제 보장의 결과로 사유가 보장되는 재산으로서 사회성이 강하며, 그 보장의 범위가 작은 재산의 경우보다 좁을 수밖에 없는 것이다. 특히 사회국가에 있어 재산권의 사회구속성이 문제가 되는 것도 이러한 큰 재산에 대해서이다. 큰 재산은 호화저택이나 사치품과 같이 소비재 또는 생존재도 포함하지만 주로 자본주의적 생산수단이 이에 속하며 자본주의의 발전과 더불어 사유재산제의 병리현상을 가져오고 타인에 대한 지배를 수반하는 것도 주로 이러한 재산이다. 또한 작은 재산의 경우는 그 재산의 사용가치가 문제되는 반면에 큰 재산의 경우 소유권과 채권으로 주로 구성되고 그 교환가치가 문제된다고 할 수 있다.[89]

이상과 같이 재산의 규모에 따라 큰 재산과 작은 재산으로 나누어 그것이 재산권자와 사회에 가지는 의미의 차이를 인식하는 것은 현실적으로 예컨대 사치품에 대해 고율의 세금을 부과하고 재산세를 누진과세한다든가 수용에 대한 손실보상액 산정에 있어 생활보상이나 시가 이하의 보상 등에서 나타난다.

한편, 크놀(Knoll)이 사용·소비·노동재산권 외의 독점재산권이나 권력재산(machteigentum)은 재산권보장의 범위에 포함되지 않고 그리하여 일정한 규모 이상의 토지소유권은 독일기본법에 의해 보장되지 않는다고 하고 따라서 보호된 재산권에 대한 침해에 대해서만 공용수용을 인정한 것은[90] 이러한 분류를 극단화시킨 것이라고 할 수 있을 것이다.

(다) 소비적 재산권, 자기노동적 생산수단에 대한 재산권, 자본주의적 생산수단에 대한 재산권

이 분류는 앞의 큰 재산과 작은 재산의 분류와 그 기본적 취지는 같지만 후자가 규모에 따른 분류라면 이 분류는 기능에 따른 분류로서 뉘앙스의 차이가 있다.

재산권은 재산권자에 대해 가지는 의미와 사회적 기능에 따라 ① 소비적 재산권 ② 자기노동에 의해 상품을 생산하는 소상품 생산자, 농민 등이 보유하는 생산수단에 대한 재산권 그리고 ③ 타인의 노동력을 임금을 주고 구입하여 자기가 소유하는 생산수단을 사용케 함으로써 상품을 생산하고 그 이윤을 얻는 자본가가 그 생산수단에 대해 가지는 재산권으로 나눌 수 있

---

88) 재산권을 생존권적 기본권으로 파악하는 견해로는 宮澤俊義, 憲法(Ⅱ), 有斐閣, 1986, 102.

89) 高原賢治, 社會國家たあける財産權(高原賢治, 財産權と損失補償, 有斐閣, 1983, 11-13).

90) Ernst Knoll, Eingriffe in das Eigentum im Zuge der Umgestaltung gesellschaftlicher Verhältnisse, AöR 79, SS. 490-492.

을 것이다.

이들은 재산권자의 생존과 자유에 대한 의의가 다르고 사회관계에서 타인에게 미치는 영향력이 기본적으로 다르다. 흔히 ①과 ②는 생존적 재산이라 불리우고 ③은 독점적 재산이라 불리운다. ①과 ②는 개인에게 있어 자기의 자유의사의 실현과 생존의 기초를 의미하며 따라서 인권적 범주의 재산권인 반면에 ③은 자본주의 생산양식에 있어 특유한 재산형태로서 자유와 생존의 기초라는 측면보다 사회적·경제적 효율성이라는 관점에서 사유가 인정되는 재산이다.

종래 사회주의자들이 사유재산제를 비판한 것은 바로 자본주의적 재산권에 대한 것이며 이러한 재산권은 ①과 ②와 같은 인권의 성격을 가지는 생존적 재산권과는 달리 사유재산제의 보장에 따라 비로소 인정되는 사적 재산이며 사회주의자들에 의해 피지배자인 노동자의 인권을 억압한다고 주장되는 재산권이다.

역사적으로 보면 자본주의 초기에 통일적으로 불가침적 인권으로 이해된 재산권은 농민이나 수공업자 등의 소상품 생산자를 모델로 한 것이었으나 산업혁명 이후 대자본에 의한 대규모 공장의 등장과 기술혁신에 따른 숙련노동의 해체와 반숙련 또는 비숙련 노동이 지배적이 되고 이에 따라 본격적인 자본·임노동 관계가 성립함에 따라 근로자와 자본가의 계급분화가 생기고 이리하여 통일적인 시민적 소유권 개념은 그 이론적 기초를 상실하게 되었다. 자본주의적 소유가 자본가 계급의 소유라고 한다면 노동에 의해 획득된 소비재와 자기노동적 생산수단의 소유는 근로자계급의 소유라고 할 수 있을 것이며 전자는 타인의 노동을 상품으로 구입하여 그 노동력을 생산과정에서 지배하여 노동생산물의 성과를 자본가의 소유로 하는 것으로 마르크스(Marx) 등의 사회주의자들에 의해 이러한 소유형태가 잉여가치의 착취를 가져온다고 비판되지만 후자의 것은 그러하지 아니하다. 그런 점에서 현대 산업사회의 계층갈등에 있어 문제가 되는 것은 자본주의적 소유이며 따라서 사회정책에 의해 사회적 구속성이 넓게 인정되는 것도 이러한 재산이다.

(라) 자기 노동에 의해 취득된 재산과 그렇지 아니한 재산

재산권 귀속에 관한 정당성 근거로서 이미 설명한 바와 같이 로크(J. Locke)의 노동에 의한 소유이론이 가장 널리 인정된다. 특히 마르크스주의자들의 경우 노동에 의한 경우 외에는 재산권 취득을 인정하지 아니한다. 그러나 자본주의 이론가의 경우 노동의 의미를 넓게 이해하거나 또는 노동에 의해 취득되는 재산권의 범위를 보다 광범위하게 인정한다. 또한 이러한 경우 노동에 의해 취득된 재산권의 처분은 그 재산권자의 자유에 맡겨져 있고 반드시 자신만을 위하여 그 재산권을 사용하여야 되는 것은 아니므로 상속이나 증여 등에 의한 재산권 취득이 노동에 의한 소유이론에 반하는 것은 아니며[91] 또 노직(Nozik)도 지적하듯이 일단 노동에 의해 취득된 재산이 정당하게 이전된 이상 그 이후의 재산권 취득자도 정당한 재산권자가 되는 것이다.[92]

---

91) Löw는 만약 상속이나 증여가 인정되지 않으면 소유자는 그 물건의 주인이 아니라 단지 이용자에 불과하게 된다고 한다(K. Löw, Die Grundrechte, 1977, S. 322).

92) 로버트 노직, 남경희 역, 아나키에서 유토피아로 — 자유주의 국가의 철학적 기초, 문학과 지성사, 1983, 193ff.

그러나 이처럼 노동이 재산권 귀속의 정당근거로 인정된다면 직접적으로 노동에 의해 취득된 재산권과 그렇지 아니한 재산권은 그 보장범위에 있어 차이가 인정되게 되며 그에 따라 사회구속성의 범위에 있어서도 차이가 생긴다고 보는 것도 정당하다. 이것은 앞에서 본 토지소유권과 관련하여 토지의 경우 그것이 인간의 노동의 산물이 아니기 때문에 사적 소유가 인정되어서는 안된다거나 인정되는 경우에도 광범위한 사회구속성을 인정하려고 하는 데에서도 나타난다. 예컨대 상속받은 재산이나 증여받은 재산의 경우 노동에 의해 취득된 재산에 비해 고율의 세금을 부과하는 것은 여기서 그 정당성의 근거를 발견할 수 있을 것이다.

그리고 소유물을 사용케 함으로써 이윤을 얻는 것도 역시 그것이 자본가 자신의 직접적 노동의 산물은 아니기 때문에 노동자의 임금이나 자신의 노동에 의해 생산되는 소상품 생산자의 소득에 비하여 더 많은 사회적 구속을 받으며 따라서 그에 대한 소득세율은 노동자에 비해서 고율이어야 한다고 생각되며 지대의 경우도 마찬가지이다.

(마) 개인성이 강한 재산과 공공성이 강한 재산

재산권은 그것이 가지는 사회적 성격 내지 공공성의 정도에 따라 개인성이 강한 재산과 공공성이 강한 재산으로 나눌 수 있을 것이다. 이 분류는 그 재산권에 대한 공공복리에 의한 구속이 어느 정도 인정될 것이냐와 관련하여 의미가 있다.

독일연방헌법재판소의 1979. 3. 1. 판결에 의하면 재산권보장의 근본사상과 보장목적에 따라 재산권을 다음과 같이 구별하여야 한다고 한다.[93]

즉, 재산권의 기능이 개인의 인간으로서의 자유의 보장의 요소로서 문제되는 경우에는 그 재산권은 특히 현저한 보호를 받는다.[94] 그에 반해 그 재산권의 객체가 사회적 관련성과 사회적 기능을 가지면 가질수록 재산권의 내용 및 한계규정에 대한 입법자의 권한은 확대된다. 이 경우 사용·처분은 단순히 재산권자 내부에 머무르는 것이 아니고 그 재산권의 객체의 사용에 의존하고 있는 다른 법주체의 요구와도 상관된다는 점에서 재산권의 사회구속성이 인정되게 된다. 이러한 전제하에서 공공복리에 따른 사회의 헌법적 명령은 무산자에 대한 고려를 명한다. 그러나 이러한 재산권의 개인적 기능이 보다 광범위하게 제한된다 하더라도 기본법 제14조 제1항 1문의 존속보장(Bestandsgarantie)은 어떠한 경우에도 재산권의 본질의 유지를 요구한다. 헌법재판소도 "이와 같은 재산권에 대한 제한의 허용정도는 그 객체가 지닌 사회적인 연관성과 사회적 기능에 따라 달라지는 것으로서 그 이용이나 처분이 소유자 개인의 생활영역에 머무르지 않고 일반국민 다수의 일상생활에 큰 영향을 미치는 경우에는 입법자가 공동체의 이익을 위하여 개인의 재산권을 규제하는 권한을 폭넓게 가질 수 있다"고[95] 한 바 있다.

이와 같이 공공성이 상대적으로 약한 재산의 경우에는 그 재산권의 사회구속성이 별로 문

---

93) BVerfGE 50, 290, 340-341.

94) 同旨; BVerfGE 14, 288, 293f.; 42, 64, 77; 42, 263, 293f.

95) 헌재 1998. 12. 24. 89헌마214등, 10-2, 927(945); 2001. 1. 18. 99헌바63, 13-1, 60(74).

제되지 않고 사회구속성이 인정된다 하더라도 그 범위는 좁은 반면에 공공성이 강한 재산의 경우에는 공공복리의 고려에 대한 요구가 커지고 따라서 사회구속성의 범위가 확장된다고 할 수 있으며 이에 따라 그 사용·수익·처분이 제한된다. 특히 공공성이 매우 강한 재산의 경우에는 처음부터 국유로 하거나 또는 국유화 내지 사회화하는 것을 가능케 하고 있다. 예컨대 우리 헌법이나 독일기본법 등이 천연자원이나 생산수단, 토지에 대해 사회화를 인정하는 것은 그러한 예이다. 또 한편으로 도로, 공원 등 공공재의 경우 수익자 부담의 원칙이 적용되지 않아 경쟁적 시장을 통해서 충분히 공급될 수 없는 문제가 있으므로 경쟁시장의 기능이 실패하고 따라서 국가나 공공단체에 의한 공급과 그에 대한 비용의 세금에 의한 충당이 인정된다.

V. 재산권의 사회구속성

1. 재산권의 사회구속성의 의의

헌법 제23조 제2항은 "재산권의 행사는 공공복리에 적합하도록 하여야 한다"고 하여 재산권의 사회적 구속성에 대하여 규정하고 있다. 이 규정은 독일 바이마르헌법 제153조 제3항과 이를 이어받은 독일기본법 제14조 제2항을 계수한 것이다.

재산권의 사회구속성(Sozialbindung des Eigentums)은 독일에서 사용되는 용어로서 사회적 합성(Sozialadäguanz), 사회제한성(Sozialgebundenheit), 사회적 의무성(Sozialpflichtigkeit) 등으로도 사용되며,[96] 영미의 경우 이와 동일한 취지의 것이라 볼 수는 없으나, 공용수용(taking)과 대비된다는 점에서 경찰권(police power)에 의한 재산권의 규제(regulation)가 대체로 여기에 해당한다고 할 수 있다.

재산권의 사회구속성의 개념적 요소는 다음과 같은 몇 가지로 구성된다고 할 수 있다. 첫째, 사회구속성의 대상이 되는 재산권은 재산권 개념의 확장에 따라 모든 재산적 가치있는 권리를 포함한다. 종래 고전적 수용개념에 있어서는 수용의 대상을 토지소유권의 박탈에 한정함으로써 그 외의 재산권의 제한은 사회구속성으로 이해되었으나[97] 지금의 확장된 공용수용의 개념에 있어서는 모든 재산가치있는 권리를 대상으로 하므로 재산권 개념에 의해서는 사회구속성의 수용에 대한 개념적 특성은 나타나지 않는다. 둘째, 재산권의 사회구속성은 공공복리를 위한 제한을 의미한다. 공공복리는 다양하고 불확정적 개념이지만 재산권의 사회구속성의 목적개념으로서 공공복리는 역사적으로 보면 18~19세기의 자유국가의 그것과 20세기의 사회복지국가의 그것을 포함하는 개념이며, 소극적으로 공공질서나 국가의 안전을 위한 것뿐 아니

---

96) Weimar 헌법시대에는 Sozialbindung이라는 용어보다는 Sozialgebundenheit란 용어가 널리 쓰였는데, 지금은 Sozialbindung이라는 용어가 일반적으로 사용되고 있다.

97) W. Leisner, a.a.O., SS. 17ff.

라 적극적으로 사회적 정의와 효율을 위한 것을 포함한다. 이에는 전래적·소극적 의미의 질서유지를 위한 제한과 케인즈(Keynes) 주의·신자유주의에 기초한 혼합경제 내지 사회적 시장경제질서적 의미의 제한, 사회국가적 의미의 제한이 포함된다. 셋째, 재산권의 사회구속성은 재산권에 대한 공법적 제한만을 의미하는 것이 아니라 권리남용금지와 같은 사법적 제한도 포함한다고 생각한다. 공법적 제한의 경우 국가의 권력행위 및 관리행위에 의한 제한을 포함한다. 넷째, 재산권의 침해정도가 공용수용의 정도에까지 이르러서는 안되며 공용수용과는 달리 손실보상이 인정되지 않는다.

2. 다른 관련개념과의 구별 및 관계

가. 내용규정과의 구별

독일기본법 제14조 제1항 2문과 같이 우리 헌법 제23조 제1항 2문은 재산권의 내용과 한계를 법률로 정하도록 하고 있다. 후술하는 바와 같이 재산권의 사회구속성의 헌법적 근거규정은 제23조 제2항과 제1항 2문에서 발견할 수 있는데 과연 재산권의 내용규정(Inhaltbestimmung)과 사회구속성을 규정하는 한계규정은 구별될 수 있는 것인가?

이 양자는 총칭하여 재산권구속성(Eigentumsbindung)이라 하는데[98] 형식논리적으로는 양자의 구별이 불가능한 것은 아니나 명확한 윤곽을 가지는 대상을 가지지 못하는 재산권의 특수성, 즉 내용의 형성까지 입법권에 부여하고 있는 재산권의 구조적 특수성에 비추어 양자의 구별은 다른 기본권의 제한에 있어 규범 영역의 문제와는 다른 특유한 문제상황을 가지는 것이다.

이에 대해 클로스타(J. Chlosta)에 의하면 법률이 재산권자가 사법과정(私法過程)에서 어느 범위까지 재산가치가 있는 권리를 가지는지를 규정한 것을 공익을 위해 제한하는 경우 재산권 제한이 된다고 하고 따라서 내용규정과 한계규정의 구별선은 공법적 규정과 사법적 규정간의 구별과 일치한다고 한다.[99] 그는 또한 양자의 구별을 재산권보장의 제도보장과 권리보장이라는 양측면과 연관시켜 이해하여 입법자가 재산권을 내용적으로 형성하는 경우에는 제도보장의 문제이지만 입법자가 이미 형성된 재산권을 공익을 위해 제한하는 경우에는 법적 지위의 제한이 문제될 뿐이라고 한다.[100]

그러나 브리데(Brun-Otto Bryde)는 독일기본법 제14조 제1항 2문이 특별히 내용과 한계의 구별에 대해 아무것도 규정하고 있지 않으며 기본법의 문언상 내용과 한계를 구별하고 있는 것이 양개념간의 법적 구별을 의미한다고 추정하는 것은 기본법의 문언을 과대평가한 것으로 이 양자는 Grund und Boden과 같이 말의 중복에 지나지 않는다고 한다.[101] 그는 내용규정이 시

---

98) v. Mangolt-Klein, a.a.O., S. 431; Nüssgens/Boujong, a.a.O., SS. 62ff.

99) J. Chlosta, Der Wesensgehalt der Eigentumsgewährleistung, Berlin, 1975, S. 32.

100) ebenda.

101) Brun-Otto Bryde, Art. 14. In: Ingo von Münch(Hrsg.), GG Kommentar, S. 647.

민간의 사법적 관계에 관한 것이고 한계규정은 공법적인 재산권 사용의 한계를 의미한다고 보는 것은 결국 형식적인 것이 되고 구별에 실패할 수밖에 없다고 한다. 그는 한계가 내용을 규정하고 내용규정은 필연적으로 한계를 포함한다고 하면서 이러한 이중형식의 의미는 입법상 허용되는 내용규정이 이미 주어진 재산권 질서체제의 내재적 수정에만 한정되는 것이 아니고 재산권자에게 새로운 한계를 설정할 수 있다는 것을 명확히 하기 위한 것이라고 한다.102) 입센(H. P. Ipsen)도 재산권 내용규정에 대한 입법의 임무는 제14조 제2항에 의해 방향지워지는 것이라 하였다.103) 또 J. Faeling은 "기본법 제14조 제1항 2문은 입법자에게 재산권의 내용과 한계를 규정할 수 있도록 하고 있다. 이 규정은 내용규정(Inhaltbestimmung)과 제한규정(Schrankenziehung)의 구별을 하도록 한다. 그러나 이는 불가능하다. 즉, 내용규정과 제한규정은 본질상 동일한 의미이다"라고 한다.104) 그는 모든 내용 — 권리도 마찬가지로 — 은 그 한계를 통해 규정되며 각 한계는 내용을 규정하여 '내용'과 '한계'는 동일한 것이라고 하였다.105) 그에 대해 허영 교수는 내용규정과 한계규정은 분명히 구별되며 재산권형성과 제한은 다르다고 한다.106)

한편 로젝(Jochen Rozek)에 의하면 재산권의 내용규정과 한계규정은 실질에 의해서가 아니라 기껏해야 시간적으로 상호 구별될 뿐이며 내용규정은 재산권자의 지위를 장래를 향해 규정하나 제한규정은 이제까지의 법에 따라 인정되는 지위에 대해 규제하는 것이라고 한다. 즉 표현상 내용과 한계규정의 구분은 시간적 문제로 해소되며 현존상태에 대한 규정은 재산권의 제한을 의미하고 장래의 것을 규정하면 내용규정을 의미한다고 한다.107)

생각건대 이 문제는 기본권의 제한문제에서 논의되는 기본권의 규범영역의 문제와 한편으로는 동일한 양상을 가지지만 또 한편으로는 재산권의 경우 다른 기본권과는 달리 그 절대적 개념이 존재하지 않고 그 내용의 형성까지 입법에 위임되어 있다는 점에서 다른 기본권과는 문제상황이 다르다. 재산권의 내용규정이나 사회구속성이나 모두 공공복리에 의해 방향지워지는 동일한 실체의 다른 표현에 지나지 않으며108) 로젝(Jochen Rozek)의 지적처럼 시간적으로 상호 구별될 뿐이라고 보는 것이 타당하다고 생각한다. 그래서 내용규정은 재산권자의 지위를 장래를 향해 규정하나 제한규정은 종래의 법에 따라 인정된 지위를 제한하는 것이라고 할 것이다.

나. 공용수용과의 구별

재산권의 사회구속성은 재산권의 사회적 책임과 공익에 의한 제한을 의미하므로 그런 점

---

102) ebenda.

103) H. P. Ipsen, a.a.O., S. 85.

104) Herbert Krüger, Die Bestimmung des Eigentumsinhaltes(Art. 14, Abs.1, S. 2 GG) in: H. P. Ipsen(Hrsg.), Hamburger Festschrift Für Friedrich Schack, Hamburg, 1966, S. 71f.에서 인용.

105) ebenda.

106) 허영(주 40), 592-593.

107) J. Rozek, Die Unterscheidung von Eigentumsbindung und Enteignung-Eine Bestandsaufnahme zur dogmatischen Struktur des Art. 14 nach 15, Jahren Naßauskiesung, 1998, SS. 277-278; 같은 취지로 Michael Sachs, Verfassungsrecht Ⅱ — Grundrechte — , 2000, 448.

108) 같은 취지로 양건(주 40), 603;, 한수웅(주 40), 816.

에서는 공용수용도 사회구속성의 표현이라 할 수 있으나 또 한편으로 그 제한의 범위라는 측면에서는 공용수용(Enteignung, taking)에 대한 반대개념(Gegenbegriff)으로서의 측면이 있고[109] 그런 점에서 재산권의 사회구속성의 한계는 공용수용에서 발견된다고 할 수 있다. 다만 재산권의 사회구속성과 공용수용의 체계와 양자의 구별을 어떻게 구성하느냐는(이에 관해서는 후술한다) 어려운 문제로 남아 있다. 즉, 독일연방일반최고법원(BGH)의 판례를 중심으로 발전해 온 수용유사침해(Enteignungsgleicher Eingriff)와 수용적 침해(Enteignender Eingriff)에 대한 보상청구를 인정할 것이냐의 여부에 따라 공용수용의 개념적 범위가 달라지고 재산권의 사회구속성과 공용수용을 이원적으로 구성할 것이냐의 여부가 달라지는 것이다.

공용수용과 사회구속성의 구별은 고전적 공용수용 개념에서는 비교적 분명한 듯 하였으나 확장된 공용수용 개념에서는 매우 애매하여 대상이나 외적 형식, 침해형태, 침해목적 등에 의해서는 그 구별이 인정되지 않게 되었다. 결국 양자의 구별의 본질적 표지는 특별희생과 손실보상의 여부에 있게 되나 그 손실보상을 가져오는 재산권 침해정도에 관한 기준은 매우 다양하게 주장되었다. 그러나 독일연방헌법재판소는 형식적 수용개념을 채택하고 종래의 연방일반최고법원의 판례나 이론과 달리 과도한 내용 및 한계규정은 수용으로 전화되지 않으며 위헌적 내용 및 한계규정으로 남는다고 하였다. 즉 설사 기본법 제14조 제1항 2문의 의미에서의 내용규정이 제14조 제2항의 재산권의 사회구속성을 이유로 재산권자에게 더 이상 수인될 수 없는 정도의 부담을 주는 경우에도 내용 및 한계규정으로 성격을 가지며 수용으로 전화하는 것은 아니라는 것이다.[110] 그런 점에서 독일연방헌법재판소는 종래의 연방일반최고법원의 전환이론(Umschlagtheorie) 내지 경계이론(Schwellentheorie)을 분명히 거부하였고 모든 경우에 사회구속성을 초과하는 재산권침해가 수용으로 평가될 수 있다는 테제를 부인하였다. 즉 사회구속성을 벗어난 제한이 보상을 통해 해결될 수 있다는 관념은 기본법과 합치하지 않는다고 판시하고 위헌적 재산권내용규정이 동시에 헌법적 의미에서 수용적 침해를 의미하지는 않으며 내용규정과 수용이 다른 내용을 가지므로 위헌적 내용규정이 수용으로 전환될 수 없다고 하였다.[111] 이에 따라 재산권의 사회구속성과 수용의 체계가 달라지게 되었다.

다. 사회화와의 관계

사회화(Sozialisierung, Vergesellschaftung)의 개념은 다양하게 정의되나 ① 사회학적 의미와 ② 법학적 의미에서 이해될 수 있다.

즉, 사회학적 의미에서 사회화는 '재산헌법의 형성에 있어서 사회주의의 실현형태' 또는 '시민적—자유적 자본주의 경제헌법을 무산계급이 경제적 재산권에 대한 집단적 처분권한을 가지는 공동경제체제로 대체하려는 현대 산업사회의 사회주의적 운동의 집행행위'로 이해된

---

109) W. Leisner, Sozialbindung des Eigentum, Berlin, 1972, S. 17.
110) BVerfGE 52, 1, 27f; 58, 137, 145; 58, 300, 320; 79, 174, 192; 이에 관해서는 J. Rozek, a.a.O., S. 62f.
111) BVerfGE 79, 174, 192.

다.[112] 이러한 사회화는 두 가지 형태를 가지는데 하나는 사회적 개량(die soziale Reform)을 통하여, 또 다른 하나는 사회적 혁명(die soziale Umsturz)을 통하여 이를 수행하는 것으로 전자는 사회국가에 있어서의 사회화를 의미하는데 반해, 후자는 사회주의 국가에 있어서의 사회화를 의미한다.[113]

사유재산제도를 근간으로 하는 자본주의 경제체제에 있어서 사회화는 중대한 예외적 현상이나 상당수의 자본주의 국가에서 이를 인정하고 있는데 이러한 국가에 있어서의 사회화의 의미가 사회주의 국가에 있어서의 그것과 같은 의미일 수 없다는 것은 의문의 여지가 없다.

이와 같은 사회국가에 있어서의 재산권의 사회화는 현행 경제헌법의 전면적 개혁이나 사회주의 경제체제로의 이행을 의도하는 것은 아니며 단지 기존의 재산·경제·사회헌법의 발전적 개조와 개선을 목적으로 하는 것이며[114] 이를 통해 종래의 경제구조의 변화, 특히 소유관계와 기간산업의 새로운 질서형성이 가능하게 된다.[115]

한편 법학적 의미에서의 사회화는 경제적 재산권에 대한 처분권한을 집단화하면서 재산헌법·경제헌법·사회헌법을 변경시키는 헌법형성적 행위[116] 또는 어떤 경제재를 사적 소유에서 공유재산(Gemeineigentum) 또는 다른 공동체 경제형태로 바꾸는 국가적 침해[117]를 의미하며 그 본질적 표지는 경제헌법의 개조를 위한 재산권 분배의 개조라 할 수 있다.[118]

이러한 의미에서의 사회화는 개인의 재산권을 박탈하고 이에 대해 보상을 한다는 점에서 학자에 따라서는 사회화를 공용수용의 한 형태로 이해하기도 한다.[119] 재산권의 제한을 공용수용과 사회구속성으로 양분하여 보상 여부에 따라 이를 구분한다든가 또는 확장된 공용수용 개념에 의할 때 이러한 여지는 존재한다고 할 수 있다. 그러나 사회화는 공용수용의 한 특수한 예가 아니라 독자적 법제도이며 사회화와 공용수용은 비교할 수 없는 크기[120]로 이해되고 있다. 즉, 사회화는 재산권의 침해라고 하는 측면에서가 아니라 재산의 경제적 이용방법이라는 측면에서 식별되며 사회·경제정책적 동기에 있어서도 수용과 다르다.[121]

이렇게 보면 사회화는 단순한 개인의 재산권의 박탈만을 의미하는 것이 아니라 경제헌법에 대한 수정을 의미한다는 점에서, 그리고 공용수용과는 달리 개별적 처분이나 처분법률에 의

---

112) v. Mangolt-Klein, a.a.O., S. 459f.

113) 이에 관한 자세한 것은 민경식, "독일기본법에 있어서의 사회화에 관한 연구," 서울대학교 법학박사학위논문, 1987, 35f 참조.

114) T. Maunz, Rdnrn. 5, 18 zu Art. 15, in: Maunz/Dürig/Herzog/Scholz, Grundgesetz Kommentar,

115) Maunz-Zippelius, Deutsches Staatsrecht, 1985, S. 246.

116) v. Mangolt-Klein, a.a.O., S. 460; Friedrich Klein, Eigentumsbindung, Enteignung, Sozialisierung und Gemeinwirtschaft im Sinne des Bonner Grundgesetzes, Tübingen, 1972, S. 5.

117) a.a.O., S. 439.

118) F. Klein, a.a.O., S. 5.

119) W. Leisner, a.a.O., S. 66: Giese, v. Mangolt, Abraham 등도 이러한 입장에 있다(이에 관해서는 H. K. J. Ridder, Enteignung und Sozialisierung, VVDStRL 10, 1952, SS. 124-125 참조).

120) H. K. J. Ridder, a.a.O., S. 125; F. Klein, a.a.O., S. 11.

121) F. Klein, a.a.O., SS. 11~12.

해서가 아니라 일반적 조치를 통해서만 가능하며 특정 경제영역에 있어 집단적 사회화만이 가능하다는 점에서 공용수용과는 다르다고 할 수 있다.[122]

한편 사회화는 국유화와 혼동해서 사용되는 경우도 있으나[123] 엄밀히 이야기해서 국유화(Nationalisierung)와는 그 개념적 범주를 달리한다. 즉, 국유화는 사회화의 한 수단으로서 이용되기도 하지만 국유화가 사회화의 유일한 형태는 아니며 사회화를 통한 권리주체는 다양하여 국가 외에도 지방자치단체나 그 밖의 공공단체에 의한 재산권의 처분권의 집단화까지를 포함하며[124] 또 국유화는 우리 헌법 제126조에서도 볼 수 있듯이 군사, 경제정책적 필요에 의해서도 인정되기도 하지만 사회화는 이러한 목적을 위해서가 아니라 공동관리경제(Gemeinwirtschaft)를 실현하기 위해서 인정되는 것이다.[125]

그러나 이러한 사회화에 관한 헌법규정을 두는 경우 이에 대해 어떤 법적 성격과 의의를 인정하느냐에 관해서는 그 법적 평가가 다양하며 독일기본법의 경우처럼 경제헌법을 흠결하고 있는 경우에는 그 해석의 차이의 폭이 매우 넓다. 특히 후술하는 사회국가의 법적 성격에 대한 입장의 차이에 따라 사회화에 대해서도 적극적 입장과 소극적 입장으로 나누어진다.

이상과 같이 보면 재산권의 사회화와 사회구속성은 다음과 같은 측면에서 파악될 수 있을 것이다.

첫째, 목적이라는 측면에서 본다면 자본주의 국가에 있어서의 사회화는 사회주의 국가에서의 그것과 달리 사회국가원리의 한 구체적 표현이며 그런 점에서 재산권의 사회구속성과 같은 맥락을 가진다.[126] 따라서 양자는 사회국가의 실현을 통한 자본주의 경제체제의 수정의 재산권 영역에서의 표현이며 재산권보장의 상대성을 나타내 주는 것이라 할 수 있다.

그러나 양자는 그 구체적 목적에 있어서 차이가 있다는 주장이 있다. 즉 라이즈너(W. Leisner)에 의하면 사회화를 규정하는 독일기본법 제15조에 의한 일반적 경제조종(Wirtschaftslenkung)은 정당화될 수 없는 반면, 사회구속성은 국가적 경제지도가 정당하게 수행되는 영역이라는 점에서 다르고, 그런 의미에서 사회구속성은 '통상적인 것(etwas "Normales")', '계속적인 것(Laufendes)'인데 반해 사회화는 그렇지 않고 그래서 사회구속성이 '整序(ein Ordnen)'를 의미한다면 사회화는 '변혁(ein Verändern)'을 의미한다고 한다.[127] 이러한 지적은 부분적으로 정당하다. 그러나 사회화와 사회구속성이 사회국가적 원리의 실현방법으로서 공통성을 가지며 그 구체적 현상형태는 W. Leisner의 지적과 같은 차이를 가진다 해도 궁극적으로는 재산질서의 변화를 통해 사유재산제의 틀을 유지하면서 이의 폐해를 수정·개량해 나간다고 하는 점에서 일치한다는 것을 고려하면 이

---

122) T. Maunz, Rdnrn. 5-6 zu Art. 15; Maunz-Zippelius, a.a.O., S. 246.
123) 예컨대 독일기본법 제15조는 사회화(Sozialisierung)에 관한 것으로 이해하는 것이 일반적이지만 국유화에 관한 것으로 이해되는 경우도 있다(이에 관해서는 F. Klein, a.a.O., S. 4).
124) ebenda, S. 18ff.; 민경식(주 115), 33.
125) T. Maunz, Rndr.7 zu Art. 15, in: Maunz/Dürig/Herzog/Scholz, GG Kommentar; F. Klein. a.a.O. SS. 9, 18.
126) W. Leisner, a.a.O., S. 65; F. Klein, a.a.O., S. 4; 민경식(주 115), 22.
127) W. Leisner, a.a.O., S. 68.

러한 현상적 목적의 차이를 지나치게 강조하는 것은 타당하지 못하다고 할 수 있다.

둘째, 이러한 양자의 목적의 공통성에 비추어 재산권의 사회화 그 자체는 강화된 사회구속성의 표현이라고 볼 수 있다. 즉, 재산권의 사회구속성을 특정재산영역에 강화하여 사회구속성의 정도를 초과함으로써 보상을 해주는 것이라 할 수 있다.[128] 그런 점에서 양자는 재산권에 대한 침해의 정도가 다르다. 즉, 재산권의 사회화는 재산에 대한 처분권능이 개인에게서 공동체의 수중으로 넘어가는 것(Überführung)으로 재산에 대한 처분권능의 집단화(Kollektivierung der Verfügungsmacht)를 의미한다. 이는 재산에 대한 사적 처분성과 사적 이용성에 기초하면서 재산권을 제한하는 사회구속성과는 다르다. 재산권에 대한 침해의 정도만 가지고 본다면 사회화는 라이즈너(W. Leisner)의 지적처럼 수용과 같은 범주에 속한다고 볼 수 있다.[129] 이리하여 재산권의 사회구속성과 사회화는 보상의 요부에 의해 구별된다. 일부학자의 경우 이러한 보상의무의 존재 및 보상액의 동일성과 관련하여 사회화를 공용수용의 한 특수한 예로 이해하고 있거니와[130] 사회화는 사회구속성의 정도를 넘어 재산권의 침해의 정도가 수용의 정도에까지 이른 경우에 인정되는 것이다. 사회화에 대한 보상의 정도에 관하여는 독일기본법은 공용수용의 경우를 준용토록 하고 있는데 종래 일부학자는 부분적으로 바이마르 시대의 관념을 답습하거나 전후 독일의 경제적 난국에 직면하여 사회화 규정이 완전보상의 현실적 불가능성에 좌초되지 않도록 하기 위해 수용에 있어서보다 적은 보상의 여지를 인정하였으나 지금은 수용의 경우와 같이 이해하는 것이 일반적이다.[131] 우리 헌법은 국유화에 따른 손실보상에 관해 독일기본법 제15조 2문과 같은 규정을 두고 있지 않으나 헌법 제23조 제3항을 준용하여 보상하여야 할 것이다.

셋째, 이에 따라 사회화가 인정되는 재산권의 경우 이는 그 재산권의 사회구속성이 다른 재산권에 비하여 더욱 넓게 인정된다는 점을 표현해 주는 것이라 할 수 있다.[132] 그런 점에서 헌법상 사회화가 인정되는 재산권에 대해서는 헌법해석상 강화된 사회구속성이 인정될 수 있다.

넷째, 형식의 측면에서 재산권의 사회구속성이나 사회화는 공용수용과 달리 일반법률이나 일반적 조치를 통해서 실현된다는 점에서 공통성을 가진다.

라. 권리남용금지와 관계

재산권의 사회구속성과 민법상의 권리남용금지의 법리는 기본적으로 그 사상적 바탕을 같이 하고 있다. 즉, 양자는 모두 재산권의 사회성의 인정에 기초하고 있으며 역사적으로는 19세기말 권리남용의 법리가 등장하고 그 뒤 20세기초 재산권의 사회구속성의 개념이 등장하였다.

---

128) ebenda, S. 66.
129) ebenda, SS. 66ff.
130) ebenda, S. 66.
131) ebenda, S. 66f.
132) H. P. Ipsen, a.a.O., S. 95; 그러나 W. Leisner는 사회화는 수용과 별개의 것이 아니며 수용이 논리상 반대 개념인 사회구속성을 강화시킬 수 없다는 점에서 사회화는 개념적으로 사회구속성을 강화시킬 수는 없다고 주장한다(a.a.O., S. 67).

그래서 슐테(H. Schulte)와 같은 학자는 재산권에 관한 공·사법간의 분리된 논의는 정당할 수 없다거나 헌법 제23조는 공법영역뿐 아니라 사법영역에도 타당하다고 주장한다.[133] 그런 점에서 우리 민법 제2조 제2항은 헌법 제23조 제2항과 동조 제1항 2문을 사법영역에서 구체화시킨 것으로 이해하거나[134] 또는 일본의 일부학자처럼[135] 재산권의 사회구속성과 공용수용의 구별에 관하여 민법상 권리남용금지의 원리 또는 민법상 상린관계이론을 원용하는 것을 이해할 수 있다. 물론 재산권의 사회구속성은 재산권에 대한 공법적 한계에 한정하고 민법상의 권리남용금지는 사법상의 한계를 의미한다고 보아 양자의 구별을 인정하는 것도 의미는 있다고 생각된다. 즉, 후술하는 바와 같이 재산권의 사회구속성은 단체주의적 재산권관에 기초하고 있을 뿐만 아니라 또 한편 사회국가에 있어서 국가와 사회의 일원화 현상과 더불어 나타나는 것으로 그것은 국가가 사회국가나 신자유주의에 기초하여 재산권에 대하여 과하는 제한임에 반해서 권리남용금지의 법리는 재산권의 사회성 인정을 통한 사인간의 권리조정에 관한 것으로서 사회국가의 실현과는 직접적인 관련이 없다는 점에서 양자는 그 사상적 기반이 상이하고 또 공·사법 이원적 법체계 속에서 전자는 공법적 문제임에 반해 후자는 사법적 문제라는 점에서 양자를 구별하는 것은 의미가 있을 수 있다. 그러나 양자는 재산권의 사회성에 기초한 제한이며 보상없이 가해질 수 있는 재산권제한이라는 점에서 동일한 것이며 권리남용금지는 재산권의 사회구속성이 사인간의 관계에서 표현된 것이라고 할 수 있을 것이다.

3. 재산권의 사회구속성의 근거

가. 사상적 근거

재산권의 사회구속성의 사상적 근거는 서구사회의 경우 거슬러 올라가면 기독교의 사회윤리에서 그 원류를 찾을 수 있으나,[136] 이러한 역사적·종교적 배경을 가진 재산권의 사회구속성이 그 후 도덕적·종교적 성격이 아니라 법적 성격을 가지고 강화되어 등장하게 된 것에는 두 가지 측면의 사상적 배경이 깔려 있다. 즉, 첫째는 기존 재산권 개념 자체에 대한 비판에서 나온 것으로 종래의 로마법적, 개인주의적, 절대적 소유권 개념에 대한 단체주의적 재산권관에 의한 것이 그것이고, 둘째는 사회·경제질서의 변화와 그에 따른 국가의 역할 변화에 의한 것으로 이에는 신자유주의(Neo-liberalism) 또는 케인즈주의와 사회국가 사상을 들 수 있다. 특히 헌법상 재산권의 사회구속성에 관한 규정은 사회국가원리의 재산권에의 표현으로 일반적으로 이

---

133) Hans Schulte, Zur Dogmatik des Art. 14 GG, Karlsrühe, 1997, S. 7.

134) T. Maunz, Art. 14, Rdnr 2.

135) 예컨대 高辻正己, 財産權と公共福祉, ヅユリスト別冊, 法學敎室 6號, 17.

136) K. Löw, a.a.O., S. 322; Martin Wolff는 Weimar헌법 제153조 제3항의 재산권자의 의무는 윤리적, 종교적 의무가 법적 의무로 전화한 것이라고 보았고(Martin Wolff, Reichsverfassung und Eigentum, 1923, S. 12(K. Rudolph, a.a.O., S. 14에서 인용), E. K. Hunt같은 학자는 사회주의를 만인평등이라는 자유주의적 개념이 전통적 기독교 집단윤리의 고유한 세계관과 결합하면서 생겨난 이데올로기라고 이해하였다(E. K. 헌트, 정연주 역, 전게역서, 82).

해된다.[137] 사회국가에 있어서는 국가와 사회구성원 상호간의 관계의 의미가 자유국가의 그것과는 다르고 그에 따라 재산권의 의미도 바뀐다. 국가는 개인의 생존배려에 관한 책임을 지고 개인은 또 그에 상응하는 의무를 부담한다. 사회구성원 상호간은 고립적이고 원자적 개인이 아니고 상호의 자유와 생존에 대한 존중의무가 있다. 재산권은 더 이상 유일의 개인의 생존의 기초가 아니고 국가의 복지작용에 따른 광범위한 제한이 수반되며 개인의 재산권의 행사는 타인의 권리와 자유를 위협하지 않는 범위에서 인정된다.

나. 재산권의 사회구속성의 법적 근거

과거 바이마르 헌법 제153조 제1항은 "재산권은 헌법에 의하여 보장된다. 그 내용 및 한계는 법률에 의해 정해진다"고 규정하고 제3항에서는 "재산권은 의무를 진다. 그 행사는 동시에 공공의 복지에 이바지해야 한다"고 하여 재산권의 사회구속성에 대해 규정한 바 있다. 그 뒤 독일기본법은 제14조 제1항에서 "재산권과 상속권은 보장된다. 그 내용과 한계는 법률로 정한다"고 하고 동조 제2항은 "재산권은 의무를 수반한다. 그 행사는 동시에 공공복리에 봉사하여야 한다"고 하였다. 또한 바이마르 헌법의 영향을 받은 일본헌법은 제29조에서 "재산권은 이를 침해하여서는 안된다. 재산권의 내용은 공공의 복지에 적합하도록 법률로써 정한다. […]"고 하였다.

우리 헌법 제23조 제2항은 "재산권의 행사는 공공복리에 적합하도록 하여야 한다"고 규정하고 있다. 그에 따라 사회구속성의 헌법적 근거를 제23조 제2항에서 찾는 것이 보통이며 제23조 제2항은 법률로써 그 내용과 한계가 이미 확정된 개별적, 구체적 재산권의 공공복리적합성을 규정한 것으로 이해하거나[138] 제23조 제2항은 동조 제1항과 결합하여 재산권의 내용과 한계를 법률로 정하는데 가급적 공공복리에 적합하도록 규정해야 한다는 것과 재산권 행사에 있어 공공복리적합성을 의미한다고 하기도 한다.[139]

생각건대 헌법규정 문언상으로 보면 제23조 제2항은 동조 제1항 2문에 의해 내용이 정해진 재산권의 행사에 대한 공공복리적합의무를 지운 것으로 이해할 수 있으나 헌법 제23조 제2항은 동조 제1항 제2문에 기한 입법의 방향타이며 그 입법에 의해 그 내용이 실현되는 것이라 볼 수 있다. 이렇게 보면 재산권의 사회구속성의 일반적 근거는 제23조 제2항과 동조 제1항 2문에서 발견된다고 할 것이다. 한편, 제23조 제2항의 내용은 우리 헌법상의 여러 사회국가적 규정, 생존권의 보장 등과 관련하여 충전된다는 점에서 제23조 제2항과 동조 제1항 2문을 매개로 하여 사회국가에 관한 제 헌법 규정, 즉 제30조-제36조 등은 간접적인 사회구속성의 근거 규정이 된다고 할 것이다. 한편 균형있는 국민경제의 성장 및 안정과 적정한 소득의 분배를 유지하고 시장의 지배와 경제력의 남용을 방지하여 경제 주체간의 조화를 통한 경제의 민주

---

137) Volkmar Götz, Grundpflichten als Verfassungsrechtliche Dimension, VVDStRL 41, 1983, S. 30; Nüssgens/Boujong, Eigentum, Sozialbindung, Enteignung, Müchen, 1987, S. 68.

138) 권영성(주 40), 2010, 566-567.

139) 구병삭, 신헌법원론, 1996, 591-592.

화를 위한 규제와 조정(제119조 제2항), 농지소작제도의 원칙적 금지(제121조 제1항), 국토와 자원, 농지와 산지에 대한 제한의무부과(제121조 제2항, 122조), 소비자보호운동의 보장을 통한 생산품의 규제(제124조), 대외무역의 규제·조정(제125조), 예외적인 사영기업의 국·공유화 또는 경제통제·관리(제126조)는 제23조 제2항과 동조 제1항 2문에 규정된 재산권의 사회구속성의 한 표현이라고 할 수 있다.

다. 재산권의 사회구속성의 근거규정의 법적 성격

일찍이 바이마르 헌법 제153조 제3항에 대하여 안쉬츠(G. Anschütz)는 이 규정은 입법자가 입법을 함에 있어 재산권의 의무성에 맞도록 규정해야 한다는 구속력 없는 지침(Richtschnur)을 규정한 것에 불과하며 재산권자에 대한 법적 의무를 규정한 것은 아니라고 보았는데 이 이론이 그 당시 통설의 위치를 차지했었다.[140] 볼프(Martin Wolff)는 바이마르 헌법 제153조는 옛날의 부자의 도덕적·종교적 의무를 법적 의무로 고양시킨 것이라 하였다.[141]

그러나 독일기본법 제14조 제2항에 대한 해석론에 있어서는 이 규정이 재산권자에게 실질적이고 직접적인 법적 의무를 부과하며 구속력 있는 헌법적 명령으로서 입법기관을 구속하며 나아가 해석원리로서 행정·사법을 구속한다고 보는 견해가 지배적이다.[142] 독일연방헌법재판소도 기본법 제14조 제2항이 재산권의 내용을 규정하는 입법자에게 구속력 있는 방침(Verbindliche Richtschnur)으로서 입법자가 실현해야 하는 사회모델(Sozial Modell)의 규범적 요소로 보았다.[143]

그러나 망골트 클라인(v. Mangolt-Klein)은 기본법 제14조 제2항은 사회윤리적 재산권 구속에 대한 법적 근거로서 일반적 사회유보하에 재산권의 사회의무성을 규정한 것으로서 재산권자에게 공익을 고려하여 권리를 행사할 것을 명령하고 재산권의 공동체 위반적 사용을 부정하는 것으로 단지 도덕적 의무지움으로 이해되어야 할 것이라고 하였다.[144] 또 베버(W. Weber), 쇼이너(U. Scheuner), 라인하트(Reinhardt) 등은 독일기본법 제14조 제2항은 문제에 대한 내용적 해명이 없는 형식적인 것에 불과하다고 보았다.[145]

우리 헌법의 해석에 있어서는 이를 단순한 윤리적 의무가 아니라 헌법적 의무이며 재산권행사의 헌법적 한계 내지 내재적 제약이라고 보는 것이 다수설이며[146] 지금은 이를 도덕적 의무로 이해하는 입장은 찾아보기 어렵다. 헌법재판소는 '재산권행사의 공공복리적합의무는 헌법상의 의

140) Brünneck, a.a.O., S. 304, 324; K. Rudolph, a.a.O., S. 14f.
141) K. Rudolph, a.a.O., S. 14.
142) E. Stein, Staatsrecht, 7 Aufl, 1980, S. 162; Maunz, Rdnr. 2 zu Art. 14.
143) BVerfGE 37, 132, 140; G. Schwerdtfeger도 기본법 제14조 제2항이 내용적으로 구체화되지 않고 따라서 본질적으로 제14조 제1항 1문보다 추상적이라 하더라도 입법자에 대한 형성의 임무를 포함하고 있다고 보았다(G. Schwerdtfeger, a.a.O., S. 18).
144) v. Mangolt-Klein, a.a.O., S. 434.
145) A. v. Brünneck, a.a.O., S. 305.
146) 김철수(주 40), 754; 권영성(주 40), 567; 계희열(주 40), 563; 성낙인(주 40), 696.

무로서 입법형성권의 행사에 의해 현실적인 의무로 구체화되고 있는데 …'라고[147] 하고 있다.

생각건대 재산권의 사회구속성의 헌법적 규정은 자유주의적·개인주의적 재산권 개념으로부터의 전환이며 사회국가에 있어서 사회구성원의 사회 및 다른 구성원에 대한 의무와 사회의 사회구성원에 대한 책임의 한 표현으로서 사회국가적 원리의 한 실현형태를 의미한다. 따라서 사회국가원리에 입각하고 있는 우리 헌법상의 재산권의 사회구속성을 자유국가에 있어서처럼 단순히 개인적 윤리의 헌법적 선언 정도로 이해하는 것은 우리 헌법상의 구조적 원리와 재산권의 위치에 대한 오해에서 기인하는 것이라 생각된다.

재산권의 사회구속성에 관한 헌법 제23조 제2항은 다음과 같은 두 가지 의미를 가진다고 할 수 있다.

첫째, 이 규정은 제23조 제1항 2문을 통하여 입법자가 재산권의 내용과 한계를 규정하는 데 있어 구속적 지침을 규정한 것임과 동시에 재산권 행사의 공공복리적합의무를 실현해야 되는 임무를 입법자에게 부과한 것이다. 즉, 개인주의적, 절대적 재산권 개념의 입법화는 이러한 헌법적 명령에 위반되며 사회구속적 재산권 개념을 헌법의 지시에 맞추어 형성하고 구체화해야 되는 의무가 입법자에게 주어지는 것을 의미한다. 한편 행정·사법에 대해서도 법해석에 있어 구속력을 가진다.

둘째, 이 규정은 입법자뿐 아니라 재산권자에 대해서도 법적 의무를 부과하는 의미를 가진다. 이 경우 입법에 의한 내용의 구체화 없이도 헌법규정 자체에서 구체적 의무가 나오고 판결이나 행정처분을 통해 구체화될 수 있다고 보는 견해도 있다.[148] 재산권의 사회구속성의 내용이 그 시대의 공동체적 관념에 의해 규정되고 유동적인 면을 가진다는 점에서 일차적으로는 입법자에 의해 그 구체적 내용이 결정된다. 그러나 재산권보장과 사회구속성에 관한 헌법적 가치결정을 무시하거나 이를 실현하지 않는 입법은 헌법위반이다. 이렇게 보면 헌법상 재산권의 사회구속성 규정에 기한 재산권자의 의무는 구체적 법률을 통해 그 내용이 구체화된다고 할 것이다.

4. 재산권의 사회구속성의 내용

가. 공공복리

(1) 서   설

재산권의 사회구속성은 우리 헌법 제23조 제2항에서 볼 수 있는 것처럼 공공복리(Gemeinwohl)를 목적으로 한다. 그러면 재산권의 사회구속성의 목적개념으로서 공공복리란 무엇을 의미하는 것인가?

이 문제는 세 가지 측면에서 접근되어야 한다고 생각한다. 즉 첫째는 재산권의 사회구속성의 강화가 현대적 재산권개념의 특질의 하나를 구성하는 이상 그 목적개념으로서 공공복리는 근대 입헌주의 헌법하의 재산질서상의 공공복리개념과의 차이가 해명되어야 하고, 둘째는 현대

---

147) 헌재 1989. 12. 22. 88헌가13.
148) Nüssgens/Boujong, a.a.O., S. 69.

헌법에 있어서 다른 기본권과 비교하여 재산권에 인정되는 사회구속성의 목적개념으로서 공공복리는 어떤 의미를 가지느냐 하는 점을 통해서, 그리고 셋째로는 재산권침해의 한 내용을 구성하는 공용수용의 목적개념인 공공필요라는 개념과는 어떤 관계에 있는가의 해명을 통해서 공공복리의 의미가 구명되어야 한다.

(2) 공공복리의 내용

(가) 현대적 의의

원래 재산권의 구체적 내용은 국가의 법질서에 의하여 정해지는 것이고 그 법은 그 당시 사회전체의 공공의 이익이라는 관점에서 제정되는 것이므로 재산권이 공공복리의 규제를 받는다고 하는 점에서는 근대 시민법하의 재산권이나 현대국가의 재산권이나 다를 바 없다.[149] 그러나 문제는 공공복리라고 하는 개념의 차이인바, 공공복리의 개념은 불변적·고정적 개념이 아니라 그 당시의 사회적 상황과 가치관념에 따라 변모하는 것이기 때문이다.

절대국가에 있어 재산권에 대한 공공복리가 봉건적 구속과 중상주의적 규제를 의미하는 절대주의적 공공복리를 의미하였다면 근대 시민국가에 있어서의 그것은 개인주의적이고 자유주의적인 공공복리개념을 의미하였다. 그런 의미에서 그것은 재산권의 자유—소극국가의 기본적인 구도 위에서 재산권의 절대성과 자유성에 내재하는 제한을 의미하였으며 그에 대한 제한은 재산권의 사적 성질과 일체적인 것을 의미하는 것이었다. 따라서 그것은 시민법적 재산권질서의 유지라고 하는 소극적인 목적을 가지는 것에 한정되었고 자유국가에 있어서의 소극적 공공복리를 의미하는 것에 불과하였다. 따라서 재산권자의 사적 이익과 별개의, 독립된 사회전체의 이익으로서의 공공복리는 관념되지 않았다. 그래서 재산권에 대한 사회적 구속도 전염병의 예방, 재해구조, 보건위생, 소방행정, 조세행정 등과 같은, 공공의 질서유지에 필요한 것에 국한되었다.[150]

그러나 사회국가에 있어서 재산권에 대한 공공복리의 의미는 이러한 것에 한정되지 않는다. 그것은 전체주의국가나 사회주의국가에서처럼 사회적 또는 전체적 계기가 사적 계기를 압도하는 것도 아니고 개인주의·자유주의국가에서처럼 개인이 가치의 중심에 있고 재산권의 사적 계기가 그 사회적 계기와 분리되어 있는 것을 의미하지도 않는다. 그것은 재산권의 사회관련적 의미를 인정하며 공익과 사익의 조화를 실현하는 것을 의미하는 것으로, 각인의 재산권을 실질적으로 공평하게 존중하고 각인에게 인간적 생존을 보장하는 사회국가적 공공복리를 의미하는 한편[151] 인권 상호간의 모순·충돌을 조정하여[152] 사회적 정의를 실현하는 것을 의미한다. 따라서 그것은 시민사회에서의 개인주의적 재산권관념이 계급갈등과 불평등, 인간소외 등을 초래함에 따라 국가가 이러한 재산권을 규제·조정하여 사적 재산권의 사회적 폐해를 막고

---

149) 渡邊洋三, 財産權論, 一粒社, 1985, 154.

150) 전주, 156.

151) 구병삭(주 141), 685; 宮澤俊義, 憲法 Ⅱ, 有斐閣, 1981, 406; 독일기본법의 경우도 전술한 바와 같이 제14조 제2항을 사회국가성의 표현으로 이해하는 것이 지배적이다.

152) 俵靜夫, "基本的 人權と公共の福祉," 淸官四郎·佐勝功 編, 憲法講義 2(1976), 6.

사적 이익의 충돌, 특히 자본주의적 소유권과 국민의 생존권과의 대립과 충돌을 조정하는 것을 의미한다. 또한 Neo-liberalism 또는 Keynes주의에서 볼 수 있는 것처럼 시장경제의 자율적 기능을 방해하는 독과점의 규제, 가격통제 등의 재산권제한도 이에 포함된다.

이렇게 본다면 오늘날에 있어서 공공복리에 의한 재산권의 구속은 자본주의 발전에 따른 자본주의적 재산권의 성장과 이에 의한 생존권과 재산권의 억압을 막기 위하여, 그리고 국가 전체의 부와 효율성을 향상시키기 위하여 행해지며 그 이념적 기초는 사회국가사상과 신자유주의·케인즈주의에서 찾을 수 있다고 할 것이다.

(나) 타 기본권의 제한목적으로서의 공공복리와의 관계(제37조 제2항과의 관계)

헌법 제23조 제2항에서의 공공복리는 다른 기본권에 공통적으로 적용되는 헌법 제37조 제2항의 국가안전보장·질서유지·공공복리와는 어떤 관련을 가지는가?

우리 헌법 제37조 제2항과 같은 일반적 법률유보조항을 두고 있지 않는 독일기본법이나 일본헌법의 경우 기본권의 내재적 한계, 또는 독일기본법 제2조 제1항, 일본헌법 제12조 2문 및 제13조 2문과 관련하여 문제된다.

먼저 독일기본법의 해석을 살펴보면 기본법 제14조 제2항의 공공복리는 기본권의 내재적 한계로서 논의되는 일반공동체유보(der allgemeine Gemeinschafts-vorbehalt) 또는 제2조 제1항의 세 가지 한계(Schrankentrias) 즉 타인의 권리, 헌법질서, 도덕률과 동일한 범주로 이해하는 입장과 다른 범주의 것으로 이해하는 입장이 있다.

즉 W. Leisner는 재산권은 가장 귀중한 자유의 하나로서, 흥정의 대상이나 사회정책의 실험장이 될 수 없는 기본권이라 보고 재산권의 사회구속성을 동적 개념이 아니고 불변적 개념으로 이해하는 입장에서 제14조 제2항의 공공복리가 사회정책적 의미의 것을 포함하는 것으로는 보지 않고 단지 국가공동체의 상호관계에 있어 통합적 공동생활을 위해 불가피한 정도의 제한만이 가능하다고 보았다.[153] 그래서 재산권의 사회구속성은 기본법 제2조 제1항이나 일반공동체유보의 구체화를 의미한다고 보았다.[154] 루돌프(K. Rudolf)도 기본법 제14조 제2항을 재산권의 내재적 제한이 헌법적 원칙으로 고양된 것으로 보고[155] 재산권의 사회구속성을 공동체의 이익(die Interesse der Gemeinschaft)이라는 측면에서 이해하고 있다.[156] 그러나 입센(H. P. Ipsen)과 같은 학자는 재산권에 관해서는 기본법 제2조 제1항이 적용되지 않고 따라서 타인의 권리, 헌법질서, 도덕률의 보호 이외의 목적을 위해서도 그 내용과 한계를 규정하는 것이 가능하다고 보아 재산권의 사회구속성을 기본권의 내재적 제한의 문제와는 다른 것으로 이해하였다.[157]

한편 일본헌법의 해석론을 보면 a) 일부 학자는 일본헌법 제29조 2문의 문언에 착안하여

153) W. Leisner, a.a.O., S. 239.
154) ebenda, S. 73.
155) K. Rudolf, a.a.O., S. 16.
156) ebenda, SS. 16, 44ff.
157) H. P. Ipsen, a.a.O., S. 85f.

재산권의 내용과 한계를 이론적으로 구별하여 재산권의 내용의 문제는 헌법 제29조 2문의 문제이나 행사의 문제는 제12조·제13조의 문제로 해석하는데[158] 이는 내용과 행사 자체가 구별될 수 없다는 점에서 개념법학적 해석이라는 이유에서 배척되었다. b) 양자를 동일한 범주의 것으로 이해하는 입장이 있다. 즉 일본헌법 제12조·제13조는 인권보장의 본질에서 논리필연적으로 파생하는 공공복지에 의한 인권제한원리를 주의적으로 규정한 것이며 제29조에서 규정하는 공공복지도 특별한 의미가 있는 것이 아니고 제12조·제13조의 그것과 동일한 것으로 본다. 그래서 재산권제한도 다른 기본권에서와 같이 자유국가적인 것과 사회국가적인 것의 두 가지 측면을 가지는 공공복지에 의해 제한된다고 이해한다.[159] c) 그에 대해 다른 기본권의 경우는 제12조·제13조에 주의적으로 규정된 내재적 제한만을 받음에 반하여 제29조 2문에 의하여 재산권의 경우에만 특별히 공공복지에 의한 제한이 인정된다고 보는 입장이 있다. 즉 제12조·제13조를 훈시규정으로 이해하고 제22조·제29조의 경우에만 공공복지에 의한 제한이 가능하고 따라서 재산권의 경우 다른 기본권과 같이 기본권의 실질적·평등한 보장이라는 측면에서의 내재적 제한을 받을 뿐만 아니라 제29조 2문에 의한 사회적·경제적 약자의 생존보호라는 정책적 제한을 받는다고 본다.[160] d) 재산의 종류와 관련하여 이를 이해하는 입장이 있다. 즉 제29조 2문에 의한 재산권제한은 자유국가에서 사회국가로의 이행에 따라 생긴 것으로서 자본주의의 수정에 의해 나타난 것으로 경제적 약자의 보호를 그 내용으로 한다고 보고[161] 재산을 큰 재산과 작은 재산으로 나누어 작은 재산의 경우 내재적 제한만을 받는다고 보고 큰 재산에 대해서만 제29조 2문에 따라 공공복지에 의한 제한이 인정된다고 보는 견해가 있다.[162] e) 이 양자를 시대적 의미관계 속에 이해하는 견해가 있다. 즉 渡邊洋三은 재산권의 역사적 위치를 고려하여 근대 시민법적 제한과 현대법적 제한이라는 이분론을 주장하면서 일본헌법 제12조·제13조의 공공복지는 근대 시민법적 제한을 의미하는데 반해 제29조 2문의 공공복지는 현대국가의 사명을 달성키 위해 정책적 요청에 기하여 재산권을 공법질서 속에 넣어 행정권에 의해 이를 통제하는 현대국가의 공공성을 의미한다고 한다.[163]

우리 헌법의 해석에 있어서는 제23조 제2항과 제37조 제2항의 공공복리는 공통적으로 사회국가 내지 복지국가적 공공복리를 의미하는 것으로 이해하는 것이 보통이다.[164] 이에 대해 제37조 제2항의 공공복리는 사회국가적 공공복리와는 명백히 구별되는 국민공동의 공공복리개념이라고 이해하거나[165] 공공복리의 개념은 현대 복리국가의 이념을 구현하는 적극적 의미를

158) 高辻正巳, "財産權についての考察," 自治研究 第38卷 4號(1962), 5 이하.
159) 宮澤俊義(주 153), 231.
160) 俵靜夫(주 154), 15.
161) 高原賢治, 經濟活動と人權, 高原賢治, 財産權と損失補償, 40f.
162) 전주, 41.
163) 渡邊洋三(주 155), 153ff.
164) 김철수(주 40), 380, 753; 문홍주(주 38), 279, 335-336.
165) 권영성(주 40), 298; 허영 교수는 헌법 제23조 제2항의 공공복리는 사회 전체의 이익을 말하는 것이지 '사회적 약자' 또는 '못가진 자'의 이익만을 뜻하지는 않는다고 한다(허영(주 40), 594).

가진다고 하면서 다만 그에 의해 제한을 받는 기본권은 원칙적으로 경제적 자유권에 한한다고 보거나[166] 경제적 자유권과 사회국가적 기본권에 한한다고 보는[167] 견해가 있다.

우리 헌법의 경우 제37조 제2항에서 일반적 법률유보에 관해 규정하고 있어 독일기본법이나 일본헌법의 해석을 둘러싼 기본권의 내재적 한계의 논의는 별 의미가 없고[168] 따라서 재산권의 사회구속성에 있어 공공복리와 기본권의 내재적 한계로 논의되는 일반공동체유보, 타인의 권리, 헌법질서, 도덕률 또는 공공복리와의 관계는 별로 문제가 되지 않는다. 문제는 헌법 제37조 제2항의 국가안전보장, 질서유지, 공공복리개념과의 관계이다. 이에 관해서 앞에서 본 해석을 추론하면 다음과 같은 해석이 가능하다. 즉 첫째, 제37조 제2항의 국가안전보장, 질서유지, 공공복리와 제23조 제2항의 공공복리는 동일한 범주의 것이며 제23조 제2항은 주의적 규정에 불과하다는 해석과,[169] 둘째, 제37조 제2항과 제23조 제2항의 공공복리는 다른 개념이며 따라서 재산권의 제한은 타 기본권의 제한보다 더욱 광범위할 수 있다는 해석이다.

생각건대 제23조 제2항을 규정하는 의미는 ① 제23조 제1항 2문과 결합하여 법률이 재산권제한적 의미뿐 아니라 형성적 의미도 가진다는 점에서 공공복리에 의한, 사회정의에 맞는 재산권의 형성이 입법자에게 의무지워진다는 점, ② 근대 입헌주의하에서 형성되었던 신체의 자유, 정신적 자유, 재산의 자유의 삼위일체적 인권구성이 무너지고 재산권 중 자본주의적 재산권은 열위의 권리로 전락하고 따라서 국가의 사회경제정책에 의해서도 제한될 수 있는 권리로 되었다는 점을 표현하는 데 있다고 생각된다. 이렇게 보면 재산권의 사회구속성에 관한 헌법 제23조 제2항은 다른 기본권의 경우와는 다른 의미를 포함하고 있다고 생각된다. 다만 제37조 제2항의 공공복리의 의미가 사회국가의 그것을 의미하고 그에 의한 제한이 특히 경제적 자유권에만 타당하다고 이해한다면 굳이 제23조 제2항의 공공복리와 제37조 제2항의 국가안전보장, 질서유지, 공공복리를 달리 이해해야 할 필요는 없다고 생각된다. 다만 유의해야 할 것은 모든 재산에 대해 획일적인 공공복리개념에 의한 제한을 논의할 것이 아니라 재산의 종류에 따라, 예컨대 작은 재산의 경우에는 다른 자유권의 경우와 동일한 범주의 공공복리개념에 의한 제한이 그리고 큰 재산에 대해서는 다른 자유권보다 넓은 의미의 공공복리개념에 의한 제한이 주로 문제된다.

(다) 공용수용에 있어 공공필요와의 관계

우리 헌법 제23조 제3항은 보상을 요하는 재산권의 수용·사용·제한의 목적으로서 공공필요를 규정하여 독일기본법의 경우 제14조 제3항이 사회구속성의 목적과 같은 공공복리란 용어를 사용한 것과 다소 다르다. 행정법학자들이 복리행정법상의 물적 공용부담으로서 취급하는 공용수용·사용·제한에 있어서의 공공필요는 경찰, 재정, 국방상의 목적을 배제한 복리목적을

---

166) 박일경, 신헌법학원론, 1986, 216f.

167) 안용교(주 23), 257ff.

168) 최대권, "기본권의 제한 및 한계에 관한 연구," 서울대 법학 제22권 3호(1981), 163; 허영(주 40), 125.

169) 최대권(전주), 164, 166.

위한 것을 의미하나 헌법 제23조 제3항의 그것은 반드시 이에 한정되는 것이 아니고 보상을 요
하는 재산권침해의 포괄적인 목적개념을 의미하므로 반드시 복리목적을 위한 것에 한정되지는
않는다. 그러면 이러한 보상의무있는 일체의 재산권침해를 넓은 의미에서 공용수용이라 하는
경우 이의 목적개념인 공공필요와 사회구속성에 있어 공공복리개념의 차이는 무엇인가가 문제
되는데 이에는 두 가지 측면에서의 논의가 있다. 즉 하나는 공익의 요구정도라는 점에서, 또 하
나는 공익의 범위라는 점에서 논의된다.

먼저 공익의 요구정도라는 점에 대해 독일의 경우 이익형량의 입장에서 공익의 요구정도
와 비례의 원칙과 관련하여 이를 파악하는 견해가 있었다. 즉 연방헌법재판소는 임차인의 지위
제한이 "공익의 정당한 근거가 있고 비례성의 원칙을 침해하지 않았으며 법치국가적 통제가 유
지되었으므로" 허용된다고 판시하였는데[170] 이는 공익이 사회구속성의 전제일 뿐 아니라 비례
의 원칙에 따라 공익에 의한 제한이 이루어진 경우에는 사회구속성이 인정된다는 것을 의미하
는 것이다.[171]

그러나 이에 대해 사회구속성에도 수용에도 전제가 되는 것은 기본법 제14조에 의해 공공
복리인 것이 명백한 이상 이러한 공통개념에 의해 양자를 구별하는 것은 불가능하다는 입장이
있다.[172] 즉 만약 이처럼 공공복리개념을 두 가지로 인정하는 경우 수용에 있어 요청되는 공익
은 사회구속성에 대한 것보다 강렬하다는 것으로 이해하거나 아니면 공익의 요구정도를 공용
수용과 사회구속성의 구별, 즉 보상여부 및 정도에 고려한다는 것을 의미하는 것이 되는데 전
자의 경우는 수용이 사회구속성보다 제한정도가 더 크다는 말의 동어반복을 의미할 뿐이다.[173]
후자로 이해하는 경우 이는 개인의 이익보다 일반의 이익이 우월하다는 것을 의미하는 것이 되
는데 이는 사회공동체의 요구에 대한 사적 지위의 우월성이라는 재산권의 출발이념에 역행하
는 것이 된다고 한다.[174]

한편 이상과 같이 공익의 강도라고 하는 측면에서가 아니라 사유재산을 침해하는 행위의
성질, 즉 공익의 내용에 따라 수용과 경찰권의 행사로 나누어 전자의 경우는 보상을 요하나 후
자의 경우는 보상을 요하지 않는다고 보는 입장이 있다. 이는 주로 미국의 판례에서 수용(taking)
과 공적 규제(regulation)의 구별에 이용되었던 기준인데[175] 경찰권을 공공의 건강·도덕·안전
을 규제하는 제한으로 이해하나 그 범위가 확장되어 범위설정이 어려운 오늘날에 와서는 이러
한 구별기준은 소용이 없게 되었다.[176] 즉 수용과 경찰권에 의한 규제의 구별문제로서 자주 논

---

170) BVerfGE 18, 121, 132.

171) W. Leisner, a.a.O., S. 86f.

172) ebenda, S. 87ff.

173) ebenda, S. 88.

174) ebenda.

175) J. L. Sax, Taking and the Police Power, 74 Yale L.J. 36, 67; L. Orgel, Valuation under Eminent
Domain, vol. 1, 1953, 8.

176) L. Orgel, id, 8; Developments in the Law, Zoning, 91 Harv. L. Rev. 1427, at 1443.

의되는 지역지구제(zoning)에 관하여 미연방대법원은 초기에는 토지이용규제가 경찰권의 범위를 넘었다는 이유로 위헌판결하기도 하였으나 1928년 이후로는 이러한 판결을 찾아볼 수 없게 되었다.[177]

한편 일본헌법의 해석에 있어서도 제29조 3문에 의한 공용수용에 있어서의 "공공을 위하여" 사용한다는 개념을 어떻게 이해할 것인가를 둘러싸고 논의가 있다. 즉 일본의 통설은 이를 넓게 해석하여 이 말이 사유재산권을 개인의 사적 이익을 위하여 수용해서는 안된다는 것을 의미하는 것으로서 사회 전반의 복지를 포함하는 의미로 해석하고 반드시 물리적으로 공공의 사용을 위해서만 인정되는 것이 아니라 특정 개인이 수용자가 되어도 수용의 전체목적이 공공을 위한 것인 경우에는 이에 포함된다고 본다.[178] 반면 이를 특정의 공익기업을 위한 권리이전의 경우만을 가리키는 것으로 보아 사회구속성에 있어 "공공의 복지를 위하여"라는 말보다는 좁은 관념으로 보는 견해도 있다.[179]

생각건대 공용수용을 복리행정상의 그것에 국한하지 않고 앞에서 본 것처럼 그 개념을 확대하여 해석하면 공공복리의 개념적 광협으로 공용수용과 사회구속성의 구별을 시도하는 것은 타당치 않다. 즉 양자의 구별은 요건과 형식, 희생의 정도에 의해 이루어져야 할 것이다.

나. 재산권의 사회구속성의 내용

재산권의 사회구속성의 내용은 광범위하고 다양하다. 이러한 내용을 어떤 틀속에 넣어 정서하는 것은 매우 어렵고 또 무리이기도 하다. 다만 사회구속성의 내용을 체계적으로 이해하는데 도움이 된다는 점에서 이를 시도해 보는 것은 의미가 있다고 할 수 있다.

이와 관련한 몇몇 학자의 견해를 살펴보면 다음과 같다. 먼저 W. Friedman은 혼합경제하의 국가의 경제적 기능을 다음과 같이 분류한 바 있다.[180] 즉 ① 사회복지국가관념과 결부되어 있는 제공자로서의 국가(state as provider)의 기능, ② 외환통제, 수입통제 등 규제자(regulator)로서의 기능, ③ 기업가(en-trepreneur)로서의 기능, ④ 중재자(umpire)로서의 기능이 그것이다.

한편 블레이어(S. Breyer)는 시장에 대한 정부의 규제를 다음과 같이 세분하여 나열하였다.[181] 즉 ① 독과점의 통제, ② 부당이득의 통제, ③ 외부효과의 조정,[182] ④ 잘못된 정보의 교정, ⑤ 과당경쟁제한, ⑥ 국가, 보험회사 등 타인의 비용지불을 기화로 한 불필요한 또는 과다한 이용(이를 Breyer는 "도덕적 해이"(Moral Hazard)라 부르고 있다)제한, ⑦ 합리화를 위한 규제,

---

177) Developments in the Law, id. at 1443.

178) 最判 昭 28. 12. 23. 民集 7권 13호 1532의 栗山裁判官意見; 宮澤俊義, 前揭書, 408; 高原賢治, 29條 3項의 意味, 憲法學 3, 有斐閣双書, 1977, 27; 今村成和, 損失補償制度の研究, 有斐閣, 1968, 21.

179) 最判 昭 28. 12. 23. 民集 7권 13호 1535의 井上·嚴松 양재판관의 소수의견.

180) 볼프강 프리드만, 박수혁 역, 현대경제국가의 법원리, 법문사, 1986, 11ff.

181) Stephen Breyer, Analyzing Regulatory Failure: Mismatches, Less Restrictive Alternatives, and Reform, 92 Harv. L. Rev. 547, 552-560(1979).

182) 여기서 외부효과(Spillovers)의 조정을 위한 규제란 예컨대 철강공장의 매연배출로 인근 주민의 건강이 해를 입는다고 하는 경우 철강가격 결정에 있어 인근 주민의 피해를 조정하기 위한 비용(예: 공기정화장치비용)을 반영토록 규제하는 것을 의미한다.

⑧ 기타－불평등거래 및 희소상품에 대한 통제, 온정주의(Pateralism)가 그것이다. 또한 일본의
渡邊洋三은 재산권에 대한 국가의 개입을 ① 사적 이해의 조정이라는 관점에서의 국가의 개입
과, ② 경제적 시민사회 전체의 이익유지를 위한 국가의 개입으로 나누었고,[183] 뉘스겐스/부종
(Nüssgens/Boujong)은 내용적으로 세분하여 ① 토지재산권의 제한, ② 자연, 풍경, 기념물보호,
③ 공적 상린법에 의한 규제, ④ 공업법적, 경제질서적 조치, ⑤ 사인의 청구 및 권리의 제한,
⑥ 경찰위반적·공동체침해적 재산권제한으로 나누어 설명한다.[184]

    생각건대 재산권의 사회구속성을 그 이론적 기초와 관련하여 이해하는 경우 명확히 구별
되는 것은 아니지만 다음과 같이 세 가지 차원의 것으로 나누어 볼 수 있을 것이다. 즉 첫째는
자유방임국가에 있어서도 인정된 재산권의 제한으로서 타인의 권리나 사회질서를 해치는 경우
에 인정되는 제한이다. 이에는 소극적 목적의 경찰법상의 제한만이 포함되고 복리행정상의 재
산권제한은 여기에 속하지 않는다. 둘째는 신자유주의, Keynes주의에 기초한 것으로 시장기구
의 자동적 조절기능이 수행되지 않는 경우 완전경쟁의 조건을 실현하고 시장의 원래의 기능을
회복시켜 수요와 공급의 균형을 이루도록 하고 자원의 효율성을 극대화하여 국가 전체의 부를
증진시키기 위하여 재산권을 제한하는 경우이다. 예컨대 독과점의 규제, 토지의 이용제한, 건축
제한, 공공재에 대한 규제 등은 이에 속한다. 셋째는 사회국가원리를 실현하기 위하여 부과하
는 재산권의 제한이다. 이것은 사회 전체의 부의 증진이나 효율성의 제고를 위해 재산권을 제
한한다기보다는 사회정의의 입장에서 사회적 갈등을 해소하고 국민 모두에게 인간다운 삶을
보장하기 위하여 개인의 재산권을 제한하는 것이다. 즉 누진과세, 생산수단 및 토지에 대한 재
산권의 광범위한 제한, 환경보전을 위한 제한 등이 이에 속한다고 할 수 있다. 첫째의 경우가
18－19세기적인 개념의 것이라 한다면 둘째와 셋째의 경우는 20세기적인 개념의 것이라 할 수
있으며 현대국가에 있어서 재산권의 사회구속성의 강화는 첫째의 경우에 둘째와 셋째의 그것
이 부가된 것을 의미한다.

    그리고 종래 행정법학자들의 행정법영역의 분류와 관련하여 사회구속성의 영역을 나누면
첫째의 경우는 질서행정 및 재무행정, 군사행정상의 재산권의 사회구속성을 그리고 둘째와 셋
째의 경우는 주로 복리행정상의 재산권의 사회구속성을 의미한다.

    다. 조세 및 부담금
    재산권의 사회구속성의 표현으로서 국민에게 반대급부없이 금전적 납부의무를 부과하는
경우로 조세와 부담금을 들 수 있는데 조세나 부담금의 부당한 부과는 재산권침해문제를 야기
한다.

---

  183) 渡邊洋三, 現代資本主義と基本的 人權, 基本的 人權 I , 221.
  184) Nüssgens/Boujong, a.a.O., S. 70ff.

(1) 조   세[185]

헌법 제38조는 국민의 납세의 의무를 규정하고 있다. 그러나 조세는 개인에게 재산적 부담을 지우는 것이어서 재산권을 제한하는 측면을 가지며 부당한 과세는 재산권침해를 초래할 수 있다. 그런 점에서 헌법 제59조는 조세법률주의를 규정하여 국가의 부당한 과세권행사로부터 국민의 재산권을 보장하려 하고 있다.

과거 조세와 재산권보장에 관해서는 조세부과가 재산권보장과 관계가 없으며 재산권을 침해하지 않는다는 견해가 있어 왔다. 이러한 견해는 국가의 재정고권에 의한 과세는 재산권침해가 될 수 없고, 재산은 재산권보장의 대상이 되지 않는다는 논리에 기초한 것이었다. 그러나 지금은 조세는 재산권의 제한이며, 부당한 과세는 재산권침해가 된다는 것이 지배적 견해라 할 수 있다. 헌법재판소도 "租稅의 부과·징수는 국민의 납세의무에 기초하는 것으로서 원칙으로 財産權의 침해가 되지 않지만 그로 인하여 納稅義務者의 私有財産에 관한 이용, 수익, 처분권이 중대한 제한을 받게 되는 경우에는 그것도 財産權의 침해가 될 수 있다"[186]고 하였다. 또한 "조세의 부과·징수로 납세의무자의 사유재산에 대한 이용·수익·처분의 권한이 중대한 제한을 받게 되는 경우 재산권의 침해가 될 수 있으므로(헌재 1997. 12. 24. 96헌가19등, 9-2, 762(773)), 국가가 공익 실현을 위하여 조세를 부과·징수함에 있어서는 재산권의 본질적 내용인 사적 유용성과 처분권이 납세자에게 남아 있을 한도 내에서만 조세부담을 지울 수 있으며, 짧은 기간에 사실상 토지가액 전부를 조세의 명목으로 징수하는 셈이 되어 토지재산권을 무상으로 몰수하는 효과를 초래하여서는 아니된다"[187]고 하였다.

그리하여 헌법재판소는 "토초세법상 여러 과세기간에 걸쳐 장기간 토지를 보유하는 경우, 전체 보유기간 동안의 지가의 변동상황에 대처함에 있어서는 아무런 보충규정도 두고 있지 않은 결과 장기간에 걸쳐 지가의 앙등과 하락이 반복되는 경우에 최초 과세기간개시일의 지가와 비교할 때는 아무런 토지초과이득이 없는 경우에도, 그 과세기간에 대한 토초세를 부담하지 않을 수 없는 불합리한 결과가 발생할 수 있게 되고, 이는 토초세 과세로 인하여 원본 자체가 잠식되는 경우로서, 수득세인 토초세의 본질에도 반함으로써 헌법 제23조가 정하고 있는 사유재산권보장취지에 위반된다"[188]고 하였고, "이 사건 주택분 종합부동산세 부과규정은, … 이와 같은 주택 보유의 정황을 고려하지 아니한 채 다른 일반 주택 보유자와 동일하게 취급하여 일률적 또는 무차별적으로, 그것도 재산세에 비하여 상대적으로 고율인 누진세율을 적용하여 결과적으로 다액의 종합부동산세를 부과하는 것이므로, 그 입법 목적의 달성에 필요한 정책수단의 범위를 넘어 과도하게 주택 보유자의 재산권을 제한하는 것으로서 피해의 최소성 및 법익 균형

---

185) 조세관련 재산권제한문제에 대해서는 이장희, "조세관련 재산권제한의 위헌심사기준," 공과금부과와 위헌심사, 헌법재판연구원(2012), 1 이하 참조.
186) 헌재 1997. 12. 24. 96헌가19 등, 9-2, 762(762-762).
187) 헌재 2001. 2. 22. 99헌바3 등, 13-1, 226(245-245).
188) 헌재 1994. 7. 29. 92헌바49 등, 6-2, 64(66-66).

성의 원칙에 어긋난다고 보지 않을 수 없다"[189)고 한 바 있다.

반면 "지방세법 제234조의16 제1항에 규정된 종합합산과세의 세율은, … 재산권의 본질적 내용인 사적 유용성과 원칙적인 처분권한을 여전히 토지소유자에게 남겨 놓는 한도 내의 재산권제한이고, 현재와 같이 과세표준현실화율이 낮은 상태에서는 매년 종합토지세를 부과한다 하더라도 짧은 기간 내에 사실상 토지가액 전부를 조세 명목으로 징수함으로써 토지재산권을 무상으로 몰수하는 효과를 가져오는 것도 아니므로 재산권의 본질적 내용이 침해된다거나 국민의 재산권을 비례성원칙에 위반하여 과도하게 침해하는 것이라 할 수 없다"고[190) 한 바 있다.

(2) 부 담 금[191)

부담금은 "인적 공용부담의 일종으로서 국가 또는 공공단체가 특정한 공익사업과 특별한 관계에 있는 자에 대하여 그 사업에 필요한 경비를 부담시키기 위하여 과하는 금전지급의무"를 말하며 "공익사업과의 관계가 어떤 것인지에 따라 수익자부담금·원인자부담금 및 손상자부담금으로"[192) 나누어지나 근래에는 전통적 부담금과는 성격을 달리 하는 특별부담금이 많이 나타나고 있다. 조세가 국가나 지방자치단체의 재정을 위하여 모든 국민을 대상으로 그 담세능력에 따라 부과하는 것인데 대해 부담금은 부과목적에 대해 특별한 관련성을 가진 제한된 이해집단에 부과하는 것이라는 점에서 다르다. 조세에 대해서는 헌법적 근거가 있으나 부담금부과에 대해서는 헌법상 명시적 근거규정이 없다. 그런 점에서 자칫 부담금부과는 자칫 조세법률주의나 조세평등주의와 재산권보장을 침해할 위험이 있다.

그래서 헌법재판소는 "특별부담금을 부과함으로써 국민의 재산권을 제한하는 법률규정이 헌법에 위배되지 않기 위하여는 헌법 제37조 제2항에서 정하고 있는 과잉금지의 원칙이 지켜져야 하고, 평등의 원칙에 위배되어서는 아니됨은 물론이다. 특히 조세유사적 성격을 지니고 있는 특별부담금의 부과가 과잉금지의 원칙과 관련하여 방법상 적정한 것으로 인정되기 위해서는, 이러한 부담금의 부과를 통하여 수행하고자 하는 특정한 경제적·사회적 과제에 대하여 특별히 객관적으로 밀접한 관련이 있는 특정집단에 국한하여 부과되어야 하고, 이와 같이 부과·징수된 부담금은 그 특정과제의 수행을 위하여 별도로 지출·관리되어야 하며 국가의 일반적 재정수입에 포함시켜 일반적 국가과제를 수행하는 데 사용하여서는 아니된다고 할 것이다(헌재 1998. 12. 24. 98헌가1, 10-2, 819(830-831) 참조). 부담금의 수입이 반드시 부담금의무자의 집단적 이익을 위하여 사용되어야 한다고는 볼 수 없으나, 부담금의무자의 집단적 이익을 위하여 사용되는 경우에는 부담금부과의 정당성이 제고된다고 할 것이다"[193)라고 하였다.

---

189) 헌재 2008. 11. 13. 2006헌바112 등, 20-2하, 1(3-4).
190) 헌재 2001. 2. 22. 99헌바3 등, 13-1, 226(227-227).
191) 부담금관련 위헌문제에 대해서는 손상식, "부담금관련 위헌심사기준," 공과금부과와 위헌심사, 헌법재판연구원(2012), 81 이하 참조.
192) 헌재 2002. 9. 19. 2001헌바56, 14-2, 304(314-315).
193) 헌재 1999. 10. 21. 97헌바84, 11-2, 433(453-454).

또한 헌재 2003. 12. 18. 2002헌가2결정에서 4인의 재판관은 "특별부담금은 조세의 납부의무자인 일반국민들 중 일부가 추가적으로 부담하는 또 하나의 공과금이므로 국민들 사이의 공과금 부담의 형평성 내지 조세평등을 침해하지 않기 위해서는 특별부담금은, 일반인과 구별되는 동질성을 지니어 특정집단이라고 이해할 수 있는 그러한 사람들에게만 부과되어야 하고(집단의 동질성), 특별부담금의 부과를 통하여 수행하고자 하는 특정한 경제적·사회적 과제와 특별히 객관적으로 밀접한 관련성이 있어야 하고(객관적 근접성), 그리하여 그러한 과제의 수행에 관하여 조세외적 부담을 져야 할 책임이 인정될만한 집단에 대해서만 부과되어야 할 것이며(집단적 책임성), 특별부담금의 수입이 특별부담금 납부의무자의 집단적 이익을 위하여 사용되어야 할 것(집단적 효용성)이다(헌재 1998. 12. 24. 98헌가1, 10-2, 819(830-831); 1999. 10. 21. 97헌바84, 11-2, 433(453-454); 2003. 1. 30. 2002헌바5, 15-1, 86(101) 참조). 다만 재정충당목적의 특별부담금인 경우 구체적인 사안별로 위와 같은 헌법적 정당화 요건은 일정 부분 완화될 수도 있지만 적어도 객관적 근접성과 집단적 책임성은 특별부담금의 본질적인 허용요건이라고 보아야 할 것이다. 나아가 재정충당목적이 전혀 없는 순전한 유도적 특별부담금인 경우와, 재정충당의 목적과 유도의 목적이 혼재된 특별부담금의 경우에는 구체적인 사안별로 위와 같은 헌법적 정당화 요건은 일정 부분 요청되지 않을 수도 있을 것이다"194)라고 하였다. 이는 독일연방헌법재판소가 특별분담금부과가 정당화되기 위한 요건으로 제시한 a) 집단적 동질성(Gruppenhomogenität), b) 객관적 근접성(Sachnähe), c) 집단적 책임(Gruppenverantwortung), d) 집단적 효용성(Gruppennützigkeit)의 요건을 수용한 것이다.195)

VI. 공용수용·사용·제한과 보상

1. 공용수용·사용·제한의 개념

가. 독일에서의 수용개념의 변천

공용수용개념은 독일의 경우 많은 변화를 거쳤다. 즉 19세기 후반의 이른바 고전적 공용수용개념(die sog. klassische Enteignung)은 바이마르 시대 이후 광범위하게 확장되었고 바이마르헌법 제153조와 독일기본법 제14조의 차이에 따라 부분적으로 변화가 있긴 하나 이러한 공용수용개념의 확장은 독일기본법에서도 인정되었다.

고전적 공용수용은 법률에 근거한 행정행위에 의하여 토지소유권을 공공복리를 위해 공기업에 양도하는 것으로 이에 대해서는 반드시 완전보상이 되어야 하는 것으로 이해되었다.196) 이

---

194) 판례집 15-2하, 367(380-381).
195) 이에 관해서는 손상식(주 193), 122 이하; 허영(주 40), 589 참조.
196) W. Leisner, a.a.O., S. 17f.; F. Ossenbühl, a.a.O., S. 92; H. Maurer, a.a.O., S. 533.

러한 고전적 공용수용개념은 다음과 같은 몇 가지 요소로 특징지을 수 있다.[197] 즉 ① 공용수용
의 대상은 토지소유권이나 특수 물권만이 될 수 있었고, ② 법적 형식으로는 수용된 재산권의
이전이 있어야 하였으며 재산권의 이전 없는 수용은 인정되지 않았다. ③ 공용수용은 공공복리
를 위한 것이어야 하고, ④ 법률에 근거한 행정행위에 의하여 행해지며 법률에 의한 수용은 인
정되지 않았으며, ⑤ 반드시 완전보상을 하여야 하였다. 이렇게 공용수용개념이 좁게 이해됨
에 따라 재산권의 사회구속성 범위가 상대적으로 확대되어 있었다고 할 수 있다. 즉 토지 외
에는 국가적 침해가 재산권의 범위와 내용에 관한 것으로 허용되는 것으로 보아 보상의무가
없다고 보았으며 또 입법에 의한 재산권의 제한은 개별행위설(Einzelaktstheorie)에 따라 사회구
속성으로 이해하였다. 또 소유권이전이 없는 재산권의 제한도 공용수용으로는 보지 않았다.[198]

　　그러나 그 뒤 바이마르 시대에 들어와 공용수용의 개념은 다음 몇 가지 점에서 확장을 보
게 되었다. 즉 첫째, 공용수용의 객체가 토지소유권뿐만 아니라 모든 재산가치 있는 사권에까
지 확장되었다. 이러한 재산권관념의 확장은 산업사회의 발전에 따라 토지소유권 이외의 재산
권이 경제질서와 개인의 생존에 있어 차지하는 중요성이 증대함에 따라 필연적인 것이었다고
할 수 있다. 둘째는 법률에 의한 수용이 인정되었다. 이러한 변화는 의회도 지켜야 하는 규범적
기준이 헌법에 규정되었고 또 보통 공용수용을 내용으로 담고 있는 위기입법(危機立法)이 강화
됨에 따라 법률에 의한 공용수용을 인정하는 것이 가능하고 또 필요한 것이 되었다는 점에 기
인하였다. 이리하여 라이히 최고재판소는 공용수용이 반드시 행정행위에 의할 필요는 없다고
판시하였다.[199] 셋째로, 소유권의 이전이 없는 경우에도 공용수용이 인정되게 되었다.[200] 이에
따라 재산권의 전부 또는 부분적 박탈뿐만 아니라 단순한 제한까지도 공용수용이 될 수 있게
되었다. 그 밖에 이제까지는 어떤 특정 공기업을 위해서만 공용수용이 인정되었으나 이제는 이
러한 단순한 제한도 공용수용이 될 수 있게 됨에 따라 공익을 위해 일반적으로 공용수용이 가
능하게 되었다.

　　이러한 공용수용개념의 확장은 사회구속성과의 구별에 관한 몇 가지 기준, 예컨대 그 대
상, 법적 형식, 침해형태 등의 기준의 가능성을 배제하였다.

　　독일기본법의 경우 재산권보장의 기본구조는 대체로 바이마르 헌법과 유사하다. 다만 결
합조항(Junktimklausel)에 의해 공용수용에 대한 보상규정이 더욱 엄격하여 보상규정 없는 공용
수용의 가능성이 없어졌고 법원의 통제 없는 수용이 금지되었으며, 바이마르 헌법시대에 판례
에 의해 인정되던 법률에 의한 수용이 명문으로 규정되었다.[201] 다만 보상액은 이익형량조항

---

197) F. Ossenbühl, a.a.O., S. 92.
198) W. Leisner. a.a.O., S. 17ff.
199) RGZ 103, S. 201 f.; 109, S. 301(318); 111, S. 320(325, 328); 116. S. 268(272).
200) RGZ 103, S. 200(201f.); 105, S. 251(253); 107, S. 261(270); 108, S, 252; 109, S. 310(318); 111, S. 226; 112,
　　S. 191; 116, S. 268.
201) H. P. lpsen, Enteignung und Sozialisierung. VVDStRL 10, S. 78; W. Rüffner, a.a.O., S. 480; H. Maurer,
　　a.a.O., S. 535.

(Abwägungsklausel)에 의해 상당보상을 규정했던 바이마르 헌법 제153조 제2항보다 유연해졌다. 이러한 규정의 변화는 대체로 바이마르 헌법시대의 라이히 최고재판소의 판례를 수용한 것이므로 공용수용개념은 바이마르 시대와 같은 방향으로 확대·심화되었다고 할 수 있다. 즉 공용수용의 대상이 되는 재산권은 1952년의 연방일반최고법원의 판결에 의해 모든 재산 가치 있는 권리를 포함하는 것으로 이해되었다.[202] 여기에는 물권뿐만 아니라 채권이나 주식, 저작권과 같은 권리도 포함되며 종래 공용수용과 관련하여 문제가 되지 않았던 공법적 지위(öffentlichrechtliche Rechtsposition)에까지 미치기에 이르렀다. 그리고 법률에 의한 수용이 인정됨에 따라 후술하는 바와 같이 종래 라이히 최고재판소의 개별행위설(Einzelaktstheorie)은 특별희생설(Sonderopfertheorie)로 발전을 보게 되고 실질적 기준을 통해 수정되었다.

그러나 헌법규정의 변화보다 더욱 중요한 것은 독일기본법시행 이후의 연방일반최고법원의 판례에 의한 변화라 할 수 있다.[203] 즉 동 법원은 1952. 6. 10의 판결에서 수용유사침해(Enteignungsgleicher Eingriff)와 수용적 침해(enteignender Eingriff)에 대한 보상을 인정하였다. 연방일반최고법원은 독일기본법에 있어 달라진 헌법규정에도 불구하고 고전적 수용개념으로의 회귀를 거부하고 주관적 공권도 재산권보장대상에 포함시키고, 재산권에 대한 위법적 침해에 대한 수용적 보상을 인정하여 수용개념을 확장하였다. 즉 그 효과에 있어서는 수용과 유사하나 위법적 침해에 대해서도 합법적 수용의 경우와 같이 보상청구가 허용되어야 한다고 하여 보상은 침해가 합법적이든 위법적이든 관계없이 인정되어야 한다고 하였다.[204]

그러나 연방일반최고법원의 판례를 통해 발전해 온 이러한 포괄적 청구권(Auffangsanspruch) 관념은 연방헌법재판소의 1981. 7. 15. 이른바 Nassauskiesung 판결(BVerfGE 58, 300)에 의해 그대로 유지될 수는 없게 되었다. 또한 연방헌법재판소는 이미 1968. 12. 18의 Hamburger Deichordnungsgesetz 판결에서 연방일반최고법원의 판례와는 달리 협의의, 형식적 수용개념을 채택한 바 있고 그 뒤 일련의 결정에서 이러한 협의의, 형식적 수용개념을 확립한 바 있다.

나. 현행헌법상 수용개념

현행헌법 제23조 제3항은 '공공필요에 의한 재산권의 수용·사용 또는 제한 및 그에 대한 보상은 법률로써 하되, 정당한 보상을 지급하여야 한다'고 하여 광의의 수용개념으로 재산권의 수용·사용·제한이란 표현을 사용하고 있다. 이 중 수용은 공공필요를 위하여 국가, 공공단체, 또는 사업주체가 개인의 특정 재산권을 강제로 취득하는 것을 의미하며, 사용은 공공필요를 위하여 국가, 공공단체, 또는 사업주체가 개인의 소유권 기타 재산권을 일시적으로 사용하는 것을 의미하며, 제한은 공공필요를 위하여 국가, 공공단체, 또는 사업주체가 개인의 재산권의 내용의 특정부

---

202) BGHZ 6. S. 281f.
203) W. Rüffner. a.a.O., S. 480.
204) Jochen Rozek, Die Unterscheidung von Eigentumsbindung und Enteignung-Eine Bestandsaufnahme zur dogmatischen Struktur des Art. 14 nach 15 Jahren, Naßauskiesung, 1998, S. 101.

분을 행사할 수 없게 하는 것을 의미한다. 그런 점에서 현행헌법은 보상을 하여야 하는 재산권침해로서 광의의 공용수용개념을 채택하고 그 구체적 내용으로 수용·사용·제한을 들고 있다. 그런 점에서 독일에서 발전한 협의의, 형식적 수용개념은 우리 헌법하에서는 인정될 수 없다.

2. 사회구속성과 공용수용의 체계

공용수용과 '재산권의 내용과 한계규정(사회구속성)'의 체계와 손실보상규정을 결여한 수용적 재산권제한의 문제에 대하여 많은 논란이 있다. 이 문제는 재산권보장의 법적 성격, 결합조항의 문제, 수용유사침해의 인정 문제, 조정의무있는 재산권의 내용규정문제, 보충적 보상규정문제, 헌법재판소와 법원, 국회간의 권한분배문제 등을 포함하는, 대단히 복잡하고 종합적 판단을 요하는 문제이다.

가. 과거 독일연방일반최고법원(BGH)의 경계이론

과거 독일기본법상 재산권분야에 있어서는 오랫동안 연방일반최고법원이 중요한 역할을 담당하였고 그 판례를 통하여 수용과 재산권의 사회구속성, 손실보상 등에 큰 영향을 미치는 결정을 많이 하였다. 이러한 독일연방일반최고법원의 판례를 통해 발전한 이론을 경계이론(Schwellentheorie) 또는 전환이론(Umschlagtheorie)이라 한다.

경계이론은 기본법 제14조 제3항의 공용수용과 제14조 제1항 2문의 내용 및 한계규정 내지 제2항의 사회구속성은 본질에 있어 다르지 않고 재산권자에 대한 효과, 즉 침해의 정도에 따라 구별된다고 보고 재산권의 내용과 한계규정이 특별희생을 주는 경우 수용이 된다고 보는 이론이다. 이 이론에 의하면 양자를 구별하는 결정적 기준은 특별희생이며 재산권침해가 헌법과 법률에 의해 허용되는지, 손실보상에 관해 법률의 규정이 있는지 여부는 문제되지 않는다. 따라서 그 효과에 있어서는 수용과 유사하나 위법적 침해에 대해서도 합법적 수용의 경우와 같이 보상청구가 허용되어야 한다고 하여 보상은 침해가 합법적이든 위법적이든 관계없이 인정되어야 한다고 하였다.[205] 이에 따라 수용유사침해나 수용적 침해가 인정되었다.

이러한 연방일반최고법원의 견해에 의하면 수용은 희생의 특수한 경우로서 기본법 제14조 제3항은 관습법상으로 인정되어온 희생청구에 대한 특별법이라 보며 보상규정을 두지 않은 특별희생의 경우에도 법원이 직접 기본법 제14조에 근거하여 손실보상을 인정할 수 있다고 한다. 이는 결과적으로 재산권보장의 의미를 가치보장으로 이해하는 것에 바탕하고 있으며 결합조항에 대해서는 별다른 의미를 부여하지 않은 것을 의미한다. 그래서 결합조항의 문제를 피하기 위하여 둔 구제적 보상조항(salvatorische Entschädigungsklausel)[206]은 기본법 제14조 제3항 2문

---

205) Jochen Rozek, Die Unterscheidung von Eigentumsbindung und Enteignung-Eine Bestandsaufnahme zur dogmatischen Struktur des Art.14 nach 15 Jahren, Naßauskiesung, 1998, S. 101.

206) 소위 구제적 보상규정(salvatorische Entschädigungsklausel)은 수용이 되는 경우에 대비하여 일반적 보상규정을 규정하는 것으로 예컨대 "이 법에 기한 처분이 수용적 효과를 가지는 경우 금전으로 적정한 보상이 주어져야 한다"고 규정하는 것을 말한다. 구제적 보상조항은 연방일반최고법원의 확장된 수용개념에서

과도 합치되는 조항으로 보았다(그러나 연방일반최고법원의 입장에서는 수용의 합법성은 원래 보상의 전제가 되지 않기 때문에 이러한 조항의 유효성은 별로 의미가 없었다).

나. 분리이론의 등장과 그 내용

그러나 연방일반최고법원의 판례를 통해 발전해 온 이러한 포괄적 청구권(Auffangsanspruch) 관념은 연방헌법재판소의 1981. 7. 15. 이른바 자갈채취판결(BVerfGE 58, 300)에 의해 그대로 유지될 수 없게 되었다. 연방헌법재판소는 자갈채취판결판결에서 종래의 연방일반최고법원의 판례가 취해온 입장을 부인하고 기본법 제14조 제1항 2문의 내용 및 한계규정 내지 제2항의 사회구속성과 수용을 전혀 다른 기능을 수행하는 제도로 이해하였다(분리이론: Trennungstheorie).[207]

그리하여 양자는 본질적으로 동질적 법적 제도가 아니라 전혀 다른 기능을 수행하기 위한 제도로서 '내용규정, 입법수용, 그리고 행정수용은 기본법이 명백히 구분하여 놓은 독립적 법제도'라고 하였다.[208] 연방헌법재판소는 기본법 제14조 제1항 2문에 따른 내용 및 한계규정을 '입법자에 의해 헌법상 재산권으로 이해되어야 하는 법익으로 판단된 권리와 의무에 대한 일반적이고 추상적 규정'으로 정의하고[209] 그 목적은 재산권의 내용을 법률의 효력발생에 따라 장래를 향하여 일반적 형태로 규정하는 것으로 보았다.[210] 그에 대해 수용에 대해서는 형식적 수용 개념을 채택하여 수용의 본질적 징표는 개인의 재산권에 대한 국가적 침해로서 기본법 제14조 제1항 1문에 의해 보장된 구체적, 주관적 법적 지위의 완전한 또는 부분적 박탈(Entziehung)을 목적으로 한다고 보았다.[211]

그래서 연방헌법재판소는 내용 및 한계규정과 수용과의 구별기준으로 가) 형식적 기준으로서 수용은 구체적이고 개별적인 데 반하여 내용 및 한계규정은 추상적이고 일반적이며, 나) 구체적 목적에 의한 구별기준으로서는 수용은 완전한 또는 부분적인 법적 지위의 박탈인데 반하여 내용 및 한계규정은 장래에 있어 재산권적 권리와 의무에 관한 객관적이고 법적인 규범화라는 점을 들었다. 그런 점에서 내용 및 한계규정은 규정행위(Definitionsakt)라 한다면 수용은 박탈행위(Entzugsakt)라 할 수 있다. 말하자면 형태와 목적설정에 의해 수용 여부가 정해지는 것이지 재산권침해의 정도와 질이 이를 결정하는 것이 아니라는 것이다. 그래서 기본법 제14조 제1항 1문에 의해 보장된 법적 지위의 구체적, 개별적 박탈로서 수용은 재산권자의 추상적, 일

비롯된 것이며 H. Maurer의 지적처럼 헌법규정과 실제상의 어려움 사이의 탈출구로 역할하나(H. Maurer, Allgemeines Verwaltungsrecht, 2000, S. 707) 결합조항에 맞지 않다고 할 수 있다.

207) 분리이론과 경계이론의 국내소개에 관해서는 최갑선, 헌법 제23조 1항 2문에 의거한 재산권의 내용 및 한계규정, 심천 계희열박사 화갑기념논문집, 279 이하; 한수웅, "재산권의 내용을 새로이 형성하는 법규정의 헌법적 문제," 저스티스 제32권 2호(1999), 30; 정하중, "헌법상의 재산권보장체계에 있어서의 경계이론과 분리이론," 서강법학연구 제5권(2003), 57이하; 정혜영, "한국헌법 제23조와 독일분리이론에 의한 그 해석 가능성," 공법연구 제33집 제4호(2005), 6, 237 이하 참조.

208) BVerfGE 58, 300, 331f; 이에 관해서는 J. Rozek, a.a.O., S. 21 참조.

209) BVerfGE 52, 1, 27f; 58, 137, 144f; 58, 300, 330; 70, 171, 200.

210) BVerfGE 52, 1, 27; 58, 137, 144f; 58, 300, 330.

211) BVerfGE 82, 201 211; 79, 174, 191.

반적 권리, 의무를 규정하는 내용 및 한계규정이 될 수 없으며, 수용은 내용규정에 대하여 양적
으로 더 많은 것이 아니라 질적으로 다른 것이라고 보았다. 말하자면 내용규정은 기본법 제14
조 제1항 1문에 의해 재산권으로 보장되는 법적 지위를 정하고 수용은 이렇게 보장된 법적 지
위를 최종적으로 박탈하는 것이다.

       이러한 연방헌법재판소의 분리이론은 재산권관련 입법과 보상에 대한 입법자의 판단의 존
중과 재산권보장에 있어 가치보장보다 존속(현상)보장이 우선한다는 점, 결합조항의 준수, 그리
고 헌법재판소의 법률의 위헌여부에 대한 독점적 심사권에 기하여 위헌적 재산권침해를 규정
하는 법률에 대해 일반법원이 보상판결을 통해 해결하는 것은 허용되지 않는다는 점 등을 고려
한 이론이라 할 수 있다.

       이러한 논리에 따라 연방헌법재판소의 판례는 기본법 제14조의 재산권보장의 내부적 체계
에 따라 재산권에 관한 법률을 다음과 같은 세 가지 경우로 구별하였다.[212] 즉 ① 재산권의 내
용과 한계를 규정하는 법률, ② 직접적으로 공용수용을 규정하거나(Legalenteignung) 특정 요건
하에서 행정행위를 통해 공용수용을 인정하는 법률, ③ 기본법 제14조 제1항 2문에 따른 재산
권의 내용과 한계규정이지만 소유자에게 비례원칙에 위반하여 과도한 부담을 주는 경우로서
공용수용을 예견하지 않아 보상규정을 포함하지 않는 법률이라는 세 가지 경우이다. ①의 경우
는 사회구속성을 의미하며 이는 독일기본법 제14조 제1항 2문과 제2항에서 나오는 것이다. 다
음으로 ②의 경우는 바로 공용수용을 의미하며 기본법 제14조 제3항에 근거한 것이다.

       반면 ③의 경우는 일반적으로는 보상없이 제한할 수 있는 경우에 해당하나 특수한 예외
적인 경우 비례성의 원칙에 위배하여 재산권자에게 과도한 부담을 줌으로써 헌법상 재산권
보장을 침해하여 위헌인 경우이다. 이러한 예외적 경우가 소위 '조정의무있는 내용규정'(die
ausgleichspflichtige Inhaltsbestimmung)의 문제이다.

       이러한 조정의무있는 내용규정은 재산권의 내용과 한계를 새로이 규정하는 법률규정에 따
라 의도하였든, 하지 않았든 이제까지 보장되어온 법적 지위를 비례에 맞지 않게 제한하여 비
례성을 회복하기 위하여서는 조정이 예정되어야 하는 경우를 말한다.[213] 이러한 비례적 조정은
특수한 경과규정에 의한 것 외에도 금전적 보상도 있다.[214] 이러한 조정의무 있는 내용규정에
관해서는 연방일반최고법원의 광의의 수용개념을 형식적으로는 포기하면서 실질적으로는 기본
법 제14조 제1항 2문의 영역에서 부활시키는 것이 아닌가 하는 비판이 있다. 왜냐하면 언제 과

---

212) BverfGE 58, 300, 324.

213) F. Ossenbühl, Staatshaftungsrecht, 1998, S 181.

214) 이 점에 관해 연방헌법재판소는 이미 1981. 7. 14의 납본판결((Pflichtexemplarentscheidung)에서 내용규정
    으로서 헷센주 출판법(Pressegesetz)의 납본규정을 일정 경우에 관계인에게 기대할 수 없는 재산적 부담을
    주고도 보상가능성을 예정하지 않아 위헌이라고 판결한 바 있다. BVerfGE 58, 137, 144ff; 이 점에 관해 연
    방헌법재판소가 기본법 제14조 제1항 2문으로부터 보상의무를 과잉금지와 평등원칙에서 나온 사상으로부
    터 추론해 낸 1980년의 Schulze Osterloh, Das Prinzip der Eigentumsopferentschädigung im Zivilrecht
    und im öffentlichen Recht, 1980, S. 235ff의 생각을 차용한 것이라는 지적이 있다(J. Rozek, a.a.O., S. 77).

도한 부담이 인정되는가 하는 문제는 결국 과거에 수용과 사회구속성에 관한 구별기준에 의해 판단되기 때문이며 침해의 중요성, 정도, 기간에 비추어 침해가 피해자에게 기대가능한가가 기준이 되어 결국 구별기준으로 실질적으로 '특별희생'에 의해 판단하게 될 것이기 때문이다.[215] 그러나 조정의무 있는 내용규정은 연방헌법재판소의 수용에 관한 판례를 보완하는 것이라는 점에서 인정되어 왔고[216] 연방헌법재판소는 1999. 3. 2 판결에서 이를 인정하고 재산권의 내용과 한계를 정하는 법률규정이 소유권자에게 그러한 재산권제한을 피하기 위한 아무런 예방조치 없이 과다한 부담을 지우는 경우 기본법 제14조 제1항과 합치하지 않는다고 하였다.[217]

이처럼 재산권자에게 비례원칙에 위배하여 과다한 부담을 주는 재산권내용규정법률은 위헌이며 그에 의한 침해에 대해서는 구제가 인정되나 연방일반최고법원 판결과는 달리 연방헌법재판소는 이러한 경우 피해자가 재산권침해의 취소청구와 보상 중 어느 한쪽을 선택할 수 있는 권리가 있는 것은 아니라고 하였다.[218] 즉 1차적으로는 행정법원에 가서 권리구제를 청구하고 2차적으로 보상청구를 하여야 한다고 하였다. 따라서 민사법원(Zivilgerichte)이 행정법원에서의 1차적 권리보호를 우선적으로 청구할 것을 판결한다고 하여 기본법 제14조를 위배한다거나 원고의 기본권을 침해한 것은 아니라고 하였다.[219] 이러한 연방헌법재판소의 판례는 연방일반최고법원의 판례를 통해 인정된 수용유사침해나 수용적 침해에 대한 보상청구를 부인하고 공용수용의 개념을 축소시켰다.

다. 우리 헌법해석론

(1) 헌법재판소판례

헌법재판소는 1998. 12. 24. 89헌마214등(병합) 결정에서 기본적으로 분리이론에 기초한 결정을 한 바 있다. 즉 가) "이 사건 법률조항은 입법자가 토지재산권에 관한 권리와 의무를 일반·추상적으로 확정하는 규정으로서 법질서 안에서 보호받을 수 있는 권리로서의 재산권의 내용과 한계를 정하는 재산권을 형성하는 규정인 동시에 공익적 요청에 따른 재산권의 사회적 제약을 구체화하는 규정이기도 하다." 나) "이 사건법률조항에 의한 재산권제한은 … 예외적인 경우에도 아무런 보상 없이 이를 감수하도록 하고 있는 한 비례의 원칙에 위반되어 당해 토지소유자의 재산권을 과도하게 침해하는 것으로서 헌법에 위반된다.""입법자가 … 국민의 재산권을 비례의 원칙에 부합하게 합헌적으로 제한하기 위해서는 수인의 한계를 넘어 가혹한 부담이 발

---

215) 이에 관해서는 H. Maurer(2000), a.a.O., S. 717.
216) 이 점에 관해 조정의무 있는 내용규정을 통해 헌재의 수용판결이 보완된다고 하면서 재산가치 있는 법적 지위의 박탈을 의도한 고권적 법률행위에 한정한 기본법 제14조 제3항에 따른 보상의무 있는 수용과 동조 제1항 2문에 따른 보상의무 없는 내용 및 한계규정 간의 엄격한 선택만이 전부일 수 없으며 조정의무 있는 내용규정은 공적 이익을 위한 재산권제한과 다른 한편 그로 인해 야기되는 개별적 경우에 있어 특수한 부담을 조정하여야 한다는 점에서 탈출구를 제시해 준다고 평가하는 견해도 있다(H. Maurer(2000), a.a.O., S. 717).
217) NJW 1999, 2877.
218) 이러한 입장은 지금도 유지되고 있다(BVerfG NJW 2000, 1402 참조).
219) NJW 2000, 1402.

생하는 예외적인 경우에는 이를 완화하는 보상규정을 두어야 한다. 이러한 보상규정은 입법자가 헌법 제23조 제1항 및 제2항에 의하여 재산권의 내용을 구체적으로 형성하고 공공의 이익을 위하여 재산권을 제한하는 과정에서 이를 합헌적으로 규율하기 위하여 두어야 하는 규정이다. 다) "보상을 위한 입법의 형태, 보상의 대상과 방법 등도 선택의 여지가 다양하여 과연 어느 것이 가장 바람직하고 합리적인가의 선택은 광범위한 입법형성권을 가진 입법자의 과제로서 입법정책적으로 해결되어야 할 문제이지 헌법재판소가 결정할 성질의 것이 아니다"라고 한 것은 분리이론에 입각한 것을 보여주는 것이다. 이러한 입장은 1999. 10. 21. 97헌바26 결정 및 1999. 4. 29. 94헌바37외 66건(병합) 결정, 2005. 9. 29. 2002헌바84등(병합) 결정 등에서도 유지되었고 2003. 4. 24. 99헌바110등(병합) 결정에서 일부재판관의 의견에서도 그대로 유지되고 있다.

　　또한 1999. 1. 28. 97헌마9 결정에서는 "구 도시계획법 제21조에 의하여 개발제한구역으로 지정됨으로 인하여 재산권이 제한된 자에 대하여 정당한 보상을 지급하는 법률을 제정하지 아니한 것이 위헌이라는 헌법소원심판청구는 이른바 부진정입법부작위에 해당하는 것이므로 헌법소원의 대상으로 할 수 없는 입법부작위를 그 대상으로 한 것으로서 부적법하다"고 하여 헌법 제23조 제3항을 결합조항으로 이해하는 입장을 보이고 있다.

　　그러나 헌법재판소는 1998. 12. 24. 89헌마214등(병합) 결정에서 "이 사건 법률조항은 오로지 보상규정의 결여라는 이유 때문에 헌법에 합치되지 아니한다는 평가를 받는 것이므로 … 토지재산권의 사회적 한계를 넘는 가혹한 부담을 받은 경우에 한하여 보상입법을 기다려 그에 따른 권리행사를 할 수 있음은 별론으로 하고 이 사건결정에 근거하여 이 사건 법률조항에 의한 개발제한구역의 지정이나 그에 따른 토지재산권의 제한 그 자체의 효력을 다투거나 이 사건 법률조항에 위반하여 행하여진 자신의 행위의 정당성을 주장할 수는 없다 할 것이다"라고 하여 분리이론과는 다른 내용의 결정을 하고 있다.

(2) 학계에 의한 수용

　　종래 국내의 학계에서는 재산권의 사회구속성과 공용수용의 구별에 관해서는 행정상 손실보상의 이론적 근거로 특별희생설을 취하는 것이 보통이었고 특별희생에 대한 기준으로 형식적 기준설을 취하는 학자는 거의 없었다. 이는 대체로 경계이론을 수용한 것으로 볼 수 잇다. 다만 보상규정이 흠결된 공용수용적 재산권침해에 대한 구제문제와 관련하여 직접효력설, 위헌무효설, 유추적용설(간접효력규정설) 등의 학설이 나누어져 있었다. 대체로 직접효력설이나 유추적용설이 경계이론과 동일한 논리를 가진다면 위헌무효설은 분리이론에 가깝다고 할 수 있다. 한편 최근 분리이론의 수용을 주장하는 견해가 등장하였는가 하면[220] 이에 대해 비판적 견해를 보이는 견해도 있다.[221]

---

220) 한수웅(주 207), 29 이하.
221) 정하중(주 207), 57 이하.

(3) 평　　가

분리이론의 수용 여부는 앞에서 보았듯이 ① 재산권의 사회구속성과 공용수용은 재산권에 대한 침해의 정도에 의해 구별되는 것이 아닌, 서로 독립한 제도인 것인가, ② 재산권보장은 존속보장인가, 아니면 가치보장인가, 그리하여 보상에 의해 재산권침해의 위헌성이 치유될 수 있는 것인가, ③ 재산권침해에 대한 보상문제에 대한 판단권은 국회에 있는가, 아니면 법원에 있는가, ④ 헌법 제23조 제3항은 독일기본법 제14조 제3항처럼 결합조항으로 보아야 할 것인가, 그리하여 보상규정이 결여되어 있으면 재산권제한 자체는 합헌이라 하더라도 보상규정의 결여 때문에 재산권제한입법이 위헌이 되는 것인가, ⑤ 재산권의 내용 및 한계규정 내지 사회구속성에 관한 법률의 위헌성 여부는 오직 헌법재판소만이 판단할 수 있으며 위헌적 내용 및 한계규정 내지 사회구속성규정을 법원이 손실보상을 명함으로써 그 위헌성을 치유할 수는 없는 것인가 등의 문제와 연관되어 있다.

(가) 국회와 헌법재판소, 법원의 관할문제

가) 먼저 경계이론과 분리이론의 수용문제에 대하여 살펴보아야 하는 문제는 ① 손실보상의 인정여부나 손실보상의 방법이나 기준 등을 법원이 판단할 사항인가 아니면 국회의 관할사항인가의 문제와 ② 국회가 재산권자에게 특별희생을 주면서도 보상규정을 두지 아니한 경우 그 위헌 여부를 누가 판단할 권한이 있는가, 헌법재판소의 관할인가, 아니면 법원이 보상판결을 통해 사실상 위헌성을 보완할 수 있는 문제인가 하는 점이다.

나) 이 점에 관련하여 우리 헌법 제23조 제1항 2문은 재산권의 내용과 한계를 법률로 정하도록 하고 제3항은 재산권의 수용·사용 또는 제한 및 그에 대한 보상은 법률로써 할 것을 규정하고 있다. 이 규정들은 양심의 자유나 종교의 자유 등과 달리 구체적 재산권은 법질서의 산물이며 법질서의 평가없이 존재할 수 없다는 점과 관련하여 재산권의 내용과 한계, 수용 및 보상 등에 관해 국회가 입법을 통해 규정할 것을 정한 것이다. 그런 점에서 보상 여부, 기준, 방법 등에 관하여 법원이 판결을 통해 결정하는 것은 이러한 헌법규정과 재산권보장의 법적 성격에 맞지 아니하는 것이다. 또한 보상의 기준과 방법 등에 관해서는 예산심의의결권을 가진 국회가 판단하는 것이 타당하다는 점에서도 그러하다.

다) 또 보상규정을 두지 않음이 위헌인가 여부에 대한 판단과 관련하여 법원이 보상규정이 없음에도 직접 보상을 인정하는 것은 법률 또는 입법부작위에 대하여 법원이 위헌성을 인정하는 것이 된다. 그러나 우리 헌법상 법률이나 입법부작위의 위헌 여부에 대한 판단은 헌법재판소의 관할사항으로 법원의 관할사항이 아니다.

라) 이러한 점에서 경계이론이나 직접효력설, 유추적용설 등은 우리 헌법상 인정되기 어렵다고 생각한다.

(나) 존속보장과 가치보장의 문제

우리 헌법상 재산권보장의 의미는 자본주의적 사유재산제도의 보장과 사유재산제하에 국회가 제정한 법률에 의해 창설된 현존 권리상태의 보장을 의미한다. 그런 의미에서 재산권보장은 존속보장(Bestandsgarantie: 현상보장)을 의미한다. 그러나 구체적 재산권보장은 합법적 공용수용이 있는 경우에만 손실보상을 청구할 수 있는 권리의 보장, 즉 가치보장(Wertgarantie)으로 전화한다. 재산권은 개인의 자유와 자기책임적 삶의 실현을 위해 보장되는 것이므로 재산권보장은 존속보장을 원칙으로 하며 재산권을 가치보장으로 보아 재산권에 대한 위법적 침해가 있는 경우에도 적정한 보상만 하면 적법하게 되고 이러한 침해를 인용하여야 한다는 것은 헌법상 재산권보장의 취지에 맞지 아니하다. 그런데 경계이론은 결과적으로 재산권보장의 의미를 가치보장으로 보는 점에 문제가 있고 그런 점에서는 분리이론이 타당하다.

(다) 헌법 제23조 제3항을 결합조항으로 볼 것인가의 문제

분리이론은 기본적으로 독일기본법 제14조 제3항의 결합조항의 문제와 관련되어 있다. 우리나라의 위헌무효설도 우리 헌법 제23조 제3항을 결합조항으로 이해하는 데서 바탕하고 있다. 그러나 우리 헌법 제23조 제3항을 문언의 차이에도 불구하고 독일기본법 제14조 제3항처럼 결합조항으로 보아야 할 것인가, 그리하여 보상규정이 결여되어 있으면 보상규정의 결여 때문에 재산권제한입법이 위헌이 되는 것인가.

원래 결합조항을 두는 의미는 사인의 재산권에 대한 수용은 법치국가적 절차에 따라 이루어져야 하며 헌법이 정하는 보상을 지급하여야 한다는 보장적 기능과 입법자에게 수용에 관한 법률을 규정하는 경우 보상의무를 규정하여야 함을 인식시키는 경고적 기능, 의회의 예산심의의결권을 보장하고 다른 기관, 특히 법원이 지급의무를 부과하여 의회를 구속하는 것을 방지하는 기능에 있다. 그러나 결합조항은 후술하는 것처럼 피할 수 없는 문제를 안고 있고 그런 탓으로 독일연방일반최고법원은 사실상 결합조항을 외면하였다.

그런데 우리 헌법 제23조 제3항을 결합조항으로 이해하는 것에 대해서는 의문이 있다. ① 먼저 문언 자체가 독일기본법 제14조 제3항 2문과 다르다. ② 엄밀히 말하면 수용적 재산권제한 자체가 위헌인 것과 재산권제한 자체는 합헌이나 손실보상규정을 두어야 함에도 두지 않아 문제인 경우는 다르다. 예컨대 공공복리와 무관하게 재산권을 제한하는 입법을 한다거나 입법목적과 전혀 관계없이 재산권을 제한하는 입법을 한 경우 재산권제한 자체가 위헌이다. 그러나 보상규정만 두었다면 재산권제한을 위헌이라 할 수 없는 경우 보상규정을 두지 않은 입법부작위가 위헌이지 재산권제한 자체가 위헌이 된다고 볼 수는 없다. 재산권제한 자체가 위헌이라면 그 제한 자체의 효력을 상실토록 하여야 할 것인 반면 재산권제한 자체는 합헌이나 보상규정을 두지 않은 것이 문제인 경우에는 재산권제한 자체를 위헌이라거나 무효라 할 것이 아니라 보상규정을 두지 않은 입법부작위가 위헌이라 하는 것이 옳다. 이렇게 하더라도 결합조항의 보장적 기능이나 경고적 기능, 국회의 예산의결권보장기능은 실현될 수 있다고 생각한다. ③ 결합조항으로 이해하게 되면 사회적 혼란과 부작용을 초래할 위험도 매우 크다. 만약 보상규정이 없다는 이유로 중대한 공익을 위한 재산권제한을 위헌 무효로 한다면 개발제한구역지정문제에서 볼 수 있듯이 일정 경우 손실보상규정을 두지 않아 개발제한구역지정이 위헌이라 하고 이를 무효로 하거나 취소할 수 있게 하는 경우 초래될 혼란은 불을 보듯이 분명하다. ④ 이 점은 특히 재산권의 사회적 구속성과 공용수용의 구별 자체가 극히 어려운 것이 현실이며 따라서 입법자가 수용적 제한을 규정하면서 언제나 보상규정을 둘 것을 기대하기는 어려운 것이 현실이다. 이를 피하기 위하여 독일의 경우 구제적 보상규정을 두는 경우가 많았으나 이는 결합조항의 문제를 회피하는 것에 지나지 않는다. 그런데 보상규정이 없는 경우마다 수용적 제한 자체를 위헌, 무효로 한다면 크나큰 문제가 아닐 수 없다.

(4) 공용수용개념의 문제

분리이론은 재산권의 내용규정과 공용수용을 구별하면서 그 구별기준으로 수용은 기본법 제14조 제1항 1문에 의해 보장된 재산권의 구체적, 개별적 박탈을 의미한다고 하였다. 이는 협의의 형식적 수용개념을 받아들인 것이다. 그러나 우리 헌법 제23조 제3항은 보상을 요하는 수용적 침해로 공용수용뿐 아니라 사용, 제한까지 들고 있어 확장된 수용개념을 수용하고 있으므로 분리이론이 기초하고 있는 이러한 협의의 형식적 수용개념은 우리 헌법상으로는 받아들이기 어려운 문제가 있다.[222] 이러한 점에서 분리이론에서 제시하고 있는 재산권의 내용규정과 수용의 구별기준도 우리 헌법해석상으로는 수용하기 어렵다.

(5) 조정의무있는 내용규정의 문제

분리이론에 의하면 조정의무 있는 내용규정의 문제가 따르지 않을 수 없다. 즉 재산권의 내용과 한계를 새로이 규정하는 법률은 기존재산권의 제한을 포함하게 되며 의도하였든, 하지 않았든 이제까지 보장되어온 법적 지위를 비례에 맞지 않게 제한하여 특별희생을 주는 경우 비례성을 회복하기 위하여 이에 대한 보상이 문제되게 된다. 이러한 경우 결국 특별희생 여부에 대한 기존의 논의가 여기에 적용되지 않을 수 없다. 그런 점에서 독일연방헌법재판소의 분리이론이 연방일반최고법원의 광의의 수용개념을 형식적으로는 포기하면서 실질적으로는 기본법 제14조 제1항 2문의 영역에서 부활시키는 것이 아닌가 하는 비판이 있는 것이다.[223]

이러한 문제뿐 아니라 우리 헌법상으로는 독일기본법의 경우와 달리 이러한 문제는 헌법 제23조 제1항 2문과 제2항의 문제가 아니라 동조 제3항의 공용제한의 문제로 보아야 할 것이 아닌가 생각한다. 즉 조정의무 있는 내용규정은 사실상 헌법 제23조 제3항의 공용제한에 해당한다고 할 수 있고 따라서 헌법 제23조 제3항의 해석상 조정의무 있는 내용규정이라는 개념이 우리 헌법해석상은 인정할 필요가 없는 것 아닌가 하고 생각한다.

---

222) 동지 정하중(주 207), 79-80.

223) 이에 관해서는 H. Maurer(2000), a.a.O., S. 717.

(6) 공용수용과 재산권의 내용 및 한계규정(사회구속성)은 별개의 제도인가의 문제

독일연방헌법재판소의 분리이론은 헌법재판소와 국회, 법원의 관할배분, 결합조항의 문제점, 존속보장 등의 문제와 관련하여 경계이론이 가진 문제를 극복하기 위해 주장된 독특한 논리형식이다. 그러나 이 이론도 앞에서 지적한 바와 같은 많은 문제를 노정하고 있으며 동이론이 전제하고 있는 구별기준도 수용하기 어려운 문제가 있다.

생각건대 ① 재산권의 사회구속성과 공용수용은 양자 다 재산권에 있어 공공복리를 실현하는 재산권 제한의 표현이며, ② 비록 사회구속성에 관한 법률규정이 장래에 대한 재산권의 내용과 한계규정을 의미하는 반면 공용수용은 이렇게 규정된 기존의 재산권의 박탈을 의미하는 점에서 구별되지만 사회구속성도 현실적으로 기존의 구체적 재산권에 대한 제한의 의미를 가지는 것이다. 다만 재산권의 사회구속성과 공용수용, 공용사용, 공용제한은 공공필요에 의하여 제한하는 정도와 효과가 다를 뿐이다. 또한 ③ 사회구속성과 공용수용이 전자는 재산권의 내용과 한계에 관한 일반적·추상적 형태를 띠는데 반해서 후자는 구체적·개별적 형태를 띤다고 하나, 입법적 수용이 인정되고 있고 양자의 구별이 상대적인 것에 불과하며 독일연방헌법재판소가 분리이론의 전제로 채택하고 있는 형식적 수용개념은 이미 과거에 많은 문제점을 가진 것으로 지적된 것이어서 이것을 기준으로 양자가 분리된다고 할 수 있을지 의문이다. 이러한 문제는 앞에서 보았듯이 의무있는 내용규정의 문제에서도 나타나고 있다. ④ 뿐만 아니라 앞에서 지적하였듯이 우리 헌법상으로는 제23조 제3항에 비추어 협의의, 형식적 수용개념이 수용될 수 없고 그런 점에서 분리이론이 제시하는 기준으로는 수용과 사회구속성의 구별이 어렵다. 그런 점에서 공용수용과 재산권의 내용 및 한계규정(사회구속성)은 별개의 제도로 이해하는 분리이론의 논리형식을 우리 헌법에 도입하는 것은 무리이며 그럴 필요가 있는 것도 아니라고 생각한다.

3. 수용적 침해 여부에 대한 기준

가. 특별희생 여부에 대한 기준

보상을 요하는 수용·사용 또는 제한에 해당하는가 여부에 대한 판단기준으로는 많은 이론이 있으나 이를 요약하면 다음과 같다.

(1) 개별행위설

형식적 기준설이라고도 한다. 이 학설은 재산권을 침해하는 행위가 일반적 침해인가, 특정인 또는 특정제한된 범위의 개인의 권리에 대한 침해인가 하는 형식적 기준에 의해 특별희생 여부를 판단한다.

그러나 이 이론은 첫째, 어떤 제한이 권리자 일반에 관한 것이고 어떤 제한이 개인 또는 특정집단에 관한 제한인지에 관한 아무런 기준도 제시함이 없고, 둘째, 침해의 정도를 고려치 않고 아무리 작은 침해라도 소수자에 대한 것은 보상을 해주고 아무리 중대한 침해라도 다수인에 대한 것은 보상해 주지 않는 이상한 결과를 초래한다. 셋째, 이 이론은 입법에 의한 재산권 침해를 중심으로 전개된 이론으로 행정행위에 의한 재산권침해에 대해서는 아무런 기준을 제시해 주고 있지 않다는 지적이 있고, 넷째, 피해자의 수만으로 평등여부를 판단하는 것은 타당하지 않다는 비판을 면하기 어렵다.

(2) 실질적 기준설

판례에 의해 발전해 온 개별행위설은 일찍부터 학계의 비판을 받아왔고 이미 바이마르시대에 재산권의 침해의 정도, 중요성과 같은 실질적 기준에 따른 구별이 시도되었다. 독일연방일반최고법원이 1952. 6. 10 판결을 시발점으로 형식적 기준에 실질적 기준을 도입하였고 연방행정법원도 실질적 기준을 수용하였다. 실질적 기준설에는 다음과 같은 이론들이 전개되고 있다.

(가) 보호가치설

이 학설은 W. Jellinek에 의해 대표되는데 보호가치 있는 것에 대한 침해인가 여부에 따라 공용수용 여부를 결정하자는 입장이다. 그러나 이 이론은 보호가치성이라는 애매한 개념은 다양한 가치관념과 관련되므로 통일적 기준을 제시해 주지 못하며 사실상 사회구속성과 수용의 구별을 포기한 것이라는 지적을 받고 있다.

(나) 수인기대가능성설

이 학설은 재산권침해의 본질과 강도에서 구별의 기준을 찾는다. 즉 헌법상의 재산권보장은 사유재산제와 개인의 재산권을 보장하는 것으로 재산권의 내용과 지배의 범위는 법질서에 의해 결정되나 그 범위를 넘어서 사유재산제의 핵심인 재산권의 본질을 이루는 배타적 지배권을 침해하는 것은 평등원칙에 반하여 그 권리자에게 무거운 부담을 지우는 것으로 수용이 되고 따라서 보상이 지급되어야 한다고 한다.

그러나 이 이론도 그 기준이 애매하여 유용한 기준이 되지 못한다는 비판이 있다.

(다) 본질침해설

이 학설은 재산권이 그 본질상 필수적인 경제적 기능이 폐기되거나 결정적으로 침해될 정도로 본질이 침해된 경우 공용수용이 되는 것으로 보는 것으로 수인기대가능성설과 근본적으로는 동일한 이론이다.

(라) 목적위배설

이 학설은 재산권을 침해하는 행위가 그 재산권에 대해 종래에 인정해 온 목적에 위배되느냐 여부에 의해 수용 여부를 결정하는 이론이다. 그러나 재산권은 그 본질에 의해 파악될 수 있는 목적을 가지지 않는다는 점, 재산권의 이용방법은 재산권의 목적이라 할 수 없는데 이를 목적으로 이해하는 경우 국민경제적 목적개념에 귀착하게 된다는 비판이 있다. 헌법재판소 1998. 12. 24. 89헌마214등(병합) 결정은 종래의 지목과 토지이용현황에 의한 이용방법에 따라 토지를 사용할 수 있느냐 여부에 의해 수용 여부를 판단하고 있으므로 목적위배설을 채택한 것으로 판단된다.

(마) 사적 이용설

이 학설은 헌법상 사회·경제질서가 사적 이니셔티브와 사적 이익에 기초하고 있다는 점에 근거하여 사회구속성은 사적 이용성을 침해하지 않는 재산권침해를 의미하고 수용적 침해는 해당물건의 목적을 사적인 것에서 공적인 것으로 바꿈으로서 사적 이용성을 배제하는 것이라 한다. 이 이론에 의하면 토지의 위치로부터 나오는 구속의 구체화는 보통 사회구속성으로 보게 된다. 그러나 이 이론도 기본적으로는 타당한 방향을 제시해 주고 있긴 하나 구체적이고 새로운 해결책을 제시해 주지는 못한다는 비판을 받고 있다.

(바) 사회구속성설

이 학설에 의하면 공용수용은 사회구속성을 넘어선 재산권침해로서 기본권이론에 의해 허용되는 재산권침해인가 여부를 검사하여 그 정도를 넘어서면 공용수용으로 된다고 한다. 이 이론은 재산권의 특수성이 고려되지 않은 점과 이 이론 자체로는 공용수용과 사회구속성의 구별에 실제적 기여를 하지 못한다는 점에서 비판을 받고 있다.

(사) 상황구속성설

이 학설에 의하면 토지의 구체적·사실적 상황은 토지소유권에서 나오는 토지이용에의 개별적 권능의 행사를 제한하는 의무를 부과시키며 이 의무는 실정법규정에 의해서가 아니라 그 성질에 의해 주어진 의무이며 입법자가 이러한 토지의 사실적 위치에 의해 주어진 의무를 구체적 의무로 만드는 경우 이는 입법자가 토지소유권에 이미 내재하는 한계를 실현하여 토지소유권의 내용규정을 하는 것으로 수용은 아니라고 한다. 이 이론은 토지소유권에 대해서는 유용한 이론이라 할 수 있으나 상황구속성이 무엇인지 불명확하여 결국은 공공복리와 사익의 충돌에 대한 가치교량으로 귀착되게 된다는 점이 문제이다.

나. 분리이론의 입장

재산권의 내용 및 한계규정과 공용수용은 본질적으로 다른 제도라고 보는 분리이론의 입장에서도 소위 '보상의무 있는 내용규정'의 문제가 제기된다. 즉 분리이론에 의하면 비례성의 원칙에 위배하여 재산권자에게 과도한 부담을 주는 내용 및 한계규정은 위헌이 된다. 그런데 재산권제한이 이러한 보상의무 있는 내용규정에 해당하는가 여부를 판단하기 위한 기준으로 비례성, 평등성, 신뢰보호를 들 수 있는데[224] 이 기준의 구체적 내용은 결국 앞에서 본 사회구속성과 공용수용의 구별기준에 따를 수밖에 없지 않은가 하는 문제가 남고 결국 침해의 중요성과 정도, 지속성 등에 의해 판단하여야 하게 된다.[225]

---

224) F. Ossenbühl, Staatshaftungsrecht, 1998, 189-190.
225) H. Maurer, Allgemeines Verwaltungsrecht, 2000, 717.

다. 미국의 판례에서 발전한 이론

수용과 보상에 관한 미국 수정헌법 제5조가 공용수용과 공적 규제에 관해 아무런 기준을 제시해 주고 있지 않아 종래 연방대법원의 판례를 통해 발전한 이론을 보면 행정청이 물리적으로 피해자의 소유물을 사용하거나 점유하느냐 여부(물리적 침해설), 문제가 된 재산의 소유나 점유가 타인에게 해악적이냐 여부(해악적 침해설), 피해자에게 가해진 침해의 정도가 재산의 시장가치를 현저히 저하시키는가 여부(가치감소설), 재산권의 규제를 요구하는 공익과 이로 인하여 침해되는 사익을 교량하여 어느 쪽이 더 큰가 여부(형량이론) 등이 발전해 왔고 이 중 형량이론이 유력시되어 왔다.

라. 우리나라 판례

대법원은 1990. 5. 8. 89부2 판결에서 개발제한구역지정(도시계획법 제21조)에 대하여 그 제한으로 인한 토지소유자의 불이익은 공공복리를 위하여 감수하지 아니하면 안될 정도의 것이라고 인정되므로 이에 대하여 손실보상규정을 하지 아니하였다 하여 도시계획법 제21조 1항, 2항이 헌법 제23조 3항이나 제37조 2항에 위배되는 것이라 할 수 없다고 한 바 있고 헌법재판소는 1998. 12. 24. 89헌마214등(병합) 결정에서 "도시계획법 제21조에 의한 개발제한구역으로 지정된 토지를 원칙적으로 지정 당시의 지목과 토지현황에 의한 이용방법에 따라 사용할 수 있는 한 재산권에 내재하는 사회적 제약을 비례의 원칙에 합치하게 합헌적으로 구체화한 것이라 할 것이나 종래의 지목과 토지현황에 의한 이용방법에 따라 토지의 사용도 할 수 없거나 실질적으로 사용, 수익을 전혀 할 수 없는 예외적 경우에도 아무런 보상없이 이를 감수하도록 하고 있는 한 비례의 원칙에 위반되어 당해 토지소유자의 재산권을 과도하게 침해하는 것으로서 헌법에 위반된다"고 한 바 있다.

4. 보   상

가. 보상규정의 성격과 보상규정결여시 구제방법

(1) 재산권의 제한입법의 유형

현실적으로 재산권의 제한은 다음 몇 가지로 나눌 수 있다. 즉 가) 먼저 국회가 재산권의 사회구속성에 해당한다고 판단하여 재산권제한을 규정한 경우로 이에는 a) 그 제한이 합헌이며 그 정도가 특별희생을 주지 않는 경우, b) 제한 자체가 위헌인 경우(예컨대 택지소유상한제에 관한 헌법재판소결정과 관련하여 어떠한 경우에도, 어느 누구라도 200평을 초과하는 택지를 취득할 수 없게 한 것이 헌법상 재산권을 침해하여 위헌이라 하는 경우, 또는 공공복리를 위해서가 아니라 특정개인의 사익을 위한 제한), c) 제한 자체는 합헌이나 그 제한이 국회의 판단과 달리 재산권자에게 특별희생을 주는 경우가 있고, 나) 국회가 공용수용, 공용사용, 또는 공용제한에 해당한다 하여 보상규정을 둔 경우로 d) 수용의 적법요건을 갖추었고 정당한 보상을 규정한 경우와 e) 수용의 적법요건을 갖추지 못한 경우, f) 수용의 적법요건은 갖추었으나 보상규정이 정당보상을 규정하지 않은 경우가 있다.

　이 중 a)·d)는 합헌이므로 문제의 소지가 없다. b)나 e)의 경우는 그 제한 자체가 위헌이어서 보상을 한다 하여 합헌이 된다 할 수 없는 경우로 이러한 경우는 그 근거법률은 위헌이며 그에 기초한 행정행위 등은 위법적 행위가 될 것이다. f)의 경우는 보상규정이 위헌이며 위헌법률심판이나 헌법소원심판에 의해 보상규정에 대한 위헌결정을 하되 수용 자체를 위헌이라 할 것은 아니다.

　c)의 경우 재산권의 제한 규정 자체는 합헌이나 보상규정을 두지 아니한 입법부작위가 위헌이며 따라서 손실보상규정에 대한 입법부작위에 대한 헌법소원을 통해 해결하는 것이 타당하다고 생각한다. 이 점과 관련하여 종래 헌법재판소가 입법부작위에 대한 헌법소원이 인정되는 경우로 법령에 명시적 위임을 하였음에도 입법자가 이를 이행하지 않을 때를 들고 있는데226) 이러한 경우가 바로 여기에 해당한다 할 수 있다.227) 물론 입법부작위에 대한 헌법소원은 입법형성권과 관련하여 넓게 인정될 수 없는 것이지만 보상입법에 대한 부작위는 헌법 제23조 제3항과 관련하여 입법부작위에 대한 헌법소원이 인정될 수 있는 가장 전형적인 경우라 할 수 있을 것이다.228)

(2) 보상의 실정법적 근거

　헌법 제23조 제3항에 따라 공공필요에 의한 재산권의 수용·사용·제한을 규정하는 법률이 그에 관한 손실보상규정을 두고 있는 경우에는 그 법률에 따라 보상을 청구하면 될 것이다. 그러나 문제는 이에 관한 손실보상규정을 두고 있지 아니하는 경우 헌법 제23조 제3항의 성격을 어떻게 이해할 것인가, 또 그 권리구제방법이 어떠하겠느냐 하는 점이다. 이 점과 관련하여 경계이론에 의하면 보상규정이 없어도 법원이 바로 보상을 인정하는 판결을 할 수 있다고 보는 반면 분리이론에 의하면 보상을 청구하는 것은 인정되지 않고 위헌적 법률에 기초한 재산권제한처분에 대하여 행정소송을 통해 다투어야 할 것이다. 우리 헌법해석상 종래의 학설 및 판례는 다음과 같다.

---

226) 헌재 1989. 3. 17. 88헌마1; 1993. 9. 27. 89헌마248; 1995. 5. 25. 90헌마196.
227) 이 점과 관련하여 헌법재판소는 조선철도(주) 주식의 보상금청구에 관한 헌법소원심판사건에서 우리 헌법은 제헌 이래 현재까지 일관하여 재산의 수용, 사용 또는 제한에 대한 보상금을 지급토록 하면서 이를 법률이 정하도록 위임함으로써 국가에게 명시적으로 수용 등의 경우 그 보상에 관한 입법의무를 부과하여 왔다고 하면서 입법자가 아무런 입법조치를 취하지 않고 있는 것은 입법재량의 한계를 넘은 입법의무불이행으로서 보상청구권이 확정된 자의 헌법상 보장된 재산권을 침해하여 위헌이라는 결정을 한 바 있다(헌재 1994. 12. 29. 89헌마2).
228) 그런데 헌법재판소는 1999. 1. 28. 97헌마9 결정에서 이러한 입법부작위를 부진정입법부작위로 보아 입법부작위에 대한 헌법소원을 인정하지 않았다. 이러한 입장은 전계 1998. 12. 24. 89헌마214등(병합) 결정에서 보상규정을 두지 않은 것이 위헌이라 하더라도 개발제한구역지정이나 그에 따른 토지재산권의 제한 그 자체의 효력을 다투거나 그 조항에 위반하여 행한 자신들의 행위의 정당성은 주장할 수 없다고 한 것과 논리적으로 맞지 않다. 소수의견(이재화, 조승형재판관)은 이를 진정입법부작위로 보아 헌법소원심판청구가 적법하다고 한 바 있다.

(가) 방침규정설

이 이론은 손실보상에 관한 헌법 제23조 제3항을 손실보상과 손실보상의 내용에 관하여 입법에 대한 방침을 규정한 것으로 보는 것이다. 이러한 입장에서는 특정재산권자에게 특별희생을 주는 재산권제한이 있는 경우에도 법률이 손실보상규정을 두지 아니하는 이상은 그 재산권자는 손실보상을 청구할 수 없다고 하게 된다.

(나) 직접효력설

이 이론은 헌법 제23조 제3항으로부터 직접적으로 손실보상청구권이 나온다고 보아 재산권제한을 규정하는 법률이 손실보상에 관한 규정을 두고 있지 아니한 경우에도 헌법 제23조 제3항을 근거로 손실보상청구를 할 수 있다고 한다. 이러한 주장에 의하면 법원에 손실보상을 청구할 수 있는 이상 헌법소원은 보충성의 원칙에 비추어 인정될 수 없다고 보아야 하지만 종래의 법원의 판례에 비추어 손실보상이 인정될 여지가 없다고 판단되므로 이러한 경우 보충성의 원칙의 예외를 인정하여 헌법소원을 인정할 수 있을 것인가가 문제될 것이다.

(다) 위헌무효설

이 이론은 헌법 제23조 제3항이 방침규정은 아니지만 그렇다고 직접 손실보상청구권을 인정하는 규정으로 볼 수도 없다고 보고 보상규정을 두고 있지 아니한 법률은 위헌으로 무효라 한다. 이러한 이론에 의하면 보상규정이 없는 법률에 의한 재산권침해는 결국 위헌무효인 법률에 근거한 것으로 피해자는 국가 등에 대하여 손해배상을 청구할 수 있다고 한다. 이 경우 법원에 국가 등에 대해 손해배상청구를 하면서 그 재산권침해의 근거가 되는 법률의 위헌법률심판제청신청을 하여야 할 것이다.

(라) 유추적용설(간접효력규정설)

이 이론은 재산권침해를 규정하는 법률이 따로 손실보상규정을 두고 있지 않는 경우에도 헌법 제23조 제1항과 제11조(법 앞의 평등규정)에 근거하고 헌법 제23조 제3항 및 관계규정의 유추적용을 통하여 보상을 청구할 수 있다고 한다.

(마) 헌법재판소판례

헌법재판소는 1998. 12. 24. 89헌마214등(병합) 결정에서 오로지 보상규정의 결여라는 이유로 개발제한구역지정에 관한 舊도시계획법 제21조가 헌법에 합치하지 않는다고 하면서도 보상을 위한 입법의 형태, 보상의 대상과 방법 등에 관해서는 광범위한 입법형성권을 가진 입법자의 입법정책에 의해 해결할 문제이지 헌법재판소가 결정할 문제는 아니라 하였다.

(바) 비판 및 결론

위의 학설과 헌법재판소의 결정은 모두 문제가 있다고 생각한다. 먼저 헌법재판소의 결정은 보상규정의 결여를 이유로 개발제한구역지정에 관한 舊도시계획법 제21조를 헌법에 합치되지 않는다고 하면서 보상규정의 결여를 이유로 개발제한구역의 지정이나 그에 따른 토지재산권제한 그 자체의 효력은 다툴 수 없다고 한 것은 상호 모순되는 논리라 생각한다. 방침규정설은 사실상 헌법상 재산권보장을 공허하게 만드는 결과를 초래하므로 인정될 수 없다. 직접효력설도 제23조 제3항이 "[…] 그에 대한 보상은 법률로써 하되 […]"라고 규정하고 있는 것에 맞지 않고 또한 헌법 제23조 제1항 2문이 재산권의 한계뿐 아니라 내용까지도 법률로 정하도록 한 것에 비추어도 타당성이 없다. 이러한 문제는 유추적용설에 있어서도 존재한다고 생각한다. 반면 위헌무효설은 결국 국가 등에 대한 손해배상에 의해 권리구제를 인정하게 되나 과연 공무원의 고의나 과실을 인정할 수 있을 것인가도 문제이고 공공복리를 위한 재산권침해가 보상규정이 없다는 이유로 불법행위가 된다는 것도 문제라 할 것이다. 오히려 재산권침해를 규정하는 입법을 위헌무효라 할 것이 아니고 손실보상규정을 두지 않는 입법부작위가 위헌이라 하는 것이 타당하다.

　　이렇게 보면 법률이 손실보상을 해야 하는 재산권침해를 규정하면서 이에 대한 손실보상규정을 두지 아니한 경우에는 입법부작위에 대한 헌법소원을 통해 해결토록 하는 것이 가장 타당하다고 생각한다. 이 점은 헌법재판소가 입법부작위에 대한 헌법소원이 인정되는 경우로 법령에 명시적 위임을 하였음에도 입법자가 이를 이행하지 않을 때를 들고 있는데(헌재 1989. 3. 17. 88헌마1; 1993. 9. 27. 89헌마248; 1995. 5. 25. 90헌마196), 헌법 제23조 제3항은 손실보상에 관해 입법자에게 명시적으로 위임하고 있어 이러한 경우에 해당한다고 생각한다. 이 점과 관련하여 헌법재판소는 조선철도(주) 주식의 보상금청구에 관한 헌법소원심판사건에서 우리 헌법은 제헌 이래 현재까지 일관하여 재산의 수용, 사용 또는 제한에 대한 보상금을 지급토록 규정하면서 이를 법률이 정하도록 위임함으로써 국가에게 명시적으로 수용 등의 경우 그 보상에 관한 입법의무를 부과하여 왔다고 하면서 입법자가 아무런 입법조치를 취하지 않고 있는 것은 입법재량의 한계를 넘은 입법의무불이행으로서 보상청구권이 확정된 자의 헌법상 보장된 재산권을 침해하여 위헌이라는 결정을 한 바 있다(헌재 1994. 12. 29. 89헌마2 결정). 만약 헌법소원이 인용되면 헌법재판소법 제75조 제4항에 의해 입법자는 결정취지에 따라 손실보상에 관한 입법을 하여야 할 것이다.

나.　보상기준

　　공공필요에 의해 재산권을 수용·사용 또는 제한하는 경우의 보상기준에 대하여 제헌헌법은 상당한 보상을 규정한 바 있었고, 제3공화국 헌법(1962년)은 정당한 보상을, 제5공화국헌법(1980년)은 공익 및 관계자의 이익을 정당하게 형량하여 법률로 정하도록 한 반면 현행헌법은 '정당한 보상'을 규정하고 있다. 이 규정의 해석을 둘러싸고 완전보상설과 상당보상설이 주장되고 있다.

　　완전보상설이 재산권보장과 부담의 공평, 상실된 가치의 보전에 기초하고 있다면 상당보상설은 사회복지국가원리에 기초하고 있다고 할 수 있다. 헌법 제23조 제3항이 '정당한 보상'을 규정하고 있으므로 보상은 완전보상, 즉 피수용재산의 객관적 재산가치의 완전보상을 의미한다 할 것이다. 그런데 헌법 제23조 제3항이 공용수용·사용·제한에 대한 '보상은 법률로써' 하도록 한 것이나 헌법상 사회국가원리, 그리고 제1항이 재산권의 내용과 한계를 법률로 정하도록 한 것에 비추어 '정당한 보상'에 관한 판단에 있어 입법자의 판단이 존중되어야 할 것이고, 특히 사회적 약자에 대한 배려에 바탕한 생활보상이 인정된다 할 것이다.

　　헌법재판소는 1990. 6. 25. 89헌마107(동지: 헌재 1991. 2. 11. 90헌마17·18(병합) 결정에서 헌법 제23조 제2항에서 규정한 '정당한 보상'이란 원칙적으로 피수용재산의 객관적인 재산가치를 완전히 보상하여야 한다는 완전보상을 뜻한다고 한 바 있다. 헌재 2010. 2. 25. 2008헌바6 결정에서도 "헌법 제23조 제3항에 규정된 '정당한 보상'이란 원칙적으로 수용되는 재산의 객관적인 재산가치를 완전하게 보상하여야 한다는 이른바 '완전보상'을 뜻하는데, 토지의 경우에는 그 특성상 인근 유사토지의 거래가격을 기준으로 하여 그 가격형성에 미치는 제 요소를 종합적으로 고려한 합리적 조정을 거쳐서 객관적인 가치를 평가할 수밖에 없다"[229]고 한 바 있다.

　　공익사업을 위한 토지 등의 취득 및 보상에 관한 법률 제67조도 "보상액의 산정은 협의에 의한 경우에는 협의 성립당시의 가격을, 재결에 의한 경우에는 수용 또는 사용의 재결당시의 가격을 기준으로 한다"고 하여 시가보상의 원칙을 규정하고 있다.

　　다만 완전보상이라 하더라도 공익사업의 시행으로 인한 개발이익은 완전보상의 범위에 포함되는 피수용토지의 객관적 가치 내지 피수용자의 손실이라고는 볼 수 없다.[230] 따라서 헌법재판소는 "구토지수용법 제46조 제2항이 보상액을 산정함에 있어 개발이익을 배제하고 기준지가의 고시일 이후 시점보정을 인근토지의 가격변동률과 도매물가상승률 등에 의하여 행하도록 규정한 것은 헌법 제23조 제3항에 규정한 정당보상의 원리에 어긋나지 않는다"고 하고[231] "토지수용으로 인한 손실보상액의 산정을 시가(거래가격)가 아닌, 공시지가를 기준으로 하되 개발이익을 배제하고 공시기준일로부터 재결시까지의 시점보정을 인근토지의 가격변동률과 도매물가상승률 등에 의하여 행하도록 규정한 구토지수용법 제46조 제2항과 지가공시 및 토지등의 평가에 관한 법률 제10조 제1항 1호는 헌법 제23조 제3항이 규정하는 정당보상의 원리에 반하지 않는다"[232]고 한다.

다. 보상방법

　　보상을 함에 있어 금전보상 또는 현물보상 여부, 사전보상 여부, 일시불 또는 분할불 여부 등 구체적 방법은 개별법률로 규정한다. 공익사업을 위한 토지 등의 취득 및 보상에 관한 법률은 사전보상(제62조)과 현금보상(제63조 제1항)을 원칙으로 하되 기업자가 국가, 지방자치단체인

229) 판례집 22-1상, 161, 170-170.
230) 헌재 1990. 6. 25. 89헌마107결정.
231) 헌재 1990. 6. 25. 89헌마107결정.
232) 헌재 1995. 4. 20. 93헌바20·66, 94헌바4·9, 95헌바6(병합).

경우로서 제63조 제2항에 해당하는 경우 채권보상제를 인정하고 있다.

VII. 재산권제한의 한계

1. 본질적 내용 침해 금지

가. 본질적 내용침해의 인정여부

　　기본권제한입법은 헌법 제37조 제2항에 의하여 기본권의 본질적 내용을 침해할 수 없다. 그런데 헌법 제37조 제2항의 문제는 기본권 제한에 관한 것으로 헌법 제23조 제1항에 있어서의 내용규정적 입법의 경우와는 문제상황이 다르다.[233] 특히 법률에 의하여 재산권의 내용이 비로소 형성된다고 한다면 입법 이전에 이미 존재하는 재산권의 본질적 내용이라고 하는 것이 존재하는 것인가? 존재한다면 이를 불가침적인 것으로 보아야 할 것인가? 하는 것이 문제된다.

　　이 문제에 관해 독일의 경우 기본법 제14조 제1항 2문에서 나오는 입법자의 형성권한은 제19조 제2항에 의해 제한된다고 보는 것이 통설적 견해이다.[234] 예컨대 연방헌법재판소도 재산권에 관한 상대성을 강력히 인정하려는 태도를 보이긴 하나 본질적 내용은 불가침이라 보고 있다.[235] 또 재산권의 내용개방성을 역설한 입센(Ipsen)도 기본법 제19조 제2항에서 제14조 제1항 2문에 근거한 재산권의 입법적 내용규정의 한계를 찾을 수 있을 것이라 하고 재산권의 본질적 내용은 법률적 내용규정을 통해서도 침해될 수 없다고 보았으며[236] 베버(W. Weber)도 입법자는 재산권의 내용과 한계만을 규정할 수 있으며 재산권의 본질적인 내용을 침해해서는 안되며 본질을 해체시켜서도 안된다고 하였다.

　　그러나 크놀(Knoll)같은 학자는 기본법 제19조 제2항은 개인의 사적 재산권이 아니고 법적 제도로서의 재산제도의 보장에 대해서만 적용된다고 보는데 왜냐하면 사적 재산권은 그 자체 헌법에 의해 불가침적으로 보장된 것이 아니므로 재산권은 수용가능성과 개인의 재산권의 본질적 내용의 제거가능성이 예견되기 때문이라 한다.[237] 또한 슐테(H. Schulte) 같은 학자도 사실상 재산권의 본질적 내용보장이 직접적으로 개별 재산권을 보장하지도 않고 제도로서의 재산권을 보장하지도 않는다고 하면서 본질적 내용이란 말은 법률유보가 입법자에게 자의를 주는 것이 아니라는 것 외에 더 정확한 내용을 제시해 주는 것이 아니며 이는 재산권 관계 판결에서 본질적 내용의 보장을 인정하는 연방헌법재판소가 재산권의 광범위하고 명백한 상대성을 인정

---

233) H. Rittstieg, a.a.O., S. 402; BVerfGE 24, 367, 369; 21, 92, 93; J. Chlosta, a.a.O., S. 13.
234) J. Chlosta, a.a.O., S. 13; v. Mangolt-Klein, a.a.O., S. 433.
235) BVerfGE 20, 351, 355; 31, 375, 385; 36, 281, 293; 42, 263, 293; H. Schulte, Zur Dogmatik des Art. 14 GG., 1979, S. 17.
236) H. P. Ipsen, a.a.O., S. 94f.
237) v. Mangolt-Klein, a.a.O., S. 433.

하여 재산권 개념을 다이나믹화하는 데서도 나타난다고 하면서 본질적 내용논의는 그만두는 것이 타당하다고 하였다.[238]

한편 일본의 경우에도 일본최고재판소 판례는 "동조 제1항과의 관계상 공공의 요구가 있는 경우에도 또한 법률에 의해서도 재산권을 그 본질적 내용에 있어 침해하는 것은(예컨대, 권리를 박탈하거나 또는 그 효력을 전면적으로 부정하는 것과 같은 것은 […]) 허용되지 않는다"고 하여[239] 본질적 내용은 불가침이라는 입장을 보인 바 있다.

우리 헌법의 해석에 있어서도 법률로써 재산권을 규정하는 경우에 그 본질적 내용은 침해할 수 없다고 보는 견해가 지배적이다.[240]

헌법재판소는 1989. 12. 22. 88헌가13 결정에서 "입법부라고 할지라도 수권의 범위를 넘어 자의적인 입법을 할 수 있는 것은 아니며 사유재산권의 본질적인 내용을 침해하는 입법을 할 수 없음은 물론이다(헌법 제37조 제2항 후단)"라고 하여 본질적 내용침해금지를 인정하였고 이러한 입장은 그대로 유지되고 있다.

생각건대 다른 기본권과는 달리 재산권에 대한 법률의 역할은 단순히 재산권을 제한하는 의미뿐 아니라 재산권의 내용을 형성하는 의미를 가지는 만큼 재산권 내용규정입법의 경우 논리적으로 헌법 제37조 제2항이 적용된다고 하기 곤란한 점이 있다고 볼 수도 있으나 앞서 본 바와 같이 내용규정입법과 제한입법은 동전의 양면과 같은 것으로 구별하기 곤란할 뿐 아니라 v. Mangolt-Klein이 지적하듯이 본질적 내용보장은 내용규정입법에도 적용되어야 하며[241] 법률이 재산권의 내용과 한계를 정할 때 이미 존재하는 재산권의 본질을 박탈할 수 없는 것은 재산권이 기본권의 하나로 구성되어 있다는 점, 법치국가적 신뢰보장의 원칙, 계속성의 사상 등에 비추어 명백하다 할 것이다. 이는 사유재산제의 보장과 관련하여서도 당연하다 할 것이다. 다만 재산권 개념의 상대성과 본질적 내용의 애매성으로 인하여 그 구체적 내용은 매우 탄력적이라고 할 것이다.

이상과 같이 보면 다음으로 문제되는 것은 재산권의 본질적 내용이 무엇이냐, 재산권의 본질적 내용과 재산권의 사회구속성과 공용수용과의 관계는 어떠하냐 하는 것이다.

나. 본질적 내용의 사회구속성과 공용수용의 구별에 대한 관계

먼저 재산권의 본질적 내용침해의 사회구속성과 공용수용의 구별에 대한 관계는 두 가지 다른 견해가 있다.

즉, 첫째는 재산권의 본질적 내용침해는 공용수용이 된다는 것이다. 이 점은 입센(H. P. Ipsen)이나 독일연방일반최고법원(BGH)이 재산권의 본질적 내용침해를 특별희생과 더불어

---

238) H. Schulte, Zur Dogmatik des Art. 14, GG. 1979, S. 16f.
239) 最判 昭 38, 6, 26 刑集 17권 5호, p. 521.
240) 권영성(주 40), 572; 김철수(주 40), 743; 김학성(주 40), 450; 성낙인(주 40), 707; 양건(주 40), 706; 이준일(주 40), 627; 전광석, 한국헌법론, 2013, 362; 정종섭(주 40), 706; 장영수(주 40), 748.
241) v. Mangolt-Klein, a.a.O., S. 433.

공용수용의 기준으로 이해한 것이나[242] 일본의 小林直樹 같은 학자가 일본헌법상 보상 없이 가해지는 제29조 제2항의 제한은 권리의 박탈 또는 박탈하는 것과 같은 제한이어서는 안된다고 하면서 본질적 내용을 재산권 제29조 제3항의 보상 여부의 기준으로 파악한 것[243]에서 볼 수 있다.

둘째로 독일연방헌법재판소의 판결에서 볼 수 있는 것처럼 재산권의 본질적 내용은 어떤 경우에도 침해될 수가 없다고 보는 입장에서 재산권의 본질적 내용을 침해한 경우 보상을 한다고 하여 본질적 내용침해라는 위헌성이 없어지는 것은 아니라고 보는 견해가 있다.

앞에서 보았듯이 재산권보장에 있어 원칙적으로 존속보장이 가치보장에 우선하는 것이고 재산권의 본질적 내용을 침해하는 입법이 바로 공용수용이 되는 것은 아니므로 본질적 내용을 침해하는 입법은 위헌이며 보상으로 그 위헌성이 없어지는 것은 아니라고 할 것이다. 다만 재산권의 내용과 한계를 규정하는 법률이 다른 요건은 모두 헌법에 적합하나 기존 재산권의 제한의 정도가 사적 이용성이나 처분권능을 박탈하는 정도에 이르러 특별희생을 준 경우 보상입법에 대한 부작위를 다툴 수 있다고 할 것이다.

다. 재산권의 본질적 내용의 침해적 내용

재산권의 본질적 내용은 침해되어서는 안된다고 하지만 그 구체적 내용이 무엇인지는 명확하지 않다.[244]

이 점에 관해 독일연방헌법재판소는 재산권보장의 근본내용, 즉 객체에 대한 사적 이용성과 원칙적 처분권능을 유지하여야 하며 비례성의 원칙을 존중해야 한다고 하고 몰수에 해당되는 조세와 같이 재산권의 근본적 내용을 박탈하는 법규정은 인정될 수 없다고 보았다.[245] 그리하여 동 재판소는 재산권의 구속성은 언제나 비례적이어야 하며 법률적인 재산권구속은 그 법규정이 봉사하는 보호목적보다 더 광범위하게 미쳐서는 안된다고 하면서 재산권의 사용처분이 재산권자 내부에만 머물러 있으면 있을수록 입법자에게는 좁은 한계가 인정된다고 하는데 왜냐하면 이러한 경우에는 비례적으로 재산권 구속을 정당하게 할 수 있는 목적을 찾는 것이 더욱 어렵기 때문이라 하였다.[246]

또 바두라(P. Badura)도 입법에 의한 재산권의 내용·한계규정에 있어 개인에 대한 부담의 평등성, 재산권의 사적 이용성 및 그 사용의 평등성 원칙과 관련하여 파악되어야 한다고 하였다.[247] 크뤼거(H. Krüger)는 입법자는 재산권의 내용규정에 있어 자유이나 법률적 내용·한계규정은 전래적 의미에서의 사유재산을 위한 근본적 가치결정을 존중해야 하고 다른 헌법규정과도 일치

---

242) H. P. Ipsen, a.a.O., S. 94f.; BGHZ 6, 145, 147; 同旨 v. Mangolt-Klein, a.a.O., S. 432.

243) 小林直樹, 전게서, p. 527.

244) H. Schulte는 독일연방헌법재판소는 이러한 본질적 내용의 불가침성을 인정하여도 본질적 내용의 침해여부를 엄밀히 규정한 적도 없고 기본권의 본질적 내용의 침해를 이유로 법률의 위헌성을 인정한 적도 없다고 지적하였다(H. Schulte, a.a.O., S. 15).

245) BVerfGE 31, 240f.; 63, 327.

246) BVerfGE 50, 290, 341.

247) P. Badura, a.a.O., S. 281.

해야 하며 과잉침해금지원리에 따라야 한다고 하였다.[248]

헌법재판소는 "토지재산권의 본질적인 내용이라는 것은 토지재산권의 핵이 되는 실질적 요소 내지 근본요소를 뜻하며, 따라서 재산권의 본질적인 내용을 침해하는 경우라고 하는 것은 그 침해로 사유재산권이 유명무실해지고 사유재산제도가 형해화(形骸化)되어 헌법이 재산권을 보장하는 궁극적인 목적을 달성할 수 없게 되는 지경에 이르는 경우라고 할 것이다. 사유재산 제도의 전면적인 부정, 재산권의 무상몰수, 소급입법에 의한 재산권 박탈 등이 본질적인 침해 가 된다"[249]고 한 바 있다. 1990. 9. 3. 89헌가95 결정에서는 "국세기본법 제35조 제1항 제3호 중 '으로부터 1년'이라는 부분은 비공시(非公示)되고 불확정한 조세채권이 담보물권의 배타적 우선권을 제한하고 담보물권에 우선하도록 허용함으로써 사법사의 담보물권제도에 대한 법적 신뢰성을 허물어뜨려 헌법 제23조 제1항이 보장하고 있는 재산권의 본질적인 내용을 침해할 뿐만 아니라 과잉금지의 원칙에도 위배된다"고 한 바 있다. 그 밖에 勤勞者에게 그 退職金 全額 에 대하여 質權者나 抵當權者에 優先하는 辨濟受領權을 인정하는 것(헌재 1997. 8. 21. 94헌바19 등), 공무원연금법 제64조 제3항의 급여제한을 퇴직 후의 사유에도 적용하는 것(헌재 2002. 7. 18. 2000헌바57) 등도 재산권의 본질적 내용을 침해한다고 보았다.

반면 "골프장에 대하여 취득세를 7.5배 중과세하는 구 지방세법 제112조 제2항의 직업선 택의 자유 또는 재산권의 본질적 내용 침해여부를 보면 … 골프장업의 운영을 법률적으로나 사 실상으로 금지하는 것이라고 볼 수는 없으므로, 직업선택의 자유나 재산권의 본질적인 내용을 침해하는 것이라고 볼 수 없다"[250]고 하였고, " … 이 사건 법률조항이 비록 배우자에 대한 채 무명의 없이 배우자 공유인 유체동산에 대한 집행을 할 수 있도록 규정하고 있다 하더라도 그 것만으로 채무자 아닌 배우자에 대하여 본질적인 재산권을 침해한 것으로 볼 수 없음은 물론 과잉금지의 원칙에 위반되는 것으로 볼 수 없다"[251]고 한 바 있다. 또 "구상속세법 제26조 제2 항이 증여세를 납부하지 아니한 납세자에게 납부불성실가산세를 부과하는 것이 납세자의 재산 권을 본질적으로 침해하는 것은 아니다"[252]고 하였다. 그 밖에 회사를 도산에 이르게 한 부실

248) H. Krüger, a.a.O., S. 76.

249) 헌재 1989. 12. 22. 88헌가13, 1, 357(373); 1990. 9. 3. 89헌가95, 2, 245(256); 또한 "국세기본법 제35조 제 1항 제3호 중 '으로부터 1년'이라는 부분은 비공시(非公示)되고 불확정한 조세채권이 담보물권의 배타적 우 선권을 제한하고 담보물권에 우선하도록 허용함으로써 사법사의 담보물권제도에 대한 법적 신뢰성을 허물 어뜨려 헌법 제23조 제1항이 보장하고 있는 재산권의 본질적인 내용을 침해할 뿐만 아니라 과잉금지의 원 칙에도 위배된다"고(헌재 1990. 9. 3. 89헌가95, 2, 245; 1991. 11. 25. 91헌가6, 3, 569(581))한 판례와 "구 근로기준법 제30조의2 제2항은 퇴직금채권자에게 저당권자에 우선하여 그 퇴직금의 액수에 관하여 아무런 제한 없는 우선변제수령권을 인정하고 있으므로, 그로 말미암아 질권자나 저당권자가 그 권리의 목적물로 부터 거의 또는 전혀 변제를 받지 못하게 되는 경우에는, 그 질권이나 저당권의 본질적 내용을 이루는 우 선변제수령권이 형해화하게 되므로 위 조항 중 '퇴직금' 부분은 질권이나 저당권의 본질적 내용을 침해할 소지가 생기게 된다"고(헌재 1997. 8. 21. 94헌바19등, 9-2, 243(261))한 판례가 있다.

250) 헌재 1999. 2. 25. 96헌바64, 11-1, 96, 112-116(118-121).

251) 헌재 1999. 3. 25. 96헌바34, 11-1, 185(196-198).

252) 헌재 1999. 6. 24. 98헌바68, 11-1, 753(753).

경영주의 주식을 3분의 2 이상 강제소각토록 한 것(헌재 2003. 12. 18. 2001헌바91등), 징발매수재산의 환매권 발생기간을 제한한 '징발재산정리에 관한 특별조치법'규정(헌재 2009. 5. 28. 2008헌바18 등), 민간 주택건설사업 시행자에게 매도청구권을 인정한 구 주택법규정(헌재 2009. 11. 26. 2008헌바133) 등에 대해서도 재산권의 본질적 내용침해를 부인한 바 있다.

생각건대 재산권의 본질적 내용이란 재산권을 보장하는 근본적 취지, 즉 존엄한 존재로서의 인간의 자유와 생존을 위해 재산권이 보장된다는 점에서 추출되어야 할 것이다. 따라서 개인의 재산권의 제한 또는 박탈이 그 재산권자의 자유와 생존을 침해하는 정도에 이른 경우에는 본질적 내용의 침해로 보아야 하고 특히 사유재산제를 보장하는 우리 헌법의 경우 보상 없이 개인이 자신의 이익을 위해 재산권의 실체를 사용하고 처분하는 것을 배제하는 법률은 본질적 내용을 침해하는 법률이라 보아야 할 것이다. 또한 부담의 평등성과 비례성의 원칙은 이러한 내용을 판단하는 기준을 제시해준다 할 것이다. 다만 부담의 평등성과 비례성의 원칙에 따른 판단은 입법자에게 넓게 맡겨져 있다 할 것이다.

2. 비례의 원칙

재산권제한에 비례성의 원칙이 적용되는지가 문제된다. 이 점에 관해 독일연방헌법재판소는 재산권제한입법에 있어 재산권보장의 근본내용, 즉 객체에 대한 사적 이용성과 원칙적 처분권능을 유지하여야 하며 과잉금지의 원칙을 존중해야 한다고 하고 몰수에 해당되는 조세와 같이 재산권의 근본적 내용을 박탈하는 법규정은 인정될 수 없다고 보았다.253) 그리하여 동 재판소는 재산권의 구속성은 언제나 비례적이어야 하며 법률적인 재산권구속은 그 법규정이 봉사하는 보호목적보다 더 광범위하게 미쳐서는 안된다고 하면서 재산권의 사용처분이 재산권자 내부에만 머물러 있으면 있을수록 입법자에게는 좁은 한계가 인정된다고 하는데 왜냐하면 이러한 경우에는 비례적으로 재산권 구속을 정당하게 할 수 있는 목적을 찾는 것이 더욱 어렵기 때문이라 하였다.254)

이와 관련하여 우리 헌법해석상으로도 비례의 원칙의 적용을 인정하는 의견이 많고,255) 헌법재판소도 재산권제한에 대해 비례의 원칙을 적용하고 목적의 정당성, 방법의 적절성뿐 아니라 침해의 최소성과 법익의 균형성에 대해서도 판단하고 있있다. 예컨대 "재산권에 대한 제약이 비례원칙에 합치하는 것이라면 그 제약은 재산권자가 수인하여야 하는 사회적 제약의 범위 내에 있는 것이고, 반대로 재산권에 대한 제약이 비례원칙에 반하여 과잉된 것이라면 그 제약은 재산권자가 수인하여야 하는 사회적 제약의 한계를 넘는 것이라 하겠다"256)고 한 바 있고 헌재 2006. 1. 26. 2005헌바18 결정은 "자연환경지구에서 건축행위를 제한하는 것은 그 입법목

---

253) BVerfGE 31, 240f.; 63, 327.
254) BVerfGE 50, 290, 341.
255) 권영성(주 40), 573; 계희열(주 40), 566; 김승대, 헌법학강론, 2012, 256; 성낙인(주 40), 707; 허영(주 40), 593.
256) 헌재 2005. 9. 29. 2002헌바84 등, 17-2, 98(119-119).

적이 정당할 뿐 아니라, 그 방법 역시 적절하다. 또한, … 이 사건 법률조항들은 최소침해성원칙에도 부합한다. … 이 사건 법률조항들에 관하여 그를 통하여 달성하려고 하는 공익과 그로 인하여 침해되는 사익 사이에 적절한 균형이 이루어져 있다 할 것이다. 따라서 이 사건 법률조항들은 비례의 원칙에 반하여 청구인의 재산권을 침해한다고 볼 수 없다"고 하였다. 또한 택지소유상한제에 관한 결정에서는 "소유목적이나 택지의 기능에 따른 예외를 전혀 인정하지 아니한 채 일률적으로 660㎡로 소유상한을 제한함으로써, 어떠한 경우에도 어느 누구라도 660㎡를 초과하는 택지를 취득할 수 없게 한 것은, '적정한 택지공급'이라고 하는 입법목적을 달성하기 위하여 필요한 정도를 넘는 과도한 제한이다. 따라서 택지소유의 상한을 지나치게 낮게 정한 법 제7조 제1항 제1호는 헌법상의 재산권을 과도하게 침해하는 위헌적인 규정이다. 또한 입법자가 소유상한을 지나치게 낮게 설정한 것은 재산권침해의 효과와 소유상한을 통하여 달성하려는 '적정한 택지공급'이라는 공익 사이의 합리적인 비례관계를 명백히 벗어났다고 판단된다"고 하여 법익의 비례관계까지를 심사하여 위헌결정한 바 있다.[257]

그런데 비례의 원칙을 재산권관련입법에 적용하고 헌법재판소가 그 입법의 침해의 최소성이나 법익의 균형성에 대해서 심사하는 것은 위헌심사기준과 관련하여 의문이 있다.[258] 이 점과 관련하여 헌법재판소 2002. 10. 31. 99헌바76등 결정은 "법률이 개인의 핵심적 자유영역(생명권, 신체의 자유, 직업선택의 자유 등)을 침해하는 경우 이러한 자유에 대한 보호는 더욱 강화되어야 하므로, 입법자는 입법의 동기가 된 구체적 위험이나 공익의 존재 및 법률에 의하여 입법목적이 달성될 수 있다는 구체적 인과관계를 헌법재판소가 납득하게끔 소명·입증해야 할 책임을 진다고 할 것이다. 반면에, 개인이 기본권의 행사를 통하여 일반적으로 타인과 사회적 연관관계에 놓여지는 경제적 활동을 규제하는 사회·경제정책적 법률을 제정함에 있어서는 입법자에게 보다 광범위한 형성권이 인정되므로, 이 경우 입법자의 예측판단이나 평가가 명백히 반박될 수 있는가 또는 현저하게 잘못되었는가 하는 것만을 심사하는 것이 타당하다고 본다"고 한 바 있다.

그런데 완화된 심사가 적용되는 사회·경제정책관련입법에 해당한다 할 수 있는 재산권관련입법에 대하여 비례의 원칙을 적용하여 헌법재판소가 침해의 최소성이나 법익의 균형성을 심사하는 것이 논리적으로 맞는 것인지에 대해서는 의문이 있다. 이러한 헌법재판소의 해석태도는 비례의 원칙이 법치국가에서 유래하는 헌법상의 일반원리라는 점과 기본권제한입법이나 평등관련입법의 위헌심사기준으로서 미국 연방대법원판례와 비슷한 다단계심사기준을 수용하면서도 한편으로는 재산권관련입법에 대해서 비례의 원칙을 적용하는 독일식의 해석에 따른 것으로 생각된다.[259] 재산권관련입법에 대해서는 헌법재판소는 침해의 최소성이나 법익의 균

---

257) 헌재 1999. 4. 29. 94헌바37, 11-1, 289(309-317); 헌재 2006. 1. 26. 2005헌바18 결정에서도 입법목적의 정당성, 방법의 적절성, 최소침해성, 법익균형성을 따져 자연공법규정의 합헌성을 인정하고 있다.

258) 재산권관련입법에 대한 위헌심사기준에 관해서는 김문현, "재산권의 보장과 한계 ─ 헌법재판소판례에 대한 평가를 중심으로 ─," 헌법논총 제19집(2008), 566 이하 참조.

형성판단에 대해서는 국회의 판단을 존중하여야 할 것이나 다만 그 판단이 명백히 잘못된 경우에만 위헌이라 하여야 할 것이다.

Ⅷ. 관련문헌

1. 국내문헌

계희열, 헌법학(중), 박영사, 2007.

권영성, 헌법학원론, 법문사, 2010.

김문현, 사회·경제질서와 재산권, 법원사, 2001.

_____, "재산권의 사회구속성과 공용수용의 체계에 대한 검토 — 소위 '분리이론'의 한국

　　　　헌법상 수용에 대한 평가를 중심으로 —," 공법연구 제32집 제4호(2004).

_____, "재산권의 보장과 한계 — 헌법재판소판례에 대한 평가를 중심으로 —," 헌법논총

　　　　제19집(2008).

김승대, 헌법학강론, 법문사, 2012.

김윤상, "토지사유제와 지대조세제," 경북대 법대논총, 제24집(1986).

김철수, 헌법학신론, 박영사, 2013.

김학성, 헌법학원론, 박영사, 2012.

문홍주, 제6공화국 한국헌법, 해암사, 1987.

민경식, "독일기본법에 있어서의 사회화에 관한 연구," 서울대학교 법학박사학위논문(1987).

박일경, 신헌법, 법경출판사, 1994.

방승주, "독일사회보험법상 급여수급권과 재산권보장," 헌법논총 제10집(1999).

성낙인, 헌법학, 법문사, 2013.

안용교, 한국헌법, 박영사, 1989.

양　건, 헌법강의, 법문사, 2013.

이준일, 헌법학강의, 홍문사, 2012.

장영수, 헌법학, 홍문사, 2012.

전광석, 한국헌법론, 집현재, 2013.

정종섭, 헌법학원론, 박영사, 2013.

정하중, "헌법상의 재산권보장체계에 있어서의 경계이론과 분리이론," 서강법학연구 제5권

---

259) 이 점과 관련하여 Gregory S. Alexander는 미국에서는 재산권이 독일에서와 같은 헌법상의 기본권으로서의
　　　지위를 가지고 있지 못하며 현대의 어느 연방대법원도 재산권을 기본적(fundamental) 권리로 인정하고 있지
　　　않으며 약한 합리성심사기준이 적용된다는 의미에서 헌법적으로 재산권은 이등급의 권리(a "second-rate"
　　　right)라고 하고 있다(Gregory S. Alexander, The Global Debate over Constitutional Property — Lessons
　　　for American Takings Jurisprudence —, The University of Chicago Press, 2006, 100 이하).

(2003).

정혜영, "한국헌법 제23조와 독일분리이론에 의한 그 해석가능성," 공법연구 제33집 제4호
　　　(2005. 6).

최갑선, "헌법 제23조 1항 2문에 의거한 재산권의 내용 및 한계규정," 심천 계희열박사 화
　　　갑기념논문집, 1995.

한태연, 헌법학, 법문사, 1983.

허　영, 헌법이론과 헌법, 박영사, 2013.

한수웅, 헌법학, 법문사, 2011.

＿＿＿, "재산권의 내용을 새로이 형성하는 법규정의 헌법적 문제," 저스티스 제32권 2호(1999).

2. 외국문헌

長谷川正安, 憲法과 資本主義, 국순옥 엮음, 자본주의와 헌법, 까치, 1987.

甲斐道太郎·稻本洋之助·戒能通厚·田山輝明, 所有權思想の歷史, 有斐閣, 1979.

高原賢治, 財産權と損失補償, 有斐閣, 1983.

宮澤俊義, 憲法(Ⅱ), 有斐閣, 1986.

今村成和, 損失補償制度の研究, 有斐閣, 1968.

渡邊洋三, 財産權論, 一粒社, 1985.

法學協會, 註解日本國憲法, 2012.

松井茂記, 日本國憲法, 2007.

涉谷秀樹, 憲法, 2007.

柳瀨良幹, 土地の國有と憲法, 공법연구 제36호, 1974.

齊勝壽, 憲法における 「財産權の自由と制限」, 法學論集(驅譯大學) 제10호, 1973.

川島武宜, 所有權法の法理, 岩波書店, 1949.

樋口陽一, 佐藤幸治, 中村睦男, 浦部法穗, 『注釋 日本國憲法 上卷』, 1990.

Abraham, H. J., Freedom and Court, Oxford Univ. Press, 1977.

Alexander, Gregory S., The Global Debate over Constitutional Property ─ Lessons for
　　　American Takings Jurisprudence ─, The University of Chicago Press, 2006.

Badura, P., Wirtschaftsverwaltungsrecht, in: I. v. Münch(Hrsg.), Besonderes Verwaltungsrecht,
　　　1985.

＿＿＿, Staatsrecht, 2010.

Bryde, Brun-Otto, Art. 14. In: Ingo von Münch(Hrsg.), GG Kommentar.

Chemerinsky, Edwin, Constitutional Law ─ Principles and Policies ─, 2006.

헌법
제
23
조

Chlosta, J., Der Wesensgehalt der Eigentumsgewährleistung, Berlin, 1975.

Dietze, Gottfried, Zur Verteidigung des Eigentums, Tübingen, 1978.

Hans-Jochen Vogel, Kontinuität und Wandlungen der Eigentumsverfassung, De Gruyter, 1976.

Helmut Rittstieg, Eigentum als Verfassungsproblem, Darmstadt, 1976.

Häberle, P., Vielfalt der Property Rights und der verfassungsrechtliche Eigentumsbegriff, AöR 109, 1984.

Friedhelm Hufen, Staatsrecht Ⅱ -Grundrechte, 2009.

Ipsen, H. P., Enteigung und Sozialisierung, VVDStRL 10, 1952.

Jarass/Pieroth, GG Kommentar, 2011.

Klein, Friedrich, Eigentumsbindung, Enteignung, Sozialisierung und Gemeinwirtschaft im Sinne des Bonner Grundgesetzes, Tübingen, 1972.

Knoll, Ernst, Eingriffe in das Eigentum im Zuge der Umgestaltung gesellschaftlicher Verhältnisse, AöR 79.

Leisner, W., Sozialbindung des Eigentum, Berlin, 1972.

_____, Eigentum, in: J.Isensee/P.Kirchhof(ed.), Handbuch des Staatsrechts des Bundesrepublik Deutschland, 2010.

Maurer, H., Allgemeines Verwaltungsrecht, 2000.

Nüssgens/Boujong, Eigentum, Sozialbindung, Enteignung, Müchen, 1987.

Ossenbühl, F., Staatshaftungsrecht, 1998.

Rozek, Jochen, Die Unterscheidung von Eigentumsbindung und Enteignung-Eine Bestandsaufnahme zur dogmatischen Struktur des Art.14 nach 15 Jahren Naßauskiesung, 1998.

Rudolph, K., Die Bindungen des Eigentums, 1960.

Michael Sachs, Verfassungsrecht Ⅱ — Grundrechte —, 2000.

Sax, J. L., Taking and the Police Power, 74 Yale L. J. 36, 67; L. Orgel, Valuation under Eminent Domain, vol. 1, 1953.

Schulte, Hans, Zur Dogmatik des Art. 14 GG, Karlsrühe, 1979.

Schwerdtfeger, G., Eigentumsgarantie, Inhaltsbestimmung und Enteignung-BVerfGE 58, 300 ("Nassauskiesung"), JuS, 1983.

Siegan, B. H., Economic Liberties and the Constitution, The Univ. of Chicago Press, 1980.

Weber, W., Eigentum und Enteignung, in: Die Grundrechte, Band 2, 1954.

헌법 제24조

[전 학 선]

第24條

모든 國民은 法律이 정하는 바에 의하여 選擧權을 가진다.

I. 기본 개념과 입헌취지

현대 민주정치는 간접민주정치를 근간으로 하고 있다. 즉 과거 직접민주정치를 하던 고대 그리스의 경우를 제외하고는 현대에 와서는 세계 대부분의 국가들이 간접민주정치를 시행하고 있다. 이러한 간접민주정치는 대의정치라든가 혹은 의회정치라고 말하여 진다. 국민들의 대표로 하여금 국가를 이끌어 가게끔 하는 것이 대의정치인데, 국민들의 대표를 어떻게 선정할 것인가 하는 문제가 남는다. 따라서 국민의 대표를 국민적 합의에 의하여 대의민주정치를 구현하기 위하여 선출하는 것을 선거라고 할 수 있을 것이다. 현대 민주주의는 간접민주주의를 그 기반으로 하고 있으므로 선거제도가 중요한 요소의 하나로 자리 잡고 있고 어떠한 선거제도를 채택하느냐와 어떻게 운영하느냐가 중요한 문제가 되어가고 있는 것이다. 오늘날 입헌민주국가에서 대의제도에 의한 통치가 불가피한 것으로 선거야말로 국민의 의사를 체계적으로 결집하고 수렴하고 구체화하는 방법으로 국민의 정치적 의사를 형성하는 가장 합리적인 절차인 것이다.[1]

민주국가에 있어서 주권은 국민에게 있으므로 국민이 국가운영의 주체인 것이다. 따라서 헌법도 제1조 제2항에서 "대한민국의 주권은 국민에게 있고, 모든 권력은 국민으로부터 나온다"라고 선언하고 있는 것이다. 따라서 국민주권의 원리는 대의기관을 선출하는 제도인 선거에 의하여 실현이 되는 것인데, 선거는 국민의사를 국가의사형성에 반영하는 가장 기본적인 수단 중의 하나가 된다. 국민이 국정에 참여하는 참정권은 국민주권의 상징적인 표현으로서 국민의 가장 중요한 기본적 권리의 하나이며, 또한 다른 기본권에 대하여 우월적 지위를 가진다고 할 수 있다.[2]

모든 국민이 원칙적으로 선거에 참여할 수가 있는데, 이는 대표자를 선출하는 선거권과 대표자로 선출될 피선거권으로 구성되어 있다고 볼 수가 있다. 이는 치자와 피치자가 동일하다는 자동성의 원리에 입각하여 자기지배의 원리를 만들어 가는 것이다. 헌법 제24조는 "모든 국민은 법률이 정하는 바에 의하여 선거권을 가진다"라고 하여 국민들의 선거권에 대하여 규정하고 있으며, 헌법 제25조는 "모든 국민은 법률이 정하는 바에 의하여 공무담임권을 가진다"하여 국민들의 피선거권에 대하여 규정을 하고 있다.[3] 따라서 우리나라는 헌법에서 공무담임권을 가진 국민을 직접 규정하고 있는 것이 아니라 법률을 통하여 정할 수 있도록 규정하고 있다. 우리나라의 헌법과 공직선거법은 선거권에 대하여 규정을 두고 있다. 선거권이란 '국민이 공무원을 선거하는 권리',[4] 또는 '선거인단의 구성원으로서 각급 공무원을 선임할 수 있는 권리',[5] '통

---

1) 헌재 1991. 3. 11. 91헌마21, 3, 104.
2) 헌재 1989. 9. 8. 88헌가6, 1, 199.
3) 물론 공무담임권이라 함은 국민이 공무원이 되어 공무를 담당할 수 있는 권한으로서 국가기관에 취임할 수 있는 권리를 말하는 것이다. 입법부·사법부·행정부는 물론 지방자치단체·국가·공공단체의 구성원이 되는 것을 말한다. 따라서 선거에 의한 공무원뿐만이 아니라 시험이라든가 임명 등에 의한 모든 공무원이 될 수 있는 것을 말한다.
4) 김철수, 헌법학신론, 박영사, 2009, 949.
5) 권영성, 헌법학원론, 법문사, 2009, 592.

치권 내지 국정의 담당자를 결정하는 국민의 주권행사',[6] '공직자를 선출하기 위한 행위에 참여할 수 있는 기본권',[7] '정책결정권자인 국민의 대표자를 선정하는 권리'[8]라고 할 수 있다.

II. 연   혁

우리나라는 제1공화국헌법에서부터 선거권에 관한 규정을 두고 있었다.

1. 제 1 공화국

1948년 7월 17일 헌법은 제25조에서 "모든 국민은 법률의 정하는 바에 의하여 공무원을 선거할 권리가 있다"라고 규정하고 있다. 따라서 제1공화국에서도 헌법에서 선거권에 관한 규정을 두면서 구체적인 사항은 법률로 위임을 하고 있다. 선거연령도 헌법에서 정하지 않고 법률에서 정하였는데, 대통령·부통령선거법과 국회의원선거법에서 만 21세로 규정하고 있었다. 그러나 제1공화국에서 선거연령을 정하는 데 있어서 초기에는 선거연령기준을 선거일을 기준으로 하였으나, 1950. 4. 12. 법률 제121호로 개정된 국회의원선거법과 1952. 7. 18. 법률 제247호로 제정된 대통령·부통령선거법에서는 선거인명부확정일로 하였다.

2. 제 2 공화국

제2공화국에서는 제1공화국에서 마찬가지로 헌법에서 선거권에 관하여 규정을 하면서 연령에 의한 선거권 향유 주체를 명시하고 있다. 제2공화국 헌법 제25조는 "모든 국민은 20세에 달하면 법률의 정하는 바에 의하여 공무원을 선거할 권리가 있다"라고 하여 20세 이상의 국민이면 법률이 정하는 바에 의하여 선거권을 가진다고 규정하고 있다.

3. 제 3 공화국

제3공화국헌법도 제2공화국 헌법과 마찬가지로 규정을 하면서, 제21조에서 "모든 국민은 20세가 되면 법률이 정하는 바에 의하여 공무원 선거권을 가진다"라고 하고 있다. 제3공화국부터 헌법에서 선거연령을 규정하고 있었는데, 이때부터 다시 선거연령 기준일을 선거인명부확정일이 아닌 선거일로 하고 있다. 즉 대통령 선거법과 국회의원 선거법에서 선거연령 기준일은 선거일로 하였다. 이 후 지금까지 선거권 선거연령 기준일은 선거일로 하고 있다.

---

6) 허영, 한국헌법론, 박영사, 2009, 530.
7) 정재황, 신헌법입문, 박영사, 2013, 477.
8) 정종섭, 헌법학원론, 박영사, 2010, 708.

4. 제 4 공화국

제4공화국헌법도 연령에 의한 선거권 제한을 헌법에서 직접적으로 명시하고 있는데, 제1공화국에서부터 제3공화국까지는 ' … 공무원(을) 선거권(할 권리) …'이라 하였으나, '공무원'이란 단어를 생략하고 선거권을 가진다고 규정하고 있다. 따라서 제4공화국헌법은 제21조에서 '모든 국민은 20세가 되면 법률이 정하는 바에 의하여 선거권을 가진다'라고 규정하였다.

5. 제 5 공화국

제5공화국헌법도 제4공화국헌법을 그대로 이어받아서 제23조에서 "모든 국민은 20세가 되면 법률이 정하는 바에 의하여 선거권을 가진다"라고 규정하였다.

6. 현행 헌법

현행 헌법은 제24조에서 "모든 국민은 법률이 정하는 바에 의하여 선거권을 가진다"라고 규정하면서 제2공화국헌법에서부터 직접 헌법에서 명시한 연령에 의한 선거권제한을 법률에 위임하였다. 따라서 선거법은 선거일 현재 20세 이상인 국민에 대하여 선거권을 부여하였으나, 2005년 8월 법을 개정하여 선거연령을 19세로 변경하였다.

〈역대 헌법상 선거권 조항〉

헌 법	선거권 조항
제 1 공화국	제25조 모든 국민은 법률의 정하는 바에 의하여 공무원을 선거할 권리가 있다.
제 2 공화국	제25조 모든 국민은 20세에 달하면 법률의 정하는 바에 의하여 공무원을 선거할 권리가 있다.
제 3 공화국	제21조 모든 국민은 20세가 되면 법률이 정하는 바에 의하여 공무원 선거권을 가진다.
제 4 공화국	제21조 모든 국민은 20세가 되면 법률이 정하는 바에 의하여 선거권을 가진다.
제 5 공화국	제23조 모든 국민은 20세가 되면 법률이 정하는 바에 의하여 선거권을 가진다.
현행 헌법	제24조 모든 국민은 법률이 정하는 바에 의하여 선거권을 가진다.

Ⅲ. 선거의 기본원칙

선거의 5대 원칙으로 보통선거, 평등선거, 직접선거, 비밀선거, 자유선거를 들 수 있다.

1. 보통선거

보통선거란 제한선거에 대응하는 개념으로서 경제력이나 납세액, 사회적 신분, 인종, 종교, 성별, 교육 등을 이유로 선거권을 차별하지 아니하고 일정한 연령에 달한 모든 국민에게 원칙적으로 선거권을 부여하는 제도이다.

헌법은 제1조 제2항에서 "대한민국의 주권은 국민에게 있고, 모든 권력은 국민으로부터 나온다"고 규정함으로써 국민주권의 원리를 천명하고 있다. 민주국가에서의 국민주권의 원리는 무엇보다도 대의기관의 선출을 의미하는 선거와 일정사항에 대한 국민의 직접적 결정을 의미하는 국민투표에 의하여 실현된다. 선거는 오늘날의 대의민주주의에서 국민이 주권을 행사할 수 있는 가장 중요한 방법으로서, 선거를 통하여 국민은 선출된 국가기관과 그의 국가권력의 행사에 대하여 민주적 정당성을 부여한다. 민주주의는 참정권의 주체와 국가권력의 지배를 받는 국민이 되도록 일치할 것을 요청한다. 국민의 참정권에 대한 이러한 민주주의적 요청의 결과가 바로 보통선거의 원칙이다. 즉, 원칙적으로 모든 국민이 균등하게 선거에 참여할 것을 요청하는 보통·평등선거원칙은 국민의 자기지배를 의미하는 국민주권의 원리에 입각한 민주국가를 실현하기 위한 필수적 요건이다. 원칙적으로 모든 국민이 선거권과 피선거권을 가진다는 것은 바로 국민의 자기지배를 의미하는 민주국가에의 최대한의 접근을 의미하기 때문이다.

그러므로 보통선거의 원칙에 따라 원칙적으로 모든 국민에게 선거권과 피선거권이 인정되어야 하며, 특정한 국민을 정치적·경제적 또는 사회적인 이유로 선거권과 피선거권을 행사할 수 없도록 하여서는 아니된다. 물론 보통선거의 원칙은 선거권 및 피선거권에 대한 모든 제한을 금지하는 것은 아니지만, 보통선거원칙에 대한 예외는 원칙적으로 부득이한 경우에 한하여 제한적으로 허용되어야 하며, 제한한다 하더라도 불가피한 최소한의 정도에 그쳐야 한다.[9]

즉 보통선거의 원칙은 선거권자의 능력, 재산, 사회적 지위 등의 실질적인 요소를 배제하고 성년자이면 누구라도 당연히 선거권을 갖는 것을 요구한다. 따라서 선거권자의 국적이나 선거인의 의사능력 등 선거권 및 선거제도의 본질상 요청되는 사유에 의한 내재적 제한을 제외하고 보통선거의 원칙에 위배되는 선거권 제한 입법을 하기 위해서는 기본권 제한입법에 관한 헌법 제37조 제2항의 규정에 따라야 한다. 헌법 제37조 제2항에 의하면 국민의 자유와 권리는 국가안전보장, 질서유지 또는 공공복리를 위하여 필요한 경우에 한하여 법률로써 제한할 수 있으며 그 경우에도 자유와 권리의 본질적인 내용을 침해할 수 없다고 규정하여 국가가 국민의 기본권을 제한하는 내용의 입법을 함에 있어서 준수하여야 할 기본원칙을 천명하고 있다. 따라서

---

9) 헌재 1999. 5. 27. 98헌마214, 11-1, 697-698.

기본권을 제한하는 입법을 함에 있어서는 입법목적의 정당성과 그 목적달성을 위한 방법의 적
정성, 피해의 최소성, 그리고 그 입법에 의해 보호하려는 공공의 필요와 침해되는 기본권 사이
의 균형성을 모두 갖추어야 하며 이를 준수하지 않은 법률 내지 법률조항은 기본권제한의 입법
적 한계를 벗어난 것으로 헌법에 위반된다.

　　헌법재판소는 지방자치단체의 장이 그 임기 중에 그 직을 사퇴하여 대통령선거, 국회의원
선거, 지방의회의원선거 및 다른 지방자치단체의 장 선거에 입후보할 수 없도록 하는 것은 보
통선거 원칙에 위반된다고 하였다.10) 또한 헌법재판소는 재외국민에게 공직선거선거권을 부여
하지 않는 것은 보통선거원칙에 위반되지 않는다고 하였다가11) 판례를 변경하여 보통선거원칙
에 위반된다고 하여 헌법불합치 결정을 하였다.12)

2. 평등선거

　　평등선거란 차등선거(불평등선거)에 대응하는 개념으로서 사회적 신분, 교육, 재산(납세액)
등을 이유로 특정의 선거인들에게 복수의 투표권을 부여하지 않고 1인 1표제를 원칙으로, 모든
선거인에게 투표의 수적가치 평등을 부여하는 제도이다. 따라서 1인이 1표씩 행사하면 평등선
거라고 생각하였으나, 지금은 평등선거와 관련하여 1인 1표를 평등선거로 보는 것에서 더 나아
가 투표의 가치도 평등해야 한다는 것을 의미한다.

　　우리 헌법은 제11조 제1항에서 일반적인 '평등의 원칙'을 선언함과 동시에, 제41조 제1항
에서 "국회는 국민의 보통·평등·직접·비밀선거에 의하여 선출된 국회의원으로 구성한다"고
규정함으로써 국회의원의 선거에 있어서 '평등선거의 원칙'을 선언하고 있으며, 대통령 선거에
있어서도 제67조 제1항에서 "대통령은 국민의 보통·평등·직접·비밀선거에 의하여 선출한다"
고 하여 '평등선거의 원칙'을 선언하고 있다.

　　평등선거의 원칙은 평등의 원칙이 선거제도에 적용된 것으로서 투표의 수적 평등, 즉 1인
1표의 원칙(one person, one vote)과 투표의 성과가치의 평등, 즉 1표의 투표가치가 대표자선정
이라는 선거의 결과에 대하여 기여한 정도에 있어서도 평등하여야 한다는 원칙(one vote, one
value)을 그 내용으로 할 뿐만 아니라, 일정한 집단의 의사가 정치과정에서 반영될 수 없도록
차별적으로 선거구를 획정하는 이른바 '게리맨더링'에 대한 부정을 의미하기도 한다.

　　헌법재판소는 선거구 인구 불평등과 관련하여 몇 번의 결정을 하였다. 첫 번째는 1995년
12월 27일 결정인데, 이 결정에서 헌법재판소는 국회의원 선거에서 전국 선거구 평균 인구수를
기준으로 상하 60%를 초과하는 인구수를 가진 선거구는 투표가치의 차이가 헌법적으로 용인될
수 없는 편차를 보여서 위헌이라고 하였다.13)

---

10) 헌재 1999. 5. 27. 98헌마214, 11-1, 675 이하.
11) 헌재 1999. 1. 28. 97헌마253 등, 11-1, 54.
12) 헌재 2007. 6. 28. 2004헌마644 등, 19-1, 859.
13) 헌재 1995. 1. 27. 95헌마224, 7-2, 760 이하.

　두 번째는 2001년 10월 25일 결정인데, 1995년 첫 번째 결정과 달리 판례변경을 하여 국회의원 선거에서 위헌 기준을 50%로 하였다. 즉 헌법재판소는 "인구편차의 허용한계에 관한 다양한 견해 중 현시점에서 선택가능한 방안으로 상하 33⅓% 편차(이 경우 상한 인구수와 하한 인구수의 비율은 2 : 1)를 기준으로 하는 방안, 또는 상하 50% 편차(이 경우 상한 인구수와 하한 인구수의 비율은 3 : 1)를 기준으로 하는 방안이 고려될 수 있는데, 이 중 상하 33⅓% 편차 기준에 의할 때 행정구역 및 국회의원정수를 비롯한 인구비례의 원칙 이외의 요소를 고려함에 있어 적지 않은 난점이 예상되므로, 우리 재판소가 선거구획정에 따른 선거구간의 인구편차의 문제를 다루기 시작한지 겨우 5년여가 지난 현재의 시점에서 너무 이상에 치우친 나머지 현실적인 문제를 전적으로 도외시하기는 어렵다고 할 것이어서, 이번에는 평균인구수 기준 상하 50%의 편차를 기준으로 위헌 여부를 판단하기로 한다"고 하였다.[14] 그러면서 앞으로 상당한 기간이 지난 후에는 인구편차가 상하 33⅓% 또는 그 미만의 기준에 따라 위헌 여부를 판단하여야 한다고 하였다.

　세 번째는 2007년 3월 29일 결정인데, "시·도의원 지역선거구의 획정에는 인구 외에 행정구역·지세·교통 등 여러 가지 조건을 고려하여야 하므로, 그 기준은 선거구 획정에 있어서 투표가치의 평등으로서 가장 중요한 요소인 인구비례의 원칙과 우리나라의 특수사정으로서 시·도의원의 지역대표성 및 인구의 도시집중으로 인한 도시와 농어촌 간의 극심한 인구편차 등 3개의 요소를 합리적으로 참작하여 결정되어야 할 것이며, 현시점에서는 상하 60%의 인구편차(상한 인구수와 하한 인구수의 비율은 4 : 1) 기준을 시·도의원 지역선거구 획정에서 헌법상 허용되는 인구편차기준으로 삼는 것이 가장 적절하다"고 하였다.[15]

　또한 헌법재판소는 국회의원선거에서 지역구 대표와 비례대표를 한 번의 투표를 통하여 결정하는 1인 1표제 사건에서 "현행 1인 1표제하에서의 비례대표의석배분방식에서, 지역구후보자에 대한 투표는 지역구의원의 선출에 기여함과 아울러 그가 속한 정당의 비례대표의원의 선출에도 기여하는 2중의 가치를 지니게 되는데 반하여, 무소속후보자에 대한 투표는 그 무소속후보자의 선출에만 기여할 뿐 비례대표의원의 선출에는 전혀 기여하지 못하므로 투표가치의 불평등이 발생하는바, 자신이 지지하는 정당이 자신의 지역구에 후보자를 추천하지 않아 어쩔 수 없이 무소속후보자에게 투표하는 유권자들로서는 자신의 의사에 반하여 투표가치의 불평등을 강요당하게 되는바, 이는 합리적 이유없이 무소속 후보자에게 투표하는 유권자를 차별하는 것이라 할 것이므로 평등선거의 원칙에 위배된다"고 하였다.[16]

　헌법재판소는 국회의원 선거에서 1인 1표제를 채택하여 유권자에게 별도의 정당투표를 인정하지 않고 지역구선거에서 표출된 유권자의 의사를 그대로 정당에 대한 지지의사로 의제하

_____

14) 헌재 2001. 10. 25. 2000헌마92.
15) 헌재 2007. 3. 29. 2005헌마985, 공보 126, 325.
16) 헌재 2001. 7. 19. 2000헌마91, 13-2, 79.

여 비례대표의석을 배분토록 하는 것은 평등선거에 위반된다고 하였다.17)

평등선거의 원칙은 입후보자와 정당을 중심으로 보면 기회균등의 원칙과 선거운동에 있어서의 평등의 원칙으로 나타난다고 할 수 있다.18)

헌법재판소는 정당추천후보자에게는 합동연설회 이외에 정당연설회를 가질 수 있도록 한 것과 정당추천후보자는 소형인쇄물을 2종 더 배부할 수 있도록 하는 것은 평등선거에 위반된다고 하였다.19) 이외에도 국회의원 선거에서 정당추천 후보자와 무소속 후보자의 기탁금을 1,000만원과 2,000만원으로 차등을 둔 것은 평등선거에 위반된다고 하였다.20)

3. 직접선거

직접선거란 간접선거에 대응하는 개념으로서 일반 선거인이 직접 대표자를 선출하는 제도이다. 간접선거는 유권자가 일정 수의 중간 선거인을 선출하고 그 중간 선거인으로 하여금 대표자를 선출하도록 하는 것으로 유권자의 의도와는 다른 결과가 나올 수가 있는 것이다. 직접선거에 있어서 문제되는 것은 구속명부식 비례대표제에서 정당이 정한 후보자 순서에 유권자가 구속되므로 간접선거와 같은 효과가 나타날 수도 있다.

헌법재판소는 국회의원 선거와 관련하여 1인 1표제로 지역구 국회의원과 비례대표 국회의원을 선출하도록 한 것은 직접선거원칙에 위반된다고 하였다. 즉 "비례대표제를 채택하는 경우 직접선거의 원칙은 의원의 선출뿐만 아니라 정당의 비례적인 의석확보도 선거권자의 투표에 의하여 직접 결정될 것을 요구하는 바, 비례대표의원의 선거는 지역구의원의 선거와는 별도의 선거이므로 이에 관한 유권자의 별도의 의사표시, 즉 정당명부에 대한 별도의 투표가 있어야 함에도 현행제도는 정당명부에 대한 투표가 따로 없으므로 결국 비례대표의원의 선출에 있어서는 정당의 명부작성행위가 최종적·결정적인 의의를 지니게 되고, 선거권자들의 투표행위로써 비례대표의원의 선출을 직접·결정적으로 좌우할 수 없으므로 직접선거의 원칙에 위배된다"는 것이다.21)

그러나 헌법재판소는 고정명부식 비례대표제는 비례대표후보자명단과 그 순위, 의석배분방식은 선거시에 이미 확정되어 있고, 투표 후 후보자명부의 순위를 변경하는 것과 같은 사후개입은 허용되지 않는다고 하면서 비록 후보자 각자에 대한 것은 아니지만 선거권자가 종국적인 결정권을 가지고 있으며, 선거결과가 선거행위로 표출된 선거권자의 의사표시에만 달려 있다고 할 수 있다. 따라서 고정명부식을 채택한 것 자체가 직접선거원칙에 위반된다고는 할 수 없다고 하였다.22)

---

17) 헌재 2001. 7. 19. 2000헌마91 등, 13-2, 77.
18) 전광석, 한국헌법론, 집현재, 2013, 532.
19) 헌재 1992. 3. 13. 92헌마37 등, 4, 137.
20) 헌재 1989. 9. 8. 88헌가6, 1, 199.
21) 헌재 2001. 7. 19. 2000헌마91, 13-2, 79.
22) 헌재 2001. 7. 19. 2000헌마91등, 13-2, 96.

4. 비밀선거

비밀선거란 공개선거(공개투표)에 대응하는 개념으로서 매수, 유혹, 위협, 정실 등 각종 선거간섭 등에 의한 자유롭고 공정한 선거권 행사의 침해를 방지하기 위하여 선거인이 누구에게 투표하였는지를 제3자가 알지 못하게 하는 제도이다.

비밀선거를 위하여 공직선거법에서는 "투표의 비밀은 보장되어야 한다"고 규정하고 있고, 선거인은 투표한 후보자의 성명이나 정당명을 누구에게도 또한 어떠한 경우에도 진술할 의무가 없으며, 누구든지 선거일의 투표마감시각까지 이를 질문하거나 그 진술을 요구할 수 없다. 다만, 텔레비전방송국·라디오방송국·「신문 등의 진흥에 관한 법률」 제2조 제1호 가목 및 나목에 따른 일간신문사가 선거의 결과를 예상하기 위하여 선거일에 투표소로부터 50미터 밖에서 투표의 비밀이 침해되지 않는 방법으로 질문하는 경우에는 그러하지 아니하며 이 경우 투표마감시각까지 그 경위와 결과를 공표할 수 없도록 하고 있다. 또한 선거인은 자신이 기표한 투표지를 공개할 수 없으며, 공개된 투표지는 무효로 된다(공직선거법 제167조). 공직선거법은 동법 제167조를 위반하여 투표의 비밀을 침해하거나 선거일의 투표마감시각 종료 이전에 선거인에 대하여 그 투표하고자 하는 정당이나 후보자 또는 투표한 정당이나 후보자의 표시를 요구한 자와 투표결과를 예상하기 위하여 투표소로부터 50미터 이내에서 질문하거나 투표마감시각 전에 그 경위와 결과를 공표한 자는 3년 이하의 징역 또는 600만원 이하의 벌금에 처하도록 하고 있다(공직선거법 제241조 제1항).

그러나 선거인이 선거 전이나 선거 후에 자유의사에 의하여 타인에게 자신의 투표내용을 공개하고 전달하는 것은 비밀선거원칙에 위배되지 않는다는 견해가 있다.[23]

헌법재판소는 해상에 장기 기거하는 선원들에 대해서는 부재자투표 대상자로 규정하지 않고 있으며, 이들이 투표할 수 있는 방법을 정하지 않고 있는 것이 그들의 선거권을 침해하는지 여부에 관하여 "통상 모사전송 시스템의 활용에는 특별한 기술을 요하지 않고, 당사자들이 스스로 이를 이용하여 투표를 한다면 비밀 노출의 위험이 적거나 없을 뿐만 아니라, 설사 투표절차나 그 전송 과정에서 비밀이 노출될 우려가 있다 하더라도, 이는 국민주권원리나 보통선거원칙에 따라 선원들이 선거권을 행사할 수 있도록 충실히 보장하기 위한 불가피한 측면이라 할 수도 있고, 더욱이 선원들로서는 자신의 투표결과에 대한 비밀이 노출될 위험성을 스스로 용인하고 투표에 임할 수도 있을 것이므로, 선거권 내지 보통선거원칙과 비밀선거원칙을 조화적으로 해석할 때, 이를 두고 헌법에 위반된다 할 수 없다"고 하였다.[24]

---

23) 한수웅, 헌법학, 법문사, 2013, 162.
24) 헌재 2007. 6. 28. 2005헌마772, 공보 129, 78.

5. 자유선거

자유선거란 정당한 이유없이 기권하는 자에 대하여 일정한 제재를 가함으로써 선거권을 의무적으로 행사하도록 하는 강제선거에 대응하는 개념으로 선거인이 외부의 영향을 받지 않고 자유의사에 따라 선거권을 행사하도록 보장하는 제도이다. 자유선거의 원칙은 비록 우리 헌법에 명시되지는 아니하였지만 민주국가의 선거제도에 내재하는 법원리인 것으로서 국민주권의 원리, 의회민주주의의 원리 및 참정권에 관한 규정에서 그 근거를 찾을 수 있다. 이러한 자유선거의 원칙은 선거의 전 과정에 요구되는 선거권자의 의사형성의 자유와 의사실현의 자유를 말하고, 구체적으로는 투표의 자유, 입후보의 자유 나아가 선거운동의 자유를 뜻한다.[25]

선거권의 자유로운 행사는 의사형성의 영역에 있어서 비밀선거의 원칙에 의하여 본질적으로 보장되고, 보통선거의 원칙이나 직접선거의 원칙을 지나치게 제한하는 것은 자유선거원칙을 침해하는 것이 될 수 있다.[26]

선거권자들로 하여금 투표를 하도록 강제하는 과태료나 벌금 등의 수단을 채택하게 된다면 자발적으로 투표에 참가하지 않은 선거권자들의 의사형성의 자유 내지 결심의 자유를 부당하게 축소하고 그 결과로 투표의 자유를 침해하여 결국 자유선거의 원칙을 위반할 우려도 있게 된다.[27]

헌법재판소는 대통령선거경선후보자가 당내경선 과정에서 탈퇴함으로써 후원회를 둘 수 있는 자격을 상실한 때[28] 또는 국회의원예비후보자가 당내경선에 참여하지 않고 정식 후보자 등록을 하지 않음으로써 후원회를 둘 수 있는 자격을 상실한 때에는 후원회로부터 후원받은 후원금 전액을 국고에 귀속하도록 하는 것[29]은 자유선거원칙에 위반된다고 하였다.

6. 선거별 원칙

우리 헌법은 대통령 선거에 있어서는 보통·평등·직접·비밀 선거로 대통령을 선출하도록 명문으로 규정하고 있으며(헌법 제657조 제1항), 국회의원선거도 보통·평등·직접·비밀선거로 치르도록 하고 있다(헌법 제41조 제1항). 그러나 지방선거와 관련하여서는 헌법이 직접 선거형태를 규정하고 있지 않고 헌법 제118조 제2항에서 "지방의회의 조직·권한·의원선거와 지방자치단체의 장의 선임방법 기타 지방자치단체의 조직과 운영에 관한 사항은 법률로 정한다"라고 하여 지방선거의 방식에 관해서는 입법자에게 위임하고 있다. 따라서 지방선거에 대해서는 입법자가 헌법에 위반되지 않는 범위 내에서 입법형성권을 가지고 있다고 할 것이다.

---

25) 헌재 2009. 12. 29. 2008헌마141등, 21-2하, 887.
26) 조재현, "자유선거의 원칙," 공법연구 제30집 제4호(2002. 6), 97-98.
27) 헌재 2003. 11. 27. 2003헌마259, 250(병합).
28) 헌재 2009. 12. 29. 2007헌마1412, 21-2하, 846.
29) 헌재 2009. 12. 29. 2008헌마141 등, 21-2하, 869.

따라서 지방선거에 있어서는 외국인에게도 선거권을 부여하고 있는 바, 출입국관리법 제10조(체류자격)의 규정에 따른 영주의 체류자격 취득일 후 3년이 경과한 19세 이상의 외국인으로서 선거인명부작성기준일 현재 출입국관리법 제34조(외국인등록표등의 작성 및 관리)의 규정에 따라 당해 지방자치단체의 외국인등록대장에 등재된 외국인은 지방선거에서 선거권을 향유한다.

또한 지방교육자치에 관한 법률에 의하여 교육의원과 교육감은 지역 주민들의 보통·평등·직접·비밀 선거로 선출하도록 되어 있다.

Ⅳ. 선거권의 법적 성격

선거를 하는 것이 권리인가 혹은 권한인가 아니면 의무인가에 대하여 논란이 있다.

1. 자연권설

선거권을 자연법상의 권리로 이해하는 입장으로 근대 입헌주의 초기에 자연법학자들에 의하여 주장된 것으로 국민주권을 주장하면서 모든 국민이 천부적인 권리로서 선거권을 가진다고 보았다. 선거권을 자연권으로 이해하는 입장은 주권자를 '인민'(peuple)으로 이해하는 경우에 해당한다. 선거권을 자연권으로 이해하여 천부적이면서 불가침의 권리로 이해하였다. 자연권으로 이해하는 입장은 1789년 프랑스 혁명의회에서 로베스삐에로에 의하여 주창되다가 1793년 헌법과 선거법에서 실현되었었다.

그러나 자연권으로 선거권을 이해하는 입장은 선거권은 대의제를 전제로 하여야만 인정될 수 있는 것으로 헌법이 대의제를 채택하여야지만 인정되는 실정권으로 보아야 한다는 비판을 받는다.[30]

2. 공 무 설

선거권을 공무로 이해하는 것은 주로 국가주권주의적 법실증주의자들에 의하여 주장된 것으로, 국가가 대표기관을 선출하기 위하여 국민에게 공무를 부여한 것이라는 입장이다. 따라서 여기서 국민은 국가기관을 선출하는 선거기관으로 이해하고 있는 것이다. 선거를 일종의 공무로 이해하는 입장은 선거권을 의무로 이해하는 것인데, 선거권 행사를 의무로 보는 입장에서는 선거권을 가진 국민은 반드시 선거권을 행사하여야만 하고 이를 이행하지 않는 경우에는 제재를 가하는 것이라 보고 있다. 특히 우리나라 공직선거법 제6조 제3항이 "선거권자는 성실하게 선거에 참여하여 선거권을 행사하여야 한다"라고 하여 강제적 성격을 부여하고 있다는 것이다. 이러한 견해는 국가기관으로서의 국민을 강조하는 입장이다.

___
30) 정종섭(주 8), 709.

그러나 선거는 국민의 권리의 성격을 가지므로 강제할 수 없고, 또한 강제하는 경우에는 정치적 공정성을 확보할 수 없으며, 우리 공직선거법이 선거권 행사를 강제하는 듯한 규정을 가지고 있지만 이에 대한 제재가 없다는 점 등을 고려하면 의무라고 보기는 어렵다고 할 것이다. 이러한 견해는 국민이 개인으로서 국가기관에 참여하는 권리임을 강조하는 것이다.

또한 선거권은 국가기관 스스로 자신의 주권행사를 하기 위한 국가활동이 아니라, 주권자인 국민 개개인이 자신의 주권을 행사하기 위한 주관적 권리를 의미하기 때문에 선거권을 공무 또는 공적 기능으로 이해하여 선거권의 이면에 선거의무가 당연히 포함되어 있다고 볼 수 없다고 보기도 한다.31)

선거권의 의무성에 대하여 의무로 보지만 법적인 의무가 아니라 도덕적 의무로 이해하여야 할 것이다.32)

공무설로 선거권을 이해하는 입장은 선거를 하는데 있어서 협동적 요소로 국가 행정활동을 지나치게 강조하였다는 비판을 받는다.

3. 권 한 설

권한설은 선거행위를 국가기관의 활동으로 이해하여 개인으로서의 권한을 행사하는 것이 아니라 선거인단으로서 선거에 참여하여 권한을 행사하는 것이라고 이해하는 입장이다. 권한설은 마치 개인이 권리를 행사하는 것처럼 보이지만 선거란 국가기관을 선임하는 것이므로 개인의 권리가 아니라 국가기능의 행사라고 보는 것이다. 권한설은 이러한 점에서 공무설과 같지만 선거에 대하여 개인적 청구권을 인정한다는 점에서 공무설과 구별된다.33)

4. 이 원 설

선거권을 국가기관으로서의 국민의 활동에 그치는 것이 아니라, 국가의사의 형성에 적극적으로 참여하는 권리로 이해하는 입방이다. 선거는 국가를 위한 기능으로서 공무적인 성격을 가지는 동시에 선거권은 공법에 의하여 보장되어진 주관적 권리로 이해한다는 입장으로 오늘날의 통설이다.34)

선거의 목적은 확실히 국가를 위한 국가기관의 창조라고 하는 국가적 목적에 있다. 그러나 개인은 선거인으로서 국가의 기관에 그치는 것이 아니고 의회의 창조를 위한 불가결한 인적 수단인 것이다. 따라서 선거권은 개인의 국가기관으로서의 활동의 허용에 그치는 것이 아니라 그것은 정치적으로 오랜 투쟁 속에서 획득한 개인의 국가의사의 형성에 참여하는 권리인 것이다.

---

31) 홍일선, "선거권과 선거의무," 공법연구 제34집 제3호(2006), 352.
32) 김철수(주 4), 951.
33) 정만희, "선거에 관한 헌법사의 원칙," 동아법학 제6호(1988), 138.
34) 권영성(주 5), 592; 김철수(주 4), 951; 홍성방, 헌법학(중), 현암사, 2010, 331; 문광삼, "선거권과 피선거권의 제한," 고시계(1994. 5), 30.

이와 같이 선거를 국가목적을 위한 공무로서 또한 선거권을 헌법 내지 선거권에 의해 보장된 주관적 권리로서 파악하는 것이 타당할 것이다. 요컨대 한편으로는 선거권의 공적 성격을 부정하지 않으면서도 다른 한편으로는 선거권이 입헌정치에 있어서 국민의 법의식 속에 명백한 국민의 권리로서 존재한다. 그것은 헌법과 선거법에 의해 국민에 대하여 구체적으로 보장된 개인적 공권이며 소극적인 국민의 자유권을 수호하기 위한 적극적인 권리인 것이다.[35]

5. 판 례

헌법재판소는 "헌법의 기본원리인 대의제 민주주의하에서 국회의원 선거권이란 것은 국회의원을 보통·평등·직접·비밀선거에 의하여 국민의 대표자인 국회의원을 선출하는 권리"[36]라고 하여 국회의원 선거에 있어서 선거의 권리성을 인정하고 있다. 그러나 "선거권은 법률이 정하는 바에 의하여 보장되는 것으로서 선거법의 제정에 의하여 비로소 구체화된다고 할 것인데, 입법자가 입법형성권에 의하여 선거법을 제정하는 경우에 헌법에 명시된 선거제도의 원칙을 존중하고 국민의 선거권이 부당하게 제한되지 않도록 하여야 함은 물론이나, 입법자가 구체적으로 어떠한 입법목적의 달성을 위하여 어떠한 방법을 선택할 것인가는 그것이 현저하게 불합리하고 불공정한 것이 아닌 한 입법자의 재량에 속한다"고 보았다.[37]

이와 관련하여 대통령선거권과 국회의원 선거권은 헌법상 보장되는 기본권으로 이해하는 데 어려움 없으나, 지방선거에 있어서는 견해를 달리한다. 지방자치단체의 장에 대한 선거권에 대해서는 국민직접선거제가 헌법적 권리가 법률에 의하여 보장되는 법률사의 권리에 불과하다는 견해와 헌법상 보장되는 기본권은 그 행사절차, 방법, 범위 및 그에 대한 제한을 정한 법률을 통해서 비로소 구체화 되는 것이고 이렇게 법률을 통하여 구체화된 기본권이 바로 법률상 권리라고 하면서 이러한 법률상의 권리가 침해된 것은 결국 헌법상의 기본권이 침해된 것이라는 견해, 그리고 국민의 선거권과 피선거권은 매우 중요한 기본권이고 따라서 지방자치단체의 장 선거권 및 피선거권은 헌법에 의하여 보장되는 기본권이라는 견해가 대립된다.

V. 선거권의 내용

1. 선거권의 대상인 선거

헌법 제24조는 "모든 국민은 법률이 정하는 바에 의하여 선거권을 가진다"고 규정하고 있는바, 여기서 선거권이란 국민이 공무원을 선거하는 권리를 말하고, 원칙적으로 간접민주정치

---

35) 정만희(주 33), 139.
36) 헌재 1998. 10. 29. 96헌마186, 10-2, 606.
37) 헌재 2002. 3. 28. 2000헌마283, 14-1, 223.

를 채택하고 있는 우리나라에서는 공무원선거권은 국민의 참정권 중 가장 중요한 것이다. 여기서 말하는 공무원은 가장 광의의 공무원으로서 일반직공무원은 물론 대통령·국회의원·지방자치단체장·지방의회의원·법관 등 국가기관과 지방자치단체를 구성하는 모든 자를 말한다.

헌법이 명문으로 규정하고 있는 선거권은 대통령선거권(헌법 제67조 제1항), 국회의원선거권(헌법 제41조 제1항), 지방의회의원선거권(헌법 제118조 제2항)에 한하지만, 지방자치단체의 장 선거권도 공직선거법과 지방자치법에 의하여 인정되고 있다. 이 외에도 지방교육자치에 관한 법률은 교육위원 및 교육감 선거에 관하여 규정하고 있다.

대통령선거와 국회의원선거는 헌법에서 보통·평등·직접·비밀선거에 의하여 선출하도록 하고 있고, 지방의회의원과 지방자치단체의 장은 지방자치법에서 보통·평등·직접·비밀선거에 의하여 선출하도록 되어 있다(지방자치법 제31조, 제94조). 교육감선거와 교육의원선거는 지방교육자치에 관한 법률에서 주민의 보통·평등·직접·비밀선거에 의하여 선출하도록 되어 있다(지방교육자치에 관한 법률 제43조, 제51조).

지방자치단체의 장 선거와 관련하여 헌법 제118조 제2항에서 "지방의회의 조직·권한·의원선거와 지방자치단체의 장의 선임방법 기타 지방자치단체의 조직과 운영에 관한 사항은 법률로 정한다"라고 하여 지방의회의원의 경우에는 선거라고 하고 있고 지방자치단체의 장의 경우에는 선임이라고 하고 있어 지방자치단체의 장 선거권 및 피선거권이 기본권인지 또는 법률상 권리인지 여부에 대하여 견해가 갈린다. 법률상의 권리로 보는 견해는 헌법 제118조 제2항은 선거의 방법으로 선출할 것을 전제로 규정한 지방의회의원의 경우와는 달리 지방자치단체장의 선임방법에 관한 사항은 법률로 정한다고만 규정하고 있는 점 등에 비추어 볼 때, 단체장에 대한 주민직접선거제가 헌법적 의지라고는 볼 수 없으므로 단체장선거권 및 피선거권은 법률에 의하여 보장되는 법률상의 권리에 불과하다고 보는 것이다.[38] 헌법상 권리라고 보는 견해에 따르면 헌법이 지방자치제도를 명문으로 규정하고 있고 지방자치란 지역중심의 지방자치단체가 독자적인 자치기구를 설치하여 그 자치단체의 고유사무를 국가기관의 간섭없이 스스로의 권한과 책임아래 처리하는 것을 의미하므로, 지방자치단체의 대표인 단체장이 주민의 자발적 지지에 기초를 둔 선거에 의하여 선출되어야 한다는 것은 지방자치제도의 본질로부터 논리적으로 당연히 도출된다고 보는 것이다.[39] 생각건대 헌법에서 지방자치에 관하여 규정을 하고 있고, 지방자치단체가 독자적인 권한을 가지고 행사한다면 지방자치단체의 장 선거권을 법률상의 권리가 아닌 헌법상의 권리로 보아야 할 것으로 생각된다.

---

38) 헌재 1994. 8. 31. 92헌마174, 재판관 조규광, 김진우의 보충의견; 정종섭(주 8), 2010, 958.
39) 성낙인, 헌법학, 법문사, 2013, 174.

2. 선거권의 향유주체

가. 국   민

선거권의 향유주체는 국민이다. 헌법이 모든 국민은 법률이 정하는 바에 의하여 선거권을 가진다고 하고 있으므로 국민이 선거권의 주체가 되는 것이다. 여기서의 국민은 헌법과 법률에 의하여 대한민국 국적을 가진 사람을 의미한다고 할 것이다.

나. 외 국 인

(1) 외국인에게 선거권을 부여하는 선거

외국인의 경우 대통령선거와 국회의원선거에서는 선거권이 없지만 지방선거에서는 선거권을 향유한다. 출입국관리법 제10조(체류자격)의 규정에 따른 영주의 체류자격 취득일 후 3년이 경과한 19세 이상의 외국인으로서 선거인명부작성기준일 현재 출입국관리법 제34조(외국인등록표등의 작성 및 관리)의 규정에 따라 당해 지방자치단체의 외국인등록대장에 등재된 외국인은 지방선거에서 선거권을 향유한다.

(2) 위 헌 론

외국인이 선거권을 향유할 수 있는가에 대하여 위헌론과 합헌론이 있다.[40] 위헌론에 따르면 헌법 제1조 제2항은 모든 국가권력의 정당성 원천이 국민에게 있음을 명시하고 있을 뿐 아니라 동시에 국민 개념 자체를 규정하고 있다고 보면서 헌법의 기초를 이루는 민주주의의 구조모델은 국민이라는 집단에서 출발하기 때문에 여기서의 국민에는 외국인이 포함되지 않는다고 본다. 또한 지방자치단체는 국가의 외부에 존재하는 것이 아니라 국가 구조 속에 편입되어 있는 제도이고 그 자체가 국가의 일부로 넓은 의미의 국가 권력을 행사하는 공권력의 주체이므로 외국인에게 지방선거권을 부여하는 것은 국민주권에 위반된다는 것이다. 이와 관련하여 프랑스에서도 지방선거에서 외국인에게 참정권을 부여하기 위하여 헌법을 개정하였다.[41]

(3) 합 헌 론

합헌설에 의하면 헌법의 기초를 이루는 민주주의의 구조모델은 국민이 아닌 각 개인이라는 점에서 출발한다는 것이다. 헌법자체는 국민이라고만 하고 있지 국민의 개념에 대해서는 규정하고 있지 않다는 것이다. 따라서 국민의 개념은 개방적인 것이고 입법자에 의해 결정된다는 것이다. 또한 주민 전체에서 외국인이 차지하는 비율이 현저하게 증가하였다면 국적이란 관점에서 국민의 개념을 좁게 이해할 것이 아니라 국민의 개념에 대해 의미변천 내지 헌법변천을 인정해야 한다는 것이다. 지방선거에서 선거권의 주체는 국민이지 주민이 아니라는 것이다. 국가와 지방은 차원이 다르기 때문에 같은 동질성을 요구할 수는 없다는 것이다. 따라서 지방선

---

40) 이에 대해 자세한 것은 김주환, "외국인의 지방선거권," 고시계(2006. 10), 25 이하 참조.
41) 자세한 것은 전학선, "프랑스에서 외국인과 선거," 공법연구 제28집 제3호(2000. 3), 323 이하 참조.

거에서 외국인을 주민에 포함시키는 것은 국민주권에 위배되지 않는다는 것이다. 또한 헌법 제
118조 제2항이 지방선거에 관한 사항을 포괄적으로 입법자에게 위임하고 있으므로 입법자가
지방선거권의 주체를 달리 정할 수 있다는 것이다.

3. 선거권 제한

가. 연령에 의한 제한

선거연령에 의하여 선거권을 향유하는데 제한이 있다. 선거일 현재 만 19세 이상의 국민이
선거권을 가진다. 선거연령에 관하여 제1공화국에서는 법률에서 21세로 규정하고 있었으나 제
2공화국부터는 헌법에서 20세 이상으로 규정하였었다. 그 후 1987년 헌법개정을 하면서 여야
가 선거연령에 합의를 하지 못하여 이를 법률에 위임하였는데, 그 후 법률에서도 20세로 규정
하였었다. 그러나 2005년 8월 공직선거법을 개정하여 선거연령을 20세에서 19세로 하양 조정
하였다.

헌법은 제24조에서 모든 국민은 "법률이 정하는 바에 의하여 선거권을 가진다"고만 규정
함으로써 선거권연령의 구분을 입법자에게 위임하고 있다. 이와 같이 선거권연령의 구분이 입
법자의 몫이라 하여도, 선거권연령에 이르지 못한 국민들의 선거권이 제한되고 그들과 선거권
연령 이상의 국민들 사이에 차별취급이 발생하므로, 이에 관한 입법은 국민의 기본권을 보장하
여야 한다는 헌법의 기본이념과 연령에 의한 선거권제한을 인정하는 보통선거제도의 취지에
따라 합리적인 이유와 근거에 터잡아 합목적적으로 이루어져야 할 것이며, 그렇지 아니한 자의
적 입법은 헌법상 허용될 수 없는 것이다.

선거연령이 20세일 때 헌법재판소는 선거연령에 관하여 결정을 하였는데, "입법자가 공직
선거및선거부정방지법에서 민법상의 성년인 20세 이상으로 선거권연령을 합의한 것은 미성년
자의 정신적·신체적 자율성의 불충분 외에도 교육적 측면에서 예견되는 부작용과 일상생활 여
건상 독자적으로 정치적인 판단을 할 수 있는 능력에 대한 의문 등을 고려한 것이다. 선거권과
공무담임권의 연령을 어떻게 규정할 것인가는 입법자가 입법목적 달성을 위한 선택의 문제이
고 입법자가 선택한 수단이 현저하게 불합리하고 불공정한 것이 아닌 한 재량에 속하는 것인
바, 선거권연령을 공무담임권의 연령인 18세와 달리 20세로 규정한 것은 입법부에 주어진 합리
적인 재량의 범위를 벗어난 것으로 볼 수 없다"고 하였다.[42]

또한 18세에게 선거권을 부여하지 않은 것에 대하여 선거연령을 정함에 있어 민법상 행위능
력 유무가 중요한 기준이 될 수 있고, 19세 미만의 미성년자의 정신적·신체적 자율성의 불충분과
교육적인 측면에서 예견되는 부작용과 일상생활 여건상 독자적으로 정치적인 판단을 할 수 있는
능력에 대한 의문 등을 종합적으로 고려하여 볼 때 불합리한 것이라 할 수 없다고 하였다.[43]

---

42) 헌재 1997. 6. 26. 96헌마89, 9-1, 674-675.
43) 헌재 2013. 7. 25. 2012헌마174

외국의 경우 연령에 의한 선거권 제한은 그 기준이 다양한데, 15세 이상인 국가에서부터 21세 이상인 국가까지 있지만 그 대체적인 기준은 18세 이상에게 선거권을 부여하고 있는 국가가 가장 많다. 오늘날에는 선거권의 확대가 선거연령의 인하를 통하여 나타나고 있다. 종래에는 20세나 21세로 규정되던 선거연령이 18세로 인하되는 경향을 보이고 있는 것이다. 1969년 영국을 시발로 하여, 1970년에는 독일, 룩셈부르그, 네덜란드 등에서 투표연령을 18세로 인하하였다. 뒤이어 미국(1971년, 수정헌법 제26조), 아일랜드(1972년), 프랑스(1974년), 이탈리아(1975년), 구 소련(1977년 헌법 제96조), 중국(1975년 헌법 제27조)에서도 18세로 연령을 인하하였다.[44]

선거연령을 몇 세 이상으로 할 것인가는 그 나라의 문화라든가 정치적인 면을 고려할 수밖에 없는데, 이러한 논의가 각 정당이나 정치단체의 당리당략으로 이용돼서는 안 될 것이다. 또한 선거연령을 헌법에서 규정하고 있는 국가도 있고 또는 법률에서 규정하고 있는 국가도 있는데, 법률에서 규정하여 각 정당의 정치적 타협의 대상이 되기보다는 헌법에서 정하여 국민적 합의를 통하여 정하는 것이 바람직하지 않나 생각된다.

나. 결격사유에 의한 제한

현행 공직선거법상 선거권이 없는 자는 다음과 같다(선거일 현재 다음 중 하나라도 해당될 경우).

1. 금치산선고를 받은 자
2. 금고 이상의 형의 선고를 받고 그 집행이 종료되지 아니하거나 그 집행을 받지 아니하기로 확정되지 아니한 자
3. 선거범, 「정치자금법」 제45조(정치자금부정수수죄) 및 제49조(선거비용관련 위반행위에 관한 벌칙)에 규정된 죄를 범한 자 또는 대통령·국회의원·지방의회의원·지방자치단체의 장으로서 그 재임중의 직무와 관련하여 「형법」(「특정범죄가중처벌 등에 관한 법률」 제2조에 의하여 가중처벌되는 경우를 포함한다) 제129조(수뢰, 사전수뢰) 내지 제132조(알선수뢰)·「특정범죄가중처벌 등에 관한 법률」 제3조(알선수재)에 규정된 죄를 범한 자로서, 100만원이상의 벌금형의 선고를 받고 그 형이 확정된 후 5년 또는 형의 집행유예의 선고를 받고 그 형이 확정된 후 10년을 경과하지 아니하거나 징역형의 선고를 받고 그 집행을 받지 아니하기로 확정된 후 또는 그 형의 집행이 종료되거나 면제된 후 10년을 경과하지 아니한 자(형이 실효된 자도 포함한다)
4. 법원의 판결 또는 다른 법률에 의하여 선거권이 정지 또는 상실된 자

수형자에 대하여 선거권을 제한하는 것은 헌법에 위반된다는 주장도 있다. 즉 선거사범으로서 선거권을 제한하는 것은 별론으로 하고 형사책임과 주권행사를 결부시켜서 선거권을 제한하는 헌법에 위반된다는 것이다.[45] 그러나 헌법재판소는 2004년 3월 25일 결정에서 공동체 구성원으로서 반드시 지켜야 할 기본적 의무를 저버리고 공동체의 유지에 해를 가한 사람들에

---

44) 성낙인, "선거인단의 조직과 선거권," 고시계(1998. 10), 105.

45) 권영성(주 5), 593; 허영(주 6), 531; 홍성방(주 34), 333.

게까지 그 공동체의 운용을 주도하는 통치조직의 구성에 직·간접으로 참여토록 하는 것은 바람직하지 않다는 기본적 인식에 기초하여 이러한 반사회적 행위에 대한 사회적 제재의 의미를 갖고 있다고 보면서, 공정하고 정당한 선거권의 행사를 위해서는 그 전제로 충분한 정보가 제공되어야 하는데, 일정한 시설에 격리 수용되어 있는 수형자들에게는 그와 같은 충분한 정보의 제공이 현실적으로 어렵고, 수형자에게 선거권을 부여하는 경우에는 부재자투표 방식이 될 수밖에 없는데, 구금시설내의 부재자투표를 인정하게 되면 우월적 지위에 있는 교정시설의 관리자에 의한 부당한 영향력 행사와 정보왜곡 가능성에 따라 선거의 공정성이 훼손될 우려 및 부재자투표의 기회를 악용한 외부 공범자 등과의 연락에 따라 형벌집행의 실효성 확보에 부정적 영향을 줄 우려가 있으므로 헌법에 위반되지 않는다고 하였다.[46] 이 결정에서는 8인의 재판관이 기각의견을, 1인의 재판관이 위헌의견을 제시하였다. 그 후 2009년 10월 29일 사건에서 다시 한 번 수형자에게 선거권을 부여하지 않는 공직선거법 제18조 제1항 제2호에 대하여 헌법소원심판을 하면서, 5인의 재판관이 위헌의견을 3인의 재판관이 기각의견을 1인의 재판관이 각하의견을 제시하여 위헌결정 심판정족수에 이르지 못하여 기각결정을 하였다.[47]

다. 선거인명부 등재

대한민국 국민이라 하더라도 선거인 명부에 등재되어 있지 않으면 선거권을 행사할 수 없다. 이는 공직선거법 제3조가 "선거인"이란 선거권이 있는 자로서 선거인명부에 올라 있는 자를 말한다고 규정하고 있는 데서 알 수 있다. 선거인명부란 선거권을 가진 자를 확인·공증하고 선거인의 범위를 형식적으로 확정하는 공부를 말한다. 선거인명부를 작성하는 목적은 선거권자를 미리 확인·공증하여 투표시 혼란·혼잡을 없애고, 동일 선거인이 이중으로 투표하는 것을 방지하여 투표관리의 공정성과 효율성을 기하기 위한 것이다.

선거를 실시하는 때에는 그 때마다 구(자치구가 아닌 구를 포함한다)·시(구가 설치되지 아니한 시를 말한다)·군의 장은 대통령선거에서는 선거일 전 28일, 국회의원선거와 지방자치단체의 의회의원 및 장의 선거에서는 선거일 전 19일 현재 공직선거법 제15조에 따라 그 관할 구역에 주민등록 또는 국내거소신고가 되어 있는 선거권자(지방자치단체의 의회의원 및 장의 선거의 경우 제15조 제2항 제3호에 따른 외국인을 포함하고, 제218조의13에 따라 확정된 재외선거인명부또는 다른 구·시·군의 국외부재자신고인명부에 올라 있는 사람은 제외한다)를 투표구별로 조사하여 선거인명부작성기준일부터 5일 이내에 선거인명부를 작성하여야 한다. 선거인명부에는 선거권자의 성명·주소·성별 및 생년월일 기타 필요한 사항을 기재하여야 한다. 선거인은 같은 선거에 있어 2 이상의 선거인명부에 오를 수 없다. 구·시·군의 장은 선거인명부를 작성한 때에는 즉시 그 등본(선거인명부작성 전산자료 복사본을 포함한다) 1통을 관할구·시·군선거관리위원회에 송부하여야 한다(공직선거법 제37조).

---

46) 헌재 2004. 3. 25. 2002헌마411, 16-1, 468 이하.
47) 헌재 2009. 10. 29. 2007헌마1462, 21-2하, 327.

선거인의 선거인명부에의 등재는 국가가 의무적으로 직권조사하여 등재하는 것이며, 선거인은 이를 열람할 수 있고 이에 대하여 정정 등을 요청할 수도 있다. 선거인은 부재자 투표를 하지 않는 이상 자신의 실제 거주지와 상관없이 주민등록이 되어 있는 곳에서 선거권을 행사하여야 하는 것이다.

선거권자는 누구든지 선거인명부를 자유로이 열람할 수 있다. 다만, 인터넷홈페이지에서의 열람은 선거권자 자신의 정보에 한한다. 구·시·군의 장은 선거인명부작성기간 만료일의 다음 날부터 3일간 장소를 정하여 선거인명부를 열람할 수 있도록 하여야 한다. 이 경우 구·시·군의 장은 해당 구·시·군이 개설·운영하는 인터넷 홈페이지에서 선거권자가 선거인명부를 열람할 수 있도록 기술적 조치를 하여야 한다.

선거권자는 누구든지 선거인명부에 누락 또는 오기가 있거나 자격이 없는 선거인이 올라 있다고 인정되는 때에는 열람기간 내에 구술 또는 서면으로 당해 구·시·군의 장에게 이의를 신청할 수 있다. 이의신청이 있는 때에는 구·시·군의 장은 그 신청이 있는 날의 다음 날까지 심사·결정하되, 그 신청이 이유있다고 결정한 때에는 즉시 선거인명부를 정정하고 신청인·관계인과 관할구·시·군선거관리위원회에 통지하여야 하며, 이유없다고 결정한 때에는 그 뜻을 신청인과 관할구·시·군선거관리위원회에 통지하여야 한다. 구·시·군의 장의 결정에 대하여 불복이 있는 이의신청인이나 관계인은 그 통지를 받은 날의 다음 날까지 관할구·시·군선거관리위원회에 서면으로 불복을 신청할 수 있다. 이러한 신청이 있는 때에는 관할구·시·군선거관리위원회는 그 신청이 있는 날의 다음 날까지 심사·결정하되, 그 신청이 이유있다고 결정한 때에는 즉시 관계 구·시·군의 장에게 통지하여 선거인명부를 정정하게 하고 신청인과 관계인에게 통지하여야 하며, 이유없다고 결정한 때에는 그 뜻을 신청인과 관계 구·시·군의 장에게 통지하여야 한다.

라. 부재자투표

부재자투표는 일정한 사유로 인하여 선거당일 자신의 주소지 투표소에서 투표할 수 없는 선거인이 그 투표소에 가지 않고도 투표할 수 있도록 하는 제도이다. 종전에는 선거인명부에 오를 자격이 있는 국내거주자에 대해서만 부재자신고가 가능하였으나 2009년 2월 12일 법률 제9466호로 공직선거법을 개정하여 주민등록이 되어 있거나 국내거소신고를 한 사람으로 외국에서 투표하려는 선거권자(지역구국회의원선거에서는 국내거소신고가 되어 있는 선거권자 제외)는 대통령선거와 임기만료에 의한 국회의원선거를 실시하는 때마다 국외부재자신고를 하여 선거에 참여할 수 있게 되었다.

공직선거법에 따르면 선거인명부에 오를 자격이 있는 국내거주자로서 선거일에 투표소에서 투표할 수 없는 사람(지방선거에서 선거권을 가진 외국인은 제외한다)은 선거인명부작성기간 중 구·시·군의 장에게 서면으로 부재자신고를 할 수 있다.

공직선거법은 선상부재자신고라고 하여 대통령선거와 임기만료에 따른 국회의원선거에서 선거인명부에 오를 자격이 있는 사람으로서 다음의 어느 하나에 해당하는 선박에 승선하고 있는 선원은 선거일에 투표소에서 투표할 수 없는 경우 선거인명부작성기간 중 구·시·군의 장에게 해당 선박에 설치된 팩시밀리로 부재자신고를 할 수 있도록 하고 있다.

1. 다음 각 목의 어느 하나에 해당하는 선박으로서 대한민국 국민이 선장을 맡고 있는「선박법」제2조에 따른 대한민국 선박[대한민국국적취득조건부 나용선(裸傭船)을 포함한다]
   가.「원양산업발전법」제6조 제1항에 따라 해양수산부장관의 허가를 받아 원양어업에 사용되는 선박
   나.「해운법」제4조 제1항에 따라 해양수산부장관의 면허를 받아 외항 여객운송사업에 사용되는 선박
   다.「해운법」제24조 제2항에 따라 해양수산부장관에게 등록하여 외항 화물운송사업에 사용되는 선박
2. 「해운법」제33조 제1항에 따라 해양수산부장관에게 등록하여 선박관리업을 경영하는 자가 관리하는 외국국적 선박 중 대한민국 국민이 선장을 맡고 있는 선박

또한 다음의 어느 하나에 해당하는 사람은 거소(6.에 해당하는 선원의 경우 선상을 말한다)에서 투표할 수 있다.

1. 법령에 따라 영내 또는 함정에 장기 기거하는 군인이나 경찰공무원 중 부재자투표소에 가서 투표할 수 없을 정도로 멀리 떨어진 영내(營內) 또는 함정에 근무하는 자
2. 병원 또는 요양소에 장기 기거하는 자로서 거동할 수 없는 자
3. 신체에 중대한 장애가 있어 거동할 수 없는 자
4. 선거일에 투표소에 가기 어려운 멀리 떨어진 외딴 섬 중 중앙선거관리위원회규칙으로 정하는 섬에 거주하는 자
5. 부재자투표소를 설치할 수 없는 지역에 장기 기거하는 자로서 중앙선거관리위원회규칙으로 정하는 자
6. 선상부재자 해당하는 선원

부재자투표와 관련하여 공직선거법에는 부재자 투표소는 부재자 투표기간 중 매일 오전 6시에 열고 오후 4시에 닫도록 되어 있다. 이는 헌법재판소의 헌법불합치 결정에 따라 공직선거법이 2012년 10월 2일 법률 제11485호로 개정되었기 때문이다. 그 이전에는 오전 10시부터 오후 4시까지 부재자 투표를 할 수 있도록 되어 있었는데, 헌법재판소는 투표개시시간을 일과시간 이내인 오전 10시부터로 정한 것은 투표시간을 줄인 만큼 투표관리의 효율성을 도모하고 행정부담을 줄이는 데 있고, 그 밖에 부재자투표의 인계·발송절차의 지연위험 등과는 관련이 없는데 반해 일과시간에 학업이나 직장업무를 하여야 하는 부재자투표자는 이 사건 투표시간조항 중 투표개시시간 부분으로 인하여 일과시간 이전에 투표소에 가서 투표할 수 없게 되어 사실상 선거권을 행사할 수 없게 되는 중대한 제한을 받는다고 하면서 이는 선거권과 평등권을

침해한다고 하여 헌법불합치 결정을 하였다.[48]

부재자투표소 투표 방식에 의한 부재자투표의 투표기간을 "선거일 전 6일부터 2일간"으로 정하고 있는 공직선거법 제148조 제1항에 대한 헌법소원사건에서 헌법재판소는 "부재자투표소 투표자는 일반투표자에 비해 적어도 5일 먼저 후보자를 결정하여 투표해야 하므로 후보자에 관한 정보의 취득이나 선택에 필요한 숙려기간이 그만큼 단축되어 선거권과 평등권에 제한을 받게 되나 그 제한의 정도가 크지 않고, 선거 당일 투표 종료 직후 부재자투표를 포함한 모든 투표에 대해 개표하는 것은 공정한 선거관리를 위해 그 정당성을 충분히 인정할 수 있는바, 현행 우편제도 하에서 전국의 모든 부재자투표소의 투표지가 전국의 각 구·시·군 선거관리위원회로 송달되는 데 걸리는 시간을 고려하여 부재자투표소 투표를 선거일 5일 전까지 마치도록 한 것이 입법자의 합리적인 입법형성의 범위를 벗어난 것으로 보기 어렵다"고 하여 기각을 하였다.[49]

마. 재외국민의 선거권

현행 공직선거법에 의하면 재외국민의 경우에도 대통령선거와 국회의원선거를 할 수 있도록 하고 있다. 국내에 주민등록이 되어 있지 아니하고 국내거소신고도 하지 아니한 재외국민과 국내거소신고를 한 재외국민은 외국에서 대통령선거와 임기만료에 의한 비례대표국회의원선거에서 선거권을 행사할 수 있고, 국내에 주민등록이 되어 있는 국외 일시체류자는 대통령선거와 임기만료에 의한 국회의원선거(지역구, 비례대표)에서 선거권을 행사할 수 있다.

우리나라 공직선거에서 1967년부터 1971년까지는 해외 부재자투표를 실시하였었다. 그 후 1972년 통일주체국민회의법 제정으로 해외부재자투표제도를 폐지하였는데, 2009년 2월 12일 법률 제9466호로 공직선거법을 개정하여 재외국민도 일정 요건하에서 대통령선거와 국회의원선거에서 선거권을 행사할 수 있도록 하였다.

재외국민의 선거권과 관련하여 헌법재판소는 합헌결정을 하였다가 판례를 변경하여 위헌선언(헌법불합치)을 하여 2009년 공직선거법을 개정하게 된 것이다.

헌법재판소는 1999. 1. 28. 재외국민에게 선거권을 부여하지 않는 것은 헌법에 위반되지 않는다고 판시하였는데, 그 요지는 다음과 같다.

"선거권의 요건으로서 들고 있는 것으로는 국적, 연령, 거주기간 등이 있는바, 그 중 거주기간에 관한 요건이라 함은 국내 또는 선거구내에 일정기간 이상 거주하는 것을 선거권의 자격요건으로 하는 것을 말한다. 이 요건은 고대로부터 현대까지 지속되어 오고 있는데, 선거권에 있어서 거주요건을 두는 이유는 선거인명부 작성상의 필요에 의한 기술적인 이유가 가장 크다고 한다.

그러나 거주요건을 두는 경우 거주요건을 충족시킬 수 없는 국민은 선거권을 전혀 행사할

---

48) 헌재 2012. 2. 23. 2010헌마601, 24-1상, 320.
49) 헌재 2010. 4. 29. 2008헌마438, 22-1하, 110.

수 있는 방법이 없어 선거권을 박탈당하게 된다. 우리나라의 경우 외국의 국적을 취득한 사람을 제외하고도 172만명의 영주권자(58만명의 재일교포 포함)와 38만명의 해외교포가 있는데, 이들은 거주요건을 충족하지 못하여 국내에서 선거권을 행사할 수 있는 길이 막혀 있을 뿐 아니라 당해 거주국에서도 선거권을 행사하지 못하고 있다. 따라서 이러한 재외국민들에 대하여 선거권을 행사하지 못하도록 하는 것이 헌법에 합치하는가가 문제된다고 할 것이다.

그러나 선거권에 관하여 거주요건을 두는 것은 다음과 같은 점에서 선거권의 본질 및 선거의 공정성 확보 등의 공공복리를 위하여 필요한 것이라고 판단된다.

첫째, 가장 현실적인 문제로서 국토가 분단되어 있는 우리나라에서 북한 주민이나 조총련계 재일교포에 대하여 선거권을 인정할 수 없기 때문이다. 대법원 판례에 따르면 북한주민이나 조총련계 재일교포도 우리나라 국민이라는 점에는 의문이 없으므로 재외국민 모두에게 선거권을 인정하는 선거제도를 둔다면, 위 북한주민이나 조총련계 재일교포들이 선거권을 행사하는 것을 저지할 수 없을 뿐만 아니라, 근소한 표 차이로 당락이 결정되는 경우에는 이들이 결정권(casting vote)을 행사할 수 있다는 기이한 현상이 발생할 수도 있는 것이다. 따라서 이러한 현실적인 문제로 재외국민에게 선거권을 부여할 수는 없다고 할 것이다(재외국민의 성향을 분석하여 선거권을 제한하는 것도 또 다른 위헌의 문제 때문에 어렵다고 할 것이다).

둘째, 선거의 공정성을 확보하기 어렵기 때문이다.

셋째, 선거기술상으로 보아도 불가능하기 때문이다. 즉 공직선거법상 선거운동기간은 대통령 선거가 23일, 국회의원 및 지방자치단체의 장 선거가 17일, 지방의회의원선거가 14일인바, 이러한 선거운동기간의 제한이 헌법에 위배되지 않는 이상 그 기간내에 외국에 있는 모든 국민에게 선거의 실시와 후보자를 홍보하고, 선거운동을 하며, 투표용지를 발송하여 기표된 용지를 회수하는 것이 실무상 불가능하기 때문이다. 선거의 공정성에 관하여 문제가 없다면 영국에서와 같이 대리투표에 의한 투표 또는 컴퓨터에 의한 투표 등에 의하여 선거하는 것도 물론 가능할지 모르나, 지금과 같이 엄격한 선거제도하에서도 선거부정의 시비가 끊이지 않는 우리나라의 정치현실에서는 이와 같은 선거방법을 받아들일 수가 없다고 할 것이다. 또한 우편제도가 발달한 일부 국가에 대하여서만 가능한 재외국민선거제도를 만든다 하더라도 또 다른 평등의 문제가 야기될 수 있기 때문에 역시 받아들일 수는 없다고 할 것이다.

넷째, 선거권이 국가에 대한 납세, 병역, 기타의 의무와 결부되기 때문에 이와 같은 의무이행을 하지 아니하는 재외국민에게 선거권을 인정할 수는 없다고 할 것이다. 재일교포와 같이 타의에 의하여 외국에서 거주하는 사람들은 별론으로 하고, 해외에 이민을 목적으로 거주하고 있는 국민들은 자의에 의하여 국가에 대하여 납세, 병역 등의 의무를 전혀 부담하지 아니하고 있고, 장차 그 국가에 동화되어 생활하게 될 이들에 대하여 선거권을 인정하여야 할 아무런 논거를 찾을 수 없다.

따라서 재외국민에 대하여 선거권을 제한하는 것은 그 입법목적에 있어서 정당할 뿐 아니라 그 입법에 의하여 보호하려는 공공의 필요와 침해되는 기본권 사이의 균형성을 갖추었다고 할 것이며 그 목적달성을 위하여 적절한 방법을 취하고 있다고 할 것이다.

재외국민 모두에게 선거권을 인정함으로써 재외국민들에게 대한민국 국민으로서의 긍지를 심어주고 국가에 대한 애국심을 고취하며 국가의 운명에 보다 관심을 갖고 생활할 수 있도록 하는 것이 이상적이기는 하나, 이들에 대하여 선거권을 제한하는 것이 반드시 헌법에 위배되는가 하는 문제점은 이와 같은 이상의 문제와 서로 다른 문제라고 할 것이다. 재외국민에 대하여 선거권을 인정하지 아니하는 것이 비록 바람직하지 아니하다고 하더라도 앞에서 본 바와 같이 합리적인 이유가 있다고 한다면 이를 두고 지나친 기본권의 제한이라고는 할 수 없다."50)

그러나 이러한 태도는 판례변경을 하여 바꾸었는데, 2007. 6. 28. 결정에서 재외국민의 선거권을 침해한다고 하면서 헌법불합치 선언을 하였고 그 요지는 다음과 같다.

"– 대통령·국회의원 선거권의 경우

국민의 선거권 행사는 국민주권의 원리의 현실적 행사수단으로서 국민의 의사를 국정에 반영할 수 있는 중요한 통로로서 기능하며, 주기적 선거를 통하여 국가권력을 통제하는 수단으로서의 기능도 수행한다. 국정선거권을 비롯한 국민의 참정권이 국민주권의 원칙을 실현하기 위한 가장 기본적이고 필수적인 권리로서 다른 기본권에 대하여 우월한 지위를 갖는 것으로 평가되는 것도 바로 그러한 이유 때문이다. 헌법 제24조는 모든 국민은 '법률이 정하는 바에 의하여' 선거권을 가진다고 규정하지만, 이것은 선거권을 법률을 통해 구체적으로 실현하라는 의미이다. 따라서 선거권을 제한하는 입법은 헌법 제24조에 의해서 곧바로 정당화될 수는 없고, 헌법 제37조 제2항의 규정에 따라 국가안전보장·질서유지 또는 공공복리를 위하여 필요하고 불가피한 예외적인 경우에만 그 제한이 정당화될 수 있으며, 그 경우에도 선거권의 본질적인 내용을 침해할 수 없다.

헌법재판소는 1999. 1. 28. 선고 97헌마253등 결정에서 구법 제37조 제1항을 합헌으로 판단한 바 있지만, 다음과 같이 종전 결정의 논거에 대한 재검토가 필요하다.

① 재외국민에게 선거권 행사를 인정하더라도 우리의 특수한 상황 하에서는 북한주민이나 조총련계 재일동포의 선거권행사에 대한 제한은 허용될 수 있으며, 재외국민등록제도 및 재외국민 국내거소신고제도를 활용하여 이들이 선거권을 행사할 위험성을 예방하는 것이 선거기술상 불가능하지 않고, 재외국민은 북한주민이나 조총련계 재일동포와는 달리 우리나라 여권을 소지하고 있어 양자의 구분이 가능하다. 그러므로 북한주민이나 조총련계 재일동포가 선거에 영향을 미칠지도 모른다는 추상적 위험성만으로 재외국민의 선거권 행사를 전면적으로 부정하는 것을 정당화할 수 없다.

② 선거의 공정성을 확보하는 것은 일차적으로 국가의 과제이므로, 선거의 공정성에 대한 우려가 있다는 이유로 민주국가의 기능적 전제인 선거권 행사를 특정 국민들에 대해 부정할 수는 없다. 예상되는 부정선거가능성은 해외에서 이루어지는 선거운동방법의 적절한 제한, 투표자 본인의 신분확인 방법의 도입, 선거운동비용 지출에 대한 사전 사후의 관리 등 필요한 조치를 통하여 차단하는 방법이 있으며, 법원의 재판 등을 통한 사후적 통제도 가능하다.

---

50) 헌재 1999. 1. 28. 97헌마253, 11-1, 61-63.

③ 선거기술상의 어려움은, 정보통신기술의 발달 등으로 극복할 수 있다. 재외국민의 입장에서도 인터넷 등을 통해 후보자의 정보에 대한 접근이 용이해지고 있으며, 나아가 오늘날의 선거는 인물투표로서의 성격보다 정당투표로서의 성격을 강하게 가지는 경향을 보이고 있고, 재외국민을 상대로 한 선거운동이 선거운동기간의 전 기간에 걸쳐 국내에서와 같은 정도로 이루어지지 못하더라도 재외국민의 입장에서 감수해야 할 사정이라는 점 등에 비추어, 선거기술상의 어려움 역시 재외국민의 선거권 행사를 전면적으로 박탈하기 위한 합당한 사유라 보기 어렵다.

④ 납세와 국방의 의무 불이행을 이유로 재외국민의 선거권을 부인할 수 없다. 헌법이 국민의 기본권행사를 납세나 국방의 의무 이행에 대한 반대급부로 예정하고 있지 않을 뿐만 아니라, 재외국민에게도 병역의무 이행의 길이 열려 있는 점, 재외국민 중에는 병역의무와 무관한 여자들도 있는 점, 청구인들 중 이미 국내에서 병역의무를 필한 사람도 있는 점 등을 감안할 때 그러하다.

⑤ 선거권의 제한은 그 제한을 불가피하게 요청하는 개별적, 구체적 사유가 존재함이 명백할 경우에만 정당화될 수 있으며, 막연하고 추상적 위험이라든지 국가의 노력에 의해 극복될 수 있는 기술상의 어려움이나 장애 등의 사유로는 그 제한이 정당화될 수 없다. 단지 주민등록이 되어 있는지 여부에 따라 선거인명부에 오를 자격을 결정하여 그에 따라 선거권 행사 여부가 결정되도록 함으로써, 주민등록법상 주민등록을 할 수 없는 재외국민의 선거권 행사를 전면적으로 부정하고 있는 법 제37조 제1항은 그에 대한 정당한 목적을 찾기 어려우므로 헌법 제37조 제2항에 위반하여 재외국민의 선거권과 평등권을 침해하고 보통선거원칙에 위배된다.

헌법재판소는 1999. 3. 25. 선고 97헌마99 결정에서, 부재자 투표에 관한 법 제38조 제1항과 동일한 내용을 규정하고 있던 구법 제38조 제1항이 헌법에 위반되지 않는 것으로 판단한 바 있으나, 법 제37조 제1항에 대한 판단과 마찬가지의 관점 및 다음의 점에서 재외국민의 부재자투표에 관한 위 결정 내용을 재검토할 필요성이 있다.

① 선거기간의 연장에 따른 후보자들의 선거비용증가 및 국가적 부담증가가 예상되더라도 우리나라의 경제력으로 감당할 수 없을 정도라고 볼 수 없고, 선거비용의 부담 우려만으로 민주국가에서 가장 근본적이고도 중요한 국민의 선거권 행사를 제한하는 것은 더 이상 타당성을 인정하기 어렵고, 재외국민의 선거권을 인정하고 있는 외국의 다양한 사례를 참조하면 재외국민의 부재자투표제도를 도입하는 것이 불가능하지는 않은 것으로 보인다.

② 직업이나 학문 등의 사유로 자진출국한 자들이라고 해서 선거권 행사를 못하도록 하는 것은 해외체류자의 국외 거주·이전의 자유, 직업의 자유 등의 기본권을 희생하도록 강요한다는 점에서 부적절하며, 가속화되고 있는 국제화시대에 해외로 이주하는 경우가 높아지고 있는 상황에서, 그것이 자발적 계기에 의해 이루어졌다는 이유만으로 국민이면 누구나 향유해야 할 기본적인 권리인 선거권의 행사가 부인되는 것은 타당성을 갖기 어렵다.

③ 따라서 선거인명부에 오를 자격이 있는 국내거주자에 대해서만 부재자신고를 허용함으로써 재외국민과 단기해외체류자 등 국외거주자 전부에 대해 국정선거권의 행사 가능성을 부인하고 있는 법 제38조 제1항은 정당한 입법목적을 갖추지 못한 것으로 헌법 제37조 제2항에 위반하여 국외거주자의 선거권과 평등권을 침해하고 보통선거원칙에 위반된다.

– 지방선거 참여권의 경우

국내에 주소를 두고 있는 재외국민은 형식적으로 주민등록법에 의한 주민등록을 할 수 없을 뿐이지, '국민인 주민'이라는 점에서는 '주민등록이 되어 있는 국민인 주민'과 실질적으로 동일하므로, 그가 속한 자치단체 구역 내의 동질적 환경 속에서 동등한 책임을 부담하고 권리를 향유할 자격이 있다. '주민등록이 되어 있는 국민인 주민'과 '주민등록을 하지 못하는 재외국민인 주민'은 주민등록이 되어 있는지 여부에 대한 차이만 존재할 뿐, 국민의 신분을 가지고 있는 지방자치단체의 주민이라는 점에서는 양자 사이에 아무런 차이가 없다. 따라서 지방선거 선거권 부여에 있어 양자에 대한 차별을 정당화할 어떠한 사유도 존재하지 않는다.

또한 법 제15조 제2항 제2호는 '영주의 체류자격 취득일로부터 3년이 경과한 19세 이상의 외국인'에 대해서도 일정한 요건 하에 지방선거 선거권을 부여하고 있다. 그런데 현행법에 의하면 지방의회 선거권에 관한 한, 헌법상의 권리인 국내거주 재외국민의 선거권이 단순한 '법률상의 권리'인 외국인의 선거권에 못 미치는 현상을 초래하고 있는데, 이러한 결과는 명백히 부당하다.

따라서 국내거주 재외국민에 대해서 주민등록만을 기준으로 그 체류기간을 불문하고 전면적, 획일적으로 지방선거권을 박탈하는 법 제15조 제2항 제1호, 제37조 제1항은 헌법상 평등원칙에 어긋날 뿐 아니라 헌법 제37조 제2항이 요구하는 기본권제한의 한계를 넘은 것으로 국내거주 재외국민의 평등권과 지방의회 의원선거권을 침해한다."51)

선거권 행사에 있어서 요건을 주민등록으로 하고 있는 것은 선거권의 침해라고 볼 수 있다. 주민등록요건을 선거권 행사의 요건으로 하고 있는 것은 주소나 거주요건보다 강력한 선거권행사에 대한 제한으로, 이러한 제한이 정당화되려면 불가피한 정당한 사유가 있어야 하는데 그러한 사유가 보이지를 않는다. 외국의 경우에도 오스트리아는 헌법재판소 판결로 거주요건을 위헌선언하였고, 일본 최고재판소는 부분적으로 비례대표제선거에 대해서만 가능하게 한 재외국민 선거권에 대해서도 선거권 침해로 위헌선언하여 재외국민의 선거권 행사를 확대하였다.52)

이와 더불어 재외국민에게 선거권을 인정하는 경우 모든 재외국민에게 선거권을 부여하는 것은 너무 형식논리라고 보고 조국과의 연관성이 높은 재외국민 제1세에게만 선거권을 인정하고 현지지향적인 재외국민 2, 3세에 대해서는 교민정책을 피는 것이 중요하다는 견해도 있다.53)

바. 선거일과 투표시간

우리나라는 선거일 법정주의 취하고 있어 선거일을 공직선거법에서 규정하고 있다.

임기만료일에 의한 선거일을 보면 대통령선거는 그 임기만료일전 70일 이후 첫번째 수요

---

51) 헌재 2007. 6. 28. 2004헌마644, 2005헌마360(병합).
52) 방승주, "재외국민 선거권제한의 위헌여부," 헌법학연구 제13권 제2호(2007. 6), 341.
53) 조홍석, "재외국민의 선거권 제한에 따른 헌법적 문제," 공법연구 제24집 제4호(1996. 6), 272.

일, 국회의원선거는 그 임기만료일전 50일 이후 첫번째 수요일, 지방의회의원 및 지방자치단체의 장의 선거는 그 임기만료일전 30일 이후 첫번째 수요일로 하고 있다.

대통령의 궐위로 인한 선거 또는 재선거는 그 선거의 실시사유가 확정된 때부터 60일 이내에 실시하되, 선거일은 늦어도 선거일 전 50일까지 대통령 또는 대통령권한대행자가 공고하여야 한다.

보궐선거·재선거·증원선거와 지방자치단체의 설치·폐지·분할 또는 합병에 의한 지방자치단체의 장 선거는 다음과 같다.

－지역구국회의원·지방의회의원 및 지방자치단체의 장의 보궐선거·재선거, 지방의회의원의 증원선거는 전년도 10월 1일부터 3월 31일까지의 사이에 그 선거의 실시사유가 확정된 때에는 4월중 마지막 수요일에 실시하고, 4월 1일부터 9월 30일까지의 사이에 그 선거의 실시사유가 확정된 때에는 10월중 마지막 수요일에 실시한다.

－지방자치단체의 설치·폐지·분할 또는 합병에 의한 지방자치단체의 장 선거는 그 선거의 실시사유가 확정된 때부터 60일 이내에 실시하되, 선거일은 관할선거구선거관리위원회위원장이 해당 지방자치단체의 장(직무대행자를 포함한다)과 협의하여 선거일 전 30일까지 공고하여야 한다.

－선거의 일부무효로 인한 재선거는 확정판결 또는 결정의 통지를 받은 날부터 30일 이내에 실시하되, 관할선거구선거관리위원회가 그 재선거일을 정하여 공고하여야 한다.

투표시간의 제한도 선거권의 제한에 해당할 수가 있다.

현행 우리나라 공직선거법에서는 임기만료에 의한 선거에서 투표소는 선거일 오전 6시에 열고 오후 6시에 닫고, 재선거와 보궐선거에 있어서는 오전 6시에 열고 오후 8시에 닫는다. 마감할 때에 투표소에서 투표하기 위하여 대기하고 있는 선거인에게는 번호표를 부여하여 투표하게 한 후에 닫아야 한다. 부재자투표소는 부재자투표기간 중 매일 오전 6시에 열고 오후 4시에 닫는다.

헌법재판소는 임기만료에 의한 선거에 있어서 투표시간을 오후 6시로 한정하는 것에 대하여 선거권을 침해하지 않는다고 하였다. 헌법재판소는 투표시간을 오후 6시로 한정하는 것은 "선거결과의 확정 및 선거권의 행사를 보장하면서도 투표·개표관리에 소요되는 행정자원의 배분을 적정한 수준으로 유지하기 위한 것으로서 정당한 목적 달성을 위한 적합한 수단에 해당한다. 또 … 투표일 오전 6시에 투표소를 열도록 하여 일과 시작 전 투표를 할 수 있도록 하고 있고, 근로기준법(2012. 2. 1. 법률 제11270호로 개정된 것) 제10조는 근로자가 근로시간 중에 투표를 위하여 필요한 시간을 청구할 수 있도록 규정하고 있으며, 통합선거인명부제도가 시행됨에 따라 사전신고를 하지 않고도 부재자투표가 가능해진 점 등을 고려하면 … 선거권 행사의 보장과 투표시간 한정의 필요성을 조화시키는 하나의 방안이 될 수 있다고 할 것이므로, 침해최소성 및 법익균형성에 반한다고 보기 어렵다. 따라서 심판대상 법률조항은 과잉금지원칙에 반하

여 선거권을 침해한다고 볼 수 없다"고 하였다.[54]

4. 선거운동과 선거권

헌법재판소는 선거운동의 자유는 선거권 행사와 밀접한 관계가 있다고 보고 있다. 헌법재판소는 "선거운동의 자유는 널리 선거과정에서 자유로이 의사를 표현할 자유의 일환이므로 표현의 자유의 한 태양이기도 하다. 표현의 자유, 특히 정치적 표현의 자유는 선거과정에서의 선거운동을 통하여 국민이 정치적 의견을 자유로이 발표, 교환함으로써 비로소 그 기능을 다하게 된다 할 것이므로 선거운동의 자유는 헌법에 정한 언론, 출판, 집회, 결사의 자유 보장규정에 의한 보호를 받는다. 또한 우리 헌법은 참정권의 내용으로서 모든 국민에게 법률이 정하는 바에 따라 선거권을 부여하고 있는데, 선거권이 제대로 행사되기 위하여는 후보자에 대한 정보의 자유교환이 필연적으로 요청된다 할 것이므로, 선거운동의 자유는 선거권 행사의 전제 내지 선거권의 중요한 내용을 이룬다고 할 수 있다. 그러므로 선거운동의 제한은 선거권, 곧 참정권의 제한으로도 파악될 수 있을 것이다"[55]라고 하여 선거운동의 자유가 선거권을 행사하는데 있어서 중요한 전제요건이 됨을 설시하고 있다.

공직선거법은 선거운동에 대하여 자세히 규정하고 있다. 제7장 선거운동 편에서 제58조부터 제118조까지 상세히 규율하고 있다.

가. 선거운동의 개념

우리 공직선거법은 선거운동의 개념을 상당히 광범위하게 규정하고 있다. 즉 선거운동이라 함은 당선되거나 되게 하거나 되지 못하게 하기 위한 행위를 말하는 것으로, 선거에 관한 단순한 의견개진 및 의사표시, 입후보와 선거운동을 위한 준비행위, 정당의 후보자 추천에 관한 단순한 지지·반대의 의견개진 및 의사표시, 통상적인 정당활동은 제외하고 있다.

나. 선거운동을 할 수 있는 자

대한민국 국민이면 누구든지 자유롭게 선거운동을 할 수 있으나, 공무원, 선거권이 없는 자, 19세미만의 미성년자, 공공기관, 농·축·수협·산림조합, 지방 공단·공사의 상근 임·직원, 향토예비군 중대장급 이상의 간부, 통·리·반장 및 주민자치위원회 위원, 바르게 살기운동협의회·새마을운동협의회·한국자유총연맹의 상근 임·직원과 대표자 등은 선거운동을 할 수 없다.

다. 선거운동 기간

선거운동은 선거기간 개시일부터 선거일 전일까지만 할 수 있다. 이 경우 선거기간개시일은 대통령선거에 있어서는 후보자 등록마감일의 다음날이며, 그 밖의 공직선거에 있어서는 후보자 등록마감일 후 6일을 말한다.

---

54) 헌재 2013. 7. 25. 2012헌마815·905(병합)
55) 헌재 1995. 4. 20. 92헌바29, 7-1, 507.

라. 예비후보자의 선거운동

예비후보자가 되려고 하는 자는 해당 선거 기탁금의 100분의 20을 납부하고, 피선거권에 관한 증빙서류, 전과기록에 관한 증명서류, 학력에 관한 증명서를 첨부하여 선거관리위원회에 예비후보자등록을 한 후 정해진 기간과 범위 안에서 선거운동을 할 수 있다.

예비후보자 등록기간을 보면, 대통령선거에 있어서는 선거일전 240일부터, 지역구국회의원선거 및 시·도지사선거에 있어서는 선거일전 120일부터, 지역구시·도의원선거, 자치구·시의 지역구의회의원 및 장의 선거에 있어서는 선거기간 개시일 전 90일부터, 군의 지역구의회의원 및 장의 선거에 있어서는 선거기간 개시일 전 60일부터이다.

예비후보자로 등록을 하면 다음의 선거운동을 할 수 있다.

－선거사무소를 1개소 설치하고 그 선거사무소에 간판·현판·현수막 설치·게시
－선거사무장을 포함한 일정 수 이내의 선거사무원 선임
－예비후보자와 예비후보자의 배우자 등은 후보자의 성명·사진등이 기재된 명함을 직접 주거나 지지를 호소할 수 있음
－선거구안 세대수의 10/100이내에 해당하는 수의 홍보물 발송
－전자우편을 이용하여 문자·음성·화상 또는 동영상 기타의 정보 전송
－어깨띠 또는 예비후보자임을 나타내는 표지물 착용
－전화를 이용하여 송·수화자 간 직접통화하는 방식으로 지지 호소
－문자 메시지를 이용하여 선거운동정보 전송(자동동보통신의 방법은 5회이내)

마. 법정선거운동

후보자로 등록한 후 선거운동기간에 다음과 같은 선거운동을 할 수 있다.

－시설물에 의한 선거운동

정당과 후보자는 선거운동 기타 선거사무를 처리하기 위해 선거사무소 1개소와 법이 허용하는 범위내의 선거연락소를 설치할 수 있고, 선거사무소와 선거연락소에 간판·현판·현수막을 설치할 수 있으며, 후보자(비례대표후보자 제외)는 선거운동을 위하여 당해 선거구안의 읍·면·동마다 1매의 현수막을 게시할 수 있다.

－선거사무관계자에 의한 선거운동

선거사무소와 선거연락소에 소장 1인을 두고 소장은 선거사무를 처리하기 위해 법이 허용하는 범위내의 선거사무원을 둘 수 있다.

－인쇄물에 의한 선거벽보 선거운동

선거벽보: 비례대표국회의원선거 및 비례대표지방의회의원선거를 제외한 선거에서 허용되며, 후보자가 작성하고 선거관리위원회가 첨부한다.

선거공보: 모든 선거에서 허용되며, 후보자가 책자형선거공보를 작성(대통령선거에 있어서는

전단형 선거공보 포함)하고 선거관리위원회가 부재자와 매 세대에 송부한다.

 -시장·광장 등 거리에서의 선거운동

후보자 또는 연설원은 사람들이 많이 왕래하는 도로변 등에서 확성장치를 사용하여 지지 호소 연설을 할 수 있으며, 후보자와 그 배우자, 선거사무장, 선거연락소장, 선거사무원, 후보자 와 함께 다니는 활동보조인 또는 회계책임자는 선거운동기간 중 어깨띠나 윗옷·표찰·수기·마 스코트 그 밖의 소품을 붙이거나 입고 다니면서 선거운동을 할 수 있다.

 -대중매체를 이용한 선거운동

신문·방송광고: 대통령선거와 비례대표국회의원선거, 시·도지사선거에서 가능

방송연설: 지역구시·도의회의원선거 및 자치구·시·군의회의원선거를 제외한 선거에서 가능

경력방송: 대통령선거, 국회의원선거, 지방자치단체의 장선거만 가능하고 공영방송인 한국 방송공사(KBS)에서 방영

 -대담·토론회를 이용한 선거운동

후보자들은 단체의 후보자 등 초청 대담·토론회, 언론기관의 후보자 등 초청 대담·토론 회, 선거방송토론위원회 주관 대담·토론회, 선거방송토론위원회 주관 정책토론회를 통하여 선 거운동을 할 수 있다.

 -정보통신망을 이용한 선거운동

인터넷홈페이지 또는 그 게시판·대화방 등에 선거운동을 위한 내용의 정보 게시 또는 전 자우편 전송을 통하여 선거운동을 할 수 있고, 전화를 이용하여 송·수화자간 직접 통화(오전 6 시-오후11시)를 할 수 있으며, 문자(문자외의 음성·화상·동영상 등은 제외)메세지를 이용하여 선 거운동정보를 전송(5회)할 수 있다.

바. 선거운동의 주요 제한·금지

 -사전선거운동 및 기부행위 금지

선거운동기간이 아닌 때에 하는 선거운동은 예비후보자가 할 수 있는 선거운동, 선거일이 아닌 때에 문자메시지 전송, 인터넷 홈페이지 또는 그 게시판·대화방 등에 글·영상 등 게시 또는 전자우편 전송 외에는 모두 위법한 선거운동으로 금지하고 있다. 또한, 축·부의금, 찬조 금 등 돈이나 물품·음식물을 제공하는 기부행위도 상시 제한하고 있다.

 -공무원등의 선거에 영향을 미치는 행위 금지

공무원, 공공기관·선거운동을 할 수 없는 단체 등의 상근 임·직원 및 단체의 대표자는 특 정정당이나 후보자의 업적을 홍보하거나, 지위를 이용하여 선거운동의 기획에 참여할 수 없다. 또한 지방자치단체의 장은 선거일전 일정시점부터 각종 행사를 개최하거나 홍보물의 발행·배 부, 금품제공 등을 할 수 없다.

－단체의 선거운동 금지

법에서 정해진 특정 기관·단체(그 대표자와 임직원 또는 구성원을 포함한다)는 그 명의 또는 그 대표의 명의로 선거운동을 할 수 없다.

－호별방문의 제한

누구든지 선거운동을 위하여 또는 선거기간 중 입당의 권유를 위하여 호별로 방문할 수 없다.

－여론조사의 결과공표금지

누구든지 선거일전 6일부터 투표마감시각까지 정당에 대한 지지도나 당선인을 예상하는 여론조사의 경위·결과를 공표하거나 인용보도 할 수 없으며, 선거일전 60일부터 선거일까지 투표용지와 유사한 모형이나 후보자 또는 정당명의로 여론조사를 할 수 없다.

－의정활동보고의 제한

국회의원, 지방의회의원은 선거일전 90일부터 선거일까지 의정보고를 할 수 없다.

－유사기관, 사조직에 의한 선거운동금지

누구든지 선거사무소 또는 선거연락소외에는 후보자(입후보예정자 포함)를 위하여 명칭의 여하를 불문하고 이와 유사한 기관·단체·조직 또는 시설을 설치하거나 이용할 수 없다.

－선거와 관련 있는 정당활동의 규제

선거가 임박한 일정시점부터는 정당활동이라 하더라도 정강·정책의 신문광고·방송연설, 창당대회·당원집회의 시기·횟수 등이나 정강·정책 홍보물, 정책공약집, 정당기관지의 발행·배부, 당사게시 선전물도 제한된다.

선거운동과 관련하여 헌법재판소는 선거일전 180일부터 선거일까지 선거에 영향을 미치게 하기 위하여 정당 또는 후보자를 지지·추천하거나 반대하는 내용이 포함되어 있거나 정당의 명칭 또는 후보자의 성명을 나타내는 문서·도화의 배부·게시 등을 금지하고 처벌하는 공직선거법 제93조 제1항 및 제255조 제2항 제5호 중 제93조 제1항의 각 '기타 이와 유사한 것' 부분에 '정보통신망을 이용하여 인터넷 홈페이지 또는 그 게시판·대화방 등에 글이나 동영상 등 정보를 게시하거나 전자우편을 전송하는 방법'이 포함된다고 해석하는 한 과잉금지원칙에 위배하여 정치적 표현의 자유 내지 선거운동의 자유를 침해한다고 하여 한정위헌 결정을 하였다.[56]

5. 선거인의 알권리

선거인은 후보자에 대하여 모든 정보를 파악하여 가장 적임자를 선출할 수 있도록 하여야 한다. 이를 위해서는 선거인이 각종 정보를 수집할 수 있도록 하여야 하며 각 후보의 지지도나 정당이 지지도를 알 수 있어야 한다. 그러나 우리 공직선거법은 선거일 전 6일부터 선거일의

---

56) 헌재 2011. 12. 29. 2007헌마1001등, 23-2하, 739.

투표마감시각까지 선거에 관하여 정당에 대한 지지도나 당선인을 예상하게 하는 여론조사(모의투표나 인기투표에 의한 경우를 포함한다)의 경위와 그 결과를 공표하거나 인용하여 보도할 수 없도록 하고 있다. 또한 선거일전 60일(보궐선거 등에 있어서는 그 선거실시사유가 확정된 때)부터 선거일까지 선거에 관한 여론조사를 투표용지와 유사한 모형에 의한 방법을 사용하거나 후보자(후보자가 되고자 하는 자를 포함) 또는 정당(창당준비위원회를 포함)의 명의로 선거에 관한 여론조사를 할 수 없도록 하고 있다.

　　선거에 관한 여론조사를 하는 경우에는 피조사자에게 여론조사기관·단체의 명칭, 주소 또는 전화번호와 조사자의 신분을 밝혀야 하고, 해당 조사대상의 전계층을 대표할 수 있도록 피조사자를 선정하여야 하며, 특정 정당 또는 후보자에게 편향되도록 하는 어휘나 문장을 사용하여 질문하는 행위, 피조사자에게 응답을 강요하거나 조사자의 의도에 따라 응답을 유도하는 방법으로 질문하거나, 피조사자의 의사를 왜곡하는 행위, 오락 기타 사행성을 조장할 수 있는 방법으로 조사하는 행위, 피조사자의 성명이나 성명을 유추할 수 있는 내용을 공개하는 행위를 하여서는 아니된다.

　　선거에 관한 여론조사의 결과를 공표 또는 보도하는 때에는 조사의뢰자와 조사기관·단체명, 피조사자의 선정방법, 표본의 크기(연령대별·성별 표본의 크기를 포함한다), 조사지역·일시·방법, 표본오차율, 응답률, 질문내용, 조사된 연령대별·성별 표본 크기의 오차를 보정한 방법 등을 함께 공표 또는 보도하여야 하며, 선거에 관한 여론조사를 실시한 기관 ·단체는 조사설계서·피조사자선정·표본추출·질문지작성·결과분석 등 조사의 신뢰성과 객관성의 입증에 필요한 자료와 수집된 설문지 및 결과분석자료 등 해당 여론조사와 관련있는 자료일체를 해당 선거의 선거일 후 6개월까지 보관하여야 한다

　　헌법재판소는 선거공고일로부터 선거일까지 선거에 관하여 여론조사공표를 금지하는 것에 대하여 "선거에 관한 여론조사는 그것이 공정하고 정확하게 이루어졌다 하여도 그 결과가 공표되게 되면 선거에 영향을 미쳐 국민의 진의를 왜곡하고 선거의 공정성을 저해할 우려가 있으며, 더구나 선거일에 가까워질수록 여론조사결과의 공표가 갖는 부정적 효과는 극대화되고 특히 불공정하거나 부정확한 여론조사결과가 공표될 때에는 선거의 공정성을 결정적으로 해칠 가능성이 높지만 이를 반박하고 시정할 수 있는 가능성은 점점 희박해진다고 할 것이므로, 선거의 중요성에 비추어 선거의 공정을 위하여 선거일을 앞두고 어느 정도의 기간 동안 선거에 관한 여론조사결과의 공표를 금지하는 것 자체는 그 금지기간이 지나치게 길지 않는 한" 선거권을 침해하지 않는다고 하였다.[57]

─────────────
57) 헌재 1995. 7. 21. 92헌마177·199.

Ⅵ. 현실적 검토

우리나라는 현재 대통령선거와 국회의원선거, 지방자치단체의장선거, 지방의회의원선거 그리고 지방교육자치와 관련하여 교육의원과 교육감 선거를 하고 있다. 이러한 선거와 관련하여 공직선거법이 있고 지방교육자치에 관한 법률이 있다. 특히 우리 헌법은 대통령선거와 국회의원선거는 반드시 보통·평등·직접·비밀선거에 의하도록 하고 있다.

현행 우리 헌법은 제24조에서 "모든 국민은 법률이 정하는 바에 의하여 선거권을 가진다"라고 규정하고 있다. 따라서 헌법에서 구체적으로 선거권의 향유주체와 향유방법에 대하여 규정하고 있는 것이 아니고 법률에 위임하고 있는 것이다.

선거연령에 의한 선거권 제한과 관련하여 제2공화국헌법부터 제5공화국헌법까지는 헌법에서 직접적으로 규정하고 있었다. 그러나 1987년 헌법을 개정하면서 여야가 선거연령에 관하여 합의를 하지 못하여 법률에 위임하였고, 그에 따라 종전과 같이 법률에서 20세 이상의 국민만이 선거권을 향유하는 것으로 규정하였다가 2005년에 19세 이상의 국민이 선거권을 가지는 것으로 개정하였다. 선거권의 연령제한과 관련하여 몇세 이상의 국민에게 선거권을 부여할 것인가 하는 점은 매우 중대한 사항이라 할 수 있다. 따라서 선거연령제한에 관해서는 과거처럼 헌법에서 직접적으로 규정을 하자는 주장도 있다.

또한 지방선거에서 외국인에게도 선거권을 부여하는 것은 헌법에 위반된다는 주장이 있어 다음에 헌법을 개정할 때에는 이에 대한 세심한 검토가 필요하다고 본다.

Ⅶ. 관련문헌

1. 단 행 본

권영성, 헌법학원론, 법문사, 2009.

김철수, 헌법학신론, 박영사, 2009.

성낙인, 헌법학, 법문사, 2013.

전광석, 한국헌법론, 집현재, 2013.

정재황, 헌법입문, 박영사, 2013.

정종섭, 헌법학원론, 박영사, 2010.

한수웅, 헌법학, 법문사, 2013.

허 영, 한국헌법론, 박영사, 2009.

홍성방, 헌법학(중), 현암사, 2010.

2. 논   문

김주환, "외국인의 지방선거권," 고시계(2006. 10).

문광삼, "선거권과 피선거권의 제한," 고시계(1994. 5).

방승주, "재외국민 선거권제한의 위헌여부," 헌법학연구 제13권 제2호(2007. 6).

성낙인, "선거인단의 조직과 선거권," 고시계(1998. 10).

전학선, "프랑스에서 외국인과 선거," 공법연구 제28집 제3호(2000. 3).

정만희, "선거에 관한 헌법사의 원칙," 동아법학 제6호(1988).

조홍석, "재외국민의 선거권 제한에 따른 헌법적 문제," 공법연구 제24집 제4호(1996. 6).

홍일선, "선거권과 선거의무," 공법연구 제34집 제3호(2006. 2).

[이종수 · 장철준]

第25條
  모든 國民은 法律이 정하는 바에 의하여 公務擔任權을 가진다.

Ⅰ. 기본개념

  공무담임권이라 함은 선거직공무원을 비롯한 모든 국가기관의 공직에 취임할 수 있는 권리를 말하며, 각종 선거에 입후보해서 당선될 수 있는 피선거권과 국정과 관계되는 모든 공직에 임명될 수 있는 공직 취임권을 포괄하는 개념이다.[1] 그러나 모든 국민에게 공무담임권을 보장한다고 하여 이 규정에 근거하여 모든 국민이 곧바로 공무에 취임할 수 있다는 뜻은 아니다.

---

1) 허영, 한국헌법론, 2013, 558.

공무담임권으로 인하여 국민이 국가로부터 취임할 공직을 적극적·현실적으로 부여받을 수 있는 것이 아니라, 공무담임의 기회를 보장받을 뿐이기 때문이다. 따라서 공직자로서 공무를 담당하려면 법률이 정하는 바에 따라 선거에서 당선되거나 선발시험에 합격하는 등 임명에 필요한 요건들을 갖추어야 한다.2)

헌법재판소는 "공무담임권의 보호영역에는 공직취임의 기회의 자의적인 배제 뿐 아니라, 공무원 신분의 부당한 박탈이나 권한(직무)의 부당한 정지도 포함되는 것"이라 판시하여,3) 공직에의 평등한 접근권 뿐만 아니라 공직을 유지할 권리를 공무담임권의 주요 내용으로 파악하고 있다.4) 따라서 임명권자에 의하여 임명되거나 선거에서 당선된 자에게 제한의 사유가 없이 그 직을 유지할 수 없게 하는 것은 공무담임권을 침해하는 것이다.5) 그런데 헌법재판소는 공무원의 신분상실문제는 공무담임권의 침해 문제가 아닌 직업공무원제도 위반의 문제라고 하여 상반된 판시를 하기도 하였다.6)

---

2) 계희열, 헌법학(중), 2007, 591.

3) 헌재 2002. 8. 29. 2001헌마788, 14-2, 219(223); 2005. 5. 26. 2002헌마699 등, 17-1, 743; 2011. 12. 29. 2009헌마476, 23-2, 833 등.
　　종래 헌법재판소는 공무담임권의 보호영역을 '공직취임을 박탈당하지 않을 권리'로서 공직취임의 기회보장청구권을 의미하는 것으로 이해해 왔으나 최근에는 공직취임권은 물론이고 공무원이 갖는 권리로서의 '부당하게 신분을 박탈당하지 않을 권리'(헌재 2002. 8. 29. 2001헌마788 등, 14-2, 219)와 '권한(직무)을 부당하게 정지당하지 않을 권리'(헌재 2005. 5. 26. 2002헌마699 등, 17-1, 734)까지도 공무담임권의 보호영역에 포함시켰다. 이에 대하여 공무원의 신분유지권은 공무담임권의 보호영역이 아니라 헌법 제7조 제2항의 직업공무원제도에서 헌법적 근거를 찾아야 한다는 비판과 공무원의 직무수행권은 법령이 부여한 '권한'이지 공무원이 개인에게 주어진 '권리', 즉 주관적 공권이 아니라는 비판이 있다. 이인호, 판례평석: "공무담임권의 보호영역에 관한 헌법재판소의 판례 비판 ─ 결정 상호간의 모순과 부정합성 비판," 「법과 사회」 제30호(2006), 319-342.
　　이에 반하여 '공무원의 신분유지권'은 직업공무원제도에 의하는 경우보다 공무담임권에 의할 경우에 기본권침해의 위헌성을 인정할 가능성이 높으므로 권리구제를 폭넓게 인정하기 위한 것이고, '공무원의 직무수행권'은 공무담임권에서 '담임'이라는 개념이 구체적으로 임무를 맡아 수행하는 것을 포괄하는 것이므로 공무수행권이 공무담임권의 내용에 포함되는 것이 당연하다는 것을 근거로, 헌법재판소의 위 의견에 동의하는 견해도 있다. 이승우, "공무담임권의 보호범위에 관한 평석," 「공법연구」 제36집 제1호(2007), 552-553.

4) 전광석, 한국헌법론, 2013, 385.

5) 정종섭, 헌법학원론, 2013, 744.

6) 헌재 2004. 11. 25. 2002헌바8, 16-2, 290. 이 사건에서 직권면직조항은 공무원으로서 신분을 계속 유지할 수 있는 권리, 즉 공직유지권은 헌법 제25조의 공무담임권에 포함되는 것이 아니라 헌법 제7조 제2항의 직업공무원제도에 의해 보호되는 것이라고 하여 종전에 선고유예 지방공무원의 당연퇴직사건에서 '부당하게 신분을 박탈당하지 않을 권리'까지도 공무담임권의 보호영역에 포함시킨 판시내용과 상반된 태도를 보이고 있다. 또한 이 판결에서 헌법재판소는 공직취임의 기회보장만이 공무담임권의 내용이라고 하면서 근거로 인용하는 판례가 공무담임권의 보호영역에 공무원의 신분유지권도 포함된다고 판시한 선고유예 지방공무원 당연퇴직사건이라는 점에서 비판받고 있다. 이인호, 위의 논문(주 3). 한편, 선고유예 판결을 받은 공무원의 당연퇴직을 규정한 구 국가공무원법 규정을 위헌으로 결정한 헌법재판소의 태도에 대한 비판으로 장철준, "공무담임권의 제한과 과잉금지원칙: 구 국가공무원법상 공무원의 당연퇴직사유에 대한 헌법재판소 결정 비판," 「법학연구」 제14권 제1호(2004) 참조.

II. 연 혁

제헌헌법 제26조에 규정된 이래 다양한 해석이 생겨나고 있으나 헌법 문언 내용에는 변동 없이 현행헌법까지 이어져오고 있다.[7]

III. 다른 조문과의 관계

공무담임권은 크게 참정권의 범주에 위치한다. 참정권이란 정치활동과 관련된 기본권, 즉 정치적 기본권으로 선거권(헌법 제24조)과 공무담임권(헌법 제25조), 국민투표권(헌법 제72조, 제130조 제2항)을 포함하는 의미로 읽을 수 있기 때문이다.[8] 즉 국민이 정치의사형성이나 정책결정에 참여하거나 또는 공무원을 선출하거나 공무원으로 선출 또는 선임될 수 있는 권리를 말하는 것이다.[9]

동시에, 공직도 일종의 직업이라는 점에서는 직업선택의 자유(헌법 제15조)와도 관련된다. 그러나, 공무담임권은 직업선택의 자유보다는 그 기본권의 효과가 현실적·구체적이므로 공직을 직업으로 선택하는 경우에 있어서 직업선택의 자유는 공무담임권을 통해서 보장된다.[10] 헌법재판소도 같은 취지로 판시[11]하고 있다. 즉, 공무담임권은 직업선택의 자유와는 특별법과 일반법의 관계에 있다.[12] 한편, 공무담임권 중 선거직 공무에 대한 권리를 참정권의 차원에서 읽을 수 있으며, 비선거직 공무에 대한 권리는 직업선택의 자유로 보기도 한다.[13]

또한 공무담임권이 공직에 평등하게 접근할 기회를 부여하고, 자의적으로 배제 혹은 정지되지 않을 것을 보장한다는 점에서 평등권의 특별한 형태라고 할 수 있다.[14] 헌법재판소도 "공무담임권과 평등권의 심사가 동일한 쟁점에 관해 중첩적으로 이루어지는 면이 있으므로 평등권을 분리하여 심사하기보다 공무담임권에 대한 심사에서 같이 판단하고, 평등권 침해 여부는

---

7) 계희열(주 2), 588.
8) 계희열(주 2), 589; 권영성, 헌법학원론, 2010, 592; 김철수, 헌법학개론, 2007, 1127; 성낙인, 헌법학, 2013, 724-729; 홍성방, 헌법학, 2009, 631-632. 선거권, 공무담임권, 국민투표권 이외에 정당설립 및 활동의 자유도 참정권에 포함시키는 견해가 있다(장영수, 헌법학, 2012, 725; 허영(주 1), 554).
9) 계희열(주 2), 589.
10) 김철수(주 8), 1139.
11) 공무담임권은 국가 등에게 능력주의를 존중하는 공정한 공직자 선발을 요구할 수 있는 권리라는 점에서 직업선택의 자유보다는 그 기본권의 효과가 현실적·구체적이므로, 공직을 직업으로 선택하는 경우에 있어서 직업선택의 자유는 공무담임권을 통해서 그 기본권보호를 받게 된다고 할 수 있으므로 공무담임권을 침해하는지 여부를 심사하는 이상 이와 별도로 직업선택의 자유 침해 여부를 심사할 필요는 없다(헌재 2006. 3. 30. 2005헌마598, 18-1(상), 439(439)) 그러나, 헌법재판소는 검찰총장 퇴임 후 공직취임을 제한하는 법률의 위헌 여부를 심사함에 있어서는 직업선택의 자유와 공무담임권을 함께 심사의 기준으로 적용하였다(헌재 1997. 7. 16. 97헌마26, 9-2, 72(80)).
12) 전광석(주 4), 382.
13) 양건, 헌법강의, 2012, 628.
14) 전광석(주 4), 382.

따로 판단하지 않는다"라고 판시하였다.[15]

Ⅳ. 입헌취지

참정권은 오늘날의 민주정치에 있어서는 국민이 국가권력의 창설과 국가의사의 형성과정에 참여하거나 국가기관을 구성하며 국가권력행사를 통제 내지 견제하는 기능을 하며, 그를 통하여 국가권력에 정당성을 부여한다. 또한 현실적인 정치 사안에 대한 국민의 다양한 의사가 선거와 국민투표를 통하여 구체적인 모습으로 나타나기 때문에 참정권은 국민의 정치적 공감대 형성을 위해서도 필수적인 수단이라고 볼 수 있다. 따라서 참정권은 민주정치에서 필수적인 민주적·정치적 권리이며, 국민주권의 표현이다.[16] 공무담임권은 이러한 참정권의 실질화 맥락에서 헌법에 규정되었다.

Ⅴ. 법적 성격

참정권을 전국가적 자연권으로 파악하여 국가성립 이전에 자연권으로 존재한다고 보는 견해는 민주정치에 있어 가장 필수적인 권리인 성격을 강조하기 위해 자연권으로 보려는 데 불과하며 또 참정권의 주체는 국가기관의 한 구성원으로서의 개별국민이기 때문에 참정권은 국가 내적인 권리라고 보아야 할 것이고, 참정권은 이 점에서 자연권인 자유권과 구별된다고 보는 견해가 있다.[17] 이 견해에 의하면, 법률로써 의무를 수반시킬 수도 있고, 개인의 자유에 맡길 수도 있다고 할 것이므로, 기권자에 대해서는 가벼운 제재를 과할 수도 있다고 본다.[18] 즉, 참정권은 주권자인 국민의 고유한 권리이기 때문에 그것이 동시에 법적인 의무일 수는 없고, 주권자의 권리를 포기하는 것은 바람직하지 않기 때문에 윤리적 의무로서의 성격이 강하지만, 국가 내적 권리이므로 실정법상 의무를 부과한다고 해서 위헌은 아니라는 것이다.[19]

그러나 이는 국가영역을 정치적인 영역과 비정치적인 영역으로 나누고, 국민의 기본권을 비정치적인 것으로 이해하면서, 기본권은 정치적인 영역에 속하는 '국가로부터의 자유'를 뜻한다고 파악하는 결단주의의 사상에서 유래한 것으로, 이 입장에서는 참정권이 갖는 국가권력창설적 기능 같은 것을 합리적으로 논증하기 어렵다고 비판하는 견해가 있다. 이 견해에서는 참정권은 국가권력을 창설하고 국가권력에 정당성을 부여하는 민주시민의 정치적 기본권을 뜻하

---

15) 헌재 2009. 7. 30. 2007헌마991, 21-2, 364(370).
16) 홍성방(주 8), 627-628; 계희열(주 2), 586-587.
17) 김철수(주 8), 1125; 계희열(주 2), 593; 성낙인(주 8), 722; 장영수(주 8), 726. 이를 '실정법상의 권리'라고 표현하는 견해도 있다(권영성(주 8), 593).
18) 김철수(주 8), 1126.
19) 성낙인(주 8), 722.

기 때문에 특히 '국가를 향한 권리'로서의 성격이 강하다고 본다.[20] 또한 기본권은 모두 인권 (전국가적 자연권)에서 유래한 것이며, 인권이 헌법에 수용된 것이 기본권이라는 입장에서, 참정 권도 전국가적 자연권을 헌법에 실정화한 것이라고 표현하기도 한다. 곧 참정권도 인권과는 관 계없이 헌법에 의하여 비로소 창설된 권리로 생각될 수는 없으며, 다만 헌법제정자가 여러 가 지 사정을 고려하여 원칙적으로 국민인 자만이 그것을 행사할 수 있도록 그 주체를 한정한 것 으로 해석하는 것이 타당하다는 것이다.[21] 이에 따르면, 국가권력창설적·정당성부여적 기능 때문에 객관적 가치질서로서의 성질도 함께 가지고 있다고 보고, 이 같은 양면성 때문에 참정 권의 행사에 있어서 민주시민으로서의 윤리적 생활태도가 중요시되거나 적절하게 행사할 도의 적 의무까지 부인하는 것은 아니라고 본다.[22]

VI. 주 체

공무담임권은 국민주권원리의 성질상 대한민국의 국적을 가진 자연인인 국민에게만 인정 된다. 법인에게는 인정되지 않는다. 복수국적자도 대한민국 국민으로서 헌법 제25조가 정하는 공무담임권이 원칙적으로 인정되나,[23] 외국인에게는 인정되지 않는다.[24] 다만 기본권능력과 기본권의 행사능력은 구분되는바, 피선거권의 행사능력을 대통령의 경우에는 만 40세 이상으 로(헌법 제67조 제4항, 선거법 제16조 제1항), 국회의원과 지방의회의원, 지방자치단체의 장의 경 우 25세 이상으로(선거법 제16조 제2항, 제3항) 각각 규정하였고, 법관정년제(헌법 제105조 제4항, 법원조직법 제45조 제4항)도 실시되고 있다.[25]

---

20) 허영(주 1), 552-553.

21) 홍성방(주 8), 628.

22) 허영(주 1), 553; 홍성방, 629.

23) 현행 국적법에서 복수국적자의 지위를 인정하고 있고 국가공무원법 제26조의3 및 지방공무원법 제25조의2 에 따라 복수국적자의 임용이 원칙적으로 인정된다. 그러나 i) 국가의 존립과 헌법 기본질서의 유지를 위 한 국가안보분야, ii) 내용이 누설되는 경우에 국가(또는 지방자치단체)의 이익을 해하게 되는 보안·기밀 분야, iii) 외교·국가 간 이해관계와 관련된 정책결정 및 집행 등 복수국적자의 임용이 부적합한 분야를 열 거하고, 이 분야에 한하여 국회규칙, 대법원규칙, 헌법재판소규칙, 중앙선거관리위원회규칙 또는 대통령령 으로 정하는 바에 따라 임용을 제한할 수 있도록 하고 있다. 이에 대하여 제한분야를 정하고 있을 뿐 실제 로 그에 따른 구체적인 제한 공직에 대해서는 임용권자의 재량에 맡기고 있어 예측가능성이 미미하다고 비판하는 견해로 김선화, "복수국적자의 공무담임권 제한," 「현안보고서」 제132호, 국회입법조사처(2011), 13-17.

24) 정종섭(주 5), 744; 계희열(주 2), 594; 홍성방(주 8), 629-631.

25) 허영(주 1), 554.

Ⅶ. 내   용

1. 피선거권

헌법과 선거법에 규정된 연령요건을 충족시키는 것 이외에 선거법상의 결격사유(동법 제18조, 제19조)에 해당되어서는 안 된다. 지방의회의원과 지방자치단체의 장은 거주요건도 충족시켜야 한다(선거법 제16조 제3항). 그 외에 개별법령에서 경력요건도 요할 경우에는 그 요건도 충족시켜야 한다.26) 물론 이러한 요건들 외에 당해 선거에서 당선되어야 실제로 선출직 공무원으로 취임하여 활동할 수 있음은 물론이다. 따라서 선출직 공무원에 취임할 권리는 선거의 자유와 공정이 보장될 때 비로소 실효성을 갖는다. 자유선거의 원칙과 선거공영제는 그 기반이 된다.27)

2. 공직취임권

비선출직·공무원, 특히 직업공무원의 임용에 있어서 적극적으로는 능력·전문성·적성·품성 등에 따라 균등하게 공직취임권이 보장되어야 한다. 다만 이러한 능력주의에 대해서는 사회적 약자에 대한 배려를 위하여 어느 정도 예외가 인정될 수 있다. 채용시험에서의 각종 가산점 제도가 여기에 해당한다.28) 소극적으로는 경제적 혹은 신분적, 그리고 종교적 이유로 공직취임에 이익 혹은 불이익이 가해져서는 안 된다. 이 점에서 공무담임권은 일반적인 평등권의 특수한 실현형태이다.29)

Ⅷ. 제한과 그 한계

1. 피선거권의 제한

가. 연령 제한

주체에서 언급하였듯이 피선거권은 연령에 따라 행사능력이 제한된다. 이러한 연령 제한

---

26) 예를 들면 지교자법 제115조 제2항.
27) 동지 전광석(주 4), 382.
28) 국가공무원 7급시험에서 기능사 자격증에는 가산점을 주지 않고 기사 등급 이상의 자격증에는 가산점을 주도록 한 공무원임용및시험시행규칙 §12의3 중 별표 10 및 별표 11은 청구인의 공무담임권을 침해한 것이 아니고(헌재 2003. 9. 25. 2003헌마30, 15-2(상), 501), 벽지근무 교원에 가산점을 주는 것도 합헌이다(헌재 2005. 12. 22. 2002헌마152, 17-2, 741). 그러나 공무원채용시험에서 국가유공자 등의 가족에게까지 10%의 가산점을 주는 것은 불평등으로 헌법불합치결정을 하였다(헌재 2006. 2. 23. 2004헌마675·981·1022(병합), 18-1(상), 269(269-272). 국립사범대학 졸업자는 전원교원으로 채용하는 규정은 위헌선언되었으나 국립사범대학 졸업자 중 교원미임용자에게 특혜임용을 하는 법률규정은 공무담임권을 침해하지 않는다고 한다(헌재 2006. 3. 30. 2005헌마598, 18-1(상), 439(440)).
29) 전광석(주 4), 384.

에 대해 헌법재판소는 다음과 같은 이유로 합헌으로 판시한 바 있다.[30]

"헌법 제25조에 근거하여 국회의원선거에 입후보하여 국회의원으로 당선될 수 있는 권리로서 피선거권의 내용과 그 행사절차를 정하는 것이 입법자의 입법형성권에 맡겨져 있음은 위에서 본 바와 같다. 따라서 국회의원선거에 입후보하여 당선되기 위한 권리로서 피선거권을 누구에게, 어떠한 자격을 갖추었을 때 부여할 것인지의 문제, 즉 피선거권을 부여하기 위한 연령기준을 정하는 문제는 국회의원의 헌법상 지위와 권한, 국민의 정치의식과 교육수준, 우리나라 특유의 정치문화와 선거풍토 및 국민경제적 여건과 국민의 법감정 그리고 이와 관련한 세계 주요국가의 입법례 등 여러 가지 요소를 종합적으로 고려하여 입법자가 정책적으로 결정할 사항이라고 할 것이다.

그런데 피선거권의 행사연령을 지나치게 높게 설정하는 경우에는 국회의원으로서 지위와 권한에 상응하는 직무를 수행하기에 충분한 지적·정치적 능력과 자질을 갖춘 국민이라 할지라도 선거에 참여하여 국회의원으로 당선될 수 없다는 점에서 국민의 공무담임권과 평등권 등이 침해될 수 있으므로 피선거권을 행사할 수 있는 연령의 설정은 이로써 달성하려는 공익과 그로 인한 기본권에 대한 제한 사이에 서로 균형과 조화를 이루도록 적정하게 정해져야 한다는 헌법적 한계가 있다고 할 것이지만, 입법자가 정한 구체적인 연령기준이 입법형성권의 범위와 한계 내의 것으로 그 기준이 현저히 높다거나 불합리하지 않다면, 이를 두고 헌법에 위반된다고 쉽사리 단정할 것은 아니다."

나. 거주요건 제한

대통령의 피선거권 요건은 선거일 현재 5년 이상 국내에 거주하고 있어야 하고, 지방의회의원 및 지방자치단체의 장의 피선거권 요건으로 선거일 현재 60일 이상 당해 지방자치단체의 관할구역 안에 주민등록이 되어 있어야 한다(선거법 제16조 제1항, 제3항). 헌법재판소는 지방자치단체장의 피선거권에 대한 거주요건을 요구하는 선거법 제16조 제3항에 대하여 다음과 같은 이유로 합헌 판단하였다.[31]

"공직선거및선거부정방지법 제16조 제3항은 헌법이 보장한 주민자치를 원리로 하는 지방자치제도에 있어서 지연적 관계를 고려하여 당해 지역사정을 잘 알거나 지역과 사회적·지리적 이해관계가 있어 당해 지역행정에 대한 관심과 애향심이 많은 사람에게 피선거권을 부여함으로써 지방자치행정의 민주성과 능률성을 도모함과 아울러 우리 나라 지방자치제도의 정착을 위한 규정으로서, 그 내용이 공무담임권을 필요 이상으로 과잉제한하여 원칙에 위배된다거나 공무담임권의 본질적인 내용을 침해하여 위헌적인 규정이라고는 볼 수 없다."[32]

---

30) 헌재 2005. 4. 28. 2004헌마219, 17-1, 547(553-554); 2013. 8. 29. 2012헌마288, 203, 1200. 이에 대해 20 대 국회의원의 필요성을 이유로 국회의원 피선거권의 연령을 낮추어야 한다는 견해로 김선교 외 2인, 인권 법평론, 제5호(2010), 193-222 참조.

31) 헌재 1996. 6. 26. 96헌마200, 8-1, 550; 2004. 12. 16. 2004헌마376, 16-2, 606-608.

32) 최근 헌법재판소는 같은 취지로 공직선거및선거부정방지법 제16조 제3항(1998. 4. 30, 법률 제5537호로 개

932　　　　　　　　　　　　제 2 장　국민의 권리와 의무

그러나 지방의회의원 및 지방자치단체장의 피선거권 요건으로서 '관할구역 안의 주민등록'을 요구하는 것에 대해서는 국내거주 재외국민의 공무담임권을 침해한다고 하여 다음과 같은 이유로 헌법불합치결정하였다. "'외국의 영주권을 취득한 재외국민'과 같이 주민등록을 하는 것이 법령의 규정상 아예 불가능한 자들이라도 지방자치단체의 주민으로서 오랜 기간 생활해 오면서 그 지방자치단체의 사무와 얼마든지 밀접한 이해관계를 형성할 수 있으며, 주민등록이 아니더라도 그와 같은 거주 사실을 공적으로 확인할 수 있는 방법은 존재한다. … 나아가 법 제16조 제2항이 국회의원 선거에 있어서는 주민등록 여부와 관계없이 만 25세 이상의 국민이라면 누구든지 피선거권을 가지는 것으로 규정함으로써, 국내거주 여부를 불문하고 재외국민도 국회의원 선거의 피선거권을 가진다는 사실을 고려할 때, … 지방선거 피선거권의 부여에 있어 주민등록만을 기준으로 함으로써 주민등록이 불가능한 재외국민인 주민의 지방선거 피선거권을 부인하는 법 제16조 제3항은 헌법 제37조 제2항에 위반하여 국내거주 재외국민의 공무담임권을 침해한다."[33]

다. 기탁금제에 따른 제한

기탁금의 납부 및 반환에 관한 규정은 선거법 제56조, 제57조에 규정되어 있다. 기탁금제도에 대해 헌법재판소는 "대의민주주의에서 선거의 기능과 기탁금제도의 목적 및 성격, 그리고 우리의 정치문화와 선거풍토에 있어서 현실적인 필요성 등을 감안할 때, 입후보요건으로 후보자에게 기탁금의 납부를 요구하는 것은 필요불가결하다"고 판시[34]하여 그 필요성을 인정하고 있다.

이러한 기탁금제도의 목적 및 성격과 관련하여 헌법재판소는 "불성실한 입후보자의 난립 방지를 통하여 선거의 과열·혼탁을 방지하고, 선거관리비용·업무의 증가를 방지하며, 공영선거비용을 예납하고, 당선자로 하여금 다수표를 획득할 수 있도록 하여 민주적 정당성을 강화시킨다"라고 하여 적극적으로 그 목적을 파악한 사례[35]도 있었고, 또한 "후보자난립의 저지를 통하여 선거관리의 효율성을 꾀하는 한편, 불법행위에 대한 제재금을 사전확보하는 데 그 목적이 있다"라고 하여 기탁금의 목적을 오로지 선거관리차원의 순수한 행정목적으로 파악한 사례[36]도 있었다.

기탁금제도는 선거에 출마하려는 자에게 입후보의 요건으로 기탁금을 납부할 것을 요구하고, 선거결과 일정한 득표수에 미달되는 경우에는 이를 반환하지 않고 국고에 귀속시킴으로써 선거에 자유롭게 입후보할 자유를 제한함과 동시에 과태료나 대집행비용을 사전확보하는 법적

정된 것)에서 '60일 이상의 주민등록'을 요구하는 위 법률조항 역시 과잉금지원칙에 위배하여 청구인들의 공무담임권을 제한하지 않는다고 하였다. 헌재 2004. 12. 16. 2004헌마376, 16-2, 598.
33) 헌재 2007. 6. 28. 2004헌마644 등, 19-1, 884.
34) 헌재 2003. 8. 21. 98헌마214, 11-1, 214(215).
35) 헌재 1989. 9. 8. 88헌가6, 1, 199(217); 1995. 5. 25. 91헌마44, 7-1, 687(695-696); 1995. 5. 25. 92헌마296 등, 7-1, 768(778).
36) 헌재 2001. 7. 19. 2000헌마91등, 13-2, 77(88).

효과를 갖는 것으로, 그 목적과 성격은 구체적인 기탁금의 액수와 그 반환의 기준, 정치문화와 선거풍토, 선거를 통하여 선출하려는 공직의 종류와 선거의 유형, 일인당 국민소득 등 경제적 사정과 국민의 법감정 등을 모두 고려하여 개별적·구체적으로 파악하여야 한다.[37]

　　기탁금의 액수는 그 동안 여러 번 바뀌었다. 처음에는 국회의원이 정당공천을 받은 경우에는 1,000만원, 무소속후보자의 경우에는 2,000만원을 내게 했는데, 이는 불합리한 차별이라고 하여 위헌으로 헌법불합치결정이 내려졌다.[38] 그러나 최근 헌법재판소는 국회의원 선거에서 1,500만원의 기탁금을 납부하도록 한 것에 대해서는 합헌으로 결정하였다.[39] 대통령후보의 기탁금을 정당공천유무를 불문하고 3억원으로 하고 있는 것과,[40] 시·도지사선거의 기탁금을 5천만원으로 하고 있는 것,[41] 그리고 구·시·군의회의원 선거의 기탁금을 200만원으로 하고 있는 것에 대하여는 합헌결정이 내려졌다.[42] 그러나 헌법재판소는 선거법이 국회의원선거기탁금을 2,000만원으로 인상한 것은 과도하다고 하여 헌법불합치결정을 하였고,[43] 대통령선거 후보자 등록 요건으로 5억원의 기탁금 납부를 규정한 것에 대해서는 헌법불합치결정을 내렸다.[44]

　　지역구 국회의원선거의 기탁금반환기준을 유효투표총수의 100분의 20 이상으로 규정한 것에 대해서는 군소정당이나 신생정당의 정치참여 기회를 제약하는 효과를 낳게 된다고 하여 위헌으로 판시하였다.[45] 그러나 유효투표총수의 100분의 15 이상으로 정한 2002. 3. 7. 법률 제6663호로 개정된 선거법상의 국회의원선거기탁금의 국가귀속규정에 대해서는 합헌으로 판시하였다.[46] 이후에도 유효투표총수의 100분의 15 이상을 득표하면 기탁금 전액을 반환하고, 유효투표총수의 100분의 10 이상 100분의 15 미만을 득표할 경우에는 기탁금의 50%를 반환하도록 한 선거법(2010. 1. 25. 법률 제9974호로 개정된 것)조항이 문제된 사건에서도 합헌으로 판단하였다.[47]

라. 특정업무수행자의 입후보제한

　　농업협동조합·수산업협동조합·축산업협동조합 등의 조합장에 대해 지방의회의원선거입후보를 제한한 구 지방의회의원선거법 제35조 제1항 제7호와 위 조합장들의 지방의회의원겸임을 금지한 구 지방자치법 제33조 제1항 제6호에 대해서도 참정권침해로 위헌이 선언되었으며,[48]

---

37) 동지 헌재 2003. 8. 21. 98헌마214, 17-1, 214(222).
38) 헌재 1989. 9. 8. 88헌가6, 1, 199.
39) 헌재 2003. 8. 21. 2001헌마687 등, 15-2, 214.
40) 헌재 1995. 5. 25. 92헌마269등, 7-1, 768.
41) 헌재 1996. 8. 29. 95헌마108, 8-2, 167.
42) 헌재 1995. 5. 25. 91헌마44, 7-1, 687.
43) 헌재 2001. 7. 19. 2000헌바91·112·134, 13-2, 77.
44) 헌재 2008. 11. 27. 2007헌마1024, 20-2, 477.
45) 헌재 2001. 7. 19. 2000헌마91 등, 13-2, 77.
46) 헌재 2003. 8. 21. 2001헌마687·691, 15-2, 214.
47) 헌재 2011. 6. 30. 2010헌마542, 23-1, 545.
48) 헌재 1991. 3. 11. 90헌마28, 3, 63.

정부투자기관의 경영에 관한 결정이나 집행에 상당한 영향력을 행사할 수 있는 지위에 있다고 볼 수 없는 직원을 임원이나 집행간부들과 마찬가지로 취급하여 지방의회의원직에 입후보를 하지 못하도록 하고 있는 구 지방의회의원선거법 제35조 제1항 제6호의 입후보금지 규정은 기본권인 공무담임권을 침해하여 위헌이라는 결정이 내려졌다.49) 이에 따라 공직선거법이 개정되어 정부투자기관의 상근임원에 대해서만 입후보를 제한하고 있다. 반면 지방자치법 제33조 제1항 제4호에 의하여 정부투자기관의 직원이 임원이나 집행간부들과 마찬가지로 지방의회의원직을 겸할 수 없도록 하는 것은 공무담임권을 침해하는 것이 아니라고 하였고,50) 지방공사의 직원이 지방의회의원을 겸직하지 못하도록 규정하고 있는 지방자치법 제33조 제1항 제5호에 대해서도 합헌으로 결정하였다.51) 인권위원회위원 중 특정 공무원의 정치적 중립성을 보장하기 위하여 퇴직 후 2년 동안 공직에 취임할 수 없게 한 규정은 참정권침해로 위헌이라 선언되었고,52) 같은 취지에서 검찰청법 제12조 제4항에서 검찰총장 퇴임 후 2년 이내에 법무부장관과 내무부장관직뿐만 아니라 모든 공직에의 임명을 금지하도록 한 것은 공무담임권을 침해하는 것이라고 하여 위헌결정을 내렸다.53)

마. 지방자치단체의 장의 입후보를 위한 사퇴시한규정

지방자치단체의 장으로 하여금 당해 지방자치단체의 관할구역과 같거나 겹치는 선거구역에서 실시되는 지역구 국회의원선거에 입후보하고자 하는 경우 당해 선거의 선거일 전 180일까지 그 직을 사퇴하도록 규정하고 있는 구선거법 제53조 제3항은 일반공무원의 사퇴시한 60일과 비교하여 차별하고 있어 헌법재판소는 위헌으로 판시하였다.54) 국회는 선거법을 개정하여 120일 전까지 사퇴하도록 규정하고 있는바, 이에 대해서는 합헌 결정을 내렸다.55)

---

49) 헌재 1995. 5. 25, 91헌마67, 7-1, 722.
50) 헌재 1995. 5. 25. 91헌마67, 7-1, 722.
51) 헌재 2004. 12. 16. 2002헌마333 등, 16-2, 515; 2012. 4. 24. 2010헌마605, 24-1, 192.
52) 헌재 2004. 1. 29. 2002헌마788, 16-1, 154.
53) 헌재 1997. 7. 16. 97헌마26, 9-2, 72.
54) 헌재 2003. 9. 25. 2003헌마106, 15-2(상), 516.
55) 위 2003헌마106 결정은 침해의 최소성과 관련하여, 공선법 제53조 제1항이 공무원에 대하여 '선거일 전 60일까지' 사퇴하도록 규정하고 있고, 또 공선법의 다른 규정들이 사전선거운동을 금지하고 그 위반 시 형사처벌을 하며(제59조, 제254조 제2항·제3항), 단체장의 홍보물을 제한하고(제86조 제3항 전단), 공무원에 대해 특정 정당이나 후보자의 업적을 홍보하는 행위나 선거운동의 기획에 참여하는 행위 등을 금지하므로(제86조 제1항), 이러한 조항들에 의하여 선거의 공정성과 직무전념성이라는 입법목적이 달성될 수 있다고 보았다(위 제86조 제3항은 현행 공직선거법에서 제86조 제5항으로 변경됨). 따라서 단체장으로 하여금 '선거일 전 180일까지' 사퇴하도록 한 구 공선법 제53조 제3항은 그 "입법목적 달성을 위해 단체장의 기본권을 덜 제한하는 적절한 수단들이 이미 공선법에 존재하고 있음에도 불구하고 불필요하고 과도하게" 공무담임권을 제한하는 것이므로 침해의 최소성원칙에 위반된다는 것이다.
    그런데 앞서 본 단체장의 지위와 권한, 지역 주민들에 대한 영향력을 고려할 때, 위 규정들만으로 관할 지역의 지역구 국회의원선거 출마를 의식한 단체장의 다양한 직·간접적 선심행정 내지 부당한 법집행을 모두 예방할 수 있다거나 선거의 공정성과 직무전념성이라는 이 사건 조항의 입법목적을 충분히 달성할 수 있다고 볼 수 없다. 따라서 이 사건 조항은 위 규정들과는 별도로 단체장의 지위와 권한의 남용을 방지하고 그 입법목적을 달성하기 위하여 필요하다고 볼 것이다. 그렇다면 2003헌마106 결정의 위 부분 판시는 이러한 견해와 저촉되는 한도 내에서 이를 변경하기로 한다.

바. 지방자치단체의 장의 4선 금지

지자법은 지방자치단체의 장의 계속 재임을 3기로 제한하고 있다(동법 제87조 제1항). 이에 대해 헌법재판소는 지방자치단체의 장들의 공무담임권을 침해하지 않는다고 판시하고 있다.[56]

사. 당내경선 탈락자의 입후보 금지

선거법은 정당이 공직선거후보자를 추천하는 방법으로 경선을 실시할 수 있게 하면서, 이 당내경선에 참가하여 해당 정당의 후보자로 선출되지 않은 경우에는 당해 선거의 같은 선거구에 입후보하는 것을 금지하고 있다(제57조의2 제1항, 제2항). 이에 의하면 대통령선거에서는 경선에 참여한 자가 선출되지 않을 경우 아예 대통령선거에 출마할 수 없게 된다. 당내경선채택 여부와 그 효과는 정당의 자율에 속하는 사항이고, 이에 참가한 자의 입후보를 제한하거나 금지하는 것은 정당의 자율과 국민의 피선거권과 유권자의 선거권을 침해하는 것으로 위헌이라고 보는 견해[57]가 있다.

아. 수형자 및 전과자 등에 대한 제한

금치산 선고를 받은 자, 선거법 위반으로 형사처벌을 받아 선거권이 없는 자, 금고 이상의 형을 받고 그 형이 실효되지 아니한 자, 법원의 판결 또는 다른 법률에 의하여 선거권이 정지 또는 상실된 자 등은 피선거권이 없다(선거법 제19조).

헌법재판소는 "선거범으로서 형벌을 받은 자에 대하여 일정기간 피선거권을 정지시키는 규정 자체는, 선거의 공정성을 해친 선거사범에 대하여 일정기간 피선거권의 행사를 정지시킴으로써 선거의 공정성을 확보함과 동시에 본인의 반성을 촉구하기 위한 법적 조치로서, 국민의 기본권인 공무담임권과 평등권을 합리적 이유없이 자의적으로 제한하는 위헌규정이라고 할 수 없다"고 판시하였고,[58] 선거범으로서 100만 원 이상의 벌금형을 선고받아 그 형이 확정되면 5년 동안 피선거권을 제한하는 선거법 규정이 문제된 사건에서 합헌판단을 내렸다.[59]

결론적으로 이 사건 조항이 단체장의 기본권을 지나치게 제한하고 있다고 볼 수도 없고, 이 사건 조항 외에 그 입법목적을 충분히 달성하면서 기본권을 덜 제약하는 다른 입법수단이 존재한다고도 볼 수 없으므로, 이 사건 조항은 침해의 최소성원칙에 위배되지 않는다(헌재 2006. 7. 27. 2003헌마758, 2005헌마72(병합), 18-2, 190(198-199)).

56) 지방자치단체 장의 계속 재임을 3기로 제한한 규정의 입법취지는 장기집권으로 인한 지역발전저해 방지와 유능한 인사의 자치단체 장 진출확대로 대별할 수 있는바, 그 목적의 정당성, 방법의 적절성, 피해의 최소성, 법익의 균형성이 충족되므로 헌법에 위반되지 아니한다(헌재 2006. 2. 23. 2005헌마403, 18-1(상), 320).

57) 정종섭(주 5), 748.

58) 헌재 1995. 12. 28. 95헌마196, 7-2, 893(902).

59) 헌재 2008. 1. 17. 2004헌마41, 20-1, 97.

2. 공직취임권의 제한

가. 형벌에 의한 제한

금고 이상의 형을 받고 그 집행유예의 기간이 완료한 날로부터 2년을 경과하지 아니한 자를 공무원결격 및 당연퇴직 사유로 하고 있는 국공법 제69조 중 제33조 제4호 및 지공법 제31조 제4호,[60] 그리고 자격정지 이상의 선고유예판결을 받은 경우 당연퇴직을 규정한 경찰공무원법 제21조, 제7조 제2항 제5호 규정[61]에 대하여 헌법재판소는 합헌으로 본다.

공무원이 금고 이상의 형의 선고유예를 받은 경우에는 공무원직에서 당연히 퇴직하도록 규정한 지공법 제61조 중 제31조 제5항 부분은 종래 합헌이라고 판시[62]하였다가 판례를 변경하여 최소침해성의 원칙에 반하여 공무담임권을 침해하는 것으로 위헌이라고 선언[63]하였다. 자격정지 이상의 형의 선고유예를 받은 경우에 군공무원에서 당연히 제적하도록 규정한 군인사법 제40조 제1항 제4호 중 제10조 제2항 제6호 부분은 최소침해성의 원칙에 반하여 위헌이라고 선언하였고,[64] 향토예비군 지휘관이 금고 이상의 형의 선고유예를 받은 경우에는 그 직에서 당연해임하도록 규정하고 있는 향토예비군설치법시행규칙 제10조 제3항 제5호와 경찰공무원이 자격정지 이상의 형의 선고유예를 받은 경우 공무원직에서 당연퇴직하도록 규정하고 있는 구 경찰공무원법 제21조도 같은 취지에서 위헌이라 결정하였다.[65] 반면 금고 이상의 형의 집행유예판결을 받았다는 이유만으로 예외없이 그의 직으로부터 퇴직당하는 것으로 규정하고 있는 국가공무원법 제69조 중 제33조 제1항 제4호 부분에 대해서는 합헌으로 판단하였고,[66] 같은 내용의 지방공무원법 제31조 제4항도 합헌으로 결정하였다.[67] 형사사건으로 기소된 국가공무원을 임의적으로 직위해제할 수 있도록 규정한 구 국가공무원법 제73조의2 제1항 제4호 부분에 대해서 합헌이라 판단하였고,[68] 법원의 판결에 의하여 자격이 정지된 자를 공무원직으로부터 당연퇴직하도록 하고 있는 지방공무원법 제61조 중 제31조 제6호 부분에 대해서도 합헌으로 결정하였다.[69]

구 지방자치법 제111조 제1항에서는 i) 지방자치단체의 장이 궐위되거나, ii) 공소제기된 후 구금상태에 있는 경우, iii) 금고 이상의 형을 선고받고 그 형이 확정되지 아니한 경우, iv)

---

60) 헌재 1997. 11. 27. 95헌바14등 병합, 9-2, 575.
61) 헌재 1998. 4. 30. 96헌마7, 10-1, 465.
62) 헌재 1990. 6. 25. 89헌마220, 2, 200(201).
63) 헌재 2002. 8. 29. 2001헌마788, 2005헌마173(병합), 14-2, 219.
64) 헌재 2003. 9. 25. 2003헌마293·437(병합), 15-2(상), 536.
65) 헌재 2005. 12. 22. 2004헌마947, 17-2, 774; 2004. 9. 23. 2004헌가12, 공보 97, 962.
66) 헌재 1997. 11. 27. 95헌바14, 9-2, 575.
67) 헌재 2003. 12. 18. 2003헌마409, 15-2(하), 664.
68) 헌재 2006. 5. 25. 2004헌바12, 18-1, 58. 반면 형사사건으로 기소된 국가공무원을 필요적·일률적으로 직위해제처분을 하도록 규정한 것은 위헌이라고 하였다. 헌재 1998. 5. 28. 96헌가12, 10-1, 560.
69) 헌재 2005. 9. 29. 2003헌마127, 공보 108, 1046.

의료법에 따른 의료기관에 60일 이상 계속하여 입원한 경우에 부단체장이 그 권한을 대행하도록 하였다. 지방자치단체의 장이 금고 이상의 형을 선고받고 그 형이 확정되지 아니한 경우 부단체장이 그 권한을 대행하도록 규정한 지방자치법 제111조 제1항 제3호가 문제된 사건에서, 헌법재판소는 "자치단체장이 불구속으로 재판을 받고 있어 물리적 부재이거나 사실상 직무를 수행할 수 없는 상태가 아니므로 부단체장에게 권한을 대행하도록 할 직접적인 필요가 전혀 없다"고 하여 헌법불합치결정을 하였다.[70] 반면에 지방자치단체장이 공소제기되어 구금상태에 있는 상태에서 부단체장이 그 직무를 권한대행하도록 규정한 지방자치법 제111조 제1항 제2호에 대해서는 지방자치단체장의 공무담임권을 침해하는 것이 아니라고 판단하였다.[71]

나. 공무원의 정년제

헌법재판소는 공무원 정년제도의 목적을 다음과 같은 두 가지로 본다. "그 하나는 공무원에게 정년연령까지 근무의 계속을 보장함으로써 그로 하여금 장래에 대한 확실한 예측을 가지고 생활설계를 하는 것이 가능하게 하여 안심하고 직무에 전념하게 한다는 것이고, 다른 하나는 공무원의 교체를 계획적으로 수행하는 것에 의해서 연령구성의 고령화를 방지하고 조직을 활성화하여 공무능률을 유지·향상시킨다고 하는 것이다."[72]

공무원 정년제도가 헌법에 위반되는지에 관하여 헌법재판소는 다음과 같은 이유로 합헌으로 본다. "공무원 정년제도는 공무원의 신분보장과 직업공무원제의 보완을 위한 공익목적에서 마련된 것이므로 그로 인하여 공무담임권과 직업선택의 자유 및 행복추구권이 제한을 받는다 하더라도 그 제한은 목적에 있어서 정당한 것이라 할 것이다. 그리고 공무원 정년제도를 어떻게 구성할 것인가 또 그 구체적인 정년연령은 몇 세로 할 것인가는 특별한 사정이 없는 한 입법정책의 문제로서 입법부에 광범위한 입법재량 내지 형성의 자유가 인정되어야 할 사항이라 할 것이므로 입법권자로서는 정년제도의 목적, 국민의 평균수명과 실업률 등 사회경제적 여건과 공무원 조직의 신진대사 등 공직 내부의 사정을 종합적으로 고려하여 합리적인 재량의 범위 내에서 이를 규정할 수 있는 것이다."[73]

다. 공무원채용시험의 응시연령제한

공무원시험의 응시에 나이제한을 두는 것은 여러 가지 입법정책을 고려하여 입법기관이

---

70) 종래 지방자치단체의 장이 금고 이상의 형의 선고를 받은 경우 부단체장으로 하여금 그 권한을 대행하도록 한 지방자치법이 문제된 사안에서 헌법재판소는 합헌판단하였으나(헌재 2005. 5. 26. 2002헌마699 등, 17-1, 734), 이 판결에서 헌법재판소는 "종전에 헌법재판소가 이 결정과 견해를 달리하여 이 사건 법률조항에 해당하는 구 지방자치법 조항이 과잉금지원칙을 위반하여 자치단체장의 공무담임권을 제한하는 것이 아니고 무죄추정의 원칙에도 저촉되지 않는다고 판시하였던 2005. 5. 26. 2002헌마699, 2005헌마192(병합) 결정은, 이 결정과 저촉되는 범위 내에서 변경한다"고 하여 명시적으로 판례를 변경하였다. 헌재 2010. 9. 2. 2010헌마418, 22-2, 526.
71) 헌재 2011. 4. 28. 2010헌마474, 23-1, 126.
72) 헌재 1997. 3. 27. 96헌바86, 9-1, 325(331).
73) 헌재 1997. 3. 27. 96헌바86, 9-1, 325(332-333).

결정할 사항이지만, 특정 직급에 대하여 응시연령제한이 과도한 경우에는 공무담임권을 침해하는 것이 된다.74)

헌법재판소도 공무원채용시험에 있어서의 응시연령의 제한은 공무담임권의 중대한 제한이 되는 것이므로 국민이 이를 미리 예측하고 대비할 수 있도록 해야 함에도 불구하고, 지방고등고시 응시연령의 기준일을 정함에 있어서 매 연도별로 결정되고 그 결정에 달리 객관적인 기준이 있는 것도 아닌 최종시험시행일을 기준일로 하는 것은 국민(응시자)의 예측가능성을 현저히 저해하는 것이라고 판시하였다.75)

라. 공무원의 당연퇴직

헌법재판소는 지방공무원법 제61조 중 제31조 제5호 부분에 대하여는 최소침해성의 원칙에 반하므로 공무담임권을 침해하는 위헌적인 것으로 보았다가,76) 국가공무원법 제69조를 조리상의 신청권이 없다는 이유로 각하하기도 하고,77) 법원의 판결로 자격이 정지된 자를 공무원으로부터 당연퇴직하도록 하고 있는 지방공무원법 제61조는 헌법에 위반되지 않는다고 기각하는 등 일관되지 못한 판시를 하고 있다.78)

3. 제한의 한계

가. 일반적 법률유보에 의한 제한의 한계

공무담임권도 헌법 제37조 제2항에 의해 제한될 수 있다. 그러나 법률로써 제한하는 경우에도 필요한 최소한에 그쳐야 하고 그 경우에도 그 본질적 내용은 제한할 수 없다.

나. 긴급명령에 의한 제한

긴급명령에 따라 선거의 실시가 연기될 경우에는 선거권과 피선거권의 행사가 일정기간 지연된다는 의미에서 간접적으로 참정권이 제한을 받게 된다. 그러나 긴급명령으로 참정권 그 자체를 제한하는 것은 불가능하다.79)

다. 소급입법에 의한 참정권제한의 금지

헌법 제13조 제2항은 소급입법에 의한 참정권의 제한을 금지하고 있다. 민주국가에서 소급입법에 의한 참정권의 제한이 허용될 수 없다는 것은 당연한 것이다. 그럼에도 불구하고 이

---

74) 공무원임용시험령 제16조 중 별표 4에서 국가공무원 5급 공개경쟁채용시험의 응시연령 상한을 '32세'로 제한한 것은 합리적이라고 볼 수 없고(헌재 2008. 5. 29. 2007헌마1105, 20-1하, 329), 경찰공무원임용령 제39조 제1항 및 소방공무원임용령 제43조 제2항에서 순경과 소방사 채용 연령을 획일적으로 '30세'로 규정한 것은 합리적이라고 볼 수 없다고 하였다(헌재 2012. 5. 31. 2010헌마278, 24-1하, 626); 정종섭(주 5), 746.

75) 헌재 2000. 1. 27. 99헌마123, 12-1, 75.

76) 헌재 2002. 8. 29. 2001헌마788, 14-2, 219.

77) 헌재 2003. 10. 30. 2002헌가24, 15-2(하), 1(1-2).

78) 헌재 2005. 9. 29. 2003헌마 127, 108, 88.

79) 계희열(주 2), 596; 권영성(주 8), 601.

런 조항이 규정된 것은 우리 헌정사에서 소급입법에 의한 참정권의 제한이 반복적으로 행해졌기 때문에,[80] 이런 악순환을 단절하려는 의도라고 해석하는 견해가 있다.[81]

IX. 관련문헌

계희열, 헌법학(중), 박영사, 2007.
권영성, 헌법학원론, 법문사, 2010.
김철수, 헌법학개론, 박영사, 2007.
성낙인, 헌법학, 법문사, 2013.
양 건, 헌법강의, 법문사, 2012.
전광석, 한국헌법론, 법문사, 2013.
장영수, 헌법학, 홍문사, 2012.
정종섭, 헌법학원론, 박영사, 2013.
허 영, 한국헌법론, 박영사, 2013.
홍성방, 헌법학, 현암사, 2009.

헌
법
제
25
조

---

80) 예를 들면, 반민족행위자처벌법(제헌국회), 반민주행위자공민권제한법(4·19 당시), 정치활동정화법(5·16 당시), 정치풍토쇄신을위한특별조치법(1980. 11 신군부집권 당시).
81) 계희열(주 2), 597; 권영성(주 8), 601.

헌법 제26조

[김 종 철]

第26條

① 모든 國民은 法律이 정하는 바에 의하여 國家機關에 文書로 請願할 權利를 가진다.

② 國家는 請願에 대하여 審査할 義務를 진다.

Ⅰ. 기본개념과 헌법적 의미

1. 개　　념

청원권이란 국민이 국가기관에 대하여 의견이나 희망을 진술할 수 있는 권리이다.[1] 헌법재판소는 헌법 제26조에 의하여 보장되는 청원권을 "공권력(公權力)과의 관계에서 일어나는 여

---

[1] 김철수, 헌법학개론, 박영사, 2007, 1051; 성낙인, 헌법학, 법문사, 2013, 810.

러 가지 이해관계, 의견, 희망 등에 관하여 적법한 청원(請願)을 한 모든 국민에게 국가기관이 청원(請願)을 수리할 뿐만 아니라 이를 심사하여 청원자(請願者)에게 그 처리결과를 통지할 것을 요구할 수 있는 권리(權利)"로 정의하고 있다.[2]

독일학계의 해석론에 따르면 청원이라는 용어는 라틴어의 'Petitio'에서 유래하는 것이다. 이러한 어원에 따라 청원은 "요구(Verlangen), 제청(Beantragen), 요청(Fordern), 간청(Anliegen), 열망(Begehren) 등"을 뜻하고 특정사항에 대한 요청의 의미를 본질적 요소로 한다.[3] 따라서 "어떤 무엇"에 대한 요청을 포함하지 않는 "단순한 통지(Mitteilungen), 충고(Belehrungen), 비난(Vorwürfe), 칭찬(Anerkennungen) 등"과 같은 단순한 의사표현은 청원이 아니다.[4]

2. 헌법적 의미

현대 민주국가에서의 기본적 인권인 청원권은 민주주의를 강화하고 국민의 권리보장을 실질화하는 수단이 된다. 우선 국민이 국가기관에 대하여 직접 의견을 표현하여 특정사안에 대한 요청을 한다는 점에서 대의민주주의를 보완하고 민주주의를 실질화하는 기능을 한다.[5] 국민의 청원과 그에 대한 국가기관의 처리 과정을 통해 국가와 국민간의 유대가 강화된다. 또한 국민의 민원이나 국가기관의 비리와 부조리의 시정이 청원의 내용이 될 경우 청원과정은 국정통제의 과정이기도 하다.[6]

청원권은 엄격한 요건을 요구하는 행정적·사법적 구제절차와는 달리 통상의 정규적인 구제절차만으로 해소되지 못하는 민원을 해소하는 비정규적인 권리구제수단으로서의 기능도 갖는다.[7] 현대 사회가 갈수록 복합사회로 전환됨에 따라 정규적인 구제수단만으로는 구체적 정의와 타당성을 확보하지 못하는 국가작용이 있을 수 있고 이러한 사각지대를 해소하는 데 현대 민주국가에서의 "민중적" 청원권 보장의 중요성이 있다.

근래에는 구제절차적 의미의 전통적 청원권을 탈피하여 국민주권주의의 실질화를 위한 절차적 국정참여권의 차원에서 재구성해야 한다는 주장도 제기되어 있다.[8] 한편 현대적 청원권을 근거로 이익단체등의 로비를 합법화할 수 있다는 주장도 있다.[9]

---

2) 헌재 1994. 2. 24. 93헌마213, 6-1, 183(190).

3) 계희열, 헌법학(중), 박영사, 2007, 623; 정종섭, 헌법학원론, 박영사, 2013, 752.

4) 계희열(주 3), 623; 정종섭(주 3), 752.

5) D. Feldman, *Civil Liberties & Human Rights in England and Wales*, Clarendon Press(Oxford: 1993), 562.

6) 계희열(주 3), 650-621; 허영, 한국헌법론, 박영사, 2013, 563.

7) 한수웅, "의회청원 소개절차의 위헌여부-헌재 1999. 11. 25. 97헌마54결정에 대한 판례평석을 겸하여," 저스티스 35-3(2002), 7.

8) 이상수, "청원권 이론의 재구성-국민주권시대의 청원권," 민주법학 34(2007), 179-182.

9) 홍완식, "로비제도 관련 법률안에 대한 헌법적 고찰," 헌법학연구 14-2(2008), 375-377.

3. 청원권과 옴부즈만제도

가. 옴부즈만제도의 개념

옴부즈만(Ombudsman)이란 의회에서 임명되나 의회로부터 업무상 광범위한 독립성을 부여받은 의회의 신뢰인으로서, 공권력에 의해 권리가 침해당하였다는 국민의 호소를 받아 조사하여 억울함을 풀어주는 방법으로 국민의 권리를 보호해 주는 자를 말한다. 이는 의회의 행정부견제권에 근거하여 거의 모든 행정관청과 공무원에 대한 포괄적인 감시임무에서 나온 것이다. 옴부즈만은 청원받은 사건의 조사결과 발견된 위법사항을 직접 처리하는 것이 아니라 감독자나 직무상의 상사에게 통고하여 이들로 하여금 처리하게 한다.[10]

나. 옴부즈만제도의 연혁

옴부즈만제도는 스웨덴의 역사와 깊은 관계가 있다. "옴부즈만"이란 원래는 국왕의 대리인을 의미하였다. 11세기 초부터 국왕은 반자치적인 지방에 그의 대리인을 임명하여 국왕을 대신케 하였다. 13세기 초부터 중앙정부의 권한이 확대되자 옴부즈만의 지위와 권한이 강화되었는데 그 중에는 인민의 권리보호역할도 담당하게 되었다. 1713년에 국왕 카룰(Karl) 12세는 최고옴부즈만 1인을 임명하여 모든 공무원을 통솔케 하였다. 그리고 이를 사법총장(Justitiekanslern, Chancellor of Justice)이라 개칭하였다. 1766년 사법총장의 임명권이 국왕으로부터 의회로 넘어왔고 이를 다시 옴부즈만이라 개칭하여 불렀다. 그러다가 1809년 헌법제정시 헌법기관으로 편입하게 되었다.[11]

다. 옴부즈만제도에 대한 입법례

스웨덴 외에 핀란드는 1919년 헌법제정시에, 덴마크는 1953년 헌법제정시에 각각 옴부즈만제도를 도입하였다. 노르웨이는 1962년 법률제정을 통하여, 영국은 1967년 법률제정을 통하여 옴부즈만제도를 도입하였다. 미국은 1969년 하와이주가 옴부즈만법을 제정하였고, 독일에는 군사옴부즈만제도를 1956년에 도입하였으며, 1960년 이후 전 지구적으로 확대되었다.[12][13]

라. 우리나라의 경우

우리나라에서는 참여정부시기까지 대통령 소속하에 필수기관인 '국민고충처리위원회'와 지방자치단체에 임의기관인 '시민고충처리위원회'가 설치되어 국민의 각종 민원사항을 접수·처리함으로써 부분적으로 비정규적인 권리구제의 창구역할을 하고 있었다.[14] 그러나 이명박정부

---

10) 허경, "청원권의 일종으로서의 옴부즈만제도," 고시연구(1996), 46; 스웨덴 옴부즈만 영문홈페이지 소개란 참조(http://www.jo.se/en/About－JO/History/).

11) 허경(주 10), 45-46.

12) C. Howard, *The Organizational Ombudsman*, ABA (2010), 4-27.

13) 허경(주 10), 48-53.

14) 김철수(주 1), 1059; 허영(주 6), 564.

의 수립과 함께 2008년 6월 5일 「부패방지 및 국민권익위원회의 설치와 운영에 관한 법률」이 제정되어 기존의 국민고충처리위원회와 시민고충처리위원회는 국무총리산하 국민권익위원회로 국가청렴위원회와 행정심판위원회와 함께 통합되었다. 한편 관료형 옴부즈만제도의 한계를 지적하면서 독일형 군사옴부즈만제도와 같이 전문화된 옴부즈만을 활성화하여 인권과 민주주의가 결합된 실질적인 국민권익보장제도를 모색하는 움직임이 있다.[15]

II. 연 혁

청원권은 전근대 봉건사회에서 주권자인 군주의 자의적 권력행사에 의하여 국민의 권리가 침해되거나 부당하게 불이익을 당하는 것을 구제하기 위한 수단으로 발달하였다. 특히 영국에서는 전통적으로 '국왕은 불법행위를 범할 수 없다'(The King can do no wrong)는 원칙에 따라 국왕의 행위에 대하여 소송으로 다툴 수 없었기 때문에 에드워드 1세 때부터 확립된 '보통법'(common law)의 원칙에 따라 국왕이나 의회에 대한 청원의 형식으로 국왕으로 대표되는 국가에 대한 권리구제가 인정되어 왔다.

역사적으로는 국왕에 대하여 봉건귀족의 권리를 확약받기 위하여 1215년 제정된 대헌장 (Magna Carta)이 청원권을 최초로 용인한 사례로 볼 수 있으며[16], 그 후 영국의회는 국가예산을 승인하는 조건으로 민원의 구제를 위한 청원의 관행을 발전시켜 왔다.[17] 1689년의 권리장전 (Bill of Rights)은 청원을 시민의 권리로 규정하면서 청원을 이유로 한 구금이나 소추를 불법으로 규정하였다.[18] 영국의 경우 민주화의 과정에서 차츰 청원의 주요 대상은 국왕보다는 의회, 특히 평민원(House of Commons)으로 정착되었다.

우리 헌법은 제헌헌법 이래 청원권을 규정하여 왔다.[19] 1962년 제5차 개정헌법에서부터는 청원권의 행사와 관련한 개별법률유보조항[20]이 규정되었다. 특기할 것은 제헌헌법 제27조에 공무원의 책임을 규정하면서 불법행위를 한 공무원에 대한 파면을 청원할 권리를 규정하였고 그 이후 개정헌법에도 유지되었으나 제5차개정헌법부터 삭제되었다는 사실이다.

---

15) 이계수, "인권, 자유 민주주의와 옴부즈만," 헌법학연구 14-2(2008), 45-63.
16) R. Rotunda and J. Nowak, *Treatise on Constitutional Law 2nd ed.*, West Publishing(St. Paul, Minn.: 1992), 384.
17) 홍성방, 헌법학(중), 박영사, 2010, 344; 문광삼, "청원권," 고시연구(1996), 35-36.
18) D. Feldman(주 5), 563.
19) 제헌헌법 제21조 ① 모든 국민은 국가 각 기관에 대하여 문서로써 청원할 권리가 있다. ② 청원에 대하여 국가는 심사할 의무를 진다.
20) 제5차 개정헌법 제23조 ① 모든 국민은 법률이 정하는 바에 의하여 국가기관에 문서로 청원할 권리를 가진다. ② 국가는 청원에 대하여 심사할 의무를 진다.

III. 입헌례와 비교법적 의의

　　청원권은 성문헌법주의가 일반화됨에 따라 각국의 헌법에 채택되었다. 예를 들면 1791년 미합중국 연방헌법의 수정 제1조는 언론·출판 등 표현의 자유의 일종으로 청원권을 명문으로 보장하고 있으며, 이 밖에도 1791년 프랑스 헌법(제1장 제3조), 1831년 벨기에 헌법(제21조), 1849년 프랑크푸르트 헌법(제159조) 등 입헌주의 헌법이 청원권을 보장하고 있다. 현대 민주국가들 상당수가 헌법에 청원권을 규정하고 있다.[21] 주요국의 경우를 예시하면 아래 표와 같다.

한　국	일　본	독　일	미　국	이탈리아	스 페 인
제26조 제1항 모든 국민은 법률이 정하는 바에 의하여 국가기관에 문서로 청원할 권리를 가진다. 제26조 제2항 국가는 청원에 대하여 심사할 의무를 진다.	제16조 누구든지 손해의 구제, 공무원의 파면, 법률, 명령 또는 규칙의제정, 폐지 또는 개정, 그 밖의 사항에 관하여 평온하게 청원할 권리를 가지며, 누구든지 이러한 청원을 이유로 어떠한 차별대우도 받지 아니한다.	제17조 누구든지 단독으로 또는 타인과 공동으로 서면으로 청원 또는 소원을 관할 기관이나 의회에 제출할 권리를 가진다.	수정헌법 제1조 연방의회는…및 고충의 구제를 위하여 정부에게 청원할 수 있는 국민의 권리를 제한하는 법률을 제정할 수 없다.	제50조 모든 국민은 입법조치를 요청하거나 집단적 요구를 표현하기 위해 의회에 청원할 권리를 가진다.	제29조 제1항 스페인국민은 누구나 법률이 정하는 요건에 따라 개인적·집단적으로 문서로 청원할 권리를 가진다. 제29조 제2항 국방군 또는 군사적규율에 복종하는 단체의 구성원은 개별적으로, 그리고 특별법이 정하는 경우에한하여 청원권을 행사할 수 있다.

---

21) 계희열(주 3), 622.

Ⅳ. 세부개념과 원리

1. 법적 성격

청원권의 법적 성격에 관하여 청구권설[22], 자유권과 청구권의 이중적 성격설,[23] 절차적 기본권설,[24] 방어권·보호권·절차적 기본권으로 보는 설,[25] 자유권적 성질·청구권적 성질·정치참여적 성격·객관적 질서성을 복합적으로 인정하는 설[26] 등이 주장되고 있다.

헌법재판소는 "헌법상 보장된 청원권은 공권력과의 관계에서 일어나는 여러 가지 이해관계, 의견, 희망 등에 관하여 적법한 청원을 한 모든 국민에게 국가기관이 청원을 수리할 뿐만 아니라 이를 심사하여 청원자에게 그 처리결과를 통지할 것을 요구할 수 있는 권리"[27]라고 판시한 바 있다. 이에 대해 헌법재판소는 청원권을 청구권으로 보고 있다고 해석하는 견해[28]와 청구권으로서의 성질을 분명히 한 것일 뿐 복합적 성질을 부정하는 것은 아니라고 해석하는 견해[29]가 있다.

2. 주체와 청원대상기관

가. 주   체

헌법은 청원권의 주체를 국민이라 하고 있다. 외국인과 무국적자도 포함하는지에 대해 긍정하는 것이 일반적이다.[30] 특수신분관계에 있는 공무원이나 군인도 청원권의 주체가 될 수 있으나, 그 직무에 관련된 청원이나 집단적 청원은 제한된다. 수형자·미결수용자·사형확정자, 그 밖에 법률과 적법한 절차에 따라 교도소·구치소 및 그 지소에 수용된 사람이 그 처우에 대하여 불복이 있을 때에는 법무부장관 또는 순회점검공무원에게 이를 청원할 수 있다(「형의 집행 및 수용자의 처우에 관한 법」 제117조).

법인의 경우 사법인은 주체성이 인정된다. 다만 공법인의 경우에는 원칙적으로 그 주체가 될 수 없으나, 공법인이 기본권주체가 될 수 있는 예외적인 경우에는 청원권의 주체가 될 수 있다.[31]

---

22) 김철수(주 1), 1053; 성낙인(주 1), 810.
23) 권영성, 헌법학원론, 법문사, 2007, 590; 홍성방(주 16), 346.
24) 양건, 헌법강의, 법문사, 2013, 686; 장영수, 헌법학, 홍문사, 2012, 871-872.
25) 이준일, 헌법학강의, 홍문사, 2013, 658-659.
26) 강경근, 헌법, 법문사, 2004, 864-865; 계희열(주 3), 627-628; 정종섭(주 3), 753-754; 허영(주 6), 564.
27) 헌재 1994. 2. 24. 93헌마213, 6-1, 183(190).
28) 강경근(주25), 864-865; 김철수(주 1), 1053; 홍성방(주 16), 345.
29) 정종섭(주 3), 753.
30) 강경근(주 25), 866; 계희열(주 3), 628; 권영성(주 22), 590; 김철수(주 1), 1053; 성낙인(주 1), 811; 이준일(주 24), 658; 장영수(주 23), 873; 홍성방(주 16), 346. 이에 대해 외국인과 무국적자는 헌법상의 청원권의 주체가 될 수 없고, 법률이 정하면 그에 따라 청원권이 인정된다는 견해가 있다. 정종섭(주 3), 753.
31) 장영수(주 23), 873; 정종섭(주 3), 754; 홍성방(주 16), 346.

나. 청원대상기관

헌법은 청원제출대상기관을 국가기관이라고만 하고 있다. 그러나 헌법을 구체화한 청원법 제3조는 국가기관, 지방자치단체와 그 소속기관, 법령에 의하여 행정권한을 가지고 있거나 행정권한을 위임 또는 위탁받은 법인·단체 또는 그 기관이나 개인으로 규정하고 있다.

3. 내   용

가. 청원사항과 청원금지사항

(1) 청원사항

청원법상 청원사항으로는 ① 피해의 구제, ② 공무원의 위법·부당한 행위에 대한 시정이나 징계의 요구, ③ 법률·명령 또는 규칙의 제정·개정 또는 폐지, ④ 공공의 제도 또는 시설의 운영, ⑤ 기타 국가기관 등의 권한에 속하는 사항이다(동법 제4조). 포괄적인 동조 제5항에 의해 국가기관의 활동과 관련된 거의 모든 사항은 청원사항이 될 수 있다.

(2) 청원금지사항

① 감사·수사·재판·행정심판·조정·중재 등 다른 법령에 의한 조사·불복 또는 구제절차가 진행중인 때, ② 허위의 사실로 타인으로 하여금 형사처분 또는 징계처분을 받게 하거나 국가기관 등을 중상모략하는 사항인 때, ③ 사인 간의 권리관계 또는 개인의 사생활에 관한 사항인 때, ④ 청원인의 성명·주소 등이 불분명하거나 청원내용이 불명확할 때에는 청원의 불수리사유가 된다(청원법 제5조 제1항). 누구든지 타인을 모해할 목적으로 허위의 사실을 적시한 청원을 하여서는 아니된다(동법 제11조). 재판에 간섭하거나 국가기관을 모독하는 내용의 청원은 이를 접수하지 아니한다(국회법 제123조 제3항).

나. 청원의 방식과 절차

청원은 청원인의 성명과 주소 또는 거소를 기재하고 서명한 문서로 하여야 한다(청원법 제6조 제1항). 청원서에는 청원의 이유와 취지를 밝히고, 필요한 때에는 참고자료를 첨부할 수 있다(동법 제6조 제3항).

청원서는 청원사항을 관장하는 기관에 제출하여야 한다(동법 제7조 제1항). 청원서를 접수한 기관은 청원사항이 그 기관이 관장하는 사항이 아니라고 인정되는 때에는 그 청원사항을 관장하는 기관에 청원서를 이송하고 이를 청원인에게 통지하여야 한다(동법 제7조 제2항).

동일인이 동일한 내용의 청원서를 동일한 기관에 2건 이상 제출하거나 2 이상의 기관에 제출한 때에는 나중에 접수된 청원서는 이를 반려할 수 있다(동법 제8조).

국회나 지방의회에 청원을 하려는 자는 국회의원·지방의원의 소개를 받아 청원서를 제출하여야 한다(국회법 제123조 제1항, 지방자치법 제65조). 이에 대해 헌법재판소는 국회의원[32]·지

---

32) "청원권의 구체적 내용은 입법활동에 의하여 형성되며, 입법형성에는 폭넓은 재량권이 있으므로 입법자는

방의원33)을 매개하도록 강제하는 규정을 모두 합헌이라고 판시하였다. 이에 대해 다음과 같은 비판적인 견해34)가 있다. "이처럼 국회나 지방의회에 대한 청원에 특별한 요건을 두는 것은 청원권행사의 남용을 막기 위한 것으로 이해될 수 있지만, 현실적으로 이러한 제한에는 많은 문제가 있다. 만일 국회의원이나 지방의회의원의 소개가 현실적으로 청원을 막는 효과를 발생시키게 된다면, 이는 국회의원이나 지방의회의원과의 개인적 관계 등에 따라 기본권의 행사가 제약되는 불합리한 결과가 될 것이다. 그렇지 않고 국회의원이나 지방의회의원의 소개는 형식에 불과하게 되어서 국회나 지방의회에 대한 모든 청원이 사실상 제한 없이 제기될 수 있다면, 이러한 요건 자체가 무의미하게 될 것이다."

헌법재판소의 판례에서도 국회의원에 대한 판례35)에서는 위헌으로 보는 2인의 소수의견이 있었고 지방의회의원에 대한 판례36)에서도 위헌으로 보는 3인의 소수의견이 있었다.

청원의 내용과 절차는 물론 청원의 심사·처리를 공정하고 효율적으로 행할 수 있게 하는 합리적인 수단을 선택할 수 있는바, 의회에 대한 청원에 국회의원의 소개를 얻도록 한 것은 청원 심사의 효율성을 확보하기 위한 적절한 수단이다. 또한 청원은 일반의안과 같이 처리되므로 청원서 제출단계부터 의원의 관여가 필요하고, 의원의 소개가 없는 민원의 경우에는 진정으로 접수하여 처리하고 있으며, 청원의 소개의원은 1인으로 족한 점 등을 감안할 때 이 사건 법률조항이 국회에 청원을 하려는 자의 청원권을 침해한다고 볼 수 없다"(헌재 2006. 6. 29. 2005헌마604, 18-1(하), 487).

33) "지방의회에 청원을 할 때에 지방의회 의원의 소개를 얻도록 한 것은 의원이 미리 청원의 내용을 확인하고 이를 소개하도록 함으로써 청원의 남발을 규제하고 심사의 효율을 기하기 위한 것이고, 지방의회 의원 모두가 소개의원이 되기를 거절하였다면 그 청원내용에 찬성하는 의원이 없는 것이므로 지방의회에서 심사하더라도 인용가능성이 전혀 없어 심사의 실익이 없으며, 청원의 소개의원도 1인으로 족한 점을 감안하면 이러한 정도의 제한은 공공복리를 위한 필요·최소한의 것이라고 할 수 있다"(헌재 1999. 11. 25. 97헌마54, 11-2, 583).

34) 장영수(주 23), 874-875; 같은 취지로 한수웅(주 7), 27-30 참조.

35) "헌법 제26조에 의하여 보장되는 청원권은 원칙적으로 내용과 형식에 구속을 받지 않고 직접 국가에 대하여 국민의 불만과 고충을 진술하고 이의 시정을 요구할 수 있는 기본권으로서, 국가의 간섭이나 방해를 받지 않고 자유롭게 국가기관에 청원을 할 권리와 국가에 의한 청원의 처리를 요구하는 권리를 내용으로 한다. 이러한 청원권은 국민과 국가 간의 접촉을 강화하기 위한 수단, 즉 국가의 의사형성에 국민의 다원적인 의견이나 희망을 직접 전달할 수 있는 유일한 수단이라는 점에서 그 의의를 찾을 수 있다. 따라서 입법자가 청원권의 구체적인 내용을 형성할 입법재량을 가진다 하더라도, 이는 청원권의 행사가능성이 단지 청원권의 형식적인 보장에 그치지 않도록 국민이 자유롭게 국가기관에 접근할 수 있는 최소한의 절차적 요건을 설정하는데 그쳐야 한다는 헌법상의 제한을 부담한다. 그런데 이 사건 법률조항은 의원의 소개가 있어야만 국회에 청원서를 제출할 수 있도록 하고 있는바, 어떠한 요건을 갖추면 의원의 소개를 구할 수 있는지에 대하여 아무런 규정을 두고 있지 않아 결국 소개 여부는 오로지 의원 개인의 임의적인 판단에 맡겨지게 되고, 소개 의원을 얻지 못한 국민은 청원권을 행사할 수 없게 되어 그 결과 청원권이 사실상 박탈당하게 된다. 더욱이 청원의 소개에 있어서 국회의원은 그 직무의 성격상 국가기관인 국회의 일부로서 기능하는 것으로 볼 수 있어, 청원권을 행사하려면 국가기관의 동의를 얻어야 한다는 것은 국가의 간섭이나 방해를 받지 않고 자유롭게 국가기관에 호소할 수 있는 청원권의 본질적인 내용을 침해하는 것이다"(헌재 2006. 6. 29. 2005헌마604, 18-1(하), 487(493)).

36) "청원인 거주지 선출의원이 결원이거나 청원내용을 반대하는 경우 다른 의원의 소개를 얻기가 쉽지 않고, 또 소개여부가 완전히 의원 개인의 임의에 맡겨져 있어 이는 결국 청원서의 제출을 어렵게 하는 수단에 다름 아니며, 직접민주주의적인 요소가 결여된 우리의 지방자치제도하에서는 청원권의 행사를 통하여 주민의 의사를 직접 반영하는 보완기능으로서의 역할 또한 중요하다 할 것임에도 불구하고 위와 같은 제한을 둔 것은 지방의회의 편의를 도모하기 위한 것으로 청원권 그 자체를 유명무실하게 하는 것이므로 위헌이 선언되어야 한다"(헌재 1999. 11. 25. 97헌마54, 11-2, 583(583-584)).

다. 청원의 효과

청원을 수리한 기관은 성실하고 공정하게 청원을 심사·처리하여야 한다(청원법 제9조 제1항). 청원을 관장하는 기관이 청원을 접수한 때에는 특별한 사유가 없는 한 90일 이내에 그 처리결과를 청원인에게 통지하여야 한다(동법 제9조 제2항). 부득이한 사유로 처리기간 내에 청원을 처리하기 곤란하다고 인정하는 경우에는 60일의 범위 내에서 1회에 한하여 그 처리기간을 연장할 수 있다. 이 경우 그 사유와 처리예정기한을 지체 없이 청원인에게 통지하여야 한다(동법 제9조 제3항). 그러나 청원사항의 처리결과에 심판서나 재결서에 준하여 이유를 명시할 것까지를 요구하는 것은 청원권의 보호범위에 포함되지 아니하므로 청원 소관관서는 청원법이 정하는 절차와 범위 내에서 청원사항을 성실·공정·신속히 심사하고 청원인에게 그 청원을 어떻게 처리하였거나 처리하려고 하는지를 알 수 있는 정도로 결과통지함으로써 충분하고, 비록 그 처리내용이 청원인이 기대하는 바에 미치지 않는다고 하더라도 헌법소원의 대상이 되는 공권력의 행사 내지 불행사라고는 볼 수 없다는 것이 헌법재판소의 판례[37]이다. 또한 청원에 대한 심사처리결과의 통지유무는 행정소송의 대상이 되는 행정처분으로도 볼 수 없다는 것이 대법원의 판례[38]이다.

국회에 청원서가 제출된 경우에는 소관위원회에서 심사한다(국회법 제124조 제1항). 국회가 채택한 청원으로서 정부에서 처리함이 타당하다고 인정되는 청원은 의견서를 첨부하여 정부에 이송하고, 정부는 이 청원을 처리하고 그 처리결과를 지체없이 국회에 보고하여야 한다(동법 제126조). 청원서가 정부에 제출되었거나 청원내용이 정부의 정책과 관계되는 사항인 때에는 그 청원의 심사는 국무회의의 심의사항이다(헌법 제89조 제15호).

누구든지 청원을 하였다는 이유로 차별대우를 받거나 불이익을 강요당하지 아니한다(청원법 제12조).

4. 청원권의 제한과 그 한계

청원권도 일반적 법률유보 규정인 헌법 제37조 제2항에 따라 제한될 수 있다. 긴급명령(헌법 제76조 제1항 및 제2항) 또는 비상계엄(헌법 제77조 제3항)이 선포된 경우에도 제한될 수 있다.[39]

---

37) 헌재 1997. 7. 16. 93헌마239, 23, 544.

38) "헌법 제26조 제1항의 규정에 의한 청원권은 국민이 국가기관에 대하여 어떤 사항에 관한 의견이나 희망을 진술할 권리로서 단순히 그 사항에 대한 국가기관의 선처를 촉구하는데 불과한 것이므로 같은 조 제2항에 의하여 국가가 청원에 대하여 심사할 의무를 지고 청원법 제9조 제4항에 의하여 주관관서가 그 심사처리결과를 청원인에게 통지할 의무를 지고 있더라도 청원을 수리한 국가기관은 이를 성실, 공정, 신속히 심사, 처리하여 그 결과를 청원인에게 통지하는 이상의 법률상 의무를 지는 것은 아니라고 할 것이고, 따라서 국가기관이 그 수리한 청원을 받아들여 구체적인 조치를 취할 것인지 여부는 국가기관의 자유재량에 속한다고 할 것일 뿐만 아니라 이로써 청원자의 권리의무, 그밖의 법률관계에는 하등의 영향을 미치는 것이 아니므로 청원에 대한 심사처리결과의 통지 유무는 행정소송의 대상이 되는 행정처분이라고 할 수 없다"(대판 1990. 5. 25. 90누1458, 38-2, 271).

39) 계희열(주 3), 629; 홍성방(주 16), 349.

청원법이 일정한 청원금지사항(제5조)과 반복·이중청원의 반려(제8조)를 규정하고 있는 것과 국회·지방의회에 청원할 경우에 국회의원·지방의회의원의 소개를 받도록 규정하고 있는 것도 청원권의 제한에 해당한다고 할 것이다.[40] 그러나 본질적인 내용은 침해할 수 없는바, 헌재는 수용자가 발송하는 서신이 국가기관에 대한 청원적 성격을 가지고 있는 경우에 교도소장의 허가를 받도록 한 것이 청원권의 본질적 내용을 침해하지 않는다고 판시한 바 있다.[41]

V. 다른 조문과의 체계적 관계

헌법 제89조 제15호는 '정부에 제출 또는 회부된 정부의 정책에 관계되는 청원의 심사'를 국무회의 필수심의사항으로 정하고 있다. 정부는 행정권을 담당하는 국가권력기관으로 국민의 생활에 가장 광범위한 영향을 미칠 수 있는 만큼 정부의 정책에 관한 청원에 대하여는 국정최고심의기관인 국무회의의 심의를 받도록 하고 있는 것이다.

한편 정보의 청구나 서류열람의 청구는 청원과 마찬가지로 요청을 포함하고 있어 청원권의 보호범위에 포함될 수도 있으나, 헌법상 헌법 제21조 제1항을 중심으로 인정되는 알권리 혹은 정보공개청구권(정보의 자유)에 의해 보장되고 청원권의 보호영역으로는 인정하지 않는 것이 일반적이다.[42] 그러나 정책에 대한 청원은 청원의 요건을 달성하기 위하여 청원인을 모집하는 과정 등이 필요하게 되고 이러한 행위는 그 자체로 정치적 표현의 자유로서 보호될 수 있는 여지가 있다. 연혁적으로 미합중국 수정헌법 제1조가 청원권을 표현의 자유의 연장선에서 청원권을 규정하고 있는 것도 청원권과 정치적 표현의 자유의 상관관계를 반영한 것으로 볼 수 있다. 사실 청원권은 선거권이 제한되고 정치적 표현의 자유가 제대로 보장되지 아니하던 전근대적 시대에서 인정되던 중요성에 비하여 현대 민주국가의 경우 정치적 자유의 확대와 더불어 그 중요성은 많이 약화된 것이 사실이다.[43]

헌법의 청원권과 청원제도를 구체화하기 위하여 「청원법」이 청원에 관한 일반법으로 제정되어 있고, 국회법(제9장)과 지방자치법(제5장 제8절)은 각각 국회와 지방자치단체에 대한 청원에 관하여 별도로 규정하고 있다.

---

40) 성낙인(주 1), 812; 정종섭(주 3), 757; 허영(주 6), 567.
41) "헌법상 청원권이 보장된다 하더라도 청원권의 구체적 내용은 입법활동에 의하여 형성되며 입법형성에는 폭넓은 재량권이 있으므로 입법자는 수용 목적 달성을 저해하지 않는 범위 내에서 교도소 수용자에게 청원권을 보장하는 합리적인 수단을 선택할 수 있다고 할 것인바, 서신을 통한 수용자의 청원을 아무런 제한 없이 허용한다면 수용자가 이를 악용하여 검열 없이 외부에 서신을 발송하는 탈법수단으로 이용할 수 있게 되므로 이에 대한 검열은 수용 목적 달성을 위한 불가피한 것으로서 청원권의 본질적 내용을 침해한다고 할 수 없다"(헌재 2001. 11. 29. 99헌마713, 13-2, 740).
42) 계희열(주 3), 623.
43) 김철수, 헌법(주석), 법원사, 1995, 225.

VI. 관련문헌

1. 단 행 본

강경근, 헌법, 법문사, 2004.
김철수, 헌법학개론, 박영사, 2007.
_____, 헌법(주석), 법원사, 1995.
계희열, 헌법학(중), 박영사, 2007.
성낙인, 헌법학, 법문사, 2013.
양 건, 헌법강의, 법문사, 2013.
이준일, 헌법학강의, 홍문사, 2013.
장영수, 헌법학, 홍문사, 2012.
정종섭, 헌법학원론, 박영사, 2013.
허 영, 한국헌법론, 박영사, 2013.
홍성방, 헌법학(중), 박영사, 2010.

2. 연구논문

문광삼, "청원권," 고시연구(1996).
이계수, "인권, 자유 민주주의와 옴부즈만," 헌법학연구 14-2(2008).
이상수, "청원권 이론의 재구성 ― 국민주권시대의 청원권," 민주법학 34(2007).
한수웅, "의회청원 소개절차의 위헌여부 ― 헌재 1999. 11. 25. 97헌마54결정에 대한 판례
　　　　평석을 겸하여," 저스티스 35-3(2002).
허 경, "청원권의 일종으로서의 옴부즈만제도," 고시연구(1996).
홍완식, "로비제도 관련 법률안에 대한 헌법적 고찰," 헌법학연구 14-2(2008).

헌법 제27조

[박 종 현]

第27條

① 모든 國民은 憲法과 法律이 정한 法官에 의하여 法律에 의한 裁判을 받을 權利를 가진다.

② 軍人 또는 軍務員이 아닌 國民은 大韓民國의 領域안에서는 중대한 軍事上 機密·哨兵·哨所·有毒飲食物供給·捕虜·軍用物에 관한 罪중 法律이 정한 경우와 非常戒嚴이 宣布된 경우를 제외하고는 軍事法院의 裁判을 받지 아니한다.

③ 모든 國民은 신속한 裁判을 받을 權利를 가진다. 刑事被告人은 상당한 이유가 없는 한 지체없이 公開裁判을 받을 權利를 가진다.

④ 刑事被告人은 有罪의 判決이 확정될 때까지는 無罪로 推定된다.

⑤ 刑事被害者는 法律이 정하는 바에 의하여 당해 事件의 裁判節次에서 陳述할 수 있다.

Ⅰ. 서론: 재판청구권의 의의

1. 재판청구권의 기본개념

헌법 제27조 제1항에서는 "모든 국민은 헌법과 법률이 정한 법관에 의하여 재판을 받을 권리가 있다"고 규정하여 재판청구권을 보장하고 있다. 동조 제3항에서는 신속한 공개재판을 받을 권리를 동조 제4항에서는 무죄추정의 원칙을 그리고 제5항에서는 형사피해자의 재판절차 진술권 등을 규정하여 재판청구권의 전제 및 원리를 제시하고 그 내용을 구체화하고 있다. 또한 동조 제2항에서는 군사재판에 대한 규정을 두어 재판청구권의 제한을 명시하고 있다. 우리 법제에 있어 국민의 재판을 받을 권리는 '일반적인 민·형사사건을 중심으로 한 법적 분쟁에 대한 재판을 받을 권리'와 '헌법소원을 중심으로 한 헌법재판을 받을 권리'로 이분화 할 수 있는데 헌법 제27조 제1항은 이의 근거 조항이다.[1] 결국 헌법이 보장하는 재판을 받을 권리는 헌법과 법률이 정한 법관에 의하여 객관적이고 합헌적인 법률에 따라 공정하고 신속하며 공개적으로 민·형사재판과 헌법재판을 받을 권리를 의미한다고 할 수 있다.[2]

2. 재판청구권의 헌법적 의미

재판청구권은 국민의 법률상 권리와 헌법상의 기본권의 효력이 실제로 관철되는 것을 보장함으로써 법치국가 실현에 기여한다.[3] 특히 진실발견은 물론 공동체 구성원의 안전, 인신보호와 평화의 보장이라는 국가의 본질적 기능을 위해서 국가는 국민의 기본권 침해를 예방하거나 구제하여야 하는 적극적인 의무를 가지게 되는데 이는 국민의 재판청구권 행사에 의하여 이행될 수 있다.[4] 따라서 재판청구권은 실체적인 권리의 보호를 위하여 독립성이 보장된 법원에서 신분이 보장된 자격 있는 법관에 의하여 적법한 절차에 따르는 공정한 심판이 진행되도록

1) 법제처, 헌법주석서 Ⅰ, 2010, 149.
2) 김승대, 헌법학강론, 법문사, 2012, 276; 정종섭, 헌법학원론, 박영사, 2013, 808; 홍성방, 헌법학, 박영사, 2010, 350.
3) 이준일, 헌법학강의, 홍문사, 2013, 666; 장영수, 헌법학, 홍문사, 2012, 877; 정종섭(주 2), 809; 한수웅, 헌법학, 법문사, 2013, 887; 홍성방(주 2), 351. 정영철, "재판청구권과 효율적 권리보호의 문제," 공법연구 40-4(2012), 97.
4) 정종섭(주 2), 809-810; 허영, 한국헌법론, 박영사, 2013, 384.

절차적인 요청을 하는 청구권적 기본권이다.[5] 재판청구권은 실체적 기본권 보장을 위한 사후적 구제절차로 사법절차적 보장의 중추 역할을 하며 법치국가의 실현과 기본적 인권 보장을 도모한다.[6]

3. 재판청구권의 연혁

헌법 제27조 제1항의 재판청구권은 1948년 건국헌법에서부터 규정되어 지금까지 그 틀을 유지하고 있다. 1948년 헌법 제22조에서 "모든 국민은 법률이 정한 법관에 의하여 법률에 의한 재판을 받을 권리가 있다"고 정한 이후 현재까지 재판청구권을 헌법상의 기본권으로 보장하고 있는 것이다.[7] 다만 1962년 헌법 제24조에서 "법률이 정한 법관"을 "헌법과 법률이 정한 법관"으로 개정하고 군사법원의 재판에 관한 헌법적 예외 조항과 신속한 재판을 받을 권리 조항이 도입되었다. 제4항의 무죄추정의 원칙은 1980년 헌법 제26조 제4항에서 비로소 규정되었고, 형사피해자의 재판절차진술권을 규정한 제5항은 현행 헌법에서 처음으로 규정되었다.

4. 재판청구권의 입헌례와 비교법적 의의

자의적인 법의 지배를 지양하기 위해서는 정치권력으로부터 독립된 법관으로 구성되는 재판기관에서 법률에 따라 재판을 받을 권리를 보장하는 것이 필수적이다. 군주의 자의적 지배에 대한 반발을 기초로 한 근대 국가의 출현하는 과정에서 재판청구권은 법치주의 보장을 위한 필수적 기본권으로 실현되었는데, 구체적으로는 배심제[8]의 형성과 밀접한 연관을 가지며 구체화되었다. 재판청구권의 실정화의 연원은 영국에서 찾을 수 있는데 1215년 영국의 대헌장에서 배심재판을 받을 권리를 규정[9]하며 재판청구권을 명시한 이래 1628년 권리청원에서도 이를 재확인하였다.[10] 영국에서는 특히 국왕에 의하여 좌우되지 않는 독립된 법원(보통법재판소)에서 재판을 통하여 법을 발견하는 것이 중요하게 여겨졌다.[11] 배심재판을 받을 권리, 법원의 재판을 받을 권리에 대한 영국의 논의는 이후 미국으로 전해져 1787년 제정된 헌법 제3조 제2절 제3

---

5) 김철수, 헌법학신론, 박영사, 2013, 1087; 성낙인, 헌법학, 법문사, 2013, 814-815; 전광석, 한국헌법론, 집현재, 2013, 449; 법제처(주 1), 150; 백윤철, "헌법상 재판청구권의 절차적 보장," 공법연구 29-4(2001), 207 이하; 한수웅, "헌법 제27조의 재판청구권," 헌법논총 10(1999), 339 이하.

6) 권영성, 헌법학원론, 법문사, 2010, 607; 김백유, 헌법학, 도서출판 조은, 2010, 807; 법제처(주 1), 149; 김상겸, "법치국가의 요소로서 절차적 기본권," 아태공법연구 7(2000), 146. 장영수 교수는 재판청구권은 청원권과 달리 독립된 법원에 의한 객관적이며 공정한 검토를 통하여 권리를 분명하게 구제받을 수 있다는 점에서 강력하고 효과적인 기본권 보호수단이라 한다. 장영수(주 3), 877.

7) 정종섭(주 2), 810.

8) 배심제의 기원에 대하여는 1066년 노르만 정복시 배심제가 도입되었다는 설과 1215년 대헌장의 규정에서 배심제의 성립기원을 찾을 수 있다는 견해 등이 있다. 권영설, "배심제도의 개혁논의와 그 방법상 쟁점," 미국헌법연구 11(2000), 204; 박홍규, 시민의 재판을, 사람생각, 2000, 88. 배심제의 고대적 연원에 대하여는 박종현, "고대 아테네 후기 민주정의 사법기관," 법사학연구 30(2004).

9) 이승우, 헌법학, 두남, 2013, 846; 홍성방(주 2), 350.

10) 정종섭(주 2), 810.

11) 장영수(주 3), 877.

항에서 탄핵 사건을 제외한 모든 범죄의 재판은 배심제로 한다고 명시되었고, 이후 수정헌법 제5조와 제6조 및 제7조에서 형사사건에서의 대배심 기소, 형사 및 민사사건에서의 배심재판이 규정되었다.

한편 비슷한 시기에 프랑스에서는 배심제 논의와 별도로 1789년 인권선언 제7조와 1791년 헌법 제3장 제5절 제4조를 통하여 독립된 법원에서 재판관에 의한 재판을 받을 권리가 보장되었다.[12] 이후 재판청구권은 유럽 전역에서 헌법을 통하여 승인되었는데 독일의 경우는 1849년 프랑크푸르트 헌법초안 제175조에서 규정된 바 있으나 시행되지 못하였고, 1919년 바이마르헌법에서 비로소 시행되었으며, 현재 연방헌법 제101조 제1항을 통하여 법률이 정한 법관에 의하여 재판받을 권리인 사법보장청구권을 명시하고 있다.[13] 현재 이탈리아와 스페인의 경우에도 권리의 효과적인 보호를 위하여 법원에 제소할 수 있는 권리를 헌법에 두고 있고 비슷한 맥락에서 일본 헌법에도 재판 받을 권리를 박탈당하지 아니한다고 규정하고 있으며 나아가 시민적·정치적 권리에 관한 국제규약 제14조 제1항에도 이 권리가 보장되고 있다.[14]

이처럼 재판청구권은 영국식 배심제의 전통의 계수를 통하여 미국 헌법에 실정화되기도 하였고 프랑스, 독일 등을 중심으로 참심제로 구현되며 국민의 사법참여를 실질적으로 보장하는 권리로 정착되어 왔다. 우리의 경우에는 배심제나 참심제에 대한 규정보다는 법관에 의한 재판을 받을 권리에 대한 규정을 두고 있어 형식적으로는 독일의 조문에 가깝다고 평가할 수 있다. 다만 국민의 사법참여가 현실화되고 있는 상황을 고려한다면 직업법관위주로 이루어진 사법구조에서 보다 민주적 정당성을 확보하는 헌법해석이 필요할 것이다.[15]

5. 헌법 제27조와 다른 헌법조문간의 체계적 관계

헌법은 제27조에서 재판청구권을 보장하면서 제5장 법원 편과 제6장 헌법재판소 편을 별도로 두어 국가의 사법권한과 재판제도에 대한 구체적인 규정을 마련하고 있다.[16] 법치주의 실현을 위한 법원 및 헌법재판소에 의한 분쟁 해결과 국민의 권리 보호는 우리 헌법에서 재판청구권과 같은 핵심적 권리보장 규정을 통해서 그리고 재판청구권을 보충하고 구체화하는 제도보장 규정인 제5장 및 제6장의 규정을 통해서 이루어진다.[17] 구체적으로 법원의 재판을 권리는 헌법 제27조 제1항과 이를 보충하는 헌법 제101조 제1항에 의하여 보장되고, 헌법재판을 받을 권리는 헌법 제27조 제1항과 헌법 제111조 제1항에 의하여 보장된다.[18]

---

12) 김백유(주 6), 806; 백윤철, "재판청구권과 기본권소송론," 헌법학연구 5-2(1999), 887; 양건, 헌법강의, 법문사, 2013, 692; 장영수(주 3), 878; 홍성방(주 2), 350.
13) 장영수(주 3), 878; 정종섭(주 2), 810.
14) 김철수(주 5), 1085.
15) 법제처(주 1), 153; 신평, "한국 사법부의 근본적 문제점 분석과 그 해소방안의 모색," 인권과 정의(2003), 6.
16) 양건(주 12), 692.
17) 성낙인(주 5), 814는 헌법 제5장 및 제6장 규정이 재판청구권의 보장을 위한 전제규정이라 보는 반면, 법제처(주 1), 154는 전자가 후자의 규정에 대하여 보충적이며 구체화하는 규정들로 파악한다.
18) 정종섭(주 2), 809.

한편 헌법 제12조 및 제13조에서도 재판청구권과 유관한 헌법규정을 두고 있는데 신체의 자유와 변호인의 도움을 받을 권리를 명시하고 있다. 이는 재판청구권을 보장하기 위한 구체적 규정임과 동시에 신체의 자유에 대한 절차적·실체적 보장 및 형사피고인·피의자를 위한 법원칙과 권리라는 재판청구권의 본질을 밝히는 규정이라고 볼 수 있다.[19]

그리고 헌법 제27조 내에서 재판청구권의 핵심적 조항인 제27조 제1항은 동조의 다른 항들과도 깊은 연관 관계를 가진다. 헌법 제27조 제2항 내지 제5항까지의 규정들은 형사사법(재판)상 일반원리라고 할 수 있는 무죄추정의 원칙과 군사법원의 재판, 형사피해자의 재판절차진술권, 신속하고 공개된 재판을 받을 권리를 규정하고 있는데, 결국 적법절차원리의 구체적 헌법규범화를 통하여 재판(청구권)의 본질을 함의하고 있다고 평할 수 있다.[20] 결국 재판청구권의 핵심조항은 제27조 제1항이지만 동조의 나머지 항들도 넓게 보면 재판청구권의 핵심적 의미를 구현하고 있는 헌법규정들로 파악할 수 있다.[21]

또한 제27조 제2항 내지 제5항의 헌법규정들에 대한 보충적·구체화 규정들로는 헌법과 법률이 정하는 법관의 임기, 자격 및 법원의 구성 등을 규정한 헌법 제101조 내지 제108조, 군사법원에 관한 제110조, 재판의 공개에 관한 헌법 제109조, 평등원칙을 규정한 제11조 등을 들 수 있다.[22] 이처럼 재판청구권과 절차적 원리를 다룬 헌법 제27조와 그 밖의 규정들은 재판청구권의 실질적 보장을 위하여 상호 밀접한 관계를 이루고 있다.

II. 재판청구권의 법적 성격과 주체 및 효력

1. 재판청구권의 법적 성격

가. 주관적 공권

재판청구권은 개인이 갖는 주관적 공권으로 국가에 대하여 기본권 보장을 위하여 재판이라는 사법절차를 제공하여 줄 것을 청구할 수 있는 기본권이다.[23] 청구권적 기본권으로서의 재판청구권의 성격과 관련하여 이것이 절차적 권리인지 혹은 실체적 권리인지, 그리고 청구권적 기본권의 성격을 넘어 자유권적 기본권으로서의 성격도 인정할 수 있는지, 마지막으로 여기에서의 재판의 의미는 어떻게 확정할 수 있는지에 관련하여 논의가 있다.

먼저 재판청구권은 헌법상 보장된 기본권 실현을 위한 사법절차상 혹은 소송상의 기본권

---

19) 전자의 해석은 성낙인(주 5), 814, 후자의 해석은 권영성(주 6), 416.
20) 법제처(주 1), 153.
21) 이하에서는 이러한 관점에서 동조의 제1항 내지 제5항을 모두 재판청구권이라는 표제하에서 분석할 것이다. 한편 재판청구권을 정당한 재판을 받을 권리로 이해하고 헌법 제27조 제1항 내지 제3항의 내용을 이의 내용으로 다루는 입장은 허영(주 4), 384이하 참조.
22) 법제처(주 1), 154.
23) 김백유(주 6), 808-809; 성낙인(주 5), 815; 한수웅(주 3), 887.

이라는 점에서 보조적·형식적인 기본권이라 할 수 있다.[24] 국가에 대하여 기본권 보장을 위하여 재판을 청구하는 권리인 재판청구권은 실체법을 관철하고 실현하는 절차적 기본권의 대표적인 권리이다. 이러한 맥락에서 절차적 기본권으로서의 재판청구권의 내용을 사법행위청구권, 법률이 정한 법관에 의하여 재판 받을 권리, 법적 청문 청구권, 신속한 재판을 받을 권리 등으로 구분하여 파악하기도 하며, 보호영역에 따라 사법절차에의 접근을 위한 기본권과 사법절차상의 기본권으로 구분하기도 한다.[25] 헌법재판소의 경우 헌재 1997. 8. 21. 94헌바2 결정의 반대의견에서는 재판청구권의 내용에 관하여 "재판청구권은 그 보호영역에 따라 사법절차에의 접근을 위한 기본권과 사법절차상의 기본권으로 나눌 수 있고, 전자는 사법행위청구권을, 후자는 헌법과 법률이 정한 법관에 의한 재판을 받을 권리, 청문청구권, 신속한 재판을 받을 권리 등을 그 내용으로 한다"고 판시하기도 하였다.[26] 하지만 재판청구권은 적극적으로 국가의 사법보호 내지 보장을 요구할 수 있는 청구권으로 실체적 기본권으로서의 성질도 가진다는 해석도 있다.[27]

다음으로 재판청구권에 자유권적 법적 성격을 인정할 수 있는지에 대하여 논의가 있다. 재판청구권에 있어 헌법과 법률이 정한 법관에 의한 재판이라는 국가적 행위를 청구할 수 있는 적극적인 면과 헌법과 법률이 정한 법관에 의하지 않은 재판 혹은 법률에 의하지 아니한 재판을 받지 아니하는 소극적인 면이 공존한다고 보는 헌법재판소의 해석[28]을 기초로 하여 후자의 부분과 관련하여 재판청구권이 자유권적 기본권으로 파악될 수 있다는 견해가 있다.[29] 헌법재판소는 재판청구권의 자유권적 성격을 명확하게 언급하고 있지는 않지만, 이러한 견해에서는 소극적인 측면의 재판청구권은 재판을 받을 권리를 국가로부터 침해받지 않을 자유로서의 성격을 가지고 있다고 해석한다. 반면에 재판청구권의 소극적 측면을 근거로 자유권적 성격이 있다고 파악하는 견해에 대하여 자유권적 기본권에 대한 이해가 부족한 입장이라 비판하는 견해도 있다.[30] 이러한 견해 중에는 재판청구권은 자유권과 같이 일정한 보호영역을 국가의 침해로부터 방어하는 기본권은 아니며 사법제도를 구성할 입법자의 의무를 전제로 하는 절차적 기본

---

24) 김철수(주 5), 1087; 성낙인(주 5), 815; 정종섭(주 2), 811.

25) 장석조, "우리 헌법상 절차적 기본권 ─ 헌법 제27조의 재판청구권에 관한 해석론 ─ ," 헌법논총 9(1998), 443 이하 참조.

26) 헌재 1997. 8. 21. 94헌바2, 9-2, 235-236; 1998. 9. 30. 98헌가7등, 30, 761.

27) 양건(주 12), 693; 허영(주 4), 385.

28) 헌재 1998. 5. 38. 96헌바4, 10-1, 618; 1992. 12. 24. 92헌가8, 4, 853; 1993. 7. 29. 90헌바35, 5-2, 14.

29) 권영성(주 6), 608; 김상겸(주 6), 160; 이준일(주 3), 674. 그 외에 재판청구권의 소극적 측면을 강조하나 이를 토대로 재판청구권을 자유권으로도 볼 수 있다는 점을 분명히 밝히고는 있지 않은 견해들도 있는데 먼저 정종섭 교수는 재판을 받을 권리를 국가로부터 침해받지 않을 자유로서의 성격도 가지고 있다고 언급한다(정종섭(주 2), 810). 성낙인 교수도 재판청구권의 소극적 측면을 언급하고 있으나 재판청구권의 법적 성격을 자유권적 기본권으로 본다는 명시적인 견해를 표명하지는 않고 있다(성낙인(주 5), 815).

30) 김철수(주 5), 1087; 백윤철(주 5), 212; 장영수(주 3), 879; 홍성방(주 2), 351. 다만 김철수 교수는 재판청구권의 자유권적 성격을 인정할 수는 없지만 형사재판에서 법원의 재판에 의하지 아니하고는 처벌되지 않는다는 자유권적 측면도 있다고 한다. 김철수(주 5), 1087.

권이라는 입장과 실체적 권리 구제를 위하여 국가에 대하여 권리구제절차의 제공을 요구하는 청구권적 기본권이라는 입장이 있다.[31] 후자의 해석을 더욱 진척시켜 상대방의 응답의무가 뒤따르는 청구권적 기본권의 본질상, 재판청구라는 국민의 요청에 국가는 응답해야 하여야 하고 효율적이고 효과적인 권리보장 내지 적정한 사법적 보호의 의무를 지게 된다고 해석하는 견해도 있다.[32]

재판청구권의 '재판'의 범위 확정과 관련하여서도 논의가 있다. 우리 헌법 제27조 제2항 내지 제5항의 내용이 형사피고인과 형사피해자에 대한 기본권을 다루고 있는 관계로 동조 제1항이 의미하는 재판이 형사재판에 국한되는지가 문제가 될 수 있다.[33] 하지만 형벌권이외의 행정 작용에 대한 행정재판도 재판의 범위에 포함되며 나아가 사법(私法)적 권리구제를 위한 기본권도 제27조 제1항에서 도출될 수 있다고 한다.[34] 헌법재판소 역시 헌법 제27조 제1항은 법관에 의하지 아니하고는 민사·행정·선거·가사사건에 관한 재판은 물론 어떠한 처벌도 받지 아니할 권리를 보장한다고 해석하여 재판청구권을 통해 보장되는 사법(司法)절차청구를 위한 재판의 종류에 대하여 민사재판도 포함되는 것으로 해석하고 있다.[35]

나. 제도 보장

재판청구권은 재판을 포함한 사법제도 전반에 있어 중요한 근거 규정으로서의 지위를 가진다고 할 수 있다. 헌법 제27조 제1항의 규정은 재판상의 독립과 공정한 재판이 보장되는 사법제도의 근거규정이 되고, 동조 제2항은 예외법원 금지의 근거가 된다.[36] 이러한 측면에서 재판청구권은 기본권의 실효적 보호를 위한 제도적 보장으로서 의미를 가지는데 결국 기본권의 효과적 보호를 위하여 해석·적용되어야 한다. 그리고 이러한 제도적 보장의 성격으로 인하여 재판청구권은 자연권적 성격보다는 국가 또는 헌법질서에 의해 사법제도로 구체화되는 실정법상의 기본권이라고 할 수 있다.[37] 헌법재판소도 절차적 기본권으로서의 재판청구권은 원칙적으로 제도적 보장의 성격이 강하다고 판단하였으며[38] 입법자의 결정에 따라 구체화되는 실정법상의 기본권이라는 입장을 밝히고 있다.[39]

---

31) 전자는 장영수(주 3), 879 후자는 한수웅(주 3), 887 참조. 이러한 논의에 대하여 기본권의 복합적 성격에 주목하여 재판청구권은 사법절차적 기본권이라는 측면과 청구권의 측면을 동시에 가지고 있다는 분석도 있다. 이승우(주 9), 846.
32) 박종현, "심리불속행 상고기각판결에서 이유 기재 생략 제도의 위헌성 검토," 공법학연구 14-2(2013), 362-364.
33) 법제처(주 1), 158.
34) 법제처(주 1), 159. 관련하여 우리와 유사한 헌법조문을 두고 있는 독일의 해석례에 대하여는 김상겸(주 6), 163이하 참조.
35) 헌재 1998. 5. 28. 96헌바4, 10-1, 610; 1992. 6. 26. 90헌바25, 4, 343, 349; 2004. 12. 12. 2003헌바105, 16-2, 505.
36) 백윤철(주 5), 211.
37) 법제처(주 1), 157.
38) 헌재 2005. 5. 26. 2003헌가7, 17-1, 558.
39) "재판청구권의 실현은 재판권을 행사하는 법원의 조직과 소송절차에 관한 입법에 의존하기 때문에 입법자

2. 재판청구권의 주체

기본권의 주체가 될 수 있는 자라면 재판청구권의 주체가 된다.[40] 따라서 자연인인 국민 뿐만 아니라, 사법인은 물론 공법인도 그 주체가 되며 부분적인 권리능력밖에 없는 사법상의 결사에게도 보장이 된다.[41] 헌법재판소도 같은 입장이다.[42]

또한 재판청구권은 국가를 전제한 국가 내적 기본권이지만 내국인만이 아니라 외국인에 게도 보장된다.[43] 외국인에게 보장되는 자유권 등 초국가적 기본권이 침해된 경우 그 구제를 받기 위하여 재판청구권이 필수적으로 보장되어야하기 때문이다.[44] 헌법재판소도 같은 입장 이다.[45]

국가기관의 경우 원칙적으로 재판청구권의 주체가 될 수 없을 것이다. 다만 개인이 제기한 소송에서 국가기관이 재판의 당사자라면 재판절차에서의 절차법적 지위에 있어 개인과 국가를 달리 취급할 합리적 이유가 없으므로, 청문청구권이나 공정한 재판을 받을 권리와 같은 사법절 차상의 기본권은 국가기관에게도 인정된다.[46]

3. 재판청구권의 효력

주관적 공권으로서의 재판청구권은 기본권의 일반적 효력인 대국가적 효력을 가지며 모든 국가권력을 기속한다.[47] 아울러 사인 상호간에도 간접 적용이 된다.[48] 간접적용설에 따라 사인

에 의한 재판청구권의 구체적 형성은 불가피하며, 따라서 입법자는 소송요건과 관련하여 소송의 주체, 방 식, 절차, 시기, 비용 등에 관하여 규율할 수 있다"(헌재 2006. 2. 23. 2005헌가7등, 18-1(상), 72).

40) 홍성방(주 2), 352.

41) 권영성(주 6), 608; 김철수(주 5), 1088; 성낙인(주 5), 816; 장영수(주 3), 880. 김백유, 정종섭 교수는 법인 격 없는 사단이나 재단에게도 인정된다고 한다(김백유(주 6), 809; 정종섭(주 2), 811).

42) "현행 정정보도청구권제도는 언론의 자유와는 비록 서로 충돌되는 면이 없지 아니하나 전체적으로 상충되 는 기본권 사이에 합리적 조화를 이루고 있으므로 정기간행물의 등록등에 관한 법률 제16조 제3항, 제19 조 제3항은 결코 평등의 원칙에 반하지 아니하고, 언론의 자유의 본질적 내용을 침해하거나 언론기관의 재 판청구권을 부당히 침해하는 것으로 볼 수 없어 헌법에 위반되지 아니한다"라고 판시하였다(헌재 1991. 9. 16. 89헌마165, 3, 518).

43) 계희열, 헌법학, 박영사, 2007, 651; 권영성(주 6), 608; 김백유(주 6), 809; 김철수(주 5), 1088; 성낙인(주 5), 816; 이준일(주 3), 666; 장영수(주 3), 879; 정종섭(주 2), 811; 한수웅(주 3), 888.

44) 양건(주 12), 693.

45) 외국인의 재판청구권 주체성을 인정하며 소송비용 담보제공명령을 할 수 있도록 한 민사소송법 규정을 합 헌이라 하였다. 헌재 2011. 12. 29. 2011헌바57, 23-2하, 728.

46) 한수웅(주 3), 888.

47) 법제처(주 1), 161. 헌법재판소도 "기소유예처분의 결정에 있어서 그 결정에 영향을 미치는 현저한 수사미 진과 중대한 이유모순 또는 이유불비의 잘못이 있으면 그 처분은 자의적인 검찰권의 행사라고 아니할 수 없고, 그로 말미암아 다른 형사사건과 차별 없는 공정하고 성실한 수사를 받을 청구인의 기본권, 즉 평등 권이 침해되었고, 그 결과 헌법 제27조 제1항 소정의 법관에 의한 재판을 받을 권리도 침해된 것이다"라고 판시하여 재판청구권의 대국가적 효력을 인정하고 있다(헌재 1992. 6. 26. 92헌마7, 4, 462(470); 1992. 11. 12. 91헌마146, 4, 802(811)).

48) 김철수(주 5), 1088; 성낙인(주 5), 816. 이에 대하여 재판청구권은 국가와의 관계에서 성립되는 기본권이 기 때문에 사인상호간의 관계에서는 직접이든 간접이든 적용될 수 없다는 견해(계희열(주 43), 633)와 재

간의 재판청구권의 침해에 대하여도 권리구제가 가능할 것이다. 국가에 대한 공권으로서 재판청구권은 당사자의 합의로써 포기할 수 없으나, 다만 일반적 추상적 재판청구권의 포기가 아닌 구체적 사건에 관하여 사인간에 제소하지 않기로 하는 '부제소의 합의'나 '불항소의 합의'는 가능하다는 것이 대법원의 입장이다.[49]

Ⅲ. 재판청구권의 내용

1. 개   설

헌법 제27조에 있어 핵심적 내용은 제1항에서 규정하고 있는 '헌법과 법률이 정한 법관에 의한 재판을 받을 권리' 즉 재판청구권이다. 재판청구권의 실질적 행사와 관련하여서는 동조 제3항과 제5항에서 신속하고 공개된 재판을 받을 권리와 형사피해자의 재판절차진술권을 규정하고 있다. 형사피해자의 재판절차에서의 진술권보장은 국가의 공정한 공권력행사와 분쟁의 공평타당한 해결과 모순되지 않기 때문에 실질적으로 재판청구권의 행사와 관련 있는 규정이라고 볼 수 있다.[50] 또한 재판과정에서 인정되는 중요한 절차상 원칙으로 동조 제4항은 무죄추정의 원칙을 규정하고 있다. 형사피고인의 재판절차진행과정에서 발생하게 될 '낙인효과'에 대한 일종의 법률적 제동장치를 헌법적 수준에서 확인하고 있는 것이다.[51] 그리고 재판청구권의 제한으로 제2항은 군사법원에 의한 재판을 규정하고 있다. 이러한 맥락에서 제27조에는 헌법과 법률이 정한 법관에 의한 재판이자 법률에 의한 재판을 받을 권리를 다룬 재판청구권을 중심으로 이와 관련된 군사법원의 재판을 받지 않을 권리, 공정하고 신속한 공개재판을 받을 권리, 형사피고인의 무죄추정 원칙, 형사피해자의 재판절차진술권이 그 내용으로 자리 잡고 있다. 이하에서는 이러한 내용들을 순차적으로 하여 재판청구권의 내용을 살펴본다.

판청구권에 대한 사인에 의한 방해를 곧바로 대사인적 효력의 문제로 인식해서는 곤란하다는 견해(장영수(주 3), 887)가 있다.

49) 김철수(주 5), 1088; 성낙인(주 5), 816; 양건(주 12), 693. 대법원은 "원래 소권은 사인의 국가에 대한 공권이므로 당사자의 합의로써 국가에 대한 공권을 포기할 수 없으며, 이법리는 민사소송에서와 같이 행정소송에서도 동일하다"고 하였다(대판 1995. 9. 15. 94누4455, 공1002, 3415). 다만 "특정한 권리나 법률관계에 관하여 분쟁이 있더라도 항소하지 않기로 한 합의에 위반하여 제기한 소는 권리보호의 이익이 없다"고 판시하였다(대판 1968. 11. 5. 68다1955등). 재판청구권의 대사인적 효력을 부정하는 입장에서도 재판청구권의 포기는 무효라고 하는데 그 이유는 재판청구권의 침해가 아니라 기본권보장의 사실상 무력화에 따른 반사회적 계약이기 때문이라 한다(장영수(주 3), 888).

50) 법제처(주 1), 161.

51) 법제처(주 1), 162.

2. '헌법과 법률이 정한 법관'에 의한 재판을 받을 권리

가. 의   의

중립적이고 독립된 법원만이 공정한 재판을 보장하고 법치주의를 확립할 수 있다는 점에서 헌법과 법률이 정한 법관에 의하여 재판을 받을 수 있는 사법제도의 보장은 법치국가원리의 핵심적 구성부분이다.[52] 이러한 관점에서 '헌법과 법률이 정한 법관'에 의하여 재판을 받을 권리는 사법의 공정성과 독립성을 보장하기 위한 핵심적 규정으로 헌법과 법률이 정한 자격과 절차에 의하여 임명되고 '물적 독립'과 '인적독립'이 보장된 법관에 의한 재판을 받을 권리를 의미한다고 해석된다.[53] '물적 독립'인 '직무상 독립'은 사법의 중립성과 객관성에 대한 헌법적 보장의 핵심적 표현이고, 자의적인 파면이나 불리한 처분으로부터 법관을 보호하기 위한 '인적 독립'인 '신분상 독립'을 통하여 사법권의 독립은 공고해진다.[54] 재판의 내용으로 인하여 법관이 인사상 불이익을 받을 위험이 있다면 직무상의 독립은 형해화될 수 있으므로 이는 신분상의 독립을 통하여 강화되는 것이다. 관련하여 헌법 제103조에서는 "법관은 헌법과 법률에 의하여 그 양심에 따라 독립하여 심판한다"고 하여 법관의 직무상 독립을 명시하고 있다.[55]

헌법과 법률이 정한 법관에 의하여 재판을 받을 권리는 구체적으로는 개별사건을 담당할 법관이 법규범에 의하여 사전에 정해져야 한다는 것을 의미하며 외부의 세력이나 법원 내부의 압력 등에 따라 임의로 법원이 구성되는 것을 지양함을 의미한다.[56] 법원의 조직과 절차 이외에 사건의 배당을 어떠한 방법으로 하느냐는 중요한 문제로, 개별사건의 담당법관 선정은 법원조직법, 소송법상 재판관할규정과 보완적 지침으로서 법원의 직무분담계획표에 의거하여 사전에 일반적·추상적으로 확정되고 예측가능한 것이어야 한다.[57] 그리고 임의적 법원 구성을 실질적으로 예방하기 위해서는 관할규범에 따라 정해진 법관이 사건과의 이해관계나 편파의 우

---

52) 한수웅(주 3), 889.

53) 헌재 1996. 3. 28, 93헌바27. 8-1, 179; 2004. 11. 25. 2003헌마439, 16-2(하), 425. 이러한 일반적인 논의를 넘어서 허영 교수는 헌법과 법률에 의한 재판을 받을 권리의 내용을 재판담당기관의 독립성·중립성·전문성의 보장, 재판준거법률의 합헌성 보장, 재판절차의 합법성 보장, 형사피해자의 재판절차진술권 보장으로 요약한다. 허영(주 4), 385-386.

54) 한수웅(주 3), 889.

55) 헌재 2002. 2. 28. 2001헌가18, 14-1, 98 이하.

56) 정종섭(주 2), 812.; 한수웅(주 3), 889; 헌재 1993. 11. 25. 91헌바8, 5-2, 396 이하.

57) 법제처(주 1) 173-174. 이러한 의미에서' 헌법과 법률이 정한 법관'이라 함은 물적·인적 독립뿐만 아니라 '재판관할을 규정한 법률에 의하여 재판을 담당하도록 하는 사전에 정해진 법관'을 말하는 것으로 보아야 한다는 견해가 있다. 한수웅(주 3), 889. 참고로 현행 '법관등의 사무분담 및 사건배당에 관한 예규'에 의하면, 현재 법원에서는 각급 법원장 및 지원장이 사건배당을 주관한다. 사건의 배당방식은 각급 법원장 및 지원장의 판단에 따라 사건을 판사에게 배당하는 방식을 취한다. 법원에 따라서는 사건배당의 순서를 정해놓고 순서에 따라 자동으로 배당하기도 한다. 예컨대 서울고등법원에서는 하루 배당될 건수를 배당건재부에 접수번호순서대로 기재하고, 그 다음날 법원장이 배당건재부에 기재된 사건 중 아무거나 임의로 골라 1번으로 정한다. 그러면 1번으로 정해진 번호로부터 시작하여 사무분담 배당비율표에 따라 배당된다(정종섭(주 2), 812).

려로 말미암아 재판의 공정성을 보장할 수 없는 상황에서 그러한 법관을 배제할 수 있는 기회를 국민에게 부여하여야만 한다.[58]

나. '헌법과 법률이 정한 법관'의 의미

'헌법과 법률이 정한 법관'이라 함은 헌법 제101조 제3항에 의하여 제정된 법률인 법원조직법 제41조·제42조에 정한 자격이 있는 자로서, 헌법 제104조 및 법원조직법 제41조에 정한 절차에 따라서 법원을 구성하기 위해서 임명되고, 헌법 제105조·제106조·제103조에 의하여 임기·정년 및 신분보장, 즉 인적·물적 독립이 보장된 자들로서, 법원의 구성과 관할 및 그 사무분배 등에 관하여 법률의 규정에 의한 권한을 갖고 제척 기타의 사유에 의하여 법률상 그 재판에 관여하는 것이 금지되지 아니한 법관을 말한다.[59]

다. 구체적인 문제

재판의 독립성과 중립성을 보장하기 위하여 헌법과 법률이 정한 법관의 재판을 받을 권리가 헌법 제27조 제1항에 규정되어 있지만 실제 사법제도 내에서는 이의 침해가 문제될 수 있는 사안이 적지 않게 등장한다. 이하에서는 헌법과 법률이 정한 법관의 재판을 받을 권리의 침해 여부가 문제되는 구체적인 문제들에 대한 헌법적 논의를 전개한다.[60]

(1) 배심제·참심제

(가) 배심제 및 참심제의 의의 및 연혁

1) 배심제의 의의 및 연혁

배심제란 일반시민으로 구성된 배심원단이 관료법관인 직업법관과는 독립하여 사실문제에 평결을 내리고 법관이 그 사실판단에 대한 평결결과에 구속되어 재판하는 제도를 말한다.[61] 사실관계 혹은 그 이상의 범위에서 일반시민이 직업법관과 기능적 분화를 이루어 사법작용의 한 축을 담당한다는 점에서 배심제는 사법부의 구조에 대한 국민참여적 성격을 잘 드러내는 제도라 할 수 있다.[62]

배심제의 종류에는 기소배심인 '대배심'과 평결을 행하는 심리배심인 '소배심'이 있다. 대배심은 피의자를 기소할 것인지의 여부를 결정하는 것이고, 소배심은 기소배심인 대배심에서 제기된 공소사실에 대한 판결 내지는 평결을 하는 것이다.[63]

배심제는 영미법제에 있어 핵심적인 제도로 흔히 영국에서 먼저 제도화되었다고 평해진

58) 정종섭(주 2), 812.
59) 김철수(주 5), 1089; 성낙인(주 5), 816-7; 양건(주 12), 694; 허영(주 4), 386. 법관의 제척·기피·회피제도의 인정은 이러한 헌법정신의 반영이라는 견해는 이승우(주 9), 847 참조.
60) 군사재판이 헌법과 법률이 정한 법관에 의한 재판인지 여부에 대한 헌법적 논의에 대하여는 제27조 제2항 군사법원에 의하여 재판받지 아니할 권리를 다루면서 함께 논의한다.
61) 성낙인(주 5), 818; 양건(주 12), 700; 정종섭(주 2), 814.
62) 법제처(주 1), 182.
63) 김백유(주 6), 820; 법제처(주 1), 184.

다.[64] 영국의 배심제에 있어서 초창기 입증책임의 문제는 하나의 특권으로 입증을 위한 선서보조자가 12인 정도 있었는데, 이것이 오늘날 영국의 배심제가 정착되면서 12인 배심제의 기초가되었다고 한다.[65] 배심원단의 구성방식은 무작위추첨방식을 따르지 않고 일정한 지적능력과경제적 능력을 배심원의 자격과 연관시켰다.[66]

이러한 영국의 배심제도는 미국에 수용되며 헌법현실을 반영한 새로운 모습으로 갖추어지게 된다. 미국의 경우 식민지 시대부터 배심을 자치 공동체의 운영에 필수불가결한 시민의 권리이자 의무로 인식하였는데 그에 따라 배심제는 단순히 '국가권력의 견제수단'에 그치지 않고'국민주권원리의 사법적 실현수단'이라는 이중적 의미를 지니게 되었다.[67]

배심제의 장점으로는 먼저 사법의 민주적 정당성을 강화하고 사법의 관료화를 억제한다는점과 인권보장에 기여한다는 점을 들 수 있다.[68] 그리고 국민에 대한 법률교육효과와 법치주의의 증진, 오판의 방지, 국민의 직접적 참여를 통한 재판결과의 수인가능성 증대 등도 중요한 장점으로 들 수 있다.[69] 반면에 단점으로 비효율성이 꼽히며 여론·선입관에 의한 판단 혹은 감정적 판단이 이루어질 수 있다는 점도 지적된다.[70]

2) 참심제의 의의 및 연혁

참심제란 일반시민인 참심원이 직업법관과 함께 재판부의 일원으로 참여하여 직업법관과동등한 권한을 가지고 사실문제 및 법률문제를 모두 판단하는 제도를 말한다.[71] 배심제에서는직업법관의 기능과 배심원의 기능이 상호 독립적이어서 기능적 분업원리를 따르는 반면에, 참심제에서는 일반시민과 직업법관이 하나의 합의체를 구성하여 사실인정과 법률해석 및 적용이라는 동일영역에서의 공동참여를 한다는 점에서 통합의 원리가 중요시 된다.[72]

참심제의 기원에 있어서는 영국의 배심제도가 독일과 프랑스와 같은 대륙법계 국가들에있어 참심제의 형태로 정착되었다고 보는 견해가 있다.[73] 스웨덴의 경우 13세기경부터 참심제

---

64) 권영설, "미국의 배심제도," 미국헌법연구 7(1996), 2.

65) 권영설(주 8), 204.

66) 권영설(주 8), 207.

67) 안경환, "미국 연방헌법의 배심조항," 미국헌법연구 12(2003), 80. 미국배심제도에 대한 논의는 김규하, "배심제도에 관한 연구 — 주권자의 사법통제를 중심으로 —," 공법연구 32-3(2003); 성선제, "미국의 형사배심제도," 미국헌법연구 12(2003). 참여적 정의의 관점보다는 평결의 정확성을 추구하는 방향으로 미국의배심제가 전개해 왔다는 지적은 이재협, "미국 배심제에 대한 법인류학적 고찰: 과학주의의 관점에서 본미국 배심제의 논리," 서울대학교법학 50-3(2009), 337-377.

68) 성낙인(주 5), 818.

69) 권영설(주 64), 15; 김일환·홍석한, "현행 헌법상 배심제와 참심제의 도입에 관한 고찰," 성균관법학 18-3(2006), 71.

70) 권영설, "국민의 사법참여제도와 헌법 — 배심제·참심제의 헌법적합성을 중심으로 —"「국민의 사법참여」공청회(사법개혁위원회/한국공법학회)(2004), 36; 김일환·홍석한(주 69), 67; 성낙인(주 5), 819.

71) 성낙인(주 5), 819; 정종섭(주 2), 814.

72) 법제처(주 1), 185.

73) 정만희, "미국의 배심제도 — 한국의 국민사법참여제도 도입방안에서의 시사점 —," 공법연구 35-1(2006), 468.

를 실시하고 있어 가장 오래된 전통을 가지고 있으며, 프랑스의 경우 대혁명이후 영국식의 배심제가 도입이 되었으나 이후 참심제를 실시하고 있으며, 독일은 영국과 프랑스의 영향으로 처음에는 배심제를 도입하였으나, 곧 참심제로 전환하였다.[74]

참심제의 장점으로는 국민의 직접적 사법참여를 통하여 직업법관에 대한 민주적 감시와 견제가 가능하며 사법부에 대한 신뢰증대를 도모할 수 있고 특히 특정한 사건에 있어 전문가와 비전문가의 다양한 관점확보를 실현할 수 있어 심리의 성숙성과 합리성을 도모할 수 있다.[75]

참심제의 단점으로는 참심원의 법률적 지식의 부족을 들 수 있고 이들의 판단이 감정적인 편견과 정치적 주장에 구속될 수 있다는 점, 과도한 경제적 비용의 문제, 참심원 선발의 공정성 확보의 어려움 등을 들 수 있다.[76] 특히 비전문가인 국민과 전문가인 직업법관이 합의체를 형성한다는 구조적 특성으로 인해 직업법관에 대한 참심원의 독립성 확보의 어려움이 가장 큰 단점으로 지적되고 있다.[77]

(나) 배심제 및 참심제에 대한 도입논의

1) 한국에서의 배심제와 참심제 도입논의

우리의 경우 배심제의 도입에 대한 논의는 1947년 미·소 공동위원회의 임시정부 구성에 관한 자문사항에 대하여 검찰 측이 '재판상 배심제도를 채용하여 민간 측의 의사를 사법운영에 반영시킬 것'이라는 내용의 제안서를 제출하였고, 같은 해 9월 대검찰청의 사법·검찰 등 기구 개혁안에서도 배심제 채용이 재확인 되면서 시작되었다.[78] 이후 법원 측에서도 심판과 기소에 있어서 배심원의 참가, 수사관리의 인신구속폐지, 소송구조의 강화, 사인소추제도의 확립 등을 주장하면서 형사소송법상 입법원칙의 하나로 배심제를 수용할 것을 주장하였다.[79] 하지만 이의 시기상조를 내세우는 소극적인 견해가 대두되어 이 논의는 더 이상 진전되지 못하였다.[80] 특히 제헌과정에 있어 배심제도의 도입에 관한 논의는 전무하다시피 하였다.[81]

참심제에 대한 도입논의도 배심제와 비슷하게 전개되었는데 1947년 미·소 공동위원회가 임시정부의 수립에 관한 의견을 수렴하는 과정에서 좌익계열의 민주주의민족전선이 사법부의 조직에 있어서 판사와 참심원으로 재판소를 구성하여 사법기관의 인민적 구성과 운영이 이루

---

74) 김일환·홍석한(주 69), 72.

75) 김일환·홍석한(주 69), 75; 최우정, "국민의 사법참여제도는 위헌적인 것인가? — 배심제도와 참심제도를 중심으로 —," 공법학연구 6-1(2005), 367.

76) 이주현, "독일의 참심제도 및 명예법관제도," (대법원)재판자료 81(1998), 258 이하 참조.

77) 김일환·홍석한(주 69), 75.

78) 문준영, "해방공간, 사법민주화의 전개와 좌절 — 배심제와 고위법관선출제를 중심으로 —," 민주법학 21(2002), 155.

79) 최우정(주 75), 364.

80) 최우정(주 75), 365.

81) 다만 헌법초안의 심의에 있어서 제5장 법원에 관한 김병희 의원의 질문에 전문위원 권승렬은 배심제도의 도입은 헌법사항이 아니라 일반 입법사항으로써 법률의 제정이나 개정에 의해 도입하면 된다는 의견이 개진된 정도였다. 문준영(주 78), 158-159.

어져야 한다고 주장하면서 시작되었다.[82] 그러나 중도파와 우익의 정당단체들은 참심제의 도입에 대하여 소극적인 태도를 보였고, 결국 건국헌법의 초안과 입법에 있어서 참심제의 도입은 성취되지 않았다.[83]

이 후 수차례의 헌법개정에서도 배심제와 참심제의 도입은 이루어지지 않았다. 하지만 참여정부(노무현 정부) 시절인 2004년 11월 5일 '사법개혁위원회'의 제24차 회의에서 점차적인 배심제와 참심제의 도입을 건의하는 사법개혁건의문이 채택되었다.[84] 그에 따라 대통령 산하에 '사법개혁추진위원회'가 구성되고 '국민의 형사재판 참여에 관한 법률안'이 2005년 11월과 12월에 걸쳐 국회에 제출되었으며 이 후 2007년 6월 1일 법률 제8495호로 제정되어, 2008년 1월 1일 부터 시행되어 오고 있다.[85]

2) 배심제와 참심제의 합헌성 여부

배심제와 참심제가 국민의 사법참여라는 제도적 의의에도 불구하고 도입이 미진했던 것은 다른 국가의 헌법체계와 달리 우리 헌법에는 이를 인정할 직접적 근거 규정이 없기 때문이었다.[86] 배심제와 참심제가 우리 헌법상 수용가능한 제도인지에 대하여는 다양한 논의가 전개되어 왔다.

먼저 배심제와 참심제 모두 위헌이라는 주장이 있다.[87] 미국 헌법의 경우 수정헌법 제5조, 제6조, 제7조에 배심제에 대한 명문 규정을 두고 있으며, 독일의 경우 기본법 제97조 제2항이 '전임으로 그리고 계획에 따라 종국적으로 임용된 법관'이라고 하여 직업법관 이외의 다른 법관이 재판에 참여할 수 있는 여지를 둔 반면에 우리 헌법에는 그러한 근거 규정이 없기 때문에 배심제와 참심제 모두 위헌이라는 것이다. 이러한 입장에서는 입법연혁적 측면에서도 건국헌법과 그 이후의 형사소송법, 법원조직법을 마련하는 과정에서 배심제와 참심제가 공식적으로 거부되었다는 점을 근거로 들고 있다.[88] 게다가 헌법해석학적 측면에서도 헌법상 법관의 임기제 및 신분보장과 퇴직에 관한 규정의 해석상 일반시민인 배심원이 헌법적으로 수용되기 어렵다고 한다.[89] 궁극적으로는 법관에 의하여 재판을 받을 권리는 법관에 의하여 법률해석·적용뿐만 아니라 사실을 확정 받을 권리를 의미하므로 일반국민이 사실 판단을 하는 배심제나 사실 판단과 법적 판단에 관여하는 참심제 모두 헌법의 내용과 조화될 수 없다고 한다.[90]

---

82) 문준영(주 78), 151 이하 참조.
83) 최우정(주 75), 367.
84) 정만희(주 73), 467; 황성기, "참심제와 배심제의 헌법적합성 논쟁 — 한국에서의 참심제와 배심제의 헌법적 합성 —," 법과사회 26(2004), 123.
85) 법제처(주 1), 188.
86) 정만희(주 73), 490.
87) 권영설(주 70), 36 이하. 양건 교수는 다만 참심원이나 배심원에게 권고적 효력만을 인정하는 '준배심제'와 '준참심제'에 대하여는 합헌으로 본다(양건(주 12), 590).
88) 김일환·홍석한(주 69), 78-79; 문준영(주 78), 155 이하; 송기춘, "참심제 도입여부와 실시에 관한 헌법학적 논의," 법과사회 28(2005), 189.
89) 권영설(주 70), 37 이하.
90) 전광석(주 5), 452.

한편 배심원은 사실 판정에만 관여하고 법률 판단에는 참여하지 않기 때문에 배심제는 합헌인 반면, 참심원은 법률 판단까지 하므로 참심제는 위헌이라는 견해가 있다.[91] 학설의 주류적인 입장이라 할 수 있지만, 사실인정과 법률적용의 명확한 구분이 어려워 이에 따라 배심제의 합헌성을 판단하는 것은 난해하다는 비판이 제기된다.[92]

반면에 배심제와 참심제가 현행헌법의 틀 내에서 적극적으로 도입될 수 있다는 견해도 있다.[93] 그 근거로는 먼저 입법연혁적 측면에서 살펴볼 때, 1948년 6월 28일에 이루어진 헌법안 제1독회과정에서의 전문위원 권승렬의 답변을 참고하면 결국 우리나라 헌법은 국민의 재판참여라는 문제를 시대적 여건과 상황에 맞게 법원조직이나 소송제도에 관한 하위법률에 위임하여 그 도입여부를 검토할 수 있도록 예정하였음이 도출된다고 한다.[94] 그리고 사법제도에 있어서 국민주권원리 실현을 위한 민주주의 원칙의 적용을 부정할 근거는 없다고 한다.[95] 단순히 재판의 공정성과 독립성을 확보하기 위해 국민의 사법참여를 배제하는 것은 사법작용의 특수성만을 강조하는 것이며, 재판의 공정성 담보를 위한 사법의 국가권력으로부터의 독립을 시민사회로부터의 독립으로 변질시키게 된다고 한다.[96] 또한 헌법해석학적 측면에서 보면 헌법 제101조 제1항 및 제3항, 제103조, 제104조는 국가의 사법권을 행사하는 주체로서 법관의 자격과 권한, 법원의 조직 등에 관한 기본적 형태를 설정한 것이며, 헌법 제105조 제3항과 제106조 제1항의 '법관'은 '직업적으로 사법권을 행사하는 직업법관'으로서 이들의 신분보장을 규정한 것으로 본다면 법관의 임기제와 같은 헌법규정이 국민의 사법참여를 부정하는 근거로 사용될 수 없다고 한다.[97]

(다) '국민의 형사재판 참여에 관한 법률'의 배심원 제도

사법의 민주적 정당성을 제고하기 위하여 '국민의 형사재판 참여에 관한 법률'(이하 '국민재판참여법률'이라 한다)이 제정되었고 그에 따라 한국식 배심원제도(국민참여재판제도)가 도입되었다. 여기에서 배심원이라 하면 동 법률에 따라 형사재판에 참여하도록 선정된 사람을 말하고, 이들 배심원이 참여하는 재판을 '국민참여재판'이라고 한다(국민재판참여법률 제2조).

---

91) 강경근, 헌법학, 법문사, 2007, 636; 계희열(주 43), 642; 권영성(주 6), 611-612; 김백유(주 6), 821; 김철수(주 5), 1091; 이승우(주 9), 847; 허영(주 4), 386. 다만 성낙인 교수는 참심제는 위헌의 소지가 크며 일반 시민이 사실인정에만 관여한다든가 혹은 양형 등 법률판단에 관한 의견을 법관에게 제시하되 법관은 이에 구속되지 않는 '준참심제'는 도입이 가능하다고 한다. 성낙인(주 5), 820.

92) 권영설(주 70), 42. 덧붙여 김승대 교수는 참심제는 직업법관제의 기본을 유지하면서 영미법계의 이질적인 제도인 배심제도를 약한 의미에서 가미한 절충형 제도이므로 영미식 배심제는 합헌이고 대륙식의 참심제는 위헌이라고 보는 것은 넌센스라고 한다. 김승대(주 2), 286.

93) 안경환·한인섭, 배심제와 시민의 사법참여, 집문당, 2005, 111; 이종수, "시민의 사법참여에 관한 헌법적 검토," 법과사회 25(2003), 25 이하; 정만희(주 73), 492 이하; 최우정(주 75), 371 이하; 황성기(주 84), 123-142.

94) 김상준, "국민의 사법참여제도의 헌법적합성(지정토론문)," 「국민의 사법참여」공청회(2004), 77 이하.

95) 최우정(주 75), 372 이하.

96) 이종수(주 93), 13.

97) 최우정(주 75), 378; 황성기(주 84), 58.

국민참여재판의 대상사건은 대법원규칙으로 정하는 민사사건과 지방법원판사에 대한 제척·기피사건을 제외한 법원조직법 제32조 제1항에 따른 합의부 관할 사건과 이 사건들에 있어 미수죄·교사죄·방조죄·예비죄·음모죄에 해당하는 사건, 그리고 이상의 사건들과 형사소송법 제11조에 따른 관련 사건으로서 병합하여 심리하는 사건으로 한정되며 피고인이 국민참여재판을 원하지 아니하거나 법원의 배제결정이 있는 경우는 국민참여재판을 하지 아니한다(국민재판참여법률 제5조). 헌법재판소는 이러한 대상사건의 범위 제한은 헌법에 위반되지 않는다고 판단하였다.98)

법정형이 사형·무기징역 또는 무기금고에 해당하는 대상사건에 대한 국민참여재판에는 9인의 배심원이 참여하고, 그 외의 대상사건에 대한 국민참여재판에는 7인의 배심원이 참여하지만, 법원이 피고인 또는 변호인이 공판준비절차에서 공소사실의 주요내용을 인정한 때에는 5인의 배심원이 참여하게 할 수 있다(국민재판참여법률 제13조 제1항).

만 20세 이상의 대한민국 국민 중에서 일정한 결격사유 또는 직업 등에 따른 제외사유가 없는 자가 배심원의 자격을 가지며(국민재판참여법률 제16조 내지 제21조) 배심원은 국민참여재판을 하는 사건에 관하여 사실의 인정, 법령의 적용 및 형의 양정에 관한 의견을 제시할 권한이 있다(국민재판참여법률 제12조 제1항).

배심원 선정에 있어서 지방법원장은 먼저 안전행정부장관에 요청을 통하여 관할 구역 내에 거주하는 만 20세 이상 국민의 주민등록정보를 이용해 배심원후보예정자명부를 작성하고 이 중 필요한 수의 배심원후보자를 무작위 추출 방식으로 정하여 배심원과 예비배심원의 선정기일을 통지한다(국민재판참여법률 제22조, 제23조). 법원은 출석한 배심원후보자 중에서 당해 재판에서 필요한 배심원과 예비배심원의 수에 해당하는 배심원후보자를 무작위로 뽑고 이들을 대상으로 직권, 기피신청 또는 무이유부기피신청에 따른 불선정결정을 한다(국민재판참여법률 제31조 제1항).

공판에 참석한 배심원에 대하여 재판장은 변론이 종결된 후 법정에서 배심원에게 공소사실의 요지와 적용법조, 피고인과 변호인 주장의 요지, 증거능력, 그 밖에 유의할 사항에 관하여 설명하여야 하고 필요한 때에는 증거의 요지에 관하여 설명할 수 있다(국민재판참여법률 제46조 제1항). 이후 심리에 관여한 배심원은 유·무죄에 관하여 평의하고, 전원의 의견이 일치하면 그에 따라 평결하는데 다만, 배심원 과반수의 요청이 있으면 심리에 관여한 판사의 의견을 들을 수 있다(동조 제2항). 유·무죄에 관하여 전원의 의견이 일치하지 아니하는 때에는 평결을 하기 전에 심리에 관여한 판사의 의견을 들어야 하고 이 경우 유·무죄의 평결은 다수결의 방법으로 한다(동조 제3항). 그리고 평결이 유죄인 경우 배심원은 심리에 관여한 판사와 함께 양형에 관하여 토의하고 그에 관한 의견을 개진하는데 이 때 재판장은 양형에 관한 토의 전에 처벌의 범위와 양형의 조건 등을 설명하여야 한다(동조 제4항).

---

98) 헌재 2009. 11. 26. 2008헌바12, 21-2(하), 493.

배심원이 사실인정과 양형 과정에 모두 참여한다는 점에서 국민참여재판은 일반적인 배심
제와 구별되고, 그렇다고 처음부터 판사와 함께 양형결정에 참여를 해서 동등하게 결정하는 것
이 아니라 양형결정에 관한 의견을 개진할 수 있도록 하였기 때문에 참심제와도 구별된다. 또
한 배심의 의견이 권고적 효력만을 가진다는 점에서 일반적인 배심제나 참심제와 구별된다.[99]

(2) 행정기관에 의한 재결 또는 행정심판

행정기관에 의한 재결 또는 행정심판은 법관이 아닌 행정공무원에 의한 준사법적 절차이
기 때문에, 원처분이 아닌 행정청의 재결만을 소송 대상으로 하거나 행정소송 제기에 앞서 행
정심판을 필수적으로 거치도록 하는 것이 헌법 제27조 제1항의 법관에 의한 재판을 받을 권리
에 위배되는지 여부가 문제된다.[100]

관련하여 헌법 제107조 제3항에서 재판의 전심절차로서 행정심판을 할 수 있으며 그 절차
는 법률로 정하되 사법절차가 준용된다고 규정하고 있다. 여기에서 사법절차는 독립된 심판관
이 존재하고 당사자의 변호권이 보장되어 절차적 공정성이 보장되는 대심적 구조의 심판절차
를 의미한다.[101] 즉 행정심판은 어디까지나 법원에 의한 재판의 전심절차로 기능하며, 따라서
법관에 의한 사실의 확정과 법률해석을 모두 배제하고 행정기관에 의한 재결이나 행정심판을
최종심으로 하는 것은 헌법에 위배된다.[102] 그러한 측면에서 행정심판 등에 불복하는 당사자에
게 정식재판청구의 길이 열려 있기 때문에 현행 제도는 위헌이 아니라 판단할 수 있다.[103]

헌법재판소는 특허청 행정공무원에 의하여 이루어지는 특허청의 심판절차에 의한 심결이
나 보정각하결정은 헌법과 법률이 정한 법관에 의한 재판이라고 볼 수 없는데 이에 대한 법원
의 사실적 측면과 법률적 측면에 대한 심사를 배제하고 대법원으로 하여금 특허사건의 최종심
및 법률심으로서 단지 법률적 측면의 심사만을 할 수 있도록 하는 것은 위헌적이라 판시하였
다.[104] 즉 행정심판이 어디까지나 법원의 재판에 대한 전심절차로서 기능한다면 사실심리와 법
률심의 보장을 전면적으로 부정할 수 없다는 의미이므로, 반드시 정규법원에 의한 정식재판의

---

99) 성낙인(주 5), 822. 이러한 맥락에서 동 법률상 배심제를 참심제와 배심제의 혼합형으로 파악하기도 한다.
한편 신우철, 정만희 교수는 동 법률안의 배심제에 대하여는 배심원의 평결에 대하여 권고적 효력만을 인
정한다는 점에서, 직업법관의 관여가 상당히 용이하다는 점에서 비판을 제기한다. 신우철, "국민의 형사재
판참여에 관한 법률(안)에 대한 관견 ― 비교헌법학적 시각에서의 쟁점분석과 대안모색 ―," 법과사회 31
(2006), 124; 정만희(주 73), 495. 현재까지 유지되고 있는 국민참여재판 제도의 성과와 문제점 그리고 앞
으로의 과제에 대한 헌법 분야의 연구들로는 김도협, "국민참여재판제도의 문제점과 그 대안으로서의 참심
제 도입방안에 관한 연구: 독일 참심제와의 비교법적 고찰을 통하여," 공법연구 39-4(2011), 151-174; 김
일환, "국민참여재판제도의 헌법합치적인 정비방안," 헌법학연구 18-3(2012), 309-341; 이금옥, "국민참여
재판의 시행상의 문제점과 개선방안," 공법학연구 9-4(2008), 135-160; 이부하, "국민참여재판에 대한 법
정책적 조명: 한국의 국민참여재판과 일본의 재판원재판을 비교하며," 공법학연구 12-4(2011), 113-135.
100) 권영성(주 6), 613; 김승대(주 2), 278; 성낙인(주 5), 822; 정종섭(주 2), 815.
101) 김승대(주 2), 279.
102) 이준일(주 3), 667; 정종섭(주 2), 815.
103) 성낙인(주 5), 822. 이에 대하여 입법론적으로는 행정심판전치주의는 지양되어야 한다는 주장은 김철수(주
5), 1096.
104) 헌재 1995. 9. 28. 92헌가11, 7-2, 264, 265; 2001. 6. 28. 2000헌바30, 13-1, 1326.

가능성이 보장되어야 한다.105)

(3) 통고처분

일반적으로 행정벌이라 함은 행정법상 의무위반에 대하여 일반통치권에 의거하여 과하는 제재적 처분으로 이에는 크게 행정형벌과 행정질서벌이 있다. 행정형벌은 형사소송법이 정하는 바에 따라 법원이 과하는 것이 원칙이지만 예외적으로 조세범·교통사범 등의 경우에는 통고처분이 적용된다.106) 통고처분은 법원에 의하여 자유형 또는 재산형에 처하는 과벌제도에 갈음하여 행정관청이 법규위반자에게 금전적 제재를 통고하고 이를 이행한 경우에는 당해 행정법규 위반행위에 대한 형사소추를 면하게 하는 것이다.107)

통고처분은 법원의 형벌에 갈음하여 일정한 조건부 형사소추면제를 의미하는 것으로, 그 주체가 법원이 아니라는 점에서 금전적 제재를 가하는 것이 '헌법과 법률이 정한 법관에 의한 재판'을 받을 권리를 침해하는지가 문제된다. 이에 관하여 조세에 관한 범칙자에 대한 국세청장·지방국세청장·세무서장의 통고처분(조세범처벌절차법 제9조), 출입국 사범에 대한 사무소장·출장소장·외국인보호소장의 범칙금 통고처분(출입국관리법 제102조 제1항), 도로교통법상 범칙자에 대한 경찰서장의 통고처분(도로교통법 제118조), 경범죄처벌법상 범칙자에 대한 경찰서장·해양경찰서장의 통고처분(경범죄처벌법 제6조) 등은 처분을 받은 당사자의 임의의 승복을 발효요건으로 하고, 불응 시에는 정식재판의 제소가능성이 보장되기 때문에 재판청구권을 침해하지 않는다고 보는 것이 통설이며108) 헌법재판소와 대법원도 동일한 입장이다.109)

(4) 약식절차

약식절차란 지방법원 관할사건에 있어 검사의 청구에 의하여 공판절차를 경유하지 아니하고 검사가 제출한 자료만을 조사하여 약식명령으로 피고인에게 벌금·과료 또는 몰수의 형을

---

105) 법제처(주 1), 195. 관련하여 종래 필수적인 행정심판전치주의는 폐지되고 1998년 3월 1일부터 행정심판은 임의적인 절차로 바뀌었는데 특허심판의 경우에만 특허심판전치주의를 채택하고 있다. 국가배상법 제9조의 배상심의결정전치주의에 있어서 대법원은 합헌이라 판시하였으나 이후 국가배상법이 개정되어 임의적 배상전치주의로 변경되었다. 성낙인(주 5), 822. 정종섭(주 2), 815.

106) 법제처(주 1), 196.

107) 정종섭(주 2), 815-816.

108) 권영성(주 6), 612; 김철수(주 5), 1091; 장영수(주 3), 883; 정종섭(주 2), 816; 허영(주 4), 386. 그리고 김 승대 교수는 제도가 전과를 남기지 않아 당사자의 이익으로 귀속되고 형사사건의 비범죄화를 추구하므로 합헌적이라 한다. 김승대(주 2), 283.

109) 헌법재판소는 "통고처분은 상대방의 임의의 승복을 그 발효요건으로 하기 때문에 그 자체만으로는 통고이행을 강제하거나 상대방에게 아무런 권리의무를 형성하지 않으므로 행정심판이나 행정소송의 대상으로서의 처분성을 부여할 수 없고, 통고처분에 대하여 이의가 있으면 통고내용을 이행하지 않음으로써 고발되어 형사재판절차에서 통고처분의 위법·부당함을 얼마든지 다툴 수 있기 때문에 관세법 제38조 제3항 제2호가 법관에 의한 재판받을 권리를 침해한다든가 적법절차의 원칙에 저촉된다고 볼 수 없다"고 판시하였다. 헌 재 1998. 5. 28. 96헌바4, 10-1, 610, 611. 유사한 결정례는 헌재 2003. 10. 30. 2002헌마275, 15-2(하), 175; 2003. 10. 30. 2002헌마518, 15-2(하), 185. 유사한 대법원 판례로 대판 2002. 11. 22. 2001도849, 공 170, 267 참조.

과하는 간이한 재판절차를 의미한다.[110] 약식명령의 제도는 독일 형사소송법의 과형명령절차 (Strafbehlsverfahren)에서 유래되어 의용형사소송법을 거쳐 현행 형사소송법에 이른 것으로, 검찰실무에서 경미사건의 신속한 처리를 위한 장치로서 그 활용도가 매우 높은 편이다.[111] 약식절차에 있어서 검사가 제출한 자료를 기초로 한 서면심리에 의하여 형이 선고되기 때문에 재판청구권 침해여부가 문제시된다. 하지만 약식명령은 검사 또는 피고인으로 하여금 약식명령의 고지를 받은 날로부터 7일 이내에 정식재판의 청구를 할 수 있도록 하고 있고, 피고인의 정식재판청구의 포기를 금지하고 있으므로 재판청구권의 침해로 보지 않는 것이 통설이다.[112]

(5) 즉결심판

즉결심판이란 지방법원, 지원 또는 시군법원의 판사가 20만원 이하의 벌금, 구류 또는 과료에 처할 수 있는 경미한 범죄사건을 신속하고 적정한 절차로 심판하는 것을 말한다.[113] 즉결심판은 경미사건을 신속하게 처리하기 위한 절차라는 점에서 약식절차의 성격 및 기능과 유사하지만, 즉결심판의 경우 청구권자가 검사가 아니라 경찰서장이라는 점, 서면심리가 아닌 공개된 법정에서 판사가 피고인을 직접 심문한다는 점, 재산형 이외에 30일 미만의 구류형 선고가 가능하다는 점 등에서 많은 차이가 난다.[114]

'즉결심판에 관한 절차법'(이하 '즉결심판법'이라 한다)에 따르면 즉결심판절차는 관할경찰서장 또는 관할해양경찰서장이 관할법원에 심판을 청구하며 시작하는데(즉결심판법 제3조 제1항) 지방법원 또는 지원의 판사는 소속 지방법원장의 명령을 받아 소속 법원의 관할사무와 관계없이 즉결심판청구사건을 심판할 수 있다(즉결심판법 제3조의2). 정식재판을 청구하고자 하는 피고인은 우선 즉결심판의 선고·고지를 받은 날로부터 7일 이내에 정식재판청구서를 경찰서장에게 제출하여야 하고(즉결심판법 제14조 제1항) 경찰서장은 지체 없이 판사에게 이를 송부해야 하며 (즉결심판법 제14조 제2항) 판사는 정식재판청구서를 받은 날로부터 7일 이내에 경찰서장에게 정식재판청구서를 첨부한 사건기록과 증거물을 경찰서장에게 송부하고, 경찰서장은 지체 없이 관할 지방검찰청장 또는 지청의 장에게 이를 송부하여야 하며, 그 지청장 또는 지청의 장이 지체 없이 관할법원에 이송함으로써 정식재판절차가 진행되게 된다(즉결심판법 제14조 제3항).

약식절차와 마찬가지로 즉결심판의 경우도 정식재판 청구가 법적으로 보장되어 있어 헌법과 법률이 정한 법관에 의한 재판을 받을 권리를 침해하고 있지 않다.[115] 같은 취지에서 가정법원의 가사소송이나 소년의 보호처분결정도 재판청구권의 침해가 문제되지 않는다.[116]

---

110) 정종섭(주 2), 816.
111) 법제처(주 1), 197.
112) 권영성(주 6), 611; 김승대(주 2), 282; 김철수(주 5), 1092; 성낙인(주 5), 818; 양건(주 12), 698; 정종섭(주 2), 816.
113) 양건(주 12), 698; 정종섭(주 2), 816.
114) 법제처(주 1), 198.
115) 김승대(주 2), 282-283; 김철수(주 5), 1092; 정종섭(주 2), 816.
116) 김철수(주 5), 1092; 성낙인(주 5), 818. 헌법재판소는 "헌법 제27조 제1항은 "모든 국민은 헌법과 법률이

3. '법률'에 의한 재판을 받을 권리

헌법 제27조 제1항에서 정하고 있는 '법률에 의한 재판'이란 합헌적인 법률로 정한 내용과 절차에 따라 행해지는 재판, 즉 절차법이 정한 절차에 따라 실체법이 정한 내용대로 행해지는 재판을 의미한다.[117] 여기에서의 법률은 합헌적인 법률을 의미한다.[118] 합헌적인 법률에 의한 재판이라 함은 결국 재판에 있어서 법관이 법대로가 아닌 자의와 전단에 의하는 것을 배제하며 위헌적인 법률·명령·규칙에 의한 재판을 배제한다는 것이다.[119] 그리고 법관이나 법원은 법률의 위헌여부에 관한 재판을 담당하는 헌법재판소의 통제를 받아야 한다.[120]

한편 조문에서의 '법률'의 의미는 재판 유형에 따라 달라질 수 있다. 형사재판에 있어서는 적어도 그 기본원리인 죄형법정주의와 위와 같은 적법절차주의에 위반되지 않는 실체법과 절차법에 따라 규율되는 재판이라야 '법률에 의한 재판'이라고 할 수 있다.[121] 다만 민사법, 상사법, 민사소송법, 행정소송법 등에 있어서는 형식적 의미의 법률뿐만 아니라 이에 저촉되지 않는 범위 내에서의 관습법이나 조리, 즉 불문법이 '법률'의 의미에 포함된다.[122]

정한 법관에 의하여 법률에 의한 재판을 받을 권리를 가진다."라고 규정하고 있다. 그럼에도 불구하고 이 사건 법률조항은, 법관의 선고에 의하여 개시된 치료감호를 법관이 아닌 사회보호위원회가 그 종료 여부를 결정하도록 규정하고 있으므로 이는 피치료감호자가 법관에 의한 재판을 받을 권리를 침해하는 것이 아닌지 여부가 문제된다. 그러나 비록 법관이 아닌 사회보호위원회에 재범의 위험성의 소멸 여부를 판단하여 치료감호의 종료 여부를 결정할 권한이 부여되어 있긴 하지만 그 판단 및 결정이 최종적인 것이 아니어서 그에 불복하는 피치료감호자 등이 법원에 출소하여 통상의 소송절차에 따라 치료감호의 종료 여부에 관하여 법관에 의한 재판을 받을 수 있다고 한다면 법관에 의한 재판을 받을 권리(재판청구권)는 보장되고 있다고 보아야 할 것이다. 이 사건에서 보면 피치료감호자와 그 법정대리인 및 친족은 치료감호의 종료 여부를 심사·결정하여 줄 것을 사회보호위원회에 신청할 수 있고(법 제35조의2 제1항) 위원회가 신청을 기각하는 경우에 이들은 그 결정에 대하여 행정소송을 제기하여 법관에 의한 재판을 받을 수 있다고 해석된다. 그렇다면 피치료감호 자 등의 재판청구권은 침해된 것이 아니라고 할 것이다"라고 판시하여 '치료감호의 종결처분'에 대하여 정식재판의 청구가 보장이 되므로 재판청구권의 침해가 될 수 없다고 보았다(헌재 2005. 2. 3. 2003헌바1, 17-1, 82-83).

117) 김철수(주 5), 1094; 성낙인(주 5), 823; 양건(주 12), 702; 정종섭(주 2), 816. 헌재 1992. 6. 26. 90헌바25, 4, 349.

118) 김철수(주 5), 1094; 성낙인(주 5), 823; 양건(주 12), 702; 정종섭(주 2), 817. 헌재 1998. 12. 24. 94헌바46, 10-2, 842.

119) 김철수(주 5), 1094; 이승우(주 9), 848; 전광석(주 5), 453. 헌재 1993. 11. 25. 91헌바8, 5-2, 396; 1993. 7. 29. 90헌바35, 5-2, 14.

120) 이준일(주 3), 670.

121) 헌재 1993. 7. 29. 90헌바35, 5-2, 14; 1997. 11. 27. 94헌마60, 9-2, 675 이하.

122) 권영성(주 6), 613; 김백유(주 6), 828; 김철수(주 5), 1094; 성낙인(주 5), 823; 양건(주 12), 702; 이준일(주 3), 670; 정종섭(주 2), 817; 홍성방(주 2), 359. 이에 대하여 모든 유형의 재판에서 그 절차에 관한 사항을 성문법으로 정하는 것이 원칙이고 관습법에 따라 재판절차 진행하는 것은 객관성 및 공정성에 대한 논란의 여지가 많을 수 있다는 지적은 장영수(주 3), 884.

4. 재판을 받을 권리

가. 의   의

헌법 제27조 제1항에서 '재판을 받을 권리'는 적극적인 의미에서는 국가에 대하여 재판을 청구할 수 있는 권리를 말하며, 소극적으로는 제27조 제1항 법문의 표현상 '헌법과 법률이 정한 법관'이 아닌 자에 의한 재판을 받지 않을 권리를 말한다.[123] 여기에서 재판이라 함은 법적인 쟁송을 심판하는 국가작용, 즉 구체적인 쟁송에 있어 특별히 규정된 절차에서 최종적이고 기속력 있는 결정에 이르기 위하여 중립적인 제3자인 법원이 사실을 확인하고 확인된 사실관계에 법을 해석·적용하는 공권적 판단작용을 의미한다.[124] 이에는 사실 확정과 법률의 해석 및 적용이라는 두 요소가 포함되며[125] 그 종류로는 헌법재판·민사재판·형사재판·행정재판·특허재판 등이 있다.[126] 다만 조문 구조상 헌법재판을 받을 권리는 헌법 제27조 제1항과 헌법 제111조 제1항에 의하여 도출되며, 그 외의 민사재판·형사재판·행정재판을 받을 권리는 헌법 제27조 제1항과 헌법 제101조 제1항에서 도출된다.[127]

재판을 받을 권리를 국가에 대한 재판의 요구, 즉 국가의 일정한 사법적 행위를 청구하는 것으로 파악하는 입장에서는 이를 사법(司法)행위청구권(Justizgewährungsanspruch)으로 파악하기도 한다.[128] 이는 국민의 법원에의 접근보장을 통한 일반적 구제수단의 확립을 목적으로 하는 절차적 기본권이라고 할 수 있다.[129] 이는 그 실현을 위하여 법원의 설치 및 법원에의 접근 가능성 보장을 주된 내용으로 하고 있으며, 다만 국가에 대한 재판이라는 사법작용을 요구할 수 있는 청구권이므로 소송에 있어서는 '권리보호의 필요성'을 갖추어야 한다.[130] 여기서 '권리보호의 필요성'은 재판을 청구할 자격이 있는 자가 법적 판단을 구하기에 적합한 사건에 관하여, 소를 제기할 필요성 또는 이익(소의 이익)이 있는 경우를 의미한다.[131] 결국 사법행위청구권으로서 재판청구권은 법원조직법이나 절차법과 같은 입법자의 구체적인 형성을 전제로 한다. 이와 같은 맥락에서 재판청구권을 사법절차의 제도적 보장으로 파악할 수 있다. 이러한 의미에서 헌법상 재판청구권은 '법적 분쟁 시 독립된 법원에 의하여 사실관계와 법률관계에 관하여 포괄적으로 적어도 한 차례의 심리검토의 기회를 제공받을 권리'를 그 보장내용으로 하고 있다고 파악하기도 한다.[132] 결국 사법행위청구권의 개시요건의 충족을 전제로 그 보장내용을 보면

---

123) 헌재 1998. 5. 28. 96헌바4, 10-1, 610.
124) 양건(주 12), 693; 정종섭(주 2), 817.
125) 헌재 1995. 9. 28. 92헌가11등, 7-2, 264; 2009. 10. 29. 2008헌바101, 21-2(하), 218.
126) 양건(주 12), 693.
127) 정종섭(주 2), 818.
128) 장석조, "사법행위청구권 — 재판을 받을 권리 — ," 안암법학 6(1997), 323 이하.
129) 사법행위청구권의 규범적 내용에 관하여는 장석조(주 128), 318.
130) 장석조(주 25), 454.
131) 이러한 맥락에서 재판청구의 요건으로 권리보호사건과 당사자적격, 소의이익이 제기된다. 권영성(주 6), 609; 장영수(주 3), 880; 홍성방(주 2), 353.
132) 한수웅(주 3), 891.

법원(재판기관 및 집행기관)의 설치와 법원에의 접근보장이 있다.133) 다만 법원에의 접근 보장은 국민이 직접 자신의 이해관계에 대한 법적 사항을 법원에 제출하여 그에 대한 재판 및 집행을 구할 수 있다는 의미로, 법원에의 접근가능성을 보장하는 의미일 뿐, 특정내용의 재판을 받을 권리를 보장하는 것은 아닐 것이다.134)

　　한편 법적논의이론과 청구권의 본질적 성격에 대한 논의를 기초로 재판청구권은 사법절차의 보장을 넘어 적절한 근거 제시를 수반하는 법원의 응답의무를 부과하는 실체적 보장을 의미한다는 논의도 주목할 만하다.135) 이 논의에서는 단순히 법원에의 접근가능성의 보장만으로 재판청구권이 보장된다고 말할 수 없으며 실제 재판에 있어 충실하고 적절한 판결 이유 등을 통하여 법원이 재판을 수행하여야만 재판청구권이 완전히 보장된다고 한다.136)

나. 심급과 재판청구권

(1) 심급제도와 상소할 수 있는 권리

　　재판을 받을 권리에 심급의 이익이 포함되는지, 즉 상소할 수 있는 권리가 기본권으로 보장될 수 있는지에 대한 논의가 있다. 헌법 제101조 제2항에서는 "법원은 최고법원인 대법원과 각급법원으로 조직된다"고 규정하여 심급의 존재를 인정함과 동시에 대법원이 최고법원임을 명시하고 있다. 다만 대법원과 하급법원으로 구성되는 심급제도의 보장은 입법자가 상소가능성을 전반적으로 배제하는 것이 헌법에 위반임을 뜻하는 것이지 2심, 3심 혹은 4심 등의 특정한 심급을 입법자가 보장해야 한다는 것은 아니라고 해석된다.137) 이러한 해석에 있어서는 결국 심급제의 구체적 형성은 어디까지나 입법자의 광범위한 형성권에 맡겨져 있는 것이며, 우리의 경우 일반적으로 3심제의 체제를 유지하고 있는데 이는 사법작용상 본질적인 의미에서가 아니라 장기적인 제도운영에 의하여 생긴 결과일 뿐이라고 한다.138) 헌법재판소가 재판청구권의 핵심적인 보장영역은 사실심과 법률심에 걸쳐 한 차례의 심리기회의 보장이라고 판시한 이상 이 범위 내에서의 심급의 이익은 헌법상 보호되는 기본권이라 할 수 있지만 일반적인 의미에서 심

---

133) 김상겸(주 6), 162; 장석조, "사법행위청구권의 보호영역 — 권리보호의 필요성을 중심으로 —," 인권과 정의 263(1998), 51.

134) 장석조(주 25), 487. 헌재 1992. 6. 26. 90헌바25, 4, 363 이하 참조.

135) 박종현(주 32), 362-364.

136) 청구권을 상대방에 대한 의무부과를 할 수 있는 자격이자 이를 정당화하는 타당한 실천적 논증으로 파악하는 입장에서 보면 재판청구권은 청구의 상대방인 국가(법원)에 대하여 재판을 수행하라는 의무를 부과하고 있으며 나아가 현재 소송 당사자(청구권자)가 정당하다고 믿는 자신의 입장에 대하여 상대방 혹은 법원이 이를 반박할만한 근거를 제시하지 못하는 한 법원이 이를 수용하여 공식적으로 인정할 의무를 부과하는 권리라고 이해할 수 있다. 결국 스스로 잠정적으로 정당하다고 추정하는 주장을 공식적으로 받아들여달라는 당사자의 요청에 있어 이를 거부하는 경우 법원은 그 주장을 반박할 근거를 충분히 제시해야 한다는 점이 청구권 도식에서 도출될 수 있는 것이다. 박종현(주 32), 362-364; 박준석, "재판청구권과 법원의 논증의무 — 대법원 2010. 6. 24. 선고 2010도3358 판결을 중심으로 —," 단국법학 36-2(2012), 185 이하.

137) 정종섭(주 2), 818-819; 한수웅(주 3), 893. 다만 김승대 교수는 최고법원인 대법원을 제외한 법원은 급을 달리하는 계층적 구조를 가져야 하므로 우리 헌법상 심급제는 1차적 판단에 대한 불복을 보장하고 적어도 2심이상이어야 한다고 해석된다고 한다. 김승대(주 2), 277.

138) 법제처(주 1), 166.

급의 이익은 모든 재판을 받을 권리를 헌법적으로 보장한다고 할 수는 없을 것이다.[139] 다만 심급제를 아예 폐지하거나 대법원에의 상고를 부당하게 제한하는 것은 단순하게 입법정책의 문제라 할 수 없고 헌법과 법률에 의한 재판을 받을 권리와 저촉될 소지가 커서 신중한 헌법차원의 검토가 필요할 것이다.[140]

(2) 상고심 재판을 받을 권리(대법원의 재판을 받을 권리)

(가) 헌법적 근거에 대한 논의

재판을 받을 권리에 있어 상고심 재판을 받을 권리, 대법원에 의한 재판을 받을 권리가 포함되는지 문제된다. 학설은 견해가 갈리는데 헌법 제101조 제2항이 "법원은 최고법원인 대법원과 각급법원으로 구성된다"고 규정하여 최종심의 재판을 대법원으로 하여금 관장하게 하고 있으므로 대법원의 재판을 구하는 권리는 기본권이라는 해석이 있다.[141] 반면에 재판청구권은 3심제 등 특정한 형태의 권리구제절차를 보장하지 않기 때문에, 그리고 재판과 관련된 사법보장 구조 및 절차를 입법자의 형성작용으로 보기 때문에 대법원의 재판을 받을 권리는 헌법적으로 보장되지 않는다는 견해도 있다.[142]

헌법재판소는 "헌법 제101조 제2항은 '법원은 최고법원인 대법원과 각급 법원으로 조직된다'고 규정하더라도 ··· 대법원이 곧바로 모든 사건을 상고심으로서 관할하여야 한다는 결론이 당연히 도출되는 것은 아니다 ··· 다만, 헌법 제110조 제2항이 군사법원의 상고심을 대법원이 관할하도록 정하고 같은 조 제4항이 군사법원에서의 단심재판을 제한하도록 규정하고 있고, 헌법 제107조 제2항이 명령·규칙 또는 처분의 위헌·위법 여부에 대한 최종적 심사권이 대법원에 있음을 규정하고 있으므로 그 범위 내에서는 대법원에서의 재판을 받을 권리가 헌법상 보장되지만, 그 이외의 다른 모든 경우에도 심급제도를 인정하여야 한다거나 대법원을 상고심으로 하는 것이 헌법상 요구된다고 할 수는 없다"고 판시하였다.[143] 한편 과거 1952년 헌법하의 헌법위원회에서는 최종심을 대법원이 아니라 고등법원으로 한 법률규정에 대하여 대법원의 재판을 받을 권리를 박탈한 것이라 하여 위헌으로 결정하기도 하였다.[144]

---

139) 김상겸 교수는 심급제도의 헌법적 보장은 주관적 권리로서의 보장을 의미하는 것이 아니라고 한다(김상겸 (주 6), 176). 한수웅(주 3), 893. 대법원도 동일한 입장이다(대판 1966. 11. 22. 66도1240, 집14(3형), 38; 1976. 11. 9. 76도3076, 공550, 9505).

140) 이승우(주 9), 850; 허영(주 4), 388.

141) 김철수(주 5), 1097; 정종섭(주 2), 819; 정종섭, "현행 헌법은 대법원의 재판을 받을 권리를 기본권으로 보장하고 있는가?," 일감법학 2(1997), 161-188. 양건 교수는 재판청구권이 대법원의 재판을 받을 권리를 포함하지만 입법자는 '어느 범위에서 이 권리를 구체화할 것인지에 대하여 입법형성의 자유를 가진다고 한다(양건(주 12), 710).

142) 계희열(주 43), 653; 권영성(주 6), 609; 전광석(주 5), 450; 한수웅(주 3), 893; 법제처(주 1), 167. 계희열, 권영성 교수는 헌법 제101조 제2항에서 대법원의 재판을 받을 권리가 당연히 도출되는 것은 아니고 대법원에의 상고할 기회를 부여하는 것은 입법정책적인 문제이지만 어떤 경우에도 대법원에 상고 기회를 완전히 박탈하는 것은 위헌이라고 한다. 계희열(주 43), 653; 권영성(주 6), 609-610.

143) 헌재 1997. 10. 30. 97헌바37, 9-2, 518; 2002. 6. 27. 2002헌마18, 14-1, 555 이하.

144) 헌법위원회 단기4285(1952. 9. 9.) 헌위 제1호 농지개혁법조항에 대한 위헌결정 및 비상사태하의 범죄처벌

(나) 상고 제한 제도에 대한 고찰

1) 상고허가제

대법원의 재판을 받을 권리에 대한 헌법적 논의와는 별도로 입법적으로는 상고를 제한하는 제도가 형성되어 왔는데 초기의 대표적 제도로는 상고허가제를 들 수 있다. 상고허가제는 대법원이 원심 판결의 기록과 상고 이유서를 토대로 상고허가 여부를 결정하는 제도로 중요한 사건들을 선택하여 집중적으로 심리할 수 있는 권한을 대법원에 부여하여 남상고라는 사회적 문제에 대응하기 위하여 도입되었다.145) 이 제도에 대하여는 비판적 논의가 있는데146) 특히 사실심의 경우 한 차례의 심리보장의 기회를 준다면 재판청구권의 최소보장에 반하지 않으므로 합리적인 이유로 상고이유를 제한할 수 있으나, 법률심인 대법원이 최종심이 되어야 한다는 측면에서 법률심의 상고이유제한은 재판을 받을 권리의 제한이므로 위헌이라는 비판이 제기되었다.147) 하지만 대법원과 헌법재판소는 이를 합헌으로 보았는데148) 이후 1990년 1월 13일 법률이 개정되어 제도가 폐지되었다.

2) 상고심리불속행제도

상고허가제 폐지 후 다시 남상고와 무익한 상고로 인하여 대법원의 업무효율성이 저하되고 있다는 문제 제기에 따라 상고심리불속행제도를 명시한 '상고심절차에 관한 특례법'이 1994년 제정되었다. 총체적인 사법제도개혁의 일환으로 법제정이 이루어졌는데 특히 대법원이 업무처리 부담을 덜고 다수의 사건을 신속하게 처리할 수 있게 하여 국민이 진정으로 바라는 이상적인 최고법원의 모습을 갖출 수 있도록 동 특례법안이 제안되었다. 이 법안은 1994년 4월 15일 대법원에서 법률 제정의견서를 국회에 제출하면서 구체적으로 논의되기 시작하여, 같은 해 7월 14일 제169회 국회임시회 제15차 본회의에 상정되어 의결되었다.149)

현행 '상고심절차에 관한 특례법'은 2009년 11월 2일 일부개정되어 시행되어 오고 있는데 동 법률 제4조 제1항에서는 대법원이 심리불속행 판결을 내릴 수 있는 구체적 사유를 열거하고 있어 이에 해당하면 대법원은 심리를 더 이상 진행하지 아니하고 판결로 상고를 기각하도록 하고 있다. 그 사유는 첫째 원심판결(原審判決)이 헌법에 위반되거나, 헌법을 부당하게 해석한 경우, 둘째 원심판결이 명령·규칙 또는 처분의 법률위반 여부에 대하여 부당하게 판단한 경우,

---

에 관한 특별조치령 조항에 대한 위헌결정.

145) 박종현(주 32), 352.

146) 상고허가제는 단시일 내에 비공개로 조급하게 입안되었던 관계로 해석상의 문제점도 많았다는 지적은 이재성, "상고허가신청 기각결정과 재판의 이유(상)," 사법행정 25-8(1984), 50.

147) 김철수(주 5), 1098.

148) 대판 1989. 12. 15. 88카75, 공 865, 261; 헌재 1995. 1. 20. 90헌바1, 7-1, 1 이하. 헌법재판소는 "헌법이 대법원을 최고법원으로 규정하였다고 하여 대법원으로 하여금 모든 사건을 상고심으로서 관할할 것을 요구하는 것은 아니며, 헌법과 법률이 정한 법관에 의하여 법률에 의한 재판을 받을 권리가 사건의 경중을 가리지 않고 모든 사건에 대하여 … 상고심재판을 받을 권리를 의미하는 것이라고 할 수는 없다"고 판시하였다.

149) 박종현(주 32), 353.

셋째 원심판결이 법률·명령·규칙 또는 처분에 대하여 대법원 판례와 상반되게 해석한 경우, 넷째 법률·명령·규칙 또는 처분에 대한 해석에 관하여 대법원 판례가 없거나 대법원 판례를 변경할 필요가 있는 경우, 다섯째 중대한 법령위반에 관한 사항이 있는 경우, 여섯째 '민사소송법' 제424조 제1항 제1호부터 제5호까지에 규정된 사유가 있는 경우이다. 또한 동조 제3항에서는 상고이유에 관한 주장이 위에서 열거한 각 호의 사유를 포함하는 경우에도 그 주장 자체로 보아 이유가 없는 때 혹은 원심판결과 관계가 없거나 원심판결에 영향을 미치지 아니하는 때에는 심리불속행 판결을 내릴 수 있다고 한다. 또한 제5조 제1항에서는 심리불속행 판결 및 '민사소송법' 제429조 본문에 따른 판결에는 이유를 적지 아니할 수 있다고 규정하고 있다.

헌법재판소는 "심급제도는 사법에 의한 권리보호에 관하여 한정된 법발견 자원의 합리적인 배분의 문제인 동시에 재판의 적정과 신속이라는 서로 상반되는 두 가지의 요청을 어떻게 조화시키느냐의 문제로 돌아가므로, 대법원의 최고법원성을 존중하면서 민사, 가사, 행정 등 소송사건에 있어 서 상고심재판을 받을 수 있는 객관적 기준을 정한 이 사건 특례법 제4조 제1항은 개별적 사건에서의 권리구제보다 법령해석의 통일을 더 우위에 둔 규정으로서 그 합리성이 있어 헌법에 위반되지 아니한다"고 일관적으로 판시하고 있다.[150) 대법원도 헌법재판소와 동일한 입장의 판결을 내린 적이 있다.[151)

그리고 헌법재판소는 "상고심 심리불속행 판결의 경우 이유를 붙이지 아니할 수 있도록 한 것은 사건의 보다 신속한 처리를 위한 것이고 판결의 이유는 하급심판결에서 사실상 모두 설명된 것이어서 재판청구권 등 기본권을 침해하지 아니한다"고 판시하여 오고 있는데 이에 대하여는 재판청구권의 성격상 법원의 이유제시라는 대응의무가 발생하므로 판결의 이유를 기재하지 않도록 한 법규는 위헌적이라는 주장이 있다.[152)

3) 소액사건심판법상 상고 제한 제도

현행 소액사건심판법 제3조는 소액사건에 대한 지방법원 본원 합의부의 제2심판결이나 결정·명령에 대하여는 법률·명령·규칙 또는 처분의 헌법위반여부와 명령·규칙 또는 처분의 법률위반여부에 대한 판단이 부당한 때 혹은 대법원의 판례에 상반되는 판단을 한 때에 한하여 대법원에 상고 또는 재항고를 할 수 있도록 하고 있다. 이에 대하여 헌법재판소는 합헌으로 보

---

150) 헌재 1997. 10. 30. 97헌바37등, 9-2, 502; 2013. 2. 28. 2012헌마1004; 2013. 2. 28. 2011헌마218.

151) "헌법 제27조 제1항에서 규정하고 있는 헌법과 법률이 정한 법관에 의하여 법률에 의한 재판을 받을 국민의 권리에 모든 사건에 대해 상고법원의 구성법관에 의한, 상고심절차에 의한 재판을 받을 권리까지 포함된다고 단정할 수 없을 뿐만 아니라, 상고심절차에 관한 특례법 제4조 제1항은 상고이유에 관한 주장이 동조항 제1호 내지 제6호의 사유를 포함하지 아니한다고 인정되는 때에는 더 나아가 심리를 하지 않고 상고기각의 판결을 할 수 있다는 것에 불과하므로, 위 특례법 조항이 헌법 제27조 제1항에 위배된다고 볼 수 없다"(대판 1995. 7. 14. 95카41, 공1995, 999).

152) 박종현(주 32), 376. 헌재 2007. 7. 26. 2006헌마551등, 19-2, 164에서의 반대의견. 이 반대의견은 헌재 2012. 12. 27. 2011헌마229 등; 2012. 12. 27. 2011헌마772; 2013. 2. 28. 2012헌마1004; 2013. 2. 28. 2011헌마218등에서도 반복되고 있다. 한수웅 교수도 청문청구권에 대한 논의에서 당사자의 주장을 고려해야 할 법원의 의무는 법원이 당사자의 주장을 인식하고 고려했다는 것이 충분히 드러나도록 판결에 이유를 제시할 의무에서 구체적으로 표현된다고 한다(한수웅(주 3), 908).

고 있으며153) 대법원도 유사한 결정을 내린 적이 있다.154)

(3) 항소심 재판을 받을 권리

항소심 재판을 받을 권리가 상고심 재판을 받을 권리와 마찬가지로 재판을 받을 권리에 포함이 되는가가 역시 문제된다.155) 이에 대하여 헌법재판소는 "헌법 제27조 제1항이 규정하는 재판을 받을 권리가 항소심재판을 받을 권리를 반드시 포함하는 것이 아니므로, 항소이유서 제출의무를 부과하지 않을지 아니면 항소이유서를 제출하지 아니한 경우 항소기각결정을 할지 여부는 기본적으로 입법자가 형사 항소심의 구조와 성격, 형사사법 절차의 특성을 고려하여 결정할 입법재량에 속하는 문제"라고 판시하였다.156)

(4) 특별항고와 재판청구권

민사소송법 제449조 제1항에 의하면 불복할 수 없는 결정이나 명령에 대하여는 재판에 영향을 미친 헌법위반이 있거나, 재판의 전제가 된 명령·규칙·처분의 헌법 또는 법률의 위반여부에 대한 판단이 부당하다는 것을 이유로 하는 때에만 대법원에 특별항고를 할 수 있도록 하고 있다. 이러한 식으로 특별항고의 사유를 제한하는 규정 방식은 재판을 받을 권리의 침해인지가 문제된다. 이에 헌법재판소는 어떤 사유를 특별항고사유로 정하여 특별항고를 허용할 것인가는 기본적으로 입법자가 법적 안정성과 법원의 업무부담 등을 고려하여 결정하여야 할 입법정책의 문제라고 판시하였다.157)

(5) 단심재판과 재판청구권

단심재판은 단 한 번의 재판으로 재판을 확정하는 것으로 심급 이익을 박탈하는 제도이다.158) 법치주의 원칙상 이러한 재판은 허용될 수 없지만, 오판이 있어도 이를 교정할 이익보

---

153) "소액사건에 관하여 일반사건에 비하여 상고 및 재항고를 제한하고 있는 소액사건심판법 제3조는 헌법 제27조의 재판을 받을 권리를 침해하는 것이 아니고, 상고제도라고 한다면 산만하게 이용되기보다 좀 더 크고 국민의 법률 생활의 중요한 영역의 문제를 해결하는데 집중적으로 투입 활용되어야 할 공익상의 요청과 신속·간편·저렴하게 처리되어야 할 소액사건절차 특유의 요청 등을 고려할 때 현행 소액사건상고제한 제도가 결코 위헌적인 차별대우라 할 수 없으며, 소액사건심판법 제3조는 대법원에 상고할 수 있는 기회를 제한하는 것이지 근본적으로 박탈하고 있는 것이 아니므로, 결국 위 법률조항은 헌법에 위반되지 아니한다"(헌재 1992. 6. 26. 90헌바25, 4, 343). 이후의 결정에서도 헌법재판소는 역시 합헌으로 보았다. 헌재 1995. 10. 26. 94헌바28, 7-2, 464, 471; 2009. 2. 28. 2007헌마1433, 공149, 506.

154) "소액사건심판법 제3조 제1호는 소액의 민사사건을 간이한 절차에 따라 신속히 처리하기 위하여 상고이유를 일반 민사소송법에서의 그것에 비하여 제한한 바 있으나 그로 인하여 상고권을 박탈하였다고 볼 수 없으니 위 조항이 헌법 제11조 제1항이나 제27조 제1항에 위배된 규정이라고는 할 수 없다"(대판 1989. 12. 24. 89카55, 공867, 444).

155) 법제처(주 1), 171-172. 부정하는 입장으로는 한수웅(주 3), 893.

156) 헌재 2005. 3. 31. 2003헌바34, 17-1, 363. 이에 대하여 "대저 재판이란 사실확정과 법률의 해석작용을 본질로 함에 비추어 법관에 의하여 사실적 측면과 법률적 측면의 한 차례의 심리 검토의 기회는 적어도 보장되어야 한다"는 헌법재판소의 판례(헌재 1992. 6. 26. 90헌바25, 4, 343)에 따라 제2심의 재판을 받을 권리를 기본권으로 이해하는 입장도 있다. 정종섭(주 2), 819.

157) 헌재 2007. 11. 29. 2005헌바12, 19-2, 559.

158) 정종섭(주 2), 821.

다 단심으로 얻을 이익이 우세한 경우에는 단심제 유지의 헌법적 이익이 존재한다고 보아 예외적으로 인정된다.[159] 헌법 제110조 제4항에서는 "비상계엄하의 군사재판은 군인·군무원의 범죄나 군사에 관한 간첩죄의 경우와 초병·초소·유독음식물공급·포로에 관한 죄중 법률이 정한 경우에 한하여 단심으로 할 수 있다. 다만, 사형을 선고한 경우에는 그러하지 아니하다"고 규정하여 군사법원에 의한 예외적 단심제를 규정하고 있다. 이러한 예외적 단심제는 헌법이 스스로 인정한 예외로 이외의 어떠한 경우에도 단심재판이 인정될 수 없고 그에 따라 헌법 제27조 제1항의 재판을 받을 권리에는 헌법 제110조 제4항의 규정 이외의 경우에는 어떠한 경우에도 단심재판을 받지 않을 권리가 포함된다고 본다.[160] 이에 대하여 비록 헌법상 단심제가 규정되어 있더라도 제도 자체는 대법원의 상고를 제한하고 있으므로 국민의 재판청구권에 대한 중대한 제한이라는 견해도 있다.[161]

다. 재심과 재판청구권

법원의 판결이 확정된 이후에도 이에 대한 효력을 다투는 재심제도가 마련되어 있다. 법적 안정성의 유지를 위하여 재판 확정시에는 그에 따라 법질서가 형성된다고 보아야 하지만 재판의 효력을 부정할 이익이 존재하는 경우 재심재판을 받을 권리를 인정할 필요가 있다.[162] 다만 이러한 권리가 헌법 제27조의 재판청구권에 의하여 보장되는지 문제가 있다. 이 문제에 있어 위헌적인 법률에 의하여 이루어진 재판이나 위헌인 절차나 기관에 의하여 이루어진 재판의 경우에는 이에 대한 효력을 다투는 기회가 주어져야 마땅할 것이지만 그 외의 경우에 확정 판결의 효력을 다투는 재심의 인정여부는 법적 안정성과 구체적 타당성이라는 이익을 서로 형량해서 판단할 법률정책적인 문제라는 견해가 있다.[163] 헌법재판소는 재심청구권 역시 헌법 제27조에서 규정한 재판을 받을 권리에 당연히 포함된다고 할 수 없고 이는 입법정책의 문제라고 판단하기도 하였으며 재심청구권을 헌법상 재판청구권의 내용으로 판단하기도 하였다.[164]

라. 헌법재판을 받을 권리

모든 국민은 헌법 제111조에 의하여 위헌법률심판제청요구, 헌법소원 등을 법원이나 헌법재판소에 청구할 수 있다.[165] 하지만 헌법재판을 받을 권리가 재판청구권에 당연히 포함되는 것은 아니라는 견해가 있다.[166] 공권력에 의한 기본권 침해에 대하여 권리구제절차가 제공되어

---

159) 정종섭(주 2), 821.
160) 정종섭(주 2), 821-822.
161) 성낙인(주 5), 826.
162) 정종섭(주 2), 822.
163) 정종섭(주 2), 822.
164) 전자의 예는 헌재 2007. 11. 29. 2005헌바12 후자의 예는 헌재 2009. 10. 29. 2008헌바101. 다만 후자의 경우에도 어떤 사유를 재심사유로 정하여 재심을 허용할 것인가는 입법정책의 문제라 보고 재심청구권의 제한여부에 대한 헌법적 판단은 입법형성권의 한계를 일탈하여 그 내용이 자의적인지 여부에 의하여 이루어져야 한다고 하였다.
165) 성낙인(주 5), 824.
166) 한수웅(주 3), 894.

야 함은 재판청구권 해석상 당연하지만 재판청구권은 구제절차의 보장만을 의미하고 있을 뿐 그 구제절차가 반드시 헌법소원의 형태로 독립된 헌법재판기관인 헌법재판소에 의하여 이루어 질 것을 보장하지는 않는다고 한다.167) 따라서 헌법소원심판청구권은 재판청구권에서 당연히 도출되는 것이 아니라 헌법소원제도를 규정하는 별도의 헌법적 결정에 의하여만 인정될 수 있 고 결국 헌법소원심판청구권은 헌법적으로 보장된 헌법소원제도 내에서의 권리일 뿐 기본권적 권리라 할 수 없고 입법자의 구체적 형성에 의하여 비로소 현실화된다고 한다.168) 이에 대하여 헌법과 법률에 의한 재판을 받을 권리는 재판준거법률의 합헌성을 보장하기 때문에 헌법에 위 반되는 법률·명령·규칙에 의한 재판을 거부할 권리를 가지고 이에 따라 국민이 가지는 법률에 대한 위헌심사청구권과 명령·규칙에 대한 위헌·위법심사청구권이 재판청구권에서 도출된다는 견해도 있다.169)

5. 공정한 재판을 받을 권리

가. 의의 및 헌법적 근거

우리 헌법에는 공정한 재판을 받을 권리에 관한 명문 규정이 없다. 하지만 국민의 효율적 인 권리보호를 위하여 그리고 법치주의의 이념인 정의의 관점에 비추어 볼 때 법원에 의한 재 판이 공정해야 함은 본질적이고 필연적인 것이므로 공정한 재판을 받을 권리는 헌법 제27조의 재판청구권에 의하여 함께 보장되어야 한다고 일반적으로 받아들여지고 있다.170)

이와 반대로 공정한 재판을 받을 권리의 기본권성을 인정하지 않는 견해도 있다.171) 그 주 된 근거로는 재판의 공정성이 서로 대립되는 당사자 각각에게 절차의 신속성과 실효성 및 절차 의 예견가능성과 안정성을 요구하도록 할 수 있다는, 즉 상호 모순된 법익의 주장을 위한 헌법 적 근거가 될 수 있다는 점을 들고 있다.172) 이러한 입장에서는 공정한 재판을 받을 권리를 별 개의 독자적인 절차적 기본권이 아닌 절차적 기본권을 포괄적하는 강학상의 용어 또는 보충적 인 일반원칙 정도로 이해하여야 한다고 하며, 이를 구현하는 구체적인 절차적 기본권은 별도로 검토해야 한다고 한다.173)

공정한 재판을 받을 권리에 대하여 헌법재판소는 먼저 헌법 제12조 제1항의 적법절차에

---

167) 한수웅(주 3), 894.
168) 한수웅(주 3), 894-895.
169) 김철수(주 5), 1097; 전광석(주 5), 454; 허영(주 4), 387.
170) 효율적인 권리보호를 위하여 재판의 공정성을 강조하는 입장은 성낙인(주 5), 827 참조. 반면 법치주의 이 념 실현을 위하여 재판의 공정성을 강조하는 입장은 양건(주 12), 705; 정종섭(주 2), 824 참조. 이 둘을 모두 강조하는 입장은 한수웅(주 3), 905 참조. 한편 공정한 재판을 헌법 제103조에서 정한 '양심'에 따른 재판으로 파악하는 견해도 있다. 신평(주 15), 10 이하 참조.
171) 장석조(주 25), 448.
172) 장석조(주 25), 448.
173) 장석조(주 25), 449. 한수웅 교수는 공정한 재판을 받을 권리의 기본권성을 인정하면서 이를 포괄적이고 일반적이며 보충적인 절차적 기본권으로 보아 구체적인 절차적 기본권에 의하여 구체화되어야 한다고 주 장한다. 한수웅(주 3), 905.

의한 형사처벌의 원칙이 형벌권의 실행절차인 형사소송의 전반을 규율하는 기본원리이며 헌법 제27조 제1항의 재판청구권이 형사피고인의 공정한 재판을 받을 권리를 포함하기 때문에 공정한 재판을 받을 권리는 헌법 제12조 제1항과 제27조 제1항에서 도출된다고 판단하였다.[174] 그리고 여기서 공정한 재판이란 "헌법과 법률이 정한 자격이 있고, 헌법 제104조 내지 제106조에 정한 절차에 의하여 임명되고 신분이 보장되어 독립하여 심판하는 법관으로부터 헌법과 법률에 의하여 그 양심에 따라 적법절차에 의하여 이루어지는 재판을 의미한다"고 구체적으로 판시하였다.[175]

나. 내 용

공정한 재판을 받을 권리는 당사자의 공격·방어권이 충분히 보장되는 재판을 받을 권리를 주된 내용으로 한다.[176] 국가의 형벌권 행사에 있어 개인의 방어권이 상당히 제한되고 개인이 형사절차의 단순한 객체로 격하될 수 있기 때문에 이러한 공정한 재판을 받을 권리는 형사재판절차에서 특별한 의미를 가진다.[177] 재판은 당사자주의와 구두변론주의에 기초하여야 하며[178] 무엇보다도 형사소송에서 검사와 피고인 사이의 절차법적 무기대등을 요청하는데, 헌법 제12조 제2항의 진술거부권, 동조 제4항의 변호인의 조력을 받을 권리, 동조 제7항의 고문 등에 의한 자백의 증거능력 제한, 제27조 제4항의 무죄추정의 원칙 등에 관한 규정들은 공정한 재판을 받을 권리의 이념을 구체화한 헌법 규정들이라 할 수 있다.

그에 따라 예외 없는 획일적인 궐석재판을 허용하거나[179] 미결수용자가 수감되어 있는 동안 수사 또는 재판 시에 사복을 입지 못하게 하고 재소자용 의류를 입게 하거나[180] 피고인을 증인신문절차에서 배제하거나[181] 피고인의 방어권 행사의 중요한 자료가 되는 기록의 열람권을 제한하는 것[182]은 공정한 재판을 받을 권리의 침해인 것이다.

그러나 헌법재판소는 형사소송법상 구속기간을 제한하는 규정이 피고인의 공정한 재판을

---

174) 헌재 1996. 1. 25. 95헌가5, 8-1, 13(14). 하지만 최근 헌법재판소는 "헌법에 '공정한 재판'에 관한 명문의 규정이 없지만 재판청구권이 국민에게 효율적인 권리보호를 제공하기 위해서는 법원에 의한 재판이 공정하여야만 할 것 임은 당연하므로, '공정한 재판을 받을 권리'는 헌법 제27조의 재판청구권에 의하여 함께 보장된다고 보아야 하고 우리 재판소도 헌법 제27조 제1항의 내용을 '공정한 재판을 받을 권리'로 해석하고 있다"고 판시하여 헌법 제12조 제1항보다는 제27조 제1항을 중심으로 공정한 재판을 받을 권리를 도출하고 있다. 헌재 2006. 7. 27. 2005헌바58, 18-2, 147; 1996. 12. 26. 94헌바1, 8-2, 808(820).
175) 이에 대하여 재판청구권의 보호내용에 대한 법률에 의한 재판을 받을 권리의 해석에 있어 적법절차원리에 의한 해석을 하고 있는 점에 미루어 보면 헌법 제27조 제1항보다는 제12조 제1항의 '적법절차원리'에 더 비중을 두고 있는 것으로 보인다는 해석도 있다. 장석조(주 25), 446.
176) 정종섭(주 2), 824. 헌재 1996. 1. 25. 95헌가5, 8-1, 1; 2008. 1. 10. 2007헌마1468, 20-1(상), 1.
177) 한수웅(주 3), 905.
178) 권영성(주 6), 615; 이준일(주 3), 670; 홍성방(주 2), 361.
179) 헌재 1998. 7. 16. 10-2, 218 이하; 2001. 2. 22. 99헌마461등, 13-1, 328.
180) 헌재 1999. 5. 27. 98헌마5, 11-1, 653 이하.
181) 헌재 1996. 12. 26. 94헌바1, 8-2, 808.
182) 헌재 1994. 12. 29. 92헌바31, 6-2, 367, 368; 1996. 1. 25. 95헌가5, 8-1, 1 이하; 1997. 11. 27. 94헌바60, 9-2, 675 이하.

헌법 제27조

받을 권리를 침해하는 것이 아니냐는 문제 제기에 대하여 이는 신체의 자유를 보장하기 위한 규정으로 합헌이라고 판단하였다.[183] 또한 헌법재판소는 소송지연을 목적으로 함이 명백한 기피신청에 대하여 법원 또는 법관이 이를 기각할 수 있도록 한 형사소송법 규정(제20조 제1항)도 공정한 재판을 받을 권리를 침해하는 것은 아니라 하였다.[184] 그리고 형사재판에 있어 증거의 증명력 평가를 법관의 자유로운 판단에 맡기는 자유심증주의[185]나 법원의 재량에 의하여 증거 채택여부를 결정할 수 있게 한 것[186] 그리고 형사재판절차에서 증인이 피고인의 면전에서 충분한 진술을 할 수 없다고 재판장이 인정한 경우에는 피고인을 퇴정하게 하고 증인으로 하여금 진술할 수 있도록 한 규정[187]도 공정한 재판을 받을 권리를 침해한 것은 아니라 판시하였다.

6. 군사법원의 재판을 받지 않을 권리(제27조 제 2 항)

가. 군사재판에 대한 헌법 규정

군사재판에서는 일반 법관이 아닌 군사법원의 재판관이 재판한다. 군사법원은 헌법 제110조 제1항에 의하여 설치된 특별법원으로 현역군인인 군판사와 심판관으로 구성되는데 헌법 제110조 제3항에 따라 군사법원법이 마련되어 군사법원의 조직과 권한 그리고 그 재판관의 자격을 법률로 정하고 있다. 그리고 헌법 제27조 제2항을 별도로 두어 "군인 또는 군무원이 아닌 국민은 대한민국의 영역안에서는 중대한 군사상 기밀·초병·초소·유독음식물공급·포로·군용물에 관한 죄중 법률이 정한 경우와 비상계엄이 선포된 경우를 제외하고는 군사법원의 재판을 받지 아니한다"고 규정하며 군사법원의 재판을 받지 않을 권리를 명시하고 있다. 다만 조문 해석상 일반국민도 대한민국 영역안에서 중대한 군사상 기밀·초병·초소·유독음식물공급·포로·군용물에 관한 죄 중 법률이 정한 경우와 비상계엄이 선포된 경우에는 예외적으로 군사법원의 재판을 받게 된다.[188]

나. 현행 군사법원제도

군사법원은 헌법 제110조 제1항에 의하여 설치된 특별법원이다. 헌법 제27조 제2항에서도 군사법원을 다루고 있지만 이 조항은 군사법원의 직접적 헌법근거는 아니고 군사법원에 의한 재판을 받지 않을 권리를 규정할 뿐이다. 헌법 제110조 제3항에 따라 '군사법원법'이 마련되어 군사법원 제도를 규정하고 있다.

군사법원에는 고등군사법원과 보통군사법원(군사법원법 제5조)이 있으며 고등군사법원은 국방부에 설치하고 보통군사법원은 국방부, 국방부직할통합부대, 각 군 본부 및 편제상 장관급

---

183) 헌재 2001. 6. 28. 99헌가14, 13-1, 1188 이하.
184) 헌재 2006. 7. 27. 2005헌바58, 18-2, 139 이하.
185) 헌재 2009. 11. 26. 2008헌바25, 21-2(하), 510 이하.
186) 헌재 2012. 5. 31. 2010헌바403, 24-1(하), 419 이하.
187) 헌재 2012. 7. 26. 2010헌바62, 24-2(상), 93 이하.
188) 정종섭(주 2), 813.

장교가 지휘하는 예하부대 또는 기관에 설치한다(군사법원법 제6조).

보통군사법원은 특별한 예외가 없는 경우 군사법원이 설치되는 부대의 장의 직속부하와 직접 감독을 받는 사람이 피고인인 사건, 군사법원이 설치되는 부대의 작전지역·관할지역 또는 경비지역에 있는 자군(自軍)부대에 속하는 사람과 그 부대의 장의 감독을 받는 사람이 피고인인 사건, 군사법원이 설치되는 부대의 작전지역·관할지역 또는 경비지역에 현존하는 사람과 그 지역에서 죄를 범한 「군형법」 제1조에 해당하는 사람이 피고인인 사건 등을 제1심으로 심판한다(군사법원법 제11조). 고등군사법원은 보통군사법원의 재판에 대한 항소사건, 항고사건 및 그 밖에 법률에 따라 고등군사법원의 권한에 속하는 사건에 대하여 심판한다(군사법원법 제10조). 그리고 대법원은 군사법원 판결의 상고사건에 대하여 심판한다(군사법원법 제9조).

보통군사법원은 재판관 1명 또는 3명으로 구성되며 고등군사법원은 재판관 3명 또는 5명으로 구성되는데, 재판관은 군판사와 심판관으로 한다(군사법원법 제22조). 구체적으로는 보통군사법원에서는 군판사 2명과 심판관 1명을 재판관으로 하고 다만, 약식절차에서는 군판사 1명을 재판관으로 한다(군사법원법 제26조). 그리고 고등군사법원에서는 군판사 3명을 재판관으로 하며 다만, 관할관이 지정한 사건의 경우 군판사 3명과 심판관 2명을 재판관으로 한다(군사법원법 제27조).

군판사는 각 군 참모총장 혹은 국방부장관이 소속 군법무관 중에서 임명하며(군사법원법 제23조) 심판관은 법에 관한 소양이 있고 재판관으로서의 인격과 학식이 충분한 장교 중에서 관할관이 임명한다(군사법원법 제24조).

현행 군사법원제도에는 관할관이라는 독특한 지위가 존재하는데 고등군사법원의 관할관은 국방부장관으로 하고, 보통군사법원의 관할관은 그 설치되는 부대와 지역의 사령관, 장 또는 책임지휘관으로 한다(군사법원법 제7조). 이들 관할관 중 고등군사법원의 관할관은 그 군사법원의 행정사무를 관장하고, 국방부직할통합부대와 각 군 본부 보통군사법원의 행정사무를 지휘·감독하며 보통군사법원의 관할관은 그 군사법원의 행정사무를 관장한다(군사법원법 제8조). 관할관은 무죄, 면소, 공소기각, 형의 면제, 형의 선고유예 또는 형의 집행유예의 판결을 제외한 판결을 확인하여야 하며, 형법 제51조 각 호의 사항을 참작하여 형이 과중하다고 인정할 만한 사유가 있을 때에는 형을 감경할 수 있다(군사법원법 제379조).

다. 군사법원의 성격

군사법원은 헌법 제110조 제1항에 의하여 설치된 특별법원이다. 여기서 특별법원의 의미에 대하여는 학설이 갈리는데 소위 '특수법원설'은 법관의 자격을 가진 자가 재판을 담당하고, 그 재판에 대하여 대법원에의 상고가 인정되며 관할이 특정영역에 한정된 법원, 즉 특수법원을 특별법원이라고 하는[189] 반면 '예외법원설'은 심판이 법관의 자격이 없는 자 또는 재판의 독립

---

189) 한태연, 헌법학, 법문사, 1977, 623.

에 필요한 신분보장을 받고 있지 못한 자에 의하여 행해지거나 그 재판에 대한 최고 법원에의 상소가 인정되지 아니한 법원을 말한다.[190] 특별법원을 '예외법원'이라고 할 때에 '헌법과 법률이 정한 법관'에 대한 중대한 예외가 되므로, 헌법상 명문의 규정이 있는 경우에 한해서 인정된다.[191] 반면에 특별법원을 '특수법원'으로 파악하면 헌법에 명시적 규정의 존재가 필수적이지 아니할 것이다.

현행 군사법원의 경우에는 헌법 제27조 제2항에서 군사재판을 받지 아니할 권리를 규정하면서 동시에 군사법원에 의한 재판범위를 규정하고 있고, 헌법 제110조 제2항과 제4항은 대법원을 최고심으로 한다는 점과 심급제에 대한 예외를 규정하고 있다.[192] 결국 상고심은 대법원으로 하면서 심급제에 대한 법률상 예외를 두고 있으며, 동시에 재판관의 자격에 대하여 일반법원의 법관과 다른 자격을 법률에 규정하고 있으므로 일종의 예외법원으로 보는 것이 타당할 것이다.[193] 학설 또한 현행 헌법의 군사법원을 예외법원으로 보고, 그 설치 및 근거의 합헌성에 대하여는 헌법 제27조 제2항의 군사법원에 의한 재판의 명문화와 헌법 제110조 제2항에서 상고심을 대법원으로 하고 있는 점을 근거로 합헌으로 보고 있다.[194] 헌법재판소는 군사법원의 조직, 권한 그리고 재판관 자격을 일반법원과 달리 정할 수 있다 하더라도 헌법 제27조 제1항의 재판청구권 등의 본질적 내용을 침해하여서는 아니되지만, 군대조직 및 군사재판의 특수성을 고려하여 현행 군사법원 설치에 관한 사항이 합헌이라 결정하였다.[195]

라. 현행 군사법원제도의 문제점과 논의점

현행 군사법원제도의 형성근거이자 정당화근거는 군대라는 관할의 특수성에 따른 전문성 강화이다.[196] 헌법재판소 역시 "군사법원법에 규정된 것은 헌법 제110조 제1항, 제3항의 위임에 따라 군사법원을 특별법원으로 설치함에 있어서 군대조직 및 군사재판의 특수성을 고려하고 군사재판을 신속, 적정하게 하여 군기를 유지하고 군지휘권을 확립하기 위한 것으로서, 필요하고 합리적인 이유가 있다"고 판시하였다.

하지만 전문성 강화를 이유로 오히려 법원의 중립성, 독립성 그리고 나아가서는 민주성을 놓치고 있다는 비판이 제기되고 있다.[197] 먼저 심판관 제도의 경우 군의 특수성을 반영하기 위한 제도적 장치가 반드시 심판관일 필요가 없으며, 일반법원의 경우와 마찬가지로 소송법상 감정의견을 통하여 해결하면 된다는 비판이 있다.[198] 그리고 관할관의 '판결확인조치권'은 재판의

---

190) 김철수(주 5), 1090; 성낙인(주 5), 561.
191) 정종섭(주 2), 813.
192) 법제처(주 1), 177.
193) 법제처(주 1), 177.
194) 김철수(주 5), 1090; 성낙인(주 5), 561.
195) 헌재 1996. 10. 31. 93헌바25, 8-2, 443-455.
196) 송기춘, "군사재판에 관한 헌법학적 연구 — 군사법원의 구성과 운영의 개선방안을 중심으로 —," 공법연구 33-3(2005), 281.
197) 사법개혁위원회, "사법서비스 및 형사사법제도," 사법개혁위원회 제5차 회의보고자료(2004), 223-224.
198) 송광섭, "군사법제도의 개선방안," 형사법연구 24(2005), 354; 송기춘, "헌법상 법원의 구성원리와 법원의 구

결과를 사후적으로 변형시키고, 무엇보다 형감경의 원칙과 한계에 대한 기준이 없어 전적으로 관할관의 재량에 일임되어 있다는 점이 문제라는 비판이 있다.[199] 종합적으로 살펴보면 '법원구성의 방식', '판결확인조치에 따른 헌법과 법률에 따른 재판결과의 왜곡', '지휘관 사법' 등의 문제가 군사법에 있어 민주성을 약화시킨다는 비판이 제기된다. 이처럼 군사법원의 특수성만을 강조하게 되는 경우 역시 같은 국민인 군인들에 대한 기본권 보장을 소홀히하는 반헌법적인 것으로 귀착될 수밖에 없을 것이다.[200] 헌법재판소 역시 지금까지 군의 특수성과 자율성을 강조하는 논리에 지배된 나머지 군사법제도상의 헌법보장과 사법정의실현을 확보하려는 노력이 상대적으로 부족하였지만 군사법제도에 있어서도 인권보장과 사법정의의 실현이라는 헌법적 가치 구현에 더욱 노력하여야 한다고 판시하였다.[201] 입법론적으로는 독일·프랑스와 같이 평상시에는 군사법원을 두지 아니하고 민간법원에서 재판하는 제도가 바람직하다는 견해도 있다.[202]

7. 신속한 공개재판을 받을 권리(제27조 제3항)

가. 신속한 재판을 받을 권리

헌법 제27조 제3항에서는 모든 국민이 신속한 재판을 받을 권리를 가진다고 명시하고 있다. 공정한 재판이 진행되더라도 재판이 지연되게 되면 판결의 의미가 퇴색될 수 있고 재판 당사자의 정신적·육체적·재산적 고통이 가중될 수 있다.[203] 즉 장기간의 소송으로 인하여 증거물의 멸실이나 변형, 혹은 피고인이나 증인의 기억의 감퇴가 있어 판결의 실체적 타당성을 실현하지 못할 수도 있으며, 사회적·경제적 약자가 상대적으로 보다 과중한 경제적·정신적 부담을 안을 수 있다.[204] 결국 신속한 재판을 받을 권리는 주로 피고인의 이익을 보호하기 위하여 인정된 기본권이지만 동시에 실체적 진실발견, 소송경제, 재판에 대한 국민의 신뢰와 형벌목적의 달성과 같은 공공의 이익에도 근거가 있는 것이다.[205]

재판의 신속성은 모든 소송절차에 적용되는 것이지만, 특히 형사절차의 경우 기소 전 절차

199) 박찬걸, "군사재판에 있어서 관할관제도 및 심판관제도의 문제점과 개선방안," 형사정책연구 23-4(2012), 154-156. 송광섭(주 198), 352. 이에 대하여 판결확인제도의 경우 관할관의 지휘권을 보장하고 소속장병들에게 대한 인사관리를 효율적으로 할 수 있도록 하며, 군형법의 법정형이 일반적으로 가중할 뿐만 아니라 재판과정에서 감경의 한계가 있기 때문에 확인조치를 통하여 '형량의 구체적 타당성'을 실현하자는데 근본취지가 있다고 한다(이상석, 군법과 군사재판, 청림출판사, 1994, 65).

200) 법제처(주 1), 179.

201) 헌재 2003. 11. 27. 2002헌마193, 15-2(하), 324.

202) 김철수(주 5), 1102-1103. 같은 맥락에서 헌법 제27조 제2항 폐지론은 송기춘, "'군사재판을 받지 않을 권리'에 관한 소고," 공법연구 37-4(2009), 193-227.

203) 권영성(주 6), 614; 성낙인(주 5), 828; 장영수(주 3), 884; 정종섭(주 2), 827-828.

204) 김철수(주 5), 1104-1105; 백윤철(주 5), 222-223; 이승우(주 9), 848-849; 정종섭(주 2), 828; 한수웅(주 3), 903.

205) 홍성방(주 2), 359; 헌재 1995. 11. 30. 92헌마44, 7-2, 646.

에서도 신속한 절차진행은 피의자로 하여금 불필요한 인신구속을 미연에 방지한다는 측면에서 요청된다.206) 국가보안법 제3조 내지 제10조에 대한 구속기간의 연장을 규정한 제19조에 대하여 헌법재판소는 형사 소송법상의 구속기간은 헌법상의 무죄추정의 원칙에서 파생되는 불구속 수사원칙에 대한 예외로서 설정된 기간으로 이 구속기간을 더 연장하는 것에는 국가안전보장과 질서유지라는 공익과 국민의 기본권보장이라는 상충되는 긴장관계의 비례성 형량에 있어서 더욱 엄격한 기준이 요구되는데 사건조항에서는 불필요한 장기구속을 허용하여 신속한 재판을 받을 권리를 침해하였다고 위헌 선언하였다.207) 또한 군사법경찰관의 구속기간의 연장을 규정한 군사법원법 제22조 제1항 중 제239조 부분은 구속기간을 불필요하게 장기화하여 피의자의 신속한 재판을 받을 권리를 침해 한다고 판시하기도 하였다.208)

한편 헌법 제27조 제3항에서 보장되는 신속한 재판을 받을 권리는 판결절차뿐만 아니라 집행절차에도 적용되는데, 청구권의 사실적 형성을 목적으로 하는 집행절차의 성격상 판결절차보다 오히려 집행절차에서 신속성의 요청이 더욱 강하다.209) 헌법재판소 역시 배당기일에 이의한 사람이 배당이의의 소의 첫 변론기일에 출석하지 아니한 때에는 소를 취하한 것으로 보도록 한 민사집행법 제158조에 대하여 배당이의의 소에 있어서 원고로 인한 불필요한 지연을 방지하고 최초 변론기일부터 원고의 적극적 소송참여를 유도함으로써 강제집행절차를 신속하고 효율적으로 진행시키기 위한 것으로 판결절차에 비하여 권리의 강제적 실현을 목적으로 하는 강제집행절차에서는 신속성의 요청이 더 강하게 요구되므로 그 입법목적의 정당성이 인정된다고 판시하였다.210)

한편 현행 헌법이 제27조 제3항에서 신속한 재판에 대한 명문의 규정을 두고 있다는 점을 적극적으로 해석하여 구체적 법률의 형성 없이 헌법조항으로부터 신속한 재판을 받을 권리에

---

206) 법제처(주 1), 212.
207) 헌재 1992. 4. 14. 90헌마82, 4, 194. 하지만 이후의 결정에서 국가보안법(1980. 12. 31. 법률 제3318호로 전문개정된 것) 제19조 중, 1991. 5. 31. 개정 전후의 같은 법 제3조, 제5조, 제8조, 제9조의 죄에 관한 구속기간의 연장부분에 대하여 "1991. 5. 31. 개정 전후의 국가보안법 제3조, 제5조, 제8조, 제9조에 해당하는 범죄에 대한 수사에 있어서는 그 피의자들에 대한 구속기간을 최소한의 범위 내에서 연장할 상당한 이유가 있으며, 또 그 구속기간의 연장에는 지방법원 판사의 허가를 받도록 되어 있어서 수사기관의 부당한 장기구속에 대한 법적 방지장치도 마련되어 있으므로 국가보안법 제19조 중 위 각 죄에 관한 구속기간의 연장부분은 헌법에 규정된 평등의 원칙, 신체의 자유, 무죄추정의 원칙 및 신속한 재판을 받을 권리 등을 침해하는 위헌법률조항이라고 할 수 없다"고 판시하였다(헌재 1997. 6. 26. 96헌가8, 9-1, 578). 이와 동일한 입장에서 헌법재판소는 국가보안법 제19조 중 같은 법 제8조의 죄에 관한 구속기간연장 부분이 헌법상의 평등의 원칙, 신체의 자유, 무죄추정의 원칙 및 신속한 재판을 받을 권리 등에 위반되는지 여부에 대하여도 "국가보안법(1980. 12. 31. 법률 제3318호로 전문개정된 것) 제19조 중 1991. 5. 31. 개정된 같은 법 제8조의 죄에 관한 구속기간 연장 부분은 국내외의 반국가활동으로부터 국가와 국민의 존립과 안전을 보호하고 자유민주적 기본질서를 수호하기 위하여 반드시 필요한 것일 뿐만 아니라 그 규제의 정도가 지나친 것 이라고도 볼 수 없으므로, 이 부분이 헌법에 규정된 평등의 원칙, 신체의 자유, 무죄추정의 원칙 및 신속한 재판을 받을 권리 등을 침해하는 위헌법률조항이라고 할 수 없다"고 판시하였다(헌재 1997. 8. 21. 96헌마48, 9-2, 295).
208) 헌재 2003. 11. 27. 2002헌마193, 15-2(하), 311.
209) 성낙인(주 5), 828; 정종섭(주 2), 828.
210) 헌재 2005. 3. 31. 2003헌바92, 17-1, 396.

대한 구체적 권리가 도출될 수 있는 가에 대하여 헌법재판소는 제27조 제3항에서 어떤 직접적이고 구체적인 청구권이 나오는 것은 아니라고 판시하였다.[211] 결국 신속한 재판을 받을 권리의 실현을 위해서는 구체적인 입법형성이 요구되는데 소송기간의 적정성은 개별 법원의 구체적 상황, 개별 사건의 특수한 상황을 고려하여 결정할 문제이므로 이 점에 있어 다른 사법절차적 기본권에 비하여 폭넓은 입법재량이 허용된다.[212] 헌법재판소도 동일한 입장이다.[213] 그에 따라 입법자는 법원에 일정한 기간 내에 판결을 선고하도록 노력해야 할 의무를 부과할 수 있고 소송촉진에 기여하는 제도를 도입하는 등 재판지연의 방지수단을 소송절차에 형성하거나 그에 따른 물적·인적 시설의 확충과 절차법제를 정비할 수 있다.[214] 그리고 재판의 지연으로 인한 재판청구권의 침해 여부에 대한 최종적 판단은 결국 최고의 헌법해석 기관인 헌법재판소가 판단할 수 있다.

나. 공개재판을 받을 권리

공개재판은 재판의 심리와 판결을 널리 일반국민에게 공개하여 재판의 공정성을 확보하기 위한 제도이다.[215] 헌법은 제27조 제3항에서 형사피고인의 권리로서 '상당한 이유가 없는 한 공개재판'을 받을 권리를 규정하고 있다. 그리고 헌법은 제109조에서 재판의 공개원칙에 대하여 구체적인 규정을 두어 재판의 심리와 판결은 공개하며 다만 국가의 안전보장 또는 안녕질서를 방해하거나 선량한 풍속을 해할 염려가 있는 예외적인 경우에는 심리를 법원의 결정으로 공개하지 아니할 수 있다고 하는데 결국 '판결'에 대하여는 절대적 공개를 하도록 하였다.[216] 비록 헌법 제27조 제3항에서는 공개재판을 받을 권리를 형사피고인의 권리로 한정하고 있지만 재판의 심리와 평결은 공개한다는 헌법 제109조의 규정을 참조해보면 이는 형사피고인의 권리를 특히 강조하는 것일 뿐 널리 일반국민이 누리는 권리일 것이다.[217] 다만 대법원은 법정이라는 제

---

211) 법원은 민사소송법 제184조에서 정하는 기간내에 판결을 선고하도록 노력해야 하겠지만, 이 기간 내에 반드시 판결을 선고해야 할 법률상의 의무가 발생한다고 볼 수 없으며, 헌법 제27조 제3항 제1문에 의거한 신속한 재판을 받을 권리의 실현을 위해서는 구체적인 입법형성이 필요하고, 신속한 재판을 위한 어떤 직접적이고 구체적인 청구권이 이 헌법규정으로부터 직접 발생하지 아니하므로, 보안관찰처분들의 취소청구에 대해서 법원이 그 처분들의 효력이 만료되기 전까지 신속하게 판결을 선고해야 할 헌법이나 법률상의 작위의무가 존재하지 아니한다(헌재 1999. 9. 16. 98헌마75, 11-2, 364).

212) 정종섭(주 2), 829; 한수웅(주 3), 903; 홍성방(주 2), 359. 인권보호를 위해 신속한 재판을 받을 권리를 단순히 입법재량의 문제가 아니라 보편적 인권이자 사법부에 대한 항의적 권리로 인정해야 한다는 주장은 한상희, "신속한 재판을 받을 권리: 유럽인권재판소의 결정례를 중심으로," 공법학연구 10-3(2009), 3-33.

213) 헌재 2007. 3. 29. 2004헌바93, 19-1, 199 이하.

214) 법제처(주 1), 213.

215) 성낙인(주 5), 829; 정종섭(주 2), 829.

216) 법제처(주 1), 214-215; 허영(주 4), 389-390.

217) 성낙인(주 5), 829; 정종섭(주 2), 829; 한수웅(주 3), 909; 홍성방(주 2), 361. 형사재판에 있어 공개원칙 문제에 대하여는 강동욱, "형사재판에 있어서 공개주의의 의미와 그 내용에 관한 고찰," 한양법학 31(2010), 215-232 참조. 민사소송에 있어 재판공개원칙 문제에 대하여는 정선주, "민사소송절차에서 공개재판의 원칙과 비밀보호," 서강법학 2(2000), 169-189 참조. 그리고 사법신뢰형성을 위하여 재판의 최대 공개가 필요하다는 입장은 이상원, "사법신뢰형성구조와 재판의 공개," 서울대학교법학 53-3(2012), 307 이하.

한된 공간에서 공판이 이루어지는 관계로 재판장이 법정질서유지상 방청권을 발행하고 그 소지자만 방청을 허용하는 것은 공개재판을 받을 권리의 침해로 보지 않는다고 판시하였다.218)

8. 형사피고인의 무죄추정 원칙(제27조 제 4 항)

가. 의   의

헌법 제27조 제4항에서는 형사피고인은 유죄 판결이 확정될 때까지 무죄로 추정된다고 규정하고 있다. 1789년 프랑스의 인권선언 제9조에서 유래된 형사피고인의 무죄추정원칙은 우리의 경우 1980년 제8차 개정헌법 제26조 제4항에 처음 도입되었는데 이후 형사소송법에서도 이를 명시하였다(형사소송법 제275조의2).219) 무죄추정의 원칙은 언제나 불리한 처지에 놓여 있는 피의자, 피고인의 인권 유린을 방지하기 위한 것으로 인간의 존엄성 존중을 궁극의 목표로 하고 있는 헌법이념에서 나온 것이다.220)

조문 해석상 무죄추정의 원칙이 형사절차에 국한된 것으로 생각할 수 있으나 행정상 불이익에도 적용되며 나아가 일반적인 법영역에서 적용되는 원칙으로 확대된다고 보아야 한다.221)

그리고 무죄추정은 객관적인 법원칙을 넘어 개인의 기본권으로 보는 견해222)가 있는데 헌법재판소도 무죄추정의 원칙을 수사절차에서 공판절차에 이르기까지 형사절차의 전 과정을 지배하는 지도원리, 즉 객관적 법원칙이자 개인의 기본권으로 파악하며 '무죄추정을 받을 권리'라는 표현을 사용하고 있다.223)

나. 내   용

형사피고인은 유죄판결 확정 전까지 무죄임이 추정되는데 이는 피의자 또는 피고인에게 어떠한 법률적·사실적 불이익을 주지 않는 것을 의미한다.224) 따라서 유죄판결 확정 전에 단순히 공소가 제기된 사실만으로 직업행사와 관련하여 업무정지명령 혹은 직위해제처분 등의 형태로 불이익을 가하는 것은 무죄추정 원칙에 반하며225) 형이 확정되지 않았음에도 불구하고

---

218) 대판 1975. 4. 8. 74도3323; 1990. 6. 8. 90도646, 공877, 1501.
219) 김현철, "무죄추정원칙에 관한 헌법재판소 판례 검토 ─ 헌재 2010. 9. 2. 2010헌마418 결정에 대한 평석을 중심으로 ─," 법학논총 32-2(2012), 12-13.
220) 이승우(주 9), 639; 허영(주 4), 375; 법제처(주 1), 218. 그 외에 법치주의 원칙을 근본이념으로 제시하는 견해는 장영수(주 3), 608.
221) 법제처(주 1), 217; 성낙인(주 5), 510. "공소제기가 된 피고인이라도 유죄의 확정판결이 있기까지는 원칙적으로 죄가 없는 자에 준하여 취급하여야 하고 불이익을 입혀서는 안 된다고 할 것으로 가사 그 불이익을 입힌다 하여도 필요한 최소제한에 그치도록 비례의 원칙이 존중되어야 한다는 것이 헌법 제27조 제4항의 무죄추정의 원칙이며, 여기의 불이익에는 형사절차상의 처분에 의한 불이익뿐만 아니라 그 밖의 기본권제한과 같은 처분에 의한 불이익도 입어서는 아니된다는 의미도 포함된다고 할 것이다." 헌재 1990. 11. 19, 90헌가48, 2, 393, 394.
222) 양건(주 12), 716; 정종섭(주 2), 517.
223) 헌재 1994. 4. 28. 93헌바26, 6-1, 348 이하.
224) 성낙인(주 5), 509; 전광석(주 5), 456.
225) 헌재 1990. 11. 19. 90헌가48, 2, 402; 1994. 7. 29. 93헌가3등, 6-2, 12; 1998. 5. 28. 96헌가12, 10-1, 569.

금고이상의 형의 선고를 받았다는 이유에서 지방자치단체의 장의 직무를 정지시키는 규정도 무죄추정 원칙에 반한다.[226]

그리고 여기에서 유죄판결이란 실형선고판결로 형면제·집행유예판결·선고유예판결 등을 포함하며[227] 확정판결의 효력이 부여된 약식명령이나 즉결심판도 무죄추정 종료사유인 유죄판결에 포함된다.[228] 면소판결이나 공소기각은 유무죄의 실체적 판결이 아닌 형식적 재판이므로 무죄추정은 그대로 유지된다.[229] 유죄판결의 확정은 대법원의 판결선고, 상소기간의 도과, 상소권의 포기, 상소취하 등에 의하여 이루어진다.[230] 상소기간의 도과의 경우 상소기간 내에 상소제기시에는 확정이 차단된다.[231] 그리고 유죄판결이 확정된 이후에 이에 대하여 제기하는 재심 청구절차에는 적용되지 않는다.[232]

무죄추정을 받는 주체는 '형사피고인'에 국한되지 않고, 형사피고인을 포함한 공소제기 전의 형사피의자에게도 당연히 인정된다.[233] 그리고 무죄추정의 원칙의 내용으로는 첫째, 증거법상 차원에서 '의심스러울 때는 피고인에게 유리하게'라는 원칙과 둘째, 형사절차에서의 불이익처우금지, 그리고 셋째, 형사절차 이외에서의 불이익처우금지 등을 들 수 있다.[234]

불구속수사나 불구속재판이 무죄추정 원칙의 내용인가 하는 문제에 있어 이를 긍정하는 견해[235]도 있지만 체포 구속의 문제는 재범 가능성이나 도주의 우려 등 수사나 재판의 절차법적 기능에 따라 결정되는 것이므로 이는 유죄확정의 효력과 무관하여 무죄추정 원칙의 내용이라 할 수 없다는 견해도 있다.[236] 헌법재판소는 이를 긍정하고 있다.[237]

헌법 제27조

---

226) 헌재 2010. 9. 2. 2010헌마418, 22-2(상), 542.

227) 성낙인(주 5), 509.

228) 법제처(주 1), 218.

229) 양건(주 12), 717.

230) 정종섭(주 2), 522.

231) 성낙인(주 5), 511.

232) 정종섭(주 2), 522. 다만 의심스러울 때는 피고인에게 유리하게라는 법리는 재심절차에 인정된다고 한다.

233) 권영성(주 6), 438; 양건(주 12), 716. 정종섭(주 2), 521; 허영(주 4), 375.

234) 양건(주 12), 717-8. 특히 불이익처우금지에 따라 무죄추정을 받은 자에 대한 수사에 있어 고문이나 모욕적 언행을 사용할 수 없다. 김승대(주 2), 198-199; 성낙인(주 5), 510. 헌재 2005. 5. 26. 2001헌마728, 17-1, 709. "검사조사실에 소환되어 피의자신문을 받을 때 계호교도관이 포승과 수갑을 채운 상태에서 피의자조사를 받도록 한 것은 … 무죄추정의 원칙에 … 반하는 행위로서 위헌임을 확인한다."

235) 권영성(주 6), 438; 김승대(주 2), 198; 이준일(주 3), 451; 장영수(주 3), 606; 전광석(주 5), 456; 허영(주 4), 376. 그에 따라 허영 교수는 보석조건을 다양화한 형사소송법 제98조, 제99조 및 보석제도를 기소 전의 수사단계까지 확대한 형사소송법 제214조의2 제5항 내지 제7항은 당연한 제도 개선이라 한다. 허영(주 4), 376-377.

236) 정종섭(주 2), 519.

237) 헌재 1992. 1. 28. 91헌마111, 4, 51 이하; 2009. 6. 25. 2007헌바25, 21-1(하), 784.

9. 형사피해자의 재판절차진술권(제27조 제 5 항)

가. 의　　의

헌법 제27조 제5항에서는 "형사피해자는 법률이 정하는 바에 의하여 당해 사건의 재판절차에서 진술할 수 있다"고 규정하여 형사피해자의 재판절차진술권을 보장하고 있다. 이는 범죄로 인한 피해자가 당해 사건의 재판절차에 증인으로 출석하여 자신이 입은 피해의 내용에 대하여 의견을 진술할 수 있게 하여 자신의 권리를 적극적으로 방어하고 주장하기 위한 권리이다.[238] 이 권리는 형사소추권이 검사에게 독점되어 불기소처분 등으로 피해자의 진술기회가 박탈당하는 것을 방지하고 형사피해자의 정당한 권리를 보장하기 위하여 헌법 제30조의 범죄피해자구조청구권과 함께 1987년헌법에 도입되었다.[239] 헌법재판소도 현행 기소독점주의의 형사소송체계 아래에서 형사피해자로 하여금 형사사건에 있어 청문의 기회를 부여함으로써 형사사법의 절차적 적정성을 확보하기 위하여 형사피해자의 재판진술권이 인정된다고 판단하였다.[240]

헌법소송의 측면에서 살펴보면, 형사피해자의 재판절차진술권은 주로 검사의 자의적인 불기소처분에 대한 사법심사의 기준이 되는 기본권의 역할을 하였다.[241] 헌법재판소도 형사피해자가 고소·고발한 사건에 대하여 검사가 이유 없이 불기소처분하는 것은 형사피해자의 재판절차진술권을 침해하는 것이라고 판시하였다.[242][243]

나. 내　　용

형사피해자의 재판절차진술권에 있어 형사피해자라 함은 형사법상 보호법익을 기준으로 한 피해자의 개념에 한정되지 아니하고 당해 범죄행위로 말미암아 직접 혹은 간접적으로 법률상 불이익을 받게 된 자를 포함하는 식의 광의로 이해된다.[244] 헌법재판소도 같은 입장

238) 성낙인(주 5), 830; 장영수(주 3), 887; 정종섭(주 2), 830; 한수웅(주 3), 909; 홍성방(주 2), 362. 김백유 교수는 공평한 재판에 대한 요청과 아울러 법관으로 하여금 적절한 형벌권을 행사하여 줄 것을 청구할 수 있는 사법절차적 기본권으로 이해한다. 김백유(주 6), 835.

239) 정종섭(주 2), 830; 한수웅(주 3), 909. 이에 대하여 소송의 당사자가 아닌 형사피해자에게 재판에서의 진술권을 헌법적으로 보장할 실익에 의문을 제기하며 이를 형사소송법의 규율대상으로 보자는 견해는 전광석(주 5), 458 참조.

240) 헌재 2003. 9. 25. 2002헌마533, 15-2(상), 479.

241) 한수웅(주 3), 909; 법제처(주 1), 216.

242) 헌재 2006. 4. 27. 2005헌마1097등, 18-1(상), 626; 1989. 4. 17. 88헌마3, 1, 31, 36.

243) 그밖에 재판절차진술권의 침해를 인정한 헌법재판소 결정들로는 헌재 1991. 4. 1. 90헌마115, 3, 175 이하; 1999. 2. 25. 98헌마108, 11-1, 152 이하; 1999. 9. 16. 98헌마289. 공38, 799 이하; 1999. 10. 21. 99헌마131, 공39, 874 이하; 1999. 11. 25. 99헌마422, 공40, 938 이하; 2000. 3. 30. 99헌마270, 12-1, 416 이하; 2000. 7. 20. 99헌마358, 공48, 682 이하; 2000. 8. 31. 99헌마69, 공49, 746 이하; 2000. 8. 31. 99헌마639, 12-2, 254 이하; 2000. 11. 30. 2000헌마253, 공51, 851 이하 참조.

244) 김백유(주 6), 836; 김철수(주 5), 1111; 성낙인(주 5), 830; 양건(주 12), 721; 전광석(주 5), 457; 한수웅(주 3), 909. 덧붙여 권영성, 홍성방 교수는 생명과 신체에 대하여 피해를 입은 헌법 제30조 범죄피해자구조청구권의 범죄피해자보다 넓은 개념이라고 한다. 권영성(주 6), 616; 홍성방(주 2), 363.

이다.[245]

　　형사피해자의 재판절차진술권의 행사는 형사소송법 제294조의 2에 규정되어 있다. 법원은 범죄로 인한 피해자 또는 그 법정대리인의 신청이 있는 때에는 그 피해자등을 증인으로 신문하여야 하는데 다만 피해자등 이미 당해 사건에 관하여 공판절차에서 충분히 진술하여 다시 진술할 필요가 없다고 인정되는 경우나 피해자등의 진술로 인하여 공판절차가 현저하게 지연될 우려가 있는 경우에는 그렇지 아니하다(동조 제1항). 그리고 법원은 피해자등을 신문하는 경우 피해의 정도 및 결과, 피고인의 처벌에 관한 의견, 그 밖에 당해 사건에 관한 의견을 진술할 기회를 주어야 하며(동조 제2항) 동일한 범죄사실에서 제1항의 규정에 의한 신청인이 여러 명인 경우에는 진술할 자의 수를 제한할 수 있다(동조 제3항). 다만 법원은 범죄로 인한 피해자를 증인으로 신문하는 경우 당해 피해자·법정대리인 또는 검사의 신청에 따라 피해자의 사생활의 비밀이나 신변보호를 위하여 필요하다고 인정하는 때에는 결정으로 심리를 공개하지 아니할 수 있다(형사소송법 제294조의3 제1항).[246]

　　또한 범죄피해자보호법 제8조에서는 국가는 범죄피해자가 해당 사건과 관련하여 수사담당자와 상담하거나 재판절차에 참여하여 진술하는 등 형사절차상의 권리를 행사할 수 있도록 보장하여야 한다고 하며 범죄피해자가 요청하면 가해자에 대한 수사 결과, 공판기일, 재판 결과, 형 집행 및 보호관찰 집행 상황 등 형사절차 관련 정보를 대통령령으로 정하는 바에 따라 제공할 수 있다고 규정하고 있다.

IV. 재판청구권의 제한과 한계

1. 헌법직접적 제한

가. 국회의 자율성

　　재판청구권은 본래 광범위한 입법형성의 자유가 인정되고 그에 따라 재판청구권에 대한 제한은 법률에 의하여 이루어지는 것이 일반적이기는 하지만 헌법에서 직접적으로 재판청구권을 제한하는 규정을 두기도 한다. 헌법 제64조 제4항은 국회가 행한 국회의원의 자격심사, 징계, 제명에 대하여는 법원에 제소할 수 없도록 하며 재판청구권을 직접 제한하고 있다. 이는 국회의 자율성을 존중하기 위함이라 할 수 있다.[247]

---

245) 헌재 2002. 10. 31. 2002헌마453, 공74, 142. 교통사고로 사망한 사람의 부모는 비록 교통사고처리특례법의 보호법익인 생명의 주체는 아니라고 하더라도 그 교통사고로 자녀가 사망함으로 인하여 극심한 정신적 고통을 받은 법률상 불이익을 입게 된 자임이 명백하므로, 헌법상 재판절차진술권이 보장되는 형사피해자의 범주에 속한다. 헌재 1992. 2. 25. 90헌마91, 4, 130도 참조.

246) 형사피해자의 진술권을 적극적으로 보장하기 위하여 형선고단계까지 진술권을 보장하는 주장은 정도희, "참여의 관점에서 바라본 피해자의 진술권," 형사정책 21-2(2009), 159-187.

247) 정종섭(주 2), 837; 양건 교수는 법원만이 아니라 헌법재판소에 대하여도 청구할 수 없다고 한다. 양건(주

나. 군인·군무원에 대한 군사법원의 재판

헌법 제27조 제2항에서는 군인이나 군무원 등은 일반국민과 달리 군사법원의 재판을 받도록 하고 있다. 또한 일반국민의 경우에도 대한민국의 영역안에서는 중대한 군사상 기밀·초병·초소·유독음식물공급·포로·군용물에 관한 죄 중 법률이 정한 경우와 비상계엄이 선포된 경우에는 군사법원의 재판을 받도록 하고 있다. 헌법 제110조에서는 군사재판을 관할하기 위하여 특별법원으로서 군사법원을 두도록 하고 있는데 결국 일정한 대상으로 하여금 군사법원의 재판을 받도록 하는 헌법규정은 일반적인 재판청구권의 제한이라 할 수 있다.[248]

다. 국가긴급상태와 재판청구권의 제한

대통령은 국가의 안위에 관계되는 중대한 교전상태에 있어서 국가를 보위하기 위하여 긴급한 조치가 필요하고 국회의 집회가 불가능한 때에 한하여 법률의 효력을 가지는 명령을 발할 수 있으며(헌법 제76조 제2항), 비상계엄이 선포된 때에는 법률이 정하는 바에 의하여 영장제도, 언론·출판·집회·결사의 자유, 정부나 법원의 권한에 관하여 특별한 조치를 할 수 있다(헌법 제77조 제3항) 이에 따라 법원의 권한에 관한 특별한 조치가 있을 수 있고 재판청구권의 제한이 가능하다.[249] 특히 헌법 제110조 제4항에 따르면 사형을 선고한 경우를 제외하고는 비상계엄하의 군사재판은 군인·군무원의 범죄나 군사에 관한 간첩죄의 경우와 초병·초소·유독음식물공급·포로에 관한 죄중 법률이 정한 경우에 한하여 단심으로 할 수 있다. 이에 대하여 비상계엄하의 군사재판에 대한 단심제는 재판청구권의 본질적 내용의 제한이지만 헌법규정인 관계로 위헌법률심사의 대상이 되지는 않는다는 해석도 있다.[250]

2. 법률에 의한 일반적 제한

가. 개   설

재판청구권은 그 실현에 있어 법원의 조직과 절차에 관한 입법에 의존하고 있기 때문에 입법자에 의한 재판청구권의 구체적 형성은 불가피하다.[251] 게다가 재판청구권도 다른 헌법적 권리들과 마찬가지로 헌법 제37조 제2항에 의하여 국가안전보장·질서유지·공공복리를 위하여 필요한 경우에 법률로써 제한이 가능하다.[252] 그에 따라 다양한 입법에 의하여 재판청구권이

---

        12), 711.

248) 양건(주 12), 711; 법제처(주 1), 219. 성낙인 교수는 군사법원법에 기초하여 군사법원의 재판을 분석하면서 이를 법률에 의한 재판청구권의 일반적 제한의 예로 분류하여 설명한다. 성낙인(주 5), 831. 다만 정종섭 교수는 군사재판은 군사작전이나 군기확립의 필요에 의하여 군인으로 구성된 특별법원인 군사법원에서 군인 및 군무원 등에 대한 형사범죄를 재판하는 것이므로 특별법원에 의한 재판일 뿐 재판청구권의 제한이라 할 수 없다고 한다. 정종섭(주 2), 838.

249) 정종섭(주 2), 838.

250) 성낙인(주 5), 832.

251) 헌재 2002. 10. 31. 2001헌바40, 14-2, 473 이하.

252) 일반적으로 이를 인정하나 한수웅 교수는 법률에 의한 구체적 형성을 필요로 하는 재판청구권이 헌법 제37조 제2항에 의하여 제한될 수 있는지에 대하여는 의문을 제기한다. 한수웅(주 3), 910.

형성되며 제한되고 있다. 상술하였듯이 군사법원법에 따라 군사재판을 규정하여 재판청구권을 제한하며, 상고심절차에 관한 특례법이나 소액사건심판법 등에 따라 상소에 대한 제한 규정을 두어 재판청구권을 제한하고 있다. 그 외의 입법을 통하여도 재판청구권에 대한 제한이 이루어지고 있다.

나. 소송비용 및 소송구조제도와 재판청구권의 제한

법치국가 이념상 국가가 사법질서 유지비용을 부담하는 것은 당연하겠지만 개개의 소송비용까지 모두 부담하는 것은 지나칠 것이다. 그에 따라 개개의 소송비용을 당사자의 부담으로 하는 방법을 택할 수 있는데 이를 통하여 남소를 방지하고 법원의 권리구제의 양질성과 효율성을 도모할 수 있을 것이다.[253] 다만 소송비용의 당사자 부담은 국민으로 하여금 법원절차에의 접근을 어렵게 한다는 점에서 이것이 재판청구권을 침해하는지 살펴볼 필요가 있다.

소송비용을, 특히 인지대 등을 어느 정도로 정할 것인지의 문제는 각 국의 재판제도와 재정여건 등을 고려하여 효율적인 권리보호와 합리적인 소송제도 운영이 가능하도록 입법자가 재량에 의하여 결정하여야 할 것이다.[254] 다만 입법자가 소송비용을 규정하는 경우에 인지액이 소송물가액 등에 비추어 지극히 다액이어서 권리보호가 경제적 능력의 여부에 달려있을 정도로 무자력자의 권리구제를 막는 효과를 가져온다면 이는 재판청구권의 침해라고 할 수 있다.[255] 헌법재판소도 동일한 입장이다.[256]

관련하여 소송비용으로 인하여 무자력자가 재판절차에 접근할 수 없는 상황을 해결하기 위하여 소송구조제도가 마련되는데 이는 효과적인 권리보호를 요청하는 재판청구권의 관점에서 이미 헌법적으로 요청되고 보장되는 것이라는 주장이 있다.[257] 헌법재판소는 "소송구조를 하지 않는다고 하여 … 국민의 재판청구권이 소멸되거나 그 행사에 직접 제한을 받는다거나 하는 일은 있을 수 없으므로 소송구조의 거부 자체가 국민의 재판청구권의 본질을 침해한다고는 할 수 없다"고 판시하며[258] 다만 소송구조제도가 구조의 범위를 일체의 소송비용으로 하지 않

---

253) 정종섭(주 2), 833. 헌재 1994. 2. 24. 93헌바10등, 6-1, 79 이하; 1996. 8. 29. 93헌바57, 8-2, 46 이하.

254) 이준일(주 3), 683; 정종섭(주 2), 833; 한수웅(주 3), 898.

255) 정종섭(주 2), 833; 한수웅(주 3), 898.

256) "소송수행을 위하여 지출한 비용 중에서 어느 범위의 것을 소송비용으로 하여 패소한 당사자에게 부담시킬 것인가, 특히 변호사보수를 소송비용에 산입하여 패소한 당사자로부터 이를 상환 받을 수 있게 할 것인지는 국가의 재정규모, 국민의 권리의식과 경제적·사회적 여건, 소송실무에 있어 변호사대리의 정도 및 변호사강제주의를 채택하였는지 여부 등을 고려하여 국민의 효율적인 권리보호와 소송제도의 적정하고 합리적인 운영이 가능하도록 입법자가 법률로 정할 성질의 것이다. 그러나 입법자가 정한 소송비용의 범위가 과도하게 넓다거나 비교적 고액인 변호사보수가 아무런 제한 없이 모두 소송비용에 산입된다면 패소한 당사자의 경우에 상환하여야 할 소송비용액이 과도하게 높게 되어 자신의 정당한 권리실행을 위하여 소송제도를 이용하려는 사람들도 패소할 경우에 부담하게 될 소송비용의 상환으로 인하여 소송제도의 이용을 꺼리게 될 위험이 있고, 특히 경제적인 능력이 부족한 사람들에게는 법원에의 접근을 사실상 어렵게 하여 결과적으로 헌법 제27조가 보장하는 재판청구권을 제한하게 된다." 헌재 2002. 4. 25. 2001헌바20, 14-1, 297(298).

257) 한수웅(주 3), 899.

258) 헌재 2001. 2. 22. 99헌바74, 13-1, 250(256-257). 이에 대하여 소송구조가 재판청구권에 대한 간접제한에

고 재판비용 등 일부에 한정하는 것은 자력이 없는 자에 의한 남소를 방지한다는 측면에서 재
판청구권의 침해라 볼 수 없다고 한다.[259]

다. 변호사 강제주의와 재판청구권의 제한

변호사 강제주의는 변호사보수로 인하여 소송에 있어 위험부담을 증가시키고 결국 사법절
차에의 접근을 어렵게 하기 때문에 재판청구권을 제한한다고 볼 수 있다.[260] 변호사 강제주의
를 헌법적으로 수용할 것인가 여부는 결국 '변호사에 의한 당사자 권리보호의 필요성, 원활한
사법기능 등의 법익과 변호사 강제주의로 인하여 발생하는 가중된 소송위험부담'을 상호 비교
형량하여 결정할 문제이다.[261] 헌법재판소도 변호사 강제주의를 택하고 있는 헌법재판소법 조
항에 대하여 합헌 결정을 내렸다.[262] 다만 무자력자의 경우에는 변호사 강제주의를 취하고 있
는 이상 국선변호인의 선임이 헌법적으로 요구된다고 할 것이다.[263]

라. 제소기간과 재판청구권의 제한

특정 법률에서 권리(이익)가 침해된 자가 이에 불복하여 구제받을 수 있는 절차를 규정함
으로써 제소기간(출소기간)을 정하는 경우에, 당사자가 이를 도과하여 재판 청구를 한 경우에는
그 제소가 부적법한 소로 각하되고 본안판결의 기회를 상실하기 때문에 제소기간 규정은 재판
청구권 행사에 있어 일정한 제한이 된다.[264] 그러나 모든 국민에게 언제나 분쟁해결의 수단으
로서의 소송을 보장하는 것은 현실적으로 불가능하다.[265] 남소와 무차별적인 소송의 제기로 재
판의 효율성이 감소되어 권리보호의 수단이라는 재판청구권의 실질적 의미가 반감되는 것을
막고 법률관계를 조속히 확정할 합리적 필요가 있는 경우에는 사실상 재판의 거부에 해당하지
않는 한 입법자에게 제소기간 설정의 재량이 허용된다.[266] 다만 제소기간이 실질적 권리존속
내지 행사기간이라는 점을 고려하여 명확성의 원칙에 부합하도록 분명하게 기간의 기산점이
설정되고 충분한 기간의 보장이 이루어져야 한다.[267] 헌법재판소는 제소기간 설정은 정책적 판

불과한 것이 아니고 만약 재판청구권에 포함된 사회권적 기능의 구체화라면 소송구조의 거부는 사회권적
기능에 대한 제약행위이자 재판청구권에 대한 국가의 부작위에 의한 제약행위로 다루어져야 한다는 견해
도 있다. 이준일(주 3), 675-676.

259) 헌재 2002. 5. 30. 2001헌바28, 14-1, 490.

260) 한수웅(주 3), 899.

261) 한수웅(주 3), 899.

262) 헌법재판소는 헌법소원청구와 심판수행에 대하여 변호사강제주의를 취하고 있는 헌법재판소법 제25조 제3
항에 대하여 "변호사강제주의는 재판업무에 분업화원리의 도입이라는 긍정적 측면 외에도, 재판을 통한 기
본권의 실질적 보장, 사법의 원활한 운영과 헌법재판의 질적 개선, 재판심리의 부담경감 및 효율화 사법운
영의 민주화 등 공공복리에 그 기여도가 크다 하겠고, 그 이익은 변호사선임 비용지출을 하지 않는 이익보
다는 크다고 할 것이며, 더욱이 무자력자에 대한 국선대리인제도라는 대상조치가 별도로 마련되어 있는 이
상 헌법에 위배된다고 할 수 없다"고 판시하여 합헌결정을 하였다(헌재 1990. 9. 3. 89헌마120, 2, 288).

263) 한수웅(주 3), 899.

264) 정종섭(주 2), 835.

265) 법제처(주 1), 203.

266) 계희열(주 43), 652; 법제처(주 1), 203; 양건(주 12), 712; 정종섭(주 2), 835; 한수웅(주 3), 900.

267) 법제처(주 1), 203.

단의 문제로 입법부가 합리적 재량의 한계를 일탈하지 아니하는 한 위헌이라 판단할 수 없다고 판시하였다.[268] 또한 제소기간과 같은 불변기간은 헌법상 재판청구권과 직접적 관련 있는 사항이므로 재판청구권의 예측가능성을 보장하기 위해 제소기간에 관한 규정은 일반 국민들이 알 수 있도록 명확하게 규정되어야 한다고 판시하였다.[269]

마. 법관의 양형결정권 제한과 재판청구권의 제한

재판청구권은 절차법적 성격을 가지기 때문에 본질상 실체법적 규정에 의하여 침해될 수는 없지만, 신체의 자유를 제한하는 형벌규정과 같이 실체법적 규정이라 하더라도 법관의 양형결정권을 박탈하거나 제한한다면 재판청구권이 침해될 수 있는지 논의가 있다.[270] 이를테면 특정범죄에 대한 법정형의 하한과 상한을 지나치게 높이거나 낮게 규정하여 이로 인한 법관의 양형결정권의 침해가 국민의 법률에 의한 재판을 받을 권리의 침해로 볼 수 있는가이다.[271]

이에 대하여 헌법상 권력분립의 원칙과 의회유보의 본질성이론에 근거하여 개별범죄에 대한 양형의 절대적 범위를 입법자는 입법형성권에 의하여 정할 수 있다는 견해가 있다. 이에 따르면 법원의 양형결정권은 바로 입법자의 정책적 결정의 결과인 법률의 범위 내에서만 존재하는 것이며, 법관의 양형결정가능성의 여부가 법률의 위헌성을 판단하는 기준이 될 수 없다고 한다.[272] 헌법재판소는 초기에는 양형결정권의 제한을 재판청구권의 침해로 보았으나 이후의 결정에서는 양형결정권도 입법자의 입법형성의 범위 내에서 이루어질 수 있다고 판시하

헌법
제
27
조

---

268) "출소기간의 제한은 재판청구권에 대하여 직접적인 제한을 가하는 것이지만, 그 제한이 재판청구권의 본질적 내용을 침해하지 아니하는 한, 각 구체적 법률관계의 성질에 비추어 그 법률관계를 조속히 확정할 합리적인 필요가 인정되는 경우에는 헌법 제37조 제2항에 따라 상당한 범위 내에서 입법재량으로 허용되는 것이라 할 것이다. 즉 특별히 법률관계를 조속히 확정할 필요가 없음에도 그 권리의 행사여부 및 시기를 실체적 권리자의 선택에 맡기지 아니하고 합리적 이유 없이 출소기간을 설정하여 실체적 권리의 행사를 부당하게 제한하거나 법률관계의 조속한 확정의 필요가 인정되는 경우라도 그 출소기간을 지나치게 단기간으로 하여 출소하는 것이 사실상 불가능하거나 매우 어렵게 되는 등 출소기간이 현저히 불합리하여 '사실상 재판의 거부'라고 볼 수 있는 경우가 아닌 한 출소기간의 제한은 입법재량으로 허용되는 것이라 할 것이다." 헌재 1996. 8. 29. 95헌가15, 8-2, 13-14.

269) "제소기간과 같은 불변기간은 국민의 기본권인 재판을 받을 권리의 행사와 직접 관련되는 사항이므로 제소기간에 관한 규정은 국민들이 나무랄 수 없는 법의 오해로 재판을 받을 권리를 상실하는 일이 없도록 알기 쉽고, 여러 가지 해석이 나오지 않게끔 명확하게 규정되어야 하며, 그것이 바로 재판을 받을 권리의 기본권 행사에 있어서 예측가능성의 보장일 뿐 아니라 재판을 받을 권리의 실질적인 존중이며 나아가 법치주의의 이상을 실현시키는 것이기도 할 것인바, 위법한 과세처분에 대한 국세심판소에의 심판청구기간을 정한 국세기본법 제68조 제1항 중 국세청장의 심사청구에 대한 결정의 통지를 받지 못한 경우의 청구기간에 관한 괄호부분은 어구가 모호하고 불완전하여 그 기산일에 관하여 여러 가지 해석이 나올 수 있고, 일반인의 주의력으로는 쉽사리 정확하게 이해하기도 어렵거니와 중요한 규정을 괄호 내에 압축하여 불충실하고 불완전하게 규정함으로써 그 적용을 받은 국민으로 하여금 재판권 행사에 착오와 혼선을 일으키게 하였으므로, 이는 법치주의의 한 내용인 명확성의 원칙에 반할 뿐만 아니라 재판을 받을 권리의 파생인 불변기간 명확화의 원칙에도 반하고, 또한 헌법으로 확보된 기본권이 그 하위법규로 인하여 잃기 쉽게 된다면 이는 입법과정에서 국가의 기본권 보장의무의 현저한 소홀이라 할 것이므로 위 괄호규정은 헌법 제10조 후문에도 저촉된다." 헌재 1993. 12. 23. 92헌가12, 5-2, 567.

270) 한수웅(주 3), 901.

271) 법제처(주 1), 205.

272) 한수웅(주 3), 901; 법제처(주 1), 205.

였다.273)

3. 제한의 한계와 심사기준

재판청구권의 제한에 있어서도 헌법 제37조 제2항에서 정하는 과잉금지원칙이 적용되며 본질적 내용은 침해할 수 없다. 헌법재판소도 "법관에 의한 사실확정과 법률의 해석적용의 기회에 접근하기 어렵도록 제약이나 장벽을 쌓아서는 아니 된다고 할 것이며, 만일 그러한 보장이 제대로 이루어지지 아니한다면 헌법상 보장된 재판을 받을 권리의 본질적 내용을 침해하는 것"이라고 판시하였다.274)

그리고 광범위한 입법형성권이 승인되는 재판청구권의 성격상 그에 대한 제한 법률의 한계를 설정하는 기준은 최소한의 보장영역에 대한 부정 내지 제한 여부라 할 수 있다.275) 사법절차에의 접근을 위한 기본권으로서 재판청구권을 파악한다면 재판청구권의 핵심적 보장영역은 '최소한 한 번의 사실심리와 법률심리의 보장'이라고 할 수 있다.276) 이는 심급제도나 상소가능성을 제한하는 법률에 대한 사법심사의 기준이 된다.277) 한편 재판청구권의 헌법적 요청인 효과적 권리보호의 요청과 재판의 공정성 혹은 신속성은 상호보완관계이거나 상충관계일 수 있다는 점에서 이들은 비교형량을 통하여 조화와 균형을 이루어야 한다.278) 그러나 비례의 원칙에 의한다고 하더라도 소송구조의 형성과 절차에 대한 입법자의 광범위한 형성권을 인정하고 있다면 결국 여기서의 비례의 원칙은 엄격한 심사가 될 수 없으며, 목적의 정당성과 수단의 적합성을 판단하는 '완화된 심사'가 적용된다고 할 것이다.279) 헌법재판소도 동일한 입장에서 판시하였다.280)

---

273) 헌법재판소는 (구)사회보호법 제5조 제1항에 대한 결정에서 "구사회보호법 제5조 제1항은 전과나 감호처분을 선고받은 사실 등 법정의 요건에 해당되면 재범의 위험성 유무에도 불구하고 반드시 그에 정한 보호감호를 선고하여야 할 의무를 법관에게 부과하고 있으니 헌법 제12조 제1항 후문(後文), 제37조 제2항 및 제27조 제1항에 위반된다"고 판시하여 양형결정권의 제한이 재판청구권의 침해가 될 수 있음을 인정하였다(헌재 1989. 7. 14. 88헌가5, 1, 69). 하지만 이후의 결정에서 "입법자가 법정형(法定形) 책정에 관한 여러 가지 요소의 종합적 고려에 따라 법률 그 자체로 법관에 의한 양형재량의 범위를 좁혀 놓았다고 하더라도 그것이 당해 범죄의 보호법익과 죄질에 비추어 범죄와 형벌간의 비례의 원칙상 수긍할 수 있는 정도의 합리성이 있다면 이러한 법률을 위헌이라고 할 수 없다"고 판시하였으며(헌재 1995. 4. 20. 93헌바40, 7-1, 541), "… 법관이 형사재판의 양형에 있어 법률에 기속되는 것은, 법률에 따라 심판한다고 하는 헌법규정(제103조)에 따른 것으로 헌법이 요구하는 법치국가원리의 당연한 귀결이며, 법관의 양형판단재량권 특히 집행유예 여부에 관한 재량권은 어떠한 경우에도 제한 될 수 없다고 볼 성질의 것은 아니다"라고 판시하였다(헌재 1997. 8. 21. 93헌바60, 9-2, 200-201).

274) 헌재 1995. 9. 28. 92헌가11등, 7-2, 264 이하.

275) 법제처(주 1), 220.

276) 헌재 1995. 9. 28. 92헌가11등, 7-2, 264 이하.

277) 한수웅(주 3), 910.

278) 한수웅(주 3), 911.

279) 김철수(주 5), 1112; 법제처(주 1) 220-221; 한수웅(주 3), 911-2.

280) 헌재 2006. 2. 23. 2005헌가7등, 18-1(상), 72 이하 참조.

V. 재판청구권의 침해와 구제

재판청구권에 대하여는 광범위한 입법형성권이 인정되고 있으므로 재판청구권이 제약되는 입법에 의하여 재판청구권 침해가 이루어지는 경우가 많다.[281] 이에 의하여 재판청구권이 침해된 경우에는 위헌법률심판이나 헌법소원심판의 절차를 통하여 구제가 가능하다. 한편 사법기관에 의하여 공정한 재판, 신속한 공개재판을 받을 권리가 침해된다면 이는 상소를 제기함으로써 구제가 가능하다.[282]

VI. 평   가

국민의 재판받을 권리를 명시하고 있는 헌법 제27조는 사법제도의 근간이 되는 중추적 헌법규정이다. 기타의 헌법규정과 하위법령 등을 통하여 헌법 제27조의 취지는 구체화되고 있는데 특히 입법차원에서 사법개혁, 즉 사법제도 전반에 대한 개정은 항상 논의되고 있는 실정이다. 다만 이러한 논의는 헌법상 재판청구권 자체에 대한 개정 논의는 아니고 이를 구체적으로 실현하는 과정에서의 논의이다.[283]

반면 이상의 검토를 바탕으로 헌법 제27조에 대한 개정 필요성을 지적할 수도 있을 것이다.[284] 우선 우리 헌법에서는 공정한 재판을 받을 권리를 명문으로 규정하고 있지 않고 이를 해석으로 인정하고 있는데 재판을 통한 법치주의의 확립이라는 근본 취지를 명확히 한다는 측면에서 이에 대한 별도의 규정을 신설하는 것은 고려해볼만 하다. 그리고 이미 실행되고 있는 국민참여재판의 위헌성 논쟁을 종식시키고 헌법적 근거를 명확히 마련한다는 측면에서 배심제나 참심제를 허용하는 내용의 규정을 명시할 필요가 있을 것이다.[285] 또한 국민의 재판청구에 대하여 법원이 부담하여야 할 적절한 응답의무를 보다 명확하게 밝히기 위하여 법적청문청구권에 대한 헌법 규정을 신설할 필요도 있다.[286] 공정한 재판을 받을 권리, 헌법 제10조의 인간의 존엄과 가치 그리고 헌법 제12조의 적법절차원칙 및 헌법 제27조 제5항의 재판절차진술권을 토대로 청문권이 우리 헌법 해석상 인정될 수 있다고는 하지만[287] 국민의 권리를 분명히 한다는 점에서 이에 대한 명확한 헌법적 근거를 마련하는 것이 적절할 것이다.

281) 정종섭(주 2), 839.
282) 정종섭(주 2), 839.
283) 법제처(주 1), 221.
284) 김승환, "사법제도 관련 헌법규정의 개정논의," 헌법학연구 12-2(2006); 법제처(주 1), 221 이하.
285) 정태호, "권리장전의 개정방향," 공법연구 34-4-2(2006), 123-124.
286) 한수웅 교수는 재판절차에 있어 청문청구권의 구체적 내용으로 진술할 권리, 정보를 구할 권리 그리고 진술한 내용의 고려를 요구할 권리를 열거하는데 마지막 권리는 결국 법원의 판결이유 기재의 의무라 설명한다. 한수웅(주 3), 907-908.
287) 정철, "청문권의 헌법적수용가능성 — 법원에 대한 청문권을 중심으로—," 공법학연구 8-3(2007), 341-343.

VII. 관련문헌

1. 단 행 본

강경근, 헌법학, 법문사, 2007.

계희열, 헌법학(중) 신정2판, 박영사, 2007.

권영성, 헌법학원론, 법문사, 2010.

김백유, 헌법학(Ⅱ), 도서출판 조은, 2010.

김승대, 헌법학강론 제2판, 법문사, 2012.

김철수, 헌법학신론 제21전정신판, 박영사, 2013.

박홍규, 시민의 재판을, 사람생각, 2000.

법제처, 헌법주석서 Ⅰ, 2010.

성낙인, 헌법학 제13판, 법문사, 2013.

안경환·한인섭, 배심제와 시민의 사법참여, 집문당, 2005.

양 건, 헌법강의 제4판, 법문사, 2013.

이승우, 헌법학 개정판, 두남, 2013.

이준일, 헌법학강의 제5판, 홍문사, 2013.

장영수, 헌법학 제7판, 홍문사, 2012.

전광석, 한국헌법론 제8판, 집현재, 2013.

정종섭, 헌법학원론, 박영사, 2013.

한수웅, 헌법학 제3판, 법문사, 2013.

허 영, 한국헌법론 전정9판, 박영사, 2013.

홍성방, 헌법학 중, 박영사, 2010.

2. 논 문

강동욱, "형사재판에 있어서 공개주의의 의미와 그 내용에 관한 고찰," 한양법학 31(2010).

권영설, "참심제와 배심제의 헌법적합성 논쟁 — 배심제, 참심제의 도입논의와 그 헌법적합성의 문제 —," 법과사회 26(2004).

_____, "국민의 사법참여제도와 헌법 — 배심제 참심제의 헌법적합성을 중심으로 —"「국민의 사법참여」 공청회(2004).

_____, "배심제도의 개혁논의와 그 방법상 쟁점," 미국헌법연구 11(2000).

_____, "미국의 배심제도," 미국헌법연구 7(1996).

김규하, "배심제도에 관한 연구 — 주권자의 사법통제를 중심으로 —," 공법연구 32-3

(2003).

김도협, "국민참여재판제도의 문제점과 그 대안으로서의 참심제 도입방안에 관한 연구: 독일 참심제와의 비교법적 고찰을 통하여," 공법연구 39-4(2011).

김상겸, "법치국가의 요소로서 절차적 기본권," 아태공법연구 7(2000).

김승환, "사법제도 관련 헌법규정의 개정논의," 헌법학연구 12-2(2006).

김일환, "국민참여재판제도의 헌법합치적인 정비방안," 헌법학연구 18-3(2012), 309-341.

김일환·홍석한, "현행 헌법상 배심제와 참심제의 도입에 관한 고찰," 성균관법학 18-3 (2006).

김현철, "무죄추정원칙에 관한 헌법재판소 판례 검토 — 헌재 2010. 9. 2. 2010헌마418 결정에 대한 평석을 중심으로 —," 법학논총 32-2(2012).

문준영, "해방공간, 사법민주화의 전개와 좌절 — 배심제와 고위법관선출제를 중심으로 —," 민주법학 21(2002).

박종현, "심리불속행 상고기각판결에서 이유 기재 생략 제도의 위헌성 검토," 공법학연구 14-2(2013).

박준석, "재판청구권과 법원의 논증의무 — 대법원 2010. 6. 24. 선고 2010도3358 판결을 중심 으로 —," 단국법학 36-2(2012)

박찬걸, "군사재판에 있어서 관할관제도 및 심판관제도의 문제점과 개선방안," 형사정책연구 23-4(2012).

백윤철, "헌법상 재판청구권의 절차적 보장," 공법연구 29-4(2001).

_____, "재판청구권과 기본권소송론," 헌법학연구 5-2(1999).

송광섭, "군사법제도의 개선방안," 형사법연구 24(2005).

송기춘, "'군사재판을 받지 않을 권리'에 관한 소고," 공법연구 37-4(2009).

_____, "참심제 도입여부와 실시에 관한 헌법학적 논의," 법과사회 28(2005).

_____, "군사재판에 관한 헌법학적 연구 — 군사법원의 구성과 운영의 개선방안을 중심으로 —," 공법연구 33-3(2005).

_____, "헌법상 법원의 구성원리와 법원의 구성," 경남법학 16(2000).

성선제, "미국의 형사배심제도," 미국헌법연구 12(2003).

신우철, "국민의 형사재판참여에 관한 법률(안)에 대한 관견 — 비교헌법학적 시각에서의 쟁점 분석과 대안모색 —," 법과사회 31(2006).

신 평, "한국 사법부의 근본적 문제점 분석과 그 해소방안의 모색," 인권과 정의 (2003).

안경환, "미국 연방헌법의 배심조항," 미국헌법연구 12(2003).

이금옥, "국민참여재판의 시행상의 문제점과 개선방안," 공법학연구 9-4(2008).

이부하, "국민참여재판에 대한 법정책적 조명: 한국의 국민참여재판과 일본의 재판원재판을 비교하며," 공법학연구 12-4(2011).

이상원, "사법신뢰형성구조와 재판의 공개," 서울대학교법학 53-3(2012).

이재성, "상고허가신청 기각결정과 재판의 이유(상)," 사법행정 25-8(1984).

이재협, "미국 배심제에 대한 법인류학적 고찰: 과학주의의 관점에서 본 미국 배심제의 논리," 서울대학교법학 50-3(2009).

이종수, "시민의 사법참여에 관한 헌법적 검토," 법과사회 25(2003).

이주현, "독일의 참심제도 및 명예법관제도," 재판자료 81 (1998).

장석조, "우리 헌법상 절차적 기본권 — 헌법 제27조의 재판청구권에 관한 해석론 —," 헌법논총 9(1998).

_____, "사법행위청구권의 보호영역 — 권리보호의 필요성을 중심으로 —," 인권과 정의 263(1998).

_____, "사법행위청구권 — 재판을 받을 권리 —," 안암법학 6(1997).

정도희, "참여의 관점에서 바라본 피해자의 진술권," 형사정책 21-2(2009).

정만희, "미국의 배심제도 — 한국의 국민사법참여제도 도입방안에서의 시사점 —," 공법연구 35-1(2006).

정선주, "민사소송절차에서 공개재판의 원칙과 비밀보호," 서강법학 2(2000).

정종섭, "현행 헌법은 대법원의 재판을 받을 권리를 기본권으로 보장하고 있는가?," 일감법학 2(1997).

정준섭, "군사법제도의 문제점과 개선방안," 형사법연구 22-4(2010).

정영철, "재판청구권과 효율적 권리보호의 문제," 공법연구 40-4(2012).

정 철, "청문권의 헌법적수용가능성 — 법원에 대한 청문권을 중심으로 —," 공법학연구 8-3(2007), 341-343.

정태호, "권리장전의 개정방향," 공법연구 34-4-2(2006).

최우정, "국민의 사법참여제도는 위헌적인 것인가? — 배심제도와 참심제도를 중심으로 —," 공법학연구 6-1(2005).

한상희, "신속한 재판을 받을 권리: 유럽인권재판소의 결정례를 중심으로," 공법학연구 10-3(2009).

한수웅, "헌법 제27조의 재판청구권," 헌법논총 10(1999).

황성기, "참심제와 배심제의 헌법적합성 논쟁 — 한국에서의 참심제와 배심제의 헌법적합성 —," 법과사회 26(2004).

헌법 제28조

[박 종 현]

第28條

　刑事被疑者 또는 刑事被告人으로서 拘禁되었던 者가 法律이 정하는 不起訴處分을 받거나 無罪判決을 받은 때에는 法律이 정하는 바에 의하여 國家에 정당한 補償을 請求할 수 있다.

Ⅰ. 서론: 형사보상청구권의 의의

1. 형사보상청구권의 기본개념

　　형사보상청구권은 형사피의자 또는 형사피고인으로서 구금되었던 자가 법률이 정한 불기소처분을 받거나 재판결과 확정판결에 의하여 무죄를 선고받은 경우에 그가 입은 물질적·정신적 손실의 전보를 국가에 대하여 청구할 수 있는 권리로, 국가에 대한 적극적인 보상을 청구한다는 점에서 국가배상청구권과 유사한 청구권적 기본권이다.[1]

2. 형사보상청구권의 헌법적 의미

국가는 범죄의 혐의가 있는 자에게 수사와 재판을 통하여 형벌권을 행사할 수 있는데 이 과정에서 형사책임을 추궁당할 이유가 없는 자를 구금하는 과오를 범할 수 있다.[2] 이러한 경우에 형사소추기관에 귀책사유가 인정된다면 국가배상제도가 고려되지만, 형사소추기관의 위법행위나 고의·과실이 입증되기 어렵다면 국가의 불법행위를 인정하기 어려울 것이다. 헌법 제28조의 형사보상청구권은 국가행위의 위법성이나 고의 혹은 과실을 전제로 하는 헌법 제29조의 국가배상제도와는 달리 국가의 적법한 행위로 구속되었으나 사후적으로 불기소처분·무죄판결을 받은 자에게 인신구속으로 인한 손실을 보상하여 주는 일종의 무과실·결과책임으로서의 제도이다.[3] 이러한 헌법상의 형사보상청구권을 구체화하는 법률로 '형사보상 및 명예회복에 관한 법률'이 있다.[4]

3. 형사보상청구권의 연혁

헌법 제28조의 형사보상청구권은 건국헌법(1948년헌법) 제24조 제2문에서 처음 규정되었다. 당시 헌법 조항에서는 청구권의 주체를 '형사피고인'으로 구금되었던 자에 한정하였는데, 제9차 개정헌법(1987년헌법)에서는 '형사피의자'로서 구금되었던 자에 대하여도 형사보청구권을 인정하여 형사보상청구권의 주체를 확대하였다.[5]

4. 형사보상청구권의 입헌례와 비교법적 의의

형사피고인에 대한 형사보상청구권의 기원은 1849년 독일의 프랑크푸르트헌법에서 찾을 수 있다.[6] 현재에는 일본헌법(제40조), 이탈리아헌법(제24조 제4항), 포르투갈헌법(제29조 제6항) 등에 규정되고 있다.[7] 다만 형사피고인과 피의자의 소송법상 지위, 국가형벌권 행사의 관행 등

---

1) 권영성, 헌법학원론, 법문사, 2010, 635; 김승대, 헌법학강론, 법문사, 2012, 291; 김철수, 헌법학신론, 박영사, 2013, 1139; 법제처, 헌법주석서 I, 2010, 228-229; 정종섭, 헌법학원론, 박영사, 2013, 861; 한수웅, 헌법학, 법문사, 2013, 913; 홍성방, 헌법학, 박영사, 2010, 366.

2) 법제처(주 1), 227; 장영수, 헌법학, 홍문사, 2012, 903; 한수웅(주 1), 913.

3) 김백유, 헌법학, 도서출판 조은, 2010, 894; 성낙인, 헌법학, 법문사, 2013, 512; 장영수(주 2), 903; 정종섭(주 1), 862; 한수웅(주 1), 913; 허영, 한국헌법론, 박영사, 2013, 391.

4) 이에 따라 신체의 희생에 대한 정당한 보상을 넘어 실질적 명예회복까지 형사보상청구권의 내용으로 보아야 한다는 견해는 전광석, 한국헌법론 제8판, 집현재, 2013, 459.

5) 김승대(주 1), 291; 성낙인(주 3), 512; 양건, 헌법강의, 법문사, 2013, 722; 이준일, 헌법학강의 제5판, 홍문사, 2013, 685; 정종섭(주 1), 861; 홍성방(주 1), 366; 법제처(주 1), 226.

6) 김백유(주 3), 894; 김철수(주 1), 1139; 홍성방(주 1), 366. 형사보상의 연원을 자연법사상에서부터 검토한 논의는 김정환, "형사보상의 역사와 본질," 서울법학 18-2(2010), 61-65.

7) 김철수(주 1), 1139. 일본헌법 제40조 "누구든지 억류 또는 구급된 후 무죄판결을 받았을 때에는 법률이

의 차이로 인해 각국에서 형사피고인과 형사피의자에 대한 국가의 형벌권 집행 후의 권리침해에 대한 보상은 그 범위와 주체가 상이한 형태를 가진다.[8]

5. 헌법 제28조와 다른 헌법조문간의 체계적 관계

가. 헌법 제27조 제1항

헌법 제28조의 형사보상청구권과 헌법 제27조 제1항의 재판청구권은 사법작용과 관련된 국가에 대한 청구권이라는 점에서는 유사하다. 하지만 형사보상청구권은 국가의 형사소추 과정에서 발생한 물질적·정신적 피해에 대하여 사후적 보상을 요청하는 권리이지만, 재판청구권은 헌법과 법률이 정한 법관에 의하여 법률에 의한 재판이 이루어지기를 요청하는 사전예방적 절차적 기본권이라 할 수 있다.[9]

나. 헌법 제29조

헌법 제29조는 국가배상청구권을 규정하고 있는데 국가배상청구권은 공무원의 직무상 불법행위로 인해 손해를 받은 국민이 국가 또는 공공단체에 정당한 보상을 청구할 수 있는 권리이다. 청구권적 기본권이라는 측면에서 국가배상청구권은 형사보상청구권과 유사하지만 발생원인에 있어 차이가 있다. 헌법 제29조의 국가배상청구권은 공무원의 직무상 불법행위를 원인으로 발생하지만 형사보상청구권은 형사소추기관의 귀책여부와 상관없이 발생한다. 이론적 근거가 다르기 때문에 형사보상청구와 국가배상청구가 동시에 행하여질 수도 있다.[10] 결국 형사보상청구권은 인신구속과 관련하여 국가행위에 대한 국가배상청구권의 한계를 보완하고자 하는 헌법적 시도라 할 수 있다.[11]

Ⅱ. 형사보상청구권의 법적성격과 주체

1. 형사보상청구권의 본질

형사보상청구권의 본질 혹은 이론적 성격에 대하여는 견해가 갈린다.[12] 형사보상을 손해배상으로 파악하는 입장에서는 형사보상을 객관적으로 위법한 행위에 대한 국가의 배상책임으

정하는 바에 따라 국가에 그 보상을 요구할 수 있다." 이탈리아 헌법 제24조 제4항 "사법적 오류에 대한 배상의 조건과 형식은 법률로 정한다." 그 외에 영미법상 형사보상제도에 대한 소개는 한상훈, "영미법상 형사보상제도에 대한 검토," 법학연구(연세대학교 법학연구원) 22-4(2012), 1-27.

8) 법제처(주 1), 227.

9) 허영(주 3), 390; 법제처(주 1), 228.

10) 허영(주 3), 391.

11) 한수웅(주 1), 913.

12) 형사보상청구권의 이론적 근거 내지 본질에 관한 학설의 소개는 권영성(주 1), 635; 김백유(주 3), 895-896; 김철수(주 1), 1140-1141; 홍성방(주 1), 366-367; 법제처(주 1), 229-230.

로 보아 공무원의 불법행위에 대한 국가의 손해배상책임의 특수한 경우로 파악한다.[13] 비록 고의·과실이 없다고 하더라도 불편부당한 구속영장이나 판결에 의해 손해가 이루어진 것인 만큼 객관적 위법이 있기 때문에 이에 국가는 배상책임을 진다는 것이다.

반면에 형사보상을 손실보상으로 보는 견해에서는 고의 또는 과실 없는 정당한 적법행위로 구속을 했더라도 일단 무죄의 판결이 나온 경우에 구속에 대한 손실을 보상해 주는 것이 형사보상의 본질이라 주장한다.[14] 형사보상의 근거를 '공법상 조절적 공평보상'으로 보고 처분의 객관적 불법을 요하지 않는 무과실의 결과책임으로 파악하는 손실보상설이 일치된 견해로 주장된다.

한편 형사보상을 오판보상과 피의자보상으로 나누어 전자는 위법행위에 기한 손해배상이나, 후자는 적법행위에 기한 손실보상이라 설명하기도 한다.

2. 형사보상청구권의 법적 성격

형사보상청구권의 법적 성격에 대하여 이는 직접적 효력규정인지 아니면 프로그램(입법방침) 규정인지에 대하여 견해가 갈린다. 직접적 효력규정으로 형사보상청구권의 법적 성격을 규정짓는 입장은 학계의 다수의 입장으로 형사보상청구권에 관한 규정은 청구권적 기본권의 특성을 가지고 직접적 효력을 발생하는 규정으로 법률의 제정이 없더라도 직접적으로 이를 청구할 수 있다고 본다.[15] 헌법재판소는 청구권 자체는 헌법 제28조에 의하여 직접적으로 발생하고 그 구체적인 대상과 내용 및 절차는 법률에 의해 구체화된다고 한다.[16]

이와는 달리 헌법 제28조는 '법률이 정하는 바에 의하여'라고 규정하고 있으므로, 형사보상청구권의 헌법규정은 입법의 방침만을 규정한 것이고, 형사보상법 등 구체적인 법률의 제정에 의하여 비로소 법적인 권리가 형성된다고 보는 견해도 있다.[17]

---

13) 구병삭, 신헌법원론, 박영사, 1996, 614.

14) 권영성(주 1), 636; 김승대(주 1), 292; 김철수(주 1), 1140; 이준일(주 5), 689; 장영수(주 2), 904; 한수웅(주 1), 913; 허영(주 3), 373; 홍성방(주 1), 367.

15) 계희열, 헌법학(중), 박영사, 2007, 691; 권영성(주 1), 636; 김백유(주 3), 895; 김철수(주 1), 1140; 양건(주 5), 722; 한수웅(주 1), 913; 허영(주 3), 391; 홍성방(주 1), 367. 다만 김철수 교수는 헌법 제28조가 직접 규정하고 있는 '형사피의자 또는 형사피고인으로 구금되어 불기소처분을 받거나 무죄판결을 받은 자' 이외의 경우에는 구체적으로 제정된 법률이 있어야만 형사보상을 청구할 수 있다고 한다(김철수(주 1), 1140-1141). 또한 이준일 교수는 형사보상청구권도 기본권으로서 잠정적 지위로 이해되므로 타인의 기본권이나 헌법적 법익 또는 공익과 합리적 형량을 거쳐 확정적 효력을 갖게 된다고 한다(이준일(주 5), 689).

16) 한편 헌법재판소는 구체적인 입법과정에 있어 재량이 필요하지만 그에 한계가 있다는 판결을 내렸다. "형사보상청구에 관하여 어느 정도의 제척기간을 둘 것인가의 문제는 원칙적으로 입법권자의 재량에 맡겨져 있는 것이지만, 그 청구기간이 지나치게 단기간이거나 불합리하여 무죄재판이 확정된 형사피고인이 형사보상을 청구하는 것을 현저히 곤란하게 하거나 사실상 불가능하게 한다면 이는 입법재량의 한계를 넘어서는 것으로서 헌법이 보장하는 형사보상청구권을 침해하는 것이라 하지 않을 수 없다." 헌재 2010. 7. 29. 2008헌가4, 22-2상, 5.

17) 이와 유사한 주장을 하고 있는 장영수 교수는 다만 헌법 제28조의 규정이 단순히 입법방침을 규정하는 것은 아니고 직접적이고 구체적인 입법의무를 규정하고 있다고 주장한다. 장영수(주 2), 904.

3. 형사보상청구권의 주체

형사보상청구권의 주체는 형사피의자와 형사피고인이며, 청구권자 본인이 사망한 경우에는 그 상속인도 형사보상청구권의 주체가 된다(형사보상 및 명예회복에 관한 법률 제3조 제1항). 형사피의자는 범죄혐의가 있어 수사의 대상이 되었으나 공소제기의 대상이 되지 않은 자를 의미하며 형사피고인은 공소제기된 자를 뜻한다.[18] 한편 외국인의 경우에도 형사보상청구권의 주체가 될 수 있는가하는 문제가 있다. 이에 대하여는 형법이 대한민국 영역 내에서 죄를 범한 외국인에게도 적용되므로 범죄의 혐의가 있는 외국에 대한 구금과 같은 신체의 자유에 대한 제한이 이루어질 수 있다는 점에서, 헌법 제28조가 정한 요건에 부합한다면 외국인에게도 헌법 제6조에 따라 형사보상청구권을 인정하여야 한다는 견해가 있다.[19]

Ⅲ. 형사보상청구권의 내용

1. 개   설

형사보상청구권은 구 형사보상법에 의하여 구체화되었다. 하지만 형사보상법에 대한 헌법재판소의 헌법불합치결정[20]을 계기로 형사피의자 또는 피고인의 정당한 보상과 실질적 명예회복, 인권신장을 위한 새로운 법률인 '형사보상 및 명예회복에 관한 법률'(이하 '동법'이라 한다)이 마련되었다. 그리고 형사소송법을 통하여 무죄가 확정된 피고인이 소송과정에서 지출한 소송비용을 국가가 보상하고 있다.

헌법 제28조

---

18) 장영수(주 2), 905; 정종섭(주 1), 863.

19) 이준일(주 5), 686; 장영수(주 2), 906; 정종섭(주 1), 862; 홍성방(주 1), 367. 덧붙여 홍성방 교수는 법인은 성질상 주체가 될 수 없다고 한다. 홍성방(주 1), 367.

20) 보상의 청구는 무죄재판이 확정된 때로부터 1년 이내에 하여야 한다는 구 형사보상법 제7조 규정에 대하여 헌법재판소는 "권리의 행사가 용이하고 일상 빈번히 발생하는 것이거나 권리의 행사로 인하여 상대방의 지위가 불안정해지는 경우 또는 법률관계를 보다 신속히 확정하여 분쟁을 방지할 필요가 있는 경우에는 특별히 짧은 소멸시효나 제척기간을 인정할 필요가 있으나, 이 사건 법률조항은 위의 어떠한 사유에도 해당하지 아니하는 등 달리 합리적인 이유를 찾기 어렵고, 일반적인 사법상의 권리보다 더 확실하게 보호되어야 할 권리인 형사보상청구권의 보호를 저해하고 있다. 또한, 이 사건 법률조항은 형사소송법상 형사피고인이 재정하지 아니한 가운데 재판할 수 있는 예외적인 경우를 상정하고 있는 등 형사피고인은 당사자가 책임질 수 없는 사유에 의하여 무죄재판의 확정사실을 모를 수 있는 가능성이 있으므로, 형사피고인이 책임질 수 없는 사유에 의하여 제척기간을 도과할 가능성이 있는바, 이는 국가의 잘못된 형사사법작용에 의하여 신체의 자유라는 중대한 법익을 침해받은 국민의 기본권을 사법상의 권리보다도 가볍게 보호하는 것으로서 부당하다"고 판시하였다. 헌재 2010. 7. 29. 2008헌가4, 22-2상, 1.

2. 형사보상 및 명예회복에 관한 법률에서의 형사보상청구권의 내용[21]

가. 형사피고인에 대한 보상

(1) 보상 요건

동법 제2조에 따르면 형사소송법에 따른 일반 절차 또는 재심이나 비상상고 절차에서 무죄재판을 받아 확정된 사건의 피고인이 미결구금을 당하였을 때 그 구금에 대한 보상 청구가 가능하며(제1항), 상소권회복에 의한 상소, 재심 또는 비상상고의 절차에서 무죄재판을 받아 확정된 사건의 피고인이 원판결에 의하여 구금되거나 형 집행을 받았을 때에 구금 또는 형의 집행에 대한 보상을 청구할 수 있다고 한다. 다만, 형법 제9조 및 제10조 제1항의 사유(형사미성년자, 심신장애)로 무죄재판을 받은 경우나 본인이 수사 또는 심판을 그르칠 목적으로 거짓 자백을 하거나 다른 유죄의 증거를 만듦으로써 기소, 미결구금 또는 유죄재판을 받게 된 것으로 인정된 경우 혹은 1개의 재판으로 경합범의 일부에 대하여 무죄재판을 받고 다른 부분에 대하여 유죄재판을 받았을 경우에는 법원이 재량으로 보상청구의 전부 또는 일부를 기각할 수 있다(동법 제4조). 그리고 형사소송법에 따라 면소 또는 공소기각의 재판을 받아 확정된 피고인이 면소 또는 공소기각의 재판을 할 만한 사유가 없었더라면 무죄재판을 받을 만한 현저한 사유가 있었을 경우에도 구금에 대한 보상을 청구할 수 있다(동법 제26조 제1항 제1호).

(2) 보상 내용

형사보상청구권은 국가배상청구권과 달리 형사절차와 인과관계를 갖는 모든 손해에 대하여 개별적인 보상을 하는 것이 아니고 어느 정도 손해를 정형화하고 보상하고 있다.[22]

구금에 대한 보상을 할 때에는 그 구금일수에 따라 1일당 보상청구의 원인이 발생한 연도의 최저임금법에 따른 일급 최저임금액 이상 대통령령으로 정하는 금액 이하의 비율에 의한 보상금을 지급한다(동법 제5조 제1항). 보상금액을 산정할 때 법원은 구금의 종류 및 기간의 장단(長短), 구금기간 중에 입은 재산상의 손실과 얻을 수 있었던 이익의 상실 또는 정신적인 고통과 신체 손상, 경찰·검찰·법원의 각 기관의 고의 또는 과실 유무, 그 밖에 보상금액 산정과 관련되는 모든 사정을 고려해야 한다(동법 제5조 제2항).

구체적으로는 사형 집행에 대한 보상을 할 때에는 집행 전 구금에 대한 보상금 외에 3천만 원 이내에서 모든 사정을 고려하여 법원이 타당하다고 인정하는 금액을 더하여 보상하며 이 경우 본인의 사망으로 인하여 발생한 재산상의 손실액이 증명되었을 때에는 그 손실액도 보상한다(동법 제5조 제3항). 그리고 벌금 또는 과료의 집행에 대한 보상을 할 때에는 이미 징수한 벌금 또는 과료의 금액에 징수일의 다음 날부터 보상 결정일까지의 일수에 대하여 민법 제379조의 법정이율(다른 법률의 규정이나 당사자의 약정이 없으면 연 5분)을 적용하여 계산한 금액을 더한

---

21) 동법에서는 금전적 보상 외에 명예회복제도를 마련하였는데 이에 대하여는 동법 제30조 이하 참조.
22) 전광석(주 4), 460.

금액을 보상한다(동법 제5조 제4항). 노역장유치의 집행을 한 경우 1일당 보상청구의 원인이 발생한 연도의 최저임금법에 따른 일급 최저임금액 이상 대통령령으로 정하는 금액 이하의 비율에 의한 보상금을 지급하며(동법 제5조 제5항) 몰수 집행에 대한 보상을 할 때에는 그 몰수물을 반환하고, 그것이 이미 처분되었을 때에는 보상결정 시의 시가를 보상한다(동법 제5조 제6항). 추징금에 대하여는 그 액수에 징수일의 다음 날부터 보상 결정일까지의 일수에 대하여 민법 제379조의 법정이율을 적용하여 계산한 금액을 더한 금액을 보상한다(동법 제5조 제7항).[23]

보상을 받을 자가 다른 법률에 따라 손해배상을 청구하는 것을 금지하지 아니하는데 다만 같은 원인에 대하여 다른 법률에 따라 손해배상을 받은 경우에 그 손해배상의 액수가 이 법에 따라 받을 보상금의 액수와 같거나 그보다 많을 때에는 보상하지 아니하며 그 손해배상의 액수가 이 법에 따라 받을 보상금의 액수보다 적을 때에는 그 손해배상 금액을 빼고 보상금의 액수를 정하여야 한다(동법 제6조 제1항, 제2항).

헌법상 정당한 보상이 요구되고 있는데 형사보상에서는 피해의 객관적 가치를 산정하기 어렵기 때문에 입법자가 사안의 경중, 물가수준, 국가의 경제적 상황 등 제반 사정을 고려하여 합리적인 판단을 하였다면 정당한 보상으로 인정되어야 할 것이다.[24]

(3) 보상 절차

보상청구는 무죄재판이 확정된 사실을 안 날부터 3년, 무죄재판이 확정된 때부터 5년 이내에 하여야 하며(동법 제8조) 보상청구는 무죄재판을 한 법원에 대하여 하여야 한다(동법 제7조).

보상청구는 법원 합의부에서 재판하며(동법 제14조 제1항) 보상의 청구가 이유 있을 때에는 보상결정을 하여야 한다(동법 제17조 제1항). 보상결정에 대하여는 1주일 이내에 즉시항고를 할 수 있고 보상청구에 대한 기각 결정에 대하여는 즉시항고를 할 수 있다(동법 제20조 제1항, 제2항).[25] 보상금 지급을 청구하려는 자는 보상을 결정한 법원에 대응하는 검찰청에 보상금 지급 청구서를 제출하여야 하며 청구서에 법원의 보상결정서를 첨부하여야 한다(동법 제21조 제1항,

---

23) 이에 대하여 구금으로 인한 여러 가지 피해를 보상하기에는 너무도 부족한 액수라는 비판도 있고(김철수(주 1), 1143; 허영(주 3), 393) 비슷한 맥락에서 청구권자의 소득과 상관없이 일률적으로 상한액을 최저임금의 5배로 정한 점은 정당한 보상이라 할 수 없다는 비판도 있다(계희열(주 15), 689; 이준일(주 5), 688). 일액보상금 제한규정이 행정상의 편익 외에는 정당화 근거가 없다는 비판은 김정환, "형사보상에 있어 일액보상금의 제한," 형사법연구 23-1(2011), 337-364.

24) 김승대(주 1), 293.

25) 구 형사보상법에서는 제19조 제1항에서 형사보상의 결정을 단심재판으로 행하도록 하였는데 이에 대하여 헌법재판소는 "보상액의 산정에 기초되는 사실인정이나 보상액에 관한 판단에서 오류나 불합리성이 발견되는 경우에도 그 시정을 구하는 불복신청을 할 수 없도록 하는 것은 형사보상청구권 및 그 실현을 위한 기본권으로서의 재판청구권의 본질적 내용을 침해하는 것이라 할 것이고, 나아가 법적안정성만을 지나치게 강조함으로써 재판의 적정성과 정의를 추구하는 사법제도의 본질에 부합하지 아니하는 것이다. 또한, 불복을 허용하더라도 즉시항고는 절차가 신속히 진행될 수 있고 사건수도 과다하지 아니한데다 그 재판내용도 비교적 단순하므로 불복을 허용한다고 하여 상급심에 과도한 부담을 줄 가능성은 별로 없다고 할 것이어서, 이 사건 불복금지조항은 형사보상청구권 및 재판청구권을 침해한다고 할 것이다"고 판시하였다. 헌재 2010. 10. 28. 2008헌마514 등, 22-2하, 180.

제2항).

나. 형사피의자에 대한 보상

(1) 보상 요건

피의자로서 구금되었던 자 중 검사로부터 공소를 제기하지 아니하는 처분을 받은 자는 국가에 대하여 그 구금에 대한 보상을 청구할 수 있다(동법 제27조 제1항). 형사피의자로서 '구금'되었을 것을 요하므로, 불구속기소가 되더라도 구금상태에 의하지 않고 수사를 받은 경우에는 형사피의자보상의 주체에 포함되지 않는다.[26] 다만, 구금된 이후 공소를 제기하지 아니하는 처분을 할 사유가 있는 경우와 공소를 제기하지 아니하는 처분이 종국적인 처분이 아니거나 형사소송법 제247조에 따른 것일 경우에는 그러하지 아니하다(동법 제27조 제1항). 그리고 본인이 수사 또는 재판을 그르칠 목적으로 거짓 자백을 하거나 다른 유죄의 증거를 만듦으로써 구금된 것으로 인정되는 경우, 구금기간 중에 다른 사실에 대하여 수사가 이루어지고 그 사실에 관하여 범죄가 성립한 경우, 그리고 보상을 하는 것이 선량한 풍속이나 그 밖에 사회질서에 위배된다고 인정할 특별한 사정이 있는 경우에는 피의자보상의 전부 또는 일부를 지급하지 아니할 수 있다(동법 제27조 제2항).

공소를 제기하지 아니하는 처분인 불기소처분은 검찰사건사무규칙과 형사소송법에 의한 불기소처분을 말하는 것으로, 통상 검사가 피의사건에 대하여 공소를 제기하지 아니하기로 하여 내리는 등의 최종적 판단을 지칭한다.[27] 불기소처분에는 '협의의 불기소처분'과 '기소유예'가 있는데 전자는 객관적 범죄사실의 부존재, 증거불충분 등을 이유로 검사가 원시적으로 적법한 공 소제기를 할 수 없는 경우에 내리는 처분인 반면에 후자는 객관적 범죄혐의가 존재하고 법원에 의한 유죄판결의 가능성이 있지만 형사정책적 이유에서 공소를 제기하지 아니하는 처분을 말한다.[28] 형사보상청구의 성립요건인 '법률이 정하는 불기소처분'은 '협의의 불기소처분'을 말하고[29] 기소편의주의에 따른 불기소처분은 보상청구의 대상이 되지 않는다.[30]

(2) 보상 절차

피의자보상을 청구하려는 자는 공소를 제기하지 아니하는 처분을 한 검사가 소속된 지방검찰청의 심의회에 보상을 청구하여야 하는데 보상청구서에 공소를 제기하지 아니하는 처분을 받은 사실을 증명하는 서류를 첨부하여 제출하여야 한다(동법 제28조 제1항, 제2항). 피의자보상의 청구는 검사로부터 공소를 제기하지 아니하는 처분의 고지 또는 통지를 받은 날부터 3년 이내에 하여야 한다(동법 제28조 제3항).

---

26) 법제처(주 1), 232.
27) 법제처(주 1), 233.
28) 법제처(주 1), 233.
29) 권영성(주 1), 637; 정종섭(주 1), 863.
30) 이승우, 헌법학, 두남, 2013, 853.

다. 군사법원에의 준용

군사법원에서 무죄재판을 받아 확정된 자, 군사법원에서 동법 제26조 제1항 각 호에 해당하는 재판을 받은 자 그리고 군검찰부 검찰관으로부터 공소를 제기하지 아니하는 처분을 받은 자에 대한 형사보상에는 동법이 준용된다(동법 제29조 제2항).

3. 형사소송법에서의 형사보상청구권의 내용

형사소송법 제194조의2 제1항은 국가로 하여금 무죄판결이 확정된 경우에는 당해 사건의 피고인이었던 자에 대하여 그 재판에 소요된 비용을 보상하도록 하고 있다. 다만 피고인이었던 자가 수사 또는 재판을 그르칠 목적으로 거짓 자백을 하거나 다른 유죄의 증거를 만들어 기소된 것으로 인정된 경우, 1개의 재판으로써 경합범의 일부에 대하여 무죄판결이 확정되고 다른 부분에 대하여 유죄판결이 확정된 경우, 형법 제9조 및 제10조 제1항의 사유(형사미성년자, 심신장애)에 따른 무죄판결이 확정된 경우, 그리고 그 비용이 피고인이었던 자에게 책임지울 사유로 발생한 경우에는 비용의 전부 또는 일부를 보상하지 아니할 수 있다(동조 제2항).

비용의 보상은 피고인이었던 자의 청구에 따라 무죄판결을 선고한 법원의 합의부에서 결정으로 하는데 그 청구는 무죄판결이 확정된 날부터 6개월 이내에 하여야 한다(형사소송법 제194조의3 제1항, 제2항).

비용보상의 범위는 피고인이었던 자 또는 그 변호인이었던 자가 공판준비 및 공판기일에 출석하는데 소요된 여비·일당·숙박료와 변호인이었던 자에 대한 보수에 한한다(형사소송법 제194조의4 제1항).

Ⅳ. 관련문헌

1. 단 행 본

계희열, 헌법학(중) 신정2판, 박영사, 2007.

구병삭, 신헌법원론, 박영사, 1996.

권영성, 헌법학원론, 법문사, 2010.

김백유, 헌법학(Ⅱ), 도서출판 조은, 2010.

김승대, 헌법학강론 제2판, 법문사, 2012.

김철수, 헌법학신론 제21전정신판, 박영사, 2013.

성낙인, 헌법학 제13판, 법문사, 2013.

양 건, 헌법강의 제4판, 법문사, 2013.

이승우, 헌법학 개정판, 두남, 2013.

이준일, 헌법학강의 제5판, 홍문사, 2013.

장영수, 헌법학 제7판, 홍문사, 2012.

전광석, 한국헌법론 제8판, 집현재, 2013.

정종섭, 헌법학원론, 박영사, 2013.

한수웅, 헌법학 제3판, 법문사, 2013.

허 영, 한국헌법론 전정9판, 박영사, 2013.

홍성방, 헌법학 중, 박영사, 2010.

법제처, 헌법주석서 Ⅰ, 2010.

2. 논   문

김정환, "형사보상의 역사와 본질," 서울법학 18-2(2010).

_____, "형사보상에 있어 일액보상금의 제한," 형사법연구 23-1(2011).

한상훈, "영미법상 형사보상제도에 대한 검토," 법학연구(연세대학교 법학연구원) 22-4(2012).

헌법 제29조

[정 연 주]

第29條

① 公務員의 職務上 不法行爲로 損害를 받은 國民은 法律이 정하는 바에 의하여 國家 또는 公共團體에 정당한 賠償을 請求할 수 있다. 이 경우 公務員 자신의 責任은 免除되지 아니한다.

② 軍人·軍務員·警察公務員 기타 法律이 정하는 者가 戰鬪·訓練등 職務執行과 관련하여 받은 損害에 대하여는 法律이 정하는 報償외에 國家 또는 公共團體에 公務員의 職務上 不法行爲로 인한 賠償은 請求할 수 없다.

I. 기본개념과 입헌취지

헌법 제29조 제1항은 「공무원의 직무상 불법행위로 손해를 받은 국민은 법률이 정하는 바에 의하여 국가 또는 공공단체에 정당한 배상을 청구할 수 있다. 이 경우 공무원 자신의 책임은 면제되지 아니한다」라고 규정하여 국민이 공무원의 직무상 불법행위로 인하여 손해를 받은 경우 이를 구제해 주기 위한 국가배상청구권을 보장하고 있고, 제2항은 「군인·군무원·경찰공무원 기타 법률이 정하는 자가 전투·훈련 등 직무집행과 관련하여 받은 손해에 대하여는 법률이 정하는 보상 외에 국가 또는 공공단체에 공무원의 직무상 불법행위로 인한 배상은 청구할 수 없다」라고 규정하여 특수한 신분관계에 있는 자에 대하여는 국가배상청구권을 제한하고 있다. 이처럼 국가배상청구권은 공무원의 직무상 불법행위로 말미암아 재산 또는 재산 이외의 손해를 받은 국민이 국가 또는 공공단체에 대하여 그 손해를 배상하여 주도록 청구할 수 있는 권리구제를 위한 일종의 절차적 기본권이라고 할 수 있다.[1]

국가배상청구권은 기본권보장의 이념과 법치국가원리의 실현을 국가책임사상의 바탕 위에서 인정한 것이라고 할 수 있다. 즉 기본권 침해에 대한 구제와 법치주의위반에 대한 시정을 목표로 하면서 그 구체적 수단을 행위자인 공무원 개인이 아닌 국가가 책임을 진다는 사상을 이념적 기초로 하고 있는 것이다. 따라서 「왕은 악을 행할 수 없다」라는 등의 절대국가사상에 바탕을 둔 국가무책임사상의 지양을 그 이념적 기초로 하고 있다고 볼 수 있다.

II. 연 혁

앞에서도 언급했듯이 과거 군주정치하에서는 국가가 국민에 대한 우월적인 지위를 점하고 그에 기반하여 국가무책임사상이 지배하고 있었다. 「왕은 악을 행할 수 없다」라는 사상이 말해 주듯이 국가는 책임을 지지 않는 상태에서 공무원만 책임을 졌다. 그러다가 근대국가로 들어서면서 국민주권사상과 기본권보장 및 법치주의의 이념이 싹트면서 국가작용에 의한 손해에 대하여는 국가가 책임을 짐으로써 국민의 권리를 두텁게 보호하는 국가책임사상이 확립되어 갔다. 이에 따라 국가배상청구권이 기본권으로서 인정되기 시작했다.

프랑스에서는 국사원 판례를 통하여 공역무과실책임이론과 위험책임이론을 정립하여 국가책임제도를 인정하게 되었고, 독일에서는 1919년 바이마르헌법 제131조에서 국가배상책임을 명문화한 이래 현행 기본법 제34조에서 규정하고 있다. 영국에서는 1947년 국왕소추법을 제정하였고, 미국에서도 1946년 연방불법행위배상청구권법을 제정하여 국가배상책임을 인정하고 있다. 우리의 경우 1948년 제헌헌법 제27조에 국가배상청구권을 기본권으로 규정하면서 오늘에 이르고 있다.

---

1) 헌재 1997. 2. 20. 96헌바24, 9-1, 168(173).

Ⅲ. 다른 조문과의 체계적 관계

헌법은 공권력에 의해서 국민의 자유와 권리가 침해된 경우에 권리구제를 받을 수 있는 청구권을 기본권의 형식으로 규정함으로써 기본권의 실효성을 높이려고 노력하고 있다. 여기에는 국가배상청구권과 더불어 제26조의 청원권, 제27조의 재판청구권, 제28조의 형사보상청구권, 제30조의 범죄피해자구조청구권 등이 포함된다. 이들 기본권은 그 구체적인 기능면에서는 서로 다른 점이 많지만 권리구제를 위한 청구권으로서의 성격을 갖는다는 점에서는 공통점이 있다.[2] 또 권리구제를 위한 이들 기본권은 일종의 절차적 기본권으로서의 성질을 갖는다는 점에서도 유사한 점이 있다.

Ⅳ. 법적 성격

1. 개 설

국가배상청구권의 성격에 대해서는 다양한 논의가 전개되고 있다. 주로 ① 국가배상청구권이 공권인지 사권인지 여부, ② 국가배상법이 공법인지 사법인지 여부, ③ 헌법상의 규정이 입법방침규정인지 직접효력규정인지 여부, ④ 국가배상청구권이 재산권인지 청구권인지 여부 등이다.

2. 공권설과 사권설

국가배상청구권이 그 성질에서 공권인가 사권인가 하는 점에 대하여 학설이 대립한다.

(1) 공 권 설

국가배상청구권은 국가와 사인간의 공법상의 법적 분쟁 내지 공법상의 법률관계에서 인정되는 권리이므로 공권이라고 보는 입장이다. 국가배상청구권은 헌법에 의해 직접 실현되는 권리인 점, 국가배상법이 특별한 경우에는 양도·압류의 금지를 규정하고 있는 점(국가배상법 제4조), 외국인의 경우 상호주의에 의해 인정한다는 점(동법 제7조)을 근거로 국가배상청구권을 공권적 성격의 권리라고 한다. 헌법에서 기본권으로 정하고 있는 이상 이는 대국가적인 권리로서의 성격을 가지기 때문에 국가배상청구권을 기본권으로 보장하는 우리 헌법의 구조상 이를 사권이라고 해석하기는 어렵다고 한다.

한편 현행 소송실무에서는 국가배상청구를 민사소송의 절차에 의하지만, 국가배상청구를 민사소송의 절차에 의하는가 행정소송의 절차에 의하는가 하는 문제는 권리실현의 방법이므로

---

2) 허영, 한국헌법론, 박영사, 2013, 603.

성질상 허용되는 범위 내도 있고, 행정소송으로 처리할 수도 있으므로 그 때문에 국가배상청구권이 사권으로 변질되는 것은 아니라고 한다.

(2) 사 권 설

국가배상이 이루어지는 국가의 행위는 위법한 것으로서 국가가 공적인 지위에서라기보다는 사적인 사용자의 지위에서 책임을 지는 것이고, 공권으로 이해할 경우에는 공권의 특성으로 인해 국민의 청구권이 지나치게 제한될 우려가 있으므로 국가배상청구권을 사권으로 보아야 한다는 견해이다. 이러한 견해에서는 국가배상법을 민법의 특별법으로 본다.

대법원의 판례는 국가배상청구권을 일반 민사상의 불법행위책임과 같은 사권으로 보고 있다.[3]

(3) 절 충 설

이러한 견해대립에 대해 국가배상청구권은 헌법상의 권리라는 점에서는 공권적인 것이고, 배상관계는 비권력적인 영역에 속하는 점에서 사권적인 것이므로 국가배상청구권을 공권이냐 사권이냐 하는 택일적인 접근은 타당하지 않다고 본다.

한편, 학자에 따라서는 국가배상청구권을 공권적인 것에 사권적인 것이 보완된 공권적 사권이라고도 한다. 또 국가배상청구권의 법적 성격을 국가배상법의 성격과 결부시켜서 공권과 공법, 사권과 사법이 서로 이어지는 것이라고 설명하기도 한다.[4]

2. 공법설과 사법설

위에서 언급한 바와 같이 국가배상청구권의 성질에 따라 국가배상법을 보는 입장도 나뉘어진다.

즉 국가배상법을 공법으로 보는 입장에 따르면 국가배상법은 공권인 국가배상청구권의 실현에 관한 법이며, 결국 국가배상법은 공법상의 원인행위에 따른 공법상의 법적 분쟁을 해결하기 위한 법이기 때문에 당연히 공법이라고 한다.

이에 반해 국가배상법을 사법으로 보는 입장에 따르면 국가배상법은 민법의 특별법으로서 사법이고, 국가배상책임은 국가가 사인과 대등한 지위에서 지는 책임이며, 국가배상법 제8조가 민법을 준용하고 있으므로 국가배상법은 사법이라고 한다.

---

3) 대판 1972. 10. 10. 69다701: "공무원의 직무상 불법행위로 손해를 받은 국민이 국가 또는 공공단체에 배상을 청구하는 경우 국가 또는 공공단체에 대하여 그의 불법행위를 이유로 손해배상을 구함은 국가배상법이 정한 바에 따른다 하여도 이 역시 민사상의 손해배상책임을 특별법인 국가배상법이 정한데 불과하며 … "
4) 김철수, 헌법학개론, 박영사, 2000, 799.

3. 입법방침규정설과 직접효력규정설

(1) 입법방침규정설

입법방침규정설에 의하면 헌법 제29조는 구체적인 권리를 부여하는 것이 아니라, 손해배상요건 등이 법률로 보완되지 않는 한 단순한 입법방침에 불과하다는 입장이다. 즉 헌법 제29조 제1항에서 정하고 있는 '법률이 정하는 바에 의하여'라는 법률유보의 문구가 있기 때문에 국가배상청구권은 헌법에서 직접 효력을 발생하는 것이 아니라 헌법에 의해서는 추상적인 권리만 생기고 구체적인 법률이 있어야 국민에게 구체적인 국가배상청구권이 발생된다고 보는 입장이다.

(2) 직접효력규정설

직접효력규정설에 의하면 헌법 제29조를 근거로 직접 국가배상청구권이 도출되며 '법률이 정하는 바에 의하여'란 구체적인 기준이나 요건 및 절차만을 법률로 정한다는 의미로 이해하여야 한다는 입장이다. 즉 국가배상청구권은 헌법 제29조 제1항에 의하여 보장되는 구체적인 권리이고, 법률유보의 문구는 헌법에 의해 구체적으로 생긴 권리인 국가배상청구권의 행사절차·기준 등만 정하는 것이라고 본다.

이 설에 따르면 국가배상청구권은 헌법 제29조 제1항에서 정하고 있는 구체적 기본권이고, 국가의 불법적 행위로 국민에게 피해를 입힌 것은 어떠한 경우에도 정당화할 수 없기 때문에 국가의 불법행위로 인해 국민에게 손해가 발생한 경우에는 국가는 당연히 그 손해를 배상하여야 할 의무를 지게 되기 때문에 이러한 국가배상청구권은 구체적인 법률의 존재 유무에 관계없이 당연히 인정되는 것이고, 다만 국가배상법은 이러한 청구권을 구체적으로 실현하기 위한 절차나 기준 등만을 정하는 것이므로 직접효력규정설이 타당하다고 한다. 대법원은 헌법상 국가배상청구권의 구체적인 권리임을 인정하고 있다.[5]

4. 재산권설과 청구권설

(1) 재산권설

헌법상 국가배상청구권은 헌법 제23조 제1항에 의해 보호되는 재산권의 한 내용이라고 본다. 이는 대법원의 과거 판결의 소수의견[6] 및 헌법재판소의 과거의견[7]이다.

---

5) 대판 1971. 6. 22. 70다1010: "헌법 제 26조는 공무원의 직무상 불법행위로 손해를 받은 국민은 국가 또는 공공단체에 배상을 청구할 수 있다고 규정하여 공무원의 불법행위로 손해를 받는 국민은 그 신분에 관계없이 누구든지 국가 또는 공공단체에 그 불법행위로 인한 손해전부의 배상을 청구할 수 있는 기본권을 보장하였고 … "

6) 대판 1971. 6. 22. 70다1010: "헌법 제23조 제1항에 의하면 재산권의 내용과 한계는 법률로 정한다고 되어 있으며, 헌법 제29조에서 인정한 손해배상청구권이 위 헌법 제23조에서 말하는 재산권의 범주에 속하는 것임은 재론할 여지가 없다."

7) 헌재 1996. 6. 13. 94헌바20, 8-1, 475(484): "심판대상조항부분이 향토예비군대원의 국가배상청구권을 인

(2) 청구권설

이 설에 따르면 헌법상의 재산권은 사유재산제도와 그를 바탕으로 하는 구체적 재산권의 보장을 위한 것이고, 국가배상청구권은 공무원의 직무상 불법행위에 의해서 비로소 발생하는 권리구제를 위한 청구권인데 단지 그것이 재산가치를 가지는 청구권일 따름이라고 한다. 따라서 국가배상청구권이 재산적 가치를 가지고 있음을 부정할 수는 없지만 헌법이 국가배상청구권에 대해 재산권 규정과는 별도의 규정을 두고 있으며, 그 성질이 재산의 보호라기보다는 위법행위에 대한 권리구제수단의 보호라는 성격이 강하므로 국가배상청구권은 재산권이 아닌 권리구제를 위한 절차적 기본권으로서의 청구권이라고 본다. 이는 대법원 과거 판결의 다수의견이었다.8)

(3) 절 충 설

이 설에 따르면 국가배상청구권은 재산권적 성격과 청구권적 성격을 아울러 가진 것이라고 한다. 헌법재판소의 비교적 최근의 견해이다.9)

V. 국가배상청구권의 주체와 객체

1. 국가배상청구권의 주체

(1) 국 민

헌법 제29조는 국가배상청구권의 주체를 '국민'이라고 규정하고 있는데, 이는 내국인에 한한다고 하겠다. 국민에는 자연인뿐 아니라 내국법인도 포함된다. 따라서 대한민국의 국민이면 누구나 국가배상청구권의 주체가 된다. 그러나 헌법 제29조 제2항에서 정하는 군인·군무원·경찰공무원 등이 보상을 받게 되는 경우에는 국가배상청구권이 인정되지 않는다. 이에 대하여는 후술한다.

(2) 외 국 인

외국인에 대하여는 국가배상법 제7조가 "이 법은 외국인이 피해자인 경우에는 상호의 보

정하지 아니하는 것은 헌법 제29조 제1항에 의하여 국민일반에 대하여 원칙적으로 인정되는 국가배상청구권을 향토예비군대원에 대하여는 예외적으로 이를 금지하는 것이고, 국가배상청구권은 그 요건에 해당하는 사유가 발생한 개별 향토예비군대원에게는 금전청구권으로서의 재산권임이 분명하므로, 심판대상조항부분은 결국 헌법 제23조 제1항에 의하여 향토예비군대원에게 보장되는 재산권을 제한하는 의미를 갖는다."

8) 대판 1971. 6. 22. 70다1010: "헌법 제26조는 공무원의 직무상 불법행위로 손해를 받은 국민은 국가 또는 공공단체에 배상을 청구할 수 있다고 규정하여 공무원의 불법행위로 손해를 받은 국민은 신분에 관계없이 누구든지 국가 또는 공공단체에 그 불법행위로 인한 손해전부의 배상을 청구할 수 있는 기본권을 보장하였고 … "

9) 헌재 1997. 2. 20. 96헌바24, 9-1, 168(173): "우리 헌법상의 국가배상청구권에 관한 규정은 단순한 재산권의 보장만을 의미하는 것은 아니고 국가배상청구권을 청구권적 기본권으로 보장하고 있는 것이다."

증이 있는 때에 한하여 적용한다"라고 규정하여 상호주의를 채택하고 있다. 따라서 입법정책적
으로 외국인에게 국가배상청구권을 인정할 수는 있으나, 이 경우에는 외국인은 기본권으로서의
국가배상청구권을 보유하는 것은 아니다. 즉 이 경우의 권리는 기본권이 아니고 법률상의 권리
라고 하겠다.

2. 국가배상청구권의 객체

국가배상책임을 지는 국가배상청구권의 객체는 국가 또는 공공단체이다. 공공단체란 지방
자치단체, 공공조합, 영조물법인, 공법상의 재단을 말한다. 그런데 국가배상청구권의 객체를 국
가 또는 '공공단체'라고 규정한 헌법 제29조 제1항과는 달리 국가배상법 제2조 제1항은 국가
또는 '지방자치단체'라고 공공단체의 범위를 지방자치단체로만 국한해서 규정하고 있어, 지방
자치단체 이외의 공공단체의 배상책임은 민법에 맡기고 있다고 하겠다.[10]

VI. 국가배상청구권의 내용

1. 국가배상청구권의 성립요건

국가배상책임에는 헌법 제29조 제1항 및 국가배상법 제2조에 따른 공무원의 직무상 불법
행위로 인한 배상책임과 국가배상법 제5조에 따른 영조물의 설치·관리상의 하자로 인한 배상
책임의 두 가지 유형이 있다.

(1) 공무원의 직무상 불법행위

공무원의 직무상 불법행위로 인한 배상책임이 성립하기 위하여는 국가배상법 제2조에
따라 공무원이 그 직무를 집행함에 당하여 고의 또는 과실로 법령에 위반하여 타인에게 손해
를 가해야 한다. 따라서 ① 공무원의 ② 직무집행행위가 ③ 불법이어야 하고, 이로써 ④ 타인
에게 손해가 발생하였을 것과 ⑤ 손해와 공무원의 행위 사이에 인과관계가 인정될 것 등이
요구된다.

1) 공 무 원

국가배상법 제2조상의 '공무원'은 국가공무원법 또는 지방공무원법상의 공무원뿐만 아니라
널리 공무를 위탁받아 실질적으로 공무에 종사하는 모든 자를 포함한다는 데 학설은 일치하고
있고, 판례도 그러하다.[11] 즉 공무원인지의 여부는 형식상의 신분에 따르지 않고(신분설), 실질

---

10) 국가배상법상 배상책임의 주체를 지방자치단체로 한정한 것의 문제점 지적 및 지방자치단체를 하나의 예
   시규정으로 해석해야 한다는 주장에 대하여는 정준현, "국가배상의 책임주체와 과실책임에 관한 연구,"
   미국헌법연구 22권 1호(2011), 340 이하 참조.

11) 대판 1970. 11. 24. 70다2253: "국가공무원법 제2조에서 말하는 공무원법 또는 지방공무원법에서 말하는
   공무원의 신분을 가진 자에 한하지 않고 널리 공무를 위탁받아 실질적으로 공무에 종사하고 있는 자도 포

적인 담당업무에 따라 판단해야 한다는 것이다(업무설).[12]

그런데 판례는 소집중인 향토예비군을 국가배상법상의 공무원으로 보면서,[13] 의용소방대원은 국가배상법상의 공무원이 아니라고 보았다.[14] 한편 우리나라에 주둔하고 있는 미합중국군대의 구성원·고용원·한국증원부대구성원(카투사)의 공무집행 중의 행위로 피해를 받은 자도 국가배상법에 따라 한국정부에 배상을 청구할 수 있다.[15]

2) 직무상의 행위

국가배상청구권을 인정하기 위한 직무행위의 범위에 대해서는 권력작용에 한정된다는 협의설, 권력작용과 관리작용을 포함한다는 광의설, 국가의 사경제작용까지 모두 포함된다는 최광의설이 대립하고 있다. 광의설이 지배적인 견해이다.

대법원은 직무의 범위를 행정작용 중 권력작용과 관리작용에 한정해서만 국가배상을 인정하고 있다.[16]

한편, 국가배상청구권은 공무원의 직무집행에 당하여 손해가 발생한 경우에 인정되는바, 이러한 직무관련성에 관해서는 그 판단기준으로서 실질설과 외형설이 대립한다. 이에 대하여는 직무행위의 실질을 요구하는 실질설보다는 직무행위와 외형상 관련있는 것으로 인정되는 행위까지 포함하는 외형설이 학계의 일반적인 견해이다. 대법원도 외형설에 입각하여 직무관련성을 판단하고 있다.[17]

3) 불법행위

불법행위란 고의 또는 과실에 의하여 법령을 위반한 행위를 말한다. 여기서의 행위에는 작위 또는 부작위 모두가 포함됨은 물론이다. 법령위반, 즉 위법성은 성문법원의 위반뿐 아니라 불문법원의 위반도 모두 포함한다.

불법성은 위법행위가 고의 또는 과실로 이루어진 것을 의미한다. 그리고 과실에는 중과실과 경과실 모두가 포함된다. 불법행위의 입증책임에 관하여는 원칙적으로 피해자인 원고에게 입증책임이 있다고 본다. 그러나 위법성의 입증책임은 원고가 지나, 고의 또는 과실이라고 하

함된다고 할 것인바 … "
12) 허영(주 2), 609.
13) 대판 1970. 5. 26. 70다471.
14) 대판 1966. 6. 28. 66다808; 1975. 11. 25. 73다1896.
15) 권영성, 헌법학원론, 법문사, 2000, 621.
16) 대판 1999. 6. 22. 99다7008: "국가 또는 지방자치단체라 할지라도 공권력의 행사가 아니고 단순한 사경제의 주체로 활동하였을 경우에는 그 손해배상책임에 국가배상법이 적용될 수 없고 민법상의 사용자책임 등이 인정되는 것이고 국가의 철도운행사업은 국가가 공권력의 행사로서 하는 것이 아니고 사경제적 작용이라 할 것이므로 … "
17) 대판 1966. 6. 28. 66다781: "'직무를 행함에 당하여'라는 취지는 공무원의 행위의 외관을 객관적으로 관찰하여 공무원의 직무행위로 보여질 때에는 비록 그것이 실질적으로 직무행위이거나 아니거나 또는 행위자의 주관적 의사에 관계없이 그 행위는 공무원의 직무집행행위로 볼 것이요 이러한 행위가 실질적으로 공무집행행위가 아니라는 사정을 피해자가 알았다 하더라도 그것을 '직무를 행함에 당하여'라고 단정하는데 아무런 영향을 미치는 것이 아니다."

는 책임성의 입증책임은 피고가 져야한다는 의견이 강력히 대두되고 있다. 이러한 입증책임의 전환은 첫째, 피해자의 두터운 권리보호를 위하여, 둘째, 책임성의 입증책임을 원고가 진다는 것은 너무 과도한 것을 요구한다는 점에서, 셋째, 위법성이 입증되면 일응 책임성이 추정된다는 점에서 주장되고 있다.

4) 타인에게 손해의 발생

타인에게 손해가 발생하여야 국가배상청구권이 성립할 수 있다. 타인이란 가해자인 공무원과 그의 직무상 불법행위에 가세한 자를 제외한 자를 의미한다. 피해자가 가해자인 공무원과 동일 또는 동종의 기관에 근무하는지의 여부는 관계가 없다.[18]

손해의 종류는 불문하므로 재산적 손해뿐만 아니라 비재산적 손해도 이에 해당한다. 또한 적극적 손해뿐 아니라 소극적 손해, 예컨대 정당한 기대이익의 상실도 포함된다.

5) 인과관계

가해행위와 손해의 발생 사이에 인과관계가 있어야 한다. 대법원은 상당인과관계를 요구하고 있다.[19]

(2) 영조물의 설치·관리상의 하자

국가배상법 제5조에 의하여 공공시설의 하자로 인한 손해에 대해 국가배상청구권이 성립되기 위해서는 ① 공공의 영조물의 ② 설치·관리상 하자로 인해 ③ 손해가 발생하고, 손해와 하자 사이에 인과관계가 있을 것 등이 요구된다.

1) 공공의 영조물

공공의 영조물이란 인적·물적 종합시설이라는 의미의 영조물이 아니라 국가나 공공단체 등의 행정주체에 의하여 공공목적에 제공된 유체물, 즉 공물을 의미한다고 보는 것이 통설이다. 판례도 공공의 영조물이란 국가 또는 지방자치단체에 의하여 특정 공공의 목적에 공여된 유체물 내지 물적 설비를 지칭하며 특정 공공목적에 공여된 물적 설비라 함은 일반공중의 자유로운 사용에 직접적으로 제공되는 공공용물에 한하지 아니하고, 행정주체 자신의 사용에 제공되는 공용물도 포함하여 국가 또는 지방자치단체가 소유권, 임차권 그 밖의 권한에 기하여 관리하고 있는 경우뿐만 아니라 사실상의 관리를 하고 있는 경우도 포함한다고 하여 같은 입장을 취하고 있다.[20] 따라서 인공공물과 자연공물 및 동산과 동물 등이 이에 포함된다. 그러므로 본조는 그 대상이 공작물에 한정되지 않는다는 점에서 민법 제758조에 비하여 적용범위가 넓다. 그러나 국공유재산이라도 행정목적에 제공되지 않는 잡종재산으로 인한 손해에는 본조가 아니라 민법 제758조가 적용된다고 하겠다.

---

18) 대판 1998. 11. 10. 97다36873.
19) 대판 1969. 1. 21. 68다1153; 1970. 3. 24. 70다152; 1974. 12. 10. 72다1774.
20) 대판 1995. 1. 24. 94다45302.

2) 설치·관리상의 하자

영조물의 설치·관리상의 하자라 함은 영조물이 통상 갖추어야 할 안정성을 결여한 것을 말한다. 이러한 안전성의 결여가 설치단계의 것이든, 관리단계의 것이든 불문한다. 이러한 하자의 유무는 당해 영조물의 구조·용법·장소적 환경·이용상황 등의 제반사정을 종합적으로 참작하여 개별적·구체적으로 판단하여야 할 것이다.

한편 설치·관리상의 하자에는 민법 제758조와는 달리 면책규정이 없는데, 이와 관련하여 하자의 성격에 대해 무과실책임인지 여부에 관한 견해의 대립이 있다. 대법원은 무과실책임이라고 판시하였다.[21]

국가배상법 제5조상의 하자는 영조물이 통상 갖추어야 할 안전성을 결여한 상태를 의미하는 것이므로 이러한 통상의 안전성이 구비되어 있는 한 손해가 발생하여도 그것은 불가항력으로서 국가 등의 배상책임은 발생하지 않는다고 볼 것이다.

3) 손해의 발생

영조물의 설치·관리상의 하자로 인하여 손해가 발생하여야 하는바, 이 경우 하자와 손해의 발생 사이에는 상당인과관계가 인정되어야 한다.

2. 국가배상청구권의 행사절차

(1) 임의적 행정절차

구 국가배상법 제9조는 "이 법에 의한 손해배상의 소송은 배상심의회의 배상지급 또는 기각의 결정을 거친 후에 한하여 제기할 수 있다. 다만, 배상지급신청이 있는 날로부터 3월을 경과한 때에는 그러하지 아니하다"고 규정하여 배상소송의 제기에 앞서 배상심의회의 결정을 필요적 절차로 하는 결정전치주의를 취하고 있었다. 이는 번잡한 소송절차를 피하고, 시간과 경비를 절약하여 신속한 피해자 구제를 도모하려는데 그 목적이 있었다. 그러나 이에는 소송에 의한 궁극적 구제를 지연시킨다는 비판도 있었다. 그래서 이 규정은 개정되어 현행법은 배상결정절차를 임의절차로 하였다. 즉 현행 국가배상법 제9조는 "이 법에 의한 손해배상의 소송은 배상심의회(이하 '심의회'라 한다)에 배상신청을 하지 아니하고도 이를 제기할 수 있다"라고 규정하고 있다. 이에 따라 배상결정을 미리 받지 아니하고도 바로 국가배상청구권을 행사하여 소송을 청구할 수 있게 되었다.

(2) 배상심의회

심의회는 국가 또는 지방자치단체에 대한 배상신청사건을 심의한다. 심의회는 피해자의 배상신청에 대하여 심의·결정하고 이를 신청인에게 알리는 권한을 가진다. 이러한 심의회로서

---

21) 대판 1992. 9. 22. 92다30219: "국가배상법 제5조 소정의 영조물의 설치·관리상 하자로 인한 책임은 무과실책임이고 나아가 민법 제758조 소정의 공작물의 점유자의 책임과는 달리 면책사유도 규정되어 있지 않으므로 … "

는 법무부에 본부심의회를, 군인·군무원이 가한 손해의 배상결정을 위하여 국방부에 특별심의회를 설치하고, 이들 밑에 각각 지구심의회를 둔다.

(3) 배상지급신청 및 그 심의·결정절차

배상금의 지급신청은 지급받고자 하는 자의 주거지·소재지 또는 배상원인 발생지를 관할하는 지구심의회에 하여야 한다(국가배상법 제12조).

(4) 배상결정

심의회의 배상결정은 신청인이 동의함으로써 그 효력이 발생한다. 심의회의 결정에 동의하는 신청인은 지체없이 그 결정에 동의서를 붙여 국가 또는 지방자치단체에 배상금지급을 청구하여야 한다.

이와 관련하여 구 국가배상법 제16조는 "심의회의 배상결정은 신청인이 동의하거나 지방자치단체가 배상금을 지급한 때에는 민사소송법의 규정에 의한 재판상의 화해가 성립된 것으로 본다"고 규정하고 있었다. 그러나 헌법재판소는 이 규정에 대하여 위헌결정을 내렸고,[22] 그에 따라 이 규정은 삭제되었다. 따라서 신청인은 배상결정에 동의하여 배상금을 수령한 후에도 손해배상소송을 제기하여 배상금청구(증액청구)를 할 수 있다고 할 것이다.

3. 배상책임의 본질 및 배상책임자

(1) 국가배상책임의 본질

국가배상책임의 본질에 대하여는 학설의 대립이 있다.

1) 대위책임설

대위책임설은 국가배상제도의 연혁으로 보아 공무원의 직무상 불법행위로 인한 손해배상책임은 원칙적으로 공무원이 부담하는 것인데, 헌법과 국가배상법에 따라 피해자를 보호하기 위하여 국가가 공무원을 대신하여 지는 일종의 대위책임이라고 본다. 그 근거로서 공무원의 위법행위는 국가의 행위로 볼 수 없다는 점, 국가배상법 제2조 제1항은 공무원의 개인책임을 전제로 하고 있다는 점, 국가배상법 제2조 제2항에 의해 국가가 공무원에게 구상권을 행사할 수 있다는 점을 든다. 이에 따르면 형식적으로는 국가의 당해 공무원에 대한 구상권을 인정하고 있는 것과 실질적으로는 국가배상책임은 민법의 사용자책임이라고 보는데 근거한다. 이 견해에

---

22) 헌재 1995. 5. 25. 91헌가7, 7-1, 598(611-612): " … 배상결정절차에 있어서는 심의회의 제3자성·독립성이 희박한 점, 심의절차의 공정성·신중성도 결여되어 있는 점, 심의회에서 결정되는 배상액이 법원의 그것보다 하회하는 점 및 불제소합의의 경우와는 달리 신청인의 배상결정에 대한 동의에 재판청구권을 포기할 의사까지 포함되는 것으로 볼 수도 없는 점을 종합하여 볼 때, 이는 신청인의 재판청구권을 과도하게 제한하는 것이어서 헌법 제37조 제2항에서 규정하고 있는 기본권 제한입법에 있어서의 과잉입법금지의 원칙에 반할 뿐 아니라, 권력을 입법·행정 및 사법 등으로 분립한 뒤 실질적 의미의 사법작용인 분쟁해결에 관한 종국적인 권한은 원칙적으로 이를 헌법과 법률에 의한 법관으로 구성되는 사법부에 귀속시키고 나아가 국민에게 그러한 법관에 의한 재판을 청구할 수 있는 기본권을 보장하고자 하는 헌법의 정신에도 충실하지 못한 것이다."

의할 때, 직접행위자인 공무원은 행위자로서 피해자에게 민사상 불법행위책임을 지게 되며, 따라서 국가와 공무원의 책임이 병존한다.

이 설에 대하여는 연혁적으로 국가무책임사상에 그 뿌리를 두고 있는 다분히 권위적인 국가사상의 잔영이라는 비판이 가해진다.[23]

2) 자기책임설

자기책임설은 국가의 배상책임은 국가 자신의 행위에 대한 스스로의 책임이라고 한다. 즉 국가배상책임의 본질은 국가가 자신의 행위에 대하여 자기책임을 지는 것이기 때문에 국가가 배상책임자이고 국가에 대해서만 배상청구를 할 수 있다는 것이다. 다시 말해 국가가 공무원의 불법행위에 대한 배상책임을 지는 것은 국가의 기관에 해당하는 공무원의 행위에 대한 일종의 위험부담으로서의 자기책임을 지는 것이지, 공무원이 져야 할 책임을 국가가 대신해서 져주는 일종의 사용자책임의 성질을 가지는 것은 아니라고 한다. 이 견해는 국가는 행위를 공무원에 의하여 행하므로 공무원의 행위에 의한 효과는 귀책사유를 불문하고 모두 국가에게 귀속되어야 한다는 것과, 헌법과 국가배상법의 규정에 공무원을 대신한다는 규정이 없음을 논거로 든다. 이 견해에 의하면, 공무원은 배상책임의 주체가 되지 않는다.

이 설이 학계의 다수설이라고 볼 수 있다.[24]

3) 절 충 설

절충설은 국가의 공무원에 대한 구상권을 기준으로 공무원이 고의·중과실에 의해 불법행위를 한 경우에는 국가의 구상권이 인정되므로 이 경우에는 대위책임의 성격이, 경과실에 의한 경우에는 구상권이 인정되지 않으므로 국가의 자기책임이라고 본다. 이 견해는 공무원의 고의·중과실에 의한 행위는 공무원 개인의 책임에 의한 행위이지 국가의 행위로 포섭할 수 없는 것이지만 국민의 보호를 위해 국가가 대신 책임을 질 필요성이 있고, 공무원의 경과실의 경우에는 공무원의 행위를 국가에 귀속시킬 수 있기 때문에 국가의 자기책임이라고 한다. 이 견해에 의하면 공무원의 고의·중과실에 의하여 손해를 발생한 경우에는 공무원에게도 책임이 인정되나, 경과실에 의한 경우에는 공무원 개인에 대한 배상책임이 인정되지 않는다.

대법원 판례는 몇 차례의 입장변경을 거쳐 현재 절충설을 취하고 있다.[25]

---

23) 예컨대 허영(주 2), 612.

24) 권영성(주 15), 624; 허영(주 2), 613; 성낙인, 헌법학, 법문사, 2013, 848.

25) 대판 1996. 2. 15. 95다38677: "국가배상법 제2조 제1항 본문 및 제2항의 입법 취지는 공무원의 직무상 위법행위로 타인에게 손해를 끼친 경우에는 변제자력이 충분한 국가 등에게 선임감독상 과실 여부에 불구하고 손해배상책임을 부담시켜 국민의 재산권을 보장하되, 공무원이 직무를 수행함에 있어 경과실로 타인에게 손해를 입힌 경우에는 그 직무수행상 통상 예기할 수 있는 흠이 있는 것에 불과하므로, 이러한 공무원의 행위는 여전히 국가 등의 기관의 행위로 보아 그로 인하여 발생한 손해에 대한 배상책임도 전적으로 국가 등에만 귀속시키고 공무원 개인에게는 그로 인한 책임을 부담시키지 아니하여 공무원의 공무집행의 안정성을 확보하고, 반면에 공무원의 위법행위가 고의·중과실에 기한 경우에는 비록 그 행위가 그의 직무와 관련된 것이라고 하더라도 그와 같은 행위는 그 본질에 있어서 기관행위로서의 품격을 상실하여 국가 등에게 그 책임을 귀속시킬 수 없으므로 공무원 개인에게 불법행위로 인한 손해배상책임을 부담시키되, 다만 이러한 경우에도 그 행위의 외관을 객관적으로 관찰하여 공무원의 직무집행으로 보여질 때에는 피해자

이에 대하여 절충설은 국가배상법이 정하는 구상권의 유무에 따라 국가배상책임의 본질을 정하려는 입장으로서 국가배상책임의 본질은 헌법이론적인 접근에 의해서만 파악될 수 있는 헌법차원의 문제이지 구상권에 관한 실정법률의 규정에 따라 정해질 성질의 문제는 아니라는 비판이 가해진다.26)

(2) 배상책임자

1) 국가책임과 공무원책임

피해자가 국가에 대해서만 배상을 청구할 수 있는지, 아니면 국가와 가해자인 공무원의 양쪽에 대하여 선택적으로 청구할 수 있는지에 대하여도 견해가 대립한다.

가) 긍 정 설

헌법 제29조 제1항 제2문이 "이 경우 공무원 자신의 책임은 면제되지 아니한다"라고 규정하고 있듯이 공무원의 민사상·형사상의 책임이 면제되는 것은 아니므로 피해자는 국가 또는 공공단체에 대한 청구권과 가해자인 공무원에 대한 청구권을 선택적으로 행사할 수 있다고 본다. 대법원의 1972년도 판례의 입장이기도 하다.27)

나) 부 정 설

이 설에 따르면 피해자는 국가에 대해서만 청구권을 행사할 수 있다고 본다. 즉 헌법 제29조 제1항 제2문의 공무원의 책임은 국가배상법 제2조 제2항에 의하여 공무원이 국가 또는 공공단체에 대한 내부적 구상책임으로 구체화된 것으로 이는 일종의 징계책임이지 대외적인 국가배상책임이라고 볼 수 없고, 국가배상책임의 본질을 국가의 자기책임으로 보는 입장에서는 당연히 국가만이 배상책임자일 수밖에 없으며, 피해자구제의 만전을 기하기 위한 배상자력의 담보에 그 취지가 있는 만큼 충분한 배상능력을 가진 국가만이 배상책임자가 된다는 입장이다. 이는 대법원의 1994년도 판결의 입장이다.28)

다) 절 충 설

이 설은 구상권의 유무를 기준으로 하여 불법행위가 공무원의 고의·중과실로 인한 경우에는 국가의 공무원에 대한 구상권이 인정되므로 피해자의 선택적 청구가 인정되고, 경과실로 인

인 국민을 두텁게 보호하기 위하여 국가 등이 공무원 개인과 중첩적으로 배상책임을 부담하되 국가 등이 배상책임을 지는 경우에는 공무원 개인에게 구상할 수 있도록 함으로써 궁극적으로 그 책임이 공무원 개인에게 귀속되도록 하려는 것이라고 봄이 합당하다."

26) 허영(주 2), 612.

27) 대판 1972. 10. 10. 69다701: "… 헌법 제26조 단서는 국가 또는 공공단체가 불법행위로 인한 손해배상책임을 지는 경우 공무원 자신의 책임은 면제되지 아니한다고 규정하여 공무원의 직무상 불법행위로 손해를 받은 국민이 공무원 자신에게 대하여도 직접 그의 불법행위를 이유로 손해배상을 청구할 수 있음을 규정하여 국가배상법의 공무원 자신의 책임에 관한 규정여하를 기다릴 것 없이 공무원 자신이 불법행위를 이유로 민사상의 손해배상책임을 져야 할 법리임에도 불구하고 … "

28) 대판 1994. 4. 12. 93다11807: "공무원의 직무상 불법행위로 인하여 손해를 받은 사람은 국가 또는 공공단체를 상대로 손해배상을 청구할 수 있고, 이 경우에 공무원에게 고의 또는 중대한 과실이 있는 때에는 국가 또는 공공단체는 그 공무원에게 구상할 수 있을 뿐, 피해자가 공무원 개인을 상대로 손해배상을 청구할 수 없는 것이다 … "

한 경우에는 구상권이 인정되지 아니하므로 피해자의 선택적 청구가 부정된다는 입장이다. 이는 앞서 소개한 1996년도 대법원 판례의 입장이다.

2) 선임감독자와 비용부담자가 다른 경우

가해행위를 한 공무원의 선임·감독자와 비용부담자가 다른 경우에는 그 비용을 부담하는 자도 책임을 진다. 국영공비사업 또는 지방공무원이 국가사무를 처리하는 경우 등이 그것이다. 이러한 경우 배상책임자가 누구인가에 대하여는 종래 견해가 갈리고 있었던바, 국가배상법은 피해자구제라는 관점에서 피해자가 양자 중 택일하여 배상청구를 할 수 있도록 규정한 것이다. 이 경우 손해를 배상한 자는 내부관계에서 그 손해를 배상할 책임이 있는 자에게 구상할 수 있다. 이 경우 내부적으로 손해를 배상할 책임이 있는 자는 공무원의 선임·감독자라고 보는 것이 일반적이다.

4. 배상의 범위

(1) 배상기준

헌법 제29조 제1항은 배상의 범위에 대해 '정당한 배상'이라고 규정하고 있다. 여기서 정당한 배상이라 함은 불법행위와 상당인과관계에 있는 모든 손해를 그 대상으로 한다. 이와 관련하여 국가배상법 제3조는 배상액에 대한 기준을 규정하고 있다.

그리고 생명·신체에 대한 침해로 인한 유족배상, 장해배상 및 장래에 필요한 요양비 등을 일시에 청구하는 경우에는 복할인법(라이프니츠식)에 의하여 중간이자를 공제하도록 하고 있었다. 그런데 복할인법에 의하여 중간이자를 공제하는 경우에는 단할인법(호프만식)에 의하는 경우에 비하여 그 중간이자액이 높아지는 결과, 이 방법이 피해자에게 불리한 것임은 물론이다. 일반 민법상의 불법행위로 인한 배상액 산정의 경우 법원은 단할인법에 의하여 중간이자를 공제하고 있다. 동일한 불법행위로 인한 손해배상액의 결정에 있어 공무원의 직무상 불법행위로 인한 경우에 민사상의 불법행위로 인한 경우에 비하여 그 피해자에게 불리하게 이를 산정하여야 할 합리적인 이유는 없다고 할 것이다. 그 점에서 복할인법을 규정하고 있던 종래의 국가배상법의 규정에는 문제가 있다는 의견이 많았다. 그에 따라 국가배상법과 시행령이 개정되어 현재는 국가배상법에 의한 중간이자의 공제의 경우에도 단할인법으로 하도록 하였다.

(2) 배상기준의 성격

국가배상법 제3조의 '배상기준'이 단지 하나의 기준을 정한 것인지, 아니면 그 기준을 초과할 수 없는 배상액의 상한을 정한 것인지에 대하여 견해가 갈리고 있다.

1) 기준액설

이 설에 따르면 배상기준은 단순한 기준에 불과하며 구체적 사안에 따라서는 배상액의 증감이 가능하다는 것이다. 이는 만일 배상기준을 한정적인 것으로 본다면 민법상의 불법행위책임에 따른 배상에 비하여 피해자에게 불리한 결과를 초래하게 되어 평등원칙위반의 문제를 야기하게 되고, 이는 정당한 배상을 규정한 헌법 제29조의 정신에도 반하며, 사법부에 의한 배상액 증액결정을 방해한다는 점에 그 근거를 두고 있다. 이는 다수설과 판례의 입장이다.[29]

2) 한정액설

이 견해는 국가배상법 제3조의 배상기준을 배상액의 상한을 정한 제한규정이라고 본다. 그 논거로는 배상기준은 배상의 범위를 객관적으로 명백히 하여 당사자 사이의 분쟁의 소지를 없애기 위한 것이고, 배상의 범위를 법정화한 것은 곧 그에 기한 배상액의 산정을 요구한 것이라고 보아야 하기 때문이라는 것이다.

5. 소멸시효

국가배상법 제8조가 동법의 규정에 의한 것을 제외하고는 민법의 규정에 의하도록 하여 국가배상청구권에도 민법의 소멸시효제도가 적용된다.[30] 그런데 이러한 적용은 국가배상청구권을 침해하여 위헌이라는 주장이 있었으나 헌법재판소는 합헌이라고 결정했다.[31]

VII. 국가배상청구권의 제한

국가배상청구권도 기본권의 일종으로서 특정한 경우에는 기본권제한입법의 한계조항인 헌법 제37조 제2항에 의하여 제한될 수 있을 것이다. 한편 헌법 제29조 제2항에 의한 군인·군무원 등에 대한 이른바 이중배상금지의 원칙에 따른 제한을 들 수 있다.

1. 헌법 제29조 제 2 항에 따른 제한

(1) 헌법 및 국가배상법 규정

헌법 제29조 제2항은 국가배상청구권을 그 주체면에서 제한하는 규정을 두고 있다. 즉 "군인·군무원·경찰공무원 기타 법률이 정하는 자가 전투·훈련 등 직무집행과 관련하여 받은 손해에 대하여는 법률이 정하는 보상 외에 국가 또는 공공단체에 공무원의 직무상 불법행위로 인한 배상은 청구할 수 없다"라는 규정이 그것이다. 이 헌법규정을 구체화하는 국가배상법 제2조 제1항 단서도 "다만, 군인·군무원·경찰공무원 또는 향토예비군대원이 전투·훈련 등 직무집행과 관련하여 전사·순직 또는 공상을 입은 경우에 본인 또는 그 유족이 다른 법령의 규정에 의하여 재해보상금·유족연금·상이연금 등의 보상을 지급받을 수 있을 때에는 이 법 및 민법의

---

29) 대판 1980. 12. 9. 80다1828: "손해배상기준은 배상심의회의 배상금지급지준을 정함에 있어서 하나의 기준이 되는 것에 지나지 아니하는 것이고, 이로써 손해배상액의 상한을 제한한 것으로는 볼 수 없다."

30) 현행 국가배상법이 소멸시효에 관한 사항을 다른 법률에 따르도록 한 제도의 문제점과 개선방안에 대하여는 김진곤, "국가배상청구권의 소멸시효에 관한 입법구조와 그 문제점," 헌법학연구 18권 1호(2012), 115 이하 참조.

31) 헌재 1997. 2. 20. 96헌바24, 9-1, 168.

1026 제 2 장 국민의 권리와 의무

규정에 의한 손해배상을 청구할 수 없다"라고 규정함으로써 군인·군무원 등의 국가배상청구권을 제한하고 있다.

(2) 연 혁

이 헌법규정은 과거에는 없다가 유신헌법에서 처음 도입된 규정으로 그 이전까지는 헌법 제29조 제1항과 같은 내용의 규정만 있었다.[32] 그런데 1960년대에 월남전 등으로 인하여 국가 배상소송이 급격하게 증가하자 정부는 국가배상으로 인한 과중한 재정적 부담을 해소하기 위하여 군인·군무원 등에 대한 이중배상금지를 규정하는 법을 구 국가배상법 제2조 제1항 단서에 신설하였다(1967. 3. 3 법률 제1899호). 그 후 대법원은 1971. 6. 22. 동 단서의 규정이 구 헌법 제26조에 의하여 보장된 국가배상청구권, 구 헌법 제9조의 평등의 원칙, 구 헌법 제8조의 인간으로서의 존엄과 가치 및 국가의 기본권최대보장규정에 위반되고, 구 헌법 제32조 제2항에 의한 한계를 넘어 기본권의 본질적 내용을 침해한 것이라며 위헌판결을 선고하자(70다1010), 1972. 12. 27. 유신헌법 제26조 제2항은 위헌시비를 제거하려는 의도에서 구 국가배상법 제2조 제1항과 같은 취지의 규정을 명문화함과 동시에 위헌판결된 구 국가배상법 제2조 제1항 단서를 1973. 2. 5. 법률 제2459로 개정하였다.

(3) 문 제 점

그런데 이 헌법 및 국가배상법의 규정은 위헌이라는 비판이 강하게 제기되고 있다. 애초에 이러한 제한은 군인·군무원·경찰공무원 등의 직업은 특별히 위험부담이 높은 직종에 속하는 것으로 이들 직업을 가진 사람이 그 직무집행과 관련하여 받은 손해에 대하여는 국가보상제도에 따른 보상이 있으면 되고 따로 국가배상청구권을 이중으로 인정할 필요가 없다는 이른바 이중배상금지의 원칙에 근거하고 있다. 그러나 이들 직업에 종사하는 사람들이 전사·순직·공상을 입은 경우에 본인 또는 그 유가족이 국가유공자예우 등에 관한 법률 등의 규정에 의해서 받는 재해보상금·유족연금·상이연금 등은 어디까지나 사회보장적인 성격의 것이고, 국가배상청구권은 일종의 불법행위책임적 성격의 것이기 때문에 국가보상과 국가배상은 전혀 그 성질을 달리하며, 따라서 이 양자 사이에는 법리상 이중배상 자체가 성립될 수 없다는 비판이 제기되어 왔고, 이는 위에서 소개한 대법원의 위헌판결의 기본바탕이기도 하다.

한편 헌법재판소는 이 헌법 및 국가배상법 규정에 대하여 제기된 사건에서 "헌법 제111조 제1항 제1호 및 헌법재판소법 제41조 제1항은 위헌법률심판의 대상에 관하여, 헌법 제111조 제1항 제5호 및 헌법재판소법 제68조 제2항, 제41조 제1항은 헌법소원심판의 대상에 관하여 그것이 법률임을 명문으로 규정하고 있으며, 여기서 위헌심사의 대상이 되는 법률이 국회의 의결을 거친 이른바 형식적 의미의 법률을 의미하는 것에 아무런 의문이 있을 수 없으므로, 헌법의 개별규정 자체는 헌법소원에 의한 위헌심사의 대상이 아니다. … 헌법은 전문과 각 개별조항이

---

32) 제헌헌법 제27조 참조.

서로 밀접한 관련을 맺으면서 하나의 통일된 가치 체계를 이루고 있는 것으로서, 헌법의 제규정 가운데는 헌법의 근본가치를 보다 추상적으로 선언한 것도 있고, 이를 보다 구체적으로 표현한 것도 있으므로 이념적·논리적으로는 규범 상호간의 우열을 인정할 수 있는 것이 사실이다. 그러나 이때 인정되는 규범 상호간의 우열은 추상적 가치규범의 구체화에 따른 것으로 헌법의 통일적 해석에 있어서는 유용할 것이지만, 그것이 헌법의 어느 특정규정이 다른 규정의 효력을 전면적으로 부인할 수 있을 정도의 개별적 헌법규정 상호간에 효력상의 차등을 의미하는 것이라고는 볼 수 없다. … 국가배상법 제2조 제1항 단서는 헌법 제29조 제1항에 의하여 보장되는 국가배상청구권을 헌법 내재적으로 제한하는 헌법 제29조 제2항에 직접 근거하고, 실질적으로 그 내용을 같이하는 것이므로 헌법에 위반되지 아니한다"라고 판시함으로써[33] 이 문제에 대한 판단을 회피하고 있다.[34]

   한편 헌재는 이러한 이중배상금지제도에 바탕을 두고 있는 국가배상법 제2조 제1항 단서규정과 구상권 청구 배제문제와의 관련성에 대하여 "국가배상법 제2조 제1항 단서 중 군인에 관련되는 부분을, 일반국민이 직무집행 중인 군인과의 공동불법행위로 직무집행 중인 다른 군인에게 공상을 입혀 그 피해자에게 공동의 불법행위로 인한 손해를 배상한 다음 공동불법행위자인 군인의 부담부분에 관하여 국가에 대하여 구상권을 행사하는 것을 허용하지 않는다고 해석한다면, 이는 위 단서 규정의 헌법상 근거규정인 헌법 제29조가 구상권의 행사를 배제하지 아니하는데도 이를 배제하는 것으로 해석하는 것으로서 합리적인 이유 없이 일반국민을 국가에 대하여 지나치게 차별하는 경우에 해당하므로 헌법 제11조, 제29조에 위반되며, 또한 국가에 대한 구상권은 헌법 제23조 제1항에 의하여 보장되는 재산권이고 위와 같은 해석은 그러한 재산권의 제한에 해당하며 재산권의 제한은 헌법 제37조 제2항에 의한 기본권제한의 한계 내에서만 가능한데, 위와 같은 해석은 헌법 제37조 제2항에 의하여 기본권을 제한할 때 요구되는 비례의 원칙에 위배하여 일반국민의 재산권을 과잉 제한하는 경우에 해당하여 헌법 제23조 제1항 및 제37조 제2항에도 위반된다"라고 판시함으로써 국가배상법 제2조 제1항 단서규정이 일반국민의 구상권을 배제하는 것으로 해석해서는 안된다는 점을 분명히 했다.[35]

2. 헌법 제37조 제2항에 의한 제한

   국가배상청구권도 헌법에 규정되어 있는 기본권인 이상 헌법 제37조 제2항에 의한 제한이 가능하다. 그러나 이 경우에 비례의 원칙과 본질적 내용침해금지의 원칙 등이 존중되어야 함은 물론이다. 따라서 국가안전보장·질서유지·공공복리를 위하여서만 제한이 가능하고, 적합성·

---

33) 헌재 1995. 12. 28. 95헌바, 37-2, 841(846-848). 동지의 결정 헌재 1996. 6. 13. 94헌마118등, 8-1, 500(511-512); 2001. 2. 22. 2000헌바38, 13-1, 289(294-295).

34) 이중배상금지제도의 문제점과 헌법재판소판례의 문제점에 대하여는 정연주, "헌법 제29조 제2항에 대한 헌법소원," 헌법학연구 제5권 2호(1999), 472 이하 참조.

35) 헌재 1994. 12. 29. 93헌바21, 6-2, 379.

최소침해성·비례성이 지켜져야 하며, 어떠한 경우에도 국가배상을 부인하는 등 본질적 내용을 침해하는 것은 허용되지 않는다. 따라서 국가배상청구권의 제한은 국가배상책임의 내용과 범위, 절차 등의 문제에 국한해야 할 것이다. 또한 정당한 배상을 명하는 헌법정신을 무시하고 배상의 기준을 지나치게 낮추는 입법조치는 허용되지 아니한다고 할 것이다.

Ⅷ. 현실적 평가

상기 국가배상청구권의 헌법 제29조 제2항에 따른 제한과 관련하여 차제에 이 헌법규정과 이에 근거한 국가배상법 제2조 제1항 단서규정을 삭제하여 군인·군무원 등에게도 국가배상청구권을 정상적으로 보장하도록 하는 내용의 개정이 절실히 요구된다고 하겠다. 한편 국가배상책임을 지는 국가배상청구권의 객체와 관련하여 헌법 제29조 제1항에서는 국가 또는 '공공단체'라고 규정하고 있는 반면, 국가배상법 제2조 제1항에서는 이와는 달리 국가 또는 '지방자치단체'라고 공공단체의 범위를 지방자치단체로만 국한해서 규정하고 있는데, 이는 국가배상청구권 행사의 제한을 의미한다는 면에서 문제가 있다고 하겠다. 따라서 헌법의 규정과 같이 국가배상법 제2조 제1항에서도 '공공단체'로 폭넓게 규정하는 것이 바람직하다고 하겠다.[36)]

Ⅸ. 관련문헌

김강운, "국가배상책임의 성질과 주체," 원광법학, 22(2006), 원광대학교 법학연구소, 297-325.

김진곤, "국가배상청구권의 소멸시효에 관한 입법구조와 그 문제점," 헌법학연구 18권 1호(2002), 115-145.

정승윤, "국가배상법상 위법과 고의·과실에 대한 대법원 판례 분석·비평," 법학논총 19(2012), 조선대학교 법학연구원, 189-224.

정연주, "헌법 제29조 제2항에 대한 헌법소원," 헌법학연구 제5권 2호(1999), 472-499.

정준현, "국가배상의 책임주체와 과실책임에 관한 연구," 미국헌법연구 22권 1호(2011), 325-356.

---

36) 정준현(주 10), 344.

헌법 제30조

[정 연 주]

第30條
  他人의 犯罪行爲로 인하여 生命·身體에 대한 被害를 받은 國民은 法律이 정하는 바에 의하여 國家로부터 救助를 받을 수 있다.

Ⅰ. 의   의

1. 개   념

  헌법 제30조는 "타인의 범죄행위로 인하여 생명·신체에 대한 피해를 받은 국민은 법률이 정하는 바에 의하여 국가로부터 구조를 받을 수 있다"라고 규정하여, 타인의 범죄행위로 인하여 생명을 잃거나 신체상의 피해를 입은 국민이나 그 유족에게 국가로부터 재정적 구조를 청구할 수 있는 권리를 보장하고 있다.

　　범죄피해자구조청구권이라 함은 본인에게 귀책사유가 없는 타인의 범죄행위로 말미암아 생명을 잃거나 신체상의 피해를 입은 국민이나 그 유족이 가해자로부터 충분한 피해배상을 받지 못한 경우에 국가에 대하여 일정한 보상을 청구할 수 있는 권리이다. 종래에도 범죄피해자는 민법이나 국가배상법상의 손해배상제도 또는 소송촉진에 관한 특례법상의 배상명령제도 등에 의하여 가해자 등에 대하여 손해배상청구를 할 수 있었으나, 이들에게 충분한 배상능력이 없거나 범인이 도주한 경우에는 실효가 없었다. 현행 헌법이 범죄피해자구조청구권을 신설한 이유이다.

2. 연　　혁

　　오늘날 범죄는 날로 흉포화·다양화되고 있는데 범죄피해자에 대한 보호와 구제는 매우 미흡한 것이 현실이다. 즉 민법상의 불법행위에 의한 배상청구권 등 현재의 구제수단만으로는 가해자를 알 수 없거나 가해자가 피해를 배상할 자력이 없는 경우에는 금전적 구제를 받을 수 없다. 이에 따라 범죄피해자가 입은 손해에 대하여 국가가 이를 도와주어야 한다는 주장이 여러 사상가들에 의하여 주장되었다. 그리고 이는 범죄피해자구조에 대한 입법화로 이어졌다. 1960년대 이후 미국, 오스트리아, 스위스, 캐나다, 영국, 독일, 일본 등이 범죄피해자구조에 관한 입법을 하였다.[1]

　　우리나라도 제9차 개정헌법인 현행 헌법에서 범죄피해자구조제도를 신설하고 범죄피해자구조법이 제정되어 1988. 7. 1.부터 시행되었고, 2005. 12. 23.에는 범죄피해자 보호·지원의 기본시책 등을 정하고 범죄피해자에 대한 국가 및 지방자치단체의 보호·지원과 국민의 범죄피해자 지원활동을 촉진함으로써, 범죄피해자의 손실 복구, 정당한 권리 행사 및 복지증진에 기여함을 목적으로 범죄피해자보호법도 제정되어 2006. 3. 24.부터 시행되었다. 그 후 범죄피해자구조법은 2010. 5. 14.에 전부개정되고 2010. 8. 15.부터 시행에 들어간 범죄피해자보호법에 의하여 폐지되어 현재는 2011. 7. 25.에 개정되고 2011. 10. 26.부터 시행에 들어간 범죄피해자보호법에 의하여 통합적으로 규율되고 있다.

3. 국가구조책임의 보충성

　　국가구조제도의 의의와 연혁에 비추어 볼 때 범죄피해자에 대한 국가의 구조책임은 보충적인 성질을 갖는다고 할 것이다. 따라서 국가는 우선 범죄자로 하여금 그 범죄로 인해서 발생한 모든 손해를 배상케 하는 제도부터 먼저 마련해야 한다. 따라서 위에서 언급한 민법상 불법행위

---

1) 범죄피해자구조제도의 입법례에 관하여는 법무부, 범죄피해자보상제도, 법무자료 제89집(1987), 163-388 참조.

로 인한 손해배상책임제도, 소송촉진 등에 관한 특례법상의 배상명령제도(제25조)가 범죄로 인한 피해의 배상에 우선적 기능을 갖는다. 그러나 이들 제도는 범죄자의 배상능력을 전제로 할 때만 그 실효성을 기대할 수 있기 때문에 범죄자가 배상능력이 없는 경우에 범죄피해자를 구제해 주기 위해서 보충적으로 국가구조제도가 고려되는 것이다. 현행 헌법과 범죄피해자보호법이 정하는 범죄피해자구조제도는 따라서 보충적인 사회보장제도의 일종으로 볼 수 있다.[2]

Ⅱ. 범죄피해자구조청구권의 본질과 법적 성격

1. 본　　질

범죄피해자구조청구권의 본질에 대하여는, 국가가 범죄를 예방하고 진압할 책임이 있으므로 당연히 범죄피해를 입은 국민에 대하여 국가는 무과실배상책임이 있다는 국가책임설, 국가가 사회보장적 차원에서 범죄의 피해를 구조해야 한다는 사회보장설, 국가가 범죄의 피해를 사회구성원에게 분담시키는 것이라는 사회분담설이 있다.

범죄피해자구조청구권이 국가책임의 성질과 사회보장적 성질에 근거를 두고 있는 청구권적 기본권이라는 입장이 일반적이다.[3]

2. 법적 성격

범죄피해자구조청구권규정의 법적 성격에 관해서는 입법방침규정설, 직접적 효력규정설 등 다양한 학설이 대립되고 있다. 이를 국가배상청구권으로 보는 입장에서는 직접적 효력규정이라고 할 것이나, 생존권적 기본권의 하나인 사회보장에 관한 권리로 보는 경우에는 법률에의 형성유보로 보는 것이 일반적이다. 앞서 언급한 바와 같이 범죄피해자구조청구권을 사회보장적 성질에 근거를 두고 있는 청구권적 기본권이라고 보는 입장에서는 사회보상적 성질의 구체적 청구권이라고 하겠다.[4]

Ⅲ. 구조청구권의 주체와 발생요건

범죄피해자구조청구권의 주체는 국민이다. 헌법 제30조가 "생명·신체에 대한 피해를 받은 국민"으로 한정하고 있기 때문에 자연인에게만 인정되고, 단체나 법인은 주체가 될 수 없다. 범죄피해자보호법에 따르면 구체적으로 범죄피해자구조청구권의 주체는 생명 또는 신체를 해하

2) 허영, 한국헌법론, 박영사, 2013, 618.
3) 예컨대 성낙인, 헌법학, 법문사, 2013, 855; 유사한 맥락에서 사회보장으로서의 성격과 국가책임으로서의 성격을 아울러 가지는 복합적 성격의 제도로 이해하는 입장으로는 권영성, 헌법학원론, 법문사, 2000, 641.
4) 허영(주 2), 619.

는 범죄행위로 인하여 사망한 자의 유족이나 장해 또는 중상해를 당한 자이다(제3조 제4호). 법
정책적으로는 심각한 재산상의 피해를 입은 경우와 같이 국가로부터 구조를 받는 피해자의 범
위를 확대하는 것도 가능하지만, 이는 국가의 재정능력을 고려하여 정할 정책적인 사항이라고
하겠다. 범죄피해자의 구조청구권은 대한민국 국민에게만 한정하여 인정된다. 따라서 외국인은
상호주의하에서 주체가 될 수 있다(동법 제23조).

한편 구조대상 범죄피해는 대한민국의 영역 안에서 또는 대한민국의 영역 밖에 있는 대한
민국의 선박이나 항공기 안에서 행하여진 사람의 생명 또는 신체를 해치는 죄에 해당하는 행위
로 인하여 사망하거나 장해 또는 중상해를 입은 것에 한한다(동법 제3조 제1항 4호).[5]

IV. 범죄피해자청구권의 내용

1. 지급요건

헌법이 정하는 피해가 발생한 경우에 국가는 범죄피해자에 구조금을 지급하며, 이에 해당
하는 범죄피해자는 이러한 구조금을 청구할 권리를 가진다. 범죄피해자보호법에 따르면 국가는
구조대상 범죄피해를 받은 사람(구조피해자)이 첫째, 피해의 전부 또는 일부를 배상받지 못하는
경우이거나, 둘째, 자기 또는 타인의 형사사건의 수사 또는 재판에서 고소·고발 등 수사단서를
제공하거나 진술, 증언 또는 자료제출을 하다가 구조피해자가 된 경우의 어느 하나에 해당하면
구조피해자 또는 그 유족에게 범죄피해 구조금(구조금)을 지급하여야 한다(제16조).

2. 지급내용

구조금은 유족구조금·장해구조금 및 중상해구조금으로 구분하며, 일시금으로 지급한다.
유족구조금은 구조피해자가 사망하였을 때 유족의 범위 및 순위에 대하여 정하고 있는 범죄피
해자보호법 제18조에 따라 맨 앞의 순위인 유족에게 지급한다. 다만, 순위가 같은 유족이 2명
이상이면 똑같이 나누어 지급한다. 장해구조금 및 중상해구조금은 해당 구조피해자에게 지급한

---

5) 이처럼 범죄피해자구조청구권의 대상이 되는 범죄피해의 범위에 관하여 해외에서 발생한 범죄피해는 포함
하고 있지 아니한 것과 관련하여 헌재는 "범죄피해자구조청구권을 인정하는 이유는 크게 국가의 범죄방지
책임 또는 범죄로부터 국민을 보호할 국가의 보호의무를 다하지 못하였다는 것과 그 범죄피해자들에 대한
최소한의 구제가 필요하다는데 있다. 그런데 국가의 주권이 미치지 못하고 국가의 경찰력 등을 행사할 수
없거나 행사하기 어려운 해외에서 발생한 범죄에 대하여는 국가에 그 방지책임이 있다고 보기 어렵고, 상
호보증이 있는 외국에서 발생한 범죄피해에 대하여는 국민이 그 외국에서 피해구조를 받을 수 있으며, 국
가의 재정에 기반을 두고 있는 구조금에 대한 청구권 행사대상을 우선적으로 대한민국의 영역 안의 범죄
피해에 한정하고, 향후 해외에서 발생한 범죄피해의 경우에도 구조를 하는 방향으로 운영하는 것은 입법형
성의 재량의 범위 내라고 할 것이다. 따라서 범죄피해자구조청구권의 대상이 되는 범죄피해에 해외에서 발
생한 범죄피해의 경우를 포함하고 있지 아니한 것이 현저하게 불합리한 자의적인 차별이라고 볼 수 없어
평등원칙에 위배되지 아니한다"라고 판시하여 이를 정당화하고 있다. 2011. 12. 29. 2009헌마354, 23-2 하,
795(801~802).

다(동법 제17조).

유족구조금은 구조피해자의 사망 당시의 월급액이나 월실수입액 또는 평균임금에 18개월 이상 36개월 이하의 범위에서 유족의 수와 연령 및 생계유지상황 등을 고려하여 대통령령으로 정하는 개월 수를 곱한 금액으로 한다(동법 제22조 제1항). 장해구조금과 중상해구조금은 구조피해자가 신체에 손상을 입은 당시의 월급액이나 월실수입액 또는 평균임금에 2개월 이상 36개월 이하의 범위에서 피해자의 장해 또는 중상해의 정도와 부양가족의 수 및 생계유지상황 등을 고려하여 대통령령으로 정한 개월 수를 곱한 금액으로 한다(동법 동조 제2항). 구조피해자의 월급액이나 월실수입액이 평균임금의 2배를 넘는 경우에는 평균임금의 2배에 해당하는 금액을 구조피해자의 월급액이나 월실수입액으로 본다(동법 동조 제4항).

구조금의 지급을 받을 권리는 그 구조결정이 당해 신청인에게 송달된 날로부터 2년간 행사하지 아니하면 시효로 인하여 소멸한다(동법 제31조).

3. 청구절차

구조금을 받으려는 사람은 법무부령으로 정하는 바에 따라 그 주소지, 거주지 또는 범죄발생지를 관할하는 범죄피해구조심의회에 신청하여야 한다. 이 신청은 해당 구조대상 범죄피해의 발생을 안 날부터 3년이 지나거나 해당 구조대상 범죄피해가 발생한 날부터 10년이 지나면 할 수 없다(동법 제25조).[6]

이 신청이 있는 때에는 심의회는 신속하게 구조금을 지급하거나 또는 지급하지 아니한다는 결정을 하여야 한다(동법 제26조). 구조금 지급에 관한 사항을 심의·결정하기 위하여 각 지방검찰청에 범죄피해구조심의회(지구심의회)를 두고 법무부에 범죄피해구조본부심의회(본부심의회)를 둔다. 지구심의회는 설치된 지방검찰청 관할 구역(지청이 있는 경우에는 지청의 관할 구역을 포함한다)의 구조금 지급에 관한 사항을 심의·결정한다. 지구심의회 및 본부심의회는 법무부장관의 지휘·감독을 받는다. 지구심의회 및 본부심의회의 구성 및 운영 등에 관한 사항은 대통령령으로 정한다(동법 제24조).

지구심의회는 구조금 지급에 관한 사항을 심의하기 위하여 필요하면 신청인이나 그 밖의 관계인을 조사하거나 의사의 진단을 받게 할 수 있고 행정기관, 공공기관이나 그 밖의 단체에 조회하여 필요한 사항을 보고하게 할 수 있다. 지구심의회는 신청인이 정당한 이유 없이 조사

---

6) 구조금의 지급신청 기간의 제한과 관련하여 헌재는 "구 범죄피해자구조법(2005. 12. 29. 법률 제7766호로 개정되고, 2010. 5. 14. 법률 제10283호로 폐지된 것) 제12조 제2항에서 범죄피해가 발생한 날부터 5년이 경과한 경우에는 구조금의 지급신청을 할 수 없다고 규정한 것은, 현대사회에서 인터넷의 보급 등 교통·통신수단이 상대적으로 매우 발달하여 여러 정보에 대한 접근이 용이해진 점과 일반 국민의 권리의식이 신장된 점 등에 비추어 보면 범죄피해가 발생한 날부터 5년이라는 청구기간이 지나치게 단기라든지 불합리하여 범죄피해자의 구조청구권 행사를 현저히 곤란하게 하거나 사실상 불가능하게 하는 것으로는 볼 수 없고 합리적인 이유가 있다고 할 것이어서, 평등원칙에 위반되지 아니한다"고 판시했다. 2011. 12. 29. 2009 헌마354, 23-2 하, 795(803).

에 따르지 아니하거나 의사의 진단을 거부하면 그 신청을 기각할 수 있다(동법 제29조).

지구심의회는 구조금의 지급신청을 받았을 때 구조피해자의 장해 또는 중상해 정도가 명확하지 아니하거나 그 밖의 사유로 인하여 신속하게 결정을 할 수 없는 사정이 있으면 신청 또는 직권으로 대통령령으로 정하는 금액의 범위에서 긴급구조금을 지급하는 결정을 할 수 있다(동법 제28조 제1항).

4. 지급제한

가. 구조금의 전부 또는 일부를 지급하지 아니할 수 있는 경우

범죄행위 당시 구조피해자와 가해자 사이에 일정한 친족관계에 있는 등 범죄피해자보호법 제19조의 사유가 있는 경우에는 구조금을 지급하지 아니하거나 구조금의 일부를 지급하지 아니한다.

나. 다른 법령에 따른 급여 등과의 관계

구조피해자나 유족이 해당 구조대상 범죄피해를 원인으로 하여 국가배상법이나 그 밖의 법령에 따른 급여 등을 받을 수 있는 경우에는 대통령령으로 정하는 바에 따라 구조금을 지급하지 아니한다(동법 제20조).

다. 손해배상과의 관계

국가는 구조피해자나 유족이 해당 구조대상 범죄피해를 원인으로 하여 손해배상을 받았으면 그 범위에서 구조금을 지급하지 아니한다(동법 제21조 제1항).

5. 범죄피해자구조금의 환수

국가는 구조금을 받은 사람이 ① 거짓이나 그 밖의 부정한 방법으로 구조금을 받은 경우, ② 구조금을 받은 후 동법 제19조에 규정된 사유가 발견된 경우, ③ 구조금이 잘못 지급된 경우의 어느 하나에 해당하면 지구심의회 또는 본부심의회의 결정을 거쳐 그가 받은 구조금의 전부 또는 일부를 환수할 수 있다(동법 제30조 제1항).

V. 범죄피해자구조청구권의 제한과 그 한계

범죄피해자구조청구권은 헌법 제37조 제2항에 따라 국가안전보장·질서유지·공공복리를 위하여 제한될 수 있다. 그러나 비례의 원칙과 본질적 내용침해금지의 원칙이 준수되어야 함은 물론이다. 따라서 범죄피해자에 대한 국가구조책임을 부인하는 입법은 허용될 수 없다. 결국 국가구조청구권의 제한은 헌법이 정하는 기본권 형성적 법률유보규정에 입각해서 범죄피해보상의 내용과 범위 및 절차 등을 법률로 정하는 문제에 국한된다고 하겠다.

VI. 현실적 검토

앞서 언급한 바와 같이 범죄피해자보호법은 범죄피해자에게 지급되는 구조금의 지급에 관한 사항을 심의·결정하기 위하여 지방검찰청에 범죄피해구조심의회(지구심의회)를 두고 있으며, 지구심의회에서 구조금 지급신청을 기각(일부기각된 경우를 포함한다) 또는 각하하면 신청인은 결정의 정본이 송달된 날부터 2주일 이내에 그 지구심의회를 거쳐 본부심의회에 재심을 신청할 수 있도록 규정하고 있다(동법 제27조). 그러나 범죄피해자보호법은 이러한 재심신청에 대한 결정에 대하여 불복이 있는 경우 신청인의 추가적인 불복절차나 사법절차 등에 대한 규정을 마련하고 있지는 않다. 차제에 보다 효율적이고 두터운 범죄피해자의 청구권 보호를 위하여 이에 대한 규정을 마련할 것이 바람직하다고 하겠다.

VII. 관련문헌

법무부, 범죄피해자보상제도 법무자료 제89집, 1987.

헌법 제31조

[노 기 호]

第31條

① 모든 國民은 能力에 따라 균등하게 教育을 받을 權利를 가진다.

② 모든 國民은 그 보호하는 子女에게 적어도 初等教育과 法律이 정하는 教育을 받게 할 義務를 진다.

③ 義務教育은 無償으로 한다.

④ 教育의 自主性·專門性·政治的 中立性 및 大學의 自律性은 法律이 정하는 바에 의하여 보장된다.

⑤ 國家는 平生教育을 振興하여야 한다.

⑥ 學校教育 및 平生教育을 포함한 教育制度와 그 운영, 教育財政 및 教員의 地位에 관한 基本的인 사항은 法律로 정한다.

Ⅰ. 기본개념과 헌법적 의미

우리 헌법은 능력에 따라 균등하게 교육을 받을 권리를 교육에 관한 기본원칙으로 천명하고 있다(헌법 제31조 제1항). 균등한 교육을 받을 권리란 국가가 모든 국민으로 하여금 능력에 따라 균등하게 교육을 받을 권리를 보장하는 것이다. 여기에서 '능력'이란 교육을 받는 데 적합한 재질을 의미하며, '균등하게'란 인종·성·종교·경제력 등에 의하여 교육을 받을 권리를 차별하지 못한다는 의미이다.

균등한 교육을 받을 권리는 그 법적 성격이 불합리한 차별대우를 받지 않는 소극적 의미에서의 자유권이지만, 한편으로는 적극적 의미에서 생존권 내지 사회적 기본권의 성격도 아울러 갖는다. 따라서 국가는 교육을 받을 기회에 대한 차별을 금지하는 소극적 의무 뿐 아니라, 학교교육을 확장하고, 무상의 의무교육을 실시하며(헌법 제31조 제1항), 능력이 있어도 경제적 이유로 교육을 받을 수 없는 자를 위하여 장학정책을 시행하여야 하는 적극적 의무도 지고 있다.

능력에 따라 차별 받지 아니하는 균등한 교육의 보장이 형식적 의미에서의 교육을 받을 권리라면, 교육을 받을 권리의 실질적 내용은 일정한 편견의 주입이 아니라 객관적 진리의 추구이어야 하며, 피교육자에게 의사발표의 기회를 충분히 주어 자기성장을 도모하게 하는 것이어야 한다. 이는 학문의 자유와 관련되며, 교육의 자주성 보장을 제도적으로 필요로 한다. 우리 헌법은 제31조에서 교육의 자주성·전문성·정치적 중립성을 보장하고 있다(동법 제31조 제4항).[1]

한편 교육을 받을 권리란 교육을 받을 수 있도록 국가의 적극적인 배려를 요구할 수 있는 권리라고 할 수 있다. 이는 현대적 사회국가·문화국가에 있어서는 인간다운 생활의 필수요건이 되며, 국민의 능력의 계발과 실현을 위하여 요구된다.[2] 또한 민주정치는 어느 정도의 식견이 있는 개인의 존재를 전제로 하여 운영되고 개인의 문화적 능력의 발전을 그 이상으로 하는 것이므로 교육을 받을 권리는 민주적 정치기구의 운영을 위하여도 불가결한 것이다.[3]

---

1) 표시열, 교육법, 박영사, 2008, 84-85.
2) 동지 헌재 1991. 2. 11. 90헌가27, 3, 11.
3) 김철수, 헌법학개론, 박영사, 2007, 967.

II. 연 혁

1948년 최초로 제정된 「대한민국헌법」은 교육에 관한 직접조항인 제16조(교육을 받을 권리, 의무교육)에서 교육에 관한 헌법적인 기본원칙을 규정하였고, 그 외 신앙과 양심의 자유(제12조), 언론·출판·집회·결사의 자유(제13조), 학문과 예술의 자유(제14조) 등의 간접적인 교육조항을 두었다.

1962년 제5차 헌법개정과 1972년의 제7차 헌법개정(제4공화국헌법)에서 다소 변경이 가해졌다. 제5차 개정헌법에 있어서 교육조항의 특징은, 모든 교육기관에 대한 국가의 감독권에 관한 규정이 사라지고 교육의 자주성과 정치적 중립성에 관한 규정이 출현한 것과, "교육제도는 법률로써 정한다"고 되어 있던 것을 개정헌법에서는 '교육제도와 그 운영에 관한 기본적인 사항'을 법률로 정하도록 한 점이다.

또한 제7차 개정헌법의 교육조항인 제27조는 제2항에서 예전의 "모든 국민은 그 보호하는 어린이에게 초등교육을 받게 할 의무를 진다"고 규정하였던 것을 "모든 국민은 그 보호하는 자녀에게 적어도 초등교육과 법률이 정하는 교육을 받게 할 의무를 진다"는 내용으로 개정함으로써 초등교육 외에 법률이 정하는 교육을 추가하여 향후 초등교육 이상의 중등교육에 대해서도 의무교육제를 지향하였다는 것이 특징이다.

한편 1980년 제8차 헌법개정(제5공화국헌법)에서는 교육에 관한 직접조항에 1970년대 이후 세계적으로 확산되어 온 '평생교육'의 이념을 반영하였을 뿐 아니라, 교육 및 교육행정의 전문성 확보를 위해 오랫동안 교육계에서 강력하게 주장해 온 '전문성'이 추가되었다. 또한 개정 이전의 헌법 제27조 제5항의 교육제도에 학교교육 및 평생교육이 포함됨을 명시하고, 법률로 정하는 기본적인 사항의 범위에 '교육재정' 및 '교원의 지위'를 포함시키는 변경이 이루어져 현행 헌법상의 교육조항의 모습이 거의 갖추어졌다.

마지막으로 1987년 제9차 개정헌법 제31조 제4항은 "교육의 자주성·전문성·정치적 중립성 및 대학의 자율성은 법률이 정하는 바에 의하여 보장 된다"고 하여 '대학의 자율성'의 보장을 추가함으로써 현행헌법상의 직접적인 교육조항이 성립되었다.[4]

III. 입헌례와 비교법적 의의

초기의 입헌국가에서는 국가가 경제에 대해서와 마찬가지로 교육에 대해서도 방임주의를 취하였던 까닭에 교육의 기회는 특권계급에만 부여되었다. 그러나 오늘날은 교육을 통해 소득 능력을 갖출 수 있게 됨으로써 교육을 받는 것은 제34조 제1항의 인간다운 생활을 하기 위한

---

4) 안기성, "헌법과 교육," 교육법학연구 제1호(1988), 30; 이종근, "한국의 교육헌법 연구 20년의 성과와 과제," 교육법학연구동향(2007), 21-23.

필수적 조건이 되었다.

　자본주의경제하에서는 다수국민의 자녀가 주로 경제적 이유로 교육을 받을 기회를 상실할 가능성이 있으므로, 이를 방지하여 국민의 생활능력의 유지와 향상을 기하려는 목적으로 현대의 여러 국가의 헌법들은 국민의 교육을 받을 권리를 규정하게 되었다.[5)]

　즉 1848년 프랑스헌법이 교육의 자유와 평등, 무상교육을 규정한 이래 구소련헌법, 프랑스헌법, 이태리헌법, 독일기본법등에서 규정하게 되었으며, 이어서 일본헌법과 우리헌법에서도 규정하게 되었다.

　우리헌법 규정과 유사한 일본국헌법은 제26조 제1항에서 "모든 국민은 법률이 정하는 바에 의하여 그 능력에 따라 균등하게 교육을 받을 권리를 가진다"고 규정하고 있으며 제2항에서는 "모든 국민은 법률이 정하는 바에 의하여 그 보호하는 자녀에게 보통교육을 받게 할 의무를 진다. 의무교육은 이를 무상으로 한다"고 규정하고 있다.

　헌법재판소는 교육의 의의와 기능에 대해 다음과 같이 설시하고 있다. 즉, 교육은 개인의 잠재적인 능력을 계발하여 줌으로써 개인이 각 생활영역에서 개성을 신장할 수 있도록 해 준다. 특히 산업이 고도로 분업화되고 발전된 현대사회에 있어서 교육은 각 개인에게 삶의 수요를 자주적으로 충족하기 위한 직업 활동에 필요한 각종 능력과 자격을 갖춤에 있어서 불가결한 전제가 되고 있다. 그렇기 때문에 평등한 교육기회의 보장은 직업생활과 경제생활에 있어서 실질적인 평등을 실현시키기 위한, 즉 사회국가 실현을 위한 중요한 수단이 된다. 또한 교육은 국민으로 하여금 민주시민의 자질을 길러줌으로써 민주주의가 원활히 기능하기 위한 정치문화의 기반을 조성할 뿐만 아니라, 학문연구결과 등의 전수의 장이 됨으로써 우리 헌법이 지향하고 있는 문화국가의 실현을 위한 기본적 수단이다. 교육이 수행하는 이와 같은 중요한 기능에 비추어 우리 헌법은 제31조에서 국민에게 능력에 따라 균등하게 교육을 받을 권리를 보장하는 한편(제1항), 그 보호하는 자녀에게 적어도 초등교육과 법률이 정하는 교육을 받게 할 의무를 부과하고(제2항), 의무교육의 무상제공과 평생교육진흥을 국가의 의무로 부과하며(제3항·제5항), 교육의 자주성·전문성·정치적 중립성 및 대학의 자율성을 보장하고(제4항), 나아가 학교교육 및 평생교육을 포함한 교육제도와 그 운영, 교육재정 및 교원의 지위에 관한 기본적 사항을 법률로 정하도록(제6항) 한 것이다.[6)]

───────────────
　5) 김철수(주 3), 966.
　6) 헌재 2003. 2. 27. 2000헌바26, 15-1, 176(187-188).

Ⅳ. 다른 조문과의 체계적인 관계

1. 헌법 제22조 학문의 자유와 교사의 교육권과의 관계

헌법 제31조의 교육을 받을 권리에 있어서의 교육이란 교육의 본질에 근거한 자유로운 교육이 아니면 안 된다. 그런데 교육을 받을 권리와 관련하여 교육을 할(시킬) 자유, 즉 교육의 자유가 문제된다. 특히 초·중등학교 교사의 교육의 자유[7]가 교육을 받을 권리에 포함되는가와 교사의 교육의 자유를 기본권으로 인정할 수 있는가가 문제된다. 이러한 교사의 교육의 자유는 헌법 제22조상의 학문의 자유의 보장과도 관계된다.

교사의 교육의 자유의 법적 근거와 관련해서는 헌법 제22조의 학문의 자유에 근거한다고 보는 견해[8]와 헌법 제31조의 교육을 받을 권리에서 구하는 견해가 있다.[9]

그러나 위와 같이 교사의 교육의 자유의 법적 근거를 제시하고 있는 경우에도 기본권성 여부에 대해서는 분명한 견해를 밝히고 있지 않다. 다만 대학교수의 교수의 자유와 비교해 볼 때 초·중등학교교사의 교육의 자유는 학생의 학습권 보장의 측면에서 많은 제약이 따를 수 있다고 만 언급해 놓고 있다. 헌법적 근거가 있는 자유의 기본권성을 인정하지 않는 것은 헌법이론상 이해하기 어렵다. 일본에서는 학문의 자유를 대학에서만 인정되는 것이 아니라 일반교육기관에서도 인정되는 것으로 보아 대학에서만 교수의 자유를 인정할 것이 아니라 일반학교에서도 교육의 자유를 인정해야 한다는 견해[10]가 있으며, 일본최고재판소도 보통교육에 있어서도 일정범위의 교수(교육)의 자유를 인정하면서, 국가는 필요하고도 상당한 범위 내에서 교육내용을 결정할 권능을 가지고 있다고 보고 있다.[11]

헌법재판소 또한 교사의 교육의 자유(수업의 자유)의 기본권성에 대해서는 분명한 입장을 밝히지 않고 단지 학생의 수학권 내지 국민의 수학권 보장을 위하여 일정범위에서 제약될 수밖에 없는 권리로 이해하고 있다. 즉, 학문의 자유라 함은 진리를 탐구하는 자유를 의미하는데, 그것은 단순히 진리탐구의 자유에 그치지 않고 탐구한 결과에 대한 발표의 자유 내지 가르치는 자유(편의상 대학의 교수의 자유와 구분하여 수업(授業)의 자유로 한다) 등을 포함하는 것이라 할 수 있다 … 물론 수업의 자유는 두텁게 보호되어야 합당하겠지만 그것은 대학에서의 교수의 자유와 완전히 동일할 수는 없을 것이며 대학에서는 교수의 자유가 더욱 보장되어야 하는 반면, 초·중·고교에서의 수업의 자유는 후술하는 바와 같이 제약이 있을 수 있다고 봐야 할 것이다.

---

7) 헌법재판소는 이를 교사의 수업권 또는 수업의 자유로 표현하고 있다. 헌재 1992. 11. 12. 89헌마88, 4, 739.

8) 김철수(주 3), 981. 김철수 교수는 학문의 자유 뿐만 아니라 일반적 행동자유권도 근거로 제시하고 있다.

9) 성낙인, 헌법학, 법문사, 2013, 541.

10) 有倉遼吉, 憲法と教育, 公法研究 第39号, 5.

11) 最高裁(大)判 昭 51. 5. 21. 刑集 30-5-615.

학교교육에 있어서 교사의 가르치는 권리를 수업권이라고 한다면 그것은 자연법적으로는 학부모에게 속하는 자녀에 대한 교육권을 신탁 받은 것이고, 실정법상으로는 공교육의 책임이 있은 국가의 위임에 의한 것이다. 그것은 교사의 지위에서 생기는 학생에 대한 일차적인 교육상의 직무권한(직권)이지만, 학생의 수학권의 실현을 위하여 인정되는 것으로서 양자는 상호협력관계에 있다고 하겠으나, 수학권은 헌법상 보장된 기본권의 하나로서 보다 존중되어야 하며, 그것이 왜곡되지 않고 올바로 행사될 수 있게 하기 위한 범위 내에서는 수업권도 어느 정도의 범위 내에서 제약을 받지 않으면 안 될 것이다. 왜냐하면 초·중·고교의 학생은 대학생이나 사회의 일반성인과는 달리 다양한 가치와 지식에 대하여 비판적으로 취사선택할 수 있는 독자적 능력이 부족하므로 지식과 사상·가치의 자유시장에서 주체적인 판단에 따라 스스로 책임지고 이를 선택하도록 만연히 방치해 둘 수가 없기 때문이다 … 수업의 자유는 무제한 보호되기는 어려우며 초·중·고등학교의 교사는 자신이 연구한 결과에 대하여 스스로 확신을 갖고 있다고 하더라도 그것을 학회에서 보고하거나 학술지에 기고하거나 스스로 저술하여 책자를 발행하는 것은 별론 수업의 자유를 내세워 함부로 학생들에게 여과(濾過)없이 전파할 수는 없다고 할 것이고, 나아가 헌법과 법률이 지향하고 있는 자유민주적 기본질서를 침해할 수 없음은 물론 사회상규나 윤리도덕을 일탈할 수 없으며, 따라서 가치 편향적이거나 반도덕적인 내용의 교육은 할 수 없는 것이라고 할 것이다.

교사의 수업권은 전술과 같이 교사의 지위에서 생겨나는 직권인데, 그것이 헌법상 보장되는 기본권이라고 할 수 있느냐에 대하여서는 이를 부정적으로 보는 견해가 많으며, 설사 헌법상 보장되고 있는 학문의 자유 또는 교육을 받을 권리의 규정에서 교사의 수업권이 파생되는 것으로 해석하여 기본권에 준하는 것으로 간주하더라도 수업권을 내세워 수학권을 침해할 수는 없으며 국민의 수학권의 보장을 위하여 교사의 수업권은 일정범위 내에서 제약을 받을 수밖에 없는 것이다. 만일 보통교육의 단계에서 개개인의 교사에 따라 어떠한 서적이든지 교과서로 선정될 수 있고 또 어떤 내용의 교육이라도 실시될 수 있다면 교육의 기회균등을 위한 전국적인 일정수준의 교육의 유지는 불가능하게 될 것이며 그 결과, 예컨대 국어교육에서 철자법 같은 것이 책자나 교사에 따라 전혀 다르게 가르쳐져 크나 큰 갈등과 혼란이 야기될 수 있는 것이다 … 국민의 수학권과 교사의 수업의 자유는 다 같이 보호되어야 하겠지만 그 중에서도 국민의 수학권이 더 우선적으로 보호되어야 한다. 그것은 국민의 수학권의 보장은 우리 헌법이 지향하고 있는 문화국가, 민주복지국가의 이념구현을 위한 기본적 토대이고, 국민이 인간으로서 존엄과 가치를 가지며 행복을 추구하고(헌법 제10조 전문) 인간다운 생활을 영위하는데(헌법 제34조) 필수적인 조건이고 대전제이며, 국민의 수학권이 교육제도를 통하여 충분히 실현될 때 비로소 모든 국민은 모든 영역에 있어서 각인의 기회를 균등히 하고 능력을 최고도로 발휘할 수 있게 될 것이기 때문이다.12)

---

12) 헌재 1992. 11. 12. 89헌마88, 4, 739(756-758, 769).

이 헌법재판소 결정이유에서 주의 깊게 보아야 할 것은, ⅰ) 교원의 교육권의 근거에 관하여, 수업의 자유와 수업권(직권으로서의 수업권)을 구별하면서, 전자의 근거는 학문의 자유에서 찾는 한편, 후자에 대해서는 자연법적으로는 부모의 교육권을 신탁 받은 것, 실정법적으로는 국가의 위임에 의한 것으로 보고 있다. ⅱ) 수업권이 헌법상 기본권이냐 대하여 명백한 입장을 취하지 않고 있다. ⅲ) 수업의 자유나 수업권보다 국민의 수학권이 우선한다고 보고 있다는 점이다.[13]

2. 헌법 제22조와 헌법 제31조 제 4 항의 교육의 정치적 중립성과의 관계

헌법 제31조 제4항은 교육의 정치적 중립성을 규정하고 있다. 이러한 교육의 정치적 중립성 규정은 학교교원의 정치활동의 보장과 관련하여 헌법 제22조의 학문의 자유와의 관계가 문제된다.

그런데, 학교교원의 정치적 활동의 자유는 헌법 제22조와 그 밖의 헌법상의 다른 조항들에 의하여 보장되는 기본적 인권이라 할 수 있으며, 이는 교원개인의 기본적 인권일 뿐만 아니라 학생들에게 올바른 가치관과 세계관을 교육시킬 교원의 책임을 수행하기 위해서도 요구되는 중요한 권리이기도 하다. 학생의 교육과 학교행정에 본질적인 침해를 야기하지 않는 한 가급적 교원의 정치적 기본권을 보장하는 것이 외국 입법례의 공통적인 경향이다. 따라서 우리의 경우도 교원의 정치적 기본권을 전면적으로 광범위하게 제한하고 있는 현행법규들과 판례들을 재검토하여, 학교수업이나 학교운영에 중대한 지장을 초래하지 않는 한, 그리고 학생들을 정치적으로 선동하거나 편향된 정치교육을 주입시키지 않는 한도 내에서는 교원의 정치적 기본권을 보장하여야 할 것이다.[14]

또한 학교교원에게 기본적 인권으로서의 정치활동의 자유를 보장하는 것은 현행 교육기본법 제2조에서 밝히고 있는 교육의 목적인 "모든 국민으로 하여금 인격을 도야하고 자주적 생활능력과 민주시민으로서 필요한 자질을 갖추게 하여 인간다운 삶을 영위하게 하고 민주국가의 발전과 인류공영의 이상을 실현하는 데 이바지하게 함"을 실현하여 모든 국민이 민주시민으로서의 자질을 갖고 민주주의사회의 유지발전에 공헌하게 하는 데도 필요불가결한 권리이기 때문에 반드시 존중되지 않으면 안 되는 것이다. 그리고 교육의 본질적인 측면에서 보더라도 교원의 정치활동의 자유에 대한 규제는 극히 좁은 범위에서 이루어져야만 한다. 교육이란 헌법의 근본이념인 민주주의와 국민복지의 향상이라는 이상을 실현하기 위하여 다음 세대를 책임질 학생을 가르치는 일이기 때문에 교원이 자연스러운 과정을 통하여 현실의 사회전반에 관해 비판적인 시각을 갖는 것이 요구된다. 또한 교원이 자신의 정치적 견해를 자유롭게 발표하고 정치적 활동을 할 자유와 권리를 갖는 것은 민주주의사회에서 당연히 요구되는 사항이며 민주국

헌법 제31조

가헌법에서 반드시 보장되는 기본적 인권이라 하겠다.

3. 헌법 제22조 학문의 자유와 제31조 제4항의 대학의 자율성과의 관계

현행 헌법 제22조는 국민의 학문의 자유를 규정하고 있는데, 오늘날은 학문의 주체가 개인뿐만 아니라 주로 대학이라는 기관으로 이전됨에 따라 학문의 자유의 주된 주체가 대학이 되었으며, 그로 인해 학문의 자유의 내용 중에 당연히 대학의 자치가 포함되는 것으로 해석하고 있다. 따라서 헌법 제22조의 학문의 자유는 개인적 기본권으로서의 성격뿐만 아니라 대학의 기본권 내지 대학의 자치에 대한 제도적 보장 규정으로서의 성격도 아울러 갖는다고 볼 수 있다. 한편 우리 헌법은 제31조 제4항에서도 대학의 자율성을 규정하여 대학자치를 보장하고 있는데, 이는 이미 제22조의 해석상 보장되고 있는 대학의 자치를 보다 더 확실히 보장하고 제도화할 것을 국가에 요구하는 생존권적 성격의 기본권규정이라고 할 수 있다. 다시 말하면 우리 헌법만이 갖고 있는 대학의 자치에 대한 명확한 근거규정이라고 할 수 있다.

4. 제117조 지방자치와 지방교육자치와의 관계

헌법 제117조의 지방자치와의 관계에서 교육의 자주성과 전문성 및 정치적 중립성을 보장하기 위하여 교육자치를 확대하여 실시해야 한다는 데 대해서는 이론이 없다. 그러나 교육자치의 개념에 대해서는 아직 정설이라 할 만한 것이 없으며, 교육자치의 개념을 정립하기 위해서는 일반적인 '자치'의 개념에서 출발하여 교육분야에 특유한 자치개념을 도출할 필요가 있다.

먼저, 자치의 한 요소인 분권적인 측면에서 보아 교육자치는 교육공동체를 전제로 하여 '교육'이라는 특정한 업무영역을 대상으로 한다는 점에서 지역을 기초로 주민의 전 생활영역을 대상으로 하는 제117조상의 지방자치와 구별되는 기능적 자치에 속한다고 할 수 있다.[15] 그러나 자치의 또 다른 요소인 참여의 측면에서 본다면 교육자치는 교육공동체의 구성원이 참여하여 교육에 관련된 문제를 처리하는 것을 의미한다. 여기서 교육공동체의 구성원의 범위를 어떻게 정할 것인가에 따라 일반지방자치와 교육자치의 관계가 문제된다. 즉, 만약 일반 주민을 자치의 주체인 교육공동체의 구성원으로 하여 교육자치의 개념을 정립하고자 한다면 교육자치는 지방자치의 한 구성부분이 될 것이다. 다시 말하면, 지방자치단체의 구역에 관련된 교육사무를 주민의 참여 하에 처리한다면 이는 지방자치단체의 자치사무인 교육관련 사무처리라는 의미에서 지방자치라고 하면 되는 것이지 별도로 교육자치라는 개념은 불필요하게 될 것이다.[16]

---

15) 이기우, "교육자치와 학교자치 및 지방교육행정제도에 대한 법적검토," 한국교육법연구 제4집(1999), 37-40.
16) 이기우, 전주, 42 참조

V. 세부개념과 원리 등 실체적 내용에 대한 학설과 판례

1. 헌법 제31조 제1항: 교육을 받을 권리

가. 교육을 받을 권리의 의의와 기능

교육은 개인이 인격을 형성하고 인간다운 생활을 할 수 있는 토대가 된다. 근대 초기에 교육은 개인의 사적 영역에 맡겨져 있었으나, 국가에 의한 공교육제도가 등장하면서 교육을 받을 권리가 국민의 기본권으로 보장되기에 이르렀다. 바이마르헌법은 무상의 의무교육 제도를 규정하였으며, 제2차 세계대전 후 독일기본법, 프랑스헌법, 이탈리아헌법을 비롯한 각국의 헌법에서 교육에 관한 규정을 명시하였고, 우리 헌법도 교육을 받을 권리에 관한 규정을 두게 되었다.[17]

교육을 받을 권리의 의의에 대해 헌법재판소는 이렇게 설시하고 있다. "헌법 제31조 제1항에 의해서 보장되는 교육을 받을 권리는 교육영역에서의 기회균등을 내용으로 한다. 즉, 능력이 있으면서도 여러 가지 사회적·경제적 이유로 교육을 받지 못하는 일이 없도록, 국가가 재정능력이 허용하는 범위 내에서 가능하면 모든 국민에게 취학의 기회가 골고루 돌아가게끔 그에 필요한 교육시설 및 제도를 마련할 의무를 지게 하기 위한 것이 바로 이 교육을 받을 권리이다."[18]

"헌법 제31조 제1항은 "모든 국민은 능력에 따라 균등하게 교육을 받을 권리를 가진다"고 규정하여 국민의 교육을 받을 권리(이하 "수학권"(修學權)이라 약칭한다)를 보장하고 있는데, 그 권리는 통상 국가에 의한 교육조건의 개선·정비와 교육기회의 균등한 보장을 적극적으로 요구할 수 있는 권리로 이해되고 있다. 수학권의 보장은 국민이 인간으로서 존엄과 가치를 가지며 행복을 추구하고(헌법 제10조 전문) 인간다운 생활을 영위하는데(헌법 제34조 제1항) 필수적인 조건이자 대전제이며, 헌법 제31조 제2항 내지 제6항에서 규정하고 있는 교육을 받게 할 의무, 의무교육의 무상, 교육의 자주성·전문성·중립성보장, 평생교육진흥, 교육제도 및 교육재정, 교원지위 법률주의 등은 국민의 수학권의 효율적인 보장을 위한 규정이라고 해도 과언이 아니다."[19]

이러한 판례의 설명에 의하면, 교육을 받을 권리는 ⅰ) 국가에 의한 교육조건의 개선·정비를 요구할 수 있는 권리, ⅱ) 교육기회의 균등한 보장을 요구할 수 있는 권리를 의미한다. 또한 헌법 제31조 제1항과 동조 제2항 내지 제6항과의 관계에 대해서, 후자는 전자의 효율적인 보장을 위한 규정이라고 풀이할 수 있다.[20]

한편, 헌법재판소는 교육을 받을 권리의 기능에 대해서는 이렇게 판시하고 있다. 우리 헌

법은 문화국가·민주국가·사회국가·복지국가에서 차지하는 교육의 중요성을 감안해서 교육을 모든 국민의 권리로 규정함과 동시에 국가와 국민의 공동의무임을 명백히 밝히고 있다. 교육을 받을 권리는, 첫째 교육을 통해 개인의 잠재적인 능력을 계발시켜줌으로써 인간다운 문화생활과 직업생활을 할 수 있는 기초를 마련해 주고, 둘째 문화적이고 지적인 사회풍토를 조성하고 문화창조의 바탕을 마련함으로써 헌법이 추구하는 문화국가를 촉진시키고, 셋째 합리적이고 계속적인 교육을 통해서 민주주의가 필요로 하는 민주시민의 윤리적 생활철학을 어렸을 때부터 습성화시킴으로써 헌법이 추구하는 민주주의의 토착화에 이바지하고, 넷째 능력에 따른 균등한 교육을 통해서 직업생활과 경제생활영역에서 실질적인 평등을 실현시킴으로써 헌법이 추구하는 사회국가, 복지국가의 이념을 실현한다는 의의와 기능을 가지고 있다.[21]

나. 교육을 받을 권리의 법적 성격

교육을 받을 권리의 법적 성격에 대해 대부분의 학자들은 자유권적 성격과 사회권(생존권)적 성격을 동시에 갖는 것으로 보고 있다.[22] 교육을 받을 권리의 자유권적 측면은 교육을 받을 수 있는 재능과 경제력을 가진 자는 누구나 능력에 따라 균등하게 교육을 받는 것을 국가권력 또는 제3자로부터 방해받지 아니하는 측면을 말한다. 국가권력이나 제3자가 이것을 방해하는 경우에는 그 방해를 배제하여 주도록 요구할 수 있다. 그러나 교육을 받을 권리의 주된 성격은 사회적 기본권으로서의 성격이라고 할 수 있다. 능력이 있으면서도 경제적 이유로 교육을 받을 수 없는 자가 교육을 받을 수 있도록 교육시설의 설치·운용과 장학제도의 시행등과 같은 외적 조건들을 국가에 대하여 적극적으로 요구할 수 있다는 점은 교육을 받을 권리의 사회권적 측면이다.[23] 이러한 국민의 교육을 받을 권리에 대응하여 국가는 교육제도를 설정하고 유지하며, 교육조건을 정비할 의무를 진다.

그러나 김철수 교수는 헌법 제31조의 권리의 주 내용은 자유권이 아니고 생존권이며 모든 국민, 특히 어린이의 학습권을 보장하기 위한 것이기 때문에 적극적·구체적 청구권을 수반하는 문화적 생존권의 하나로 보고 있다.[24]

헌법재판소는 교육을 받을 권리의 법적 성격과 관련하여 다음과 같이 해석하고 있다. "'교육을 받을 권리'란, 국민이 위 헌법규정을 근거로 하여 직접 특정한 교육제도나 학교시설을 요구할 수 있는 권리라기보다는 모든 국민이 능력에 따라 균등하게 교육을 받을 수 있는 교육제도를 제공해야 할 국가의 의무를 규정한 것이다. 즉, '교육을 받을 권리'란, 모든 국민에게 저마다의 능력에 따른 교육이 가능하도록 그에 필요한 설비와 제도를 마련해야 할 국가의 과제와 아울러 이를 넘어 사회적·경제적 약자도 능력에 따른 실질적 평등교육을 받을 수 있도록 적극

---

21) 헌재 1994. 2. 24. 93헌마192, 6-1, 173(177).
22) 권영성, 헌법학원론, 법문사, 2010, 667; 성낙인(주 10), 755-756; 양건(주 13), 685; 장영수, 헌법학, 홍문사, 2007, 821-822; 정종섭, 헌법학원론, 박영사, 2008, 673 등 참조.
23) 권영성(전주), 668.
24) 김철수(주 3), 970.

적인 정책을 실현해야 할 국가의 의무를 뜻한다. 이에 따라 국가는 다른 중요한 국가과제 및 국가재정이 허용하는 범위 내에서 민주시민이 갖추어야 할 최소한의 필수적인 교육과정을 의무교육으로서 국민 누구나가 혜택을 받을 수 있도록 제공해야 한다."[25]

판례에서 보듯이 교육을 받을 권리는 직접 특정한 교육기회의 제공을 요구할 수 있는 구체적인 권리는 아니며, 다만 헌법 제31조 제2항, 제3항에서 규정하는 것과 같은 무상의 의무교육을 중심으로 하는 교육제도를 설치하도록 요구하고 국가의 의무불이행에 대하여 위헌 확인을 구할 수 있다는 의미에서 제한된 범위의 구체적 권리라고 할 수 있다.[26]

다. 교육을 받을 권리의 주체

(1) 의　　의

교육을 받을 권리는 실정법상의 권리로서 그 주체는 자연인인 국민이다. 수학권의 주체는 개개의 국민이고, 교육기회제공청구권의 주체는 학령아동의 부모이다.[27] 그러나 교육을 받을 권리의 자유권적 측면을 고려하여 외국인에게도 어느 정도의 기본권 주체성을 인정해야 한다는 견해도 있다.[28]

그러나 교육실시의 주체는 국민과 그 대표자인 국가가 공유한다. 이에 따라 일정한 범위 내에서 국가의 일정한 교육내용의 결정권, 부모의 교육의 자유, 사학교육의 자유, 교사의 교육의 자유가 인정된다.[29]

(2) 헌법상 부모의 '교육을 받을 권리'의 기본권 주체성

현행헌법은 부모의 자녀에 대한 교육의 권리에 대해 아무런 규정을 두고 있지 않다. 다만 헌법 제31조 제2항에서 모든 국민은 그 보호하는 자녀에게 적어도 초등교육과 법률이 정하는 교육을 받게 할 의무를 진다고 규정하여 부모의 교육의 의무만을 규정하고 있을 뿐 부모의 교육에 관한 권리를 직접적으로 규정하고 있지는 않다. 따라서 헌법 제31조에서 규정하고 있는 교육을 받을 권리의 기본권 주체로서 부모를 인정할 수 있을 것인지가 문제된다.

이에 대해 헌법재판소는 부모가 교육을 받을 권리의 주체가 됨을 분명히 밝히고 있다. 즉, "자녀의 양육과 교육은 일차적으로 부모의 천부적인 권리인 동시에 부모에게 부과된 의무이기도 하다. 부모의 자녀에 대한 교육권은 비록 헌법에 명문으로 규정되어 있지는 아니하지만, 이는 모든 인간이 국적과 관계없이 누리는 양도할 수 없는 불가침의 인권으로서 혼인과 가족생활을 보장하는 헌법 제36조 제1항, 행복추구권을 보장하는 헌법 제10조 및 "국민의 자유와 권리는 헌법에 열거되지 아니한 이유로 경시되지 아니한다"고 규정하는 헌법 제37조 제1항에서 나

---

25) 헌재 2000. 4. 27. 98헌가16등, 12-1, 427(448-449).
26) 양건(주 13), 685.
27) 김철수(주 3), 970; 권영성(주 22), 668; 성낙인(주 9), 756; 정종섭(주 22), 673 참조.
28) 김철수(주 3), 970; 장영수(주 22), 824 참조.
29) 성낙인(주 9), 756.

오는 중요한 기본권이다 … 부모의 자녀교육권은 다른 기본권과는 달리, 기본권의 주체인 부모의 자기결정권이라는 의미에서 보장되는 자유가 아니라, 자녀의 보호와 인격발현을 위하여 부여되는 기본권이다. 다시 말하면, 부모의 자녀교육권은 자녀의 행복이란 관점에서 보장되는 것이며, 자녀의 행복이 부모의 교육에 있어서 그 방향을 결정하는 지침이 된다. 부모는 자녀의 교육에 관하여 전반적인 계획을 세우고 자신의 인생관·사회관·교육관에 따라 자녀의 교육을 자유롭게 형성할 권리를 가지며, 부모의 교육권은 다른 교육의 주체와의 관계에서 원칙적인 우위를 가진다. 한편, 자녀의 교육에 관한 부모의 '권리와 의무'는 서로 불가분의 관계에 있고 자녀교육권의 본질을 결정하는 구성요소이기 때문에, 부모의 자녀교육권은 '자녀교육에 대한 부모의 책임'으로도 표현될 수 있다. 따라서 자녀교육권은 부모가 자녀교육에 대한 책임을 어떠한 방법으로 이행할 것인가에 관하여 자유롭게 결정할 수 있는 권리로서 교육의 목표와 수단에 관한 결정권을 뜻한다. 즉, 부모는 어떠한 방향으로 자녀의 인격이 형성되어야 하는가에 관한 목표를 정하고, 자녀의 개인적 성향·능력·정신적, 신체적 발달상황 등을 고려하여 교육목적을 달성하기에 적합한 교육수단을 선택할 권리를 가진다. 부모의 이러한 일차적인 결정권은, 누구보다도 부모가 자녀의 이익을 가장 잘 보호할 수 있다는 사고에 기인하는 것이다 … 그러나 부모는 헌법 제36조 제1항에 의하여 자녀교육에 대한 독점적인 권리를 부여받는 것은 아니다 … 국가는 헌법 제31조 제6항에 의하여 모든 학교제도의 조직, 계획, 운영, 감독에 관한 포괄적인 권한, 즉, 학교제도에 관한 전반적인 형성권과 규율권을 가지고 있다."[30]

라. 교육을 받을 권리의 내용

(1) '능력에 따라' 교육을 받을 권리

헌법 제31조 제1항에서 정하고 있는 능력이란 일신에 전속한 수학능력을 말한다. 개인이 자신의 능력과 개성에 따라 교육을 받는 것은 인격의 실현을 위하여 필수적인 것이다. 따라서 개인의 능력을 무시하고 국가가 정하는 기준에 따라 획일적이고 평균적으로 교육을 받게 하는 것은 허용되지 않는다. 국가가 특정한 기준을 정하여 교육을 통하여 인간을 개조하는 것은 헌법 제10조의 인간의 존엄과 가치에 위반될 뿐 아니라 헌법 제31조 제1항에도 위반된다.[31]

그러나 수학능력에 대한 공개경쟁입학시험을 통해 교육을 받을 권리를 제한적으로 부여하거나 대학이 정하는 일정한 기준에 미달하는 자에 대하여 입학을 불허하는 것은 합헌이다.

대법원은 대학입학지원자가 모집정원에 미달한 경우라도 대학이 정한 수학능력이 없는 자에 대하여 불합격처분을 한 것은 교육법 제111조 제1항에 위반되지 아니하여 무효라 할 수 없고, 또 위 학교에서 정한 수학능력에 미달하는 지원자를 불합격으로 한 처분이 재량권의 남용이라 볼 수 없다고 한다.[32]

---

30) 헌재 2000. 4. 27. 98헌가16등, 12-1, 427(446-449).
31) 정종섭(주 22), 674.
32) 대판 1983. 6. 28. 83누193.

그런데 능력에 따라 교육을 받는다는 것은 학습능력에 상응하는 적절한 교육을 받을 권리를 의미하지 능력이 있는 자만 교육을 받을 권리가 있다는 것을 뜻하는 것은 아니다. 따라서 육체적 또는 정신적으로 학습능력이 낮은 사람에게는 그에 상응하는 교육을 배려하여 국가는 장애인 등의 교육여건을 개선하는 데 노력하여야 한다.

(2) '균등하게' 교육을 받을 권리

헌법 제31조 제1항의 '균등하게' 교육을 받을 권리가 있다는 것은 두 가지 측면의 의미를 가진다. 첫째, 자유권적 측면에서 소극적으로 교육기회의 불합리한 차별을 받지 않을 권리를 의미한다. 즉, 능력이외의 성별, 종교, 신념, 사회적 신분, 경제적 지위 또는 신체적 조건 등을 이유로 교육에 있어서 차별을 받지 아니하는 것을 의미하며, 둘째, 사회권적 측면에서는 적극적으로 경제적 약자가 실질적인 평등한 수준의 교육을 받을 수 있도록 정책적 배려를 요구할 수 있는 권리를 의미한다. 즉, 교육시설을 설치·운용하고 장학정책을 시행하는 등 교육의 외적 조건의 정비를 요구할 수 있음을 의미한다. 다만 이러한 생존권적 측면에서의 균등한 교육을 받을 권리는 제한된 구체적 권리로서, 과소보호금지 원칙의 위반 여부를 확인받을 수 있는 데에 그친다. 이를 구체화하기 위하여 교육기본법에서는 교육에 있어서의 차별금지(제4조), 남녀평등(제17조의2) 및 교육재정의 안정적 확보를 위한 시책의 수립·실시(제7조)등을 규정하고 있다.

우리 헌법재판소도 헌법 제31조 제1항에서 보장되는 교육의 기회균등권은 '정신적·육체적 능력 이외의 성별·종교·경제력·사회적 신분 등에 의하여 교육을 받을 기회를 차별하지 않고, 즉 합리적 차별사유 없이 교육을 받을 권리를 제한하지 아니함과 동시에 국가가 모든 국민에게 균등한 교육을 받게 하고 특히 경제적 약자가 실질적인 평등교육을 받을 수 있도록 적극적 정책을 실현해야 한다는 것'을 의미하므로(憲裁 1994. 2. 24. 93헌마192, 6-1, 173(177-178)), 실질적인 평등교육을 실현해야 할 국가의 적극적인 의무가 인정되지만, 이러한 의무조항으로부터 국민이 직접 실질적 평등교육을 위한 교육비를 청구할 권리가 도출되는 것은 아니라고 본다.[33]

(3) '교육'을 받을 권리

교육에는 학교교육·사회교육(평생교육 포함)·공민교육·가정교육 등 다양한 형태가 있지만, 헌법 제31조 제1항에서의 교육은 주로 학교교육을 뜻한다.[34] 학교교육은 교육 중에서도 가장 효율적인 교육체계를 이루고 있는 제도적 기관에서 행하는 일반적인 교육형태이기 때문이다. 그러나 양건 교수는 교육을 받을 권리의 대상이 되는 교육을 학교교육과 사회교육으로 보고 있다. 학교교육에 관한 법률로 유아교육법, 초중등교육법, 고등교육법 등이 있다. 학교교육 가운데 의무교육은 무상교육이다. 사회교육은 국민의 평생교육을 위한 것이며(교육기본

---

33) 헌재 2003. 11. 27. 2003헌바39, 15-2, 297(310).
34) 김철수(주 3), 973; 권영성(주 22), 669; 성낙인(주 9), 760; 정종섭(주 22), 675.

법 제10조), 평생교육은 학교교육을 제외한 모든 형태의 조직적인 교육활동을 말한다(평생교육법
제2조).[35]

(4) 교육을 '받을 권리'

교육을 받을 권리는 오늘날 국민(특히 아동·청소년)의 학습권으로 파악된다. 학습권(수학권)
은 교육권(수업권)에 대응하는 개념으로서 어린이를 비롯한 모든 국민이 나면서부터 교육을 받
아 학습하고 인간적으로 발달·성장하여 갈 권리를 말한다.[36] 헌법재판소는 수학권은 통상 국
가에 의한 교육조건의 개선·정비와 교육기회의 균등한 보장을 적극적으로 요청할 수 있는 권
리로 이해하고 있다.[37]

2. 헌법 제31조 제2항: 교육의 의무와 의무교육

교육을 받을 권리의 주체는 원래 취학연령에 있는 미성년자이지만, 이들은 독립하여 생활
할 수 없는 자이므로 보호자가 그 자녀를 취학시킬 의무를 다하지 아니하면 이 권리는 실효성
이 없다. 따라서 헌법 제31조 제2항에서는 제1항의 교육을 받을 권리의 실효성을 보장할 목적
으로 교육의 의무를 부과하고 있다.

교육의 의무의 주체는 교육을 받아야 할 자녀를 가지는 국민, 즉 학령아동의 친권자 또는
그 후견인이고,[38] 의무의 내용은 보호하는 자녀를 일정한 학교에 취학시킬 의무이다. 그러나
반드시 공립학교에 취학시킬 의무는 아니다. 이러한 교육의 의무는 국민의 인간다운 생활을 유
지하고 문화국가를 건설하는 데 수반되는 의무이다.[39]

3. 헌법 제31조 제3항: 의무교육의 무상

가. 의무교육의 무상원칙

국민에게 교육의 의무를 부과하는 이상 국가는 교육을 받는 아동의 편의를 도모하여 줄
의무가 있을 뿐만 아니라 또 경제적으로 어려운 학부모의 교육의무 이행을 가능하게 해야 하므
로 이를 위해 의무교육의 무상이 요구된다. 이러한 필요성에 근거하여 우리 헌법은 제31조 제3
항에서 의무교육은 무상으로 할 것을 원칙으로 규정하고 있다.

이 의무교육의 범위에 대해서 우리 헌법은 제31조 제2항에서 "적어도 초등교육과 법률이
정하는 교육"으로 규정하고 있다. 이는 초등교육뿐만 아니라 중등교육까지도 의무교육화하기
위한 것이다. 이에 교육기본법 제8조 제1항은 6년의 초등교육과 3년의 중등교육을 의무교육으
로 정하고 있다. 현재 3년의 중등교육까지 의무교육으로 전면 실시되고 있다.

---

35) 양건(주 13), 687.
36) 김철수(주 3), 973; 성낙인(주 9), 760.
37) 헌재 1992. 11. 12. 89헌마88, 4, 739.
38) 김철수(주 3), 975; 권영성(주 22), 670; 성낙인(주 9), 761; 양건(주 13), 657; 장영수(주 22), 828.
39) 김철수(주 3), 975.

한편, 헌법재판소는 구교육법 제8조의2의 "3년의 중등교육에 대한 의무교육은 대통령령이 정하는 바에 의하여 순차적으로 실시한다"는 규정에 대한 위헌심사에서, 헌법상 초등교육에 대한 의무교육과는 달리 중등교육의 단계에 있어서는 어느 범위에서 어떠한 절차를 거쳐 어느 시점에서 의무교육으로 실시할 것인가는 입법자의 형성의 자유에 속하는 사항으로서 국회가 입법정책적으로 판단하여 법률로 구체적으로 규정할 때에 비로소 헌법상의 권리로서 구체화되는 것으로 보아야 한다 … 중학교 의무교육을 일시에 전면실시 하는 대신 단계적으로 확대실시 하도록 한 것은 주로 전면실시에 따르는 국가의 재정적 부담을 고려한 것으로 실질적 평등의 원칙에 부합된다고 판시하여 합헌결정을 내린바 있다.[40]

이러한 의무교육의 실행을 위하여 초·중등교육법 제12조 제1항에서는 국가가 교육기본법 제8조 제1항의 규정에 의한 의무교육을 실시하여야 하며, 이를 위한 시설의 확보 등 필요한 조치를 강구하여야 한다고 규정하고 있다. 또한 지방자치단체에 초등학교·중학교 및 초등학교·중학교의 과정을 교육하는 특수학교의 설립의무가 부과되고 있으며(초·중등교육법 제12조 제2항, 제3항), 국·공립학교의 설립·경영자 및 제3항의 규정에 의하여 의무교육대상자를 위탁받은 사립학교의 설립·경영자는 의무교육을 받는 자에 대하여 수업료를 받을 수 없도록 하고 있다(초·중등교육법 제12조 제4항).

나. 의무교육의 무상의 범위

의무교육 무상의 범위에 관해서는 ⅰ) 법규가 정한 범위 내에서 무상으로 한다는 무상범위법정설, ⅱ) 수업료 뿐 아니라 국가의 재정이 허용하는 경우에는 학용품, 수업에 사용되는 모든 물품을 비롯한 급식의 무상까지도 포함한다는 취학필수비무상설, ⅲ) 절충적 입장으로서 의무교육에서 무상의 범위는 수업료의 징수 면제만을 의미한다는 수업료면제설 등의 학설이 있다.

한편, 헌법재판소가 '교육법 제8조의2에 관한 위헌심판' 청구사건에서, 의무교육제도는 국민에 대하여 보호하는 자녀들을 취학시키도록 한다는 의무부과의 면보다는 국가에 대하여 인적·물적 교육시설을 정비하고 교육환경을 개선하여야 한다는 의무부과의 측면이 강하다는 점, 국가가 교육의 질을 높이기 위한 교육비의 전부 또는 일부를 부담하지 않고 입학금과 수업료만 면제하는 형식적인 의무교육을 실시할 우려가 있다는 점 등을 지적한 것은 수업료만을 면제하는 것은 무상의 의무교육을 규정한 취지에 어긋난다고 보는 것으로 판단된다. 다만, "초등교육에 대한 의무교육과는 달리 중등교육의 단계에 있어서는 어느 범위에서 어떠한 절차를 거쳐 어느 시점에서 의무교육을 실시할 것인가는 입법자의 형성의 자유에 속하는 사항으로서 국회가 입법정책적으로 판단하여 법률로써 구체적으로 규정할 때 비로소 헌법상의 권리로 구체화 된다"고 하여 무상범위법정설을 지지한 바 있다.[41]

---

40) 헌재 1991. 2. 11. 90헌가27, 3, 11.
41) 헌재 1991. 2. 11. 90헌가27, 3, 11.

현재 초·중등교육법 제12조 제4항은 "국·공립학교의 설립·경영자 및 제3항의 규정에 의하여 의무교육대상자를 위탁받은 사립학교의 설립·경영자는 의무교육을 받는 자에 대하여 수업료를 받을 수 없다"고 규정함으로써 수업료만이 무상으로 확인되고 있다. 그러나 국가의 재정을 고려하여 수업료 이외의 취학에 필요한 비용으로까지 무상의 범위를 확대하는 것이 요구된다.

4. 헌법 제31조 제4항: 교육의 자주성·전문성·정치적 중립성 및 대학의 자율성

가. 교육의 자주성·전문성·정치적 중립성 및 대학의 자율성의 의의

국가의 교육정책 내지 교육활동의 기본원칙으로 교육의 자주성·전문성·정치적 중립성 및 대학의 자율성을 들 수 있다. 현행 헌법 제31조 제4항은 "교육의 자주성·전문성·정치적 중립성 및 대학의 자율성은 법률이 정하는 바에 의하여 보장된다"고 규정하고 있다.

헌법 제31조 제4항의 의의에 대해, 헌법재판소는 교육의 자주성·전문성·정치적 중립성을 헌법이 보장하고 있는 이유는 교육이 국가의 백년대계의 기초 인만큼 국가의 안정적인 성장 발전을 도모하기 위해서는 교육이 외부세력의 부당한 간섭에 영향 받지 않도록 교육자 내지 교육전문가에 의하여 주도되고 관할되어야 할 필요가 있다는 데서 비롯된 것이라고 할 것이다. 그러기 위해서는 교육에 관한 제반정책의 수립 및 시행이 교육자에 의하여 전담되거나 적어도 그의 적극적인 참여하에 이루어져야 함은 물론 교육방법이나 교육내용이 종교적 종파성과 당파적 편향성에 의하여 부당하게 침해 또는 간섭당하지 않고 가치중립적인 진리교육이 보장되어야 할 것이다. 특히 교육의 자주성이 보장되기 위하여서는 교육행정기관에 의한 교육내용에 대한 부당한 권력적 개입이 배제되어야 할 이치인데, 그것은 대의정치(代議政治), 정당정치하에서 다수결의 원리가 지배하는 국정상의 의사결정방법은 당파적인 정치적 관념이나 이해관계라든가 특수한 사회적 요인에 의하여 좌우되는 경우가 많기 때문이다라고 판시하고 있다.[42]

나. 교육의 자주성

(1) 교육의 자주성의 의의

교육의 자주성이란 교육내용과 교육기구가 교육자에 의하여 자주적으로 결정되고 행정권력에 의한 교육통제가 배제되어야 한다는 것을 의미한다. 이러한 교육의 자주성을 확립하기 위한 제도적 방법으로서 교사가 교육시설 설치자와 교육감독권자로부터 자유로워야 하고, 교육내용에 대한 교육행정기관의 권력적 개입이 배제되어야 하며, 교육관리기구(교육위원회, 교육감, 교육장 등)의 공선제 등이 실현되어야 한다.[43]

---

42) 헌재 1992. 11. 12. 89헌마88, 4,739,762.
43) 권영성(주 22), 269; 2006년 12월에 교육의원과 교육감을 주민의 직접선거로 선출하는 것을 내용으로 하는 지방교육자치에 관한 법률의 개정이 있었고 2007년 1월부터 시행에 들어감으로써 부산광역시의 경우 지난 2월에 교육감을 주민의 직접선거에 의하여 선출한 바 있으며, 이번 12월 19일에 치러진 제17대 대통령선거일에도 몇몇 광역자치단체에서 교육감선거가 동시에 이루어졌다.

  그런데, 현행헌법에서 규정하고 있는 '교육의 자주성'의 의의에 관해 학계에서는 견해가 다양하다.

  먼저 헌법상의 교육의 자주성과 전문성 보장 조항이 현실에서 지나치게 과장되고 남용되어 원래의 입법취지와는 다르게 파악되는 경향을 지적하면서 이 조항이 헌법에 규정되게 된 사회적 배경을 강조하여, 교육의 자주성이란 내무행정이나 경찰행정으로부터의 독립을 의미하는 것이라는 견해가 있다.[44]

  한편 헌법학자들 중에는 교육의 자주성의 의미를 교육내용과 교육기구가 교육자에 의하여 자주적으로 결정되고 행정권력에 의한 교육통제가 배제되어야 하는 것으로 파악하거나,[45] 교육의 자주성의 의미에 대한 적극적인 설명이 없이 교육의 자주성, 전문성 등의 보장을 교육자치제의 제도보장으로 보는 견해도 있다.[46]

  교육의 자주성과 전문성에 대해 헌법재판소는 일반적으로, 교육의 자주성이란 교육내용과 교육기구가 교육자에 의하여 자주적으로 결정되고 행정권력에 의한 통제가 배제되어야 함을 의미한다. 이는 교사의 교육시설 설치자·교육감독권자로부터의 자유, 교육내용에 대한 교육행정기관의 권력적 개입의 배제 및 교육관리기구의 공선제 등을 포함한다. 또한 교육의 전문성이란 교육정책이나 그 집행은 가급적 교육전문가가 담당하거나, 적어도 그들의 참여하에 이루어져야 함을 말한다고 해석하고 있다.[47]

  그러나 교육권의 역사로 볼 때 교육의 자주성이란 교육의 '자유'와 권력으로부터의 교육의 '독립'으로 파악될 수 있다고 보는 것이 타당하다.[48] 그리하여 교육의 자주성을 보장한다고 하는 것은 모든 개인이 인간으로서의 존엄과 가치를 누리기 위하여 인간적으로 성장·발달할 권리인 학습권을 가진다는 전제 하에, 교육에 대한 국가의 부당한 지배를 배제하고 교육의 자유와 독립을 스스로 확보할 수 있도록 교육관련 당사자들에 의한 교육자치의 보장을 의미하는 것으로 보아야 할 것이다.[49]

(2) 교육의 자주성의 실현

  교육의 자주성과 전문성 및 정치적 중립성을 보장하기 위하여 교육자치를 확대·실시해야 한다는 데 대해서는 이론이 없다. 그러나 교육자치의 개념에 대해서는 아직 정설이라고 할 만한 것이 없으며, 교육자치의 개념을 정립하기 위해서는 일반적인 '자치'의 개념에서 출발하여 교육분야에 특유한 자치의 개념을 도출할 필요가 있다.[50]

---

44) 안기성, "교육의 전문성과 자주성에 관한 교육법 해석학," 교육법학연구 제7호(1995), 21.
45) 권영성(주 22), 269.
46) 김철수(주 3), 978.
47) 헌재 2001. 11. 29. 2000헌마278, 13-2, 762,773.
48) 동지, 신현직, "교육의 자주성, 전문성, 정치적 중립성의 법리," 교육법학연구 제11호(1999), 156, 159; 이종근(주 4), 46.
49) 이종근(주 4), 46.
50) 이종근(주 4), 25.

자치의 한 요소인 분권적인 측면에서 보아 교육자치는 교육공동체를 전제로 하여 '교육'이
라는 특정한 업무영역을 대상으로 한다는 점에서 지역을 기초로 주민의 전 생활영역을 대상으
로 하는 지방자치와 구별되는 기능적 자치에 속한다고 할 수 있다.[51] 그러나 자치의 또 다른
요소인 참여의 측면에서 본다면 교육자치는 교육공동체의 구성원이 참여하여 교육에 관련된
문제를 처리하는 것을 의미한다. 여기서 교육공동체의 구성원의 범위를 어떻게 정할 것인가에
따라 일반지방자치와 교육자치의 관계가 문제된다.

교육자치가 실현되는 경우에 기대되는 효과는 교육의 자주성과 전문성이 신장된다는 점을
들 수 있지만, 교육행정을 일반행정으로부터 분리·독립하는 데서 오는 행정기능의 통합성 저
해로 인한 일관성 결여와 교육행정의 편협성 조장 우려 등의 문제점도 발생할 여지가 있다. 교
육자치의 문제를 다룰 때에는 항상 이러한 효과와 문제점을 형량할 필요가 있다.

지방교육자치와 교육의 자주성과의 관련성에 대해, 헌법재판소는 지방교육자치도 지방자
치권행사의 일환으로서 보장되는 것이므로, 중앙권력에 대한 지방적 자치로서의 속성을 지니고
있지만, 동시에 그것은 헌법 제31조 제4항이 보장하고 있는 교육의 자주성·전문성·정치적 중
립성을 구현하기 위한 것이므로, 정치권력에 대한 문화적 자치로서의 속성도 아울러 지니고 있
다. 이러한 '이중의 자치'의 요청으로 말미암아 지방교육자치의 민주적 정당성요청은 어느 정
도 제한이 불가피하게 된다. 지방교육자치는 '민주주의·지방자치·교육자주'라고 하는 세 가지
의 헌법적 가치를 골고루 만족시킬 수 있어야만 하는 것이다. '민주주의'의 요구를 절대시하여
비정치기관인 교육위원이나 교육감을 정치기관(국회의원·대통령 등)의 선출과 완전히 동일한
방식으로 구성한다거나, '지방자치'의 요구를 절대시하여 지방자치단체장이나 지방의회가 교육
위원·교육감의 선발을 무조건적으로 좌우한다거나, '교육자주'의 요구를 절대시하여 교육·문화
분야 관계자들만이 전적으로 교육위원·교육감을 결정한다거나 하는 방식은 그 어느 것이나 헌
법적으로 허용될 수 없다고 판시하고 있다.[52] 또한 헌법재판소는 (구) 지방교육자치법은 교육
위원 정수의 1/2 이상은 교육 또는 교육행정경력이 15년 이상 있는 자로 하고(제8조) 집행기관
인 교육감의 자격도 교육 또는 교육전문직 경력이 20년 이상인 자로 하는 등(제32조 제2항) 교
육의 자주성·전문성이 충분히 보장되도록 규정하고 있으므로, 교원과 교육위원의 겸직을 금지
하였다는 것만으로 그 입법취지나 전문적 관리의 원칙 등 지방교육자치의 지도원리가 침해되
었다고 할 수는 없다고 판시한 바 있다.[53]

다. 교육의 전문성

(1) 교육의 전문성의 개념

교육의 전문성이란 교육의 특수성에 비추어 교육정책의 수립 및 집행은 교육전문가가 담

---

51) 이기우, "교육자치와 학교자치 및 지방교육행정제도에 대한 법적 검토," 한국교육법연구 제4집(1999), 37-40.
52) 헌재 2000. 3. 30. 99헌바113, 12-1, 359(368-369).
53) 헌재 1993. 7. 29. 91헌마69, 5-2, 145(153-154).

당하거나 적극적으로 참여한다는 한다는 것을 의미한다.[54] 헌법재판소는 교육활동의 특수성에 대해 첫째, 교원의 수업활동과 학생지도에 필요한 기술과 능력은 해당분야에 대한 최신의 연구결과에 대한 식견과 정보뿐 아니라 인격의 성장과 발달·행동심리·정신건강과 위생·학생의 요구에 관한 고도의 지식을 필요로 하는 정신적 활동이므로, 교원 자신이 장기간에 걸친 교육과 훈련을 받지 않고서는 그 직업이 요구하는 소양과 지식을 갖출 수 없다는 점이다. 둘째, 교원은 다른 전문직 의사·변호사 또는 성직자와 같이 고도의 자율성과 사회적 책임을 아울러 가져야 한다는 사회적·윤리적 특성이 있다는 점 등을 들고 있다.[55]

이와 같이 교육의 전문성은 교직의 전문성 보장으로 연계된다. 즉 교원의 직무는 그 수행에 있어 전문적인 지식과 경험을 필요로 하며 또한 교원자신의 전문적인 판단을 필요로 한다는 점에서 직무의 전문직으로서의 성격이 강조될 수밖에 없다.

이러한 교직의 전문직성의 확립에 기여한 것은 ILO·유네스코의 '교원의 지위에 관한 권고'라고 할 수 있다. 이 권고는 국·공립과 사립을 구별하지 않고 모든 교원의 지위에 대하여 규정하고 있다. 제6항은 "교육업무는 전문직으로 간주되어야 한다. 교육업무는 엄격하고 부단한 연구를 통하여 획득되고 유지되는 전문적 지식 및 특별한 기능을 교원에게 요구하는 공공적 업무의 하나이며, 교원이 담당하는 어린이와 학생들의 교육과 복지에 대하여 개인적, 집단적인 책임감을 요구하는 것이다"고 규정하여 교직의 전문직성을 선언하고 있다. 전문직은 전문적 지식 체계의 습득과 적용이 필요한 노동이라는 점에서, 논리적으로도 전문직에 대한 권력적 통제는 부당한 지배가 된다는 점에서 교육의 자주성 보장은 결국 교육의 전문성 보장을 위해 필요한 것이라고 할 수 있다.[56] 헌법재판소도 교육의 자주성·전문성·정치적 중립성을 헌법이 보장하고 있는 이유는 교육이 국가의 백년대계의 기초인 만큼 국가의 안정적인 성장 발전을 도모하기 위해서는 교육이 외부세력의 부당한 간섭에 영향 받지 않도록 교육자 내지 교육전문가에 의하여 주도되고 관할되어야 할 필요가 있다는 데서 비롯된 것이라고 보고 있다.[57]

이러한 개념들을 종합해 보면 "전문직"이라는 용어 속에는 두 개의 의미가 함축되어 있음을 알 수 있다. 그 하나는, 교직이라는 직업은 '전문성'을 요한다는 것이다. 즉 교직에 종사하고자 하는 자는 교육에 관한 일정한 전문적인 지식과 기술 및 경험을 가진 전문가이어야 한다. 따라서 교직이라는 직업은 일반인에 의하여 쉽게 대체될 수 없는 직업으로서, 교원양성제도나 교원자격제도에 의하여 그 전문성이 보증되어야 한다. 다른 하나는, 교직이라는 직업은 위에서 언급한 그 업무의 전문성을 보장하고 실현하기 위하여 의사나 변호사 또는 성직자와 같은 전문직으로서의 신분보장이 요구된다는 것이다. 이러한 의미에서는 고도의 전문적인 "자율성"과 자기의 권한하에 독자적으로 업무를 수행할 수 있는 "자주성"이 요청되며, 특히 동일한 교직에

---

54) 권영성(주 22), 269; 성낙인(주 9), 763; 정종섭(주 22), 680.
55) 헌재 1991. 7. 22. 89헌가106, 3, 387(406).
56) 이종근(주 4), 28.
57) 헌재 1992. 11. 12. 89헌마88, 4, 739(762).

종사하는 교원단체간의 단결권 등이 요구된다. 따라서 교직이 전문직으로서 보장받기 위해서는 교육의 "전문성"과 교직의 "전문직성"을 보장할 수 있는 법적·제도적 장치가 필수적으로 마련되어야 한다.58)

(2) 교육의 '전문성'에 대한 학설

교육'전문성'의 의미에 대하여는 크게 3가지의 견해가 있다.

첫째, 그 의미를 크게 4가지의 측면으로 나누어, 전문직과 관련한 해석, 교육전문가 주도와 관련한 해석, 능력과 관련한 해석, 독자성·수월성과 관련한 해석 등으로 나눌 수 있다고 보고, '교육에서 학습으로', '지식의 습득에서 지식의 결합으로', '지식의 공급에서 지식의 구성으로', '학교중심에서 학습자 중심으로' 교육체제가 변하고 있는 이 시대에는, 교육의 '전문성'의 의미도, 지식·정보의 독점적 소유를 전제로 한 '전수'능력으로부터 학습자에게 산재해 있는 지식·정보를 효과적으로 연결시켜 주는 '결합'능력 중심으로 재규정되어야 할 필요가 있다는 견해,59) 둘째, 교육의 전문성이란 교과교육, 생활지도, 교과내용에 대한 학문적 소양 뿐 아니라 교수-학습방법 등 교육활동의 모든 측면에서 요구되는 교원의 전문적 능력이라고 보고, 헌법이 이러한 교육의 전문성을 보장하는 일차적 의미는 교육이 특수한 자격과 교양을 가진 전문가의 손으로 운영되고, 그것을 뒷받침할 교육정책의 수립과 집행도 교육전문가의 참여하에 이루어지도록 하려는 것이라고 하는 견해,60) 셋째, 헌법상의 교육의 전문성 조항에 대한 해석으로, 이 조항은 교직 경력자들의 교육독점으로 이해하는 사람들에 의한 교육독점이나 전횡을 막고 교육의 올바른 장래를 위해 규정된 것임을 지적하는 견해61) 등이 있다.

한편, 헌법 제31조 제4항이 규정한 '교육의 전문성'은 교원의 교육정책참여를 요구한다고 해석하여야 한다. ILO-유네스코의 '교원의 지위에 관한 권고' 제9조는 "교원조직은 교육의 발전에 크게 이바지하는 하나의 세력으로 인정되어야 하며 따라서 교원조직은 정책결정에 관여하여야 한다"고 규정하고 있다. 헌법 제31조 제4항이 규정한 '교육의 전문성'의 중요한 이념적 내용 중의 하나는 교원의 교육정책참여가 보장되어야 한다는 것이다.62) 즉, 헌법이 '교육의 전문성'을 헌법원리로 채택한 데에는 교원의 결사의 자유와 단결권 보장을 통하여 교육의 발전을 도모한다는 취지가 포함되어 있으므로 교원단체가 교육정책결정에 참여하는 방안을 마련할 필요가 있다.63) 교원단체의 교육정책결정에의 참여의 정도를 근로자의 경영참가에 대비하여 유

---

58) 노기호, "일본에서의 교육의 자주성·전문성 및 정치적 중립성에 대한 논의," 공법학연구 제7권 제1호 (2006), 448.
59) 조석훈, "수요자 중심 교육체제의 입장에서 '교육의 전문성'에 대한 재해석," 교육행정학연구 제16권 제3호 (1998), 448-449.
60) 허종렬, "헌법상 교육의 전문성과 교원의 양성·자격·임용에 관한 법령의 문제점," 한국교육법연구 제5집 (1999), 177-178; 노기호(주 58), 448-449 참조.
61) 안기성(주 44), 27.
62) 이종근(주 4), 30.
63) 박종보, "교원단체의 법적 지위와 관련한 헌법적 문제," 한국교육법연구 제8집 제2호(2005), 143.

추한다면, 장기적이고 기본적인 교육정책에 대한 고지·보고 등의 '정보의 제공', 대단위 교육정책에 대한 '협의', 세부적인 근무조건에 관한 '교섭' 또는 '공동결정', 의사결정기구·감사기구 등에의 일부 '참여' 등을 들 수 있을 것이다.[64]

(3) 교원의 교육권

학생에게 필요한 지식과 기술을 습득시키고 성장과정에 상응하는 능력을 개발·발달시킬 수 있는 교육제도가 오늘날의 공교육제도이며, 이를 실천하는 교육전문가가 바로 학교교원이다. 교원은 진리와 정의를 사랑하는 자주적인 인격체의 육성이라는 교육목적을 수행하기 위하여 아동과 학생의 교육을 담당하고 인격완성을 수행하는 지위에 있다. 헌법재판소도 교원은 미래사회를 이끌어 나갈 학생들로 하여금 자립하여 생활할 수 있는 능력을 길러주는 공교육제도의 주관자로서 주도적 지위를 담당하도록 주권자인 국민으로부터 위임받은 사람이라고 판시하고 있다.[65] 이를 위해 헌법 제31조 제4항과 교육기본법 제5조는 교육의 전문성과 자주성을 보장하고 있으며, 학교교육에서의 교원의 전문성을 존중하고 있다(교육기본법 제14조 제1항). 한편, 교원은 국민의 한 사람으로서, 또한 교육의 전문가로서 학부모와 공동으로 헌법 제31조 및 교육기본법 제3조의 아동의 학습권을 보장하고 실현할 의무를 지고 있다. 교원이 개별적으로 아동과 학생을 담당하여 교육하는 경우의 교원과 학생의 지도·교육관계는 기본적으로 부모의 자녀에 대한 지도·교육관계와 같다고 할 수 있다. 이것은 교원의 교육권이 헌법재판소판례[66]에서 볼 수 있는 바와 같이 부모로부터 신탁 받은 것이기 때문이며, 따라서 교원의 교육권과 부모의 교육권은 기본적으로 동질성을 갖는다고 볼 수 있다. 즉, 학교교원이 개별적인 교육활동에서 갖는 아동과 학생에 대한 감독과 교육 및 징계는 부모의 그것과 동일한 것으로 볼 수 있다. 이와 같이 교원의 교육권은 학생의 학습권을 실현하고 보장하기 위하여 행사되는 범위에서는 부모의 교육권을 신탁 받아 대위되어 행사되는 것으로 보아야 한다.

이러한 교원의 교육권의 법적 성질과 관련해서, 이를 기본권으로 볼 것인가 아니면 하나의 직무상의 권한, 즉 직권으로 볼 것인가라는 문제가 제기되고 있다. 한국, 일본, 독일에서 다 같이 제기되고 있는 문제로서 학설의 대립이 있다. 한편에서는 이것을 기본권 보지만, 다른 한편에서는 이것을 직권(職權)으로 본다.[67]

직권으로 보는 경우와 기본권으로 보는 경우의 차이점은 그 권리의 법적 보장에서 뚜렷이 나타난다. 기본권의 경우에는 기본권보장에 관한 헌법 제37조 제1항에 의하여 최대한의 보장을 받아야 한다. 따라서 이 권리를 제한하는 경우, 공공복리 등의 사유가 있어야 하며 그러한 사유가 있더라도 그 제한은 법률로써만 가능하고, 법률로 제한하더라도 그 본질적 내용은 침해할

---

64) 박종보(전주), 144.

65) 헌재 1997. 12. 24. 95헌바29, 97헌바6(병합), 9-2, 780.

66) 헌재 1992. 11. 12. 89헌마88, 4, 739(762), 참조.

67) 교원의 교육권의 법적 성격 및 학설의 대립에 대해서는, 노기호, "교원의 교육권에 관한 연구," 한양대학교박사학위논문(1998), 86-93 참조.

수 없게 된다. 그러나 이 권리를 직권으로 보는 경우에는 이러한 보장을 받지 못하게 된다. 따라서 극단적으로는 법률에 의해서 이 권리 자체를 부정하는 것도 가능하게 된다. 예컨대, 현행 초·중등교육법 제20조 제3항의 교원의 직무규정의 해석에 있어서 교원의 교육권을 직권으로 보는 경우에는 "교사는 법령이 정하는 바에 따라 학생을 교육한다"고 하는 규정상 권리의 본질적 내용의 침해도 경우에 따라서는 가능하며 그것이 위헌이 되는 것도 아니다.

현재 학계의 대부분의 견해는 교원의 교육권을 교직을 수행하는 동안에만 보장되는 직권으로 보고 있다. 그러면서도 교원의 교육권이 부모로부터 친권을 위임받아 친권을 대리하는 점과 그 권리의 행사가 학생의 학습권의 보장을 위해 인정된다는 점 등을 들어 기본권으로서의 성격도 반사적으로 같은 것처럼 해석하고 있다.[68] 헌법재판소의 견해도 마찬가지이다. 즉 교사의 수업권은 전술과 같이 교사의 지위에서 생겨나는 직권인데, 그것이 헌법상 보장되는 기본권이라고 할 수 있느냐에 대하여서는 이를 부정적으로 보는 견해가 많으며, 설사 헌법상 보장되고 있는 학문의 자유 또는 교육을 받을 권리의 규정에서 교사의 수업권이 파생되는 것으로 해석하여 기본권에 준하는 것으로 간주하더라도 수업권을 내세워 수학권을 침해할 수는 없으며 국민의 수학권의 보장을 위하여 교사의 수업권은 일정범위 내에서 제약을 받을 수밖에 없는 것이라고 한다.[69]

결국, 교원의 교육권은 아동의 인격적인 성장발달과 제 능력의 개화라는 교육의 본질에 근거하여 아동에게 진리를 가르치고 아동의 교육을 받을 권리의 보장을 위한 일환으로서 인정되는 것이며, 그러기 위해서는 철저한 교육의 자유[70]가 보장되어야 하고 그 범위 내에서 국가권력의 개입이 배제되어야 한다는 측면을 고려하면 "기본적 인권성"이 인정되지만, 그 권리의 행사에 있어서는 학부모와 학생에 대해서 일정한 제약이 따른다고 보아야 할 것이고, 이 경우는 "직무권한(직권)"으로서의 성격도 갖는다고 보아야 할 것이다.

라. 교육의 정치적 중립성

(1) 교육의 정치적 중립성의 의의

교육의 정치적 중립성이란 교육에 대한 정치적·당파적 개입과 지배를 배제할 뿐만 아니라 교육도 그 본연의 역할을 벗어나 정치적 영역에 개입하지 않아야 한다는 것을 말한다. 이는 교육의 자주성과 자율성을 보장하고 옹호하기 위한 원칙으로서, 교육의 종교적 중립성과 함께 근

---

68) 허종열, 교육제도의 헌법적 문제에 관한 연구, 헌법재판소, 2003, 261-262; 이종근(주 4), 31; 정현승, "학생의 학습권과 교사의 교육권의 관계," 교육법학연구 제15권 제2호(2003), 242.

69) 헌재 1992. 11. 12, 89헌마88, 4, 739(756-758).

70) 그러나 이러한 교육의 자유가 어떠한 의미를 담고 있는 자유 내지 권리인지에 대해서는 헌법학계에 개념이 정립되어 있지 않다. 여러 교수들의 교과서를 살펴보면, ⅰ) 대학교수의 교수의 자유와의 비교개념으로서의 초·중등학교교사의 교육의 자유를 말하는 경우(성낙인(주 9), 415), ⅱ) 단순히 교육을 할(시킬) 자유로서의 교육의 자유, 여기에는 대학교수의 교수의 자유와 초·중등학교교사의 교육의 자유가 포함되는 것으로 보는 경우(김철수(주 3), 981-982), ⅲ) 교육의 자유를 교육을 받을 권리에 포함되는 것으로서 교육선택의 자유로 이해하는 경우(장영수(주 22), 825) 등이 있다.

대이후의 공교육의 중립성에 관하여 세워진 기본원칙중의 하나이다.

그 의의와 내용은 역사적으로 볼 때 각국의 정치형태와 구조에 따라 상이하게 나타났으며, 파시즘과 일당독재의 사회주의국가에서는 국가목적에 봉사하고 정치에 종속되는 것이 교육이라고 생각했기 때문에 이러한 원칙은 애초부터 존재하지 않았다.

제1차 세계대전 후 대부분의 서구 민주주의국가에서는 교육의 정치적 중립성을 선언하고 이를 법제화하였다. 우리현행 헌법도 제31조 제4항에서 교육의 "정치적 중립성"을 선언하고 있으며, 교육기본법도 이를 뒷받침하기 위하여 제6조 제1항에서 "교육은 교육 본래의 목적에 따라 그 기능을 다하도록 운영되어야 하며, 어떠한 정치적·당파적 또는 개인적 편견의 전파를 위한 방편으로 이용되어서는 아니 된다"고 규정하고 있다. 그리고 제14조 제3항에서는 "교원은 특정정당 또는 당파를 지지하거나 반대하기 위하여 학생을 지도하거나 선동하여서는 아니 된다"고 규정하고 있으며, 그 외에도 국가공무원법(제65조, 78조)과 교육공무원법(제44조의2), 사립학교법(제55조)등에서 교원의 정치활동을 규제하여 교육의 정치적 중립성의 실현을 위한 제도적 장치를 법정화하고 있다. 다만, 대학교원에 대해서는 예외적으로 정당법(제22조)에서 대학교원의 정치활동을 보장하고 있다.

그리고 이러한 교육의 정치적 중립성을 실현하기 위한 기본적인 내용으로는 i) 당파적 정치교육의 금지, ii) 교사의 정치활동의 규제, iii) 교육행정의 정치적 중립성, iv) 교육에 대한 정치적 압력의 배제, v) 교육의 정치에의 불간섭 등을 들고 있다.[71]

한편, 헌법재판소도 교육의 정치적 중립성은 교육이 국가권력이나 정치적 세력으로부터 부당한 간섭을 받지 아니할 뿐만 아니라 그 본연의 기능을 벗어나 정치영역에 개입하지 않아야 한다는 것을 말하며, 교육은 그 본질상 이상적이고 비권력적인 것임에 반하여 정치는 현실적이고 권력적인 것이기 때문에 교육과 정치는 일정한 거리를 유지하는 것이 바람직하다고 보고 있다.[72]

공교육의 종교적 중립성이 학생의 교육을 받을 권리를 보장하기 위한 원리로서 생성되었다면, 그것은 근본적으로 교육이 종교라고 하는 교육외적인 힘에 의한 지배로부터 자유로운 '자주성의 보장'을 의미하는 것으로서, 제1차 세계대전 이후에는 공교육의 정치적 중립성에도 원용되었다. 따라서 학생에 대한 교육이 정당정치와 정치활동에 의하여 지배되어서는 안 된다는 것을 의미한다고 할 것이다.

---

71) 권영성(주 22), 270.
72) 헌재 2004. 3. 25. 2001헌마710, 16-1, 422(437); 교육의 정치적 중립성 및 동 판례의 평석과 관련해서는, 노기호, "교육의 정치적 중립성과 초·중등교원의 정치적 권리의 제한," 인권과 정의, 340(2004. 12), 62-80 참조.

(2) 교육의 정치적 중립성의 의미

교육의 정치적 중립성의 의미에 대해 우리 헌법학자들과 교육학자들 사이에 견해의 차이를 보이고 있다. 헌법학자들은 주로 교육과 정치의 분리라는 관점에서 교육의 정치적 중립성을 파악하는 데 반하여, 교육학자들은 교육의 당파성 또는 편향성 배제라는 관점에서 교육의 정치적 중립성을 파악하고 있다.[73]

즉 헌법학자들은 교육의 정치적 중립성이란 교육은 특정 정파적 이해관계나 영향력으로부터 떨어져 중립적인 입장에서 이루어져야 한다는 것으로, 교육이 국가나 정치권력으로부터 부당하게 간섭을 받아서도 안 되고, 교육이 그 본연의 기능을 벗어나서 정치영역에 개입해서도 안 된다는 것을 의미하는 것으로 보고 있다.[74]

반면에 교육학자들은 교육학적인 측면에서 교육의 본질적 성격, 즉 교육의 인간적 주체성·진리교육의 자주성·교육의 전문적 자율성·교육의 자주성에서 그 근거를 찾고,[75] 교육의 정치적 중립성이란 교육을 정치적·파당적·개인적 편견의 선전을 위한 수단으로 사용하는 것을 금지하는 것이며 여기서 '정치적·파당적'이라는 것은 특정 정당에게만 유리하거나 불리한 것을 가리키고 '개인적 편견'이란 일반 학술의 원칙이나 논리에 의하지 아니한 독선적 주장을 의미한다고 보고 있다.[76]

그 외에 교육의 정치적 중립성의 의미에 대하여 진리와 진실에 충실해야 한다는 교육의 본질로부터 요구되는 정치적 중립성은 교육의 권력지배로부터의 독립을 의미하는 것이며, 교육내용으로부터 정치적 요소를 배제하는 것은 아니라고 하면서, 교원의 비정치화 또는 정치교육의 배제는 곧 교육의 정치권력에의 예속을 의미하게 되며, 교원의 정치적 자유는 당파적 교육의 자유가 아니라 교육의 정치적 중립성을 지키기 위한 자유로서 인정되어야 하며, 학생들이 민주시민으로 성장하는 데 필요한 정치교육은 반드시 보장되어야 한다는 견해도 있다.[77]

(3) 교원 정치활동의 제한

교육의 정치적 중립성 확보를 위해 교육공무원법, 국가공무원법, 사립학교법 등은 광범위하게 교원의 정치활동을 제한하고 있다. 교육공무원법 제51조 제1항은 국가공무원법 제78조 제1항의 징계사유를 교육공무원법의 징계사유로 규정하고 있는데, 국가공무원법 제78조 제1항과 제65조는 정당가입과 선거운동 등 정치적 행위를 광범위하게 금지하고 있고, 사립학교법 제55조는 사립학교 교원의 복무에 관하여 국·공립학교 교원에 관한 규정을 준용하도록 하고, 제58조 제1항은 정치활동을 면직사유의 하나로 삼고 있어서 사립학교 교원도 정치활동을 할 수

---

73) 손희권, "국·공립학교 초·중등교원들의 정치활동을 제한하는 것은 헌법에 위반되는가?," 교육행정학연구 제22권 제2호(2004), 403-404; 이종근(주 4), 32.
74) 정종섭(주 22), 680; 권영성(주 22), 270; 성낙인(주 9), 764.
75) 고전, "균형잡힌 교육의 정치적 중립성," 새교육 539(1999), 52-53.
76) 표시열, "교육의 정치적·종교적 중립성에 관한 주요 쟁점," 안암법학 3(1995), 91-92.
77) 신현직, "교육기본권에 관한 연구," 서울대학교박사학위논문(1990), 166.

없도록 하고 있다. 또한 정당법 제6조는 총장·학장·교수·부교수·조교수·전임강사인 교원을 제외한 국·공·사립학교의 일반교원이 정당의 발기인 및 당원이 되는 것을 금지하고 있다.

이러한 교원의 정치적 활동 제한의 타당성 여부에 대하여 찬반의 견해의 대립이 있다. 즉 공무원의 정치적 중립성 보장과 교육의 정치적 중립성 보장이라는 헌법적 요청과 정치에 대한 교육의 종속화 우려 등을 근거로 제한에 찬성하는 입장[78]과 교원이라는 이유만으로 교원이기 이전에 일반 시민으로서 향유할 수 있는 정치적 자유권을 무제한으로 제한하는 것은 허용될 수 없으므로 일정한 범위 내에서 교원의 정치활동을 허용해야 한다는 입장[79]이 대립하고 있다.

헌법재판소는 이러한 교원의 정치활동의 제한을 학교교육에 한정하지 않은 것은 국민의 교육기본권 보장이라는 공익의 실현에 기여할 수 있으므로 과잉금지의 원칙에 위배되지 않고, 초·중등교원들과 대학교원들의 직무의 본질이나 내용 및 근무태양의 차이에 비추어 볼 때 합리적인 차별에 해당한다고 할 것이므로, 초·중등교원들의 정치활동을 제한하는 것은 헌법에 위반되지 않는다고 입장을 밝히고 있다.[80]

마. 대학의 자율성

(1) 대학의 자율성의 의미

현행 헌법 제22조는 국민의 학문의 자유를 규정하고 있는데, 오늘날은 학문의 주체가 개인 뿐만 아니라 주로 대학이라는 기관으로 이전됨에 따라 학문의 자유의 주된 주체가 대학이 되었으며, 그로 인해 학문의 자유의 내용 중에 당연히 대학의 자치가 포함되는 것으로 해석하고 있다. 따라서 헌법 제22조의 학문의 자유는 개인적 기본권으로서의 성격뿐만 아니라 대학의 기본권 내지 대학의 자치에 대한 제도적 보장 규정으로서의 성격도 아울러 갖는다고 볼 수 있다. 한편 우리 헌법은 제31조 제4항에서도 대학의 자율성을 규정하여 대학의 자치를 보장하고 있는데, 이는 이미 제22조의 해석상 보장되고 있는 대학의 자치를 보다 더 확실히 보장하고 제도화할 것을 국가에 요구하는 생존권적 성격의 기본권규정이라고 할 수 있다. 다시 말하면 우리 헌법만이 갖고 있는 대학의 자치에 대한 명확한 근거규정이라고 할 수 있다.

(2) 대학의 자율성의 내용

대학의 자율성 내용은 다음과 같은 세 가지가 쟁점이 된다. 즉 ⅰ) 누구로부터의 자치인가 ⅱ) 누구에 의한 자치인가 ⅲ) 무엇에 관한 자치인가이다.[81]

첫째, 누구로부터의 자치인가는 국공립대학의 경우에는 국가나 지방자치단체로부터의 자치를 의미하며, 사립대학의 경우에는 한편에서 국가로부터의 자치, 다른 한편에서는 대학이사

78) 박유희, "교육의 정치종속화 심화 우려," 새교육 561(2001), 46-47.
79) 신현직, "학습권 침해 않고 기본권 행사할 수 있게," 새교육 561(1999), 58-63; 허종렬, "헌법상 교원 및 교원단체의 정치적 기본권 보장," 교육법학연구 제10호(1998), 133; 손희권(주 73), 415; 노기호(주 72), 80 참조.
80) 헌재 2004. 3. 25. 2001헌마710, 16-1, 422.
81) 양건(주 13), 501-502.

회로부터의 자치라고 하는 양면적 의미가 있다고 하겠다.

둘째, 누구에 의한 자치인가는 대학의 구성원은 교수, 학생, 직원이라고 하겠다. 이 가운데 교수의 집합체인 교수회가 자치의 주체라고 보는 것이 전통적인 견해이다. 즉 대학의 자치는 곧 '교수회 자치'(autonomy of faculty)로 이해되어 왔다. 학생의 대학운영참가와 관련하여 이를 대학 자치의 본질적 내용에 속한다고 볼 수는 없다. 그러나 학생을 단순히 대학이라는 영조물 (공공시설물)의 이용자로 보는 전통적 견해는 수정되어야 한다. 학생들에게도 대학운영에 대해 의견을 제시할 권리를 절차적으로 보장하여야 할 것이다.[82]

셋째, 무엇에 관한 자치인가는, 이와 관련하여 헌법재판소 판례에서는 "대학의 자율은 대학시설의 관리·운영만이 아니라 학사관리 등 전반적인 것이라야 하므로 연구와 교육의 내용, 그 방법과 그 대상, 교과과정의 편성, 학생의 선발, 학생의 전형도 자율의 범위에 속해야 하고 따라서 입학시험제도도 자주적으로 마련될 수 있어야 한다"[83]고 해석하고 있다. 따라서 ⅰ) 교수 임명 등 대학인사에 관한 사항, ⅱ) 교과과정 편성 등 연구와 교육의 행정에 관한 사항, ⅲ) 대학시설의 관리와 질서유지에 관한 사항, ⅳ) 대학 재정에 관한 사항 등이 이에 속한다고 하겠다.

(3) 대학의 자율성의 보장

대학의 자율성의 보장 영역을 분류하면 다음과 같다. 첫째, 대학인사의 자주적 결정권, 둘째, 학문·교육사항에 대한 자치행정권, 셋째, 학생 관리의 자치권, 넷째, 예산 및 재정 관리권, 다섯째, 시설관리 및 질서 유지권 등이다. 이중에서 대학의 자치의 핵심적 사항에 해당하는 것은 대학인사의 자주적 결정권과 학문·교육사항에 대한 자치행정권이다.

이러한 헌법상의 대학의 자율성을 실질적으로 보장되기 위해서는 무엇보다도 대학의 인사가 외부적 압력이나 간섭 없이 대학의 자치적인 결정을 통하여 이루어져야만 하며, 대학존립의 이유이자 근거가 되는 학문과 교육사항에 대해서도 국가권력이나 대학설립자 등 외부적 간섭 없이 대학의 구성원에 의해 자주적으로 결정될 수 있어야만 한다. 여기에서의 학문·교육사항이란 연구·교육의 방법·내용·대상, 교과과정의 편성, 학칙의 제정·개폐, 학생정원, 학생의 입학·퇴학, 시험 및 졸업에 관한 사항 등 학사운영과 관련된 사항들을 말한다고 하겠다.

한편, 이러한 대학의 자율성은 법률유보에 의하여 제한된다 하더라도 대학자치의 핵심사항에 대해서는 "본질적 내용의 침해금지"원칙에 의해서 어떠한 경우에도 제한될 수 없으며, 다른 내용에 대한 제한도 대통령령이나 교육부장관령과 같은 시행령이 아닌 국회입법에 의한 "법률"의 형식에 의한 제한으로 이루어져야 한다.

---

82) 양건(주 13), 501.
83) 헌재 1992. 10. 1. 92헌마68등, 4, 659(670).

5. 헌법 제31조 제5항: 평생교육제도

가. 평생교육의 의의

헌법 제31조 제5항은 "국가는 평생교육을 진흥하여야 한다"고 명시하고 있다. 이러한 평생교육의 진흥에 관한 국가의 의무는 1980년헌법에서 처음 도입된 것(1980년헌법 제29조 제5항)으로 제헌헌법부터 제4공화국헌법에 이르기까지 규정되어온 '의무교육을 중심으로 하는 학교교육'이 포괄하지 못한 교육분야에 대한 국가의 관심의 표명이라고 할 수 있다.[84]

평생교육이란 초등학교에서 중·고등학교를 거쳐서 대학교로 이어지는 정규의 교육과정 이외에 각종의 사회교육을 포괄하는 개념으로서 모든 국민이 평생을 통해 누릴 수 있는 교육을 총칭하는 개념이다.[85]

헌법재판소는 사설학원에서 이루어지는 교육 또한 평생교육의 일종으로 보고 양질의 서비스가 이루어져야 함을 강조하고 있다. 즉, 평생교육법이 규정하는 여러 교육시설에서 주로 비영리적 형태로 다양한 사회교육이 실시되고 있지만, 학원법이 규율하는 사설학원에서의 교육역시 교습자 및 학습자의 수와 같은 양적인 측면에서나 교육내용의 수준과 같은 질적인 측면에서 학교 밖 교육을 대표하는 교육형태로 자리 잡고 있는바, 이러한 학원교육은 사교육의 비대화라는 역기능에도 불구하고 학교교육에서 발생하는 초과 교육수요를 흡수하여 국가 전체적으로 교육의 효용성을 증대시키는 기능을 수행하고 있다 … 학원이 사회교육기관으로서 교육이라는 공공재적 성격을 지닌 재화를 공급함으로써 학교교육의 부족분을 보충해주는 공적 기능을 수행한다는 측면과 만일 학원이 그와 같은 공적 책무를 망각하고 지나치게 영리만을 추구한다면 우리 사회의 뜨거운 교육열과 맞물려 과다한 사교육비 부담에 따른 가정경제의 압박과 그에 따른 국가경제 발전의 저해, 사회적 위화감 조성 등 갖가지 부작용을 초래할 우려가 크다는 점을 고려하여 볼 때 어느 정도 국가가 개입하여 규제·감독을 행하는 것은 불가피하다고 볼 수 있다. 이러한 국가의 규제·감독은 교육당국이 학원의 물적 시설과 설비, 설립·운영자 및 강사의 자질 또는 자격, 교습과정 및 교육내용 등에 대한 일정한 기준을 설정하여 통제함으로써 양질의 교육서비스를 보장하고 교육소비자를 보호하는 방향으로 이루어져야 할 것으로 보고 있다.[86]

이러한 평생교육은 국민의 자기발전과 자아실현을 위하여 계속적인 교육의 기회를 제공함으로써 현대의 직업생활, 사회생활, 문화생활에 더욱 잘 적응할 수 있도록 하는 것이다.

나. 국가가의 평생교육진흥 의무

헌법 제31조 제6항은 평생교육을 포함한 교육제도와 그 운영에 관한 기본적인 사항은 법

---

84) 강경근, "평생교육과 헌법," 공법연구 제27집 제1호(1999), 121.
85) 장영수(주 22), 829; 김철수(주 3), 983; 권영성(주 22), 670; 성낙인(주 9), 763; 정종섭(주 22), 672 참조.
86) 헌재 2003. 9. 25. 2002헌마529, 15-2(상), 454(466-467).

률로 정하도록 하고 있다. 이에 따라 교육기본법 제10조 제1항에서 "국민의 평생교육을 위한 모든 형태의 사회교육은 장려되어야 한다"고 확인하고 있다. 또한 동조 제3항에서는 "사회교육 시설의 종류와 설립·경영 등 사회교육에 관한 기본적인 사항은 따로 법률로 정한다"고 규정하고 있다. 이러한 헌법 및 교육기본법의 규정에 근거하여 평생교육법이 제정되었으며, 그 밖에 특수교육진흥법, 산업교육진흥 및 산업협력촉진에 관한 법률 등이 제정되었다.

평생교육법은 평생교육의 이념으로서 ① 모든 국민은 평생교육의 기회를 균등하게 보장받는다. ② 평생교육은 학습자의 자유로운 참여와 자발적인 학습을 기초로 이루어져야 한다. ③ 평생교육은 정치적·개인적 편견의 선전을 위한 방편으로 이용되어서는 아니 된다. ④ 일정한 평생교육과정을 이수한 자에게는 그에 상응한 사회의 대우를 부여하여야 한다(제4조)는 것을 들고 있다.

또한 평생교육법은 평생교육의 활성화를 위한 방안으로 평생교육사의 양성(제17조 이하), 학교형태의 평생교육시설(제20조), 사내대학형태의 평생교육시설(제21조), 원격대학형태의 평생교육시설(제22조), 사업장부설 평생교육시설(제23조), 시민사회단체부설 평생교육시설(제24조), 학교부설 평생교육시설(제25조), 언론기관부설 평생교육시설(제26조), 지식·인력개발사업 관련 평생교육시설(제27조) 등에 관한 규정들을 두고 있다.

평생교육에 있어서도 국민의 교육에의 균등한 권리가 보장되어야 하며, 교육조건정비에 관한 권리와 교육내용에 관한 권리가 보장되어야 한다. 그 권리의 헌법적 근거로는 제31조 제1항의 균등한 교육을 받을 권리를 들 수 있다.[87] 따라서 헌법 제31조 제5항은 국가에게 평생교육을 진흥할 것을 강조하는 규정이기 때문에 이로부터 평생교육을 받을 권리가 도출된다고는 할 수 없다. 사회의 발전에 따라 어떠한 내용을 평생교육의 목록에 포함시켜야 할 것이며, 이러한 교육에 소요되는 재원을 어떻게 마련할 것이며, 어떠한 방법과 제도로서 평생교육을 제공하게 할 것인가 하는 것은 국가의 입법정책적 고려에 의하여 결정된다고 보아야 한다.[88]

그러나 평생교육의 의미보다 더 중요한 것은 평생교육의 실질적 내용이 어떻게 구성되어야 하느냐가 보다 본질적인 문제라 할 수 있으며, 이에 대해서는 아직까지 명확하게 규명되어 있지 않다. 다만 국민의 평생교육을 받을 권리가 사회적 기본권에 속하며, 국가는 국민이 평생교육을 받을 수 있도록 제반설비를 마련해야 할 헌법적 의무가 있음은 분명하다.[89]

6. 헌법 제31조 제6항: 교육제도, 교육재정 및 교원지위법정주의

헌법 제31조 제6항은 국가가 교육을 자의적으로 규제하지 못하도록 하기 위해 교육제도·교육재정·교원의 법적 지위 등의 법정주의를 규정하고 있다.

---

87) 김철수(주 3), 983; 권영성(주 22), 670; 성낙인(주 9), 763; 정종섭(주 22), 672.
88) 정종섭(주 22), 672.
89) 이종근(주 4), 41.

가. 교육제도의 법정주의

헌법 제31조 제6항은 "학교교육 및 평생교육을 포함한 교육제도와 그 운영, 교육재정 및 교원의 지위에 관한 기본적인 사항은 법률로 정한다"라고 하여 교육제도의 법정주의를 규정하고 있다. 이는 교육의 물적 기반이 되는 교육제도와 교육의 인적 기반이 되는 교원의 지위에 관한 기본적인 사항을 법률로써 규정하도록 한 것이다.

헌법이 이와 같이 교육제도의 기본적인 사항을 법에 의하여 정하도록 하고 있는 것은 장기간의 계획성이 요구되는 교육이 특정한 정치세력이나 집권자에 의해 영향을 받아 수시로 변경되는 것을 예방하고 장래를 전망한 일관성이 있는 교육체계를 유지·발전시키기 위한 것으로 국민의 대표기관인 국회의 통제하에 두는 것이 가장 온당하다는 의회민주주의 내지 법치주의 이념에서 비롯된 것이다. 이는 헌법이 한편으로는 수학권을 국민의 기본권으로서 보장하고 다른 한편으로 이를 실현하는 의무와 책임을 국가가 부담하게 하는 교육체계를 교육제도의 근간으로 하고 있음을 나타내는 것이라고 할 수 있는 것이다.[90]

교육에 대하여 모든 사항이 아니라 기본적인 사항만을 법률로 정하도록 한 것은 교육의 자주성을 보장하려는 것이며,[91] 교육에 관한 기본적인 사항으로는 교육의 기본적인 내용과 교육행정의 조직과 감독제도 등을 들 수 있다.[92]

한편 헌법재판소는 교육제도 법정주의의 의의와 관련하여, 교육제도의 법정주의라고도 부리는 이 헌법조항의 취지는 교육에 관한 기본정책 또는 기본방침을 최소한 국회가 입법절차를 거쳐 제정한 법률(이른바 형식적 의미의 법률)로 규정함으로써 국민의 교육을 받을 권리가 행정기관에 의하여 자의적으로 무시되거나 침해당하지 않도록 하고, 교육의 자주성과 중립성도 유지하려는 것이다. 반면 교육제도에 관한 기본방침을 제외한 나머지 세부적인 사항까지 반드시 형식적 의미의 법률만으로 정하여야 하는 것은 아니다. 그러므로 입법자가 정한 기본방침을 구체화하거나 이를 집행하기 위한 세부시행 사항은 여기서의 기본적인 사항에는 해당하지 않는다고 판시하고 있다.[93]

헌법재판소는 특히 교육제도 법정주의에 관한 헌법 제31조 제6항의 규정을 교육에 관한 결정권이 누구에게 있느냐는 교육권의 소재에 관한 문제에서 특히 국가에게 교육권이 있다는 주장의 근거조항으로 들기도 한다.[94]

교육제도에 관한 주요 법률로는 교육기본법, 초·중등교육법, 고등교육법, 사립학교법, 지방교육자치에 관한 법률, 교육세법 등이 있다.

---

90) 헌재 1999. 3. 25. 97헌마130, 11-1, 233(239-240).
91) 권영성(주 22), 270; 정종섭(주 22), 680.
92) 정종섭(주 22), 681.
93) 헌재 1991. 2. 11. 90헌가27, 3, 11(27).
94) 헌재 1992. 11. 12. 89헌마88, 4, 739 참조.

나. 교육재정의 법정주의

교육재정이라 함은 국가나 지방공공단체가 교육활동을 지원함에 필요한 재원을 확보하고 배분하며 평가하는 일련의 활동을 말한다.[95] 교육활동에는 막대한 재화와 용역이 필요하며 이것의 뒷받침이 없으면 교육이 효과적으로 이루어 질 수 없기 때문에 교육재정은 교육에 있어 중요한 의미를 가진다.

교육재정이 가지는 특수성으로는 고도의 공공성·장기효과성·비실적측정성 등을 들 수 있다. 헌법상의 교육재정법정주의에 근거하여 제정된 법률로는 교육세법, 지방교육재정교부금법 등이 있다.[96]

다. 교원지위의 법정주의

(1) 교원지위법정주의의 의의

교육자로서의 교원은 공교육제도의 담당자로서 주도적 지위를 맡도록 주권자인 국민으로부터 그 권한을 위임받은 사람들이다. 따라서 헌법은 이러한 점을 고려하여 교원의 지위에 관한 기본적인 사항도 법률로 정하도록 하고 있다. 헌법 제31조 제6항에서 말하는 "교원의 지위"란 교원의 직무의 중요성 및 그 직무수행능력에 대한 인식의 정도에 따라서 그들에게 주어지는 교원의 근무조건·보수 및 그 밖의 물적 급무 등을 포함하는 것으로 보아야 한다.[97] 그리고 교원의 지위에 관한 "기본적인 사항"은 다른 직종의 종사자들의 지위에 비하여 특별히 교원의 지위를 법률로 정하도록 한 헌법규정의 취지나 교원이 수행하는 교육이라는 직무상의 특성에 비추어 볼 때 교원이 자주적·전문적·중립적으로 학생을 교육하기 위하여 필요한 중요한 사항이라고 보아야 한다. 그러므로 입법자가 법률로 정하여야 할 기본적인 사항에는 무엇보다도 교원의 신분이 부당하게 박탈되지 않도록 하는 최소한의 보호의무에 관한 사항이 포함되어야 한다.[98]

이러한 사항을 법률로 정함에 있어서는 교육의 본질을 침해하지 아니하는 한 입법자의 입법형성의 자유에 속한다고 보아야 한다.[99] 구체적으로 교육공무원법은 제43조 제1항에서 "교권은 존중되어야 하며, 교원은 그 전문적 지위나 신분에 영향을 미치는 부당한 간섭을 받지 아니한다"라고 하여 교원의 지위를 보장하고 있다. 또한 교원지위향상을 위한 특별법 제2조 제1항은 "국가·지방자치단체 기타 공공단체는 교원이 사회적으로 존경받고 높은 긍지와 사명감을 가지고 교육활동을 할 수 있는 여건이 조성되도록 노력하여야 한다"고 규정하고 있다.

한편, 헌법재판소는 교원지위의 보장에 헌법규정의 우선순위와 관련하여 헌법 제31조 제6

---

95) 권영성(주 22), 271.
96) 권영성(주 22), 271.
97) 헌재 1991. 7. 22. 89헌가106, 3, 387(416).
98) 헌재 2003. 2. 27. 2000헌바26, 15-1, 176(187-188).
99) 헌재 1991. 2. 11. 90헌가27, 3, 11(27).

항은 국민의 교육을 받을 권리를 보다 효과적으로 보장하기 위하여 '교원의 보수 및 근로조건' 등을 포함하여 교원의 지위에 관한 기본적인 사항을 법률로써 정하도록 한 것이므로 교원의 지위에 관한 한 헌법 제31조 제1항에 '우선'하여 적용된다고 해석한다.[100]

(2) 교원의 신분보장

헌법 제31조 제6항에 근거한 교육의 자주성과 정치적 중립성을 보장하기 위한 최소한의 장치로는 교원의 신분보장을 들 수 있다. 교원의 신분보장은 교원이 자주적·전문적·중립적으로 학생을 교육하기 위하여 필요한 중요한 사항이라고 보아야 하기 때문에, 헌법 제31조 제6항의 규정에 따라 입법자가 법률로 정하여야 할 사항에는 교원의 신분이 부당하게 박탈되지 않도록 하는 최소한의 보호의무에 관한 사항이 포함된다고 할 수 있다.

그러나 헌법재판소는 헌법 제31조 제6항은 단순히 교원의 권익을 보장하기 위한 규정이라거나 교원의 지위를 행정권력에 의한 부당한 침해로부터 보호하는 것만을 목적으로 한 규정이 아니고, 국민의 교육을 받을 기본권을 실효성 있게 보장하기 위한 것까지 포함하여 교원의 지위를 법률로 정하도록 한 것이며, 이 헌법조항에 근거하여 교원의 지위를 정하는 법률을 제정함에 있어서는 교원의 기본권보장 내지 지위보장과 함께 국민의 교육을 받을 권리를 보다 효율적으로 보장하기 위한 규정도 반드시 함께 담겨 있어야 한다. 그러므로 위 헌법조항을 근거로 하여 제정되는 법률에는 교원의 신분보장, 경제적·사회적 지위보장 등 교원의 권리에 해당하는 사항뿐만 아니라 국민의 교육을 받을 권리를 저해할 우려가 있는 행위의 금지 등 교원의 의무에 관한 사항도 규정할 수 있는 것이므로 결과적으로 교원의 기본권을 제한하는 사항까지도 규정할 수 있게 되는 것이라고 보고 있다.[101] 헌법재판소는 교원지위법정주의가 단지 교원의 권리보장만이 아니라 교원의 기본권 제한 규정의 근거도 될 수 있음을 밝히고 있는 것이다.[102]

이러한 교원법정주의를 현실적으로 구현하기 위해서는 ① 교육재정의 대폭적인 확충을 통하여 열악한 교육현장의 환경을 개선하여야 하며, ② 교육현장에서 교육을 직접 담당하고 있는 교원의 지위가 헌법상 교육의 자주성·전문성·정치적 중립성에 부합하도록 보장되어야 한다.[103]

헌법재판소는 임용기간이 만료된 교원의 재임용을 아무런 절차적 보장도 없이 임용권자의 재량에 맡기는 것은 위헌이라고 판시한바 있으며,[104] 임기가 만료된 대학교원에 대한 재임용거부를 재심청구의 대상에 명시하지 않은 교원지위향상을위한특별법은 교원지위법정주의에 위반된다고 판시하였다.[105] 그런데 헌법재판소는 종래 교원징계재심위원회의 재심결정에 대하여 교원에게만 행정소송을 제기할 수 있도록 하고 학교법인 또는 그 경영자에게는 이를 금지한 교

---

100) 헌재 1991. 2. 11. 90헌가27, 3, 11(27).
101) 헌재 1991. 7. 22. 89헌가106, 3, 387(416-417).
102) 양건(주 13), 662.
103) 성낙인(주 9), 766.
104) 헌재 1992. 11. 12. 89헌마88, 4, 176.
105) 헌재 2003. 12. 18. 2002헌바14·32(병합), 15-2(하), 466; 정종섭(주 22), 682.

원지위향상을위한특별법에 대하여 합헌결정106)을 내린바 있으나, 최근 판례를 변경하여 이를 위헌으로 판시하고 있다.107) 같은 이유로 재임용에서 탈락한 사립대학 교원의 권리구제절차를 형성하면서 분쟁의 당사자이자 재심절차의 피청구인인 학교법인에게는 교원소청심사특별위원회의 재심결정에 대하여 소송으로 다투지 못하게 한 규정에 대해서도 위헌으로 판시하였다.108)

한편, 교원이 근로기준법에서 정하고 있는 근로자로서의 지위도 가지는가에 관해서는 논란이 있다. 헌법재판소는 과거에 사립학교교원의 노동운동을 금지하고 이에 위반한 경우 면직의 사유로 규정한 사립학교법 제55조 및 제58조 제1항 4호에 대한 위헌심판에서 합헌결정을 내린바 있지만,109) 1999년 1월에 제정된 교원의노동조합설립및운영등에관한법률은 교원들에게도 노동조합을 결성할 수 있고 단체교섭과 단체협약을 체결할 수 있음을 규정하고 있다(제4조, 제6조). 그러나 교원의 경우 정치활동은 금지되고 파업·태업 등 쟁의행위는 할 수 없도록 하고 있다(제3조, 제8조).110)

교원의 경우도 임금을 받고 노동계약을 체결하여 고용되어 있는 이상 근로자의 지위를 갖는다고 할 것이다. 따라서 교원은 헌법 제33조상의 근로의 권리를 갖는다고 할 것이다. 그런데, 헌법재판소는 교원의 근로기본권 보장과 관련하여 근로3권 조항인 헌법 제33조 제1항보다 교원지위법정주의 조항인 헌법 제31조 제6항이 우선적으로 적용되어 법률에 의한 근로기본권 제한이 가능하다고 보고 있다. 즉, 헌법 제31조 제6항은 국민의 교육을 받을 기본적 권리를 보다 효과적으로 보장하기 위하여 교원의 보수 및 근무조건 등을 포함하는 개념인 "교원의 지위"에 관한 기본적인 사항을 법률로써 정하도록 한 것이므로 교원의 지위에 관련된 사항에 관한 한 위 헌법조항이 근로기본권에 관한 헌법 제33조 제1항에 우선하여 적용된다. 사립학교 교원에게 헌법 제33조 제1항에 정한 근로3권의 행사를 제한 또는 금지하고 있다고 하더라도 이로써 사립학교교원이 가지는 근로기본권의 본질적 내용을 침해한 것으로 볼 수 없고, 그 제한은 입법자가 교원지위의 특수성과 우리의 역사적 현실을 종합하여 공공의 이익인 교육제도의 본질을 지키기 위하여 결정한 것으로 필요하고 적정한 범위내의 것이다.111)

위 판례는 교원의 지위를 법률로 정하도록 규정한 헌법 제31조 제6항을 마치 모든 교원의 근로3권에 대한 헌법 직접적 제한인 것처럼 해석하고 있다. 교원지위법정주의 조항은 교원의 지위를 보호하는 데에 그 기본 취지가 있는 것이며, 이를 교원의 기본권에 대한 특별한 예외적 제한의 근거로 삼는 것은 전혀 근거가 없는 자의적 해석이다. 국공립학교 교원과 사립학교 교원은 직무의 동질성이 있는데 이를 교원의 근로3권 법제도에 반영할 필요가 있다면, 사립학교

---

106) 헌재 1998. 7. 16. 95헌바19등, 10-2, 89.
107) 헌재 2006. 2. 23. 2005헌가7, 2005헌마1163등.
108) 헌재 2006. 4. 27. 2005헌마1119; 성낙인(주 9), 767.
109) 헌재 1991. 7. 22. 89헌가106, 3, 387.
110) 권영성(주 22), 271-272.
111) 헌재 1991. 7. 22. 89헌가106, 3, 387(387-388).

교원에게 일정한 범위의 근로3권을 인정하고 이와 동등한 내용의 근로3권을 국공립학교 교원에게도 인정하여야 한다.[112]

현행 교원노조법은 개별 학교에서의 교원노조를 인정하지 않는 것에 대응하여, 사립학교의 경우에 개별 학교법인은 단체교섭의 상대방이 될 수 없고, 사립학교 설립·경영자가 전국 또는 시·도 단위로 연합하여 교섭에 응하도록 규정하고 있다(제6조).

VI. 개정의 필요성에 대한 검토

현재 헌법학계에서는 헌법 제31조 제1항의 "교육을 받을 권리"에 대해 조문의 문구해석에 따라 교육을 '받는'것에 중점을 두어 각각 "학습권" 또는 "수학권" 등으로 표현하고, 이에 대응하여 교육을 '하는'자의 권리에 대해서는 모두 "교육권" 또는 "수업권"이라는 용어를 사용하여 설명하고 있다. 그러나 이 "교육권"이 헌법 제31조의 교육을 받을 권리를 보장하기 위하여 헌법상 인정되는 또 다른 '기본적 인권'으로서의 권리인지 아니면 하위법률상 인정되는 구체적이고 개별적인 권리 내지 권한인지에 대해서는 이렇다 할 설명이 없다.

헌법재판소의 판례도 "교육에 관한 기본적 인권"에 대해 통일된 용어를 사용하지 않고 "교육을 받을 권리," "교육권" 또는 "교육기본권" 등 여러 용어를 혼용하고 있다.

헌법재판소는 교육에 관한 국민의 기본적 인권에 대해 헌법조문의 문언대로 "교육을 받을 권리"라는 용어로 포괄적인 의미로 사용하는 경우가 대부분이며 이를 "교육기본권"으로 표현하는 판례도 있다.[113] 그러나 이러한 국민의 교육기본권을 보장하고 실현하기 위하여 인정되는 교육관련 당사자(부모, 교사, 국가)들의 교육에 관한 권리 내지 권한에 대해서 그것들이 교육기본권에 포함되어 기본권적 성격을 갖고 있는 것인지, 아니면 단지 하위법상의 법률관계에서 인정되는 단순한 권한 내지 권능인지에 대해서는 구체적인 개념정의나 개념구별 없이 단지 "교육권"이란 용어만을 사용하고 있어 헌법규범의 해석과 교육에 관한 국민의 기본적 인권의 보장적 측면에서 볼 때 법리상 혼란의 여지가 있을 수 있다.

생각건대, 현행헌법 제31조의 "교육을 받을 권리"규정은 실정법조문의 문리해석의 원칙에 따라 교육을 '받을' 권리만을 의미하는 "학습권"규정으로 파악할 수 있으며, "교육권"은 교육을 할(시킬) 권리, 구체적으로는 교육내용결정·실시권으로서 "학습권"과 더불어 "교육에 관한 기본적 인권," 즉 '교육기본권'의 내용을 구성하는 권리이며, '학습권'을 보장하기 위하여 교육관련 당사자들에게 인정되는 구체적이고 개별적인 권리 또는 권한 — 구체적으로 부모의 교육권 또는 교원의 교육권 — 을 의미하는 것으로 보는 것이 타당하다.[114] 즉 교육권은 교육기본을 구

성하는 권리로서 헌법상의 기본적 인권의 측면을 갖기도 하지만 — 부모의 교육권과 교원의 교
육권 —, 그 권리의 구체적인 내용은 하위법상의 법률관계에서 나타나기도 한다.115) 국민의 학
습권을 실현하기 위하여 국가도 일정한 범위에서 교육권을 갖는다고 할 수 있다. 그런데 교육
에 관한 국가의 권한에 대해 헌법재판소는 국가의 "교육권"이란 표현을 쓰고 있는데, 국가가
교육에 대해 갖는 권한은 국민의 교육기본을 보장하고 교육조건정비를 위하여 인정되는 법률
상의 권한이지 헌법상 인정되는 권리는 아니며, 국가가 가질 수 있는 것은 권한이지 결코 "권
리"의 주체가 될 수 없다는 점에서 국가의 "교육권"이라는 표현은 옳지 않으며, 국가의 "교육권
한"이란 표현이 적절하다.

결국 헌법 제31조 제1항의 "교육을 받을 권리"는 단순히 협의의 '학습권' 또는 '수학권'만을
의미하는 것으로, 그 구체적인 내용으로는 학습의 자유, 교육시설요구권, 균등교육에 관한 권
리, 정치교육에 관한 권리, 사회교육의 보장 등이 있으며, 이러한 학습권을 보장하기 위하여 인
정되는 구체적인 권리 내지 권한이 바로 '교육권'이다. 그리고 '교육권'의 구체적인 내용으로는
교육의 자유, 교육의 자치 등을 들 수 있다.

이러한 내용들은 모두 헌법의 명문규정 또는 헌법원리로부터 파악할 수 있는 교육에 관한
독특한 기본적 인권인 "교육기본권"의 내용을 구성하는 것이다. 결국 "교육기본권"은 헌법상
개별적인 기본권으로 존재하는 것이 아니라 학습권의 근거가 되는 헌법 제10조의 인간의 존엄
과 가치 및 행복추구권과 교육권을 실현하는 헌법 제22조의 학문의 자유와 제31조의 교육을
받을 권리 및 제34조의 인간다운 생활을 할 권리 등이 총체적으로 결합되어 이루어지는 권리라
할 수 있으므로, 그 해석에 있어서는 인간의 존엄과 가치를 기본적인 이념으로 하여 인간다운
생활을 할 권리 및 학문의 자유와의 관련성 등을 고려하여 전체적인 헌법체계 속에서의 "교육
기본권"의 의미를 파악해야 할 것이다.

현재 "교육에 관한 기본적 인권"의 개념으로서의 광의의 '교육권'이라는 용어와 교육기본
권을 실현하기 위해 인정되는 교육에 관한 구체적이고 개별적인 권리 내지 권한을 의미하는 협
의의 '교육권'이라는 용어가 혼용되고 있는데, "교육에 관한 기본적 인권"(교육기본권)과 이를 실
현하기 위해 인정되는 협의의 '교육권' 개념과는 그 법적 성질과 주체 및 내용에 있어 엄연히
구별되므로 그 상호관계를 명확히 하여 사용할 필요가 있다. 입법론 상으로는 헌법 제31조를
현재의 "교육을 받을 권리"에서 "교육의 권리"로 개정하고, 제1항의 조문을 "모든 국민은 교육
에 관한 권리를 갖는다"로 고치는 것이 국민의 교육기본권을 확립하는 데 기여할 뿐만 아니라
다른 기본권의 명칭과도 조화를 이룰 수 있을 것이다.

---

115) 이러한 측면은 교원의 교육권의 직무권한으로서의 성격에서 엿볼 수 있다. 따라서 교원의 교육권은 기
본권으로서의 측면과 직무권한으로서의 측면을 모두 갖고 있다고 하겠다.

Ⅶ. 관련문헌

1. 국내문헌

강경근, "평생교육과 헌법," 공법연구 제27집 제1호(1999).

고 전, "균형잡힌 교육의 정치적 중립성," 새교육 제539호(1999).

권영성, 헌법학원론, 법문사, 2010.

김철수, 헌법학개론, 박영사, 2007.

노기호, "일본에서의 교육의 자주성·전문성 및 정치적 중립성에 대한 논의," 공법학연구 제7권 제1호(2006).

＿＿＿, "교원의 교육권에 관한 연구," 한양대학교 박사학위논문(1998).

＿＿＿, "교육의 정치적 중립성과 초·중등교원의 정치적 권리의 제한," 인권과 정의, 제340호(2004. 12).

박종보, "교원단체의 법적 지위와 관련한 헌법적 문제," 한국교육법연구 제8집 제2호(2005).

박유희, "교육의 정치종속화 심화 우려," 새교육 제561호(2001).

성낙인, 헌법학, 법문사, 2013.

손희권, "국·공립학교 초·중등교원들의 정치활동을 제한하는 것은 헌법에 위반되는가?," 교육행정학연구, 제22권 제2호(2004).

신현직, "교육의 자주성, 전문성, 정치적 중립성의 법리," 교육법학연구 제11호(1999).

＿＿＿, "교육기본권에 관한 연구," 서울대학교박사학위논문(1990).

＿＿＿, "학습권 침해 않고 기본권 행사할 수 있게," 새교육 제561호(1999).

안기성, "헌법과 교육," 교육법학연구 제1호(1988).

＿＿＿, "교육의 전문성과 자주성에 관한 교육법 해석학," 교육법학연구 제7호(1995).

양 건, 헌법강의, 법문사, 2012.

이종근, "한국의 교육헌법 연구 20년의 성과와 과제," 교육법학연구동향(2007).

이기우, "교육자치와 학교자치 및 지방교육행정제도에 대한 법적검토," 한국교육법연구 제4집(1999).

＿＿＿, "지방교육자치제도의 개선방향," 사회와 교육 제12집(1997).

장영수, 헌법학, 홍문사, 2007.

정종섭, 헌법학원론, 박영사, 2008.

정현승, "학생의 학습권과 교사의 교육권의 관계," 교육법학연구 제15권 제2호(2003).

조석훈, "수요자 중심 교육체제의 입장에서 '교육의 전문성'에 대한 재해석," 교육행정학연구 제16권 제3호(1998).

표시열, 교육법, 박영사, 2008.

_____, "교육의 정치적·종교적 중립성에 관한 주요 쟁점," 안암법학 제3호(1995).

허종렬, "헌법상 교육의 전문성과 교원의 양성·자격·임용에 관한 법령의 문제점," 한국교육법연구 제5집(1999).

_____, "교육제도의 헌법적 문제에 관한 연구," 헌법재판소(2003).

_____, "헌법상 교원 및 교원단체의 정치적 기본권 보장," 교육법학연구 제10호(1998).

허 영, 한국헌법론, 박영사, 2008.

2. 외국문헌

有倉遼吉, 憲法と敎育, 公法硏究 第39号.

3. 헌법재판소판례 및 기타판례

헌재 1991. 2. 11. 90헌가27, 3, 11.

헌재 1991. 7. 22. 89헌가106, 3, 387.

헌재 1992. 11. 12. 89헌마88, 4, 739.

헌재 1993. 7. 29. 91헌마69, 5-2, 145.

헌재 1994. 2. 24. 93헌마192, 6-1, 173.

헌재 1997. 12. 24. 95헌바29, 97헌바6(병합), 9-2, 780.

헌재 1998. 7. 16. 95헌바19등, 10-2, 89.

헌재 1999. 3. 25. 97헌마130, 11-1, 233.

헌재 2000. 3. 30. 99헌바113, 12-1, 359.

헌재 2000. 4. 7. 98헌가16등, 12-1, 427.

헌재 2001. 11. 29. 2000헌마278, 13-2, 762.

헌재 2003. 2. 27. 2000헌바26, 15-1, 176.

헌재 2003. 9. 25. 2002헌마529, 15-2(상), 454.

헌재 2003. 11. 27. 2003헌바39, 15-2, 297.

헌재 2003. 12. 18. 2002헌바14·32(병합), 15-2(하), 466.

헌재 2004. 3. 25. 2001헌마710, 16-1, 422.

헌재 2006. 2. 23. 2005헌가7, 2005헌마1163등.

헌재 2006. 4. 27. 2005헌마1119.

헌재 2008. 11. 27. 2005헌가21.

헌재 2010. 7. 29. 2009헌바40.

대판 1983. 6. 28, 83누193.

最高裁(大)判 昭 51. 5. 21, 刑集 30-5-615.

헌법 제32조

[조 재 현]

第32條

① 모든 國民은 勤勞의 權利를 가진다. 國家는 社會的·經濟的 방법으로 勤勞者의 雇傭의 增進과 適正賃金의 보장에 노력하여야 하며, 法律이 정하는 바에 의하여 最低賃金制를 施行하여야 한다.

② 모든 國民은 勤勞의 義務를 진다. 國家는 勤勞의 義務의 내용과 조건을 民主主義原則에 따라 法律로 정한다.

③ 勤勞條件의 基準은 人間의 尊嚴性을 보장하도록 法律로 정한다.

④ 女子의 勤勞는 특별한 보호를 받으며, 雇傭·賃金 및 勤勞條件에 있어서 부당한 차별을 받지 아니한다.

⑤ 年少者의 勤勞는 특별한 보호를 받는다.

⑥ 國家有功者·傷痍軍警 및 戰歿軍警의 遺家族은 法律이 정하는 바에 의하여 優先的으로 勤勞의 機會를 부여받는다.

Ⅰ. 기본개념과 입헌취지

우리 헌법은 헌법에서 추구하는 사회국가원리의 이념을 실현하고 인간다운 생활을 보장하기 위하여 근로기본권[1]을 보장하고 있다. 근로기본권이라 함은 근로자를 개인의 차원에서 보호하기 위한 '근로의 권리'와 그들의 집단적 활동을 보장하기 위한 집단적 활동권 그리고 그들의 자주적 조직체인 노동조합의 활동을 보장하기 위한 '근로3권'을 총칭하는 개념이다.[2] 현대국가의 헌법은 경제적 약자인 근로자의 인간다운 생활을 보장하기 위한 일련의 규정을 두고 있는데, 이러한 근로자 보호를 위한 헌법조항들을 총괄하여 노동헌법이라 하며, 노동헌법의 핵심이 되는 것이 근로기본권이다.[3]

Ⅱ. 입헌례와 비교법적 고찰

근로의 권리를 헌법차원에서 최초로 보장하였던 것은 1919년 바이마르공화국 헌법 제163조 제2항이다. 동 조에서 "모든 독일국민에게는 경제적 노동에 의하여 생활자료를 구할 수 있는 기회가 부여된다. 적정한 근로의 기회가 부여되지 아니하는 자에 대해서는 필요한 생계비를 지급한다"고 규정하고 있었다. 현재 독일헌법에서는 근로의 권리를 규정하고 있지 않지만, 바이마르공화국 헌법 이후 제2차 세계대전 후 각국의 헌법에서는 근로의 권리를 보장하기 시작하였다. 1946년 프랑스 제4공화국 헌법전문이나 1947년 이탈리아 헌법 제35조가 대표적이다. 1948년의 세계인권선언 제23조 제1항에서는 "모든 사람은 근로하고 직업을 자유롭게 선택하며 공정하고 유리한 근로조건을 확보하고 또 실업에 대한 보호를 받을 권리를 가진다"고 규정하고

---

1) 허영 교수는 근로의 권리와 노동3권을 포괄하는 개념으로 근로활동권이라는 용어를 사용한다. 허영, 한국헌법론, 박영사, 2013, 518. 학자에 따라 근로의 권리와 노동3권을 근로기본권, 근로활동권, 노동기본권 등으로 부르기도 하는데, '근로'와 '노동'이라는 용어는 그 용어가 주는 어감 때문에 근로기준법에서는 '근로'라고 사용하고, 근로 또는 노동관계에 대하여 다루는 학문분과로서 '노동법'이라는 용어가 더 많이 사용된다. 이런 부분에서도 체계적 논의와 일관성을 위하여 하나의 용어로 통일하는 것이 바람직하다.
2) 성낙인, 헌법학, 법문사, 2013, 771.
3) 강현철, "우리나라 헌법상 근로기본권에 관한 연구," 외법논집 20집(2005. 11), 60.

있다. 1966년 국제연맹에서 채택되어 1976년에 발효된 국제인권규약 A규약 제6조 제1항에서 체약국은 근로의 권리를 인정하고 근로의 권리를 보장하기 위해서 적당한 조치를 취하도록 하고 있다. 일본헌법 제27조 제1항에서는 "모든 국민은 근로의 권리를 가지며, 의무를 부담한다"고 규정하고 있다.

우리 헌정사를 되돌아 보면, 1948년 헌법 제17조에서 근로의 권리와 제18조에서 근로3권 등의 근로기본권을 규정한 이래로 헌법에 계속적으로 규정되었다. 제헌헌법 제17조에서 "모든 국민은 근로의 권리와 의무를 가진다. 근로조건의 기준은 법률로써 정한다. 여자와 소년의 근로는 특별한 보호를 받는다"는 규정은 여러 차례 내용이 수정·보완되면서 현행 헌법의 규정과 같은 모습을 갖게 되었다. 1962년 헌법 제28조에서는 근로자의 고용증진의무에 대한 국가의 노력조항을 두었고, 1980년 헌법 제30조는 적정임금의 보장의 노력과 국가유공자 등의 우선적 근로기회부여 조항이 추가되었다. 1987년의 헌법은 최저임금제 실시조항의 추가와 여자의 근로에 대한 특별한 보호조항이 규정되었다.

근로의 권리는 기본권의 외관을 지니고 있음에도 불구하고 고용증진을 위한 국가의 경제적·사회적 정책과제를 근거짓는 객관적 규범이다.[4] 국가가 기본권 주체에게 실질적인 근로기회를 부여하는 것은 헌법적으로 일정한 한계에 직면할 수밖에 없다. 그런 이유 때문에 근로의 권리에 대한 헌법적 규범화가 각 국가에서 다른 양태로 나타나고 있다. 크게 세 가지로 유형화시킬 수 있는데,[5] 첫째로 국가목표로 규정하는 경우가 있고,[6] 둘째로 단순한 정치적 선언에 그치는 예가 있으며,[7] 셋째로 국가목표규정에 명시적으로 국가의 의무규정을 결합하는 형태[8]가 있다. 다양한 형식의 입헌례는 근로의 권리가 직접 헌법규범에서 구체적인 권리를 도출하는 근거로 작용할 수 있느냐와 관련이 있기도 하고, 대체적으로 국가에게 노동과 연관된 각종 정책을 추진할 노력의무를 내포하고 있는 것으로 보기도 한다.

Ⅲ. 근로의 권리의 의의

1. 의 의

헌법 제32조 제1항에서 모든 국민은 근로의 권리를 가진다고 규정한다. 근로란 근로자가 사용자로부터 임금을 받는 대가로 제공하는 육체적·정신적 활동을 말한다.[9] 따라서 단순한 취

---

4) 헌재 2002. 11. 28. 2001헌바50, 678 이하.
5) 전광석, 한국헌법론, 집현재, 2013, 398.
6) 핀란드, 아일랜드, 노르웨이, 터키 등이 대표적인 나라이다.
7) 이탈리아, 룩셈부르크가 이에 속한다.
8) 프랑스, 포르투갈이 그 예이다.
9) 계희열, 헌법학(중), 2004, 737. 근로기준법 제2조 제3호에서 근로란 정신노동과 육체노동을 말한다고 규정하고 있다.

미를 위한 일은 근로의 개념에 포함되지 않는다. 근로의 권리라 함은 근로자가 자신의 의사와
능력에 따라 근로의 종류·내용·장소 등을 선택하여 근로관계를 형성하고, 타인의 방해를 받음
이 없이 근로관계를 계속 유지하며, 근로의 기회를 얻지 못한 경우에는 국가에 대하여 근로의
기회를 제공하여 줄 것을 요구할 수 있는 권리를 말한다.[10] 근로의 기회제공요구권만이 아니라
근로의 의사와 능력을 가진 자가 국가에 대하여 근로의 기회제공을 요구하였으나, 그 요구가
충족되지 못한 때에는 생계비의 지급을 청구할 수 있는 생계비지급청구권도 포함되느냐의 문
제가 제기된다. 바이마르공화국 헌법 제163조 제2항 제2문에서 적당한 노동의 기회가 부여되
지 않은 자에 대하여는 필요한 생계비를 지원한다는 규정에 근거하여 종래의 다수설은 이를 긍
정하였으나, 생계비의 지급문제는 헌법 제34조의 인간다운 생활을 할 권리의 내용으로 보아야
하기 때문에 근로의 권리에는 생계비지급청구권이 포함되지 않는다고 보는 견해가 있다.[11]

2. 근로의 권리의 헌법상 기능

근로의 권리는 헌법상 다양한 기능을 발휘하고 있다. 첫째, 근로의 권리는 개인이 자신의
개성신장을 일을 통하여 실현시킬 수 있게 하므로 자주적 인간의 불가피한 생활수단의 의의를
갖는다.[12] 둘째, 근로의 권리는 모든 국민에게 자신의 일할 능력을 상품화할 수 있게 하여 자
본주의경제질서의 이념적·방법적 기초로서 의의를 갖는다. 특히 경제질서 속에서 개인은 직업
을 통하여 자신의 능력과 적성에 맞는 경제활동을 할 수 있으므로 근로의 권리는 직업의 자유
를 실질적으로 보장하기 위한 전제조건적 기본권이다.[13] 셋째, 근로의 권리는 개인이 스스로
기본적 수요를 충족시킬 수 있는 기회를 열어주기 때문에 생활무능력자에 대한 국가의 의무
를 덜어주는 기능을 갖는다.[14] 넷째, 근로의 권리는 현대산업구조 내에서 국가의 다양한 고용
정책·노동정책·사회정책의 방향지표로서 기능을 갖는다. 국가가 시행하는 고용증진정책이나
사회보장을 위한 각종 보험정책도 이와 같은 근로의 권리와 밀접한 연관성을 지니고 있다.

이처럼 근로의 권리는 다양한 기능을 갖고 있을 뿐만 아니라 경제생활영역과 밀접하게 관
련을 맺고 있기 때문에 근로의 기회 및 조건에 대한 국가의 개입은 정당화될 수 있고, 적극적
으로 요청되기도 한다. 다만 국가가 일자리 등에 대한 정책을 추진하는 과정에서 국가 자체가
고용의 기회를 직접 제공해주는 것이 아니라 민간기업의 도움이 있어야 하는 데서 일정한 한계
에 직면하게 된다.[15]

---

10) 성낙인(주 2), 772; 계희열(전주), 737.
11) 계희열(주 9), 738.
12) 허영(주 1), 520.
13) 전광석(주 5), 394.
14) 허영(주 1), 520.
15) 전광석(주 5), 395.

Ⅳ. 근로의 권리의 법적 성격

근로의 권리를 어떻게 이해할 것인가를 두고 자본주의국가와 사회주의 내지는 공산주의 국가체제에 따라 다르게 나타난다.[16] 자유민주체제하에서 근로의 권리는 시장경제질서하에서 경제주체가 자유롭게 경쟁하되 시장의 실패를 방지하기 위하여 국가의 개입을 인정하는 것으로 이해할 수 있다. 이런 경우에도 국가의 개입을 어느 정도로 보는가에 따라 근로의 권리를 자유권으로 보는 견해와 사회권으로 보는 견해로 대립한다. 사회권으로 보는 경우에도 추상적 권리인지 구체적 권리인지에 관하여 견해가 갈린다.

1. 자유권설

근로의 권리는 개인의 일할 권리를 국가로부터 침해받지 아니할 자유권적 성격을 가진다.[17] 개인이 특별한 법률의 규정이 없는 한 근로의 종류·내용·장소 등을 자유롭게 선택할 수 있는 권리를 말하며, 개인이 근로의 기회를 얻는 과정에서 국가의 침해로부터 방해받지 않는다는 소극적 의미를 갖는다. 일할 권리를 자연법적 시각에서 파악하는 입장이다.

2. 사회권설

근로의 권리는 국가가 근로의 기회를 제공함으로써 경제적 약자인 근로자에게 인간다운 생활을 보장한다는 사회권적 성격도 갖는다. 사회권으로 근로의 권리를 이해하는 경우에도 그것이 추상적 권리인지 아니면 구체적 권리인지에 관하여 견해를 달리한다.

가. 추상적 권리설

추상적 권리설에 의하면 근로의 권리는 현실적·구체적 권리가 아니라 추상적 권리를 규정한 것에 불과하다고 본다. 이 설은 근로의 권리를 입법에 의하여 구체화 될 수 있는 추상적 권리라고 보며, 근로의 권리를 실현하기 위한 법률이 제정된 경우에 그 법률의 해석·적용의 준거가 될 수 있는 것이라고 본다.

나. 구체적 권리설

구체적 권리설은 근로의 기회를 제공하여 줄 것을 국가 또는 공공단체에 요구할 수 있는 현실적인 권리를 보장한 것이라고 한다. 이 설에 의하면 근로의 권리를 적극적·현실적으로 해석하여 국가가 국민에게 자주적인 근로의 기회를 제공할 뿐만 아니라, 만일 실업자가 있을 때에는 국가는 그에게 직업을 알선하거나 최소한 취업할 때까지 실업수당으로서 상당한 생활비를 지급해야 할 의무를 진다고 보는 견해이다. 또한 국가가 필요한 입법이나 시책을 강구하지

---

16) 정종섭, 헌법학원론, 박영사, 2007, 631; 김철수, 헌법학개론, 박영사, 2007, 992.
17) 성낙인(주 2), 772.

않는 경우에는 국가의 부작위에 의한 침해에 대해서도 재판상 다툴 수 있는 구체적 권리라고 한다.[18] 불완전한 구체적 권리로 보는 견해도 있다. 즉 근로의 권리는 국가 또는 공공단체에 대하여 근로의 기회를 제공하여 주도록 요구할 수 있는 불완전하나마 구체적 권리의 일종이라는 것이다.[19]

다. 프로그램규정설

근로의 권리는 일할 기회마련과 실업대책 등을 통하여 국민이 인간다운 생활을 할 수 있도록 보장하려는 국가의 노력을 선언한 규정으로 본다.[20] 그러므로 국가에게 근로의 기회를 제공하도록 정치적·도의적 의무를 부과한 프로그램규정이라고 설명한다.

라. 규범적 기대권설

근로의 권리는 국가를 향하여 일자리를 요구하거나 일자리를 주지 못하는 때에는 생활비를 요구할 수 있는 성질의 권리가 아니고, 국가의 고용증진정책·완전고용정책에 의해서 실현될 수 있는 일종의 규범적 기대권이라고 한다.[21]

3. 그 밖의 견해

근로의 권리는 비록 소득이 주어지더라도 강제노역에 동원되지 않을 자유권적 성격도 가지면서 국가에 대하여 취업의 기회를 가질 수 있도록 배려해 줄 것을 요구할 수 있는 것이어서 사회권적 성격도 가지고 있는데, 전자가 후자에 비하여 강한 것으로 보는 견해가 있다.[22] 이와 달리 근로의 권리는 자유권으로서의 측면과 사회권으로서의 측면을 아울러 가지고 있지만 이 두 가지 성격 가운데 중심적 의미를 갖는 것은 사회권으로서의 근로의 권리라고 보는 견해가 제기되고 있다.[23] 일할 권리에 대한 법적 성격이 일할 권리의 구체적 내용에 따라 다르게 평가되어야 하며, 일할 자리에 관한 권리는 일종의 복합적 성질을 가진 권리이지만, 일할 환경에 관한 권리는 원칙적으로 생활권적 성질의 구체적 권리라고 보기도 한다.[24]

4. 헌법재판소의 견해

헌법재판소는 한국산업보건진흥원법 부칙 제3조 위헌소원에서 "근로의 권리는 사회적 기본권으로서 국가에 대하여 직접 일자리(직장)를 청구하거나 일자리에 갈음하는 생계비의 지급청구권을 의미하는 것이 아니라, 고용증진을 위한 사회적·경제적 정책을 요구할 수 있는 권리

---

18) 김철수(주 16), 993; 성낙인(주 2), 610.
19) 권영성, 헌법학원론, 법문사, 2007, 658.
20) 박일경, 신헌법학원론, 일명사, 1986, 344.
21) 문홍주, 한국헌법, 해암사, 1987, 307.
22) 정종섭(주 16), 633.
23) 양건, 헌법강의Ⅰ, 법문사, 2007, 662.
24) 허영(주 1), 523.

에 그친다"고 판시하였다.[25] 또한 헌법재판소는 근로기회제공불이행과 관련된 사안에서 "구 국가유공자등 예우 및 지원에 관한 법률과 동법 시행령은 국가기관의 취업보호대상자에 대한 우선채용에 대해서 규정하면서 기능직 공무원 정원의 20%를 취업보호대상자로 우선 채용하도록 하고 있을 뿐 구체적인 신청절차나 채용기준 및 방법 등에 관한 구체적인 내용을 규정하고 있지 않으므로 피청구인인 철도청장에게 국가공무원법에 따른 채용시험 없이 바로 자신을 임용해 줄 것을 요구할 수 있는 구체적인 신청권을 갖고 있는 것으로 볼 수는 없다"고 판시한 바 있다.[26]

결국 헌법재판소는 근로의 권리를 사회적 기본권으로 보고 있으며, 그 구체적인 내용의 형성은 입법자에게 유보되어 있는 것으로 파악하고 있다. 그래서 근로의 권리 그 자체를 근거로 구체적인 일자리를 청구하거나 그에 갈음하여 생계비지급을 청구하는 것은 허용되지 않으며, 구체적인 직책에 임용시켜 달라는 공직임용청구권도 주장할 수 없다.

V. 근로의 권리의 내용

1. 근로의 권리의 주체

근로의 권리의 주체는 근로관계에 있는 국민뿐만 아니라 근로관계에 있지 않은 국민을 포함하는 모든 국민이다. 미성년자의 경우에는 예외적으로 근로의 자유의 주체가 될 수 있다. 근로기준법 제64조에서 만 15세 미만인 자를 근로자로 사용할 수 없도록 규정하고 있으며, 예외적인 경우에 취직인허증을 발급받은 자는 근로자로 사용할 수 있다.

외국인이 근로의 권리의 주체가 될 수 있는가가 문제된다. 외국인에게 기본권 주체성이 당연히 인정되는 것으로 보기는 어렵다. 근로의 권리는 단순히 개인 차원만이 아니라 국가의 경제질서의 형성과도 밀접한 관련을 갖기 때문이며, 외국인에게 내국인과 동등한 정도로 인정할 경우에 내국인의 보호를 제약할 우려가 있기 때문이다.[27] 외국인은 내국인과 비교하여 일정한 범위에서 제약을 받을 수밖에 없으며, 입법자에게 광범위한 형성의 자유가 보장되고 있다. 그렇더라도 외국인이 실제 어느 직업에 고용이 이루어진 후 합리적인 근로환경의 보호를 주장하는 것은 인정될 수 있으며, 그것은 인간의 권리로서 보장된다. 헌법재판소는 외국인 산업기술연수생 도입기준과 관련한 헌법소원사건[28]에서 "근로의 권리가 '일할 자리에 관한 권리'만이 아니라 '일할 환경에 관한 권리'도 함께 내포되어 있는 바, 후자는 인간의 존엄성에 대한 침해

25) 헌재 2011. 7. 28. 2009헌마408; 2002. 11. 28. 2001헌바50.

26) 헌재 2004. 10. 28. 2003헌마898.

27) 장영수, 기본권론(헌법학 Ⅱ), 홍문사, 2003, 574.

28) 헌재 2007. 8. 30. 2004헌마670. 헌법재판소는 외국인 산업연수생의 보호 및 관리에 관한 지침(노동부예규) 제4조, 제8조 제1항 및 제17조를 평등원칙에 반하여 헌법에 위반된다고 결정하였다.

를 방어하기 위한 자유권적 기본권의 성격도 갖고 있어 건강한 작업환경, 일에 대한 정당한 보수, 합리적인 근로조건의 보장 등을 요구할 수 있는 권리 등을 포함한다고 할 것이므로 외국인 근로자라고 하여 이 부분에까지 기본권 주체성을 부인할 수는 없다"고 보았다. 이것은 근로의 권리가 기본권의 성격상 자유권적 성격과 사회권적 성격을 함께 지니기 때문에 어느 사안에서 일률적 판단이 아니라 구체적이고 개별적 사안에서 외국인의 기본권 주체성을 달리 파악할 여지가 있음을 밝히고 있는 것이다. 입법자는 2003. 8.에 고용허가제의 도입, 불법체류자의 합법화조치 등을 내용으로 하는 외국인근로자의 고용 등에 관한 법률을 제정하였으며, 이 법률을 2004년부터 시행하고 있다.

　　근로의 권리는 자연인의 육체적·정신적 활동 및 이를 통한 생계의 유지를 특별히 보호하고자 하는 것이다.[29] 따라서 근로의 권리는 근로활동을 하는 개인을 대상으로 하고, 법인은 그 성질상 근로의 권리의 주체가 된다고 보기 어렵다. 법인은 오히려 직업의 자유 내지 영업의 자유와 관련된다.

2. 고용의 증진보장

　　국가는 사회적·경제적 방법으로 국민의 고용증진에 노력해야 한다. 근로자의 고용기회의 확대와 평등한 고용기회의 보장을 위하여 입법은 물론이고 사회적·경제적 시책을 강구해야 한다. 사회적 방법이란 사회정책에 의한 고용의 증진을 말하고, 경제적 방법이란 경제정책에 의한 고용기회의 확대를 말한다.[30] 이를 구체화한 법률로는 고용정책 기본법, 장애인고용촉진 및 직업재활법, 근로복지기본법, 직업교육훈련 촉진법, 고용상 연령차별금지 및 고령자고용촉진에 관한 법률, 남녀고용평등과 일·가정 양립 지원에 관한 법률, 직업안정법, 근로자직업능력 개발법, 청년고용촉진 특별법 등이 있다.

　　국가가 입법을 통하여 근로하고자 하는 개인들에게 일자리를 창출하려는 노력은 단순한 정책의 해결로 이루어지는 사안이 아니다. 국가가 직접 기업을 운영하여 일자리를 창출할 수 있는 상황이 아니기 때문에 시장경제체제의 큰 윤곽 속에서 기업들의 경제운영의 원리에 상당 부분 의존할 수밖에 없다. 따라서 국가의 고용증진정책은 다양한 이해관계의 범주에서 고려되어야 하며, 국가정책이 지닌 한계의 문제이기도 하다. 특히 우리 입법자는 고령자고용촉진법을 통하여 고령자 또는 준고령자에 대한 고용창출에 상당한 노력을 기울이고 있으며, 이들을 고용하는 기업에게 정책적 지원을 실시하고 있다. 사업주가 법에서 정한 기준고용률을 초과하여 고령자를 고용하는 경우에 조세감면의 혜택을 부여하거나, 예산의 범위 내에서 고용지원금을 지원하는 것이 대표적이다. 또한 고령자고용정보센터를 운영하거나 고령자인재은행을 지정하여 고령자의 고용기회를 확대할 수 있는 조치를 취하고 있다.

---

29) 장영수(주 27), 574.
30) 강현철(주 3), 62.

3. 적정임금의 보장

국가는 사회적·경제적 방법으로 적정임금의 보장에 노력하여야 한다. 적정임금이란 국가의 사회·경제적 변화에 따라 달라질 수 있는 것으로 문화적인 인간다운 생활을 영위하는 데 필요한 정도의 임금수준을 말하는 것[31]으로 물질적인 최저한의 생활보장수단인 최저임금과는 구별되며, 최저임금보다는 고액의 것이라야 한다.[32]

임금은 근로관계에서 가장 중요한 요소로서 사용자와 근로자 사이에 자율적 합의에 의하여 결정되는 것이 바람직하며, 그럴 때에 사항적합성을 지니게 된다.[33] 헌법에서 최저임금에 대하여는 명시적으로 밝히고 있으나, 적정임금의 수준은 노사 당사자의 단체교섭이나 국가의 적절한 지원 등을 통하여 형성될 가능성이 존재한다. 적정임금은 단순히 노동력의 수요공급의 법칙에 따라 결정되는 것이 아니라 노동의 질과 양에 대한 절대적 평가에 기초하여 산정되어야 한다.[34] 뒤에서 살펴보는 바와 같이 최저임금이 사용자에 대하여 직접적 구속력을 가지는 것과 달리 적정임금은 어느 정도 개방적이다.

근로자가 쟁의행위를 한 경우에 그 기간동안의 임금에 대하여 사용자가 지급할 의무가 있는가? 실제로 근로자가 사업 또는 사업장에서 근로를 제공하지 않은 것이고, 사용자와 근로자의 관계는 고용관계의 정지효과가 발생하기 때문에 사용자는 그 기간에 대한 임금을 지급할 의무가 없다. 노동조합 및 노동관계조정법 제44조는 쟁의기간 중 근로하지 않은 근로자에게 임금을 지급할 의무가 없음을 규정하고 있으며, 근로자가 그 기간 중의 임금지급을 목적으로 쟁의행위를 할 수 없다고 선언하고 있다. 다만 그 기간에 대한 임금지급에 관한 규율이 단체협약에 의하여 이루어질 가능성을 부정하는 것은 아니다. 쟁의기간의 임금지급과 관련하여 대법원은 종전에 '임금이분설'의 입장에 서서 임금의 구성을 교환적 부분과 생활보장적 부분으로 나눈 후 쟁의기간 중이라 하더라도 생활보장적 부분에 대하여 사용자에게 청구할 수 있는 것으로 보았다가,[35] 그 후 '임금단일설'의 입장으로 바꾸면서 쟁의기간 중의 임금지급을 전면 부정[36]하여 무노동무임금의 원칙을 표시하면서 판례를 변경하였다.

4. 평균임금의 산정

근로자의 보호를 위하여 근로기준법상 평균임금제도가 있다. 평균임금이라 함은 이를 산정하여야 할 사유가 발생한 날 이전 3개월 간에 그 근로자에 대하여 지급된 임금의 총액을 그

---

31) 정종섭(주 16), 636.
32) 김철수(주 16), 998.
33) 전광석(주 5), 400.
34) 전광석(주 5), 400.
35) 대판 1992. 3. 27. 91다36307.
36) 대판 1995. 12. 21. 94다26721.

기간의 총 일수로 나눈 금액을 말한다(근로기준법 제2조 제1항 제6호). 평균임금과 달리 노사관계법에서 통상임금이란 용어를 사용하고 있다. 평균임금과 통상임금은 일정한 사유가 발생하였을 때에 근로자에게 지급할 임금을 결정하는 기준으로 삼고자 하는 것이 주된 목적이다. 따라서 개별법령에서 구체적인 경우에 어느 임금을 기준으로 삼아 계산을 하는지 자세하게 정하여져 있다.

대법원은 "근로기준법 및 같은 법 시행령의 규정에 의하여 평균임금을 산정할 수 없을 경우에는 근로자의 통상의 생활임금을 사실대로 산정할 수 있는 방법에 의하되 그와 같은 방법이 없을 때에는 당해 근로자가 근로하고 있는 지역을 중심으로 한 일대에 있어서 동종의 작업에 종사하고 있는 상용근로자의 평균임금의 액을 표준으로 삼아야 한다"고 하여 입법적 공백을 메우고 있었다.[37] 그러다가 산업재해보상보험법 제4조 제2호 단서와 근로기준법 시행령 제4조의 위임에 의하여 평균임금을 고시하지 않은 행정입법 부작위가 헌법소송으로 다투어지게 되었고, 이에 헌법재판소는 노동부장관의 행정입법 부작위의 헌법적 의무를 확인하고 비록 대법원의 판례가 대신하고 있었더라도 입법의무를 다하지 않아 법령의 공백상태를 발생시킨 것은 정당화될 수 없는 것으로 보면서 행정입법 부작위의 위헌성을 확인하였다.[38]

5. 최저임금제의 시행

최저임금제도는 국가가 임금의 최저한도를 정하여 그 이하의 임금수준으로 사용자가 근로자를 고용하지 못하도록 함으로써 근로자의 최소한의 물질적인 생활을 보장하기 위한 제도이다. 최저임금은 근로자의 생계비, 유사근로자의 임금, 노동생산성 및 소득분배율 등을 고려하여 사업의 종류별로 구분하여 정하여 진다(최저임금법 제4조 제1항). 최저임금은 적어도 국민기초생활보장법상 생계급여의 산정기준인 최저생계비 이상으로 책정되어야 한다.[39] 최저임금은 시간·일·주 또는 월단위로 정하며, 이 경우 일·주 또는 월을 단위로 하여 최저임금액을 정하는 때에는 시간급으로도 이를 표시하여야 한다. 최저임금은 고용노동부장관이 매년 8월 5일까지 최저임금위원회의 심의·의결에 따라 정하여야 한다.

최저임금은 근로자가 열악한 경제조건에서 노동력이 제공되는 것을 방지하고, 실질적인 소득의 원천이 될 수 있도록 하기 위한 것이다. 그래서 사용자는 최저임금법을 이유로 하여 종전의 임금을 저하시키는 조치를 할 수 없다.

6. 근로조건의 법정주의

근로의 조건은 인간의 존엄성을 보장하도록 법률로 정한다. 근로조건이라 함은 임금과 그

---

37) 대판 1991. 4. 26. 90누2772; 1993. 12. 28. 93누14936; 1995. 2. 28. 94다8631; 1997. 11. 28. 97누14798.
38) 헌재 2002. 7. 18. 2000헌마707.
39) 전광석(주 5), 401.

지불방법, 취업시간, 휴식시간, 안전시설과 위생시설, 재해보상 등 근로계약에 의하여 근로자가 근로를 제공하고 임금을 수령하는 데 관한 조건들을 말한다.[40]

헌법 제32조 제3항에서 근로조건법정주의를 선언한 이유는 인간의 존엄에 상응하는 근로조건에 관한 기준의 확보가 사용자에 비하여 경제적·사회적으로 열등한 지위에 있는 개별근로자의 인간존엄성의 실현에 중요한 사항일 뿐만 아니라 근로자와 그 사용자들 사이에 이해관계가 첨예하게 대립될 수 있는 사항이어서 사회적 평화를 위해서도 민주적으로 정당성이 있는 입법자가 이를 법률로 정할 필요성이 있다고 보기 때문이다.[41] 그리고 인간의 존엄성에 관한 판단기준도 사회적·경제적 상황에 따라 변화하는 상대적 성격을 띠는 만큼 그에 상응하는 근로조건에 관한 기준도 시대상황에 부합하게 탄력적으로 구체화하도록 법률에 유보한 것으로 보아야 한다.[42] 따라서 인간의 존엄성에 상응하는 근로조건의 기준이 무엇인지를 구체적으로 정하는 것은 일차적으로 입법자의 형성의 자유에 속한다.[43]

근로자의 근로조건은 당사자의 자유로운 계약에 의하는 것이 원칙이나, 당사자의 완전한 자유에 맡기게 되는 경우 경제적 약자인 근로자에게 불리한 결과가 발생할 수 있다. 그 때문에 근로조건이 인간의 존엄성에 적합하도록 최저기준을 법률로 정함으로써 근로자를 보호하고 있다. 이와 같이 헌법규정을 근거로 하여 근로자의 기본적 생활을 보장·향상시키고 균형 있는 국민경제의 발전을 도모하기 위하여 근로기준법을 제정하였다. 근로기준법은 근로관계의 성립·존속 또는 종료와 관련하여 근로자를 보호하기 위한 여러 가지 제도와 규정을 마련하고 있다. 설령 근로자와 사용자 사이에 자율적으로 근로조건을 합의하였더라도 근로기준법의 기준에 미달하는 때에 그 계약부분은 당연히 무효가 되며, 무효인 부분은 근로기준법의 기준에 따른다.

7. 근로조건의 명시의무

근로계약에 있어 사용자와 근로자 사이에는 교섭력의 차이가 존재한다. 경제적으로 우월한 지위에 있는 사용자가 근로조건을 구체적으로 명시하지 않아서 근로자에게 불리하거나 부당한 근로를 강요할 위험이 있다. 근로기준법 제17조는 사용자로 하여금 "근로계약을 체결할 때에 근로자에게 임금, 소정근로시간, 제55조에 따른 휴일, 제60조에 따른 연차 유급휴가, 그 밖에 대통령령으로 정하는 근로조건을 명시하여야 한다. 이 경우 임금의 구성항목·계산방법·지급방법, 소정근로시간, 제55조에 따른 휴일 및 제60조에 따른 연차 유급휴가에 관한 사항은 서면으로 명시하고 근로자의 요구가 있으면 그 근로자에게 교부하여야 한다"라고 규정하고 있다. 이는 노동시장에서 근로자가 근로조건이 미확정된 상태에서 계약관계에 들어서는 위험을 미연에 방지하고 사후 발생할 수 있는 분쟁을 예방하며, 분쟁이 발생한 경우 당해 근로조건에

---

40) 헌재 2003. 7. 24. 2002헌바51.
41) 헌재 1996. 8. 29. 95헌바36.
42) 헌재 1996. 8. 29. 95헌바36.
43) 헌재 1999. 9. 16. 98헌마310.

대해 객관적 입증이 용이하도록 하기 위함이다. 또한 사용자가 근로조건의 명시의무를 위반한 경우에 근로기준법 제114조 제1호에 따라 500만원 이하의 벌금형으로 처벌받을 수 있게 되어 그 실행을 담보하고 있다.[44]

8. 해고의 제한

국가는 해고예고제도·해고심사제도 등을 입법화하여 모든 근로자를 해고의 공포로부터 해방시켜 주어야 한다.[45] 해고라 함은 사용자가 일방적으로 근로계약 내지 근로관계를 종료시키는 단독행위를 말하는 것으로 헌법상 근로의 권리의 제한과 관련하여 문제된다. 자본주의 경제질서 하에서 기업의 합리적인 경영을 위하여 사용자는 근로자와의 근로계약의 체결 및 해지를 자유롭게 할 수 있는 것이 원칙이지만, 사용자에 의한 해지의 자유는 경제적 또는 사회적으로 약자의 지위에 있는 근로자에게는 직장상실을 의미하므로 근로기준법은 정당한 이유가 없는 해고를 제한하고, 경우에 따라서는 해고금지에 관한 규정을 두고 있다.

근로자가 해고로부터 절대적으로 보호될 수 없는데, 그것은 근로자에게 일자리를 절대적으로 보호하는 것이 사용자의 인사권이나 경영권 등과 충돌할 수 있기 때문이다.[46] 국가는 여성이 임신 및 출산과 같은 비본질적인 사유와 결부되어 해고되는 일이 없도록 하여야 하며, 이를 이유로 해고하는 것은 헌법 제32조 제4항에 위반된다.[47] 근로자에 대한 해고에서 평등원칙과 과잉금지의 원칙이 중요한 심사원칙으로 적용될 수 있다.

사용자는 일정한 제한 아래 경영상 이유에 의한 해고를 실시할 수 있다. 이른바 구조조정을 위한 해고 또는 정리해고를 말한다. 이를 실행하기 위해서는 근로기준법 제24조에서 정하고 있는 다음과 같은 요건과 절차적 기준을 따라야 한다. 첫째, 긴박한 경영상의 필요가 존재하여야 하며, 사용자는 해고를 회피하기 위한 노력을 다하여야 한다. 둘째, 합리적이고 공정한 해고의 기준을 정하고 이에 따라 그 대상자를 선정하여야 하므로 성별을 이유로 차별해서는 안 된다. 셋째, 해고를 피하기 위한 방법 및 해고의 기준에 관하여 노동조합 또는 근로자의 과반수를 대표하는 자와 성실하게 협의하여야 한다. 넷째, 대통령령이 정하는 일정규모 이상의 인원을 해고하고자 할 때에는 대통령령이 정하는 바에 따라 노동부장관에게 신고하여야 한다. 이상과 같이 사용자는 상당히 제한된 사유와 절차적 기준에 따라 경영상 이유에 의한 해고를 실시할 수 있으며, 해고한 날부터 2년 이내에 근로자를 채용하고자 할 때에는 근로자가 원하는 경우 그 근로자를 우선적으로 고용하도록 노력할 의무를 지우고 있다.

---

44) 헌재 2006. 7. 27. 2004헌바77.
45) 허영(주 1), 525.
46) 헌재 2002. 11. 28. 2001헌바50.
47) 전광석(주 5), 398.

9. 여자의 근로보호

여자의 근로는 특별한 보호를 받는다. 근로기준법은 여자근로에 대한 특별한 보호를 규정하고 있다. 여자의 근로에 대한 특별한 보호조항을 두고 있는 이유는 근로의 영역에서 여성에 대한 차별금지를 강조함과 동시에 모성을 이유로 부당한 대우를 받거나 모성과 근로 중 양자택일을 하여야만 하는 상황이 발생하지 않도록 국가가 지원해야 함을 의미한다고 볼 수 있다.[48] 여자근로에 대한 특별한 보호가 우월적인 보호를 의미하는 것은 아니며 남자의 근로의 권리를 침해하는 경우에는 인정되지 않는다.

근로기준법은 근로자에 대하여 남녀의 차별적 대우를 금지하고, 산전 후 휴가, 생리휴가를 보장하고 있다. 그 밖에 모성보호와 관련하여 유해사업 근로금지와 근로시간 제한규정을 두고 있다. 대법원은 성별 작업구분이나 근로조건의 구분을 명확히 하지 아니한 채 남녀를 차별하여 정년을 규정한 단체협약서 및 취업규칙의 조항이 근로기준법 제6조의 균등처우와 남녀고용평등과 일·가정 양립 지원에 관한 법률 제8조 제1항의 동일노동동일임금의 원칙에 위배되어 무효라고 보았다.[49]

남녀고용평등과 일·가정 양립 지원에 관한 법률에 따르면, 사업주는 근로자의 모집 및 채용에 있어서 남녀의 차별을 금지하고 있고, 근로자의 교육·배치 및 승진에 있어서도 남녀의 차별을 금지하고 있다. 사업주가 채용 또는 근로의 조건은 동일하게 적용하더라도 그 조건을 충족시킬 수 있는 남성 또는 여성이 다른 한 性에 비하여 현저히 적고 그로 인하여 특정 性에게 불리한 결과를 초래하며 그 기준이 정당한 것임을 입증할 수 없는 경우에도 이를 차별로 본다(법 제2조). 또한 근로자의 정년·퇴직·해고에 있어서 남녀의 차별을 금지하고 있고,[50] 근로여성의 혼인, 임신 또는 출산을 퇴직사유로 예정하는 근로계약을 체결하여서는 안 된다. 그리고 사업주는 동일한 사업 내의 동일가치의 노동에 대하여는 동일한 임금을 지급하여야 한다. 직장 내에서 성희롱을 방지하기 위하여 사업주는 예방교육을 실시하여야 하는데, 이것은 직장 내에서 안전한 근로환경을 조성하기 위한 조치에 해당한다.

영유아보육법 제14조와 동 시행령 제20조에서는 여성근로자 300인 이상 또는 상시근로자를 500인 이상 고용하고 있는 사업장에서 직장보육시설 설치를 의무화하고 있다. 이러한 보육시설을 설치하기 위하여 일정한 재원이 소요되기 때문에 국가 또는 지방자치단체는 그에 대한 일정 비용을 지원할 수 있는 근거를 두고 있다. 다만 사업장의 사업주가 직장 어린이집을 단독으로 설치할 수 없을 때에는 사업주 공동으로 직장 어린이집을 설치·운영하거나, 지역의 어린이집과 위탁계약을 맺어 근로자 자녀의 보육을 지원하거나 근로자에게 보육수당을 지급하여야

---

48) 정종섭(주 16), 638.
49) 대판 1993. 4. 9. 92누15765.
50) 남녀근로자의 정년을 차별해서 규정한 것은 남녀의 차별적 대우를 금지한 근로기준법(제5조)과 남녀고용평등법(제8조)에 위배된다는 대법원의 판례가 있다(대판 1993. 4. 9. 92누15765).

한다.

여성발전기본법 제17조에서도 고용평등을 규정하고 있다. 특히 모성보호를 강화하기 위하여 제18조에서 국가·지방자치단체 또는 사업주는 여성의 임신·출산 및 수유기간동안에 이들을 특별히 보호하며 이를 이유로 하여 불이익을 받지 아니하도록 하여야 한다고 선언하였다.

10. 연소자의 근로보호

연소자의 근로는 사회적·경제적·신체적 약자인 연소자를 보호한다는 측면에서 특별한 보호를 규정하고 있다. 과거 아동에 대한 가혹한 노동과 노동력 착취가 남발되었다는 역사적 반성 아래 각국은 특히 아동의 노동에 대하여 관심을 갖고 아동을 보호하기 위한 여러 법제들을 갖추고 있다. 그러므로 국가는 연소자의 신체 및 정신발달에 부정적인 영향을 미치는 노동을 금지해야 할 의무가 있다.[51]

근로기준법에서는 15세 미만자에 대해서는 고용노동부장관의 취직인허증이 없이는 고용할 수 없도록 취업최저연령을 두고 있고(법 제64조), 18세 미만의 자를 도덕상 또는 보건상 유해·위험한 사업에 사용하지 못하도록 하고 있으며(법 제65조), 연소자의 근로에 대해서는 근로시간의 제한, 야간작업과 휴일근무의 원칙적 금지규정을 두고 있다(법 제70조). 친권자 또는 후견인은 미성년자의 근로계약을 대리할 수 없으며, 친권자·후견인 또는 고용노동부장관은 근로계약이 미성년자에게 불리하다고 인정하는 경우에는 향후 이를 해지할 수 있도록 하고 있다(법 제67조). 비록 미성년자가 독자적인 판단 아래 근로계약을 체결하였더라도 그것이 미성년자에게 불리하다고 판단될 때에 미성년자의 이익을 위하여 향후 해지할 수 있는 권리를 부여하고 있는 것이다.

정당한 근로계약에 기초한 것이라면 미성년자는 독자적인 임금청구권을 행사할 수 있다. 이것은 미성년자의 근로대가인 임금이 중간에서 착취될 수 있는 가능성을 차단하고자 하는 것이다.

아동복지법 제2조에서 아동은 자신 또는 부모의 성별, 연령, 종교, 사회적 신분, 재산, 장애유무, 출생지역, 인종 등에 따른 어떠한 종류의 차별도 받지 아니하고 자라나야 함을 밝히고 있다. 아동이 완전하고 조화로운 환경에서 성장하도록 하여야 한다.

이와 같이 연소자 등의 경우에는 주로 신체발달이나 정신적 성장을 위한 보호를 위한 것에 중심을 두고 있다. 이에 비하여 여성의 근로보호에서는 여성이 지닌 신체적 특징이나 사회구조적 차별 등에 더욱 주안점을 두고 있다.

11. 국가유공자 등의 우선적 근로기회보장

헌법 제32조 제6항은 "국가유공자·상이군경 및 전몰군경의 유가족은 법률이 정하는 바에

---

51) 전광석(주 5), 403.

의하여 우선적으로 근로의 기회를 부여받는다”고 규정하고 있다. 이 규정의 도입취지는 국민이 국가를 위하여 희생한 것에 대하여 報償을 하고 그들에 대한 예우 및 지원을 통하여 국민적 통합을 이루겠다는 것이다.[52] 여기서 국가유공자에게 예우할 구체적인 의무의 내용이나 범위, 그 방법·시기 등은 입법자의 광범위한 입법형성의 자유에 속하는 것으로 기본적으로는 국가의 입법정책으로 결정된다.[53] 헌법재판소 또한 국가의 의무실현은 재정능력에 한계가 있으므로 국가보훈적인 예우의 방법과 내용 등은 입법자가 국가의 경제수준, 재정능력, 국민감정 등을 종합적으로 고려하여 구체적으로 결정해야 하는 입법정책의 문제로서 폭넓은 입법재량의 영역에 속한다고 보고 있다.[54] 이런 결과로 국가보훈 내지 국가보상적인 수급권도 법률에 규정됨으로써 비로소 구체적인 법적 권리로 형성된다고 한다.

  그런데 헌법 제32조 제6항의 규정은 우선적으로 근로의 기회를 부여받는 그 대상의 결정에 대하여 불명확한 점을 보이고 있다. 법문언을 보면, 그 보호대상이 국가유공자 본인, 상이군경 본인, 전몰군경의 유가족만이 보호범위로 포섭된다. 넓게 보면, 국가유공자 및 그 유가족, 상이군경 및 그 유가족, 전몰군경의 유가족 등처럼 상당히 넓은 범위로 확장될 수도 있다. 헌법재판소는 헌법 제32조 제6항을 해석하는 방법에서 초기에 넓게 포섭하는 입장을 취하였다가[55] 그 후 국가유공자가산점제도의 위헌성을 판단하는 과정에서 위 규정을 좁은 범위로 한정하여 해석하면서 판례를 변경하였다.[56] 입법자는 국가유공자 등 예우 및 지원에 관한 법률 제31조를 개정하였는데, 국가유공자와 배우자 및 자녀 등의 가족을 구분하여 각각 만점의 10% 또는 5%의 가점을 부여하도록 하였다. 그리고 헌법 제32조 제6항에서 말하는 근로기회의 우선적 보장에 대하여 입법의무가 존재하는 것은 별론으로 하더라도 국가유공자 등에게 우선보직·우선승진의 시행에 관한 입법의무를 도출할 수는 없다.[57] 한편 헌법재판소는 국공립학교 채용시험의 합격자를 결정하면서 선발예정인원을 초과하여 동점자가 있는 경우에 국가유공자와 그 유족·가족에게 우선권을 주도록 하는 규정을 합헌이라고 하였다.[58] 국가유공자 등에 대한 우선적 근로기회 부여는 헌법에 근거를 갖고 있지만, 모든 우선취업제도가 합헌이라고 볼 수는 없으며, 과잉보호는 평등권 침해로 헌법위반이 된다.[59]

  그런데 헌법재판소는 공무원을 선발하는 과정에서 제대군인에게 가산점을 주는 것은 위헌

---

52) 헌재 1995. 7. 21. 93헌가14.

53) 헌재 2003. 7. 24. 2002헌마378.

54) 헌재 1995. 7. 21. 93헌가14.

55) 헌재 2001. 2. 22. 2000헌마25. 이 사안에서 헌법재판소는 국가유공자와 그 유족 등 취업보호대상자가 국가기관이 실시하는 채용시험에 응시하는 경우에 10%의 가점을 주는 가산점제도는 헌법 제32조 제6항에 근거한 것으로 합헌이라고 판시하였다.

56) 헌재 2006. 2. 23. 2004헌마675. 이 사안에서 헌법재판소는 국가유공자의 가족에게까지 가산점을 부여하는 것은 헌법에 합치되지 않는 것으로 보았다.

57) 헌재 2003. 7. 24. 2002헌마378.

58) 헌재 2006. 6. 29. 2005헌마44.

59) 양건(주 23), 669.

이라고 결정하였다. 제대군인은 여기서 말하는 국가유공자에 해당하지 않는 것으로 본다. 헌법
재판소는 제대군인가산점사건에서 병역의무이행에 따른 가산점을 부여할 의무가 헌법의 어떤
조항에서도 직접 도출되지 않는 것으로 보았으며, 병역의무의 이행은 특별한 희생에도 해당하
지 않는 것으로 판단하였다.[60]

VI. 근로의 의무

헌법 제32조 제2항에서 모든 국민은 근로의 의무를 진다고 하면서 국가는 근로의 의무의
내용과 조건을 민주주의원칙에 따라 법률로 정하도록 규정하고 있다. 여기서 근로의 의무를 어
떤 방식으로 이해할 것인지 그 견해가 갈리고 있다. 첫째, 국가가 공공필요에 의하여 근로할 것
을 명하는 경우에 이에 복종해야 할 국민의 의무라고 본다(제1설). 둘째, 근로의 능력이 있음에
도 불구하고 근로하지 아니하는 자에 대하여 헌법적 비난을 가할 수 있다는 의미로 이해하는
것이다(제2설).[61] 대부분의 학자들은 제2설에 따라 설명을 하고 있다.

우리 헌법체계상 원치 않는 강제노동을 부과할 수는 없지만, 그렇다고 하여 근로의 의무를
이행하지 않는 자에게 어떠한 형태의 불이익도 부과할 수 없다는 것을 의미하지는 않는다.[62]
국가는 근로능력을 갖추었으나 근로의 기회를 갖지 못하는 자에게 적극적 불이익을 가할 수는
없을지라도 고용증진을 위한 조치로서 소극적 제재를 가하는 것은 가능하다. 가령 고용보험법
에서 실업급여의 지급이나 인간다운 생활을 보장하기 위한 급여지급에서 이러한 문제가 제기
될 수 있다.[63]

VII. 근로의 권리의 효력

1. 근로의 권리와 다른 기본권의 관계

근로의 권리는 헌법에서 보장하는 다른 기본권들과 상호 밀접한 관련성을 가진다. 근로의
권리와 밀접한 관련이 있는 기본권으로는 인간의 존엄성, 평등권, 직업의 자유, 혼인의 자유 등
이 그것이다. 인간이 자주적으로 사생활을 설계하고 형성해 나가기 위하여 경제적 기초가 마련
되지 않고서는 불가능하다. 또한 국가는 국민의 권리가 어떤 영역에서도 당사자의 실질적 능력
과 무관한 사유를 이유로 근로의 권리를 차별하는 조치를 하지 못하도록 입법적 뒷받침을 할 필
요가 있다. 만약 사용자가 혼인퇴직제도를 설정하거나 일정한 장애가 있음을 이유로 차별하거나

---

60) 헌재 1999. 12. 23. 98헌마363.
61) 성낙인(주 2), 864.
62) 전광석(주 5), 480.
63) 전광석(주 5), 480.

동일한 노동에 대하여 성별을 이유로 차별하는 일이 발생하지 않도록 할 의무가 있다. 한 개인이 선택한 직업을 수행해 나가기 위해서는 합리적인 근로환경이 전제되어야 하는데, 개인의 근로조건이 부당하게 저하되지 않도록 국가는 근로조건의 최저기준을 설정할 의무를 지고 있다. 근로자가 혼인관계에서 나타나는 각종 출산·육아나 보육을 하는 데 불리한 상황에 빠지지 않도록 국가는 법에 의한 강제조치를 마련할 이유가 존재하고, 미래 세대의 성장을 위한 노력을 게을리 하지 말아야 하며, 정리해고 등의 절차에서 혼인을 직접적 이유로 삼아서는 안 될 한계가 존재한다.

2. 근로의 권리와 제 3 자적 효력

근로의 권리는 국가에 대하여 근로의 기회를 제공하여 주도록 요구할 수 있는 권리를 비롯한 고용의 증진과 적정임금의 보장 및 최저임금의 시행을 요구할 수 있는 권리 등 모든 내용이 대국가적 효력을 갖는다.[64] 우리 헌법 제32조 제1항에서 직접 규정하고 있다.

근로의 권리는 대사인적 효력도 가진다. 근로의 권리의 내용에 따라 사인간에 있어서도 적용되며 사인에 대해서도 효력을 갖는다. 근로의 권리는 객관적 가치질서로서의 성격 때문에 사인간에도 간접적 효력을 미친다고 볼 수 있다.[65] 그런데 헌법 제32조 제4항 및 제5항의 여자와 연소자의 근로의 특별보호에 관한 규정과 근로관계에서 여성의 차별금지에 관한 규정은 국가에 대해서 뿐만 아니라 제3자인 사용자에 대해서도 직접적 효력을 가진다고 보는 견해가 있다.[66] 그러나 이들 규정에 대하여도 마찬가지로 간접적 효력만 미친다고 보는 견해가 제기되고 있다.[67]

VIII. 관련문헌

강현철, "우리나라 헌법상 근로기본권에 관한 연구," 외법논집 제20집(2005. 11). 59-80.

계희열, 헌법학(중), 박영사, 2004.

권영성, 헌법학원론, 법문사, 2007.

김철수, 헌법학개론, 박영사, 2007.

문홍주, 한국헌법, 해암사, 1987.

박일경, 신헌법학원론, 일명사, 1986.

성낙인, 헌법학, 법문사, 2013.

양 건, 헌법강의(Ⅰ), 법문사, 2007.

64) 계희열(주 9), 747.
65) 허영(주 1), 527.
66) 권영성(주 19), 666.
67) 허영(주 1), 527.

장영수, 기본권론(헌법학 Ⅱ), 홍문사, 2003.

전광석, 한국헌법론, 법문사, 2013.

정종섭, 헌법학원론, 박영사, 2007.

허 영, 한국헌법론, 박영사, 2013.

헌법 제33조

[조 재 현]

第33條

① 勤勞者는 勤勞條件의 향상을 위하여 自主的인 團結權·團體交涉權 및 團體行動權을 가진다.

② 公務員인 勤勞者는 法律이 정하는 者에 한하여 團結權·團體交涉權 및 團體行動權을 가진다.

③ 法律이 정하는 主要防衛産業體에 종사하는 勤勞者의 團體行動權은 法律이 정하는 바에 의하여 이를 제한하거나 인정하지 아니할 수 있다.

I. 근로3권의 의의

근로3권[1]은 자본주의사회에서 경제적 약자인 근로자가 근로조건의 향상을 위하여 자주적

---

1) 근로3권의 명칭은 학자에 따라 노동3권으로 사용하기도 한다. 헌법재판소는 근로3권이라는 용어를 선호하고 있다.

으로 단체를 결성하고, 그 단결체를 통하여 사용자와 교섭하며 교섭이 원만하게 이루어지지 않는 경우 단체행동을 할 수 있는 권리를 말하는 것으로 사용자와 대등한 지위에서 근로자의 권익을 보호한다는 데 그 의의가 있다. 우리 헌법은 근로3권으로 근로자의 단결권·단체교섭권·단체행동권을 보장하고 있다.

근로자 개인이 혼자서 하기에 어려운 사용자와의 교섭은 단체를 통하여 보다 강력하게 실현할 수 있고, 사용자와 교섭력의 부분에서 실질적 평등을 실현할 수 있다. 따라서 근로3권은 형식적 자유보다 실질적 자유 내지 실질적 평등의 관점에서 그 존재의의를 찾을 수 있으며, 개인적 정의의 관점보다 사회적 정의의 관점에서 정당화된다.[2]

현행 헌법의 구조를 살펴보면, 헌법 제33조 제1항에서 일반 근로자의 근로3권에 대하여 규정하고 있으며, 제2항에서 공무원인 근로자에 대한 법률유보를 언급하여 공무원의 경우에 일반 근로자와 근로3권의 체계를 달리 형성할 가능성을 말하고 있다. 그리고 제3항에서 단체행동권에 대한 특수한 규율을 선언하고 있는데, 법률이 정하는 주요방위산업체에 종사하는 근로자는 단체행동권이 제한 또는 부정될 가능성이 존재한다. 입법자는 공무원인 근로자에 대한 규율을 위하여 공무원의 노동조합 설립 및 운영 등에 관한 법률(이하 공무원노조법)을 제정하여 근로3권을 형성하고 있다. 교원에 대하여도 특례규정을 도입하여 교원의 노동조합 설립 및 운영 등에 관한 법률(이하 교원노조법)을 제정하여 시행하고 있다. 이 두 특례법은 특수영역의 근로자가 지닌 신분적 특성과 업무의 공공성 등으로 말미암아 차별화된 규율이 정당화될 여지가 있음에 근거하고 있다.[3]

II. 근로3권의 연혁

근로3권이 오늘날처럼 정리되기까지 상당한 우여곡절이 있었다. 초기에 근로자들이 서로 단결하는 것은 노동력의 독점을 가져오게 된다는 등의 이유로 노동조합의 결성 그 자체를 범죄로 보았다. 아예 근로자들이 단결하는 것조차 허용되지 않았으며, 노동조합에 대하여 적대시하였다. 그런데 노동시장에서 근로자는 자신의 노동력을 상품화할 수밖에 없는데, 저임금이나 열악한 근로조건을 수용하지 않으면 고용의 기회조차 갖기 어려운 상황으로 전개되고 이를 악용하는 사용자의 행태를 자유방임의 기조 아래 내버려 둘 수만은 없었다. 그래서 초기 노동조합에 대한 적대시 사고는 점차 방임에서 적극적 보장의 단계로 진행되었다. 오늘날 대부분의 헌법은 근로자의 단결을 위한 노동조합의 결성을 보장하고 있으며, 국가의 적극적 입법조치를 통하여 근로자의 근로조건이나 단체활동의 실질을 보장하기 위하여 다양한 방법을 도입하고

---

2) 장영수, 기본권론(헌법학Ⅱ), 홍문사, 2003, 581.
3) 김진곤, "헌법상 노동3권의 보호와 제한에 관한 연구─공공 서비스를 제공하는 근로자를 중심으로─," 연세대학교 박사학위논문(2007), 77 이하.

있다.

비록 제헌헌법이 공무원의 근로3권에 관한 규정을 두지 않았으나, 그 후 1962년 헌법 제29
조에서 이를 규정하면서 그 체계를 갖추어 가기 시작하였다. 하지만 1972년 헌법에서 "공무원
과 국가·지방자치단체·국영기업체·공익사업체 또는 국민경제에 중대한 영향을 미치는 사업체
에 종사하는 근로자"의 단체행동권에 대한 제한을 규정하여 근로3권의 도입취지를 후퇴시키는
구조를 만들었다. 현행 헌법은 오로지 단체행동권의 제한과 관련하여 "법률이 정하는 주요방위
산업체"로 한정하여 그 대상을 대폭 축소하여 근로3권이 보다 강화되는 방향으로 체계를 갖추
게 되었다.

Ⅲ. 근로3권의 법적 성격

1. 학   설

가. 자유권설

근로자의 근로3권은 자유권에 속하는 결사의 자유의 특수한 형태에 지나지 않기 때문에
일종의 자유권적 성질의 권리라고 본다. 그러므로 근로3권의 행사부분에서 국가의 개입과 간섭
을 방어할 수 있는 방어적 권리라고 이해하며, 국가로부터 단결 내지 단체행동을 이유로 제재
를 받지 않는 것을 그 주요 내용으로 한다.

나. 사회권설

근로자의 근로3권은 국가에 대해서 근로3권을 적극적으로 요구할 수 있는 권리라고 한다.
근로자는 혼자서 사용자와 대결할 수 없기 때문에 집단적 결사체를 만들어 사용자와 교섭하고
단체행동을 할 수밖에 없는 상황이므로 국가의 적극적인 배려가 있어야 한다고 본다.[4]

다. 혼합권설

근로3권은 자유권의 성격과 사회권(생활권)의 성격을 함께 가진 혼합권이라고 한다. 근로3
권의 행사로 법률에서 규정한 일정한 요건 아래 민·형사책임에서 벗어날 수 있으므로 이에 대
한 국가의 부당한 조치에 대하여 방어할 수 있는 측면에서 자유권적 성격을 지니고 있을 뿐만
아니라 사용자가 근로자의 근로3권 행사를 방해하고 침해하는 행위에 대하여 국가의 적극적
개입과 대책 등을 요구할 수 있는 점에서 사회권의 성격을 지니고 있다고 한다.[5]

---

4) 문홍주, 한국헌법, 해암사, 1987, 309.
5) 권영성, 헌법학원론, 법문사, 2007, 668; 성낙인, 헌법학, 법문사, 2013, 779; 정종섭, 헌법학원론, 박영사,
    2007, 583; 허영, 한국헌법론, 박영사, 2013, 529.

2. 판례의 입장

가. 헌법재판소의 견해

헌법재판소는 자유권적 기본권으로서의 성격보다는 사회권적 기본권으로서의 성격이 강한 것이라고 한 판례6)도 있고, 자유권적 성격을 강조하기도 한다. 헌법재판소는 사립학교교원의 근로3권과 관련한 사안에서 헌법 제32조 및 제33조에 규정된 근로기본권은 근로자의 근로조건을 개선함으로써 그들의 경제적·사회적 지위의 향상을 기하기 위한 것으로서 자유권적 기본권으로서의 성격보다는 생존권적 내지 사회권적 기본권으로서의 측면이 보다 강한 것으로서 그 권리의 실질적 보장을 위해서는 국가의 적극적인 개입과 뒷받침이 요구되는 기본권이라고 판시하였다.7) 헌법재판소는 다소 입장의 변화를 보이기도 한다. 근로3권은 국가공권력에 대하여 근로자의 단결권의 방어를 일차적인 목표로 하지만, 근로3권의 보다 큰 헌법적 의미는 근로자단체라는 사회적 반대세력의 창출을 가능하게 함으로써 노사관계의 형성에 있어서 사회적 균형을 이루어 근로조건에 관한 노사간의 실질적인 자치를 보장하려는 데 있으며, 근로자는 노동조합과 같은 근로자단체의 결성을 통하여 집단으로 사용자에 대항함으로써 사용자와 대등한 세력을 이루어 근로조건의 형성에 영향을 미칠 수 있는 기회를 가지게 되므로 이러한 의미에서 근로3권은 '사회적 보호기능을 담당하는 자유권' 또는 '사회권적 성격을 띤 자유권'이라고 하였다.8)

나. 대법원의 견해

대법원은 근로3권 행사와 관련한 사안에서 "본래 헌법 제33조 제1항에 의하여 선명된, 이른바 노동3권은 사용자와 근로자간의 실질적인 대등성을 단체적 노사관계의 확립을 통하여 가능하도록 하기 위하여 시민법상의 자유주의적 법원칙을 수정하는 신시대적 시책으로서 등장된 생존권적 기본권들이므로"라고 하면서 생존권성을 강조하고 있다.9)

Ⅳ. 근로3권의 내용

1. 근로3권의 주체

가. 일반 근로자

근로3권을 향유하는 주체는 근로자이다. 근로자라 함은 직업의 종류를 불문하고 임금·급

---

6) 헌재 1991. 7. 22. 89헌가106.
7) 헌재 1991. 7. 22. 89헌가106.
8) 헌재 1998. 2. 27. 94헌바13등(병합).
9) 대판 1990. 5. 15. 90도357.

료 기타 이에 준하는 수입에 의하여 생활하는 자를 말한다(노동조합 및 노동관계조정법 제2조 제1호). 해고된 자가 노동위원회에 부당노동행위의 구제신청을 한 경우에는 중앙노동위원회의 재심판정이 있을 때까지는 근로자가 아닌 자로 해석하여서는 안 된다(동법 제2조 제4호). 현재 실업중인 자도 근로3권의 주체가 되는지가 문제되지만, 학설10)과 판례11)는 긍정하고 있다. 근로자 개인뿐만 아니라 집단에게도 근로3권이 인정된다. 개인이 가지는 단결권을 개별적 단결권이라 하고, 집단이 가지는 단결권을 집단적 단결권이라고 한다.12) 자영업자(자영농민, 어민, 일용노동자, 개인택시운전사)나 자유직업종사자는 근로3권을 향유하는 근로자에 해당하지 않는다.13)

근로기준법상 근로자와 노동조합 및 노동관계조정법에서 말하는 근로자의 포섭범위가 항상 일치하는 것은 아니다. 실제로 근로기준법상 근로자는 사용자에 종속되어 근로계약을 체결하고 있는 근로자를 말하지만, 노동조합 및 노동관계조정법상 근로자는 이 범위보다 넓게 인식하고 있으며 일정한 경우에 실업 중이거나 구직활동을 하고 있는 자도 포함될 수 있다.14)

근로3권의 주체는 내국인만을 말하는지 아니면 외국인도 주체가 될 수 있는가? 이에 대하여 이론상 외국인에게도 인정되어야 하지만 현실적으로 제대로 인정되지 않는다는 견해15)가 있는가 하면, 외국인에 대한 근로3권의 보장은 그 나라의 경제상황, 자국민의 취업상황, 외국과의 관계, 국가를 둘러싸고 있는 국제적 환경 등을 고려하여 법률정책적으로 결정되는 사항으로 보아서 원칙적으로 부정하는 입장16) 그리고 외국인도 평등하게 적용되어야 한다는 입장17) 등이 있다.

나. 공무원과 교원

공무원이 근로자에 포함되는가에 관해서는 문제가 있었으나, 현행 헌법은 제33조 제2항에서 공무원인 근로자는 법률이 정하는 자에 한하여 단결권·단체교섭권·단체행동권을 가진다는 명문의 규정을 두었다. 공무원의 근로3권에 대한 전체적인 규율은 일반 근로자와 구별하여 공무원의 노동조합설립 및 운영 등에 관한 법률에 따르도록 하였다. 일반 근로자의 규율과 달리 독자적 입법체계를 형성하였으며, 단결권과 단체교섭권을 인정하되 쟁의행위권을 부인하였다. 공무원은 국민에 대한 봉사자의 지위에 있으며, 강한 신분보장을 받기 때문에 단체교섭권의 행사에 일정한 제한이 따른다. 그리고 일반 근로자와 달리 직급에 따라 노동조합에 가입할 수 있는지의 여부가 차별적으로 규율되고 있다.

---

10) 계희열, 헌법학(중), 박영사, 2004, 752; 허영 교수는 노동력을 제공할 의사와 능력이 있는 실업자에 한정해야 한다고 한다(허영(주 5), 531).
11) 대판 2004. 2. 27. 2001두8568.
12) 김철수, 헌법학개론, 박영사, 2007, 1007.
13) 성낙인(주 5), 779.
14) 대판 2004. 2. 27. 2001두8568.
15) 성낙인(주 5), 779.
16) 정종섭(주 5), 585.
17) 김철수(주 12), 1008.

교원의 근로3권에 대하여 입법자는 교원의 노동조합설립 및 운영 등에 관한 법률을 두고 있다. 교원은 특별시·광역시·도·특별자치도 단위 또는 전국단위에 한하여 노동조합을 설립할 수 있게 하였고, 단결권과 단체교섭권을 인정하고 있으나 정치활동이나 쟁의행위를 금지하고 있다.

이와 같이 공무원이라 하더라도 헌법상 근로3권의 주체가 될 수 있으며 다만 근로3권의 행사의 주체 및 내용에서 입법자의 형성의 자유가 허용될 수 있다. 또한 교원의 경우에도 교육이 가진 공공성 등의 측면을 이유로 교원의 근로3권을 전면 부인할 수 없으며 그 구체적인 범위의 문제만 입법자에게 유보되어 있을 뿐이다.[18]

2. 단 결 권

가. 개   요

단결권이란 근로자의 근로조건의 유지·개선을 목적으로 사용자와 대등한 교섭력을 가지기 위한 단체를 구성하고 이에 가입하여 활동할 수 있는 권리를 말한다. 단체에 가입하지 아니할 소극적 단결권과 대비되는 개념으로 근로자가 적극적으로 단체를 조직하고 가입할 수 있는 권리를 적극적 단결권이라 한다. 단결을 금지하거나 제한하는 입법은 허용되지 않으며, 단체에 가입하지 않을 것 또는 단체로부터 탈퇴할 것을 조건으로 하는 이른바 황견계약(비열계약)은 부당노동행위로서 위헌·위법적 행위이다. 노동조합 및 노동관계조정법은 제81조에 근로자의 근로3권을 침해하는 유형을 열거하면서 근로자에 대한 사용자의 부당노동행위를 제어하고 있다.

나. 이중적 기본권의 성격

(1) 개별적 단결권

개별적 단결권은 근로자 개인이 노동조합과 같은 단체의 조직·가입·탈퇴에 있어서 국가나 사용자의 부당한 개입 또는 간섭을 받지 아니할 권리이다. 근로자가 노동조합을 조직할 수 있는 권리, 노동조합 중에서 선택하여 가입하고 그 조합에 머물면서 조합의 활동에 참여할 수 있는 권리를 말하다.[19]

(2) 집단적 단결권

집단적 단결권이란 단체존속의 권리, 단체자치의 권리 및 단체활동의 권리를 말한다.[20] 근로자가 단결권을 통하여 결사체인 노동조합을 설립하여 활동하는 것을 넘어 조직된 노동조합이 다시 연대하여 결사체를 구성하든지 다른 총연합단체를 결성하는 것이 보장된다. 그렇게 함으로써 근로자는 노동조합의 결성이라는 차원을 초월하여 조직 간의 또 다른 조직결성이 가능

---

18) 김진곤(주 3), 77-180.
19) 계희열(주 10), 753.
20) 계희열(주 10), 754.

하게 된다. 이러한 의미에서 단결권은 이중적 기본권이라고 보게 된다. 단결체가 갖는 집단적 단결권은 개별적 단결권을 보다 강화하는 차원에서 행사되어야 하며, 단결체가 근로자의 근로3권 행사를 대항하는 차원에서 사용될 수는 없다.[21] 단결체는 대외적으로 어떤 형태의 조직체를 결성할 것인지는 자유이며, 대내적으로 그 조직의 존립이나 확대를 위하여 구성원에게 필요한 통제를 가할 수 있다.[22]

다. 소극적 단결권

(1) 소극적 단결권의 헌법적 근거

헌법 제33조의 단결권에 노동조합을 결성하고 이에 가입하여 활동하는 적극적 단결권 외에 노동조합을 결성하지 아니할 자유 내지 노동조합에 가입하지 아니할 소극적 단결권이 보장되는가가 문제된다.

근로자는 소극적 단결권을 가진다는 점에서는 대체로 학설이 일치한다. 그렇지만 소극적 단결권이 헌법의 어떤 조항을 근거로 허용될 것인지는 학자들간에 의견이 갈린다. 따라서 국가는 소극적 단결권을 금지하는 입법적 조치를 취하거나 노동조합에의 가입을 취업의 조건으로 하거나(Closed shop), 취업한 이후에는 반드시 노동조합에 가입할 것을 강제하는 것(Union shop)에 대하여 헌법적 평가가 필요하며, 그에 대한 판단은 학자들의 견해에 따라 일부 달라질 수 있다.

소극적 단결권의 헌법적 근거에 관하여 논의되고 있는 학설들을 살펴보면 다음과 같다. 단결권·단체교섭권·단체행동권이 헌법 제33조 제1항에 정해져 있는 이상 이들 권리를 행사하거나 행사하지 않을 자유는 모두 헌법 제33조 제1항에서 보장된다고 보는 견해,[23] 헌법 제10조의 일반적 행동자유권 내지 헌법 제37조 제1항의 헌법에 열거되지 않는 자유에서 그 근거를 찾는 견해,[24] 단결권은 적극적인 단결권이 원칙이며 단결하지 아니할 자유인 소극적 단결권은 결사의 자유의 문제라고 보는 견해[25] 등으로 대립한다. 우리 헌법재판소는 소극적 단결권의 헌법적 근거와 관련하여 헌법 제10조의 행복추구권에서 파생되는 일반적 행동의 자유 또는 헌법 제21조 제1항의 결사의 자유에서 그 근거를 찾을 수 있다고 판시하였다.[26]

(2) 노동조합의 조직강제(Union shop의 문제)

노동조합 및 노동관계조정법 제81조 제2호 단서에서는 노동조합이 당해 사업장에 종사하는 근로자의 3분의 2이상을 대표하고 있을 때에는 근로자가 그 노동조합의 조합원이 될 것을 고용조건으로 하는 단체협약의 체결이 부당노동행위에 해당하지 않는다고 하여 단결강제의 한

---

21) 정종섭(주 5), 586.
22) 권영성(주 5), 671.
23) 정종섭(주 5), 588.
24) 권영성(주 5), 672.
25) 김철수(주 12), 1011.
26) 헌재 2005. 11. 24. 2003헌바9등(병합).

유형인 일정한 조건하의 유니온숍(Union shop)의 방식[27]을 인정하고 있다.

헌법재판소는 노동조합 및 노동관계조정법에서 단체협약을 매개로 한 조직강제(이른바 유니온숍)를 용인하고 있는데, 이 경우 근로자의 단결하지 아니할 자유와 노동조합의 적극적 단결권(조직강제권)이 충돌하게 되나, 근로자에게 보장되는 적극적 단결권이 단결하지 아니할 자유보다 특별한 의미를 갖고 있고, 노동조합의 조직강제권도 이른바 자유권을 수정하는 의미의 생존권(사회권)적 성격을 함께 가지는 만큼 근로자 개인의 자유권에 비하여 보다 특별한 가치로 보장되는 점 등을 고려하면, 노동조합의 적극적 단결권은 근로자 개인의 단결하지 않을 자유보다 중시된다고 할 것이고, 또 노동조합에게 위와 같은 조직강제권을 부여한다고 하여 이를 근로자의 단결하지 아니할 자유의 본질적인 내용을 침해하는 것으로 단정할 수는 없다고 하여 합헌으로 판시하고 있다.[28]

그러나 헌법재판소의 결정이 유니온숍(Union shop) 협정의 문제를 모두 해결하는 것도 아니었으며, 사용자에 의하여 해고되는 근로자의 직업상실 또는 다른 노동조합의 결성(이른바 복수노조의 설립) 등에 장애가 존재하였다. 이러한 여러 가지 노사관계의 문제점이 대두되자 입법자는 2006. 12. 30.에 노동조합 및 노동관계조정법 제81조 제2호를 일부 개정하였다. 종전에 유니온숍(Union shop) 협정에 따라 사용자는 근로자가 그 노동조합에서 제명된 경우에만 신분상 불이익을 가하지 못하도록 하였으나, 법을 개정하면서 "그 노동조합을 탈퇴하여 새로 노동조합을 조직하거나 다른 노동조합에 가입한 것을 이유로 근로자에게 신분상 불이익한 행위를 할 수 없"게 하여 그 보호범위를 확장하였다. 복수노조의 문제가 결부되면서 근로자의 노조설립 및 가입의 자유를 실질적으로 보장하겠다는 취지에서 나온 것인데, 그렇더라도 여전히 소극적 단결권을 누리고자 하는 근로자의 입장에서는 보호될 여지가 사라진다.

라. 노동조합의 조직과 복수노조의 문제

(1) 설립신고제도

노동조합 및 노동관계조정법 제5조에서 근로자는 자유로이 노동조합을 조직하거나 이에 가입할 수 있음을 규정하면서, 동법 제10조 제1항에서는 노동조합을 설립하고자 하는 경우 신고서를 노동부장관이나 지방자치단체장에게 제출 하여야 한다고 규정하고 있다. 노동조합의 설립에 있어서 신고주의는 노동조합의 자유로운 설립에 대한 제한이 되는 것은 사실이지만, 이 제도는 노동조합의 대외적 자주성과 대내적 민주성을 확보하려는 노동행정상의 목적을 위하여 마련된 것에 불과한 것이며, 결코 노동조합의 자유설립을 저지하려는 것은 아니라고 해석된다.[29] 그러므로 설립신고를 하는 것은 설립허가를 위한 것은 아니다. 만약 행정관청이 노동조

---

27) 김진곤(주 3), 36~41.

28) 헌재 2005. 11. 24. 2002헌바95·96, 2003헌바9(병합).

29) 김형배, 노동법, 박영사, 2007, 688. 노동조합법이 노동조합의 설립에 관하여 신고주의를 택하고 있는 취지는 소관 행정당국으로 하여금 노동조합에 대한 효율적인 조직체계의 정비·관리를 통하여 노동조합이 자주성과 민주성을 갖춘 조직으로 존속할 수 있도록 노동조합을 보호·육성하고 그 지도·감독에 철저를 기하

합의 설립을 가로막기 위하여 신고제를 사실상 허가제로 운영하는 것은 노조설립의 자유를 침해하므로 헌법에 위반된다. 헌법재판소는 노조설립신고제와 요건미비신고서의 반려제도는 노조결사 허가제로 볼 수 없고, 근로자의 단결권도 침해하지 않는다고 결정하였다.[30]

(2) 복수노조의 문제

구 노동조합법은 기존 노동조합과 조직대상을 같이하거나 그 노동조합의 정상적 운영을 방해하는 것을 목적으로 하여서는 안 된다고 규정하고 있었다. 이는 노동조합간의 부당경쟁을 방지하고 어용노조의 성격을 지니는 제2노조의 난립을 억제함으로써 기존 노동조합의 정상적인 운영을 방해하는 것을 저지하여 노동조합과 관련되는 분규를 사전에 예방하고자 하는 취지에서 규정된 것이었다. 그러나 그 동안 이 조항은 운용에 있어서 제2노조의 출현 자체를 법적으로 배제시키는 방향으로 매우 경직되게 운용되었다. 노동법 개정으로 동 조항이 삭제됨으로써 복수노조의 출현과 단체교섭경합권의 문제가 현실화되고 있다. 복수노조의 허용에 따른 혼란을 최소화하고 단체교섭 및 단체협약의 중복에 따른 문제점을 보완하기 위하여 단위노조에 대하여는 2009년 12월 31일까지 그 시행을 연기하였으나, 2010년 노동조합 및 노동관계조정법의 개정으로 2011년부터 복수노조의 설립이 가능해졌다. 단결권의 적극적 내용으로서 단결선택의 자유 즉 노동조합선택의 자유가 보장되어야 한다는 점에서 복수노동조합의 설립금지를 강제하는 것은 단결권의 침해이다.[31]

3. 단체교섭권

단체교섭권은 근로자의 단체가 사용자와 근로조건에 관하여 교섭할 수 있는 권리를 말한다. 근로자에게 단체교섭권을 인정하는 것은 일반계약으로부터 근로계약의 분리를 의미하는 것이다.[32] 근로자와 사용자 사이에 이루어지는 집단적 근로관계에 대하여 주로 노동조합 및 노동관계조정법, 노동위원회법 그리고 근로자참여 및 협력증진에 관한 법률 등이 적용된다.

가. 단체교섭권의 주체

단체교섭권은 근로3권이지만 근로자가 개별적으로 행사할 수 있는 권리가 아니다. 단체교섭권은 각 근로자의 개별문제라기보다는 근로자집단의 문제를 대상으로 하기 때문에 그 주체는 노동조합 등과 같은 단결체이다.[33] 여기서 구별해야 할 개념으로서 단체교섭의 당사자와 단체교섭의 담당자가 있다. 우선 단체교섭의 당사자는 단체협약을 체결하여 그것을 구성원들에게 효력을 강제할 수 있는 지위에 있어야 한다. 따라서 단체교섭의 당사자는 개개의 근로자가 아

기 위한 노동정책적인 고려에서 마련된 것이다(대판 1997. 10. 14. 96누9829).

30) 헌재 2012. 3. 29. 2011헌바53.
31) 김형배(주 29) 674; 정종섭(주 5), 590.
32) 권영성(주 5), 673.
33) 권영성(주 5), 673; 정종섭(주 5), 590; 계희열(주 10), 757.

니라 노동조합 자체를 말한다.[34] 단체교섭의 담당자는 실제 노사간의 단체교섭을 직접 담당하는 자를 말한다. 단위노동조합의 대표자 또는 단위노동조합으로부터 위임을 받은 자는 교섭할 권한이 있으므로 단체교섭의 담당자가 될 수 있다. 단체교섭은 단체협약을 체결하는 것을 궁극적인 목적으로 하고 있기 때문에 단체교섭을 담당하는 자는 단체협약을 체결할 권한까지도 행사할 수 있다.[35]

단체교섭을 요구할 수 있는 지위는 노동조합의 자격을 가진 근로자단체이면 차별 없이 부여되어야 하므로 유일교섭단체조항을 두거나 배타적 교섭조항을 이유로 어느 노동조합의 단체교섭을 거부하지 못한다. 따라서 사용자가 유일교섭단체조항 또는 배타적 교섭조항으로 정당한 단체교섭을 거부하면 부당노동행위로 인하여 형사처벌을 받을 수 있다.

하나의 사업 또는 사업장에서 복수의 노동조합이 허용됨에 따라 사용자와 노동조합의 단체교섭절차에도 종전과 다른 절차가 도입되었다. 하나의 사업 또는 사업장에서 조직형태에 관계없이 근로자가 설립하거나 가입한 노동조합이 2개 이상인 경우 노동조합은 대통령령으로 정하는 기한 내에 자율적으로 교섭대표노동조합을 정하여 교섭을 요구하여야 한다. 동일한 사업장에서 복수노조가 있는 경우 교섭창구단일화제도에 따라 단체교섭에서 교섭대표가 된 노조에만 단체교섭권을 부여하는 것은 교섭대표 노동조합이 되지 못한 노동조합의 단체교섭권을 침해하지 않는다는 것이 헌법재판소의 견해이다.[36]

나. 단체교섭권의 내용

정당한 단체교섭의 요구에 대하여 사용자는 이를 거부할 수 없으며, 사용자가 정당한 이유 없이 단체교섭을 거부하거나 해태하면 단체교섭권을 침해하는 부당노동행위가 되어(노동조합 및 노동관계조정법 제81조 제3호) 형사책임이나 손해배상책임을 지게 되며, 사용자의 교섭거부로 근로자가 쟁의행위를 하는 경우에 정당한 이유가 있는 것으로 된다.

단체교섭의 결과인 단체협약은 노사간의 분쟁을 해결하는 자치규범으로서의 효력을 가지며(노동조합 및 노동관계조정법 제33조) 법적으로 보호를 받는다. 근로조건의 향상을 위한 근로자 및 단체의 본질적인 활동의 자유인 단체교섭권에는 단체협약체결권이 포함되어 있다.[37]

단체교섭사항은 영미법상 분류체계에서 금지교섭대상, 의무교섭대상 그리고 임의교섭대상으로 구분된다. 근로자와 사용자는 단체교섭의 범위를 선정하는 것에 가장 큰 관심사를 갖고 있으며, 그 대상을 어디까지 설정할 것인가는 끝없는 이해대립의 장이다. 특히 사용자가 행사하는 '경영상 판단'[38]이 어디까지 허용될 것이며, 그것은 아무런 한계 없이 사용자의 권한에 전속되는 것인가를 규명할 필요가 있는데, 이는 현실적으로 매우 어려운 문제로 대두되고, 이에

---

34) 김형배(주 29), 731.
35) 헌재 1998. 2. 27. 94헌바13등(병합).
36) 헌재 2012. 4. 24. 2011헌마338.
37) 헌재 1998. 2. 27. 94헌바13등(병합).
38) 김진곤(주 3), 113-115.

대한 다툼은 단체교섭의 과정에서 흔히 나타나는 대립적 사항이다.

단체교섭은 근로조건의 유지·개선을 위한 것이므로 근로조건과 무관한 사항은 단체교섭의 대상에서 제외된다. 경영권이나 인사권에 속하는 사항은 원칙적으로 단체교섭의 대상이 될 수 없지만, 근로자들의 근로조건이나 지위에 직접 관련되거나 그것에 중대한 영향을 미치는 경영·인사사항은 그 한도 내에서 단체교섭의 대상이 된다는 견해가 있다.[39] 판례도 대체로 경영권이나 인사권은 단체교섭의 대상이 될 수 없다는 입장이다. 대법원은 '한일개발'노동조합사건에서 피고회사가 시설관리사업부를 폐지하기로 결정한 것은 경영주체의 경영의사결정에 의한 경영조직의 변경에 해당하여 그 폐지결정 자체는 단체교섭의 대상이 될 수 없다고 판시하였다.[40] 그 후 "정리해고나 사업조직의 통폐합 등 기업의 구조조정의 실시여부는 경영주체에 의한 고도의 경영상 결단에 속하는 사항으로서 이는 원칙적으로 단체교섭의 대상이 될 수 없고, 그것이 긴박한 경영상의 필요나 합리적인 이유 없이 불순한 의도로 추진되는 등의 특별한 사정이 없는 한, 노동조합이 실질적으로 그 실시 자체를 반대하기 위하여 쟁의행위에 나아간다면, 비록 그 실시로 인하여 근로자들의 지위나 근로조건의 변경이 필연적으로 수반된다고 하더라도 그 쟁의행위는 목적의 정당성을 인정할 수 없다"고 판시하였다.[41]

다. 단체교섭권의 제한

헌법 제33조 제1항이 보장하는 단체교섭권은 어떠한 제약도 허용되지 아니하는 절대적인 권리가 아니라 헌법 제37조 제2항에 의하여 공익상의 이유로 제한이 가능하며, 그 제한은 노동기본권의 보장과 공익상의 필요를 구체적인 경우마다 비교형량하여 양자가 서로 적절한 균형을 유지하는 선에서 결정된다는 것이 우리 헌법재판소의 견해이다.[42]

우리 헌법 제33조 제2항에서 공무원은 법률이 정하는 자에게만 근로3권이 보장된다고 규정한다. 이에 따라 공무원의 단체교섭권은 법률이 정하는 경우에만 인정되며, 개별 법률에서 이를 제한적으로 인정하고 있다. 예를 들어 교원의 노동조합설립 및 운영 등에 관한 법률 제7조 제1항은 " … 단체협약의 내용 중 법령·조례 및 예산에 의하여 규정되는 내용과 법령 또는 조례에 의하여 위임을 받아 규정되는 내용은 단체협약으로서의 효력을 가지지 아니한다"고 정하고 있다. 따라서 공무원과 교원은 각각 공무원노조법 제10조와 교원노조법 제7조에 의하여 단체교섭에 일정한 한계가 규정되고 있다.

39) 계희열(주 10), 758.
40) 대판 1994. 3. 25. 93다30242.
41) 대판 2002. 2. 26. 99도5386; 2003. 12. 11. 2001도3429.
42) 헌재 2004. 8. 26. 2003헌바28.

4. 단체행동권

가. 단체행동권의 의의

단체행동권은 노동쟁의가 발생한 경우에 쟁의행위를 할 수 있는 쟁의권을 말한다. 노동조합 및 노동관계조정법에서 "쟁의행위라 함은 파업·태업·직장폐쇄 기타 노동관계 당사자가 그 주장을 관철할 목적으로 행하는 행위와 이에 대항하는 행위로서 업무의 정상적인 운영을 저해하는 행위를 말한다"고 규정하고 있다(법 제2조 제6호). 근로자와 사용자는 단체교섭을 한 후 단체협약을 체결하는 것이 궁극적인 목적인데도, 당사자가 성실하게 교섭절차를 진행하였어도 더 이상 의견일치를 보이지 않는 경우 교섭을 중단하고 근로자는 단체행동을 할 수 있다. 그러므로 단체행동권은 성실한 단체교섭을 진행한 후 최후 보충적으로 행사되어야 하는 권리이다.

또한 교원 또는 공무원, 법률이 정하는 주요방위산업체의 근로자는 일반 근로자와 달리 단체행동권의 인정 여부나 행사범위에서 일정한 추가적 제한이 입법자의 선택에 의하여 도입될 여지가 있다. 입법자는 교원노조법, 공무원노조법 그리고 방위사업법에서 단체행동권에 관하여 규정하고 있다.

나. 단체행동권의 주체

(1) 근로자와 사용자

단체행동권의 주체는 근로자 개개인이다. 그렇지만 근로자는 다른 근로자와 단결하여 쟁의행위를 하는 것이 일반적이기 때문에 실질적으로 그 주체는 노동조합이나 근로자단체이다.[43]

사용자도 단체행동권의 주체가 될 수 있는가가 문제된다. 노동조합 및 노동관계조정법 제46조에서 쟁의행위의 하나로 직장폐쇄를 예시하고 있기 때문이다. 사용자는 이 법에 따라 쟁의행위의 당사자가 되기는 하지만, 사용자의 직장폐쇄는 근로자 측의 부당한 쟁의행위에 대항하기 위한 수단으로서 노사균형론의 입장에서 인정되는 것일 뿐이며 단체행동권으로서의 성질을 가지는 것은 아니다.[44] 사용자가 쟁의행위로서 할 수 있는 방법이 직장폐쇄인데, 이 방법은 헌법 제33조의 근로3권에서는 규정하지 않고 있을 뿐만 아니라 근로3권의 주체는 이미 근로자임을 전제하고 있으므로 이를 근거로 허용되는 수단은 아니다. 그렇다면 쟁의행위의 한 방법인 직장폐쇄가 헌법의 어느 조항을 근거로 긍정 또는 부정될 것인가? 비록 근로3권의 범주에 직장폐쇄가 포섭되지 않더라도 우리 헌법질서에서 직장폐쇄권이 부인되는 것은 아니다. 다만 그것이 어느 조항을 근거로 설명할 수 있을 것인가에 초점이 모아져 있다. 첫째, 헌법 제23조 제1항의 재산권 규정과 헌법 제119조 제1항의 경제조항에서 그 근거를 찾는 견해가 있다.[45] 둘째, 우리 헌법의 근로3권의 주체는 근로자이기 때문에 헌법 제15조 직업의 자유의 내용인 영업의

---

43) 계희열(주 10), 759.
44) 권영성(주 5), 675.
45) 권영성(주 5), 677. 그리고 이준일, 헌법학강의, 홍문사, 2007, 830에서는 재산권 조항 하나만을 들고 있다.

자유에서 찾는 견해가 있다.[46] 이 둘의 견해가 그 헌법적 근거를 달리하여 설명되고 있지만 헌법질서 속에서 사용자의 직장폐쇄권은 도출될 수 있는 것으로 보고 있다.

다. 단체행동의 유형

단체행동권의 구체적인 행사방법으로는 동맹파업·태업·보이콧·피케팅 등이 있다. 파업은 근로자들이 집단적으로 노무제공을 거부하여 업무의 운영을 저해하는 것을 말하며, 태업은 의식적으로 평소보다 작업능률을 떨어뜨리거나 특정한 업무를 거부하여 노무를 불완전하게 제공하는 것을 말한다. 보이콧은 조합원, 소비자 또는 다른 기업을 대상으로 쟁의중인 기업의 생산품의 불매 내지 거래의 중단을 호소하는 것을 말한다. 그 밖에도 파업과 같은 주된 쟁의행위의 실효성을 높이는 것으로 다른 근로자 및 일반 시민에게 쟁의중임을 알려 근로자에게 유리한 여론을 형성하거나 쟁의행위에서의 근로자의 이탈을 방지하고 대체근로를 저지하기 위해 필요한 장소에 감시하는 인원을 배치하거나 사업장의 출입통행에 제한을 가하는 방법으로 피케팅 등이 있다.

특히 가장 강력한 효력을 발휘하는 파업권의 행사는 모든 근로관계를 잠정적으로 정지시키기 때문에 그 방법 또한 다양하게 선택된다. 근로자는 사업 또는 사업장의 근로제공 전부를 거부하는 전면파업을 실행하거나, 어느 사업 또는 사업장의 일부분에 대한 근로제공만 거부하는 부분파업을 할 수도 있다. 또한 파업을 하다가 중단한 후 다시 파업을 하는 형태로 진행을 할 수 있다. 그러나 파업을 한 기간에 대한 임금지급의 문제에서 사용자는 근로관계의 중단으로 그 기간의 임금을 지급할 의무도 없으며, 근로자는 이 기간의 임금지급을 목적으로 쟁의행위를 할 수 없다.

라. 쟁의행위의 한계

쟁의행위의 결정은 민주적으로 하여야 하며 조합원의 찬반투표에 따라 결정되어야 한다. 쟁의행위는 그 목적·방법 및 절차에 있어서 법령 기타 사회질서에 위반하여서는 아니된다(노동조합 및 노동관계조정법 제37조). 헌법상 보장되고 있는 쟁의행위라고 하여도 그것이 어느 경우에나 절대적으로 보장되는 것을 의미하지는 않는다고 할 것이므로 그 정당성이 전제되어야 한다. 정당한 쟁의행위라 함은 그 '주체'가 단체교섭의 주체가 될 수 있는 자라야 하고, 그 '목적'이 근로조건의 향상을 위한 노사간의 자치적 교섭을 조성하는데 있어야 하며, 사용자가 근로자의 근로조건 개선에 관한 단체교섭의 요구를 거부하였을 때 개시하되 특별한 사정이 없는 한 조합원의 찬성결정과 법에서 정하는 쟁의발생 신고를 거쳐야 한다. 그리고 그 수단과 방법이 사용자의 재산권과 조화를 이루어야 함을 물론 폭력행사에 해당하지 않는 것이어야 한다.[47]

정치적인 주장을 하거나 이를 관철시키기 위한 파업이 허용되는가가 문제되고 있다. 정치

---

46) 전광석, 한국헌법론, 집현재, 2013, 417.
47) 헌재 1996. 12. 26. 90헌바19등(병합).

파업은 '순수한 정치파업'과 '산업적 정치파업'으로 구분할 수 있으며, 순수한 정치파업은 허용될 수 없지만, 산업적 정치파업은 노동관계법령의 개폐 등이 근로자의 근로조건과 밀접한 관련을 지니고 있으면 허용될 수 있다고 본다.[48]

노동조합이 사용자의 의사에 반하여 생산수단을 자기 지배하에 두고 경영까지 장악하는 생산관리가 쟁의행위로서 허용될 수 있는지에 관하여 학설이 대립하고 있지만, 생산수단을 근로자들이 직접 지배하는 정도에 이르는 것은 사유재산권을 부정하는 것으로 헌법상 허용될 수 없다고 이해되고 있다.[49]

그리고 사용자는 쟁의행위의 당사자로서 직장폐쇄권을 행사할 수 있다. 사용자에게 이를 인정하더라도 직장폐쇄권은 일정한 한계 안에서 행사되어야 한다. 우선 사용자는 근로자의 쟁의행위에 대항하는 방편으로서 방어적·대항적 직장폐쇄만 가능한 것이지, 공격적·선제적 직장폐쇄를 할 수 있는 것은 아니다. 그리고 사용자는 직장폐쇄를 하는 경우라도 미리 행정관청 및 노동위원회에 각각 신고하여야 한다. 사용자의 직장폐쇄권은 실체적인 면뿐만 아니라 절차적인 면에서도 일정한 제한이 이루어지고 있다. 근로자 개인에게는 생산활동에 참여할 수 없게 되고, 기업의 측면에서는 생산중단으로 기업 본연의 업무를 중지하게 되므로 막대한 손실을 감수하게 하여 경제적 손실을 떠안아야 하는 문제로 확장되기 때문이다. 그것은 국민경제라는 부분에서도 부정적인 현상을 가져오게 한다.

마. 정상적인 쟁의행위의 효과

(1) 개   요

쟁의행위는 업무의 저해라는 속성상 그 자체로 여러 가지 범죄의 구성요건에 해당할 수 있음에도 불구하고 그것이 정당성을 가지는 경우에는 형사책임이 면제되며 민사상 손해배상책임도 발생하지 않는다. 이것은 헌법 제33조의 근로3권에 당연히 포함된 내용이며, 노동조합 및 노동관계조정법에서 이를 명문으로 확인하고 있다.[50]

단체행동은 주로 파업으로 나타나게 되는데, 이러한 파업은 순수하게 보면 근로자와 사용자 사이에 체결된 계약의 불이행으로서 채무불이행에 해당하지만 헌법이 근로3권의 내용으로서 단체행동권을 보장하고 있기 때문에 의사관철의 수단으로 허용될 수 있다. 다만 근로자는 파업권을 행사할 때에 일정한 목적, 방법, 절차상 한계를 준수하여야 한다.

(2) 형사책임의 면제

근로자의 근로조건을 유지·개선하고 경제적·사회적 지위의 향상을 위한 정당한 쟁의행위에 대하여는 형법 제20조의 정당행위의 규정을 적용하여 형사상의 처벌을 하지 않는다(노동조합 및 노동관계조정법 제4조). 다만 어떠한 경우에도 폭력이나 파괴행위는 정당한 행위로 해석되

---

48) 정종섭(주 5), 593.
49) 정종섭(주 5), 592; 허영(주 5), 537.
50) 헌재 2010. 4. 29. 2009헌바168.

지 않는다(동법 제4조 단서). 그런데 정당한 쟁의행위가 어떤 이론적 근거에서 형사상 면책되는 가에 대하여 의견이 나뉘고 있다.[51] 첫째, 근로자의 채무불이행 등은 구성요건에 해당하지만 그 위법성이 조각된다는 견해가 있다. 둘째, 정당한 쟁의행위는 시민법에 접목된 하나의 예외적이고 합법적인 사회현상이 아니라 노동법에 의하여 독자적 성격과 고유한 가치가 승인된 원칙적으로 합법적인 행동유형이라고 보아 구성요건해당성을 조각한다고 보는 견해가 있다. 우리 대법원은 위법성조각사유의 하나로 인식하고 있다.

따라서 대법원은 쟁의행위의 정당성을 판단하는 기준으로서 다음의 사유를 제시하고 있다.[52] 첫째, 단체교섭의 주체로 될 수 있는 자에 의하여 행해진 것이어야 한다. 둘째, 노사의 자치적 교섭을 조성하기 위하여 하는 것이어야 한다. 셋째, 사용자가 근로자의 근로조건의 개선에 관한 구체적 요구에 대하여 단체교섭을 거부하거나 단체교섭의 자리에서 그러한 요구를 거부하는 회답을 했을 때에 개시하되, 특별한 사정이 없는 한 원칙적으로 사전신고를 거쳐서 행하여야 한다. 넷째, 쟁의권의 행사방법은 노무의 제공을 전면적 또는 부분적으로 정지하는 것이어야 함은 물론 공정성의 원칙에 따라야 할 것임은 노사 관계의 신의칙상 당연하며, 사용자의 기업시설에 대한 소유권 기타의 재산권과도 조화를 기해야 하고, 폭력의 행사는 신체의 자유, 안전이라는 법질서의 기본원칙에 반하는 것이므로 허용될 수 없다.

그러나 정당한 쟁의행위가 아닌 경우에 그것이 폭행·협박 등의 수단을 사용하지 않았더라도 위력에 의한 업무방해죄의 구성요건에 해당할 수 있다.[53] 헌법재판소는 형법 제314조의 업무방해죄에 대한 사안에서 "파업 등의 쟁의행위는 본질적·필연적으로 위력에 의한 업무방해의 요소를 포함하고 있어 폭행·협박 또는 다른 근로자들에 대한 실력행사 등을 수반하지 아니하여도 그 자체만으로 위력에 해당하므로, 정당성이 인정되어 위법성이 조각되지 않는 한 업무방해죄로 형사처벌할 수 있다"는 대법원의 논리를 긍정하고 있다.

(3) 민사책임의 면제

노동조합 및 노동관계조정법 제3조에서 사용자는 단체교섭 또는 쟁의행위로 인하여 손해를 입은 경우에 노동조합 또는 근로자에 대하여 그 배상을 청구할 수 없다고 규정하여 민사상의 책임을 면제하고 있다. 또한 사용자는 정당한 단체행위에 참가한 것을 이유로 해고하거나 근로자에게 불이익을 주는 행위를 하지 못한다(동법 제81조 제5호).

5. 공무원의 근로3권과 노사관계

가. 개   요

헌법 제33조 제2항에서 공무원인 근로자는 법률이 정하는 자에 한하여 단결권·단체교섭

---

51) 김형배(주 29), 815.
52) 대판 1990. 5. 15. 90도357.
53) 헌재 1998. 7. 16. 97헌바23.

권·단체행동권을 가진다고 규정하고 있으며, 국가공무원법은 공무원의 노동운동을 금지하면서, 사실상 노무에 종사하는 공무원은 예외로 한다고 규정하여 사실상 노무에 종사하는 공무원에 대해서만 단결권·단체행동권·단체교섭권을 인정하고 있다.

공무원이 근로자임에는 틀림없지만 일반 근로자와 동등한 수준에서 근로3권을 보장받아야 하느냐에 대해서는 다른 논의가 가능하다. 공무원 중 근로3권을 보장할 공무원의 범위나 근로3권을 긍정하더라도 세 권리를 모두 인정할 것인지 아니면 부분적으로 보장할 것인지는 입법자의 형성대상으로 남아 있다.[54] 따라서 입법자는 헌법이 보장한 내용에 따라 법률의 단계에서 노동조합의 가입범위, 근로3권의 보장범위에 대하여 일정한 입법재량권을 행사할 수 있다.

그런데 현행 법체계를 보면, 공무원 가운데 사실상 노무에 종사하는 자는 근로3권을 모두 행사할 수 있지만, 공무원노조법에 의하여 노조가입이 허용되는 공무원은 단결권과 단체교섭권만 행사할 수 있다. 그 외 공무원은 노동조합에 가입할 수 없기 때문에 근로3권을 모두 행사할 수 없다. 공무원노조법은 공무원의 직급에 따라 노조가입의 범위를 설정하고 있다.[55]

나. 사실상 노무에 종사하는 자

국가공무원법은 사실상 노무에 종사하는 공무원의 범위를 국회규칙·대법원규칙·헌법재판소규칙·중앙선거관리위원회규칙 또는 대통령령에서 정하도록 위임하고 있는데(국가공무원법 제66조 제2항), 국가공무원 복무규정 제28조에서 사실상 노무에 종사하는 공무원이라 함은 미래창조과학부 소속 현업기관의 작업 현장에서 노무에 종사하는 우정직공무원(우정직공무원의 정원을 대체하여 임용된 일반임기제공무원 및 시간선택제일반임기제공무원을 포함한다)을 말한다고 규정하고 있다. 다만 서무·인사 및 기밀업무에 종사하는 자, 경리 및 물품출납 사무에 종사하는 자, 노무자의 감독 사무에 종사하는 자, 보안업무규정에 의한 보안목표시설의 경비업무에 종사하는 자, 승용자동차 및 구급차의 운전에 종사하는 자는 제외한다.

헌법재판소는 사실상 노무에 종사하는 공무원 이외의 공무원의 단결권·단체교섭권·단체행동권을 부인하는 국가공무원법 제66조 제1항에 대하여 합헌이라고 판시하였다.[56] 그러나 모든 공무원에 대하여 일률적으로 쟁의행위를 금지하여 사실상 노무에 종사하는 공무원에 대하여도 쟁의행위를 금지하고 있는 구 노동쟁의조정법 제12조 제2항에 대하여는 헌법불합치결정을 하였다.[57]

다. 공무원의 노동조합과 근로3권

공무원노조법의 적용을 받는 공무원의 범위는 국가공무원법 제2조 및 지방공무원법 제2조

---

54) 전광석(주 46), 417.
55) 헌법재판소는 공무원노조법상의 노조가입범위, 단체교섭권, 교섭의 절차, 단체협약의 효력, 쟁의행위금지 및 벌칙 규정 등을 합헌결정했다. 헌재 2008. 2. 26. 2005헌마971.
56) 헌재 1992. 4. 28. 90헌바27등(병합).
57) 헌재 1993. 3. 11. 88헌마5.

에서 규정하고 있는 공무원을 말하며, 국가공무원법 제66조 제1항 단서 및 지방공무원법 제58조 제1항 단서의 규정에 의한 사실상 노무에 종사하는 공무원과 교원의 노동조합설립 및 운영 등에 관한 법률의 적용을 받는 교원인 공무원을 제외한다.

이 법에서는 공무원의 단결권과 단체교섭권은 인정한다. 다만 정책결정에 관한 사항이나 임용권의 행사 등 그 기관의 관리·운영에 관한 사항으로서 근무조건과 직접 관련 없는 사항은 교섭대상이 될 수 없다(법 제8조).

노동조합에 가입할 수 있는 공무원의 범위는 6급 이하의 일반직공무원 및 이에 상당하는 일반직공무원, 특정직공무원 중 6급 이하의 일반직공무원에 상당하는 외무행정·외교정보관리직공무원, 6급 이하의 일반직공무원에 상당하는 별정직공무원이며, 다른 공무원에 대하여 지휘·감독권을 행사하거나 다른 공무원의 업무를 총괄하는 업무에 종사하는 공무원, 인사·보수에 관한 업무를 수행하는 공무원 등 노동조합과의 관계에서 행정기관의 입장에 서서 업무를 수행하는 공무원, 교정·수사 그 밖에 이와 유사한 업무에 종사하는 공무원, 업무의 주된 내용이 노동관계의 조정·감독 등 노동조합의 조합원으로서의 지위를 가지고 수행하기에 적절하지 아니하다고 인정되는 업무에 종사하는 공무원 등은 노동조합에 가입할 수 없다(법 제6조). 헌법재판소는 5급 이상 공무원의 노동조합가입을 금지하고, 나아가 6급 이하의 공무원 중에서도 '지휘감독권 행사자', '업무총괄자', '인사·보수 등 행정기관의 입장에 서는 자', '노동관계의 조정·감독 등 업무종사자' 등의 가입을 금지하는 공무원노조법은 공무원의 단결권을 침해하지 않는다고 결정하였으며,[58] 소방공무원을 노조가입대상에서 제외한 규정도 합헌으로 결정하였다.[59]

공무원이 노동조합을 설립하고자 하는 경우에는 국회·법원·헌법재판소·선거관리위원회·행정부·특별시·광역시·도·시·군·구(자치구를 말한다) 및 특별시·광역시·도의 교육청을 최소단위로 하며, 고용노동부장관에게 설립신고서를 제출하여야 한다(법 제5조).

이 법의 규정은 공무원이 공무원직장협의회의 설립·운영에 관한 법률에 의하여 직장협의회를 설립·운영하는 것을 방해하지 아니한다(법 제17조). 공무원직장협의회는 공무원노조와 달리 노동조합의 기능을 하는 것은 아니며, 공무원의 노사관계에서 발생할 수 있는 여러 문제들을 논의할 수 있는 협의체기구에 해당한다. 그러므로 공무원직장협의회가 노동조합처럼 단체교섭을 할 수 있는 것은 아닐 뿐만 아니라 단체협약을 체결할 수 있는 것도 아니다.

라. 공무원직장협의회와 공무원의 노사관계

공무원의 근무환경 개선·업무능률 향상 및 고충처리 등을 위한 직장협의회의 설립 및 운영에 관한 기본적인 사항을 규정하는 것을 목적으로 공무원직장협의회의 설립·운영에 관한 법률을 두고 있다.

국가기관·지방자치단체 및 그 하부기관에 근무하는 공무원은 직장협의회를 설립할 수 있

---

58) 헌재 2008. 12. 26. 2005헌마971.
59) 헌재 2008. 12. 26. 2006헌마462.

다. 직장협의회에 가입할 수 있는 공무원으로는 6급 이하의 일반직공무원 및 이에 준하는 일반직공무원, 특정직공무원 중 재직경력 10년 미만의 외무영사직렬·외교정보기술직렬 외무공무원, 제1호의 일반직공무원에 상당하는 별정직공무원 등이며(법 제3조), 노동운동이 허용되는 공무원과 지휘·감독의 직책이나 인사·예산·경리·물품출납·비서·기밀·보안·경비 또는 자동차 운전 기타 이와 유사한 업무에 종사하는 공무원은 협의회에 가입할 수 없다.

일반근로자의 경우에 집단적 노사관계에 관한 노동쟁의에 대한 문제는 주로 노동조합 및 노동관계조정법에 따라 규율되고, 노사간의 건의·협의나 고충처리 등에 관한 문제는 근로자참여 및 협력증진에 관한 법률에 근거하여 해결되고 있다. 그런데 공무원의 경우는 전자의 경우는 공무원의 노동조합 설립 및 운영 등에 관한 법률에 의하여 규율되고, 그 밖의 공무원 노사관계는 공무원직장협의회의 설립·운영에 관한 법률에 따라 해결될 수 있는 구조를 갖고 있다.

6. 주요방위산업체 종사자의 단체행동권

헌법 제33조 제3항에 따르면 법률이 정하는 주요 방위산업체에 종사하는 근로자의 단체행동권은 법률에 의하여 제한 또는 부정될 수 있다. 방위산업체에 대한 근로3권의 제한은 법률이 정하는 주요방위산업체의 근로자에 한정되며, 제한되는 기본권도 단체행동권만이 제한된다.[60]

"방위산업에 관한 특별조치법"에서 방위산업체의 지정제를 두고 있었으나, 2006년 1월에 폐지되면서 방위사업법으로 제정되었다. 방위사업법 제3조에서 방위산업이라 함은 방위산업물자를 생산하거나 연구개발하는 업을 말하며, 방위산업체란 방위산업물자를 생산하는 업체로서 이 법 제35조의 규정에 의하여 방위산업체로 지정된 업체를 말한다고 규정하고 있다(제3조 제8호, 제9호).

방위사업법 제35조에서는 방위산업체의 지정에 관하여 규정하고 있다. 방산물자를 생산하고자 하는 자는 대통령령이 정하는 시설기준과 보안요건 등을 갖추어 산업통상자원부장관으로부터 방산업체의 지정을 받아야 한다. 이 경우 산업통상자원부장관은 방산업체를 지정함에 있어서 미리 방위사업청장과 협의하도록 규정하고 있다. 산업통상자원부장관이 방위산업체를 지정하는 경우에는 주요방산업체와 일반방위산업체로 구분하여 지정한다. 총포류 그 밖의 화력장비, 유도무기, 항공기, 함정, 탄약, 전차·장갑차 그 밖의 전투기동장비, 레이더·피아식별기 그 밖의 통신·전자장비, 야간투시경 그 밖의 광학·열상장비, 전투공병장비, 화생방장비, 지휘 및 통제장비, 그 밖에 방위사업청장이 군사전략 또는 전술운용에서 중요하다고 인정하여 지정하는 물자를 생산하는 업체를 주요방위산업체로 그 밖에 방산물자를 생산하는 업체를 일반 방위산업체로 지정하도록 규정하고 있다.

노동조합 및 노동관계조정법 제41조 제2항에서 방위사업법에 의하여 지정된 주요방위산업체에 종사하는 근로자 중 전력, 용수 및 주로 방산물자를 생산하는 업무에 종사하는 자는 쟁의

---

60) 김진곤(주 3), 273 이하.

행위를 할 수 없도록 규정하고 있다. 이들 근로자가 쟁의행위를 할 수 없게 한 이유는 국가방위와 관련된 사업이나 업무에서 중요 방산물자의 생산이 중단되는 경우에 국가의 계속성을 보장하는 데 어려움이 있을 수 있으며, 남북분단상황에서 국가안보는 매우 중대한 헌법적 보호가치에 해당하기 때문이다.

헌법재판소와 대법원은 근로3권의 보장을 확대하기 위하여 주요방위산업체의 지정기준에 관하여 실질적인 기준에 한정적으로 운용해야 한다는 입장이다. 대법원은 "헌법 제37조 제2항이 규정하는 기본권제한입법의 필요성과 한계성에 비추어 볼 때에, 방위산업체의 지정을 받은 업체라고 하더라도 방산물자 생산을 일시 중단하거나 휴지한 것이 아니라 방산물자 생산을 포기하고 그 생산조직과 활동을 폐지하여 방산물자생산업체로서의 실체가 없어진 경우에는 형식상 방위산업체지정처분이 미처 취소되지 않은 채 남아 있다고 하더라도 노동쟁의조정법 제12조 제2항의 쟁의행위제한규정을 적용한 방위산업체에 해당하지 않는다"라고 판시하였다.[61] 또한 헌법재판소는 "쟁의행위가 금지되는 '방위산업체에 종사하는 근로자'의 범위를 방산물자의 생산이라는 실질적인 기준에 따라 주요방산물자를 직접 생산하거나 생산과정상 그와 긴밀한 연계성이 인정되는 공장에 속하는 근로자에 한정함으로써 해석상 그 범위의 제한이 가능하다고 볼 것이고, 그러한 해석이 현행 헌법이 근로 3권을 대폭 신장하는 방향으로 나아가면서도 단체행동권의 제한 또는 금지의 대상을 주요방산업체에 종사하는 근로자로 보다 한정하고 있는 취지에 부합된다고 할 것이므로, 주요방산업체가 보유한 공장 중 방산물자생산과 무관한 공장에 종사하는 근로자의 단체행동권은 이 법 제12조 제2항에 의하여 제한을 받지 않는다고 할 것이다"라고 판시하였다.[62]

V. 근로3권의 효력

근로3권은 대국가적 효력을 갖는다. 근로3권을 행사함에 있어서 국가권력의 방해나 간섭 또는 제재를 받지 않으며, 국가에 대하여 적극적인 조치(법적 보호)를 요구할 수 있다.

근로3권은 사인에 대하여도 효력을 갖는다. 근로3권은 근로자와 사용자 사이에 적용되는 것을 전제로 하는 기본권이기 때문이다. 근로3권이 대사인적 효력을 갖는 경우에도 사인간에 직접 적용되는 것인가는 견해가 대립하고 있다. 원칙적으로 헌법상의 기본권 규정은 사인간에 있어서는 간접적으로 적용될 것이지만, 권리의 내용상 근로자 대 사용자라는 사인간의 관계에 관한 것이 명백한 근로3권과 같은 경우에는 사인간에도 직접 적용되는 현실적·구체적 권리의 성격을 갖는다는 견해,[63] 근로3권 규정은 사인에 대하여도 직접 또는 간접으로 적용될 수 있으

---

61) 대판 1991. 1. 15. 90도2278.
62) 헌재 1998. 2. 27. 95헌바10.
63) 권영성(주 5), 679.

며, 직접 적용하느냐 간접 적용하느냐의 문제는 원칙적으로 구체적인 상황에 따라 판단할 문제라는 견해[64]로 갈린다.

VI. 관련문헌

계희열, 헌법학(중), 박영사, 2004.

권영성, 헌법학원론, 법문사, 2007.

김진곤, "헌법상 노동3권의 보호와 제한에 관한 연구 — 공공 서비스를 제공하는 근로자를 중심으로 — ," 연세대학교 박사학위논문(2007).

김철수, 헌법학개론, 박영사, 2007.

김형배, 노동법, 박영사, 2007.

문홍주, 한국헌법, 해암사, 1987.

성낙인, 헌법학, 법문사, 2013.

이준일, 헌법학강의, 홍문사, 2007.

전광석, 한국헌법론, 집현재, 2013.

장영수, 기본권론(헌법학II), 홍문사, 2003.

정종섭, 헌법학원론, 박영사, 2007.

허 영, 한국헌법론, 박영사, 2013.

---

64) 계희열(주 10), 766.

헌법 제34조

[이 덕 연]

第34條

① 모든 國民은 人間다운 生活을 할 權利를 가진다.

② 國家는 社會保障·社會福祉의 增進에 노력할 義務를 진다.

③ 國家는 女子의 福祉와 權益의 향상을 위하여 노력하여야 한다.

④ 國家는 老人과 靑少年의 福祉向上을 위한 政策을 실시할 義務를 진다.

⑤ 身體障碍者 및 疾病·老齡 기타의 사유로 生活能力이 없는 國民은 法律이 정하는 바에
의하여 國家의 보호를 받는다.

⑥ 國家는 災害를 豫防하고 그 위험으로부터 國民을 보호하기 위하여 노력하여야 한다.

I. 기본개념과 입헌취지

　　자유와 평등의 조화가 정의이념의 핵심이라고 한다면, 사회국가원리 또는 복지국가원리는 정의의 구현이라는 국가목적의 당위성을 확인하는 동시에 그에 따른 국가와 사회의 윤곽질서의 설계와 구체적인 실천에 대한 지침과 과제를 제시하는 헌법원리이다. 오늘날 사회보장은 기본적인 이념적 스펙트럼의 설정과는 무관하게 보편적으로 국가의 대표적인 과제이고, 사회보장법은 정치·경제·사회·문화적 배경과 환경에 따라 상이한 현대 국가의 사회문제에 대한 법 및 정책적 대응의 산물이다. 이에 따른 차이에도 불구하고, 본질적으로 과거의 사회문제와는 본질과 구조가 다른 현대 국가의 사회문제, 그리고 그 속에서 생활을 영위하는 개인의 사회 또는 시장의존성이라는 공통점에 초점을 맞추어서 헌법이론적으로 말하자면 사회보장법은 '국가의 기본권보호의무'의 입법 및 제도적 이행의 산물이라고 할 수 있다.

　　현대 국가의 사회문제는 오랜 기간의 지체 끝에 때로는 점진적으로, 때로는 급격하게 발전해 온 장구한 정의이념의 역사와 그 실현의 도정에 비추어 보면, 자유와 평등의 관계 속에서 적어도 정치경제적 현실과 연계된 구체적인 규범적 실천의 차원에서 균형구도를 지향하게 된 것은 자본주의의 문제점과 폐단이 극명하게 드러나고, 그에 대한 반성과 극복의 대안이 불가피하게 된 19세기 중후반 이후부터였다고 할 수 있다.

　　진영을 같이 하여 두 차례의 세계대전을 겪으면서 거의 20세기 내내 진행된 자본주의와 공산주의의 체제경쟁은 '역사의 종언'을 선언할 정도로 세기 후반에 전자의 승리로 판가름이 났지만, 이 승부의 내용이 자유와 평등에 대한 양자택일이 전제된 이념적 대립 구도 속에서 자유이념이 일방적이고 전면적으로 승리한 결과로 정리될 수 없음은 물론이다. 오히려 절대명제로서 조화와 균형의 당위성을 확인하게 된 것이 전리품의 핵심이고, 이는 곧 자유와 평등의 이념이 함께 이끌어 낸 '역사의 승리'라고 할 수 있고, 사회국가원리는 바로 이 공유의 전리품이 헌법이론적으로 정리되어서 헌법에 수용된 결과물로 이해된다.

　　일제 식민시대의 단절은 별론으로 하더라도, 근대 이후 자유와 평등의 조화를 지향하는 정의이념의 형성과 승리의 역사에 보조를 맞추고 동참하지는 못하였고, 현재까지도 좌우 이데올로기의 체제대립구도를 극복하지 못하고 있지만, 사회정의와 자유와 평등의 조화를 지향하는 사회국가원리는 1948년의 제헌헌법 이래 줄곧 우리 헌법의 근본이념과 기본원리로 채택되어 유지 및 확충되어 왔다. 지난 60년간 비교사례를 찾을 수 없을 정도의 급속한 규범환경의 변화 속에서 양적으로든 질적으로든 여전히 미흡한 수준에서, 특히 사각지대가 적지 않은 개별 사회복지분야에서 사회국가실현의 과제를 남겨 두고 있기는 하지만, 결과적으로 우리 헌법의 선택과 방향설정과 그에 따른 사회보장법적 실천의 과정[1]은 적어도 역사의 큰 흐름에 역행하지 않

---

1) 한국 사회보장법의 형성과 발전에 관해서는 전광석, 한국사회보장법론, 집현재, 2012, 177-212. 전 교수는 '사회보장에 대한 의식과 문제인식의 수준', '사회보장법 적용대상인 국민의 수' 및 '생활위험에 대한 사회

앗다고 평가할 수 있을 것이다.

요컨대, '인간다운 생활을 할 권리'와 함께 사회복지 및 사회보장의 증진에 노력해야 할 국가목적조항 등을 규정하고 있는 현행헌법 제34조는 사회보장제도를 통해서 개인을 각종 생활위험으로부터 보호하고, 모든 국민 개개인이 인간의 존엄을 지키며 생활을 영위할 수 있는 법 및 현실적 조건을 보장하는 것을 목표로 한다. 이러한 보장의 내용은 다양한 생활위험 중 어떤 범주와 종류의 사회적 위험으로부터 어떤 수준에서 개인을 보호할 것인지, 즉 보호의 범위와 내용 및 밀도에 대한 질문에 의해서 구체화되지만, 우선 주목되는 규범적 의의와 효용은 사회적 위험에 대한 국가개입의 정당화와 사회보장의 영역에서 국가의 기본권보호의무를 헌법적으로 확인하고 있다는 점이다. 말하자면, 국가목표로서 사회보장의 명제 자체를 정책적 담론이나 현실적 조건에 따른 가변성으로부터 이격시켜서 헌법적 당위명제로 전제한 동 조항은 사회정의의 이념을 지향하는 우리 헌법체제의 과거와 현재에 대하여 긍정적 평가를 할 수 있게 해주는 '실존적 기호'의 핵심인 동시에, 앞으로 우리 국가와 사회의 발전에 상시적으로 '진보의 동인'을 제공하는 동시에, 발전의 방향과 그에 필요한 제도 및 현실적 조건을 점검하고, 문제인식의 지평을 확대 및 공유하면서 구체적인 실천과제를 확인해 나가는 데 매우 유용한 규범적 지침과 단서이기도 하다.

II. 연   혁

현행헌법 제34조의 시초는 '노령, 질병 기타 근로능력의 상실로 인하여 생활유지의 능력이 없는 자'에 대한 '법률이 정하는 바에 의한 국가보호'를 규정한 제헌헌법(1948) 제19조에서 찾아진다. 또한 제헌헌법은 경제질서에 관해 "모든 국민에게 생활의 기본적 수요를 충족할 수 있게 하는 사회정의의 실현과 균형있는 국민경제의 발전을 기함으로 기본으로 삼는다. 각인의 경제상 자유는 이 한계 내에서 보장된다"고 규정하여(제84조), 사회국가원리와 연계되는 이른바 '사회적 시장경제질서'를 규정하고 있는 현행 헌법 제119조와 대강이 다르지 않은 경제조항을 두었다.

국가목적규정의 형식이 아닌 권리규정으로 '인간다운 생활을 할 권리'와 함께 국가의 '사회보장증진 노력의무'가 처음 규정된 것은 1962년(제5차 개헌) 헌법이었다(제30조 제1, 2항). 그 후 1980년(제8차 개헌) 헌법에서 국가의무로서 '사회보장'에 더하여 '사회복지'의 증진노력이 추가되었다(제32조 제2항).

현행 1987년(제9차 개헌) 헌법은 '여자의 복지와 권익향상'(제3항)과 '노인과 청소년의 복지향상'(제4항), '재해예방과 위험으로부터 보호'(제6항) 등 보호대상별로 비교 입헌례를 찾기 힘들

___

보장법의 포착범위' 등을 기준으로 1961년 이전, 1961-1976년, 1977-1986년, 1987-1997년, 1997-현재까지로 한국 사회보장법 발전역사의 시대를 5단계로 구분하고 있다.

정도로 다양하고 세부적인 사회정책지침을 추가하여 규정하였고, 법률에 의한 보호의 대상인 '생활능력이 없는 국민'을 '신체장애자 및 질병·노령 기타의 사유'로 그 대상을 구체적으로 명기하였다(제5항).[2]

III. 입헌례와 비교법적 의의

사회국가원리 또는 사회적 기본권의 이념적 원천이 정치경제학적 차원에서 구체적으로 표출된 것은 1789년 프랑스대혁명의 전후 시점에서 찾아진다. 시행조차 되지 못하였고, 이른바 입법방침규정의 성격을 넘어서지 못하는 것이었지만 1793년 프랑스헌법은 노동권, 공적부조청구권, 교육을 받을 권리 등을 규정하였고, 그 후 네델란드, 벨기에 등 일부 유럽국가에서 일부 사회적 기본권을 헌법에 수용하였다.[3]

사회보장 및 사회복지에 대한 구체적이고 진지한 관심이 본격적으로 성문헌법에 수용된 최초의 입헌례는 바이마르헌법(1919. 8. 11)이라고 할 수 있다. 동 헌법은 "경제생활의 질서는 개인에게 '인간다운 생활'(menschenwürdiges Leben)을 보장하는 것을 목적으로 하는 정의의 원칙에 합치되어야 한다"(제151조)고 경제기본조항을 규정하였다. 이 조항의 대강은 우리 제헌헌법의 경제조항 제84조에 그대로 원용되었다. 그 외에도 동 헌법은 '건강과 노동력의 유지 및 모성보호, 노화와 질병 및 생활위험에 따른 경제적 피해의 예방'을 위한 "포괄적인 사회보험제도"의 창설(제161조), 실업자에 대한 생활비지급의 구체적인 내용까지 포함한 노동자권리의 보장(제163조), 단결권, 임금과 노동조건 등의 결정에 대한 노동자의 동등한 경영참여권 등 광범위하고 강력한 노동권의 인정(제165조) 등에 대한 근거와 지침을 매우 구체적이고 상세하게 국가목적조항과 기본권 규정에 담았다.[4]

바이마르 헌법과 함께 제헌 이래 우리 헌법에 적지 않은 영향을 미친 현행 일본헌법(쇼와헌법: 1946. 11. 3 제정, 1947. 5. 3 시행) 제25조도 주목되는 입헌례이다. 제1항은 우리 국민기초생활보장법(구 생활보호법)에 원용된 "건강하고 문화적인 최저한도의 생활"을 할 권리를, 제2항은 "모든 생활부문에서 사회복지, 사회보장 및 공중위생의 향상과 증진에 노력"해야 할 국가의 무를 규정하고 있다. 그 외에 1947년의 이태리 헌법도 "자유롭고 품위 있는 생활"을 규정하고 있고(제36조 제1항), 기타 1948년의 세계인권선언 제22조, 1961년의 유럽사회헌장 제12조, 1966년 국제연합의 '경제적·사회적 및 문화적 권리에 관한 규약'(A규약) 제9조, 제11조 등 국제법적으로도 표현은 다르지만 내용상으로는 '인간다운 생활을 할 권리'와 유사한 권리가 인권으로 보

---

2) 우리 법제상 장애인관련 규정의 시초는 1952년에 제정된 전몰군경과상이군경연금법(9. 26. 법률 제256호)이지만, 직접적인 장애복지 관련 최초입법은 1981년 심신장애자복지법이다. 동 법은 1989년에 장애인복지법으로 전문 개정되었고, 1999년의 전문개정을 비롯한 수차례 개정을 통하여 보완되어 시행되고 있다. 상세한 입법연혁은 김두식, "우리 법률상의 장애인식에 대한 비판적 검토," 인권과 정의 314호(2002. 10), 65-66.

3) 이에 관한 상세한 내용은 계희열, 헌법학(중), 박영사, 2007, 700-703.

4) 바이마르 헌법 번역본은 송석윤, 위기시대의 헌법학, 정우사, 2002, 부록 353 이하 참조.

장되고 있다.[5]

　전술한 바와 같이, 우리 현행 헌법은 '인간다운 생활을 할 권리'를 명시적으로 규정하는 대전제와 더불어 '여자', '노인', '청소년', '신체장애자 및 질병·노령 기타의 사유로 인한 생활무능력자' 등 그 대상을 세분화하여 직접 헌법에 복지국가실현과 연관되는 세부적인 국가목표조항을 규정하고 있다. 이에 대한 헌법이론적, 정책적 평가는 별론의 대상이되, 다만 헌법차원에서는 추상적인 사회보장이념을 분명하게 확인하는 데 그치고, 그 구체적인 규범적, 제도적 실현의 수준과 방법은 개방해 놓는,[6] 즉 입법 및 행정적 선택에 맡기는 일반적인 입헌례에 비하면 이례적인 입헌례이다. 전술한 일본헌법과 마찬가지로 사회보장의무를 국가의무로 규정하는 경우에도 추상적이고 포괄적인 국가목표조항의 형식으로 규정하는 것이 일반적인 경향이다. 예컨대, 스페인헌법 제41조는 다음과 같이 규정하고 있다. "공권력의 주체는 모든 시민에 대하여 실업의 경우를 비롯한 곤궁한 경우 그에 상응하는 충분한 공적 부조를 보장하는 공적 사회보장체계를 유지해야 한다. 공적 부조는 무료이다."

Ⅳ. 다른 조문과의 체계적 관계

1. 이념적 추상성과 실현의 개방성 및 규정체계의 복합성

　우선 '인간다운 생활을 할 권리'(제1항)의 일반조항 또는 총칙적 성격의 규정과 함께 객관적인 '국가목적조항'으로 사회보장 및 사회복지의 증진에 노력해야 할 국가의무(제2항)에 관한 규정을 두고, 그 이하에서 '여성의 복지와 권익향상'(제3항), '노인과 청소년의 복지향상'(제4항), '생활능력이 없는 국민의 보호'(제5항) 및 '재해예방과 그 위험으로부터 국민보호'(제6항) 등 일련의 개별적이고 구체적인 사회정책적 지침을 제시하고 있는 헌법 제34조의 헌법적 의의와 법적 효력에 대해서는 논란이 계속되고 있거니와, 이는 동 조의 규정체계상의 이념성과 복합성 및 사회적 기본권의 일반적인 특성, 즉 그 실현의 가능성과 수준이 재정여건에 의해 규정되는 현실의존성 등에 기인한다. 예컨대, 후술하는 바와 같이 '인간다운 생활을 할 권리'의 법적 성격, 즉 구체적 권리성의 유무에 관한 해묵은 논란에서 잘 드러나듯이 동 조항, 특히 제1, 2항은 그 규정내용의 근본적인 이념성과 포괄성 및 객관성 때문에 헌법해석을 통해 헌법적 의의와 좌표를 설정하는 헌법해석작업에 적지 않은 어려움이 따른다.

　이에 관한 상세한 내용은 다음 장에서 다루되, 다만 여기에서는 주목해야 할 두 가지 단서와 함께 다른 조문과의 체계적인 관계에 대한 대체적인 논의현황을 정리하고 기본적인 정향점을 제시한다.

---

5) 계희열(주 3), 722. 보다 상세한 내용은 전광석, 국제사회보장법론, 법문사, 2002, 42-45.
6) 이에 관해서는 전광석, "사회보장: 규범적 실현과 제도적 실현, 법학연구," 연세대 법학연구, 제23권 제2호 (2013. 6), 1-3.

첫째는, 헌법해석의 효용의 관점이다. 적어도 명문상의 표현으로만 보면 '인간다운 생활'의 의미와 헌법 제10조상의 '인간으로서의 존엄과 가치'나 '행복추구권' 등은 그 이념적 지표 또는 근본규범으로서의 포괄성과 객관성은 차별화되기 어렵다. 동 조 제1항 또는 제2항을 국가의 구조적 원리인 사회국가원리의 헌법적 근거로 제시하거나, '인간의 존엄과 가치'의 상위이념체계 속에서 '인간다운 생활을 할 권리'를 사회적 기본권의 하부이념으로 이해하는 식으로 '이념의 중층구조'를 설정하는 견해 등은 바로 이러한 점에서 비롯된 것이다. 그 관점과 결론의 당부에 대한 평가와는 관계없이 적어도 이러한 헌법해석론의 법리적 필요성과 효용에 대하여 제시되는 의문점[7]은 여전히 헌법해석론 차원에서 중요한 이론적 규명의 숙제로 남아있다.

둘째는, 사회적 기본권의 구체적인 실천의 과제, 즉 사회보장 및 복지정책의 기조와 구체적인 실행계획과 관련된 헌법정책적 관점에서 이념법인 헌법의 해석에서 강조되는 가치상향성의 당위적인 요청과 함께 현실정합성에 유의해야 한다는 점이다. 이는 '인간다운 생활을 할 권리'의 독자적인 기본권으로서의 내용과 효력이나, 개별 국가목적조항의 규범적 성격에 대한 논의에서 양면성, 즉 객관적인 질서 또는 이념적 지표성의 측면과 주관적인 권리의 측면에 대한 충분한 고려의 요청으로 이어지고, 이에 대한 고려를 통해 자연스럽게 헌법규범과 헌법현실의 교차관계에 대한 입체적인 인식이 수렴된다.

마지막으로, 추상적인 사회보장이념의 헌법적 확인과 '인간다운 생활을 할 권리'의 명시적인 규정에도 불구하고, 입법자나 행정부 및 헌법재판소의 소극적인 입장, 기타 정치경제 및 사회적 여건 등 다양한 요인들로 인해 일반적으로 사회보장과제의 실현에 대하여 헌법이 무력할 수밖에 없고,[8] 또한 이러한 규범적 환경과 현실의 변화를 기대하기 어려운 상황이라면 적어도 최저생활의 보장과 같은 최소한의 사회보장의 실현에 대해서는 헌법이론적으로 전향적인 입장에 설 것을 요구할 수 있고, 이를 토대로 하여 특히 법원에 대하여 보다 적극적인 태도를 취할 것을 주문할 수 있다는 점을 유의해야 할 것이다.

요컨대, 규범과 현실의 교차점에서 접근되는 구체적인 사회보장과제의 실현과 관련한 헌법 제34조의 개방성은 헌법이론 및 헌법해석의 관점에도 그대로 해당하지만, 사회보장이념에 대한 헌법적 확인과 그 속에 담긴 당위적인 '진보의 동인' 또한 추상적이되, 헌법이론적으로 외면 또는 경시하기에는 너무나도 명백한 헌법규범적 명제와 지침으로 주어져 있다.

2. 독자화 및 개별화의 요청과 연계된 타 조문과의 관계설정

전술한 유의점을 고려 할 때 '인간다운 생활을 할 권리'와 사회보장 및 사회복지증진에 노력할 국가의무 등을 비롯하여 헌법 제3항 이하에 규정되어 있는 개별적인 정책목표와 지침들

---

7) 이에 관해서는 특히 김선택, "인간다운 생활을 할 권리의 헌법규범성," 판례연구(고려대) 제9집(1998), 17-29.
8) 전광석(주 6), 6.

은 최대한 다른 기본권 및 국가목적조항과의 실익 없는 중복 또는 무리한 충돌을 피하면서 사회국가원리의 가치상향적인 규범적 당위성과 현실정합성을 수렴할 수 있는 체계적 관계 속에서 그 의미와 법적 성격이 설정되어야 한다.

후술하는 바와 같이 특히 '인간다운 생활을 할 권리'의 내용과 법적 성격에 관하여 다양한 논의가 있지만, 어쨌든 개별 경제조항과 마찬가지로 유난히 구체적으로 많은 사회적 기본권 및 국가목적조항을 두고 있는 우리 헌법에서 헌법 제34조는 (정의)이념과 원리 및 제도, 즉 자유와 평등의 조화를 지향하는 정의의 포괄적인 윤곽이념과 이념을 제도설계로 이어 주는 사회국가원리 및 동 원리를 매개로 하여 구체화된 사회적 기본권의 제도의 일관된 체계 속에서 그 좌표가 설정된다. 이러한 관점에서 본다면 '인간다운 생활을 할 권리'를 비롯하여 개별적인 국가목적조항에 담겨진 사회정책적 지침들은 정의사회의 이념을 천명하고 있는 헌법전문이나, '인간의 존엄과 가치'나 '행복추구권'(제10조), 평등권(제11조)은 물론이고, '균등한 교육을 받을 권리'(제31조), 최저임금제도를 비롯한 개별적인 근로자보호(제32조), 노동 3권(제32조), 환경권(제35조)등의 규정들 또한 경제기본조항(제119조)과 개별 경제조항들(제120조 – 제124조)과 이념적 토대와 정향점 및 그 매개원리를 공유한다.[9]

다만 기능적인 관점에서 사회국가원리의 핵심조항이라고 할 수 있는 헌법 제34조와 민주주의원리,[10] 여타의 사회적 기본권 및 국가목적조항들과의 구조적인 관계 또는 동 조의 개별 조항들 상호간의 관계는 체계적합성에 대한 헌법이론적 관점과 헌법규범적, 정책적 효용에 대한 전략적인 판단을 토대로 하여 선택되는 헌법해석의 관점과 방법론에 따라 달리 설정될 수 있고, 실제로 다양한 해석론이 제기되고 있는 바,[11] 이에 관해서는 다음 장에서 상술한다.

V. 개념과 원리에 대한 판례 및 학설

1. 사회국가원리(복지국가원리)의 헌법적 의의와 특성

헌법상 명시적인 규정이 없기 때문에 헌법적 근거와 개념 및 용어 등에 관해서는 논란이 계속되고 있지만, 사회국가원리, 복지국가원리 또는 사회복지국가원리[12] 등 용어상의 문제와 헌법적 도출근거에 대한 이견[13]과는 무관하게 우리 헌법이 사회정의이념의 실현을 위한 국가

---

9) 권영성, 헌법학원론, 법문사, 2010, 142-143; 김철수, 헌법학개론, 박영사, 2010, 119; 성낙인, 헌법학, 법문사, 2013, 265; 정종섭, 헌법학원론, 박영사, 2013, 240; 허영, 한국헌법론, 박영사, 2013, 158.

10) 이에 관해서는 이덕연, "헌법으로 본 빈곤(사회양극화)문제와 예산과정," 공법연구 39-3(2011), 239-244. 복지국가와 민주주의의 상호관계의 다양한 유형에 대해서는 전광석, 복지국가론, 신조사, 2012, 108-111.

11) 예컨대, 김선택(주 7), 19 이하; 정종섭(주 9), 761; 한병호, "인간다운 생존의 헌법적 보장에 관한 연구," 서울대 박사학위논문, 1993, 129 이하.

12) 헌재 1990. 1. 15. 89헌가103, 2, 13; 1993. 3. 11. 92헌바33, 5-1, 29, 40.

13) 이에 관해서는 전광석, "헌법재판소가 바라 본 복지국가원리," 공법연구 제34집 제4호 제1권(2006), 229-234; 김선택(주 7), 17-18.

와 사회의 윤곽질서와 자유와 평등의 실질적인 조화의 지침을 헌법의 기본원리로 수용하고 있다는 점에 대해서는 의견이 일치된다.

헌법재판소는 누진세나 증여세 등을 통한 소득재분배와 국가재정의 정책적 기능 등을 헌법적으로 정당화하는 논거로 복지국가원리라는 용어를 주로 사용하고,14) 사회국가원리는 주로 사회보장 및 사회복지와 경제입법을 심판대상으로 하는 경우에 사용하고 있다.15) 개념과 법적 성격에 대한 분명한 구별하에 차별화된 용어를 일관되게 사용하고 있는 것은 아니지만, 적어도 그 이념적 정향성과 내용상의 정체성을 공유하는 국가와 사회의 윤곽질서가 헌법상 구조적 원리로 수용되어 있음을 확인하고 있고, 헌법 전문, 제34조를 비롯한 다양한 사회적 기본권, 제119조 제2항 등을 헌법적 근거로 제시하고 있다.16) 헌재의 정의에 따르면 '사회국가'는 '사회현상에 대하여 방관적인 국가가 아니라 … 정의로운 사회질서의 형성을 위하여 사회현상에 관여하고 간섭하고 분배하고 조정하는 국가'이며, 궁극적으로는 '자유의 실질적인 조건을 마련해 줄 의무가 있는 국가'이다.17)

이러한 정의에서도 잘 드러나듯이, 사회국가원리는 실질적인 자유와 평등의 조화와 연관되는 이데올로기성과 국가와 사회의 체제상 윤곽질서의 형성을 대상으로 하는 거시적인 포괄성과 개방성 등의 특성을 갖고 있는 객관적인 규범형식의 구조적 원리이다. 그렇기 때문에 한편으로는 헌법해석을 포함하여 동 원리를 구체화하는 작업은 헌법과 정치, 법규범과 정책의 교차점에서 '헌법의 정치화' 또는 '정치의 헌법화'의 위험에 전면 노출된 규범환경 속에서 진행될 수밖에 없고, 또 한편 행위규범 및 (재판)통제규범으로서 그 결정 또는 심사척도의 내용과 구체적인 적용범위 및 그 효용에 관해서도 이견의 폭이 좁을 수 없다.18) 특히 사회국가원리가 개별적인 사회적 기본권과 포섭 또는 중첩의 관계에 있는 것인지 또는 독자적인 준거, 즉 구체적인 청구권이 도출될 수 있는 헌법적 근거로서 규범적, 정치경제학적 효용을 갖고 있는 것인지 여부 등과 관련된 헌법도그마틱 차원의 논란19)도 같은 맥락에서 이해된다.

우선 사회국가원리는 정의이념의 실현을 위한 헌법구조적 원리로서 원천적으로 가치중립적이거나 가치초월적일 수 없는 바, 구체적이고 직접적인 가치관계성을 내포하고 있다. 그 구체성과 직접성은 '이념과 원리와 제도'의 일관된 헌법규범체계 속에서 확인된다. 정의이념이

---

14) 예컨대, 헌재 1992. 10. 1. 92헌가6등 병합, 4, 585(604); 1996. 3. 28. 94헌바42, 8-1, 199(208); 1998. 2. 27. 97헌바79, 10-1, 153(160); 1998. 5. 28. 97헌바68, 10-1, 640(649); 1999. 5. 27. 97헌바66등 병합, 11-1, 589(605); 2001. 1. 18. 2000헌가7, 13-1, 100(109); 2003. 8. 21. 2000헌가11, 15-2(상), 186(196).

15) 예컨대, 헌재 1996. 4. 25. 92헌바47, 8-1, 370(380); 1998. 5. 28. 96헌가4등 병합, 10-1, 522(534); 2002. 12. 18. 2002헌마52, 14-2, 904(909); 2004. 10. 28. 2002헌마328, 16-2(하), 195(204).

16) 예컨대, 헌재 2001. 1. 18. 2000헌바7, 13-1, 100(109); 2001. 9. 27. 2000헌마328, 13-2, 383(401); 2004. 10. 28. 2002헌마328, 104(128).

17) 헌재 2002. 12. 18. 2002헌바52, 14-2, 904(909).

18) 예컨대, 헌법상 국가의 구조적 원리로서 사회국가원리 자체에 대한 근본적인 의문과 함께 이를 특히 사회정의를 실현하기 위한 적극적인 조세입법과 행정작용의 헌법적 근거로 볼 수 있는지에 관하여 부정적인 입장은 김성수, 세법, 법문사, 2003, 68; 이창희, 세법강의, 박영사, 2007, 49.

19) 이에 관해서는 전광석(주 13), 223, 237 이하; 한수웅, 헌법학, 법문사, 2013, 300-301.

'정당한 가치배분'의 명제 자체에 대한 기본적인 가치합의이고, 사회국가원리는 그 구현을 위한 제도의 설계와 운영에 대한 매개로서 가치실현의 방향과 방법에 대한 객관적인 질서이고 지침이다. 또 한편 사회국가원리는 이데올로기적 질의 가치판단을 내용으로 하기 때문에 그 내용과 실현의 방법 등에 관한 확정된 객관적 기준을 제공하지는 아니한다. 사회국가원리는 오히려 가치판단에 대한 성급한 예단의 유보를 요구하면서 개방된 담론을 과제로 제시한다.[20] 또한 사회국가원리는 계층이 없는 사회를 전제하지도, 지향하지도 아니한다. 그것은 사회경제적 차이를 인정하고 전제하면서 정치경제적으로 이해관계가 상충되는 집단과 연계된 상이한 이념과 가치관 간의 토론과 타협을 통한 조정을 과제로 제시한다.

이러한 점에서 사회국가원리의 '혁신적인 정보제공'의 역할에 대한 지적이 주목된다.[21] 객관적인 지침으로서 사회국가원리는 이 타협을 통한 조정의 과제에 대한 헌법정책적 선택의 과정인 동시에 그 결과이기도 한 사회적 기본권의 구체적인 내용과 실현에 대한 논의에 있어서 입법자와 예산결정권자는 물론이고, 조정적인 예산배분으로 인해 상대적으로 불리한 취급을 받는다고 생각하는 계층과 집단에게도 전향적인 결단의 준거와 '혁신적인 정보'를 제공한다. 이는 급속한 규범환경의 변화가 입법자를 비롯한 헌법해석자들에게 요구하는 최소한의 또는 최적의 대응의 내용, 방향 및 속도에 대한 규범적 담론의 과정에서 사회적 기본권의 정치적, 정책적 의미를 가중시키는 영향력으로 연결된다.

요컨대, 객관적인 헌법원리로서 사회국가원리의 규범적 의미의 핵심은 자유와 평등의 실질적인 조화를 위한 개방된 대화와 타협의 과제와 그 실천에 대한 객관적인 지침을 제시하여 왜곡된 이데올로기와 힘의 논리를 바탕으로 하는 '은폐된 가치판단'이나 '허구적인 가치중립성'과 그에 따른 폐쇄적이고 교조적인 헌법해석을 원천적으로 배제하는 데 있다.

2. 사회적 기본권의 헌법적 의의와 법적 성격

가. 사회적 기본권의 헌법적 의의

사회적 기본권은 국가의 적극적인 급부와 배려를 내용으로 하는 생활권적 기본권이다. 이는 자유헌정국가의 출발과 유지를 위해 필수불가결한 문화공동체적 연대의식과 인간의 삶의 가치에 대한 합의, 즉 사회정의이념을 토대로 한 사회통합의 헌법과제를 확인·실현하기 위한 최소한의 헌법적 사회보장목록이다. 또한 사회적 기본권은 공적 부조를 내용으로 하는 점에서 그 합의의 구체적인 내용은 정당한 가치배분에 관한 도덕적인 합의인 동시에, 승패의 투쟁논리에 따른 '자유 또는 평등의 택일'이 아니라 상호 자제와 양보를 통한 '자유와 평등의 조화'의 명제에 대한 좌우간 또는 상하간의 정치·경제적인 타협의 산물이기도 하다. 이러한 합의와 타협의 헌법적 강령인 사회적 기본권이 적극적이고 구체적인 실현의 가능성과 당위성을 전제로 하

---

20) 이덕연, "'인간다운 생활을 할 권리'의 본질과 법적 성격," 공법연구 제27집 제2호(1999), 237.
21) 전광석(주 13), 239.

는 권리임은 물론이다.

이러한 점에서 '사회국가원리의 구체화된 표현'22)인 사회적 기본권은 환경조건의 변화에 따른 개방성과 가변성을 전제로 하고 또 그 구체적인 실현의 수준과 방법은 개방되어 있다는 점에서 그 규범척도로서의 밀도와 종적 효력범위는 사회국가원리와 다르지 않지만, 적어도 사회국가적 의무의 내용을 구체화하고, 사회적 보호를 필요로 하는 영역을 잠정적으로 획정했다는 점에서 우리 헌법상 사회적 기본권은 그 실현의 방법과 수단기본권의 '횡적 효력범위'를 명확히 한 의미를 갖는다.23)

또한 사회적 기본권은 물질적, 시설적 급부 등 특정한 재화와 서비스를 공급하는 제도의 설계와 구축 및 그에 따른 국가의 적극적인 준비와 실천을 내용으로 하는 점에서 근본적으로 자유권과는 규범의 성격과 기능이 다르고, 거시적인 경제규모와 소득수준 등에 의해 결정되는 현실적인 가능성에 유보되어 있는 재정투자와 직접 연계되어 있다는 점에서 구체적인 실현의 조건과 방법에 있어서도 자유권적 기본권과는 구별된다. 바로 이러한 사회적 기본권의 특성 때문에 그 실현을 위한 적절한 사회법적 대응의 양식과 내용은 물론이고, 여기에서 논의대상인 법적 성격과 효력, 특히 소구가능성의 문제와 관련된 '주관적 공권성'의 인정여부에 관하여 논란이 적지 아니하다.

나. 사회적 기본권의 법적 성격 — 주관적 권리성의 내용

(1) 논의현황

사회적 기본권의 법적 성격에 관한 논란은 우선 사회적 기본권의 직접적인 재정연계성 때문이라고 할 수 있다. 문제는 일면 당위적인 가치상향성과 연계되는 이론적 일관성과 통일성, 타면 현실정합성을 동시에 수렴할 수 있는 해석의 방법과 준거점을 찾아내는 것이다. 여기서 현실정합성은 바로 보수와 진보 또는 헌법규범과 헌법현실 간의 대립 속에서 법과 정책, 미래성과 현재성 또는 전향성과 안정성, 성장과 배분, 효율성과 정당성 등을 순기능적 보완관계로 조화시켜 나가는 당위적 요청과 연결된다.

사회적 기본권의 주관적 권리성의 여부와, 주관적 권리성을 인정하는 경우에 그 권리의 법적 효력과 내용에 관해 상이한 입장에서 제기되어 온 이른바 입법방침(프로그램)규정설, 추상적 권리설, 구체적 권리설 또는 '불완전한 구체적 권리설' 등의 다양한 이론들은 각각 특정 시기의 정치·경제·사회 등 상이한 제반 환경조건과 제도적 여건, 기타 논증의 바탕인 가치판단과 관점의 차이에서 비롯된 것으로 이해된다. 따라서 각 학설의 내용과 그 타당성을 특정한 가치판단의 기준과 현재 시점에서의 여건에 따라 획일적으로 분석하고 평가하는 것은 합리적이지 못하다.

---

22) 한수웅(주 19), 301.
23) '횡적 효력범위'에 관해서는 전광석(주 13).

　　예컨대, 이미 퇴출되었다고 볼 수 있는 이른바 프로그램적 규정설도 헌법이 재판규범으로
서의 규범적 효력이 제대로 발휘되지 못하는 권위주의체제하에서 이른바 '명목적 헌법'의 정치
현실과 기타 열악한 제도적, 제도 외적 여건 속에서는 오히려 논리적으로 간명하였고, 현실정
합적인 해석론이었다고 평가될 수 있다. 말하자면 절대적으로 성장을 우선한 개발독재적 경제
정책기조와 헌법재판부재의 현실상황에서는 사회적 기본권의 주관적 공권성에 대한 원천적인
부인, 즉 사회적 기본권은 그 실현여부와 수준이 전적으로 국가의 재정능력과 정책기조에 따라
결정되는 단순한 '입법정책방침'에 불과하다고 보는 것이 적어도 논리적 일관성을 견지하면서
최소한 현실에 대하여 나름대로의 '해명'은 하였던 입장으로 이해될 수 있다.

　　종래 논의의 대강을 정리하면, 우선 지적할 수 있는 것은 헌법재판제도가 활성화되기 이전
의 단계에서는 사회적 기본권의 법적 성격에 관한 이론적 대립은 사실상 실익이 별로 없는 논
의였다는 점이다. 이제 헌법규범, 헌법이론과 현실의 접점이 확보된 상황에서 사회적 기본권의
법적 성격에 대한 우리 헌법학계의 논의는 구체적인 사안에 따른 형량과 융통성[24]을 전제로
하더라도 대체로 법적 권리성 자체는 인정하는 방향으로 의견이 모아지고 있다.

　　둘째로 '기본권의 양면성'에 초점을 맞춘 헌법도그마틱의 발전을 통해 새로운 기본권관이
정론화되고, '자유권의 생활권화 현상'이 확대되면서 기본권의 복합적이고 다층적인 기능에 대
한 입체적인 접근의 필요성이 부각되었고, 이러한 인식의 변화는 사회적 기본권의 해석에도 큰
영향을 미치고 있다.[25] 이러한 맥락에서 특히 강조되는 사회적 기본권의 양면, 즉 실질적인 자
유보장을 내용으로 하는 주관적 권리와 헌법상 구조적인 원리로서 수용된 객관적 가치질서 상
호간의 기능적인 보완관계는 기본권체계론은 물론이고, 개별적인 사회적 기본권의 해석에 있어
서도 적잖아 반영되고 있다. 자유권과 구별되는 사회적 기본권에 특유한 실현의 조건과 수단,
방법 등을 주목하여 사회적 기본권규정을 객관적인 국가목적조항이나 입법위임규정으로 보는
이른바 '객관설'도 기능적인 관점에서 '기본권의 양면' 중 객관적인 측면을 주목한 기본권해석
론이라고 할 수 있다.[26]

　　셋째로 이러한 논의의 배경에 있는 사회적 기본권의 실질적인 의미와 기능의 변화에 비추어
볼 때, 우리 헌법상 사회국가원리의 수용·실현양식인 사회적 기본권은 독일 연방행정재판소[27]가
사회국가원리에 대하여 해명한 바와 마찬가지로 인간의 존엄과 가치, 생명권과 신체의 완전성에
관한 권리, 법치국가원리 등과 함께 '통일된 규범복합체'(einheitlicher Normierungskomplex)의 한

---

24) 예컨대, 계희열(주 3), 717-718.

25) 허영(주 9), 157 참조.

26) 장영수, "인간다운 생활을 할 권리의 보호범위와 실현구조," 현대공법의 연구 ― 김운용교수화갑기념논문집
　　(1997), 410 이하; 정태호, "원리로서의 사회적 기본권," 법과 인간의 존엄 ― 정경식박사화갑기념논문집
　　(1997), 238 이하.

27) Vgl. BVerwGE 1, 159(161f.). 이 판례는 사회적 기본권의 주관적 공권성에 대하여 부정적인 입장을 보였던
　　초기 독일 연방헌법재판소의 판례(BVerfGE 1, 97ff.)와 대비되는 것으로서 최저생존보장의 헌법적 효력을
　　적극적으로 파악한 고전적인 판례로 주목된다.

요소로 이해된다. 이러한 좌표와 매듭의 확인은 통일된 전체 헌법질서 속에서 사회적 기본권의 내용과 법적 성격을 모색하는 데 유력한 지침과 단서를 제공하는 바, 기본권해석의 출발점인 동시에 지향점이라고 할 수 있다.

마지막으로 사회적 기본권이라는 유형의 기본권 전체와 개별 사회적 기본권을 구별하여 접근해야 한다는 설득력 있는 지적이 주목된다.[28] 우리 헌법에 규정된 사회적 기본권의 목록은 그 대상과 규정양식이 매우 다양하기 때문에 그 내용과 효용의 단일성을 전제로 일률적으로 그 성격을 규정하는 것은 '헌법의 의사'를 제대로 반영하지 못하는 접근방법이라고 할 수 있다.

이러한 인식변화와 그 이론적 수용에 따라 우리 학계에서도 적어도 사회적 기본권의 법적 구속력을 전면 부인하는 입법방침규정설은 이미 퇴출되었다고 할 수 있다. 다만 법적 권리성의 강도 또는 표현형식 등에 따라 추상적 권리설과 구체적 권리설 또는 '불완전한 구체적 권리설' 등이 대립되는 가운데, 최근에는 적어도 일정 범위에서는 구체적 권리설이 지배적인 다수설로 자리를 잡고 있는 추세이다.[29]

(2) 전향적인 논점전환 ― 유형화, 개별화의 요청

여기에서 각 학설에 관한 상론은 약하되, 다만 최근에 구체적 권리설이 다수설로 확립되면서 확인된 사회적 기본권에 대한 전향적인 접근의 당위성과 방향 및 그 배경과 관련하여 주목되는 네 가지 논점을 정리한다.

첫째, 사회적 기본권의 해석에 있어서 특히 고려되어야 하는 현실정합성의 요청이 헌법규범과 기본권해석론이 현실과 상황여건을 일방적으로 수용하는 방향에서 편향되게 전개되어서는 아니 된다. 사회구조는 물론이고 국가재정의 규모와 구조가 크게 달라졌고, 국가주도의 경제·재정정책의 역기능과 한계가 분명해진 정치경제의 헌법현실은 적어도 부분적으로는 오히려 헌법규범의 적극적인 선도와 함께 제어 또는 관리의 역할을 요구하고 있다.

둘째, 이러한 점에서 사회적 기본권의 법적 성격에 관한 논의의 초점은 권리의 추상성 또는 구체성에 관한 이견을 넘어서 그 구체성의 내용을 '구체적'으로 확인하는 데 모아져야 한다.[30] 사회적 기본권의 실현구조상의 특성은 법적 권리로서 실현의 특수성의 문제일 뿐이다. 권리 자체의 '추상성' 혹은 '불완전성'을 설명하기 위한 단서는 아니다.[31] 특히 '국민기초생활법'

---

28) 김선택(주 7), 5.

29) 사회국가원리로부터 개인의 주관적 청구권이 도출될 수 없는 것으로 보고 또한 사회적 기본권도 구체화된 사회국가적 의무를 실현하는 방법과 수단에 관해서는 어떤 준거도 제시하지 않는다고 보는 입장에서도 적어도 현실적, 재정적으로 사회국가적 의무의 이행이 명백히 가능함에도 불구하고 이행하지 않는 "지극히 예외적인 경우"에는 헌법소원을 통해 다툴 수 있는 개인의 주관적 공권이 고려될 수 있다고 하는 해석론 상 여지를 남겨두고 있다. 예컨대, 한수웅(주 19), 301, 주석 2; 한수웅, "사회복지의 헌법적 기초로서 사회적 기본권," 헌법학연구 제18권 제4호(2012), 97.

30) 이에 관해서는 특히 한병호(주 11).

31) 이와 관련하여 권영성 교수는 종전의 '추상적 권리설'을 포기하면서 이른바 '불완전한 구체적 권리설'을 제시하였으나 구체적인 권리성, 즉 소구가능성을 부인한다는 점에서는 어떤 차별점이 있는지 의문이다. 다만 입법부작위에 대한 헌법소원의 허용성과 통제규범으로서의 밀도가 다를 수는 있을 것으로 생각되는데 이

을 비롯하여 관련 사회법이 광범위하게 제정·시행되고 있는 현시점에서 필요한 것은 입법부작위에 대한 입법개선의무, 말하자면 이미 구체적으로 시행되고 있는 제도와 사회권적 기본권 실현의 내용과 수준의 적정성에 대한 헌법적, 헌법정책적 판단의 준거를 제시하는 것이기 때문이다.

셋째, 사회적 기본권의 구체적 권리성을 적극적으로 인정하는 이론은 사회적 기본권의 해석에 있어서 불가피하게 유형과 내용에 따른 개별화의 요청으로 이어지게 된다. 특히 우리 헌법체계상 사회적 기본권의 법적 성격에 대한 추상과 포괄의 단선적인 접근은 한계가 있을 수밖에 없다.[32] 개별적인 사회적 기본권들이 각각 실현의 양식과 조건이나 기타 관련 입법의 상태 등이 크게 다를 수밖에 없는 다양한 생활영역과 급부내용을 대상으로 하고 있는 점에서 '전부 아니면 전무'의 논리형식에 따른 획일적인 접근방법은 설득력을 갖기 어렵다.

넷째, 사회적 기본권의 유형화와 그에 따른 차별접근은 궁극적으로 독자적인 대상영역을 갖는 사회적 기본권들을 그 실질적인 의의와 기능상의 차이에 따라 차별적으로 해석하기 위한 이론적 단서로서 의미를 갖는다. 이러한 차별화의 요청은 개별 기본권 자체의 해석에도 그대로 적용된다. 개별 기본권의 법적 효력이나 요구되는 급부의 수준은 그 복합다층적인 내용 및 각각의 내용별로 상이한 기능과 가치에 따라 차별화된 접근이 가능하고 또한 필요하다.

다. 법적 효력에 따른 사회적 기본권의 유형별 분류

이러한 유형과 내용에 따른 개별화의 요청에 부응하여 알렉시(Alexy)의 분류에 따른다면, 사회적 기본권의 법적 효력은 구속성(비구속성), 주관적 권리성(객관적 질서성), 확정성(비확정성)의 세 가지 기준에 따라 8가지로 유형화된다(아래 도표[33] 참조).[34]

예컨대, 프로그램적 규정설은 사회적 기본권의 보장을 8번 유형에 해당되는 것으로 본 것이라고 할 수 있고, 추상적 권리설에 따른 보장은 논리적으로는 4번 또는 7번 유형에 해당될

에 관해서 구체적인 설명은 찾아볼 수 없다. 권영성, "사회적 기본권의 헌법규범성고," 헌법논총 2(1991), 202 이하. 이에 대한 비판으로는 김선택(주 7), 3, 주석 4 참조.

[32] 기본권의 일반적 속성과 법적 효력 및 그 기능과 내용에 대한 일관된 체계적 이해의 틀을 제시하는 기본권일반이론의 가능성 혹은 필요성과 한계를 지적하는 논리는 일반 사회과학적인 의미에서의 일반이론화작업에 대한 그것과 마찬가지로 사회적 기본권범주에서의 일반이론에도 그대로 적용된다. 이에 관해서는 이덕연, "기본권의 본질과 내용," 한국에서의 기본권이론의 형성과 발전-허영교수 화갑기념논문집(1997), 40 이하 참조.

[33] R. Alexy, Theorie der Grundrechte, S. 456ff.

구 속 성				비구속성			
주 관 성		객 관 성		주 관 성		객 관 성	
확 정 성	비확정성	확 정 성	비확정성	확 정 성	비확정성	확 정 성	비확정성
1	2	3	4	5	6	7	8

과잉금지원칙의 적용에 대한 비판적인 지적과 함께 'Alexy의 원칙모델에 따른 권리설'의 문제점에 대한 해명으로는 한수웅(주 29), 86-92.

[34] 상세한 설명은 이덕연(주 20), 241-242.

수 있지만, 대체로 구체적인 입법청구권을 인정하지 않는 점에서 7번 유형에 가까운 것으로 여겨진다. 또한 이론상 2번 혹은 3번 유형에 해당되는 것으로 볼 수 있는 구체적 권리설에 따른 사회적 기본권의 보장은 대체로 3번 유형으로 볼 수 있다. 사회적 기본권의 구체적 권리성을 인정하면서도 일반적으로 특정한 급부청구권에 대한 직접적인 근거규정으로는 인정하지 않고 있고, 권리구제수단으로 입법부작위나 불충분한 입법에 대한 위헌확인소송만을 인정하고 있기 때문이다. 이는 전술한 이른바 '불완전한 구체적 권리설'의 경우에도 다르지 아니하다.

VI. '인간다운 생활을 할 권리'의 헌법적 의의와 특성

1. 헌법적 의의

전술한 바 있듯이 헌법상 사회적 기본권의 체계상 또는 적어도 그 표현문구상 '인간다운 생활을 할 권리'는 그 규정체계와 개별적인 사회적 기본권과의 기능적 관계에 비추어 볼 때 일단 사회국가원리 실현의 이념적 기초인 동시에 주된 사회적 기본권으로 이해될 수도 있다. 또한 '인간다운 생활을 할 권리'는 그 이념적 기초로서 '인간의 존엄성'과 상호연관성을 가지는 것으로도 설명되고 있다. 이와 같이 '인간다운 생활을 할 권리'를 사회적 기본권의 총칙적 규정 또는 그 이념적 기초로 이해한다든지, 혹은 그 헌법상 기능을 '사회국가실현의 국가적 의무'를 넘어서 '인간의 존엄성을 실현시키기 위한 최소한의 방법적 기초'와 '경제질서의 가치적 지표'의 제시까지 포함되는 것으로 폭넓게 파악하는 기존의 설명방식은[35] 일면 우리 헌법의 구조적 특성을 수렴하는 체계적인 해석의 시도라고 평가될 수 있다.

그러나 이러한 설명은 우리 헌법의 구조적 특성, 특히 사회적 기본권의 규정체계에 적합한 해석론으로 볼 수 없다거나,[36] 이념의 중층구조를 인정하는 '무익한 법리상 기교'에 불과하다거나[37] 또는 이념적 목표나 지향으로 인간의 존엄과 가치 외에 추가적인 총괄규정이 불필요하다고 보는 점에서 실익 없는 해석론[38]이라는 비판이 제기되고 있다. 그 외에 입법자에 대한 '구체적'인 사회법입법의 지침을 주는 '인간다운 생활을 할 권리'가 '일반적인 사회정책의 의무'를 부과하는 사회국가원리 같이 개방적인 성격을 갖게 되는 불합리한 결과가 된다는 지적도 주목된다.[39] 말하자면 '인간의 존엄성'과 유사한 '인간다운 생활'이라는 개념의 고도의 추상성과 포괄성 또한 이를 원리개념으로 이해하여 개방적으로 해석하는 경우에 자연스럽게 추론되는 '인간다운 생활을 할 권리'의 다의성 및 기타 기본권과의 전방위적인 기능적 연관성을 지나치게 도

---

35) 허영(주 9), 545 이하.
36) 이덕연(주 20), 243.
37) 김선택(주 7), 20.
38) 정종섭(주 9), 622.
39) 전광석, 한국헌법론, 집현재, 2013, 424.

식적으로 받아들인 입장에서 형식과 구조의 관점에서 체계적합성만을 의식한 결과라는 것이다.

　적어도 개념론적 선입견이나 체계론적 예단을 버리면 우리 헌법상 다양하게 규정되어 있는 개별 사회적 기본권은 각각 구체적인 대상영역을 갖는 독자적인 기본권이고, '인간다운 생활을 할 권리'를 그 예외로 보아야 할 법리상 이유와 근거는 찾아보기 어렵다. 독자적인 권리로서 '인간다운 생활을 할 권리'의 범위와 수준에 관해서는 여전히 이견이 적지 않으나, 제34조의 보호영역의 범주에서 '인간다운 생활을 할 권리'의 독자적인 기본권으로서 구체적인 권리성을 인정하는 동시에, 제1항과 그 이하 제2항과 제3항부터 제6항까지의 개별적인 국가목표규정들을 일반조항과 개별조항의 유기적인 관계로 이해하는 것이 거의 정설로 자리를 잡았다고 할 수 있다.

2. 권리의 내용

　'인간다운 생활'은 그 자체가 매우 추상적이고, 상대적인 개념으로서 정치·경제·사회·문화적 여건에 따라 달리 해석될 수밖에 없다. 또한 그 실현의 구체적인 내용과 수준은 국민 전체의 소득과 생활의 수준, 국가의 규모와 재정정책, 국민 각 계층의 이해관계 등 복잡다양한 요소들을 고려하여 결정되는 바,[40] 말하자면 특히 폭넓게 인정되는 입법형성의 자유 혹은 행정재량에 맡겨져 있다.[41] 그러나 이러한 개념적 상대성과 실현구조의 특성이 '인간다운 생활을 할 권리'의 주관적 공권성을 원천적으로 부인하는 논거가 될 수는 없다. 구체적으로 특정한 수준의 전제와 관계없이 적어도 독자적인 기본권성 자체를 원천적으로 부인하지 않는 한 그것은 '인간의 존엄성'을 정점에 두고 있는 가치질서체계인 헌법의 통일성을 고려하는 헌법해석을 통해 결정되어야 하고 또한 결정될 수 있다.

　이제까지 헌법상 '인간다운 생활'보장의 수준에 관해서는 '인간의 존엄성유지에 상응하는 건강하고 문화적인 생활'[42]로 보는 입장과 '물질적인 최저생활'[43]로 이해하는 입장이 대립되어 왔다. 그러나 나름대로 설득력이 있을 수 있는 현상에 대한 인식의 차이와 가치판단의 차이에 따른 이러한 해석론들은 권리의 내용규정에 앞서서 그 법적 성격의 획일성을 전제하고 있다는 점에서 논리적으로 역전의 문제점을 안고 있다는 지적을 피하기 어렵다.[44]

　또한 대립되고 있는 양론에서 주장되고 있는 '물질적인 최저생활'과 '육체적·정신적 통일체로서의 인간이 정상적인 사회생활을 할 수 있는 정도의 인간다운 최저생존수준' 또는 '최저한

---

40) 헌재 1997. 5. 29. 94헌마33, 9-1, 543(554).

41) 헌법재판소가 특정한 사회보장제도에의 참여를 요구하는 내용의 헌법소원심판청구에 대하여 일관되게 기각결정을 내려 온 것도 같은 맥락에서 이해된다. 예컨대, 헌재 1996. 8. 29. 95헌바36, 8-2, 90; 2001. 4. 26. 2000헌마390, 13-1, 977; 2003. 7. 24. 2002헌바51, 15-2(상), 103; 2011. 3. 11. 2009헌마617, 23-1(상), 416.

42) 예컨대 권영성(주 9), 655.

43) 예컨대 허영(주 9), 543.

44) 이에 관해서 자세한 내용은 한병호(주 11), 217 이하.

도의 생활'45)이 구체적으로 어떤 수준을 뜻하는 것인지 분명하지 아니하다.

우선 전자의 경우에는 '풍요로운 문화생활'46)을 뜻하는 것이 아니라고 하여도, 우선 그것이 획일적으로 구체적 권리설과 연계된다면 현실정합성의 요청에 부합되기 어렵고, 또 한편 프로그램적 규정 내지는 추상적 권리로 보는 경우에는 실익없는 논의에 지나지 않는다. 이른바 '불완전한 구체적 권리설'의 경우에도 적어도 권리의 법적 성격을 단일한 것으로 전제하는 경우에는 부분적인 논리보완에도 불구하고 '물질적인 최저생활'의 보장이 원천적으로 배제되게 되는 이론적 '불완전성'의 문제가 남게 된다. 이러한 비판은 후자의 경우에도 그대로 해당된다. 그 내용을 '물질적인 최저생활'에 국한시키는 것은 동 권리를 사회적 기본권은 물론이고, 기타 경제활동에 관한 기본권의 이념적 기초인 동시에 경제질서의 가치지표 및 포괄적인 사회국가실현의 국가적 의무로 이해하는 입장47)과도 조화되기 어렵다.

요컨대, 이론적으로 법적 성격의 단일성이 전제되지 않고, '물질적인 최저생활'의 수준이 '건강하고 문화적인 최저생활'의 수준에 부합되지 않는 것이라면 적어도 '생물학적 최저수준'이상의 '건강하고 문화적인 최저생활'의 수준이 '인간다운 생활을 할 권리'의 보장대상에서 결과적으로 전면 배제시키는 해석론에는 동의하기 어렵다. 이러한 점에서 '인간다운 생활을 할 권리'의 내용을 '이상적 수준', '인간다운 최저생활수준', '생물학적 최저생존수준' 등 세 단계로 나누어서 설정하고, 그 법적 성격을 각각의 수준에 따라 프로그램적 규정, 불완전한 구체적 권리및 구체적 권리 등의 복합적인 것으로 보는 유력한 해석론이 자리를 잡았다.48)

3. '인간다운 생활을 할 권리'의 구체적 권리성

전술한 분류기준에 따르면 구속력있는 확정적인 주관적 권리로 인정되는 기본권의 내용에따라 그 보장의 유형은 크게 절대적인 '최소필수형'과 '가능성유보'의 조건과 연계된 상대적인'최대지향형'으로 분류되고, 일정한 급부에 대한 확정적인 법적 지위를 보장하는 '최소필수형'의범주는 다음과 같은 세 가지 조건을 고려하여 설정될 수 있다.

우선 긍정적인 관점에서 보장의 내용과 수준이 '현실적인 자유의 원칙'(Prinzip der faktischen Freiheit)에 따라 실질적인 자유의 실현을 위해서 필수불가결한 범주에 해당되는 경우에는 구체적인 급부청구권이 인정된다. 또 한편 부정적인 측면에서 권력분립의 원칙, 특히 의회의 예산

---

45) 김철수(주 9), 961.
46) 허영(주 9), 544. 예컨대, '문화적인 최저생활'을 '풍요로운 문화생활'로 이해하는 것은 논의의 맥락에 부합되지 아니한다.
47) 허영(주 9), 544-546.
48) 한병호(주 11), 215 이하. 동지, 이덕연, "우리는 왜 '인간다운 생활을 할 권리'를 헌법에 규정하고 있는가?," 헌법판례연구(Ⅰ)(1999), 170-181; 성낙인(주 9), 585; 홍성방, 헌법학(중), 박영사, 2010, 287-288. 최저생계비와 관련된 헌재의 결정은 구체적인 기준을 분명하게 제시하지는 않았지만, 다양한 평석과 토론의 기회를 제공하여 구체적 권리성을 인정하는 방향의 해석론에 설득력을 더해주는 결정적인 계기를 마련해준 것으로 평가된다. 헌재 1997. 5. 29. 94헌마33, 9-1, 543.

고권에 대한 중대한 제한을 초래하지 아니하고, 기본적인 법적 자유를 바탕으로 하는 원칙, 예 컨대 사유재산권보장, 자유시장경제원리, 자유에 대한 평등한 제한 등의 본질적인 내용을 침해하지 않는 조건이 요구된다.

이러한 조건에 비추어 볼 때, '인간다운 생활을 할 권리'의 다층적인 내용 중에 일정한 보장수준, 예컨대 생존에 필수적인 최소한의 수요의 충족을 내용으로 하는 '생물학적 최저생존수준' 또는 "최소한의 물질적인 생활의 유지에 필요한 급부"[49]의 수준의 보장은 제1의 '최소필수형'에 속하는 것으로 보는데 문제가 없다. 적어도 이러한 범주에서는 국가의 재정투자를 소구할 권리가 이들 기본권에서 나온다고 볼 수도 없고, 또 국민의 소구에 따른 법관의 판결에 의해 국가의 재정투자가 강요될 수는 없다거나[50] 또는 사회적 기본권의 경우 헌법규정 자체만으로 그 보장되는 내용이 구체적으로 정해질 수는 없고, 따라서 헌법 차원에서 선결된 수준의 존재를 전제로 하는 '기본권제한 법률유보'나 '본질적인 내용침해금지'의 논리형식이 적용될 여지가 없다고 보는[51] 일부 학설도 부분적인 단서나 수정이 불가피하다.[52]

예산경직성의 관점에서 재정정책상의 한계와 역기능의 문제점이 지적될 수 있지만, '법과 예산'의 선후관계를 들지 않더라도 획일적으로 기본권의 법적 구속력을 부인하는 논거가 될 수는 없다. 최소한의 사회통합을 위한 공적부조에 따른 예산은 배분여부나 가감이 정책적 선택의 대상으로 고려될 수 있는 외부비용은 아니다. 사회보장급여가 더 이상 객관적인 목적을 위한 국가정책의 반사적 이익이 아닌 것은 물론이고[53], 특히 인간의 존엄성의 유지를 위한 최저수준의 공적부조청구권이 재정형편 등의 제반 상황을 종합적으로 감안하는 입법형성의 결과, 즉 '법률적 차원의 권리'[54]로 이해될 수는 없다. 이러한 수준의 공적 부조는 여러 국가목표들 간의 우선순위나 비중에 대한 적절한 고려[55]가 요구되는 재정정책결정에 앞서 헌법차원에서 예정된 또는 선결된 예산투자항목이라고 할 수 있다.[56]

법과 돈의 관계라는 관점에서 보면, 예산은 헌법과 법률의 요청과 지침에 따라 기본권을 실현하고 객관적인 질서를 구체화해 나가는 정책수단일 뿐이다.[57] 재정사정이나 재정유연성의 확보 등 정책적인 이유가 구체적 권리로 인정되는 기본권의 규범적 효력과 그 내용을 일방적으

---

49) 헌재 1995. 7. 21. 93헌가14, 7-2, 1(31).

50) 허영(주 9), 159.

51) 예컨대, 한수웅(주 29), 95-97; 한수웅, "헌법소송을 통한 사회적 기본권 실현의 한계," 인권과 정의 245(1997. 1), 76; 허영(주 9), 550.

52) 동지, 김선택(주 7), 40-41.

53) 전광석(주 39), 424.

54) 헌재 1995. 7. 21. 93헌가14, 7-2, 1(31).

55) 헌재 2002. 12. 18. 2002헌마52, 14-2, 904(910).

56) 이에 관해서는 이덕연, "법률과 예산-사회복지분야에서 국회역할의 재정립," 법제연구원, 국가재정 관련법제의 현안과 과제(Ⅰ)(2004), 11 이하 참조. 같은 맥락에서 사회적 기본권의 행정권에 대한 직접적이고 완전한 구속의 한계를 인정하면서도 "가능한 한 예산을 확보하여 생존권을 실현시킬 의무"를 강조하는 견해가 주목된다. 김철수(주 9), 881.

57) 예산과 법률의 관계에 관해서는 이덕연, "예산과 행정법의 관계," 공법연구 제30집 제1호(2001), 133 이하.

로 결정하는 상위의 준거가 될 수는 없다. 입법형성에 따라 구체적으로 일정한 수준이 설정된 경우에 제기되는 그에 대한 헌법재판통제의 가능성과 적정한 밀도는 이른바 '헌법재판의 기능법적 한계'의 문제로 주어질 뿐이다.

　　　다만, 개별 사회보장법률들을 포괄적으로 지배하는 기본원칙과 공통의 지침을 제시하는 사회보장기본법(구 사회보장에 관한 법률)58)을 비롯하여 국민기초생활보장법, 국민건강보험법, 의료급여법 등 '인간다운 생활을 할 권리'를 구체화한 사회보장 및 사회복지 관련 법령59)이 이미 '횡적 범위'는 거의 포함되어서 대폭 법률상의 구체적인 권리로 보장되고 있는 현 시점에서는 '인간다운 생활을 할 권리'를 직접적인 근거로 하여 사회보장수급청구권이 행사될 필요성은 거의 없게 되었고, 또 한편 광범위한 입법형성의 자유에 비추어 볼 때 '인간다운 생활을 할 권리'가 통제규범으로서 입법부작위에 대한 위헌심사의 척도로 적용될 수 있는 영역은 크게 축소되었다. 하지만 구체적 권리성을 인정하는 논증의 당위적인 정당성과 이론적 타당성은 별론으로 하더라도 실제로 재정 및 경제상황 등 규범환경의 급속한 변화에 대한 입법의 대응이 연기 또는 지체되는 예외적인 상황에서는 지나치게 입법의 내용이 불충분한 이른바 '부진정입법작위'에 대한 헌법소원60)을 통해 구체적 권리성의 통제규범적 효용이 구체화될 수 있는 가능성이 남아있다. 또한 정책규범 및 행위규범으로서 기본권의 규범력이 발휘될 수 있는 헌법현실의 조건에 따라 그 영향력의 크기는 다를 수밖에 없겠지만, 헌법이론 및 재판실무상으로 이러한 가능성을 열어 두는 것 자체만으로도 잠재적으로 입법자를 비롯한 재정정책결정권자들에 대한 규범적 압력으로 작용하여 법률적 권리로 보장되는 복지수준에 대한 '과소금지'(Untermassverbot)의 객관적인 기준, 즉 입법형성의 자유에 대한 헌법규범의 임계점에 대한 관심을 지속시키는 유력한 동인이 된다는 점도 헌법정책적인 관점에서 주목되어야 한다.

---

58) 1995년 12월 30일, 법률 제5134호. 이 법률의 의의와 법적 성격, 규범적 효용 등에 대한 상세한 설명은 전광석(주 2), 181-193.

59) 제1항과 제2항 및 제3항 이하의 관계를 일반규정과 특별규정의 관계로 보는 관점에서 개별 조항별로 시행되고 있는 대표적인 법률은 다음과 같다. 제1, 제2항-사회보장기본법, 국민기초생활보장법, 사회복지사업법, 직업안정법, 재해구호법, 의료급여법, 국민건강보험법; 제3, 4항-노인복지법, 기초노령연금법, 모·부자복지법, 청소년보호법, 아동복지법, 모자보건법; 제5항-국민기초생활보장법, 장애인복지법, 장애인고용촉진 및 직업재활법(구 장애인고용촉진등에 관한 법률); 제6항-재난 및 안전관리기본법, 자연재해대책법, 급경사지 재해예방에 관한 법률, 농어업재해대책법, 산업재해보상 보험법, 재해위험 개선사업 및 이주대책에 관한 특별법, 화재로 인한 재해보상과 보험가입에 관한 법률 등. 이 중에 헌법적 의의와 기능이 각별하다고 할 수 있는 국민기초생활보장법 제정의 배경과 과정은 헌법해석론은 물론이고 헌법정책적인 관점에서도 유용한 시사점을 제공한다. 이에 대해서는 안병영, "국민기초생활보장법의 제정과정에 관한 연구," 행정논총(서울대 행정대학원), 제38권 제1호(2000), 1-55.

60) 다만 헌재의 일관된 입장에 따르면, '진정입법부작위'와 달리 입법은 하였으나 그 입법의 내용과 범위, 절차 등을 불완전 또는 불공정하게 규율하여 결함이 있는 '부진정입법부작위'의 경우에는 입법부작위에 대한 헌법소원은 인정되지 아니하고, 법규정 자체를 대상으로 적극적인 헌법소원을 청구할 수 있을 뿐이다. 헌재 1993. 3. 11. 89헌마79, 5-1, 92(102); 1996. 6. 13. 93헌마276, 8-1, 493(496).

Ⅶ. 현실적 검토 및 개정의 필요성

헌법 제34조의 규범적 효용, 특히 객관적 질서의 측면이 부각되는 '행위규범' 또는 '정책규범'으로서의 적용범위와 활용가능성에 대해서는 앞으로 많은 연구가 필요하다. 다만 '인간다운 생활을 할 권리'의 구체적 권리성을 대체로 긍정하는 학설의 동향과, 그와 맥락을 같이하는 규범적 환경의 변화 등을 고려하면 현 상황에서 동 규정 자체의 헌법규범적, 헌법정책적 효용이 부정적으로 평가될 이유는 찾기 어렵다. 전술한 바와 같이 '정책규범'으로서 그 규범적 효용의 관점에서도 제도설계와 시행에 무익한 장애와 부담만 주는 역기능의 측면이 아니라, 정책결정 과정에서 헌법적 정당성과 효율성이 동시적으로, 계속적으로 수렴될 수 있는 순기능적 가능성을 뒷받침해주는 유용하고 유력한 규범적 창구와 교두보로서 의의와 기능이 주목된다.

그간의 개헌논의에서도 동 규정 자체만을 대상으로 하는 개정의 필요성에 대한 주장은 찾아보기 어렵다. 예컨대, 헌법학회의 최종연구보고서[61]에서도 적어도 부분개정의 경우에는 현행 체계를 유지하는 전제하에 제1항을 분리시켜서 사회적 기본권의 총칙규정 또는 포괄적 권리로 개정하는 방안이 제기되었지만, '인간다운 생활을 할 권리' 자체의 형해화, 행복추구권 등의 타 기본권과의 중복 등을 우려하는 의견이 제시되었다. 또한 제2항의 국가목적조항도 좀 더 국가의 의무를 구체적으로 분명하게 하는 양식으로 표현하자는 방안이 제시되었으나 절실한 의미를 갖는 내용으로 보기는 어렵다.

제1항의 '인간다운 생활을 할 권리'의 내용과 법적 성격에 대한 논란을 비롯하여 사회보장 및 사회복지의 증진에 노력할 국가의무를 규정하고 있는 동조 제2항의 국가목표규정의 헌법상 의의, 특히 사회국가원리의 헌법적 근거의 하나로 보는 것에 대해서도 이견이 없지 아니하다는 것은 전술한 바 있다. 예컨대, '인간다운 생활을 할 권리'를 사회적 기본권에 관한 이념적·총체적인 규정으로 본다면 추상적이고 포괄적인 표현양식의 기본권규정 자체에 대한 재검토의 필요성이 제기될 수 있을 것이고,[62] 또는 그것이 독자적인 기본권으로서의 구체적인 권리성에 대한 부인을 전제하는 것이라면 헌법 제10조의 인간의 존엄과 가치와 관련하여 불필요한 이념의 중층구조로서 '실익없는 기교'[63]일 뿐이라는 점 등이 나름대로 설득력 있는 개정이유로 제시될 수 있을 것이다.

하지만 전술한 바와 같이 적어도 '인간다운 생활을 할 권리'의 독자적인 주관적 공권성, 특히 적어도 '추상적으로는 가변적이되, 구체적으로는 확정적인' 수준의 사회국가적 의무로 보는데 이견이 없는 '최저생계보장'과 관련하여 구체적인 권리성이 인정되고 있다는 점, 그리고 국가목표규정 또는 입법위임규정 등 규정양식에 관한 일부 기술적인 이견을 제외하면 제1항과

---

61) 한국헌법학회(편), 헌법개정연구, 2006 헌법개정연구위원회 최종보고서(2006. 11), 171-172.

62) 예컨대 정종섭(주 9), 761.

63) 김선택(주 7), 20.

제2항의 국가목적조항 및 제1, 2항과 제3－6항을 일반규정과 특별규정의 관계로 이해하는 해석론이 정론으로 자리를 잡았다는 점에서 그 실현의 구조와 방법상의 특성상 당위적인 가치상향성과 현실정합성의 조화를 통하여 정치규범, 정책규범으로서의 복합적이고 다원적인 효용을 구체화하는 것에 관심이 모아지고 있고, 이는 앞으로 규범환경이 급변하는 가운데 계속 지속될 것으로 전망된다.

특히 최근에 전 지구적 차원의 문제로 부각되었고, 우리 사회에서도 더 이상 단순한 개인 또는 부분집단의 절대적 또는 상대적인 '저소득의 문제'나 잠정적인 사회·경제정책적 현안이 아니라 사회통합의 토대, 즉 헌법적 가치공동체 전체의 지속가능성의 근간을 해치는 구조적인 '헌법문제'로 고려되어야 하는 '사회적 양극화' 및 이와 엇물린 빈곤문제는 헌법 제34조에 관한 헌법해석 및 헌법정책론의 담론에서 보다 깊고 넓게 고민되어야 할 것이다. 다만, 빈곤문제는 구조적으로 여러 층위와 영역에서 다양한 거시적, 미시적 원인에 의해 발생하는 복합적인 사회문제이기 때문에 입체적으로 접근될 수밖에 없고, 따라서 결국 다양한 사회법으로 표현되는 다원적인 빈곤정책들은 노동법, 가족법 등 '1차적 법률관계'의 다층적인 구조와 상호 영향이 교차되는 가운데 구체적인 성과가 결정되는 바, 이념과 현실 그 어느 쪽에 초점을 맞추든 성급하고 단선적인 헌법해석론을 통한 경직된 접근은 바람직하지 못하다. 이러한 절제의 요청은 헌법해석론 뿐만 아니라, 헌법개정의 차원에서 헌법 제34조를 접근하는 경우에 더욱 더 유의해야 할 것이다. 마지막으로, '생활무능력자'에 대한 보호규정인 제5항에 '신체장애자'를 포함하여 규정한 것은 규정체계상 맞지 않을 뿐만 아니라, 장애인에 대한 편견과 장애인복지문제에 대한 인식의 오류에서 비롯된 것이라는 점에서 개정의 필요성이 지적되고 있다.[64] 특히 시대의 추세에 맞추어서 '장애자' 대신 '장애인'으로 표현되어야 한다는 점과 함께, 보호대상으로서 장애의 문제를 '신체장애자'로 국한하여 '정신장애인'을 배제하고, 장애인을 원천적인 생활무능력자로 전제하는 불합리한 인식과 입법태도의 전환을 촉구하는 것이 필요하다는 점 등이 그 이유로 제시되고 있다.

VIII. 관련문헌

1. 국내문헌

계희열, 헌법학(중), 박영사, 2007.

권영성, "사회적 기본권의 헌법규범성고," 헌법논총 2(1991).

_____, 헌법학원론, 법문사, 2010.

김두식, "우리 법률상의 장애인식에 대한 비판적 검토," 인권과 정의 제314호(2002. 10),

---

64) 김두식(주 2), 66-67.

58-71.

김선택, "인간다운 생활을 할 권리의 헌법규범성," 판례연구(고려대) 제9집(1998), 1-44.

김성수, 세법, 법문사, 2003.

김 욱, "인간다운 생활을 할 권리," 한국에서의 기본권이론의 형성과 발전－허영교수화갑
　　　기념논문집(1997), 458-478.

김철수, 헌법학개론, 박영사, 2010.

성낙인, 헌법학, 법문사, 2013.

송석윤, 위기시대의 헌법학, 정우사, 2002.

안병영, "국민기초생활보장법의 제정과정에 관한 연구," 행정논총(서울대 행정대학원), 제
　　　38권 제1호, 2000, 1-55.

이덕연, "기본권의 본질과 내용," 한국에서의 기본권이론의 형성과 발전 — 허영교수 화갑
　　　기념논문집(1997), 35-82.

_____, "'인간다운 생활을 할 권리'의 본질과 법적 성격," 공법연구 제27집 제2호(1999),
　　　235-249.

_____, "우리는 왜 '인간다운 생활을 할 권리'를 헌법에 규정하고 있는가?," 헌법판례연구
　　　(Ⅰ)(1999), 143-205.

_____, "예산과 행정법의 관계," 공법연구 제30집 제1호(2001), 133－148.

_____, "법률과 예산－사회복지분야에서 국회역할의 재정립," 국가재정관련법제의 현안
　　　과 과제(Ⅰ)(2004), 11-36.

_____, "헌법으로 본 빈곤(사회양극화)문제와 예산과정," 공법연구 제39집 제3호(2011),
　　　231-264.

이창희, 세법강의, 박영사, 2007.

장영수, "인간다운 생활을 할 권리의 보호범위와 실현구조," 현대공법의 연구－김운용교수
　　　화갑기념논문집(1997), 410-425.

전광석, 한국사회보장법론, 집현재, 2012.

_____, "사회보장법의 헌법적 기초; 사회보장법에 대한 헌법재판소 결정례분석," 헌법재
　　　판연구 제11권(2000), 1 이하, 231 이하.

_____, "사회변화와 헌법과제로서의 복지국가의 형성," 공법연구 제31집 제1호(2002), 59-
　　　94.

_____, "헌법재판소가 바라 본 복지국가원리," 공법연구 제34집 제4호 제1권(2006), 221-
　　　249.

_____, 국제사회보장법론, 법문사, 2002.

_____, 한국헌법론, 집현재, 2013.

_____, 복지국가론, 신조사, 2012.

_____, "사회보장: 규범적 실현과 제도적 실현," 법학연구 제23권 제2호(2013), 1-26.

정종섭, 헌법학원론, 박영사, 2007.

정태호, "원리로서의 사회적 기본권," 법과 인간의 존엄 – 정병식박사 화갑기념논문집 (1997), 238 이하.

한국헌법학회(편), 헌법개정연구, 2006 헌법개정연구위원회 최종보고서.

한병호, "인간다운 생존의 헌법적 보장에 관한 연구," 서울대 박사학위논문, 1993.

한수웅, "사회복지의 헌법적 기초로서 사회적 기본권," 헌법학연구 제18권 제4호(2012).

_____, "헌법소송을 통한 사회적 기본권 실현의 한계," 인권과 정의 245(1997. 1), 70 이하.

_____, 헌법학, 법문사, 2013.

허 영, 한국헌법론, 박영사, 2013.

홍성방, 헌법학(중), 박영사, 2010.

2. 외국문헌

Alexy R., Theorie der Grundrechte, 1. Aufl., 1986.

헌법 제35조

[정 극 원]

第35條

① 모든 國民은 건강하고 快適한 環境에서 生活할 權利를 가지며, 國家와 國民은 環境保全을 위하여 노력하여야 한다.

② 環境權의 내용과 행사에 관하여는 法律로 정한다.

③ 國家는 住宅開發政策등을 통하여 모든 國民이 快適한 住居生活을 할 수 있도록 노력하여야 한다.

I. 기본개념과 입헌취지

1. 개 념

헌법 제35조에는 환경권에 대하여 규정하고 있다. 환경권이란 '건강하고 쾌적한 환경에서 공해 없는 생활을 누릴 수 있는 권리'를 말한다. 환경권은 이를 협의로 파악할 수도 있으며 광의로도 파악할 수 있다. 협의의 환경권이라 함은 건강한 환경 속에서 살 헌법상의 권리(a constitutional right to a healthful environment)를 말하는 것으로서, 토지, 태양, 깨끗한 물, 맑은 공기, 자연경관 등과 같은 자연적 환경 속에서 인간의 생명과 건강에의 침해를 받지 않고 살 수 있는 권리를 말한다. 예를 들어 청정한 대기에 관한 권리, 깨끗한 물에 관한 권리 등이다. 이에 따라 환경오염이 예상되거나 또는 환경오염으로 말미암아 건강을 훼손당할 위험에 놓이게 되거나 이미 훼손당하고 있는 자는 오염되거나 불결한 환경에 대하여 책임이 있는 공권력이나 제3자에 대하여 그 원인을 예방 또는 배제하여 주도록 요구할 수 있게 된다. 광의의 환경권이라 함은 자연적 환경 이외에도 문화적 유산이라든가, 도로·공원·교육·의료 등의 좋은 사회적 환경 속에서 살 권리를 말한다. 오늘날 환경권이라 함은 협의의 자연적 환경권뿐만 아니라 교육권, 의료권, 도로·공원이용권 등과 같은 문화적·사회적 환경권까지도 포함하고 있다. 여기에는 인격형성적 성격도 가미되고 있다고 하겠다. 우리의 환경정책기본법에는 "환경이라 함은 자연환경과 생활환경을 말한다"라고 정의하여 환경을 넓은 개념으로 보고 있다. 즉 '자연환경'이라 함은 지하·지표(해양을 포함한다) 및 지상의 모든 생물과 이들을 둘러싸고 있는 비생물적인 것을 포함한 자연의 상태를 말하고, '생활환경'이라 함은 대기·물·폐기물·소음·진동·악취·일조 등 사람의 일상생활과 관계되는 환경을 말한다(환경정책기본법 제3조). 헌법상에 보장된 환경권에는 일조를 이용하여 쾌적한 생활을 향수하는 권리인 일조권과 자연경관을 손상당하지 않고 볼 수 있는 조망권·자연경관권도 포함된다.[1] 생활환경을 근거로 하여서 피해나 생명·신체의 위협을 받는 국민은 국가에 대하여 공해배제청구를 행사할 수 있는 방어권이 도출된다. 역사적 문화환경권의 보장을 위하여서도 문화재보호법, 전통사찰법, 기타 많은 법률이 제정되어 문화유산을 향유할 권리를 누리게 된다.[2] 헌법은 그 규정방식에 있어서 제3항에 "국가는 주택개발정책을 통하여 모든 국민이 쾌적한 주거생활을 할 수 있도록 노력하여야 한다"라고 규정하여 쾌적한 주거생활권도 함께 보장하고 있다. 쾌적한 주거생활권이라 함은 인간다운 생활에 필수적인 쾌적한 주거생활의 확보를 위하여 국가에 대해 일정한 배려와 급부를 요구할 수 있는 권리를 말한다. 주거는 인간의 삶의 보금자리이고, 사회의 기본적 조직단위인 가정의 근거지이며, 건강하고 문화적인 생활을 영위하기 위한 필수적인 요소가 된다.[3] 국가는 적절한 공공주택, 영구임대주택 등을 제

---

1) 류지태, "일조권에 대한 공법적 검토," 토지공법연구 제3집(1996), 73-94.
2) 남궁승태, "문화재보호와 역사적 문화환경권," 법정고시(1997. 3. 5), 122-148.
3) 쾌적한 주거생활권은 사회적·문화적 생활환경권을 구체화한 것으로 헌법 제35조 제3항이 신설되기 이전에는

공할 의무가 있다.[4] 이를 위하여 주택건설촉진법, 택지개발촉진법, 임대주택법 등에서 규정하고 있다.

2. 입헌취지

환경권은 국가와 국민 간의 갈등과 이해대립의 사회적 현실에서 국가의 공적이익에 우선하여 보장받아야 하는 국민의 자유와 권리를 확보하기 위한 자유권적 기본권의 일반적인 성립과는 달리 1960년대 이후 경제발전에 따른 수질오염과 공기오염에 의하여 인간의 생활환경이 회복 불가능한 파괴에 직면하게 되면서 환경문제에 대한 세계 각국의 공동인식 및 국가와 국민의 공동노력이 있었다.[5] 이러한 노력의 결과 이제 각국은 이론·판례·실정법 등을 정비하고 각종 국제회의를 통하여 환경을 하나의 문제를 넘어서 인류가 누려야 하는 권리로서 새롭게 인식하게 되었고 이를 헌법상에 보장하게 되었다. 환경권은 (ㄱ) 환경공유사상, (ㄴ) 생명권·보건권의 재산권·영업권에 대한 우위론, (ㄷ) 산업우선주의를 지양한 인간존중주의 등을 그 사상적·이론적 기초로 하여 현대적인 인권으로 등장하게 되었다.[6] 헌법상에 환경권을 규정함으로써 환경권은 사람이 인간다운 생활을 영위하고 인간으로서의 존엄을 유지하기 위하여 필수적으로 요구되는 인간의 생래적인 기본권의 하나로서 모든 사람에게 다 같이 보장되는 보편적인 권리로서의 성질을 가지게 되었다. 환경권을 우리 헌법에서처럼 헌법의 차원에서 명문으로 규정한 입법례는 그리 흔하지 아니하다.[7]

주택복지의 차원에서 인간다운 생활권을 그 헌법적 근거로 하였다. 권영성, 헌법학원론, 법문사, 2010, 706.

4) 이에 관한 법률로 주택건설촉진법을 들 수 있는데, 이 법률에 대하여 현재는 다음과 같이 판시하고 있다: "주택조합(지역조합과 직장조합)의 조합원자격을 무주택자로 한정하고 있는 주택건설촉진법 제3조 제9호는 우리 헌법이 전문에서 천명한 사회국가, 복지국가, 문화국가의 이념과 그 구현을 위한 사회적 기본권 조항인 헌법 제34조 제1·2항, 제35조 제3항의 규정에 의하여 국가에게 부과된 사회보장의무의 이행과 국민의 주거확보에 관한 정책시행을 위한 정당한 고려하에서 이루어진 것으로 조합원 자격에서 유주택자를 배제하였다고 해서 그것이 인간의 존엄성이라는 헌법이념에 반하는 것도 아니고 우선 무주택자를 해소하겠다는 주택건설촉진법의 목적달성을 위하여 적정한 수단이기도 하므로 이는 합리적 근거있는 차별이어서 헌법의 평등이념에 반하지 아니하고 그에 합치된 것이며 헌법 제37조 제2항의 기본권 제한과잉금지의 원칙에도 저촉되지 아니한다. 주택건설촉진법상의 주택조합은 주택이 없는 국민의 주거생활의 안정을 도모하고 모든 국민의 주거수준의 향상을 기한다는(동법 제1조) 공공목적을 위하여 법이 구성원의 자격을 제한적으로 정해 놓은 특수조합이어서 이는 헌법상 결사의 자유가 뜻하는 헌법상 보호법익의 대상이 되는 단체가 아니며 또한 위 법률조항이 위 법률 소정의 주택조합 중 지역조합과 직장조합의 조합원 자격을 무주택자로 한정하였다고 해서 그로 인하여 유주택자가 위 법률과 관계없는 주택조합의 조합원이 되는 것까지 제한받는 것이 아니므로 위 법률조항은 유주택자의 결사의 자유를 침해하는 것이 아니다" 헌재 1994. 2. 24. 92헌바43.

5) 환경보호를 위한 국제적 노력이 일환으로 1972년 6월에는 스톡홀름에서 제1차 유엔환경회의가 개최되어 「하나뿐인 지구」라는 표어를 채택하면서, 유엔상설기구로서 유엔환경계(UN Environment Program)을 설치하였을 뿐만 아니라 1992년 6월에는 리우데자네이루에서 유엔환경개발회의(UNCED)가 개최되어 「리우宣言」과 국제환경법제의 기본원칙이 될 의제 21(Agenda 21)이 채택되었다. 권영성(주 3), 702.

6) 권영성(주 3), 702.

7) 환경보호를 규정한 헌법례로서는 그리스헌법(§24), 인도헌법(§48 A, §49), 이란헌법(§50), 스위스헌법(§24의 7), 태국헌법(§65)등을 들 수 있고, 직접 환경권을 규정한 헌법례로서는 포르투갈헌법(§66)과 스페인헌법(§45) 등을 들 수 있다.

II. 연   혁

환경권개념이 등장한 것은 1960년대 이후이다. 우리나라에서는 1970년대 이후 공해산업의 발달에 따라 환경보전의 필요성이 강조되면서 환경권론이 등장하였다.[8] 1978년 7월 1일부터 시행된 환경보전법은 "환경을 적정하게 보전함으로써 국민보건향상에 기여함"을 목적으로 제정된 것이었다.[9] 이처럼 환경문제가 거의 모든 현대국가의 숙명적 과제 내지 공통의 관심사가 됨에 따라서 환경에 대한 독자적인 법질서의 형성과 헌법에의 규범화가 이루어지기 시작하였다. 우리 헌법에서는 환경권의 명문화를 위한 제안은 4가지였다. 첫째, 공화당안: 제30조 ④ 국민은 환경오염으로부터 보호받을 권리를 가진다. 둘째, 신민당안: 제35조 ① 모든 국민은 보다 건강하고 쾌적한 환경을 향유할 권리를 가진다. ② 국가는 환경의 적당한 이용·관리 및 보전을 위하여 노력하여야 한다. ③ 국민은 환경보전을 위하여 노력하여야 한다. 셋째, 대한변협안: 제34조 ② 모든 국민은 깨끗한 환경에서 생활할 권리를 가지며 국가는 이를 보호할 의무를 진다. 넷째, 6인연구회안: 제36조 ① 모든 국민은 쾌적한 환경에서 생활할 권리를 가진다. ② 국가는 환경을 청결하게 유지하고, 국민의 건강과 위생을 위험하게 하는 오염을 제거하며, 산업공해를 방지해야 한다. 이러한 4가지의 제안을 놓고서 논의한 결과 1980년 제8차 개정헌법 제33조에 "모든 국민은 깨끗한 환경에서 생활할 권리를 가지며, 국가와 국민은 환경보전을 위하여 노력하여야 한다"라고 처음으로 규정하였고,[10] 현행 헌법에서는 제35조에 이를 이어 오고 있다. 환경보호를 헌법에 명문화시킨 국가가 적었던 당시로서는 대단히 진취적인 규정이었다고 평가된다.[11] 현행 헌법은 1980년 헌법개정에서 처음 규정할 당시의 '깨끗한'에서 '건강하고 쾌적한' 환경에서 생활할 권리로서 보다 구체적으로 환경권을 명문화하였다. 이는 환경권을 '깨끗한' 환경에서 생활할 권리라는 자연환경을 그 규범대상으로 하는 것으로부터 '건강하고 쾌적한' 환경에서 생활할 권리라는 자연환경 외의 사회·문화적 환경까지 동시에 염두에 둔 규정이다. 다만, 우리 헌법의 환경권 도입과정에서는 환경보호의 필요성이 지나치게 강조된 나머지 그것을 기본권으로 헌법에 규정하게 되면 어떠한 문제가 발생할 것인가에 대하여는 논의가 거의 이루어지지 않았다. 그 결과 환경권에 대한 문제는 전적으로 (헌법)이론의

---

8) 우리나라의 환경관련법제는 몇 가지 단계를 거치면서 발전하여 왔다. 제1단계로는 1963년에 공해방지법이 제정되었고, 제2단계로는 1970년대에 접어들면서 경제개발우선정책에 따라 본격적인 공업화의 추진으로 환경문제가 심각해지자, 1977년에 환경보전법과 해양오염방지법이 제정되었다. 제3단계는 환경권이 헌법상 기본권의 하나로 채택된 단계로서 1980년 헌법 제33조에 환경권과 국가 및 국민의 환경보전의무가 규정되었다. 제4단계로는 경제성장의 고도화와 공업화의 진전으로 환경오염의 유형이 다양화되면서 단일법주의(單一法主義)에 입각한 환경보전법이 한계를 드러내자, 이를 계기로 복수법주의(複數法主義)에 입각한 환경법제로의 전환이 이루어졌다. 권영성(주 3), 702.

9) 김철수, "우리나라의 환경권과 환경입법," 한일법학연구(1995).

10) 이 규정은 환경권이 헌법에 규정되는 경우 국가의 인적·물적 부담이 증가하며, 배상사태로 국가의 부담 내지 예산집행상 어려움이 예견되고, 경제발전이 둔화될 우려가 있다는 반대의견을 극복하고 도입되었다. 헌법연구반보고서(1980. 3), 155.

11) 홍성방, 헌법학, 현암사, 2005, 583.

문제로 남게 되었다.[12]

III. 입헌례와 비교법적 의의

1. 입 헌 례

사상적 측면에서 처음으로 환경권이 등장한 곳은 미국이다. 미국은 1969년 국가환경정책법(NEPA)을 만들었는데, 이는 가히 환경권에 관한 권리장전이라고도 할 수 있다. 이후 미국에서는 여러 주의 헌법을 개정하여 환경권을 새롭게 신설하였다.[13] 일본에서도 1970년대에 들어 환경파괴에 대항하는 주민의 권리로서 환경권을 확립할 것을 주장하였다. 그러나 일본에서는 법률상의 권리로서 보장되지는 않고 있으며, 각 도시조례에서 건강하고 안전하며 쾌적한 생활을 영위할 권리를 가지게 된다는 것을 강조하고 있다.[14] 환경보호가 거의 모든 현대국가의 숙명적 과제 내지 공통의 관심사가 되기 시작한 이래로,[15] 독일에서는 1971년에 이미 인간에 적합한 환경을 구할 수 있도록 환경권을 기본법에 규정하여야 한다는 주장이 강력하게 제기되었다.[16] 1973년 1월 18일 브란트 수상이 "인간은 모두 인간에 적합한 환경에 대한 기본적인 권리를 가지며, 이것은 '헌법차원'의 권리이다"라고 강조하였고, 1994년 11월 27일 드디어 헌법개정을 통하여 기본법 제20a조에 "국가는 또한 미래세대의 자손들에 대한 책임을 지고 자연적 생활기반을 헌법합치적 질서의 범위 안에서 입법에 의하여 그리고 법률과 법의 척도에 따라 집행권과 사법권에 의하여 보호한다"라고 하여 기본법상에 처음으로 환경권조항을 규정하였다.[17]

---

12) 전주, 583.

13) 석인선, "미국의 환경관련판례연구-환경정책에 있어서 권력분립과 사법부의 역할을 중심으로," 법학논집 3, 199, 99-32; 김춘환, "미국에 있어서의 자연보호의 법리," 법학논집(2001. 7), 121-146.

14) 大阪辯護士會編, 環境權, 1973; 加藤一郎, 環境權槪念をめぐって, 民法學の現代的課題, 1972; 小林直樹, 憲法と環境權, ジュリスト, 492號; 松本昌悅, 環境破德と基本的人權, 1975.

15) Breuer, Umweltrecht, in: Münch/Schmidt-Aßmann(Hrsg.), Besonderes Verwaltungsrecht, 9. Aufl., 1992, S. 396; Hofmann, Technik und Umwelt, in: Benda/Maihofer/Vogel(Hrsg.), Handbuch des Verfassungsrechts, 2. Aufl., 1994, S. 1005.

16) 모든 국민은 국가와 사회에 대하여 생물적 생존을 위한 최소한의 권리, 완전한 건강 및 인격의 자유와 발현을 가능하게 하는 생활환경 조건에 대한 권리, 즉, 맑은 공기, 깨끗한 물, 아름다운 자연경관에 대한 권리를 가지고 있다는 것이 그 주장의 주된 논거였다. 이에 대한 자세한 참조는 Kloepfer, Zum Grundrecht des Umweltschutzes, 1978, S. 7ff.; Michel, Staatszweck, Staatsziele und Grundrechtsinterpretation unter besonderer Berücksichtigung der Positivierung des Umweltschutzes im Grundgesetz, 1986, S. 269ff.; Bock, Umweltschutz im Spiegel von Verfassungsrecht und Verfassungspolitik, 1990, S. 53ff.

17) 물론 환경권이 독일기본법에 규정되기 이전에도 연방의 각 주의 헌법에는 이미 환경권이 규정되고 있었다. 대표적인 예로서 바덴-뷔르템베르크주헌법 제86조, 바이에른주헌법 제3조 제2항 및 제141조 제1·2항, 헷센주헌법 제26a조, 노르트라인-베스트팔렌주헌법 제29a조, 라인란트-팔츠주헌법 제73a조, 자아란트주헌법 제59a조 등이다. 이들 각 주헌법에는 환경권을 아직 하나의 국가목적 또는 국가과제로서 선언하고 있다. 따라서 이러한 규정들은 환경보호가 상대적으로 사회국가적 임무를 넘어서지 못하는 것이 되어 국가적 조치에 대항하는 방어권을 가지는 것은 아니었다.

2. 비교법적 의의 — 독일의 국가목적규정으로서의 환경권

기본법에서는 환경권을 우리 헌법과는 달리 기본권으로 명문화하지 않고 하나의 국가목적 규정(Staatszielbestimmung)으로서 규정하고 있다는 점에서 특색이 있다.18) 1983년 연방내무부와 법무부가 공동으로 구성한 국가목적규정/입법과제전문위원회는 그 보고에서 환경보호를 국가 목적으로 기본법 제20I조에 규정할 것을 제안하면서, 국가목적규정으로서의 환경권에 대한 논 의가 시작되었다.19) 이 보고서에서는 "국가목적규정은 국가행위가 지속적으로 존중하고 충족 하여야 하는 사실상의 목적으로서 확정된 과제를 규정한 법적으로 구속적인 효력을 가지는 헌 법규범이다. 국가목적규정은 국가행위의 확정된 프로그램이며, 이는 국가활동의 지침과 지시가 되며, 아울러 입법과 행정입법의 해석근거가 된다"라고 하여 그 정의를 내리고 있다.20) 국가목 적규정으로서의 환경권은 사법부의 결정에 의하여서만 실제적 의미를 가지게 된다는 점에서 아주 미약한 보장이 된다는 비판을 받기도 한다. 왜냐하면 국가목적규정으로서의 동 조항에 의 하여서는 주관적 공권에 의한 개인적 요구가 도출되지 않기 때문이다.21) 국가목적규정은 헌법 위임과는 달리 입법자뿐만 아니라 행정이나 사법을 법적으로 구속하는 것이므로 환경보전을 국가목적규정으로 이해하게 되는 경우에 이를 통하여 국가의 환경보전의무의 실현에 맞추어 직·간접으로 행정행위를 조정하거나 통합하게 된다. 국가목적규정에는 국가행위의 특정 프로 그램을 포함하고 있기 때문이다.22) 나아가 국가목적규정으로서의 환경권은 행정청이 환경에

---

18) 우리의 경우 "Staatszielbestimmung"을 흔히 국가목표규정 또는 국가목표조항이라 부르고 있다(고문현, "독 일기본법상 환경보호," 헌법학연구 제5집 제2호(1999), 358; 이종영, "개정된 독일기본법상 국가목적규정으 로서의 환경보호," 독일통일관련 연방헌법재판소의 판례 및 기본법개정에 관한 연구, 헌법재판소(1996. 12), 390) 사전적인 의미에서 본다면, 목표는 곧 이루거나 도달하려는 대상이 되는 것이라면 목적은 그 목 표의 방향을 의미하는 것이다. 헌법에 있어서 목표, 즉, 곧 이루어야 하는 대상이 되는 것이라면 그것은 기본권으로 표현될 수밖에 없을 것이지만 목적의 경우에는 아직 그러하지 않아도 될 것이다. 따라서 이를 국가목표규정 또는 국가목표조항이라 하는 것보다는 국가목적규정이라 부르는 것이 어감상 더 적합할 것 이라 생각된다. 이를 국가목적규정 또는 국가목적조항을 부르는 경우로는 정극원, "국가목적규정에 관한 일고찰," 공법학연구 제4권 제2호(2003. 4), 219; 김성수, 개별행정법론, 법문사, 2001, 245.

19) Der Bundesminister des Innen/Der Bundesminister der Justiz(Hrsg.) Staatszielbestimmungen/ Gesetzgebungsaufträge, Bericht der Sachverständigenkommission, 1983, Rn. 130ff.

20) 1987년 이래로 기민당/기사당(CDU/CSU)연합은 국가목적으로서의 환경보호를, 사민당(SPD)은 국가목적규 정을, 녹색당(GRÜNEN)은 환경기본권을 각각 제안하여 국가목적규정으로서의 환경권조항에 대한 정당간의 논의가 활발히 이루어졌다. 드디어 1990년 9월 21일 연방의회에서 국가목적 또는 국가과제로서 환경보호 에 대한 헌법개정의 제안설명이 이루어졌다. 그러나 이 제안은 환경·경제·사회정책의 우선이라는 헌법정 책적 관점의 제안이라는 문제점을 노정하고 있었고, 결국 기본법 제79조 제2항이 정한 3분의 2의 헌법개 정 정족수미달로 환경권조항의 신설은 수포로 돌아가게 되었다. 비록 헌법개정은 실패하였지만 일반헌법위 원회(Gemeinsame Verfassungskommission)는 정당으로부터 도출된 이러한 국가목적으로서의 환경보호는 인간생존의 장기간에 걸친 인간의 이익에 관한 것이라는 점, 헌법이 이러한 환경보호를 충분히 보장하고 있지 않다는 점, 이는 기본법 제20I에 명명된 국가목적과 국가구조원리와 같은 순위와 무게로서의 고차원 의 근본적인 과제가 되어야 한다는 점에서 헌법에의 규범화를 위한 지속적인 노력에 힘입어 드디어 1994 년 11월 27일 제42차 헌법개정에서 환경권은 비로소 국가목적규정으로서 독일기본법에 명문화되기에 이르 렀다. 정극원(주 18), 540.

21) Stein/Frank, Staatsrecht, 17. Aufl., 2000, S. 171.

22) Hoppe/Beckmann, Umweltrecht, 1989, S. 50.

대한 재량권을 행사하거나 불확정 법개념을 해석할 때 근본적인 가치를 결정하는 직접적인 근거가 된다. 이러한 환경보전을 위해 노력해야 할 국가의 헌법적 의무는 특히 경제규제완화의 논리에 의해 도전을 받고 있는 환경규제의 정당성을 뒷받침해 주는 동시에 규제완화의 한계를 설정해 주는 규범적 척도가 된다. 국가목적규정은 행정의 영역인 계획행정, 질서행정, 급부행정에 있어서 광범위한 영향력을 가지게 된다. 나아가 국가목적규정은 객관법적인 성격에 기반하여 비교적 구체적으로 파악되는 입법위임이나 기본권보다도 더 큰 형성의 특권을 입법부에 부여하게 된다.23) 환경권을 국가목적규정으로 보는 것은 그 내용이 추상적이거나 미확정적인 것에 연유하는 면이 있기 때문에 이를 구체적으로 형성하거나 정립하는 입법자의 입법을 통하지 않고서는 달성되지 않는다. 국가목적규정은 우선적으로 입법부에 대한 행위위임이자 그 행위위임을 수행하기 위한 규범적 방침이 되는 것이다. 행정권의 환경보전의무는 일단 입법권자에 의해 구체화된 환경입법에 따라 이행되어야 하겠지만, 그러한 입법이 없더라도 헌법규정으로부터 환경권의 구체적 내용을 해석해낼 수 있다. 국가목적규정은 입법자가 입법해태시에 사법부가 이를 구체화시키는데 있어서 사법에 대하여서도 구속력을 가지게 된다. 국가목적규정을 전혀 이행하지 않거나 상당부분 무시한 때에는 헌법재판에 있어서 규범통제절차가 생겨날 수 있기 때문이다.24)

기본법 제73조는 연방만이 그 입법권을 행사할 수 있는 전속적 입법사항을 규정하고 있고, 제74조에는 연방이 입법권을 행사하지 않고 있는 분야에 대하여 그 입법권을 지방이 행사하는 사항으로서 경합적 입법사항을 규정하고 있다. 이에 따를 경우 연방은 환경보호에 대하여 입법권능을 가지지 못한다. 다만 중요한 특정영역에 관하여서만 환경보호의 입법권능을 행사할 수 있게 된다. 1959년 핵에너지시설과 관련한 사항을 경합적 입법사항(제74조 제11a항)으로 규정하여 환경권의 단초를 규정한 이래로 1972년 4월 12일 기본법의 개정에서도 쓰레기의 처리, 대기정화 및 소음방지도 경합적 입법사항(제74조 제24항)으로 규정함으로서 환경보호의 과제들은 주로 지방의 입법에 의하여 그 내용이 구체화되게 되었다. 이에 반하여 연방은 자연보호, 풍치조성 및 물의 관리에 대해서는 대강규정을 제정할 권능을 가지고 있다(제75조 제3, 4항). 독일에 있어서의 입법권자에 의한 환경법의 형성은 초기단계에서는 주로 이러한 연방입법에 의한 것이었다. 예를 들자면, 폐기물처리법(1972년), 연방임밋씨온(소음)방지법(1974년), 원자력법 전면개정(1976년), 연방자연환경보전법(1976년), 유해화학물질법(1980년) 등이다. 이러한 연방의 환경입법은 대부분 행정부주도의 환경보호운동이 정치적 영향력을 얻기 전에, 그리고 처음부터 여론 및 정치적 압력을 받지 않고 제정된 것이었다. 따라서 독일에 있어서 비교적 이른 시기에 환경보전에 관한 노력을 기울인 공적은 입법자에게 돌아가야 할 것이다.25) 입법권자에 의한 이

23) Sommermann, Staatsziel Umweltschutz mit Gesetzesvorbehalt?, DVBl., 1991, S. 19.

24) 고문현(주 18), 369.

25) Kloepfer, Entwicklung und Instrumente des deutschen Umweltrechts, 환경문제의 공법적 대응, 한국공법학회 자료집(1997. 4. 19), 26.

러한 환경입법은 환경보호를 위한 구체적 조치들을 규정하고 있었다. 따라서 1994년 기본법상에 환경권의 규정의 신설 이전에도 이미 환경보호의 체계화 및 그 내용의 실질적 확장을 이루고 있었던 것이다. 이러한 입법이 국민 개개인의 권리보호를 중점으로 하는 것이 아니라 환경보전 또는 환경보호를 중점으로 하고 있었기 때문에 환경보호라고 하는 목적은 정하여져 있었지만 누가 이를 이행할 것인가라는 문제는 여전히 남아 있었다. 기본법상의 국가목적규정으로서의 환경권규정의 신설에 의하여 비로소 국가가 이러한 환경보호의무를 지닌 존재가 확정되게 된 것이다. 이제 국가는 사실상 모든 영역에서 스스로의 활동에 의하여 일정한 수준의 환경보전과 환경보호를 실현하여야 하는 것이다. 따라서 연방, 지방의 각 주, 각종 지방자치단체, 기타 공법상의 법인, 그 밖의 국가적 고권을 행사하는 모든 주체들은 이러한 환경보전과 환경보호에 관한 헌법규정에 구속된다. 기본법 제20a는 기본권으로 규정된 것이 아니기 때문에 개개의 국민이 주관적 공권을 가지는 것은 아니다. 그러나 이에 근거하여 국가의 객관적 의무 또는 보호과제가 부여된다. 이는 국가목적규정으로서의 환경권의 내용적 핵심이 된다. 입법권자는 이러한 객관적 의무와 보호과제의 체계화에 대하여 우선권을 가지게 됨으로서 기본법상의 환경권규정의 제정에 상관없이 환경보호의 내용형성은 입법자의 몫이 되고 있었다. 그러나 환경권에 대한 동 규정의 제정을 통하여 환경보호를 입법의 단계에서 헌법상으로 그 단계를 끌어올리게 되었다는 점에서 그 의의가 있다. 이제 입법권자는 기본법에 다라 국가가 어떻게 또는 어느 정도로 자연적 생활기반은 충족하여야 하는지의 행위의무를 정하게 되는데, 이 경우에 고려하여야 할 중요한 법적 기본원칙이 바로 사전배려의 원칙, 원인자책임의 원칙 및 협력의 원칙이다.[26] 사전배려의 원칙은 기본법 제20a조에 의하여 직접 도출되는 원칙이며, 원인자책임의 원칙은 그 원인을 상세하게 정서할 수 없다는 점에서 그리고 비용부담이라는 점에서 공동부담의 원칙(Gemeinlastprinzip)을 경합적으로 고려하여 정하야야 한다.[27] 기본법 제20a조의 자연적 생활기반의 보호, 즉, 환경보호의 내용실현을 위하여 입법권자는 주로 규제의 방식을 그 수단으로 취하고 있다. 예컨대, 신고의무(유해화학물질법 제4조, 물관리법 제16조 제2항 등), 허가유보부금지(연방삼림법 제9조, 원자력법 제7조), 금지수권(연방자연환경보전법 제21a조), 감독규정(연방임밋씨온법 제53조) 등이 이에 해당한다. 이 밖에도 환경보호를 구체화하기 위하여서는 법적으로 계획의 절차를 규정하거나 환경영향평가에 대한 법적 장치를 입법을 통하여 규정할 수 있다. 예를 들어 연방자연보호법 제5조에 규정된 풍치계획이나 일정한 공적·사적 사업계획에 대하여 구속적인 환경영향평가를 규율하고 있는 환경영향평가법이 이에 해당한다. 이러한 환경보호를 통하여 실현하려는 궁극적 이상인 현재에 살고 있는 국민 개개인과 장래에 살게 될 후세대에게 깨끗한 환경에서 건강하고 쾌적한 생활을 할 권리를 누리게 한다는 점에서 환경보호는 곧 환경

---

26) Umweltbericht '76 der Bundesregierung, BT-Drucks, 7/5684, 8f.; Kloepfer, Systematisierung des Umweltrechts, 1978, 103ff.

27) 이 경우 공동부담의 원칙은 바로 국가의 사회적 의무를 그 뿌리로 하는 것이다. Stein/Frank, a.a.O., S. 174.

에 대한 권리의 직접적 근거가 된다.

비교법적 측면에서 본다면, 우리의 헌법은 환경권을 기본권으로 규정하고 있고 독일기본법은 국가목적규정으로 규정하고 있다. 그러나 환경권이 기본권으로 규정되어 있는 우리나라의 경우가 그 구체적 내용실현에 있어서 환경권을 국가목적규정으로 규정하고 있는 독일보다 오히려 덜 구체화되어 있다. 환경의 침해는 그 특성상 국소적이고 특정 개인에게만 피해를 유발하는 것이 아니라 전체적이고 일반 국민 대부분에게 피해를 가져다주는 것임에도 불구하고 우리의 경우 부분적으로만 방어권을 인정하거나 단체소송의 길이 열려 있는 것도 아니다. 이에 반하여 독일은 이러한 경우 국가의 환경보호의무의 이행을 요구할 수 있고 연방자연보호법에 부분적으로 도입된 단체소송에 의하여 환경권을 실현할 수 있다. 환경권에 대한 헌법규정의 형식에서 볼 때, 우리의 경우는 권리보장을 독일의 경우에는 환경보호를 규정하고 있기 때문에 우리의 경우에는 환경권에 주관적 권리가 도출되지만 독일의 경우에는 주관적 권리가 추론될 수 없다. 우리의 경우 환경권에 기하여 주관적 권리가 도출됨에도 불구하고 그 내용과 행사에 대하여 입법위임으로 정하게 하여 국가목적규정으로 정한 독일의 경우와 특별히 구별되지도 않는다. 입법위임에 의하여 환경권의 내용을 형성하는 것이 당연한 입법권자의 권능이 된다. 그러나 기본권으로 보장된 환경권의 행사조차도 법률로서 규정하게 함으로서 권리제한적 법률유보 하에 놓여 있다. 이는 입법위임에 의하여 환경보호의 국가적 과제를 정하는데 있어서 법률유보에 의한 환경권의 제한을 허용하지 않고 있는 독일에 비하여 실제적으로 환경권을 더 약하게 보호하고 있는 것이다.

Ⅳ. 다른 조문과의 체계적 관계

1. 다른 기본권제한의 전제로서의 환경권

환경권은 건강하고 쾌적한 환경에서 공해 없는 생활을 누릴 수 있는 권리이지만, ⅰ) 환경 그 자체는 권리의 대상이 될 수 없고, 환경에 영향을 미치는 인간의 행위를 규제함으로써 비로소 그 실효성을 나타낼 수 있기 때문에 어느 의미에서는 타기본권의 제한을 전제로 하는 기본권이라는 특성을 갖는다. ⅱ) 또 환경권은 다른 어느 기본권보다도 그 의무성이 강해서 환경보전의무의 이행, 상린관계의 존중 등을 통해서만 비로소 실현될 수 있는 기본권이라는 특성을 갖는다. ⅲ) 셋째 환경권은 외형상 산업발전으로 인한 환경오염과 상극적인 관계에 있는 것처럼 보이기 때문에 산업발전 억제하거나 산업체활동을 제약하는 경제성장의 장애요인으로 기능할 수도 있다는 특성을 갖는다.[28] ⅳ) 넷째 환경권은 현재 살고 있는 현존세대만의 기본권이 아니라 미래세대의 기본권적인 성격도 아울러 가지고 있다는 특성을 갖는다.[29]

---

28) 허영, 한국헌법론, 박영사, 2006, 440.
29) 전주, 440.

2. 다른 기본권보호의 전제로서의 환경권

환경권은 인간의 존엄성존중을 그 이념적 기초로 하면서 여러 가지 성격을 아울러 가진 총합적 기본권이라 할 수 있다. 왜냐하면 환경권은 오염되거나 불결한 환경을 예방 또는 배제하여 주도록 청구할 수 있는 권리라는 의미에서는 청구권이라 할 수 있고, 오염되거나 불결한 환경은 인간다운 생활을 불가능하게 한다는 의미에서는 인간다운 생활권이라 할 수 있으며, 오염되거나 불결한 환경은 건강을 침해하는 것이라는 의미에서는 보건에 관한 권리라고 할 수 있고, 오염되거나 불결한 환경은 인간의 존엄성을 해치고 인간을 불행하게 한다는 의미에서는 인간의 존엄성존중이념에 위배되고 행복추구권을 침해하는 것이라고 할 수 있기 때문이다.[30] 환경권은 '인간다운 생활을 할 권리'(제34조)와는 달리 정신적이고 '환경적인 최저생활'을 보장하는 것이라고 이해할 수 있기 때문에, '물질적인 최저생활'을 보장하는 '인간다운 생활을 할 권리'와 함께 우리 헌법이 그 가치적인 핵으로 하는 '인간의 존엄과 가치'를 비롯한 행복추구권·생명권 및 신체적 완전성에 관한 권리, 보건에 관한 권리, 그리고 재산권 등을 실효성 있는 것으로 뒷받침하기 위한 이른바 '기본권의 전제조건의 보호'라는 헌법상의 의의와 기능을 가지고 있다.[31] 환경권은 인간의 존엄성존중을 그 이념적 기초로 하면서 여러 가지 성격을 아울러 가진 총합적 기본권이라 점에서 환경권의 보장은 동시에 다른 기본권의 실현을 가능하게 된다.

3. 재산권보장과의 관계

사실 환경파괴에 의한 인권의 대량침해·대량파괴는 기존의 사회적 기본권이론, 즉 추상적 권리론을 가지고는 대응할 수 없게 되었다. 공해기업이 환경을 일방적·독점적으로 이용하면서도, 영업의 자유·재산권의 자유로운 행사를 논리적 방패로 내세워 이들이 자행하는 일방적인 환경파괴행위에 대해서는, 종래의 추상적 권리개념을 가지고는 더 이상 대응할 수 없기 때문이다. 이에 대처하기 위해서는 환경파괴라고 하는 새로운 기본권침해에 대응할 새로운 적극적인 이론구성이 이루어지지 않으면 아니 된다. 그 한 가지 방안으로 생명권·환경권(보건권)의 재산권·영업권 등에 대한 우위론이라는 기본권해석론이 있다. 사실 인간의 존엄과 가치 그리고 행복추구권을 규정한 헌법 제10조를 최고의 헌법적 가치로 규정하고, 또 환경권을 총합적 권리로 인식한다면, 생명권·환경권(보건권)의 재산권·영업권 등에 대한 우위성을 충분히 인정할 수 있을 것이다.[32]

---

30) 권영성(주 3), 703.
31) 대법원은 생수의 국내시판불허조치(보사부고시)를 무효라고 판시하면서 직업의 자유 및 행복추구권과 함께 국민이 갖는 '깨끗한 물을 마실 권리', 즉 환경권을 특히 강조하고 있는 이유도 바로 그 때문이다. 대판 1994. 3. 8. 92누172.
32) 권영성(주 3), 704.

V. 개념과 원리에 대한 학설과 판례

1. 학   설

　헌법 제35조의 환경권은 사회적 기본권으로 규정되어 있음에도 자유권적 성격을 동시에 가지고 있다는 점에서 그 법적 성격에 관해서는 여러 가지 견해가 대두되고 있다.[33] 기본권으로서의 환경권은 총합적 기본권의 성격을 가지기는 하지만,[34] 사회적 기본권으로 보아야 할 것이다. 우리 헌법은 환경권을 모든 국민의 건강하고 쾌적한 환경에서 생활할 권리로 규정하고 있고, 환경권은 산업화의 결과 국민 개개인으로서는 어찌할 수 없는 환경오염과 환경파괴에 직면하여 국가에 대하여 환경의 유지·보존·개선을 요구할 수 있는 권리이기 때문이다.[35] 헌법 제35조의 환경권은 국가적 측면에서의 환경보전과 국민의 측면에서의 권리보장이라는 헌법의 전체질서를 관류하게 되는 하나의 총괄규정(Querschnittsklausel)의 성격에 의하여[36] 총합적 기본권성과 국가의 소극적 침해의 배제를 요구하는 자유권적 성격도 가지는 것이지만, 국가를 통한 보장을 주된 내용으로 하는 사회적 기본권인 것이다.[37] 일반적으로 사회적 기본권은 수범자를 국가에 한정시키고 있음에 반하여 환경권의 경우는 그 수범자가 국가와 국민으로 되어 있고 깨끗한 환경을 국가가 침해하여서는 안된다는 부분적으로 방어권을 동시에 가지고 있는 사회적 기본권이라 할 것이지만, 국가를 수범자로 하는 다른 사회적 기본권과는 차이가 있다. 헌법 제35조에 규정된 환경권을 사회적 기본권으로 보더라도 그 본질에 대하여 여러 학설이 나누어

---

[33]　권영성 교수는 환경권을 ① 인간의 존엄권으로 보는 견해, ② 행복추구권으로 보는 견해, ③ 사회적 기본권으로 보는 견해(보건권 또는 인간다운 생활권), ④ 인간의 존엄성존중과 행복추구권 및 사회적 기본권의 성격을 아울러 가지고 있는 것으로 보는 견해 등이 있지만, 환경권은 인간성존중을 그 이념적 기초로 하면서 여러 가지 성격을 아울러 가지는 총합적 기본권으로 보며(권영성(주 3), 703), 허영 교수는 ① 종합적 기본권, ② 인간의 당연한 생활질서로서의 성질, ③ 제도적 보장의 성질을 가지는 것으로 보며(허영(주 28), 442), 홍성방 교수는 ① 생존권적 기본권에 포함되면서도 자유권적 성격과 생존권적 성격을 아울러 가지는 것, ② 총합적 기본권이지만 주된 성격은 사회적 기본권이라는 것, ③ 사회적 기본권이라는 견해로 나누어 설명하면서 사회적 기본권이라고 보고 있다(홍성방(주 11), 1039).

[34]　환경권의 법적 성질에 관하여는 자유권적 성격뿐만 아니라 인간의 존엄과 가치·행복추구권으로부터 도출되는 생존권 또는 사회적 기본권으로서의 성격을 갖는 총합적 기본권으로 보는 것이 지배적인 견해이다라는 주장(홍준형, 환경법, 박영사, 2001, 41)과 사실 모든 기본권이 총합적 측면을 동시에 갖고 있기 때문에 환경권만 총합적 기본권이라고 할 수 있을지는 의문이나, 환경권의 특성상 총합적 기본권성이 특히 강조되는 것으로 이해할 수 있다 라는 주장(성낙인, 헌법학, 법문사, 2013, 792)이 있다. 생각건대, 헌법상에 명문규정이 없으면서 포괄적인 성격을 가지는 기본권의 경우에 그 효력의 주장으로서 총합적 기본권의 개념이 등장되는 것이지, 구체적으로 명문화된 헌법규정이 있는 경우에는 총합적 기본권성을 갖는다 하더라도 그 효력의 주장은 기본권으로서 명문화된 방법에 따르면 되기에 환경권은 총합적 기본권성을 가지는 것이지만 총합적 기본권은 아닌 것이다.

[35]　홍성방(주 11), 1039.

[36]　우리나라의 경우 환경권을 총괄조항으로 보는 견해를 아직 발견하기 어렵다. 그러나 독일기본법 제20a조에 규정된 환경권에 대하여서는 총괄규정으로 보고 있다. 고문현(주 18), 368.

[37]　즉, 환경권은 자연인으로서 생존·생활과 직접 불가분의 관계를 가지고 있는 공동체의 생활자로서의 지위에서 착안하여 요청되는 국가를 통한 생활권이념에 근거한 권리이기 때문이다. 정극원(주 18), 532.

져 있다. 그 대표적인 것으로서 입법방침규정설, 구체적 권리설, 추상적 권리설 등이 있다. 입
법방침규정설에 따르면 환경권은 개인에 대하여 일정한 환경보호조치를 구하는 청구권을 보장
하는 것은 아니고 입법자에 향하여 효과적인 환경보호의 포괄적 조치를 취하도록 의무화하는
것이라고 본다.[38] 환경권에 관한 헌법 제35조의 규정이 개개의 국민에게 직접적으로 구체적인
사법상의 권리를 부여한 것이라고 보기는 어렵고, 사법상의 권리로서의 환경권이 인정되려면
그에 관한 명문의 법률규정이 있거나 관계법령의 규정취지 및 조리에 비추어 권리의 주체, 대
상, 내용, 행사방법 등이 구체적으로 정립될 수 있어야 한다. 그러므로 사법상의 권리로서의 환
경권을 인정하는 명문의 규정이 없는데도 환경권에 기하여 직접 방해배제청구권을 인정할 수
없다.[39] 그러나 현행 헌법 제35조 제1항은 "권리"라고 표현하고 있으므로 환경권이 단순히 입
법방침이라는 주장은 설득력을 얻기 어렵다고 본다.[40] 이에 반하여 구체적 권리설은 환경권을
생존권의 일종으로 보면서 법적 권리임을 인정하려는 것이다. 헌법 제35조는 행정권을 직접 구
속할 수 있을 만큼 명확하고 상세한 것은 아니나 입법권과 사법권을 구속할 수 있는 정도로 충
분히 명확한 내용을 가지고 있다고 본다. 따라서 환경권은 국민이 입법권에 대하여 그 권리의
내용에 적합한 입법을 행하도록 청구할 수 있는 구체적 권리라고 한다. 이와 같이 구체적으로
효력을 가지게 되는 경우에 있어서 우리 헌법 제35조에 규정된 환경권은 헌법상의 환경권의 보
호영역을 자연적 환경과 더불어 문화적·사회적 환경까지도 포함하는 것으로 이해한다면, 한편
으로는 이러한 환경이 국가에 대하여 침해되거나 침해될 우려가 있을 경우에 직접 그 침해의
배제 내지 예방을 요구할 수 있는 소극적 권리가 되며,[41] 다른 한편으로는 자연환경은 자연환
경 그대로, 문화적 유산은 문화적 유산 그대로, 사회적 환경은 사회적 환경 그대로 보전하는 것
은 물론 더 나은 자연환경, 문화적·사회적 환경을 조성하여 줄 것을 국가에 대하여 요구할 수
있는 적극적인 권리가 된다. 전자는 국가에 대하여 그 환경오염이나 공해를 배제하고 침해를
중지해 줄 것을 요구하는 방어권을 의미하며, 후자는 국민이 국가에 대하여 환경파괴의 예방,
깨끗한 환경의 회복, 쾌적한 주거생활을 포함하는 문화적 환경 나아가 사회적 환경을 위하여
일정한 급부와 배려를 요구할 수 있는 생활환경조성청구권을 뜻한다.[42] 한편 추상적 권리설에
의하면 환경권은 입법에 의하여 구체화되어야만 실정권이 나오는 추상적 권리라는 것이다. 입
법이 없거나 불충분한 경우에 법원에 부작위위법확인소송을 제기하는 불완전한 권리만 인정된

---

38) 입법방침규정설은 다시 소극적 프로그램설과 적극적 프로그램설로 나누어지는데, 소극설은 입법권의 정치
    적·도의적 의무를 정하고 있을 뿐이며 법적 의무는 아니라고 한다. 이에 대하여 적극적 프로그램설은 생
    존권규정은 문화적 최저한도의 생활을 영위하는 데 필요한 입법을 요구할 수 있는 법적 권리를 보장하고
    있다고 본다. 김철수, "헌법상의 환경권," 공법이론의 현대적 조명(육종수교수회갑논문집), 형설출판사, 1997,
    27.

39) 대판 1997. 7. 22. 96다56153.

40) 조홍석, "헌법상의 환경권 논쟁," 헌법학연구 제2집(1996), 213.

41) 환경권은 헌법에 기본권으로 규정되어 있기 때문에 최소한 배제청구권(Abwehrrecht)의 효력을 갖는 것으
    로 봄이 타당하다. 이강혁, "환경권과 권리구제," 현대행정과 공법이론(서원우박사회갑논문집), 1992, 686.

42) 조홍석(주 40), 206.

다고 한다. 이 견해의 근거로서는 첫째, 건강하고 쾌적한 환경에서 생활할 권리의 적극적 내용
은 입법에 의해서만 구체화될 수 있다.[43] 둘째, 헌법 제35조의 환경권을 기본권으로 이해하기
에는 그 내용과 한계가 명확하지 않고, 그 정의나 절차 등에 관한 규정이 없다.[44] 셋째, 생활환
경조성권은 국가의 재정형편 등 여러 가지 상황 등을 종합적으로 감안하여 법률을 통하여 구체
화될 때에 비로소 인정된다고 본다. 따라서 환경조성청구권은 국가에 대하여 특정의 과제실현
을 강제하는 그러나 입법자의 형성의 자유를 넓게 인정하게 된다. 우리 대법원도 공작물설치금
지가처분 기각결정에서 "환경의 보전이라는 이념과 산업개발 등을 위한 개인활동의 자유와 권
리의 보호라는 상호 대립하는 법익 중에서 어느 것을 우선시킬 것이며 이를 어떻게 조정 조화
시킬 것인가 하는 점은 기본적으로 국민을 대표하는 국회에서 법률에 의하여 결정하여야 할 성
질의 것이라고 보아야 할 것이기 때문이다. 헌법 제35조 제2항에서 '환경권의 내용과 행사에
관하여 법률로 정한다'고 규정하고 있는 것도 이러한 고려에 근거한 것이라고 여겨진다"라고
판시하고 있다.[45] 이러한 점에서 본다면, 환경권은 헌법상 기본권으로서 규정되어 있음에도 불
구하고 사회적 기본권으로서 하나의 추상적 권리라고 보는 것이 다수설로 인정되고 있다. 환경
권은, 다른 사회적 기본권의 경우와 마찬가지로, 그 본질은 추상적 권리로서 이것을 구체화하
기 위한 입법조치가 수반되어야 비로소 구체적 권리가 되고 소송을 통한 권리구제가 가능한 것
이지만, 국가가 최소한의 생존을 위한 환경, 최소한의 문화적 환경, 최소한의 사회적 환경 등의
헌법적 의무를 이행하지 않는 경우에는 부작위를 이유로 헌법적 권리구제가 가능하다. 따라서
여기서의 추상적 권리의 성격은 헌법재판 또는 입법형성에 의하여 추상성이 제거되기만 하면
구체적인 실현을 이루는 권리를 의미하는 것이지, 성격과 내용이 불명확하고 현실적으로 강령
의 성격을 가지는 그러한 권리를 의미하는 것은 아니다.

　　헌법상에 규정된 규범의 의미와 구체적 내용은 그 헌법으로부터 도출하여야 한다. 국가에
대한 기본권의 보장을 전제로 하는 자유권적 기본권에 있어서는 더욱더 그러하다. 그러나 국가
의 급부형성에 의존적인 국가를 통한 보장을 전제로 하는 사회적 기본권의 경우와 새로운 인권
으로서의 기본권의 경우에는 입법권자의 입법형성에 의하여 비로소 그 내용이 확정되거나 확
장되기 때문에 헌법에 근거한 법규범으로부터 구체적 내용이 도출되는 것이다. 이러한 입법권
자의 입법형성을 규정하고 있는 것을 흔히 입법자의 권능규정이라 한다. 입법자는 이와 같은
권능규정을 통하여 공동체생활에 있어서의 보호를 법익으로 하는 모든 법규범과 의무를 부과
하는 모든 법규를 제정하는 것이다. 이 경우 입법목적을 달성하기 위하여 가능한 여러 수단 가
운데 어느 것을 선택할 것인가의 문제는 그 결정이 현저하게 불합리하고 불공정한 것이 아닌
한 입법재량에 속하는 것,[46] 즉, 입법권자가 어떤 사항을 법률로 규율하려고 할 때 여러 가지

　43) 홍준형(주 34), 41.
　44) 정만조, "환경공해와 국민건강권," 인권과 정의 제186호(1992. 2), 51.
　45) 대판 1995. 9. 15. 95다23378.
　46) 헌재 1996. 2. 29. 94헌마213.

의 법적인 규율가능성 중에서 가장 합목적적이라고 느껴지는 입법의 방법을 선택할 수 있는 자유를 가지게 되는 것이다. 새로운 인권으로서 등장하여 헌법상에 기본권으로 규정된 환경권의 구체적 내용은 바로 이러한 입법권자의 입법형성에 의할 수밖에 없다. 헌법 제35조 제1항이 사람이 인간다운 생활을 영위함으로써 인간으로서의 존엄을 유지하기 위하여 필수적으로 요구되는 것이므로 인간의 생래적인 기본권의 하나로서 모든 사람에게 다같이 보장되는 보편적인 권리로서의 환경권을 선언한 것이라면, 제2항은 이러한 "환경권의 내용과 행사에 관하여서는 법률로 정한다"라고 규정하여 환경권법률주의를 선언하고 있다고 하겠다. 따라서 환경권의 내용은 입법형성에 의하여 제정되는 다양한 법률에 의하여 비로소 구체화된다. 이 경우에 있어서도 우리 헌법 제35조 제2항의 규정은 이를 단지 입법권자에게 입법형성의 재량을 부여하는 데 그치는 것이 아니라 헌법 제35조 제1항에 의한 환경권 및 국가의 환경보호의무를 구체화해야 할 입법의무를 부과해야 하는 것으로 해석함으로서 환경권의 운명이 입법의 변덕에 좌우되지 않도록 보장하고 있는 것이다.[47] 환경권에 관한 입법형성은 전적으로 자유재량에 의하는 것이다. 그러나 국가공동체에 존재하는 다양한 이해관계를 정당하게 형량하여 기본권으로서 보호받아야 하는 권리와 이익들을 규정하여야 하는 헌법기속의 범위를 일탈하여서는 성립되지 않는 것이기 때문에 헌법 제35조 제2항의 규정은 제1항에 규정된 환경권의 이념과 목적에 합치되는 경우에만 허용되는 것이다. 헌법은 '건강하고 쾌적한 환경에서 살 권리'로서 환경권을 보장한 후, 그 내용과 행사는 법률로 정하도록 유보하고 있다. 따라서 환경권의 내용은 이 '건강하고 쾌적한 환경에서 살 권리'에 대한 헌법해석을 통해 결정되는 것이며 또 입법권자가 환경권의 내용과 행사를 법률에 구체화하는 것도 어디까지나 그러한 헌법해석을 전제로 하고 그 취지에 부합되는 경우에만 가능하다고 보아야 할 것이다.[48] 입법권자는 입법형성을 통하여 첫째, 국가의 환경침해에 대한 방어권, 둘째, 국가 이외의 제3자가 일으키는 환경오염을 막아줄 것을 요구할 수 있는 공해배제청구권, 셋째, 건강하고 쾌적한 생활환경조성청구권을[49] 구체적으로 실현할 수 있도록 법규를 제정하여야 한다. 따라서 입법형성에 있어서는 행정주체의 행정작용을 규율하는 공법적 측면, 손해의 배상이나 원상회복을 구하는 민사법적 측면뿐만 아니라 손해배상의 문제를 보다 효과적으로 해결하고 피해자를 보호하기 위한 환경책임법, 환경침해행위를 하나의 범죄행위로 인정하여 이에 대한 형법상의 벌을 가하는 환경형법의 제정도 가능할 것이다.[50] 이러한 입법형성에 의하여 1990년 8월 1일 환경정책기본법을 제정하였고, 이에 근거하여 대기환경보전법, 소음·진동규제법, 수질환경보전법, 유해화학물질관리법, 자연환경보전법, 환경분쟁조정법 등의 약 50여 개의 개별법률들을 제정하여 환경의 보호를 통한 환경권의 보장을 규정하고 있다. 즉, 환경권은 헌법(제35조)-환경정책기본법-개별법률의 방식이라는 복수법들

---

47) 홍준형(주 34), 42.
48) 전주, 43.
49) 허영(주 28), 445.
50) 이에 대해서는 김성수(주 18), 249.

에 의하여 체계화되고 있다.[51] 헌법 제35조에 의거하여 제정된 환경정책기본법 제2조에는 그 기본이념을 "환경의 질적인 향상과 그 보전을 통한 쾌적한 환경의 조성 및 이를 통한 인간과 환경 간의 조화와 균형의 유지는 국민의 건강과 문화적인 생활의 향유 및 국토의 보전과 항구 적인 국가발전에 반드시 필요한 요소임에 비추어 국가·지방자치단체·사업자 및 국민은 환경 을 보다 양호한 상태로 유지·조성하도록 노력하고, 환경을 이용하는 모든 행위를 할 때에는 환경보전을 우선적으로 고려하며, 지구환경상의 위해를 예방하기 위하여 공동으로 노력함으로써 현 새대의 국민이 그 혜택을 널리 누릴 수 있게 함과 동시에 미래의 세대에게 계승될 수 있도 록 하여야 한다"라고 천명하고 있다. 환경에 관한 여러 단행법률들은 이러한 기본이념을 세부 적으로 실현하기 위한 것들이다. 헌법, 환경정책기본법, 개별 단행법률들의 궁극적 목적은 첫 째, 모든 국민에게 건강하고 쾌적한 환경을 보장함으로써 인간다운 생활을 영위할 수 있도록 해주는 환경권의 보장, 둘째, 생활환경 및 자연환경을 침해 및 훼손으로부터 보호하는 환경보 호, 셋째, 발생한 환경침해로 인한 피해와 불이익을 제거·전보하고 환경분쟁을 해결하는 환경오 염피해의 제거·구제 및 환경분쟁의 해결에 있다.[52] 입법권자의 입법형성의 자유는 국가재정·기 술수준·정책순위 등을 고려하여 행사되어야 하는 것이지만, 개별입법을 통하여 환경보호를 위한 제도적 방안을 마련함으로써 환경권이 내용적으로 실현되도록 하여야 할 것이다.[53] 권리라는 측면에서 본다면 환경침해가 있을 때 그 배제를 직접 청구할 수 있는 소극적 침해배제청구권과 건강하고 쾌적한 환경의 조성을 요구하는 적극적 생활환경조성청구권이 바로 환경권의 중심내 용이 된다. 즉, 개별입법을 통하여 환경보호의 장치를 강화하면 강화할수록 그에 부수하여 환 경권보장이 실질적으로 강화되는 것이다. 이러한 입법형성에 의한 환경권의 구체적 내용결정을 통하여 환경권이 헌법상에 하나의 기본권으로 규정되어 있음에도 불구하고 헌법현실에서는 추 상적 권리로 이해되는 헌법규범과 헌법현실의 거리를 좁혀나갈 수 있을 것이다.

2. 판 례

대법원은 생수시판금지를 위법이라고 판결하면서 "헌법 제35조 제1항은 모든 국민은 건강 하고 쾌적한 환경에서 생활할 권리를 가진다고 규정하고 있으므로(구 헌법 제33조도 거의 같은 취지로 규정하고 있다), 국민이 수돗물의 질을 의심하여 수돗물을 마시기를 꺼린다면 국가로서는 수돗물의 질을 개선하는 등의 필요한 조치를 취함으로써 그와 같은 의심이 제거되도록 노력하

---

51) 환경권에 대한 입법의 방법에는 환경입법을 단일화하여 모든 종류의 오염현상을 하나의 법률 속에 총괄적 으로 규율하는 단일법주의, 오염종류를 개별화하여 여러 개의 독립된 단행법률로 제정하는 복수법주의, 단 일법주의와 복수법주의를 절충하여 같은 법률 속에 오염 종류별로 망라하는 절충주의가 있다. 우리나라의 환경입법은 90년대 접어들면서 환경법률의 수가 급격히 증가하자 그 때까지 채택해 왔던 단일법주의를 벗 어나 복수법주의를 채택하고 있다. 박수혁, "지구환경시대·환경자치시대에 있어서의 한국의 환경법정책의 문제점과 개선방향," 환경문제의 공법적 대응, 한국공법학회 자료집(1997. 4. 19), 101.
52) 홍준형(주 34), 68.
53) 환경권에 관한 상세한 입법례는 김철수, 입법자료교재 헌법(증보판), 박영사, 1980, 394.

여야 하고, 만일 수돗물에 대한 국민의 불안감이나 의심이 단시일 내에 해소되기 어렵다면 국민으로 하여금 다른 음료수를 선택하여 마실 수 있게 하는 것이 국가의 당연한 책무이다"라고 판시하여[54] 환경권의 한 내용으로 '깨끗한 물을 마실 권리'를 처음으로 명시하였다. 또한 부산고등법원은 그 판결에서 "헌법상 규정된 환경권은 사람이 인간다운 생활을 영위함으로써 인간으로서의 존엄을 유지하기 위하여 필수적으로 요구되는 것이므로 인간의 생래적인 기본권의 하나로서 모든 사람에게 다 같이 보장되는 보편적인 권리로서의 성질을 가진다 할 것이고, 이러한 환경권의 내용인 환경에는 공기, 물, 일광, 토양, 정온(靜穩)등 자연적 환경을 비롯하여 자연의 경관도 포함되고, 이러한 자연적 환경 이외에 역사적, 문화적 유산인 문화적 환경뿐 아니라 사람이 사회적 활동을 하는 데 필요한 도로, 공원, 교량 등과 같은 사회적 시설로서 인간 생활상 필요불가결한 사회적 환경도 포함됨은 당연하고, 교육환경 역시 사회적, 문화적 환경에 속한다 할 것이다"라고 판시하여[55] 환경권에 대하여 광의의 개념으로 해석하고 있다.[56] 대법원은 환경이익의 침해를 이유로 그 침해의 배제를 청구할 수 있는지 여부에 대하여 "어느 토지나 건물의 소유자가 종전부터 향유하고 있던 경관이나 조망, 조용하고 쾌적한 종교적 환경 등이 그에게 하나의 생활이익으로서의 가치를 가지고 있다고 객관적으로 인정된다면 법적인 보호의 대상이 될 수 있는 것이라 할 것이므로, 인접 대지에 건물을 신축함으로써 그와 같은 생활이익이 침해되고 그 침해가 사회통념상 일반적으로 수인할 정도를 넘어선다고 인정되는 경우에는 토지 등의 소유자는 소유권에 기하여 방해의 제거나 예방을 위하여 필요한 청구를 할 수 있고, 이와 같은 청구를 하기 위한 요건으로서 반드시 건물이 문화재보호법이나 건축법 등의 관계 규정에 위반하여 건축되거나 또는 그 건축으로 인하여 소유자의 토지 안에 있는 문화재 등에 대하여 직접적인 침해가 있거나 그 우려가 있을 것을 요하는 것은 아니다"라고 판시하여[57] 적극적 입장을 취하여 그 침해에 대한 이익보호를 넓게 보고 있다.

VI. 개정의 필요성에 대한 검토

홍성방 교수의 견해에 의하면 우리나라의 경우 이렇다 할 논의 없이 1980년 헌법에서 환경보호를 기본권의 형태로 수용하였다. 그 결과 현행 환경권규정은 몇 가지 문제점을 가지고 있다는 것이다. 첫째, 제35조 제1항은 "모든 국민은 건강하고 쾌적한 환경에서 생활할 권리를 가지며"라고 하여 "건강하고 쾌적한 환경"을 환경권의 객체로 규정하고 있다. 그러나 "건강하

---

54) 대판 1994. 3. 8. 92누1728,

55) 부산고법 1995. 5. 18. 95카합5.

56) 이 판결이 마치 헌법 35조에서 구체적인 사법상의 권리가 나오는 것처럼 판시하였다고 하여 대법원은 이는 잘못이라고 보았다(대판 1995. 9. 15. 95다23378,). 판례해석으로는 김상영, "부산대학교 대 (주)강암주택 사건판결에 관한 검토," 법학연구 46(1997), 63-80; 조홍석(주 40), 197.

57) 사찰로부터 6m의 이격거리를 둔 채 높이 87.5m의 19층 고층빌딩을 건축중인 자에 대하여 사찰의 환경이익 침해를 이유로 전체 건물 중 16층부터 19층까지의 공사를 금지시킨 사례(대판 1997. 7. 22. 96다56153).

고 쾌적한"이라는 표현은 더욱 함축적인 표현으로 바꾸는 것이 필요하며, 환경도 환경보호의 대상이 주로 자연환경이라는 점을 감안하여 "자연환경"으로 제한함이 필요하다. 뿐만 아니라 제34조의 인간다운 생활을 할 권리와 오해를 피하기 위하여 "에서 생활할"을 "을 향유할"로 바꾸는 것도 생각해 보아야 한다. 곧 제35조 제1항은 "모든 국민은 깨끗한(또는 인간다운) 자연환경을 향유할 권리를 가지며"로 바꾸는 것이 바람직하다. 둘째, 제35조 제2항의 "환경권의 내용과 행사에 관하여는 법률로 정한다"는 표현은 "환경권의 내용에 관하여는 법률로 정한다"라고 바꾸는 것이 바람직하다. 왜냐하면 국민이 환경권을 가지는 이상 그 기본권의 내용(이것은 법률로써 구체적 범위가 정해질 것이다)에 따른 행사는 당연한 것으로 법률로써 환경권의 행사를 구체화할 어떤 이유도 없기 때문이다. 셋째, 현행 헌법 제35조 제3항은 환경정책과 사회보장 정책을 혼동한 것이다. 왜냐하면 전통적으로 주택문제는 사회보장의 대상이기 때문이다. 우리나라의 주택사정을 고려할 때 현행 헌법 제35조 제3항과 같은 내용의 규정은 반드시 필요하다. 그러나 그 위치는 환경권을 규정한 제35조가 아니라 사회보장의 근거규정인 제34조이어야 할 것이라 한다.[58]

헌법상에 규정된 환경권은 건강하고 쾌적한 환경에서 공해 없이 생활을 누릴 수 있게 보장하는 것이라는 점에서 권리이지만, 그 실현에 있어서 타 기본권의 제한, 그 실현을 위한 강한 의무성, 경제성장의 장애요인, 미래세대의 기본권이라는 기능과 특성을 가지고 있다.[59] 즉 "헌법 제35조 제1항은 모든 국민은 건강하고 쾌적한 환경에서 생활할 권리를 가지며, 국가와 국민은 환경보전을 위하여 노력하여야 한다고 규정하여 환경권을 국민의 기본권의 하나로 승인하고 있으므로 사법의 해석과 적용에 있어서도 이러한 기본권이 충분히 보장되도록 배려하여야 할 것임은 당연하다고 할 것이나, 헌법상의 기본권으로서의 환경권에 관한 위 규정만으로서는 그 보호대상인 환경의 내용과 범위, 권리의 주체가 되는 권리자의 범위 등이 명확하지 못하여 이 규정이 개개의 국민에게 직접적으로 구체적인 사법상의 권리를 부여한 것이라고 보기에는 어렵고, 또 사법적 권리인 환경권을 인정하면 그 상대방의 활동의 자유와 권리를 불가피하게 제약할 수밖에 없는 것이므로, 사법상의 권리로서 환경권이 인정되려면 그에 관한 명문의 법률 규정이 있거나 관계법령의 규정취지나 조리에 비추어 권리의 주체, 대상, 내용, 행사방법 등이 구체적으로 정립하여야 한다는 것이다.[60]

최근 헌법학회의 헌법개정연구위원회의 최종보고서인 「헌법개정연구」에서는 사회권적 성격과 자유권적 성격(평등권)을 지니는 현행 헌법상의 사회적 기본권 중에서 첫째, 후자의 성격이 더 강한 기본권은 해당조문으로 옮겨 규범력을 높이는 방안, 둘째, 전자의 성격이 더 강한

---

58) 홍성방(주 11), 594.
59) 허영(주 28), 440.
60) 그것은 환경의 보전이라는 이념과 산업개발 등을 위한 개인활동의 자유와 권리의 보호라는 상호 대립하는 법익 중에서 어느 것을 우선시킬 것이며, 이를 어떻게 조성·조화시킬 것인가 하는 점은 기본적으로 국민을 대표하는 국회에서 법률에 의하여 결정하여야 할 성질의 것이라고 보아야 할 것이기 때문이다. 허영(주 28), 440.

기본권도 사회권으로 규정하거나 국가의무규정으로 두자는 의견 등으로 나뉘어 사회적 기본권의 개정방향에 있어서 논의가 있었다.[61] 환경권은 사회권적 성격이 더 강한 기본권이다. 이에 대한 보장을 강화하기 위하여서는 헌법상에 국가에 대하여 의무를 부과하는 방안을 강구할 필요도 있을 것이다.

VII. 관련문헌

1. 국내문헌

고문현, "독일기본법상 환경보호," 헌법학연구 제5집 제2호(1999).

권영성, 헌법학원론, 법문사, 2010.

김상영, "부산대학교 대 (주)강암주택 사건판결에 관한 검토," 법학연구 46(1997).

김성수, 개별행정법론, 법문사, 2001.

김종세, "환경권과 국가목표로서의 환경보호에 관한 고찰," 환경법연구 제28권 1호(2006).

김철수, 입법자료교재 헌법(증보판), 박영사, 1980.

_____, "우리나라의 환경권과 환경입법," 한일법학연구(1995).

_____, "헌법상의 환경권," 공법이론의 현대적 조명(육종수교수회갑논문집), 1997.

김춘환, "미국에 있어서의 자연보호의 법리," 법학논집 제7권(2001).

남궁승태, "문화재보호와 역사적 문화환경권," 법정고시(1997. 3. 5).

류지태, "일조권에 대한 공법적 검토," 토지공법연구 제3집(1996).

문광삼, "기본권으로서의 환경권과 국가목표로서의 자연환경," 환경법연구 제22권(2000).

석인선, "헌법상 환경권규정의 의미와 효과에 관한 소고," 법학논집 제7권 제2호(2003).

성낙인, 헌법학, 법문사, 2013.

이강혁, "환경권과 권리구제," 현대행정과 공법이론(서원우박사회갑논문집), 1992.

이종영, "개정된 독일기본법상 국가목적규정으로서의 환경보호," 독일통일관련 연방헌법재판소의 판례 및 기본법개정에 관한 연구, 헌법재판소(1996. 12).

장영수, "한경국가의 헌법적 기초, 헌법학연구 제12권 제1호(2006).

정극원, "기본권으로서의 환경권과 국가목적규정으로서의 환경권," 공법연구 제32집 제2호(2003. 12).

정극원, "헌법체계상 환경권의 보장," 헌법학연구 제15권 제2호(2009. 6).

정만조, "환경공해와 국민건강권," 인권과 정의 제186호(1992. 2).

정 훈, "환경보호에 관한 헌법적 규율," 환경법연구 제25권 제1호(2003).

---

61) 2006년 헌법개정연구위원회의 최종보고서인 「헌법개정연구」, 한국헌법학회, 2006, 22.

조홍석, "헌법상의 환경권 논쟁," 헌법학연구 제2집(1996).

최윤철, "우리 헌법에서의 환경권조항의 의미," 환경법연구 제27권 제2호(2005).

한상운, "환경침해에 대한 사법구제의 문제점과 대책," 헌법학연구 제12권 제1호(2006. 3).

허 영, 한국헌법론, 박영사, 2006.

홍성방, 헌법학, 현암사, 2005.

홍준형, 환경법, 박영사, 2001.

2. 외국문헌

大阪辯護士會編, 環境權, 1973.

加藤一郎, 環境權槪念をめぐって, 民法學の現代的課題, 1972.

小林直樹, 憲法と環境權, ジュリスト, 492號.

松本昌悅, 環境破德と基本的人權, 1975.

Bock, Umweltschutz im Spiegel von Verfassungsrecht und Verfassungspolitik, 1990.

Breuer, Umweltrecht, in: Münch/Schmidt-Aßmann(Hrsg.), Besonderes Verwaltungsrecht,
        9. Aufl., 1992.

Der Bundesminister des Innen/Der Bundesminister der Justiz(Hrsg.) Staatszielbestimmungen/
        Gesetzgebungsaufträge, Bericht der Sachverständigenkommission, 1983.

Hofmann, Technik und Umwelt, in: Benda/Maihofer/Vogel(Hrsg.), Handbuch des
        Verfassungsrechts, 2. Aufl., 1994.

Hoppe/Beckmann, Umweltrecht, 1989.

Kloepfer, Zum Grundrecht des Umweltschutzes, 1978.

Kloepfer, Entwicklung und Instrumente des deutschen Umweltrechts, 환경문제의 공법적
        대응, 한국공법학회 자료집(1997. 4).

Michel, Staatszweck, Staatsziele und Grundrechtsinterpretation unter besonderer
        Berücksichtigung der Positivierung des Umweltschutzes im Grundgesetz, 1986.

Sommermann, Staatsziel Umweltschutz mit Gesetzesvorbehalt?, DVBl., 1991,

Stein/Frank, Staatsrecht, 17. Aufl., 2000.

Kloepfer, Entwicklung und Instrumente des deutschen Umweltrechts, 환경문제의 공법적
        대응, 한국공법학회 자료집(1997. 4).

헌법 제35조

헌법 제36조

[정 극 원]

第36條

① 婚姻과 家族生活은 개인의 尊嚴과 兩性의 平等을 기초로 成立되고 유지되어야 하며, 國家는 이를 보장한다.

② 國家는 母性의 보호를 위하여 노력하여야 한다.

③ 모든 國民은 保健에 관하여 國家의 보호를 받는다.

I. 기본개념과 입헌취지

1. 개   념

헌법 제36조는 "① 혼인과 가족생활은 개인의 존엄과 양성의 평등을 기초로 성립되고 유지되어야 하며, 국가는 이를 보장한다. ② 국가는 모성의 보호를 위하여 노력하여야 한다. ③ 모든 국민은 보건에 관하여 국가의 보호를 받는다"라고 규정하고 있다. 제36조에는 혼인과 가족, 모성보호 및 보건에 관한 권리라는 세 가지의 규범내용을 동시에 포함하고 있다. 그 문맥에 따르면 헌법은 혼인에 관하여 기본권주체자가 행하여여야 하는 자유와 권리의 보장을 규정한 것이 아니라 혼인의 유지·존속을 위한 혼인제도와 가족제도의 보장을 규정하고 있기 때문에 객관적 규범의 성격을 가진다. 객관적 규범은 제도에 의하여 실현되게 되는데, 제도 그 자체만으로는 곧바로 권리를 도출하는 것은 아니지만, 주관적 지위의 강화라는 제도적 기능을 통하여 궁극적으로는 기본권보장과 그 실현을 강화하게 된다는 점에서 제36조에서의 혼인제도와 가족제도에는 혼인과 가족생활에 대한 기본권주체자의 주관적 지위가 전제되어 있는 것이다. 혼인과 가족생활에 있어 개인의 존엄과 양성의 평등을 기초로 한다는 것은 인간의 존엄과 가치의 보장 및 평등권의 보장에 의하여서도 실현될 수 있다는 의미이다. 제36조에서 자유권의 보장방식인 "보장된다"라는 형식을 취하지 않고 평등보장과 함께 혼인과 가족의 보호를 규정하고 있으며, 이어서 모성보호와 국민보건에 대하여서 별도로 규정하는 방식을 취하고 있다. 혼인은 개인의 존엄과 양성의 본질적 평등의 바탕위에서 모든 국민은 스스로 혼인을 할 것인가 하지 않을 것인가를 결정할 수 있고 혼인을 함에 있어서도 그 시기는 물론 상대방을 자유로이 선택할 수 있는 주관적 권리가 되며, 이러한 결정에 따라 혼인이 성립되어 가족을 구성하게 되면, 국가는 이를 보장해야 하는 것이다.[1] 즉 소극적으로는 국가권력의 부당한 침해에 대한 개인의 주관적 방어권으로서 국가권력이 혼인과 가정이란 사적인 영역을 침해하는 것을 금지하면서, 적극적으로는 혼인과 가정을 제3자 등으로부터 보호해야 할 뿐이 아니라 개인의 존엄과 양성의 평등을 바탕으로 성립되고 유지되는 혼인·가족제도를 실질적으로 실현해야 할 과제를 국가에 부과할 수 있게 된다.

혼인 및 그에 기초하여 성립된 부모와 자녀의 생활공동체인 가족생활은 국가의 특별한 보호를 받게 된다. 헌법 제36조 제1항은 혼인과 가족생활을 보장함으로써 가족의 자율영역이 국

---

[1] 헌재 1997. 7. 16. 95헌가6등 병합. 동지 "헌법 제36조 제1항은 혼인과 가족생활을 스스로 결정하고 형성할 수 있는 자유를 기본권으로서 보장하고, 혼인과 가족에 대한 제로를 보장한다. 그리고 헌법 제36조 제1항은 혼인과 가족에 관련되는 공법 및 사법의 모든 영역에 영향을 미치는 헌법원리 내지 원칙규범으로서의 성격도 가지는데, 이는 적극적으로는 적절한 조치를 통해서 혼인과 가족을 지원하고 제삼자에 의한 침해 앞에서 혼인과 가족을 보호해야 할 국가의 과제를 포함하며, 소극적으로는 불이익을 야기하는 제한조치를 통해서 혼인과 가족을 차별하는 것을 금지해야 할 국가의 의무를 포함한다." 헌재 2002. 8. 29. 2001헌바82.

가의 간섭에 의하여 획일화·평준화되고 이념화되는 것으로부터 보호하고자 하는 것이다.[2] 제36조 제2항은 직접적으로는 모성의 보호를 위한 국가적 노력의 의무만을 규정하고 있지만, 이러한 국가적 노력의 의무에 대응하여 모성은 국가적 보호를 청구할 수 있는 적극적인 권리가 된다. 제36조 제3항에 규정된 보건에 관한 권리가 국가의 건강침해행위의 중지를 요구하는 자유권적 측면이 있다는 점을 부정할 수는 없지만 이것은 신체를 훼손당하지 않을 권리에서 우선적으로 보장된다고 이해한다면 보건에 관한 권리는 건강보호를 위한 사실적 기초를 보장해주도록 요구하는 사회적 기본권으로서 성격을 가지고 있다, 이에 따라 국민은 보건에 관한 권리로서 국가에 대하여 구체적으로는 전염병의 예방이나 치료와 같은 방역정책이나 건강보험정책은 물론 건강증진을 위한 사회적 환경의 형성 등에 관한 적극적 급부를 요구할 수 있다.[3]

2. 입헌취지

헌법 제36조 제1항은 "혼인과 가족생활은 개인의 존엄과 양성의 평등을 기초로 성립되고 유지되어야 하며, 국가는 이를 보장한다"라고 규정하고 있는바, 이는 혼인제도와 가족제도에 관하여 헌법원리를 통하여서 보장하고자 한 것이다. 혼인제도와 가족제도는 인간의 존엄성 존중과 국가구성의 구조적 원리인 민주주의원리에 따라 규정되게 하여서 그 본질적 내용의 침해를 막고자 한 것이다. 모성은 가족의 핵심적 구성요소일 뿐 아니라, 국가구성원인 국민의 생산적 모체가 되므로, 모성의 보호는 곧 가족과 국가사회의 건전한 존속·발전을 위한 필수적 조건이라 할 수 있다. 이에 대한 헌법적 보호의 요청이 바로 헌법 제36조 제2항의 모성보호조항이다. 모성보호를 위한 국가적 보호는 비단 모성의 건강만이 아니고, 모성이 제2세 국민을 생산하고 양육할 신성한 사명을 완수하기에 필요한 경제적·사회적 여건의 조성을 그 내용으로 한다.[4] 모성을 보호받을 권리의 구체적 내용은 첫째, 모성의 건강을 특별히 보호해야 한다는 점이다. 모자보건법 등이 모성의 건강보호 등을 규정하고 있다. 둘째, 모성으로 인한 불이익의 금지이다. 모성을 이유로 고용·해고·임금 등 근로조건에 있어 부당한 차별을 하여서는 아니 된다. 셋째, 모성에 대한 적극적 보호이다. 헌법 제36조 제2항의 모성의 보호는 단순한 모성에 대한 차별의 철폐에 그치는 것이 아니라, 모성에 대한 적극적인 보호와 지원에 있다. 근로자로서의 모성의 특별보호에 관해서는 근로기준법 등이 규정하고 있고, 모·부자복지법 등에서도 모성의 보호를 위하여 보육시설을 하거나 사회보장을 실시할 국가적 의무를 규정하고 있다.[5] 국

---

2) 헌재 2000. 4. 27. 98헌가16등 병합결정.
3) 의료법도 제1조에서 "이 법은 국민의료에 관하여 필요한 사항을 규정함으로써 의료의 적정을 기하여 국민의 건강을 보호·증진함을 목적으로 한다"라고 규정하여 위와 같은 취지를 선언하고 있는 한편, 제2조 제2항에서 의료인에게는 국민보건의 향상을 도모하고, 국민의 건강한 생활 확보에 기여한다는 공익적인 사명감을 부여하고 있다.
4) "국가시책에 의한 가족계획은 어디까지나 임신을 사전에 방지하는 피임방법에 의할 것이고 임신 후의 낙태행위를 용인하는 것은 아니다." 대판 1965. 11. 23. 65도876.
5) 권영성, 헌법학원론, 법문사, 2010, 714.

민의 건강보호는 개인적으로는 질병으로부터 자신을 지키려는 생활환경의 개선이 요구되는 것이지만, 국가적 차원에서는 건강보호를 위한 사실적 기초를 마련할 것도 요구된다. 이에 대한 헌법적 차원의 규범이 바로 제36조 제3항의 보건에 관한 권리이다. 보건에 관한 권리는 건강침해의 중지 및 건강훼손행위에 대한 자유권적 성격을 가지는 것이지만 권리라는 측면에서 국가에 대한 요구를 통하여 실현되는 사회적 기본권의 성격을 가지고 있다.

Ⅱ. 연   혁

혼인과 가족생활에 관한 보호·모성보호 및 보건에 관한 권리는 1919년 바이마르헌법 제119조에 "혼인은 가족생활과 민족의 유지·번영의 기반으로서 헌법의 특별한 보호를 받는다. 혼인은 향성의 평등에 기초한다. 가족의 순결유지와 건강 및 사회적 증진은 국가와 지방자치단체의 임무이다. 자녀를 많이 둔 가정은 조정적 재정청구권을 가진다. 모성은 국가에 대하여 보호 및 배려청구권을 가진다"라고 하여 최초로 규정하였다.[6] 우리 제헌헌법은 제20조에서 "혼인은 남녀동권을 기본으로 하며, 혼인의 순결과 가족의 건강은 국가의 특별한 보호를 받는다"라고 하여 혼인의 순결과 가족보호규정을 두고 있었다. 제헌헌법 제8조에 모든 "국민은 법률앞에 평등하며,"라고 하여 남녀평등권을 규정하면서도, 제20조에 이와 같이 특별히 남녀동등권을 혼인질서의 기초로 선언한 것은 우리 사회 전래의 혼인·가족제도가 인간의 존엄과 남녀평등을 기초로 하는 혼인·가족제도라고 보기 어렵다는 판단에 따른 것이다.[7] 제5차 헌법개정에서 혼인의 남녀동등권규정이 삭제되었다가, 제8차 헌법개정에서 개인의 존엄과 양성평등을 규정하였으며, 제9차 헌법개정인 현행 헌법에서는 혼인과 가족생활의 보호에다 모성보호의무규정과 국민보건에 관한 국가보호규정 등을 추가하였다. 현행 헌법 제36조 제1항의 규정은 ⅰ) 가족평등권과 ⅱ) 가족의 개인으로서의 존엄권을 규정한 것이므로 종래의 가부장제도에 대한 개혁을 의미하는 것이다.[8] 현행 헌법은 "개인의 존엄과 양성평등에 기초한 혼인과 가족생활의 보장"만을 명문으로 규정하고 있지만, 그 규범내용에는 제헌헌법 이래 제4공화국헌법까지 명시규정을 두고 있었던 '혼인의 순결'[9]은 물론 주관적 권리인 혼인의 자유도 포함된다고 하겠다.

---

6) 혼인제도에 관한 규정은 안쉬츠(Anschütz)는 "특정 공산주의이론에 대한 의식적·의도적 부정"으로 표현하고 있다.

7) 이금옥, "혼인과 가족에 관한 권리와 가정폭력," 공법학연구 제11권 제2호(2010. 5), 147.

8) "가족제도는 민족의 역사와 더불어 생성되고 발전된 역사적·사회적 산물이라는 특성을 지니고 있기는 하나, 그렇다고 하여 가족제도나 가족법이 헌법의 우위로부터 벗어날 수 있는 특권을 누릴 수 없다. 만약 이것이 허용된다면 민법의 친족상속편에 관한 한 입법권은 헌법에 기속되지 않으며, 가족관계의 가치질서는 헌법의 가치체계로부터 분리될 수 없다는 결론에 이르게 되는데 이것이 입헌민주주의에서 용납될 수는 없다."

9) 혼인의 순결은 곧 일부일처제를 요구한다. 이에 따라 축첩제도나 중혼은 금지된다. 헌재 1990. 9. 10. 89헌마82(합헌): "선량한 성도덕과 일부일처주의·혼인제도의 유지 및 가족생활의 보장을 위하여서나 부부간의 성적 성실의무의 수호를 위하여, 그리고 간통으로 인하여 야기되는 사회적 해악의 사전예방을 위하여, 간통행위를 규제하고 처벌하는 것은 성적 자기결정권의 본질적 내용을 침해하여 인간으로서의 존엄과 가치 및 행복추구권을 부당하게 침해하거나 헌법 제36조 제1항의 규정에 반하는 것이 아니다. 간통죄의 규정은

Ⅲ. 입헌례와 비교법적 의의

1. 입 헌 례

세계인권선언과 국제인권규약에서는 가족의 보호에 대하여 규정하고 있다. 국제인권규약 A규약은 제10조에서 가정·모성·아동·연소자의 권리를 보장하고 있다. 보건권의 개념이 등장한 것은 제1차 대전 이후의 일이다. 바이마르헌법은 "가족의 순결과 건강은 유지되어야 하며 국가와 공공단체는 이를 지원하여야 한다"(§119②)라고 하여, 가족의 건강을 국가적 차원에서 지원하는 규정을 두었다. 제2차 대전 이후에는 이탈리아헌법(§32①), 포르투갈헌법(§64②), 인도헌법(§47) 등이 국민의 보건권 내지 국민보건에 관한 국가적 의무를 규정하고 있다. 우리나라도 제헌헌법 제20조에 가족의 건강조항을 규정한 이래로 역대헌법에는 가족의 건강 내지 국민의 보건에 관한 권리를 규정해 오고 있다.

2. 비교법적 의의 ― 독일의 혼인제도

혼인은 사회적으로 인정되고 법규정을 통하여 인정된 남자와 여자 사이의 생활공동체를 말한다. 독일에서는 혼인은 헌법 제6조 1항에 의하여 제도적으로 보호된다. 규범프로그램[10]은 법제정시에 대두된 규범영역의 구조를 문언의 형태로 표현한 하나의 법규범으로서 규범영역의 기본구조를 보장하거나 증명할 뿐만 아니라 내용적으로 상이하게 가정하거나 변경할 수 있다.[11] 예컨대 독일기본법 제6조 제1항에 규정된 혼인과 가족의 보장(Garantie von Ehe und Familie)에 있어서의 규범영역은 혼인관계라는 최소한의 사회적 단위를 의미하며 그 규범프로그램은 이 같은 사회적 단위의 국가에 대한 또는 국가를 통한 보장을 의미한다. 오늘날 혼인관계에 의하지 않는 생활공동체도 최소한의 사회적 단위로서 헌법적으로 보장되고 있다.[12] 규범프로그램은 그 자체는 변경하지 않으면서도 규범영역의 변경을 통하여 헌법규범의 의미와 내용을 전체적으로 확장하는 것이다.[13] 독일에서는 혼인에 관하여 헌법 제6조 제1항에 의한 제도적 보호를 전제로 하여서 독일민법상에 구체화하고 있다. 독일민법(이하 민법이라 함)에 따르면 원칙적으로 행위능력자(성년자, 만 18세)는 혼인을 할 수 있고, 행위무능력자라 하더라도 예외적으로 법정대리인의 동의를 얻어 만 16세가 되면 혼인을 할 수 있다. 제한적인 행위능력자(금치

남녀평등처벌주의를 취하고 있으니 법앞의 평등에도 반하지 아니한다." 헌재 2001. 10. 25. 2000헌바60.

10) 헌법에 있어서의 규범프로그램은 규범의 언어합성(Sprachkomponent)으로서 규범의 구성요소에 관계된 법조문에 나타난 문언의 종합으로서 법적 명령이며, 법적 효력에 있어서 실제적 구속력을 가지게 하는 가치척도가 된다.

11) Müller, Strukturierende Rechtslehre, 1994, S. 185.

12) Stintzing, Nichteheliche Lebensgemeinschaft und rechtliche Regelung-ein Widerspruch, 1992, S. 83ff.

13) 이처럼 규범의 문맥은 변경하지 않은 채 규범의 변경을 통해 규범영역의 실제적 개념변경이 이루어진 경우를 규범영역변경을 통한 규범변환이라고 하는데, 이는 판결을 통해 실제적으로 적용되고 있다. 예컨대 BVerwGE 27, 360, 363(Ersatzschulsubvention).

산자, 한정치산자)는 법정대리인 혹은 후견인의 동의를 얻어서 혼인할 수 있다. 혼인은 혼인생활공동체(민법 제1353조), 원칙적으로 남편의 성을 따를 것(민법 제1355조), 일상가사대리권(민법 제1357조), 부양의무(민법 제1360조)를 생성시킨다. 특별한 이유(예: 법정대리인의 동의의 흠결, 착오, 악의적인 기망, 협박; 혼인법 제28조 이하)가 있는 경우 장래에 대해서 혼인을 해소할 수 있다. 혼인은 해소 전까지는 유효하고 오직 해지의 소를 통하여만 혼인이 해소될 수 있다. 또한 특정된 이유(형식하자, 무능력, 중혼, 근친혼; 혼인법 제16조 이하)가 있는 경우에는 무효의 소를 제기하여 혼인을 해소할 수 있다. 혼인무효는 배우자 혹은 검사의 소제기를 바탕으로 하여 판결에 의해서 이루어진다. 그러나 혼인무효는 그러나 대부분의 경우에 치유된다. 혼인무효의 재산법적인 효과는 이혼의 효과에 관한 규정이 적용된다. 이혼은 혼인 후에 발생하는 이유로 인하여 판결을 통하여 혼인을 해소하는 것이다. 소송을 통하여 이루어지는 이혼은 배우자 일방 혹은 쌍방의 신청에 의한다. 부부공동체가 더 이상 존재하지 않고, 부부공동체를 재개하는 것이 기대될 수 없는 때 이혼을 청구할 수 있다. 부부가 몇 년 전부터 떨어져 살고 배우자 쌍방이 이혼을 신청하거나 또는 신청상대방이 이혼에 동의한 때 혹은 부부가 3년 이상 별거한 상태인 때에는 혼인을 유지할 의사가 없는 것으로 본다(민법 제1565조 제1항). 이혼판결의 기판력을 통하여 가족법·재산법상의 관점에서 혼인이 종료된다. 이혼은, 일방배우자가 이혼 후에 스스로 부양을 할 수 없는 때에는, 그 일방 배우자의 타방배우자에 대한 부양청구권을 발생시킨다(민법 제1569조). 혼인기간동안 발생되고 지속되어온 물권적 기대권 혹은 연령, 직업능력 혹은 생업무능력에 대한 사정은 거기에 대한 합의가 없더라도 보상이 이루어질 수 있다(민법 제1587조 제1항). 이혼한 배우자는 원칙적으로 남편의 성을 유지한다(민법 제1355조 제5항).

Ⅳ. 다른 조문과의 체계적 관계

1. 문화국가원리와의 관계

혼인과 가족의 보호는 헌법이 지향하는 자유민주주의적 문화국가와의 필수적인 관계에 있다. 개별성·고유성·다양성으로 표현되는 문화는 사회의 자율영역을 바탕으로 하고, 사회의 자율영역은 무엇보다도 바로 가정으로부터 출발하기 때문이다. 헌법은 가족제도를 특별히 보장함으로써, 양심의 자유·종교의 자유, 언론의 자유, 학문과 예술의 자유의 보장 등의 문화국가원리의 기본권적 실현을 지향하고 있다. 가족제도는 이와 같이 문화국가의 성립을 위하여 불가결한 기본권의 보장과 함께, 견해와 사상의 다양성을 그 본질로 하는 문화국가를 실현하기 위한 필수적인 조건을 충족하게 하는 헌법규정이 되는 것이다.

2. 환경권 및 행복추구권과의 관계

보건에 관한 권리(보건권)라 함은 국민이 국가에 대하여 자신과 가족의 건강을 유지하는 데 필요한 국가적 급부와 배려를 요구할 수 있는 권리를 말한다. 건강은 생존과 행복의 전제이며 인간다운 생활에 필수적인 요소이므로, 보건권은 생명권·행복추구권·인간다운 생활권 등과 이념적으로 일체를 이루며 상호관련을 가지고 있다.[14] 국민이 건강하고 쾌적한 환경에서 생활을 누리는 것은 개인적인 행복추구의 한 내용이 될 수도 있기 때문에 '보건에 관한 권리'는 헌법이 보장하고 있는 환경권(제35조) 및 행복추구권(제10조)과도 불가분의 이념적인 상호관계에 있다.[15] 즉 깨끗하고 좋은 환경에서 건강한 생활의 영위가 가능하며, 이를 통하여 인간으로서의 행복추구가 가능하여 진다.

보건에 관한 권리는 인신에 관한 실체적 권리와도 밀접한 관계가 있다. 국민 한 사람 한 사람의 건강이 국가의 공권력작용에 의해서 침해되지 않는 것은 우리 헌법이 보장하고 있는 인신에 관한 실체적 권리의 실현을 전제하고 있는 것이기 때문이다. 보건에 관한 헌법규정은 건강하고 위생적인 생활환경을 조성함으로써 모든 국민이 가정과 사회에서 '질병의 노예'가 되지 않고 개성을 신장시키며 인격의 자유로운 발현을 통하여 행복을 추구할 수 있도록 적극적인 보건정책을 펴나갈 국가의 의무를 수반하는 국민의 권리라고 보아야 한다. 보건에 관한 권리는 국민의 측면에서는 자유이지만 국가의 측면에서는 의무라는 양면성이 있는 것이다. 다만 현행 헌법이 보건에 관한 권리를 혼인·가족생활에 관한 규정(제36조 제1항)과 함께 다루고 있는 것은 모자보건의 영역에 관한 국가의 특별한 보호와 모성의 보호(제36조 제2항)를 통해서 '우리들과 우리들의 자손의 행복을 영원히 확보'(헌법 전문)하고자 하는 헌법적 의지를 구체화한 것이라고 볼 수도 있다.[16]

3. 교육을 받을 권리와의 관계

우리 헌법상의 기본권규정을 살펴보면, 전체의 기본규정 중에서 그 전반부인 제10조에서 제23조까지에는 자유권적 기본권을 규정하고 있고 그 후반부인 제31조에서부터 제36조까지에는 사회적 기본권을 규정하고 있다. 우리 헌법 제31조 제1항에는 "모든 국민은 능력에 따라 균등하게 교육을 받을 권리를 가진다"라고 규정하여 일반적으로 "가진다"라는 표현형식을 취하고 있는 다른 기본권의 규정과는 달리 "받을 권리"라는 표현형식을 취하고 있다.[17] 교육을 받을

---

14) 권영성(주 5), 711.
15) 국민보건에 관한 헌법적 배려는 우리 헌법질서의 핵심적인 가치라고 볼 수 있는 인간의 존엄과 가치를 건강생활영역에서도 존중하기 위한 구체적인 표현이라고 볼 수 있다. 허영, 한국헌법론, 박영사, 2006, 436.
16) 전주, 436.
17) 그러나 이러한 표현에 구속되지 아니하고 노동기본권 등의 표현과 같은 맥락에서 '교육기본권'내지 '교육권'으로 이해하고 있다(성낙인, 헌법학, 법문사, 2013, 754). 본 주석에서는 보충성과의 관계에서 그 논의를 명백히 하기 위하여 '교육권'이라 표현하고자 한다.

권리는 그 자체로서도 다원적 의미를 가질 뿐만 아니라, 인간으로서의 존엄과 가치 및 행복추구(헌법 제10조 전문), 인간다운 생활(헌법 제34조 제1항), 직업의 자유(헌법 제15조) 및 혼인과 가족의 보호(제36조 제1항)에 있어서도 필수적 조건이자 전제가 되는 것이다. 현행 헌법은 제31조 제1항의 교육권의 실현을 위하여 국민교육이 가정과 국가의 공동책임으로서 규정하고 있다(헌법 제31조 제2항－제6항). 교육권의 실현은 한편으로는 국민 개개인에게 교육에 있어서의 균등한 기회를 제공하는 것을 전제로 하며, 다른 한편 국가가 공적제도로서의 학교를 설립하여 교육의 장을 마련하여야 가능한 것이다.[18] 고도로 산업화된 오늘날의 현대국가에 있어서 교육은 그 시설의 확충만으로는 부족하고, 교육에 필요한 재정적 뒷받침이 있어야 가능하다. 교육은 가족에게 있어서 미래의 보장이 된다. 이러한 의미에서 본다면 제36조 제1항의 혼인과 가족의 보호에는 국가를 통한 교육의 보장을 요구할 수 있게 된다. 우리 헌법재판소는 학원의 설립·운영에 관한 법률의 위헌심판에서 "자녀의 교육은 헌법상 부모와 국가에게 공동으로 부과된 과제이므로 부모와 국가의 상호연관적인 협력관계를 필요로 한다. 자녀의 교육은 일차적으로 부모의 권리이지 의무이지만, 헌법은 부모외에도 국가에게 자녀의 교육에 대한 과제와 의무가 있다는 것을 규정하고 있다. 국가의 교육권한 또는 교육책임은 무엇보다도 학교교육이라는 제도교육을 통하여 행사되고 이행된다. 자녀에 대한 교육의 책임과 결과는 궁극적으로 그 부모에게 귀속된다는 점에서, 국가는 제2차적인 교육의 주체로서 교육을 위한 기본조건을 형성하고 교육시설을 제공하는 기관일 뿐이다. 따라서 국가는 자녀의 전반적인 성장과정을 모두 규율하려고 해서는 아니 되며, 재정적으로 가능한 범위 내에서 피교육자의 다양한 성향과 능력이 자유롭게 발현될 수 있는 학교제도를 마련하여야 한다"라고 하여[19] 국가는 보충성의 원리에 따라 교육제도를 마련하여야 함을 선언하고 있다.[20] 비록 보충성의 원리가 적용되는 것이라 하더라도 혼인과 가족의 국가를 통한 보호라는 점에서 본다면 제31조 제3항의 무상의무교육을 넘어서는 교육에 관한 재정적 지원이 요청된다 하겠다. 즉 교육권은 교육에 관하여서는 교육을 받을 권리의 보장이면 되지만, 혼인과 가족의 보호라는 점에서는 재정적 지원이라는 구체적 보장 형태가 도출되는 것이다.

---

18) 즉 교육을 받을 권리란, 국민이 위 헌법규정을 근거로 하여 직접 특정한 교육제도나 학교시설을 요구할 수 있는 권리라기보다는 모든 국민이 능력에 따라 균등하게 교육을 받을 수 있는 교육제도를 제공해야 할 국가의 의무를 규정한 것이다. 헌재 2000. 2. 7. 98헌가16.

19) 헌재 2000. 2. 27. 98헌가16.

20) 독일의 경우 대학입학정원판결(Numerus-clausus-Entscheidung)에서 보는 것처럼 보충성의 원리는 파생적 참여권과 관계에서 도출된다. 예컨대, 새로운 학교증설에 의하지 않고서는 학업기회를 제공하지 못하는 경우에 참여권의 포기에 의해서가 아니라 학업장소에 참여할 수 있는 기회의 국가적 급부의 보충적 요구에 의하여 실현되는데, 이를 도식화하면, 국가가 급부를 제공하면, 그러므로 참여가 가능하여 지는 것이므로, 이를 "하면－그러므로－결부"라 하는 것이다. 이에 대해서는 정극원, 헌법국가론, 대구대학교 출판부, 2006, 213.

V. 개념과 원리에 대한 판례와 학설

1. 학　설

　　제36조 제1항의 혼인과 가족에 관한 권리는 평등원칙의 제도화 내지는 구체적 실현이라는 점에서 평등권설, 혼인의 자유를 평등독립한 당사의 합의를 요하는 일종의 계약의 자유로서 공법체계에서 자유권적 기본권이라고 보는 자유권설, 헌법조문의 위치상으로나 그 실질적 성격에 비추어 사회권으로 보아야 한다는 사회권설, 사회권(생존권)과 제도보장이 결합된 것으로 보는 견해,[21] 권리보장규정이 아니라 혼인제도와 가족제도의 제도적 보장에 해당하는 것으로서 제도적 보장설로 나누어진다. 그러나 평등권설은 이 조항을 통하여 구체적 권리내용을 이론구성할 실익이 없다는 점에서 실익이 없다고 한다.[22] 혼인을 그 행위에 있어서 자유와 결부시켜서 본다면 자유권으로서의 성질도 가지고 있지만 조문의 전체와 관련하여서는 자유권만으로는 설명되지 않는다는 점에서 자유권설도 타당성을 가지기 어렵다. 헌법조문의 체계상 그리고 혼인의 유지와 존속에 관한 국가의 급부의 제공이라는 내용의 측면에서 보면 사회권의 성격을 가지는 것이지만, 이를 제도로서 동시에 보장하고 있다는 사회권과 제도보장이 결합된 것으로 보는 견해가 타당하다. 우리 헌법재판소는 "헌법은 제36조 제1항에서 혼인과 가정생활을 보장함으로써 가족의 자율영역이 국가의 간섭에 의하여 획일화·평준화되고 이념화되는 것으로부터 보호하고자 하는 것이다"라고 하여 제도보장으로 파악하고 있다.[23] 혼인의 자유와 권리는 사회적 기본권이 강조되는 기본권과 함께 규정되어 있지만 사법(私法)적 권한에 관한 권리로서 절차적 기본권의 의미가 강조되어야 한다는 견해도 있다.[24] 그러나 절차적 기본권은 그 성격에 있어서 기본권의 강화를 위한 것이므로, 혼인의 자유와 권리는 본질적으로 그 자유성의 보장에 중점이 두어져야 할 것이다. 다만, 국가의 형성에 의하여 그 자유의 실현이 강화되는 경우에 있어서 국가에 대하여 혼인의 형성 및 유지에 관한 급부제공의 책무를 부과하면 될 것이다.

　　제36조 제2항의 모성에 관한 권리의 법적 성격에 대해서는 견해의 차이가 발견된다. 예를 들어 ① 국가의 모성보호의무란 국가에 의한 모성의 침해를 방어할 수 있는 권리인 동시에 국가에 대하여 모성보호를 요구할 수 있는 사회적 기본권으로서의 성격을 갖는다고 보는 견해,[25] ② 모성의 건강을 특별히 보호하여야 하고, 모성으로 인한 불이익의 금지이며, 모성에 대한 적극적 보호를 내용으로 한다고 보는 견해,[26] ③ 모성보호청구권은 사회적 기본권으로만 보는 견

21) 성낙인(주 17), 800.
22) 김철수, 헌법학개론, 박영사, 2007, 1025.
23) 헌재 2000. 4. 27. 98헌가16등 병합결정. 혼인과 가족에 대한 권리는 기본권으로서의 성격과 제도보장으로서의 성격을 동시에 가지는 것이다. 성낙인(주 18), 800.
24) 이준일, 헌법학강의, 홍문사, 2013, 745.
25) 계희열, 헌법학(중), 박영사, 2004, 801.
26) 권영성(주 5), 714.

해27) 등이다. 견해의 대립에 불구하고 그 근본적인 지향점은 제2항의 모성의 보호는 사회적 약자로서의 여성, 특히 현재 또는 미래의 어머니로서의 여성에 대한 보호를 의미하며 사회적 기본권으로서 다루어져야 한다. 사회적 기본권은 국가의 적극적인 형성을 통한 권리의 보장이라는 점에서 모성보호는 국가의 특별한 보호를 받아서 비로소 현실적으로 그 실현성을 보장할 수 있는 것이다.

제36조 제3항의 보건에 관한 권리는 사회적 기본권의 본질적인 대상으로서 보건(의료)에 관한 권리를 의미한다.28) 보건에 관한 권리에 대해서는 대체로 자유권적 측면과 사회권적 측면을 동시에 가지고 있다는 견해29)가 우세하지만 사회권적 측면만을 가지고 있다는 견해30)도 주장되고 있다. 보건에 관한 권리가 국가의 건강침해행위의 중지를 요구하는 자유권적 측면이 있다는 점을 부정할 수는 없지만 이것은 신체를 훼손당하지 않을 권리에서 우선적으로 보장된다고 이해한다면 보건에 관한 권리는 건강보호를 위한 사실적 기초를 보장해주도록 요구하는 사회적 기본권으로서 이해되어야 한다.

2. 판   례

가. 호주제도의 위헌성

우리 헌법재판소는 민법상의 호주제도는 헌법 제36조 제1항에 위반된다고 판단하였다. 헌법재판소는 "헌법 제36조 제1항은 혼인과 가족생활은 개인의 존엄을 존중하는 가운데 성립되고 유지되어야 함을 분명히 하고 있다. 혼인과 가족생활은 인간생활의 가장 본원적이고 사적(私的)인 영역이다. 이러한 영역에서 개인의 존엄을 보장하라는 것은 혼인·가족생활에 있어서 개인이 독립적 인격체로서 존중되어야 하고, 혼인과 가족생활을 어떻게 꾸려나갈 것인지에 관한 개인과 가족의 자율적 결정권을 존중하라는 의미이다. 혼인과 가족생활을 국가가 결정한 이념이나 목표에 따라 일방적으로 형성하는 것은 인간의 존엄성을 최고의 가치로 삼고 민주주의 원리와 문화국가원리에 터잡고 있는 우리 헌법상 용납되지 않는다. 국가는 개인의 생활양식, 가족형태의 선택의 자유를 널리 존중하고, 인격적·애정적 인간관계에 터잡은 현대 가족관계에 개입하지 않는 것이 바람직하다. 따라서 혼인·가족제도가 지닌 사회성·공공성을 이유로 한 부득이한 사유가 없는 한, 혼인·가족생활의 형성에 관하여 당사자의 의사를 무시하고 법률의 힘만으로 일방적으로 강제하는 것은 개인의 존엄에 반하는 것이다. … 민법 제778조, 제781조 제1항 부분 후단, 제826조 제3항 부분이 그 근거와 골격을 이루고 있는 호주제는 당사자의 의사나 복리와 무관하게 남계혈통 중심의 가의 유지와 계승이라는 관념에 뿌리박은 특정한 가족관계

---

27) 홍성방, 헌법학, 현암사, 2005, 601.

28) 그러나 보건에 관한 권리 내지 보건권은 특히 헌법상 "권리를 가진다"라고 하지 않고 "보호를 받는다"라고 규정하고 있기 때문에 논란이 있게 된다. 김경수, "헌법상 국가의 건강보호의무와 그 실현방안에 관한 연구," 서울대 박사학위논문(2002, 2).

29) 계희열(주 25), 801; 권영성(주 5), 712; 성낙인(주 17), 805; 홍성방(주 27), 602; 허영(주 15), 435.

30) 장영수, 헌법학 Ⅱ: 기본권론, 홍문사, 2003, 601.

의 형태를 일방적으로 규정, 강요함으로써 개인을 가족 내에서 존엄한 인격체로 존중하는 것이 아니라, 가의 유지와 계승을 위한 도구적 존재로 취급하고 있는데, 이는 혼인, 가족생활을 어떻게 꾸려나갈 것인지에 관한 개인과 가족의 자율적 결정권을 존중하라는 헌법 제36조 제1항에 부합하지 않는다"라고 판시하고 있다. 그러나 혼란을 막기 위하여 호적법을 개정할 때까지 잠정적으로 효력을 인정하는 헌법불합치결정을 하였다.[31] 이에 따라 우리의 국회는 2005년 3월 개정민법에서 호주제를 폐지하였다. 개정민법은 2008년 1월 1일부터 시행되었다.[32]

나. 부부자산소득합산과세의 위헌성

헌법 제36조 제1항은 단지 차별의 합리적 이유의 유무만을 확인하는 정도를 넘어, 차별의 이유와 차별의 내용 사이에 적정한 균형관계가 이루어져 있는지에 대해서도 심사하여야 함에 있어서의 기준이 된다. 우리 헌법재판소는 "부부의 자산소득을 합산하여 과세하는 취지는 자산소득을 부부간에 분산하여 종합소득세의 누진세 체계를 회피하는 것을 방지하고, 소비단위별 생활실태에 부합하는 공평한 과세를 실현하며, 불로소득인 자산소득에 대하여 중과세하여 소득의 재분배를 기하려는 데에 있으므로 그 입법목적은 정당하다. 그러나 자산소득의 인위적인 분산에 의한 조세회피행위 방지라는 목적은 상속세및증여세법상의 증여추정규정 또는 부동산실권리자명의등기에관한법률상 조세포탈 목적으로 배우자에게 명의신탁한 경우 부동산에 관한 물건변동을 무효로 하는 규정 등에 의해서 충분히 달성할 수 있다. 그리고 자산소득이 있는 모든 납세의무자 가운데 혼인한 부부에 대하여만 사실혼관계의 부부나 독신자에 비하여 더 많은 조세부담을 가하여 소득을 재분배하도록 강요하는 것은 위와 같은 입법목적 달성을 위한 적절한 방법이라 볼 수 없다. 오늘날 여성의 사회적 지위가 상승하여 맞벌이 부부의 수가 늘어나고 법률혼 외에 사실혼관계의 남녀가 증가하는 등 전통적인 생활양식에 많은 변화가 일어나고 있음을 고려할 때 혼인한 부부가 사실혼관계의 부부나 독신자에 비하여 조세부담에 관하여 불리한 취급을 받아야할 이유를 찾아보기 어렵다. 나아가 부부자산소득합산과세가 추구하는 공익은 입법정책적 법익에 불과한 반면, 이로 인하여 침해되는 것은 헌법이 강도 높게 보호하고자 하는 혼인을 근거로 한 차별금지라는 헌법적 가치이므로, 달성하고자 하는 공익과 침해되는 사익 사이에 적정한 균형관계를 인정할 수 없다. 그러므로 부부자산소득합산과세는 혼인한 부부를 비례의 원칙에 반하여 사실혼관계의 부부나 독신자에 비하여 차별하는 것으로서 헌법 제36조 제1항에 위반된다"라고 하여 가족과 부부에 대한 차별의 금지를 선언하고 있다.[33]

---

31) 이에 대하여 3인의 재판관은 호주제는 전통가족제도의 핵심인 부계혈통주의에 입각한 가의 구성 및 가통의 계승을 위한 제도로서 여성에 대한 실질적 차별을 내용으로 하고 있는 것으로 보기 어렵다고 보고 있다. 헌재 2005. 2. 3. 2001헌가9 등, 다수의견: 호주제가 위헌이며 심판대상 모든 조항이 위헌. 김영일 재판관: 호주제도는 합헌, 권성 재판관: 호주제도는 합헌이고 모든 조항이 합헌, 김효종 재판관: 호주제도는 위헌이나 제778조는 가(家) 제도를 설정한 것이므로 합헌.

32) 이에 대해서는 아래의 단락 호주제폐지에 따른 가족제도의 변화에서 상세하게 설명한다.

33) 헌재 2005. 5. 26. 2004헌가6.

다. 동성동본혼인금지규정의 헌법불합치

혼인을 성립하게 하는 방식으로는 의식혼주의, 법률혼주의 및 사실혼주의가 있다. 동성동본인 혈족 사이에서는 혼인이 금지되는 동성동본혼인금지는 주로 법률혼주의에서의 문제이다. 즉 그 법적 신고를 통하여 혼인을 완성하는 법률혼주의에 있어서 혼인이 동성동본혼인지를 찾아내는 것이 가능하기 때문이다. 우리 헌법재판소는 동성동본에 대한 혼인을 금지하고 있던 민법 제809조 제1항에 대하여 "사회를 지배하는 기본이념의 변화, 혼인 및 가족 관념의 변화와 남녀평등관념의 정착, 경제구조의 변화와 인구의 급격한 증가 및 그 도시집중화 등 여러 가지 사회환경의 변화로 말미암아, 동성동본금혼제의 존립기반이 더 이상 지탱할 수 없을 정도로 근본적인 동요를 하고 있음은 이를 부인하기가 어렵고, 유전학적 관점에서 보더라도 민법에 의하여 금지되거나 무효로 되는 범위를 넘어서는 동성동본인 혈족 사이의 혼인의 경우 유전학적인 질병의 발생빈도가 이성간 또는 동성이본간의 혼인의 경우보다 특히 높다는 아무런 과학적인 증명도 없음이 밝혀져 있으며, 동성동본금혼제도는 이제 더 이상 법적으로 규제되어야 할 이 시대의 보편타당한 윤리 내지 도덕관념으로서의 기준성을 상실하였다고 볼 수밖에 없으므로, 이 사건법률조항은 금혼규정으로서의 사회적 타당성 내지 합리성을 상실하고 있음과 아울러 '인간으로서의 존엄과 가치 및 행복추구권'을 규정한 헌법이념 및 규정과 '개인의 존엄과 양성의 평등'에 기초한 혼인과 가족생활의 성립·유지라는 헌법규정에 정면으로 배치된다 할 것이다"라고 판시하여 헌법불합치결정을 내렸다.[34]

헌법재판소의 불합치결정은 혼인의 성립단계에서 야기되는 혼인의 자유에 대한 침해를 해소하였다는 점에서 그 의의가 있다고 하겠다.

라. 간통죄처벌의 합헌성

우리 헌법재판소는 형법 제241조(간통죄)의 위헌여부에 대한 헌법소원심판에서 간통죄처벌은 다음과 같은 이유에서 헌법에 위반되지 아니한다고 결정하였다. 첫째, 개인의 인격권·행복추구권에는 성적 자기결정권이 포함되지만 그것에는 내재적 한계가 있고 헌법 제37조 제2항의 법률에 의한 제한이 가능하다. 간통은 선량한 성도덕이나 일부일처제에 반하고 배우자에 대한 성적 성실의 의무를 위반하여 혼인의 순결을 해하는 것이므로, 이에 대한 규제는 불가피한 것으로 형법 제241조는 필요최소한의 제한이다. 둘째, 배우자 모두에게 고소권이 인정되고 있는 이상 평등권의 본질적 내용을 침해하는 것은 아니다. 셋째, 간통죄처벌조항은 헌법 제36조 제1항에 반하는 것이 아니라 오히려 개인의 존엄과 양성의 평등을 기초로 하는 혼인과 가족생활의 유지의무 이행에 부합하는 것이다.[35] 간통죄처벌에 대한 합헌결정은 통계적 측면에서 본

---

34) 헌법재판소는 이 법률조항은 입법자가 1998. 12. 31.까지 개정하지 아니하면 1999. 1. 1. 그 효력을 상실하고, 법원 기타 국가기관 및 지방자치단체는 입법자가 개정할 때까지 위 법률조항의 적용을 중지하도록 하는 것이 상당하다고 판시하였다. 헌재 1997. 7. 16. 95헌가6 등 병합결정.

35) 헌재 1990. 9. 10. 89헌마82.

다면, 여성을 보호하는 것이 아니라는 것이다. 간통죄의 이유를 혼인을 종료하게 되는 이혼에 이르렀을 때, 여성이 이혼소송의 제기하여서 취하하는 비율이 남성이 이를 이유로 소송을 제기하고 취하하는 경우보다 월등히 높다는 것이다. 따라서 간통죄의 처벌규정이 여성을 보호한다는 점보다는 오히려 여성에게 피해를 초래하는 면이 크다고 하겠다. 나아가 간통죄의 처벌은 성적 자기결정권의 침해라는 점에서도 위헌의 소지가 큰 제도가 된다.

마. 보건에 관한 국가의 보호의무

국가는 건강보험제도·무료진료·주택개량 등을 실시하고, 또 이를 위하여 일련의 보호입법·사회입법을 제정할 의무를 진다. 우리 헌법재판소는 다음과 같이 판시하여 보건에 관한 국가의 보호의무를 피력하고 있다. "모든 국민은 보건에 관하여 국가의 보호를 받는다(헌법 제36조 제3항). 의료법도 제1조에서 "이 법은 국민의료에 관하여 필요한 사항을 규정함으로써 의료의 적정을 기하여 국민의 건강을 보호·증진함을 목적으로 한다"라고 규정하여 위와 같은 취지를 선언하고 있는 한편, 제2조 제2항에서 의료인에게는 국민보건의 향상을 도모하고, 국민의 건강한 생활 확보에 기여한다는 공익적인 사명감을 부여하고 있다. 보건의료 서비스는 공급자와 수요자 등 시장참여자 사이의 정보비대칭, 수요의 불확실, 치료의 불확실, 법적 독점, 외부성 등 일반 재화와 다른 특성이 있다. 따라서 민간부문의 영리성 추구를 제한할 자율적 규제나 법적 규제가 미흡한 경우에는 의료수요 유발, 고가서비스 추구, 의료인력의 고도한 전문화 등을 통해 국민의 의료비 부담을 증가시키므로, 그 수요와 공급을 시장에 전적으로 맡겨 두면 시장의 실패 혹은 사회적 후생감소를 초래할 가능성이 있다. 이로 인하여, 국민이 보건의료 서비스에 개인의 신분이나 재산에 관계없이 균등하게 접근하고, 보건의료전달체계 내에서 보건의료자원(인력·시설·장비 등)을 균등히 향유하고, 기본적으로 필요한 양의 필수적인 서비스를 받으며, 진료수준의 차이를 배제할 권리가 위협받는다면, 이는 헌법이 보장하는 국민의 건강권과 국가가 국민에게 적정한 의료급여를 보장해야 하는 사회국가적 의무에 위배된다고 할 것이다."[36] "우리나라의 취약한 공공의료의 실태, 비의료인이나 영리법인의 의료기관 개설을 허용할 때 의료계 및 국민건강보험 재정 등 국민보건 전반에 미치는 영향이 큰 점, 앞에서 살핀 보건의 의료서비스의 특성과 국가가 국민의 건강을 보호하고 적정한 의료급여를 보장해야 하는 사회국가적 의무 등을 감안하여 보면, 의료의 질을 관리하고 건전한 의료질서를 확립하기 위하여 의료인이 아닌 자나 영리법인이 의료기관을 개설하는 자유를 제한하고 있는 입법자의 판단이 입법재량을 명백히 일탈하였다고 할 수 없다. 의료인 아닌 자 또는 영리법인이 자본투자에 의한 의료기관 개설의 허용은 사회적 합의 도출이 우선적으로 필요하고, 의료의 공공성 훼손 등의 부작용을 방지하기 위하여 서민·빈곤층을 위한 공공보건의료 확충, 의료급여 확대 등 보완책이 마련되어야만 할 것이다."[37]

---

36) 헌재 2005. 3. 31. 2001헌바87.
37) 헌재 2005. 3. 31. 2001헌바87.

헌법 제36조

바. 의료보험수급권

의료보험수급권이란 질병 또는 건강상의 문제가 있을시 의료보험혜택을 받을 수 있는 권리를 말한다.[38] 이를 위하여 국가는 사회보장의 한 방편으로의 의료보험제도를 도입하고 있다. 우리 헌법재판소는 "사회적 기본권의 성격을 가지는 의료보험수급권은 국가에 대하여 적극적으로 급부를 요구하는 것이므로 헌법규정만으로는 이를 실현할 수 없고 법률에 의한 형성을 필요로 한다. 의료보험수급권의 구체적 내용, 즉 수급요건·수급권자의 범위·급여금액 등은 법률에 의하여 비로소 확정된다. 구 국민의료보험법은 제4장에서 보험급여의 내용을 구체적으로 규정하고 있는바 피보험자 및 피부양자의 질병, 부상, 분만에 대하여 보험급여를 한다고 규정하고 그 내용, 의료보험의 개시시기, 비용의 일부부담에 대하여 규정하고 있다. 따라서 의료보험수급권은 법률에 의하여 이미 형성된 구체적인 권리"라고 할 것이다. 헌법재판소는 구 의료보험법 제31조 제1항이 규정하는 "이른바 분만급여청구권은 위와 같은 사회보장제도 중 사회보험으로서의 의료보험급여의 일종으로 의료보험법이라는 입법에 의하여 구체적으로 형성된 권리이다"라고 판시하여[39] 의료보험수급권을 구체적인 권리로 보고 있다.

사. 의료인의 자격제의 합헌성

의료법 제5조는 면허제도를 도입하고 의료법 제25조는 무면허의료행위를 금지하고 이에 위반자를 처벌하고 있다. 이 규정이 직업선택의 자유를 침해하는 것이 아닌가가 문제되었는데 우리 헌법재판소는 "의료행위는 인간의 존엄과 가치의 근본인 사람의 신체와 생명을 대상으로 하는 것이므로 단순한 의료기술 이상의 "인체 전반에 관한 이론적 뒷받침"과 "인간의 신체 및 생명에 대한 경외심"을 체계적으로 교육받고 이 점에 관한 국가의 검증을 거친 의료인에 의하여 행하여져야 하고, 과학적으로 검증되지 아니한 방법 또는 무면허의료행위자에 의한 약간의 부작용도 존엄과 가치를 지닌 인간에게는 회복할 수 없는 치명적인 위해를 가할 수 있는 것이다. 따라서 무면허 의료행위를 일률적, 전면적으로 금지하고 이를 위반하는 경우에는 그 치료 결과에 관계없이 형사처벌을 받게 하는 이 법의 규제 방법은 환자와 치료자의 기본권을 침해하거나 과잉금지의 원칙에 위반된다고 할 수 없다. 위와 같은 법리에 비추어 의료법 제25조 제1항의 본문 전단부분과 이를 위반한 경우 처벌하는 내용의 의료법 제66조 제3호 보건특조법 제5조 중 각 의료법 제25조 제1항의 본문 전단부분은 헌법 제10조가 규정하는 인간으로서의 존엄과 가치를 보장하고 헌법 제36조 제3항이 규정하는 국민보건에 관한 국가의 보호의무를 다하고자 하는 것일 뿐 국민의 생명권, 건강권, 보건권 및 그 신체활동의 자유 등을 침해하는 규정이라고 할 수 없다"라고 판시하여[40] 합헌으로 선언하고 있다.

---

38) 국민건강법은 모든 국민을 건강보험 대상자로 하여 질병이 있을시 의료보험수급권을 부여하고 있다.

39) 헌재 2003. 12. 18. 2002헌바1.

40) 헌재 2005. 9. 29. 2005헌마434(병합).

3. 호주제폐지에 의한 가족제도의 변화

헌법재판소의 호주제의 헌법불합치결정에 따라 2008년 1월 1일부터 호주제가 폐지되고 이를 대체하는 가족관계등록부제가 새롭게 도입된다. 이로써 1909년 호주와 본적개념을 골자로 하는 일본 "민적법"이 한국에 도입되면서 시행되었던 호주제를 근간으로 하는 가족에 관한 기존제도에 큰 변화가 생기게 된다. 그 요지는 첫째, 어머니의 성(姓)을 따를 수 있으며, 둘째, 여성도 신분등록부를 가질 수 있게 된다. 호주제가 폐지됨으로써 결혼하면서 아내가 남편의 호적으로 옮겨가거나 아들이 호주를 승계하는 일이 사라지게 된다. 특별한 논의가 없을 때에는 아버지의 성(姓)과 본(本)을 따르는 것이 원칙이지만, 부부가 혼인신고시 협의하면 자녀의 성과 본을 어머니의 것에 따를 수 있다. 다만, 자녀들이 각각 다른 성을 쓸 수 없으며, 아버지의 성을 사용하다가 도중에 어머니의 성으로 바꿀 수 없다. 도중에 성을 변경하려는 경우에는 법원이 결정이 있어야 한다. 어머니의 재혼의 경우에는 새아버지의 성을 쓸 수 있다. 이러한 이유로 자녀의 성을 바꾸더라도 가족관계증명서에는 친아버지가 부(父)로 기재된다. 또한 2008년 1월 1일부터 모든 국민은 자신의 가족관계등록부를 가지게 되며, 호적의 편제기준이었던 본적 제도가 폐지된다. 구)호주제에 의하면 여성은 아버지나 남편 또는 아들의 호적에 기재되었지만, 새 가족등록부는 증명목적에 따라 1) 기본증명서, 2) 가족관계증명서, 3) 혼인관계증명서, 4) 입양관계증명서, 5) 친양자입양관계증명서 등의 5종류로 나누어 기재된다. 기본증명서에는 호주를 기록하는 난이 없어졌다. 대신 본인의 등록기준지·이름·성별·본·출생연월일·주민등록번호와 출생·사망·개명·국적 등이 기재된다. 부모나 배우자·자녀에 관한 사항은 기족관계증명서에 기재되며, 형제·자매는 부모의 가족관계증명서를 발급받아야 확인이 가능하다.

VI. 개정의 필요성에 대한 검토

1. 혼인과 가족의 보호와 평등권의 분리의 필요성

한국헌법학회 헌법개정연구위원회의 최종보고서인 「헌법개정연구」에서는 혼인과 가족생활의 평등에 관한 조항의 위치에 대하여 논의가 있었다. 이에 따르면 혼인과 가족생활의 평등에 관한 조항은 현행헌법 제36조 제1항에서 규정하기 보다는 평등조항인 제11조에 규정하는 것이 바람직하다는 방향으로 의견이 모아졌다.[41] 혼인과 가족생활에 대하여 평등의 관점에서 규정하고 있는 것은 우리 헌법의 독특한 규범체계라 할 수 있을 것이다. 혼인과 가족에 관한 권리는 법적 지위에 관한 '자유'로서 이해하게 되면 우선적으로 소극적 국가권능제한규범이 되는 것이다. 그러므로 국민은 국가에 대하여 혼인과 가족에의 개입과 침해를 방지하는 방어

---

41) 2006년 헌법개정연구위원회의 최종보고서인 「헌법개정연구」, 한국헌법학회, 2006, 16.

권을 통하여서 그 법적 지위와 자유를 보장받는 것이다. 예컨대, 독일기본법 제6조의 규정에는 "① 혼인과 가족은 국가질서의 특별한 보호를 받는다. ② 자녀의 양육과 교육은 양친의 자연적 권리이고 일차적으로 그들에게 부과된 의미이다. 그들의 활동에 대하여 국가가 감시한다. ③ 교육권자가 의무를 태만히 하거나 그 밖의 이유로 자녀가 방치될 우려가 있을 때에는, 그 자녀는 법률에 근거하여서만 교육권자의 의사에 반하여 가족과 분리될 수 있다. ④ 어머니는 누구든지 공동체의 보호와 부조를 청구할 권리를 가진다. ⑤ 사생아의 육체적, 정신적 성장과 사회적 지위에 관해서는 입법을 통하여 적자와 동일한 조건이 마련되어야 한다"라고 규정하여 혼인과 가족의 권리의 보장에 그 규범목적을 두고 있다. 우리 헌법 제36조에도 그 중점을 혼인의 자유와 가족의 권리의 구체적 보장에 맞출 필요가 있다고 하겠다. 즉 평등의 문제는 평등권규정을 통하여서 해결하면 되는 것이다. 헌법재판소의 많은 결정들이 구체적으로 혼인과 가족에 관한 것이라기보다는 그 심사에 있어서 평등권을 척도로 삼고 있다. 이는 헌법 제36조가 가족의 평등을 기초로 하고 있기 때문이다. 제36조의 규정은 보다 혼인과 가족의 보호에 그 규범목적을 두는 방향으로 바꾸어야 할 것이다. 나아가 혼인과 가족에 관한 권리는 자유의 실현만으로는 완전할 수 없고, 사법(私法)적 질서형성의 절차에 의하여 보다 완전한 권리로서 보장이 실현된다. 헌법규정에 보다 구체화된 표현으로서의 절차에 대한 입법형성의 의무를 입법권자에게 부과하는 방안도 고려하여야 할 것이다. 예컨대, 이러한 입법형성의무를 통하여 가정의 유지와 자녀의 양육을 위한 재정적 기초를 제공해주는 토대를 마련할 수 있을 것이다.

2. 국가의 모성보호의 규범성강화의 필요성

국가의 모성보호를 현행헌법에서처럼 사회적 기본권형태로 규정한 것에 대하여도 검토해 볼 수 있다. 사회적 기본권의 경우 규범실현에 있어서 그 구체화는 차지하더라도 재정적 상황에 따라 최소한의 보장만 이루어지게 될 것이다. 따라서 현행헌법의 국가의 모성보호를 헌법의 기본원리로서 규정하거나 또는 규정방식의 문구를 보다 명백하게 하여 그 실현에 있어서 국가에 대한 의무성의 부과를 할 필요가 있다. 이를 위해서는 헌법전문의 "안으로는 국민생활의 균등한 향상을 기하고"의 부분을 "안으로는 국민생활의 균등한 향상을 기하고 국가는 모성보호에 힘쓰며"라고 표현하는 방법으로 바꾸는 것을 생각하여 볼 수 있다. 나아가 헌법 제36조 제2항의 "국가는 모성의 보호를 위하여 노력하여야 한다"라는 부분을 "국가는 모성의 보호를 위하여 노력하여야 한다"로 바꾸거나 독일기본법 제6조 제4항에서처럼 "어머니는 누구든지 공동체의 보호와 부조를 청구할 권리를 가진다"라고 규정하여 국가의 모성보호에 보다 강한 의무성을 부과하거나 아니면 모성을 가진 어머니에게 국가에 대하여 적극적인 작위를 청구할 수 있는 권리를 부여할 필요가 있다고 하겠다.

3. 보건에 관한 국가의 보호규정의 별도 규정화의 필요성

국민의 보건에 관한 국가의 보호규정은 혼인·가족생활과 무관한 일반적인 건강보호에 관한 것이므로 그것을 혼인·가족생활 규정으로부터 독립시켜 별도의 조에 규정하는 방안도 제기되고 있다.[42] 최고법의 효력을 가지고 있는 헌법조문의 완성도를 높이기 위하여서 고려해볼 필요가 있다고 하겠다.

Ⅶ. 관련문헌

1. 국내문헌

계희열, 헌법학(중), 박영사, 2004.

권영성, 헌법학원론, 법문사, 2010.

김경수, "헌법상 국가의 건강보호의무와 그 실현방안에 관한 연구," 서울대 박사학위논문 (2002), 2.

김철수, 헌법학개론, 박영사, 2007.

성낙인, 헌법학, 법문사, 2013.

이금옥, "혼인과 가족에 관한 권리와 가정폭력," 공법학연구 제11권 제2호(2010. 5).

이준일, 헌법학강의, 홍문사, 2013.

장영수, 헌법학 Ⅱ: 기본권론, 홍문사, 2003.

정극원, 헌법국가론, 대구대출판부, 2006.

한병호, 사회적 기본권 규정에 관한 헌법개정의 검토, 국민과 함께 하는 개헌이야기(1권), 국회미래헌법연구회, 2010.

허 영, 한국헌법론, 박영사, 2006.

헌법개정연구위원회, 「헌법개정연구」, 한국헌법학회, 2006.

홍성방, 헌법학, 현암사, 2005.

2. 외국문헌

Stintzing, Nichteheliche Lebensgemeinschaft und rechtliche Regelung-ein Widerspruch, 1992.

---

[42] 한병호, 사회적 기본권 규정에 관한 헌법개정의 검토, 국민과 함께 하는 개헌이야기(1권), 2010, 859.

헌법 제37조

[김 대 환]

第37條
① 國民의 自由와 權利는 憲法에 열거되지 아니한 이유로 輕視되지 아니한다.
② 國民의 모든 自由와 權利는 國家安全保障·秩序維持 또는 公共福利를 위하여 필요한 경우에 한하여 法律로써 제한할 수 있으며, 제한하는 경우에도 自由와 權利의 本質的인 내용을 침해할 수 없다.

Ⅰ. 열거되지 아니한 자유와 권리의 경시 금지(제 1 항)

1. 기본개념과 헌법적 의미

헌법은 제10조에서 인간의 존엄과 가치 및 행복추구권의 보장을 선언함으로써 기본권보장의 대원칙을 선언하고 제11조 이하에서는 보장되어야 할 기본권을 낱낱이 열거하고 있다. 그러나 헌법은 이에 만족하지 아니하고 헌법에 열거되지 아니한 기본권이라고 하더라도 열거된 기본권 못지않게 보장되어야 함을 다시 한 번 선언하고 있는데 이것이 제37조 제1항이다. 이렇게 함으로써 국민의 자유와 권리로서 헌법적 보장을 받지 못하는 자유와 권리는 대한민국헌법에서는 존재할 수 없게 되었다. 헌법 제10조 제37조 제1항의 대구(對句)는 비교 헌법적으로 볼 때도 드문 경우에 해당한다.

이와 같이 제37조 제2항의 문언으로 볼 때 헌법에 명시하고 있지 아니한 국민의 자유와 권리도 헌법이 명시한 국민의 자유와 권리와 마찬가지로 존중되어야 한다는 것은 명백하지만, 이로써 헌법규범으로서 조문의 의미가 모두 명백하게 되었다고는 할 수 없다. 왜냐하면 어떠한 자유와 권리를 열거되지 아니한 자유와 권리로 볼 것이며, 그 경우 그 도출 기준은 무엇이고 헌법적 효력은 어떠한가 등의 문제가 아직 남아 있기 때문이다. 이러한 문제들은 결국 학설과 판례를 통하여 해명될 수밖에 없다.[1]

2. 연   혁

제37조 제1항의 연혁은 1948년 헌법으로 거슬러 올라간다. 조문의 원래형태는 "국민의 모든 자유와 권리는 헌법에 열거되지 아니한 이유로써 경시되지는 아니한다"였으나 1962년 제5차 개정헌법에서 지금과 같은 형태로 바뀌었다. 따라서 단어의 조사를 수정한 것 외에 문장의 주어가 "국민의 모든 자유와 권리"에서 "국민의 자유와 권리"로 바뀐 것이 그 동안의 개정연혁의 전부다. 현행 헌법상의 규정 내용을 국민의 어떤 자유와 권리는 헌법에 열거되지 아니한 경우에는 경시될 수 있다고 해석할 수 없는 한 "모든"이라는 용어를 삭제한 것인 규범내용상의 어떤 변화를 의미하는 것으로 볼 수는 없다. 따라서 결론적으로는 조문의 내용은 그 동안 변화가 없었던 것으로 보는 것이 타당하다.

3. 입헌례와 비교법적 의의

비교 헌법적으로 볼 때 제37조 제1항과 같은 내용의 규정은 매우 드물다. 무엇보다 이 조항은 미국의 수정헌법 제9조의 영향을 받은 것으로 보인다.[2] 미국 수정헌법 제9조는 "헌법에

---

1) 그 외에도 제37조 제1항이 반드시 자유와 권리에 한하고, 예컨대 기본권규범의 도출근거는 될 수 없는가의 여부도 문제이다. 이에 대해서는 후술.
2) 유진오, 신고 헌법해의, 일조각, 1954, 100; 김철수, 현대헌법론, 박영사, 1979, 214; 김선택, ""행복추구권"

열거된 어떤 권리도 국민이 보유한 다른 권리들을 부인하거나 경시하도록 해석되어서는 안 된다"[3]라고 규정하고 있다. 주로 열거되지 아니한 권리(unenumerated rights)라는 용어가 사용되지만 암묵적 권리(implied rights)[4]라는 용어도 사용된다. 미국 수정헌법 제9조에 대한 판례상 논쟁은 그리스월드 대 코넥티컷(Griswold v. Connecticut) 사건[5]에서 비롯되었다. 이 판결의 동조의견에서 골드버그(Goldberg) 대법관은 수정헌법 제9조가 열거되지 아니한 권리에 대한 독자적이며 실질적인 근거(substantive source)는 아니지만, 그러한 권리를 침해하려는 입법권이나 집행권에 대하여 거부할 수 있는 법원의 기능을 명시하고 있는 것으로 이해하였다. 물론 학설로서는 수정헌법 제9조를 실질적인 권리보호조항으로 이해하려는 견해도 있다.[6]

열거되지 아니한 자유와 권리에 대한 명시적인 보호조항이 없는 독일에서도 이를 인정하는 것이 별로 활발하지 않는 논의 가운데서도 대체적인 경향이다. 독일에서 이 논의가 별반 심도 있게 다루어지지 않은 것은 열거되지 아니한 기본권이 열거된 권리의 해석을 통하여 헌법재판상 도출될 수 있었기 때문이라고 한다.[7]

1789년 프랑스의 '인간과 시민의 권리선언' 제4조 제1문에는 "자유는 타인을 해하지 않는 모든 것을 할 수 있는 것이다"라고 규정하고 있는데 타인을 해하지 않는 한 비록 헌법에 권리로 열거되어 있지 않더라도 그를 행할 자유가 있음을 의미하는 것으로 이해하는 한 유사한 취지를 규정한 것으로 이해할 수도 있을 것이다.

4. 제37조 제1항의 성격 및 열거되지 아니한 자유와 권리의 근거

가. 학   설

(1) 헌법에 열거되지 아니한 자유와 권리가 경시되지 않아야 한다면 일견 그것은 제37조 제1항에서 비롯되는 것으로 보인다. 때문에 견해에 따라서는 이 조항이 열거되지 아니한 자유와 권리의 헌법적 근거라고 주장된다.[8] 그런데 헌법에 열거되지 아니한 자유와 권리가 열거된 자유와 권리와 동일하게 보호받을 수 있으려면 논리적으로 헌법상 보장된 자유와 권리의 포괄성이 먼저 인정되지 않으면 안 된다. 따라서 자유와 권리의 포괄성을 인정하는 조항이 우선 열

과 "헌법에 열거되지 아니한 권리"의 기본권체계적 해석," 안암법학 Vol. 1 No. 1(1993), 177(184).

3) "The enumerration in the Constitution, of certain rights, shall not be construed to deny or disparage others retained by the people."

4) Stone/Seidman/Sunstein/Tushnet, Constitutional Law, 3th ed., Aspen Law & Business, 1996, p. 785.

5) 381 U.S. 479 (1965).

6) J. Ely, Democracy and Distrust-A Theory of Judicial Review(Cambridge: 1980), pp. 34-41; C. Black, Decision According to Law (New York: 1981) 참조. 김철수는 '인민이 보유하는 권리들'이라는 문언에서 자유와 권리의 포괄성을 찾을 수 있기 때문에 미국헌법상으로는 동조항이 헌법적 근거가 되는 것으로 본다(김철수(주 2), 214-215).

7) H. H. Rupp, JZ 2005, §36 Rn. 25 ff. 알렉시에 있어서 귀속기본권규범(zugeordnete Grundrechtsnorm)과 본문의 의미에 있어서 열거되지 아니한 기본권의 차이에 대해서는 R. Alexy, Theorie der Grundrechte, 1986, S. 57 ff. 특히 S. 60 참조.

8) 박일경, 신헌법학원론, 법경출판사, 1986, 262.

거되지 아니한 자유와 권리의 헌법적 근거가 될 것이다. 그런데 제37조 제1항이 열거되지 아니한 자유와 권리의 헌법적 근거라고 보는 위의 견해는 바로 이 자유와 권리(주장자의 용어에 따르면 자유권)의 포괄성이 제37조 제1항에 의해 결정되는 — 따라서 창설되는 — 것으로 보고 있다.9) 이 견해는 제37조 제1항이 자유권의 포괄성을 규정하고 있기 때문에 인간의 존엄과 가치 및 행복추구권에 대해서는 구태여 기본권성을 인정하지 않는다.10)

　　(2) 이에 반하여 제37조 제1항은 어디까지나 주의적 규정에 불과하다는 견해가 있다. 제37조 제1항에서는 문리적·논리적 해석으로는 기본권의 포괄성을 도출해 낼 수 없다고 비판한다.11) 이 견해는 제10조에 의하여 기본권의 포괄성이 확인·선언된 것으로 보면서, 제37조 제1항은 제10조에 의해 확인·선언된 천부인권의 포괄성을 주의적으로 규정한 것으로 본다. 기본권의 본질을 모든 인민에게 유보되어 있는 바의 포괄적인 자연권으로 보고, 그것을 헌법제정권자인 국민이 국가계약인 헌법 제10조가 재확인하고 있다고 보기 때문에 제37조 제1항은 주의적 규정이라고 이해하는 것이다.12) 여기서 주의적 규정이라는 의미는 제10조가 포괄적 기본권으로서의 자연권을 국민이 가지고 있음을 확인하고, 국가에게 기본권의 최대한의 보장을 의무화하고 있지만, 그것만으로는 미덥지 않아 제37조 제1항에서 다시 한 번 기본권의 포괄성을 경각케 하고 있다는 의미이다.13) 제37조 제1항을 그렇게 보는 이유는 동 규정의 문언이 권리 창설적으로 되어 있는 것이 아니라 '경시되지 아니한다'라고 주의적으로 규정되어 있기 때문이라고 한다.14) 따라서 이 견해에 의하면 열거되지 아니한 자유와 권리의 헌법적 근거는 어디까지나 제10조가 된다. 이 견해는 제10조의 인간의 존엄과 가치와 행복추구권을 합하여 하나의 포괄적 기본권 또는 주기본권으로 이해한다. 결국 포괄적 기본권 또는 주기본권인 인간의 존엄과 가치 및 행복추구권으로부터 열거되지 아니한 자유와 권리가 파생되어 나온다고 보는 것이다. 이 견해에 대해서는 인간의 존엄성과 다른 기본권이 목적과 수단의 관계인 것처럼 인간의 존엄성과 제37조 제1항에서 말하는 자유와 권리도 목적과 수단의 관계이기 때문에, 제37조 제1항을 제10조에 의해 확인·선언된 천부인권의 포괄성을 단순히 주의적으로 규정한 것에 지나지 않는다는 견해는 받아들일 수 없다는 비판이 있다.15) 또 이 견해에 의하면 한국헌법의 기본권목록에 있어서 기본권보장(체계)을 완성하는 중요한 체계적 지위를 가지는 제37조 제1항을 불필요한 것으로 보게 되어 부당하다는 비판도 있다.16)

---

9) 따라서 이 견해는 자유권이 포괄적인가 개별적인가 하는 문제는 실정법의 규정에 따라 결정되는 것으로 보는 견해라고 할 수 있다(박일경(전주), 263).

10) 박일경(주 8), 221, 224, 228.

11) 김철수(주 2), 220.

12) 김철수(주 2), 221 및 김철수, 헌법학개론, 박영사, 2007, 488; 김철수, 헌법학신론, 박영사, 2013, 425.

13) 김철수(주 2), 222.

14) 김철수, 개론, 488.

15) 허영, 한국헌법론, 박영사, 2011, 335 각주 2). 그러나 제37조 제1항이 단순한 주의적 규정은 아니라면 이 규정이 어떤 성격의 것인지에 대해서는 언급하고 있지 않다.

16) 김선택(주 2), 188.

(3) 이상의 두 견해는 제37조 제1항이나 제10조 중의 어느 하나를 열거되지 아니한 자유와 권리의 근거로 보고 있는데 반하여, 두 조항 모두를 근거로 보는 견해도 있다. 이 견해도 다음의 몇 가지로 나누어진다.

(가) 우선 제10조와 관련하여 기본권보장의 이념으로서 인간의 존엄과 가치와 포괄적 기본권으로서 행복추구권을 구별하는 견해를 들 수 있다.[17] 이 견해에 따르면 행복추구권은 열거되지 아니한 자유와 권리까지도 포함하는 포괄적 기본권이고,[18] 직접 적용할 기본권조항이 없는 경우에 한하여 보충적으로 적용되는 기본권이다.[19] 그런데 열거되지 아니한 자유와 권리의 도출 근거에 대해서는 행복추구권이 아닌 인간의 존엄과 가치를 들고 있다.[20] 열거되지 아니한 자유와 권리라고 하더라도 인간으로서의 존엄과 가치를 실현하는 데 불가결한 것이 있다면 헌법상 보장되는 것이라고 보는 것이다.[21] 이러한 자유와 권리의 전국가성과 포괄성을 확인하고 있는 조항이 제37조 제1항이라고 한다.[22] 다른 한편으로는 열거되지 아니한 자유와 권리가 구체적으로 어떤 것인가의 해명은 제10조와 제37조 제1항의 통합적·유기적 해석을 통해 해명되어야 한다고 하고 있다. 이러한 기술로 미루어 볼 때 이 견해는 제10조와 제37조 제1항을 동시에 근거로 제시하고 있는 것으로 보인다. 그러나 이 견해에서는 인간의 존엄과 가치와 행복추구권 그리고 제37조 제1항의 관계가 불분명한 면이 있다.

(나) 다음으로 인간의 존엄과 가치와 행복추구권 모두에 대해 기본권성을 인정하지 않는 견해를 들 수 있다. 그러면서 헌법에 미처 열거되지 아니했다는 이유만으로 절대로 경시될 수 없는 자유와 권리가 있다면 그것은 바로 인간의 존엄성을 신장시키기 위한 또 다른 불가피한 수단이라고 보고 있다.[23] 이 견해는 열거되지 아니한 권리의 하나인 일반적 인격권은 제10조의 인간의 존엄과 가치와 제37조 제1항의 상호관계에서 나오는 기본권으로 해석하고 있다.[24]

(다) 이 견해는 우선 제37조 제1항을 한국헌법의 기본권보장(체계)의 완성을 위한 중요한 체계적 의의를 가지는 것으로 이해한다.[25] 그리하여 열거되지 아니한 자유와 권리 중 비유형적이고 비전형적인 자유영역[26]은 제10조의 행복추구권에 의해 보호되는 반면에, 독자적인 기본권적 영역이 형성될 수 있는 기본권유형은 제37조 제1항을 근거로 한다고 한다.[27] 행복추구권

---

17) 인간의 존엄과 가치에 대해서는 권리성을 인정하지 않기 때문에 주기본권도 아니다(권영성, 헌법학원론, 법문사, 2007, 308).
18) 권영성(전주), 308.
19) 권영성(주 17), 309.
20) 권영성(주 17), 310.
21) 권영성(주 17), 310.
22) 권영성(주 17), 310.
23) 허영(주 15), 335.
24) 허영(주 15), 335.
25) 김선택(주 2), 188.
26) 이 견해는 이 영역에 속하는 자유를 일반적 행동의 자유라고 하고 있다
27) 김선택, "아동·청소년보호의 헌법적 기초 — 미성년 아동·청소년의 헌법적 지위와 부모의 양육권 —," 헌법논총 제8집, 77(89); 김선택(주 2), 201.

은 제37조 제1항과 관련하여서는 이를 보충하는 포괄규범으로서의 성격도 갖는다고 한다.[28) 요약하면 열거되지 아니한 자유와 권리를 두 유형으로 구분하여 각각 제10조의 행복추구권과 제37조 제1항에 근거를 두는 것으로 이해하고 있는 것이다. 이 견해는 인간의 존엄과 가치를 이념으로 보고 행복추구권을 포괄적 권리로 보는 점에서 (가)의 견해와 같다.

　　(4) 이상과 구별되는 견해로서 제10조와 제37조 제1항의 관계에 대한 해명 없이도 학설과 판례를 통해서 헌법적 가치를 갖는 기본권을 창설하는 것은 가능하다고 하는 견해가 있다.[29) 문제는 열거되지 아니한 기본권의 구체화 방법인데, 여기서도 일반적인 견해와 같이 인간의 존엄과 가치·행복추구권에 한정되어 인정할 필요가 없다고 보고, 이로부터 연역할 필요가 없는 자유와 권리도 헌법적 가치를 갖는 기본권이 될 수 있다고 한다. 그 예로서 알권리·평화적 생존권·휴식권·일조권 등을 들고 있고, 새로운 인권으로 등장하고 있는 사항으로서는 사회권(생존권)과 과학기술의 발전과 급속한 정보화 사회의 진전에 따라 새로운 헌법적 가치들이 기본권으로 자리 잡게 되는 경우도 있다고 한다.[30)

나. 판　　례

　　헌법재판소는 제10조에서 규정한 인간의 존엄과 가치를 위하여 필요한 것일 때에는, 제37조 제1항이 그 보장을 천명하고 있는 것으로 보고 있다.[31) 더 구체적으로는 행복추구권을 헌법에 열거되지 아니한 권리들에 대한 포괄적인 기본권의 성격을 가지는 것으로 보고 있다.[32)

다. 검　　토

　　결론적으로 열거되지 아니한 자유와 권리는 실정헌법상의 규정여부를 떠나서 인정될 수 있는 것으로 보인다. 열거되지 아니한 자유와 권리의 헌법적 근거와 관련하여서는 내용상의 근거와 효력상의 근거로 나누어 볼 수 있다. 전자는 열거되지 아니한 자유와 권리를 당해 조항의 문언으로부터 논리적으로 도출할 수 있는 내용을 규정하고 있다는 점에서 효력을 규정한 후자와 구별된다. 물론 내용적 근거만으로 헌법적 효력을 도출할 수도 있으나, 효력상의 근거는 효력을 명시적으로 규정하고 있다는 점에서 내용적 근거와는 구별된다.

　　학설상의 논쟁에 있어서는 이 양자를 혼동하고 있는 것으로 보인다. 내용적 근거라는 측면에서는 제10조가, 효력 근거라는 측면에서는 제37조 제1항이 열거되지 아니한 자유와 권리의 헌법적 근거가 되는 것으로 이해하는 것이 타당하다. 따라서 제37조 제1항을 단순한 주의적 규정으로만 볼 수 없을 뿐만 아니라, 내용적 근거로 볼 수도 없다. 결론적으로는 제10조와 제37조 제1항이 모두 열거되지 아니한 자유와 권리의 헌법적 근거가 되는 것으로 보아야 한다. 다

---

28) 김선택(주 2), 202.
29) 성낙인, 헌법학, 법문사, 2013, 325.
30) 성낙인(전주), 327.
31) 헌재 2002. 1. 31. 2001헌바43, 4-1, 49(57).
32) 헌재 2005. 4. 28. 2004헌바65, 17-1, 528.

만, 제10조의 경우에 인간의 존엄과 가치를—견해에 따라서는 행복추구권까지 포함하여—권리로 보는 견해도 있고 이념으로 보는 견해도 있는데, 이것이 헌법적 근거를 도출함에 있어서 어떤 차이를 가져오는지가 문제다. 인간의 역사적 경험으로 볼 때 헌법상 보장되고 있는 자유와 권리는 기본적으로 인간의 존엄으로부터 비롯된다. 따라서 대한민국헌법에서 자유와 권리에 관한 가장 기본적인 선언은 제10조의 인간의 존엄과 가치이다. 행복추구권은 인간의 존엄과 가치의 또 다른 표현이다. 양자는 불가분의 관계에 있다. 제11조 이하의 모든 자유와 권리는 바로 이러한 제10조의 원칙적 확인으로부터 비롯되었다. 결국 인간의 존엄과 가치 그리고 행복추구권 그 자체에 권리적 성격을 인정할 것인지에 관한 논쟁에도 불구하고, 국민의 모든 자유와 권리는 헌법 제10조의 인간의 존엄과 가치 그리고 행복추구권으로부터 비롯된다고 볼 수 있다. 따라서 제10조의 일부나 전부에 대해 권리성을 인정하지 않는 경우라고 하더라도 여기로부터 열거되지 아니한 자유와 권리의 내용적 기준은 도출될 수 있고, 따라서 그러한 자유와 권리의 헌법적 근거가 된다고 본다.[33]

5. 열거되지 아니한 자유와 권리의 종류

가. 학   설

열거되지 아니한 자유와 권리가 어떠한 것들인가에 대해서는 학설에 따라서 조금씩 다르다. 대표적인 견해들로는 ① 생명권, 인격권, 행복추구권, 프라이버시권, 알권리, 들을 권리 등을 들고 있는 견해,[34] ② 자기결정권, 일반적 행동자유권, 평화적 생존권, 휴식권, 일조권, 생명권, 신체를 훼손당하지 않을 권리, 수면권, 스포츠권, 소비자기본권, 부모의 교육권, 저항권 등을 예시하는 견해,[35] ③ 일반적인 행동의 자유, 일조권, 인격권, 초상권, 성명권, 명예권, 자신의 혈통을 알권리 등을 예시하는 견해[36] 등이 있다.

그러나 굳이 인간의 존엄과 가치·행복추구권으로부터 연역할 필요가 없는 기본권의 존재에 대해서도 인정하는 견해도 있다. 이 견해는 알권리, 평화적 생존권, 휴식권, 일조권 등을 그 예로 들고 있다[37].

나. 헌법재판소

헌법재판소는 자기결정권[38](성적 자기결정권,[39] 소비자의 자기결정권[40]), 일반적 행동자유

---

33) 헌법이론으로부터 권리의 도출에 대해서는 정종섭, 헌법연구3, 박영사, 2001, 77 이하; Reimer, Verfassungs-
    prinzipien, S. 368 ff. 참조.
34) 김철수(주 2), 223.
35) 권영성(주 17), 310-311.
36) 허영(주 15), 335.
37) 성낙인(주 29), 327.
38) 헌재 2005. 4. 28. 2004헌바65, 17-1, 528.
39) 헌재 1990. 9. 10. 89헌마82, 2, 306(310).
40) 헌재 1996. 12. 26. 96헌가18, 8-2, 680.

권,[41] 휴식권,[42] 개인정보자기결정권,[43] 정보의 자유,[44] 부모의 자녀 교육권,[45] (일반적) 인격권,[46] 개성의 자유로운 발현권,[47] 알권리(정보의 자유),[48] 생명권,[49] 명예권,[50] 계약의 자유[51] 등을 열거되지 아니한 자유와 권리로 판시한 바 있다.

영토권과 관련하여서는 그 침해를 이유로 독자적으로 헌법소원을 제기할 수는 없으나 헌법소원의 대상으로는 할 수 있다고 함으로써 기본권성을 인정하고 있다.[52]

평화적 생존권에 대해서는 기본권성을 인정한 예가 있으나,[53] 최근의 결정에서는 기본권성을 부인하였다.[54]

6. 열거되지 아니한 자유와 권리의 효력

제37조 제1항의 문언은 효력과 관련하여 '경시되지 아니한다'라는 표현을 하고 있다. 그 의미는 적어도 경시되어서는 안 된다는 의미로 이해된다. 따라서 열거된 기본권과 적어도 동등한 효력을 전개한다. 구체적으로는 기본권제한의 일반적 원리에 따라 열거되지 아니한 자유와 권리도 국가안전보장, 질서유지, 공공복리를 위해서 필요한 경우에만 법률로써 제한할 수 있고, 제한하는 경우에도 열거되지 아니한 자유와 권리의 본질적인 내용은 침해되어서는 안 되는 것으로 이해된다.[55]

Ⅱ. 기본권의 제한과 그 한계(제 2 항)

1. 기본개념과 헌법적 의미

헌법상 보장된 국민의 자유와 권리라고 하더라도 제한의 가능성에 대해서는 열려있다. 기

---

41) 헌재 1998. 10. 15. 98헌마168, 10-2, 586; 1991. 6. 3. 89헌마204, 3, 268; 1992. 4. 14. 90헌바23, 4, 162; 1993. 5. 13. 92헌마80, 5-1, 365; 2002. 1. 31. 2001헌바43, 14-1, 49; 2005. 4. 28. 2004헌바65, 17-1, 528.
42) 헌재 2001. 9. 27. 2000헌마159, 13-2, 353.
43) 헌재 2005. 5. 26. 99헌마513, 17-1 668(682).
44) 헌재 1989. 9. 4. 88헌마22, 1, 176(188-189); 2003. 3. 27. 2000헌마474, 15-1 282(288-289).
45) 헌재 2003. 2. 27. 2000헌바26, 15-1, 176(189); 대판(전) 2010. 4. 22. 2008다38288, 손해배상(기)〈종립 사립고교 종교교육 사건〉
46) 헌재 1991. 9. 16. 89헌마165, 3, 518; 2001. 7. 19. 2000헌마546, 13-2, 103.
47) 헌재 1995. 12. 28. 91헌마80, 7-2, 851; 2005. 4. 28. 2004헌바65, 17-1, 528.
48) 헌재 1989. 9. 4. 88헌마22, 1, 176.
49) 헌재 1996. 11. 28. 95헌바1, 8-2, 537.
50) 헌재 2002. 1. 31. 2001헌바43, 14-1, 49.
51) 헌재 2005. 4. 28. 2004헌바65, 17-1, 528.
52) 헌재 2001. 3. 21. 99헌마139, 13-1, 676(694-695); 2008. 11. 27. 2008헌마517, 20-2하, 509(517).
53) 헌재 2006. 2. 23. 2005헌마268, 18-1상, 298(304).
54) 헌재 2009. 5. 28. 2007헌마369, 21-1하, 769(775-777).
55) 일반적으로 이렇게 이해되지만 특히 이를 강조하는 견해로는 유진오(주 2), 100; 김선택(주 2), 198 이하.

본권을 — 그 중에서도 특히 비교 헌법적으로 볼 때 고전적인 기본권이라고 볼 수 있는 자유권을 — 무제한적으로 보장되는 것으로 이해하면서 헌법에 근거가 있는 경우에 한하여 헌법이 직접적으로든 또는 법률에 의해서든 제한할 수 있는 것으로 이해하든(이른바 외재적 한계설), 아니면 자유란 원래가 개념 내재적으로 일정한 한계가 있는 것이므로 그것을 제한하는 것은 그 내재적 한계를 확인하는 것으로 이해하든(이른바 내재적 한계설), 현실에 있어서는 헌법상 보장된 기본권은 헌법으로 또는 헌법에 근거를 둔 법률로 제한할 수 있다는 점에서는 차이가 없다.56)

제37조 제2항은 기본권제한의 수권규정으로도 볼 수 있지만, 다른 한편으로는 기본권을 제한하는 경우에 준수하여야 할 한계를 설정한 규정으로도 볼 수 있다.57) 헌법재판소도 제37조 제2항을 기본권 '제한' 입법의 '수권' 규정으로 보면서도 기본권 '제한' 입법의 '한계' 규정의 성질을 동시에 갖고 있는 것으로 본다.58) 따라서 후술하는 과잉금지원칙과 본질적내용침해금지원칙은 국가가 국민의 기본권을 '제한'하는 내용의 입법 활동을 함에 있어서 준수하여야 할 기본원칙으로서 입법 활동의 한계가 된다.59)

기본권의 제한의 가능성과 필요성 그러면서도 제한의 한계를 동시에 규정함으로써 제37조 제2항이 의도하는 목적은 국가안전보장, 질서유지, 공공복리라고 하는 공익과 기본권이라고 하는 사익을 적절히 조화시키는 데 있다고 할 수 있다.60) 그렇게 함으로써 종국적으로는 국가의 법적 평화와 국민적 통합을 달성하려는 것이다. 이것은 현대의 자유민주주의헌법의 최대의 과제이기도 하다.61)

2. 연   혁

헌법 제37조 제2항의 기원은 1948년의 제정헌법 제28조 제2항으로 거슬러 올라간다. 여기서는 "국민의 자유와 권리를 제한하는 법률의 제정은 질서유지와 공공복리를 위하여 필요한 경우에 한한다"라고 규정하고 있었다. 여기서도 기본권의 제한의 형식으로 법률을 명시하고 있고 제한의 한계를 제시하고 있다는 점에서는 같지만, 제한의 한계 중에서는 국가안전보장이 누락되어 단지 '질서유지와 공공복리를 위하여 필요한 경우'로 한정하고 있다는 점, 그리고 본질적 내용침해금지원칙이 규정되어 있지 않다는 점에서 현행 헌법과 구별된다. 기본권제한의 목적을 목적상의 한계로 파악하는 경우에는 1948년의 제정헌법 제28조 제2항도 일반적 법률유보조항이면서 기본권제한의 한계조항으로도 볼 수 있다. 이 규정은 1960년의 제3차 개정헌법이 마련

---

56) 기본권 제한의 형식에 대해서는 후술하는 Ⅱ. 7. 제한의 형식으로서 '법률' 부분 참조.

57) 허영(주 15), 292.

58) 헌재 1989. 12. 29. 88헌가13, 1, 357(374).

59) 과잉금지원칙과 관련하여서는 헌재 1990. 9. 2. 89헌가95, 2, 245(260); 1994. 12. 29. 94헌마201, 6-2, 510 (524-525); 1998. 5. 28. 95헌바18, 10-1, 583(595); 1998. 6. 9. 98헌바38등, 12-1, 188(224-225); 2000. 6. 1. 99헌가11등, 12-1, 575(583); 2000. 6. 1. 99헌마553, 12-1, 686(716).

60) 김대환, 기본권제한의 한계, 법영사, 2001, 3 이하.

61) Fischer, Constitutional Conflicts between Congress and the President, p. 1 참조.

될 때까지 유지되었다.

　　제3차 개정헌법에서는 "국민의 모든 자유와 권리는 질서유지와 공공복리를 위하여 필요한 경우에 한하여 법률로써 제한할 수 있다"라고 함으로써 문장의 어순을 바꾸고 있을 뿐이라는 점에서 본문의 내용은 변화가 없다. 그러나 "단, 그 제한은 자유와 권리의 본질적인 내용을 훼손하여서는 아니되며 … "라는 단서를 새로이 도입하여 본질적내용침해금지원칙을 명시하였다는 점에서 이전 규정과는 크게 구별된다.[62] 이 제3차 개정헌법의 규정내용은 1962년의 제5차 개정헌법을 통하여 개정된다.

　　제5차 개정헌법 제32조 제2항에서는 이전 조항의 본문과 단서를 합쳐서 하나의 문장으로 하였을 뿐 내용적인 변화는 없었다. 이 조항은 제한 목적으로서 현행 헌법에서 국가안전보장이 첨가된 이외에는 현행 제37조 제2항의 내용과 기본적으로 동일하다.

　　제5차 개정헌법 제32조 제2항은 1972년의 제7차 개정헌법에서는 국가안전보장이 추가되면서 1948년의 제정헌법 제28조 제2항의 문언형식으로 회귀하였다. 따라서 여기서는 본질적내용침해금지원칙은 삭제되고 말았다. 그러나 1980년의 제8차 개정헌법에서 현행 헌법과 동일한 내용으로 다시 돌아왔다.

　　그 동안의 연혁을 전체적으로 말하면 제3차 개정헌법에서 처음으로 기본권제한의 한계로서 본질적내용침해금지원칙이 도입된 이래로 제7차 개정헌법을 제외하고는 현행 헌법에 이르기까지 유지되어 왔다는 점과[63] 제한의 목적으로서 국가안전보장이 제7차 개정헌법 이후로 추가되었다는 점이다.

3. 입헌례와 비교법적 의의

　　헌법이 기본권을 제한을 규정하는 경우에 대한민국헌법 제37조 제2항과 같이 모든 자유와 권리의 제한에 일반적으로 적용되는 법률유보형식을 취할 것인지 여부는 하나의 입법태도라고 할 수 있다. 독일과 같은 경우에는 개별적 법률유보형식을 취하고 있다. 따라서 독일기본법 모든 기본권 제한 법률에 적용되는 제19조는 기본권 제한 법률의 일반성, 제한기본권의 적시의무, 본질적내용침해금지 등 기본권 제한에 있어서 일반적 한계를 규정하고 있을 뿐이다. 그러나 대부분의 국가는 일반적 법률유보형식을 취하고 있다. 1789년의 프랑스인권선언 제4조, 이탈리아헌법 제25조, 스페인헌법 제53조 등이 그 예이다.

　　기본권의 본질적내용침해금지라는 생각은 독일기본법 제19조 제2항에서 처음으로 구체화된 것으로 보인다. 이러한 사상은 우리나라를 비롯한 각국의 헌법에 영향을 미쳐 포르투갈헌법 스페인헌법, 터키헌법, 헝가리헌법, 스위스헌법, 오스트리아헌법, 유럽연합기본권헌장 등에 규

---

62) 이 조항의 단서는 "단, 그 제한은 자유와 권리의 본질적인 내용을 훼손하여서는 아니되며 언론, 출판에 대한 허가나 검열과 집회, 결사에 대한 허가를 규정할 수 없다"라고 하여 현행 헌법 제21조 제2항의 내용을 여기에서 규정하였다는 점에서 특이하다.

63) 이에 대해서는 후술하는 Ⅱ. 8. 자유와 권리의 본질적내용침해금지원칙 부분 참조.

정되게 되었다.

4. 제한의 대상으로서 '모든 자유와 권리'

헌법재판에서는 명시적인 언급은 찾을 수 없지만 다수의 학설은 제37조 제2항이 모든 기본권에 대해서 적용되는 것으로 본다. 그 근거로서는 만약에 자유권 이외의 재판청구권이나 참정권 등을 국가안전보장·질서유지·공공복리를 위하여 필요한 경우가 아니라도 제한할 수 있다고 본다면 이는 기본권을 경시하는 것이 되기 때문에 이를 승인하기 어렵고,[64] 자유권 이외의 기본권은 국가안전보장·질서유지·공공복리를 위하여 필요한 경우라도 법률에 의하여 제한할 수 없다고 한다면 부당하다거나,[65] 자유권만을 의미한다면 자유권 이외에는 명령이나 조례로도 제한할 수 있으며 과잉금지원칙이나 본질적 내용을 침해해도 된다는 해석이 가능하게 되며,[66] 자유권이 아닐지라도 헌법제정자가 규정한 기본권은 폐지될 수 없고 일단 설정된 기본권을 기준으로 하여 볼 때 그 기본권의 축소는 제한이 된다[67]는 등의 근거가 제시된다.[68] 이러한 해석은 제37조 제2항의 문언과도 일치한다. 이러한 다수의 견해에 따를 경우 본질적내용침해금지원칙은 모든 자유와 권리에 대해 적용되게 된다. 과잉금지원칙을 제37조 제2항에서 도출하는 한[69] 과잉금지원칙에 대해서도 마찬가지로 말할 수 있다.

이에 반하여 이는 자유권에 한한다는 견해가 있다. 그 이유로서 자유권과 대립하는 사회적 기본권을 포함할 경우에는 이에 대한 법률유보는 그 권리에 대한 제한이 아니라 그 권리의 형성을 의미하는 절차의 유보(Verfahrensvorbehalt)를 의미하기 때문이라고 한다.[70]

5. 제한의 목적으로서 '국가안전보장·질서유지 또는 공공복리'

개념적으로 국가안전보장·질서유지 및 공공복리를 모두 아울러 '정당한 목적'이라고 통칭할 수 있을 것이다. 그런 점에서 과잉금지원칙의 제1원칙인 목적의 정당성은 바로 국가안전보장·질서유지 또는 공공복리를 말하는 것으로 이해된다. 국가안전보장·질서유지 그리고 공공복리를 정당한 목적으로 통칭할 수 있다고 하는 경우에 국가안전보장이나 질서유지 그리고 공공

---

64) 김철수, 신론, 428-429.
65) 김철수, 신론, 428-429; 문홍주, 한국헌법, 해암사, 1980, 333; 강태수, "기본권의 보호영역, 제한 및 제한의 한계," 한국에서의 기본권이론의 형성과 발전(정천허영박사화갑기념논문집), 박영사, 1997, 130. 김학성, 헌법학원론, 박영사, 335에서는 생존권의 경우에도 입법에 형성된 보호영역을 폐지·축소하는 것은 제한으로 보아서 생존권에도 적용된다고 한다.
66) 문홍주(주 65), 333; 강태수(전주), 130.
67) 계희열, "기본권의 제한," 안암법학 제2집(1994), 66-67.
68) 다만 다수설에서도 그 성질상 제한이 가능한 기본권에 한한다고 하여 자연권인 절대적 기본권은 제한이 불가능하다고 한다(김철수, 신론, 429; 권영성(주 17), 305; 구병삭, 신헌법원론, 박영사, 1993, 349; 계희열(전주), 66-67).
69) 이에 대해서는 후술하는 6. '필요한 경우에 한하여'의 의미, 라. 헌법적 근거 부분 참조.
70) 한태연, 헌법학, 법문사, 1983, 905; 한수웅, "근로삼권의 법적성격과 그 한계," 법과 인간의 존엄(청암정경식박사화갑기념논문집), 1997, 219-220.

복리가 정당한 목적의 열거냐 예시냐는 문제가 될 수 있다. 헌법상 보장된 자유와 권리의 제한 목적이라는 점에서 그리고 그러한 자유와 권리의 제한은 예외적인 것(법치국가에 있어서 원칙과 예외)이라는 점에서 열거라고 보는 것이 이론적으로는 타당하다.[71] 그러나 열거로 보든 예시로 보든 사실상으로는 별 차이를 불러오지 않는다. 왜냐하면 민주입헌국가의 사려 깊은 입법자가 제시하는 자유와 권리의 제한의 목적은 대체로 국가안전보장·질서유지 또는 공공복리 중 적어도 어느 하나에는 해당될 것임은 분명한 것으로 보이기 때문이다. 일견 입법목적이 정당하면 그 입법목적이 헌법적으로 정당화 되는 데는 별 어려움이 없다는 의미이다. 따라서 통상 정당하고 합리적인 목적을 위해 제정된 법률은 제시된 목적이 법률의 위헌여부를 판단하는 데 주요한 문제로는 되지 않는다.[72] 유력한 교과서[73]에서도 목적개념들을 소홀히 취급하는 것은 이러한 점에서 이해된다.

　　이와 같이 제37조 제2항에서 제시된 자유와 권리의 제한 목적들이 매우 광범위하여 통상의 기본권제한입법의 목적이 정당화되지 않는 경우는 매우 이례적이다. 다만, 정당한 입법목적이 제37조 제2항에 예시된 목적들 중 어디에 해당하느냐는 여전히 문제가 될 수 있다. 제시된 입법목적이 헌법상의 목적들 중 적어도 어느 하나에 해당한다고 하더라도 결론에 있어서 규범적 평가가 달라지는 것은 아니기 때문에 여전히 실제에 있어서는 중요한 의미가 부여될 수 없음에도 불구하고 목적간의 의미 구별은 의미가 있는데, 왜냐하면 그렇게 함으로써 목적 상호간의 의미 있는 관계를 파악할 수 있게 되고, 경우에 따라서는 궁극적으로 헌법이 추구하는 정당한 목적이 무엇인가를 알 수 있기 때문이다.

　　우선 국가안전보장의 개념과 관련하여 헌법재판소는 '국가의 존립·헌법의 기본질서의 유지 등을 포함하는 개념으로서 결국 국가의 독립, 영토의 보전, 헌법과 법률의 기능, 헌법에 의하여 설치된 국가기관의 유지 등의 의미'로 이해하고 있다.[74] 학설에 있어서도 대체로 이와 같다.[75] 헌법상 국가안전보장이 명시적으로 언급되고 있는 경우를 보면, 국군의 사명으로서 국가의 안전보장(제5조 제1항), 국회의 회의를 공개하지 않는 이유로서 국가의 안전보장(제50조 제1항), 국회의 동의가 필요한 조약으로서 안전보장에 관한 조약(제60조 제1항), 대통령의 긴급명령의 발동목적으로서 국가의 안전보장(제76조 제1항), 국가안전보장회의의 자문사항으로서 국가안

---

71) 헌법재판소는 헌법상의 권리의 제한 목적을 예시적인 것으로 보는 것으로 판단된다. 예컨대 헌재 1996. 12. 26. 96헌가18, 8-2, 680(692-693): "경제적 기본권의 제한을 정당화하는 공익이 헌법에 명시적으로 규정된 목표에만 제한되는 것은 아니고, 헌법은 단지 국가가 실현하려고 의도하는 전형적인 경제목표를 예시적으로 구체화하고 있을 뿐이므로 기본권의 침해를 정당화할 수 있는 모든 공익을 아울러 고려하여 법률의 합헌성 여부를 심사하여야 한다."

72) 물론 드물게 목적의 정당성이 인정되지 못하여 위헌이 된 경우가 있기는 하다: 민법상의 동성동본금혼제도의 입법목적은 사회질서나 공공복리에 해당될 수 없어 제37조 제2항에 위반된다는 취지의 판례(헌재 1997. 7. 16. 95헌가6등, 9-2, 1(18)).

73) 예컨대 허영(주 15), 290; 전광석, 한국헌법론 제8판, 박영사, 2013, 249 등 참조.

74) 헌재 1992. 2. 25. 89헌가104, 4, 64(90).

75) 김철수, 신론, 430; 권영성(주 17), 349; 성낙인(주 29), 371; 정종섭, 헌법학원론, 박영사, 2010, 357; 전광석(주 73), 235.

전보장관련 사항(제91조 제1항), 그리고 재판에 있어서 심리의 비공개사유로서 국가의 안전보장(제109조) 등이 있다. 이러한 규정에서 사용되고 있는 용어의 의미로 미루어 헌법재판소의 개념정의는 타당한 것으로 보인다. 국가안전보장이라는 문언은 1972년 헌법에서 처음으로 규정되었다. 1972년 헌법 개정 당시의 특수한 정치적 상황이 반영된 것으로서, 국가안전보장 사항을 특별히 강조한 것으로 볼 수 있다.[76] 1972년 헌법 이전에는 질서유지와 공공복리만이 제한의 목적으로 제시되어 있었고, 국가안전보장의 개념은 질서유지에 포함되는 것으로 이해되었다.[77] 실제에 있어서도 국가안전보장에 대한 위협은 곧 질서유지에 대한 위협이라고 볼 수 있다. 다만, 질서유지에 대한 모든 위협이 국가안전보장에 대한 위협은 아니라는 점에서 질서유지는 국가안전보장보다 광의의 개념으로는 이해된다. 그러나 국가안전보장을 질서유지와 구분하여 규정한 취지에 따라 질서유지는 국가안전보장을 제외한 질서의 유지를 의미하는 것으로 보는 것이 타당하다.[78]

이렇게 볼 때 질서유지의 개념적 의미는 국가안전보장을 제외한 질서와 관련되는 것으로 이해된다. 학설에서는 자유민주적 기본질서를 포함하는 헌법적 질서는 물론이고 그 밖의 사회적 안녕질서를 말한다는 견해,[79] 사회공공의 안녕질서의 유지,[80] 공공의 안녕질서를 의미하고 헌법의 기본질서 이외의 타인의 권리유지, 도덕질서유지, 사회의 공공질서유지 등이 포함되는 것으로 보는 견해,[81] 공동체가 존속하며 유지하며, 그 공동체 속에서 구성원들이 평화롭고 안전하게 살 수 있도록 하는 질서를 유지하는 것을 말한다는 견해[82] 등이 있으나 그 의미는 대동소이한 것으로 보인다. 질서유지는 특히 공공복리와의 구분이 문제된다. 헌법재판소는 전자를 소극적 목적으로 후자를 적극적 목적으로 이해한다.[83]

공공복리라는 개념은 매우 다의적이고, 포괄적인 의미를 내포하고 있는 것으로 일반적으로 이해된다.[84] 헌법재판소는 제119조 이하의 경제에 관한 장에서 규정하고 있는 바의 '균형 있는 국민경제의 성장과 안정, 적정한 소득의 분배, 시장의 지배와 경제력남용의 방지, 경제주체간의 조화를 통한 경제의 민주화, 균형 있는 지역경제의 육성, 중소기업의 보호육성, 소비자보호 등'을 공공복리가 구체화되어 규정된 예로 제시하고 있다. 의미의 포괄성에도 불구하고 공공복리개념은 법률상으로도 사용될 수 있지만, 이 경우에는 언제나 법관의 보충적인 해석으

---

76) 이러한 견해로는 또한 양건, 헌법강의, 법문사, 2011, 242.

77) 김철수, 신론, 430.

78) 또한 그렇게는 성낙인(주 29), 371. 양건(주 76), 242에서는 국가안전보장을 대외적인 것으로, 질서유지를 대외적인 것으로 구분한다.

79) 권영성(주 17), 349.

80) 성낙인(주 29), 371.

81) 김철수, 신론, 432.

82) 정종섭(주 75), 358.

83) 헌법재판소에 따르면 대통령의 긴급재정경제명령은 기존질서를 유지·회복하기 위하여만 행사될 수 있고, 공공복리의 증진과 같은 적극적 목적을 위하여는 발할 수 없다고 한다(헌재 1996. 2. 29. 93헌마186, 8-1, 111(120-121)).

84) 헌재 2000. 2. 24. 98헌바37, 12-1, 169(180).

로 구체화할 수 없을 정도로 애매모호한 것이어서는 안 된다(예측가능성의 확보).[85] 공공복리와 유사한 개념으로 제23조 제3항의 공공필요의 개념이 있다. 공공필요는 재산권 제한의 목적으로서 국가안전보장상의 필요, 질서유지상의 필요, 공공복리상의 필요로 구분될 수 있어서 보다 넓은 개념으로 파악된다.[86]

헌법상 보장된 자유와 권리를 제한하는 법률의 목적의 합헌성을 심사함에 있어서는 명문으로 제시된 목적 외에 당해 법률규정이 사실상 의도하는 목적도 모두 고려하여야 한다. 그리하여 일견 타당하거나 정당한 것으로 보이는 목적도 그것만으로는 합헌으로 선언될 수 없고, 그것이 제37조 제2항에 설시된 목적들 중 적어도 어느 하나에 해당되는 것으로 판단되는 경우에 비로소 제37조 제2항에 합치하게 된다.

6. '필요한 경우에 한하여'의 의미 — 과잉금지원칙

후술하는 바와 같이 일반적인 견해와 헌법재판소의 판례에 따르면 제37조 제2항의 '필요한 경우에 한하여'라는 문언은 과잉금지원칙(=비례성원칙)의 실정헌법적 근거가 된다고 한다. 그러나 마찬가지로 아래에서 살펴보는 바와 같이 이러한 견해는 문제가 없지 않다. 이하에서는 일반적 견해와 판례에 따라 설명을 하되 필요한 범위 내에서 그 문제점도 함께 살펴본다.

가. 원칙의 성립

과잉금지원칙은 독일법상의 독특한 개념으로 이해된다. 따라서 과잉금지원칙의 정당한 의미를 이해하기 위해서는 독일법상 과잉금지원칙을 먼저 살펴보는 것은 필요하고도 유용하다.

독일에 있어서 과잉금지원칙은 우선 경찰개념과 관련하여 발전되었다.[87] 경찰개념의 제한에 관한 생각은 "공공의 평온(Ruhe), 안전(Sicherheit) 그리고 질서(Ordnung)를 유지하고 공공이나 개개 구성원이 직면한 위험을 회피하기 위하여 필요한 조치를 하는 것은 경찰의 임무이다"[88]라고 규정한 1794년의 프로이센일반국법(Allgemeines Landrecht für die Preußischen Staaten: ALR) 제2부 제17장 제10조(§ 10 II 17)에도 나타나 있었지만, 1850년의 프로이센경찰행정법 (Preußisches Polizeiverwaltungsgesetz)은 여전히 무제한한 경찰권력을 기초로 하고 있었다.[89] 그러나 비록 점진적이기는 하였지만 1848년 혁명 이후에는 국가권력은 제한되어야 하고, 행정은 법원에 의해 통제되어야 한다는 생각이 자리를 잡아가기 시작하였다. 이러한 자유주의적 법치

---

85) 헌재 2000. 2. 24. 98헌바37, 12-1, 169(180).

86) 그렇게는 정종섭(주 75), 359 참조.

87) Schloer, Vom Preußischen Polizeirecht zum Bayerischen Sicherheitsrecht, S. 95; 오쓴빌(이덕연 역), "과잉금지원칙적용의 절제," 법학논총 제3호(1996), 260-261: 과잉금지원칙이 경찰법분야에서 생성되고 형성된 것은 국가의 침해로부터 개인의 자유영역을 확인하고 보호하는 것이 중요한 문제로 되면서 과잉금지원칙이 본격적으로 주목받게 된 것과 관련되기 때문이다. 프로이센고등행정재판소의 관련 판례로는 PrOVG 13, 424, 426; 37, 401, 403 f.; 44, 342 f.; 45, 416, 423 f.

88) Hattenhauer, Allgemeines Landrecht für die Preußischen Staaten, S. 626.

89) Götz, Allgemeines Polizei- und Ordnungsrecht, Rn. 11; Pieroth/Schlink/Kniesel, Polizei- und Ordnungsrecht, § 1 Rn. 6.

국가사상은 군주의 자의와 후견을 특징으로 하는 경찰국가와 대립되는 것이었다.[90] 이러한 변화는 바로 경찰영역에도 중대한 영향을 미치게 되었는데, 구체적으로는 검찰제도와 행정소송제도의 도입으로 나타났다.[91] 그리고 프로이센고등행정재판소의 판례에서도 이러한 경향이 나타나기 시작하였다. 1882년의 역사적인 크로이츠베르크 판결[92]에서 시작하여 프로이센고등행정재판소는 구체적인 사건에 있어서 경찰수단이 경찰의 임무를 달성하기에 적합하고 필요한지를 항상 면밀히 검토함으로써 합법적인 경찰의 권한인지를 심사하기 시작했다. 물론 경찰법상의 최초의 일반적 수권규정으로 이해되는 프로이센일반국법상의 '필요한 조치'라고 하는 것은 당사자를 고려하여 당사자에게 가장 관대한 조치만을 필요한 조치로 인정하는 것에 있었던 것이 아니고, 오히려 위험과 그 위험의 방지에 대한 것이었다. 따라서 '필요한 조치'로부터 당사자와 관련한 필요성의 관점을 보완하여 오늘날의 비례성의 원칙으로 발전시킨 것은 어디까지나 프로이센고등행정재판소의 판례의 성과로 평가된다.[93] 크로이츠베르크판결에서 판례상으로도 확인된 이러한 생각은 1931년 6월 1일의 프로이센경찰행정법에도 마침내 규정되게 되었다.

그에 반하여 좁은 의미의 비례성의 원칙은 2차대전이 끝날 때까지는 알려져 있지 않았다.[94] 이때까지는 단순히 비례성의 원칙이라는 용어가 사용되었다.[95] 좁은 의미의 비례성의 원칙이 등장하게 된 것은 무엇보다도 나치의 전횡으로부터 얻은 역사적 교훈에서 유래한다.[96] 즉 나치시대에 필요성의 원칙은 추구되는 목적과 관련하여 볼 때 가장 완화된 침해로 보이기만 하면, 그리고 그러한 한 모든 침해가 정당화될 수 있다는 것을 의미하는 것으로 오용되었던 것이다. 이러한 의미의 필요성의 원칙은 전후의 독일의 역사적 상황에서는 더 이상 설득력이 없게 되었다. 이로써 필요성을 의미하는 비례성으로부터 오늘날의 좁은 의미의 비례성이 독립하게 되었다. 또한 전후에 각주에서 경찰 관련 법률의 제정과 함께 '비례'라는 용어가 처음으로 입법적으로 사용되기 시작하였는데 여기서는 항상 좁은 의미의 비례성을 의미하는 것으로 사용되었다. 또한 전후의 유력한 연구들[97]이 필요성과 좁은 의미의 비례성의 관념을 구별함으로써 이러한 경향이 점점 정착되어 갔다. 마침내 이러한 좁은 의미의 비례성의 원칙은 1958년 연방헌법재판소의 판결[98]에 등장하면서 분명한 원칙으로 성립하게 되었는데 이러한 연방헌법재판소

---

90) 경찰과 법치국가에 대한 논의는 Funk, Polizei und Rechtsstaat, 1986 참조.

91) Boldt, Handbuch des Polizeirechts, Rn. 48, 49.

92) 판례의 원본은 프로이센고등행정재판소판례집(PrOVG) 제9권 353 이하이나 현대어체로 새로이 인쇄된 VBlBW 7, 1993, 268 이하 참조.

93) Pieroth/Schlink/Kniesel, Polizei- und Ordnungsrecht, §1 Rn. 12, §7 Rn. 7; Boldt, Handbuch des Polizeirechts, Rn. 50; Götz, Allgemeines Polizei- und Ordnungsrecht, Rn. 12.

94) Hirschberg, Der Grundsatz der Verhältnismäßigkeit, S. 4 ff.

95) BVerwGE 3, 297, 300 (1956); 5, 50, 51 (1957); 9, 114, 115 (1959).

96) Hirschberg, Der Grundsatz der Verhältnismäßigkeit, S. 4 ff.

97) 특히 von Krauss, Der Grundsatz der Verhältnismässigkeit, S. 14 f., 17 f. 뒤에는 Lerche, Übermass und Verfassungsrecht, S. 19 ff.

98) BVerfGE 7, 377, 407 (1958) — 소위 약국판결(Apothekenurteil).

의 견해가 하급법원과 그리고 입법자들에게도 영향을 미쳐 오늘날의 넓은 의미의 비례성의 원
칙이 성립하게 되었다.99)

나. 용어문제

이처럼 독일에 있어서 과잉금지원칙은 적합성(Geeignetheit), 필요성(Erforderlichkeit), 그리
고 (좁은 의미의) 비례성(Verhältnismäßigkeit i.e.S)을 포괄하는 개념으로 일반적으로 이해된
다.100) 그에 반해 과잉금지원칙 대신 넓은 의미의 비례성의 원칙이라는 용어를 사용하는 견해
도 있다.101) 과잉금지와 넓은 의미의 비례성의 원칙이 같이 사용되는 경우도 있다.102) 한편으
로는 과잉금지원칙 또는 넓은 의미의 비례성의 원칙의 하부원칙에 있어서도 다양한 용어가
사용되고 있다. 적합성 대신 유용성(Tauglichkeit)을 사용하는 경우103)도 있고, 비슷하게 목적
유용성(Zwecktauglichkeit)이라는 용어를 사용하는 경우104)도 있다. 필요성이라는 의미로는
Erforderlichkeit라는 말 대신은 우리말로는 마찬가지로 번역되는 바의 Notwendigkeit를 사용하
거나,105) 가장 경미한 제한의 원칙(Der Grundsatz des geringstmöglichen Eingriffs)이 사용되기도
하고,106) 최소간섭의 원칙(Der Grundsatz des Interventionsminimismus)이라는 용어가 사용되기도
한다.107) 좁은 의미의 비례성의 원칙을 대신하여서는 비례성(Proportionalität)을 사용하는 경
우108)도 있고, 균형성(Angemessenheit)을 사용하는 경우109)도 있고, 또 실천적 조화(Praktische

---

99) Hirschberg, Der Grundsatz der Verhältnismäßigkeit, S. 17 Fn. 94.

100) Erichsen, Staatsrecht und Verfassungsgerichtsbarkeit, S. 29 또한 3. Aufl.(1982)의 S. 13; Erichsen, Jura 1988, 387
    f.; Krebs, in: von Münch/Kunig(Hrsg.), Grundgesetzkommentar, Art. 19, Rn. 24; Wolff, Verwaltungsrecht, S.
    179; Wendt, AöR 104 (1979), S. 414 ff.; Lerche, in: J. Isensee/P. Kirchhof(Hrsg.), Handbuch des Staatsrechts
    der Bundesrepublik Deutschlandm S. 775, 783 f.; Stern, in: Badura u.a.(Hrsg.), FS für Peter Lerche zum
    65. Geburtstag, S. 165, 166; Remmert, Verfassungs- und Verwaltungsgeschichtliche Grundlagen, S. 2 등.

101) Hirschberg, Der Grundsatz der Verhältnismäßigkeit, S. 25; Huster, Rechte und Ziele, S. 96 f.; Dechsling,
    Das Verhältnismäßigkeitsgebot, S. 5; Ress, Der Grundsatz der Verhältnismäßigkeit, S. 14; Schnapp, JuS
    1983, 850 ff.; Bleckmann, JuS 1994, 117 ff.; Haverkate, Rechtsfragen des Leitungsstaates, S. 11 등. 연방
    헌법재판소의 판례로서는 예를 들면 BVerfGE 13, 97, 118 (1961); 19, 342, 348, 348 (1965); 21, 150, 155
    (1967); 27, 211, 219 (1969); 27, 343, 352 (1969); 30, 292, 316 f. (1971); 35, 382, 400 (1973); 49, 24, 58
    (1978); 70, 278, 286 (1985); 78, 38, 50 (1988); 79, 256, 270 (1989); 80, 137, 159 ff. (1989); 81, 156,
    188 ff. (1990); 84, 372, 380 f.(1991); 87, 287, 321 ff. (1992); 88, 144, 161 ff. (1993); 90, 145, 172 ff.
    (1994) 등 참조.

102) 예를 들면 Langheineken, Der Grundsatz der Verhältnismässigkeit, S. 13 ff; 판례로는 BVerfGE 23, 127,
    133 (1968); 49, 220, 232 (1978); 52, 131, 175 (1979).

103) 예컨대 Seetzen, NJW 1975, S. 429 ff.

104) 예컨대 Schmidt, NJW 1975, 1753, 1756; Badura, Peter: JuS 1976, 205, 209.

105) Lerche, Übermass und Verfassungsrecht, S. 19; von Krauss, Der Grundsatz der Verhältnismässigkeit, S. 14
    ff.; Hotz, Zur Notwendigkeit und Verhältnismässigkeit von Grundrechtseingriffen, S. 13 ff.

106) BVerwGE 23, 280, 284 (1966).

107) BVerfGE, NJW 1974, 874, 877.

108) Gentz, NJW 1968, 1600, 1601; Grabitz, AöR 98 (1973), 568, 571; Häberle, Die Wesensgehaltgarantie, S.
    67 ff.

109) Lerche, Übermass und Verfassungsrecht, S. 21; Schwan, DÖV 1975, 661, 663 Fn. 8; Huster, Rechte und
    Ziele, S. 142 ff. 참조.

Konkordanz)라는 말이 사용되기도 한다.[110] 그러나 이러한 용어의 상이에도 불구하고 이들 개념 사이에 사실상의 차이는 없는 것으로 평가된다.[111]

헌법재판소에서는 1989년의 국토이용관리법에 관한 결정[112]에서 최초로 과잉금지원칙이 목적의 정당성, 방법의 적정성, 피해의 최소성, 법익의 균형성(보호하려는 공익이 침해되는 사익보다 더 커야 한다는 것으로서 그래야만 수인의 기대가능성이 있다는 것)을 포섭하는 상위개념임을 밝혔다. 이러한 용어법은 오늘날 확고한 헌법재판소의 입장으로 되었고,[113] 학설에도 영향을 미치고 있다.[114] 비례의 원칙은 광의와 협의의 구분 없이 과잉금지원칙과 동일한 의미로 사용하면서, 목적의 정당성을 과잉금지원칙의 한 내용으로 파악하고 있는 것이 독일과는 분명히 구별된다. 목적의 정당성은 적합성의 당연한 논리적 전제이기 때문에 과잉금지의 내용적 요소로 보는 것은 타당하지 않다는 견해[115]는 적합성의 원칙 또한 필요성의 원칙의 당연한 논리적 전제가 된다는 점[116]을 고려할 때 동의하기가 어렵다.[117] 또 독일에서의 용어상의 혼란을 고려할 때 헌법재판소의 용어법이 부당하다고 할 수는 없다.

다. 헌법적 지위

독일과 마찬가지로 대한민국헌법에서도 과잉금지원칙을 명문으로 규정하고 있지는 않다. 그렇지만 독일은 학설과 판례를 통하여 서서히 헌법적 근거를 확립해 간 반면에 헌법재판소는 처음부터 이를 전제하고 출발하고 있다. 과잉금지를 처음으로 언급한 88헌마1 결정[118]에서 '헌법상'의 비례의 원칙 내지 과잉금지의 원칙이라는 용어를 사용하고 있다. 과잉금지의 내용을 최초로 비교적 상세하게 언급하고 있는 앞의 국토이용관리법에 관한 결정[119]에서도 과잉금지원칙을 헌법상의 원칙이라고 하고 있다. 이러한 헌법재판소의 입장은 확고하고 이는 학설에서도 마찬가지로 거의 예외 없이 인정되고 있다.[120] 따라서 과잉금지원칙의 헌법적 효력은 의문의 여지가 없다.

---

110) Hesse, Grundzüge des Verfassungsrechts, Rn. 317 f.
111) Rachor, Polizeihandeln, in: Handbuch des Polizeirechts, , S. 295, 353 Rn 156.
112) 헌재 1989. 12. 22. 88헌가13, 1, 357(374, 378). 하부원칙의 각각에 대한 보다 상세한 설명은 연이은 헌재 1990. 9. 3. 89헌가95, 2, 245 참조.
113) 특히 헌재 1997. 3. 27. 95헌가17, 9-1, 219(234); 1999. 7. 22. 98헌가3, 11-2, 1(16) 참조.
114) 특히 권영성(주 17), 352 이하; 성낙인(주 29), 377 이하; 양건(주 76), 252 이하.
115) 황치연, "헌법재판의 심사척도로서의 과잉금지원칙에 관한 연구," 연세대학교 박사학위논문, 1995, 71 참조.
116) Lerche, Übermass und Verfassungsrecht, S. 76; Drews/Wacke/Vogel/Martens: Gefahrenabwehr, 9. Aufl., Heymann(Köln u.a.: 1986), S. 389; Götz, Allgemeines Polizei- und Ordnungsrecht, Rn. 320.
117) 독일의 경우에도 많이 읽히는 교과서 중에서도 목적의 정당성을 과잉금지의 내용으로 검토하는 경우가 있다. 예를 들면 Ipsen, Staatsrecht Ⅱ, Rn. 171 ff.
118) 헌재 1989. 3. 17. 88헌마1, 1(9).
119) 헌재 1989. 12. 29. 88헌가13, 1, 357(374 이하).
120) 권영성(주 17), 352 이하; 성낙인(주 29), 373.

라. 헌법적 근거

(1) 일반적 견해

과잉금지원칙의 헌법적 근거와 관련하여 학설은 대체로 제37조 제2항의 "필요한 경우에 한하여"라고 하는 문언의 해석을 통하여 이를 도출하고 있다.[121] 제37조 제2항의 필요한 경우란 국가안전보장, 질서유지, 공공복리를 위하여 그 제한이 불가피한 경우이어야 하며, 또 제한은 최소한으로 그쳐야 하는 것을 의미한다고 하거나,[122] 기본권제한에 있어서 필요한 경우를 일반적으로 기본권제한에 있어서 비례의 원칙이라고 하는 경우[123]가 그것이다. 이러한 입장을 비교적 잘 설명하고 있는 견해에 따르면 제37조 제2항의 '필요한'이라는 용어는 목적을 위한 수단이 그 목적달성에 적합해야 한다는 의미로 볼 수 있으며, 이는 비례성원칙의 첫 번째 부분원칙인 합목적성 또는 적합성원칙에 해당하고, 그리고 '경우에 한하여'라고 하는 표현은 목적을 위한 수단의 기본권제한이 최소한에 그쳐야 한다는 점뿐만 아니라 나아가서는 목적과 수단으로서의 제한 사이에 균형을 깨지 않는 비례관계가 성립되어야 한다는 것을 간접적으로 명시하고 있는 것으로 보고 있다. 이것은 제37조 제2항이 직·간접적으로 과잉금지원칙의 내용을 적시하고 있는 것이며 따라서 완전하지는 않지만 과잉금지원칙은 헌법 제37조 제2항으로부터 도출될 수 있다고 한다.[124] 이 견해는 또한 법치국가원리도 과잉금지의 헌법적 근거가 될 수 있다고 본다. 대한민국헌법의 체계상 헌법의 직접적 수권에 의해 행정부가 국민의 경제적 활동의 자유를 제한할 수 있게 되어 있는 점을 고려하면 행정작용의 헌법적 통제를 위해 법치국가의 중요한 내용으로서 비례성원칙을 포함시키는 것은 기본권보장이라는 차원에서 충분한 이유가 있다고 한다.

헌법재판소도 제37조 제2항을 과잉금지원칙의 근거로 본다.[125] 그러나 법치국가원리에서 근거를 찾기도 한다.[126] 헌법 제37조 제2항과 법치국가에 있어서 우리 헌법재판소는 어떤 선택을 하고 있지는 않을 뿐만 아니라 양자를 같이 근거로 보는 판결[127]도 있다. 결국 헌법재판소

---

121) 강태수(주 65), 135 및 여기에 소개된 문헌과 판례 참조.

122) 김철수, 신론, 435.

123) 성낙인(주 29), 373. 여기에서 이 견해는 조문상의 근거 외에 헌법적 근거로서는 법치국가원리, 평등원칙, 기본권의 본질 등을 들고 있다.

124) 김형성, "비례성원칙과 경제정책적 조세", 현대헌법학이론(우재이명구박사화갑기념논문집[Ⅰ]), 1996, 344-345.

125) 헌재 1989. 7. 14. 88헌가5등, 1, 69(85); 1992. 4. 28. 90헌바24, 4, 225(229); 1995. 5. 13. 92헌마80, 5-1, 365(374); 1994. 2. 24. 92헌바43, 6-1, 72(75); 1994. 4. 28. 91헌마15등, 6-1, 317(339); 1995. 5. 25. 91헌마67, 7-1, 722(739); 1995. 10. 26. 92헌바45, 7-2, 397(404); 1995. 11. 30. 94헌가3, 7-2, 550(556); 1997. 3. 27. 96헌가11, 9-1, 245(265); 1997. 7. 16. 95헌바2등, 9-2, 32(41); 1997. 5. 29. 94헌바5, 9-1, 519(525-526); 1997. 10. 30. 96헌마109, 9-2, 537(543); 1997. 9. 25. 96헌가16, 9-2, 312; 1998. 5. 28. 95헌바18, 10-1, 583(594); 1998. 5. 28. 97헌바68, 10-1, 640(651); 1999. 7. 22. 98헌가3, 11-2, 1(25) 등.

126) 헌재 1992. 4. 28. 90헌바24, 4, 225(230); 1992. 12. 24. 92헌가8, 4, 853(878).

127) 헌재 1990. 9. 3. 89헌가95, 2, 245(260): "과잉금지의 원칙이라는 것은 … 오늘날 법치국가의 원리에서 당연히 추출되는 확고한 원칙으로서 부동의 위치를 점하고 있으며, 헌법 제37조 제2항에서도 이러한 취지의 규정을 두고 있는 것이다." 또한 1992. 12. 24. 92헌가8, 4, 853(878-879): "과잉금지원칙이라 함은 … 법치국가의 원리에서 당연히 파생되는 헌법상의 기본원리의 하나인 비례의 원칙을 말하는 것이다. 이를 우리

의 입장은 과잉금지원칙의 근거로서 법치국가원리와 제37조 제2항을 들고 있다고 할 수 있다. 헌법재판소가 제37조 제2항을 드는 이유도 동 조항의 '필요한 경우에 한하여'라는 문구 때문이다.[128]

(2) 검   토

과잉금지원칙의 '헌법적 근거'는 이 원칙의 헌법적 효력이나 적용영역과 연동되어 있다는 점을 인식하여야 한다. 이러한 점을 고려하면서 원칙의 헌법적 근거는 다음과 같이 분석할 수 있다.

(가) 명문근거의 부재

일반적으로 어떤 규범적 내용의 '헌법적 근거'라고 할 때는 우선은 헌법상의 명문의 근거가 있는가의 문제일 것이다.[129] 이렇게 보면 우선은 '필요한 경우에 한하여'라는 문구 때문에 헌법 제37조 제2항이 눈에 들어오는 것이 사실이다. 그런데 제37조 제2항의 문언상의 "필요한 경우에 한하여"라는 문구는 일차적으로는 국가안전보장, 질서유지, 공공복리에 대한 개념이라는 점을 주의하여야 한다. 말하자면 '기본권제한의 목적을 달성하기 위해서 필요한 경우에 한하여'라는 의미이다. 이것은 헌법상의 명백한 문언에 따른 해석이다. 이러한 의미의 '필요한'이라는 개념은 오늘날의 피해의 최소성의 의미의 필요성(Erforderlichkeit)과 구별된다. 제37조 제2항의 '필요한 경우에 한하여'라는 문언으로부터 피해의 최소성을 끌어내리려면 어떤 관행이나 수식문구를 첨가하는 과정이 필요하다.

독일에서 '필요한'(nötig)이라는 개념이 최소침해적 의미로 발전 내지 확장된 데는 이유가 있다. 원래 연혁상의 근거조문인 프로이센일반란트법 제2부 제17장 제10조의 '필요한 조치'(die nöthigen Anstalten)라고 하는 것도 당사자에 대한 고려나 당사자에게 가장 관대한 조치만을 필요한 조치로 인정하는 것에 있었던 것이 아니고, 오히려 위험과 그 위험의 방지에 대한 것이었다.[130] 그로부터 당사자와 관련한 필요성의 관점을 보완하여서 오늘날의 과잉금지원칙으로 발전시킨 것은 어디까지나 프로이센고등행정재판소의 판결에 의한 것으로 평가된다.[131] 그리고 프로이센일반란트법에서 최소침해의 의미의 필요성의 원칙을 도출함에 있어서는 관련 규정이 필요한 "조치"로 표현되어 있다는 점도 '필요한 경우에 한하여'로 되어 있는 대한민국헌법과는

헌법은 제37조 제1항에서 "국민의 자유와 권리는 헌법에 열거되지 아니한 이유로 경시되지 아니한다." 제2항에서 "국민의 모든 자유와 권리는 국가안전보장, 질서유지 또는 공공복리를 위하여 필요한 경우에 한하여 법률로써 제한할 수 있으며, 제한하는 경우에도 자유와 권리의 본질적인 내용을 침해할 수 없다."라고 선언하여 입법권의 한계로서 과잉입법금지의 원칙을 명문으로 인정하고 있으며 …." 이 결정은 과잉금지의 원칙의 헌법적 근거로서 법치국가원리와 헌법 제37조 제2항 이외에도 헌법 제37조 제1항도 들고 있다.

128) 헌재 2002. 2. 28. 2001헌바73, 14-1, 141(149-150).
129) 그런데 과잉금지원칙에 관한 한 헌법에 명문의 근거가 없다고 하여 부인될 수 없다.
130) Pieroth/Schlink/Kniesel, Polizei- und Ordnungsrecht, §1 Rn. 12, §7 Rn. 7; Boldt, Handbuch des Polizeirechts, Rn. 50; Götz, Allgemeines Polizei- und Ordnungsrecht, Rn. 12. Haverkate도 §10Ⅱ17 ALR을 위험방지라는 제한「목적」을 설정한 것으로 이해한다(Haverkate, Rechtsfragen des Leitungsstaates, S. 16-17).
131) Pieroth/Schlink/Kniesel, Polizei- und Ordnungsrecht, §1 Rn. 12, §7 Rn. 7.

다르다. 독일에서도 필요성의 원칙이라는 용어의 사용과 관련하여 이는 혼돈을 불러올 수 있다는 지적이 있다.[132] 이 견해에 따르면 넓은 의미의 비례성의 원칙의 의미의 '필요성' 이라는 개념과 경찰상의 일반적 수권조항 내지는 개별적 수권조항에 나타난 '필요한'이라는 개념은 구별되는 것이라고 한다. 이 견해는 과잉금지원칙의 필요성이라는 개념을 최소침해라는 용어로 개념하고 있다[133]. 이러한 관점에서도 필요성의 원칙이라는 용어보다도 우리 헌법재판소가 사용하고 있는 최소침해의 원칙이라는 용어가 보다 적확하다고 할 수 있다. 독일 각 주의 경찰질서법상 비례성을 직접규정하고 있는 법조문에서도 필요성이라는 개념을 사용하고 있지는 않다. 우리 헌법전상으로도 과잉금지의 의미와 관련이 없는 '필요'라는 용어가 여러 곳에서 사용되고 있다.

많은 견해가 제37조 제2항에서 과잉금지의 근거를 찾으려고 하는 것은 학설[134]과 헌법재판소의 결정[135]에서 나타나고 있는 바와 같이 제37조 제2항을 기본권제한의 한계조항으로 이해하는 경우에는 내용적으로 과잉금지원칙과 자연스럽게 연결되기 때문인 것으로도 보인다. 그러나 여기서 우리가 필요로 하는 것은 명문의 근거이기 때문에 법치국가원리[136]에서 찾는 해석의 문제와는 구별된다. 왜냐하면 제37조 제2항은 법치국가원리의 명문의 근거가 아니기 때문이다.[137]

(나) 이론적 도출의 필요성

피해의 최소성을 핵심요소로 하는 과잉금지원칙의 헌법적 근거로 헌법 제37조 제2항이 거론되는 경우에는 문언의 해석상 국민의 자유와 권리를 제한하는 모든 경우에 있어서 피해의 최소성이 준수되지 않으면 안 된다.[138] 달리 표현하면 국민의 자유와 권리를 제한하는 국가의 모든 행위는 엄격한 통제를 받지 않으면 안 된다는 결론에 도달한다. 물론 그렇게 이해하면 국민의 자유와 권리가 훨씬 강화되어 보장되겠지만, 이는 자유와 권리의 개개의 특성을 고려하지 않은 심사가 될 뿐만 아니라, 국가의 기능저해를 초래할 수도 있다. 헌법상 보장된 자유와 권리는 상황에 처한 자유와 권리의 특성에 맞게 공익과 조화되어야 하는 것이지, 사익만의 강화에 있는 것은 아니다.[139] 또한 자유와 권리가 자리를 양보하여야 한다면 그 자리는 다른 어떤 사익(私益)을 위한 것이 아니라 바로 공익을 위한 자리라는 점도 잊어서는 안 된다.

물론 과잉금지원칙의 헌법적 근거를 제37조 제2항에 두면서 과잉금지원칙을 약화된 강도의 심사기준으로부터 강화된 심사기준에 이르기까지 폭넓게 이해하려는 시도도 가능하다.[140]

---

132) Knemeyer, Polizei- und Ordnungsrecht, §22 Rn. 290 ff.
133) 그러나 독일의 용례에서는 오늘날 필요성의 원칙이 완화된 수단의 원칙 또는 최소침해의 원칙을 의미하는 것으로 일반적으로 사용되고 있기 때문에 독일공법과 관련하여 사용하는 한 필요성의 원칙이라는 개념을 그대로 사용한다.
134) 예컨대 허영(주 15), 292. 비슷하게는 최대권, 헌법학강의, 박영사, 2001, 208.
135) 헌재 1997. 2. 20. 96헌바24, 9-1, 168(176).
136) 헌재 1998. 4. 30. 95헌가16, 10-1, 327(338).
137) 결론에 있어서 비슷한 견해로는 이명웅, "비례의 원칙의 2단계 심사론," 헌법논총 제15집(2004), 509, 522 참조.
138) 이명웅(전주), 518 이하 참조.
139) 이에 대해서는 김대환(주 60), 3 이하 참조.
140) 예컨대 이명웅(주 137), 529; 공진성, "최적화명령으로서 비례성원칙과 기본권심사의 강도," 3사교논문집

그러나 이러한 시도는 현실적으로 존재하거나 존재할 수 있는 다양한 심사기준을 과잉금지원칙의 개념으로 포섭하지 않으면 안 되는 결론에 도달하게 되어, 결국 심사기준으로서의 과잉금지원칙의 헌법적 규범력을 무력화시키거나, 그렇지 않은 경우에는 원칙의 적용과 관련하여 재판관의 자의가 지배하게 될 위험성마저 있다. 나아가서는 비교법적 관점에서 유용한 다른 심사기준을 도입함에 있어서 과잉금지원칙보다 완화된 심사기준을 도입하는 것은 허용되지 않을 뿐만 아니라, 이를 과잉금지원칙이라는 개념이 포섭하는 내용으로 전환하여 수용하는 경우에는 전환의 정확성은 차치하고 — 결코 독자적 심사기준의 수용이 아니기 때문에 — 그 수용자체가 무의미하게 될 수 있다.

결국 제37조 제2항에서 과잉금지원칙의 헌법적 근거를 찾는 것은, 헌법재판의 초기에 있어서 과잉금지원칙의 헌법적 위상을 확고히 하기 위해서 필요한 것이었다고 하는 정도의 제한적 의미를 갖는 것으로만 볼 수밖에 없다.

(다) 헌법적 근거로서 법치국가원리?

이상과 같은 검토에 따르면 원칙의 헌법적 근거와 관련하여서는 이론적 근거제시가 타당성을 갖게 된다. 현재 학설과 판례에 의해 이론적 근거로 유력하게 제시되고 있는 것은 법치국가원리이다.[141] 그러나 과잉금지원칙의 헌법적 근거를 법치국가원리에서 찾는 견해는 다음의 몇 가지 문제점에 대해 우선 답하여야 한다. 첫째, 대한민국헌법상 법치국가원리는 또 어디에 그 근거를 두고 있는가라는 의문이다. 독일[142]과는 달리 우리나라 헌법상으로는 법치국가원리를 직접적으로 선언하고 있는 문언은 없다.

헌법재판소가 법치국가원리의 내용으로 보고 있는 것으로는 기본권의 보호,[143] 법률유보,[144] 죄형법정주의,[145] 기본권제한입법의 명확성의 원칙,[146] 권력분립 및 사법적 구제,[147] 과잉금지원칙,[148] 신뢰보호의 원칙[149] 등 상당히 포괄적이다. 따라서 법치국가원리에서 과잉금지원칙의 근거를 찾는 것은 정치하지 못한 감이 있다. 정확히는 오히려 과잉금지원칙의 사상적

제53집(2001. 11), 295 이하.

141) 헌재 1990. 9. 3. 89헌가95, 2, 245(260); 1992. 4. 28. 90헌바24, 4, 225(230); 1992. 12. 24. 92헌가8, 4, 853(878) 등 다수의 판결 참조. 물론 헌법재판소나 학설이 법치국가원리를 과잉금지원칙의 이론적 근거로 내세운다고 하여 헌법 제37조 제2항을 부인하는 것은 아니다.

142) 법치국가원칙을 유럽연합을 위한 제원칙 중 하나로 선언하고 있는 기본법 제23조 제1항; 주헌법은 기본법의 법치국가원칙에 합치하여야 한다고 규정한 기본법 제28조 제1항.

143) 헌재 1992. 4. 28. 90헌바24, 4, 225(230); 1998. 4. 30. 95헌가16, 10-1, 327(338).

144) 헌재 1990. 9. 3. 89헌가95, 2, 245(267).

145) 헌재 1992. 4. 28. 90헌바24, 4, 225(230); 1991. 7. 8. 91헌가4, 3, 336(340); 1992. 12. 24. 92헌가8, 4, 853(876); 1995. 9. 28. 93헌바50, 7-2, 297(307).

146) 헌재 1990. 4. 2. 89헌가113, 2, 49; 1996. 8. 29. 94헌바15, 8-2, 74; 1996. 11. 28. 96헌가15, 8-2, 526; 1998. 4. 30. 95헌가16, 10-1, 327(341-342).

147) 헌재 1997. 12. 24. 96헌마172등, 9-2, 842(858).

148) 헌재 1992. 12. 24. 92헌가8, 4, 853(878).

149) 헌재 1997. 7. 16. 97헌마38, 9-2, 94; 1998. 11. 26. 97헌바58, 10-2, 673.

기초가 되는 바의 어떤 합리적 결정150)(Entscheidungsrationalität)관념이 법치국가원리에 자리하고 있다고 보는 것이 타당하다. 과잉금지원칙을 법치국가에서 찾으려는 견해는 우선, 이미 법치국가의 요소로 과잉금지원칙이 내포되어 있다는 것을 전제로 하고 있기 때문에 순환논법에 빠져 있다는 지적이 있다.151) 둘째, 법치국가원리의 내용이 너무나 포괄적이라는 점이 지적될 수 있다.152) 법치국가원리의 의미 내용은 너무나 광범위 하여서 헌법상 보장된 자유와 권리를 위한 어떠한 내용도 연역될 수 있는 가능성을 지니고 있다. 이러한 식의 해법은 문제의 해결이라기보다는 문제의 전환 내지 회피로 보일 수 있다. 따라서 과잉금지원칙의 헌법적 근거가 법치국가원리라고 하는 것은 부인되어야 할 것은 아니라고 하더라도, 좀 더 엄밀한 의미에서 그 근거를 찾을 필요성은 여전히 존재한다고 보는 것이다. 왜냐하면 일반적으로 어떤 원칙의 헌법적 근거를 탐색하는 작업은 지도위에서 특정 건물의 위치를 찾아내는 작업이 아니라, 오히려 원칙의 실제 운용상의 작용과 관련하여 가장 체계정합적인 위치를 '설정'해주는 작업이라고 보기 때문이다. 이러한 관점에서 이 글은 과잉금지원칙의 헌법이론적 근거로는 헌법상 보장된 자유와 권리의 특성에서 찾는 것이 타당하다고 본다. 헌법상 보장된 자유와 권리라고 하는 것은 보장되고, 보호되며, 경시되지 않는 바의 일정한 내용을 가지고 있고, 이것이 제한되는 경우에는 원칙과 예외의 관계에서 최소한도로만 제한될 것을 요구하기 때문이다.153) 이러한 생각은 과잉금지원칙의 헌법적 근거를 자유와 권리를 제한하는 공권력의 입장에서 찾는 것이 아니고, 오히려 제한당하는 자유와 권리 자체에서 찾는 것이라는 점에서도 타당한 것이라고 할 수 있다. 이로써 과잉금지원칙은 자유와 권리를 떠나서 적용될 수 있는 성질의 것이 아님이 분명해 진다. 다만 헌법상 보장된 자유와 권리의 '일반적' 특성에서 찾는 것은 모든 자유와 권리의 제한에 있어서 과잉금지원칙이 적용되어야 하는 것으로 될 수 있기 때문에, 결국은 헌법상 보장된 바의 '개별적' 자유와 권리의 특성에서 찾지 않으면 안 된다.154) 결국 과잉금지원칙은 엄격한 심사를 요하는 바의 개개의 자유와 권리의 특성에서 찾을 수 있는 것이라고 보는 것이 타당하다. 이렇게 이해함으로써 비로소 과잉금지원칙보다 완화된 심사기준을 도입하는 것이 가능하게 되고,155) 기본권의 차별성에 따라 다른 심사강도를 가지는 심사기준을 적용할 가능성을 열어놓을 수 있게 된다.156)

---

150) Krebs, Jura 2001, 228, 233.

151) 이준일, "기본권제한에 관한 결정에서 헌법재판소의 논증도구," 헌법학연구 제4집 제3호(1998), 283.

152) 헌법재판소가 법치국가원리의 내용으로 확인하고 있는 것만도 기본권의 보호, 법률유보, 죄형법정주의, 기본권제한입법의 명확성의 원칙, 권력분립 및 사법적 구제, 과잉금지원칙, 신뢰보호의 원칙 등을 들 수 있다(김대환, "우리나라 헌법상 과잉금지원칙," 공법학연구 제6권 제3호(2005), 198 참조).

153) 한수웅, "헌법재판의 한계 및 심사기준 ─ 헌법재판소와 입법자의 관계를 중심으로 ─," 헌법논총 제8집(1997), 230 참조; 비슷한 생각으로는 이준일, 헌법학강의(2005), 296 및 BVerfGE 17, 306, 314 (1964); 42, 263, 294 (1976); Alexy, Theorie der Grundrechte, S. 71 ff.의 원리로서의 기본권도 참조.

154) 이에 반하여 Walter Krebs는 미해결로 두고 있다(Krebs, Jura 2001, S. 233).

155) 과잉금지원칙보다 강화된 심사기준의 도입은 기본권 보호와 관련하여서는 원칙적으로 언제나 허용된다.

156) 개별적 자유와 권리가 과잉금지원칙의 적용을 요청하는지 여부를 판단하는 것은 결국 판단자의 몫으로 돌아간다.

마. 내 용

(1) 원칙의 4가지 요소

헌법재판소의 결정[157]에 따르면 과잉금지원칙의 내용으로서 목적의 정당성은 국민의 기본권을 제한하려는 입법의 목적이 헌법 및 법률의 체제상 그 정당성이 인정되어야 한다는 것을 의미하고, 방법의 적절성은 그 목적의 달성을 위하여 그 방법이 효과적이고 적절하여야 한다는 것을 의미하며, 피해의 최소성이란 입법권자가 선택한 기본권 제한의 조치가 입법목적달성을 위하여 설사 적절하다 할지라도 보다 완화된 형태나 방법을 모색함으로써 기본권의 제한은 필요한 최소한도에 그치도록 하여야 한다는 것을, 그리고 법익의 균형성은 그 입법에 의하여 보호하려는 공익과 침해되는 사익을 비교·형량할 때 보호되는 공익이 더 커야 한다는 것을 의미한다고 하였다. 더불어 헌법재판소는 위와 같은 요건이 충족될 때 국가의 입법작용에 비로소 정당성이 인정되고 그에 따라 국민의 수인(受忍)의무가 생겨나는 것이라고 하였다.[158] 이러한 과잉금지는 목적의 정당성을 제외하고는 대체로 독일에 있어서 적합성, 필요성, 비례성의 원칙을 의미하는 것이다.

(가) 목적의 정당성

헌법 제37조 제2항에는 국민의 자유와 권리를 제한하는 목적으로서 국가안전보장, 질서유지, 공공복리를 들고 있다. 특히 국가안전보장과 관련하여 헌법재판소는 "국가의 존립·헌법의 기본질서의 유지 등을 포함하는 개념으로서 결국 국가의 독립, 영토의 보전, 헌법과 법률의 기능, 헌법에 의하여 설치된 국가기관의 유지 등의 의미"로 이해한다.[159] 그리고 헌법 제119조 이하에서 경제와 관련하여 규정되고 있는 바의 '균형 있는 국민경제의 성장과 안정, 적정한 소득의 분배, 시장의 지배와 경제력남용의 방지, 경제주체간의 조화를 통한 경제의 민주화, 균형 있는 지역경제의 육성, 중소기업의 보호육성, 소비자 보호 등'을 헌법 제37조 제2항의 공공복리의 구체화로 이해한다.[160]

그러나 이러한 기본권제한의 '목적' 개념은 불확정(헌법)개념으로써 구체적 입법을 통하여 확정될 필요가 있다. 더구나 우리 헌법규정이 예견하고 있는 바의 기본권제한의 목적이라는 것은 매우 포괄적이어서 사실 국가의 모든 행위가 목적과 관련하여서는 정당화될 위험이 있다.[161] 또한 기본권의 내용에 따라서는 헌법 제37조 제2항에 설시된 목적의 일부와는 관련성이 있지만 다른 것과는 그렇지 못할 경우도 있다. 그렇다면 목적의 정당성과 관련하여서는 입법의

---

157) 무엇보다도 헌재 1990. 9. 3. 89헌가95, 2, 245(260).

158) 이것은 헌법재판소의 확립된 판례이다. 헌재 1994. 12. 29. 94헌마201, 6-2, 510(524-525); 1998. 5. 28. 95헌바18, 10-1, 583(595); 2000. 2. 24. 98헌바38등, 12-1, 188(224-225); 2000. 6. 1. 99헌가11등, 12-1, 575 (583); 2000. 6. 1. 99헌마553, 12-1, 686(716) 등 다수의 판례 참조.

159) 헌재 1992. 2. 25. 89헌가104, 4, 64(90).

160) 헌재 1996. 12. 26. 96헌가18, 8-2, 680(692-693).

161) 따라서 목적의 정당성을 위배하였기 때문에 위헌이 된 경우도 드물다(헌법재판소의 위헌 결정례에 대해서는 홍성방, 헌법학(상)(2010), 414 각주 629 참조).

목적이나 취지를 구체적 개별적으로 검토하여서 결정할 수밖에 없다. 이 경우에 법률규정은 많은 경우에 목적을 명시하고 있지 않은 경우가 많기 때문에 법관은 결국 그 목적을 규정으로부터 스스로 찾아내지 않으면 안 된다. 여기서는 합헌성추정의 원칙이 적용된다. 그리하여 결국은 찾아낸 구체적 목적이 헌법상 규정된 바의 국가안전보장, 질서유지, 공공복리와 관련성이 있는지의 여부가 검토되어야 할 것이다.162)

　　그런데 목적의 정당성을 과잉금지원칙의 내용으로 파악하는 것에 대해서는 이견이 있다. 목적의 정당성을 과잉금지원칙의 내용으로 파악하지 않는 견해는 목적자체가 헌법이 추구하는 법익을 위한 것인지 아닌지를 심사하는 것은 헌법적 수권의 문제이지 목적과 수단 사이의 비례성심사와는 거리가 있고, 목적 자체의 정당성문제를 거론하는 것은 현실적으로도 어려우며, 판례에서도 목적의 정당성이 결여되어 위헌문제가 되었던 적은 없다는 점 등을 근거로 한다.163)

　　그러나 자유와 권리를 제한하는 국가의 조치의 합헌성을 판단하기 위해서는 그 조치가 갖는 목적에 대한 평가를 반드시 거칠 수밖에 없다는 점에서, 또 독일의 과잉금지원칙의 경우도 사실상 목적에 대한 평가를 전제로 한다는 점을 고려하면, 목적에 대한 평가문제를 심사기준으로서 일정한 위치를 설정하여 줄 필요성은 있다. 원래 독일에서 오늘날의 과잉금지원칙이 성립하기까지는 특히 필요성, 비례성의 개념이 독립적으로 발전되어 왔고, 20세기 중반에 들어 과잉금지원칙으로 통칭되었다는 점에서 과잉금지원칙이 반드시 수단과 목적간의 관계만을 규정할 필연적 이유가 되지 않는다는 점을 고려하면 목적의 정당성을 과잉금지의 개념에 포함시키지 못할 이유도 없다.

　　독일에서도 목적의 정당성을 과잉금지원칙의 내용으로 포함하는 견해가 없지 않다. 입센(Jörn Ipsen)에 따르면 입법자가 기본권에 대한 제한을 하는 경우에 과잉금지가 준수되었는지의 여부는 입법자가 추구하는 목적 그 자체가 정당한가, 이 목적을 추구하기 위하여 입법자가 취한 조치가 적합하고, 필요하고 그리고 비례적인가라는 4단계로 이루어진다고 하고 있다.164) 독일에서 이러한 목적의 정당성은 경우에 따라서 기본권에 대한 법률유보규정에서 직접 언급되어 입법자의 기본권제한가능성을 좁히고 그 남용을 막고 있다. 뢸렉케(Gerd Roellecke)도 헌법상의 비례성원칙과 경찰법상의 비례성원칙을 비교하여 볼 때 경찰법은 수단이 위험방지에 기여하고 이 위험방지는 정당한 목적이라는 것을 전제로 하는데 반하여, 입법은 위험방지에만 기여하는 것이 아니라 경우에 따라서는 촉진하거나 단순히 조직하는 것도 있기 때문에 목적의 정

---

162) 그러나 많은 경우에 국가안전보장이나 질서유지, 공공복리와의 관계를 논하지 않고 법률규정의 입법목적 자체의 정당성만이 검토되고 있다(예컨대 헌재 2004. 1. 29. 2002헌마788, 16-1, 154). 구체적 판단의 예: 정정보도청구권제도의 정당성: 헌재 1991. 9. 16. 89헌마165, 3, 518(529-530). 자치단체의 편입의 정당성: 헌재 1994. 12. 29. 94헌마201, 6-2, 510(527-528). 징발재산의 환매기간설정의 정당성: 헌재 1995. 2. 23. 92헌바12, 7-1, 152(163); 1997. 7. 16. 95헌바22, 7-2, 472(484); 1996. 4. 25. 95헌바9, 8-1, 389 (400-401); 1998. 12. 24. 97헌마87등, 10-2, 978(998-999). 정기간행물 등록의 정당성: 헌재 1997. 8. 21. 93헌바51, 9-2, 177(192). 동성동본금혼제도의 부당성: 헌재 1997. 7. 16. 95헌가6등, 9-2, 1(18).
163) 김형성(주 124), 343-344. 또한 황치연(주 115), 71 참조.
164) Ipsen, Staatsrecht Ⅱ, Rn. 171 ff.

당성은 헌법차원에서는 전제되어 있지 않을 수 있고 따라서 헌법상의 비례성의 원칙은 3단계
가 아니라 4단계의 심사를 필요로 한다고 분명히 하고 있다.[165] 폰 뮌히(Ingo von Münch)도 명
시적으로 과잉금지원칙을 4가지 요소로 분류하고 있다. 즉, 합헌적이기 위하여 법률이 충족시
키지 않으면 안 되는 4가지 기준 즉, 공공복리, 적합성, 필요성 그리고 기대가능성을 비례성의
원칙의 내용으로 보고 있다. 여기서 공공복리란 바로 목적의 정당성을 이야기 하는 것이다.[166]
라호르도 비례성의 원칙의 3가지 하부원칙의 전단계로서 법률목적이 공공복리와의 일치여부
문제가 첨가될 수 있다고 보고 있다.[167] 연방헌법재판소도 예컨대 고용촉진법 제128조에 의해
고용주에게 부과되는 일정한 재정적 부담은, 고용주가 다년간 근속한 연장자인 노동자의 고용
관계를 유지하는 경우에 한해서만 면할 수 있도록 되어 있는데 고용주의 직업행사의 자유에 대
한 이러한 제한은 그것이 비례성의 원칙과 일치하는 한에 있어서만 기본법 제12조 제1항에 합
치한다고 하면서 이 심사를 함에 있어서 우선 목적의 정당성에 대한 심사를 하고 있다.[168]

(나) 방법의 적절성

방법의 적절성이란 "수단이 추구하고자 하는 사안의 목적에 적합하여야 하고 필요하고 효
과적이어야 한다"[169]는 원칙을 말한다. 따라서 독일의 적합성의 원칙과 전적으로 같은 의미이
다. 적합한 수단은 법적으로 허용되는 것이어야 한다.[170] 입법자가 추구하는 목적에 적합한 수
단은 복수로 존재할 수 있다. 적합한 수단 가운데 어느 하나가 선택될 수도 있고 동시에 다수
의 수단이 선택될 수도 있다. 반드시 하나의 수단만이 선택되어야 할 필요는 없다.[171]

방법의 적절성은 선택된 수단의 목적 실현에의 기여라고 하는 방향성을 의미한다. 따라서
채택된 수단이 설정된 목적에 기여하는 방향으로 기여하기만 하면 적합한 것으로 인정된다. 그
러나 우리의 언어관행에서 "적합하다" 또는 "적절하다," "적정하다"는 사전적 의미는 "꼭 어울
리게 알맞다"라는 의미로 이해된다.[172] 이러한 우리의 언어용법에서 적합성이라는 말은 과잉금
지원칙의 모든 기준을 충족하는 경우에 한하여 비로소 적합한 것일 수 있다. 어떤 수단이 동일
한 목적을 달성하면서도 기본권을 보다 덜 침해하는 다른 수단이 존재함에도 적합이라는 말을

165) Roellecke, in: Umbach/Clemens(Hrsg.), Grundgesetz Bd. Ⅰ, Art. 20 Rn. 103.
166) von Münch, Staatsrecht Ⅱ, Rn. 263, 264.
167) Rachor, in: Handbuch des Polizeirechts, S. 295, 353 Rn. 155.
168) BVerfGE 81, 156, 188 ff. (1990).
169) 헌재 1989. 12. 29. 88헌가13, 1, 357(378-379); 1990. 9. 3. 89헌가95, 2, 245(260). 예를 들면 부동산투기
    를 막기 위하여 부동산소유권이전등기신청을 의무화하고 이에 대한 제재방법으로 행정형벌보다 그 정도가
    약한 행정질서벌인 과태료를 선택한 것을 적절한 방법의 선택이라고 본 예로는 헌재 1998. 5. 28. 96헌바
    83, 10-1, 624(635-636).
170) 기본권의 본질적 내용을 해하는 수단을 선택하여 적합성의 원칙에 위반된다고 한 사례로는 헌재 1996. 4.
    25. 92헌바47, 8-1, 370(371, 387-388).
171) "국가가 어떠한 목적을 달성함에 있어서는 어떠한 조치나 수단 하나만으로서 가능하다고 판단할 경우도
    있고 다른 여러 가지의 조치나 수단을 병과 하여야 가능하다고 판단하는 경우도 있을 수 있으므로 과잉금
    지의 원칙이라는 것이 목적달성에 필요한 유일의 수단선택을 요건으로 하는 것이라고 할 수는 없는 것이
    다."(헌재 1989. 12. 29. 88헌가13, 1, 357(378-379)).
172) 연세한국어사전, 연세대학교언어정보개발연구원, 2000의 해당부분 참조.

쓰는 것은 일반적 언어용법과는 상이한 면이 없지 않다. 따라서 방법의 적합성(또는 적절성)보다는 방법의 유용성이라고 개념 하는 것이 그 의미를 더욱 적확하게 드러내는 것으로 이해된다.

(다) 피해의 최소성

과잉금지의 한 요소로서 피해의 최소성은 "입법자는 공익실현을 위하여 기본권을 제한하는 경우에도 입법목적을 실현하기에 적합한 여러 수단 중에서 되도록 국민의 기본권을 가장 존중하고 기본권을 최소로 침해하는 수단을 선택해야 한다"는 것을 말한다.173) 피해의 최소성은 독일법상의 필요성의 원칙을 내용적으로 보다 적확하게 표현한 것으로 이해된다. 피해의 최소성의 충족여부는 유용한 것으로 평가되는 방법들 가운데 선택의 문제이다.174) 우리 헌법재판소는 기본권의 제한의 최소성과 관련하여 기본권의 행사여부에 대한 제한과 기본권의 행사의 방법에 대한 제한을 구분하고 후자를 보다 피해가 적은 방법으로 이해한다.175) 또 입법기술과 관련하여 임의적 규정은 필요적 규정보다 기본권침해가 덜한 방법으로 본다.176)

피해의 최소성 충족여부의 판단기준과 관련하여 일반적인 기준으로서 제시된 것은 없지만 헌법재판소는 특히 선거운동규제의 피해의 최소성 충족여부 판단과 관련하여 입법례의 비교나 관련 벌칙조항의 법정형의 비교 외에도 국가전체의 정치, 사회적 발전단계와 국민의식의 성숙도, 종래의 선거풍토나 그 밖의 경제적, 문화적 제반 여건을 종합하여 합리적으로 판단하여야 한다고 판시하고 있다.177)

피해의 최소성의 심사정도에 대해서는 법률이 개인의 핵심적 자유영역인 생명권, 신체의 자유, 직업선택의 자유 등을 침해하는 경우 이러한 자유에 대한 보호는 더욱 강화되어야 하는 반면에 개인이 기본권의 행사를 통하여 일반적으로 타인과 사회적 연관관계에 놓이는 경제적 활동을 규제하는 사회·경제 정책적 법률을 제정함에 있어서는 입법자에게 보다 광범위한 형성권이 인정되므로, 이 경우 입법자의 예측판단이나 평가가 명백히 반박될 수 있는가 또는 현저하게 잘못되었는가 하는 것만을 심사하는 것, 즉 명백성통제 머물러야 한다고 한다.178)

---

173) 헌재 1998. 5. 28. 96헌가5, 10-1, 541(556).

174) Ipsen, Staatsrecht Ⅱ, Rn. 178 참조.

175) 헌재 1998. 5. 28. 96헌가5, 10-1, 541(556).

176) 헌재 1998. 5. 28. 96헌가12, 10-1, 560(568). 헌법재판소의 결정에 따르면 ① 검사의 보통항고로 목적을 달성할 수 있는 경우에는 즉시항고(헌재 1993. 12. 23. 93헌가2, 5-2, 578(602-603)), ② 법상의 규제조항으로서도 충분한 것으로 보이는 경우에 일반국민의 선거운동을 포괄적으로 금지하는 것(헌재 1994. 7. 29. 93헌가4등, 6-2, 15(38-39)), ③ 다른 유용한 방법이 있는 것으로 인정되는 경우에 국채증권 멸실의 경우 공시최고절차의 적용 배제하는 것(헌재 1995. 10. 26. 93헌마246, 7-2, 498(510)) 등은 피해의 최소성을 위반한 것으로 평가된다.

177) 헌재 1997. 11. 27. 96헌바60, 9-2, 629(645-646).

178) 헌재 2002. 10. 31. 99헌바76등, 14-2, 410(433-438). 헌법재판소는 '명백성'이라는 기준을 피해의 최소성의 심사기준으로 원용하고 있는데 반하여 독일에서는 명백성통제를 과잉금지와 구별하기도 하고 과잉금지원칙 위배판단의 한 기준으로 보기도 한다. Pieroth/Schlink, Grundrechte, Rn. 439에서는 평등권침해와 관련하여 자의금지원칙의 판단기준으로 보고 있다. 기타 독일에서의 명백성통제의 개념과 운용에 대해서는 방승주, "독일 연방헌법재판소의 입법자에 대한 통제의 범위와 강도," 헌법논총 제7집, 335-390, 346 이하 참조.

(라) 법익의 균형성

법익의 균형성이란 입법에 의하여 보호하려는 공익과 침해되는 사익을 비교 형량할 때 보호되는 공익이 더 커야 한다는 것을 말한다.[179] 그런데 법익의 균형성은 특히 (경찰)행정과 관련하여 이미 입법단계에서 비교형량하여 수권규범의 법률요건에 나타나고 있기 때문에 실천적 의미가 거의 없다고 하는 견해가 있다.[180] 그러나 과잉금지원칙은 입법자를 의무주체로 하는 경우에 있어서 적용과 법집행으로서의 행정이나 사법에 대한 적용은 구별될 수 있고 또 구별하여야 하므로 반드시 그렇게 말할 수는 없다. 왜냐하면 입법자는 행정이나 사법보다 넓은 입법여지를 가지기 때문이다. 따라서 법률이 법익의 균형성을 충족하고 있다고 하더라도 재판과 관련된 의미에 있어서는 언제나 구체적, 개별적으로 판단하지 않으면 안 된다. 즉, 목적의 정당성은 규정이 추구하는 목적 그 자체의 정당성여부의 판단인데 비하여 법익의 균형성은 목적의 실현정도와 자유와 권리의 제한정도의 비교를 통한 합리적인 조화를 구현하는 것이다. 또 법익의 균형성은 형량개념을 도입한 것으로서 정의의 구체적 실현을 의미하지만 공익과 사익은 원칙적으로 차원이 다른 것이기 때문에 이를 평등개념으로는 포섭할 수 없다.

(2) 엄격심사기준으로서의 과잉금지원칙

(가) 판   례

과잉금지원칙의 내용은 서로 중첩적으로 적용된다. 목적의 정당성이 인정되면, 방법의 적절성이 심사되고, 방법의 적절성이 인정되는 경우에 한하여 피해의 최소성이 검토되는데 여기서 과잉금지원칙의 의미가 가장 분명히 드러나고 있다. 피해의 최소성이 인정되면 마지막으로 법익의 균형성이 검토된다.[181] 과잉금지원칙을 이와 같이 이해할 때 과잉금지원칙은 언제나 엄격한 심사기준이다.[182] 미국헌법의 예를 들면, 미국헌법상 엄격심사가 행해지는 경우 요구되는 필요한 수단이라는 것을 해석함에도 목적을 달성하는 데 덜 제약적인 수단이 존재하는지 여부 즉, 최소 침해적인 수단이 존재하는지 여부가 주요한 기준이 된다.[183] 독일에서는 과잉금지원칙이 다양한 스펙트럼의 내용을 갖는 것으로 사용되고 있지만, 과잉금지원칙의 진정한 의미는 엄격한 심사라는 데 있다. 평등권심사에서 독일연방헌법재판소는 종래 자의금지원칙을 적용해왔지만,[184] 1980년 이후로는 자의금지원칙이 적용되는 바의 침해의 진지성이 약한 차별에 있어서는 명백성통제를 통제수단으로 사용하면서, 침해의 진지성이 큰 차별의 경우에는 완전한 과

---

179) 헌재 1990. 9. 3. 89헌가95, 2, 245(260).

180) 김재광, 경찰관직무집행법의 개선방안연구, 한국법제연구원(2003. 11), 62.

181) 정종섭(주 75), 374; 이준일(주 153), 349. 이는 독일에서도 일반적인 견해이다.

182) 이명웅(주 137), 518, 523.

183) 이에 대해서는 이명웅(주 137), 518.

184) 예컨대 BVerfGE 49, 148, 165 (1978); 98, 365, 385 (1998). 물론 이 때에도 자의금지 외에 비례성의 원칙의 심사기준으로 이해되는 '실질적 근거가 없는 차별의 금지'라는 용어도 사용되었지만, 이 기준의 자의금지원칙과의 의미상의 차이는 염두에 두고 있지 않았었다(예컨대 실질적 근거가 없기 때문에 자의적이라고 보기도 하였다(BVerfGE 17, 122, 130 (1963)).

잉금지원칙을 적용하고 있다.[185] 물론 여기에 있어서 입법자의 재량여지를 존중하기 위해 비록 필요성의 원칙의 적용이 다소 약화되어 있기는 하지만, 기존의 자의금지원칙에 비하여 과잉금지원칙이 엄격한 심사로 채용되고 있는 것은 분명하다.

그러나 헌법재판소는 인간의 존엄성과의 관련성 여부, 관련 기본권의 사회적 연관성 정도 등에 따라 완화된 심사를 하거나 엄격한 심사를 하는 경우가 있다. 과잉금지원칙을 완화하는 경우에도 방법의 적절성을 완화하는 경우, 피해의 최소성을 완화하는 경우, 목적의 정당성과 법익의 균형성을 완화하는 경우, 피해의 최소성과 법익의 균형성을 완화하는 경우로 나누어 볼 수 있다.[186]

(나) 학   설

헌법 제37조 제2항의 필요한 '경우에 한하여'라고 하는 표현을 목적을 위한 수단의 기본권 제한이 최소한에 그쳐야 한다는 점뿐만 아니라 나아가서는 목적과 수단으로서의 제한 사이에 균형을 깨지 않는 비례관계가 성립되어야 한다는 것을 간접적으로 명시하고 있는 것으로 보는 견해[187]나, '필요한 경우'에서 목적의 정당성, 방법의 적절성, 피해의 최소성, 법익의 균형성이라는 과잉금지원칙의 모든 내용이 포함되어 있다고 보고 이에서 원칙의 헌법적 근거를 찾는 견해[188]는 논리적으로 헌법의 명문근거가 엄격한 심사를 규정하고 있다고 하는 결론에 도달하게 된다. 그에 반하여 '필요한 경우에' 제한할 수 있다고 할 뿐, 그 제한이 반드시 '최소한'이 되어야 한다고 요청하는 것은 아니라는 점에서 '피해의 최소성'원칙의 예외 없는 적용이 헌법 제37조 제2항의 취지라고 단언할 수 없다고 하는 견해[189]도 있다. 그러나 이 견해는 후술하는 바와 같이 헌법상의 동 규정이 과잉금지원칙, 특히 피해의 최소성 원칙의 근거로 될 수 없다고 하는 이 글의 입장과 결과에 있어서 일치하는 정도만 타당성이 있는 것으로 평가된다.

과잉금지원칙을 최적화명령으로 이해하는 입장[190]은 적합성의 원칙을 기본권 실현의 최대화명령으로, 필요성의 원칙을 기본권 피해의 최소화명령으로, 그리고 좁은 의미의 비례성의 원칙을 서로 충돌하는 목적의 비례적 실현을 의미하는 최적화명령이라고 이해한다. 이와 같이 최적화명령으로서의 과잉금지원칙이라고 할 때는 적어도 기존의 과잉금지원칙과 동일한 엄격심

---

185) Pieroth/Schlink, Grundrechte, Rn. 438 ff.; 김철수, "평등권에 관한 연구," 학술원논문집 인문·사회과학편 제44집 별책, 2005, 278; 방승주(주 178), 324-326.
186) 과잉금지원칙의 심사강도에 대한 자세한 분석은 김대환, "비례성원칙의 심사강도," 헌법학연구 18-2, 2012, 301 이하 참조. 또한 김승대, 헌법학강론 제2판, 법문사, 2012, 155 이하도 참조.
187) 김형성(주 124), 344-345.
188) 정종섭(주 75), 373; 계희열, 헌법학(중), 박영사, 2004, 134; 성낙인(주 29), 373.
189) 이명웅(주 137), 522.
190) 이준일, "'원칙'으로서의 기본권과 비례성 '명령'," 공법연구 제28집 제1호(1999), 74. 최적화명령으로서의 비례성이라는 논리는 독일의 알렉시의 견해에 따른 것이다(Alexy, Theorie der Grundrechte, S. 75 ff., 100 ff.). 이준일, 같은 논문, 74에 의하면 자신의 최적화개념은 엄밀한 의미에서 알렉시와는 구별되는 것이라고 한다. 알렉시의 견해에 대해서는 충돌하는 양 법익의 최적화를 요구하기 때문에, 실제에 있어서 단지 하나의 해결만을 허용하고 입법자의 형성의 자유를 인정하지 않는 것이라는 점이 지적된다(Starck, in: v. Mangoldt/Klein/Starck, GG Bd. Ⅰ, Art. 1 Rn. 279).

사로 이해되거나, 보다 엄격한 심사기준으로 이해된다.[191]

(다) 소 결

결론적으로 과잉금지원칙을 공백원칙으로 이해하여 다양한 심사강도의 적용이 가능한 임의적 기준으로 이해하는 것은 타당하다고 보기 어렵다. 그러나 과잉금지원칙을 엄격한 심사기준으로 이해하더라도 헌법재판소나 대다수의 학설과 같이 과잉금지원칙의 헌법적 근거를 헌법 제37조 제2항의 '필요한 경우에 한하여'라는 문구에서 찾는 한, 과잉금지원칙보다는 심사강도가 약하지만 기왕에 헌법재판소가 채용하고 있는 다른 심사기준들 예컨대 자의금지원칙,[192] 명백성의 원칙,[193] 또는 이중기준의 원칙[194] 등의 헌법적 근거를 위협하는 것으로 될 수 있다. 이 문제는 과잉금지원칙의 헌법적 근거를 어떻게 이해하느냐의 문제와 관련된다.[195]

바. 의무주체 및 적용영역

(1) 의무주체

이미 살펴본 바와 같이 우리나라에서도 과잉금지원칙은 명백히 헌법적 지위를 향유하고 있다. 따라서 입법, 행정, 사법의 모든 국가권력은 과잉금지원칙을 준수하여야 한다. 그러나 헌법재판에서는 대체로 입법통제와 관련된다. 헌법재판소는 입법과 관련하여서 과잉금지원칙을 입법자의 예측판단에 대한 입법형성권과의 상관관계하에서 판단하고 있다. 따라서 법률이 개인의 핵심적 자유영역인 생명권, 신체의 자유, 직업선택의 자유 등을 침해하는 경우 이러한 자유에 대한 보호는 더욱 강화되어야 하는 반면에 개인이 기본권의 행사를 통하여 일반적으로 타인과 사회적 연관관계에 놓이게 되는 경제적 활동을 규제하는 사회·경제 정책적 법률을 제정함에 있어서는 입법자에게 보다 광범위한 형성권이 인정되므로, 이 경우 입법자의 예측판단이나 평가가 명백히 반박될 수 있는가 또는 현저하게 잘못되었는가 하는 것만을 심사하는 것, 즉 명백성통제 머물러야 한다고 한다.[196] 또 형벌법규의 높고 낮음은 입법정책의 문제이지 헌법위반의 문제는 아니라고 하면서도 그러한 유형의 범죄에 대한 형벌 본래의 기능과 목적을 달성함에 있어 필요한 정도를 일탈한 경우에는 과잉금지원칙의 위반으로 판시하고 있다.[197]

---

191) 공진성(주 140), 296.
192) 헌재 2004. 12. 16. 2003헌바78, 16-2(하), 472(486 이하); 2003. 12. 18. 2001헌바91등, 15-2, 406; 2003. 1. 30. 2001헌바64, 15-1, 48; 2001. 2. 22. 2000헌마25, 13-1, 386.
193) 헌재 1990. 4. 2. 89헌가113, 2, 49.
194) 헌재 2005. 2. 24. 2001헌바71, 17-1, 196.
195) 이에 대하여는 전술 참조.
196) 헌재 2002. 10. 31. 99헌바76등, 14-2, 410(433).
197) 헌재 1992. 4. 28. 90헌바24, 4, 225(230-231); 1995. 4. 20. 91헌바11, 7-1, 478; 1998. 5. 28. 97헌바68, 10-1, 640(648); 1998. 7. 16. 97헌바23, 10-2, 243(263); 1998. 11. 26. 97헌바67, 10-2, 701(712); 1999. 5. 27. 98헌바26, 11-1, 622(629); 2000. 6. 29. 98헌바67, 12-1, 801(814); 2001. 11. 29. 2001헌가16, 13-2, 570(578-579); 2001. 11. 29. 2000헌바37, 13-2, 632(637); 2001. 11. 29. 2001헌바4, 13-2, 678(688); 2002. 10. 31. 2001헌바68, 14-2, 500(509-510).

(2) 적용영역

이미 언급한 바와 같이 제37조 제2항의 문언상 과잉금지원칙은 자유권 외에도 모든 권리에 대해 적용되는 것으로 된다. 그렇다면 급부청구권과 같은 사회적 기본권을 제한하는 공권력의 조치도 과잉금지원칙의 적용을 받을 것인가? 이 문제는 명백히 언급되고 있지 않지만, 우선 급부권의 근거가 되는 사회적 기본권 또는 생존권적 기본권에 대하여 헌법재판소는 다른 국가기관 즉 입법부나 행정부가 국민으로 하여금 인간다운 생활을 영위하도록 하기 위하여 '객관적으로 필요한 최소한의 조치를 취할 의무를 다하였는지의 여부'를 기준으로 국가기관의 행위가 합헌적인 것인지를 심사할 수 있다고 본다. 그리하여 국가가 생계보호에 관한 입법을 전혀 하지 아니하였다든가 그 내용이 현저히 불합리하여 헌법상 용인될 수 있는 재량의 범위를 명백히 일탈한 경우에 한하여 헌법에 위반된다고 한다.[198] 이와 같은 기준에 위배되지 않으면서 성립한 구체화법률에 의해 비로소 일정한 수급권이 구체적으로 발생하게 된다고 한다.[199] 그런데 어떠한 권리가 제한되기 위해서는 우선 어떤 내용의 권리가 선재하지 않으면 안 되기 때문에 헌법차원의 사회적 기본권에 과잉금지원칙을 적용하는 데는 어려움이 있다. 헌법재판소처럼 헌법적 효력의 사회적 기본권은 존재하지 않는다고 본다면 사회적 기본권은 제한이 불가능하고, 따라서 과잉금지원칙도 적용되지 않을 것이다. 다만 국가가 생계보호에 관한 입법을 전혀 하지 아니하였다든가 그 내용이 현저히 불합리하여 헌법상 용인될 수 있는 재량의 범위를 명백히 일탈한 경우에는 과잉된 제한으로 평가될 수 있다.[200]

이상과 같이 헌법재판소는 과잉금지원칙을 전적으로 기본권과 관련하여 이해하고 있다. 따라서 조직법상에는 과잉금지원칙이 적용되지 않는 것으로 보는 것이 분명해 보인다. 이것은 헌법재판소 스스로 과잉금지의 요소 중 피해의 최소성을 조치가 입법목적달성을 위하여 설사 적절하다 할지라도 보다 완화된 형태나 방법을 모색함으로써 '기본권'의 제한은 필요한 최소한

---

198) 헌재 1997. 5. 29. 94헌마33, 9-1, 543(552-555); 2001. 4. 26. 2000헌마390, 13-1, 977(989).

199) 헌재 2001. 9. 27. 2000헌마342, 13-2, 422(433): "사회보장수급권은 국가에 대하여 적극적으로 급부를 요구하는 것이므로 헌법규정만으로는 이를 실현할 수 없고, 법률에 의한 형성을 필요로 한다. 사회보장수급권의 구체적 내용, 즉 수급요건, 수급권자의 범위, 급여금액 등은 법률에 의하여 비로소 확정된다. 그런데 사회보장수급권과 같은 사회적 기본권을 법률로 형성함에 있어 입법자는 광범위한 형성의 자유를 누린다. 국가의 재정능력, 국민 전체의 소득 및 생활수준, 기타 여러 가지 사회적·경제적 여건 등을 종합하여 합리적인 수준에서 결정할 수 있고, 그 결정이 현저히 자의적이거나, 사회적 기본권의 최소한도의 내용마저 보장하지 않은 경우에 한하여 헌법에 위반된다고 할 것이다."

200) 근로의 권리에 관한 마찬가지의 판례로는 헌재 2002. 11. 28. 2001헌바50, 14-2, 668(678-679): "근로의 권리는 사회적 기본권으로서, 국가에 대하여 직접 일자리(직장)를 청구하거나 일자리에 갈음하는 생계비의 지급청구권을 의미하는 것이 아니라, 고용증진을 위한 사회적·경제적 정책을 요구할 수 있는 권리에 그친다. 근로의 권리를 직접적인 일자리 청구권으로 이해하는 것은 사회주의적 통제경제를 배제하고 사기업 주체의 경제상의 자유를 보장하는 우리 헌법의 경제질서 내지 기본권규정들과 조화될 수 없다. 마찬가지 이유로 근로의 권리로부터 국가에 대한 직접적인 직장존속청구권을 도출할 수도 없다. 단지 사용자의 처분에 따른 직장 상실에 대하여 최소한의 보호를 제공하여야 할 의무를 국가에 지우는 것으로 볼 수는 있을 것이나, 이 경우에도 입법자가 그 보호의무를 전혀 이행하지 않거나 사용자와 근로자의 상충하는 기본권적 지위나 이익을 현저히 부적절하게 형량한 경우에만 위헌 여부의 문제가 생길 것이다."

도에 그치도록 하여야 하는 것으로 이해한다든가, 법익의 균형성을 보호하려는 공익이 침해되는 '사익'보다 더 커야 한다는 것으로서 이해하는 것으로부터도 명백히 알 수 있다[201]. 조직법에 과잉금지가 적용되는가의 문제와 관련하여서는 특히 지방자치행정의 보장과 제도보장에의 적용여부가 논의되고 있다.

지방자치보장에 있어서 과잉금지원칙의 적용문제와 관련하여서는 학설은 일반적으로 헌법재판소의 판례와 같이 지방자치의 핵심영역의 보호를 인정하면서 그 외의 영역에 대해서는 독일에 있어서 라스테데(Rastede) 결정 이전의 이론을 따라 여전히 과잉금지의 적용을 인정하는 경향에 있다.[202] 그러나 독일의 경우에는 지방자치단체의 자치권이 기본법에 명시적으로 규정되어 있으면서 또한 그 침해에 대해서는 헌법소원으로 보장되고 있는 반면에, 우리의 경우에는 헌법상 지방자치권의 명문규정이 없을 뿐만 아니라 지방자치단체의 권한침해에 대해서는 권한쟁의로 규정되어 있다는 점에서 구별된다. 나아가서 헌법재판소는 과잉금지를 전적으로 기본권과 관련하여 이해하고 있다는 점[203]도 고려되어야 한다. 최근의 판례에 따르면 지방자치행정도 중앙행정과 마찬가지로 국가행정의 일부로 이해하고 있다.[204] 더구나 헌법재판소는 객관적 규범으로서의 제도보장을 기본권과 명백히 구분하면서, 지방자치제도 등의 제도보장은 일반적인 법에 의한 폐지나 제도본질의 침해를 금지한다는 의미의 '최소보장'의 원칙이 적용되고, 기본권의 경우에는 헌법 제37조 제2항의 과잉금지의 원칙에 따라 필요한 경우에 한하여 '최소한으로 제한'되는 것과 대조된다고 한다.[205] 뒤의 결정[206]에서는 이를 더욱 분명히 하고 있다. 이러한 이해는 지방자치를 독일처럼 주관적, 권리적 지위로 파악하기보다는 오히려 권한법적, 조직법적으로 보고 있음을 의미한다. 이것은 국가에 의한 지방자치단체의 자치권의 침해에 대해서는 과잉금지를 부인하는 것과 통한다. 그러나 판례에 따라서는 지방자치단체에 대해 간섭하는 법률의 합헌성 여부는 간섭으로 인하여 얻는 국가적 이익과 침해되는 지방자치단체의 자치권을 비교형량하여 판단하여야 한다고 함으로써 과잉금지의 적용을 인정하고 있는 듯한 결정도 있다.[207] 그러나 독일경찰행정법상 성립한 과잉금지의 연혁을 고려할 때 과잉금지는 원칙적으로 기본권과 관련하여 이해되지 않으면 안 된다. 이렇게 이해되는 과잉금지는 국가와 국민간의 관계를 전제로 하는 것이기 때문에 원칙적으로 과잉금지의 적용영역을 탐구함에는 개인의 영역에 대한 국가의 간섭 또는 제한이라는 관점을 염두에 둘 것이 요청된다. 입법, 행정, 사법으로부터 일어나는 수많은 종류의 국가작용 각각에 대해 과잉금지가 적용될 수 있는지 여부를 검토

201) 헌재 1989. 12. 29. 88헌가13, 1, 357(374) 등 다수의 판결.
202) 예를 들면 홍정선, 행정법원론(하), 박영사, 2007, 71 참조.
203) 헌재 1989. 12. 29. 88헌가13, 1, 357(374); 1990. 9. 3. 89헌가95, 2, 245(260); 1994. 12. 29. 94헌마201, 6-2, 510(524-525); 1998. 5. 28. 95헌바18, 10-1, 583(595); 1998. 6. 9. 98헌바38등, 12-1, 188(224-225); 2000. 6. 1. 99헌가11등, 12-1, 575(583); 2000. 6. 1. 99헌마553, 12-1, 686(716).
204) 헌재 2001. 11. 29. 2000헌바78, 13-2, 646(657-658).
205) 헌재 1994. 4. 28. 91헌바15등, 6-1, 317(339).
206) 헌재 1997. 4. 24. 95헌바48, 9-1, 435(444-445).
207) 헌재 1998. 4. 30. 96헌바62, 10-1, 380(386 이하).

하기 이전에 이것이 원칙적으로 확인되어야 한다.[208] 그렇지 않고 과잉금지를 보편적 원리로서 점차 승화시키는 경우에는 과잉금지의 중요한 실천적 내용이 증발하면서 급기야 그 이념이나 사상만이 호소로서 남을 가능성이 있기 때문이다.

객관적 규범으로서의 제도보장과 관련하여 헌법재판소는 이를 기본권과 명백히 구분하고 있다. 즉 직업공무원제도, 지방자치제도, 복수정당제도, 혼인제도 등의 제도보장은 일반적인 법에 의한 폐지나 제도본질의 침해를 금지한다는 의미의 '최소보장'의 원칙이 적용되고, 기본권의 경우에는 헌법 제37조 제2항의 과잉금지의 원칙에 따라 필요한 경우에 한하여 '최소한으로 제한'되는 것과 대조된다고 분명히 준별하고 있다.[209] 최근의 결정[210]에서는 이를 더욱 뚜렷이 하여 "제도적 보장은 객관적 제도를 헌법에 규정하여 당해 제도의 본질을 유지하려는 것으로서, 헌법제정권자가 특히 중요하고도 가치가 있다고 인정되고 헌법적으로 보장할 필요가 있다고 생각하는 국가제도를 헌법에 규정함으로써 장래의 법 발전, 법형성의 방침과 범주를 미리 규율하려는 데 있다. 다시 말하면 이러한 제도적 보장은 주관적 권리가 아닌 객관적 법규범이라는 점에서 기본권과 구별되기는 하지만 헌법에 의하여 일정한 제도가 보장되면 입법자는 그 제도를 설정하고 유지할 입법의무를 지게 될 뿐만 아니라 헌법에 규정되어 있기 때문에 법률로써 이를 폐지할 수 없고, 비록 내용을 제한한다고 하더라도 그 본질적 내용을 침해할 수는 없다. 그러나 기본권의 보장은 헌법이 '국가는 개인이 가지는 불가침의 기본적 인권을 확인하고 이를 보장할 의무를 진다'(제10조), '국민의 자유와 권리는 헌법에 열거되지 아니한 이유로 경시되지 아니한다. 국민의 모든 자유와 권리는 국가안전보장·질서유지 또는 공공복리를 위하여 필요한 경우에 법률로써 제한할 수 있으며, 제한하는 경우에도 자유와 권리의 본질적인 내용을 침해할 수 없다'(제37조)고 규정하여 '최대한 보장의 원칙'이 적용되는 것임에 반하여, 제도적 보장은 기본권 보장의 경우와는 달리 그 본질적 내용을 침해하지 아니하는 범위 안에서 입법자에게 제도의 구체적인 내용과 형태의 형성권을 폭넓게 인정한다는 의미에서 '최소한 보장의 원칙'이 적용될 뿐인 것이다"라고 하였다. 따라서 그러한 범위 내에서 입법자는 제도보장에 대해 '최소한 보장'의 원칙의 한계 안에서 폭넓은 입법형성의 자유를 가진다.[211] 이러한 헌법재판소의 태도는 기본권을 제한하는 경우에 한하여 과잉금지를 적용해온 확고한 입장에 비추어 제도보장에 대하여는 과잉금지를 적용하지 않는 것으로 보이게 한다. 그러나 헌법재판소는 그 후 제도보장으로서의 지방자치와 관련하여 "중앙행정기관의 장의 지방자치단체에 대한 지도·감독

---

208) 이러한 논리는 기본권의 본질적내용침해금지원칙과 동일선상에 있다. 본질적 내용보장도 기본권에 대해서만 적용되고, 국가조직법상에는 적용되지 않는다(같은 견해로는 Bracher, Gefahrenabwehr durch Private, S. 75-75: "주관적 권리를 부여하지 않는 규정에 대해서도 적용된다면 그 규정은 그러한 우월적 헌법원리(übergreifender Verfassungsprinzip)로 과대평가되는 것이다"). 따라서 제도보장이 적용되는 경우에는 본질적 내용이 아니라 핵심영역이라는 용어를 사용하는 것이 혼란을 덜 초래하는 것으로 본다(자세히는 김대환, "제도보장에 있어서 핵심영역의 보호," 헌법학연구 제6집 제4호, 63 이하 참조).

209) 헌재 1994. 4. 28. 91헌바15등, 6-1, 317(339).

210) 헌재 1997. 4. 24. 95헌바48, 9-1, 435(444-445).

211) 헌재 1997. 4. 24. 95헌바48, 9-1, 435(444-445).

이 가능하다고 할지라도 그 근거가 되고 감독의 내용을 규정하고 있는 법률은 당연히 합헌이어야 하고, 그 법률의 합헌성 여부는 결국 헌법상의 지방자치의 이념과 지역주민의 기본권 제한 원리인 비례의 원칙 내지 과잉금지원칙이 아울러 적용되어야 할 것이다. 즉, 지도·감독권행사로 인하여 얻는 이익을 지방자치단체의 자치권 손상 및 지역주민의 재산권 침해로 인하여 입는 손해를 비교 형량 하여 손해가 이득에 비하여 큰 경우에는 지도·감독권 발동의 근거가 되는 법률은 위헌임을 면하지 못할 것이다"[212]라고 판시한 바 있다.

(3) 검   토

과잉금지의 적용영역과 관련하여서는 우선 과잉금지의 헌법적 근거가 중요하다. 예컨대 법치국가로부터 도출하는 경우에는 합리적 결정관념과 보편적 형평이념까지 내포하고 있는 과잉금지가 국가의 구조적 원리로서 작용하지 말라는 법이 없기 때문이다. 그러나 과잉금지를 보편적 원리로서 점차 승화시키는 경우에는 과잉금지의 중요한 실천적 내용이 증발하면서 급기야 그 이념이나 사상만을 호소하는 것으로 그칠 가능성이 있다.[213]

과잉금지는 기본권과 관련하여 발전되어 왔다. 권한규범이나 조직규범 등에 나타나는 과잉금지 유사내용은 과잉금지원칙이 내포하는 합리적 결정관념 같은 것을 이유로 나타나는 유사성일 뿐 이를 단서로 과잉금지의 확장을 논의한다면 과잉금지원칙은 합리적 결정을 요구하는 모든 경우에 적용되지 않으면 안 되는 어려움에 직면하게 될 것이다. 이러한 과잉금지의 연혁을 고려할 때 오늘날 우리가 헌법상 논의하는 과잉금지는 기본권과 관련하여 이해되지 않으면 안 된다. 따라서 과잉금지의 헌법적 근거도 헌법상 보장되는 자유와 권리라고 하는 것은 일정한 내용을 가지고 있고 이것이 제한되는 경우에는 최소로 침해될 것을 요구하는 '기본권의 특성'으로부터 나온다고 보아야 한다.[214] 이것은 바로 과잉금지는 기본권영역에 대하여만 적용이 가능하다는 결과로 된다.

이렇게 이해되는 과잉금지는 국가와 국민간의 관계를 전제로 하는 것이기 때문에 원칙적으로 과잉금지의 적용영역을 탐구함에는 개인의 자유와 권리영역에 대한 국가의 간섭 또는 제한이라는 관점을 염두에 둘 것이 요청된다. 그렇게 이해하는 한 자유권이외의 다른 이름으로 불리는 권리라고 하더라도 이러한 국가에 의한 간섭 또는 제한의 측면이 존재하는 한 그리고 그 범위 내에서 과잉금지는 자신의 주된 임무 영역을 갖는 것으로 이해된다.[215]

기본권적 내용과 관련이 있는 제도보장과 같은 경우에도 제도 그 자체의 형성 또는 내용과 관련된 경우에는 적용되지 않는 것으로 보아야 한다. 제도보장이 개인의 자유와 권리와 관

212) 헌재 1998. 4. 30. 96헌바62, 10-1, 380(386 이하).

213) 이러한 위험성에 대해서는 오쓴뷜/이덕연(역)(주 87), 257-276. 우리나라 문헌으로 양삼승, 과잉금지의 원칙, 111-157; 이명웅, "비례의 원칙과 판례의 논증방법," 헌법논총 제9집(1998), 671-725, 675 참조.

214) 한수웅, 헌법학, 법문사, 2011, 456은 자유권 외에 법치국가원리, 헌법 제37조 제2항을 동시에 근거로 보고 있다.

215) 과잉금지원칙의 적용범위에 대해서는 한수웅(전주), 470 이하도 참조.

련되고 그것이 다툼이 있는 경우에는 이미 제도 그 자체의 문제는 아니다.

7. 제한의 형식으로서 '법률'

가. 기본권 제한의 형식

공권력에 의한 기본권 제한의 형식은 직접 헌법에 의하는 것과 법률에 의하는 것으로 대별할 수 있다. 그 외에도 특수신분관계에서의 기본권 제한이라든가 통치행위 내지는 국가긴급권의 행사에 의한 기본권의 제한 등을 들 수 있으나 이들도 원칙적으로 기본권 보장의 일반원리가 그대로 타당하다는 점에서는 차이가 없다. 예컨대 헌법재판소는 특수신분관계에 있는 군인에 대하여 평등권과 행복추구권을 인정하고 있고,216) 재소자에 대하여 통신의 자유를 적용하고 있다.217) 통치행위에 대하여는 "통치행위란 고도의 정치적 결단에 의한 국가행위로서 사법적 심사의 대상으로 삼기에 적절하지 못한 행위라고 일반적으로 정의되고 있는바, … 고도의 정치적 결단에 의한 행위로서 그 결단을 존중하여야 할 필요성이 있는 행위라는 의미에서 이른바 통치행위의 개념을 인정할 수 있고, 대통령의 긴급재정경제명령은 중대한 재정 경제상의 위기에 처하여 국회의 집회를 기다릴 여유가 없을 때에 국가의 안전보장 또는 공공의 안녕질서를 유지하기 위하여 필요한 경우에 발동되는 일종의 국가긴급권으로서 대통령이 고도의 정치적 결단을 요하고 가급적 그 결단이 존중되어야 할 것"이라고 하여 그 존재를 인정하면서도 "통치행위를 포함하여 모든 국가작용은 국민의 기본권적 가치를 실현하기 위한 수단이라는 한계를 반드시 지켜야 하는 것이고, 헌법재판소는 헌법의 수호와 국민의 기본권 보장을 사명으로 하는

---

216) "헌법 제10조는 "모든 국민은 인간으로서의 존엄과 가치를 가지며 행복을 추구할 권리를 가진다. 국가는 개인이 가지는 불가침의 기본적 인권을 확인하고 이를 보장할 의무를 진다"고 규정하고 있고, 대통령령인 군인복무규율 제34조, 제35조에 의하면 군인은 직권을 남용하거나 사적 제재를 가하여서는 안되도록 하였는바, 이와 같은 기본적 인권 보장의 헌법정신과 군인복무규율상의 규정에 입각하여 군인의 기본적 인권을 존중하고 군의 특수사정만 내세워 합리화하여 오던 전근대적 구타의 폐습을 지양함으로써 군을 민주화 내지 근대화하여 국민의 신뢰를 받는 군의 새로운 위상정립의 의지로서 일찍이 구타 및 가혹행위를 근절하기 위한 1979. 육군 일반 명령 제37호가 발하여 졌고, 앞서 본 바와 같이 1985. 9. 4.에도 육군참모총장이 구타근절 종합대책을 세우고 육군 일반명령 제37호 구타행위 엄금 수정 보완 내용 및 얼차려 수정 보완 내용의 규정을 만들어 이를 준수할 것을 예하 부대에 명령하고 1985, 1987년에는 위 내용을 구타지침서라는 팜플렛에 담아 초급장교용으로 각 예하 부대에 하달하여 거듭 이를 준수토록 한 것이다. 그렇다면 인간으로서의 존엄과 가치존중의 헌법정신과 군인복무규율상의 규정은 차치하고라도, 구타와 가혹행위 근절을 통한 군의 민주화를 위한 군내부의 훈령이라고 볼 위 관계규정에 비추어 일견 보아도 군기율을 근본적으로 어긴 위법한 무권한의 명령이고 실질적인 가혹행위를 검찰관이 단순히 군상사의 명령이라는 이유만으로 항명죄의 객체인 정당한 명령으로 단정한 끝에 항명죄까지 성립한다고 보고(징계사유의 해당 여부는 별론일 것이다) 이 사건 처분에 이르렀으니 적어도 자의금지의 원칙을 위배한 처분으로 말미암아 청구인에 대한 평등권이 침해되었음에 틀림없으며 이에 의하여 부당하게 행복추구권이 침해되었다고 할 것이다" (헌재 1989. 10. 27. 89헌마56, 1, 309(320-321)).

217) "헌헌법 제18조에서 "모든 국민은 통신의 비밀을 침해받지 아니한다"라고 규정하여 통신의 비밀을 침해받지 아니할 권리 즉, 통신의 자유를 국민의 기본권으로 보장하고 있다. 따라서 통신의 중요한 수단인 서신의 당사자나 내용은 본인의 의사에 반하여 공개될 수 없으므로 서신의 검열은 원칙으로 금지된다고 할 것이다. … 징역형 등이 확정되어 교정시설에서 수용중인 수형자도 통신의 자유의 주체가 됨은 물론이다"(헌재 1998. 8. 27. 96헌마398, 10-2, 416(427)).

국가기관이므로 비록 고도의 정치적 결단에 의하여 행해지는 국가작용이라고 할지라도 그것이 국민의 기본권 침해와 직접 관련되는 경우에는 당연히 헌법재판소의 심판대상이 될 수 있는 것일 뿐만 아니라, 긴급재정경제명령은 법률의 효력을 갖는 것이므로 마땅히 헌법에 기속되어야 할 것이다[218]"라고 함으로써 기본권침해와 관련되는 한 통치행위도 사법심사의 대상이 됨을 선언하고 있다. 국가긴급권[219]에 대하여도 "입헌주의적 헌법은 국민의 기본권 보장을 그 이념으로 하고 그것을 위한 권력분립과 법치주의를 그 수단으로 하기 때문에 국가권력은 언제나 헌법의 테두리 안에서 헌법에 규정된 절차에 따라 발동되지 않으면 안 된다. 그러나 입헌주의국가에서도 전쟁이나 내란, 경제공황 등과 같은 비상사태가 발발하여 국가의 존립이나 헌법질서의 유지가 위태롭게 된 때에는 정상적인 헌법체제의 유지와 헌법에 규정된 정상적인 권력행사 방식을 고집할 수 없게 된다. 그와 같은 비상사태 하에서는 국가적·헌법적 위기를 극복하기 위하여 비상적 조치가 강구되지 않을 수 없다. 그와 같은 비상적 수단을 발동할 수 있는 권한이 국가긴급권이다. 즉 국가긴급권은 국가의 존립이나 헌법질서를 위태롭게 하는 비상사태가 발생한 경우에 국가를 보전하고 헌법질서를 유지하기 위한 헌법보장의 한 수단이다"라고 하여 그 필요성을 인정하면서도 그것은 동시에 권력의 집중과 입헌주의의 일시적 정지로 말미암아 입헌주의 그 자체를 파괴할 위험을 초래하게 될 가능성이 있으므로 헌법에서 국가긴급권의 발동 기준과 내용 그리고 그 한계에 관해서 상세히 규정함으로써 그 남용 또는 악용의 소지를 줄이고 심지어는 국가긴급권의 과잉행사 때는 저항권을 인정하는 등 필요한 제동장치도 함께 마련해 두는 것이 현대의 민주적인 헌법국가의 일반적인 태도라고 보고 우리 헌법도 그러한 취지를 규정하고 있다고 선언하였다. 따라서 초헌법적인 국가긴급권을 대통령에게 부여하고 있는 법률은 헌법을 부정하고 파괴하는 반입헌주의, 반법치주의의 위헌법률이라고 보는 것이다.[220] 요컨대 특수신분관계에 따른 기본권 제한이든 통치행위 내지는 국가긴급권행사에 의한 기본권의 제한이든 과잉금지원칙과 본질적내용침해금지원칙을 준수하였는지의 여부가 문제가 되는 것이다.[221]

　　헌법에 의한 직접적인 기본권의 제한은 제8조 및 제23조 그리고 제29조에서 발견된다. 제8조에 따르면 정당은 목적이나 활동이 민주적 기본질서에 위배될 때에는 해산할 수 있도록 하고 있고, 제23조에 따르면 재산권의 행사에는 사회기속성이 부과되어 보상 없이도 제한이 가능하도록 되어 있다. 또 제29조에서는 군인등 공무원의 이중배상을 금지함으로써 국가배상청구

218) 헌재 1996. 2. 29. 93헌마186, 8-1, 111(115-116).
219) 이에 대하여는 헌법 제76조 및 제77조 참조.
220) 헌재 1994. 6. 30. 92헌가18, 6-1, 557(569).
221) 예컨대 재소자의 기본권제한의 경우: "행형법은 교정시설의 질서를 유지하고 수형자의 교정·교화를 도모하기 위하여 수형자가 서신을 수발할 경우에는 교도소장의 허가와 교도관의 검열을 요하도록 규정하고 있다(제18조 제1항, 제3항). 이 사건의 쟁점은 피청구인이 이 법률조항에 따라 시행한 서신검열행위가 국가안전보장·질서유지 또는 공공복리를 위하여 "필요한 경우"에 해당하는지 여부와 그 검열이 통신의 자유의 본질적인 내용을 침해하는 것인지 여부이다"(헌결 1998. 8. 27. 96헌마398, 10-2, 416(427)).

권을 제한하고 있다. 견해에 따라서는 제21조에서 언론·출판은 타인의 명예나 권리 또는 공중도덕이나 사회윤리를 침해해서는 아니 된다고 규정하고 있는 것도 헌법에 의한 직접적인 언론·출판의 자유의 제한이라고 보기도 한다.222) 헌법이 직접적으로 특정한 기본권을 제한하는 규정을 둘 경우에는 기본권제한의 일반적 원리들이 적용될 수 있을 것인가에 대해서는 의문이 있을 수 있다. 원칙적으로는 헌법에 의한 직접적인 제한의 경우에도 과잉금지원칙이나 본질적내용침해금지원칙 등과 같은 법치국가의 주요한 내용들이 적용되는 것이 바람직하다. 그러나 헌법이 명시적으로 이를 배제하는 규정을 둘 경우에는 헌법규정 자체는 심판할 수 없다고 보는 것이 헌법재판소의 입장이기 때문에223) 사실상 위헌으로 되기는 어렵다.

헌법상의 자유와 권리의 제한의 일반적 형태는 법률에 의한 제한이라고 할 수 있다.224) 헌법에는 제12조 신체의 자유의 제한, 제23조의 재산권의 제한, 제33조 제3항의 단체행동권의 제한 등 몇몇 개별 기본권규정에서 법률유보를 규정하고 있지만 무엇보다 일반적 형태는 제37조 제2항에서 발견된다. 전자를 개별적 법률유보조항이라고 하는데 반하여 후자는 일반적 법률유보조항이라고 한다.

나. 법률의 의미

개별적 법률유보에 의하든 일반적 법률유보에 의하든 헌법상 보장된 자유와 권리를 제한하는 법률은 국회가 제정한 것이어야 하고(형식적 의미의 법률), 일반적이고 명확한 것이어야 한다(법률의 일반성과 명확성).

(1) 형식적 의미의 법률

법률이라는 형식의 규범을 제정할 수 있는 권한은 국회에 전속한다(제40조). 대한민국헌법에 따르면 대통령도 국회와 같이 민주적 정당성이 있는 헌법기관이지만, 법률적 효력을 갖는 명령을 제정할 수 있을 뿐, (형식적 의미의) 법률을 제정할 수 있는 권한이 있는 것은 아니다. 따라서 제37조 제2항에 의하면 국민의 자유와 권리는 국회가 제정한 법률에 의해 제한하는 것이 원칙이고 일반적이다. 헌법이 기본권의 제한을 국회가 제정할 권한이 있는 법률로 하도록 하고 있는 것은 국회가 민주적 정당성을 가진 유일한 헌법기관이기 때문이 아니라, 의회민주주의에 대한 믿음 때문이다. 물론 국회는 모든 내용을 법률로 규율할 필요는 없다. 제75조와 제95조가 위임입법의 근거를 마련하고 있기 때문이다. 다만, 위임의 경우에도 당해 기본권의 제한에 있어서 본질적 사항에 대하여는 국회 스스로 결정하여야 하고(의회유보원칙),225) 구체적이고 개별적으로 범위를 정하여 위임하지 않으면 안 된다(제75조=포괄위임입법금지의 원칙). 그 중에서도

---

222) 김철수, 신론, 419. 그러나 정종섭(주 75), 589에서는 이는 언론·출판의 자유의 한계를 강조하는 주의적인 규정에 지나지 않으므로 삭제하는 것이 바람직하다고 한다.

223) 헌재 1995. 12. 28. 95헌바3, 7-2, 841(845-848); 1996. 6. 13. 94헌마118등, 8-1, 500; 2001. 2. 22. 2000헌바38, 13-1, 289.

224) 정재황, 헌법판례과 행정실무, 법영사, 2001, 66 참조.

225) 헌재 1995. 5. 27. 98헌바70, 11-1, 633.

처벌법규의 위임은 특히 긴급한 필요가 있거나 미리 법률로써 자세히 정할 수 없는 부득이한 사정이 있는 경우에 한정되어야 하고, 이러한 경우일지라도 법률에서 범죄의 구성요건은 처벌 대상인 행위가 어떠한 것일 것이라고 이를 예측할 수 있을 정도로 구체적으로 정하고 형벌의 종류 및 그 상한과 폭을 명백히 규정하여야 한다.[226]

　　지방자치단체의 조례에 위임하는 것은 시행령이나 시행규칙으로 위임하는 경우와는 다소 다른 특성을 갖는다. 지방자치단체는 헌법상 자치입법권이 인정되고, 법령의 범위 안에서 그 권한에 속하는 모든 사무에 관하여 조례를 제정할 수 있다는 점(제117조)과 조례는 선거를 통하여 선출된 그 지역의 지방의원으로 구성된 주민의 대표기관인 지방의회에서 제정되므로 지역적인 민주적 정당성까지 갖고 있다는 점을 고려하여야 하기 때문에 조례에 위임할 사항은 헌법 제75조 소정의 행정입법에 위임할 사항보다 더 포괄적이어도 헌법에 반하지 않는다고 하는 것이 헌법재판소의 입장이다.[227]

(2) 법률의 일반성

　　헌법상 보장된 자유와 권리를 제한하는 법률은 일반적인 성격을 지닌 것이어야 한다. 일반적 법률이라는 것은 특정한 사안이나 사람을 규제하기 위한 법률, 즉 처분적 법률이어서는 안 된다는 의미이다. 이것은 평등원칙과 관련된다. 차별은 일반적인 경우에는 합리적인 근거가 있으면 허용될 수 있고, 침해의 진지성이 큰 경우에는 과잉금지원칙에 합치하는 한 허용될 수 있다.[228] 따라서 처분적 법률은 예외적으로 평등원칙에 합치하는 한 허용될 수 있다.

(3) 법률의 명확성

　　법률의 명확성은 행정부가 법률에 근거하여 국민의 자유와 재산을 침해하는 경우 법률이 수권의 범위를 명확하게 확정해야 하고, 법원이 공권력의 행사를 심사할 때에는 법률이 그 심사의 기준으로서 충분히 명확해야 한다는 것을 뜻한다.[229] 법규범의 의미내용으로부터 무엇이 금지되는 행위이고 무엇이 허용되는 행위인지를 의무주체가 알 수 없다면 법적 안정성과 예측가능성은 확보될 수 없게 될 것이고, 법집행 당국에 의한 자의적 집행이 가능하게 될 것이기 때문이다.[230] 이러한 명확성의 요청의 헌법적 근거에 대해서 헌법재판소는 헌법상 내재하는 법

226) 헌재 1994. 6. 30. 93헌가15등, 6-1, 576.
227) 헌재 2004. 9. 23. 2002헌바76, 16-2상, 501. 주민의 자유와 권리를 제한하는 조례를 제정함에 있어서 헌법 제117조 제1항의 '법령의 범위 안에서'의 의미가 반드시 법률로 조례에 위임한 경우(법률유보)만을 의미하는 것인지, 아니면 단순히 '법령에 위반하지 않는 범위 내에서'라는 의미인지에 대해서는 학자들 간에 이견이 있다. 헌법재판소의 판례는 전자의 입장으로 이해된다. 그런데 헌법재판소의 견해처럼 포괄적인 위임으로도 족하다고 하면 구태여 제117조의 '법령의 범위 안에서'를 법률유보로 해석하는 의의는 매우 형식적인 것에 머무르고 만다.
228) 이것은 독일연방헌법재판소의 견해이나(BVerfGE 107, 27, 46), 헌법재판소에서도 이를 따르고 있다(예컨대 헌재 2004. 1. 29. 2002헌가22등, 16-1, 29(49)).
229) 헌재 2006. 3. 30. 2005헌바78, 공2006, 535.
230) 헌재 1992. 4. 28. 90헌바27등, 4, 255(268-269); 1998. 4. 30. 95헌가16, 10-1, 327(341-342); 2000. 2. 24. 98헌바37, 12-1, 169(179).

치국가원리와 함께 국민의 자유와 권리를 보호하는 기본권보장을 들고 있다.231)

　법률에서 요구되는 명확성의 정도는 개개의 법률이나 법조항의 성격에 따라 다른데, 예컨대 부담적 성격을 가지는 법률의 경우에는 수익적 성격을 가지는 경우에 비하여 명확성의 정도가 더욱 엄격하게 요구된다고 한다.232) 마찬가지로 불확정법개념이 사용된 경우에 동일한 법률의 다른 규정들을 원용하거나 다른 규정과의 상호관계를 고려하거나 이미 확립된 판례를 근거로 하는 등 정당한 해석방법을 통하여 그 규정의 해석 및 적용에 대한 신뢰성이 있는 원칙을 도출할 수 있고, 그 결과 개개인이 법률이 보호하려고 하는 가치 및 금지되는 행위의 태양과 이러한 행위에 대한 국가의 대응책을 예견할 수 있고 그 예측에 따라 자신의 행동에 대한 결의를 할 수 있는 경우에는 명확성이 있는 것으로 볼 수 있다.233)

8. 자유와 권리의 본질적내용침해금지원칙

가. 의의 및 연혁

(1) 의   의

　제37조 제2항의 문법상의 의미로 볼 때 명백히 국민의 모든 자유와 권리의 본질적인 내용침해 금지는 기본권제한에 있어서 최후적 한계234)에 해당한다. 앞의 과잉금지원칙에 비하여 내용상의 한계235)로 이해되기도 한다. 따라서 국가권력은 어떠한 경우에도 기본권의 본질적 내용을 침해할 수 없으며, 본질적 내용의 침해라고 판단되면 당해 국가행위는 위헌이 된다. 본질적 내용침해금지원칙의 이해는 실제에 있어서는 과잉금지원칙과의 관계에 대한 이해이다.

(2) 연   혁

　본질적 내용 침해 금지를 규정하고 있는 제37조 제2항은 1960년헌법의 제28조 제2항으로 거슬러 올라간다. 이 규정은 독일의 1949년의 기본법 제19조 제2항을 받아들인 것이다.236) 1972년의 소위 유신헌법237)에서는 폐지되었었고, 1980년 헌법에 다시 규정되었다.238) 그런데 문제는 이 조항상의 "본질" 파악의 한계다. 헌법상의 기본권의 본질적 내용도 그러한 불명확한 본질개념의 연장선상에 있다고 할 수 있다.239) 그럼에도 불구하고 독일에서는 많은 논의가 이

231) 헌재 2006. 3. 30. 2005헌바78, 공2006, 535.
232) 헌재 1992. 2. 25. 89헌가104, 4, 64(78); 2002. 1. 31. 2000헌가8, 14-1, 1(8).
233) 헌재 1992. 2. 25. 89헌가104, 4, 64(79).
234) Dürig, in: Gesammelte Schriften 1952-1983, S. 127 ff. (136 ff.).
235) 허영(주 15), 289 이하.
236) 이는 일반적인 견해이다. 예컨대 김철수, "기본권의 존중과 한계," 법학(서울대) 7-1(1965). 45-68(58); 갈봉근, 유신헌법해설(재판), 한국헌법학회출판부, 1976, 92 등 참조. 그렇게 보는 독일학자로는 예컨대 Dreier, Grundgesetz Kommentar I , S. 1083 Rn. 5.
237) 제4공화국의 기본권 침해적 헌정에 대한 것은 김철수, 한국헌법사, 대학출판사, 1988, 90-95, 233-238 참조. 그리고 이 시기의 암울했던 공법학계의 분위기에 대해서는 157-161 참조.
238) 물론 제5공화국의 정부가 진정으로 기본권의 보호를 위하여 동 규정을 부활한 것으로는 보이지 않는다. 헌법개정과정을 보면 오히려 동 규정에 대한 논의는 피상적인 것에 그쳤다는 것을 알 수 있다.
239) 기본권의 본질이 무엇인가 하는 문제에 있어서도 본질회의론이 적지 않다(예컨대 루만은 "본질의 본질을

루어져 왔다. 이 과정을 거치면서 기본권의 본질적 내용에 대한 많은 부분과 기능이 알려지게 되었다. 독일에서도 1990년대 이후로는 별다른 논의의 진전이 없기는 하지만, 그것은 이전에 이미 어느 정도의 논의의 과정을 거쳤기 때문이기도 하다. 이에 반하여 우리나라에서는 의도적 회피는 아닐지라도 논의가 활성화되지 못했던 것은 사실이다.[240]

판례의 역사에 있어서는 대법원이 의미 있는 판결을 한 바 있다. 바로 군인 또는 군속에게 이로 인한 손해배상청구권을 제한 또는 부인하는 국가배상법 제2조 제1항 단서에 대해 본질적 내용의 침해를 선언한 1971년 6월 22일의 대법원판결[241]이다. 이 판결은 후에 법원이 사법파동을 겪게 된 직접적인 원인이 되었고, 후에 국가배상법상의 이 규정은 유신'헌법'에 명문으로 규정 되어버렸다.[242] 현재도 존재하는 이 헌법규정에 대해서 현 헌법재판소는 헌법규정 자체는 심판할 수 없다는 소극적 입장을 취하고 있다.[243] 그 외 헌법재판소는 제37조 제2항 후문과 관련하여 논쟁이 되는 결정을 다수 내리고 있다.[244]

나. 보호대상

본질적내용침해금지원칙의 보호대상에 대한 논쟁은 이 규정이 보호하는 것이 개인의 헌법상의 권리로서의 기본권인가 아니면 동 규정에 의해 보장되는 바의 제도와 같은 어떤 객관적인 내용인가에 대한 논쟁이다. 환언하면 본 조항의 고유한 귀속주체가 개인이냐 공동체냐 하는 문제라고 할 수 있다. 전자라고 한다면 구체적인 경우에 개인의 기본권이 남김없이 박탈되는 것을 방지하려는 규정으로 이해되고, 후자라고 한다면 헌법이 지향하는 바의 자유민주국가가 전체주의국가로 변형되는 것만을 금지하는 규정이라고 이해된다. 이 주제에 관한 한 우리의 학설이나 판례는 특히 독일적 논의의 연장선상에 있기 때문에 아래에서는 우선 독일의 논의를 개관해 보고 우리나라에서의 논의를 살펴본다.

알 수 없다(Das Wesen des Wesens ist unbekannt)"고 의미심장하게 말하였다 : Luhmann, Grundrechte als Institution, S. 59-60. 그러나 헌법 제37조 제2항 후문의 '기본권의 본질적인 내용'의 이해는 '본질'에 대한 의미로부터 탐구되어야 한다고 할지라도 헌법상의 본질이란 어디까지나 헌법적 개념으로서의 본질이라고 이해되기 때문에 이 개념이 헌법에 규정되기 이전의 철학적 의미와는 구별된다고 할 수 있다(Zivier, Der Wesensgehalt der Grundrechte, S. 49 ff.; Schneider, Der Schutz des Wesensgehalts, S. 183 ff. 참조).

240) 이 주제에 대한 본격적인 글들은 90년대 후반에 발표되었다. 이에는 정태호, "기본권의 본질적 내용보장에 관한 고찰," 헌법논총 제8집(1997. 12); 강태수, "본질적 내용의 침해금지규정에 관한 연구," 청주대 법학논집 제13집(1998. 2); 김대환, "기본권의 본질적 내용 침해금지에 관한 연구," 서울대 박사학위논문(1998. 8) 등이 있다.

241) 대판 1971. 6. 22. 70다1010, 집19(2민), 110 이하. 이에 대한 보다 상세한 내용은 김철수, 위헌법률심사제도론, 학연사, 1983, 289 이하 참조.

242) 이 사건 헌법규정의 연혁에 대하여는 헌재 2001. 2. 22. 2000헌바38, 13-1, 289, 국가배상법 제2조 제1항 단서 등 위헌소원에서 재판관 하경철의 반대의견 참조.

243) 헌재 1995. 12. 28. 95헌바3, 7-2, 841(845-848); 1996. 6. 13. 94헌마118등, 8-1, 500; 2001. 2. 22. 2000헌바38, 공54, 202.

244) 예컨대 사형이 생명권의 본질적 내용의 침해가 아니라는 헌재 1996. 11. 28. 95헌바1, 8-2, 537과 토지재산권의 본질적 내용을 판단하고 있는 헌재 1989. 12. 29. 88헌가13, 1, 357 등 참조.

(1) 학   설

(가) 주관설(Die subjektive Theorie)

주관설이란 기본권의 본질적 내용보장의 보호대상은 주관적 권리라는 견해이다. 이는 동 조항을 법적 지위보장(Rechtsstellungsgarantie)규정으로 보는 입장이다. 여기서는 개인의 구체적 기본권을 문제로 삼고 당사자에 있어서 침해의 심각성을 두고 판단한다.[245]

기본권이 제한된 후 어느 정도의 기본권 실현의 가능성이 남아 있는가를 주목하는 견 해,[246] 객관적인 법규범을 전제로 이로부터 다른 사람이 규범을 준수하도록 관철시키는 힘인 권리가 나오는 것이라고 보는 견해,[247] 기본권주체가 국가행위의 객체로 취급될 때 기본권의 본질적 내용은 침해가 있게 된다고 함으로써 개인이 아무리 노력하여도 성취할 수 없는 조건에 의하여 기본권의 행사가 허용되지 않는다면 그것은 본질적 내용의 침해라고 보는 견해,[248] 본 질적 내용을 당해 기본권의 핵심영역이라고 보는 견해,[249] 기본권은 공동체에 의한 억압으로부 터 개인을 보호하기 위하여 인정되는 것이라는 견해,[250] 기본권이란 우선 개인의 지위라고 파 악하는 견해[251] 등이 주관설에 해당한다.

(나) 객관설(Die objektive Theorie)

객관설은 주관설에 상대되는 것으로서 기본권의 본질적 내용보장의 의미를 존속보장 (Bestandsgarantie) 혹은 제도보장(Institutsgarantie)으로 보는 입장이다.

많은 경우에 기본권제한이 개인의 공권으로서의 기본권의 본질적 내용을 침해하지 않고서 는 생각할 수 없기 때문에, 기본권이 제한되는 기본권주체의 범위가 매우 넓어서 기본법이 의 도하는 바의 기본권의 의미가 전체사회생활에 있어서 상실되는 경우에만 본질적으로 침해되게 된다는 견해,[252] 헌법상의 개인의 공권이 도출되는 바의 헌법하위법률로 구성된 규범복합체의 핵심부분인 기본권의 제도적 내용을 본질적 내용으로 이해하는 견해,[253] 실체법적으로 볼 때 개별적 기본권적 지위의 보호는 본질적 내용 침해금지에 의한 것보다 개개의 기본권보장 자체 에 의하여 더 직접적으로 그리고 더 효과적으로 이루어지고 있고, 법이론적으로 볼 때는 기본 권 제한의 많은 경우에 있어서 그 법적 지위(즉, 권리)의 본질적 내용이 침해되는데(예: 행형, 병 역, 기본권의 실효) 이는 모순에 귀결되며, 법정책적으로 볼 때는 권리의 침해를 방어하는데 동

---

245) Stein, Staatsrecht, S. 244.
246) Krüger, DöV 1955, S. 597.
247) Zippelius, DVBl 1956, Heft 11, S. 353 ff.
248) Dürig, in: Gesammelte Schriften 1952-1983, S. 127 ff. (136 ff.).
249) Leisner, Grundrechte, S. 87, 88; Schneider, Der Schutz des Wesensgehalts, S. 273.
250) Stein, Staatsrechts, 7. Aufl., S. 247, 249; 같은 사람, Staatsrecht, 15. Aufl., S. 244.
251) Alexy, Theorie der Grundrechte, S. 268~269: 기본권규정의 효력이 개개인 모두나 상당부분 혹은 전반적으
      로 사회생활을 위하여 아무런 의미가 없어질 정도로 제한되는 것을 금지하는 것으로 이해하는 객관적 해
      석은 주관설과 함께 주장될 수는 있으나 주관설을 대신할 수 없다고 본다.
252) v. Mangoldt/Klein, Das Bonner Grundgesetz, S. 554, 561, 562.
253) Lerche, Übermaß und Verfassungsrecht, S. 240(김대환(주 60), 69 이하에서 절충설로 분류한 것을 수정함).

원칙의 효력을 집중하면 기본권질서의 일반적 존속을 보장하는 동 원칙의 결정적인 기능을 포기하게 될 위험이 있다는 점을 지적하는 견해,[254] 제도로서의 기본권이 폐지되거나 혹은 명목상 유지되는 경우에도 그 본질적 동일성(Wesensidentität)을 구성하는 최소한의 내용이 법률에 의하여 공동화되거나 변경되어 단지 외형적으로만 존재하게 된다면 본질적 내용의 침해라고 보는 견해,[255] 제도보장으로서 기본권은 입법자에 의한 모든 가능한 침해에 대하여 기본권의 본질적 내용을 절대적으로 보장하고 그리고 이러한 기능에서 개인의 법적지위에도 그에 상응하는 완전한 보호를 하게 된다고 보는 견해,[256] 기본권에 보장된 바의 객관법이 그에 주어진 고유한 공동체적 기능을 통상 수행할 수 없고, 기본권의 성격을 형성하는 절대적으로 확립된 바의 전형적 가치가 더 이상 효력을 발할 수 없을 때에는 기본권의 본질적 내용이 침해되는 것으로 보는 견해[257] 등이 이에 속한다.

(다) 절 충 설

본질적 내용 침해금지의 보호대상이 권리냐 제도냐의 논쟁에 대해서는 대안들이 제시되고 있다. 이를 절충설이라고 할 수 있다.

극단적인 경우를 제외하면 기본법 제19조 제2항의 본질적 내용보장은 주관적 법적 지위에도 해당될 뿐만 아니라 객관적 가치규범과 제도보장에도 해당된다고 보는 견해,[258] 전체로서의 사회생활을 위한 기본권의 기능을 폐지하는 제한은 결코 비례적일 수 없기 때문에, 기본권의 그러한 기능은 항상 유지되어야 함과 동시에 일반적으로 개인에게 기본권적으로 보장되는 자유가 거의 혹은 완전히 배제되는 기본권제한은 비례성을 위반한 것이고 따라서 본질적 내용 보장과는 일치하지 않는다고 보는 견해,[259] 기본권의 본질적 내용 보장을 실제에 있어서는 무엇보다도 기본권적인 제도보호(Institutionsschutz)를 의미하는 것으로 보면서도, 기본권의 권리적 성격은 기본법상의 기본권의 본질적 징표(Wesensmerkmal)이면서 문언상으로도 명백하기 때문에, 기본권규정 외에 주관적 공권으로서의 기본권의 본질적 내용도 보호되는 것으로 보는 견해[260] 등이 이에 속한다.

(2) 연방헌법재판소

초기의 연방헌법재판소의 판례에서는 명시적으로 이 문제가 해결될 필요성이 없는 것으로 보기도 하면서,[261] 동시에 객관적·제도적 관점에 입각한 것으로 평가되는 설시도 보이고 있

---

254) Jäckel, Grundrechtsgeltung, S. 111.

255) Huber, DöV 1956, S. 142 f.

256) J. H. Kaiser, Verfassungsrechtliche Eigentumsgewähr, S. 40 ff. 특히 S. 40.

257) Peters, Elternrecht, Erziehung, Bildung und Schule, in: Bettermann-Nipperdey-Scheuner(Hrsg.), Die Grundrechte, Bd. Ⅳ 1, Berlin 1960, S. 383.

258) Maunz/Dürig/Herzog/Scholz, GG, Art. 19 Art. Ⅱ Rdnr. 15.

259) K. Hesse, Grundzüge, Rdnr. 334.

260) K. Stern, Das Staatsrecht Ⅲ/2, S. 870.

261) BVerfGE 2, 266(285).

다.262) 한편 개인의 권리라는 관점에 입각한 판례도 있다.263) 주관설에 기울어져 있기는 하지만, 전체적으로는 두 입장에서 이해되는 바를 모두 인정하고 있는 것으로 평가된다.264)

다. 본질적 내용의 의미

본질적 내용의 의미에 대해서는 주로 독일적 논의의 연장선상에 있고, 또 그 동안 논의가 활발히 이루어져 왔다고 볼 수도 없기 때문에 여기서도 우선 독일의 논의를 살펴보기로 한다.

(1) 학   설

보장되는 바의 본질적 내용을 절차적으로 파악하는 견해와 실체적으로 파악하는 입장으로 나누어 볼 수 있다. 실체설도 상대설과 절대설로 분리된다.

(가) 절차법설(Die verfahrensrechtliche Theorie)

뢸렉케의 견해에 따르면 본질적 내용의 침해금지라는 입법상의 한계는 오히려 그러한 추상적 기준을 내세워 자신의 입법을 언제나 정당화시킬 위험이 있기 때문에, 공개된 절차 즉, 법원에 제소하는 가능성 속에 본질적 내용은 보호되는 것이라고 한다.265) 이러한 입장은 연방헌법재판소의 결정에서도 찾을 수 있다고 한다.266) 우리나라에서도 본질적 내용에는 그의 법적 강제성까지 포함한다는 견해가 있다.267)

이 견해에 대해서는 본질적 내용의 획정은 기본권의 고유한 근본요소라는 어떤 것을 필요로 하고,268) 동 규정은 그 자체로서 실효성 있는 권리보호가 법원의 보호 만이라는 것을 말하는 것은 아니며,269) 국가적 조치(staatliche Maßnahmen)가 공개된 절차, 즉 원칙적으로 독립법원에서 심사될 수 없다면 기본권 자체가 사실상 문제가 될 수 있다는 것은 옳다고 보았지만, 여기에서 본질적 내용을 이용할 필요는 없다고 보았다. 개념적으로 기본권의 관철(Durchsetzbarkeit)은 이미 그것의 주관적 공권으로서의 권리적 성격에서 도출될 수 있다270)는 등의 비판이 있다.

---

262) E. C. Denninger, Kommentar zum Grundgesetz, S. 1225. Rdnr. 4.

263) BVerfGE 6, 32(41); 6, 389(433); 7, 377(411); 13 97(122); 15, 126(144); 16, 194(201); 21, 92(93); 22, 180(219); 27, 1(6); 27, 344(352); 30, 1(24); 31, 58(69); 32, 373(379); 34, 238(245); 45, 187(242, 270f.).

264) Th. Maunz, in: Maunz/Dürig/Herzog/Scholz, GG, Art. 19 Rn. 15.

265) Roellecke, Der Begriff des positiven Gesetzes, S. 297.

266) 예컨대 BVerfGE 61, 82(113) — 사스바흐(Sasbach) 판결: "법질서가 기본권의 보호를 위하여 인정한 모든 방해배제청구권이 실체법상 배제되거나 혹은 그것을 실효성 있게 적용하는 것이 절차법상 거절되는 경우는 청구권 혹은 그 보호를 위하여 보장되는 기본권이 ― 특정한 의도와 관련하여서는 무방비로 ― 실체법상으로 존재한다고 할지라도, 가령 기본법 제2조 제2항, 제12조 혹은 제14조 제1항 제1문의 기본권의 본질적 내용은 침해될 수 있다."

267) 김철수(주 236), 58.

268) Krüger, DöV(1955), S. 597(599)ff.

269) Dürig, Gesammelte Schriften, S. 161.

270) Schneider, Der Schutz des Wesensgehalts, S. 157-158.

(나) 실체법설

1) 상대설(die relativen Wesensgehalttheorien)

상대설은 본질적 내용을 확정적인 것으로서가 아니라 유동적인 크기로 보거나 혹은 본질적 내용을 상대적으로 취급한다는 점에 공통된 견해들을 의미한다.

가) 협의의 비례성의 원칙으로 보는 견해

기본권규범은 사적 자치를 보장하여 한편으로는 개인의 자발적 자기 책임적 생활형성의 가능성을, 다른 한편으로는 자유롭게 구성되고, 아래에서 위로 성립되는 바의 사회질서를 보장한다는 관점에서 본질적 내용의 보호를 규정한 기본법 제19조 제2항은 "어떠한 경우에도 기본권적으로 보호되는 자유이익은 상위의 법익의 보호를 위하여 요구되는 것보다 더 강하게 제한되어서는 안 된다"는 것으로 해석하는 견해,[271] 본질적 내용의 침해는 항상 비례적이지 못하며 어떠한 목적도 기본법 제19조 제2항의 효력범위에서는 그러한 침해를 정당화시킬 수 없다고 읽을 수 있지만, 동시에 예컨대 본질적 내용의 침해에까지는 이르지 않은 경우들에서는 형량관계로 고찰될 수 있다 하여 본질적 내용의 보호를 비례요소(Verhältnisfaktor)로 보는 견해,[272] 기본권은 그 기본권이 구체적으로 놓여있는 관계로부터 그 적극적 내용이 도출될 수 있을 뿐만 아니라, 절대적이고, 일반적인 그리고 항상 확정적인 내용이라는 것은 존재하지 않으며, 기본권은 개개의 구체적 경우에서 당해 국민과의 다양한 관련 하에서 비로소 그 내용을 유지하게 되고, 다른 사람의 기본권과 기본적 의무라는 구조 속으로 돌입하게 된다는 견해[273] 등이 상대설의 입장이다.

이러한 상대설에 대해서는 본질적 내용을 비례성의 원칙의 표현으로 보는 것은 결국 본질적 내용이 아무것도 아닌 것으로 되어버리는 위험이 있다는 점,[274] 비례성의 범위 내에서의 비교형량문제는 최후적 한계로서의 본질적 내용침해금지 이전에 일어난다는 점,[275] 필요성이나 비례성의 원칙은 기본법 제20조 제3항의 법치국가의 원칙이나 제1조 제3항에 의한 국가권력의 포괄적인 기속으로부터도 국가권력이 임의로 기본권을 제한할 수 없다는 것이 별 어려움 없이 도출된다는 점,[276] 기본권의 본질적 내용보장은 기본권 내부로부터 결정되는데 반하여, 과잉금지는 침해의 목적과 침해수단에 방향이 맞추어져 있다는 점[277] 등이 지적된다.

271) Hippel, Grenzen, S. 49.

272) Lerche, Übermaß und Verfassungsrecht, S. 79.

273) Kaufmann, ARSP Bd. LXX, 1984, S. 396, 397.

274) Schneider, Der Schutz des Wesensgehalts, S. 164.

275) Grabitz, Freiheit und Verfassungsrecht, S. 101; Schneider, Der Schutz des Wesensgehalts, S. 165.

276) Stern, Das Staatsrecht, Ⅲ/2, S. 872; Schneider, Der Schutz des Wesensgehalts, S. 165.

277) 같은 견해로 Stern, Das Staatsrecht, Ⅲ/2, S. 872; Schneider, Der Schutz des Wesensgehalts, S. 166; 그러나 알렉시는 좁은 의미의 비례성의 원칙을 포함한 광의의 비례성의 원칙을 기본권규범의 원리적 성격에서 찾고 있다(R. Alexy, Theorie, S. 100-103).

나) 내재적 한계이론(immanente Grundrechtsschranken)에 입각한 상대화 견해

이 견해에는 사실상 기본권의 내재적 한계만을 구체화하는 법률은 이러한 권리를 결코 침해하는 것이 아니며, 따라서 더욱 그 본질적 내용을 침해하는 것은 아니라고 보고, 그렇게 하여 도출된 내재적 한계는 법률유보가 없는 경우의 기본권의 제한 또는 기본법 제19조 제2항을 침해하는 기본권의 제한도 정당화할 수 있게 된다는 견해,278) 인권을 기본권의 본질적 내용이면서 불가침인 것으로 보지만,279) 인권에도 내재적 한계만은 존재하는 것으로 보는 견해,280) 모든 기본권은 그 속해있는 바의 헌법의 가치체계 전체로부터 내용과 한계가 결정되기 때문에281) 필연적으로 내재적 한계를 갖기 마련이고, 이 한계의 확정에 있어서는 헌법상의 근본원칙들과 함께 특히 법익형량의 원칙이 고려된다는 견해282) 등이 있다.

내재적 한계설이 기본권의 구체화가 기본권의 한계뿐만 아니라 내용까지도 포함하는 것으로 이해하는 한 그것은 자연법사상과 조화되지 않는다는 점이 비판으로 제기된다. 왜냐하면 기본권의 내용과 한계의 구별은 기본권질서 내에서의 초실정법과 실정법의 긴장관계도 암시하는 것으로 보기 때문이다.283)

다) 규칙/원리(Regel/Prinzipien)모델이론

이 이론에 있어서 원리란 규정된 바대로 이행될 것을 요구하는 규칙과 달리 가능한한 높은 정도로 실현될 것을 기대하는 규범으로서 그것과 충돌하는 근거들에 의해 제거될 수 있는 것을 의미한다. 따라서 원리들은 다른 근거들과 충돌하는 경우를 대비하여 사실상의 확정된 내용이 없다.284) 그리하여 원리는 (광의의) 비례성의 원칙과 밀접한 관계를 맺게 되는데 결국 원리적 성격은 비례성의 원칙을 의미하는 것이고 비례성의 원칙은 원리적 성격을 의미하는 것으로 된다.285)

이 견해에 대하여는 기본법 제19조 제2항이 기본권에 규칙적 성격을 부여하는지의 여부에 대해서는 답하지 않고 있다는 비판이 있다.286)

2) 절 대 설

절대설은 기본권의 본질적 내용을 기본권제한이 문제되는 구체적인 상황과 독립해서 절대적으로 존재하고 입법자에 대한 유보 없이 보호되는 바의 기본권의 본질핵심(Wesenskern)이라고 이해하는 견해를 말한다.287) 그리하여 개별기본권의 본성(Natur), 근본요소(Grundsubstanz),288) 인간

278) Bachof, JZ 1957, S. 334-342 (337-338).

279) Hamel, Die Bedeutung, S. 17.

280) Hamel, Die Bedeutung, S. 34.

281) Häberle, Die Wesensgehaltgarantie, S. 51.

282) Häberle, Die Wesensgehaltgarantie, S. 53.

283) Schneider, Der Schutz des Wesensgehalts, S. 171.

284) Alexy, Theorie, S. 87-88.

285) Alexy, Theorie, S. 100 ff.

286) Stern, Das Staatsrecht, III/2, S. 868.

287) Stelzer, Das Wesensgehaltsargument, S. 49; Schneider, Der Schutz des Wesensgehalts, S. 189; Herbert, EuGRZ 1985, S. 323; Hendrichs, in: GG-Komm., Art. 19 Rndr. 25.

288) Wernicke, Bonner Kommentar zum Grundgesetz, Art. 19 II Erläuterungen 2.

의 존엄,[289] 인간의 존엄 이상의 개별기본권의 핵심영역[290] 등이 본질적 내용으로 주장된다. 견해에 따라서는 객관적 기본권의 절대적 존속보장을 이해하는 견해도 있다.[291]

이러한 절대설은 그렇기 때문에 기본법 제19조 제2항에서 '어떠한 경우에도'(in keinem Falle)라고 하는 엄격한 문구가 나타난다고 한다.[292] 또한 본질적 내용의 구체적 개념이 발견될 수 없고 그리고 미지의 크기로 남는다 할지라도 본질적 내용보장이 비례성의 원칙에 의하여 대체되는 것은 기본법 제19조 제2항의 기본권의 본질적 내용의 불가침성이 기본권해석에 대한 명령(Anweisung)으로서 여전히 의미를 가지기 때문에 정당화될 수 없다고 한다. 또 기본권의 본질적 내용을 어떤 "최고의 공동체적 가치"에 종속시키려는 견해는 매우 위험하다고 지적한다. 이러한 해석은 기본법 제19조 제2항의 모든 내용을 박탈하게 되고, 기본권의 상대화라는 매우 두려운 결과를 가져오게 될 것이라고 경고한다. 그리고 기본법의 입법태도, 인격적 자연법적으로 이해되는 전헌법적 상황(Vorverfassungslage), 그리고 인간의 존엄과의 관련 등을 고려할 때 기본권의 본질적 내용을 준수하는 한 제한이 허용된다는 의미에서 (공동체에 대한) 개인의 우위만을 의미할 수 있다고 한다.[293]

그러나 절대설은 스스로도 인정하고 있는 것처럼 절대적인 바의 본질적 내용이 무엇인가에 대해서는 대답하기 곤란하다는 결정적인 결함이 있다.

(2) 연방헌법재판소

연방헌법재판소의 판례는 전체적으로 일정한 태도를 취하고 있지 않다고 할 수 있다. 1950년대에는 기본법 제19조 제2항은 기본권해석에 있어서 커다란 의미를 가진다고 보았다. 1955년 5월 4일의 결정에서는 기본법 제19조 제2항이 기본법상의 불가침적 근본원칙으로 여겨졌고,[294] 1957년 1월 16일 결정에서는 기본법 제19조 제2항에서 자유권의 최후적 불가침의 영역이 나온다고 하였다.[295] 1950년대의 그 후의 판결에서도 이러한 태도는 유지되었다.[296] 1958년경 이후는 기본법 제19조 제2항은 주로 부수적으로만 언급되었다.[297] 10여 년이 지나서는 기본법 제19조 제2항에 대하여 보다 큰 의미를 부여하는 시대가 도래되었다. 예컨대 1967년 7월 18일의 판결에서는 기본권의 불가침적 본질적 내용이 어느 곳에 존재하는가 하는 것은 모든 기본권에 대하여 기본권 전체체계에서의 각 기본권의 특수한 의미로부터 검토되어야 한다고 하였다.[298] 또 책임 있는 인격으로서의 개인에 대한 절대적 승인의무는 법률에 의하거나 법률을 근

---

289) Dürig, AöR 81(1956), S. 117ff; 또한 같은 사람, Gesammelte Schriften, S. 127–166.
290) Leisner, Grundrechte, S. 155; Schneider, Der Schutz des Wesensgehalts, S. 196–197; Stern, Das Staatsrecht Ⅲ/2, S. 864–876; BVerfGE 48, 127 ff.
291) Jäckel, Grundrechtsgeltung, S. 113–114.
292) Krüger, DöV 1955, S. 597.
293) Leisner, Grundrechte, S. 154.
294) BVerfGE 4, 157(170).
295) BVerfGE 6, 32(41).
296) BVerfGE 7, 377(411).
297) BVerfGE 8, 274(328 f.); 12, 281(295); 13, 97(122); 14, 263(281); 15, 125(244); 16, 194 (201).

거로 하여 인간이 국가에 대하여 단순한 객체(Objekt)로 되어버리는 그런 방식과 정도로 개인의 자유를 제한하는 것을 불가능하게 한다고 보았다.299) 1970년대 이후에 들어서는 연방헌법재판소는 일정치 못한 태도를 나타내고 있는 것으로 보이고 있다.300) 그러나 1982년 7월 8일의 결정301)에서는 기본법 제19조 제2항이 다시 긍정적으로 고려되었다. 이후의 결정에서는 기본법 제19조 제2항은 부득이한 경우에 언급되고 있을 뿐이지만,302) 그러나 1989년 9월 14일 판결303)에서는 다시 절대설적 입장으로 회귀한 것으로 보인다.

라. 우리나라에서의 논의의 평가

(1) 학　　설

학설은 주로 기본권의 본질적 내용이 무엇인가 하는 실체에 중점을 두고 논의를 해온 것으로 평가된다.304) 주로 인간의 존엄과 가치와 관련하여 그 침해여부가 문제되었다.305) 본질적 내용의 보호대상이 주관적 권리인지 아니면 객관적 규범인지 아니면 양자 모두인지는 거의 논의되지 않다가 1997년과 1998년에 와서야 새롭게 주관설306) 또는 객관설307)이 주장되었다. 그리고 본질적 내용이 확고한 고정적 실체를 갖는지의 여부에 대하여는 일찍이 절대설과 상대설의 대립이 있었고308) 뒤에는 절충설309)이 논의에 가세하였다. 그러나 기본권의 본질적 내용을 침해해서는 안 된다는 의미의 호소 또는 경고 정도로 이해하는 견해도 존재한다.310)

(2) 판　　례

(가) 대 법 원

그간의 대법원의 판례를 통하여 본질적내용침해금지원칙에 대한 어떤 이론을 형성한다는 것은 사실상 매우 어려운 것으로 보인다. 그러나 대법원은 기본권의 본질적내용침해금지원칙을 기본권제한의 확고한 한계로 인정하고 있다는 것만은 분명하게 드러난다.311)

---

298) BVerfGE 22, 180(219).

299) BVerfGE 27, 1(6).

300) BVerfGE 33, 303 ff.; 45, 187(207 f.); 58, 300(347).

301) BVerfGE 61, 82(113).

302) BVerfGE 80, 367(373); 84, 212(228).

303) BVerfGE 80, 367(374)

304) 우리나라 학설에 대한 자세한 소개는 김대환(주 60), 150 이하 참조.

305) 홍성방은 모든 기본권에 공통된 본질적 내용은 인간의 존엄이며, 개별 기본권에 특유한 본질적 내용은 기본권마다 다르다는 독특한 견해를 주장하고 있다(홍성방(주 161), 425).

306) 강태수(주 65), 102-144; 정태호(주 240), 279-362.

307) 육종수, "헌법질서와 기본권의 본질적 내용," 헌법학연구 4-2(1998), 226, 241.

308) 특히 김철수, 신론, 422 참조.

309) 권영성(주 18), 354.

310) 한수웅(주 214), 485. 이러한 취지로 보이는 견해로는 장영수, 헌법학 제3판, 홍문사, 2008, 521.

311) 무엇보다도 대판 1971. 6. 22. 70다1010, 집19-2민, 110 이하.

(나) 헌법재판소

1989년 12월 22일의 국토이용관리법 제21조의3 제1항, 제31조의2의 위헌심판결정[312])에서는 토지재산권의 본질적 내용을 토지재산권의 핵이 되는 실질적 요소 내지 근본요소라고 판단하여 절대설을 취하고 있다. 절대설에 입각하여 기본권의 본질적 내용의 개념을 정의하고 있는 또 다른 결정례는 1995년 4월 20일의 구 지방의회의원선거법 제181조 제2호 등 위헌소원결정[313])을 들 수 있다. 여기서는 기본권의 본질적 내용이 일반적으로 정해질 수는 없고 개별기본권마다 다르게 본 점이 두드러진다. 이 결정에서도 과잉금지위반여부가 마찬가지로 검토되고 있다.

그러나 헌법재판소가 명백히 상대설의 입장에 입각해 있는 것으로 볼 수 있는 결정도 있다. 1996년 11월 28일의 형법 제250조 등 위헌소원결정[314])에서 헌법재판소는 결과적으로 비록 기본권의 완전한 박탈이 이루어지더라도 비례의 원칙을 지키는 한 위헌이 아니라고 함으로써 상대설의 견해를 취하였다.

본질적 내용 침해금지와 과잉금지의 관계와 관련하여 1989년 12월 22일의 국토이용관리법 제21조의3 제1항, 제31조의2의 위헌심판결정[315])에서는 이를 구분하고 있다. 즉, 과잉금지원칙의 판단요소로서는 목적의 정당성, 방법의 적정성, 피해의 최소성, 법익의 균형성이 언급되었는데 반하여,[316]) 본질적 내용침해의 판단근거는 주로 — 직접적이든 아니면 보상을 통한 간접적이든 — 제한 후 당해 기본권의 행사가능성이 있는가 하는 것을 고려하고 있기 때문이다.[317]) 그러나 헌법재판소가 본질적내용침해금지원칙과 과잉금지원칙을 서로 독립된 원칙으로 인정한다고 하더라도 실제에 있어서는 전자를 후자의 의미로 이해하고 있는 것으로 보인다.[318])

마. 해 석 론

(1) 보호대상

(가) 주관적 권리

본질적 내용 침해금지가 개인의 주관적 권리를 보장하는 것인가, 객관적 기본권규범 자체를 보장하는 것인가 하는 문제는 본질적 내용의 이해에 있어서 중요한 의미를 갖는다. 어느 입장을 취하느냐에 따라 기본권현실에 대한 상이한 평가로 이어지기 때문이다. 예컨대 사형의 경우 주관설에 의하면 사형수의 생명권에 대한 본질적 내용의 침해에 해당하지만 객관설에 의하면 사형수의 생명권은 완전히 박탈됨에도 불구하고 일반 기본권주체의 생명권은 여전히 헌법

---

312) 헌재 1989. 12. 29. 88헌가13, 1, 357.
313) 헌재 1995. 4. 20. 92헌바29, 7-1, 499(509).
314) 헌재 1996. 11. 28. 95헌바1, 8-2, 537(546).
315) 헌재 1989. 12. 29. 88헌가13, 1, 357.
316) 헌재판례집 제1권, 378 이하.
317) 헌재판례집 제1권, 373 이하.
318) 무엇보다도 헌재 1997. 11. 27. 97헌바10, 공1997(25호), 86(91) 참조.

에 의하여 보장되고 있는 바이므로 본질적 내용의 침해가 아니게 된다. 종신형의 경우에도 주관적 권리로서의 신체의 자유의 완전한 박탈이지만, 여전히 다른 일반 기본권주체의 신체의 자유는 보장되고 있는 터이므로 객관적 기본권규정으로서의 신체의 자유에 대한 본질적 내용 침해는 아니게 된다. 따라서 이에 대하여는 엄격한 입장의 정립이 요구된다.[319]

우선 객관설이 주장되는 근거는 현실적으로 기본권제한의 많은 경우가 개인의 주관적 권리의 본질적 내용을 침해하지 않고서는 생각할 수 없다는 점에 있다. 이러한 것은 이미 언급한 사형이나 종신형 외에도 친족법에 의한 친권의 상실, 형사절차규정에 의한 서신비밀의 제한, 특정한 옥외집회의 금지, 특정한 직업허가의 금지, 토지수용 등 많은 경우에 있어서 관찰될 수 있다는 것이 클라인을 비롯한 객관설의 입장에서 지적된다. 객관설에 따르면 이와 같은 경우에 주관설을 고집하면 기본권의 본질적 내용의 침해가 있는 것으로 볼 수밖에 없는 모순이 있다고 한다. 그리하여 주관설은 그 논리적 결과가 일상적 국가생활에서 통용될 수 없다든가 혹은 기본법에 의하여 허용되는 기본권제한의 대부분이 헌법위반이 되어 완전히 무의미하다는 반론이 제기된다.[320]

이러한 객관설의 주장은 일견 주관설의 모순을 극복한 것으로 볼 수도 있기 때문에 설득력이 있는 것으로 보인다. 그러나 결국은 객관설은 주관적 권리로서의 기본권의 본질적 내용을 포기하고 있는 것으로 보이기 때문에 문제를 극복하기 보다는 오히려 회피한 것으로 판단된다. 따라서 객관설은 문제의 본질을 회피하려는 시도라고 한 라이스너의 비판[321]은 타당하다.

또한 클라인은 기본권이 제한되는 인적 범위가 지나치게 넓어서 기본권의 의미가 전체사회생활에서 상실되는 경우에만 본질적 내용의 침해가 있게 된다고 하는데 기본권이 제한되는 기본권주체가 얼마만큼 되어야 본질적 내용의 침해가 될 것인지가 분명하지 않다는 점이 지적될 수 있다.[322]

예켈은 실체법상 개별적 기본권적 지위의 보호는 개개의 기본권규정에 의하여 보다 효과

---

319) 물론 이 경우들은 주관설에서도 절대설의 입장에서 본 경우들이다. 이미 설명한 바와 같이 본질적 내용에 관한 학설로는 주관설과 객관설, 상대설과 절대설의 대립이 있는데 이는 각각의 조합에 의하여 결합될 수 있다. 이를 슈텔쩌는 주관적 절대설, 객관적 절대설, 주관적 상대설, 객관적 상대설의 4가지로 나누어 질 수 있는 것으로 보았다(Stelzer, Die Wesensgehaltsargument, S. 49 ff.). 그러나 이러한 구별이 구체적인 경우에는 서로 섞일 수 있다는 점도 아울러 지적하고 있다. 그리하여 주관적 절대설을 주장하는 사람(뒤리히)은 법익형량원칙도 제도적 보장의 가능성도 부인하여야 하지만, 객관적 절대설을 주장하는 사람(레르혜)은 개인을 절대적 본질적 내용에 참여케 할 가능성은 없지만 그러나 당연히 과잉금지원칙을 부인할 수는 없고, 주관적 상대설을 주장하는 사람(알렉시)은 그 외에 제도관련성도 허용할 수 있다고 보는 것이다. 그러나 객관적 상대설의 경우에는 문제가 있는 것으로 보인다. 객관설은 기본권규정 자체의 본질적 내용의 보호로 인식하므로 객관적 규정의 존속이 중요하게 되는 일종의 제도설이라고 할 수 있는데 이것이 법률에 의하여 상대화될 수 있다는 것은 생각하기 어렵다. 그러므로 객관설의 주장자인 F. Klein과 H. Jäckel도 절대설의 입장에 서있는 것이다. 슈텔쩌도 객관적 상대설의 입장은 구체적으로 설시하고 있지 않다.

320) Schwarck, Der Begriff der allgemeinen Gesetze im Sinne des Art 5. Abs. 2, GG, S. 76(L. Schneider, Der Schutz des Wensensgehalts, S. 82에서 인용).

321) Leisner, Grundrechte und Privatrechte, S. 153.

322) 같은 의미로 정태호(주 240), 295.

적으로 보호되므로 이를 위하여 결코 본질적내용침해금지규정을 원용할 필요가 없다고 하지만, 이것은 개별 기본권적 지위가 개별 기본권에 의하여 보장되는 것과 그 본질적 내용의 침해금지에 의하여 보장되는 것은 다르다는 점을 간과한 것으로 보인다. 그 이외에도 객관설에 대하여는 실정 헌법상 기본권이 여전히 개인의 주관적 공권성을 갖는다는 점, 객관설은 다수인이 침해받을 경우에만 본질적 내용의 침해를 인정한다는 점에서 소수보호에 철저하지 못한 점, 헌법국가에서는 기본권규범의 본질적 내용까지도 완전히 제거하는 법률을 제정할 수는 없다는 매우 자명한 이치를 말하고 있는 것에 불과하다는 점 등이 비판으로 제기되고 있다.[323]

이 문제를 판단함에 있어서 우선 기본권은 공동체에 의한 억압으로부터 개인을 보호하기 위해 인정된다[324]는 점을 중요하게 고려하여야 한다.[325] 기본권은 침해받거나 기타 그 보장의 필요성이 존재하는 경우에 권리로서 주장될 수 없다면 많은 의미가 상실되고 말 것이다. 따라서 제도적으로 그 주장의 길이 열려있지 않다면 마땅히 소구할 수 있는 방향으로 제도가 개선되어야 한다. 또한 기본권이 인권과 매우 밀접하게 관련된다는 점도 주의하여야 한다.[326] 기본적 인권은 주관적 권리로서 인정될 경우에 비로소 의미가 있다. 주관적 권리성이 부인되는 곳에는 인권은 더 이상 발붙일 수 없게 된다. 인간의 존엄을 유지·보호해야 할 국가의 과제는 오로지 인간이 인간답게 살 수 있는 조건을 마련하고 유지하는 데 있기 때문이다.[327] 그리고 기본권이 갖는 사회적 의미라는 것은 어디까지나 개인의 자율적 영역을 보장하는 가운데서의 사회적 의미이지,[328] 개인의 자율적 영역이 경우에 따라서는 완전히 부인되면서 기본권이 여전히 사회적 의미를 갖는다는 것은 오히려 기본권의 부인으로 통한다는 점도 지적될 수 있다. 나아가 객관설이 주장하는 바의 기본권규정의 본질적 내용이라는 것도 기본권규정이 주관적 권리로서의 기본권과 분리할 수 없다[329]고 보는 것이 타당하다.

그러나 주관설은 이미 위에서 설명한 바와 같이 현실적으로 존재할 수 있는 많은 기본권 제한이 당해 기본권의 본질적 내용을 침해할 수도 있다는 사실을 설명하는 데 어려움이 있다. 또한 일종의 제도적 보장으로 이해되는 바의 객관적 기본권규정의 본질적 내용이 침해되는 경우에는 — 예컨대 기본권규정의 폐지 — 필연적으로 주관적 권리가 침해되기 때문에 그런 점에서 객관적 기본권규정도 주관적 권리와 매우 밀접한 관계가 있음을 부인할 수 없다. 그러나 주관설이 갖는 이와 같은 문제점과 객관설의 일견 타당함도 주관설을 포기하는 충분한 근거가 될 수는 없다. 전자의 경우에는 확고한 주관설적 입장 위에서 본질적 내용에 후술하는 다른 요소

323) 이상 정태호(주 240), 295.
324) Stein, Staatsrecht, 15. Aufl., S. 244.
325) 강태수도 기본권을 제한당하는 구체적인 개인의 입장에서 본질적 내용의 침해여부를 결정할 것인지, 일반인의 관점에서 결정할 것인지를 개별설, 일반설로 구별하고 기본권이란 궁극적으로 개인의 자유와 권리를 보호하는데에 그 목적이 있다고 보아 개별설을 취하고 있다(강태수(주 65), 143).
326) 특히 뒤리히의 견해(Dürig, Gesammelte Schriften, S. 127 ff.)
327) 심재우 역(베르너 마이호퍼 저), 법치국가와 인간의 존엄, 삼영사, 1994, 55.
328) Krüger, DÖV 1955, S. 597.
329) Leisner, Grundrechte und Privatrechte, S. 153.

를 함께 고려함으로써 치유될 수 있으며, 후자의 경우에는 기본권규정의 폐지도 바로 기본권 주체의 주관적 지위를 본질적으로 침해하는 것으로 될 것이고 따라서 주관설의 입장에 서더라도 객관적인 기본권규정의 폐지는 당연한 전제라고 할 수 있다.330) 따라서 주관설이 타당하다고 본다.

(나) 판단기준으로서의 개별적 구체적 상황

한편 기본권의 본질적 내용 침해여부를 개별 기본권주체를 기준으로 파악하더라도 구체적인 경우를 떠나서 당해 기본권주체에게 일정한 기본권이 일반적으로 제한되는 것인지의 여부를 판단의 기준으로 할 것인지 아니면 문제가 되는 구체적 사건을 기준으로 판단할 것인지가 문제된다.

예컨대 무조건적으로 특정한 집회나 시위가 금지되거나, 특정한 직업의 선택과 행사 혹은 일정한 재산권의 행사가 금지되는 경우에 그 위헌성을 면하기 위하여 특정한 집회나 시위는 금지되지만 다른 집회나 시위는 금지하는 것은 아니라든가, 다른 직업을 선택하고 영위하는 것까지 금지하는 것은 아니라든가 혹은 당해 기본권 주체의 일반적인 재산권행사가 완전히 봉쇄되는 것이 아니라는 식으로 주장하는 경우에 어떻게 할 것인가의 문제이다.

이 경우 기본권주체에게 제한되는 기본권과 동일한 기본권이 다른 경우에 행사되는 것까지 막는 것이 아니라는 점에 본질적 내용 침해가 아니라는 근거가 있다면, 한 기본권주체의 기본권을 일반적으로 완전히 폐기하지 않고서는 기본권 제한은 언제나 본질적 내용의 침해가 아니라는 것을 의미한다. 이런 식으로 기본권 제한이 정당화된다면 기본권의 본질적 내용은 빈 내용의 것으로 되어버리고 말 것이다. 또한 동일한 기본권주체에 있어서 다른 경우의 기본권행사는 여전히 보장된다고 하는 것은 기본권이 다수의 다른 기본권주체에 있어서는 여전히 보장되기 때문에 본질적 내용의 침해가 아니라고 하는 객관설과 같이 기본권주체 개인의 입장에서 보면 기본권은 언제나 하나의 미실현 가능성으로서만 남을 가능성이 있다. 기본권을 제한하는 공권력의 입장에서는 항상 다른 기본권주체 혹은 동일한 기본권주체의 다른 경우에 있어서 동일한 기본권의 행사가능성을 열어 놓음으로써 당해 기본권제한을 정당화할 위험성이 존재하는 것이다. 결국 기본권의 본질적 내용은 언제나 문제가 되는 구체적 사건을 중심으로 침해여부를 판단하여야 한다는 결론에 도달한다.331) 그런데 여기서 주의하여야 할 것은 다른 경우에는 동

---

330) 같은 의미로 정태호(주 240), 294.

331) 이러한 점에서 "구 계엄법 제23조 제2항이 비상계엄해제 후에도 군법회의 재판권을 연기할 수 있도록 규정한 것은 비상계엄선포 기간 중이 아닌 때에도 민간인으로 하여금 계속하여 군법회의재판을 받도록 한 것에 다름 아니므로 헌법 제26조 제2항 후단에 규정된 군법회의 재판을 받지 아니할 권리의 본질적 내용을 침해하는 것이라고 볼 수밖에 없으며, 연기할 수 있는 기간이 1개월 이내의 짧은 기간이라고 하여 달리 볼 수는 없다. 만일 1개월 이내라 하여 권리의 본질적인 침해가 아니라고 한다면 2개월 이내는 어떠하며 또 6개월 이내는 어떻게 볼 것인가? 연기한 기간의 길고 짧음에 따라 위 권리의 본질 침해여부를 가릴 수는 없는 것이다"라고 하여 구 계엄법 제23조 제2항은 군법회의의 재판을 받지 아니할 권리의 본질적 내용을 침해하는 것이라고 판단한 대판 1985. 5. 28. 81도1045, 공1985, 954 이하의 소수의견(대법관 이정우, 이회창, 오성환)은 타당하다고 할 수 있다.

일한 기본권이 보장된다는 것은 특정 경우에 있어서 다른 방식의 기본권 행사가 가능한 것과는 구별하여야 한다는 점이다.[332] 따라서 기본권제한에 있어서 특정한 방식으로의 기본권행사만 이 문제되고 다른 방식으로의 기본권행사가 여전히 보장되어 있는 경우에는 본질적 내용 침해 여부는 문제가 되지 않는다.

(2) 절대적 보호로서의 본질적 내용[333]

(가) 사고의 기초

기본권의 본질적내용침해금지규정을 이해하는데 사고의 출발점으로 삼아야 하는 것은 동 규정의 탄생 배경이다. 이미 연구에서 나타난 것처럼 독일 기본법상의 제19조 제2항은 바이마 르시대의 법률유보를 통한 기본권의 형해화와 제3제국시대 국가에 의한 기본권 유린의 경험이 20세기의 자연법사상과 결부되어 탄생되었다. 따라서 동 규정의 해석에 있어서는 규정의 이러 한 역사적 의의를 망각해서는 안 된다는 점이다. 우리나라에서도 기본권의 본질적 내용 침해금 지는 4·19혁명이후 성립된 헌법에서 처음으로 규정되었으며 제4공화국의 유신헌법의 성립과 함께 폐지되었다가 1980년 헌법에서 다시 부활하였다는 점을 본질적내용침해금지규정을 이해 함에 있어서 중요하게 고려하여야 한다.

또한 중요한 것은 본질적내용침해금지규정의 문언의 의미이다. 독일의 경우에는 "어떠한 경우에도" 침해할 수 없다고 하고 있는데 반하여 우리나라의 경우에는 단순히 제한하는 경우에 도 자유와 권리의 본질적인 내용을 침해할 수 없다고 하고 있으므로 두 규정이 용어 선택에 있 어 다소 차이가 있지만, 그 의미는 독일의 경우와 다를 바 없는 것으로 보인다. 그러므로 독일 기본법상의 문언과의 비교를 통하여 헌법 제37조 제2항 후문의 의미를 약화시키려는 것은 이 를 받아들일 수 없다.

(나) 고찰방법의 문제

기본권의 본질을 파악함에 있어서 선결되어야 하는 문제로서 기본권 일반에 대하여 적용 될 수 있는 본질적 내용이 존재하는가 아니면 개별 기본권마다 달리 포착하여야 하는가 하는 것이 문제된다.

기본권 일반에 통용되는 본질적 내용을 상정하는 견해[334]는 주로 상대설의 경우가 이에 해당한다.[335] 상대설에서는 기본권일반에 대하여 과잉금지원칙이나 법익형량의 원칙이라는 동 일한 기준을 적용하기 때문이다. 그리고 절대설의 입장 중 인간의 존엄내용으로서의 본질적 내 용을 주장하는 뒤리히의 경우도 이러한 입장에 해당한다고 할 수 있다. 그러나 모든 기본권에

---

332) 특히 폐해의 우려가 크다고 인정되는 인쇄물, 광고 등의 제작·배부라는 특정한 선거운동방법에만 국한되 는 부분적인 제한에 불과하여 본질적 내용의 침해가 아니라고 한 사례: 헌재 1995. 4. 20. 92헌바29, 7-1, 499(509).

333) 주관설 객관설의 대립이 기본권주체에 관련된 문제라고 볼 수 있는데 반하여 이 문제는 기본권의 내용에 관련된 문제이다.

334) 이를 두고 일반설이라고 명명할 수 있을 것이다.

335) Schneider, Der Schutz des Wesensgehalts, S. 155.

대하여 타당한 본질적 내용을 상정하는 경우에는 필연적으로 내용이 공허한 정의(定義)로 귀착할 가능성이 많다.

　　한편, 주관설에서도 핵심영역설은 개별적 기본권마다의 핵심을 해당 기본권의 본질적 내용으로 파악한다. 기본권 일반에 타당한 본질적 내용은 없으며 개별 기본권에 특유한 본질적 내용이 존재할 뿐이라고 하는 입장이다.336)

　　독일연방헌법재판소의 경우 기본권의 본질적 내용을 기본권의 전 체계 속에서 기본권이 갖는 특유한 의미에 따라 발견하고자 하는데,337) 이러한 입장은 독립된 개별 기본권의 의미가 아니라 기본권 전체의 체계 속에서 당해 기본권의 특유한 의미를 파악하고자 하는 것이므로 두 견해의 중간적 입장에 해당한다고 할 수 있다.338)

　　기본권의 본질적 내용이란 기본권의 내용 중에서 본질적인 내용만을 말한다. 그런데 기본권은 각각 그 기능과 효력범위 등 그 내용이 상이하다. 따라서 그 본질적 내용도 기본권마다 각기 다르다고 할 수밖에 없다. 그러므로 기본권의 본질적 내용은 기본권마다 특유하게 결정되어야 할 문제이다.339) 우리나라 헌법재판소도 같은 입장이다.340) 따라서 기본권의 본질적 내용 침해여부에 대한 판단은 개인의 주관적 권리로서 개별기본권마다 특유하게 결정된 바의 본질적 내용이 현실적으로 제한 받는 구체적인 상황 속에서 이루어져야 한다.

　　(다) 침해에 대한 절대적 보호

　　기본권의 본질적 내용이라는 것은 제37조 제2항의 의미에서 볼 때 입법자에 의하여 전적으로 결정되어서는 안 된다는 점341)에서 법원에 기본권침해의 제소가능성이 열려 있어야 한다는 것은 타당하다. 그러나 절차법설은 기본권의 본질적 내용이 바로 법적 강제성이라고 하는 점에서 비약한 감이 없지 않다. 기본권의 본질적 내용은 크뤼거가 말하는 바와 같이 그 기본권에 특유한 근본요소를 내포하는 것으로 이해되기 때문이다.

　　그러나 기본권의 제한 가능성과 관련하여 기본권의 본질적 내용의 침해인가 아닌가 하는 것은 반드시 기본권 내적으로만 판단하는 것은 현실적으로 어려운 문제를 제기하게 된다. 따라서 객관설이 주장하는 바와 같은 현실적으로 기본권제한이 그 본질적 내용을 침해하는 것으로 볼 수 있는 경우들에서 본질적 내용 침해여부의 판단에 당해 기본권이 제소의 길이 열려 있는가 하는 것 즉, 절차법적 요소가 판단기준으로서 원용될 수 있을 것이다. 절차법설을 비판하고 있는 견해에서도 절차법설의 타당한 일면을 완전히 부인하지는 않는 것으로 보인다.

　　상대설은 대체로 기본권의 본질적내용침해금지원칙과 과잉금지원칙을 동일시하는 견해라

---

336) 이를 일반설에 대하여 개별설이라고 할 수 있다.
337) BVerfGE 22, 180(211).
338) Schneider, Der Schutz des Wesensgehalts, S 155.
339) 동지: 김철수, 신론, 444; 권영성(주 17), 353; 양건, 헌법연구, 법문사, 1995, 398.
340) 헌재 1995. 4. 20. 92헌바29, 7-1, 499(509).
341) 비슷하게는 강태수(주 65), 106-107.

고 파악할 수 있다. 그래서 기본권제한이 비례적인 한 절대설의 관점에서는 본질적 내용이라고 파악되는 내용의 침해에까지 이르는 경우에도 본질적 내용의 침해가 아니라고 한다. 이러한 견해는 헌법규정과 배치된다. 또한 기왕에 인정되는 바의 과잉금지원칙은 본질적내용침해금지원칙의 원용 없이도 충분히 그 기능을 수행하여 기본권보호에 기여할 수 있기 때문에 구태여 제37조 제2항 후문에서 과잉금지원칙을 도출할 필요는 없는 것으로 보인다.

　　기본권의 본질적 내용을 인간의 존엄으로 파악하는 견해도 문제가 있다. 물론 대부분의 기본권이 인간의 존엄과 직접 간접으로 관련된다는 점을 부인할 수는 없다. 그러나 이미 뒤리히가 스스로 인정하고 있는 바와 같이 모든 기본권을 인권적으로 파악할 수만은 없다.[342] 또한 기본권의 인권적 내용의 파악도 본질적 내용의 파악에 비하여 그리 쉬운 것은 아니다.[343] 그리고 논리적으로도 기본권의 본질적 내용은 인권적 핵심을 포함할 수는 있어도 인권적 핵심이 모든 본질적 내용을 포괄하는 것으로 볼 수는 없다. 따라서 기본권의 본질적 내용이라는 것은 인권적 내용의 핵심을 포함한 그 이상이라고 보는 것이 타당하다.[344]

　　기본권의 본질적 내용이 무엇이며 그 보호는 어떠한가 하는 것과 관련하여서는 절대설에 입각하여 판단하는 것이 타당한 것으로 여겨진다. 이렇게 보는 것이 기본권을 제한하는 경우에도 본질적 내용을 침해할 수 없다고 한 헌법의 문언과도 일치한다.

　　그러나 본질적 내용을 절대설의 입장에서 이해하더라도 그 정의는 다양하게 이루어지고 있다.[345] 개별기본권의 본성(Natur), 근본요소(Grundsubstanz)를 이루고 있는 특성들(Eigen-schaften) 내지는 기본권의 성격(Charakter)을 형성하는 전형적인 기본적 특징들(Grundzüge)이라고 보는 견해,[346] 개별 기본권의 핵심영역을 의미한다고 보는 견해,[347] 기본권의 본질적 내용을 개개 기본권의 기본적 실질(Grundsubstanz)을 이루는 특성이라는 견해,[348] 기본권의 내용보다는 협소한 기본적인 실체(Grundsubstanz)라는 견해,[349] 기본권의 성격을 형성하는 전형적인 특질이라는 견해,[350] 불가피하게 확정되어 있는 절대적이고 본질적인 핵심체로서 기본권의 근

---

342) Dürig, Gesammelte Schriften, S. 165-166.

343) 이 점에 대하여 Luhmann, Grundrechte als Institution, S. 73 참조.

344) 양건은 기본권의 본질적 내용이란 개개 기본권의 토대를 이루는 핵심을 말하며 이 핵심이 침해될 때 곧 인간적 존엄이 침해되는 것으로 보고 있다(양건(주 339), 398). 설명은 다르지만 허영도 본질적 내용을 인간의 존엄과 가치로 이해하고 있다(허영(주 15), 289).

345) 이러한 개념정의에 대하여는 설령 다른 말로 정의한다 하더라도 기본권의 핵심이나 물자체, 본성 혹은 이와 유사한 것들이 보호되어야 한다는 것을 선언하는 것 이상 별의미가 없다는 지적이 있을 수 있다. 이런 식의 개념정의는 일정한 한계를 가질 수밖에 없고, 기본권실현의 현실에 있어서도 이러한 개념정의 없이도 기본권의 본질적내용침해금지의 원칙은 일정한 기능을 수행할 수 있다. 따라서 본질적 내용의 침해여부를 판단하는 추가적인 인식수단 내지는 판단요소가 필요하게 된다(이러한 의미로는 Stern, Das Staatsrecht Ⅲ/2, S. 874 참조).

346) Wernicke, Bonner Kommentar, Art. 19(Erstbearb.) Erl. Ⅱ 2a.

347) Schneider, Der Schutz, S. 154 ff.

348) 한태연(주 70), 218.

349) 김기범, 헌법강의, 교문사, 1973, 218.

350) 갈봉근, 신헌법개론, 음문각, 1964, 104.

본요소를 내포한다는 견해,351) 특정한 기본적인권을 성립시키고 있는 전형적인 특질이라고 보는 견해,352) 당해 기본권의 핵이 되는 실체로 보는 견해,353) 기본권의 내재적인 핵심 내지는 실체적인 최소한의 영역이라는 견해354) 등이 있다. 헌법재판소는 (기본권의) 핵이 되는 실질적 요소 내지 근본요소를 의미하는 것으로 보았다.355)

이와 같은 대체적인 견해를 검토하여 보면 본질적 내용은 일정한 징표를 내포하는 것으로 보인다. 즉, 기본권의 내용에 비하여 본질적 내용은 양적으로 축소되어 있지만 그 동일성은 상실되지 않아야 한다. 실질, 실체, 본질적인 핵심체, 전형적인 특질, 실질적 요소, 근본요소 등이 이를 말한다. 따라서 본질적 내용은 기본권의 특성을 유지하는 가운데의 최소한의 핵심적 내용으로 이루어져 있는 것이라고 일단 정의할 수 있다. 본질적 내용은 이를 포함한 기본권의 내용이 갖는 특성과 무관할 수는 없으며 양적으로 축소되어 본질적 내용만 남더라도 그 특성의 동일성이 유지되어야 한다.356)

본질적 내용을 이와 같이 이해할 때 근로3권의 본질적 내용은 단결권에 한정될 수만은 없다. 왜냐하면 단체교섭권과 단체행동권을 포함하는 근로3권이 단결권만으로 그 특성의 동일성이 유지된다고 할 수는 없기 때문이다.357)

그러나 이상과 같은 논의도 어디까지나 본질적 내용이라는 것을 파악하는 한 형식일 뿐 기본권의 본질적 내용이 무엇으로 채워지는가 하는 실체적 내용이 밝혀진 것은 아니다.358) 본질적 내용의 알맹이는 이미 언급한 바와 같이 개별기본권마다 달리 파악하여야 할 문제이다. 이것은 우선은 개별기본권의 규범영역 내지는 생활영역을 분석하여359) 그 핵심을 당해 기본권의 본질로 파악하는 핵심영역설에 의하면 개별 기본권에 대하여 각각 핵심영역을 확정하였을 때 비로소 기본권의 본질적 내용은 명확하게 될 수 있다. 이러한 작업은 현행 법제도로서는 법원과 ― 최종적으로는 ― 헌법재판소에 의하여 수행하게 될 것이다.

그런데 규범의 핵심영역분석과 관련하여 초시대적인 바의 정적 본질이라는 것이 존재할 수 있는가 하는 의문이 제기될 수 있다. 불변의 실재로서의 본질이라는 것은 전통적인 철학적 논의의 바탕을 이루는 것이기는 하지만 회의론도 유력하게 주장되고 있다. 그러나 사물의 본질이란 존재하지 않는다는 명확한 입증이 이루어지기 전에는 본질 존재론적 입장을 유지하는 것

---

351) 김철수(주 236), 58.
352) 한동섭, 헌법, 향학사, 1964, 108.
353) 권영성(주 17), 354.
354) 강태수(주 65), 139.
355) 헌재 1989. 12. 29. 88헌가13, 1, 357.
356) 같은 의미로는 Stern, Das Staatsrecht, Ⅲ/2, S. 876.
357) 헌재 1991. 7. 22. 89헌가106, 3, 387. 변정수 재판관의 반대의견 참조. 이에 관한 자세한 논의는 김대환, "근로삼권의 본질적 내용 침해 금지에 관한 소고," 공법연구 29-3(2001. 5), 243-261 참조.
358) 같은 의미로는 Stern, Das Staatsrecht Ⅲ/2, S. .
359) 이에 대해서는 강태수(주 65), 102-144; 강태수(주 240), 1-22; Lerche, in : J. Isensee/P. Kirchhof (Hrsg.), Handbuch des Staatsrechts (박종호 역, 기본권의 보호영역, 기본권형성 그리고 기본권침해, 허영 편역, 법치국가의 기초이론 ― Peter Lerche 논문선집, 박영사, 1996, 9-55) 등 참조.

이 기본권보호에 친근하다. 나아가서 기술과 법문화가 발달함에 따라 기본권적 가치가 변한다기 보다는 보다 자연법적인 가치의 발견에로 나아가고 있다고도 볼 수 있는 것이다. 또한 헌법은 역사성을 갖는 것이기도 하지만 다른 규범에 비하여 특히 기본권규범은 가치적으로 영속성도 갖는다. 적어도 그것이 인권과 관련되는 한에서는 더욱 그러하다. 따라서 기본권의 내용은 시간과 함께 변화의 가능성을 가지고 있으면서도 한편으로는 당해 기본권의 규범구조가 허용하는 한 그것이 적용되는 시대에 있어서는 핵심영역을 가지는 것으로 파악할 수 있다.

(라) 규범영역의 분석

기본권은 사회관련성을 많이 가질수록 그 제한의 가능성은 커진다. 반대로 사회관련성이 적을수록 제한의 가능성은 줄어든다. 제37조 제2항의 기본권 제한사유로서의 국가안전보장·질서유지 또는 공공복리는 모두 기본권이 사회관련성을 가질 때에 제한될 수 있음을 보여주고 있다. 이러한 사회관련성은 기본권마다 그 정도가 다르다. 이와 관련하여 기본권은 개인적 차원에 머물거나 약한 사회관련성을 갖는 기본권과 상대적으로 강한 사회관련성을 갖는 기본권으로 나누어 볼 수 있다. 생명권, 신체의 자유, 주거의 자유, 사생활의 비밀과 자유, 양심의 자유, 종교의 자유, 학문과 예술의 자유 등은 전자에 속하고 거주·이전의 자유, 직업선택의 자유, 통신의 자유, 재산권, 표현의 자유, 근로의 권리, 환경권, 청구권적 기본권, 참정권 등은 후자에 속한다고 볼 수 있다. 이러한 구분은 동일한 기본권 내에서도 가능하다. 예컨대 종교의 자유도 신앙의 자유 보다는 종교행사의 자유가 사회관련성이 크다고 할 수 있다. 이러한 사회관련성은 정도의 차이가 있지만 대부분의 기본권에 공통된 특징이라고 할 수 있다.

그런데 앞서 설명한 바와 같이 기본권의 본질적 내용이라는 것은 당해 기본권의 특성을 상실하지 않는 가운데의 최소한의 핵심적 내용이라고 할 수 있기 때문에, 사회관련성을 본질적 징표로 하는 기본권에 있어서 그 본질적 내용은 결코 사회관련성을 완전히 상실해서는 안된다. 예를 들어 언론·출판의 자유는 자유로운 의사의 외부적 표현을 그 특징으로 하므로 그 본질적 내용도 자유로운 의사의 외부적 표현의 최소한을 포함할 때에 동일한 특성이 유지된다고 할 수 있다. 자유로운 외부적 의사표현의 요소가 완전히 봉쇄되면 표현의 자유는 본질적 내용이 침해되는 것이다.

이와 같은 기본권이 갖는 사회관련적 특성에서 비롯되는 제한의 가능성과 제37조 제2항의 명시적인 본질적 내용의 침해금지 사이에는 일정한 긴장관계가 존재한다. 그러나 기본권의 주장의 효과가 완전히 개인의 영역에 머물러 있고, 따라서 사회적 관련성을 전혀 갖지 않는 경우에는 기본권 제한의 가능성은 없다. 이러한 영역에 속하는 기본권은 제한의 계기가 존재하지 않기 때문에 침해해서는 안되는 영역 즉, 본질적 내용만으로 구성되어 있는 것으로 보인다.

이러한 영역에 속하는 기본권내용들은 내심의 자유, 신앙의 자유 등 소위 자연법적 의미의 절대적 기본권보다는 넓게 인식되면서 우선 인격관련의 내밀영역(Intimspähre)이 주로 이에 해당하는 것으로 보인다. 내밀영역이란 인간자유의 최종적이고 불가침적인 영역을 포괄하고 어느 문화에서나 전제되고 인정되는 바로서 인간간의 거리(Distanz zum Mitmenschen)를 만들어 주는 영역으로서[360] 인격의 폐쇄된 핵심영역과 강화된 보호영역을 포괄하며,[361] 고독의 공간 또는 내심공간으로서 인격의 비밀보존의사에 의해서 뿐 아니라 윤리칙이나 기본적 관념에 의해서도 일반적으로 불가침의 것으로 간주되는 최종의 가장 좁은 영역이다.[362] 내밀영역에는 개인의 종교적, 세계관적 의무, 확신, 감정 뿐 아니라 개인의 간절한 원망, 두려움 등 극단적인 내심의 비밀과 같은 양심영역과 남녀간의 성적인 교섭[363]과 외부적으로 인식할 수 없는 육체적인 불구, 여성에 있어서 산부인과적 진단 및 수술과 성에 대한 사항 등 성적 영역이 이러한 범주에 속한다고 할 수 있다.[364] 독일 연방헌법재판소가 인정하는 본질적 내용도 주로 이러한 범주에 해당하는 것들이다.

강한 사회관련성을 특징으로 하는 기본권은 그 본질적 내용 역시 정도의 차이는 있을지언정 사회관련적 특성을 지니기 마련이고 따라서 당해 기본권의 제한으로 인하여 본질적 내용이 침해될 개연성은 상대적으로 크다. 이미 설명한 바와 같이 객관설이라든가 상대설이 주장되는 이유도 여기에 있다. 그런데 제37조 제2항 후문의 의미는 그러한 사회관련성이 존재함으로써 제한이 필요한 경우에도 침해할 수 없는 본질적 내용이 존재한다는 것을 분명히 선언하고 있다. 국가안전보장, 질서유지, 공공복리로서도 개입할 수 없는 불가침의 영역이 존재한다는 것이다. 이러한 영역도 앞에서와 마찬가지로 규범영역의 분석작업을 통하여 어느 정도 확정할 수 있다. 예컨대 기본권주체의 능동적 자기결정권을 중시하는 능동적인 자유권(aktive Freiheitsrechte)은 그 행사가 타인에 의해 결정되어서는 안된다. 따라서 슈테른의 예를 들면 고문과 강제단종은 신체의 자유에 대한 본질적인 침해가 되며, 집필금지나 발간금지는 학문의 자유의 핵심을 침해하게 되고, 소유자의 사적 유용성이나 기본적 처분권한이 재산권에서 분리된다면 재산권의 본질을 침해하는 것이 될 것이며, 혼인에 있어서도 혼인 이외의 부부 유사한 생활공동체에 혼인과 동등한 권리가 주어진다면 혼인과 가족의 보호의 본질적 내용 내지는 핵심영역이 침해될 것이다.[365] 이러한 방식의 규범영역의 분석은 모든 기본권에 대하여 사전에 이루어질 수 있으며, 구체적 사건과 결부되어 더욱 다양하게 확정될 수 있을 것이다.[366]

---

360) Wenzel, Das Recht der Wort- und Bildberichterstattung, S. 110 ff.
361) Evers, Privatsphähre und Ämter für Verfassungsschutz, S. 57.
362) Scholler, Person und Öffentlichkeit, S. 84. 이상 박용상, "표현행위의 위법성에 관한 일반적 고찰," 민사재판의 제문제 제8권(우당박우동선생화갑기념)(1994), 민사실무연구회, 259에 의함.
363) 그러나 연방헌법재판소에 의하면 동성연애는 내밀영역에 속하지 않는다고 한다.
364) 박용상(주 362), 259-260.
365) Stern, Das Staatsrecht, Ⅲ/2, S. 877.
366) 유형별 기본권의 핵심영역의 탐구에 대한 보다 자세한 것은 Schneider, Der Schutz des Wesensgehalts, S. 231 ff.

(마) 침해여부 판단의 추가적 요소

기본권마다 보호영역을 도출하고 그 핵심영역을 다시 찾아내는 작업을 일반적으로 수행한 다는 것은 그리 간단하지만은 않다. 왜냐하면 기본권의 본질적 내용이 사회관련성을 갖고 사회 관련성은 기본권제한의 계기가 될 수 있다는 긴장상황 하에서 불가침적인 본질적 내용을 도출 하여야하기 때문이다. 심지어 이를 두고 기본권의 본질을 파악하는 것은 불가능하다는 견해도 있다.367) 그렇다고 기본권의 본질적 내용 침해금지를 비례성의 원칙으로 환원하는 것은 이성적 인 법운용이 이루어지는 상황하에서의 기본권제한의 합리적인 방법이 될 수는 있을지 몰라도 국가에 의한 기본권의 박탈에 이르는 합법적인 길을 터놓음으로써 20세기 초·중반의 대량적 인권유린의 경험을 통하여 탄생한 본질보호사상을 원점으로 돌려놓는 것이 될 수 있음을 알아 야 한다. 어쨌든 헌법상의 자유와 권리의 본질적 내용 규명작업은 포기하기 않고 계속되어야 한다. 이것이 제37조 제2항의 '이념적 요청'이다.

그런데 이와 같이 기본권의 본질적 내용의 실체를 알 수 없는 경우에도 다행히 본질적 내 용 "침해금지"는 본질보호의 기능을 수행할 수 있는 것으로 보인다.368) 예컨대 헌법상 인정된 기본권을 법률에 의하여 공동화시키는 정도로 제한하는 경우는 분명한 본질적 내용의 침해라 고 판단할 수가 있다. 나아가서 본질적 내용에 관한 한 핵심영역의 분석은 결국 본질적 내용의 침해인지의 여부를 판단하기 위한 것이다. 그렇다고 한다면 여기서 본질적 내용의 침해여부를 판단하는 다양한 척도의 개발은 기본권실현에 있어서 본질적 내용의 궁구 못지않은 실천적 중 요성을 갖는 것으로 보인다. 이러한 작업은 본질적 내용 파악이라는 존재론적 연구가 아니라 일정한 기본권 제한적 국가행위가 기본권의 본질적 내용의 보호라는 관점에서 위헌으로 판단 될 수 있느냐 하는 규범적 판단의 문제에 속한다. 이것은 제37조 제2항의 '실천적 요청'이다. 여 기에는 일정한 기본권 제한적 목적을 달성하기 위한 수단간 및 수단과 목적간의 비교라는 과잉 금지원칙으로 포괄할 수 없는 요소들을 그 대상으로 하되 제한 후에도 동일한 기본권의 행사가 능성이 여전히 존재하는가 하는 것이 본질적 내용 침해여부 판단의 기준으로 채택될 수 있다. 이러한 생각의 좋은 단서를 제공하는 것으로 1989년 12월 22일의 국토이용관리법 제21조의3 제1항, 제31조의2의 위헌심판결정369)을 들 수 있다. 이 결정은 본질적 내용 침해여부의 판단기 준으로서 과잉금지와는 별도로 몇 가지를 적시하고 있다. 즉, 기본권제한 지역이 일정한 지역 에 한정되고 있다는 점, 적정한 규제기간을 한정하고 있는 점, 규제조건을 충족할 경우 기본권 행사가 이루어 질 수 있다는 점, 기본권제한에 대하여 불복방법이 마련되어 있는 점 등이 그것 이다. 이러한 결정내용은 기본권제한 후 당해 기본권의 행사가능성이 존재하는가 하는 것을 고

---

367) 루만이나 기타 상대설의 입장.

368) 이 글에서 필자가 본질적 내용의 보호라든가 본질적 내용의 보장이라는 용어보다는 가급적 본질적 내용의 침해금지라는 용어를 사용하고 이를 헌법상의 일 원칙으로 보아 본질적내용침해금지원칙이라고 개념하는 것은 바로 이러한 연유에서이다.

369) 헌재 1989. 12. 29. 88헌가13, 1, 357.

려한 것으로 판단된다.

　이하에서는 이상의 논의를 토대로 본질적 내용의 침해여부를 판단하는 척도의 몇 가지 예를 시론적으로 제시해 본다.

　① 우선, 이러한 척도들의 개발기준이 되는 것으로 위에서 언급한 바 기본권제한 후 당해 기본권의 행사가능성이 존재하는지 여부를 들 수 있다. 이를 잔존설이라고 이름할 수 있다. 이와 같은 상위기준에 비추어 사형제도는 분명히 생명권에 대한 본질적 내용의 침해로 판단된다. 그러나 생명권은 본질적 내용 침해여부의 판단이전에 제37조 제2항의 법률유보의 대상이 되지 않는다고 볼 수도 있을 것이다. 왜냐하면 그 자체 본질적 내용만으로 이루어져 있는 생명권을 제37조 제2항의 국민의 모든 자유에 포함시켜 법률유보의 대상으로 하였다가 다시 법률유보의 한계로서 생명권의 본질적 내용을 침해할 수 없는 것이라고 하는 것은 불필요한 우회적 해석이라고도 볼 수 있기 때문이다.[370] 또한 사형제도가 헌법전상의 명문근거가 있어도 문제가 되지 않는다. 헌법재판소의 1996년 11월 28일의 형법 제250조 등 위헌소원결정[371]의 다수의견은 사형제도가 헌법적 근거가 있음을 주장하지만, 헌법이 지향하는 전체적인 가치와 동 판결의 반대의견이 주장하는 바와 같은 이유로 그 근거들은 사형제도에 대한 헌법적 근거로 볼 수 없을 뿐만 아니라, 기본권의 본질적 내용이 보호되어야 한다는 것은 자연법적 관점에 속한다고 할 수 있고 그러한 한 헌법개정권력도 구속한다고 보는 입장에서는 사형제도가 헌법적 근거를 가지고 있다고 하여 생명권의 본질적 내용 침해라고 판단함에 장애가 되지 않는다. 무엇보다도 다수의견은 기본권의 본질적내용침해금지원칙과 과잉금지원칙을 혼동함으로써 오류를 범하고 있다는 지적도 중요하게 고려되어야 한다. 그러므로 이러한 입장에서는 조승형 재판관이 과잉금지위반을 증명하기 위하여 "헌법 제37조 제2항 단서상의 생명권의 본질적 내용이 침해된 것으로 볼 수 없다고 가정하더라도…"라고 양보하는 것조차도 타당한 것으로 볼 수 없다.

　② 기본권제한에 대한 법적 통제가능성이 상실되는 경우에는 본질적 내용의 침해가 된다. 다시 말하면 기본권제한에는 소송상의 구제제도가 완비되어 있어야 한다. 이러한 입장은 이미 독일의 연방헌법재판소와 연방대법원의 판결에서도 나타났다. 독일연방헌법재판소의 판결에 따르면 "법질서가 기본권의 보호를 위하여 인정한 모든 방해배제청구권이 실체법상 배제되거나 혹은 그것을 실효성 있게 적용하는 것이 절차법상 거절되는 경우에는 청구권 혹은 그 보호를 위하여 보장되는 기본권이 실체법상 존재한다고 할지라도 … 그 기본권의 본질적 내용을 침

---

370) 그런데 피해자의 생명을 구하기 위하여 범죄자를 저격하는 경우, 예컨대 경찰직무상 사살 같은 경우가 문제된다. 이러한 경우는 긴급피난으로 설명할 수 있을 것이다. 그러나 분명 공권력에 의한 생명권의 박탈이라고 보이기 때문에 국가 공권력이 총기를 사용하는 경우에는 매우 신중함이 요청된다고 할 것이다. 부득이 사용하는 경우에도 생명권을 침해하지 않도록 하여야 할 것이며 나아가서는 마취탄이나 고무탄과 같은 생명에 치명적인 충격을 주지 않는 방향으로의 직무수행이 이루어져야 한다. 이러한 이유에서 생명을 침해하지 않고 보다 효과적인 공권력의 목적을 달성할 수 있는 도구를 개발할 간접적 의무도 여기에서 도출될 수 있다고 본다.

371) 헌재 1996. 11. 28. 95헌바1, 8-2, 537.

해할 수 있다"라고 보았다. 여기서 법적 통제가능성은 사후 보상의 성격을 가질 수도 있는 것까지를 포함하는 광의로 이해된다.

③ 기본권제한으로 인하여 기본권의 주체가 국가행위의 단순한 수단으로 전락하게 되는 경우에는 당해 기본권의 본질적 내용의 침해이다. 이는 이미 뒤리히가 주장한 것으로 기본권의 본질적 내용은 개별 기본권마다 달리 결정되는 것이라면 인격적 가치와 결부되는 한에 있어서는 기본권주체가 국가적 조치의 단순한 수단이 되는 경우에는 본질적 내용의 침해가 된다.

④ 기본권제한에는 시간적 요소를 포함하는 것으로 볼 수 있다. 따라서 완전한 사실상의 무기징역은 분명히 신체의 자유의 본질적 내용의 침해이다. 그러나 무기징역이라고 하더라도 당사자의 복무태도에 따라 조기에 석방될 가능성이 존재함으로써 무기징역의 위헌성은 탈락된다. 다만 조기 석방의 전제조건과 절차 등은 객관적으로 존재하여야 하기 때문에 무기징역제도를 두는 경우에는 그러한 의무가 국가에게 부과되어 있는 것으로 보아야 한다.

⑤ 제한으로 인하여 부과된 요건을 기본권주체가 충족시키는 것이 객관적으로 불가능한 경우에도 본질적 내용의 침해가 된다. 예컨대 특정 직업으로의 진입이 객관적으로 달성할 수 없는 요건으로 인하여 거절된다면 직업선택의 자유의 본질적 내용의 침해가 된다.

⑥ 본질적 내용 침해의 소극적 판단요건으로서 헌법상의 기본권 제한규정이 과잉금지원칙을 충족하고, 동시에 그 제한 가능성을 회피할 수 있는 제도적 장치가 실질적으로 마련되어 있는 경우에는 본질적 내용의 침해라고 하기는 어려울 것이다.

이상과 같은 판단요소들 간의 관계는 일률적으로 말할 수는 없다. 예컨대 기본권제한에 대한 법적 통제가능성이 존재하는 경우에도 개인이 기본권제한의 단순한 수단으로 전락하는 것으로 평가되는 경우에는 본질적 내용의 침해라고 할 수 있을 것이며, 요건을 기본권주체가 충족시킬 수 없는 것이라고 하더라도 회피가능성이 존재하는 경우에는 본질적 내용의 침해라고 할 수 없을 것이다.372)

(바) 사법권의 역할

기본권의 본질적 내용의 설정은 헌법의 개별기본권규정에 명시될 수도 있고 입법에 의해 구체화될 수도 있을 것인데 무엇보다도 실천적으로는 재판관에 의하여 구체적인 경우에 타당한 한계를 끄집어내어질 것이 요청된다. 이 경우에도 이미 앞에서 설명한 바와 같이 일률적으로 기본권전체에 대하여 본질적 내용을 설정하는 것은 타당하지도 가능하지도 않은 것으로 보이며 오히려 개별 기본권마다 각각 다를 수 있다고 보는 것이 타당할 것이다. 이에 대하여는 그 해석이 재판관에게 일임되어 재판관이 법창조자가 될 것이라는 비판이 가능하지만 이는 본질적 내용의 성격상 일어나는 불가피한 것이라고 할 것이다. 더구나 헌법전체는 하나

---

372) 모든 본질적 내용의 침해는 과잉금지위반이라는 점에서 이상의 추가적 판단요소는 과잉금지원칙의 기준으로도 기능할 수 있을 것이지만 과잉금지원칙은 기본권제한의 목적과 수단 간의 비례성을 중심으로 한 개념이라는 점에서 구별될 수 있다.

의 커다란 가치 지향적 규범이기 때문에, 재판관이 마음대로 기본권을 해석할 순 없는 것이다. 만일 재판관이 주관적 해석을 통하여 기본권적 가치를 침해하면 이는 헌법의 체계정당성 (Systemgerechtigkeit)의 원리에 반하게 되므로 재판에 대한 헌법소원이 인정되는 제도 하에서는 헌법소원의 대상이 될 것이다. 결국 이 문제에 있어서 재판관은 결코 법창조자가 아니라 법인식 내지는 법발견자라고 보는 것이다.

(3) 적용대상(수신인)

제37조 제2항은 1948년 헌법 제28조나 1972년 헌법 제32조 제2항과는 달리 기본권제한에 있어서 일반적 법률유보의 형식을 취하고 있고, 그 제한의 한계로서의 본질적 내용의 침해금지도 입법권 외에 집행, 사법 등 모든 국가권력을 구속하는 것으로 보인다. 이와 관련하여서 기본권의 본질적 내용 침해금지 규정이 자연법상의 보장을 확인한 것인지 아니면 헌법에 의하여 비로소 보장되는 바의 실정법상의 보장인지가 문제된다. 전자로 이해할 경우 헌법이론의 문제로서 명문의 규정유무에 불구하고 본질적 내용 침해금지는 인정되는 것이고,373) 후자로 이해할 경우는 명문규정을 전제로 한 규정의 해석문제로 귀착한다. 자연법적 입장에서는 규정의 유무에도 불구하고 모든 공권력의 행사에 대하여 타당하다고 본다. 또한 독일 기본법 제79조와 같이 헌법개정의 한계규정이 우리에게는 없다는 점에서도 기본권의 본질적 내용 침해금지 규정은 헌법개정권력과 헌법제정권력도 구속한다고 보는 것이 타당하다.374)

(4) 적용대상 기본권

이미 살펴 본 바와 같이 본질적내용침해금지원칙이 적용될 수 있는 기본권은 원칙적으로 모든 기본권이다. 다만 평등권의 규범구조와 관련하여서 평등권에 본질적 내용이 존재하는지에 대해서는 이론이 있을 수 있다. 그 규범구조가 일정한 내용으로 형성된 자유권과는 다르므로 핵심영역으로서의 본질적 내용은 존재하지 않는 것으로 보인다.375) 그럼에도 불구하고 국민은 국가에 대하여 차별대우를 받지 아니할 뿐만 아니라, 적극적으로 평등한 취급을 해줄 것을 요구할 수 있기 때문에 권리성이 인정된다고 보는 것이 타당하다.

(5) 사법관계에서의 효력

사인은 사적 행위를 함에 있어서 기본권이 그 가치의 보전을 위하여 더 이상 물러설 수 없는, 그리하여 더 이상의 기본권적 가치의 침해에 대하여는 참을 수 없다고 하는 바의 한계를

---

373) 이러한 견해를 취하는 학설로서는 김철수, 개론, 355: "제37조 제2항 단서의 본질적내용침해금지규정의 본질적 내용도 자연권설에 의하지 아니하고는 도출해낼 수 없을 것이다. 실정권설에 의하면 자유와 권리의 본질적 내용이란 헌법과 법률에 의하여서만 확정될 수 있을 뿐이요, 그 본질적 내용이 선존할 수 없을 것이기 때문이다." 이와 같은 견해 로는 강경근, "자유권적 기본권 50년(Ⅰ)," 헌법학연구 4-1(1998. 6), 한국헌법학회, 103.

374) 김철수, 신론, 451. 따라서 군인 등의 이중배상금지규정은 헌법전에 삽입되더라도 문제가 해결되는 것은 아니다. 반대: 정태호(주 240), 326. 그러나 인간의 존엄과 가치는 헌법개정의 한계가 되므로 그러한 범위 안에서는 기본권의 일정한 내용은 헌법개정권력에 대해서도 보장된다고 한다.

375) 같은 견해로는 정태호(주 240), 325.

침해하지 않는 범위 내에서 사적 자치를 향유하게 된다. 이러한 한계적 기능을 바로 기본권의 본질적내용침해금지원칙이 수행한다. 그러나 기본권의 본질적내용침해금지원칙이 사인에 대하여도 효력을 발휘한다고 하여 사인을 본질적내용침해금지규정의 직접적인 규범수신인이라고 보기에는 다소 어려움이 있다. 왜냐하면 기본권의 본질적 내용 침해금지는 기본권제한의 경우를 전제로 한 개념이고 사인은 다른 사인의 기본권을 제한할 위치에 있지 않기 때문이다. 이것은 사법관계에 직접 적용될 것을 예정하고 있는 기본권의 경우에도 동일하다고 할 수 있다. 예컨대 근로자의 근로3권은 사업자에게 직접 적용되지만 사업자는 근로자의 근로3권의 본질적 내용을 침해할 수 없다는 식으로 보장되는 것이 아니라, 사업자는 근로자의 기본권을 제한할 어떠한 권한도 가지고 있지 않다는 것에 의하여 근로자의 노동3권은 보장되는 것이라고 할 수 있다. 그러나 사인에 의해서도 기본권의 본질적 내용이 사실상 침해될 수 있기 때문에 이를 방지하기 위해 기본권의 본질적 내용의 보호는 사적자치의 한계가 된다고 보는 것이다.[376] 따라서 기본권의 본질적 내용의 사법관계에서의 한계 설정적 기능은 사법관계에서의 기본권의 본질적 내용 침해에 대하여 이를 무효화시키는 힘을 말한다고 할 수 있다.

9. 과잉금지원칙과 본질적내용침해금지원칙의 관계

과잉금지원칙과 본질적내용침해금지원칙의 관계는 주로 본질적 내용을 어떻게 이해할 것인가와 관련되어 논의된다. 기본권의 본질적 내용을 상대적으로 이해하는 견해와 관련하여 본질적내용침해금지를 과잉금지로 이해하는 견해가 있다.[377] 이러한 입장 중에서도 독일에서는 본질적내용침해금지를 필요성이나 비례성으로 대체하려는 견해[378]가 있는가 하면 본질적내용침해금지의 본래적 의미를 상실시키지 않으면서 본질적내용침해금지에서 필요성이나 비례성의 근거를 추가적으로 발견하려고 하는 견해[379]가 있다.

---

376) 독일에서는 특히 라이스너가 기본권의 본질적 내용이 사법관계에 있어서도 직접적으로 효력을 미친다고 하였다. 그는 모든 기본권은 최종적으로는 더 이상 전적으로 처분되어서는 안 된다고 하면서 이와 같은 금지는 기본법 제19조 제2항에 일반적인 형태로 규정되어 있고 이것은 사법을 포함한 모든 법영역에 타당한 것이라고 보았다(Leisner, Grundrechte und Privatrecht, S. 155-160). 그는 기본권의 내용가운데 질적으로 상이한 영역(즉 "본질적" 내용)은 어떤 것도 완전히 박탈되어서는 안되고 그 가운데 최소한(Minimum)은 남아있어야 한다고 하였다(Leisner, Grundrechte, S. 157). 기본권충돌(Grundrechtskollisionen)의 경우에도 당해 기본권의 본질은 지켜져야 한다는 견해로는 L. Schneider, Der Schutz, S. 73-75 참조. 단결권과 관련하여서 뒤츠(W. Dütz)는 단결체의 존속보장은 국가의 침해로부터 보호받을 뿐 아니라 기본법 제9조 제3항 제2문에 언급된 사인에 의한 침해에 대해서도 보호받으며, 이 사인에는 사회적인 차원에서의 반대자들과 함께 동일한 다른 노동조합들도 포함된다고 하였다(Dütz, Arbeitsrecht, 2. Aufl., C. H. Beck, 1994, Rn. 477). 우리나라에서는 기본권주체의 동의에 바탕을 둔 기본권침해는 정당화된다고 하면서도 자유와 권리의 본질적인 부분에 대하여는 동의가 있더라도 정당화될 수 없다는 견해가 있다(최대권(주 134), 220).
377) 이러한 입장으로는 계희열(주 67), 87 이하.
378) 편의상 이를 대체설(필요성 대체설, 비례성 대체설)로 명명한다.
379) 편의상 이를 추가적 근거설(필요성 근거설, 비례성 근거설)로 명명한다.

가. 학설 및 판례

(1) 대 체 설

(가) 필요성 대체설

연방대법원은 강제접종에 관한 판결[380]에서 기본법 제19조 제2항을 과잉금지원칙 중 필요성의 의미로 이해한 바 있다. 즉, "법률에 의한 제한이 제한에 이른 사실상의 동기와 근거에 따를 때 불가피하게(unbedingt und zwingend) 요구되는 이상으로 그 본질적 효력과 전개가 제한되는 경우에는 본질적 내용이 침해되는 것"이라고 본 것이다.

(나) 비례성 대체설

① 연방헌법재판소의 판례들 가운데는 기본법 제2조 제1항과 관련하여 기본법 제19조 제2항을 비례성의 원칙으로 이해한 경우도 있다: "그 내용을 고려하여 볼 때 이혼서류는 기본법 제1조 제1항 및 기본법 제2조 제1항에 따라 비밀이 유지되어야 한다. […] 이혼절차의 서류를 조사관에게 넘기는 것을 승낙함에 있어서 […] 쌍방의 양해가 없는 경우에는 비례성의 원칙에 따라 정당화되는 경우에만 침해가 허용된다. 그렇지 않은 경우라면 기본법 제1조 제1항 및 제19조 제2항과 관련 하에 있는 제2조 제1항을 침해하는 것이다."[381] 연방행정재판소의 판례에서도 기본법 제19조 제2항과 관련하여 제2조 제1항으로부터 비례성의 원칙을 도출한 바 있다.[382]

② 히펠(Eike von Hippel)은 기본권규범은 가능한 한 넓은 효력범위가 인정되어야 하지만, 법률유보가 있는 경우에는 보다 높은 가치의 법익을 보호하기 위하여 요구되는 한 개별적 자유이익의 보호는 거부될 수 있다고 보았다. 따라서 모든 기본권규범은 보호된 자유이익에 아무런 상위의 이익이 대립되지 않는 경우에만 타당하다는 명제가 나온다.[383] 즉 이익형량과 비례성의 원칙을 통하여서만 기본권의 본질적 내용은 보호된다고 보는 것이다. 이러한 명제가 바로 기본법 제19조 제2항의 의미와 일치하고 또한 자유권의 최대보호를 보장한다고 보았다.

③ 카우프만(Arthur Kaufmann)의 관계이론에 따르면 권리는 관계이고 대응이기 때문에 기본법 제19조 제2항은 포섭하여 적용할 수 있는 그런 규범이 아니고, 생명권, 신체불훼손권, 자유, 재산권 등을 모든 사람의 이해관계와 관련하여 불가결한 것 이상으로 침해할 수 없다는 헌법제정자의 호소이자, 인권과 기본권이 임의로 처분될 수 없다는 경고라고 한다.[384]

④ 알렉시(Robert Alexy)의 규칙·원리모델이론[385]에 따르면 기본권은 원리이다.[386] 원리는 일견 타당한 명령에 불과하기 때문에 확정적인 명령이 아니고, 법적·사실적 가능성이 가능한

---

380) BGHSt 4, 375, 376 ff. (1952). 그 외 추가적 정당화에 대해서는 VerwRspr. 8, Nr. 21, 98, 104; BGHZ 22, 167 ff. 참조.
381) BVerfGE 27, 344, 352 (1970).
382) BVerwGE 30, 313, 316.
383) Hippel, Grenzen und Wesensgehalt der Grundrechte, S. 50.
384) Kaufmann, ARSP Bd. LXX, 1984, S. 397.
385) Alexy, Theorie der Grundrechte, S. 75-77.
386) Stern, Das Staatsrecht der Bundesrepublik Deutschland Bd. Ⅲ/2, S. 868.

높은 정도로 실현될 것을 요구하는 명령이다. 원리를 이렇게 이해하면 이는 비례성의 원칙과 밀접한 관계를 맺게 된다.[387] 즉, 원리적 성격은 비례성의 원칙을 의미하고 비례성의 원칙은 원리적 성격을 의미하게 된다. 원리적 성격이 비례성의 원칙을 의미한다는 것은 비례성의 원칙이 그로부터 연역될 수 있다는 것을 의미한다.[388] 결론적으로 기본법 제19조 제2항의 본질적내용보장은 비례성의 원칙 외에 기본권제한의 부가적 한계를 규정하는 것이 아니고 오히려 비례성의 원칙의 일부가 된다.[389]

(2) 추가적 근거설

(가) 필요성의 추가적 근거설

크라우스(Rupprecht von Krauss)의 견해[390]에 따르면 기본법 제19조 제2항의 실제적 용법은 우선 기본권의 본질적 내용을 어떻게 이해할 것인가에 달려있고 이 문제가 개별기본권과 관련하여 해결된 것으로 볼 수 있다고 하더라도, 법률유보를 근거로 허용되는 국가의 간섭은 기본권의 핵심만이 침해되지 않으면 합법적인 것으로 되어서, 입법자는 공공의 이익이 그와 같은 광범위한 제한을 요구하고 있는지 여부는 고려하지 않은 채 본질적 내용까지 침해할 가능성이 있는데 반하여, 자유권 자체는 그러한 제한에 대해 아무런 대응도 할 수 없다는 점을 우려하면서, 바로 이 경우에 기본권 제한 조치의 필요성이라는 문제가 등장한다고 한다. 이 견해에 따르면 원칙에 대한 예외의 관계에 따라 볼 때, 최후적 한계로서 본질적 내용은 기본권제한의 절대적 한계로서 뿐만 아니라 입법자는 기본권을 제한함에 있어서 존중하지 않으면 안 되는 비례요소(Verhältnisfaktor)로도 나타나고 구체적으로는 필요성에 따라 결정된다고 한다.

(나) 비례성의 추가적 근거설

① 레르헤[391](Peter Lerche)에 따르면 기본법 제19조 제2항의 의미는 본질적 내용의 침해금지라고 하는 협의의 한계 이외에도 수단과 목적의 형량이라는 것을 의미할 수도 있다고 보기 때문에, 본질적 내용의 침해는 항상 비례적이지 못하며 어떠한 목적도 동조항의 효력 범위에서는 그러한 침해를 정당화시킬 수 없다고 함으로써 동조항의 소임은 끝나는 것이 아니라고 본다. 그리하여 본질적 내용의 침해에까지는 이르지 않은 경우들에서는 형량을 명령한 것으로 보고 있다.

② 뒤리히(Günter Dürig)도 기본법 제19조 제2항은 제1조 제1항에서 승인된 인간의 존엄이라는 최상위의 법적 가치를 위한 방어규범으로서 최후적이고 넘을 수 없는 바의 보호요새이지

---

387) Alexy, Theorie der Grundrechte, S. 100 ff.
388) 이와 함께 비례성의 원칙의 근거를 법치국가원리, 판결의 실제, 혹은 정당성의 개념 등에서 찾는 가능성에 대해서도 열어놓고 있다(Alexy, Theorie der Grundrechte, S. 103).
389) Alexy, Theorie der Grundrechte, S. 272.
390) von Krauss, Der Grundsatz der Verhältnismässigkeit, S. 49 ff. Krauss는 필요성과 비례성을 구별하면서도 당시의 통용되는 개념에 따라 비례성을 필요성의 의미로 사용하고 있다(S. 18).
391) Lerche, Übermass und Verfassungsrecht, S. 78.

만, 국가가 법률유보를 통하여 달성하려는 공공복리의 목적 성취를 위하여 그 때 그 때 준비하여야 하는 바의 어떤 수단을 적극적으로 규정하고 있는 것은 아니고 오히려 수단과 목적의 불균형을 방어하기 위한 것이라고 한다. 그리하여 예컨대 최고가격규제는 그것이 구체적으로 일반 사회 가격구조 하에서 비례적이지 못한 경우에 계약의 자유의 본질적 내용이 침해되는 것이라고 한다.392)

(3) 검　　토

　우선 기본법 제19조 제2항을 수단이 목적달성을 위해 필요하고 그 제한의 정도 또한 최소한으로 그쳐야 한다는 의미의 필요성과 동일시하는 필요성 대체설은 다음과 같은 점에서 비판을 받고 있다. 즉, 기본권의 본질적 내용은 어디까지나 기본권에 내재하는 것393)인데 반해, 필요성의 원칙은 적합한 것으로 판단되는바 동일한 효과를 낳는 수단들 상호간의 비교라고 하는 기본권 외적 요소에 의해 판단된다는 점에서 구별된다고 한다.394) 국가에 의한 기본권제한의 합법성이나 위법성에 대한 기준이 기본권 외적으로 정해진다면 사실상 입법자는 그러한 기준을 자신의 모든 기본권제한조치를 합법적인 것으로 해석하는데 동원하게 될 것이다.395) 침해의 동기와 근거가 인정되고 제한의 정도가 반드시 필요한 정도에 그치면 기본권의 내용에 대한 중대한 침해를 제한할 더 이상의 방법은 없는 것으로 된다. 또한 기본법에 규정된 몇몇의 가중적 법률유보(qualifizitierter Gesetzesvorbehalt)조항에 필요성의 원칙이 규정되어 있는 것으로 볼 수 있는데,396) 이 조항의 구조는 기본권 제19조 제2항과 확연히 구별된다는 점이 지적된다. 예를 들어 기본법 제11조 제2항은 거주·이전의 자유는 법률에 의하거나 법률에 근거하여서 제한하는 경우에도 충분한 생활기초가 존재하지 않아서 공중에게 특별한 부담이 발생할 가능성이 있거나 혹은 임박한 위험을 방지하기 위하여 필요한 경우에만 제한이 허용되는데 이러한 문언구조는 "어떠한 경우에도 침해할 수 없다"고 하는 기본법 제19조 제2항의 문언구조와 명백히 다르다는 것이다.397) 이 경우 본질적내용침해금지와 가중적 법률유보는 중첩적으로 작용하게 된다.398) 비례성도 필요성과 비교하여서는 단순한 수단 간의 비교가 아니라는 점에서 기본권제한의 한계를 보다 구체화하였다는 점이 인정되지만, 그러나 그것이 기본권의 내용을 기준으로 결정되는 본질적 내용과 같다고 할 수는 없다.399)

　추가적 근거설에 대하여는 다음과 같은 비판이 제기된다. 우선 과잉금지의 원칙과 본질적 내용 보장은 적용에 있어서도 구조적인 차이가 있음이 지적된다. 연방헌법재판소의 많은 판

---

392) Dürig, in: GG, Art. 2 Abs. 1 Rn. 63.
393) Jäckel, Grundrechtsgeltung und Grundrechtssicherung, S. 22.
394) Schneider, Der Schutz des Wesensgehalts von Grundrechten nach Art. 19 Abs. 2 GG, S. 160.
395) Roellecke, Der Begriff des positiven Gesetzes und das Grundgesetz, S. 296.
396) Lerche, Übermass und Verfassungsrecht, S. 78.
397) Schneider, Der Schutz des Wesensgehalts von Grundrechten, S. 160; Krüger, DöV 1955, 597, 599.
398) Müller, Die Positivität der Grundrechte, S. 58, 59.
399) Stern, Das Staatsrecht Ⅲ/2, S. 872; Schneider, Der Schutz des Wesensgehalts, S. 166.

결400)에 따르면 압도적인 공공의 이익조차도 기본법 제2조 제1항이 보호하는 바의 사적 생활관계형성의 핵심영역에 대한 침해를 정당화할 수 없고, 따라서 비례성의 원칙에 의한 어떠한 비교형량도 일어날 수 없다고 하였다. 필요성과 비례성은 기본권의 본질적 내용을 침해하지 않으면서 작용하는 기본권의 제한의 여지를 더욱 좁히는 것을 목적으로 하는 반면, 기본권의 본질적내용침해금지는 기본권제한에 있어서 최후적 한계를 이루기 때문이다.401) 나아가서 필요성이나 비례성과 관련하여서는 기본법 제20조 제3항의 법치국가의 원칙이나 제1조 제3항에 의한 국가권력의 포괄적인 기속으로부터도 국가권력이 임의로 기본권을 제한할 수 없다는 것이 별 어려움 없이 도출될 수 있다는 점이 지적된다.402) 그에 반하여 기본권의 본질적 내용보호규정은 전적으로 기본권보호를 위한 규범으로서 법치국가와 관련되어 있지만 별개의 독자적인 규범이다. 그러나 무엇보다도 과잉금지원칙과 본질적내용침해금지원칙을 동일시하는 경우에는 사실 고도로 긴급한 목적이 있는 경우에는 기본권의 본질적 내용이 증발할 가능성이 있다는 점이다.

(4) 헌법재판소의 결정에 나타난 관계

헌법재판소는 기본권의 본질적내용침해금지의 의미와 관련한 일련의 판결들403)을 보면 앞서 기술한 과잉금지원칙의 의미내용과는 사뭇 다른 것을 알 수 있다. 나아가서 양자를 독립된 심사기준으로 사용하고 있기도 하다.404) 이것은 헌법재판소가 과잉금지원칙의 헌법적 근거를 헌법 제37조 제2항에 명시된 본질적내용침해금지규정에서 찾지 아니하고 동조의 '필요한 경우'에서 찾고 있는 것과도 관련된다.

나. 결   론

(1) 양 원칙의 사상적 연계성과 동시 보장의 당위성

사실 어떠한 경우에도 지켜져야 할 본질적 내용을 고수한다는 것은 번거로운 일이다. 많은 경우에 이러한 번거로움은 본질적 내용 보장을 과잉금지의 보장으로 봄으로써 보다 간편하게 해결될 수 있고, 복잡한 본질탐구의 길을 걸어갈 필요도 없다. 그러나 그럼에도 불구하고 기본권의 본질적 내용은 보장되어야 한다는 것이 헌법 제37조 제2항 후단의 의미이다. 긴급한 경우에도 번거로운 본질적 내용이 보장되기 위해서는 평시에 그러한 합의가 강하게 도출되어 있지

---

400) BVerfGE 34, 238, 245 (1973). 그 외 BVerfGE 6, 32, 41 (1957); 6, 389, 433 (1957); 27, 1, 6 (1969); 27, 344, 350 f. (1970); 32, 373, 378 f. (1972); 33, 367, 376 ff. (1972); 38, 234, 245 (1974); 54, 143, 147 (1980); 56, 159, 165 (1981).

401) Martens, VVDStRL 30(1972), 16; Wittig, DÖV 1986, 823; Grabitz, Freiheit und Verfassungsrecht, S. 101; Schneider, Der Schutz des Wesensgehalts, S. 165.

402) Stern, Das Staatsrecht Ⅲ/2, S. 872; Schneider, Der Schutz des Wesensgehalts von Grundrechten, S. 165.

403) 헌재 1989. 12. 29. 88헌가13, 1, 357; 1995. 4. 20. 92헌마29, 7-1, 499(509); 1999. 4. 29. 94헌바37등, 11-1, 289; 2000. 6. 1. 98헌바34, 12-1, 607(619); 2000. 6. 1. 98헌마216, 12-1, 622 등.

404) 헌재 1990. 9. 3. 89헌가95, 2, 245(253); 1991. 11. 25. 91헌가6, 3, 569(581). 비슷하게는 1990. 9. 3. 89헌가95, 2, 245 참조.

않으면 안 된다. 과잉금지원칙의 선구로 독일에서 최초에 발전된 원칙은 필요성의 원칙이다. 그러나 필요성의 원칙은 나치정권하에서 가장 경미한 침해를 일으키는 수단이라면 언제든지 또 얼마든지 기본권을 제한할 수 있는 것으로 오해되면서 이에 대한 반성으로 전후 새로운 비례성의 원칙을 통하여 보강되어 오늘날의 헌법상의 과잉금지원칙이 탄생한 것이다. 그리하여 최소 침해를 일으키는 경우에도 보호될 공익과 비례적인 관계에 있는 개인적 법익만을 제한 할 수 있게 함으로써 기본권보장을 확보하고자 한 것이다. 기본권의 본질적내용침해금지원칙도 이와 비슷한 역사적 경험을 통하여 획득되었다.405) 따라서 발생사적으로 이들 원칙 간에는 어떤 사상적 연계가 있다. 말하자면 필요성의 원칙을 통해 보장된 기본권은 비례성의 원칙을 통해 또 한번 그 보장이 강화되고, 최종적으로는 본질적내용침해금지에 의해 그 보장의 완성을 보게 되는 것이다.406) 본질적내용보장의 이러한 임무에 비추어 볼 때 본질적내용침해금지를 과잉금지와 동일하게 보는 것은 이유여하를 불문하고 역사의 축을 거꾸로 돌리는 것에 통할 수 있다.

(2) 헌법이론적 근거의 유사성과 차이

이미 언급한 바와 같이 과잉금지원칙의 헌법적 근거는 기본권과 관련하여 탐구되어야 한다. 그 결과 과잉금지원칙은 헌법상 기본권의 특성(Wesen der Grundrechte)으로부터 나온다는 결론에 이르렀다. 이 점에서 과잉금지원칙과 본질적내용침해금지원칙은 유사성을 갖는다. 과잉금지원칙이 기본권의 특성으로부터 도출된다고 하더라도 원칙적으로 형식원리인 과잉금지원칙은 구체적 개별적 기본권과 관련하여 비로소 기본권의 내용과 관련되는데 반하여, 본질적내용침해금지원칙은 직접적으로 구체적 개별적 기본권의 내용으로부터 나온다는 점에서 차이가 있다. 그렇게 이해할 때만이 기본권 외적으로 검토됨으로써 과잉일 수 있는 기본권 제한이 국가권력에 의해 언제나 정당화 될 가능성407)을 방지할 수 있다.

(3) 의무주체의 범위에 있어서의 차이

독일과 같이 헌법개정의 한계408)가 명시되어 있지 않은 우리의 경우에 있어서 본질적내용침해금지는 헌법개정의 한계를 이룬다는 점에서도 과잉금지원칙과 구별된다. 이러한 점에서 우리에게 있어 본질적내용침해금지규정은 헌법개정권력과 헌법제정권력도 구속한다고 보아야 한다.409) 따라서 헌법상의 제한이 과잉금지를 위배하는 것으로 볼 수 있는 경우에도 그것이 헌법제정권자나 개정권자의 특별한 의미부여를 통하여 정당화될 수 있는 반면에 기본권의 본질적내용을 침해하는 경우에는 위헌이 된다.

---

405) 김대환(주 60), 35 이하 참조.
406) Hirschberg, Der Grundsatz der Verhältnismäßigkeit, S. 11-12 참조.
407) Roellecke, Der Begriff des positiven Gesetzes, S. 296.
408) 독일기본법 제79조 제3항.
409) 김철수, 신론, 451. 단지 인간의 존엄과 관련되는 범위 안에서는 헌법개정권력도 구속한다는 견해로는 정태호(주 240), 279, 326.

(4) 적용상 독립관계

과잉금지원칙과 기본권의 본질적내용침해금지원칙을 적용함에 있어서 양 원칙의 포섭관계
가 문제된다. 이미 살펴본 바와 같이 우리나라에서 양 원칙은 명백히 구분되는 적용관념을 가
지고 있다. 원칙적으로 과잉금지원칙은 기본권 외적 요소에 의한 법적 평가인데 반하여 본질적
내용침해금지원칙은 기본권 내재적 요소에 의한 평가이다. 따라서 실제에 있어서 대부분 과잉
되지 않은 침해는 본질적 내용의 침해가 아니고 본질적 내용의 침해는 언제나 과잉된 침해가
되겠지만, 형식 논리적으로는 과잉되지 아니한 기본권의 침해라도 본질적 내용의 침해일 수 있
고, 과잉된 침해라고 하여 반드시 본질적 내용의 침해라고는 할 수 없다. 결국 모든 과잉된 침
해가 본질의 침해라고 할 수도 없지만 모든 본질의 침해가 과잉된 침해라고 할 수도 없다. 과
잉금지원칙은 비례적인 것을 찾아 가는 작업인데 반하여 본질적내용침해금지원칙은 자유와 권
리의 본질적 내용을 찾아 가는 작업이기 때문이다. 따라서 판단에 있어서는 의심이 가는 경우
에는 본질적 내용의 침해여부를 먼저 판단하고 침해가 아닌 경우에는 과잉금지원칙의 침해여
부를 심사하는 것이 효율적이지만, 과잉금지원칙의 침해여부를 먼저 심사한 경우에는 의심이
가는 경우에는 원칙의 위배여부에 불문하고 본질적 내용의 침해 여부에 대한 판단을 하지 않으
면 안된다.

과잉금지원칙도 마찬가지지만 기본권의 본질적내용침해금지원칙도 헌법상 보장되는 자유
와 권리를 제한함에 있어서 동원되는 수단의 종류와 정도에 있어서 모두 관련된다. 우선 그 정
도와 관련하여 자유와 권리의 본질적 내용을 침해하는 정도의 수단 내지 조치는 본질적내용침
해금지원칙에 위배되어 위헌이 된다. 이것은 대부분 과잉된 조치로 평가된다. 그리고 동원되는
수단은 헌법상 용인되는 수단이지 않으면 안 된다. 헌법상 용인되는 수단이라는 의미는 국민의
자유와 권리를 제한하기 위한 국가의 수단은 헌법이 예상하고 있거나 예상할 수 있는 또는 예
상이 허용되는 것이어야 한다는 것이다. 이것을 위배한 수단은 과잉금지를 논하기 이전에 이미
자유와 권리의 본질적 내용의 침해이기 때문에 위헌이다. 예를 들면 고문, 사전검열 등은 헌법
상 허용되지 아니하는 기본권의 제한방법이다. 이와 관련하여 우리 헌법상 낙태를 기본권제한
의 가능한 수단으로 예정하고 있는지에 대해서는 다툼이 있을 수 있다. 이것은 생명권과 관련
하여 태아의 생명을 어디서부터 인정할 것인가라는 또 다른 헌법상의 중요한 문제를 제기하기
때문에 우선은 그것이 선결되지 않으면 안 된다. 다만 수태로부터 헌법상의 생명권의 주체로
인정된다고 보는 경우에는 산모의 생명이 위태로운 지경에 이른 경우에라도 태아를 낙태시키
는 것은 태아에 대한 생명권의 침해가 되기 때문에 현실적으로 어려운 문제가 발생한다. 그러
나 원칙적으로 본질적내용침해금지원칙의 의무주체는 국가권력이기 때문에 국가가 낙태를 법
으로 규정하는 경우에만 헌법위반이 될 것이다.[410]

헌법 제37조

---

410) 본질적내용침해금지원칙을 사적자치의 한계로 보는 입장에서는 사적관계에도 적용될 수 있다(이에 대해서
  는 김대환(주 60), 310 이하).

또 과잉금지원칙에 합치하면서도 본질적 내용을 침해하는 경우도 상정할 수 있다. 헌법 제 37조 제2항 전문은 "국민의 모든 자유와 권리는 국가안전보장, 질서유지 또는 공공복리를 위하여 필요한 경우에 한하여 법률로써 제한 할 수 있으며, […]"라고 하고 있다. 여기서 과잉금지는 헌법상의 자유와 권리를 법률로써 제한하는 경우에 사용되는 기본권제한의 방법이며 동시에 그 한계이다. 말하자면 국민의 자유와 권리를 제한하는 경우에도 그 목적이 정당하여야 하고, 제한의 방법은 적절 또는 적정하여야 하며, 기본권주체에 대해 최소한의 피해를 야기하는 것이어야 하고 그로써 상실되는 개인의 이익은 공익과 관련하여 일정한 비례관계에 있는 경우에만 제한이 가능하다는 것이다. 그러나 동조항의 후문은 "[…] 제한하는 경우에도 자유와 권리의 본질적인 내용을 침해할 수는 없다"고 하고 있는데 그 의미는 과잉된 제한은 물론이고 과잉되지 아니한 제한이라고 하더라도 자유와 권리의 본질적 내용을 침해하는 것은 위헌이라는 의미이다. 본질적내용침해금지원칙은 또 다른 합헌성판단의 기준이다. 본질적내용침해금지원칙은 과잉금지원칙에 의한 합헌의 연장선을 다른 관점에서 단절하는 과잉금지원칙의 한계로서 작용한다.411) 따라서 본질적 내용을 침해하지만 과잉금지원칙에 합치하는 조치가 있을 수 있는가의 문제는 허구적인 문제제기에 불과하게 된다.

Ⅲ. 관련문헌

1. 국내문헌

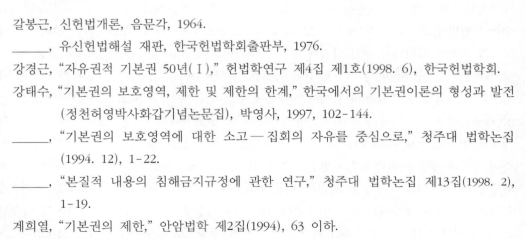

갈봉근, 신헌법개론, 음문각, 1964.

_____, 유신헌법해설 재판, 한국헌법학회출판부, 1976.

강경근, "자유권적 기본권 50년(Ⅰ)," 헌법학연구 제4집 제1호(1998. 6), 한국헌법학회.

강태수, "기본권의 보호영역, 제한 및 제한의 한계," 한국에서의 기본권이론의 형성과 발전 (정천허영박사화갑기념논문집), 박영사, 1997, 102-144.

_____, "기본권의 보호영역에 대한 소고 — 집회의 자유를 중심으로," 청주대 법학논집 (1994. 12), 1-22.

_____, "본질적 내용의 침해금지규정에 관한 연구," 청주대 법학논집 제13집(1998. 2), 1-19.

계희열, "기본권의 제한," 안암법학 제2집(1994), 63 이하.

_____, 헌법학(중), 박영사, 2004.

공진성, "최적화명령으로서 비례성원칙과 기본권심사의 강도," 3사교논문집 제53집(2001. 11), 273-299.

---

411) 이러한 판결로는 예컨대 헌재 1989. 9. 4. 88헌마22, 1, 179(190).

구병삭, 신헌법원론, 박영사, 1993.

권영성, 헌법학원론, 법문사, 2007.

김기범, 헌법강의, 교문사, 1973.

김대환, "제도보장에 있어서 핵심영역의 보호," 헌법학연구 제6집 제4호(2000).

_____, "기본권의 본질적 내용 침해금지에 관한 연구," 서울대 박사학위논문(1998. 8)

_____, "기본권제한의 한계," 법영사, 2001.

_____, "독일의 지방자치행정보장," 공법연구 제33집 제1호(2004), 563-589.

_____, "우리나라 헌법상 과잉금지원칙," 공법학연구 제6권 제3호(2005), 191-223.

_____, "비례성원칙의 심사강도," 헌법학연구 18-2, 2012, 301 이하.

김선택, ""행복추구권"과 "헌법에 열거되지 아니한 권리"의 기본권체계적 해석," 안암법학
        Vol. 1 No. 1(1993), 177-203.

_____, "아동·청소년보호의 헌법적 기초 — 미성년 아동·청소년의 헌법적 지위와 부모의
        양육권 —," 헌법논총 제8집, 77-103.

김승대, 헌법학강론 제2판, 법문사, 2012.

김재광, "경찰관직무집행법의 개선방안연구," 한국법제연구원(2003. 11).

김철수, "기본권의 존중과 한계," 법학(서울대) 7권 1호(1965. 12), 45-68.

_____, "위헌법률심사제도론," 학연사, 1983.

_____, "평등권에 관한 연구," 학술원논문집 인문·사회과학편 제44집 별책(2005), 179-
        300.

_____, 한국헌법사, 대학출판사, 1988.

_____, 헌법학개론, 박영사, 2007.

_____, 현대헌법론, 박영사, 1979.

_____, 헌법학신론, 박영사, 2013.

김학성, 헌법학원론, 박영사, 2012.

김형성, "비례성원칙과 경제정책적 조세," 현대헌법학이론(우재이명구박사화갑기념논문집
        [Ⅰ]), 1996, 344 이하.

문홍주, 한국헌법, 해암사, 1980.

박용상, "표현행위의 위법성에 관한 일반적 고찰," 민사재판의 제문제 제8권(우당박우동선
        생화갑기념), 민사실무연구회, 1994.

박일경, 신헌법학원론, 법경출판사, 1986.

방승주, "독일 연방헌법재판소의 입법자에 대한 통제의 범위와 강도," 헌법논총 제7집,
        335-390.

성낙인, 헌법학, 법문사, 2013.

헌법 제37조

양 건, 헌법강의, 법문사, 2011.

_____, 헌법연구, 법문사, 1995.

유진오, 신고 헌법해의, 일조각, 1954.

육종수, "헌법질서와 기본권의 본질적 내용," 헌법학연구 4-2(1998), 226-245.

이명웅, "비례의 원칙과 판례의 논증방법," 헌법논총 제9집(1998), 671-725.

_____, "비례의 원칙의 2단계 심사론," 헌법논총 제15집(2004), 509-544.

이준일, "'원칙'으로서의 기본권과 비례성 '명령'," 공법연구 제28집 제1호(1999), 65-76.

_____, "기본권제한에 관한 결정에서 헌법재판소의 논증도구," 헌법학연구 제4집 제3호
      (1998), 264-292.

─────, 헌법학강의, 홍문사, 2005.

전광석, 한국헌법론, 법문사, 2013.

장영수, 헌법학 제3판, 홍문사, 2008.

정재황, 헌법판례과 행정실무, 법영사, 2001.

_____, 신헌법입문, 박영사, 2012.

정종섭, 헌법연구3, 박영사, 2001.

_____, 헌법학원론, 박영사, 2010.

정태호, "기본권의 본질적 내용보장에 관한 고찰," 헌법논총 제8집(1997. 12), 279-362.

최대권, 헌법학강의, 박영사, 2001.

한동섭, 헌법, 향학사, 1964.

한수웅, "근로삼권의 법적성격과 그 한계," 법과 인간의 존엄(청암정경식박사화갑기념논문
      집), 1997.

_____, "헌법재판의 한계 및 심사기준─헌법재판소와 입법자의 관계를 중심으로─," 헌
      법논총 제8집(1997), 185 이하.

_____, 헌법학, 법문사, 2011.

한태연, 헌법학, 법문사, 1983.

허 영, 한국헌법론, 박영사, 2011.

홍성방, 헌법학(상), 박영사, 2010.

홍정선, 행정법원론(하), 박영사, 2007.

황치연, "헌법재판의 심사척도로서의 과잉금지원칙에 관한 연구," 연세대학교 박사학위논
      문, 1995.

2. 외국문헌

베르너 마이호퍼, 심재우 역, 법치국가와 인간의 존엄, 삼영사, 1994.

오쓴빌/이덕연(역), "과잉금지원칙적용의 절제," 법학논총 제3호(1996), 257-276.

Alexy, Robert: Theorie der Grundrechte, Suhrkamp, 1986.

Badura, Peter: JuS 1976, 205, 209.

Bleckmann, Albert: Begründung und Anwendungsbereich des Verhältnismäßigkeitsprinzips, JuS 1994, 117 ff.

Boldt, Hans: A. Geschichte der Polizei in Deutschland, in: Hans Lisken/Erhard Denninger(Hrsg.), Handbuch des Polizeirechts, 3. Aufl., C. H. Beck(München: 2001), S. 1-38.

Bracher, Christian-Dietrich: Gefahrenabwehr durch Private, Duncker & Humblot (Berlin: 1987).

Dechsling, Rainer: Das Verhältnismäßigkeitsgebot-eine Bestandsaufnahme der Literatur zur Verhältnismäßigkeitstaatlichen Handelns, Vahlen(München: 1989).

Dreier, Horst: Grundgesetz Kommentar Ⅰ, Mohr Siebeck, 1996.

Drews/Wacke/Vogel/Martens: Gefahrenabwehr, 9. Aufl., Heymann(Köln u.a.: 1986).

Dürig, Günther: Der Grundrechtssatz von der Menschenwürde. Entwurf eines praktikablen Wertsystems der Grundrechte aus Art. 1 Abs. Ⅰ in Verbindung mit Art. 19 Abs. Ⅱ des Grundgesetzes, in: Gesammelte Schriften 1952-1983, SöR Bd. 463, Duncker & Humblot/Berlin, 1984.

Erichsen, Hans-Uwe: Das Übermaßverbot, Jura 1988, 387 f.

_____-: Staatsrecht und Verfassungsgerichtsbarkeit, 2. Aufl., C. H. Beck(München: 1976).

Evers, H.: Privatsphähre und Ämter für Verfassungsschutz, Berlin, 1960.

Fischer, L., Constitutional Conflicts between Congress and the President, 4. ed., The University Press of Kansas, 1997.

Frotscher/Pieroth, Verfassungsgeschichte, 4. Aufl., C. H. Beck(München: 2003).

Funk, Albrecht: Polizei und Rechtsstaat-Die Entwicklung des staatlichen Gewaltmonopols in Prußen 1848-1914, Campus-Verlag(Frankfurt u.a.: 1986).

Gentz, Zur Verhältnismäßigkeit von Grundrechtseingriffen, NJW 1968, 1600 ff.

Götz, Volkmar: Allgemeines Polizei- und Ordnungsrecht, 13. Aufl., Vandenhoeck & Ruprecht(Göttingen: 2001).

Grabitz, Eberhard: Der Grundsatz der Verhältnismäßigkeit in der Rechtsprechung des Bundesverfassungsgerichts, AöR 98 (1973), 568 ff.

_____: Freiheit und Verfassungsrecht-kritische Untersuchungen zur Dogmatik und Theorie der Freiheitsrechte, J.C.B. Mohr(Tübingen: 1976).

Hamel, Walter: Die Bedeutung der Grundrechte im sozialen Rechtsstaat, Duncker & Humblot(Berlin: 1957), S. 17.

Hattenhauer, Hans: Allgemeines Landrecht für die Preußischen Staaten von 1974, 2 Aufl., Luchterhand(Neuwied u.a.: 1994).

Haverkate, Görg: Rechtsfragen des Leistungsstaates-Verhältnismäßigkeitsgebot und Freiheitsschutz im leistenden Staatshandeln, Mohr(Tübingen: 1983).

Häberle, Peter: Die Wesensgehaltgarantie des Art. 19 Abs. 2 Grundgesetz-Zugleich ein Beitrag zum institutionllen Verständnis der Grundrechte und zur Lehre vom Gesetzesvorbehalt, 3. Aufl., C. F. Müller(Heidelberg: 1983).

Herbert, Georg: Der Wesensgehalt der Grundrechte, EuGRZ 1985, S. 321 ff.

Hesse, Konrad: Grundzüge des Verfassungsrechts der Bundesrepublik Deutschland, 20. Aufl., C. H. Beck(Heidelberg: 1995).

Hippel, Eike von: Grenzen und Wesensgehalt der Grundrechte, Duncker & Humblot (Berlin: 1965).

Hirschberg, Lothar: Der Grundsatz der Verhältnismäßigkeit, Schwartz(Göttingen: 1981).

Hotz, Werner Friedrich: Zur Notwendigkeit und Verhältnismässigkeit von Grundrechts-eingriffen: unter besonderer Berücksichtigung der bundesgerichtlichen Praxis zur Handels- und Gewerbefreiheit, Schulthess(Zürich: 1977).

Huber, Ernst Rudolf: Der Streit um das Wirtschaftsverfassungsrecht, DöV 1956, S. 135-143 f.

Huster, Stefan: Rechte und Ziele-zur Dogmatik des allgemeinen Gleichheitssatzes, Duncker & Humblot(Berlin: 1993).

Ipsen, Jörn: Staatsrecht II-Grundrechte, 9. Aufl., Luchterhand(München: 2006).

Jäckel, Hartmut: Grundrechtsgeltung und Grundrechtssicherung—Eine rechtsdogmatische Studie zu Art. 19 Abs. 2 GG, 1967.

Kaufmann, Arthur: Über den "Wesensgehalt" der Grund- und Menschenrechte, ARSP Bd. LXX, 1984, S. 384 ff.

Knemeyer, Franz-Ludwig: Polizei- und Ordnungsrecht, 9. Aufl., C. H. Beck(München: 2002).

Krauss, Rupprecht von: Der Grundsatz der Verhältnismässigkeit in seiner Bedeutung für die Notwendigkeit des Mittels im Verwaltungsrecht, Appel(Hamburg: 1955).

Krebs, Walter: Art. 19 GG, in: Ingo von Münch/Philip Kunig(Hrsg.), Grundgesetzkommen —
　　　tar, Bd. I, 4. Aufl., C. H. Beck(München: 1992).

_____: Zur verfassungsrechtlichen Verortung und Anwendung des Übermaßverbotes,
　　　Jura 2001, 228 ff.

Krüger, Herbert: Der Wesensgehalt der Grundrechte im Sinne des Art. 19 GG, DÖV
　　　1955, 597 ff.

Langheineken, Uwe: Der Grundsatz der Verhältnismässigkeit in der Rechtsprechung des
　　　Bundesverfassungsgerichts unter besonderer Berücksichtigung der Judikatur zu
　　　Art. 12 Abs. 1Satz 2 GG, Freiburg (Breisgau), Univ., 1972.

Leisner, Walter: Grundrechte und Privatrecht, 1960.

Lerche, Peter: Grundrechtlicher Schutzbereich, Grundrechtsprägung und Grundrechtseingriff
　　　(§ 123) in: J. Isensee/P. Kirchhof(Hrsg.), Handbuch des Staatsrechts der
　　　Bundesrepublik Deutschland V, 1992(박종호 역, 기본권의 보호영역, 기본권형성 그
　　　리고 기본권침해, 허영 편역, 법치국가의 기초이론(Peter Lerche 논문선집), 박영사,
　　　1996, 9-55.

_____: § 122 Grundrechtsschranken, in: J. Isensee/P. Kirchhof(Hrsg.), Handbuch des
　　　Staatsrechts der Bundesrepublik Deutschland V, C. F. Müller(Heidelberg: 1992),
　　　S. 775f.

_____: Übermass und Verfassungsrecht-zur Bindung des Gesetzgebers an die
　　　Grundsätze der Verhältnismäßigkeit und der Erforderlichkeit Heymann(Köln
　　　u.a.: 1961).

Luhmann, Niklas: Grundrechte als Institution, SöR Bd. 24, 2. Aufl.[unveränderter
　　　Nachdruck der 1. Aufl., 1965], Duncker & Humblot, 1974.

Münch, Ingo von: Staatsrecht Ⅱ, 5. Aufl., Kohlhammer(Stuttgart u.a.: 2002).

Peters, H.: Elternrecht, Erziehung, Bildung und Schule, in: Bettermann-Nipperdey-
　　　Scheuner(Hrsg.), Die Grundrechte, Bd. Ⅳ 1, Berlin 1960.

Pieroth/Schlink, Grundrechte, 20 Aufl., C. F. Müller(Heidelberbg: 2004).

Pieroth/Schlink/Kniesel, Polizei- und Ordnungsrecht, 2. Aufl., C. H. Beck(München:
　　　2004).

Rachor, Frederik: F. Polizeihandeln, in: Handbuch des Polizeirechts, Beck(München:
　　　2001), S. 295 ff.

Reimer, Franz: Verfassungsprinzipien, Duncker & Humblot(Berlin: 2001).

Remmert, Barbara: Verfassungs- und Verwaltungsgeschichtliche Grundlagen des

Übermaßverbotes, C. F. Müller(Heidelberg: 1995).

Ress, Georg: Der Grundsatz der Verhältnismäßigkeit im dertschen Reschts, in: Hans Kutscher/Georg Ress/Francis Teitgen/Felix Ermacora/Giovanni Ubertazzi, Der Grundsatz der Verhältnismäßigkeit in europäischen Rechtsordnungen: Europäische Gemeinschaft, Europäische Menschenrechtskonvention, Bundesrepublik Deutschland, Frankreich, Italien, Österreich; Vorträge und Diskussionsbeitrag, C. F. Müller, Jurist. Verl.(Heidelberg: 1985).

Roellecke, Gerd: Der Begriff des positiven Gesetzes und das Grundgesetz, Mainz, 1969.

_____: Dieter C. Umbach/Thomas Clemens(Hrsg.), Grundgesetz Bd. I, C. F. Müller (Heidelberg: 2002).

Rupp, Hans Heinrich: Ungeschriebene Grundrechte unter dem Grundgesetz, JZ 2005, S. 157－208.

Schloer, Bernhard: Vom Preußischen Polizeirecht zum Bayerischen Sicherheitsrecht, Boorberg(Hannover: 1990).

Schmidt, Walter: Abschied vom "unbestimmten Rechtsbegriff," NJW 1975, 1753 ff.

Schnapp, Friedrich E.: Die Verhältnismäßigkeit des Grundrechtseingriffs, JuS 1983, 850 ff.

Schneider, Ludwig: Der Schutz des Wesensgehalts von Grundrechten nach Art. 19 Abs. 2 GG, SöR Bd. 439, Duncker & Humblot, 1983.

Scholler, H.: Person und Öffentlichkeit, C. H. Beck, 1967.

Stein, E.: Lehrbuch des Staatsrechts, Tübingen, 7. Aufl., 1980.

_____: Staatsrecht, 15. Aufl., J. C. B. Mohr(Paul Siebeck)Tübingen, 1995.

Stelzer, Manfred: Das Wesensgehaltsargument und der Grundsatz der Verhältnismäßigkeit, Springer-Verlag(Wien: 1991).

Stern, Klaus: Das Staatsrecht des Bundesrepublik Deutslchland, Bd. III/2, C. H. Beck (München: 1988).

_____: Zur Entstehung und Abteilung des Übermaßverbots, in: Peter Badura u.a. (Hrsg.), Wege und Verfahren des Verfassungslebens-Festschrift für Peter Lerche zum 65. Geburtstag, C. H. Beck(München: 1993). S. 165 f.

v. Mangoldt/Klein/Starck, GG Bd. I, 5. Aufl., C. H. Beck, 2005.

Wendt, Rudolf: Der Garantiegehalt der Grundrechte und das Übermaßverbot, AöR 104 (1979), S. 414 ff.

Wenzel, K. E.: Das Recht der Wort- und Bildberichterstattung, 3. Aufl., Verlag Dr. Otto

Schmidt KG, 1986.

Wolff, Hans Julius: in: Hans Julius Wolff/Otto Bachof/Rolf Stober(Hrsg.), Verwaltungsrecht, Bd. I, 8. Aufl., C. H. Beck(München: 1971).

Zippelius, Reinhold: Das Verbot übermäßiger gesetzlicher Beschränkung von Grundrechten, DVBl 1956, Heft 11, S. 353 ff.

Zivier, E.: Der Wesensgehalt der Grundrechte, Dissertation (Johannes Gutenberg-Universität in Mainz), 1960.

헌법 제38조

[이 덕 연]

第38條
모든 國民은 法律이 정하는 바에 의하여 納稅의 義務를 진다.

Ⅰ. 기본개념과 헌법적 의미

1. 개 요

납세의무는 국방의무와 함께 국민의 2대 기본의무로서 국가의 유지를 목적으로 하는 이른바 '고전적인 의무'에 속한다. 우리 헌법은 '법률이 정하는 바에 의한 납세의 의무'를 국민의 기본의무로 명시적으로 규정하고(제38조), 납세의무를 구체화하는 입법수권, 즉 조세의 종목과 세율은 법률로 정하도록 하는 별도의 법률유보조항(제59조)을 두고 있다.

규범구조상 조세평등주의, 조세법률주의 등의 과세원칙이나, 조세국가원리를 비롯한 조세의 정당화론 등 조세입법에 대한 헌법 및 헌법이론적 지침과 한계에 대한 논의는 제38조와 제59조 중 어느 조항과 연관해서도 진행될 수 있다. 다만, 편제상 제38조는 제2장 '국민의 권리와 의무'에 통합되어 배열되어 있고, 제59조는 통치구조에 관한 제3장에 국회의 입법권한규정으로 배치되어 있는 규정체계는 구조적으로 총론과 각론의 체계형식에 해당되는 바, 과세원칙 등 적어도 기본적이고 총괄적인 핵심논점은 제38조에 대한 주석에서 정리되는 것이 타당한 것으로 생각된다.[1]

이러한 맥락에서 우선 국민의 기본의무의 의의와 법적 성격을 개관하고, 총론의 관점에서 선별된 핵심논점을 정리하는 차원에서 납세의무의 기본개념과 헌법적 의미를 검토한다.

2. 국민의 기본의무의 의의와 법적 성격

국민의 '기본의무'는 국가공동체 구성원 개개인의 의무 중에 헌법에 규정된 기본적인 대국가적 의무를 말한다. 우선 그 범위를 보면, 대국가적 관계가 아닌 시민 상호관계에서의 의무나 국가기관의 의무 및 일반 법률상의 의무는 이에 속하지 아니한다. 일반적으로 '기본권'의 개념에 대한 대비개념으로 이해되는 '기본의무'의 개념에서 '기본'의 의미는 해당 의무의 내용과 속성에 대해서도 그대로 원용될 수 있는 바, 보편성과 중대성 및 그에 따른 특별취급의 당위성이 그것이다. 말하자면 국가공동체의 구성원인 국민 모두에게 지워지는 부담이고 또 그 부담이 국가의 존립과 운영에 필수불가결한 중대한 내용이고, 따라서 그 이행의 강제와 실효성 확보수단 등과 관련하여 법적으로 특별하게 취급된다는 의미를 갖는다.[2]

국민의 기본의무는 일반적으로 헌정사적 관점에서 '고전적 의무'와, 20세기 현대 헌법상의 '현대적 의무'로 분류하는데, 이에 따르면 전자에는 납세의무와 국방의무가 속하고, 재산권 행사의 공공복리적합의무, 근로의무, 교육의무, 환경보전의무 등이 후자의 예로 적시되고 있다.[3]

이 분류방법에 따른 '고전적 의무'와 '현대적 의무'의 구별은 단순히 헌정사적 맥락을 넘어서 의무의 태양과 성격상의 차이점과도 연결된다. 즉 전자는 국민의 생명과 재산권 등 우선 자

---

1) 총괄적인 부분과 세부적인 내용을 배분하는 양적 차이는 있지만, 대부분의 헌법교과서의 기본편제도 다르지 아니하다. 권영성, 헌법학원론, 법문사, 2010, 717 이하; 김철수, 헌법학개론, 박영사, 2010, 1114 이하; 성낙인, 헌법학, 법문사, 2013, 859 이하; 홍성방, 헌법학(중), 박영사, 2010, 401 이하; 허영, 한국헌법론, 박영사, 2013, 627 이하. 다만, 계희열, 헌법학(중), 박영사, 2007, 771; 정종섭, 헌법학원론, 박영사, 2013, 884, 1061 이하; 장영수, 헌법학, 홍문사, 2012, 916, 1128 이하, 등 일부는 기본의무에 관한 부분에서는 납세의무의 기본개념만을 기술하고, 주요 논점은 제59조의 조세법률주의와 관련해서 총괄하여 정리하고 있다.
2) 기본의무 개념의 변천에 관해서는 홍성방, "국민의 기본의무," 공법연구 34-4-1(2006. 6), 314이하.
3) 민주국가국민의 일반적 의무와 헌법상 의무(권영성(주 1), 716-717)로 나누거나 또는 국가창설적인 국민의 의무, 기본권에 내포된 윤리적 의무, 헌법상의 기본적 의무로 나누는 등(허영(주 1), 623-626) 기본의무의 분류방법은 다양할 수 있다. 다만 기본의무를 헌법에 규정된 의무로 한정하는 개념정의에 따르면 이러한 분류방법은 일반적인 국민의 의무와 관련된 맥락에서 이해되어야 한다는 지적이 있다. 홍성방(주 1), 394, 주석 878.

유권적 기본권의 보장수단으로서 소극적 성질의 의무인데 반해서, 20세기 사회국가, 문화국가, 환경국가의 환경조건에 부응한 후자는 보다 적극적인 의무이고, 따라서 일반적으로 권리와 의무가 혼합되어 있는 복합적인 양태를 보이는 바, 이는 법적 성격의 차이와도 연관된다.

헌법상 기본의무의 법적 성격과 관련해서는 직접효력설과 간접효력설 등이 제기될 수 있으나, 적어도 국민의 기본의무를 실정헌법상의 의무로 전제한다면 실익이 없는 구별일 뿐이다. 법적 성격과 관련된 핵심은, 기본의무의 내용이 헌법에 의해 직접 정해지는 것이 아니라 법률에 의해서 구체화된다는 점에서 헌법상의 기본의무는 우선 소극적인 관점에서는 헌법에 규정이 없는 의무를 법적 의무로 무한정 확장하는 것을 인정하지 않는다는 확정성의 의미를 갖는다.[4] 다른 한편 적극적인 관점에서는 헌법의 과제와 입법에 대한 수권근거의 헌법적 근거가 된다. 말하자면 규범구조적 측면에서 기본의무는 일종의 제도보장과 기본의무를 구체화하는 기능의 법률유보조항의 성격을 갖는다.[5]

3. 납세의무의 기본개념 및 의의

가. 조세의 개념

대부분의 입법례가 그러하듯이 우리나라의 경우에도 헌법이나 국세기본법 등 조세관련법령에서 조세의 법적 개념을 정의하고 있지 아니하다.[6] 학설과 판례를 통해 일반화된 개념정의에 따르면 조세는 국가 또는 지방자치단체가 재정충당의 목적으로 반대급부 없이 일반 국민에게 강제적으로 부과하여 징수하는 공법상의 부담금이다.[7] 요컨대, 국가의 유지와 운영을 위한 재원확보의 객관적인 목적성과 조세의 부담 여부 또는 그 크기에 따른 특정한 반대급부와의 비견련성이 핵심적인 개념적 요소이다. 따라서 특정한 재화나 행정서비스의 제공에 대한 반대급부와 연관되는 사용료, 수수료, 분담금 등은 조세에 해당되지 아니한다. 논란이 전혀 없지는 아니하지만 재정목적이 아닌 또는 적어도 재정목적 보다는 특별한 경제·사회 및 문화정책적 목적이 더 강한 이른바 유도적, 조정적 조세(Lenkungssteuer)의 경우는 학설과 판례를 통해 합헌적인 조세로 인정되고 있다. 다만 이른바 특별부담금(Sonderabgabe)의 경우는 매우 엄격한 정당화 요건하에서만 예외적으로 합헌으로 인정된다.[8]

나. 납세의무 헌법규정의 의의

헌법 제38조에서 납세의무를 국민의 기본의무로 규정한 것은 일차적으로는 국가존립의 재정적 기반이 되는 납세의무를 헌법적 의무로 규정하고, 그 구체적인 내용은 법률로 정하도록

---

4) 김철수(주 1), 1112-1113.
5) 허영(주 1), 626; 홍성방(주 1), 393.
6) 이에 관해서는 김성수, 세법, 법문사, 2003, 3 이하 참조.
7) 우리 헌재는 재정수요의 충족과 함께 경제사회적 특수정책실현의 목적을 포함시켜서 개념을 정의하였다. 헌재 1990. 9. 3. 89헌가95, 2, 245, 251.
8) 이에 관해서는 김성수(주 6), 13; 손상식, "부담금 관련 위헌심사기준," 공과금부과와 위헌심사(2012), 139-144. 특히 독일 연방헌법재판소의 관련 결정에 대해서는 27-37 참조.

하여 납세의무 또는 국가의 조세고권도 법치국가원리와 민주주의원리에 의해서 지배된다는 기
본지침을 제시한 것이다. 헌법유보사항으로 규정된 납세의무는 생명과 재산 등 국가의 기본권
보호의 비용의 관점에서든 또는 경제활동을 통한 소득 및 재산증식의 기회를 제공하는 시장의
개설 및 유지비용의 측면에서든 국가공동체 구성원 모두에게 유보된 헌법적 의무로서 그 자체
의 정당화는 헌법규범적으로 선결된 추상적 의무로 존재한다. 이를 구체화하는 조세입법에 대
한 헌법의 지침과 한계, 특히 조세평등원칙은, 후술하는 바와 같이 특정한 재정학적 관점에 고
착된 것은 아니지만, 근본적인 국가관과 재산권 등의 기본권을 중심으로 하는 헌법도그마틱에
의해 설정된다. 이러한 점에서 "의무는 원칙적으로 기본권의 효력을 배제한다"는 전제와, 그에
따라 기본권, 특히 재산권은 원칙적으로 조세부담에 대한 대항의 논거가 될 수 없다는 법리구
성[9]은 추상적인 기본의무의 범주에서만 타당하다.

　　요컨대, 후술하는 조세법률주의는 별론으로 하고, 국가가 직접 경제주체로 나서서 경비를
조달하는 '국가경제'와, 과세를 통해 사경제활동의 과실에 참여하는 모델 두 가지 중에 후자
의 대안을 선택한 납세의무의 헌법제도화와 더불어 헌법에 납세의무를 국민의 기본의무로 정
한 것의 재정정책적 함의의 핵심은 다음 두 가지로 정리된다. 국가생활에 있어서 조세를 축
으로 하는 세입과 지출상의 결정의 분리, 말하자면 특정인 또는 특정집단의 조세납부자와 국
가 재정력의 분리와 함께, 궁극적으로 조세부담과 재정운용을 연계하지 아니하고 단절하는
원칙, 말하자면 모든 세입을 모든 지출의 재원으로 충당한다는 의미의 '전체충당의 원
칙'(Gesamtdeckungsprinzip) 또는 특정 세입을 특정한 세출목적에 구속시키는 것을 원칙적으로
금지하는 '연계금지의 원칙'(Nonaffektationsprinzip)이 예산법상 일반원칙의 하나로 확정되어 있
다고 볼 수 있는 점이다. 이에 관해서는 후에 조세국가원리에 관한 논의에서 상술한다.

II. 연　혁

　　납세의무를 기본의무로 규정하고 있는 현행 헌법 제38조는 조문번호의 변경 외에는 제헌
헌법에서 기본권에 관한 제2장 제29조에 규정된 이래 그대로 이어져 오고 있다. 제4차개헌까지
는 편제도 그대로 유지되었고, 제3공화국헌법(제5차개헌, 1962년), 유신헌법(제7차개헌, 1972년)에
서는 제33조에, 제5공화국헌법(제8차개헌, 1980년)에서는 제36조에 규정되었다.

　　반면에, 후술하는 바와 같이 기능적인 관점에서 볼 때 조세입법에 대한 기본적인 수권근거
규정과 '조세의 종목과 세율'에 관한 구체적인 법률유보규정의 관계에 있는 현행 헌법 제59조
는 내용은 변화가 없었지만 조문편제는 적지 않은 변화를 거쳤다. '재정'에 관한 별도의 장(제7
장)을 두었던 제헌헌법에서는 제90조에 규정되어서 제4차개헌까지 그대로 유지되었지만, 제5차
개헌을 통해 처음으로 통치기구에 관한 제3장 제55조에 규정되기 시작해서 대통령 관련 규정

---

9) 정종섭(주 1), 1064.

이 국회에 우선되었던 제7차, 제8차개헌을 통해 제94조, 제95조, 현행 헌법 제59조에 이르고 있다.

III. 입헌례와 비교법적 의의

시민의 납세의무를 전제로 국가의 과세권에 대한 법률적 통제와 조세입법의 의회(대표)유 보가 헌법체제로 확립된 시초는 1776년 미국의 독립과 1787년의 미국연방헌법에서 찾아지지만, '대표를 통한 국민의 동의가 없이는 조세를 부과할 수 없다'는 근대법치주의가 명시적으로 헌법에 규정된 것은 1789년의 프랑스 인권선언을 수용한 1791년 프랑스헌법이었다.[10]

프랑스대혁명을 촉발한 직접적인 원인이 방만한 재정운영과 그에 따른 과도한 조세부담이었다는 점을 고려 할 때, 헌정사적 관점에서 그 의미는 혁명 주체였던 시민세력이 장악한 '의회의 승인, 즉 조세법의 근거가 없는 어떤 공적 부담도 부과할 수 없다'는 '무대표 무과세'(no taxation without representation)의 원칙이 혁명승리의 전리품으로 헌법차원에서 확보되었다는 것에서 찾아진다. 따라서 그 일차적인 기능은 '형식적 법치주의'로서 충분히 제한될 수 있는 정치경제적 조건 하에서 납세의무를 국민의 기본의무로 규정하여 조세의 재정충당기능을 확보하는 동시에 조세법률주의를 헌법에 규정함으로써 국가의 무분별한 과세권으로부터 시민의 재산권을 보장하기 위한 방어적 또는 소극적 성격에서 찾아진다.

생각건대, 근대 시민혁명 후에 확립된 민주적 법치국가의 체제 이래 국가의 기능과 역할이 거의 무제한 확대된 현대의 복지국가 또는 사회국가 체제에 이르기까지 국가철학과 국가과제론을 비롯하여 헌법이론 및 헌법해석론상의 논의의 궤적과 헌법개정론의 양적, 질적 크기가 가장 반비례하는 경우가 바로 국민의 납세의무에 관한 헌법규정이라고 할 수 있다. 말하자면, 규범환경과 현실여건에 따라 그 맥락과 양태는 크게 달랐지만, 늘 헌법이론 및 헌법정책론상 가장 중요한 과제의 하나로 주어져 온 '정당한 과세'의 문제는 납세의무를 국민의 기본의무로 규정한 명시적인 헌법조항의 유무와는 무관하게 일반적으로 헌법조항의 개정의 차원이 아니라 구체적인 헌법 및 기본권해석론을 통해 접근되어 왔다.

납세의무를 국민의 기본의무로 규정하고 있는 우리 헌법과 유사한 최초의 입헌례는 "모든 국민은 법률이 정하는 바에 따라 모든 공적 부담을 능력에 비례하여 균등하게 부담한다"고 규정한 바이마르 헌법 제134조이다. 바이마르 헌법의 영향을 크게 받았던 현행 일본국헌법(1946 년 11월 3일 제정, 1947년 5월 3일 시행)은 "국민은 법률이 정하는 바에 의한 납세의무를 진다"는 별도의 기본의무규정(제30조)과 함께 '재정'에 관한 제7장에서 "새로 조세를 과하거나 현행의 조세를 변경할 때는 법률 또는 법률이 정하는 조건에 의하지 않으면 아니된다"(제84조)는 조세법률주의를 규정하고 있다. '재정'에 관하여 독립된 장을 두었던 제헌헌법의 체제와, 자구까지

---

10) 조세와 관련한 근대 법치주의의 발전사에 대해서는 이창희, 세법강의, 박영사, 2007, 12-14.

동일한 우리 제헌헌법 제29조는 일본국 헌법을 그대로 차용한 것으로 여겨진다.

　　　기타 납세의무에 관한 기본의무조항을 별도로 두지 아니하고, 우리 헌법 제59조와 유사한 조세법정주의만을 규정하고 있는 입헌례로는 벨기에 헌법 제170조, 덴마크 헌법 제43조, 핀란드 헌법 제61조, 프랑스 헌법 제34조, 그리스 헌법 제78조 제1항, 이탈리아 헌법 제23조 등이 있다.

Ⅳ. 다른 조문과의 체계적 관계

1. 개 요

　　　민주적 법치국가와 조세국가체제인 우리의 헌정국가체제에서 헌법 제38조가 국가의 헌법적 과제, 즉 시민의 생명과 재산 등기본권의 보호와 거래질서와 사법질서의 확립을 통한 거래질서와 시장관리의 비용을 시민이 부담하는 추상적인 기본의무를 선언적으로 규정한 이른바 '의무프로그램규정'[11]이라고 한다면, 이 납세의무는 조세의 종목과 세율 등을 정하는 입법을 통해서 구체화된다. 추상적인 의무프로그램을 현실화하여 직접적인 구체적 의무로 형성하는 입법자는 '조세평등의 원칙', '조세법률주의'를 존중해야 하고, 재산권을 비롯하여 관련되는 기본권의 제한에 대한 헌법적 한계를 준수해야 한다.

　　　이러한 관점에서 볼 때, 법률유보를 전제로 납세의무를 기본의무로 규정하고 있는 헌법 제38조는 '법 앞에 평등'의 원칙을 규정하고 있는 헌법 제11조 제1항, 그리고 민주적 선거에 의한 국회의원의 선출을 규정하고 있는 헌법 제41조 및 국회의원의 '자유위임원칙'을 규정하고 있는 헌법 제46조 제2항 등과 함께 한편으로는 시민적 법치국가와 조세국가의 법적 정당성을, 또 한편으로는 사회국가 또는 복지국가의 지속가능성을 담보하는 헌법규범의 토대와 틀을 구성한다.[12]

　　　헌법재판소도 평등권, 재산권, 조세법률주의, 소급과세금지원칙 등을 과세권에 대한 헌법적 한계로 제시하여 조세법률에 대한 위헌심사기준으로 적용하고 있는 바[13], 조세입법수권의 추상적인 근거규정으로서 간접적인 효력을 갖는 제38조는 우선 조세법률주의의 구체적인 법률유보근거규정인 제59조와 '기본법'과 '시행법'의 관계에 있다고 할 수 있다. 따라서 제38조는 제59조에 의거 구체적인 납세의무의 내용을 정하는 조세입법형성에 대한 헌법적 한계의 규범체계 속에서 법치국가원리와는 물론이고, 특히 우리 헌법의 가치질서의 정점에 있는, 그래서 모든 국가작용에 대한 정당화의 근거인 동시에 헌법적 한계로 적용되는 인간의 존엄성 조항(헌법 제10조)과 기본권제한입법에 대한 헌법적 한계의 '일반조항'이라고 할 수 있는 헌법 제37조 제2

---

11) 허영(주 1), 626.

12) 이에 관한 개요는 U. Di Fabio, "Steuern und Gerechtigkeit," JZ, 2007, 749-750.

13) 예컨대, 헌재 2002. 8. 29. 2001헌가24.

항을 비롯하여 '응능부담원칙'의 도출근거인 평등권(제11조 제1항), 재산권(제23조), 직업의 자유(제15조) 등 관련되는 개별 기본권규정들이나, 혼인과 가족생활의 보장(제36조 제1항) 등과 이른바 '한계－한계'(Schranken-Schranken)의 논리형식으로 연관된다. 말하자면, 조세입법자는 '과세요건명확주의'와 '과세요건명확주의'를 내용으로 하는 '형식적인 조세법률주의'에 기속되는 동시에, 실질적인 측면에서도 기본권보장의 헌법이념과 헌법상의 제 원칙, 그리고 개별 기본권에 구속된다. 헌법재판소도 '실질적 조세법률주의'의 개념을 준거로 하여 조세법의 목적과 내용이 헌법, 특히 조세입법의 한계인 기본권에 합치되어야 한다는 요청을 확인 및 수용하고 있다.[14]

상세한 내용은 제59조에 대한 주석에서 다루어질 것이고, 여기에서는 국가의 과세권과 재산권의 보장(제23조) 및 평등조항(제11조 제1항)과의 관계에 초점을 맞추어 헌법이론 및 헌법해석론상 논의의 현황과 핵심 논점을 개관 및 정리하고, 조세국가원리의 의의와 내용을 논한다.

2. 재산권 보장(제23조)과 조세의 부과

종래의 일반적인 기본권 도그마틱에 따르면 국가의 과세는 원칙적으로 재산권의 침해가 아닌 것으로 본다. 그 헌법적 근거는 여러 가지가 제시되고 있지만, 대체로 두 가지로 대별된다.[15]

첫째는 납세의무를 국민의 헌법상 기본의무로 정하고 있는 경우 재산권은 납세의무에 대항할 수 있는 헌법적 준거가 되지 못한다는 입장이다. 사유재산권의 헌법상 보장은 '입법자에 의해 구체적으로 형성된 재산권'만을 대상으로 한다는 법리를 토대로 하여 말하자면, 납세에 의하여 국가에 공여하는 재산을 제외한 부분에 국한되어 인정된다는 논리다.[16] 이는 후술하는 바와 같이 조세입법을 선재하는 '보호영역'을 갖는 재산권에 대한 제한이 아니라, 헌법 제23조 제1항에 의거 납세자의 '재산권의 내용과 한계'를 정하는, 즉 재산권의 '보호영역'을 원천적으로 형성하는 입법행위의 결과로 보는 해석론이다.

둘째는 사유재산권보장의 본질이나 과세의 특성 등을 주목하여 제한의 정당화, 즉 재산권에 대한 제한성은 인정하되, 침해성을 부인하는 데 초점을 맞추어 논증하는 방법이다. 예컨대, 재산권이 '재산 그 자체'나 '재산의 현상태'가 아니라 '사적 유용성'과 '임의적 처분권'을 보장하는 것이기 때문에 과세에 의한 재산권침해는 인정되지 않는다고 보는 입장, 보편성을 이유로 평등권의 관점에서 과세를 재산권에 대한 일반적인 제한으로 보거나 또는 재산권의 사회적 기속성을 근거로 정당화하는 견해 등이 있다.[17] 이러한 입장들은 기본권 도그마틱상 '보호영역'에

---

14) 이에 관해서는 한수웅, 헌법학, 법문사, 2013, 1131-1134. 예컨대, 헌재 1997. 11. 27. 95헌바38, 9-2, 591, 600-601; 1999. 5. 27. 97헌바66등, 11-1, 687, 611; 2002. 1. 31. 2000헌바35, 14-1, 14, 27.

15) 김성수, "국가의 과세권과 국민의 재산권보장과의 관계," 고시계(1991. 2), 69 이하.

16) 이에 관한 상세한 것은 김성수, "경제질서와 재산권보장에 관한 헌재결정의 평가와 전망," 공법연구 33-4(2005. 6), 152 이하. 다만, 재정충당목적의 과세가 아니라 목적세, 유도세 등 물가안정, 경제조정 등 정책목적의 수단으로 활용되는 과세의 경우는 재산권에 대한 제한성을 인정하는 견해가 있다. 정종섭(주 1), 698.

17) 이에 관한 독일에서의 다양한 논의에 대한 소개는 김성수(주 6), 92-106.

초점을 맞추는 전자의 경우와 달리 '제한의 한계'와 연관된 논증방법이라고 할 수 있다.

　　이와 같이 상이한 입장에 따라 다양한 이론과 논증방법들이 제시되고 있지만, 재산권과 조세의 관계에 대한 논의는 여전히 통일된 의견으로 정리되고 있지 못하다. 이러한 현상은 후술하는 바와 같이, '기본권과 조세의 단절론'을 견지해 온 전통적인 기본권도그마틱의 이론적 한계는 별론으로 하더라도 기본적으로 재정조달수단으로서 뿐만 아니라 경제 및 사회정책의 수단으로서 유연성과 탄력성이 강조되는 조세의 일반적인 특성과, 직접세와 간접세, 보통세와 특별세, 기타 목적세 또는 유도세 등 조세의 종류에 따라 천차만별인 기능과 성격, 특히 기본권에 대한 직간접적인 영향의 복잡다양성에 따른 일반이론화의 한계와 과세권의 헌법적 한계를 계량화하기 어려운 문제점18) 등에서 비롯된다.

　　다만, 이론과 판례의 큰 흐름 속에서 확립된 견해로 공유되고 있는 전제와 정향점은 국가의 과세권 역시 헌법적 제약으로부터 자유로울 수 없다는 것이다. 이른바 거시적인 국가체제차원의 담론주제인 '조세정당화론'의 핵심이 바로 국가의 과세권에 대한 헌법적 한계의 이론적 토대를 구축하는 이론구성의 작업이고,19) 국가의 방만한 재정운영과 무분별한 조세입법에 대한 무장해제에서 벗어나서, 특히 재산권규정에서 국가의 과세권에 대한 헌법적 방어수단을 도출하고자 하는 학계의 이론적인 노력과 헌법재판실무상의 관심도 같은 맥락에서 이해된다.

　　요컨대, 조세입법자에게는 상대적으로 광범위한 형성의 자유가 인정되지만, 그렇다고 해서 시민의 입장에서 입법자에 의해 할당되는 조세부담을 아무런 헌법적 보호막도 없이 그냥 운명으로 받아들여야 하는 것은 아니고 또한 모든 조세법제가 헌법적으로 정당화되는 것은 아니다. 조세입법형성권도 개인의 재산권을 최대한 보장하는 원칙을 준수하면서 최소한으로 행사되어야 하며 그렇지 않은 경우 과잉금지원칙 위반과 함께 헌법 제23조 제1항 제1문에도 위반되는 것으로 평가된다는 논리구성과 실무상 적용의 가능성에 대한 탐색의 노력이 그것이다.20) 헌법상 재산권보장의 기능이 궁극적으로는 기본권주체가 자유실현의 물질적 기초를 확보할 수 있도록 자유공간을 보장하는 것이고, 이러한 관점에서 볼 때 헌법 제23조의 재산권보장에 포섭되는 것은 재산권객체가 아니라 오롯이 기본권주체인 개인의 독자적인 인격발현의 가능성이라고 본다면, 국가의 과세권에 대한 헌법적 한계로서 재산권보장의 기능에 대해서도 새로운 발상과 법리구성의 필요성이 제기되고 있다.21)

　　현재 우리나라에서의 이론적인 논의와 헌법재판실무와는 적어도 그 방향과 속도에서 거리

---

18) 전광석, 한국헌법론, 집현재, 2013, 370.
19) 이에 관해서는 상세한 소개는 김성수(주 6), 61-154. '조세의 정당성' 문제와 관련하여 매우 평이하게 서술하면서도 깊은 헌법철학적 성찰을 토대로 유용한 헌법정책적 시사점을 제공하고 있는 최근의 문헌으로는 P. Kirchhof, Die Erneuerung des Staates, 2006, S. 80-106.
20) 예컨대, 김성수(주 16), 152 이하. 헌법재판소도 적어도 수용에 이르는 정도로 재산권을 제한하는 경우에는 이른바 '교살적 조세'로서 헌법적으로 정당화될 수 없는 재산권침해로 본다. 예컨대, 헌재 1990. 9. 3. 89헌가95; 1997. 12. 24. 96헌가1; 2001. 6. 28. 99헌바54; 2001. 12. 20. 2001헌바25; 2002. 12. 18. 2002헌바27 등.
21) 한수웅(주 14), 1131-1132. 이에 관한 독일에서의 논의에 대한 개관은 특히 Di Fabio(주 12), S. 751-753.

가 없지 아니하지만, 독일에서의 세법에 대한 기본권심사와 관련된 이론전개는 우리에게도 유용한 참고자료로 시사하는 바가 적지 아니하다고 생각되어 그 동향을 간단하게 소개한다. 논의의 흐름은 크게 세 단계로 나누어지는 바, 세법에 대한 재산권 등의 관련 기본권을 준거로 하는 헌법적 통제가 전면 배제되었던 '단절의 단계'와 조세입법권이 '윤곽질서'로서 헌법의 통제권 내에 포함되게 되는 '인입의 단계' 및 기본권이 세법에 대한 구체적인 통제규범으로 적용되는 '포착의 단계'가 그것이다.[22] 다만 후자의 두 단계는 국가의 과세권에 대한 헌법적 통제의 가능성과 필요성 자체에 대해서는 인식을 같이 하되, 절제 또는 적극적인 통제확대의 필요성에 대한 기본적인 시각의 차이에 따른 상이한 입장인 바, 순차적인 선후의 단계라기보다는 여전히 현안으로 논의되고 있는 접근의 대안일 뿐이다.[23]

국가의 과세와 재산권보장의 관계에 대한 우리 헌법재판소의 근본적인 입장, 말하자면 '재산 자체'가 재산권보장의 대상에 포섭되는 것으로 보는지 아니면, 국가의 과세권도 헌법적 기속에서 벗어난 조세국가의 오아시스가 될 수는 없다는 점을 확인하는 등의 전향적인 태도선회에도 불구하고,[24] 여전히 재산권이 조세입법에 대한 과잉금지심사의 준거로 적용될 수 있는지에 관해서는 소극적인 독일 연방헌법재판소의 견해[25]와 같이 원칙적으로 납세의무의 부과가 재산권의 제한에 해당하지 않는 것으로 보는지 여부는 분명하지 아니하다. 다만, 헌법재판소는 "조세의 부과·징수는 국민의 납세의무에 기초하는 것으로서 원칙적으로 재산권의 침해가 되지 않지만, 그로 인하여 납세의무자의 사유재산에 관한 이용·수익·처분권이 '중대한 제한'을 받게 되는 경우에는 재산권의 침해가 될 수 있다"[26]는 기본적 입장을 취하고 있는데, 정작 이러한 법리구성의 전제, 즉 과세권과 재산권보장의 관계에 대한 근본적인 선판단에 대한 해명은 어디에서도 찾아볼 수 없다. 또한 전술한 바와 같이 이러한 선판단과는 무관하게 헌법재판소는 구체적인 재산권적 지위와 무관한 조세부과에 대해서도 재산권을 위헌심사의 기준으로 적용하여 왔는데, 이 또한 재검토와 해명이 숙제로 남겨져 있다.[27]

3. 평등원칙(제11조 제1항)과 조세평등

우리 헌법 제11조 제1항은 "모든 국민은 법 앞에 평등하고, 성별, 종교 또는 사회적 신분에 의하여 모든 생활영역에서 차별을 받지 아니한다"고 규정하여 '기회균등'과 '자의금지'를 내용으로 하는 '일반적인 평등권'을 모든 기본권의 실현의 방법적 지침과 준거로 천명하고 있다.

22) Vgl. K. Vogel, Die Steuergewalt und ihre Grenzen, in: P. Badura/H. Dreier(Hrsg.), Fs. 50 Jahre Bundesverfassungsgericht, Bd. Ⅱ, S. 529ff.
23) 좀 더 상세한 논의는 이덕연, 재정헌법의 흠결에 대한 헌법정책적 평가, 한국법제연구원, 2005, 65-69.
24) BVerfGE 115, 97(109f.).
25) 이에 관한 개요는 H. D. Jarass/B. Pieroth, Grundgesetz Kommentar, 12. Aufl., C.H. Beck, 2012, Art. 14, Rn. 32a und 66a.
26) 헌재 1997. 12. 24. 96헌가19, 9-2, 762, 773.
27) 이 논점에 대한 상세한 설명과 논의는 이장희, "조세관련 재산권제한의 위헌심사기준," 공과금부담과 위헌심사(2012), 36-40.

'조세평등의 원칙'도 합리적인 이유 없는 일반적인 '차별대우금지'의 원칙이 이른바 '응능부담원칙'을 핵심 준거로 하는 특수한 평등원칙으로 구체화된 헌법적 원칙의 하나이다. 따라서 헌법의 입법수권에 따라 추상적인 조세의무를 구체화하는, 즉 조세의 종목과 세율을 정하는 조세입법형성권자도 당연히 '과세요건법정주의'와 '과세요건명확주의'를 핵심 내용으로 하는 조세법률주의와 함께 조세평등의 원칙을 존중해야 하는 것은 물론이다.

다만, 차별대우금지의 요청은 합리적인 준거에 따른 차별대우까지 금지하는 절대적 평등이 아니라, 상대적인 평등, 즉 합리적인 이유와 기준에 따라 '같은 것은 같게, 다른 것은 다르게' 취급할 것을 요구하는 것이기 때문에,28) 그 기능과 특성이 일반적인 기본권제한입법과는 크게 다른 조세입법의 경우 차별 또는 무차별의 과세에 대한 헌법심사의 통제규범으로서 평등원칙을 적용할 수 있는 가능성과 한계 및 그 양식 또한 달리 접근될 수밖에 없다.

조세입법자에 대한 평등원칙의 기준, 즉 차별과 무차별의 합리적인 근거로서의 객관성은 기본적으로 도그마틱의 범주에서 도출될 수 있는 것은 아니다. 그것은 근본적인 국가관과 정치적 결정의 기조에 따라 또는 직접세와 간접세, 보통세와 목적세 등 조세의 종류나 과세대상의 성격에 따라 상이한 기준에 의해 정당성의 근거가 제시될 수 있을 뿐이다. 더욱이 조세의 기능이 재정충당기능에 그치는 것이 아니라 다양한 정책수단으로서의 복합적인 기능이 중시되는 오늘날의 '조세국가-재정국가-민주적 법치국가'로 연계되는 국가의 일관된 규범적, 현실적 기능체계에서 조세정당화의 기준은 특정한 재정학의 입장과 연계되는 고착된 단일의 국가관이 아니라 이른바 혼합체제를 전제로 복합적으로 다양하게 설정될 수밖에 없다. 논란이 전혀 없지는 아니하지만, 조세평등의 헌법적 원칙으로 확립된 '응능과세원칙'도 추상적인 법원칙으로서의 당위성보다는 이론적인 논의의 관심과 초점은 결국 구체화의 척도, 즉 부담능력을 평가하는 관점과 기준을 설정하는 '옳은 척도'의 문제와 동 원칙에 대한 예외를 인정하는 합리적인 준거와 그 범위를 제시하는 것에 모아진다.29)

요컨대, 헌법 제11조 제1항은 국민의 납세의무를 구체화하는 조세입법에 대하여 적용되는 평등원칙의 헌법적 근거인 동시에, 헌법상의 추상적인 원칙인 '응능과세원칙'에 따라 조세체계를 구축하고 개별 세법을 형성하는 조세입법형성자에 대하여 합리적인 차별 또는 무차별의 기준을 설정하고, 동 원칙 적용의 '원칙과 예외'의 합리적인 분계선을 획정하라는 입법지침과 헌법적 한계를 제시하는 '일반조항'(General Klausel)적 성격의 '국가목적규정'(Staatszielbestimmung)30)에 해당된다.

---

28) 예컨대 헌재 1996. 3. 28. 94헌바42; 1999. 3. 25.98헌가2; 1999. 2. 25. 96헌바64 등

29) 이에 관해서는 이동식, "응능과세원칙," 공법연구 32-5(2004. 6), 618-621.

30) J. Isensee, Steuerstaat als Staatsform, in: FS H. P. Ipsen, 1977, S. 409.

V. 개념과 원리에 대한 판례 및 학설

1. 개   요

'법률이 정하는 바'에 의한 납세의무를 국민의 기본의무로 규정한 헌법 제38조는 국가의 재정적 기반의 형성이라는 조세의 적극적인 측면에서 국가운영의 경비를 원칙적으로 조세를 통해 조달해야 하는 재원조달의 형식, 역으로는 '국가경제' 또는 이른바 '기업형국가'(Unternehmerstaat)를 배제하면서 경제적 자유를 보장하는 국가체제와 함께 재산권 등의 경제적 자유에 대한 침해의 방지라는 조세의 소극적인 측면에서 납세의무의 구체화에 대한 입법수권과 함께 그에 대한 헌법적 한계를 선언적으로 규정하고 있다.

상세한 논의는 과세법정주의를 규정하고 있는 헌법 제59조의 평석에 맡기되, 여기에서는 '조세국가원리'와 '조세법률주의'에 대한 학설 및 판례의 동향과 헌법이론적 논의의 현황만을 정리한다.

2. 조세국가원리

사회적 법치국가 과제수행의 두 가지 중요한 수단인 법과 돈 두 가지 중에 국가재정의 측면에서 '국가수입 조세충당'의 원칙을 내용으로 하는 조세국가는 독일에서 법적 개념으로 논의 및 체계화된 것으로서 명시적인 헌법규정은 없고, 그 법적 효과에 대해서도 회의적인 의견이 적지 아니하지만[31] 법치국가원리, 민주주의원리 등과 마찬가지로 일종의 '국가목적조항'에 해당되는 것으로 이해되고 있다.[32]

우리의 경우에도 많이 논의되지는 못하였지만, 조세국가는 '영리활동이나 준조세 등의 공과금의 부과가 아니라 조세를 통해서 재정을 충당하는 것을 원칙으로 하는 국가'를 말한다.[33] 이러한 의미의 조세국가는 '경제적 자유'와 '부담평등'을 조세국가의 본질적인 요청으로 보는 입장에서 제38조 및 평등원칙(제11조 제1항), 재산권(제23조), 직업의 자유(제15조) 등의 규정을 근거로 우리 헌법이 전제하고 있다고 보는 견해도 제시되고 있다.[34] 헌재도 그 의미와 내용, 법적 효과 등에 대해서는 구체적으로 정리한 바 없지만, '조세우선의 원칙'과 '자력집행원칙'을 조세채권의 확보수단으로 확인하면서 현대국가의 재정형태로 조세국가가 전제된 것으로 보았고,[35] 국가과세권의 적극적인 근거의 하나로 '조세국가원리'를 적시한 바 있다.[36] 또한 헌재는

---

31) 김성수(주 6), 70-74.

32) J. Isensee(주 30).

33) 한수웅(주 14), 1125.

34) 차진아, "조세국가의 헌법적 근거와 한계," 공법연구 33-4(2005. 6), 320.

35) 헌재 1990. 9. 3. 89헌가95, 2, 245, 260.

36) 헌재 2002. 8. 29. 2001헌가24, 14-2, 138, 150.

여러 공과금 형식 중 조세에 관해서만 헌법이 명시적인 규정을 두고 있는 것 자체를 우리 헌법이 조세에 의한 재정조달의 원칙을 예정한 것으로 보는 근거로 제시하기도 하였다.[37]

현실적으로 국가수입 중에 조세가 차지하는 절대적인 비중을 떠나서도, 생존배려와 복지를 국가의무로 하는 현대의 사회국가와 사회국가실현의 수단과 형식의 관점에서 표현되는 재정국가 및 법치국가는 조세국가의 연결고리에 의해서 일관된 연계체계로 구성되어 있다는 점에서 적어도 국가의 재정형태에 관한 추상적이고 형식적인 원칙으로서 이해되는 조세국가원리를 헌법원칙으로 인정하는 것은 별 무리가 없어 보인다. 다만, 전술한 바와 같이 조세국가원리를 헌법원칙으로 인정한다고 하더라도, 조세입법과 재정운용 및 재정과 관련된 구체적인 국가활동 등에 대한 행위규범 및 통제규범으로서 적용의 가능성과 한계 및 그 구체적인 법적 효과에 대해서는 제대로 정리되어 있지 못한 바, 앞으로 많은 논의가 필요하다. 여기에서 이에 관한 상세한 논의는 약하되, 다만 조세국가원리에 관한 논의의 동향과, 구체적인 법적 효과와 관련된 문제점만을 간략하게 정리한다.

원래 '국가수입 조세충당'의 원칙을 내용으로 하는 '조세국가원리'는 국가의 영리활동에 대한 헌법적 한계의 근거로 제시되었고, 목적세 성격의 특별부담금이 재정정책수단으로 많이 활용되면서 부담평등의 원칙과 관련하여 논의범위가 확대되었으나 세입형식에 대한 헌법적 제한의 관점에서는 그 실익이 크지 않다는 인식이 확대되었다. 최근에는 오히려 세출형식의 선택에 대한 헌법적 제한에 초점을 맞추어서 논의가 진행되고 있다.[38]

우선 전술한 바와 같이 조세국가원리의 실체적인 내용이 충분히 구체화되지 못하였고, 따라서 행위규범 또는 통제규범으로서 그 구체적인 헌법적 효력의 내용도 제대로 규명되지 못한 상태이지만, 적어도 이른바 '원칙—예외관계'에서 세입측면에 요구되는 형식의 명확성(Formenklarheit)과 구속성(Formenbindung)의 요청은 세출의 경우에도 동일하게 적용된다. 더욱이 최근에 동 원리의 핵심은 전형적인 세입형식으로서 조세의 절대적 우선성을 요구하는 것이 아니라는 견해가 제시되고 있는 바, 이에 따르면 기본권침해 등의 헌법상 문제가 없는 한 기본적으로 세입형식의 선택은 입법형성의 자유에 맡겨져 있고, 세입형식에 대한 조세국가의 요청은 일반적인 목적의 국가사업을 위하여 자유롭게 운용할 수 있는 재원을 최대한 조달하라는 헌법차원의 명령으로 이해된다.[39]

따라서 예컨대, 특별부담금과 같은 조세외의 세입형식 자체에 대한 헌법적 한계는 유연하게 설정될 수 있는 여지가 있을 수 있겠지만, 그 실질적인 내용상의 '특별한 정당성요건', 그 중에서도 특히 '형식의 명확성'과 그에 따른 헌법적 한계는 오히려 세출의 측면에서 더욱 엄격하게 요구·적용된다는 관점에서 조세국가원리의 재정운용에 대한 객관적인 헌법적 한계와 지침

37) 헌재 2004. 7. 15. 2002헌바42, 16-2(상), 14, 26.
38) Vgl. R. Hendler, Umweltabgaben und Steuerstaatsdoktrin, AöR 1990, S. 595ff. mit Fn. 49.
39) 김성수·이덕연, "국민건강부담금과 건강기금의 헌법적 문제점," 공법연구 32-5(2004. 6), 726-729.

으로서 구체적인 법적 효과와 관련해서 시사하는 바가 크다.

둘째로 조세국가원리의 객관적인 통제규범으로서 적용가능성 및 그 법적 효과와 관련해서는 대체로 세 가지 논점이 제시되고 있는 바, 조세국가원리에서 조세 이외의 공과금부담의 입법에 대한 헌법적 한계와 지침이 도출될 수 있는지 여부와, 동 원리가 국가의 영리수익활동이나 조세를 개인과 기업의 사경제활동을 간섭하고 조정하는 수단으로 활용하는 것을 일반적으로 금지하거나 또는 제한하는 통제규범으로 적용될 수 있는지 여부 등의 문제들이 그것이다.[40]

3. 조세법률주의

국민의 납세의무를 기본의무로 규정하고 있는 헌법 제38조는 조세국가의 재정형태를 규정하는 동시에, 추상적인 과세권에 대한 헌법적 근거로서 제59조와 함께 과세권을 구체화하는 조세입법형성에 대한 수권과 객관적인 형식적 지침을 제시한다. 말하자면 조세법률주의는 헌재[41]가 밝히고 있는 바와 같이 '과세권 행사라는 이름 아래 법률의 근거와 합리적 이유 없이 국민의 재산권이 함부로 침해되지 않도록 하기 위한' 기본적인 법적 장치를 헌법제도로 형성해 놓은 것으로서 과세권의 '소극적인 헌법적 근거'라고 할 수 있다.[42]

과세의 근거와 구체적인 조세부담을 정하는 중요사항(본질적인 사항)은 국회에서 제정하는 '형식적 법률'로 규정되어야 한다는 이른바 '과세요건법정주의'를 핵심내용으로 하는 조세법률주의는 법치국가원리의 중요 원칙인 '행정의 법률적합성원칙', 특히 법률유보의 원칙이 조세행정법관계에도 그대로(또는 특히 엄격하게) 적용된다는 것이 헌법적으로 명시적으로 재확인되어 표현된 것이다.

일반적으로 조세법률주의의 핵심내용은 '과세요건법정주의'와 '과세요건명확주의'로 이해되고 있다. 헌재는 많은 세법 관련 결정들을 통해서 평등권, 재산권과 함께 조세법률주의와 위임입법의 한계, 소급과세금지원칙을 국가과세권의 헌법적 한계로 확인하면서 조세법률에 대한 위헌심사의 기준으로 적용하고 있다.[43] 판례를 통해 헌재가 정리한 것에 따르면, 우선 '과세요건법정주의'는 '납세의무를 성립시키는 납세의무자, 과세대상, 과세기간, 세율등의 모든 과세요건과 부과징수절차'가 국민의 대표기관인 국회가 제정하는 법률로 규정되는 것을 말한다.[44] '과세요건명확주의'는 과세요건을 정하는 형식적 법률의 규정내용이 과세관청의 자의적인 해석과 자유재량의 집행을 막을 수 있을 정도로 명확하고 일의적이어야 한다는 것이다.[45]

---

40) 이에 관해서는 김성수(주 6), 72-74. 특히 공권력주체의 영리활동의 헌법적 한계에 대해서는 이덕연, "지방자치단체의 영리수익사업의 헌법적 문제," 지역개발연구(연세대) 15(2006), 147.

41) 헌재 1992. 12. 24. 90헌바21, 4, 890, 903.

42) 김성수(주 6), 65-66 참조.

43) 상세한 내용은 이창희(주 10), 19.

44) 1992. 12. 24. 90헌바21, 4, 890, 899; 1999. 3. 25. 98헌가11등 병합, 11-1, 158, 174.

45) 예컨대 헌재 1992. 12. 24. 90헌바21, 4, 890, 899; 1994. 8. 31. 91헌가1등 병합, 6-2, 153, 163.

다만, 헌법 제38조와 제59조에서 '조세법의 기본원칙'[46]으로서 조세법률주의를 도출하는
헌법재판소와 지배적인 다수설에 대하여 조세법률주의가 과연 "더 이상 토론을 필요로 하지 않
는 헌법원리인가"라는 설득력 있는 의문이 제기되고 있다.[47] 조세의 복합적이고 다양한 정책적
기능과 그에 기인하는 조세입법의 특수성을 고려할 때, 다른 행정작용의 경우와 유사한 강도
또는 밀도로 법률유보원칙이 적용될 수는 없다는 점이 주된 이유로 제시된다. 그러나 헌재가
분명하게 정의하고 있는 바와 같이 조세법률주의가 그 내용이 어떻든 간에 "법률만 있으면 과
세할 수 있다"는 의미의 '형식적 법치주의'가 아니라 "기본권보장의 헌법이념과 헌법상의 제 원
칙," 특히 기본권제한이 유보되어 있는 비례원칙에 합당한 법률에 의한 과세를 요구하는 '실질
적 법치주의'로 해석된다고 보면,[48] 조세법률주의가 "일본식 조세법률주의의 아류"나 "일부 세
법학자들의 작품"이라고 보는 견해에는 동의할 수 없다.[49]

적어도 이른바 '본질성이론'의 지침과 한계를 그대로 조세법에도 적용할 것을 요구하는 식의
조세법률주의에 대한 도식적인 이해는 더 이상 설득력을 갖기 어렵다는 점은 분명하다. 재판실
무상으로도 이제까지 조세법률주의, 특히 포괄적 위임금지의 원칙을 이유로 조세법에 대하여 적
지 않은 위헌결정을 내려온 헌재[50]도 근래에 들어서는 신중한 입장을 보이고 있고,[51] 관련 조
세법률의 전체적 맥락, 과세사안의 성격, 입법목적 및 위임의 배경 등에 비추어 과세요건이 상
당한 정도, 즉 행정청의 자의에 맡겨져 있는 것으로 볼 수 없는 정도로 정해져 있는 경우에는 포
괄위임금지의 원칙에 반하지 않는 것으로 보아야 한다는 견해가 자리를 잡아가고 있다.[52]

요컨대, 고도의 탄력성과 유연성을 요구받는 조세법의 영역에서 헌법재판소가 조세입법자
의 역할을 대신하고 나서는 것은 정책현실의 관점에서는 물론이고, 헌법규범적으로도 수용될
수 없는 것임은 분명하다. 하지만 그렇다고 해도 입법자가 자신의 조세정책적인 결정을 민주적
법치국가의 최소한의 준거에 따라 납세자를 납득시키지 못하는 경우에 헌법재판소가 구체화의
가능성을 전제로 하는, 추상적인 척도를 갖고 정당한 지침을 확인하고 제시해야만 하는 것은
'법치국가적 조세국가'의 최소한의 헌법적 요청이다. 문제는 일견 상반된 것으로 보이고 또한
현실적으로 상충되기도 하지만, 규범적으로는 헌법규범과 헌법현실의 교차점에서 조화의 가능

---

46) 세법의 기본원칙에 대한 상세한 논의는 소순무, "조세의 헌법적 조명," 헌법문제와 재판(하)(1997), 497-
    500; 김웅희, "헌법상 재산권과 조세법의 기본원칙에 관한 연구," 헌법학연구 11-1(2005. 3), 366-381.

47) 이창희(주 10), 22.

48) 헌재 1992. 2. 25. 90헌가69등, 4, 114, 121.

49) 동지, 김성수(주 6), 63.

50) 예컨대, 1991. 2. 11. 90헌가27; 1994. 7. 29. 92헌바49; 1994. 8. 31. 91헌가1; 1995. 11. 30. 94헌바40등 병합;
    1996. 6. 26. 93헌바2; 1997. 10. 30. 96헌바92; 1998. 4. 30. 95헌바55; 1998. 4. 30. 96헌바78; 1999. 3. 25. 98
    헌가11등; 1999. 12. 23. 99헌가2; 2000. 1. 27. 96헌바95 등; 2001. 6. 28. 99헌바54; 2001. 9. 27. 2001헌가4.

51) 이에 관해서는 이창희(주 10), 19 이하 참조. 위임의 구체성과 명확성의 문제는 규율대상의 종류와 성격에
    따라 유연하게 접근되어야 한다는 지침을 정리하면서 규율대상이 다양하고 가변성이 큰 경우에 명확성의
    요건이 완화될 수도 있음을 확인한 결정례는 헌재 1996. 6. 26. 93헌바2. 2000년대 이후로는 2003. 6. 26.
    2002헌바101; 2003. 7. 24. 2000헌바28; 2003. 10. 30. 2002헌바81 등.

52) 예컨대, 장영수, "조세법에 있어서 위임입법의 한계," 한독법학 14(2003), 147, 150.

성과 당위성을 전제로 하는 두 가지 헌법적 요청, 즉 민주적 법치국가와 조세국가원리의 통합운용을 위한 헌법적 준거틀을 형성해나가는 것이다.

VI. 개정의 필요성에 대한 검토

적어도 납세의무를 국민의 기본의무로 정하고 있는 헌법 제38조 자체와 관련해서는 개헌의 필요성이 전무한 것으로 단언할 수 있고, 이제까지 학계에서도 논의된 바 없다. 다만, 전술한 바와 같이 헌법 제59조와 관련해서 조세법률주의의 헌법원리성에 대한 의문이 제기되고 있는 바, 당장 개헌의 필요성과 연결시키는 것은 성급한 예단이겠지만, 법치국가원리의 근간이 다치지 않는 범위 내에서 규범환경의 유동성과 조세행정의 복잡다양성 및 그에 따른 조세입법의 특수성을 적절하게 반영하여, 현실정합적이고 지속가능하되, 민주적 법치국가에도 부응해야 하는 조세행정의 규범틀을 개선하는 헌법 및 입법정책적 과제의 당위성에 대해서는 의문이 있을 수 없다. 개헌론과는 무관하게, 또는 적어도 단기, 중기적으로 개헌의 불필요성에 대한 논거로 바로 이 과제수행의 가능성과 한계를 탐색하고, 가능한 범위에서 확인된 부분이 헌법재판소의 헌법해석, 특히 기본권해석을 통한 추상적 지침과 이를 준거로 한 구체적인 조세입법의 공조협력을 통해서 수렴되어야만 한다는 점을 재확인하는 것은 필수적이다. 이를 위해 헌법철학 및 이론적 토대를 정립하고, 헌법규범적 지향점과 준거를 제공하는 것은 이른바 '조세정당화론'과 함께 우리 헌법학이 당면하고 있는 주요과제의 하나이다.

VII. 관련문헌

1. 국내문헌

계희열, 헌법학(중), 박영사, 2007.

권영성, 헌법학원론, 법문사, 2010.

김성수, "국가의 과세권과 국민의 재산권보장과의 관계," 고시계(1991. 2), 68 이하.

_____, "국가의 재정적 책임과 국가의 재정행위에 대한 법적 통제," 공법연구 제22집 (1994), 155-194.

_____, 세법, 법문사, 2003.

_____, "경제질서와 재산권보장에 관한 헌재결정의 평가와 전망," 공법연구 제33집 제4호 (2005. 6), 137-177.

김성수·이덕연, "국민건강부담금과 건강기금의 헌법적 문제점," 공법연구 제32집 제5호 (2004. 6), 707-735.

김웅희, "헌법상 재산권과 조세법의 기본원칙에 관한 연구," 헌법학연구 제11집 제1호 (2005. 3), 359-393.

김철수, 헌법학개론, 박영사, 2010.

성낙인, 헌법학, 법문사, 2013.

소순무, "조세법의 헌법적 조명," 헌법문제와 재판(하)(1997).

손상식, "부담금 관련 위헌성심사기준," 공과금부과와 위헌심사(2012).

이덕연, "지방자치단체의 영리수익사업의 헌법적 문제," 지역개발연구(연세대) 15(2006).

_____, 재정헌법의 흠결에 대한 헌법정책적 평가, 한국법제연구원, 2005.

이동식, "응능과세원칙," 공법연구 제32집 제5호(2004. 6), 615-640.

이장희, "조세관련 재산권제한의 위헌심사기준," 공과금부담과 위헌심사(2012), 1-80.

이창희, 세법의 헌법적 기초에 관한 시론, 조세법연구Ⅵ(2000. 12), 79 이하.

_____, 세법강의, 2007.

장영수, "조세법에 있어서 위임입법의 한계," 한독법학 제14호(2003), 135 이하.

_____, 헌법학, 2007.

전광석, 한국헌법론, 집현재, 2013.

정규백, "서구에 있어서의 근대적 조세국가의 생성에 관한 소고," 조세연구 제2권(2002), 23 이하.

정종섭, 헌법학원론, 박영사, 2013.

차진아, "조세국가의 헌법적 근거와 한계," 공법연구 제33집 제4호(2005), 211-236.

한수웅, 헌법학, 법문사, 2013.

허 영, 한국헌법론, 박영사, 2013.

_____, 헌법이론과 헌법, 박영사, 2013.

홍성방, "국민의 기본의무," 공법연구 제34권 제4호 제1권(2006. 6).

_____, 헌법학(중), 박영사, 2010.

2. 외국문헌

Di Fabio U., Steuern und Gerechtigkeit, JZ, 2007, S. 749ff.

Hendler R., Umweltabgaben und Steuerstaatsdoktrin, AöR 1990, S. 595ff.

Isensee J., Steuerstaat als Staatsform, in: FS H.P. Ipsen, 1977, S. 409ff.

Jarass H. D./Pieroth B., Grundgesetz Kommentar, 12. Aufl., 2012, Art. 14.

Kirchhof P., Die Erneuerung des Staates, Herder, 2006.

Vogel K., Die Steuergewalt und ihre Grenzen, in: P. Badura/H. Dreier(Hrsg.), Fs. 50 Jahre Bundesverfassungsgericht, Bd. Ⅱ, S. 529ff.

[정 문 식]

第39條

① 모든 國民은 法律이 정하는 바에 의하여 國防의 義務를 진다.

② 누구든지 兵役義務의 이행으로 인하여 불이익한 處遇를 받지 아니한다.

Ⅰ. 기본개념과 입헌취지

1. 국민개병제도

국가방위에 필요한 군대의 구성은, 일정한 연령에 달한 사람들을 대상으로 일정기간 군에 복무하도록 하는 의무병역제도(國民皆兵制)와 군복무를 희망하는 사람들로 군대를 구성하고 그에 상응하는 대가를 지불하는 지원병제도로 구분할 수 있다. 헌법 제39조 제1항은 국민에게 국가방위를 위하여 병역에 복무할 의무를 부과하는 국민개병제도를 원칙으로 선언하고 있다.[1] 프랑스 대혁명 이후 많은 국가에서 대규모의 병력을 소액의 경비로 유지할 수 있다는 실질적 이유 때문에 국민개병제도를 채택했으며, 오늘날 영국과 미국 등 일부 국가를 제외하고는 대부분 국민개병제도를 실시하고 있다.

2. 입헌취지

유진오 박사는 국토방위의 의무를 규정한 제헌헌법 제29조에 대해 다음과 같이 설명하고 있다.[2]

"본조는 국민의 국토방위의 의무를 규정하였는데, 종전에는 이 의무는 보통 병역의 의무라 하여 국민이 군인으로서 복무하는 것만을 지칭하여 왔다. 그러나 현대에 있어서는 각국간의 전쟁은 군인간의 전쟁만이 아니고 국민전체가 이에 관계하지 않으면 안되는 총력전이 되었으므로, 국토방위를 위하여서는 국민에게 병역의 의무를 부담시키는 것만으로 족하지 않고, 국민전체에게 법률의 정하는 바에 의하여 국토방위의 의무를 부담시킬 필요가 있기 때문에, 본조는 병역의 의무라 하지 않고 널리 국토방위의 의무라 한 것이다. 그러므로 우리나라에서는 본조에 의하여 국민에게 병역의 의무를 課할 수 있을 뿐만 아니라 법률의 정하는 바에 의하여 防空의 의무, 군의 작전에 협력할 의무 등을 과할 수 있는 것이다."

제2항의 병역복무의 이행으로 인한 불이익한 처우금지는 국민개병주의를 확립하고 군복무의식을 고취하려는 것이다.[3]

II. 연　　혁

국민의 의무로서 일반적인 병역의무가 인정된 것은 로마시대를 기원으로 보고 있다. 자유시민들이 병역의무에 기초하여 스스로 군장을 갖추어 전투에 참여함을 원칙으로 군사제도를 확립하고 로마 공화정을 외부의 위험으로부터 유지하였다. 프랑스 대혁명 당시 '총동원령'(leveé en masse)에서 시작된 복무가 시민의 기본의무로 인정되면서, 유럽 국가들은 전반적으로 일반적인 병역의무를 인정하게 되었다.[4]

이러한 일반적 병역의무는 대한민국임시헌법 제10조에서[5] 이미 국민의 의무로서 인정되

---

* 초판의 기본내용을 유지하되 최근 판례와 필요한 최소한의 내용을 첨삭하는데 중점을 두었음.

1) 해군과 공군의 복무는 모병제의 특징이 가미되었지만, 기본적으로 병역법에 의한 병역의무자들을 대상으로 하기 때문에 徵集兵이라는 점에서는 차이가 없으므로, 해군 및 공군의 복무를 모병제라고 할 수는 없다. 오호택, "병역의무의 형평성에 관한 연구," 헌법학연구 11-4(2005), 208.

2) 유진오, (신고)헌법해의, 탐구당, 1954, 103.

3) 권영성, 헌법학원론, 법문사, 1988, 575.

4) Gornig, in: v. Mangoldt/Klein/Starck, GG, Bd. 1, 6. Aufl., 2010, Art. 12a, Rn. 14; Heun, in: Dreier, GG, Bd. Ⅰ, 3. Aufl., 2013, Art. 12a, Rn.1.

5) 제10조: 대한민국의 인민은 법률에 의하야 左列 각항의 의무를 유함.

었고, 유진오의 제헌헌법 초안규정이 그대로 받아들여져 제헌헌법 제30조에 "모든 국민은 법률의 정하는 바에 의하여 國土防衛의 의무를 진다"고 규정되었다. 그동안 조문이 약간씩 변경되었지만 기본적인 내용에는 변화가 없고, 다만 "국토방위"가 제5차 헌법개정(1962년헌법)에서 "국방"으로 바뀌었고, 제8차 헌법개정(1980년헌법)에서 현재 제2항인 병역의무 이행으로 인한 불이익처우금지 규정이 삽입되었을 뿐이다.

Ⅲ. 입헌례와 비교법적 의의

기존에는 영국해군과 미국 정도가 모병제를 취하고 있었는데, 최근 세계 정세의 변화로 말미암아 독일, 스페인, 이탈리아, 프랑스 등 일부 국가에서는 병역의무가 폐지되고 직업군인제도로 전환 중이다.6) 그 외 국방의무를 헌법에서 규정한 나라들의 경우에도 규정 형태는 두 가지로 구별할 수 있다. 첫째 모든 국민의 일반적인 의무로 인정하는 형태다. 예컨대 브라질, 대만, 핀란드,7) 그리스,8) 네덜란드,9) 노르웨이,10) 필리핀, 터키 등이다. 둘째 남자에게만 국방의무를 부과한 형태다. 예컨대 덴마크,11) 독일,12) 스위스13) 등이다.

헌법에서 양심적 이유로 인한 병역거부를 인정한 나라는 대표적으로 독일과14) 핀란드를15) 들 수 있다. 유럽기본권헌장 제10조 제2항에서도16) 양심적 병역거부를 인정하고 있으나, 원칙적으로 권리의 인정여부와 구체적인 실현은 각 회원국 법률에 유보하고 있다.17) 유럽인권협약 제

一. 납세의 의무
二. 병역에 服하는 의무
三. 보통교육을 受하는 의무.

6) Heun(주 4), Rn. 9.
7) 제127조 제1항: 모든 핀란드 국민은 법률에 따라 조국의 방위에 참가하거나 지원할 의무가 있다.
8) 제4조 제6항: 병역에 복무할 수 있는 모든 그리스인은 법률에 따라 국방에 조력할 의무를 진다.
9) 제97조: (1) 모든 네덜란드인은 왕국의 독립유지와 국토방위에 협력할 의무를 진다. (2) 네덜란드인이 아니라도 국내에 거주하는 자에게 이러한 의무가 부과될 수 있다.
10) 제109조: 국가의 각 공민은 가문 또는 재산의 여하를 불문하고 원칙적으로 일정기간 병역의 의무를 진다. 이 원칙의 적용 및 이에 부수되는 제한은 법률로 정한다.
11) 제81조: 병역에 복무할 수 있는 모든 남자는 법률에 따라 국가방위에 공헌할 의무를 진다.
12) 제12a조 제1항: 남자들에게 만 18세 이상부터 군대, 연방국경수비대, 민방위대 복무의무를 부과할 수 있다.
13) 제18조: 스위스 남자는 누구든지 병역의 의무를 진다. 병역의무수행 중 사망하거나 불구가 된 군인은 필요한 경우에 자신과 가족을 위하여 연방에 구호를 요구할 권리를 갖는다. …
14) 제12a조 제2항: 양심을 이유로 집총병역을 거부할 때에는 대체복무를 시킬 수 있다. 대체복무기간은 병역기간을 초과할 수 없다. 자세한 내용은 법률로 정하되, 동 법률은 양심상 결정의 자유를 침해해서는 안되며, 군대나 연방국경수비대와 관련 없는 대체복무기회를 규정해야 한다.
15) 제127조 제2항: 양심상 이유로 군사적인 방어로부터 면제되는 것은 법률로 정한다.
16) 제10조 제2항: 양심적 병역거부권은 이 권리의 행사를 규정한 각 회원국의 법률에 따라 인정된다.
17) 양심적 병역거부는 일반적으로 승인된 국제법규도 아니고 회원국들의 국제법상 의무로도 보장될 수 없기 때문에, 유럽기본권헌장에서 규정되기는 하였지만 독자적인 의미를 갖는 것은 아니라고 본다. 따라서 각 회원국들이 양심적 병역거부를 인정하든 인정하지 않든 유럽기본권헌장에 대한 위반을 불러일으키지는 않는다. 이에 대해서는 Bernsdorff, in: Meyer(Hrsg.), Charta der Grundrechte der Europäischen Union, 3. Aufl., 2011, Art. 10, Rn. 16f.; Calliess, in: Ders./Ruffert, EUV/AEUV, 4. Aufl., 2011, Art. 10 GRCh, Rn. 15;

9조는 사상·양심·종교의 자유를 규정하고 있는데, 유럽인권재판소는 이로부터 양심상 병역을 거부할 수 있는 권리는 도출되지 않는 것으로 판단하였다.[18]

Ⅳ. 다른 조문과의 체계적 관계

헌법 제5조 제2항의 국군의 "국토방위의 신성한 의무"와 체계적 관련 속에서 국방의 의무는 국토방위의 의무를 의미한다.

헌법 제11조 평등권과 관련하여, 헌법 제39조 제1항에서는 남성에게만 병역의무를 부과하거나 여성에 대한 특별한 면제 등을 규정하지는 않았다. 따라서 현재 병역법 제8조 제1항에서 남자만 제1국민역 편입대상으로 삼던 것을 여성에게까지 확대함으로써 병역의무를 부과하거나 이에 갈음하는 의무를 부과하는 것은 적어도 이론상으로는 위헌이라 할 수 없다.[19]

비교법적으로 미국 연방대법원은 병역법이 징병등록 대상을 남성으로 제한한 것을 중간심사기준을 적용하여 합헌으로 판단하였다.[20] 독일 헌법 제12a조는 헌법조문 자체에서 명시적으로 남자에게만 병역의무를 규정하고 있기 때문에, 독일 헌법 제3조 일반적 평등원칙 조항에 대한 특별법으로서 의미가 있으므로 평등원칙 위반이 아니다.[21]

헌법 제12조 제1항은 법률과 적법한 절차에 의하지 않은 강제노역을 금하고 있는데, 병역

Walter, in: Dörr/Grote/Marauhn, EMRK/GG, 2. Aufl., 2013, Bd. Ⅰ, Kap. 17, Rn. 29ff.; Gaitanides, in: Heselhaus/Nowak (Hrsg.), Hdb Eu-Grundrechte, 2006, §29, Rn. 21; Muckel, in: Tettinger/Stern(Hrsg.), GRCh, 2006, Art. 10 Anm. 1, Rn. 57 등 참조. 야라스(H. D. Jarass)는 양심적 병역거부에 관한 독자적인 내용을 인정하였다가(Jarass, EU-Grundrechte, 2005, §15, Rn. 21), 최근에는 다수견해 입장으로 선회한 것으로 보인다(Jarass, GRCh, 2010, Art. 10, Rn. 23).

18) EGMRE v. 5. 7. 1977., DR 9, 203ff.-X/Deutschland. 이에 관하여 Meyer-Ladewig, EMRK, 3. Aufl., 2011, Art. 9, Rn. 5; Bernsdorff(전주), Rn. 16; Muckel(전주), Rn. 55; Behnsen, in: Karpenstein/Mayer, EMRK, 2012, Art. 4, Rn. 30; Frowein, in: Ders./Peukert, EMRK-Kommentar, 3. Aufl., 2009, Art. 4, Rn. 14; Art. 9, Rn. 4 등 참조.

19) 이에 대해 정혜영, "여성의 병역의무," 토지공법연구 37-2(2007), 513-515; 윤진숙, "병역법 제3조 1항에 관한 소고," 헌법실무연구회 75회 발표문(2007), 6-10 등은 위헌이라는 의견을 내놓고 있다. 이와 관련하여 김주환, "병역의무와 성차별금지," 헌법실무연구회 75회 발표문(2007), 21은 여자에게 병역의무나 그에 갈음하는 의무를 부과하는 것이 남자에게만 병역의무를 부과하는 경우보다 더 합헌적인지에 대해서 의문을 제기한다. 정혜영, 앞의 논문, 507-513은 여성의 병역복무에 관한 견해에 관하여 주로 독일 학자들의 논의를 소개하고 있는데, 독일은 헌법규정에 명시적으로 남자에게만 병역의무를 부과하므로, 모든 국민에게 병역의무를 부과하고 있는 우리 헌법상황에 그대로 적용하는 것은 숙고할 필요가 있다. 또한 여성에 대한 병역의무나 대체복무가 위헌이라는 주장은 첫째 헌법 제39조의 명시적인 조문 내용상 인정되기 어렵고, 둘째 헌법제정자의 의도와 부합하지 않는다.

20) Rostker v. Goldberg, 453 U.S. 57(1981). 합헌이유는 징병 등록 대상을 남성으로 제한한 것이 전시 전투병력 확보라는 병역법 목적에 실질적으로 기여하고, 여성에게도 징병등록을 허용하면 전시 전투병력 확보에 실질적 장애가 된다는 점을 들고 있다. 이에 대한 상세한 내용은 강승식, 미국헌법학강의(2007), 649-650 참조.

21) Heun(주 4), Rn. 43; Kokott, in: Sachs, GG, 6. Aufl., 2011, Art. 12a, Rn. 5; Scholz, in: Maunz/Dürig, GG, Bd. Ⅱ, Art. 12a(2001), Rn. 36f. 등 참조. 독일연방헌법재판소는 최근 판결에서 제12a조를 제3조와 동일한 지위를 갖는 헌법규범으로 이해하고 있다. BVerfG, EuGRZ 2002, S. 204(206).

의무는 이러한 강제노역에 해당하지 않는다. 비교법적으로 유럽인권협약 제4조 제3항은[22] 병역복무나 대체복무는 강제노동이 아님을 명시적으로 규정하고 있다.

독일에서는 직업의 자유에 대하여 국방의무를 특별규정이라고 이해한다.[23] 직업의 자유에 대한 제한은 비례원칙에 따라 그 정당성을 심사하지만, 병역의무로 인한 직업의 자유에 대한 제한은 그러한 심사기준이 적용되지 않는다.[24] 그러나 우리 헌법재판소는 기본의무를 구체화하는 경우에 대해서도 비례원칙 등 위헌심사의 일반적 기준들을 적용하기 때문에[25] 그렇게 볼 수 있을지는 의문이다.

헌법 제19조에 근거하여 양심의 자유가 보장되기 때문에, 양심상 이유로 집총을 거부하는 개인의 자유를 보장하기 위한 대체복무의 도입이 헌법적 차원에서 규범 간 갈등을 해소하는[26] 하나의 방안으로 고려될 수도 있다.[27]

헌법 제38조의 납세의무와 함께 국방의무는 국민이 국가의 존속을 위하여 부담하는 헌법상 "기본의무(Grundpflicht)"로서 이해되고 있으며,[28] 헌법직접적 제한규범으로 보기도 한다.[29] 그러나 기본의무가 기본권 제한과 동일하게 작용하고,[30] 그 구체화에 있어서도 기본권 제한과 동일한 원칙들이 적용된다면,[31] 일반적인 기본권 제한과 구별하여 독자적인 의미를 부여할 실질적 필요성은 크지 않다.[32] 헌법재판소는 국민의 기본의무 이행이 국민의 기본권 행사를 위한

---

22) 제4조 제3항: 이 조항의 적용상 "강제노동 또는 의무노동"은 다음 사항을 포함하지 않는다. … b. 군사적 성격의 역무, 또는 양심적 병역거부가 인정되는 국가에서 병역대신 실시되는 역무, …

23) Scholz(주 21), Rn. 28; Heun(주 4), Rn. 43.

24) 숄츠는 이를 헌법직접적 제한유보(verfassungsunmittelbarer Schrankenvorbehalt)라고 보고 있다. Scholz(주 21), Rn. 27.

25) 헌재 2006. 6. 29. 2002헌바80, 18-1하, 196(207). 본 결정은 납세의 의무와 관련된 것이지만 병역의무에도 적용할 수 있다. 이러한 입장은 학계에서도 마찬가지다. 양건, 헌법강의, 법문사, 2013, 844-845; 정종섭, 헌법학원론, 박영사, 2006, 697-698 등 참조.

26) 헌재 2004. 8. 26. 2002헌가1, 16-2상, 141(155). 물론 이 결정에서 양심실현의 특수한 형태를 인정하면서도 대체복무제를 채택하지 않은 것이 양심의 자유에 반하는가에 대해서는 명백성 통제로서 판단한 것은(16-2상, 141, 159) 논리적으로 일관된 심사라고 보기는 어렵다.

27) 헌재 2004. 8. 26. 2002헌가1, 16-2상, 141(156). 김명재, "양심의 자유와 병역의무," 공법학연구 8-3(2007), 234-235는 대체복무제의 도입이 입법정책적으로 권고할 수 있지만, 헌법해석을 통해 직접 도출되는 것은 아니라고 지적한다.

28) 계희열, 헌법학(중), 박영사, 2004, 803-804; 권영성, 헌법학원론, 법문사, 2007, 698; 김철수, 헌법학개론, 박영사, 2006, 1003; 양건(주 26), 843; 장영수, 헌법학, 홍문사, 2007, 922-923.

29) 이준일, 헌법학강의, 홍문사, 2011, 765-766.

30) Dreier, in: Ders., GG, Bd. Ⅰ, 3. Aufl., 2013, Vorb., Rn. 135.

31) 양건(주 26), 844; 이준일(주 30), 765.

32) Sachs, in: Ders., GG, 6. Aufl., 2011, vor Art.1, Rn. 58f. 독일에서는 바이마르시대 프로그램적·선언적 의미의 기본의무와 국가사회주의(Nazi)시대 전체주의적인 국민의무(völkische Totalinpflichtnahme)의 경험 때문에, 독일 헌법(Grundgesetz) 제정에 있어서 기본의무는 명시적으로 규정되지 않았다. 이에 반하여 일반적인 기본권 제한과 기본의무를 구별하여 그 독자성을 인정하는 견해는 계희열(주 28), 807-808; 이준일(주 25), 856. 장영수(주 28), 933은 기본권과 기본의무가 실현구조와 효력면에서 근본적인 차이가 있다고 설명하고 있다. 전광석, 한국헌법론, 집현재, 2013, 476-480은 '국민의 의무'라고 하고, 정종섭(주 26), 686은 '헌법상 의무'라고 표현하고 있지만 역시 기본권의 제한과 기본의무를 구별하는 입장에 속하는 것으로 보인다. 그러나 기본의무 실현을 위해서는 구체적으로 국가의 입법조치가 필요한데, 이러한 입법조치는 기본권의 제한에 불과한 것이지,

반대급부로서 예정된 것은 아니라고 본다.[33]

V. 개념과 원리에 대한 판례 및 학설

1. 국방의무의 의의와 주체

국방의무는 "외부의 적대세력의 직·간접적인 침략행위로부터 국가의 독립을 유지하고 영토를 보전하기 위한" 국민의 의무다.[34] 헌법재판소는 병역의무를 "국가라는 정치적 공동체의 존립·유지를 위하여 국가 구성원인 국민에게 부담이 돌아갈 수밖에 없는 것"으로, 병역의무부과를 통해 국가방위를 도모하는 것은 "국가공동체에 필연적으로 내재하는 헌법적 가치"라고 보았다.[35]

기본적으로 국방의무의 주체는 국민이며,[36] 외국인은 그 주체가 아니다. 외국인에 대해서도 예외적으로 국방의무의 주체성을 인정하는 견해가 있지만,[37] 비교법적으로도[38] 외국인에 대하여 국방의무를 인정한 예는 많지 않다. 국방의 의무의 주요한 부분은 이루고 있는 병역의무에 대하여, 병역법 제3조는 병역의무자를 "대한민국 국민인 남자"로 제한하고 있으며, 여자는 병역의무자의 범위에서 배제하였다. 헌법재판소는 남성에게만 병역의무를 부과하고, 여성에게는 병역의무를 부과하지 않은 것은 과잉금지원칙, 평등권 등에 위배되지 않는다고 판단하였다.[39]

기본권 제한 외에 기본의무가 달리 존재하는 것이 아니므로 독자적인 혹은 특별한 의미를 부여하는 것이 어떤 실익을 갖는 것인지는 의문이다. Pieroth/Schlink, Grundrechte, 27. Aufl., 2011, Rn. 209ff.

33) 헌재 2007. 6. 28. 2004헌마644등, 공보 129, 763(771).

34) 헌재 1999. 2. 25. 97헌바3, 11-1, 122(130); 1999. 12. 23. 98헌마363, 11-2, 770(783); 2002. 11. 28. 2002헌바45, 14-2, 704(710); 2010. 4. 29. 2009헌바46, 22-1하, 21(25).

35) 헌재 2004. 8. 26. 2002헌바13, 16-2상, 195(202).

36) 성낙인, 헌법학, 법문사, 2007, 678-679; 양건(주 26), 719; 정종섭(주 26), 688.

37) 예컨대 계희열(주 28), 806-807, 812.

38) 계희열((주 29), 812) 교수가 근거로 하고 있는 독일 헌법 제12a조는 분명 "독일" 남자가 아닌 모든 남자에게 병역의무가 있음을 규정하고 있다. 독일의 일부견해는 외국인에 대하여 국방의무를 인정하는 듯 보이기도 한다(예컨대 Gornig(주 4), Rn. 28ff.; Scholz(주 21), Rn. 39). 그러나 독일 병역의무법(Wehrpflichtgesetz) 제2조 제1항은 외국인의 모국에서 독일인에게 병역의무를 부과한 경우 상호주의에 따라 동일한 조건에서 독일도 외국인에게 병역의무를 부과할 수 있도록 규정하였으므로 마치 보복규정과 같은 의미가 있는 것이다. 외국인에 대한 병역의무부과는 국제법상 기준에 근거하여 판단되어야 하는 것이며, 독일병역의무법 제2조는 하나의 경고규정의 의미가 있을 뿐, 실제로 외국인에 대한 병역의무 이행을 위한 집행규정들이 마련되어 있지 않으므로, 외국인에 대한 병역의무를 인정한다는 것은 이론에 불과하다. 이에 관하여는 Heun(주 4), Rn. 18; Kokott(주 21), Rn. 9; Gornig(주 4), Rn. 32 등 참조. 다만 무국적자에 대해서는 병역의무법 제2조 제2항에서 독일 내 상주하는 거주지가 있을 때 병역의무를 부과할 수 있도록 규정하였고, 이중국적자, 다국적자 등에 대해서는 국가 간 다른 협약이 없으면, 병역의무대상으로 정하는 것이 가능한 것으로 본다. Heun(주 4), Rn. 18; Kokott(주 21), Rn. 9; Gornig(주 4), Rn. 30; Scholz(주 21), Rn. 40.

39) 헌재 2010. 11. 25. 2006헌마328, 22-2하, 446. 본 결정에 대하여 2인의 재판관은 국방의무가 자의적 배분되어 남성의 평등권을 침해하였다는 취지의 위헌의견을 개진하였다. 본 결정에 대해서 평등모델(egual treatment)에 기초하여 비판적인 분석을 하는 견해는 김현지 "남성중심의 병역의무 관념의 체제," 공익과

이중국적자인 남자는 제1국민역에 편입되기 이전(만 20세 전에 복수국적자가 된 경우 만 22세 전까지, 만 20세 이후에 복수국적자가 된 경우 2년 내, 제1국민역에 편입된 경우 3개월 이내)에 국적선택을 해야 한다(국적법 제12조 제1항). 다만 대한민국에서 외국 국적을 행사하지 않겠다고 법무부장관에게 서약한 경우에는 그러하지 아니하다(국적법 제12조 제1항 단서). 복수국적자가 국적선택을 하지 않는 경우, 법무부장관은 복수국적자에게 국적선택명령을 할 수 있다(국적법 제14조의2). 과거 징병검사 등이 면제될 때까지 병역문제를 해소하지 않는 한 국적선택을 할 수 없었는데, 헌법재판소는 이러한 병역의무이행을 전제로 한 이중국적자에 대한 국적선택의 제한에 관하여 이중국적자의 병역면탈을 차단할 필요성을 인정하고, 과잉금지원칙·신뢰보호원칙 등에 위반되지 않는다며 합헌으로 판단하였다.[40]

2. 국방의무의 내용

국방의무의 내용은 "법률이 정하는 바에 의하여" 구체화되는데, 대표적으로 병역법이 이에 해당한다.[41] 현대전은 고도의 과학기술과 정보를 요구하며 국민전체의 협력을 필요로 하는 이른바 총력전이므로, 병역법에 의해 군복무에 임하는 '직접적 병력형성의무'만이 아니라, 그 밖의 향토예비군설치법, 민방위기본법 등 법률에 의한 간접적인 병력형성의무 및 병력형성 이후 군작전명령에 복종하고 협력하여야 할 의무도 국방의 의무에 포함한다.[42]

국방의무의 내용을 구체화하는 것은 "국가의 안보상황, 재정능력 등의 여러 가지 사정을 고려하여 국가의 독립을 유지하고 영토를 보전함에 필요한 범위 내에서,"[43] "급변하는 국내외 정세 등에 탄력적으로 대응하면서 최적의 전투력을 유지할 수 있도록 합목적적으로 정해야 하는 사항"이므로,[44] 기본적으로 입법자에게 광범한 입법형성권이 부여되어 있다. 그러나 입법자가 국방의무의 구체적 내용을 형성할 때에도, "헌법의 일반원칙, 기본권 보장의 정신에 의한 한계를 준수"하고,[45] 특히 헌법 제11조 평등원칙에 따라 병역이행시 발생하는 실제 부담의 공평한 분배를 요구하는 병역형평성(Wehrgerechtigkeit)의 원칙이 지켜져야 한다.[46] 예컨대 병역이행 시 역종 간 복무의 강도,[47] 복무기간의 차이,[48] 대체복무의 인정 여부와 기본권 제

인권 9(2011). 472-493 참조.

40) 헌재 2006. 11. 30. 2005헌마739, 18-2(528).

41) 양건(주 25), 719; 이준일(주 25), 863.

42) 헌재 1999. 2. 25. 97헌바3, 11-1, 122(130); 1999. 12. 23. 98헌마363, 11-2, 770(783); 2002. 11. 28. 2002 헌바45, 14-2, 704(710); 2010. 4. 29. 2009헌바46, 22-1하, 21(25).

43) 헌재 1999. 2. 25. 97헌바3, 11-1, 122(130).

44) 헌재 2002. 11. 28. 2002헌바45, 14-2, 704(710).

45) 헌재 1999. 2. 25. 97헌바3, 11-1, 122(130).

46) Heun(주 4), Rn. 20; Kokott(주 21), Rn. 10; Gornig(주 4), Rn. 34.

47) 복무의 강도에 있어서는 현역 복무자와 보충역 복무자 사이의 기본권 제한의 차이가 불평등 문제를 야기할 수 있다. 오호택(주 1), 204.

48) 복무기간은 현역의 경우 육군은 2년, 해군은 2년 2개월, 공군은 2년 4개월의 차이가 있다. 보충역의 경우 사회복무요원은 2년 2개월, 국제협력봉사요원은 2년 6개월, 예술·체육요원은 2년 10개월, 공중보건의사 등

한정도의 차이 등에 있어서 형평성이 유지되어야 한다.[49] 헌법재판소는 병역부담의 형평성 차원에서 병역면제 내지 감경조치는 절실하거나 시급한 사람에게만 최소화할 필요성을 강조하였다.[50]

3. 양심적 병역거부와 대체복무

현재 양심적 병역거부는 법률상 인정되지 않기 때문에, 병역의무자가 양심상 이유로 징집을 거부하면 병역기피죄(병역법 제88조 제1항), 입영하여 상관의 집총명령을 거부하면 항명죄(군형법 제44조)로 처벌된다. 양심적 병역거부로 1년 6개월 이상 징역 또는 금고의 실형을 선고받으면 제2국민역으로 편입되어 사실상 병역이 면제되지만, 병역거부로 인한 수형생활의 성격상 병역의무이행이 차별을 받는다고 할 수는 없다.[51] 헌법재판소는 양심적 병역거부로 인해 오히려 병역기피자가 막대한 불이익을 당하는 것으로 본다.[52]

헌법 제19조의 양심의 자유를 실질적으로 보장하기 위해서 양심적 병역거부를 인정하는 것은 입법정책적으로 가능하다. 다만 어떻게 대체복무를 인정할 것인지가 병역의무의 형평성을 해결하는 핵심과제이다. 헌법재판소는 양심의 자유를 이유로 아무런 대체의무의 부과 없이 병역을 면제하는 것은 헌법상 허용되지 않는 특권부여로 보았다. 다만 병역의무의 형평성을 유지하고, 양심과 병역의무라는 상충하는 법익을 조화시키는 방안으로서 대체복무를 제안하고 있다.[53] 물론 대체복무제의 채택여부와 형성여부에 대해서는, 병역의무의 공평부담과 사회에 미치는 파급효과 때문에 입법자가 광범한 형성권을 갖고 있으며, 이 때문에 입법자의 결정에 대한 헌법재판소의 판단은 명백성 통제에 그친다.[54]

진정한 양심적 병역거부자를 가리기 위해서 대체복무를 지나치게 가혹하고 위험하며 장기적인 것으로 정한다면 대체복무제는 무의미하다.[55] 반대로 대체복무기간을 현역이나 보충역 복무자보다 너무 단기로 정하면 양심적 병역거부자에 대한 특혜로 인정될 수 있다.[56] 대체복무나 비전투복무 모두 영내에서의 병역의무이행보다 복무강도가 높지 않기 때문에,[57] 병역복무

은 3년 등 근무기간의 차이가 다양하다. 오호택(주 1), 204-205.

49) 그 밖에 우리나라 병역의무이행의 형평문제에 대한 상세하고 구체적인 논의는 오호택(주 1), 206-213 참조.

50) 헌재 2005. 9. 29, 2004헌마804, 공보 108, 1054, 1056.

51) 오호택(주 1), 213.

52) 헌재 2004. 8. 26. 2002헌가1, 16-2상, 141(160).

53) 헌재 2004. 8. 26. 2002헌가1, 16-2상, 141(156).

54) 헌재 2004. 8. 26. 2002헌가1, 16-2상, 141(158-159).

55) Heun(주 4), Rn. 29. 2007년 정부는 대체복무자들이 근무할 곳으로 소록도의 한센병원과 정신병원 등 전국 9개 특수병원과 200여개의 노인전문요양시설 등을 검토하였고, 대체복무자의 복무기간도 현역병의 2배인 36개월로, 합숙근무까지 계획하기도 했었다. 조선일보 2007. 9. 19. A1, A10면. 하지만 이 정도 대체복무의 내용이라면, 양심적 신념을 정부가 보호하려는 의지가 있었던 것인지 의심스러울 뿐만 아니라, 대체복무가 지나치게 가혹하다는 평가를 면하기 어려운 것으로 보인다.

56) 오호택(주 1), 222.

57) 물론 대체복무라도 예컨대 중증장애인보조나 응급차운전 등 강도에 있어서 병역의무와 동일한 정도의 대체복무도 있을 수 있으나 일반적으로는 병역의무가 강하다고 할 수 있다. Kokott(주 21), Rn. 25.

기간보다 어느 정도 긴 복무기간은 인정될 수 있다.[58]

4. 병역의무이행으로 인한 불이익한 처우

헌법 제39조 제2항은 병역의무의 이행으로 인하여 "불이익한 처우를 받지" 않는다고 규정하였다. 여기서 말하는 불이익한 처우란 단순한 사실상, 경제상의 불이익을 모두 포함하는 것이 아니라 "법적인 불이익"이다.[59] 이는 "병역의무 이행을 직접적 이유로 차별적 불이익을 가하거나, 또는 병역의무를 이행한 것이 결과적, 간접적으로 그렇지 아니한 경우보다 오히려 불이익을 받는 결과"를 초래해서는 안 된다는 의미다. "병역의무 그 자체를 이행하느라 받는 불이익" 또는 "병역의무 이행 중에 입는 불이익"은 헌법 제39조 제2항과 관련이 없다.[60]

헌법재판소는 병역의무의 이행을 위하여 군법무관으로 복무한 자가 전역 후 변호사로 개업함에 있어서 개업지의 제한을 받는 것은, 병역의무의 이행으로 말미암는 불이익한 처우에 해당하는 것으로 보았다.[61]

그러나 현역병으로 입영한 사람을 전투경찰로 전환한 것,[62] 병역의무의 이행으로 졸업연도가 늦어져 병역의무를 이행하지 않은 동급생들에 비해 교원임용에 있어서 구제를 받지 못한 것은 병역의무 이행으로 인한 불이익이 아닌 것으로 보았다.[63] '병역을 필한 자'로 국가정보원 7급 경쟁시험 응시자격을 제한하는 것도, 현역군인(장교) 신분자에게 병역의무 이행 중 입는 사실상 불이익에 불과하다.[64] 전투경찰순경으로서 대간첩작전수행도 넓은 의미의 국방의 의무를 이행하는 것이므로, 병역의무의 이행으로 인한 불이익한 처우로 볼 수 없다.[65] 그 밖에도 경찰대학의 입학연령을 21세 미만으로 제한하거나[66] 영내에 기거하는 현역 군인이 그의 소속부대가 소재한 지역에 주민등록을 하지 못하는 것도[67] 불이익한 좌우에 해당하지 않는다.

VI. 현실적 평가

기본적으로 개정의 필요성은 크지 않다. 양심적 병역거부자를 위한 대체복무도 헌법의 개

---

58) 오호택(주 1), 222-223. 비교법적으로 독일 헌법 제12a조 제2항 제2문은 명시적으로 "대체복무기간은 병역기간을 초과할 수 없다"고 규정하고 있으나, 훈련병(Reserveübungen) 기간까지 포함하여 대체복무기간이 2개월 정도 긴 것도 합헌으로 보는 견해가 있다. Heun(주 4), Rn. 29.

59) 헌재 1999. 12. 23. 98헌바33, 11-2, 732(747); 1999. 12. 23. 98헌마363, 11-2(770), 784; 2003. 6. 26. 2002헌마484, 15-1, 802(807-808).

60) 헌재 1999. 2. 25. 97헌바3, 11-1, 122(133).

61) 헌재 1989. 11. 20. 89헌가102, 1, 329(341).

62) 헌재 1995. 12. 28. 91헌마80, 7-2, 851(870-872). 이에 대해서는 4인 재판관의 반대의견(위헌의견)이 있음.

63) 헌재 2006. 5. 25. 2005헌마715, 18-1하, 151(158).

64) 헌재 2007. 5. 31. 2006헌마627, 공보 128, 658(662).

65) 헌재 1995. 12. 28. 91헌마80, 7-2, 851(869-870).

66) 헌재 20009. 7. 30. 2007헌바971, 21-2상, 364(372).

67) 헌재 2011. 6. 30, 2009헌바59. 23-1하, 455-456.

정 없이, 병역법 등 법률의 개정이나 제정 등을 통해 충분히 해결할 수 있기 때문이다. 다만 헌법 제19조 양심의 자유와 갈등의 여지를 헌법적 차원에서 해결한다는 취지에서 개정한다면, 헌법 제39조 제1항 제2문을 다음과 같이 삽입하도록 제안해 볼 수 있다: "양심상 이유로 병역 혹은 집총을 거부하는 국민에겐 대체복무를 부과한다." "양심상"으로 병역거부의 근거를 제한하는 것은, 종교적 이유로 병역을 거부하는 경우 논란의 여지가 있기 때문이다.68)

병역의무이행자에 대한 공무원시점에서의 가산점제도는 1999년 헌법재판소의 "제대군인 지원에 관한 법률" 제8조 제1항의 위헌결정으로69) 폐지되었지만, 병역의무부담의 형평성 때문에 군필자 가산점제도에 관한 주장과 논의는 다시 제기되고 있다.70)

Ⅶ. 관련문헌

오호택, "병역의무의 형평성에 관한 연구," 헌법학연구 11-4(2005), 183-235.
윤진숙, "병역법 제3조 1항에 관한 소고," 헌법실무연구회 75회 발표문(2007).
정혜영, "여성의 병역의무," 토지공법연구 37-2(2007), 503-523.

---

68) 독일이나 미국의 판례에서도 지금까지 주로 문제가 되어 온 양심적 병역거부는 '여호와증인'들의 문제였지, 기독교 전반에 관한 문제는 아니었다. 2007년 정부가 양심적 병역거부에 대한 대체복무를 논의한다고 보도되었을 때에도, 기독교계에서는 찬성하는 의견과 반대하는 의견이 나뉘었다. 조선일보, 2007. 9. 19. A10면 참조.

69) 헌재 1999. 12. 23. 98헌마363, 11-2, 770.

70) 이에 대해서는 대표적으로 김혜승, "군가산제도 재도입 문제: 중점한 사퇴를 위하여," 한국정치외교사논총, 33-1(2011), 171-196; 이상목, "병역의무부담의 형평성과 군필자 가산점제도: 쟁점과 정책제언," 제도와 경제 5-2(2011), 191-223; 김선택, "군가산점제 재도입, 헌법적·정책적으로 타당한가?," 공법연구 40-2(2011), 251-290; 김영환, "제대군인 가산점제도에 관한 연구," 유럽헌법연구 9(2011), 301-332; 정연주, "군가산점제 재도입의 헌법적 문제," 공법학연구 13-1(2012), 67-90 등 참조.

사항색인

한국헌법학회 헌법주석 간행위원회

○ 위원장: 김문현(이화여자대학교 법학전문대학원, 헌법재판연구원장)
○ 위　원: 곽상진(경상대학교 법과대학), 김배원(부산대학교 법학전문대학원),
　　　　　장영수(고려대학교 법학전문대학원), 전광석(연세대학교 법학전문대학원),
　　　　　정재황(성균관대학교 법학전문대학원), 한수웅(중앙대학교 법학전문대학원),
　　　　　김종철(간사, 연세대학교 법학전문대학원)

헌법주석[I]

초판인쇄	2013년 12월 20일
초판발행	2013년 12월 30일
지은이	사단법인 한국헌법학회
펴낸이	안종만
편　집	김선민·이승현
기획/마케팅	조성호
표지디자인	최은정
제　작	우인도·고철민
펴낸곳	(주) **박영사**
	서울특별시 종로구 평동 13-31번지
	등록 1959. 3. 11. 제300-1959-1호(倫)
전　화	02)733-6771
f a x	02)736-4818
e-mail	pys@pybook.co.kr
homepage	www.pybook.co.kr
ISBN	979-11-303-2552-1　94360
	979-11-303-2551-4(세트)

copyright©사단법인 한국헌법학회, 2013, Printed in Korea

정 가　　63,000원